Heinz-J. Bontrup, Ralf-M. Marquardt
Volkswirtschaftslehre aus orthodoxer und heterodoxer Sicht

Heinz-J. Bontrup, Ralf-M. Marquardt

Volkswirtschaftslehre aus orthodoxer und heterodoxer Sicht

Unter Mitwirkung von
Philipp Gabsch

DE GRUYTER
OLDENBOURG

Bildvermerk:
Foto von Prof. Dr. Ralf-M. Marquardt auf dem äußeren Umschlag: Westfälische Hochschule

ISBN 978-3-11-061918-8
e-ISBN (PDF) 978-3-11-061937-9
e-ISBN (EPUB) 978-3-11-061955-3

Library of Congress Control Number: 2021933690

Bibliografische Information der Deutschen Nationalbibliothek
Die Deutsche Nationalbibliothek verzeichnet diese Publikation in der Deutschen
Nationalbibliografie; detaillierte bibliografische Daten sind im Internet über
http://dnb.dnb.de abrufbar.

© 2021 Walter de Gruyter GmbH, Berlin/Boston
Umschlaggestaltung: erhui1979 / DigitalVision Vectors / gettyimages.de
Satz: le-tex publishing services GmbH, Leipzig
Druck und Bindung: CPI books GmbH, Leck

www.degruyter.com

Vorwort

**Wertschätzung des hier vorgelegten Lehrbuches:
Von der systemkonformen Orthodoxie zur pluralen Ökonomik**

Unbestritten, der Wirtschaftswissenschaft kommt bei der Lösung der sozial-ökonomischen und ökologischen Herausforderungen eine bedeutende Rolle zu. Allerdings hat sich im Zuge der voranschreitenden Ökonomisierung aller Lebensverhältnisse ein allgegenwärtiger Marktfundamentalismus durchgesetzt. Dabei fallen die vorherrschenden Erkenntnisse durch die in etliche Unterdisziplinen aufgeteilten Wirtschaftswissenschaften meistens enttäuschend aus. Mit mathematischer Eleganz, aber ohne Rücksicht auf die reale ökonomische Welt, sind diese „Glasperlenspiele" meistens unnütz und eignen sich allenfalls für Ideologienbildung.

Die Ursache dieses „Elends der Nationalökonomie" (Werner Hofmann) ist eindeutig: Mit dem beherrschenden „methodologischen Individualismus" werden die Antworten auf Grundfragen des Wirtschaftens bis hin zum individuellen Entscheiden im „Käfig" einer durch „einzelwirtschaftliche Rationalität" getriebenen Marktwirtschaft domestiziert. Am Anfang steht dabei eine kontrafaktische Reduktion menschlichen Verhaltens genauso wie die Ausblendung historisch-kultureller Voraussetzungen sowie die Vernachlässigung wachsender ökonomischer Macht. Dadurch wird am Ende oftmals eine „gesamtwirtschaftliche Irrationalität" erzeugt, die sich mit marktorthodoxen Methoden nicht erkennen lässt. So bleibt der Zugang zu Alternativen wirtschaftlichen Gestaltens verbaut.

Dabei ist das vielfache Versagen der Marktorthodoxie unübersehbar: Es kommt zu gesamtwirtschaftlichen Instabilitäten, Massenarbeitslosigkeit, einer Ausweitung nicht existenzsichernder Löhne und einer wachsenden, die Konkurrenz aushebelnden Konzentration und Zentralisation. Die Folge ist ein zerstörerischer Einfluss von Unternehmensmacht. Außerdem wird die Realwirtschaft schwer durch Spekulationskrisen aus dem Finanzsektor belastet. Hinzu kommt eine Unterversorgung mit öffentlichen und meritorischen Gütern, eine soziale Spaltung mit den Polen Armut und Reichtum und nicht zuletzt eine durch einzelwirtschaftliche Externalisierung der ökologischen Kosten herbeigeführte globale Umweltkrise; vor allem mit der Folge einer katastrophal wirkenden Erderwärmung.

Wie reagiert die vorherrschende Wirtschaftswissenschaft, auch mit ihrem Auftrag zur Lehre gegenüber den Studierenden, auf diese offensichtliche Diskrepanz zwischen Theorie und Praxis? Das vorherrschende Dogma von den entfesselten Marktkräften, denen eine innewohnende Krisenanfälligkeit abgesprochen, gleichzeitig aber die Kraft zur optimalen Beseitigung exogener Schocks unterstellt wird, schottet sich gegen Kritik ab. Im Zweifelsfall trifft Friedrich Hegels Charakterisierung auf diese weltfremde Wirtschaftswissenschaft zu: „Wenn die Tatsachen nicht mit der Theorie übereinstimmen – umso schlimmer für die Tatsachen". Dieser Realitätsverlust, der auch

https://doi.org/10.1515/9783110619379-201

noch autoritär als Marktfundamentalismus daherkommt, firmiert mit seinen vielen Verästelungen heute unter dem Kampfbegriff des Neoliberalismus. In der Ökonomen-Zunft ist die vornehme Übersetzung Neoklassik üblich, die jedoch dasselbe meint.

Selbst tiefe Abstürze der Wirtschaft infolge des Verzichts auf Regulierungen zugunsten entfesselter Märkte vermögen in der „Mainstream Economics" (erstmals in der Ausgabe 2001 der „Economics" von Paul A. Samuelson und William D. Nordhaus genannt) keinen dringend notwendigen Paradigmenwechsel auszulösen. Nichtmals die dramatische Finanzmarktkrise von 2007/2009, die auf eine weltweit neoliberal angelegte Umverteilung von den Arbeits- zu den Kapitaleinkünften zurückzuführen ist, hat dies geschafft. Mit der von den Herrschaftseliten gewollten Umverteilung kam es hier zum ausartenden spekulativen Handel mit selbst konstruierten Wertpapieren ohne Wert.

Die neoklassische Wirtschaftswissenschaft hat sich nicht nur bei der Erklärung dieser Krise auf das Heftigste blamiert. Die Antwort auf die Frage von Queen Elizabeth im November 2008 an die Kolleginnen und Kollegen der London School of Economics (LSE), wie die schwere Krise geschehen konnte, wird nur als „ein Versagen der kollektiven Vorstellungskraft vieler kluger Menschen [...] um die Risiken für das gesamte System" abgetan. Was aber nicht gesagt wird ist, dass das System der Mainstream-Wirtschaftswissenschaft, trotz der Warnungen von heterodoxen Ökonomen im Vorfeld der Krise, an der Theorie angeblich hoch effizienter, unregulierter Finanzmärkte kläglich gescheitert ist.

Zumindest vorübergehend schien es zwar so, dass die Notwendigkeit, die Konkurrenzwirtschaft vor sich selbst durch staatliche Regulierungen zu schützen, eine Selbstverständlichkeit geworden war. Aus dem Versprechen der Besserung ist allerdings wenig geworden. Dem unter dem Schock zuerst erfolgten Schwur auf den „Bau einer gemeinsamen Brandmauer, um das Übergreifen von Feuer" (Adam Smith) durch die rücksichtslose Wahrnehmung der „persönlichen Freiheit" zu verhindern, ist längst eine Rückkehr zum Loblied auf die „Supereffizienz der Konkurrenzwirtschaft" gefolgt. Es grenzt an Zynismus, dass das schwedische Nobelpreis-Komitee selbst nach den Erfahrungen mit der Finanzmarktkrise 2013 an Eugene Fama, den Vater der Theorie der „krisenfreien Markteffizienz", den Nobelpreis vergeben hat, aber gleichzeitig auch an seinen erbitterten Kritiker Robert Shiller. Mit seiner These von der „Irrational Exuberance" hatte Shiller die „Stabilitätslehre" Famas als einen der „bemerkenswertesten Irrtümer in der Geschichte des ökonomischen Denkens" bewertet. Der große Ökonom Kenneth Boulding hat diese affirmative Rechthaberei mit der Kritik an der Illusion von der immerwährenden Prosperität zutreffend ergänzt und verallgemeinert: „Jeder, der glaubt, exponentielles Wachstum kann andauernd weitergehen in einer endlichen Welt, ist entweder ein Verrückter oder ein Ökonom."

Ungeachtet dessen ist heute die Fortpflanzung dieser „imperialistischen" Neoklassik durch die fortwährende Ausrichtung der Forschung und insbesondere die Weitergabe über die Lehre einigermaßen beständig. Dazu dienen auch die vielen Lehrbücher zur allgemeinen Volks- und Betriebswirtschaftslehre und den speziellen

Bereichen. Sicherlich gibt es Unterschiede bei den volkswirtschaftlichen Standardlehrbüchern wie etwa zwischen dem Klassiker „Volkswirtschaftslehre" (bereits 1948
durch Samuelson vorgelegt und später zusammen mit Nordhaus weiterentwickelt)
sowie dem neoklassisch-monetaristisch ausgerichteten Standardwerk von Nicholas
Gregory Mankiw (zusammen mit Mark P. Taylor) „Grundzüge der Volkswirtschaftslehre" und der in Deutschland stark präferierten „Makroökonomie" von Olivier Jean
Blanchard (deutsche Bearbeitung von Gerhard Illing).

Eine intensive Auseinandersetzung mit den oftmals irrealen Annahmen und Voraussetzungen des Mainstreams sowie den grundlegenden Systemfragen, bis hin zur
Diskussion von sozial wie ökologisch nachhaltigen Alternativen auf der Basis einer
Demokratisierung gegen Abhängigkeit und Machtkonzentration sucht man jedoch
vergeblich. Zugunsten eines über Jahrzehnte festgefügten Kanons wird so auf eine interdisziplinäre, den Reichtum der Geschichte ökonomischer Theorien ausschöpfende
Lehrbuchpräsentation verzichtet.

Gegen diese methodischen und inhaltlichen Defizite der heute verordneten Lehrbücher richtet sich das hier von Heinz-J. Bontrup und Ralf-M. Marquardt vorgelegte Werk „Volkswirtschaftslehre aus orthodoxer und heterodoxer Sicht". Dieses for-
schungsfundierte Lehrbuch, das sich auch als gut lesbares Nachschlagewerk nutzen
lässt, konzentriert sich auf das ideologiefreie Verstehen ökonomischer Verhältnisse
und auf das darin eingepferchte Verhalten. Scharfsinnig wird die teils theologisch
überhöhte „Marktgläubigkeit" seziert. Auch weil hier der nicht allein auf ökonomischen Eigennutz reduzierbare Mensch im Mittelpunkt steht, wird das Wirtschaften
mit einer interdisziplinären Herangehensweise erschlossen. Die für die Behauptung
der Markteffizienz unverzichtbare neoklassische Leitfigur des trostlos isolierten „homo oeconomicus" wird gleich mehrfach demontiert.

Mit der historisch geprägten Pfadabhängigkeit rücken die Triebkräfte des Wandels gesellschaftlicher Normen in das Blickfeld. Gegenüber der Standardlehrbuch-
Ökonomik konzentriert sich das Werk von Bontrup und Marquardt nicht auf die
übliche hinnehmende Anerkennung der durch Gewinne getriebenen Konkurrenzwirtschaft. Vielmehr werden die oftmals widersprüchlichen Interdependenzen erschlossen und die ordnende sowie intervenierende Kraft des Staates dabei gewürdigt. So
wird – gestützt auf John Maynard Keynes – der dargelegten Fehlentwicklung des „kapitalistischen Individualismus" der „klug geleitete Kapitalismus" gegenübergestellt.
Hier zeigt sich ein weiterer Vorteil des vorliegenden Werkes. Gegenüber der durch
die Neoklassik auch in den Lehrbüchern vorgenommenen Reduktion von Keynes auf
den „Vater des antizyklischen Schuldenmachens", wird hier seine pionierhafte „Anatomie" eines extrem instabilen Spekulationskapitalismus („Kasinokapitalismus")
ausgebreitet. Während Keynes „auf die möglichen Verbesserungen der Technik des
modernen Kapitalismus durch das Mittel kollektiver Betätigung" setzt, gehen Bontrup
und Marquardt weiter und klären über die Systemalternativen zum Kapitalismus auf.

Auch die evolutionäre Institutionenökonomik wird berücksichtigt. Ein Beispiel ist
die durch Elinor Ostrom entwickelte Theorie des kollektiven Handelns bei knappen

natürlichen Ressourcen, mit der die „Tragödie der Allmende" („Gemeingüter") überwunden werden kann. Immerhin sah sich das von Anfang an stark marktorthodox und männlich dominierte Vergabekomitee für den Ökonomie-Nobelpreis veranlasst, erstmals 2009 mit Elinor Ostrom (Hauptwerk „Governing the Commons: The Evolution of Institutions for Collective Action, 1990) eine Frau zu ehren. Ebenso kommt die geniale Ökonomin Joan Robinson, deren wohlverdiente Auszeichnung von den das Nobelpreiskomitee beherrschenden US-amerikanischen Ökonomen stets verhindert wurde, in diesem Lehrbuch mit ihrer scharfen Kritik an der mangelnden Logik der neoklassischen Kapitaltheorie und der Instrumentalisierung der Arbeitslosigkeit zum Lohndumping mehrmals zu Wort.

Das von Bontrup und Marquardt vorgelegte Lehrbuch unterscheidet sich auch in anderer Hinsicht produktiv von den in der Lehre offiziell genutzten Textbooks. Hier wird die Wirtschaftswissenschaft als wichtiger Teil einer Gesellschaftstheorie begriffen. Dazu gehört auch der Mut, den Leserinnen und Lesern systemische Veränderungen im Kapitalismus sowie wichtige Zusammenhänge aus der Diskussion über sozialistische Konzepte zuzumuten. Erkenntnisleitend ist immer wieder die fundamentale Zustandsbeschreibung der Wirtschaft als ein durch gegensätzliche Interessen gespaltenes Untersuchungsobjekt. Deshalb legen die Autoren die in der Neoklassik verdeckten Interessengegensätze offen. Dazu dient auch das gleich zu Beginn des Lehrbuchs aufgestellte „Warnschild" vor Interessenbezügen, die vor der beratenden Wirtschaftswissenschaft nicht Halt machen.

Das Werk ist auf das angelegt, was eigentlich Wissenschaft ausmacht: den konstruktiven Streit um die besten Theorien, die frei von Herrschaftsinteressen zum effizienten, sozial gerechten und ökologisch verantwortlichen Wirtschaften einen Beitrag leisten. Dabei betonen die beiden Autoren zu Recht, dass kritische Theorien und Alternativen nur auf Basis einer vorausgehenden seriösen Analyse der Marktorthodoxie eine Chance haben wahrgenommen zu werden. Deshalb werden die Grundlagen der orthodoxen Theorie, deren Ableitungen und mathematischen Zusammenhänge gut nachvollziehbar sind, in auch für marktorthodoxe Protagonisten nützlicher Form dargelegt. Aus diesen Theorien heraus werden die oftmals unterstellten, irrealen Annahmen vor allem über das Verhalten ökonomischer Akteure kritisiert. Beispielsweise wird gezeigt, wie durch die Kritik der Annahmen vom Handeln nur im Gleichgewicht („false trading") oder von der vollkommenen Information in einer Welt von Spekulationen die „allgemeine Gleichgewichtstheorie" zusammenbricht. Aus dieser überzeugenden Kritik der Marktorthodoxie heraus werden valide Alternativen von Bontrup und Marquardt entwickelt. So entsteht eine aufeinander bezogene Gegenüberstellung von heterodoxen, also abweichenden Theorien im Vergleich zum orthodoxen Besitzstand. Um die analytische Komplexität sinnvoll zu reduzieren wird dabei an der traditionellen Unterscheidung von Mikro- und Makroökonomie festgehalten, aber auch an vielen Stellen vor einer trivialen Mikroökonomisierung der Makroökonomik gewarnt. Die Wirtschaftspolitik wird als dritte Säule der Volkswirtschaftslehre umfassend hinzugefügt.

Durch die differenziert und kontrovers dargestellten Theorien zur Analyse der Entwicklungsdynamik des Kapitalismus werden die üblichen Systemgrenzen kreativ überschritten. Ausgangspunkt vieler Überlegungen sind schließlich die systemischen Interessengegensätze zwischen abhängiger Beschäftigung und dem unternehmerischen „Investitionsmonopol" (Erich Preiser). Da ist es nur konsequent, die Theorien einer demokratisierten Wirtschaft auf der Basis von Mitbestimmung auch mutig in diesem Lehrbuch zu verankern. Gegen das systematisch verlernte Denken in Systemalternativen provoziert das Abschlusskapitel „Ordnungspolitik und Visionen der Wirtschaftsdemokratie" mit vielen Anregungen, bei denen es sich lohnt, dass sich auch die notorischen Kritiker daran abarbeiten.

Das Fundamentalwerk von Bontrup und Marquardt liefert insgesamt einen konstruktiven Beitrag zur pluralen und heterodoxen Ökonomik, die sich seit 2007 auch in Deutschland bisher nur am Rande des vorherrschenden Lehrbetriebs mit dem „Netzwerk Plurale Ökonomik e. V." entwickelt hat. Dieses Werk richtet sich einerseits eindrucksvoll gegen die wachsenden sozialen und ökologischen Kosten sowie gegen die tiefgreifenden Krisen durch das bisherige Wirtschaften und andererseits gegen die Unfähigkeit des Marktfundamentalismus zu deren Lösung. In wohltuender Abgrenzung dazu werden hier Alternativen aufgezeigt. Verantwortungsvolle, wirtschaftswissenschaftliche Erkenntnisbildung ist zur Lösung der ökonomischen, sozialen und ökologischen Herausforderungen auf die Ressource „Pluralität" dringender denn je angewiesen. Der größte Erfolg, den dieses Werk verdient, wäre die Öffnung der marktorthodoxen „Mainstream Economics" für die darin aufgezeigten Alternativen durch dessen Aufnahme in die Literaturlisten und die Auseinandersetzung damit in der Lehre und Forschung. Jedenfalls hat die an Breite gewinnende Bewegung „plurale Ökonomik" endlich ihr Lehrbuch.

Prof. Dr. Rudolf Hickel

Einführung

Lehrbücher zur Volkswirtschaftslehre (VWL) gibt es viele. Wozu dann noch eins? Die Frage ist berechtigt. Aber wir sind überzeugt, dass es an einem Lehrbuch mangelt, das die ganze Vielfalt des ökonomischen Denkens abbildet. In dieser Auffassung bestätigt uns nicht zuletzt eine zunehmend kritische Studentenschaft[1] an den wirtschaftswissenschaftlichen Fakultäten (nicht nur in Deutschland), die sich in ihrem Unmut in einem *Netzwerk Plurale Ökonomik e. V.* zusammengeschlossen hat.

Der Bedarf der Studierenden, sich kritisch mit *dem marktwirtschaftlich-kapitalistischen System* auseinanderzusetzen, steigt jedenfalls immer mehr. Wir greifen diese berechtigte Kritik konstruktiv und wissenschaftlich fundiert auf. Mit unserem Lehrbuch zur VWL, also zur *Mikro-*, *Makroökonomie* und *Wirtschaftspolitik*, wollen wir einerseits das „Schönreden" der marktwirtschaftlichen Ordnung und die starke Orientierung der vorherrschenden orthodoxen, neoliberalen Ökonomie an den Interessen des Kapitals kritisieren und infrage stellen.

Andererseits wollen wir das im Mainstream verschwiegene, für das marktwirtschaftlich-kapitalistische System und für die Herrschaftselite unbequeme, unorthodoxe Wissen der VWL (wieder) aufzeigen und den Studierenden näherbringen. Unter „Mainstream" verstehen wir eine *neoliberale Auslegung* der volkswirtschaftlichen Zusammenhänge, die sich auf Ideen der Neoklassik, des Monetarismus und der Neuklassik stützt.

Der historische Ursprung der neoliberalen Doktrin ist zurückzuführen auf das Jahr 1938, wo sich in Paris auf einer Tagung unter Teilnahme von u. a. Friedrich August von Hayek (1899–1992), Walter Lippmann (1889–1974), Alexander Rüstow (1885–1963) und Raymond Aron (1905–1983) antigewerkschaftliche und antikommunistische/-sozialistische Kräfte zur Stärkung einer marktwirtschaftlich-kapitalistischen Ordnung zusammenschlossen. Daraus entstand 1947 die *Mont-Pèlerin Society*, die sich zur Aufgabe setzte, den *Wirtschaftsliberalismus* weltweit zu verankern.

Es ist nicht vertretbar, dass ein ausgebildeter Volkswirt nichts mehr über die klassische Arbeitswertlehre von Adam Smith (1723–1790) und David Ricardo (1772–1823) weiß, oder mit einem „Langfristkeynesianismus", mit einer „kapitalistischen Rationalitätsfalle", nichts anfangen kann. Wenn überhaupt kennen Studierende noch den „Kurzfrist-Keynes", mit seinem „deficit spending", um ihn dann aber sofort wegen einer damit einhergehenden Staatsverschuldung als „Teufelswerkzeug von gestern" zu diskreditieren.

Genauso ist es ein Ärgernis, dass der *wissenschaftliche Marxismus* an deutschen Ökonomiefakultäten noch nie systematisch gelehrt wurde. Ursachen, Hintergründe und Auswirkungen des tendenziellen Falls der Profitrate, der Konzentrations- und

---

1 Um die Lesbarkeit zu fördern, schließen alle nachfolgenden in dem Buch verwendeten männlichen Sprachformen Frauen und Diverse mit ein.

https://doi.org/10.1515/9783110619379-202

Zentralisationsprozesse sowie die zerstörerischen gesellschaftlichen Rückwirkungen auf die Marktprozesse finden so zu wenig Beachtung. Dies war vor der Wende in Ostdeutschland völlig anders. Umso unwürdiger erscheint es, dass, wie nach dem Scheitern des real existierenden Sozialismus in der DDR, die Wirtschaftshochschulen nach 1990 abgewickelt und exzellente Wissenschaftler ihren Lehrstuhl verloren. Wie anmaßend sich die „Wessis" teilweise dabei verhielten, zeigt eine Aussage des Zeithistorikers Arnulf Baring (1932–2019; 1991, S. 51): „Ob sich heute einer dort, [er meinte Ostdeutschland, d.V.] Jurist nennt oder Ökonom, Pädagoge, Psychologe, selbst Arzt oder Ingenieur, das ist völlig egal. Sein Wissen ist auf weite Strecken unbrauchbar." Dabei zeigt eine wissenschaftliche Aufarbeitung der Forschungsleistungen (vgl. Krause 1998), dass sich die Ökonomen in der ehemaligen DDR sehr dezidiert mit den Theorien einer marktwirtschaftlichen Ordnung, ihren Vorteilen aber auch mit den immanenten Schwächen auseinandergesetzt haben, während zeitgleich die Analyse planwirtschaftlicher Ordnungen in Westdeutschland im Hintergrund blieb und heute im gesamten Bundesgebiet keine Rolle mehr spielt. Mit der Abwicklung der DDR wurde zugleich auch der bedeutendsten wirtschaftswissenschaftlichen Lehr- und Forschungseinrichtung des Hochschulwesens der DDR, die Hochschule für Ökonomie (HfÖ) in Berlin, als eine nicht mehr politisch systemkonforme Institution, aufgegeben (vgl. Krause/Luft/Steinitz 2011).

Die wissenschaftliche Auseinandersetzung mit den Schwachstellen marktwirtschaftlich-kapitalistischer Ordnungen wird kaum mehr unternommen. Kritische, über den Tellerrand hinausschauende, Ökonomen galten im deutschsprachigen Raum sowieso zumeist als Exoten. Zu nennen sind hier insbesondere die bedeutenden Wirtschaftswissenschaftler, die immer auf eine heterodoxe Lehre und Forschung bestanden haben und sich gegen den Mainstream wandten: Erich Preiser (1900–1967), Werner Hofmann (1922–1969), Helmut Arndt (1911–1997), Ota Šik (1919–2004), Jörg Huffschmid (1940–2009), Jiří Kosta (1921–2015), Fritz Vilmar (1929–2015), Herbert Schui (1940–2016), Elmar Altvater (1938–2018), Siegfried Katterle (1933–2019), Rudolf Hickel, Mohssen Massarrat und Karl Georg Zinn.

Stattdessen etablierte sich seit Mitte der 1970er-Jahre ein einseitiger, oftmals nur unreflektiert vorgetragener Mainstream in der VWL. Die Rede ist von der *marktzentrierten Gleichgewichtslehre* und der Dominanz eines neoliberalen Denkens: Überzeugt vom Übertreiben beim Ausbau des „Wohlfahrtsstaates" fordern neoliberale Ökonomen, den Staat, das Öffentliche, zugunsten des Privaten zurückzudrängen, den Markt zu entfesseln und so wieder mehr Freiräume zur angeblichen kreativen Entfaltung zu schaffen.

Flankiert wurde die Entwicklung von einem Generationenwechsel in der VWL-Professorenschaft. Selbst ein *kapitalismusfreundlicher Keynesianismus*, ein „Bastard Keynesianismus", wie ihn die britische Ökonomin Joan V. Robinson (1903–1983) nannte, ist in diesem Umfeld allenfalls ein Nischenprodukt der Lehre. Zugleich wird aber den Selbstheilungskräften, der Dynamik sowie der befreienden Wirkung des Marktes gehuldigt. Methodisch ging die vermeintliche Modernisierung einher mit einer übertriebenen Mathematisierung des Fachs. Gestützt auf Formeln sollte so die universelle Überlegenheit des Marktes mehr oder weniger „objektiv" nachgewiesen werden. Man suggerierte, die Wirtschaftswissenschaft sei eine Naturwissenschaft, die allgemeingültigen Gesetzen folge, denen man sich dann eben unterwerfen müsse.

Während es zu Anfang dieser Entwicklung den nachfolgenden Ökonomen auch darum ging, sich mit Neuem überhaupt aus der Masse hervorheben zu können, bildete sich anschließend eine Art wissenschaftliche „Inzucht" heraus: Neoliberale Professoren berufen Neoliberale und bilden so einseitig die Studierenden aus, begutachten aufbauend von ihren Überzeugungen Abschluss- und Doktorarbeiten sowie zur Veröffentlichung eingereichte wissenschaftliche Artikel für Fachjournale und füttern die Medien mit ihren Ideen. Wissenschaftliche Pluralität und Heterogenität bleiben so auf der Strecke. Verblieben ist ein sich selbst befruchtender Mainstream mit einer *weltfremden Marktgläubigkeit*. Dass gesellschaftliche Fehlentwicklungen Folge des Marktversagens sein können, war zwar weiterhin bekannt, wurde aber von der Zunft aus dem Bewusstsein ausgeblendet. Stattdessen lautete das Mantra: Wenn es irgendwo nicht rund läuft, dann nur deshalb, weil wir noch zu wenig Markt haben.

Gestützt auf diese für ihr Denken willkommenen Vorstellungen waren es zunächst die liberal-konservativen, dem Kapital verpflichteten Politiker Margaret Thatcher (1925–2013) in Großbritannien („Thatcherism") und Ronald Reagan (1911–2004) in den USA („Reagomomics"), die auf Basis der neoliberalen Lehre ihre Wirtschaftspolitik betrieben. Auch in Deutschland kam es spätestens mit der 1982 vollzogenen „geistig moralischen Wendepolitik" unter Helmut Kohl (1930–2017) zu einer Kehrtwende hin zu mehr Markt und weniger Staat.

Die Mystifizierung des Marktes ließ sich jedoch spätestens mit dem Ausbruch der weltweiten *Finanz- und Wirtschaftskrise* 2007 nicht mehr aufrechterhalten. Ausgelöst, aber nicht verursacht, wurde sie von den Finanzmärkten, die einem Kasino glichen, in dem man mal eben ein wenig spekulieren ging. Dort gingen die „kreativen" Banker in einer trotz aller Regulierungen offenbar noch viel zu liberalen Umwelt unverantwortliche Risiken ein. Als die Spekulationsblase mit verheerenden gesamtwirtschaftlichen Folgen platzte, musste die Gesellschaft die Folgen tragen. Wie stets in einer Krise, sind die bereits Ausgegrenzten die Hauptleidtragenden. Daraufhin von der britischen Queen zur Rede gestellt, erklärten führende britische Ökonomen kleinlaut zu der zuvor von ihnen noch propagierten Marktgläubigkeit: „It is difficult to recall a greater example of wishful thinking combined with hubris. [...] And politicians of all types were charmed by the market [...] the failure [...], was principally a failure of the collective imagination of many bright people [...] to understand the risks to the system as a whole" (Besley/Hennessy 2009).

Auch für Studierende stellte die Finanz- und Weltwirtschaftskrise eine Zäsur dar. Der Anschein wissenschaftlicher Exaktheit der VWL ließ die meisten in Ehrfurcht vor den mathematischen Fähigkeiten der Lehrenden erstarren. Dabei verstanden die Studierenden kaum noch, was die Ergebnisse *ökonomisch* überhaupt besagen, welche

Schlussfolgerungen sie zulassen, wo die Grenzen der Modelle liegen und weshalb die Zusammenhänge überhaupt bestehen sollten. Erst recht wussten sie nicht, wie und mithilfe welcher *Institutionen* die Erkenntnisse überhaupt in der Politik umgesetzt werden können und welche gesellschaftlichen Implikationen, auch in einem *historischen Kontext*, damit verbunden sind. Das Abschaffen der meisten Lehrstühle in Politischer Ökonomie – marxistische Lehrstühle hat es nie gegeben –, oder in VWL-Politik bzw. der Besetzung der kümmerlichen Reste mit Theoretikern nach dem überheblichen Motto, „entscheidend ist doch die Theorie, dass bisschen Politik ist ‚nur' noch Umsetzung", steht für sich.

Mit dem Ausbruch der Krise hatten Professoren als Apologeten des Marktes aber bei vielen Studierenden ihre Glaubwürdigkeit verloren. Sie konnten sich nicht mehr hinter einer der Realität entrückten mathematischen VWL verschanzen. Die Defizite der verwendeten Lehransätze, die Entfremdung von der wirtschaftlichen Realität zugunsten des Wunschdenkens und die Schwächen der daraus abgeleiteten politischen Empfehlungen waren nun unübersehbar. Aufgrund des Beharrungsvermögens des Mainstreams in der Lehre begehrten Studierende auf und forderten „die andere Hälfte der Wahrheit" präsentiert zu bekommen. Wenn sie gekonnt hätten, hätten sie „mit den Füßen abgestimmt". Allein es fehlten die Alternativen. Was bleibt, ist Druck über die Netzwerke in Richtung einer Reform der Lehre auszuüben.

In das *Vakuum* will dieses Lehrbuch vorstoßen. Unserer Meinung nach soll die VWL wieder als das behandelt werden, was sie wirklich ist, nämlich eine *Sozialwissenschaft*. Das heißt nicht, dass der Mainstream und auch die Mathematik darin nicht mehr vorkommen werden. Das wäre genauso unwissenschaftlich und unseriös wie das bisherige Vorgehen. Unser Ziel ist es, sowohl eine plurale und heterodoxe als auch orthodoxe Ökonomie zu präsentieren. Neben der orthodoxen Mainstream-Ökonomie und der Kritik daran kommen in unserem Lehrbuch auch andere, unterrepräsentierte Theorien und der wissenschaftliche Marxismus zu Wort. Darüber hinaus entwickeln wir eigene Modelle und sowohl alternative wirtschaftspolitische als auch ordnungstheoretische Vorstellungen. Dieses Buch will so die Pluralität des ökonomischen kritischen Denkens wieder sichtbarer machen und eine *heterodoxe VWL* in den Fokus rücken.

In Kapitel 1 beschäftigen wir uns mit einem Aspekt, der in der VWL zunehmend in Vergessenheit geraten ist: der Tatsache, dass es sich hierbei um eine Gesellschaftswissenschaft handelt. Anders als in mathematischen Formeln suggeriert, ist damit von Vornherein aufgrund des *Erkenntnisobjektes Mensch* eine wissenschaftliche Unschärfe in der VWL angelegt. Diese Unschärfe wird in der Aufbereitung volkswirtschaftlicher Fragen durch die Sozialisierung der Wissenschaftler und ihre interessengeleitete Einbindung in die Politikberatung und Lobbyarbeit noch akzentuiert. Eine wichtige Rolle bei der Frage, wie welche wissenschaftlichen Erkenntnisse in die Öffentlichkeit transportiert werden, spielen dabei auch die Medien.

In Kapitel 2 wird die *orthodoxe Mikroökonomie* dargelegt. Wir stellen sie hier einerseits vor, weil es sich um Basiswissen über Fachtermini und Zusammenhänge handelt, ohne die ein Volkswirt keinen Zugang zur Community finden wird. Andererseits wird dieses Basiswissen auch benötigt, um die nachfolgende Auseinandersetzung mit der heterodoxen Ökonomie zu verstehen. Besonderen Wert haben wir hier auf das Thema *Marktversagen* gelegt. Es ist der Mainstream-Ökonomie natürlich nicht unbekannt, gleichwohl wird es in deren Argumentationsmustern häufig vernachlässigt.

Aus *heterodoxer Sicht* wird die Mikroökonomie im Kapitel 3 beleuchtet. Dabei unterlegen wir unsere Analysen mit einer Vielzahl empirischer Befunde. Einen besonderen Schwerpunkt bildet das Thema der *Vermachtung*. Es handelt sich um ein in kapitalistisch-marktwirtschaftlichen Systemen innewohnendes Problem, das mit der resultierenden Gefahr der Ausbeutung verbunden ist. Darüber hinaus beschäftigen wir uns mit einem kritischen Blick auf die Rolle von *Unternehmern* und *Verbrauchern*. Anders als in der „schönen, heilen Welt" der Marktwirtschaft betrachten wir Unternehmer und Shareholder nicht als diejenigen, die durch den Wettbewerb diszipliniert vorrangig der Gesellschaft etwas Gutes tun. Stattdessen sehen wir sie als Kapitalisten, deren zentrale Zielsetzung ist, die im Kapitalismus entscheidende Profitrate zu steigern. Die Konsumenten sind dabei keine souveränen Akteure, sondern allein das Objekt der Kapitalisteninteressen. Zudem widmen wir den Fehlentwicklungen auf den *Geld- und Kapitalmärkten*, von denen in beschleunigter Frequenz immer größere gesamtwirtschaftliche Störungen ausgehen, ein besonderes Augenmerk. Sehr umfangreich fällt die Aufbereitung zum Faktor *Arbeit* und *Arbeitsmärkte* aus. Der Mensch soll in der orthodoxen Ökonomie zwar im Mittelpunkt stehen, aber nur nach dem Motto: Er ist Mittel. Punkt! Wir sehen den arbeitenden Menschen dagegen nicht als Kostenfaktor, sondern als den für das gesamte Wirtschaftsleben entscheidenden wertproduzierenden Faktor.

Im 4. Kapitel geht es um die *Volkwirtschaftliche Gesamtrechnung (VGR)* und die *Wohlfahrtsmessung*. Ganz orthodox werden hier zunächst die Basics der Bruttoinlandsproduktrechnung aufbereitet. Anschließend erfolgt eine ausführliche Auseinandersetzung mit den Defiziten einer Verwendung des Bruttoinlandsproduktes als Wohlfahrtsmaß sowie mit alternativen Konzepten der Wohlfahrtsmessung. Überdies nutzen wir die Gelegenheit, die Zahlungsbilanzstatistik zu erklären und wichtige Zusammenhänge im Wirtschaftskreislauf aufzuzeigen, auf die wir dann bei unseren makroökonomischen Argumentationen noch häufiger zurückgreifen werden.

Das 5. Kapitel gibt einen Überblick über die unterschiedlichen Denkmuster zu gesamtwirtschaftlichen Zusammenhängen. Berücksichtigt werden die Theorien der *Merkantilisten*, der *Klassiker*, von *Marx*, der *Neoklassiker*, der *Keynesianer*, der *Monetaristen* und der *Neuklassiker*. Nach der theoretischen Fundierung erfolgen dann jeweils – quasi als abgeleitetes Ergebnis der teils stark widerstreitenden Theorien – die Schlussfolgerungen der unterschiedlichen Lager zur geeigneten wirtschaftspolitischen Konzeption.

Anschließend beschäftigen wir uns in Kapitel 6 mit der *allgemeinen Wirtschaftspolitik*. Wir werfen dabei einen kritischen Blick auf die Erreichung der im Stabilitäts- und Wachstumsgesetz vorgegebenen wirtschaftspolitischen Ziele. Zudem setzen wir uns gestützt auf zahlreiche empirische Daten mit der Verteilungsproblematik von Einkommen und Vermögen in Deutschland auseinander. Das Kapitel wird abgeschlossen mit der Darstellung der Konzeption einer angebotsorientierten, unternehmerfreundlichen, neoliberalen Wirtschaftspolitik und dem Gegenentwurf einer keynesianisch-interventionistischen Wirtschaftspolitik, die nicht das Kapital in den Mittelpunkt rückt.

Im 7. Kapitel geht es um zentrale Bereiche der *praktizierten Wirtschaftspolitik*. Hierbei wird nicht nur Institutionenwissen aufbereitet, sondern wir betrachten aus einer kritischen Perspektive auch die politische Steuerung der einzelnen Wirtschaftsbereiche. Im Einzelnen werden dabei die internationale Arbeitsteilung, die Globalisierung und die Finanz- sowie die Geldpolitik thematisiert.

Das 8. Kapitel knüpft an viele der von uns zuvor herausgearbeiteten Defizite kapitalistisch-marktwirtschaftlicher Systeme an. Hier geht es abschließend um *ordnungstheoretische Fragestellungen*, zwischen den beiden Polen dezentrale Markt- und zentrale Planwirtschaft. Dabei werden die wirtschaftlich möglichen Ordnungssysteme, auch im staatstheoretischen und historischen Spiegel, einer ausführlichen kritischen Analyse unterzogen. In einer Vision gehen wir der Frage nach, wie eine Wirtschaftsdemokratie aussehen könnte.

Heinz-J. Bontrup, Ralf. M. Marquardt

P.S.: Sollten Sie bei den mathematischen Anwendungen noch Unsicherheiten haben, wird auf das folgende Dokument verwiesen, in dem die erforderlichen Grundkenntnisse der Mathematik in komprimierter, pragmatischer Form dargestellt sind: „VWLer-Mathe für Minimalisten" auf:

https://www.w-hs.de/service/informationen-zur-person/person/marquardt/

(dort unter der Rubrik Persönliche Seiten: VWLer-Mathe).

Inhalt

Abkürzungsverzeichnis

AAW	Arbeitsgruppe Alternative Wirtschaftspolitik
BGE	Bedingungsloses Grundeinkommen
BIP	Bruttoinlandsprodukt
CETA	Comprehensive Economic and Trade Agreement
EE	Erneuerbare Energien
EGKS	Europäische Gemeinschaft für Kohle und Stahl
EU	Europäische Union
EU-ETS	EU-Emission-Trading-System
EURATOM	Europäische Atomgemeinschaft
EWG	Europäische Wirtschaftsgemeinschaft
EZB	Europäische Zentralbank
GATT	General Agreement on Tariffs and Trade
GATS	General Agreement on Trade in Services
GG	Grundgesetz
GPI	Genuine Progress Indicator
GWB	Gesetz gegen Wettbewerbsbeschränkungen
HDI	Human Development Index
IMF/IWF	International Monetary Funds (Internationaler Währungsfonds)
ISEW	Index of Sustainable Economic Welfare
MEW	Measure of Economic Welfare
MEW	Marx-Engels-Werke
NPÖ	Neue Politische Ökonomie
StabG	Gesetz zur Förderung der Stabilität und des Wachstums der Wirtschaft
SVR	Sachverständigenrat zur Begutachtung der gesamtwirtschaftlichen Entwicklung
TRIPS	Trade-Related Aspects of Intellectual Property Rights
TTIP	Transatlantic Trade and Investment Partnership
UGR	Umweltökonomische Gesamtrechnungen
UN	United Nations (Vereinte Nationen)
UNDP	United Nations Development Programme
VGR	Volkswirtschaftliche Gesamtrechnung
VJ.	Vorjahr
VWL	Volkswirtschaftslehre
WTO	World Trade Organization
WWU	Wirtschafts- und Währungsunion

https://doi.org/10.1515/9783110619379-203

Inhalt

Variablenverzeichnis

Die Variablenbezeichnungen orientieren sich aus Kompatibilitätsgrünen zu anderen Lehrbüchern stark an eingespielten Gewohnheiten. Viele Abkürzungen leiten sich aus dem Englischen ab (siehe Klammererklärung). Bei den Variablen bedeutet ein hochgestelltes S (für **S**upply) grundsätzlich Angebot und ein hochgestelltes D (für **D**emand) Nachfrage.

A	Arbeitsinput in h
A^D	Arbeitsnachfrage in h
A^S	Arbeitsangebot in h
AP	Arbeitsproduktivität
AK	Arbeitskosten
A_K	Arbeitskoeffizient
c	marginale Konsumquote oder im Zusammenhang mit Profitratenrechnung konstantes Kapital
C	Konsumgüternachfrage (consumption)
C_S	Konsumnachfrage des Staates; Staatsverbrauch
DKV	durchschnittliche variable Kosten
DKF	durchschnittliche Fixkosten
DKT	durchschnittliche Gesamtkosten
ε	Preiselastizität der Nachfrage
η	Einkommenselastizität der Nachfrage
E_K	Eigenkapital
EX	Exportgüternachfrage (Exports)
G	Kontextabhängig Gewinn oder Staatsnachfrage (Government)
GE	Grenzertrag
GL	Grenzerlös
GK	Grenzkosten
G_K	Gesamtkapital
GN	Grenznutzen
GRS	Grenzrate der Substitution
GRT	Grenzrate der Transformation
GW	Absoluter Gewinn
i	Zinssatz in Prozent (interest rate)
I	Investitionsgüternachfrage der Unternehmen (Investment)
I_S	Investitionsgüternachfrage des Staates (Investment)
IM	Importgüternachfrage (Imports)
K	Sachkapitalbestand
KF	Fixkosten
K_I	Kapitalintensität
KP	Kapitalproduktivität
KT	Gesamtkosten (Total Costs)
KV	Variable Kosten
M	Geldmenge nominal in EUR (Money)
MP	Miete, Pacht, Leasing
MW	Mehrwert
N	Nutzenniveau
p	Preis
P	Preisniveau in EUR/Güterkorbeinheit (Prices)

https://doi.org/10.1515/9783110619379-204

π	Inflationsrate als Dezimalzahl
q_L	Lohnquote
q_{MW}	Mehrwertquote
r	Profitrate
S	Sparen (Savings)
t	Steuersatz (tax rate)
T	Steuern (Taxes)
TR	Transferzahlungen
U	Umlaufgeschwindigkeit des Geldes
VK	Vorleistungskosten
w	Reallohn in Güterkorbeinheiten/h (wages)
W	Nominallohn in EUR/h (wages)
WS	Wertschöpfung
y	Produzierte Gütermenge
Y	Volkseinkommen (Yield)
Y^D	gesamtwirtschaftliche Güternachfrage
Y^S	gesamtwirtschaftliches Güterangebot
Z	Zinsen in EUR
ϖ	Wachstumsrate als Dezimalzahl (z. B.: 0,1 = 10 %)

Abbildungsverzeichnis

https://doi.org/10.1515/9783110619379-205

Tabellenverzeichnis

https://doi.org/10.1515/9783110619379-206

1 Volkswirtschaftslehre als Sozialwissenschaften

Die heutige Volkswirtschaftslehre (VWL) als eigenständige Wissenschaftsdisziplin hat sich aus der klassischen Nationalökonomie, auch als *Politische Ökonomie* bezeichnet, herausgebildet. Anfangs basierte die klassische Nationalökonomie weitgehend auf den Vorstellungen des *wirtschaftlichen Liberalismus* im 19. Jahrhunderts und löste die Anschauungen des *Merkantilismus* und des *Physiokratismus* ab. Als Vorläufer der klassischen orthodoxen Nationalökonomie wird dabei immer wieder der britische Ökonom und Philosoph William Petty (1623–1687) angeführt, der die „unproduktiven" Schichten in der feudalen vorkapitalistischen Ordnung zum ersten Mal kritisierte. Der endgültige Beginn der klassischen Lehre wird aber mit dem epochalen Werk von Adam Smith (1723–1790) aus dem Jahr 1776, der „Wohlstand der Nationen", in Verbindung gebracht. *Klassische Nationalökonomie* wurde dabei ordnungstheoretisch immer gleichgesetzt mit Kapitalismus, den kein anderer wissenschaftlich so seziert hat wie Karl Marx (1818–193) in seinem ebenfalls epochalen Werk „Das Kapital". Übrigens wurde in diesem Kontext auch von Marx der Begriff „Klassische Nationalökonomie" geprägt.

Der heute weltweit dominante Kapitalismus bezeichnet dabei allgemein eine Funktionsweise von Gesellschaften, „die auf der Erzielung von Gewinn und der Vermehrung (Akkumulation) der hierfür eingesetzten Mittel (Kapital) durch ‚Warenproduktion mittels Waren' sowie durch den Kauf und Verkauf von Waren oder die Erstellung und den Verkauf von Dienstleistungen beruhen" (Fülberth 2005, S. 12). Auch die an den Hochschulen gelehrte *orthodoxe VWL* beschäftigt sich allgemein mit den ökonomischen Aspekten des gesellschaftlichen Zusammenlebens in *marktwirtschaftlich-kapitalistischen Ordnungen*. Letzteres wird in der Regel aber nicht explizit erwähnt. Wir werden hier noch ausführlich darlegen, dass es aber auch andere wirtschaftliche Ordnungsformen, neben einer marktwirtschaftlich-kapitalistischen Ordnung, gibt, die jedoch in der orthodoxen VWL nur geringe wissenschaftliche Zuwendung erfahren (vgl. Kap. 8). Wir werden auch zeigen, dass die orthodoxe VWL sich mehr mit den Verwertungsinteressen der Kapitaleigentümer beschäftigt, als sich mit den Interessen der arbeitenden und für das Kapital mehrwertschaffenden Klasse ernsthaft auseinanderzusetzen oder gar zu identifizieren. Viele kritische Volkswirte sehen deshalb in der orthodoxen VWL auch nur eine „Wissenschaft im Interesse des Kapitals".

In der allgemeinen *Wissenschaftssystematik* gehört die VWL zur Sozialwissenschaft. Dabei wird die VWL in drei Teilbereiche untergliedert (vgl. Abb. 1.1): In der *Mikroökonomie* wird das Verhalten einzelner Unternehmen und Haushalte sowie deren Abstimmungsprozess über den Markt mithilfe von Preisanpassungen untersucht. Die *Makroökonomie* setzt sich mit gesamtwirtschaftlichen Phänomenen auseinander. Die datenmäßige Aufbereitung der ökonomischen Aktivitäten zwischen den zu den Sektoren *Private Haushalte*, *Unternehmen*, *Staat* und *Ausland* zusammengefassten Wirtschaftssubjekten erfolgt dabei in der *Volkswirtschaftlichen Gesamtrechnung*. Sie berücksichtigt auch den Wirtschaftskreislauf, der verdeutlicht, dass volkswirtschaft-

https://doi.org/10.1515/9783110619379-001

lich gesehen die Ausgaben des einen, die Einnahmen eines anderen Sektors sind. Wie in einem Kreislauf geht demnach gesamtwirtschaftlich nichts verloren. In der makroökonomischen Theorie wird analysiert, wie sich wichtige wirtschaftspolitische Zielgrößen, wie die Höhe der Güterproduktion, der Beschäftigung und des Preisniveaus, in einer Volkswirtschaft wechselseitig bestimmen.

Die (normative) *Wirtschaftspolitik* beschäftigt sich ausgehend von mikro- und makroökonomischen Erkenntnissen mit der Frage, wie Entscheidungsträger das wirtschaftliche Zusammenleben gestalten sollten, um ein Maximum an gesellschaftlicher Wohlfahrt zu erreichen. Ausgangspunkt ist dabei die Suche nach einer befriedigenden Lösung des Knappheitsproblems, ohne das es keine Notwendigkeit zum Wirtschaften gäbe. Unbegrenzt vielen Bedürfnissen steht schließlich nur eine bestimmte Menge an *Produktionsfaktoren* gegenüber, sodass auch nur begrenzt viele Güter zur Bedürfnisbefriedigung eingesetzt werden können. Dabei sind nicht nur materielle Güter (Autos, PCs, ...), sondern auch immaterielle Güter (Gesundheit, Freizeitgestaltung, ...) zu berücksichtigen. Mit Blick auf die einsetzbaren Produktionsfaktoren (auch: Ressourcen) ist zu unterscheiden zwischen:
- *Arbeit*: menschliche Arbeitskraft in Form von unselbständig, also weisungsgebundenen Beschäftigten und Selbständigen;
- *Boden*: als Immobilie, auf der der Produktionsprozess physisch erfolgt, als Veredlungsmittel in der Agrarproduktion oder für den Rohstoffabbau;
- *Kapital*: Sachkapital als über die Nutzungsdauer kontinuierlich in die Endprodukte eingehendes Bestandskapital (Maschinen, Gebäude, ...) und als Verbrauchskapital (Rohstoffe, Halbfertigprodukte, ...), das vollständig im Produktionsprozess veredelt wird
- und *Umwelt*: saubere Luft und sauberes Wasser werden ebenfalls in der Produktion als Ressource der Natur beansprucht (vgl. Statistisches Bundesamt 2014, S. 11).

Arbeit, Boden und Umwelt gelten dabei als *„elementare"* bzw. „originäre", also nicht durch den Wirtschaftsprozess selbst herzustellende Produktionsfaktoren. Kapital hingegen ist ein *„abgeleiteter"* Produktionsfaktor, d. h. er musste zuvor aus dem Einsatz anderer Ressourcen hergestellt werden. Arbeit, Boden und Kapital sind dabei die klassischen Faktoren der traditionellen Ökonomie. Üblicherweise ist ihr Einsatz mit Kosten verbunden, die durch Geld zu begleichen sind. Saubere Umwelt hingegen wird zwar ebenfalls im Produktionsprozess eingesetzt. Üblicherweise ist dafür aber kein Preis zu entrichten, obwohl der Gesellschaft bei ihrem Einsatz Kosten in Form der Umweltverschmutzung und ihren Folgen entstehen. Es handelt sich um *„externe Kosten"*, die von den Unternehmen zur Befriedigung des Güterangebotes für die Verbraucher verursacht, in der internen Wirtschaftlichkeitsrechnung der Verursacher aber nicht berücksichtigt werden. Gleichwohl gilt es, unter Beachten der externen Kosten auch mit diesen „weichen" Produktionsfaktoren schonend und erhaltend (also: nachhaltig) umzugehen.

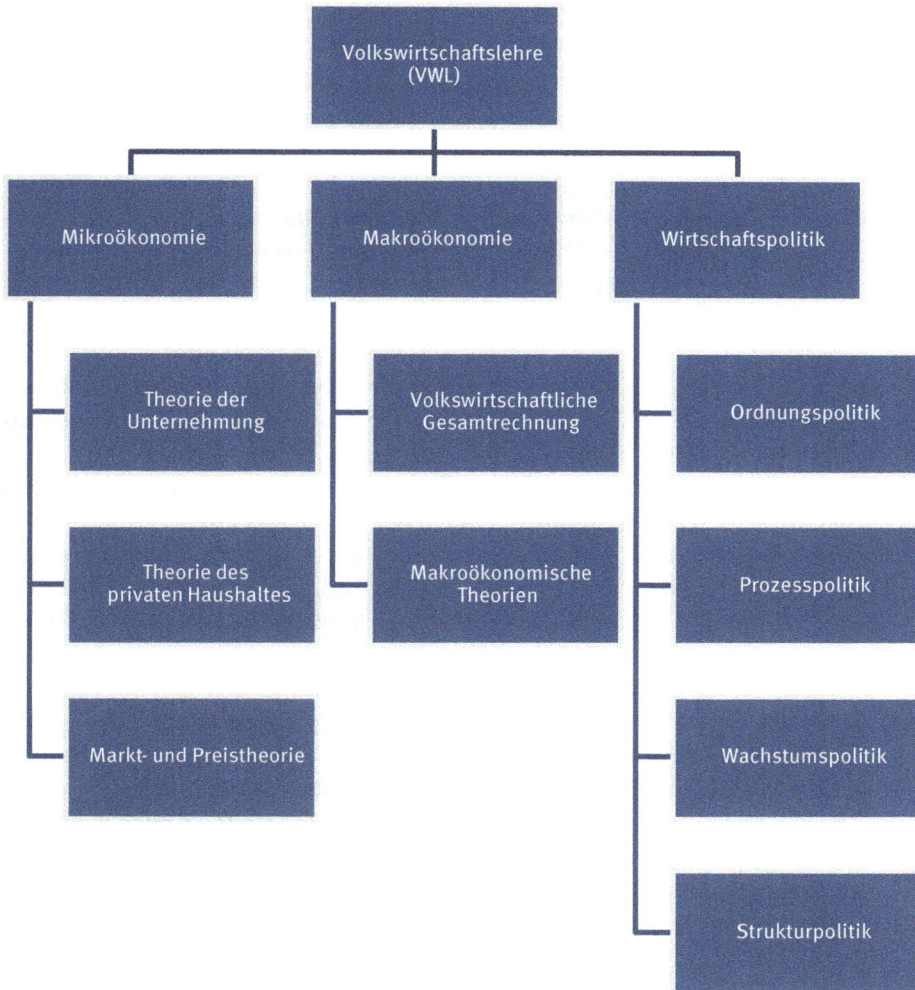

Abb. 1.1: Teilgebiete der VWL. Quelle: eigene Darstellung.

Um die Bedürfnisbefriedigung zu optimieren, sollte grundsätzlich das *ökonomi-sche Prinzip* in seinen beiden Erscheinungsformen eingehalten werden:
- Bei gegebenem Mitteleinsatz soll ein maximales Befriedigungsniveau erreicht werden (*Maximalprinzip*).
- Ein gegebenes Befriedigungsniveau soll mit einem minimalen Mitteleinsatz er-reicht werden (*Minimalprinzip*).

In beiden Fällen wird eine Verschwendung knapper Ressourcen vermieden. Bei der Umsetzung sind Mechanismen zu finden, die das Allokations- und das Distributions-problem lösen. Die Lösung des *Allokationsproblems* setzt im Idealfall voraus:

– Alle verfügbaren Produktionsfaktoren werden auch eingesetzt.
– Welche Güter erzeugt werden, orientiert sich an der Dringlichkeit der Bedürfnisse.
– Der Zugriff auf den knappen Pool der Produktionsfaktoren wird nach der Produk-tivität des Faktoreinsatzes organisiert. Die Produktivität misst dabei, wie viel Ein-heiten an Güteroutput pro Einheit an Faktoreinsatz erzeugt werden. Es sollte zu-erst derjenige zugreifen können, der mit den noch nicht eingesetzten Mitteln ma-ximal viel Bedürfnisbefriedigung erreicht.

Nachdem der verfügbare „Güterkuchen" erzeugt wurde, gilt es, ihn bei der Lösung des *Distributionsproblems* so zu verteilen, dass die verfügbaren Güter zunächst dort eingesetzt werden, wo sie die höchste Bedürfnisbefriedigung erzielen.

Bei der Gestaltung der zur Lösung verwendeten Mechanismen gibt es in mehreren Bereichen Betätigungsfelder für die Politik. In der *Ordnungspolitik* (vgl. Kap. 8) geht es darum, die allgemeinen Spielregeln für die Akteure festzulegen. Dazu zählen

– die Entscheidung über das Zulassen oder Nichtzulassen von Privateigentum an Sachkapital und die Mitbestimmungsfrage von Beschäftigten und anderen Stake-holdern in den Unternehmen,
– aber auch die Frage, inwieweit das einzelwirtschaftliche Verhalten im Produkti-onsprozess sowie beim Konsumieren über den Markt ausgesteuert
– und welche Rolle der Staat dann bei einer Korrektur von Ergebnissen auf einzel-nen Märkten oder in der Gesamtwirtschaft im Grundsatz spielen soll.
– Dazu kann mit Blick auf das Distributionsproblem insbesondere auch die Vertei-lungspolitik gezählt werden, bei der es um eine Umverteilung von Einkommen und Vermögen über Steuern und Abgaben auf der einen und Transferleistungen auf der anderen Seite geht.

Die *Prozesspolitik* analysiert, ob und wie der Staat kurz- bis mittelfristige gesamtwirt-schaftliche Fehlentwicklungen, wie etwa einen Konjunktureinbruch, innerhalb des ordnungspolitischen Rahmens korrigieren kann. In der *Strukturpolitik* geht es um die Frage, wie die Politik mit den regionalen und sektoralen Auswirkungen des langfris-tigen Wandels in der Zusammensetzung der Wertschöpfung umgehen soll. Im Mittel-punkt der *Wachstumspolitik* stehen Überlegungen, was die Politik tun kann, um län-gerfristig die Güterversorgung zu verbessern. Dazu gehört aber nicht nur der Blick auf die Quantität der Versorgung, sondern auch auf die Nachhaltigkeit und Umweltver-träglichkeit (sogenanntes „*Qualitatives Wachstum*").

1.1 Wissenschaftliche Unschärfe der VWL

Insgesamt beschäftigt sich die VWL (unter grundsätzlich marktwirtschaftlich-kapitalistischen Bedingungen) mit Themen von hoher universeller Relevanz wie Güterversorgung, Gerechtigkeit, Machtausbeutung an Märkten, Arbeitslosigkeit, die Rolle des Staates u. a. beim Ausbau der Infrastruktur, der Bildungsförderung und bei der Regulierung von Märkten. Die auch auf ökonomische Missstände zurückzuführende Auflösung sozialistischer Systeme auf der einen Seite, das Versagen des Kapitalismus im Zuge der Finanzmarktkrise 2007 und der Eurokrise (vgl. Kap. 3.4.2 und Kap. 7.3.7) auf der anderen Seite verdeutlichen beispielhaft, welche gesellschaftliche Sprengkraft dabei von staatlich unzureichend ausgesteuerten Volkswirtschaften ausgeht. Ein weiterer Beleg dafür ist das Aufbegehren der „Gelbwesten" in Frankreich im Jahr 2018/19. Es wurde zwar durch die Einführung einer neuen Steuer auf Benzin und Diesel ausgelöst, im Wesentlichen war es aber auf das wirtschafts- und sozialpolitische Vernachlässigen einkommensschwacher Bevölkerungsschichten durch die Regierung von Emmanuel Macron zurückzuführen. Die Aufstände zeigten, dass aufgestaute Wut selbst in wohlhabenden Ländern in vorrevolutionäre Auseinandersetzungen eskalieren kann. In der Spitze nahmen frankreichweit über 300.000 Menschen an den teilweise gewaltsamen Protestaktionen teil (vgl. Kasten: „Gelbwesten-Bewegung").

„Gewalt eskaliert bei Gelbwesten-Demonstrationen in Paris

[…] Paris erlebt ein drittes Wochenende der Gewalt. Am frühen Samstagabend breiteten sich die Straßenschlachten auf die Viertel abseits der Champs Elysées und des Triumphbogens aus, […]. Zahlreiche Bankfilialen wurden zerstört, Autos umgestürzt und angezündet. Mobilisierte Schlägergruppen waren unterwegs, […]. […] Währenddessen forderten Soziologieprofessoren und Vertreter der extremen Linken und Rechten in Talkshows, man müsse Verständnis haben für ‚die Wut des Volkes, die sich hier entlädt'. […]

Was wollen die Gelbwesten erreichen? In der Nähe des Triumphbogens sagten Jugendliche […]: ‚Weniger Steuern und dass Macron abhaut.' Und dann? ‚Wählen wir einen neuen Präsidenten, am besten Marine Le Pen'. Was soll dann besser werden? ‚Die schmeißt die Ausländer raus, die arbeiten nicht und liegen uns auf der Tasche.' sagt einer […]. Ein anderer widerspricht: Die Ausländer solle man in Ruhe lassen, aber Macron müsse weg. […] Der Ärger über hohe Steuern sitzt bei vielen Franzosen tief, die aber im selben Atemzug bessere staatliche Dienstleistungen fordern." (Handelsblatt Online 2018)

„Was ist eigentlich in Frankreich los? Die Gelbwesten und die unfassbare Wut im Land

Das war schon bei der französischen Revolution so. Was die Leute umtreibt, sind die ökonomischen Probleme. Wenn man nicht genug Geld für Essen oder die Wohnung hat, wenn man seinen Kindern kein besseres Leben ermöglichen kann, das ist der Ausgangspunkt für eine Revolution. Die Gelbwesten sind wie die Französische Revolution eine sehr heterogene Bewegung. […] Auch heute ist es eine Bewegung unterschiedlichster Menschen, die ein gemeinsames Ziel vereinigt: mehr Gleichheit" (Vuillard 2019).

Trotz der hohen gesellschaftlichen Bedeutung des Fachs VWL hielt sich die Zunft deutscher Volkswirte aber lange Zeit vornehm aus der politischen Debatte heraus. Erst in den 1980er-Jahren verließen viele Ökonomieprofessoren ihren Elfenbeinturm und mischten sich seitdem sogar mit populärwissenschaftlichen Beiträgen in die öffentliche Diskussion ein. So stellte sich der damalige Präsident des ifo-Instituts, Hans-Werner Sinn, in einem Sachbuchbestseller die Frage: „Ist Deutschland noch zu retten?" Als Kern aller Probleme führte er aus (2003, S. 89): „Viele Politiker und Gewerkschafter versuchen, sich dem *Markt* zu widersetzen, indem sie ihm *höhere Löhne* aufzwingen. [...] Das ruft die Arbeitslosigkeit hervor [...]." Als Maßnahme empfahl er, die Löhne drastisch zu senken (vgl. Sinn 2003, S. 95).

Peter Bofinger, als damaliges Mitglied des Sachverständigenrates gleichermaßen bekannt, konterte diese Forderung jedoch in seinem Buch „Wir sind besser als wir glauben" (2005, S. 184 u. 187) mit: „*Lohnzurückhaltung* hat nichts gebracht" und forderte stattdessen Lohnzuwächse.

So begrüßenswert es auch ist, dass sich Experten verstärkt in die öffentliche Diskussion einmischen, umso irritierender müssen derartig konträre Empfehlungen wirken. Dabei handelt es sich hier nur um ein Beispiel, das beliebig ergänzt und aktualisiert werden kann. Politische Entscheidungsträger, die sich auf den Rat der Ökonomen stützen wollen, müssen angesichts der Kakophonie geradezu verzweifeln. Wolfgang Schäuble (2015) etwa kommentierte bei einem G7-Gipfel als damaliger Bundesfinanzminister die Unterstützung durch die hinzugezogenen Ökonomen süffisant mit: „Die sechs Wissenschaftler [...], das weiß jeder, der die wissenschaftliche Diskussion ein bisschen kennt, waren hinreichend kontrovers." Dass nach Schäubles Einschätzung die Politik durch ihre wissenschaftlichen Beiträge ein „stückweit beeinflusst" werde, wirkte als reines Lippenbekenntnis und deutete eher das Gegenteil an. Weniger abschätzig, gleichwohl ebenso desillusioniert hinsichtlich der wissenschaftlichen Beratung gab sich der frühere US-Präsident Harry S. Truman (1884–1972). Er beklagte die Tatsache, dass einzelne Ökonomen – wenn sie sich nicht gerade auf populärwissenschaftlichem Terrain bewegen – kaum uneingeschränkt gültige Ratschläge erteilten. In Anbetracht der Neigung zu relativierenden und stark differenzierten Aussagen, soll er gar den Wunsch nach einem „einarmigen Ökonomen" geäußert haben, der nicht immer mit „on the one hand and on the other hand" argumentieren könne.

Aufgabe

Wieso ist die VWL eine Sozialwissenschaft?

Erklären Sie die vier Produktionsfaktoren der VWL und benennen Sie die originären und den derivativen Faktor.

Was besagt das ökonomische Prinzip?

Wie unterscheiden sich in der VWL Prozess- und Ordnungspolitik?

Erklären Sie: Wie kommt es, dass die beiden Ökonomen Hans-Werner Sinn und Peter Bofinger vollkommen kontroverse Empfehlungen zur Lohnentwicklung abgegeben haben?

1.2 Erkenntnisobjekt Mensch

Warum kommen Volkswirte – anders etwa als ihre Kollegen aus Naturwissenschaft und Technik – nicht zu exakten Befunden und einheitlichen Empfehlungen? Woran liegt es, dass sie daher von der Politik allenfalls selektiv zu Rate gezogen werden, um dann möglichst eine Unterstützung der jeweiligen Meinung zu erhalten? Die Antwort ist einfach: Das Erkenntnisobjekt der VWL ist ausgesprochen unberechenbar, nämlich der *Mensch*. Anders als die Natur, die zeitlich und räumlich uneingeschränkt gültigen Gesetzmäßigkeiten folgt, ist für *menschliches Verhalten* – im Rahmen der gesellschaftlich zugelassenen Freiräume – sein freier Wille ausschlaggebend. Dieser ist im Zeitablauf instabil und über Individuen hinweg heterogen. So kann z. B. ein und derselbe Unternehmer auf eine Zinssenkung für Kredite mal mit einer fremdfinanzierten Ausweitung seiner Investitionen, mal aber auch gar nicht reagieren. Überdies geht es in der VWL auch noch darum, das Ergebnis aus der Interaktion von Millionen derart unzuverlässiger Akteure zu verstehen und zu gestalten. Im Gegensatz zu den Natur- und Technikwissenschaften zwingt uns also das Erkenntnisobjekt von Vorherein zur wissenschaftlichen Demut.

Im Mittelpunkt der VWL steht nicht das reine „Erklären" von außen vorgegebener mechanistischer Gesetzmäßigkeiten, in denen sich kein eigentlicher Sinn ergründen lässt (vgl. Ebner 2010). In der Physik ist es eigentlich egal, warum ein Stein auf den Boden fällt. Wichtig ist zu wissen, dass er das tut. Die VWL aber beschäftigt sich mit der vom *Menschen geformten Gesellschaft*. Hier geht es auch um das „Verstehen", um die Sinnhaftigkeit, warum jemand wie auf einen Impuls reagiert und ob das Verhalten in einem veränderten Umfeld auch anders ausfällt.

Um bei der Erkenntnisgewinnung angesichts der Instabilität und Heterogenität im Verhalten des Erkenntnisobjektes nicht sofort kapitulieren zu müssen, bedienen sich die Ökonomen des „*Gesetzes der großen Zahl*", das wenigstens probabilistische Aussagen ermöglichen soll. Sie suchen dabei nach Regelmäßigkeiten, die das typische, im Durchschnitt zu erwartende Verhalten von Wirtschaftssubjekten abbilden. Hiervon kann der Einzelne durchaus abweichen. Dabei hängt die Gültigkeit der Erkenntnisse vom jeweiligen gesetzten gesellschaftlichen Rahmen und dem Stand der technologischen Entwicklung ab und kann sich daher ändern. Es handelt sich letztlich um *Wahrscheinlichkeitsaussagen* über das repräsentative Verhalten mit einer Verfallsoption. Wissenschaftliche Unschärfe ist dabei unvermeidbar.

Und nicht zuletzt spielen im weitgehend unberechenbaren menschlichen Verhalten *widersprüchliche Klassenverhältnisse* eine wesentliche Rolle. In einer marktwirtschaftlich-kapitalistischen Ordnung stehen sich die Interessen von Kapital und Arbeit diametral gegenüber und „das Sein bestimmt hier das Bewußtsein" (Karl Marx). Die wirtschaftlichen Interessen eines Kapitaleigners (Unternehmers) sind eben andere als die eines abhängig Beschäftigten. Aber auch innerhalb von Klassen gibt es keine Homogenität. So streiten sich die Kapitaleigner bei der Mehrwertaufteilung genauso wie die Beschäftigten bei der Verteilung der gesamtwirtschaftlichen Lohnsumme. Vor dem Hintergrund darf man sich dann auch nicht wundern, wenn die Widersprüche bewusst genutzt werden, um die eigenen Interessen gegen andere durchzusetzen.

1.3 Problematik der Erkenntnisgewinnung

Wie lassen sich die auf Wahrscheinlichkeiten reduzierten „positive Aussagen", also Sachaussagen zu tatsächlichen *Ursache-Wirkungsbeziehungen*, überhaupt gewinnen? Die Diskussion darüber war in der VWL Gegenstand des älteren Methodenstreits. Er wurde Ende des 19. Jahrhunderts ausgefochten und vollzog sich zwischen den Lagern der *Rationalisten* mit Carl Menger (1840–1921) als Hauptvertreter und der *Empiristen* mit Gustav von Schmoller (1838–1917) als Gallionsfiguren. Während die Vorstellungen der Rationalisten wegen der Herkunft vieler ihrer Repräsentanten der Österreichischen Schule zugeordnet wurden, galten die Verfechter des Empirismus auch als Anhänger der „Historischen Schule"".

1.3.1 Position der Rationalisten

Die Rationalisten plädierten dafür, Erkenntnisse *deduktiv* mithilfe der Logik zu gewinnen. Ausgehend von Hypothesen als erste Vorstellung über Ursache-Wirkungsbeziehungen sollten diese – unter Berücksichtigung von Annahmen – über Wenn-dann-Folgerungen begründet werden. Im Idealfall wird versucht, die Verarbeitungslogik von Impulsen mit mathematischen Formeln nachzubilden und ähnlich wie in der Physik Gleichgewichte zu finden. Diese Mathematisierung hat den Vorteil, im Vorfeld zu einer präzisen Strukturierung der zu untersuchenden Problematik zu zwingen, Widersprüche in der Argumentation offenzulegen und eindeutige Ergebnisse zu liefern.

Zugleich verbirgt sich hinter diesem Ansatz aber auch die heimliche Sehnsucht der Ökonomen-Zunft, wissenschaftlich nicht im Trüben fischen zu müssen und zu genauso präzisen Ergebnissen zu gelangen wie ihre technisch-naturwissenschaftlichen Kollegen. Die große Gefahr dieses methodischen Vorgehens besteht im *Realitätsverlust* und im Modellplatonismus. Denn die unbestrittene wissenschaftliche Eleganz der Erkenntnisgewinnung verleitet schnell zu einem Verhalten, „wonach nicht sein kann, was nicht sein darf", nämlich, dass das Modell untauglich oder allenfalls begrenzt in der Lage ist, die Wirklichkeit zu erklären. Der Wissenschaft droht das Versinken in einer Filterblase: Unterstützende Evidenz wird als Bestätigung wahrgenommen, gegenteilige Evidenz indessen allenfalls als störend empfunden. Dieser Vorwurf betrifft nicht die gut nachvollziehbare und somit leicht der Widersprüchlichkeit zu überführende innere Logik der Argumentation.

Methodisch umstritten ist jedoch die Relevanz des Annahmerahmens. Müssen die Ausgangsannahmen realistisch sein, um wertvolle Erkenntnisse zu gewinnen? Auf den ersten Blick ist der Befund eindeutig: unrealistische oder unvollständige Annahmen müssten auch zu falschen Schlussfolgerungen führen. Nach dem US-Amerikaner Paul Samuelson (1915–2009), Nobelpreisträger der Ökonomie, ist es unmöglich, von nachweislich falschen Annahmen auf wahre Erkenntnisse zu schließen (vgl. Schröder 2003). Vertreter des sogenannten *(amerikanischen) Pragmatismus* argumentieren jedoch anders. Demnach müsse man angesichts der Komplexität menschlichen Verhaltens in der Analyse geradezu abstrahieren und Unwesentliches außenvorlassen. Nur so könne man zum eigentlichen Kern der zu erforschenden Verhaltensmuster vorstoßen. Der US-amerikanische Ökonom Milton Friedman (1912–2006), ebenfalls Nobelpreisträger, begründet auf der Suche nach einer effizienten Methode, um weitreichende Einsichten und Handlungsempfehlungen zu entdecken, gar eine anti-realistische Extremposition: „Truly important and significant hypothesis will be found to have assumptions that are widely inaccurate descriptive representations of reality, and in general the more significant the theory, the more unrealistic the assumption. [...] To be important, therefore, a hypothesis must be descriptively false in its assumptions" (1953, S. 14 f.). Das Analysieren im Rahmen einer Scheinwelt wird zu einer unproblematischen Notwendigkeit erklärt.

Oftmals gehört zu dieser Scheinwelt der *Homo oeconomicus*: Unterstellt werden hier in der Analyse Menschen, die ausschließlich an der Maximierung des Eigennutzes orientiert sind, dieses Ziel emotionslos und rein rational verfolgen und denen alle für ihre Entscheidung relevanten Parameter transparent sind. Für einen derart konditionierten Investor in Sachkapital lässt sich beispielsweise modellhaft herleiten, wie er auf eine Zinssenkung reagieren wird. Er wird ausschließlich nüchtern unter Berücksichtigung der zukünftig erwarteten Einnahmenüberschüsse aus der Investition und von Zinseszinseffekten seine Entscheidungen treffen. Von diesem Ansatz ausgehend kann dann als abgeleitete Erkenntnis geschlussfolgert werden, dass sich bei sinkenden Zinsen wegen geringerer Fremdkapitalkosten und verschlechterter alternativer Anlagemöglichkeiten eigentlich die Sachinvestitionen insgesamt beleben müssten.

Das Beispiel zeigt im Friedman'schen Sinne, dass trotz eines unrealistischen Annahmekatalogs (nur eigennutzmaximierende und eine vom Gesamtkontext isolierte Entscheidung, Unsicherheit wird nicht berücksichtigt usw.), zumindest ein Teil des Investorenverhaltens erklärt werden kann. Das Arbeiten mit dem Homo oeconomicus wird dabei selbst dann noch als legitim betrachtet, wenn die experimentelle bzw. empirische Wissenschaftstheorie belegen kann, wie etwa in den Arbeiten der Nobelpreisträger Daniel Kahnemann und Vernon Smith, dass Menschen sich häufig vollkommen anders verhalten. Mit Blick auf das Investieren zum Beispiel spielt eben nicht nur die nüchterne Kalkulation eine Rolle, sondern auch das „Bauchgefühl".

Zweifellos bettet die pragmatistische Positionierung die Wissenschaft in eine Komfortzone ein. Sofern nur innerhalb des Modells logisch richtig gefolgt wurde, sind die hergeleiteten Ergebnisse schließlich gegen Kritik immun. Dennoch ist die Vorgehensweise äußerst umstritten (vgl. z. B. Arni 1989 und Schröder 2003, S. 21 ff.). Insbesondere kann nicht aus der unbestrittenen und damit zwangläufigen Notwendigkeit zur Abstraktion geschlossen werden, dass die Annahmen notwendigerweise falsch sein müssen, sondern lediglich, dass sie *komplexitätsreduzierend* und *unvollständig* bleiben dürfen. Dabei ist aber das Reduzieren im Annahmekatalog nur dann zulässig, wenn dadurch keine erklärungsrelevanten Aspekte ausgeblendet wurden. Eine neue Hypothese soll aber ja gerade deshalb analysiert werden, weil man sie noch nicht komplett verstanden hat. Woher will man dann beim Einstieg in die Analyse schon die Gewissheit haben, welche Aspekte für das Ergebnis keine Rolle spielen und daher ausgeblendet werden können? Oder anders gewendet: Sind die Ergebnisse der Deduktion nicht schon implizit mit der Festlegung der Annahmen vorweggenommen worden?

Ein weiteres Problem des *deduktiven Ansatzes* stellt das Arbeiten mit der *Ceteris-paribus-Annahme* („unter sonst gleichen Bedingungen") dar. Um die Komplexität menschlichen Verhaltens überhaupt erfassen zu können, wird in der analytischen Herleitung vielfach davon ausgegangen, dass bei Auslösen eines Impulses (im obigen Beispiel: Zinssenkung) sich alle anderen relevanten Rahmendaten (hier: die Einnahmenüberschüsse aus der Investition) nicht verändern. Methodisch führt das Anwenden der Ceteris-paribus-Hypothese zwar dazu, dass die gefolgerten Resultate schrittweise gut nachvollziehbar sind. Problematisch wird es aber, wenn dabei relevante Rückkoppelungseffekte übersehen werden.

Wenn etwa im Zusammenhang mit dem Beispiel einer Zinssenkung, diese als Reaktion auf eine bereits verschlechterte gesamtwirtschaftliche Perspektive erfolgte, ist davon auszugehen, dass sich parallel die von den Investoren erwarteten zukünftigen Einnahmenüberschüsse und damit die Wirtschaftlichkeit der Vorhaben reduzieren. Anders als in der obigen Ceteris-paribus-Betrachtung der Kapitalwertrechnung überlagern sich dann bei einer Zinssenkung zwei gegenläufige Effekte in der Einschätzung der Investition, sodass selbst für den rational basierten Teil der Investitionsentscheidung die Schlussfolgerung einer Belebung durch Zinssenkungen nicht mehr eindeutig ist.

Besonders problematisch wird das Arbeiten mit der Ceteris-paribus-Hypothese dann, wenn mit einer *mikroökonomischen Fundierung* makroökonomische Zusammenhänge untersucht werden sollen. Dabei wird das gesamtwirtschaftliche Ergebnis von Impulsen ausgehend aus einzelwirtschaftlichen Reaktionsmustern hergeleitet. Im Zusammenhang mit der Diskussion über die Einführung eines gesetzlichen Mindestlohnes am Arbeitsmarkt beispielsweise wird vielfach nur die Situation auf einem Teilsegment des Marktes und das dann auch noch aus Sicht eines einzelnen Unternehmens betrachtet: Unter sonst unveränderten Bedingungen (ceteris-paribus) bedeuten höhere Löhne als unmittelbarer Effekt eines Mindestlohnes einen Kostenanstieg. Sie belasten jedes einzelne Unternehmen und – so die vorschnelle Schlussfolgerung – damit den Unternehmenssektor insgesamt und die Volkswirtschaft als Ganzes. Dieser Befund blendet aber über die Ceteris-paribus-Annahme *ergebniswirksame Nebeneffekte* aus. Innerhalb der Unternehmen könnte beispielsweise als Folge der höheren Löhne die Arbeitsproduktivität steigen und die Wechselbereitschaft der Beschäftigten zu Konkurrenten fallen. Beides würde kostenseitig zu einer Entlastung führen. Zudem wird hier ausschließlich der Arbeitsmarkt betrachtet, ohne die von dort ausgehenden gesamtwirtschaftlichen Effekte auf den Gütermarkt und die von dort wiederum rückwirkenden Folgen auf den Arbeitsmarkt betrachtet: Höhere Löhne für die Masse der Bevölkerung stellen schließlich einen Anstieg der Kaufkraft dar, die den Unternehmen auf der Absatzseite am Gütermarkt höhere Preise und Absatzmengen ermöglichen.

Die methodische Zuspitzung der Analyse auf die Situation in einem einzelnen Unternehmen übersieht hier also wichtige Zusammenhänge im *Wirtschaftskreislauf*. Auch verleitet diese *Mikroökonomisierung* oftmals zum Verfangen in einer *Rationalitätsfalle*: Das, was aus einzelwirtschaftlicher Sicht wünschenswert erscheint, ist es aus gesamtwirtschaftlicher Sicht noch lange nicht. Ohne Zweifel wäre es für einen einzelnen gewinnorientierten Unternehmer schön, wenn er unverändert motivierte Arbeitskräfte zu einem geringen Lohn beschäftigen könnte. In seinem Ideal läge der Lohn bei null. Daraus nun aber zu folgern, dass es für Unternehmer auch gesamtwirtschaftlich am besten wäre, wenn alle Menschen kein Arbeitsentgelt mehr erhalten, führt sich schnell selbst ad absurdum. Denn wer soll dann noch die Produkte kaufen können?

1.3.2 Position der Empiristen

Vor dem Hintergrund der skizzierten Schwächen des deduktiven Ansatzes plädierten die Empiristen dafür, sich der *Komplexität des menschlichen Verhaltens* zu beugen. Nach ihrer Einschätzung ist die Suche nach exakten, allgemeingültigen, damit vom jeweiligen historisch-kulturellen Hintergrund unabhängigen und hergeleiteten Gesetzen, ähnlich der Naturwissenschaften, irreführend. Sie werden der Natur des Menschen nicht gerecht und sind daher zu mechanistisch angelegt.

Stattdessen sollten die ohnehin nur eingeschränkt gültigen ökonomischen Gesetzmäßigkeiten *induktiv* aus empirischen Beobachtungen entdeckt werden. Durch das Ausblenden des Verarbeitungsprozesses von Impulsen wären die Forschungsergebnisse dann nicht mehr, wie im Rationalismus, dem Vorwurf des Realitätsverlustes in der Analyse ausgesetzt.

Dafür weist dieser Ansatz jedoch an anderer Stelle erhebliche Defizite auf. Um statistisch valide zu sein, müssen erstens ausreichend viele *Daten* vorliegen, ansonsten sind die Erkenntnisse zu stark von Zufallseinflüssen verzerrt. Es resultiert das Induktionsproblem: Aus Einzelfällen lassen sich keine allgemeinen Gesetzmäßigkeiten folgern. Probabilistische Gesetzmäßigkeiten bedürfen daher schon einer durch eine Vielzahl von Beobachtungen ausreichend gesicherten *Eintrittswahrscheinlichkeit*. Aber auch ein Zuviel an Daten kann dann zu einem Problem werden, wenn man im Datendschungel den Überblick verliert, sodass man keine empirischen Gesetzmäßigkeiten mehr erkennt. Das größte Problem stellt aber die „*Post-hoc-ergo-propter-hoc-Argumentation*" dar. Demnach besteht die Gefahr, irrtümlicherweise aus einer Korrelation, bei der eine Entwicklung mit einer anderen einherging oder ihr folgte (post-hoc), auf eine entdeckte Kausalität (propter-hoc) zu schließen. Als berühmtes Beispiel für einen solchen Trugschluss ist die Sonnenfleckentheorie von William Stanley Jevons (1835–1882) anzusehen. Er behauptete, ausgehend von einer beobachteten hohen Gleichzeitigkeit, dass das Auftreten von Sonnenflecken konjunkturelle Schwankungen verursache. Es handelt sich hier aber nur um eine typische, unbegründete Scheinkorrelation.

1.3.3 Position des Kritischen Rationalismus

Der insbesondere von dem österreichisch-britischen Philosophen Karl Popper (1902–1994) entwickelte *Kritische Rationalismus*, versucht nun, beide Vorgehensweisen zu vereinen. Da Theorie ohne Realitätsbezug sinnlos wird, Empirie ohne ein Hinterfragen von Sachzusammenhängen zu Trugschlüssen führt, bedürfe es einer gegenseitigen Ergänzung beider Forschungsansätze. Am Anfang sollte eine *theoretisch fundierte Hypothese* stehen. Diese muss sich aber anschließend auch *empirisch* bewähren. Ist das der Fall, wurde eine Erkenntnis gefunden, die sich sowohl inhaltlich begründen lässt als auch in der Wirklichkeit relevant ist.

Gleichwohl dürfe man sich gar nicht erst der Hoffnung hingeben, die *„letzte Wahrheit"* zu entdecken, stattdessen müsse man sich mit einer permanenten Annäherung daran zufriedengeben. Denn Hypothesen lassen sich grundsätzlich leicht widerlegen, im Fachterminus also *falsifizieren*. Schließlich reicht dazu – strenggenommen – bereits eine einzige abweichende Erfahrung aus. Weniger strenggenommen, nämlich dann, wenn es nur um wahrscheinlichkeitsbedingte ökonomische „Gesetze" menschlichen Verhaltens geht, bedarf es zur Falsifizierung einer hinreichenden Wahrscheinlichkeit, dass der unterstellte Zusammenhang nicht zutrifft. Allerdings müssen die Hypothesen dann auch als im Prinzip widerlegbar formuliert werden. Leeraussagen, wie „wenn die Zinsen sinken, können sich die Investitionen beleben oder auch nicht", sind nicht zielführend.

Andererseits kann aber nie als für immer und ewig gesichert (also *verifiziert*) angesehen werden, dass eine bislang bewährte Hypothese jemals gegenteiliger Evidenz ausgesetzt sein wird. Hier gilt also die Warnung des Schriftstellers Kurt Tucholsky (1890–1935): „Ich glaube jedem, der die Wahrheit sucht. Ich glaube niemandem, der sie gefunden hat."

Das trifft sogar für Naturwissenschaften zu. Bis zur Entdeckung von Nikolaus Kopernikus (1473–1543) und nachfolgend von Galileo Galilei (1564–1642) galt noch als bewiesen, dass sich die Sonne um die Erde dreht. Aber ganz besonders gilt die Verifikationsproblematik mit Blick auf das *menschliche Verhalten* und die Gesellschaftswissenschaften. Hier haben alle Erkenntnisse nur einen *Vorläufigkeitscharakter*: Die bislang nicht falsifizierten Hypothesen bilden den „State of the Art". Auch wenn dieser nicht als die letzte Wahrheit anzusehen ist, sollen sich dabei Erkenntnisfortschritte aus einem kontinuierlichen Falsifizierungsprozess ergeben. Gültige Hypothesen werden jederzeit auf den Prüfstand gestellt, bei gegenteiliger Evidenz aus dem State-ofthe-Art verbannt und durch eine neue modifizierte Hypothese ersetzt. So wurde die Hypothese „Zinssenkungen führen zur Investitionsbelebung" spätestens in der Weltwirtschaftskrise der 1920er- und 1930er-Jahre widerlegt und durch die weitreichendere Hypothese ersetzt: „Ob sich Investitionen beleben, hängt sowohl von der Höhe der Zinsen als auch vom Grad der unternehmerischen Verunsicherung ab".

Mit Blick auf die Widerlegbarkeit von Hypothesen ergeben sich darüber hinaus noch ganz praktische, in der Statistik angesiedelte Probleme. Zum einen bedarf es einer Verständigung über das statistische Ausmaß, in dem Abweichungen von einer Hypothese noch akzeptiert werden, um sie nicht schon als falsifiziert zu betrachten. Zum anderen überlagern sich in der Realität zeitgleich mehrere Einflüsse, sodass es schwierig ist, Ursache und unmittelbare Wirkung mithilfe statistischer Verfahren herauszufiltern. Zwar lässt sich beispielsweise zeigen, dass in Deutschland die offiziell ausgewiesene Arbeitslosigkeit nach der Einführung des gesetzlichen Mindestlohns im Jahr 2015 nicht zugenommen hat. Nur, stützt dies jetzt die These, dass dies wegen des Mindestlohnes aufgrund seiner kaufkraftstärkenden Wirkung geschehen ist oder dass die Entwicklung trotz der kostentreibenden Wirkung des Mindestlohnes aufgrund einer allgemein gut laufenden Konjunktur erfolgte?

1.3.4 Problematik des Umgangs mit normativen Aussagen

Ökonomen bewegen sich, abgesehen von der zuvor skizzierten Problematik der Erkenntnisgewinnung, wissenschaftlich auch aus einem anderen Grund auf einem dünneren Eis als Naturwissenschaftler und Techniker: Sie sind thematisch viel stärker als ihre Kollegen in *normative Fragestellungen* eingebunden. Dabei geht es nicht, wie zuvor, um das Entdecken, Beschreiben und Erklären von Ist-Zusammenhängen („positive Aussagen"), sondern um das Arbeiten mit *Sollzuständen*, mit *Wert-* und *Zielvorstellungen*. Derartige Vorstellungen gehen zurück auf subjektive Bekenntnisse und Wünsche. Ihnen fehlt in dem Sinne eine objektivierbare Basis, als sie per se nicht falsifiziert werden können. Man kann sich ihnen lediglich anschließen oder man lässt es. Selbst eine hohe Akzeptanz von Zielen, wie sie zum Beispiel unsere Grundwerte Würde, Freiheit, Gleichheit, Gerechtigkeit, Sicherheit, Fortschritt und als Verfahrensnorm die Demokratie darstellen, ist nicht gleichbedeutend damit, dass die Verfolgung der Ziele objektiv „richtig" ist und daher von jedem als erstrebenswert angesehen werden muss. Die meisten von uns werden zum Beispiel das Vermeiden unfreiwilliger Arbeitslosigkeit sicherlich als erstrebenswertes Ziel erachten. Aus egoistischer Sicht eines einzelnen Unternehmers kann es aber durchaus wünschenswert sein, wenn ein gewisses Maß an Arbeitslosigkeit besteht. Schließlich kann er bei Bedarf einerseits schnell neue Beschäftigte rekrutieren und andererseits damit die vorhandenen Belegschaften disziplinieren. Selbst die Tatsache, dass das Erreichen eines vorgelagerten Zieles (zum Beispiel das der Vollbeschäftigung) zu einem anderen höherrangigen Oberziel (wie materielle Freiheit) beiträgt, ist noch keine objektive Rechtfertigung, das vorgelagerte Ziel anzustreben. Es wird hier nur mit einem übergeordneten, aber selbst ja weiterhin subjektiv begründeten Ziel gerechtfertigt.

Weitgehend anerkannt wird nun gefordert, dass eine *nicht-metaphysische Wissenschaft* sich nur mit Objektivem, durch Logik und/oder Empirie grundsätzlich Widerlegbarem befassen und damit *wertneutral* sein sollte. (Dieser Wunsch stellt für sich genommen ebenfalls bereits eine Wertung dar.) Was aber haben dann subjektive Elemente, wie es wirtschaftspolitische Zielvorstellungen sind, in einer Wissenschaft zu suchen und wie soll sie damit umgehen? Darf dann im Zweifelsfall die VWL, will sie als Wissenschaft „rein" bleiben, sich gar nicht mehr mit Fragen der *Wirtschaftspolitik*, also der zielorientierten Gestaltung, beschäftigen? Genau dies war Gegenstand des jüngeren *Methodenstreits*.

Das zuerst von dem deutschen Soziologen und Philosophen Max Weber (1884–1920) im Jahr 1904 formulierte *Werturteilsfreiheitspostulat* gibt dazu eine Handlungsanleitung. Der Umgang mit Wertungen wird dabei in den meisten Bereichen als wissenschaftlich unproblematisch angesehen. Nach Hans Albert müsse dabei differenziert werden, an welchen Stellen Wertungen erfolgen. Unproblematisch sind Wertungen im Forschungsdesign:

- Schon in der Auswahl der Fragestellung bzw. des Erkenntnisinteresses vollziehen Wissenschaftler eine Wertung, indem sie ihre persönliche Meinung zum Ausdruck bringen, dass die Beschäftigung mit der Problematik wertvoll sei. Diese Wertung ist unproblematisch. Entscheidend ist, dass die Problemanalyse selbst objektiv überprüfbar bleibt.
- Darüber hinaus müssen Forscher zwangsläufig werten, welche Methode bzw. Methodenkombination zur Gewinnung von Erkenntnissen sinnvoll ist. Auch dies ist eher unproblematisch, da bei entsprechender Offenlegung des Vorgehens jeder kritisch die Eignung des Vorgehens überprüfen kann.

Auch sind Wertungen als Untersuchungsgegenstand der Wissenschaft, also Aussagen über Ziele und Werte, in mehrfacher Hinsicht unkritisch:

- Das betrifft zum einen die Frage, wie wirtschaftspolitische Ziele am besten operationalisiert, also beschrieben, gemessen und ihr Erreichungsgrad verfolgt werden können. Geht es etwa um das Vermeiden unfreiwilliger Arbeitslosigkeit, muss in der Umsetzung abgegrenzt werden, wer in der Erfassung überhaupt als „unfreiwillig arbeitslos" gelten soll. Dabei wird man um definitorische Willkür nicht herumkommen. Wichtig sind dann für eine „saubere" Wissenschaft eine Rechtfertigung und eine Transparenz des Vorgehens.
- Darüber hinaus ist das objektive Untersuchen von Beziehungen zwischen Zielen legitim. So kann objektiv untersucht werden, ob Ziele rein logisch oder empirisch überhaupt gleichzeitig erreicht werden können (Zielneutralität), ob sie in einem Widerspruch zueinanderstehen (Zielkonflikt) oder ob das Erreichen eines Zieles für das andere förderlich ist (Zielharmonie).

–   Schließlich ist es unabdingbar für die Wissenschaft, sich mit *Ziel-Mittel-Beziehungen* auseinanderzusetzen. Hier geht es um Aussagen, durch welche Impulse (als Mittel) die als gegeben betrachteten Ziele überhaupt verfolgt werden können und wie sie – gestützt auf objektive Erkenntnisse – am besten zu erreichen sind. Es handelt sich um bedingte Empfehlungen, die explizit von der Existenz einer zu erreichenden Norm ausgehen und die im Prinzip objektiv überprüfbar sind. Allerdings besteht in dem Kontext stets die Gefahr, die objektive Ebene zu verlassen. Eine Aussage wie „Eine vollkommen freie Marktwirtschaft ist das beste Mittel zur Erreichung von Vollbeschäftigung" entpuppt sich schnell als wertend. Hier wird das Ergreifen eines zugleich als Instrument fungierenden ordnungspolitischen Ziels (hier: freie Marktwirtschaft) mit dem daraus angeblich folgenden Ziel (hier: Vollbeschäftigung) gerechtfertigt, weil es vermeintlich am besten wirkt. Was ist aber, wenn man das vorgeschlagene Instrument in seiner gleichzeitigen Funktion als Ziel ablehnt? Wie sieht es aus, wenn das vermeintlich beste Instrument zur Vollbeschäftigung schädlich für andere Ziele ist? Davon abgesehen ließe sich die oben getroffene Aussage wohl kaum falsifizieren, weil es erstens nirgendwo eine „vollkommen freie Marktwirtschaft" gibt, um die Richtigkeit der These überprüfen zu können. Und selbst wenn es sie gäbe, wäre zweitens noch lange nicht nachgewiesen, dass dies der beste Weg zum Erreichen von Vollbeschäftigung sei.

–   Des Weiteren beinhaltet die Forderung nach *Werturteilsfreiheit*, dass Wissenschaftler sich kritisch mit dem Aufdecken von *Ideologien*, also eine als objektiv dargestellte, in Wirklichkeit aber rein subjektive geprägte Weltanschauung, beschäftigen. Wenn Schlussfolgerungen nicht allein das Ergebnis einer rein objektiven Analyse, sondern auch von implizit eingebrachten Wertungen sind, gilt es, das herauszustellen.

Das Werturteilsfreiheitspostulat schließt übrigens ein Bekenntnis zu normativen Aussagen nicht aus. Nur müssen diese dann eben explizit als wertend und nicht als Ergebnis einer objektiven Forschung kenntlich gemacht werden.

Aufgaben

Wodurch unterscheiden sich die Positionen der Rationalisten und der Empiristen?

Was ist die Position der kritischen Rationalisten?

Was sind normative Aussagen in der VWL?

Was besagt das Werturteilsfreiheitspostulat von Max Weber?

1.3.5 Marx'sche Methodenkritik

Eine eigenständige marxistische Wissenschaftsmethodik gibt es im Streit um das Werturteilsfreiheitspostulat nicht. Gleichwohl bestreitet Karl Marx (1818–1883) von Vornherein, dass die methodische Vorgehensweise der orthodoxen Ökonomie den – historisch erst später – von Max Weber (1864–1929) explizit formulierten Ansprüchen der *Ideologiefreiheit* überhaupt gerecht wird. Stattdessen ist sie darauf ausgerichtet, den immanenten Konflikt zwischen Arbeit und Kapital zu negieren, wählt – ohne expliziten Ausweis wertender Elemente – Ansätze, um vorgefasste Meinungen zu bestätigen, und arbeitet damit nicht mehr ergebnisoffen.

> Als Wissenschaftler blieb Karl Marx zeitlebens seinem Moto treu, „rücksichtslose, unbefangene Kritik alles Bestehenden" zu üben. Um sich ihm hier zu nähern, ist es nützlich, sich von ein paar gängigen Vorurteilen zu verabschieden. Marx war auf jeden Fall nicht der Erfinder des „Marxismus". Diese Wortschöpfung – ein polemischer Ausdruck, den seine Widersacher geprägt und einige seiner übereifrigen Anhänger übernahmen – gefiel ihm nicht. Der Meister reagierte ungehalten: „Alles, was ich weiß, ist, dass ich kein Marxist bin", so einer seiner mehrfach überlieferten Aussprüche. […] Der Unsinn, der Marx und Engels vom offiziellen, akademischen Anti-Marxismus zugeschrieben wird, schlägt in der Regel alles, was der „Marxismus" den Altvätern je in den Mund gelegt hat. (Krätke 2017, S. 18)

Den heute geführten Methodenstreit in der orthodoxen Ökonomie hätte er nur müde lächelnd abgetan. Eine *wertfreie Wissenschaft* gibt es im „marxistischen" Duktus nicht – schon gar nicht im Bereich der Sozialwissenschaften. Im Gegenteil: Wissenschaft hat sogar das Recht, begründete Werturteile auszusprechen. Natürlich verlangt dabei auch gerade die „marxistische Kritik" gesellschaftliche Sachverhalte objektiv und wahrhaftig darzulegen. Sie können nicht den Vorstellungen, Werten und Vorurteilen oder auch Illusionen von Beteiligten unterliegen, die sich diese von den Sachverhalten (subjektiv) machen und ideologisch gestalten wollen. „Anderenfalls würde Wissenschaft den Horizont des vielfach entstellten, interessegetrübten, durch Ideologien überfremdeten, mit Vorurteilen belasteten gewöhnlichen Denkens überschreiten" (Hofmann, 1977, S. 16).

Die Kritik von Marx an der politischen (orthodoxen) Ökonomie setzte hier genau auf. Für ihn leistete eben die *orthodoxe Ökonomie* das genau nicht. Sie hebt nicht den ökonomisch immanenten Widerspruch zwischen Kapital und Arbeit in den kapitalistischen Produktions- und Eigentumsverhältnissen hervor und fasst diesen schon gar nicht als einen revolutionär zu verändernden und anzustrebenden Zustand auf. Für die orthodoxe Ökonomie und ihre *wertneutrale Wissenschaftslogik* ist dieser Widerspruch nicht einmal existent (vgl. Grothe 2019). Hier sind alle Produktionsfaktoren (Arbeit, Boden (Umwelt) und Kapital) in ihrer unverrückbaren „Trinität" (Marx (1894 (1974)) „gleich" und jeder der Faktoren erhält trotz einer widersprüchlich unterstellten „subjektiven Wertlehre" ein „objektives", gemäß seiner Leistung erbrachtes, Faktoreinkommen. Dies hat Marx als eine „*Vulgärökonomie*" bezeichnet, die das gute Gewissen herstellen soll; schließlich erhält jeder Produktionsfaktor seinen „gerechten"

Anteil an seiner Leistung. Als ob nur durch menschliche Arbeit hervorgebrachtes und vergegenständlichtes Kapital und bearbeitete Natur einen verkaufbaren Wert und vor allen Dingen einen Mehrwert schaffen könnten. Diese Vorstellung bzw. Mystifikation in der orthodoxen Ökonomie entspricht aber den Interessen der herrschenden Kapitalklasse in einer widersprüchlich angelegten Ordnung, „indem sie die Naturnotwendigkeit und ewige Berechtigung ihrer Einnahmenquellen proklamiert und zu einem Dogma erhebt" (Altvater/Müller/Neusüss 1973, S. 4).

Wie sehr dabei die orthodoxe Ökonomie eine *„Wissenschaft des Kapitals"* (Altvater (1973) ist, und von einer Wertneutralität keine Rede sein kann, zeigt auch überdeutlich der Fehlschluss in der statistischen (empirischen) Darlegung der Einkommensverteilung auf die Produktionsfaktoren in Form von Lohn, Zins, Grundrente und Profit. Hier enthält das Nettosozialprodukt zu Faktorkosten (Volkseinkommen) nicht die Aufwendungen zur Erneuerung des verbrauchten Kapitals, die *Abschreibungen*, obwohl doch auch dieser Wert produziert werden muss. Während als Schöpfer des Volkseinkommens die von Marx kritisierte Trinität der Produktionsfaktoren erscheint, wird die Erzeugung des Ersatzes der verbrauchten Produktionsmittel auf der Ebene der Verteilung des Volkseinkommens sozusagen als „naturbedingte" Begleiterscheinung des Produktionsprozesses vorausgesetzt. Wenn aber nicht einmal dies in der orthodoxen Ökonomie und ihrer geforderten „wertneutralen" Wissenschaft Berücksichtigung findet, wie ernst kann man dann diese Wissenschaft nehmen? Marx hat sie als Sozialwissenschaft nicht besonders ernst genommen – die orthodoxe politische Ökonomie. Der Politikwissenschaftler und Ökonom, Michael R. Krätke (2017, S. 10 f.), bemerkt dazu:

> Für Kritiker der heutigen Wissenschaft der Ökonomie, für mehr oder weniger heterodoxe Ökonomen, ist Marx' Kritik der politischen Ökonomie eine Herausforderung. Denn Marx verspricht viel: Er will die klassische politische Ökonomie und damit die gesamte Sozialwissenschaft seiner Zeit ‚revolutionieren'. Er will die Theorien der politischen Ökonomen ebenso kritisieren wie die fetischistische, verrückte Denkweise, die die Ökonomen mit den praktischen Akteuren der marktwirtschaftlich-kapitalistischen Ökonomie teilen. Er will zu guter Letzt nicht nur die Theorien, die Denkweise der Ökonomie kritisieren, sondern den Kapitalismus selbst. Er will zeigen, dass und wie der moderne Kapitalismus nach seiner eigenen Entwicklungslogik sich selbst, seine eigenen Grundlagen untergraben muss. Er will zugleich zeigen, dass der moderne Kapitalismus die realen (materiellen, mentalen, intellektuellen, sozialen) Voraussetzungen einer anderen, auf lange welthistorische Sicht auch besseren Form von Wirtschaft und Gesellschaft hervorbringt. Also in beiden Hinsichten, als selbstzerstörerisches wie als produktives, innovatives System gesellschaftlicher Beziehungen, über sich hinausweist. Das ist die Grundlage, die Marx für seinen anti-utopischen, vielmehr (sozial-)wissenschaftlichen Sozialismus braucht.

In der Wissenschaft der orthodoxen Ökonomie wird dies alles nicht berücksichtigt und schon gar nicht die von Marx immer wieder betonten gesellschaftlichen (antagonistischen) Herrschaftsverhältnisse, die letztlich die Sichtweise der Gesamtgesellschaft formen und ihr damit auch Werte oktroyieren, sodass selbst der ausgebeutete Proletarier der Meinung ist, er würde nicht ausgebeutet und gehöre irgendwie gesellschaftlich (anerkannt) dazu. Dem hat übrigens schon Adam Smith 1776 widersprochen, der den Arbeiter im Kapitalismus auf der untersten gesellschaftlichen Stufe verortet. Für Marx war es dabei schon zu Lebzeiten nicht erstaunlich, dass der erst vom Kapitalismus geschaffene und vom Kapital abhängige Lohnarbeiter sich selbst (subjektiv) sogar, aber völlig irreal, für *„frei"* hielt, an *„Leistung"* und einen *„gerechten Lohn"* glaubte und seine *Ausbeutung* ökonomisch nicht verstand. Im Gegensatz zur Marx'schen Kritik an der politischen klassischen Ökonomie und am Kapitalismus schlechthin, beschränkt sich dagegen der mittlerweile dominante Ansatz einer wertneutralen (positivistischen) ökonomischen Wissenschaft im Wesentlichen darauf, das nur Bestehende bzw. die marktwirtschaftlich-kapitalistischen Verhältnisse, die nicht abgeschafft werden dürfen (sollen), darzustellen und von der objektiven systemischen Ausbeutung abzulenken. Dieser orthodoxe Ansatz verzichtet vollständig auf systemische (fundamentale) Veränderungsmöglichkeiten durch *Alternativmodelle* und Theorien.

Die Wirklichkeit (Realität) wird hier auf das empirisch auffindbare beschränkt und somit werden auch die *bestehenden Herrschaftsverhältnisse* nicht mehr hinterfragt, sondern vielmehr stabilisiert. Dies gilt auch für den *Keynesianismus*. Der Begründer Sir John Maynard Keynes (1883–1946) wollte das System des Kapitalismus nicht abschaffen, sondern ihn mit seiner Theorie der staatlichen Marktintervention lediglich stabilisieren und erhalten. Keynes (1926, S. 48) war darüber hinaus ein Marxverächter. Er hielt die Theorien von ihm für „unlogisch, überholt, wissenschaftlich falsch und für die heutige Welt ohne Interesse oder Anwendungsmöglichkeit". In der orthodoxen Ökonomie wird, wie auch bei Keynes, der Klassencharakter der kapitalistischen Ordnung völlig negiert. Selbst mit Begrifflichkeiten, wie *„Arbeitnehmer"* und *„Arbeitergeber"*, wird hier ideologisch, im Gegensatz zu allem Gerede von wissenschaftlicher Wertneutralität, versucht, zu manipulieren. So wird in der orthodoxen VWL derjenige, der seine Arbeit gibt, als Nehmer, und derjenige, der sich die Arbeitskraft anderer aneignet, als Geber hingestellt. Es gibt viele andere Beispiele, wie wir sie im Buch noch zeigen werden, wo die marxistische Kritik an der orthodoxen Ökonomie feststellt, dass hier die wirklichen (realen) ökonomischen Verhältnisse nur „wie auf den Kopf gestellt" erscheinen, wie in dem Wortpaar „Arbeitnehmer" und „Arbeitgeber" besonders deutlich wird.

> Umgekehrt ist aber die marxistische politische klassische Ökonomie keine ökonomische Theorie unter anderen, die sich ein eigenes ‚Lehrgebäude‘ mit eigenen Kategorien errichtet hat, sondern sie ist Kritik der orthodoxen Ökonomie, in dem doppelten Sinne, daß sie in der Kritik der Theorien und Begriffe der orthodoxen Ökonomie die kapitalistische Gesellschaft selbst zu treffen sucht – im Hinblick auf ihre revolutionäre Veränderung. (Altvater et al. 1973, S. 2 f.)

Marxistische Wissenschaft will dabei auf das Erscheinungsbild der ökonomischen Wirklichkeit als sammelnde, beschreibende und klassifizierende Tätigkeit aufmerksam machen und als theoretische Arbeit ökonomische Zusammenhänge und Gesetzmäßigkeiten aufzeigen. Sie will auch eine Erweiterung des jeweils bestehenden Erkenntnishorizonts bewirken, um die natürlichen und gesellschaftlichen Verhältnisse rational und besser zu gestalten. Und marxistische Wissenschaft will als Kritik am bestehenden Kapitalismus vor allen Dingen auf seine immanenten Herrschaftsverhältnisse durch eine gesellschaftlich nur kleine Gruppe von Kapitalisten aufmerksam machen und darüber hinaus auch die Systemgrenzen aufzeigen. Die Ausbeutung von Menschen und Natur durch Menschen, die durch den Kapitalismus als Nachfolgeordnung zum Feudalismus nicht aufgehoben worden ist, war für Marx in seiner wissenschaftlichen Analyse zielführend. Ökonomie als Wissenschaft hat dabei aber nicht nur die Aufgabe einer Beschreibung und Erklärung der realen wirtschaftlichen Verhältnisse, sondern sie muss auch nach *Alternativen* fragen, ob es diese systemisch inhärent gibt oder ob Alternativen nur durch eine fundamentale Aufhebung des Systems möglich sind. Zielgröße ist hier für Marx immer die Beseitigung der Ausbeutung von Menschen und Natur.

Aufgaben

Warum bestreitet Karl Marx, dass es eine wertfreie Wirtschaftswissenschaft gibt?

Was ist für Marx der Widerspruch im Kapitalismus und warum negiert die orthodoxe Ökonomie die dem System immanente Dialektik?

Was ist bei Marx die Grundlage für einen wissenschaftlichen Marxismus?

1.4 Sozialisierung und interessengeleitete Einbindung der Wissenschaftler

Bisher stand im Mittelpunkt unserer Überlegungen, wie Wissenschaft zu Erkenntnissen kommt und wie sie mit der Abgrenzung zu normativen, also wertenden, Inhalten umgehen sollte. Eine ganz andere Thematik – auch vor dem Hintergrund der bereits angesprochenen Interessenskonflikte und der Marx'schen Kritik an der Herrschaftsnegierung der orthodoxen VWL unter marktwirtschaftlich-kapitalistischen Verhältnissen – ist, wie sie sich tatsächlich in die Gesellschaft einbringt.

1.4.1 Einbindung der Wissenschaftler in den Wissenschaftsbetrieb

Im rein akademischen Wissenschaftsbetrieb wird angestrebt, mit neuen Erkenntnissen zu reüssieren. Um dabei nicht seine zukünftige Integrität und Reputation aufs Spiel zu setzen, wird jeder in diesem Umfeld intrinsisch bemüht sein, auf der Suche nach positiven Aussagen sauber zu arbeiten und das Werturteilsfreiheitsprinzip zu beherzigen. Bei allem Streben nach Redlichkeit werden subjektive Aspekte jedoch nie auszublenden sein. Die eigene Sozialisation – angefangen beim Elternhaus, das schulische, das private, später das akademische und das berufliche Umfeld – prägt nach der Auffassung der *Hermeneutik* das Denken und das Verstehen von Zusammenhängen (vgl. Ebner 2010). Man wird sich letztlich nie von einer unterschwelligen *Voreingenommenheit* als Einfallstor persönlicher Ansichten freimachen können. Die Herkunftsgeschichte und die dabei entwickelte Geisteshaltung filtert die Wahrneh-

mung. Die Deformierung und Selbst-Deformierung der Intellektuellen, der „Kopfarbeiter", durch mehr oder minder freiwillige Anbindung an institutionelle Interessen-
lagen prägt den Sozialisierungsprozess. Kopfarbeiter nutzen ihre geborgte oder abgeleitete Autorität, um sich an „Entmündigungs- und Domestizierungsprojekten" zu
beteiligen (vgl. Basaglia et al. 1980).

Der wissenschaftliche Dialog wird demnach mit dem eigenen Vorverständnis
geführt, erfordert für eine Weiterentwicklung Gesprächsoffenheit, eine Rekonstrukti-
on anderer Überzeugungen auf Basis des eigenen Vorverständnisses und die Bereitschaft, die eigene Meinung zu revidieren. In dem Kontext ist die Gefahr der Überfor-
derung selbst jenseits von bewussten Manipulationsversuchen groß: Die *kognitive
Dissonanz* aufgrund von Widersprüchen zur bisherigen Ansicht verstört und soll oftmals aus Gründen der Bequemlichkeit möglichst geringgehalten werden. Evidenz
zur Stärkung dessen, was man ja immer schon vermutet hatte, wird dann gerne zur
Bestätigung verwendet, gegenteilige Evidenz hingegen in der eigenen Wahrnehmung
unterdrückt oder auf Biegen und Brechen kompatibel gemacht. Insofern gilt nach
Hans-Georg Gadamer (1900–2002):

> So gibt es gewiß kein Verstehen, das von allen Vorurteilen frei wäre, so sehr auch immer der Wille
> unserer Erkenntnis darauf gerichtet sein muß, dem Bann unserer Vorurteile zu entgehen. Es hat
> sich im Ganzen [...] gezeigt, daß die Sicherheit, die der Gebrauch wissenschaftlicher Methoden
> gewährt, nicht genügt, Wahrheit zu garantieren. (1990, S. 494)

Das Streben nach einem sauberen wissenschaftlichen Arbeiten ist demnach eine notwendige, aber bei Weitem nicht hinreichende Bedingung für makellose wissenschaftliche Befunde.

Außerdem präsentiert sich der State of the Art in der VWL vor dem Hintergrund
der nicht auszublendenden Subjektivität und der unvermeidbaren Unschärfe nicht
im Sinne einer *„Kübeltheorie"* (Poser 2001, S. 139), bei der sich ein von allen geteil-
ter Erkenntnisstand als Kumulation aller zurückliegenden Erkenntnisse ergibt. Statt
einer Einheitlichkeit der Disziplin bestehen je nach wissenschaftlicher Prägung und je
nachdem, was überhaupt als erklärungsbedürftig und was vor allem als nicht mehr zu
hinterfragender Common Sense verstanden wird, mehrere Erklärungsmuster parallel
zueinander.

In Thomas S. Kuhns (1922–1996) Wissenschaftstheorie (vgl. Poser 2001, S. 141 ff.)
werden diese Muster *Paradigmen* genannt. Sie gehen von einem inneren, nicht mehr
infrage gestellten und in einem einheitlichen Sinnzusammenhang stehenden Kern an
subjektiven Wahrheiten aus und fügen neue Erkenntnisse dazu. Poser (2001, S. 145)
fasst die Kuhn'sche Position wie folgt zusammen: „Jede Wissenschaft hat zu jeder Zeit
eine bestimmte, selbst nicht weiter problematisierte Grundansicht, ein Paradigma. Jede Erklärung, auch jede Forschung ist jeweils Forschung im Lichte dieses nicht weiter
hinterfragten Paradigmas", das somit einen gemeinsamen Ausgangs- und Orientie-
rungspunkt für die strukturelle Einordnung der Erkenntnisse bietet. Diese Paradigmen haben erhebliches Beharrungsvermögen, da gegenteilige Evidenz zunächst nicht

bewirkt, die Grundannahmen infrage zu stellen, sondern entsprechend des hinzuge-
wonnen Erkenntnisstands zu modifizieren.

Erst wenn die *Diskrepanz* so groß wird, dass sich die *Grundannahmen* nicht mehr
aufrechterhalten lassen, kommt es nach Kuhn zu einer *„wissenschaftlichen Revoluti-*
on", die ein neues Paradigma hervorbringt. In Erweiterung der Ideen von Kuhn ging
Imre Lakatos (1922–1974) (vgl. Poser 2001, S. 157 ff.) davon aus, dass in einer Disziplin
nicht nur ein Paradigma, sondern gleich mehrere nebeneinander bestehen und um
die Deutungshoheit kämpfen. Lakatos sieht in der Mehrgleisigkeit trotz der damit verbundenen Kakophonie sogar einen Vorteil. Probleme, zu deren Verständnis und Lösung das eine Paradigma nicht beitragen kann, können möglicherweise mithilfe des
anderen angegangen werden. Die *Pluralität der Lehrmeinungen* wird so nicht mehr als
störend, sondern als bereichernd angesehen. Voraussetzung ist allerdings – wie wir
auch in unserer Einführung hervorgehoben haben – ein fairer Wettbewerb unter den
Paradigmen und keine Unterdrückung infolge des Herausbildens und nachfolgend
sich eigendynamisch verstärkenden Mainstreams.

Aufgabe

Was ist Hermeneutik?

Warum präsentiert sich der State of the Art in der VWL nicht als eine Art „Kübeltheorie"?

1.4.2 Einbindung der Wissenschaftler in die Politikberatung

Angesichts der gesellschaftswissenschaftlichen Ausrichtung und der fachlichen Nähe
zur *Wirtschaftspolitik* bringen sich die Volkswirte aber auch in den politischen Diskurs
ein. Das geschieht zum einen unmittelbar, indem politische Entscheidungsträger beraten werden, zum anderen auch mittelbar, indem Einflussträger bei ihrem Versuch
unterstützt werden, sich politisch Gehör zu verschaffen (vgl. Kap. 1.4.3).

In der unmittelbaren Politikberatung liegt eigentlich eine Arbeitsteilung zwischen
Wissenschaft und Politik nahe: Die Volkswirte sind diejenigen, die über die fachlichen Kompetenzen zur Lösung ökonomischer Probleme verfügen. Die Politiker sollten daher in permanenter Interaktion die Empfehlungen der Experten aufgreifen und
mithilfe der an sie delegierten Macht im politischen Prozess zur Verbesserung des Gemeinwohls umsetzen.

Diese Motivation stand insbesondere auch hinter der Gründung des *Sachverstän-*
digenrates zur Begutachtung der gesamtwirtschaftlichen Entwicklung (*SVR*). Dem Gesetz aus dem Jahr 1963 folgend wird hier ein unabhängiges Gremium aus fünf Experten (den „Fünf Wirtschaftsweisen") konstituiert. Als Element von Pluralität wird traditionell ein Mitglied von der Unternehmer-, ein weiteres von der Gewerkschaftsseite
vorgeschlagen. Das Gremium erstellt jährlich, bei akutem Bedarf auch häufiger, ein
zu veröffentlichendes Gutachten. Dieses wird der Bundesregierung überreicht, die es

an die gesetzgebenden Körperschaften weitergibt. Die Bundesregierung hat daraufhin „[…] insbesondere die *wirtschaftspolitischen Schlußfolgerungen*, die die Bundesregierung aus dem Gutachten zieht, darzulegen." Seit 2005 werden zudem Expertisen zu ausgewählten Themen im Auftrag der Bundesregierung publiziert.

Die Gründung des SVR war lange Zeit umstritten. Die Politik wollte sich Mitte der 1950er-Jahre, als die Diskussion über die Gründung auflebte, eben nicht durch *externe Experten* selbst einschränken lassen und baute darauf, dass die Expertise der Beamten im Wirtschaftsministerium schon ausreiche. Erst als sich Anfang der 1960er-Jahre die Lohn- und Preisdynamik ungewöhnlich stark belebte, konnte sich der damalige Bundeswirtschaftsminister Ludwig Erhard (1897–1977) (parteilos) gegenüber Kanzler Konrad Adenauer (1876–1967) (CDU) durchsetzen, der den „Rat" nicht wollte. Dabei sollte das Gremium auch instrumentalisiert werden, um vor allem die Tarifvertragsparteien zu mäßigen (vgl. Tietmeyer 2011).

Selbstverständlich sind die Folgerungen des SVR für die Politik nicht bindend. Nach § 2 gilt sogar ausdrücklich: „Der Sachverständigenrat soll Fehlentwicklungen und Möglichkeiten zu deren Vermeidung oder deren Beseitigung aufzeigen, jedoch keine Empfehlungen für bestimmte wirtschafts- und sozialpolitische Maßnahmen aussprechen." Immerhin sollen die Schlussfolgerungen die wirtschaftspolitischen Entscheidungsträger unter öffentlichkeitswirksamen Rechtfertigungszwang setzen, wenn sie ihnen nicht nachkommen.

Trotz der rechtlichen Verankerung des Gremiums ist die faktische Bedeutung des SVR in der Politikberatung gering (vgl. Marquardt 2010, Handelsblatt 2014). Wenig willkommen war schon das Sondergutachten der „Fünf Weisen" aus dem Jahr 1964 zu der von ihm geforderten Flexibilisierung der Wechselkurse. Der Ratsvorsitzende, Herbert Giersch (1921–2010), führte dazu aus: „Das Gutachten haben wir zum Kanzleramt geschickt und danach nie mehr etwas davon gehört, es gab nur die Quittung des Pförtners." (Herbert Giersch, zitiert in Handelsblatt 2005). Bundesfinanzminister Hans Matthöfer (1925–2009) (SPD) drohte 1982 gar mit einer Auflösung des „politpädagogischen" Gremiums. Dieser Forderung schloss sich auch Peter Struck (1943–2012) als SPD-Fraktionschef 2008 in Reaktion auf den Rats-Hinweis an, auf die Finanzmarktkrise mit Konjunkturprogrammen zu reagieren, weil das Gremium „inkompetent und überflüssig" (Struck 2008) sei. Auch Ex-Wirtschaftsminister Rainer Brüderle (FDP) reagierte verstimmt auf die Kritik der Fünf Weisen an seiner Politik: „Ratschläge von Professoren können das Nachdenken der Politiker nicht ersetzen. Darum sind sie ja auch Berater und nicht Entscheider" (Brüderle 2009).

Den wirtschaftswissenschaftlichen Gegenspielern des SVR, der *Arbeitsgruppe Alternative Wirtschaftspolitik* (AAW e. V.), wird im Politikbetrieb ebenfalls keine große Aufmerksamkeit geschenkt. Die AAW konstituierte sich 1975 als ein offener Zusammenschluss von Wirtschafts- und Sozialwissenschaftlern mit einer starken gewerkschaftspolitischen Ausrichtung, als die damalige Weltwirtschaftskrise ihren Höhepunkt erreichte. Seitdem gibt sie jährlich ein „Memorandum" zur jeweils Wirtschaftspolitik der Bundesregierung heraus. Die „Memoranden" werden dabei auch als Gegengutachten zu den Gutachten des SVR gesehen. Die AAW sieht sich selbst als eine links-keynesianisch orientierte Arbeitsgruppe, die insbesondere gegen den neoliberalen Mainstream gerichtet ist. Sie ist nicht, wie der SVR, mehrheitlich stark angebotsorientiert und marktgläubig, sondern hebt insbesondere die Nachfrageseite des Marktes, hier auch die staatliche Nachfrage und die Notwendigkeit einer Umverteilung von den Gewinn- und Vermögenseinkünften zu den Arbeitseinkommen hervor. Nicht zuletzt spielt bei der AAW bzw. bei ihrer veröffentlichten Forschung der arbeitende Mensch die entscheidende Rolle. Die AAW ist parteipolitisch unabhängig und wird seit langem von ca. 1.000 Unterstützern aus dem Wissenschafts- und Gewerkschaftsbereich getragen.

Auffallend ist in dem gesamten ökonomischen Beratungs-Kontext, dass nicht nur der SVR, die AAW sowie staatlich unterstützte *Wirtschaftsforschungsinstitute* einen geringen Einfluss auf die Wirtschaftspolitik genießen, sondern, dass die „Zunft der Volkswirte" als Ganzes sich nur selten eigeninitiativ Gehör verschaffen kann. Stattdessen dominieren den Beratungsprozess zunehmend – auf Anfrage der Politik – Juristen und Betriebswirte. So waren in der *Hartz-Kommission*, die für die Agenda 2010 und damit für einen weitreichenden Eingriff in die soziale Marktwirtschaft sorgte, keine Professoren der VWL, dafür aber zahlreiche Betriebswirte vertreten. Auch vertraute der ehemalige nordrhein-westfälische Ministerpräsident Jürgen Rüttgers (CDU) bei der Konsolidierung des Landeshaushaltes lieber einem *Managergremium* unter der Führung eines IHK-Präsidenten. Dieser rechtfertigte seinen Vorsitz gar mit der kühnen und zugleich entlarvenden Behauptung, „den Staat zu lenken, sei ähnlich wie ein Unternehmen zu führen" (vgl. Handelsblatt 28.09.2005). Dahinter verbirgt sich der Gedanke, der Staatshaushalt sei nach dem Gewinnmaximierungsprinzip auszurichten. Die Beratungsresistenz der Entscheidungsträger gegenüber den Experten der Volkswirtschaft lässt sich nicht nur aus der zuvor erklärten Unschärfe der Wissenschaft erklären. Denn schon der britische Ökonom Alfred Marshall (1842–1924) wusste, „Politiker nutzen Wissenschaftler wie Betrunkene Laternen: Sie suchen nicht Licht, sondern Halt!"

Welche Rolle dabei den Ökonomen in der unmittelbaren Politikberatung wirklich zugedacht ist, versucht die *Neue Politische Ökonomie (NPÖ)* bzw. der *Public-Choice-Ansatz* mithilfe ökonomischer Ideen zu ergründen. Es handelt sich dabei um sogenannte positive Ökonomik, die sich mit Ist-, nicht mit Soll-Aussagen zum Verhalten beschäftigt, ähnlich der normativen Ökonomik. Ausgangspunkt ist der methodische Individualismus: Demnach orientieren sich Politiker gar nicht, was wünschenswert wäre, am *Gemeinwohl*, sondern egoistisch an der Frage, wie sie ihre *eigene Macht* sichern und ausbauen können. Gesucht ist dann im Beratungsprozess ein öffentlichkeitswirksames Bestätigen der eigenen Positionen und nicht unbedingt die „Wahrheit": „Wirtschaftspolitische Beratung interessiert die Politiker rational nur soweit, wie sie ihre politische Interessenposition aufrechterhalten oder ausbauen können" (Priddat 2003, S. 44). Insofern haben selbst überlegene und wissenschaftlich gut fundierte ökonomische Empfehlungen keine Chance auf Gehör, wenn sie Wählerstimmen kosten und/

oder zu kompliziert adressiert sind. „Politiker wollen Nomen, Begriffe, überzeugende Sätze. Sie kaufen Rhetorik, nicht Sachverstand" um seiner selbst willen, sondern nur solchen Sachverstand, der sich eigennützig vermarkten lässt (Priddat 2003, S. 48).

Um überhaupt wahrgenommen zu werden, bedarf es aus Sicht der *Politiker* leicht verständlicher, publikumswirksamer Botschaften, mit denen sie vor den Wählern reüssieren können. Wissenschaftliche Gründlichkeit, bei der womöglich auch noch differenziert argumentiert wird, gilt dabei einerseits von den Auftraggebern als störend, während andererseits die gewünschte Trivialisierung den volkswirtschaftlichen Anbietern der Beratung als „unwissenschaftlich" und reputationsschädlich gilt. Vermutlich ist das auch gerade der Grund, warum sich die Politik im Beratungsprozess verstärkt auf *betriebswirtschaftlich* oder *juristisch* vorgebildete Manager stützt: Sie sehen die Welt oftmals aus ihrer eingeschränkten betriebswirtschaftlichen *Unternehmenssicht* und können wegen der relativen Einfachheit ihres Denkansatzes auch für die Wähler insgesamt leicht nachvollziehbare Empfehlungen abgeben. Flankiert wird die Simplifizierung oftmals mit einem Schulterschluss nach dem Motto, was für die Unternehmen gut ist, ist letztlich auch für die Gesellschaft gut. Problematisch ist, dass hier zwangsläufig zentrale gesamtwirtschaftliche Interdependenzen sowie Gruppenkonflikte vernachlässigt und letztlich suboptimale, interessengeleitete Lösungen vorgeschlagen werden.

1.4.3 Einbindung der Wissenschaftler in die Interessenvertretung

Die Wissenschaftler bringen sich aber nicht nur unmittelbar, sondern auch mittelbar über das Zuarbeiten für Interessenvertretungen in die politische Beratung ein. Den Auftraggebern als Abnehmer der Forschungsergebnisse geht es in der Regel ebenfalls nicht um die „*Wahrheit*", sondern darum, *eigene Interessen* gegenüber der Politik durchzusetzen. Die Wissenschaft soll hier also als Erfüllungsgehilfe Grundlagen und Argumente für *Lobbyisten* zuliefern (vgl. Deutscher Bundestag Wissenschaftlicher Dienst 2007, Leif/Speth 2003, Roth 2006, Adamek/Otto 2008, Tillack 2009, Beucker/Krüger 2010, Ploppa 2014). Dabei gibt es, ebenso wie in der unmittelbaren Politikberatung auch, drei Quellen für eine Verzerrung der Wahrheit:

– Es kommt zu einem *Selektionsbias*, indem von Vornherein nur solche Berater ausgewählt werden, von denen der Auftraggeber nachträglich eine Stützung der eigenen Meinung erwarten kann.
– *Wissenschaftliche Berater* finden sich auch mit Blick auf mögliche Folgeaufträge mit der ihnen zugedachten Rolle ab und liefern in einer Art vorauseilendem Gehorsam nur gefilterte Evidenz zur Stützung der Position des Auftraggebers.
– Die hinzugezogenen Wissenschaftler sind zwar nicht bereit „sich zu verkaufen", ihre Ergebnisse werden aber u. U. Opfer der „*Giftschrankklausel*". In der Regel behalten sich nämlich die Auftraggeber die Verwertungsrechte vertraglich vor und können so die Veröffentlichung unliebsamer Ergebnisse verhindern.

Insgesamt ist vor diesem Hintergrund der Begriff *Lobbyismus* in der Öffentlichkeit negativ assoziiert. Gängigem Politikverständnis zufolge sollen demokratisch gewählte Politiker eigentlich nach eigenem Wissen und Gewissen Entscheidungen im Sinne des Gemeinwohls treffen. Eine vorparlamentarische Einflussnahme wird hierbei grundsätzlich mit Argwohn betrachtet.

Dabei ist Lobbyismus für sich genommen – und damit losgelöst von der tatsächlichen Umsetzung – noch nichts Schlechtes. Parlamentspolitiker sind in der Regel nicht „vom Fach". Für gemeinwohlorientierte Entscheidungen benötigen sie zuvor eine Aufklärung über deren Folgen. Diese Informationen sollen im Vorbereitungsprozess von Gesetzen und Verordnungen durch die Ministerien mit ihrem Sachverstand möglichst objektiv zur Verfügung gestellt werden. Auch steht hierbei jedem Abgeordneten ein *Wissenschaftlicher Dienst* der Parlamente zur Unterstützung ihrer Entscheidungsfindungen zur Verfügung. Allerdings sind viele Entscheidungen in einer hochentwickelten und über die Globalisierung verflochtenen Welt wesentlich komplexer geworden, sodass die Politik zum Teil fachlich überfordert ist. Infolgedessen werden nicht alle Aspekte in ausreichender Form gewürdigt. Um dann im demokratischen Prozess wirklich alle unterschiedlichen Positionen zu einem Problemfeld kennenzulernen, vermeidbare Fehler zu verhindern und darauf aufbauend – auch unter Berücksichtigung von Minderheitenschutz – eine mehrheitsfähige, gemeinwohlorientierte Entscheidung zu treffen, kann das Mitwirken von Einflussträgern sinnvoll sein. Sie organisieren als Lobbygruppen aufwandschonend den Informations- und Diskussionsprozess, indem sie im Vorfeld die Positionen und Interessen ähnlich Betroffener bündeln und in die Debatte über die Ministerien oder unmittelbar über die demokratischen Entscheidungsträger einbringen. Die Vorstellung ähnelt dem Modell des *Korporatismus*, bei dem große Interessenvertretungen mit den staatlichen Institutionen im Sinne des Gemeinwohls zusammenarbeiten.

In der Praxis besteht dabei aber das zentrale Problem, dass die Lobbyisten, ganz im Sinne der NPÖ, nicht Gemeinwohl-, sondern *Partikularinteressen* vertreten. Sie fungieren eben nicht als ergänzende objektive Berater, sondern als Beeinflusser. Ihr informativer Beitrag ist von vornherein interessengefiltert. Das wäre mit Blick auf das Gesamtergebnis nicht schlimm, wenn in der Zusammenführung aller Lobbybeiträge eine „Art Gleichgewicht der Wahrheitsverzerrung" zustande käme, wonach die Übertreibungen des einen über ein Zurechtrücken durch ein anderes Lager neutralisiert werden. In die Gesamtschau wären dann alle Argumente inklusive der dazugehörigen Relativierungen eingeflossen. Trotzdem bleibt aber selbst dabei das Problem der *Unübersichtlichkeit*. Der normale Bürger und Entscheidungsträger ist in der intellektuellen Verarbeitung und letztlich notwendigen objektiven Bewertung der Übertreibungen und des Zurechtrückens häufig überfordert.

Außerdem setzt ein Gleichgewicht der Wahrheitsverzerrung voraus, dass sich auch wirklich alle Interessengruppen gleichermaßen in einen fairen, wettbewerblichen Prozess einbringen können. Darauf setzen zwar all diejenigen, die das stärker um sich greifende Lobbywesen rechtfertigen. Nur ist dies in der Realität nicht zu erwarten. Die Schlagkraft einer Lobbygruppe hängt im Wesentlichen von den verfügbaren Ressourcen, wie Finanzmittel, Personalumfang und aufgebaute Netzwerke zu Politik und Medien, sowie von der gruppeninternen Konsensfindung ab. Letztere wiederum bestimmt sich aus dem Grad der Interessenhomogenität ihrer Mitglieder und der Mitgliederzahl. Hierbei sind in der Regel in allen Belangen *Unternehmerverbände*, mit Abstand vielleicht auch die *Gewerkschaften*, ungleich durchsetzungsstärker als *Verbraucher- und Umweltverbände*, obwohl sie häufig mehr Personen repräsentieren.

Als problematisch erweist sich mit Blick auf den Lobbyeinfluss auch, dass durch die Bündelung verschiedener Gruppen oftmals nur eine Lösung zu Lasten Dritter gefunden werden kann, die möglicherweise gar nicht am Beratungstisch vertreten sind. Interessant ist allerdings, dass mittlerweile aber auch die ehemals schwachen Lobbygruppen (Verbraucher, Umwelt, Frauenrechte) sich zunehmend professionalisieren. Mithilfe von Fundraising, Öffentlichkeitarbeit und professionellem Personal gelingt es ihnen zuweilen, im Wettbewerb der Einflussnahme als Gegengewicht mitzuhalten. Wie relevant dabei der Einfluss der Lobbyarbeit in Deutschland ist, zeigt das Beispiel des Dieselskandals überdeutlich (siehe Kasten: Die Chronik der fünf Dieselgipfel).

„Die Chronik der fünf Dieselgipfel

[...] In mehr als 70 Kommunen liegt die Belastung mit Stickoxiden weit über den gesetzlichen Grenzwerten, in fast der Hälfte drohen Fahrverbote. [...] Drei Jahre nach Bekanntwerden des Diesel-Betrugs im Volkswagen-Konzern wird kontroverser denn je über die Verantwortung der Autoindustrie und ihre Beteiligung an der Aufarbeitung gestritten. Regierung und Hersteller haben sich etliche Male getroffen – die Fortschritte waren bescheiden. Bis zuletzt weigerten sich die Unternehmen, ältere Dieselwagen nachzurüsten. Stattdessen haben sie große Prämienprogramme aufgelegt und Software-Updates in die Wege geleitet. [...]" (Der Tagesspiegel 2018).

Im Einzelnen haben die Automobilkonzerne bei allen Verhandlungen mit der Bundesregierung auf fünf Dieselgipfeln auf der Bremse gestanden:

Beim ersten Gipfel (28.02.2007) wurden Softwareupdates für über 5 Millionen betroffene PKWs versprochen, wobei die Updates für die Hälfte dieser Fahrzeuge eh bereits angeordnet waren. Die Umsetzung verlief dann sehr schleppend. Zugleich sollte aber der Verkauf von Neuwagen durch Umtauschprämien für Altautos angekurbelt werden.

Der zweite Dieselgipfel (28.11.2017) führte zu einer Aufstockung des Mobilitätsfonds, der die Kommunen beim Ausbau nachhaltiger Verkehrskonzepte unterstützen soll. Als Entgegenkommen sagten die deutschen Automobilkonzerne eine Mitfinanzierung zu, ausländische Hersteller lehnten dies aber ab.

Nach einem erfolglos verlaufenden dritten Gipfeltreffen (23.09.2018) beschließt die Regierung auf dem vierten Gipfel (02.10.2018) zwar Hardware-Nachrüstungen, die Autohersteller verweigern sich jedoch. Stattdessen bieten sie ein zweites Prämien-Programm zur Belebung des Neuwagenabsatzes an.

Der fünfte Dieselgipfel (08.11.2018) brüskiert die Politik dann endgültig. Der Einladung des Bundesverkehrsministers folgte lediglich der Vorstandsvorsitzende von Daimler-Benz, während zwischenzeitlich in immer mehr Städten Fahrverbote verhängt wurden. (vgl. Der Tagesspiegel 2018)

Tatsächlich arbeiten mittlerweile Lobbyvertreter unmittelbar in Ministerien mit und formulieren sogar *Gesetzesentwürfe*. Die Lobbyisten werden dabei von Unternehmen bezahlt, wie beispielsweise von der Deutschen Bank, wenn es um die Formulierung von Finanzgesetzen geht (vgl. WDR 2009). Dadurch wird die Quelle „objektiver" Information für Parlamentarier in intransparenter Weise von dritten Parteien beeinflusst. Hinzu kommt, dass Anhörungen in den Parlamenten oft nur noch „ritualisierte [...] werbewirksame Showveranstaltungen" (Leif/Speth 2003, S. 21) sind, weil die Exekutive in den Gesetzgebungsverfahren einen immer größeren Stellenwert hat. Dabei werden Entscheidungen von den Ministerien über Expertenkommissionen vororganisiert und es besteht die Gefahr, dass das Parlament nur noch als *„Abnick-Truppe"* vor vollendete Tatsachen gestellt wird.

Hinzu kommt die Sonderproblematik der *Korruption*, bei der Entscheidungen nicht durch Argumente beeinflusst, sondern gekauft werden (vgl. Transparency Deutschland). Korruption hat dabei nicht nur in Deutschland eine lange Tradition. „Das große Schmieren" von Politikern war schon in der Kaiserzeit beliebt, wenn es um profitträchtige Rüstungsaufträge ging. Von Bismarcks „Reptilienfonds", der mit Bestechungsgeld Politiker, Parteien, Verbände und Journalisten kaufte, über Krupps ausgeklügeltes Bestechungssystem während der Weimarer und Nazi-Zeit bis in die Neuzeit, ist die Geschichte voll von Korruption. Auch in der Nachkriegszeit kam es zu mehreren Skandalen. Hier sei nur auf den Flick-Steuerfall und auf die Rechtsbeugung des Bundeskanzler Helmut Kohl (CDU) verwiesen, der bis zu seinem Tod die illegalen Parteispenden bzw. deren Spender nicht nennen wollte. Korruptionsforscher Hans-Martin Tillack (2009, S. 7) kommt diesbezüglich zu folgendem Befund:

> Erst langsam wird uns heute bewusst, dass wir in einer anderen Republik leben – einer anderen, als wir uns das vorgemacht haben. Nur allmählich realisieren wir, dass Deutschland ein Korruptionsproblem hat. Inzwischen wissen wir, dass nicht nur die CDU schwarze Kassen führte, sondern auch der Vorzeigekonzern Siemens. Nicht nur im Frankfurter Hochbauamt, sondern auch in der deutschen Bankenaufsicht hielten Beamte die Hand auf. Korruption ist in Deutschland zum Alltagsphänomen geworden.

Die Problematik von Lobbyismus und von Korruption nimmt zu (vgl. Leif/Speth 2003): Denn erstens spielt die *Globalisierung* den Lobbyisten als Nichtregierungsorganisationen (NGOs) in die Karten. Auf internationaler Ebene werden oftmals freiwillige Abkommen vereinbart, wie z. B. das *Klimaschutzabkommen*. Hier findet ein „Regieren ohne politisches Zentrum" (Kohler-Koch in: Leif/Speth 2003, S. 17) als Korrektiv statt, bei dem das Mitwirken der NGOs als viel selbstverständlicher angesehen wird als auf nationaler Ebene. Auch findet eine immer stärkere Professionalisierung des Lobbywesens statt. Rund 80 Prozent der national relevanten Gesetze und Verordnungen werden auf *EU-Ebene* verabschiedet. Hier lässt sich eine Konzentration des Lobbyings gut organisieren. Unterstützt werden die Lobbys durch hochprofessionelle *Anwaltskanzleien*, die als Dienstleister auftreten und über etablierte Netzwerke und institutionelles Know-how verfügen.

Darüber hinaus steigt die Bedeutung der persönlichen Verzahnungen durch den Wechsel von Ministerialbeamten oder Politikern in die Wirtschaft. Besonders prominent ist hier das Beispiel des ehemaligen Bundeskanzlers Gerhard Schröder (SPD). Er brachte mit dem russischen Präsidenten Wladimir Putin am 11. April 2005, kurz vor Schröders Amtsaustritt, „den Bau der umstrittenen Gaspipeline (,Nord Stream') durch die Ostsee unter Dach und Fach. Und nun erhält er 250.000 Euro im Jahr dafür, genau diese Pipeline für Gazprom, E.ON und BASF zu bauen" (Tillack 2009, S. 71). Der ehemalige Bundesarbeits- und -wirtschaftsminister, Wolfgang Clement (1940–2020) (ehemals SPD), heuerte u. a. bei RWE an. Seine öffentlichkeitswirksame Unterstützung dieses Konzerns, gegen die Forderungen der SPD-Spitzenkandidatin im damaligen hessischen Landtagwahlkampf, Andrea Ypsilanti, zwei RWE-Atomkraftwerke nicht mehr ans Netz zu lassen, dürften dabei zumindest nicht geschadet haben. Mit einem erheblichen „Geschmäckle" war auch die „Beförderung" des Wirtschaftsstaatssekretärs Alfred Tacke in den Vorstandsvorsitz der Steag AG verbunden (vgl. Bontrup/Marquardt 2012, S. 4 ff.). Dieser Schritt erfolgte, nachdem er zwei Jahre zuvor in Stellvertretung für den befangenen aber parteilosen Bundeswirtschaftsminister Werner Müller (1946–2019) gegen das Votum des Bundeskartellamtes die Fusion von E.ON und Ruhrgas genehmigte. E.ON wiederum war einer der Hauptanteilseigner an der damaligen Steag-Mutter, der RAG. Der frühere FDP-Chef Guido Westerwelle kommentierte die Karriere des Staatssekretärs mit: es „stinkt zum Himmel" (Handelsblatt 2004, S. 4.). Einige ausgewählte Beispiele, wie Politik als Sprungbrett in die großen Unternehmen dient, vermittelt Tabelle 1.1.

Darüber hinaus nehmen heute Lobbyisten der Wirtschaft direkten Einfluss auf die *Hochschulen*, indem sie sich z. B. Stiftungsprofessuren finanzieren. Mittlerweile dürfte es in Deutschland rund 1.000 solcher Professorenstellen geben. So bezahlt alleine der Multimillionär Dieter Schwarz (u. a. Kaufland, Lidl) über eine Stiftung über mehrere Jahre 20 Professoren im Bereich der Wirtschaftswissenschaften an der TU München. Trotz aller Hinweise der Universität auf einen Code of Conduct fällt es schwer zu glauben, dass die Einkaufstour nicht auch Unternehmensinteressen des Stiftungsgründers verfolgt. Auch Forschungsdrittmittel sind immer ambivalent und können Wissenschaftler verführen. Und wie kann es bereits heute sein, dass an vielen öffentlichen Hochschulen Hörsäle nach ihren Geldgebern aus der Wirtschaft benannt werden und deren Firmen-Logos tragen? Die im Grundgesetz verbriefte *Freiheit von Forschung und Lehre* ist ein zu wichtiges gesellschaftliches Gut, als dass es durch private Kapitalinteressen unterminiert werden darf.

Tab. 1.1: Politik als Sprungbrett in die Großkonzerne: ein Auszug.
Quelle: eigene Darstellung nach Lobbypedia (2020).

Name	Partei	Job bis	Job ab
Philipp Rösler	FDP	12/2013 Bundesminister für Wirtschaft und Technologie	Von 02/2014 bis 11/2017 Geschäfsführer und Vorstandsmitglied der Stiftung World Economic Forum. Ab 12/2017 Leiter der Hainan Cihang Charity Foundation, des größten Einzelaktionärs des chinesischen Mischkonzerns HNA
Daniel Bahr	FDP	12/2013 Bundesminister für Gesundheit	11/2014–12/2016 Allianz Private Krankenversicherung, Generalbevollmächtigter 01/2017 Allianz Private Krankenversicherung, Mitglied des Vorstands
Ronald Pofalla	CDU	2013 Chef des Bundeskanzleramtes und Bundesminister für besondere Aufgaben	01/2015 Generalbevollmächtiger für politische und internationale Beziehungen bei der Deutschen Bahn mit Anschlussverwendungen bei der DB
Matthias Wissmann	CDU	05/2007 MdB 1993–1998 Bundesverkehrsminister	06/2007–02/2018 Präsident Verband der Automobilindustrie (VDA) 10/2018 Senior-Berater der deutsch-französischen Privatbank Oddo BHF
Joschka Fischer	Grüne	2005 Außenminister und Vizekanzler der BRD	2009 Gründung der Lobbyorganisation Joschka Fischer & Company 2007 Unternehmensberater
Sigmar Gabriel	SPD	03/2018 Bundesaußenminister 01/2017 Bundeswirtschaftsminister	11/2019 „Senior Advisor" beim politikberatungs-Unternehmen Eurasia Group 03/2019 Designiertes Mitglied des Verwaltungsrats von Siemens Alstom (die geplante Fusion ist inzwischen von der EU-Kommission untersagt worden) 01/2020 Designiertes Mitglied des Aufsichtsrats der Deutschen Bank
Jörg Asmussen	SPD	Ende 2015 Beamteter Staatssekretär im Bundesministerium für Arbeit und Soziales	03/2016 Mitglied des Aufsichtsrats des Fintech-Start-ups Funding Circle 10/2020 Hauptgeschäftsführer des Gesamtverbands der Deutschen Versicherungswirtschaft (GDV)
Dirk Niebel	FDP	12/2013 Bundesminister für wirtschaftliche Zusammenarbeit und Entwicklung	01/2015 Lobbyist des Rüstungsunternehmens Rheinmetall
Reinhard Klimmt	SPD	1998–1999 Ministerpräsident im Saarland 09/1999–11/2000 Bundesverkehrsminister	07/2002–2009 „Beauftragter des Vorstandes der Deutschen Bahn AG" für die Interessen des Unternehmens bei der französischen Regierung in Paris und bei der Europäischen Union in Brüssel
Werner Müller	parteilos	2002 Bundeswirtschaftsminister	06/2003–12/2008 Vorstandsvorsitzender der RAG AG (später Evonik Industries) 12/2012 Vorstandsvorsitzender der RAG-Stiftung
Hans Eichel	SPD	Vorsitzender des Parlamentarischen Gesprächskreis Transrapid; Mitglied im Steering Komitee des Managerkreises der Friedrich-Ebert-Stiftung; 1999–2005 Bundesminister der Finanzen	ab 2007 Mitglied des Aufsichtsrats der MP Marketing Partner AG

Aufgaben

Wie bringen sich Ökonomen in die Politikberatung ein?

Diskutieren Sie die unterschiedlichen wirtschaftspolitischen Ausrichtungen der Arbeitsgruppe Alternative Wirtschaftspolitik (AAW e. V.) und des Sachverständigenrates (SVR).

Diskutieren Sie, ob Lobbyisten bei Staatsbesuchen in einem regierungsoffiziellen Flugzeug mitfliegen und ob sie bei den anstehenden Verhandlungen von Staatsverträgen mit am Tisch sitzen sollten.

Diskutieren Sie, ob Volksvertreter in den Parlamenten zur gesetzlichen Entscheidungsfindung auf Lobbyisten der Wirtschaft angewiesen sind.

1.5 Rolle der Medien im Wissenstransfer

1.5.1 Gesellschaftspolitische Funktion der Medien im Ideal

Damit Ökonomen ihre Erkenntnisse zur öffentlichen Diskussion beisteuern können, reichen Publikationen in den Fachjournalen nicht aus. Sie brauchen die *Medien als Multiplikatoren*. Medien haben in funktionierenden Demokratien eine wichtige Funktion und werden im Rahmen der staatlichen Gewaltenteilung (Legislative, Exekutive, Judikative) als „*vierte Gewalt*" eingestuft. Sie sollen die Gesellschaft neutral über Entwicklungen informieren, diese einordnen, damit den Adressaten eine Grundlage für eine eigene Bewertung vermitteln und vor allem kontrollieren, wie die Politik mit der an sie delegierten Macht umgeht. Dazu bedarf es unabhängiger, neugieriger und kritischer Journalisten, die im Nachrichten kommentierenden Teil auch argumentative Schwächen identifizieren sowie Alternativen aufzeigen. Um dabei alle Facetten abzudecken, ist darüber hinaus ein freier und dialektischer Meinungswettbewerb unter den Journalisten erforderlich.

Wie wichtig die Presse in dieser Funktion ist, wird beispielsweise am Kommunikationsverhalten des ehemaligen US-Präsidenten Donald Trump deutlich, der bewusst versucht, die Presse zu umgehen. Statt seine Politik auf Pressekonferenzen vorzustellen, setzt er seine Ideen oftmals lieber über Twitter ab. Dies ist insofern äußerst bequem, als er damit nicht Gefahr läuft, sich erstens bei Rückfragen zu Details die Blöße des Nichtwissens zu geben und zweitens, dass durch Rückfragen der Wahrheitsgehalt seiner Aussagen in Zweifel gezogen wird. Seine fachliche Kompetenz wird so beim Präsentieren der Botschaft gar nicht erst auf den Prüfstand gestellt. Erst in der von der Öffentlichkeit weniger wahrgenommenen Nachbereitung wird so deutlich, dass er erhebliche Probleme beim Detailwissen und mit der Wahrheit hat (vgl. Washington Post 2020).

In der Auseinandersetzung mit der Politik wird zumindest in der deutschen Medienlandschaft das *Berufsethos* von vielen Journalisten ernst genommen. So wurde zum Beispiel die vom damaligen Bundeswirtschaftsminister Sigmar Gabriel (SPD) trotz eines Vetos des Bundeskartellamtes und der Monopolkommission genehmigte Übernahme der Supermarktkette Kaisers-Tengelmann durch Edeka zum Jahr 2017 in der Presse sehr kritisch begleitet. Immerhin ging es hier um einen Zusammenschluss in einer verbrauchernahen Branche, die ohnehin schon stark konzentriert ist. Die Aufmerksamkeit der Medien setzte den damaligen Minister unter erheblichen Rechtfertigungszwang und trug möglicherweise dazu bei, die Übernahme nur mit Auflagen zu genehmigen.

Auch ist die Liste von *wirtschaftspolitischen Skandalen*, die erst durch die Presse aufgedeckt bzw. deren Aufdeckung durch die Presse erst verbreitet wurde, lang. Hierzu gehört zum Beispiel die Flick-Affäre, bei der ab 1975 zur „Pflege der politischen Landschaft" vor allem auch im Zusammenhang mit einer beim Bundeswirtschaftsministerium beantragten Steuerbefreiung im Milliardenumfang Bargeldzahlungen an Politiker aus allen wichtigen Parteien angeblich als Parteispende geleistet wurden.

1.5.2 Umsetzungsprobleme der Medien

Ungeachtet der Positivbeispiele *investigativen Journalismus'* stößt die Mitwirkung der Medien bei der Aufarbeitung politökonomischer Entwicklungen auf verschiedenen Eben auch an Grenzen.

1.5.2.1 ... bei der Nachrichtenwiedergabe

Die Umsetzungsprobleme betreffen in den traditionellen Pressemedien (Zeitungen, Hörfunk und Fernsehen) weniger den originären Nachrichtenteil. Denn der Wahrheitsgehalt der reinen Nachricht ist leicht überprüfbar und muss sich dort im Wettbewerb behaupten. Wer hier mit sachlich falschen Meldungen aufmacht, wird schnell durch die Konkurrenz entlarvt, diskreditiert sich so selbst mit nachhaltiger Wirkung, verliert infolgedessen an Auflage und büßt viele der heutzutage zum wirtschaftlichen Überleben unersetzlichen Werbekunden ein. Die Folgen der Veröffentlichung der angeblichen Hitler-Tagebücher 1983 durch den „Stern", aber jüngst auch die Publikation frei erfundener Geschichten durch den Spiegelreporter Claas Relotius bis ins Jahr 2018 hinein zeigen dies eindrücklich. Das Einhalten der Wahrheit ist so nicht nur eine Frage der Ehre, es liegt auch im wirtschaftlichen Eigeninteresse der Medien. Obendrein ermöglicht das *Pressegesetz* bei Falschmeldungen über Personen auch eine Richtigstellung an prominenter Stelle.

Gänzlich anders sieht es bei *sozialen Medien*, wie etwa Facebook und Twitter, aus (vgl. Marx 2019). Hier geht es in den Newsfeeds – anders als in der klassischen Nachrichtenberichterstattung – weniger darum, „wahre Nachrichten" zu präsentieren. Ziel in den Newsfeeds ist es häufiger, unabhängig vom Wahrheitsgehalt, möglichst viele User mit möglichst viel Traffic für Werbung und die Verwertung von Kundendaten zu haben. Dazu werden für die Verbreitung von Nachrichten Filter eingesetzt. Sie sollen die Nutzer mit wenig Aufwand zufriedenstellen, indem sie gezielt nur mit solchen Nachrichten versorgt werden, die sie in ihrem vorgefassten Meinungsbild bestätigen. Eine differenzierte Vermittlung von Nachrichten gilt dabei eher als störend.

Die Verknüpfung mit zumeist gleichgesonnenen *„Followern"* und *„Friends"* schafft zudem einen sich selbst befruchtenden Echoraum. Gerade reißerische Nachrichten beleben hier das Geschäft und den Daten-Verkehr, auch wenn es *Fake-News* sind. Zweifel an der Echtheit der Nachrichten kommen unter den Gleichgesinnten in der Filterblase kaum auf. Da die Quelle der Nachrichten und erst recht die Redakteure oftmals kaum zu identifizieren sind, muss obendrein niemand die Verantwortung für Falschberichte übernehmen. Insofern kann hier auch das Presserecht nur bedingt greifen.

Erfahren die Nutzer aber von dem fehlenden Wahrheitsgehalt, bleiben Konsequenzen aus. Die diskreditierte Nachrichtenquelle kann einfach im Netz abtauchen und zukünftig unter Verwenden eines anderen Namens neue Falschmeldungen in die Welt setzen. Letztlich ist hier das Tor für *Populisten* und *Manipulatoren* weit geöffnet. Aus Fake-News werden so „alternative Wahrheiten", die für eine Verbreitung kruder Weltbilder sorgen sollen (vgl. Kasten: Klimapolitikdiskussion im Internet). Was dabei für den Wahrheitsgehalt von Nachrichten im Netz gilt, gilt umso mehr für deren kommentierende Aufbereitung. Aus wissenschaftlicher Sicht ist letztlich sogar beim Arbeiten mit *Wikipedia* Vorsicht geboten (vgl. Kasten: Wikipedia als Wissenschaftsquelle?).

Klimapolitikdiskussion im Internet

Zweifler bestreiten den Klimawandel als Ganzes oder zumindest die Mitverursachung durch den Menschen. Kritik an der These der anthropogenen, also menschengemachten Verursachung findet man, wenngleich in Unterzahl, tatsächlich in rezensierten und daher seriösen Fachzeitschriften. Angesichts der großen Bedeutung des Themas wird die Debatte aber auch im Internet geführt. Wegen des leichten Zugangs ist daher die Neigung groß, sich bei wissenschaftlichen Arbeiten dort zu bedienen.

Dabei sind jedoch große Vorbehalte angebracht, zumal es sich um ein Thema handelt, das wirtschaftliche Interessen stark tangiert. Insbesondere die CO_2-emittierenden Großkonzerne würden davon profitieren, wenn der Handlungsbedarf in puncto Klimaschutz kleingeredet wird. Insofern verwundert es nicht, wenn interessenorientierte Kampagnen betrieben werden, in denen der anthropogenen Klimawandel geleugnet wird (vgl. Umweltbundesamt 2013, S. 98 ff.). Genutzt werden dabei auch Blogs oder Plattformen im Internet. Hier kann ohne Expertenprüfung jeder sein fundiertes Wissen, aber eben auch Halbwissen oder manipuliertes Wissen platzieren. Oftmals bestätigen die User ihre Positionen in diesem Echoraum gegenseitig, um ihnen den Anstrich von Relevanz und Richtigkeit zu verleihen.

In einem solchen Blog (EIKE 2013) findet sich in einem wissenschaftlich aufgemachten Papier beispielsweise die Behauptung, das Intergovernmental Panel on Climate Change (IPCC), das im Namen der Vereinten Nationen den Stand zur Klimawandelforschung zusammenfassen soll und die Grundlage politischer Entscheidungen liefert, habe selbst die grundsätzliche Tauglichkeit seiner Modelle bestritten. Das Panel wird dort zitiert mit: "In climate research and modeling, we should recognize that [...] the long-term prediction of future climate states is not possible." (Link 2011, S. 2). Die Strategie des Verfassers ist hier, den wissenschaftlichen „Gegner", IPCC, mit dessen eigenem Eingeständnis einer fehlenden soliden Grundlage für seine Erkenntnisse in die Knie zu zwingen.

Bei der Überprüfung des Zitats fällt aber auf, dass mit Blick auf die zitierte Fundstelle zwar richtig, im Gesamtkontext aber sinnentstellend zitiert wurde. Was genau vom IPCC gemeint war, geht bereits aus den dort nachfolgenden Sätzen hervor: „The most we can expect to achieve is the prediction of the probability distribution of the system's future possible states [...]" (IPCC 2001, S.774). Und an anderer Stelle wird nochmals ausgeführt:" [...] the long-term prediction of future *exact* (Hervorhebung durch Verfasser) climate states is not possible." (IPCC 2001, S. 78). Statt, wie behauptet, die Eignung der angewendeten Modelle generell zu bezweifeln, vertritt das IPCC also nur die Position, dass mit den Modellen keine exakten Vorhersagen getroffen werden können und dass die Modelle der Komplexität geschuldete Wahrscheinlichkeitsaussagen liefern. Gleichwohl hält das IPCC die zugrundegelegten Modelle für wertvoll: "This does not imply, however, that the behaviour of non-linear chaotic systems is entirely unpredictable [...]" (IPCC, Climate Change 2001, S. 91). Hier wurde eine redaktionelle Schwäche im knapp 900 Seiten langen IPCC-Bericht zumindest zur sinnentstellenden Zitation genutzt.

Wikipedia als Wissenschaftsquelle?

Im Internetzeitalter hat Wikipedia das klassische Lexikon als Informationsquelle verdrängt (vgl. zu den nachfolgenden Ausführungen Brause 2020). Die Versuchung ist angesichts des bequemen, kosten- und werbefreien Zugangs, der Themenvielfalt, der oftmals hohen Aktualität und wechselseitigen Verlinkung zu themennahen Inhalten auch hier groß, Wikipedia als Quelle des wissenschaftlichen Arbeitens zu nutzen.

Zentrales Wikipedia-Prinzip ist der Grundgedanke der Schwarmintelligenz nach dem Motto „keiner ist so klug wie alle". Jeder darf in dieser von einer nicht-kommerziellen Stiftung organisierten Plattform anonym Artikel erstellen, jeder hat die Möglichkeit, einen eingestellten Artikel zu ändern. Dieser wechselseitige Korrekturwettbewerb soll Fehler schrittweise beseitigen und unterschiedliche Auffassungen so austarieren, dass am Ende aus dem Meinungsdiskurs die „Wahrheit" übrigbleibt. Dazu müssen sich nur ausreichend viele User beteiligen. Der erreichte Grad der „Wahrheit" von Beiträgen hängt entscheidend davon ab, wie gut der Wettbewerb unter den Autoren die ihm zugedachte Rolle erfüllt. Problematisch dabei ist aber:
– Ein Artikel kann sich zum Zeitpunkt des Zugriffs noch im Entwicklungsstadium befinden und noch nicht die erhoffte Objektivitätsreife erzielt haben. Die Notwendigkeit allein, auch bei der Erstveröffentlichung in Wikipedia schon Inhalte mit zuverlässigen nachprüfbaren Quellen angeben zu müssen, reicht in der praktischen Umsetzung nicht aus. Denn wer überprüft, ob eine Quellenangabe stimmt und ob die angegebenen Belegquellen nicht nur vom selben Autor stammen? Wer entscheidet, ob eine Quelle seriös ist? Wer überprüft bei Konflikten zwischen Autoren die Qualität der eingeschalteten Administratoren als Schiedsrichter?
– Es gibt immer wieder Artikel die sich gerade im „Edit war" befinden. Je nach Zugriffszeitpunkt stehen dann unterschiedliche Informationen zur Verfügung.
– Das Hauptproblem ist aber ein unfairer Wettbewerb: „[...] es gibt inzwischen auch zahlreiche Beispiele dafür, dass Interessengruppen durch gezielte Aktionen innerhalb der Autorenschaft die Oberhand gewannen. Immer wieder wurden professionell betriebene Netzwerke entdeckt, die versuchten, die Seiten in ihrem Sinne zu manipulieren" (Brause 2020). Dazu gehören von

Mandanten beauftragte Anwaltskanzleien, Werbe- und PR-Agenturen. Die zwischenzeitliche Offenlegungspflicht derartiger Arrangements bei Wikipedia wird nicht ernst genommen. Auch gibt es starke Indizien für Manipulationen durch Unternehmen, Lobbyinstitutionen, Politik und Regierungen. Manipulatoren können sich faktisch hinter der Anonymität verstecken. Und selbst das Sperren „auffälliger" User hilft kaum weiter, die melden sich unter anderem Namen wieder an.

Ohne Zweifel hat Wikipedia als zentrales Nachschlagewerk eine große Verbreitung und großen Einfluss. Gerade deshalb aber lohnt sich die Manipulation. Ohne Zweifel handelt es sich um eine bequem zugängliche Informationsquelle. Wer aber als Wissenschaftler auf der Suche nach objektiven, soliden Quellen ist, sollte Wikipedia nur mit Vorsicht anwenden. Um einen oberflächlichen Einstieg in eine Thematik zu gewinnen, ist der erste Zugang über die Online-Enzyklopädie legitim. Für ein solides wissenschaftliches Arbeiten bedarf es aber zwingend einer kritischen Distanz mit dem Bewusstsein über die Unzulänglichkeiten von Wikipedia. Es bedarf ferner einer Überprüfung der Belege und vor allem einer Vertiefung mithilfe weiterführender Literatur.

1.5.2.2 … bei der Nachrichtenauswahl

Während der Wahrheitsgehalt der Nachricht in den traditionellen Medien noch die geringsten Probleme bereitet, sieht es bei der *Auswahl* und ihrer *Kommentierung* gänzlich anders aus. Bereits mit der Selektion, worüber berichtet wird, und vor allem, worüber nicht berichtet wird, werden Akzente gesetzt. So wird beispielsweise auf der einen Seite das jährlich auf Pressekonferenzen vorgestellte, aber vom Mainstream abweichende „Memorandum" der *Arbeitsgruppe Alternative Wirtschaftspolitik* in der Presse nahezu totgeschwiegen. Selbst eine angehängte Unterschriftenliste von über 1.000 fachlich versierten Unterstützern trägt nicht zur größeren medialen Verbreitung bei. Auf der anderen Seite fällt auf, dass in den „seriösen" Medien ein Trend zur *Entpolitisierung* zugunsten der seichten Unterhaltung vorherrscht.

1.5.2.3 … bei der Kommentierung und Einordnung

Noch problematischer kann die Aufbereitung der Nachrichten sein. Durch Weglassen von Details und Argumenten, durch die Wortwahl, Berichtsstruktur, Unterlegen der Nachricht mit einseitigen Kommentaren Dritter und erst recht durch im- oder explizite Kommentierung seitens der Journalisten selbst entsteht ein tendenziöses Bild. Aus – im Kern noch wahrheitsgetreuen – Nachrichten werden so Meinungen, die das politische Geschehen nicht nur widerspiegeln, sondern auch beeinflussen. Die Bild-Zeitung als auflagenstärkste Tageszeitung wirbt sogar damit, *„Meinung zu machen"*. Ähnlich wie bei den Social Media besteht in diesem Teil journalistischer Arbeit die Gefahr, durch Opportunismus vorrangig eine möglichst große Abnehmerschafft erreichen zu wollen. Um darüber hinaus den Aufmerksamkeitsgrad zu erhöhen, ist auch das überzogene Skandalisieren ein probates Mittel.

1.5.3 Ursachen tendenziöser Berichterstattung

1.5.3.1 ...durch das unmittelbare Umfeld der Journalisten

Was sind die Ursachen für eine tendenziöse Berichterstattung in der Politik? Im Boulevard-Journalismus ist dies eindeutig. Es geht darum, gestützt auf Medienpsychologie durch Vermeiden kognitiver Dissonanz eine möglichst hohe Auflage und damit zahlreiche Werbekunden zu gewinnen. Aber auch der Qualitätsjournalismus ist nicht frei von Einseitigkeit, denn „angesichts einbrechender Werbeeinnahmen und sinkender Verkaufszahlen, [sind] selbst bei vielen renommierten Medien, kaum noch Hemmungen vorhanden [...], entstandene Rückgänge durch Kooperationen mit Lobbyisten und Unternehmen auszugleichen" (Kartheuser 2013 S. 28).

Dabei wird Journalismus zuweilen als *Geschäft auf Gegenseitigkeit* praktiziert, bei dem die kritische Distanz zwischen politischen Entscheidungsträgern und Lobbyisten auf der einen und den Berichterstattern auf der anderen Seite verloren geht. In der Politik sind Journalisten auf möglichst „frische" Informationen aus erster Hand angewiesen. Die Politik wiederum nutzt diese Abhängigkeit gerne strategisch aus, indem sie im Gegenzug eine gefällige „Hofberichterstattung" erwartet. Mit Blick auf den Unternehmenslobbyismus hingegen sollten – zumindest in der Vergangenheit – Vergünstigungen, wie luxuriöse Pressereisen und Presserabatte, oder große Anzeigenkampagnen für eine Pflege der Medienlandschaft sorgen, ohne dass die Journalisten sich selbst unter einer Abhängigkeit wähnen (Grill 2013, S. 7).

Journalisten benötigen für die kritische Bewertung von Sachverhalten eine ausreichende *Fachkompetenz*. Dabei sind sie als dessen Verbreiter nicht nur „Täter" des Mainstreams, sondern auch sein „Opfer". Fachjournalisten sind in ihrer Ausbildung üblicherweise selbst mit dem Mainstream groß geworden (vgl. Kap. 1.4.1). Fachfremde Journalisten hingegen können sich erst recht nicht dem Mainstream entziehen. Wenn auf einem wenig vertrauten Gebiet nahezu alle Experten neoliberale Positionen verkünden, halten sie diese auch für hinreichend abgesichert und publizieren sie. Dies gilt umso mehr, als im hektischen Tagesgeschäft kaum die Muße bleibt, diese Positionen mit Hilfe von kritischen Gegenpositionen zu hinterfragen. Zuweilen wird das Einfallstor mangelnder Kompetenz von Lobbyisten sogar bewusst genutzt. So wird beispielsweise der von mächtigen Unternehmerverbänden finanzierten und dem *Institut der deutschen Wirtschaft (IW)* gesteuerten „*Initiative Neue Soziale Marktwirtschaft*" vorgeworfen, gezielt Pressemedien, aber auch Schulen und Lehrer als Multiplikatoren eingebunden zu haben, um dort wirtschaftsliberales Denken zu verinnerlichen (vgl. zum Vorwurf der Beeinflussung Weischenberg 2005, Nuernbergk 2005 und Wernicke 2010).

1.5.3.2 … durch den Einfluss der Verleger auf die Journalisten

Außerdem droht die journalistische Freiheit ständig durch die Abhängigkeit von den Eigentümern des Pressemediums beschränkt zu werden. Zwar wehren sich die Redaktionen mit Blick auf die *„journalistische Ehre"* vehement gegen derartige inhaltliche Einflussnahme. Direkte Eingriffe sind dabei sicherlich auch die Ausnahme. Das schließt aber eine subtile Form der Beeinflussung, jedenfalls wenn es um die generelle politische Ausrichtung des Mediums geht, nicht aus. Oftmals dürften schon im Vorfeld die zu den Vorstellungen des Verlegers passenden Journalisten eingestellt worden sein, sodass derartige Konflikte ausbleiben. Journalisten sind aber zudem mit Unterschrift ihres Arbeitsvertrages der „Blattlinie" als vorgegebene politisch-weltanschauliche Ausrichtung verpflichtet (vgl. Wernicke 2017).

Im Zweifelsfall sitzen die Journalisten als *abhängig Beschäftigte* ohnehin am kürzeren Hebel. Der Trend, in der Branche zunehmend auf Freischaffende zurückzugreifen, erhöht dabei noch die Abhängigkeiten und den Einfluss der Eigentümer auf die Berichterstattung. Da Medien zudem als *Tendenzbetriebe* eingestuft werden, verfügen die Beschäftigtenvertreter in Auseinandersetzungen mit den Verlegern nicht einmal über die Rechte eines Betriebsrates gemäß Betriebsverfassungsgesetz (BetrVG).

1.5.3.3 … durch systemischen Einfluss auf die Verleger

Die Verleger als Eigentümer wollen mit ihren Medien als Unternehmer *Gewinn* machen und eine hohe Profitrate erzielen. Dies fällt allerdings aufgrund des strukturellen Wandels im Medienbereich immer schwerer, denn durch die *Digitalisierung* ist das *Internet* zum großen Konkurrenten geworden. Die Anzahl und die Auflagen von Zeitungen und Zeitschriften sind kräftig zurückgegangen und auch die wichtigen Werbeeinnahmen sinken bei den Printmedien deutlich. Daher fühlen sich die Medienunternehmer bei einbrechenden Gewinnen veranlasst, Kosten einzusparen und Synergieeffekte über Größenwachstum herbeizuführen.

Die vor allem den Printbereich betreffende, wirtschaftliche Krise beschleunigt so die *Medienkonzentration*. Die Entwicklung resultiert zum einen daraus, dass einzelne Unternehmen Insolvenz anmelden müssen und ihren Betrieb einstellen. Zum anderen werden finanziell angeschlagene Verlage aufgekauft oder es kommt zu Fusionen. So hat sich die Medienlandschaft in Deutschland auf immer weniger Medienkonzerne verengt und zusätzlich sind diese Unternehmen noch stark untereinander verflochten (vgl. Ferschli/Grabner/Theine 2019, S. 23 ff.). Die *Meinungsvielfalt* büßt dadurch erheblich ein. In einer empirischen Untersuchung schließt Horst Röper (2018, S. 216): „Die Pressekonzentration in Deutschland wächst rasant. Die Anzahl der Zeitungsübernahmen war in den letzten Jahren besonders hoch – allein die zehn führenden Verlagsgruppen haben ihren Anteil am Gesamtmarkt der Tagespresse auf 61,6 Prozent erhöht". Am Konzentrationstrend hatte sich auch durch die Wiedervereinigung nichts geändert – im Gegenteil (vgl. Kasten: Eine Eroberung).

„Eine Eroberung

Wie West-Verlage nach dem Mauerfall die DDR-Zeitungen aufteilten

[...] Es gibt keine Darstellung, in der man klarer erkennt, wie die bundesdeutschen Zeitungsverleger nicht nur die alte DDR-Presse zu Fall brachten, sondern auch verhinderten, dass eine von ihnen unabhängige, neue Presse entstand. Trögers Buch schildert die Entwicklung in den Monaten zwischen dem 9. November 1989 und dem 3. Oktober 1990. Am 8. Mai 1990 trafen sich Verleger des Bauer-Verlags, von Springer, Gruner+Jahr und Burda mit dem neuen DDR-Medienminister. Sie beantragten nicht etwa eine Genehmigung für ein zu schaffendes Pressevertriebssystem. Das hatten sie in den vergangenen Monaten schon aufgebaut. Sie verlangten, dass die DDR-Regierung diesen Gesetzesbruch schluckte. Dieses Vertriebssystem, das die vier Verlage bevorzugte, wäre auch in der alten BDR illegal gewesen. Alle zaghaften Versuche einer neuen, offenen Pressestruktur, die am Ende der DDR gestartet wurden, wurden schon damals von den großen Westkonzernen torpediert.

Später löste dann die Treuhand nicht etwa die lokalen und regionalen Pressemonopole auf. Sie vergab sie vielmehr an westdeutsche Unternehmen. Für die war das viele Jahre lang ein gutes Geschäft. Bis die Zeitungskrise kam und keiner – schon gar nicht die ganz Großen – ein Rezept dagegen hatte. Vom damaligen G+J-Vorstandsvorsitzenden Gerd Schulte-Hillen gibt es vom März 1990 eine mit ‚Keine Überschwemmung durch West-Presse‘ überschriebene Erklärung, in der es heißt: ‚Revolutionäre Zeiten erfordern ungewöhnliche Vorgehensweisen will man das Ziel der Revolution befördern‘. Damals kämpften die Westkonzerne um Aufteilung der Beute DDR-Presse. Im Juni 1991 verkaufte Lothar Bisky dem britischen Zeitungsmagnat Robert Maxwell und G+J den Berliner Verlag.“ (Widmann 2019)

Aufgabe

Benennen Sie Probleme bei der Nachrichtenwiedergabe durch Medien.

Was können Ursachen tendenziöser Berichterstattungen durch Medien sein?

Untersuchen Sie, wie viele Zeitungsverlage es heute in Deutschland noch gibt, welche Verlagsgruppen sich gebildet haben, welchen Anteil an der Gesamtauflage aller deutschen Tageszeitungen sie haben und wie sich die Verlagskonzentration insgesamt entwickelt hat.

1.5.4 Fazit zur Rolle der Medien im Status quo

Pressemedien sind keine neutralen Institutionen, sie nehmen nicht nur Einfluss auf Wirtschaft und Politik, sondern auch aufs Wahlvolk allgemein. Ihre primäre gesellschaftspolitische Aufgabe als *vierte Gewalt* besteht dabei im Aufklären; und zwar auch über wirtschaftspolitische Zusammenhänge.

Als zunehmend problematisch erweisen sich dabei aber die aufgezeigten Systemzwänge und -defizite. Dadurch haben die traditionellen Medien hierzulande – trotz einer Buntheit, die vom „Bayernkurier“ bis hin zu „Neues Deutschland“ reicht – dazu beigetragen, dass sich das *neoliberale Denken* als Mainstream-Wirtschaftskonzept etabliert hat (vgl. Wolter 2016). Der Konzentrationsprozess hat dies noch beflügelt: „Print-

und Online-Medien wirken unter einem Kartell. [. . .] Es gibt keine Lügenpresse, wie die rechten Demagogen behaupten. In ihrer Projektion steckt eine andere Wahrheit. Was gegen den Common Sense verstößt, wird sanktioniert" (Ypsilanti 2017, S. 34 f.)

Wer vor diesem Hintergrund an belastbaren Informationen für seine wissenschaftliche Arbeit interessiert ist, kommt nicht umhin, auf *amtliche Quellen* oder *seriöse Medien* zuzugreifen, diese dann aber stets kritisch zu hinterfragen. Dazu gehört vor allem auch, die genannten Fakten mithilfe der angegebenen Quellen zu bestätigen und zu überprüfen, ob nicht in unzulässiger Form verallgemeinert oder verkürzt wurde (vgl. Kasten „Klimapolitikdiskussion im Internet"). Während bei Boulevard-Blättern und bei Meldungen in Privatsendern wegen der hohen Bedeutung kommerzieller Interessen grundsätzlich Vorbehalte für eine wissenschaftliche Verwertung angebracht sind, kann Nachrichten aus etablierten Tages- und Wochenzeitungen sowie aus öffentlich-rechtlichen Medien ein gewisser Vertrauensvorschuss entgegengebracht werden. In jedem Fall bietet es sich für wissenschaftliches Arbeiten aber auch hier an, zu überprüfen, inwieweit andere Medien die Nachrichten ebenfalls publizieren. Vorsicht ist hingegen beim Verwenden von Informationen angebracht, die über die *sozialen Netzwerke* verbreitet werden. Das gilt insbesondere dann, wenn die Verfasser anonym bleiben, als fachfremd oder gar als unseriös gelten oder wenn ihnen das Verfolgen von Partikularinteressen unterstellt werden kann.

1.5.5 Vision zu einer effektiveren Organisation der Medien

Wie will man die beschriebenen Entwicklungen in der Medienlandschaft beenden? Unter kapitalistischen Profitverwertungs- und Konkurrenzbedingungen geht dies kaum. Selbst unterstellt, es gäbe wirklich noch einen auch für Medienunternehmen geforderten Wettbewerb, um Pressefreiheit und einen qualitativen Journalismus zu sichern oder er würde durch Entflechtungsmaßnahmen der Medienkonzerne wiederhergestellt, so wäre es nur eine Frage der Zeit, dass sich dieser Wettbewerb durch Konzentrations- und Zentralisationsprozesse von selbst wieder aufhebt. Dies gilt umso mehr, als das Argument der Fixkostendegression (vgl. Kap. 2.1.2) in der Branche eine hohe Relevanz hat und aus wirtschaftlichen Gründen einen Drang zur Größe bewirkt.

Wettbewerb im Medienbereich ist außerdem kein Instrument zur Steigerung der publizistischen Qualität. Die auflagenstärksten Presseerzeugnisse oder die Fernsehen- oder Radiosendungen mit den höchsten Einschaltquoten sind keineswegs zugleich die qualitativ besten. Vielfach zeigt sich hier eher umgekehrt ein negativer wettbewerblicher Ausleseprozess. Viele Konsumenten suchen lieber die seichte Unterhaltung als herausfordernde dialektische Aufbereitung von komplexen Themen.

Eine nachhaltige Lösung muss unseres Erachtens am systemischen Problem ansetzen: Pressefreiheit ist ein hohes, wichtiges und unverzichtbares Gut. Sie ist ein integraler Bestandteil der Demokratie. Der Medienbereich versorgt uns insofern mit einem *Basisgut*. Als solches wird es übrigens auch im Wettbewerbsrecht behandelt und unter besonderen Schutz gestellt. Vor diesem Hintergrund sollten der Medienbereich und die Pressefreiheit von ihrer *Markt- und Profitfunktion* befreit werden. Nur dann ist letztlich eine wirkliche Unabhängigkeit für die Medien garantiert.

„Warum guter Journalismus sein muss

Wer die Fehler des Journalismus beheben will, indem er ihn abschafft statt ihn besser zu machen, erweist der lebendigen Öffentlichkeit einen Bärendienst. Ein Kommentar.

Der Vorwurf, ‚die Journalisten' seien willige Interessenvertreter der verhassten politischen Elite, ist zwar in dieser Maßlosigkeit falsch. Um das zu erkennen, genügt ein Blick in Länder, deren Medien tatsächlich von der Macht gelenkt sind. Dennoch: Seiner Aufgabe, das politische Geschehen aus kritischer Distanz zu betrachten, wird der Journalismus tatsächlich nicht immer gerecht. Wer aber glaubt, man könne deshalb gleich ganz auf ihn verzichten, liegt daneben. Zu denen, die es dennoch glauben, gehören offenbar Politikerinnen und Politiker, die ihr öffentliches Bild mit Hilfe der sozialen Medien ganz allein zu bestimmen versuchen – möglichst ohne eine kritische, distanzierte, die Polit-PR durch Recherche überprüfende Vermittlungsinstanz. Wer den Medien vorwirft, zu nah an der Macht zu sein, sollte es den Mächtigen erst recht nicht allein überlassen, wie ihr öffentliches Bild aussieht. Wer braucht heute noch Journalismus? Wenn ein Journalist diese Frage beantwortet, wird er sicher nicht sagen: niemand!

Deshalb gleich vorneweg: Es geht nicht um eine pauschale Verteidigung des Journalismus, wie er ist. Denn dazu, dass er heute allenthalben infrage gestellt wird, haben die Medien selbst ihren Teil beigetragen. Noch einmal: Es stimmt, dass der Journalismus den Anspruch, Politik durch kritische Nachfragen mit den Problemen und Interessen der Gesellschaft zu konfrontieren, nicht immer einlöst. Aber ist es besser, wenn Parteien sich in ihren so genannten Newsrooms gleich selbst befragen? Wer recherchiert – ausgestattet mit Zeit und Geld, die es dafür braucht – die Aussagen dieser Politiker nach? Die CDU-Vorsitzende Annegret Kramp-Karrenbauer hat es offen gesagt: „Wir haben die Nachrichten selbst produziert", bejubelte sie den Ausschluss der Presse beim „Werkstattgespräch" der Partei im Frühjahr, „in diese Richtung wird es weitergehen." Manche mögen sagen, es genüge doch, wenn sie alles im Original bekämen, ihre Meinung könnten sie sich selber bilden. Aber wie soll das gehen, wenn nicht einmal mehr die Chance besteht, dass eine Journalistin, ein Journalist nachfragt und nachrecherchiert? Und sagen uns nicht alle Erfahrungen mit den Filterblasen der sozialen Netzwerke, dass dann viele nur noch die Botschaften zur Kenntnis nehmen würden, die ihnen passen? Wer die Fehler des politischen Journalismus beheben will, indem er ihn abschafft, statt ihn zu verbessern, erweist der lebendigen Öffentlichkeit einen Bärendienst – und damit der Demokratie. Das sollten gerade Politiker eigentlich wissen" (Hebel 2019).

Das kann in *demokratisierten Unternehmen* (vgl. dazu die Kap. 8.4.5) in Form von „Mitarbeitergesellschaften" gelingen. Die Journalisten würden hier demokratisch aus ihren Reihen einen Chefjournalisten und eine technische und kaufmännische Leitung wählen. Ein öffentlicher Medienrat, dessen Mitglieder alle fünf Jahre demokratisch von der Bundesversammlung (Art. 54 GG) gleichzeitig mit dem Bundespräsidenten gewählt würden, hätte die Aufgabe, die einzelnen Mediengesellschaften zu beaufsichtigen und zu beraten. Er müsste dabei über die einzelnen Medien und ihre Struktur für Meinungsvielfalt, Qualitätsjournalismus und für eine gesicherte staatliche wirtschaftliche Ressourcenausstattung sorgen.

Aufgaben

Diskutieren Sie unsere Vision zu einer Umorganisation der vierten Gewalt kritisch. Berücksichtigen Sie dabei folgende Aspekte
a) Wie wichtig ist eine organisatorische Änderung für die Gesellschaft?
b) Inwiefern ist die Presseversorgung ein Basisgut?
c) Wodurch entstehen die beobachteten Defizite?
d) Was könnte man im Rahmen der bestehenden Ordnung zu einer Verbesserung beitragen?
e) Was spricht für, was spricht gegen unseren Vorschlag? Überlegen Sie, ob eine solche Umgestaltung rechtlich überhaupt möglich wäre.
f) Haben Sie Ideen für einen anderen Lösungsansatz? Falls ja, was wären dessen Vor-, was wären die Nachteile gegenüber unserer Vision?

2 Orthodoxe Mikroökonomie

In diesem Kapitel werden wir die orthodoxe Mikroökonomie, die das *einzelwirtschaft-liche Verhalten* und die *Interaktion der Wirtschaftssubjekte* über den Markt untersucht, ausführlich darlegen. Diese orthodoxe Mikroökonomie als Teilgebiet der VWL ist es, die im Wesentlichen an den Hochschulen gelehrt wird. Im Nachvollziehen dieses Ansatzes werden die Grundbegriffe der Zunft, die analytische Denkweise und zum Teil selbst von Kritikern unbestrittene Erkenntnisse der orthodoxen Ökonomie vermittelt. Es handelt sich hier quasi um Rüstzeug eines jeden Studierenden, um fundiert in Wissenschaft, Wirtschaft, Politik und Gesellschaft mitreden zu können.

Dabei geht es uns in diesem Kapitel weniger um eine Detail-Analyse des Verhaltens von Unternehmen bzw. von privaten Haushalten; dies ist Aufgabe der *Betriebs- bzw. Hauswirtschaftslehre.* Wir konzentrieren uns vielmehr auf das typische Verhalten der Akteure, aber nur insoweit, als es zur Erklärung von Marktergebnissen relevant bzw. es für das Grundlagenwissen erforderlich ist. Anschließend wird der Interaktionsprozess der Akteure über den Markt untersucht. Thematisiert wird dabei die Wunschvorstellung von der „schönen heilen Welt" des Marktgeschehens, in der die „unsichtbare Hand" (ein von Adam Smith (1723–1790) geprägtes, von ihm selbst aber selten verwendetes Bild) des Wettbewerbs ein gesellschaftlich optimales Ergebnis herbeiführen soll.

Die orthodoxe Mikroökonomie hat hier im Laufe der Zeit bereits selbst *kritische Gesichtspunkte* zum anonymen und in vielerlei Hinsicht unzulänglichen Marktergebnissen herausgearbeitet. Auch diese werden wir im Folgenden mit den verschiedenen Formen des Marktversagens umfassend darlegen und die daraus abzuleitenden wirtschaftspolitischen Gegenmaßnahmen vorstellen, analysieren und kritisieren. Weit darüber hinaus geht aber die *grundsätzliche Kritik* an der orthodoxen Mikroökonomie. Auf diesen Gegenentwurf konzentrieren wir uns ausführlich in Kap. 3. Insofern bitten wir die Leser, die Ausführungen dieses Kapitels geduldig, aber kritisch zu reflektieren und mit den folgenden selbstkritischen Anmerkungen der orthodoxen, vor allem aber mit den Positionen der *heterodoxen Mikroökonomie* zu vergleichen.

Grundsätzlich setzt eine Verhaltensanalyse voraus, dass ihre Aktionen systematisch und mit Struktur erfolgen. Dazu bedarf es zunächst der Vorgabe eines zu erreichenden Ziels. Für privatwirtschaftliche Unternehmen wird in der Mikroökonomie üblicherweise angenommen, dass sie sich vorrangig am Ziel der *Gewinnmaximierung* ausrichten. Dabei werden in der Realität häufig auch andere wirtschaftliche Ziele genannt. Dies könnte zum Beispiel das Erobern eines möglichst großen Marktanteils sein. Oftmals handelt es sich dabei aber nur um abgeleitete Unterziele, die letztlich doch dazu dienen, längerfristig einen möglichst hohen Gewinn einzufahren, sodass mit der folgenden Analyse immerhin ein wichtiger Teil des Unternehmensverhaltens erklärt werden kann.

https://doi.org/10.1515/9783110619379-002

Aber selbst im privatwirtschaftlichen Sektor gibt es auch Unternehmen, die gesellschaftlich und ethisch motivierte Aspekte berücksichtigen und im Zweifelsfall zu deren Wahrung sogar bereit sind, auf das letzte Quäntchen Gewinn zu verzichten. In diesem Sinne haben sich jedenfalls 181 US-amerikanische Topmanager im Sommer 2019 in einer gemeinsamen öffentlichen Erklärung vom Vorrang des *Shareholder-Value-Denkens*, wonach alle Handlungen am Gewinn zugunsten der Unternehmenseigner auszurichten sind, distanziert (vgl. Zöttl 2019). Allerdings gehen Kritiker davon aus, dass dies lediglich eine dem Zeitgeist geschuldete PR-Aktion ist, um Unternehmen vorsorglich aus dem Schussfeld einer schärferen Regulierung zu nehmen.

Anders sieht es mit Blick auf *genossenschaftliche oder öffentliche Unternehmen* aus. Hier steht in der Regel nicht die Gewinnmaximierung im Vordergrund. So ist beispielsweise die Zielsetzung öffentlich-rechtlicher Sparkassen per Sparkassengesetz und per Satzung eben nicht primär auf das Erzielen von Gewinnen angelegt, auch wenn sie für die finanzschwachen Kommunen als Eigentümer immer willkommen sind. Vorrangig sollen Sparkassen aber die regionale Versorgung kleiner und mittlerer Unternehmen mit Krediten sicherstellen sowie dem breiten Publikum einen Zugang zum Bankgeschäft bieten, selbst wenn sich das nicht immer rentiert. Bezogen auf solche Unternehmen sind die nachfolgenden Befunde daher allenfalls beschränkt gültig. Dieser Relativierung steht allerdings entgegen, dass öffentliche Sparkassen und auch genossenschaftliche Volksbanken die *höchsten Profitraten* im Bankensektor erzielen (vgl. Kap. 3.4.2.4). Bei den Sparkassen kommt hinzu, dass sie von den kommunalen Eigentümern wegen defizitärer Haushalte faktisch unter Druck gesetzt werden, hohen Gewinn abzuwerfen, der zur Quersubventionierung benötigt wird.

Auch außerhalb des Bankenbereichs gibt es Genossenschaften, die nicht als *Produktivgenossenschaften* tätig sind, wo die einzelnen Genossen selber Arbeit verrichten und keine Beschäftigten haben, hohe Profite erzielen und sich nicht anders verhalten als kapital- bzw. profitorientierte Unternehmen (zur genossenschaftlichen Ökonomie vgl. Heckmann 1997).

Wir werden im Weiteren auch noch häufiger sehen, dass Unternehmen widersprüchliche und arbeitsteilige Interessenorganisationen sind. Die hier tätigen Kapitaleigentümer bzw. Unternehmer oder ihre angestellten Manager haben das Interesse der Kapitalvermehrung durch eine maximale Profitrealisierung. Die von den Unternehmern eingekauften abhängig Beschäftigten erwarten einen maximalen Lohn bei kurzen Arbeitszeiten. Dies verträgt sich jedoch nicht miteinander, sodass es zwischen den widerstreitenden Interessen zum *täglichen Arbeitskampf* in den Unternehmen kommt, den Karl Marx (1818–1883) im Kapital Band 1, im achten Kapitel „Der Arbeitstag" (1867 (1974)), ausführlich beschreibt.

Damit ist dann auch klar, wenn ab sofort von Unternehmen gesprochen wird, so ist hier zwischen *Unternehmern* (bzw. Managern) und *abhängig Beschäftigten* zu unterscheiden.

Dabei gibt es auch Unternehmen, die ausschließlich aus dem Gründer bestehen. Diese sogenannten *Solo-Unternehmen* treten auch als „Ich-AG" oder „Ich-GmbH" am

Markt auf (vgl. Koch u. a. 2011). Darüber hinaus muss die Klasse der *abhängig Beschäftigten*, schichtenspezifisch, in leitende Angestellte, außertariflich Angestellte (AT-) und Tarif-Angestellte differenziert werden. Eine homogene „Arbeiterklasse" hat es noch nie gegeben. Dabei wird unter dem Neoliberalen-Paradigma, der abhängig Beschäftige sogar als ein „*Arbeitskraft-Unternehmer*", widersprüchlich dargestellt (vgl. Kuda/Strauß 2002).

Bei den *privaten Haushalten* ist dagegen die Identifikation eines Oberziels vordergründig recht einfach. Sie wollen eine möglichst hohe Bedürfnisbefriedigung erfahren. Während es sich beim Unternehmensgewinn um eine leicht in Euro messbare Zielgröße handelt, ist eine objektive Messung des Bedürfnisbefriedigungsniveaus jedoch nicht möglich. Die pragmatische Vorgehensweise der Ökonomen an dieser Stelle erscheint zunächst grotesk: Sie unterstellen, man könne den Grad der Bedürfnisbefriedigung mithilfe einer *Nutzenfunktion* messen. Interessanterweise lassen sich davon ausgehend – obwohl diese Annahme weltfremd ist – einzelne Verhaltensweisen realistisch und systematisch erklären, sodass der Zweck die Mittel heiligt.

Für die *Verhaltensanalyse* bedarf es darüber hinaus auch einer Annahme, wie das jeweilige Ziel zu erreichen ist. In der Praxis sind viele einzelwirtschaftliche Entscheidungen „bauchgesteuert". Sie unterliegen selten einer klaren Systematik und entziehen sich so oftmals dem analytisch-logischen Zugang. Wissenschaftlich nachvollziehbarer ist es, das Verhalten unter der Annahme einer rationalen Planung zu betrachten. Damit können zwar nicht alle Entscheidungsprozesse nachgebildet werden, immerhin gelingt es aber, diejenigen Entscheidungen halbwegs zu erklären, über die vorher intensiv nachgedacht wurde.

Um rational entscheiden zu können, werden ergebnisrelevante Informationen benötigt. Gerade wenn sie zukunftsgerichtet sind, sind sie nicht verfügbar, oder allenfalls sind diese Informationen mehr oder minder unsicher. Der Einfachheit halber unterstellen wir, dass die benötigten Informationen zur für den Entscheidungsprozess schon zur Verfügung stehen und als gesichert gelten. Durch diese stark vereinfachende Annahme erhält die Analyse eine größere Schärfe und trägt besser zum Grundverständnis bei. Denn grundsätzlich gilt, je schärfer die Annahmen sind, umso klarer sind auch die analytischen Befunde. Gleichwohl hat die weiterführende mikroökonomische Theorie auch Ansätze, wie mit dem Thema *Unsicherheit* umgegangen werden kann (vgl. Kap. 2.3.3.4.2). Zumeist relativieren sich dabei die Ergebnisse im Vergleich zur Situation der Sicherheit, ohne allerdings den Kern der Argumentation zu ändern.

In der Theorie werden wir dabei zieloptimierende Handlungsanweisungen für rationale Entscheider entwickeln. Das heißt im Umkehrschluss, wer rational entscheidet, versucht zumindest, in der Praxis diese Empfehlungen umzusetzen. Wenngleich dabei in der Realität kein Akteur unter Zuhilfenahme eines Taschenrechners seine Strategie exakt berechnen würde, so dürfte er wenigstens *intuitiv* versuchen, sich in Richtung der gefundenen Gesetzmäßigkeit zu bewegen. Selbst wenn sich nicht alle Informationen mit der hier nachfolgend unterstellten mathematischen Genauigkeit exakt berechnen lassen, wird sein „Bauchgefühl" ihm dafür eine grobe Linie vermitteln.

Wenn er sich hingegen nicht dieser Mühe unterzieht, verzichtet er unnötiger Weise auf Gewinn- bzw. Nutzenpotenzial.

Die zu findenden Gesetzmäßigkeiten können somit immerhin grob – und dafür aber in gut strukturierter Form – den Teil des *einzelwirtschaftlichen Verhaltens* abbilden, der sich auf rationale Entscheidungen stützt. Die irrationalen Aspekte, die natürlich in der Praxis auch eine Rolle spielen, durch Logik nachbilden zu können, ist hingegen von keiner deduktiven Theorie zu erwarten. Darüber hinaus beschränken wir uns hier auf das einzelwirtschaftliche Verhalten am *Gütermarkt*. Spar-, Anlage- und Investitionsentscheidungen werden nicht berücksichtigt. Das Verhalten von Unternehmen und privaten Haushalten am *Arbeitsmarkt*, einem Markt mit hoher gesellschaftspolitischer Relevanz und zahlreichen Besonderheiten, wird hingegen in Kap. 3.5 ausführlich behandelt.

2.1 Wichtige Aspekte der Unternehmenstheorie

Die hier zu untersuchenden wichtigsten Entscheidungen, die ein im Markt befindliches *gewinnmaximierendes Unternehmen*, genauer der Unternehmer bzw. Manager, zu treffen hat, sind die Beantwortung folgender Fragen: Wie soll es bei unterschiedlichen Produktionsmöglichkeiten seine Güter produzieren? Wie viele Güter sollen hergestellt werden? Zu welchem Preis sollen sie verkauft werden?

Zur Analyse dieser Problematik stützt sich die Theorie der Unternehmung klassischer Weise auf drei Theoriestränge:
- In der *Produktionstheorie* wird der Input-Output-Zusammenhang zwischen den einzusetzenden Produktionsfaktoren (Arbeit, Boden und Kapital) und den dabei hergestellten Gütern untersucht. Ausgehend von einer technologisch bedingten Beschreibung dieses Zusammenhangs kommt es dann darauf an, den Input so zu optimieren, dass ein gegebener Output (synonym wird auch der Begriff Ertrag verwendet) mit minimalem Mitteleinsatz erzielt wird. Analytisch wird hierbei das Vorgehen zur Bestimmung der *Minimalkostenkombination* untersucht.
- In der *Kostentheorie* wird – unter Rückgriff auf die Produktionstheorie – die Beziehung zwischen dem Output und den zur Produktion verursachten Kosten analysiert. Dabei geht es um eine Untersuchung von Kostenstrukturen, aber auch darum, die Output-Optimierung vorzubereiten.
- Die *Absatztheorie* greift die Erkenntnisse aus der Kostentheorie auf und stellt auf die Bestimmung der gewinnmaximalen Angebotsmengen bzw. -preise ab. Sie beachtet dabei die Kostenverläufe, mögliche Interaktionen mit Konkurrenten und die Absetzbarkeit der Produkte.

2.1.1 Grundlagen der Produktionstheorie

In der theoretischen Analyse gibt es eine Reihe von prominenten Vorstellungen, wie – je nach Produktionsprozess – in der Praxis der technologisch bedingte Zusammenhang zwischen dem Input von Produktionsfaktoren und dem Output an Gütern aussehen könnte.

2.1.1.1 Ertragsfunktionen: Partielle Faktorvariation

Untersucht wird dabei zunächst der Zusammenhang zwischen einem einzelnen Inputfaktor – hier *Arbeit* gemessen in Arbeitsstunden – und dem Output unter der Prämisse, dass die anderen Inputfaktoren auf einem bestimmten Niveau vorgegeben wurden.

2.1.1.1.1 Klassische Ertragsfunktion

Eine prominente Sichtweise wird hier durch sogenannte *klassische Ertragsfunktionen* beschrieben. Angenommen, es findet innerhalb von einer Woche eine Weinlese statt. Erfasst wird der Arbeitseinsatz (A) eines Arbeiters in Stunden und die von ihm als Output (y) gepflückten und hinterher für die Weinerstellung auch wirklich verwertbaren einzelnen Beeren in Stück. Dabei werden für eine exquisite Beerenauslese handverlesen nur die allerbesten Beeren ausgesucht. Die statistische Erfassung ergibt die in Abb. 2.1 dargestellten Kreuze. Nach 20 Arbeitsstunden wurden demnach 2.000 verwertbare Beeren gepflückt. Ausgehend von der empirisch bestimmten Kreuzwolke wird nach einer statistisch validen Gesetzmäßigkeit zwischen Input und Output gesucht. Eine nichtlineare Regression liefert dabei den durchgezogenen Linienzug. Er folgt der Gleichung:

$$y = -0{,}05 \cdot A^3 + 5 \cdot A^2 \tag{2.1}$$

Dies ist die *Ertragsfunktion*, die abgesehen von kleineren unsystematischen Abweichungen halbwegs gut den beobachteten Zusammenhang in Form einer Funktion widerspiegelt. Liegt, wie hier, ein Verlauf als S-Kurve vor, (der sich nicht zwingend auf demselben Niveau vollziehen muss,) spricht man von einer klassischen Ertragsfunktion. Sie zeichnet sich durch bestimmte Eigenschaften aus.

Zunächst stellen wir fest, dass mit einem wachsenden Arbeitsinput der Output immer größer wird. Dann gibt es aber ein *Ertragsmaximum*, ab dem der Output fällt. Denkbar ist, dass der Pflücker aufgrund körperlicher Erschöpfung unaufmerksam wird und beim Aufladen der Beeren auf einen Anhänger aus Versehen bereits gepflückte Trauben zerquetscht. Mathematisch ließe sich dieses Ertragsmaximum ermitteln, indem die erste Ableitung der Ertragsfunktion, die identisch mit der an die Ertragsfunktion angelegte Steigung der Tangente ist, den Wert Null annimmt. (Die hinreichende Bedingung für ein Maximum ist dort mit $\frac{d^2y}{dA^2} = -0{,}3 \cdot A^* = -20 < 0$ übrigens erfüllt):

$$\frac{dy}{dA} = GE = -0{,}15 \cdot A^2 + 10 \cdot A \overset{!}{=} 0 \implies A^* \approx 66{,}67 \tag{2.2}$$

$$y = -0{,}05 \cdot A^3 + 5 \cdot A^2$$

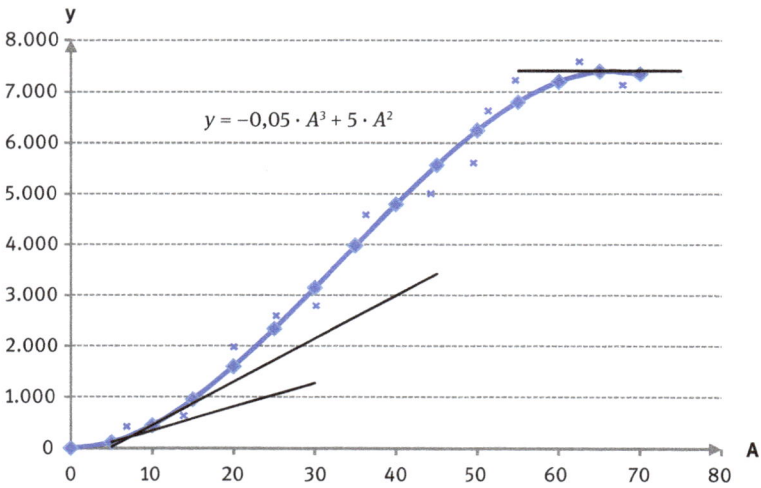

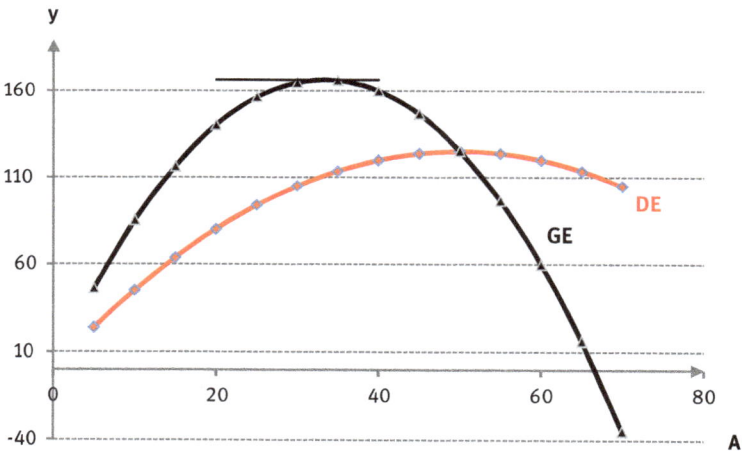

Input: A[h]	Output: y[Stück]	⌀-Ertrag: DE = y/A	Grenzertrag: GE = dy/dA	Input: A[h]	Output: y[Stück]	⌀-Ertrag: DE = y/A	Grenzertrag: GE = dy/dA
0	0,00			40	4.800,00	120,00	160,00
5	118,75	23,75	46,25	45	5.568,75	123,75	146,25
10	450,00	45,00	85,00	50	6.250,00	125,00	125,00
15	956,25	63,75	116,25	55	6.806,25	123,75	96,25
20	1.600,00	80,00	140,00	60	7.200,00	120,00	60,00
25	2.343,75	93,75	156,25	65	7.393,75	113,75	16,25
30	3.150,00	105,00	165,00	70	7.350,00	105,00	−35,00
35	3.981,25	113,75	166,25	75	7.031,25	93,75	−93,75

Abb. 2.1: Klassische Ertragsfunktion. Quelle: eigene Darstellung.

Interessant ist dabei die Entwicklung des *Grenzertrags* (GE), der identisch mit der ersten Ableitung der Ertragsfunktion ist. Dabei stellen wir fest, dass er zunächst kontinuierlich zulegt. Dies wird auch deutlich an der zunehmenden Steigung der eingezeichneten beiden Tangenten. Sachlich könnte die Entwicklung dadurch begründet sein, dass der Pflücker aufgrund von Lerneffekten zunächst immer geschickter beim Ernten wird und so in jeder weiteren Stunde immer mehr Beeren pflückt als in der Vorgängerstunde. Bei A = $33^1/_3$ erreicht der Grenzertrag, also der Ertragszuwachs einer weiteren Arbeitsstunde, aber sein Maximum.

Mathematisch findet man bekanntlich (nach der notwendigen Bedingung) das Maximum des Grenzertrags dort, wo seine Ableitung den Wert Null annimmt. Hier gilt bei A° = $33^1/_3$:

$$\frac{dGE}{dA} = \frac{d^2y}{dA^2} = -0,3 \cdot A° + 10 = 0 \, . \tag{2.3}$$

Der ab dort abnehmende Grenzertrag besagt, dass nun mit jeder weiteren Arbeitsstunde zwar immer noch weitere Beeren gepflückt werden, der Ertragsanstieg aber sinkt. Offenbar machen sich hier allmählich Ermüdungserscheinungen bemerkbar.

Der im Durchschnitt pro Arbeitsstunde erzielte *Ertrag* legt hier zunächst ebenfalls zu. Bei A = 10 etwa werden im Schnitt pro Stunde DE = $\frac{y}{A}$ = $\frac{450}{10}$ = 45 Beeren gepflückt. Da bis A = 50 der Grenzertrag noch über dem Durchschnittswert liegt, legt bis dahin der Durchschnittsertrag weiter zu, denn der Grenzertrag ist ja der Ertragszuwachs einer weiteren Arbeitsstunde. Wird in einer weiteren Arbeitsstunde ein überdurchschnittlicher Ertrag erzielt (GE > DE) nimmt der bisherige Durchschnittswert weiter zu.

Daraus resultiert das *klassische Ertragsgesetz* in der Eigenschaft: Die S-förmige Ertragsfunktion beinhaltet, dass im Auftaktbereich (bis y = 50) zunächst überdurchschnittliche Ertragszuwächse erzielt werden (GE > DE), dann aber die Wirkung weiterer Inputeinheiten so nachlässt, dass die Ertragszuwächse nur noch unterdurchschnittlich ausfallen (GE < DE). Der Begriff „Gesetz" ist dabei – wie an anderen Stellen auch – irreführend. Denn nicht jeder Input-Output-Prozess muss S-Förmig verlaufen. Doch gibt es Prozesse, für die der beschriebene Zusammenhang plausibel erscheint. Auch gehört zu den zentralen Eigenschaften einer klassischen Ertragsfunktion nicht zwingend, dass sie ein Maximum aufweist, ab dem ein Zusatzinput zu einer Ertragsminderung führt.

2.1.1.1.2 Neoklassische Ertragsfunktion

Eine andere Vorstellung über weit verbreitete Input-Output-Zusammenhänge vermittelt die *neoklassische Ertragsfunktion* (vgl. Abb. 2.2). Erneut wird der Zusammenhang zwischen dem Arbeitseinsatz eines Pflückers und den gepflückten Beeren betrachtet, dieses Mal aber bei einem anderen Pflücker. Die statistische Auswertung liefert hier eine Wurzelfunktion in der Gestalt:

$$y = 1.000 \cdot A^{0,5} \, . \tag{2.4}$$

$$y = 1.000 \cdot A^{0,5}$$

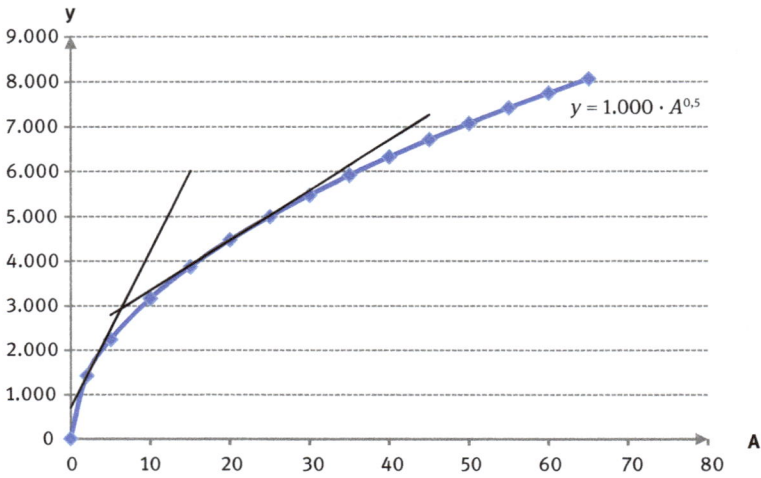

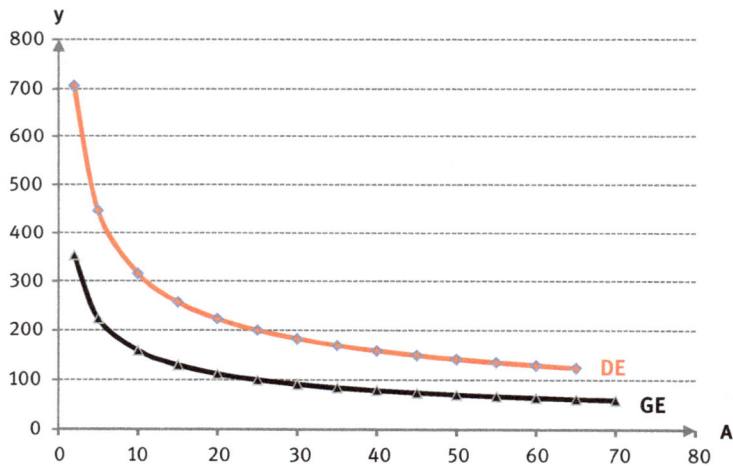

Input: A[h]	Output: y[Stück]	⌀-Ertrag: DE = y/A	Grenzertrag: GE = dy/dA	Input: A[h]	Output: y[Stück]	⌀-Ertrag: DE = y/A	Grenzertrag: GE = dy/dA
0	0			35	5.916	169,03	84,52
2	1.414	707,11	353,55	40	6.325	158,11	79,06
5	2.236	447,21	223,61	45	6.708	149,07	74,54
10	3.162	316,23	158,11	50	7.071	141,42	70,71
15	3.873	258,20	129,10	55	7.416	134,84	67,42
20	4.472	223,61	111,80	60	7.746	129,10	64,55
25	5.000	200,00	100,00	65	8.062	124,03	62,02
30	5.477	182,57	91,29	70	8.367	119,52	59,76

Abb. 2.2: Neoklassische Ertragsfunktion. Quelle: eigene Darstellung.

Funktionstypen dieser Art weisen zwei Bausteine auf: Erstens nimmt der Output kontinuierlich mit wachsendem Arbeitsinput zu. Anders als bei der klassischen Ertragsfunktion fällt hier aber zweitens der *Grenzertrag* – wieder bestimmt über GE = $\frac{dy}{dA}$ = 500 · A$^{-0,5}$ – von Anfang an. Das wird auch deutlich, wenn man die Ableitung von GE betrachtet:

$$\frac{dGE}{dA} = \frac{d^2y}{dA^2} = -250 \cdot A^{-1,5} < 0 \,. \tag{2.5}$$

Der – unabhängig von der konkreten Größe von A – grundsätzlich negative Wert der zweiten Ableitung besagt ja, dass Grenzertrag (also die erste Ableitung) und Arbeitsinput sich in unterschiedliche Richtungen entwickeln. Mit wachsendem A nimmt also der GE – und damit, wie zu sehen ist, auch die Tangentensteigung – ab. Jede weitere Arbeitsstunde erhöht somit hier zwar den Ertrag, der *Zuwachs im Ertrag* wird aber Stunde für Stunde immer kleiner. Offenbar wirken hier von Anfang an Ermüdungserscheinungen, durch die jede weitere Arbeitsstunde an Effektivität verliert. Da die Grenzerträge kleiner als die bisherigen Durchschnittserträge sind (GE < DE), fallen mit einem Anstieg von A auch die Durchschnittserträge kontinuierlich. Anders ausgedrückt: Von Anfang an gibt es hier *unterdurchschnittliche Ertragszuwächse*.

Zentraler Baustein des neoklassischen Ertragsgesetzes ist dabei die Annahme, dass bei vielen Produktionsprozessen von Beginn an die Grenzerträge der Inputfaktoren abnehmen. Man spricht auch hier vom *Gesetz abnehmender Grenzerträge*. Es kann bei den unterschiedlichen Faktoren verschiedene Ursachen haben:

– Beim Einsatz des Faktors Arbeit spielen individuell betrachtet bei körperlicher Arbeit Ermüdungserscheinungen, bei geistiger Arbeit Konzentrationsmängel und allgemein ein allmähliches Ausreizen von Lerneffekten im Zuge eines Mehreinsatzes eine Rolle. Auch kann der Einsatz zusätzlicher Beschäftigter kontraproduktiv werden, wenn sie sich gegenseitig behindern. Überdies bedeutet eine Ausweitung des Personals, immer mehr Arbeitsinput, auch für die indirekt Beschäftigten (z. B. Verwaltungsangestellte), in der Organisation einsetzen zu müssen.
– Auch beim Einsatz des Faktors Boden könnten abnehmende Grenzerträge vorliegen. Nämlich dann, wenn zuerst das produktivste, ertragsreichste Areal bearbeitet wird und dann die weniger attraktiven Bereiche.
– Beim Faktor Kapital sind abnehmende Grenzerträge ebenfalls möglich. Angenommen unsere Pflücker werden mit akkubetriebenen elektrischen Scheren zum Lesen der Beeren ausgestattet. Wenn bei einem Pflücker zwei statt nur eine Schere zur Verfügung stehen, erhöht die zweite Schere die Pflückleistung. Denn in der Zeit, in der die entladene erste Schere aufgeladen wird, kann die zweite Schere eingesetzt werden. Die Wirkung einer dritten Schere könnte, wenn sich dadurch die Phasen, in denen ladebedingt keine Scheren zur Verfügung stehen, verkürzen, auch noch ertragserhöhend sein. Allerdings dürfte der Ertragszuwachs der dritten Schere geringer ausfallen als der der zweiten Schere.

Darüber hinaus gibt es noch weitere Vorstellungen, wie Input-Output-Zusammenhänge systematisch aussehen könnten. Besonders erwähnenswert ist dabei die Idee *limitationaler Produktionsfunktionen* (vgl. Kap. 2.1.1.3.2). Hier müssen die Produktionsfaktoren in einem bestimmten Verhältnis zueinander stehen. Zum Beispiel benötigt man für einen Tisch als Endprodukt immer vier Beine und eine Tischplatte, als Vorprodukt also Sachkapital. Eine Ausweitung nur eines Inputs, z. B. der Platten ergibt hier keinen Sinn, da so keine weiteren Tische produziert werden können.

Aufgabe

Die Ertragsfunktion eines Unternehmens habe folgende Gestalt: $y = 2 \cdot A^{0,5}$ (mit y = Output, A = Arbeitsinput).
a)   Stellen Sie eine Wertetabelle auf und skizzieren Sie die Ertragsfunktion.
b)   Wie groß ist der – über die Ableitung – ermittelte Grenzertrag der Arbeit bei einem Arbeitsinput von A = 9? (Lösung: $1/3$) Was besagt der Wert?
c)   Wie groß ist der – über die Ableitung – ermittelte Grenzertrag der Arbeit bei einem Arbeitsinput von A = 16? (Lösung: $1/4$). Erklären Sie, warum der Wert kleiner als zuvor ist.

2.1.1.2 Produktionsmöglichkeiten bei alternativer Faktorverwendung und Gesetz steigender Opportunitätskosten

Ein Bäcker kann im folgenden Beispiel bei gegebener Ausstattung an sonstigen Produktionsfaktoren sowohl Sahne- als auch Obsttorten an einem Arbeitstag herstellen. Die produzierte Menge an Torten (y_S bzw. y_O) hängt dabei wie in Abb. 2.3 dargestellt vom jeweiligen Arbeitsinput (A_S bzw. A_O) ab, der allerdings insgesamt auf 9 Stunden

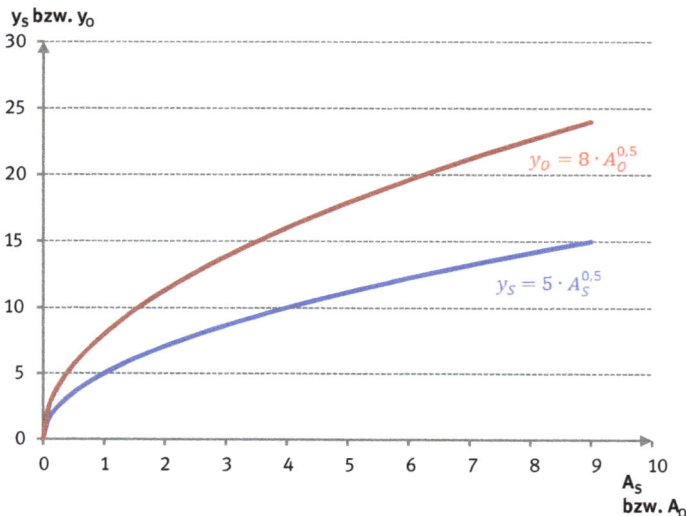

Input:	Output Sahnetorte:	Output Obsttorte:
A_S bzw. A_O [Arbeit in h]	$y_S = 5 \cdot A_S^{0,5}$ [Portionen]	$y_O = 8 \cdot A_O^{0,5}$ [Portionen]
0	0,0	0,0
1	5,0	8,0
2	7,1	11,3
3	8,7	13,9
4	10,0	16,0
5	11,2	17,9
6	12,2	19,6
7	13,2	21,2
8	14,1	22,6
9	15,0	24,0

Abb. 2.3: Neoklassische Ertragsfunktion bei alternativer Verwendung. Quelle: eigene Darstellung.

am Tag limitiert sein soll. Bei der Produktion jeder einzelnen Kuchensorte zeigt sich, dass das neoklassische Ertragsgesetz gilt. Je länger die Arbeitszeit in einer der beiden Kuchenproduktionen ist, umso mehr wird insgesamt erzeugt, umso geringer ist aber der Ertragszuwachs bei einer weiteren Arbeitsstunde.

Angesichts der Kapazitätsgrenze von 9 Stunden am Tag muss er den Faktor Arbeit nun entsprechend auf die Produktion beider Güter aufteilen. Es gilt dabei $A_S = 9 - A_O$: die Zeit, die nicht in der in der Obsttortenherstellung gebunden ist, bleibt für die Erzeugung von Sahnetorten. Damit stehen nun verschiedene Input-Kombinationen für einen Tag zur Auswahl, die wiederum mit verschiedenen Output-Kombinationen verbunden sind (vgl. Abb. 2.4).

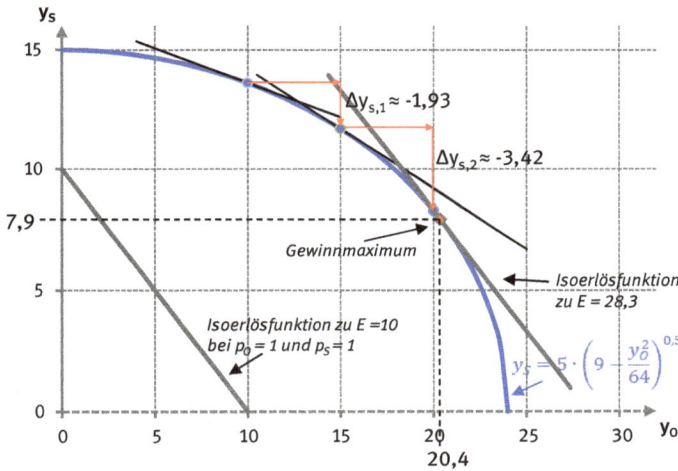

Input-Kombinationen		Output-Kombinationen	
		Sahnetorte:	Obsttorte:
A_S	$A_O = 9 - A_S$	$y_S = 5 \cdot A_S^{0,5}$	$y_O = 8 \cdot A_O^{0,5}$
[h]	[h]	[Portionen]	[Portionen]
9	0	15,0	0,0
8	1	14,1	8,0
7	2	13,2	11,3
6	3	12,2	13,9
5	4	11,2	16,0
4	5	10,0	17,9
3	6	8,7	19,6
2	7	7,1	21,2
1	8	5,0	22,6
0	9	0,0	24,0

Abb. 2.4: Transformationskurve. Quelle: eigene Darstellung.

Die bei gegebener Technologie und gegebenem Gesamtinput maximal möglichen Output-Kombinationen werden in der *Transformationskurve* (auch: Produktionsmöglichkeitskurve) abgebildet. Ihre funktionale Gestalt resultiert aus folgendem Ansatz:

$$y_O = 8 \cdot A_O^{0,5} \quad \Longrightarrow \quad A_O = \frac{y_O^2}{64}. \tag{2.6}$$

Aus Einsetzen von A_O in die Produktionsfunktion resultiert so die Transformationskurve:

$$y_S = 5 \cdot A_S^{0,5} = 5 \cdot \underbrace{(9 - A_O)^{0,5}}_{=A_S} = 5 \cdot \left(9 - \frac{y_O^2}{64}\right)^{0,5}. \tag{2.7}$$

Veränderungen in der bisher gewählten Output-Zusammensetzung sind jederzeit möglich, dabei entstehen aber *Opportunitätskosten*. Hierbei handelt es sich in der Ökonomie nicht um Kosten im herkömmlichen Sinne, bei denen also etwas zu bezahlen ist (sogenannte *pagatorische Kosten*). Es geht grundsätzlich darum, dass oftmals die Entscheidung, eine Aktivität auszuweiten, bedingt, auf etwas Anderes verzichten zu müssen.

Der Wunsch, mehr Obsttorten zu produzieren, erfordert hier, in deren Herstellung auch mehr Arbeitskraft einzusetzen. Diese muss zuvor aus der Sahnekuchenproduktion abgezogen werden. Die Opportunitätskosten für eine Ausweitung der Obstkuchenproduktion bestehen also darin, durch das zuvor notwendige Umschichten im Arbeitsinput auf Sahnekuchen verzichten zu müssen.

Beachtenswert ist die Entwicklung der Opportunitätskosten:

- Wenn beispielsweise ausgehend von $y_O = 10$ mit $y_s = 5 \cdot (9 - \frac{10^2}{64})^{0,5} \approx 13,64$ fünf Einheiten Obstkuchen mehr hergestellt werden sollen, verringert sich die Sahnekuchenproduktion auf $y_s = 5 \cdot (9 - \frac{15^2}{64})^{0,5} \approx 11,71$. Die Opportunitätskosten von 5 Einheiten mehr Obstkuchen belaufen sich auf $\Delta y_{s,1} \approx -1,93$, also einen Verzicht auf Sahnekuchenportionen in diesem Ausmaß.
- Wiederholt man dieses Experiment ausgehend von der Output-Kombination $y_O = 15$ mit $y_s \approx 11,71$, so können bei fünf weiteren Einheiten Obstkuchen nur noch $y_s = 5 \cdot (9 - \frac{20^2}{64})^{0,5} \approx 8,29$ Einheiten an Sahnekuchen hergestellt werden. Die Opportunitätskosten haben sich daher auf $\Delta y_{s,2} \approx 8,29 - 11,71 \approx -3,42$ verändert.

Es gilt das *Gesetz steigender Opportunitätskosten*: Je mehr man von einem Gut bereits produziert hat, umso größer ist der unvermeidbare Verzicht in der Alternativproduktion, wenn man noch eine Einheit mehr vom ersten Gut herstellen will.

Mathematisch wird dieses Kompensationsverhältnis durch die *Grenzrate der Transformation (GRT)* erfasst. Sie ist wie folgt definiert und ergibt sich hier konkret aus Anwenden der Kettenregel auf die Funktion der Transformationskurve in (2.7):

$$GRT = \left|\frac{dy_S}{dy_o}\right| = \left|\underbrace{-2,5 \cdot \frac{2}{64} \cdot y_o \cdot \left(9 - \frac{y_O^2}{64}\right)^{-0,5}}_{<0}\right| \tag{2.8}$$

Nach dieser Formel berechnete Werte geben einerseits an, wie viel (näherungs-weise) von y_S weniger (bzw. mehr) hergestellt werden kann, wenn von y_O eine Einheit mehr (bzw. weniger) produziert werden soll. Andererseits steht diese Ableitung auch für den jeweiligen Absolutwert der Steigung der Tangente an die Transformationskur-ve. Sie nimmt entsprechend der Abb. 2.4 mit steigendem Wert für y_O zu. Bei $y_O = 10$ ist die nach (2.8) bestimmte GRT $\approx 0,29$; nimmt die Obstkuchenproduktion zu, z. B. auf $y_O = 15$, so wächst GRT ($\approx 0,50$).

In dem Kontext ist der Begriff „Gesetz" erneut irreführend. *Zunehmende Opportu-nitätskosten* kommen ausschließlich nur dann zustande, wenn *abnehmende Grenzer-träge* vorliegen: Angenommen, wir wählen einen Punkt relativ weit links oben auf der Transformationskurve, bei dem also wenig Obst- und viel Sahnetorten produziert wer-den. Wenn jetzt eine Einheit Obsttorte mehr produziert werden soll, reicht schon – auf-grund hoher Grenzerträge – ein wenig mehr Arbeitsinput in dieser Produktionssparte aus. Insofern müssen wir dazu auch nur auf wenig Arbeitsinput in der Sahnekuchen-produktion verzichten. Allein deshalb geht der Output dort nur geringfügig zurück. Hinzu kommt, dass die wenigen Arbeitseinheiten, die dort abgezogen werden, für sich genommen ohnehin nur eine geringe Ertragswirkung hatten. Je weiter wir nun nach rechts gehen, umso aufwendiger wird es, noch eine Einheit Obstkuchen anzufertigen, umso mehr Arbeitsstunden gehen bei der Alternativproduktion verloren; und das sind ausgerechnet Arbeitsstunden mit einem hohen Grenzertrag. Insofern büßen wir dann viel an Alternativproduktion ein.

Aber welche der möglichen Kombinationen sollte ein Bäcker, der Gewinne ma-ximieren will, nun wählen? Das hängt von den erzielbaren *Preisrelationen* zwischen Sahnekuchen (p_S) und Obstkuchen (p_O) ab. Der Erlös aus dem Kuchenverkauf lässt sich dabei wie folgt berechnen:

$$E = \underbrace{p_O \cdot y_O}_{\substack{\text{Einnahmen} \\ \text{Obstkuchen}}} + \underbrace{p_S \cdot y_S}_{\substack{\text{Einnahmen} \\ \text{Sahnetorte}}} \quad \Rightarrow \quad \text{Iso-Erlösfunktion:} \quad y_S = \underbrace{\frac{E}{p_S}}_{\substack{\text{Ordinaten} \\ \text{-abschnitt}}} - \underbrace{\frac{p_O}{p_S}}_{\text{Steigung}} \cdot y_O \quad (2.9)$$

Die daraus hergeleitete *Iso-Erlösfunktion* gibt als Geradengleichung zu vorgege-benen Preisen alle Kombinationen von y_O und y_S wieder, die einen von uns willkür-lich vorgegebenen Erlös ermöglichen. Zum Beispiel bei $E = 10\,\text{EUR}$, $p_O = 1\,\text{EUR}$ und $p_S = 1\,\text{EUR}$ hat die Funktion die Gestalt

$$y_S = 10 - 1 \cdot y_O \qquad (2.10)$$

Wenn nun in Abb. 2.4 der den Ordinatenabschnitt (mit-)bestimmende Erlös bei unveränderter Preisrelation und damit unveränderter Geradensteigung immer höher gesetzt wird, verschiebt sich die Iso-Erlösfunktion parallel nach oben. Da alle Punkte auf der *Transformationskurve* mit demselben Faktorinput ($A = A_O + A_S = 9$) verbun-den sind und daher die gleichen Kosten verursachen, läuft eine *Gewinnmaximierung* darauf hinaus, die Iso-Erlösfunktion so lange parallel nach oben zu verschieben, bis sie die Transformationskurve gerade noch tangiert.

In diesem roten Tangentialpunkt (vgl. Abb. 2.4) gilt eine Besonderheit. Hier liegt die Tangente an der Transformationskurve genau auf der Iso-Erlöskurve. Insofern haben die Tangente und Iso-Erlöskurve auch dieselbe Steigung und damit auch denselben Absolutwert in der Steigung. Im *Gewinnoptimum*, das hier ungefähr bei $y_O = 20{,}4$ und $y_S = 7{,}9$ liegt, gilt somit:

$$\text{GRT} = \underbrace{\left|\frac{dy_S}{dy_O}\right|}_{\substack{\text{Absolutwert}\\\text{Tangenten--}\\\text{steigung}}} \overset{!}{=} \underbrace{\frac{p_O}{p_S}}_{\substack{\text{Absolutwert}\\\text{Isoerlösfunktions--}\\\text{steigung}}}. \tag{2.11}$$

Betrachten wir zur Plausibilisierung der *Optimumbedingung* ein Beispiel: Bei $y_O = 15$ und $y_S = 11{,}71$ war GRT $= 0{,}5$. Falls nun p_S und p_O mit 1 EUR pro Portion gleich hoch sind, gilt GRT $= |\frac{dy_S}{dy_O}| = 0{,}5 < \frac{p_O}{p_S} = \frac{1\,\text{EUR}}{1\,\text{EUR}} = 1$. Solange eine Ungleichheit besteht, kann man problemlos im Rahmen der Produktionsmöglichkeiten und ohne Ausweiten der Inputkapazitäten seinen Gewinn erhöhen. Da die Preisrelationen auf der rechten Seite von (2.11) gegeben sind, ist für eine Bewegung in Richtung der im Optimum geltenden Gleichheit eine Erhöhung der GRT auf der linken Seite erforderlich. Wenn wir dazu zunächst eine Einheit mehr Obstkuchen produzieren, müssten wir in der Herstellung gemäß der GRT auf 0,5 Einheiten an Sahnekuchen verzichten. Die zusätzliche Einheit an Obstkuchen ließe sich zu $p_O = 1$ EUR verkaufen. Die fehlende halbe Einheit an Sahnekuchen verringert dann zwar den Erlös um $0{,}5 \cdot 1$ EUR $= 0{,}5$ EUR. Unterm Strich haben der Erlös bei unveränderten Kosten und damit der Gewinn aber um 0,5 Euro zugelegt.

Dort angekommen wird die GRT immer noch kleiner als die Preisrelation sein, aber der Unterschied hat abgenommen. Mit einer weiter anhaltenden Mehrproduktion von Obstkuchen bewegt man sich sodann auf der Transformationskurve nach rechts, die GRT steigt in Richtung der vom Markt vorgegebenen Preisrelation. Die Anpassung muss nun solange anhalten, bis keine Ungleichheit mehr besteht.

Analog müsste bei GRT $= |\frac{dy_S}{dy_O}| > \frac{p_O}{p_S}$ die Obst- zugunsten der Sahnetortenherstellung reduziert werden. Im Optimum (s. o.) hat die an die Transformationskurve angelegte Tangente einen Absolutwert der Steigung von $\frac{p_O}{p_S} = 1$.

Aufgabe

Ein Maler hat ein Arbeitslimit am Tag von $A_{max} = 6$ h. Er kann pro Stunde 10 qm Wände in blauer Farbe streichen. Weil weiße Farbe nicht so gut deckt und er häufiger nachstreichen muss, schafft er beim Anstrich mit weißer Farbe pro Stunde nur 4 qm.

a)   Ermitteln Sie verschiedene mögliche Outputkombinationen (gestrichene qm an Fläche in weiß und in blau) für einen Tag!

b)   Wie hoch sind die Opportunitätskosten eines weiteren qm an weißer Wandfläche, wenn bereits 10 qm an weißer Fläche gestrichen wurden? (Lösung: 2,5 qm an blauer Wandfläche weniger.)

c)   Wie hoch sind die Opportunitätskosten eines weiteren qm an weißer Wandfläche, wenn bereits 15 qm an weißer Fläche gestrichen wurden? (Lösung: 2,5 qm an blauer Wandfläche weniger.) Warum nehmen die Opportunitätskosten mit der größer werdenden weißen Wandfläche hier nicht zu?

2.1.1.3 Austauschbarkeit von Produktionsfaktoren, Isoquanten und „Gesetz der fallenden Grenzrate der Substitution"

Bislang haben wird nur einen Inputfaktor bei Konstanz der anderen variiert, um zu überprüfen, wie der Output reagiert. Nun untersuchen wir die Austauschbarkeit bzw. Substituierbarkeit von Faktoren bei der Produktion einer vorgegebenen Outputmenge eines Gutes.

Mit Blick auf die Möglichkeiten der Substituierbarkeit werden drei Situationen unterschieden:
– Bei limitationalen Produktionszusammenhängen besteht keine Substitutionsmöglichkeit.
– Vollständig substituierbar heißen Produktionsverfahren dann, wenn ein Faktor komplett durch andere ersetzt werden kann, ohne dass der Output sich verändert.
– Bei beschränkt substitutionalen Produktionsprozessen können Produktionsfaktoren so gegeneinander ersetzt werden, dass die Produktion im gleichen Umfang aufrechterhalten werden kann. Dabei gibt es aber Grenzen der Austauschbarkeit.

2.1.1.3.1 Limitationale Produktionsprozesse

In limitationalen Produktionsprozessen begrenzt die Inputmenge eines Faktors, wie viel sinnvoller Weise vom anderen Faktor eingesetzt wird. Beispielsweise will ein Getränkehersteller Campari-Soda als fertiges Mixgetränk anbieten. Dabei hat er eine strikte Qualitätsvorgabe, wonach immer exakt ein Teil Campari mit zwei Teilen Soda zu mischen ist. Der Campari- und der Sodainput stellen als Vorprodukte eingesetztes Sachkapital dar. Die produzierte Menge an Mischgetränk (y) ist der Output und soll in Litern gemessen werden. Die eingesetzte Menge Campari (C) bzw. Soda (S) wird jeweils in Drittellitern gemessen.

Daraus ergibt sich eine nach dem Nobelpreisträger Wassily Leontief (1906–1999) benannte Leontief-Produktionsfunktion:

$$y = \min\left[\frac{1}{2} \cdot S; C\right]. \tag{2.12}$$

Diese ungewöhnliche Funktion fordert uns auf, zur Bestimmung des Funktionswertes von y das Minimum der beiden in der Klammer stehenden Werte zu wählen.

Die Tabelle in Abb. 2.5 verdeutlicht, dass es verschiedene Soda-Campari-Kombinationen gibt, um einen Liter fertiges Mischgetränk zu produzieren. Dies funktioniert im Prinzip nicht nur mit zwei Drittellitern Soda (S = 2) und einem Drittelliter Campari (C = 1), sondern zum Beispiel auch mit drei Teilen Soda (S = 3) und einem Teil Campari (C = 1). Im letztgenannten Fall wäre ein Teil Soda überflüssig und könnte weggeschüttet werden, der Rest wird zu einem Liter Mixgetränk gemischt.

Erfasst man nun alle denkbaren Input-Kombinationen, die zu einem Output von y = 1 führen, in einem zweidimensionalen Diagramm und verbindet sie miteinander, erhält man die Isoquante zum Output y = 1. Eine Isoquante gibt grundsätzlich also an, welche Inputkombinationen zum selben vorgegebenen Output führen. Analog wird

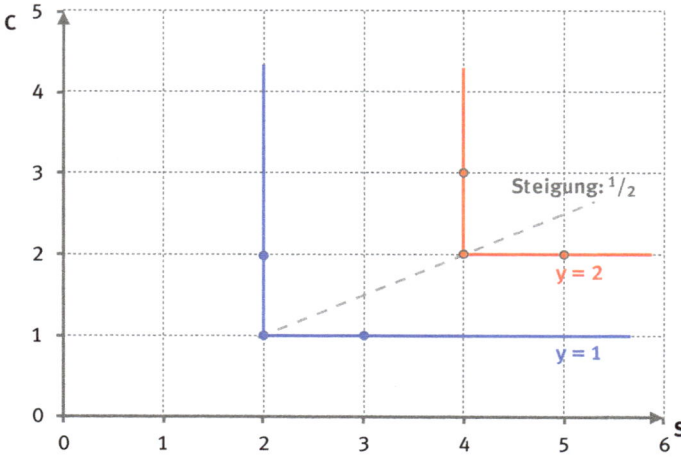

Soda: S	Campari: C	Mischgetränk: y
[1/3-Liter]	[1/3-Liter]	[Liter]
2	1	$\min(1/2 \cdot 2 = 1; 1) = 1$
3	1	$\min(1/2 \cdot 3 = 1{,}5; 1) = 1$
2	2	$\min(1/2 \cdot 2 = 1; 2) = 1$
4	2	$\min(1/2 \cdot 4 = 2; 2)) = 2$
5	2	$\min(1/2 \cdot 5 = 2{,}5; 2) = 2$
4	3	$\min(1/2 \cdot 4 = 2; 3) = 2$

Abb. 2.5: Isoquanten einer Leontief-Produktionsfunktion. Quelle: eigene Darstellung.

die Isoquante zum Output $y = 2$ erzeugt usw. Alle denkbaren Isoquanten verlaufen hier als rechtwinkliger Linienzug. Lediglich die Lage verändert sich, je nachdem wie y gewählt wird. Mathematisch wird der Output y so zum Lageparameter der Kurven.

Bei der praxisorientierten Frage, welche Input-Kombination man wählen sollte, ist die Antwort einfach: Um *Gewinne* zu maximieren, muss eine vorgegebene Güter-menge zu möglichst niedrigen Kosten produziert werden. Die einzigen Lösungen, die hier ohne Vergeudung auskommen, sind die Ecklösungen. Zur vorgesehenen Output-menge sollte man also zur Kostenminimierung auf der entsprechenden Isoquante die Ecklösung wählen.

Anders ausgedrückt, limitiert die Vorgabe eines Inputfaktors, zum Beispiel $S = 4$, wie viel sinnvoller Weise vom anderen Faktor eingesetzt werden soll, nämlich $C = 2$. Die Verbindungen aller effizienten Ecklösungen liegen dabei auf einer Geraden, in der sich das effiziente Mischungsverhältnis von $C/S = \frac{1}{2}$ widerspiegelt.

Zur Konstruktion der Leontief-Produktionsfunktion lässt sich dabei allgemein feststellen: Werden zwei Inputs x_1 und x_2 benötigt und beläuft sich das effiziente Mischungsverhältnis zur Produktion von $y = 1$ auf $\frac{x_2}{x_1} = \frac{a}{b}$ dann hat die Funktion die

Form:

$$y = \min\left[\frac{x_1}{b}; \frac{x_2}{a}\right].$$ (2.13)

Zur Probe: im Campari-Soda-Beispiel war $x_1 = S$ und $x_2 = C$. Für die Produktion von $y = 1$ war effizient: $\frac{x_2}{x_1} = \frac{C}{S} = \frac{a}{b} = \frac{1}{2} \Rightarrow y = \min[\frac{x_1}{b}; \frac{x_2}{a}] = \min[\frac{S}{2}; \frac{C}{1}]$ (vgl. dazu (2.12)).

Eine gegenseitige *Substitution der Faktoren* funktioniert bei limitationalen Zusammenhängen nicht. Ausgehend von $C = 4$, $S = 2$ und $y = 2$ gelingt es nicht, nach einem Mindereinsatz von C durch einen Mehreinsatz von S genau so viel wie zuvor zu erzeugen.

Aufgabe

Zur Produktion eines Tisches ($y = 1$) werden als Inputs bekanntlich $B = 4$ Beine und $P = 1$ Platte benötigt (mit y = produzierte Menge an Tischen).
a) Wie sieht die Leontieff-Produktionsfunktion aus? Prüfen Sie für verschiedene Inputkombinationen, ob ihre Funktion das richtige Ergebnis liefert!
b) Skizzieren Sie die Isoquante zu $y = 4$ Tische!
c) Geben Sie die Minimalkostenkombination zu $y = 4$ an! (Lösung: B = 16, P = 4).

2.1.1.3.2 Vollständig substituierbare Produktionsprozesse

Natürlich gibt es auch Produktionsprozesse, in denen sogar eine vollständige Substitution funktioniert. Nehmen wir dazu eine Großbäckerei, in der Torten mithilfe von zwei Angestellten produziert werden (y = produzierte Einheiten). Der Arbeitsinput des ersten Angestellten wird mit A_1, der des zweiten mit A_2 jeweils in Arbeitsstunden gemessen. Der erste Angestellte stellt in einer Stunde 2 Einheiten, der zweite, erfahrenere hingegen 4 Einheiten her. In diesem Beispiel gibt es übrigens ausnahmsweise keine abnehmenden Grenzerträge. Die Produktionsfunktion hat folgende Gestalt:

$$y = \underbrace{2 \cdot A_1}_{\substack{\text{Produzierte} \\ \text{Menge} \\ \text{des Ersten}}} + \underbrace{4 \cdot A_2}_{\substack{\text{Produzierte} \\ \text{Menge} \\ \text{des Zweiten}}}.$$ (2.14)

Im Zuge einer sogenannten parametrischen Variation lassen sich nun die Isoquanten für die Produktion verschiedener Output-Mengen ermitteln: Der Output wird dabei methodisch vorübergehend von einer abhängigen Variablen zu einer Konstanten degradiert. Zur Verdeutlichung ersetzen wir $y = \bar{y}$, wobei der Querstrich signalisiert, dass y auf einen willkürlich zu wählenden Wert fixiert wurde, es aber bewusst offengelassen wird, auf welchen Wert. Es verbleiben dann nur noch zwei Variablen und die Produktionsfunktion (2.14) lässt sich wie folgt zur Gleichung für die Isoquanten umformen:

$$A_2 = \frac{1}{4} \cdot \bar{y} - \frac{1}{2} \cdot A_1.$$ (2.15)

Wird darin für $\bar{y} = 20$ (bzw. $\bar{y} = 40$) gesetzt, erhalten wir die Isoquante zu diesem Output-Niveau als $A_2 = 5 - \frac{1}{2} \cdot A_1$ (bzw. $A_2 = 10 - \frac{1}{2} \cdot A_1$) (vgl. Abb. 2.6). Wir ha-

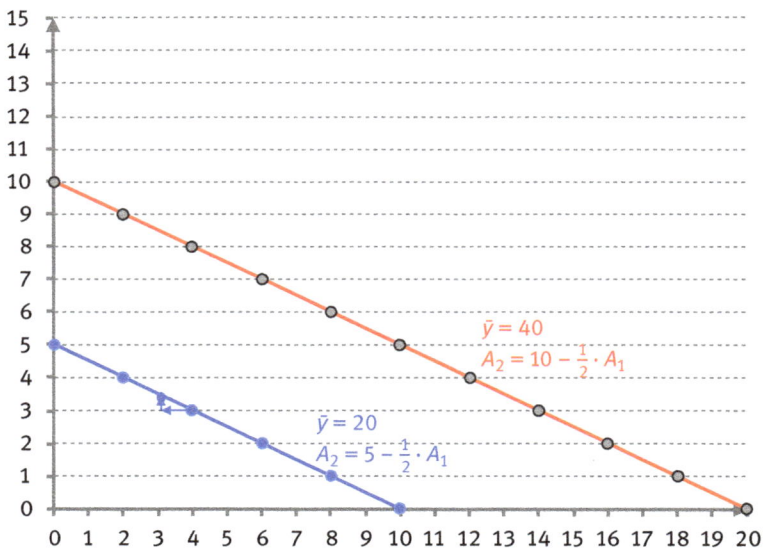

Abb. 2.6: Isoquanten bei vollständiger Substituierbarkeit. Quelle: eigene Darstellung.

	bei Output: y = 20	bei Output: y = 40
Input: A1 [Arbeit in h]	Input: A2 [Arbeit in h]	Input: A2 [Arbeit in h]
0	5	10
2	4	9
4	3	8
6	2	7
8	1	6
10	0	5
12		4
14		3
16		2
18		1
20		0

ben hier grundsätzlich die Gestalt einer Geraden mit der Steigung $-\frac{1}{2}$, nur ihre Lage verschiebt sich parallel je nach Vorgabe des Lageparameters $\bar{y}$. Je weiter dabei eine Isoquante vom Ursprung des Koordinatensystems entfernt liegt, umso höher ist der damit verbundene Output.

Die Möglichkeiten der Substitution werden durch Bewegungen auf einer Isoquante erfasst. Zum Beispiel ließen sich 20 Einheiten Kuchen mit 4 h von A_1 und 3 h von A_2 herstellen. Output erhaltend ließe sich nun die Arbeitszeit des ersten Beschäftigten um 2 h auf 2 h reduzieren, wenn gleichzeitig die des erfahreneren, zweiten Angestellten von um 1 h auf 4 h erhöht wird. Der eine Input lässt sich durch den anderen substituieren. Die Substitution kann sogar, wie hier, eine vollständige sein. Um weitere 20 Torten zu produzieren, kann z. B. komplett auf A_1 verzichtet werden, vorausgesetzt der Input A_2 wird auf 5 Stunden erhöht.

Das zur Output-Wahrung erforderliche Austauschverhältnis zwischen den Inputs wird durch die Grenzrate der Substitution ermittelt. Sie ist bezogen auf unser Beispiel herzuleiten aus (2.15) und definiert als:

$$\text{GRS} = \left| \frac{dA_2}{dA_1} \right| = 0,5 \ . \tag{2.16}$$

Demnach erfordert das Herabsetzen (bzw. Heraufsetzen) von A_1 um 1 h, dass A_2 um 0,5 h erhöht werden muss (bzw. verringert werden kann), um denselben Output zu erzeugen. Die GRS entspricht somit hier dem Absolutwert der Steigung der Isoquanten.

2.1.1.3.3 Beschränkt substituierbare Produktionsprozesse

In ökonomischen Analysen dominieren beschränkt substituierbare Produktionsprozesse, wie sie beispielsweise bei *Cobb-Douglas-Produktionsfunktionen* vorliegen. In ihrer grundsätzlichen Gestalt wurden sie aus der Auswertung zahlreicher industrieller Prozesse von dem US-amerikanischen Mathematiker Charles W. Cobb (1875–1949) zusammen mit dem US-Ökonomen Paul Howard Douglas (1892–1976) entwickelt. Bezogen auf die Faktoren Arbeit und Kapital haben sie im Prinzip die Form:

$$y = \gamma \cdot A^\alpha \cdot K^\beta \quad \text{mit} \quad \alpha \text{ und } \beta \in \,]0,1[\ . \tag{2.17}$$

γ, α und β sind bezogen auf den konkret zu untersuchenden Input-Output-Zusammenhang empirisch immer wieder neu zu bestimmende Parameter.

In unserem Beispiel sollen der Kapital- (gemessen in Maschinenlaufzeit) und der Arbeitsinput (gemessen in Arbeitsstunden) konkret in folgendem Zusammenhang zum Output y (gemessen in Litern einer Chemikalie) stehen:

$$y = f(A, K) = 50 \cdot A^{0,5} \cdot K^{0,5} \ . \tag{2.18}$$

Dieser eigentlich *dreidimensionale Kontext*, der in der grafischen Umsetzung zu einem Ertragsgebirge führen würde, lässt sich mathematisch mithilfe einer parametrischen Variation durch eine Abfolge von zweidimensionalen Betrachtungen erschließen. Zunächst können wir dabei zum Beispiel K willkürlich auf einen Wert $K = \overline{K}$ festlegen. Grundsätzlich wird dann aus der Cobb-Douglas-Funktion eine Wurzelfunktion (vgl. Abb. 2.7):

– wenn zum Beispiel $\overline{K} = 400$ ist, gilt: $y = 50 \cdot A^{0,5} \cdot \underset{=20}{\underline{400^{0,5}}} = 1.000 \cdot A^{0,5}$.

– wenn hingegen $\overline{K} = 900$ ist, gilt: $y = 50 \cdot A^{0,5} \cdot \underset{=30}{\underline{900^{0,5}}} = 1.500 \cdot A^{0,5}$.

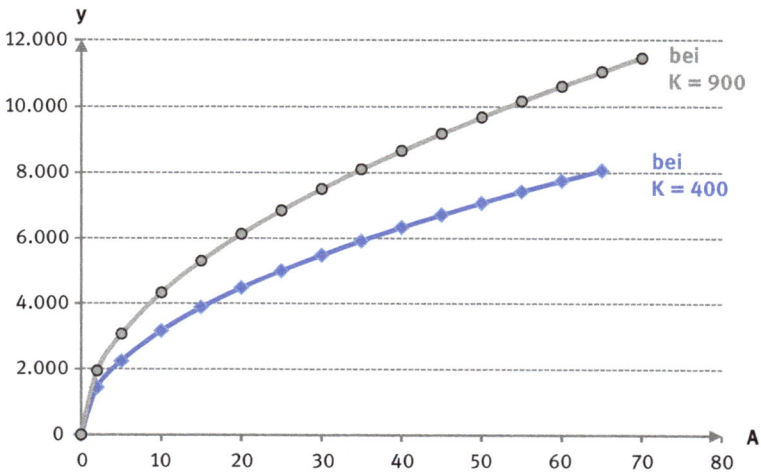

Input: A [Arbeit h]	Output: y bei K = 400 [Stück]	Output: y bei K = 900 [Stück]
0	0	0
2	1.414	2.121
5	2.236	3.354
10	3.162	4.743
15	3.873	5.809
20	4.472	6.708
25	5.000	7.500
30	5.477	8.216
35	5.916	8.874
40	6.325	9.487
45	6.708	10.062
50	7.071	10.607
55	7.416	11.124
60	7.746	11.619
65	8.062	12.093
70	8.367	12.550

Abb. 2.7: Partielle Ertragsfunktion eine Cobb-Douglas-Produktionsfunktion. Quelle: eigene Darstellung.

Die rechtsgekrümmten Wurzelfunktionen stellen *partielle Ertragsfunktionen* dar. Bei der Bewegung auf einer Kurve wird eben nur einer der Faktoren (hier Arbeit bei gegebenem Kapitalinput) variiert. Die Faktoreinsatzmenge beim Kapital wird zum Lageparameter, der zwar nicht die elementare Gestalt als Wurzelfunktion, wohl aber die Lage im Diagramm ändert. Je höher der Kapitaleinsatz bei einem beliebig gegebenen Wert für A ≠ 0, umso höher ist dabei der Output.

Bei gegebenem Kapitalinput – also bei der Bewegung auf einer Kurve – wird deutlich, dass hier für den Faktor Arbeit das *neoklassische Ertragsgesetz* zutrifft (vgl. Abb. 2.2). Würden wir analog zum bisherigen Vorgehen statt des Faktors Kapital nun den Faktor Arbeit auf $A = \overline{A}$ fixieren, bestätigt sich das neoklassische Ertragsgesetz auch für den Faktor Kapital.

Die Substitutionsmöglichkeiten hingegen werden deutlich, wenn man die Cobb-Douglas-Funktion nach einem der beiden Faktoren, zum Beispiel nach K, auflöst und mit der Vorgabe $y = \overline{y}$ den Output zum Lageparameter macht. Dabei ergeben sich die konvex verlaufenden Isoquanten (vgl. Abb. 2.8) aus Umformen von (2.18):

$$K = \left(\frac{\overline{y}}{50}\right)^2 \cdot A^{-1} \, . \tag{2.19}$$

Der vertikale (bzw. horizontale) Sprung von der unteren (mit $\overline{y} = 2.000$) zur oberen Isoquante (mit $\overline{y} = 2.500$) verdeutlicht erneut, dass bei unverändertem Arbeitsinput (bzw. Kapitalinput) ein Heraufsetzen des Kapitalinputs (bzw. Arbeitsinputs) zu einem höheren Output führt. Die Bewegung auf einer Isoquante gibt Aufschluss über die Substitutionsmöglichkeiten. Die von einem Punkt ausgehenden Pfeile verdeutlichen, dass ausgehend von $A = 20$ eine Reduktion von A (horizontaler Pfeil) durch ein Erhöhen von K (vertikaler Pfeil) so kompensiert werden kann, dass derselbe Ertrag erzielt wird, d. h. wir wieder auf derselben Isoquante sind.

Das gelingt auch beispielsweise ausgehend von $A = 50$. Allerdings fällt aufgrund des konvexen Krümmungsverhaltens auf, dass bei einem höheren Arbeitsinput der zum Ausgleich notwendige Zuwachs in K wesentlich kleiner ausfällt. Je höher also der Input eines Faktors bereits ist, umso geringer muss die produktionswahrende Erhöhung des anderen Faktors sein, wenn man vom ersten Faktor weniger einsetzt. Dies nennt man das *Gesetz der abnehmenden Grenzrate der Substitution (GRS)*. Sie ist hier definiert als

$$GRS = \left|\frac{dK}{dA}\right| = \left|-\left(\frac{\overline{y}}{50}\right)^2 \cdot A^{-2}\right| = \left(\frac{\overline{y}}{50}\right)^2 \cdot A^{-2} \, . \tag{2.20}$$

Die GRS ist mithin abhängig vom Ausgangswert von A. Je höher der Wert von A ist, umso geringer fällt die GRS aus. Das wird auch deutlich anhand der Entwicklung der eingezeichneten Tangentensteigungen, deren abnehmender Absolutwert ja der GRS entspricht.

Dabei lässt sich das Gesetz der fallenden GRS leicht durch die abnehmenden Grenzerträge erklären: Die Produktionsfunktion hat ja ganz allgemein die Gestalt $y = f(A, K)$. Ausgehend von gegebenen Werten für A und K bewirken beliebige Veränderungen in A um ΔA und in K um ΔK üblicherweise Veränderungen in y, die mit Δy erfasst werden sollen. Nach dem totalen Differential gilt für diese Änderungen aber (mit GE_A = Grenzertrag der Arbeit und GE_K = Grenzertrag des Kapitals):

$$\Delta y \approx \frac{\partial y}{\partial A} \cdot \Delta A + \frac{\partial y}{\partial K} \cdot \Delta K = GE_A \cdot \Delta A + GE_K \cdot \Delta K \, . \tag{2.21}$$

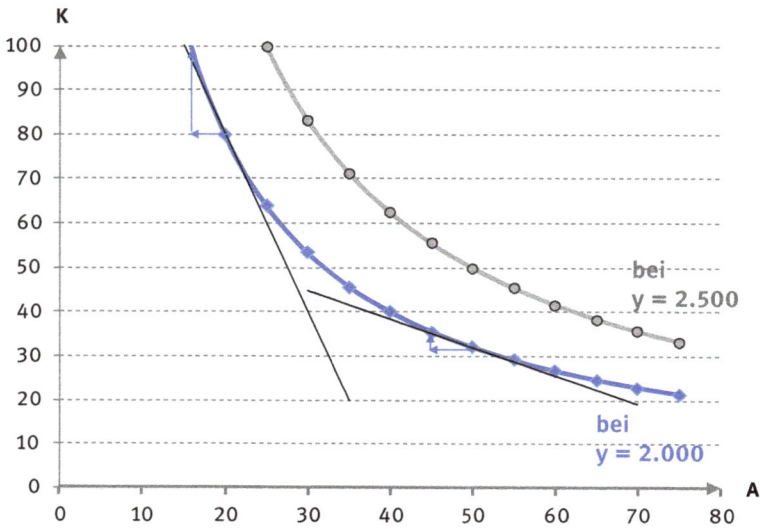

Input: A [Arbeit in h]	Input: K bei y = 2.000 [h]	Input: K bei y = 2.500 [h]	GRS = IdK/dAI bei y = 2.000 [h]
5	320,0	500,0	64,0
10	160,0	250,0	16,0
15	106,7	166,7	7,1
20	80,0	125,0	4,0
25	64,0	100,0	2,6
30	53,3	83,3	1,8
35	45,7	71,4	1,3
40	40,0	62,5	1,0
45	35,6	55,6	0,8
50	32,0	50,0	0,6
55	29,1	45,5	0,5
60	26,7	41,7	0,4
65	24,6	38,5	0,4
70	22,9	35,7	0,3
75	21,3	33,3	0,3

Abb. 2.8: Isoquanten und Substitution bei einer Cobb-Douglas-Produktionsfunktion. Quelle: eigene Darstellung.

Bei einem *Substitutionsprozess* werden aber nur solche Änderungen in A und in K betrachtet, bei denen sich y nicht ändert, sodass für diesen Sonderfall gilt:

$$\Delta y \approx GE_A \cdot \Delta A + GE_K \cdot \Delta K \overset{!}{=} 0 \quad \Longrightarrow \quad \frac{\Delta K}{\Delta A} = -\frac{GE_A}{GE_K} \tag{2.22}$$

Da bei kleinen Änderungen der Differenzenquotient $\frac{\Delta K}{\Delta A}$ und der Differentialquotient $\frac{dK}{dA}$ nahezu identisch sind, kann die GRS in Beziehung zu den Grenzerträgen gebracht werden:

$$\text{GRS} = \left|\frac{dK}{dA}\right| \approx \left|\frac{\Delta K}{\Delta A}\right| = \frac{GE_A}{GE_K} \,. \tag{2.23}$$

Mithilfe dieser Gleichung lässt sich das *Gesetz der fallenden GRS* für das obige Beispiel nun leicht erklären: Bei A = 20 wird vergleichsweise wenig vom Faktor Arbeit und viel vom Faktor Kapital eingesetzt. Daher ist der Grenzertrag der Arbeit hoch und der des Kapitals niedrig. Die GRS weist also einen hohen Zähler und einen kleinen Nenner auf, somit ist sie hoch. Weniger technisch heißt das: Wird vom Faktor Arbeit die letzte Einheit abgezogen, die einen hohen Ertragszuwachs erwirtschaftete, so geht durch diesen Schritt viel Ertrag verloren. Alleine deshalb bedarf es schon eines hohen Mehreinsatzes des anderen Faktors. Das gilt umso mehr, als dieser andere Faktor bei einer Erhöhung nur noch geringe Ertragssteigerungen bewirkt. Ausgehend von A = 50 ändern sich nun die Relationen. Der Abzug einer Arbeitseinheit hat kaum ertragsmindernde Effekte. Es reicht deshalb aus, wenig mehr Zusatzkapital einzusetzen, das obendrein hohe ertragssteigernde Wirkung hat.

Was beim hier betrachteten Produktionsprozess allerdings nicht funktioniert, ist auf einen der beiden Faktoren *komplett* zu verzichten. Das geht schon aus der allgemeinen Form der Produktionsfunktion hervor. Wird in $y = \gamma \cdot A^\alpha \cdot K^\beta$ entweder A oder K Null gesetzt, kann der andere Faktorinput noch so groß werden, y bleibt trotzdem null. Es liegt hier also eine *beschränkte Substitutionalität* vor.

2.1.1.4 Minimalkostenkombination

Stehen mehrere Produktionsfaktoren zur Verfügung, stellt sich für gewinnmaximierende Unternehmen die Frage nach der *Minimalkostenkombination*: Wie viel sollte von den einzelnen Faktoren eingesetzt werden, um zur Produktion einer vorgegebenen Outputmenge möglichst geringe Kosten zu haben?

2.1.1.4.1 ...bei limitationalen Produktionszusammenhängen

Bei limitationalen Produktionszusammenhängen ist die Problematik trivial und der Handlungsspielraum letztlich auf die Suche nach den effizienten Ecklösungen für die Isoquanten beschränkt: Ist das effiziente Einsatzverhältnis zur Produktion einer Outputeinheit zwischen den zwei Faktoren x1 und x2 mit $\frac{x_2}{x_1} = \frac{a}{b}$ gegeben, dann gilt grundsätzlich: um $y = \overline{y}$ Einheiten zu produzieren, sollte man $x_2 = \overline{y} \cdot a$ und $x_1 = \overline{y} \cdot b$ Inputeinheiten wählen. Bemerkenswert ist dabei, dass die ideale Inputkombination unabhängig von den *Faktorpreisen* ist. Selbst wenn einer der Faktoren oder gar beide deutlich teurer werden, ändert sich an den gewählten Inputmengen nichts. Um den vorgegebenen Output zu erhalten, muss aufgrund der *technologischen Besonderheiten* eben diese Inputkombination gewählt werden, koste es, was es wolle.

Im Beispiel der Campari-Soda-Produktion galt (vgl. Kap. 2.1.1.3.1), dass das effiziente Mischungsverhältnis zur Produktion von y = 1, also einem Liter an Mixgetränk sich wie folgt bestimmte: $\frac{x_2}{x_1} = \frac{C}{S} = \frac{a}{b} = \frac{1}{2}$. Will man also y = $\overline{y}$ = 3 Liter an Mixgetränk herstellen, lautet die kostenminimale Input-Kombination: x_2 = C = 3 · a = 3 und x_1 = S = 3 · b = 6.

2.1.1.4.2 ... bei substituierbaren Produktionszusammenhängen

Aufwendiger erweist sich die Bestimmung der gesuchten Minimalkostenkombination bei *substituierbaren Produktionszusammenhängen*. Hier restringiert nicht die Produktionstechnologie von Vornherein die zu wählende Inputkombination. Für den Auswahlprozess sind dabei mitentscheidend die Faktorpreise.

Zur Analyse stützen wir uns auf die oben bereits verwendete Cobb-Douglas-Funktion aus (2.18) mit y = (A, K) = 50 · $A^{0,5}$ · $K^{0,5}$ (A = Arbeitsinput in h, K = Maschinenlaufzeit in h und y = produzierte Menge in Litern). Zudem soll eine Arbeitsstunde p_A = 10 EUR kosten, eine Stunde Maschinenlaufzeit kostet p_K = 40 EUR. Die (variablen) Kosten (KV in EUR vgl. zum Begriff Kap. 2.1.2) ergeben sich in Abhängigkeit von den Inputmengen wie folgt:

$$KV = \underbrace{p_A \cdot A}_{\substack{\text{Ausgaben} \\ \text{für Arbeit}}} + \underbrace{p_K \cdot K}_{\substack{\text{Ausgaben} \\ \text{für Kapital}}} = 10 \cdot A + 40 \cdot K \qquad (2.24)$$

Daraus lassen sich für ein vorgegebenes Kostenbudget KV = $\overline{KV}$ die Budgetgeraden (analog zu vorher könnten wir hier auch von *Iso-Kostenkurven* reden), hier aufgelöst nach dem Kapitalinput K, konstruieren:

$$K = \frac{\overline{KV}}{p_K} - \frac{p_A}{p_K} \cdot A = \frac{\overline{KV}}{40} - \underbrace{\frac{10}{40}}_{=0,25} \cdot A \qquad (2.25)$$

Mithilfe dieser Gleichung lassen sich all die Inputkombinationen ermitteln, die zum vorgegebenen Kostenrahmen führen (vgl. Abb. 2.9). Der Ordinatenabschnitt der Geraden bestimmt sich aus $\frac{\overline{KV}}{p_K} = \frac{\overline{KV}}{40}$, das Gefälle hingegen aus der Faktorpreisrelation $\frac{p_A}{p_K} = \frac{10}{40}$. Je weiter dabei eine der bei derselben Steigung ja parallel verlaufenden Budgetgerade vom Ursprung des Koordinatensystems entfernt liegt, umso höher sind die mit den darauf befindlichen Inputkombinationen verbundenen Kosten.

Sollen nun y = 2.000 Liter an Output produziert werden, ist in Abb. 2.9 ein Punkt auf der blauen Isoquante zu realisieren. Die niedrigste erreichbare Budgetgerade, die eine Produktion von 2.000 Litern noch ermöglicht, ist die rote. Sie tangiert die vorgegebene Isoquante bei A* = 80 und bei K* = 20. Dies ist die Minimalkostenkombination. Die minimalen Kosten zur Produktion fallen also bei dieser Inputkombination an. Sie belaufen sich auf KV = 10 · 80 + 40 · 20 = 1.600 EUR.

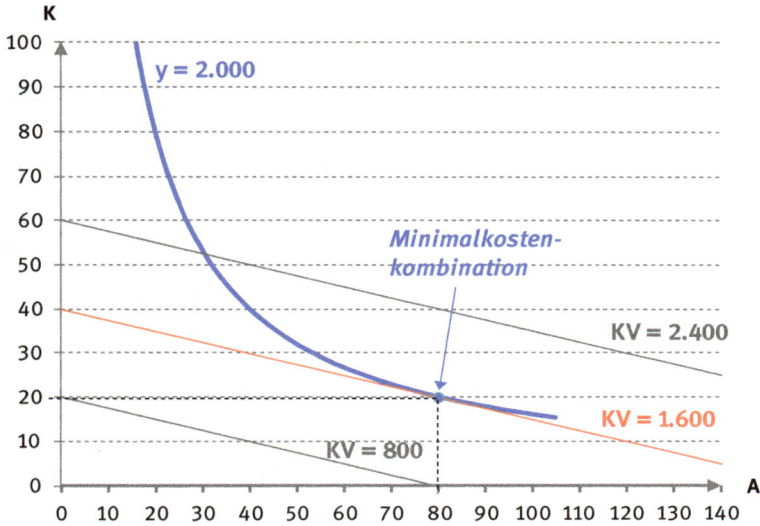

Abb. 2.9: Minimalkostenkombination. Quelle: eigene Darstellung.

Input: A	Input: K bei KV = 800	Input: K bei KV = 1.600	Input: K bei KV = 2.400
[h]	[h]	[h]	[h]
0	20,0	40,0	60,0
20	15,0	35,0	55,0
40	10,0	30,0	50,0
60	5,0	25,0	45,0
80	0,0	20,0	40,0
100		15,0	35,0
120		10,0	30,0
140		5,0	25,0
160		0,0	20,0
180			15,0
200			10,0
220			5,0
240			0,0

Mathematisch lässt sich die Minimalkostenkombination aus folgendem Ansatz bestimmen:

$$\text{Zielfunktion:} \quad \min_{A,K} KV = 10 \cdot A + 40 \cdot K$$

$$\text{unter Nebenbedingung} \quad y = 50 \cdot A^{0,5} \cdot K^{0,5} \overset{!}{=} 2.000 \,. \tag{2.26}$$

Die Umformung der Nebenbedingung ergibt:

$$K = \left(\frac{2.000}{50}\right)^2 \cdot A^{-1} = 1.600 \cdot A^{-1}. \tag{2.27}$$

Setzt man (2.27) in die Zielfunktion aus (2.26) ein, resultiert:

$$\min_A KV = 10 \cdot A + 40 \cdot \underbrace{1.600 \cdot A^{-1}}_{=K\,lt.Nbd.}. \tag{2.28}$$

Die notwendige Bedingung für ein Minimum – unter Berücksichtigen der zuvor in die Zielfunktion „eingebauten" Nebenbedingung – lautet sodann:

$$\frac{dKV}{dA} = 10 - 64.000 \cdot A^{-2} \overset{!}{=} 0 \quad \Rightarrow \quad A^* = 80. \tag{2.29}$$

Dabei ist auch die hinreichende Bedingung für ein Minimum erfüllt ($\frac{d^2KV}{dA^2} = 128.000 \cdot A^{*-3} = 0,25 > 0$).

Einsetzen von A^* aus (2.29) in die umgeformte Nebenbedingung aus (2.27) liefert:

$$K^* = 1.600 \cdot 80^{-1} = 20. \tag{2.30}$$

Interessant sind nun die *ökonomischen Eigenschaften* der Minimalkostenkombination. In diesem Optimum liegt nämlich die Tangente an die Isoquante exakt auf der Budgetgeraden. Infolgedessen müssen auch die Absolutwerte der Tangentensteigung ($|\frac{dK}{dA}|$) und der Budgetgeradensteigung ($|-\frac{p_A}{p_K}|$) übereinstimmen. Aufgrund der Zusammenhänge in Gleichung (2.23) gilt damit im Produktions-Optimum:

$$GRS = \left|\frac{dK}{dA}\right| = \frac{GE_A}{GE_K} \overset{!}{=} \frac{p_A}{p_K}. \tag{2.31}$$

Die optimale Inputkombination setzt also voraus, dass *Grenzertrags- und Faktorpreisrelationen* übereinstimmen.

Dass dies hier mathematisch der Fall ist, lässt sich durch partielles Ableiten der Produktionsfunktion leicht überprüfen:

$$\frac{GE_A}{GE_K} = \frac{\frac{\partial y}{\partial A}}{\frac{\partial y}{\partial K}} = \frac{25 \cdot A^{-0,5} \cdot K^{0,5}}{25 \cdot A^{0,5} \cdot K^{-0,5}} = \frac{K}{A} = \frac{20}{80} \overset{!}{=} \frac{p_A}{p_K} = \frac{10}{40}. \tag{2.32}$$

Auch ökonomisch ist dieses Ergebnis plausibel. Wenn man sich nämlich nicht an die Empfehlung hält, ist durch ein Umstrukturieren der Produktion eine ertragswahrende Kostensenkung möglich, sodass man nicht in einem *Produktionsoptimum* gewesen sein kann. Wenn zum Beispiel A = 64 und K = 25 ist, lassen sich $y = 50 \cdot 64^{0,5} \cdot 25^{0,5} = 2.000$ Liter zu variablen Kosten von $KV = 10 \cdot 64 + 40 \cdot 25 = 1.640$ EUR herstellen. Bei dieser Inputkombination sind aber die Grenzerträge:

- des Faktors Arbeit: $GE_A = \frac{\partial y}{\partial A} = 25 \cdot 64^{-0,5} \cdot 25^{0,5} = 15,625$
- des Faktors Kapital: $GE_K = \frac{\partial y}{\partial K} = 25 \cdot 64^{0,5} \cdot 25^{-0,5} = 40$.

Es gilt demnach: $\frac{GE_A}{GE_K} = \frac{15,625}{40} = 0,39 > \frac{p_A}{p_K} = \frac{10}{40} = 0,25$.

Wenn man nun eine Einheit *weniger an Kapital* einsetzt, hat das zwei Effekte zur Folge:

- Der Ertrag fällt durch diese Umschichtung um den $GE_K = 40$ Liter, während gleichzeitig aber die Kosten um $p_K = 40\,EUR$ zurückgehen.
- Soll dies ertragsseitig kompensiert werden, bedarf es eines Mehreinsatzes beim Faktor Arbeit. Da eine zusätzliche Arbeitsstunde den Ertrag um $GE_A = 15,625$ Liter erhöhen würde, sind (näherungsweise) $\frac{40}{15,625} = 2,56$ weitere Arbeitsstunden nötig, um dieselbe Outputmenge zu erzeugen.
- Die zur Kompensation erforderlichen $2,56$ Arbeitsstunden kosten aber nur $2,56 \cdot p_A = 25,60\,EUR$.
- Unterm Strich wurden durch die Umstrukturierung die Produktion von 2.000 Litern aufrechterhalten, die Kosten aber um 40 EUR − 38,40 EUR = 1,60 EUR gesenkt.

Derartig *kostenmindernde Umstrukturierungen* sind immer möglich, solange $\frac{GE_A}{GE_K} \neq \frac{p_A}{p_K}$. Erst bei Erreichen der Gleichheit sind die Verbesserungsoptionen ausgereizt.

Da die *Faktorpreisrelationen* für ein einzelnes Unternehmen als vom Markt gegeben betrachtet werden, muss die Angleichung über die *Grenzerträge* erfolgen. Durch den schrittweisen Mehreinsatz an Arbeit wird im Beispiel GE_A allmählich kleiner, durch den Mindereinsatz von Kapital wird GE_K immer größer, sodass durch die Umstrukturierung $\frac{GE_A}{GE_K}$ in Richtung der gegebenen Relation $\frac{p_A}{p_K}$ fällt.

Bemerkenswert ist die naheliegende *Konsequenz* für die einzelwirtschaftliche Praxis: Wird bei substituierbaren Produktionsfaktoren ein Faktor teurer, verschiebt das die Preisrelation zugunsten des sich verteuernden Inputs. Daraufhin erfolgt eine Anpassung, bei der auf dem Weg zum neuen Optimum auch der Grenzertrag des teurer werdenden Faktors zulegen muss. Dies erfordert – angesichts des hier geltenden Gesetzes abnehmender Grenzerträge, dass der Input des sich verteuernden Faktors zu Lasten des Substituts zurückgeht. Erhöhen sich beispielsweise im hier betrachteten Zusammenhang die *Löhne*, ist es aus einzelwirtschaftlicher Sicht (!) sinnvoll, *Arbeit durch Maschinen* zu ersetzen.

Die Optimum-Anforderung aus (2.31), Grenzertrags- gleich Preisrelationen, trifft bei rationaler Planung übrigens auch für vollsubstituierbare Prozesse ohne abnehmende Grenzerträge zu. Dort gilt allerdings noch eine weitere Besonderheit. Betrachten wir dazu das Produktionsbeispiel aus der Großbäckerei:

Der zweite Angestellte war dabei doppelt so produktiv wie der erste. Es galt unabhängig von der Ausgangssituation des jeweiligen Inputs: $GRS = |\frac{dA_2}{dA_1}| = \frac{2}{4} = \frac{GE_{A_1}}{GE_{A_2}}$. Bei konstanten Grenzerträgen ist der gleichzeitige Einsatz beider Inputs nur dann sinnvoll, wenn von Vornherein die Preisrelation so ist, dass A_1 einen doppelt so hohen Stundenlohn wie A_2 hat. Wenn beispielsweise $\frac{p_{A_1}}{p_{A_2}} = \frac{10}{30} \neq \frac{2}{4} = \frac{GE_{A_1}}{GE_{A_2}}$ ist, ist der doppelt so produktive Faktor A_1 mit einem dreimal so hohen Stundenlohn relativ gesehen zu teuer. Ließe man ihn eine Stunde weniger arbeiten, könnte die Outputeinbuße durch zwei weitere Arbeitsstunden von A_2 ausgeglichen werden. Dabei würde man $30 - 2 \cdot 10 = 10\,EUR$ an Kosten einsparen. Da sich nach diesem Schritt die Grenzerträge nicht ändern, wird dieser Ersatz solange wiederholt, bis der – gemessen an den relativen Produktivitäten – zu teure Faktor nicht mehr eingesetzt wird oder bis beim Substitut eine Kapazitätsgrenze erreicht ist.

Aufgabe

Ein Unternehmen produziert die Outputmenge (y in hl) mit Arbeits- (A in h) und Kapitalinput (K in h Maschinenlaufzeit). Dabei liegt folgende Produktionsfunktion vor: $y = \frac{1}{2} \cdot A \cdot K^{0,5}$.

a) Ermitteln Sie die Isoquanten-Gleichung mit K als abhängiger Variablen für y = 2! (Lösung: $K = 16 \cdot A^{-2}$.)

b) Berechnen Sie für y = 2 die Grenzrate der Substitution an der Stelle A = 5 (Lösung: 0,256). Interpretieren Sie das Ergebnis.

c) Eine Arbeitseinheit koste 2 EUR, eine Kapitaleinheit 1 EUR. Bestimmen Sie nun die Minimalkostenkombination, wenn ein Output von y ≈ 126,49 hl erzeugt werden soll. (Lösung: A = 40 und K = 40.)

d) Skizzieren Sie die Isoquante zu y = 126,49 hl mithilfe einer zuvor zu erstellenden Wertetabelle. Berücksichtigen Sie in der Skizze die Budgetgeraden zu 120 EUR. Zeigen Sie darin, dass die Minimalkostenkombination dort liegt, wo die Budgetgerade die Isoquante tangiert.

e) Zeigen Sie, dass bei der Minimalkostenkombination die Grenzertragsrelation der Inputs der Preisrelation der Inputs entspricht.

2.1.2 Grundlagen der Kostentheorie

In der ökonomischen Theorie werden die unterschiedlichsten *Kostenbegriffe* verwendet. Eine erste Abgrenzung betrifft die Frage, welche Komponenten alle unter den „Kosten" subsummiert werden sollen. Hier unterscheidet man zwischen den *pagatorischen* und den *wertmäßigen Kosten*:

– Die *pagatorischen Kosten* erfassen alle Aufwendungen für den Einsatz von Produktionsfaktoren, die mit tatsächlichen Ausgaben („pagare" = bezahlen) verbunden sind. Das beinhaltet zum Beispiel die Ausgaben für Löhne und Gehälter, für Rohstoffe oder Zinsausgaben.

– Der *wertmäßige Kostenbegriff*, den wir nachfolgend in der Analyse verwenden, hingegen betrifft den bewerteten Verbrauch von Produktionsfaktoren. Dazu gehören zum Beispiel aus dem Bereich der pagatorischen Kosten die Lohn- und Gehaltszahlungen. Eingekaufte Vorprodukte hingegen fließen nicht in Höhe der damit verbundenen Auszahlungen ein, sondern nur in dem Umfang, in dem sie auch tatsächlich im Produktionsprozess eingesetzt wurden. Darüber hinaus werden aber auch „*kalkulatorische Kosten*" erfasst, deren Höhe sich nicht aus Rechnungen ablesen lässt und die daher kalkuliert werden müssen. Hierzu zählt der Verbrauch des Kapitals. Eingesetzte Maschinen aus dem eigenen Sachkapitalbestand oder eigene Fabrikgebäude werden ja nicht sofort vollständig im Produktionsprozess verbraucht, sie liefern bis zum Ende ihrer Nutzungsdauer kontinuierlich einen Leistungsbeitrag. Der kostenmäßig dabei anzusetzende Verbrauch wird über die Abschreibungen kalkulatorisch geschätzt. Inhaltlich noch bedeutender sind im Kontext aber die *Opportunitätskosten,* also die bewerteten Verzichtskosten aus der anderweitigen Verwendung eingesetzter Produktionsfaktoren. Diese beinhalten insbesondere auch die anzusetzende *Eigenkapitalverzinsung* beim über Eigenkapital finanzierten betriebsnotwendigen Kapital. Durch das Einbringen dieses Eigenkapitals in den Produktionsprozess verzichtet der Unternehmer auf eine alternativ mögliche Rendite bei einer Anlage an den Finanzmärkten. Angesetzt wird hier, die – unter Berücksichtigung des eingegangenen Risikos – *marktübliche Verzinsung.* Darüber hinaus fällt der *Unternehmerlohn* unter die Opportunitätskosten. Wenn der Unternehmer – wie bei Einzelunternehmen oder Personengesellschaften üblich – selbst in seinem Unternehmen tätig wird und er nicht wie bei einer Kapitalgesellschaft als Geschäftsführer ein (pagatorisches) Gehalt bezieht, entgeht ihm die Vergütung durch eine alternative Verwendung seiner Arbeitskraft.

Da sich die *orthodoxe Ökonomie* in der Analyse auf den wertmäßigen Kostenbegriff stützt, bedeutet der Terminus „kostendeckend", dass alle pagatorischen, aber auch alle kalkulatorischen Kosten mit den erzielten Umsätzen erwirtschaftet wurden. Damit geht dann aber auch einher, dass eine angemessene, dem Risiko entsprechende, Eigenkapitalrendite und ein eventueller Unternehmerlohn schon vollständig entgolten wurden. Ein zusätzlich beaufschlagter und verrechneter *Gewinn* geht dann über diesen *Normalprofit* aus normaler Eigenkapitalverzinsung und Unternehmerlohn hinaus und beinhaltet so einen *Extraprofit,* bei dem mehr als eine marktübliche Eigenkapitalrendite entsteht.

Unabhängig von der Unterscheidung zwischen pagatorischen und wertmäßigen Kosten lassen sich die in Abb. 2.10 erfassten und für eine einfache lineare Gesamtkostenfunktion bei einer Produktion von y = 25 Outputeinheiten durchgerechneten Kostenbegriffe differenzieren (vgl. auch Abb. 2.11). Die *Gesamtkosten* setzen sich aus *outputunabhängigen Fixkosten,* wie etwa Miete und Zinszahlungen, sowie aus sich mit dem *Output verändernden variablen Kosten,* wie Rohstoff- und Materialkosten, zusammen. Zu diesen Kostenbegriffen lassen sich *Durchschnittskosten* bestimmen, bei denen die jeweiligen Kosten auf eine einzelne produzierte Einheit gleichmäßig verteilt werden. Zu den Gesamt- bzw. den variablen Kosten lassen sich zudem Ableitungen berechnen, die sogenannten *Grenzkosten.* Sie geben näherungsweise an, um wie viel Euro die Kosten steigen (bzw. fallen), wenn eine Einheit mehr (bzw. weniger) produziert wird.

Die Abgrenzungen sind dabei nicht immer ganz eindeutig. Die Personalkosten zum Beispiel können variabel oder fix sein. Hat die Stammbelegschaft feste Arbeitsverträge, wird sie kurzfristig auch dann entlohnt, wenn nichts hergestellt wird. Sobald gesondert zu zahlende Überstunden fällig werden oder Zeitarbeiter eingestellt werden, sind die Lohnkosten aber variabel. Aber auch der fixe Teil ist längerfristig nicht fest: Reicht die Produktion mittelfristig nicht aus, die Belegschaft voll zu beschäftigen, wird es zum Personalabbau kommen. Der Personalbestand und damit auch die Personalkosten passen sich dann der Produktion variabel an.

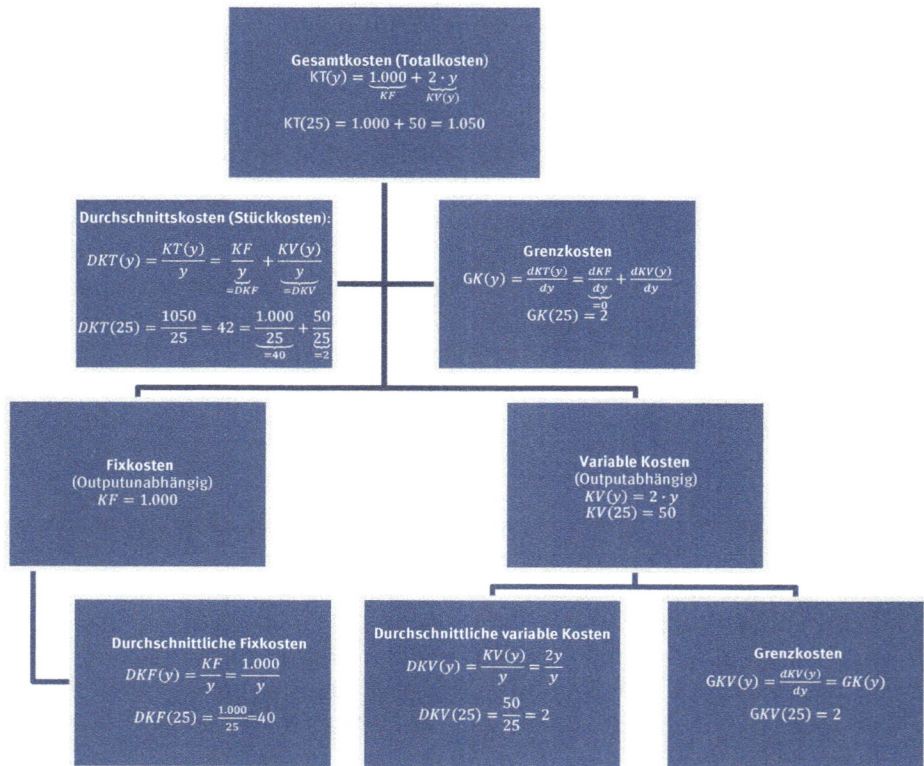

Gesamtkosten (Totalkosten)
$$KT(y) = \underbrace{1.000}_{KF} + \underbrace{2 \cdot y}_{KV(y)}$$
$$KT(25) = 1.000 + 50 = 1.050$$

Durchschnittskosten (Stückkosten):
$$DKT(y) = \frac{KT(y)}{y} = \underbrace{\frac{KF}{y}}_{=DKF} + \underbrace{\frac{KV(y)}{y}}_{=DKV}$$
$$DKT(25) = \frac{1050}{25} = 42 = \underbrace{\frac{1.000}{25}}_{=40} + \underbrace{\frac{50}{25}}_{=2}$$

Grenzkosten
$$GK(y) = \frac{dKT(y)}{dy} = \underbrace{\frac{dKF}{dy}}_{=0} + \frac{dKV(y)}{dy}$$
$$GK(25) = 2$$

Fixkosten
(Outputunabhängig)
$KF = 1.000$

Variable Kosten
(Outputabhängig)
$KV(y) = 2 \cdot y$
$KV(25) = 50$

Durchschnittliche Fixkosten
$$DKF(y) = \frac{KF}{y} = \frac{1.000}{y}$$
$$DKF(25) = \frac{1.000}{25} = 40$$

Durchschnittliche variable Kosten
$$DKV(y) = \frac{KV(y)}{y} = \frac{2y}{y}$$
$$DKV(25) = \frac{50}{25} = 2$$

Grenzkosten
$$GKV(y) = \frac{dKV(y)}{dy} = GK(y)$$
$$GKV(25) = 2$$

Abb. 2.10: Kostenbegriffe anhand einer linearen Kostenfunktion. Quelle: eigene Darstellung.

In diesem Kontext wird mit der *Fixkostendegression* ein Grundtatbestand jeder Produktion deutlich: Je größer die produzierte Menge wird, umso geringer und damit auch bedeutungsloser werden die – auf die einzelne produzierte Einheit gleichmäßig umgelegten – durchschnittlichen Fixkosten und umso mehr nähern sich die Stückkosten und die durchschnittlichen variablen Kosten an (vgl. Abb. 2.11). Anders gewendet bedarf es bei einem vergleichsweise hohen Fixkostenblock in der gesamten Kostenstruktur einer sehr großen Produktionsmenge, um noch zu moderaten Preisen stückkostendeckend anbieten zu können.

Dies ist beispielsweise ein wichtiger Aspekt bei der Produktion von Medikamenten, bei denen die im Vorfeld aufzubringenden Forschungsausgaben als Fixkosten zumeist eine viel wichtigere Rolle spielen als die mit der Herstellung verbundenen variablen Kosten pro Tabletten-Packung. Wenn dann neu zu entwickelnde Medikamente auch noch erwartungsgemäß selten benötigt werden, verteilen sich die hohen Fixkosten auf eine geringe Absatzmenge, sodass unrealistisch hohe Preise zustande kommen müssten. Vor dem Hintergrund besteht die Gefahr, dass in Antizipation der Problematik die Forschung unterbleibt (vgl. Kasten).

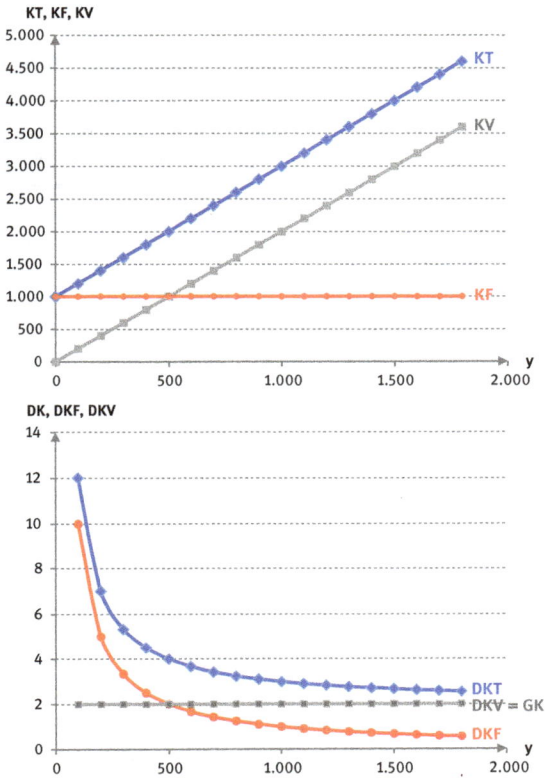

KT, KF, KV

DK, DKF, DKV

y	KT = 1.000 + 2·y	KF = 1.000	KV = 2·y	DKT = KT/y	DKF = KF/y	DKV = KV/y	GK = dK/dy
0	1000	1000	0				
100	1200	1000	200	12,00	10,00	2	2
200	1400	1000	400	7,00	5,00	2	2
300	1600	1000	600	5,33	3,33	2	2
400	1800	1000	800	4,50	2,50	2	2
500	2000	1000	1000	4,00	2,00	2	2
600	2200	1000	1200	3,67	1,67	2	2
700	2400	1000	1400	3,43	1,43	2	2
800	2600	1000	1600	3,25	1,25	2	2
900	2800	1000	1800	3,11	1,11	2	2
1000	3000	1000	2000	3,00	1,00	2	2
1100	3200	1000	2200	2,91	0,91	2	2
1200	3400	1000	2400	2,83	0,83	2	2
1300	3600	1000	2600	2,77	0,77	2	2
1400	3800	1000	2800	2,71	0,71	2	2
1500	4000	1000	3000	2,67	0,67	2	2
1600	4200	1000	3200	2,63	0,63	2	2
1700	4400	1000	3400	2,59	0,59	2	2
1800	4600	1000	3600	2,56	0,56	2	2

Abb. 2.11: Lineare Kostenfunktion und Fixkostendegression. Quelle: eigene Darstellung.

„Pharmakonzerne steigen aus Antibiotika-Entwicklung aus

Medienberichten zufolge seien Antibiotika im Vergleich zu anderen Medikamenten nicht lukrativ genug. Zahlreiche Konzerne stellen deswegen ihre Forschungen ein.

Immer mehr Pharmahersteller ziehen sich nach Informationen des NDR aus der Erforschung neuer Antibiotika zurück. Fast die Hälfte der etwa 100 Firmen, die 2016 eine gemeinsame Erklärung über mehr Anstrengungen im Kampf gegen Resistenzen vereinbart hatten, sei in dem Bereich nicht mehr aktiv [...] Der Internationale Pharmaverband (IFPMA) hatte damals eine Industrieallianz gegründet. Neue Antibiotika werden benötigt, weil Bakterien zunehmen gegen ältere resistent werden. Grund für den Rückzug der Unternehmen sind laut NDR die geringeren Verdienstmöglichkeiten im Vergleich zu Medikamenten gegen Krebs und chronische Erkrankungen. Sie werden nur wenige Tage eingenommen. Zudem sollten neue Mittel nur im Notfall eingesetzt werden, wenn alle herkömmlichen Antibiotika nicht mehr anschlagen. [...] Antibiotika-Resistenzen seien weltweit ein großes Problem. Pro Jahr gebe es [in Deutschland] rund 3300 Todesfälle infolge von Antibiotika-Resistenzen [...] In anderen Ländern seien die Zahlen sehr viel höher" (Handelsblatt online 2019).

Zwischen den *Kosten- und den Ertragsfunktionen* besteht ein spiegelbildlicher Zusammenhang. Dies wird deutlich, wenn wir die Weinlese-Beispiele aus Abb. 2.1 mit der klassischen Ertragsfunktion und aus Abb. 2.2 mit der neoklassischen Ertragsfunktion aufgreifen. Die Pflücker zählen annahmegemäß nicht zur Stammbelegschaft und werden stundenweise entlohnt, sie verursachen also variable Kosten. Dabei wird in Abb. 2.12 bei Fixkosten von 20 EUR ein – zugegeben unverschämt niedriger – Stundenlohn von 4 EUR unterstellt.

Beim klassischen Ertragsgesetz verlaufen die Gesamtkostenkurve (KT) und die Kurve der variablen Kosten (KV) spiegelbildlich zur S-förmigen Ertragskurve, wobei die Input-Output-Logik lediglich umgekehrt wird: Zum Ernten von 450 erstklassigen Beeren werden beispielsweise nach der Tabelle 5 Arbeitsstunden benötigt, die KV = 20 EUR an variablen Kosten verursachen. Hinzu kommen 20 EUR an Fixkosten, so dass Gesamtkosten KT = 40 EUR resultieren. Pro Beere werden im Durchschnitt also rund DKV = 0,09 EUR an variablen und DK = 0,13 EUR an Gesamtkosten verursacht. Die zugrundeliegenden Funktionsvorschriften lassen sich hier mathematisch allenfalls mit sehr viel Aufwand ermitteln. Dazu bedürfte es nämlich im ersten Schritt des Bildens der Umkehrfunktion der polynomischen und nicht-injektiven (d. h. zu einzelnen Funktionswerten gibt es zwei Argumentwerte) Ertragsfunktion $y = -0,05 \cdot A^3 + 5 \cdot A^2$. Zwar könnte man hier „tricksen" und aus der Wertetabelle in Abb. 2.12, in der verschiedenen Outputs ein dazugehöriger Input zugeordnet ist, eine nicht-lineare polynomische Regression durchführen. Eine gut den Punktkombinationen passende Funktion wäre aber nur unnötig kompliziert. Entscheidend für unsere Zwecke ist, dass in der Abbildung auch so aus den Daten der Wertetabelle – rein rechnerisch – auf die Gestalt der DKV- und der DKT-Kurve geschlossen werden kann. Auch können die Grenzkosten gut geschätzt werden. Dazu wurde A im Hintergrund kleinschrittig erhöht, die dazugehörigen Outputs bestimmt und die Differenzenquotienten $\frac{\Delta y}{\Delta A}$ als Annäherung für den Differentialquotienten $\frac{dy}{dA}$ ermittelt.

Linke Seite:

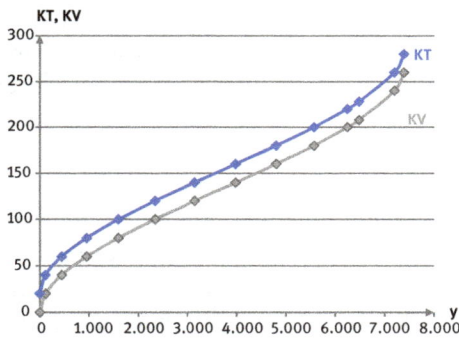

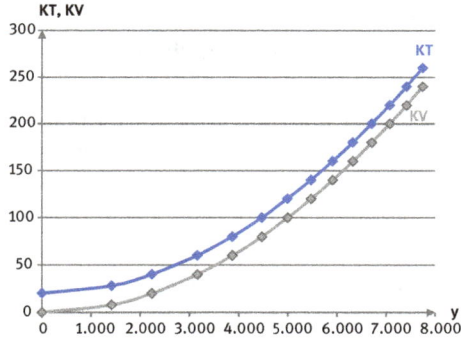

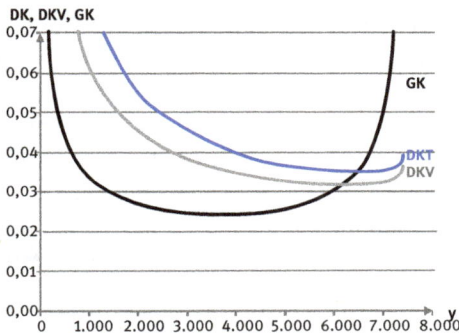

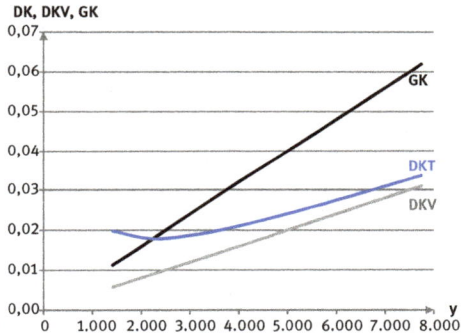

Output: y [Stück]	Input: A [h]	Var. Kosten: KV (bei 4 €/h)	Ge-samt-kosten: KT (bei KF = 20 €)	⌀Var. Kosten: DKV	⌀Ges.-kosten: DKT	Grenz-kosten[1]: GK
0,00	0	0	20			
118,75	5	20	40	0,1684	0,3368	0,0849
450,00	10	40	60	0,0889	0,1333	0,0467
956,25	15	60	80	0,0627	0,0837	0,0342
1.600,00	20	80	100	0,0500	0,0625	0,0285
2.343,75	25	100	120	0,0427	0,0512	0,0256
3.150,00	30	120	140	0,0381	0,0444	0,0242
3.981,25	35	140	160	0,0352	0,0402	0,0241
4.800,00	40	160	180	0,0333	0,0375	0,0250
5.568,75	45	180	200	0,0323	0,0359	0,0274
6.250,00	50	200	220	0,0320	0,0352	0,0321
6.489,60	52	208	228	0,0321	0,0351	0,0351
7.200,00	60	240	260	0,0333	0,0361	0,0676
7.393,75	65	260	280	0,0352	0,0379	0,2615

Rechte Seite:

Output: y [Stück]	Input: A [h]	Var. Kosten: KV (bei 4 €/h)	Ge-samt-kosten: KT (bei KF = 20 €)	⌀Var. Kosten: DKV	⌀Ges.-kosten: DKT	Grenz-kosten[2]: GK
0,00	0	0	20			
1.414,21	2	8	28	0,0057	0,0198	0,0113
2.236,07	5	20	40	0,0089	0,0179	0,0179
3.162,28	10	40	60	0,0126	0,0190	0,0253
3.872,98	15	60	80	0,0155	0,0207	0,0310
4.472,14	20	80	100	0,0179	0,0224	0,0358
5.000,00	25	100	120	0,0200	0,0240	0,0400
5.477,23	30	120	140	0,0219	0,0256	0,0438
5.916,08	35	140	160	0,0237	0,0270	0,0473
6.324,56	40	160	180	0,0253	0,0285	0,0506
6.708,20	45	180	200	0,0268	0,0298	0,0537
7.071,07	50	200	220	0,0283	0,0311	0,0566
7.416,20	55	220	240	0,0297	0,0324	0,0593
7.745,97	60	240	260	0,0310	0,0336	0,0620

[1] Aus Differenzenquotienten geschätzt;
[2] Aus Ableitung berechnet.

Abb. 2.12: Kostenfunktionen zur klassischen (links) und neoklassischen Ertragsfunktion (rechts).
Quelle: eigene Darstellung.

Nach der Umsetzung verlaufen die *Grenzkostenkurve* und beide *Durchschnittskostenkurven* hier U-förmig. Dieser Verlauf resultiert aus der Tatsache, dass in der Ertragsfunktion beim Faktormehreinsatz zunächst überdurchschnittliche Ertragszuwächse zu erzielen sind. Soll also eine Einheit mehr hergestellt werden, nimmt der Mehraufwand, dies zeigt die Grenzkostenentwicklung, dafür zunächst ab. Dadurch werden die bisherigen Durchschnittskosten gesenkt. Ab einer bestimmten Schwelle, hier ungefähr ab y = 3.681, wird es bei der klassischen Ertragsfunktion aber immer aufwendiger, noch eine weitere Einheit zu produzieren. Ab dort steigen die Grenzkosten wieder. Solange sie aber noch unter den bisherigen Durchschnittswerten sind, fallen DKV und DKT weiter. Sobald die GK den Wert von DKV bzw. DKT erreicht haben, bewirkt der weitere Anstieg der Grenzkosten, dass die beiden Durchschnittskostentypen auch ansteigen. Mit anderen Worten, die Grenzkostenkurve schneidet die beiden Durchschnittskostenkurven von unten kommend in ihrem jeweiligen Minimum.

Mit Blick auf die als Wurzelfunktion erfasste neoklassische Ertragsfunktion y = $1.000 \cdot A^{0,5}$ stellt sich ebenfalls eine Spiegelung bei den Kostenfunktionen in Form von Potenzfunktionen ein (vgl. Abb. 2.2 und Abb. 2.12). Der mathematische Zusammenhang zwischen Ertrags- und Kostenfunktion ist nun einfacher herzuleiten:

– Aus der Ertragsfunktion folgt als Umkehrfunktion: $A = \frac{y^2}{1.000^2}$.

– Die Kostenfunktion bei einem Stundenlohn von W = 4 EUR und mit Fixkosten von 20 EUR lautet dann:

$$KT = 20 + 4 \cdot A = \underbrace{20}_{=KF} + \underbrace{\frac{4}{1.000^2} \cdot y^2}_{=KV}$$

– Somit gilt:

$$DKT = \frac{KT}{y} = \underbrace{\frac{20}{y}}_{\substack{=DKF \\ =\frac{KF}{y}}} + \underbrace{\frac{4}{1.000^2} \cdot y}_{\substack{=DKV \\ =\frac{KV}{y}}}.$$

– Für die *Grenzkosten* folgt:

$$GK = \frac{dKT}{dy} = \frac{dKV}{dy} = \frac{8}{1.000^2} \cdot y > DKV = \frac{4}{1.000^2} \cdot y \quad (\text{für } y > 0).$$

2.1.3 Grundlagen der Absatztheorie

Wie verhalten sich nun gewinnmaximierende Unternehmen auf der Absatzseite? Insbesondere gilt es unter Berücksichtigung der Kostenverläufe zu klären, welche *Menge* zu welchem *Preis* angeboten werden soll. Die Antwort hängt davon ab, welche Stellung das betrachtete Einzelunternehmen im Markt hat. Wir unterscheiden nachfolgend zwischen der Situation im *Polypol*, im *Monopol* und im *Oligopol*. Die ordnungspolitischen Schlussfolgerungen werden in Kap. 2.3.3.1 besprochen.

2.1.3.1 Polypolverhalten bei vollkommener Konkurrenz

Die Marktform des Polypols wird durch folgende Merkmale gekennzeichnet:
- Jeder Akteur auf der Anbieter- und auf der Nachfragerseite ist *atomistisch* klein. Niemand verfügt daher über Marktmacht. Es besteht eine vollständige Konkurrenz.
- Jeder Unternehmer kann, wenn er sich nur an den Marktpreis hält, im Rahmen seiner winzigen *Produktionskapazitäten* alles absetzen.
- Zwar bestimmt das Verhalten aller Anbieter und Nachfrager zusammengenommen die Höhe des *Marktpreises*, der Einzelne geht aber davon aus, mit seinen marginalen Entscheidungen darauf keinen Einfluss zu haben. Der Preis gilt hier als gesetztes „Datum".

Die Situation vollkommener Konkurrenz liegt unter der Prämisse eines *vollkommenen Marktes* vor, wenn:
- der Markt nicht nur polypolistisch ist, sondern
- zudem analytisch so abgegrenzt ist, dass auf ihm nur *homogene Produkte* gehandelt werden, für die keine sachlichen, persönlichen, räumlichen und zeitlichen Präferenzen bestehen,
- alle entscheidungsrelevanten Informationen *transparent* sind
- und jederzeit ein unbehinderter und kostenfreier *Marktzugang* durch potenzielle externe Anbieter bzw. ein unbehindertes und kostenfreies *Marktausscheiden* durch vorhandene Anbieter erfolgen kann.

Vollkommene Konkurrenz impliziert das *Gesetz des einheitlichen Preises*. Demnach kann sich für das betrachtete Gut nur ein einheitlicher Preis am Markt etablieren. Denn sollte ein Anbieter mehr als diesen Preis verlangen, werden all seine Kunden, denen annahmegemäß in der Preisforderung die Abweichung transparent ist und die ja die Produkte dieses Anbieters nicht bevorzugen und denen räumlich auch egal ist, woher sie die Güter beziehen (weil Transportkosten keine Rolle spielen), zur Konkurrenz abwandern. Weniger zu verlangen ergibt auch keinen Sinn, da man ja annahmegemäß auch zum Marktpreis alles absetzen und seine komplette (kleine) Produktionskapazität ausschöpfen kann.

Bezogen auf die *Realität* dürfte es schwer, wenn nicht gar unmöglich sein, derartige Märkte überhaupt zu finden. Gleichwohl handelt es sich um eine Marktform, mit der die *orthodoxe Ökonomie* gerne argumentiert, weil die abzuleitenden Ergebnisse – wie noch zu zeigen ist – dem Szenario einer „*schönen heilen Welt*" gleichen (vgl. Kap. 2.3.2.2).

Aus Sicht eines Polypolisten hat die Gewinnfunktion, in der $\overline{p}$ für den vom Markt vorgegebenen Preis steht, als Differenz zwischen Erlös (bzw. Umsatz) und Kosten folgende Gestalt:

$$G = \underbrace{\overline{p} \cdot y}_{\text{Erlös oder auch Umsatz}} - \underbrace{(KF + KV(y))}_{=KT} \qquad (2.33)$$

Die Gewinnoptimierung setzt damit allein bei der Entscheidung über die zu produzierende Menge an. Die notwendige Bedingung für das Optimum lautet mit GL als Grenzerlös:

$$\frac{dG}{dy} = \underbrace{\overline{p}}_{=GL} - \underbrace{\frac{dKV}{dy}}_{=GK(y)} \overset{!}{=} 0 \qquad (2.34)$$

Daraus resultiert letztlich für die Gewinnmaximierung die *Preis-gleich-Grenzkosten-Regel*:

$$\overline{p} = GK(y) \qquad (2.35)$$

Da mit $\overline{p}$ die linke Seite der Gleichung vom Einzelunternehmer nicht beeinflusst werden kann, besteht die Kunst darin, y solange zu variieren, bis die dann entstehenden Grenzkosten mit dem gegebenen Marktpreis übereinstimmen.

Unabhängig von der Mathematik ist diese Regel plausibel:

- Solange $\overline{p}$ > GK(y) ist, erwirtschaftet eine weitere produzierte Einheit beim Verkauf einen Umsatzanstieg um $\overline{p}$, während die Produktion dieser weiteren Einheit die Kosten mit GK weniger stark ansteigen lässt. Eine weitere Einheit würde mithin den Gewinn um $\overline{p}$ – GK erhöhen.
- Solange hingegen $\overline{p}$ < GK(y) ist, würde der Verzicht auf eine produzierte Einheit beim Verkauf einen Umsatzrückgang um $\overline{p}$ bewirken, der geringer als die Kostenersparnis in Höhe von GK ausfällt. Eine Einheit weniger zu produzieren, würde den Gewinn um GK – $\overline{p}$ erhöhen.
- Solange $\overline{p}$ ≠ GK ist, lässt sich durch Veränderungen der Produktionsmenge noch ein Gewinnanstieg organisieren. Diese Option ist erst ausgereizt, wenn $\overline{p}$ = GK gilt.

Bemerkenswert ist dabei, dass die *Fixkosten* für das Optimierungsverhalten keine Rolle spielen. Mathematisch gesehen fallen sie als konstanter Summand in der Gewinnfunktion beim Ableiten weg. Ökonomisch gesehen steht dahinter die Erkenntnis, dass diese Kosten eh da, weil outputunabhängig, sind. Durch aktuelle Strategieentscheidungen können sie daher nicht mehr korrigiert werden. Die Strategie muss sich insofern auf ein Austarieren von beeinflussbaren Umsätzen und beeinflussbaren variablen Kosten konzentrieren.

Allerdings gilt es noch eine weitere Besonderheit zu berücksichtigen, sofern – wie beim klassischen Ertragsgesetz (vgl. Abb. 2.12) – die Grenzkosten nicht durchgehend über den durchschnittlichen variablen Kosten liegen. Dazu formen wir die Gewinnfunktion (2.33) vorab um:

$$G = \overline{p} \cdot y - \underbrace{\frac{KT}{y}}_{=DKT} \cdot y = \underbrace{(\overline{p} - DKT)}_{Stückgewinn} \cdot y \qquad (2.36)$$

bzw. in

$$G = \overline{p} \cdot y - \underbrace{\frac{KV}{y}}_{=DKV} \cdot y - KF = \underbrace{(\overline{p} - DKV) \cdot y}_{Deckungsbeitrag} - KF . \qquad (2.37)$$

Der Unternehmer hat kurzfristig immer die Möglichkeit, die Produktion auch einzustellen. Sein Verlust beliefe sich dann auf die Höhe der Fixkosten: $G° = -KF$. Um überhaupt zu produzieren, muss die Preis-gleich-Grenzkosten-Regel zudem sicherstellen, dass der Verlust nicht noch größer als KF ausfällt. Mit anderen Worten, der Deckungsbeitrag darf nicht negativ sein. Mit Blick auf die Detaildarstellung in Abb. 2.13 können nun drei unterschiedliche Preiskonstellationen unterschieden werden:

–   Bei einem Preis von $\overline{p_1} = 0,030$ EUR empfiehlt die Preis-gleich-Grenzkosten-Regel sich längs der GK-Kurve zu bewegen und eine Beerenmenge von rund 6.017 Stück zu pflücken, weil dann die Grenzkosten mit dem Preis übereinstimmen. Wird diese Menge aber produziert entsteht ein negativer Deckungsbeitrag, da $\overline{p_1} = 0,030 < DKV = 0,032$. Bei einer Produktion kämen zu den Fixkosten dadurch noch Verluste hinzu, dass jede einzelne Beere am Markt einen geringeren Preis einspielt, als sie an variablen Kosten verursacht. Diese Argumentation gilt solange, wie der Markt Preise unterhalb des Minimums der DKV-Kurve abwirft. Dieses Betriebsminimum geht hier mit einem Preis von 0,0320 EUR einher. Ab Preisen darüber macht eine Produktion zur Preis-gleich-Grenzkosten-Regel also Sinn. Allerdings sind zwei Unterfälle zu berücksichtigen.

–   Solange der Preis das Minimum der Stückkosten, hier bei 0,0351 EUR nicht überschreitet, wird kurzfristig produziert, aber mit Verlusten. Denn durch die Produktion erfolgt bei positiven Deckungsbeiträgen immerhin eine Überdeckung der variablen Kosten, sodass ein Teil der Fixkosten erwirtschaftet werden kann und der Verlust niedriger als bei Nichtproduktion ausfällt (vgl. Gleichung (2.37)). Bei $\overline{p_2} = 0,034$ EUR beispielsweise sollten rund 6.420 Beeren gepflückt werden. Der Deckungsbeitrag beliefe sich dann auf

$$\left(\underbrace{0,034}_{=\overline{p}=GK} - \underbrace{0,03203}_{=DKV}\right) \cdot 6.420 = 12,30 \text{ EUR}$$

und deckt, zwar nicht alles, aber einen Großteil der Fixkosten von 20 EUR ab.

–   Sobald das Minimum der Stückkosten vom Preis überschritten wird, entstehen Profite. Bei 0,038 EUR entstünde nach (2.36) mit einer geernteten Menge von 6.644 Beeren ein Gewinn von

$$\underbrace{\left(\underbrace{0,038}_{=\overline{p}=GK} - \underbrace{0,0352}_{=DKT}\right)}_{\text{Stückgewinn: } 0,0028} \cdot 6.644 = 18,60 \text{ EUR} .$$

Angesichts der Kostenabgrenzung als wertmäßige Kosten, wird hierbei aber mehr als eine normale Eigenkapitalverzinsung und Unternehmerentlohnung erwirtschaftet; es handelt sich somit um *Extra-Profite*.

Bei einer linearen Ertragsfunktion mit linearem Kostenverlauf (vgl. Abb. 2.11) und der neoklassischen Ertragsfunktion (vgl. Abb. 2.12, rechts) bedarf es neben der Preis-gleich-Grenzkosten-Regel keiner zusätzlichen Berücksichtigung der durchschnittlichen variablen Kosten, da sie von den Grenzkosten immer zumindest abgedeckt werden.

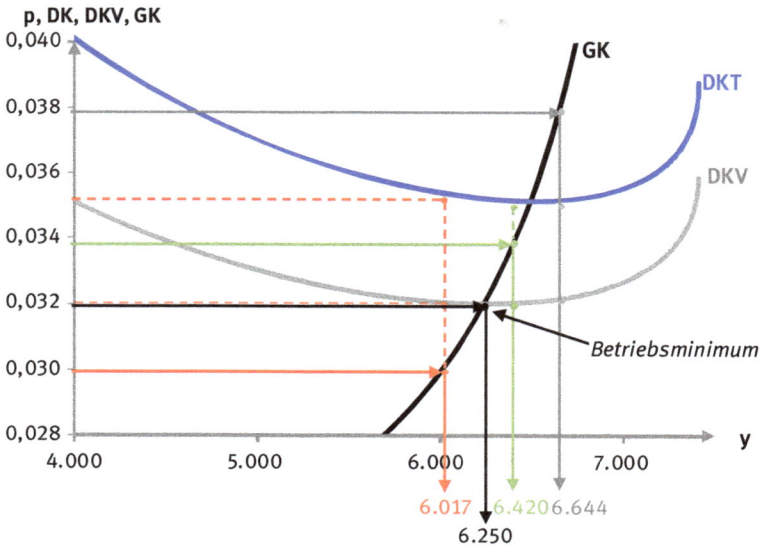

p, DK, DKV, GK

Abb. 2.13: Betriebsminimum bei klassischer Ertragsfunktion. Quelle: eigene Darstellung.

Output:	Input:	Variable Kosten:	Gesamt- kosten:	∅ Var. Kosten:	∅ Ges.- kosten:	Grenz- kosten [1]:
y [Stück]	A [h]	KV (bei 4 €/h)	KT	DKV	DKT	GK
6.017,2	48,2	193	212,8	0,0320	0,035	0,030
6.250,0	50,0	200	220	0,0320	0,035	0,032
6.420,0	51,4	206	225,6	0,0320	0,035	0,034
6.644,13	53	214	233,6	0,0321	0,035	0,038

[1] Aus Differenzenquotienten geschätzt.

Aufgabe

In einem polypolistischen Markt sieht sich ein Unternehmen mit fixen Kosten in Höhe von 600 EUR konfrontiert. In Abhängigkeit vom Output (y) entwickeln sich die variablen Kosten nach der Vorschrift: $KV = y^3 - 20y^2 + 250y$. Die Kosten beinhalten die kalkulatorischen Kosten für die Unternehmertätigkeit im Betrieb und die Normalverzinsung auf vom Unternehmer eingebrachtes Kapital.

a)   Stellen Sie die Funktionen der Gesamtkosten, der totalen Durchschnittskosten, der totalen Grenzkosten, der durchschnittlichen variablen Kosten, der variablen Grenzkosten und der durchschnittlichen Fixkosten auf und skizzieren Sie diese Funktionen.

b)   Untersuchen Sie grafisch und mathematisch das Angebotsverhalten sowie die Gewinnsituation des Unternehmens bei einem Marktpreis von …
     1) … p = 140 EUR (Lösung: wenn, dann y ≈ 9,455; aber da negativer Deckungsbeitrag keine Produktion; G = −600 EUR)
     2) … p = 160 EUR (Lösung: wenn, dann y ≈ 10,47; G ≈ −497,61 EUR)
     3) … p = 250 EUR (Lösung: wenn, dann y ≈ 13,33; G ≈ 585,19 EUR und zwar als Extraprofite)

c)   Bestimmen Sie die im Betriebsminimum erforderliche Produktionsmenge und den dazugehörigen Absatzpreis. (Lösung: y = 10 und p = 150 EUR).

2.1.3.2 Monopolverhalten

Die Situation eines Monopolisten ist dadurch gekennzeichnet, dass ein Alleinanbieter einer Vielzahl von Nachfragern gegenübersteht. Dieser Anbieter kann aufgrund seiner Alleinstellung das Marktergebnis zu seinen Gunsten gestalten. Dazu benötigt er aber vorab eine Vorstellung über die *Preis-Absatz-Zusammenhänge* am Markt. Diese könnte er durch Umfrageergebnisse im Rahmen einer Marktforschungsanalyse oder in einem Trial-and-Error-Verfahren gewinnen, bei dem verschiedene Preise gewählt und die abgesetzten Mengen beobachtet werden. Angenommen es ergibt sich daraus die in Abb. 2.14 angedeutete Kreuzwolke. Sie legt die über eine Regression zu ermittelnde Gesetzmäßigkeit einer Geradengleichung mit dem Ordinatenabschnitt a und der Steigung b nahe.

Es resultiert hier eine lineare Preis-Absatz-Funktion in der Form:

$$p = a - by \tag{2.38}$$

Die lineare Gestalt wurde hier nur der Einfachheit halber unterstellt; die grundlegenden Befunde sind davon unabhängig. Die Preis-Absatz-Funktion verdeutlicht, der Monopolist verfügt prinzipiell über zwei Stellschrauben, um absatzseitig den Gewinn zu maximieren. Er kann entweder im Zuge einer Preisstrategie den *optimalen Preis* bestimmen und als Mengenanpasser die Produktionsmenge so wählen, dass sie noch abgesetzt werden kann. Oder er wählt die gewinnmaximale *Produktionsmenge*, die er als Preisanpasser zu dem Preis anbietet, zu dem sie sich gerade noch verkaufen lässt. Grundsätzlich gilt dabei, dass ein höherer Preis mit einer geringeren Absatzmenge einhergeht. Beide Strategien führen am Ende zum selben Verhalten. Analytisch leichter zu behandeln ist jedoch die Preisanpasser-Strategie.

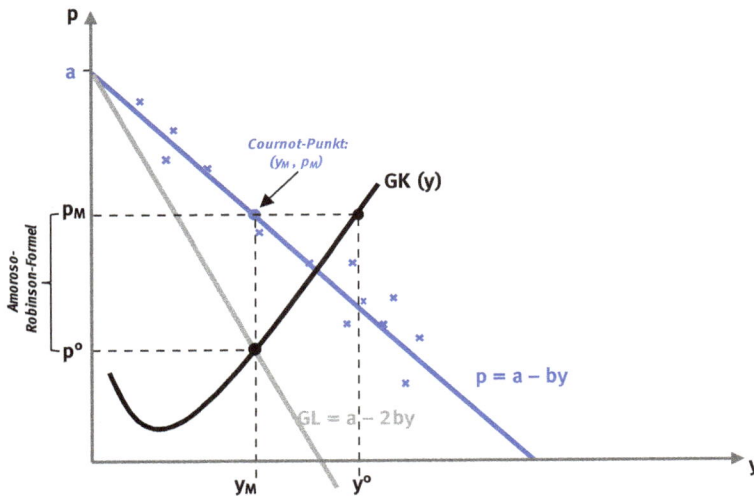

Abb. 2.14: Cournot-Punkt. Quelle: eigene Darstellung.

Als Preisanpasser steht der Monopolist nun unter Berücksichtigung von (2.38) vor folgendem Optimierungsansatz:

$$\max_{y} G = \underbrace{p(y) \cdot y}_{=\text{Erlös}} - K(y) = \underbrace{\overbrace{(a - by)}^{=p(y)} \cdot y}_{=\text{Erlös}} - K(y)$$

$$= \underbrace{ay - by^2}_{=\text{ Erlös}} - K(y) \qquad (2.39)$$

Das Anwenden der notwendigen Bedingung liefert die Grenzerlös-gleich-Grenzkosten-Regel:

$$\frac{dG}{dy} = \underbrace{a - 2by}_{=\text{GL}} - \underbrace{\frac{dK}{dy}}_{=\text{GK}} \overset{!}{=} 0 \quad \Rightarrow \quad \underbrace{a - 2by}_{=\text{GL}} \overset{!}{=} \text{GK} \qquad (2.40)$$

Der Monopolist wählt also die Produktionsmenge, bei der Grenzerlös (GL) und Grenzkosten (GK) übereinstimmen. Darin stimmt er noch mit einem Polypolisten überein (vgl. (2.34)). Nur war dort der Grenzerlös auf $\bar{p}$ fixiert. Der Polypolist ging aufgrund seiner marginalen Bedeutung im Markt davon aus, dass seine individuelle Angebotsmenge keine Preiswirkung hat. Dies ist hier anders. Der Alleinanbieter ist sich seines Markteinflusses bewusst, er weiß, dass er ganz alleine mit seiner Verkaufsmenge den Marktpreis bestimmen wird. Und diese *Gestaltungsmacht* beutet er aus. Die Grenzerlösfunktion (GL) ist in diesem Beispiel eine Gerade. Sie hat mit a denselben Ordinatenabschnitt mit -2b aber ein doppelt so starkes Gefälle wie die Preis-Absatz-Funktion (2.38). Dort, wo sie die als gegeben unterstellte, hier U-förmig verlaufende Grenzkostenkurve schneidet, liegt mit y_M die gewinnmaximierende Produktionsmenge. Anschließend wird nur noch der Preis mit p_M so angepasst, dass diese Menge auch verkauft werden kann. Der Monopolist wählt mit (y_M, p_M) den nach dem französischen Mathematiker und Ökonomen Antoine Augustin Cournot (1801–1877) benannten *Cournot-Punkt* als Strategie.

Dabei wird an dieser Stelle bereits zweierlei deutlich: Zum einen werden die Verbraucher (Nachfrager) durch die monopolistische Gestaltungsmacht benachteiligt. Verhielte sich nämlich der Monopolist wie ein Polypolist, wäre er nach der Preis-gleich-Grenzkosten-Regel, mit dem Grenzkosten deckenden Preis p° zufrieden. Tatsächlich erhält der Monopolist als *Ausbeutungsergebnis* mit p_M aber einen Preisaufschlag auf p°. Wovon die Höhe dieses Aufschlags bestimmt wird, erklärt die *Amoroso-Robinson-Formel*, mit der wir uns später noch beschäftigen werden (vgl. Kap. 2.3.3.1.2). Zum anderen basiert die Strategie des Monopolisten auf einer *künstlichen Verknappung des Marktes*. Verhielte er sich nämlich wie ein Polypolist ohne Gestaltungsmacht, wäre er gemäß der Preis-gleich-Grenzkosten-Regel bereit, zum Preis p_M die Menge y° anzubieten. Stattdessen hält er die Versorgung aber mit $y_M < y°$ bewusst knapp. Dabei mindert zwar eine geringere Verkaufsmenge seine Erlöse, dies wird aber mehr als wettgemacht durch die dadurch erhöhten Preise bei zugleich geringeren Kosten.

Aufgabe

Ein Monopolist hat als Flüssig-Chemikalien-Anbieter mithilfe einer statistischen Auswertung als Preis-Absatz-Funktion ermittelt: $p = 176 - 5y$ (mit p = Preis in EUR/hl und y = absetzbare Menge in hl). Die variablen Kosten ergeben sich aus der Funktion $KV = y^3 - 20y^2 + 140y$.

Die produktionsunabhängigen Kosten belaufen sich auf 600 EUR.

a) Bestimmen Sie grafisch und mathematisch den Cournot-Punkt. Bei der mathematischen Herleitung sollen zwei verschiedene Wege beschritten werden: Ermitteln Sie zunächst die gewinnoptimale Angebotsmenge (y_M) und den daraus resultierenden Preis (p_M) (Mengenstrategie). Anschließend bestimmen Sie den optimalen Preis (p_M) und die damit korrespondierende Angebotsmenge (y_M) (Preisstrategie). Wie hoch ist der Gewinn?
(Lösung: $y_M \approx 11{,}08$; $p_M \approx 120{,}59 G_M \approx 280{,}20$)

b) Mit welchem Preis ($p°$) wäre der Monopolist zufrieden, wenn er sich wie ein Polypolist verhielte, um $y_M \approx 11{,}08$ anzubieten?
(Lösung: $p° \approx 65{,}17 < p_M \approx 120{,}59$)

2.1.3.3 Oligopolverhalten

Bei einem Oligopol stehen einer Vielzahl von kleinen Nachfragern nur wenige Anbieter gegenüber. Die Unternehmen müssen in ihrer Strategie nicht nur – wie Polypolisten oder Monopolisten – die Nachfrageseite berücksichtigen, sondern aufgrund des hohen gegenseitigen Erfolgseinflusses auch antizipieren, wie sich ihre *Konkurrenten* verhalten werden.

Es handelt sich zwar um die Marktform mit der wohl höchsten Relevanz, leider aber auch mit der größten *analytischen Ergebnisunschärfe*, die aus verschiedenen Ursachen resultiert. Hauptsächlich sind zu nennen:

– Mit Blick auf das *Kooperationsverhalten* sind unterschiedliche Vorgehensweisen denkbar: Oligopolisten können versuchen, sich dem Konkurrenzkampf zu entziehen, indem sie *Kartelle* bilden und eine gemeinsame Strategie absprechen. Sie können sich aber auch einen *ruinösen Wettbewerb* bieten, bei dem jeder zunächst draufzahlt. Ziel ist es dabei, entweder die Gegenseite zu einem Kartell oder zu einer Fusion zu bewegen oder sie in die Knie zu zwingen, um dann als Monopolist alle Verluste der Vergangenheit wettzumachen. Möglich ist aber auch, dass die Unternehmen sich mit einem *wirtschaftsfriedlichen Verhalten* begegnen, bei dem jeder in der Befürchtung einer drohenden kontraproduktiven Abwärtsspirale für alle Oligopolisten auf aggressive Maßnahmen zur Verdrängung der Konkurrenz verzichtet.

– Möglich ist überdies das Aussteuern des Erfolgs über verschiedene Strategievariablen. Da jedes einzelne Unternehmen Marktrelevanz hat, kann es in bestimmten Grenzen das Handelsvolumen und zum Teil auch die Marktpreise mitgestalten. Darüber hinaus können die Anbieter auch in einen *Qualitätswettbewerb* eintreten, bei dem die Kunden zum Beispiel über Zahlungskonditionen, Kundenservice oder Garantieleistungen von der Konkurrenz abgeworben werden sollen.

– Ein weiterer Grund für die Unschärfe betrifft die Differenzierung der Analyse nach dem *Homogenitätsgrad* der angebotenen Güter. Auf nur wenigen oligopolistischen Märkten sind die Güter wirklich homogen, wie zum Beispiel auf dem Strommarkt. Der bezogene Strom des einen Vertreibers liefert rein technisch betrachtet genau dieselbe Bedürfnisbefriedigung wie der eines anderen, sodass es zumindest diesbezüglich keine Präferenzen geben dürfte. Andere oligopolistische Gütermärkte, wie etwa der Biermarkt, weisen einen deutlich höheren Grad an Heterogenität auf, was auch von den Unternehmen bewusst so herausgestellt wird, wenn beispielsweise Bier mit dem Attribut „einzigartig" beworben wird. Tatsächlich verläuft die Grenze zwischen homogen und inhomogen aber unscharf: Selbst beim Strombezug könnten Verbraucher dann zwischen den Anbietern differenzieren, wenn sie Wert auf eine bestimmte Art der Stromerzeugung (z. B. Ökostrompräferenz) legen oder unternehmenspolitisch begründet einzelne Anbieter bevorzugen (z. B. Stadtwerkepräferenz).
– Darüber hinaus ist analytisch insbesondere auch zu unterscheiden, mit welchem strategischen Tiefgang Unternehmen bereit sind, die mit abnehmender Anbieterzahl immer relevantere *wechselseitige Abhängigkeit* zu verarbeiten, um optimale Gewinne zu erzielen.

Die orthodoxe ökonomische Theorie hat hier in umfassender Form die unterschiedlichsten Unterfälle bearbeitet. Ein Nachvollziehen all dieser Erkenntnisse würde jedoch den Rahmen unseres Buches sprengen, deshalb beschränken wir uns hier auf Ausschnitte. Zudem stützen wir uns analytisch primär auf die am einfachsten zu untersuchende Situation von *Duopolen* (auch: Dyopol), bei denen sich lediglich zwei Konkurrenten gegenüberstehen.

2.1.3.3.1 Kartellbildung im homogenen Markt bei Preisstrategie

Mit Blick auf das Kooperationsverhalten ist das Bilden von Kartellen insbesondere dann eine naheliegende Verhaltensweise von Oligopolisten, je bewusster ihnen die gegenseitige Erfolgsabhängigkeit ist und je leichter sich Kartellabsprachen organisieren lassen. Im Grundsatz gilt hier, je weniger Anbieter sich den Markt teilen, umso höher dürfte die Neigung zur Kartellierung sein. Derartige Absprachen – die allerdings nach dem Wettbewerbsrecht verboten sind (vgl. Kap. 3.2.2.6.1.1) – können im Prinzip
– das Festlegen gemeinsamer Absatzpreise,
– die Absprache über die individuellen Angebotsmengen,
– das regionale Aufteilen von Märkten
– oder die Qualitäten
betreffen.

Allerdings erweist sich das Bilden von Kartellen auch als eine fragile Angelegenheit. Dies verdeutlich folgendes Beispiel, in dem die Duopolisten ein homogenes Gut zu einem einheitlichen Preis p verkaufen. Beide Anbieter versuchen ihren gemeinsamen Gewinn über die Optimierung der Mengen (y_1 bzw. y_2 = Angebotsmenge von Duopolist 1 bzw. 2 und y_g = gemeinsame Angebotsmenge) zu maximieren. Der Einfachheit halber verfügen beide Unternehmen über identische, lineare Kostenfunktionen. In der Erwartung, so gleichermaßen zu partizipieren, beabsichtigen sie im Rahmen ihrer Absprache, gleich viel zu produzieren. Nachträgliche Ausgleichszahlungen sind nicht vorgesehen.

Unser Analysemodell hat damit folgende Gestalt:

Preis-Absatz-Funktion:
$$p = 2.000 - 0,2 \cdot \underbrace{(y_1 + y_2)}_{=y_g} \tag{2.41}$$

Kostenfunktionen:
$$KT_1 = 500.000 + 500 \cdot y_1 \quad \text{bzw.}$$
$$KT_2 = 500.000 + 500 \cdot y_2$$
$$KT_G = KT_1 + KT_2 = 1.000.000 + 500 \cdot \underbrace{(y_1 + y_2)}_{=y_g}$$

Gemeinsame Gewinnfunktion:
$$G = 2.000 \cdot y_g - 0,2 \cdot y_g^2 - 1.000 - 500 \cdot y_g$$

Durch Aufstellen der notwendigen Bedingung der Gewinnmaximierung:

$$\frac{dG}{dy_g} = 2.000 - 0,4 \cdot y_g - 500 \overset{!}{=} 0 \tag{2.42}$$

folgt als Lösung – wie in einem Monopol – der Cournot-Punkt:

$$y_g^* = \frac{1.500}{0,4} = 3.750 \quad \Rightarrow \quad p^* = 2.000 - 0,2 \cdot 3.750 = 1.250 \,. \tag{2.43}$$

Halten sich beide an die Absprache, dass jeder von der optimalen Menge die Hälfte erzeugt ($y_1^* = y_2^* = 1.875$), ergibt sich für beide als gleich hoher Gewinn:

$$G_1^* = G_2^* = \underbrace{1.250}_{=p_g^*} \cdot \underbrace{1.875}_{=y_1^*} - 500.000 - 500 \cdot \underbrace{1.875}_{=y_1^*} = 906.250 \tag{2.44}$$

Bei dieser Kooperation besteht nun allerdings ein *Prisoner's Dilemma (Gefangenendilemma)*. Wenn sich einer der beiden Akteure darauf verlässt, der andere werde sich schon kooperativ verhalten, erscheint es im Nachhinein auf den ersten Blick lohnenswert, sich wie ein *Trittbrettfahrer* zu verhalten. Durch ein individuelles Abweichen von der Absprache soll ein noch höherer Gewinn herausgeholt werden. Angenommen, Duopolist 1 geht davon aus, sein Konkurrent wird absprachegemäß $y_2^* = 1.875$ Einheiten herstellen, ändert sich das individuelle Optimierungskalkül.

Die Preis-Absatz-Funktion aus Sicht von Duopolist 1 hat dann die Gestalt:

$$p = 2.000 - 0,2 \cdot \underbrace{(y_1 + \overbrace{1.875}^{=y_2^*})}_{=y_g} = 1.625 - 0,2 \cdot y_1 \,. \tag{2.45}$$

Der individuelle Gewinnmaximierungsansatz lautet demnach:

$$\max_{y_1} G_1 = 1.625 \cdot y_1 - 0,2 \cdot y_1^2 - 500.000 - 500 \cdot y_1 \,. \tag{2.46}$$

Nach Bilden der ersten Ableitung und Nullsetzen

$$\frac{dG_1}{dy_1} = 1.625 - 0,4 \cdot y_1 - 500 \overset{!}{=} 0 \tag{2.47}$$

resultiert für Duopolist 1 eine neue Strategie mit:

$$y_1^\circ = 2.812,5 \,. \tag{2.48}$$

Durch seine absprachewidrige Mehrproduktion verfällt zwar der Preis:

$$p^\circ = 2.000 - 0,2 \cdot (\underbrace{2.812,5}_{y_1^\circ} + \underbrace{1.875}_{=y_2^*}) = 1.062,50 < p^* \overset{(2\text{--}43)}{=} 1.250 \,. \tag{2.49}$$

Dennoch ist sein Gewinn höher als würde er sich an die Absprache halten:

$$G_1^\circ = \underbrace{1.062,50}_{=p^\circ} \cdot \underbrace{2.812,5}_{=y_1^\circ} - 500.000 - 500 \cdot \underbrace{2.812,5}_{=y_1^\circ} = 1.082.031,25 > G_1^* \,. \tag{2.50}$$

Sein Mitstreiter hingegen hätte das Nachsehen.

$$G_2^\circ = \underbrace{1.062,50}_{=p^\circ} \cdot \underbrace{1.875}_{=y_2^*} - 500.000 - 500 \cdot \underbrace{1.875}_{=y_2^*} = 554.687,5 < G_2^* \,. \tag{2.51}$$

Verfährt nun Duopolist 2 genauso wie Duopolist 1 ($y_2^\# = y_1^\circ = 2.812,5$), erweist sich das Trittbrettfahren aber als kontraproduktiv. Denn dann verhindert der weitere Preisverfall

$$p^\# = 2.000 - 0,2 \cdot (\underbrace{2.812,5}_{y_1^\circ} + \underbrace{2.812,5}_{=y_2^\#}) = 875 \tag{2.52}$$

jedweden Vorteil der Abweichung von der Absprache:

$$G_1^\# = G_2^\# = \underbrace{875}_{=p^\#} \cdot \underbrace{2.812,5}_{=y_1^\circ} - 500.000 - 500 \cdot \underbrace{2.812,5}_{=y_1^\circ} = 554.687,5 < G_1^\circ \tag{2.53}$$

Das Prisoner's Dilemma ist noch einmal in Abb. 2.15 zusammengefasst. Halten sich beide an die Absprache und agieren wie ein einheitlich auftretender Monopolist, würden sie Gewinne in Höhe von jeweils 906.250 EUR realisieren. Beide unterliegen jedoch der steten Versuchung, für sich durch Abweichen von der Absprache noch ein wenig mehr herauszuholen. Geben beide der Versuchung nach, ist der Gewinn niedriger als bei Einhalten der Absprache.

Insgesamt ist das *Kartell* sehr anfällig. Das gilt natürlich umso mehr, als derartige Absprachen im Wettbewerbsrecht verboten sind, und ein Verstoß dagegen hinterher nicht vor Gericht beklagt werden kann. Betrachten beide Akteure das Dilemma und die Kooperation nicht als einmaligen Akt, sondern als „wiederholtes Spiel", könnte die Vereinbarung jedoch an Stabilität gewinnen. Der Verzicht auf einen Verstoß und das Abschöpfen des zusätzlichen Abweichungsgewinns könnte dann als Investition

Duopolist 2	Duopolist 1	
	Absprache einhalten	**Verstoß gegen Absprache**
Absprache einhalten	$G_1^* = 906.250$	$G_1^* = 1.082.031,25$
	$G_2^* = 906.250$	$G_2^* = 554.678,50$
Verstoß gegen Absprache	$G_1^{\wedge} = 554.687,50$	$G_1^{\#} = 554.687,50$
	$G_2^{\wedge} = 1.082.031,25$	$G_2^{\#} = 554.687,50$

Abb. 2.15: Prisoner's Dilemma der Kartellbildung. Quelle: eigene Darstellung.

in die Reputation angesehen werden. Denn ein einseitiger Verstoß heute, würde zwar kurzfristig ein leichtes Gewinnplus einbringen, dafür aber das Vertrauen der Gegenseite nachhaltig enttäuschen und das Zustandekommen weiterer eigentlich vorteilhafter Kooperationen in der Zukunft verhindern. Heute loyal zur Absprache zu sein, hätte also den Vorteil auch in Zukunft Vorteile aus der Kooperation zu ziehen.

Dennoch verdeutlicht das Beispiel, dass Kartelle eine geringe Stabilität aufweisen können. Das gilt insbesondere dann, wenn mehr als zwei Oligopolisten Absprachen treffen und nicht klar zu identifizieren ist, wer sich nicht daran gehalten hat und von zukünftigen Kooperationen ausgeschlossen werden sollte. Als Beispiel für diese Problematik sei auf die *OPEC* verwiesen. Hier handelt es sich letztlich um ein Oligopol von erdölexportierenden Staaten im Bereich eines vergleichsweise homogenen Gutes, in dem es immer wieder zu Fördermengenabsprachen kommt. Eine Zeit lang funktionieren diese Absprachen, die durch nationales Wettbewerbsrecht natürlich nicht verboten werden können, gut. Dann gibt es aber immer wieder Länder, die sich als Trittbrettfahrer verhalten. Sie nutzen den durch die Verknappung stabilisierten Preis, produzieren selbst ein wenig mehr als vereinbart in der Hoffnung, der Preis werde durch ihr kleines Produktionsplus schon nicht ernsthaft verfallen. Außerdem lässt sich ja auch schwer identifizieren, wer zu viel Öl produziert hat. Würde allerdings jeder Ölproduzent so denken, fiele das Produktionsplus insgesamt doch mit Blick auf den Preisverfall gravierend aus.

An dieser grundsätzlichen Fragilität von Kartellen setzt auch die Idee der *Kronzeugenregel* des Gesetzes gegen Wettbewerbsbeschränkungen (GWB) an (vgl. Kap. 3.2.2.6.1.1). Ziel ist es hier, die Anzeige rechtswidriger Absprachen und Verhaltensweisen zu forcieren, indem „Kronzeugen" Zugeständnisse mit Blick auf Bußgeldzahlungen gemacht werden.

Aufgabe

Ein Markt wird von zwei Oligopolisten mit einem homogenen Gut versorgt. Die Preis-Absatz-Funktion in dem Markt ist: $p = 1.000 - 0,4 \cdot (y_1 + y_2)$ mit p = Preis in EUR und y_1 = produzierte Menge des ersten Oligopolisten bzw. y_2 = produzierte Menge des zweiten Oligopolisten jeweils in hl). Die Kostenfunktion des ersten Oligopolisten hat die Gestalt: $KT_1 = 200.000 - 20y_1$ (mit KT = Gesamtkosten in EUR). Die Kostenfunktion des zweiten Anbieters ist identisch. Beide Anbieter bilden ein Mengenkartell und vereinbaren, dass jeder gleich viel anbieten wird.

a) Wie groß die angebotene Menge eines jeden Anbieters im Kartell?
(Lösung: $y_1^* = y_2^* = 612{,}5$ hl.)

b) Welcher Marktpreis wird im Kartell zustande kommen? Wie hoch ist der Gewinn eines jeden Anbieters?
(Lösung: $p^* = 510$ EUR/hl; $G_1^* = G_2^* = 100.125{,}00$ EUR)

c) Wenn der erste Oligopolist davon ausgeht, der andere werde sich an die Kartellabsprache halten, welche Menge sollte er dann wählen, um seinen Gewinn zu maximieren? Wie hoch wird der Preis sein? Wie hoch ist dann sein Gewinn? Wie hoch ist nun der Gewinn des anderen Oligopolisten?
(Lösung: $y_1^\circ = 918{,}75$ hl.; $p^\circ = 387{,}50$ EUR/hl; $G_1^\circ = 137.640{,}63$ EUR; $G_2^\circ = 25.093{,}75$ EUR.)

d) Wenn beide davon ausgehen, der andere werde sich schon an die Absprache halten, sich selbst aber nicht daran gebunden fühlen, welche Menge wird dann von jedem Anbieter zu welchem Preis angeboten? Wie hoch sind die Gewinne des einzelnen Oligopolisten?
(Lösung: $y_1^\# = y_2^\# = 918{,}75$ hl.; $p^\# = 265{,}00$ EUR; $G_1^\# = G_2^\# = 25.093{,}75$ EUR.)

e) Beurteilen Sie die Stabilität der Kartellabsprache.

2.1.3.3.2 Preis-Kampfstrategie im homogenen Markt (Bertrand-Oligopol)

Aber auch wenn ein Markt nur aus wenigen Oligopolisten besteht, das Bewusstsein eine Schicksalsgemeinschaft zu bilden mithin geschärft ist und das Verhalten der Gegenseite gut beobachtet werden kann, ist für die Anbieter ein Ausruhen auf ihrer relativen Macht nicht garantiert. Denn je überschaubarer die Anbieterseite ist, umso eher könnte auch die Bereitschaft aufkommen, sich der wenigen Konkurrenten endgültig über eine Kampfstrategie zu entledigen.

Bieten die Duopolisten etwa ein homogenes Gut an, liefe eine aktive Preisstrategie auf eine derartige Situation hinaus. Zur Analyse dieses sogenannten *Bertrand-Oligopols* stützen wir uns auf folgenden Annahmerahmen für Duopolisten:

Preis-Absatz-Funktion: $\quad p(y_1, y_2) = 2.000 - 0{,}2 \cdot \underbrace{(y_1 + y_2)}_{=y_g}$ $\hfill$ (2.54)

$$\Rightarrow y_g = 10.000 - \frac{p}{0{,}2}$$

Kostenfunktionen: $\quad KT_1 = 900.000 + 400 \cdot y_1 \quad$ und $\quad KT_2 = 800.000 + 300 \cdot y_2$

Gewinnfunktionen: $\quad G_1 = p \cdot y_1 - 500.000 - 400 \cdot y_1 \quad$ und

$$G_2 = p \cdot y_2 - 400.000 - 300 \cdot y_2$$

Die beiden Anbieter wären hier prinzipiell *kurzfristig* bereit, ab einem Preis anzubieten, der ihre Grenzkosten bzw. ihre durchschnittlichen variablen Kosten abdeckt. Duopolist 1 könnte ab einem Preis von 400 EUR einen Teil seiner Fixkosten erwirtschaften, Duopolist 2 hingegen würde bereits ab 300 EUR Deckungsbeiträge einfahren. Aufgrund der unterstellten Homogenität kaufen die Nachfrager ausschließlich bei dem Anbieter, der den niedrigsten Preis verlangt. Fordern beide denselben Preis, sollte sich die Nachfrage nach dem Zufallsprinzip gleichmäßig auf beide Anbieter verteilen. Beide Akteure kennen annahmegemäß die Kostenfunktionen ihrer Konkurrenten. Vor diesem Hintergrund droht ihnen folgende Entwicklung:

- Wenn anfangs beide für das Produkt zum Beispiel p = 700 EUR verlangen, ist die Gesamtnachfrage $y_g = 10.000 - \frac{700}{0,2} = 6.500$. Davon kann jeder die Hälfte produzieren, also $y_1 = 3.250 = y_2$. Die Gewinne würden sich wie folgt verteilen:

$$G_1 = 700 \cdot 3.250 - 900.000 - 400 \cdot 3.250 = 75.000 \text{ EUR} \quad \text{und}$$
$$G_2 = 700 \cdot 3.250 - 800.000 - 300 \cdot 3.250 = 500.000 \text{ EUR}.$$

- Beide Anbieter haben nun aber einen Anreiz zur *Preissenkung*. Prescht Duopolist 1 alleine voran und reduziert den Preis beispielsweise auf p = 600 EUR kann er die komplette Nachfrage auf sich vereinigen: $y_1 = y_g = 10.000 - \frac{600}{0,2} = 7.000$. Duopolist 2 verliert alle bisherigen Kunden ($y_2 = 0$). Das bedeutet für die Gewinnsituation:

$$G_1 = 600 \cdot 7.000 - 900.000 - 400 \cdot 7.000 = 500.000 \text{ EUR} \quad \text{und}$$
$$G_2 = -800.000 \text{ EUR}.$$

- Wenn umgekehrt Duopolist 2 alleine den Preis auf p = 600 EUR reduziert, hätte er sich zu Lasten des Konkurrenten verbessert:

$$G_1 = -900.000 \text{ EUR}$$
$$G_2 = 600 \cdot 7.000 - 800.000 - 300 \cdot 7.000 = 1.300.000 \text{ EUR}.$$

- Jeder kennt nun den Anreiz des anderen zur Preissenkung und muss feststellen, wenn er nicht mitspielt, ist er der Dumme. Beide senken daraufhin den Preis im Beispiel auf p = 600 EUR, finden sich damit anschließend auch in ihrer Erwartung bestätigt, dass die Gegenseite dies tun wird und stehen auch besser da, als hätten sie nicht reagiert, aber gleichwohl haben sie sich gegenüber der Ausgangssituation mit p = 700 EUR verschlechtert. Denn die Nachfrage teilt sich wieder gleichmäßig auf beide auf und die Gewinne belaufen sich auf:

$$G_1 = 600 \cdot 3.500 - 900.000 - 400 \cdot 3.500 = -200.000 \text{ EUR}$$
$$G_2 = 600 \cdot 3.500 - 800.000 - 300 \cdot 3.500 = 250.000 \text{ EUR}.$$

Auch hier wirkt das *Prisoner's Dilemma*. Das Festhalten am Ausgangspreis wäre für alle vorteilhaft gewesen. Der Anreiz eines jeden, sich demgegenüber noch ein wenig zu verbessern, verhindert aber den Bestand der Ausgangssituation und führt für beide Oligopolisten nur zu einer Verschlechterung. Dennoch bleibt auch Duopolist 1 im Markt, da er ja wenigstens noch Deckungsbeiträge erwirtschaftet und sein Verlust nicht so groß ausfällt, als hätte er nur die Fixkosten von 900.000 EUR zu tragen.

- Ausgehend vom zwischenzeitlich erreichten Preis wiederholt sich das Race-to-the-bottom solange, bis der Schwächere der beiden an seine Grenzen stößt. Unterhalb von $p = 400\,\text{EUR} = GK_1 = DKV_1$ würde Duopolist 1 keine Deckungsbeiträge mehr erwirtschaften und die Produktion einstellen. Duopolist 2 würde diese Schwelle geringfügig unterbieten und damit seinen Konkurrenten aus dem Markt drängen. Bei $p = 399\,\text{EUR}$ beispielsweise ist $y_2 = y_g = 8.005$ und die Gewinnsituation:

$$G_1 = -900.000\,\text{EUR}$$

$$G_2 = 399 \cdot 8.005 - 800.000 - 300 \cdot 8.005 = -7.505\,\text{EUR}\,.$$

Der Marktpreis orientiert sich jetzt zwar, was die Verbraucher begrüßen werden, an den *Grenzkosten* des schwächeren Anbieters, aber dies ist letztlich eine temporäre Konstellation. Duopolist 1 wird bei diesem Preis nicht mehr gebraucht, sofern sein Widerpart zumindest keine Kapazitätsprobleme hat. Duopolist 2 würde – sofern seine Kapitaldecke aus der Vergangenheit komfortabel genug ist, oder sofern er Kredite zum Abdecken des Verlustes erhält, die Strategie weiterverfolgen. Denn erstens erwirtschaftet er noch erhebliche Deckungsbeiträge und kann seine Verluste reduzieren. Zweitens kann er sich Hoffnung machen, dass der einzige Mitkonkurrent demnächst Konkurs anmelden wird.

Sobald Duopolist 2 im Zuge dieser *ruinösen Konkurrenz* Monopolist geworden ist, wählt er den Cournot-Punkt. Seine abzuleitende Gewinnfunktion lautet dann:

$$G_2 = 2.000 \cdot y_2 - 0,2 \cdot y_2^2 - 800.000 - 300 \cdot y_2 \tag{2.55}$$

Nach Ableiten und Nullsetzen ergibt sich im Cournot-Punkt eine Angebotsmenge $y_2 = 4.250$ mit einem Preis von $p = 1.150\,\text{EUR}$. Der Gewinn beläuft sich auf $G_2 = 1.150 \cdot 4.250 - 800.000 - 300 \cdot 4.250 = 2.812.500\,\text{EUR}$ und reicht alle mal aus, um den temporären Verlust aus der Verdrängungsphase vergessen zu machen.

Verluste wurden bei dieser aggressiven Preisstrategie sogar bewusst in Kauf genommen, weil der Unternehmer weiß, dass die Mitkonkurrenten – wollen sie nicht all ihre Kunden verlieren – mitziehen müssen und ebenfalls Verluste erleiden. Die Hoffnung dabei ist, sich über eine größere Substanz am längsten über Wasser zu halten und den Markt danach als Alleinanbieter ungestört und umso mehr ausbeuten zu können. Die Freude der Verbraucher über günstige Preise ist hierbei nur vorübergehend und schlägt alsbald in Frustration um.

2.1.3.3.3 Wirtschaftsfriedliches Verhalten (Cournot-Oligopol)

Zwischen expliziter Kartellabsprache und Kampfstrategie ist aber auch ein wirtschaftsfriedliches Verhalten denkbar. Die Oligopolisten verzichten auf Absprachen und auf aggressive Verdrängungsmaßnahmen, versuchen aber, sich unter Berücksichtigung der hohen wechselseitigen Abhängigkeiten strategisch geschickt zu positionieren.

In der Analyse unterscheidet die Oligopoltheorie vorrangig danach

– ob die zentrale marktstrategische Variable der Preis oder die Menge ist und
– ob die gehandelten Güter homogen oder inhomogen sind.

Wir konzentrieren uns hier auf Konstellationen mit der höchsten Relevanz.

Im zuvor beschriebenen Szenario eines *Bertrand-Oligopols* bei homogenen Gütern mit Preisstrategie war der ruinöse Verdrängungsprozess bei gewinnrationalem Verhalten zwangsläufig. Aufgrund der unterstellten Kenntnis über die eigenen und die fremden Kostenstrukturen konnte Duopolist 2 die Preisstrategie offensiv anstoßen, weil absehbar war, dass er am Ende der Gewinner sein wird. Duopolist 1 blieb gar keine andere Wahl als mitzumachen.

Sobald aber die *Transparenz* fehlt oder beide Akteure über dieselben *Grenzkosten* bzw. durchschnittlichen variablen Kosten verfügen, könnte sich bei vorausschauendem Verhalten aber auch ein nicht explizit abgesprochener Preissenkungswiderstand etablieren. Bei Kostenintransparenz weiß keiner, ob nicht er am Ende auf der Strecke bleiben wird. Bei Transparenz mit identischen Grenzkosten droht hingegen eine Preisabwärtsspirale in Richtung der Grenzkosten. Deshalb will niemand den Anstoß geben, die Gegenseite zu einer derartigen Abwärtsspirale zu provozieren, zumal klar ist, dass nach jeder gemeinsamen Preissenkungsrunde beide als Verlierer dastehen werden. Das Festhalten an den vorhandenen Preisen und das Aussetzen eines Preiswettbewerbs ist hier nicht das Ergebnis einer expliziten Kartellabsprache. Es resultiert aus Erfahrungen und einem daraus abgeleiteten *zweckrationalen Parallelverhalten*.

Vor diesem Hintergrund ist bei Oligopolen im Bereich homogener Güter auch ein Wettbewerb über eine Mengenstrategie wahrscheinlicher. Zur Verhaltensanalyse modellieren wir die Situation im sogenannten Cournot-Duopol wie folgt:

Preis-Absatz-Funktion: $p(y_1, y_2) = 2.000 - 0,2 \cdot (y_1 + y_2)$

Kostenfunktionen: $KT_1 = 500.000 + 400 \cdot y_1$ und

$$KT_2 = 400.000 + 300 \cdot y_2 \tag{2.56}$$

Gewinnfunktionen: $G_1 = (2.000 - 0,2 \cdot (y_1 + y_2)) \cdot y_1 - 500.000 - 400 \cdot y_1$ und

$$G_2 = (2.000 - 0,2 \cdot (y_1 + y_2)) \cdot y_2 - 400.000 - 300 \cdot y_2$$

Die Gewinnfunktionen verdeutlichen die gegenseitige Abhängigkeit: Der Gewinn des einen hängt – über die durch die gemeinsame Absatzmenge verursachte Preiswirkung – auch von der Angebotsmenge des anderen ab. Wie sollte nun ein Duopolist agieren, wenn die Angebotsmenge des anderen als gegeben betrachtet wird? Duopolist 1 muss dazu unter der Prämisse einer gegebenen Angebotsmenge des Konkurrenten ($y_2 = \overline{y_2}$) seine Gewinnfunktion optimieren. Die notwendige Bedingung lautet dabei:

$$\frac{\partial G_1}{\partial y_1} = 2.000 - 0,4 \cdot y_1 - 0,2 \cdot \overline{y_2} - 400 \overset{!}{=} 0 \tag{2.57}$$

Auflösen dieser Gleichung nach y_1 liefert die Reaktionsfunktion des Duopolisten 1. Sie zeigt, wie er reagiert, wenn die Angebotsmenge des anderen auf $\overline{y_2}$ festgelegt wurde:

$$y_1^* = \frac{2.000 - 400}{0,4} - \frac{1}{2} \cdot \overline{y_2} = 4.000 - \frac{1}{2} \cdot \overline{y_2} \, . \tag{2.58}$$

Analog ergibt sich die Reaktionsfunktion von Duopolist 2 als:

$$y_2^* = \frac{2.000 - 300}{0,4} - \frac{1}{2} \cdot \overline{y_1} = 4.250 - \frac{1}{2} \cdot \overline{y_1} \, . \tag{2.59}$$

Beide Reaktionsfunktionen sind in Abb. 2.16 dargestellt. Unter der Prämisse jeder der Akteure glaubt, die Menge des anderen sei gegeben, etabliert sich als Gleichgewicht im Markt die *Cournot-Lösung*. Es handelt sich um den Schnittpunkt beider Reaktionsfunktionen, der sich mathematisch aus der Lösung des durch (2.58) und (2.59) beschriebenen Gleichungssystems mit $y_1^* = 2.500$ und $y_2^* = 3.000$ ergibt.

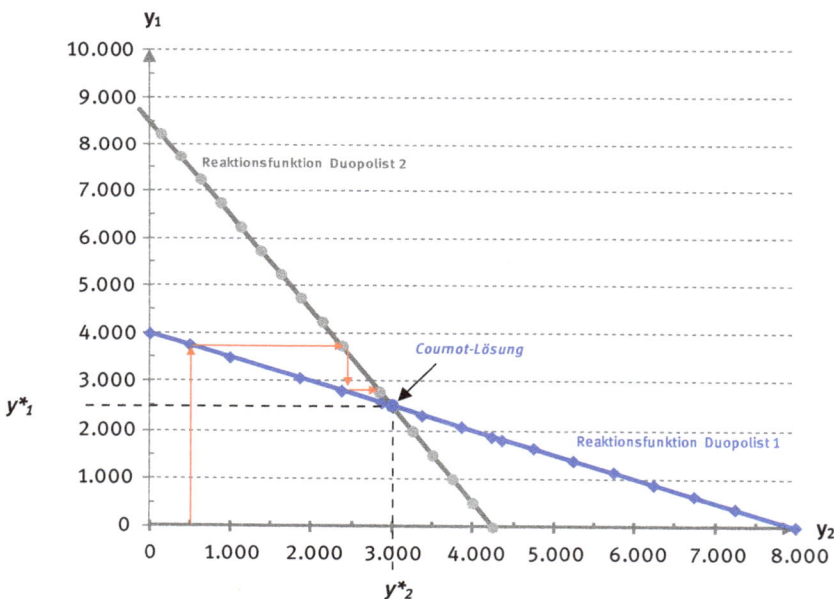

Abb. 2.16: Cournot-Lösung im Duopol. Quelle: eigene Darstellung.

Zum Etablieren des Gleichgewichtes kommt es iterativ: Produziert zum Beispiel Duopolist 2 nur 500 Einheiten, entschließt sich Duopolist 1 gemäß seiner Reaktionsfunktion (2.58) 3.750 Einheiten herzustellen. Ist das der Fall reagiert Duopolist 2 und erzeugt gemäß (2.59) 2.375 Einheiten. Daraufhin passt Duopolist 1 seine Menge auf 2.812,5 Einheiten an. Der rote Pfeilzug in Abb. 2.16 verdeutlicht die zwangsläufige Entwicklung in Richtung des Schnittpunktes. Dort angekommen liegt – im Terminus der

Spieltheorie – ein nach dem Nobelpreisträger John F. Nash (1928–2015) benanntes *Nash-Gleichgewicht* vor: Die Erwartungen über das Verhalten des anderen decken sich mit dessen tatsächlichem Verhalten und keiner hat einen Anlass, sein eigenes Verhalten noch zu ändern, da keine Verbesserung mehr möglich ist.

Als Preis stellt sich $p^* = 2.000 - 0,2 \cdot (2.500 + 3.000) = 900$ EUR ein. Dies verdeutlicht, dass auch hier Gestaltungsmacht gegenüber den Verbrauchern ausgeübt wird. Denn, anders als im Polypol, liegt der Preis über den Grenzkosten beider Anbieter ($GK_1 = 400$ EUR und $GK_2 = 300$ EUR). Jedoch ist der Preis nicht so hoch wie im Monopol. Hätte ein Monopolist die Grenzkosten von Duopolist 1 (bzw. Duopolist 2) wäre die Angebotsmenge mit 4.000 Einheiten (bzw. 4.250 Einheiten) deutlich geringer, dafür aber der Preis mit 1.200 EUR (bzw. 1.150 EUR) umso höher.

Die Gewinne der Duopolisten belaufen sich auf:

$$G_1^* = 900 \cdot 2.500 - 500.000 - 400 \cdot 2.500 = 750.000 \text{ EUR} \quad \text{und}$$
$$G_2^* = 900 \cdot 3.000 - 400.000 - 300 \cdot 3.000 = 1.400.000 \text{ EUR} \tag{2.60}$$

Die *Cournot-Lösung* ist jedoch nicht das einzig denkbare Marktergebnis und unterstellt einen logischen Trugschluss. Jeder geht hier davon aus, die Menge des anderen sei gegeben, optimiert daraufhin seine Menge und muss dann erkennen, dass der andere doch reagiert. Die Cournot-Lösung kommt, wenn sie sich nicht durch Zufall von Anfang an einstellt, nur zustande, wenn trotz gegenteiliger Erfahrungen immer wieder eine falsche Prämisse über das Verhalten der Gegenseite gemacht wird.

Der Anpassungsprozess ist demnach weitaus interaktiver als bislang strategisch berücksichtigt. Unterstellen wir nun im nächsten Schritt einen *asymmetrischen Umgang* mit der Komplexität der Situation, so ergibt sich ein anderes Marktergebnis. Duopolist 1 verweigert sich einer komplexen Strategie und orientiert sich unverändert an der Reaktionsfunktion (2.58). Duopolist 2 indes geht einen Schritt weiter. Er berücksichtigt für die Festlegung seiner Strategie, welche Strategie Duopolist 1 in Reaktion auf seine eigene Planung verfolgen wird. Mathematisch setzt er in seine Gewinnfunktion aus (2.56) die Reaktionsfunktion von Duopolist 1 ein:

$$G_2 = \left(2.000 - 0,2 \cdot \underbrace{\left(4.000 - \frac{1}{2} \cdot y_2 + y_2\right)}_{=y_1^*}\right) \cdot y_2 - 400.000 - 300 \cdot y_2$$
$$= 900 \cdot y_2 - 0,1 y_2^2 - 400.000 \tag{2.61}$$

Aus der notwendigen Bedingung der Gewinnoptimierung ($\frac{dG_2}{dy_2} = 900 - 0,2 y_2 \overset{!}{=} 0$) folgen die gewinnmaximierenden Mengen als *Stackelberg-Lösung*:

$$y_2^\circ = \frac{900}{0,2} = 4.500 \quad \Longrightarrow \quad y_1^\circ = 4.000 - \frac{1}{2} \cdot 4.500 = 1.750 \tag{2.62}$$

Das bedeutet für den Güterpreis und die jeweiligen Gewinne:

$$p° = 2.000 - 0,2 \cdot (4.500 + 1.750) = 750 \, \text{EUR}$$

$$G_1° = 750 \cdot 1.750 - 500.000 - 400 \cdot 1.750 = 112.500 \, \text{EUR} < G_1^* \quad \text{und} \qquad (2.63)$$

$$G_2° = 750 \cdot 4.500 - 400.000 - 300 \cdot 4.500 = 1.625.000 \, \text{EUR} > G_2^*$$

Insofern hat sich für Duopolist 2 die Bereitschaft zur höheren Reflexion gelohnt. Auch bei dieser Lösung liegen die Preise trotz einer höheren Versorgungsmenge immer über den Grenzkosten, die sich als Marktpreis im Polypol einstellen würden. Ohne explizit den Nachweis zu führen, wäre übrigens analog auch der Gewinn für Duopolist 1 mit $G_1° > G_1^*$ höher, wenn er als einziger die Reaktion des anderen miteinkalkuliere.

Problematisch an der *Stackelberg-Lösung* ist die Frage, warum einer der beiden Akteure über eine höhere Rationalität verfügen sollte. Gerade in einem Duopol müsste ja eigentlich beiden Unternehmen bewusst sein, dass die jeweils andere Seite auf die eigene Aktion reagieren wird. Abgesehen vom Fall unterschiedlicher strategischer Verarbeitungskapazitäten erscheint die Asymmetrie allenfalls noch in einem abgewandelten Oligopolmodell plausibel, in dem ein großer marktbestimmender Oligopolist davon ausgeht, dass die anderen wegen seines großen Einflusses auf ihn reagieren werden, während die anderen, kleineren Oligopolisten eher erwarten, dass auf sie wegen ihrer geringen Bedeutung nicht reagiert wird.

Wenn auf einer noch höheren Stufe der Reflexion beide Duopolisten, sich darüber bewusst sind, dass und wie die Gegenseite reagieren wird, ergibt sich eine weitere Lösung für das Marktergebnis, die *Bowley-Lösung* (mit $y_1^\#$, $y_2^\#$). Beide berücksichtigen nun die Reaktionsfunktionen des anderen in ihrer Gewinnfunktion vor der Optimierung. Aus Sicht von Duopolist 2 ändert sich das Optimierungsergebnis nicht. Seine Angebotsmenge in diesem Fall bleibt gemäß (2.62) $y_2^\# = 4.500$. Allerdings beobachtet Duopolist 1 nun in seiner Gewinnfunktion die Reaktionsfunktion (2.59) des anderen:

$$G_1 = \left(2.000 - 0,2 \cdot \left(y_1 + \underbrace{4.250 - \frac{1}{2} \cdot y_1}_{=y_2^*}\right)\right) \cdot y_1 - 500.000 - 400 \cdot y_1$$

$$= 700 \cdot y_1 - 0,1 y_1^2 - 500.000 \qquad (2.64)$$

Als optimale Angebotsmenge resultiert nach dem Anwenden der notwendigen Bedingung ($\frac{dG_1}{dy_1} = 700 - 0,2 y_2 \overset{!}{=} 0$): $y_1^\# = \frac{700}{0,2} = 3.500$.

Die Preis- und Gewinnsituation ändert sich erneut:

$$p^\# = 2.000 - 0,2 \cdot (4.500 + 3.500) = 400 \, \text{EUR}$$

$$G_1^\# = 400 \cdot 3.500 - 500.000 - 400 \cdot 3.500 = -500.000 \, \text{EUR} < G_1^* < G_1° \quad \text{und} \quad (2.65)$$

$$G_2^\# = 400 \cdot 4.500 - 400.000 - 300 \cdot 4.500 = 50.000 \, \text{EUR} < G_2^* < G_2°$$

Die Position beider Oligopolisten hat sich nun deutlich gegenüber der Cournot- und der Stackelberg-Lösung verschlechtert. Zudem leidet die Lösung analytisch erneut darunter, dass sich die Akteure in der Reaktion der Gegenseite geirrt haben. Statt nur der ursprünglichen Reaktionsfunktion zu folgen, verwendet die Gegenseite eine Reaktion, die die eigene Reaktionsfunktion berücksichtigt hat. Dennoch könnte es Sinn ergeben, individuell an den Mengen festzuhalten. Wenn beispielsweise Duopolist 2 stur bei $y_2^{\#} = 4.500$ bleibt und die Gegenseite vom Beharrungsvermögen überzeugt ist, wäre es schließlich nach (2.58) für Duopolist 1 rational, wieder $y_1^{\circ} = 1.750$ zu wählen. Der dominante Duopolist 2 wäre dann wieder bei der profitablen Stackelberg-Lösung aus (2.9). Ebenso könnte ein Verharren von Duopolist 1 bei $y_1^{\#} = 3.500$ begründet sein. Solange keiner nachgibt, hat die Bowley-Lösung Bestand.

Die Ausführungen verdeutlichen, dass im Fall eines *homogenen Oligopols* bei Mengenstrategie verschiedene Lösungsmöglichkeiten rational sind. Welche davon sich durchsetzt, hängt im Wesentlichen davon ab, wie stark die Akteure berücksichtigen, wie die anderen auf sie selbst reagieren werden.

Allerdings lässt sich an dieser Stelle eine interessante *Grenzwertbetrachtung* anstellen. Je mehr halbwegs gleichgroße Oligopolisten sich den Markt teilen müssen, umso wahrscheinlicher ist es, dass der einzelne Oligopolist davon ausgeht, die Menge der anderen sei gegeben und sie würden wohl kaum – im Extremfall – gar nicht auf die eigene Strategie reagieren. Wir bewegen uns dann in der Welt des *Cournot-Gleichgewichtes*. Unser Modell hat dann, wenn wir zusätzlich die Prämisse anwenden, dass die Grenzkosten in jedem der Unternehmen identisch sind, in parametrischer Form die Gestalt:

Preis-Absatz-Funktion: $\quad p = a - b \cdot \underbrace{(y_1 + y_2 + \cdots + y_i \cdots + y_n)}_{y_g}$ \hfill (2.66)

Kostenfunktion des i-ten Oligopolisten: $\quad KT_i = c_i + d \cdot y_i$

(mit c_i = individuell unterschiedliche Fixkosten und $d = GK_i$)

Gewinnfunktion des i-ten Oligopolisten:

$$G_i = [a - b \cdot (y_1 + y_2 + \cdots + y_i \cdots + y_n)] \cdot y_i - c_i - d \cdot y_i$$
$$= ay_i - b \cdot \left(y_1 \cdot y_i + y_2 \cdot y_i + \cdots + y_i^2 \cdots + y_n \cdot y_i\right) - c_i - d \cdot y_i \,.$$

Die notwendige Bedingung der Gewinnmaximierung für das i-te Unternehmen lautet hier:

$$\frac{\partial G_i}{\partial y_i} = a - by_1 - by_2 - \cdots - 2by_i \cdots - by_n - d \overset{!}{=} 0 \qquad (2.67)$$

Auf diesem Weg erhält man ein Gleichungssystem mit n-Gleichungen und n Unbekannten $(y_1, y_2, \ldots, y_i \ldots, y_n)$. Die Lösung für die n Unbekannten ist die Cournot-Lösung. Sie lässt sich verhältnismäßig einfach bestimmen. Für die Unternehmen i = 3 und i = 4 beispielsweise sähen diese Gleichungen konkret wie folgt aus:

$$\frac{\partial G_3}{\partial y_3} = a - by_1 - by_2 - 2by_3 - by_4 \cdots - by_n - d \overset{!}{=} 0 \qquad (2.68)$$

$$\frac{\partial G_4}{\partial y_4} = a - by_1 - by_2 - by_3 - 2by_4 \cdots - by_n - d \overset{!}{=} 0 \qquad (2.69)$$

Zieht man nun von (2.68) die Gleichung (2.69) ab, bleibt:

$$- 2by_3 + by_3 - by_4 + 2by_4 = 0 \quad \Longrightarrow \quad -by_3 + by_4 = 0 \quad \Longrightarrow \quad y_3 = y_4 \qquad (2.70)$$

Dieses paarweise Gegenüberstellen lässt sich für das ganze Gleichungssystem anwenden, um am Ende zu erhalten, dass in der *Cournot-Lösung* jeder die gleiche Menge anbieten wird. Schließlich hat auch jeder – abgesehen von den für die Strategie irrelevanten Fixkosten – dasselbe Optimierungsproblem zu lösen, sodass:

$$y^* = y_1 = \ldots y_i = \ldots y_n \qquad (2.71)$$

einsetzen von (2.9) in die notwendige Bedingung (2.67) liefert:

$$a = \underbrace{-by^* - by^* - \cdots - 2by^* \cdots - by^*}_{-(n+1)by^*} - d \overset{!}{=} 0 \quad \Rightarrow \quad y^* = \frac{1}{(n+1)} \cdot \frac{a-d}{b} \qquad (2.72)$$

Die Gesamtangebotsmenge ist daher:

$$y_g = n \cdot y^* = \frac{n}{(n+1)} \cdot \frac{a-d}{b} \qquad (2.73)$$

Je größer dabei die Zahl der Oligopolisten n wird, umso mehr konvergiert y_g gegen $\widehat{y_g} = \frac{a-d}{b}$. In dem Fall konvergiert der Marktpreis aber gegen:

$$\hat{p} = a - b \cdot \widehat{y_g} = a - b \cdot \frac{a-d}{b} = d = GK_i \qquad (2.74)$$

Je mehr Oligopolisten in der beschriebenen Oligopol-Situation im Markt vertreten sind, umso mehr nähert sich der Marktpreis den Grenzkosten an, die im Polypol den Preis bestimmen würden.

In einem weiteren Szenario fokussieren wir auf die Situation eines *inhomogenen Marktes*, der mit einer Preisstrategie von den Oligopolisten bearbeitet wird. Aufgrund der Inhomogenität werden die gehandelten Güter zwar im Prinzip als substituierbar, aber nicht als gleichwertig wahrgenommen. Entscheidend ist dabei weniger, dass die Wahrnehmung objektiv gerechtfertigt ist als die tatsächliche Empfindung der Kunden, die eben auch durch Werbung gesteuert werden kann. Dieses Szenario hat sicherlich die größte Relevanz. Es trifft beispielsweise auf die Automobil-, die Sportartikel- und die Lebensmittelbranche zu.

Im Unterschied zur Preisstrategie bei homogenen Gütern ist es hier nicht so, dass ein Abweichen der Preise nach oben den Komplettverlust aller Nachfrager bewirkt.

Dem Gut wird eine gewisse Einzigartigkeit zugestanden, für die treue Kunden auch höhere Preise zahlen würden. Die verbleibende Restnachfrage hängt gleichwohl von den eigenen Preisen und denen der anderen Anbieter ab. Mithin ist strategisch eine oligopolistische Interdependenz zu berücksichtigen, wonach eigene Preisänderungen mit Reaktionen der Konkurrenten einhergehen werden.

In der Analyse ist zunächst die Modellierung der auf den einzelnen Duopolisten entfallenden Restnachfrage für vorgegebene Preiskonstellationen erforderlich. Wir gehen von folgendem Modell aus:

Restnachfragefunktionen : $\qquad$ (2.75)

$$y_1 = 5.000 - 5 \cdot p_1 + 3 \cdot p_2$$

$$y_2 = 5.000 - 4 \cdot p_2 + 1 \cdot p_1$$

Kostenfunktionen :

$$KT_1 = 500.000 + 400 \cdot y_1$$

$$KT_2 = 400.000 + 300 \cdot y_2$$

Gewinnfunktionen :

$$G_1 = p_1 \cdot \underbrace{(5.000 - 5 \cdot p_1 + 3 \cdot p_2)}_{=y_1} - 500.000 - 400 \cdot \underbrace{(5.000 - 5 \cdot p_1 + 3 \cdot p_2)}_{=y_1}$$

$$= -5p_1^2 + 7.000p_1 - 1.200p_2 + 3p_1p_2 - 2.500.000$$

$$G_2 = p_2 \cdot \underbrace{(5.000 - 4 \cdot p_2 + 1 \cdot p_1)}_{=y_2} - 400.000 - 300 \cdot \underbrace{(5.000 - 4 \cdot p_2 + 1 \cdot p_1)}_{=y_1}$$

$$= -4p_2^2 + 6.200p_2 - 300p_1 + p_1p_2 - 1.900.000$$

Die auf einen Duopolisten entfallende Restnachfrage fällt hier, je höher der eigene Preis und je niedriger der Konkurrenzpreis ist. Der Konkurrent kann der Modellierung zufolge also durch eine Preissenkung Kundschaft abziehen.

Geht jeder Duopolist davon aus, die Gegenseite werde nicht auf die eigene Strategie reagieren, sodass der Preis der Konkurrenz als gegeben betrachtet werden kann ($p_1 = \overline{p_1}$ bzw. $p_2 = \overline{p_2}$), liefert die notwendige Bedingung der Gewinnmaximierung die jeweiligen Reaktionsfunktionen:

$$\frac{dG_1}{dp_1} = -10p_1 + 7.000 + 3\overline{p_2} \overset{!}{=} 0 \quad \Rightarrow \quad p_1^* = 700 + 0,3 \cdot \overline{p_2}$$

$$\frac{dG_2}{dp_2} = -8p_2 + 6.200 + \overline{p_1} \overset{!}{=} 0 \quad \Rightarrow \quad p_2^* = 775 + 0,125 \cdot \overline{p_1}$$

$\qquad$ (2.76)

Je niedriger demnach die Konkurrenz ihren Preis wählt, umso niedriger muss in Abwägung der Abwanderungsgefahr der eigene gewinnmaximierende Preis ausfallen.

So wie bei der Cournot-Lösung im homogenen Oligopol stellt der Schnittpunkt beider Reaktionsfunktionen zumindest dann ein stabiles Nash-Gleichgewicht dar, wenn beide Oligopolisten von gegebenen Preisen der Konkurrenz ausgehen. Diese Konstellation wird die *Launhardt-Hotelling-Lösung* genannt (vgl. Tab. 2.1).

Tab. 2.1: Lösungen im inhomogenen Duopol bei Preisstrategie; gerundete Angaben. Quelle: eigene Berechnungen.

Größe	Strategie			
	Launhardt-Hotelling	Stackelberg mit Duopolist 1 dominant	Stackelberg mit Duopolist 2 dominant	Bowley beidseitig dominant
p_1	969	992	1.192	992
p_2	896	899	1.099	920
y_1	2.844	2.738	2.938	2.801
y_2	2.384	2.396	2.596	2.311
G_1	1.117.844	1.120.304	1.159.347	1.158.097
ΔG_1 [1]	–	2.460	41.503	40.253
G_2	1.021.359	1.035.139	1.023.520	1.033.327
ΔG_2 [1]	–	13.780	2.161	11.968
$\Delta G_1 + \Delta G_2$		16.239	43.663	52.220

[1] Gewinnverbesserung gegenüber Launhardt-Hotelling.

Wie im Fall der Cournot-Lösung wird aber in der Optimierung fälschlicherweise unterstellt, die Gegenseite reagiere nicht auf eigene Preisänderungen (vgl. Helmedag 1991). Angenommen Duopolist 1 wird zum dominanten Stackelberg-Akteur und berücksichtigt nun das Reaktionsverhalten des anderen gemäß (2.76) in seiner Gewinnfunktion aus (2.75), während Duopolist 2 sich weiterhin streng an der unter falschen Prämissen abgeleiteten Reaktionsfunktion orientiert, ergibt sich die Stackelberg-Lösung mit Duopolist 1 als dominantem Akteur.

Interessant ist, dass dadurch beide Duopolisten mit einem höheren Preis operieren und einen Gewinnzuwachs gegenüber der Launhardt-Hotelling-Lösung erzielen. Während aber der dominante Akteur mit einem leichten Absatzeinbruch leben muss, erzielt der andere sogar noch einen Absatzzuwachs. Infolgedessen fällt das Gewinnplus des dominanten Stackelberg-Akteurs kleiner aus als beim dominierten Oligopolisten. Dieser Befund hat mit umgekehrten Wirkungen Bestand, wenn Duopolist 2 die Rolle des Stackelberg-Akteurs einnimmt. Wenn sich beide wie ein Stackelberg-Oligopolist in der Annahme verhalten, der andere bleibe auf seiner Reaktionskurve, kommt es zur Bowley-Lösung. Sie ist für beide besser als die Situation der Stackelberg-Lösung, in der sie dominant sind, bleibt aber für beide schlechter als in der Stackelberg-Situation, in der sie dominiert werden. Beide hätten, solange sie nicht kooperieren, daher den größten Vorteil, wenn der jeweils andere voranpreschen und als dominanter Stackelberg-Oligopolist agieren würde. Was am Ende passiert, bleibt im Befund unscharf. Denkbar ist beispielsweise auch, dass die Duopolisten das strategische Dilemma durch eine „seichte", gemeint ist unterhalb der harten Kartellbildung liegende, aber illegale Kooperation auflösen, indem sie sich zum einen auf die Bowley-Lösung verständigen. Sie hat unter den hier dargestellten Lösungen schließlich in Summe den höchsten Gewinnzuwachs gegenüber der Launhardt-Hotelling Lösung.

Anschließend kommt es zum anderen zu bilateralen Ausgleichszahlungen, sodass am Ende beide – zu Lasten der Kunden – profitieren.

Aufgabe

In einem Cournot-Duopol gilt als $p = 1.000 - 0,4 \cdot (y_1 + y_2)$ mit p = Preis in EUR und y_1 = produzierte Menge des ersten Oligopolisten bzw. y_2 = produzierte Menge des zweiten Oligopolisten jeweils in hl). Die Kostenfunktion des ersten Oligopolisten hat die Gestalt $KT_1 = 200.000 - 20y_1$, die des zweiten hingegen $KT_2 = 100.000 - 45y_1$ (mit KT = Gesamtkosten in EUR).

a) Bestimmen Sie die zur Gewinnmaximierung gewählten Mengen jedes Duopolisten im Cournot-Gleichgewicht.
   (Lösung: $y_1^* = 837{,}50$ hl; $y_2^* = 775$ hl.)
b) Welcher Preis kommt zustande?
   (Lösung: $p^* = 355$ EUR/hl)
c) Wie hoch sind die Gewinne eines jeden Duopolisten?
   (Lösung: $G_1^* = 80.562{,}50$ EUR; $G_2^* = 140.250{,}00$ EUR.)
d) Inwiefern liegt der Lösung ein Gleichgewichtscharakter zugrunde? Inwiefern ist die Lösung dennoch nicht zwingend stabil?
e) Angenommen Oligopolist 1 bezieht die Reaktionsfunktion des Konkurrenten in seine Strategie mit ein, verhält sich also wie ein „Stackelberg-Spieler", wie hoch sind die dann angebotenen Mengen eines jeden Oligopolisten, der Preis und die einzelnen Gewinne?
   (Lösung: $y_1^\circ = 1.256{,}25$ hl, $y_2^\circ = 565{,}625$ hl, $p^\circ = 271{,}25$ EUR/hl; $G_1^\circ \approx 115.632{,}81$ EUR; $G_2^\circ \approx 27.972{,}66$ EUR.

2.1.3.3.4 Fazit Oligopoltheorie

Unterm Strich bestätigt unsere Exkursion in die Oligopoltheorie, dass selbst bei einem rationalen Verhalten von Vornherein die unterschiedlichsten Marktergebnisse möglich sind. Ein höchst intensiver, ja sogar ruinöser Wettbewerb ist genauso denkbar, wie das explizite Unterbinden des Wettbewerbs durch das Bilden von Kartellen.

Denkbar ist aber auch, dass der Wettbewerb im Zuge des wirtschaftsfriedlichen Verhaltens ohne ausdrückliche Absprache ins Hintertreffen gerät. Befürchten Unternehmen, durch aggressive Aktionen eine *Aktions-Reaktions-Spirale* auszulösen, kann dies geradezu zu einem *Wettbewerbsattentismus* führen. Fritz Helmedag (1991, S. 62) erklärt dazu: es entwickelt „sich eine kollektive Rationalität [...], weil sich für alle Beteiligten ein auf Reziprozität beruhendes Verhalten in der überwiegenden Mehrzahl der Fälle auszahlt." Eine solche Gefahr besteht vorrangig dann, wenn auf der einen Seite die Zahl der Anbieter immer noch so groß ist, dass ein ruinöser Preiswettkampf für Einzelne Erfolg versprechend erscheint. Auf der anderen Seite bedarf es auch des tiefen Bewusstseins, letztlich gemeinsam „in einem Boot zu sitzen", dazu darf die Zahl der Oligopolisten auch nicht zu groß sein. Darüber hinaus würde auch ein ausgewogenes Stärkenverhältnis eher einen Wettbewerbsattentismus begünstigen, während bei asymmetrischer Machtverteilung für die Großen, das Ausspielen der Stärke zumindest in der Verdrängungsphase den Wettbewerb anstoßen könnte.

2.1.4 Weiterführende Aspekte

In diesem Kapitel konnten wir nur einen groben Überblick zur Unternehmenstheorie geben. Wir haben uns dabei auf die Aspekte beschränkt, die im weiteren Verlauf mehrfach aufgegriffen werden. Zahlreiche Einzelthemen mussten aber aus Platzgründen in diesem Lehrbuch zur allgemeinen VWL unberücksichtigt bleiben. Dazu zählen insbesondere:
– die Beschaffungsseite,
– die Strategie der Preisdiskriminierung,
– und das Verhalten von Nachfragemonopolisten (Monopson) oder -oligopolisten (Oligopson).
– Auch haben wir bei weitem nicht alle Oligopol-Situationen durchanalysiert.

2.2 Wichtige Aspekte der Haushaltstheorie

Private Haushalte haben ebenfalls eine Vielzahl ökonomischer Probleme zu lösen. Zumeist dürften sie dabei weniger rational und strategisch als Unternehmen vorgehen. Denn erstens verfügen wohl die wenigsten privaten Haushalte über eine ökonomische Ausbildung. Wirtschaftliche Entscheidungen sind zweitens nur ein Teil – wenngleich ein wichtiger – ihres Lebensinhaltes. Drittens sind die Kalkulationsmöglichkeiten weitaus eingeschränkter als bei Unternehmen. Denn während bei Unternehmen die für den wirtschaftlichen Erfolg wichtigen Stellschrauben wie Kosten, Absatz und Gewinn in Euro und Cent messbar sind, fehlen derart quantifizierbare Erfolgsindikatoren in der Haushaltsaktivität. Hier geht es darum den nicht messbaren „Nutzen" aus der Befriedigung von Bedürfnissen zu optimieren.

Insofern kann die Zielsetzung einer Haushaltstheorie von Vornherein nicht sein, alle Facetten ökonomischen Handelns realistisch abzubilden. Wer dies beabsichtigt, wird feststellen, dass noch viel mehr Entscheidungen als in Unternehmen nach einem kaum kalkulierbaren Bauchgefühl getroffen werden. Eine objektive, interpersonelle Vergleichbarkeit des Verhaltens ist hier also nicht gegeben. Der Wissenschaftsanspruch ist daher nachfolgend deutlich reduzierter als in der Unternehmenstheorie. Die Analyse versucht jedoch trotzdem, den Teil des ökonomischen Handelns von privaten Haushalten zu strukturieren und zu erklären, über den zumindest bewusst und halbwegs rational entschieden wird.

2.2.1 Ökonomische Wahlentscheidungen in privaten Haushalten

Welche ökonomischen Entscheidungen private Haushalte im Prinzip zu treffen haben, lässt sich mithilfe der Abb. 2.17 erklären. Jede Entscheidung hängt dabei von verschiedenen individuell unterschiedlich wichtigen Determinanten ab, die hier in ihrer Ce-

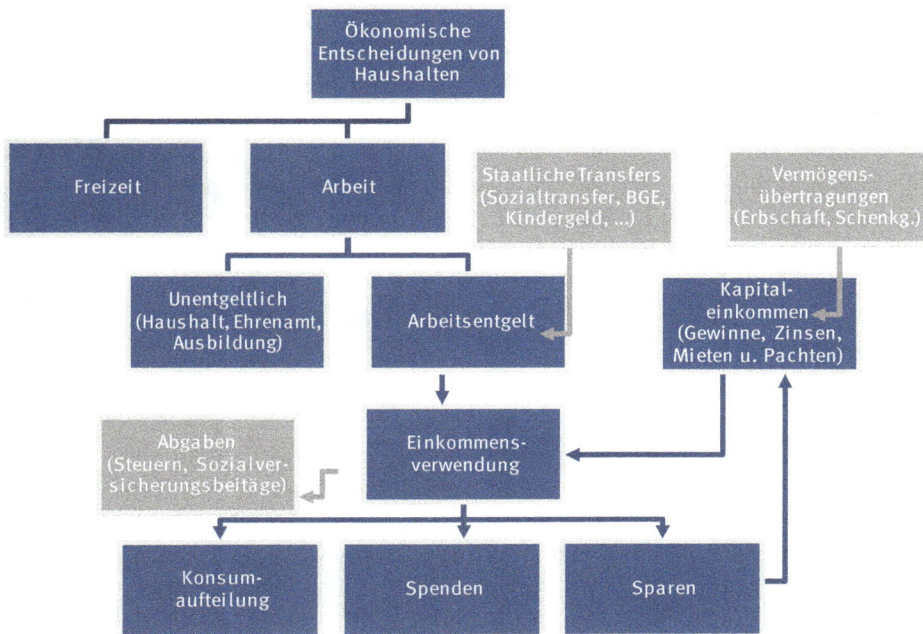

Abb. 2.17: Ökonomische Entscheidungen von privaten Haushalten. Quelle: eigene Darstellung.

teris-paribus-Wirkung zumindest andiskutiert werden sollen. Dabei geht es zunächst nur um das Formulieren einer *Wunschvorstellung*; inwieweit sie sich hinterher umsetzen lässt, ergibt sich aus der Interaktion über den Markt.

Auf einer ersten Ebene müssen private Haushalte darüber nachdenken, wie sie den Tag in *unentgeltliche Freizeit* und *entgeltliche Arbeitszeit* aufteilen wollen. Dabei spielen folgende Überlegungen eine Rolle:

– Die meisten Menschen genießen ihre Freizeit. Um auf die damit verbundenen Annehmlichkeiten zu verzichten und stattdessen zu arbeiten, bedarf es entweder äußerer Zwänge oder einer immateriellen oder einer materiellen Kompensation. Das Ausmaß der erforderlichen Kompensation wird von Mensch zu Mensch unterschiedlich beziffert.

– Äußere Zwänge ergeben sich aus familiären Verpflichtungen. Kinder müssen versorgt und erzogen werden, Kranke oder alte Familienmitglieder bedürfen eventuell der Pflege, auch muss die Selbstversorgung organisiert werden. In der Regel können hierbei der Markt und auch der Staat unterstützen, oftmals erfolgt das Angebot aber nicht in ausreichendem Umfang, manchmal will man derartige Verpflichtungen aber auch gar nicht an Dritte delegieren, sondern persönlich erledigen. Die mit diesen Aktivitäten verbrachte Zeit ist weniger das Ergebnis einer bewussten Entscheidung als der äußeren Umstände.

– Es kann aber auch sein, dass man ungezwungen, also freiwillig, auf Freizeit verzichtet, um sich ehrenamtlich zu engagieren. Die Betätigung erfolgt hier aus sozialer Verantwortung heraus, wird aber nicht über den Markt organisiert und bleibt daher ohne eine materielle Bezahlung. Das „Entgelt" besteht hier in einer *immateriellen Entlohnung*, nämlich der Freude daran, anderen geholfen zu haben. In einem bewussten Entscheidungsprozess muss dabei im Sinne einer *Opportunitätskostenabwägung* die immaterielle Entlohnung höher bewertet worden sein als der Verlust von Freizeit auf der einen Seite und der Verzicht auf materielle Entlohnung auf der anderen Seite.

– Möglicherweise schränkt jemand seine Freizeit aber auch ein, um sich unentgeltlich (oder allenfalls zu einem kleinen Anerkennungsbetrag) zu bilden. Dies kann zwangsweise durch eine Schulpflicht erfolgen oder das Ergebnis einer bewussten Abwägungsentscheidung sein. Freizeit und Verdienstmöglichkeiten werden hier zugunsten einer unbezahlten Bildungsarbeit „geopfert", weil man sich dadurch den Aufbau eines rentierlichen „*Humankapitals*" (Unwort des Jahres 2004) erhofft. Die Opportunitätskosten gelten als Investition in die Ausbildung, mit deren Hilfe in Zukunft höhere Erwerbseinkommen erzielt werden können. Das Ausmaß, in dem jemand seine Zeit für Bildung einsetzt, hängt davon ab, welchen Beitrag die Bildung zur persönlichen Selbstverwirklichung liefert, um wie viel höher die erhofften Zukunftseinkommen liegen, auf welche Kapitaleinkünfte z. B. in Form von Zinsen man verzichtet, weil man jetzt noch nicht Sparen kann. Auch spielt eine große Rolle, auf welche finanzielle Absicherung man in Form von bereits in der Vergangenheit aufgebautem Vermögen oder Transferleistungen (der Eltern oder des Staates zum Beispiel als BAföG) zurückgreifen kann, um sich Bildung leisten zu können.

– Ein *Freizeitverzicht* kann aber auch über das bei Aufnahme einer Erwerbsarbeit erzielte Entgelt „versüßt" werden. Je höher unter sonst gleichen Bedingungen bei Arbeitern der Lohn bzw. bei Angestellten das Gehalt ausfällt, umso größer dürfte die Bereitschaft sein, zu arbeiten. Rationale Wirtschaftssubjekte schauen dabei aber weniger auf die in Euro ausgedrückte Entlohnung, den sogenannten Nominallohn. Denn Geld schafft erst dann einen Nutzenausgleich für den Freizeitverzicht, wenn Bedürfnisse durch den aus dem Arbeitseinkommen gespeisten Güterkauf befriedigt werden. Entscheidender ist daher die Kaufkraft des Arbeitsentgeltes, die über den sogenannten Reallohn gemessen wird. Darüber hinaus ist auch weniger das Bruttoentgelt relevant als das nach Abzug von Steuern und Sozialversicherungsabgaben verbleibende Nettoentgelt.

– Des Weiteren wird die Entscheidung über das gewünschte Ausmaß an entgeltlicher Arbeitszeit auch durch das vorhandene (Real-)Vermögen oder durch das (Real-)Kapitaleinkommen beeinflusst. Je höher das Vermögen oder die daraus erzielten laufenden Kapitaleinkommen, umso mehr materielle Güter kann man auch ohne Erwerbsarbeit konsumieren. Die Notwendigkeit zum entgeltlichen Arbeiten sinkt also mit steigendem Vermögen und/oder Kapitaleinkommen. Parallel bleibt so mehr Zeit für unentgeltliches Arbeiten oder Freizeit.

- Auch spielt das Ausmaß der *sozialen Absicherung* bei Arbeitslosigkeit eine Rolle. Je höher sie im Fall des Nicht-Arbeitens ausfällt, umso weniger notwendig ist es zu arbeiten, um Bedürfnisse befriedigen zu können und umso mehr Zeit bleibt für Freizeit bzw. unentgeltliche Arbeit und Bildung. Dieser Aspekt ist auch ein wichtiger Ansatzpunkt der Forderung nach einem *bedingungslosen Grundeinkommen* (BGE). Weil ehrenamtliche Tätigkeiten gesellschaftlich überaus sinnvoll sind, der Markt dies aber nicht honoriert, soll ein bedingungsloses vom Staat gezahltes Grundeinkommen die Möglichkeiten und den Anreiz zur Aufnahme derartiger Engagements erhöhen –, unabhängig von der Bedürftigkeit und der prinzipiellen Aufnahmebereitschaft einer Erwerbsarbeit. Zugleich soll das Grundeinkommen auch die von äußeren Zwängen ausgelösten, aber nur unentgeltlich geleisteten häuslichen und familiären Aktivitäten aufwerten und eine materielle Absicherung für Weiterbildung schaffen.
- Eine wichtige Rolle spielt bei der Planung des individuellen Arbeitsangebotes auch, in welchem Umfeld man sich mit seiner Arbeitskraft einbringen kann. Insbesondere Monotonie der Arbeit und ein hoher Leistungsdruck beeinträchtigen die Bereitschaft zum Arbeiten. Die Möglichkeit zur Selbstverwirklichung, Flexibilität in der Gestaltung der Arbeitszeiten usw. begünstigen sie.

Das *Kapitaleinkommen* aus Gewinnen, Zinsen, Renditen, Mieten und Pachten bestimmt zusammen mit den individuell nicht beeinflussbaren staatlichen Transferleistungen und dem aus dem (entgeltlichen) Arbeitsangebot resultierenden Arbeitseinkommen das Gesamteinkommen. Es kann (nach Abführen individuell ebenfalls nicht zu beeinflussender Einkommensteuern und Sozialabgaben) zum Konsum, Spenden oder Sparen verwendet werden. Bei der Entscheidung über die Verwendung spielen folgende Überlegungen eine Rolle:
- Prinzipiell leben Menschen lieber im „Hier und Jetzt" als sich mit der Zukunft zu beschäftigen und haben eine Vorliebe für gegenwärtigen Konsum. Um darauf zu verzichten, ist eine Kompensation in Form von mehr Zukunftssicherheit oder materieller Entschädigung erforderlich.
- Um den Konsum zugunsten des Spendens einzuschränken, bedarf es einer altruistischen Veranlagung oder – nüchtern-kalkulierend ausgedrückt – eines Ausgleichs des Verzichts durch die immaterielle Befriedigung, etwas Gutes getan zu haben.
- Mit Blick auf die Absicherung der Zukunft gilt es, aus dem laufenden Einkommen Kapital anzusparen, um später von den Erträgen und/oder der Substanz leben zu können. Dabei muss individuell umso mehr gespart werden, je weniger großzügig die staatlichen Vorsorgesysteme der *Sozialversicherung* (gegen Alter, Krankheit, Pflegebedarf, Berufsunfähigkeit und Arbeitslosigkeit) ausgestaltet sind. Auch nimmt der objektive Bedarf der Kapitalbildung unter gleichbleibenden Bedingungen zu, je jünger Menschen sind, da das Risiko in der erwartungsgemäß langen Restlebenszeit von Gespartem zehren zu müssen größer ist als bei Menschen, die voraussichtlich weniger Lebensjahre vor sich haben.

– Bei der *Einkommensverwendung* hat auch der bereits akkumulierte Vermögensbestand eine wichtige Bedeutung. Je größer das (Real-)Vermögen, umso geringer ist auf der einen Seite die Notwendigkeit, durch weiteres Sparen für die Zukunft vorzusorgen. Auf der anderen Seite haben „Reiche" aber bei kostspieligen Gebrauchsgütern wie Häuser oder Autos, aus dem Vergangenheitskonsum heraus materiell oftmals bereits ausgesorgt. Als Reiche verfügen sie zudem über viel Kapitaleinkommen. Zwar werden sie absolut mehr konsumieren als „Arme". Sobald ein gewisser Sättigungsgrad erreicht ist, fehlt den Reichen aber die Möglichkeit, einen großen Anteil ihres Einkommens noch sinnvoll auszugeben. Ihr relativer Konsumanteil wird üblicherweise niedrig sein, sodass ihnen – wenn sie das „überschüssige" Einkommen nicht spenden – „gar nichts anderes übrigbleibt", als noch mehr zu sparen und eigendynamisch immer reicher zu werden.

– Je höher bei gegebenem zu verwendenden Einkommen die zukünftig aus Sparen erzielbaren (realen) Gewinne, Zinsen, Mieten und Pachten ausfallen, umso größer wird die Bereitschaft sein, den gegenwärtigen Konsum zu reduzieren. Der Einbuße an gegenwärtigem Konsum steht entsprechend die Möglichkeit gegenüber, zukünftig aus den Kapitaleinkünften und der Tilgung bzw. dem Aktiva-Verkauf umso mehr konsumieren zu können.

Sobald feststeht, wie hoch der für den Konsum reservierte Einkommensanteil ist, müssen Haushalte entscheiden, wie sie das verfügbare Geld auf die Nachfrage nach den unterschiedlichsten Gütern verteilen wollen. Um dies klarzustellen: Hier geht es dann nur um das analytische Beschreiben eines Was-wäre-wenn-Verhaltens. In der *Realität* muss das Einkommen natürlich erst einmal erwirtschaftet werden, und wer kein angespartes Kapital hat, benötigt dazu ein ausreichendes Arbeitseinkommen und dafür wiederum eine Beschäftigung.

In dieser Analyse gibt es nun große Parallelen zum methodischen Vorgehen in der Unternehmenstheorie. Dabei treten die in der Tabelle 2.2 dargestellten Analogien auf.

Tab. 2.2: Begriffliche Analogien in Unternehmens- und Haushaltstheorie. Quelle: eigene Darstellung.

Unternehmenstheorie	Haushaltstheorie
Input	Konsumierte Gütermenge
Output (bzw. Ertrag oder produzierte Gütermenge)	Nutzenniveau
Grenzertrag	Grenznutzen
Isoquante	Indifferenzkurve
Minimalkostenkombination	Haushaltsgleichgewicht (auch: Zweites Gossen'sches Gesetz oder Genussausgleichsgesetz)

2.2.2 Konsumverhalten nach den Gossen'schen Gesetzen

Grundsätzlich sollte es das Ziel eines rational agierenden Haushaltes beim Konsumieren sein, das *ökonomische Prinzip* zu verwirklichen, konkret also, bei gegebenem Konsumbudget sein Geld so einzusetzen, dass Bedürfnisse maximal befriedigt werden. Nun kann man in der Praxis zwar das Konsumbudget in Euro messen, nicht aber das *Niveau der Bedürfnisbefriedigung*. Insofern fehlt eine messbare Zielgröße. An der Stelle könnte man einerseits vor der Aufgabe einer Verhaltensanalyse kapitulieren und das Konsumverhalten als eine objektiv-rational nicht nachvollziehbare Entscheidung betrachten.

Andererseits beobachten wir bei uns, dass wir sehr wohl über viele Kaufentscheidungen bewusst nachdenken, dafür zahlreiche Informationen einholen und mit teils hohem Aufwand auswerten sowie Alternativen gegeneinander abwägen. Letztlich versuchen wir demnach in der Praxis häufig eben doch, wenigstens im Rahmen unserer eingeschränkten Möglichkeiten, rational zu entscheiden. „Im Rahmen der eingeschränkten Möglichkeiten" bedeutet, uns fehlen oftmals zutreffende Informationen über die Qualität und die Preise der Produkte, und zwar per se und im Quervergleich zu Konkurrenzprodukten. Häufig werden wir hier durch *Werbung* auch bewusst in die Irre geleitet. Ohne Zweifel wird unsere Entscheidung dadurch erschwert, dass wir die nutzenstiftende, bedürfnisbefriedigende Wirkung von Gütern nicht quantifizieren können. Wie würden wir uns aber verhalten, wenn dieses Problem nicht bestünde? Könnten wir die Bedürfnisbefriedigung quantifizieren, hätten wir immerhin eine theoretische Leitlinie, eine *Entscheidungsstruktur* nach der man sich verhalten sollte. In der praktischen Umsetzung kommt es dann für eine möglichst gute Entscheidung darauf an, diese Entscheidungsstruktur im Grundsatz zu beachten und dabei die relative Nutzenwirkung alternativer Güter wenigstens intuitiv grob abzuschätzen.

2.2.2.1 Erstes Gossen'sches Gesetz

Stellen Sie sich vor, Sie haben bei schönstem Sommerwetter intensiv Sport betrieben und sind bereits seit einer halben Stunde überaus durstig. Nun erhalten sie ein erstes Glas Bier (wahlweise alkoholfrei oder nicht). Vollkommen willkürlich beziffern wir den Nutzen dieses ersten Glases auf 100 Nutzeneinheiten (vgl. linke Tabelle in Abb. 2.18). Anschließend erhalten Sie ein weiteres Glas und sollen dann die Nutzenwirkung dieses Glases bewerten. Üblicherweise werden Sie – angesichts einer ersten Sättigung durch das Vorgängerglas – den Nutzen dieses Glases unter 100 Einheiten ansetzen. Angenommen wurde hier ein Wert von 90 Einheiten. Beide konsumierten Gläser stiften zusammen einen Nutzen von 190 Einheiten. Mit jedem weiteren Glas dürfte der Nutzenzuwachs kleiner werden. Möglicherweise – so wie hier beim sechsten Glas unterstellt – könnte ein weiteres Glas sogar den bisher erreichten Nutzen schmälern, weil sie den Genuss übertrieben haben und ihnen übel wird.

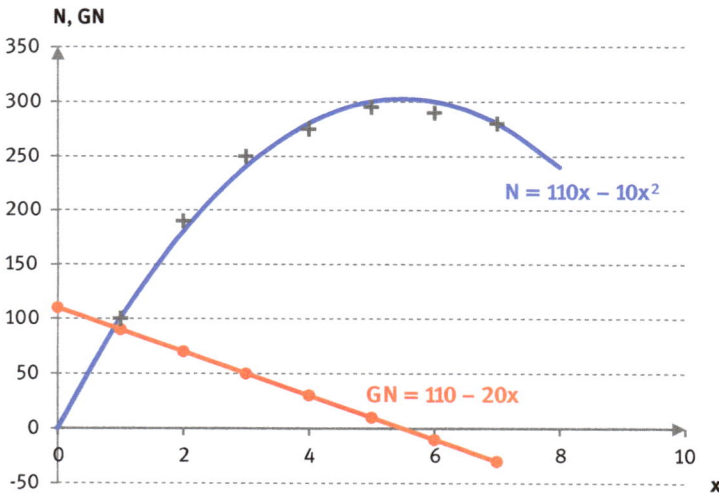

Abb. 2.18: Nutzenfunktion nach dem Ersten Gossen'schen Gesetz. Quelle: eigene Darstellung.

Offenbart			Modelliert		
Glas Nr.:	Nutzen-zuwachs durch das x-te Glas	Gesamtnutzen nach Konsum von x Gläsern	Konsu-mierte Gläser	Gesamtnutzen	Grenznutzen
x			x	$N = 110x - 10x^2$"	$GN = dN/dx$ $= 110 - 20x$
1	100	100	0	0	110
2	90	190	1	100	90
3	60	250	2	180	70
4	25	275	3	240	50
5	20	295	4	280	30
6	−5	290	5	300	10
7	−10	280	6	300	−10
			7	280	−30
			8	240	−50

Der (unterstellte) offenbarte Gesamtnutzen (N) in Abhängigkeit von der konsumierten Menge (x) wurde in (Abb. 2.18) in Form der grauen Kreuze dargestellt. Daraus lässt sich eine Gesetzmäßigkeit erkennen, die durch die blaue Kurve modelliert wird. Zwar weichen die beobachteten Werte davon ab, aber im Kern wird der Zusammenhang durch die Nutzenfunktion $N = 110 - 10x^2$ erfasst. Durch mathematisches Ableiten der Funktion erhält man den *Grenznutzen*: $GN = \frac{dN}{dx} = 110 - 20x$. An der Stelle x = 1 beläuft sich der Grenznutzen auf 90 Einheiten, mit der bekannten Interpretation: Wenn ausgehend von x = 1 die konsumierte Menge um eine Einheit steigt (bzw. sinkt), erhöht sich (bzw. verringert sich) der Gesamtnutzen näherungsweise um den Grenznutzen, also um 90 Einheiten.

Der praktische Nutzen derartiger Betrachtungen tendiert auf der einen Seite gegen Null. Zwar könnten Sie jetzt theoretisch feststellen, dass das Nutzenmaximum dort erreicht wird, wo die erste Ableitung den Wert null annimmt (aus GN $= \frac{dN}{dx} =$ $110 - 20x \overset{!}{=} 0$ folgt $x^* = 5{,}5$), sodass Sie auf den Konsum des sechsten Bieres besser verzichten sollten, da ab dort der Nutzen fällt. Das war ihnen aber auch ohne Nutzenfunktion klar, weil sie ja angaben, dass der Nutzenzuwachs des sechsten Glases negativ ist. Daher ist gerade diese sogenannte *kardinale Nutzentheorie*, bei der unterstellt wird, der Nutzen sei exakt quantifizierbar, wegen seines fehlenden Realitätsbezugs umstritten.

Auf der anderen Seite erscheint erstens das intuitive Herleiten einer Nutzenfunktion, wie hier unterstellt, auch nicht vollkommen absurd. Zweitens – und das ist das entscheidende Argument – liefert die Betrachtung trotzdem einen praktischen Beitrag, der durch das sogenannte *Erste Gossen'sche Gesetz* (auch: Gesetz des abnehmenden Grenznutzens) beschrieben wird (benannt nach dem deutschen Ökonomen Hermann Heinrich Gossen (1810–1858)). Demnach kann für den Konsum der meisten Güter in der Praxis angenommen werden:
- Im Auftaktbereich nimmt der Nutzen mit der konsumierten Menge zu.
- Es setzen aber – und das ist die Kernaussage des Ersten Gossen'schen Gesetzes – *Sättigungstendenzen* ein. Je mehr schon von einem Gut konsumiert wurde, umso geringer ist der Zusatznutzen (auch „Grenznutzen") einer weiteren konsumierten Einheit. Kurz und prägnant also: Es gilt das *Gesetz des abnehmenden Grenznutzens*. Dies wird deutlich in der fallenden Grenznutzenkurve in Abb. 2.18, aber auch auf analytischer Ebene, wenn die Grenznutzenfunktion abgeleitet wird: $\frac{dGN}{dx} =$ $-20 < 0$. Das unabhängig vom Ausgangswert von x gültige negative Ergebnis besagt ja, dass beide Größen der Differentialquotienten in unterschiedliche Richtungen gehen; steigt also x, fällt der Grenznutzen.
- Unter Umständen (so wie hier unterstellt) gibt es beim Konsum eine Grenze, ab der ein Mehrkonsum das erreichte Befriedigungsniveau sogar verringert bzw. ab der der Grenznutzen negativ wird. Diese letzte Komponente ist aber für die nachfolgenden Analysen weniger entscheidend.

Warum zahlen Einkommensstarke höhere Steuern?

Selbst wenn die Nutzenanalyse auf den ersten Blick weltfremd erscheint, liefert sie eine technische Grundlage für die praktische Argumentation. So kann beispielsweise mit dem *Gesetz des abnehmenden Grenznutzens* erklärt werden, warum Menschen mit einem hohen Einkommen höhere Einkommensteuern bezahlen müssen als Geringverdiener.

Zur Finanzierung der staatlichen Aufgaben sollen alle gemäß ihrer Belastbarkeit dasselbe „Opfer" erbringen. Dies besteht letztlich darin, auf den Konsum von Gütern und damit die Befriedigung von individuellen Bedürfnissen verzichten zu müssen. Die Gleichheit des Opfers impliziert also, dass sowohl ein Hoch- als auch ein Geringverdiener durch die Steuer dieselbe Nutzeneinbuße erfährt. Angenommen, die konsumierbare Gütermenge steigt linear mit dem Nettoeinkommen und beide Verdiener haben dieselbe durch Sättigungseffekte charakterisierte Nutzenfunktion in Abhängigkeit von der mit einem gegebenen Einkommen zu konsumierenden Gütermenge, so bewirkt eine für beide Haushalte gleich hohe Besteuerung von T_1, dass die Opfer unterschiedlich hoch ausfallen. Während der Einkommensschwache Haushalt eine Nutzeneinbuße von ΔN_1 erfährt, liegt sie beim Hochverdiener nur bei $\Delta N_2 < \Delta N_1$. Ursache sind die Sättigungseffekte des Ersten Gossen'schen Gesetzes: Der Hochverdiener konnte sich bereits vor der Steuererhebung fast all seine Wünsche erfüllen. Muss er nun auf T_1 an Netto-Einkommen verzichten, verzichtet er im Konsum auf solche Güter, die er nicht dringend benötigte. Der Nutzenverlust ist vergleichsweise gering. Der Geringverdiener lebte bereits vor der Steuererhebung sehr bescheiden und sein Konsum setzte sich primär aus dringend benötigten Gütern zusammen. Wird er nun durch die Steuererhebung angesichts der hohen Grenznutzen der letzten konsumierten Einheiten zu Einsparungen gezwungen, erleidet er vergleichsweise hohe Nutzeneinbußen. Um von beiden Haushalten dasselbe Opfer einzufordern, müsste die Besteuerung beim Hochverdiener mit $T_2 > T_1$ deutlich höher ausfallen (vgl. Abb. 2.19).

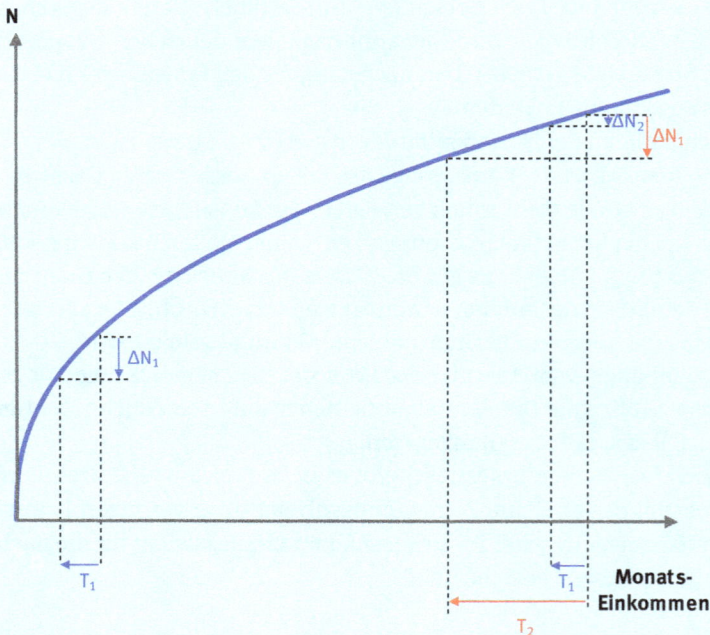

Abb. 2.19: Steuergerechtigkeit und Erstes Gossen'sches Gesetz. Quelle: eigene Darstellung.

2.2.2.2 Zweites Gossen'sches Gesetz

Im Zweiten Gossen'schen Gesetz geht es um die nutzenmaximierende Zusammensetzung des konsumierten Güterkorbs, wenn die Preise der Güter gegeben sind und das verfügbare Budget für den Konsum festliegt.

Wir wollen hier die Entscheidung nachvollziehen, bei der sich ein Haushalt als Monatsbudget für den Konsum von Wein B = 100 EUR reserviert hat und zwischen Rot-

und Weißweinkonsum entscheiden muss (mit WW bzw. RW = konsumierte Weiß- bzw. Rotweinmenge in Litern, $p_W = 4\frac{EUR}{l}$ bzw. $p_R = 8\frac{EUR}{l}$ als Weiß- bzw. Rotweinpreis).

Aus diesen Rahmenbedingungen lassen sich zunächst die finanzierbaren Rot- und Weißweinkombinationen ermitteln. Dazu muss – wie bei der Bestimmung der Minimalkostenkombination in der Unternehmenstheorie (vgl. (2.24)) – die *Budgetgerade* konstruiert werden:

$$B = 100 = \underbrace{p_W \cdot WW}_{\substack{\text{Ausgaben} \\ \text{für Weißwein}}} + \underbrace{p_R \cdot RW}_{\substack{\text{Ausgaben} \\ \text{für Rotwein}}}$$

$$\Rightarrow \quad RW = \frac{B}{p_R} - \frac{p_W}{p_R} \cdot WW = \underbrace{\frac{100}{8}}_{12,5} - \underbrace{\frac{4}{8}}_{=0,5} \cdot WW$$

(2.77)

Es handelt sich um eine Geradengleichung mit $\frac{B}{p_R} = 12,5$ als Ordinatenabschnitt und $-\frac{p_W}{p_R} = -0,5$ als Steigung. Diese Gerade erfasst alle im Rahmen des Budgets unter Berücksichtigung der vorgegebenen Preise finanzierbaren Kombinationen von Weiß- und Rotweinkonsum (vgl. Abb. 2.20).

Zur Nutzenmaximierung wird der Haushalt einen Punkt auf der Budgetgeraden wählen. Kombinationen, die oberhalb der Geraden liegen sind nicht finanzierbar, Kombinationen darunter schöpfen den verfügbaren Finanzrahmen nicht aus und eröffnen Möglichkeiten zur Nutzenverbesserung.

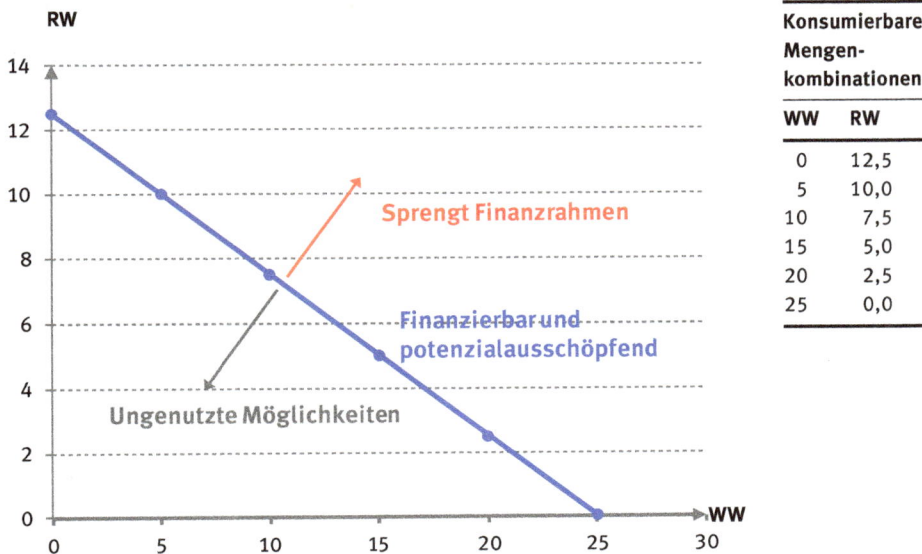

Konsumierbare Mengen-kombinationen	
WW	RW
0	12,5
5	10,0
10	7,5
15	5,0
20	2,5
25	0,0

Abb. 2.20: Budgetgerade. Quelle: eigene Darstellung.

Welcher Punkt nun auf der Budgetgeraden gewählt wird, hängt von den Präferenzen des Haushaltes für die beiden Weinsorten ab. Diese Präferenzen lassen sich über die sogenannten *Indifferenzkurven* erfassen.

Ausgehend von einer Anfangsausstattung, hier WW = 2,5 l und RW = 6,0 l, soll ein Haushalt alternative, als gleichwertig empfundene Kombinationen benennen. Sie befinden sich in der Tabelle der „offenbarten Präferenzen" und werden in der Abb. 2.21 als Kreuze dargestellt. Als gut zu den Angaben passende Gesetzmäßigkeit ließe sich

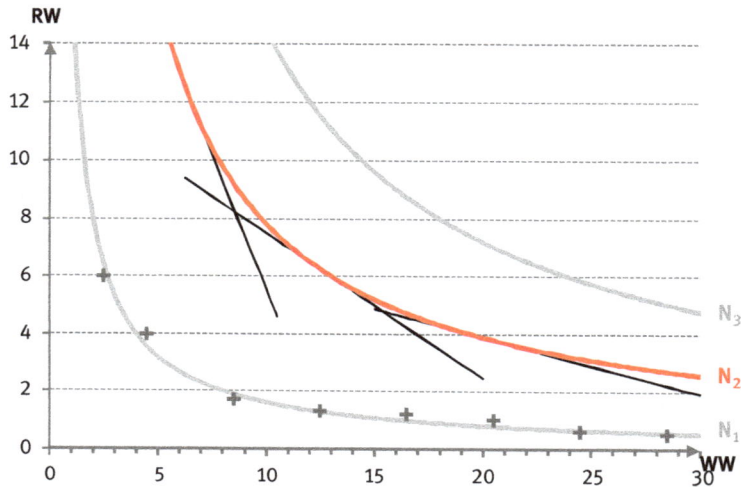

Offenbart		Modelliert			
WW	RW zu N1	WW	RW zu N1	RW zu N2	RW zu N3
2,5	6,00	2,5	6,40	31,3	57,6
4,5	4,00	4,5	3,56	17,4	32,0
8,5	1,70	8,5	1,88	9,2	16,9
12,5	1,28	12,5	1,28	6,3	11,5
16,5	1,20	16,5	0,97	4,7	8,7
20,5	1,00	20,5	0,78	3,8	7,0
24,5	0,60	24,5	0,65	3,2	5,9
28,5	0,50	28,5	0,56	2,7	5,1
32,5	0,70	32,5	0,49	2,4	4,4
		36,5	0,44	2,1	3,9
		40,5	0,40	1,9	3,6
		44,5	0,36	1,8	3,2
		48,5	0,33	1,6	3,0
		52,5	0,30	1,5	2,7
		56,5	0,28	1,4	2,5

Abb. 2.21: Indifferenzkurven. Quelle: eigene Darstellung.

daraus die untere graue Kurve modellieren. Sie stellt die Indifferenzkurve zu einem Nutzenniveau N_1 dar. Zur Herleitung des Zweiten Gossen'schen Gesetzes muss das Nutzenniveau nicht weiter quantifiziert werden. In der realitätsnäheren *ordinalen Nutzentheorie* bedarf es nur der Fähigkeit, verschiedene Güterbündel hinsichtlich ihrer relativen Wertigkeit einordnen zu können.

Anschließend werden weitere Ausgangskonstellationen vorgegeben, bei denen der Haushalt wiederum WW = 2,5 l, zugleich aber mehr Rotwein erhält. Zu jeder dieser Konstellationen soll erneut eine Gleichwertigkeitsbetrachtung angestellt werden, aus der die rote und die obere graue Indifferenzkurve modelliert wird. Die drei dargestellten Funktionen sind stellvertretend für im Prinzip unendliche viele, parallel verlaufende Indifferenzkurven, wobei jede für ein anderes Nutzenniveau steht. Wie groß der Nutzen im Einzelfall ist, auch wie groß die Unterschiede sind, ist unverändert irrelevant. Je weiter aber eine Indifferenzkurve vom Ursprung des Koordinatensystems entfernt liegt, umso höher ist das damit verbundene Nutzenniveau: $N_3 > N_2 > N_1$. Denn bei einer vertikalen Bewegung von einer zur anderen Indifferenzkurve wird bei derselben Weißweinmenge mehr Rotwein zugestanden, sodass der Nutzen steigt.

Bei einer Linksbewegung auf einer Indifferenzkurve wird deutlich, dass ein Minderkonsum von Weißwein zur Wahrung des ursprünglichen Nutzenniveaus durch einen Mehrkonsum von Rotwein ausgeglichen werden muss. Weiß- wird dabei durch Rotwein substituiert. Ähnlich wie in der Unternehmenstheorie handelt es sich hier um die Situation *beschränkter Substituierbarkeit*. So wie dort ändert sich auch das zum Nutzenerhalt erforderliche Austauschverhältnis. Je mehr Weißwein der Haushalt auf der Indifferenzkurve hat, umso kleiner ist der zusätzlich erforderliche Rotweinkonsum, wenn auf eine Einheit Weißwein verzichtet werden soll.

Wie in der Unternehmenstheorie liegt auch hier das *Gesetz der abnehmenden Grenzrate der Substitution* vor: Die rote Indifferenzkurve bildet formal eine Funktion RW = f(WW) bei gegebenem Nutzenniveau N_2 ab. Dabei ist die GRS = $|\frac{dRW}{dWW}|$ und identisch mit dem Absolutwert der Steigungen der eingezeichneten Tangenten. Je größer dabei WW wird, umso geringer wird das Tangentengefälle und damit die GRS.

Analog zum Vorgehen in der Unternehmenstheorie kann dieses Gesetz zurückgeführt werden auf die *abnehmenden Grenznutzen* (GN_R bzw. GN_W) beim Konsum einer Weinsorte. Nach dem totalen Differential (vgl. (2.21)) gilt für eine Bewegung auf der Indifferenzkurve:

$$\Delta N = \underbrace{\frac{\partial N}{\partial RW}}_{=GN_R} \cdot \Delta RW + \underbrace{\frac{\partial N}{\partial WW}}_{=GN_W} \cdot \Delta WW \overset{!}{=} 0 \quad \Rightarrow \quad \frac{\Delta RW}{\Delta WW} = -\frac{GN_W}{GN_R} \tag{2.78}$$

Das bedeutet für die GRS:

$$GRS = \left| \frac{dRW}{dWW} \right| \approx \left| \frac{\Delta RW}{\Delta WW} \right| = \frac{GN_W}{GN_R}. \tag{2.79}$$

Gehen wir auf einer Indifferenzkurve von einer Güterversorgung mit wenig Weiß- und entsprechend viel Rotwein, mithin von einem weit links angesiedelten Punkt, aus, liegt eine hohe Grenzrate der Substitution vor, da im Bruch in (2.79) GN_W hoch und GN_R niedrig ist. Weniger technisch ausgedrückt: Zieht man einen Liter an ohnehin schon sehr knappem Weißwein ab, geht dadurch viel an Nutzen verloren. Allein deshalb bedarf es zum Ausgleich viel zusätzlichen Rotweins. Hinzu kommt, dass beim Rotwein schon eine hohe Sättigung vorliegt, sodass eine weitere Einheit an Rotwein nur wenig Nutzenzuwachs stiftet. Es muss also viel Nutzeneinbuße durch ein Gut mit wenig Nutzenzuwachs pro Einheit ausgeglichen werden. Insgesamt muss der Rotweinkonsum daher zur Kompensation des Weißweinverzichts deutlich ansteigen.

Bei einem Punkt weit rechts (viel Weiß-, wenig Rotwein) ändert sich das Austauschverhältnis. Mit höherem Weißweinkonsum nimmt einerseits GN_W im Zähler von (2.79) ab und mit gleichzeitig rückläufigem Rotweinkonsum steigt GN_R im Nenner, sodass die GRS sich entsprechend verringert. Wird hier angesichts der hohen Weißweinsättigung ein Liter Weißwein abgezogen, schmälert das den Nutzen nur geringfügig. Insofern reicht nur wenig mehr Rotwein zur Kompensation aus, zumal eine Einheit an Rotwein wegen der Untersättigung bereits einen hohen Nutzenzuwachs, also Grenznutzen, aufweist.

Wie in der Unternehmenstheorie sind natürlich auch andere Formen der Substitution zwischen Gütern denkbar. Ist es im betrachteten Beispiel dem Haushalt vollkommen egal, ob er Rot- oder Weißwein trinkt, wären die Güter *vollständig substituierbar* und die Indifferenzkurve hätte die Gestalt einer Geraden (vgl. Abb. 2.6). Möglich sind auch *limitationale Zusammenhänge*. Beim Gebrauch von Skischuhen beispielsweise ergibt es nur Sinn, wenn für jeden linken auch ein rechter Schuh benutzt werden kann. In dem Fall verliefen die Indifferenzkurven rechtwinklig wie in Abb. 2.5.

Berücksichtigt man nun in Abb. 2.21 neben den durch die Indifferenzkurven zum Ausdruck gebrachten individuellen Präferenzen für die beiden Weinsorten noch die finanziellen Möglichkeiten über die Budgetgerade, so lässt sich mit dem Tangentialpunkt (WW*, RW*) prinzipiell die optimale Konsumaufteilung bestimmen (vgl. Abb. 2.22). Der Punkt liegt zum einen auf der Budgetgeraden und schöpft den Finanzrahmen exakt aus. Zum anderen wird mit dieser Kombination die höchste erreichbare Indifferenzkurve ermöglicht und damit mit N_2 der höchste finanzierbare Nutzen erlangt. Kombinationen auf höheren Indifferenzkurven, z. B. auf der zu $N_{3,}$ sind indes finanziell nicht darstellbar. Kombinationen auf weiter unten verlaufenden Kurven, wie der zu N_1, sind Großteils zwar bezahlbar, stiften aber einen geringeren Nutzen.

Ohne die konkreten Nutzenfunktionen zu kennen, kann aus dieser Betrachtung das *Zweite Gossen'sche Gesetz* hergeleitet werden: Denn wie bei der Minimalkostenkombination in der Unternehmenstheorie (vgl. (2.31)) liegt im Optimum die Tangente an der roten Indifferenzkurve exakt auf der blauen Budgetgeraden. Infolgedessen sind dort auch die Absolutwerte der Tangentensteigung und der Budgetgeradensteigung identisch und es gilt:

$$\text{GRS} = \underbrace{\left| \frac{dRW}{dWW} \right|}_{\substack{\text{Absolutwert} \\ \text{Tangenten–} \\ \text{Steigung}}} = \frac{GN_W}{GN_R} = \underbrace{\frac{p_W}{p_R}}_{\substack{\text{Absolutwert} \\ \text{Budgetgeraden–} \\ \text{Steigung}}} \quad \Rightarrow \quad \frac{GN_W}{P_W} = \frac{GN_R}{P_R} . \tag{2.80}$$

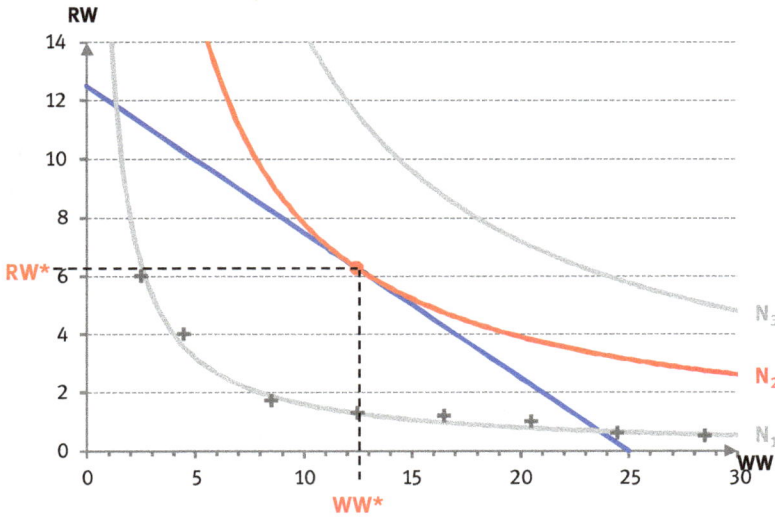

Abb. 2.22: Haushaltsgleichgewicht. Quelle: eigene Darstellung.

Dieses Zweite Gossen'sche Gesetz, wonach ein Haushalt sein Budget nur dann optimal aufgeteilt haben kann, wenn die resultierenden Grenznutzen- mit den von außen vorgegebenen Preisrelationen übereinstimmt, wird auch als *Haushaltsgleichgewicht* oder *Genussausgleichsgesetz* bezeichnet. Alternativ lässt sich in (2.79) die Bedingung so umformen, dass im Haushaltsgleichgewicht bei jeder Verwendungsart der Grenznutzen pro Euro übereinstimmen muss. Die ökonomische Begründung für die erste Version ist analog zu der bei der Minimalkostenkombination. Aber auch aus der Alternativformulierung wird die Aufteilungsempfehlung plausibel. Angenommen, der Haushalt hat sich nicht daran gehalten und eine Kombination gewählt, bei der $GN_W = 24$ und $GN_R = 40$ ist, so kann der Haushalt durch Umschichten, seinen Nutzen erhöhen ohne mehr dafür ausgeben zu müssen. Dabei gilt:

$$\underbrace{\frac{\overbrace{24}^{=GN_W}}{\underbrace{4}_{=P_W}}}= 6 > \underbrace{\frac{\overbrace{40}^{=GN_R}}{\underbrace{8}_{=P_R}}} = 5 \, .$$

Beim zuletzt eingesetzten Geld, bei dem ja die Grenznutzen entstehen, konnte beim Weißwein pro Euro ein Grenznutzen von 6 Einheiten erzielt werden, beim Rotwein hingegen nur in Höhe von 5 Einheiten. Bei einer schrittweisen Umschichtung des Geldes vom Rot- in Weißwein, ließe sich also mit jedem umgeschichteten Euro per Saldo 6 − 5 = 1 Nutzeneinheit zusätzlich erzielen. Im Zuge dieser Umschichtung kommt es allmählich zu einem Ausgleich, da ein Mehrkonsum von Weißwein wegen der verstärkten Sättigung GN_W kleiner werden und die allmählich zunehmende Knappheit beim Rotwein GN_R ansteigen lässt. Eine Verbesserungsmöglichkeit durch Umschichtung besteht solange fort, wie $\frac{GN_W}{P_W} \neq \frac{GN_R}{P_R}$. Erst bei Gleichheit sind alle Möglichkeiten ausgereizt.

Welche *praktische Bedeutung* hat nun das Zweite Gossen'sche Gesetz? Im Kern beschreibt es den Teil unseres Konsumverhaltens, über den wir bewusst nachdenken. Zwar können wir das Erreichen des Optimums nicht annähernd exakt überprüfen, intuitiv wägen wir aber nach diesem Kalkül ab. Bei der Frage etwa, ob wir mit einem gegebenen Budget lieber ein Hemd oder eine Hose kaufen sollen, berücksichtigen wir einerseits wie hoch unsere Ausstattung mit Hemden und Hosen bereits ist. Besitzen wir viele Hosen, ist der Nutzenzuwachs einer weiteren Hose überschaubar. Haben wir hingegen wenig Hemden, würde ein weiteres Hemd einen hohen Nutzenanstieg bewirken. Die relativen Knappheiten im Bestand bestimmen die Grenznutzenrelationen:

$$\frac{\text{knappe Versorgung Hemden}}{\text{großzügige Versorgen Hosen}} \quad \Rightarrow \quad \frac{GN_{\text{Hemd}} = \text{hoch}}{GN_{\text{Hose}} = \text{gering}} \; .$$

Wäre beides gleich teuer, würden wir uns unzweifelhaft für den Kauf eines weiteren Hemdes entscheiden:

$$\frac{p_{\text{Hemd}}}{p_{\text{Hose}}} = 1 < \frac{GN_{\text{Hemd}} \; \text{hoch}}{GN_{\text{Hose}} \; \text{gering}} \; .$$

Steigt der Hemdenpreis und/oder fällt der Hosenpreis, kann dies die Entscheidung ändern. Solange im Rahmen dieser *subjektiven Wertlehre* der vom Individuum eingeschätzte relative Nutzenzuwachs beim Hemdenkauf (z. B. doppelt so hoher Nutzenzuwachs) noch über der Preisrelation liegt (z. B. Hemden sind 1,5mal so teuer wie eine Hose), bleiben wir beim Kauf des Hemdes, andernfalls entscheiden wir uns doch für die Hose. Das erklärt auch, weshalb wir, wenn wir eigentlich wegen der Knappheit ein Hemd kaufen wollten, doch zur Hose greifen, sobald diese überraschenderweise zu einem „Schnäppchenpreis" angeboten wird.

Warum sind Diamanten teurer als Wasser? Und warum wird ein Profi-Fußballer besser bezahlt als ein Kellner?

Adam Smith (1723–1790) ist in seiner Analyse über das *Diamanten-Wasserparadoxon* gestolpert. Demnach ist Wasser per se sehr nützlich, ja sogar überlebenswichtig, erzielt aber nur einen geringen Preis am Markt. Diamanten dienen hingegen vorrangig als Schmuck und sind eher Luxus als nützlich. Dennoch erzielen Diamanten einen hohen Preis am Markt.

Das Zweite Gossen'sche Gesetz ist in der Lage, dies zu erklären. Unsere relative Zahlungsbereitschaft für Güter orientiert sich eben nicht an der Nützlichkeit eines Gutes per se, sondern an der *relativen Knappheit* und den daraus resultierenden *subjektiv empfundenen Grenznutzen*. Weil die Wasserversorgung uneingeschränkt ist, ist der Grenznutzen einer weiteren Einheit Wasser gering. Deshalb ist unsere Zahlungsbereitschaft hierfür geringer als für Diamanten, die sehr knapp sind und denen daher ein hoher Grenznutzen zugestanden wird. Dies könnte sich schnell ändern, wenn Wasser zur Mangelware wird. Stünden wir kurz vor dem Verdursten, hätte Wasser einen hohen Grenznutzen und unsere Zahlungsbereitschaft dafür wäre sicher höher als für einen Diamanten.

Die Wertrelationen am Markt werden in diesem Erklärungsansatz der *subjektiven Wertlehre* durch die *subjektive Einschätzung* von Knappheiten bestimmt. In der heutigen Zeit erklärt dies dann eben auch, weshalb Profi-Fußballer exorbitante Gehälter erzielen, während Kellner, selbst wenn sie akkordverdächtig arbeiten, mit einem kleinen Salär abgespeist werden.

Ex-Nationalspieler Sandro Wagner (zitiert in: Westfälische Nachrichten 2016) hat damit auch keine Probleme, wenn er erklärt, dass seine Berufsgruppe „teilweise unterbezahlt" sei. „Gemessen an all dem, was man aufgibt, finde ich, dass auch die bei Bayern zu wenig verdienen – selbst zwölf Millionen oder so. [...] Es ist doch wie in der freien Marktwirtschaft: Angebot und Nachfrage." Einerseits gibt ihm das Zweite Gossen'sche Gesetz Recht. Niemand zwingt ja die Manager der Fußballvereine, Fußballern so hohe Gehälter zu bezahlen. Es handelt sich zum Teil um ein eher nüchternes Kalkül, ob der Fußballer das Geld auch wieder einspielen wird. Angesichts des auch künstlichen Hypes um Fußball und der daraus folgenden Vermarktungsmöglichkeiten halten die „Vereins-Bosse" die Möglichkeit wohl auch bei hohen Gehältern für gegeben. Und gute Fußballer sind knapp, haben daher einen hohen Grenznutzen, während Kellner eher reichlich vorhanden sind, sodass für die nachfragenden Restaurantbesitzer die Grenznutzen und die Zahlungsbereitschaft vergleichsweise niedrig sind.

Andererseits hat die Gehaltsrelation hier nichts damit zu tun, dass ein hart, oft bis spät in die Nacht, schuftender Kellner weniger leistet als ein Profi-Fußballer. Bei manchem Fußballspiel kommt man eher zu gegenteiliger Auffassung. Deshalb war hier keine Rede davon, dass Fußballer ihr hohes Gehalt moralisch auch „verdienen".

Nachdenklichere Spieler als Wagner, wie Matthias Ginter (zitiert in: FAZ.net 2018), erkennen dies durchaus: „Wenn ich sehe, wie Bauarbeiter oder Krankenpfleger schuften müssen und dafür ein Gehalt bekommen, mit dem sie kaum über die Runden kommen, dann muss ich sagen: Natürlich verdienen wir Fußballer zu viel."

Das Zweite Gossen'sche Gesetz haben wir zwar ohne konkrete Nutzenfunktion hergeleitet. Es hat gleichwohl auch Bestand, wenn wir mit Nutzenfunktionen arbeiten, was zwar weltfremder ist, aber eine solidere Kalkulationsgrundlage liefert. Mit den in den Indifferenzkurven offenbarten Präferenzen ist eine Vielzahl von Nutzenfunktionen kompatibel. So liefert zum Beispiel sowohl die Nutzenfunktion

$$\widetilde{N} = 50 \cdot RW^{0,5} \cdot WW^{0,5} \quad \text{als auch} \tag{2.81}$$
$$\hat{N} = \ln RW + \ln WW$$

erstens dieselben als Hyperbel verlaufenden Indifferenzkurven für unterschiedliche Nutzenniveaus:

$$\widetilde{N} = 50 \cdot RW^{0,5} \cdot WW^{0,5} \quad \Rightarrow \quad RW = \left(\frac{\widetilde{N}}{50}\right)^2 \cdot \frac{1}{WW}$$
$$\hat{N} = \ln RW + \ln WW \quad \Rightarrow \quad RW = e^{(\hat{N} - \ln WW)} = e^{\hat{N}} \cdot e^{-\ln WW} = e^{\hat{N}} \cdot \frac{1}{WW} \tag{2.82}$$

Dabei gibt es zwar einen Zusammenhang zwischen den dann anzusetzenden Nutzenniveaus($(\frac{\widetilde{N}}{50})^2 = e^{\hat{N}}$), wie hoch dabei aber die Niveaus sind, ist belanglos.

Zweitens kommen dieselben Lösungen zustande. Im *Haushaltsgleichgewicht* gelten parallel das Zweite Gossen'sche Gesetz und die Budgetbedingung aus (2.77):

$$\frac{\widetilde{GN_W}}{\widetilde{GN_R}} = \frac{\frac{\partial \widetilde{N}}{\partial WW}}{\frac{\partial \widetilde{N}}{\partial RW}} = \frac{25 \cdot RW^{0,5} \cdot WW^{-0,5}}{25 \cdot RW^{-0,5} \cdot WW^{0,5}} = \frac{RW}{WW} \overset{!}{=} \frac{p_W}{p_R} \quad \Rightarrow \quad RW = \frac{p_W}{p_R} \cdot WW \quad \text{bzw.}$$

$$\frac{\widehat{GN_W}}{\widehat{GN_R}} = \frac{\frac{\partial \hat{N}}{\partial WW}}{\frac{\partial \hat{N}}{\partial RW}} = \frac{\frac{1}{WW}}{\frac{1}{RW}} = \frac{RW}{WW} \overset{!}{=} \frac{p_W}{p_R} \quad \Rightarrow \quad RW = \frac{p_W}{p_R} \cdot WW$$

(2.83)

Aus der Anwendung des *Haushaltsgleichgewichts* auf beide Nutzenfunktionen folgt dieselbe Gleichung. In Kombination mit der Budgetgleichung resultiert als *Lösung*: $WW^* = 12,5$ und $RW^* = 6,25$, unabhängig von der gewählten Nutzenfunktion. Dies verdeutlicht nochmals, dass das *Zweite Gossen'sche Gesetz* unabhängig von dem Nutzenniveau ist, das einem Güterbündel zugeordnet wird. Je nachdem, welche Nutzenfunktion wir zugrunde legen, gehört im Optimum dazu folgender Nutzenwert: $N_2 = \widetilde{N}^* = 50 \cdot 6,25^{0,5} \cdot 12,5^{0,5} \approx 441,94$ bzw. $N_2 = \hat{N}^* = \ln 6,25 + \ln 12,5 \approx 4,358$.

Lösen wir (2.9) nach RW auf und setzen die optimalen Nutzenwerte ein, erhalten wir unabhängig von der gewählten Nutzenfunktion dieselbe Gleichung für die rote *Indifferenzkurve*:

$$RW = \left(\frac{\overset{=\widetilde{N}^*}{\overbrace{441,94}}}{50}\right)^2 \cdot \frac{1}{WW} = 78,125 \cdot WW^{-1} \quad \text{bzw.}$$

(2.84)

$$RW = e^{(\overbrace{4,358}^{=\hat{N}^*} - \ln WW)} = e^{4,358} \cdot e^{-\ln WW} = \frac{e^{4,358}}{\underset{=WW}{\underbrace{e^{\ln WW}}}} = 78,125 \cdot WW^{-1}$$

Dabei bestätigt sich konkret auch das *Gesetz der abnehmenden Grenzrate der Substitution*:

$$GRS = \left|\frac{dRW}{dWW}\right| = |-78,125 \cdot WW^{-2}| = \frac{78,125}{WW^2} .$$

Je größer dabei im Nenner der Weißweinkonsum wird, umso niedriger werden der Bruch und damit die GRS.

2.2.2.3 Auswirkung von Einkommens- und Preisänderungen auf das Haushaltsgleichgewicht

Mithilfe des analytischen Instrumentariums lassen sich sogenannte *komparativ-statische* Untersuchungen anstellen, bei denen zwei Idealzustände vor und nach veränderten Rahmenbedingungen miteinander verglichen werden.

So ließe sich zeigen, dass Präferenzverschiebungen eines Haushaltes unter gleichen Bedingungen im Haushaltsgleichgewicht zu einer Abnahme der Nachfrage nach dem nun weniger beliebten zugunsten des höher eingeschätzten Gutes führen. Der

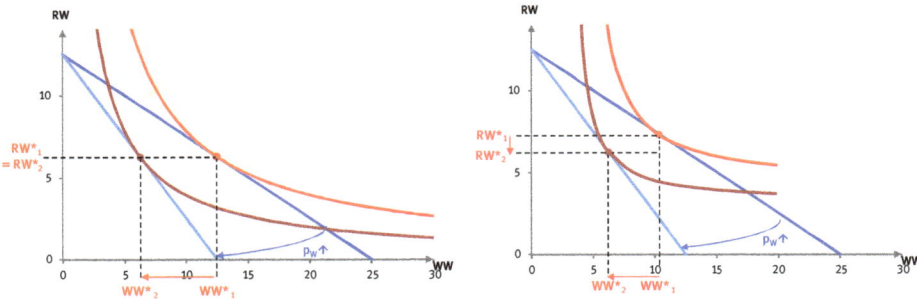

Abb. 2.23: Haushaltsgleichgewicht nach Preisänderungen bei Haushalten mit verschiedenen Präferenzen. Quelle: eigene Darstellung.

Befund, der mit einer Veränderung in der Gestalt der Indifferenzkurven einherginge, ist trivial und wird daher nicht weiter untersucht.

Interessanter sind die Auswirkungen von *Preis- und Budgetänderungen*, die in der Regel aus *Einkommensänderungen* resultieren. Bei gegebenen Präferenzen und Indifferenzkurvenschar bewirkt in unserem Beispiel ein Preisanstieg von Weißwein, dass sich die Budgetgerade um den unveränderten Ordinatenabschnitt ($\frac{B}{p_R}$) nach innen dreht, weil das Gefälle der Geraden ($\frac{p_W}{p_R}$) zulegt (vgl. Abb. 2.23). Die höchste jetzt noch erreichbare Indifferenzkurve verläuft nun auf einem geringeren Nutzenniveau. Bei den bislang unterstellten Präferenzen (linke Grafik) resultiert nach der Anpassung des Haushaltes eine Mindernachfrage nach dem nun teureren Gut, während die Nachfrage nach der Alternative unverändert bleibt. Unter ansonsten gleichen Bedingungen würde ein anderer Haushalt mit anderen Präferenzen anders reagieren (vgl. rechte Grafik). Auch er würde seinen Weißweinkonsum einschränken. Zugleich hat der Preisanstieg beim Weißwein aber auch Folgen auf den Rotwein-Konsum, der ebenfalls eingeschränkt wird.

Unter Berücksichtigung der Auswirkungen auf die Nachfrage nach dem alternativen Gut verliert der Befund an Trivialität. Denn die Folgen eines Einzelpreisanstiegs sind vielschichtiger als vielleicht vermutet. Dabei überlagern sich in beiden hier betrachteten Fällen zwei Effekte: Zum einen wirkt im Verhältnis der hier betrachteten Substitutionsgüter ein *Substitutionseffekt*. Typischerweise versucht ein Haushalt seine Nachfrage vom sich verteuernden auf das preisstabile Gut zu verlagern. Wird Weißwein teurer, trinkt man eben mehr Rotwein. Bei fest vorgegebenem Budget gelingt dies aber nicht immer, da zusätzlich noch ein *Kaufkrafteffekt* wirkt.

Er kommt dadurch zustande, dass die Preiserhöhung beim Weißwein zwar unmittelbar seine Nachfrage verringert. Je nach individuellem Grad der Weißweinvorliebe können aber dennoch für den Weißweinkonsum mehr Ausgaben als zuvor entstehen, wenn der Mengenrückgang schwächer als der Preisanstieg ausfällt, falls also gilt:

$$\text{Ausgaben Weißwein} \uparrow = p_W \uparrow\uparrow \cdot \text{WW} \downarrow \; .$$

Trotz der geringeren Nachfragemenge beim Weißwein wird eventuell ein größerer Teil der für den Weineinkauf bereitgestellten Kaufkraft für die Weißweinausgaben gebunden. Dann bleibt weniger vom Budget für den Rotweinkonsum, sodass auch hier die Nachfrage reduziert werden muss.

Durch die nach dem russischen Mathematiker und Ökonomen benannte *Slutsky-Zerlegung* können diese beiden Einzeleffekte analytisch – selbst in dem Fall, in dem sich der Rotweinkonsum im Endeffekt nicht änderte – aufgezeigt werden (Abb. 2.24). Nach der Weißweinpreiserhöhung resultiert final eine Bewegung vom Punkt A zu Punkt C in Abbildung 2.25. Was aber wäre, wenn nach dem Preisanstieg (bei dem dann geltenden, stärkeren Gefälle der hellblauen Budgetgeraden) ein externer Förderer das Budget so stark bezuschussen würde, dass die alte Indifferenzkurve zum Nutzenniveau N_1 wieder erreicht werden könnte? Der im Ordinatenabschnitt wirksame Budgetanstieg muss also die neue hellblaue Budgetgerade so lange parallel nach oben verschieben, bis die hellgraue Budgetgerade erreicht ist. Wenn der betrachtete – extern geförderte – Haushalt die Budgetbelastung nicht spürt, würde er nur seine Substitutionsneigung ausleben und seinen Konsumplan von A nach B verschieben. Der *Substitutionseffekt* (SE) für sich genommen würde zu einer Verlagerung vom Weißhin zum Rotwein führen. Sobald die externe Förderung entfällt und sich die Budgetgerade von der zwischenzeitlich gültigen grauen auf die hellblaue Gerade verschiebt, muss der Haushalt den *Kaufkrafteffekt* (KE) selbst tragen. Er bewegt sich von Punkt B zu C und reduziert dabei gegenüber dem Zwischenstadium die Nachfrage nach beiden Gütern.

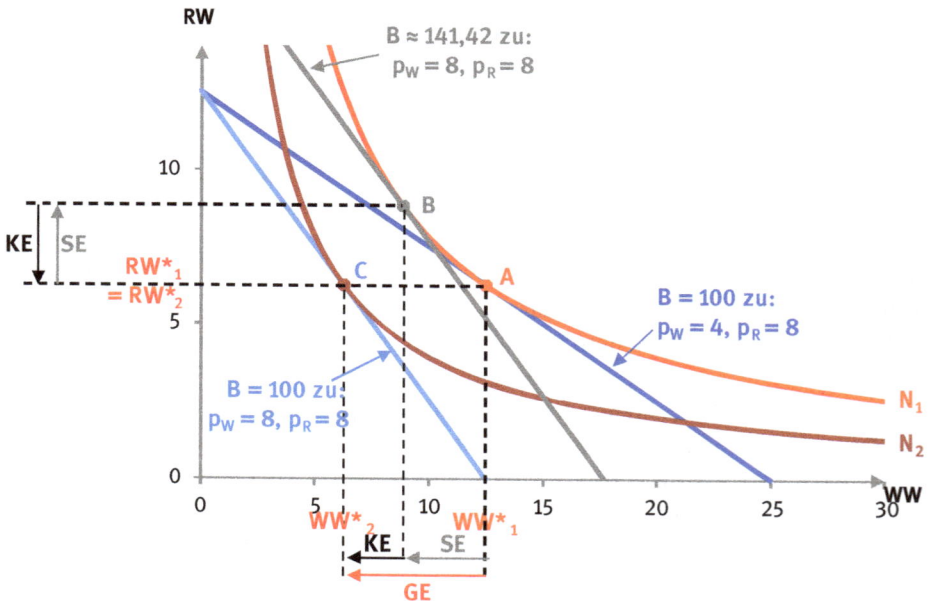

Abb. 2.24: Slutsky-Zerlegung in Substitutions- und Kaufkrafteffekt. Quelle: eigene Darstellung.

Letztlich sind dabei je nach individueller Vorliebe nicht nur zwei, sondern drei Konstellationen denkbar: Der Haushalt ...

– reduziert den Konsum des sich verteuernden Gutes stark genug, dass die Ausgaben für dieses Gut gleich hoch bleiben und er unverändert viel vom preisstabilen Gut nachfragen kann (vgl. linke Grafik in Abb. 2.23). *Substitutions- und Kaufkrafteffekt* halten sich hier die Waage.

– verringert den Konsum des teurer gewordenen Gutes so sehr, dass die Ausgaben dafür sogar fallen und für das andere Gut mehr vom Budget übrigbleibt. Der Substitutionseffekt würde hierbei den Kaufkrafteffekt überwiegen.

– schränkt den Konsum des im Preis gestiegenen Gutes zwar ein, dennoch steht weniger Geld für alternative Güter zur Verfügung, sodass auch hier die Nachfrage einbricht (vgl. rechte Grafik in Abb. 2.23). Dieses Mal reicht der Substitutionseffekt nicht aus, um den Kaufkrafteffekt auszugleichen.

Bei gegebenen Präferenzen (und Indifferenzkurven) aus Abb. 2.24 kann nun für ein Gut „durchgespielt" werden, wie sich Preisvariationen auf die individuelle Nachfrage nach diesem Gut und nach dem alternativ aus dem Budget zu finanzierendem Gut auswirken, vgl. Abb. 2.25.

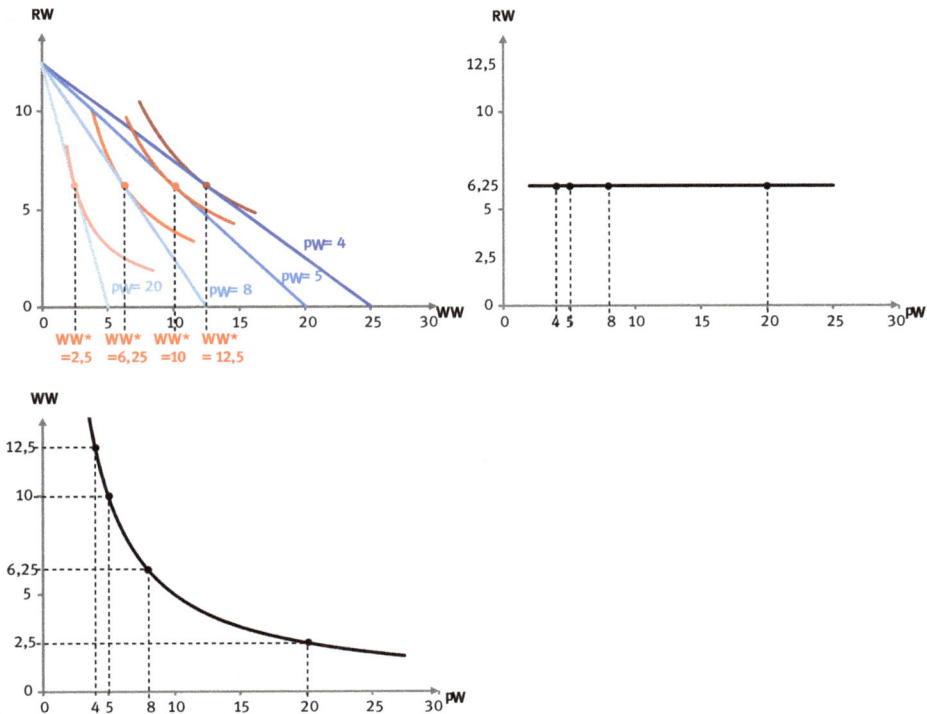

Abb. 2.25: Individuelle Nachfragefunktionen. Quelle: eigene Darstellung.

In ähnlicher Form können die Folgen eines sich bei gegebenen Präferenzen und Güterpreisen (hier: $p_W = 4$, $p_R = 8$) verändernden Budgets untersucht werden. Zumeist nimmt – wie in Abb. 2.26 – die Nachfrage nach allen Gütern des zur Disposition stehenden Warenkorbes zu, wenn das Budget steigt. Normalerweise resultiert dabei ein wachsendes Budget aus einem höheren Einkommen (Y), sodass die Kurven prinzipiell auch den Zusammenhang zwischen dem Einkommen und der Nachfrage nach einem Gut widerspiegeln. In dieser Verbindung werden die Kurven nach dem deutschen Statistiker und Sozialökonomen Ernst Engel (1821–1896) auch *Engel-Kurven* genannt.

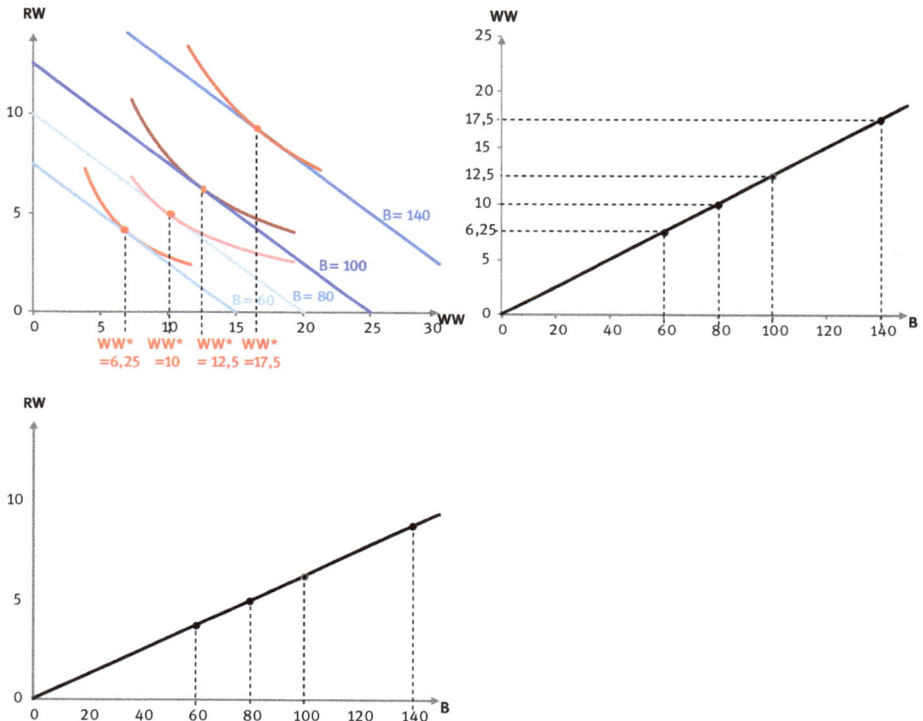

Abb. 2.26: Individuelle Engelkurven. Quelle: eigene Darstellung.

Die von einem Haushalt nachgefragte Menge eines Gutes (y) hängt somit von seinem Preis, aber auch von allen anderen Güterpreisen sowie vom Budget bzw. dem Einkommen ab. Bei gegebenen Präferenzen gilt analytisch für die Nachfrage eines Haushaltes nach einem Gut: $y = f(p_y, p_a, p_b, \ldots, p_z, Y)$

Der Reaktionsverbund zwischen dem Preis eines Gutes und seiner Nachfrage wird häufig auf Basis der prozentualen Veränderungen über die *Preiselastizität der Nachfrage* (ε) (auch: „*direkte Nachfrageelastizität* bezüglich des Preises") beschrieben (vgl. Kasten: Nachfrageelastizitäten im ÖPNV). Die direkte Nachfrageelastizität (ε_{direkt}) misst dabei die Nachfragereaktion infolge des Preisanstiegs bei diesem Gut. Sie kann praktisch bzw. analytisch wie folgt gemessen werden (mit Δy bzw. Δp als Mengen- bzw. Preisänderung, y_0 bzw. p_0 als ursprünglich nachgefragte Menge bzw. als Ausgangspreis und $\frac{\partial y}{\partial p}$ als Differentialquotient einer eventuell bekannten Nachfragefunktion.

$$\varepsilon_{direkt} = \frac{\text{Prozentuale Nachfrageänderung von y}}{\text{Prozentuale Preisänderung von y}} = \frac{\frac{\Delta y}{y_0} \cdot 100}{\frac{\Delta p}{p_0} \cdot 100} = \frac{\Delta y}{\Delta p} \cdot \frac{p_0}{y_0} \approx \frac{\partial y}{\partial p} \cdot \frac{p_0}{y_0} .$$

$$(2.85)$$

Ist beispielsweise der Preis eines Gutes um 2 Prozent gestiegen und geht daraufhin die nachgefragte Menge nach diesem Gut um 4 Prozent zurück ergibt sich:

$$\varepsilon_{direkt} = \frac{-4\,\%}{2\,\%} = -2$$

$$(2.86)$$

Pro 1 Prozent Preisanstieg geht hier die Nachfragemenge also um ε_{direkt}, d. h. um 2 Prozent, zurück.

Die *indirekte Preiselastizität – auch Kreuzpreiselastizität* genannt – gibt hingegen wieder, um wie viel Prozent sich die Nachfrage nach einem Gut pro einprozentiger Preisänderung eines anderen Gutes verändert. Sie ist wie folgt definiert:

$$\varepsilon_{indirekt} = \frac{\text{Prozentuale Nachfrageänderung von y}}{\text{Prozentuale Preisänderung von x}} .$$

$$(2.87)$$

Darüber hinaus werden in der ökonomischen Praxis auch *Einkommenselastizitäten* der Nachfrage (η) betrachtet. Gemessen wird hier, um wie viel Prozent sich die Nachfrage nach einem Gut pro einprozentigem Einkommensanstieg verändert. Definiert ist die Einkommenselastizität als:

$$\eta = \frac{\text{Prozentuale Nachfrageänderung von y}}{\text{Prozentuale Einkommensänderung Y}} .$$

$$(2.88)$$

In der Ökonomie werden dabei verschiedene Elastizitätsgrade unterschieden:
- *Elastische Nachfragereaktion*: Bei $|\varepsilon_{direkt}| > 1$ bzw. $\eta > 1$ ist die prozentuale Nachfragereaktion stärker als die auslösende prozentuale Preis- bzw. Einkommensveränderung. Bei Preisveränderungen liegt eine derartige Reaktion dann vor, wenn eine geringe Verbraucherabhängigkeit vom betrachteten Gut besteht und/oder gute Substitutionsmöglichkeiten vorliegen. Das dürfte zum Beispiel auf einen Preisanstieg bei einer ganz bestimmten Biersorte zutreffen. Abgesehen von den markentreuen Kunden werden hier viele Verbraucher nach einem Preisanstieg auf ähnlich gut empfundene Konkurrenzprodukte ausweichen und damit die Nachfrage überproportional stark einschränken. Liegt hingegen bei einem Gut eine Einkommenselastizität über eins vor, ist also der Nachfrageanstieg überproportional größer als der Einkommensanstieg, spricht man von einem *superioren Gut*. Das trifft insbesondere für hochwertige Güter mit Luxuscharakter zu. Bis zu einem bestimmten Einkommen kann man sie sich kaum leisten, weil zunächst der Grundbedarf zu sättigen ist. Steigt dann, wenn die wichtigsten Bedürfnisse bereits befriedigt wurden, das Einkommen, kann man sich daraus verstärkt den edlen Wünschen, wie den Genuss von Champagner, das Essengehen oder kostspielige Urlaubsreisen gönnen. Umgekehrt gilt dann aber auch, dass ein Einkommensrückgang die Nachfrage nach diesen Gütern überproportional einschränkt.
- *Unelastische Nachfragereaktion*: Bei $|\varepsilon_{direkt}| < 1$ bzw. $\eta < 1$ ist die prozentuale Nachfragereaktion geringer als die auslösende prozentuale Preis- bzw. Einkommensveränderung. Bei Preisänderungen ist eine unelastische Reaktion bei solchen Gütern zu erwarten, bei denen eine hohe Verbraucherabhängigkeit besteht, weil sie als lebenswichtig angesehen werden und kaum ersetzt bzw. eingespart werden können. Das betrifft beispielsweise den Wasser- oder den Stromkonsum. Eine unelastische Nachfragereaktion bei Einkommensänderungen liegt bei *inferioren Gütern* vor. Hier bewirkt ein Einkommensanstieg entweder einen Nachfragerückgang oder allenfalls einen unterproportional starken Nachfrageanstieg. Das Gut wird als geringwertig empfunden und wird daher zunehmend durch hochwertigere Produkte ersetzt. Beispielsweise könnte ein Haushalt nach einem Einkommensanstieg den Konsum billigen Weines reduzieren, weil er sich jetzt endlich das Ausweichen auf das hochpreisige Segment leisten kann.
- Wenn – zumeist im analytischen Kontext – von einer *vollkommen elastischen Nachfragereaktion* ($|\varepsilon_{direkt}| \to \infty$ bzw. $\eta \to \infty$) die Rede ist, ist damit der Grenzfall gemeint, in dem die Nachfrage überaus sensibel selbst auf kleinste Preis- oder Einkommensänderungen reagiert.
- Eine *vollkommen unelastische Reaktion* ($|\varepsilon_{direkt}| \to 0$ bzw. $\eta \to 0$) hingegen beschreibt die Extremsituation, in der sich die Nachfrage (so gut wie) gar nicht infolge von Preis- oder Einkommensimpulsen ändert.

Nachfrageelastizitäten im ÖPNV

Das Arbeiten und Argumentieren mit Nachfrageelastizitäten ist in der Ökonomie weit verbreitet. Zum Beispiel wurden in der nachfolgenden Übersicht in Form einer Metastudie Ergebnisse zur Preiselastizität der Nachfrage im Öffentlichen Personennahverkehr (ÖPNV) im internationalen Vergleich gegenübergestellt.

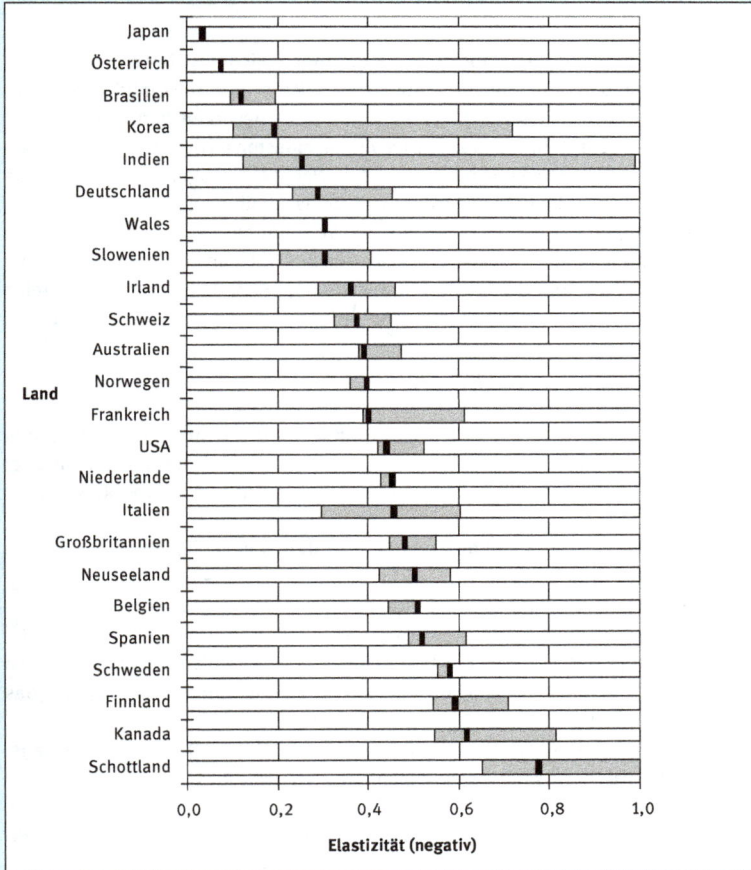

Preiselastizitäten im ÖPNV (grau Bandbreite, Schwarz Schwerpunkt); (Metastudie in: Bastians 2009, S. 129.)

Die geringste Reaktion auf Ticketpreisveränderungen ist hier in Japan zu beobachten. Selbst bei hohen Tariferhöhungen wird dort erfahrungsgemäß der ÖPNV unverändert stark genutzt. Dies dürfte stark mit dem Verkehrschaos auf den Straßen zu tun haben, das ein Ausweichen auf die Alternative des individuellen Autoverkehrs als überaus unattraktiv erscheinen lässt.

Am sensibelsten reagieren im hier betrachten Länderquerschnitt die Haushalte in Schottland. Vermutlich verfügen sie über gute Ausweichmöglichkeiten, wenn die Preise für Busse und Bahnen erhöht werden.

Für Deutschland hingegen wird – je nach Studie und Region mit Werten zwischen etwa 0,25 und 0,45 eine unelastische Nachfrage konstatiert. Diejenigen, die den ÖPNV nutzen, würden vereinzelt zwar auf Preiserhöhungen mit einem Nachfragerückgang reagieren, indem sie auf das Auto oder das Fahrrad umsteigen oder auf Fahrten verzichten. Zumeist bleibt aber bei den ÖPNV-Nutzern das Ausweichen auf das Auto angesichts überfüllter Straßen, geringer oder teurer Parkplatzkapazitäten die deutlich schlechtere Alternative. Manchmal stellt sich die Wahl auch gar nicht, wenn man gar kein Auto hat. Bei Preiserhöhungen würde man die Situation widerwillig hinnehmen und trotzdem den ÖPNV unverändert intensiv nutzen.

Diese Überlegungen für Deutschland gelten aber auch für die andere Richtung: Der empirische Befund besagt nämlich zugleich, dass eine Preissenkung – zum Beispiel aus klimapolitischen Gründen – vergleichsweise wenig zusätzliche Nachfrage nach dem ÖPNV bewirken würde. Denkbar ist dabei folgende Erklärung: Um eine Mehrnachfrage zu bewirken, müssten all diejenigen, die andere Verkehrsmittel nutzen, das sind in erster Linie Autofahrer, zum Wechsel bewogen werden. Der Preis scheint dabei aber nicht der ausschlaggebende Grund zu sein, weshalb man nicht umsteigt. Oftmals ist einfach das ÖPNV-Angebot in Form der Taktung, der Verbindungswege, der Entfernungen zu den Haltestellen, der Pünktlichkeit und dem Service zu schlecht. Will man hier einen Wechsel im Mobilitätsverhalten zum ÖPNV bewirken bedarf es mithin einer Doppelstrategie, bei der die Preise reduziert, vor allem aber das Angebot qualitativ verbessert wird.

Aufgabe

Gegeben sei folgende Nutzenfunktion: $N = 4 \cdot x_1^{0,25} \cdot x_2^{0,75}$ (mit x_1 = konsumierte Menge des ersten Gutes und x_2 = konsumierte Menge des zweiten Gutes). Überdies verfügt der Konsument über ein Ausgabenbudget von 1000 EUR für beide Güter. Jede Einheit von Gut 1 kostet 2 EUR, von Gut 2 hingegen 4 EUR pro Einheit.

a) Wie hoch ist im Haushaltsgleichgewicht die von beiden Gütern konsumierte Menge?
   (Lösung: $x_1^* = 125$; $x_2^* = 187{,}50$)

b) Prüfen Sie, ob das Budget auch nicht überschritten wurde.

c) Skizzieren Sie in einem Diagramm die höchste erreichbare Indifferenzkurve (Tipp: Dazu benötigen Sie eine Wertetabelle und den Wert des maximal erreichbaren Nutzenniveaus). Nehmen Sie ferner die Budgetgerade dazu und zeigen Sie, dass im Tangentialpunkt beider Kurven das Haushaltsgleichgewicht liegt.

d) Bestimmen Sie, welche Auswirkung eine Erhöhung des Budgets um 10 % auf die im Haushaltsoptimum gewählte Güterzusammensetzung hat.
   (Lösung: $\hat{x}_1 = 137{,}5$; $\hat{x}_2 = 206{,}25$)

e) Bestimmen Sie, welche Auswirkung eine Preissenkung des Gutes 1 um 10 % beim ursprünglichen Budget auf die im Haushaltsoptimum gewählte Güterzusammensetzung hat.
   (Lösung: $\tilde{x}_1 \approx 138{,}89$; $\tilde{x}_2 = 187{,}50$)

f) Nehmen Sie nun die ursprünglichen Preise und das ursprüngliche Budget an und bestimmen Sie die Güterzusammensetzung im Haushaltsgleichgewicht, wenn die Nutzenfunktion die Gestalt $\check{N} = \frac{1}{4}\ln x_1 + \frac{3}{4}\ln x_2$ hat und vergleichen Sie die Lösung mit a).
   (Lösung: $\check{x}_1 = x_1^* = 125$; $\check{x}_2 = x_2^* = 187{,}50$)

g) Nehmen Sie erneut die ursprünglichen Preise und das ursprüngliche Budget an und bestimmen Sie die Güterzusammensetzung im Haushaltsgleichgewicht, wenn die Nutzenfunktion die Gestalt $\tilde{N} = x_1^{0,25} \cdot x_2^{0,75}$ hat und vergleichen Sie die Lösung mit a) und f).
   (Lösung: $\bar{x}_1 = \check{x}_1 = x_1^* = 125$; $\bar{x}_2 = \check{x}_2 = x_2^* = 187{,}50$)

h) Vergleichen Sie die drei unterstellten Nutzenfunktionen in a), f) und g) sowie die Lösungen. Inwiefern bestätigt das die These, dass für die Gültigkeit des Zweiten Gossen'sche Gesetzes nicht die kardinale sondern die ordinale Nutzentheorie ausreicht?

2.2.3 Soziologische Einflüsse auf das Konsumverhalten

Im vorherigen Kapitel wurde der Teil des Konsumverhaltens abgebildet, der nüchtern, rational und ohne Berücksichtigung einer Außenwirkung des Kaufs erfolgt. Dabei blieb unberücksichtigt, dass Menschen Teil eines gesellschaftlichen Umfelds sind, das das eigene Kaufverhalten beobachten kann. Vor diesem Hintergrund sind Konsumentscheidungen nicht nur vom Güterpreis (genau genommen von allen Güterpreisen und vom Einkommen) abhängig, sondern auch von der Wirkung, die der Kauf auf die *soziale Referenzgruppe* hat.

Dabei ist zunächst der vom Ökonomen und Soziologen Thorstein Veblen (1857–1929) entdeckte *Veblen-Effekt* zu erwähnen (vgl. Abb. 2.27). Üblicherweise würde ein Preisanstieg (von p# auf p*) dazu führen, dass nur noch ein Teil der Nachfrager bereit ist, das Gut weiter zu kaufen, während ein anderer Teil aufgrund anderer Präferenzen (oder niedrigerer Einkommen) seinen Konsum reduziert oder gar einstellt. Zu erwarten wäre hier mit Blick auf die ausschließlich preisbewussten Käufer ein Nachfragerückgang von N# auf N*. Im Fall des Veblen-Effektes kommt nun aber – als Folge des Preisanstiegs – eine Käufergruppe hinzu (N° – N*), die bislang den Konsum des

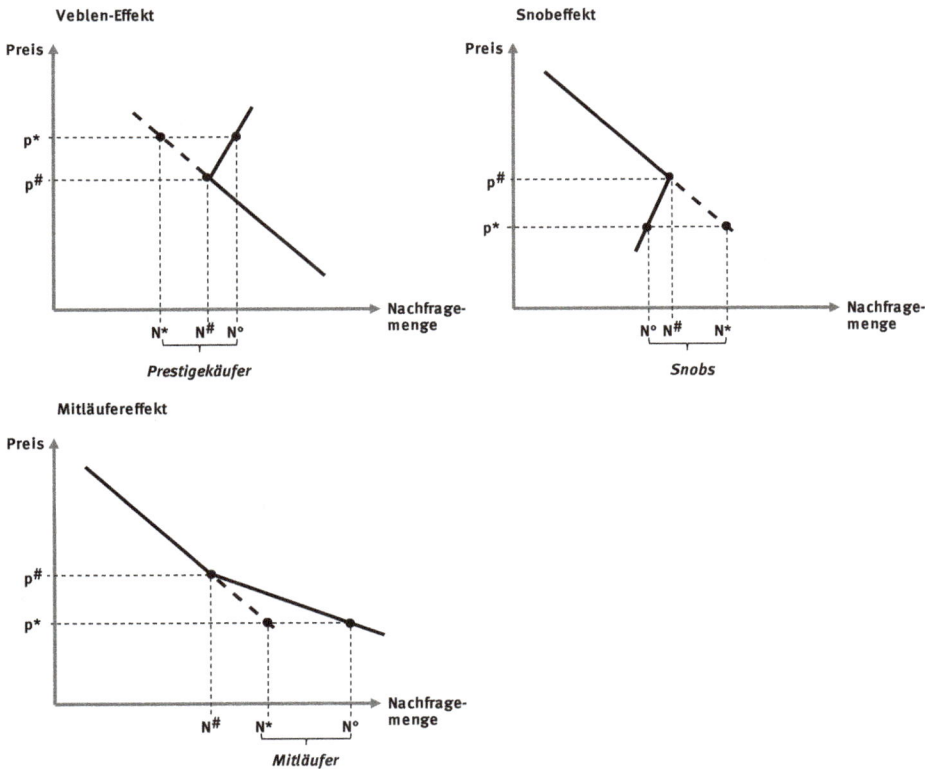

Abb. 2.27: Veblen-, Snob- und Mitläufereffekt. Quelle: eigene Darstellung.

Gutes noch gar nicht in Betracht gezogen hatte. Ihr Motiv liegt im *Demonstrationseffekt* gegenüber der Referenzgruppe. Erst durch den Preisanstieg erhält das Gut den Charakter der Exklusivität. Die *Prestigekäufer* wollen durch den Kauf ihr soziales Umfeld beeindrucken und ihr Ansehen erhöhen. Um diesen Zweck zu erreichen, ist es einerseits wichtig, dass das Umfeld weiß, wie teuer das Produkt ist, das man sich als erfolgreicher Mensch eben leisten kann. Das erklärt, weshalb die Hersteller derartiger Luxusgüter, bewusst mit auffälligen Markenemblemen operieren (Apple, Lacoste usw.), vehement gegen Billig-Fälschungen vorgehen, imageträchtige Werbungen auflegen und einem häufig exklusiven Händlerkreis das Verramschen zu „Schnäppchenpreisen" mehr oder weniger untersagen. Andererseits darf der Zweck des Imponiergehabes aber auch nicht enttarnt werden, da man sonst als „Aufschneider" gilt. Insofern müssen die Logos zwar auffällig, aber dennoch dezent genug sein. Darüber hinaus muss der Verbraucher zur Rechtfertigung immer auch auf eine hohe Qualität verweisen können, die ihn letztlich zu seiner Kaufentscheidung bewogen hätte.

Der *Snob-Effekt* wirkt genau in die umgekehrte Richtung. Wird ein ehemals hochpreisiges Produkt immer günstiger (der Preis fällt von p# auf p*), animiert dies zwar einerseits neue Kunden zum Kauf (N* – N#), denen das Produkt bislang zu teuer war. Zugleich scheiden aber die Käufer aus, die das Gut auch aus Geltungssucht erwerben würden, weil es seine Exklusivität und damit die angestrebte Demonstrationswirkung verloren hat.

Darüber hinaus ist im Zuge von Preissenkungsprozessen oftmals noch der *Mitläufereffekt* zu beobachten. Kommt es im *Produktlebenszyklus* – aufgrund einer zunehmenden Fixkostendegression oder von Lerneffekten – zu einem kontinuierlichen Preisrückgang (p# auf p*) bei einem Gut, werden all diejenigen zum Kauf animiert, die das Gut immer schon haben wollten, denen es aber bislang zu teuer war (N* – N#). Hinzu kommen noch die Mitläufer als neue Käuferschicht. Sie hatten bislang – unabhängig vom Preis – noch gar nicht erwogen, das Gut zu kaufen. Erst durch die zunehmende Verbreitung werden sie darauf aufmerksam, dass dieses Produkt im Trend liegt. Um mit dabei zu sein, um „trendy" zu sein, springen sie auf die Welle auf und erwerben das Gut ebenfalls.

Gut nachvollziehbar sind die genannten Effekte am Beispiel der Dienstleistung „Mitgliedschaft" in einem Tennisclub. In den 1960er/1970er-Jahren gab es nur wenige Tennisclubs in Deutschland, die sich eine Mitgliedschaft mit hohen Aufnahmegebühren und Jahresbeiträgen bezahlen ließen. Manche Tennisspieler waren trotz des hohen Preises aus Überzeugung und aus Spaß an diesem Sport als Nachfrager dabei. Anderen war vor allem auch die hohe Prestigewirkung wichtig, die erst durch die Knappheit und die hohen Beiträge zustande kam. Mit den spektakulären Wimbledon-Siegen von Boris Becker und Steffi Graf entwickelte sich der Tennissport in Deutschland lange Zeit zu einer Massenbewegung. Es gab immer mehr Tennisclubs, die Beiträge sanken kontinuierlich und es setzte ein Mitläufereffekt ein, weil nun jeder mit dabei sein wollte. Infolgedessen verlor das Gut aber seine Prestigewirkung, was viele „Snobs" veranlasste, zum Golfsport zu wechseln.

2.3 Märkte und Preisbildung

In den ersten beiden Teilkapiteln der orthodoxen Mikroökonomie haben wir – konzentriert auf die rationalen Bausteine – zumindest wichtige, wenn auch nicht alle Aspekte des neoklassischen einzelwirtschaftlichen Verhaltens beleuchtet. Analytisch haben wir uns der *Ceteris-paribus-Argumentation* bedient und dabei entscheidungsrelevante Rahmenbedingungen als gegeben betrachtet. Insbesondere wurden die Marktpreise für Input- oder Outputgüter weitgehend vorgegeben. Die neoklassische Theorie geht nun weiter davon aus, dass sich die Preise in der Marktwirtschaft aber aus der Interaktion von Millionen von Wirtschaftssubjekten über den Markt bilden. In einer Art *Trial-and-Error-Prozess* käme es dabei zu einer gegenseitigen Anpassung der unterschiedlichsten Vorstellungen, wobei Preisschwankungen die Aufgabe haben, Angebot und Nachfrage miteinander kompatibel zu machen.

2.3.1 Marktstrukturen

Wie der Abstimmungsprozess im Einzelnen erfolgt, hängt aber auch von den jeweiligen Marktstrukturen ab. In Anlehnung an den Ökonomen Heinrich von Stackelberg (1905–1946) wird dabei zwischen *neun unterschiedlichen Konstellationen* mit jeweils einem, wenigen und vielen Akteuren auf beiden Seiten des Marktes unterschieden (vgl. Abb. 2.28). Was dabei „wenig" bzw. „viel" bedeutet, ist unscharf und situationsabhängig. Während fünf Bäcker in einem Ort mit 500 Einwohnern eher „viele" Anbieter sind, stellen gleichviele Bäcker in einer Großstadt hingegen „wenige" dar. Zudem wird in der Unterteilung bei der Existenz mehrerer Akteure von der Möglichkeit einer *Machtkonzentration* bei Einzelnen abstrahiert. Unter Berücksichtigung dieser Optionen ließen sich hier noch weitere Unterfälle konstruieren, wie zum Beispiel Teiloligopole, bei denen es zwar insgesamt viele Anbieter gibt, unter denen aber wiederum einige wenige dominieren.

Im Mittelpunkt der orthodoxen Mikroökonomie steht das *Polypol* (alternativ: die „vollkommene Konkurrenz"). Sowohl auf der Anbieter- als auch auf der Nachfragersei-

Nachfragerzahl	Anbieterzahl		
	Viele	Wenige	Einer
Viele	Polypol	Oligopol	Monopol
Wenige	Oligopson	bilaterales Oligopol	Beschränktes Angebotsmonopol
Einer	Monopson	Beschränktes Nachfragemonopol	bilaterales Monpol

Abb. 2.28: Marktstrukturen. Quelle: eigene Darstellung nach Stackelberg.

te betätigen sich viele, atomistisch kleine Akteure, sodass niemand über Macht verfügt. Besteht zudem allseitige Transparenz über alle Entscheidungsgrundlagen, die Möglichkeit des freien Marktzugangs sowie des Austritts und ist der Markt analytisch so abgegrenzt, dass ein homogenes Gut gehandelt wird, liegt die *vollkommene Konkurrenz* vor.

Steht nur ein Anbieter vielen kleinen Nachfragern gegenüber, handelt es sich um ein *Monopol*, in dem auf der Anbieterseite jedweder Wettbewerb fehlt. In der Praxis zeigt sich, dass derartige Marktkonstellationen eher versteckt und zumeist nicht mit den multinationalen Großkonzernen zu assoziieren sind. Beispielsweise ist Microsoft mit seinen Windows-Betriebssystemen ein großer mächtiger Player im Markt. Dennoch befindet sich selbst dieser Gigant nicht in einer formalen Monopolsituation. So gibt es Linux und Ubuntu als sogar kostenlose Ausweichmöglichkeiten, wenn diese realiter auch keine wirkliche Relevanz bzw. Konkurrenz darstellen. Zur Identifikation von Monopolen müssen in der Regel zuvor die „*relevanten Märkte*" sachlich, zeitlich und räumlich exakt abgesteckt werden. Bei der Dienstleistung „Kneipenbesuch" zum Beispiel gibt es mit Blick auf Deutschland sicherlich kein Monopol. Grenzt man den Markt regional auf die Nordseeinsel Spiekeroog ein, sieht das schon anders aus. Potenzielle Kneipenbesucher sind – angesichts mangelnder realistischer Ausweichmöglichkeiten – auf das Angebot vor Ort angewiesen. Grenzt man ferner die Dienstleistung zeitlich auf die Zeit nach Mitternacht ab, verbleibt zumeist nur eine Kneipe als Anbieter. Monopolsituationen findet man überdies auch im Zusammenhang mit *natürlichen Monopolen* vor (vgl. Kap. 2.3.3.1.3.4). So erfolgt der Stromtransport über Höchstspannungsleitungen durch regionale Monopolisten in Form der Übertragungsnetzbetreiber.

Eine in Abb. 2.28 nicht explizit aufgeführte Situation stellt dabei die *monopolistische Konkurrenz* dar. Sie ergibt sich als Mischform aus einem Differenzierungsprozess hinsichtlich der Güterpräferenzen. So besteht beispielsweise auf dem Biermarkt in Deutschland – zumindest unter Berücksichtigung der zahlreichen in Hausbrauereien erzeugten Craft-Biere – eine große Konkurrenz. Oftmals gelingt es aber einzelnen Brauereien den Biermarkt so zu segmentieren, dass sie sich in einem eng abgegrenzten Marktbereich bewegen, in dem sie der Alleinanbieter sind. Das wird in der Regel bewusst herbeigeführt durch Werbekampagnen, in denen die „Einzigartigkeit" des beworbenen Bieres herausgestellt wird. Die Rede ist dann etwa vom „einzig wahren" oder von „ureigen friesisch-herb". Sofern die Kunden vom Alleinstellungsmerkmal überzeugt sind, befinden sich die Hersteller in diesem Segment in der Position des Alleinanbieters. Dabei können sie die Markentreue der auf ihr Bier fixierten Kunden ähnlich einem Monopolisten (das „*akquisitorisch monopolistische Potenzial*") ausnutzen und das Angebot künstlich knapphalten, um die Preise in die Höhe zu treiben. Allerdings gibt es dabei – anders als im reinen Monopol – Grenzen. Sobald der Anbieter preislich überzieht, reicht die Markentreue als Bindungskraft nicht mehr aus und die Kunden wechseln zur Konkurrenz.

Im Fall nur eines Nachfragers bei zahlreichen Anbietern handelt es sich um ein *Monopson* bzw. *Nachfragemonopol*. Derartige Konstellationen liegen häufig im Zusammenhang mit dem Staat als einzigem Nachfrager vor. Das betrifft zum Beispiel die Nachfrage nach Polizeiuniformen, nach Kriegswaffen oder nach Autobahnbrücken (vgl. Kap. 2.3.2.3.5). Nachfragemonopole mit einem entsprechenden Potenzial an einem möglichen Machtmissbrauch des Abnehmers sind auch verstärkt im Austauschprozess von industriellen Anbietern und nachfragenden Handelsunternehmen anzutreffen.

Anders als beim Monopol stehen im *Oligopol* Anbieter in Konkurrenz zueinander. Allerdings handelt es sich hier um wenige Anbieter, im Fall eines *Duopols* – wie bei Boeing und Airbus im Großraum-Passagierflugzeugbau – sogar nur um zwei Anbieter. Dabei ist diese Marktkonstellation des Oligopols in der Realität sicherlich am weitesten verbreitet; zum Beispiel auf dem Automobil-, Banken- und Lebensmittelmarkt. Die einzelnen Anbieter haben hier einen signifikanten Einfluss auf das Marktgeschehen und verfügen daher über Macht. Sie genießen aber nicht die alleinige Macht, sondern sind im wirtschaftlichen Erfolg stark abhängig von der Reaktion der Mitbewerber. Je nach Verhalten der Unternehmen kann dabei der Wettbewerb unterschiedlich intensiv sein. Von ruinöser Konkurrenz bis zur Kartellbildung unter Ausschluss des Wettbewerbs ist alles möglich (vgl. Kap. 2.1.3.3).

Während in „*weiten Oligopolen*" mit noch vergleichsweise vielen Großanbietern ein intensiver Wettbewerb zu vermuten ist, besteht gerade in „*engen Oligopolen*", bei denen nur noch sehr wenige Unternehmen hohe Marktanteile aufweisen, die Gefahr eines Wettbewerbsattentismus. Den Anbietern ist die gegenseitige Reaktionsverbundenheit bewusst, dass Verhalten eines jeden einzelnen ist sehr transparent. Niemand will so den Anstoß zu strategischen „Vergeltungsmaßnahmen" geben, man begegnet sich wirtschaftsfriedlich untereinander, im Falle der Existenz eines Branchenführers überlässt man weitgehend ihm das Setzen der Strategie, die dann imitiert wird. Darüber hinaus lassen sich in engen Oligopolen aufgrund der hohen Übersichtlichkeit leicht sogar komplett den Wettbewerb unterbindende Kartelle organisieren. Oligopolistische Macht kann im Fall eines *Oligopsons* auch auf der Nachfragerseite vorkommen (vgl. Bontrup/Marquardt 2008). So beklagen beispielsweise die Lebensmittelzulieferer die Ausbeutung von Seiten der oligopsonistischen Einzelhandelsketten.

Bauernproteste

Die Bauernproteste in den Jahren 2019 und 2020 haben zum Ziel, die Interessen der Landwirte im Zuge der Umsetzung der maßgeblich von der EU verordneten Gesetzgebung zu wahren. Der Druck auf die Landwirte wird nicht nur durch eine klimafreundlichere Gesetzgebung erhöht, die mit strengeren Auflagen in der landwirtschaftlichen Herstellung einher geht. Der Konsument landwirtschaftlicher Erzeugnisse selbst fordert zwar auf der einen Seite ökologischere Produkte an der Ladentheke, auf der anderen Seite greift er dann aber häufig auf Billigprodukte zu. Damit ist ein Kampf um ein Basisgut in einer marktwirtschaftlich-kapitalistischen Ordnung entbrannt, der den Systemwiderspruch an sich deutlicher nicht vor Augen führen kann.

„Landwirte gehen auf die Straße, protestieren, fahren mit ihren schweren Treckern nach Berlin. Sie wollen reden – doch genau das ist nicht immer einfach

‚Land schafft Verbindung' blockierte kürzlich mit hunderten von Traktoren die Straßen auch im Wendland – aus ‚Solidarität mit den niederländischen Kollegen'. Die sollen nämlich ihren Viehbestand reduzieren. Warum sind die Bauern denn dagegen? Reden ist schwierig mit jemandem, der hoch oben in seiner Treckerkanzel sitzt und zu einer Protestkundgebung in das Regierungsviertel dieselt oder zuhause Kreisel blockiert. Und ein ‚Mahnfeuer' irgendwo draußen an einer Bundesstraße empfindet man auch nicht grade als Anreiz, mit den aufgebrachten Bauern am Feuer in eine Auseinandersetzung zu treten.

Stickstoffkrise

Lesen wir also selbst nach: In den Niederlanden werden 366 Schweine pro Quadratkilometer gehalten, so viel wie nirgendwo sonst in Europa. Deren Gülle sorgt für dauerhaft hohe Emissionen an Stickstoff aus giftigem Ammoniak, der auf die Böden ringsum gelangt – weit mehr, als die EZ-Gesetzgebung erlaubt. Ammoniak (NH_3) schadet der Umwelt, der menschlichen Gesundheit und dem Klima. Nach einem Urteil der höchsten niederländischen Verwaltungsrechtsinstanz müssen nun die Genehmigungen für Stickstoff-Emissionen beschränkt werden. Unsere Nachbarn nennen diesen Zustand inzwischen die ‚Stickstoffkrise'.

Im deutschen ‚Schweinegürtel', der sich von Nordrhein-Westfalen bis über das westliche Niedersachsen erstreckt, gibt es ähnliche Probleme wie in den Niederlanden. Auch Deutschland muss seine Stickstoff-Emissionen in den kommenden Jahren drastisch reduzieren: Bis 2020 um fünf Prozent und bis 2030 um 29 Prozent (gegenüber 2005). Und der Landwirtschaft sind zwischen 70 und 95 Prozent aller NH_3-Emissionen zuzuschreiben.

Weltmarkt Politik

Dabei braucht weder die niederländische Bevölkerung noch die deutsche die dort produzierten Mengen an Schweinefleisch. Ein Großteil wird auf den Weltmarkt exportiert, wo die Preise so niedrig sind, dass dieses Geschäftsmodell mit schärferen Umweltvorschriften nicht funktionieren würde. Wesentliche Grundlage der Billigfleischproduktion sind die Einfuhren von – meistens gentechnisch verändertem – Soja aus Übersee. 2018 waren es mehr als 5 Millionen Tonnen allein für Turbofuttermittel. Was bei uns über die Gülle ins Grundwasser und in die Luft gelangt, stammt zu einem Großteil eigentlich aus Brasilien, USA und anderen Überseestaaten. Eigentlich müssten die Sojafrachtschiffe die Gülle aus dem Schweinegürtel wieder mit zurücknehmen.

Für unsere exportorientierte Agrarpolitik sind die Führungen der Bauernverbände politisch mitverantwortlich. Sie haben die Agrarpolitik der letzten Jahrzehnte entscheidend mitgestaltet – im Sinne der großen Betriebe. Die von ihnen propagierte internationale ‚Kostenführerschaft' der deutschen Bauern ist einer der Ursachen, dass die industrielle Massentierhaltung auf dem Vormarsch ist, kleinere bäuerliche Familienbetriebe aber aufgeben müssen. Nun hoffen die Bauernverbands-Funktionäre offensichtlich, dass die protestierenden Bauern die öffentliche Meinung in ihrem Sinne beeinflussen. Gegen schärfere Umweltauflagen, gegen Klimaschutzpolitik.

Agrarbranche muss sich wandeln

Was will ‚Land schafft Verbindung' konkret? Wie stellen sie sich zukunftsfähige Landwirtschaft vor? ‚Wir stellen uns der öffentlichen Debatte¡ beteuert die Organisation. Aber darauf warten wir nun schon eine ganze Weile. Es sind zwar viele, die protestieren, aber bei weitem nicht die Bauern. Immer mehr Landwirte sehen inzwischen, dass die Agrarbranche nicht so weitermachen kann wie im vorigen Jahrhundert, als man die Klimaerwärmung noch leugnen oder das Artensterben schlicht ignorieren konnte. Die Gesellschaft wird einsehen müssen, dass sie die Landwirte für umweltverträgliches Wirtschaften unterstützen, und die Konsumenten, dass sie für ihre Produkte mehr bezahlen muss." (Marunde 2020)

2.3.2 Marktgleichgewicht und Preisbildung im Ideal vollkommener Konkurrenz

2.3.2.1 Marktgleichgewicht und Preisbildung bei vollkommener Konkurrenz

Bei vollkommener Konkurrenz orientieren sich die Polypolisten in ihrem kurzfristigen Absatzverhalten an der *Preis-gleich-Grenzkosten-Regel* (vgl. (2.35)). Dabei muss zumindest aber das *Betriebsminimum* erreicht worden sein, d. h. die durchschnittlichen variablen Kosten werden ebenfalls abgedeckt.

Zur Konstruktion der Angebotsfunktion im Markt für ein Gut stützen wir uns hier – bei wertmäßiger Kostenabgrenzung (vgl. Kap. 2.1.2) – auf ein Unternehmen mit einer simplen linearen Kostenfunktion (mit KT_1 = Gesamtkosten des Unternehmens U1 in EUR und y_1 = produzierte Menge des Unternehmens 1 bei einer Kapazitätsgrenze von 20 Outputeinheiten):

$$KT_1 = 60 + 2 \cdot y_1 \quad \text{mit} \quad y_1 \leq 20 \tag{2.89}$$

Für dieses Unternehmen gilt:

$$GK_1 = DKV_1 = 2 \quad \text{und} \quad DKT_1 = \frac{60}{y_1} + \underbrace{2}_{=GK_1=DKV_1} \tag{2.90}$$

Die Grenzkostendeckung impliziert hier also automatisch auch eine Deckung des Betriebsminimums. Dieses Unternehmen würde also *kurzfristig* gemäß seiner Grenzkostenkurve zu einem Preis von $p_1 = 2 = GK_1$ die Menge von $y_1 = 20$ Einheiten anbieten (vgl. Abb. 2.29). *Langfristig* würde es nur zufrieden sein und im Markt bleiben, wenn stückkostendeckende Preise erzielt werden. Auf lange Sicht würde sich das Outputverhalten von U1 demnach an der hyperbelähnlichen Stückkostenkurve DKT_1 in Abb. 2.29 orientieren. Angesichts der gewählten wertmäßigen Kostenabgrenzung würde Stückkostendeckung auch das Abwerfen eines *Normalprofits* in Form

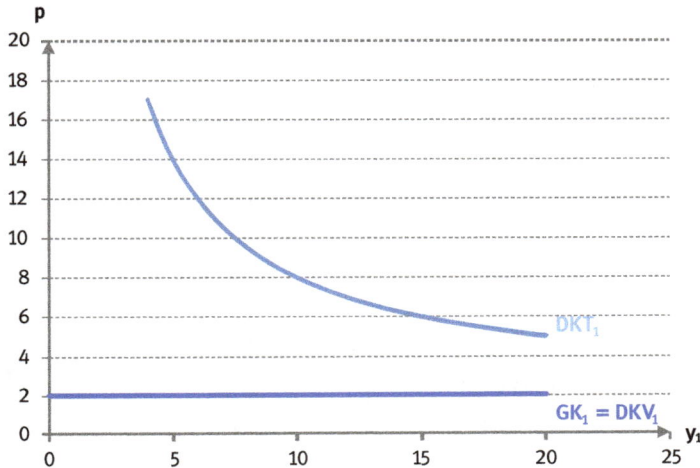

Abb. 2.29: Individuelle Angebotskurve. Quelle: eigene Darstellung.

einer angemessenen Eigenkapitalverzinsung zuzüglich eines adäquaten Risikozuschlags und des Unternehmerlohns beinhalten. „Angemessen" bzw. „adäquat" lässt sich hier nicht exakt quantifizieren, gemeint ist aber das, was im Quervergleich über alle Branchen der Volkswirtschaft mit vergleichbarem Geschäftsrisiko erzielt werden kann. Um langfristig $y_1 = 20$ Einheiten anzubieten, müssten hier mindestens Stückkosten in Höhe von $DKT_1 = \frac{60}{20} + 2 = 5$ EUR über den Preis erwirtschaftet werden. Diese sogenannten Stückkosten enthalten wohlbemerkt auch die Verrechnung eines Normalprofits (s. o.).

Zur Analyse des Marktergebnisses muss im nächsten Schritt das individuelle Angebotsverhalten über alle Anbieter kumuliert werden. Wir gehen hier davon aus, dass eine Vielzahl von Anbietern vorhanden ist, die alle dieselben Fixkosten von 60 EUR und eine individuelle Kapazitätsgrenze von 20 Outputeinheiten aufweisen. Allerdings unterscheiden sich die Anbieter aufgrund unterschiedlicher Produktivitäten oder verschiedener Zuliefererpreise in den variablen Stückkosten bzw. Grenzkosten. U1 war dabei der Anbieter mit den günstigsten Grenzkosten. Das in der Anbieterreihenfolge jeweils nächstgünstige Unternehmen soll nun Grenzkosten haben, die um 1 EUR höher ausfallen als beim Vorgänger. Das gilt hier dann auch bei identischer Produktionsmenge für die Stückkosten.

Auf dem Markt ergibt sich nun die in Abb. 2.30 dargestellte *Kostentreppenfunktion* als Angebotskurve. Zu einem Preis von $p_1 = GK_1 = 2$ EUR wäre nur U1 kurzfristig zum Angebot des Gutes bereit; und zwar im Rahmen seiner Kapazitäten von bis zu 20 Einheiten. Wäre der Preis 3 EUR, böte U_1 natürlich weiterhin seine 20 Einheiten an. Zudem würde aber auch für das nächstgünstige Unternehmen im Markt, für U_2, ein Angebot interessant werden, sodass nun insgesamt weitere 20 Einheiten, in Summe also 40 Einheiten auf dem Markt angeboten werden. Vernachlässigt man die Details,

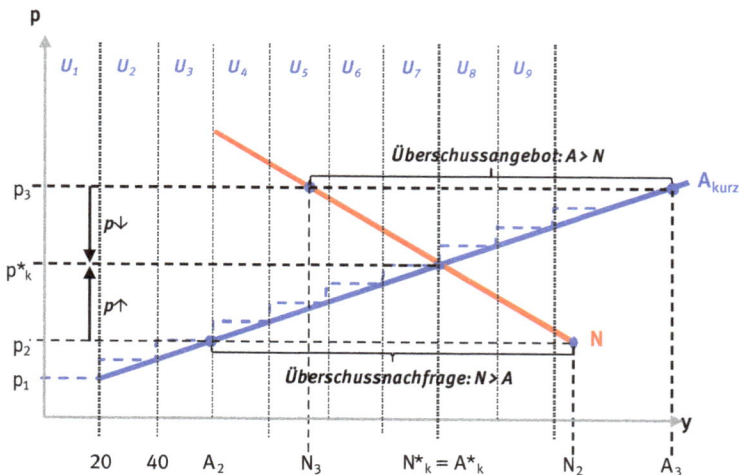

Abb. 2.30: Kostentreppe und kurzfristiges Marktgleichgewicht. Quelle: eigene Darstellung.

so kann die durchgezogene „umhüllende Gerade" näherungsweise als die *kurzfristige Angebotskurve* im Markt angesehen werden. Sie verläuft steigend und besagt, dass mit steigendem Preis immer mehr angeboten wird, weil sich eine Produktion für immer mehr Anbieter lohnt.

Welcher Preis am Ende tatsächlich zustande kommt, ergibt sich erst unter Berücksichtigung des Nachfragerverhaltens. Da im Normalfall ein einzelner Haushalt auf steigende Preise eines Gutes mit einem Nachfragerückgang reagiert (vgl. Abb. 2.25), wird dies üblicherweise auch in der Zusammenführung aller Nachfrager am Markt so sein. Die fallend verlaufende rote Kurve (N) erfasst diese Nachfragereaktion.

Dabei wird der Markt mithilfe des Preismechanismus von selbst zum kurzfristigen Marktgleichgewicht bei $p_k{}^*$ finden. Dort stimmen Angebot- und Nachfragemengen überein ($A_k{}^* = N_k{}^*$). Warum sich diese Entwicklung einstellen wird, lässt sich ausgehend von Ungleichgewichten erklären: Sollte der Preis mit p_2 unter $p_k{}^*$ liegen, wäre die Nachfrage größer als das Angebot. Es bestünde ein *Verkäufermarkt*, der günstig für die Verkäufer ist. Denn zu p_2 wird in Höhe des zustande kommenden Angebotes A_2 nur ein Teil der Nachfrage befriedigt. In Höhe von ($N_2 - A_2$) besteht hingegen ein *Nachfrageüberschuss*, der bei p_2 nicht bedient wird. Nachfrager, die befürchten leer auszugehen, würden nun in Konkurrenz zueinander treten und versuchen, sich gegenseitig über eine höhere Zahlungsbereitschaft aus dem Markt zu drängen. Die Preissteigerungstendenz bewirkt dabei einen Abbau des Nachfrageüberhangs, da auf der einen Seite neue Anbieter in den Markt gelockt werden. Auf der anderen Seite disponieren einzelne Nachfrager neu und reduzieren ihre Nachfrage freiwillig, weil ihnen das Gut nach dem Preisanstieg so viel nicht mehr wert ist. Solange aber noch ein Nachfrageüberschuss besteht, hält die Konkurrenz unter den Nachfragern an und der Preisauftrieb setzt sich fort. Erst im Schnittpunkt beider Kurven, bei $p_k{}^*$, ist der Preisanstieg abgeschlossen.

Analog ergibt sich das Gleichgewicht ausgehend von einem Preis wie p_3, der über $p_k{}^*$ liegt. Dieses Mal übersteigt das Angebot die Nachfrage. Produzenten drohen in diesem *Käufermarkt* im Umfang von ($A_3 - N_3$) auf ihrer Ware sitzenzubleiben. Um dies zu vermeiden, treten sie in Konkurrenz zueinander und versuchen, durch Preiskonzessionen die insgesamt zu knappe Nachfrage auf sich zu ziehen. Diese Preissenkung erhöht die Nachfrage, reduziert zugleich aber auch die Bereitschaft, Güter weiter anzubieten, sodass der *Angebotsüberschuss* eigendynamisch über Preisänderungen abgebaut wird. Auch hier endet die Anpassung erst, wenn bei $p_k{}^*$ kein Angebotsüberhang mehr besteht. Der Marktmechanismus führt somit mithilfe von Preisänderungen zum Marktgleichgewicht und damit zur Übereinstimmung von Angebot und Nachfrage.

Allerdings wurde bei der Betrachtung nur das kurzfristige Verhalten der Unternehmen berücksichtigt. Längerfristig spielt in ihrem Angebotsverhalten auch eine Rolle, ob mit dem Marktpreis nicht nur die Grenz- und die durchschnittlichen variablen Kosten, sondern auch die gesamten Durchschnittskosten (inklusive Normalprofit) abgedeckt werden. Unter Beachtung dieses Aspektes erweist sich das kurzfristige Gleichgewicht langfristig als instabil.

In Abb. 2.31 sind neben den Grenzkostenverläufen der Unternehmen in der Treppenfunktion auch noch die hyperbelähnlichen Durchschnittskostenkurven aufgenommen. DKT_1 beschreibt den Stückkostenverlauf für den günstigsten Produzenten U_1. DKT_2 beschreibt die Durchschnittskostenentwicklung für die zweiten 20 im Markt von U2 angebotenen Einheiten usw. Kurzfristig produzieren bei p_k* die Unternehmen U_1 bis U_7 mit ihren vollen Kapazitäten. Aber nur U_1 bis U_4 erfahren eine *Vollkostendeckung*. U_5, U_6 und U_7 werden daher längerfristig aufgrund von Verlusten bzw. einer Unterdeckung der Normalprofite ihre Produktion einstellen. Sobald der Markt nur noch von U_1 bis U_4 versorgt wird, besteht beim bisherigen Preis p_k* ein preistreibender Nachfrageüberschuss in Höhe von $(N_k$* $- A°)$. Dies ermöglicht den verbliebenen Anbietern ein Abweichen von der Preis-gleich-Grenzkosten-Regel. Denn die Angebotsmenge A° kann nun zu p° verkauft werden. Dabei ergibt sich ein Preisaufschlag nicht nur gegenüber den Grenzkosten, sondern auch gegenüber den gesamten Durchschnittskosten beim Grenzanbieter U_4 und erst recht bei U_1 bis U_3. Es kommt zu einem sogenannten *Mark-up-Pricing*. Bei p° wird der Markt aber für die außenstehenden Unternehmen von U_5 bis U_9 wieder attraktiv, da dieser Preis für sie, wenn er Bestand hätte, mehr als eine Stückkostendeckung ermöglicht. Treten diese Anbieter wieder in den Markt ein, besteht aber ein Angebotsüberschuss, der die Unternehmen erneut in eine echte Konkurrenz um den Absatz treibt. Es erfolgt die Rückkehr zur Preis-gleich-Grenzkosten-Regel mit einer anschließenden Marktbereinigung, bei der U_8 und U_9 den Markt sogar kurzfristig wieder verlassen werden, da mit dem sich erneut einstellenden Preis p_k* weder ihre Grenz- noch ihre durchschnittlichen variablen Kosten gedeckt werden. Ausgehend von p_k* wiederholt sich der Anpassungsprozess, sodass langfristig je nach Zahl der präsenten Anbieter der Preis zwischen p_k* und

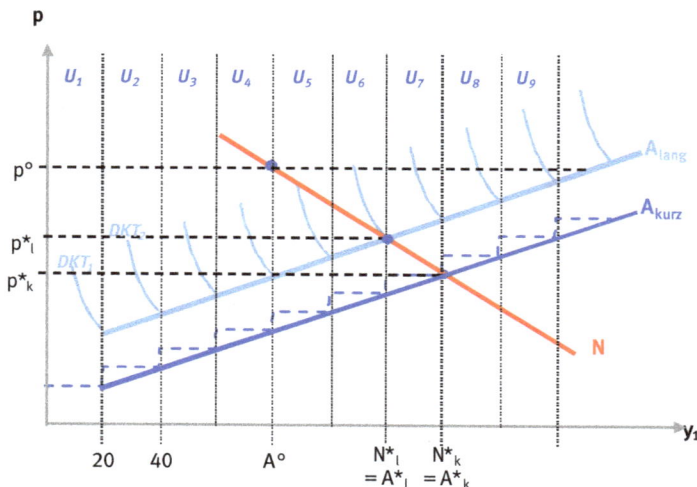

Abb. 2.31: Langfristiges Marktgleichgewicht. Quelle: eigene Darstellung.

p° schwankt. Er zirkuliert um den Schnittpunkt bei p_l zwischen der Nachfragekurve und der langfristigen Angebotskurve A_{lang}, die hier vereinfachend als Verbindung der bei Kapazitätsauslastung geltenden Durchschnittskosten auf der „Sägezahnfunktion" dargestellt wurde.

Der Preis p_l kann dabei als der *langfristige Gleichgewichtspreis* angesehen werden. Mit diesem Preis wären auch auf lange Sicht die Unternehmen U_1 bis U_6 zufrieden und hätten auf Dauer keinen Anlass, aus dem Markt auszutreten. Zusammengenommen würden sie langfristig die Menge A_l^* anbieten, die zu p_l auch nachgefragt wird. Die außenstehenden potenziellen Anbieter ab U_7 hätten hingegen keinen Grund, bei p_l auch noch in den Markt einzutreten, da dieser Preis für sie nicht kostendeckend ist. Dabei ist der langfristige Gleichgewichtspreis für den *Grenzanbieter* U_6 gerade stückkostendeckend inklusive Normalprofit. Für die günstiger produzierenden Konkurrenten U_1 bis U_5 hingegen entsteht eine Überdeckung des Normalprofites, hier entstehen *Zusatzprofite*, bei denen mehr als die übliche Eigenkapitalrendite erzielt wird.

Wie wirken sich nun Veränderungen in den Kosten einzelner Anbieter aus? In Abb. 2.32 stellt sich als (kurzfristiges) Gleichgewicht p^* mit einer gehandelten Gütermenge von $A^* = N^*$ ein. Diesen Preis, der sich an den Grenzkosten des Grenzanbieters U_7 orientiert, erzielen alle *inframarginalen Anbieter*, d. h. alle Unternehmen (hier: U_1 bis U_6), die aufgrund geringerer Grenzkosten noch vor dem Grenzanbieter im Markt zum Zuge kämen. Die inframarginalen Anbieter mit den geringeren Grenzkosten erzielen dabei Deckungsbeiträge. U_1 beispielsweise erhält für die erste produzierte Einheit, die GK_1 an variablen Kosten verursacht, einen Preis von p^*. Die Differenz $p^* - GK_1$ ist der Deckungsbeitrag der ersten Erzeugungseinheit. Angesichts der unterstellten Konstanz der Grenzkosten, erwirtschaftet jede weitere Einheit hier denselben *Deckungsbeitrag*. Bei 20 Einheiten, die U_1 insgesamt herstellt, beläuft sich die Deckungsbei-

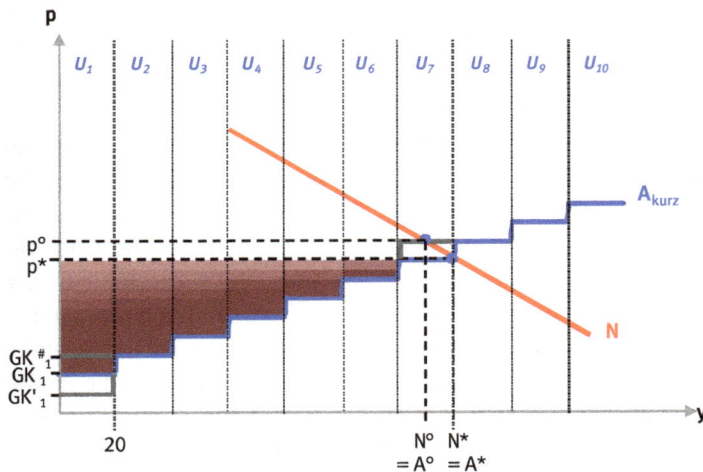

Abb. 2.32: Individuelle Kostenänderung und Produzentenrente. Quelle: eigene Darstellung.

tragssumme auf $20 \cdot (p^* - GK_1)$. Das entspricht dem rot unterlegten Rechteckflächeninhalt. Dieser Deckungsbeitrag kann eingesetzt werden, um die Fixkosten zu decken, falls etwas übrigbleibt, entstehen Extraprofite. Alle inframarginalen Anbieter erzielen hier Deckungsbeiträge, ihre Größenordnung ist jeweils abhängig von den individuellen Grenzkosten. Lediglich der *Grenz-Anbieter* erwirtschaftet hier keine Deckungsbeiträge, kann aber seine variablen Kosten decken. Die Summe aller Deckungsbeiträge wird die *Produzentenrente* des Marktes genannt.

Wenn sich nun bei einzelnen inframarginalen Anbietern, wie U_1, die Grenzkosten von GK_1 auf GK'_1 verringern bzw. von GK_1 auf $GK\#_1$ erhöhen, hat das keine Auswirkungen auf den Marktpreis, dessen Höhe nach wie vor durch die Kostensituation des Grenzanbieters bestimmt wird. Derjenige inframarginale Anbieter (hier U_1), dem eine individuelle Kostensenkung gelingt, wird mit einem Anstieg seiner Produzentenrente (hier auf $20 \cdot (p^* - GK'_1)$) belohnt. Wer von den inframarginalen Anbietern allerdings einen individuellen Kostenanstieg verzeichnet, muss einen Rückgang der Produzentenrente (hier alternativ auf $20 \cdot (p^* - GK^\#_1)$) hinnehmen.

Verändern sich hingegen die Grenzkosten des Grenzanbieters, hat dies automatisch Auswirkungen auf den Marktpreis. Steigen die Grenzkosten bei U_7, so erhöht sich der Marktpreis um seinen Grenzkostenanstieg, sofern die neuen Grenzkosten noch unter denen des nächst teureren Konkurrenten U8 sind. Andernfalls verliert U_7 seine Rolle als Grenzanbieter an U_8, der dann mit seinen Grenzkosten den aber ebenfalls höheren Marktpreis determiniert. Beim Grenzanbieter liegt der Deckungsbeitrag nach wie vor bei null, alle inframarginalen Produzenten profitieren aber durch eine Zunahme ihrer Produzentenrente.

Wie sieht die Wirkung im Markt aus, wenn alle Unternehmen gleichermaßen einen *allgemeinen (Grenz-)Kostenanstieg* erfahren bzw. wenn allen Unternehmen eine (Grenz-)Kostensenkung gelingt (vgl. Abb. 2.33)? Wenn ausgehend von der Angebotskurve A und dem Gleichgewichtspreis p^* bei jedem Anbieter die Grenzkosten um ΔGK_1 steigen, z. B. weil auf die letzte produzierte Einheit eine CO_2-Steuer zu entrichten ist, verschiebt sich die Angebotskurve um ΔGK_1 nach oben auf A'. Welche Wirkung das am Markt hat, hängt von der Preiselastizität der Nachfrage ab.

Bei einer *stark elastischen Nachfragekurve* wie N kommt es im neuen Marktgleichgewicht zu p° und der gehandelten Gütermenge y°. Der Versuch der Unternehmen, die höheren Kosten auf die Verbraucher abzuwälzen, misslingt. Bereits kleinste Preiserhöhungen schrecken die Konsumenten ab und führen zu einem deutlichen Nachfragerückgang, so dass hier weder der alte Grenzanbieter U7 noch U6 zur Befriedigung der Nachfrage noch benötigt werden. Der Preis orientiert sich an den neuen Grenzkosten von U5 und ist damit nur um $(p° - p^*) < \Delta GK_1$ angestiegen. Zugleich ist die gehandelte Menge deutlich um $(y^* - y°)$ eingebrochen. Infolgedessen geht die Produzentenrente im Markt gleich aus zwei Ursachen zurück: Zum einen ist für jeden noch benötigten Anbieter die Marge zwischen dem Marktpreis und den neuen Grenzkosten gesunken, zum anderen erzielen weniger Anbieter (U_1 bis U_4) überhaupt noch eine Rente.

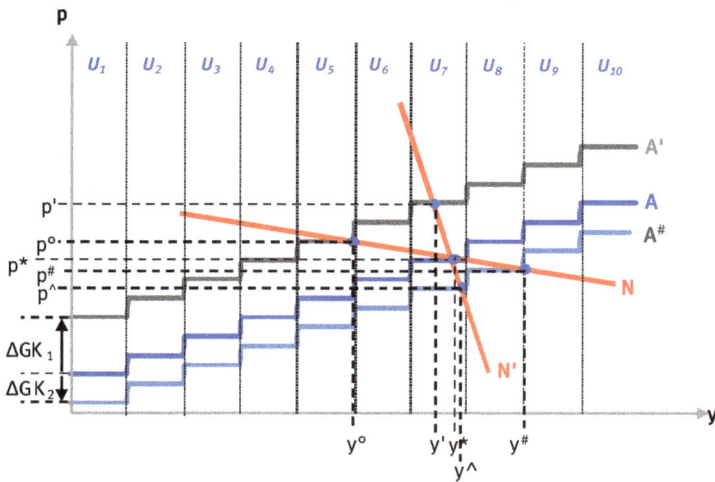

Abb. 2.33: Allgemeine Kostenänderung. Quelle: eigene Darstellung.

Bei der *unelastischen Nachfragekurve* N' hingegen bleibt U_7 weiterhin der Grenzanbieter. Dadurch erhöht sich der Marktpreis um den Grenzkostenanstieg: $(p' - p^*) = \Delta GK_1$. Die Verbraucher sind stark abhängig vom betrachteten Gut, sodass sie es auch bei höheren Preisen in nahezu unverändertem Umfang $(y^\star \approx y')$ kaufen. Vor diesem Hintergrund gelingt der Versuch der Unternehmen, den Kostenanstieg auf die Verbraucher abzuwälzen. Die Produzentenrenten bleiben unverändert.

Je rigider die Nachfrageelastizität ist, umso mehr spiegelt sich der Kosteneffekt auch in der Preisveränderung wider, während es dabei kaum zu Mengeneffekten kommt. Das trifft auch bei allgemeinen (Grenz-)Kostensenkungen zu. Die Verringerung der Grenzkosten um ΔGK_2 verschiebt die Angebotskurve um diesen Betrag parallel nach unten auf A#. Bei der unelastischen Nachfrage bewirken jetzt denkbare Preiszugeständnisse aber kaum einen Nachfrageanstieg. Da das Gut dringend benötigt wird, war auch bei p^* schon für eine ausreichende Sättigung gesorgt worden. Eine Preissenkungstendenz erhöht die Nachfrage kaum $(y^\wedge \approx y^*)$, sodass sie weiterhin mit dem alten Grenzanbieter U7 befriedigt werden kann. Seine Grenzkostensenkung stimmt dabei mit der bewirkten Preisänderung im Markt überein: $(p^* - p^\wedge) = \Delta GK_2$. Erneut ändert sich die Produzentenrente des Marktes nicht. Bei der elastischen Nachfrage N hingegen, nimmt aufgrund der Preissenkungstendenz parallel die Nachfrage stark zu $(y\# > y^*)$. Dabei werden zur Befriedigung der Mehrnachfrage neue Anbieter benötigt. U8 wird zum neuen Grenzanbieter bei einem Preis von p# $\approx p^*$. Die Wirkung der Kostensenkung wird hier zum Teil kompensiert, weil nun die Kostensituation eines neuen, teureren Grenzanbieters den Marktpreis prägt.

Im nächsten Schritt betrachten wir die Reaktion des Marktes auf eine *strukturelle Nachfrageerhöhung* ausgehend vom langfristigen Gleichgewicht bei p_1^* (vgl.

Abb. 2.34). Strukturelle Nachfrageerhöhung bedeutet nicht, dass sich die Nachfrage aufgrund eines niedrigeren Preises erhöht. Es findet also keine Bewegung auf der gegebenen Nachfragekurve (N) statt. Hier haben sich die Rahmenbedingungen, die neben dem Eigenpreis auch noch einen Einfluss auf die Nachfrage haben, verändert. So könnten sich etwa die Vorlieben der Konsumenten zugunsten des betrachteten Gutes erhöht haben. Zu ein und demselben Preis ist dann eine höhere Nachfrage zu beobachten. Analytisch verschiebt sich dabei die Nachfragekurve nach rechts auf N'.

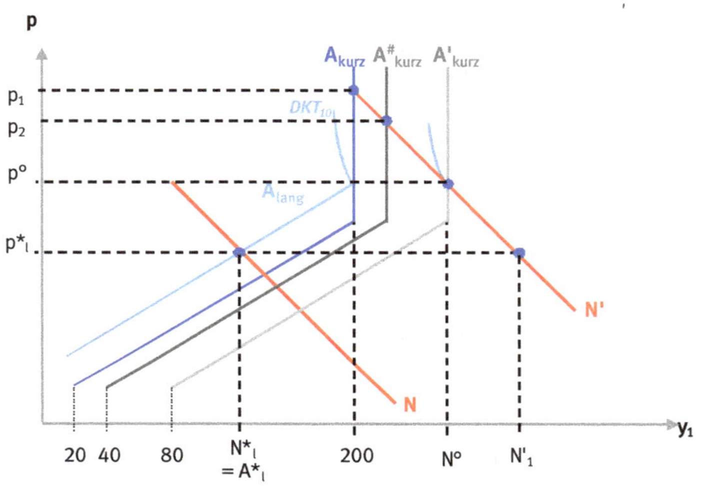

Abb. 2.34: Konsumentensouveränität nach Nachfrageschub. Quelle: eigene Darstellung.

Beim bisherigen Gleichgewichtspreis p^*_1 ist nun die Nachfrage mit N'_1 größer als das Angebot mit A^*_1. Unter der Annahme, dass kurzfristig nur 10 Anbieter (U_1 bis U_{10}) mit einer Kapazität von jeweils 20 Einheiten die Produktion aufnehmen können, beschränkt sich das kurzfristig mobilisierbare Angebot auf 200 Einheiten $< N'_1$. Ab dort verläuft die Angebotskurve vertikal, weil selbst steigende Preise kurzfristig kein weiteres Angebot mehr hervorrufen können. Aufgrund des Engpasses, bei dem kein Anbieter befürchten muss, auf seiner Ware sitzen zu bleiben, kann es im Zuge *eines Mark-up-Pricings* zu einem Preisanstieg bis auf p_1 kommen. Dabei konnte die Mehrnachfrage von ($N'_1 - N^*_1$) nur zum Teil befriedigt werden. Sie wurde durch einen Preisanstieg auf die kurzfristig maximal verfügbare Produktion zurechtgestutzt.

Der Preis ist aber höher als die Stückkosten DTK_{10} des Grenzanbieters U_{10}. Der strukturelle Nachfrageanstieg löst hier also das Entstehen von außergewöhnlich hohen Profiten aus und macht damit den Markt für eine Ausweitung der Produktion besonders attraktiv. Diese könnte durch neue Anbieter oder durch eine Kapazitätsaufstockung der bisherigen Anbieter erfolgen. Angenommen, dem günstigsten Anbieter U_1 gelingt es, bei unveränderten Grenzkosten seine Kapazitäten auf 40 Einheiten aufzustocken, dann verschiebt sich die *kurzfristige Angebotskurve* von A_{kurz} auf $A_{kurz}^{\#}$. Infolgedessen setzt eine erste Preissenkung auf p_2 ein, wodurch sich die Nachfrage auf das Niveau der erweiterten Kapazitäten belebt. Auch bei p_2 kommt es noch selbst beim Grenzanbieter U_{10} zu Extraprofiten, sodass es einen unveränderten Anreiz zum Kapazitätsausbau gibt. Wenn U_1 daraufhin nochmals nachlegt und seine Kapazitäten auf 80 Einheiten ausweitet, verschiebt sich die Angebotskurve erneut (auf A'_{kurz}). Der neue Gleichgewichtspreis $p°$ bewirkt im Rahmen der Gesamtkapazitäten von nunmehr $A°$ eine weitere Zunahme der Nachfrage auf $N°$. *Zusatzprofite* (oder „Extragewinne") durch den Grenzanbieter bestehen nicht mehr. Zwar ist denkbar, dass noch weitere Anbieter, die bislang gar nicht an dem Markt interessiert waren und günstiger als U_{10} produzieren, in den Markt eintreten bzw. dass U_1 bis U_9 die Kapazitäten erweitern. Dann würde sich die Angebotskurve immer weiter nach rechts verlagern und einen noch größeren Anstieg der Nachfrage ermöglichen. Kurzfristig käme es dann wieder zur Preis-gleich-Grenzkosten-Regel, *langfristig* zu einem neuen, für den Grenzanbieter stückkostendeckenden, Gleichgewicht bei höherer Güterversorgung.

Aufgabe

Ein Markt befindet sich im Zustand vollkommener Konkurrenz. Alle derzeit engagierten Unternehmen produzieren unter gleichen Bedingungen, d. h. mit derselben Technologie (= Produktionsfunktion) und denselben Kosten pro Produktionsfaktoreinheit. Kommen neue Unternehmen in den Markt, so gelten auch für Sie dieselben Bedingungen. Ein einzelnes, typisches Unternehmen hat bei wertmäßigem Kostenbegriff folgende Kostenfunktion: $KT = y^3 - 20y^2 + 140p = +600$ (mit y = produzierte Menge, KT = Gesamtkosten). Die Nachfragefunktion in diesem Markt hat die Gestalt: $y = 800 - 0{,}5 \cdot p$ (mit y = Nachfragemenge, p = Preis in EUR pro Einheit).

a) Ermitteln Sie die Angebotskurve eines einzelnen Unternehmens grafisch. Stellen Sie dazu zunächst eine Wertetabelle mit der produzierten Menge, den Grenzkosten und den durchschnittlichen variablen Kosten auf.

b) Bei welcher Angebotsmenge und welchem Preis liegt das „Betriebsminimum"?
   (Lösung: p = 40 EUR; y = 10)

c) Ermitteln Sie nun aus der Wertetabelle in a) wie groß bei unterschiedlich vorgegebenen Preisen die Gesamtangebotsmenge im Markt ist, wenn ein Unternehmen, 20 Unternehmen oder 40 Unternehmen im Markt sind. Starten Sie mit der Variation der Preise mit 40 EUR und erhöhen Sie diese schrittweise um 50 EUR bis auf 740 EUR. Skizzieren Sie sodann die Nachfragekurve und die Angebotskurve im Fall von 20 bzw. 40 im Markt präsenten Unternehmen ein. Schätzen Sie aus der Grafik grob die beiden Marktgleichgewichte ab!
   (Lösung: bei 20 Unternehmen: p ≈ 715 EUR; y ≈ 440; bei 40 Unternehmen: p ≈ 280 EUR; y ≈ 650)

d) Nehmen Sie die Lösungswerte aus b) und ermitteln Sie, wie hoch die Gewinne (im Sinne von Extraprofiten über die Normalverzinsung von eingebrachtem Eigenkapital und den Unternehmerlohn hinaus) eines einzelnen Unternehmens ausfallen, wenn sich 40 Unternehmen als Anbieter im Markt befinden!
   (Lösung: G = 2.665,23 EUR)

e) Solange noch Extraprofite wie in d) bestehen, werden langfristig noch neue Anbieter in den Markt einsteigen. Jedes Unternehmen bietet hier längs seiner Grenzkostenkurve an, solange dann die Gesamtdurchschnittskosten höher sind, entstehen noch Extraprofite. Diese verschwinden also erst dann, wenn in jedem Unternehmen Grenzkosten und Gesamtdurchschnittskosten übereinstimmen. Welche Menge ($y°$) produziert dabei jedes einzelne Unternehmen? Wie hoch sind dort die Gesamtdurchschnittskosten und der zur Bereitstellung der Angebotsmenge erforderliche Preis? (Sie werden auf eine Polynomgleichung dritter Ordnung stoßen, die notfalls mit einem Näherungsverfahren, zum Beispiel dem Newton-Verfahren, zu lösen ist.)

(Lösung: $y° \approx 12{,}06$ und $DKT°(y°) = GK(y°) = p° \approx 93{,}99$ EUR)

f) Welche Menge wird zu dem Preis nachgefragt, ab dem keine neuen Anbieter mehr wegen der Extraprofite in den Markt drängen?

(Lösung: bei $p° \approx 93{,}99$ EUR ist Nachfrage: $\bar{y} \approx 753$ Einheiten)

g) Wie viele identische Anbieter werden langfristig den Markt beliefern?

(Lösung: ca. 62 Anbieter)

2.3.2.2 Ideal der Marktwirtschaft bei vollkommener Konkurrenz

Aufbauend auf dieser Analyse lässt sich nun das idealisierte Bild von der „schönen, heilen Welt" der Marktwirtschaft bei vollkommener Konkurrenz skizzieren. Das betrifft zum einen den Abstimmungsprozess unter den Millionen von Wirtschaftssubjekten:

– Die Koordination wird einem dezentralen System in Form einer *Ex-post-Abstimmung* überlassen: Jeder versucht am Markt, seine Vorstellungen umzusetzen, kommt er nicht zum Zuge, müssen Preisvorstellungen überdacht und nachträglich angepasst werden. In diesem dezentralen Trial-and-Error-Prozess entsteht auch ein Aufwand, die *Transaktionskosten*. Dazu gehören Anbahnungs-, Vereinbarungs-, Abwicklungs- (inklusive Transport-), Kontroll- und Anpassungskosten im Rahmen der zu schließenden Verträge. Im Gegensatz zu einer *Planwirtschaft* bedarf es aber keiner Abstimmung von Produktionskapazitäten. Es erübrigt sich, im Vorhinein Produktionspläne unter Berücksichtigung der tiefverschachtelten Input-Output-Strukturen zu erstellen und danach deren Einhaltung ständig zu überwachen. Ebenso wenig müssen dann sich in der Wirkung über die folgenden Produktionsstufen hinweg aufschaukelnde Planungsfehler korrigierende Eingriffe vermieden werden.

– *Preisschwankungen* sorgen eigendynamisch für das Beseitigen von Angebotsbzw. Nachfrageüberschüssen. Im erreichten *Gleichgewicht* stimmen Angebot und Nachfrage überein, sodass jeder, der – sei es als Anbieter oder als Nachfrager – eine Transaktion durchführen möchte, auch eine Gegenpartei dafür findet. Alle anderen möchten aus freien Stücken zum sich einstellenden Marktpreis keine Transaktionen abschließen. Nicht zum Zuge kommenden Nachfragern ist das Gut aufgrund ihrer persönlichen Präferenzen eben nicht so viel wert, außen vorbleibende Anbieter hingegen möchten angesichts ihrer Kostensituation nicht zu diesen für sie unwirtschaftlichen Preisen anbieten. Versorgungsseitig sind somit alle glücklich und zufrieden. Eine Ausnahme bilden allerdings unter den nicht befriedigten Nachfragern, diejenigen, die deshalb den Marktpreis nicht zahlen wollen, weil sie es aufgrund zu knapper Einkommen nicht können. Da aber alle Planungen erfüllt sind, besteht bei gegebenen Rahmenbedingungen auch kein Anlass, nachträglich etwas zu ändern. Insofern ist das Gleichgewicht stabil.

- Die Dezentralität der Planung erlaubt zudem ein Maximum an *Dispositionsfreiheit*. Jeder, der bereit ist, den Marktpreis zu zahlen, kann in den Genuss des Gutes kommen. Jeder, der bereit ist, zum Markpreis zu verkaufen, findet einen Abnehmer.
- Alle Transaktionen kommen auf Basis freiwillig geschlossener Verträge zustande. Sie müssen damit dem Kriterium der *Pareto-Verbesserung* genügen. Eine Pareto-Verbesserung liegt nach dem italienischen Ökonomen Vilfredo Pareto (1848–1923) dann vor, wenn sich mindestens eine Seite durch eine Transaktion besserstellt, ohne dass eine andere sich verschlechtert. Dies ist die Mindestvoraussetzung für einen freiwilligen Vertrag. Angesichts der uneingeschränkten Dispositionsfreiheit bedarf es nur noch einer ausreichenden *Transparenz* im Markt, um noch nicht ausgeschöpfte Pareto-Verbesserungen zu erkennen und sie umzusetzen, indem neue Vereinbarungen geschlossen werden. Am Ende sind alle Pareto-Verbesserungen ausgereizt und die Wirtschaftsordnung hat ein *Pareto-Optimum* erreicht (s. u.). In diesem Zustand sind weitere Verbesserungen nur noch zulasten anderer möglich, worauf sich die dadurch Benachteiligten nicht einlassen würden. Das automatische Erreichen des Pareto-Optimums wird oftmals als das gesellschaftliche Optimum angesehen. (Dabei wird allerdings übersehen, dass hier von Vornherein im Verbesserungsprozess nur auf konfliktfreie Schritte fokussiert wird. Das schließt Umverteilung von Super-Reichen zu Armen von Vornherein aus, selbst wenn die Nutzeneinbuße der Reichen kleiner wäre als der Nutzenzuwachs der Begünstigten (vgl. Abb. 2.19)).
- Ungleichgewichte entstehen in dieser Idealwelt nicht systemendogen, da ja alle im Gleichgewicht zufrieden sind. Sie können nur exogen durch veränderte Rahmenbedingungen verursacht werden. Ihre Beseitigung erfolgt aber in einer Anpassungsphase über einem *Selbstheilungsprozess* mithilfe von Wettbewerb und Preisschwankungen. Sofern Ungleichgewichte auf Einzelmärkten Beharrungsvermögen aufweisen, muss dies in dieser idealisierenden Sichtweise mit zu wenig Wettbewerb und/oder möglicherweise institutionell verursachten Preisrigiditäten zu tun haben.
- Wer methodisch dem Trugschuss unterliegt, dass das Zusammenspiel in der Gesamtwirtschaft sich aus der Summe aller Einzelmärkte ergibt, kommt in dieser Idealwelt automatisch zu dem Schluss, dass auch die Gesamtwirtschaft *inhärent stabil* sein muss. Denn wenn an jedem Markt, und damit auch an den Faktormärkten und damit wiederum auch am Arbeitsmarkt (vgl. dazu ausführlich das Kap. 3.5), durch Preisschwankungen ein allseits zufriedenstellendes Gleichgewicht zustande kommt, muss auch das ganze System im Gleichgewicht sein.

Auch bei der Lösung des *Allokationsproblems* (vgl. Kap. 1) versprechen sich die Anhänger marktwirtschaftlicher Ordnungen vom Markt bei vollkommener Konkurrenz eine nicht zu übertreffende Wirkung:

1. Es etabliert sich ein *Pareto-Optimum*, in dem alle Effizienzmöglichkeiten ausgereizt werden. Dabei kommt es zu einem Tausch- und einem Produktionsoptimum sowie zu einer effizienten Produktionsstruktur:

    –   Nach dem *Zweiten Gossen'schen Gesetz* wird jeder Haushalt zur Optimierung seines Nutzens sein Budget so aufteilen, dass die Grenznutzenrelationen den Preisrelationen entsprechen. In Verbindung mit der Grenzrate der Substitution ergab sich nach (2.80) für zwei Güter A und B bei zwei beliebigen Haushalten 1 und 2 aus der Volkswirtschaft: $\frac{p_A}{p_B} = \frac{GN_1^A}{GN_1^B} = GRS_1 = |\frac{dB_1}{dA_1}|$ und $\frac{p_A}{p_B} = \frac{GN_2^A}{GN_2^B} = GRS_2 = |\frac{dB_2}{dA_2}|$. Da aber die Güterpreise für alle Haushalte identisch sind, müssen auch die Grenzraten der Substitution für alle Haushalte übereinstimmen: $GRS_1 = |\frac{dB^1}{dA^1}| = GRS_2 = |\frac{dB^2}{dA^2}|$. Hierbei kommt es zum sogenannten *Tauschoptimum*. Die aus dem Optimierungsprozess der Haushalte am Markt resultierende Gleichheit der Grenzraten impliziert eine Verteilung der produzierten Güter, bei der die Haushalte selbst durch einen anschließenden Tausch keine Pareto-Verbesserung mehr erzielen könnten. Wäre beispielsweise abweichend davon folgende Konstellation gegeben $|\frac{dB_1}{dA_1}| = 1 < |\frac{dB_2}{dA_2}| = 2$, könnten sich beide Haushalte durch Tausch noch verbessern. Wenn Haushalt 1 eine Einheit von Gut A an Haushalt 2 abgibt, benötigt er hier zur Nutzenwahrung nur 1 Einheit mehr von B. Der empfangende Haushalt 2 könnte aber zur Aufrechterhaltung seines Nutzens auf zwei Einheiten von B verzichten. Verzichtet er nur auf 1,5 Einheiten von B erhöht sich sein Nutzen. Übergibt er die 1,5 Einheiten von B an Haushalt 1 wird dessen bisherige Nutzeneinbuße durch den Tausch mehr als wettgemacht. Auch er erhöht seinen Nutzen. Solange die Grenzraten der Substitution unter Haushalten nicht ausgeglichen sind, ergeben sich noch Tauschmöglichkeiten, die zu einer Pareto-Verbesserung im Nutzen führen könnten. Das Zweite Gossen'sche Gesetz in Verbindung mit den für alle Haushalte gleichen Preisrelationen stellt hier von Vornherein ein Pareto-Optimum sicher.

    –   Analog entsteht ein *Produktionsoptimum* aus der *Minimalostenkombination*. Sie ist nach (2.31) zum Beispiel für die beiden Inputs Arbeit und Kapital für zwei beliebige Unternehmen 1 und 2 gegeben durch $\frac{p_A}{p_K} = \frac{GE_1^A}{GE_1^K} = GRS_1 = |\frac{dK_1}{dA_1}|$ und $\frac{p_A}{p_K} = \frac{GE_2^A}{GE_2^K} = GRS_2 = |\frac{dK_2}{dA_2}|$. Auch hier gilt, dass die Produktionsfaktoren in einem perfekten Markt für beide Anbieter gleich teuer sind, sodass die Grenzraten der Faktorsubstitution identisch sind. Infolgedessen ließe sich – mit der analogen Argumentation zum Tauschoptimum – auch hier nach dem Zustandekommen des Marktergebnisses aus einem Optimierungsansatz keine Ertragssteigerung in der Wirtschaft mehr durch einen nachträglichen Tausch der Produktionsfaktoren unter den Unternehmen bewirken.

– Darüber hinaus optimiert sich das System auch bezogen auf die *Effizienz der Produktionsstruktur* von selbst. Nach (2.11) gilt für alle Unternehmen, dass sie in dem Fall, in dem sie mehrere Güter produzieren können, ihre Outputkombination in Abwägung der *Grenzrate der Transformation* und den erzielbaren Güterpreise erzeugen. Bezogen auf zwei Güter A und B gilt in jedem mit derselben Output-Preiskombination konfrontierten Unternehmen: GRT $= |\frac{dB^U}{dA^U}| \overset{!}{=} \frac{p_A}{p_B}$. Nachfrageseitig gilt dieselbe Preisrelation, die wiederum in allen Haushalten mit der *Grenzrate der Substitution* übereinstimmt: GRS $= |\frac{dB^H}{dA^H}| \overset{!}{=} \frac{p_A}{p_B}$. Die im Optimierungsprozess über den Markt produzierte und abgesetzte Güterstruktur geht demnach damit einher, dass bei jeweils zwei Gütern die Grenzraten der Transformation in den Unternehmen mit den Grenzraten der Substitution in den Haushalten übereinstimmen. Wäre dies nicht so, ließe sich durch eine darstellbare Umstrukturierung des Outputs volkswirtschaftlich noch eine Nutzensteigerung erzielen. Wenn zum Beispiel bezogen auf die Güter A und B gelten würde: GRT $= |\frac{dB^U}{dA^U}| = 1 <$ GRS $= |\frac{dB^H}{dA^H}| = 2$, wären noch Wohlfahrtsteigerungen möglich. Gemäß der GRT könnte 1 Einheit mehr von A durch den Verzicht auf die Herstellung von 1 Einheit B produziert werden. Die Verbraucher wären zur Nutzenwahrung bei der offenbarten GRS bereit, für die 1 Einheit, die sie jetzt von A mehr erhalten können, auf 2 Einheiten von B zu verzichten. Im Zuge der Umstrukturierung müssen sie aber nur auf 1 Einheit von B verzichten, sodass ein Wohlfahrtsgewinn möglich wäre. Da der Optimierungsprozess am Markt von Vorherein zu einer Vermeidung derartiger Ungleichheiten zwischen der GRT und der GRS führt, ist die Produktionsstruktur hinsichtlich der Konsumenteninteressen statisch betrachtet optimal. Es bestehen bei gegebenen Rahmenbedingungen keine gesellschaftlichen Verbesserungsmöglichkeiten mehr durch eine andere Zusammensetzung des Outputs. Die Konsumenten bestimmen mit ihren Interessen die Produktionsstruktur, es herrscht *Konsumentensouveränität* (zur Kritik vgl. Kap. 3.3.3).

2. Die Produktionsstruktur orientiert sich nicht nur statisch, sondern auch *dynamisch* betrachtet an den Konsumenteninteressen. Wird ein Gut weniger stark benötigt als zuvor, fällt dessen Produktion. Steigt hingegen die Vorliebe für ein Gut, nimmt die Erzeugung automatisch zu. Ausschlaggebend dafür sind die ausgelösten Preisänderungen und die veränderten Gewinnaussichten. Das knapper gewordene Gut verteuert sich, ermöglicht Extraprofite, die wiederum die Unternehmer anstacheln, die Kapazitäten auszuweiten. Hier besteht ein starker Anreiz, sich mit dem zentralen Ziel der Maximierung des eigenen Gewinns im Sinne der Konsumenten zu verhalten und so mit den verfügbaren Produktionsfaktoren ein Maximum an Bedürfnisbefriedigung zu erzielen. Außerdem diszipliniert der Wettbewerb die Gier, denn mit dem allmählich steigenden Angebot werden die Preise auch wieder verfallen, sodass letztlich doch nur noch, zumindest für Grenzanbieter, ein Normalprofit zustande kommt.

3. Das System vermeidet – außer in den temporären Ungleichgewichtsphasen – eine *Überschussproduktion* am Bedarf vorbei. Eine *Unterversorgung* findet – jedenfalls gemessen an den Nachfragern, die kaufkräftig genug sind – ebenfalls nicht statt.

4. Der sich langfristig einstellende Preis ist *fair*. Da niemand Macht im Markt hat, ist der Preis nicht das Ergebnis von Ausbeutung. Er orientiert sich an den wertmäßigen Stückkosten des Grenzanbieters. Derjenige, der als letzter noch für die Belieferung des Marktes benötigt wird, erfährt eine Stückkostendeckung inklusive des Normalprofites. Mehr müssen die Verbraucher auf der anderen Seite des Marktes aber auch nicht zahlen.

5. Unter den verkaufenden Unternehmen befinden sich zwar einzelne, die mehr als den Normalprofit erwirtschaften, da sie beim für alle gleich hohen Marktpreis zu niedrigeren Kosten als der Grenzanbieter produzieren. Diese Extraprofite sind aber nicht das Resultat von Machtausbeutung, sondern resultieren aus der Tatsache, dass man ein und dasselbe Gut günstiger als andere produzieren kann. Die Profitaufschläge können fünftens damit als Belohnung gesehen werden, mit den knappen Produktionsfaktoren effektiver als die Konkurrenz umgegangen zu sein.

6. Ohnehin hat jeder Unternehmer den Anreiz, zur Maximierung seines Gewinns bei einem als gegeben betrachteten Marktpreis die – unter den aktuellen Möglichkeiten machbare – *Minimalkostenkombination* umzusetzen und damit ökonomisch rational mit den knappen Faktoren zu wirtschaften.

7. Obendrein besteht – nun dynamisch betrachtet – ein steter Anreiz zur *Prozessinnovation*: Wer es als einzelner schafft, seine Kosten durch neue Produktionsverfahren zu drücken, erhöht bei unverändertem Marktpreis seine Gewinne. Wird man dann auf Dauer von der Konkurrenz imitiert, sodass überall die Kosten sinken, fällt der Güterpreis zwar wieder. Und der Vorteil des Voranpreschens geht dann verloren. Aber gerade das bewirkt, dass man sich nicht auf seinen Lorbeeren ausruhen kann und erneut wieder anstrengen muss. Wer hingegen die Prozessinnovationen ignoriert, dem droht, mit der Konkurrenz nicht mehr mithalten zu können und vom Markt zur Bestrafung ausselektiert zu werden.

8. Darüber hinaus besteht auch ein permanenter Anreiz zur *Produktinnovation*. Wer innovative brauchbare Güter herstellt, kann sich vorübergehend dem Wettbewerb entziehen und als temporärer (prozessualer) Monopolist seine Gewinne steigern. Hier wird die nachfolgende *Imitation* durch neue Konkurrenten aber ebenfalls dafür sorgen, dass dies nur eine zeitlich befristete Belohnung ist, der erneute Anstrengungen folgen müssen.

9. Auch gibt es einen *Ausleseprozess* bei der Zuteilung von Produktionsfaktoren. Bei ausreichendem Wettbewerb, Transparenz und Flexibilität wandern die Produktionsfaktoren dorthin, wo sie die höchste Wirkung in der Produktion erzielen. Denn dort, wo die wirtschaftliche Verwertungsmöglichkeit den höchsten Umsatz verspricht, liegt in der Regel auch die höchste Zahlungsbereitschaft für knappe Ressourcen vor.

Mit Blick auf die Lösung des *Distributionsproblems* (vgl. Kap. 1) bewirkt die Marktwirtschaft jedenfalls im theoretischen Idealfall erstrebenswerte Ergebnisse:

1. Um sich ein möglichst großes Stück vom Güterkuchen abschneiden zu können, braucht man möglichst viel Geld. Selbst kann man das benötigte Geld nur bekommen, wenn man die entgeltlichen Produktionsfaktoren Arbeit, Kapital und Boden vermarktet. Dabei hat jeder den Anreiz, ein möglichst hohes Faktorentgelt zu erhalten. Bezogen auf den Faktor Arbeit impliziert dies eine hohe Leistungsbereitschaft. Wer – im Sinne der *Grenzproduktivitätstheorie* oder auch mit Blick auf das *Zweite Gossen'sche Gesetz* – nach Einschätzung des Nachfragers der Arbeitskraft viel für den Unternehmenserfolg leistet, erhält ein entsprechend großes Entgelt, um damit seine Bedürfnisse befriedigen zu können.

2. Zumindest unter den Zahlungskräftigen werden die einzelnen Güter nach Dringlichkeit verteilt. Wer die höchste Wertschätzung für ein Gut hat, weil es dort den höchsten Beitrag zur Bedürfnisbefriedigung liefert, hat zugleich auch die höchste Zahlungsbereitschaft dafür und wird auch als erster einen Zugriff darauf haben (wie gesagt, unter dem Vorbehalt einer ausreichenden Kaufkraft).

In der Theorie organisiert sich dieses System von selbst und bewirkt am Ende eine nahezu perfekte gesellschaftliche Aussteuerung. Adam Smith verwendete als Metapher dafür den Begriff der *„unsichtbaren Hand"*, die zugleich auch den zentralen Gegensatz zwischen der Eigennutzzentriertheit der Akteure und der eigentlich angestrebten Gemeinwohlorientierung auflösen soll. Das System setzt dabei auf die individuelle Gier. Sie ist zwar eine moralisch verwerfliche, aber beim Menschen in der Regel eine zuverlässig vorhandene Kraft. Überdies soll sie in einer funktionierenden Marktwirtschaft nur Motor für erforderliche Anpassungen, Innovationen und Leistungsbereitschaft sein, ohne aber letztlich eine Chance zu haben, ausgelebt zu werden, weil sie durch Wettbewerb und Konkurrenz diszipliniert wird. Aus *utilitaristischer* Sicht, also eine Sichtweise, Systeme an ihrer Wirkung und nicht an der Motivation der Akteure zu messen, heiligt hier der Zweck die Mittel.

2.3.2.3 Wirkungen staatlicher Eingriffe bei vollkommener Konkurrenz

Wenn alles so wie im marktwirtschaftlichen Ideal einer vollkommenen Konkurrenz beschrieben funktioniert, sind *staatliche Interventionen* nicht erforderlich. Falls sie dennoch – und sei es in noch so guter Absicht – ergriffen werden, besteht die Gefahr, dass sie die Selbstheilungskräfte stören – so die Neoklassik.

2.3.2.3.1 Rentenkonzept als analytischer Wohlfahrtsindikator

Welche Wohlfahrtswirkungen von diesen staatlichen Eingriffen ausgehen, wird mithilfe des Rentenkonzeptes ermittelt. Die Idee der *Produzentenrente* hatten wir bereits vorgestellt. Sie erfasst die Summe der Deckungsbeiträge der Produzenten, die bei der Versorgung des Marktes zum Zuge kommen. Inhaltlich kommt sie zustande, weil alle Anbieter denselben Marktpreis erhalten, der sich wiederum an der Kostensituation des Grenzanbieters, der so gerade noch bereit ist, den Markt zum Marktpreis zu versorgen, orientiert. Inframarginale Erzeuger mit geringeren Grenz- und variablen Kosten wären bereits mit Preisen darunter zufrieden, erhalten so aber einen Deckungsbeitrag. Analytisch resultiert die Produzentenrente im Preis-Mengen-Diagramm aus dem Flächeninhalt zwischen der Ordinate, der das Angebot bestimmenden Grenzkostenkurve und der Horizontalen beim Marktpreis.

Das Pendant dazu ist die *Konsumentenrente*. Dadurch, dass sich der Marktpreis auf der Nachfrageseite an den Präferenzen des Grenznachfragers, der gerade noch bereit ist, das Gut zu diesem Preis zu kaufen, ausrichtet, erfahren *inframarginale Konsumenten* einen *Wertüberschuss*. Das Gut ist ihnen eigentlich mehr wert, sie hätten deshalb auch eine höhere Zahlungsbereitschaft, müssen aber nur den Marktpreis bezahlen. In Höhe der Differenz zwischen der in der Nachfragekurve abgebildeten Zahlungsbereitschaft und dem Marktpreis entsteht pro erworbener Einheit ein Wertüberschuss. Die Summe all dieser Wertüberschüsse ist die Konsumentenrente. Analytisch ergibt sie sich als Flächeninhalt zwischen der Ordinate, der Nachfragekurve und der Horizontalen beim Marktpreis.

Während die Produzentenrente beschreibt, wie wohl sich die zum Zuge kommenden Anbieter mit der Marktsituation fühlen, beschreibt die Konsumentenrente die Wohlfahrt der versorgten Nachfrager. Da die Gesellschaft aus Produzenten und aus Konsumenten besteht, kann die Summe beider Renten als Indikator für die gesellschaftliche *Wohlfahrt* einer Marktkonstellation herangezogen werden. Mit dieser Idee vergleicht die Neoklassik verschiedene Marktkonstellationen hinsichtlich ihrer Wohlfahrt. Dabei werden wir hier konkret die Wirkungen von staatlichen Mindest-, Höchst- und Marktzugangsbeschränkungen untersuchen.

2.3.2.3.2 Staatliche Mindestpreisverordnung

Mindestpreise werden in der Regel verordnet, um die Anbieter vor dem marktbedingten Abrutschen des Preises unter ein bestimmtes Niveau, das aus übergeordneten politischen Gründen als sinnvoll angesehen wird, zu verhindern. In der Praxis gab es derartige Eingriffe in die Preisfindung zum Beispiel bei der *Europäischen Agrarmarktordnung*.

Nach dem Zweiten Weltkrieg war der Selbstversorgungsgrad mit Agrarprodukten in Europa recht gering, teilweise sogar so gering, dass Hungersnöte herrschten. Insofern war man bei Agrarprodukten stark auf Importe angewiesen. Zur Stärkung der Unabhängigkeit in diesem wichtigen Segment der Basisgutversorgung hielten die Europäischen Gemeinschaften (EG), der Vorläufer der EU, die Landwirte Anfang der 1960er-Jahre zur Produktivitätssteigerung an. Als Anreiz garantierten sie den Bauern eine Preisabsicherung nach unten (vgl. Bundesinformationszentrum Landwirtschaft 2019).

Welche Konsequenzen das auf die Wohlfahrt und ihre Verteilung hatte, kann mithilfe der Abb. 2.35 analysiert werden. Als Folge des intendierten Produktivitätsanstiegs verlagert sich die Angebotskurve nach unten. Die danach vorliegende ansteigende Angebotskurve ist neben der gegebenen Nachfragekurve im Diagramm dargestellt. Ohne staatliche Intervention in die Preisfindung stellt sich das Marktgleichgewicht bei p^* und $A^* = N^*$ ein. Die *Produzentenrente* ergibt sich aus der Dreieckfläche zwischen den Punkten A–B–C. Die *Konsumentenrente* entspricht dem Dreieckflächeninhalt C–B–D.

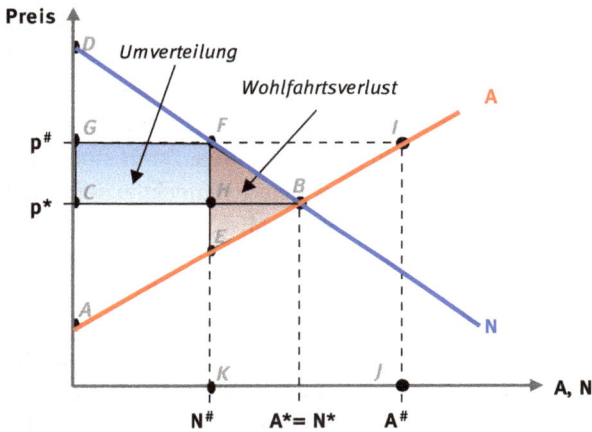

Abb. 2.35: Wirkung einer Mindestpreisverordnung. Quelle: eigene Darstellung.

Durch die Verordnung, dass der Preis nicht unter p# als Mindestpreis abrutschen darf, ändert sich das Marktergebnis. Es wird beim Preis p# von der sogenannten *„kurzen Marktseite"*, also der Marktseite die beim betrachteten Preis knapper ausfällt, bestimmt. Die kurze Marktseite ist hier die Nachfrage. Beim mindestens einzuhaltenden Preis p# kommt eine Nachfrage von N# zustande. Mehr als das wird von den Anbietern auch nicht abgesetzt.

Infolgedessen schrumpft die Konsumentenrente auf die Fläche D–F–G, die Fläche C–G–F–B geht dabei verloren. Die Verbraucher leiden unter einer geringeren Versorgung zu überhöhten Preisen. Gleichzeitig legt die Produzentenrente auf die Trapezfläche A–E–F–G zu. Die Fläche E–H–B ist zwar im Vergleich zu zuvor verloren gegangen, dafür ist aber die größere Fläche C–H–F–G hinzugekommen. Bei den Bauern wird mithin der Verlust an Absatzmenge gegenüber dem freien Spiel des Marktes ($A^* - N\#$) mehr als kompensiert dadurch, dass die geringere Menge zu deutlich höheren Preisen verkauft werden kann ($p\# > p^*$).

Die Verordnung eines künstlich überhöhten Preises führt demnach zu einer *Umverteilung* an Wohlfahrt von den Konsumenten zu den Anbietern. Dabei wurde die Fläche C–H–F–G von den Konsumenten zu den Produzenten umverteilt. Zugleich gibt es aber insgesamt in der gesellschaftlichen Wohlfahrt Verluste. Die Fläche E–B–F ist nicht umverteilt worden, sondern ging definitiv verloren. Zugleich wird deutlich, dass es selbst aufseiten der Anbieter Verlierer gibt, da einzelne Landwirte im Vergleich mit dem unbeeinflussten Marktergebnis nicht mehr zum Zuge kommen (A* > N#). Beim überhöhten Preis p# besteht nun sogar in Höhe von (A# – N#) ein noch stärkerer Angebotsüberschuss, der nun aber nicht durch fallende Preise abgebaut werden darf.

Um die Unzufriedenheit der Anbieter zu vermeiden und die Anreize zu stärken, unterlegten die EG den Mindestpreis zusätzlich durch eine *Ankaufsgarantie*. Die zum Mindestpreis nicht an private Nachfrager absetzbare Ware kauften staatliche Interventionsstellen zu diesem Preis auf. In der Wirkung erhöht sich bei unveränderter Konsumentenrente die Produzentenrente deutlich auf A–I–G. Allerdings ist der jetzt resultierende Zuwachs in der Summe von Konsumenten- und Produzentenrente (gegenüber der unbeeinflussten Marktsituation) in Höhe von F–B–I nicht kostenfrei. Der Staat muss schließlich die Menge (A# – N#) zum Preis p# ankaufen. Dafür sind Steuergelder in Höhe von p# · (A# – N#) aufzuwenden, was dem Rechteckflächeninhalt F–I–J–K entspricht. Diese Steuern mussten zuvor von der Gesellschaft aus ihrer Wohlfahrt geopfert werden. Netto verbleibt damit sogar ein noch größerer Wohlfahrtsverlust als vor der Ankaufsgarantie: K–F–B–I–J.

Die tatsächliche Wirkung dieser Agrarmarktordung auf die Konsumentenrente ist mit der Analyse noch nicht einmal vollständig beschrieben worden. Denn parallel wurden die Bauern der EG noch mit *Importabgaben* vor ausländischer Konkurrenz geschützt. Ohne diesen Eingriff verliefe die Angebotskurve in der Abb. 2.35 noch weiter unten, sodass der Referenzpunkt für den Wohlfahrtsvergleich bei einer höheren Handelsmenge einen noch niedrigeren Gleichgewichtspreis als p* aufgewiesen hätte.

Durch den Garantiepreis und den Außenschutz wurden unterm Strich die EU-Landwirte vor dem Preisverfall als Folge des Marktes für den allgemeinen Produktivitätsanstieg geschützt. Von dieser Sorge befreit, forcierten sie daraufhin sehr erfolgreich ihre Anstrengungen zur Ausweitung des Angebots. Damit einher ging auch ein *Strukturwandel* von kleinbäuerlichen zu kapitalintensiven Großbetrieben. Das primäre Ziel der Versorgungsunabhängigkeit war aber rasch erreicht, was sicher auch im langfristigen Interesse der Konsumenten lag.

Allerdings wurde das Erreichen des Ziels durch Wohlfahrtsverluste erkauft. Dabei ist in der dynamischen Betrachtung herauszustellen, dass die kontinuierlichen Fortschritte in der Produktivität die Angebotskurve immer weiter nach unten verschoben, sodass im Zeitablauf die Kosten dieser Agrarmarktordnung immer größer wurden. Hinzu kamen *Folgekosten*: Das System führte zum Beispiel bei Butter und Milch zu einer Überproduktion, die vom Staat aufgekauft wurde, ohne dass die Interventionsstelle selbst einen Verwendungszweck dafür hatte. Stattdessen wurden die Überschüsse in Kühlhäusern eingelagert, für deren Kühlung nochmals hohe Kosten anfielen. So entstanden „Butterberge" und „Milchseen", die nur fallweise reduziert werden konnten. Lag durch Produktionsschwankungen der normale Marktpreis über dem Garantiepreis, konnten die Überschüsse solange am Markt platziert werden, bis der

Mindestpreis wieder erreicht war. Teilweise wurden die Überschüsse auch ins Ausland verkauft, sofern das Ausland dies überhaupt mit Blick auf die eigene Landwirtschaft zuließ. Angesichts günstigerer Preise im Ausland mussten die exportierten Güter aber zusätzlich noch mit ebenfalls kostspieligen *Exportsubventionen* attraktiv gemacht werden. Mit Blick auf Exporte in Schwellen- und Entwicklungsländer kam hinzu, dass dadurch die Existenz der dortigen Bauern bedroht wurde. Damit wurde zugleich die Möglichkeit, auf eigenen Beinen zu stehen, gemindert. Was letztlich aus den Überschüssen nicht mehr abgesetzt werden konnte, wurde vernichtet, was nicht nur moralisch bedenklich war, sondern obendrein auch noch weitere Kosten verursachte. In den 1980er-Jahren waren so 60 Prozent des EU-Haushaltes für den Agrarmarkt blockiert, dabei kamen 80 Prozent der Haushaltsmittel nur 20 Prozent der Betriebe zugute.

Das System nach Übererfüllung des Ziels einfach zu suspendieren, erwies sich als schwierig. Zu groß waren die Widerstände der *Landwirte-Lobbys*, sich von althergebrachten Pfründen trennen zu müssen. Erst ab Anfang der 1990er-Jahre setzte ein nennenswerter *Systemwandel* ein, bei dem unverändert die Einkommenssicherung der Landwirte als Produzenten von Basisgütern angestrebt wurde. Die preisliche Subventionierung für die Produktion wurde schrittweise ersetzt durch eine produktionsmengenunabhängige *Direktzahlung* an die Betriebe. Teilweise wurde die Überproduktion auch durch Prämien für die Flächenstilllegung oder das vorzeitige Töten von Jungtieren (sogenannte „Herodes-Prämie") eingedämmt. Mittlerweile sind die Subventionen so ausgerichtet, dass verstärkt die Aspekte *Nachhaltigkeit* und *Ökologie* sowie auch kleinere Betriebe gefördert werden. Dazu gehören (jeweils pro Hektar und Jahr) eine Basisprämie, bei Erbringen bestimmter Umweltschutzmaßnahmen eine „*Greening-Prämie*" und eine Umverteilungsprämie zugunsten kleinerer Betriebe.

Kritisch ist zu dem Ganzen anzumerken, dass die hier vorausgegangene Argumentation auf einer mikroökonomischen Ceteris-paribus-Argumentation basiert und insofern analytisch nur geeignet ist, wenn Veränderungen am betrachteten Markt keine Wirkungen auf andere Märkte haben, die wiederum auf den analysierten Markt zurückwirken. Auch deshalb ist diese mikroökonomische Analyse übrigens unzureichend zur Untersuchung der Auswirkungen eines *Mindestlohns* (vgl. Kap. 3.5.2.5.2.3), da die allgemeine Lohnentwicklung auf dem Arbeitsmarkt Auswirkungen auf den Gütermarkt hat, die Einfluss auf den Arbeitsmarkt haben. Sinn hingegen ergibt sie für einzelne Gütermärkte, von denen keine gesamtwirtschaftlichen Rückkoppelungen ausgehen.

2.3.2.3.3 Staatliche Höchstpreisverordnung

Das staatliche Verordnen von Höchstpreisen soll die Konsumenten vor Preisen schützen, die aus übergeordneten Gründen als zu hoch empfunden werden. Als aktuelles Beispiel ist hier das Deckeln von Mietpreisen zu nennen. Zu einem menschenwürdigen Dasein gehört es, ein Dach über dem Kopf zu haben. Angesichts der angespannten

Situation am Wohnungsmarkt sind die Mieten gerade in den Großstädten zuletzt explodiert, sodass ein immer größerer Teil des Einkommens für das *Basisgut* Wohnen gebunden ist. Manche können sich dieses Gut nur noch unter großen Entbehrungen leisten, andere können es sich nicht passgenau leisten und nehmen als Pendler gezwungenermaßen lange Fahrten zur Arbeit in Kauf, manche können es sich gar nicht leisten und leben als Obdachlose. Um die Mieten in einer sozialverträglichen Höhe zu halten, werden sie durch die *Mietpreisbremse* oder ähnliche Vorgaben nach oben in der Entwicklung gedeckelt.

In einem ersten Schritt können die Auswirkungen eines solchen Markteingriffs auf die Wohlfahrt mithilfe des Rentenkonzeptes untersucht werden. Eine Vertiefung der Diskussion über die politischen Alternativen erfolgt noch an späterer Stelle (vgl. dazu u. a. Kap. 2.3.3.6).

Ohne Intervention käme das Marktgleichgewicht bei p^* und $A^* = N^*$ zustande. Durch die Deckelung des Preises auf höchstens $p\#$ ist der Markt nicht mehr ausgeglichen. Die kurze Seite des Marktes ist nun das Angebot. Bei $p\#$ wird trotz einer mit $N\#$ viel höheren Nachfrage Wohnraum im Umfang von $A\#$ vermietet.

Verglichen mit der reinen Marktlösung nimmt die *Konsumentenrente* vom Flächeninhalt zwischen B–C–D auf den Trapezflächeninhalt D–E–F–G zu. Zwar wird potenziellen Mietern nun weniger Wohnraum zur Verfügung gestellt. Diejenigen, die versorgt werden, profitieren aber von deutlich niedrigeren Mieten. Benachteiligt von der künstlich niedrig gehaltenen Miete sind auf der anderen Seite die Vermieter. Sie vermieten weniger zu niedrigeren Preisen. Es setzt dabei eine Rentenumverteilung in Höhe der Fläche von C–G–F–H von den Anbietern zu den Nachfragern ein. Zugleich ist ein gesamtgesellschaftlicher Wohlfahrtsverlust zu beklagen, der durch die Dreieckfläche E–B–F erfasst wird (vgl. Abb. 2.36).

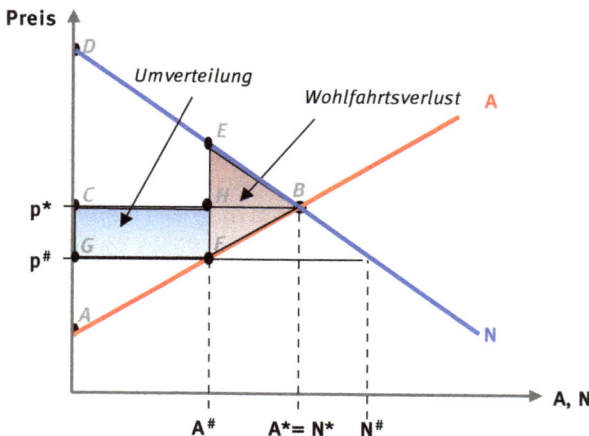

Abb. 2.36: Wirkung einer Höchstpreisverordnung. Quelle: eigene Darstellung.

Verteilungsverlierer dieser Maßnahme sind aber nicht nur die Vermieter, sondern auch diejenigen, die trotz der Bereitschaft sogar den markträumenden Preis p* zu zahlen, keinen Wohnraum bekommen. Die Deckelung unterbindet den Mietanstieg und verhindert damit, dass einerseits mehr Wohnraum angeboten wird und andererseits einzelne Nachfrager ihren Mietwunsch zurückstellen. Zur differenzierteren Vertiefung vgl. Kap. 2.3.3.6.

2.3.2.3.4 Staatlich verordnete Marktzugangsbeschränkungen

Um vor zu großer Konkurrenz zu schützen, wurde in der frühen Neuzeit die Berufs- und Gewerbefreiheit durch den *Zunftzwang* stark eingeschränkt. Nur wer Zunftmitglied war, durfte sich gewerblich betätigen. In Verbindung mit dem Ständerecht wurde dabei vielen Menschen von Vornherein der Zugang zum Handwerksberuf untersagt. Vor allem Frauen und Menschen jüdischen Glaubens hatten kaum Zugang zum Gewerbebetrieb. So gab es nur wenige Meister, von denen ihre Gesellen stark abhängig waren. Infolgedessen war das Zahlen von „Lehrgeld" als erwarteter finanzieller Beitrag des Gesellen an seinen Meister für die vermittelte Ausbildung üblich. Auch als Errungenschaft der *französischen Revolution* setzte sich dann im 19. Jahrhundert allmählich die Abschaffung des Zunftwesens durch das Recht der *Gewerbefreiheit* durch.

Die ökonomische Wirkung derartiger Zugangsbeschränkungen ist auf den ersten Blick naheliegend. Durch die Limitierung des Angebotes auf A# knickt dort die Angebotskurve vertikal aufsteigend ab (vgl. Abb. 2.37). Der Knick verdeutlicht, dass ab p# selbst ein noch so hoher Preisanstieg keine weitere Angebotsausweitung hervorbringt. Der durch die Beschränkung resultierende Preisanstieg gegenüber einer uneingeschränkten Marktsituation von p* auf p# erhöht die *Produzentenrente* von A–B–C auf A–E–F–G. Im Gegenzug reduziert sich die *Konsumentenrente* von C–B–D auf

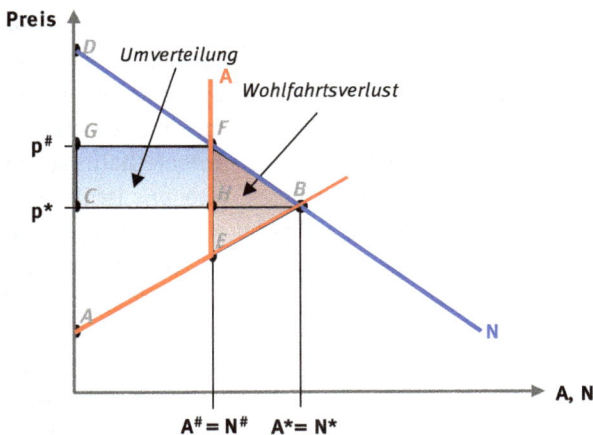

Abb. 2.37: Wirkung einer Marktzugangsbeschränkung. Quelle: eigene Darstellung.

G–F–D. Neben einer *Umverteilung* zugunsten der geschützten Anbieter im Umfang von C–H–F–G verbleibt ein nicht umverteilter *Wohlfahrtsverlust* von E–B–F. Mit anderen Worten: Die durch Privilegien vor zu viel Konkurrenz Geschützten profitieren, weil die künstliche Angebotsverknappung höhere Absatzpreise ermöglichen. Diejenigen potenziellen Anbieter, denen der Zugang verwehrt wird, haben ebenso das Nachsehen wie die Konsumenten.

Trotz der in Art. 12 GG garantierten *Berufsfreiheit*, die prinzipiell zugleich auch die Freiheit beinhaltet, zu entscheiden, ob man den gewählten Beruf selbstständig oder als abhängig Beschäftigter ausüben möchte, kann die Gewerbefreiheit auch heute noch durch rechtliche Reglementierung beschränkt werden. Nachdem im *Dritten Reich* das Führen eines selbstständig betriebenen Gewerbes nur Meistern erlaubt war, wurde in der amerikanischen Besatzungszone getreu dem „american way of life" eine nahezu vollständige *Gewerbefreiheit* eingeführt. Aber bereits 1953 wurde sie durch die Einführung einer Handwerksordnung in Westdeutschland wieder eingeschränkt. Für zahlreiche handwerkliche Tätigkeiten wurde eine „*Meisterpflicht*" eingeführt. Die Führung von Gewerbeunternehmen setzt damit den Erwerb des Meisterbriefs durch Abschluss einer entsprechenden Prüfung voraus, selbst wenn ein Handwerker auch so über die benötigten technischen Fähigkeiten verfügt.

Im Zuge der verstärkten Liberalisierung wurde der „Handwerkerzwang" im Jahr 2004 für viele Handwerke zunächst wieder aufgehoben. Nachdem sich dadurch jedoch zunehmend Mängel in der Ausführungsqualität und in der Ausbildung einstellten, wurde die Öffnung im Jahr 2019 zum Teil wieder rückgängig gemacht.

An dieser Stelle offenbart sich ein bislang unbeachteter mikroökonomischer Aspekt, der als Folge von fehlender Transparenz über die Güterqualität auftreten kann und zu einem *Marktversagen* führt (s. u.). Bei handwerklichen Tätigkeiten handelt es sich um *Erfahrungsgüter*, bei denen man als konsumierender Laie häufig erst lange Zeit nach deren Erstellung die erbrachte Leistung richtig beurteilen kann. Zum Zeitpunkt des Vertragsschlusses liegen *asymmetrische Informationen* vor. Der Anbieter kann seine Qualität besser einschätzen als der Verbraucher. Irrt sich der Verbraucher in seiner Einschätzung, kommt es zu unfairen Vertragsabschlüssen, die bei vollkommener Transparenz nicht oder allenfalls zu deutlich niedrigeren Preisen getroffen worden wären. Zwar besteht hier im Nachhinein eine Anbieterhaftung, sie ist aber erstens wirkungslos nach Ablauf von Haftungsfristen, zweitens ist ihr Einklagen selbst sehr aufwendig und drittens ist der Schaden bereits entstanden. Die Meisterpflicht soll hier ergänzend im Sinne einer „Vorfeldselektion" ein Mindestmaß an zu erwartender Qualität garantieren und zum Verbraucherschutz beitragen.

In ähnlicher Form wird zum Beispiel vom Gesetz verlangt, dass zahlreiche Rechtsgeschäfte, wie etwa ein Grundstückkauf, einer notariellen Beurkundung bedürfen. Der Zugang zu einem *Notariat* ist aber nicht nur durch fachliche Mindestvoraussetzungen und das Bestehen einer Prüfung, sondern auch zahlenmäßig auf das „erforderliche" Maß beschränkt. Die Beschränkung ermöglicht eine entsprechend hohe Auslastung der zugelassenen Notare. Diese verteidigen oftmals ihr Privileg damit, dass bei den sensiblen Geschäften mit hoher Schutzwürdigkeit der beteiligten Parteien viel Sachverstand und Routine bei gleichzeitiger Bereitschaft zur laufenden Aktualisierung des Wissens an sich verändernde Gesetze gefordert ist, was auf der anderen Seite eine hohe Auslastung erfordert. Überdies wird hier – wie bei vielen anderen ausbildungszugangsbeschränkten Berufen (Rechtsanwälten, Ärzte, Steuerberater, Wirtschaftsprüfer usw.) auch – die Preisfindung nicht dem Markt überlassen, sondern fallspezifisch reglementiert. Dabei allerdings haben dann die jeweiligen Berufsgruppenvertreter ein erhebliches Mitwirkungsrecht.

2.3.2.3.5 Administrierte (staatliche) Preisbildung

Die Preisbildung von Unternehmern gehört verfassungsrechtlich zur unternehmerischen Freiheit gemäß Art. 12 GG. Diese Freiheit hat jedoch auch Grenzen. So darf z. B. ein Unternehmer mit anderen Unternehmern die Preise in einem Kartell (vgl. Kap. 3.2.2.6.1) nicht absprechen. Dies ist ein Verstoß gegen § 1 Gesetz gegen Wettbewerbsbeschränkungen (GWB). Auf vielen Märkten gibt es auch staatliche Interventionen über Höchst- und Mindestpreise, wie zuvor aufgezeigt. Daneben bestehen in der wirtschaftlichen Realität eine Fülle an *staatlichen Preisverordnungen* und *Preiskontrollen*. Man denke hier nur an die Immobilienmärkte mit Mietpreisbremsen (vgl. Kap. 2.3.3.6) oder im Energiebereich an staatlich kontrollierte und fixierte Netzentgelte oder in der Landwirtschaft an Mengenkontingenten und Preissetzungen; sogar auf europäischer Ebene. Ebenso werden Preise und Abrechnungen zwischen den Leistungsanbietern (Krankenhäusern, Ärzten, Apothekern u. a.) und den gesetzlichen und privaten Krankenkassen auf den Gesundheitsmärkten administriert. Will die Post das Briefporto erhöhen, muss sie die Bundesnetzagentur als zuständige Aufsichtsbehörde um Genehmigung bitten. An dieser Stelle kann leider nicht vertieft auf die vielfältigen besonderen staatlichen Administrierungen in den Preisbildungen eingegangen werden (vgl. beispielhaft für Gesundheitsmärkte Zdrowomyslaw/Dürig, 1997, Hajen/Paetow/Schumacher 2000, Deppe/Burkhardt (Hrsg.) 2002 und van der Beek 2011).

Eine Ausnahme soll hier doch gemacht werden, und zwar bezogen auf die *Preisbildung bei öffentlichen Aufträgen*, die im Rahmen einer staatlichen Nachfrage bei Investitionen in die öffentliche Infrastruktur (Bauleistungen) und bei allen nichtinvestiven staatlichen Verbrauchsgütern und -diensten sowie nicht zuletzt bei der Nachfrage nach Rüstungsgütern einen bedeutenden Faktor in der deutschen Volkswirtschaft und für den Wirtschaftskreislauf darstellen. So lagen allein 2018 die staatlichen Bruttoinvestitionen bei 78,9 Mrd. EUR und der staatliche Konsum bei 663,1 Mrd. EUR. Das waren zusammen 21,9 Prozent bzw. über ein Fünftel des Bruttoinlandsprodukts. Auch ist bei öffentlichen Aufträgen bzw. bei der staatlichen Nachfrage nach Gütern und Dienstleistungen das keynesianische „deficit spending" zu beachten (vgl. Kap. 5.5). In diesem Kontext hat beispielsweise die Bundesregierung im Rahmen des Konjunkturpaketes II zur Bekämpfung der 2007 ausgebrochenen weltweiten Finanz- und Wirtschaftskrise (vgl. Kap. 7.3) eine Vereinfachung des Vergaberechts bei öffentlichen Aufträgen für die Jahre 2009 und 2010 beschlossen.

Bei den öffentlichen Aufträgen tritt der Staat (Bund, Länder, Gemeinden sowie juristische Personen öffentlichen und privaten Rechts) als Nachfrager von Gütern und Dienstleistungen auf den entsprechenden Märkten auf. Hier geht es also weder um die staatliche Nachfrage nach Arbeitskräften auf den Arbeitsmärkten noch um die Nachfrage nach Krediten auf Geld- und Kapitalmärkten. Auf diesen Märkten hat sich der Staat, wie alle anderen privaten Nachfrager, den jeweiligen Anbietern im Wettbewerb zu stellen. Ist der Staat dagegen Einkäufer von Gütern und Dienstleistungen, so gelten hier für seine Nachfragewünsche besondere *Vergabevorschriften*. Dazu ist seit 1996 sogar auf europäischer Ebene ein öffentliches Beschaffungswesen (Government Procurement Agreement, GPA) eingerichtet und in Deutschland als eine „*organisierte Konkurrenz*" in nationales Recht umgewandelt worden. Dazu wurde ein umfangreiches öffentliches Auftragsvergabeinstrumentarium im vierten Teil des GWB, in der Vergabeverordnung (VgV), der Vergabeverordnung für freiberufliche Leistungen (VOF) sowie den besonderen Paragrafen der Vergabeordnung für Bauleistungen VOB/A und in der Vergabe- und Vertragsordnung für Leistungen VOL/A geschaffen. Demnach müssen staatliche Aufträge grundsätzlich im Wettbewerb auf EU-Ebene ausgeschrieben und an private anbietende Unternehmen vergeben werden, wenn sie bestimmte *Schwellenwerte* übersteigen. Seit dem 1. Januar 2018 gelten hier auf Europäischer Ebene die folgenden Werte: 144.000 EUR für Liefer- und Dienstleistungsaufträge von obersten und oberen Bundesbehörden; 221.000 EUR für Liefer- und Dienstleistungsaufträge, die nicht im Bereich Verteidigung und Sicherheit, nicht im Sektorenbereich und nicht von oberen oder obersten Bundesbehörden ausgeschrieben werden; 443.000 EUR für Liefer- und Dienstleistungsaufträge im Bereich der Sektoren, Verteidigung und Sicherheit und 5.548.000 EUR für Bauaufträge. Bei staatlichen Vergaben unterhalb dieser Schwellenwerte – die etwa 90 Prozent aller Auftragsvergaben ausmachen – gilt dagegen nur das jeweilige nationale Recht. Dennoch dürfen sich natürlich Bieter aus der gesamten *Europäischen Union* sowie die zum Europäischen Wirtschaftsraum zählenden Länder Island, Norwegen und Lichtenstein an den staatlichen Vergaben beteiligen. Auch die Schweiz ist dabei durch ein separates Abkommen eingebunden.

Bei den staatlichen Vergaben kommen unterschiedliche Verfahrensarten zur Anwendung. Dazu gehören das offene Verfahren, das nichtoffene Verfahren, das Verhandlungsverfahren nach öffentlicher Vergabebekanntmachung und ohne öffentliche Bekanntmachung sowie das Verfahren durch einen wettbewerblichen Dialog bzw. durch eine Innovationspartnerschaft. Priorität soll dabei das *offene Verfahren* haben. Hierbei wendet sich der Staat als Nachfrager mit einer *öffentlichen Ausschreibung* an eine unbeschränkte Zahl von Unternehmen (potenziellen Anbietern) und fordert diese auf, Angebote auf Basis eines Leistungsverzeichnisses (Pflichtenheftes) einzureichen, wobei diese Aufforderung durch Veröffentlichung im Supplement zum Amtsblatt der Europäischen Union über das eNotices-Portal, dem Referat TED, Amt für amtliche Veröffentlichungen der Europäischen Gemeinschaften, erfolgt. Das wirtschaftlichste Angebot erhält am Ende dann den Zuschlag. Der hier so zustande gekommene Preis kann dann als ein wettbewerblicher Marktpreis eingestuft werden.

Viele staatlicherseits vergebene öffentliche Aufträge unterliegen aber Restriktionen (z. B. für Rüstungsgüter) oder es ist kein Wettbewerbsmarkt gegeben, sodass ein *„Wettbewerbssurrogat"* über eine sogenannte *Selbstkostenpreisbildung* nach der Verordnung PR Nr. 30/53 über die Preise bei öffentlichen Aufträgen (vom 21. November 1953, zuletzt geändert durch Verordnung PR Nr. 1/89 vom 13. Juni 1989) und den Leitsätzen für die Preisermittlung aufgrund von Selbstkosten entsprechend zur Anwendung kommt (vgl. Ebisch/Gottschalk 1994, Bontrup/Marquardt 2001). Diese Selbstkostenpreise verstehen sich aber nicht, wie ihr Name vermuten lässt, als Preise, bei denen es nur zu einer Deckung der *Selbstkosten* eines Anbieters kommt, sondern in diesen sogenannten Selbstkostenpreisen findet auch eine *Gewinnverrechnung* statt. Bevor es aber zu einer „Selbstkosten-Plus-Gewinn-Preis"-Vereinbarung kommt, ist noch jeweils zu prüfen, ob nicht doch noch annähernde Marktpreise bei öffentlichen Aufträgen gefunden werden können. Nur wenn dies nicht möglich ist, und keine anderen staatlichen Preisfestsetzungen bestehen, sind zwischen dem öffentlichen Auftraggeber und den privaten Unternehmen Selbstkostenpreise zu vereinbaren.

Bei der Abgrenzung zwischen Marktpreisen und annähernden Marktpreisen werden ursprüngliche, abgeleitete und modifizierte Marktpreise unterschieden (vgl. Abb. 2.38).

Marktpreise

| Allgemeine Marktpreise | Abgeleitete Marktpreise | Modifizierte Marktpreise |

| Allgemeiner Markt | Besonderer Markt |
| Preise liegen am Markt bereits vor | Preise werden durch unterschiedliche Vergabeverfahren geschaffen |

Abb. 2.38: Marktpreise. Quelle: eigene Darstellung

Bei *allgemeinen Marktpreisen* nach § 4 Abs. 1 PR Nr. 30/53 müssen drei Faktoren als Voraussetzung erfüllt sein: Die Marktgängigkeit der Leistung, die Verkehrsüblichkeit der Preise und die preisrechtliche Zulässigkeit der Preise, wonach sich die Preisbildung bei staatlicher Nachfrage an die besonderen Preisvorschriften des Staates in Form von Höchst-, Mindest- oder Stopppreisen zu orientieren hat. Besteht also für eine vom Staat nachgefragte Leistung z. B. ein Höchstpreis, so muss sich der öffentliche Auftraggeber nach dieser Höchstpreisfestlegung, wie alle anderen privaten Anbieter, ebenso richten, womit gleichzeitig derartig staatlich gebundene Preise den Vorrang vor Markt- und Selbstkostenpreisen besitzen. Bei allgemeinen Marktpreisen können die Preise schon als verkehrsübliche Preise vorliegen oder sie müssen erst durch die unterschiedlichen Vergabeverfahren ermittelt werden. Daneben wird ein *abgeleiteter Marktpreis* nach § 4 Abs. 2 PR Nr. 30/53 unterschieden. Grund für diese Erweiterung bilden solche Fälle, in denen die vom Staat benötigten Güter und Leistungen zwar allgemein am Markt als marktgängig und verkehrsüblich im Sinne des Preisrechts gelten, aber wegen der besonderen Anforderungen des Staates an die entsprechenden Güter und Dienste auch wiederum nicht so ohne Weiteres unter eine marktgängige Leistung eingestuft werden können. Als klassisches Beispiel sind hier die von bestimmten Automobilunternehmen an die Bundeswehr oder auch an die Polizei gelieferten Kraftfahrzeuge zu nennen, die durch den Einbau von besonderen Einrichtungen für die Auftraggeber von der Marktgängigkeit und Verkehrsüblichkeit abweichen. Um die Schwelle einer Selbstkostenpreisvereinbarung weiter hinauszuschieben, definiert die PR 30/53 in § 4 Abs. 4 noch den *modifizierten Marktpreis.* Hier werden besondere Auftragsverhältnisse und nicht in der Leistung selbst begründete Modifikationen erfasst. So kann der öffentliche Auftraggeber z. B. zur Bearbeitung des Auftrags eigene öffentliche Beschäftigte abstellen oder Betriebsanlagen und Entwicklungsleistungen einbringen. Auch können durch den öffentlichen Auftrag verursachte wesentliche Kapazitätsveränderungen, die beim Anbieter mit Stückkostenanpassungen verbunden sind, zu modifizierten Marktpreisen führen. Erst wenn alle Möglichkeiten einer solchen Marktpreisbildung ausgeschlossen werden können, oder auch auf der Angebotsseite gemäß Gesetz gegen Wettbewerbsbeschränkungen (GWB) kein hinreichender Wettbewerb gegeben ist bzw. die anbietenden Unternehmen über Marktmacht verfügen (vgl. Emmerich 1999, S. 176 ff, von Wallenberg 2002, S. 76 ff.), darf es bei öffentlichen Aufträgen zu einer Selbstkostenpreisbildung kommen.

Aus dem Ganzen zuvor abgeleiteten ergibt sich dann quasi eine sogenannte *„Preistreppe"* mit Vorrangcharakter (vgl. Abb. 2.39).

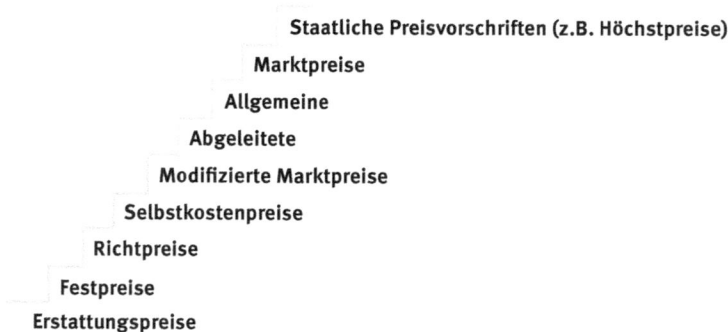

Staatliche Preisvorschriften (z.B. Höchstpreise)
Marktpreise
Allgemeine
Abgeleitete
Modifizierte Marktpreise
Selbstkostenpreise
Richtpreise
Festpreise
Erstattungspreise

Abb. 2.39: „Preistreppe" mit Vorrangcharakter. Quelle: eigene Darstellung

Ganz oben stehen die staatlichen Preisvorschriften, dann folgen die unterschiedlichen Marktpreistypen, gefolgt von den Selbstkostenpreisen, bei denen der *Festpreis* Vorrang vor dem *Erstattungspreis* hat. Häufig kommt es hier aber vor, dass die staatlich nachgefragte Leistung bei Auftragserteilung nach Art und Umfang (auch unter zeitlichen Aspekten) noch nicht exakt definiert werden kann. Dann verständigt man sich zunächst auf einen *Selbstkostenrichtpreis* nach § 6 Abs. 3 PR 30/53, der aber vor Beendigung der Fertigung, spätestens nach Vorliegen genauerer Erkenntnisse über den Auftrag, in einen Selbstkostenfestpreis nach § 6 Abs. 1 und 2 PR 30/53 umzuwandeln ist. Ist auch dies letztlich nicht möglich, so erlaubt das Preisrecht den *Selbstkostenerstattungspreis* nach § 7 PR 30/53, der sich dann ausschließlich durch eine Nachkalkulation ergibt und das Preisrisiko voll auf den öffentlichen Auftraggeber überträgt. Helmut Diederich (1961, S. 40) stellt dazu fest: Der Selbstkostenerstattungspreis verleite beim Auftragnehmer zum „*Kostenschlendrian*". Dies ist beim Festpreis, der auf einer Vorkalkulation, auf einem Planpreis basiert, nicht der Fall. Hier wird das Risiko, zumindest idealtypisch, zwischen Anbieter und Nachfrager aufgeteilt. Dabei hat sich in der Praxis aber eine Unsitte eingeschlichen. Wird eine staatlich beauftragte Leistung über einen längeren Zeitraum durch ein Unternehmen erbracht, z. B. beim Bau eines Kampfflugzeuges oder eines Marineschiffes für die Bundeswehr, so werden häufig selbst bei Festpreisen *Preisgleitklauseln* für bestimmte Kostenarten vereinbart, die dann quasi wie ein Erstattungspreis im Festpreis wirken und das Preisrisiko für den Anbieter weitgehend ausschalten (vgl. Bontrup/Marquardt 2001).

Im Unterschied zu dem vom Preisrecht definierten Marktpreisen wird der Selbstkostenpreis als ein unternehmensindividueller („geformelter") Preis verstanden, der gemäß den *Leitsätzen für die Preisermittlung auf Grund von Selbstkosten* (LSP) zu kalkulieren ist. Hier entstehen dann mehrere Fragen:

– Welche wertmäßigen Kosten und Kostenarten dürfen hier in Ansatz gebracht werden?
– Bis zu welchem Auslastungsgrad der Produktionskapazitäten dürfen Stückkosten in den Preisen für öffentliche Aufträge verrechnet werden?
– Wie erfolgt die Gewinnverrechnung in den Preisen?

Bei den Kosten kommt in den LSP der *wertmäßige Kostenbegriff* (Koch 1966, S. 48 ff., Kilger 1980, S. 23 ff.) in Ansatz. Das heißt, es können nicht nur aufwandsgleiche Kosten, sondern auch davon abweichende kalkulatorische Kosten, wie Abschreibungen, Wagnisse, Mieten/Pachten, Zinsen und ein Unternehmerlohn, verrechnet werden. So konnten z. B. bei den Abschreibungen gemäß Nr. 38 Abs. 2 LSP anstelle der steuer- und handelsrechtlich nur erlaubten Bewertung der Vermögensgegenstände des Sachanlagevermögens zu originären Anschaffungs- oder Herstellungskosten auch *Wiederbeschaffungspreise* zugrunde gelegt werden, womit dann, wie schon aufgezeigt, die „*Ewigkeit des Kapitals*" gesichert wird. Die Verordnung zur Änderung preisrechtlicher Vorschriften PR Nr. 1/89 hat diese Abschreibungsverrechnung allerdings 1989 abgeschafft. Damit ist der Gesetzgeber zumindest bei den Abschreibungen vom wertmäßigen Kostenbegriff abgerückt und zum *pagatorischen Kostenbegriff* übergegangen. Swoboda (1996, S. 367) stellt dazu fest, dass sich hier – spät, aber doch – eine bessere betriebswirtschaftliche Einsicht durchgesetzt hat. Allerdings gilt dies bei den anderen kalkulatorischen Kostenarten, insbesondere bei den Zinsen, nicht. Hier wird abweichend von den aufwandsgleichen Zinskosten für aufgenommene Kredite eine kalkulatorische Verrechnung auf Basis des betriebsnotwendigen Kapitals vorgenommen. Dazu wird aus dem bilanziellen Anlage- und Umlaufvermögen zunächst das betriebsnotwendige Vermögen ermittelt. Alle nicht betriebsnotwendigen Vermögenswerte sollen hier eliminiert werden, was in der Praxis äußerst schwer ist, argumentieren die Unternehmen doch, dass alles betriebsnotwendig sei. Vom betriebsnotwendigen Vermögen wird in einem nächsten Schritt das auf der Passivseite der Bilanz verbuchte zinslos dem Unternehmen zur Verfügung gestellte Kapital (wie u. a. Verbindlichkeiten aus Lieferungen und Leistungen) als Abzugskapital ausgeschlossen. Danach ergibt sich das *betriebsnotwendige Kapital*, das dann pauschal mit 6,5 Prozent verzinst wird und in den Selbstkostenpreisen als *kalkulatorischer Zinsaufwand* zur Verrechnung kommt:

Bilanzielles Anlage- und Umlaufvermögen
– Nicht betriebsnotwendiges Vermögen

= Betriebsnotwendiges Vermögen
– Abzugskapital

= Betriebsnotwendiges Kapital * 6,5 % Zinssatz

= Verrechneter kalkulatorischer Zinsaufwand

Der aufwandsgleiche Zinsaufwand spielt somit bei der Preisfestlegung keine Rolle, weil er in dem kalkulatorischen Zins aufgeht. Hierdurch entsteht in einer Niedrigzinsphase eine hohe kalkulatorische Verzinsung des eingesetzten Kapitals und umgekehrt. Durch diese Art der kalkulatorischen Verrechnung werden dem Staat, und damit dem Steuerzahler, abgesicherte *verdeckte Gewinne* als kalkulatorische Zusatzkosten in den Selbstkostenpreisen in Rechnung gestellt. Körner stellte dazu fest:

> Durch die Deklarierung eindeutiger Bestandteile des Unternehmergewinns als Kosten wird die wahre Kostenstruktur der Betriebe verschleiert und die Möglichkeit erhöht, dem Betrieb zusätzliche Gewinne zuzuführen. [...] So gesehen ist die Ausweitung des Kostenbegriffs, wie sie von der Betriebswirtschaftslehre vorgenommen wurde und in den LSP zum Ausdruck kommt, abzulehnen. (Körner 1961, S. 46)

Und dennoch findet bis heute der Rückgriff auf den wertmäßigen Kostenbegriff statt.

Auch ist bei der Selbstkostenpreisbildung völlig inakzeptabel, dass *unterausgelastete Produktionskapazitäten* bis zu einem Beschäftigungsgrad von 60 Prozent, der zu extrem steigenden Stückkosten und damit Preisen führt, ebenfalls dem Staat voll in Rechnung gestellt werden dürfen. Unternehmen, die außerhalb einer Selbstkostenpreisbildung im *Wettbewerb* stehen, können hier von einer solchen Preisbildung nur Träumen und selbst auch marktbeherrschenden Unternehmen dürfte ein solcher „Kostenabstoß" über ihre Preise schwerfallen. Coenenberg (1993, S. 139) kritisiert daher zu Recht diese Art der Kostenabwälzung bei Unterauslastung, wenn er schreibt: „Da die LSP im Ergebnis eine *Vollkostenkalkulation* vorgeben, die z. B. bei Erstattungspreisen gänzlich auf Ist-Kosten basiert, schlagen Veränderungen der Beschäftigung voll auf die Gemeinkosten-Zuschlagssätze durch." So können in Mehrproduktunternehmen, die in der Praxis die Regel sind, sogar nicht verursachungsgerechte Unterauslastungen auf andere Kostenträger (Produkte) abgewälzt werden. Dies geschieht regelmäßig in Rüstungsunternehmen, die auch zivile Produkte herstellen. Stückkostenerhöhende Unterauslastungen, verursacht im zivilen Bereich der Unternehmen, belasten dann auch hier die Rüstungsgüterpreise durch steigende Gemeinkosten-Zuschläge (vgl. Bontrup 1985). Außerdem steigen so die absoluten Gewinne bei den Rüstungsaufträgen (siehe weiter unten). Es kommt quasi zu einer *Quersubventionierung* der zivilen Produkte durch die Rüstungsgüter, die sich insbesondere in der Luft- und Raumfahrtindustrie die großen Konkurrenten Boing und Airbus, beide produzieren zivile und militärische Flugzeuge, gegenseitig vorwerfen.

Neben diesen insgesamt ökonomisch verwerflichen „Kostenverrechnungen", die bereits hohe Gewinnbestandteile enthalten, kommt es darüber hinaus zusätzlich zu einer *kalkulatorischen Gewinnbeaufschlagung*, also zu einer Gewinn-Gewinn-Verrechnung. Laut LSP wird dabei der Gewinnaufschlag für das allgemeine Unternehmerwagnis und für einen Leistungsgewinn gewährt, wenn eine besondere Leistung vorliegt. In der Praxis reicht hier aber schon als zusätzliche Gewinngewährung das allgemeine Unternehmerwagnis aus. Dies wird erstaunlicherweise selbst vom Bundesrechnungshof (BRH) nicht moniert. Denn auch der BRH akzeptiert beim Gewinnaufschlag ein allgemeines Unternehmerwagnis von 5 Prozent (davon 3,5 Prozent auf das betriebsnotwendige Vermögen (BNV) und 1,5 Prozent auf die Selbstkosten des Umsatzes). Hier sind dann im Selbstkostenansatz auch die kalkulatorischen Zusatzkosten als verdeckte Gewinnbestandteile enthalten, wobei der BRH allerdings das den Unternehmen zinslos zur Verfügung gestellte Kapital als Abzugskapital nicht einmal berücksichtigt, wie es zumindest die LSP vorschreiben. Im Gegensatz zu den LSP geht der BRH aber wiederrum beim betriebsnotwendigen Vermögen (BNV) von einem Vermögens- bzw. Kapitalumschlag (Selbstkostenumsatz/BNV) von eins aus. Liegt der Vermögensumschlag laut BRH unter eins, so erhöht sich entsprechend die Summe des Gewinnaufschlages auf das BNV, während er bei einer Umschlagshäufigkeit von über eins, entsprechend sinkt.

$$\text{Kombinierter Gewinnzuschlagssatz} = G_S + \left(G_V * \frac{\text{Selbstkosten}}{\text{BNV}} \right)$$

G_S = prozentualer Gewinnzuschlag auf Selbstkosten
G_V = prozentualer Gewinnzuschlag auf BNV (betriebsnotwendiges Vermögen)
Vermögensumschlag = Selbstkosten/BNV

Aufgabe

Das betriebsnotwendige Vermögen eines Rüstungsunternehmens liegt bei 350 Mio. EUR. Das Gesamtkapital bei 375 Mio. EUR. Die Umsatzselbstkosten eines ausgeführten Rüstungsauftrags auf Basis eines Erstattungspreises liegen bei 180 Mio. EUR. In den Selbstkosten des Umsatzes sind kalkulatorische Zinsen in Höhe von 6,5 Prozent auf das betriebsnotwendige Kapital von 280 Mio. EUR und eine kalkulatorische Miete von 1,4 Mio. EUR enthalten. Wie hoch fallen a) der gesamte Umsatz und b) der Gewinn absolut aus und wie groß ist c) die Umsatzrendite und d) die Eigenkapitalrendite bei einem Eigenkapitaleinsatz von 88 Mio. EUR. Berechnen Sie auch e) die Gesamtkapitalrendite bei einem aufwandsgleichen Zinsaufwand von 7 Mio. EUR, ebenso wie f) den absoluten Gewinn, wenn der Vermögensumschlag auf eins steigt?

Lösung
a)   205,538 Mio. EUR
b)   18,538 Mio. EUR
c)   9,0 %
d)   21,1 %
e)   6,8 %
f)   21,6 Mio. EUR

Neben der Gewinnformel des BRH, die, wie gesagt, nur das allgemeine Unternehmerwagnis als Gewinn in den Selbstkostenpreisen bei öffentlichen Aufträgen verrechnet, hat das Bundesverteidigungsministerium (BMVg) seit dem 1. Juli 1989 eine differenzierte Gewinnverrechnung bei *Rüstungsgütern* eingeführt (die sogenannte „Bonner Formel"), die hier über einen Leistungsanreiz („Qualifikationsfaktor") die unterschiedlichen Auftragstypen (Forschungs-, Entwicklungs-, Instandsetzungs- oder Produktionsaufträge) sowie die Vermögensbindung über die jeweilige Anlagenintensität und außerdem noch die Wertschöpfung (Anteil Eigen- und Vorleistung) berücksichtigt. Der so in den Rüstungsgüterpreisen verrechenbare kalkulatorische Gewinn ergibt sich dann aus der folgenden Formel:

$$G = 0,05(Q + 1,5 \text{ BNAV/BNV})E + 0,01F$$

G = kalkulatorischer Gewinn
Q = Qualifikationsfaktor, gewichtet in Abhängigkeit von der unternehmerischen Leistung bzw. dem Innovationsgrad für die unterschiedlichen Auftragstypen: Q = 0,70 für Instandsetzungsaufträge, Q = 1,05 für Produktionsaufträge, Q = 1,10 für Studien-, Forschungs- und Entwicklungsaufträge
E = Eigenleistung = Selbstkosten − F (F = Fertigungsmaterial + sonstige Fremdleistungen)
Anlagenintensität = BNAV (betriebsnotwendiges Anlagevermögen) : BNV (betriebsnotwendiges Vermögen)

Eine wirkliche Gewinneinschränkung ist damit bei Rüstungsgütern aber nicht erreicht worden. Alle anderen in den LSP festgelegten Möglichkeiten der Kostenverrechnung wurden nicht aufgehoben. Bis heute kommt es zu einer ungerechtfertigten *Gewinn-*

Gewinn-Beaufschlagung bei Rüstungsgütern. Dies ist ein weiteres Beispiel für Politikversagen oder für eine *„privilegierte Komplizenschaft"* (Adorno/Horkheimer) zwischen Politik und Wirtschaft.

2.3.3 Mikroökonomisches Marktversagen und staatliche Korrekturmöglichkeiten

Bisher haben wir weitgehend die „schöne heile Welt" der Marktwirtschaft unter der Annahme einer vollkommenen Konkurrenz beschrieben und auch schon verhaltene Kritik geübt. Die hier vorgestellten Argumentationsmuster prägen sehr oft die Analyse mikroökonomischer Zusammenhänge und führen dann zwangsläufig zu marktliberalen Politikempfehlungen: Da ja im Ideal der Markt von selbst gesellschaftlich optimale Ergebnisse herbeiführt und zudem Störungen perfekt durch die Selbstheilungskräfte beseitigt, besteht die vornehmliche Aufgabe des Staates darin, ordnungspolitisch eine marktwirtschaftliche (dezentrale) Wirtschaftsordnung mit vollkommener Konkurrenz herzustellen. Prozesspolitisch wird der Staat hier nicht benötigt. Im Gegenteil, versucht er dennoch, in die Preisfindung einzugreifen oder den Marktzugang zu regulieren, stört er nicht nur die Selbstheilungskräfte, sondern es kommt zudem zu leistungsunabhängigen Umverteilungswirkungen und zu Wohlfahrtseinbußen.

Das beschriebene Marktmodell besticht in der Theorie in der Tat mit seiner analytischen Eleganz. Nüchterner betrachtet, sieht sich dieses Weltbild allerdings dem *„Nirwana-Vorwurf"* ausgesetzt. Danach präsentiert es zwar eine schöne Geschichte, leider ist sie weltfremd, weil es die unterstellten Voraussetzungen der vollkommenen

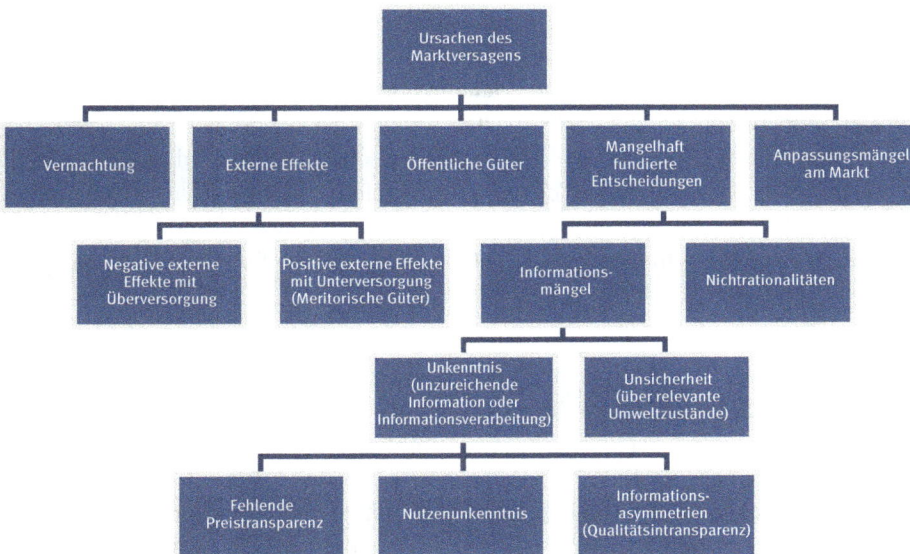

Abb. 2.40: Ursachen des mikroökonomischen Marktversagens. Quelle: eigene Darstellung.

Konkurrenz höchstens im Nirwana, aber ansonsten weder gegeben hat noch geben wird. Die Geschichte ist demnach eine *Utopie*, die sich auf Wunschdenken stützt. Tatsächlich kann es in der Realität auf mehreren Ebenen zu erheblichen Abweichungen vom Prämissenkatalog des Marktmodells und infolgedessen zu vielfältigen Formen von *Marktversagen* kommen. Deshalb sind staatliche Eingriffe, um die Fehlsteuerung des Marktes zu korrigieren, geradezu erforderlich (vgl. zum gesamten Teilkapitel insbesondere Fritsch/Wein/Ewers 2005). Die Ursachen des Marktversagens sind in Abb. 2.40 illustriert.

2.3.3.1 Marktmacht

Bereits Adam Smith (1723–1790) warnte vor einer immanenten Tendenz zur Vermachtung von Märkten. Auch Walter Eucken (1891–1950), die Gallionsfigur des *Ordoliberalismus* (vgl. Kap. 8.3.3), erkannte die Problematik: „Nur im Rahmen der Wettbewerbsordnung gilt der oft zitierte Satz, daß Privateigentum nicht nur dem Eigentümer, sondern auch dem Nichteigentümer Nutzen bringe" (Eucken 1990, S. 274). „Marktteilnehmer versuchen stets – wo immer es möglich ist – Konkurrenz zu vermeiden und monopolistische Stellungen zu erwerben oder zu behaupten. Ein tiefer Trieb zur Beseitigung von Konkurrenz und zur Erwerbung von Monopolstellungen ist überall und zu aller Zeit lebendig" (S. 31).

Vor dem Hintergrund, den *Freiheitsbegriff* einseitig auf die reine Dispositionsfreiheit von Akteuren einzugrenzen und blauäugig in eine Laissez-faire-Politik zu verfallen, hielt Eucken geradezu für kontraproduktiv: „Es erwies sich, dass die Gewährung von Freiheit eine Gefahr für die Freiheit werden kann, wenn sie die Bildung privater Macht ermöglicht … " (S. 53).

Wer als Anbieter oder als Nachfrager über Macht im Markt verfügt, kann die andere Seite ausbeuten, d. h. seine Wohlfahrt zu Lasten anderer erhöhen, ohne dass dies – abgesehen vom Fall der Innovation – leistungsgerecht wäre. Die ausgebeutete Seite verfügt dann zwar in einer Marktwirtschaft formal über die Freiheit, einen Vertragsschluss zu verweigern. Materiell bleibt ihr aber gar keine andere Wahl, als die Ausbeutung hinzunehmen. Werden Milchbauern als Zulieferer unter dem Druck der Lebensmitteldiscounter zu Preiszugeständnissen aufgefordert, können sie dies ablehnen. Sie gefährden aber damit ihre wirtschaftliche Existenz, weil sie einen mächtigen Großabnehmer verprellen (vgl. Bontrup/Marquardt 2008).

2.3.3.1.1 Vordergründige Ursachen wirtschaftlicher Marktmacht

Macht kann laut orthodoxer neoklassischer Theorie die folgenden Ursachen haben, die nach *heterodoxer Vorstellung* eher nur Symptome darstellen und nicht die systemische Kernursache (vgl. Kap. 3.2):

– Marktmacht kann das Ergebnis von expliziten Absprachen unter Konkurrenten sein. Statt sich im harten Wettbewerb untereinander zu behaupten und sich dabei permanent anstrengen zu müssen, ist es für alle Konkurrenten weitaus bequemer, ein *Kartell* zu bilden und sich dabei als „Schicksalsgemeinschaft" so zu

verhalten wie ein Monopolist. Dabei sind insbesondere Absprachen über Absatz-
oder Einstandspreise, über Absatz- oder Einkaufsmengen bzw. -quoten und über
Gebietskartelle denkbar, damit man sich gegenseitig nicht ins Gehege kommt.

– Ähnlich kann nicht explizit vereinbartes *Parallelverhalten* wirken. Wenn Oligopolisten sich der gegenseitigen Abhängigkeit bewusst sind, vermeiden sie oftmals
   bewusst offensive Wettbewerbsschritte, weil sie befürchten, eine Gegenreaktion
   auszulösen, die eine Abwärtsspirale in der Branche auslöst. Der Wettbewerb wird
   hier aus untereinander nicht abgestimmtem strategischem Kalkül heraus vermieden, um die erreichte Machtposition nicht zu gefährden.

– Unternehmen können Macht auch dadurch auf- und ausbauen, dass sie ihre Konkurrenten im Zuge von *Fusionen* aufkaufen und oder verbliebene Wettbewerber
   verdrängen.

– Möglicherweise ist die Machtposition aber auch als Ergebnis einer *Produktinnovation* entstanden. Solange das Unternehmen einen Wissens- oder Zeitvorsprung
   hat oder durch ein Patent geschützt ist, muss es sich nicht dem Wettbewerb stellen. An dieser Stelle sei auf Clayton M. Christensen (1952–2020), Jürgen Hauschildt
   (1936–2008) und Peter Ferdinand Drucker (1909–2005) verwiesen, die mit ihren
   Veröffentlichungen zur Weiterentwicklung der Innovationsforschung beigetragen
   haben.

Wie effektiv die Machtposition aber tatsächlich ausgebeutet werden kann, wird auch
von der Abhängigkeit der *Marktgegenseite* bestimmt.

2.3.3.1.2 Analyse der Machtwirkung

Für eine differenziertere Analyse der Machtwirkung betrachten wir im Duktus der
Neoklassik nochmals ein Angebotsmonopol (vgl. auch Kap. 2.1.3.2). Ein gewinnma-
ximierender Alleinanbieter wählt dabei unter Berücksichtigung seines Gestaltungs-
spielraums auf dem Absatzmarkt den Cournot-Punkt (vgl. Abb. 2.41). Hier stimmen
Grenzerlös (GL) und Grenzkosten (GK) überein. Unter der Annahme einer linearen
Preis-Absatzfunktion ergab sich dabei nach (2.40):

$$\underbrace{a - 2by}_{=GL} \overset{!}{=} GK \quad \text{mit} \quad p(y) = a - b \cdot y \tag{2.91}$$

Verhielte sich der Monopolist wie ein Polypolist, würde er sein Angebot längs seiner Grenzkostenkurve ausweiten. In dem Fall käme es in der linken Grafik im Punkt B,
dem Schnittpunkt mit der Nachfragekurve, zu einem Marktgleichgewicht. Die *Produzentenrente* beliefe sich dann auf A–B–C, die *Konsumentenrente* hingegen auf C–B–D.
Dadurch, dass der Monopolist sich seiner Gestaltungsmacht bewusst ist, kommt es
jedoch zu einer *Umverteilung* von den Konsumenten zum Produzenten. Während die
Produzentenrente auf A–E–F–G zulegt, verringert sich die Konsumentenrente auf G–
F–D. Die Fläche E–B–F geht dabei als Wohlfahrt insgesamt verloren.

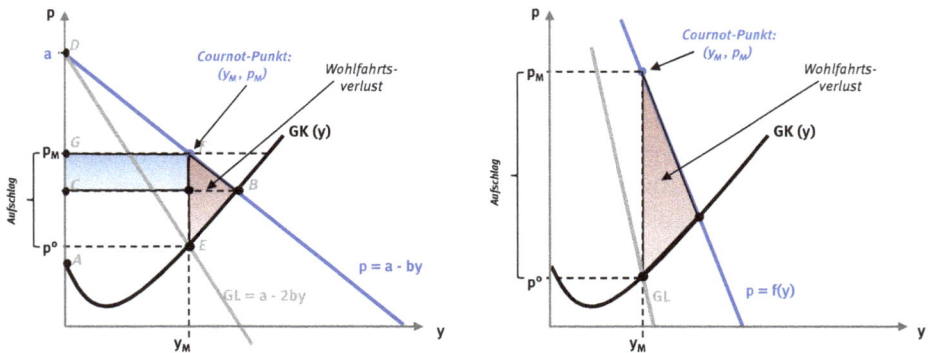

Abb. 2.41: Wohlfahrtseinbuße, Monopol und Nachfrageabhängigkeit. Quelle: eigene Darstellung.

Strategisch verknappt der Alleinanbieter dabei die Marktversorgung, um den Preis in die Höhe zu treiben. Das Ausmaß der Benachteiligung der Konsumenten wird auch an dem Preisaufschlag, den er beim Preis p_M gegenüber dem Grenzkosten deckenden Preis $p°$ erhält, den er als Polypolist zum Angebot der Polypolmenge y_M forderte.

Die negativen gesellschaftlichen Auswirkungen der Monopolmacht nehmen dabei zu, je höher die Abhängigkeit der Verbraucher (Nachfrager) vom betrachteten Gut ist. Der steile Verlauf der Preis-Absatz-Funktion in der rechten Grafik der Abb. 2.41 geht einher mit einer geringen *Preiselastizität*, da selbst ein hoher Preisanstieg kaum zu einem Nachfragerückgang führt. Unter sonst gleichen Bedingungen nehmen mit fallender Preiselastizität der Nachfrage und damit mit steigender Verbraucherabhängigkeit der Wohlfahrtsverlust und der von den Nachfragern hinzunehmende Preisaufschlag zu.

Der Zusammenhang zwischen dem Preisaufschlag und der im Cournot-Punkt über die direkte Preiselastizität $\varepsilon = \frac{\partial y}{\partial p} \cdot \frac{p_M}{y_M}$ gemessenen Verbraucherabhängigkeit wird durch die *Amoroso-Robinson-Formel* erfasst. Unter Berücksichtigen der Produktregel gilt für die Ableitung einer Erlösfunktion nach y auf Basis einer beliebigen Preis-Absatz-Funktion im Cournot-Punkt (mit $p = p_M$ und $y = y_M$):

$$E = p(y) \cdot y \quad \Rightarrow \quad GL = \frac{dE}{dy} = \frac{dp}{dy} \cdot y_M + p_M \cdot 1$$

$$= p_M \cdot \left(\frac{dp}{dy} \cdot \frac{y_M}{p_M} + 1 \right) = p_M \cdot \left(\frac{1}{\varepsilon} + 1 \right) = p_M \cdot \left(\frac{1+\varepsilon}{\varepsilon} \right) \qquad (2.92)$$

Unter Anwenden der gewinnmaximierenden *Grenzerlös-gleich-Grenzkostenregel* folgt daraus die Amoroso-Robinson-Formel (hier mit der Elastizitätsdefinition ohne Absolutwertbildung):

$$GL = p_M \cdot \left(\frac{1+\varepsilon}{\varepsilon} \right) = GK(y_M) = p° \quad \Rightarrow \quad p_M = \underbrace{\left(\frac{\varepsilon}{1+\varepsilon} \right)}_{AF} \cdot p° \qquad (2.93)$$

Diese Formel beschreibt den Preisaufschlag des Monopolisten über einen Aufschlagfaktor (AF), dessen Größenordnung sich aus der Verbraucherabhängigkeit ableitet. Ist beispielsweise im Cournot-Punkt $\varepsilon = -2$ der Monopolpreis mit dem Faktor AF $= (\frac{-2}{1-2}) = 2$ doppelt so hoch wie der hypothetische Preis ohne Machtausbeutung und legt die Elastizität aufgrund einer geringeren Verbraucherabhängigkeit zum Beispiel auf $\varepsilon = -5$ zu, so lässt die Ausbeutung nach. Der Aufschlag beträgt dann nur noch ein Viertel (AF $= (\frac{-5}{1-5}) = 1{,}25$).

Wie effektiv die Marktmacht vom Monopolisten also zur Ausbeutung genutzt werden kann, hat der Alleinanbieter nicht in der Hand. Er kann zwar allein das Marktergebnis zur Maximierung seines Gewinnes gestalten. Wie weit er dabei im Preis überziehen kann, hängt dann aber auch von der *Reaktion der Verbraucher* (Nachfrager) ab. Sind sie auf das Gut, weil es unwichtig ist oder weil es gute Substitutionsmöglichkeiten gibt, nicht angewiesen ($|\varepsilon|$ ist groß), so diszipliniert der drohende Absatzverlust den Monopolisten vergleichsweise stark. Sind hingegen die Verbraucher (Nachfrager) auf das Gut stark angewiesen, potenziert sich die Wirkung der alleinigen Gestaltungsmacht durch die starke Abhängigkeit und es kommt zu einer umso schwerer wiegenden Ausbeutung.

Aufgabe

Die Peis-Absatz-Funktion eines Monopolisten auf einem Markt für Flüssig-Chemikalien hat die Gestalt: $p = 100 - 0{,}5 \cdot y$ (mit p = Preis in EUR/hl und y = Absatzmenge in hl). Die Kostenfunktion folgt der Vorschrift: KT $= 200 + 20 \cdot y$.

a) Bestimmen Sie die gewinnmaximale Angebotsmenge und den dazugehörigen Absatzpreis im Cournot-Punkt. Wie hoch ist der maximale Gewinn?
(Lösung: $y_M = 80$ hl; $p_M = 60$ EUR/hl; $G_M = 3.000$ EUR).

b) Wie hoch ist die Preiselastizität der Nachfrage im Cournot-Punkt (als Nicht-Absolutwert gemessen)?
(Lösung: $\varepsilon = -1{,}5$)

c) Weisen Sie nach, dass im Cournot-Punkt die Amoroso-Robinson-Formel gilt.
(Lösung: $p_M = 60 = (\underbrace{\frac{-1{,}5}{1 - 1{,}5}}_{AF=3}) \cdot \underbrace{20}_{=p°}$)

d) Wie wirkt es sich nach der Amoroso-Robinson-Formel auf den machtbedingten Preisaufschlag von Monopolisten aus, wenn in einem Markt die Preiselastizität der Nachfrage zunimmt? Begründen Sie die Wirkung nicht nur arithmetisch, sondern auch ökonomisch-inhaltlich.

2.3.3.1.3 Wirtschaftspolitische Schlussfolgerungen

Die im marktwirtschaftlichen Ideal unterstellte Annahme eines auf beiden Marktseiten machtfreien Polypols ist zumeist weltfremd. Unsere Wirtschaftsordnung wird kaum von kleinen Akteuren ohne Gestaltungsmacht geprägt. Atomistisch kleine Anbieter sind vielleicht noch regional bei Friseursalons, Nagelstudios oder Bäckereien zu finden. Bei Banken, Versicherungen oder den Produzenten in den meisten Industriebranchen trifft diese Vorstellung auf keinen Fall zu. Eine allumfassende und dauerhafte Existenz von Polypolen als Normalfall ist angesichts des von Adam Smith schon identifizierten immanenten Hangs zur Vermachtung auch nicht zu erwarten. Geht dabei der Konzentrationsprozess so weit, dass Monopole (bzw. Monopsone) entstanden sind bzw. Oligopolisten (bzw. Oligopsone) sich monopolähnlich verhalten, kommt es zur beschriebenen *Ausbeutung*. Zentrale ordnungspolitische Aufgabe der Politik ist es dann, die Ausbeutung durch das *Kartellrecht*, das *Fusionsrecht* und das *Marktmissbrauchsrecht* zu unterbinden oder besser noch, Möglichkeiten dazu bereits im Vorfeld zu verhindern (vgl. dazu Kap. 3.2.2.6.1). Allerdings bedarf es hier in vierfacher Hinsicht in den folgenden Unterkapitalen einer differenzierteren Betrachtung.

2.3.3.1.3.1 Verbraucherabhängigkeit

Die Notwendigkeit eines staatlichen Eingriffs nach der Amoroso-Robinson-Formel wird letztlich vom Grad der Verbraucherabhängigkeit beim bereitgestellten Gut bestimmt. Ein Alleinanbieter, der beispielsweise Quietsche-Entchen für die Badewanne oder ähnlich ausgefallene und nicht wirklich benötigte Güter herstellt, muss nicht durch den Staat in die Schranken gewiesen werden. Das erledigen die Verbraucher alleine, indem sie den Anbieter bei einem maßlosen Überziehen mit einem Nachfrageentzug abstrafen. Im Umkehrschluss ist der Staat aber umso mehr gefordert, wenn mächtige Anbieter Güter mit hoher Verbraucherabhängigkeit produzieren. Das trifft vor allem bei Basisgütern wie Strom, Wasser, Wohnungen und Lebensmittel zu.

2.3.3.1.3.2 Produktinnovation

Sicherlich ist eine Monopolsituation als Ergebnis einer Produktinnovation anders zu behandeln als der Fall, in dem ein Anbieter all seine Konkurrenten verdrängt oder aufgekauft hat. Die Erfindung eines *neuen Produktes* stellt eine außergewöhnliche Leistung dar. Unter Umständen musste der Innovator viel Zeit und Geld investieren, um sein neues Gut marktreif zu machen. In der Regel ist er dann zunächst aufgrund seines Zeit- und Wissensvorsprungs der Alleinanbieter im Markt und kann die Monopolrente als belohnendes Resultat seiner besonderen Leistung einfahren. Setzt der Staat aus wettbewerbspolitischen Gründen alles daran, dass das neue Produkt möglichst schnell von anderen Unternehmen imitiert werden kann, fällt der Belohnungszeitraum sehr knapp aus. In Antizipation dieser Gefahr wird die *Innovationskraft* von Unternehmen überschaubar sein. Für ein insgesamt freundlicheres Innovationsklima bietet sich daher ein wettbewerbspolitischer Spagat an: Über einen befristeten *Patentschutz* wird der Innovator temporär in seiner Alleinanbieterstellung geschützt. In dieser Phase kann er unbeeinträchtigt von Konkurrenz seine Belohnung verdienen. Zugleich kann er sich aber nicht auf seinen Lorbeeren ausruhen. Sobald der Patentschutz ausgelaufen ist, muss er sich auf Konkurrenz einstellen, die für eine Preissenkung sorgen wird. Am Ende sind alle Beteiligten zufrieden: Innovatoren werden belohnt, der allgemeine Innovationsanreiz bleibt erhalten, die Verbraucher erhalten ein neues Gut und zahlen nach dem *Imitationsprozess* faire Preise dafür.

2.3.3.1.3.3 Bestreitbarkeit

Darüber hinaus ist relativierend zu beachten, inwieweit eine erreichte Machtposition „bestreitbar" ist. Diese vor allem von William J. Baumol (1922–2017), John C. Panzar und Robert D. Willig entwickelte Idee der „contestable markets" („Bestreitbarkeit der Märkte") sieht allein in der *latenten Drohung des Eintritts* neuer Konkurrenten im Extremfall ein ausreichendes Korrektiv. Demnach diszipliniert nicht allein der vorhandene, sondern auch der potenzielle Wettbewerb einen Monopolisten. Geht der Anbieter mit seinen Preisen über eine Stückkostendeckung (inklusive Normalprofit) hinaus, werden in perfekt bestreitbaren Märkten sofort neue Konkurrenten den Markt erobern. Um den dann drohenden Übergang der Preisbildung in die nicht mehr stückkostendeckende Preis-gleich-Grenzkosten-Regel zu vermeiden, wird sich der Alleinanbieter von Vornherein selbst einschränken. Auch wird er sich, wie im echten Wettbewerb, um die Produktionseffizienz bemühen. Wäre er nämlich im Produktionsprozess nicht auf dem neuesten Stand, könnte er jederzeit durch Newcomer verdrängt werden, selbst wenn er mit dem Preis nur seine – allerdings unnötig hohen – Stückkosten deckt. Vertreter der zumindest lange Zeit in den USA einflussreichen *Chicago School of Antitrust Analysis*, wie Aaron Director (1901–2004), Robert Bork (1927–2012) und Harold Demsetz (1930–2019), fanden sich angesichts dieser Theorie in ihrem ideologischen Weltbild, der Markt könne sich grundsätzlich selbst überlassen werden, weil er selbst bei Konzentrationsprozessen noch funktioniere, bestätigt (vgl. Hovenkamp/ Morton 2019 und Schmidt 2005a, S. 19 ff.).

Ohne wettbewerbsbeschränkende Wirkungen befürchten zu müssen, profitiere demnach die Gesellschaft möglicherweise sogar von der *Marktkonzentration* durch die hohe Produktionseffizienz eines Großanbieters. Vereinzelt konnte die disziplinierende Wirkung der Angreifbarkeit eines Marktes auch nachgewiesen werden. Austan Goolsbee und Chad Syverson (2005) stellten zum Beispiel im Zusammenhang mit der Expansion der amerikanischen Fluggesellschaft Southwest fest, dass etablierte Airlines bei den durch einen Neueinstieg von Southwest bedrohten Flugstrecken schon vor deren Markteintritt die Ticketpreise gesenkt hatten. Bei den nicht bedrohten Strecken blieben die Preise hingegen unverändert. Zudem gab es auf den bestrittenen Strecken nach einem tatsächlichen Eintritt von Southwest zwar eine weitere Preissenkung, der größere Teil erfolgte aber bereits zuvor in der Phase des potenziellen Marktzugangs. Insgesamt ist die empirische Unterstützung für die Idee aber eher schwach.

Überdies stützt sich die Theorie auf die sehr einschränkende Annahme einer möglichen *Hit-and-run-Strategie*. Gemeint ist, dass bei perfekter Bestreitbarkeit potenzielle Einsteiger bei jeder sich bietenden Chance sofort in den Markt einsteigen werden. Tatsächlich dürfen dazu aber zum Ersten *Sunk Costs* keine nennenswerte Rolle spielen. Es handelt sich hier um Kosten, die durch den Markteintritt entstehen und bei einem Scheitern im Markt hinterher endgültig verloren wären. Je größer diese Kosten sind, umso stärker dürfte die Zurückhaltung eines potenziellen Newcomers ausfallen.

Außerdem muss nicht nur ein *freier Marktzugang*, sondern auch ein jederzeitiger *Marktaustritt* möglich sein. Sollte der Austritt nämlich, zum Beispiel wegen versorgungsseitiger Bedenken durch staatliche Vorschriften blockiert sein, könnte ein Unternehmen in Antizipation der Gefahr, beim wirtschaftlichen Scheitern nicht schnell genug, den Markt verlassen zu können, seinen Einstieg von Vornherein zurückstellen. Zum Dritten müssten, damit der Etablierte die latente Drohung ernst nimmt, die Konsumenten nach einem Neueintritt rational reagieren. Dazu müsste ihnen die veränderte Anbietersituation transparent sein, sie dürften keine unüberwindbare Bindung an ihren bisherigen Produzenten aufweisen und müssten vor allem auch bei niedrigeren Preisen bereit sein, auf die neue Konkurrenz auszuweichen. Zum Vierten verliert die latente Drohung ihre Wirkung, wenn der Etablierte lange genug Zeit hatte, gegenüber seinen von ihm möglicherweise abhängigen Zulieferern günstige *Lieferverträge* durchzusetzen. Aufgrund der günstigen Vorproduktkonditionen, des über Jahre hinweg aufgebauten Know-hows, des bei einer Fremdfinanzierung zur günstigen Zinsgestaltung einsetzbaren Track records und Größenvorteilen in der Produktion verfügt der Altanbieter über einen *Kostenvorsprung*, der die Überlebenschance eines Newcomers drastisch reduziert. Hat dann zum Fünften der Etablierte in der Vergangenheit noch Extraprofite gemacht, ist dessen „*Kriegskasse*" prall gefüllt, um gleich am ersten Neueinsteiger öffentlichkeitswirksam ein abschreckendes Exempel zu statuieren. Über eine Verdrängungsstrategie reagiert er dabei solange mit einem *ruinösen Preiswettkampf*, bis sich der Konkurrent aus dem Markt zurückzieht. Angesichts dieser Einschränkungen ist in der Praxis eher davon auszugehen, dass die Bestreitbarkeit von Märkten zwar einen disziplinierenden Effekt haben kann, allerdings auch nicht zu viel davon erwartet werden sollte. Gleichwohl sollte der Staat zur Stärkung des Wettbewerbs grundsätzlich im Sinne der Idee versuchen, die Angreifbarkeit von mächtigen Marktpositionen zu stärken. Dazu könnte er eventuell vorhandene administrative Zugangsbeschränkungen hinterfragen und abbauen, dabei auch bislang abgeschottete Märkte für die internationale Konkurrenz öffnen, Kampfstrategien zur ruinösen Verdrängung der Konkurrenz nach einem Eintritt als unlauter untersagen und Neueinsteiger ausdrücklich fördern, zum Beispiel durch vergünstigte Existenzgründungsdarlehen.

Aufgabe

Diskutieren Sie kritisch, inwieweit die Bestreitbarkeit von Märkten ausreichen kann, um einen Monopolisten ausreichend zu disziplinieren.

2.3.3.1.3.4 Natürliches Monopol

Außerdem kann es sein, dass der Monopolist als Großanbieter über einen günstigeren Kostenverlauf verfügt als polypolistische Anbieter, die denselben Markt beliefern würden. Der Wohlfahrtsvergleich auf Basis der Abb. 2.41 wäre dann unzulässig, weil der als Referenz herangezogene Grenzkostenverlauf der Polypolisten nicht mit der Grenzkostenkurve des Monopolisten identisch wäre. Wettbewerbspolitisch abzuwägen wären in dem Fall aus Verbrauchersicht zwei gegenläufige Effekte. Entscheidend wäre, ob die gegenüber einem Polypolmarkt preissteigernd wirkende Macht stärker durchschlägt als die tendenziell preissenkende Kostenentlastung durch die Massenproduktion. Dieses Argument ist von besonderer Relevanz im Zusammenhang mit natürlichen Monopolen.

Zu den Ausnahmebereichen der Wettbewerbspolitik zählen grundsätzlich die natürlichen Monopole, die übrigens Adam Smith in seinen Untersuchungen noch nicht berücksichtigte (vgl. Streissler 2005, S. 18 in: Smith 2005). Ein natürliches Monopol liegt nach heutigen Erkenntnissen bei einer sogenannten wirtschaftlichen *Subadditivität* vor. In dem Fall sind die Kosten eines Alleinanbieters grundsätzlich niedriger als die Gesamtkosten einer Vielzahl von kleineren Anbietern, wenn diese dieselbe Menge wie der Monopolist erzeugen würden. Dies ist insbesondere dann der Fall, wenn die Fixkosten im gesamten Kostengefüge eine herausragende Rolle spielen. Nur wer dann in wirklich großem Stile produziert, kommt auch in den Genuss einer nennenswerten *Fixkostendegression*. Daher würde eine stückkostenbasierte Preisbildung bei einer Vielzahl von Anbietern zu einer Versorgung mit sehr hohen Preisen führen. Solange die Preise sich hingegen an den vergleichsweise niedrigen Grenzkosten orientieren, resultieren allseits große Verluste und zahlreiche Unternehmen werden in die Insolvenz getrieben. Eine solche Situation hätte nicht lange Bestand. Entweder bliebe im Ausleseprozess am Ende nur noch ein Anbieter übrig oder zwischenzeitlich steigt ein kapitalkräftiges Unternehmen neu in den Markt ein, dass durch die schiere Größe der Produktion und die dabei erzielte Stückkostendegression alle anderen Anbieter verdrängt. Wie auch immer, am Ende behauptet sich hier zwangsläufig ein Alleinanbieter.

Solche natürlichen Monopole gibt es beispielsweise im Stromnetzbetrieb. Hier dominieren bei der Bereitstellung für die Stromdurchleitung die Kosten der Investitionen (Abschreibungen und Eigenkapital- bzw. Fremdkapitalzinsen) so sehr, dass es volkswirtschaftlich keinen Sinn ergibt, nur zur Initiierung eines Wettbewerbs um seiner selbst willen, mehrere Anbieter mit parallel zueinander verlaufenden Trassen zu haben; zumal auch die Widerstände der Bevölkerung dagegen immens wären.

Dem unbestreitbaren Kostenvorteil steht aber hier die Gefahr der *Ausbeutungsmacht* durch einen Alleinanbieter gegenüber. Um das Unternehmen im Gemeinwohlinteresse auszusteuern gibt es verschiedene Eingriffsmöglichkeiten des Staates (vgl. Marquardt 2019).

Der Staat könnte *erstens* selbst die Anbieterrolle übernehmen. Als ausschließlich am Gemeinwohl orientierte Institution stünde in einem *Staatsmonopol* nicht die Gewinnmaximierung zur Disposition, sondern die kostendeckende und ausreichende Güterversorgung.

Problematisch in diesem Ansatz ist der Verstoß gegen den von Verfechtern liberaler Wirtschaftspolitik vertretenen Grundsatz „*Privat-vor-Staat*", den es ordnungspolitisch schon um seiner selbst willen zu vermeiden gelte. Inhaltlich stützt man sich hier auf das Argument, eine staatliche Wertschöpfung laufe immer Gefahr, ineffizient zu sein. Man befürchtet dabei zum einen, dass der Staat nicht über die gleiche Kompetenz wie privatwirtschaftliche Unternehmen verfüge. Das allerdings ist letztlich eine Frage des Personalmanagements und der Bereitschaft des Staates, für mit der Privatwirtschaft vergleichbare Gehälter und Arbeitsbedingungen zu sorgen. Zum anderen gehen liberale Kritiker davon aus, dass es in einem staatlichen Unternehmen aufgrund fehlenden Renditedrucks und der Eigeninteressen der Bürokratie zu einem *„Kostenschlendrian"* kommt, der an die Verbraucher in Form unnötig hoher Preise weitergegeben wird. Darüber hinaus sei auch die Versorgungsqualität nicht gewährleistet. Um diese Schwierigkeiten zu vermeiden könnte aber eine laufende externe Kosten- und Qualitätskontrolle erfolgen.

Darüber hinaus besteht das Problem, dass das Unternehmen, obwohl es sich in staatlicher Hand befindet, faktisch doch gewinnorientiert gemanagt werden könnte. Das ist dann der Fall, wenn der Betrieb möglichst umfassend zur Quersubventionierung anderer Staatsaufgaben beitragen soll. Wie sehr dieses Argument zutrifft, lässt sich am Beispiel der Deutschen Bahn ablesen, die fit für die Börse gemacht werden sollte, um sie später einnahmeträchtig privatisieren zu können. Die dabei gewählte Strategie, vorrangig auf der Kostenseite zu sparen, erwies sich nicht nur als kurzsichtig, sondern obendrein auch als extrem infrastrukturschädigend (die Investitionen wurden unverantwortlich zurückgenommen) und kundenunfreundlich. Vor diesem Hintergrund bietet es sich an, bei einer staatlichen Monopollösung die Unternehmen nicht nur in staatliches Eigentum zu überführen, sondern eine *echte Vergesellschaftung* vorzunehmen und über demokratisch-partizipative Strukturen in der Unternehmensführung zentral das Gemeinwohlinteresse statt des Gewinnstrebens zu verankern (vgl. Bontrup/Marquardt 2012, S. 58 f.). Wichtig wäre dabei auch, durch ein restriktives Preis- und Vergaberecht zu verhindern, dass der Alleinanbieter auf der Zuliefererseite ebenfalls Macht ausüben kann.

Zweitens könnte der Staat das Herausbilden eines natürlichen privatwirtschaftlichen Monopolisten akzeptieren, aber anschließend durch eine *Regulierung* den Alleinanbieter über Vorgaben, Incentives und Disincentives so lenken, dass er sich gemeinwohlorientiert verhält. Üblicherweise wird dabei eine Regulierungsbehörde damit beauftragt, den Monopolisten zu überwachen.

Ein Teil der Regulierung kann sich auf *vertikal integrierten Unternehmen* beziehen. Hier sind die in einem Produktionsprozess aufeinander aufbauenden Wertschöpfungsstufen innerhalb eines Unternehmens miteinander verzahnt. Wenn dabei nur ein Wertschöpfungsbereich ein natürliches Monopol darstellt, besteht die Gefahr, die anderen Wertschöpfungsebenen zu instrumentalisieren. Falls im natürlichen Monopol durch unzureichende Regulierung Gewinne anfallen, könnten diese zur Quersubventionierung in den anderen Unternehmensteilen eingesetzt werden, um sich dort einen unlauteren Wettbewerbsvorsprung zu verschaffen. Überdies könnten Zugangsbeschränkungen aus dem Monopolbetrieb für Konkurrenten aus den anderen Sparten dort den Wettbewerb verzerren. Beispielsweise waren die „Big-4" der Elektrizitätswirtschaft (E.ON, RWE, Vattenfall und EnBW) bis Ende der 2000er-Jahre vertikal integriert. Sie nutzten dabei zum Teil ihre Hoheit über die Netze, um sich sowohl in der Stromerzeugung als auch im Vertrieb vor der Konkurrenz abzuschotten (vgl. Bontrup/Marquardt 2011). So wie in der Stromversorgung dann praktiziert, bietet es sich an, die Wertschöpfungsstufen zu entflechten (*Unbundling*), den Bereich des natürlichen Monopols zu isolieren und ihm die Unabhängigkeit vorzuschreiben. Bislang praktizierte Diskriminierungen beim Zugang zu den Leistungen des natürlichen Monopols wären des Weiteren durch rechtliche Vorgaben zu verbieten.

Darüber hinaus kann auf unterschiedlichen Wegen die *Preisbildung* des Alleinanbieters reguliert werden. Ziel der Preisregulierung wäre es dabei, vorrangig faire, wettbewerbsähnliche Verhältnisse herzustellen. Um zu verhindern, dass diese nicht durch *Qualitätsverschlechterungen* oder *Rosinenpicken* in der Wahrnehmung der zu erfüllenden Aufgaben kompensiert wird, müssten parallel entsprechende Rechtsnormen gesetzt werden.

Die Preisfindung kann zum einen *kostenbasiert* erfolgen. Dabei dürften allerdings nur die unvermeidbaren Kosten berücksichtigt werden, was in der praktischen Umsetzung schwierig ist. Ebenso problematisch ist die Abgrenzung von Gemeinkosten auf den Betrieb des natürlichen Monopols, sofern das Unternehmen in verschiedenen Wertschöpfungsstufen aktiv ist. Der Versuch, die Preis-gleich-Grenzkosten-Regel umzusetzen, wäre zwar sehr wettbewerbsnah, hätte dann aber für den Anbieter den Nachteil, nicht alle Kosten zu decken. Eine Stückkostendeckung über den Preis würde diese Regel verhindern. Zudem haben alle kostenbasierten Regulierungen den Nachteil, dass der Anbieter keinen Anreiz hat, Produktivitätspotenziale zu bergen, da mit der dadurch bewirkten Kostensenkung auch die Absatzpreise fielen. Stattdessen besteht aber die Gefahr des Kostenschlendrians. Egal, wie sich die Kosten entwickeln, am Ende können sie ohne Weiteres auf die Nachfrager abgewälzt werden.

Zum anderen könnte die Preissetzung an der *Renditeentwicklung* des Unternehmens ausgerichtet werden. Zu ermitteln wäre das eingesetzte Eigenkapital und eine dem Risiko des Geschäftsfeldes angemessene Rendite. Die von der Regulierungsbehörde zu genehmigenden Preise wären dann so zu bemessen, dass die Zieleigenkapitalrendite erreicht wird. Zum Teil wird dieser Ansatz beispielsweise in der *Anreizregulierungsverordnung* (ARegV) für das Stromnetz angewendet. Hier wird Neuinvestitionen in der dritten Regulierungsperiode eine Eigenkapitalrendite von 6,91 Prozent vor Steuern zugestanden. Für Altanlagen liegt der Satz bei 5,12 Prozent vor Steuern. Grundsätzlich problematisch ist dabei mit Blick auf die Kalkulation der Abschreibungen die Bemessung des eingesetzten Eigenkapitals sowie vor allem die risikoadäquate Quantifizierung der zu gestattenden Rendite. Durch Anwendung des *Capital-Asset-Pricing-Models* (CAPM) der Portfoliotheorie, wie in der ARegV, stützt man sich zwar auf „objektive" Daten, diese stammen aber aus der Vergangenheit. Zudem ergeben sich auch in diesem Ansatz keine unmittelbaren Anreize produktiver zu werden, da hierdurch die Rendite nicht zulegt. Diese könnten allenfalls indirekt entstehen, weil bei gegebener Rendite der Anreiz besteht, übermäßig viel Kapital einzusetzen.

Des Weiteren wäre eine *Price-Cap-Regulierung* möglich, bei der zunächst eine Obergrenze festgelegt wird. Anschließend wird sie in einem dynamischen Pfad kontinuierlich angepasst. Dieser könnte der allgemeinen Preis- und Produktivitätsentwicklung vergleichbarer Branchen folgen. Gelingt es, die Produktivität schneller zu steigern als im Trendpfad unterstellt, erhöhen sich für das Unternehmen die Gewinne, andernfalls wird der Monopolist mit Gewinneinbußen bestraft. Dabei könnten auch Kostenarten unterschieden werden, indem „nicht beeinflussbare Kosten" identifiziert werden, deren Entwicklung abweichend von der Pfadvorgabe vollständig in die Preise weitergereicht werden dürfen. Diese Form der Regulierung beschreibt übrigens den Kern der ARegV. In der Umsetzung problematisch sind dabei die faire Festlegung des Ausgangspreises, die Bestimmung der angemessenen Produktivitätskomponente sowie die Differenzierung in beeinflussbare und nicht beeinflussbare Kosten. Unter Umständen können ergänzend zu den genannten Methoden der Preissetzung noch verteilungs- oder versorgungspolitische Auflagen kommen. Möglicherweise können das Vorgaben zur Tarifeinheit für ein Versorgungsgebiet sein.

Drittens bestünde eine Alternative in einer *Versteigerung der Monopolposition*, vergleichbar mit den jüngsten staatlichen Auktionen bei der Vergabe der Mobilfunklizenzen. Statt eines Wettbewerbs im Markt wird hier ein *Wettbewerb um den Markt* organisiert, der letztlich eine Regulierung ersetzen soll. Die Idee stammt von Harold Demsetz (1930–2019) und knüpft an seine Überlegungen zur Bestreitbarkeit von Märkten an (1968). Dabei wird im Vorfeld der Auktion beschrieben, welche Leistungen der Monopolist mit welcher Qualität zu erbringen hat.

Einerseits könnte die Versteigerung – unter Umständen – in mehreren Runden so ausgestaltet sein, dass derjenige den Zuschlag erhält, der sich darauf verpflichtet, hinterher den niedrigsten Endproduktpreis zu verlangen. Zum Zuge kommt so am Ende der kostengünstigste Privatanbieter. Da der zweitgünstigste Anbieter bis zu dem Preis nach unten mitgeboten haben dürfte, der für ihn gerade noch kostendeckend (im Hinblick auf den wertmäßigen Kostenbegriff) war, kommt hier ein Endproduktpreis zustande, der zwischen den Durchschnittskosten des Erstplatzierten und des zweitgünstigsten Anbieters liegt. Das Verlangen von Monopolpreisen wird dadurch im Vorfeld verhindert.

Andererseits könnte das *Auktionsdesign* aber auch darauf hinauslaufen, dass die Vergabe an denjenigen fällt, der den höchsten Preis für das Recht, Monopolist zu werden, an den Staat zahlt. Die größte Zahlungsbereitschaft hat dabei derjenige, der aus dem nachfolgenden Monopolbetrieb die höchsten Gewinne erzielen würde. Bei für alle Bieter einheitlichen Erlösen käme erneut derjenige zum Zuge, der die geringsten Kosten aufweist. Die Bietungsbereitschaft eines Interessenten endet, wenn der Ersteigerungspreis so hoch ist, wie die abdiskontierte Summe der von ihm nachträglich erzielbaren Extraprofite. Der Auktionserlös wäre damit mindestens so groß wie der erzielbare Barwert der Extraprofite des zweitgünstigsten, höchstens so groß wie der des günstigsten Anbieters. Insofern schöpft der Staat die anschließend vom Monopolisten vereinnahmten Extraprofite im Vorfeld weitgehend ab. Es kommt dann zwar zu Monopolpreisen, die Monopolrente hat der Alleinanbieter aber zuvor schon an die Gesellschaft abgeführt.

Allerdings setzt das *gemeinwohlorientierte Deckeln* im Endproduktpreis bzw. im vorherigen Abschöpfen der Monopolrente eine effiziente Auktion voraus. Dafür müssen ausreichend Bewerber vorhanden sein und die Bieter dürfen sich nicht absprechen. Darüber hinaus besteht im Nachhinein ein klassisches *Principal-Agency-Problem*. Nachdem ein Bieter als „Agent" den Zuschlag erhalten hat, ist er versucht, seinen Gewinn über die Kostenseite zu verbessern. Dabei könnte er versuchen, den Bereich kostenintensiver Aufgaben nur verzögert oder unvollständig umzusetzen und ansonsten an der Qualität zu sparen. Die Gefahr besteht, wenn die vom Prinzipal, dem Staat, im Auktionsvertrag spezifizierten Vorstellungen dazu Spielraum lassen bzw. wenn der Agent in der Überwachung seines Verhaltens von Informationsasymmetrien in Form von *„hidden action"* bzw. *„hidden information"* profitieren kann. Bei verborgenem Handeln kann der Prinzipal als Außenstehender das Verhalten des Agenten nicht genau beobachten, bei versteckten Informationen kann er die Qualität des Handelns nicht richtig einschätzen. In beiden Fällen ließen sich Fehlentwicklungen nicht mehr eindeutig auf das Verhalten des Monopolisten zurückführen, da sie auch durch ungünstige äußere Einflüsse verursacht worden sein könnten. Damit ein Monopolist sich möglichst vertragstreu verhält, könnte das Monopolrecht befristet vergeben werden. Erbringt ein erfolgreicher Bieter nur unbefriedigende Leistungen und droht ihm der Ausschluss bei der Folgeauktion, hätte dies disziplinierende Wirkung. Allerdings wird dadurch nicht das Problem unaufgedeckter Vertragsverstöße gelöst.

2.3.3.2 Externe Effekte

Der erste Ökonom, der sich mit der Thematik externer Effekte beschäftigte, war der Engländer Arthur Cecil Pigou (1877–1959). Wirklich intensiv hat sich aber erst der deutsch-US-amerikanische Wirtschaftswissenschaftler K. William Kapp (1910–1976) mit dem Problem auseinandergesetzt. Mit seinem 1950 vorgelegten Buch „Social Costs of Private Enterprise" legte er eine umfassende Kritik an der Theorie und Praxis der Marktwirtschaft vor. Zur Einführung der 1979 auf Deutsch erschienenen Ausgabe schreibt er:

> Das Buch sollte einerseits die in den Kalkulationen der Unternehmer nicht berücksichtigten Kosten aufzeigen, und andererseits darlegen, daß die vorherrschende Nationalökonomie es unterlassen hat, jene Sozialkosten angemessen – oder überhaupt – in Betracht zu ziehen, mit denen wir heute in Form einer ernsthaften Gefährdung der natürlichen und sozialen Umwelt des Menschen konfrontiert sind. [...] So werden wichtige Sozialkosten der Produktion nicht von den Unternehmern, sondern von Drittpersonen, der Gesellschaft und künftigen Generationen getragen. [...] Unter diesen Umständen ist es kaum erstaunlich, daß die vorherrschende Nationalökonomie dahin tendiert, konkrete wirtschaftliche Zusammenhänge eher zu verschleiern als aufzudecken [...] darüber hinaus gelingt es [ihr] nicht, die Aufrechterhaltung einer angemessenen Beziehung zwischen Wirtschaftswachstum und einer den Anforderungen von Gesundheit, Wohlergehen und Überleben des Menschen genügenden Umwelt sicherzustellen. (Kapp 1979, S. IX)

Für Kapp war es dabei immer wichtig, nicht nur auf die *Umweltverschmutzung* im Kontext mit externen Effekten zu verweisen, sondern ebenso auf andere externalisierte *Sozialkosten* wie den Raubbau am Menschen im Produktionsprozess und an Unterbeschäftigung (Arbeitslosigkeit) und Armut.

> Diese menschlichen Kosten manifestieren sich in Form von Todesfällen und bleibenden Gesundheitsschäden als Folgen von Betriebsunfällen und chronischen Berufskrankheiten, sowie in Form von technologisch bedingter Arbeitslosigkeit, Armut und den physischen und psychischen Belastungen, die mit dem raschen Strukturwandel und unkontrolliertem Wirtschaftswachstum einhergehen. (Kapp 1979, S. XI)

Grob unterschieden werden dabei drei Arten von Externalitäten (vgl. Fritsch/Wein/Ewers 2005):
- *technologische Externalitäten*: Die am Markt ausgehandelten Verträge beeinflussen hierbei unmittelbar den Nutzen oder die Kosten anderer, ohne dass eine Kompensation erfolgt. Bei einer Kreuzfahrt entstehen beispielsweise CO_2-Emissionen, die die Gesellschaft – als im Vertragsschluss nicht berücksichtigte Partei – belastet. Es kommt mit Blick auf das gesellschaftlich wünschenswerte Versorgungsniveau zu einer Über- bzw. Unterversorgung durch den Markt. Dadurch ausgelöste Preiswirkungen stellen hier lediglich einen Folgeeffekt dar.
- *pekuniäre externe Effekte*: Das Marktverhalten einzelner hat hier zunächst einen unmittelbaren Einfluss auf die auch von Dritten zu zahlenden Marktpreise. Wenn zum Beispiel die Zahl der Studierenden in einer Stadt zunimmt, bewirkt die erhöhte Nachfrage nach Wohnraum einen Anstieg der Mieten auch für andere. Es handelt sich zwar nicht um Marktversagen, da die höheren Mieten ja die gestiegene Knappheit signalisieren und zu einer Angebotssteigerung animieren sollen. Allerdings löst die Entwicklung eine Umverteilungsproblematik aus.
- *psychologische externe Effekte*: Sie resultieren, wenn der empfundene Nutzen einer Person von dem einer anderen abhängt. Dies kann zum Beispiel dann vorliegen, wenn sich jemand schlechter fühlt, weil er neidisch beobachtet, dass es anderen viel besser geht.

Im Folgenden fokussieren wir uns dabei nur auf die *technologischen Externalitäten*. In der auf individuelle Vertragsbeziehungen aufbauenden Marktwirtschaft berücksichtigen Anbieter in ihrem Verhalten nur die von ihnen selbst zu tragenden Kosten, während Nachfrager nur auf ihren Nutzen achten. Bei technologischen Externalitäten haben Markttransaktionen aber auch noch Nutzen- oder Kostenwirkungen auf Dritte, ohne dass diese im Fall einer Schädigung (*negative externe Effekte*) einen Ausgleich erhielten bzw. ohne dass diese bei nebenbei abfallenden Vorteilen (*positive externe Effekte*) einen Beitrag leisten müssten. Die Existenz der Externalitäten reflektiert zugleich eine Sonderproblematik in der Zuordnung und Verwertung von Verfügungsrechten, den sogenannten *Property Rights* (vgl. auch Kap. 2.3.3.2.3.4): Während der Geschädigte in Ermangelung von vermarktbaren Verfügungsrechten über das vom Schaden betroffene Gut keinen Schadensersatz geltend machen kann, fehlen den unmittelbar begünstigten Erzeugern positiver externer Effekte die Verfügungsrechte, andere Profiteure zu einem eigenen Beitrag heranzuziehen. Derart basierte Entscheidungen erweisen sich dann lediglich als *einzelwirtschaftlich rational*. Ohne Berücksichtigung der Folgen für Dritte orientieren sie sich jedoch nicht am *Gemeinwohlinteresse* und bedürfen daher einer politischen Korrektur (zum Gemeinwohlinteresse vgl. Felber 2012).

2.3.3.2.1 Auswirkungen negativer externer Effekte

Negative externe Effekte entstehen am Markt, wenn die *sozialen Kosten* als belastende Wirkung für Dritte nicht in die bilateral ausgehandelten Verträge einfließen. Das betrifft zum Beispiel – als Teilaspekt aller sozialer Kosten (s. o.) – die Umweltbelastung aus dem Produktionsprozess. Während Unternehmen zur Gewinnmaximierung aus Eigeninteresse versuchen, den Einsatz von Produktionsfaktoren mit Auswirkungen auf die eigene Wirtschaftlichkeit möglichst ressourcensparend zu organisieren, fehlt – zumindest solange dafür kein Preis zu entrichten ist – dieser Anreiz bei der Nutzung des „weichen Produktionsfaktors" saubere Umwelt. Wenn beispielsweise ein Chemikalienproduzent bei der Produktion CO_2-freisetzt, trägt er zur Treibhausgaskonzentration und damit zum Klimawandel sowie den daraus abzuleitenden sozialen Kosten als Folge von Dürre, Überschwemmungen, Unwetter, Klima-Vertriebenen usw. bei. Da diese Kosten ohne eine politische Rahmensetzung die Erzeuger nicht belasten, bemühen sich gewinnmaximierende Akteure auch erst gar nicht, mit diesem Produktionsfaktor möglichst sparsam umzugehen.

Die Analyse in Abb. 2.42 zeigt, dass durch das Vernachlässigen der sozialen Kosten die Endprodukte preisgünstiger sind, als wenn man sie mit berücksichtigen würde. Ohne staatlichen Eingriff richten sich die Anbieter an den individuellen Grenzkosten aus und es kommt bei gegebener Nachfragekurve (N) zu einem Marktgleichgewicht bei p° und y°. Nicht berücksichtigt wurden hier die *sozialen Grenzkosten*, also die Folgekosten für Dritte, für die hier – ohne Einfluss auf das grundsätzliche Ergebnis – ein ansteigender Verlauf unterstellt wird. Aus gesellschaftlicher Sicht ist dieses Ergebnis nicht optimal, da die Grenzkosten insgesamt bei der Produktionsmenge y° mit GK_g größer als der Preis p° ausfallen. Bereits ein Vermeiden der letzten produzierten Einheit würde eine Verbesserung für die Gesellschaft bedeuten: Diese Einheit war der Gesellschaft zwar p° wert, um sie herzustellen, mussten aber mit GK_g deutlich höhere gesellschaftliche Kosten in Kauf genommen werden. Ein Verzicht auf die Produktion der letzten Einheit hätte somit der Gesellschaft mehr Kosten erspart als sie an Nutzen einbüßen würde. Die Überlegungen gelten auch für die vorletzte Erzeugungseinheit usw. Die schrittweise Optimierung des Outputs unter Berücksichtigung der sozialen Kosten wäre bei p_S und y_S abgeschlossen. Das Vernachlässigen der sozialen Kosten führt mithin zu – gemessen an den gesellschaftlichen Präferenzen – zu niedrigen Preisen, bewirkt so eine Nachfrageerhöhung und eine Überproduktion in Höhe von $y° - y_S$.

Der Konsument ist hier mit seinen individuellen Wünschen zwar weiterhin der *„Souverän"*. Nur ist in diesem Fall seine Souveränität aus gesellschaftlicher Sicht nicht

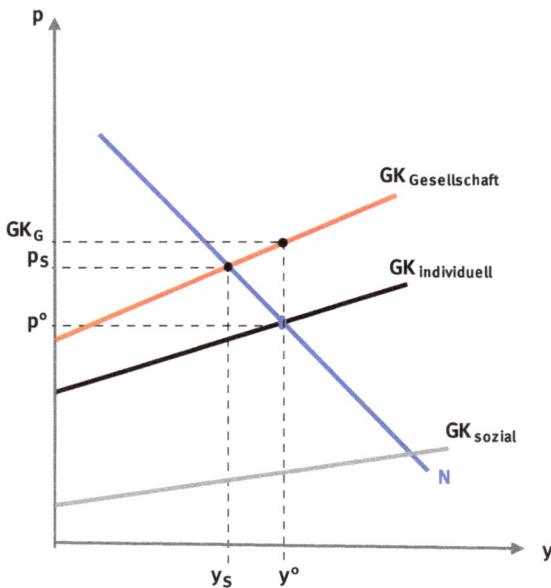

Abb. 2.42: Vernachlässigung negativer externer Effekte. Quelle: eigene Darstellung.

erwünscht. Darüber hinaus kann der einzelne Nachfrager wenig am unbefriedigenden Marktergebnis ändern. Wenn er alleine sich aus einem übergeordneten gesellschaftlichem Verantwortungsbewusstsein heraus über seine sogenannte *einzelwirtschaftliche Rationalität* hinwegsetzt und den Konsum von Gütern mit sozialen Kosten bewusst einschränkt, muss er jederzeit befürchten, dass andere nicht mitziehen. Im Gegenteil, sobald die individuelle Konsumzurückhaltung eine erste nachhaltige Wirkung erzielen würde, fielen die Preise, was die weniger Verantwortungsbewussten als *„Trittbrettfahrer"* (vgl. dazu auch Kap. 2.3.3.3.1) zu einer Mehrnachfrage bewegt. Es wird ein sogenannter *Rebound-Effekt* (vgl. Santarius 2013) ausgelöst: Erste Erfolge beim Einsparen negativer externer Effekte führen über den Nachfragerückgang zu Preissenkungen, in deren Folge die Nachfrage zulegt und die Einsparungen wieder aufgezehrt werden. In Antizipation dessen kommt es dann schnell zu dem Argumentationsmuster: „Wenn ich es nicht kaufe, kaufen es eben andere. Warum sollte ich mich also einschränken?" Negative externe Effekte beschränken sich übrigens nicht nur auf das Nichtberücksichtigen von Luft- oder Gewässerverschmutzung. Darunter fallen zum Beispiel auch von anderen mitzufinanzierende Instandhaltungskosten bei der gemeinsamen Nutzung von Gütern, wie Straßen (vgl. Tragik der Allmende), oder bei der Belastung durch Lärm oder Schattenwurf bzw. der Beeinträchtigung des Landschaftsbildes, wenn ein Windpark neu angesiedelt wird. Und nicht zuletzt auch, wie Kapp betont, auf eine fehlende Internalisierung von sozialen Kosten.

2.3.3.2.2 Auswirkungen positiver externer Effekte

Positive externe Effekte entstehen immer dann, wenn eine Markttransaktion nicht nur für die unmittelbar handelnden Vertragspartner vorteilhaft ist, sondern auch noch Erträge für Dritte abwirft. Das trifft zum Beispiel auf die *Bildung* zu (vgl. auch Kap. 2.3.3.3.2). Ein ökonomisch rationaler Mensch strebt ein Bildungsniveau an, bei dem sich die Grenzkosten und der individuelle Grenznutzen die Waage halten. In der Grenznutzenbetrachtung für die Bildung beachtet er aber nur die individuell bei ihm anfallenden Vorteile, wie verbesserte Berufsaussichten oder eine bessere Anpassung an Veränderungen im Handlungsumfeld, weil das Wissen darüber größer ist und die Erkenntnis über Zusammenhänge darin und die resultierenden Folgen für einen selbst besser eingeschätzt werden können. Durch die Bildung eines Individuums entstehen aber auch noch *positive Folgen für Dritte*, ohne dass diese dafür bezahlen müssen. Gebildete Menschen entfalten leichter neue Ideen, um die Produktion, den Produktionsprozess und die zur Bedürfnisbefriedigung verfügbare Produktpalette zu verbessern. Gebildete Menschen verfügen über ein verbessertes gegenseitiges Verständnis und Konfliktlösungspotenzial, erkennen den Wert kultureller Spielregeln und können so alles in allem das Zusammenleben erleichtern.

Dabei resultieren aus der Bildung vieler Menschen auch noch *Synergieeffekte*, weil sich die Ideen gegenseitig befruchten können. Würden Menschen diese *sozialen Erträge* in der Bestimmung des angestrebten Bildungsniveaus mit bedenken, wäre ihre Zahlungsbereitschaft höher als bei alleiniger Berücksichtigung des individuellen Nutzens. Infolgedessen kommt es hier zu einer – gemessen an den gesellschaftlichen Belangen – zu geringen Zahlungsbereitschaft und damit zu einer Unterversorgung.

Eine derart begründete Unterversorgungsproblematik besteht beispielsweise gerade auch vor dem Hintergrund der gesundheitlichen, sozialen und gesamtwirtschaftlichen Auswirkungen der *Corona-Krise* beim *Impfen* (sobald es einen Impfstoff gibt) und der Inkaufnahme von individuellen Einschränkungen, wie dem Tragen von Masken. Die Folgen individueller Entscheidungen beim Ergreifen von Schutzmaßnahmen gehen aufgrund der Ansteckungsgefahr für andere weit über die individuellen Folgen hinaus.

Positive Externalitäten entstehen aber auch bei einer biologisch ausgerichteten Landwirtschaft mit Blick auf einen Erhalt der Biodiversität, bei der Bereitstellung von leicht weiterzuverbreitender Grundlagenforschung mit Blick auf die Folgenutzung in Unternehmen und bei der verstärkten Nutzung eines Fahrrads mit Blick auf verminderte Emissionen, den Erhalt von Parkraum und weniger Staus für andere.

2.3.3.2.3 Wirtschaftspolitische Schlussfolgerungen bei negativen externen Effekte

Liegen externe Effekte vor, kommt es ohne staatliche Korrekturen bei rein am Individualnutzen orientierten Entscheidungen zu einer hinsichtlich des Gemeinwohls suboptimalen Versorgung durch den Markt. Bei negativen sozialen Effekten bewirkt das Vernachlässigen sozialer Kosten eine *Überversorgung* und damit auch unangemessen hohe soziale Kosten. Bei positiven externen Effekten hingegen führt das Nichtbeachten der sozialen Erträge zu einer *Unterversorgung*. Diese Externalitäten rechtfertigen und erfordern *staatliche Eingriffe*. Dabei kommen verschiedene Maßnahmen in Betracht. Zur Beurteilung ihrer Eignung sind zentrale *Kriterien* (vgl. Fritsch/Wein/Ewers 2005):

– der Beitrag zur *statischen Effizienz*: Ein Instrument ist dann anderen vorzuziehen, wenn es das vorgegebene Ziel mit weniger Aufwand erreicht.

– das Auslösen einer *dynamischen Effizienz*: Ein Instrument ist dann vorteilhaft, wenn es bei den Akteuren anhaltende Eigenanreize vermittelt, um Verfahren zu entwickeln, mit denen sich die Externalitäten zukünftig mit geringerem Aufwand beseitigen lassen.

– das Sicherstellen einer hohen *Treffsicherheit*: Instrumente sind mit Blick hierauf vorteilhaft, wenn sie es in der praktischen Umsetzung schaffen, ein vorgegebenes politisches Ziel möglichst punktgenau einzuhalten.

Wirtschaftspolitisch im Mittelpunkt steht dabei der Umgang mit negativen externen Effekten. Denn hier hat der Verursacher schließlich selbst keinen Anreiz sie zu vermeiden. Bei positiven externen Effekten hingegen ist er immerhin bestrebt, die anderen Profiteure mit ins Boot zu holen oder – falls möglich – die Mitnutzung irgendwie zu unterbinden. Darüber hinaus sind bei positiven, anders als bei negativen externen Effekten, keine unbeteiligten Dritten vor unmittelbaren Schäden zu bewahren.

Wir konzentrieren uns hier beispielhaft auf das Vermeiden von *CO_2-Emissionen*, deren nicht beachtete externe Effekte der britische Ökonom und ehemalige Chefökonom der Weltbank Nicholas Stern „als größtes Marktversagen in der Geschichte der Menschheit bezeichnet hat" (zitiert in: Edenhofer 2019, S. 22). Genaugenommen geht es darum, nicht nur CO_2-Emissionen, sondern Treibhausgasemissionen zu verhindern, wozu neben CO_2 auch zum Beispiel Methan zählt. Da die verschiedenen Treibhausgase unterschiedliche Wirkungsintensitäten und -dauer haben, wurden sie für international vergleichbare politische Zielsetzungen in CO_2-Wirkäquivalente umgerechnet. Die nachfolgende Betrachtung von „CO_2-Emissionen" bezieht sich mithin auf alle in CO_2-Äquivalente umgerechnete Treibhausgasemissionen.

Vor dem Ergreifen politischer Maßnahmen bedarf es einer Vorstellung über das zu erreichende Vermeidungsniveau an externen Effekten. In der Theorie lässt sich das *Vermeidungsoptimum* – hier bezogen auf das Beispiel der Verringerung von CO_2-Emissionen – leicht bestimmen. In Abb. 2.43 sind die an der linken Ordinatenachse beginnende Grenzschadens- und die der rechten Achse zugeordneten Grenzvermeidungskostenkurve dargestellt. Der *Grenzschaden* gibt an, um wie viel Euro der bisherige Schaden mit jeder weiteren emittierten Tonne CO_2 zunimmt. Der steigende Verlauf unterstellt, dass die ersten emittierten Tonnen kaum eine Belastungswirkung haben. Je höher die Emissionen aber bereits sind, umso kritischer wird jede weitere Tonne bis man sich immer mehr einem Point-of-no-return nähert, ab dem eine Klimakatastrophe mit horrenden Zusatzkosten unaufhaltsam wird. Bei einem Emissi-

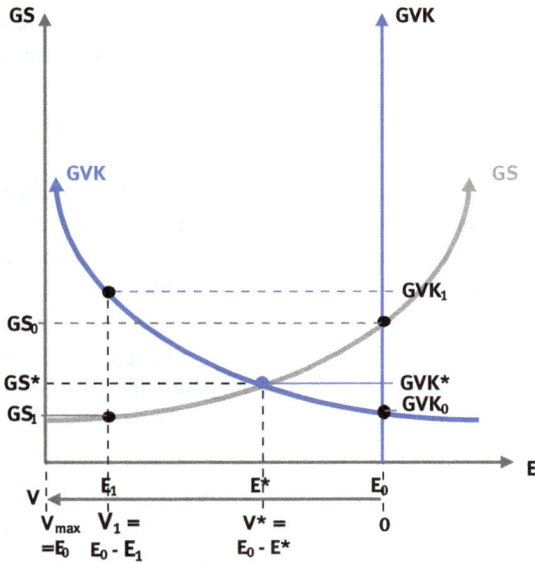

Abb. 2.43: Optimales Schädigungsniveau. Quelle: eigene Darstellung.

onsniveau von E_0 hat die letzte emittierte Tonne einen Grenzschaden von GS_0 (linke Achse) verursacht.

Will man ausgehend von diesem Niveau E_0 die Emissionen vermeiden, bewegt man sich in der Abb. 2.43 nach links (auf der horizontalen Achse nimmt dabei das Vermeidungsniveau V zu). Das Einsparen ruft aber einen Vermeidungsaufwand hervor (erfasst auf der rechten vertikalen Achse). Erforderlich wäre dazu entweder der Verzicht auf Güterkonsum. Alternativ wäre die Herstellung derselben Gütermenge mit weniger fossilen Energieträgern, eine Dekarbonisierung der Produktion also, durch eine Steigerung der Energieeffizienz oder einen Wechsel der eingesetzten Energieträger (z. B. zur wasserstoffbasierten Erzeugung) anzustreben Die Vermeidung der ersten Tonne CO_2 verursacht dabei in Abb. 2.43 *Grenzvermeidungskosten* in Höhe von GVK_0. Die erforderlichen Bemühungen sind überschaubar gering. Die Gesellschaft könnte beispielsweise bei Kurzstrecken vermehrt mit dem Fahrrad statt mit dem Auto fahren. Nach den ersten leicht zu bewerkstelligenden Einsparungen, wird es aber immer aufwendiger noch weitere Tonnen an Emissionen zu vermeiden. Die Grenzvermeidungskosten legen zu, je höher das bereits eingesparte Vermeidungsniveau V ist. Bei einem Ausgangsemissionsniveau E_0 (mit V = 0) gilt, $GVK_0 < GS_0$. Da die Vermeidungskosten dieser Tonne geringer sind als der dadurch vermiedene Schaden, sollte deren Emission verhindert werden. Das gilt auch für die unmittelbar nachfolgenden Emissionen. Allerdings gibt es in der Kostenabwägung auch eine Grenze, ab der weitere Einsparungen unter Berücksichtigung des Aufwands nicht sinnvoll wären. Ein Zurückführen der Emissionen etwa um V_1 auf E_1 wäre überzogen. Denn das Zulassen einer weiteren Tonne an Emissionen würde einen Grenzschaden herbeiführen, der kleiner ausfällt, als der Aufwand der nötig war, diese letzte Tonne zu verhindern ($GVK_1 > GS_1$). Aus einem Abwägungsprozess wäre ein höheres Emissionsniveau sinnvoll. Das *gesellschaftliche Optimum* läge damit beim Emissionsniveau E^*, bei dem Grenzschaden und Grenzvermeidungskosten übereinstimmen ($GVK^* = GS^*$).

Derartige Überlegungen haben zunächst einen weitgehend akademischen Charakter, da sich in der *praktischen Umsetzung* weder die Grenzschäden noch die Grenzvermeidungskosten exakt quantifizieren lassen. Dennoch sind sie nicht sinnlos. Erstens liefern sie für die grundsätzliche Analyse von Instrumentenwirkungen einen Anker zur Beurteilung dessen, was theoretisch eigentlich erreicht werden sollte. Zweitens halten sie dazu an, nicht das Kind mit dem Bade auszuschütten, sondern bei der Vorgabe eines Emissionsziels (E^*) bzw. bei der Vorgabe des von einem Status quo ausgehenden Vermeidungsziels ($V^* = E_0 - E^*$) die vermutete Schadenseinsparung gegen den vermuteten Aufwand abzuwägen. Wohlgemerkt, es geht bei dem Argument nicht darum, politisches Nichtstun zu begründen, sondern die Politik einer *Kosten-Nutzen-Abwägung* zu unterziehen. Drittens lassen sich immerhin grobe Orientierungswerte errechnen, um einschätzen zu können, ob man sich links vom Optimum befindet. Der Grenzschaden durch CO_2-Emissionen wurde erstmals (1991) von dem US-amerikanischen Ökonom und Nobelpreisträger William Nordhaus in einer Modellrechnung quantifiziert. Neuere Schätzungen gehen für 2020 von 46 EUR/t CO_2 bis hin zu 134 EUR/t CO_2 aus. Perspektivisch werden noch deutlich höhere Grenzkosten erwartet. Bei einer Umfrage unter 380 Experten ergaben sich im Mittel Werte von 70–90 EUR/t CO_2, bis hin zu 180 EUR/t CO_2 (vgl. Edenhofer 2019, S. 22 ff.).

Vor dem Hintergrund hat der *Weltklimarat* unter Abwägung von Kosten und Nutzen sowie unter Würdigung aller Unsicherheiten und unter Mitberücksichtigung moralischer Verantwortung in Form eines Vorsorgeprinzips – teils unter harscher Kritik von Klimaschützern – entschieden, allenfalls eine weltweite Temperaturerhöhung von deutlich unter 2 Grad Celsius zuzulassen. Bei einem Limit von 2 Grad müssten die Treibhausgasemissionen ab etwa 2070 nahezu komplett unterbunden werden, bei einem Limit von 1,5 Grad sogar schon ab 2050. Bis dahin können zwar noch weitere Emissionen zugelassen werden. Aber um ab 2050, spätestens jedoch ab 2070 keine Emissionen mehr zu haben, bedarf es wegen des Vorlaufs jetzt deutlich höherer Anstrengungen als bisher. Anders ausgedrückt: Wenn Abb. 2.43 als Beschreibung eines Zwischenzustands verstanden wird, haben wir derzeit E^* – als das dann zum Erreichen des Endziels erforderliche Zwischenziel – überschritten und müssen die Einsparbemühungen forcieren. Das wird auch deutlich mit Blick auf den deutschen Beitrag. Bis 2020 sollte es – im Herunterbrechen der internationalen Verpflichtungen – hierzulande bereits zu einer Verminderung der CO_2-Emissionen (Äquivalente) um 40 Prozent gegenüber 1990 kommen. Ohne das zunächst nicht geplante Abschalten erster Kohlekraftwerke im Zuge des Kohleausstiegs und ohne die Wirtschaftskrise infolge der Pandemie wäre das Ziel wohl verfehlt worden. Umso ernster sollen nun dafür aber angeblich die nächsten Etappenziele genommen werden. Auf jeden Fall hat sich die Regierung dazu ein Einsparziel von mindestens 55 Prozent bis 2030 und von 80 bis 95 Prozent bis 2050 gesetzt. Angesichts der EU-Klimaoffensive im Rahmen des „Green-Deals" wird es hier aber eines Nachschärfens bedürfen. Unabhängig von der Richtigkeit der Zielsetzung in der Größenordnung und der geplanten Geschwindigkeit stellt sich die Frage, wie die Vorgaben grundsätzlich am besten zu erreichen sind. Hier sind verschiedene, anschließend vorgestellte Instrumente denkbar.

2.3.3.2.3.1 Verbote

Der Staat könnte das Marktversagen korrigieren, indem er die Aktivitäten, die externe Effekte verursachen, im erforderlichen Umfang verbietet. Diese Maßnahmen wären zwar nicht marktordnungskonform, da sie die Dispositionsfreiheit unterbindet, dafür verfügen sie aber über eine hohe *Treffsicherheit*, da sie das vorgegebene Ziel erzwungenermaßen erreichen, sofern die Vorgabe grundsätzlich realisierbar ist zugleich auch entsprechende Kontrollen eingerichtet werden, die ein Umgehen verhindern.

Elegant wären derartige Eingriffe indessen nicht, da sich die gleiche Vermeidungswirkung zumeist auch mit weniger gesamtwirtschaftlichen Kosten herbeiführen ließe (s. u.). Dem Instrument fehlt es – im Vergleich zu Alternativen – an *statischer Effizienz*.

Bezogen auf das Einsparen von CO_2-Emissionen würde der Staat nur so viele Emissionen zulassen, wie nach dem abwärtsgerichteten Zielpfad vorgesehen sind. Dazu müsste er aber festlegen, wer in welchem Umfang noch emittieren darf bzw. gegenüber dem Ausgangsszenario reduzieren muss. Eine pauschale *Gleichbehandlung* aller Akteure würde den individuellen Besonderheiten nicht Rechnung tragen. Insbesondere würde nicht berücksichtigt werden, dass es in der Volkswirtschaft Einzelnen u. U. mit sehr wenig Aufwand möglich wäre, noch Emissionen einzusparen, während es anderen, die aber zu den gleichen Einschränkungen gezwungen werden, ungleich schwerer fällt. Über die ganze Volkswirtschaft hinweg ließen sich so bei unverändertem Einsparvolumen die Aufwendungen verringern, wenn primär diejenigen zur Emissionsminderung gezwungen werden, denen es leichtfällt.

Der Staat könnte mit dieser Absicht alternativ auch bei gleichem Einsparvolumen eine gezielte *Differenzierung* vornehmen und die verlangten Reduktionsmengen mit sinkendem Vermeidungsaufwand immer höher ansetzen. Die Vorgehensweise wiese allerdings zwei Probleme auf: Erstens schafft sie ein Einfallstor für politische *Willkür*, Vetternwirtschaft und Korruption. Zweitens maßt sich – im Hayek'schen Sinne (vgl. Kap. 5.6.2) – der Staat bei der Zuweisung ein Wissen an, über das er nicht verfügt. Eine fehlerhafte Einschätzung der individuellen Möglichkeiten und daraus folgend eine suboptimale Verteilung der Anpassungslasten sind dann die Konsequenzen.

Darüber hinaus verfügt das Instrument auch nicht über die Eigenschaft einer *dynamischen Effizienz*. Nach Erreichen der Vorgaben hat keiner mehr einen Anreiz, weitere Einsparschritte zu unternehmen und vor allem nicht, neue kostengünstigere Vermeidungsstrategien zu entdecken. Das Entdecken solcher Innovationen würde schließlich die Grenzvermeidungskosten beim erreichten Stand verringern (die GVK-Kurve würde sich in Abb. 2.43 nach unten verlagern) und so weitere Einsparungen der sozialen Kosten sinnvoll erscheinen lassen (E* verlagert sich nach links).

2.3.3.2.3.2 Appelle

Der Staat könnte auch an die Güter anbietenden Verursacher appellieren, auf Verfahren umzusteigen, die weniger externe Effekte verursachen sowie den Nachfragern ins Gewissen reden, ihr Verhalten zu ändern, auf diese Produkte ganz zu verzichten oder zumindest auf diejenigen auszuweichen, die weniger externe Kosten verursachen. Das Instrument *ist marktkonform*, da es der Entscheidung des Einzelnen überlassen wird, ob und inwieweit er oder sie sich den Appellen fügt. Genau das unterminiert aber die *Treffsicherheit* der Maßnahmen. Ohne unmittelbaren materiellen Anreiz und staatlichen Zwang wirkt hier nur der moralische Anreiz. Gleichwohl ist das Instrumentarium nicht vollkommen wirkungslos. Die Politik hat hier – vor allem auch bei entsprechender Unterstützung von NGOs immerhin die Möglichkeit –, aus prominenter Warte heraus das *moralische Bewusstsein* der Bevölkerung zu wecken und die Handlungsnotwendigkeit zu betonen. Allein dies erhöht beim Einzelnen die moralischen Anreize und stärkt das Momentum der Freiwilligkeit. Zudem schafft der Staat so ein Klima, aus dem heraus auch materielle Anreize zur Reduktion der externen Effekte entstehen können.

So haben die Politik, die Wissenschaft und eine breit angelegte Ökobewegung, zuletzt ergänzt durch die *Fridays-for-future*-Aktivisten im gegenseitigen Wechselspiel die Klimathematik ab den 1980er-Jahren auf der gesellschaftlichen Tagesordnung immer weiter nach oben verschoben. In diesem solidarisierten Umfeld ist es unternehmerisch en vogue, „grün" zu sein und das Klima mitretten zu wollen. Die Positionierung erfolgt in den Unternehmen nicht zwingend allein aus Überzeugung, sondern auch aus der Hoffnung auf materielle Vorteile bzw. auf das Vermeiden materieller Nachteile. Das Label „grün" zu sein, soll so den Absatz bei einer sensibilisierten Öffentlichkeit stärken. Auch zeigt sich, dass „grüne" Unternehmen immer mehr in den Genuss von Refinanzierungsvorteilen kommen, weil viele Anleger zu zurückhaltenderen Renditeforderungen bereit sind, wenn die Unternehmen dafür ihren moralischen Ansprüchen genügen. Wie sehr dieser Einflusskanal wirken kann, hat der Öllieferant Shell zu spüren bekommen, als er den ausrangierten Öltank „*Brent Spar*" einfach im Meer versenken wollte. Als Folge eines *Boykottaufrufs* von Greenpeace im Jahr 1995 büßten einzelne Tankstellenpächter von Shell in Deutschland bis zu 50 Prozent ihres Umsatzes ein (vgl. Der Spiegel 1995). Shell sah sich letztlich aus wirtschaftlichen Gründen gezwungen, die Plattform aufwendig an Land zu deinstallieren. Nun ist ein direkter Boykottaufruf durch die Regierung rechtlich sicher nicht opportun. Das gilt aber nicht für Transparentmachen von Missständen und eine öffentliche regierungsseitige Empörung darüber.

Dessen ungeachtet ist aber das Instrument des Appells in seiner Gesamtwirkung überaus unzuverlässig, zudem ist es nur *begrenzt statisch effizient*. Zwar ist zu erwarten, dass es den Unternehmen, denen die Vermeidung von externen Effekten besonders einfach gelingt, sich noch am ehesten von den Appellen angesprochen fühlen und dann auch entsprechend zu reagieren. Die erhoffte Anpassungsselektion setzt aber unterm Strich eine entsprechende Bereitschaft voraus, Kosten auf sich zu nehmen. Darüber hinaus bleiben im Rahmen der dynamischen Effizienz die Anreize überschaubar, neue Verfahren zu entwickeln, die soziale Kosten einsparen. Allenfalls die Hoffnung auf einen Prestigegewinn und dadurch verbesserte Absatzmöglichkeiten könnten den Erfindergeist materiell beflügeln. Vor diesem Hintergrund eignet sich das Instrument des Appells primär als Ergänzung von wirkungsvolleren Maßnahmen.

2.3.3.2.3.3 Besteuerung der externen Effekte

Die Besteuerung externer Effekte, wie etwa bei der Einführung der CO_2-Steuer, aber auch der anschließend betrachtete Zertifikatehandel, sind klassische marktwirtschaftliche Instrumente, die in der Hoffnung ergriffen werden, ein Marktversagen aufzufangen. Bei negativen externen Effekten besteht das Kernproblem des Marktversagens letztlich darin, dass der Markt die ganze *„Kostenwahrheit"* in den Preisen verschweigt, Güter daher zu günstig anbietet und eine Überversorgung organisiert. Einer der Co-Präsidenten des Club of Rome, Ernst Ulrich von Weizsäcker, soll diesbezüglich die Forderung postuliert haben: „Die Preise müssen die ökologische Wahrheit sagen."

Insofern kommt es hier ursachenadäquat darauf an, die sozialen Kosten durch wirtschaftspolitische Maßnahmen möglichst nach dem *Verursacherprinzip* zu *internalisieren*. Die Idee der Besteuerung externer Effekte geht dabei auf Arthur Cecil Pigou zurück. Er empfahl im Jahr 1920 die *Pigou-Steuer* möglichst so zu setzen, dass sie die zunächst von den Anbietern zusätzlich mit abzugeltenden sozialen Grenzkosten abdeckt. In Abb. 2.42 würde sich dadurch idealerweise die marktwirksame Angebotskurve von $GK_{individuell}$ nach oben auf $GK_{Gesellschaft}$ verschieben. Infolgedessen erhöht sich der Marktpreis und reflektiert nun die ganze Kosten- und Preiswahrheit. Zugleich geht die gehandelte Menge auf das gesellschaftlich wünschenswerte Maß zurück.

In der Theorie ist der Ansatz insofern bestechend, als er erstens *ursachenadäquat* das Marktversagen aufhebt. Zweitens verfügt er über eine höhere *statische Effizienz* als generelle Verbote. Unternehmen würden versuchen, sich einen Wettbewerbsvorteil gegenüber der Konkurrenz zu verschaffen, indem sie sich diese Kosten ersparen. Mit Blick auf den CO_2-Ausstoß hätten sie also einen individuellen Anreiz zur Emissionsminderung, indem sie den Produktionsprozess ändern. Dabei käme es zu einer von der volkswirtschaftlichen Gesamtbelastung her wünschenswerten *selektiven Anpassung*: Diejenigen, deren Grenzvermeidungskosten unter der andernfalls aufgebürdeten Steuer liegen, verringern ihre Emissionen. Diejenigen, denen das Vermeiden schwerfällt, die also hohe Grenzvermeidungskosten aufweisen, werden eher die Steuer tragen und nicht zu einer für sie unwirtschaftlichen Reduktion gezwungen. Im Gegensatz zu einer staatlichen Selektion bei Verboten entscheiden hier die Unternehmen selbst, ob sie sich Einsparungen leisten können. Der Vorteil ist, dass die Unternehmen das besser beurteilen können als der Staat, und somit gesamtwirtschaftlich eine bessere Auswahl zustande kommt. Darüber hinaus haben die Unternehmen nach einer ersten Reaktionsrunde einen anhaltenden dynamischen Anreiz, weitere Vermeidungstechnologien zu entdecken. Des Weiteren entstehen Steuereinnahmen, die im Prinzip eingesetzt werden könnten, um die Folgen der verbliebenen externen Effekte zu beseitigen.

Das unmittelbare Kernproblem des Instrumentes besteht aber in der praktischen Umsetzung in der geringen *Treffsicherheit*. Denn die Maßnahme erzwingt nicht – wie ein Verbot – ein vorgegebenes Ergebnis. Sie arbeitet mit Vermeidungsanreizen: Um wirkungsvoll zu sein, müssen sie hoch genug ausfallen. Aber was ist „hoch genug"? Schließlich wirkt eine Steuer bezüglich des eigentlichen Ziels sehr indirekt. Bei den CO_2-Emissionen kommt es letztlich darauf an, eine bestimmte Emissionsmenge durch die Produktverteuerung einzusparen. Dazu bedarf es vorab einer Ermittlung, wie viel CO_2 für eine Einheit des Endproduktes benötigt wird, um daraus zu folgern, welche Menge des Endproduktes es einzusparen gilt. Im nächsten Schritt müsste dann kalkuliert werden, wie hoch der Steuersatz anzusetzen ist, damit der gewünschte Rückgang der gehandelten Gütermenge zustande kommt. Im Wesentlichen bedarf es dabei einer soliden Schätzung der *Nachfrageelastizität*. Genaugenommen hängt das neue Marktgleichgewicht aber nicht nur von der Reaktion der Nachfrager ab, sondern auch von der Angebotselastizität. Sollten sich dann noch im Zeitablauf strukturelle Änderungen im Anbieter- oder Nachfragerverhalten ergeben, bedarf es zudem einer Anpassung des Steuersatzes. Eine Quantifizierung so, dass das Emissionsziel mit großer Wahrscheinlichkeit erreicht wird, dürfte die Politik vor eine kaum zu bewältigende Aufgabe stellen.

Alternativ könnte man in einem *Trial-and-Error-Prozess* den Steuersatz so lange variieren, bis das Emissionsziel bzw. Zwischenziel erreicht wurde. Die dabei angelegten Schwankungen im Steuersatz aber verursachen *Kalkulationsunsicherheit* und gehen zu Lasten der Effizienz des Instrumentes. Ein zunächst zu niedriger Steuersatz würde zu wenig an Vermeidungsinvestitionen bewirken. Ein zunächst zu hoher Satz würde viele Unternehmen zu derartigen Investitionen animieren, wobei einzelne nach einer anschließenden Rückführung die Investition im Nachhinein als unwirtschaftlich empfinden werden. In Antizipation dessen droht im Voraus ein Investitionsattentismus in der Hoffnung auf bald schon niedrigere Steuern.

Das Erheben von Steuern ruft zudem als mittelbares Problem *Umverteilungseffekte* hervor. Die Steuer verschlechtert zunächst die Verteilungsposition aller Steuerpflichtigen gegenüber dem begünstigten Staat. Im internationalen Vergleich sind davon vor allem Unternehmen betroffen, die gegenüber ihren ausländischen Konkurrenten an Wettbewerbsfähigkeit einbüßen. Zudem ergeben sich national, je nach absolutem, aber auch relativ zum Einkommen bestimmten Betroffenheitsgrad unterschiedlich starke soziale Verteilungswirkungen.

Im Zusammenhang mit der Einführung einer CO_2-Steuer auf Benzin- und Dieselkraftstoffe sind absolut gesehen alle Einkommensgruppen ähnlich stark davon betroffen. Reiche Haushalte können aber den Preisaufschlag leicht schultern, während die einkommensschwachen Haushalte – bei ähnlich geringen Ausweichmöglichkeiten – einer prozentual viel stärkeren und damit spürbareren Belastung ausgesetzt wären. Die gesellschaftliche Signalwirkung ohne korrigierende Eingriffe wäre fatal: Ausgerechnet die Ärmeren wären von den Klimaschutzmaßnahmen stärker betroffen. Aus diesem Grund hat das Ende 2019 von der Bundesregierung aufgelegte „Klimaschutzprogramm 2030" auch eine Reihe von Kompensationsmöglichkeiten vorgesehen (vgl. Kasten CO_2-Besteuerung).

Die resultierende Verteilungsproblematik beschränkt sich übrigens nicht auf die Maßnahmen einer CO_2-Preisung. Auch beim Instrument des Verbotes werden durch die erzwungene Angebotsverknappung ja bewusst höhere Güterpreise in Kauf genommen, um die Gesamtnachfrage zu drosseln. Auch hier erfolgt letztlich eine Verdrängung von Nachfrage über den Preis, sodass es bei unerwünschten Verteilungseffekten unabhängig vom gewählten Instrument erforderlich ist nachzujustieren.

CO_2-Besteuerung im Klimaschutzprogramm 2030

Das Umweltbundesamt (UBA) schätzt allein für Deutschland die externalisierten Umweltkosten aus der Verbrennung fossiler Energien im Verkehrs-, Strom- und Wärmesektor in den Jahren 2006 bis 2014 auf ca. 130 Mrd. EUR pro Jahr. Die Folgekosten des Verkehrs in Deutschland liegen bei 149 Mrd. EUR jährlich. Davon entfallen 94,5 Prozent auf den Straßenverkehr, 3,8 Prozent auf die Bahn, 0,9 Prozent Luftverkehr und 0,8 Prozent auf die Binnenschifffahrt (vgl. Frankfurter Rundschau 2019). Wie will man diese gewaltigen Umweltverschmutzungskosten, die bis heute weiter als „Gratisproduktivkraft" (Karl Marx) gesehen werden, unter Berücksichtigung einer antagonistischen privaten Profitwirtschaft in die Kalkulationen bzw. Preise der Unternehmen bringen bzw. internalisieren?

„Wie beim Emissionshandel gilt auch bei der CO2-Steuer: Ob der staatlich erzwungene Kostenaufschlag auf die Preise die Unternehmensgewinne schmälert und/oder auf die Endverbraucherpreise überwälzt werden kann, hängt einerseits von der spürbaren Höhe und andererseits von den allgemeinen Bedingungen der Markt-Machtverhältnisse sowie am Ende von der Preiselastizität der Nachfrage ab" (Arbeitsgruppe Alternative Wirtschaftspolitik 2019, S. 126).

So hat 2019 das Umweltbundesamt (UBA) auf Basis des Jahres 2016 einen ökologischen Preis von 180 EUR pro Tonne CO_2 ermittelt. Dieser Preis müsste zur Vermeidung der Umweltkosten letztlich bezahlt werden. Dies hätte heftige multiple Verteilungswirkungen für Unternehmen, private Haushalte und auch für den staatlichen Sektor zur Folge.

In der Schweiz werden deshalb die staatlichen Einnahmen aus der CO_2-Steuer von 90 EUR je Tonne zu zwei Dritteln an die Bevölkerung pro Kopf mit 70 EUR pro Jahr zurückverteilt. Wer weniger Energie verbraucht, profitiert dadurch. Auch in Kanada wird eine Rückvergütung praktiziert.

Deutschland hat lange die Einführung einer CO_2-Steuer abgelehnt. Erst jetzt soll ab 2021 für Verkehr und Gebäudebeheizung eine Steuer von 25 EUR je Tonne erhoben werden. Auch hier will die

Bundesregierung einen Teil der Einnahmen über eine Senkung der EEG-Umlage und eine Erhöhung der Pendlerpauschale zurückverteilen, was aber kontraproduktive Wirkungen hat, weil dadurch einkommensstärkere Haushalte bevorteilt werden.

Die Arbeitsgruppe Alternative Wirtschaftspolitik AAW e. V. fordert dagegen für Deutschland einen CO_2-Einstiegssatz von 30 EUR pro Tonne. Der Steuersatz soll dann aber bis zum Jahr 2030 stufenweise auf 50 EUR und bis zum Jahr 2040 auf 100 EUR ansteigen. Aufgrund der Umverteilungswirkungen will die Gruppe die Hälfte der Einnahmen aus der CO_2-Steuer an die unteren Einkommensgruppen und wenig Vermögenden zurückgeben, an Unternehmen nicht. Die andere Hälfte soll in ein ökologisches Zukunftsinvestitionsprogramm fließen (Arbeitsgruppe Alternative Wirtschaftspolitik 2019, S. 135).

Auch Klimaforscher Otmar Edenhofer et al. (2020, S. 5) halten das Klimapaket der Bundesregierung auch nach der Schärfung im Vermittlungsausschuss auf jeden Fall für zu wenig ambitioniert: „Insgesamt ist das von der Bundesregierung beschlossene Klimapaket aus drei Gründen nach wie vor unzulänglich: (1) Die Maßnahmen sind wahrscheinlich nicht ausreichend, um die europarechtlichen Verpflichtungen einzuhalten. (2) Das Klimapaket wird langfristig vor allem für Haushalte mit geringem und mittlerem Einkommen eine starke Belastung darstellen. (3) Diese Unzulänglichkeiten wiegen umso schwerer, als die neue EU-Kommission ambitioniertere klimapolitische Ziele angekündigt hat [...], die den Handlungsdruck auf Deutschland dramatisch verstärken werden." Nach ihrer Einschätzung droht ohne eine weitere Verschärfung sogar ein EU-Vertragsverletzungsverfahren mit Strafzahlungen. Um wenigstens das Ziel für 2030 zu erreichen müsste der CO_2-Preis nach ihrer Berechnung im Baseline-Szenario von den anvisierten 55 EUR/t_CO_2 im Jahr 2025 um 16 Prozent pro Jahr auf etwa 115 EUR/t_CO_2 steigen (vgl. Abb. 2.44).

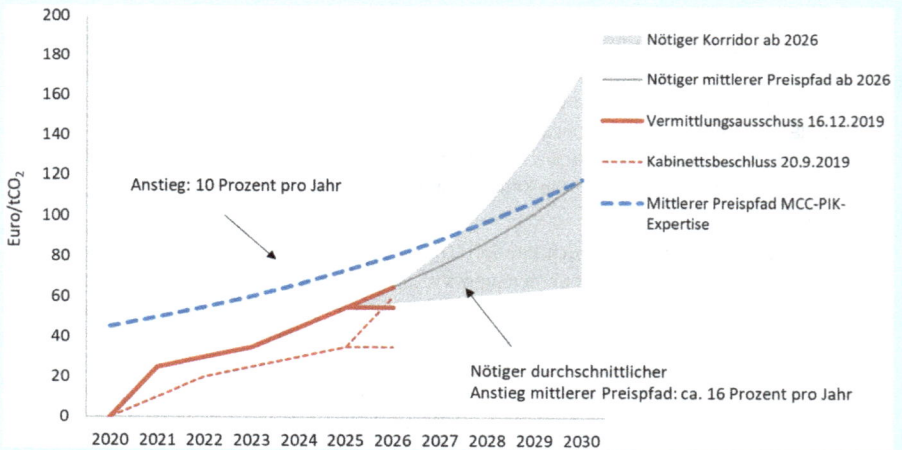

Abb. 2.44: CO_2-Preispfad. Quelle: Edenhofer et al. (2020, S. 6).

2.3.3.2.3.4 Handelbare Schädigungsrechte (Zertifikatehandel)

Das Instrumentarium handelbarer Schädigungsrechte greift eine Idee des britischen Ökonomen und Nobelpreisträgers Ronald Harry Coase (1910–2013) auf, wonach das Marktversagen durch Externalitäten sich über eine präzise Zuweisung von *Verfügungsrechten* über die geschädigte Materie beseitigen lässt. Die geschädigte Materie wird dadurch zu einem *handelbaren Gut* gemacht. Mit Blick auf die externen Effekte durch die CO_2-Emissionen erklärt sich hierbei zunächst der Staat in Stellvertretung für seine Bürger als Eigentümer der sauberen Luft. Als solcher darf er darüber verfügen, in welchem Umfang eine Belastung mit Emissionen erlaubt ist. Im theoretischen Ideal würde der Staat bezogen auf Abb. 2.43 das Niveau E*, bei dem Grenzvermeidungskosten und Grenzschaden sich die Waage halten, ansetzen. In diesem von Vornherein fixierten Umfang („*Cap*"; vgl. Abb. 2.45), bringt der Staat anschließend Zertifikate in Umlauf. Jede emittierte Tonne CO_2 muss dann zuvor vom Verursacher durch ein Zertifikat unterlegt worden sein. Das eingesetzte Zertifikat wird danach entwertet (vgl. Marquardt 2016). Verstöße gegen die Deckungspflicht durch Zertifikate werden entsprechend sanktioniert.

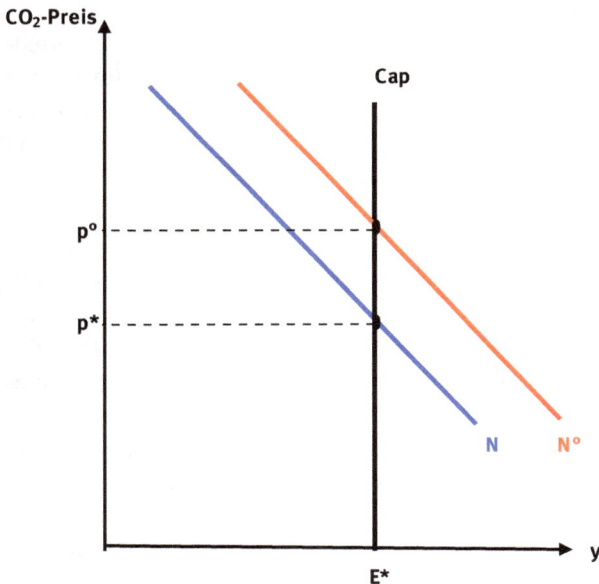

Abb. 2.45: Wirkung handelbarer Schädigungsrechte. Quelle: eigene Darstellung.

Die Erstausstattung der Emittenten mit Schädigungsrechten kann im Prinzip entweder über eine *Auktion* oder durch eine *kostenlose Zuteilung* erfolgen. Bei einer Auktion trifft die festgelegte Angebotsmenge an Zertifikaten E* auf eine preiselastische Nachfrage (N): Je höher der Preis für ein Schädigungsrecht ist, umso eher lohnt es sich, alternativ in Vermeidungstechnologien zu investieren, um keine Zertifikate nachfragen zu müssen. Dabei pendelt sich der Preis bei p* so ein, dass die nachgefragte Menge mit dem vorgegebenen Cap übereinstimmt. Jeder Emittent, der höhere Grenzvermeidungskosten als p* hat, wird dabei zuvor ein Schädigungsrecht erworben haben. All diejenigen mit Grenzvermeidungskosten unterhalb von p* hingegen, werden in die für sie günstigeren Vermeidungstechnologien investieren. Insofern kommt es hier über einen Marktmechanismus zu einem erwünschten *Selektionsprozess* im Sinne der statischen Effizienz. Die Emissionsvermeidung erfolgt zu minimalen gesamtwirtschaftlichen Kosten, da sie nur von denjenigen in Angriff genommen wird, denen dies mit wenig Aufwand gelingt. Da die Zertifikate nach der Erstzuteilung über die Börse handelbar sind, wird zudem sichergestellt, dass die Grenzvermeidungskosten bei allen Emittenten gleich hoch sind. Wären sie nämlich bei einem Akteur höher als p*, würde es sich für ihn lohnen, zu einem höheren Preis zusätzliche Zertifikate zu erwerben. Für die bisherigen Inhaber hingegen wäre es ökonomisch sinnvoll, dann die Zertifikate ebenfalls zu verkaufen, da sie höhere Einnahmen als Vermeidungsaufwand hätten. So wird eine *gesamtwirtschaftlich optimale Lastenverteilung* erreicht, weil sich am Ende kein Unternehmen mehr finden lässt, dass bei einem Umverteilen der letzten Zertifikate weniger Vermeidungsaufwand betreiben müsste als ein anderes.

Auch mit Blick auf die *dynamische Effizienz* erweist sich das Instrument als vorteilhaft. Der einzelne hat schließlich einen Anreiz zur Erfindung von kostengünstigeren Vermeidungsinnovationen, weil er dann nicht benötigte Zertifikate über die Börse veräußern kann. Zugleich verfügt das Instrument über eine *maximale Treffsicherheit*, da es, sofern Deckungspflichtverstöße effektiv durch Kontrollen und Strafen unterbunden werden, nur im zuvor beschlossenen Umfang zu Emissionen kommen kann. Anders als im Fall von CO_2-Steuern ist die Emissionswirkung damit unabhängig von der Reaktion auf veränderte Preisanreize. Dabei bleibt das Emissionsniveau selbst dann stabil bei E*, wenn es – zum Beispiel aufgrund einer sich belebenden Konjunktur – zu einem strukturellen Nachfrageanstieg nach Schädigungsrechten auf N° käme. Der Nachfrageanstieg wird letztlich durch einen resultierenden Preisanstieg auf p° komplett verdrängt.

Dieses Ergebnis käme auch dann zustande, wenn die Zertifikate *kostenlos* nach einem bestimmten Schlüssel *verteilt* und später über eine Börse gehandelt werden. Befindet sich ein Zertifikat in der Hand eines Emittenten mit gegenüber dem Börsenpreis geringen Grenzvermeidungskosten, würden diese Unternehmen das Zertifikat verkaufen, vom Verkaufserlös die geringeren Vermeidungskosten der Emission begleichen und den Rest als Gewinn einbehalten. Käufer und damit dann Emissionsberechtigte hingegen sind all diejenigen, deren Vermeidungskosten über den Zertifikatepreisen liegen. Am Ende sind auch hier bei allen Akteuren die Grenzvermeidungskosten gleich hoch.

Im Fall der *Auktion* würde aber der Staat Einnahmen erzielen. Für die verbliebenen externen Kosten der nur verminderten Emissionen erhält die Gesellschaft so wenigstens eine Teilkompensation. Bei einer kostenlosen Zuteilung würden den Unternehmen indessen „*windfall profits*" zugestanden, da die Rechtepreise entweder mit dem Opportunitätskostenargument in die Endprodukte eingepreist werden, ohne pagatorische Kosten verursacht zu haben, oder tatsächlich an der Börse verkauft werden können.

Insofern handelt es sich in der Theorie beim Emissionshandel um ein ausgesprochen elegantes Instrument: Die geplante Emissionsmenge, das sogenannte Cap,

> wird ex-ante von der Politik festgelegt und somit treffsicher eingehalten. Theoretisch wird das Ziel zu geringstmöglichen gesamtwirtschaftlichen Kosten erreicht (sogenannte statische Effizienz), die Entscheidungsfindung darüber, wer Emissionen reduziert, wird denjenigen überlassen, die es am besten beurteilen können, weil sie unmittelbar in den Produktionsprozess involviert sind und darüber hinaus gibt es einen permanenten Anreiz, die eigenen Grenzvermeidungskosten zu reduzieren (sogenannte dynamische Effizienz). (Marquardt 2016, S. 516)

In der *praktischen* Umsetzung ist der CO_2-Zertifikatehandel im Rahmen des EU-Emission-Trading-Systems (EU-ETS) allerdings umstritten, was aber weniger an einer fehlenden Eignung des Instrumentes an sich als an dessen Handhabung liegt:

1. So wurde das *Cap* aus Angst vor den kostenseitigen Produktionseffekten unterambitioniert festgelegt.
2. Viele Branchen wurden nicht berücksichtigt.
3. Es wurden Zugeständnisse an CO_2-intensive Unternehmen gemacht, die in einem starken internationalen Wettbewerb stehen. Hier wird das *Carbon-Leakage-Argument* geltend gemacht: Internationale Konkurrenten, die keiner CO_2-Bepreisung ausgesetzt sind, verdrängen demnach die heimischen Produzenten und übernehmen Teile der Produktion. Alternativ besteht die Gefahr, das inländische Unternehmen ihren Produktionsstandort dorthin verlagern, wo keine CO_2-Bepreisung erfolgt. In beiden Fällen wäre klimapolitisch nichts erreicht, da die bislang im Inland erzeugte Wertschöpfung nur regional verlagert wird. Um diesem Argument die Basis zu entziehen, bedürfte es entweder einer stärkeren weltweiten umwelt- und klimapolitischen *Kooperation*, sodass überall CO_2-Emissionen bepreist werden, oder einer *Grenzausgleichsbesteuerung*. Hier werden Importe aus Ländern ohne CO_2-Bepreisung beim Grenzübertritt mit einer die Wettbewerbsverzerrung kompensierenden Steuer belastet.
4. Die prinzipielle Konzessionsbereitschaft setzt angesichts der diskretionären Entscheidungsspielräume die Politik starkem Lobbyeinfluss aus.
5. Zu Beginn des EU-ETS-Handels wurden die Zertifikate kostenlos zugeteilt und hinterher von den Unternehmen als *Opportunitätskosten* auf die Endproduktpreise aufgeschlagen. Weil den erhöhten Preisen keine pagatorischen Kosten gegenüberstanden, machten vor allem die großen Energieversorger Milliardengewinne (vgl. Cludius/Herrmann 2014).

6. Wie bei einer CO_2-Steuer auch ergibt sich hier die Problematik der Lastenverteilung zwischen großen finanzkräftigen Unternehmen, die sich leicht aus der gesellschaftlichen CO_2-Einsparverpflichtung freikaufen können, und den kleineren finanzschwachen Unternehmen.
7. Es wird saubere Luft zu einem Handelsgut gemacht und dann auch noch den Spekulanten an der Börse ausgesetzt.
8. Zusammen mit der *Spekulation* sorgen veränderte Rahmenbedingungen für eine hohe Preisvolatilität. Das wiederum geht zulasten sowohl der *Kalkulationssicherheit* bei Vermeidungsinvestitionen als auch der statischen und dynamischen Effizienz.
9. Das EU-ETS konterkariert – je nach Übertragbarkeit von ungenutzten Rechten in die folgende Handelsperiode und Höhe des Caps – die positiven Emissionsfolgen des EE-Ausbaus (vgl. Marquardt 2016). Mit rückläufigen CO_2-Emissionen durch diesen Ausbau in der Stromproduktion besteht die Gefahr, dass es bei unverändertem Rechteangebot über eine Zertifikate-Preissenkung lediglich zu einer Verlagerung der Emissionen in andere Branchen kommt.

2.3.3.2.3.5 Subventionen

Das Instrument der Subventionen stellt darauf ab, das Vermeiden von Externalitäten zu belohnen. Der finanzielle Anreiz muss dabei hoch genug ausfallen, um die Kosten der eingeleiteten Vermeidung mindestens abzudecken. Insofern tritt auch hier *statische Effizienz* in Form einer *selektiven Vermeidung* ein: Beim gegebenen Fördersatz werden nur diejenigen Externalitäten vermieden, die vergleichsweise geringe Grenzvermeidungskosten aufweisen. Für die Akteure, die hingegen nur mit hohem Aufwand zu einer Vermeidung in der Lage wären, wird sich die Subvention nicht lohnen, sodass sie auf Vermeidungsinvestitionen verzichten. Auch bestehen *dynamische Anreize* zur wirtschaftlichen Verbesserung von Vermeidungsinvestitionen. Je geringer schließlich der Aufwand zur Vermeidung ausfällt, umso größer wird die Marge zwischen dem gegebenen Fördersatz und den Grenzvermeidungskosten. Bezüglich der *Treffsicherheit* ergibt sich dieselbe Problematik wie bei einer CO_2-Steuer. Die Politik kann materielle Anreize setzen, ob und vor allem wie stark sie am Ende auch wahrgenommen werden, hängt aber vom Verhalten der privatwirtschaftlichen Akteure ab.

Problematisch im Vergleich mit einer Besteuerung ist der Finanzierungsaspekt. Während bei einer Steuer, derjenige, der die externen Effekte auslöst, verursachergerecht zur Mitfinanzierung der Schäden herangezogen wird, läuft eine Subventionierung darauf hinaus, denjenigen zu belohnen, der versucht keine Schäden auszulösen. Obendrein muss die *Finanzierung aus Steuermitteln* oder Umlagen aufgebracht werden. Welche widersinnigen Effekte das auslösen kann, zeigt die Subventionierung von Kraftwerksbetreibern beim Kohleausstieg (vgl. Kasten „Ein vergiftetes Geschenk").

„Ein vergiftetes Geschenk

Umweltexperte Hermann Ott über absurd hohe Entschädigungen für Kraftwerksbetreiber und Kohle als Faustpfand

Der Umweltexperte *Hermann Ott* von ‚Client Earth' hält die Entschädigungen an die Kohlekonzerne für das Abschalten ihrer Kraftwerke für weit überhöht – und rechnet damit, dass sie zurückgezahlt werden müssen.

Herr Professor Ott, die deutschen Kohlekonzerne sollen eine Entschädigung von 4,35 Milliarden Euro erhalten, weil sie ihre Kraftwerke stilllegen sollen. Das sieht die Einigung zwischen Bund und Ländern vor. Ist das angemessen?

Die EU-Kommission wird eine sehr sorgfältige Prüfung einleiten, ob diese Zahlungen mit den europäischen Beihilfevorschriften im Einklang sind – es ist also noch nichts wirklich entschieden. In einem ersten Schritt wird untersucht werden, ob diese Zahlungen als Beihilfe gewertet werden müssen – das ist höchst wahrscheinlich. In einem zweiten Schritt wird überprüft, ob diese Beihilfen angemessen sind. Das ist höchst zweifelhaft angesichts der schon jetzt bestehenden Marktbedingungen – Energieproduktion aus Kohle ist ein zunehmend weniger profitables Geschäft. Und die Bedingungen werden sich durch steigende CO_2-Preise im EU-Emissionshandel weiter verschlechtern. Diese Zahlungen sind ein vergiftetes Geschenk an die Kohleindustrie. Vergiftet deshalb, weil sie vermutlich zurückgezahlt werden müssen.

Wie verfahren andere Länder, die ebenfalls aus der Kohle aussteigen? Viele wollen ja schon früher als Deutschland kohlefrei sein, wo 2038 das Enddatum ist.

Es gibt in keinem anderen Land Vorschläge für derartig massive Entschädigungszahlungen, wie sie von der Bundesregierung angepeilt werden, und die EU-Kommission wird das bei ihrer Entscheidung berücksichtigen. Das ist umso erstaunlicher, als tatsächlich in vielen Ländern angesichts der Klimakrise sehr viel frühere Ausstiegsdaten gelten. Griechenland zum Beispiel, das in hohem Maße von Braunkohle abhängig ist, plant, schon bis 2028 auszusteigen. Großbritannien verbraucht schon jetzt 40 Prozent weniger Kohle als vor zehn Jahren und will bis 2025 komplett aussteigen. Die Niederlande haben 2029 als Ausstiegsdatum gesetzlich festgelegt. In keinem dieser Staaten werden hohe Entschädigungen vorgeschlagen. In Deutschland dagegen frisst die Bundesregierung der Kohlindustrie praktisch aus der Hand.

Sie halten einen Ausstieg bis 2030 für nötig. Ist das machbar?

Ein Ausstieg aus der Kohle bis spätestens 2030 ist nicht nur klimapolitisch notwendig, sondern auch machbar, wie eine Vielzahl an Analysen gezeigt hat. In rechtlicher Hinsicht haben wir mit Greenpeace zusammen schon im Mai 2019 einen Entwurf für ein Kohleausstiegsgesetz vorgelegt. In unserem Entwurf sind die Stilllegungen kraftwerksscharf gesetzlich vorgegeben und der Verlauf ist stetig, also gleichmäßig über die Jahre verteilt. Wirtschaftsminister Altmaier hat ebenfalls ein Exemplar von uns erhalten – aber leider nicht zum Vorbild genommen.

Wird es noch Korrekturen am Ausstiegsplan geben?

Tatsächlich ist dieser Plan der Bundesregierung so schlecht, wie es selbst skeptische Beobachter nicht erwartet hatten. Die Korrekturen werden vermutlich zunächst durch die Märkte erfolgen, denn Kohle ist nicht mehr wettbewerbsfähig – was diese Entschädigungen umso absurder macht. Und in zwei Jahren wird eine Korrektur durch die nächste Bundesregierung erfolgen. Aber das war ja auch der Plan der Kohlefreunde in der Bundesregierung: Die Kohle soll als Faustpfand für Koalitionsverhandlungen mit den Grünen erhalten bleiben" (Wille 2020).

Im Zusammenhang mit der angestrebten Dekarbonisierung der Stromproduktion bei gleichzeitigem Ausstieg aus der Kernenergie spielt das Instrument der Subventionierung beispielsweise auch eine wichtige Rolle beim *Ausbau der Erneuerbaren Energien* (EE) (vgl. Bontrup/Marquardt 2015). Im Prinzip werden hier Vergütungsätze für Strom über einen Zeitraum von 20 Jahren garantiert, die zumeist deutlich über dem Marktpreis liegen. In Verbindung mit einem Einspeisevorrang, durch den bei gegebener Stromnachfrage die Stromerzeugung aus fossilen, CO_2-emittierenden Kraftwerken verdrängt wird, wird so den Ökostromproduzenten ein Großteil des unternehmerischen Risikos genommen. Bei größenmäßig eher unbedeutenden variablen Kosten müssen sie eigentlich nur kalkulieren, ob die über die Laufzeit hinweg zu erwartende Strommenge bei den garantierten Abnahmepreisen ausreicht, die Fixkosten abzudecken. Da die CO_2-Grenzvermeidungskosten – je nach eingesetztem Energieträger – unterschiedlich hoch ausfallen, wurden auch unterschiedlich hohe Fördersätze gewährt. So ist die Förderung für Photovoltaikanlagen deutlich niedriger als die von Geothermieanlagen. Die Politik hatte hier deshalb bewusst darauf verzichtet, nur die günstigste Grünstromtechnologie mit dem dann niedrigsten Satz zu fördern, weil zu Beginn des Ausbauprozesses das längerfristige Potenzial der unterschiedlichen Technologien noch nicht richtig eingeschätzt werden konnte. Alle möglichen Technologien sollten daher gefördert werden, um so *Lerneffekte* zu erzielen und schrittweise den Einstieg in die *Massenproduktion* mit einer *Fixkostendegression* zu organisieren. Mit Blick auf den Ersatz von AKW- und Kohlestrom ist die Entwicklung ausgesprochen positiv verlaufen. Im Jahr 2018 belief sich der EE-Stromanteil am Bruttostromverbrauch bei rund 40 Prozent. Allerdings werden die Förderkosten für den Ausbau über die Strompreise auf die Stromverbraucher abgewälzt. Die Kosten belaufen sich mittlerweile auf rund 30 Mrd. EUR p. a. Bei einem Volkseinkommen von rund 2,5 Billionen EUR in Deutschland sind dies jedoch nur 0,012 Prozent. Um die Kostendynamik zu bremsen, wurden zuerst die Fördersätze mit der Weiterentwicklung der Anlagenproduktivität immer weiter abgesenkt. Zuletzt wurde versucht, die EE verstärkt in den Marktmechanismus einzubeziehen, indem beispielsweise die Fördersätze über Ausschreibungen im Auktionsverfahren dem Wettbewerb ausgesetzt werden.

„Gewinne für sich, Verluste für alle

Zu einer unglaublichen *Subventionierung* und *Profitpflege* der Atomindustrie war es auch Ende 2016 gekommen. Nach dem Motto *Gewinne für Private und Verluste für uns alle* wurde der AKW-Ausstieg für die Stromkonzerne versüßt. Lange Zeit konnten die vier Energieriesen E.ON, RWE, EnBW und Vattenfall, die „Big-4", in der Stromversorgung auf ein *unterreguliertes System* und ihre unerträgliche *Marktmacht* gegenüber den Stromnachfragern bauen. Dies auch deshalb, weil selbst die *Politik* vor den Unternehmen kuschte und die staatlichen Preis- und Kostenkontrollen der als „natürlich" eingestuften Gebietsmonopolisten allenfalls suboptimal waren. Bis Ende des zurückliegenden Jahrzehnts liefen so – trotz der *Strommarktliberalisierung* ab 1998 – die Geschäfte blendend. Nicht zuletzt wegen des Atomstroms, dessen wahre Kosten immer höher waren, als behauptet wurde.

Dann forcierte wegen des Klimawandels die Politik erneuerbare Energien und in Japan (Fukushima) kam es zum Atom-Gau, der in Deutschland endgültig den *Atomausstieg bis 2022* besiegelte. Aus dieser neu entstandenen Gemengelage musste dann die Frage nach der Entsorgung und den *Kosten des Atommülls* beantwortet werden. So bescherte uns kurz vor Weihnachten 2016 die damals schwarz-rote Bundesregierung, mit Zustimmung der Grünen, ein unglaubliches Gesetz. Es wird dem Steuerzahler Milliarden Euro kosten – und der *Bundesrechnungshof* schläft bei der Finanzierung des Endlagers. Es war allen Beteiligten in Politik und Wirtschaft klar, dass der ewig strahlende Atommüll irgendwann endgelagert werden muss. Und es war auch klar, dass die „Big-4" dafür in ihren Bilanzen Vorsorge treffen müssen. Dies haben sie auch mit *gewinnreduzierenden Aufwandsrückstellungen* getan und damit dem Staat jährlich weniger *Gewinnsteuern* überwiesen. 2016 haben die Energieriesen dann ein weiteres Milliarden-Geschenk von der Bundesregierung erhalten – ausgerechnet mit Zustimmung der Grünen, die ihre Gründung als Partei der Anti-AKW-Bewegung verdanken.

In den Vorstandsetagen der „Big-4" sind die Champagnerkorken geflogen. Obwohl die AKW-Betreiber verpflichtet waren, sämtliche Kosten für den Rückbau der Kernkraftwerke sowie die Entsorgung des erzeugten radioaktiven Abfalls einschließlich der Endlagerung selbst zu tragen, schließlich konnten sie dafür gewinnsteuermindernde Rückstellungen bilden, mussten sie jetzt laut Gesetz nur noch bis Mitte 2017 *einmalig* insgesamt gut 23,5 Mrd. EUR in einen extra dafür geschaffenen *staatlichen Fonds* einzahlen und sind damit von den Kosten der Endlagerung des Atommülls für immer befreit. Die 23,5 Mrd. EUR ergeben sich letztlich aus einer Abzinsung (Barwertbestimmung) der bis 2099 hochgerechneten Kosten von knapp 170 Mrd. EUR. Hier wurde ein viel zu hoher durchschnittlicher Zinssatz von 4,58 % in Ansatz gebracht, der den Barwert als Gegenwartswert der Kosten senkt. Außerdem strahlt der Atommüll auch nach 2099 weiter und somit fallen weiter Kosten der Endlagerung an, die heute in keiner Weise berücksichtigt wurden. Lediglich die Kosten für den Rückbau der AKWs sowie die Verpackung des Atommülls bis zur Übergabe in Zwischenläger verbleibt laut beschlossenem Gesetz bei den Energiekonzernen. RWE hat schon bereitwillig signalisiert, seinen Anteil von 6,8 Mrd. EUR in den Staatsfonds einzuzahlen.

Dies überrascht bei dem gemachten Geschenk auf Kosten der Steuerzahler allenfalls die naiven im Land. Warum machen die Bundesregierung aus CDU/CSU und FDP sowie die Grünen aber den „Big-4" ein solches Geschenk? Sie befürchten, völlig unbegründet, ein *Insolvenzrisiko* der Unternehmen. Zwar haben die „Big-4" selbstverschuldete wirtschaftliche Probleme, weil sie schlicht aus Machtarroganz die Energiewende ignoriert haben. Sie aber mit einer Insolvenz in Verbindung zu bringen, ist völliger ökonomischer Unsinn. Zusammen verfügten sie 2016 noch über ein bilanzielles Reinvermögen von 81,3 Mrd. EUR. Bei einem unterstellten Insolvenzrisiko ist außerdem die Fondskonstituierung inkonsequent. Warum bezieht man dann nicht auch den Rückbau der AKWs in den Fonds ein? Außerdem nimmt der Fonds den Unternehmen durch den Geldabfluss die Finanzierungsmasse für den notwendigen *ökologischen Umbau*.

Ob das Fondsgeld darüber hinaus an den *Finanzmärkten* durch Spekulation eine höhere Rendite erwirtschaftet als in den Energiekonzernen, ist mehr als zweifelhaft. Verwerflich ist aber auf jeden Fall, dass der Staat in Zukunft zur Finanzierung von Atommüll an den Finanzmärkten zocken gehen muss. Endgültig zu einem politischen Tollhaus wird es, wenn unsere Volksvertreter offensichtlich eine *Rückstellung* nicht von einer *Rücklage* unterscheiden können. Rückstellungen, sagte der damalige RWE-Chef, *Peter Terium*, zu Recht, „müssen erst noch erwirtschaftet" werden. Ihnen stehen keine zurückgelegten *baren Mittel* gegenüber. *Rückstellungen* sind rein buchtechnische Fremdkapitalposten auf der Passivseite der Bilanz, denen keine wertadäquaten Vermögensposten auf der Aktivseite entsprechen. *Rücklagen* bilden dagegen Eigenkapital aus versteuerten und dann thesaurierten Gewinnen. Diese Rücklagen hätten von Anfang an entweder als eine unternehmensinterne Fondsbildung mit konkreter Zweckbindung geschaffen oder gleich in einen Staatsfonds eingezahlt werden müssen. Beides fand aber nicht statt, sondern den „Big-4" wurde in Sachen Atommüll eine völlig untaugliche Rückstellungspolitik erlaubt, die jetzt auch noch für den Rückbau der AKWs den Energieriesen weiter ermöglicht wird. Lediglich soll für mehr Rückstellungstransparenz gesorgt werden. Hier ist politische Borniertheit in Verbindung mit einer interessenorientierten Konzernprofitpflege nicht mehr zu toppen!" (Bontrup 2017).

2.3.3.2.3.6 Internalisierung durch Verhandlungen

Eine weitere Alternative zur Internalisierung externer Effekte besteht nach dem *Coase-Theorem* darin, die betroffenen Gruppen nach einer eindeutigen Zuweisung der Verfügungsrechte über die geschädigte Materie miteinander verhandeln zu lassen. Nach dem *Invarianz-Theorem* ist es dabei mit Blick auf das zustande kommende Schadensniveau sogar gleichgültig, ob die Verfügungsrechte beim Schädiger oder beim Geschädigten liegen.

Nehmen wir dazu an, ein Bauer düngt regelmäßig seine Felder und belastet auf diesem Weg das Grundwasser so, dass im benachbarten Wasserwerk dadurch die Kosten der Wiederaufbereitung steigen. Eine geringe Düngung stellt dabei für das Wasserwerk noch kein ernsthaftes Problem dar. Aber mit jeder weiteren Düngung verschärft sich allmählich auch die Belastung. Auch in diesem Konflikt liegt das aus Sicht beider Akteure optimale Düngungsniveau dann vor, wenn Grenzschaden und Grenzvermeidungskosten (in Form von geringerer Ernte) sich die Waage halten. Erhält nun das Wasserwerk das Verfügungsrecht über das saubere Grundwasser, müsste der Bauer mit dem Wasserwerk verhandeln, wie intensiv er düngen und damit das Grundwasser belasten darf. Dabei müsste er der Gegenseite anbieten, den entstandenen Schaden zu bezahlen. Seine Zahlungsbereitschaft für eine weitere Düngung orientiert sich dabei an den Grenzvermeidungskosten, also der Ernteeinbuße, die ohne Düngung zustande kommt. Da die Wirkung weiterer Düngeeinheiten abnimmt, fällt seine Zahlungsbereitschaft. Umgekehrt wird das Wasserwerk weitere Düngungen nur zulassen, wenn die steigenden Grenzschäden entgolten werden. Solange die Grenzvermeidungskosten und damit die Zahlungsbereitschaft des Bauern noch über den vom Wasserwerk erwarteten Zahlungen zum Ausgleich des Grenzschadens liegen, werden weitere Düngungen zugelassen. Der Verhandlungsprozess endet, wenn Grenzschaden und Grenzvermeidungskosten ausgeglichen sind. Zugleich stellt das Ergebnis ein *Pareto-Optimum* dar. Dieses Ergebnis kommt auch zustande, wenn der Schädiger das Verfügungsrecht über das Grundwasser erhält. Nun muss das Wasserwerk dem Schädiger eine Ausgleichszahlung bieten, damit der auf das Verschmutzungsrecht verzichtet. Ausgehend von einem hohen Schädigungsniveau ist die Zahlungsbereitschaft des Wasserwerks angesichts eines immensen Grenzschadens zunächst entsprechend hoch. Zugleich ist auch die Bereitschaft des Bauern, auf die letzte geplante Düngung zu verzichten, hoch, da er nur auf wenig Zusatzertrag verzichten müsste. Der Verhandlungsprozess endet erneut bei dem Schädigungsniveau, bei dem sich Grenzschaden und Grenzvermeidungskosten die Waage halten.

Die *Praktikabilität* dieses Ansatzes ist jedoch eingeschränkt:

1. So hat der Verhandlungsprozess *Verteilungseffekte* je nachdem, wer die Verfügungsrechte zugewiesen bekommt. Dabei erhält bei einer Zuordnung der Verfügungsrechte an den Geschädigten ausgerechnet der Schädiger ein Entgelt.
2. Verhandlungen selbst verursachen *Transaktionskosten*. Je heterogener die Gruppe der Betroffenen ist, umso aufwendiger gestaltet sich der Verhandlungsprozess.
3. Die Transaktionskosten verteilen sich asymmetrisch. Kleine Gruppen lassen sich intern leichter organisieren und sind dadurch oftmals auch schlagkräftiger. In großen Gruppen hingegen kann sich bereits der interne Interessenausgleich als überaus aufwendig erweisen. Auch besteht hier die Gefahr des „*Trittbrettfahrertums*", bei dem sich Einzelne in der Erwartung, die Anderen würden es schon richten, nicht aktiv mit einbringen. Insofern ist dieses Instrument der Verhandlungen mit Blick auf den CO_2-Ausstoß allenfalls auf der Ebene der internationalen Verhandlungen zwischen Staaten geeignet. Unmittelbare Verhandlungen zwischen Schädigern und Geschädigten ließen sich dagegen nicht organisieren, zumal jeder einzelne gleichzeitig beide Rollen ausübt. Allerdings soll die Idee ansatzweise beim Ausbau der Windenergie aufgegriffen werden, indem die betroffenen Kommunen als Kompensation für die zu tragenden externen Effekte eine Einnahmen-Beteiligung erhalten sollen.
4. Diese Lösungsidee funktioniert allenfalls dann befriedigend, wenn wirklich alle Betroffenen in die Verhandlungen einbezogen sind.
5. Darüber hinaus besteht die Gefahr, dass das Verhandlungsergebnis durch *Informationsasymmetrien* zum Schaden und den Vermeidungskosten verzerrt ist.
6. Die Verhandlungslösung basiert darauf, nur *konfliktfreie Ergebnisse* zu produzieren. Die Option, im Zweifelsfall eine Seite auch zu Zugeständnissen zu zwingen, wenn sich dadurch die Gesamtwohlfahrt erhöht, bleibt hier von Vornherein unberücksichtigt.

2.3.3.2.4 Wirtschaftspolitische Schlussfolgerungen bei positiven externen Effekten

Liegen positive externe Effekte vor, kommt es – gemessen an den gesellschaftlichen Präferenzen – zu einer Unterversorgung, weil sich die individuelle Zahlungsbereitschaft nur auf den jeweils zu erzielenden Nutzen des Gutes konzentriert und die Vorteile für Dritte nicht beachtet. Die Unterversorgung ist dabei nicht das Resultat eines Informationsdefizits, sondern ein strukturelles Problem, bei dem die individuelle Rationalität von der kollektiven abweicht. Die hier betrachteten *meritorischen Güter* (vgl. Kap. 2.3.3.3.2) verfügen aus Sicht der Gesellschaft über besondere Verdienste. Zu deren Mitberücksichtigung müssen die Akteure u. U. durch einen *Pflichtkonsum*, wie bei der allgemeinen Schulpflicht oder bei dem Versicherungszwang in den gesetzlichen Sozialversicherungen, gezwungen werden. In Ergänzung oder alternativ kann der Staat das *privatwirtschaftliche Angebot ergänzen* und so durch die Angebotsausweitung über daraus resultierende niedrigere Preise individuelle Anreize zur erwünschten Mehrnachfrage setzen.

2.3.3.3 Öffentliche Güter, meritorische Güter und „politisch gewollte öffentliche Güter"

Historisch betrachtet versteht man unter öffentlichen und meritorischen Gütern all die Güter, die vom Staat angeboten werden und als Gegenleistung für Steuern und Abgaben zu verstehen sind (vgl. Priddat 2008, S. 152 ff.). Davon zu unterscheiden ist die Sichtweise in der *Theorie der öffentlichen Güter*. Sie versucht mit *Marktversagen* zu erklären, in welchen Fällen ein staatliches Güterangebot ökonomisch Sinn macht.

2.3.3.3.1 Ökonomische Theorie öffentlicher Güter

Bereits Adam Smith hatte erkannt, dass es Güter gibt, bei denen ein privatwirtschaftliches Angebot nicht zustande kommen kann. „Der Staat soll sich auf drei Aufgaben konzentrieren", schreibt der Ökonom Rainer Olten.

> Er soll Sicherheit und Ordnung herstellen, öffentliche Güter bereitstellen, die der private Sektor aus Mangel an Gewinnaussichten nicht produzieren würde, und ‚eine genaue Rechtspflege' aufrechterhalten, d. h. die freie Verfügbarkeit des Einzelnen über seine Arbeit und sein Eigentum garantieren, Vertrags-, Konsum-, Berufs-, Gewerbe-, Niederlassungs- und Wettbewerbsfreiheit. (Olten 1995, S. 34)

Bei den öffentlichen Gütern, in dem der Markt bei deren Bereitstellung versagt, ist der Staat zur Übernahme der Anbieterrolle gefordert. Die wissenschaftlichen Grundlagen zur Thematik wurden insbesondere von dem deutsch-US-amerikanischen Ökonomen Richard Musgrave (1910–2007) und dem US-amerikanischen Ökonomen und Nobelpreisträger Paul Samuelson (1915–2009) entwickelt. Öffentliche Güter werden vor allem durch das *Nicht-Rivalitäts-* und das *Nicht-Ausschließbarkeits-Kriterium* geprägt. Nicht-Rivalität bedeutet, dass der Konsum des Gutes durch einen Nachfrager dazu führt, dass andere nicht mehr in seinen Genuss kommen können. Es gibt mithin keine Verwendungskonkurrenz. Güter mit dieser Eigenschaft werden immer von einem Kollektiv konsumiert. Deshalb werden sie zuweilen auch als *Kollektivgut* bezeichnet. Als Beispiel ist hier die Dienstleistung der Orientierung durch einen Leuchtturm zu nennen. Wird dieser „Klassiker" des öffentlichen Gutes durch einen Kapitän genutzt, können das alle anderen gleichzeitig in unverändertem Umfang auch tun. Das fehlende Ausschlussprinzip hingegen bezieht sich darauf, dass niemand – zumindest ohne ungerechtfertigt hohen Aufwand – von der Nutzung des Gutes ausgeschlossen werden kann, wenn er nicht bereit ist, einen Preis dafür zu entrichten. Die *Property Rights* (Verfügungsrechte) lassen sich nicht eindeutig zu einem Eigentümer zuordnen oder das Recht eines Eigentümers auf eine Ertragsaneignung kann nicht ausreichend umgesetzt werden. Der Leuchtturm kann zur Orientierung eben auch genutzt werden, ohne dafür ein Entgelt an den Leuchtturmbesitzer entrichten zu müssen. Angesichts der Tatsache, dass noch nicht einmal etwas verbraucht wurde, gilt dies umso mehr, da noch nicht einmal der Nachweis einer Nutzung erfolgen könnte.

Die Kombination beider Kriterien eröffnet die Möglichkeit des *Trittbrettfahrens* (auch: *Free-Rider-Problematik*): Wer ein Gut umsonst nutzen kann und nicht einmal befürchten muss, dass es durch den Konsum anderer nicht mehr zur Verfügung steht, wird dafür aus einzelwirtschaftlicher Rationalität heraus auch nichts bezahlen. Nur wenn andere Nutzer zahlungsbereit wären, käme das Angebot aber zustande. Ihnen gegenüber verhielte sich der Trittbrettfahrer wie ein Schmarotzer. Es entstehen bei der Nutzung des Trittbrettfahrers *negative externe Effekte*, da die anderen seine Nutzung mitfinanzieren müssten. Dies gilt auch beim *kollektiven Tarifvertrag*. Die Nichtgewerkschaftsmitglieder, die sich nicht am Zustandekommen des Vertrages beteiligen, kommen trotzdem in den Genuss des Tarifvertrages mit höheren Arbeitsentgelten und/oder kürzeren Arbeitszeiten.

Ein potenzieller privater Anbieter muss demnach davon ausgehen, dass jeder sich als Schmarotzer verhält. Er bliebe dann auf seinen Kosten sitzen. In Antizipation dieser Problematik wird niemand bereit sein, das öffentliche Gut, hier die Orientierungshilfe eines Leuchtturms, anzubieten. Es handelt sich um ein klassisches Dilemma: Das individuell rationale Verhalten verhindert eine kollektiv rationale Lösung. Das gemeinsame Interesse an einem Kollektivgut allein reicht, so der US-amerikanische Wirtschaftswissenschaftler Mancur Lloyd Olson (1932–1998), nach der *Logik des kollektiven Handelns* nicht aus, das Gut auch bereitzustellen. Wenn allerdings ein starkes gesellschaftliches Interesse an einem Gut besteht, der Markt aber versagt, weil privatwirtschaftliche Anbieter es nicht zur Verfügung stellen, so muss der Staat für das Angebot sorgen.

Den Charakter eines öffentlichen Gutes hat beispielsweise auch die Landesverteidigung. Wenn die äußere Sicherheit von einer privaten Armee hergestellt wird, kann jeder davon ausgehen, dass er an der Landesgrenze auch bei fehlender individueller Zahlungsbereitschaft noch vor ausländischen Aggressoren geschützt wird. Schließlich wird der private Anbieter keinen selektiven Angriff auf den einzelnen Trittbrettfahrer zulassen, da dies zugleich die anderen gefährden würde. Denkt aber jeder so, wird niemand freiwillig einen Beitrag leisten. Ohne die allgemeine Zahlungsbereitschaft wird das Gut aber auch nicht von Privaten angeboten. Ähnliches gilt für die innere Sicherheit und Justiz. Wirkt eine gut organisierte und ausgestattete Polizei in Zusammenarbeit mit einem effizienten Justizwesen abschreckend genug, kommt jeder unabhängig von seinem individuellen Zahlungsbeitrag in den Genuss eines hohen Schutzes vor Verbrechen. Zu den beiden zentralen Kriterien der Nichtrivalität und der Nichtausschließbarkeit kommt beim öffentlichen Gut genaugenommen noch die weniger prominente Eigenschaft der *Nichtzurückweisbarkeit* hinzu. Dadurch, dass das Gut zeitgleich allen zur Verfügung steht, kann ein Einzelner – sobald das Gut angeboten wird – sich nicht von seiner Mitnutzung entziehen bzw. zurückgewiesen werden. Ein Pazifist beispielsweise kann sich der Landesverteidigung durch eine Armee nicht entziehen.

Im Allgemeinen wird der Charakter eines öffentlichen Gutes insbesondere der öffentlichen Infrastruktur, der inneren und äußeren Sicherheit, dem Justizwesen und der Grundlagenforschung zugeschrieben. Darüber hinaus können auch politische Ziele, welche die drei genannten Eigenschaften aufweisen, als öffentliches Gut deklariert werden. So zählen nach dem Konzept der Vereinten Nationen (UN) u. a. der Weltfrieden, der Klimaschutz, eine intakte Umwelt, Nachhaltigkeit, das kulturelle Erbe und die Stabilität der Finanzmärkte zu den globalen öffentlichen Gütern, die nur in internationaler Kooperation der Staaten „produziert" werden können. Allerdings greifen unsere bisherigen Betrachtungen und die Schlussfolgerung, wann der Staat als Anbieter einspringen muss, zu kurz. Zum einen wird der Staat auch bei *meritorischen Gütern* in der Pflicht zur Bereitstellung eines ausreichenden Angebotes gesehen (vgl. Kap. 2.3.3.3.2). Zum anderen waren unsere Überlegungen nicht differenziert genug. Mit Blick auf die beiden zentralen Kriterien der Ausschließbarkeit und der Nichtrivalität lassen sich prinzipiell vier Güterkategorien unterscheiden (vgl. Abb. 2.46):

Rivalität im Konsum	Preis-Exklusion	
	gegeben	nicht gegeben
gegeben	Individual-Gut	Allmende-Gut
nicht gegeben	Club-Gut	Öffentliches Gut

Abb. 2.46: Gütertaxonomie nach Exklusions- und Rivalitätseigenschaften.
Quelle: eigene Darstellung.

Ein *Individualgut* ist die klassische Form eines Gutes. Es erhält – wie bei einer Tomate – nur derjenige die Verfügungsrechte darüber, der den Preis zahlt. Mit dem Konsum des Gutes steht es für andere nicht mehr zur Verfügung. Der private Sektor hat hier wenig Mühe, im Streben nach Gewinnen Preise zu erzielen und übernimmt in der Regel die Versorgung. Die Tatsache, dass bei den meisten Gütern eine privatwirtschaftliche Versorgung zustande käme, schließt im Umkehrschluss aber nicht von Vornherein aus, dass in Einzelfällen prinzipiell auch der Staat als Anbieter aktiv werden könnte.

Allmendegüter (auch „*commons*") gelten als Form eines unreinen öffentlichen Gutes. Hier liegt zwar eine Rivalität im Konsum vor. Wird in einem Natursee etwa ein Fisch gefangen, steht er anderen nicht mehr zur Verfügung. Allerdings gibt es keinen individuellen Eigentümer, der die Verwertungsrechte und damit einen Anspruch auf ein Entgelt hätte. Die Fische befinden sich im Kollektiveigentum. Wie bei einem reinen öffentlichen Gut findet hier kein Nutzungsausschluss über den Preis statt. Die Versorgung wird dabei aber von der Natur zunächst einmal sichergestellt, sodass der Staat nicht als Anbieter einspringen muss.

Aufgrund negativer externer Effekte ist der Staat dennoch als Korrektiv gefordert. Die Verfügungskonkurrenz bei gleichzeitiger kostenlosen Nutzungsmöglichkeit führt zu einer *Übernutzung*, im Beispiel zu einer Überfischung. Der Fischbestand hat keine Möglichkeit, sich zu regenerieren, da der einzelne Nutzer die Folgen für die anderen in Form der reduzierten Verfügbarkeit nicht berücksichtigt. Die Problematik ist nach dem US-amerikanischen Mikrobiologen Garrett Hardin (1915–2003) 1968 als die *„Tragik der Allmende"* in die Literatur eingegangen. Sie beschreibt den Raubbau an der Natur, der aus nicht durch Preise gebremsten Ausbeutung resultiert und zu einer allmählichen Erschöpfung der Angebotskapazitäten führt. Erneut erweist sich das individuell rationale Verhalten nicht im Interesse des Kollektivs. Allmendegut-Charakter haben grundsätzlich die saubere Umwelt, Rohstoffe und Wildtiere. Auch eine kostenlos zur Verfügung gestellte Straße kann die erforderlichen Eigenschaften aufweisen, nämlich dann, wenn sie stark frequentiert wird. Jeder weitere Nutzer schränkt aufgrund der dann einsetzenden Verfügungskonkurrenz die reibungslose Nutzungsmöglichkeit durch die anderen ein.

Bei einem *Club-Gut* handelt es sich ebenfalls um ein „unreines öffentliches Gut". Die von dem US-amerikanischen Ökonomen und Nobelpreisträger James Buchanan (1919–2013) propagierte Theorie der Clubgüter distanzierte sich von der Vorstellung, für Güter gebe es entweder, wie beim Individualgut, nur Individuen oder ansonsten die breite Öffentlichkeit als Nutzer. Beim Club-Gut liegt zumindest bis zum Erreichen einer Auslastungsgrenze eine Nicht-Rivalität im Konsum vor. Da sich das Interesse an der Bereitstellung des Gutes aber auf eine kleine Gruppe konzentriert, fehlt die Eigenschaft der *Nicht-Exklusion* über den Preis. Solange zum Beispiel ein Yachthafen noch freie Liegeplätze aufweist, liegt Nichtrivalität vor, weil ein weiteres Boot die Anlegemöglichkeiten anderer nicht einschränkt. Sollte ein privatwirtschaftliches Angebot ausbleiben, könnte die daran interessierte Gruppe sich in einem Club zusammenschließen, den Bau und den Betrieb anschließend *selbst organisieren* und den Hafen über Liegeplatzgebühren als Clubbeitrag refinanzieren. Der Staat wäre dabei nicht gefordert. Im Unterschied zum reinen öffentlichen Gut lässt sich hier der Kreis der tatsächlichen Nutzer eindeutig und mit wenig Aufwand identifizieren. In Verbindung mit der regionalen Konzentration der Nutzer in einer kleinen Gruppe erweist sich das Abrechnen als einfach. Die Eigenschaft der Nichtzurückweisbarkeit findet hier keine Anwendung, da die Clubmitgliedschaft freiwillig ist. Ein Problem bei der Bereitstellung des Gutes könnte allenfalls dann eintreten, wenn die „kritische Masse" zu einer Kostendeckung bei akzeptablen Beiträgen nicht erreicht wird. Das Angebot bleibt dann aber deshalb aus, weil die Betroffenen die Kosten höher als den Nutzen einschätzen und deshalb aus freien Stücken auf die Bereitstellung verzichten. Eine Eingriffsnotwendigkeit durch den Staat ergibt sich insofern nicht.

Die Differenzierung zeigt, dass die Aufgaben des Staates, je nachdem um welche Güterart es sich handelt, unterschiedlich ausfallen. Dabei lässt sich ein Gut oftmals alles andere als trennscharf zuordnen. Güter weisen dabei häufig verschiedene Grade mit Blick auf die beiden zentralen Kriterien auf. Solange etwa ein See mit großem Fischbestand noch nicht befischt wurde, liegt beim Angeln zunächst mehr oder weniger Nichtrivalität vor. Solange eine Autobahn schwach frequentiert wird, liegt ebenfalls keine ernsthafte Rivalität vor, wenn weitere Fahrer die Straße nutzen wollen. Infolgedessen kann die *Einordnung* von Gütern in die Kategorie öffentlicher Güter häufig *nicht universell gültig* erfolgen, zumal dabei auch technologische Änderungen einen Einfluss haben. So ist die öffentliche Infrastruktur nicht per se ein reines öffentliches Gut. Ähnlich wie in Frankreich könnte beispielsweise die Autobahnnutzung als privatwirtschaftliches Gut organisiert werden. Beschrankte Mautstationen sorgen dort dafür, dass nur diejenigen auf der Autobahn fahren dürfen, die dafür auch bezahlen. Mit vergleichsweise wenig Aufwand könnte eine solche technische Lösung auch in wenig besiedelten Regionen Deutschlands eingeführt werden. In Ballungszentren hingegen wäre ein beschrankter Zugang zwar auch technisch machbar, allerdings wären die gesellschaftlichen Folgekosten in Form der sich an den Schranken bildenden Staus in einer Kosten-Nutzen-Betrachtung unverhältnismäßig hoch. Aus diesem Grund wird in den französischen Ballungszentren, wie etwa in und um Paris, auch darauf verzichtet. Dabei kann sich die Einstufung von Autobahnen in Metropolregionen als öffentliches Gut auch ändern. Mit der Möglichkeit der satellitengesteuerten Erfassung der Verkehrsflüsse, wie beim deutschen Toll-Collect-System zur Erhebung einer LKW-Maut, wird eine Bepreisung der PKW-Autobahnnutzung, auch ohne Staus zu provozieren, technisch möglich.

Die Einstufung als öffentliches Gut kann theoretisch auch wegfallen, wenn es bei der Bereitstellung Kapazitätsgrenzen gibt und die drohende Versorgungslücke durch eine Clubgründung beseitigt wird. Wird beispielsweise bei der Polizei Personal im Übermaß abgebaut, kann keine umfassende innere Sicherheit mehr gewährleistet werden. Es resultieren ungeschützte Inseln, in denen sich ein Betätigungsfeld für privatwirtschaftliche oder selbstorganisierte Sicherheitsdienste eröffnet. Dazu müssten sich nur regional konzentriert Interessierte zu einem Club zusammenschließen und die Finanzierung über Beiträge sicherstellen. Problematisch wäre dabei aber die hoheitlich nicht legitimierte Machtdelegation an Private und möglicherweise sogar Ungeschulte.

Ronald Coase (1910–2013) hat ergänzend im Rahmen *der Neuen Institutionenökonomik* gezeigt, dass durch staatliche Zuweisung von Property Rights (Verfügungsrechten zum Erwerb, der Nutzung und Veräußerung sowie über Erträge) aus einem öffentlichen Gut ein privatwirtschaftlich zu vermarktendes Gut werden kann (vgl. Schmidt 2005b, S. 126 ff.). Durch den Staat veränderte institutionelle Rahmenbedingungen könnten dann die unabdingbare Notwendigkeit eines staatlichen Angebotes aufheben. Interessanterweise behauptete Coase, das für das klassische Leuchtturmbeispiel nachgewiesen zu haben. Denn tatsächlich wären Leuchttürme in Großbritannien bis Mitte des 19. Jahrhunderts auf Initiative von privaten Anbietern errichtet und betrieben worden. Der britische Staat hatte dabei das Recht zur Errichtung von Leuchttürmen, das Recht zur Vermarktung und das Weiterveräußerungsrecht an private Investoren erteilt. Das Nutzungsentgelt wurde dabei mithilfe einer Gebührenordnung in den Häfen eingetrieben. Die Gebühr richtet sich danach, welche Leuchttürme die Schiffe seit Verlassen des letzten Hafens passiert hatten. Allerdings sind die empirischen

Erkenntnisse von Coase umstritten. Eine von ihm allerdings bestrittene Überprüfung ergab, dass der Leuchtturmbetrieb damals keinesfalls rein privatwirtschaftlich, sondern eher in einer Mischung aus privater und staatlicher Bereitstellung organisiert und dass das Angebot keinesfalls an den eigentlichen Interessen der Gesellschaft ausgerichtet war (vgl. Lindberg 2009 in: Keynes 2009).

2.3.3.3.2 Ökonomische Theorie meritorischer Güter

Meritorische Güter unterscheiden sich grundlegend von öffentlichen Gütern. Ein meritorisches Gut, wie die Schulbildung oder eine Sozialversicherung, dient dazu, ein *individuell zurechenbares Bedürfnis* zu befriedigen. Ein öffentliches Gut hingegen ist nicht teilbar und dient allen Gesellschaftsmitgliedern in gleichem Umfang zur Bedürfnisbefriedigung; es kann von allen gleichzeitig konsumiert werden. Während beispielsweise eine Unterrichtsstunde in der Schule nur den Individuen zugutekommt, die daran teilnehmen, profitieren alle gleichzeitig und zu jedem Zeitpunkt von der inneren Sicherheit, ohne sich gerade akut um dieses Gut bemüht zu haben. Aufgrund der individuellen Zuordnungsmöglichkeit kann der Einzelne von der Nutzung ausgeschlossen werden. Das Gut kann somit prinzipiell von privaten Anbietern vermarktet werden. Der einzelne würde seiner individuellen Wertschätzung entsprechend entscheiden, ob und in welchem Umfang er das Gut zum Marktpreis in Anspruch nehmen würde.

Die Besonderheit der meritorischen Güter besteht nun darin, dass ihnen von der Gesellschaft besonderen „*Meriten*", also Verdienste, zugeschrieben werden, die über die bei den konsumierenden Individuen zu verbuchenden Vorteile hinausgehen. Ihnen werden somit *positive externe Effekte* attestiert. Da die Zahlungsbereitschaft des Individuums aber nur die individuellen Vorteile berücksichtigt, kommt es bei einer reinen Marktlösung gemessen an der Vorteilhaftigkeit, die diese Güter aus gesellschaftliche Sicht unter Berücksichtigung der positiven Externalitäten haben, zu einer *Unterversorgung*. Infolgedessen ergänzt der Staat das privatwirtschaftliche Angebot oder ersetzt es komplett. Diese Aufgabe fällt ihm aufgrund der Vernachlässigung positiver Effekte zu.

Ein typisches meritorisches Gut ist *Bildung.* Die Arbeitsgruppe Alternative Wirtschaftspolitik beschäftigt sich diesbezüglich in ihren jährlichen Memoranden ausführlich mit dem Zusammenhang von Bildung und Ökonomie. Hier sind in den letzten Jahren so gut wie alle wichtigen Themen untersucht und aufgezeigt worden: von Milieuuntersuchungen, Strukturanalysen im Bildungssektor bis hin zu Finanzierungsfragen.

Bildung verursacht beim sich fortbildenden Menschen individuelle Vorteile. Daher sind Neoliberale auch der Auffassung, dass Bildung über eine Bepreisung mitausgesteuert und zumindest zum Teil privatisiert werden sollte. Siehe dazu die Debatte über Studiengebühren (vgl. Boll 2006, Barth 2005). Bildung ist nicht nur ein Ziel sui generis, sondern hat vor allem auch Instrumentalcharakter, da sich dadurch die zukünftigen Berufsaussichten verbessern. Angesichts der mit Bildung angestoßenen „*Humankapitalinvestition*" liegt hier eine grundsätzliche Zahlungsbereitschaft vor. Der Begriff „Humankapital" stammt dabei von dem US-amerikanischen Ökonomen und Nobelpreisträger Theodore W. Schultz (1902–1998), der als erster 1961 von „Investitionen in Humankapital" (in den Menschen) gesprochen hat. Er war sich anfangs nicht sicher, ob er den bis heute strittigen Begriff verwenden sollte, schließlich erinnerte er stark an die Erfahrung der USA mit dem System der Sklaverei, in dem die Sklavenhalter auch in Menschen „investiert" haben. Im Jahr 2004 wurde der Begriff „Humankapital" in Verbindung mit Hartz-IV von der Gesellschaft für deutsche Sprache (GfdS) als „Unwort des Jahres" bezeichnet.

Mit der Humankapitaltheorie versucht die Neoklassik auch die Schwächen innerhalb der *Grenzproduktivitätstheorie* im Hinblick auf eine hier realitätsfremd unterstellte Homogenität des Faktors Arbeit auszuräumen, um damit gleichzeitig unterschiedliche Lohnstrukturen bzw. Einkommensunterschiede zwischen abhängig Beschäftigten erklären und rechtfertigen zu können. Dazu bedient sich die Theorie des Investitionsgedankens. So wie Unternehmer in Sachkapital investieren, so würden abhängig Beschäftigte in ihr Arbeitsvermögen (Humankapital) investieren, um daraus auch eine möglichst maximale Rendite bzw. ein Einkommen zu erzielen.

Seit 1920 hat sich nach Berechnungen des Instituts für Arbeitsmarkt- und Berufsforschung in Nürnberg die Relation zwischen Sachkapital- und Humankapitalstock von 4,5 zu 1 auf 2,2 zu 1 im Jahr 1989 verringert (vgl. Buttler 1993, S. 467 ff.). Die Tendenz ist dabei bis heute weiter in Richtung Humankapital steigend.

Dennoch gibt es hier Widersprüche. So wurden in den privaten Unternehmen seit Anfang der 1990er-Jahre die Ausgaben für *Erstausbildung* und *Weiterbildung* aber auch für Forschung und Entwicklung nicht ausgeweitet, sondern eher gekürzt. Damit verbunden waren Entlassungen von hochqualifizierten Arbeitskräften. Auch der Staat hat sich in Sachen *Bildungsinvestitionen* kontraproduktiv zurückgehalten, wie internationale Vergleiche der Bildungsausgaben bezogen auf das jeweilige Bruttoinlandsprodukt überdeutlich machen (vgl. GEW 2006, Böckler 2007, Eicker-Wolf/Thöne 2010). Dies ist besonders deshalb zu kritisieren, da laut Humankapitaltheorie jeder abhängig Beschäftigte nur über einen gewissen Grundstock an Fertigkeiten verfügt, der ihm angeboren ist oder aber in der Kindheit und während der allgemeinen Schulpflichtzeit beigebracht wurde. Dieser Grundstock ist jedoch nicht fix, sondern er läßt sich vergrößern, wenn eine weitergehende Ausbildung durchlaufen wird. Denn während einer solchen Ausbildung, die schulischer oder beruflicher Art sein kann, werden neue Fertigkeiten und Wissensbestandteile vermittelt, die die *Produktivität* des betreffenden Beschäftigten erhöht. Die Summe aus Wissen und Fertigkeiten eines Beschäftigten wird als Humankapital bezeichnet. In Analogie zum Sachkapital wird also die Zeit sowie die Sachgüter, die für den Erwerb einer produktivitätserhöhenden Ausbildung aufgewendet werden, als Investition in Humankapital bezeichnet" (Becker 2000, S. 87).

So wie sich die Investition in Sachkapital rechnen muss, soll sich auch die Investition in Humankapital rechnen. Zur Feststellung bedient man sich dabei der *Kapitalwertmethode*:

$$K_0 = -I_0 + \sum_{t=0}^{n}(E_t - A_t) \cdot \frac{1}{(1 + i)^t}$$

mit K = Kapitalwert, I = Bildungsinvestition, i = Abzinsungsfaktor, $(E_t - A_t)$ = Einnahmenüberschuss der Bildungsinvestition in Periode t wenn $E_t > A_t$, $\frac{1}{(1+i)^t}$ = Abzinsungsfaktor der Periode t, t = Periodenindex.

Hierbei werden sämtliche Erträge E_t aus einer Bildungsinvestition I nach Abzug aller Ausgaben A_t auf einen einheitlichen Bezugspunkt (t) mithilfe eines Abzinsungsfaktors abgezinst (diskontiert), wobei sich der Abzinsungsfaktor aus dem verwendeten Kalkulationszinsfuß ableitet, der die erreichbare Rendite bei alternativen Investitionen widerspiegelt. Anders formuliert: „Aus Sicht eines Beschäftigten, der vor der Entscheidung steht, in seine weitere Ausbildung am Ende der allgemeinen Schulpflicht zu investieren, ist eine zusätzliche Investition dann lohnend, wenn die abgezinsten Kosten des Erwerbs einer weiteren Einheit an Humankapital niedriger oder gleich den abgezinsten zukünftigen Rückflüssen aus dieser zusätzlichen Investition sind. Er wird also so lange in den Erwerb von zusätzlichem Humankapital investieren, bis sich die Grenzerträge und Grenzkosten ausgleichen (Becker 2000, S. 87).

> **„Meister haben lange die Nase vorn**
>
> Akademiker holen beim Gehalt erst spät auf
>
> Meister und Techniker liegen beim Gesamteinkommen die meiste Zeit ihres Lebens vorn. Erst mit Anfang 60 werden sie von den Akademikern überholt, die dann durchschnittlich ein höheres Lebenseinkommen haben. Das geht aus einer Untersuchung des Tübinger Instituts für Angewandte Wirtschaftsforschung (IAM) hervor, die der Baden-Württembergische Industrie- und Handelskammertag (BWIHK) am Donnerstag in Stuttgart vorstellte.
>
> Für die Studie untersuchten die Wissenschaftler des IAW das Lebenseinkommen von 12.453 Personen der Jahrgänge 1948 bis 1986, also das Geld, das sie bis zu einem bestimmten Alter insgesamt verdient hatten. Die Wissenschaftler hatten Zugriff auf die anonymisierten Sozialversicherungsmeldungen der Untersuchten und konnten daher exakt berechnen, wie viel Menschen mit einer bestimmten Bildungsbiografie zu einem bestimmten Zeitpunkt verdienten.
>
> Ein Studium hat sich demnach in der Vergangenheit erst mit Mitte 30 finanziell gelohnt: Bis zu einem Alter von 35 hatten Akademiker weniger Lebenseinkommen angesammelt als Menschen mit Ausbildung. Sie hätten in der Phase die Nase vorn, in der Hausbau und Familiengründung wichtig seien, sagte BWIHK-Präsident Wolfgang Grenke. Mit 35 hatten Menschen mit Ausbildung und Studium um die 260.000 Euro verdient, Meister und Techniker kamen zu dem Zeitpunkt schon auf rund 355.000 Euro.
>
> Beließen es Menschen bei einer Ausbildung und machten keine Weiterbildung, fielen sie laut der Studie aber im Laufe des Arbeitslebens zurück und verdienten insgesamt rund ein Drittel weniger als Akademiker sowie Techniker und Meister. Mit 65 hatten Menschen nur mit Ausbildung insgesamt rund 962.000 Euro, Meister und Techniker rund 1,41 Millionen Euro und Akademiker rund 1,45 Millionen Euro brutto verdient.

> Die Studie unterscheidet nicht nach einzelnen Berufen, außerdem sind etwa auch Personen ein-
> gerechnet, die zwar einen Abschluss erwarben, dann aber arbeitslos wurden oder aus anderen
> Gründen lange nicht arbeiteten. Die absoluten Zahlen sind laut dem Studienautor Tobias Brändle
> vom IAW daher weniger aussagekräftig als ihr Verhältnis zueinander. Laut der Studie hatten Per-
> sonen, die erst eine Ausbildung machten und dann noch ein Studium draufsetzten, am Ende fast
> genauso viel Lebenseinkommen angesammelt wie diejenigen, die direkt studierten.
>
> Personen ohne Abschluss verdienten demnach am Ende des Arbeitslebens rund 822.000 Euro und
> damit knapp 15 Prozent weniger als Menschen mit Ausbildung. In der Kategorie „ohne Abschluss"
> fallen auch etwa Studienabbrecher, die tendenziell einen guten Bildungshintergrund haben. Un-
> gelernte konnten laut der Studie früher vor allem in der Industrie noch gut verdienen. Tendenziell
> lohne sich eine Ausbildung heute mehr als früher, sagte Brändle vom IAW." (Frankfurter Rundschau
> 2020, S. 13.)

Die Problematik von Bildungsberechnungen liegt allerdings in der Schwierigkeit einer
exakten Bestimmung der Erträge (Nutzen) und Ausgaben für eine Bildungsinvestition
über einen in der Regel längeren Zeitraum, der bezogen auf einen Beschäftigten seine gesamte Lebensarbeitszeit umfasst und beeinflusst. Außerdem müssten bei einem
Vergleich sämtliche alternative Bildungsinvestitionen ebenfalls in Geld bzw. Preise bewertet und auf den Gegenwartswert diskontiert werden. Bei den Ausgaben sind
Opportunitätskosten in Form entgangener Einkommen während der Ausbildungszeit
auch zwischen unterschiedlichen Bildungsinvestitionen z. B. in eine Hochschul- oder
Berufsausbildung im dualen System zu berücksichtigen und bei den Erträgen ist es
u. a. im Hinblick auf die Einkommensentwicklung schwierig, kausale Beziehungen
zwischen Einkommen und einem realisierten Bildungsgrad nach der Ausbildung abzuleiten, da Einkommensdifferentiale z. B. nicht nur durch Bildungsdifferentiale, sondern auch durch veränderte Arbeitsmarktsituationen (konjunkturell und/oder strukturell) begründet sein können (vgl. Bontrup 2001, S. 277 ff.). In die Ermittlung des Ka-
pitalwerts gehen somit individuelle Erwartungen ein, wobei dann unter alternativen
Bildungsinvestitionen die Investition zu wählen ist, die den höchsten Kapitalwert aufweist.

2.3.3.3.3 Wirtschaftspolitische Schlussfolgerungen

Die Theorie öffentlicher und meritorischer Güter versucht – in der Regel unter restriktiver Auslegung –, die Bedingungen zu identifizieren, wann der Markt gestützt auf
privatwirtschaftliche Unternehmen zu einer Unterversorgung neigt und das Angebot
durch den Staat ergänzt oder eventuell sogar vollständig erbracht werden müsste.

Die ökonomische Notwendigkeit ergibt sich mit Blick auf öffentliche Güter umso
eher, je stärker die Grade der *Nichtexklusivität* und der *Nichtausschließbarkeit* bei einem Gut ausgeprägt sind. Mit Blick auf meritorische Güter ist hingegen entscheidend,
in welchem Umfang *positive externe Effekte* durch den Markt vernachlässigt werden.

Die Ausführungen verdeutlichen aber, dass – im theoretischen Sinne – reine öffentliche Güter nur in vergleichsweise seltenen Fällen vorkommen und dass sie die-

se Einordnung aufgrund veränderter technologischer Rahmenbedingungen oder aber eines veränderten institutionellen Rahmens verlieren könnten. Insofern beschränkt sich die mit einer ansonsten ausbleibenden Güterbereitstellung begründete Notwendigkeit eines staatlichen Angebotes streng genommen auf Ausnahmefälle.

Dabei haben sich in den letzten Jahren Trends eingestellt, die den Umfang reiner öffentlicher Güter verringern. Hierzu zählt zum Beispiel die sattelitenbasierte Erfassung der Verkehrsströme, die prinzipiell das Erheben von Mauteinnahmen auch bei PKW-Nutzern auf Straßen ermöglicht und damit die unveränderte Zuordnung als öffentliches Gut obsolet macht. Auch durch veränderte institutionelle Rahmenbedingungen mit einer Neugestaltung von Property Rights können ehemals öffentliche Güter zu Clubgütern gemacht werden.

Zum Teil reflektieren die Entwicklungen nur exogene technologische Trends, zum Teil sind sie aber auch bewusst angestoßen worden, um neoliberale ökonomische Argumente für ein Zurückdrängen der Staatstätigkeit zu haben. Unter dem Schlagwort des *„Ausbaus der Zivilgesellschaft"* werden öffentliche Güter zunehmend zu Clubgütern erklärt oder gemacht (vgl. Priddat 2008, S. 153). Dadurch ändert sich „das Verhältnis von Staat und Bürger: Was zunächst dem Staat als ‚Gratisproduktion' öffentlicher Güter auferlegt war, wird heute wieder an die Gesellschaft zurückgegeben: „produziert eure Kollektivgüter selber"" (Priddat 2008, S. 153). Die Bereitstellung öffentlicher Güter wird dabei verstärkt über *Public Private Partnership (PPP)* organisiert. Der Staat rückt in die Rolle des *„Gewährleistungsstaates"*, der nur noch dafür sorgt, dass ein Angebot der Güter zustande kommt. Das Bereitstellen selbst wird aber der Privatwirtschaft überlassen, der zuvor das *Verfügungsrecht über Erträge zugestanden* wurde und sich dabei über *Nutzungsgebühren* oder Zuwendungen aus dem Staatshaushalt finanziert.

Zum Beispiel ist im Jahr 2003 im Paket von Agenda 2010 die vermittlungsorientierte *Arbeitnehmerüberlassung* (Leiharbeit) durch Personalserviceagenturen rechtlich zugelassen worden. Die privatwirtschaftlichen Unternehmen sollen nach Zulassung durch die Bundesagentur für Arbeit Arbeitslose einstellen, diese an Unternehmen verleihen, um sie hinterher in eine feste Anstellung zu bringen. Die ehemals hoheitliche Aufgabe der Stellenvermittlung wurde damit zum Teil outgesourced.

Dabei ist die insgeheime Hoffnung in diesen Prozessen, dass die Aufgaben von profitgetriebenen „Profis" besser gelöst werden als von öffentlich Beschäftigten in einer *schwerfälligen Bürokratie*. Nur der Privatwirtschaft wird in diesem Denken zugetraut, das Angebot effizient zur Verfügung zu stellen. Dadurch ließen sich gesamtgesellschaftlich Ressourcen und Kosten einsparen sowie eine höhere Erfolgsquote der Arbeitsvermittlung garantieren.

Zur Umgehung der grundgesetzlichen Schuldenbremse werden zudem *ÖÖP (Öffentlich-öffentliche Partnerschaften)* gegründet (vgl. Kap. 7.2.7.7). Die Bereitstellung der öffentlichen Güter erfolgt hier materiell zwar durch den Staat aber in privatgesellschaftsrechtlicher Form beispielsweise durch Gründung einer GmbH.

Allerdings entstehen sowohl bei PPP als auch bei ÖÖP dadurch erstens, ein typisches *Prinzipal-Agenten-Problem*. Private Anbieter verfolgen vorrangig ihre eigenen Gewinninteressen, die sich gerade nicht automatisch mit den Interessen der Gesellschaft decken. Zur gemeinwohlorientierten Lenkung bedarf es einer *Regulierung* und einer starken *staatlichen Aufsicht*. Sofern dann aber Fehlentwicklungen gegenüber der Aufsicht kaschiert werden oder nicht klar erkennbar ist, ob sie durch PPP zu verantworten sind oder eher durch ungünstige Umstände, garantiert das allein noch keine Erfüllung der Aufgaben im Sinne der Gesellschaft.

Hinzu kommt zweitens, dass PPP und bei ÖÖP nicht nur ihre im besten Fall gegenüber einem Staatsangebot geringeren Kosten über den Angebotspreis oder die staatlichen Zuwendungen abdecken wollen, sondern – ganz anders als ein gemeinnütziger Staat – darüber hinaus eine *Gewinnkomponente* beanspruchen.

Drittens ist es denkbar, dass private Anbieter mit dem finanzielle Schultern erforderlicher Investitionen zur Gewährleistung des Betriebs *überfordert* sind. Der Staat hingegen hätte hier angesichts seiner Steuerhoheit kein Problem.

Jenseits der rein ökonomischen Betrachtung und der Problematik einer Aufgabendelegation liegt aber die übergeordnete politische Entscheidung, manche Güter selbst dann als öffentliches Gut zu behandeln, obwohl sie nicht dessen strikte theoretische Eigenschaften besitzen (vgl. Arnswald 2012). Denn die Tatsache allein, dass theoretisch Güter auch privatwirtschaftlich angeboten werden könnten, ist noch kein hinreichender Grund, das auch zwingend so zu praktizieren. Hierüber befindet die Gesellschaft in einem demokratischen Prozess. Es gilt das *Primat der Politik* über die Wirtschaft. Was bei einer *„Repolitisierung des Konzepts öffentlicher Güter"* zählt ist die „Übereinkunft der Bürger. [...] Dadurch werden tatsächlich alle Güter zu potenziell öffentlichen Gütern [...]" (Arnswald 2012, S. 294 und 290). Für die Entscheidung gegen ein grundsätzlich mögliches privatwirtschaftliches Angebot und für ein staatliches oder zumindest in staatlicher Regie organisiertes Angebot kann es eine Vielzahl von – auch *außerökonomischen* – *Gründen* geben. Das öffentliche Angebot ist dann jenseits ökonomischer Erwägungen *„politisch gewollt"*. Zu den Gründen zählen zum Beispiel:

- *Hoheitliche Aufgaben* – wie die des Polizeidienstes – sind mit der Delegation von Macht und notfalls sogar von Gewalt verbunden. Eine solche Delegation muss in einer demokratischen Gesellschaftsordnung legitimiert sein und darf nicht unter dem Diktat wirtschaftlicher Zwänge stehen. Der Staat als Anbieter dieser Leistungen ist der einzige Akteur, der dies gewährleisten kann.
- Manche Güter haben den Charakter eines *Basisgutes* und gelten universell als unverzichtbar. Misstraut man dem Markt auch nur geringfügig, so will man sich selbst dann nicht diesem Risiko aussetzen, wenn ein privatwirtschaftliches Angebot zustande kommen könnte. Das betrifft in Deutschland beispielsweise die Trinkwasserversorgung. Allen Privatisierungsbestrebungen zum Trotz werden hier Wirtschaftlichkeitsüberlegungen zur Wahrung der Qualität bislang eine Absage erteilt. Dennoch kommt es weltweit immer mehr zu einer Privatisierung des Wassers (vgl. Stadler/Hoering 2003).

- Da bei meritorischen Gütern positive externe Effekte vorliegen, kommt es zu einem *Unterangebot* gemessen an den gesellschaftlichen Präferenzen. Hier bedarf es zwangsläufig einer Ergänzung des Angebotes durch den Staat.
- Die Bereitstellung öffentlicher Güter kann eine Reaktion auf *Marktversagen* an anderer Stelle sein, wie zum Beispiel die staatlichen Rettungsschirme für Länder im Anschluss an die Finanzmarktkrise 2008.
- *Sozialpolitische Erwägungen* sprechen dafür, niemanden von der Nutzung eines Gutes auszuschließen, und zwar auch nicht durch einen Preis.
- Nur dem Staat wird zugetraut, über eine ausreichende *Finanzkraft* zu verfügen, um Großinvestitionen zu bewältigen.

Mit Blick auf Allmendegüter hat der Staat hingegen andere Aufgaben zu erfüllen. Hier gilt es die Tragik der Allmende zu überwinden und durch eine entsprechende Gestaltung von Property Rights eine sich als Folge negativer externer Effekte einstellende Übernutzung zu verhindern. Verbote, Nutzungskontingente, veränderte Rechte der Verwertung mit der Möglichkeit einer nutzungsbeschränkenden Bepreisung wären hier adäquate Ansätze. Nach Erkenntnissen der US-amerikanischen Ökonomin, Politologin und Nobelpreisträgerin Elinor Ostrom (1933–2012) sind dabei institutionalisierte, von den unmittelbar vor Ort betroffenen getragene kollektive Lösungsansätze deutlich besser geeignet als Lösungen mit einem privatwirtschaftlichen oder einem staatlichen Anbieter (Arnswald 2012, S. 281).

2.3.3.4 Informationsmängel und Irrationalitäten

Die analytischen Befunde, aus denen heraus die positive Bewertung marktwirtschaftlicher Systeme im Ideal der vollkommenen Konkurrenz gefolgert wurde, basieren auf der unzutreffenden Annahme, der Mensch verhielt sich wie ein *Homo oeconomicus*. Im Idealfall liegen dem Homo oeconomicus alle entscheidungsrelevanten *Informationen* vor, um sie im Vorfeld einer Entscheidung nüchtern und rational auszuwerten und daraus das Verhalten am Markt abzuleiten. Tatsächlich sind aber viele ökonomische Entscheidungen nur sowohl mit Blick auf die nötigen Informationen als auch mit Blick auf deren *Verarbeitung* mangelhaft fundiert. Vor diesem Hintergrund sind auch die Marktergebnisse nicht automatisch aus gesellschaftlicher Sicht optimal.

Bezogen auf Informationsmängel lassen sich zwei Formen unterscheiden (vgl. Fritsch/Wein/Ewers 2005, S. 211 ff):
- *Unkenntnis*: Zuweilen stehen wichtige Informationen nur nicht leicht zugänglich zur Verfügung oder die verfügbaren Informationen erweisen sich als unvollständig, falsch oder gar irreführend.
- *Unsicherheit*: Die zukünftigen Auswirkungen von heutigen Entscheidungen sind auch mit größtem Aufwand nicht exakt abzuschätzen, da sie vom Eintreten verschiedener, als möglich betrachteter Rahmenbedingungen abhängen.

2.3.3.4.1 Problematik der Informationsunkenntnis und wirtschaftspolitische Handlungsoptionen

Das Beschaffen und Verarbeiten von Informationen selbst verursacht Aufwand. Insofern verhält sich selbst ein rationaler Mensch nicht so, dass er nach vollkommener Information trachtet. Erstrebenswert ist allenfalls ein Grad an Informiertheit, bei dem sich der Grenzertrag und die Grenzkosten der Beschaffung und Auswertung von Informationen die Waage halten. Der Grenzertrag besteht im Nutzenzuwachs, der mit noch mehr Zeitaufwand für die Entscheidung möglich ist. Die Grenzkosten hingegen bestehen in der Nutzeneinbuße durch weniger Freizeit- bzw. Arbeitszeit, wenn man noch mehr Zeit zum Sammeln und zur Verarbeitung der Informationen aufbringt.

In der Praxis lassen sich diese Grenzerträge und Grenzkosten zwar nicht quantifizieren, gleichwohl orientieren wir uns intuitiv an dieser Regel. Schließlich wird man, wenn es um Entscheidungen von geringer Tragweite mit niedrigen Ausgaben geht, wie sie etwa der Kauf von Erdbeermarmelade für die meisten Menschen darstellt, weniger Zeit mit dem Entscheidungsprozess verbringen als bei kostspieligen Entscheidungen, wie etwa dem Kauf eines Autos oder gar eines Hauses. Niemand wird demnach alle verfügbaren Informationen über die Qualität der in Betracht gezogenen Erdbeermarmelade und die Qualität sowie die Preise alternativer Produkte sammeln und auswerten. Und das ist vernünftig. Erweist sich die Entscheidung im Nachhinein als falsch, ist der Schaden immerhin nicht allzu groß, zumal man beim nächsten Mal eine andere Marmelade kaufen kann. Beim Auto- oder Hauskauf hingegen wäre der Schaden ziemlich groß, wenn er sich im Nachhinein als Flop herausstellt. Insofern ist es sehr sinnvoll, sich hierüber intensiver sachkundig zu machen. Darüber hinaus dürften selbst beim Kauf teurer Güter das Geld bei Wohlhabenden „lockerer sitzen" als bei Ärmeren. Die Wohlhabenden haben schließlich nicht so viel zu verlieren, ihr Grenzschaden ist geringer. Des Weiteren dürften Menschen bei ein und derselben Sachentscheidung schneller entscheiden, je höher ihre Arbeitsbelastung ist. Die Grenzkosten im Entscheidungsprozess sind hier größer.

Die Überlegungen zeigen, dass Menschen durchaus bereit sind, mit einem bestimmten Grad an Uninformiertheit und fehlender Mühe im Auswertungsprozess zu leben. Von *„vollkommener Informiertheit"* bei Entscheidungen, wie im Modell der vollkommenen Konkurrenz, kann jedenfalls üblicherweise nicht ausgegangen werden.

Ein wichtiges Problem ist dabei die *Preisunkenntnis*. Das betrifft zum einen den Quervergleich über verschiedene Anbieter eines homogenen Gutes. Eigentlich dürfte es in einem vollkommenen Markt nach dem *Gesetz des einheitlichen Preises* nur einen bei allen Anbietern identischen Preis geben. Schließlich müssten Anbieter, die in diesem Umfeld einen höheren Preis als die Konkurrenten verlangen, von den Kunden geschnitten werden, damit auf der Ware sitzen bleiben und so zu einer Preissenkung auf das normale Niveau bewegt werden. Dazu muss den Nachfragern der Preisunterschied aber bewusst sein (und der Aufwand beim Kauf bei günstigeren Anbietern darf dann auch nicht unverhältnismäßig hoch sein). Oftmals ist das aber nicht der Fall. Zwar erleichtern in Zeiten des Internets Preisvergleichsportale die *Transparenz*. Allerdings gilt das auch nur, wenn man sich auf die Unabhängigkeit der Portale von den Anbietern verlassen kann. Auch kann bei grenzüberschreitenden Betrachtungen die Transparenz allein schon durch die Existenz von Wechselkursen beeinträchtigt sein.

Noch problematischer ist aber, dass Anbieter vielfach strategisch versuchen, eine ausreichende Preistransparenz zu unterbinden. Beispielsweise werden Handyverträge durch zahlreiche *Zusatzleistungen* bewusst so gestaltet, dass es den Verbrauchern schwerfällt, sie untereinander vergleichen zu können und sich für den für sie besten Anbieter entscheiden zu können. Die Anbieter werden dies sicherlich anders darstellen, nämlich mit dem Argument des individuellen Zuschnitts auf unterschiedliche Verbraucherwünsche. Das Ergebnis ist aber dasselbe: eine *geringe Preistransparenz*. Zum anderen kommt hinzu, dass der am Ende zu zahlende Preis manchmal nicht klar ist. Um den Kunden zu einem vermeintlichen Schnäppchenkauf zu bewegen oder im Vergleich mit der Konkurrenz besser dazustehen, wird hier mit einem Preis gelockt, der im Nachhinein – unter Berücksichtigen weiterer zunächst nicht ausgewiesener Preisbestandteile – noch deutlich aufgestockt wird.

Lange Zeit war es beispielsweise bei Flugpreisportalen üblich, die Flughafengebühren erst ganz am Ende des Buchungsvorgangs mit anzugeben. Die Hoffnung war wohl, dass die wenigsten, nachdem sie bis hierin alle Eingaben gemacht haben, vom finalen Vertragsschluss noch zurückziehen werden. Beliebt ist die *Nach-hinein-Methode* auch bei Anbietern von Fertighäusern, die zunächst mit einem relativ niedrigen Basispreis den potenziellen Kunden anlocken, um dann später durch weitgehend unvermeidbare Zusatzleistungen den Endpreis nach oben zu treiben.

Der Staat kann hier ansetzen und versuchen, durch gesetzliche Vorgaben die Preistransparenz im Sinne der gerade bei vielen Verträgen Letztverbraucher – in den meisten Fällen Laien – zu verbessern. Dies ist in Deutschland Ziel der *Preisangabenverordnung*. Sie regelt nicht nur bei der komplizierten Materie des Geldanlegens und Geldaufnehmens, dass Banken den Effektivzinssatz, der auch alle Nebengebühren abdeckt, ihrer Angebote angeben müssen. Darüber hinaus muss beispielsweise immer auch der Bruttopreis inklusive Mehrwertsteuer ausgewiesen werden. Überdies muss zur besseren Vergleichbarkeit unterschiedlich portionierter Produkte ein auf die jeweilige Grundeinheit (wie Liter oder 1.000 Gramm) hochgerechneter *Grundpreis* angegeben werden. Die im Zuge einer Deregulierung seitens der EU seit einigen Jahren eingeräumte Möglichkeit, Verpackungsgrößen individuell zu gestalten, damit von etablierten Einheitsstandard abzuweichen und dem angeblichen Wunsch der Verbraucher nach kleineren Mengen entgegenzukommen, läuft dem allerdings entgegen. Vereinzelt wurde dies auch zu versteckten Preiserhöhungen genutzt, indem in *Mogelpackungen* bei gleichem Packungspreis einfach weniger Inhalt verkauft wurde. Die Gefahr ist umso relevanter, als die eigentlich geforderte Grundpreisangabe häufig schlecht zu finden ist oder fehlt.

Ein weiteres Problem resultiert aus der *Nutzenunkenntnis*. Es tritt dann auf, wenn Nachfrager nur begrenzt in der Lage sind, den wahren Nutzen eines Gutes einzuschätzen. In dem Fall fehlt ihnen die in der vollkommenen Konkurrenz unterstellte *Mündigkeit* zu einer für sie richtigen Entscheidung. Dies dürfte angesichts einer starken Gegenwartsorientierung des Menschen umso eher zu erwarten sein, je mehr der Nutzen oder die Kosten einer Handlung erst in der Zukunft anfallen. Eine intensivere Auseinandersetzung mit dem Nutzen und den Kosten wird dann nach dem Motto „da kann ich mich immer noch drum kümmern", vor sich hergeschoben. Wenn eine intensive Beschäftigung mit der Thematik aber ausbleibt, werden gerade bei komplexeren Zusammenhängen in der Gegenwart auch nicht alle Vor- und Nachteile gleich bewusst. Später ärgert man sich dann und wirft sich selbst vor, „hätte ich das eher schon gewusst, hätte ich mich anders entschieden".

Typisch ist die Problematik insbesondere bei der Bildung, der Alters- und der Krankenversicherung. Hier besteht die Gefahr einer *Nutzenunterschätzung* und daher – gemessen *am individuellen Kalkül* – einer *Unterversorgung*. Während die Vorteile erst mit langer Verzögerung eintreten (Bildung und Altersvorsorge) bzw. als junger, gesunder Mensch unterschätzt werden (die Möglichkeit einer schweren Erkrankung bei einer Krankenversicherung), fällt der belastende Aufwand (Verzicht auf Einkommen aus weniger qualifizierter Tätigkeit oder Freizeit bei der Bildung bzw. Vorsorgerücklagen) sofort an. Bei der Bildung kommt hinzu, dass Kinder aufgrund ihres Entwicklungsstadiums noch viel weniger in der Lage sind, derart komplexe Entscheidungen richtig einschätzen zu können.

Denkbar ist aber auch das Problem der Nutzenüberschätzung bei *demeritorischen Gütern*. Während hier die gegenwartbezogenen Vorteile einer Entscheidung unmittelbar präsent sind, wird die Relevanz *zukünftiger Folgekosten* verdrängt. Hierzu zählt beispielsweise eine ungesunde Ernährung. Da Fette gute Geschmacksträger sind, erfreuen sich viele allzu gerne einer fettreichen Ernährung. Dem kurzfristigen Genuss stehen bei übertriebenem Konsum längerfristig gesundheitliche Einschränkungen gegenüber. Ähnlich sieht es aus beim Tabak-, Alkohol- und Drogenkonsum.

Ursachenadäquat im Zusammenhang mit einer Unter- bzw. Überversorgung des Marktes als Folge der Nutzenunkenntnis wären staatliche *Aufklärungskampagnen*. Sofern die dadurch angestrebte Bewusstseinsstärkung aus gesellschaftlicher Sicht immer noch als unzureichend empfunden wird, könnte der Staat auch zu steuerlichen *Incentives* bzw. *Disincentives* oder zu rigoroseren Maßnahmen greifen. Im Fall der Nutzenunterschätzung könnte eine steuerliche Förderung Anreize setzen, den Konsum auszuweiten, wie etwa bei der privat angesparten Riesterrente. Darüber hinaus könnte auch ein *Pflichtkonsum*, wie bei der Schulpflicht oder eine gesetzliche Sozialversicherungspflicht, verordnet werden. Mit Blick auf die Nutzenüberschätzung wären hingegen steuerlich Disincentives, wie die Tabaksteuer, oder gar *Konsumverbote* (wie etwa beim Drogenkonsum) möglich. Pflichtkonsum bzw. Konsumverbote wären allerdings scharfe Eingriffe, da sie die individuellen Freiheitsrechte stark beschneiden und unterstellen, der Bürger sei hier unfähig, um selbst das Beste für sich herauszufinden.

Marktversagen kann auch bei einer *Qualitätsunkenntnis* entstehen. Hierbei kann eine Vertragsseite die Qualität des zu handelnden Gutes nicht richtig einschätzen. Oftmals liegt dieses Defizit aufseiten des Verbrauchers. Als Gelegenheitskäufer fehlen ihm möglicherweise im Quervergleich verschiedener Produkte die geeigneten Kriterien für eine rationale Kaufentscheidung. Statt dann das billigste Produkt zu wählen, kann er den Preis als Qualitätsindikator ansehen und sich von der Vorstellung leiten lassen: „Wenn alle anderen bereit sind, so einen vergleichsweise hohen Preis für das Produkt zu bezahlen, muss es ja wohl über besondere Eigenschaften verfügen." Nur allzu gerne wird dieses Verhalten vom Anbieter mit dem Argument „Qualität hat halt ihren Preis" unterstützt. Möglicherweise lässt sich dann im Nachhinein gar nicht feststellen, ob das Produkt, verglichen mit den Konkurrenzerzeugnissen, wirklich außergewöhnlich gut ist. Oder eventuell redet man sich das im Nachhinein auch ein, um keine kognitive Dissonanz aufkommen zu lassen. Dann könnte selbst bei einem Neukauf die Entscheidung wieder für das hochpreisige Produkt sprechen. Der Anbieter profitiert so mit ungerechtfertigten Preisen von der Unkenntnis der Verbraucher.

Wirtschaftspolitisch kann der Staat hier durch rechtliche Vorgaben für eine verbesserte Qualitätstransparenz das Ausmaß des Marktversagens reduzieren. Dazu gehört zum Beispiel eine *Auszeichnungspflicht* zur regionalen Herkunft, zu den Inhaltsstoffen und bei Nahrungsmitteln zur Mindesthaltbarkeit, zu Güteklassen bis hin zur verpflichtenden Angabe von allergenen Bestandteilen. Oftmals ist dies aber bei unbedarften Verbrauchern allenfalls ein kleiner Beitrag zur verbesserten Qualitätseinschätzung. Staatliche Siegel wie das ab 2020 eingeführte „Tierwohllabel für Schweinefleisch" oder die diskutierte Einführung einer „Lebensmittelampel" als Pendant zu der bereits verwendeten Energieverbrauchskennzeichnung könnten den Entscheidungsprozess für den Verbraucher insofern erleichtern, als der Staat bzw. von ihm zertifizierte Institutionen eine Beurteilung hinsichtlich eines wichtigen Qualitätsmerkmals abnimmt. In der Umsetzung ist häufig problematisch, dass es mehrere Siegel nebeneinander gibt, die teilweise von der Branche selbst vergeben werden. Darüber hinaus sind die Anforderungen zu undifferenziert oder zu großzügig ausgelegt, sodass deren Erteilung letztlich von den eigentlichen Wünschen der Verbraucher abweichen.

Ergänzend kann der Staat das Entstehen *unabhängiger Testinstitutionen*, wie zum Beispiel bei der staatlich initiierten Gründung der „Stiftung Warentest" als gemeinnützige Verbraucherorganisation, durch steuerliche Vorzugsbehandlung begünstigen. Privatwirtschaftliche Vergleichsportale im Internet – wie etwa tripadvisor – können gestützt auf Erfahrungsberichte anderer Nutzer die Qualitätseinschätzung weiter verbessern, sind aber hinsichtlich der Unabhängigkeit, der Objektivität der Beurteiler sowie der Manipulationsgefahr entsprechend vorsichtig zu nutzen.

Eine Sonderproblematik tritt im Zusammenhang mit der Qualitätseinschätzung, dann ein, wenn *Informationsasymmetrien* vorliegen, bei der die eine Marktseite die Qualität besser als die andere beurteilen kann. Dabei besteht die Gefahr, dass das Marktsegment für gute Qualitäten ohne staatliche Eingriffe zusammenbricht.

Können die Anbieter die Qualität besser einschätzen als die Nachfrager, kann dies zu einer „*adversen Selektion*" führen. Da die Nachfrager nicht zur Beurteilung der Qualität in der Lage sind, orientieren sie möglicherweise ihre Zahlungsbereitschaft an ei-

ner Mischkalkulation. Will zum Beispiel ein unbedarfter Haushalt einen Gebrauchtwagen kaufen, so weiß er, dass es sich hier um ein typisches *Erfahrungsgut* handelt,
dessen Nutzen man erst nach längerer Zeit richtig einschätzen kann. Aus seinen bisherigen Käufen und aus seinem persönlichen Umfeld hat der Kunde nun erfahren, dass
angebotene Autos nur zu 50 Prozent den geforderten Preis wert sind, mit der Restwahr-
scheinlichkeit wäre aber ein Preisnachlass von 40 Prozent angebracht, weil es sich um
anfällige „Montagsautos" handelt. Das Kraftfahrzeug, für das sich der Kunde interessiert, wird nun für 10.000 EUR angeboten. Da der Kaufwillige zum Vertragsabschluss
nicht weiß, ob der Wagen wirklich so viel oder nur 6.000 EUR wert ist, geht er davon
aus, dass im wahrscheinlichkeitsgewichteten Durchschnitt das Auto einen Wert von
8.000 EUR hat. Wenn der Händler, der die Qualität des Autos als Profi genau einschätzen kann, jedoch ein einwandfreies Kraftfahrzeug anbietet, das wirklich die geforderten 10.000 EUR wert ist und im Einkauf auch entsprechend teuer war, wird der Vertrag
nicht zustande kommen. Handeln alle Kunden des Händlers ähnlich, wird er zwar irgendwann zähneknirschend nachgeben und das Auto zu den gebotenen 8.000 EUR
verkaufen. Daraus wird er zugleich aber den Schluss ziehen, nie wieder ein qualitativ
hochwertiges Auto anzubieten. Je mehr Händler nun ähnliche Erfahrungen sammeln,
umso mehr verschieben sich zukünftig die erfahrungsbasierten Wahrscheinlichkeiten in Richtung einer übermäßig hohen Forderung, umso schneller wird der Markt für
qualitativ hochwertige Gebrauchtwagen austrocknen. Im Zuge einer adversen Selektion, einer Negativauslese, verdrängen die schlechten die guten Qualitäten.

Dabei hilft es längerfristig auch nicht, wenn der ursprüngliche Händler von Vorherein in Antizipation der Mischkalkulation für den Wagen 12.500 EUR verlangt, um
dann ein Gebot in Höhe von 10.000 EUR zu erhalten. Die Käufer werden schließlich
im Laufe der Zeit die Erfahrung machen, dass der Angebotspreis im besten Fall einen
Abschlag von „nur" 20 Prozent, im schlechtesten Fall von 52 Prozent rechtfertigt, und
dann bei der Mischkalkulation doch wieder bei 8.000 EUR ankommen.

Können die Nachfrager die Qualität eines Vertragsgegenstandes besser einschätzen als die Anbieter, droht ebenfalls eine Negativauslese. Dies trifft insbesondere bei
Versicherungsverträgen zu. Hier besteht die Gefahr des *moral hazard*. Nach dem Abschluss zum Beispiel einer Hausratversicherung weiß ein Versicherungsnehmer, dass
entstehende Schäden etwa als Folge eines Einbruchs von der Versicherung übernommen werden. Unzuverlässige Kunden könnten dann den eigenen Aufwand zur Scha-
densvermeidung verringern. Die Versicherung antizipiert dies, kann aber die Zuverlässigkeit des einzelnen potenziellen Kunden nicht richtig einschätzen. Diese wäre aber
ein wichtiger Vertragsbestandteil, um die Prämie zu kalkulieren. Angenommen, für
sorgsame Kunden wäre eine Prämie von 400 EUR angemessen und bei leichtsinnigen
Versicherungsnehmern (den „Hasardeuren") 1.000 EUR. In Unkenntnis der „Qualität"
des Versicherten berechnet der Anbieter eine Mischkalkulation. Wenn erfahrungsgemäß die Gruppen der Sorglosen und der Sorgsamen gleich groß sind, wird die Versicherung $(0,5 \cdot 400 + 0,5 \cdot 1.000 =) 700$ EUR als Prämie ansetzen. Solide Kunden fühlen
sich gemessen an dem von ihnen besser einzuschätzenden individuellen Risiko durch

das Angebot übervorteilt und lehnen den Vertragsabschluss eher ab. Infolgedessen schließen vorrangig sorglose Kunden die Versicherung ab. Je mehr Kunden mit „guter Risikoqualität" ausgeschlossen bleiben, umso größer wird nachfolgend die in der Mischkalkulation anzusetzende Wahrscheinlichkeit, einen unsoliden Kunden zu versichern, umso mehr bewegt sich die Prämienforderung in Richtung von 1.000 EUR. Am Ende finden die Zuverlässigen keine ihrem Risikoprofil angemessene Versicherung mehr.

Bei Vorliegen asymmetrischer Informationen können die Marktakteure selbst versuchen, das Marktversagen, das entsteht, wenn ein Marktsegment zusammenbricht, zu verhindern. Dabei geht es darum, eine Informationsasymmetrie mithilfe von Screening und Signaling zu verhindern. Beim *Screening* versucht die schlecht informierte Seite, ihren Informationsnachteil abzubauen, indem sie möglichst verbindliche Selbstauskünfte verlangt oder die Begutachtung der Qualität an spezialisierte Dritte delegiert. Beim Autokauf könnte beispielsweise der TÜV als professionelle unabhängige Prüfinstanz das Auto vorab begutachten. Bei Abschluss der Hausratversicherung wäre eine Befragung, ob und wie oft bereits in der Vergangenheit Einbrüche beim Antragsteller stattfanden, ein Indiz zum Grad der Zuverlässigkeit.

Beim *Signaling* geht es darum, fehlende Qualitätsinformationen vom gut auf den schlecht Informierten zu übertragen. Denkbar sind verschiedene Maßnahmen:
-   Rückgriff auf *Reputationsdaten* zur bisherigen Qualität: Beim Autokauf könnte der Händler beispielsweise über die eigene Homepage oder besser noch über die Homepage eines Händlerportals seine bisherigen Kunden zu einer nachträglichen Bewertung auffordern und die Ergebnisse zukünftigen Käufern publik machen. Eine Versicherung könnte, sofern ein Kunde bei ihr weitere Verträge abgeschlossen hat, von der Solidität in diesen Verträgen auf das zukünftige Verhalten schließen. Zuweilen werden auch Beamtenrabatte vergeben, wobei alleine der Nachweis des Beamtenstatus als Indikator für eine hohe Reputation dient.
-   Gewähren einer *Garantie*: Der besser informierte Anbieter könnte eine Garantie einräumen, die bei sachgemäßer Verwendung greift. Das Risiko des Käufers, eine schlechte Qualität zu erwerben fällt, und seine Zahlungsbereitschaft steigt.
-   Abschluss eines *Selbstbehaltes*: Der Nachfrager einer Versicherung könnte einer Mitbeteiligung an später eintretenden Schäden zustimmen, um so seine Bereitschaft zu einem sorgsamen Verhalten zu signalisieren und im Gegenzug günstigere Prämien zu bekommen.

In Ergänzung wären auch *Anreize* seitens der schlecht informierten Seite möglich, sich qualitätskonform zu verhalten. Dem Versicherungsnehmer könnten beispielsweise als Belohnung für das Nichteintreten eines Schadensfalls zukünftige Rabatte oder Teilbeitragsrückerstattungen in Aussicht gestellt werden. Der Käufer eines Kraftfahrzeugs könnte mit dem Versprechen gelockt werden, auch zukünftig nur bei ihm Gebrauchtwagen zu kaufen, sofern man nicht enttäuscht wird.

Die skizzierten Maßnahmen sind – je nach Einzelfall – unterschiedlich gut geeignet, Informationsasymmetrien zu verringern. Eine großzügige, uneingeschränkte Gebrauchtwagengarantie wirkt sicherlich besser als die Garantie eines Arztes, bei einer bevorstehenden Operation im Rahmen des Möglichen keine Fehler zu machen. Falls er doch einen Fehler macht, könnte er irreparable Schäden verursachen, sodass die Garantie wertlos wäre. Auch könnte es angesichts des Vorbehalts „im Rahmen des Möglichen" schwerfallen, den Fehler eindeutig dem Arzt zuzuordnen.

Der Staat kann ebenfalls zum Abbau der Asymmetrie beitragen und die erwähnten Maßnahmen schärfen:

– Er könnte durch gesetzliche Vorgaben *Transparenzverpflichtungen* verordnen. Einem KFZ-Händler beispielsweise könnte auferlegt werden, das Auto vorab in einer möglichst unabhängigen Werkstatt eingehend testen zu lassen und die Ergebnisse des Tests vor dem Kauf den Kunden zur Verfügung zu stellen. Einem Versicherungsnehmer könnte unter Androhung von Strafe auferlegt werden, bestimmte Pflichtangaben wahrheitsgemäß abgeben zu müssen.

– Überdies könnte der Staat die Möglichkeit einer freiwilligen Garantieerklärung durch einen Zwang zu einer gesetzlichen *Mindestgewährleistung* ergänzen. Beim normalen Verbrauchsgüterkauf sieht beispielsweise das EU-Recht vor, dass eine Verjährungsfrist die Dauer von zwei Jahren nicht unterschreiten darf und innerhalb des ersten halben Jahres der Verkäufer den Nachweis erbringen muss, dass ein Schaden weder auf unsachgemäße Handhabung noch auf ein fehlerhaftes Produkt zurückzuführen ist. Bei gebrauchten Produkten läuft die Verjährungsfrist nach einem Jahr ab, sofern das Produkt von einem gewerblichen Anbieter verkauft wird. Das gilt auch bei einem Gebrauchtwagenkauf. Hier kann die Gewährleistung nur ausgeschlossen werden, wenn das Fahrzeug aus privater Hand veräußert wird.

– Der Staat kann auch einen Beitrag zur Stärkung der Reputationswirkung bei Anbietern leisten, indem er eine gesetzliche *Zulassungsbeschränkung* erlässt. Die Zulassung würde dann eine staatlich geprüfte Qualität signalisieren.

– Mit Blick auf die Versicherungsproblematik wäre die Verordnung einer Pflichtversicherung denkbar, aus der sich die guten Risiken selbst dann nicht entziehen können, wenn ihnen die geforderten Prämien als unangemessen hoch erscheinen. Um dann die Problematik von Quersubventionierungen der schlechten durch die guten Risiken zu begrenzen, könnte mit einer Kombination aus Selbstbehalt und Schadensfreiheitsrabatten gearbeitet werden.

2.3.3.4.2 Problematik von Risiko und Unsicherheit

Bei vielen ökonomischen Entscheidungen sind die Folgen selbst bei größtem Aufwand in der Informationsbeschaffung und -verarbeitung nicht absehbar. Das betrifft insbesondere Entscheidungen, deren wirtschaftliche Effekte über einem langen Zeitraum hinweg eintreten werden und die von der Entwicklung zahlreicher, nicht zu kontrollierender Rahmenbedingungen, auch *Umweltzustände* genannt, abhängen. Üblicherweise zählen hierzu langfristige Unternehmensinvestitionen oder Kapitalanlagen und die Kreditvergabe. Derartige Aktivitäten sind unvermeidbar mit Risiken bzw. Unsicherheit verbunden. Die Entscheidungstheorie liefert hierbei zwar eine Reihe von Verfahren, wie mit diesen Situationen systematisch umzugehen ist, ohne aber die Risiken und Unsicherheiten endgültig beseitigen zu können. Differenziert wird dabei zwischen Entscheidungen unter Risiko und Entscheidungen unter Unsicherheit. Werden *Entscheidungen unter Risiko* getroffen, sind die zukünftig ergebnisbeeinflussenden Umweltzustände und ihre jeweiligen Eintrittswahrscheinlichkeiten kalkulierbar oder zumindest abschätzbar; werden sie hingegen unter *Unsicherheit* durchgeführt, sind die Eintrittswahrscheinlichkeiten nicht zu quantifizieren.

Bei Entscheidungen unter Risiko ist für risikoneutrale Akteure die *Bayes-Regel* prominent. Sie empfiehlt Menschen, die sich ausschließlich am Ertrag ihres Handelns orientieren und das Risiko dabei ignorieren wollen, sich *am Erwartungswert* zu orientieren, bei dem in der Zusammenführung zu einer Entscheidungskennziffer die Eintrittsmöglichkeiten mit ihren jeweiligen Wahrscheinlichkeiten gewichtet werden. Wenn dabei der erwartete Gewinn (oder Nettonutzen) aus einer Entscheidung positiv ausfällt, kann immerhin damit gerechnet werden, dass man zumindest bei einer häufigen Wiederholung derselben Entscheidung mehr Gewinne als Verluste erzielt, dass man mithin wenigstens „im Durschnitt" richtigliegen wird. Gilt es, zwischen mehreren Alternativen auszuwählen, ist die mit dem höchsten Erwartungswert vorzuziehen.

Risikoaverse Akteure berücksichtigen hingegen beim Anwenden der *My-Sigma-Regel* (µ-σ) nicht nur den Erwartungswert, sondern auch das über die Standardabweichung des Gewinns ermittelte Risiko. Unter Umständen versuchen sie dabei vorab, durch Diversifikation die effizienten Alternativen, bei denen der höchste erwartete Gewinn bei gegebenem Risiko entstünde, herauszufiltern. Aus den so verbleibenden Optionen wählen sie in einem Abwägungsprozess die aus, die am ehesten zur individuellen Risikoneigung passt.

Bei *Entscheidungen unter Unsicherheit* können keine Erwartungswerte gebildet werden. Es besteht je nach zukünftig eintretendem Umweltzustand nur eine Vorstellung darüber, welche Ergebnisse möglich sein werden. Für einen pessimistischen Akteur wäre dabei das schlimmstenfalls mögliche Ergebnis relevant. Wirft es einen Gewinn (bzw. Nettonutzen) ab, kann die erwogene Maßnahme umgesetzt werden. Kommen verschiedene Alternativen in Betracht kann u. a. nach der *Maxi-Min-Regel* entschieden werden. Sie empfiehlt auf die Alternative zu setzen, bei der unter allen ungünstigsten Ergebnissen noch das Beste zustande käme. Risikofreudigere, optimistische Akteure könnten sich hingegen an den bestmöglichen Ergebnissen orientieren. Stehen dann mehrere Alternativen zur Auswahl kann zum Beispiel die *Maxi-Max-Regel* angewendet werden, bei der die Option bevorzugt wird, die unter allen bestmöglichen Ergebnissen am allerbesten abschneidet.

Auch wenn sich in einer *Zentralverwaltungswirtschaft* (vgl. Kap. 8) sicherlich mehr Risiken durch Planung von vornherein ausschließen ließen, stellt die Existenz von Risiken oder Unsicherheiten an sich noch kein Marktversagen dar. Marktversagen liegt auch dann nicht vor, wenn ein Akteur – beispielweise durch das Realisieren einer Investition – ein Risiko eingeht. Auch kann nicht von Marktversagen die Rede sein, wenn sich in einem unsicheren Umfeld eine Entscheidung im Nachhinein als falsch erweist. Es gehört zum Wesen des Investierens, dass Fehler gemacht werden können; und zwar unabhängig davon, ob die Investitionen privatwirtschaftlich in einem Markt zustande kommen oder nicht. So hat sich beispielsweise auch die Concorde, ein Überschall-Passagierflugzeug, deren Entwicklung durch einen französisch-britischen Regierungsvertrag zustande kam, im Nachhinein als unwirtschaftlich erwiesen.

Selbst wenn ein Einzelner nicht alle Möglichkeiten einer Diversifikation genutzt hat, Risiken und Unsicherheiten unterschätzt oder unsystematisch in seinem Entscheidungsprozess verarbeitet hat, besteht noch kein Marktversagen. Es handelt sich dann nur um einzelwirtschaftliches Fehlverhalten, dass entsprechend vom Markt mit Gewinneinbußen, zumeist aber sogar mit Verlusten bestraft wir. Die drohende Bestrafung ist dabei geradezu der Anreiz, sich im Vornherein gewissenhaft mit der Risikoproblematik auseinanderzusetzen.

Ein *Marktversagen* kann erst dann konstatiert werden, wenn der Umgang mit individuellen Risiken zulasten der Gesellschaft geht. Im Prinzip handelt es sich dabei dann aber um das Auslösen negativer externer Effekte oftmals in Verbindung mit zu geringer Transparenz oder anderen Formen des Marktversagens (vgl. Kap. 2.3.3.2.1).

In diesem Kontext ist zum Beispiel denkbar, dass ein einzelner Akteur zu hohe Risiken eingegangen ist und daraufhin Insolvenz anmelden muss. Ist dieser Akteur groß genug und hat er Verbindlichkeiten gegenüber anderen, zieht er möglicherweise seine Gläubiger, die eventuell wiederum bei anderen in der Schuld stehen, mit in den Abgrund. Aufgrund der wechselseitigen Verflechtungen von Schuldner-Gläubiger-Beziehungen kann sich die Krise des Einzelnen schnell zu einer *Systemkrise* hochschaukeln. Das einzelwirtschaftliche Scheitern geht dann einher mit *systemischen Risiken*.

Man mag dabei dem einzelnen Gläubiger noch vorwerfen, dass er einzelwirtschaftlich die Risiken beim Einräumen der Verbindlichkeit unterschätzt hat. Eine angemessene antizipierende Risikoeinschätzung eines eigendynamischen Hochschaukelns überfordert aber jeden individuellen Entscheidungsträger und zwar unabhängig davon, wie systematisch er vorher die Risiken des eigenen Engagements ausgewertet hat. Hier versagt der Markt insofern, als einzelwirtschaftliches Fehlverhalten insbesondere im Finanzsektor aufgrund gegenseitiger Abhängigkeiten auch Unschuldige trifft. Der Auslöser der zuvor beschriebenen Systemkrise war der Zustand des *too big to fail*: Der Gläubiger ist zu groß, als dass man ihn, was ordnungspolitisch als Strafe eigentlich angemessen wäre, wirtschaftlich wegen seiner leichtsinnigen Kreditvergabe endgültig scheitern lassen kann.

Dies galt beispielsweise in der weltweiten Finanz- und Wirtschaftskrise ab 2007 (vgl. Bontrup 2011a, Marquardt 2013 und Kap. 7.3.7) für die American International Group (AIG), einem der weltweit größten börsennotierten amerikanischen Versicherungskonzerne. Das Unternehmen hatte viele Kreditausfallversicherungen für Hypothekendarlehen vergeben und konnte, als die *Immobilienblase* (s. u.) in den USA platzte, seinen Zahlungsverpflichtungen nicht mehr nachkommen. Viele Finanzinstitute, die sich bewusst bei AIG zur Verringerung eigener Risiken versichert hatten, mussten nun feststellen, dass sie unverschuldet auf den Zahlungsausfällen sitzen blieben und bei einer AIG-Pleite selbst Insolvenz anmelden müssten. Vor dem Hintergrund ist die amerikanische Zentralbank eingesprungen und hat AIG mit einer Finanzspritze von über 85 Mrd. US-Dollar gerettet und damit die Versicherung vorübergehend mehr oder weniger verstaatlicht.

Problematisch an derartigen staatlichen Eingriffen ist die Gefahr der falschen Anreizsetzung. Wissen Akteure um ihren Status als too big to fail, können sie zukünftig nahezu jedes Risiko eingehen. Denn gehen riskante Spekulationen auf, winken hohe Renditen. Scheitern sie, wird der Staat die „Zocker" schon mit Steuergeldern retten. Gewinne werden dann *privatisiert*, Risiken und Verluste hingegen *sozialisiert*. Insofern steht der Staat wirtschaftspolitisch vor einem Dilemma, wenn es erst einmal so weit gekommen ist.

Bezogen auf den Finanzmarktsektor hat die Politik darauf reagiert und proaktive Sicherungsstützen eingezogen, indem der Finanzsektor wesentlich straffer *reguliert* wurde (vgl. Arbeitsgruppe Alternative Wirtschaftspolitik 2018, S. 215 ff.). So finden zum Beispiel vor dem Hintergrund verschärfter Eigenkapital- und Liquiditätsvorschriften durch *Basel-III* (vgl. Kap. 3.4.5) eine regelmäßige Überwachung von Risikogeschäften sowie einzelwirtschaftliche und systemische Risikosimulationen im Stresstest statt. Ferner wurden die Aufsichtsbehörden gestärkt und die Prüfzuständigkeiten neu zugeordnet. Auch wird von Banken das Auflegen eines „Bankentestamentes" gefordert, auf dessen Basis im Fall einer Insolvenz eine geordnete Abwicklung erfolgen kann, ohne dass erneut der Steuerzahler in die Bresche springen muss.

Als gesamtwirtschaftlich ebenfalls problematisch erweist sich die *Blasenbildung* an den Vermögensanlagemärkten. Von (Asset-)Blasen spricht man, wenn sich Kurse von Finanzmarktpapieren und Edelmetallen oder die Preise von Immobilien sowie von anderen Anlageobjekten über den sogenannten fundamental gerechtfertigten Wert hinausbewegen. Damit ist ein natürlich nicht exakt zu quantifizierendes Kurs- oder Preisniveau gemeint, das bei nüchterner wirtschaftlicher Kalkulation angemessen erscheint und frei von übertriebenen Erwartungen ist.

Derartige Blasen bilden sich immer wieder an den Märkten, wie zuletzt bei der *Finanzmarktkrise* ab dem Jahr 2007 (vgl. Kap. 7.3.7). Auslöser war eine zur Bekämpfung einer Wirtschaftskrise eingeleitete Niedrigzinspolitik der US-Zentralbank (Fed) ab dem Jahr 2002 und eine steuerliche Förderung des Hauserwerbs in den Vereinigten Staaten. Nachdem die amerikanischen Geschäftsbanken zunächst solide Kunden mit Hauskrediten versorgt hatten, zogen als Reaktion auf den Nachfrageanstieg die

Immobilienpreise stark an. Als die soliden Kunden „abgegrast" waren, wandten sich die provisionssüchtigen Banker den *„Subprimern"* zu. Das waren Kunden für die eine Kreditaufnahme zum Hauskauf allenfalls „auf Kante genäht" war. Spätestens ab hier eskalierte die Darlehensvergabe. Die hohe, kreditfinanzierte Liquiditätszufuhr ließ die Immobilienpreise immer weiter explodieren bis die Blase platzte, Kreditzahlungen ausblieben und durch Zwangsversteigerungen die Preise der Häuser und damit den Wert der Kreditsicherheiten nach unten trieben.

Unterm Strich waren hier mehrere Ursachen für die Fehlentwicklung des Marktes verantwortlich. Zum einen hat die Zentralbank – in Form eines Staatsversagens – die Wirtschaft trotz der sich abzeichnenden Blasenbildung am Immobilienmarkt immer weiter mit Liquidität geflutet. Zum anderen haben sich die Immobilienpreise durch eine Art *Selffullfilling Prophecy* immer weiter vom fundamental gerechtfertigten Niveau entfernt. Die Erwartung, die Immobilienpreise werden immer weiter steigen, veranlasste Banken zur anhaltenden Kreditvergabe und private Haushalte zur Kreditaufnahme, sodass die Immobilienpreise aufgrund des anhaltenden Nachfrageschubs tatsächlich zunächst weiter stiegen. Die unüberschaubaren Risiken aus systemischen Wechselwirkungen wurden dabei übersehen, zum Teil auch weil ungeeignete Provisionsanreize geradezu dazu einluden, nicht allzu genau bei der individuellen Risikobewertung hinzuschauen.

Märkte können auch dann versagen, wenn sie im Angesicht von Risikoentscheidungen zu einem *Investitionsattentismus* führen. In der Realität lassen sich viele Investitionen nicht „glatt" durchkalkulieren. Die Theorie der Entscheidungen bei Risiko hat dabei in der Anwendung auch ein entscheidendes Defizit: Sie gibt zwar systematische Handlungsanweisungen, nur lassen sich die Wahrscheinlichkeiten allenfalls sehr schlecht quantifizieren. Erfahrungswerte aus der Vergangenheit heranzuziehen, ist zwar manchmal möglich, wenn es ähnliche Vorhaben schon einmal gab, nur werden sie dem Charakter einer Investition nicht gerecht. Denn hier kommt es auf eine Risikoabschätzung für die Zukunft an, und deren Verlauf weicht meistens von der Vergangenheit ab. Insofern dominiert in der Praxis oftmals nicht die nüchterne Kalkulation eines Investors, sondern das Bauchgefühl.

Der britische Ökonom John Maynard Keynes (1883–1946) beschrieb dies wie folgt:

> Wenn die Angst vor einer Arbeiterregierung [...] die Unternehmungslust bedrückt, braucht dies weder auf eine vernunftmäßige Berechnung noch auf eine Verschwörung [...] zurückzuführen sein, es ist lediglich eine Folge einer Störung der empfindlichen Gleichgewichtslage des spontanen Optimismus. In der Schätzung der Aussichten einer Investition müssen wir daher die Nerven und die Hysterien, sogar die Verdauung und die Wetterabhängigkeit jener berücksichtigen, auf deren plötzliche Tätigkeit sie zum großen Teil angewiesen ist. (Keynes 2009, S. 138)

Gemahnt aufgrund einer allgemeinen Verunsicherung das Bauchgefühl vieler Unternehmer zur Vorsicht, weil in naher Zukunft ein Wirtschaftseinbruch befürchtet wird, ist Zurückhaltung einzelwirtschaftlich in Abwägung der vermuteten Risiken und Gewinne sicher eine rationale Entscheidung. Nur, verhält sich jeder einzelne so zurückhaltend mit seinen Investitionen, dann kommt es auch hier in Form einer Selffullfilling Prophecy – möglicherweise sogar erst dadurch – zum konjunkturellen Einbruch und zur Krise.

Der Attentismus erweist sich dann im Nachhinein zwar als einzelwirtschaftlich rational. Kollektiv hat aber die *Rationalitätsfalle* zugeschlagen: Gesamtwirtschaftlich wäre es sinnvoller gewesen, dass sich die Unternehmen nicht zurückhalten, dann wäre es auch nicht zur Krise gekommen. Die Investition und nicht ihr Unterlassen wäre dann im Nachhinein einzelwirtschaftlich sinnvoll gewesen. Ähnliches trifft auch auf Konsumentscheidungen mit investivem Charakter, wie etwa beim Haus-, Küchen- oder Autokauf zu. Erwarten die Haushalte einen konjunkturellen Einbruch, werden sie die Anschaffungen aus Angst vor Entlassungen oder einer ungünstigen Einkommensentwicklung eher aufschieben. Die konsumtive Zurückhaltung mag aus einzelwirtschaftlicher Sicht gerechtfertigt sein. Gesamtwirtschaftlich löst sie die befürchtete Krise eventuell erst aus, facht sie aber zumindest weiter an.

Marktversagen bei Unsicherheit kann zudem in Form der *Interdependenzproblematik* vorliegen (Vgl. Marquardt 2019b). Beispielsweise ist bei der deutschen Stromversorgung der Ausstieg aus der Atomenergie und gleichzeitig der Ausstieg aus der Kohleverstromung geplant. Auf dem Weg in die Klimaneutralität soll der weitere Ausbau der Erneuerbaren Energie (EE), allen voran der Wind- und die Photovoltaikanlagen, diesen Wegfall ausgleichen. Angesichts bislang begrenzter Speicher- und Importmöglichkeiten muss aber zur Wahrung der Stromfrequenz zu jeder Zeit die im Tages- und Jahresverlauf stark schwankende Stromnachfrage durch inländische Erzeugungsanlagen produziert werden. Wind- und Photovoltaikanlagen sind aber dargebotsabhängig, d. h. es kann phasenweise zu „Dunkelflauten" kommen. Wenn die Sonne nicht scheint und wenig Wind weht sind diese Anlagen nicht in der Lage, die Nachfrage zu bedienen. Ohne Back-up-Kapazitäten droht dann der Black-Out. Die benötigten Back-up-Kapazitäten sind idealerweise sehr flexibel regelbare Gasturbinen. Diese haben bei vergleichsweise moderaten Investitionsausgaben von rund 80 Mio. EUR gegenüber anderen konventionellen Kraftwerken aber sehr hohe Grenzkosten.

Das Problem besteht nun darin, wie sichergestellt werden soll, dass die nötigen Investitionen in Gasturbinen zustande kommen. Die Bundesregierung hat sich hier dem Konzept des „*Energy-Only-Markets*" verschrieben. Sie geht davon aus, dass in den wenigen Engpassphasen, in denen die Back-up-Kapazitäten benötigt werden, kurzfristig astronomische Strompreise zu erzielen sind. Die dabei entstehenden Deckungsbeiträge würden dann ausreichen, um die Fixkosten abzudecken. In Antizipation dessen hätten private Investoren ausreichende Anreize, um frühzeitig in die benötigten Anlagen zu investieren. Das Argument übersieht allerdings die *Interdependenzproblematik*: Engagiert sich hier ein einzelner Unternehmer, wird sich seine Investition rechnen. Wenn aber mehrere Akteure parallel ebenso neue Kapazitäten bereitstellen, kommt es gar nicht erst zu einem Engpass. Genau dies ist zwar intendiert, aber zugleich bleiben dann die Spitzenpreise und damit die für die Wirtschaftlichkeit der Anlagen erforderlichen Deckungsbeiträge aus. Investoren, die diese Gefahr – angesichts hoher Kapitalkosten bei geplanten Betriebszeiten von über 20 Jahren – antizipieren, dürften hochgradig verunsichert sein und sich allenfalls sehr zögerlich engagieren. Die Versorgungssicherheit mit Strom wäre dann nicht mehr gewährleistet.

Dieses Interdependenzproblem besteht zwar im Grundsatz auf allen Märkten, auf denen eine Knappheit droht. Allerdings wird sie hier noch durch eine Besonderheit akzentuiert. Normalerweise verfügen neue Produktionsanlagen über eine höhere Produktivität und damit über niedrigere Grenzkosten als Altanlagen. Neuinvestitionen würden dann selbst bei Gültigkeit der *Preis-gleich-Grenzkosten-Regel* immerhin aus der *inframarginalen Angebotsposition* Deckungsbeiträge realisieren. Dieser Aspekt könnte die Zurückhaltung im Prinzip auflösen. Die benötigten Gasturbinen haben aber selbst bei einem hohen Modernitätsgrad, technologiebedingt sehr hohe Grenzkosten. Für Investoren fällt daher auch dieses Pro-Argument aus. Sollte das Interdependenzproblem zu einem Investitionsattentismus und damit zur Unterversorgung führen, versagt der Markt. Als energiepolitischer Ausweg blieben dann vom Staat durch gesetzliche Regeln zu initiierende *Kapazitätsmärkte*. Hier werden Kraftwerksinvestoren sicher entgolten, indem sie allein für das Bereithalten eventuell benötigter Kraftwerksleistungen eine Prämie erhalten. Diese hätten dann den Charakter einer Versicherungsprämie gegen eine drohende Unterversorgung.

2.3.3.4.3 Problematik der Nichtrationalität

Der in den traditionellen Analysen unterstellte *Homo oeconomicus* ist ein Kunstwesen, das mit dem Ziel der Nutzenmaximierung die benötigten Informationen rational verarbeitet. Was aber genau heißt „*rational*"? Je nachdem, wie der Begriff abgegrenzt wird, kann letztlich jedes menschliche Handeln, zumindest sofern keine Sinnestrübung vorliegt, als rational bezeichnet werden. Selbst wenn jemand sein Geld verbrennt, kann dies insofern als rational betrachtet werden, als offenbar der erwartete Spaß und die daraus gezogene Befriedigung an der irrwitzigen Aktion größer gewesen sein muss als der materielle Schaden; sonst hätte ein Mensch bei klarem Bewusstsein ja wohl kaum so gehandelt. Bei dieser breit angelegten Sichtweise wird der Begriff rational zur Leerformel.

In diesem Kontext wird deshalb grundsätzlich zwischen „zweckrational" und „wertrational" unterschieden. *Zweckrationales* Handeln liegt dann vor, wenn Menschen sich bei ihren Entscheidungen aufgrund einer Kosten-Nutzen-Abwägung ausschließlich am Ergebnis ihres Handelns ausrichten. Die Art und Weise, wie dieses Ergebnis zustande kommt, spielt dabei keine Rolle. *Wertrationalität* bedeutet, dass der Weg, auf dem die Ergebnisse zustande kommen, vor allem bestimmten Wertvorstellungen Rechnung tragen müssen.

Die Argumentationskette zum Ideal der vollkommenen Konkurrenz unterstellt dabei offenbar zweckrationales Handeln. Nach *utilitaristischer* Vorstellung ist allein das Ergebnis von Relevanz, selbst wenn es durch Egoismus und Gier zustande kommt. Zugleich muss bei dieser Abgrenzung aber als ein Zweck des Handelns das gleichzeitige

Verwirklichen von Wertvorstellungen unberücksichtigt bleiben. Ein Mensch verhält sich im Sinne des vorgetragenen neoklassischen Ideals zweckrational, wenn er den monetären bzw. geldwerten Ertrag sowie Aufwand seiner Entscheidungen nutzenoptimierend abgewogen hat und ethische Aspekte gänzlich ausblendet. Aber selbst wenn die solchermaßen definierte Zweckrationalität das menschliche Verhalten richtig beschriebe, ist nicht nachvollziehbar, weshalb der rationale Homo oeconomicus alle entscheidungsrelevanten Informationen verarbeiten könnte. Die Informationen fliegen ihm nicht wie in der „Schulökonomie" einfach zu und bieten dann sofort eine vollkommen transparente Entscheidungsgrundlage. Da das Beschaffen und das Verarbeiten von Informationen mit Aufwand verbunden sind, würde selbst ein rationaler Akteur nicht alle verfügbaren Informationen einbeziehen. Nach der neoklassischen Theorie würde er den Informationsprozess bis zu der Schwelle ausdehnen, an der sich dessen Grenznutzen und Grenzkosten ausgleichen. Deshalb würde sich ein rationaler Mensch gar nicht wie ein *Nutzenmaximierer*, sondern eher wie ein „*Satisfizierer*" verhalten, der sich bewusst mit einem eingeschränkten Informationsniveau zufriedengibt. Die Entscheidungen sind dann aber aufgrund von Informationslücken automatisch nicht mehr „vollkommen", sondern nur noch „*begrenzt rational*".

Abgesehen davon ist die Annahme des grundsätzlich zweckrationalen Verhaltens zu hinterfragen. Sie hat sich in der traditionellen Ökonomie primär aus vier Gründen durchgesetzt: (vgl. zu den nachfolgenden Ausführungen auch mit Blick auf Belege von Befunden die Wirtschaftspsychologische Gesellschaft):

- Methodisch wird die Analyse komplexer gesellschaftlicher Zusammenhänge aufgrund der stark reduzierten Verhaltensannahme deutlich erleichtert. Letztlich kann dabei alles auf eine rein monetäre Kalkulation zurückgeführt werden. Eine Arbeitskraft beispielsweise bietet seine Arbeit dort an, wo sie aufgrund ihrer Qualifikation das höchste Gehalt erzielt. Wenn dem so wäre, würde der Faktor Arbeit theoriegerecht dorthin wandern, wo er den höchsten Produktionsbeitrag erwirtschaftet, weil dort die höchste Zahlungsbereitschaft vorliegt. Dass aber u. a. auch das zu erwartende Arbeitsumfeld eine ebenso wichtige Rolle bei der Berufswahl spielt, wird vernachlässigt.
- Durch den vereinfachten Analyserahmen ist auch das logische Ableiten von dann ebenfalls vereinfachten Maßnahmen zur Verhaltenssteuerung vergleichsweise leicht möglich. Wenn etwa die Gesellschaft mit Blick auf das Rentensystem angesichts der demografischen Entwicklung Nachwuchssorgen plagen, stehen schnell materielle Anreize, wie eine Erhöhung des Kindergeldes, als politische Empfehlung im Fokus. Unberücksichtigt bleiben dabei außerökonomische Ursachen wie zum Beispiel der Wunsch nach beruflicher Selbstverwirklichung bei ungenügender Vereinbarkeit von Familie und Beruf.
- Menschen unterliegen dem Irrglauben (s. u.), sich tatsächlich meistens rational zu verhalten. Verhaltenspsychologisch lässt sich das dadurch erklären, dass die Entscheidungen, die rational getroffen wurden, wegen der intensiven Auseinandersetzung damit besser im Bewusstsein verankert sind.

- Die Unterstellung des Rationalverhaltens geht konform mit dem Versuch, die Öko- nomie als Wissenschaft mit kalkulierbaren Gesetzmäßigkeiten abzubilden und so den Wissenschaftsstatus gegenüber einem vermeintlichen „Laberfach" zu erhö- hen. Schließlich ist nur mit dem Homo oeconomicus das Systemverhalten klar prognostizierbar.
- Das Rationalverhalten ist ein gesellschaftlich etabliertes und sozial akzeptiertes Verhalten. Das Argument, ein rationaler Mensch würde sich so-und-so verhalten, ist eines, das schnell überzeugt.

Aber verhält sich Mensch in der Realität rational? Einer Auswertung von Wood, Tam und Witt (2005, S. 918) zufolge ist das noch nicht einmal in der Mehrzahl aller Fälle so. Mehr als die Hälfte des Verhaltens erfolgt demnach unreflektiert und folgt der Macht der Gewohnheit: „Behaviour prediction research provides some of the most direct evi- dence that well-practiced actions are performed with little guidance from conscious intentions. [...] The typical finding is that strong habits are repeated relatively inde- pendently of intentions and personal norms."

Die Wirtschaftspsychologische Gesellschaft spricht mit Blick auf das *Rational- verhalten des Homo oeconomicus* sogar von einer „weit verbreiteten laienpsychologi- schen Theorie", die zwangsläufig zu falschen Schlussfolgerungen verleitet. Als Bei- spiel führt sie die Kampagne gegen das Rauchen als demeritorisches Gut an. Durch ab- schreckende Bilder und Gefährdungshinweise sollen Informationsdefizite abgebaut werden. Übersehen werde dabei, dass Raucher sich der Gefahren stets bewusst wa- ren und dass Anzünden einer Zigarette gar keine bewusst überlegte Entscheidung, sondern eine Gewohnheitshandlung ist. Über Kampagnen, die bezwecken, rationale Entscheidungsgrundlagen zu verbessern, sei daher wenig zu erreichen. Die Zigaret- tenindustrie selbst habe das schon lange begriffen und sei in ihrer Werbung nie über das Aufführen guter Gründe für das Rauchen gegangen, sondern über Emotionalität.

In zahlreichen Experimenten wiesen Verhaltensökonomen, Wirtschaftspsycholo- gen und -soziologen, wie etwa die beiden Nobelpreisträger Vernon Smith und Dani- el Kahnemann, nach, dass der wirkliche ökonomische Mensch wenig mit dem Homo oeconomicus gemein hat. So lassen sich Menschen beispielsweise durch *Priming* ma- nipulieren: In einem Versuch von Areni und Kim (in: Wirtschaftspsychologische Ge- sellschaft) konnte beispielsweise nachgewiesen werden, dass der Weinverkauf durch das Unterlegen mit klassischer Musik begünstigt wird. Selbst bei bewusst geplanten Entscheidungssituationen können durch folgende beispielhaft erwähnte Effekte ein individuelles Verhalten bewirkt werden, das nicht im rationalen Eigeninteresse liegt:

- *Sunk Cost Effect*: Typischerweise halten Menschen an Fehlentscheidungen allzu lange fest, wenn sie in sie bereits viel investiert haben. Beim Aktienkauf wird zum Beispiel häufig nach hohen Verlusten geradezu trotzig sogar noch ein Nachkauf getätigt, um sich den begangenen schwerwiegenden Fehler (noch) nicht eingeste- hen zu müssen.

- *Endowment Effect*: Menschen neigen dazu, Dinge, die sich im eigenen Besitz befinden, gegenüber einem Neukauf überzubewerten. Die Bereitschaft etwas abzugeben ist also geringer als etwas Gleichwertiges zu kaufen. In einem Experiment wurden zum Beispiel Sammelkarten für Restaurantbesuche ausgestellt. Bei jedem Besuch wurde ein freies Feld abgestempelt. Sobald die Sammelkarte voll war, gab es einen Besuch umsonst. Eine erste Referenzgruppe erhielt Karten mit 10 leeren Stempelfeldern, eine zweite Gruppe Karten mit 12 Feldern, von denen allerdings schon 2 abgestempelt waren. Die zweite Gruppe setzte die Sammelkarte viel häufiger ein. Obwohl sie sich ein freies Essen, wie die erste Gruppe auch, durch 10 Besuche vorab „verdienen" musste, wollte sie offenbar das „Geschenk" von „Freistempeln" nicht verfallen lassen.
- *Framing Effect*: Die Art und Weise, wie Konsequenzen alternativen Handelns präsentiert werden, kann einen Einfluss auf die Entscheidung haben. Wird etwa eine Option als in 90 Prozent aller Fälle als richtig eingestuft, wird sie üblicherweise positiver bewertet, als wenn man sie als in 10 Prozent aller Fälle als fehlerhaft darstellt.
- *Kurzsichtiges Verhalten*: Empirisch nachgewiesen ist auch, dass Menschen vielfach zu extrem kurzsichtigem Verhalten neigen und die langfristigen Folgen ihres Handelns ausblenden. Wir hatten dies bereits unter dem Begriff der Nutzenunkenntnis thematisiert.
- Bedürfnis nach *Abwechslung*: Menschen haben, selbst wenn sie schon eine optimale Lösung gefunden haben, ein starkes Bedürfnis, öfter mal etwas Neues auszuprobieren.
- Neigung zu *Heuristiken*: Gerade in einem hochgradig komplexen Umfeld, in dem in kurzer Zeit schwerwiegende Entscheidungen zu treffen sind, fühlen sich Menschen überfordert und neigen zur Komplexitätsreduktion, indem sie auf „Faustregeln" zurückgreifen und/oder Herdenverhalten an den Tag legen.

Zunächst einmal zeigt die Konfrontation des Homo oeconomicus mit der Realität, dass der im Ideal der vollkommenen Konkurrenz vorausgesetzte analytische Rahmen weltfremd ist. Dies ist auch den Verfechtern der traditionellen *orthodoxen Ökonomie* bewusst (vgl. Kaltesch 2015). Allerdings versuchen sie, wie etwa Hans Werner Sinn, nachdem die Kritik an ihrer „Kultfigur" Homo oeconomicus zuletzt deutlich zugenommen hatte, deren Ehrenrettung. Demnach gehe es nicht darum, mit den Modellen, das tatsächliche menschliche Verhalten vorherzusagen. Der Rückgriff auf den Homo oeconomicus sei einfach eine methodische Notwendigkeit. Wenn ein Wirtschaftssystem am Ende aus gesellschaftlicher Sicht vernünftig funktionieren soll, müsse der *Ausgangspunkt* zwangsläufig die *Annahme* sein, dass auch die einzelnen Akteure sich rational verhalten. Davon ausgehend ließe sich dann folgern, welches Ergebnis bei Rationalverhalten und Egoismus herauskäme. In diesem System ließen sich dann unterschiedliche wirtschaftspolitische Maßnahmen analysieren. Lassen sich dabei im Ergebnis Fehlentwicklungen ableiten, könne dies nicht auf die bereits vorab ausgeklammerten Fehlbarkeiten des Menschen zurückzuführen sein, sondern nur auf eine falsche Wirtschaftspolitik.

In seiner Auseinandersetzung mit Sinns Thesen erklärt Stefan Kaltesch (2015): „Die Fehler eines Wirtschafts- und Gesellschaftssystems können nur dann eindeutig identifiziert werden, wenn die Annahmen über die Beschaffenheit seiner Elemente tatsächlich die Eigenschaften besitzen, die man ihnen theoretisch – zumindest als wesentliche – unterstellt." Statt zu untersuchen „was, warum ist – und wie es verändert werden kann" werde nur „untersucht, was mathematisch abstrakt möglich wäre, wenn alle rational (wenn auch egoistisch) wie ein homo oeconomicus handelten."

Will man also das tatsächliche Verhalten eines Systems und seine Reaktion auf verschiedene wirtschaftspolitische Maßnahmen untersuchen, dann muss man die Menschen als Teile des Systems so nehmen, wie sie sind und nicht wie man sie sich in einer *Nirwana-Welt* im Extremfall auch vorstellen könnte. Anders ausgedrückt, da der Mensch sich nun einmal anders verhält als der Homo oeconomicus, kommen in der Realität auch nicht die Traumergebnisse des Ideals zustande. Die Welt der vollkommenen Konkurrenz verliert so erheblich an Glanz und entpuppt sich als *Mythos*. Darüber hinaus führt ein Denken in einer Traumwelt auch zu allenfalls eingeschränkt gültigen wirtschaftspolitischen Schlussfolgerungen. Wird zum Beispiel über die Folgen der Einführung eines gesetzlichen Mindestlohns (vgl. Kap. 3.5.2.5.2.3) diskutiert, sind dabei nicht nur die einzelwirtschaftlichen Reaktionen rationaler, auf Kostenminimierung ausgerichteter Unternehmen zu berücksichtigen. Ein Abbau von Arbeitsplätzen wäre hier die unmittelbare Folge. Darüber hinaus wirken aber auch nicht monetäre Effekte, wie etwa die erhöhte Wertschätzung, die den Beschäftigten zuteil wird und daraus resultierend eine höhere Motivation und Produktivität. Dieser Aspekt wiederum könnte den reinen Kosteneffekt auffangen.

Führt nun aber nichtrationales Verhalten auch zu *Marktversagen*? Davon kann die Rede sein, wenn die Nichtrationalität einzelwirtschaftlich Ergebnisse bewirkt, die nicht im Eigeninteresse des Menschen liegen bzw. wenn sich über Wechselwirkungen unerwünschte externe Effekte einstellen. Die Beispiele oben verdeutlichen, dass Menschen regelmäßig nicht alle Informationen auswerten, dass sie teilweise falsch auswerten, dass sie häufig gar nicht bewusst entscheiden und dass sie manipuliert werden können. Die Eingriffsmöglichkeiten der *Politik* sind hier allerdings begrenzt. Wenn schon das Individuum nicht weiß, was gut für es ist, woher sollte der Staat das wissen? Ist das zu erreichende Ziel nicht klar, wird das Ergreifen richtiger Maßnahmen schwierig. Der Staat könnte jedoch zumindest versuchen, Verhaltensmanipulationen zu unterbinden.

Marktversagen resultiert im betrachteten Kontext aber vor allem auch aus der Neigung zu Heuristiken an den Finanzmärkten. Institutionelle Manager entscheiden oftmals unter hohem Zeitdruck. Das Anwenden von Faustregeln bleibt dann häufig nicht aus, wobei eine der bekanntesten Faustregeln „the trend is your friend" ist. Unterliegt etwa eine einzelne Aktie einen Aufwärtstrend, folgen viele in einer Art *Herdenverhalten* dem Trend. Infolgedessen bestätigt sich im Nachhinein das Engagement sogar zunächst einmal als einzelwirtschaftlich rational. Die Verstärkung des Trends führt zu weiteren Nachzüglern und zu einer eigendynamisch anhaltenden Aufwärtsbewegung. Selbst wenn dabei die Fundamentaldaten eine Übertreibung und damit kollektiv betrachtet eine Irrationalität indizieren, kann es einzelwirtschaftlich noch rational sein, dem Trend weiter zu folgen, zumindest solange die anderen es auch tun. Man muss nur rechtzeitig, d. h. vor dem Platzen der *Spekulationsblase* ausgestiegen sein. Platzt die Blase dann, setzt ein Abwärtstrend ein, der sich erneut eigendynamisch verschärft und nach der Faustregel „greife niemals in ein fallendes Messer" lange anhält und wiederum zu einer Übertreibung führen kann. Es besteht hier durchgängig die Gefahr systematisch verzerrter Preise.

Hinzu kommt, dass ein egoistischer und gieriger Homo oeconomicus in der orthodoxen Ökonomie nicht nur als unproblematisch angesehen wird, sondern als starker Motor für Produkt- und Prozessinnovationen. Diese analytische Botschaft der traditionellen Ökonomie stellt *unethischem Verhalten* einen Freibrief aus, das allzu leicht aus dem Wirtschaftsleben auf andere Bereiche des gesellschaftlichen Zusammenlebens überschwappt. Tritt jedoch in der Realität nichtrationales Verhalten häufig auf, sorgt der Wettbewerb nicht mehr automatisch für faire und disziplinierende Ergebnisse. Die Handlungsmaxime „sei ruhig egoistisch und gierig" verliert so auch noch ihren letzten Rückhalt.

2.3.3.5 Einzelwirtschaftliche Anpassungsmängel

Im Modell der vollkommenen Konkurrenz wurde unterstellt, das Marktgleichgewicht werde mithilfe des Preismechanismus automatisch gefunden. Selbst nach exogenen Störungen würde sich das System problemlos anpassen und ins neue Gleichgewicht finden, es benötige dann aber in der Regel ein wenig Zeit. Tatsächlich können sich aber bei der Findung des Gleichgewichts weitaus größere Schwierigkeiten ergeben als bislang zugestanden (vgl. Fritsch/Wein/Ewers 2005).

2.3.3.5.1 Inkompatibilität von Angebot und Nachfrage

Unter Umständen gibt es kein Gleichgewicht zwischen Angebot und Nachfrage, technisch gesprochen existiert – selbst nach einer zugestandenen Anpassungszeit – kein Schnittpunkt von Angebots- und Nachfragekurve.

Wenig problematisch ist es dabei, wenn beide Marktseiten nicht aufeinander abgestimmt werden können, weil der Prohibitivpreis (p_p), der die höchste Zahlungsbereitschaft aufseiten der Nachfrager widerspiegelt, niedriger liegt als der Mindestpreis (p_{min}), ab dem die Anbieter den Markt überhaupt erst beliefern würden (vgl. Abb. 2.47, links). Auf freiwilliger Basis kommen keine Kaufverträge zustande. Da hier bei jeder Menge aber die Grenzkosten über den Grenznutzen liegen würden, wäre eine Versorgung der Nachfrager ökonomisch auch nicht sinnvoll, es würde mehr kosten als nutzen. Der Markt schafft es zwar nicht, Angebot und Nachfrage aufeinander abzustimmen, ein Marktversagen lässt sich jedoch nicht diagnostizieren. Abgesehen von der Situation vernachlässigter positiver externer Effekte oder einer Nutzenunterschätzung der Nachfrager wäre auch ein staatlicher Eingriff allokationspolitisch unerwünscht, die knappen Ressourcen sollten lieber anderweitig eingesetzt werden.

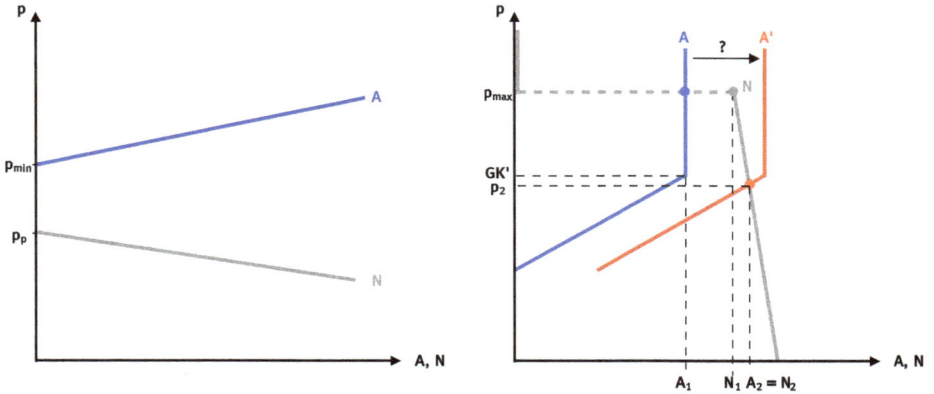

Abb. 2.47: Inkompatibilität von Angebot und Nachfrage. Quelle: eigene Darstellung.

Denkbar ist auch, dass ein Gleichgewicht aufgrund eines Kapazitätsengpasses nicht zustande kommt (Abb. 2.47, rechts). In der untersuchten Situation, die zum Beispiel für den Strommarkt realistisch sein könnte (vgl. Marquardt 2019b), verläuft die Nachfragekurve (N) sehr preisunelastisch. Ab einem Preis von p_{max} ist der Preis so hoch, dass das Gut keinen Käufer mehr findet. Die Angebotskurve hat ab A_1 eine Kapazitätsgrenze. Ab dort ist bei gegebenen Umständen selbst bei noch so großer Preissteigerung kein weiteres Angebot mehr mobilisierbar. Es kommt zu keinem Gleichgewicht, da selbst beim Preis p_{max} die Nachfrage größer als das Angebot bleibt. Die „kurze Seite" des Marktes, hier also das verfügbare Angebot in Höhe von A_1, bestimmt den Versorgungsumfang. Diese Menge können die Anbieter zu dem Preis verkaufen, den die Nachfrager maximal zahlen würden. Er liegt deutlich über den Grenzkosten des Grenzanbieters (GK') und ermöglicht so allen Produzenten erhebliche Deckungsbeiträge.

Normalerweise handelt es sich nur um ein temporäres Ungleichgewicht. Die überaus attraktiven Preise würden gestützt auf das Gewinnstreben der Anbieter allmählich zu einer Kapazitätsausweitung (Verschiebung von A zu A') führen, und ein Gleichgewicht bei $A_2 = N_2$ zu p_2 ermöglichen. Die unterstellten Selbstheilungskräfte des Marktes würden das temporäre Marktversagen automatisch beseitigen. Voraussetzung ist aber, dass tatsächlich eine Kapazitätsausweitung erfolgt, wobei grundsätzlich das Interdependenzproblem besteht. Weitet nur ein einzelner seine Kapazitäten geringfügig aus, verringert das den Marktpreis kaum. Das Bereitstellen zusätzlicher Kapazitäten wird mit fast unverändert hohen Deckungsbeiträgen belohnt. Nehmen aber mehrere gleichzeitig den Anreiz wahr, kommt es zu einem starken Preisverfall und die erhofften Deckungsbeiträge können nicht realisiert werden. In Antizipation dieser Gefahr kann es zu einem *Investitionsattentismus* kommen (vgl. Kap. 2.3.3.4.2). Die Wahrscheinlichkeit dessen ist aber umso geringer, je unüberschaubarer der Markt durch eine Vielzahl kleiner Anbieter ist. Außerdem können die Investoren üblicherweise ihre Zurückhaltung überwinden, weil sie wissen, dass sie mit ihren neuen Kapazitäten aufgrund der technologischen Weiterentwicklung produktiver sind als Altanbieter. Sie können sich dann ganz vorne in der Angebotskette mit niedrigen Grenzkosten positionieren und erlangten so wenigstens als inframarginale Anbieter noch Deckungsbeiträge, selbst wenn der Kapazitätsengpass insgesamt zwischenzeitlich abgebaut wurde.

Sollte die Interdependenzproblematik aufgrund von Marktbesonderheiten aber nicht überwunden werden, liegt Marktversagen vor. Der Staat könnte hier stabilisierend eingreifen und beispielsweise zu einer *Kapazitätsmarktlösung* übergehen.

2.3.3.5.2 Spekulative Verzerrungen

Als problematisch erweisen sich immer auch spekulative Verzerrungen, in deren Folge die Marktpreise mal übertrieben hoch, mal übertrieben niedrig ausfallen. Die Problematik bezieht sich insbesondere auf *Finanzaktiva* und andere Vermögenswerte, wie etwa Immobilien.

Angenommen, an einem regionalen Immobilienmarkt hat sich der Quadratmeterpreis für selbstgenutzte Häuser einer bestimmten Qualität angesichts der Angebotskurve A und der Nachfragekurve N bei p_1 eingependelt (vgl. Abb. 2.48). Allerdings zeigt sich, dass bei der Vermietung halbwegs vergleichbarer Qualitäten der Barwert der Gewinne ungefähr bei p_2 liegt. Der aktuelle Preis von p_1 ist „fundamental" nicht

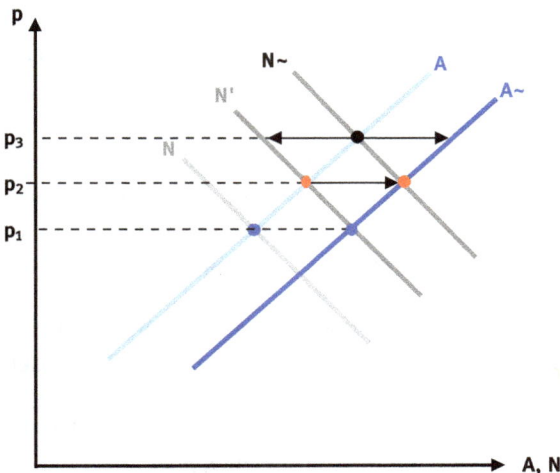

Abb. 2.48: Spekulationswirkung. Quelle: eigene Darstellung.

gerechtfertigt. Infolgedessen würde die Nachfrage nach selbstgenutzten Häusern zulegen; zum einen weil Mieter zunehmend zu Hauseigentümern werden wollen, zum
anderen weil eine erste Gruppe von Spekulanten erwartet, mit einem Kauf eine schnelle Wertsteigerung realisieren zu können. Der Nachfrageanstieg auf N' führt in der Tat
zu einem Preisanstieg auf p_2. Der neue Preis soll nun gemessen an der langfristigen
Marktentwicklung und dem inneren, aus dem Mietenvergleich abgeleiteten, Wert objektiv fundamental gerechtfertigt sein. In dieser Klarheit wissen aber annahmegemäß
nur wir das.

Die Akteure am Markt hingegen können dies nur diffus einschätzen. Schließlich
ist das Gut in der Praxis letztlich doch sehr *heterogen* und der Referenzmaßstab vergleichbarer Mietpreise eher unscharf. Einzelne vermuten jedenfalls, dass noch weiteres Potenzial nach oben bestehe, was erst recht gilt, wenn zukünftig zum Beispiel
aufgrund von möglichen Zuwanderungen mit Anspannung am Wohnungsmarkt gerechnet wird. Aufgrund dessen steigen weitere Spekulanten in den Markt ein, sodass
sich die Nachfragekurve weiter nach oben verschiebt. Der erneute Preisanstieg könnte
nun eine *Spekulationswelle* anfachen, die sich selbst befruchtet: Nach dem Motto „the
trend is your friend" steigen immer mehr Spekulanten in den Markt ein. Dabei mag es
so sein, dass jeder einzelne die Preise eigentlich schon für ungewöhnlich hoch hält.
Aber solange er davon ausgeht, dass die anderen noch Potenzial nach oben sehen, erscheint es trotzdem ratsam, noch in die Spekulation einzusteigen. Wenn alle so denken, unterliegen sie zwar mit Blick auf die Potenzialeinschätzung der anderen einem
kollektiven Trugschluss, unterm Strich gibt ihnen die Preisentwicklung aber Recht. Der
am Ende sich einstellende spekulative Nachfragschub auf N~ erhöht die Preise auf p_3
und damit weit über das fundamental gerechtfertigte Niveau hinaus. Es ist eine Preis-
blase entstanden.

Je weiter sich die Preise im Laufe der Zeit von p_2 entfernen, umso unwohler wird
es den Spekulanten aber. Kleine Impulse können nun schon reichen, um die Blase
platzen zu lassen. Beispielsweise könnte die Nachrichtenlage darauf hindeuten, dass
ein Zuzug von Neubürgern doch ausbleibt. Nun setzt die Gegenspekulation ein. Erste
Spekulanten trennen sich von ihren Immobilien. Dadurch verschiebt sich die Angebotskurve allmählich nach rechts. Die Nachfrage nach neuen Immobilen wird hingegen geringer, weil die Zahl derjenigen Spekulanten, die noch auf weitere Preissteigerungen setzen, immer weiter sinkt. In der Kombination aus Nachfragerückgang auf N'
und Angebotsanstieg auf A~ verfallen daraufhin die Preise auf p_1. Dieses Mal hat der
Markt nach unten übertrieben.

Als Folge der Spekulation ergeben sich nicht nur erratische Preisschwankungen.
Die *Preisvolatilität* setzt auch falsche Signale für seriöse Bauunternehmen. Die Phasen
übertrieben hoher Preise signalisieren, es gäbe eine große Knappheit, infolgedessen
bauen sie im Übermaß Häuser. Nach dem Ausstieg der Spekulanten erweist sich die
Bauinvestition als Bauruine. Ressourcen wurden unnötig verschwendet.

Die schärfste Form gegen das spekulationsbedingte Marktversagen vorzugehen,
wäre es, das Spekulieren zu verbieten. Allerdings ist nicht jede Spekulation schlecht,

stellte der britische Ökonom John Maynard Keynes fest. Auf der einen Seite wirkt die Spekulation destabilisierend, wenn sie die Übertreibungen auslöst. Auf der anderen Seite bewirkt gerade die Gegenspekulation, dass die Übertreibungen auch wieder abgebaut werden. Außerdem ist von Vornherein oft schwer zu unterscheiden, wer nun Spekulant ist und wer nicht.

Einen eleganteren Ansatz zur Eindämmung von *Finanzmarktspekulationen* hat der US-amerikanische Ökonom und Nobelpreisträger James Tobin (1918–2002) vorgeschlagen. Seine *Tobin-Tax* ist eine Steuer auf Finanzmarkttransaktionen, die zumindest ein wenig „Sand ins Getriebe" der Spekulanten streuen soll. Auf jede Transaktion soll dabei eine geringe Steuer erhoben werden. Für diejenigen, die langfristig orientiert anlegen, spielt sie keine nennenswerte Rolle, da sie eben selten fällig wird: beim Kauf zum ersten Mal und nach langer Zeit beim Verkauf zum zweiten Mal. Kurzfristige „Zocker" hingegen müssen für denselben Anlagebetrag bei ihrem regelmäßigen rein-und-raus in bzw. aus Anlagen sehr häufig Steuern bezahlen und überlegen sich so möglicherweise, ihr Geld vielleicht doch langfristiger anzulegen. Entscheiden sie sich dagegen, hat der Staat und damit die Gesellschaft immerhin zusätzliche Einnahmen.

2.3.3.5.3 Angebotsanomalien

Marktversagen bei der Herstellung des Gleichgewichtes kann auch im Fall von Angebotsanomalien zustande kommen. Sie liegen dann vor, wenn die Angebotskurve mit fallendem Preis zunimmt. Dies könnte beispielsweise am Arbeitsmarkt im Niedriglohnsektor der Fall sein (vgl. Abb. 2.49 und Kap. 3.5.2.5.3.1). Wenn hier (bei gegebenem Güterpreisniveau) der in EUR/h gemessene Nominallohn (W) fällt, könnten sich die Beschäftigten gezwungen sehen, ihr Arbeitsangebot (A^S) auszuweiten. Das ist dann der Fall, wenn bei unverändertem Stundenumfang und gesunkenem Stundenlohn die materielle Existenz nicht mehr ausreichend gesichert ist. Um sich dann noch über Wasser halten zu können, bedarf es einer stundenmäßigen Ausweitung des Arbeitsangebotes.

Sofern das Marktgeschehen nicht zufällig im Gleichgewicht bei W^* sondern darunter bei W_1 startet, sorgt der Preismechanismus – jedenfalls dann, wenn die Arbeitsangebotskurve flacher fällt als die Arbeitsnachfragekurve seitens der Unternehmen – für eine *eigendynamische Verschärfung* des Ungleichgewichtes. Bei W1 war bereits das Arbeitsangebot mit A^S_1 größer als mit A^D_1 die Nachfrage nach diesem Faktor. In Höhe der Differenz bestand *unfreiwillige Arbeitslosigkeit*. Diejenigen unter den Arbeitswilligen, die nicht im gewünschten Umfang beschäftigt wurden, treten nun in Konkurrenz um die zu knappen Arbeitsplätze und drücken über Lohnzugeständnisse den Marktpreis nach unten. Fällt nun der Lohn auf W_2, verschärft sich die Arbeitslosigkeit, da die Nachfrage nach dem Faktor (A^D_2) weniger stark ansteigt als das Angebot (A^S_2). Praktisch wären immer mehr Beschäftigte bei immer schlechteren Stundenlöhnen genötigt einen Zweit- oder gar einen Drittjob anzunehmen.

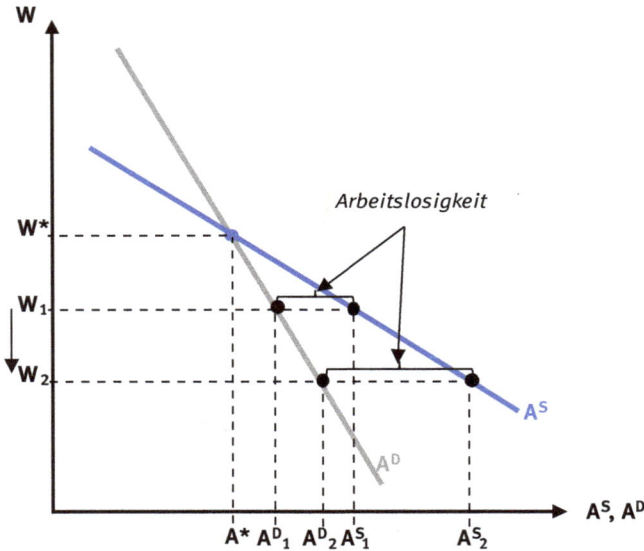

Abb. 2.49: Angebotsanomalie am Arbeitsmarkt. Quelle: eigene Darstellung.

Der Preismechanismus erfüllt hier die ihm zugedachte Aufgabe der Markträumung nicht, im Gegenteil, das *Marktversagen* wird immer größer. An dieser Stelle ist der Staat gefordert. Um ein weiteres Abrutschen zu verhindern, sollte er *Mindestlöhne* (vgl. Kap. 3.5.2.5.2.3) einführen. Je dichter sie an W^* liegen, umso mehr nimmt die Arbeitslosigkeit ab. Zugleich wird so die sozialpolitisch unhaltbare Situation von Hungerlöhnen beseitigt. Interessanter Weise hatte bereits die Gallionsfigur des Ordoliberalismus (vgl. Kap. 8.3.3), Walter Eucken (1891–1950), auf die Möglichkeit einer solchen Notwendigkeit hingewiesen: „Wenn sich [...] das Angebot auf einem Arbeitsmarkt nachhaltig anomal verhalten sollte, würde die Festsetzung von Minimallöhnen akut werden" (1990, S. 304).

2.3.3.5.4 Strukturkrisenproblematik bei hohen Sunk Costs

Unternehmen können kurzfristig auch dann noch im Markt bleiben, wenn der Preis zwar nicht die gesamten Durchschnittskosten deckt, aber immerhin die durchschnittlichen variablen Kosten übersteigt. Dann entstehen *positive Deckungsbeiträge*, die immerhin einen Teil der *Fixkosten* decken und so die Verluste verringern. Ändert sich diese Konstellation längerfristig nicht, so hatten wir argumentiert, werden die Unternehmen ihre Produktion einstellen. Ein solches Problem kann insbesondere dann eintreten, wenn die Branche mit einer *Strukturkrise* konfrontiert ist. Im Zuge einer solchen Krise geht die Nachfrage nach den produzierten Gütern nachhaltig zurück, weil sie kaum noch gebraucht oder im Ausland deutlich billiger produziert werden. Im Inland bleibt nur noch eine kleine Restnachfrage übrig, es entstehen langfristig Überkapazitäten. Angesichts einer solchen langfristigen Perspektive nicht mehr kostendeckender Preise ergibt es keinen Sinn mehr, im Markt zu verbleiben. Genaugenommen ist die Entscheidung, ob es zum Marktaustritt kommt, aber abhängig vom Grad der Irreversibilität insbesondere der Fixkosten. Nehmen wir der Einfachheit halber an, die Fixkosten bestehen bei einer 100-prozentigen Fremdfinanzierung des Anlagenbestandes nur aus der Annuität des noch über 10 Jahre hinweg zu leistenden Schuldendienstes.

Sind die Produktionsanlagen so universell nutzbar, dass sie auch noch in anderen Branchen zur Produktion eingesetzt werden können, kann ein Unternehmen vergleichsweise problemlos aus dem Markt ausscheiden. Es verkauft seine Anlagen und begleicht damit seine Schuld oder zumindest einen Großteil davon. Sollte es sich aber um Spezialmaschinen handeln, die anderweitig nirgendwo eingesetzt werden können, oder um vollkommen unbewegliches Sachkapital, wäre der Ausstieg mit hohen *irreversiblen Sunk Costs* verbunden. Der Verkauf der Produktionsanlagen wäre nicht möglich, die Ausgaben dafür sind für immer versunken. Die Fixkosten in Form der Annuität können dementsprechend über die 10-jährige Restlaufzeit der Finanzierung nicht abgelöst werden. Angesichts dessen ergibt es bei positiven Deckungsbeiträgen Sinn, auch über die nächsten 10 Jahre noch weiter zu produzieren und Produktionsfaktoren an sich zu binden, obwohl die Situation langfristig aussichtslos ist und Jahr für Jahr Verluste entstehen. Je höher die Sunk Costs sind, umso größer ist damit die Gefahr einer derartig ruinösen ausweglosen Situation.

Ist die Sunk-Cost-Konstellation branchenweit so üblich, ist der Marktprozess nicht flexibel genug, eine gesellschaftlich eigentlich sinnvolle Umstrukturierung zu ermöglichen, indem die Branchenkapazitäten abgebaut werden. Die Politik könnte dieses Marktversagen durch eine Erleichterung des Marktaustritts durch Abwrack- oder Stilllegungsprämien abmildern. Auch könnte der Staat Mindestpreise verordnen (vgl. Kap. 2.3.2.3.2). Alternativ konnte der deutsche Staat nach dem Gesetz gegen Wettbewerbsbeschränkungen (GWB) (vgl. Kap. 3.2.2.6.1) auch *Strukturkrisenkartelle*, wie zum Beispiel in der Stahl- und Werftindustrie, zulassen. Durch sie wurde der Wettbewerb in den betroffenen Branchen bewusst aufgehoben und ein geordneter Kapazitätsabbau eingeleitet. Die Maßnahmen sollten aber insofern ausgewogen sein, als sie den unvermeidbaren Kapazitätsabbau nicht auf den Sankt-Nimmerleins-Tag verschieben.

2.3.3.5.5 Schweinezyklen

Marktversagen droht ebenfalls im Zuge eines sogenannten Schweinezyklus. Eine derartige Problematik ist zu befürchten, wenn das Angebot stark verzögert auf Preissignale reagiert, eine Lagerung von Überschüssen nicht gelingt und die aktuellen Preise als Indikator für das zukünftige Angebotsverhalten dienen. Zwar wurde das Dilemma zuerst auf dem Markt für die Ferkelzucht festgestellt, heutzutage ist es aber insbesondere auch auf dem *Arbeitsmarkt für Akademiker* relevant. Immer wieder klagen beispielsweise die Unternehmen, dass sie entweder mit einem Engpass an Ingenieuren zu kämpfen haben oder aber einer Ingenieursschwemme ausgesetzt sind (vgl. den folgenden Kasten „Krise treibt Erstsemester in Studiengänge für Ingenieure").

> **„Krise treibt Erstsemester in Studiengänge für Ingenieure**
>
> In der Wirtschaft wächst derzeit die Sorge, dass mit der Krise und den zurückgehenden Einstellungen auch von Ingenieuren sich das zuletzt leicht gewachsene Interesse des Nachwuchses an diesen Mangelfächern wieder verflüchtigt. So warnte etwa der Präsident der Deutschen Akademie der Technikwissenschaften (Acatech), BMW-Aufsichtsratschef Joachim Milberg, bereits vor einer „gefährlichen Abwärtsspirale" [...] damit sich der berüchtigte „Schweinezyklus" der 90er-Jahre nicht wiederhole. Die damalige „Ingenieurschwemme" – so die landläufige Lesart – schreckte den Nachwuchs ab, so dass Ingenieure im folgenden Aufschwung zur Mangelware wurden und bis heute blieben. [...]" (Handelsblatt 2009, S. 19)

Ursächlich dafür ist erstens, dass eine Generation von Schulabgängern ihre Entscheidung für ein Studienfach u. a. von den nach Studienabschluss zu erwartenden Gehältern abhängig macht. Da diese zukünftigen Gehälter nicht bekannt sind, wird oftmals ersatzweise als Prognose das aktuelle Gehaltsniveau angesetzt. Wenn gerade ein Engpass an Ingenieuren besteht, reißen sich die Unternehmen um die knappen Fachkräfte und bieten zurzeit hohe Gehälter. Dies bewegt viele Erstsemester, ein Ingenieursstudium aufzunehmen. Nach der üblichen Studiendauer kommen dann vergleichsweise viele Absolventen nahezu zeitgleich auf den Markt. Der bisherige Engpass wird durch ein Überangebot abgelöst, so dass die Gehälter fallen. Nicht benötigte Ingenieure werden sich im Laufe der Zeit umorientieren und in andere Berufe abwandern. In der dann neuen Erstsemestergeneration nimmt daraufhin das Interesse am Ingenieursstudium rapide ab, schließlich sind fallende Gehälter und die beobachtete Gefahr, am Ende ohne Arbeitsplatz zu bleiben, kein Aushängeschild für eine solche Ausbildung. Sobald dann in Zukunft die ersten altersbedingten Berufsausstiege zu verzeichnen sind, können die Lücken nur noch unzureichend durch Nachwuchs aufgefüllt werden. Das Marktsegment befindet sich wieder in der Ausgangssituation eines Engpasses.

Der Markt befindet sich hier zumindest für längere Zeit nicht in einem soliden Gleichgewicht, regelmäßig wechseln sich Phasen der Unter- und der Überversorgung ab. Eine Stabilisierung des Marktgeschehens könnte insbesondere durch das Herstellen verbesserter langfristiger Planungssicherheit erfolgen. Mit Aufklärungsarbeit und Prognosen sollte bei längerfristig drohenden Engpässen ein zusätzliches Angebot beworben, bei längerfristig drohenden Überschüssen potenzielle Anbieter eher gewarnt werden. Sofern es um die Problematik der Ausbildung geht, sollte die Entwicklung darüber hinaus auch in der Planung von Ausbildungskapazitäten berücksichtigt werden. Vor allem sollten weit vor (!) sich abzeichnenden Engpässen ausreichend Lehrkapazitäten zur Verfügung stehen.

2.3.3.6 Exkurs: Politikoptionen im angespannten Mietwohnungsmarkt
2.3.3.6.1 Stilisierte Fakten

Sehr kontrovers wird seit geraumer Zeit über die angespannte Situation am Mietwohnungsmarkt diskutiert. Angesichts großer Knappheiten und scheinbar grenzenloser Mietpreissteigerungen vor allem in den Großstädten (vgl. Abb. 2.50) reicht das Spektrum der wirtschaftspolitischen Empfehlungen von marktwirtschaftlichen Lösungen, über Verschärfen von Mietpreisbremsen bis hin zur Enteignung von Immobilieneigentümern.

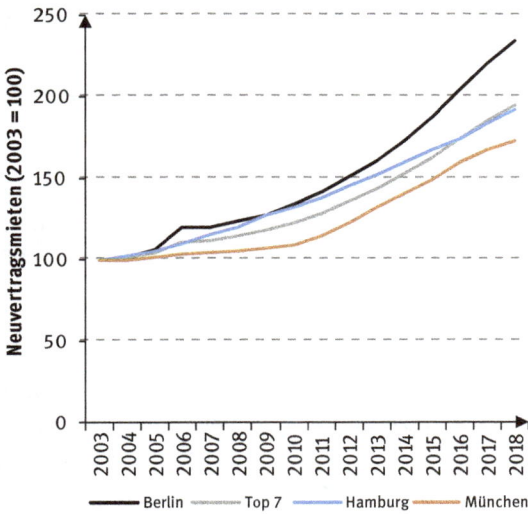

Abb. 2.50: Neuvertragsmieten in deutschen Großstädten Top 7: Berlin, Düsseldorf, Frankfurt, Hamburg, Köln, München und Stuttgart. Quelle: vdp reserach (2020) und eigene Berechnungen.

Das Immobilienvermögen ist in Deutschland „analog zu anderen Vermögenspositionen sehr ungleich zwischen Gering- und Gutverdienenden, Alten und Jungen, Erwerbs- und Nichterwerbstätigen sowie zwischen Westdeutschland und Ostdeutschland verteilt. Dennoch verfügt rund die Hälfte der Bevölkerung über Haus- und Grundbesitz. Das reichste Fünftel der 50 Prozent besitzt aber 75 Prozent des gesamten Immobilienvermögens. In den letzten Jahren war hier keine merkliche Veränderung der Verteilung zu erkennen" (Clamor/Henger 2013, S. 1). Von allen Wirtschaftszweigen sind bezogen auf die Wohnungsvermietung die *Brutto- und Nettoanlagevermögen* zu Wiederbeschaffungspreisen mit 8.319,4 Mrd. EUR (49,5 Prozent) bzw. 5.005,8 Mrd. EUR (52,6 Prozent) mit Abstand am höchsten (vgl. Institut der deutschen Wirtschaft 2017, S. 30). Der *Modernisierungsgrad* der Immobilienwirtschaft (gemessen in: Nettoanlagevermögen in Prozent des Bruttoanlagevermögens), als gesamtwirtschaftliche Branche „Grundstücks- und Wohnungswesen", kam in 2014 auf 60,2 Prozent. Im Jahr 1991 lag er noch bei 68,4 Prozent. Die starke Modernitätsabnahme korreliert hier signifikant mit einer nur geringen Bautätigkeit – trotz Wiedervereinigung. Die jahresdurchschnittliche Wachstumsrate der *privaten Bauinvestitionen* (deflationiert) war in Deutschland von 2000 bis 2017 mit −0,3 Prozent sogar negativ und die *staatlichen Bauinvestitionen* lagen mit einem negativen Wachstumswert von jahresdurchschnittlich −1,0 Prozent noch darunter (vgl. Statistisches Bundesamt 2018, eigene Berechnungen).

Im Jahr 2017 gab es in Deutschland rund 300.000 Unternehmen in der Immobilienwirtschaft mit 478.000 Erwerbstätigen, davon 422.000 abhängig Beschäftigten und entsprechend 56.000 Selbständigen. Die Bruttowertschöpfung lag bei 317,8 Mrd. EUR, was einen Anteil von 10,8 Prozent an der gesamten deutschen Wertschöpfung ausmachte. Die Brutto-Einkommen der Beschäftigten sind mit jahresdurchschnittlich gut 28.000 EUR niedrig. Die Gesamtwirtschaft kam hier 2017 auf einen Wert von 34.000 EUR. Von 2000 bis 2017 hat sich dabei außerdem die Verteilungsposition der abhängig Beschäftigten in der Immobilienwirtschaft jahresdurchschnittlich um −1,5 Prozentpunkte verschlechtert (vgl. Bontrup 2018, S. 60 ff.).

Die *Wohneigentumsquote* ist in Deutschland, wie oben schon erwähnt, auch im Vergleich zu anderen Ländern in der EU, mit nur rund 50 Prozent schwach ausgeprägt, was im Umkehrschluss bedeutet, dass fast die Hälfte der Menschen hier zu Lande zur Miete wohnen. In Berlin sind es von allen Bundesländern mit ca. 86 Prozent die meisten und im Saarland mit 37 Prozent die wenigsten Haushalte, die von einem Vermieter abhängig sind. Schön ist es, wenn man eine Immobilie erbt. Der Erbe hat selbst dafür nichts geleistet, kann aber aus den Früchten der Vergangenheit schöpfen: Er kann die Immobilie entweder vermieten oder sie selbst nutzen, was bei Vermietung einen Mietertrag verspricht und bei Selbstnutzung eine ansonsten zu zahlende Miete (Opportunitätskosten) einspart, sodass er die Summe anderweitig verwenden kann. Gesellschaftlich optimal wäre es natürlich, wenn alle Menschen Wohneigentum hätten. Nur, dann könnten alle heutigen Vermieter aber den Mehrwert in Form der Mieteinnahmen, die nicht der Vermieter, sondern der Mieter erwirtschaften muss, nicht mehr abschöpfen.

2.3.3.6.2 Wohnung als Ware im Kapitalismus

Der sich bei der Mietzahlung offenbarende Doppelcharakter (für den Mieter sind es Kosten und für den Vermieter Einkommen) zeigt die Widersprüchlichkeit der marktwirtschaftlich-kapitalistischen Ordnung und ihrer Warenbeziehungen. Die Wohnung wird als *Ware* gehandelt und dabei dominiert das Kapital. Dies ist verfassungsrechtlich im Grundgesetz (Art. 14 und 12 GG) so gewollt und abgesichert. Die Dominanz des Kapitals drückt sich bereits im Begriff „*Kapitalismus*" aus. Alle Beziehungen in dieser Ordnung sind Warenbeziehungen, einschließlich des ständigen Verkaufs der Ware Arbeitskraft. Karl Marx schrieb im ersten Band seines „Kapitals": „Der Reichtum der Gesellschaften, in welchen kapitalistische Produktionsweise herrscht, erscheint als eine ‚ungeheure Warensammlung', die einzelne Ware als seine Elementarform" (Marx 1974, S. 49).

Warum sollten die Waren Wohnung oder Immobilie als Warenbeziehung im Kapitalismus ausgeschlossen sein? Auch die Wohnung gehorcht den kapitalistischen Gesetzen einer erweiterten Kapitalakkumulation. Geldkapital wird von Vermögenden vorgeschossen, durch Produktion in eine Ware (hier in eine Wohnung) transformiert und durch Verkauf bzw. Vermietung in ein vermehrtes Geldkapital wieder zurückverwandelt. Dies ist ein sich ständig wiederholender kapitalistischer Prozess, wobei das vermehrte Geldkapital, relativiert in einer *Profitrate* (Gewinn in Relation zum eingesetzten Kapital), maximiert werden soll (vgl. Kap. 3.3.2.2).

Hier gilt auch auf den Immobilienmärkten, dass die Kapitaleigner und Mehrwertaneigner andere für sich arbeiten lassen. Der Mieter muss für Miete, die an den Vermieter fließt, arbeiten und zahlt über den Mietpreis den Mehrwert. Dabei spielen die jeweiligen Konkurrenzbedingungen auf der anbietenden Marktneben- und der nachfragenden Marktgegenseite eine mitentscheidende Rolle. Eine Überschussnachfrage bedeutet auch hier einen Vorteil für die Anbieter (Vermieter), weil die Nachfrager (Mieter) um eine knappe Ware verstärkt konkurrieren, et vice versa. Dies zeigt sich dann letztlich im Miet- oder auch im Häuserpreis, wenn man darüber die Marktgesetze frei entscheiden lässt. Kommt es auf den Märkten zu einem Gleichgewicht, werden alle Vermieter und alle Mieter befriedigt, die bereit und in der Lage sind, den sich herausbildenden Gleichgewichtsmietpreis zu zahlen. Dies ist aber nur ein statischer fiktiver Zustand, der realiter so nicht existiert. Außerdem gehen alle Mieter, die den Gleichgewichtsmietpreis nicht bezahlen können, leer aus.

Aber es gehen auch Anbieter (Vermieter) zum Gleichgewichtspreis leer aus, die zu ihren gewünschten höheren Mietpreiskalkulationen keinen Mieter finden. Auch auf Immobilienmärkten gibt es einen *Prohibitivpreis*. Dadurch kommt es in beiden Fällen, bei den Mietern aber wohl mehr, zu womöglich extremen Stresssituationen. Der Grund: die Wohnung ist eine besondere Ware, genauso wie die Arbeitskraft auf den Arbeitsmärkten. So wie die abhängig Beschäftigten auf einen Unternehmer angewiesen sind, der sie nachfragt und ihnen damit überhaupt erst einen ökonomischen Wert verleiht, so sind auf eine Wohnung als *Basisgut* sogar alle Menschen angewiesen, hier gibt es keine Substitutionsmöglichkeit, es sei denn man akzeptiert Obdachlosigkeit.

Wohnung ist aber nicht gleich Wohnung. Hier gibt es gravierende Unterschiede im *Gebrauchswert* wie Größe und Ausstattung und nicht zuletzt spielt die Lage, das Wohnumfeld, der Wohnung, des Hauses, eine entscheidende Rolle bei der jeweiligen Bestimmung des *Tauschwertes* (Haus- und Mietpreises). Wie bei jeder Ware gilt auch für die Mietpreisbildung für Wohnraum, dass aus Anbieter-(Vermieter-)sicht die Produktionskosten plus einem Gewinnaufschlag garantiert sein müssen. Für die Nachfrager (Mieter) sind das Einkommen und Vermögen sowie die Kreditwürdigkeit entscheidend. Das Hochinteressante ist dabei, dass auf dem Wohnungsmarkt selbst weder über die Produktionskosten von Wohnraum noch über das Einkommen oder Vermögen sowie über die Kreditwürdigkeit der Mieter entschieden wird, sondern sich dies auf ganz anderen Märkten, mit ganz anderen Wettbewerbs- und/oder Marktmachtbedingungen abspielt. Bevor die Ware Haus oder Wohnung überhaupt auf den

Immobilienmärkten in Erscheinung tritt, haben hier schon in erster Linie Architekten, Statiker, Bauunternehmen, Handwerker bis zu Gartenbauunternehmen und auch der Staat über Gebühren und Steuerzahlungen profitiert. Bezieht man neben der *Kaltmiete* notwendigerweise die *Mietnebenkosten* (die sogenannte „zweite Miete") mit ein, so sind hier die Profiteure die Energieversorgungsunternehmen, Versicherungen und andere Dienstleistungsunternehmen. Außerdem dürfen wir die Banken mit ihrer Finanzierungs- und Profitfunktion beim Bau oder auch beim Kauf einer Immobilie und damit letztlich einer Wohnung nicht vergessen.

Trotzdem könnten aber, ohne den Kapitalismus aufgeben zu müssen, alle heutigen Mieter *Wohnungseigentümer* werden. Dadurch würden die grundsätzlich weiterbestehende (konstituierende) Ausbeutung bzw. Mehrwertproduktion mit Zinsen und Profit durch die abhängig Beschäftigten aufgehoben und der Kapitalismus nicht abgeschafft werden. Auf jeden Fall würde aber die gesellschaftliche Verteilung ein Stück weit gerechter werden. Warum werden dann nicht alle Wohnungseigentümer? Bei den meisten Menschen reichen das *Einkommen* und *Vermögen* nicht aus, um sich eine Immobilie anzuschaffen, selbst bei niedrigsten Zinsen am Kapitalmarkt. Andere wollen sich von einer eigenen selbstgenutzten Immobilie – auch aus beruflichen Gründen – nicht abhängig machen und wohnen deshalb bewusst nur zur Miete; was aber nicht heißt, dass sie sich auf Grund ihrer Einkommens- und Vermögensverhältnisse trotzdem eine Wohnung oder ein Haus als Kapitalanlage anschaffen und vermieten könnten.

Immobiliengesellschaften und ihre Profitausrichtung

Die meisten Vermieter in Deutschland sind private Kleinanbieter oder Amateurvermieter, die eine oder zwei bis drei Wohnungen vermieten. Daneben gibt es professionelle-gewerbliche Anbieterunternehmen als Genossenschaften, kommunale Wohnungsgesellschaften, industrie- und werksverbundene sowie kirchliche Wohnungsunternehmen als auch börsennotierte private Immobiliengesellschaften, die man aber eher als Finanzinvestoren bezeichnen muss.

Zurzeit gibt es in Deutschland acht Immobilienkonzerne (Vonovia SE, Deutsche Wohnen SE, LEG Immobilien AG, TAG Immobilien AG, Grand City Properties S. A., Akelius Residential Property AB, Adler Real Estate AG und die Buwog AG), die jedoch alle zusammen nur auf einen Marktanteil von weit unter 3 Prozent kommen. Das mit Abstand größte Unternehmen ist hier die Vonovia SE, gefolgt von der Deutsche Wohnen SE. Beide Unternehmen werden in der Rechtsform einer Europäischen Aktiengesellschaft geführt. Ein Grund dafür ist sicherlich auch, so die unternehmerische Mitbestimmung für die Beschäftigten unterbinden zu können.

Die Vonovia SE bewirtschaftete 2018 mit ca. 10.000 Beschäftigten rund 358.000 Wohnungen in fast allen attraktiven Städten und Regionen Deutschlands. Dazu kommt ein Bestand von rund 23.000 Wohneinheiten in Österreich und rund 14.000 Wohnungen in Schweden. Neben den eigenen Wohnungen verwaltet Vonovia auch noch ca. 84.000 Wohnungen für Dritte. Das Vermögen und Kapital der Vonovia lag Ende 2018 bei 49,4 Mrd. EUR; davon waren 19,7 Mrd. EUR Eigenkapital, was einer Eigenkapitalquote von fast 40 Prozent entsprach. Das Eigentum der Vonovia befindet sich zu 93,1 Prozent im Streubesitz. Nach der Definition des Streubesitzes der Deutsche Börse AG ist der größte Einzelaktionär die norwegische Staatsbank Norges Bank. Bei der börsennotierten Marktkapitalisierung kommt das noch junge Unternehmen Vonovia auf einen Wert von rund 25 Mrd. EUR (vgl. Geschäftsbericht Vonovia SE 2018).

Was sind hier die entscheidenden Unterschiede zu den in die öffentliche Kritik geratenen Immobiliengesellschaften als Finanzinvestoren (Private-Equity-Investoren; grundsätzlich zu Finanzinvestoren vgl. Kap. 3.4.6)? Zunächst einmal muss konstatiert werden, dass sie ihre Existenz einem Politikversagen verdanken. Im Zuge einer neoliberalen Austeritätspolitik veräußerten die Kommunen ihre im öffentlichen Eigentum befindlichen Wohnungen, meist zu nur geringen Verkaufspreisen, an Finanzinvestoren, die nun versuchen, eine maximale Profitrate zu generieren. Hinzu kam ein massiver Verkauf von Werkswohnungen im Zuge einer neoliberalen Shareholder-Value-Strategie von privatwirtschaftlichen Unternehmen, die ab Mitte der 1990er-Jahre Werkswohnungen nicht mehr zu ihrem Kerngeschäft zählten und sich damit gleichzeitig einer sozialen Verantwortung bezüglich ihrer Beschäftigen entzogen.

Die börsennotierten Immobiliengesellschaften bieten ihren Finanzinvestoren eine Anlagemöglichkeit für ihr Geldkapital. Dies ist in Zeiten von niedrigen nominalen Zinssätzen (real sogar negativen Zinssätzen) und schrumpfenden Anlagegegebenheiten attraktiv. Selbst die im Vergleich zur Gesamtwirtschaft in der Immobilienwirtschaft traditionell nur gering ausfallenden Profitraten in Höhe von 5 bis 7 Prozent vor Ertragsteuern werden hier interessant und lenken das Geld immer mehr in das „Betongold". Um dabei die Immobilienanlage als „wertvoll" erscheinen zu lassen, erlaubt die derzeitige Politik den börsennotierten Immobilienunternehmen eine bilanzielle Bewertung ihrer als Finanzinvestitionen (Investment Properties) gehaltenen Wohnungsbestände zu jeweiligen Marktpreisen nach IFRS (International Financial Reporting Standards).

Diese Bewertung ist nach deutschem Bilanzrecht (HGB) verboten, das nur eine Bewertung des Sachanlagevermögens zu originären Anschaffungs- und Herstellungskosten erlaubt. Da es sich aber bei den börsennotierten Immobilienunternehmen um Finanzinvestoren handelt, die ihre Immobilien zur potenziellen Veräußerung halten, können die Wohnungsbestände auch zu Marktpreisen (Verkehrswerten) und damit wesentlich höher bewertet werden als zu den originären Anschaffungs- oder Herstellungskosten.

So hat die Vonovia SE in ihrem Bewertungsergebnis von 2012 bis 2018 mit kumuliert gut 12,6 Mrd. EUR genauso hohe Erlöse wie aus der Immobilienbewirtschaftung mit ebenfalls 12,6 Mrd. EUR erzielt bzw. ausgewiesen. Dies zeigt das Ausmaß des politisch erlaubten Bewertungsspielraumes. Die Marktpreisbewertungen erhöhen in der Bilanz das Eigenkapital und führen in der Gewinn- und Verlustrechnung zu hohen Buchgewinnen und infolge zu einer zweistelligen Eigenkapitalrendite vor Ertragsteuern. Zieht man hier beispielsweise bei der Vonovia im Jahr 2018 das Bewertungsergebnis (3.517,9 Mio. EUR) vom ausgewiesenen Ergebnis (3.874,3 Mio. EUR) ab, so verbleiben von den Erlösen aus der Immobilienbewirtschaftung und aus der Veräußerung von Immobilien und Immobilienvorräten lediglich noch 356,4 Mio. EUR an Gewinn vor Steuern übrig. Bezogen auf den ebenfalls bereinigten Eigenkapitaleinsatz verbleibt dann auch bei Vonovia, dem selbst größten deutschen börsennotierten Wohnungsunternehmen, eine für die Wohnungswirtschaft in Deutschland übliche Rendite von nur gut 5 Prozent vor Ertragsteuern (vgl. Bontrup 2018, S. 71 ff.).

Der Gewinn und die reale Rendite reichen dabei aber nicht, um die angelockten Shareholder mit hohen Dividendenzahlungen in bar befriedigen zu können. Deshalb muss dem Unternehmen durch die Ausgabe neuer Aktien und durch Kredite (Verschuldung) Liquidität zugeführt werden. Das Unternehmen muss deshalb durch externe Zukäufe und interne Investitionen sowie Modernisierungen ständig wachsen und dazu die Mietpreise erhöhen, was bei vielen einkommensschwachen Mietern Sorgen auslöst. Sind hier Mietpreissteigerungen irgendwann nicht mehr möglich und steigen angesichts der hohen Verschuldung die Zinsen, droht der Vonovia SE ein womöglich existenzgefährdender wirtschaftlicher Einbruch.

2.3.3.6.3 Ökonomische Analyse der Situation am Wohnungsmarkt

In einer ökonomischen Analyse der gegenwärtigen Situation des Wohnungsmarktes (vgl. Abb. 2.51) sind vor dem gesamten aufgezeigten Hintergrund mehrere *Besonderheiten* zu berücksichtigen:

1. Mit der Vermietung von Wohnraum wird eine Dienstleistung angeboten, die den Charakter eines Basisgutes hat. Jeder Mensch braucht ein Dach über dem Kopf. Dabei sind die *regionalen Ausweichmöglichkeiten* in der Regel stark begrenzt, da der gewünschte Wohnort zumeist eng an den Arbeitsplatz gekoppelt ist. Insofern wird man zunächst versuchen, in der Wunschregion fündig zu werden. Erst wenn dies nicht oder nicht zu erschwinglichen Preisen gelingt, wird man auf das weitere Umland ausweichen. Vor diesem Hintergrund ist eine geringe *Preiselastizität* der Nachfrage zu erwarten: Selbst mit steigendem Mietpreis kommt es zunächst kaum zu einem Nachfragerückgang, sodass die Nachfragekurve im Diagramm steil verläuft. Erst ab einem hohen *Prohibitivpreis* (M_p) tendiert die Nachfrage vor Ort in Richtung null. Die Miete wäre dann so hoch, dass selbst der Zahlungswilligste sie in diesem Segment als unbezahlbar ansieht.

2. Es ist zu bezweifeln, dass die geforderte Kaltmiete sich strikt an der *Preis-gleich-Grenzkosten-Regel* orientiert. Verfügt ein Vermieter noch über unvermietete Wohnflächen, sind mit ihrer Vermietung kaum Grenzkosten verbunden. Allenfalls die rein abnutzungsbedingte Wertminderung fallen hier als Zusatzkosten an, wenn die Wohnung vermietet wird. Dagegen fallen Fixkosten in Form der üblicherweise monatlich zu entrichtenden Zinszahlungen und des altersbedingten Wertverzehrs deutlich höher aus. Eine Vermietung zu niedrigen Grenzkosten nach dem Motto „wenig Miete ist besser als nichts" würde aufgrund des gesetzlichen Kündigungsschutzes einmal eingezogener Mieter die spätere Möglichkeit zu ei-

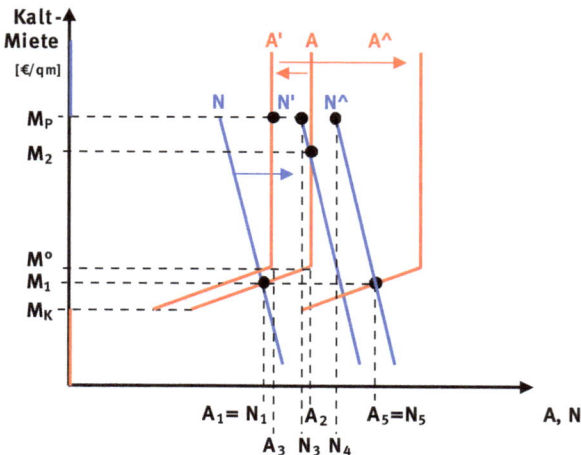

Abb. 2.51: Wohnungsmarktanalyse. Quelle: eigene Darstellung.

ner Vollkostendeckung oder gar einer Rendite für längere Zeit ausschließen. Da die regelmäßig anfallende Zinsbelastung sehr präsent ist, würde man bei nicht kostendeckenden Mieten (M_K) wohl zunächst einmal die Wohnung leerstehen lassen, statt sie zu niedrigen Grenzkosten zu vermieten. Insofern spricht vieles dafür, dass sich das *Angebotsverhalten* zumindest bei den aktuellen Knappheiten eher an einer Vollkosten- als an einer Grenzkostendeckung orientiert.

Ab der Untergrenze M_K nimmt das Angebot an noch freien Wohnungen mit höher werdendem Mietpreis zu. Hierin offenbaren sich unterschiedliche individuelle Vorstellungen – auch in Abhängigkeit der im Einzelfall zu entrichtenden Zinsen – über den erforderlichen Preis, um die Wohnung zur Verfügung zu stellen. Darüber hinaus gibt es kurzfristig eine Kapazitätsgrenze, die hier bei $A°$ liegt.

3. Analytisch lässt sich „der" Wohnungsmarkt schlecht abgrenzen. In Anbetracht fehlender Ausweichmöglichkeiten für beide Seiten des Marktes ist nur die Situation in der betrachteten *Region* relevant, wobei in der Untersuchung die Grenzen zum Umland diffus sind und in Anhängigkeit von der Miethöhe in der Kernregion variabel bleiben (s. o.). Darüber hinaus werden Wohnungen unterschiedlicher Größe und Wohnqualität angeboten und nachgefragt. Dennoch macht es akademisch Sinn, sich auf ein regional eng abgegrenztes Mustersegment mit einer gegebenen Wohnungsgröße und Qualität zu konzentrieren. Denn im Großen und Ganzen handelt es sich um ein System „kommunizierender Röhren", in dem sich in allen relevanten Teilmärkten ausgehend von unterschiedlich hohen Mietniveaus zumindest eine ähnliche Entwicklung vollzieht. A bzw. N steht dann im Diagramm für die Anzahl der angebotenen bzw. nachgefragten Musterwohnungen.

Hervorzuheben ist für die Analyse, dass es nur um Angebot und Nachfrage geht, die gerade am Markt auch präsent sind, also um *neu abzuschließende Mietverträge*. Das Angebot setzt sich zusammen aus zuvor nicht vermieteten, aus durch normale Fluktuation frei gewordenen und aus neu gebauten Wohnungen. Die Rückkoppelung zu den *Bestandsmietverträgen* ist ansonsten vernachlässigbar gering. Selbst wenn sich zwischenzeitlich höhere Mieten realisieren ließen, verhindert der gesetzliche Kündigungsschutz, dass einmal belegte Wohnungen gegen den Willen der Mieter wieder auf dem Markt angeboten werden, es sei denn, man greift auf halblegale oder gar illegale Methoden zurück, um Mieter zu vertreiben. Auch bei denjenigen, die bereits eine Wohnung in der Region haben, besteht allenfalls eine latente Nachfrage nach noch freien Wohnungen. Dazu müsste die neue Bleibe preislich bzw. qualitativ so viel vorteilhafter sein, dass sich der hohe Aufwand eines Umzugs lohnt. Das Angebot bildet in der Analyse also primär nur die noch nicht belegten Wohnungen ab, die Nachfrage vorrangig diejenigen, die noch keine Wohnung haben.

In der Ausgangssituation wird die Nachfrage durch die Kurve N, das Angebot durch die Kurve A geprägt. Der Markt pendelt sich hier auf einem gleichgewichtigen Niveau mit $A_1 = N_1$ neu vermieteten Wohnungen ein. Die Miete, die hier annahmegemäß die Vollkosten abdeckt, beläuft sich auf M_1 und orientiert sich an den

Vorstellungen des Grenzanbieters. Bereits hierbei gibt es Vermieter, die Profite erwirtschaften, da sie schon mit geringeren Mietzahlungen zur Kostendeckung zufrieden wären. Allerdings werden auch nicht alle verfügbaren Wohnungen in Höhe von A_2 vermietet. Hier wird lieber auf eine Verbesserung der Mietpreise gewartet. Außerdem wurden nicht alle, die eine Wohnung suchten, versorgt. Da ihnen M_1 als Miete zu hoch erschien, haben sie sich bewusst gegen eine Wohnung entschieden und werden entweder ins Umland umziehen oder in ihren bisherigen Verhältnissen (z. B. bei den Eltern) weiter wohnen.

In der Folgeperiode werden annahmegemäß bei unveränderter Angebotskurve A wieder so viele Wohnungen wie zuvor zur Neuvermietung angeboten. Allerdings hat sich die Nachfrage strukturell erhöht, d. h. zu jedem denkbaren Preis auf der Ordinate ist die Nachfrage höher als zuvor; es resultiert so die neue Nachfragekurve N'. Dafür sind mehrere Ursachen denkbar: neues Arbeitsplatzangebot in der Region, Zunahme an Studierwilligen vor Ort, Zuwanderung aus dem Inland (z. B. wegen Stadtflucht) und dem Ausland (z. B. Zuwanderung von Arbeitskräften, Flüchtlinge) oder neues Wohnverhalten (z. B. Trend zu Single-Wohnungen, Landflucht). In der Konsequenz wird die Angebotskapazität A_2 nun voll ausgeschöpft. In dem Umfang werden auch neue Wohnungen vermietet. Der Mietpreisanstieg auf M_2 fällt außergewöhnlich hoch aus. Die Mieten orientieren sich nicht mehr an den Kosten, sondern ergeben sich bei Ausschöpfen aller Kapazitäten aus einem *Mark-up-Pricing*. Alle (Neu-)Vermieter können sich dabei über hohe *Extraprofite* freuen. Selbst derjenige unter ihnen mit den höchsten Forderungen wäre ja schon mit M° zufrieden gewesen. Dennoch kommt es noch zu einem Marktgleichgewicht. Jeder, der bereit ist, den Preis M_2 zu zahlen, findet noch Wohnraum, allerdings zu unverschämt hohen Mieten.

Wiederum eine Periode später verschärft sich die Situation durch einen Einmaleffekt. Das Angebot an neuen Wohnungen speist sich jetzt nur noch aus Neubauten und den freigewordenen Altbeständen, bisher unvermietete Wohnungen gibt es ja nicht mehr. Infolgedessen verlagert sich die Angebotskurve auf A' nach links. Bei annahmegemäß unveränderter Nachfrage N' ist der Markt nun im Ungleichgewicht, es gibt keinen Schnittpunkt mehr zwischen der Nachfragekurve N' und der Angebotskurve A'. Die Anbieter reizen bei den Neuvermietungen alles aus und können mit ihren Forderungen bis an die Schwelle des *Prohibitivpreises* M_P gehen. Bei diesem Preis kann nur die vorhandene Kapazität A_3 angeboten werden, obwohl N_3 Wohnungen nachgefragt werden. In Höhe der Differenz $N_3 - A_3$ gehen Haushalte trotz der Bereitschaft, die Marktpreise zu zahlen, leer aus, weil es keine weiteren „bezahlbaren" Wohnungen gibt. Hätte sich in dieser Phase die Nachfrage nochmals strukturell erhöht, würde die Unterversorgungsproblematik noch stärker akzentuiert.

Ohnehin droht nun ohne Änderungen in der Neuvermietung eine eigendynamische Verschärfung in der nächsten Periode. Zusätzlich zu der bisherig üblichen Nachfragerhöhe N' suchen nun bei unverändertem Marktpreis auch all diejenigen noch eine Wohnung, die in der Vorperiode trotz hoher Zahlungsbereitschaft keine Wohnungen bekamen. Die Unterversorgung in dieser Periode beläuft sich dann nach einer

Verschiebung der Nachfragekurve von N' auf N^ auf $N_4 - A_3$. Die zuvor leer ausgegangenen Nachfrager werden, sofern sie ihre Nachfrage aufrechterhalten, in den Folgeperioden in Form einer stetig anwachsenden „Altlast" immer weiter „mitgeschleppt" und erhöhen zusätzlich zu den neuen Wohnungsnachfragern die Gesamtnachfrage, solange sich angebotsseitig nichts ändert.

Nach marktradikaler Sichtweise besteht aber keine Notwendigkeit einzugreifen, denn das Problem sollte sich mithilfe der „*unsichtbaren Hand*" des Marktes automatisch lösen. Aufgrund der exorbitanten Profite besteht demnach ein enormer Anreiz zum Neubau an Mietwohnungen. Wenn sich durch die Belebung des Neubaus die Angebotskurve nur weit genug nach rechts verlagert (A' auf A^), normalisieren sich die Mieten wieder auf das Ausgangsniveau M_1 und die Unterversorgung wird gedeckt ($A_5 = N_5$). Die gleiche entlastende Wirkung hätte es, wenn bisherige Nachfrager nach Mietwohnungen angesichts der hohen Mieten selbst bauen und die Gruppe der Nachfrager nach Mietwohnungen verlassen.

Allerdings gibt es hier auf den Wohnungsmärkten mit Blick auf die *Selbstheilungskräfte* des Marktes erhebliche Bedenken:

1. Es müssten überhaupt *Neubaugebiete* verfügbar sein.
2. Darüber hinaus bewirkt der dabei immer knapper werdende Wohnraum eine deutliche Verteuerung der *Grundstückspreise*, die dazu führt, dass die Angebotskurve nach oben verlagert wird. In der Anpassungsphase besteht daher aus der Knappheit und der Kostensteigerung doppelter Aufwärtsdruck auf die Mietpreise. Aus diesem Grund fordern einzelne Marktbeobachter zum Ausgleich zumindest eine steuerliche Entlastung beim Grundstückserwerb, um den Kostendruck abzumildern.
3. Die Investoren müssten einer Selbsttäuschung durch das *Interdependenzproblem* unterliegen: Sie bauen in der Hoffnung auf die aktuell hohen Mieten (M_P) und erreichen am Ende durch ihr kollektives Mehrangebot doch nur kostendeckende Mieten (M_1). Auch das beliebte Argument, am Ende aber wenigstens eine Immobilie abbezahlt und im Vermögensbestand zu haben, verliert an Attraktivität, wenn Immobilien mittlerweile ausreichend vorhanden sind. Zumindest besteht erhebliche *Unsicherheit* über den nachträglichen wirtschaftlichen Erfolg eines Neubaus. Das erwartete Funktionieren des Selbstheilungsmechanismus mit dann fallenden Mieten könnte, bei Antizipation dieser Gefahr durch die Investoren, so paradoxerweise zum Ausbleiben der Selbstheilung führen. Aus Angst, dass sich nach einem einsetzenden Mietpreisverfall die Investitionen nicht mehr rechnen, unterbleibt dabei der Neubau. Die Gefahr einer Verunsicherung der Investoren gilt umso mehr, als auch die Baukosten zwischenzeitlich durch die erhöhte Knappheit an Handwerkern und Boden (s. o.) deutlich zugelegt haben.
4. Der *Kapazitätsausbau* benötigt Zeit. Neubaugebiete müssen ausgewiesen und erschlossen werden, die Grundstücke verkauft und die Baugenehmigungen erteilt werden. Hier ist auch die *öffentliche Verwaltung* gefordert, rasch zu handeln. Dies wird jedoch dadurch erschwert, dass im Zuge der neoliberalen Austeritätspolitik

beim Staat in der Vergangenheit erheblich Personal abgebaut wurde. Darüber hinaus müssten insbesondere bei den benötigten Handwerkern ausreichende Kapazitäten abrufbar sein. Gerade in den Engpassregionen am Wohnungsmarkt sind aber häufig auch Bauhandwerker rar. Bis vor dem Hintergrund nach langer Zeit eine akzeptable Marktlösung erfolgt, kommt es zu einer engpassbedingten *Ausbeutung* von solchen Mietern, die erst kürzlich einen neuen Mietvertrag abschließen mussten. Diese Ausbeutung ist gesellschaftspolitisch umso schlimmer, als sie einen Bereich der Grundversorgung betrifft. Das Basisgut Wohnen können sich bei Neuverträgen fast nur noch Einkommensstarke leisten.

Mieter mit damals noch günstigen Altverträgen (M_1) hingegen können sich zwar glücklich schätzen, sollten sich aber auch nicht zu sicher fühlen. Denn einerseits sind am *Mietspiegel* orientierte Mieterhöhungen auch bei ihnen möglich, andererseits haben die Vermieter in Anbetracht der zwischenzeitlich deutlich höheren Mieten und der Sicherheit, die Wohnung auf jeden Fall wieder vermietet zu bekommen, einen Anreiz, ihre Altmieter „loszuwerden". Eine gängige Strategie ist in diesem Fall eine Renovierung, die anschließend deutliche Mieterhöhungen zulässt. Sollten diese nicht mehr von den bisherigen Mietern gezahlt werden können, wird die Wohnung frei und die Miete kann mit neuen Interessenten frei ausgehandelt werden.

2.3.3.6.4 Politische Handlungsoptionen

Politisch handelt es sich bei der beschriebenen Problematik um eine komplexe Gemengelage, bei der der Markt es aus verschiedenen – auch politisch bzw. verwaltungsseitig verursachten – Gründen nicht schafft, rasch eine befriedigende Lösung herbeizuführen. Zugleich handelt es sich um ein Problem, das ein Basisgut betrifft, sodass die Politik hier besonders gefordert ist, die Missstände zu beseitigen.

Dabei kann die Politik zuerst in ihrer unmittelbaren Einflussspähe ansetzen. Es muss genügend *Bauland* ausgeschrieben, erschlossen, verkauft und Baugenehmigungen müssen erteilt werden. Flankierend dazu muss in der Verwaltung mehr *Personal* eingestellt werden, um die Prozesse zu beschleunigen. Darüber hinaus könnte die Politik bei der *Grundsteuer* auch steuerliche Zugeständnisse machen, um an dieser Stelle den Kostendruck aus der Mietpreisentwicklung zu nehmen. Um sicherzustellen, dass diese steuerliche Entlastung von den Vermietern nicht einfach mitgenommen wird, müsste sie an eine entsprechend vorgegebene Mietpreisentlastung gekoppelt werden.

Die Verordnung einer *Mietpreisbremse* oder eines schärfer wirkenden *Mietpreisdeckels*, wie in Berlin, stellt hingegen keine Lösung des Kernproblems, der Knappheit an Wohnraum, dar. Gestützt auf empirische Befunde stellt das Deutsche Institut für Wirtschaftsforschung (DIW) in diesem Sinne zur Wirksamkeit der Mietpreisbremse fest:

> Die Ergebnisse [...] legen nahe, dass die Mietpreisbremse den Anstieg der Mietpreise nicht ent-
> schleunigen konnte. Im Gegenteil: Sie hat kurzfristig sogar zu einem stärkeren Mietpreisanstieg
> in regulierten Märkten geführt. Auch scheinen Investoren der Auffassung zu sein, dass die Re-
> gulierung auch in Zukunft keine substanzielle Wirkung entfaltet. Die kausalen Effekte der Miet-
> preisbremse auf die Entwicklung der Wohnungspreise – als Reflektion zukünftiger Erträge aus
> der Vermietung – sind relativ gering. (Kholodilin u. a. 2016, S. 491)

Ansätze wie die Mietpreisbremse versuchen aber in der langen Übergangsphase bis zu
einer Beseitigung des Wohnungsmangels die *Symptome* zumindest sozialverträglich
abzumildern. Wird in unserer Analyse – ausgehend von den Kurven A' und N^ – die
Neuvermietung zum Beispiel auf M_2 als Höchstpreis limitiert, profitieren viele Neu-
mieter davon. Es werden im selben Umfang der Kapazitätsgrenze von A_3 Wohnungen
zu M_2 statt zu M_P vermietet, wobei auch M_2 noch hohe Gewinne abwirft. Im Prinzip
hätte die Politik hier, ohne kurzfristig das Ausmaß der Neuvermietungen zu verringern, sogar die Möglichkeit, die Miethöhe auf M° zu begrenzen. Allerdings wirken derartige Höchstpreisvorgaben längerfristig *kontraproduktiv* auf das Angebotsverhalten.
Sie schränken den Anreiz privater Investoren drastisch ein, neue Wohnungen zu bau-
en und dadurch das Kernproblem zu lösen. Das gilt umso mehr, als mit dem Ergreifen dieser Maßnahmen ein verunsicherndes Signal gegeben wird: Ist der Anfang erst
einmal gemacht, weiß man nicht, welche einschneidenden Maßnahmen sich die Politik wohl sonst noch einfallen lässt. Je stärker also in sozialpolitischer Absicht in die
Preissetzung interveniert wird, um die *Symptome* zu bekämpfen, umso größer ist die
Gefahr, die Lösung der *Problemursache* durch den Markt weiter hinauszuzögern. Vor
dem Hintergrund dieses heiklen Abwägungsprozesses nimmt die Mietpreisbremse in
Deutschland auch neu geschaffenen Wohnraum ausdrücklich aus.

Alternativ könnten auch staatliche Anreize zum Wohnungsbau gesetzt werden.
So könnten Investoren mit staatlichen Abschreibungs- und Steuererleichterungen
gelockt werden. Auch das einkommensschwachen Mietern vom Staat zugestandene
Wohngeld ist letztlich eine Förderung des Vermieters, denn schließlich erhält er das
Wohngeld als eine subventionierte Miete.

Gefordert wird überdies ungenutzten Wohnraum oder sogar Vermieter mit mehr
als 3.000 Wohnungen zu *enteignen*, um ein zusätzliches Angebot zur Verfügung zu
stellen und auf die Mietpreise einen senkenden Einfluss nehmen zu können. Als Ultima Ratio ließe Art. 15 GG im Prinzip einen solchen Schritt zu. Allerdings wäre dies
bisher einmalig in der deutschen Rechtsgeschichte, entsprechend hoch sind die verfassungsrechtlichen Hürden. Insbesondere müsste nachgewiesen werden, dass sich
nur so die Gemeinwohlziele realisieren ließen. Dabei ist davon auszugehen, dass die
Eigentümer alle Rechtsmittel ausschöpfen werden, sodass erst nach langer Zeit eine Wirkung zustande käme. Mit Blick auf die Signalwirkung für Neubauinvestitionen
wäre diese Maßnahme ebenfalls kontraproduktiv. Obendrein müsste eine angemessene Entschädigung gezahlt werden, sodass die Politik stattdessen mit diesem Geld
auch gleich selbst den gemeinnützigen (sozialen) Wohnungsbau forcieren könnte und
zum „Bauherren" werden könnte, wodurch die Wohnungen dauerhaft in *öffentlichem*

Eigentum verblieben und damit gleichzeitig einer politischen demokratischen Kontrolle zugänglich wären. Der dem neoliberalen Mainstream geschuldete Rückzug aus diesem Bereich war übrigens, eine wichtige Ursache für den Engpass an bezahlbaren Wohnungen. Insofern wäre dies auch ein ursachenadäquater Weg zur Lösung des Problems. Wie gut dies funktionieren kann, zeigt das Beispiel der Stadt Wien (vgl. den folgenden Kasten „Sozialer Wohnungsbau: Warum Wiener günstig wohnen").

> **„Sozialer Wohnungsbau: Warum Wiener günstig wohnen"**
>
> [...] 220.000 Wohnungen gehören direkt der Stadt, an weiteren 200.000 Wohnungen ist sie beteiligt. 62 Prozent der Wiener wohnen in einer dieser Wohnungen mit gedeckelten Mieten. Das wirkt sich auf den gesamten Mietmarkt aus und drückt die Preise nach unten. Die Stadt lässt sich das einiges kosten [...]. 600 Millionen Euro im Jahr gehen in die Wohnbauförderung: ‚Das ist einfach gesellschaftlich akzeptiert, dass 0,5 Prozent der Bruttolohnsumme sowohl von Arbeitgeber als auch Arbeitnehmer abgezogen werden und in diesen Topf Wohnbauförderung fließen.' [...] Der Soziale Wohnungsbaut hat in Wien eine fast 100-jährige Tradition. Im Gegensatz zu vielen anderen europäischen Großstädten hat die Stadt außerdem ihren Wohnungsbestand im Laufe der Jahre behalten und nicht verkauft: ‚Das Wichtigste ist: Nicht auf den Markt alleine vertrauen, sondern den Markt korrigieren und Wohnen als Menschenrecht sehen und dieses Menschenrecht muss mit den staatlichen und kommunalen Mitteln durchgesetzt werden' [, sagt Gemeinderat Kurt Stürzenbecher.]" (Govedarica 2019).

3 Mikroökonomie aus heterodoxer Sicht

In der orthodoxen Sichtweise mikroökonomischer Zusammenhänge wurde die „heile Welt" marktwirtschaftlich-kapitalistischer Ordnungen mit *Selbstheilungskräften* präsentiert. Verfechter aus dem orthodoxen Lager stützen sich in ihrer Argumentation sehr stark auf diese Kräfte.

Doch die Realität ist eine andere. Genau das hat viele kritische Studierende in die Verzweiflung und auf die Suche nach alternativen Erklärungen getrieben, weil in der gelehrten *Marktorthodoxie* Theorie und Praxis nicht übereinstimmen. Dies gilt nicht nur für in der weltweiten Finanzmarktkrise ab 2007.

Interessanterweise ist aber ein Großteil der Kritik an dieser idealisierten Sichtweise bereits im akademischen Elfenbeinturm des orthodoxen Lagers durchaus untersucht worden. Hier sei insbesondere auf die *Machtproblematik*, *externe Effekte* und die daraus resultierenden gesellschaftspolitischen Fehlentwicklungen hingewiesen. Auch wurden hier Lösungsmöglichkeiten entwickelt und vorgestellt. Was aber im Alltag orthodoxer Ökonomen fehlt, ist das tief verankerte Bewusstsein für die gesamte Problematik. Die Option des Marktversagens wird hier eher als Ausnahme betrachtet und daher häufig verdrängt.

Dies macht einen zentralen Unterschied zum heterodoxen Lager der Ökonomen aus. Hier ist das *Marktversagen* in den Köpfen präsent. Darüber hinaus ist der Zugang zu und der Blick auf dieselbe Materie gänzlich anders. Des Weiteren werden andere Themenschwerpunkte gesetzt, wie z. B. Klimawandel, Gender- und Glücksforschung, Gesundheitsökonomie, Sozialstrukturforschung sowie die Bevölkerungswissenschaft. Diese wichtigen Spezialgebiete werden jedoch hier nicht weiter vertieft, weil es den Rahmen eines *allgemeinen* Lehrbuches sprengen würde.

Bezogen auf die besondere Sichtweise Macht und Ausbeutung beispielsweise wird die Situation an den Märkten, deren Angebots- und Nachfragestrukturen, nicht nur als partiell und isoliert zu betrachtendes Phänomen behandelt. Stattdessen wird es als ein universelles gesamtgesellschaftliches Thema angesehen. Ferner bestehen erhebliche Zweifel an der Möglichkeit, das Machtgefälle innerhalb einer marktwirtschaftlich-kapitalistischen Ordnung überhaupt nachhaltig auflösen zu können. Die daraus resultierenden *ordnungspolitischen* Schlussfolgerungen sind infolgedessen wesentlich radikaler.

Insbesondere auch im Blick auf die Wertlehre unterscheidet sich der heterodoxe vom orthodoxen Ansatz. Hier ist auf die fundamentale Differenz zwischen der schon von den klassischen Ökonomen konstituierten *Arbeitswertlehre* und der von der Neoklassik propagierten *subjektive Wertlehre* hinzuweisen. Dies macht sich erstens in einer unterschiedlichen Sicht auf die Rolle des Menschen in der Ökonomie im Allgemeinen und zweitens im Besonderen in der Unternehmenstheorie bemerkbar. All dies wird im Folgenden vertieft dargelegt.

https://doi.org/10.1515/9783110619379-003

Zudem ist es uns wichtig, unabhängig von der ökonomischen Ausrichtung, die Theorie mit der *Empirie* zu konfrontieren. Daher zeigen wir in den nachfolgenden Kapiteln insbesondere zur heterodoxen Unternehmenstheorie empirische Befunde auf.

3.1 Grundsätzliche Kritik an der orthodoxen Mikroökonomie

Nachfolgend geben wir zunächst einen Überblick über die *grundsätzliche Kritik* an der orthodoxen Mikroökonomie. Sie wird an vielen Stellen später noch einmal aufgegriffen und vertieft.

Aus heterodoxer Sicht weisen die orthodoxen Analysemethoden ideologische Züge auf. So hat sich der Ökonom Helge Peukert (2018) in einer Studie ausführlich mit orthodoxen mikroökonomischen Lehrbüchern auseinandergesetzt und die Befunde in seinem Buch mit dem bezeichnenden Untertitel *„Wissenschaft oder Ideologie"* publiziert. Peukert bezieht sich bei seinen Untersuchungen zur Mikroökonomie besonders auf das 1978 von dem US-amerikanischen Ökonomen Hal R. Varian veröffentlichten Lehrbuch, dass zurzeit (2020) in der 9. Auflage vorliegt, und auf die Veröffentlichung von Robert Pindycks und Daniel Rubinfelds, die in einer 8. Auflage vorliegt. Beide Lehrbücher gelten als die weltweit führenden auf dem Gebiet der orthodoxen Mikroökonomie. Sie sind im Duktus einer neoklassischen Theorie verfasst. Im Ergebnis stellt Peukert fest:

> Die genauere Analyse ergab […], dass die Texte zusätzlich ganz bestimmte, jenseits des Wissenschaftlichen und der Neoklassik und des Mainstreams angesiedelte rhetorische Muster aufwiesen, die, positiv ausgedrückt, eher als eine Kunst der Rhetorik aufgefasst werden können.

> Auch die US-amerikanische Ökonomin Deidre McCloskey behauptet, es gebe eine inoffizielle Methodologie einer stark von rhetorischen Elementen geprägten VWL, obwohl diese von sich selbst das entgegensetzte Bild einer wertneutralen, sachlich-nüchternen Wissenschaft pflegt(e). Plausibilitätsüberlegungen, formale Modelle, Analogien und Metaphern, mehr oder minder passende reale Fallbeispiele und historische Ereignisse und Entwicklungen, die Berufung auf (Fach-) Autoritäten, auch strategisch zurechtgerückte ‚gute Gründe' und (reine) Gedankenexperimente, die Betonung bestimmter und das Weglassen anderer Aspekte des Wirtschaftsgeschehens usw. verbinden sich ihrer Ansicht nach in der VWL zu einer Denkwolken-Melange, die auch auf Imagination, Gefühlen und zumeist impliziten Werturteilen beruht. (Peukert 2018, S. 315 f.)

Die orthodoxe Mikroökonomie setzt in ihrer schwerpunktmäßig betrachteten Idealwelt auf Wettbewerb und Gleichgewichtszustände. Am Ende würde die Konkurrenz entscheiden, wer der Wirtschaftssubjekte (Unternehmen und private Haushalte) zum Zuge kommt. Diesbezüglich bezieht sich die orthodoxe Mikroökonomie auch immer wieder auf die *„unsichtbare Hand"* von Adam Smith. Der Ökonom Erich W. Streissler erhebt dagegen in seiner einleitenden Ausgabe des 1776 von Smith veröffentlichten Werkes „Untersuchung über Wesen und Ursachen des Reichtums der Völker" (kurz „Wohlstand der Nationen") heftigen Widerspruch, wenn er ausführt:

Kaum eine Wendung von Adam Smith ist im deutschen Sprachraum so geläufig wie die von der ‚unsichtbaren Hand'. Kaum eine Aussage von Adam Smith wird aber auch so sehr durch entstellende Behauptungen vergewaltigt wie das großartige Theorem, das Smith blumig mit der Phrase der *‚unsichtbaren Hand'* umschreibt. Es ist nachgerade ein wissenschaftlicher Skandal, daß im vermeintlichen Bewußtsein größter Einsicht und mit dem Brustton tiefster Überzeugung gebetsmühlenartig immer wieder repetiert wird: ‚Adam Smiths unsichtbare Hand ist der Konkurrenzmechanismus!' Diese Behauptung entbehrt jeglicher Grundlage und zeigt nur, daß der solches von sich Gebende den Wohlstand der Nationen nie gelesen, zumindest nie mit Verständnis gelesen hat. Dabei zeichnet die Phrase von der ‚unsichtbaren Hand' – und sie kommt im Wohlstand der Nationen nur *einmal* vor – tatsächlich den zusammenfassenden Satz am Höhepunkt des zweiten, wirtschaftspolitischen Teiles seines Werkes aus. Sie bezeichnet *erstens* Smiths Vision von der Unmöglichkeit jeder interventionistischen Wirtschaftspolitik im Allgemeinen [...] und *zweitens* seine Überzeugung von der Zielverfehlung des Merkantilismus im Besonderen. [...] das spezielle Theorem der unsichtbaren Hand besagt, daß schon und gerade der einzelne Kapitaleigner, wenn ihm nur Freiheit gelassen wird, durch sein *erstens* auf Gewinnmaximierung, *zweitens* auf Risikominimierung (Smith sagt: ‚Sicherheitsmaximierung') ausgerichtetes Verhalten seinen Beitrag zur Volkseinkommens- und Beschäftigungsmaximierung leistet. [...] [Und es ist offensichtlich falsch,] das allgemeine Theorem der unsichtbaren Hand mit dem *Konkurrenzmechanismus* gleichzusetzen. *Erstens* ist das deswegen falsch, weil Konkurrenz eine gesellschaftliche Interaktion darstellt, Smith hingegen sein Theorem rein individualistisch begründet, nämlich nur aus dem gesellschaftsadäquaten Verhalten ‚jedes einzelnen' ableitet. *Zweitens* beruht das spezielle Theorem nur auf dem Kapitaleinsatz, nur, wie für den Wohlstand der Nationen typisch, auf dem Produktionsverhalten, nur auf dem Angebot, während Konkurrenz eine Interaktion von Anbietern und Nachfragern ist. Anders gewendet: Unser ‚einzelner' könnte durchaus auch Alleinanbieter und in diesem Sinn Monopolist, also gar nicht Konkurrent, sein. *Drittens* ist es zwar richtig, daß Konkurrenz einen Spezialfall des Wirkens der unsichtbaren Hand darstellt: Gewinnmaximierung der einzelnen führt nämlich im Effekt zur Gewinnreduktion, zum Nullgewinn, für alle – was gerne als *Konkurrenzparadoxon* bezeichnet wird. Aber dieser unintendierte Effekt wird von Smith gerade nicht erwähnt, nirgends im Wohlstand der Nationen behandelt. Und das hat gute wissenschaftsgeschichtliche Gründe: Einerseits kann Smith diese Tatsache als bekannt voraussetzen, andererseits hatte sie gerade sein Gegner, der schottische Ökonom Sir James Denham Steuart (1707–1780) und vor ihm schon der irische Ökonom Richard Cantillon (1680–1734) – eingehend dargestellt. (Streissler 2005, S. 15 f.)

Selbst wenn man von der „unsichtbaren Hand" abstrahiert, bietet die orthodoxe „*Vulgärökonomie*" (Karl Marx) mit ihrer vollkommenen Konkurrenz und den hier gesetzten Prämissen eines vollkommenen Marktes nicht einmal ein mit der wirtschaftlichen Realität auch nur einigermaßen konformes Wettbewerbskonzept, sondern allenfalls eine „wettbewerbliche Friedhofsruhe" an. Ebenso ist die in Anbetracht der Kritik an der orthodoxen Mikroökonomie entwickelte unvollkommene Konkurrenz mit einer „Kostentreppenfunktion" (vgl. Kap. 2.3.2.1), um die wirtschaftliche Realität zu erklären, nicht hinreichend bzw. viel zu eng angelegt. Denn: Jeder Markt ist zur Aussteuerung auf Preise angewiesen. Preise sollen hier die Stückkosten inkl. der Lohnstückkosten und einen Mehrwert je produzierter Mengeneinheit enthalten. Auch sollen Preise Knappheiten anzeigen und damit die zur Produktion notwendigen Ressourcen in eine optimale Verwendungsrichtung (Allokation) bringen. Und Preise sollen auf Märkten, unter der „Peitsche" der Konkurrenz, Angebot und Nachfrage ausgleichen. Soweit die orthodoxe Theorie.

Die Realität ist aber eine andere. Die unter marktwirtschaftlich-kapitalistischen Bedingungen stattfindende Preisbildung ist hier nicht annähernd in der Lage, den hohen theoretischen Ansprüchen zu genügen. Zunächst einmal ignorieren Preise die *Verteilungsfrage*, die in heterodoxer Sicht eine herausragende Rolle spielt. In diesem Kontext betrachten heterodoxe Ökonomen auch die wirtschaftliche Realität in den Unternehmen, die durch ein „*Investitionsmonopol des Kapitals*" (Erich Preiser) geprägt ist. Das Bezahlen der am Markt verlangten Preise ist kein Wunschkonzert, sondern an der Kasse wartet auf den Nachfrager immer die „Guillotine" (Johannes Agnoli). Wer was und wieviel nachfragen darf, darüber entscheiden *Einkommen* und *Vermögen* der Nachfrager. Beide sind aber ungleich verteilt. In der Folge werden Nachfrager über die Höhe des Preises diskriminiert. Weiter sind Preise Symptome wirtschaftlicher Macht bzw. Machtmissbrauches, die den Preisbildungsprozess beeinflussen. Marktbeherrschende Unternehmen, sowohl auf der Angebots- als auch auf der Nachfrageseite, bestimmen hier regelmäßig, nicht leistungsadäquat, die Preishöhe zu ihren Gunsten. Dies führt nicht nur zur ständigen Ausbeutung der vermeintlich schwachen Marktteilnehmer, sondern auch zu schwerwiegenden Fehlallokationen in der Wirtschaft. Die von der Politik gegen Machtmissbrauch in der Wirtschaft geschaffenen Wettbewerbsgesetze sind dabei aber vollkommen unzureichend (vgl. Kap. 3.2.2.6).

Die *Machtfrage* auf den Märkten durch Monopole, Oligopole oder Kartelle wird zwar von der orthodoxen Mikroökonomie behandelt, aber lediglich in einem zeit- und raumlosen statischem Gleichgewichtsmodell (realitätsfern) bewertet. Machtmissbrauch gilt als ein bedauerlicher „Betriebsunfall" in einer marktwirtschaftlich-kapitalistischen Ordnung. Er wird verharmlost und nicht als das erklärt, was Monopole, Oligopole und Kartelle im Kapitalismus sind: nämlich das *Ziel* eines jeden Kapitalisten.

Zwar hat die orthodoxe Mikroökonomie eine *dynamische Wettbewerbstheorie* entwickelt, die aber, vor dem Hintergrund der wirtschaftlichen Realität, deshalb nicht konsequent zu Ende gedacht wird, weil sie den adaptiven Wettbewerb überschätzt (vgl. Huffschmid 1975).

Schon Anfang der 1970er-Jahre hat darüber hinaus insbesondere der Ökonom Helmut Arndt (1928–2016) immer wieder die orthodoxe Marktpreisbildung heftig kritisiert:

> In der Realität gibt es kein Gleichgewicht. ‚Im Gleichgewicht ist alles tot!' Trotzdem ist es üblich, zunächst mit der Analyse von Gleichgewichtslagen zu beginnen. [...] Ein Markt ist im Gleichgewicht, wenn ‚kein Anbieter den Produktionszweig verläßt, keine neuen Anbieter hinzukommen und kein Anbieter Anlaß hat, seinen Produktionsapparat zu ändern' (Erich Schneider), wenn also kein Anlaß mehr besteht, dem Markt Ressourcen (und damit Produktionsfaktoren) zuzuführen oder von ihm abzuziehen (Edward H. Chamberlin). Die komparative Statik, bei der verschiedene Gleichgewichtslagen miteinander verglichen werden, offenbart lediglich, wie sich ein Gleichgewicht vom anderen unterscheidet. Eine Analyse von Gleichgewichtslagen vermag jedoch nicht zu

zeigen, auf welche Weise und unter welchen Begleiterscheinungen sich Preise, Mengen, Qualitäten und Wertungen ändern. Die Ursachen, die zu diesen Änderungen führen und die wirtschaftlichen Erscheinungen, von denen diese Änderungen begleitet sind, lassen sich nur durch eine Prozeßanalyse ermitteln. (Arndt 1973, S. 25 f.)

Trotz aller Bemühungen um eine methodische Dynamisierung der Analyse tut sich die orthodoxe Mikroökonomie bis heute schwer damit.

Ebenso wird in der orthodoxen mikroökonomischen Hauswirtschaftslehre lediglich auf ein individualistisches (egoistisches) Verhalten der Wirtschaftssubjekte abgestellt, dass durch eine rational handelnde Figur eines *Homo oeconomicus* untermauert wird, aber realitätskonfrontiert allenfalls als Fiktion bewertet werden kann. Bei den Endverbrauchern wird eine *subjektive Wertlehre* unterstellt, wonach Konsumenten, Nutzen gesteuert, auf Basis der Gossen'schen Gesetze ihre Einkommen in einem Indifferenzkurvensystem verwenden bzw. aussteuern. Verbraucher hätten hier eine *Konsumentensouveränität* gegenüber den Unternehmen. Die dabei unterstellten ökonomischen individuellen Entscheidungen in privaten Haushalten gehen zumindest in den Annahmen jedoch weitgehend an der wirtschaftlichen Realität vorbei, da sie bei den Wirtschaftssubjekten eine Gleichheit (Homogenität) und zudem ein freies Entscheiden, z. B. bei der Wahl zwischen Freizeit und Arbeit, unterstellen.

Dass die Mehrheit der Menschen als *abhängig Beschäftigte* realiter nicht die geringste Entscheidungsoption haben, ob sie arbeiten wollen oder nicht, sondern einem Arbeitszwang unterliegen, berücksichtigt die orthodoxe Mikroökonomie nicht. Im Gegenteil: Die Eigentumslosigkeit an den Produktionsmitteln der abhängig Beschäftigten ist Voraussetzung dafür, dass sie ihre Arbeitskraft einem Unternehmer anbieten müssen und gleichzeitig ist dies Arbeitsangebot für die nachfragenden Unternehmer die Voraussetzung der kapitalistischen Produktionsweise selbst.

Auch gilt als Lehre vom *wirtschaftlichen Prinzip* einer Knappheitsminimierung für das Konsumverhalten nach den Gossen'schen Gesetzen ein von Einkommen und Vermögen verteilungsunabhängiger Ansatz. Kritische Verteilungsfragen zum Einkommen und Vermögen stören und werden deshalb von der orthodoxen Mikroökonomie nicht berücksichtigt. Auch wird nicht hinterfragt, woher die Einkommen überhaupt kommen bzw. welche *Quelle* sie haben, dass hinter sämtlichen *Kapitaleinkommen* immer Menschen (Wirtschaftssubjekte) stehen, die für Gewinne, Zinsen, Mieten und Pachten selber haben nicht arbeiten müssen. Der österreichisch-deutsche Ökonom und Politiker Rudolf Hilferding (1877–1941) bezeichnet die orthodoxe Ökonomie daher als eine „Negation der Ökonomie", als „Selbst-Auflösung der Politischen Ökonomie" (Hilferding 1904, S. 61).

Dem individualistischen Ansatz liegt die neoklassische subjektive Wertlehre zugrunde. Im Gegensatz zur *Arbeitswerttheorie* (als objektive Wertlehre) der klassischen Ökonomie, und insbesondere zur weiterentwickelten Marx'schen Arbeitswerttheorie, wird hier die Wertbestimmung von Waren aus einer individuellen (subjektiven) Wertschätzung mit einem abnehmenden und einem ausgleichenden Grenznutzen abgeleitet und somit letztlich auf der Nachfrageseite des Marktes die Preisbestimmung determiniert. Dabei ist es für die orthodoxe Mikroökonomie und ihre subjektive Wertlehre mit den beiden Gesetzen von Gossen so, dass sie sich zunächst mit der Wirtschaft des Individuums, das den Nutzen oder die Präferenz maximiert, beschäftigen, und dann die Individuen beim Warenaustausch auf dem Markt einander gegenüberstellen. Somit gehen sie davon aus, dass sich die *sozialen Beziehungen* im Tauschprozess selbst bilden (siehe auch die soziologischen Einflüsse auf das Kaufverhalten) und nicht, wovon Marx ausgeht, der Produktionsprozess mit seiner kapitalistischen *Mehrwertproduktion* den Ursprung der sozialen Beziehungen bildet. Keine Berücksichtigung findet hier in der orthodoxen Mikroökonomie die Wert- und Preisbestimmung einer Ware auf Basis der gesellschaftlich notwendigen, durchschnittlichen Arbeitszeit und den damit verbundenen Reproduktionskosten für den Arbeiter, die regelmäßig geringer ausfallen als der Lohn, den er für seine insgesamt erbrachte Arbeitszeit erhält. Die Differenz geht als *Mehrwert* an die Kapitalisten.

Auch das *Wertparadoxon* (vgl. „Diamanten-Wasserparadoxon") wird von der Marx'schen Arbeitswerttheorie völlig anders beurteilt als von der subjektiven Wertlehre der orthodoxen Mikroökonomie, wonach sich die relative Zahlungsbereitschaft für Güter nicht an ihrer Nützlichkeit, sondern an der relativen Knappheit und den daraus resultierenden subjektiv empfundenen Grenznutzen nach Heinrich Gossen orientiert. Der Ökonom Michael Burchardt stellt dazu fest:

> Bei näherer Betrachtung zeigt sich allerdings, daß dabei von einem anderen Wertbegriff ausgegangen wird, der Marxens Ansatz überhaupt nicht berührt und das Argument insofern nicht zieht. Wenn sich Dinge wie Luft einfach konsumieren lassen, ohne etwas 'zu tun', handelt es sich aus dem Blickwinkel der Arbeitswertlehre nicht um eine Ware. Ihre Definition erfordert, daß *menschliche Arbeit* eingeflossen sein muß. Luft hat danach gar keinen Wert und ihr Preis von null widerspricht der Lehre nicht, im Gegenteil: Wasser, das nur einen verhältnismäßig geringen Preis hat, ist arbeitstechnisch relativ einfach 'herzustellen' bzw. zu fördern, woraus sich sein geringer Wert bzw. Preis erklärt. Anders liegt der Fall beim Verdurstenden in der Wüste, aber hier würde die individuelle Versorgung mit dem Gut eben auch ein relativ hohes Maß an Arbeitsaufwand (Transportzeiten usw.) erforderlich machen, was den Wert solcher 'Sondergüter' in die Höhe triebe. Die Kongruenz zwischen Preis und Wert bleibt so tendenziell erhalten. [...] Einzig solche Güter, deren Arbeitswerte zu ihrem Preis in keiner Relation stehen, wie etwa bei nicht reproduzierbaren Kunstwerken, Antiquitäten, lange gelagerten Weinen oder seltenen Diamanten, sind nur schwer mit dieser Lehre zu erfassen; aber im Grund benötigt man für solche 'exotischen' Dinge auch keine – mit den für reproduzierbare Waren vergleichbare konsistente – Werterklärung. Schon David Ricardo (1772–1823) hat sie aus seiner Betrachtung mit der Bemerkung ausgeschlossen, sie würden nur einen *verschwindenden Teil* der volkswirtschaftlich relevanten Waren ausmachen, die täglich auf dem Markte ausgetauscht werden, so daß es hinreiche, die Analyse auf Güter zu beschränken, 'deren Menge durch *menschliche Arbeitsleistungen* beliebig vermehrt werden kann'. Dieser Antwort ist auch heute nichts hinzuzufügen. (Burchardt 1997, S. 59 f.)

Hier wäre aber dennoch hinzuzufügen, dass zwischen dem *inneren*, durch den *gesellschaftlich notwendigen Arbeitseinsatz* bestimmten Wert und dem Marktpreis zu unterschieden ist. Den inneren Wert nennen die Klassiker, wie Smith, Ricardo und Marx den natürlichen Preis. Nach ihrer Auffassung kann der Marktpreis temporär davon zwar abweichen, aber längerfristig wird er sich immer wieder auf den *„natürlichen"* *Preis* einpendeln.

Darüber hinaus geht die Unternehmenstheorie lediglich von Kosten und ihrer Minimierung in Minimalkostenkombinationen aus, wobei der Mensch nur als ein Produktions- und Kostenfaktor mit den Faktoren Kapital und Boden gleichgesetzt und geradezu beleidigt wird. Die Gesamtkosten eines Unternehmens werden hier auf Basis des wertmäßigen Kostenbegriffs, der als Opportunitätskosten einen kalkulatorischen Unternehmerlohn und eine Verzinsung des eingesetzten Eigenkapitals impliziert, über nicht beeinflussbare Marktpreise bei einer vollkommenen Konkurrenz an die Nachfrager weitergegeben.

Besonders kritisiert wird hier im heterodoxen Lager die polypolistische Absatzmarkttheorie mit ihrem Mengenanpasserverhalten und dem Preis als Datum. Selbst in Gaststätten, sicher ein polypolistischer Markt ohne Marktmacht der einzelnen Anbieter, ist die Theorie vom britischen neoklassischen Ökonomen William Stanley Jevons (1835–1882), die Theorie des *„Law of indifference"*, nie Realität geworden. So kostet beispielsweise das Wiener Schnitzel, als ein durchaus klassifizierbares homogenes Gut, in zwei in einer Straße nur 200 Meter auseinanderliegenden Gaststätten unterschiedlich viel. Gaststätte 1 verlangt 18,50 EUR und Gaststätte 2 einen Preis von 22,00 EUR. Auch eine Internetrecherche für ein und dasselbe Gut wird zeigen, dass es dazu von unterschiedlichen Anbietern unterschiedlich hohe Preise gibt. Das heißt, den einheitlichen Gleichgewichtspreis im Polypol gibt es nicht. Er ist Fiktion.

> Selbst, wenn man davon absieht, daß es ohne Zeit und Raum überhaupt kein Gut und füglich auch keinen Preis geben kann, fällt auf, daß die ökonomisch entscheidende Frage nach den volkswirtschaftlichen Aufgaben eines Marktes überhaupt nicht aufgeworfen worden ist. Weder Jevons noch seine Epigonen haben sich die Frage gestellt, welche Funktionen ein Markt im Interesse der gesellschaftlichen Bedarfsdeckung und damit zu gleich im Interesse seiner Benutzer zu erfüllen hat. Ob ein Markt seinen volkswirtschaftlichen Funktionen gerecht wird, wenn an ihm ein Einheitsprodukt zu einem Einheitspreis gehandelt wird, diese Frage haben sich die Vertreter der Grenznutzenschule überhaupt nicht vorgelegt. (Arndt 1979, S. 36)

Darüber hinaus bleiben in der orthodoxen Absatztheorie die Rückwirkungen von marktbezogenen Preis-Mengen-Strategien auf den Produktionsprozess und hier insbesondere auf den mehrwertschaffenden Menschen in der Produktion unberücksichtigt. Dem orthodoxen Ansatz zufolge verändern Polypolisten, Oligopolisten, Monopolisten oder Kartellmitglieder ihre Produktionsmengen nach oben oder unten (die Veränderung von *Produktqualitäten* spielen dabei, entgegen der wirtschaftlichen Realität, keine Rolle); dies ist aber realiter nicht so einfach machbar. Man kann hier nicht, jedenfalls nicht ohne Weiteres, Personal einstellen oder gar abbauen bzw. entlassen. Ebenso ist die Relativ-Positionierung in der orthodoxen Mikroökonomie zu kritisieren, selbst wenn es um Monopole und Kartelle geht. Monopolstellungen werden durch Produktsubstitute und potenzielle Nachfrageveränderungen, und selbst Kartelle, in ihrer tatsächlichen Macht und ihrem Machtmissbrauch soweit relativiert, bis sie fast zu harmlosen Akteuren werden, von denen eigentlich nichts Böses zu erwarten sei.

Hier wird nicht einmal im Ansatz von der orthodoxen Mikroökonomie erkannt, dass das *Monopol* oder *Kartell* keine marktwirtschaftlichen *„Betriebsunfälle"* sind, sondern das *Ziel* der am Markt operierenden kapitalistischen Unternehmen (hierauf werden wird noch ausführlich zurückkommen; vgl. dazu Kap. 3.3.2). Auch die neoklassische Gewinndefinition in der Angebots- bzw. Kostenfunktion der Unternehmen ist umstritten. Wie aufgezeigt, kommt es hier in den Kosten auf Basis eines selbst in der Betriebswirtschaftslehre strittigen *wertmäßigen Kostenbegriffs* zu einer Gewinnverrechnung, die erstens einen kalkulatorischen Unternehmerlohn für die Bezahlung der unternehmerischen Arbeitskraft enthält.

Neben dem Unternehmerlohn wird zweitens im Gewinn (neoklassisch) für das sogenannte unternehmerische Kapitalrisiko auch eine *kalkulatorische Zinsverrechnung* auf das eingesetzte Eigenkapital vorgenommen. Beide Größen (Unternehmerlohn und Eigenkapitalverzinsung) bezeichnet die Neoklassik als *Normalprofit*, ohne dabei eine exakte Höhe bestimmen zu können. Der hier unterstellte Wettbewerb soll theoretisch die Höhe regeln und den Gewinn nicht in den Himmel wachsen lassen. Wäre dagegen ein Wettbewerb nicht gegeben, lägen also Marktvermachtungen vor, so würden womöglich sogar weit über diesen sogenannten Normalprofit hinausgehende Profite (Marktmacht-Profite) realisiert werden.

Diese Gewinndefinition in der orthodoxen (neoklassischen) Mikroökonomie stellt einen vollständigen Bruch mit der *klassischen Nationalökonomie* und der ihr zugrundeliegenden Arbeitswerttheorie dar. Hier entsteht der *Mehrwert*, zu dem neben dem Gewinn auch die Zinsen und die Grundrente (Miete bzw. Pacht) zählen, in der Produktion durch die *Ausbeutung* der Beschäftigten. Diese erhalten nicht den von ihnen geschaffenen vollen *Wert ihrer Arbeit*, sondern immer nur einen *Lohn* für die Hergabe ihrer Arbeitskraft, die ihren Reproduktionskosten entsprechen. Da diese geringer sein können, als sie an Wert damit schaffen, ist eine Mehrwertproduktion überhaupt möglich.

Damit ist der in der *Produktion* entstandene Mehrwert inklusive Gewinn aber noch nicht vom Kapitalisten realisiert. Dies passiert erst am Markt, wobei die Gewinnrealisierung unter Wettbewerbsbedingungen schwerer fällt als unter Marktmachtbedingungen. Hierauf hat insbesondere bei den klassischen Ökonomen immer wieder Karl Marx hingewiesen (vgl. hier insbesondere Kap. 3.2).

Besonders problematisch erscheint in der orthodoxen Mikroökonomie die Erklärung der Entstehung von Mehrwert und Gewinn. Dort kommt Mehrwert durch Aufschläge auf den Kostpreis zustande und impliziert dadurch eine schwere Verletzung des äquivalenten Tauschprinzips. Die Aufschläge begründet die orthodoxe Mikroökonomie mit Risiko- und Haftungsaspekten. Die *klassische Arbeitswerttheorie*, und hier insbesondere die absolute und relative Mehrwerttheorie von Marx, wird dabei von der orthodoxen Mikroökonomie negiert. Im Gegenteil: Sie stellt den Lohn der abhängig Beschäftigten mit dem Gewinn der Kapitalisten bzw. dem gesamten Mehrwerteinkommen (Gewinn, Zins und Grundrente) in der ökonomischen Bewertung nicht einmal auf die gleiche Stufe.

Elmar Altvater (1938–2018) kommt diesbezüglich zu dem Urteil, dass die orthodoxe Ökonomie eine Wissenschaft im *einseitigen Interesse des Kapitals* sei, was sich auch darin manifestiert, dass die Ökonomie nicht für den Menschen da sei, sondern umgekehrt der arbeitende und vom Kapital abhängige Mensch den (Unternehmer) Kapitalisten mit einer maximalen Profitrate zu befriedigen habe. Der Mensch sei im kapitalistischen Arbeitsleben nur Mittel zum Zweck. Ziel des Wirtschaftens sei am Ende immer die Frage nach der *Rendite des Kapitals*.

Warum fragen wir hier nicht nach einer allgemeinen *Arbeits-Rendite*? Dies wäre aus Sicht des Kapitals zu gefährlich, würde dann doch die in der orthodoxen Ökonomie überbetonte Bedeutung und Ausrichtung auf die Interessen der Kapitaleigentümer in Gefahr geraten. Selbst „ökonomische" Sprache wird hier im Interesse der Kapitalisten zur Manipulation eingesetzt. Die *„Macht des Wortes"* (Georg Klaus) ist dabei der Ansatz. Der Sprachwissenschaftler Joachim Grzega bemerkt dazu: „So manches […] Kind fragt sich schon in der Schule, warum derjenige, der seine Arbeit hergeben muss, eigentlich Arbeitnehmer heißt, und derjenige, der dessen Arbeit nimmt, dagegen Arbeitgeber. Die Wendung ‚jemandem Arbeit geben' im Sinne von „jemandem eine Aufgabe gegen Bezahlung geben' existiert zwar in ganz Europa, aber dass das Annehmen einer solchen Aufgabe als ‚Arbeit nehmen' bezeichnet wird und dies dann noch in einem Paar zweier gegensätzlicher Hauptwörter ausgedrückt wird, ist weniger einleuchtend. Handelt es sich hier um eine gelungene sprachliche Manipulation durch Kapitalisten, die sich dessen bewusst waren, dass gemäß einem alten deutschen Sprichwort ‚Geben seliger ist denn Nehmen'?" (Grzega 2017, S. 23.).

Hier könnte man weitere Beispiele anführen, von manipulierten Arbeitslosen- bis hin zu Verteilungsdefinitionen. Selbst der dem Kapitalismus immanente *Klassencharakter* wird von der orthodoxen Mikroökonomie geleugnet (vgl. dazu ausführlich die sehr gute Zusammenstellung der Klassenfrage bei Thomas Goes (2019, S. 110–122) und Christoph Butterwegge (2020, S. 29–142). Hieraus wird nicht zuletzt eine Demokratisierung der Wirtschaft (vgl. dazu ausführlich Kap. 8.4.6) abgeleitet.

3.2 Bedeutung der Macht in der heterodoxen Welt

Es ist bezeichnend, dass der Begriff Macht in dem 10-bändigen „Handwörterbuch der Wirtschaftswissenschaft" (HdWW) keine Erwähnung findet. *Wirtschaftliche Macht* ist aber auch im Alltagsbewusstsein der meisten Menschen nicht verankert. Endverbraucher wissen aufgrund der vorliegenden hohen Konzentration in der Wirtschaft und der intransparenten Eigentümerstrukturen der Unternehmen (vgl. Liedtke 2006) nicht einmal, bei wem sie täglich einkaufen. Konzerne gründen Tochterunternehmen, die wiederum Tochterunternehmen gründen, die nicht den Namen ihrer Muttergesellschaft tragen, und schon ist es für den Nachfrager bzw. Kunden nicht mehr durchschaubar, bei wem er tatsächlich eingekauft und sein Geld gelassen hat. Eine Recherche zum international aufgestellten Metro-Konzern beispielsweise würde zeigen, wie viele Unternehmen tatsächlich dazugehören und welche wirtschaftliche Macht sich dahinter verbirgt.

In der orthodoxen Mikroökonomie, die die Zusammenballung von wirtschaftlicher Macht und ihre negativen Folgen beobachten und untersuchen müsste, findet eine umfassende *Macht- und Konzentrationsforschung* kaum statt. Mittlerweile gibt es keinen Lehrstuhl an wirtschaftlichen Fakultäten mehr, der sich ausschließlich mit Machtfragen in der Wirtschaft beschäftigt. Das kommt den mächtigen Konzernen entgegen. Sie haben wenig Interesse an einer Aufklärung über Machtverhältnisse.

Trotzdem gibt es, zumeist aber außerhalb der Hochschulen, viele Veröffentlichungen aus der Vergangenheit zur Konzentration und wirtschaftlichen Macht in der Wirtschaft der Bundesrepublik Deutschland. Hier sei insbesondere auf den Sammelband von Grosser 1969, Arndt 1973, Mirow 1978 und auf das umfangreiche Sondermemorandum der Arbeitsgruppe Alternative Wirtschaftspolitik 1988 verwiesen sowie auf die Veröffentlichungen verschiedener Autoren in „Z. Zeitschrift Marxistische Erneuerung". Daneben sind die Titel von Wolf (2000) und von Bischoff, Boccara und Zinn (2000), Attac (2016) sowie das exzellente Werk von Bode (2018) veröffentlicht worden.

3.2.1 Staatliche Macht

Die Machtfrage ist nicht nur immanent in der Ökonomie bedeutsam, sondern sie spielt auch interdisziplinär und interdependent in einem gesamtgesellschaftlichen Kontext eine bedeutende Rolle. Da der *Staat* einen Überbau für die Wirtschaft darstellt, wirken dortige Machtverhältnisse entscheidend zurück auf die Machtverhältnisse in den Märkten. Zugleich gibt es eine starke Rückwirkung der wirtschaftlichen Macht auf den Staat. Diese Sicht findet in der orthodoxen Mikroökonomie keine Berücksichtigung. Um hier einer heterogenen Sicht gerecht zu werden, werfen wir zunächst einen Blick auf das Thema Staatsmacht.

3.2.1.1 Staatsphilosophische Theorien

Macht war für den britischen Mathematiker und Philosophen Bertrand Russell (1872–1970) der „Fundamentalbegriff der Sozialwissenschaft", vergleichbar dem Begriff „Kraft" in der Physik. Jeder hat sie schon gespürt und jeder wünscht sie sich vielleicht – Macht.

> Die meisten erfahren sie als eine äußere, zwingende Kraft, der sie sich nicht entziehen können und der sie selbst ‚ohnmächtig' gegenübertreten. Nur ausnahmsweise erfahren sie ihre eigene Macht positiv, etwa im individuell-spontanen Widerstand gegen die Willkür von Eltern, Lehrern, Vorgesetzten, Behörden oder im gemeinsam-organisierten Widerstand gegen empörende oder als unzureichend empfundene Arbeits- und Lohnbedingungen (etwa im Streik). Dann erweist sich Macht nicht nur als fremde und unterdrückende, sondern auch als eigene und/oder gemeinsame, potenziell befreiende Kraft. (Goldschmidt 2015, S. 1.486)

Der Machtbegriff ist historisch stark durch die *Sozialwissenschaft* geprägt worden. Wissenschaftler wie der französische Philosoph und Soziologe Paul-Michel Foucault (1926–1984), der französische Soziologe und Sozialphilosoph Pierre Bourdieu (1930–2002) oder die deutsch-amerikanische politische Theoretikerin Hannah Arendt (1906–1975) regten mit ihren Beiträgen Debatten um den Machtbegriff an. Im 15. Jahrhundert war Macht für den italienischen Philosophen Niccollo di Bernardo Machiavelli (1469–1527) ein „radikal innerweltliches Phänomen". Ausgehend vom Herrschaftsgedanken beschreibt Machiavelli Macht aus der Perspektive des „klugen Fürsten". Dieser sei wandelbar, anpassungsfähig, insofern es der Ausweitung der *staatlichen Machtbasis* dient. Dazu werden *Verbrechen* begangen oder *Kriege* in Kauf genommen (vgl. Rehmann 2015, S. 1.487). In seinem Werk „Geschichte von Florenz" beschreibt Machiavelli die Macht des Volkes: Ein Staat könnte ohne die „Großen" auskommen, nicht aber ohne Volk (vgl. Machiavelli 2016, S. 181 ff.). Machiavelli strebt eine politische Revolution an, eine gegen den spätfeudalen Partikularismus gerichtete Umwälzung (vgl. Machiavelli 2016, S. 106), ähnlich wie Karl Marx im 19. Jahrhundert zur Beseitigung der Kapitalherrschaft im Kapitalismus die „*Diktatur des Proletariats*" forderte.

Ausführlich hat sich auch gegen Ende des ausgehenden 15. Jahrhunderts der englische Mathematiker, Staatstheoretiker und Philosoph Thomas Hobbes (1588–1679) mit der Machtfrage beschäftigt. Für Hobbes hat jedes Individuum eine gewisse *(relative) Macht* und versucht sie zu vergrößern. Die Mittel zur Erweiterung der Macht sind dabei einerseits individuelle Fähigkeiten (körperliche Kraft, Schönheit, Klugheit usw.), soziale Eigenschaften (Vermögen, gesellschaftlicher Status) und die Bildung von Zusammenschlüssen und Netzwerken, um eine gemeinsame *kollektive Macht* zu erzeugen (vgl. Rehmann 2015, S. 1.488 f.). Der hier zutage tretende menschliche immanente Machttrieb um Ehre, Befehlsgewalt und Reichtum endet aber häufig in Streit, Feindschaft, Unterdrückung und sogar in Krieg. Um dies zu verhindern, sollte der Staat stets über eine „*überlegenere Macht*" verfügen, sofern dieser das Leben aller seiner Bürger schützt:

> Der alleinige Weg zur Errichtung einer solchen allgemeinen Gewalt [...] liegt in der Übertragung ihrer gesamten Macht und Stärke auf einen Menschen oder eine Versammlung von Menschen [...]. Wer diese Person verkörpert, wird Souverän genannt und besitzt [...] höchste Gewalt, und jeder andere daneben ist sein Untertan. (Hobbes in: Fetscher 1976, S. 134)

Die Forderung Hobbes nach *Staatsgewalt* lässt die Frage, wie der Staat verfasst sein soll – monarchistisch, diktatorisch oder demokratisch (zu den unterschiedlichen Staatstheorien vgl. Kap. 8). Der niederländische Philosoph Benedictus de Spinoza (1632–1677) und der schweizerische Schriftsteller und Philosoph Jean-Jacques Rousseau (1712–1778) vertraten hier schon früh eine *demokratische Staatsauffassung*. „Zweck des Staates", so Spinoza, sei es, „den einzelnen von der Furcht zu befreien [...], zu bewirken, dass ihr Geist und ihr Körper ungefährdet seine Kräfte entfalten kann, ohne einander mit Zorn, Hass und Hinterlist zu bekämpfen" (Spinoza in: Gawlick 1976,

S. 301). Verliere der demokratisch verfasste Staat (die Politik) an Macht gegenüber der Volksmenge, verliert dieser „das Recht, alles zu befehlen" (S. 238).

Wie Spinoza geht es auch Rousseau um eine demokratische Vermittlung von Freiheit, Macht und Recht über das Konstrukt eines *Gesellschaftsvertrages*: „Gemeinsam stellen wir alle, jeder von uns seine Person und seine ganze Kraft unter die oberste Richtschnur des Gemeinwillens; und wir nehmen als Körper jedes Glied als untrennbaren Teil des Ganzen auf" (Rousseau in: Brockard 1977, S. 56 f.) Das Volk ist laut Rousseaus' Gesellschaftsvertrag in seiner Gesamtheit der Souverän und sein Wille als Allgemeinwille ein Gesetz: „Da nun der Souverän auf den Einzelnen besteht, aus denen er sich zusammensetzt, hat er kein und kann auch kein dem ihr widersprechendes Interesse haben [...], weil es unmöglich ist, dass die Körperschaft allen ihren Gliedern schaden will" (Brockard 1977, S. 107 f.). Der Baron de La Brède de Montesquieu (1689–1755) entwickelte dabei zur Beschränkung womöglich zu viel und missbräuchlich ausgenutzter Macht des Souveräns eine staatliche *Gewaltenteilung*, die heutige Trennung im Staatssektor in *Legislative*, *Exekutive* und *Judikative*.

Marx, Friedrich Engels (1820–1895) und Wladimir Iljitsch Lenin (1870–1924) entwickelten keinen allgemeinen theoretischen Macht-Begriff (vgl. Poulantzas 1975, S. 97). Die Ausdrücke Macht, Gewalt, Herrschaft, Autorität sind hier nicht streng unterschieden und sind teilweise auch austauschbar (vgl. Rehmann 2015, S.1486). Aus den Publikationen kann aber dennoch eine *materialistische Theorie* der Macht rekonstruiert werden, indem bspw. die durch Marx und Engels beschriebene praktische Veränderung der Welt der Arbeiter mit dem bestehenden theoretischen Machtbegriff verglichen wird. Dies zeigt sich in Passagen wie „gesellschaftliche Macht über fremde Arbeit", „Diktatur des Proletariats" versus „Diktatur der Bourgeoisie" oder die Verwendung von Begrifflichkeiten wie „Klassenkampf" und „Klassenbewusstsein".

Ohne eine begriffliche Definition für Macht zu liefern, ging Marx hier dennoch fest davon aus, dass die moderne Lohnarbeiterklasse über ein größeres Machtpotenzial als vorherige unterdrückte Klassen in der Geschichte verfügt. Für ihn leitet sich Macht aus der Konfliktlinie „Kapitaleigentümer" und „Lohnarbeiter" ab. Der Kapitaleigentümer verfügt gewissermaßen über das *Direktions- und Aneignungsrecht* gegenüber dem abhängen Lohnarbeiter, der seine Ware Arbeitskraft zur Verfügung stellen muss. Marx nennt das Despotie: „Durch den überwiegenden Zusatz von Kindern und Weibern zum kombinierten Arbeitspersonal bricht die Maschinerie endlich den Widerstand, den der männliche Arbeiter in der Manufaktur der Despotie des Kapitals entgegensetzte" (Marx 1867 (1974), S. 424). Und er nennt es *Autokratie*: „Der Fabrikkodex, worin dass Kapital seine Autokratie über seine Arbeiter, ohne die sonst vom Bürgertum so beliebte Teilung der Gewalten und das noch beliebtere Repräsentativsystem, privatgesetzlich und eigenherrlich formuliert, ist nur die kapitalistische Karikatur der gesellschaftlichen Regelung des Arbeitsprozesses, welche nötig wird mit der Kooperation auf großer Stufenleiter und der Anwendung gemeinsamer Arbeitsmittel, namentlich der Maschinerie. An die Stelle der Peitsche des Sklaventreibers tritt das Strafbuch des Aufsehers. Alle Strafen lösen sich natürlich auf in Geldstrafen und Lohnabzüge, und der gesetzgeberische Scharfsinn der Fabrik-Lykurge macht ihnen die Verletzung ihrer Gesetze womöglich noch einbringlicher als deren Befolgung" (Marx, 1867 (1974), S. 447).

Lenin befürwortet hier deshalb eine *gesellschaftlich politische Macht*, um die Ausbeutung von Lohnarbeitern abzuschaffen; spricht dabei aber dem Volk bzw. dem Proletariat, entgegen der Ansicht von Marx und Engels, die Fähigkeit ab, diese politische Macht ohne Führung einer *revolutionären Partei* zum Vorteil der Arbeitsklasse einnehmen zu können (vgl. Lenin 1955, S. 385).

Bis heute steht Macht „im Zentrum der Politik. Als institutionalisierte Macht konstituiert sie alle Arten von Herrschaftsverhältnissen bis hin zum Staat, als prozessierende (Macht) ist sie in jeder Art von sozialem Konflikt enthalten bis hin zum politischen Kampf um die Macht im Staat. Macht und Konflikt durchziehen die Gesamtheit der menschlichen Beziehungen, private wie öffentliche, wirtschaftliche wie kulturelle." (Rehmann 2015, S. 1486).

Macht wohnt eine *Ambivalenz* inne. Sie kann zerstörerisch sein, sie kann aber auch positiv gestalten. Bei der Machfrage geht es nicht nur um „Macht über", sondern auch um „Macht zu".

> Eine kritisch-materialistische Konzeption von Macht darf nicht auf [...] eine Dämonisierung der Macht hinauslaufen, dass Macht ‚an sich böse' sei. Sie darf nicht negativ auf das Streben nach ‚Macht über', d. h. auf Herrschaft reduziert, sondern muss immer auch positiv als ‚Macht zu' begriffen werden, und zwar in zumindest zwei weiteren Dimensionen: als Macht zur *Befreiung* und zur *Gestaltung* der befreiten Gesellschaft. Es war v. a. das Verdienst von Hannah Arendt, die Dimensionen der ‚Macht zu' als Handlungs-Macht in Erinnerung zu rufen. (Goldschmidt 2015, S. 1.486)

Macht muss aber demokratisch verliehen und muss jederzeit gesellschaftlich, also rechtlich, kontrollierbar sein. Das ist sie nur in politisch demokratisch verfassten Systemen, die gesellschaftlich notwendigerweise auch auf einer Gewaltenteilung basieren. Macht darf den Inhabern nur temporär verliehen werden. Es darf zu keinem Missbrauch kommen, der der Machtdefinition des Soziologen Max Weber (1864–1920) inhärent ist, wenn er unter Macht „jede Chance, innerhalb einer sozialen Beziehung [sieht], den eigenen Willen auch gegen Widerstreben durchzusetzen, gleichviel worauf diese Chance beruht."

Das *Misstrauen* selbst gegenüber demokratisch verfassten Staaten muss stets bestehen bleiben. Denn mit dem österreichischen Ökonomen Josef A. Schumpeter (1883–1950) gilt:

> Niemals sollte man eigentlich sagen: Der Staat tue das oder jenes. Immer kommt es darauf an zu erkennen, wer oder wessen Interesse es ist, der oder das die Staatsmaschine in Bewegung setzt und aus ihr spricht. [...] Der Staat reflektiert jeweils die *sozialen Machtverhältnisse*, wenn er selbst auch kein bloßer Reflex derselben ist [...]. (Schumpeter 1976, S. 377)

Eine erstaunliche Parallele lässt sich in diesem Kontext zu dem deutschen Ökonomen Walter Eucken (1881–1950) erkennen: „Die Machtkörper gewinnen [...] großen politischen Einfluss in einem Staat, in dem sie zu wuchern beginnen. Der Staat wird dadurch selbst unfähig, die *Monopolkontrolle* wirksam durchzuführen" (Eucken 1952, S. 172). Es dürfte unbestritten sein, dass die Wirtschaft, nicht nur die Finanzindustrie, massiven Einfluss auf den Staatssektor (vgl. Kap. 3.4) ausübt und damit nicht uneingeschränkt das Allgemeininteresse des Volkes wahrgenommen wird, sondern durch den Staat massiv partielle wirtschaftliche Interessen befriedigt werden.

3.2.1.2 Staatliche Macht in der Anwendung

Wie verhält sich aber der moderne Nationalstaat im Zuge einer zunehmend globalisierten Welt?

> Globalisierung beschreibt dabei einen Prozeß, bei den Barrieren zwischen Ländern abgebaut und wirtschaftliche, politische und soziale Interaktionen gefördert werden. Globalisierung könnte die Fähigkeit der Menschen enorm verbessern, den Lebensstandard zu erhöhen, indem das vorhandene Wissen und die technischen Errungenschaften von allen gemeinsam genutzt werden. Genau das passiert aber nicht und ist auch gar nicht beabsichtigt. Was Globalisierung antreibt, ist Kapitalakkumulation in Verbindung mit Wettbewerb zwischen einzelnen Kapitalgruppen und genereller Ausbeutung im Verhältnis von Kapital und Arbeit. Globalisierung stellt das jüngste Entwicklungsstadium des kapitalistischen Systems dar, das soziale Bedürfnisse nur insoweit befriedigt, als sie dem Interesse der Kapitalgruppen nach Einfluß und Gewinn dienlich sind; der Markt als Institution im Dienst menschlicher Bedürfnisse gehört ins Reich der Fabeln, wie William Tabb formuliert. (Tabb, zitiert in Biermann/Klönne 2001, S. 68)

Staaten bzw. Regierungen bringen hier die von mächtigen *Kapitalgruppen* in der Wirtschaft definierten Profitinteressen in einem global gewordenen Wettbewerb zwischen den Staaten bzw. Volkswirtschaften ein. Sie machen sich zu Anwälten ihrer nationalen „*Unternehmenschampions*" und sind deshalb weder neutrale Zuschauer des Globalisierungsprozesses noch sind sie machtlos. Im Gegenteil: Sie wirken aktiv bei der Herausbildung und Gestaltung der Globalisierung mit, wobei die großen Nationen klar im Vorteil sind.

Auch die Gründung bzw. der Ausbau der *Europäischen Union* (EU) zielt darauf ab, eine internationale staatliche Gegenmacht zu den USA, Japan, China, Indien sowie Russland zu schaffen, um im Zuge der weltweiten Globalisierung auch die Interessen der europäischen Investoren durchzusetzen. Globalisierung hat hier, auch nach dem Zusammenbruch der Sowjetunion und dem Ende des „Kalten Krieges" (vgl. dazu ausführlich Kap. 8), den international agierenden Konzernen einerseits neue Märkte geöffnet und Expansionsmöglichkeiten erschlossen und andererseits einen enormen Konkurrenzdruck auf die Lohnabhängigen in den Nationalstaaten ausgelöst. Hier ist die Machtbalance zwischen Kapital und Arbeit zunehmend ins Ungleichgewicht geraten.

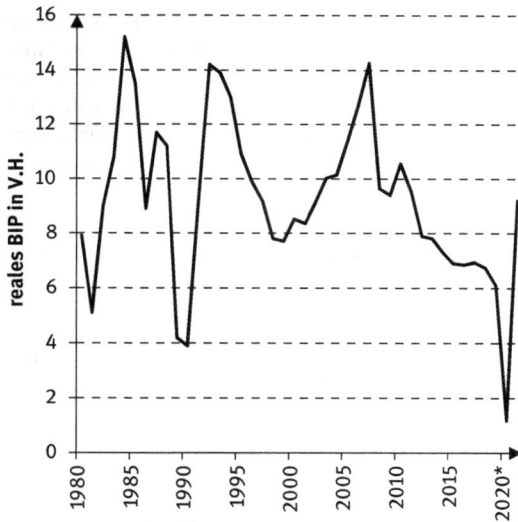

Abb. 3.1: Chinesische Wachstumsraten des realen BIP von 1980 bis 2021 (2020 u. 2021 Prognosen). Quelle: IMF und Statista.

Eine herausragende Rolle in dem gesamten Globalisierungsprozess spielt *China*. Seit Eintritt Chinas 1987 in die globale Weltwirtschaft bzw. in die marktwirtschaftlich-kapitalistische Welt besteht ein massives Interesse, wirtschaftlich zu expandieren. Das Wachstum der chinesischen Wirtschaft ist in Folge enorm (vgl. Abb. 3.1). Die realen Wachstumsraten des Bruttoinlandsprodukts (BIP) liegen weit über den Wachstumsraten der hochentwickelten Industrienationen.

Dabei setzt China auf eine *langfristige Strategie*. Staatlich koordinierte Kredite und Investitionen werden dazu weltweit, langfristig und nicht kurzfristig, angelegt (vgl. Tab. 3.1).

Tab. 3.1: Chinesische Investitionen in den wichtigsten Industrie- und Schwellenländern, in Mrd. US-Dollar von Jan. 2005 bis Juni 2019. Quelle: Statista.

USA	185,50
Australien	113,03
Großbritannien	87,45
Brasilien	65,59
Pakistan	58,46
Russland	53,98
Deutschland	42,09
Indien	29,03
Frankreich	25,77
Japan	7,52
Gesamt	**668,42**

Die Zinsen sind meist niedrig bei 1,5 Prozent. Durch die staatliche Koordination können die Risiken gestreut werden, Gewinne und Kreditrückzahlung können ausgesetzt bzw. gestundet werden. Kredite chinesischer Banken unterliegen nicht den Konditionen der Weltbank, die als Vertreter westlicher Banken unerbittlich auf pünktliche und vollständige Rückzahlung, auf Lohn- und Rentenkürzungen und auf den Verkauf von öffentlichem Eigentum besteht, auch wenn dabei ganze Staaten und Bevölkerungsmehrheiten wie gegenwärtig v. a. Griechenland in Armut gestürzt werden. (Rügemer 2019, S. 261 f.)

Dabei fokussieren sich chinesische Unternehmen tendenziell auf erschwingliche Produkte mit einem potenziellen Volumenzuwachs, sodass steigende Exportraten in Entwicklungs- und Schwellenländer sowie in die EU zu verzeichnen sind (vgl. Rügemer 2019, S. 262). Außerdem verfolgt China das Ziel, weltweit Firmen aufzukaufen. Darüber hinaus betreibt das Land ein Netzwerk regionaler sowie internationaler Kooperationen, wie die Shanghai Cooperation Organisation, Forum on China-Africa Cooperation, BRICS oder China-CELAC Forum, durch internationale Investitionen und Handelsbeziehungen (vgl. Rügemer 2019, S. 306 f.).

Allein die Konzentration der Unterwasser liegenden Internetkabel im Vorhof von China, dessen Kontrolle China bis hin zum Indischen Ozean anstrebt, zeigt dessen wirtschaftlichen Expansionswillen und damit verbundenen Machtanspruch. Auf die Frage: „Werden die USA, China und die EU die weltweit entscheidenden ökonomischen und damit auch politischen Blöcke in den kommenden Jahrzehnten sein?", antwortet der Ökonom Rolf J. Langhammer vom Institut für Weltwirtschaft (IFW) in Kiel: „So sieht es aus. China treibt seine Expansion voran, etwa mit dem Handelssystem der sogenannten Seidenstraße und den eigenen internationalen Entwicklungsbanken. Trotzdem gelingt es der Regierung in Peking nicht, eine Phalanx gegen die USA aufzubauen. Große Schwellenländer wie Indien, Mexiko und Brasilien wollen nicht richtig mitspielen. Die USA können ihre dominierende Position noch eine Zeitlang verteidigen. Ein Ersatz für den Dollar als globale Leitwährung ist nicht in Sicht. Europa ist durch den Abschied Großbritanniens zwar geschwächt, war 2018 mit seiner gemeinsamen Wirtschaftsleistung von rund 22 Billionen US-Dollar – auf der Basis von Kaufkraftparität – aber noch die Nummer zwei, hinter China mit rund 25 Billionen Dollar und vor den USA mit knapp 21 Billionen" (Langhammer 2020, in: Frankfurter Rundschau vom 20.1.2020, S. 3).

Aus weltweiter sicherheitspolitischer Sicht wirkt die wirtschaftliche Expansion Chinas ambivalent, auf jeden Fall bringt die Volksrepublik aber die staatliche Weltordnung in Bewegung, bisher mit offenem Ausgang. Ihre strategische Zielsetzung ist dabei jedoch formuliert: Bis 2049 will man *Weltmarktführer* unter den Volkswirtschaften und in Zukunftsindustrien werden. In der operativen Umsetzung bedingt dieses Ziel, sich weder aktiv noch passiv in einen Krieg hineinziehen zu lassen. Das heißt jedoch nicht, dass China auf etwaige militärische Konflikte nicht vorbereitet ist.

Auch andere Staaten treten *geostrategisch* auf. Frankreich hält sich bspw. seit 1997 mit der *Ecole de guerre economique* eine staatliche Schule für „Angriffs- und Verteidigungsmethoden für französische Unternehmen in einer globalisierten Welt" (https:

//ege.fr/index.php/l-ecole/presentation/schule-fur-wirtschaftskrieg.html, abgerufen 06.06.2020). Auch in den USA gibt es eine solche Schule an der Georgetown Universität mit Kursen wie „The Economics of War". Deutschland fällt dabei als globaler Akteur zunehmend aus, wie es beispielsweise der Historiker Hans-Peter Schwarz in seiner Publikation „Die gezähmten Deutschen. Von der Machtversessenheit zur Machtvergessenheit" bereits 1985 veranschaulichte. Bundeskanzlerin Angela Merkel (CDU) stellte diesbezüglich fest, dass Deutschland für eine geostrategische Ausrichtung in der Welt zu klein ist. Sie verwies in diesem Kontext auf die Verschiebungen der Weltwirtschaftsanteile in den letzten 30 Jahren, wonach Chinas Anteil von 1,7 auf 16,3 Prozent gestiegen ist, die USA bei etwa 25 Prozent konstant geblieben ist und Deutschland von 6,8 auf 4,5 Prozent gesunken ist (vgl. Interview im ARD mit Angela Merkel am 17.01.2020). Dennoch gibt es auch deutsche Vorstöße für ein nationales geostrategisches Handeln (siehe den folgenden Kasten).

„Airbus für die Schiene"

Ein Beispiel für geostrategisches Handeln Deutschlands ist das gescheiterte Fusionsprojekt von Siemens und der französischen Bahnfirma Alstom. Der sogenannte „Airbus für die Schiene" sollte die Wettbewerbsfähigkeit im internationalen Bahngeschäft erhöhen. Die Hersteller des ICE (Siemens) und des TGV (Alstom) erhofften sich durch eine Fusion ein Gegengewicht zum größten Schienenfahrzeughersteller China Railway Rolling Stock Corporation mit Sitz in Peking. Ein Vorbild für die Fusion ist dabei Airbus, ebenfalls ein Zusammenschluss deutscher und französischer Firmen, um konkurrenzfähige Passagierflugzeuge zu bauen.

Die EU-Wettbewerbskommissarin Margrethe Vestager verkündete jedoch am 6. Februar 2019, dass die Fusion aus wettbewerbsrechtlichen Gründen untersagt wird. Die EU-Wettbewerbshüter kamen zu der Erkenntnis, dass die Fusion dem Wettbewerb schade. „Millionen von Fahrgästen in ganz Europa sind Tag für Tag auf einen modernen und sicheren Schienenverkehr angewiesen. Siemens und Alstom sind beide „Champions" im Schienenverkehrssektor. Ohne ausreichende Abhilfemaßnahmen hätte der Zusammenschluss zu höheren Preisen für Signalanlagen, die die Sicherheit der Fahrgäste gewährleisten, und für die nächsten Generationen von Höchstgeschwindigkeitszügen geführt. Die Kommission hat den Zusammenschluss untersagt, weil die Unternehmen nicht bereit waren, die erheblichen wettbewerbsrechtlichen Bedenken der Kommission auszuräumen" (Europäische Kommission, 2019).

Die Entscheidung der EU stieß nicht nur bei den Unternehmen Siemens und Alstom auf Unverständnis, sondern führte auch zur Kritik am EU-Wettbewerbsrecht seitens der Bundesregierung sowie der französischen Regierung, die sich vor dem EU-Verbot für die Fusion unverhältnismäßig stark einsetzten, was nur vor dem Hintergrund einer geostrategischen Agenda nachvollziehbar ist. Das treibt derartige Blüten, dass Bundeskanzlerin Angela Merkel nach dem EU-Verbot das EU-Kartellrecht verändern möchte. Sie sehe in der jetzigen EU-Gesetzgebung eine Gefahr für die freiheitliche Entwicklung der Industrie. „Die Betrachtungsweise des Wettbewerbs [...] hinterlässt bei mir Zweifel, ob wir globale Player in dieser Weise erreichen können. Aber dafür müssen wir die europäische Bereitschaft finden, dass Wettbewerbsrecht zu verändern" (Spiegel Online 2019). „Normalerweise versuche ich mich, gemäßigt auszudrücken, aber die Entscheidung der Kommission ist ein schwerer Schlag für die europäische Industrie", sagte der französische Premierminister Édouard Philippe kurz nach der Entscheidung der EU-Wettbewerbshüter (vgl. Merkur 2019). Der französische Regierungssprecher Benjamin Griveaux forderte ebenfalls, wie Merkel, eine Reformierung des europäischen Wettbewerbsrechts.

Schon immer haben Staaten *Wirtschaftskriege* geführt, um ihre Machtansprüche durchzusetzen. Als Literatureinstieg empfiehlt sich hier von Ulrich Blum (2016) „Wirtschaftskrieg: Rivalität ökonomisch zu Ende denken". Unter einem Wirtschaftskrieg wird dabei „der bewusste, aggressive Einsatz geeigneter Mittel zum Zerstören bzw. Entwerten des Humankapitals, Sachkapitals, intellektuellen Kapitals und Organisations- bzw. Sozialkapitals eines wirtschaftlichen Rivalen durch Individuen, Unternehmen und/oder Staaten ohne moralische Bedenken oder unter deren Rechtfertigung bzw. Hintanstellung in einem abgegrenzten Markt, um wirtschaftliche Dominanz zu erhalten oder zu erzielen", verstanden (Blum 2017, S. 3). Wirtschaftliche Dominanz wird hier mit wirtschaftlicher Macht gleichgesetzt.

Historische Beispiele für Wirtschaftskriege gibt es viele, so die „Kontinentalsperre" von Napoleon oder „Operation Bernhard" der Nationalsozialisten. Weitere Beispiele sind die maßgeblich durch die USA motivierten Sanktionen gegen die am Bau der Pipeline Nord Stream 2 beteiligten Unternehmen. Zuletzt betrieben die USA unter dem Motto ihres 45. Präsidenten Donald Trump „America First" einen Wirtschaftskrieg mit der Erhebung von massiven Strafzöllen gegen andere Volkswirtschaften, insbesondere gegen China. Dieser Krieg spielte sich dabei nicht nur zwischen Staaten auf einer globalen Ebene ab, sondern umfasst auch viele kleinteilige Facetten. Siehe hier beispielhaft den seit Langem tobenden Konkurrenzkampf zwischen Boeing (USA) und Airbus (EU) um hohe staatliche Subventionen, um im Preiskampf Vorteile zu erzielen.

3.2.2 Wirtschaftliche Macht

Bevor wir im Weiteren vertiefend auf die Machtfrage in der Ökonomie eingehen, muss noch eine Relativierung erfolgen. Wir haben bisher (weitgehend) nur die statische und komparativ-statische Preistheorie der orthodoxen Mikroökonomie aufgezeigt und hier die nur unzureichende Behandlung eines Machtmissbrauchs in Monopolen, Oligopolen und Kartellen dargestellt. Doch auch innerhalb der orthodoxen Mikroökonomie zeigt sich eine Weiterentwicklung zu einer *dynamischen Wettbewerbstheorie*. Auch hier wird die Machtfrage behandelt.

3.2.2.1 Wettbewerb als dynamischer Prozess

Lange Zeit war man sich in der orthodoxen Mikroökonomie darüber einig, dass Wettbewerb am besten unter den Modellbedingungen eines vollkommenen Marktes zu realisieren sei, der unweigerlich zu einer vollkommenen Konkurrenz führe. Das Konkurrenz-Modell wurde in Deutschland noch in den 1950er-Jahren zum Leitbild der staatlichen Wettbewerbspolitik erhoben. Walter Eucken schieb dazu: „Die Kernfrage sollte [...] immer als Kernfrage behandelt werden. Es geschieht, indem die Herstellung eines funktionsfähigen Preissystems vollständiger Konkurrenz zum wesentlichen Kriterium jeder wirtschaftspolitischen Maßnahme gemacht wird" (Eucken 1953,

S. 11 f.). Auch das deutsche „Gesetz gegen Wettbewerbsbeschränkungen" (GWB) orientierte sich 1958 anfangs noch am Begriff der vollkommenen Konkurrenz als die „anzustrebende ideale Wettbewerbsform". In der Begründung zum Gesetzentwurf des GWB hieß es:

> Es darf als sichere wissenschaftliche Erkenntnis angesehen werden, dass die Marktverfassung des freien Wettbewerbs das Vorhandensein der Marktform des vollkommenen Wettbewerbs als wirtschaftliche Gegebenheit zur Voraussetzung hat, d. h. die Zahl der Marktteilnehmer auf beiden Marktseiten muss so groß sein, dass der Marktpreis für den Unternehmer eine von seinem Verhalten im wesentlichen unabhängige Größe ist. (Müller Henneberg/Schwarz 1958, S. 1.059)

Diese sogenannte vollkommene Konkurrenz impliziert, wie bereits mehrfach aufgezeigt, jedoch alles, nur keine Konkurrenz. Dies hat heute selbst die orthodoxe Mikroökonomie erkannt. Allerdings hat es lange gedauert bis man sich eingestand, dass die Idealwelt der Marktwirtschaft nicht mit der Marktform vollkommener Konkurrenz erklärt werden kann. Dabei wurde allerdings außerhalb Deutschlands schon in den 1930er-Jahren das „Leitbild" infrage gestellt (vgl. Schmidt 2005, S. 5 ff.). Der ordoliberale deutsche Ökonom Wilhelm Röpke (1899–1966) bezeichnete zum ersten Mal Anfang der 1960er-Jahre die vollkommene Konkurrenz als wirklichkeitsfremden *„theoretischen Perfektionismus"* (1965, S. 33). Der Volkswirt Hartwig Bartling konstatierte: Die vollkommene Konkurrenz

> […] hängt sich an den eigenen Prämissen selbst auf: Unter den restriktiven Modellbedingungen ‚vollkommener Konkurrenz' […], besteht kein Anreiz für die Wettbewerber zu Aktionsparameterveränderungen; denn Preiswettbewerb entfällt, weil der Preis ein Datum ist, Qualitätswettbewerb scheidet aus, weil es sich um homogene Produkte handelt, Werbung erübrigt sich, weil volle Markttransparenz besteht, innovative Kostensenkungen lohnen nicht, weil die Konkurrenten doch gleich nachziehen. Außerdem bleibt selbst die in Form von Marginalbedingungen differenziert beschriebene Allokationseffizienz ‚vollkommenen Wettbewerbs' statisch, weil Betriebsgründungen und -verdrängungen, Güterinnovationen und -verdrängungen, Produktionsverfahrensinnovationen und -verdrängungen, Faktorinnovationen und -verdrängungen unerfaßt bleiben. (Bartling 1980, S. 15)

Die vollkommene Konkurrenz führt überdies zu einem rein statischen Gleichgewichtszustand, der, mit Ausnahme eines kalkulatorischen Unternehmerlohns (als Vergütung für die Arbeitskraft des Unternehmers) und einer bescheidenen Verzinsung des eingesetzten Eigenkapitals eine im Wesentlichen *„gewinnlose Situation"* der Unternehmen vortäuscht, die mit der wirtschaftlichen Realität nicht kompatibel ist. In der Wirklichkeit werden in den Preisen neben dem kalkulatorischen Unternehmerlohn in Einzelunternehmen und Personengesellschaften sowie Managergehältern in Kapitalgesellschaften und Genossenschaften auch hohe Zinsen auf das Eigenkapital der Shareholder und zusätzliche Extraprofite verrechnet. Außerdem fließen in den Preisen die Zinszahlungen an die Fremdkapitalgeber und die Mieten bzw. Pachten an die Grundeigentümer ein, sodass es hier insgesamt zu einer komfortablen *Mehr-*

wertverrechnung und hohen *Profitraten* kommt (zu den empirischen Befunden vgl. Kap. 3.3.2.3).

In den Jahren 1926 bis 1934 erschienen Arbeiten von Piero Sraffa (1898–1983), Edward Hastings Chamberlin (1899–1967), Joan Violete Robinson (1903–1983), Ragnar Anton Frisch (1895–1973), Nobelpreisträger für Wirtschaftswissenschaft, und Heinrich v. Stackelberg (1905–1946). Sie stuften alle die Prämissen der „vollkommenen Konkurrenz" als realitätsfremd ein, lösten sie schon recht früh in Richtung *unvollkommener Märkte* auf und ordneten sie zwischen freier Konkurrenz und Monopol im Feld einer „*monopolistischen Konkurrenz*" ein (vgl. Bartling 1980, S. 280 ff.). Die sich bei den einzelnen Autoren nur marginal unterscheidenden Theorien eines unvollkommenen Wettbewerbs lösten in der wettbewerbspolitischen Debatte einen *Wettbewerbspessimismus* aus.

Erst mit einer *Dynamisierung* des Wettbewerbskonzeptes und einer damit verbundenen endgültigen Kritik an der statischen Marktform der vollkommenen Konkurrenz, kam es durch den von John M. Clark (1884–1963) im Jahr 1939 veröffentlichten Artikel „Toward a Concept of *Workable Competition*", zu einer neuen, optimistischen wettbewerbstheoretischen Ausrichtung (Clark 1940, S. 241; 1968, S. 148 ff.). Clark versucht den Wettbewerb als „workable competition" in einer *optimistischen Beurteilung* aufgrund seiner Leistungsfähigkeit in marktwirtschaftlichen Ordnungen als „second best" Lösung im Hinblick auf die unrealistische vollkommene Konkurrenz darzulegen. Für ihn ist dabei klar, „dass es ‚vollkommenen Wettbewerb' nicht gibt und nicht geben kann, wahrscheinlich auch niemals gegeben hat" (Clark 1975, S. 143 ff).

Das Wettbewerbsverhalten (insbesondere das Preisverhalten) der Unternehmen ist in der Realität durch eine Reihe von Faktoren auf unvollkommenen Märkten gekennzeichnet, die zu den unterschiedlichsten, aber kaum exakt prognostizierbaren Marktkonstellationen führen können. Diese werden konkret u. a. durch das Ausmaß der *Produktdifferenzierung*, der *Zahl und Größenverteilung* der Anbieter, der allgemeinen *Preissetzungs- und Vertriebsmethode* bis zur *Kostenänderung* bei einer Änderung der Unternehmensgröße, der Kosten bei *Auslastungsänderung* und der Flexibilität der *Produktionskapazität* beeinflusst. Auch spielen Marktinformationen und die geografische Verteilung von Produktion und Verbrauch eine wesentliche Rolle.

Wichtig ist für Clark dabei außerdem die Erkenntnis, dass sich in der Realität die Mängel eines Marktes nicht beseitigen lassen und daher eine Annäherung an das Modell der vollkommenen Konkurrenz unmöglich ist, weshalb er *staatliche Interventionen* zur Beseitigung der Unvollkommenheiten kategorisch ablehnt. Vielmehr könnten sich die Unvollkommenheiten als durchaus nützlich und zweckmäßig erweisen, da auf einem ohnehin unvollkommenen Markt zusätzlich auftretende Unvollkommenheiten einen eher kompensatorischen Effekt besäßen („*Gegengiftthese*").

Clark betonte später in seinem 1961 erschienenem Werk „Competition as a Dynamic Process" den dynamischen Charakter des Wettbewerbs als einen Prozess aus „*Vorstoß*" und „*Verfolgung*". Funktionsfähiger Wettbewerb ist demnach durch eine Abfolge nie abgeschlossener Vorstoß- und Verfolgungsphasen gekennzeichnet.

Die Wirtschaftssubjekte versuchen dabei unter Verfolgung ihres Eigeninteresses (Gewinnstreben) durch den Einsatz wettbewerblicher Aktionsparameter (Preis, Qualität, Rabatte, Konditionen, Menge, Service und Werbung), Vorzugsstellungen im dynamischen Wettbewerbsprozess zu erlangen (initiative Wettbewerbshandlungen), die aber temporär bleiben, da die Wettbewerbsvorsprünge durch nachahmende Unternehmen in der Verfolgungsphase wieder abgebaut werden (imitatorische Wettbewerbshandlungen). Der Wettbewerbsprozess zwingt dadurch die Wirtschaftssubjekte zu einem ökonomisch rationalen Verhalten und übt somit einen von den Beteiligten nicht kontrollierbaren Druck auf Preise, Kosten und Gewinne aus. (Schmidt/Schmidt 1997, S. 13)

Die erzielten Gewinne sind demnach in der dynamischen Wettbewerbstheorie, im Unterschied zur statischen Preistheorie nur als „fragil" einzustufen. Im Grunde sind es lediglich *temporäre Extraprofite*, die aus besonderen Leistungen in Form von *Produkt- und/oder Prozessinnovationen* resultieren. Ansonsten gehen hier die unternehmerischen Prozesse weitgehend gewinnlos aus. Nur repetitive Arbeiten werden entsprechend kaum mit Gewinnen belohnt.

Hatten schon die klassischen Nationalökonomen immer wieder den Wettbewerb als einen dynamischen Prozess interpretiert, so waren es zu Beginn der 1950er-Jahre Josef A. Schumpeter und Helmut Arndt, die die besondere Betonung des *Prozesscharakters* herausgearbeitet und damit für den heute in der orthodoxen Wettbewerbstheorie einzigen Konsens gesorgt haben, dass nämlich Wettbewerb in der wirtschaftlichen Realität immer als ein dynamischer Prozess zu verstehen ist (vgl. Abb. 3.2). Sein Motor sind nach Schumpeter bahnbrechende „*Pionierunternehmer*", die durch Innovationen einen technisch-wirtschaftlichen Fortschritt herbeiführen und so einen „*Prozess der schöpferischen Zerstörung*" initiieren (Schumpeter 1950, S. 134 ff.). Dabei kommt es nach Arndt zu *prozessualen Monopolstellungen*, die temporäre Extraprofite ermöglichen.

Diese würden aber durch einen nachahmenden Wettbewerb immer wieder aufgezehrt und es käme zu einer *Isopolstellung*, von der aus der Prozess von neuem beginnen könne. Diese prozessualen Monopole und Isopole, die den Wettbewerbsprozess auszeichnen, bedingen einander. Das Time-lag zwischen Aktion des vorstoßenden Unternehmens und der Reaktion der Nachahmer darf laut Theorie dabei weder zu lang noch zu kurz sein. Dauert es zu kurz, ist der Vorstoß zur Erzielung von Vorsprungs-, also (Extra-)profiten ökonomisch nicht reizvoll und wird daher nicht stattfinden. Bei zu langem zeitlichem Abstand zwischen Vorstoß- und Verfolgungsphase fehlt der nachahmende Wettbewerb oder er ist nicht effektiv genug, wobei in beiden Fällen kein optimaler Wettbewerb besteht. Gelingt es keinem Unternehmen, sich vom Status der Gleichheit im Isopol abzuheben und einen Vorsprung zu erringen, so können sich weder *vorstoßender* noch *nachahmender Wettbewerb* entwickeln. Das prozessuale Isopol würde hier zum langfristigen Gleichgewichtsisopol, in dem es keine endogene Marktentwicklung gibt. Ist andererseits der Wettbewerb der Nachahmer nicht kräftig genug oder erst gar nicht vorhanden, so wird das prozessuale Monopol zu einem statischen, wobei die dynamische Entwicklung durch einen reaktiven Wettbe-

Ausgangssituation Isopol

Vorstoßender Wettbewerb führt zu einer prozessualen Monopolstellung mit leistungsdeterminierten

Vorsprungsgewinnen

(Vergrößerung der Marktanteile)

Nachahmender Wettbewerb	Kein oder zu schwacher nachahmender Wettbewerb
Reaktion und Imitation	Reaktion und Imitation bleiben aus
Prozessuale Isopolstellung	Statisches Monopol
führt zur	Machtgewinne
Adaption der Vorsprungsgewinne und Marktanteile	

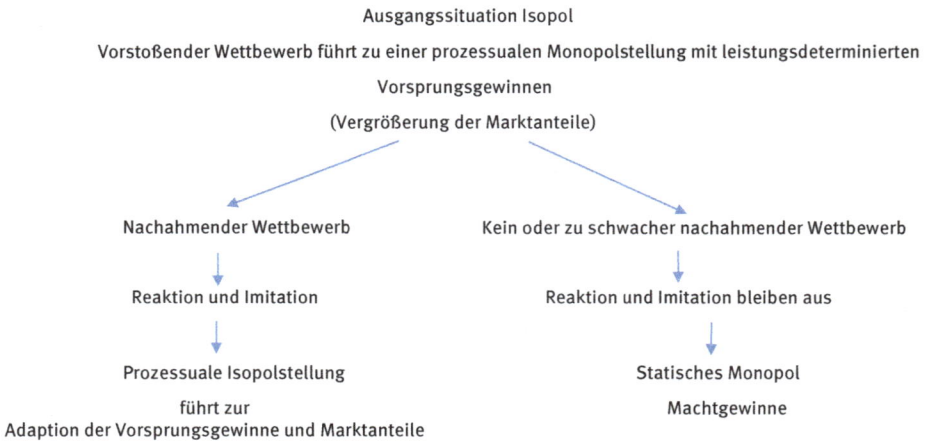

Abb. 3.2: Dynamischer Wettbewerbsprozess. Quelle: eigene Darstellung basierend auf Olten (1995, S. 68).

werb nicht mehr gegeben ist und es zu erodierten Macht- und Ausbeutungsgewinnen kommt (vgl. Abb. 3.2).

Mit der endgültigen Festlegung auf eine dynamische Wettbewerbstheorie wurden gleichzeitig die konträren Pole „wirtschaftliche Freiheit" und „wirtschaftliche Macht" als Synthese zu einer *„optimalen Wettbewerbsintensität"* zusammengefügt (Blum 1988, S. 162). Damit war der politische Weg frei für größere Unternehmenseinheiten durch *Konzentrations- und Zentralisationsprozesse*, als sie noch unter der Marktform einer vollkommenen Konkurrenz als wettbewerbspolitisches Leitbild propagiert wurden. Das Konzept dafür lieferte der Ökonom Erhard Kantzenbach (1968) in seiner Habilitation mit der „Theorie der *weiten Oligopole"*. Die Vorstellungen eines „funktionsfähigen Wettbewerbs" bauen hier auf den Überlegungen von Schumpeter und Clark auf. Wettbewerb habe folgende Funktionen zu erfüllen:

– Sicherung einer marktleistungsgerechten Einkommensverteilung, d. h. Schutz vor Ausbeutung durch Marktmacht;
– Steuerung der Zusammensetzung des Güter- und Dienstleistungsangebots gemäß den Käuferpräferenzen (Konsumentensouveränität);
– Lenkung der Produktionsfaktoren (Arbeit, Kapital und Boden) in ihre produktivsten Einsatzmöglichkeiten (optimale Faktorallokation);
– Anpassung von Produkten und Produktionskapazitäten an eine sich ständig ändernde Nachfragestruktur und Produktionstechnik (Anpassungsflexibilität) sowie
– Stimulierung des technischen Fortschritts in Gestalt neuer Produkte und Produktionsverfahren.

Die Entscheidung für diese Funktionen schließen nach Kantzenbach „bewusste Werturteile" im Rahmen einer „wirtschaftspolitischen Gewichtung" ein, denen man nicht
ausweichen könne. Die Frage müsse lauten, welche *Marktstruktur* am Besten in der Lage sei, die gewünschten Funktionen zu erfüllen. Hierbei schloss Kantzenbach die extremen Marktformen der vollkommenen Konkurrenz, das enge Oligopol und das Monopol aus, die zu einem suboptimalen Marktverhalten der Akteure und daher auch zu
inakzeptablen Marktergebnissen führten. Er sieht die optimale Wettbewerbsintensität
vielmehr in der Marktform *weiter Oligopole* mit „unvollkommener Produkthomogeni-
tät und Markttransparenz".

Staatliche Wettbewerbspolitik müsse deshalb dafür sorgen, dass sich die Märkte
in diese Richtung entwickelten. Dies bedeutete einen radikalen Paradigmenwechsel:

> Mit dieser Theorie ist das liberale Wettbewerbskonzept auf den Kopf gestellt. Denn nicht die Funk-
> tionen des Wettbewerbs standen bei ihr im Mittelpunkt, sondern die Freiheit des (besitzenden)
> Individuums zu jeder beliebigen wirtschaftlichen Tätigkeit. Nun wird der Wettbewerb nicht nur
> instrumentalisiert, um andere Ziele zu erreichen, sondern darüber hinaus modifiziert, um sie er-
> reichen zu können. In dem Maße, in dem Wettbewerb ursprünglich Freiheit meinte, bedeutet jede
> Modifizierung des Wettbewerbs in Richtung auf Einschränkung dieser Freiheit die Abschaffung
> des Wettbewerbs als Ziel und Grundlage der Wirtschaftsordnung; es ist, wenn der Primat der an-
> deren gesamtwirtschaftlichen Ziele erst einmal feststeht, nicht einzusehen, weshalb Wettbewerb
> als ‚politisches Datum' akzeptiert werden sollte, da es ja möglicherweise Organisationsformen
> der Wirtschaft gibt, die diese Ziele rascher erreichen. (Huffschmid 1969, S. 129 f.)

In seiner wettbewerbspolitischen Diktion ist Kantzenbach zudem widersprüchlich.
Weichen nämlich die Marktformen eines engen Oligopols oder Monopols von einer
optimalen Wettbewerbsintensität im oben genannten Sinne ab, so hält er eine „De-
konzentration oder Zerschlagung der marktmächtigen Unternehmen für nicht durch-
führbar, weil sie eine Umstrukturierung der Wirtschaft in einem solchen Ausmaß verlangen würde, daß die reibungslose Aufrechterhaltung der Produktion infrage gestellt
wäre, und sie wäre wirtschaftlich unerwünscht, weil sie den Verzicht auf überwiegen-
de Kostenvorteile erfordern würde" (Kantzenbach 1968, S. 139).

Der Ökonom Jörg Huffschmid (1940–2009) mahnte:

> Demgegenüber ist anzumerken, dass diese überwiegenden Vorteile jedoch offensichtlich der All-
> gemeinheit in Form der Gesamtwirtschaft nicht zugutegekommen sind, weil andernfalls der Zu-
> stand nicht überoptimal, also unerwünscht, wäre; es spricht indes nichts dagegen, einen wün-
> schenswerten Gesamtzustand auch dann herzustellen, wenn dies auf Kosten der einzelnen Unter-
> nehmer geht. Wenn Kantzenbach dafür plädiert, dies nicht zu tun, kapituliert er nicht nur vor der
> faktischen Macht der Unternehmer (‚undurchführbar'), er läßt auch erkennen, daß er die Kosten-
> vorteile der Unternehmer, ihre Gewinne, höher bewertet als das gesamtwirtschaftliche Optimum
> (‚wirtschaftlich unerwünscht'). (Huffschmid 1969, S. 131)

Liegen dagegen suboptimale Marktformen eines von der Anbieterstruktur „atomisti-
schen Wettbewerbs" vor, so sind nach Kantzenbach *Konzentrations- und Zentralisationsprozesse* erwünscht, weil eben nur hierdurch eine Unternehmensgröße garantiert

wird, die sowohl die *Wettbewerbsintensität* erhöht, als auch zu erwünschten Kosten-vorteilen durch *„economies of scale"* mit Fixkostendegressionen führt.

Besonders deutlich distanzierte sich Erich Hoppmann (1923–2007) von Kantzen-bachs Ideen (vgl. Eickhof 2008). In Anlehnung an Friedrich August von Hayek (1899–1992) kritisierte er die dem Konzept weiter Oligopole zugrundeliegende *„Anmaßung des Wissens"* (Hayek). Der Wirtschaftsprozess sei schließlich so komplex, dass nie-mand ihn vollständig erklären und nachvollziehen könne. Daher sei es auch gar nicht möglich, aus einer derart simplen Struktur-Verhaltens-Ergebnis-These wie im Kant-zenbach-Modell solide wirtschaftspolitische Schlussfolgerungen abzuleiten. Weder könne von der Zahl der Anbieter eindeutig auf das Verhalten der Akteure noch auf den daraus folgenden Grad der Wettbewerbsintensität noch auf die daraus resultierenden Marktergebnisse geschlossen werden. Erst recht gelinge der Umkehrschluss vom er-wünschten Endzustand auf die dazu erforderliche Marktstruktur nicht. Kantzenbachs Vorstellung seien Resultat einer *unzulässigen Verallgemeinerung*.

Als Alternative entwickelte Hoppmann das neuklassische Leitbild, indem er eine *Wettbewerbsfreiheit* einforderte. Dabei sei freier Wettbewerb nicht wie bei Kantzen-bach ein Instrument, sondern primär ein *Ziel* seiner selbst willen und das die öko-nomische Facette einer auch ansonsten freiheitlichen Gesellschaftsordnung. Komme zur Wettbewerbsfreiheit dann vor allem noch der Wettbewerbsspirit hinzu, so könne davon ausgegangen werden, dass dies auch für die beteiligten Individuen ökono-misch vorteilhaft sei. Entschließungs- und Handlungsfreiheit bewirkten schließlich, dass nur als vorteilhaft empfundene Aktionen und Transaktionen zustande kommen. Im Umkehrschluss wären *Einschränkungen der Wettbewerbsfreiheit* wirtschaftlich schädlich.

Wettbewerbsfreiheit bedeute, dass sich die Akteure sowohl hinsichtlich ihrer Entscheidungen als auch deren Umsetzung frei im wettbewerblichen Entdeckungs-verfahren von Vorstoß und Verfolgung bewegen können und dass am Markt eine Wahlfreiheit der Transaktionspartner bestehe. Diese Freiheit liege angesichts der zwangsläufigen Überschneidung von Einflusssphären dann vor, wenn das Ausnut-zen von Aktionsspielräumen bei anderen keine Zwänge auslöse. Im Vordergrund der Wettbewerbspolitik müsse daher der Erhalt der Wettbewerbsfreiheit stehen, die durch zwei Arten eingeschränkt sein kann.

Bei *künstlichen Einschränkungen* handelt es sich um vermeidbare Hindernisse. So-fern sie durch den Staat, den Hoppmann hier zugleich als Hauptverursacher identi-fiziert, ausgelöst wurden, solle der Staat sie zurücknehmen und sich zukünftig ihrer enthalten. Wenn sie durch private Akteure zustande kamen, solle der Staat sie ver-bieten. Dabei wird den Privaten kein Sollverhalten vorgeschrieben, sondern wettbe-werbsfreiheitseinschränkende Verhaltensweisen nur in Form von allgemeinen, mög-lichst universell gültigen Regeln verboten. *Natürlichen Wettbewerbsbeschränkungen* hingegen seien solche, die – wie beim „natürlichen Monopol" (vgl. Kap.2.3.3.1.3.4) – unvermeidbar sind, weil es sich um Ausnahmebereiche handelt, in denen Wettbewerb nicht möglich bzw. zweckmäßig sei. Wettbewerbspolitisch steht hier zwar der Staat im Mittelpunkt, dessen zentralen Aufgabe es ist, die von ihm selbst verursachten Beschränkungen abzubauen. Hinsichtlich der durch den *privaten Sektor* verursachten Einschränkungen hat Hoppmann seine Position zwar mehrfach geändert. Unterm Strich bleibt aber erstens seine Forderung, nicht durch diskrete Einzelfallprüfungen seitens des Staates zu reagieren. Denn der Staat sei generell bei der Frage überfordert, ob er etwas zulassen soll oder nicht, da aufgrund der Komplexität des Wirtschaftsprozesses niemand beurteilen kann, welcher Zustand wirklich erwünscht ist und ob dies auch längerfristig so bleibt. Allein schon die Abgrenzung des für eine Beurteilung heranzuziehenden relevanten Marktes sei unmöglich. Insofern blieben nur im Vorhinein festzulegende *Grundsatzverbote* („Per-se-Verbote") bei Fusionen, Kartellen und Machtmissbrauch, um die Wettbewerbsfreiheit zu garantieren. Auch Hoppmanns Leitbild-Vorstellungen riefen eine Vielzahl von Kritikern hervor. Bezweifelt wurde u. a. die unterstellte Zielharmonie zwischen Verwirklichung der Wettbewerbsfreiheit und ökonomischer Vorteilhaftigkeit. Besonders problematisch ist aber die Botschaft, der *Staat* müsse sich mit diskretionärer Wettbewerbspolitik zurückhalten. Wenn sich nämlich die Per-se-Verbote in der Politik nicht umsetzen lassen, leisten sie einer völligen „wettbewerbspolitischen Abstinenz" (Möschel, zitiert in Eickhof 2005, S. 16) Vorschub.

Außerdem macht die Entwicklung dieser „neuen" dynamischen Wettbewerbstheorie es möglich,

> die im konzentrierten Kapitalismus auftretenden Widersprüche zwischen ideologischer Legitimationsbasis des Gesamtsystems und den ökonomischen Realitäten sowie politischen Forderungen des Kapitals an das System durch den Einbau einer neuen theoretischen Grundlage zu lösen. [...] Das Wort ‚Wettbewerb' wird nun für den Bereich der autonomen Großunternehmen instrumentalistisch uminterpretiert und bezeichnet jetzt ein staatlich zu überwachendes, je nach Umständen zu förderndes oder zu beschränkendes Mittel zur Erreichung volkswirtschaftlich wünschenswerter Ziele, die Funktionen des Wettbewerbs genannt werden. Der Wettbewerb, einst koordinierender Freiheitsmechanismus, wird jetzt zum geplanten politischen Parameter der angeblich nicht mehr durch die Priorität unternehmerischer Gewinnmaximierung bestimmten Wirtschaftspolitik. (Huffschmid 1969, S. 132 f.)

Auf diesen wettbewerbspolitischen Pfad schwenkt auch der *Sachverständigenrat* (SVR) in seinem Gutachten von 1971/72 ein. Bis dahin hatte der SVR immer wieder die Leistungsfähigkeit der marktwirtschaftlichen Ordnung betont und den Wettbewerb – ohne jegliche Analyse – ganz einfach als „tragende Säule unserer Ordnung" bezeichnet, die wirksam als staatliche Aufgabe zu erhalten und zu schützen sei. Dennoch räumte der SVR – nach seinem damals achtjährigen Bestehen – dem Wettbewerbsprinzip nur ganze achteinhalb Seiten in seinem Gutachten ein (Meißner 1980, S. 40). Erst im Gutachten von 1971/72 führt er unter dem Titel: „Für eine konsequente Wettbewerbspolitik" aus, dass es einen Gegensatz gäbe zwischen der natürlichen Neigung von Anbietern und Nachfragern, den Wettbewerb zu beschränken, und der staatlichen Aufgabe, dieser Neigung institutionell entgegenzuwirken (SVR 1971/1972:

Ziff. 379). Dabei wird die Vorstellung vom „vollkommenen Wettbewerb" zugunsten des Konzepts eines *„funktionsfähigen Wettbewerbs"*, das auf Wachstum setze, aufgegeben. Wachstum erfordere private Investitionen, die ein „Investitionsrisiko" implizieren würden, sodass „Abstriche beim Wettbewerbsgrad" hingenommen werden müssten (SVR 1971/1972: Ziff. 383). Hinsichtlich der Bedeutung für die Erfüllung gesamtwirtschaftlicher Ziele sieht der SVR im fehlenden Wettbewerb (in vermachteten Bereichen) dennoch eine Gefährdung der Preisstabilität und der Vollbeschäftigung: „Der Schluß liegt nahe, daß Preisniveaustabilisierung ohne Gefährdung der Vollbeschäftigung umso schwerer erreicht werden kann, je höher der Grad der Vermachtung ist" (SVR 1971/1972, Ziff. 380).

3.2.2.2 Dynamische Wettbewerbstheorie versus wirtschaftlicher Realität

Die dynamische (idealtypische) Wettbewerbstheorie entspricht, trotz der geübten Kritik, wesentlich mehr der wirtschaftlichen Realität als die statische Marktform einer vollkommenen Konkurrenz. Dennoch zeigen sich auch hier im „dynamischen Ansatz" immanente theoretische Schwächen. Huffschmid führt dazu aus:

> Für die Kapitale, die einen ‚besonderen Vorteil' besitzen, ist die materielle Konsequenz ihres vergleichsweise besseren Abschneidens eine stärkere individuelle Akkumulationskraft im Vergleich zu anderen Kapitalen; da diese Akkumulationskraft unter dem Zwang der [...] Konkurrenz, unbedingt eingesetzt werden muss, bedeutet dies eine größere tatsächliche Akkumulation dieser Kapitale im Vergleich zu anderen und damit bessere Voraussetzungen zur weiteren Entwicklung der Produktivkräfte; und d. h. vor allem zur Erzielung eines zusätzlichen, weiteren Vorsprung verschaffenden Extraprofits. (Huffschmid 1975, S. 29)

Dadurch kommt es quasi zu einem systematischen *unaufholbaren Vorsprung*, d. h. es gibt keinen wirksamen nachahmenden Wettbewerb. Im Ergebnis impliziert dies wiederum eine nachhaltige extrem ungleiche Kapitalakkumulation (internes Wachstum) in der Wirtschaft und andererseits kommt es zu einer zusätzlichen externen Konzentration durch Unternehmensfusionen oder zu Insolvenzen nach einem Verdrängungswettbewerb (zu den empirischen Befunden vgl. Kap. 3.2.2.4). Die *Strukturdifferenzierung* innerhalb des Gesamtkapitals bedeutet am Ende: Einigen immer mächtiger werdenden Großunternehmen steht schließlich eine Mehrzahl ohnmächtiger kleinerer und mittlerer Unternehmen (*KMU*) gegenüber. Interessant ist hier jedoch, wie noch im Kap. 3.3.2.3 aufgezeigt wird, dass die im Kapitalismus entscheidende *Profitrate* in den KMU wesentlich höher ausfällt als in den Großunternehmen. Die Strukturdifferenzierung innerhalb des Gesamtkapitals wirkt dabei nicht nur auf der Angebotsseite des Marktes, sondern führt auch auf den Beschaffungsmärkten der Unternehmen zu ungleichen Wettbewerbsbedingungen. Im Allgemeinen sind dabei die nachfragenden Unternehmen – im Gegensatz zu den nachfragenden Endverbrauchern – im Vorteil.

Ein nachfragendes Unternehmen kann normalerweise seine Lieferanten ohne Schwierigkeiten wechseln, während ein anbietendes Unternehmen oft Mühe hat, für einen verlorenen Kunden einen Ersatz zu finden. Denn nachfragende Unternehmen sind weitaus weniger häufig vorhanden als Letztverbraucher und ihre Aufträge sind größer. Diese Schwierigkeit erhöht sich noch, wenn große Nachfrager, wie beispielsweise die Automobilkonzerne oder die großen Konzerne des Einzelhandels kleinen oder mittleren Fabrikanten gegenüberstehen. Nachfragende Konzerne u. dgl. haben fast stets die Möglichkeit, ihre Lieferanten zu wechseln, ohne dass ihnen hierdurch normalerweise Kosten entstehen; einem Lieferanten fällt es jedoch meist schwer, für einen verlorenen Abnehmer einen gleichwertigen Ersatz zu finden. Dies gilt umso mehr, je größer die Menge ist, die ein solcher Abnehmer bezieht. Einen Automobilkonzern oder eine Warenhauskette kann man als Kunden nicht verlieren, ohne dass sich dies in der Gewinn- und Verlustbilanz negativ auswirkt. Je mehr nun aber ein Lieferant auf den guten Willen eines Großkunden angewiesen ist, desto weniger kann er sich dagegen wehren, dass dieser die Fortsetzung der Geschäftsbeziehung von Preiszugeständnissen u. dgl. abhängig macht. (Arndt 1994, S. 105)

Das hier beschriebene Phänomen der *Nachfragemacht* von Unternehmen (Bontrup 1983, 1989; Bontrup/Marquardt 2008), führt zu nachhaltigen *Gewinnumverteilungen* zugunsten der nachfragenden Unternehmen. Sie können ihre an den Beschaffungsmärkten erlangten Preisnachlässe entweder als Extraprofite einstreichen, oder sie in ihren Absatzwettbewerben gegen unliebsame Konkurrenz – die womöglich nicht über Nachfragemacht verfügt – beispielsweise für einen Preiskampf einsetzen. Dieses Vorgehen zeigt sich beispielsweise im hochkonzentrierten Lebensmitteleinzelhandel (Schlippenbach/Pavel 2011, S. 2–9). Die anbietenden, durch Nachfragemacht ausgebeuteten Unternehmen werden, wenn sie es könnten, ebenfalls versuchen ihre Lieferanten zu Preisnachlässen zu bewegen, sodass es hier zu einer *„Ausbeutungskettenreaktion"* unter den Unternehmen kommt. Sind sie dazu nicht in der Lage, versuchen sie in der Regel durch ein straffes Kostenmanagement ihre schlechte Situation zu verbessern. Dies geht häufig in Form von Lohnkürzungen, Arbeitszeitverlängerungen ohne Lohnausgleich oder sogar Entlassungen, zu Lasten der abhängig Beschäftigten. Ausgebeutete Lieferanten haben auch nicht die Möglichkeit, ausreichende Investitionen und Innovationen aus dem Cashflow zu finanzieren. Sie sind auf eine externe Fremdfinanzierung angewiesen, die dann häufig von Banken verweigert werden.

Wettbewerbstheoretische Vorstellungen entsprechen demnach weder auf der Absatz- noch auf der Nachfrageseite der wirtschaftlichen Realität. Hier versuchen die Unternehmen vielmehr, den wettbewerblichen Abhängigkeiten möglichst aus dem Wege zu gehen. Um ihre Gewinne bzw. Profitraten zu maximieren, beschränken sie den Wettbewerb oder schalten ihn durch Absprachen, wie Kartellbildungen, völlig aus. Der Marburger Ökonom Werner Hofmann (1922–1969) stellte deshalb fest: „Der Monopolismus ist das „legitime Kind der freien Konkurrenz" und keineswegs [wie Eucken (1940) es sah] der

Wechselbalg einer staatlichen Regulierungspolitik, die etwa einem spontanen Wettbewerbsverlangen der Privatwirtschaft zuwidergelaufen wäre. Kein Einzelwirtschafter will das Verhältnis der Konkurrenz, dem er unterworfen ist. Freier Wettbewerb, mit allen Überraschungen, die er bietet,

> widerspricht einem allgemeinen und elementaren Bedürfnis erwerbswirtschaftlichen Handelns schon darin, dass er die Kalkulierbarkeit der Chancen sehr beschränkt. Der ungehinderte Wettbewerb stellt innerhalb einer Wirtschaft, die nach Voraussehbarkeit des Erfolges verlangt, das Element der Unordnung dar – eine Anarchie, die in der Krise wie ein Hagelschlag über Gerechte und Ungerechte hereinbricht. (Hofmann 1987, S. 47)

Das immer wieder von Politik und orthodoxer Mikroökonomie hochgelobte theoretische Wettbewerbsmodell ist, trotz aller ideologischen Beteuerungen, in der wirtschaftlichen Realität sowohl im Absatz- als auch im Nachfragewettbewerb brüchig. Schon 1977 konstatierte die Politikwissenschaftlerin Heidrun Abromeit diesbezüglich: „Das entleerte Wettbewerbskonzept dient lediglich der verschleiernden Rechtfertigung der Handlungsfreiheit von Privatunternehmen, ohne indessen eine Legitimation für diese Freiheit noch anbieten zu können" (1977, S. 559). Heute sind noch viel mehr, weitgehend hoch konzentrierte und vermachtete – zuweilen kartellierte – Märkte, mit einem engen oligopolistischen oder sogar einem quasi monopolistischen Charakter in der Wirtschaft entscheidend. Dazu noch einmal Hofmann:

> Die ‚Neigung zum Monopol' entspringt dabei der Grundnatur des kapitalistischen Erwerbes selbst. Das Prinzip der Rendite vollendet sich im Monopolgewinn; so wie sich der andauernde Krieg der Konkurrenz der Hoffnung eines jeden der Streitenden nach in der Überwältigung der anderen erfüllt. Dem Verhältnis der freien Konkurrenz wohnt damit von allem Anfang an die Tendenz seiner Selbstaufhebung inne. Das Monopol, weit entfernt davon, eine ‚Entartung' der freien Unternehmerinitiative, eine ‚Fehlentwicklung' der Konkurrenz darzustellen, ist vielmehr die heimliche Hoffnung aller. Innerhalb einer Ordnung, wo Akkumulation ‚Moses und die Propheten' ist, gelingt dem Monopol, was alle anderen wollen. (Hofmann 1987, S. 47)

Auf den unterschiedlichen Märkten ist es immer nur eine Frage der Zeit, bis durch Konzentrations- und Zentralisationsprozesse der Wettbewerb unter den Unternehmen zum Erliegen kommt oder zumindest in eine marktmachtinduzierte oligopolistische Konkurrenz übergeht. Im Gegensatz zur vollkommenen oder auch heterogenen polypolistischen Konkurrenz, bei der der Marktpreis für den einzelnen Anbieter ein Datum ist, wird bei oligopolistischer Konkurrenz auf die *Preisgestaltung* unmittelbar Einfluss ausgeübt. Hier ist der Preis weder ein Datum noch sind die Anbieter und nachfragenden Unternehmen machtlos. So kann davon ausgegangen werden, dass die meisten Unternehmen ihren gewünschten Kapitalverwertungs- und Akkumulationsprozess mit entsprechendem Gewinn weitgehend autonom steuern und beeinflussen können. Die Kapitaleigner bestimmen, was sie sich an Gewinnen vorstellen. Bezogen auf das jeweils eingesetzte Eigenkapital wird eine gewünschte Zielverzinsung bzw. Profitrate festgelegt, an der sich die kontraktbestimmten Einkommen, vor allen Dingen die Arbeitseinkommen der abhängig Beschäftigten, anzupassen haben.

3.2.2.3 Formen wirtschaftlicher Macht

Die Frage nach der wirtschaftlichen Macht ist mit dem marktwirtschaftlich-kapitalistischen Wettbewerbsprinzip eng verbunden. In heterodoxer Sicht folgt aus Wettbewerb letztlich eine *Vermachtung* der Wirtschaft durch *Konzentrations- und Zentralisationsprozesse*. Hier muss begrifflich zwischen der nicht-marxistischen Terminologie und der marxistischen Wirtschaftstheorie unterschieden werden: Für Marxisten ist Konzentration des Kapitals eine Folge der Tatsache, dass der Kapitaleigentümer den Profit nicht konsumiert, sondern in der Regel den größeren Teil im Zuge einer erweiterten *Akkumulation* seinem bereits vorhandenen Kapital hinzufügt. Diesen Vorgang bezeichnet die nicht-marxistische Theorie mit dem Begriff „*internes Unternehmenswachstum*". Hierbei zeigt sich in der wirtschaftlichen Realität, dass Unternehmen schneller als ihre Wettbewerber wachsen, dieses Wachstum aber nicht immer zwingend auf eine besondere Innovationsleistung zurückzuführen ist, sondern sich bereits als ein Ergebnis bestehender Marktmacht und dessen missbräuchlicher Ausübung auf der Absatz- und/oder Beschaffungsmarktseite zeigt.

Daher ist bei der Machtfrage auch immer zwischen einem *Missbrauch* von Angebots- und/oder Nachfragemacht zu unterscheiden. Nachfragemacht spielte übrigens bis zur Novellierung des Gesetzes gegen Wettbewerbsbeschränkungen (GWB) im Jahr 1973 (vgl. dazu Kap. 3.2.2.6.1.1) in der Gesetzgebung noch keine Rolle und deren Missbrauch unterlag daher auch keiner rechtlichen Sanktionierung. Bei vorliegender Nachfragemacht können die Nachfrager am Markt ihre Anbieter bzw. Lieferanten ausbeuten. Nachfragemacht kommt dabei häufig im Handels-, aber auch im Industriesektor vor (vgl. Bontrup 2006, Bontrup/Marquardt 2008). Nachfragemacht des Handels resultiert hier zum einen aus dem hochkonzentrierten *Handelssektor*. So verfügen beispielsweise die vier größten Lebensmittelkonzerne (Edeka, Rewe, die Schwarz-Gruppe (mit Lidl und Kaufland) sowie Aldi (Nord und Süd)) über fast 90 Prozent Marktanteile (vgl. Bormann/ Siegel 2007, Goes/ Schulten 2016, S. 116 ff.). Zum anderen entsteht Nachfragemacht im Handelssektor aber auch daraus, dass es für einen Hersteller bzw. Lieferanten zeitraubend sowie kostspielig und in Teilen sogar unmöglich ist, auf einen potenten Handelsnachfrager zu verzichten, der eine bestimmte Kapazität beim Hersteller auslastet. Der Händler kann als „König der Diversifikation" dagegen relativ leicht auf bestimmte Produkte und damit auf einzelne Lieferanten verzichten.

Aber auch im *Industriebereich* besteht ein Machtgefälle zwischen industriellen Nachfragern und industriellen Anbietern bzw. Lieferanten. Vielfach ist dies insbesondere im Automotivbereich der Fall. Je höher auch hier die Spezialisierung des Lieferanten auf nur wenige Produkte ausfällt, umso abhängiger macht sich der Lieferant von seinen Nachfragern. Ein Industrieunternehmen mit einer breiter aufgestellten Fertigung ist dagegen gegenüber einem Nachfragerdruck immuner, da ein solcher Lieferant wenigstens, wenn auch nur in einem beschränkten Umfang, Produktionsressourcen (Arbeitskräfte, Maschinen etc.) umdisponieren und womöglich auch, zumindest temporär, Verluste oder eine gewinnlose Zeit durchstehen kann.

Bei Angebotsmacht von Unternehmen liegt der umgekehrte Fall vor. Hier beuten die anbietenden Unternehmen ihre Nachfrager bzw. Kunden aus, indem sie überhöhte Preise zu schlechten Produktqualitäten am Markt durchsetzen bzw. den Kunden durch deren Ohnmacht aufzwingen können. Schon Adam Smith stellte 1776 fest: „Dadurch, dass die Monopolisten den Markt beständig unterversorgt halten, die effektive Nachfrage nie vollständig befriedigen, verkaufen sie ihre Waren weit über dem natürlichen Preis und steigern ihre Entgelte, ob diese nun in Lohn oder Gewinn bestehen, weit über deren natürlichen Satz hinaus. Der Monopolpreis ist in jedem Fall der höchste, der sich erzielen lässt" (Smith 1776 (2005), S. 137 f.).

3.2.2.4 Macht- und Konzentrationsprozesse

Die in der Wirtschaft durch Angebots- und Nachfragemachtmissbräuche verursachten Konzentrationsprozesse werden insgesamt vom Staat nur unzureichend bekämpft. So darf man sich nicht wundern, dass es in der Wirtschaft, neben den natürlichen Verdrängungsprozessen durch einen wirklichen Leistungswettbewerb („ein Kapitalist schlägt viele andere tot" (Marx)) zu einer immer größeren Konzentration von Unternehmen kommt. Mit jeder Fusion, mit jedem Ausscheiden eines Unternehmens durch eine Insolvenz aus dem Markt, verschwindet ein Teil des Wettbewerbes und es entsteht noch mehr Markmacht. *Insolvenzen* sind wettbewerbsimmanent, selbst wenn bei einer Unternehmenspleite häufig ein hausgemachtes Managementversagen vorliegt (vgl. Gallinge 2004, S. 54 ff.). Insolvenzen führen immer zu beträchtlichen volkswirtschaftlichen Schäden bei Kapitaleigentümern, Beschäftigten und den Gläubigern, wie Kreditgebern, Lieferanten und dem Staat. Tab. 3.2 zeigt die Insolvenzentwicklung seit der deutschen Wiedervereinigung, die seit 2012 stark rückläufig ist. Dennoch mussten 2018 insgesamt 19.302 Unternehmen wegen einer Insolvenz aus dem Markt ausscheiden, davon 15.650 Unternehmen in Westdeutschland, während es in Ostdeutschland 2.288 waren.

Neben den nichtleistungs-, sondern machtbedingten Konzentrationsprozessen über ein internes Unternehmenswachstum, sind außerdem *Zentralisationsprozesse* über ein externes Unternehmenswachstum zu unterscheiden. Diese Zentralisation des Kapitals geschieht durch Unternehmensaufkäufe bzw. durch *Fusionen* von Unternehmen. Dadurch sollen die Marktanteile von Unternehmen gesteigert und ein unerwünschter Wettbewerb eliminiert werden, um so letztlich Kosten zu senken und Gewinne und Rentabilitäten, also Profitraten, zu erhöhen. Die Abgrenzung von Fusionen erfolgt dabei nach Produktionsstufen. So liegt dann eine *horizontale* Fusion vor, wenn es zu einem Zusammenschluss der Unternehmen der gleichen Produktionsstufe kommt, z. B. der Zusammenschluss mehrerer Automobilhersteller. Eine *vertikale* Fusion liegt vor, wenn sich Unternehmen auf vor- und/oder nachgelagerten Produktionsstufen zusammenfinden, z. B. Stahl- und Automobilunternehmen. Bei der *diagonalen* oder diversifizierten Fusion kommt es schließlich zu Zusammenschlüssen, bei denen die Unternehmen verschiedenen Produktionsstufen und Branchen angehören.

Tab. 3.2: Insolvenzentwicklung in Deutschland, Quelle: Statistisches Bundesamt.

Jahr	Deutschland	Alte Bundesländer	Neue Bundesländer*
1991	8837	8445	392
1992	10920	9828	1092
1993	15148	12821	2327
1994	18837	14926	3911
1995	22344	16470	5874
1996	25530	18111	7419
1997	27474	19348	8126
1998	27828	19213	8615
1999	26476	16772	7567
2000	28235	18062	8047
2001	32278	21664	8506
2002	37579	26638	8847
2003	39320	29584	7575
2004	39213	30015	7296
2005	36843	28017	7104
2006	34137	27020	5736
2007	29160	23261	4471
2008	29291	23534	4392
2009	32687	26376	4812
2010	31998	26157	4273
2011	30099	24812	3902
2012	28297	23465	3546
2013	25995	21417	3300
2014	24085	19832	2948
2015	23101	19013	2681
2016	21518	17408	2741
2017	20093	16315	2429
2018	19302	15650	2288

Seit der Einführung der sogenannten vorbeugenden Fusionskontrolle im Jahr 1973 wurden beim Bundeskartellamt bis zum Jahr 2018 insgesamt 49.606 Fusionen angezeigt und vollzogen. Das sind jahresdurchschnittlich 1.078 Zusammenschlüsse. Im selben Zeitraum wurden aber lediglich 189 oder im Jahresdurschnitt fast nur vier Fusionen untersagt. Tab. 3.3 zeigt die differenzierte Fusionsentwicklung nach Produktionsstufen in horizontale, vertikale und diagonale Zusammenschlüsse. Hierbei überwiegt mit einem Anteil von 79 Prozent an den gesamten Fusionen eindeutig der horizontale Zusammenschluss.

Bei einer differenzierten Betrachtung dieser Entwicklung fällt auf, dass seit dem Beschluss des EU-Ministerrats vom Februar 1986, bis Ende 1992 einen gemeinsamen *Europäischen Binnenmarkt* herzustellen, es zu einer verstärkten Fusionswelle in Deutschland gekommen ist. Die Fusionsspirale potenzierte sich erneut durch die deutsche *Wiedervereinigung* und mit der 1992 in Maastricht beschlossenen *Einführung*

Tab. 3.3: Differenzierte Fusionsentwicklung seit 1973. Quelle: Diverse Tätigkeitsberichte des Bundeskartellamtes; eigene Berechnungen.

Jahre	Summe Fusionen	Horizontal	Vertikal	Diagonal	Untersagte Fusionen
1973–1980	3575	2408	681	486	35
1981–1985	3011	1924	391	696	36
1986–1990	5810	4138	626	1046	26
1991[*]–1995	8358	7147	261	950	18
1996–2000	7684	6686	284	714	24
2001–2005	6483	5640	159	684	22
2006–2010	7731	6140	374	1217	18
2011–2015	5725	4323	219	1183	9
2016–2018[**]	1229	882	40	307	1[***]
Gesamt	49606	39288	3035	7283	189

[*] Ab 1991 Gesamtdeutschland;
[**] Art der Diversifikation bis 2016 durch das Bundeskartellamt ausgewiesen;
[***] nur 2017 (für 2016 und 2018 erfolgten keine Untersagungen).

des Euros. Im Zeitraum von 1973 bis 1985, also vor Verkündung des Binnenmarktes, kam es insgesamt zu 6.586 Fusionen, jahresdurchschnittlich waren das gut 506 Fälle, während sich im Zeitraum von 1986 bis 1990, nach der EU-Entscheidung für einen Binnenmarkt, aber noch vor der deutschen Wiedervereinigung, insgesamt 5.810 Unternehmen zusammengeschlossen haben, was im Jahresdurchschnitt einer Zahl von 1.162 Fusionen oder einer Steigerungsrate von 129,6 Prozent entspricht. Auffallend ist die Fusionsentwicklung auf einem hohen Niveau ab 1986. Nach der Wiedervereinigung kam es dann von 1991 bis 2000 zu insgesamt 16.042 oder jahresdurchschnittlich zu 1.604 Fusionen. Von 2001 bis 2010 waren es noch 14.214 oder jahresdurchschnittlich 1.421 Fusionen. Dies entsprach einem Rückgang von 11,4 Prozent. In den Jahren 2011 bis 2018 lag die Fusionszahl bei 6.954 Unternehmenszusammenschlüssen. Nur zehn angemeldeten Fusionen untersagte dabei das Bundeskartellamt seine Genehmigung. Zu dieser seit 1973 insgesamt beträchtlichen Entwicklung ist anzumerken, dass ohne die 6. Novellierung des Gesetzes gegen Wettbewerbsbeschränkungen (GWB) im Jahr 1999, bei der die Schwellenwerte für die kartellbehördliche Prüfung einer Fusion von 500 Mio. DM auf 1 Mrd. DM angehoben wurden, die erfassten Fusionen noch höher ausgefallen wären. Insgesamt belegen die Zahlen das Versagen einer „vorbeugenden Fusionskontrolle" in Deutschland.

Neben den Konzentrations- und Zentralisationsprozessen entsteht auch durch *Kartelle* eine wirtschaftliche Machtballung, die Machtmissbrauch ermöglicht. „Ein Kartell ist dabei eine freiwillige schriftliche oder mündliche Übereinkunft zwischen selbständig handelnden, finanziell nicht verflochtenen Verkäufern oder Käufern auf einem Markt zur Festlegung oder Beeinflussung der Werte eines oder mehrerer ihrer

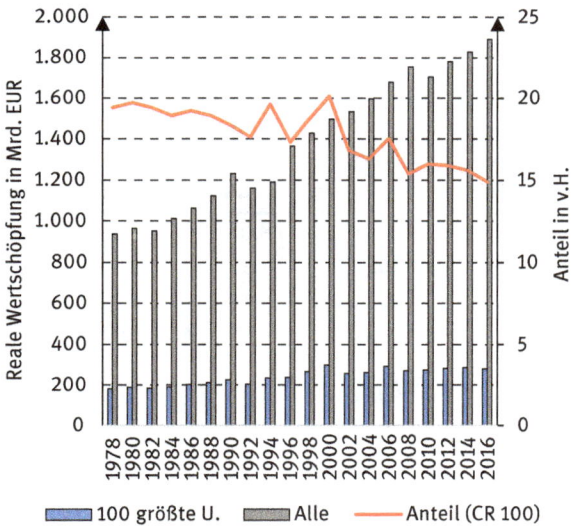

Abb. 3.3: Anteil der „100 Größten" an der gesamtwirtschaftlichen realen Wertschöpfung in %. Quelle: Monopolkommission: XXII. Hauptgutachten der Monopolkommission gemäß § 44 Abs. 1 Satz 1 GWB, S. 109.

Aktionsparameter" (Enke 1972, S. 223). Schon Adam Smith hat vor Kartellbildungen durch Unternehmer eindringlich gewarnt, als er sinngemäß herausstellte, dass Zusammentreffen von Unternehmern nicht selten auch zu Preisabsprachen und einer „Verschwörung gegen die Gemeinschaft" führten. Auch der Ökonom Karl Bücher (1847–1930) mahnte 1895, dass Kartelle nur den Zweck verfolgten, durch dauerhafte monopolistische Marktbeherrschung die Preise zu erhöhen, um damit maximale Gewinne zu realisieren (vgl. Bücher 1895, S. 59). Trotzdem legalisierte 1897 das *Deutsche Reichsgericht* die damals rund 350 bestehenden Kartelle in Deutschland und erklärte sie mit der Gewerbeordnung von 1869 für vereinbar, „weil sich das Recht auf Gewerbefreiheit nur gegen den Staat, nicht jedoch auch gegen wirtschaftliche Machtbildung richte und Kartelle zudem nicht schlechthin volkswirtschaftlich schädlich und mit den Interessen der Allgemeinheit unvereinbar seien" (Schmidt 2005, S. 168).

Mit dieser Entscheidung des Deutschen Reichsgerichts wurde der Wirtschaft damals ein Freibrief für eine weitgehende *Durchkartellierung* ausgestellt. Im Jahr 1911 schätzte man die Zahl der deutschen Kartelle bereits auf 550 bis 600. Während des Ersten Weltkriegs (1914–1918) wurden Kartelle sogar kriegsbedingt zur hoheitlichen Lenkung und staatlichen Bewirtschaftung eingesetzt. Auch in der Weimarer Republik (1918–1933) konnte trotz der Etablierung der ersten, 1923 erlassenen, Kartellverordnung nicht verhindert werden, dass die Zahl der Kartelle auf ungefähr 2.500 anstieg und dadurch der Wettbewerb in vielen Bereichen der Wirtschaft behindert wurde bzw. ganz zum Erliegen kam. Gegen Ende der Weimarer Zeit wurde die Zahl sogar auf 3.000

Tab. 3.4: Wertschöpfung der 10 größten Unternehmen im Jahr 2016. Quelle: Monopolkommission (2018): XXII. Hauptgutachten, S. 99 ff., eigene Berechnungen.

Unternehmen	Wertschöpfung „10 Größte" Unternehmen (in Mio. Euro)	Wertschöpfung „100 Größte" Unternehmen (in Mio. Euro)	Wertschöpfung aller Unternehmen (in Mio. Euro)	Anteil in v.H. „10 Größten" an „100 Größten"	Anteil in v.H. „10 Größte" an alle Unternehmen
Volkswagen AG	24.847	281.000	1.890.000	8,8	1,3
Daimler AG	21.188	281.000	1.890.000	7,5	1,1
BMW AG	14.209	281.000	1.890.000	5,1	0,8
Robert Bosch GmbH	12.938	281.000	1.890.000	4,6	0,7
Siemens AG	11.987	281.000	1.890.000	4,3	0,6
Deutsche Bahn AG	11.782	281.000	1.890.000	4,2	0,6
Deutsche Telekom AG	11.711	281.000	1.890.000	4,2	0,6
Deutsche Post AG	7.991	281.000	1.890.000	2,8	0,4
Ina-Holding Schaeffler	7.591	281.000	1.890.000	2,7	0,4
Bayer AG	7.342	281.000	1.890.000	2,6	0,4
Insgesamt	131.586	281.000	1.890.000	46,8	7,0

bis 4.000 Kartelle geschätzt (vgl. Schmidt 2005, S. 168). Nach der Machtergreifung durch die Nationalsozialisten im Januar 1933 wurde am 15. Juli 1933 das sogenannte *Zwangskartellgesetz*, erlassen. Damit wollten die Nationalsozialisten ein Instrument gewinnen, um die Wirtschaft lenken zu können. Der Reichswirtschaftsminister konnte zu Zwecken der Marktregelung Unternehmen zu Kartellen oder sogar Syndikaten zusammenschließen. So entstanden sehr bald weitere 133 Kartelle, womit auch der letzte noch bestehende Restwettbewerb beseitigt wurde. Schrittweise konnte damit die Wirtschaft den nationalsozialistischen politischen Zielen untergeordnet werden, bis sie schließlich ab 1936 offen in die Kriegsvorbereitung einbezogen wurde. Die weitere Entwicklung im Dritten Reich bezüglich einer Preisbeeinflussung war durch folgende Eingriffe in den Wirtschaftsablauf gekennzeichnet:

- 1934 Verordnung über Preisbindungen für Markenwaren und andere Gebrauchsgüter, um einer Verteuerung der Bedarfsdeckung entgegenzuwirken
- 1937 Verordnung über Preisbindungen und Preisempfehlungen bei Markenwaren, Einsetzung eines Preiskommissars
- 1938 Aufhebung der Preisbindungen „zweiter Hand" durch den Preiskommissar
- 1939 Kriegswirtschaftsordnung
- 1942 Marktaufsichtsverordnung und
- 1943 Kartellbereinigungserlass, mit dem private Kartelle als störende Elemente in einer voll durchgeplanten Wirtschaft beseitigt wurden.

Die Rolle des Kartells war wissenschaftlich lange umstritten (vgl. dazu ausführlich Kleinwächter 1883, Schmalenbach 1949, Lenel 1962, Marbach 1964, Krelle 1968, Straubhaar 2017). Nach Ende des Zweiten Weltkriegs 1945 und der Befreiung vom Faschismus durch die Alliierten sollte gemäß Teil II Art. 12 des *Potsdamer Abkommens* die deutsche Wirtschaft in kürzester Zeit dezentralisiert werden, um die übermäßige Konzentration aufgrund von Kartellen, Syndikaten, Trusts und anderen Monopolstellungen aufzuheben. Im Jahr 1947 erließen daher die amerikanische, englische und französische Militärregierung *Dekartellierungsgesetze* bzw. -verordnungen, die zwei Hauptziele verfolgten:

1. Beseitigung der deutschen Wirtschaftsmacht und vor allen Dingen der Rüstungswirtschaft als politische Zielsetzung.
2. Durchsetzung des Prinzips der Wettbewerbsfreiheit in Anlehnung an die US-amerikanische Antitrustpolitik (vgl. Schmidt 2005, S. 253 ff).

Heute bekämpft man zu Recht Kartelle, die einen großen volkswirtschaftlichen Schaden anrichten. Denn „Schätzungen haben ergeben, dass Preise durch Absprachen in der Regel um zehn bis 25 % steigen. Der Nutzen der Kartellbekämpfung wird in Deutschland auf rund eine halbe Milliarde Euro pro Jahr beziffert. In manchen Ländern kommen Berechnungen der Kartellschäden auf bis zu zwei Prozent des Bruttoinlandsproduktes. Das Bundeskartellamt wagt keine Schätzung darüber, wie viele Kartelle und Preisabsprachen es in Deutschland gibt. Eine realistische Dunkelziffer kenne niemand" (Bocks/Kühner 2017, S. 12).

Kartelle, unterteilt in Preis-, Konditionen-, Mengen-, Produktions- und Gebietskartelle (vgl. Schmidt 2005, S. 123), sind nach § 1 GWB grundsätzlich verboten. Hier heißt es: „eine Absprache oder abgestimmte Verhaltensweise zwischen zwei oder mehr Wettbewerbern zwecks Abstimmung ihres Wettbewerbsverhaltens auf dem Markt oder Beeinflussung der relevanten Wettbewerbsparameter" ist verboten. Dennoch gibt es noch eine Reihe vom Bundeskartellamt genehmigter Kartelle. Das Gesetz zählt dazu in den §§ 2 bis 8 GWB einzelne Fallgruppen von Kartellen auf, die ausnahmsweise vom Verbot freigestellt sind.

Die illegal arbeitenden Kartelle werden nur selten von den Kartellbehörden aufgedeckt. Ab und zu gelingt es aber dem Bundeskartellamt, ein verbotenes Kartell zu enttarnen und mit einem Bußgeld zu belegen. Dazu ist 2012 ein spezielles anonymes Hinweisgebersystem mit einer Kronzeugenregelung eingerichtet worden (vgl. Kasten „Anonymes Hinweisgebersystem").

„Anonymes Hinweisgebersystem

Das Bundeskartellamt hat heute ein elektronisches System zur Entgegennahme von anonymen Hinweisen auf Kartellverstöße freigeschaltet. Das System ist in langjähriger Praxis von Landeskriminalbehörden erprobt. Es garantiert die Anonymität von Informationen und ermöglicht dennoch eine fortlaufende wechselseitige Kommunikation mit Ermittlern des Bundeskartellamts über einen geschützten elektronischen Briefkasten. Andreas Mundt: ‚Kartelle finden im Verborgenen statt und die Beteiligten verhalten sich meist äußerst konspirativ. Insider-Wissen kommt bei der Aufdeckung und Zerschlagung der Kartelle eine entscheidende Bedeutung zu. Das neue System gibt nun auch solchen Informanten, die sich aus Furcht vor Repressalien bislang nicht bei uns gemeldet haben, eine Möglichkeit, die Kartellverfolgung zu unterstützen.' Das Hinweisgebersystem macht die Aufdeckung von Kartellen wahrscheinlicher. Dadurch werden geheime Absprachen unsicherer und Kartelle destabilisiert. Zusätzlich erhöht dies nach den Erfahrungen des Bundeskartellamts die Anreize für die Kartellanten selbst, das Bonusprogramm des Amtes in Anspruch zu nehmen und Kartelle als Kronzeuge offenzulegen. Insgesamt gesehen bedeutet die Einführung des Hinweisgebersystems somit eine weitere Stärkung der Kartellverfolgung, deren Effektivität in den vergangenen Jahren durch verschiedene Maßnahmen des Bundeskartellamts kontinuierlich gesteigert und zum Nutzen der Gesamtwirtschaft und der Verbraucher weiter verbessert werden konnte" (Pressemitteilung vom 01.06.2012 Bundeskartellamt).

Die Einführung der EU-weiten *Kronzeugenregelung*, hier wird ein Mitglied eines Kartells, das aussteigt und dem Bundeskartellamt das Kartell anzeigt, vom Bußgeld ausgenommen, soll zu einem deutlichen Anstieg der Meldungen und zu einer Enttarnung von Kartellen beigetragen haben. Jedenfalls hat die EU-Kommission im Jahr 2016 allein 3,73 Mrd. EUR an Bußgelder verhängt. Das ist der bisher höchste Betrag, der je an Bußgeld für ein Kartellvergehen ausgesprochen worden ist. Weltweit erhoben Kartellbehörden 2016 sogar Bußgelder in Höhe von 6 Mrd. EUR (vgl. Bocks/ Kühner 2017, S. 12). „Wenn sich der Verdacht bestätigt, stehen die vermuteten Preisabsprachen der Autobauer Audi, BMW, Daimler, Porsche und Volkswagen für einen der größten Wirtschaftsskandale der jüngsten deutschen Geschichte. Ausgerechnet die deutsche Automobilindustrie, die noch mitten in der Diesel-Affäre steckt und stark an Vertrauen eingebüßt hat, soll sich in jahrelangen gemeinsamen Treffen zu Punkten wie Technik und Kosten verständigt haben" (Bocks/Kühner 2017, S. 12). Dabei sind nicht nur große Konzerne bei Kartellen beteiligt, sondern die Absprachen werden auch vom Mittelstand kräftig betrieben. So verhängte beispielsweise das Bundeskartellamt 2017 Geldbußen in Höhe von insgesamt rund 28 Mio. EUR gegen den mittelständischen Hagener Batteriehersteller Hawker, der zur weltweit operierenden Enersys-Gruppe gehört, und den Mittelständler Hoppecke Batterien aus Brilon. „Beide hatten sich über die Erhebung des sogenannten ‚Metallteuerungszuschlags' bei Bleibatterien verständigt. Das Verfahren wurde laut Bundeskartellamt in Gang gebracht nach einer branchenweiten Durchsuchung und durch den Kronzeugenantrag der Exide Technologies GmbH. Gegen diese hat das Bundeskartellamt in Anwendung der Regelung keine Geldbuße gefordert" (Bocks/Kühner 2017, S. 13). Die Kronzeugenregelung kam auch mit Erfolg beim Kartell der Hersteller von Drogerieartikeln zur Anwendung. Hier hatte das Kartellmitglied Colgate Palmolive eine Selbstanzeige erstattet. Führende Markenartikelhersteller hatten von 2004 bis 2006 im Rahmen von offiziellen Verbandssitzungen seit Jahren über anstehende Preiserhöhungen, neue Rabattforderungen des Einzelhandels sowie über den Stand und Verlauf von Verhandlungen mit den Einzelhändlern ausgetauscht und abgesprochen. Zu diesem Kartell gehörten u. a. die folgenden Unternehmen: Henkel Wasch- und Reinigungsmittel GmbH, Johnson & Johnson GmbH, Schwarzkopf &

Henkel, Unilever Deutschland GmbH, Beiersdorf AG und Procter & Gamble GmbH. Das Bundeskartellamt verhängte in diesem Fall ein Bußgeld in Höhe von 63 Mio. EUR gegen die insgesamt 15 beteiligten Unternehmen (vgl. Pressemeldung des Bundeskartellamts vom 18.3.2013).

Von 1993 bis 2018 vereinnahmte das Bundeskartellamt insgesamt 3.559,3 Mio. Euro an Bußgeldern gegen Kartelle in Deutschland (vgl. Tab. 3.5). Davon allein in den Jahren 2007 bis 2018 3.213,8 Mio. Euro oder 90,3 Prozent der Gesamteinnahmen seit 1993. Im Jahr 2019 konnte das Bundeskartellamt mit 848 Mio. EUR eine neue Rekordsumme an Bußgeldern gegen Kartelle verhängen (vgl. Kasten). Hier greifen offensichtlich die neu eingeführte Kronzeugenregelung und das anonyme Hinweissystem immer stärker und besser. Dennoch bleibt zu konstatieren, dass es wohl nur die Spitze des Eisberges ist, welche illegalen Kartelle überhaupt aufgedeckt und belangt werden können. Die

Tab. 3.5: Vom Bundeskartellamt verhängte Bußgelder

Jahr	Vom Bundeskartellamt vereinnahmte Bußgelder in Mio. EUR
1993	7
1994	3
1995	2
1996	4
1997	130
1998	16
1999	59
2000	36
2001	38
2002	8
2003	22
2004	9
2005	9
2006	2,5
2007	114
2008	317
2009	178
2010	124
2011	162
2012	224
2013	340
2014	526
2015	332
2016	290
2017	142,9
2018	463,9
Insgesamt	3.559,3

meisten dürften weiter zum Schaden der Volkswirtschaft arbeiten. Dringend notwendig erscheint daher eine weitere Novellierung des GBW, indem Kartellverstöße nicht nur mit einem Bußgeld bestraft werden, sondern einer *strafrechtlichen Sanktionierung* unterzogen werden, denn die Kartelltäter haben die Bußgelder längst in den Preisen mit verrechnet und so von den Kunden bezahlen lassen (vgl. Bontrup 2010, S. 17 ff.).

Jahresrückblick des Bundeskartellamtes für 2019

„2019 hat das Bundeskartellamt rund 848 Mio. Euro Bußgeld gegen insgesamt 23 Unternehmen bzw. Verbände und 12 natürliche Personen verhängt. Betroffen waren Branchen wie der Fahrradgroßhandel, Gebäudeausrüstung, Zeitschriften, Industriebatterien, Autostahl-Einkauf sowie Stahl-Herstellung. Das Bundeskartellamt hat auch in diesem Jahr wieder viele Hinweise auf Kartellverstöße erhalten. 16 Unternehmen haben dem Bundeskartellamt über die Bonusregelung („Kronzeugenprogramm") Informationen über Verstöße in ihrer Branche mitgeteilt, daneben gab es zahlreiche weitere Hinweise aus anderen Quellen. 2019 wurden fünf Durchsuchungsaktionen bei insgesamt 32 Unternehmen durchgeführt." (Bundeskartellamt 2019b)

Ein Hauptgrund für die zweithöchste Bußgeldsumme waren verbotene Preisabsprachen.

Im prominentesten Fall Thyssen Krupp Steel Europe und weitere Stahlunternehmen, wie Voestalpine oder Ilsenburger Grobblech GmbH, wurde wegen Preisabsprachen bei Blechen eine Bußgeldsumme i. H. v. 646 Mio. EUR verhängt. (FAZ.Net/Reuters 2019).

Die spektakulären Kartelle, die in den vergangenen Jahren hauptsächlich wegen ihrer Preisabsprachen geahndet wurden, können der Tabelle 3.6 entnommen werden.

3.2.2.5 Macht im Internet

Durch das Internet ist in den letzten Jahren eine ganz neue Machtstruktur mit einigen wenigen Unternehmen entstanden. Sie bieten nicht nur Suchmaschinen, Handelsplattformen und Social Media an, sondern sie verwalten mittlerweile riesige *Datenmengen*, die sie für ihre Geschäftszwecke auswerten und einsetzen. Das Internet ist dabei, ökonomisch betrachtet, kein abgrenzbarer (exakt definierbarer) Wirtschaftsbereich, wie dies in tradierten Sektoren, z. B. in der Automobil- oder in der Pharmaindustrie, der Fall ist. Es bietet jedoch einen unendlichen Raum und dennoch vergleichsweise nur wenige kommerzielle Aktivitäten, vor allem für Werbung, Handel, Vermittlungsdienste und den Verkauf von multifunktionalen Geräten. Dabei unterscheiden sich im Internet auch die Marktstrukturen von vielen klassischen Märkten. Oft fungieren hier die *Internet-Konzerne* lediglich als Intermediäre auf sogenannten „zweiseitigen Märkten", wie Ulrich Dolata (2016, S. 55 f.) von der Universität Stuttgart betont: „Die kommerzielle Attraktivität ihrer Angebote etwa für Werbetreibende oder Händler auf der einen hängt dort direkt von der Zahl der regelmäßig aktiven Nutzer ihrer kostenlosen Dienste auf der anderen Seite des Marktes ab. Dieser Effekt ist besonders auffällig bei Suchmaschinen oder Social-Networking-Plattformen: Der ökonomische Erfolg von Google und Facebook als Werbe- und Marketingunternehmen resultiert aus der großen Zahl ihrer Nutzer, wodurch sie für Werbetreibende besonders interessant werden. Auch Handels- oder Vermittlungsplattformen wie Amazon, booking.com oder

Tab. 3.6: Höchste Strafen wegen Kartellrechtsverstößen in der EU. Quelle: Pressemitteilungen Europäische Wettbewerbskommission (EU-WK)

Kartellname	Beteiligte Unternehmen	Kronzeuge (Regelung ab 2006 gültig)	Dauer des Kartells	Strafe in Mio. EUR	Straf-behörde	Quelle
LKW-Kartell	MAN, Volvo/Renault, Daimler, Iveco und DAF	MAN	1997–2011	2.927	EU-WK	EU-Pressemitteilung vom 19.07.2016
Libor-Kartell (EIRD- und YIRD-Kartell) – Zinskartell in der Derivatebranche	Deutsche Bank, Société Générale, Royal Bank of Scotland, JPMorgan, Citigroup, RP Martin, Barclays, UBS	Deutsche Bank, Royal Bank of Scotland, Citigroup, RP Martin, Barclays, UBS, Société Générale	2005–2008 (EIRD) 2007–2010 (YIRD)	1.494	EU-WK	EU-Pressemitteilung vom 04.12.2013
Bildröhrenkartell	Philips, LG Electronics, Panasonic, Samsung SDI, Thomson, Toshiba, MTPD, Chunghwa	Chunghwa	1996–2006	1.470	EU-WK	EU-Pressemitteilung vom 05.12.2012
Autoglaskartell	Saint-Gobain, Pilkington, Asahi Glass, Soliver	Asahi Glass	1998–2003	1.354	EU-WK	EU-Pressemitteilung vom 12.11.2008
Aufteilung der Gasmärkte	E.ON, Gaz de France		1975–2005	1.106	EU-WK	EU-Pressemitteilung vom 08.07.2009
Bankenkartell auf dem Devisenkassamarkt	Barclays, RBS, Citigroup, JPMorgan, MUFG, UBS	UBS	2007–2013 2009–2012	1.068	EU-WK	EU-Pressemitteilung vom 16.05.2019
Aufzugs- und Fahrtreppenkartell	ThyssenKrupp, Otis, Schindler, Kone, Mitsubishi		1995–2004	992	EU-WK	EU-Pressemitteilung vom 21.02.2007
Wälzlager-Kartell für Pkw und Lkw	Schaeffler, SKF, NTN, NSK, JTEKT, NFC	JTEKT	2004–2011	953	EU-WK	EU-Pressemitteilung vom 19.03.2014
Vitaminkartell	F. Hoffmann-La Roche, BASF, Takeda Pharmaceutical, Daiichi Pharmaceutical, Eisai, Merck, Solvay, Aventis (vormals Rhône-Poulenc)		1989–1999	855	EU-WK	EU-Pressemitteilung vom 21.11.2001
Luftfracht-Kartell	Air France, KLM, British Airways, Cargolux, Singapore Airlines, SAS, Cathay Pacific Airways, Japan Airlines, Martinair, Air Canada, Qantas, LAN Chile, Lufthansa, Swiss International Air Lines	Lufthansa, Swiss International Air Lines	1999–2006	776	EU-WK	EU-Pressemitteilung vom 17.03.2017

Uber und Airbnb funktionieren nach diesem Prinzip. Obgleich das Internet auch heute noch Spielraum für die Entwicklung neuer start-up-Firmen wie Snapchat, Airbnb oder Uber bietet, werden große Teile des Netzes mittlerweile von den Angeboten weniger Internetkonzerne beherrscht, die alle in den USA ihren Hauptsitz haben. Namentlich sind dies Google [2015 in Alphabet umbenannt], Facebook, Amazon und Apple."

Diese Internetriesen verfügen über eine ökonomische, infrastrukturelle und regelsetzende Macht, die die Politik nie hätte entstehen lassen dürfen, insofern liegt Politik- bzw. *Staatsversagen* vor. Die Internetkonzerne beeinflussen massiv die Politik.

> Rund 16,7 Millionen US-Dollar – das ist die Summe, die allein Facebook 2019 in Washington in Lobbyarbeit investiert hat. Eine Rekordsumme. Zusammen gaben Amazon, Facebook, Microsoft, Apple und Alphabet (Google) gut 62 Millionen US-Dollar aus, um die Politik der USA zu beeinflussen. Dabei geht es um Themen, die nicht nur in den USA von großer Bedeutung sind: Der Umgang mit Hassrede oder politischer Werbung im Netz, die Regulierung von künstlicher Intelligenz und digitaler Überwachung, die Nutzung unserer Daten. Bedroht sehen sich die Konzerne von zu strenger Regulierung, Besteuerung und nicht zuletzt der Debatte über die Zerschlagung der Digitalgiganten. Die Sorge über die Konzentration von Macht bei einigen wenigen Konzernen wächst, nicht nur in den USA. (Bank 2020, S. 18)

Bei den Suchmaschinen im Internet ist weltweit mit *Google* ein Quasi-Monopolist entstanden. Mit Ausnahme von Japan beherrscht der US-amerikanische Konzern hier den Markt eindeutig. „Andere Angebote wie die des Suchmaschinenpioniers Yahoo oder Bing von Microsoft sind heute bedeutungslos; zahlreiche kleinere und spezialisierte Suchmaschinenanbieter erzeugen ihre Ergebnisse mittlerweile über Google" (Dolata 2016, S. 57). Im Bereich der *Handelsplattformen* ist dagegen Amazon der mit Abstand größte weltweite Internetverkäufer. Das Unternehmen wurde 1994 in den USA gegründet. Nach eigenen Unternehmensangaben arbeiteten 2018 rund 613.000 Angestellte für den Onlineriesen und er verzeichnete einen Umsatz von 233 Milliarden US-Dollar. Auf ähnliche Werte kommt der weltweit größte Automobilkonzern Volkswagen. Diese Größenordnungen führen zu einer Marktmacht, die sämtliche Konkurrenten im Netz hinwegfegt. Der Eigentümer von Amazon, der US-Amerikaner Jeff Bezons ist mit einem Nettovermögen von gut 183 Milliarden US-Dollar mittlerweile der reichste Mann der Welt. „Auch hier zeigen sich die Effekte zweiseitiger Märkte: Je mehr Konsumenten auf Amazon zurückgreifen, desto interessanter wird die Plattform für Händler – und desto stärker kann Amazon die Bedingungen diktieren, unter denen diese ihre Angebote dort einstellen dürfen" (Dolata 2016, S. 58).

Wie weit hier mittlerweile die Macht von *Amazon* reicht, zeigt ein öffentliches Ausschreibungsverfahren von Amazon für einen zweiten Standort der Konzernzentrale in den USA im Spätsommer 2017. Es gingen 238 Anträge aus Städten, Regionen, Bundesstaaten und Territorien in den USA, Kanada sowie Puerto Rico ein, die mit diversen Anreizen lockten, um das Rennen für sich zu entscheiden. Von Amazon wurde einseitig kommuniziert, man bevorzuge ein *wirtschaftsfreundliches Umfeld*. Darunter

werden Angebotsanreize wie Steuervergünstigungen, Umzugszuschüsse, Gebühren-
nachlässe etc. verstanden. Diese Selektionsstrategie hat Amazon seit dem Jahr 2000
ca. 2,4 Milliarden US-Dollar an *staatlichen Subventionen* von Städten, Landkreisen sowie Bundesstaaten eingebracht, Tendenz steigend (vgl. Good Jobs First 2019). Dieses
Muster verfolgte Amazon auch bei der erneuten Standortsuche 2017, wonach Investitionen und Arbeitsplätze nur gegen umfangreiche Staatshilfen gewährleistet werden
sollten (vgl. Bode 2018, S. 11).

Der Protest gegen diese Unternehmensstrategie ist dabei eher eine Sache Einzelner. Der U.S. News & World Report titelt und warnt zugleich: „Amazon verkauft seine
neue Firmenzentrale meistbietend. [...] Beteiligen Sie [adressiert an die Politiker] sich
nicht an Amazons Steuersparspiel, der Internetgigant spielt die Bewerber gegeneinander aus" (Garofalo 2017, S. 8). De facto gab es einen *Überbietungswettbewerb* der Angebote. Der Bundesstaat New Jersey sowie dessen größte Stadt Newark sicherte Amazon im Falle einer Zuschlagserteilung 20 Jahre Steuervorteile in Höhe von 7 Milliarden US-Dollar zu (vgl. Bode 2018, S. 12). Eine andere Kleinstadt wollte einen Ortsteil
in „Amazon City" umbenennen und den Gründer und Konzernchef von Amazon, Jeff
Bezos, zum Bürgermeister auf Lebenszeit ernennen. New York City strahlte das One
World Trade Center, das Empire State Building sowie die Brooklyn Bridge in „Ama-
zon-Orange". Die Liste könnte beliebig fortgesetzt werden. Der Stadtrat aus San Antonio im Bundestaat Texas kommentierte: „Unsere Farm zu verschenken, ist nicht unser
Stil", so ein Schreiben adressiert an den Konzernchef Jeff Bezos (vgl. Pitzke 2017, S.1).
Im November 2018 fiel die Entscheidung, zwei weitere Zentralen mit der Bezeichnung
HQ2 in New York sowie in Arlington im US-Bundesstaat Virginia zu bauen. New York
stellte Steuervergünstigungen in Höhe von 3 Milliarden Dollar in Aussicht (vgl. Tautz
2019). Überraschend kam dann im Februar 2019 die Meldung, dass Amazon sein Bau-
vorhaben auf Long Island im Stadtteil Queens von New York einstellt. Der Widerstand
lokaler Politiker war letztlich zu groß, die Argumente wie steigende Mietpreise und
Lebenshaltungskosten durch den Zuzug anführten. Vermittlungsgespräche brachten
keinen Erfolg. Die Standortsuche wurde aufgegeben, stattdessen werden bestehende
Standorte ausgebaut.

Neben Google und Amazon hat sich im Bereich der sozialen Netzwerke *Facebook*
mit WhatsApp, Instagram und Messenger vom Newcomer zum weltweit führenden
Konzern in diesem Internetbereich entwickelt. Der Umsatz lag 2018 bei 55,8 Milliarden
US-Dollar. Davon kamen 55 Milliarden oder 98 Prozent aus Werbeeinnahmen. Facebook beschäftigte zum dritten Quartal 2019 gut 43.000 Menschen und hatte 2,7 Milliarden aktive User (Allfacebook.de, abgerufen am 10.01.2020). Wie die Ökonomen Ulrich
Dolata und Jan-Felix Schrape (2018) feststellen, dominieren Internetkonzerne dabei
nicht nur relevante Angebote und Märkte des Internets, sondern regeln als Betreiber
der zentralen Infrastrukturen zugleich die Zugänge zum Internet. Damit verbunden
sind die Strukturen der Kommunikationsmöglichkeiten der User. Durch ihre hohen
Forschungs- und Entwicklungsanteile am Umsatz sind alle Internet-Giganten auch Initiatoren von fast ständigen Netz-Innovationen, womit ihr Markt- und Machtvorsprung

im Sinne der dynamischen Wettbewerbstheorie (vgl. Kap. 3.2.2.2) nicht mehr eingeholt und gefährdet werden kann. Nach Werner Rügemer (2018, S. 8) „praktizieren die Internet-Riesen eine neue, noch asozialere Form der brutalen Akkumulation des privaten Kapitals. Mit der Brutalisierung hat aber auch die Komplexität der Akkumulation zugenommen, was sich auch in der Vielfalt der Finanzakteure und ihrer Praktiken zeigt. Und wem gehören Facebook, Google & Co? Die Eigentümer bleiben vor der Öffentlichkeit, den abhängig Beschäftigten, den Wählern so gut wie unsichtbar. Die Eigentümer sind nicht nur brutal, sondern auch feige und lichtscheu. Ihre öffentlichen Vertreter kommen mit softer, schleimiger, auch basisdemokratischer Sprache daher, können sich auf Gesetze oder jedenfalls staatliche Duldung verlassen und werden von einer diskreten, zivilen Privatarmee ‚renommierter‘ Bereicherungs-Profis unterstützt."

Durch *Datenschutzskandale* kam Facebook jedoch 2019 erheblich in die öffentliche Kritik, wie allein die diversen Einträge bei Google zur „Kritik an Facebook" zeigen. Verstöße der Internetkonzerne gegen die Wahrung der Informationssicherheit treten dabei immer häufiger auf (Gabsch 2018). Informationssicherheit beinhaltet hier die Schutzziele

- Vertraulichkeit (Ausschließbarkeit unerlaubter Informationsgewinnung),
- Integrität (Manipulationssicherheit eines IT-Systems),
- Sicherstellung von Verfügbarkeit (keine unerlaubte Beeinträchtigung einer berechtigten Systemnutzung),
- Authentizität (Glaubwürdigkeit und Echtheit eines Objektes),
- persönliche Zurechenbarkeit (Nachvollziehbarkeit von Handlungen im Cyber-Raum),
- Nichtabstreitbarkeit (Aktionen zuzuordnen und die nicht abgestritten werden können und
- Verlässlichkeit (vgl. Klipper 2015, S. 11 ff.).

Für Sebastian Klipper (2015, S. 31) stellen dabei die Schutzziele Vertraulichkeit, Integrität und Verfügbarkeit die wesentlichen Bestandteile der Informationssicherheit dar, mittlerweile ein aus ökonomischer Sicht hohes Gut, dem zu wenig Beachtung geschenkt wird. Internetkonzerne nutzen hier eine menschliche Schwäche aus (Gabsch 2018): Der „Faktor" Mensch ist in der digitalen Welt die „first line of defense". Dieses Sicherheitsrisiko wird im Menschenbild des *Homo carens securitate* veranschaulicht. Hier entscheidet der Mensch „auf der Grundlage von hoher Risikobereitschaft bis hin zur Gefährdung des eigenen Gewinns und des Gewinns anderer, falscher, mangelhafter oder fehlender Voraussicht und einer Reaktionsfähigkeit, die weit unter der Reaktionsfähigkeit von Hackern, Crackern und Bot-Nets liegt. Das fehlende Sicherheitsbewusstsein der User wird dabei aufgrund der Komplexität der Informationsausspähung oder möglicher Hackerangriffe von den Akteuren im Netz ausgenutzt. Die ungleichen Gegner, der unbedarfte Bürger, der bewusst oder unbewusst die Sicherheitsvorkehrungen vernachlässigt und auf der anderen Seite weltweit agierende und vernetzte Hacker, Geheimdienste, Kriminelle oder Terroristen sowie letztlich gewinnorientierte

Internetkonzerne stehen sich im *Cyber-Raum* (Internet im engeren Sinne) gegenüber. Selbst Nationalstaaten sind hier nur bedingt handlungsfähig, da trotz Abschaltung oder Zensur ganzer Teilbereiche im Netz, wie es die Länder China und Türkei beispielsweise praktizieren, es letztlich nicht verhindert werden kann, dass über die genannten Internetkonzerne manipulativer Einfluss auf die nationalstaatliche Kommunikationspolitik genommen wird.

Mitte 2020 mussten sich nicht zuletzt auch deshalb die Chefs von Amazon, Apple, Facebook und Google einer Anhörung im US-Repräsentantenhaus stellen. Es wurden kritische Fragen von US-Abgeordneten zu ihrer *Marktmacht* gestellt.

> Die Anhörung habe ihn überzeugt, dass diese Unternehmen in ihrer heutigen Form eine ‚Monopol-Macht' besäßen, sagte der Vorsitzende des Unterausschusses für Wettbewerb und Wirtschaftsrecht, David Cicilline. ‚Einige sollten zerschlagen werden, andere muss man angemessen regulieren'. Ihre Kontrolle über den Markt erlaube es ihnen, Wettbewerb zu unterdrücken. ‚Das muss ein Ende haben.' […] Schon vor den ersten Fragen wurde deutlich, dass die Abgeordneten den Online-Firmen sehr kritisch gegenüberstehen. ‚Unsere Gründer verneigten sich nicht vor dem König, genauso sollten wir uns nicht vor den Kaisern der Online-Wirtschaft verneigen', sagte der demokratische Politiker Cicilline. Demokrat Jamie Raskin sprach in Anlehnung an die ‚Räuberbarone' – die mächtigen und rücksichtslosen US-Kapitalisten aus dem 19. Jahrhundert – von ‚Cyber-Baronen'. (Frankfurter Rundschau vom 31. Juli 2020, S. 14)

Trotz solcher in den USA immer wieder stattfindenden Anhörungen vor dem Kongress ist hier zu befürchten, dass die US-amerikanischen Internet-Riesen weiter ihre *monopolistische Marktmacht* zur Realisierung von gigantischen Monopolrenten werden einsetzen können. Sie beeinflussen und beherrschen eben, wie viele andere Konzerne aus anderen Branchen auch, die Politik im einseitigen Interesse ihrer Profitmaximierung und einer erweiterten Kapitalakkumulation.

3.2.2.6 Kontrolle wirtschaftlicher Macht in Deutschland
3.2.2.6.1 Rechtlicher Rahmen zur Kontrolle wirtschaftlicher Macht
3.2.2.6.1.1 Bundeskartellamt und GWB

Nach Gründung der Bundesrepublik wurde im Jahr 1949 die Weiche für die spätere Grundkonzeption des *Gesetzes gegen Wettbewerbsbeschränkungen* (GWB) gestellt. Im Jahr 1955 ging die alliierte Zuständigkeit für die Anwendung der Dekartellierungsgesetze – die eine konsequente Durchsetzung vermissen ließen – auf den Bundesminister für Wirtschaft über. Die Entstehungsgeschichte des GWB (des „Grundgesetzes der Wirtschaft", Ludwig Erhard) zwischen 1949 und 1958 war dabei ein Kampf zwischen der damaligen Adenauer-Regierung und dem Bundesverband der deutschen Industrie (BDI). Von dem ersten Entwurf des Gesetzes („*Josten-Entwurf*"), der u. a. ein strenges Kartellverbot und eine Fülle genau umrissener Tatbestände eines Behinderungswettbewerbs mit scharfen Strafandrohungen und eine vorbeugende Fusionskontrolle vorsah, war bei Inkrafttreten des GWB am 1. Januar 1958 nichts mehr übriggeblieben. Insbesondere der BDI lehnte ein „Kartellgesetz" kategorisch ab. Der Ökonom Jörg Huffschmid stellte dazu fest: „Die Industrie widersetzte sich von Anfang an einem Gesetz gegen Wettbewerbsbeschränkungen (GWB), zumindest einem generellen Kartellverbot; sie betrachtete, wie der Präsident des BDI, Fritz Berg (1901–1979), an Wirtschaftsminister Ludwig Erhard schrieb, Kartelle als „eines von vielen Instrumenten, die zur Erhaltung und Förderung einer gesunden Marktwirtschaft unerläßlich sind" (Huffschmid 1978, S. 145). Der Unternehmersohn Berg, CDU-Mitglied und im ersten großen Spendenskandal der CDU verwickelt, war auch ansonsten nicht zimperlich. Als BDI-Präsident äußerte er im Herbst 1969 anlässlich der „wilden" Septemberstreiks in der Stahlindustrie des Ruhrgebiets, man hätte „ruhig schießen sollen, dann herrscht wenigstens Ordnung" (Birke 2007, S. 228).

Das GWB wurde als Rechtsgrundlage für die Arbeit des Bundeskartellamtes zum 1. Januar 1958 vom Deutschen Bundestag erlassen. Es ist bis 2020 neunmal novelliert worden:

1. GWB Novelle 1965: Die 1958 noch sehr eng gefasste Definition des Missbrauchstatbestandes wurde aufgehoben und durch eine Generalklausel ersetzt; Verschärfung bestehender Regelungen und nicht die Kartellierung, sondern die Fusion wurden als Problem identifiziert.

2. GWB Novelle 1973: Verschärfung der Missbrauchsaufsicht über marktbeherrschende Unternehmen durch Herabsetzen der Machtschwelle (Einfügen des Kriteriums der überragenden Marktstellung im Verhältnis zu seinen Wettbewerbern); Einführung einer Fusionskontrolle für große Zusammenschlüsse von Unternehmen; Verbot der Preisbindung der zweiten Hand für Markenartikel mit Ausnahme der Preisbindung für Verlagserzeugnisse – dafür Legalisierung unverbindlicher Preisempfehlungen für Markenartikel; Verbot des aufeinander abgestimmten Verhaltens; Erleichterung der Kooperation für kleine und mittlere Unternehmen; Legalisierung von Wettbewerbsregeln, die zur Sicherung der Wirksamkeit eines leistungsgerechten Wettbewerbs vereinbart werden

3. GWB Novelle 1976: Verschärfung der Fusionskontrolle im Pressebereich

4. GWB Novelle 1980: Verbesserung der Fusionskontrolle durch:
    → Einführung eines Umgehungstatbestandes, um das Unterlaufen der Fusionskontrolle durch bestimmte Stimmrechts- und Anteilsrechtsgestaltungen zu verhindern
    → Einführung von zusätzlichen Marktbeherrschungsvermutungen, um vertikale, diagonale und horizontale Zusammenschlüsse besser erfassen zu können
    → Änderung der Anschlussklausel, die Zusammenschlüsse von Umsatzmilliardären mit kleinen und mittleren Unternehmen der Fusionskontrollaufsicht unterwarfen und Ausdehnung der Ex-ante-Kontrolle auf Zusammenschlüsse, bei denen ein Unternehmen damals 2 Mrd. DM Umsatzerlöse oder mehr erzielte
    → Verbesserung der Missbrauchsaufsicht über marktbeherrschende Unternehmen

Einführung des Vergleichsmarktkonzeptes; Einführung der Missbrauchskontrolle hinsichtlich Nachfragemacht; Verbesserter Schutz kleiner und mittlerer Unternehmen (KMU) vor unbilligen Behinderungen; Verbesserung der Missbrauchsaufsicht in der Versorgungswirtschaft und Begrenzung der Demarkationsverträge auf 20 Jahre

5. GWB Novelle 1989: Verschärfung der Instrumente in Bezug auf die Fusionskontrolle; Verschärfung der Verhaltenskontrolle im Hinblick auf die Konzentrationsentwicklung im Handel

6. GWB Novelle 1999: Das GWB wurde völlig neu geordnet und gestraft. Begrenzte Harmonisierung des deutschen mit dem europäischen Gesetz; Formulierung des Art. 81 Abs. 1 EGV zum Kartellverbot bei Horizontalvereinbarungen wurde dazu übernommen; Bereinigung des Ausnahmekatalogs vom Kartellverbot durch Streichung der Regelungen über Rabattkartelle sowie Ausfuhr- und Einfuhrkartelle; Verbesserung der Verhaltenskontrolle durch ein unmittelbar wirkendes Verbot des Missbrauchs einer marktbeherrschenden Stellung entsprechend Art. 82 EGV, womit Schadensersatz- und Unterlassungsklagen Geschädigter vor den Zivilgerichten möglich werden; Ergänzung des Diskriminierungs- und Behinderungsverbots um ein Regelbeispiel zu unbilligen Unter-Einstandspreisverkäufen marktstarker Unternehmen; Streichung bzw. Einschränkung der Ausnahmebereiche für Verkehr, Banken und Versicherungen, Landwirtschaft sowie Urheberrechtsverwertungsgesellschaften; Andererseits die Einführung eines Ausnahmebereiches für Sport-Fernsehrechte; Veränderung der präventiven Fusionskontrolle in Anpassung an die Europäische Fusionskontrollverordnung; Anhebung der Umsatzschwellenwerte von 500 Mio. DM auf 1 Mrd. DM und Erhöhung der Bagatellschwelle von 10 auf 30 Mio. DM; Einführung des öffentlichen Vergabewesens ins GWB, um die EU-Vergaberichtlinien im Bereich des öffentlichen Auftragswesens umzusetzen

7. GWB Novelle 2005: Fast vollständige Angleichung an das Europäische Wettbewerbsrecht; *Hardcore-Kartelle* (Preis-, Mengen-, Marktaufteilungskartelle und Preisbindungen der zweiten Hand) sind generell verboten; für andere Formen der Zusammenarbeit von Unternehmen wurde die Beweislast umgekehrt: Unternehmen müssen ihre Kooperation nicht mehr anzeigen und genehmigen lassen, sondern müssen nun im Verfahren der *Legalausnahme* selbst vorab die rechtliche Zulässigkeit prüfen und im Fall der Nichteinhaltung mit empfindlichen Bußgeldern rechnen; im Falle einer vollzogenen, nicht angemeldeten Fusion sind die damit zusammenhängenden Rechtsgeschäfte zivilrechtlich unwirksam; Konkretisierung bis dato unbestimmter Rechtsbegriffe im GWB.

8. GWB Novelle 2013: Mit dieser Novelle wird die deutsche Fusionskontrolle dem *europäischen Wettbewerbsrecht* angeglichen. In der Summe sind die Anpassungen enttäuschend; die Einführung des sogenannten SIEC-Test (Prüfung, ob ein Zusammenschluss maßgeblich den Wettbewerb beschränkt) oder Änderungen bei der Missbrauchsaufsicht über marktbeherrschende Unternehmen gemäß

§ 20 GWB. Positiv ist die Verlängerung der Preismissbrauchsaufsicht auf der Energieerzeugungsebene (§ 29 GWB) sowie der Verschärfung des Verkaufs unter Einstandspreis im Lebensmittelhandel (§ 20 Abs. 4 Satz 2 Nr. 1 GWB, Art. 4 des Änderungsgesetzes). Hinzu kommt die Aufnahme des Verbots von *Preis-Kosten-Scheren* an den Mineralölmärkten ins Gesetz. Negativ ist die weitere Absenkung der Schwelle für eine Einzelmarktbeherrschung zu bewerten, dies gilt ebenfalls für die kollektive Marktbeherrschung.

9. GWB Novelle 2016: Anpassung des Wettbewerbsrechts an die Herausforderungen, die mit der Ausweitung der *Digitalisierung* verbunden sind (Berücksichtigung von Faktoren im digitalen, internetbasiertem Umfeld (vgl. Bontrup/Daub 2021)). Ausweitung der Fusionskontrolle (bspw. Zusammenschlüsse von *Start-ups* mit größeren Unternehmen, die dadurch ihre Marktbeherrschung ausweiten); Schließung von Regelungslücken bei Bußgeldhaftung; Stärkung der Rechte von Kartellgeschädigten; Kooperationsausweitung von Presseverlagen sowie Reformierung der Verfahrensregelungen für Ministererlaubnisse (zügige und effizientere Verfahrensführung).

Die Durchsetzung des GWB obliegt dem *Bundeskartellamt* in Bonn, eine staatliche Institution, die in Deutschland auf Basis des GWB über die Ausnutzung von wirtschaftlicher Macht wachen und sie sanktionieren soll.

Das Bundeskartellamt ist eine unabhängige Wettbewerbsbehörde, deren Aufgabe der Schutz des Wettbewerbs in Deutschland ist. Dieser Schutz ist eine zentrale ordnungspolitische Aufgabe in einer marktwirtschaftlich verfassten Wirtschaftsordnung. Aufgabe des Bundeskartellamtes ist in erster Linie die Anwendung und Durchsetzung des Gesetzes gegen Wettbewerbsbeschränkungen (GWB) und damit der Schutz des Wettbewerbs in Deutschland. Zu den Aufgaben gehören im Einzelnen:
- die Durchsetzung des Kartellverbots
- die Fusionskontrolle
- die Missbrauchsaufsicht über marktbeherrschende bzw. marktstarke Unternehmen
- die Überprüfung der Vergabe öffentlicher Aufträge des Bundes und der
- Verbraucherschutz.

Zudem kann das Bundeskartellamt seit 2005 sogenannte *Sektoruntersuchungen* durchführen, um die Wettbewerbssituationen in einzelnen Branchen unabhängig von einem konkreten Einzelverfahren genauer zu untersuchen. Das Bundeskartellamt trifft seine Entscheidungen ausschließlich nach wettbewerblichen Kriterien. Dabei entscheidet das Bundeskartellamt unabhängig, d. h. es unterliegt keinen Weisungen bei der Bearbeitung und Entscheidung von einzelnen Fällen. Diese Unabhängigkeit gewährleistet, dass sich das Bundeskartellamt bei seinen Entscheidungen auf wettbewerbliche Kriterien konzentrieren kann. Es ist unbestritten, dass es neben dem Ziel, Wettbewerb zu sichern, auch andere wichtige wirtschafts- und gesellschaftspolitische Ziele gibt. Es ist jedoch nicht die Aufgabe des Bundeskartellamtes, diese durchzusetzen. (Bundeskartellamt 2019c)

3.2.2.6.1.2 Monopolkommission

Neben dem Bundeskartellamt ist die *Monopolkommission* die zweite Institution zur Kontrolle wirtschaftlicher Macht.

> Die Monopolkommission ist ein unabhängiges Beratungsgremium, das die Bundesregierung und die gesetzgebenden Körperschaften auf den Gebieten der Wettbewerbspolitik, des Wettbewerbsrechts und der Regulierung berät. Ihre Gutachten werden veröffentlicht. Ihre Stellung und Aufgaben sind in den §§ 44 bis 47 sowie in § 42 Abs. 5 des Gesetzes gegen Wettbewerbsbeschränkungen (GWB) sowie im Eisenbahnregulierungsgesetz (ERegG), Energiewirtschaftsgesetz (EnWG), Telekommunikationsgesetz (TKG) und Postgesetz (PostG) geregelt. Nach § 44 Abs. 1 GWB erstellt die Monopolkommission alle zwei Jahre ein Hauptgutachten, in dem sie den Stand und die absehbare Entwicklung der Unternehmenskonzentration in der Bundesrepublik Deutschland beurteilt, die Anwendung der kartellrechtlichen Vorschriften würdigt sowie zu sonstigen aktuellen wettbewerbspolitischen Fragen Stellung nimmt. Die Monopolkommission erstellt ferner anlassbezogene Sondergutachten nach eigenem Ermessen (§ 44 Abs. 1 Satz 4 GWB), im besonderen Auftrag der Bundesregierung (§ 44 Abs. 1 Satz 3 GWB) sowie im Ministererlaubnisverfahren (§ 42 Abs. 5 Satz 1 GWB). Die Monopolkommission hat außerdem gesetzliche Gutachtenaufträge im Bereich der Netzindustrien. Sie nimmt – jeweils alle zwei Jahre – Stellung zur aktuellen Wettbewerbsentwicklung
> – auf den Eisenbahnmärkten (§ 78 ERegG),
> – auf den Märkten der leitungsgebundenen Versorgung mit Elektrizität und Gas (§ 62 EnWG),
> – auf den Märkten des Postwesens (§ 44 PostG i. V. m. § 121 Abs. 2 TKG) sowie
> – auf den Telekommunikationsmärkten (§ 121 Abs. 2 TKG). (Monopolkommission 2019)

3.2.2.6.2 Vorschläge zur Optimierung einer staatlichen Wettbewerbs- und Machtkontrolle

Zur Eindämmung eines wirtschaftlichen Machtmissbrauchs ist eine umfassende *staatliche Regulierungspolitik*, nicht nur in Deutschland, sondern in der gesamten Europäischen Union notwendig und überfällig. Grundlage muss dabei die doppelte Überzeugung sein, dass erstens private Macht zum Missbrauch und zur Ausbeutung in der Wirtschaft selbst, aber auch gegenüber der demokratisch gewählten Politik, dem Staat, verleitet und daher verhindert werden muss, und zweitens, dass unkontrollierter Wettbewerb aus sich heraus keine optimale ökonomische und soziale Entwicklung gewährleistet, sondern sich durch Konzentrations- und Zentralisationsprozesse sowie durch Kartellbildungen selbst behindert.

> Märkte ohne jede Regulierung untergraben zwangsläufig ihre eigenen Existenzbedingungen. Wettbewerb bedarf deshalb eines politischen und gesellschaftlichen Rahmens, in dem nicht nur ein sauberes (ausbeutungsfreies) wettbewerbliches Verhalten der Unternehmen erzwungen, sondern auch Entscheidungen über die Hauptrichtungen der ökonomischen Entwicklung – z. B. der Energieversorgung, der Verkehrsinfrastruktur, der Ausbildungs- und Gesundheitssysteme – auf der Grundlage demokratischer Diskussions- und Willensbildungsprozesse getroffen werden, die sich nicht nach rein ökonomischen Profit-Kriterien, sondern nach gesellschaftlichen Präferenzen richten. Um diese Entscheidungen über den Rahmen und die Grundrichtungen ökonomischer Entwicklung umzusetzen, steht ein ganzes Bündel von Regulierungsinstrumenten zur Verfügung: zum Beispiel eine Struktur-, Regional- und Industriepolitik, die Arbeit öffentli-

cher Regulierungsbehörden (z. B. für Telekommunikation und für die Energiewirtschaft) oder auch der Einsatz öffentlicher (kommunaler oder zentralstaatlicher) Unternehmen. Auch ein genossenschaftlicher Sektor ist in diesem Kontext zu erwähnen. (Blome-Dree 2012)

Hierdurch entstünde Konkurrenz zu den rein privatwirtschaftlichen Unternehmen. Sie wären gezwungen, ihre Preise, die schärfste Waffe eines Unternehmers zur Ausbeutung anderer Marktteilnehmer, den *öffentlichen und genossenschaftlichen Unternehmen* anzupassen und somit in ihrer Zielorientierung nach maximalen Profiten beschnitten. Auch eine staatliche Förderung der „solidarischen Gemeinwohlökonomie" im Non-Profit-Sektor, die ohne eine Selbstausbeutung der Beteiligten auskommt, sollte als Konkurrenzbereich zu rein privatwirtschaftlichen Unternehmen gefördert und ausgebaut werden (vgl. Felber 2012).

Unter den Regulierungsinstrumenten spielt die *Wettbewerbspolitik* eine besonders wichtige Rolle: Ihre Aufgabe ist es, wettbewerbliches Verhalten von Unternehmen zu erzwingen und zu überwachen sowie Konzentrationsstrukturen zu verhindern, in die private Macht zum Schaden der Verbraucher und Beschäftigten, also der Mehrheit der Gesellschaft, missbraucht werden kann. Kartellverbote, Verbote marktbeherrschender Stellungen und Kontrolle von Fusionen sind potenziell wichtige Instrumente der Wettbewerbspolitik, die aber unzureichend entwickelt sind und verschärft werden müssen. Dazu zählen im Einzelnen als Vorschläge:

– Zuwiderhandlungen im Wettbewerb sind vor dem Hintergrund der volkswirtschaftlichen Schäden, anders als heute im GWB, nicht als Ordnungswidrigkeit (durch ein Bußgeld), sondern als eine *strafbare Handlung* gemäß Strafgesetzbuch zu ahnden und mit Gefängnisstrafen zu sanktionieren. Hinzukommen muss das Instrument der *Unternehmensentflechtung* bzw. Zerschlagung und auch die Vergesellschaftung von Unternehmen, wenn sichergestellt ist, dass privatwirtschaftliche Unternehmen ihre Marktmacht gegen die Interessen anderer Wirtschaftsteilnehmer und/oder gegen den Staat bzw. die Gesellschaft permanent missbräuchlich einsetzen.

– Zur empirischen Überprüfung nicht wettbewerblicher Gewinnakkumulationen muss die Datenbasis über Gewinne, nach Branchen und Unternehmensgrößen differenziert, sowohl in absoluten als auch in Form von Rentabilitäten (Umsatzrendite, Eigen- und Gesamtkapitalrendite) vom Statistischen Bundesamt ständig erhoben und der Öffentlichkeit zur Verfügung gestellt werden. Dies ist bis heute nicht der Fall. Hierzu wird ein Gesetz benötigt, das eine lückenlose Gewinnüberprüfung möglich macht. Zum vorliegenden, aber unzureichenden *Gewinn-Datenmaterial* stellte Karl Georg Zinn fest:
„Die Datenlage über die langfristige Entwicklung der Kapitalrentabilitäten in den kapitalistischen Ländern ist [...] so unzureichend, dass wohl erst noch umfangreiche Forschungen in dieser Richtung unternommen werden müssen, ehe sich genauere empirische Aussagen über die Profitratenentwicklung machen lassen. Symptomatisch für diese schlechte Datensituation ist es etwa, wenn sich in dem

umfangreichen Band zur historischen Wirtschaftsstatistik der europäischen Länder [...] zur Profit- und Rentabilitätsentwicklung überhaupt keine Angaben finden. Der Profit, also der Dreh- und Angelpunkt des Kapitalismus, ist empirisch kaum wahrnehmbar." (Zinn 1978, S. 143)

- Vor dem Hintergrund einer zunehmenden neoliberalen Globalisierung und Liberalisierung ist es weiter geboten, ein *Europäisches Kartellamt* in Verbindung mit einer *EU-Monopolkommission* zu etablieren. Daneben hat jeder europäische Mitgliedsstaat eine nationale Kartellbehörde und eine Monopolkommission zur Unterstützung der europäischen Behörden zu unterhalten. Kartellämter wie auch die Monopolkommissionen sind zur Feststellung und Bewertung von Tatsachen staatlicherseits hinreichend zu unterstützen. Dabei sind zur Marktmachtkontrolle die bestehenden *Marktanteilsgrenzen* für potenzielle Fusionsunternehmen im europäischen Kontext zu vereinheitlichen und abzusenken, wobei die für Eingriffe der Fusionskontrolle relevanten Höchstgrenzen von Branche zu Branche unterschiedlich sein können. Branchenbezogene Größenvorteile zunehmender Skalenerträge sind hier nach Überprüfung durch die EU-Monopolkommission zu berücksichtigen. Fusionswillige Unternehmen müssen einen gesamtwirtschaftlichen Vorteil der angestrebten Fusion bzw. Übernahme begründen. Dazu gehören u. a. Preis-, Innovations- und Beschäftigungseffekte wie auch die quantitative und qualitative (umweltorientierte) Versorgung der Märkte.
- Bei Fusionen oder Übernahmen sind insbesondere die *Interessen der Beschäftigten* zu wahren. Dies kann z. B. dadurch geschehen, dass verbindliche Garantien für Arbeitsplätze und Arbeitsbedingungen gegeben werden.
- Die *Transparenz* der Fusionsverfahren ist gegenüber der Öffentlichkeit zu erhöhen und in den Medien darzulegen. Außerdem ist ein Gesetz zu erlassen, das eine exakte *Unternehmensfirmierung* vorschreibt. Tochterunternehmen hätten demnach den Firmennamen der Mutter zu tragen. Dies würde in der Bevölkerung das Bewusstsein für die stetig wachsende Konzentration und die sich daraus ableitende privatwirtschaftliche Macht schärfen.
- Auch sollte eine *Entflechtung* marktbeherrschender Konzerne möglich sein. Hiergegen sprechen, insbesondere wenn es sich um vertikal integrierte Unternehmen handelt, womöglich Skaleneffekte. In dem Fall könnte man alternativ eine unternehmensinterne *demokratische Kontrolle* in den Aufsichtsräten implementieren. Dazu müssten allerdings die gegebenen Machtverhältnisse zwischen Arbeit und Kapital durch zusätzliche gesellschaftliche Stakeholder, wie u. a. Vertreter aus Umweltschutz- und Verbraucherverbänden, ergänzt werden.
- Um missbräuchliche private Machtanwendung abzubauen und zukünftig zu vermeiden, ist es außerdem wesentlich, Großunternehmen keine *staatliche Subventionierung* zukommen zu lassen. Hier ist es vielmehr sinnvoll, fehlenden Wettbewerbsdruck durch staatliche Auflagen zu simulieren. Die Einschränkung der unternehmerischen Freiheit von Großunternehmen muss auf mehreren Ebenen vollzogen werden, um die Folgen der Marktmacht gegenüber den unterschied-

lichen wettbewerblichen Anspruchsgruppen, Konsumenten, (kleineren) Wettbewerbern und Beschäftigten abzudecken. So wäre etwa die engere zeitliche Beschränkung des *Patentschutzes* für Großunternehmen ebenso denkbar wie eine Regulierung der Endkundenpreise in Form staatlicher *Preiskontrollen* durch Einsichtnahme in die Unterlagen des internen Rechnungswesens. Zudem sollten kleinere Lieferanten gegen eine Ausnutzung von *Nachfragemacht* geschützt werden, um nicht durch Großunternehmen zu niedrigen Einkaufspreisen erpresst werden zu können.

– Marktmächtige Unternehmen können ihre Umsätze ohne Produktionserhöhungen (also ohne zusätzliche Leistungen) nur durch Anhebung des Preises steigern. Deshalb wäre eine Regulierung wie bei natürlichen Monopolen sinnvoll. Dazu müssten Preiserhöhungen von Großunternehmen mit Marktmacht nur dann gestattet werden, wenn sie Produktverbesserungen gegenüber einer staatlichen Preisbehörde nachweisen, die beim Bundespatentamt einzurichten ist.

– Darüber hinaus sind striktere und gesetzlich verbindliche *Corporate-Governance-Regelungen* einzuführen, die grundsätzlich die Unternehmensführung bestimmen und den Ordnungsrahmen für die Unternehmenswerte und deren Überwachung festlegen. Gute Corporate Governance beziehen sich dabei nicht nur auf eine kurzfristige Profitbefriedigung für Shareholder, sondern beziehen auch die Stakeholder, also Beschäftigte, Kunden oder Lieferanten, und die Umwelt in die Überlegungen mit ein. In Deutschland sind solche Grundsätze im Deutschen Corporate Governance Kodex seit 2002 fixiert. Dieser Kodex ist aber für die Unternehmen nicht gesetzlich vorgeschrieben, sondern freiwillig. Das reicht nicht aus, deshalb sollte auf einzelwirtschaftlicher Ebene eine Demokratisierung durch eine paritätische Mitbestimmung der Beschäftigten stattfinden.

– Abgerundet werden müssten diese Vorschläge durch gezielte *Kapitalmarktgesetze* und eine verschärfte Banken- und Versicherungskontrolle.

Die Anforderungen an die Politik zur Korrektur der bisherigen Fehlentwicklungen in Markt, Wettbewerb und Konzentration sind demnach vielfältig. Wettbewerb darf kein Selbstzweck sein. Wettbewerb benötigt am Ende einen starken Staat. Dies forderten bereits ordoliberale Ökonomen wie u. a. Walter Eucken, aber ohne eine *Marktdifferenzierung* vorzunehmen, sodass die Bekämpfung marktmächtiger Positionen auch für die Arbeitsmärkte gilt: Denn ihrer Meinung nach würde auch hier das Kartell der abhängig Beschäftigten, die Gewerkschaften, auf der Angebotsseite missbräuchliche Marktmacht ausüben.

3.2.3 Mafia und das organisierte Verbrechen als Machtfaktor

Zur Machtfrage sei abschließend auf das organisierte Verbrechen hingewiesen, dass seit jeher außerhalb der rechtlich legalen Wirtschaft besteht und weder in den orthodoxen Lehrbüchern der VWL noch in der marxistischen Literatur eine Rolle spielt. Marx hat nicht die ökonomischen Verhältnisse außerhalb einer rechtlich legalisierten kapitalistischen Welt untersucht, wenn er auch davon gesprochen hat, dass das Kapital „blut- und schmutztriefend" zur Welt kommt und Gewalt im Zuge der „ursprünglichen Akkumulation des Kapitals" (1867 (1974), S. 741) eine herausragende Rolle gespielt hat. Das organisierte Verbrechen in Form der Mafia ist heute aber anders einzustufen.

> Die Mafia ist ein Ensemble krimineller Gruppen, die innerhalb eines Systems von Beziehungen handeln und dabei gewaltige und illegale, jedoch auch formal legale Aktivitäten entwickeln. Sie zielen auf Bereicherung sowie auf Erwerb und Beeinflussung von Machtpositionen, wobei sie sich eines kulturellen Kodexes bedienen und zu einem gewissen Grad Zustimmung in der Gesellschaft genießen. Die Mafia beruht auf der Interaktion von Verbrechen, Akkumulation, Macht, Kultur und Zustimmung. Als interklassistisches Phänomen bezieht sie alle Schichten der Bevölkerung ein. Sie formiert einen gesellschaftlichen Block, in dem die Führungsfunktionen von illegalen (den Mafiabossen) und legalen Subjekten (den Freiberuflern, Unternehmern, Vertretern von Verwaltung, Polizei und Institutionen) ausgeübt werden, wobei letztere als ‚mafiöse Bourgeoisie' klassifiziert werden können. (Santino 2015, S. 1.549)

Es ist nicht Italien, wie viele glauben, wenn sie das Wort Mafia hören, sondern Mexiko, das am stärksten vom organisierten Verbrechen durchdrungen ist. Im Jahr 2019 wurden hier 100 Menschen täglich von Mitgliedern der Mafia ermordet. In Deutschland kam es zum Vergleich zu 386 Morden im Jahr. „Vor allem seit 2006 haben die Morde in Mexiko dramatisch zugenommen. Damals hatte die Regierung eine *Militäroffensive* begonnen, mit der sie das organisierte Verbrechen niederringen wollte. Seitdem gab es offiziell 275.000 Tote, Menschenrechtsorganisationen gehen von deutlich mehr Opfern aus. Die Kartelle aber sind in dieser Zeit nicht geschwächt worden. Mexiko ist eine der größten Demokratien der Welt, ‚gleicht aber einem Land im Krieg', wie der bekannte und mutige Friedensaktivist Javier Sicilia ausführt, dessen Sohn von der Mafia ermordet worden ist. ‚Mexiko ist in einigen Teilen gekapert vom organisierten Verbrechen', sagt er. Tatsächlich sind Kartelle wie das Sinaloa-Syndikat des berühmten, in den USA inhaftierten Drogenbosses Joaquìn ‚El Chapo' Guzmàn oder das besonders blutrünstige ‚Cartell Jalisco Neeva Generaciòn" (CJNG) parallele Mächte und haben den *Staat* als Ordnungsmacht verdrängt" (Ehringfeld 2020, S. 8).

Dem organisierten Verbrechen geht es einzig und allein darum,

> für möglichst wenig Leistung oder Ware möglichst viel Geld zu kriegen. Am besten funktioniert das mit Leistungen oder Waren, die nicht überall zu haben sind. Je verbotener eine Ware und je gesetzwidriger eine Dienstleistung, desto mehr kann man daran verdienen. Die Rentabilität an sich macht es aber nicht. Auch das Risiko muss ins Kalkül gezogen werden. Deshalb ist nicht alles lukrativ, was verboten ist. [...] Die Mitglieder des organisierten Verbrechens tun das, was sie tun, nicht, weil es verboten ist, weil sie sich langweilen oder gar das kapitalistische System verändern wollen, sondern weil die meisten Geschäfte, die wirklich etwas bringen, nur außerhalb der Legalität zu finden sind. [...] Die *traditionelle Ökonomie* wehrt sich aus rätselhaften Gründen gegen die Einsicht, dass *Angst* eine Ware ist wie jede andere. Man kann sie genauso gut zu Geld

> machen wie jede andere. Vielleicht sogar besser. Die traditionelle Ökonomie wehrt sich, obwohl
> bekanntlich Politiker gar nicht schlecht davon leben, dass sie Angst verbreiten: vor der Arbeitslo-
> sigkeit, vor der Armut im Alter, vor den Russen etc. Das organisierte Verbrechen braucht Reklame
> wie jedes andere Geschäft. Gefahr droht dem Markt nur, wenn zu viele Leute keine Angst haben.
> Insofern sind die Akteure dankbar für die zahllosen Filme und Fernsehserien, die (sie) als eine
> unangreifbare Identität darstellen. (Lindlau 1989, S. 43 f.)

Die *„massenhafte Produktion der Ware Angst"*, wie es der Journalist und Schriftsteller
Dagobert Lindlau (1930–2018) bezeichnet, ist dabei der Garant für gesicherte Einnahmen. Ein zaudernder Rechtsstaat sowie der Schutz der Privatsphäre ermöglichen die
berufliche Selbstverwirklichung im Milieu des organisierten Verbrechens. So konstatiert Lindlau nüchtern, was bis heute Bestand hat:

> Wer das Gesetz bricht und sich keinen guten Anwalt oder eine Manipulation von Zeugen und
> Beweisen leisten kann, der bleibt heute schon im Gefängnis. [...] Die Wähler werden nicht mehr
> verprügelt wie zu Zeiten Al Capones, sondern verführt, konditioniert und gekauft. Demokratische
> Macht wird zunehmend eine gekaufte oder durch Varianten der Waschmittelwerbung erschwin-
> delte Macht sein. (Lindlau 1989, S. 339)

Aktuelle Pressemitteilungen zur in Deutschland bundesweiten Bekämpfung der Clan-
Kriminalität und Rockerbanden sind dabei erschreckend, aber nur die Spitze des Eisberges, um den Einfluss dieses Machtfaktors zu quantifizieren. Am 18. August 2020
titelte die Westfälische Rundschau (WAZ): „Revier bleibt Hochburg der kriminellen
Clans". Das wahre Ausmaß des organisierten Verbrechens kann nur erahnt werden,
und die jahrzehntelange staatliche Sparpolitik, die zum Abbau u. a. bei der Polizei geführt hat (vgl. Gemmerich 2019), erschweren mittel- bis langfristig die Verbrechensbe-
kämpfung. Dabei ist unstrittig, dass jedes organisierte Verbrechen eine latente Gefahr
für die Demokratie sein kann. „Wer dem Verbrechen Nachsicht übt, wird sein Kompli-
ze" Voltaire (1694–1778).

3.3 Rolle von Unternehmen und Verbrauchern im marktwirtschaftlich-kapitalistischen System aus heterodoxer Sicht

Im Folgenden geht es auf Basis der grundsätzlichen marktwirtschaftlich-kapitalistischen Produktions- und Reproduktionsprozesse eines Unternehmens um die Grundlagen der *Wertschöpfungsentstehung und -verteilung*. Das Unternehmen wird dabei nicht
mehr als ein monolithischer, rein organisatorischer Komplex erfasst, sondern als ein
soziales Gebilde bestehend aus abhängig Beschäftigten, die mithilfe von Kapital, das
sich im Eigentum des Unternehmers befindet, Werte schaffen. Dadurch ergeben sich
zwangsläufig *Interessenkonflikte*, die in der orthodoxen Ökonomie kaum berücksichtigt werden.

So kritisiert etwa Mariana Mazzucato (2019) die rein technokratische und damit „entmenschlichte" Unternehmenstheorie. Man spreche ganz einfach von *Unternehmen*, ohne zu problematisieren, wem die Unternehmen gehören und wer in den Unternehmen das Sagen hat. Das größte Versäumnis sei hier jedoch, den täglichen Widerspruch zwischen Kapital und Arbeit bzw. zwischen den Kapitaleigentümern und den abhängig Beschäftigten zu verschweigen. Die Kapitaleigner bekämen den *Mehrwert* in Form von Profit, Zins und Miete und Pacht, während die Beschäftigten, die diesen Mehrwert erarbeiten müssen, nur einen *Lohn* erhielten, der unterhalb des Wertes ihrer Arbeit liegt. Wäre es anders, gäbe es schlicht keinen Mehrwert. Und obwohl die Beschäftigten den Mehrwert erarbeiten, hätten sie oftmals keinerlei Mitbestimmungsrechte.

Vor allen Dingen muss an der orthodoxen Mikroökonomie das Narrativ bezweifelt werden, dass das Wirtschaften im Kapitalismus letztlich nur einem Zweck diene: der Befriedigung unbegrenzter menschlicher Bedürfnisse. Die orthodoxe Mikroökonomie bezieht sich dabei zwar auf Adam Smith, der 1776 schrieb: „Konsum ist der einzige Sinn und Zweck aller Produktion." Sie übersieht aber die Einschränkung, die Smith bereits machte: „und das Interesse des Produzenten sollte nur insoweit berücksichtigt werden, als es für die Förderung des Konsumenteninteresses nötig sein mag. Diese Maxime ist so selbstverständlich, daß es unsinnig wäre, sie beweisen zu wollen" (Smith 1776 (2005), S. 645). Nach der heterodoxen Sichtweise geht es in der marktwirtschaftlich-kapitalistischen Wirtschaft jedoch nicht um die Befriedigung von Konsumenteninteressen, sondern ausschließlich nur um die Befriedigung der *Kapitaleigner* mit einer maximalen Profitrate.

Da das System durch maximale Expansion und Rentabilität von Kapital, durch ständigen Zwang zur Produktion und Realisierung von Mehrwert also, gesteuert wird, spielen die Bedürfnisse der Verbraucher lediglich die Rolle abhängiger Variablen, die in erheblichem Maße beeinflusst werden können. Konsumenten sind im Kapitalismus allenfalls „nützliche Idioten" (Lenin), die man jeden Tag vorführt und denen durch Werbung suggeriert wird, etwas unbedingt haben zu müssen, um die zumeist übergroßen Produktionskapazitäten der anbietenden Unternehmen überhaupt auslasten und die hergestellten Waren verkaufen zu können. Der US-amerikanische Ökonom John K. Galbraith (1908–2006) legte in seinem Buch *„Gesellschaft im Überfluss"* offen, dass moderne Konsumgesellschaften nicht nur Grundbedürfnisse befriedigen, sondern zur Profitrealisierung und deren Steigerung ständig bemüht sind, auch *artifizielle Bedürfnisse* nach zusätzlichen Dingen zu schaffen.

Der Wirtschaftsjournalist Tom Strohschneider stellt heraus: Marx habe schon den Antagonismus von Produktion und Konsumtion offengelegt, indem er ausführte, dass die Produktion mit ihrer immanenten Mehrwertproduktion und Ausbeutung, „dem Bedürfnis nicht nur ein Material [liefert], sondern sie liefert dem Material ein Bedürfnis, indem sie durch dessen Wahrnehmung das Bedürfnis anreizt. Marx hat das an einem Beispiel so formuliert: ‚Der Kunstgegenstand – ebenso jedes andere Produkt –

schafft ein kunstsinniges und schönheitsgenussfähiges Publikum'" (Strohschneider 2020, S. 1).

Die orthodoxe Mikroökonomie spricht dagegen davon, dass wir unbegrenzt viele menschliche Bedürfnisse haben; Bedürfnisse, die wesentlich größer seien als die zur Befriedigung zur Verfügung stehenden Güter und Dienste. Deshalb müssten wir wirtschaften, um die daraus resultierenden Knappheiten aufzulösen.

Wer ist aber eigentlich „wir", also die Gruppe für die gewirtschaftet wird? Dass dies die Konsumenten – unabhängig von ihren materiellen Verhältnissen – sind, kann bezweifelt werden:

> […] weil Unternehmen keine Bedürfnisse von uns Menschen befriedigen, sondern nur zahlungsfähige Bedürfnisse – wer kein Geld hat, geht leer aus, auch wenn das Bedürfnis noch so groß und das passende Gut im Überfluss vorhanden ist. Damit Unternehmen Bedürfnisse überhaupt zur Kenntnis nehmen, braucht der Mensch ein Einkommen. Bevor er also als ‚König Kunde' den Markt betreten kann, muss er sich zunächst in den Dienst der Unternehmer stellen, die ihm einen Lohn zahlen. Um dem Unternehmenszweck Profit zu genügen, muss dieser Lohn möglichst niedrig sein. Damit ist die Souveränität von ‚König Kunde' von vornherein äußerst beschränkt, was ihn zu einer permanenten Gegenüberstellung seiner Wünsche zwingt: Leiste ich mir dies und verzichte auf jenes? Die gefeierte Freiheit des Konsumenten zur Wahl läuft in der Realität auf den Zwang hinaus, sich sein knappes Budget einzuteilen. ‚Der Kunde mag König sein, aber an der Kasse wartet die Guillotine', sagte einst der italienische Politologe Johannes Agnoli (1925–2003)'. (Kaufmann 2020, S. 6)

3.3.1 Wertschöpfungsentstehung und -verteilung im Unternehmen

In einer marktwirtschaftlich-kapitalistischen Ordnung sind in heterodoxer Sicht die Produktionsverhältnisse entscheidend und nicht das Ziel, Knappheit zu verhindern oder die Bedürfnisse von Konsumenten zu befriedigen. Stattdessen fragt sich im Kapitalismus der dominierende Geldgeber bei jedem Geldvorschuss für eine Investition, wann bekomme ich mein Geld mit welchem Betrag verzinst zurück und wie hoch fällt dabei die Profitrate aus? Dabei soll das Geld natürlich schnell und hoch verzinst zurückkommen. Das vorgeschossene *Geld* muss dazu aber einen *realen Produktionsprozess* durchlaufen. Nur dort vermehrt es sich. Geld kann sich nicht durch Geld vermehren.

Das in den Produktionsprozess vorgeschossene Geld wird zunächst in Produktionsmittel und Arbeitskräfte eingetauscht, und so in einen Warenwert involviert, der aus eingekauften Vorleistungswerten, Arbeitskosten und einem Mehrwert besteht und aus der gesamten Produktion hervorgeht. Danach muss der produzierte Warenwert auf den Absatzmärkten der Unternehmen erlöst (reproduziert) werden. Wie gut das gelingt, hängt vom Grad der Konkurrenz und der Macht ab (vgl. Kap. 3.2.2).

Im Folgenden wird hier zum besseren Verständnis auf die Zusammensetzung des Warenwertes näher eingegangen: In die Preise fließen demnach als erstes die *Vorleistungsstückkosten* $\frac{VK}{y}$ ein. Diese setzen sich aus allen an den Beschaffungsmärkten der

Unternehmen eingekauften Waren bzw. den daraus resultierenden Kosten, bezogen auf die produzierten Mengen y, zusammen. In den Vorleistungsstückkosten enthalten sind dabei die Materialkosten (MK), die Abschreibungen (Afa) auf den Kapitalstock und sämtliche sonstigen betrieblichen Aufwendungen (sbA), die aus Fremdbezügen bestehen, wie z. B. die Energieeinkäufe eines Unternehmens.

$$p = \frac{VK}{y} + \frac{W}{y} + \frac{Z}{y} + \frac{MP}{y} + \frac{G}{y}$$

p = Preis, y = Menge, MK +Afa + sbA = VK =Vorleistungskosten, W = Arbeitskosten inkl. Unternehmerlohn (oder Managerbezüge), Z = Zinsaufwand, M/P = Miete/Pacht (Leasinggebühren), G = Gewinn

Zu den Vorleistungsstückkosten kommen *Lohnstückkosten* $\frac{W}{y}$ hinzu. Diese ergeben sich aus dem gesamten Personalaufwand bezogen auf die produzierte Menge. Im Personalaufwand sind dabei nicht nur die Bruttolöhne und -gehälter der abhängig Beschäftigten enthalten, sondern auch die sogenannten Sozialversicherungsbeiträge der Unternehmer und personelle Sonderzahlungen. Zudem werden in Kapitalgesellschaften und Genossenschaften im Personalaufwand die Managergehälter verbucht bzw. in Personengesellschaften und Einzelunternehmen auch der kalkulatorische Unternehmerlohn. In die Preiskalkulation gehen überdies der Zinsaufwand für das eingesetzte Fremdkapital $\frac{Z}{y}$ und die Miet- und Pachtzahlungen (Leasingleistungen) an die Grundeigentümer $\frac{MP}{y}$ in Relation zur produzierten Menge in den jeweiligen Produktpreis ein. Abschließend wird der Stückgewinn $\frac{G}{y}$ kalkuliert.

Wird der Preis p der Waren mit der verkauften Absatzmenge multipliziert (ohne Lagerhaltung sind die Produktions- und die Absatzmenge identisch), so ergeben sich der *Umsatz* (auch „Erlös") U, die Gesamtkosten K = VK + W + Z + MP und der Gewinn G aus:

$$U = p \cdot y = \underbrace{\left(\frac{VK}{y} + \frac{W}{y} + \frac{Z}{y} + \frac{MP}{y} + \frac{G}{y} \right)}_{=p} \cdot y = \underbrace{VK + W + Z + MP}_{=K} + G \, .$$

Daraus lässt sich dann die *Wertschöpfung* WS eines Unternehmens ableiten:

$$WS = U - \underbrace{(MK + Afa + sbA)}_{=VK}$$

Die Wertschöpfung erhält man, indem von den Umsatzerlösen U sämtliche Vorleistungen VK abgezogen werden. Die Wertschöpfung ist dabei der von den Beschäftigten eines Unternehmens erarbeitete und verteilbare Wert.

Zieht man dann weiter von der Wertschöpfung WS den gesamten Personalaufwand, die Arbeitskosten W, ab, so ergibt sich der *Mehrwert* MW. Die Arbeitskosten sind aufgrund des Doppelcharakters menschlicher Arbeit gleichzeitig Arbeitserträge für das Unternehmen bzw. das (Arbeits-)Einkommen der Beschäftigten.

$$WS - W = MW$$

Verteilungsmäßig lässt sich daraus die *Lohnquote* (q_L = Personalaufwand/Wertschöpfung) und die *Mehrwertquote* (q_{MW} = Mehrwert/Wertschöpfung) bestimmen, wobei sich beide Quoten immer zu 1 ergänzen ($q_L + q_{MW}$ = 1) (vgl. Kap. 3.3.2.2). „Was hier der eine bekommt, kann der andere nicht mehr haben" (Adam Smith). Hierin drückt sich der Antagonismus der marktwirtschaftlich-kapitalistischen Ordnung aus. Der Mehrwert setzt sich in Summe aus dem Zinsaufwand Z, dem Aufwand für Mieten/Pachten/Leasing MP und dem Gewinn G zusammen. Hieraus lassen sich entsprechend die *Zinsquote* (q_Z = Zinsaufwand/Wertschöpfung), die *Miet- und Pachtquote* (q_{MP} = Miet-, Pacht- u. Leasingaufwand/Wertschöpfung) und die *Gewinnquote* (q_{GW} = Gewinn/Wertschöpfung) errechnen.

Bezüglich der Kalkulation sei an dieser Stelle noch explizit auf die *Grundrente* (Miet- und Pachtzahlungen) kurz eingegangen. Dazu schreibt Karl Marx: „Der Umstand, daß die kapitalisierte Grundrente als Bodenpreis oder Bodenwert sich darstellt und die Erde daher wie jede andre Ware, ein Äquivalent gezahlt und der größte Teil des Grundeigentums in dieser Weise die Hände gewechselt habe. Derselbe Rechtfertigungsgrund gälte dann auch für die Sklaverei; indem für den Skalenhalter, der den Sklaven bar bezahlt hat, der Ertrag von dessen Arbeit nur den Zins des in seinem Ankauf ausgelegten Kapitals darstellt. Aus dem Kauf und Verkauf der Grundrente die Berechtigung ihrer Existenz herzuleiten. [...] Praktisch erscheint alles als Grundrente, was in Form von Pachtgelt dem Grundeigentümer vom Pächter gezahlt wird für die Erlaubnis, den Boden zu bewirtschaften. Aus welchen Bestandteilen dieser Tribut zusammengesetzt sei, aus welchen Quellen er herrühren möge, er hat das mit der eigentlichen Grundrente gemein, daß das Monopol auf ein Stück des Erdballs den sog. Grundeigentümer befähigt, den Tribut zu erheben, die Schatzung aufzulegen. Er hat das mit der eigentlichen Grundrente gemein, daß er den Bodenpreis bestimmt, der, [...] nichts ist als die kapitalisierte Einnahme von der Verpachtung des Bodens" (Marx 1894 (1974), S. 637 f.).

Die Grundrente stellt demnach Mehrwert dar und muss, wie Zinsen und Gewinn, in der Produktion erarbeitet und am Markt erlöst werden. Die Vermieter und Verpächter verlangen hier ein Einkommen für ihre Objekte, wie Grundstücke, Bauten, Maschinen oder Autos, die sie einem Unternehmen zur Verfügung stellen. Unternehmen (Immobiliengesellschaften, Leasinggesellschaften) haben sich hier speziell darauf fokussiert, anderen ihre Objekte zur Vermietung oder Verpachtung anzubieten.

Der bisherigen Deduktion zufolge sind, bevor es in der orthodoxen Ökonomie zur Verteilung der Wertschöpfung kommt, schon die *Abschreibungskosten* zur Selbsterhaltung des eingesetzten Kapitals in Abzug gebracht worden. Die in den Vorleistungen enthaltenen Abschreibungen, der stoffliche Werteverzehr, auf das eingesetzte Kapital bzw. die Produktionsmittel, entsprechen exakt den *Ersatzinvestitionen*, die dazu dienen, das fixe Kapital auf ewig zu erhalten. Dabei wird in der Betriebswirtschaftslehre wie selbstverständlich die Inflation während der Nutzungsdauer der Produktionsmittel berücksichtigt. Steigen bzw. sinken hier die Wiederbeschaffungskosten des Kapitals, so müssten die Abschreibungen höher bzw. niedriger ausfallen, wenn eine tat-

sächliche Wiederbeschaffung mithilfe der durch Abschreibungen amortisierten Geld-
beträge erfolgen soll.

Die Notwendigkeit einer *„ewigen Kapitalerhaltung"* wird mit der Überlegung begründet, dass im Fall der Nichtersetzung des abfließenden Kapitals der Kapitalstrom
selbst nach und nach versickerte und der Kapitalbestand aufgezehrt werde und dass
von diesem Ereignis die Menschheit keine Notiz mehr nehmen würde, da vor dem
Abgang der letzten Kapitaleinheit bereits der Mensch ausgestorben sein würde. Die
Forderung nach einer Bewertung der Abschreibungen auf Basis von *Wiederbeschaf-*
fungspreisen muss jedem abhängig Beschäftigten als eine Absurdität vorkommen.

> Bringt nicht nach der Produktionsfaktorentheorie der Arbeiter genau wie der Kapitalist einen
> ‚Faktor', nämlich seine Arbeitskraft, in den Produktionsprozess ein? Was würde aber nun der or-
> thodoxe Ökonom oder der Kapitalist sagen, wenn der Arbeiter fordern würde: Gleiches Recht für
> alle! Bevor hier überhaupt der Kuchen verteilt wird, bringe ich genau wie der Kapitalist all das
> in Abzug, was ich zur Erhaltung meiner Arbeitskraft brauche, nämlich alles was ich für meine
> Lebenshaltung ausgeben muss. Der Kapitalist sichert sich zur Erhaltung seines Kapitals ein gu-
> tes Stück, bevor der Kuchen aufgetischt wird. Also tue ich das gleiche. Den Rest des Kuchens,
> nämlich den Mehrwert, den ihr als Profit bezieht, wollen wir dann verteilen und die Ökonomen
> mögen uns dabei helfen. Kapitalist und orthodoxer Ökonom würden darüber lächeln oder sich
> die Haare raufen. Denn was für das Kapital selbstverständlich erscheint, ist es für den Arbeiter
> noch lange nicht. Gleiches Recht in der kapitalistischen Klassengesellschaft [vgl. dazu ausführ-
> lich Lieberam 2014] darf schließlich nicht die Basis der Kapitalherrschaft antasten. (Altvater et
> al. 1971, S. 17 f.)

Die *„Ewigkeit des Kapitals"* sichert zwar noch nicht das langfristige Überleben eines
Unternehmens, sie verschafft den Kapitalisten aber eine gewisse Beruhigung. Jedenfalls fällt das Unternehmensergebnis vor Zinsen, Mieten und Pachten sowie Abschreibungen regelmäßig positiv aus. Selbst wenn hier die orthodoxe Ökonomie von einem
unternehmerisch *„gewinnlosen Zustand"* spricht, bedeutet das Ergebnis, dass der Unternehmer sein vorgeschossenes Geldkapital zurückerhält. Damit erfolgt auch eine
Zinsverrechnung, wobei aufwandsgleiche Zinsen für das aufgenommene Fremdkapital und kalkulatorische Zinsen auf das eingesetzte Eigenkapital auseinanderzuhal-
ten sind. Die *aufwandsgleichen Zinsen* gehen als Einkommen an die Fremdkapitalgeber und stellen aus Sicht des Unternehmens tatsächliche Liquidität verbrauchende
Aufwendungen dar. Dies gilt für die *kalkulatorischen Zinsen* an die Eigenkapitalgeber nicht. Damit werden in den Preiskalkulationen regelmäßig kalkulatorische Zinskosten als *„getarnte Gewinne"* verrechnet, sodass man faktisch eben nicht von einem
„gewinnlosen Zustand" für die Shareholder sprechen kann, selbst dann nicht, wenn
der offen ausgewiesene Gewinn bei null liegt. Begründet und gerechtfertigt wird die
kalkulatorische Zinsverrechnung auf das eingesetzte Eigenkapital von der orthodoxen
Mikroökonomie mit
- einem Haftungsrisiko des Eigenkapitalverlustes und
- mit Opportunitätskosten, einem Nutzenentgang für eine alternative Verwendungsrichtung des eingesetzten Eigenkapitals.

Hier müsste dann gleiches Recht für alle gelten. Leiten die orthodoxe Mikroökonomie für Kapitaleigner und ihr eingesetztes Eigenkapital unter einem Opportunitätskostengedanken eine Kapitalverzinsung ab, dann muss man dies auch den *abhängig Beschäftigten* zugestehen. Auch sie können ihre Arbeitskraft einem anderen Unternehmer verkaufen und diese alternative Möglichkeit (Opportunität) müsste auch bei ihnen zu einem finanziellen Ausgleich führen.

Außerdem gilt zum *Risiko*: Die Eigenkapitalgeber tragen nur in Höhe des von ihnen originär in ein Unternehmen eingebrachten Eigenkapitals ein Risiko, dieses womöglich durch auftretende Verluste zu verlieren. Die danach durch Gewinn-Thesaurierungen erhöhte Eigenkapitalsumme ist aus der Mehrwertgenerierung der Beschäftigten und möglicherweise in Verbindung mit Machtmissbrauch auch gegenüber anderen Kapitalisten zustande gekommen.

Unternehmer haften nicht

Viele Firmen bedienen sich eines schäbigen Tricks

Der nur in der Produktion durch Ausbeutung des abhängig Beschäftigten entstehende Mehrwert, bestehend aus Gewinn, Zins und Grundrente, muss auf dem Markt realisiert werden. Dies ist, unter Konkurrenzbedingungen, ein Risikoprozess. Hier können Verluste entstehen, für die, so der liberale Ökonom Friedrich August von Hayek, der Unternehmer zu haften habe. Schließlich würde ihm im Kapitalismus, auf Grund seines Eigentums an den Produktionsmitteln, auch der Gewinn zufallen.

Die Haftungsfrage ist hier schon immer von Ökonomen ideologisch als Gewinnrechtfertigung eingebracht worden. Sie ist aber eine Mär bzw. beschränkt sich allenfalls nur auf die originäre Eigenkapitaleinlage bei Gründung eines Unternehmens. Die danach thesaurierten Gewinne zur Eigenkapitalerhöhung stammen nicht mehr von den Unternehmern. Dies suggerieren sie aber der Öffentlichkeit, die daran offensichtlich glaubt. Heute empfinden die meisten Unternehmer schon einen Gewinnrückgang als „Verlust" und kürzen das Einkommen der Beschäftigten oder entlassen sogar ihr Personal.

Und ist der Verwertungsprozess ihres Kapitals auf den Märkten besonders risikoreich, dann greifen sie (insbesondere immer mehr mittelständische Unternehmer) zu einem ganz neuen aber besonders schäbigen Trick. Sie gliedern die Assets, also ihre Maschinen und Grundstücke, aus ihren Unternehmen aus und bringen diese in eine Besitzgesellschaft ein. Damit haben die nach Hayek haftenden Unternehmer ihr unternehmerisches Risiko, ihr angeblich eingesetztes Eigenkapital zu verlieren, völlig eliminiert. Was bleibt ist eine reine Produktionsgesellschaft mit abhängig Beschäftigten. Diese ist aber bei der Produktion auf die Assets der Besitzgesellschaft angewiesen und muss sie deshalb von der Besitzgesellschaft pachten, was eine zumeist hohe Pachtzahlung bedeutet. Ein weiterer positiver Effekt für die risikolosen Eigentümer der Assets bzw. der Besitzgesellschaft. Und treten bei der Produktionsgesellschaft womöglich Verluste auf, dann müssen ausschließlich die Beschäftigten das Risiko mit Einkommenskürzungen und Entlassungen tragen. Denn über Eigenkapital verfügt die Produktionsgesellschaft nicht, was dann besonders bei einer Insolvenz für die Beschäftigten wehtut, weil sie nicht einmal mehr einen Sozialplan zu erwarten haben. Da soll noch einer sagen, Unternehmer seien nicht „erfinderisch" (Bontrup 2019).

Darüber hinaus bedeutet eine von der orthodoxen Mikroökonomie als „gewinnlos" deklarierte Unternehmenssituation auch, dass alle Grundeigentümer ihre Mieten, Pachten oder Leasinggebühren erhalten haben. Auch die Grundrente geht hier, neben den Zinsen, aufgrund ihres Doppelcharakters als „Kosten" in die Preiskalkulation der Unternehmer ein, obwohl die Grundrente gleichzeitig auch Mehrwert ist. Arbeitet der Unternehmer selbst in seinem eigenen Unternehmen, erhält er für das Einbringen seiner Arbeitskraft obendrein einen *kalkulatorischen Lohn.* Tut er dies nicht, übernimmt seine unternehmerische Funktion ein eingestellter Vorstand oder Geschäftsführer. Als abhängig Beschäftigte erhalten sie ein entsprechendes Managereinkommen. Beide, kalkulatorischer Unternehmerlohn und Managereinkommen werden gewinnmindernd im Personalaufwand verrechnet.

Fasst man so schließlich alle an den Absatzmärkten realisierten Umsätze und in diesen die verrechneten Werte, wie Materialien, Abschreibungen und die sonstigen Fremdleistungskosten sowie den Personalaufwand inkl. Unternehmerlohn sowie Managerbezüge, die aufwandsgleichen und kalkulatorischen Zinsen als auch die Grundrente, zusammen, so kann in dieser *„gewinnlosen Konstellation"* langfristig jedes Unternehmen am Markt bestehen. Das einzige, was im angeblich „gewinnlosen" Zustand nicht enthalten ist, sind mit Innovationen gerechtfertigte *Leistungsgewinne,* die aber bei den meisten ausschließlich repetitiv arbeitenden Unternehmen auch nicht vorkommen.

Auch bei einer stückbezogenen Rechnung lässt sich zeigen, dass der Preis einer Ware die gesamten Stückkosten im Stückkostenminimum (= bei vollausgelasteten Produktionskapazitäten (Betriebsoptimum)) abdeckt, d. h., dass in den Stückkosten alle oben angeführten Werte enthalten sind und auch hier kein „stückgewinnloses" Unternehmen vorliegt (vgl. Kap. 2.1.3.1). Selbst wenn der Preis die variablen Stückkosten nur geringfügig überschreitet, kann ein Unternehmen noch kurzfristig überleben, immerhin wird hier ein Teil der stückfixen Kosten gedeckt. Dann entsteht zwar ein absoluter Stückverlust, der einen Teil des eingesetzten Eigenkapitals verbraucht – aber es entsteht immerhin ein Deckungsbeitrag.

3.3.2 Unternehmer als Kapitalisten

3.3.2.1 Preissetzungsverhalten

In der orthodoxen Mikroökonomie gilt das *Gesetz des einheitlichen Preises* („law of indifference"). Hier gibt es einen einheitlichen Marktpreis als Limit, an das sich der Unternehmer halten muss, will er eine Absatzchance haben. Im Gegensatz dazu verhält sich aber der Unternehmer tatsächlich nicht als *Preisnehmer.* Darauf hat bereits der Konzentrationsforscher Helmut Arndt immer wieder hingewiesen. Auf unvollkommenen Märkten, also im Regelfall, gibt es solche Gleichgewichts-Marktpreise nicht. Hier kalkulieren Unternehmen ihre jeweiligen (individuellen) Preise aufgrund ihrer Produktionskosten und Profitvorstellungen.

Natürlich spielen dabei am Ende auch die Wettbewerbsstrukturen auf der Markt-neben- bzw. Angebotsseite und auf der Marktgegen- bzw. der Nachfrageseite eine wichtige Rolle. Zunächst geht es aber um die eigene Kalkulation und dabei praktizieren Unternehmen unter Ansetzen einer geplanten Profitrate grundsätzlich ein „*Target return pricing*" mit einem *Leverage-Effekt* (Bontrup 2001, S. 470 ff.). Um hier mit einer Plan-Preiskalkulation die gewünschte Zielverzinsung des eingesetzten Kapitals unter optimierter Verschuldung bzw. Ausstattung mit Fremdkapital sicherzustellen, wird in einem ersten Kalkulationsschritt die *Zielverzinsung* festgelegt. Die gewünschte Verzinsung z für das eingesetzte Kapital kann sich dabei auf den Eigen- oder auf den Gesamtkapitaleinsatz (Eigen- plus Fremdkapital) beziehen. Hier wird im Folgenden auf den Eigenkapitaleinsatz EK abgestellt.

Aus der Verknüpfung von *Zielverzinsung* (z als dezimaler Prozentsatz) und Eigenkapital (EK in EUR) bestimmt sich der gewünschte absolute *Zielgewinn* G^*.

$$G^* = z \cdot EK$$

Im nächsten Schritt werden unter Berücksichtigung einer realistischen und wirtschaftlichen Kapazitätsauslastung die gesamten Normalkosten des Unternehmens geplant. Diese umfassen alle Vorleistungskosten, wie Materialkosten, Abschreibungen und sonstige betriebliche Aufwendungen, sowie die Faktorkosten Lohn, Zins und Grundrente. Die Normalkosten (KT) lassen sich dabei in Fixkosten (KF) und variable Kosten (KV) unterteilen bzw. auflösen (vgl. Kap. 2.1.2)

$$KT = KF + KV$$

Hieraus ergeben sich wiederum unter Berücksichtigung der Produktionskapazität, der Mengen y die gesamten Stückkosten k:

$$k = \frac{KF}{y} + \frac{KV}{y}$$

Ausgehend von einem unterstellten linearen Gesamtkostenverlauf und damit fallenden Stückkosten lässt sich dann letztlich der *Gewinnaufschlagsfaktor* g ableiten:

$$G^* = KT \cdot g = z \cdot EK$$
$$g = z \cdot \frac{EK}{KT}$$

Der Preis p bestimmt sich dann unter Berücksichtigung der Stückkosten k und des Gewinnaufschlags g:

$$p = k(1 + g)$$

Durch den so kalkulierten *Planstückpreis* wird der absolute Zielgewinn G^* garantiert, der wiederum aus der Zielverzinsungsrate z des eingesetzten Eigenkapitals EK abgeleitet werden kann. Eine allgemeine Ergebnisrechnung unter Berücksichtigung des Umsatzes U und der Gesamtkosten KG bestätigt die Rechnung:

$$G^* = p \cdot y - k \cdot y$$

Somit stellt die gezeigte Kalkulation ein in sich geschlossenes Preis-Gewinn-Bestimmungssystem da. Da aber die gewünschte Zielverzinsung des Eigenkapitals auch durch den *Kapitalumschlag* beeinflusst wird, lässt sich der Gewinn bzw. die Profitrate aus dem investierten Kapital in Form des *Return on Investments* (ROI) noch wie folgt darstellen.

$$\text{ROI} = \underbrace{\frac{G^*}{U}}_{\substack{\text{Umsatz–}\\\text{rendite}}} \cdot \underbrace{\frac{U}{EK}}_{\substack{\text{Kapital–}\\\text{Umschlag}}} \cdot 100$$

Der Return on Investment ergibt sich aus dem mathematischen Produkt von Umsatzrendite und Kapitalumschlag. Die *Umsatzrendite* zeigt dabei die Gewinnträchtigkeit des Umsatzes, während der *Kapitalumschlag* zeigt, wie oft der jeweils eingesetzte Kapitalbetrag im Umsatz enthalten ist. Eine bestimmte Rentabilität bzw. Kapitalrendite oder Verzinsung des eingesetzten Kapitals lässt sich dabei durch eine unendlich große Anzahl an Kombinationen aus Umsatzrendite und Kapitalumschlagszahlen realisieren, wobei niedrige Umsatzrenditen durch höhere Kapitalumschläge bzw. umgekehrt niedrige Kapitalumschläge durch höhere Umsatzrenditen kompensiert werden können.

Unter Bedingungen eines finanzmarktgetriebenen marktwirtschaftlich-kapitalistischen Systems wird dabei der Unternehmensverschuldungsgrad (EK/FK; Eigenkapital EK zu Fremdkapital FK) zur Erhöhung der Eigenkapitalrentabilität EKR durch einen *Leverage-Effekt* bewusst erhöht. Dies ist solange möglich, wie der Zinssatz für das aufgenommene Fremdkapital FKZ kleiner ist, als die Gesamtkapitalrentabilität GKR.

$$\text{EKR} = \text{GKR} + (\text{GKR} - \text{FKZ}) \cdot \frac{FK}{EK} .$$

Daraus resultieren folgende Zusammenhänge:

„Die EKR unterscheidet sich dabei umso mehr von der GKR, je größer der (positive oder negative) Klammerausdruck und je höher der Verschuldungsgrad ist. Wie die Formel zeigt, bewirkt ein positiver Klammerausdruck (GKR > FKZ), dass sich die Eigenkapitalrentabilität mit zunehmender Verschuldung gegenüber der Gesamtkapitalrentabilität immer stärker erhöht, während ein negativer Klammerausdruck (GKR > FKZ) eine entgegengesetzte Wirkung hat. Der Verschuldungsgrad wirkt sich also als eine Art „Hebel" auf die Eigenkapitalrentabilität aus. Im Falle eines positiven Klammerausdrucks (GKR > FKZ) spricht man daher auch vom „Leverage"-Effekt, der die eigenkapitalrentabilitätssteigernde Wirkung wachsender Verschuldung umschreibt. Allerdings wirkt sich dieser Verschuldungshebel auch im umgekehrten Fall aus, wenn der Klammerausdruck negativ wird (GKR < FKZ), wenn also die Gesamtkapitalrentabilität kleiner als der Fremdkapitalzinssatz ist. Die Eigenkapitalrentabilität sinkt dann unter die Gesamtkapitalrentabilität und kann bei hoher Verschuldung sehr schnell negativ werden, bis hin zum vollständigen Verzehr des Eigenkapitals (EKR = –100 v. H.) oder noch darüber hinaus (Tatbestand der Überschuldung)" (Schierenbeck 1995, S. 65 f.).

Aufgabe

Bestimmen sie auf Basis der folgenden Unternehmensangaben a) den Umsatz, b) die Wertschöpfung, c) den Mehrwert und d) die Lohnquote. Außerdem e) den Preis, f) die Stückkosten, g) den Stückgewinn und h) den ROI auf Basis des eingesetzten Eigenkapitals anhand der Umsatzrendite und des Kapitalumschlags. Lässt sich i) bei einem Fremdkapitalzinssatz von 4,7 % ein positiver Leverage-Effekt erzielen?

Ein Unternehmen setzt zur Produktion von 250.000 Teilen mit 320 Vollzeitbeschäftigten 18 Mio. EUR Eigenkapital und 40 Mio. EUR Fremdkapital ein. Davon ist verzinsliches Fremdkapital 17 Mio. EUR. Es wird davon ausgegangen, dass die Produktion voll abgesetzt werden kann. Das Netto-Jahresarbeitsvolumen der Beschäftigten liegt bei 496.000 Stunden. Die Kapitaleigner erwarten eine Zielverzinsung ihres Eigenkapitals in Höhe von 15 %. Bei der Preiskalkulation geht die Geschäftsführung von vollausgelasteten Kapazitäten und Normalkosten in Höhe von 62 Mio. EUR aus. Davon sind 13 Mio. EUR Fixkosten. Auf den Personalaufwand entfallen 17,3 Mio. EUR. Auf den Materialaufwand 32,2 Mio. EUR, Abschreibungen 1,3 Mio. EUR, Zinsaufwand 0,8 Mio. EUR, Mieten/Pachten 0,2 Mio. EUR sowie sonstige Fremdleistungen 10,2 Mio EUR (davon Energiekosten 3,6 Mio. EUR).

Lösung

a)   64,7 Mio. EUR
b)   21,0 Mio. EUR
c)   3,7 Mio. EUR
d)   82,4 %
e)   258,80 EUR
f)   248,00 EUR
g)   10,80 EUR
h)   ROI = 15,0 %, 4,1731 = Umsatzrendite und 3,5944mal = Eigenkapitalumschlag
i)   Ja, weil die Gesamtkapitalrendite mit 6,0 % größer ist als der Fremdkapitalzinssatz mit 4,7 %.

3.3.2.2 Profitrate als dominanter Unternehmerzweck

Die Preisbildung auf den Absatzmärkten nach dem „Target return pricing" ist das Vehikel, um den unternehmerischen Gewinn zu realisieren. Hierbei spielen natürlich die *Wettbewerbsverhältnisse* eine entscheidende Rolle. Sie bestimmen mit, wie viel Gewinn am Ende wirklich herauskommt. Für Unternehmer ist aber nicht die absolute Gewinnhöhe der Zielmaßstab, sondern die relative Gewinngröße, die *Profitrate*. Sie bildet das Verhältnis aus Gewinn und Kapitaleinsatz ab. Dabei sagt die Höhe der Profitrate, wie häufig angenommen wird, aber noch nichts über die wirkliche *Macht* von Unternehmen aus (vgl. dazu Kap. 3.2.2). Hier können, kleine und mittelgroße Unternehmen durchaus eine höhere Profitrate als Großunternehmen erzielen (vgl. Kap. 3.3.2.3.2). Trotzdem haben die Großunternehmen und global agierende Konzerne wesentlich mehr Macht in der Wirtschaft und auch einen weit größeren Einfluss auf die Politik (vgl. Bode 2018).

Unabhängig vom Markteinfluss ist aber die Profitrate in einer marktwirtschaftlich-kapitalistischen Ordnung die am Ende entscheidende wirtschaftliche Kennziffer.

Ob Klein- oder Großunternehmer, jeder richtet sein Wirtschaften daran aus. Sie misst letztlich, wie groß der wirtschaftliche Erfolg jedes als Kapital eingesetzten Euros ausfällt.

> Erst Profit adelt eine Geldsumme zum ‚Kapital', und einziger Zweck eines mit (G) bezifferten Kapitals ist, gemäß der Formel G → G' = (1 + r) * G einen Profit (r * G) hervorzubringen. Die Schreibweise (r * G) zeigt dabei an, dass das Kriterium für die Größe des Profits der Faktor (r) (heute Rendite genannt, klassisch die Profitrate) ist, der ihn mit dem Kapital (G) vergleicht bzw. daran ‚misst'. Eine Tendenz (r → 0) beinhaltet das Verschwinden des Profits relativ zum Kapital. Da (Maximierung der) Rendite oberstes Ziel ist, ist bereits dies gleichbedeutend mit dem Verschwinden des Erfolgs bei der Ausführung des kapitalistischen Selbstzwecks, nicht erst absolutes Verschwinden des Profits oder des (physisch aufgefassten) Mehrprodukts. Absolute Produktmengen sind zwar relevant für die physische Erhaltung der Menschheit, aber das ist im Kapitalismus eine unbedeutende Nebensache; wichtiger ist die Rendite, d. h. (prozentuales (!) Wachstum in Geld. Der Trend zur Nullrendite stört somit nicht nur im alltäglichen Geschäftsbetrieb, sondern er unterminiert darüber hinaus zentrale Bestandteile des bürgerlichen Weltverständnisses. (Hüller, 2018, S. 3)

Die besondere Relevanz der Profitrate hob Karl Marx wie folgt hervor: „Kapital, sagt der Quarterly Reviewer, flieht bei Tumult und Streit und ist ängstlicher Natur. Das ist sehr wahr, aber doch nicht die ganze Wahrheit. Das Kapital hat einen Horror vor Abwesenheit von Profit [gemeint ist die Profitrate] oder sehr kleinem Profit, wie die Natur vor der Leere. Mit entsprechendem Profit wird Kapital kühn. Zehn Prozent sicher, und man kann es überall anwenden; 20 Prozent, es wird lebhaft; 50 Prozent, positiv waghalsig; für 100 Prozent stampft es alle menschlichen Gesetze unter seinen Fuß; 300 Prozent, und es existiert kein Verbrechen, das es nicht riskiert, selbst auf die Gefahr des Galgens" (Marx, 1867 (1974), S. 788).

Der absolute Gewinn (Profit) ist damit im Kapitalismus immer nur die halbe Wahrheit. Die ganze Wahrheit wird erst dann manifest, wenn der Gewinn in Beziehung zum eingesetzten Kapital gesetzt wird. Hierbei werden in der Betriebswirtschaftslehre der Eigenkapital- und der Gesamtkapitaleinsatz (Eigen- plus Fremdkapital) differenziert betrachtet und auch die jeweilige *Profitrate* (Rendite) vor und nach Besteuerung analysiert. Somit lässt sich die Profitrate als *Eigenkapitalrendite* (r_{EK}) und als *Gesamtkapitalrendite* (r_{GK}) wie folgt bestimmen, unter der vereinfachenden Annahme, dass in den Zinsen auch Mieten und Pachten enthalten sind:

$$r_{EK} = \frac{\text{Gewinn}}{\text{Eigenkapital}} * 100 \quad \text{bzw.}$$

$$r_{GK} = \frac{\overbrace{\text{Gewinn + Zinsen}}^{\text{Mehrwert}}}{\text{Eigenkapital + Fremdkapital}} * 100$$

Will man eine weitere differenzierte Analyse der Profitrate vornehmen, so lässt sich diese auch unter Berücksichtigung der wertmäßigen *Arbeitsproduktivität* (AP = $\frac{WS}{A}$) und der wertmäßigen *Kapitalintensität* (auch: „Kapitalkoeffizient" mit: $K_I = \frac{K}{A} = \frac{1}{KP}$ und mit KP als Kapitalproduktivität) in Verbindung mit der Verteilung der Wertschöpfung (WS) auf Arbeitsentgelte (gemessen als Lohnsumme LS) und den Mehrwert (MW) darstellen. Die prozentuale Verteilung der Wertschöpfung auf die Beschäftigten wird *Lohnquote* $q_L = \frac{LS}{WS}$ genannt. Der Anteil der Kapitalisten an der Wertschöpfung hingegen ist die *Mehrwertquote* ($q_{MW} = \frac{MW}{WS}$), wobei sich beide Quoten zu 100 % aufaddieren. In Dezimalzahlbetrachtung gilt mithin: $q_L + q_{MW} = 1$.

Bezogen auf den gesamten Kapitaleinsatz (K) ergibt sich als eine Berechnungsweise der Profitrate (r_{GK}) als Dezimalzahl:

$$r_{GK} = \frac{\overbrace{WS - LS}^{=MW}}{K} = \frac{\frac{WS}{A} - \frac{LS}{A}}{\frac{K}{A}} = \frac{\frac{WS}{A} - \frac{WS}{A} \cdot \overbrace{\frac{LS}{WS}}^{=q_L}}{\frac{K}{A}} = \frac{\frac{WS}{A} \cdot (1 - q_L)}{\frac{K}{A}} = \frac{\frac{WS}{A}}{\frac{K}{A}} \cdot (1 - q_L)$$

$$= \underbrace{\frac{AP}{K_I}}_{=AP \cdot KP} \cdot \underbrace{(1 - q_L)}_{=q_{MW}} \; .$$

In Wachstumsraten (ω) ausgedrückt zeigt sich dann der Zusammenhang:

$$\omega_{rGk} \approx \omega_{AP} - \omega_{KI} + \omega_{qMW} \; .$$

Steigt hier die Kapitalintensität (K_I) stärker als die Arbeitsproduktivität (AP), so wird $\frac{AP}{K_I} = AP \cdot KP$ kleiner. Dies bedeutet zugleich, dass die Kapitalproduktivität schneller fällt als die Arbeitsproduktivität wächst.

Alternativ lässt sich die *Profitrate* als Dezimalzahl auch wie folgt bestimmen:

$$r_{GK} = \frac{MW}{K} = \frac{\frac{MW}{WS}}{\frac{K}{WS}} = \underbrace{\frac{MW}{WS}}_{=q_{MW}} \cdot \underbrace{\frac{WS}{K}}_{=KP} = (1 - q_L) \cdot KP = (1 - q_L) \cdot \frac{1}{K_I} \; .$$

Diese arithmetische Auflösung macht deutlich, dass eine *konstante Profitrate* bei einer *sinkenden Kapitalproduktivität* (KP↓) nur dann möglich ist, wenn die Mehrwertquote (q_{MW}↑) steigt und demnach die *Lohnquote* (q_L↓) sinkt. Auf der anderen Seite ermöglicht aber auch ein sinkender Kapitalkoeffizient (KI↓) – und damit eine zunehmende Kapitalproduktivität (KP↑) – eine steigende Lohnquote (q_L↑), ohne dass die Profitrate zurückgehen muss. Soll dagegen die Profitrate zulegen, muss bei einer zumindest konstanten Lohnquote der Kapitalkoeffizient sinken bzw. die Kapitalproduktivität steigen. Dies macht noch einmal die ganze Problematik der Kapitalverwertung und die Möglichkeiten einer Partizipation an der von den abhängig Beschäftigten geschaffenen Wertschöpfung überdeutlich.

Angesichts der *Systemrelevanz der Profitrate* sah Marx im von ihm vorhergesagten Verfall der Profitrate auch den Untergang der marktwirtschaftlich-kapitalistischen Ordnung. Er resultiert nach Marx, weil im Zuge der Kapitalakkumulation die Konkurrenz die Unternehmer-Klasse zu einer ständigen Erhöhung der Produktivität zwingt. Hierdurch kommt es zu einer Zunahme der Kapitalintensität bzw. der „technischen Zusammensetzung des Kapitals". Es wird immer mehr konstantes Kapitals c (gemeint ist der Umfang des Sachkapitalinputs) eingesetzt, dass zuvor mithilfe des Faktors Arbeit erzeugt wurde. Infolgedessen nimmt die Relation von konstantem Kapital zu variablem Kapital v (gemeint ist der Arbeitsinput), die *„organische Zusammensetzung des Kapitals"* (OZK $= \frac{c}{c+v}$) zu. Immer weniger Arbeiter produzieren mit immer mehr Kapital. Dies impliziert einen *arbeitssparenden technischen Fortschritt.* Der Wert des konstanten Kapitals c nimmt stärker zu als der Wert des variablen Kapitals v. Da aber das konstante Kapital nur seinen eigenen Wert auf das Produkt, die Ware überträgt, und nur die im variablen Kapital verkörperte Arbeit einen zur Verteilung an die Kapitalisten verfügbaren Mehrwert schafft (vgl. ausführlich Kap. 3.5.2), kommt es im marktwirtschaftlich-kapitalistische System zu einem *„tendenziellen Fall der Profitrate"* r. Die Idee wird durch die folgende Betrachtung vertieft, wobei die Ausgaben für den Faktor Arbeit (v) und Sachkapital (c) durch das eingesetzte Finanzkapital gestemmt werden (K = c + v):

Es gilt dann als (Dezimalzahl-)Zusammenhang:

$$r = \frac{MW}{c+v} = \frac{\frac{m}{v}}{\frac{c+v}{v}} = \frac{\frac{m}{v}}{\frac{c}{v}+1} \quad \text{mit} \quad m = \text{Mehrwert}, \frac{m}{v} = \text{Mehrwertrate}$$

In der Ausgangssituation gelten beispielsweise folgende Daten: Der gesamte Produktionswert beträgt WS $=$ 1.000. Dieser wird verteilt auf c $=$ 400, v $=$ 300 und MW $=$ 300.

Die *organische Zusammensetzung des Kapitals* beträgt demnach: OZK $= \frac{c}{c+v} = \frac{400}{400+300} = 0{,}571$, also 57,1 %.

Die *Mehrwertrate* liegt bei: $\frac{m}{v} = \frac{300}{300} = 100$ %.

Die Profitrate beläuft sich auf r $= \frac{m}{c+v} = \frac{300}{700} = 42{,}9$ %.

Bei einem angenommenen Produktionsoutput von 200 Stück beträgt der Wert bzw. Preis pro Stück 1.000/200 $=$ 5,0 Einheiten.

Kommt es nun zur Einführung einer neuen Technik, die unter sonst gleichen Bedingungen (= konstante Mehrwertrate von 100 Prozent) zu einem größeren konstanten Kapitaleinsatz von c = 400 auf c = 500 führt, so steigt automatisch die organische Zusammensetzung des Kapitals OZK von 57,1 auf 62,5 Prozent und die entscheidende Profitrate sinkt auf 37,5 Prozent.

$$WS = 1.100 = c + v + m = 500 + 300 + 300$$

$$OZK = \frac{c}{c+m} = 500/800 = 62{,}5\,\%$$

$$\frac{m}{v} = \frac{300}{300} = 100\,\%$$

$$r = \frac{m}{c+v} = \frac{300}{800} = 37{,}5\,\%$$

Durch die Steigerung der organischen Zusammensetzung des Kapitals ist der Output annahmegemäß von 200 Stück auf 250 Stück gestiegen (größere Produktivität). Dadurch kann der Wert pro Stück auf 1.100/ 250 = 4,4 Einheiten sinken. Dies stellt für sich genommen ein gesellschaftlich positives Ergebnis dar, vorausgesetzt der Unternehmer gibt dies so in seinen Absatzpreisen weiter. Was den Unternehmer aber nachhaltig stört, ist die gesunkene *Kapitalrendite bzw. Profitrate* als zentrale Zielgröße. Dies erklärt sich dadurch, dass bei einer Steigerung des Warengesamtwertes (Verkaufserlöses) von 1.000 Einheiten auf 1.100 Einheiten gleichzeitig auch die Kostensumme von 400 auf 500 Einheiten gestiegen ist. Zudem blieb der Mehrwert in Höhe von 300 Einheiten unverändert. Er bezieht sich jetzt aber auf einen höheren Kapitalvorschuss von 800 Einheiten, wodurch die Kapitalrendite auf 37,5 Prozent sinkt. Dies empfinden die Kapitalisten als Last (siehe den Kasten), die sie aber nicht akzeptieren und deshalb werden die *Verteilungskämpfe* immer schärfer.

„Die Last des Kapitals

Der US-Elektroautobauer Tesla will im brandenburgischen Grünheide ein neues Werk errichten. Entstehen sollen dadurch bis zu 12.000 Jobs – ‚hochmoderne Arbeitsplätze', wie es heißt. Technologisch mag das zutreffen. Ob diese Arbeitsplätze allerdings sich ökonomisch für Tesla rechnen, bleibt abzuwarten. Die Börse spekuliert derweil kräftig auf den Tesla-Erfolg: Das Unternehmen ist an der Börse inzwischen mit mehr als 110 Milliarden Euro bewertet. Berechnet auf seine weltweit 49.000 Beschäftigten lastet also auf jedem Tesla-Beschäftigten ein Bewertungsanspruch der Börse von rund 2,2 Millionen Euro, deren Verwertung er zu gewährleisten hat. Aber nicht nur die spekulativen Erwartungen des Finanzkapitals müssen die Tesla-Beschäftigten erfüllen. Auch die Ansprüche des Realkapitals: Die Errichtung des Werks in Grünheide lässt sich der Konzern bis zu 4 Milliarden Euro kosten. Berechnet auf jeden der geplanten 12.000 Jobs dort gibt Tesla also für jeden Arbeitsplatz rund 330.000 Euro aus. Eine große Summe. In ihr spiegelt sich die Tatsache wider, dass in der Industrie die Fertigung immer weiter rationalisiert und automatisiert worden ist, um die Lohnstückkosten zu senken. Daher ist immer mehr Kapital nötig, um einen Arbeitsplatz zu schaffen oder anders: Ein Arbeitsplatz muss immer mehr Kapital verwerten, also vermehren. Dieser Trend lässt sich auch weltweit beobachten. In der Gruppe der OECD-Länder betrug der Wert des gesamten Nettokapitals (abzüglich der Abschreibungen) pro Kopf der Bevölkerung 1990 etwa 170.000 Dollar. Bis 2019 ist dieser Wert auf über 280.000 Dollar gestiegen. Sprich: Jeder Beschäftigte ‚bewegt' immer mehr Kapital, die Produktion wird kapitalintensiver. Diese steigende Kapitalintensität hat nun Folgen für die Verteilung. Denn durch sie steigt der Anteil, den die Kapitaleigner am Produktionsergebnis verlangen dafür haben sie das Kapital ja auch angeschafft. Als Ergebnis stieg daher die Produktivität der Beschäftigten seit 1990 um 50 Prozent, der Reallohn dagegen nicht einmal um die Hälfte – die Kapitaleigner erhalten relativ weniger. Das zeigt sich auch an den Unternehmensgewinnen. Sie hatten vor 30 Jahren einen Anteil von etwa 12,5 Prozent der gesamten Wirtschaftsleistung, zuletzt lag dieser Wert bei 16 Prozent. Die Verteilung zwischen Arbeit und Kapital verschieb sich also zu Gunsten des Kapitals. Dies wäre weniger problematisch, wenn die gestiegene Kapitalintensität gleichzeitig dazu führen würde, dass die Arbeit viel produktiver wird. Dann bekämen die Beschäftigten zwar immer noch relativ weniger als die Unternehmer. Doch ihr Einkommen würde absolut deutlich steigen. Unglücklicherweise ist dies jedoch in jüngster Zeit nicht der Fall. Trotz steigender Kapitalintensität legt die Produktivität nicht deutlicher zu, sprich: Die Beschäftigten produzieren zwar immer mehr, dies schlägt sich jedoch nicht in entsprechend höheren Umsätzen pro Beschäftigten nieder. Und das führt dazu, dass in der Gruppe der Industrieländer die realen Einkommen jener, die die Güter produzieren, kaum steigen. Denn der Lohnanstieg ist doppelt gebremst: Die Löhne steigen weniger als die Produktivität und die Produktivität nimmt kaum zu" (Kaufmann 2020b).

3.3.2.3 Empirische Befunde zur Profitrate

Welche empirischen Befunde lassen sich bei der Profitrate für Deutschland feststellen? Diese Frage ist nur sehr schwer zu beantworten, weil es leider an Daten mangelt. In jüngerer Zeit veröffentlicht in regelmäßigen Abständen die Deutsche Bundesbank repräsentative Werte aus den Erfolgsrechnungen von Unternehmen des „Nichtfinanziellen Unternehmenssektors". Dies sind alle Unternehmen ohne den finanziellen Sektor, also im Wesentlichen ohne Banken und Versicherungen (zu Details vgl. nachfolgenden Kasten).

Definition und Abgrenzung Unternehmenssektor

Die vorliegenden Daten der Deutschen Bundesbank präsentieren hochgerechnete Angaben aus Jahresabschlüssen in Deutschland ansässiger Unternehmen, die mithilfe des Verfahrens der gebundenen Hochrechnung geschätzt wurden. Diese Hochrechnung ermöglicht dabei einen Einblick in die Vermögens-, Finanz- und Ertragsverhältnisse nahezu der Gesamtheit nichtfinanzieller deutscher Unternehmen ohne Land-, Forstwirtschaft und Fischerei, Grundstücks- und Wohnungswesen, Verwaltung und Führung von Unternehmen und Betrieben sowie nicht unternehmensbezogener Dienstleistungen. Damit werden 94 Prozent der Umsätze des nichtfinanziellen Unternehmenssektors erfasst. Die Werte ergänzen die jährlichen Untersuchungen der Ertragslage und der Finanzierungsverhältnisse deutscher Unternehmen in den Monatsberichten der Deutschen Bundesbank.

Die Hochrechnungsergebnisse basieren auf dem Jahresabschlussdatenpool der Bundesbank. Dieser führt Bilanzen und Erfolgsrechnungen rechtlich selbständiger nichtfinanzieller Unternehmen aus unterschiedlichen Quellen zusammen. Der im Datenpool gehaltene Bestand an Jahresabschlüssen steht allerdings nicht in vollem Umfang für Hochrechnungszwecke zur Verfügung. Etwa 10 Prozent der Abschlüsse werden herausgefiltert, unter anderem weil Angaben nicht hinreichend differenziert sind, kein Umsatz getätigt worden ist oder bei bestimmten Kennzahlen Extremwerte vorliegen, die die Hochrechnungsergebnisse verzerren könnten. Bei den Erfolgsrechnungen sind nur rund 1 Prozent nach dem Umsatzkostenverfahren erstellt worden. Diese wurden in das Gesamtkostenverfahren übergeleitet.

In den Bestandsveränderungen sind auch die aktivierten Eigenleistungen enthalten. Die sonstigen betrieblichen Erträge umfassen u. a. Auflösungen von Rückstellungen, aus Abgängen und Zuschreibungen beim Anlagevermögen, Erträge aus der Stilllegung von Betriebsteilen sowie aus dem Verkauf bedeutender Grundstücke und Beteiligungen.

Zum Personalaufwand gehören neben den Löhnen und Gehältern die gesetzlichen Sozialabgaben und freiwillige soziale Aufwendungen sowie Zuführungen zu Pensionsrückstellungen, wobei der entsprechende Zinskostenanteil in der Regel in den Zinsaufwendungen enthalten ist. Aufwendungen für Leiharbeit können sowohl beim Personal- als auch beim Materialaufwand sowie bei den sonstigen betrieblichen Aufwendungen verbucht sein.

In den sonstigen betrieblichen Aufwendungen sind auch die Betriebssteuern, die keine Gewinn- bzw. Ertragsteuern sind, verbucht. Zu den Betriebssteuern zählen u. a. die Grund- und Grunderwerb-, Kfz- und Verbrauchsteuern wie Mineral-, Branntwein-, Bier- und Tabaksteuer. Ab dem Jahr 2016 entfällt dieser Ausweis, entsprechend einem Nettoausweis der Umsätze. In den sonstigen betrieblichen Aufwendungen sind u. a. außerdem Verluste aus dem Abgang von Gegenständen des Anlage- und Umlaufvermögens, aus Einstellungen in den Sonderposten mit Rücklageanteil, Mieten und Pachten, Forschungs- und Entwicklungsaufwendungen, Energie-, Werbe- und Reisekosten enthalten. Zu den Gewinnsteuern zählen hauptsächlich die Körperschaft- und die Gewerbeertragsteuer.

Das Eigenkapital enthält bei Aktiengesellschaften das Grundkapital, bei Gesellschaften mit beschränkter Haftung das Stammkapital und bei Genossenschaften die Geschäftsguthaben. Bei Unternehmen anderer Rechtsformen werden die Kapitalkonten aller Inhaber beziehungsweise Gesellschafter und die Darlehen persönlich haftender Gesellschafter an die Gesellschaft als Eigenmittel ausgewiesen. Hinzu kommen die Rücklagen unter Einschluss des Gewinnvortrags und des Eigenkapitalanteils des Sonderpostens mit Rücklageanteil. Aufgrund ihres eigenkapitalähnlichen Charakters werden die Verbindlichkeiten gegenüber Gesellschaftern mit Rangrücktritt ebenfalls den Eigenmitteln zugerechnet. Bereinigt wird die Position um die sogenannten Berichtigungsposten zum Eigenkapital.

Der Cashflow wird aus dem Jahresergebnis, den Abschreibungen und den Vorjahresveränderungen der Rückstellungen, des Sonderpostens mit Rücklageanteil sowie des Saldos der Rechnungsabgrenzungsposten gebildet (vgl. Deutsche Bundesbank 2019).

Wie groß ist aber der Unternehmenssektor in Deutschland insgesamt? Hier weist das Statistische Bundesamt für 2018 gut 2,6 Mio. Unternehmen aus. Davon entfielen 81,8 Prozent auf *Kleinstunternehmen* mit bis zu 9 Beschäftigten. Nur 0,6 Prozent aller Unternehmen beschäftigen mehr als 250 Mitarbeiter. In diesen *Großunternehmen* arbeiten aber 42,8 Prozent aller Beschäftigen, während in den Kleinstunternehmen nur 18,4 Prozent beschäftigt sind. Auch beim *Umsatz pro Beschäftigten* gibt es krasse Unterschiede. So kommen die Kleinstunternehmen nur auf einen Umsatz von 79.240 EUR und die Großunternehmen pro Beschäftigten auf 219.480 EUR. Beim *Bruttobetriebsüberschuss* gibt es ähnliche Unterschiede. Hier realisieren die Kleinstunternehmen vom „Kuchen" nur 8,2 Prozent, während die Großunternehmen auf einen Anteil von 51,2 Prozent kommen. Und auch beim Arbeitsentgelt je Beschäftigten, dass 2018 im Durchschnitt bei 37.869 EUR im Jahr lag, kommen die Mitarbeiter der Kleinstunternehmen lediglich auf einen durchschnittlichen Anteil von 37,5 Prozent und die Beschäftigten der Großunternehmen auf 141,4 Prozent. Interessant ist im Unternehmenssektor auch die *gesellschaftsrechtliche Verteilung*. Hier firmierten 61,6 Prozent in der Rechtsform eines Einzelunternehmers und 11,4 Prozent als Personengesellschaft in Form ein KG oder OHG. Nur 21,1 Prozent sind Kapitalgesellschaften (GmbH, AG und KGaA). Der Rest von 5,9 Prozent tritt als Genossenschaft und sonstige Rechtsform auf (vgl. Tab. 3.7).

Die Auswertungen in den folgenden Tabellen 3.8 bis 3.10 folgen dabei nicht den in Tab. 3.7 abgegrenzten Unternehmensgrößen. Dazu gibt es kein empirisches Material, was zu bedauern ist und vom Statistischen Bundesamt in Zusammenarbeit mit der Deutschen Bundesbank behoben werden sollte. Die Tab. 3.8 bis Tab. 3.10 zeigen dagegen von 2005 bis 2016 bzw. 2017 die jeweiligen Ergebnisse differenziert für alle Nichtfinanziellen Unternehmen in Großunternehmen und für Kleine und Mittelgroße Unternehmen (KMU). Die Unternehmen werden hier lediglich vom Umsatz her abgegrenzt. Zu den Großunternehmen zählen dabei alle Unternehmen mit einem Jahresumsatz von mehr als 50 Mio. EUR und zu den KMU bis zu 50 Mio. Umsatz.

Tab. 3.7: Unternehmensstatistik 2018. Quelle: Statistisches Bundesamt 2018.

	Anzahl	Beschäftigte	Umsatz je Beschäftigten in €	Anzahl Anteile in v.H.	Beschäftigte Anteile in v.H.	Umsatz je Beschäftigten	Brutto-betriebs-überschuss in Mio. €	Brutto-betriebs-überschuss Anteil in v.H.	Arbeits-entgelt je Beschäftigten in €	Arbeits-entgelt je Beschäftigten Anteil in v.H.
Kleinstunternehmen bis 9 Beschäftigte	2.126.937	5.721.920	79.240	81,8	18,4	36,1	123.807	18,2	14.184	37,5
Einzelunternehmer	67,0									
Personengesellschaften	10,5									
Kapitalgesellschaften	17,1									
Sonstige u. a.	5,4									
Genossenschaften										
Kleinunternehmen bis 49 Beschäftigte	392.298	6.890.040	111.700	15,1	22,1	50,9	113.599	16,7	27.994	73,9
Einzelunternehmer	21,7									
Personengesellschaften	18,4									
Kapitalgesellschaften	51,0									
Sonstige u. a.	8,9									
Genossenschaften										
Mittlere Unternehmen bis 249 Beschäftigte	65.921	5.202.654	160.562	2,5	16,7	73,2	94.343	13,9	36.943	97,6
Einzelunternehmer	3,8									
Personengesellschaften	19,9									
Kapitalgesellschaften	65,5									
Sonstige u. a.	10,8									
Genossenschaften										

Tab. 3.7: (Fortsetzung)

	Anzahl	Beschäftigte	Umsatz je Beschäftigten	Anzahl	Beschäftigte	Umsatz je Beschäftigten	Brutto-betriebsüberschuss	Brutto-betriebsüberschuss	Arbeitsentgelt je Beschäftigten	Arbeitsentgelt je Beschäftigten
			in €	Anteile in v.H.			in Mio. €	Anteil in v.H.	in €	Anteil in v.H.
Großunternehmen über 249 Beschäftigte	15.769	13.306.226	358.621	0,6	42,8	163,4	347.407	51,2	53.529	141,4
Einzelunternehmer	0,5									
Personengesellschaften	19,1									
Kapitalgesellschaften	64,6									
Sonstige u. a.	15,8									
Genossenschaften										
Gesamt	2.600.925	31.120.840	219.480	100,0	100,0		679.156	100,0	37.869	
Einzelunternehmer	61,6									
Personengesellschaften	11,4									
Kapitalgesellschaften	21,1									
Sonstige u. a.	5,9									
Genossenschaften										

Dabei wird auf Basis einer *Wertschöpfungsrechnung* die Verteilung in Lohn- und Mehrwertquote genauso offengelegt wie die Umsatzrendite und die entscheidende *Profitrate* auf Basis der Eigen- und Gesamtkapitalrendite; jeweils vor und nach Ertragssteuern.

Laut McKinsey fahren „10 Prozent aller Firmen [...] 80 Prozent aller Gewinne ein" (Frankfurter Rundschau vom 14.12.2019, S. 16). Dieser Befund ist hoch interessant. Für Deutschland kann zunächst einmal für alle Unternehmen des Nichtfinanziellen Unternehmenssektors von 2005 bis 2017 eine Umsatzsteigerung von 47 Prozent bei einer Wertschöpfungszunahme von 52,7 Prozent festgestellt werden. Die jahresdurchschnittliche *Umsatzrendite vor Ertragsteuern* lag bei 4,3 Prozent und nach Steuern bei 3,4 Prozent. Die Wertschöpfungsquote legte dabei um 0,9 Prozentpunkte von 21,0 auf 21,9 Prozent zu. Trotzdem nahm die Lohnquote um −2,6 Prozentpunkte ab und die Mehrwertquote entsprechend um 2,6 Prozentpunkte zu. Die jahresdurchschnittliche *Lohnquote* lag dabei bei 76,2 Prozent und die *Mehrwertquote* bei 23,8 Prozent. Der Gewinn vor Steuern konnte von 2005 bis 2007 um 64,2 Prozent gesteigert werden. Jahresdurchschnittlich kam er auf einen Wert von 227 Mrd. EUR und die durchschnittliche Gewinnquote auf 20 Prozent. Sie nahm im Untersuchungszeitraum um 1,5 Prozentpunkte zu.

Beim Gesamtkapitaleinsatz zeigt sich von 2005 bis 2017 eine Steigerung von 66,2 Prozent, während das Eigenkapital um 108,7 Prozent zulegte und die *Eigenkapitalquote* von 24,7 auf 30,2 Prozent, um 5,5 Prozentpunkte, stieg. Die jahresdurchschnittlichen Bruttoinvestitionen lagen dabei bei 172 Mrd. EUR. Bei Abschreibungen von 145,4 Mrd. EUR kam es also lediglich zu *Nettoinvestitionen* in Höhe von 26,6 Mrd. EUR. Die Investitionsdeckung (Sachanlagen) durch den Cashflow war entsprechend mit jahresdurchschnittlichen 204,6 Prozent sehr hoch. Dies besagt, dass der Cashflow die gesamten Investitionen in Sachanlagen nicht nur zu 100 Prozent decken konnte, sondern das darüber hinaus noch ein Free Cashflow von 104,6 Prozent übrigblieb, um damit z. B. Schulden zu tilgen oder Gewinnausschüttungen vorzunehmen. Diese komfortable Situation zeigt sich auch bei den *liquiden Mittel*, die sich im Untersuchungszeitraum von 2005 bis 2017 um 72,1 Prozent erhöht haben und im Jahresdurchschnitt bei 242,8 Mrd. EUR lagen; das waren 6,8 Prozent des gesamten Vermögens der Unternehmen.

Die wie ausgeführt im Kapitalismus entscheidende jahresdurchschnittliche *Profitrate vor Ertragsteuern* auf das eingesetzte Eigenkapital kam bei allen Nichtfinanziellen Unternehmen von 2005 bis 2017 auf einen Wert von 23,5 Prozent und nach Steuern auf 18,4 Prozent. Dabei ging die Profitrate vor Steuern aber von 26,9 Prozent (2005) auf 21,7 Prozent (2017) um 5,2 Prozentpunkte und nach Steuern von 20,7 Prozent (2005) auf 17,2 Prozent (2017), um 3,5 Prozentpunkte zurück. Die Gesamtkapitalprofitrate vor Steuern lag dabei im Untersuchungszeitraum bei jahresdurchschnittlich 8,0 Prozent und nach Steuern bei 6,7 Prozent. Hier kam es jeweils nur zu geringen Veränderungen (vgl. Tab. 3.8).

Tab. 3.8: Erfolgsrechnungen deutscher Unternehmen: Alle Unternehmen des Nichtfinanziellen Unternehmenssektors. Quelle: Deutsche Bundesbank, eigene Berechnungen.

in Mrd. EUR	2005	2006	2007	2008	2009	2010	2011	2012	2013	2014	2015	2016	2017	JDN	2005–2017 in v. H.
Umsatz	4.230,3	4.598,1	4.793,8	5.043,5	4.646,3	5.073,4	5.551,9	5.682,20	5.663,6	5.770,0	5.855,1	5.905,2	6.218,5	5.310,1	47,0
Bestandsveränderungen*	13,7	4,5	48,2	33,9	8,1	29,6	38,5	26,8	27,4	22,3	27,6	31,9	49,0	27,8	257,7
Gesamtleistung	4.244,0	4.602,6	4.842,0	5.077,4	4.654,4	5.103,0	5.590,4	5.709,0	5.691,0	5.792,3	5.882,7	5.937,1	6.267,5	5.338,0	47,7
Sonstige betriebliche Erträge	197,1	208,7	248,0	253,0	231,2	243,1	241,3	252,9	248,1	249,5	305,8	231,3	234,0	241,8	18,7
Bruttoproduktionswert	4.441,1	4.811,3	5.090,0	5.330,4	4.885,6	5.346,1	5.831,7	5.961,9	5.939,1	6.041,8	6.188,5	6.168,4	6.501,5	5.579,8	46,4
Materialaufwand	2.683,7	2.958,8	3.124,3	3.324,2	3.003,0	3.331,1	3.725,0	3.807,6	3.763,6	3.785,8	3.809,9	3.813,3	4.048,0	3.475,3	50,8
Materialintensität in v. H.	60,4	61,5	61,4	62,4	61,5	62,3	63,9	63,4	62,7	61,6	61,8	62,3	62,2		1,8 %pkte
Rohertrag	1.757,4	1.852,5	1.965,7	2.006,2	1.882,6	2.015,0	2.106,7	2.154,3	2.175,5	2.256,0	2.378,6	2.355,1	2.453,5	2.104,5	39,6
Rohertrag in v. H.	39,6	38,5	38,6	37,6	38,5	37,7	36,1	36,1	36,6	37,3	38,4	38,2	37,7	37,8	-1,8 %pkte
Abschreibungen	139,6	146,0	153,1	164,4	156,2	149,0	154,0	156,1	158,1	167,0	173,6	180,2	187,5	160,4	34,3
darunter Afa auf Sachanlagen	128,1	131,9	139,5	142,2	140,5	136,6	138,4	141,3	145,6	155,0	156,2	164,3	170,5	145,4	33,1
Sonstige betriebliche Aufwendungen (sbA)**	685,1	725,1	754,1	809,4	769,8	809,4	837,6	842,1	840,4	863,2	921,5	831,5	841,5	810,1	22,8
Wertschöpfung	932,7	981,4	1.058,5	1.032,4	956,6	1.056,6	1.115,1	1.156,1	1.177,0	1.225,8	1.283,5	1.343,4	1.424,5	1.134,1	52,7
Wertschöpfungsquote in v. H.	21,0	20,4	20,8	19,4	19,6	19,8	19,1	19,4	19,8	20,3	20,7	21,8	21,9	20,3	0,9 %pkte
Personalaufwand	720,9	747,6	771,9	786,9	768,6	794,1	837,6	875,0	905,9	943,9	986,3	1.015,9	1.063,5	862,9	47,5
Personalintensität in v. H.	17,0	16,2	15,9	15,5	16,5	15,6	15,0	15,3	15,9	16,3	16,8	17,1	17,0	16,2	0,0 %pkte
Lohnquote in v. H.	77,3	76,2	72,9	76,2	80,3	75,2	75,1	75,7	77,0	77,0	76,8	75,6	74,7	76,2	-2,6
Mehrwert	211,8	233,8	286,6	245,5	188,0	262,5	277,5	281,1	271,1	281,9	297,2	327,5	361,0	271,2	70,4
Mehrwertquote in v. H.	22,7	23,8	27,1	23,8	19,7	24,8	24,9	24,3	23,0	23,0	23,2	24,4	25,3	23,8	2,6 %pkte
Finanzergebnis	-29,4	-28,6	-29,0	-31,1	-32,5	-42,0	-44,7	-41,4	-46,3	-48,1	-79,1	-61,3	-61,5	-44,2	109,2
davon Zinsaufwendungen	48,4	51,3	58,1	62,1	53,9	61,9	66,2	62,6	62,7	65,1	79,1	56,3	61,0	60,7	26,0
Gewinn vor Gewinnsteuern	182,4	205,2	257,6	214,4	155,5	220,5	232,8	239,7	224,8	233,8	218,1	266,2	299,5	227,0	64,2
Gewinnquote in v. H.	19,6	20,9	24,3	20,8	16,3	20,9	20,9	20,7	19,1	19,1	17,0	19,8	21,0	20,0	1,5 %pkte
Gewinnsteuern	42,4	44,6	53,2	47,2	37,3	45,5	50,6	49,0	46,7	51,8	51,0	55,6	62,0	49,0	46,2
Gewinn nach Steuern	140,0	160,6	204,4	167,2	118,2	175,0	182,2	190,7	178,1	182,0	167,1	210,6	237,5	178,0	69,6
Umsatzrendite vor Steuern	4,3	4,5	5,4	4,3	3,3	4,3	4,2	4,2	4,0	4,1	3,7	4,5	4,8	4,3	0,5 %pkte
Umsatzrendite nach Steuern	3,3	3,5	4,3	3,3	2,5	3,4	3,3	3,4	3,1	3,1	2,9	3,6	3,8	3,4	0,5 %pkte
Bruttoinvestitionen (Sachanlagen)	138,1	153,0	170,7	173,3	146,8	150,5	158,9	168,9	189,3	190,5	195	196,7	204,9	172,0	48,5
Abschreibungen	128,1	131,9	139,5	142,2	140,5	136,6	138,4	141,3	145,6	155,0	156,2	164,3	170,5	145,4	33,1
Nettoinvestitionen	9,9	21,1	31,2	31,1	6,3	13,9	20,5	27,6	43,7	35,5	38,8	32,4	34,4	26,6	247,5
Kasse u. Bankguthaben (Liquide Mittel)	178,4	184,8	193,9	198,5	231,1	247,2	242,3	251,6	264,2	271,6	283,5	302,7	307,0	242,8	72,1
Eigenkapital	677,4	711,8	793,5	813,6	832,2	935,4	978,8	1.019,4	1.074,8	1.159,4	1.221,1	1.287,4	1.380,0	991,1	103,7
Gesamtkapital	2.746,1	2.897,6	3.132,4	3.244,1	3.223,5	3.436,5	3.566,4	3.677,2	3.769,6	3.936,2	4.137,8	4.309,2	4.563,5	3.587,7	66,2
Eigenkapitalquote	24,7	24,6	25,3	25,1	25,8	27,2	27,4	27,7	28,5	29,5	29,5	29,9	30,3	27,3	5,6 %pkte
Eigenkapitalrendite vor Steuern	26,9	28,8	32,5	26,4	18,7	23,6	23,8	23,5	20,9	20,2	17,9	20,7	21,7	23,5	-5,2 %pkte
Eigenkapitalrendite nach Steuern	20,7	22,6	25,8	20,6	14,2	18,7	18,6	18,7	16,6	15,7	7,2	16,4	17,2	18,4	-3,5 %pkte
Gesamtkapitalrendite vor Steuern in v. H.	8,4	8,9	10,1	8,5	6,5	8,2	8,4	8,2	7,6	7,6	7,2	7,5	7,9	8,0	-0,5 %pkte
Gesamtkapitalrendite nach Steuern in v. H.	6,9	7,3	8,4	7,1	5,3	6,9	7,0	6,9	6,4	6,3	6,0	6,2	6,5	6,7	-0,3 %pkte
Cash-Flow (Eigenerwirtschaftete Mittel)	297,4	327,3	378,8	347,7	269,8	313,9	351,5	332,8	356,9	378,2	388,9	409,0	424,0	352,0	42,6
Investitionsdeckung (Sachanlagen) in v. H.	215,5	213,9	221,9	200,6	183,8	208,6	221,2	197,0	188,5	198,5	199,4	207,9	206,9	204,6	-8,6 %pkte
Kapitalkoeffizient auf Gesamtkapital in v. H.	2,944	2,953	2,959	3,142	3,370	3,252	3,198	3,181	3,203	3,211	3,224	3,208	3,204	3,163	
Kapitalproduktivität auf Gesamtkapital in v. H.	0,340	0,339	0,338	0,318	0,297	0,307	0,313	0,314	0,312	0,311	0,310	0,312	0,312	0,316	

3.3.2.3.1 Entwicklung bei Großunternehmen

Analysiert man nur die *Nichtfinanziellen Großunternehmen* mit einem Umsatz von mehr als 50 Mio. EUR, so fällt das Umsatzwachstum von 2005 bis 2016 mit 48 Prozent fast gleich groß aus wie bei allen Unternehmen (vgl. Tab. 3.9). Bei der Wertschöpfung ist das Wachstum mit 43,8 Prozent aber wesentlich geringer und auch die jahresdurchschnittliche Wertschöpfungsquote liegt mit 15,8 Prozent weit unter der Quote aller Unternehmen mit 20,3 Prozent. Bei der Verteilung der Wertschöpfung kommt die jahresdurchschnittliche *Lohnquote* der Großunternehmen auf 72,2 Prozent und im Vergleich dazu die aller Unternehmen auf 76,2 Prozent. Entsprechend fallen die *Mehrwertquoten* aus. Ihren Gewinn vor Steuern konnten die Großunternehmen von 2005 bis 2016 um 29 Prozent steigern. Alle Unternehmen kamen hier auf einen Wert von 64,2 Prozent. Jahresdurchschnittlich lag der Gewinn vor Steuern bei 117,7 Mrd. EUR, was einer durchschnittlichen Gewinnquote von 21 Prozent entsprach.

Das Gesamtkapital legte von 2005 bis 2016 um 68 Prozent unwesentlich mehr als in allen Unternehmen zu, während das Eigenkapital um 78,5 Prozent stieg, aber dennoch weit unter dem Zuwachs aller Unternehmen mit 108,7 Prozent blieb. Die Eigenkapitalquote von 29,6 Prozent konnte um 1,8 Prozentpunkte wachsen. Die jahresdurchschnittlichen Bruttoinvestitionen kamen auf einen Wert von 100,3 Mrd. EUR und die Abschreibungen auf 83,4 Mrd. EUR, sodass die Nettoinvestitionen jahresdurchschnittlich auch hier nur bei 16,9 Mrd. EUR lagen. Wie bei allen Nichtfinanziellen Unternehmen war auch bei den Großunternehmen die Investitionsdeckung (Sachanlagen) durch den Cashflow mit jahresdurchschnittlich 197,9 Prozent sehr hoch. Ebenso stiegen die liquiden Mittel um 68,2 Prozent und lagen Ende 2016 bei 149 Mio. EUR. Hier war ein Anstieg um 68,2 Prozent zu verzeichnen. Bezogen auf das gesamte Vermögen der Unternehmen war dies ein Anteil von 4,9 Prozent. Dieser Wert fällt wesentlich kleiner aus, als bei allen Nichtfinanziellen Unternehmen mit 6,8 Prozent.

Auch die letztlich entscheidenden *Profitraten* fallen bei den Großunternehmen beträchtlich geringer aus. So lag z. B. die jahresdurchschnittliche Eigenkapitalrendite vor Steuern bei 16,7 Prozent. Alle Unternehmen kamen hier auf einen Wert von 23,5 Prozent und die Gesamtkapitalrendite vor Steuern betrug 6,5 Prozent, während sie bezogen auf alle Nichtfinanziellen Unternehmen auf einen Wert von 7,5 Prozent kam.

3.3.2.3.2 Entwicklung bei kleinen und mittelgroßen Unternehmen

Bei den *kleinen und mittelgroßen (Nichtfinanziellen) Unternehmen* mit einem Umsatz unter 50 Mio. EUR p. a. fiel das Umsatzwachstum von 2005 bis 2016 mit nur 26,1 Prozent wesentlich geringer als bei den Großunternehmen aus (vgl. Tab. 3.10). Dennoch übertraf die *Umsatzrendite vor und nach Ertragsteuern* mit jahresdurchschnittlich 3,5 und 2,7 Prozent die der kleinen und mittelgroßen Unternehmen mit 5,5 und 4,5 Prozent recht deutlich. Während das Wertschöpfungswachstum mit 43,8 und 42,0 Prozent fast identisch war, lag die *Wertschöpfungsquote* bei den kleinen und mittleren Unternehmen mit durchschnittlich 29 Prozent aber weit oberhalb der Quote der Großun-

Tab. 3.9: Erfolgsrechnungen deutscher Unternehmen: Großunternehmen des Nichtfinanziellen Unternehmenssektors*. Quelle: Deutsche Bundesbank, eigene Berechnungen. *Unternehmen mit mehr als 50 Mio. EUR pro Jahr

in Mrd. EUR	2005	2006	2007	2008	2009	2010	2011	2012	2013	2014	2015	2016	JDN	2005–2016 in v. H.
Umsatz	2.598,5	2.839,0	3.013,3	3.218,9	2.908,7	3.271,0	3.645,1	3.755,3	3.728,3	3.799,2	3.857,3	3.846,3	3.373,5	48,0
Bestandsveränderungen*	4,0	5,3	15,5	12,9	-0,8	8,4	18,0	7,5	9,6	6,0	9,0	4,7	8,3	17,5
Gesamtleistung	2.602,5	2.844,3	3.028,8	3.231,8	2.907,9	3.279,4	3.663,1	3.762,8	3.737,9	3.805,2	3.866,3	3.851,5	3.381,8	48,0
Sonstige betriebliche Erträge	145,6	158,1	196,8	203,1	180,9	189,2	189,8	189,2	189,4	193,8	232,1	190,2	189,0	30,6
Bruttoproduktionswert	2.748,1	3.002,4	3.225,6	3.434,9	3.088,8	3.468,6	3.852,9	3.962,0	3.927,3	3.999,0	4.098,4	4.041,7	3.570,8	47,1
Materialaufwand	1.798,6	2.003,2	2.142,0	2.332,6	2.079,6	2.362,1	2.699,6	2.783,6	2.753,6	2.772,4	2.794,1	2.770,8	2.441,0	54,1
Materialintensität in v. H.	65,4	66,7	66,4	67,9	67,3	68,1	70,1	70,3	70,1	69,3	68,2	68,6	68,4	3,1 %pkte
Rohertrag	949,5	999,2	1.083,6	1.102,3	1.009,2	1.106,5	1.153,3	1.178,4	1.173,7	1.226,6	1.304,3	1.270,9	1.129,8	33,8
Rohertrag in v. H.	34,6	33,3	33,6	32,1	32,7	31,9	29,9	29,7	29,9	30,7	31,8	31,6	31,6	-9,0
Abschreibungen	82,3	86,6	90,1	100,4	91,6	87,5	91,4	91,9	93,6	101,3	107,3	112,6	94,7	36,8
darunter Afa auf Sachanlagen	74,4	76,2	80,3	82,6	79,6	78,3	79,0	80,4	84,4	92,3	93,0	99,9	83,4	34,3
Sonstige betriebliche Aufwendungen (sbA)**	392,7	409,8	435,1	478,1	447,8	477,0	492,6	491,7	486,4	505,0	562,1	476,0	471,2	21,2
Wertschöpfung	474,5	502,8	558,4	523,8	469,8	542,0	569,3	594,8	593,7	620,3	634,9	682,3	563,9	43,8
Wertschöpfungsquote in v. H.	17,3	16,7	17,3	15,2	15,2	15,6	14,8	15,0	15,1	15,5	15,5	16,9	15,8	-0,4 %pkte
Personalaufwand	348,2	363,5	371,6	377,5	360,9	377,8	401,8	418,8	434,2	456,0	480,6	493,0	407,0	41,6
Personalintensität in v. H.	13,4	12,8	12,3	11,7	12,4	11,5	11,0	11,1	11,6	12,0	12,4	12,8	12,0	-0,6 %pkte
Lohnquote in v. H.	73,4	72,3	66,5	72,1	76,8	69,7	70,6	70,4	73,1	73,5	75,7	72,3	72,2	-1,1 %pkte
Mehrwert	126,3	139,3	186,8	146,3	108,9	164,2	167,5	176,0	159,5	164,3	154,3	189,3	156,9	49,9
Mehrwertquote in v. H.	26,6	27,7	33,5	27,9	23,2	30,3	29,4	29,6	26,9	26,5	24,3	27,7	27,8	1,1 %pkte
Finanzergebnis	-25,3	-27,3	-32,5	-35,2	-29,2	-37,9	-42,3	-38,8	-40,2	-43,7	-58,8	-59,0	-39,2	133,2
davon Zinsaufwendungen	25,1	27,3	32,6	35,3	29,2	37,9	42,4	38,9	40,2	43,6	58,9	37,8	37,4	50,6
Gewinn vor Ertragsteuern	101,0	112,0	154,3	111,1	79,7	126,3	125,2	137,2	119,3	120,6	95,5	130,3	117,7	29,0
Gewinnquote in v. H.	21,3	22,3	27,6	21,2	17,0	23,3	22,0	23,1	20,1	19,4	15,0	19,1	21,0	-2,2 %pkte
Gewinnsteuern	25,9	27,2	33,0	28,9	21,9	28,0	30,9	29,7	26,9	30,2	27,6	30,5	28,4	17,8
Gewinn nach Steuern	75,1	84,8	121,3	82,2	57,8	98,3	94,3	107,5	92,4	90,4	67,9	99,8	97,4	32,9
Umsatzrendite vor Steuern in v. H.	3,9	3,9	5,1	3,5	2,7	3,9	3,4	3,7	3,2	3,2	2,5	3,4	3,5	-0,5 %pkte
Umsatzrendite nach Steuern	2,9	3,0	4,0	2,6	2,0	3,0	2,6	2,9	2,5	2,4	1,8	2,6	2,7	-0,3 %pkte
Bruttoinvestitionen (Sachanlagen)	75,0	85,2	95,4	102,9	76,3	88,9	93,0	93,9	118,6	118,0	134,8	122,1	100,3	62,8
Abschreibungen	74,4	76,2	80,3	82,6	79,6	78,3	79,0	80,4	84,4	92,3	93,0	99,9	83,4	34,3
Nettoinvestitionen	0,6	9,0	15,1	20,3	-3,3	10,6	14,0	13,5	34,2	25,7	41,8	22,2	17,0	3.600,0
Kasse u. Bankguthaben (Liquide Mittel)	88,6	91,2	94,6	95,9	121,2	133,9	123,3	131,5	139,3	136,2	139,3	149,0	120,3	68,2
Eigenkapital	517,5	537,1	600,9	610,4	606,9	691,0	718,1	737,9	770,7	841,9	882,3	923,9	703,2	78,5
Gesamtkapital	1.796,6	1.910,3	2.074,0	2.173,6	2.142,3	2.325,4	2.425,1	2.499,1	2.568,9	2.709,7	2.898,4	3.017,7	2.378,4	68,0
Eigenkapitalquote	28,8	28,1	29,0	28,1	28,3	29,7	29,6	29,5	30,0	31,1	30,4	30,6	29,6	1,8 %pkte
Eigenkapitalrendite vor Steuern	19,5	20,9	25,7	18,2	13,1	18,3	17,4	18,6	15,5	14,3	10,8	14,1	16,7	-5,4 %pkte
Eigenkapitalrendite nach Steuern	14,5	15,8	20,2	13,5	9,5	14,2	13,1	14,6	12,0	10,7	7,7	10,8	13,9	-3,7 %pkte
Gesamtkapitalrendite vor Steuern in v. H.	7,0	7,3	9,0	6,7	5,1	7,1	6,9	7,0	6,2	6,1	5,3	5,6	6,5	-1,4 %pkte
Gesamtkapitalrendite nach Steuern in v. H.	5,6	5,9	7,4	5,4	4,1	5,9	5,6	5,9	5,2	4,9	4,4	4,6	5,7	-1,0 %pkte
Cash-Flow (Eigenerwirtschaftete Mittel)	171,3	183,8	235,1	203,2	145,4	183,2	201,7	185,4	204,2	218,0	223,6	227,5	198,6	32,8
Investitionsdeckung (Sachanlagen) in v. H.	228,4	215,7	246,4	197,5	190,6	206,1	216,9	197,4	172,2	185,0	165,9	186,3	197,9	-42,1 %pkte
Kapitalkoeffizient auf Gesamtkapital in v. H.	3,7863	3,7993	3,7142	4,1497	4,5600	4,2904	4,2598	4,2016	4,3269	4,3684	4,5651	4,4228	4,2179	
Kapitalproduktivität auf Gesamtkapital in v. H.	0,2641	0,2632	0,2692	0,2410	0,2193	0,2331	0,2348	0,2380	0,2311	0,2289	0,2191	0,2261	0,2371	

Tab. 3.10: Erfolgsrechnungen deutscher Unternehmen: Kleine und mittelgroße Unternehmen des Nichtfinanziellen Unternehmenssektors*. Quelle: Deutsche Bundesbank, eigene Berechnungen; *Unternehmen bis zu 50 Mio. EUR Umsatz im Jahr.

in Mrd. EUR	2005	2006	2007	2008	2009	2010	2011	2012	2013	2014	2015	2016	JDN	2005–2016 in v. H.
Umsatz	1.631,8	1.759,1	1.780,5	1.824,6	1.737,5	1.802,4	1.906,8	1.926,8	1.935,3	1.970,9	1.997,8	2.058,4	1.861,0	26,1
Bestandsveränderungen*	9,7	-0,8	32,8	21,0	8,9	21,1	20,5	19,2	17,8	16,3	18,6	27,2	17,7	180,4
Gesamtleistung	1.641,5	1.758,3	1.813,3	1.845,6	1.746,4	1.823,5	1.927,3	1.946,0	1.953,1	1.987,2	2.016,4	2.085,6	1.878,7	27,1
Sonstige betriebliche Erträge	70,5	71,7	80,3	80,9	71,7	73,8	72,9	74,8	75	72,7	73,7	62,5	73,4	-11,3
Bruttoproduktionswert	1.712,0	1.830,0	1.893,6	1.926,5	1.818,1	1.897,3	2.000,2	2.020,8	2.028,1	2.059,9	2.090,1	2.148,1	1.952,1	25,5
Materialaufwand	885,2	955,6	982,3	991,7	923,4	969,1	1.025,4	1.024,0	1.009,9	1.013,4	1.015,8	1.042,6	986,5	17,8
Materialintensität in v. H.	51,7	52,2	51,9	51,5	50,8	51,1	51,3	50,7	49,8	49,2	48,6	48,5	50,5	-3,2 %pkte
Rohertrag	826,8	874,4	911,3	934,8	894,7	928,2	974,8	996,8	1.018,2	1.046,5	1.074,3	1.105,5	965,5	33,7
Rohertrag in v. H.	48,3	47,8	48,1	48,5	49,2	48,9	48,7	49,3	50,2	50,8	51,4	51,5	49,5	6,6
Abschreibungen	57,3	59,3	63	64,1	64,6	61,5	62,6	64,2	64,5	65,7	66,3	67,6	63,4	18,0
darunter Afa auf Sachanlagen	53,7	55,8	59,2	60,9	58,3	59,4	60,9	61,1	62,7	63,3	64,4	64,4	60,3	19,9
Sonstige betriebliche Aufwendungen (sbA)**	292,4	315,4	319,1	331,4	321,9	332,3	344,9	350,4	353,9	358,2	359,4	360,6	336,7	23,3
Wertschöpfung	477,1	499,7	529,2	539,3	508,2	534,4	567,3	582,2	599,8	622,6	648,6	677,3	565,5	42,0
Wertschöpfungsquote in v. H.	27,9	27,3	27,9	28,0	28,0	28,2	28,4	28,8	29,6	30,2	31,0	31,5	29,0	3,7 %pkte
Personalaufwand	372,5	384,1	400,3	409,4	407,8	416,3	435,8	456,2	471,7	487,9	505,8	522,9	439,2	40,4
Personalintensität in v. H.	22,7	21,8	22,1	22,2	23,4	22,8	22,6	23,4	24,2	24,6	25,1	25,1	23,4	2,4 %pkte
Lohnquote in v. H.	78,1	76,9	75,6	75,9	80,2	77,9	76,8	78,4	78,6	78,4	78,0	77,2	77,7	-0,9 %pkte
Mehrwert	104,6	115,6	128,9	129,9	100,4	118,1	131,5	126,0	128,1	134,7	142,8	154,4	126,3	47,6
Mehrwertquote in v. H.	21,9	23,1	24,4	24,1	19,8	22,1	23,2	21,6	21,4	21,6	22,0	22,8	22,3	0,9 %pkte
Finanzergebnis	-23,3	-22,4	-25,6	-26,6	-24,6	-23,9	-23,8	-23,6	-22,6	-21,5	-20,2	-18,5	-23,1	-20,6
davon Zinsaufwendungen	23,3	24,0	25,6	26,7	24,7	24,0	23,8	23,7	22,5	21,5	20,2	18,5	23,2	-20,6
Gewinn vor Ertragsteuern	81,3	93,6	103,3	103,3	75,8	94,2	107,7	102,4	105,5	113,2	122,6	135,9	103,2	67,2
Gewinnquote in v. H.	17,0	18,7	19,5	19,2	14,9	17,6	19,0	17,6	17,6	18,2	18,9	20,1	18,2	3,0 %pkte
Gewinnsteuern	16,4	17,4	20,2	18,2	15,4	17,5	19,7	19,2	19,8	21,5	23,4	25,1	19,5	53,0
Gewinn nach Steuern	64,9	75,8	83,1	85,1	60,4	76,7	88	83,2	85,7	91,7	99,2	110,8	91,3	70,7
Umsatzrendite vor Steuern	5,0	5,3	5,8	5,7	4,4	5,2	5,6	5,3	5,5	5,7	6,1	6,6	5,5	1,6 %pkte
Umsatzrendite nach Steuern	4,0	4,3	4,7	4,7	3,5	4,3	4,6	4,3	4,4	4,7	5,0	5,4	4,5	1,4 %pkte
Bruttoinvestitionen (Sachanlagen)	63,0	67,8	75,5	71,6	67,9	62,7	67,4	75,3	72,1	73,1	58,3	74,7	69,1	18,6
Abschreibungen	53,7	55,8	59,2	60,9	58,3	59,4	60,9	61,1	62,7	63,3	64,4	64,4	60,3	19,9
Nettoinvestitionen	9,3	12,0	16,3	10,7	9,6	3,3	6,5	14,2	9,4	9,8	-6,1	10,3	8,8	10,8
Kasse u. Bankguthaben (liquide Mittel)	89,7	93,6	99,3	102,7	110	113,3	119,0	120,2	124,9	135,4	144,2	153,7	117,2	71,3
Eigenkapital	159,9	174,1	192,6	203,3	225,3	244,4	260,7	281,5	304,1	317,5	338,8	363,5	255,5	127,3
Gesamtkapital	948,5	987,3	1.058,30	1.070,50	1.081,10	1.111,1	1.141,3	1.178,10	1.200,80	1.226,40	1.239,30	1.291,50	1.127,9	36,2
Eigenkapitalquote	16,9	17,7	18,2	19,0	20,8	22,0	22,8	23,9	25,3	25,9	27,3	28,1	22,8	11,3 %pkte
Eigenkapitalrendite vor Steuern	50,8	53,3	53,6	50,8	33,6	38,5	41,3	36,4	34,7	35,7	36,2	37,4	40,4	-13,5 %pkte
Eigenkapitalrendite nach Steuern	40,6	43,4	43,1	41,9	26,8	31,4	33,8	29,6	28,2	28,9	29,3	30,5	35,7	-10,1 %pkte
Gesamtkapitalrendite vor Steuern in v. H.	11,0	11,9	12,2	12,1	9,3	10,6	11,5	10,7	10,7	11,0	11,5	12,0	11,2	0,9 %pkte
Gesamtkapitalrendite nach Steuern in v. H.	9,3	10,1	10,3	10,4	7,9	9,1	9,8	9,1	9,0	9,2	9,6	10,0	10,2	0,7 %pkte
Cash-Flow (Eigenerwirtschaftete Mittel)	126,1	143,6	143,8	144,5	124,4	130,7	149,8	147,4	152,7	159,9	165,2	181,5	147,5	43,9
Investitionsdeckung (Sachanlagen) in v. H.	200,2	211,8	190,5	201,8	183,2	208,5	222,3	195,8	211,8	218,7	283,4	243,0	213,4	42,8 %pkte
Kapitalkoeffizient auf Gesamtkapital in v. H.	1.988	1.976	2.000	1.985	2.127	2.079	2.012	2.024	2.002	1.970	1.911	1.907	1.995	
Kapitalproduktivität auf Gesamtkapital in v. H.	0,503	0,506	0,500	0,504	0,470	0,481	0,497	0,494	0,500	0,508	0,523	0,524	0,501	

ternehmen mit 15,8 Prozent. Dies deutet auf wesentlich geringere Vorleistungskosten hin, was sich auch in einer bei kleinen und mittleren Unternehmen vorzufindenden geringeren Materialintensität von 50,5 zu 68,4 Prozent bei Großunternehmen zeigt.

Auch die Verteilung zwischen Kapital und Arbeit zeigt bei den kleinen und mittleren Unternehmen eine durchschnittliche *Lohnquote* von 77,7 Prozent und bei Großunternehmen von 72,2 Prozent. Die Ursache dafür ist die weit höhere durchschnittliche Personalintensität in den kleinen und mittleren Unternehmen von 23,4 zu 12,0 Prozent bei Großunternehmen, was auf eine wesentlich höhere Arbeitsintensität bei kleinen und mittleren Unternehmen hinweist. In Folge erhalten offensichtlich die Belegschaften mit ihren Löhnen und Gehältern von den realisierten Wertschöpfungen relativ mehr als in den Großunternehmen, sodass hier aber wiederum im Umkehrschuss zu den Lohnquoten die Mehrwert- und auch die Gewinnquoten in den Großunternehmen höher ausfallen.

Auch bei den *Profitraten* ist der Befund überraschend. Hier liegen im Nichtfinanziellen Unternehmenssektor bei den kleinen und mittleren Unternehmen die durchschnittlichen Eigenkapitalrenditen vor und nach Steuern nämlich mit 40,4 und 35,7 Prozent sogar extrem höher als bei den Großunternehmen mit 16,7 und 13,9 Prozent. Ähnlich groß sind die Unterschiede auch bei den Gesamtkapitalrenditen (vgl. Tab. 3.9). Hier zeigt sich, dass bei der Profitrate nicht der *absolute Gewinn* entscheidend ist, sondern der Gewinn in Relation zum eingesetzten Kapital, das bei kleinen und mittleren Unternehmen viel geringer ausfällt als bei Großunternehmen. Dies zeigt der bei Großunternehmen wesentlich höhere durchschnittliche *Kapitalkoeffizient* von 4,217 zu 1,995 bei kleinen und mittleren Unternehmen, was wiederum impliziert, dass die *Kapitalproduktivität* mit 0,237 bei Großunternehmen zu 0,501 bei kleinen und mittleren Unternehmen mehr als doppelt so gering ausfällt. Unterstellt, beide hätten eine gleich hohe Profitquote (Lohnquote), so fällt im Befund dann entsprechend die Profitrate bei den kleinen und mittleren Unternehmen wesentlich größer aus, was auch der Fall ist. Auch die Investitionsdeckung kommt im Untersuchungszeitraum von 2005 bis 2016 bei den kleinen und mittleren Unternehmen mit durchschnittlich 213,4 Prozent auf einen höheren Wert als bei den Großunternehmen mit 197,9 Prozent.

Zu den höheren Profitraten bei kleinen und mittleren Unternehmen, die gerne als das „*Rückgrad der deutschen Wirtschaft*" bezeichnet und in der Regel von Mittelstandsvereinigungen als die von der Politik gegenüber Großunternehmen „Benachteiligten" dargestellt werden, passen die Forschungsergebnisse im Konsultationsbericht zu Deutschland vom Juli 2019 des Internationalen Währungsfonds (IWF). Hier stellt der IWF fest, dass gerade die *Familienunternehmen*, zu denen in erster Linie kleine und mittlere Unternehmen (KMU) gehören, aber auch Großunternehmen wie u. a. BMW (mit den Familien Stefan Quandt und Susanne Klatten), als die zentralen Verursacher für die insbesondere seit 2000 in Deutschland wachsende Spaltung der Gesellschaft durch Reichtumskonzentration identifiziert werden können. Erstmals weist der IWF in seinen Berichten auf die angeeigneten Gewinne und die hohen Sparquoten der Familienunternehmen hin, über die das akkumulierte Vermögen immer mehr wächst.

Dagegen entwickeln sich die Arbeitseinkommen in Familienunternehmen, in denen Beschäftigte oftmals nicht mitbestimmen können, sehr langsam, jedenfalls unterhalb der verteilungsneutralen Produktivitätsraten.

3.3.2.3.3 Befunde zum tendenziellen Fall der Profitrate

„Marx' Theorem vom ‚tendenziellen Fall der Profitrate' gehört zu den schwersten Provokationen des orthodoxen Denkens in der Ökonomie, denn es stellt das Kapitalverhältnis begrifflich infrage" (Hüller 2018, S. 3). Schon oft aber ist der „Verfall", der für den Fortbestand des marktwirtschaftlich-kapitalistischen Systems entscheidenden Größe, der Profitrate, vorhergesagt worden.

Nach dem Zweiten Weltkrieg sah es lange so aus, als müssten sich die Kapitalisten in Bescheidenheit üben. Es kam aufgrund einer – wenn auch nur kurzen – Vollbeschäftigungsphase mit starken Gewerkschaften und einem politisch ausgebauten *keynesianischen Wohlfahrtsstaat* zu einer zunehmenden *Umverteilung* zugunsten der abhängig Beschäftigten. Dies galt mehr oder weniger für alle hochentwickelten Industrieländer, die zudem noch vom Ausbeuten ihrer Wirtschaftsmacht gegenüber den Ländern der Dritten Welt profitierten und dies bis heute tun. Dennoch sanken in den Industrieländern die gesamtwirtschaftlichen Mehrwertquoten und in Folge stiegen die Lohnquoten. In Westdeutschland betrug dies gut 20 Prozentpunkte von rund 54 auf 74 Prozent (vgl. Leibiger 2016, S. 51). Immer mehr kam so auch die Profitrate unter Druck. Der Ökonom und Wirtschaftsberater Stephan Krüger führt dazu aus:

> Der deutliche Rückgang der gesamtwirtschaftlichen Profitrate während der Prosperitätsperiode bis Mitte der 1970er Jahre drückt die ‚klassische' Konstellation der beschleunigten Akkumulation des gesellschaftlichen Gesamtkapitals aus: Fall der Rate bei Wachstum der Masse des Profits infolge einer über der Progression des Profitratenfalls liegenden Akkumulationsrate. Nationale Sonderphänomene sind die Bedingungen der 1950er Jahre mit den für das Kapital günstigen Ausgangsbedingungen: Modernität des Kapitalstocks (außer kriegsbedingter Zerstörung der Infrastruktur), disponible qualifizierte Arbeitsbevölkerung sowie nachholende Modernisierung durch Etablierung der ‚fordistischen' Betriebsweise. Die Stabilisierung der Profitrate in den beiden letzten Zyklen geht à conto der Ökonomisierungen im Zirkulationsprozess sowie einer Steigerung der Mehrwertrate durch Lohndruck und forcierte absolute Mehrwertproduktion mit sinkender Produktivitätssteigerung. (Krüger 2007, S. 144 ff)

Auch in den USA, Japan, Frankreich und Italien kommt es nach dem Zweiten Weltkrieg zu einem Rückgang der Profitrate.

> Die Profitratenentwicklung des US-Kapitals bildet [...] den ‚klassischen' Verlauf einer beschleunigten Kapitalakkumulation ab, der für den Gesamtzeitraum bis zur Weltwirtschaftskrise 1974/75 aus dem Zusammenspiel eines durch die industrielle Produktivitätssteigerung erzeugten langfristigen Anstiegs der Wertzusammensetzung des Kapitalvorschusses und einer tendenziell sinkenden allgemeinen Mehrwertrate folgt. Eine graduell sinkende Mehrwertrate bzw. die überzyklisch steigende Lohnquote reflektiert dabei die strukturellen Veränderungen der Nachkriegsökonomie, die mit der Arbeits- und Betriebsweise des Fordismus zusammenfassend beschrieben sind. (Krüger 2019, S. 119)

Längerfristig betrachtet ist der tendenzielle Profitratenverfall allerdings ausgeblieben (vgl. dazu Kasten „Empirischer Verlauf der Profitrate"). Dies schließt aber nicht aus, dass er womöglich noch kommt. Dabei sind dem Kapital selbst temporäre Rückgänge der Profitrate ein Gräuel und werden nicht akzeptiert. Deshalb musste der Verfall der Profitrate bis Mitte der 1970er-Jahre wieder umgekehrt werden. Es „musste ein Schnitt gemacht werden, eine ideologische, reale und politische ‚Revolution' rückwärts. Diese war nach dem Zweiten Weltkrieg für Jahrzehnte ideologisch nicht mehr durch die faschistische Variante möglich, jedenfalls nicht in den führenden kapitalistischen Ländern, die am Weltkrieg beteiligt waren. Aber auch die keynesianische Sozialstaatsvariante musste abgeschafft werden" (Elsner 2011, S. 5 f.). Dabei waren die herrschenden Kapitalkräfte schon immer mit John Maynard Keynes über Kopf. „Joan V. Robinson (1903–1983) und Michal Kalecki (1899–1970) hatten darauf hingewiesen, dass ein dauerhaft angewendeter Keynesianismus, selbst in der entschärften Form der mechanischen Makro-Hydraulik [einem ‚deficit spending' bzw. einem ‚Bastard-Keynesianismus', d.V.], eine Eigendynamik implizieren würde, die das kapitalistische System gefährden könnte" (Elsner 2011, S. 4).

> **Empirischer Verlauf der Profitrate:**
>
> Auf einen *tendenziellen Fall* der Profitrate haben schon die klassischen Ökonomen Adam Smith, David Ricardo und Karl Marx hingewiesen. Für sie geht die Profitrate langfristig (tendenziell) zurück. Adam Smith begründete dies damit, dass eine wachsende Akkumulation den Wettbewerb der Unternehmer vergrößere und damit die Gewinnchancen verringere. David Ricardo führte den Fall der Profitrate – in Anlehnung an das Bevölkerungsgesetz von Robert Malthus – auf die Inanspruchnahme immer schlechterer Bodenqualitäten zurück, die in Anbetracht der steigenden Bevölkerungszahlen bebaut werden müssten. Da der Profit ein Residualeinkommen darstelle, müsse bei gleichbleibendem durchschnittlichen Lohnsatz die Profitrate fallen. Für Karl Marx ist die Profitrate im Kapitalismus langfristig ebenfalls nicht stabil. Ein arbeitssparender technischer Fortschritt führe zu einem Anstieg in der organischen Zusammensetzung des Kapitals. Hierdurch käme es zu einem tendenziellen Fall der Profitrate und damit letztlich zur immanenten Auflösung der kapitalistischen Ordnung.
>
> Ob sich dieser Verfall einer Durchschnittsprofitrate für die kapitalistische Welt bis heute verifizieren lässt, ist wissenschaftlich umstritten. Dies liegt auch an fehlenden exakt vergleichbaren (langfristigen) Datenreihen zur Bestimmung der Profitrate. Vor diesem Hintergrund erstaunt es nicht, dass zwar einige empirische Untersuchungen – auch im internationalen Vergleich (vgl. Brenner 2002) – zum Verlauf der Profitrate vorliegen, diese aber allesamt zu unterschiedlichen Ergebnissen kommen.
>
> Joseph M. Gillmann (1969) – dessen vorliegende Untersuchung sich auf das Verarbeitende Gewerbe in den USA von 1849 bis 1963 bezieht – kommt zu dem Schluss, dass sich die Tendenz vom tendenziellen Fall der Durchschnittsprofitrate aufgrund eines im wesentlichen kapitalsparenden technischen Fortschritts – der zu einer Senkung der „organischen Zusammensetzung des Kapitals führt" – nicht verifizieren lässt. Nikolaus Dinkelacker und Harald Mattfeldt (2006) konnten auch keine signifikanten Anzeichen für einen tendenziellen Fall der Profitrate für Deutschland in der Periode von 1850 bis 1913 ermitteln. Sie schreiben: „Vielmehr ist diese von uns als Profitrate bezeichnete Kennziffer trendmäßig (‚tendenziell') im Gesamtzeitraum wie in den jeweiligen Teilperioden gestiegen. Die Komponentenanalyse ergab, dass die Entwicklung der Profitrate wesentlich durch

die Lohn- bzw. Profitquote bestimmt war und nicht durch die Kapitalintensität („organische Zusammensetzung des Kapitals'). Letztere hatte sogar den geringsten Einfluss auf den Entwicklungspfad der Profitrate" (S. 23).

Untersuchungen für den Zeitraum nach dem Zweiten Weltkrieg – für die alte Bundesrepublik – von Dirk Ipsen (1983) Elmar Altvater, Jürgen Hoffmann und Willi Semmler (1979) sowie von Stephan Krüger (1986) bestätigen dagegen die Marx'sche Trend-Prognose im Zeitraum von 1950 bis 1977 für das Verarbeitende Gewerbe sowie für ausgesuchte Industriezweige. Harald Mattfeldt (2006, S. 49–61) hat diese Ergebnisse noch einmal überprüft und in einer jüngeren Veröffentlichung für den Zeitraum bis Mitte der 1970er Jahre weitgehend bestätigt. Für den Zeitraum danach ist das Profitratenfallgesetz nicht mehr eindeutig erkennbar. Auch Karl Georg Zinn (1978, S. 142 ff.) zeigt für die Bundesrepublik im Zeitraum von 1960 bis 1974 einen Fall der Profitrate ohne hierin allerdings die von Marx aufgestellte langfristige Gesetzmäßigkeit beweisen zu wollen. Ebenso stellt der Sachverständigenrat (SVR) (1998/99, S. 287 ff.) bezogen auf alle Unternehmen außer Land- und Forstwirtschaft sowie Fischerei seit 1960 eine sinkende Kapitalrendite fest. Rainer Roth, der seinen Berechnungen eine Bruttoprofitrate für das Verarbeitende Gewerbe zugrunde gelegt hat, bestätigt im Zeitraum von 1970 bis 1995 ebenfalls eine fallende Tendenz der Kapitalrentabilität.

Rudolf Hickel (1987, S. 103) kommt dagegen in einer Untersuchung für die alte Bundesrepublik bezogen auf Produktionsunternehmen des Verarbeitenden Gewerbes im Zeitraum von 1950 bis 1984 – in Anbetracht eines arbeits- und kapitalsparenden technischen Fortschritts – zu einem differenzierten Ergebnis. Er schreibt: „Es scheint sich mit der Diffusion der Mikroelektronik ein technischer Wandel, der zugleich arbeits- und kapitalsparend wirkt, durchzusetzen. Wenn diese Tendenz sich gesamtwirtschaftlich verallgemeinern sollte, dann wäre die technologisch-ökonomische Begründung, die hinter dem Gesetz vom Profitratenfall steht, unzutreffend. Zieht man zur Begründung die Entwicklung der relevanten Größen von 1950 bis 1980 hinzu, dann lassen sich grobschlächtig Phasen definieren: Entsprechend dem Wachstum der Kapitalintensität sowie der Erwerbstätigenproduktivität ist im gesamtwirtschaftlichen Durchschnitt die Profitrate in den fünfziger Jahren gestiegen. Der danach jedoch einsetzende Rückgang der Profitrate hat sich seit Anfang der sechziger Jahre verlangsamt, um schließlich auf einem vergleichsweise stabilen Wert zu verharren."

Helmut Görgens (1986) und Jan Priewe (1988) stellen in ihren Untersuchungen für die Bundesrepublik bis zum Jahr 1985 eine eher relative Konstanz der Profitrate fest. Eine Untersuchung des Deutschen Gewerkschaftsbundes (DGB) (1998) zeigt für den Zeitraum von 1971 bis 1997 ebenfalls eine differenzierte Entwicklung der hierbei zugrunde gelegten und definierten Netto-Kapitalrendite. Von 1971 bis 1982 fiel diese. Ab 1983 nahm sie wieder zu. Auch nach der Wiedervereinigung mit der DDR kam es in Gesamtdeutschland bis 1997 zu keinem Fall der Profitrate, wenn auch zunächst aufgrund der schlechten Ertragslage der ostdeutschen Unternehmen die Rentabilität bis 1993 zurückging. Bis 1997 stieg die Profitrate anhand der Untersuchungsergebnisse aber wieder an.

Auch Heinz-J. Bontrup (2000, 2016) hat in jüngster Zeit von 1970 bis 2011 zwei Mal die Entwicklung der Profitrate für die Gesamtwirtschaft in Deutschland untersucht. In beiden Fällen kommt er zu einem differenzierten Ergebnis: „Dass die Profitrate in den 1970er Jahren zurückging, hatte eine doppelte Ursache. Erstens nahm die Kapitalintensität stärker zu, als die Arbeitsproduktivität und zweitens ging die Gewinnquote zu Gunsten der Lohnquote zurück. Es fand also eine Umverteilung von den Kapital- zu den Arbeitseinkommen statt. In den 1980er Jahren nahm sowohl die Arbeitsproduktivität als auch die Kapitalintensität stark ab, dennoch waren die Wachstumsraten der Kapitalintensität höher als die der Arbeitsproduktivität, so dass es zu einem weiteren Druck auf die gesamtwirtschaftliche Profitrate kam. Dass diese dennoch leicht anstieg, lag ausschließlich an einem Rückgang der Lohnquote bzw. einem Anstieg der Gewinnquote. Nach der deutschen Wiedervereinigung, seit Beginn der 1990er Jahre, kam es durch hohe Investitionen in Ostdeutschland zu einem starken Anstieg der Kapitalintensität, deren Wachstumsraten zudem wesentlich größer als die der Arbeitsproduktivitäten waren. Da zusätzlich noch die Gewinnquote – wegen realer Lohnsteigerungen oberhalb der Produktivitätsraten in Ostdeutschland – sank, ging von 1992 bis 1999 in Deutschland insgesamt die Profitrate zurück. Erst ab 2000 stagnierte wegen eines Rückgangs der Lohnquote die gesamtwirtschaftliche Profitrate wieder" (Bontrup 2016d, S. 33 f).

Interessant ist hier auch ein *internationaler Vergleich* der Profitraten für zwölf Länder ab dem Jahr 2000. Die gesamtwirtschaftlichen Werte werden dabei auf Basis des *Gesamtkapitaleinsatzes* und vor Ertragssteuern dargestellt. Aufgrund länderspezifischer Besonderheiten sind bei den Daten Ungenauigkeiten zu berücksichtigen. Dennoch zeigen sie ein Bild der empirischen Entwicklung in und zwischen den Ländern. Die Werte sind hier mit ergänzenden Berechnungen dem statistischen Anhang des Buches „Profitraten und Kapitalakkumulation in der Weltwirtschaft" von Stephan Krüger entnommen. Er selbst bezieht sich dabei auf die folgenden verwendeten Datenquellen:

> Jeweilige National Accounts und andere statistische Werke der Länder, insbesondere der nationalen Zentralbanken, standardisierte National Accounts-Daten der OECD, Daten der Weltbank zu Deflatoren der nationalen Währungen, Daten von EuroStat, Capital Stock-Daten der FRED. (Krüger 2019, S. 62)

Die Profitraten in Tab. 3.11 ergeben sich jeweils aus der *Kapitalproduktivität* (wertmäßige Arbeitsproduktivität in Relation zur wertmäßigen Kapitalintensität) in Verbindung mit der Profit- bzw. Mehrwertquote. Das Land mit der mit Abstand größten Profitrate ist *China*. Hier werden hohe Werte von über 40 Prozent erreicht (bezogen auf den Gesamtkapitaleinsatz), obwohl dabei die Profitrate von 2000 bis 2014 von 42,9 Prozent auf 35,3 Prozent zurückgegangen ist. Von einem tendenziellen Fall kann hier aber nicht gesprochen werden. Die Erklärung für die außergewöhnlich hohe Profitrate ergibt sich aus einer weit überproportionalen *Ausbeutung der Beschäftigten*. Die Lohnquote kommt hier nur auf Werte um die 50 Prozent. Gleichzeitig wird in China eine extrem hohe Kapitalproduktivität erreicht. Das heißt, der Kapitaleinsatz generiert hier eine sehr hohe *Arbeitsproduktivität*. Vergleicht man das Land als marktwirtschaftlich-kapitalistisches Schwellenland mit der *Türkei*, so stellt man Ähnlichkeiten fest. Hier liegt eine noch größere Ausbeutung der abhängig Beschäftigten vor. Die Lohnquote ist von allen untersuchten Ländern mit nicht einmal 25 Prozent am geringsten. Durch die dabei wesentlich schlechtere Kapitalproduktivität fällt die Profitrate mit über 20 Prozent in der Türkei zwar auch sehr hoch aus, aber wesentlich geringer als in China.

Die Profitraten in den *hochentwickelten marktwirtschaftlich-kapitalistischen Ländern*, wie USA, Japan, Deutschland, Frankreich und Italien, liegen sämtlich im einstelligen Bereich. Eine Ausnahme machen hier Kanada mit Werten zwischen 12 und 14 Prozent und Großbritannien mit Werten von 10 Prozent. Im Unterschied zu den Schwellenländern China und Türkei liegen in den entwickelten marktwirtschaft-

Tab. 3.11: Internationale Profitquoten und Profitraten auf den Gesamtkapitaleinsatz. Quelle: Krüger, Profitraten und Kapitalakkumulation in der Weltwirtschaft (2019); eigene Berechnungen.

Jahr	USA Profit-quote	Profit-rate	Kapitalpro-duktivität	GB Profit-quote	Profit-rate	Kapitalpro-duktivität	Deutschland Profit-quote	Profit-rate	Kapitalpro-duktivität	Frankreich Profit-quote	Profit-rate	Kapitalpro-duktivität	Italien Profit-quote	Profit-rate	Kapitalpro-duktivität	Türkei Profit-quote	Profit-rate	Kapitalpro-duktivität
2000	29,2	5,4	0,1849	43,3	10,3	0,2379	22,8	7,4	0,3246	49,4	9,1	0,1842	63,0	8,2	0,1302	73,1	23,8	0,3256
2001	28,9	4,9	0,1696	42,9	9,8	0,2284	22,7	7,6	0,3348	49,2	8,8	0,1789	62,8	8,3	0,1322	74,9	22,6	0,3017
2002	28,9	5,7	0,1972	42,9	10,0	0,2331	22,8	7,2	0,3158	48,7	8,5	0,1745	62,5	8,0	0,1280	74,8	25,3	0,3382
2003	29,1	6,9	0,2371	43,1	10,2	0,2320	23,1	6,9	0,2987	48,6	8,1	0,1667	62,2	7,8	0,1254	74,6	23,3	0,3123
2004	30,5	7,8	0,2557	43,1	10,2	0,2367	23,0	7,7	0,3348	49,1	8,0	0,1629	62,3	7,8	0,1252	74,9	24,3	0,3244
2005	31,5	9,7	0,3079	43,2	10,1	0,2338	22,7	8,4	0,3700	49,0	7,6	0,1551	61,8	7,6	0,1230	74,9	24,7	0,3298
2006	32,1	9,6	0,2991	43,0	10,2	0,2372	23,8	8,9	0,3739	49,2	7,5	0,1524	61,6	7,4	0,1201	75,1	24,7	0,3289
2007	30,7	7,8	0,2541	43,0	10,2	0,2372	27,1	10,1	0,3727	49,6	7,5	0,1512	61,7	7,4	0,1199	74,2	24,5	0,3302
2008	29,9	5,7	0,1906	43,2	10,3	0,2384	23,8	8,5	0,3571	49,4	7,1	0,1437	60,8	7,2	0,1184	72,2	23,6	0,3269
2009	29,4	8,0	0,2721	42,5	9,1	0,2141	19,7	6,5	0,3299	47,8	6,2	0,1297	59,6	6,8	0,1141	73,1	21,5	0,2941
2010	31,8	9,6	0,3019	42,7	10,3	0,2412	24,8	8,2	0,3306	48,0	6,2	0,1292	60,0	6,6	0,1100	72,9	21,6	0,2963
2011	32,8	8,5	0,2591	42,9	10,5	0,2448	24,9	8,4	0,3373	48,1	6,3	0,1310	60,0	6,6	0,1096	73,4	22,8	0,3106
2012	32,9	10,4	0,3161	42,9	10,2	0,2378	24,3	8,2	0,3374	47,7	6,1	0,1279	60,1	6,2	0,1032	72,1	22,4	0,3107
2013	33,6	9,8	0,2917	42,9	10,3	0,2401	23,0	7,6	0,3304	47,6	6,2	0,1303	60,3	6,2	0,1028	72,0	22,9	0,3181
2014	33,0	9,7	0,2939	43,2	11,7	0,2708	23,0	7,6	0,3304	47,4	6,3	0,1329	60,6	6,2	0,1023	71,1	23,2	0,3263
2015	31,7	9,0	0,2839	43,1	11,7	0,2715	23,2	7,2	0,3103	47,7	6,6	0,1384	60,5	kA	kA	kA	kA	kA
2016	31,4	8,3	0,2643	kA	kA	kA	24,4	7,5	0,3074	kA	kA	kA	60,2	kA	kA	kA	kA	kA
2017	kA	kA	kA	kA	kA	kA	25,3	7,9	0,3123	kA	kA	kA	60,2	kA	kA	kA	kA	kA

Jahr	Japan Profit-quote	Profit-rate	Kapitalpro-duktivität	Kanada Profit-quote	Profit-rate	Kapitalpro-duktivität	China Profit-quote	Profit-rate	Kapitalpro-duktivität	Südafrika Profit-quote	Profit-rate	Kapitalpro-duktivität	Australien Profit-quote	Profit-rate	Kapitalpro-duktivität	Brasilien Profit-quote	Profit-rate	Kapitalpro-duktivität
2000	29,2	8,6	0,2945	49,1	14,0	0,2851	47,9	42,9	0,8956	52,8	24,1	0,4564	50,8	19,1	0,3760	59,8	25,0	0,4181
2001	27,3	7,7	0,2821	49,6	13,8	0,2782	48,1	42,9	0,8914	54,2	27,4	0,5055	51,5	19,5	0,3786	59,4	23,0	0,3872
2002	28,3	7,9	0,2792	49,8	13,7	0,2751	47,0	40,7	0,8660	56,3	31,7	0,5631	51,6	19,3	0,3740	61,1	22,0	0,3601
2003	30,1	8,5	0,2824	50,3	13,9	0,2763	47,8	40,3	0,8431	55,9	31,5	0,5635	51,9	19,5	0,3757	61,7	21,0	0,3404
2004	31,2	8,8	0,2821	50,7	13,9	0,2742	50,0	42,3	0,8460	56,4	32,0	0,5674	51,7	19,7	0,3810	61,8	22,0	0,3560
2005	33,4	8,0	0,2395	51,1	14,1	0,2759	50,4	42,8	0,8492	56,8	33,2	0,5845	52,0	20,0	0,3846	61,1	23,0	0,3764
2006	33,4	8,0	0,2374	50,5	13,8	0,2733	51,3	44,3	0,8635	57,2	34,9	0,6101	51,9	19,9	0,3834	60,4	23,0	0,3808
2007	33,0	7,7	0,2333	50,2	13,4	0,2669	51,9	49,9	0,9615	57,4	36,1	0,6289	51,7	19,7	0,3810	60,2	24,0	0,3987
2008	27,9	5,9	0,2115	50,4	13,4	0,2659	51,6	45,3	0,8779	56,9	35,5	0,6239	53,0	20,5	0,3868	59,9	23,0	0,3840
2009	29,4	5,9	0,2042	48,2	11,7	0,2427	51,4	43,8	0,8521	55,9	31,0	0,5546	52,7	19,1	0,3624	58,1	22,0	0,3787
2010	30,3	6,5	0,2145	49,6	12,2	0,2460	52,2	42,8	0,8199	55,1	29,8	0,5408	52,6	20,0	0,3802	58,4	22,0	0,3767
2011	29,2	6,3	0,2158	50,1	12,5	0,2495	51,7	41,3	0,7988	55,0	28,6	0,5200	52,2	19,1	0,3659	57,8	22,0	0,3806
2012	29,7	6,4	0,2155	49,3	12,0	0,2434	51,1	39,1	0,7652	54,5	27,7	0,5083	51,8	18,1	0,3494	57,2	22,0	0,3846
2013	31,9	7,3	0,2288	49,3	12,0	0,2434	49,9	37,0	0,7415	54,0	25,4	0,4704	52,0	18,4	0,3538	56,8	21,0	0,3697
2014	31,5	7,1	0,2254	49,8	12,1	0,2430	49,3	35,3	0,7160	53,5	24,0	0,4486	51,4	17,4	0,3385	56,5	kA	kA
2015	32,5	7,4	0,2277	48,5	kA	kA	48,2	kA	kA	kA	kA	kA	kA	kA	kA	kA	kA	kA
2016	31,1	7,0	0,2251	48,7	kA	kA	kA	kA	kA	kA	kA	kA	kA	kA	kA	kA	kA	kA
2017	kA	kA	kA	kA	kA	kA	kA	kA	kA	kA	kA	kA	kA	kA	kA	kA	kA	kA

lich-kapitalistischen Ländern wesentlich geringere Ausbeutungsquoten bzw. höhere Lohnquoten vor. Trotzdem gibt es länderspezifische Unterschiede. Hier kommt Italien mit einer Profit- bzw. Mehrwertquote von über 60 Prozent bzw. einer Lohnquote von 40 Prozent, gefolgt von Brasilien und Australien auf einen sehr hohen Ausbeutungswert. Auch in Frankreich liegt die Profitquote bei fast 50 Prozent und damit die Lohnquote ebenfalls nur bei 50 Prozent. Ähnlich, wenn auch nicht ganz so extrem, zeigen sich die Verteilungsverhältnisse in Großbritannien mit Profitquoten von gut 40 Prozent und Lohnquoten von 60 Prozent.

In Deutschland kommt die Profitquote mit gut 25 Prozent dagegen auf den niedrigsten und die Lohnquote auf den höchsten Wert. Dass die Profitraten in den hochentwickelten Ländern nicht so hoch ausfallen wie in den Schwellenländern, dazu zählen hier auch die untersuchten Länder Australien, Südafrika und Brasilien, liegt an den wesentlich geringeren *Kapitalproduktivitäten*. Hier schneidet Deutschland mit Werten von über gut 0,3 noch am besten ab. Frankreich und Italien liegen hier nur bei Werten von gut 0,1, also bei einer schlechten Kapitalproduktivität.

3.3.3 Verbraucher als Objekt der Kapitalisteninteressen

Die Kalkulation des Produktionsprozesses hat gezeigt, dass der in der Produktion entstehende Wert mit all seinen einzelnen Bestandteilen, also mit einem differenziert zu betrachtenden Kostenwert und einem Mehrwert (inkl. eines auf Innovationen basierenden Leistungsgewinns), am Ende des Prozesses noch auf den Absatzmärkten über entsprechende Umsatzerlöse zurückfließen muss. Erst dann entscheidet sich final, ob das vorgeschossene Geld (G) als vermehrtes Geld (G') zurückkommt bzw. am Markt realisiert wurde.

Die Waren werden dabei letztlich nicht mit Geld bezahlt. Hinter dem *Geld* steht immer *geleistete Arbeit*. Was tatsächlich eingetauscht wird, ist demnach Arbeit gegen Arbeit (vgl. Marx 1867 (1974), S. 109). Dies ist entscheidend, ansonsten funktioniert weder der kapitalistisch immanente Ausbeutungs- noch der erweiterte Kapital- und Akkumulationsprozess. Oder wie Elmar Altvater et al. formulieren:

> Bereits im ersten Satz des ersten Bandes des ‚Kapitals' entwirft Marx sein Programm: ‚Reichtum der Nationen, in welchen kapitalistische Produktionsweise herrscht, erscheint als eine ‚ungeheure Warensammlung' (Marx), und daher muss die Analyse des Kapitalismus mit der Analyse der Ware beginnen. Von hier aus ist es möglich, zur Kategorie des Geldes zu gelangen und von da aus die Kategorie des Kapitals zu entfalten. (Altvater et al. 1971, S. 36)

Natürlich fällt den Unternehmen die vermehrte Geldrückverwandlung bei bestehendem Wettbewerb schwer, bei gegebener Marktmacht hingegen leicht. Wettbewerb soll deshalb, ideologisch als systemkonstitutives Element einer marktwirtschaftlich-kapitalistischen Ordnung dafür sorgen, dass die vermehrte Geldrückverwandlung schwerfällt oder zumindest nicht deshalb leichtfällt, weil sich die Märkte monopolisiert oder kartelliert (vermachtet) haben.

Gleichzeitig sollen durch Wettbewerb, dem angeblichen *„genialen Entmachtungs-instrument"* (Böhm), die jeweils egoistischen und divergierenden Interessen der Markt-teilnehmer gezügelt werden. Dazu müssten sich konkurrierende Unternehmen auf der Marktnebenseite in einem Anbieterwettbewerb und Unternehmen auf der Marktge-genseite in einem *Nachfragerwettbewerb* gegenüberstehen. Die Anbieter wollen hier möglichst hohe Preise für ihre Waren erzielen und die Nachfrager nur niedrige Preise bezahlen. Nach Helmut Arndt „ist es somit die Konkurrenz, welche die ursprünglichen Interessen von Anbietern und Nachfragern in ihr Gegenteil verkehrt. Nur weil Anbieter miteinander konkurrieren, senken sie ihre Preise und verbessern ihre Qualitäten, und nur, wenn Nachfrager miteinander konkurrieren, sind sie bei zunehmender Knapp-heit bereit, für eine Ware mehr zu bezahlen und mit schlechten Qualitäten vorlieb zu nehmen" (Arndt 1994, S. 103).

Bezieht man die Nachfrage auf den *Endnachfrager*, den Konsumenten, dann spricht man im Duktus von Wettbewerb sogar, „in Analogie zum politischen System der Demokratie", von einer *„Demokratie des Marktes"*, in welcher der Konsument mit seiner Kaufentscheidung, als „Stimmzettel" quasi, zur Steuerung der Produktion berufen sei. Das hier von der orthodoxen Ökonomie aufgestellte Postulat der *Konsu-mentensouveränität* (siehe dazu den folgenden Kasten zur „Konsumentensouveräni-tät") resultiert denknotwendig aus einem Wirtschaftssystem, „in dem der Konsum alleiniger Zweck und die Wirtschaft bloß das Mittel ist (Steiner 1999, S. 71). Vielleicht veranlasste diese Einschätzung auch die deutsche Bundeskanzlerin Angela Merkel (CDU), von einer „marktkonformen Demokratie" zu sprechen.

Konsumentensouveränität:

Die marktwirtschaftliche Fundamentalthese, von der „Herrschaft der Konsumenten" über die Pro-duzenten, geht auf Adam Smith zurück und determiniert bis heute die marktwirtschaftliche Ideo-logie. Joan J. Robinson und John Eatwell (1977, S. 301 ff.) bezeichnen dies als ein „Märchen". Für Smith ist Konsumenteninteresse ein Allgemeininteresse, während das Produzenteninteresse le-diglich als ein Partialinteresse eingestuft werden könne.

Es geht jedoch in einer marktwirtschaftlich-kapitalistisch angelegten Ordnung vorrangig nicht um eine Befriedigung von Endkonsumenten, sondern primär um eine maximale Expansion und Renta-bilität von Kapital, durch einen ständigen Zwang zur Produktion und Realisierung von Mehrwert. Die Vorstellung, die Konsumbedürfnisse der Bevölkerung mit niedrigen Preisen, maximalen Men-gen und besten Warenqualitäten optimal zu befriedigen, widerspricht dem betriebswirtschaftli-chen Ziel jeder Unternehmung, die Profitrate zu maximieren.

Unternehmen wollen Märkte bzw. Konsumenten nicht bedarfsgerecht versorgen bzw. wirtschaftli-che Knappheiten mindern, sondern künstliche Knappheiten über Marketing und Werbung laufend neu schaffen: „Dass eine Unternehmung sich als Aufgabe die Versorgung des Marktes setzt, ist eine ganz unmögliche Vorstellung. [...] Von den Unternehmern [...] könnte man eher behaupten, dass sie es außerordentlich bedauern, wenn sie den Markt versorgen; denn je länger er nicht ver-sorgt ist, desto länger die Aussicht auf Absatz und Gewinn. Nichts hört der Kaufmann so ungern wie dies: Es gibt keinen Bedarf, der Markt ist versorgt" (Rieger 1959, S. 44 f.). Vereinzelt scheu-en Unternehmer zur Absatzoptimierung selbst nicht vor kriminellen Handlungen oder Korruption zurück, wie beispielhaft der „Dieselskandal" gezeigt hat (vgl. Kap. 1.4.3 oder der sogenannte „Op-penheim-Esch-Skandal").

Der Verbraucher wird in der marktwirtschaftlich-kapitalistischen Modellwelt zu einer „Gegenmacht", zu den Produzenten, stilisiert. Nach Einschätzung von heterodoxen Ökonomen sind aber schon immer Verbraucherinteressen nur soweit berücksichtigt worden, wie es zur Förderung der Produzenteninteressen notwendig und dienlich ist (Martiny/Klein 1977, S. 35). Die „Konsumentensouveränität" scheitert so bereits an einer fehlenden Markttransparenz der Verbraucher, die über die „Motivationsmacht" Werbung als „suggestive Verbraucherwerbung den emotionalen wie rationalen Sinn von Konsumentscheidungen verdunkelt" (Steiner 1999, S. 128). Produktdifferenzierung und Werbung *manipulieren* den Verbraucher bewusst. Beide verwirren die Konsumenten über die Qualität der angebotenen Waren (vgl. Kap. 2.3.3.4.1). So werden z. B. das gleiche Produkt mit einigen unwesentlichen Änderungen versehen und als „neuer" Warentyp anderen Käuferschichten angeboten. Werbung informiert hier allenfalls über die guten Produkteigenschaften, während die schlechten verschwiegen werden, da sie der Absatzförderung zuwiderlaufen.

Marktentscheidungen der Konsumenten werden außerdem nicht autonom vorgenommen. Endverbraucher sind bei dem bestehenden Überangebot an Waren nicht in der Lage, annähernd einen Überblick zu behalten (*fehlende Markttransparenz*), geschweige denn die Produkteigenschaften in technischer und funktionaler Güte zu beurteilen, um hieraus entsprechende Rückschlüsse auf eine „Nutzenstiftung" oder auf einen „Lustzuwachs" nach Heinrich Gossen oder William Standley Jevons (1835–1882) zu erhalten. Ebenso wenig ist es möglich, das Preis-Mengen- bzw. ein Preis-Qualitäts(Leistungs-)verhältnis objektiv beurteilen zu können. Nach Jevons, einem der Hauptvertreter der subjektiven Wertlehre (vgl. Kap. 2.2.2.2) bzw. Grenznutzentheorie (vgl. dazu den folgenden Kasten), besteht alle wirtschaftliche Tätigkeit der Menschen ausschließlich in dem Trachten nach einer „Maximierung des Lustzuwachses", den der Besitz und die Konsumtion von Gütern verschafft, im Vergleich zur „Unlust", die mit ihrem Erwerb bzw. ihrer Produktion verbunden ist. Ökonomie ist also, so Jevons, „eine Beziehung zwischen Lust und Unlust" (Jevons, 1924, S. 36).

Subjektive Wertlehre (Grenznutzen- und Wahlhandlungstheorie):

„Die subjektivistische Ökonomie (Grenznutzentheorie) ist nichts anderes als die allgemeine Wissenschaft vom wirtschaftlichen Prinzip. Sie ist damit eine Wissenschaft, die in allen Bereichen des menschlichen Verhaltens Anwendung findet, wo dieses Prinzip anwendbar ist, also auch z. B. in der Medizin, Pädagogik, im Schachspiel oder in der Reitkunst. Da die Ökonomie lediglich verstanden wird als Wissenschaft, die sich die Art der Mittelverwendung zur Sicherung des Maximalgrades der Realisierung des gewählten Zweckes der menschlichen Tätigkeit bezieht, wird sie zu einer formalen ,Logik der Wahl', in der das Wahrheitskriterium von Behauptungen ganz wie in der Logik und in der Mathematik nur die Nicht-Existenz eines Widerspruchs zwischen den gewählten Axiomen ist.

Die Behauptungen einer praxeologisch verstandenen Ökonomie müssen nicht empirisch verifiziert werden, da eine solche ,Logik der Wahl' empirisch wahr ist in dem Maße, in dem die menschliche Tätigkeit dem ökonomischen Prinzip entspricht. Oskar Lange spricht von der Verwandlung der politischen Ökonomie in ein ,Kapitel der Praxeologie', Rudolf Hilferding bezeichnet diese Theorie als eine ‚Negation der Ökonomie', als ‚Selbst-Auflösung der politischen Ökonomie'. Der Italiener Antonio Gramsci beurteilt im Rahmen einer Buch-Rezension die subjektivistische Theorie treffend mit den folgenden Worten: ‚Der erste Teil des Buches [...] würde besser als Einleitung zu einem raffinierten Handbuch der Kochkunst oder zu einer noch raffinierteren Abhandlung über Liebesstellungen passen. Schade, daß diejenigen, die die Kochkunst behandeln, nicht die reine Ökonomie studieren; man könnte dasselbe sagen über jene viel diskretere und esoterischere wissenschaftliche Tätigkeit, die sich mit der Kunst des sexuellen Vergnügens beschäftigt. [...]

Besonders die offensichtliche Unmeßbarkeit des individuellen Nutzens (Grenznutzens) wurde von der bürgerlichen Wirtschaftswissenschaft angesichts des Anspruchs der ‚naturwissenschaftlichen' Exaktheit im Sinne allgemeiner Quantifizierbarkeit der Aussagen als Mangel empfunden. So entstand das dringende Bedürfnis nach einer Theorie, die der Wirklichkeit nähersteht. Vilfredo Paretos [1848–1923] Konzeption der Lehre von den Wahlhandlungen schien eine befriedigende Lösung der Widersprüche und Tautologien der Grenznutzentheorie zu bieten. Was die Haushaltstheorie betrifft, fallen besonders zwei Modifikationen ins Auge, die als Fortentwicklung der ökonomischen Theorie durch Pareto aufgefaßt werden können: a) die Umdeutung des Nutzenbegriffs und b) die Umgehung der Schwierigkeit, den Nutzen zu messen, mit Hilfe der Indifferenzkurvenmethode. [...] Die Umdeutung des Nutzenbegriffs in einen solchen der persönlichen Präferenz bildet für Pareto den Ansatz, das unlösbare Meßbarkeitsproblem zu umgehen. In der Wahlhandlungstheorie geht es daher nicht mehr um die absolute (kardinale) Größe eines Nutzens oder Grenznutzens, sondern um den relativen (ordinalen) Stellenwert den Individuen Güter bestimmter Quantität nach der Rangskala ihrer Präferenzen beimessen, also um das ‚Mehr', ‚Weniger' oder ‚Gleichviel' an Bedeutung, dass sie einer Gütereinheit, den ein Gut in der Präferenzskala eines Individuums einnimmt, durch den paarweisen Vergleich von Waren zu gewinnen, deren wechselnde Mengenkombinationen jeweils gleiche Befriedigungen gewähren. So gelangt er zu der Lehre von Indifferenzverhältnissen. [...]

Die Eleganz und scheinbar mathematische Exaktheit des Indifferenzkurvensystems stehen in keinem Verhältnis zu seiner geringen empirischen Aussagekraft. Offensichtliche Mängel der Grenznutzenlehre wurden zwar behoben, wirklichkeitsfremde Fiktionen, wie die Erfahrungsfiktion, die Fiktion rationalen Handelns der privaten Haushalte, die Fiktion unendlicher Teilbarkeit der Güter und die Fiktion grenzenloser Substituierbarkeit der Güter blieben aber bestehen" (VWL-Autorengruppe Hamburg 1971, S. 34 ff.).

Die orthodoxe Mikroökonomie bezieht sich auch in der Wettbewerbstheorie nur auf eine *subjektive Wertlehre*, wonach es zu autonom handelnden (souveränen) Verbrauchern kommt.

Dass alles nur vom Kunden abhängen würde, müssen sich die abhängig Beschäftigten von ihren Unternehmern anhören. Die Intention ist dabei klar: Die Beschäftigten haben nicht so hohe Ansprüche an Lohn, Arbeitszeiten und Arbeitsbedingungen zu stellen. Schließlich müsse das alles der *Kunde* bezahlen. Der Ökonom Jörg Huffschmid bemerkt dazu:

Optimalität der Wirtschaftsprozesse ist im Kapitalismus nie etwas Anderes gewesen als Optimalität der Kapitalverwertung und Kapitalexpansion. Die Vermarktung des Wirtschaftsprozesses, d. h. die Tatsache, daß alle wirtschaftlichen Prozesse durch den Warentausch auf dem Markt gesteuert wurden, präformierte schon im Frühkapitalismus die Bedürfnisse. Nur das wurde überhaupt als Bedürfnis anerkannt und augenfällig was als kaufkräftige Nachfrage auf dem Markt auftrat und sich in tauschbereiten Geldgrößen artikulierte. (Huffschmid 1969, S. 100)

> Während Karl Marx dem Gebrauchswert bei der Analyse des Produktions- und Zirkulationspro-
> zesses große Aufmerksamkeit widmete, weil es ihm darauf ankam, die kapitalistische Realität der
> Ausbeutung zu analysieren, stellt die Grenznutzentheorie den Gebrauchswert als nachfragebe-
> stimmenden Faktor im Warenaustausch als die eigentliche und ursprüngliche Erscheinungsform
> des Gebrauchswerts dar. Sie sucht seine Bestimmungsgründe allein im Entscheidungsbereich
> des Konsumenten und wählt somit einen völlig falschen Ausgangspunkt, denn die ‚isolieren-
> de Nutzenbetrachtung widerspricht der grundsätzlichen Interdependenz der ökonomischen Er-
> scheinungen in der hochentwickelten arbeitsteiligen Wirtschaft'. Die Wertauffassung der Grenz-
> nutzentheorie stellt sogar einen Rückfall in die vorklassische Theorie dar, denn die Trennung des
> Gebrauchswerts vom Tauschwert gehört zu den wesentlichen Leistungen der klassischen Ökono-
> mie. (Altvater et al. 1971, S. 29)

Überdies beschränkt die ungleiche *Einkommens- und Vermögensverteilung* bei vielen
Bevölkerungsschichten die Verbrauchsmöglichkeiten, die vom Einkommen abhängen, das dem vermeintlichen Souverän zuweilen enge Grenzen setzt (Schaaff 1991,
S. 243). Dies monieren u. a. Joan Robinson und John Eatwell und beziehen im Hinblick
auf eine Konsumentensouveränität das *„gerechte Pareto-Optimum"* (vgl. Kap. 2.3.2.2)
der Verteilung in ihre Überlegungen mit ein, wenn sie schreiben:

> Der Begriff des Pareto-Optimums ist in rein physischer Form definiert ohne Rücksicht auf die
> Menschen, die darin eingeschlossen sind. Wenn die Kaufkraft ungleich verteilt ist, so könnte eine
> Position auf der Produktionsmöglichkeitskurve [vgl. Kap. 2.1.1.2] erzielt werden, bei der einige
> Konsumenten zu viel essen und einige hungern. Dies würde die Pareto-Bedingung vollständig
> erfüllen, denn die Hungernden könnten nicht mehr bekommen, ohne daß nicht wenigstens einer
> der Überernährten weniger bekäme. (Robinson, Eatwell 1977, S. 304)

Zusätzlich stoßen ohnmächtige Verbraucher immer mehr *auf marktstarke oder marktbeherrschende Unternehmen*, denen sie kaum durch Kaufentsagung entgehen können
und die über ihre Preis- und Produktpolitik die Konsumentenrente (vgl. Kap. 2.3.2.3.1)
im Markt für sich abschöpfen. Ein Beispiel für ein marktbeherrschendes Unternehmen ist etwa die *Deutsche Telekom*, gegen die sich Konsumentensouveränität schwer
durchsetzen lässt.

Gleichwohl ist eine allseitige Marktvermachtung noch nicht erreicht. Noch gibt
es Wettbewerb auf Märkten um den „König" Kunde, selbst im hochkonzentrierten Lebensmitteleinzelhandel (vgl. Kap. 3.2.2.4). Der Wettbewerb ist sogar vereinzelt ruinös,
wie das Beispiel der insolventen Fluggesellschaft Air Berlin im Segment der Billigflug-
Airlines zeigt. Im Kapitalismus beherrscht der Tauschwert den Gebrauchswert und
nur Ersterer sichert bzw. befriedigt die Bereicherungslust. „In Zeiten mit deflationären
Tendenzen verschiebt sich der Wertekanon in bezeichnender Weise. ‚Geiz ist Geil' (vgl.
den folgenden Kasten), die gierige Bereicherung wird zum hedonistisch-guten Leben
umgedeutet" (Altvater 2005, S. 36). Es muss aber in der Ökonomie immer jemanden geben, der für den vermeintlichen Gewinner bezahlt, da es sich um eine Gleichung bzw.
einen Kreislauf handelt. Den Kosten entsprechen die Einkommen, werden in dieser
Gleichung die Kosten gesenkt, müssen andere dafür mit weniger Einkommen bezahlen, in der Regel sind das die abhängig Beschäftigten.

„Geiz" ist „geil" – und wer bezahlt den Geiz?

Wer bezahlt eigentlich den Flug von Düsseldorf nach Mallorca für 29,50 EUR und wer das T-Shirt für 5,10 EUR, wer die Heckklappenscharniere im Auto für 5,70 EUR das Stück oder den Burger für 2,90 Euro, den Joghurt für 0,14 EUR den Becher und die Pizza für 3,50 EUR – ins Haus gebracht natürlich – usw., usw.? „Geiz" ist „geil" lautet gesellschaftlich der hohle und neoliberale (markt-radikale) Spruch.

Hier endet die Geschichte aber nicht. Jetzt fängt sie ökonomisch erst an, weil die oben angeführ-ten Preise sämtlich die wirklichen Produktionsstückkosten nicht annähernd decken. Wir brauchen also einen Finanzier für das alltäglich gewordene ruinöse Preisdumping. Den finden wir schnell. Es sind die Beschäftigten, die diese Niedrigpreise finanzieren müssen, ansonsten macht der Unter-nehmer keinen Profit, auf den er auch bei Dumpingpreisen nicht verzichten will. Seine abhängig Beschäftigten zahlen mit ihren Niedriglöhnen die Niedrigstpreise.

Und sie zahlen sogar zweimal. Einmal heute sofort und später im Rentenalter mit einer mickerigen Rente noch einmal. Denn wer heute nichts verdient, den schicken wir wissentlich in die Altersar-mut. Die Zahl der Hartz-IV-Empfänger, zurzeit sechs Millionen betroffene Menschen, ist nicht ge-sunken, stellt das Deutsche Institut für Wirtschaftsforschung in Berlin fest. Trotz Mindestlohn sinkt die Zahl der arbeitenden Menschen kaum, die ihren Verdienst mit Hartz-IV-Leistungen aufstocken müssen. Ja, diese Menschen sind auf niedrigste Preise zum Überleben angewiesen.

Hier zeigt der Kapitalismus dann seine ganze Flexibilität und gleichzeitig seine hässliche Fratze, indem er selbst die längst vom System „Externalisierten" noch abkassiert. Das geht natürlich nur mit ganz kleinen Preisen und einer zusätzlichen Unterstützung von „Suppenküchen" und „Tafeln". Dann schließt sich zumindest ökonomisch der Kreislauf. Die dadurch entstehenden gesellschaft-lichen Probleme mit am Ende womöglich katastrophalen politischen Ergebnissen, die Vorboten sind bereits da, werden dagegen einen hohen Preis haben. Übrigens, über die in den Niedrigprei-sen auch nicht abgebildete bzw. internalisierte Umwelt haben wir bei dem Ganzen noch gar nicht gesprochen. Ist Geiz jetzt immer noch geil?" (Bontrup 2018b).

Vor dem dargestellten Kontext überrascht das Verhalten der Politik im Zusammen-hang mit der Belastung der Landwirte positiv. So forderte die SPD, später auch Bun-deskanzlerin Angela Merkel (CDU) auf Druck der Landwirte, höhere Erzeugerpreise durchzusetzen (vgl. „Frankfurter Rundschau" vom 3. Februar 2020, S. 15). Angesichts der Ausbeutung durch *Nachfragemacht* und der zusätzlichen Belastung durch klima-politisch notwendige Maßnahmen ist die Forderung zweifellos zu unterstützen. Al-lerdings übersieht sie mit Blick auf die Konsumenten das von der Politik in den letz-ten Dekaden selbst geschaffene Prekariat von Menschen, die an den Rand der Gesell-schaft gedrängt wurden. Hier müsste daher parallel zum Ausgleich für die dann stei-genden Lebensmittelpreise mindestens gleichzeitig der gesetzliche Mindestlohn so-wie mit Blick auf die Sozialhilfeempfänger das Sozialeinkommen „Hartz-IV" adäquat angehoben werden.

3.4 Geld- und Kapitalmärkte

Bisher wurden überwiegend die Verwertungsbedingungen des Kapitals auf den Güter- und Dienstleistungsmärkten aufgezeigt. Im Folgenden geht es schwerpunktmäßig um die *Geld- und Kapitalmärkte*. Diese sind mit der seit 1929 schwersten und weltweit durchwirkenden Finanz- und Wirtschaftskrise ab 2007 (vgl. Kap. 7.3.7) in den Mittelpunkt ökonomischer Betrachtungen gerückt. Bereits der österreichisch-deutsche Politiker und marxistische Ökonom Rudolf Hilferding (1877–1941) hat mit seiner Veröffentlichung *„Das Finanzkapital"* im Jahr 1909, das häufig als der vierte Band des Marx'schen Kapitals bezeichnet wird, die Bedeutung und Rolle des Geldes, Kredits und schließlich die kapitalistische Herausbildung des Finanzkapitals dargelegt. Heute ist das Finanzkapital unter einer fast vollständigen Globalisierung und Liberalisierung der Finanzmärkte mächtiger denn je. Viele sprechen sogar von einem dominanten *„finanzmarktgetriebenen Kapitalismus"* (vgl. Bischoff 2006, Massarrat 2017; vgl. Kap. 8).

Der Volkswirt Rudolf Hickel beklagt dabei das „Elend des finanzmarktgetriebenen Kapitalismus". Er deckt in seinem Buch, „Zerschlagt die Banken. Zivilisiert die Finanzmärkte. Eine Streitschrift" (2012), die wahren Ursachen der Krise auf und fordert entgegen dem praktizierten „neoliberalen Wahn" dringend notwendige ökonomische und politische Alternativen ein. In seinem Band kritisiert er den zerstörerischen Neoliberalismus, „der in der vorherrschenden Wirtschaftswissenschaft unter dem vornehmen Etikett Neoklassik firmiert", als eine pervertierte „Verbetriebswirtschaftlichung der Gesamtwirtschaft". Hickel bezieht sich dabei auf den britischen Wirtschaftshistoriker Robert Sidelsky, der „die Theorie effizienter Märkte" als den „teuersten Irrtum in der Geschichte des ökonomischen Denkens" bezeichnet.

Der Politikwissenschaftler und Ökonom Mohssen Massarrat ergänzt:

> Dem Finanzmarktkapitalismus liegt per se Instabilität zugrunde. Unter [...] monopolistischen Voraussetzungen [...] können Finanzkapitalinstitutionen für die Finanzakteure horrende und sich von der Realwirtschaft abhebende Renditen von, wie der ehemalige Sprecher der Deutschen Bank, Josef Ackermann, sie postulierte, 25 % und mehr erzielen und mit falschen Anreizen immer mehr Geldkapitalmassen und andere Ressourcen von der Realwirtschaft abziehen und in den spekulativen Finanzsektor umleiten. Hohe Renditen im Finanzsektor, wobei Gewinner und Verlierer ein Nullsummenspiel erzeugen, sind deshalb möglich, weil das angelegte Kapital, das quasi ‚leistungslos' erworben wurde, die Kapitaleigner zu höherer Risikobereitschaft und Spekulation animiert und so den Finanzsektor zu einem Kasino im Kapitalismus verwandelt. So wird der Kapitalismus im Grunde [...] unter Mitwirkung eines Teils der Industriekapitalisten auf den Kopf gestellt, indem sich der Finanzsektor dank seiner wachsenden gesellschaftlichen Macht über die produktive Realwirtschaft erhebt, die Regierungen zu seinem Erfüllungsgehilfen degradiert und die Akkumulationsbedingungen des Realkapitals unter die eigenen irrationalen Akkumulationstriebkräfte subsumiert. (Massarrat 2017, S. 216)

Wir werden im Folgenden jedoch noch zeigen, dass sich das im Finanzsektor angesammelte *Geldkapital* langfristig nicht von der realproduzierenden Wirtschaft entkoppeln kann und dass in der Gesamtwirtschaft auch Renditen von 25 Prozent auf Dauer so gut wie ausgeschlossen sind. Das hinter dem Finanzkapital stehende Geld muss schließlich zu seiner Vermehrung immer den produzierenden Sektor der Wirtschaft durchlaufen.

Temporäre, hoch spekulative und gefährliche Abkopplungen von der Realwirtschaft sind gleichwohl möglich. Platzen derartige Blasen, kommt es bei Krisenausbruch zu heftigen negativen Rückwirkungen auf die Realwirtschaft mit Wachstums- und Beschäftigungseinbrüchen, wie die ab 2007 weiter schwelende Krise deutlich gemacht hat (vgl. Zeise 2009).

3.4.1 Geld, Zins, Banken und Finanzinvestoren

In marktwirtschaftlich-kapitalistischen Unternehmen geht es nach heterodoxer Auffassung um *profitsüchtige Kapitalverwertung* und eine erweiterte Akkumulation. Dies ist bisher als Gegensatz zur orthodoxen Mikroökonomie deutlich herausgearbeitet worden. In marktwirtschaftlich-kapitalistischen Unternehmen wird in der Produktion von Waren ein Mehrwert durch Ausbeutung der Ware Arbeitskraft geschaffen und danach in der Zirkulationssphäre, am Markt, von den Unternehmern realisiert. Erst dann ist der Kapitalverwertungs- und Akkumulationsprozess abgeschlossen.

Das von Kapitalisten vorgeschossene Geldkapital (G) muss über den Markt zurückfließen. Marx bringt es auf den Punkt: „Als bewußter Träger dieser Bewegung wird der Geldbesitzer Kapitalist. Seine Person, oder vielmehr seine Tasche, ist der Ausgangspunkt und der Rückkehrpunkt des Geldes. Der objektive Inhalt jener Zirkulation – die Verwertung des Werts – ist sein subjektiver Zweck, und nur soweit wachsende Aneignung des abstrakten Reichtums das allein treibende Motiv seiner Operationen, funktioniert er als Kapitalist oder personifiziertes, mit Willen und Bewußtsein begabtes Kapital. Der Gebrauchswert ist also nie als unmittelbarer Zweck des Kapitalisten zu behandeln. Auch nicht der einzelne Gewinn, sondern nur die rastlose Bewegung des Gewinns. Dieser *absolute Bereicherungstrieb*, diese leidenschaftliche Jagd auf den Wert, ist dem Kapitalisten mit dem Schatzbildner gemein, aber während der Schatzbildner nur der verrückte Kapitalist, ist der Kapitalist der rationelle Schatzbildner. Die rastlose Vermehrung des Werts, die der Schatzbildner anstrebt, indem er das Geld vor der Zirkulation zu retten sucht, erreicht der klügere Kapitalist, indem er es stets von neuem der Zirkulation preisgibt" (Marx 1867 (1974), S. 167 f.). Geld wird in Arbeit und Vorleistungen umgewandelt und in der Produktion entsteht eine Wertschöpfung, die sich aus Arbeitsentgelten und einem Mehrwert zusammensetzt. Wird die Wertschöpfung plus der Vorleistung als WS' am Markt erlöst, so wird ein vergrößertes Geldkapital G' realisiert:

G → Umwandlung in A, V → Produktion WS (= L + MW) → Verkauf von WS' → G'

G = vorgeschossenes Geldkapital, V = Vorleistungen (Rohstoffe, Materialeien, Produktionsmittel), A = Arbeitskräfte, L = Arbeitsentgelte, MW = Mehrwert (Zins, Miete/Pacht, Gewinn), G' = vermehrtes Geldkapital

Der Mehrwert basiert hier auf dem Tatbestand, dass die Ware Arbeitskraft mehr an Wert schafft, dass ihr Gebrauchswert größer ist als sie dem Unternehmer (Kapitalisten) an Tauschwert (Lohn) kostet. „Die allgemeine Formel des Kapitals ist (G-W-G'); d. h. eine Wertsumme wird in die Zirkulation geworfen, um eine größre Wertsumme aus ihr herauszuziehen. Der Prozeß, der diese größere Wertsumme erzeugt, ist die kapitalistische Produktion: der Prozeß, der sie realisiert, ist die Zirkulation des Kapitals. Der Kapitalist produziert die Ware nicht ihrer selbst wegen, nicht ihres Gebrauchswerts oder seiner persönlichen Konsumtion wegen. Das Produkt, um das es sich in der Tat für den Kapitalisten handelt, ist nicht das handgreifliche Produkt selbst, sondern der Wertüberschuß des Produkts über den Wert des in ihm konsumierten Kapitals. Der Kapitalist schießt das Gesamtkapital vor ohne Rücksicht auf die verschiedne Rolle, die seine Bestandteile in der Produktion des Mehrwerts spielen. Er schießt alle diese Bestandteile gleichmäßig vor nicht nur um das vorgeschoßne Kapital zu reproduzieren, sondern um einen Wertüberschuß über dasselbe zu produzieren" (Marx 1894 (1974), S. 51).

> Der so erzielte Überschuss kann nun zwar im Einzelfall, nicht aber im Durchschnitt aller Käufe und Verkäufe aus der Markt- bzw. Zirkulationssphäre stammen. Denn der Überschuss, den der Verkäufer erhält, ist ein Abzug beim Käufer; und da jeder Kapitalist gleichzeitig als Käufer und als Verkäufer von Waren auftritt, saldieren sich Überschüsse und Abzüge zu null. Wenn jeder Kapitalist beim Verkauf seiner Ware den anderen übervorteilt, indem er auf seine Ware einen Aufschlag macht, der nicht dem Wert der Ware entspricht, hat am Ende keiner etwas davon. Der Überschuss, den der Kapitalist einsackt, sein ‚Redidualeinkommen', der Profit, muss also im Produktionsprozess selbst produziert worden sein. (Altvater et al. 1973, S. 6)

3.4.1.1 Vorgeschossenes Geld als Vehikel

Das Vehikel des marktwirtschaftlich-kapitalistischen Produktions- und Verwertungsprozesses ist das *Geld*, wozu Keynes spöttisch bemerkt:

> Die Liebe zum Geld als Besitz [...] wird man als das erkennen, was sie ist, ein einigermaßen ekelerregendes, abartiges Verhalten, eine jener halb kriminellen, halb krankhaften Neigungen, die man mit leichtem Schauder dem Spezialisten für Geisteskrankheiten überläßt. (zitiert bei Hession 1986, S. 316)

Im Geld drückt sich aber nichts Anderes als Arbeitswerte aus. Tauscht man Geld gegen eine Ware (G –W), tauscht man am Ende menschliche Arbeitskraft gegen menschliche Arbeitskraft. Den meisten ist dies nicht annähernd bewusst. Für sie ist Geld nur ein Zahlungsmittel und ansonsten eine „Blackbox". Sie wissen nur:

> Geld kann man nicht essen – aber man kann sich Essen kaufen. In Geld kann man nicht wohnen – aber man kann sich eine Unterkunft kaufen. Mit Geld kann man nichts produzieren – aber man kann sich Produktionsmittel und Arbeit kaufen. Geld ist das universelle Zugriffsrecht auf alles Verkäufliche, auf den Menschen (auf Arbeitskräfte) wie auf Gegenstände. Geld ist Eigentum an nichts Bestimmtem – also an potenziell allem. Es ist Ding gewordene, exklusive Verfügungsmacht: Privateigentum pur, das ist sein Gebrauchswert, ob es aus Metall, Papier oder Buchungszahlen besteht, spielt dabei keine Rolle. (Sinakusch 2019, S. 5)

Keynes ist insofern bezüglich seiner negativen Geldbeurteilung zu widersprechen. Geld ist rational betrachtet, *geronnene menschliche Arbeitskraft*, wie wir noch an vielen Stellen sehen werden, und somit Verfügungsgewalt über Menschen. Geld ist Macht und regiert deshalb die Welt.

Von der Naturalwirtschaft bis zur Herausbildung des heutigen Geldes war es ein langer Weg. Dabei besteht Geld im 21. Jahrhundert nur noch zu einem ganz geringen Teil aus Bargeld (zur gänzlichen Abschaffung des Bargelds ist eine heftige Diskussion entstanden) und im täglichen Zahlungsverkehr kommen immer mehr Kreditkarten und mittlerweile auch das Handy zum Einsatz (vgl. ausführlich Kap. 7.3.1) Die meisten Tauschakte zwischen Wirtschaftssubjekten vollziehen sich schon seit Langem über Buchgeld, über Gut- und Lastschriften im Bankensektor. Durch das Verleihen von Geld (Kreditvergabe) kommt es zu einer Geldschöpfung bzw. zu einer Ausweitung der Geldmenge in einer Volkswirtschaft. Genauso aber auch durch die Kredittilgung wieder zu einer Geldvernichtung bzw. zu einer Reduzierung der Geldmenge.

Wie jede Ware kann auch Geld einem Werteverzehr unterliegen, nämlich dann, wenn es zu einem allgemeinen Güterpreisanstieg, also zu einer *Inflation* kommt. Die dem Geld zugesprochene *Wertbewahrungsfunktion* ist demnach nur eine relative Größe. Dies war natürlich auch Marx bewusst, der sich bei seiner Kapitalismusanalyse ausführlich mit dem Geld und insbesondere mit seiner *Verwandlung in Kapital* beschäftigt hat. Er schrieb: „Historisch tritt das Kapital dem Grundeigentum überall zunächst in Form von Geld gegenüber, als Geldvermögen, Kaufmannskapital und Wucherkapital. Jedoch bedarf es nicht des Rückblicks auf die Entstehungsgeschichte des Kapitals, um das Geld als seine erste Erscheinungsform zu erkennen. Dieselbe Geschichte spielt täglich vor unsren Augen. Jedes neue Kapital betritt in erster Instanz die Bühne, d. h. den Markt, Warenmarkt, Arbeitsmarkt oder Geldmarkt, immer noch als Geld, Geld, das sich durch bestimmte Prozesse in Kapital verwandeln soll" (Marx 1867 (1974), S. 161 f.).

Den Kapitaleigner interessiert dabei nicht die Warenzirkulation (W-G-W), die auf eine Befriedigung von Bedürfnissen durch einen Gebrauchswert der Waren, auf Konsumtion, ausgerichtet ist, sondern ihn interessiert nur der Tauschwert der Waren, indem dieser als vorgeschossenes Geld (G) auch als vermehrtes Geld (G') wieder zurückkehrt (G-W-G').

Ist Geld in diesem Prozess etwas „Neutrales" oder liegt eine „Nichtneutralität des Geldes" vor? Mit dieser Frage beschäftigen sich Ökonomen hinsichtlich des Monetärkeynesianismus (vgl. Kap. 5.5), die von einer Herrschaft des Geldes, auch des Finanzkapitals oder der Herrschaft der Finanzmärkte sprechen, und sich dabei auf Keynes sowie auf Silvio Gesell (1862–1930) mit seiner *„Vollgeldtheorie"* berufen, mit der er eine private Geldschöpfung im Bankensektor ausschalten wollte (zum Werk von Gesell vgl. ausführlich Onken 2011). Keynes verweist in seinem Werk „Allgemeine Theorie der Beschäftigung, des Zinses und des Geldes" (1936) auf den „zu Unrecht übersehenen Propheten Silvio Gesell, und dessen Werk. Gesell erklärt den Zins direkt aus der Herrschaft des Geldes über die Ware. Den Grund für die Überlegenheit des herkömmlichen Geldes sieht er in der Möglichkeit des Geldbesitzes, den Kauf von Ware zu verweigern. Geld verderbe nicht, es roste nicht und schaffe Sicherheit. Es unterliege keinem Verkaufszwang. Der Besitzer des Geldes, so Gesells Konsequenz, „kann also die Nachfrage nach Waren hinausschieben; er kann seinen Willen geltend machen" (Keynes 1936 (2009), S. 300). Solche Entscheidungsspielräume besäßen gerade die *Warenanbieter* nicht, denn Waren würden verderben, veralten, erforderten besondere Lagerkosten etc. Sie erzwingen den Verkauf. Die Überlegenheit der Geldeigentümer, das Geld nicht für Warenkäufe verausgaben zu müssen, „knöpft der Ware eine Abgabe" ab. Diese Abgabe ist der Zins bzw. ein zinsaneignendes „Geldkapital".

3.4.1.2 Zins und Zinseszins als Preis des Geldes

Geld ist im marktwirtschaftlich-kapitalistischen Verwertungsprozess damit nicht nur ein „Vehikel", sondern Geld ist mit einem eigenen Preis selbst zu einer Ware geworden. Der Preis ist der *Zins* und der *Zinseszins*, wenn der Zinsertrag des ersten Jahres dem Kapital zugeschlagen (akkumuliert) und im folgenden Jahr mit verzinst wird usw. Dadurch ergibt sich ein exponentielles Wachstum: Hätte man 10.000 EUR Kapital vor 30 Jahren zu einem Zinssatz von 5 Prozent angelegt, dann wäre das Kapital im Zinses-Zinsprozess auf 43.219 EUR (= $10.000 \cdot 1,05^{30}$) angewachsen.

Zinsen sind Teil der verteilbaren Mehrwertmasse. In unserem Rechenbeispiel belaufen sie sich auf 33.219 EUR. Sie unterliegen wie die beiden anderen Mehrwertarten Grundrente und Profit auch dem gesamten Kapitalverwertungsprozess von Produktion und Zirkulation. Der Zins entsteht in der Produktion der Waren und muss am Markt über den Verkauf der Waren erlöst werden. Wie Grundrente und Profit kann er nur entstehen, weil die im Produktionsprozess eingesetzten abhängig Beschäftigten weniger kosten als sie an Wert schaffen.

Dass vor diesem Hintergrund Gesell nur den *Zins* kritisiert und ihn abschaffen will, und nicht auch die anderen beiden Mehrwertarten *Grundrente* und *Profit*, erscheint widersprüchlich. Er sieht hier den Warencharakter nicht auch bei den Arbeitskräften. Auch sie können mit dem Verkauf ihrer Ware Arbeitskraft nicht warten und erhalten nur einen Lohn, der als Tauschwert nicht ihrem Gebrauchswert entspricht und dadurch erst den Zins und die Grundrente ermöglichen (vgl. dazu ausführlich das Kap. 3.5).

Zinsen haben, wie auch der Lohn und die Grundrente, immer einen „Doppelcharakter". Für den Kreditgeber, der den Zins erhält, ist er Einkommen, während er für den Kreditnehmer Kosten, also Aufwand, bedeutet. Doch: Vorsicht! Was ist mit den Unternehmern, die für ihre Investitionen einen Kredit benötigen und den Zinsaufwand in den *Kalkulationen* über die Preise ihrer Produkte auf die Nachfrager abwälzen? Hier zahlen am Ende nicht die Schuldner, die Unternehmer, die Zinsen, sondern die Endverbraucher. Das heißt, nicht immer zahlt der Schuldner auch wirklich die Zinsen. Was ist außerdem mit den *Staatsschulden* und den darauf anfallenden Zinsen; 2018 waren es allein 31 Mrd. EUR, also 3,8 Prozent der Steuereinnahmen? Hier sind es dann letztlich alle Steuerzahler, die für die Zinsgewinne der Geldgeber, in der Regel Vermögende, aufkommen müssen. Da aber auch sie Steuerzahler sind (hoffentlich), müssen auch sie für die Zinsen mitbezahlen. Hier zeigt sich noch einmal deutlich, dass ökonomisches Denken *Kreislaufdenken* impliziert.

Zinseinkommen selbst entstehen nur in der realwirtschaftlichen Produktion durch menschliche Arbeit. Deshalb implizieren Zinsen auch kein leistungsloses Einkommen, wie häufig fälschlich ausgeführt wird. Auch „arbeitet" Geld nicht, wie Sparkassen mit ihrem Werbespruch, „Lassen sie ihr Geld für sich arbeiten", suggerieren wollen. Richtig ist dagegen: Der Zinsempfänger muss selber für seine erhaltenen Zinsen nicht arbeiten, dies überlässt er anderen. Das gilt auch für die beiden anderen Mehrwerteinkommen Grundrente und Gewinn (vgl. dazu ausführlich Krüger und Müller 2020).

Die orthodoxe Mikroökonomie begründet und rechtfertigt Gewinn, Zins und Zinseszins mit einem *Konsumverzicht*. Dieser Konsumverzicht würde den Geldeigentümer mit seinem dadurch Ersparten belohnen, um dann das Gesparte zu verleihen. Vielfach ist das aber eine absurde Vorstellung. Oswald Nell-Breuning (1965) beispielsweise hält dagegen:

> Die Mutter, die sich ein Stück Kuchen zum Munde führt, dabei aber den begehrenden Blick des Kindes auffängt und es darauf diesem in den Mund schieb, übt – freiwilligen – Konsumverzicht. Der große Unternehmer dagegen, der Millionen verdient und investiert, übt keinen Konsumverzicht, und dies aus nicht weniger als drei Gründen.
> –   Erstens: Der Unternehmergewinn fällt zum großen Teil gar nicht in verzehrbarer Form, sondern unverzehrbar in Gestalt von Investitionen an; der Unternehmer macht nicht zuerst Gewinn und entschließt sich dann, ihn zu investieren, sondern sein Gewinn besteht in den Investitionen, die er macht. Das gilt für den einzelnen Unternehmer; für die Unternehmerschaft gilt es in noch höherem Maße!
> –   Zweitens: Das Streben und Begehren des Unternehmers geht von vornherein darauf aus, sein Unternehmen groß zu machen, einen immer größeren Marktanteil zu erobern; darin findet er seine Befriedigung.
> –   Und Drittens: Die ganz großen Unternehmereinkommen lassen sich schlechterdings weder auf anständige noch auf anstößige Weise konsumieren, weil sie auf diese Weise einfach nicht kleinzukriegen sind. (Nell-Breuning 1965, S. 52 f.)

Vermögen entsteht hier aus überschüssigem Einkommen, das Menschen zu viel haben, weil andere davon zu wenig haben. „Du bist reich, weil ich arm bin", stellt Bertold Brecht (1898–1956) fest. Dies schließt natürlich nicht aus, dass es auch Menschen gibt, die aus ihrem nur bescheidenen Einkommen noch Erspartes bilden. Kapitalisten werden sie dadurch aber nicht.

„Dumpfer Finanz-Populismus:

Stehen Sparern Zinsen zu? Nein! Das Argument der angeblichen Enteignung durch die EZB ist analytisch nichts wert, dafür aber ideologisch

Seit Wochen zieht das Gespenst der Enteignung durch die Lande. Forderungen nach Vergesellschaftung großer Immobilienkonzerne werden laut, Juso-Chef Kevin Kühnert spielt mit der Idee einer Kollektivierung großer Unternehmen. Eine andere Form der Enteignung vollzieht sich nach Meinung einiger Politiker jedoch bereits seit langem: die der deutschen Sparer. Sie bringe der Staat in Form der Europäischen Zentralbank (EZB) um die ihnen zustehenden Zinsen, so lautet das Argument. Analytisch ist es nichts wert, dafür aber ideologisch. Laut einer neuen Berechnung der DZ Bank haben die hiesigen Sparer in den vergangenen zehn Jahren 648 Milliarden Euro verloren. Wie kommen die Banker auf diese Summe? In ihrer Kalkulation unterstellen sie das Zinsniveau zwischen 1999 und 2009 als ‚Normalniveau'. Dann rechnen sie aus, wie hoch die Erträge der deutschen Sparer gewesen wären. Dieser Summe entgegen stellen sie die wirkliche Verzinsung, die viel geringer ist, da die EZB die Zinsen stark senkte. Von der Differenz zwischen den Erträgen des Normalzinsniveaus und den tatsächlichen Erträgen ziehen sie noch die Summe ab, die verschuldete Haushalte an Kreditzinsen eingespart haben. Unter dem Strich stehen die 648 Milliarden, die der deutsche Sparer ‚verloren' hat. In diesen Verlusten sieht nicht nur der Ökonom Hans Werner Sinn eine ‚zunehmende Enteignung der Sparer', sondern auch der CSU-Politiker Markus Söder und die AfD-Frontfrau Alice Weidel. Zu diesem Vorwurf drei Anmerkungen: Erstens: der ‚deutsche Sparer'. Dieses Wesen existiert nicht. In der Realität reden wir von Bürgern in ganz unterschiedlichen finanziellen Verhältnissen. Die unteren 30 Prozent der deutschen Haushalte haben gar kein Vermögen, leiden also auch nicht unter niedrigen Zinsen. Der Rest des Geldvermögens ist stark bei den Reichen konzentriert. Aber diese Konzentration ist für Sinn, Söder und Weidel offensichtlich nicht das Problem. Sie stellen sich lieber vor das fiktive Subjekt ‚deutscher Sparer', der vor einer nichtdeutschen Zentralbank geschützt werden muss. Zweitens: das ‚Normalzinsniveau'. Sicher, man kann fiktive Spareträge auf ein früheres Zinsniveau ausrechnen und dann beklagen, dass die wirklichen Erträge niedriger sind. Was dabei unter den Tisch fällt, ist der Grund, aus dem die EZB die Zinsen gesenkt hat – die Krise. Da die Zentralbank weiß, dass Zinsen nicht nur die Erträge der Gläubiger sind, sondern auch die Kosten der Schuldner, hat sie die Zinsen gesenkt, um die Euro-Zone vor einer Pleitewelle zu bewahren. Für Sparer ist das bedauerlich. Doch hilft es nichts, sich in einer Krise borniert auf den Standpunkt des Gläubigers zu stellen, dem die Schuldner gefälligst hohe Renditen zu erwirtschaften haben. Drittens: die ‚Enteignung'. Die entgangenen Zinserträge als ‚Kosten' zu beklagen, ist schon ein dreister Standpunkt. Er unterstellt ein Anrecht des Anlegers auf Rendite: Geld hat Geld zu bringen! Nach derselben Logik könnten die Gewerkschaften fiktive Lohnerhöhungen vergleichen und ‚Enteignung der Arbeiter' rufen. Der Unterschied: Während dem Finanzkapital ein recht auf Verzinsung zugestanden wird, soll der abhängig Beschäftigte froh sein, dass er einen Job hat" (Kaufmann 2019b).

Zu den im Kasten „Dumpfer Finanz-Populismus" von dem Wirtschaftsjournalisten Stephan Kaufmann gemachten Ausführungen fügen wir noch hinzu:

1. Die Kritiker vergessen die Ursachen für die niedrigen (negativen) Zinsen. Das heißt, sie denken nicht *kausal*. Eine zentrale Ursache ist eine weltweite gigantische Umverteilung von den Arbeits- zu den Kapitaleinkommen gewesen, die sich symptomhaft mit der weltweiten Finanz- und Wirtschaftskrise ab 2007 entlud und die bis heute noch nicht beseitigt ist, wie die negativen Zinsen deutlich zeigen. An der Ursachenbeseitigung arbeitet man bis heute nicht. Im Gegenteil: Das Vermögen der Reichen ist nicht zur Krisenlösung eingesetzt worden, sondern es wurde fast ausschließlich mittels Staatsverschuldung gearbeitet und somit den Gesellschaften eine öffentliche Verarmung aufgebürdet. Die Reichen konnten sogar mit der Krise ihre Geschäfte machen. Schließlich mussten sich die Staaten zur Finanzierung ihrer aufgelegten Konjunkturprogramme das Geld bei den

Vermögenden leihen, wofür diese dann Zinsen verlangen. Wollte man die Ursache wirklich beseitigten, so geht dies nur mit einer radikalen Umverteilung der *„räuberischen Ersparnisse"* (Keynes) bei den hoch konzentrierten Vermögensbeständen der wirklich Vermögenden weltweit.

2. Auch an dieser Stelle ist die Kreislaufsystematik zu berücksichtigen. Die niedrigen Zinseneingänge der Sparer sind zugleich auch niedrige Zinszahlungen der Schuldner, die immens von der EZB-Politik profitieren. Dazu gehören auch der Staat und damit die Steuerzahler.

3.4.2 Banken und Finanzinvestoren

3.4.2.1 Bankensektor

Der ständige „Hunger" des aufgeblähten Finanzkapitals der Vermögenden, nach Verwertung und profitablen Anlagemöglichkeiten, hat durch die immer größer werdende Disproportion zwischen real produzierender Wirtschaft und Finanzsphäre zu Spekulationen geführt, die in der Wirtschaft, verstärkt durch temporäre Überbewertungen, letztlich zu *Vermögenspreisblasen* an den Börsen aber auch bei einzelnen Vermögensgütern wie Immobilien oder Rohstoffen (u. a. Gold) führen und deren Platzen nur eine Frage der Zeit ist. Hier gelten die mahnenden Worte von Keynes: „Spekulanten mögen als Luftblasen auf einem steten Strom des Unternehmertums keinen Schaden anrichten. Aber die Lage wird ernst, wenn das Unternehmertum die Luftblase auf einem Strudel der Spekulation wird. Wenn die Kapitalentwicklung eines Landes das Nebenerzeugnis der Tätigkeiten eines Spielkasinos wird, wird die Arbeit voraussichtlich schlecht getan werden" (Keynes (1936) 2009, S. 135).

Die Ungleichheit beim Einkommen und Vermögen steigt umverteilungsbedingt und unterminiert zunehmend die nützliche Rolle der Banken als ein Teil des Finanzsektors in hochgradig arbeitsteilig Wirtschaftssystemen. Den Banken dürfte es eigentlich in der Wirtschaft nur darum gehen, „mit Einlagen die Finanzmasse zu gewinnen, die zur Kreditvergabe an Unternehmen, private Haushalte und den Staat dient. Der Gewinn dieser normalen Bank ergibt sich aus der Differenz zwischen den aus den Krediten erzielten Zinsen gegenüber den an die Einleger ausbezahlten Zinsen. Die Schwerpunkte des der Gesamtwirtschaft dienenden Geschäftsmodells bilden die Verwaltung der verzinsten Einlagen, die Vergabe von Krediten an Kunden sowie eine verantwortungsvolle Vermögensbildung und Risikoabsicherung für Unternehmen, allerdings ohne den Einsatz von Zockerinstrumenten" (Hickel 2012, S. 9).

Unter dem enormen *Druck der Vermögensanleger*, die weltweit zirkulierenden, hochkonzentrierten Finanzvermögen bzw. die Überschussliquidität in einem Wettbewerbsregime profitabel anzulegen, gingen die Finanzmanager und Investmentbanker aber zunehmend zu hochriskanten Spekulationsgeschäften und dem Einsatz von „Zockerinstrumenten" über. „Ich bin ein Börsenhändler. Ich stelle kein nützliches Produkt her oder biete eine hilfreiche Dienstleistung an. Ich spiele in einer virtuellen Welt mit großen Zahlen. Das ist alles", sagte in einem Interview der langjährige Börsen-händler Volker Handon (Frankfurter Rundschau vom 27./28.06.2015, S. 14).

Die Finanzmanager wurden mit ihren „Finanzprodukten", Private Equity-Fonds, Hedge-Fonds und Derivaten zu „Getriebenen" ihrer immer gieriger werdenden vermögenden Kundschaft, die bei erfolgreicher Finanzinvestition auch bereit waren, an die Finanzjongleure im „Kasinokapitalismus" (Keynes) unverschämt hohe Einkommen, Prämien und Boni zu zahlen. Der Verwertungsdruck bei den Bankern war teilweise so groß, dass es sogar zu *kriminellen Handlungen* wie Insidergeschäften und Bilanzfälschungen kam. Zu nennen sind hier auch der Handel mit Ramschhypotheken, betrügerische Karussellgeschäfte und Manipulationen von Preisen und Börsengeschäften. Insgesamt mussten hier bisher die Banken weltweit allein zwischen 2010 und 2014 fast 220 Mrd. EUR an Strafzahlungen leisten.

Trotzdem: Obwohl ihr individuelles Verhalten zu verurteilen ist, haben die Finanz- und Bankmanager, (der US-amerikanische Präsident Franklin D. Roosevelt (1882–1945) bezeichnete Banker als „Bankster"), die 2007 ausgebrochene weltweite Finanz- und Wirtschaftskrise nach heterodoxer Sicht nicht verursacht. Sie waren und sind nur personalisierte Instrumente, „Charaktermasken des Kapitals" (Marx), im marktwirtschaftlich-kapitalistischen System, eines heute finanzmarktgetriebenen Kapitalismus (u. a. Bischoff 2006, 2015).

Die originäre Krisenursache ist in dieser Perspektive, eine neoliberal intendierte *Umverteilung* zu den Kapitaleinkommen. Nur dadurch konnten sich bei einer zusätzlich von der Politik ermöglichten *Liberalisierung und Deregulierung* die flexiblen (selbst mit einem Hochfrequenzhandel ausgestatteten) Finanzmärkte an die Spitze der Markthierarchie setzen, gefolgt von den von international agierenden Konzernen beherrschten Güter- und Dienstleistungsmärkten. Am unteren Ende der Hierarchie befinden sich die Arbeitsmärkte. „Dabei besteht ein entscheidender Unterschied zu den anderen Märkten: Sozialsysteme und Sozialstaat unterliegen selbst in der hochintegrierten EU noch nationalen Grenzen, und die Arbeitsmärkte sind daher nicht so globalisiert wie die Finanz- und Produktmärkte" (Altvater 2016, S. 88). Dadurch können die Finanzmärkte ständig Anpassungen auf den Produkt- und insbesondere den Arbeitsmärkten erzwingen, die letztlich durch Lohnsenkungen sowie verschlechterte Arbeitsbedingungen (Sperber/Walwei 2015) gekennzeichnet sind und damit wiederum den Nährboden für die *Umverteilung zugunsten des Kapitals* bilden.

Die ungleichen Einkommens- und Vermögensverteilungen (vgl. Kap. 6.1.2.5) haben dann eine entscheidende Auswirkung auf den realen Wirtschaftskreislauf. Was passiert, wenn ein zunehmender Teil der verfügbaren Einkommen nicht konsumiert, sondern hochkonzentriert von Wenigen gespart wird? Da der Konsum ein wesentlicher Bestandteil der effektiven Nachfrage einer Volkswirtschaft und damit eine wichtige Determinante des realwirtschaftlichen Produktions- und Beschäftigungsniveaus ist, kommt dem Konsum der privaten Haushalte, zumindest in der *kurzen Frist*, eine große Bedeutung zu. In der *langen Frist* sind jedoch die *privaten Ersparnisse* und ihre Verteilung auf die privaten Haushalte relevant. Der sich hier für eine offene Volkswirtschaft ergebende Zusammenhang impliziert, dass die Ersparnis zur Finanzierung der privatwirtschaftlichen Investitionen und/oder der staatlichen Nettoneuverschuldung und/oder der Nettokapitalexporte herangezogen werden kann. Übersteigen demnach die Ersparnisse (S) die Summe der getätigten privaten Investitionen (I) (S > I), muss der Staat bzw. das Ausland die Differenz absorbieren und in Güternachfrage (Staatsnachfrage bzw. Exportnachfrage) transformieren, soll es nicht zu einer Wirtschaftskrise kommen (vgl. Kap. 4.6). Diese Zusammenhänge zeigt (ex-post) der empirische Befund der deutschen Wirtschaft anhand der Finanzierungsrechnung der Deutschen Bundesbank von 2002 bis 2018 (vgl. Tab. 3.12).

Die Überschüsse der privaten Haushalte, der Nichtfinanziellen Kapitalunternehmen und des Finanzsektors konnten nur durch Staats- und Auslandsverschuldung kompensiert werden. Es gibt kein *Vermögen* ohne *Schulden*. Der Saldo ist immer Null. Ohne die beiden großen Schuldner Staat und Ausland hätten in Deutschland die privaten Haushalte (inkl. der Organisationen ohne Erwerbszweck und Personengesellschaften sowie Einzelunternehmer) und die Nichtfinanziellen Kapitalunternehmen sowie der Finanzsektor ihre Vermögensbestände bzw. ihren Reichtum kumuliert nicht um gut 3,7 Billionen EUR steigern können. Sollen also Schulden reduziert werden, müssen zwangsläufig andere ihre Vermögen reduzieren.

> Aber in den öffentlichen Diskursen (z. B. bezogen auf Griechenland) heißt es immer, die Griechen haben zu viele Schulden gemacht, haben schlecht gewirtschaftet, sie müssen ihre Schulden erst einmal abbauen und müssen sparen. Dabei wird aber vergessen, dass, wenn die Griechen ihre Schulden abbauen, irgendwo auch die Vermögen verschwinden bei denjenigen, die als Geldvermögensbesitzer von diesem Schuldendienst ganz gut gelebt haben und zu diesen gehören nun mal auf dem europäischen Kontinent die Deutschen. (Altvater 2016 S. 5)

Schuldner, wie Griechenland, können ihre Schulden aber nur durch einen selbst erarbeiteten Überschuss abbauen. Liegen die Schulden dabei im Inland, sind sie kein Problem, da sich hier sämtliche Transaktionen zu null auflösen. Die Ausgaben und Kosten des einen sind die Einnahmen und Erträge des anderen. Nur, wenn die Gläubiger dem *Auslandssektor* zuzuordnen sind, geht der Schuldenabbau lediglich über Exportüberschüsse. Diese sind allerdings im Fall Griechenland nicht vorhanden und „die Griechen" können auch solche Überschüsse nicht erwirtschaften. Dagegen steht die ihnen von der EU auferlegte *kontraproduktive Austeritätspolitik* (Bontrup 2016a, S. 188 ff).

Dabei fließt das überschüssige Geld der Vermögenden aber nicht nur in den realwirtschaftlichen Wirtschaftskreislauf zurück, sondern auch auf die Finanzmärkte in einen, wie aufgezeigt, sich immer mehr *aufblähenden Finanzsektor*. Dies geschieht umso mehr, als das die produzierenden Unternehmen keine Nachfrage- und Profiterwartung aus realen Investitionen in Maschinen und Fabrikanlagen haben. Das bei Wenigen konzentrierte und umverteilte Geld und Vermögen (vgl. Kap. 6.1.2.5) findet demnach nicht umfänglich den direkten Weg zurück in die produzierende und investierende Wirtschaft. So haben allein von 2002 bis 2018 selbst die produzieren-

Tab. 3.12: Gesamtwirtschaftliche Gläubiger-Schuldner-Positionen von 1991 bis 2018. Quellen: Statistisches Bundesamt, Deutsche Bundesbank, Datenstand Juli 2018, eigene Berechnungen.

Jahr	Private Haushalte*	Nichtfinanzielle Kapitalunternehmen	Finanzinstitute	Staat	Ausland	Saldo
1991	76,4	−65,0	9,1	−43,9	23,4	0,0
1992	79,0	−62,0	4,4	−40,3	18,9	0,0
1992	72,5	−42,2	5,1	−50,5	15,1	0,0
1994	51,8	−41,3	7,5	−44,2	26,2	0,0
1995	56,8	91,9	3,3	−175,4	23,4	0,0
1996	61,7	−16,2	4,4	−62,8	12,9	0,0
1997	62,8	−27,4	7,9	−52,7	9,4	0,0
1998	68,0	−34,3	−2,6	−45,8	14,7	0,0
1999	69,4	−68,4	5,1	−32,2	26,1	0,0
2000	75,4	−137,3	9,2	23,3	29,4	0,0
2001	97,3	−35,9	−0,6	−64,7	3,9	0,0
2002	101,3	5,7	17,1	−82,0	−42,1	0,0
2003	125,1	−5,2	9,7	−89,1	−40,5	0,0
2004	133,4	26,1	25,3	−82,6	−102,2	0,0
2005	144,7	16,5	25,4	−74,1	−112,5	0,0
2006	136,8	13,8	37,6	−38,2	−150,0	0,0
2007	136,2	24,2	17,0	5,5	−182,9	0,0
2008	137,0	−12,6	27,9	−1,8	−150,5	0,0
2009	151,4	42,8	26,6	−74,5	−146,3	0,0
2010	148,6	60,9	49,4	−108,9	−150,0	0,0
2011	126,0	41,5	21,1	−25,9	−162,7	0,0
2012	135,8	71,6	−11,3	−0,9	−195,2	0,0
2013	132,9	77,8	−19,7	−4,0	−187,0	0,0
2014	143,3	84,8	−21,7	16,7	−223,1	0,0
2015	159,3	116,2	−29,4	23,8	−269,9	0,0
2016	160,7	110,9	−28,6	28,8	−271,8	0,0
2017	165,9	85,9	−23,3	34,0	−262,5	0,0
2018	175,2	46,8	−28,9	58,0	−251,1	0,0
Σ	3.184,7	369,6	147,0	−1.004,4	−2.696,9	0,0
JD	118,0	13,7	5,4	−37,2	−99,9	0,0

JD = Jahresdurchschnitt
* einschließlich private Organisationen ohne Erwerbszweck und Personengesellschaften
1995 inklusive UMTS-Erlöse bei den Nichtfinanziellen Kapitalunternehmen
2007 beim Staat inkl. Mehrwertsteuererhöhung um drei Prozentpunkte von 16 auf 19 Prozent

den Nichtfinanziellen Kapitalunternehmen in Deutschland einen Finanzierungsüberschuss, eine Überschussliquidität, in Höhe von 807,7 Mrd. EUR erzielt (vgl. Tab. 3.8), nachdem sie alle realen Investitionen getätigt, alle in den Jahren zurückzahlbare Schulden getilgt und Gewinne an die Shareholder ausgeschüttet hatten. Das dann immer noch überschüssige Geld wurde im Finanzsektor angelegt. Hier soll das Geld (G) durch Zinsen und Spekulationen mehr Geld (G') machen (G − G'), was natürlich nur kurzfristig gelingt. Langfristig muss der Mehrwert, hier der Zins, in der realen produzierenden Wirtschaft erarbeitet werden. Diesen unumstößlichen ökonomischen Zusammenhang hat einmal mehr die 2007 in den USA ausgebrochene Subprime-Krise und ihre weltweite Ausdehnung, insbesondere in Europa und Deutschland, überdeutlich gemacht (vgl. auch Kap. 7.3.7).

3.4.2.2 Banken in der Krise

Mit der Insolvenz der *Deutschen Industriebank IKB* war die weltweite Finanzmarkt- und Wirtschaftskrise in Deutschland angekommen. Ende Juli 2007 meldete die Bank eine existenzbedrohende Schieflage an. Im August 2007 war die später erloschene öffentlich-rechtliche *Landesbank Sachsen LB* faktisch pleite. Nur durch eine erhöhte Kreditlinie der Sparkassenorganisation sowie durch eine Übernahme durch die Landesbank Baden-Württemberg (LBBW), die danach in große Schwierigkeiten kam, konnte die Sachsen LB vor einer förmlichen Insolvenz gerettet werden. Dazu musste eine Bürgschaft des Landes Sachsen über 2,75 Mrd. EUR beitragen.

Bei den durch die Finanzmarktkrise schwer in die wirtschaftliche Schieflage geratenden *Landesbanken* sind auch die später abgewickelte *West LB* und die *Bayerische Landesbank* sowie die *HSB Nordbank* zu erwähnen. Die mittlerweile verkaufte und privatisierte HSB hat den Bundesländern Hamburg und Schleswig-Holstein viele Milliarden Euro gekostet (Bischoff 2016). Von den vor der Finanzmarktkrise vorhandenen elf Landesbanken sind heute nur noch sechs übriggeblieben. Am Ende könnten es nach weiteren diskutierten Fusionen noch vier sein: die Norddeutsche Landesbank, die Landesbank Baden-Württemberg, die Bayerische Landesbank und die Landesbank Hessen-Thüringen.

Aufgabe

Wie stellt sich die aktuelle Situation dar? Untersuchen sie die oben angeführten Landesbanken mit einer Bilanzanalyse.

Auch die privatwirtschaftliche *Commerzbank* stand Ende 2008 kurz vor der Insolvenz. Nur durch eine *Teilverstaatlichung* konnte sie gerettet werden und das größte deutsche Kreditinstitut, die Deutsche Bank (vgl. Kap. 3.4.3), musste 2008 einen Verlust von 5,7 Mrd. EUR verkraften. Die größte Pleite machte jedoch die *Hypo Real Estate (HRE)*, ehemals Deutschlands größte Hypothekenbank: Aufgrund der Krise musste die HRE am 5. Oktober 2009 als erste Bank in der Geschichte der Bundesrepublik voll verstaatlicht werden. Die verbliebenen Aktionäre erhielten noch eine Barabfindung von 1,30 EUR je Stückaktie. Die Kosten für den Steuerzahler wurden bis Ende 2010 auf 19,1 Mrd. EUR beziffert.

3.4.2.3 Veränderte Bankenstrukturen

Wie es scheint, haben deutsche Banken durch die Finanzmarktkrise ab 2007 heftigen Schaden genommen. Stimmt das aber auch für den gesamten Bankensektor? Was ist in der Krise mit den *öffentlichen Sparkassen* und den *genossenschaftlichen Volksbanken* passiert?

Zunächst einmal gilt, dass die deutschen Kreditinstitute seit 2010 von dem positiven Wachstumstrend in Deutschland profitiert haben. Die Ausfallrate bei Krediten war in den letzten Jahren gering. Die nach wie vor niedrigen Zinsen belasten jedoch die Erträge der Banken. Nach 2013 und 2015 haben die Deutsche Bundesbank und die Bundesanstalt für Finanzdienstleistungsaufsicht (BaFin), auch 2017, rund 1500 kleine und mittelgroße deutsche Kreditinstitute zu ihrer Ertragslage und Widerstandsfähigkeit im Niedrigzinsumfeld befragt.

> Die Auswertungen zeigen, dass das Niedrigzinsumfeld die deutschen Kreditinstitute, insbesondere, wenn sie ein überwiegend zinsabhängiges Geschäftsmodell verfolgen, weiterhin erheblich belastet. Insgesamt gehen die Institute von einem Rückgang des Jahresüberschusses vor Steuern bis 2021 um 9 % aus. Bei einem geplanten Bilanzwachstum über denselben Zeitraum um rund 10 % führt dies zu einer Verringerung der Gesamtkapitalrentabilität (Jahresüberschuss vor Steuern im Verhältnis zur Bilanzsumme) um 16 %. (Deutsche Bundesbank 2017, S. 57)

Eine weiter notwendige *Eigenkapitalaufstockung* auf mindestens 10 Prozent des Gesamtkapitals fällt daher schwer. Seit 2007 ist die Eigenkapitalausstattung zwar um rund 46 Prozent auf 466 Mrd. Euro gestiegen. Dennoch erhöhte sich die Eigenkapitalquote während dieser Zeit nur von 3,8 auf 5,6 Prozent (Deutsche Bundesbank 2017, S. 72)

Vor der Finanzmarktkrise lag die akkumulierte Kapitalsumme (Eigen- und Fremdkapital) aller Banken in Deutschland bei 8.348 Mrd. EUR und 2012 bei 9.543 Mrd. EUR. Dies ist eine Steigerung um 14,3 Prozent. Danach ging der Kapitaleinsatz bis 2017 wieder auf 8.249 Mrd. EUR, um 13,6 Prozent, zurück. Gleichzeitig schrumpfte die Zahl der Kreditinstitute seit 2000 stark von 2.733 auf 1.653 (2017), um 39,4 Prozent. Auch die Zahl der Zweigstellen ging kräftig um 24,1 Prozent zurück, d. h. fast jede vierte Bankzweigstelle wurde in Deutschland seit 2000 geschlossen. Folglich wurden die einzelnen verbliebenden Banken, bei einem Anstieg der Kapitalmasse zwischen 2000 und 2017 um 20,1 Prozent, immer größer.

Mit der sinkenden Zahl der Kreditinstitute ging auch ein deutlicher Personalabbau einher. Ende 2017 wurden noch 585.892 Beschäftigte im Bankenbereich gezählt. Das waren 147.908 oder 20,2 Prozent weniger als im Jahr 2000. Jeder fünfte Beschäftigte wurde demnach abgebaut. Personalabbau fand dabei in allen Bankengruppen statt. Die Personalkosten konnten dadurch fast konstant gehalten werden. Hier kam es zwischen 2000 und 2017 lediglich zu einer Erhöhung um 2,6 Mrd. EUR oder um 6,2 Prozent. Die Arbeitseinkommen je Beschäftigten (Bruttogehälter plus Unternehmerbeiträge zur Sozialversicherung) stiegen dagegen von 57.236 auf 76.123 EUR, um 33,0 Prozent (vgl. Tab. 3.13). Nach wie vor zählt der Bankensektor zu den bestbezahlen-

Tab. 3.13: Strukturdaten Bankensektor Deutschland. Quellen: Deutsche Bundesbank, Diverse Jahrgänge, jeweils September Monatsberichte, eigene Berechnungen.

Jahr	Anzahl Banken	Anzahl Zweistellen	Bilanzsumme in Mrd. Euro	Beschäftigte*	Personalaufwand in Mio. EUR	Arbeitskosten je Beschäftigten in EUR
2000	2.733	39.617	6.866	733.800	42.000	57.236
2001	2.518	37.585	7.246	728.950	43.000	58.989
2002	2.418	35.340	7.348	710.650	41.600	58.538
2003	2.294	33.753	7.205	690.350	41.600	60.259
2004	2.229	42.659	7.361	678.800	41.200	60.695
2005	2.169	41.394	7.717	672.500	43.400	64.535
2006	2.042	38.487	7.913	662.200	46.000	69.465
2007	2.012	37.976	8.348	662.650	44.600	67.306
2008	1.970	37.659	8.515	657.850	43.000	65.364
2009	1.935	36.927	8.212	646.650	45.800	70.827
2010	1.920	36.463	8.300	642.050	43.100	67.129
2011	1.899	36.027	9.168	637.700	42.500	66.646
2012	1.869	34.571	9.543	633.650	44.600	70.386
2013**	1.866	36.155	8.755	644.800	43.800	67.928
2014	1.830	35.264	8.453	639.050	44.000	68.852
2015	1.793	34.001	8.606	626.237	46.000	73.455
2016	1.724	31.974	8.355	608.399	44.600	73.307
2017	1.653	30.072	8.249	585.892	44.600	76.123
Absolut	−1.080	−9.545	1.383	−147.908	2.600	18.887
in v. H.	−39,5	−24,1	20,1	−20,2	6,2	33,0

* Anzahl der Voll- und Teilzeitbeschäftigten;
** Ab 2013 inkl. Bausparkassen.

den Wirtschaftszweigen in Deutschland. Hier zeigt sich aber auch, dass in der Regel, neben den Kapitaleignern mit steigenden Gewinnen, die verbliebenen Arbeitskräfte mit höheren Pro-Kopf-Einkommen die Profiteure eines Personalabbaus sind, selbst wenn man hier unterstellt, dass es nach den Entlassungen zu einer höheren Arbeitsverdichtung bzw. Produktivität für die verbliebenden Beschäftigten gekommen ist.

3.4.2.4 Gewinne und Verluste im Bankensektor

Eine differenzierte Ertragsanalyse der deutschen Banken zeigt ein stark heterogenes Ergebnis. Im *Betriebsergebnis vor Bewertung* (siehe Kasten Bewertungsdefinitionen) kommt die Kreditwirtschaft von 2000 bis 2017 insgesamt auf einen Wert von 738,9 Mrd. EUR. Jahresdurchschnittlich waren das 41,1 Mrd. EUR. Den höchsten relativen Wert am Gesamtergebnis erzielten hier die *Kreditbanken* mit 34,2 Prozent, gefolgt von den *Sparkassen* mit 23,3 Prozent und den *Großbanken* mit 18,3 Prozent. Die *Volksbanken* kamen auf einen Anteil von 15,5 Prozent. In jedem Jahr war das Betriebsergebnis vor Bewertung positiv, selbst 2008, obwohl hier insgesamt ein kräftiger

Einbruch im gesamten Bankensektor zu verzeichnen war. Es ging zurück von 45,1 auf 29,4 Mrd. EUR, um −34,8 Prozent. Im Jahr 2009 war aber schon im Betriebsergebnis vor Bewertung der Wert des Vorkrisenjahres 2007 wieder erreicht. Erstaunlicherweise konnten die *Landesbanken* sogar 2009 noch zulegen und die Sparkassen und Volksbanken ihr Ergebnis immerhin halten (vgl. Tab. 3.14).

Tab. 3.14: Betriebsergebnis vor Bewertungsergebnis der deutschen Kreditinstitute. Quellen: Deutsche Bundesbank, Diverse Monatsberichte, eigene Berechnungen.

Jahr in Mio. EUR	Alle Bankengruppen	Kreditbanken	davon: Großbanken	Landesbanken	Sparkassen	Kreditgenossenschaften	Genossenschaftliche Zentralbanken	Realkreditinstitute	Banken mit Sonderaufgaben	Bausparkassen
2000	36.900	11.986	6.043	5.103	8.284	4.289	1.233	2.917	1.999	1.089
2001	33.408	9.513	4.753	5.441	8.058	3.824	788	2.800	2.020	964
2002	39.266	12.506	6.177	5.648	9.568	4.632	1.025	2.436	2.399	1.052
2003	40.107	12.129	5.400	6.094	9.806	5.638	644	2.308	2.407	1.081
2004	41.025	12.045	5.320	5.787	10.212	5.915	692	2.590	2.666	1.118
2005	51.511	23.710	15.578	4.905	9.880	5.725	834	2.679	2.751	1.027
2006	49.822	18.997	11.425	6.626	9.884	7.503	666	2.524	3.007	615
2007	45.057	19.806	11.887	4.624	8.499	5.476	122	2.809	2.725	997
2008	29.403	2.417	4.974	6.112	8.573	5.980	72	2.309	2.997	943
2009	45.078	13.828	7.676	6.831	9.596	6.201	1.368	2.481	3.785	988
2010	46.563	14.285	7.222	5.538	11.042	7.480	1.090	2.408	3.856	864
2011	46.177	17.476	9.124	4.483	11.152	7.548	745	507	3.320	946
2012	46.988	18.517	11.210	4.267	10.072	7.135	1.502	1.282	3.398	815
2013	37.767	14.110	6.876	4.077	9.491	7.604	1.036	432	343	674
2014	38.093	13.757	6.935	2.667	9.232	7.339	813	884	2.857	644
2015	37.853	13.205	5.576	3.077	9.277	7.269	771	1.094	2.660	500
2016	39.350	14.105	6.039	3.677	9.549	7.237	1	599	3.282	919
2017	34.539	10.513	3.239	2.545	9.789	7.499	*	380	2.850	963
Σ	738.907	252.905	135.454	87.502	171.964	114.294	13.402	33.439	49.322	16.199
JD	41.050	14.050	7.525	4.861	9.554	6.350	745	1.858	2.740	900
Anteile	100	34,2	18,3	11,8	23,3	15,5	1,8	4,5	6,7	2,2

JD = Jahresdurchschnitt

* Seit 2017 werden die Genossenschaftlichen Zentralbanken nicht mehr explizit ausgewiesen. Sie werden jetzt unter Banken mit Sonderaufgaben aufgeführt.

Bewertungsdefinitionen

Das Betriebsergebnis vor Bewertung setzt sich aus dem Teilbetriebsergebnis (Zins- und Provisions-
überschuss abzüglich der Allgemeinen Verwaltungsaufwendungen) zuzüglich dem Nettoergebnis
des Handelsbestandes sowie dem Saldo der sonstigen betrieblichen Erträge und Aufwendungen
zusammen. Das Nettoergebnis des Handelsbestandes ist dabei der Saldo der Erträge und Aufwendungen, die sich durch die Geschäfte mit Wertpapieren des Handelsbestandes, Finanzinstrumenten, Devisen und Edelmetallen sowie den damit verbundenen Zu- und Abschreibungen und der
Bildung von Rückstellungen für diese Geschäfte ergeben.

Das im *Betriebsergebnis vor Bewertung* enthaltene Bewertungsergebnis war dagegen
mit wenigen Ausnahmen in einigen Jahren bei einzelnen Bankengruppen unisono negativ. Von 2000 bis 2017 lag es kumuliert bei – 269,1 Mrd. EUR. Auch hier fiel der größte
Anteil mit 33,0 Prozent auf die Kreditbanken und davon 23,2 Prozent auf die Großbanken. Die Landesbanken waren mit 18 Prozent an dem Negativergebnis beteiligt und
die Sparkassen kamen auf 16,8 Prozent, gefolgt von den Volksbanken mit 12,5 Prozent (vgl. Tab. 3.15). In Relation zur Bilanzsumme fiel das Bewertungsergebnis 2017
im langfristigen Durchschnitt mit – 0,04 Prozent spürbar besser aus.

> Zwischen und auch innerhalb der Bankengruppen war die Heterogenität zum Teil aber sehr
> groß. Insbesondere bei einzelnen Groß- und Landesbanken führte die schwierige Marktlage bei
> Schiffsfinanzierungen zu sehr hohen Wertberichtigungen. Im Großbankensektor drehte das Be-
> wertungsergebnis nach einem hohen negativen Nettoertrag im Vorjahr von gut – 4,0 Mrd. EUR
> auf ein Plus von knapp 0,7 Mrd. EUR. Im Verhältnis zur Bilanzsumme stieg es auf 0,03 Prozent
> und erreichte damit wieder das Niveau des langfristigen Durchschnitts in dieser Bankengruppe.
> (Deutsche Bundesbank 2017a, S. 69)

Zieht man vom Betriebsergebnis vor Bewertung das negative Bewertungsergebnis ab,
so erhält man das *Betriebsergebnis*. Mit Ausnahme des Krisenjahres 2008 war das gesamte Betriebsergebnis aller Banken in Deutschland immer positiv. Es kam insgesamt
auf einen Wert von 469,8 Mrd. EUR. Jahresdurchschnittlich waren das 26,1 Mrd. EUR.
Auch hier entfiel der größte Anteil mit 34,9 Prozent bzw. 164,2 Mrd. EUR auf die
Kreditbanken. Nur in 2008 wurden hier Verluste von – 7,7 Mrd. EUR realisiert. Das
zweitbeste Betriebsergebnis erzielten mit 126,9 Mrd. EUR bzw. 27,0 Prozent die Sparkassen, gefolgt von den Volksbanken mit 80,7 Mrd. EUR oder 17,2 Prozent. In keinem
Jahr war dabei das Betriebsergebnis negativ. Die Großbanken kamen im Betriebsergebnis in Summe auf einen Wert von 72,9 Mrd. EUR. 2008 mussten sie dabei ein
stark negatives Betriebsergebnis in Höhe von – 12,0 Mrd. EUR hinnehmen. Ansonsten
war aber das Betriebsergebnis auch bei den Großbanken in jedem Jahr positiv (vgl.
Tab. 3.16).

Zum Betriebsergebnis muss in der Ertragsberechnung der Saldo außerordentli-
cher Erträge und Aufwendungen addiert werden, um den *Jahresüberschuss bzw. -fehl-
betrag vor Steuern* zu ermitteln. In Summe erwirtschafteten demnach die deutschen
Banken von 2000 bis 2017 einen Jahresüberschuss vor Ertragssteuern in Höhe von

Tab. 3.15: Bewertungsergebnis der deutschen Kreditinstitute. Quellen: Deutsche Bundesbank, Diverse Monatsberichte, eigene Berechnungen.

Jahr in Mio. EUR	Alle Bankengruppen	Kreditbanken	davon: Großbanken	Landesbanken	Sparkassen	Kreditgenossenschaften	Genossenschaftliche Zentralbanken	Realkreditinstitute	Banken mit Sonderaufgaben	Bausparkassen
2000	−15.944	−4.012	−2.352	−1.756	−4.229	−2.445	−1.108	−1.681	−655	−58
2001	−19.742	−6.167	−3.900	−3.181	−4.980	−2.671	−772	−1.121	−725	−125
2002	−31.536	−9.034	−6.119	−7.746	−6.927	−3.687	−905	−1.843	−1.075	−319
2003	−21.976	−7.345	−4.751	−3.754	−5.247	−3.095	−514	−1.110	−686	−225
2004	−17.529	−5.301	−2.947	−799	−5.883	−3.042	−321	−1.625	−310	−248
2005	−14.255	−3.906	−1.713	−782	−4.947	−2.999	−180	−1.128	−65	−248
2006	−14.319	−4.092	−2.073	1.373	−5.246	−4.249	−111	−1.067	−608	−319
2007	−24.013	−4.879	−2.806	−2.163	−4.376	−2.715	−455	−1.244	−7.772	−410
2008	−37.067	−10.161	−16.989	−8.547	−4.900	−3.615	−694	−3.977	−1.277	−456
2009	−27.046	−8.442	−5.326	−6.096	−4.484	−2.258	27	−3.481	−2.196	−116
2010	−15.396	−4.434	−1.714	−2.270	−3.493	−2.316	7	−2.423	−460	−7
2011	3.103	−4.311	−1.887	−684	7.468	−317	1.124	−1.641	709	755
2012	−4.334	−3.962	−3.034	−118	660	263	−137	−645	−412	17
2013	−6.542	−2.036	−958	−3.321	130	322	−329	−405	−770	−88
2014	−6.583	−3.797	−2.717	−1.580	1	−198	13	−278	−1.028	184
2015	−3.497	−1.183	85	−1.114	92	−453	123	−327	−563	−72
2016	−8.754	−5.130	−4.021	−3.725	1.062	103	0	−113	−973	22
2017	−3.694	−556	666	−2.257	221	−183	*	32	−890	−61
Σ	−269.124	−88.748	−62.556	−48.520	−45.078	−33.555	−4.232	−24.077	−19.756	−1.774
JD	−14.951	−4.930	−3.475	−2.696	−2.504	−1.864	−235	−1.338	−1.098	−99
Anteile	100	33,0	23,2	18,0	16,7	12,5	1,6	8,9	7,3	0,7

JD = Jahresdurchschnitt
* Seit 2017 werden die Genossenschaftlichen Zentralbanken nicht mehr explizit ausgewiesen. Sie werden jetzt unter Banken mit Sonderaufgaben geführt.

325,9 Mrd. EUR. Jahresdurchschnittlich waren dies 18,1 Mrd. EUR. Lediglich in den Jahren 2008 und 2009 musste der gesamte Bankensektor Verluste in Höhe von insgesamt 27,4 Mrd. EUR hinnehmen. Im Jahr 2010 konnten aber bereits wieder beträchtliche Gewinne von 18,4 Mrd. EUR und 2011 sogar von 31,9 Mrd. EUR erwirtschaftet werden. Von den 325,9 Mrd. EUR Gewinn entfiel der mit Abstand größte Anteil von 120,4 Mrd. EUR, oder 36,9 Prozent, auf die öffentlichen Sparkassen. Selbst in den Krisenjahren 2008 und 2009 kamen die Sparkassen auf einen kumulierten Gewinn von fast 6,9 Mrd. EUR (vgl. Tab. 3.17).

Tab. 3.16: Betriebsergebnis der deutschen Kreditinstitute. Quellen: Deutsche Bundesbank, Diverse Monatsberichte, eigene Berechnungen.

Jahr in Mio. EUR	Alle Bankengruppen	Kreditbanken	davon: Großbanken	Landesbanken	Sparkassen	Kreditgenossenschaften	Genossenschaftliche Zentralbanken	Realkreditinstitute	Banken mit Sonderaufgaben	Bausparkassen
2000	20.956	7.974	3.691	3.347	4.055	1.844	125	1.236	1.344	1.031
2001	13.666	3.346	853	2.260	3.078	1.153	16	1.679	1.295	839
2002	7.730	3.472	58	−2.098	2.641	945	120	593	1.324	733
2003	18.131	4.784	649	2.340	4.559	2.543	130	1.198	1.721	856
2004	23.496	6.744	2.373	4.988	4.329	2.873	371	965	2.356	870
2005	37.256	19.804	13.865	4.123	4.933	2.726	654	1.551	2.686	779
2006	35.503	14.905	9.352	7.999	4.638	3.254	555	1.457	2.399	296
2007	21.044	14.927	9.081	2.461	4.123	2.761	−333	1.565	−5.047	587
2008	−7.664	−7.744	−12.015	−2.435	3.673	2.365	−622	−1.668	1.720	487
2009	18.032	5.386	2.350	735	5.112	3.943	1.395	−1.000	1.589	872
2010	31.167	9.851	5.508	3.268	7.549	5.164	1.097	−15	3.396	857
2011	49.280	13.165	7.237	3.799	18.620	7.231	1.869	−1.134	4.029	1.701
2012	42.654	14.555	8.176	4.149	10.732	7.398	1.365	637	2.986	832
2013	31.225	12.074	5.918	756	9.621	7.926	707	27	−427	586
2014	31.510	9.960	4.218	1.087	9.233	7.141	826	606	1.829	828
2015	34.356	12.022	5.661	1.963	9.369	6.816	894	767	2.097	428
2016	30.596	8.975	2.018	−48	10.611	7.340	1	486	2.309	941
2017	30.845	9.957	3.905	288	10.010	7.316	*	412	1.960	902
Σ	469.783	164.157	72.898	38.982	126.886	80.739	9.170	9.362	29.566	14.425
JD	26.099	9.120	4.050	2.166	7.049	4.486	509	520	1.643	801
Anteile	100	34,9	15,5	8,3	27,0	17,2	2,0	2,0	6,3	3,1

JD = Jahresdurchschnitt
* Seit 2017 werden die Genossenschaftlichen Zentralbanken nicht mehr explizit ausgewiesen. Sie werden jetzt unter Banken mit Sonderaufgaben aufgeführt.

Eine differenzierte Analyse des gesamten Bankensektors nach Bankengruppen zeigt weiter, dass die genossenschaftlichen *Volksbanken* nach den *Sparkassen* den zweitgrößten Gewinn verbuchen konnten. Dieser kam von 2000 bis 2017 auf fast 84,0 Mrd. EUR und entsprach einem Anteil von 25,8 Prozent am gesamten Branchengewinn vor Ertragsteuern. Auch die Volksbanken haben durchgängig einen Gewinn realisiert. Somit kommen Sparkassen und Volksbanken zusammen auf einen Gewinnanteil vor Steuern am gesamten Bankengewinn von 62,7 Prozent. Das einmalige deutsche „*Drei-Säulen-Modell*" aus Privatbanken, öffentlich-rechtlichen Banken und

Tab. 3.17: Jahresüberschuss/Jahresfehlbetrag vor Ertragssteuern der deutschen Kreditinstitute. Quellen: Deutsche Bundesbank, Diverse Monatsberichte, eigene Berechnungen.

Jahr in Mio. EUR	Alle Bankengruppen	Kreditbanken	davon: Großbanken	Landesbanken	Sparkassen	Kreditgenossenschaften	Genossenschaftliche Zentralbanken	Realkreditinstitute	Banken mit Sonderaufgaben	Bausparkassen
2000	21.055	6.411	3.181	2.843	5.032	2.094	835	744	1.335	1.731
2001	14.762	4.251	2.951	1.837	3.649	1.888	302	1.184	941	710
2002	11.655	909	−1.931	1.302	3.427	2.517	309	1.285	1.171	735
2003	2.360	−5.688	−7.315	−2.233	4.756	2.923	49	830	1.186	537
2004	10.947	−342	−2.067	472	4.400	2.977	220	566	2.079	575
2005	33.847	17.948	14.867	3.030	4.927	4.156	406	160	2.615	605
2006	27.879	10.144	7.520	6.014	4.421	3.614	382	568	2.454	282
2007	20.953	18.726	15.290	788	3.759	2.880	−375	375	−5.622	422
2008	−24.586	−16.420	−17.833	−6.051	2.161	2.039	−416	−2.913	−3.414	428
2009	−2.815	−6.474	−6.691	−5.913	4.710	3.404	696	−1.419	1.509	672
2010	18.446	3.339	2.039	−929	6.586	4.789	614	−86	3.472	661
2011	31.928	2.173	−94	72	16.760	6.981	1.210	−307	3.575	1.428
2012	30.802	8.125	5.138	2.296	9.460	7.411	607	97	2.163	643
2013	21.954	6.305	3.551	−479	8.601	7.650	535	117	−1.216	439
2014	25.000	6.593	3.659	−368	8.640	6.988	599	−166	1.951	762
2015	26.565	5.132	2.708	1.805	8.977	6.682	264	747	2.482	426
2016	27.784	6.727	3.145	−547	10.225	7.701	ka	525	2.263	890
2017	27.438	6.410	2.779	944	9.859	7.283	*	487	1.464	991
Σ	325.974	74.269	30.897	4.883	120.350	83.977	6.237	2.794	16.681	12.937
JD	18.110	4.126	1.717	271	6.686	4.665	347	155	927	719
Anteile	100	22,8	9,5	1,5	36,9	25,8	1,9	0,9	5,1	4,0

JD = Jahresdurchschnitt
* Seit 2017 werden die Genosenschaftlichen Zentralbanken nicht mehr explizit ausgewiesen. Sie werden jetzt unter Banken mit Sonderausgaben aufgeführt.

Genossenschaftsbanken (öffentlich-rechtliche Banken und Genossenschaftsbanken haben in Deutschland einen Marktanteil von 41 Prozent), das neoliberale Vertreter aus Politik, Wirtschaft und Wissenschaft noch vor der großen Krise 2007 zerschlagen wollten, erwies sich – abgesehen vom Fehlverhalten der Landesbanken – offensichtlich in der Finanzmarktkrise als ein großer Segen. Dies musste selbst der Ex-Bundesbank-Chef Axel Weber zugeben (zitiert bei Hickel 2013, S. 92).

3.4.3 Entwicklung bei der Deutschen Bank

Im Vergleich zu den Sparkassen und Volksbanken fiel dagegen die Bilanz des größten deutschen Kreditinstituts, der *Deutschen Bank*, in Summe sehr ambivalent aus. Da sind zunächst einmal die vielen negativen Meldungen. Fakt ist, dass die Bank bis einschließlich 2020 mit einer Prozesslawine (ca. 6.000 laufende Prozesse) von Anlegern und ganzen Staaten überrollt wird (Rügemer 2011, Troost 2016). Auf 18 Mrd. EUR belaufen sich hier mittlerweile die Straf- und Vergleichszahlungen (Luttmer 2018, S. 12). Auch die Marktkapitalisierung der Bank hat durch die Finanzmarktkrise heftig gelitten. Lag ihr Marktwert 2006, also vor der Krise, noch bei 53,2 Mrd. EUR, so lag er (13.02.2020) nur noch bei 20,5 Mrd. EUR. Er ist also um 61 Prozent gesunken. Doch selbst wenn im Krisenjahr 2008 ein großer Verlust in Höhe von gut 5,7 Mrd. EUR ausgewiesen werden musste und ebenso in den Jahren 2015 und 2016 insgesamt Verluste von 6,9 Mrd. EUR verbucht wurden, so betrug dennoch der *Gewinn vor Steuern* in einer langfristigen Betrachtung von 2000 bis 2017 immerhin 56 Mrd. EUR. Jahresdurchschnittlich waren das 3,1 Mrd. EUR Gewinn (vgl. Tab. 3.18).

Bezogen auf den Bankensektor konnte die Deutsche Bank von 2000 bis 2017 fast 17,2 Prozent des gesamten Branchengewinns vor Ertragsteuern vereinnahmen. Von einem schlechten Ergebnis lässt sich hier demnach kaum reden. Bezogen auf die Großbanken, die insgesamt auf einen Jahresüberschuss vor Steuern in Höhe von 30,9 Mrd. EUR kamen, bedeutet dies, dass die Deutsche Bank mit einem kumulierten Jahresüberschuss von 56,1 Mrd. EUR (von 2000 bis 2017) hier nicht nur das gesamte Ergebnis erhalten hat, sondern dass die anderen Großbanken, wie u. a. die Commerzbank, zusammen einen Verlust von 25,2 Mrd. EUR verzeichnet haben.

Die *Eigenkapitalverzinsung* der Deutschen Bank lag im Zeitraum von 2000 bis 2017 im Durchschnitt bei 8,7 Prozent. Das entspricht zwar nicht einer Rendite von 25 Prozent die der ehemalige Vorstandsvorsitzende der Deutschen Bank, Josef Ackermann, einmal gefordert, jedoch mit Abstand nie erreicht hat. Aber durchschnittlich 8,7 Prozent Verzinsung des Eigenkapitals sind für eine Bank ein durchaus komfortables Ergebnis. Schließlich beruhen die Renditen des Bankensektors auf den Ergebnissen der realproduzierenden Wirtschaft.

Trotz dieser im langfristigen Trend positiven Entwicklung kam es bei der Deutschen Bank aber wegen ihres *hochspekulativen Investmentbankings* zu einer Krise. Im Jahr 2007 wurden im Investmentbanking noch zwei Drittel der gesamten Erträge erzielt, heute sind es nicht einmal mehr 40 Prozent (Luttmer 2018, S. 12). Im April 2018 wurde deshalb ein neuer Vorstandvorsitzender, Christian Sewing, bestellt. Den hält der im Aufsichtsrat sitzende 1. Vorsitzende der Gewerkschaft ver.di, Frank Bsirske, für „hervorragend geeignet", um die Krise bei der Bank zu beenden. Dies gelang dem erst 2015 bestellten Vorstandsvorsitzenden, John Cryan, offensichtlich nicht. Bei seinem Weggang erhielt er allerdings eine hohe Abfindung. Die wirtschaftlichen Ergebnisse der Bank unter ihm waren schlecht, Verluste summierten sich in den letzten Jahren und der interne Umbauprozess der Bank lief zu schleppend. Trotzdem belohnte die

Tab. 3.18: Ergebnisentwicklung Deutsche Bank. Quellen: Deutsche Bundesbank, Diverse Geschäftsberichte, eigene Berechnungen.

in Mio. Euro	2000	2001	2002	2003	2004	2005	2006	2007	2008	2009	2010	2011	2012	2013	2014	2015	2016	2017	2000–2017
Ergebnis vor Steuern	16.156	701	769	2.756	4.029	6.112	8.339	8.749	-5.741	5.202	3.975	5.390	784	1.457	3.116	-6.097	-810	1228	56.115
Eigenkapitalrendite vor Steuern in v. H.	36,9	1,7	2,6	9,5	14,8	21,7	28,0	24,3	-16,5	15,3	9,5	10,2	1,3	2,7	4,6	-9,7	-1,4	1,9	8,7
Gezahlte Dividende je Aktie in Euro	1,15	1,30	1,30	1,30	1,50	1,70	2,50	4,00	4,50	0,50	0,75	0,75	0,75	0,75	0,75	0,75	0,00	0,19	1,36
Beschäftigte in Vollzeitkräfte umgerechnet	89.784	86.524	77.442	67.682	65.417	63.427	68.849	78.291	80.456	77.053	102.062	100.996	98.219	98.254	98.138	101.104	99.744	97.535	
davon in Deutschland																45.757	44.600	42.526	
Personalaufwand	13.526	13.360	11.358	10.495	10.222	10.993	12.498	13.122	9.606	11.310	12.671	13.135	13.526	12.329	12.512	13.293	11.874	12.253	
Personalaufwand je Beschäftigten	150.650	154.408	146.665	155.063	156.259	173.317	181.528	167.605	119.394	146.782	124.150	130.055	137.713	125.481	127.494	131.478	119.045	125.627	

Deutsche Bank ihre Führungskräfte mit *Bonuszahlungen* angesichts der roten Zahlen. So erhielten allein die Investmentbanker seit 2010 etwa 22 Mrd. EUR an Bonuszahlungen – trotz im Investmentbanking stark rückläufiger Ergebnisse (Luttmer 2018, S. 12).

Diese hohen Zahlungen erklären die überproportional hohen Pro-Kopf-Arbeitseinkommen bei der Deutschen Bank, die 2017 bei fast 126.000 EUR lagen. Dass Investmentbanker Einkommensmillionäre sind, ist hinlänglich bekannt. Dass es aber selbst heute noch knapp 4.600 Investmentbanker in der Europäischen Union gibt, die mehr als eine Million Euro im Jahr „verdienen", erstaunt dann doch. Über drei Viertel der Einkommensmillionäre arbeiten davon in Großbritannien (Frankfurter Rundschau vom 06.12.2018, S. 15), dem bislang größten Finanzplatz in der EU. Dies wird sich ab 2020 nach dem Brexit drastisch ändern. So will denn auch der neue Vorstandsvorsitzende, Sewing, ein sogenanntes „Eigengewächs" der Deutschen Bank, das Investmentbanking kräftig schrumpfen lassen und auf Europa beschränken. Sewing setzt zukünftig auf das Privat- und Firmenkundensegment und das Geschäft mit vermögenden Kunden. Außerdem sollen die Führungsstrukturen „verschlankt" und Beratungsleistungen überprüft sowie Personal abgebaut werden.

Wie üblich in unternehmerischen Krisen setzt das Management darauf, Kosten einzusparen. Diese „Wunderwaffe" einzelwirtschaftlichen Handels berücksichtigt dabei die gesamtwirtschaftlichen Nachteile bzw. die „einzelwirtschaftliche Rationalitätsfalle" nicht, denn aus einer Kostensenkung resultiert gleichzeitig in derselben Höhe eine Einkommenssenkung. Dies hat aber über die Absatzseite keine unmittelbaren Rückwirkungen auf den Kostensenker. Und nur, weil dies so ist, tun es alle, wodurch die Einkommen gesamtwirtschaftlich fallen, worunter wiederum die gesamtwirtschaftlichen Absatzmöglichkeiten leiden.

3.4.4 Analyse der Eigenkapitalquoten und -rentabilitäten

Banken arbeiten, wie andere Unternehmen auch, nicht nur mit *Eigenkapital*, sondern ebenso mit *Fremdkapital*, insbesondere mit den hohen Einlagen ihrer Kunden. Die Eigenkapitalquote ist hier bei Banken deshalb traditionell sehr gering. Im Jahr 2007, vor der Krise, lag das bilanzielle Eigenkapital (einschließlich Fonds für allgemeine Bankrisiken, jedoch ohne Genussrechtskapital, dass aus verbrieften Inhaber-, Namens- oder Orderpapieren besteht) bei 312 Mrd. EUR oder 3,8 Prozent bezogen auf den Gesamtkapitaleinsatz (Bilanzsumme). Von 2008 bis 2017 konnte das Eigenkapital um 177,0 Mrd. EUR (56,7 Prozent) auf 489 Mrd. EUR gesteigert werden (vgl. Tab. 3.19). Trotzdem war die Eigenkapitalquote weiter gering und lag 2017 bei nur knapp 6 Prozent (Deutsche Bundesbank 2018, S. 53). Das heißt im Umkehrschluss, ca. 94 Prozent des Gesamtkapitaleinsatzes im deutschen Bankensystem sind fremdfinanziert. Bezogen auf alle Unternehmen in Deutschland lag dagegen 2017 die Fremdfinanzierungsquote bei „nur" 70 Prozent (Institut der deutschen Wirtschaft 2017, S. 53).

Tab. 3.19: Eigenkapitalrentabilitäten einzelner Bankengruppen in Deutschland. Quellen: Deutsche Bundesbank, Diverse Monatsberichte, eigene Berechnungen.

Bankengruppe* (in v. H.)	2000	2001	2002	2003	2004	2005	2006	2007	2008	2009	2010	2011	2012	2013	2014	2015	2016	2017
Alle Bankengruppen	9,8	6,3	4,5	0,9	4,3	12,9	9,2	6,6	−7,4	−0,8	5,3	8,6	7,8	5,3	5,7	5,8	6,0	5,6
Kreditbanken	8,2	4,7	1,0	−6,2	−0,4	21,8	11,2	19,1	−15,5	−5,8	3,0	1,8	6,6	5,0	4,8	3,5	4,5	3,9
Darunter: Großbanken und	6,3	5,0	−3,1	−12,9	−4,0	31,7	14,0	26,0	−25,3	−9,1	2,9	−0,1	6,7	4,6	4,3	3,0	3,5	2,9
Regionalbanken u. sonstige Kreditbanken	11,6	4,1	9,0	4,5	5,7	8,6	7,0	8,5	3,8	0,1	2,8	4,8	6,1	5,3	5,2	4,2	6,3	5,3
Landesbanken	8,1	4,8	2,8	−4,3	1,1	6,4	11,4	1,5	−11,1	−8,2	−1,5	0,1	3,9	−0,8	−0,6	3,3	−1,0	1,9
Sparkassen	13,4	9,2	8,2	10,9	9,7	10,5	9,0	7,2	4,0	8,5	11,4	27,4	13,0	10,6	10,0	9,7	10,4	9,4
Kreditgenossenschaften (Volksbanken)	8,6	7,5	9,7	10,6	10,3	13,8	10,9	8,1	5,5	9,0	12,1	16,4	15,7	14,8	12,2	10,7	11,5	10,1
Genossenschaftliche Zentralbanken	13,0	4,4	4,6	0,7	2,9	5,3	4,5	−4,0	−4,4	7,2	5,8	10,3	4,9	4,1	4,2	1,7	ka	ka
Realkreditinstitute	5,9	8,9	9,1	5,3	3,3	0,9	2,8	1,9	−15,5	−8,3	−0,5	−1,7	0,6	0,7	−1,0	4,9	5,5	5,5
Bausparkassen	25,7	10,3	10,4	7,7	8,1	8,4	3,9	6,0	6,0	9,4	9,0	17,9	7,7	5,0	8,4	4,5	8,9	9,2
Zum Vergleich:																		
Eigenkapitalrentabilität aller Unternehmen in Deutschland	26,3	25,9	22,4	21,2	22,9	26,9	28,8	32,5	26,4	18,7	23,6	23,8	23,5	20,9	20,2	18,1	21,7	20,6

* Ohne Institute in Liquidation und Institute mit Rumpfgeschäftsjahr; Eigenrentabilität = Jahresüberschuss/Fehlbetrag vor Steuern: Eigenkapital·100.

Die niedrige Eigenkapitalquote eröffnet den Banken aber potenziell die Möglichkeit, hohe *Eigenkapitalrenditen* zu erzielen. Dies ist aber – von Ausnahmen abgesehen – nicht der Fall. Die Verzinsung des eingesetzten Eigenkapitals aller deutschen Banken liegt im Durchschnitt weit unter den Renditen des gesamten Unternehmenssektors in Deutschland. Schwanken die Eigenkapitalrenditen im Bankendurchschnitt zwischen 12,9 Prozent (2005) und –7,4 Prozent (2008) so liegen die Renditen auf das eingesetzte Eigenkapital aller Unternehmen in Deutschland im Durchschnitt zwischen 32,5 (2007) und 18,1 Prozent (2015). Dies erstaunt nicht, wie bereits erwähnt. Gewinne der Finanzsphäre können sich nun einmal immer nur aus der produzierenden Wirtschaft speisen und fallen deshalb regelmäßig geringer aus.

Außerdem sind die Eigenkapitalrentabilitäten in den einzelnen Bankengruppen stark unterschiedlich hoch. Die größten Renditen erzielten kurzfristig von 2005 bis 2007 (vor der Finanzmarktkrise) die *Großbanken* mit bis zu 31,7 Prozent. Hier konnten die Banken aufgrund ihrer hochriskanten Spekulationsgeschäfte im Investmentbanking die Renditen der produzierenden Wirtschaft erreichen. Im Jahr 2008 erfolgte dann bei den Großbanken der Absturz auf eine negative Eigenkapitalrentabilität in Höhe von –25,3 Prozent. Inzwischen muss man sich mit Renditen von unter 5 Prozent begnügen. Wesentlich besser schneiden hier fast durchgängig die *Sparkassen* und *Volksbanken* ab. Sie überstanden nicht nur die Krise bestens, sondern hier liegen die Eigenkapitalrenditen auch fast immer im zweistelligen Bereich. Im Jahr 2011 wurden sogar Spitzenwerte von 27,4 Prozent (Sparkassen) und 16,4 Prozent (Volksbanken) erzielt. Hier zeigt sich: Banken, wie die Sparkassen und Volksbanken, die nicht hochspekulativ weltweit agieren und weitgehend regionalökonomisch eingebunden sind sowie über eine das Risiko einschätzbare Kundschaft verfügen, wie private Haushalte und überwiegend mittelständische Firmen, können ohne Probleme eine insgesamt gefährliche internationale Finanz- und Bankenkrise überstehen und trotz Krise mehr als auskömmliche gute Renditen realisieren.

3.4.5 Bestehende Regulierungsdefizite

Vereinfacht betrachtet sammeln *Banken* das überschüssige Geld von Menschen ein, die zu viel davon haben, um es dann denen zu geben, die einen Kredit benötigen. Dabei fallen *Kreditrisiken* ins Gewicht, während der Preis fürs Geld, der Zinssatz, für die Banken überlebenswichtig ist. Hier hat die weltweite Finanz- und Wirtschaftskrise für ein niedriges Zinsniveau gesorgt, das den Banken jetzt erhebliche Ertragsprobleme bereitet, was auch für die *Versicherungswirtschaft* gilt. Als Folge der Niedrigzinspolitik wächst die Kluft zwischen dem Garantieversprechen der Versicherungen gegenüber den Lebensversicherungskunden einerseits und den Erträgen der Versicherer aus ihren milliardenschweren Kapitalanlagen andererseits. Die Versicherungsgesellschaften legen dabei das Geld ihrer Kunden am Finanzmarkt über den Bankensektor an. Im Jahr 2014 waren das nach Angaben des Branchenverbandes (GDV) 1,45 Billionen EUR.

Mehr als 800 Mrd. EUR (rund 57 Prozent) stammten davon aus dem Lebensversicherungsbereich (Mathes 2015, S. 12).

Aufgabe

Untersuchen Sie die bilanziellen Auswirkungen der weltweiten Finanz- und Wirtschaftskrise auf die deutsche Versicherungswirtschaft am Beispiel des größten deutschen Versicherungskonzerns Allianz SE. Erstellen Sie dazu, wie hier für den Bankensektor gezeigt, eine ausführliche Analyse im Hinblick auf die Finanzlage und die Rentabilitätsentwicklung.

Als weiteres Problem kommt womöglich eine *Risikofehleinschätzung* hinsichtlich der Kredittragfähigkeit von Schuldnern hinzu.

> Bei niedrigeren Zinsen erscheinen höhere Schuldenniveaus zumindest vorübergehend tragfähig. Damit steigt der Anreiz, sich stärker zu verschulden oder den Abbau der Verschuldung aufzuschieben. [...] Die derzeit günstige konjunkturelle Situation und die geringe Volatilität an den Finanzmärkten sollten daher nicht darüber hinwegtäuschen, dass Risiken für die Stabilität des deutschen Finanzsystems bestehen und sich weiter aufbauen können. Risiken für die Finanzstabilität könnten sich dabei sowohl bei einem abrupten Zinsanstieg als auch bei einem anhaltend niedrigen Zinsniveau ergeben. (Deutsche Bundesbank 2017, S. 7)

Stabilisierend wirkt dagegen im Bankensektor, bei reichlich vorhandener Liquidität im Eurosystem, eine Reduktion des Geldaustausches durch gegenseitige Forderungen im *Interbankenmarkt*. Dadurch sind die direkten Ansteckungsgefahren der Banken untereinander rückläufig. Außerdem haben die deutschen Banken ihr Auslandsgeschäft seit der Finanzmarktkrise deutlich verringert und Risiken aus den Bankbilanzen wurden zu den Versicherern verlagert, indem diese ihre Forderungen gegenüber Banken reduziert und dafür ihr Kapital verstärkt in *Investmentfonds* angelegt haben. Dies hat wiederum insgesamt zu einer gestiegenen Bedeutung von Investmentfonds im deutschen Finanzsystem beigetragen (vgl. Deutsche Bundesbank 2017, S. 8). „Darüber hinaus sind die Banken selbst durch strengere Kontrollen bei der Kreditvergabe vorsichtiger geworden. Dabei ist zu berücksichtigen, dass der *Wohnimmobilienmarkt* für die Stabilität des deutschen Finanzsystems eine große Bedeutung hat. Wohnungsbaukredite machen rund 72 Prozent der Verschuldung des privaten Haushaltssektors aus" (Deutsche Bundesbank 2017, S. 57). Diesbezüglich ist das Finanzaufsichtsrechtsergänzungsgesetz vom 10. Juni 2017 zu nennen, dass bei der Immobilienkreditvergabe Restriktionen im Hinblick auf die Relation von Darlehensvolumen und Immobilienwert und an die Amortisationsanforderung stellt.

Dennoch sind die *Regulierungen* allgemein an den Finanzmärkten und im Besonderen bei den Banken noch nicht hinreichend. Die Arbeitsgruppe Alternative Wirtschaftspolitik (2018, S. 4) stellt diesbezüglich fest:

> So blieb der Versuch, die vor der Krise deregulierten Finanzmärkte wieder zu bändigen, deutlich hinter den ersten Ankündigungen der Politik zurück. Nach wie vor gibt es kein Trennbankensystem und keine Transaktionssteuer, dafür aber Kreditverbriefungen, riesige Derivatemärkte, ei-

nen Hochfrequenzhandel mit Aktien und aberwitzige Bonuszahlungen für Finanzmanagerinnen und -manager. Außerdem ist der Schattenbankensektor kräftig gewachsen, und die Steueroasen sind immer noch nicht ausgetrocknet worden. Auch die eingeführte ‚Bankenabwicklung' muss als halbherzig klassifiziert werden. Das wichtigste Instrument ist hier das sogenannte ‚Bail-in', eine Verlustbeteiligung von Bankeigentümerinnen und -eigentümern sowie Gläubigerinnen und Gläubigern durch Entwertung (Abschreibung) ihres eingebrachten Kapitals. Doch sobald eine sehr große Bank in die wirtschaftliche Schieflage kommt und andere Banken mit gefährdet, drohen trotz ‚Bail-in' weiter Dominoeffekte. Die Erfahrung hat hier gezeigt, dass in solchen Fällen stets die Neigung besteht, die Regeln zur Gläubigerbeteiligung politisch zur Seite zu schieben. Deshalb soll auch zukünftig mit staatlichen Geldern eingesprungen werden können. So sieht die Abwicklungsrichtlinie bei einer schweren Bankenkrise weiter eigens eine Ausnahmeregel in Form einer staatlichen Finanzsektorhilfe vor. Die Kosten von Bankenrettungen werden durch die neuen Instrumente zwar gesenkt, die Banken sind aber nach wie vor zu groß, zu komplex und zu vernetzt, um sie systemschonend abwickeln zu können. (Arbeitsgruppe Alternative Wirtschaftspolitik 2018, S. 4)

Auch die Ende 2017 nach mehr als sieben Jahren Verhandlungsmarathon verabschiedete *Basel-III Regelung* fällt nur halbherzig aus. Hier dürfen jetzt, nach viel Lobbyarbeit der Banken, die Eigenkapitalhinterlegungen für ausgereichte Kredite durch bankeninterne Bewertungsmethoden kleingerechnet werden. Außerdem wurden großzügige Übergangsfristen eingeräumt. Erst 2027, also 20 Jahre nach der Finanzmarktkrise, muss Basel-III vollständig umgesetzt sein.

3.4.6 Finanzinvestoren

Befeuert durch die 2007 ausgebrochene Finanz- und Wirtschaftskrise, die als Ursache auf die oben beschriebene Umverteilung zurückgeht, sind schließlich riesige Finanzorganisationen in einem bis heute nicht kontrollierten *Schattenbankensektor* entstanden, die das überschüssige Geld der Vermögenden einsammeln und es anonym weltweit verwerten. Die größte Finanzorganisation ist hier der US-Fonds *BlackRock* mit Sitz in der Steueroase Delaware. Mit nur 13.000 Beschäftigten weltweit verwaltet der US-Fonds 2020 7 Billionen US-Dollar. Der zweitgrößte Fonds *Vanguard*, mit einem eingesetzten Kapital in Höhe von gut 5 Billionen US-Dollar, kommt auch aus den USA und hat ebenfalls seinen Steuersitz in Delaware genommen und der drittgrößte *Fonds State Street* kommt auf 2,8 Billionen US-Dollar. Zusammen sind das 13,8 Billionen US-Dollar, verwaltet von drei Finanzunternehmen. Mittlerweile sind diese drei größten Investmentgesellschaften zu Herrscherinnen über die größten Unternehmen der Welt geworden. Sie kontrollieren rund 20 Prozent aller Stimmrechte der Unternehmen aus dem US-Börsenindex S&P 500. In 20 Jahren, so Prognosen, könnten es 40 Prozent sein (Kaufmann 2019, S. 15). Addiert man den gesamten Finanzkapitaleinsatz der größten 20 Kapital(Finanz-)organisationen der Welt, so kommt man auf eine Summe von 34,7 Billionen US-Dollar. Von den 20 Fonds kommen dabei 17 aus den USA und die restlichen drei aus Frankreich (Amundi/Paris mit 1,2 Billionen US-Dollar sowie Natixis Global/Paris mit 0,99 Billionen US-Dollar) und AXA/Paris mit 0,75 Billionen US-Dollar; vgl. Rügemer 2018, S. 12 ff., S. 36).

Neben diesen Riesenfonds vom Typ BlackRock haben sich *Private Equity-Fonds* („Heuschrecken", wie sie der ehemalige SPD-Vorsitzende Franz Müntefering nannte), *Hedgefonds* und Wagniskapitalisten sowie Investmentbanken, Privatbanken und die traditionellen Großbanken als die wesentlichen Finanzakteure herausgebildet. Sie sammeln das liquide Kapital bei sehr vermögenden Kunden, bei Unternehmensstiftungen, Multimilliardären und Multimillionären sowie Unternehmensclans ein.

Alle diese Finanzakteure fördern und beherrschen mittlerweile auch die Aufsteiger des Internets wie Apple und Microsoft, Google/Alphabet, Amazon, Facebook, Uber oder AirBnB (vgl. Kap. 3.2.2.5).

„Wenn es sich lohnt

In der Finanzszene ist man ganz aufgeregt: Der größte private Vermögensverwalter der Welt, die US-Gesellschaft BlackRock, will ihre Geldanlagen künftig mehr am Klimaschutz ausrichten. Als gute Nachricht wird das gefeiert, weil man weiß: Gesellschaften, die Milliardengelder verwalten und verteilen, haben mehr Einfluss auf die Unternehmen als noch so viele Demonstrationen für den Klimaschutz. Nun ist es immer begrüßenswert, wenn Stimmen aus der Finanzwelt sich für Nachhaltigkeit einsetzen. Die Ankündigung von BlackRock zeigt jedoch gleichzeitig die engen Grenzen dieses Einsatzes. Die Finanzwelt erlebe durch den Klimawandel eine ,fundamentale Umwälzung' schreibt BlackRock-Chef Larry Fink an seine Kunden. Dem müsse sich auch die Finanzwelt stellen. Es gehe daher darum, aus Investitionen auszusteigen, die hohe Risiken im Bezug auf Nachhaltigkeit aufweisen, zum Beispiel Kohle. Nachhaltigkeit müsse ins Zentrum der Anlagestrategie rücken. Das klingt erst einmal gut. Schließlich ist BlackRock mit einem Anlagevermögen von sieben Billionen US-Dollar ein Riese unter den Geldverwaltern. Das erste Problem ist jedoch: Von diesen sieben Billionen hat BlackRock 4,6 Billionen in sogenannten ,passiven Investments' angelegt. Dies sind zum Beispiel Fonds, die Aktienindizes wie den S&P 500 exakt nachbilden. Alle Klimasünder, die in diesen Indizes enthalten sind, kauft BlackRock also automatisch, es findet keine gezielte Aktienauswahl statt. Etwa zwei Drittel des BlackRock-Vermögens stehen für Investitionen in Nachhaltigkeit also nicht zur Verfügung. Auch das verbleibende Drittel des Vermögens, das BlackRock aktiv managt, fließt nicht unbedingt in den Klimaschutz. Im Brief an die Kunden erwähnt Fink zwar, dass BlackRock dabei sei, seine Investments aus Unternehmen herauszuziehen, die mehr als ein Viertel ihrer Einnahmen mit Kohleproduktion machen. Doch unter den Wertpapieren, die BlackRock weiter kauft, dürften weiter Titel einiger der größten Kohleproduzenten sein. [...] Sein Engagement für Nachhaltigkeit begründet Fink sehr eindeutig: Der Klimawandel sei eine Bedrohung für die Menschheit, vor allem aber eine Bedrohung der Anlagerendite: ,Klimarisiken sind Investment-Risiken'. Der BlackRock-Chef schreibt nicht: ,Sorry, wir haben Milliarden mit klimaschädlichen Anlagen verdient, aber jetzt müssen wir auf Rendite verzichten zum Wohle der Umwelt.' Vielmehr sei es seine ,Überzeugung, dass nachhaltigkeits- und klimaintegrierte Portfolios bessere risikobereinigte Erträge für Investoren bieten können'. Kurz: Fink will am Klimaschutz verdienen, zum Beispiel durch Private-Public-Partnerships für öffentliche Infrastruktur. Das bedeutet: Der Vermögensverwalter investiert in den Klimaschutz, weil er davon ausgeht, dass es sich lohnt. Und das bedeutet: nur insoweit es sich lohnt" (Kaufmann 2020c).

Auch das Geschäftsmodell solcher Private Equity-Fonds, die als *Buy-out-Fonds* oft nur auf schnelle „Beute" aus sind, ist öffentlich verschrien, dennoch boomt ihr Geschäft. „Die Finanzierungskraft von Private Equity beläuft sich laut Finanzdienst Bloomberg inzwischen auf weltweit 1.300 Milliarden Dollar" (Kaufmann 2019, S. 14). Die Buy-out-Transaktionen (Mehrheitsbeteiligungen von Private Equity-Fonds an in der Regel nicht börsennotierten Unternehmen) am weltweiten Private-Equity-Markt kamen von 2009 bis 2018 kumuliert auf einen Wert von 3.250 Milliarden Dollar (Kaufmann 2019, S. 14). Die hier

> von den Investoren mit dem Kundenkapital gebildeten einzelnen Fonds heißen zum Beispiel Blackstone Real Estate Partners I, Blackstone Real Estate Partners II, III und IV […] Sie sind allermeist wie bei BlackRock & Co in einer Finanzoase domiziliert. Mit diesem verdeckten Kapital kaufen die PE-Manager Eigentumsanteile von Unternehmen (equity = Unternehmensbeteiligung). Das Kapital der Kunden und die damit gekauften Unternehmensanteile verwalten die PE-Investoren ‚treuhänderisch'. Aber wie bei BlackRock & Co sind sie rechtlich selbst die Vertreter des Kapitals, nehmen mit diesen Sicherheiten im eigenen Namen bei Banken Kredite auf, kaufen die Unternehmensanteile und nehmen die Stimmrechte wahr. (Rügemer 2018, S. 63)

Alles wird dem Diktat der *kurzen Frist* und *hoher Renditen* unterworfen, unter dem langfristige industrielle Investitionen leiden.

> Wenn Unternehmensteile oder ganze Unternehmen, die nicht an der Börse notiert sind, verkauft werden, ist das die Stunde der Fonds. Der Private Equity-Investor handelt nach der Devise: ein ganzes Unternehmen kaufen, fit machen und weiterverkaufen. Hier wird das Prinzip des Kaufens, um teurer zu verkaufen, von Aktien und anderen handelbaren Wertpapieren auf ganze Unternehmen ausgeweitet. Ein Wesensmerkmal von PE-Investitionen ist dabei die hohe Fremdfinanzierung des Kaufpreises mit Krediten. (Köppen 2007, S. 58)

Man macht sich hier den *Leverage-Effekt* (vgl. Kap. 3.3.2.1), das „Hebeln" der Eigenkapitalrentabilität, zu eigen.

Die eigentlichen Kapitalgeber der Private-Equity-Fonds bleiben der Öffentlichkeit, auch in den Unternehmen selbst, unbekannt. Gekauft werden nicht die großen Aktiengesellschaften; dies sind allermeist weder Aktiengesellschaften noch an der Börse notiert. „Uns interessieren reife, international tätige Firmen mit Umsätzen von ein bis zwei Milliarden Euro und stabilem Cash Flow", so 2004 Thomas Middelhoff, der damalige Chef des in London ansässigen PE-Investors Investcorp. Es geht diesen Investoren nicht darum, marode Firmen auszuweiden oder zu sanieren, sondern sich lukrative Firmen herauszusuchen, um sozusagen aus Silber Gold zu machen. Diese Unternehmen werden dann im Laufe von zwei bis sieben Jahren verwertet, umgebaut, dann weiterverkauft oder an die Börse gebracht – das ist das Ziel. Oder man partizipiert bei der Umstrukturierung großer Konzerne: „Veräußerung von Randaktivitäten großer Konzerne", heißt das im Beratermilieu. „PE-Investoren kaufen sich nicht flächendeckend in möglichst viele Unternehmen ein wie BlackRock Inc., sondern beißen sich kurzfristig in einigen wenigen fest. Vom Volumen her ist alles eine Nummer kleiner als bei BlackRock. So hat der größte PE-Investor *Blackstone* gegenwärtig 333 Milliarden US-Dollar an verwaltetem Kapital, also ein Zwanzigstel im Vergleich zu BlackRock" (Rügemer 2018, S. 63 f.).

Private Equity-Geschäft

„Der Kaufpreis soll möglichst niedrig sein. [...]. Bei den Preisverhandlungen werden bereits die zukünftigen Privilegien der bisherigen Eigentümer [...] und der führenden Manager (sie bekommen Eigentumsanteile und Extra-Boni) mit einbezogen. So stimmen sie einem niedrigen Verkaufspreis leichter zu. Wirtschaftsprüfer [...] und Wirtschaftskanzleien [...]stellen gutachterlich niedrige Kaufpreise fest. Dann zwingt der Investor das zu kaufende Unternehmen, Kredite aufzunehmen, damit der Investor den Kaufpreis aufbringen kann: Das Unternehmen wird verschuldet und unter Kostensenkungsdruck gesetzt. Nach dem Kauf beginnt der ‚Verwertungszyklus'. Er soll maximal sieben Jahre dauern: Die Gewinne entstehen erstens durch Abbau von Arbeitsplätzen, Lohnkürzungen, Kürzungen von übertariflichen Leistungen, durch Mehrarbeit bei gleichem Lohn, durch vermehrten Einsatz von Leiharbeitern und durch Auslagerung (Outsourcing). Zweitens können Teile des Unternehmens, auch Grundstücke und Immobilien, verkauft werden. Drittens wird auch an der ‚Steueroptimierung' gearbeitet, etwa durch Gründung einer Holding in einer Finanzoase, in die der rechtliche und Steuersitz verlagert wird. Viertens entnimmt der Investor frühzeitig Gewinne, die auch mithilfe von Krediten finanziert werden [...]. Der wesentliche Gewinn aber soll in der letzten Phase entstehen, durch den Exit nach drei bis sieben Jahren" (Rügemer 2018, S. 40).

Eine ganz besondere Art Kapitalanlagegesellschaften sind *Hedge-Fonds*. „Ihre wichtigste Besonderheit liegt darin, dass die allgemein üblichen Bestimmungen über Investmentfonds für sie nicht gelten und sie faktisch *keiner Aufsicht* unterliegen. [...] Sie sind frei in der Wahl ihrer Anlagestrategien und Vermögensstruktur, sie können beliebig hohe Risiken eingehen, ohne sich abzusichern" (Huffschmid 2002, S. 99). Auch Hedge-Fonds bedienen sich durch Aufnahme von zusätzlichem Fremdkapital des Leverage-Effekts zur „Hebelung" der Eigenkapitalrendite, die dann auch aufgrund der hohen Anlagerisiken deutlich höher als bei Aktien und festverzinslichen Wertpapieren ausfällt. „Schon in den 40er Jahren hat es den ein oder anderen dieser Fonds gegeben; richtig in Mode gekommen sind sie jedoch erst in den 1990er Jahren, als die Reichen immer reicher und Liquidität überreichlich wurden. 1990 verwalteten erst 127 Fonds zusammen die lächerliche Summe von 8,8 Milliarden US-Dollar. Bis Ende 1997 hatte sich ihre Zahl jedoch auf 1115 Fonds fast verzehnfacht, das Fondsvermögen war auf das Dreizehnfache (110 Milliarden Dollar) gestiegen" (Huffschmid 2002, S. 99). „Bis 2000 war das Geschäftsvolumen der Hedge-Fonds dann schon auf weltweit 500 Milliarden US-Dollar gestiegen und 2014 waren es rund 3 Billionen US-Dollar. Dabei kamen die 12 größten Fonds, der zumeist von Einzelpersonen geführten kleinen und mittelgroßen Fonds, im Jahr 2016 auf einen Fondswert von insgesamt 544 Milliarden US-Dollar" (Rügemer 2018, S. 121).

Hedge-Fonds-Gebaren:

„Ray Dalio, ‚der erfolgreichste Hedgefondsmanager der Welt', gründete schon 1975, nach dem Studium an der Harvard Business School, den Hedgefonds Bridgewater Associates. Er prägte diesen Investorentyp und fand viele Nachahmer. Für ihn haben Investitionen am wenigsten mit dem zu tun, was der gemeine Mensch unter einer Investition versteht. Es sollen keine Arbeitsplätze geschaffen werden, es werden keine Unternehmen gekauft, gegründet oder erweitert. Vielmehr wird mit diversen Finanzinstrumenten auf jede Bewegung auf dem Markt der Aktien, Derivate, Rohstoffe, Edelmetalle, Staatsanleihen gewettet. Diese Wetten werden als Wertpapiere verkauft. Diese Operationen finden keineswegs im ‚luftleeren Raum' statt. Dalio erklärte es bei einem seiner seltenen öffentlichen Auftritte: Er ‚sorgt sich um Europa' wie das Handelsblatt mitsorgend wiedergab. Denn: ‚Arbeitskraft ist in der EU im Schnitt zweimal so teuer wie in den Vereinigten Staaten […] Deshalb muss Europa dringend wettbewerbsfähiger und weniger bürokratisch werden'. Die Grundlage auch für die Hedgefonds-Wetten ist die Ausbeutbarkeit der konkreten menschlichen Arbeitskraft. Dafür sollen die Regierungen sorgen. So wettete Dalio mit seinem Pure Alpha Fonds im Jahr 2017 mit 22 Milliarden US-Dollar auf das Absinken von Aktien von Unternehmen in Europa, die besonders mit dem Abbau von Arbeitsplätzen befasst waren, so Deutsche Bank, Siemens, Allianz, BASF. Bridgewater verdiente seit der Gründung 50 Milliarden US-Dollar, was den Hedgefonds-Spekulanten George Soros, der nur 44 Milliarden US-Dollar verdiente, schlecht aussehen lässt, wie die FAZ rapportiert" (Rügemer 2018, S. 123 f).

3.5 Arbeit und Arbeitsmärkte

Nach der Herausarbeitung der Güter-, Geld- und Finanzmärkte geht es im Weiteren um den Menschen in der Ökonomie und um Arbeitsmärkte. Die Wirtschaft soll für den Menschen da sein, nicht umgekehrt, die Realität ist aber eine andere. Der Mensch ist hier vielmehr Mittel zum Zweck, wobei der Zweck keineswegs die Wohlfahrt aller Menschen impliziert oder wie es Ludwig Erhard (1897–1977) formulierte einen „Wohlstand für alle" erzeugen soll. In einer marktwirtschaftlich-kapitalistischen Ordnung besteht der Zweck der Wirtschaft darin, Kapital zu akkumulieren und den Reichtum weniger Menschen in Form einer maximal zu erzielenden Profitrate zu vermehren (vgl. Kap. 3.3.2.2).

In der *orthodoxen Mikroökonomie* kommt der Mensch so gut wie nicht vor. In dem bereits erwähnten Lehrbuch Grundzüge der Mikroökonomik von Hal R. Varian sind es wenige Seiten, auf denen der arbeitende Mensch Berücksichtigung findet. Varian beschränkt den Menschen auf eine funktionale Deskription des Arbeitsangebotes und auf die Erkenntnis, dass der Lohnsatz für geleistete Arbeit auch Opportunitätskosten der Freizeit impliziere sowie, dass bei einem steigenden Lohnsatz das Arbeitsangebot ab einem gewissen Punkt sinke („rückwärts geneigte Arbeitsangebotskurve"), weil das zusätzliche Einkommen zum „Kauf" zusätzlicher Freizeit verwendet werde. Dass aber Arbeit, wenn der Lohn immer mehr verfällt, nicht weniger, sondern zur Existenzsicherung in größerem Maß angeboten wird, und der Lohn nach dem deutschen Ökonomen Wolfgang Stützel (1925–1987) damit, mit katastrophalen Wirkungen auf die Arbeitsmärkte, in Richtung einer Prekarisierung noch mehr sinkt („*anormale Arbeits-*

angebotsfunktion"), erwähnt Varian dabei nicht. Im Gegensatz zu Varian und der orthodoxen Mikroökonomie, wollen wir im Folgenden den wichtigsten „Faktor" im Wirtschaftsleben, den Menschen, ausführlich beschreiben und einordnen. Wir werden deshalb zunächst die geschichtliche Entwicklung und Herausbildung der menschlichen Arbeit im ökonomischen Kontext aufzeigen, um sie daraufhin zu bewerten.

3.5.1 Zur geschichtlichen Entwicklung und Herausbildung der Arbeit

3.5.1.1 Erste Anfänge: Urgesellschaft

Arbeit hat den entscheidenden Anteil an der Entwicklung der Gesellschaft. Erst durch Arbeit mithilfe der von ihm gefertigten Werkzeuge konnte sich der Mensch von der *Tierwelt* abgrenzen und seinen gesellschaftlichen Zustand festigen. Arbeit ist dem Menschen vorbehalten. Sie beginnt mit der Herstellung von primitiven Arbeitsinstrumenten, die ein vorher festgelegtes Ziel und eine logische Reihenfolge von Handlungen voraussetzt, mit denen es erreicht werden soll. Dies vermag kein Tier. „Eine Spinne verrichtet Operationen, die denen des Webers ähneln, und eine Biene beschämt durch den Bau ihrer Wachszellen manchen menschlichen Baumeister. Was aber von vornherein den schlechtesten Baumeister vor der besten Biene auszeichnet, ist, daß er die Zelle in seinem Kopf gebaut hat, bevor er sie in Wachs baut. Am Ende des Arbeitsprozesses kommt ein Resultat heraus, das beim Beginn desselben schon in der Vorstellung des Arbeiters, also schon ideell vorhanden war" (Marx 1867 (1974), S. 193). Folglich bedeutete der Übergang zur Anfertigung von Arbeitsinstrumenten, dass die Arbeit des Menschen zu einer wirklich erkannten und zielbewussten Tätigkeit, das heißt zu spezifisch menschlicher Tätigkeit geworden war. Mit der Entwicklung und Vervollkommnung der Arbeit, vervollkommnete sich schließlich auch der Mensch immer mehr.

Arbeitsformen

In der marktwirtschaftlich-kapitalistischen Welt ist der Arbeitsbegriff auf *Erwerbsarbeit* beschränkt. Damit wird diejenige Arbeit ausgegrenzt und abgewertet, die dem Markt- und damit profitorientierten Kapitalverwertungsprozess vor- und nachgelagert ist – der reproduktiven Versorgungsarbeit. Diese produziert keine Waren, sondern Lebensmöglichkeiten, die nicht bezahlt und daher auch nicht als produktive Erwerbsarbeit gewürdigt werden. Solche *Versorgungsarbeit* wird nach wie vor überwiegend von Frauen verrichtet. In einem weiten Arbeitsbegriff werden darüber hinaus Arbeiten wie *Eigenarbeit* sowie *Gemeinschaftsarbeit* beziehungsweise bürgerschaftliches Engagement unterschieden.

Menschliche Arbeit war dabei im Laufe der Menschheitsgeschichte vielfältigen Veränderungen unterworfen. Dies bezieht sich sowohl auf den Arbeitsprozess selbst, d. h., auf die Frage, wie wurde unter welchen Bedingungen mit welchen Produktionsmitteln gearbeitet, als auch auf die Frage der *Aneignung der Arbeitsergebnisse*, d. h., wer erhält die Mühen der Arbeit und profitiert davon?

Arbeit wird auf Arbeitsmärkten als eine „*besondere Ware*" ausgetauscht. Wer deshalb den Tauschprozess auf den Arbeitsmärkten verstehen will, muss sich zunächst einmal mit der Arbeit selbst beschäftigen, weshalb wir im Folgenden einen kurzen Abriss über die Epochen der Arbeit in Bezug auf die einzelnen Wirtschafts- und Gesellschaftsordnungen darstellen. Gleichzeitig zeigen wir damit in groben Zügen auch auf, wie sich die moderne Erwerbsarbeit in marktwirtschaftlich-kapitalistischen Ordnungen herausgebildet hat.

In der *Urgesellschaft*, die etwa bis zum 5. und 4. Jahrtausend vor unserer Zeitrechnung bestand, war sowohl die Arbeit als auch die Verteilung der Arbeitsergebnisse kollektiv organisiert. Die „Arbeits- bzw. Produktionsmittel" waren noch primitiv und es lag kein Privateigentum an Grund und Boden oder den Arbeitsinstrumenten vor. Die „Produktionsmittel" waren vielmehr *kollektives Eigentum*. Die Urgesellschaft war eine *klassenlose* Gesellschaft. Der Widerspruch zwischen den Interessen der von Kapitaleigentümern abhängigen Beschäftigten existierte noch nicht. Der Arbeitsprozess, mit dem der Mensch aktiv auf die Natur einwirkte, war noch nicht arbeitsteilig organisiert. Dies lag zum einen an der Arbeitskraft selbst, deren Wissen noch beschränkt war, und zum anderen an den noch primitiven Arbeits-(Produktions-)mitteln. Die Arbeitsergebnisse waren in Folge nur bescheiden. Durch die geringe Produktivität entstand noch kein Überschussprodukt. Man kann hier lediglich von einer *Subsistenzwirtschaft* sprechen, die das Überleben sicherte. Dadurch war auch noch kein Austausch bzw. Handel zwischen Menschen oder ersten Zusammenschlüssen von Menschen in Horden, Stämmen oder unter Blutverwandten möglich.

Erst mit der weiteren Entwicklung der Menschen und der damit verbundenen Herausbildung *verbesserter Arbeitsinstrumente* (ganz wesentlich war dabei die Beherrschung und Reproduzierbarkeit des Feuers) kam es schließlich zu einer Mehrproduktproduktion, die einen Überschuss durch Mehrarbeit an Subsistenzmitteln ermöglichte. Marx schrieb dazu: „Braucht der Arbeiter alle seine Zeit, um zur Erhaltung seiner selbst und seiner Race nötigen Lebensmittel zu produzieren, so bleibt ihm keine Zeit, um unentgeltlich für dritte Personen zu arbeiten. Ohne einen gewissen Produktivitätsgrad der Arbeit keine solche disponible Zeit für den Arbeiter, ohne solche überschüssige Zeit keine Mehrarbeit und daher keine Kapitalisten, aber auch keine Sklavenhalter, keine Feudalbarone, in einem Wort keine Großbesitzerklasse" (Marx 1867 (1974), S. 534). Das Mehrprodukt machte erstmals eine gesellschaftliche Klassenbildung möglich, wobei als Klassen solche gesellschaftlichen Gruppen anzusehen sind, „die durch das Merkmal von Herrschaft, das heißt durch das Verhältnis von Arbeit und Aneignung gegeneinander geschieden sind" (Hofmann 1977, S. 34).

Das Entstehen des *Mehrprodukts* wurde zum entscheidenden Wachstumsmotor und ermöglichte die *Weiterentwicklung* der Menschen, aber auch deren *Ausbeutung*. Wir können nicht sagen, wann es zeitlich so weit war, aber wir wissen, dass durch die Produktion eines Überschussproduktes zum ersten Mal in der Geschichte Menschen andere Menschen ausbeuten konnten, indem sich die Mächtigeren mittels Gewalt das Überschussprodukt aneigneten. Seitdem lassen Menschen andere für sich arbeiten. Die Menschheitsgeschichte zeigt, dass in *Gemeinschaften ohne Privateigentum* die Notwendigkeit selbst arbeiten zu müssen, auf alle Mitglieder der Gemeinschaft gleichmäßig verteilt war. In der Zeit des bereits hoch entwickelten alten und mittleren Reiches in Ägypten (2660 bis 1785 vor unserer Zeitrechnung) war der heutige Begriff „Arbeiter" noch völlig unbekannt, weil [...] alle gleichermaßen zu den zu verrichtenden Tätigkeiten herangezogen wurden. Privilegien, die von manuellen Tätigkeiten befreiten, scheinen nicht bestanden zu haben, so dass keinem und keiner Gruppe die besonders schweren und belastenden Verrichtungen aufgezwungen werden konnten. Erst mit der *Schaffung des Privateigentums* und der Herausbildung von ersten Machtstrukturen, [...] wurden Teile der Bevölkerung von der Notwendigkeit und Pflicht, für die Sicherung des unmittelbaren Lebensunterhalts tätig zu sein, befreit. Für die Nichtprivilegierten ergaben sich Abhängigkeit und Hörigkeit. Die niedrigen und gemeinen Dienste waren von ihnen zu verrichten; der Stand der ‚Arbeiter' wurde geboren. In der ägyptischen Sprache steht für Arbeit und Arbeiter das Wort ‚*Meru*', was so viel bedeutet wie „tragen" oder „Träger". Die Arbeiter konnte man aufgrund des Zwanges, für ihre Existenzerhaltung ihre Kraft einsetzen zu müssen, so niedrig entlohnen, dass sie nie Eigentum bilden konnten und dadurch chancenlos in der Rolle der Nichtprivilegierten, der Eigentumslosen, der Recht- und Machtlosen verharren mussten. Der Unterschied zwischen dem Wert ihrer Arbeitsleistung und dem für ihre Existenzerhaltung und die Aufzucht ihrer Nachkommenschaft notwendigerweise bezahlte Lohn floss den Privilegierten zu, von deren Prachtentfaltung seit Jahrtausenden monumentale Zeugen künden." (Harlander/Heidack/Köpfler/Müller 1994, S. 22).

Aufgabe

Untersuchen und diskutieren Sie, ob die heutigen abhängig Beschäftigten auch noch die Nichtprivilegierten in der Gesellschaft sind. Wie beurteilen Sie in diesem Kontext den Tatbestand von staatlich gezahltem Kinder- und Wohngeld? Nehmen Sie dazu dialektisch Stellung.

3.5.1.2 Arbeit in der Sklavenhalterordnung

Die Entwicklung der Produktivkräfte ermöglichte ein Mehrprodukt und damit die Ausbeutung von Menschen durch den Menschen. Die individuellen Eigentumsverhältnisse unterschieden sich zunehmend; das kollektive Stamm- und Gemeineigentum wandelte sich immer mehr in *Privateigentum* um. Diesen Eigentumsveränderungsprozess beschrieb Marx in seiner „Deutschen Ideologie" wie folgt: „Die erste Form des Eigentums ist das *Stammeigentum*. Es entspricht der unentwickelten Stufe der Produktion, auf der ein Volk von Jagd und Fischfang, von Viehzucht oder höchstens vom Ackerbau sich nährt. Es setzt in diesem letzteren Falle eine große Masse unbebauter Ländereien voraus. Die Teilung der Arbeit ist auf dieser Stufe noch sehr wenig entwickelt und beschränkt sich auf eine weitere Ausdehnung der in der Familie gegebenen naturwüchsigen Teilung der Arbeit. Die gesellschaftliche Gliederung beschränkt sich daher auf eine Ausdehnung der Familie: patriarchalische Stammhäupter, unter ihnen die Stammmitglieder, endlich Sklaven. Die in der Familie latente Sklaverei entwickelt sich erst allmählich mit der Vermehrung der Bevölkerung und der Bedürfnisse und mit der Ausdehnung des äußern Verkehrs, sowohl des Kriegs wie des Tauschhandels. Die zweite Form ist das *antike Gemeinde- und Staatseigentum*, das namentlich aus der Vereinigung mehrerer Stämme zu einer Stadt durch Vertrag oder Eroberung hervorgeht und bei dem die Sklaverei fortbestehen bleibt. Neben dem Gemeindeeigentum entwickelt sich schon das mobile und später auch das immobile Privateigentum, aber als eine abnorme, dem Gemeindeeigentum untergeordnete Form. Die Staatsbürger besitzen nur in ihrer Gemeinschaft die Macht über ihre arbeitenden Sklaven und sind schon deshalb an die Form des Gemeindeeigentums gebunden. Es ist das gemeinschaftliche Privateigentum der aktiven Staatsbürger, die den Sklaven gegenüber gezwungen sind, in dieser naturwüchsigen Weise der Assoziation zu bleiben. (Marx, MEW 3 (1966), S. 22 f.)

Durch die veränderten Eigentumsformen wurde schließlich der Übergang von der klassenlosen Urgesellschaft in eine *Sklavenhaltergesellschaft* eingeleitet. Sklavenstaaten entstanden dabei insbesondere in Ägypten, Babylonien (dem heutigen Irak), Persien (Iran), Indien und China. Die sogenannte antike Form der Sklaverei herrschte überwiegend in Griechenland mit dem Schwerpunkt Athen und im alten Rom. In der gesamten Sklavenwirtschaft wurden Menschen durch gewaltsamen (außerökonomischen) Zwang zur Arbeit angehalten und ihrer Freiheit beraubt. Arbeit galt hier – im Gegensatz zum Müßiggang der reichen und privilegierten Herrschaftsklasse – als minderwertig, die man deshalb den Sklaven überließ, die, obwohl die ökonomische Basis der Gesellschaftsordnung auf ihrer Arbeit beruhte, vielfach unter schlechtesten Bedingungen außerhalb der Gesellschaft existierten.

Der Sklave war rechtlos, ihm gehörte nicht einmal seine Arbeitskraft, sein in ihm ruhendes Arbeitsvermögen, er konnte als Ware jederzeit gekauft und verkauft werden und er erhielt keinen Lohn für seine Arbeit. „Das in dem Sklaven inhärente ‚Produktionsinstrument' wurde ihm dabei direkt geraubt" (Marx 1867 (1974), S. 136). Eine auf äquivalenten Tauschwerten ausgerichtete *Wertbestimmung der Arbeit* existierte noch nicht. Der Wert der Arbeit wurde allenfalls in den Reproduktionskosten (Subsistenzmittel) gemessen, um die Arbeitskraft des Sklaven aufrechtzuerhalten. Der Sklavenhalter musste lediglich die Subsistenz des Sklaven sichern und genug Reichtum akkumuliert haben, um z. B. eine Expedition für den Sklavenfang auszurüsten oder um zumindest den Kaufpreis für den Sklaven zu entrichten. Der Wert des Sklaven entsprach also seinen „Herstellungs- bzw. Raubkosten" plus der durchschnittlichen Subsistenzmittel über seine Lebensarbeitszeit.

Die ersten Sklaven entstammten noch *kriegerischen Auseinandersetzungen* zwischen einzelnen Stämmen oder ersten größeren menschlichen Zusammenschlüssen und später auch aus Kriegen zwischen Staaten. Dies war aber nicht die entscheidende Ursache für die Herausbildung und Entwicklung der Sklaverei. Sie konnte nur entstehen, weil die Entwicklung der Produktivkräfte in der Urgesellschaft es ermöglicht hatte, dass der Mensch mit seiner Arbeit mittlerweile mehr Produkte herstellen konnte, als er für seinen eigenen Lebensunterhalt brauchte. Dadurch wurden, wie schon aufgezeigt, Menschen in die Lage versetzt, sich dieses *Mehrprodukt* anzueignen und andere für sich arbeiten zu lassen sowie mit dieser Ausbeutung Eigentum an Produktionsmitteln und Sachen zu erwerben und damit letztlich Herrschaft über die Eigentumslosen auszuüben. Die Geschichte dieser Ausbeutung (Expropriation), schrieb Marx (1867 (1974), S. 743) im 24. Kapitel „Die sogenannte ursprüngliche Akkumulation" (Band 1: „Das Kapital), „ist in die Annalen der Menschheit eingeschrieben mit Zügen von Blut und Feuer".

Hätte ein Sklave kein Mehrprodukt über seine eigenen Subsistenzmittel hervorgebracht, hätte es eine Sklavenhaltergesellschaft, die noch im 19. Jahrhundert in den *Südstaaten der USA* bestand, nie gegeben. Erst 1865 wurde nach einem Bürgerkrieg wegen der Sklaverei in den Südstaaten mit der Ratifizierung des 13. Zusatzes zur US-amerikanischen Verfassung die Sklaverei verboten. Trotzdem waren nach wie vor die offiziell ehemaligen Sklaven in vielen Bereichen und Bundesstaaten der USA nicht gleichberechtigt. *Rassendiskriminierung* gibt es in vielen Ländern und den USA bis heute – auch nach der Ermordung des Baptistenpfarrers Martin Luther King (1929–1968) am 4. April 1968 in Memphis. Er wurde in den 1960er-Jahren zum wichtigsten Protagonisten im Kampf gegen die Rassendiskriminierung in den USA.

Aufgabe

Erklären Sie, warum die Subsistenzsklaven unproduktive Sklaven waren und vergleichen Sie Ihr Ergebnis mit Aussagen wie „der war ja völlig unproduktiv und hat nichts geleistet". Erklären Sie außerdem Ausbeutung von Sklaven durch Sklaven.

Untersuchen Sie an praktischen Beispielen die herrschende Rassendiskriminierung in den USA aber auch in anderen Ländern. Gibt es hier einen Zusammenhang mit hohen Armutsquoten und Arbeitslosigkeit?

Gibt es heute noch Sklaverei und Menschenhandel? Stellen Sie dazu empirische Daten zusammen. Bedenken Sie dabei auch die Handlungsmethoden der Mafia und ihre Durchdringung in der legalen Wirtschaft.

3.5.1.3 Feudalistische Arbeit

Der *Feudalismus* war für die Länder des heutigen Europa im 5. bis 15. Jahrhunderts die typische Gesellschaftsformation, „in der die Eigentümer an Grund- und Boden sich den Teil der Erzeugnisse der bäuerlichen Nichteigentümer, den diese nicht für sich selbst benötigten, durch nichtökonomische Gewalt aneigneten" (Fülberth 2005, S. 85). Die zeitliche Einteilung der feudalistischen Epoche muss insgesamt als sehr grob betrachtet werden. So gab es den Feudalismus in Frankreich noch bis 1789, dem Jahr der *Französischen Revolution*, in Deutschland noch zu Beginn des 19. Jahrhunderts, in Russland bis zur Bauernbefreiung von 1861 und in Japan bis zu Beginn der Meji-Periode 1868.

Im Feudalismus standen sich zwei Klassen gegenüber:

> Grundherren und Bauern stehen hier zueinander im Verhältnis von Ausbeutern und Ausgebeu-
> teten, von Herrschenden und Beherrschten, Befehlenden und Gehorchenden. Die Grundherren
> sind im Besitz des Bodens, des wichtigsten Produktionsmittels. Sie gelangten in seinen Besitz
> durch Gewalt, durch Unterwerfung der Bauern. (Endres 1952, S. 39)

Smith stellte dazu 1776 fest: „Sobald aller *Boden* eines Landes in Privateigentum ist,
belieben die Grundherren, wie alle anderen Menschen, dort zu ernten, wo sie nicht
gesät haben, und verlangen sogar für dessen natürlichen Ertrag eine Rente. Das Holz
des Waldes, das Gras auf der Wiese und alle natürlichen Früchte der Erde, die, als der
Boden allen gehörte, den Arbeiter nur die Mühe des Einsammelns kosteten, werden
auch für ihn mit einem zusätzlichen Preis belegt. Er muß nunmehr für die Erlaubnis,
sie einzusammeln, bezahlen und muß dem Grundherrn einen Teil dessen überlassen,
was er mit seiner Arbeit entweder sammelt oder erzeugt. Dieser Teil oder, was auf dasselbe hinausläuft, der Preis dieses Teiles, bildet die Bodenrente und macht einen dritten Bestandteil des Preises der Mehrzahl der Waren aus" (Smith 1776 (2005), S. 128 f.).

Man unterschied weltliche und geistliche Grundherren. Die *weltlichen Grundher-*
ren sind großenteils aus den Grafen, den „königlichen Beamten", hervorgegangen. Sie
verdankten ihr Eigentum der Gunst des Königs. Die *geistlichen Grundherren* entstammten dem hohen Klerus, Bischöfe und Äbte der reichen Stifte und Klöster gehörten ihnen ebenso an.

Die Grundlage des Feudalismus war die Landwirtschaft bzw. der Produktionsfaktor Boden. Der Reichtum einer Volkswirtschaft wurde hier von den sogenannten
Physiokraten unter den klassischen Ökonomen ausschließlich aus einer produktiven Agrarwirtschaft abgeleitet. Francois Quesnay (1694–1774), der im Jahr 1758 als
erster Ökonom einen gesamtwirtschaftlichen Wirtschaftskreislauf („*tableau écono-*
mique") zwischen drei Wirtschaftssektoren theoretisch dargestellt hat, bezeichnete
hier nur die Landwirtschaft als eine „produktive Klasse", die einen wirtschaftlichen
Überschuss erwirtschaften würde. Auch Robert Jacques Turgot (1727–1781), der bezogen auf die Landwirtschaft das Ertragsgesetz bzw. das „Gesetz vom abnehmenden
Ertragszuwachs" (vgl. Kap. 2.1.1.1.2) entwickelte, ist hier als ein herausragender phy-
siokratischer Ökonom zu nennen. Grund und Boden galt bei den Physiokraten als
die einzige Quelle eines Überschussproduktes. Alles, was gesellschaftliche Wohlfahrt
determiniert, ist ein Geschenk der Natur.

Der *arbeitende Mensch* ist dabei lediglich der „Helfer". Der Lohn, den die Arbeiter
für ihre Arbeit erhalten, richtet sich nach den Preisen der zum Unterhalt des Arbeiters notwendigen Lebensmittel, da nach Ansicht der Physikraten der Arbeiter selbst
keinen Wert schafft, sondern den Waren, die er bearbeitet, nur den Wert der von ihm
konsumierten Lebensmittel „hinzufügt" und infolge der Arbeiter-Konkurrenz untereinander dieses Existenzminimum niemals überschreiten kann. Hier tritt bei den Phy-
siokarten bereits erstmals der *„Existenzlohn"* bzw. das später von Ferdinand Lassalle
(1825–1864) entwickelte *„eherne Lohngesetz"* auf.

Die landwirtschaftliche Produktion wurde während der feudalen Epoche in zwei Grundformen organisiert: Fronwirtschaft und Zinswirtschaft.

In der *Fronwirtschaft* zerfiel das gesamte Land des Feudalherrn in zwei Teile. Ein Teil war das „Herrenland", auf dem die landwirtschaftlichen Produkte mit der Arbeit und dem Inventar der Bauern erzeugt und in vollem Umfang von den feudalen Gutsbesitzern angeeignet wurden. Somit leisteten die Bauern auf dem Herrenland Mehrarbeit und erzeugten ein Mehrprodukt. Der andere Teil, das Bauernland, wurde als „Anteilland" bezeichnet. Auf diesem Land arbeiteten die Bauern für sich und schufen für sie und ihre Familien das Existenz sichernde Produkt. Bei der *Zinswirtschaft* fiel die gesamte landwirtschaftliche Produktion unmittelbar bei den Zinsbauern an. Einen Teil des dort erzeugten Produktes übergaben die Bauern dem Feudalherrn als Zins, während der andere Teil dem Bauern zur Reproduktion seines „lebenden und toten Inventars" verblieb.

Da sich die Erzeugung des Mehrprodukts im Fronsystem kaum von der der Sklavenordnung unterschied – der Gutsherr eignete sich das Produkt der gesamten Fronarbeit seiner Leibeigenden an – waren die Arbeitsergebnisse bzw. Erträge, wie in der Sklavenordnung, in der Regel schlecht. Deshalb kam es immer mehr zu einer Ablösung der Fron- durch eine Zinswirtschaft, wobei der Zins zuerst als Naturalzins, dann gekoppelt mit einem Geldzins und schließlich nur noch durch Geldabgaben ersetzt wurde.

Um Fron- und Zinswirtschaft mit „außerökonomischer Gewalt" (Fülberth 2005, S. 85 ff.) zu erzwingen und aufrecht zu erhalten, aber auch um Städte zu Abgaben und Steuerzahlungen zu nötigen, hatten die Adligen das vom König oder Fürst verliehene *Waffenmonopol*. An der Spitze der feudalen, mittelalterlichen Gesellschaftshierarchie stand also der Waffentragende, „dessen Aufgabe die Kriegsführung und keinesfalls Arbeit war. Der Status bäuerlicher Arbeit ist hier, entsprechend der Abhängigkeit des Agrarvolkes von den waffentragenden Rittern, noch niedrig" (Vobruba 1986, S. 33). Häufig kam es vor, dass Ritter auf dem Land arbeitende Bauern zu Übungszwecken ihrer „Kriegskunst" benutzten und auch töteten.

Auch im feudalen System, wie in der Sklavenhalterordnung, galt Arbeit immer noch als minderwertig und nicht als erstrebenswert. Wer sein Leben nicht anders als durch eigene Arbeit bestreiten konnte, gab zu erkennen, dass er weder über Mittel noch über Fähigkeiten verfügte, den jetzigen Herrschaftsständen, dem weltlichen und kirchlichen Adel anzugehören. Diese neuen Herren eigneten sich als Feudalklasse und Eigentümer von Grund und Boden das von den bäuerlichen Nichteigentümern geschaffene Überschussprodukt – das diese nicht für ihre eigene Reproduktion benötigten – ebenfalls durch außerökonomische Gewaltanwendung an. Da im Feudalismus die landwirtschaftliche Produktion überwog, das Handwerk entwickelte sich erst langsam, hatte auch das *Eigentum am Produktionsmittel Grund und Boden* die entscheidende Bedeutung. „Das große Grundeigentum war wirklich die Grundlage der mittelaltrigen, der feudalen Gesellschaft", konstatierte Marx (1867 (1974), S. 456).

Mit der sich schließlich immer mehr durchsetzenden feudalen Zinswirtschaft war ein Anreiz zur *Produktivitätssteigerung* gegeben. Dies war eine Voraussetzung für das im 13. Jahrhundert sichtbar werdende Wachstum, das sich auch in der Entstehung von *Städten* ausdrückte (Fülberth 2005, S. 89 f.). In den Städten des feudalen Mittelalters bildete sich schließlich, im Gegensatz zum Land, auch eine neue Arbeitsorganisation in Form des *Handwerks* heraus. Die Handwerker, die neben den Kaufleuten und Wucherern den größten Teil der Stadtbevölkerung ausmachten, rekrutierten sich hauptsächlich aus ehemaligen Bauern, die ihren Grundherrn in die Stadt entflohen oder von ihm selbst in die Stadt zur Arbeit und dortigen Ausbeutung umgesiedelt worden waren. Da die handwerkliche Produktion in Manufakturen noch stark zergliedert war und die Märkte meist weit auseinanderlagen, konnten die Handwerker ihre erzeugten Produkte oft nicht selbst auf die Märkte bringen.

So übernahmen *Kaufleute* die Rolle des Vermittlers und eigneten sich dabei einen Teil des Wertes der Produkte, der unmittelbaren Handwerksproduzenten, an. Die handwerkliche Arbeit war hier anfangs durch straff organisierte *Zünfte*, durch Zusammenschlüsse von Handwerkern einer bestimmten Branche, geregelt. Die Zunftsmeister waren Werkstatteigentümer und beschäftigten von ihnen abhängige Gesellen und Lehrlinge. Während die Gesellen für ihre Arbeit einen zumeist nur geringen Lohn erhielten, gingen die Lehrlinge leer aus. Der Anreiz in der Arbeit lag für sie als auch für die Gesellen darin, selbst einmal in der Zunft ein selbständiger Handwerksmeister mit der Möglichkeit, andere auszubeuten, zu werden. Da sich bei den Kaufleuten, Wucherern und reichen Handwerksmeistern immer mehr bedeutende Geldsummen konzentrierten, gelang es den Städten, die zunächst noch von den Feudalherren beherrscht waren und in ihrer Abhängigkeit standen, sich mit Geld loszukaufen und schließlich *bürgerliche Stadtrechte* zu erlangen.

Aufgaben

Wie unterscheiden sich Fron- und Zinswirtschaft?

Untersuchen Sie empirisch die Entwicklung des Anteils der landwirtschaftlichen Bruttowertschöpfung an der gesamten volkswirtschaftlichen Bruttowertschöpfung und der Beschäftigung an der Gesamtzahl aller Erwerbstätigen in der deutschen Landwirtschaft von 1871 (Reichsgründung) bis heute. Beurteilen Sie danach die aktuelle ökonomische Bedeutung der Landwirtschaft für die Volkswirtschaft, auch unter Berücksichtigung der von der Landwirtschaft verursachten ökologischen Schäden.

In der Übergangsphase des 16. und 17. Jahrhunderts vom Feudalismus zum vorindustriellen Kapitalismus (vgl. Fülberth 2005, S. 99–147), die vom politischen System des *Absolutismus* und ökonomisch vom *Merkantilismus* und *Manufakturkapitalismus* geprägt waren, entluden sich die antagonistischen Klassenverhältnisse der Arbeit endgültig. Die neuen Produktivkräfte verlangten nach großzügigeren Organisationsformen von Arbeit und Produktion, indem *spezialisierte Produzenten* miteinander kooperierten sowie nach einer neuen Art der Verbindung der Arbeitskraft mit den

Produktionsmitteln verlangten. Sie wollten ihre persönliche Abhängigkeit von den Grundeigentümern, den Feudalherren, beenden, woraus ein zunehmender ökonomischer und schließlich gesellschaftlicher Konflikt entwuchs. Mit der *Französischen Revolution* von 1789 entlud er sich offensichtlich und es schlug die Geburtsstunde des bis heute währenden Kapitalismus. Er machte die menschliche Arbeit schließlich zu einem „freien" Lohnarbeitsverhältnis zwischen Unternehmer und Arbeiter und konstituierte damit gleichzeitig ein neues Klassen- und Ausbeutungsverhältnis.

Die bisher unfreien Bauern wurden letztlich ökonomisch gewaltsam von ihrem bearbeiteten Grund und Boden vertrieben („*Landflucht*"), der ihnen bis dahin eine wirtschaftliche Reproduktionsbasis geboten hatte. Sie zogen in die Städte und mussten sich dort in den aufkommenden Manufakturen und Fabriken gegen Lohn bei einem Kapitaleigentümer verdingen. Die Arbeiter waren jetzt zwar *rechtlich frei*, doch bestand wieder ein *ökonomischer Arbeitszwang*. Die Arbeitskraft musste sich von nun an als Ware selbst verkaufen. Geschichtlich erscheint dabei die „*freie Lohnarbeit*" als das notwendige Komplement des Kapitals selbst. Der Soziologe und Philosoph Max Weber (1864–1920) schrieb: „[Es sind] Personen vorhanden, die nicht nur rechtlich in der Lage, sondern auch wirtschaftlich genötigt sind, ihre Arbeitskraft frei auf dem Markt zu verkaufen. Im Widerspruch zum Wesen des Kapitalismus steht es, und seine Entfaltung ist unmöglich, wenn eine solche besitzlose und daher zum Verkauf ihrer Arbeitsleistung genötigte Schicht fehlt, ebenso, wenn nur unfreie Arbeit besteht" (Weber 1924, S. 239 f.).

Der Rechtswissenschaftler und Arbeitsrechtler Michael Kittner, der sich umfassend mit der *Geschichte des Arbeitskampfes* beschäftigt hat, schreibt dazu:

> An dieser Stelle sah Max Weber den ‚Geist des Kapitalismus' aus ‚protestantischer Ethik' erwachsen. Maß sich bislang der Wert menschlicher Arbeit an ihrem Beitrag zur Deckung des Lebensmittelunterhalts, so richtete sich der reformatorisch-kapitalistische Fokus nunmehr auf die aus ihr erzielbare Ertragssteigerung: ‚Sie legalisierte [...] die Ausbeutung dieser spezifischen Arbeitswilligkeit, indem sie auch den Gelderwerb der Unternehmer als ‚Beruf' deutete'. Max Weber ging sogar noch weiter: ‚Der Kapitalismus in der Zeit seiner Entstehung brauchte Arbeiter, die um des Gewissens willen der ökonomischen Ausbeutung zur Verfügung standen'. Die angelsächsische Max-Weber-Forschung bringt das auf den plakativen Nenner: ‚from work ethic to profit ethic'. In einer Welt mit diesem Koordinatensystem können abhängig Beschäftigte nie wirklich ‚erfolgreich' sein, denn ihr Einkommen bedeutet immer Arbeitskosten der Unternehmen (Adam Smith) und das heißt: Ihre Ansprüche als gewinnschmälernder Faktor bedrohen notwendigerweise den ‚Erfolg' der unternehmerischen Menschen. Die Reklamation des ‚gerechten Lohnes' ist dem gegenüber notwendigerweise kontraproduktiv, selbst in seiner modernen Variante einer lohnpolitischen ‚Kaufkrafttheorie'. (Kittner 2005, S. 87)

Spätestens im vorindustriellen Kapitalismus wird Arbeit jetzt auch nicht mehr als minderwertig eingestuft oder auf der gesellschaftlichen „Pyramiden-Konstruktion" – wie bei dem Theologen Thomas von Aquin (1225–1274) – ganz unten angesiedelt, sondern zum ersten Mal erfolgt eine positive gesellschaftliche Bewertung und Anerkennung. Die vollständige Anerkennung gelang aber erst mit dem Aufkommen eines *Arbeitsrechts* ab etwa Mitte des 19. Jahrhunderts (vgl. Voswinkel 2007, S. 427–433). Der Gründer der protestantischen Kirche Martin Luther (1483–1546) war es, der als erster menschliche Arbeit nicht verachtet, sondern als „menschliche Bestimmung" gewürdigt hat, und sei sie auch reine Qual: „Der Mensch ist zur Arbeit geboren wie der Vogel zum Fliegen." Luther machte den Weg frei, für die dem Christentum schon immer inhärente fundamentale Egalität aller Menschen (vgl. Kittner 2005, S. 86).

Aber erst mit den gesellschaftstheoretischen sowie -praktischen Umbrüchen im 19. Jahrhundert wandelte sich das Bild und die Bedeutung von Arbeit vollständig und endgültig – insbesondere im ökonomischen Kontext. Hierzu hat nicht zuletzt die positive Wesensbestimmung der Arbeit durch die von Marx entwickelte Lehre des *wissenschaftlichen Marxismus* nachhaltig beigetragen. Nach dieser dialektisch-materialistischen Lehre wird Arbeit als ein zielorientiertes menschliches Handeln erklärt. Hierbei entwickeln sich sowohl der Arbeitsgegenstand selbst, als auch der tätige Mensch in einer auf Arbeit abgestellten und auf Arbeit aufgebauten Gesellschaft, und zwar sowohl individuell als auch gattungsmäßig, auf stets höherer Stufe in Form einer ökonomisch-gesellschaftlichen Synthese als Ergebnis eines dialektischen Prozesses von These und Antithese. Arbeit vollzieht sich dabei nur innerhalb der Gesellschaft, aber in jeder Gesellschaftsformation auf andere Weise. Arbeit ist deshalb immer gesellschaftliche (soziale) Tätigkeit, die sich innerhalb bestimmter, historisch bedingter Formen der Arbeitsteilung und Eigentumsverhältnisse bewegt. Für jede Volkswirtschaft, für jedes Unternehmen aber auch für den einzelnen Menschen ist Arbeit die Quelle der *Daseinsgestaltung*. An Arbeit hängen

– Einkommen,
– soziale Sicherung,
– gesellschaftliche Anerkennung,
– Selbstwertgefühl und nicht zuletzt ist sie sinn- und identitätsstiftend.

Die Menschen in einer Volkswirtschaft, die noch nicht aufgrund ihres Alters arbeiten bzw. regelmäßiger Erwerbsarbeit nachgehen, wie Kinder, Schüler und Studierende, und alle diejenigen, die ihr Arbeitsleben hinter sich haben, also Rentner und Pensionäre sowie die, die Arbeit suchen aber keine finden (Arbeitslose), müssen aus dem Überschussprodukt der Arbeitenden bezahlt werden. Ohne menschliche Arbeit in Verbindung mit der Natur – die ihr den Stoff liefert – ist eine Wohlfahrt und Entwicklung in einer Gesellschaft nicht möglich. Als einer der ersten klassischen Ökonomen würdigte Smith im Jahr 1776 umfassend die menschliche Arbeit in einer hochgradig *arbeitsteiligen Gesellschaft*. Er schrieb:

> Die bedeutendste Steigerung der Produktivität der Arbeit und der Großteil der Geschicklichkeit, Fertigkeit und Umsicht, mit der sie überall eingesetzt oder verrichtet wird, dürften die Wirkungen der Arbeitsteilung gewesen sein (Smith 1776 (2005), S. 89).

Darüber hinaus beschrieb er die menschliche Arbeit als einzig wertschaffend und als Maß für den Tauschwert aller Güter (vgl. dazu den folgenden Kasten „Adam Smith und Arbeitsteilung").

Adam Smith und Arbeitsteilung

„Wenn die Arbeitsteilung einmal weit gediehen ist, kann [der Mensch] indes nur noch wenige Dinge für den Bedarf selbst herstellen, die meisten muß er von anderen als deren Arbeitsertrag beziehen, und er ist arm oder reich, je nach der Menge Arbeit, über die er verfügen oder deren Kauf er sich leisten kann. [...] Arbeit ist demnach das wahre oder tatsächliche Maß für den Tauschwert aller Güter. Der wirkliche oder reale Preis aller Dinge, also das, was sie einem Menschen, der sie haben möchte, in Wahrheit kosten, sind die Anstrengung und Mühe, die er zu ihrem Erwerb aufwenden muß. Was Dinge wirklich für jemanden wert sind, der sie erworben hat und der über sie verfügen oder sie gegen etwas Anderes tauschen möchte, sind die Anstrengung und Mühe, die er sich damit ersparen und die er anderen aufbürden kann. Was jemand gegen Geld kauft oder gegen andere Güter eintauscht, erwirbt er mit eben so viel Arbeit wie etwas, zu dem er durch eigene Mühe gelangt. In der Tat ersparen uns dieses Geld und diese Güter eine solche Anstrengung. Beide enthalten den Wert einer bestimmten Menge Arbeit, die wir gegen etwas tauschen, von dem wir annehmen, es enthalte zu dieser Zeit dem Wert nach die gleiche Arbeitsmenge. Arbeit war der erste Preis oder ursprünglich das Kaufgeld, womit alles andere bezahlt wurde. Nicht mit Gold und Silber, sondern mit Arbeit wurde aller Reichtum dieser Welt letztlich erworben. [...] Reichtum ist, wie Herr Hobbes sagt, Macht. Doch derjenige, der große Reichtümer entweder erwirbt oder erbt, erwirbt oder erbt damit nicht notwendig politische Macht, weder im zivilen noch im militärischen Bereich. Sein Reichtum gibt ihm vielleicht die Mittel an die Hand, beide zu erwerben, doch der bloße Besitz des Reichtums verschafft ihm keine der beiden notwendigerweise. Die Macht, die ihm solcher Besitz unverzüglich und unmittelbar verleiht, ist Kaufkraft: eine gewisse Verfügungsmacht über alle Arbeit oder allen Arbeitsertrag, die zurzeit auf dem Markt sind. Sein Vermögen ist größer oder kleiner genau im Verhältnis zum Ausmaß dieser Macht oder zur Menge entweder der Arbeit anderer Menschen oder, was dasselbe ist, des Arbeitsertrages anderer Menschen, den er damit kaufen oder sich verfügbar machen kann" (Smith 1776 (2005), S. 111 f.).

Hier wird der ökonomische Tatbestand deutlich, dass bei jedem Gütertausch immer nur *Arbeit zum Austausch* kommt. Wir unterliegen einer Mystifikation, wenn wir glauben, wir würden Geld gegen Güter tauschen. Sowohl hinter dem Geld als auch hinter den Gütern verbirgt sich in Wirklichkeit nichts Anderes als menschliche Arbeit. Diese entfaltet für uns Menschen immer zwei Dimensionen: Zum einen bedeutet sie Mühsal, Last, Leid, Bewältigung des Notwendigen und andererseits die spezifisch menschliche Art des Umgangs mit der Natur, Selbstkonstitution des Menschen und damit auch Selbstverwirklichung.

Im historischen Sprachgebrauch scheint die Bedeutung der Arbeit als Mühsal, Last und Leid zu überwiegen. Es lässt sich dies schon mit dem biblischen Fluch – „Im Schweiße deines Angesichts sollst du dein Brot essen" – belegen. Dennoch hat es in der langen Menschheitsgeschichte bis heute immer auch Menschen gegeben, die dies nicht mussten und sogar ohne jede Arbeit durchs Leben gehen konnten und dies bis heute können, denn sie leben von der Arbeit anderer. Dies wurde aber, wie aufgezeigt, erst mit der Produktion eines arbeitsteilig im Kollektiv geschaffenen *Überschuss-*

produktes möglich, das sich Menschen seit der Sklavenhalterordnung mit außerökonomischer Gewaltanwendung gegen andere Menschen aneigneten. Marx bezeichnete diese Aneignung als „sogenannte *ursprüngliche Akkumulation*", eine Akkumulation, welche nicht das „Resultat der kapitalistischen Produktionsweise ist, sondern ihr Ausgangspunkt" (Marx MEW 23 (1966), S. 741–791). Der dann entstandene Lohnabhängige wurde rechtlich frei, wobei diese rechtliche Befreiung die Voraussetzung für seine auf jetzt ökonomischer Gewaltanwendung basierende Ausbeutung war.

3.5.1.4 Arbeit im Kapitalismus

Mit der vollständigen Ablösung der Feudalordnung des Absolutismus' und Merkantilismus' setzte sich die marktwirtschaftlich-kapitalistische Ordnung spätestens gegen Ende des 18. Jahrhunderts endgültig durch. Ergebnis war ein liberales Wirtschaftssystem, das u. a. von Adam Smith und David Ricardo theoretisch analysiert und begründet worden ist. Die *industrielle Revolution* beschleunigte den gesellschaftlich-ökonomischen Ablösungsprozess vom Feudalismus. Der schon im „Schoß" des überholten Systems durch die aufgekommenen Manufakturen und Fabriken entstandene Lohnarbeiter wurde jetzt zum abhängig Beschäftigten und seine Arbeitskraft zur Ware, die er bis heute jeden Tag zu seiner Reproduktion zu Markte tragen muss. Die Arbeiter, die als neue Klasse zu Beginn der kapitalistischen Wirtschaftsordnung unter schlimmsten Arbeitsbedingungen in den Fabriken zu Hungerlöhnen arbeiten mussten, bekamen von den Segnungen des liberalen Wirtschaftssystems anfangs nur die Schattenseiten zu spüren. Keiner hat dabei den *„Manchester-Kapitalismus"* so anschaulich und umfassend beschrieben wie Friedrich Engels (1820–1895) anhand der „Lage der arbeitenden Klasse in England" (Engels MEW 2 (1966), S. 224–506). In der Einleitung seines 1845 erschienenen Werkes schrieb Engels:

> Die Geschichte der arbeitenden Klasse in England beginnt mit der letzten Hälfte des vorigen Jahrhunderts, mit der Erfindung der Dampfmaschine und der Maschinen zur Verarbeitung der Baumwolle. Diese Erfindungen gaben bekanntlich den Anstoß zu einer industriellen Revolution, einer Revolution, die zugleich die ganze bürgerliche Gesellschaft umwandelte und deren weltgeschichtliche Bedeutung erst jetzt anfängt erkannt zu werden. England ist der klassische Boden dieser Umwälzung, die umso gewaltiger war, je geräuschloser sie vor sich ging, und England ist darum auch das klassische Land für die Entwicklung ihres hauptsächlichsten Resultates, des Proletariats. Das Proletariat kann nur in England in allen seinen Verhältnissen und nach allen Seiten hin studiert werden. (Engels MEW 20, (1966), S. 237)

An dieser Stelle muss mindestens genauso, wie auf die Veröffentlichung des Werkes von Engels, auf die fünf Bände umfassende „Geschichte des Alltags des Deutschen Volkes", des Ökonomen Jürgen Kuczynski (1904–1997), verwiesen werden. Was Engels begonnen hatte, setzte Kuczynski mit seinem gigantischen Werk von 40 Bänden über „Die Geschichte der Lage der Arbeiter unter dem Kapitalismus", und zwar im Verhältnis zum Reichtum der Kapitalistenklasse, fort. Entscheidend für die Herausbildung des Proletariats, des neuen Lohnarbeiters, da waren sich nicht nur Engels, Kuczynski und natürlich Marx einig, war die Konstituierung des *Privateigentums an den Produktionsmitteln* durch die ebenso neue Klasse der Kapitalisten. Dabei fand die Schaffung und Aneignung ersten Privateigentums in der Geschichte der Menschheit schon viel früher statt. Vielfach wird hier in der Gegenwart der ausbeuterische Kapitalismus negiert oder der Begriff schon als etwas Anstößiges und Nichterwähnenswertes dargestellt. Man spricht lieber beschönigend von einer „sozialen Marktwirtschaft" (vgl. dazu ausführlich das Kap. 8.3.3). Auch werden der Klassengegensatz von Arbeit und Kapital und ein daraus deduzierbarer Klassenkampf als längst überwunden bezeichnet. Dass dies jedoch nicht der Wahrheit entspricht, werden wir im Folgenden zeigen und uns mit Arbeit und ihrer Bewertung auseinandersetzen. Zuvor gehen wir aber noch auf Arbeit unter marktwirtschaftlich-kapitalistischen Verhältnissen ein Stück weit näher ein.

Wer entscheidet eigentlich in einer Gesellschaft, wer was Arbeiten muss und darf? Sicher geht es dabei nicht nach dem Motto „Jeder ist seines Glückes Schmied". Ein „Wunschkonzert" ist die Verteilung der Arbeit in der Tat nicht. Schon Smith war 1776 bewusst, dass hier der Umstand der rein *zufälligen sozialen Geburt* und Bildung eine wesentliche Rolle spielen, und ihm war auch klar, dass die in einer Gesellschaft notwendige Arbeitsteilung einen hohen Preis für die Menschen hat, die dazu gezwungen werden, die mehr repetitiven und einfachen Arbeiten, also die nicht privilegierten Arbeiten, in einer Volkswirtschaft verrichten zu müssen. Smith 1776 (2005), S. 747 f.) schreibt:

> Mit zunehmender Arbeitsteilung beschränkt sich die Tätigkeit der überwiegenden Mehrheit derjenigen, die von ihrer Arbeit leben, also der Masse des Volkes, auf einige wenige, sehr einfache Verrichtungen, häufig auf ein oder zwei. Nun wird aber der Verstand der meisten Menschen notwendigerweise durch ihre gewöhnlichen Tätigkeiten geformt. Wer sein ganzes Leben damit zubringt, einige wenige einfache Verrichtungen auszuführen, deren Wirkungen vielleicht noch dazu immer oder fast immer dieselben sind, hat keinen Anlaß, seinen Verstand anzustrengen oder seine Erfindungsgabe zu bemühen, um Auswege aus Schwierigkeiten zu ersinnen, die doch nie auftreten. Natürlich entwöhnt er sich solcher Anstrengung und wird im Allgemeinen so dumm und unwissend, wie es ein Mensch nur werden kann. Seine geistige Abstumpfung macht ihn nicht nur unfähig, an einem vernünftigen Gespräch Gefallen zu finden oder teilzunehmen, sondern auch unfähig zu jeder großmütigen, edlen oder zarten Regung und infolgedessen auch zum richtigen Urteil selbst über viele alltägliche Aufgaben des Privatlebens. Über die großen und weitreichenden Interessen seines Landes vermag er in keiner Weise zu urteilen [...], es sei denn, man hätte die größten Anstrengungen unternommen, ihm das beizubringen.

Auch für Marx führt die Arbeitsteilung zu einer Entfremdung der Menschen von ihrer Arbeit und Engels stellt in diesem Kontext fest: „Indem die Arbeit geteilt wird, wird auch der Mensch geteilt. Der Ausbildung einer einzigen Tätigkeit werden alle übrigen körperlichen und geistigen Fähigkeiten zum Opfer gebracht" (Engels MEW 20 (1966), S. 272). Vor dem Hintergrund der gesellschaftlich notwendigen und hoch produktiven Arbeitsteilung ist die Frage nach der Verteilung von konkreter Arbeit für die einzelnen Menschen von Bedeutung.

Wer darf schöpferisch, innovativ und leitend arbeiten und wer muss repetitiv und möglicherweise körperlich sein Brot verdienen? Auch nur der Tatbestand nicht repetitive, nicht hart körperliche Arbeit, verrichten zu müssen, impliziert schon einen enorm hohen gesellschaftlichen Vorteil, dessen sich die meisten, die ihn besitzen, nicht bewusst sind. Dies betont immer wieder der US-amerikanische Ökonom John Kenneth Galbraith ((1908–2006), wenn er schreibt:

> Um es noch einmal zu sagen: Diejenigen, die sich bei monotonen Verrichtungen körperlich anstrengen, sind tüchtige Arbeiter. Dagegen wird die weit angenehmere Situation derjenigen, denen die Arbeit Spaß macht und die zudem besser bezahlt werden, beziehungsweise derjenigen, die gar nicht arbeiten müssen, meist geflissentlich ausgeblendet. (Galbraith 2005, S. 47)

Für die Massen in einer Volkswirtschaft geht es aber um einfache und *repetitive Erwerbsarbeit*. Sie schafft den überwiegenden Teil der verteilbaren Wertschöpfung und damit Einkommen zur individuellen Reproduktion. Hier ist das Entgelt vieler abhängig Beschäftigter aber nur bescheiden und es reicht fürs Notwendigste und dies nicht nur während der aktiven Erwerbsarbeitsphase, sondern auch danach während der Rentenphase, wo steigende Altersarmut droht (vgl. Der Paritätische Gesamtverband 2018).

Hat dabei jeder in der Gesellschaft die gleiche Chance, privilegierte Arbeit zu verrichten? Eine soziale Durchlässigkeit ist trotz eines formal offenen *Bildungssystems* und einer Bildungsexplosion ab etwa Mitte der 1970er-Jahre in Deutschland nicht gegeben. Man bleibt im „Club der Eliten" unter sich (Hartmann 2002 u. 2004, Buß, 2007). So schreibt der Sozialwissenschaftler Eugen Buß (S. 21) bezüglich *Managern in der Wirtschaft*: „Konzernlenker und Vorstandsvorsitzende – so können wir resümieren – verdanken ihren Erfolg nicht allein dem eigenen Bemühen. Um in Spitzenstellungen zu gelangen, muß man schon in ihrer sozialen Nähe geboren sein. Je besser die Familie vorgearbeitet hat, je höher das Herkunftsmilieu auf der sozialen Landkarte Deutschlands angesiedelt ist, je höher auch der Rang des Vaters und Großvaters ist, desto günstiger sind nach wie vor die Aussichten, das oberste Ziel eines Vorstandspostens zu erreichen. Aufstiegsmöglichkeiten und Erfolg hängen immer noch partiell von der Herkunft ab. Und damit entscheidet nach wie vor zu einem wesentlichen Teil der Zufall der Geburt, ob man sich überhaupt am Wettbewerb um die Dispositionsbefugnisse in der Wirtschaft beteiligen kann." Auch im *Wissenschaftsbereich* bleibt man offensichtlich weitgehend unter sich. Dies stellt eine repräsentative Untersuchung der Professorenschaft an Universitäten in Nordrhein-Westfalen fest. Demnach entstammen lediglich 11 Prozent der Professoren aus der gesellschaftlichen Herkunftsgruppe „niedrig". Ihre Eltern sind bzw. waren Großteils Arbeiter, Angestellte in ausführender Tätigkeit oder Beamte im einfachen und mittleren Dienst ohne Hochschulabschluss (Möller 2015).

„Das Leben wird weiterhin ungerecht beginnen und es wird weiterhin ungerecht enden. Dafür, dass es dazwischen einigermaßen gerecht zugeht – dafür stritten Leute wie August Bebel (1840–1913); und dafür streiten Leute wie Oskar Negt," schreibt der

Journalist Heribert Prantl (2012) von der „Süddeutschen Zeitung". Die *Gnade der Geburt* spielt in der Tat in einer antagonistischen marktwirtschaftlich-kapitalistischen Ordnung eine große Rolle. Die Grundausstattung ist dabei immer ungerecht. Es ist wesentlich das Zufallsprodukt, das über die Zukunft des Geborenen bestimmt. Dabei spielen Gene eine Rolle, aber genauso die sozioökonomischen Verhältnisse, in die ein Mensch hineingeboren wird. Das kann ein Hartz-IV-Haushalt oder ein Millionärshaushalt sein. Und es gibt Menschen im Kapitalismus, die sind von Geburt an so reich und können ohne Arbeit leisten zu müssen durchs Leben gehen. Sie lassen andere für sich arbeiten. Dies wollen offensichtlich auch diejenigen, die ein *bedingungsloses Grundeinkommen* (BGE) fordern (siehe dazu den folgenden Kasten und Bontrup 2018, S. 218 ff. sowie die Arbeitsgruppe Alternative Wirtschaftspolitik 2018, S. 171 ff.)).

Zum bedingungslosen Grundeinkommen (BGE)

Die Politik- und Sozialwissenschaftler Christoph Butterwegge und Kuno Rinke lassen in einem Sammelband Befürworter und Gegner des bedingungslosen Grundeinkommens zu Wort kommen („Grundeinkommen kontrovers. Plädoyers für und gegen ein neues Sozialmodell"). In ihrer Einleitung schreiben sie: „Über das bedingungslose Grundeinkommen (BGE) wird gegenwärtig in vielen Ländern kontrovers diskutiert. Die sozialphilosophische Idee, sämtliche Bürger/innen vom Arbeitszwang zu befreien und gleichzeitig Armut zu vermeiden, indem der Staat allen Gesellschaftsmitgliedern einen gleich hohen, ihre materielle Existenz auf einem Mindestniveau sichernden Betrag zahlt, hat eine lange Geschichte. Seit der englische Humanist Thomas Morus den Grundgedanken in seiner 1516 erschienenen Abhandlung über die fiktive Insel Utopia erstmals umrissen hat, reißen die Vorschläge zur Umgestaltung einer Gesellschaft nach diesem Modell nicht ab. Durch die Verbindung der Gerechtigkeitsvorstellungen eines utopischen Sozialismus, bürgerlicher Gleichheitsideale und zentraler Funktionselemente der Marktökonomie gewann das Konzept im Übergang zum 21. Jahrhundert noch an Bedeutung. In seiner heutigen Form wäre das bedingungslose Grundeinkommen ein steuerfinanzierter Universaltransfer, den sämtliche (Wohn-)Bürger/innen zwecks Sicherstellung ihres Lebensunterhalts ohne Bedürftigkeitsprüfung und ohne Verpflichtung zur Erwerbsarbeit erhalten würden. Damit ist, wenn man seinen Befürworter(inne)n glaubt, nach der permanenten ‚Flickschusterei' am Sozialstaat, die über Jahrzehnte hinweg nur immer neue Probleme erzeugt und Streitigkeiten ohne Ende hervorgerufen hat, ein politischer Befreiungsschlag und die Verwirklichung sozialer Gerechtigkeit mit einem radikalen Schritt möglich. [...] Neben begeisterten Anhänger/innen der Idee gibt es jedoch in mindestens gleich hoher Anzahl entschiedene BGE-Gegner/innen, die bemängeln, dass es die Finanzkraft des Steuerstaates überfordern und mit seiner Einführung nicht bloß der bestehende Sozialstaat zerstört, vielmehr auch die soziale Ungleichheit verstärkt würde. Dies könnte bei einer allgemeinen Subventionierung der Löhne und Gehälter sowie einer damit verbundenen Umverteilung von Einkommen zugunsten der Unternehmer oder bei seiner Finanzierung über ein zum Nachteil von gering- und Normalverdiener(inne)n sowie von Transferleistungsempfänger(inne)n verändertes Steuersystem geschehen. Insgesamt werde durch die Einführung eines Grundeinkommens dort Gleiches zur Norm, wo Ungleichbehandlung um der sozialen Bedarfsgerechtigkeit willen erforderlich sei, heißt es weiter" (Butterwegge/Rinke 2018, S. 7).

3.5.2 Arbeit und ihre Bewertung

3.5.2.1 Merkantilismus – von William Petty bis Bernard de Mandeville

Im Laufe der Geschichte kam es nicht nur zu einer zunehmenden Bedeutung der menschlichen Arbeit, sondern auch die *Bewertungsfrage der Arbeit* rückte immer mehr in den Mittelpunkt. Spätestens mit der endgültigen „Geburtsstunde" des Kapitalismus, im Jahr der Französischen Revolution 1789, war dann die Frage nach dem Wert bzw. dem Lohn der Arbeit zu beantworten. Dieser Frage gingen als erste Ökonomen die Merkantilisten im 17. Jahrhundert und in der ersten Hälfte des 18. Jahrhunderts nach, wobei ihre Lehre als eine vorklassische Beschäftigung mit der Nationalökonomie, mit der Politischen Ökonomie, bezeichnet werden kann.

„Der Merkantilismus ist die Lehre von den Produktionsverhältnissen des Kapitalismus mit vornehmlich ursprünglicher Akkumulation in der Zeit des Entstehens von Nationalstaaten. Seine Hauptvertreter sind englische Denker" (Kuczynski 1960, S. 16). Hier ging es noch nicht um die Erstellung eines in sich geschlossenen Theoriengebäudes, sondern mehr um politökonomische Handlungsanweisungen zur Niederhaltung der rechtlich freien aber ökonomisch abhängigen und aufkommenden Arbeiterklasse. „So fand das merkantilistische Schrifttum seinen Niederschlag in einer Fülle von Einzeluntersuchungen, deren Fragestellungen, aus der Notwendigkeit wirtschaftspolitischer Aufgaben und ihrer Bewältigung […] von der Hebung der volkswirtschaftlichen Produktivkräfte und ihrer Nutzbarmachung zur Steigerung des wirtschaftlichen Wohlstandes resultieren" (Stavenhagen 1969, S. 20).

Der geistige Nährboden der Übergangszeit vom Mittelalter über den Merkantilismus und Physiokratismus bis zur klassischen Nationalökonomie war vom *Naturrecht* geprägt (vgl. Blaich 1988, S. 240 ff.).

> Das religiöse Weltbild hatte sich im Laufe des 18. Jahrhunderts – vor allem in den wirtschaftlich fortgeschrittenen Ländern Westeuropas – entscheidend gewandelt. Im Mittelpunkt des Denkens standen nicht mehr – wie im Mittelalter und noch zur Zeit der Reformation – Gott, seine Allmacht und seine Ehre, sondern der Mensch, seine Stellung in der Welt und sein Wohlergehen. […] Das ‚Gesetz' gilt nicht mehr – wie im Mittelalter – als Gottes Gebot, als die von ihm gesetzte Forderung, als sittliche Norm, der sich der Mensch in seinem Verhalten unterwerfen muß, sondern als Regel des natürlichen Geschehens, als Ausdruck allgemeiner Verknüpfungen von Ursache und Wirkung. […] Die Kenntnis der Gesetze des natürlichen Geschehens ermöglicht es dem Menschen nicht nur, die äußere Natur zu beherrschen, sie seinem Willen zu unterwerfen, sondern auch sich in der ‚Welt' als dem Bereich menschlichen Zusammenlebens zurechtzufinden. Nur wenn der Mensch die natürlichen Gesetze des Daseins beachtet, vermag er erfolgreich tätig zu sein. […] Das bedeutete, daß im menschlichen Zusammenleben die Beachtung der ‚natürlichen Gesetze' nicht mehr sittliche Entscheidung erforderte, sondern Befreiung der menschlichen Anlagen und Triebe. (Wendt 1968, S. 25 f.)

Hiermit wurde schließlich in der Ökonomie die individualistische und liberale Philosophie, der *Liberalismus*, konstituiert. Das Egoismus-Prinzip in der Ökonomie und seine Bedeutung als die „natürliche Triebfeder" wurde dabei zuerst von dem Merkantilisten, englischen Arzt und Sozialphilosophen, *Bernard Mandeville* (1670–1733), in seiner Schrift „*The Fable of the Bees*" (1714) betont und herausgearbeitet. In dem Buch, das quasi aus einem satirischen Gedicht besteht und den bezeichnenden Untertitel „Private Vices, Public Benefits" trägt, erklärt er den Eigennutz der Menschen zum entscheidenden Motor des gesamten sozialen Lebens, der Sittlichkeit und der Kultur. Hierauf nimmt Adam Smith (1776 (2005), S. 98) Bezug und schmiedet ein „Band des Eigennutzes" hinsichtlich Arbeitsteilung und Tauschgesellschaft, wenn er schreibt:

> In der zivilisierten Gesellschaft bedarf der Mensch unentwegt der Mitarbeit und des Bestandes einer großen Menge von Menschen, während doch sein ganzes Leben kaum ausreicht, die Freundschaft einiger weniger Personen zu gewinnen. [...] Der Mensch [...] braucht die Hilfe seiner Mitmenschen, und diese würde er vergeblich nur von deren Wohlwollen erwarten. Er wird eher Erfolg haben, wenn er ihre Eigenliebe zu seinen Gunsten wecken und ihnen zeigen kann, daß es zu ihrem eigenen Vorteil ist, dazu zu tun, was er von ihnen haben will. Wer immer einem anderen einen Handel irgendeiner Art vorschlägt, verfährt auf diese Weise. Gib mir, was ich will, und du wirst das bekommen, was du willst, ist der Sinn jeden solchen Vorschlages; und auf diese Weise erlangen wir voneinander die meisten jener guten Dienste, auf die wir angewiesen sind. Nicht vom Wohlwollen des Metzgers, Brauers oder Bäcker erwarten wir unsere Mahlzeit, sondern von deren Bedachtnahme auf ihr eigenes Interesse. Wir wenden uns nicht an ihre Menschenliebe, sondern an ihre Eigenliebe und sprechen ihnen nie von unseren eigenen Bedürfnissen, sondern von ihren Vorteilen. Nur ein Bettler zieht es vor, hauptsächlich vom Wohlwollen seiner Mitbürger abzuhängen. Und sogar ein Bettler ist davon nicht vollständig abhängig.

Aus diesem Wirken des Eigennutzes und dem Walten einer ökonomischen Interessenharmonie zog der Marquis René Louis Voyer d'Argenson (1694–1757) seine wirtschaftspolitischen Konsequenzen durch die Ablehnung jedes staatlichen Protektionismus und die Forderung nach uneingeschränkter wirtschaftlicher Freiheit. „Von ihm stammt die Formel ‚*Laissez-faire*'" (Stavenhagen 1969, S. 29). Dies war unter den Merkantilisten aber eine radikale Ausnahmeposition. Zwar wurde das Egoismus-Prinzip allgemein anerkannt, dies aber nur, als es mit den vom Staat gesetzten und verfolgten Zwecken vereinbar ist und im Hinblick auf diese reguliert wird. „Der Forderung nach dem „freien Spiel der Kräfte' [...] ist damit eine deutliche Absage erteilt worden, wie es [...] auch die Aufgabe des Staates ist, für die Aufrechterhaltung des wirtschaftlichen Gleichgewichts Sorge zu tragen, und Störungen im wirtschaftlichen Kreislauf zu verhindern" (Stavenhagen 1969, S. 22). Auch die *Physiokraten* hielten Eingriffe in die Wirtschaft für zulässig und erforderlich, solange der ideale Status der „natürlichen Ordnung" noch nicht erreicht worden ist.

Von dem britischen merkantilen Ökonom William Petty (1623–1687) stammt der Satz: „Die Arbeit ist der Vater und das aktive Prinzip des Wohlstandes, so wie der Boden seine Mutter ist." Auf ihn geht nicht nur „die Lehre von der Wertbildung durch die produktive Arbeit und damit die spätere klassische *Arbeitswerttheorie* zurück; er hat auch als erster die Lehre von der wertschaffenden Arbeit in die folgerichtige Verbindung zur Einkommenstheorie gesetzt. Gewinneinkommen existieren dabei für Petty in zweierlei Form: als Grundrente und als Zins. Insofern war er Physiokrat. Beide, Rente auf Boden und Rente auf Geld, haben die gleiche Ursache: die produktive menschliche Arbeit" (Hofmann 1971a, S. 19). Einen *Unternehmergewinn* als Kapitalgewinn kannte Petty noch nicht. Dies lag wohl daran, dass zur Zeit des Merkantilismus das Kapital zunächst als Handels- und Leihkapital auftrat, bevor es sich der gewerblichen und später der industriellen Produktion bemächtigte. So sahen denn auch die Merkantilisten im Handel, insbesondere im Außenhandel (in einer aktiven Handelsbilanz), die größte Gewinnchance. Marx bemerkt dazu:

> ‚In seiner Fortsetzung im Merkantilsystem entscheidet nicht mehr die Verwandlung des Warenwerts in Geld, sondern die Erzeugung von Mehrwert, aber vom begriffslosen Standpunkt der Zirkulationssphäre aus, und zugleich so, daß dieser Mehrwert sich darstellt in Surplusgeld, im Überschuß der Handelsbilanz'. ‚Daher das Losungswort des Merkantilismus – Handelsbilanz' oder, schon 1843 Engels: ‚Der Hauptpunkt im ganzen Merkantilsystem ist die Theorie von der Handelsbilanz'. (zitiert bei Kuczynski 1960, S. 8)

Der Binnen- bzw. Handelsgewinn ist bei Anhängern des Merkantilismus das Ergebnis eines „Aufschlags", den die Handeltreibenden bei der Veräußerung ihrer Güter und Dienste vornehmen. Deshalb sollte sich der Gewinnaufschlag auch in Grenzen halten und Monopolgewinnaufschläge wurden als moralisch verwerflich eingestuft. Noch der britische Spätmerkantilist James Denham Steuart (1712–1780) vertrat diese *Aufschlagstheorie*, die dem ökonomischen äquivalenten Tauschprinzip zuwiderläuft. Denn ist der Gewinn ein Aufschlag zu dem „wirklichen Wert" der Waren, so werden diese über ihrem Wert verkauft. Der Veräußerungsgewinn beruht dann auf einer Übervorteilung der Käufer. Er stellt eine Umverteilung von Einkommen dar. Was der eine gewinnt, verliert der andere, was einem Nullsummenspiel ohne Gewinner gleichkommt.

Wichtig war bei den Merkantilisten die Frage des Zinses für verliehenes Geld. Das *Zinsverbot*, schon in der Bibel formuliert, war im Altertum und im Mittelalter noch eine Selbstverständlichkeit. Zins galt als Wucher und war verdammt. Geld sah man lediglich als Tauschmittel, hervorgegangen aus der „Übereinkunft der Menschen" und als eine „Schöpfung der Herrscher". Einer der vehementesten Gegner des Zinsnehmens war Thomas von Aquin (1225–1274). Er verurteilte im 13. Jahrhundert jegliches egoistisches Gewinnstreben der Händler und Produzenten, und insbesondere den Geldzins der Geldverleiher, als schändlich. „Es ist unrechtmäßig, eine Bezahlung für den Gebrauch geliehenen Geldes zu verlangen, dies ist bekannt als Wucher" (Aquin, zitiert bei Sander 1994, S. 9).

Die Merkantilisten des 17. Jahrhunderts fragten sich dann, wie *Geld*, das im Unterschied zum Grundrente abwerfenden Boden ein „unfruchtbares Ding" ist, dennoch ein Einkommen schaffen kann. Die Antwort erblickten sie in der ungleichen Verteilung der Geldvermögen. Haben Menschen mehr Geld zur Verfügung als sie brauchen bzw. verausgaben wollen, so sind sie imstande, Geld zu verleihen. Fehlt einem anderen das für sein Geschäft erforderliche Geld, so ist er bereit, es sich zu borgen. Nur muss aufgrund der Arbeit des Geldleihers mindestens der Zins für den Geldgeber verdient werden. Beim *Arbeitslohn* galt es unter den zeitgenössischen merkantilen Öko-nomen als ausgemacht, dass der „beste Lohn" der „niedrigste" sei, da er fleißige Ar-beiter schaffe (vgl. Hofmann 1971, S. 19). Erst die klassischen Ökonomen betrachteten den Lohn auch als Verteilungsmaß, und daher in seinem komplexen Wechselverhält-nis zu anderen Einkommensgrößen. Wie den Ökonomen in der merkantilen Zeit all-gemein, so war es auch Phillip Wilhelm von Hornigk (1638–1712), einem österreichi-schen Vertreter der merkantilistischen Wirtschaftspolitik, dennoch bewusst, dass „die bewegende Kraft der Landesökonomie die produktive Arbeit ist." Auf alle Art, so sei-ne ökonomische Botschaft, ist daher „das Volk zur Arbeitsamkeit zu erziehen." Dabei redet Hornigk einer rigorosen Lohnpolitik das Wort; denn nur ein niedriger Lohn halte die Arbeiter in ständiger Not und zwinge sie zur Arbeit. Daher sei ein Lohn nahe dem Existenzminimum der Arbeiter immer der richtige Lohn. Er würde gleichzeitig ständig neue Kräfte, d. h. Frauen und Kinder der Beschäftigten den Manufakturen zuführen (Hornigk 1684). Die extremen Arbeitsverhältnisse der damaligen Zeit wurden von der Mehrheit der merkantilistischen Ökonomen nicht nur als notwendig, sondern sogar als günstig angesehen, um den Volkswohlstand zu vermehren, von dem die überwie-gende Zahl des Volkes allerdings ausgeschlossen blieb. Arbeit und Armut waren hier synonyme Begriffe. Auch heute spricht man wieder von *„working poor"*. Mandeville vertrat ebenso eine Niedriglohnpolitik. Bezogen auf den Lohn in den Werkstätten und Manufakturen schrieb er:

> Wenn die Menschen einen so außerordentlichen Hang zum Müßiggang und zum Vergnügen ha-ben, aus welchem Grunde sollen wir dann glauben, daß sie arbeiten würden, wären sie nicht durch unmittelbare Notwendigkeit dazu gezwungen? Wenn wir einen Handwerker sehen, der nicht zu bewegen ist, vor Dienstag etwas zu tun, weil er Montag früh noch zwei Shilling von sei-nem letzten Wochenlohn übrighat, warum sollten wir dann meinen, er wäre überhaupt dazu zu bringen, falls er fünfzehn oder zwanzig Pfund in der Tasche hat? Was würde bei diesem Lauf der Dinge aus unseren Manufakturen werden. (Mandeville 1806 (1957), S. 58)

Aus dieser wirtschaftlichen Grundhaltung leitet Mandeville entsprechende wirt-schaftspolitische Konsequenzen, die den Lohn betreffen, ab:
–   Der Arbeitslohn muss für den Arbeiter die einzige Quelle seiner Subsistenzmög-lichkeit darstellen. Armenhäuser sind, um Druck auf die Arbeiter auszuüben, ab-zuschaffen und das Betteln muss verboten werden.
–   Die Löhne sollen durch öffentliche Taxen niedrig gehalten werden. Die Arbeits-disziplin ist behördlich zu überwachen und jede Aufsässigkeit der Arbeiter ist zu ahnden.
–   Arbeiterzusammenschlüsse sind staatlich zu verbieten, da sie nur dazu führen, dass die Löhne steigen.

Mit Entrüstung gibt Mandeville Berichte von *einem „gewerkschaftsähnlichen" Zusam-menschluss* von Hausbediensteten wieder: „Mir ist glaubhaft versichert worden, daß ein Pack Bediensteter sich zu solcher Unverschämtheit verstiegen hat, einen Verband zu gründen und Vereinbarungen zu treffen, wonach sie sich verpflichten, nicht für weniger als die und die Summe zu dienen, noch irgendwelche Lasten, Bündel oder Pakete über ein gewisses Gewicht hinaus zu tragen – und was der Bestimmungen mehr sind, die den Interessen ihrer Dienstherren gerade ins Gesicht schlagen und die Zwecke untergraben, denen sie dienen sollen" (Mandeville 1806 (1957), S. 65).

Vergleicht man die merkantilistischen Ableitungen mit den aktuellen von neoliberalen Ökonomen vorgetragenen Forderungen zur Veränderung des Regelwerks und zu den Institutionen am Arbeitsmarkt, so lassen sich vielfältige Übereinstimmungen erkennen. Auch hier werden gewerkschaftliche Zusammenschlüsse, das sogenannte *„Tarifkartell der Arbeitnehmer"*, als schädlich betrachtet und abgelehnt. Die Gewerkschaften hätten wenig Anreiz, die gesamtwirtschaftliche Arbeitslosigkeit in ihren Tarifabschlüssen durch angemessene Lohnsenkungen zu berücksichtigen und diese entsprechend abzubauen. Die abhängig Beschäftigten dürften auch keinen Kündigungsschutz haben, die Abschaffung würde die Nachfrage nach Arbeitskräften stärken. Ebenso gebe es negative Rückwirkungen durch die sozialen Sicherungssysteme auf den Arbeitsmarkt. Es müsse ein hinreichender Abstand zwischen dem Einkommen aus Arbeit und dem Einkommen aus staatlicher Alimentierung bestehen („Lohnabstandsgebot"). Arbeitslose müssten unter Druck gesetzt werden, jede Arbeit, an jeden Ort, zu fast jeder Bezahlung (mit Ausnahme von sittenwidrigen Löhnen) anzunehmen. Der Mensch habe eine angeborene Abscheu vor Arbeit und versuche sie so weit wie möglich zu vermeiden. Arbeitslosen soll es nicht gestattet sein, „sich zu Lasten der Gemeinschaft zurückzulehnen", so der ehemalige Bundeskanzler Gerhard Schröder (SPD) in seiner „Blut- und Tränen-Rede" zur Agenda 2010 am 14. März 2003 im Deutschen Bundestag.

Hier wird ein *negatives Menschenbild* zugrunde gelegt, dem man nur durch harte Sanktionen begegnen könne. So basieren denn auch die heute neoliberalen Arbeitsmarktreformen fast sämtlich auf eine Bestrafung der Arbeitslosen und nicht auf eine Bekämpfung der Arbeitslosigkeit. Jüngst hat diesbezüglich das Bundesverfassungsgericht die praktizierten Sanktionsmethoden gegen Hartz-IV-Empfänger teilweise als verfassungswidrig eingestuft. So ist es der staatlichen Verwaltung nur möglich, bei Verstößen gegen Auflagen von Hartz-IV-Empfängern, mit Leistungskürzungen bis maximal 30 Prozent zu belegen (vgl. Bundesverfassungsgericht, Urteil vom 05.11.2019 – 1 BvL 7/16). Der zurzeit gültige maximale Hartz-IV-Höchstsatz beträgt für eine alleinstehende Person 424 EUR im Monat plus Wohnkosten.

Aufgaben

Was beschreibt das Naturrecht?

Erläutern Sie das Egoismus-Prinzip bezogen auf menschliche Arbeit.

Rekapitulieren Sie die Lohntheorie der Merkantilisten.

Was besagt die Aufschlagstheorie von Denham Steuart?

Hat sich der ehemalige Bundeskanzler Gerhard Schröder (SPD) mit der Agenda 2010 an die theoretischen Vorstellungen der Merkantilisten angelehnt?

3.5.2.2 Arbeitsbewertung und Lohn bei den klassischen Ökonomen

3.5.2.2.1 Adam Smith

Auch bei den klassischen Ökonomen (wie Adam Smith, David Ricardo und Karl Marx) wurde intensiv die Lohnfrage problematisiert. Smith entwickelte in seinem 1776 erschienenen Buch: „Der Wohlstand der Nationen", im Kap. VIII: „Der Arbeitslohn", zum ersten Mal eine geschlossene Lohntheorie. Für Smith ist Arbeit der einzige wertschaffende Produktionsfaktor und die aufgewandte Arbeitsstunde der Tauschmaßstab der Arbeit. Die anderen Produktionsfaktoren, wie Boden und Kapital, geben dagegen bei der Kalkulation von Güterpreisen nur ihren Werteverzehr bzw. Abschreibungswert ab. Damit war im Grundsatz klar, dass die Quelle des Reichtums bzw. die Ursache der volkswirtschaftlichen Wertschöpfung die menschliche Arbeit ist. Die Verteilung des Arbeitsertrages auf die Produktionsfaktoren Arbeit, Boden und Kapital oder anders formuliert, die Erklärung von Lohn, Grundrente, Zins und Gewinn kann bei Smith als eine „*Lohnabzugstheorie*" bezeichnet werden. Er schrieb: „Der Ertrag der Arbeit bildet das natürliche Entgelt oder den Lohn der Arbeit. In jenem ursprünglichen Zustand der Dinge, der sowohl der Aneignung von Grund und Boden als auch der Anhäufung von Vermögen vorausgeht, gehört der gesamte Ertrag der Arbeit dem Arbeitenden. Er hat weder einen Grundherrn noch einen Meister, mit dem er teilen müßte. [...] Doch dieser ursprüngliche Zustand der Dinge, in dem der Arbeiter den gesamten Ertrag seiner eigenen Arbeit genoss, konnte nicht länger dauern als bis zur erstmaligen Aneignung von Grund und Boden und der Anhäufung von Vermögen. Er hatte daher ein Ende, lange bevor die bedeutendsten Steigerungen der Arbeitsproduktivität stattfanden, und es wäre zwecklos, weiter zu verfolgen, welche Wirkungen er auf das Entgelt oder den Lohn der Arbeit hätte haben können. Sobald der Boden in Privateigentum übergeht, verlangt der Grundherr einen Teil von fast allen Erzeugnissen, die der Arbeiter darauf hervorbringen oder einsammeln kann. Seine Rente bildet den ersten Abzugsposten vom Ertrag der auf den Boden verwendeten Arbeit. [...] Der Ertrag fast jeder anderen Arbeit unterliegt dem gleichen Abzug des Gewinns" (Smith 1776 (2005), S. 140 f.).

John Kenneth Galbraith spitzte dies zu und bezeichnet den kapitalismusimmanenten Vorgang als „plumpen Diebstahl" an der Arbeiterschaft. Das dies in dieser Form einer Lohnabzugstheorie aber nicht richtig ist, zeigte Marx anhand seiner Mehrwerttheorie. Bei Smith zerfällt der „*Ertrag der Arbeit*" in einen Lohn als Tauschwert für die Arbeitskraft, *Reproduktionskosten* auf der einen Seite und in einem *Surplus* auf der anderen Seite. Der Surplus wiederum bildet das Äquivalent für den Gewinn der Eigenkapitalgeber und den Zins der Fremdkapitalgeber sowie die Grundrente der Grundeigentümer. Die Bezahlung des „Faktors" Arbeit in Form eines Lohns ist demnach nicht wertgleich mit dem Ertrag der Arbeit, so dass für Smith die Arbeiter im Kapitalismus auch viel zu kurz kommen: „Der bedauernswerte Arbeiter, der gewissermaßen das ganze Gebäude der menschlichen Gesellschaft auf seinen Schultern trägt, steht in der untersten Schicht dieser Gesellschaft. Er wird von ihrer ganzen Last erdrückt und versinkt gleichsam in den Boden, so daß man ihn auf der Oberfläche gar nicht wahrnimmt" (Smith 1776 (2005), S. 87).

Nur dann, wenn Unternehmer und Arbeiter eine „Person" würden, würde der Arbeiter nach Smith auch den *gesamten Ertrag der eigenen Arbeit* erhalten. Dazu ist es allerdings notwendig, dass der Arbeiter im Kapitalismus gleichzeitig zum Kapitaleigentümer wird und einen Kapitalvorschuss leisten kann. Dazu noch einmal Smith: „In allen Handwerken und gewerblichen Produktionen benötigt die Mehrzahl der Arbeiter einen Unternehmer, der ihnen das Material für ihre Arbeit und ihren Lohn und Unterhalt bis zu deren Fertigstellung *vorstreckt*. Er ist am Ertrag ihrer Arbeit beteiligt, also an dem Wert, den sie dem bearbeiteten Material hinzufügt; und in diesem Anteil besteht sein Gewinn. Mitunter kommt es freilich vor, dass ein einzelner selbständiger Handwerker genügend Vermögen besitzt, um sowohl das Material für seine Arbeit zu kaufen als auch seinen Unterhalt bis zu deren Fertigstellung zu bestreiten. Er ist zugleich Arbeiter und Unternehmer in einer Person, und genießt den gesamten Ertrag seiner Arbeit, also den gesamten Wert, den diese dem Material, auf das sie verwendet wird, hinzufügt. Er umfasst zwei üblicherweise verschiedene Einkommen, die zwei verschiedenen Personen zugehören: den Gewinn aus Vermögen und den Arbeitslohn" (Smith 1776 (2005), S. 141).

Für Schumpeter deutet sich hier bei Smith die von Marx später *vollendete Ausbeutungstheorie* der Arbeit an. Bei der Frage nach der Tauschwertbestimmung des Faktors Arbeit bzw. bei der Frage, was die Lohnhöhe bestimmt, ist Smith dagegen in seinen Ausführungen nicht eindeutig. Hierzu schreibt er: „Ist auch die Arbeit der wirkliche Maßstab des Tauschwertes aller Waren, so wird deren Wert doch gemeinhin nicht nach diesem Maßstab geschätzt. Es ist oft schwer, das Verhältnis zwischen zwei verschiedenen Quantitäten Arbeit zu ermitteln. Die Zeit, die auf zwei verschiedene Arten von Arbeit verwendet wurde, wird nicht immer allein dieses Verhältnis bestimmen. [...] Zwar wird beim Austausch der unterschiedlichen Produkte verschiedener Arbeitsarten gegeneinander auf beide Rücksicht genommen; doch geschieht dies nicht nach einem genauen Maßstab, sondern auf Grund des Feilschens und Handelns auf dem Markte, entsprechend jener ungefähren Ausgleichung, die, wenngleich nicht exakt, doch hinreichend ist, um die Fortsetzung der Alltagsgeschäfte zu ermöglichen" (Smith 1776 (2005), S. 29).

An anderer Stelle führt Smith fünf Punkte zur Bestimmung der Lohnhöhe an:
– „Erstens hängt die Höhe des Lohnes davon ab, wie leicht oder schwer, schmutzig oder sauber, geachtet oder weniger geachtet die Tätigkeit ist. [...]
– Zweitens ändert sich der Lohn für eine Arbeit, je nachdem, ob sie leicht oder schwierig, das heißt, mit wenig oder viel Aufwand zu erlernen ist. [...]
– Drittens variiert der Arbeitslohn in einzelnen Berufen, je nachdem, ob jemand ständig oder nur zeitweilig beschäftigt ist. [...]
– Viertens variiert der Arbeitslohn mit dem Grade des Vertrauens, das man in den Arbeiter setzen muß. [...]
– Fünftens ist der Arbeitslohn in den einzelnen Erwerbszweigen jeweils mit den Erfolgsaussichten verknüpft" (Smith 1776 (2005), S. 148 ff.).

Auf der einen Seite spielen demnach bei Smith Marktgegebenheiten eine Rolle, während auf der anderen Seite neben objektivierbaren Faktoren, wie die Ausbildungszeit, auch stark subjektive Faktoren, z. B. das Vertrauen in den Arbeiter oder leichte und schwere Arbeit, angeführt werden, die die Lohnhöhe bestimmen sollen. Letztlich ist für Smith die Lohnhöhe allerdings eine Frage des *Arbeitsvertrages*, den der Arbeiter mit dem Unternehmer abschließt. Die Interessen divergieren hier. „Der Arbeiter möchte so viel wie möglich bekommen, der Unternehmer so wenig wie möglich geben" (Smith 1776 (2005), S. 141).

Bezüglich der vertraglichen Lohnverhandlungen weist Smith ausführlich auf die Wirkung von Koalitionen auf Seiten der Arbeiter und Unternehmer hin, wobei die Bildung von *Arbeiterzusammenschlüssen* zur damaligen Zeit staatlicherseits noch streng verboten war und der Staat in Lohnkämpfen in der Regel eindeutig Partei für die Unternehmer ergriff. „Die Arbeiter neigen dazu, sich zusammenzuschließen, um einen höheren Lohn durchzusetzen, die Unternehmer, um ihn zu drücken. Es läßt sich indes leicht vorhersehen, welche der beiden Parteien unter normalen Umständen einen Vorteil in dem Konflikt haben muß und die andere zur Einwilligung in ihre Bedingungen zwingen wird. Die Unternehmer, der Zahl nach weniger, können sich viel leichter zusammenschließen. Außerdem billigt das Gesetz ihre Vereinigungen, zumindest verbietet es sie nicht wie die der Arbeiter. Wir haben keine Parlamentsbeschlüsse gegen Vereinigungen, die das Ziel verfolgen, den Lohn zu senken, wohl aber zahlreiche gegen Zusammenschlüsse, die ihn erhöhen wollen. In allen *Lohnkonflikten* können zudem die Unternehmer viel länger durchhalten. Ein Grundbesitzer, ein Pächter, ein Handwerksmeister, ein Fabrikant oder ein Kaufmann, ein jeder von ihnen könnte, selbst wenn er keinen einzigen Arbeiter beschäftigt, ohne weiteres ein oder zwei Jahre vom bereits ersparten Vermögen leben. Dagegen könnten Arbeiter ohne Beschäftigung nicht einmal eine Woche, wenige einen Monat und kaum einer ein ganzes Jahr überstehen" (Smith 1776 (2005), S. 141 f.).

Wenn auch der Unternehmer zur *Gewinnerzielung* langfristig auf den Ertrag der Arbeit des Arbeiters angewiesen ist, so ist dies für Smith kurzfristig nicht der Fall. Bezüglich der Koalitionsbildung bzw. dem Zusammenschluss von Arbeitern zu Gewerkschaften führt er aus: „Nur selten, so wurde behauptet, war von Zusammenschlüssen der Unternehmer, häufig dagegen von solchen der Arbeiter zu hören. Wer aber daraus den Schluss zieht, *Unternehmer* würden sich selten untereinander absprechen, kennt weder die Welt, noch versteht er etwas von den Dingen, um die es hier geht. Unter Unternehmern besteht immer und überall eine Art stillschweigendes, aber dauerhaftes und gleichbleibendes Einvernehmen, den Lohn nicht über den jeweils geltenden Satz zu erhöhen. Ein Verstoß gegen dieses Einverständnis ist ein äußerst unfreundlicher Akt, der für den Unternehmer eine Schande in den Augen seiner Nachbarn und Gleichgesinnten ist. Tatsächlich hören wir selten etwas von solchen Absprachen, ganz einfach deshalb, weil sie zu den üblichen, ja sozusagen natürlichen Dingen im Leben gehören, über die niemand je spricht. Mitunter finden sich Unternehmer auch zusammen, um die Löhne sogar unter das bestehende Niveau zu senken. Diese Absprache geschieht bis zum Zeitpunkt der Ausführung stets in aller Stille und möglichst heimlich" (Smith 1776 (2005), S. 142).

Lohnkämpfe zwischen Kapital und Arbeit gehen für Smith in der Regel zugunsten des Kapitals aus. Hierbei gibt es aber eine natürliche unterste Grenze des Lohnes, „unter den der übliche Lohn selbst für die allereinfachste Tätigkeit für längere Zeit, wie es scheint, nicht gedrückt werden kann" (Smith 1776 (2005), S. 143). Diese bestimmt sich aus den Reproduktionskosten, die der Arbeiter zur Existenzsicherung und Fortpflanzung mindestens benötigt (*„Existenzminimumtheorie des Lohnes"*). „Der Mensch muß von seiner Arbeit immer leben, und sein Lohn muß zumindest ausreichen, um ihn zu ernähren. In den meisten Fällen muß er sogar etwas höher sein; andernfalls wäre es ihm unmöglich, seine Familie zu ernähren, und die Gattung solcher Arbeiter könnte die erste Generation nicht überdauern." (Smith 1776 (2005), S. 143).

Diese Feststellung von Smith ist in Bezug auf heute zweifach noch interessant. Erstens weil viele Unternehmer ihren Beschäftigten einen solchen existenzsichernden Lohn durch Lohndrückerei vorenthalten und zweitens, weil es heute fast zu einer Selbstverständlichkeit geworden ist, dass der Staat den Lohn direkt und indirekt über ein sozialstaatliches System subventionieren muss. Der Sozialwissenschaftler Rainer Roth (1998, S. 114) stellt dazu fest:

> Je tiefer die Löhne unter die Reproduktionskosten fallen, desto mehr steigt der Druck auf staatliche Lohnzuschüsse. […] Indirekte Formen verbilligen einzelne Elemente der Reproduktionskosten. Die wichtigsten […] sind Kindergeld und die verschiedensten Formen von Mietsubventionen. […] Zu den indirekten Methoden der Lohnsubventionen gehören auch die staatlichen Zuschüsse zur Sozialversicherung, die es erlauben, die Bruttolöhne niedriger zu halten. […] Direkte Lohnsubventionen sind staatliche Zuschüsse, die Löhne direkt aufstocken, um die Differenz zu den Reproduktionskosten zu vermindern. […] Da sich bei wachsender Arbeitslosigkeit der Fall der Löhne unter die Reproduktionskosten beschleunigt, entsteht ein höherer Bedarf an allgemeinen direkten Lohnsubventionen z. B. in Form einer negativen Einkommensteuer (Bürgergeld) und/oder eines Kombilohns. (Roth 1998, S. 114)

Nur unter gewissen Marktbedingungen, wenn die Nachfrage nach Arbeitskräften das Angebot übersteigt, wird es dem Arbeiter gelingen, einen Lohn durchzusetzen, der über der Höhe des Existenzminimums liegt. Dazu noch einmal Smith: „Der Mangel an Arbeitskräften führt nämlich zu einem Wettbewerb unter den Unternehmern, die sich gegenseitig überbieten, um Arbeiter zu bekommen, so daß sie freiwillig die natürliche Absprache über eine gemeinsame Lohnpolitik durchbrechen. Ganz offensichtlich kann die Nachfrage nach solchen Lohnarbeitern nur insoweit steigen, als auch die Fonds wachsen, die für Lohnzahlungen bestimmt sind. Diese Lohnfonds werden aus zwei Quellen gespeist: Erstens aus den Einnahmen, die nicht für den Lebensunterhalt benötigt werden und zweitens aus dem Kapital, das die Unternehmer nicht für ihre Zwecke verwenden. […] Die Nachfrage nach Lohnarbeitern steigt also zwangsläufig, wenn Einkommen und Kapital in einem Lande zunehmen, aber auch nur unter dieser Voraussetzung. Wachstum von Einkommen und Kapital bedeutet Zunahme des nationalen Wohlstands, was wiederum die entscheidende Voraussetzung für eine wachsende Nachfrage nach Arbeitskräften ist" (Smith 1776 (2005), S. 145). Aber selbst wenn es auf Teilarbeitsmärkten zu einer Verknappung von Arbeitskräften und in Folge zu Lohnsteigerungen kommt, verlangen die Unternehmer von den Gewerkschaften längere Arbeitszeiten und vom Staat, von der Politik, sofort Abhilfemaßnahmen, z. B. durch Zuwanderung von Arbeitskräften aus dem Ausland (siehe dazu das Fachkräfteeinwanderungsgesetz vom 1. März 2020).

3.5.2.2.2 David Ricardo

Auch für den britischen Ökonom David Ricardo (1772–1823) ist Arbeit der einzige wertschaffende Produktionsfaktor. Das Wertgesetz regelt auch bei ihm die Aufteilung des durch Arbeit entstandenen Wertes, indem der Arbeiter einen Lohn erhält, der dem Wert der Arbeitskraft, d. h. dem Arbeitsaufwand für die Herstellung seiner Subsistenzmittel, also den Reproduktionskosten, entspricht, während der diesen Anteil übersteigende Rest des (Neu-)Wertes den Kapitaleigentümern als Gewinn bzw. Zins für die Fremdkapitalgeber und dem Bodeneigentümer als Grundrente zufließen.

Für Ricardo steht demnach genauso fest, dass die Arbeit des Lohnarbeiters die Quelle des Kapitalgewinns, des Zinses und der Grundrente bildet, da der Gesamtwert einzig und allein der „lebendigen Arbeit geschuldet ist". Zur Ableitung des Tauschwertes der Arbeit präzisiert er den Arbeitswertbegriff von Smith durch eine *„Arbeitszeittheorie"* unter gleichzeitiger Berücksichtigung der Arbeitsqualität. Arbeit stellt für Ricardo *kein homogenes Gut* dar. „Die Wertschätzung, in der verschiedene Qualitäten von Arbeit stehen, wird auf dem Markte bald mit genügender Genauigkeit für alle praktischen Zwecke bestimmt und hängt viel ab von der verhältnismäßigen Geschicklichkeit des Arbeiters und der Intensität der geleisteten Arbeit" (Ricardo 1821, S. 45). Damit ist die Lohnbildung bei Ricardo „nicht nur durch Unterschiede in den Leistungsanforderungen, sondern auch durch die Verhältnisse wechselnder Dringlichkeit von Angebot und Nachfrage auf den Märkten bestimmt, also durch Umstände, die mit der Wertigkeit der Arbeit nichts zu tun haben" (Hofmann, 1971a, S. 60).

Genauso wie Smith unterscheidet aber auch Ricardo zwischen den kurzfristig schwankenden *Marktpreisen* und dem wertbildenden *„natürlichen" Preis* einer Ware, der durch die Produktionskosten bestimmt wird, d. h., bezogen auf den Faktor Arbeit, in Höhe der notwendigen existenzsichernden Reproduktionskosten zur Erhaltung der Ware Arbeitskraft. Im Gegensatz zu Smith sind diese Lohnkosten aber nicht weitgehend unabänderlich, sondern sie werden durch die jeweilige Entwicklung der *Arbeitsproduktivität* determiniert, d. h., sie nehmen einen relativen bzw. einen veränderbaren Charakter an.

Die Entwicklung der Arbeitsproduktivität unterliegt dabei für Ricardo dem von Anne Robert Jacques Turgot (1727–1781) aufgestellten Ertragsgesetz, bei dem ein vermehrter Arbeitseinsatz zu abnehmenden Grenzerträgen führt, die die Lohnhöhe bestimmen. Hier deutet sich die später von der Neoklassik entwickelte *Grenzproduktivitätstheorie* des Lohnes an. Da aber für Ricardo das Arbeitsangebot gemäß dem von

Robert Malthus (1766–1834), wie Ricardo ein britischer Ökonom, formulierten Bevölkerungsgesetz permanent zunimmt, und die Arbeitskräftenachfrage bei weitem übersteigt, kann letztlich der Lohn langfristig nicht über das Existenzminimum steigen. Hinzu kommt das bereits erwähnte Koalitionsverbot für Arbeiter, das wirtschaftlich dazu führte, dass der einzelne Arbeiter dem damaligen Unternehmer, wenn ihm Arbeitszeit, Arbeitsbedingungen und Arbeitslohn diktiert wurden, hoffnungslos ausgeliefert und unterlegen war. Am Arbeitsmarkt herrschte ausschließlich unternehmerische Nachfragemacht. Die Arbeiter wurden nicht an den Erträgen einer steigenden Arbeitsproduktivität beteiligt. Der deutsche Ökonom Helmut Arndt stellt zu den damaligen Verhältnissen am Arbeitsmarkt fest:

> Er (der Arbeiter) erhält unverändert nur die zur Reproduktion seiner Arbeitskraft nötigen Subsistenzmittel. Auch in der Zeit der industriellen Revolution im 18. Jahrhundert stieg dank des Einsatzes von mit Dampf- oder Wasserkraft betriebenen Maschinen die Arbeitsproduktivität. Der Lohn des unqualifizierten Arbeiters aber [sank oder] verharrte auf dem physiologischen Existenzminimum. (Arndt 1973, S. 173)

Mit der Etablierung einer marktwirtschaftlich-kapitalistischen Wirtschaftsordnung, die das feudal-merkantilistische System letztlich verdrängte, schien sich die Existenzminimumtheorie zu bestätigen. Die Freisetzung der bis dahin meist eigenwirtschaftenden Produzenten von ihren Arbeitsinstrumenten, und ihre Verwandlung in „freie" Lohnarbeiter, d. h. in Personen, die zwar rechtlich frei waren, wirtschaftlich aber genötigt sind, ihre Arbeitskraft täglich auf dem Arbeitsmarkt zu verkaufen, war die notwendige Voraussetzung, um den Kapitalismus mit seiner Trennung des Kapitalisten bzw. Unternehmer vom Lohnarbeiter zu schaffen und das Lohnarbeiterverhältnis zu konstituieren.

Die Lehre der klassischen Nationalökonomen basierte dabei auf dem Privateigentum an Produktionsmitteln und wirtschaftlicher Freiheit, wobei im Gegensatz zur marxistischen Wirtschaftstheorie – die hierin die entscheidenden Voraussetzungen für die Ausbeutung sah – eine notwendige Entwicklung zu einer harmonischen und stabilisierten Wirtschaftsordnung unterstellt wurde. Viele Hoffnungen konnten allerdings von den realen Begleiterscheinungen der industriellen Revolution zu Beginn der kapitalistischen Ordnung im 19. Jahrhundert nicht erfüllt werden. Vor allem der ökonomische Gegensatz zwischen Lohnempfängern einerseits und Kapitalbesitzern andererseits wurde immer größer. Die *Verelendung der Arbeiter* war zu einer Massenerscheinung geworden. Das Existenzminimum wurde vielfach nicht einmal gesichert. „Man warf daher die Frage auf, wie diese Zustände mit der von der hauptsächlich klassischen Lehre behaupteten wohltätigen Wirkung eines sich selbständig und harmonisch entwickeltem Wirtschaftslebens in Einklang zu bringen seien, und zweifelte damit die grundlegenden Prinzipien der klassischen Theorie an" (Stavenhagen 1969, S. 123).

Es konnte deshalb nicht ausbleiben, dass man das Konkurrenzsystem und das *Privateigentum an Produktionsmitteln* genau prüfte, scharf kritisierte und deren Beseitigung verlangte. Insbesondere das Privateigentum war für viele das Grundübel. Über die politischen und ökonomischen Möglichkeiten einer Abschaffung des Privateigentums an den Produktionsmitteln bestanden jedoch unterschiedliche Ansichten. Die ältere Richtung der sozialistischen Lehren, der *„utopische Sozialismus"* (auch als nicht wissenschaftlicher Sozialismus bezeichnet), steht für verschiedene Theorien zwischen 1789, dem Jahr der Französischen, und 1848, dem Jahr der u. a. auch Deutschen Revolution. Neben Robert Owen (1771–1858) und Pierre Joseph Proudhon (1809–1865) ist hier insbesondere Ferdinand Lassalle (1825–1864) zu nennen.

Lassalle versuchte die nicht marxistische klassische Wertlehre der Lohnabzugstheorie in eine Sozialkritik am Kapitalismus zu lenken. „Wenn alle Produkte nur durch die menschliche Arbeit Wert erhalten und daher nichts als Arbeit kosten, so sind Gewinn und Rente ein Abzug vom natürlichen Arbeitslohn; sie sind ein Raub an dem aus der Alleinproduktivität der Arbeit entspringenden unverkürzten Arbeitsertrag, der den Arbeitenden zusteht" (zitiert bei Hofmann 1971a, S. 81). Lassalles politische Folgerung war deshalb, eine Wirtschaftsordnung zu schaffen, in der die Entstehung von arbeitslosem Einkommen verhindert wird. Bedingt durch das von ihm benannte *„eherne Lohngesetz"*, nach dem in einer marktwirtschaftlich-kapitalistischen Wirtschaft der Durchschnittslohn des Arbeiters niemals über dem notwendigen Existenzminimum steigen könne, forderte er zur Verbesserung der wirtschaftlichen Lage der Arbeiter eine Okkupation des marktwirtschaftlich-kapitalistisch bürgerlichen Staates durch die Arbeiter. Dieser veränderte Staat, der kein *„Nachtwächterstaat"* sein dürfte, könne dann eine Abschaffung der marktwirtschaftlich-kapitalistischen Ausbeutungsverhältnisse durch die Bildung von *Produktivgenossenschaften* herbeiführen, in denen der Gewinn als Inbegriff der Ausbeutung der Arbeiterklasse abgeschafft sei.

Alle utopischen Sozialismusvorstellungen blieben allerdings, auch die von Jean-Charles-Léonard Sismondi (1773–1842), William Thompson (1785–1833), John Gray (1798–1850) und Leonard Blanc (1811–1882), sozialreformerische Versatzstücke einer Kapitalismuskritik. Ihre wissenschaftliche Basis bildeten quasi die Theorien von Smith und Ricardo, nach dem das Gewinn-, Zins- und Grundrenteneinkommen, also der Mehrwert, vom Ertrag der Arbeit abgezogen wird und für die Arbeiter nur ein Lohn verbleibt.

Aufgaben

Beschreiben Sie die Lohnabzugstheorie.

Wie unterscheiden sich die Lohntheorie von Smith und Ricardo und kann man hier die Ausbeutung der Arbeiter als „Diebstahl" bezeichnen?

Was ist der Unterschied zwischen dem Wert der Arbeit und dem Wert der Arbeitskraft?

Was besagt die Existenzminimumtheorie des Lohnes?

Wieso unterstützt der Staat mit Kinder- und Wohngeld u. a. abhängig Beschäftigte?

3.5.2.2.3 Marxistische Lohntheorie

Erst mit dem von Karl Marx (1818–1883) und Friedrich Engels (1820–1895) verfassten *„wissenschaftlichen Sozialismus"* wurde eine geschlossene Analyse und Kritik der marktwirtschaftlich-kapitalistischen Wirtschaftsordnung geleistet. Marx und Engels zielen auf Basis ihrer geschichtsphilosophischen Verbindung von Dialektik und Materialismus (Kromphardt 1991, S. 124–129; Steitz 1977) nicht auf Einzelheiten der bestehenden Gesellschaft ab, sondern auf diese als Ganze, in all ihren Lebensäußerungen. Dies bringt Marx 1859 in seinem Buch „Zur Kritik der Politischen Ökonomie" entsprechend zum Ausdruck, wenn er schreibt:

> In der gesellschaftlichen Produktion ihres Lebens gehen die Menschen bestimmte, notwendige, von ihrem Willen unabhängige Verhältnisse ein, Produktionsverhältnisse, die einer bestimmten Entwicklungsstufe ihrer materiellen Produktivkräfte entsprechen. Die Gesamtheit dieser Produktionsverhältnisse bildet die ökonomische Struktur der Gesellschaft, die reale Basis, worauf sich ein juristischer und politischer Überbau erhebt, und welcher bestimmte gesellschaftliche Bewußtseinsformen entsprechen. Die Produktionsweise des materiellen Lebens bedingt den sozialen, politischen und geistigen Lebensprozeß überhaupt. Es ist nicht das Bewußtsein der Menschen, das ihr Sein, sondern umgekehrt ihr gesellschaftliches Sein, das ihr Bewußtsein bestimmt. Auf einer gewissen Stufe ihrer Entwicklung geraten die materiellen Produktivkräfte der Gesellschaft in Widerspruch mit den vorhandenen Produktionsverhältnissen oder, was nur ein juristischer Ausdruck dafür ist, mit den Eigentumsverhältnissen, innerhalb deren sie sich bisher bewegt haben. Aus Entwicklungsformen der Produktivkräfte schlagen diese Verhältnisse in Fesseln derselben um. Es tritt dann eine Epoche sozialer Revolution ein. Mit der Veränderung der ökonomischen Grundlage wälzt sich der ganze ungeheure Überbau langsamer oder rascher um. (Marx 1975, S. 8 f.)

Nehmen, wie aufgezeigt, die utopischen Sozialisten an einer ungerechten Verteilung des durch Arbeit erwirtschafteten Mehrprodukts Anstoß, so beschäftigt Marx und Engels das in der kapitalistischen Produktion angelegte Grundverhältnis der ausgebeuteten Arbeit. Sprachen die utopischen Sozialisten ein moralisches Urteil aus, so fragen die Autoren nach den *immanenten Gesetzen*, die in der Produktionsweise der marktwirtschaftlich-kapitalistischen Ordnung selbst begründet sind. Was für jene ein heilbarer Missstand der Gesellschaft ist, ist für Marx und Engels ihr eigentlicher Zustand. Wollten die Utopisten Einrichtungen der Gesellschaft ändern, so ergibt sich bei Marx und Engels die Veränderung der Gesellschaft aufgrund ihrer *systemimmanenten Widersprüche* letztlich von selbst.

Der Unternehmer bzw. Kapitalist, der die *Macht* aufgrund der Eigentumsverhältnisse an den Produktionsmitteln ausnutzt, wird von Marx aber nicht verurteilt, da der Unternehmer selbst, aufgrund der marktwirtschaftlich-kapitalistischen Konkurrenzverhältnisse, ein „Gefangener" des Systems ist. Im Vorwort zum ersten Band des „Kapitals" schrieb Marx dazu:

> Zur Vermeidung möglicher Mißverständnisse ein Wort. Die Gestalten von Kapitalist und Grundeigentümer zeichne ich keineswegs in rosigem Licht. Aber es handelt sich hier um die Personen nur, soweit sie die Personifikation ökonomischer Kategorien sind, Träger von bestimmten

Klassenverhältnissen und Interessen. Weniger als jeder andere kann mein Standpunkt, der die Entwicklung der ökonomischen Gesellschaftsformation als einen naturgeschichtlichen Prozeß auffaßt, den einzelnen verantwortlich machen für Verhältnisse, deren Geschöpf er sozial bleibt, sosehr er sich auch subjektiv über sie erheben mag. (Marx 1867 (1974), S. 16)

3.5.2.2.3.1 Arbeit als Ware

Die ökonomische Basis der marxistischen Lohntheorie liefert seine *Mehrwerttheorie*, der die Marx'sche Werttheorie (das „Wertgesetz") zugrunde liegt, deren Ausgangspunkt der Warenbegriff ist. Zu Beginn des „Kapitals" (Bd. 1) schrieb Marx: „Der Reichtum der Gesellschaften, in welchen kapitalistische Produktionsweise herrscht, erscheint als eine 'ungeheure Warensammlung', die einzelne Ware als seine Elementarform. Unsere Untersuchung beginnt daher mit der Analyse der Ware" (Marx 1867 (1974), S. 49).

In jeder Ware steckt ein *Doppelcharakter*, ein qualitativer *Gebrauchswert*, der durch seine konkrete Nützlichkeit zur Befriedigung von Bedürfnissen bestimmt wird, als auch ein *Tauschwert*, der das quantitative Verhältnis zu anderen Waren definiert (vgl. Abb. 3.4). Ein Austausch von Waren findet Anfangs dabei immer nur dann statt, wenn die Waren für die Tauschpartner jeweils einen Gebrauchswert haben.

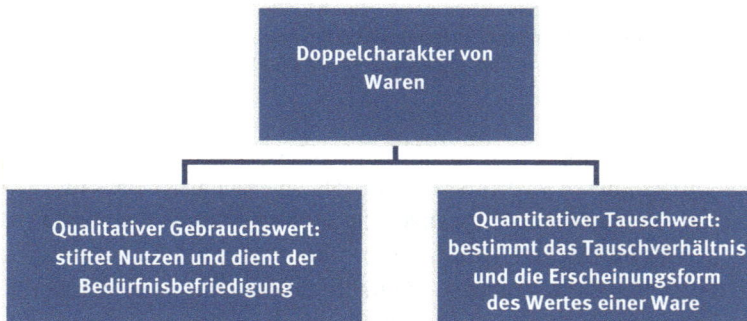

Abb. 3.4: Doppelcharakter von Waren. Quelle: eigene Darstellung.

Mit fortschreitender gesellschaftlicher Arbeitsteilung und zunehmender Tauschwirtschaft interessiert aber immer mehr nur der *Tauschwert* einer Ware, also was sich durch den Austausch der Ware gegen eine andere an Wert einlösen lässt; während der Gebrauchswert der Ware – um den Tauschwert zu realisieren – zum notwendigen Übel verkümmert. Was interessiert zum Beispiel den Anbieter von jährlich mehreren Tonnen an Marmelade deren Gebrauchswert? Lediglich der Nachfrager hat hier ein Interesse, sein Bedürfnis an Marmelade zu befriedigen. Damit ist aber kein äquivalentes Gebrauchswertinteresse hergestellt, sodass es am Ende in der Tat nur um den Tauschwert geht, woran beide ein Interesse, wenn auch ein entgegengesetztes haben. Der Verkäufer will einen hohen und der Käufer einen niedrigen Tauschwert realisieren. Wovon hängt dieser Tauschwert der Waren aber ab? Dies hat Marx zunächst auf Basis einer einfachen warenproduzierenden und noch warentauschenden Gesellschaft (Geld existiert als Tauschmittel noch nicht) untersucht. Die Produzenten der Waren produzieren hier selbst, halten das Eigentum an den Produktionsmitteln und tauschen ihre produzierten Waren am Markt aus, womit das Problem entsteht, einen äquivalenten Vergleichsmaßstab zu finden. Dieser muss in der wirtschaftlichen Realität in der Lage sein, z. B. fünf Liter Wein gegen zwei Meter Stoff austauschbar zu machen, ohne dass sich einer der Tauschpartner übervorteilt fühlt. Nach Marx ist dieser äquivalente Vergleichsmaßstab die in den Waren A und B jeweils enthaltene *Menge „abstrakte Arbeit"*, die er als „produktive Verausgabung von Hirn, Muskel, Nerv, Hand usw." definiert. „Alle Arbeit ist einerseits Verausgabung menschlicher Arbeitskraft im physiologischen Sinn, und in dieser Eigenschaft gleicher menschlicher oder abstrakt menschlicher Arbeit bildet sie den Warenwert. Alle Arbeit ist andererseits Verausgabung menschlicher Arbeitskraft in besonderer zweckbestimmter Form, und in dieser Eigenschaft konkreter nützlicher Arbeit produziert sie Gebrauchswerte" (Marx 1867 (1974), S. 61).

Nur Arbeit ist – wie bei den klassischen Ökonomen Smith und Ricardo – demnach in der Lage *Werte* zu schaffen. Ist keine menschliche Arbeit in eine Ware eingegangen, ist sie gemäß Arbeitswerttheorie auch keine Ware. Luft, unbearbeiteter Boden, wildwachsendes Holz stiften zwar einen Nutzen – im Fall der Luft sogar einen lebensnotwendigen Nutzen –, sie sind aber weder Ware noch haben sie einen Wert. Der Wert ist den Waren daher nicht von vornherein immanent.

Mit der Festlegung der Wertsubstanz durch menschliche Arbeit entsteht die nächste Frage nach der Wertgröße. Obwohl es zunächst einleuchtet, dass sich die Wertgröße – wenn sich der Wert allgemein durch die abstrakte Arbeit bildet – nach der zu ihrer Produktion *verausgabten Arbeitszeit* bestimmen muss, so treten bei näherer Betrachtung doch Probleme auf. Ist nämlich der Wert einer Ware umso größer, je mehr Arbeitszeit ihre Herstellung verlangt, so impliziert dies, das der langsamste, ungeschickteste, womöglich faulste Arbeiter der Ware den höchsten Wert zufügt bzw. umgekehrt der produktivste Arbeiter der Ware nur einen geringeren Wert verschafft. Ein weiteres Wertproblem bilden die bei der Produktion zum Einsatz kommenden unterschiedlichen Ausstattungen an Produktionsmittel, die zu differenzierten Produktivitäten führen, und nicht zuletzt ist jede eingesetzte Arbeitsstunde nicht als *homogen* anzusehen. Wie wird hierbei beispielsweise körperliche und geistige Arbeit bewertet?

Das erste Problem löst Marx dadurch, dass nicht die individuell geleistete Arbeitszeit bei der Wertbestimmung zum Ansatz kommt, sondern das Verhältnis der zur Produktion der Waren jeweils „gesellschaftlich *notwendig* aufgebrachten Arbeitszeit", die bei „den vorhandenen gesellschaftlich-normalen Produktionsbedingungen und dem Durchschnittsgrad von Geschick und Intensität der Arbeit" erforderlich ist (Marx 1867 (1974), S. 53).

Die Ausstattung der Produzenten mit unterschiedlichen Produktionsmitteln lässt sich als *„vorgetane Arbeit"* interpretieren. Die Produktionsmittel übertragen ihren Wert sukzessive auf die damit produzierten Waren. Sie geben Wert ab, schaffen aber keinen Neuwert. Die Betriebswirtschaftslehre drückt diesen Zusammenhang in Form von Abschreibungen auf Vermögenswerte aus. Die qualitativ unterschiedliche Arbeitsstunde erklärt Marx aus einer Multiplikation von „einfacher Durchschnittsarbeit" – definiert als die „Verausgabung einfacher Arbeitskraft, die im Durchschnitt jeder gewöhnliche Mensch, ohne besondere Entwicklung, in seinem leiblichen Organismus besitzt" – in „qualifizierte oder komplizierte Arbeit", die mit einer entsprechenden Ausbildungszeit einhergeht. Die qualifizierte Arbeit produziert in gleicher Zeit mehr an Wert als die einfache Arbeit.

> Die einfache Durchschnittsarbeit selbst wechselt zwar in verschiedenen Ländern und Kulturepochen ihren Charakter, ist aber in einer vorhandenen Gesellschaft gegeben. Komplizierte Arbeit gilt nur als potenzierte oder vielmehr multiplizierte einfache Arbeit, so daß ein kleineres Quantum komplizierter Arbeit gleich einem größeren Quantum einfacher Arbeit entspricht. Daß diese Reduktion beständig vorgeht, zeigt die Erfahrung. Eine Ware mag das Produkt der kompliziertesten Arbeit sein, ihr Wert setzt sie dem Produkt einfacher Arbeit gleich und stellt daher selbst nur ein bestimmtes Quantum einfacher Arbeit dar. Die verschiedenen Proportionen, worin verschiedene Arbeitsarten auf einfache Arbeit als ihre Maßeinheit reduziert sind, werden durch einen gesellschaftlichen Prozeß hinter dem Rücken der Produzenten festgesetzt und scheinen ihnen daher durch das Herkommen gegeben. Der Vereinfachung halber gilt uns im Folgenden jede Art Arbeitskraft unmittelbar für einfache Arbeitskraft, wodurch nur die Mühe der Reduktion erspart wird. (Marx 1867 (1974), S. 59)

Aufgaben

Was unterscheidet die utopischen Sozialisten von Karl Marx?

Erklären Sie den Doppelcharakter von Waren in Bezug auf die Ware Arbeitskraft.

Wie definiert Marx abstrakte Arbeit?

Was ist vorgetane Arbeit?

Wie unterscheiden sich einfache und qualifizierte Arbeit?

3.5.2.2.3.2 Vergegenständlichte menschliche Arbeit im Konkurrenzverhältnis

Wie zeigt sich nun aber unter diesen Bedingungen der Reduktion die Form des Werts? Diese stellt sich in entwickelten Tauschgesellschaften in *Geld* dar. Bei der einfachen Wertform wurde noch eine beliebige zufällige Ware in Beziehung zu einer anderen Ware gesetzt. So kann z. B. der Wert von einem Meter Stoff dem Wert von zwei Pfund Tee entsprechen. Der einfache Wertausdruck birgt für Marx bereits „das Geheimnis aller Wertform"; er bildet den „Keim der Geldform". Diese entwickelt Marx aus der „allgemeinen und relativen Wertform" (Marx 1867 (1974), S. 62 ff.). Damit nicht ein ständiger Wechsel der allgemeinen Wertform stattfinden muss, liegt es auf der Hand, ein solches *allgemeines Äquivalent* zu finden, dass aufgrund bestimmter Eigenschaften besonders gut dafür geeignet ist. Zurzeit von Marx war dies das Gold, das er als „Geldware" bezeichnete. „Gold tritt den anderen Waren nur als Geld gegenüber, weil es ihnen bereits zuvor als Ware gegenüberstand. Gleich allen andren Waren funktionierte es auch als Äquivalent, sei es als einzelnes Äquivalent in vereinzelten Austauschakten, sei es als besonderes Äquivalent neben andren Warenäquivalenten. Nach und nach funktionierte es in engeren oder weiteren Kreisen als allgemeines Äquivalent. Sobald es das Monopol dieser Stelle im Wertausdruck der Warenwelt erobert hat, wird es Geldware, und erst von dem Augenblick, wo es bereits Geldware geworden ist [...] ist die allgemeine Wertform verwandelt in die Geldform." (Marx 1867 (1974), S. 84).

Der Wertausdruck einer Ware in Gold – z. B. ein Rock = zwei Unzen Gold – ist dabei ihre Geldform oder ihr Preis von z. B. 100 EUR. Der Preis einer Ware ist daher nichts Anderes als die quantitativ bestimmte Geldform. Geld hat dabei selbst keinen Preis. „Der Preis oder die Geldform der Waren ist, wie ihre Wertform überhaupt, eine von ihrer handgreiflich reellen Körperform unterschiedene, also nur ideelle oder vorgestellte Form" (Marx 1867 (1974), S. 110).

Preis und *Wert* können durchaus inkongruent sein. Der Wert, bzw. die in ihm vergegenständlichte menschliche Arbeit, bildet nach Marx aber immer das Gravitationszentrum, um das die (Markt-)Preise in Abhängigkeit von Angebot und Nachfrage und aufgrund der Konkurrenzsituation kurzfristig schwanken. Beträgt beispielsweise der gesellschaftlich notwendige Arbeitsaufwand für eine Ware A 4 Stunden und für eine Ware B 8 Stunden, so müsste sich – damit sich gleiche Arbeitszeit gegen gleiche Arbeitszeit tauscht – ein Austauschverhältnis von A zu B = 2 zu 1 ergeben. Damit ist aber noch nicht die *Knappheitsrelation* in Form eines Angebots und einer Nachfrage nach den Waren sowie die *Konkurrenzsituation* bestimmt.

So könnte z. B. die Nachfrage nach Ware B nur gering und die Nachfrage nach Ware A groß sein. Wenn niemand bereit ist, für ein B zwei A zu geben, blieben die Produzenten der Ware B auf ihren Waren sitzen. Unterstellt man, zu einem bestimmten Zeitpunkt hätte sich ein Marktpreisverhältnis von 1 zu 1 herausgebildet, so liefe es darauf hinaus, dass Produzenten der Ware B im Verhältnis zu Produzenten der Ware A permanent doppelt so viel Arbeit aufwenden müssten, wodurch das Austauschverhältnis gleicher gesellschaftlich notwendiger Arbeitszeit verletzt würde.

Dies ist aber langfristig in der wirtschaftlichen Realität nicht möglich. Es kommt vielmehr gewinn- und konkurrenzbedingt zu Umstrukturierungen, indem Produzenten der Ware B auf die günstigeren Verhältnisse der Produktion der Ware A umsteigen. Im Ergebnis wird so mehr von Ware A und weniger von Ware B angeboten. Unter der Prämisse einer gleichen Nachfrage wird diese *Angebotsstrukturverschiebung* Auswirkungen auf das Preisverhältnis zwischen Ware A und Ware B haben.

Der Preis von A wird aufgrund des gestiegenen Angebots relativ sinken, derjenige von B relativ steigen, d. h. das *Preisverhältnis* zwischen A und B wird sich von 1 zu 1 in Richtung 2 zu 1 verschieben. Hat sich letztlich aufgrund dieser Umstrukturierungen das Preisverhältnis auf 2 zu 1 eingependelt, so entspricht es genau dem Verhältnis der *gesellschaftlich notwendigen Arbeitszeiten* oder dem durchschnittlichen Wert (vgl.

Abb. 3.5). Die Preise bzw. Knappheitsrelationen schwanken demnach kurz- und mittelfristig um ein langfristig determiniertes Niveau (Gravitationszentrum), das durch das Verhältnis der jeweils zur Produktion der Waren erforderlichen gesellschaftlich notwendigen Arbeitszeit bestimmt ist. Oder anders formuliert: Die Abweichung von Preis und Wert einer Ware ist allenfalls kurz- und mittelfristig, niemals aber langfristig möglich.

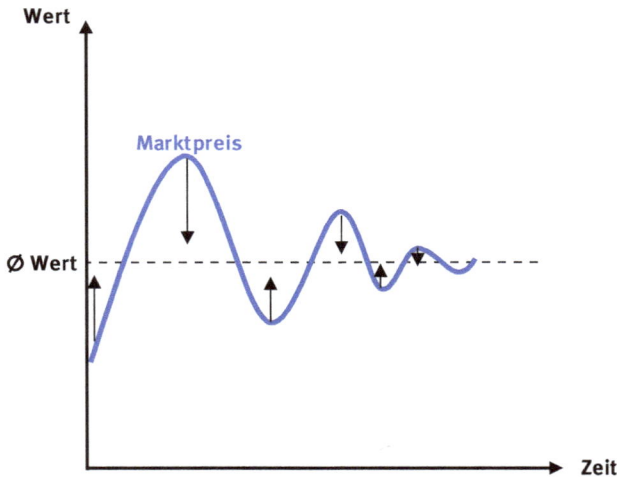

Abb. 3.5: Abweichung von Wert und Preis. Quelle: eigene Darstellung.

Die bisherige ökonomische Basis der von Marx angestellten Überlegungen war die einfache Warenproduktion und -zirkulation. Diese drückt sich darin aus, dass eine atomistische Anzahl von kleinen Produzenten mit bescheidenen Produktionsmitteln bestimmte Waren herstellen und diese am Markt austauschen. Dies ist übrigens bis heute die Vorstellung von Unternehmen in der Neoklassik. Hier tummeln sich kleine und marktunbedeutende Unternehmen und bemühen sich um den „König" Kunde der über eine „Konsumentensouveränität" verfügt (siehe den folgenden Kasten „Dominanz des Konsums").

Sowohl die hergestellten Waren als auch die Produktionsmittel befinden sich dabei im Eigentum der autonomen Produzenten. Das Ziel der Produktion besteht darin, den Lebensunterhalt mittels Verkauf der hergestellten Waren zu sichern. Auf dieser Entwicklungsstufe werden demnach zur Reproduktion der Produzenten die Arbeits-(-produkte) am Markt ausgetauscht. „Die unmittelbare Form der Warenzirkulation ist W – G – W, Verwandlung von Ware in Geld und Rückverwandlung von Geld in Ware, verkaufen, um zu kaufen" (Marx 1867 (1974), S. 162). Dabei stehen in erster Linie die Gebrauchswerte und nicht die Tauschwerte im Mittelpunkt bzw. im Interesse der Produzenten. Steigern die Produzenten ihre Arbeitsproduktivität, so fließen ihnen auch die daraus resultierenden Gewinne zu. Ihre Arbeit ist außerdem von ihren Arbeitsergebnissen bzw. Arbeitsprodukten noch nicht entfremdet.

Dominanz des Konsums

Die Dominanz des Konsums in der Ökonomie hat eine lange Tradition. Für Smith ist der Konsum der einzige Sinn und Zweck aller Produktion. Diese Maxime sei so selbstverständlich, dass es unsinnig wäre, sie beweisen zu wollen. Und auch für Keynes ist der Konsum das Ziel und die Produktion der Zweck. Verbrauch – um das Selbstverständliche zu wiederholen – ist das einzige Ziel und der einzige Zweck aller wirtschaftlichen Aktivitäten. Die Interessen der Produzenten bzw. Anbieter und Unternehmer werden hier nur insoweit berücksichtigt, wie sie für die Förderung der Konsumenteninteressen nötig sind. Produzenten sind aber „nicht nur die eigensüchtigen Unternehmer, vielmehr auch die Arbeiter, um deren Beschäftigungsmaximierung es immer wieder in der Politik geht und ging" (Streissler, Einführung zu Smith, S. 5). Trotzdem haben die Unternehmen, bestehend aus Unternehmer und abhängig Beschäftigten, an den Märkten der Endnachfrage, also gegenüber den Konsumenten, längst die Herrschaft übernommen. „Konsumentensouveränität" ist heute eine Mär. Dazu stellt Galbraith (2005, S. 36 f.) fest: „Der Begriff der Konsumentensouveränität geistert noch immer durch die volkswirtschaftlichen Lehrbücher und wird dort im Allgemeinen als eine Stärke unserer Wirtschaftsordnung hingestellt. [...] Der Glaube an eine Marktwirtschaft mit souveränen Verbrauchern ist eine der am weitesten verbreiteten Formen der Täuschung. Wer würde es schon wagen, ohne gezielte Beeinflussung der Verbraucher Waren auf den Markt zu bringen."

3.5.2.2.3.3 Gebrauchs- und Tauschwert der Ware Arbeitskraft

Mit der Herausbildung einer marktwirtschaftlich-kapitalistischen Ordnung verändert sich der Prozess der *Warenzirkulation* vollständig. Hier ist die Gesellschaft in zwei Klassen gespalten, in die der Kapitalisten, die das Eigentum an den Produktionsmitteln und der hergestellten Produkte halten, und in die der Arbeiter, der abhängig Beschäftigten, die ihre Arbeitskraft als Ware den Unternehmern verkaufen, um ihre Reproduktion zu sichern. Werden in der einfachen Warenproduktion die Produzenten nicht entfremdet, so liegt beim marktwirtschaftlich-kapitalistischen Produktionsprozess eine Entfremdung vor, die sich

1. als eine Entfremdung des Menschen von seiner produzierenden Arbeit, von dem Produkt seiner Arbeit,
2. vom Mitmenschen – nicht nur in der Produktion – und schließlich
3. von sich selbst als einem im Grunde gesellschaftlichen, kooperativen sowie schöpferischen Wesen manifestiert.

Auch im Produktionsprozess realisierte *Produktivitätsentwicklungen* fallen jetzt nicht mehr den autonom wirtschaftenden Produzenten zu, sondern den Unternehmern. Die sich unter kapitalistischen Bedingungen vollziehende Warenzirkulation tritt hier in der Form von $G - W - G$ in Erscheinung, d. h. „Verwandlung von Geld in Ware und Rückverwandlung von Ware in Geld, kaufen, um zu verkaufen. *Geld*, das in seiner

Bewegung diese letzte Zirkulation beschreibt, verwandelt sich in *Kapital*, wird Kapital und ist schon seiner Bestimmung nach Kapital" (Marx 1867 (1974), S 162). Hierbei geht es nicht mehr um Bedarfsdeckung der Produzenten, um deren Existenz zu sichern oder um eine Gebrauchswertproduktion, sondern die Produktion dient ausschließlich der Tauschwertsteigerung, dass eine vorgeschossene Geldsumme vergrößert wird. Auf den ersten Blick erscheint der Vorgang von G – W – G tautologisch zu sein. Am Anfang und am Ende des Prozesses steht Geld. Marx löst dies auf:

> Der Prozeß G – W – G schuldet seinen Inhalt daher keinem qualitativen Unterschied seiner Extreme, denn sie sind beide Geld, sondern nur ihrer quantitativen Verschiedenheit. Schließlich wird der Zirkulation mehr Geld entzogen, als anfangs hineingeworfen ward. Die zu 100 Pfd. St. gekaufte Baumwolle wird z. B. wieder verkauft zu 100 + 10 Pfd. St. oder 110 Pfd. St. Die vollständige Form dieses Prozesses ist daher G – W – G', wo G' = G + ΔG, d. h. gleich der ursprünglich vorgeschossenen Geldsumme plus einem Inkrement. Dieses Inkrement oder den Überschuß über den ursprünglichen Wert nenne ich – *Mehrwert (surplus value)*. Der ursprünglich vorgeschoßne Wert erhält sich daher nicht nur in der Zirkulation, sondern in ihr verändert er seine Wertgröße, setzt einen Mehrwert zu oder verwertet sich. Und diese Bewegung verwandelt ihn in *Kapital*. (Marx 1867 (1974), S. 165)

Mehr Wert zurückbekommen, als man selbst vorgeschossen hat, ist das treibende Prinzip marktwirtschaftlich-kapitalistischer Systeme. Dies gilt nicht nur für den Einsatz von Produktivkapital, sondern genauso für das Finanz- und Handelskapital. Beim *Finanzkapital* lautet die Formel der Zirkulation G – G'. Hier findet ein reines *Geldgeschäft* statt, in dem Geld gegen Zinsen als Kredit verliehen wird. Der insgesamt als Geld zurückfließende Betrag ist größer als der ausgeliehene. Beim *Handelskapital* wird im Rahmen eines Handelsgeschäftes Geld eingesetzt, um damit Waren zu kaufen und diese für mehr Geld zu verkaufen. Hierbei sind wie beim Produktivkapital die gehandelten Waren lediglich Mittel zum Zweck, um einen Mehrwert zu realisieren, egal ob ihr Gebrauchswert nützlich oder schädlich für andere ist. Ziel ist, die Ware wird mit einem größeren G' veräußert. Hier lautet die Formel der Zirkulation: G – (W) – G'. In der *Zirkulation*, dem Austausch von Waren, kann sich dabei allerdings kein Mehrwert, kein größeres G' herausbilden. „Werden Waren oder Waren und Geld von gleichem Tauschwert, also äquivalent ausgetauscht, so zieht offenbar keiner mehr Wert aus der Zirkulation heraus, als er in sie hineinwirft. Es findet dann keine Bildung von Mehrwert statt. In seiner reinen Form aber bedingt der Zirkulationsprozeß der Waren Austausch von Äquivalenten. Jedoch gehen die Dinge in der Wirklichkeit nicht rein zu. Unterstellen wird daher den Austausch von Nicht-Äquivalenten" (Marx 1867 (1974), S. 174).

Marx untersucht bei einem *Austausch von Nichtäquivalenten* neben der temporären Abweichung von Preisen und Werten auch die Möglichkeit, zwischen dem Wert und dem Preis einer Ware langfristig zu differenzieren, also, dass die Ware z. B. unter ihrem Wert gekauft und zu ihrem Wert verkauft wird. Hier entsteht zwar für den einzelnen Händler ein Mehrwert. Dieser tritt aber an anderer Stelle, beim Lieferanten der Ware, als Wertverlust auf. Wertgewinn beim einen findet also sein entsprechendes Gegenstück in einem gleichgroßen Wertverlust beim anderen. Es ist ein Nullsummenspiel, so Marx:

> Auf der einen Seite erscheint als Mehrwert, was auf der anderen Seite Minderwert ist, auf der einen Seite als Plus, was auf der andren als Minus. [...] Die Summe der zirkulierenden Werte kann offenbar durch keinen Wechsel in ihrer Verteilung vermehrt werden. [...] *Die Gesamtheit der Kapitalistenklasse eines Landes kann sich nicht selbst übervorteilen.* Man mag sich also drehen und wenden, wie man will, das Fazit bleibt dasselbe. Werden Äquivalente ausgetauscht, so entsteht kein Mehrwert, und werden Nicht-Äquivalente ausgetauscht, so entsteht auch kein Mehrwert. Die Zirkulation oder der Warenaustausch schafft keinen Wert. (Marx 1867 (1974), S. 177 f.)

Was verbleibt dann aber als *Quelle des Mehrwerts*? Es ist die Produktion bzw. die in der Produktion zum Einsatz kommende Arbeitskraft. Da auch sie unter marktwirtschaftlich-kapitalistischen Verhältnissen als Ware gehandelt wird, unterliegt sie, wie jede andere Ware, auch dem Marx'schen Wertgesetz. Nur Arbeit schafft dabei einen (Neu-)Wert. Die anderen Produktionsfaktoren Kapital und Boden sowie Natur oder Rohstoffe geben dagegen nur Wert anteilig ihrer jeweiligen Nutzung, vermittelt über ihre Faktorkosten, in die Produkte ab. Sie sind daher keine Mehrwertquelle. Der Mehrwert entsteht nach Marx ausschließlich als Differenz aus dem höheren Gebrauchswert der vom Kapitalisten in Dienst genommenen menschlichen Arbeitskraft, d. h. aus deren Fähigkeit einen Mehrwert über ihren eigenen notwendigen Unterhalt hinaus hervorzubringen, und dem Tauschwert der Ware Arbeitskraft. Dieser entspricht wie der Tauschwert jeder anderen Ware den notwendigen *Reproduktionskosten* und wird am Markt im Lohn entgolten. „Der Wert der Arbeitskraft löst sich auf in den Wert einer bestimmten Summe Lebensmittel. Er wechselt daher mit dem Wert dieser Lebensmittel, d. h. der Größe der zu ihrer Produktion erheischten Arbeitszeit" (Marx 1867 (1974), S. 186).

Dagegen ist kritisch vorgebracht worden, dass Marx nicht hinreichend exakt definiert habe, was *den Wert einer bestimmten Summe Lebensmittel* ausmache (Burchardt 1997, S. 113 f.). Marx selbst schrieb dazu: „Die Summe der Lebensmittel muß hinreichen, das arbeitende Individuum als arbeitendes Individuum in seinem normalen Lebenszustand zu erhalten. Die natürlichen Bedürfnisse selbst, wie Nahrung, Kleidung, Heizung, Wohnung usw., sind verschieden je nach den klimatischen und andren natürlichen Eigentümlichkeiten eines Landes. Andererseits ist der Umfang sog. notwendiger Bedürfnisse, wie die Art ihrer Befriedigung, selbst ein historisches Produkt und hängt daher großenteils von der Kulturstufe eines Landes, unter andrem auch wesentlich davon ab, unter welchen Bedingungen, und daher mit welchen Gewohnheiten und Lebensansprüchen die Klasse der freien Arbeiter sich gebildet hat. Im Gegensatz zu den andren Waren enthält also die Wertbestimmung der Arbeitskraft ein historisches und moralisches Element" (Marx 1867 (1974), S. 185).

In der Tat ist die exakte Wertbestimmung des durchschnittlichen „Warenkorbes" eines Arbeiterhaushaltes in Bezug auf Menge und Qualität der Lebensmittel indeterminiert bzw. eine genaue Messung der Arbeitswerte ist nicht möglich. Sobald man den Wert beziffern will, ihn also kardinal messen möchte,

> [...] muß man auf die Rechengrößen zurückgreifen, die der Markt bietet, d. h. auf die Preise. [...] Freilich ist auch die Größe irgendeines 'subjektiven' Wertes (des 'Grenznutzen', der 'Befriedigung', oder negativ: des 'Grenzleids' etwa der Arbeit usw.) nicht messbar, ohne dass diese doch als eine Widerlegung der Hypothese vom Nutzwert betrachtet worden ist. Die mangelnde Messbarkeit des Arbeitswertes trifft nicht den hypothetischen Gedanken als solchen. Auf Arbeitsstunden als Maßstab der Wertbildung haben auch neuere Nationalökonomen gelegentlich zurückgegriffen: So etwa Keynes, der es für zweckmäßig hielt, mit 'Arbeitseinheiten' (labour units) zu rechnen. Auch Carrel geht vom Arbeitsertrag als gedachter Grundlage seiner hypothetischen Austauschverhältnisse aus. Ferner haben John B. Clark (1847–1938), Irving Fisher (1867–1947), Ralph G. Hawtrey (1879–1975) u. a. sich solcher Arbeitswerteinheiten gelegentlich für ihre Ableitungen bedient. (Hofmann, 1971a, S. 106)

Auch die Umrechnung von „komplizierter" Arbeit auf „einfache" Arbeit bereitet im System von Marx Probleme.

> Wenn auch moderne arbeitswissenschaftliche Erkenntnisse – z. B. durch analytische Arbeitsplatzbewertungen die relativen Beanspruchungen von Arbeitenden in verschiedenen Tätigkeiten haben transparenter machen können, so dienen derartige Verfahren allerdings letztlich nur einer möglichst 'richtigen' Proportionierung der Arbeitsentgelte und nicht einer unmittelbaren Feststellung von Arbeitserträgen, die im Übrigen immer nur sehr unvollständig den einzelnen Beschäftigten zugerechnet werden können. (Hofmann, 1971a, S. 107)

Als entscheidendes Erklärungsmoment für die Mehrwertentstehung verbleibt dennoch der Tatbestand, dass die Länge des vom Unternehmer per Arbeitsvertrag insgesamt eingekauften Arbeitstages eines abhängig Beschäftigten in eine *Arbeitszeit zur Existenzsicherung bzw. Reproduktion der Arbeitskraft* und in eine *Mehrarbeitszeit* zerfällt, die sich der Unternehmer aneignet. Diese Trennung ist in der wirtschaftlichen Realität natürlich als ein simultaner Prozess von Mehrwertproduktion und Reproduktion zu verstehen. Hier wird die Trennung lediglich zur Veranschaulichung vorgenommen. Beträgt beispielsweise die Länge des Arbeitstages zehn Stunden und die sich historisch herausgebildete Reproduktionsarbeitszeit der abhängig Beschäftigten sieben Stunden, so schaffen die abhängig Beschäftigten in der restlichen Zeit des per Arbeitsvertrag eingekauften Arbeitstages sogenannte Mehrarbeit bzw. Mehrwert. Beträgt die Länge des Arbeitstages dagegen insgesamt nur sieben Stunden, so würde die Arbeitskraft lediglich ihre eigene Reproduktion sichern, aber keinen Mehrwert schaffen. Für den Unternehmer würde eine Beschäftigung keinen Sinn ergeben. Es ist also der Widerspruch zwischen Tauschwert und Gebrauchswert der Ware Arbeitskraft, der sich hinter der Entstehung des Mehrwerts in der Produktionssphäre und dessen Aneignung durch das Kapital in der Zirkulationssphäre verbirgt. Bleibt allerdings noch zu klären, warum die abhängig Beschäftigten länger arbeiten, als zur Produktion ihrer Reproduktionskosten erforderlich ist. Oder anders formuliert: Warum leisten sie eine *mehrwertschaffende Mehrarbeit*? Dies lässt sich daraus erklären, dass alle im Produktionsprozess erstellten Werte in das Eigentum der Unternehmer übergehen. Hierdurch sind die abhängig Beschäftigten darauf angewiesen, dass er ihnen in Form einer Entlohnung einen bestimmten Teil der produzierten Werte vorschießt. Die *eigentumsbedingte Abhängigkeit* zwingt sie also dazu, wie bereits Smith feststellte. Marx unterscheidet deshalb strikt zwischen dem Gebrauchswert der Arbeit und dem Tauschwert der Arbeit. Aufgrund dieser Unterscheidung gelingt es ihm, das, was er den Mehrwert nennt – und was andere klassische Ökonomen wie Smith und Ricardo vor ihm unter den Titeln des Gewinns, Zinses und der Grundrente abhandelten – an dem allgemeinen Prinzip des Äquivalententausches, wo Gleichheit herrscht, auf der Grundlage des Arbeitswertes, und nicht aus einer Verletzung desselben in Form einer „Lohnabzugstheorie" zu erklären. Der Ökonom Nils Fröhlich erklärt das so:

> Der Schlüssel zur Lösung des Problems liegt in der Überlegung, dass der Gebrauchswert, der dem Wert in Warenform gegenübersteht, nicht Arbeit, sondern nur die Arbeitskraft sein kann. [...] Denn ein Arbeiter verkauft nicht ‚seine Arbeit' – eine solche besitzt er ja gar nicht. Hätte er ‚Arbeit', d. h. könnte er selbständig arbeiten, ohne hierbei auf einen fremden Produktionsmittelbesitzer angewiesen zu sein, würde er sein Arbeitsprodukt auf einem Markt verkaufen, nicht aber seinen Lebensunterhalt als Lohnarbeiter verdienen. Vielmehr verfügt ein solcher Arbeiter lediglich über das Potential, wertschaffende Arbeit zu leisten. Dieses Potential, also seine Arbeitskraft, ist das einzige, das er verkaufen kann. Seine Arbeit schafft zwar Wert, aber erst nachdem die Arbeitskraft verkauft wurde. Arbeitshandlungen selber sind aber keine Waren und besitzen auch keinen Wert. Diese Eigenschaften kommen nur der Arbeitskraft zu, deren Gebrauchswert es ist, ein Arbeitsprodukt herzustellen. (Fröhlich 2009, S. 61)

Dabei ist der *Gebrauchswert* der Arbeit regelmäßig größer als der *Tauschwert der Lohnarbeit* als gesellschaftlich notwendiger Reproduktionswert der Arbeiter (vgl. Abb. 3.6). Die Differenz zeigt sich als absoluter oder relativer Mehrwert. in der Erscheinungsform des Gewinns, Zinses sowie Miete und Pacht (Grundrente). „Der Grund des Profits ist [demnach], dass die Arbeit mehr produziert als zu ihrem Unterhalt erforderlich ist" (Mill 1924, S. 613). Hierauf basiert der Kern des marktwirtschaftlich-kapitalistischen Systems und hieraus entsteht gleichzeitig der kapitalismusimmanente Widerspruch in Form eines Lohn-Gewinnverhältnisses, das zu Lasten der Lohnarbeiter geht. Da

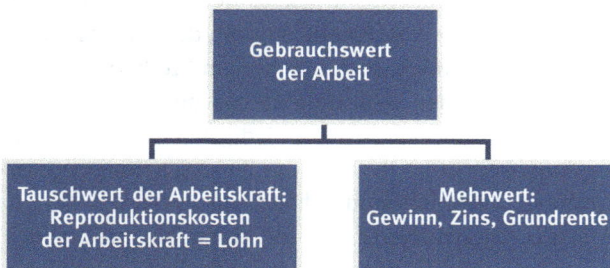

Abb. 3.6: Gebrauchs- und Tauschwert der Arbeit. Quelle: eigene Darstellung.

der Mehrwert demnach daraus entspringt, dass der Gebrauchswert der Arbeitskraft größer ist als ihr Wert selber; der Gebrauchswert demnach größer ist als der Tauschwert. Daher stellt auch der Gewinn nach Marx weder vorenthaltener Lohn noch einen Aufschlag auf den eigentlichen Wert der Ware dar. Da er ohne Verletzung des sowohl auf dem Arbeitsmarkt als auch auf dem Produktmarkt geltenden Äquivalenzprinzips entsteht, so ist über ihn auch nicht zu moralisieren, wie dies noch die utopischen Sozialisten taten. Weder den Arbeitern noch den Käufern geschieht Unrecht. – Gerade hierdurch vertieft sich die Kritik: Nicht eine Verletzung des ökonomischen Wert-Gesetzes, sondern vielmehr dieses selbst ist ein Unrecht. Nicht die Höhe des Arbeitslohnes, sondern das Grundverhältnis der Lohnarbeit im Kapitalismus wird zum Fluch.

> Der Geldbesitzer hat den Tageswert der Arbeitskraft gezahlt; ihm gehört daher ihr Gebrauch während des Tages, die tagelange Arbeit. Der Umstand, daß die tägliche Erhaltung der Arbeitskraft nur einen halben Arbeitstag kostet, obgleich die Arbeitskraft einen ganzen Tag wirken, arbeiten kann, daß daher der Wert, den ihr Gebrauch während eines Tags schafft, doppelt so groß ist als ihr eigner Tageswert, ist ein besondres Glück für den Käufer, aber durchaus kein Unrecht gegen den Verkäufer. (Marx 1867 (1974), S. 207 f.)

Den Gesamtwert, oder die Elemente des gesamten Warenwertes W, bilden dabei die Größen W = c + v + m. Das gesamte eingesetzte Kapital besteht aus dem variablen Kapital v, das zur Lohnzahlung der Arbeiter als Lohnfonds verwandt wird und Mehrwert m erwirtschaftet, sowie aus dem konstanten Kapital c, das zwar keinen (Mehr-)wert schafft, aber trotzdem in der Produktion Wert abgibt. Denn konstantes Kapital, also Maschinen, Gebäude, Werkzeuge, Rohstoffe oder Materialien, ist nichts Anderes als vergegenständlichte lebendige Arbeitskraft auf einer vorgelagerten Wirtschaftsstufe. Die Größe (c + v + m) bildet demnach den Produktionswert. Von ihm ist das Wertprodukt (v + m), der eigentliche Neuwert, den die Arbeitskraft hervorgebracht hat, zu unterscheiden. Die Mehrwertmasse m in Relation zum Lohnkapital (Lohnaufwand v), bezeichnet nach Marx die Mehrwertrate (m zu v). Dabei verhält sich der Mehrwert zum variablen Kapital, wie die Mehrarbeit zur gesellschaftlich notwendigen Arbeit, also:

$$Mehrwertrate = \frac{Mehrwert(m) = Mehrarbeit}{variables\ Kapital(v) = notwendige\ Arbeit}$$

Die *Rate des Mehrwerts* ist daher der exakte Ausdruck für den *Grad der Ausbeutung* der Arbeitskraft durch das Kapital bzw. des Arbeiters durch den Unternehmer. Aus der Mehrwertmasse sind selbstverständlich auch alle die am Produktions- und Verwertungsprozess beteiligten Akteure, denen keine unmittelbar industriell-produktiven menschlichen Arbeitsleistungen entsprechen, zu befriedigen. Dazu zählen die Zinszahlungen an die Fremdkapitalgeber (in der Regel an das Finanzkapital) genauso wie die Pacht- und Mietzahlungen an die Boden- und Gebäudeeigentümer.

Auch das *Handelskapital* ist aus der Mehrwertmasse mit einem entsprechenden Handelsgewinn zu belohnen. Dadurch wird die Höhe des industriellen Gewinns beeinflusst. Je mehr von dem in der Industrie erzeugten Mehrwerts an Banken, Handel und Grundbesitzer abgegeben werden muss, desto geringer wird der industrielle Gewinn, der die Quelle der zur Verteilung bereitstehenden Mehrwertmasse bildet.

Bezüglich der Mehrwertrate wies Marx in einem Vortrag vor dem „Generalrat der Internationalen Arbeiterassoziation" im Jahr 1865 die *Gewerkschaften* mit ihrem ständigen Kampf um höhere Löhne in ihre Schranken. Für Marx ging es aufgrund des kapitalistischen Wertgesetzes, das uneingeschränkt auch für den Arbeitsmarkt Gültigkeit besitzt, nicht um höhere Löhne, sondern um die *Abschaffung des Lohnsystems*, wenn er schrieb:

> Gleichzeitig und ganz unabhängig von der allgemeinen Fron, die das Lohnsystem einschließt, sollte die Arbeiterklasse die endgültige Wirksamkeit dieser tagtäglichen Kämpfe nicht überschätzen. Sie sollte nicht vergessen, daß sie gegen Wirkungen kämpft, nicht aber gegen die *Ursachen dieser Wirkungen*; daß sie zwar die Abwärtsbewegung verlangsamt, nicht aber ihre Richtung ändert; daß sie Palliativmittel anwendet, die das Übel nicht kurieren. Sie sollte daher nicht ausschließlich in diesem unvermeidlichen Kleinkrieg aufgehen, der aus den nie enden wollenden Gewalttaten des Kapitals oder aus den Marktschwankungen unaufhörlich hervorgeht. Sie sollte begreifen, daß das gegenwärtige System bei all dem Elend, das es über sie verhängt, zugleich schwanger geht mit den materiellen Bedingungen und den gesellschaftlichen Formen, die für eine ökonomische Umgestaltung der Gesellschaft notwendig sind. Statt des konservativen Mottos: 'Ein gerechter Tagelohn für ein gerechtes Tagewerk!' sollte sie auf ihr Banner die revolutionäre Losung schreiben: 'Nieder mit dem Lohnsystem!'. (Marx, MEW 1 (1966), S. 420)

Aufgaben

Wie entsteht bei Marx der Mehrwert und warum erhalten die abhängig Beschäftigten nur den Tauschwert ihrer Arbeitskraft?

Was ist der Unterschied zwischen Mehrwertmasse und Mehrwertrate?

Erklären Sie die Gleichung Mehrwert = Mehrarbeit.

3.5.2.2.3.4 Fazit Marx'scher Mehrwerttheorie und Kapitalakkumulation

Die Marx'sche Mehrwerttheorie geht also davon aus, dass der gesamte in der marktwirtschaftlich-kapitalistischen Wirtschaft produzierte Mehrwert ausschließlich vom Lohnarbeiter erzeugt wird, aber ohne Gegenleistung der Klasse der Kapitalisten, wie Unternehmer, Grundbesitzer und Zinsempfänger, aufgrund der *Eigentumsverhältnisse* zufällt, wobei der Lohnarbeiter trotzdem den Gegenwert für seine verkaufte Arbeitskraft in Form des Lohns erhält. Die Mehrwertmasse wird daher in der marktwirtschaftlich-kapitalistischen Wirtschaft an die Kapitaleigner ausschließlich Kraft des Marktmechanismus und der Eigentumsfunktion übertragen, ohne dass der Arbeiter dabei durch Lohndruck, Betrug oder andere unlautere Machenschaften um den von ihm zu beanspruchenden Gegenwert gebracht wird.

Die Bedeutung von *Gewerkschaften* sehen Marx und Engels deshalb auch nicht nur in Bezug auf die Lohnfrage oder in der Durchsetzung verbesserter Arbeitsbedingungen, sondern vor allen Dingen in ihrer politischen Rolle als „Sammelpunkte des

Widerstands gegen die Gewalttaten des Kapitals" (Marx, MEW 1 (1966), S. 525). Marx führte dazu 1853 aus:

> Um den Wert von Streiks und Koalitionen richtig zu würdigen, dürfen wir uns nicht durch die scheinbare Bedeutungslosigkeit ihrer ökonomischen Resultate täuschen lassen, sondern müssen vor allen Dingen ihre *moralischen* und *politischen Auswirkungen* im Auge behalten. Ohne die längeren aufeinanderfolgenden Phasen von Abspannung, Prosperität, Aufschwung, Krise und Elend, welche die moderne Industrie in periodisch wiederkehrenden Zyklen durchläuft, mit dem daraus resultierenden Auf und Ab der Löhne sowie dem ständigen Kampf zwischen Fabrikanten und Arbeitern, der in genauer Übereinstimmung mit jenen Schwankungen in den Löhnen und Profiten verläuft, würde die Arbeiterklasse Großbritanniens und ganz Europas eine niedergedrückte, charakterschwache, verbrauchte, unterwürfige Masse sein, deren Emanzipation aus eigner Kraft sich als ebenso unmöglich erweisen würde wie die der Sklaven des antiken Griechenlands und Roms. (Marx, MEW 9 (1966), S. 171)

Ist der Mehrwert in der Produktion nicht durch ein Mehr über den Wert des Produkts, sondern ein Mehr über den Wert der Arbeitskraft, die ausschließlich den Neuwert des Produkts schafft, bereitgestellt, so muss er durch den Verkauf der Waren am Absatzmarkt erlöst werden. Deshalb lautet die vollständige Formel des *Kapitalakkumulationsprozesses*, als Einheit von Produktion (Mehrwertentstehung) und Zirkulation (Mehrwertrealisierung) verstanden: Geldkapital G, entweder als Eigenkapital E_K und/oder als Fremdkapital F_K wird in einen vergegenständlichten Wert, in Produktivkapital verwandelt, indem die Ware Arbeitskraft A_K und Produktionsmittel P_M in Dienst genommen werden.

Durch die Produktion als einen Prozess bringt die menschliche Arbeitskraft neuen Warenwert W' (c + v + m), unter Einschluss eines Mehrwerts (m), hervor, der sich beim Verkauf der Waren in der Zirkulation am Absatzmarkt realisiert: Durch Rückverwandlung von Warenkapital W' in die Form des Geldkapitals G' werden die Ausgangsbedingungen erweiterter Reproduktion des Kapitals hergestellt, und der Kapitalakkumulationsprozess kann erneut von statten gehen (vgl. Abb. 3.7).

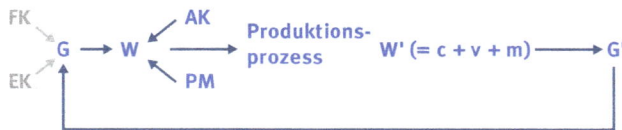

Abb. 3.7: Kapitalverwertungs- und Akkumulationsprozess. Quelle: eigene Darstellung.

Hier wird deutlich, dass der in der Produktionssphäre entstehende Mehrwert erst in der Zirkulationssphäre am Markt realisiert wird. Dabei ist es nach Marx durchaus kapitalismusimmanent möglich, dass der Mehrwert aufgrund der Konkurrenzsituation am Absatzmarkt über den Preis der Ware nicht verdient wird, so dass der Unternehmer *Verluste* hinnehmen muss.

Das unternehmerische *Risiko der Mehrwertrealisierung,* also womöglich auch einen Verlust zu erzielen, wird dabei von der gesamten orthodoxen Ökonomie immer wieder als Rechtfertigung für die Aneignung des Mehrwerts durch die Kapitaleigner angeführt. Beispielhaft für viele schreibt hier der Ökonom Lutz Köllner zum Unternehmerrisiko:

> Marx' Produktions- und Werttheorie ist eine Bereicherungstheorie, eine politisch-soziologische Theorie. Wie immer man aber zum Privateigentum stehen mag, abgeleugnet werden kann nicht, dass der freie Unternehmer oder jedwede unternehmerische Organisation, die sich an Daten des Marktes orientiert, ein Risiko auf sich nimmt, [was Marx jedoch nicht abstreitet, d.V.], das auch darin besteht, dass der vom Markt vergütete Tauschwert eines Gutes oder einer Dienstleistung niedriger liegen kann als die dazugehörigen Produktionskosten. Dies kann durch Nachfrageverschiebungen bedingt sein, durch konjunkturelle Wellenbewegungen oder durch einen langfristig-strukturellen Umbau des gesamten Wirtschaftskörpers. Ob man so weit gehen will, dieses Risiko theoretisch durch eine besondere Risikoprämie abgedeckt zu sehen, ist eine andere Frage (hier wäre der Punkt, wo marktwirtschaftliches Denken zur Ideologie werden kann); dass ein derartiges Risiko besteht, lehrt die gesamte jüngere Wirtschaftsgeschichte aller Branchen. (Köllner S. 38 f.)

Bevor heute Unternehmen jedoch Verluste erzielen, wird das Risiko bereits auf die abhängig Beschäftigten abgewälzt – mit schlechteren Arbeitsbedingungen, Lohnkürzungen und Entlassungen. Außerdem haben die Beschäftigten den zuvor in den Bilanzen akkumulierten Gewinn als Eigenkapital erwirtschaftet. Hier stellt sich dann die Frage, wie Unternehmen mit *Verlusten* umzugehen haben. Der Betriebswirt Erich Gutenberg (1897–1984) begründet den Anspruch der Unternehmer auf einen Gewinn nicht mit der Übernahme eines Risikos, sondern ganz anders. Dabei teilt er zunächst die Produktionsfaktoren in Betriebsmittel, Werkstoffe und menschliche Arbeit ein, die er weiter in objektbezogene und dispositive Arbeiten differenziert. Diese Faktoren nennt er „Elementarfaktoren", die zu einer „produktiven Einheit" kombiniert werden müssten. Diese Aufgabe hat in marktwirtschaftlich-kapitalistischen Ordnungen der *Unternehmer* wahrzunehmen, womit Gutenberg quasi einen vierten „Produktionsfaktor" bestimmt. Er sagt:

> Hält man sich diese Tatsache vor Augen, dann bedeutet es offenbar eine gewisse Verkennung der Unternehmerfunktion im marktwirtschaftlichen System, wenn die Auffassung vertreten wird, die volkswirtschaftliche Aufgabe der Unternehmer bestehe in der Überlassung von Kapital an die einzelnen Unternehmen oder in der Übernahme des allgemeinen Unternehmensrisikos oder in der Geschäftsführung der Unternehmen. Nicht diese Aufgaben als solche, so wichtig und bedeutsam sie im Einzelnen unter betriebs- und volkswirtschaftlichen Gesichtspunkten sein mögen, auch nicht die ‚Durchsetzung neuartiger Kombinationen', wie Schumpeter sagt. Die *Kombination schlechthin* ist die betriebswirtschaftliche und volkswirtschaftliche Aufgabe der Unternehmer in marktwirtschaftlichen Systemen. Allein mit dieser Aufgabe lässt sich der Anspruch der Unternehmer auf *Unternehmergewinn* begründen. Er stellt eine Vergütung für die erfolgreiche Durchführung produktiver Kombinationen dar. [...] Smith und Ricardo sehen im ‚Profit' dagegen noch eine Vergütung für die Kapitalhergabe. Erst von Mangoldt und Marshall bilden den dogmengeschichtlichen Ansatzpunkt für die hier vertretene Auffassung und Vorstellung vom Unternehmer, von der Unternehmerfunktion und vom Unternehmergewinn. (Gutenberg 1976, S. 5 f.)

Aufgaben

Wo entsteht der Mehrwert?

Unterscheiden Sie zwischen Mehrwertproduktion und ihrer Realisierung.

Was erschwert die Realisierung und sehen Sie bei der Mehrwertentstehung Risiken?

Wie begründet Erich Gutenberg den Unternehmergewinn?

3.5.2.2.3.5 Absolute und relative Mehrwertproduktion

Die Frage jeden Unternehmers lautet, wie er seine Mehrwertmasse steigern kann. Durch das Zwangsgesetz („*Wolfsgesetz*" nach Marx) der marktwirtschaftlich-kapitalistischen Konkurrenz wird er permanent zu dieser Überlegung gezwungen. Denn diejenigen Unternehmen, die in der Produktion und in der Realisation von Mehrwert gegenüber anderen ins Hintertreffen geraten und infolgedessen weniger Kapital akkumulieren können, werden in dieser Konkurrenzsituation von anderen Unternehmen überflügelt.

Die sich daraus ableitende Grundregel für den Unternehmer hat Marx auf eine kurze und prägnante Formel gebracht: „Akkumuliert, Akkumuliert! Das ist Moses und die Propheten!" (Marx, 1867 (1974), S. 621). Letztlich dokumentiert sich der Konkurrenzkampf in einer *stetig steigenden Konzentration des Kapitals*, in dem Unternehmen entweder in Konkurs gehen oder von anderen erfolgreicheren Unternehmen aufgekauft werden. „Je ein Kapitalist schlägt viele tot" (Marx 1867 (1974), S. 790).

Um die Mehrwertmasse zu steigern, bestehen nach Marx zwei Möglichkeiten: eine Erhöhung des absoluten und des relativen Mehrwerts. Untersuchen wir zunächst die Steigerungsmöglichkeiten des *absoluten Mehrwerts*. Dazu wird ein achtstündiger Arbeitstag unterstellt, unterteilt in notwendige Arbeit zur Reproduktion der Arbeitskraft und Mehrarbeit. Bei der Darstellung des absoluten Mehrwerts geht Marx davon aus, dass die notwendige Reproduktionszeit der Arbeitskraft konstant bleibt, und die Mehrarbeit soweit wie möglich verlängert wird, wobei dieser Ausdehnung des Arbeitstages natürliche und soziale Grenzen gesetzt sind.

So war im 19. Jahrhundert das rein physische Weiterbestehen der Arbeiterklasse durch Kinderarbeit, Überarbeitung und durch die im Produktionsprozess zugezogenen Verletzungen und Krankheiten ernsthaft gefährdet. Die durchschnittliche Lebenserwartung der Arbeiter sank damals aufgrund des kapitalistischen Raubbaus auf ca. dreißig Jahre. Marx kritisiert und dokumentiert dies ausführlich im 8. Kapitel des „Kapitals" Bd. 1 anhand der Verhältnisse in *England* und dem Kampf um einen zehnstündigen „Normalarbeitstag" an sechs Tagen in der Woche zur Mitte des 19. Jahrhundert. „In seinem maßlos blinden Trieb, seinem Werwolfs-Heißhunger nach Mehrarbeit, überrennt das Kapital nicht nur die moralischen, sondern auch die physischen Maximalschranken des Arbeitstags. Es usurpiert die Zeit für Wachstum, Entwicklung und gesunde Erhaltung des Körpers. [...] Das Kapital fragt nicht nach der Lebensdauer der Arbeitskraft. Was es interessiert, ist einzig und allein das Maximum von Arbeitskraft, das in einem Arbeitstag flüssiggemacht werden kann. Es erreicht dies Ziel durch Verkürzung der Dauer der Arbeitskraft, wie ein habgieriger Landwirt gesteigerten Bodenertrag durch Beraubung der Bodenfruchtbarkeit erreicht. Die kapitalistische Produktion, die wesentlich Produktion von Mehrwert, Einsaugung von Mehrarbeit ist, produziert also mit der Verlängerung des Arbeitstags nicht nur die Verkümmerung der menschlichen Arbeitskraft, welche ihrer normalen moralischen und physischen Entwicklungs- und Betätigungsbedingungen beraubt wird. Sie produziert die vorzeitige Erschöpfung und Abtötung der Arbeitskraft selbst. Sie verlängert die Produktionszeit des Arbeiters während eines gegebenen Termins durch Verkürzung seiner Lebenszeit" (Marx, 1867 (1974), S. 280 f.).

Es war erst der politische Druck der Arbeiterklasse notwendig, die sich nach der *Aufhebung des Koalitionsverbotes* (1869) zu *Gewerkschaften* zusammenschließen konnte, die allmählich die gesetzliche Beschränkung des Arbeitstages erzwang und damit zu einer relativen Verbesserung der Arbeitsbedingungen führte. Im Jahr 1918 nach dem Ersten Weltkrieg wurde nach langen und harten Kämpfen der Arbeiter in Deutschland der Achtstundentag mit vollem Lohnausgleich bei einer Sechstagewoche eingeführt (vgl. Kittner 2005, S. 395 ff.). Damit diese Verkürzung der Arbeitszeit zu keinem Sinken der Mehrwertrate führt, wird – so Marx – von den Unternehmern versucht, durch eine Erhöhung der *Arbeitsproduktivität* den Wert der Arbeitskraft zu senken. Wenn wir erneut von einem achtstündigen Arbeitstag ausgehen, nun aber voraussetzen müssen, dass dieser nicht wie beim absoluten Mehrwert als Grenze des Arbeitstages gesetzlich festgelegt ist und nur vereinzelt durch Überstunden überschritten werden kann, kann die Mehrarbeit nur auf Kosten der notwendigen Arbeit, der *Reproduktionszeit*, erfolgen. Nicht die Länge des gesamten Arbeitstages wird beim *relativen Mehrwert* verändert, sondern nur seine Aufteilung in notwendige Arbeit und Mehrarbeit. Es käme demnach zu einer Wertsenkung der Reproduktionskosten und damit der Ware Arbeitskraft. Dies ist dadurch möglich, dass der Unternehmer die Arbeitskraft unter ihrem Wert bezahlt, d. h. er bereichert sich auf Kosten der notwendigen Lebensmittel des Arbeiters. Gehen wir aber vom „äquivalenten Tausch" aus, muss Lohndrückerei als langfristige Methode, den Mehrwert zu steigern, ausscheiden. Auf längere Sicht können Löhne aufgrund des gewerkschaftlichen Widerstandes nicht unter die Reproduktionskosten der Arbeitskraft gedrückt werden, es sei denn, es würde die Kampfkraft der Gewerkschaften völlig ausgehebelt.

Es bleibt somit nur die Möglichkeit, dass die notwendige Arbeitszeit, die die Reproduktionskosten der Arbeitskraft sicherstellt, tatsächlich vermindert wird. Das kann aber nur geschehen, wenn der *Wert der notwendigen Lebensmittel* zur Reproduktion der Arbeitskraft sinkt, während die Masse an Lebensmittel dieselbe bleibt. Dies lässt sich wiederum nur durch eine Erhöhung der Arbeitsproduktivität unter Einsatz neuer *Produktionstechnik* oder unter Anwendung gleichbleibender Technik durch eine Steigerung der *Arbeitsintensität* bzw. durch ein *Sinken der Kapitalintensität* realisieren.

Marx unterscheidet dabei die folgenden Methoden:
- einfache Kooperation
- Herausbildung der Antreiber- und Überwachungsfunktion
- Teilung der Arbeit und Manufaktur
- Trennung von Hand- und Kopfarbeit und Verfestigung innerbetrieblicher Hierarchien
- Polarisierung der Qualifikationsstruktur
- Maschinerie und große Industrie.

Der Arbeitstag, bei dem die notwendige Arbeitszeit z. B. um eine Stunde von ursprünglich fünf auf vier Stunden vermindert würde, würde die Mehrarbeitszeit von drei auf vier Stunden erhöhen. Wird die Produktivkraft der Arbeit durch Verbesserung der Produktionsweise gesteigert, dann sinkt in Folge die notwendige Arbeitszeit im Verhältnis zur Mehrarbeit und die Mehrwertrate (m/v) steigt. Die Theorie des relativen Mehrwerts sorgt also für ein Ausgleichen von Arbeitsproduktivität und -intensität sowie notwendiger Arbeitszeit. Der Unternehmer könnte die *Arbeitszeit* senken ohne Verlust zu machen. Er senkt sie dennoch nicht, weil es ihm nicht auf die Schonung der Arbeitskraft, sondern auf den Mehrwert ankommt.

Die Erhöhung der Arbeitsproduktivität und -intensität, die erst eine relative Mehrwertproduktion und damit auch einen relativen Wohlstand der Arbeiterklasse ermöglicht, wird dabei gleichzeitig aber auch zur *kapitalistischen Falle*. Aus diesem für die Kapitalklasse unbefriedigenden Ergebnis lässt sich die Frage ableiten, warum ein Unternehmer überhaupt eine bessere Technik zur Produktivitätssteigerung einsetzen soll? Der Volkswirt Hans-Rudolf Peters (1980, S. 67) formuliert es folgendermaßen: „Würden die arbeitswerttheoretischen Annahmen der Mehrwerttheorie, denen zufolge nur die Arbeitskraft der Lohnarbeiter Neu- bzw. Mehrwert schafft, mit der Wirklichkeit übereinstimmen, so würde sicherlich kein nach Gewinnmaximierung strebendes Unternehmen Arbeitskräfte durch Sachkapital ersetzen. Träfen nämlich die Annahmen der Marxschen Arbeitswerttheorie zu, so wäre der Mehrwert umso größer, je größer der Anteil des variablen Kapitals bzw. Lohnkapitals am Gesamtkapital des Produktionsbetriebes ist." Diese Kritik von Peters lässt sich durch eine differenzierte einzel- und gesamtwirtschaftliche Betrachtung auflösen. Zunächst ist hierbei in Bezug auf eine gesamtwirtschaftliche Analyse zu konstatieren, dass in der Tat eine permanente Zunahme des *technischen Fortschritts* zu einem langfristigen Sinken der Durchschnittsprofitrate führt. Dies ist sofort einsichtig, wenn man bedenkt, dass sich der gesteigerte Kapitaleinsatz in Form von zusätzlichen Realinvestitionen auf einer immer höheren Entwicklungsstufe verwerten muss. Dazu sind im Grunde permanent ansteigende Gewinne notwendig. Gleichzeitig führen die Investitionen zur relativen Freisetzung von Arbeitskraft und unterminieren damit die einzige Quelle der Mehrwertproduktion.

Kommt es nun zu einem *Verfall der gesamtwirtschaftlichen Profitrate*, so schafft sie gleichsam die eigene, immanente Schranke für eine unendliche Expansion und damit für den langfristigen Bestand des Kapitalismus. Hierin sah Marx die eigentliche *„Rationalitätsfalle"* eines marktwirtschaftlich-kapitalistischen Systems. Empirisch konnte allerdings bis heute nicht eindeutig ein tendenzieller Fall der Profitrate nachgewiesen werden. Von der Durchschnittsprofitrate kann dabei – kurz- und mittelfristig – die individuelle einzelwirtschaftliche Profitrate abweichen. Hierbei ist zu beachten, dass der Profit eine Differenzgröße zwischen Preisen und nicht zwischen Werten darstellt (Bortkiewicz 1907, S. 319–335; Helmedag 1995, S. 470–482). Der Lockruf des einzelwirtschaftlichen Extraprofits durch die Einführung einer innovativen Produktionstechnik, neuer Produkte oder durch eine verbesserte Organisation führt so im *Konkurrenzkampf* zu einer Vorsprungssituation mit einer prozessualen Monopolstellung, die allerdings durch einen nachahmenden Wettbewerb wieder neutralisiert wird. Was so einzelwirtschaftlich als Versuch beginnt, die Rendite zu erhöhen, führt auf gesamtwirtschaftlicher Ebene über den Konkurrenzdruck wieder zu einem allgemeinen Rückgang der Kapitalrendite.

Dem Marx'schen Sinken der Profitrate steht allerdings eine immanente Bewegung gegenüber. Unterstellt man nicht, wie bisher angenommen, eine Konstanz der Mehrwertrate (m/v), sondern eine steigende Mehrwertrate, was bei einer Zunahme der organischen Zusammensetzung des Kapitals (c/v) wahrscheinlich ist und bei Marx selbst den relativen Mehrwert begründet, so ist bezüglich der Entwicklung der Profitrate eine veränderte Situation zu beachten. Die Erhöhung der Mehrwertrate basiert auf der gestiegenen organischen Zusammensetzung des Kapitals, die auch durch eine Steigerung der Arbeitsintensität herbeigeführt werden kann und/oder kurzfristig durch ein Senken der Löhne unter den „Wert der Arbeitskraft". Ob sich bei dieser Steigerung allerdings endgültig der tendenzielle Fall der Profitrate aufhalten lässt, hängt davon ab, ob die Wachstumsrate der Mehrwertrate stärker oder schneller zunimmt als die der organischen Zusammensetzung des Kapitals. Ist das Wachstum der Mehrwertrate größer, so wäre der tendenzielle Fall der Profitrate ausgeschlossen. Im umgekehrten Fall wird die Profitrate nach wie vor – wenn auch langsamer als ursprünglich angenommen – sinken.

Aufgaben

Wie unterscheiden sich absoluter und relativer Mehrwert?

Diskutieren Sie die Mechanismen, Löhne zu drücken, unter aktuell gegebenen Bedingungen von hoher Arbeitslosigkeit und Unterbeschäftigung sowie einer Tarifbindung, die nur noch bei gut 50 Prozent in Deutschland liegt.

Wie kommt es theoretisch zum tendenziellen Fall der Profitrate?

Versuchen Sie eine gesamtwirtschaftliche Profitrate mit den Größen Arbeitsproduktivität, Kapitalintensität und Mehrwertrate zu bestimmen. Wie würde die Formel aussehen?

3.5.2.3 Neoklassische Arbeitsbewertung und Lohntheorie

Gegen Ende des 19. Jahrhundert kam es dann zur Ablösung der klassischen National-ökonomie durch die liberale neoklassische Theorie, die auf einer *subjektiven Wertleh-re* basiert. Damit einher ging eine immer mehr dem Kapital zugewandte interessen-orientierte und vielfach normativ ausgerichtete Wissenschaft, die das bis dahin gülti-ge Axiom der Klassik und ihre Arbeitswerttheorie ablehnte. Als Erklärung für diesen grundlegenden Paradigmenwechsel stellten die britische Ökonomin Joan Robinson (1903–1983) und der britische Ökonom John Eatwell fest:

> Klassische Lehrmeinungen, sogar in ihrer liberalsten Form, heben die wirtschaftliche Rolle der sozialen Klassen und der Interessenkonflikte zwischen ihnen hervor. Der Brennpunkt des sozia-len Konflikts verlagerte sich im späten 19. Jahrhundert vom Antagonismus der Kapitalisten und Grundbesitzer zum Widerspruch zwischen Arbeitern und Kapitalisten. Furcht und Schrecken, die durch das Werk von Marx entstanden, wurden durch die Einwirkungen der Pariser Kommu-ne von 1870 in ganz Europa verstärkt. Lehrmeinungen, die einen Konflikt anregten, waren nun-mehr unerwünscht. Theorien, die die Aufmerksamkeit vom Antagonismus der sozialen Klassen ablenkten, waren hoch willkommen. (Robinson/Eatwell 1974, S. 67 f.)

Und an anderer Stelle schrieb Robinson (1965, S. 73 ff.):

> Die unbewußte Voreingenommenheit hinter dem neoklassischen System lag hauptsächlich dar-in, daß es die Profite auf die gleiche Stufe des moralischen Ansehens hob wie die Löhne. […] Die nüchterne Haltung der Klassiker, die die Ausbeutung als Quelle des nationalen Wohlstandes an-erkannten, wurde aufgegeben […] die augenfällige Rationalität des Systems bei der Verteilung des Produkts auf die Produktionsfaktoren verschleiert die willkürliche Verteilung der Faktoren auf die Menschen.

Jetzt wurden nunmehr die Bestimmung des Lohns und die Bewertung der menschli-chen Arbeit durch eine subjektive Wertlehre vorgenommen. Hier geht es nur noch um eine Nutzen- bzw. Grenznutzenmaximierung gemäß der Gossen'schen Gesetze des ab-nehmenden und ausgleichenden Grenznutzens bei dem der Gebrauchswert einer Wa-re im Mittelpunkt steht.

> Solange der Nutzen einer zusätzlich gekauften Gütereinheit, der Grenznutzen […] größer als sein Preis ist, kann der Gesamtnutzen noch gesteigert werden. Das Nutzenmaximum wird realisiert, wenn ein Haushalt so viele Einheiten der verschiedenen Güter kauft, daß die durch die jeweiligen Marktpreise gewichteten Grenznutzen sich entsprechen (Zweites Gossen'sches Gesetz). Die indi-viduelle Nutzenschätzung und der Marktpreis sind auch die die Güternachfrage bestimmenden Determinanten. Da der Grenznutzen eines Gutes mit zunehmenden Verbrauch abnimmt (Erstes Gossen'sches Gesetz), wird ein Nachfrager immer nur so viele Einheiten eines Gutes kaufen, bis der Nutzen der zuletzt erworbenen Gütereinheit dem Marktpreis entspricht. (Olten 1995, S. 41 f.)

Bezogen auf die zur Herstellung der Güter notwendige menschliche Arbeit erhalten auch hier die Lohnabhängigen, wie bei den klassischen Ökonomen, nicht den gesam-ten „Wert der Arbeit", der aus dem Output des Faktors Arbeit bei abnehmendem Grenz-ertrag der Arbeit multipliziert mit dem Verkaufspreis der Ware besteht. Sondern sie erhalten nur einen darunterliegenden Lohn.

Der Unternehmer wird dem letzten eingestellten Arbeiter höchstens so viel Lohn zahlen, wie er im Verkaufserlös des letzten abgesetzten Stückes seiner Produktion wieder hereinbekommt. Würde er mehr Lohn zahlen, dann müßte er ja zusetzen; das will der Unternehmer nicht, und auf Dauer kann er es auch nicht. Das ist gemeint, wenn man sagt: der Arbeitslohn kann die Grenzproduktivität der Arbeit nicht übersteigen (,Grenzproduktivität' bedeutet also nicht die technische Produktionsleistung, sondern den Geldertrag, den die Verwendung des letzten eingestellten Arbeiters – des ,Grenzarbeiters' – dem Unternehmer einbringt). (von Nell-Breuning 1960, S. 109)

Also kommt es auch hier in Summe zu einer *Ausbeutung* der abhängig Beschäftigten. „Der Mehrertrag aller Beschäftigten (gleicher Art), deren Produktivität über derjenigen des Grenzarbeiters steht, fällt dem Kapital zu" (Hofmann 1971, S. 210). In der wirtschaftlichen Realität läßt sich jedoch wegen einer fehlenden Messbarkeit die theoretische Grenzbetrachtung des „Faktors" Arbeit nicht abbilden bzw. konkret berechnen. Die Grenzproduktivität des zuletzt eingestellten abhängig Beschäftigten in einem Unternehmen kann nicht kardinal gemessen werden; was auch für alle anderen Beschäftigten gilt. In der Praxis arbeitet man deshalb mit *Durchschnittswerten* bezogen auf eine berechnete Wertschöpfung für ein gesamtes Unternehmen.

Beispielrechnung Wertschöpfung und Mehrwert:

Eine Unternehmung erlöst am Absatzmarkt 12.000.000 EUR. Der Verkaufspreis beträgt 50 EUR und demnach die verkaufte Menge 2.400 Stück. Die auf den Beschaffungsmärkten eingekauften Vorleistungen (Materialien, Abschreibungen auf den Kapitalstock und sonstige fremde Leistungen) betragen insgesamt 7.000.000 EUR. Das Unternehmen beschäftigt 100 Mitarbeiter. Dann beläuft sich die Wertschöpfung auf 5.000.000 EUR bzw. auf durchschnittlich 50.000 EUR je Beschäftigen. Bei einem Personalaufwand von 4.000.000 EUR (40.000 EUR je Beschäftigten) wird ein Mehrwert von 1.000.000 EUR (10.000 EUR je Beschäftigten) realisiert. Eine stückbezogene Berechnung zeigt dabei eine Wertschöpfung je Stück von 20,83 EUR. Bei Lohnstückkosten in Höhe von 16,67 EUR ergibt sich dann ein Mehrwert je Stück von 4,17 EUR. Die unternehmensbezogen durchschnittliche Verteilung der Wertschöpfung zeigt dabei eine Lohnquote von 80 Prozent und eine Mehrwertquote von 20 Prozent (vgl. Tab. 3.20).

Tab. 3.20: Beispielrechnung: Wertschöpfung und Mehrwert. Quellen: eigene Berechnungen.

		Preis		**Menge**
Umsatz	12.000.000	50		240.000
Vorleistungen	7.000.000			
Wertschöpfung	5.000.000	Wertschöpfung/Stück		20,83
Beschäftigte	100			
Wertschöpfung/Beschäftigten	50.000			
Personalaufwand	4.000.000	Lohnstückkosten		16,67
Personalaufwand/Beschäftigten	40.000			
Mehrwert	1.000.000	Mehrwert/Stück		4,17
Mehrwert/Beschäftigten	10.000			
Arbeitsproduktivität in Stück/Beschäftigten	2.400			
Lohnquote in v. H.	80,0			
Mehrwertquote in v. H.	20,0			

Auch die Tarifpolitik zwischen Unternehmerverbänden und Gewerkschaften basiert in Anbetracht der zuwachsenden Wertschöpfung auf dem Theorem der *Grenzproduktivitätstheorie*, wonach die Reallöhne mit der Produktivitätsrate steigen müssen, soll es im Ergebnis nicht zu einer Umverteilung kommen (zur Herleitung vgl. Kap. 3.5.2.5.2). Denn nur, wenn dies der Fall ist, liegt eine Verteilungsneutralität zwischen Arbeit und Kapital vor. Die gesamtwirtschaftliche Lohn- und Profitquote bleiben dann konstant. An der Verteilung des bisher akkumulierten Vermögens und den daraus entspringenden Machtverhältnissen zwischen Kapital und Arbeit ändert sich in der Gegenwart jedoch nichts.

3.5.2.4 Exkurs: Arbeit in der Betriebs- und Personalbetriebswirtschaftslehre

Wenn auch nicht arbeitswerttheoretisch, so aber doch in Richtung einer beschäftigtenorientierten Partizipation argumentierten selbst zu Beginn des 20. Jahrhunderts noch die Betriebswirte, wie Eugen Schmalenbach (1873–1955), Heinrich Nicklisch (1876–1946) oder Rudolf Dietrich (1896–1974). Bei dem hier vorliegenden Selbstverständnis über ihre Wissenschaft wurde noch die Auffassung vertreten, dass es nicht die Aufgabe der BWL sei, zuzuschauen, „ob und wie irgend Jemand sich ein Einkommen oder Vermögen verschafft. Sinn unserer Lehre ist lediglich zu erforschen, wie und auf welche Weise der Betrieb seine gemeinwirtschaftliche Produktivität beweist" (Schmalenbach 1931, S. 94). Für Nicklisch (1934, S. 6) ist es daher die Aufgabe von Unternehmen eine *wirtschaftliche Bedarfsdeckung* sicherzustellen und nicht dafür Sorge zu tragen, möglichst maximale Gewinne für die Kapitaleigner zu erzielen. Gewinn könne auf „anständige oder unanständige Weise (z. B. durch Raubbau an Natur und Menschen) entstehen. Wirtschaftlichkeit ist immer anständig." Die Verteilung von Gewinn wird hier noch aus der Vorstellung vom *Unternehmen als Gemeinschaft* abgeleitet. Der Unternehmer oder die Manager alleine und das „tote" Kapital bilden noch kein Unternehmen. Ohne Beschäftigte sind Unternehmen allenfalls „Ausstellungen" oder „Museen". So postuliert auch Dietrich: Empfänger des Gewinns sei das Unternehmen und nicht, wie allgemein angenommen, dessen Kapitaleigner. Die Beschäftigten hätten, weil sie ihre Arbeitskraft und ihr „geistiges Kapital" im Betrieb einsetzten, die gleichen Eigentumsrechte am Ertrag wie der „Betriebsherr" (Dietrich 1914, S. 402). Deshalb sei dieser auch weder den Beschäftigten noch dem Gewinn gegenüber uneingeschränkter Herrscher (S. 132). Und Nicklisch (1922, S.114) führt weiter aus: Vom Standpunkt der „*Betriebsgemeinschaft*" aus betrachtet seien Löhne und Gehälter keine Kosten, sondern vorgeschossene Ertragsanteile. Lohn- und Gehaltszahlungen bildeten deshalb nur den ersten Akt der Ertragsverteilung. Den zweiten Akt „Maßnahmen der Gewinnverteilung" auf die Beschäftigten, die Nicklisch als „natürliches Recht" bezeichnet.

Heute kommen dagegen in der allgemeinen Betriebswirtschaftslehre der Mensch und seine untrennbar mit ihm verbundene Arbeitskraft nur noch in Spurenelementen vor (Breising/Schweres 2015, S. 233 ff.). Die BWL ist zu sehr *kapitalfixiert*, was sich an den von ihr entwickelten und entscheidenden Rentabilitätskennziffern wie der Eigen- und Gesamtkapitalrendite festmachen lässt. Auch in der *speziellen Personalbetriebswirtschaftslehre* wird die menschliche Arbeit lediglich als kostenverursachender Produktionsfaktor abgehandelt, der optimiert in der richtigen Quantität und Qualität am richtigen Ort und zur richtigen Zeit im Rahmen einer Personalbedarfsplanung einzusetzen sei und den man ständig auf Grund seiner „Subjektivität" motivieren und zur Leistung antreiben müsse (vgl. Schanz 2000, Jung 2014, Olfert 2015). Der Mensch steht hier nicht im Mittelpunkt, er ist bloß „Mittel" zur Realisierung maximaler Unternehmergewinne bzw. eines maximalen Mehrwerts in Relation zum eingesetzten Eigen- und Gesamtkapital. Zwar fordert die Personalbetriebswirtschaftslehre vielfach, dass die abhängig Beschäftigten nicht nur als *Ware Arbeitskraft*, als bloße „Nummern oder Objekte" behandelt werden sollen.

> Die Unternehmung solle ihnen mehr bieten als nur einen Arbeitsplatz und schulde ihnen mehr als ein Entgelt für geleistete Arbeit. Mit solchen Verlautbarungen werden Bedürfnisse und Sehnsüchte der Beschäftigten angesprochen und aufgegriffen, Bedürfnisse nach Aufwertung des eigenen Status, nach Anerkennung der – individuellen und kollektiven – Beiträge zum Erfolg der Unternehmung, nach materieller und emotionaler Sicherheit. [...] Aber allen anderslautenden Verheißungen zum Trotz: Die Vergemeinschafteten bleiben Produktionsfaktoren bzw. Human Ressources. Vergemeinschaftung des Personals zielt auf die Optimierung der Ergiebigkeit der menschlichen Arbeit durch die Ausdehnung der Verfügungsgewalt des Betriebes über die Beschäftigten. (Krell 1994, S. 282 f.)

Die Personalbetriebswirtschaftslehre ist in diesem Duktus letztlich nur ein Instrument, eine Methode zur Befriedigung von Kapitalinteressen und nicht von Menscheninteressen.

Das entscheidende einzelwirtschaftliche Problem in der Personalwirtschaftslehre ist vielmehr der Tatbestand des ökonomisch indeterminierten Arbeitsvertrags. Wie gelingt es dem Nachfrager von Arbeitskraft, dem Unternehmer, aus dem ihm angebotenen Arbeitsvermögen, dem Gebrauchswert der Arbeit, einen maximalen Mehrwert zu schöpfen? Dies impliziert ein *Transformationsproblem*.

> Arbeitsverträge sind (dabei) weit davon entfernt, ein vergleichbares Maß an Eindeutigkeit zu schaffen. Zwar regeln auch sie soziale Beziehungen: der Käufer von Arbeit verpflichtet sich, für die Dauer des Arbeitsvertrages Zahlungen in bestimmter Höhe (Lohn) an den Verkäufer zu zahlen. Im normalen Arbeitsvertrag (anders als im Werkvertrag) ist jedoch die ‚Gegenleistung', um derentwillen der Käufer zur Zahlung des Lohnes verpflichtet ist, nicht festgelegt, sondern lediglich umschrieben. [...] Dies hängt damit zusammen, daß der ‚Kauf' von Arbeitskraft – anders als der Kauf jeder anderen Ware – keineswegs einen Wechsel der faktischen Dispositionssphären erzeugt. (Das Eigentum an der Ware Arbeitskraft geht nicht auf den Käufer über.) Das Unternehmen ist gar nicht in der Lage, ‚gekaufte' Arbeitskraft nun unumschränkt von sich aus in Bewegung zu setzen, vielmehr bleibt der Gebrauchswert, den das Unternehmen aus der Arbeitskraft zieht, quantitativ an die Subjektivität des Arbeitenden gebunden. Faktisch verfügt auch nach dem Verkauf der Verkäufer über das, was er verkauft hat, nämlich seine Arbeitskraft, – eine Situation, die unter Gesichtspunkten des Tausches Ware gegen Geld einem logischen Skandal gleichkommt. [...] Das Resultat ist, daß innerhalb des Arbeitsvertrages ein faktisches Doppel-Eigentum ent-

steht, eine Überlagerung von Dispositionssphären, die rechtlich nicht entwirrt werden können. Über das Quantum von Gebrauchswerten, welches das Unternehmen aus der gekauften Arbeitskraft tatsächlich zieht, kann deshalb gar nicht im Arbeitsvertrag selbst entschieden werden, es ergibt sich vielmehr erst aus den faktischen sozialen Beziehungen und Prozessen, die durch jene doppelte Verfügungsgewalt charakterisiert sind und in denen sich entscheidet, wieviel Gebrauchswert es dem Käufer gelingt, dem Gekauften abzugewinnen. (Offe 1977, S. 19 f.)

Die dabei beim Einkauf der Arbeitskraft vom Käufer zu machende *Prognose* über die tatsächliche Ausschöpfung des Gebrauchswerts der Arbeitskraft versetzt den Käufer in einen permanenten *Kontroll- und Motivationszwang*. Er vertraut dem Verkäufer der Arbeitskraft nicht. Gibt der Verkäufer wirklich alles, was an Gebrauchswert in ihm steckt, ihm, dem Unternehmer? War die bei der Einstellung der Arbeitskraft zugrunde gelegte spekulative Annahme richtig? Daher ist es auch aus Sicht der Unternehmer nachvollziehbar, dass sie immer da, wo sie lebendige, „unberechenbare" Arbeit durch „tote" Arbeit, durch Technik, ersetzen können, auch auf den menschlichen Arbeitseinsatz verzichten. Auch wollen Unternehmer möglichst lange die Arbeitenden bezüglich ihres Arbeitsvermögens testen und fordern deshalb von der Politik kurze Kündigungszeiten und/oder die Möglichkeit lange befristete Arbeitsverträge abschließen zu können. Da wo eine Substitution der Arbeitskraft durch Technik schwierig oder sogar unmöglich ist, müssen die Beschäftigten dagegen im Hinblick auf ihre Subjektivität ständig im Arbeitsprozess motiviert und angereizt werden. Dafür hält die Personalwirtschaftslehre vielfältige Instrumente bereit (vgl. Schanz 2000, S. 53 ff.).

Aufgaben

Nennen Sie Gründe für die Ablösung der klassischen Nationalökonomie durch die Neoklassik.

Worauf basiert die subjektive Wertlehre und was unterscheidet sie von der Arbeitswerttheorie?

Was bedeutet Grenzproduktivität der Arbeit im Kontext mit Ausbeutung?

Wie interpretierten die ersten Betriebswirte den Unternehmergewinn?

Zieht man rechnerisch in einem Unternehmen vom erlösten Umsatz die Vorleistungen inklusive der Abschreibungen ab, so erhält man die Wertschöpfung. Wie ermittelt sich dann aus der Wertschöpfung die Lohn- und Mehrwertquote?

Warum unterscheiden sich Arbeits- und Kaufverträge?

3.5.2.5 Arbeit und ihre Bewertung in der Praxis

Fasst man die klassische Arbeitswerttheorie und die daraus abgeleitete Lohnbildung bzw. die Gewinn-, Zins- und Grundrentenerklärung zusammen, so kann festgestellt werden, dass menschliche Arbeit im einzel- und gesamtwirtschaftlichem Gefüge bei den klassischen Ökonomen als der einzige wertschaffende Produktionsfaktor eingestuft wurde. Nur die menschliche Arbeit ist ihnen zufolge in der Lage, volkswirtschaftlichen Wohlstand zu erzeugen. Hier wird deutlich, warum die Arbeitswerttheorie von der orthodoxen Ökonomie, spätestens ab Beginn des 20. Jahrhunderts, als eine kapitalismuskritische Theorie abgelehnt wurde. Daran hat sich bis heute in der neoklassischen/neoliberalen Mainstream-Ökonomie nichts geändert. Im Gegenteil: Hier ist es quasi zu einer *Eliminierung der Arbeitswerttheorie* gekommen. Sie wird nicht einmal mehr erwähnt. Selbst bei einzelnen Ökonomen, „die nach wie vor zumindest ein partielles Interesse an einer klassischen Analysetradition haben, hat sich im Wesentlichen die neoricardianische Theorie durchgesetzt, die explizit auf arbeitswerttheoretische Grundlagen verzichtet" (Fröhlich 2009, S. 23).

Dem entgegen wird vielmehr das Hauptaugenmerk ausschließlich auf die Stellung des Wirtschaftssubjektes im Tauschprozess am Markt durch relative Güterpreise und auf einem subjektiven Grenznutzenkonzept gerichtet. Mehrwert entsteht hier nicht mehr deshalb, wie es selbst noch der liberale klassische Ökonom Mill formulierte, weil die menschliche Arbeit mehr produziert als zu ihrem Unterhalt an Reproduktionskosten erforderlich ist, sondern wie es in der vom US-amerikanischen Ökonomen John Bates Clark (1847–1938) entwickelten Grenzproduktivitätstheorie beschrieben wird. In seinem Hauptwerk „The Distribution of Wealth" legt er dar, dass jedem Produktionsfaktor ein eigener Wertbeitrag, das „*Wertgrenzprodukt*" zufällt. Der jeweilige Faktor, so auch das „Humankapital", wird dabei gemäß seiner Grenzproduktivität entlohnt. Je höher das Grenzwertprodukt eines Faktors relativ zum anderen ist, umso größer fällt bei gleichen eingesetzten Faktormengen sein Anteil an der Wertschöpfung aus und umgekehrt. Jeder der Produktionsfaktoren erhält somit, was er „wert" ist, und das soziale Gewissen bzw. die Gerechtigkeit wird der Denkungsart der Neoklassik zufolge befriedigt.

Mit dieser Theorie können die Eigentümer von Kapital und Boden leben. Der österreichische Ökonom Otto Conrad (1876–1943) hat die neoklassische Wertlehre als die „*Todsünde der Nationalökonomie*" bezeichnet und sich gegen eine solche Gleichstellung der Produktionsfaktoren mit dem Menschen verwahrt: Niemand käme auf die Idee, dass eine Geige geige oder ein Fernrohr sehe. Sachlichen Produktionsmitteln werde aber eine eigenständige Leistung zugeordnet. Conrad betont dabei auch, dass die Neoklassik nicht einmal begreife oder bewusst negiere, dass der Produktionsfaktor Kapital lediglich ein derivativer Faktor ist, der, bevor er überhaupt auf der „Bühne" erscheint, erst hinter der Bühne durch den Menschen in Verbindung mit Naturgebrauch geschaffen worden ist (vgl. Conrad 1934, S. 56).

Für Smith und Ricardo wurde deshalb auch noch vom „Ertrag bzw. vom Wert der Arbeit" der Gewinn, Zins und die Grundrente abgezogen („Lohnabzugstheorie"). Marx erklärte dagegen den Gewinn, Zins und die Grundrente nicht als einen „Lohnabzug", sondern anhand seiner Mehrwerttheorie. Hier fließt aufgrund der Herrschafts- und Eigentumsverhältnisse im Kapitalismus der vom Faktor Arbeit geschaffene Neu- bzw. Mehrwert der Kapitalklasse zu. Die Lohnhöhe bestimmten alle klassischen Ökonomen, wenn auch unterschiedlich hergeleitet, anhand eines Existenzlohns oder auf Basis der Lohnfondstheorie. Demnach wird der Lohn für Arbeit durch das Existenzminimum determiniert, das der Arbeiter benötigt, um seine Arbeitskraft zu erhalten und

sich fortzupflanzen. Der Lohn kann allenfalls kurzfristig von diesen Reproduktionskosten durch bestimmte Angebots- und Nachfragekonstellationen am Arbeitsmarkt
abweichen (*Oszillationstheorie*). Durch ein langfristig tendenzielles Ungleichgewicht
am Arbeitsmarkt, wenn das Angebot die Nachfrage nach Arbeitskräften übersteigt,
wird der Lohn unter dem Druck der Reservearmee des überschüssigen Arbeitsangebots aber immer wieder auf das Existenzminimum (dessen jeweilige Höhe von der historischen Entwicklungsstufe des Kapitalismus bestimmt wird) zurückgeworfen. Den
Grund dafür sah Smith in der *Macht der Unternehmer*, Ricardo im von Malthus formulierten *Bevölkerungsgesetz* und Marx in einem *arbeitssparenden technischen Fortschritt* und einem in Folge Anstieg der organischen Zusammensetzung des Kapitals.
Er lässt das Arbeitsangebot gegenüber der Nachfrage immer mehr steigen und so den
Lohn, das Arbeitsentgelt, immer weiter fallen. Die hierbei entstehende Arbeitslosigkeit führt letztlich zu einer relativen Verelendung (*Verelendungstheorie*) der Arbeiterklasse. Der Kerngedanke der Lohnfondstheorie besteht dagegen darin,

> dass die Löhne als ein Vorschuss angesehen werden, den die Unternehmen den Beschäftigten
> für eine bestimmte Periode aus ihrem Kapital gewähren. Entsprechend dieser Vorschusstheorie
> des Lohnes sind die für Lohnzahlungen zur Verfügung stehenden Mittel durch das jeweils zu
> einem konkreten Zeitpunkt bestehende Kapital begrenzt. [...] Für die Vertreter der Klassik steht
> demnach fest, dass die soziale Lage der Arbeiterklasse nur verbessert werden kann, wenn sich
> das Verhältnis von Kapital und Bevölkerung zu ihren Gunsten verschiebt. Dies kann zum einen
> dadurch geschehen, dass sich z. B. im Zuge des technischen Fortschritts das Kapital vergrößert
> und auf diese Weise der Spielraum für Lohnzahlungen erhöht. (Schulten 2004, S. 27)

Damit wendet sich die *Lohnfondstheorie* gegen die Verelendungstheorie. Während die
Lohnfondstheorie dem technischen Fortschritt Positives abgewinnt, sieht die Verelendungstheorie für die Arbeiterklasse im technischen Fortschritt eher einen Niedergang.
Nicht zuletzt ist deshalb gegen die *Verelendungstheorie* immer wieder polemisiert worden. Hierzu muss zunächst konstatiert werden, dass Marx nur von einer *„relativen
Verelendung"* ausgegangen ist, d. h. von einer Verschiebung der Lohnarbeit zugunsten des Kapitals bezogen auf das erwirtschaftete Gesamtprodukt und nicht – wie vielfach unterstellt – von einer *„absoluten Verelendung"*. Diese ist in der Tat – zumindest
in den hoch entwickelten Industrieländern der marktwirtschaftlich-kapitalistischen
Welt – nicht eingetreten. Für *Entwicklungsländer* oder die sogenannten Schwellenländer der südlichen und östlichen Himmelsphäre trifft sie dagegen sogar in ihrer absoluten Variante mehr oder weniger zu. Heute sind fast 200 Millionen Menschen auf der
Erde ohne Arbeit (vgl. Statista) und mehr als eine Milliarde Menschen lebt in Armut
(vgl. Weltbank). Aber auch in den Industriestaaten liegen hohe Arbeitslosen- und Ar-
mutszahlen vor; auch in Deutschland.

Insbesondere durch die Herausbildung von *Gewerkschaften*, die zum Kapital am
Arbeitsmarkt einen Gegenpol darstellen, standen sich seit der Aufhebung der Koalitionsverbote, spätestens seit Anfang des 20. Jahrhunderts realiter fast gleich mächtige Interessengruppen gegenüber. Hierdurch veränderte sich das Verteilungsergeb-

nis des Ertrages der Arbeit zugunsten der abhängig Beschäftigten. Die nicht um Abschreibungen bereinigte gesamtwirtschaftliche *Brutto-Lohnquote* (zur Berechnungsmethode vgl. Kap. 6.1.2.5.1.1) lag im Jahr 1870 in Deutschland noch bei 43,1 Prozent. Bis 1930 war sie auf 60,2 Prozent gestiegen. Kurz vor Ausbruch des Zweiten Weltkrieges wurden dann aber nur noch 54,9 Prozent realisiert. Ihren Höhepunkt erreichte die Brutto-Lohnquote mit 73,4 Prozent im Jahr 1981. Danach verfiel die Quote massiv um 8,9 Prozentpunkte wegen der neoliberalen Umverteilungen von unten nach oben, auf einen Stand von 64,5 Prozent (2007), um dann jedoch bis 2019 wieder auf 72,3 Prozent zu steigen. Dieser Anstieg ist zum einen der weltweiten Finanz- und Wirtschaftskrise ab 2007 und einer danach erstaunlich guten Wachstumsentwicklung geschuldet. In der Krise (Abschwung) entwickelt sich der Mehrwert stärker zurück als die kontraktbestimmten Löhne und am Abschwung haben auch die Beschäftigten in Deutschland mit höheren Löhnen partizipiert. Langfristig kann also durchaus, mit starken Auf- und Abschwüngen, von einer *positiven Entwicklung der Lohnquote* in Deutschland nach dem Zweiten Weltkrieg gesprochen werden.

Dies wurde von allen klassischen Ökonomen, auch von Marx, in dieser Form, zumindest für Deutschland nach dem Zweiten Weltkrieg nicht vorhergesehen und in den jeweiligen theoretischen Ansätzen entsprechend nicht berücksichtigt. Helmut Arndt erklärt dies wie folgt:

> Dank der gleichgewichtigen Machtverteilung stieg der Reallohn mit der Arbeitsproduktivität. Dies ist in allen Volkswirtschaften, in denen die Arbeiter den Schutz starker und selbständiger Gewerkschaften genießen, zu beobachten. Damit zeigt sich zugleich, daß die von Marx begründete 'Verelendungstheorie' nur unter bestimmten Bedingungen gilt. Ist der Arbeiter ohnmächtig, so trifft sie zu. Ist die Macht am Arbeitsmarkt hingegen gleich verteilt, so nimmt der Arbeiter an der Wohlstandssteigerung teil. (Arndt 1973, S. 173)

Hieraus lässt sich auch das empirisch feststellbare Ergebnis eines *wachsenden Konsumniveaus* für die Lohnabhängigen im entwickelten Stadium des Kapitalismus ableiten. Dies bedeutet aber nicht, dass alle abhängig Beschäftigten, sozusagen gleichmäßig, an einem hohen Konsumniveau partizipieren können. Dem widersprechen allein die hohen Zahlen der nur prekär Beschäftigten und der riesige *Niedriglohnsektor* in Deutschland; eines der reichsten Länder der Erde. Was aus dem wachsenden Konsumniveau jedoch nicht folgt, ist eine grundsätzliche Widerlegung der Arbeitswerttheorie, die, wie Karl Georg Zinn betont, von der herrschenden Wirtschaftslehre als „falsch" verworfen wird. „[...] Arbeitswerttheoretische Überlegungen spielen in den Standardlehrbüchern der Ökonomie [...] kaum eine Rolle. Allenfalls wird unter theoriegeschichtlichem Aspekt darauf verwiesen, um dann sofort die vermeintliche Abwegigkeit dieser Wertbegründung eloquent darzulegen" (Zinn 1998, S. 15).

Mit dem *Transformationsproblem* glaubt dabei die orthodoxe Volkswirtschaftslehre mit der Arbeitswerttheorie „aufgeräumt" zu haben. Bereits 1896 ging zumindest der Neoklassiker Eugen von Böhm-Bawerk (1851–1914) davon aus. Diese Kritik gipfelte schließlich in der Feststellung von Claudio Napoleoni (1924–1988):

> Wenn das Problem der Transformation auf diese Weise aufgefasst und streng der Richtung folgend, die Marx selbst angezeigt hatte, weiterentwickelt wird, so zerstört es sich sozusagen selbst, da man nicht bei einer Transformation der Ware in Preise anlangt, sondern bei einer Bestimmung der Preise, die unabhängig ist von den Werten. (Napoleoni 1928, S. 201 f.)

Hier wird, wie bei anderen Kritikern auch, die Arbeitswerttheorie völlig falsch als eine Theorie der Preisbildung, der relativen Tauschwerte und nicht nach der Marxschen Auffassung vom „absoluten Wert" interpretiert. Dies schreibt Rudolf Hilferding (1877–1941) bereits 1904 in einem Beitrag zu Böhm-Bawerks Kritik an Marx. Um eine Erklärung der Preisbildung ging es Marx bei der Mehrwerttheorie überhaupt nicht. Seine *Mehrwerttheorie* ist vor allem eine *Theorie der Wertschöpfung* und daher eine *Verteilungstheorie* des Volkseinkommens unter marktwirtschaftlich-kapitalistischen Bedingungen. Dies ist der eigentliche Grund für die Kritik. Zeigt er doch, dass sich die Quelle des Mehrwerts, also des Gewinns, Zins' und der Grundrente aus der Differenz zwischen dem „Wert der Arbeit" und dem „Tauschwert der Arbeitskraft" nur deshalb ergibt, weil der Arbeiter unter den *Eigentumsverhältnissen* des marktwirtschaftlich-kapitalistischen Systems gezwungen ist, seine Arbeitskraft an den Unternehmer zu verkaufen und der abhängig Beschäftigte deshalb nicht den vollen Ertrag seiner Arbeit erhält und in Folge ausgebeutet wird.

Ohne hier die vollständige Diskussion und den anhaltenden wissenschaftlichen Diskurs um die Arbeitswerttheorie nachzeichnen zu können, lässt sich aber am Ende zeigen, dass die vorgebrachte Kritik gegen die Arbeitswerttheorie letztlich einer kritischen Überprüfung durch eine Kritik an der Kritik nicht standhält (vgl. u. a. Schwarz 1978, Katzenstein 1978). 1995 wurde dies noch einmal von Fritz Helmedag überzeugend aufgezeigt. Zumindest hat die Debatte bisher nicht zu einer Widerlegung der Arbeitswerttheorie geführt (vgl. Fröhlich 2009).

Aber selbst wenn man die klassische Arbeitswerttheorie völlig ignoriert, (weil nach dem deutschen Dichter und Zeichner Wilhelm Busch (1832–1908) aus ideologischen Gründen gilt: „Das nicht sein kann, was nicht sein darf"), so lässt sich, wie dargelegt, die *Ausbeutung des Faktors Arbeit* auch anhand der *neoklassischen Grenzproduktivitätstheorie* zeigen. Und selbst durch ein simples Zurechnungsproblem des Arbeitsertrages wird dies bereits deutlich. Denn es kann wohl ernsthaft kaum bestritten werden, dass der Einsatz von Kapital in Verbindung mit der unternehmerischen Leistung alleine unter Verzicht auf jeglichen Arbeitseinsatz, also auf den Produktionsfaktor Arbeit, praktisch keine Produktion und damit auch keinen Mehrwert erbringt. Wie Wladimir Iljitsch Lenin (1870–1924) die Losung ausgab: „Wenn dein starker Arm es will, stehen alle Räder still". Das Kapital als vergegenständlichte, also „tote", Arbeit ist zu seiner Verwertung auf die lebendige Arbeit uneingeschränkt angewiesen. Im Produktionsprozess kommen, neben einem Naturgebrauch U, immer zwei Inputfaktoren zum Einsatz: Arbeit A und Kapital K. Mit nur einem der beiden Faktoren ist dabei aber kein Output, keine Wertschöpfung WS möglich.

$$WS = f(A, K, U)$$
$$WS = f(A = 0, K, U) = f(A, K = 0, U) = 0$$

Arbeit und Kapital stehen demnach in der Produktion *interdependent* zueinander, wobei das Kapital in Form von Maschinen und Produktionsgebäuden u. a. nichts Anderes ist, als vergegenständlichte lebendige Arbeit in einer vorgelagerten Wirtschaftsperiode. Ohne Arbeit hätte das zum Einsatz kommende Realkapital (ursprünglich) gar nicht entstehen können. Außerdem unterliegt der Produktionsprozess von ständig zu erhöhenden Arbeitsproduktivitäten einem laufenden Substitutionsprozess von Arbeit durch Kapital, ohne dass letztlich eine vollständige Substitution gelingt. Selbst eine Produktion durch Roboter wird immer eine menschliche Programmierung und Wartung benötigen. Dennoch schafft dieser Substitutionsprozess ein großes ökonomisches und soziales Problem: *technologische Arbeitslosigkeit*. Obwohl im marktwirtschaftlich-kapitalistischen Produktionsprozess Arbeit und Kapital aufeinander angewiesen sind, gilt aufgrund des Eigentums an den Produktionsmitteln und der ebenso verfassungsrechtlich abgesicherten unternehmerischen Freiheit einseitig das *„Investitionsmonopol des Kapitals"*, so Erich Preiser (1900–1967). Das heißt, nur das Kapital entscheidet wie, wann und wo investiert wird. Hier liegt dann ein systemisch immanentes Paradoxon vor. Denn, wenn nur mit beiden Produktionsfaktoren in der Produktion eine Wertschöpfung möglich ist, warum haben dann nur die Kapitaleigner über die Arbeitsnachfrage, den Arbeitseinsatz, Entlassungen, Investitionen und die Gewinnverwendung zu bestimmen? Hierauf gibt es keine logische ökonomische Antwort, sondern nur eine ideologisch dem Kapital dienende Antwort. Der Interdependenz gerecht würde es erst dann, wenn die Beschäftigten paritätisch in den Unternehmen *mitbestimmen* dürften. Dies können sie bis heute aber nicht (Bontrup 2013, S. 206 ff., und 2021). Dazu müßte zunächst eine umfassende Aufklärungsarbeit über menschliche Arbeit und ihre Ausbeutung im Kapitalismus geleistet und danach durch eine Demokratisierung der Wirtschaft (vgl. Kap. 8.4) für Gerechtigkeit gesorgt werden.

Bei der Erklärung einer Kapitalbildung und Rechtfertigung des Eigentums an den Produktionsmitteln in der orthodoxen Ökonomie muss dagegen verwundern, dass Kapital nur durch *Konsumverzicht der Kapitalisten* gebildet worden sei. Als unterschieden sich Lohnarbeiter und Unternehmer dadurch, dass der erstere alle seine Einkommen stets voll konsumiert, während der andere einen Teil davon gespart und sich im Laufe der Zeit ein Vermögen daraus gebildet hat. An dieser Stelle verweisen wir noch einmal auf das 24. Kapitel „Die sogenannte ursprüngliche Akkumulation" in „Das Kapital" von Marx wie auf die Überlegungen des Jesuitenpaters und Ökonomen Oswald von Nell-Breuning (1890–1991), der zur Kapitalbildung folgendes bemerkt:

In unserer Wirtschaft werden sowohl Konsumgüter als auch Kapital- oder Investitionsgüter produziert; die ersteren gehen, wie ihr Name besagt, in den Verbrauch, die letzteren dienen langfristiger Nutzung, für Wohnhäuser und dergleichen, oder dienen selbst wieder der Produktion, für Fabriken, Maschinen usw. An der Erzeugung beider Arten von Gütern wirken die Arbeitnehmer mit; für die Arbeitsleistung in diesen beiden Zweigen der Produktion zahlen die Unternehmer ihnen Arbeitslohn; dieser Arbeitslohn erscheint in der Erfolgsrechnung der Unternehmer als Kosten. Verwenden die Arbeitnehmer nun den ganzen Arbeitslohn zum Kauf der geschaffenen Verbrauchsgüter, so heißt das: die Unternehmer erhalten die ganze von ihnen als Kosten aufgewendete Lohnsumme zurück und geben dafür nur die produzierten Konsumgüter ab; die neugeschaffenen Kapital- oder Investitionsgüter verbleiben ihnen sozusagen gratis und franko. Man könnte das auch so ausdrücken: die Arbeitnehmer schenken den Unternehmern die Kapital- oder Investitionsgüter und sind zufrieden, als Entgelt für ihre Leistung im Produktionsprozeß denjenigen Teil der produzierten Güter zu erhalten, der in Konsumgütern besteht. Auf diese Weise werden die Unternehmer reicher und reicher, die Arbeitnehmer bleiben Habenichtse. (von Nell-Breuning 1960, S. 140 f.)

In dieser einfachen kreislauftheoretischen Veranschaulichung drückt sich gleichzeitig die gesamte Problematik und *Krisenanfälligkeit* einer marktwirtschaftlich-kapitalistischen Wirtschaftsordnung aus. Die Gesamtsumme der Arbeitseinkommen – selbst bei einer Konsumquote von eins, wenn aus dem Arbeitseinkommen nichts gespart wird, – ist zu gering, um als Gesamtnachfrage die produzierte Waren- bzw. Wertmasse einer Abrechnungsperiode zurückzukaufen. Ohne eine entsprechende Konsum- und Investitionsnachfrage *der Kapitaleigentümer* lässt sich der in der Produktion entstehende Gewinn an den Absatzmärkten nicht erzielen. Damit hängt die Höhe der Realisierung der gesamtwirtschaftlichen Gewinnsumme letztlich sogar nur von der Konsumtion und der Investition der Kapitaleigentümer selbst ab. Keynes fasste den Sachverhalt in seinem Theorem vom *„Krug der Witwe"* wie folgt zusammen. „Welchen Teil ihrer Gewinne demnach die Unternehmer auch für den Konsum verwenden, der Vermögenszuwachs zugunsten der Unternehmer bleibt der gleiche wie zuvor. Somit sind die Gewinne, als eine Quelle der Kapitalakkumulation bei den Unternehmern, unerschöpflich wie der Krug der Witwe, wie viel davon auch immer einer ausschweifenden Lebensführung dient" (Keynes 1930 (1955), S. 113). Dabei ist die gesamtwirtschaftliche Selbsterzeugung der Unternehmereinkommen durch -ausgaben für die einzelne Investitionsentscheidung irrelevant. „Investiert wird gemäß den konkreten, einzelwirtschaftlichen Erwartungen, über (steigende) Absatzchancen und/oder Kostenreduktionen durch Rationalisierungen" (Zinn 1998, S. 37). Schränken die Kapitaleigentümer aber ihre Konsumtion ein und verfallen in einen Investitionsattentismus, dann steigt infolge die gesamtwirtschaftliche Sparquote, wodurch es letztlich zu einer Nachfragelücke kommt und Arbeitslosigkeit entsteht.

Das marktwirtschaftlich-kapitalistische System ist demnach als instabil einzustufen. Dies zeigt sich auch in dem paradoxen Ergebnis eines einzelwirtschaftlichen rationalen Verhaltens und den daraus folgenden gesamtwirtschaftlichen Wirkungen. Der von Smith aufgestellten kapitalistischen *„Harmonielehre"*, wonach das egoistisch motivierte Handeln letztlich wettbewerbsvermittelt in einen insgesamt gesamtwirtschaftlichen Vorteil umschlägt, widersprach Keynes. Er erkannte hier vielmehr einen im System angelegten „Webfehler" einer *kapitalistischen Rationalitätsfalle*, die das Auseinanderfallen von einzel- und gesamtwirtschaftlicher Logik beschreibt. „Wenn ich meine Ausgaben individuell reduziere, um meine laufenden Ausgaben an die Einnahmen anzupassen, kann ich davon ausgehen, dass mir das gelingt, weil meine Sparentscheidung keinen Einfluss auf meine Einnahmen hat. Wenn aber alle Wirtschaftssubjekte ihre Ausgaben reduzieren, vermindert das auch ihre Einnahmen" (Bofinger 2005, S. 112).

Was auf einzelwirtschaftlicher Ebene, ob beim privaten Haushalt oder beim Unternehmen, rational sein mag, schlägt in Summe gesamtwirtschaftlich negativ auf das ganze System zurück. Es ist ein Nullsummenspiel auf abgesenktem Niveau. Was die einen vermeintlich gewinnen, müssen die anderen verlieren, da die Kosten des einen in einer geschlossenen Volkswirtschaft die Einnahmen des anderen sind. Um sich aus der Krise zu befreien, versuchen die Unternehmen ihre Kosten zu senken. Es kommt zu einer gefährlichen *Abwärtsspirale*. Aus diesem Teufelskreis gibt es ohne staatliche Intervention keinen Ausweg. „Kostensenkungen, die große Wunderwaffe der neoliberalen Ökonomen, politischen Laienspieler und Unternehmensberater, sind – aus gesamtwirtschaftlicher Sicht – zwingend ein ‚Rohrkrepierer'" (Flassbeck 2003, S. 956 f.). Dies war eine wichtige keynesianische Erkenntnis. Im Jahr 1926 beschreibt Keynes deshalb auch das *„Ende des Laissez-faire"*. Er sieht deutlich, dass ein markt- bzw. wettbewerblicher Selbstlauf ohne staatliche Interventionen aufgrund der „Rationalitätsfalle" allenfalls suboptimale gesamtwirtschaftliche Ergebnisse zeitigt und er zieht daraus die Konsequenz, wenn er schreibt: „Ich bringe den Staat ins Spiel; die Laissez-faire-Doktrin gebe ich auf" (zitiert bei Willke 2002, S. 18).

Aufgaben

Was ist der Unterschied zwischen der Lohnfonds- und der Verelendungstheorie?

Beschreiben Sie die „Todsünde" der Nationalökonomie.

Warum bleiben die abhängig Beschäftigten im Kapitalismus nach heterodoxer Auffassung Habenichtse?

Definieren Sie das Investitionsmonopol des Kapitals.

Was beschreibt die kapitalistische Rationalitätsfalle?

Diskutieren Sie unter Berücksichtigung der Interdependenz in der Produktionsfunktion, warum die abhängig Beschäftigten in den Unternehmen nicht gleiche Mitbestimmungsrechte haben wie die Unternehmer.

3.5.2.5.1 Austausch der Ware Arbeitskraft auf Arbeitsmärkten

So wie sich Güter und Dienste auf entsprechenden Märkten austauschen, so müssen sich auch die abhängig Beschäftigten auf Arbeitsmärkten austauschen bzw. verkaufen. Arbeitsmärkte sind hier jedoch besondere Märkte, die sich von Güter- und Dienstleistungsmärkten unterscheiden. Der Grund dafür ist einfach: Arbeitskräfte sind eine nicht beliebig produzierbare und reproduzierbare Ware. Dennoch behaupten neoklassische/neoliberale Ökonomen wie der ehemalige Präsident des Münchener ifo-Instituts, Hans Werner Sinn: „Der Markt für die Ware Arbeitskraft unterscheidet sich [...] nicht vom Markt für Äpfel. Das mag man bedauern, aber so ist es" (Sinn 2003, S. 119). Hätte er Preiser gelesen, wäre er vielleicht anderer Meinung. Preiser widerlegte bereits 1933 die „Gleichsetzungsthese" von Güter- und Arbeitsmarkt:

> Die Ware ‚unselbständiger Dienst' ist zwar eine Ware, weil sie auf dem Markte gekauft und verkauft wird. In jeder anderen Beziehung aber unterscheidet sie sich grundsätzlich von anderen Waren. Vor allem wird sie nicht ‚produziert'; ihre Erzeugung richtet sich nicht nach der Nachfrage bzw. dem zu erwartenden Preis, das Angebot ist starr. Es lässt sich bei steigendem Preis nicht beliebig vermehren, bei sinkendem nicht vermindern. Wenn es im Allgemeinen gilt, dass bei Überangebot und dementsprechender Preissenkung einer Ware ihre Erzeugung eingeschränkt und das Angebot so lange verringert wird, bis der Preis wieder auf seinen Normalstand kommt, ist das bei einem Überangebot der ‚Ware' Arbeitskraft infolge der Unelastizität des Angebots eben nicht der Fall. (Preiser 1933, S. 87)

Diese Besonderheiten der Ware Arbeitskraft sind auch in der wirschaftlichen Realität der Grund für eine *strukturelle Unterlegenheit* der abhängig Beschäftigten gegenüber den nachfragenden Unternehmern. Sie können wesentlich länger mit ihrem laufenden Geschäftsbetrieb auf eine Anstellung von Beschäftigten warten als die Arbeitskraftanbieter, die ein Einkommen benötigen und darüber hinaus mit anderen Arbeitskräften um eine freie Stelle konkurrieren müssen. Diesbezüglich sei noch einmal auf Smith verwiesen, der ähnlich argumentierte. „Ausnahmen von dieser allgemeinen Unterlegenheitssituation liegen vor, wenn auf einem Teilarbeitsmarkt, *den* Arbeitsmarkt schlechthin gibt es nicht, Mangel an Spezialkräften herrscht oder wenn eine allgemeine Vollbeschäftigungssituation vorliegt. Das ist jedoch, historisch gesehen, nicht die Regel" (Stobbe 1987, S. 253).

Darüber hinaus unterliegt die Ware Arbeitskraft bei ihrem Verkauf neben der strukturellen Unterlegenheit zusätzlich einer *doppelten Fremdbestimmung*. Menschliche Arbeit muss sich

1. in einem unternehmerischen, arbeitsteiligen Produktionsprozess den jeweils dort gestellten Anforderungen, Betriebsordnungen und Hierarchien unterordnen und ist
2. wie das Kapital auch, den kapitalistischen Markt- und Konkurrenzgesetzen ausgesetzt.

Beim zweiten Punkt besteht nur eine Ausnahme. Wird die Konkurrenz durch Monopolisierung, Oligopolisierung oder Kartellierung eliminiert, so ist in der Regel der Unternehmer bereit, den abhängig Beschäftigten ein wenig von seinem erbeuteten Monopolgewinn in Form von höheren Löhnen, kürzeren Arbeitszeiten und besseren Arbeitsbedingungen sowie erhöhten Sozialleistungen abzutreten.

Die Neoklassik will aber trotz der Besonderheiten der Ware Arbeitskraft bzw. der Arbeitsmärkte das Konkurrenzprinzip zum Vorteil der Unternehmer eins zu eins auf die Arbeitsmärkte übertragen, obwohl diese weder mit Güter- oder Geld- noch mit Kapitalmärkten zu vergleichen sind.

Die gewinnmaximierenden Unternehmer fragen hier in der Logik der Neoklassiker und Neoliberalen bei einer sinkenden *Grenzproduktivität der Arbeit* nur unter der Bedingung eines auch sinkenden Reallohns (d. h. Kaufkraft des Lohnes gemessen in Gütermengen (vgl. Kap. 5.4.3)) mehr Arbeit nach (zur Herleitung vgl. Kap. 5.4.2). Und die Arbeitskraftanbieter wägen ihr Arbeitsleid und das daraus resultierende Einkommen mit den Opportunitätskosten (fiktive Kosten des Nutzens) ihrer *entgangenen Freizeit* ab. Dabei bieten die abhängig Beschäftigten zusätzliche Arbeit nur bei einem steigenden Reallohn an, der die Opportunitätskosten übersteigt. Gleichzeitig wird hier von den neoklassischen/neoliberalen Apologeten, rein partialanalytisch, versucht, Arbeitslosigkeit immanent auf den Arbeitsmärkten durch eine „*Lohnstörung*" im Hinblick auf nachgefragte und angebotene Arbeit zu erklären und in Folge zu therapieren.

Bei einem Überschussangebot, d. h. Arbeitslosigkeit, müssen demnach die Reallöhne so lange sinken, bis ein neues markträumendes Gleichgewicht erreicht ist (vgl. Kap. 5.4.3). Hier würden dann schließlich alle Arbeitskraftanbieter Arbeit und alle Unternehmer die gewünschte Menge an Arbeit finden. Liegt dagegen der Reallohn w_1 oberhalb des Gleichgewichtslohns w^*, so entsteht eine sogenannte *Mindestlohnarbeitslosigkeit* (vgl. Abb. 3.8). Die Arbeiter bieten mehr von ihrer Arbeitskraft an, während die Unternehmer weniger als zum Gleichgewichtslohn an Arbeit nachfragen. Arbeitslosigkeit wird demnach nur durch einen zu hohen Reallohn verursacht. Akzeptieren die Beschäftigten den abgesenkten niedrigeren Gleichgewichtslohn w^* nicht, sind sie laut neoklassischer bzw. neoliberaler Theorie zu anspruchsvoll und dürften deshalb auch keine oder eine nur eingeschränkte staatliche Unterstützung erhalten. Kommt trotzdem w^* zustande, gibt es – gemessen am maximal verfügbaren Arbeitskräftepotenzial A_{max} Menschen, die im Umfang von ($A_{max} - A^*$) nicht beschäftigt sind.

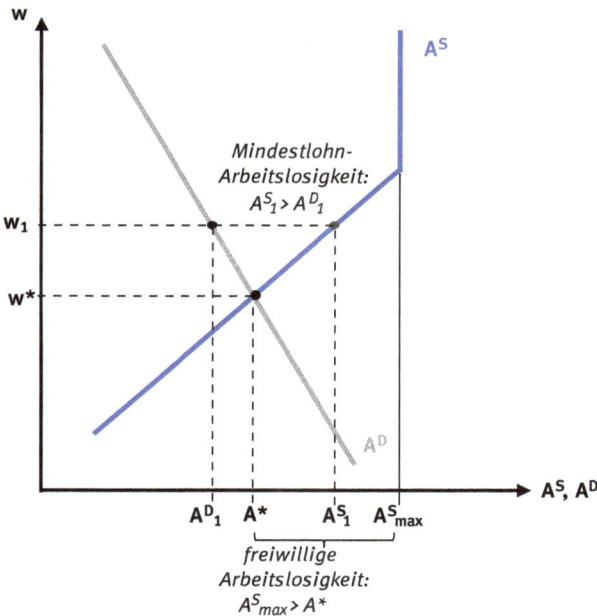

Abb. 3.8: Mindestlohnarbeitslosigkeit und freiwillige Arbeitslosigkeit. Quelle: eigene Darstellung.

Sie gelten in der Neoklassik als *„freiwillig"* arbeitslos, weil sie zu A* nicht arbeiten möchten. Insofern besteht auch hier keine Notwendigkeit, dass der Staat eingreift.

Heftige Kritik an diesem Konstrukt übt zu Recht der Ökonom Rudolf Hickel, wenn er schreibt, „dass hier [in der Neoklassik] nur noch die zu hohen Lohnsätze die Arbeitsplatzlücke auf den Arbeitsmärkten erzeugen" (Hickel 2001, S. 23). Hierbei mache die Neoklassik regelmäßig zwei „Schurken" aus:

1. die *Gewerkschaften*: Mit ihrer Macht würden sie im Verhältnis zu den markträumenden Gleichgewichtslöhnen viel zu hohe Mindestlöhne erzwingen.

2. der *Staat*: Dieser würde mit seiner Politik der sozialen Abfederung sowie einer überbrückenden Beschäftigungspolitik zusätzlich die „falschen (zu hohen) Löhne" zementieren, anstatt Konkurrenz unter den Arbeitslosen und Beschäftigten um Arbeitsplätze, und damit Lohnsenkungen, zuzulassen.

Beide Begründungen für zu hohe Löhne und Arbeitslosigkeit, haben aber mit der wirtschaftlichen Realität nichts zu tun. Die Gewerkschaften sind in den 2020er-Jahren, nach mindestens 30 Jahren praktizierten Neoliberalismus in Deutschland, viel zu schwach, um überhaupt noch ihre angebliche „Macht" ausspielen zu können. Dies zeigen empirisch sowohl der dramatische Rückgang der *Mitgliederzahlen* in den Gewerkschaften und der *Flächentarifverträge* als auch die Tatsache, dass der verteilungsneutrale Spielraum nicht mehr ausgeschöpft wird. Ebenso verzichtet der Staat seit Langem auf eine aktive Arbeitsmarkt- und Beschäftigungspolitik. Im Gegenteil, mit der ab 2003 eingeleiteten *Hartz-IV-Politik* ist die Position der abhängig Beschäftigten und der Arbeitslosen geschwächt worden (vgl. Butterwegge, Hickel, Ptak, 1998, Gerntke, Klute, Troost, Trube 2002, Butterwegge 2020).

Aufgabe

Untersuchen Sie empirisch die Entwicklung der Tarifbindung in Deutschland vor und nach der Wiedervereinigung bis heute und bewerten Sie diese im Hinblick auf den Einfluss der Gewerkschaften bei der Entgelt- und Arbeitszeitfrage.

Die neoklassische Arbeitsmarkttheorie bildet insbesondere deshalb nicht die wirtschaftliche Realität ab, weil sie versucht, Arbeitslosigkeit auf den Arbeitsmärkten immanent aus einer „falschen" Lohnfestsetzung, durch das Wechselspiel von Angebot und Nachfrage, zu erklären. Hier bleibt unberücksichtigt, dass Arbeitsmärkte nur *abgeleitete Märkte* sind, d. h., die hier nachgefragten Arbeitsmengen hängen von der Entwicklung auf den Güter- und Dienstleistungs-, sowie auf den Geld- und Kapitalmärkten ab.

Der Arbeitsmarkt alleine spielt hier keine Rolle, vielmehr wird auf den Güter- und Kapitalmärkten der Bedarf an Arbeitskräften definiert. Auf den Arbeitsmärkten schlägt sich die Nachfrage nach der Beschäftigung dann nur nieder. „Diese Hierarchisierung der Märkte ist Ausdruck der Unternehmensmacht" (Hickel 2006, S. 185). Wird hier auf den Güter- und Dienstleistungsmärkten wenig verkauft und/oder die Kredite für Investitionen und Konsum verteuern sich auf den Geld- und Kapitalmärkten, dann hat dies natürlich negative Auswirkungen auf die Arbeitsmärkte, weil weniger Arbeit nachgefragt wird und umgekehrt. Dabei haben nicht nur konjunkturelle, sondern auch *strukturelle Nachfrageveränderungen* auf den Güter- und Dienstleistungsmärkten eine wesentliche Bedeutung. Auch wird weniger Arbeit benötigt, wenn durch *technischen Fortschritt* Arbeitskräfte freigesetzt werden können bzw. wenn die Arbeitsproduktivität höher ausfällt als das reale Wirtschaftswachstum.

Dennoch spielt auch der Lohn bzw. die Lohnhöhe und ihre Steigerungsrate eine Rolle. Die Unternehmen müssen ihre Produkte auf den jeweiligen Absatzmärkten schließlich verkaufen können. Dabei sind dann neben den Mengen und Produktivitäten auch die jeweiligen *Preise der Produkte* entscheidend. Der Ökonom Peter Bofinger erklärt dies folgendermaßen:

> Wir haben gesehen, dass für einen Unternehmer, der einen neuen abhängig Beschäftigten einstellen möchte, vor allem zwei Größen zu beachten sind, der von dem Beschäftigten geforderte Lohn und der mit der Mehrbeschäftigung mögliche zusätzliche Erlös; dieser errechnet sich aus dem erwarteten Outputzuwachs bewertet mit dem Marktpreis des hergestellten Gutes (bei weiteren variablen Faktoren sind deren Kosten noch davon abzuziehen). Für den Lohn, den ein abhängig Beschäftigter fordern kann (dies gilt auch für den bereits eingestellten Beschäftigten, d.V.), gilt demnach $W \leq \frac{dy}{dA} \cdot p$ (mit W = Nominallohn; $\frac{dy}{dA}$ = Grenzproduktivität der Arbeit und p = Marktpreis). (Bofinger 2003, S. 183 f.)

Der Reallohn (W/P) muss hier kleiner gleich der Grenzproduktivität der Arbeit (dy/dA) sein. Trotz einer hohen Arbeitsleistung und entsprechenden Arbeitsproduktivität kann somit das Arbeitsentgelt womöglich nur niedrig ausfallen. Die Erklärung liegt dann an zu *geringen Preisen*, die die Nachfrager – nicht nur die Endverbraucher, sondern auch nachfragende Unternehmen auf den vorgelagerten Wertschöpfungsstufen – für die geleistete Arbeit bezahlen wollen.

Die Bewertung der Arbeit inkl. der Arbeitsproduktivität hängt am Ende eben immer von Preisen und den Möglichkeiten des Verkaufs der Arbeit über Produkte auf den Märkten ab. Darauf hat auch Marx verwiesen, wenn er feststellt, dass das Wertprodukt inkl. des Mehrwerts zwar in der Produktion entsteht, weil der Arbeiter zu seiner Reproduktion weniger verbraucht als er an Leistung erbringt, so muss dann dennoch das Wertprodukt erst am Markt noch verkauft bzw. realisiert werden.

Liegt hier am Markt ein starker Wettbewerb oder sogar eine ruinöse Konkurrenz vor und/oder werden hier nur einfache Produkte zur Vermarktung gebracht, wie Pizza ausfahren oder Speisen an einen Tisch tragen, sind die Preise nur gering und entsprechend fällt trotz harter Arbeit nur ein kleines Wertprodukt an. Infolge sind dann auch nur *Armutslöhne* möglich, weil aus dem Wertprodukt auch noch der Mehrwert, also Zinsen, Grundrente und Gewinn, befriedigt werden soll. Dies wird verschärft, wenn sich in der Gesellschaft der Gedanke „Geiz ist Geil" durchsetzt. In Deutschland sind in diesem Duktus unter dramatischen Konkurrenzbedingungen *„Zombieunternehmen"*

(Göpfert 2019) entstanden und es ist zu einer massiven Ausweitung von einfacher Dienstleistungsarbeit gekommen; zumeist in Form von Teilzeit oder geringfügiger Beschäftigung erbracht. Dabei bieten die Beschäftigten, bei immer weiter fallenden Reallöhnen, um ihr Einkommen zu halten, nicht weniger, sondern mehr Arbeitskraft an. Es kommt zu *anormalen Arbeitsangebotsreaktionen* und schließlich zu *prekären Beschäftigungsverhältnissen* in einem Niedriglohnsektor, wo Arbeitsentgelte gezahlt werden, von denen man nicht leben und nicht sterben kann. Ex-Bundeskanzler Gerhard Schröder (SPD) reklamierte dagegen den Niedriglohnsektor als einen Erfolg. Zur Eröffnung des Weltwirtschaftsforums in Davos sagte er 2005: „Wir haben einen der am besten funktionierenden Niedriglohnsektoren aufgebaut, den es in Europa gibt" (zitiert in Ossietzky 2013, S. 247).

Aufgrund des Verhältnisses von Reallohn und Grenzproduktivität und einer inhärent angelegten Bewertung und Wertschätzung von menschlicher Arbeit über Preise ergeben sich beträchtliche *branchenbezogene Unterschiede* im Arbeitsentgelt. Hier realisierte beispielsweise im Jahr 2019 ein abhängig Beschäftigter in der Land- und Forstwirtschaft sowie Fischerei ein durchschnittliches Bruttoeinkommen von 1.616 EUR im Monat. Während ein Beschäftigter im Bereich Information und Kommunikation 5.065 EUR brutto verdiente. Darüber hinaus kam es hier zwischen 2000 und 2019 zu stark unterschiedlichen Steigerungen der jeweiligen Arbeitsentgelte. Das Bruttoeinkommen in der Land- und Forstwirtschaft stieg um 16,6 Prozent und im Bereich Information und Kommunikation um 72,9 Prozent (vgl. Tab. 3.21).

Aufgaben

Nennen Sie Besonderheiten auf Arbeitsmärkten.

Was bedeutet Mindestlohnarbeitslosigkeit im Kontext mit freiwilliger Arbeitslosigkeit?

Was beschreibt die anormale Arbeitsangebotsfunktion?

Was versteht man unter einer Hierarisierung von Märkten?

Diskutieren Sie mit Ihren Kommilitonen die in den Branchen stark unterschiedlichen Arbeitsentgelte a) in Bezug auf gesellschaftliche Gerechtigkeit, b) im Hinblick auf ökonomische Bewertungen von Arbeit und c) in Bezug auf die absolute und relative Mehrwerttheorie von Marx.

3.5.2.5.2 Produktivitätsorientierte Lohntheorie

Aus den Bedingungen des Kapitalverwertungs- und Akkumulationsprozesses und der Besonderheit der Ware Arbeitskraft resultiert ein marktwirtschaftlich-kapitalistisch *immanenter Interessenwiderspruch*, der sich in einem *permanenten Verteilungsproblem* manifestiert (vgl. Kap. 6.1.2.5). Dies zeigt sich einzelwirtschaftlich in der Bestimmung der Lohn- und Gehaltshöhe der abhängig Beschäftigten und gesamtwirtschaftlich in der Verteilung des Volkseinkommens. Richtschnur für die Verteilung der Wertschöpfung sind dabei die Produktivität und die Möglichkeiten eines Unternehmens, einer Branche oder der gesamten Volkswirtschaft gegenüber dem Ausland, die eigenen Preise durchzusetzen.

Tab. 3.21: Bruttolöhne und -gehälter je abhängig Beschäftigten. Quelle: Volkswirtschaftliche Gesamtrechnungen, Fachserie 1/Reihe 1.1; eigene Berechnungen.

	Gesamt	Land- und Forstwirtschaft Fischerei	Verarbeitendes Gewerbe	Baugewerbe	Handel Verkehr Gastgewerbe	Information Kommunikation	Finanz- und Versicherungsdienstleister	Grundstücks- und Wohnungswesen	Unternehmensdienstleister	Öffentliche Dienstleister Erziehung, Gesundheit	Sonstige Dienstleister
Jahresbezüge (in EUR)											
2000	25.094	16.633	31.721	25.323	20.504	35.156	39.883	22.076	20.255	24.618	15.916
2005	26.690	15.439	35.165	26.585	21.608	39.126	44.132	22.233	22.088	25.746	16.022
2010	28.755	16.329	38.228	29.226	22.994	44.048	48.411	23.003	24.571	27.695	17.601
2015	33.128	18.249	44.578	32.466	26.125	53.157	55.697	26.095	30.058	31.398	19.975
2016	33.958	18.872	45.479	33.084	26.833	54.794	57.257	27.206	30.973	32.287	20.702
2017	34.825	19.003	46.380	33.800	27.583	56.452	57.969	28.557	32.376	33.120	21.302
2018	35.922	19.113	47.522	34.923	28.417	58.328	59.467	30.325	34.176	33.991	21.999
2019	37.058	19.394	48.582	36.031	29.387	60.776	60.335	31.640	35.580	35.155	22.796
Veränd. in v. H. 2000–2019	47,7	16,6	53,2	42,3	43,3	72,9	51,3	43,3	75,7	42,8	43,2
Monatliche Bezüge (in EUR)											
2000	2.091	1.386	2.643	2.110	1.709	2.930	3.324	1.840	1.688	2.052	1.326
2005	2.224	1.287	2.930	2.215	1.801	3.261	3.678	1.853	1.841	2.146	1.335
2010	2.396	1.361	3.186	2.436	1.916	3.671	4.034	1.917	2.048	2.308	1.467
2015	2.761	1.521	3.715	2.706	2.177	4.430	4.641	2.175	2.505	2.617	1.665
2016	2.830	1.573	3.790	2.757	2.236	4.566	4.771	2.267	2.581	2.691	1.725
2017	2.902	1.584	3.865	2.817	2.299	4.704	4.831	2.380	2.698	2.760	1.775
2018	2.994	1.593	3.960	2.910	2.368	4.861	4.956	2.527	2.848	2.833	1.833
2019	3.088	1.616	4.049	3.003	2.449	5.065	5.028	2.637	2.965	2.930	1.900
Veränd. in v. H. 2000–2019	47,7	16,6	53,2	42,3	43,3	72,9	51,3	43,3	75,7	42,8	43,2

3.5.2.5.2.1 Verteilungsneutralität

Im Folgenden sollen die neutralen Verteilungswirkungen einer *produktivitätsorientierten Lohnpolitik* modellhaft anhand eines Unternehmens aufgezeigt werden. Das Modell lässt sich dabei unverändert auf jede Branche und auf die gesamte Volkswirtschaft übertragen. In dem Modell kommt aus Vereinfachungsgründen nur der Produktionsfaktor Arbeit zum Einsatz und zunächst wird auf Preiserhöhungen verzichtet. Dies ändert am Endergebnis jedoch nichts. In unserer Modellunternehmung wird die Warenproduktion eines Gutes in Höhe von 5.000 Einheiten mit 500 Beschäftigten bewältigt. Die durchschnittliche Wochenarbeitszeit pro Beschäftigten beträgt 40 Stunden. Dies ergibt ein wöchentliches Arbeitsvolumen A_v von 20.000 Stunden. Die Arbeitsproduktivität A_{prod} beträgt dann 0,25 Stück/Stunde oder 4 Std./Stück. Bei einem Nominallohnsatz W von 20 EUR/Std. fällt eine Lohnsumme W_s in Höhe von 400.000 EUR an (20.000 Std. · 20 EUR/Std.) Die Lohnstückkosten betragen dann 80 EUR/Stück (400.000 EUR/5.000 Stück). Wird die gesamte Produktion zu einem Preis von 110 EUR verkauft, so werden 550.000 EUR Umsatz realisiert (110 EUR · 5.000 Stück). Die Gewinnsumme beträgt dann 150.000 EUR (550.000 EUR – 400.000 EUR). Die Verteilung des Umsatzes (Wertschöpfung) ergibt dann eine Gewinnquote in Höhe von 27,3 Prozent und eine Lohnquote von 72,7 Prozent (vgl. Kasten).

Beispielrechnung Lohn- und Gewinnquoten:

AP = Leistung (Produktion)/Arbeitsvolumen = 5.000 Stück/20.000 Std. = 0,25 Stück/Std.

$W_s = W \cdot A_v$; W = 20 EUR · 20.000 Std. = 400.000 EUR

Lohnstückkosten = W/AP = 20 EUR/0,25 Stück/Std. = 80 EUR/Stück

Preis = 110 EUR

Gewinnsumme = Umsatz – Arbeitskosten = 550.000 EUR – 400.000 EUR = 150.000 EUR

Gewinnquote = Gewinnsumme/Umsatz = 150.000 EUR/550.000 EUR = 27,3 %

Lohnquote = Lohnsumme/Umsatz = 400.000 EUR/550.000 EUR = 72,7 %

Kommt es in der nächsten Wirtschaftsperiode zu einer *Produktivitätssteigerung*, indem statt 5.000 Stück mit 500 Beschäftigten und einer Wochenarbeitszeit von 40 Stunden jetzt 5.200 Stück gefertigt werden, dann erhöht sich die Arbeitsproduktivität von 0,25 Stück/Std. auf 0,26 Stück/Std., also um 4 Prozent. Ebenso könnte die Arbeitsproduktivitätssteigerung natürlich auch durch eine Entlassung von Beschäftigten herbeigeführt werden, indem mit entsprechend mehr Kapitaleinsatz (Substitution von Arbeit durch Kapital → Anstieg der Kapitalintensität) die gleiche Stückzahl von 5.000 Einheiten hergestellt wird. Um hier auf die gleiche Produktivitätssteigerung von 4 Prozent zu kommen, müssten bei gleicher Wochenarbeitszeit von 40 Stunden 20 der 500 Beschäftigten entlassen werden (480 · 40 Std. = 19.200 Std.; 5.000 Stück/19.200 = 0,26 Stück/Std.).

Wie wirkt sich nun eine Veränderung der Produktivität grundsätzlich auf die Verteilung zwischen Gewinn- und Arbeitseinkommen aus? Hierbei sind drei Fälle zu unterscheiden:

a) Der Lohnsatz steigt in gleicher Höhe wie die Produktivität.
b) Die Lohnsatzsteigerung ist geringer als die Produktivität.
c) Die Lohnsatzsteigerung liegt über der Produktivität.

Exemplarisch soll hier nur der Fall a) dargestellt werden (berechnen Sie als Übung auch die Fälle b) und c)):

Beispielrechnung Lohn- und Gewinnquoten bei veränderten Annahmen:

AP = Leistung (Produktion)/Arbeitsvolumen = 5.200 Stück/20.000 Std. = 0,26 Stück/Std.

$W_s = W \cdot A_v$; W_s = 20,80 EUR · 20.000 Std. = 416.000 EUR

Lohnstückkosten = W/AP = 20,80 EUR/0,26 Stück/Std. = 80 EUR/Stück

Preis = 110 EUR

Gewinnsumme = Umsatz – Arbeitskosten = 572.000 EUR – 416.000 EUR = 156.000 EUR

Gewinnquote = Gewinnsumme/Umsatz = 156.000 EUR/572.000 EUR = 27,3 %

Lohnquote = Lohnsumme/Umsatz = 416.000 EUR/572.000 EUR = 72,7 %

Steigt der Nominallohnsatz durch eine Tariferhöhung in der gleichen Höhe wie die Produktivität steigt, so bleiben unter an sonst gleichen Bedingungen die Lohnstückkosten konstant und der Gewinn steigt ebenfalls in Höhe der Produktivitätssteigerung, sodass sich die Verteilung zwischen Gewinn- und Lohnquote neutralisiert und eine Inflation ausbleibt.

3.5.2.5.2.2 Nominal- und Realrechnung

Der innerhalb der Kapitalverwertung und -akkumulation stattfindende Produktions- und Produktivitätsprozess orientiert sich, vermittelt über die Arbeitsmärkte, am Nominallohn. Hierdurch kommt es zu einer asymmetrischen Machtverteilung in der Wirtschaft zugunsten der Unternehmer und Kapitaleigner. Rudolf Hickel schreibt dazu:

> Die konstruierte Bereitschaft, Arbeit anzubieten hängt von der Höhe der Nominallöhne ab. Dagegen ist die unternehmerische Nachfrage von den realen, also preisbereinigten Löhnen abhängig. Arbeitsanbieter, wie auch die Gewerkschaften in den Tarifverhandlungen, haben nicht die Macht, sich an der Sicherung von Reallöhnen zu orientieren. Die *Preissetzungsmacht* liegt vielmehr bei den Unternehmen. Je nach Wettbewerbssituation können Lohnerhöhungen auf die Preise überwälzt und damit Verluste bei den (nominalen) Gewinnen vermieden werden. Steigt etwa der Nominallohnsatz um 3 Prozent und wächst im Zuge der Überwälzung auf die Preise die Geldentwertung um 2 Prozent, dann reduziert sich der Reallohnanstieg auf 1 Prozent. Nicht der Nominal-, sondern der Reallohnanstieg ist jedoch für die Kaufkraft der Beschäftigten entscheidend. (Hickel, 2006, S. 183 f.)

Außerdem sind auch noch beim nominalen Bruttolohn die *staatlichen Abgaben* (Steuern, Sozialabgaben) zu beachten. Demnach gilt für die Wachstumsratenzusammenhänge in Prozent (näherungsweise):

Nominaler Nettolohnanstieg (= Zuwachs nach Steuer- und Abgabenbelastung)
  − Preissteigerungen (Inflation)
= Netto-Reallohnanstieg

Deshalb versuchen die Gewerkschaften in den Tarifverhandlungen, die *Inflationsrate* und die *Abgaben für die Sozialversicherung* zu antizipieren, schließlich unterliegen sie keiner Geldillusion. Da aber die Preisbildung nicht in den Tarifverträgen oder auf den Arbeitsmärkten, sondern auf den Güter- und Dienstleistungs- und Finanzmärkten bestimmt wird, entscheidet sich erst im Nachhinein die Höhe des Reallohns. Auch die staatliche Festsetzung der Sozialversicherungsbeiträge und Steuern unterliegt nicht den Gewerkschaften. So kann letztlich – trotz versuchter Inflationsantizipation – jeder nominal ausgehandelte Tarifabschluss im Nachhinein durch Preissteigerungen der Unternehmer und durch Erhöhungen der staatlichen Sozialbeiträge und Steuern wieder entwertet werden. Werner Hofmann schrieb dazu:

> An den Märkten der Konsumgüter, wo den geschlossen operierenden taktischen Einheiten des verbündeten Kapitals nichts gegenübersteht als eine zersplitterte, unkundige und ohnmächtige Verbraucherschaft, kann jeder Erfolg der Lohnfront ohne viel Lärm zu Nichte gemacht werden – ohne daß es nötig wäre, mit den Gewerkschaften aufzuräumen, ohne spektakuläre Schritte gelangt das Kapital heute an sein Ziel. (Hofmann 1988, S. 110)

Auch Hickel stellt in diesem Kontext und erweiternd im Hinblick auf die *Geldpolitik* fest:

> Deshalb wird bei der Lohnfindung in den Tarifverhandlungen neben der Teilhabe an der gewachsenen Wertschöpfung ein Ausgleich für die erwartete Inflationsrate verlangt. Am Ende bietet jedoch die Lohnfindung durch das Tarifvertragssystem keine Garantie für angemessene Reallöhne. Die Unternehmen reagieren auf Lohnforderungen nicht selten mit der Drohung, die nominale Lohnerhöhung auf die Preise zu überwälzen. Gegen den daraus folgenden Anstieg der Inflation müsste dann die Notenbank mit einer restriktiven Geldpolitik vorgehen. Die Folge wäre eine Stabilisierungskrise mit steigender Arbeitslosigkeit. Dieser Unterschied zwischen dem Arbeitsangebot in Abhängigkeit von den Nominallöhnen und der am Reallohn ausgerichteten Arbeitsnachfrage wird in der die neoklassische Arbeitsmarkttheorie propagierenden Literatur durch die Annahme der Konstanz des Preisniveaus wegdefiniert. Dadurch wird die auf der Hand liegende Preissetzungsmacht der Unternehmen tabuisiert. (Hickel, 2006, S. 184)

Das Ergebnis einer solchen ex-post Preissteigerung durch die Unternehmen auf die Verteilung zwischen Lohn- und Gewinnquote zeigt dabei die Modifizierung unserer bisherigen Modellrechnung. Kommt es in der Beispielrechnung zu einer *Preiserhöhung* um 5 EUR auf 115 EUR, so steigt unter sonst gleichen Bedingungen die Gewinnquote von 27,3 auf 30,4 Prozent, während die Lohnquote von 72,7 auf 69,6 Prozent sinkt.

Beispielrechnung Lohn- und Gewinnquoten nach Preiserhöhung:

AP = Leistung (Produktion)/Arbeitsvolumen = 5.200 Stück/20.000 Std. = 0,26 Stück/Std.

W_s = W · A_v; W_s = 20,80 EUR · 20.000 Std. = 416.000 EUR

Lohnstückkosten = W/Apro = 20,80 EUR/0,26 Stück/Std. = 80 EUR/Stück

Preis = 115 EUR

Gewinnsumme = Umsatz − Arbeitskosten = 598.000 EUR − 416.000 EUR = 182.000 EUR

Gewinnquote = Gewinnsumme/Umsatz = 182.000 EUR/598.000 EUR = 30,4 %

Lohnquote = Lohnsumme/Umsatz = 416.000 EUR/598.000 EUR = 69,6 %

Wie sich dabei vor diesem theoretischen Hintergrund realiter seit der deutschen Wiedervereinigung die reale Nettoeinkommenssituation der abhängig Beschäftigten unter Berücksichtigung der Produktivitätsentwicklung in Deutschland entwickelt hat, zeigen wir im Folgenden. Demnach ist von 1991 bis 2019 das statistisch ausgewiesene Arbeitnehmerentgelt inkl. der Sozialabgaben der Unternehmer jahresdurchschnittlich nur um 2,3 Prozent gestiegen, ebenso das Bruttoentgelt der abhängig Beschäftigten. Das Nettoentgelt, also nach Steuern und Sozialabgaben, legte jahresdurchschnittlich mit 2,2 Prozent noch weniger zu und das *reale Nettoentgelt* (inflationsbereinigt) kam im Jahresdurchschnitt auf 0,5 Prozent. Hier fehlt bei der Verteilung jedoch die Produktivitätsentwicklung. Diese kam im Zeitraum auf einen jahresdurchschnittlichen Anstieg von 1,3 Prozent, sodass sich erst jetzt die wirkliche Verteilungsposition für die abhängig Beschäftigten mit einem *Verteilungsverlust* pro Jahr von 1991 bis 2019 von −0,8 Prozent bestimmen lässt (vgl. Tab. 3.22).

3.5.2.5.2.3 Gesetzliche Mindestlöhne

Wie die aufgezeigte durchschnittliche Verteilung der Einkommen von 1991 bis 2019 vermuten lässt, leiden viele Menschen, die nicht einmal den Durchschnitt der Einkommen haben realisieren können, unter *Einkommensarmut*. Wer heute arm ist, wird es auch im Alter sein. Verfällt der Lohn aufgrund eines Überschussangebots an Arbeit, also wegen Arbeitslosigkeit, immer mehr, und sind die Gewerkschaften im Rahmen von kollektiven Flächentarifverträgen – oder weil sie in Branchen mit Lohndumping nicht mehr präsent sind – nicht in der Lage, einen armutssicheren Lohn auszuhandeln, so stellt der gesetzliche Mindestlohn ein tarifsubsidiäres Instrument im Rahmen der ansonsten verfassungsrechtlich bestehenden Tarifautonomie dar (Art. 9 (3) Grundgesetz). Der Mindestlohn ist aber nur ein Mittel, das Symptome bekämpft, nicht aber die Ursache beseitigt, nämlich Massenarbeitslosigkeit.

Mindestlöhne existieren schon lange, in England beispielsweise seit 1893 und in Frankreich seit 1950. In der Europäischen Union haben 20 Länder einen gesetzlichen Mindestlohn festgelegt (vgl. Abb. 3.9), weitere sechs Länder wirkungsähnliche funktionale Äquivalente. In Deutschland wurde erst 2015 nach harten politischen Auseinandersetzungen ein Mindestlohn in Höhe von 8,50 EUR brutto je geleisteter Ar-

Tab. 3.22: Einkommensentwicklung abhängig Beschäftigter seit der Wiedervereinigung. Quellen: Statistisches Bundesamt, Fachserie 18/ Reihe 1.1 und eigene Berechnungen.

Jahr	Arbeitnehmerentgelt monatlich in EUR	Veränd. z. Vorj. in v. H.	Bruttoentgelt je Beschäftigten monatlich in EUR	Veränd. z. Vorj. in v. H.	Nettoentgelt je Beschäftigten monatlich in EUR	Veränd. z. Vorj. in v. H.	Inflationsrate * Veränd. z. Vorj. in v. H.	Nettoentgelt (real) Veränd. z. Vorj. in v. H.	Produktivität in Std. in v. H.	Verteilungsposition abhängig Beschäftigte in v. H.
1991	2.008		1.643		1.141					
1992	2.216	10,4	1.812	10,3	1.238	8,5	5,1	3,4	2,5	0,9
1993	2.307	4,1	1.890	4,3	1.295	4,6	4,5	0,1	1,4	−1,3
1994	2.374	2,9	1.926	1,9	1.296	0,1	2,6	−2,5	2,7	−5,2
1995	2.458	3,5	1.986	3,1	1.305	0,7	1,8	−1,1	2,4	−3,5
1996	2.490	1,3	2.014	1,4	1.302	−0,2	1,4	−1,6	2,0	−3,6
1997	2.509	0,8	2.017	0,1	1.285	−1,3	2,0	−3,3	2,3	−5,6
1998	2.532	0,9	2.036	0,9	1.300	1,2	1,0	0,2	1,1	−0,9
1999	2.561	1,1	2.065	1,4	1.323	1,8	0,6	1,2	0,9	0,3
2000	2.594	1,3	2.091	1,3	1.407	6,3	1,4	4,9	2,5	2,4
2001	2.648	2,1	2.141	2,4	1.457	3,6	2,0	1,6	2,5	−0,9
2002	2.680	1,2	2.172	1,4	1.476	1,3	1,3	0,0	0,9	−0,9
2003	2.727	1,8	2.201	1,3	1.483	0,5	1,1	−0,6	0,8	−1,4
2004	2.736	0,3	2.215	0,6	1.516	2,2	1,7	0,5	0,9	−0,4
2005	2.745	0,3	2.224	0,4	1.524	0,5	1,5	−1,0	1,6	−2,6
2006	2.775	1,1	2.243	0,9	1.523	−0,1	1,6	−1,7	1,6	−3,3
2007	2.803	1,0	2.277	1,5	1.539	1,1	2,3	−1,2	1,2	−2,4
2008	2.867	2,3	2.334	2,5	1.568	1,9	2,6	−0,7	0	−0,7
2009	2.877	0,3	2.335	0,0	1.572	0,3	0,3	0,0	−3,0	3,0
2010	2.951	2,6	2.396	2,6	1.638	4,2	1,1	3,1	2,3	0,8
2011	3.039	3,0	2.479	3,5	1.682	2,7	2,1	0,6	2,6	−2,0
2012	3.119	2,6	2.550	2,9	1.728	2,7	2,0	0,7	0,6	0,1
2013	3.179	1,9	2.606	2,2	1.763	2,0	1,4	0,6	0,5	0,1
2014	3.271	2,9	2.683	3,0	1.812	2,8	1,0	1,8	1,1	0,7
2015	3.362	2,8	2.761	2,9	1.862	2,8	0,5	2,3	0,8	1,5
2016	3.440	2,3	2.830	2,5	1.906	2,4	0,5	1,9	1,4	0,5
2017	3.529	2,6	2.902	2,5	1.949	2,3	1,5	0,8	1,3	−0,5
2018	3.631	2,9	2.994	3,2	2.008	3,0	1,8	1,2	0,3	0,9
2019	3.751	3,3	3.088	3,1	2.082	3,7	1,4	2,3	0,1	2,2
JD	2.834	2,3	2.307	2,3	1.551	2,2	1,7	0,5	1,3	−0,8

* Veränderung des Verbraucherpreisindex.

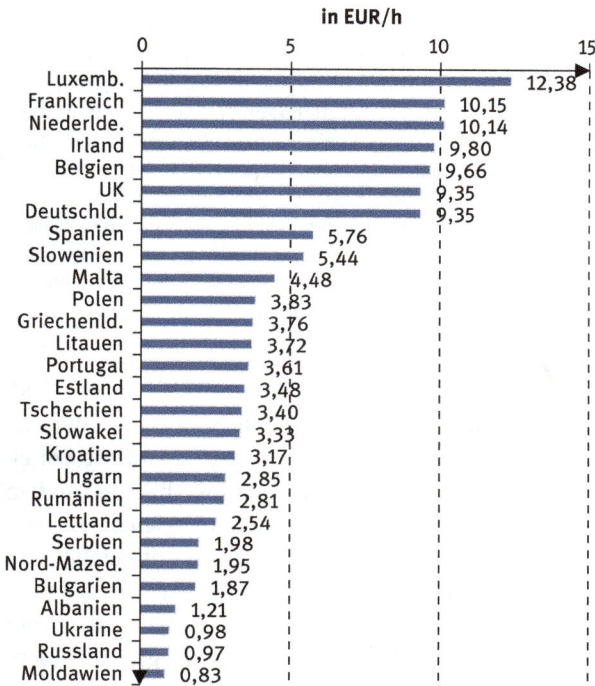

Abb. 3.9: Mindeststundenlöhne in Europa. Quelle: WSI-Mindestlohndatenbank, boeckler.de, abgerufen 15.02.2020.

beitsstunde eingeführt, obwohl Deutschland in der EU den größten Niedriglohnsektor aufweist. Die Regierungen aus CDU/CSU/SPD und CDU/CSU/FDP weigerten sich über zehn Jahre der gewerkschaftlichen Forderung nach einem Mindestlohn nachzukommen. Ab dem 1. Januar 2020 liegt er bei 9,35 EUR. Das entspricht seit 2015 einer Steigerung von 10 Prozent. Im gleichen Zeitraum stiegen aber auch die Preise um 3,9 Prozent, sodass es lediglich zu einer realen Erhöhung um 6,1 Prozent kam. (vgl. Schulten/Lübker 2020 und siehe Kasten).

Auf niedrigem Niveau

Deutschland hinkt beim Mindestlohn hinterher

„Obwohl der Mindestlohn hierzulande zuletzt gestiegen ist, schneidet Deutschland im Vergleich mit anderen EU-Ländern schlecht ab. Das ist das Ergebnis des Internationalen Mindestlohnreports, den das gewerkschaftsnahe Wirtschafts- und Sozialwissenschaftliche Institut (WSI) der Hans-Böckler-Stiftung am Donnerstag veröffentlicht hat. ‚Deutschland hat den Mindestlohn erst ziemlich spät und auf relativ niedrigem Niveau eingeführt', sagte Tarifexperte Thorsten Schulten, der maßgeblich an der Auswertung beteiligt war. ‚Das ist immer noch das Ergebnis dieser Entwicklung.' Während die Untergrenzen in den 21 EU-Staaten und Großbritannien, in denen Mindestlöhne gelten, zuletzt um 6 % stiegen, liegt Deuschland mit einer Erhöhung von gerade einmal 1,7 % deutlich darunter. Rechnet man den Effekt der Inflation heraus, stiegen die Mindestlöhne EU-weit um 4,4 % und hierzulande um 0,3 %. Der deutsche Mindestlohn wurde Anfang 2015 mit 8,50 EUR pro Stunde eingeführt. Mit dem seit Jahresbeginn geltenden Mindestlohn von 9,35 EUR steht Deutschland aktuell auf Platz sieben derjenigen EU-Länder, in denen ein Mindestlohn gilt – hinter dem Spitzenreiter Luxemburg (12,38 EUR), aber auch hinter Frankreich, den anderen Benelux-Staaten, Irland und Großbritannien, das inzwischen aus der EU ausgetreten ist. Mittlerweile ist das Thema Mindestlohn auch auf der Agenda der EU-Kommission angekommen, die sich für eine EU-weite Regelung einsetzen will. Dabei geht es nicht um einen einheitlichen Lohn, da die Lebenshaltungskosten in den Mitgliedstaaten sehr unterschiedlich sind. Stattdessen könnte es aber auf verbindliche Standards hinauslaufen" (Frankfurter Rundschau vom 14.02.2020, S.14).

Gegen gesetzliche Mindestlöhne wird vorgebracht, sie führten zu einer *„Mindestlohnarbeitslosigkeit"*. Würde der Lohn der abhängig Beschäftigten staatlicherseits oberhalb eines markträumenden Gleichgewichtslohnes festgelegt, so würde bei einer neoklassisch „normal" verlaufenden Arbeitsangebotsfunktion, bei steigendem Reallohn, von den Unternehmern weniger an Arbeit nachgefragt und gleichzeitig von den abhängig Beschäftigten mehr an Arbeit angeboten. Hierbei wird unterstellt, dass der Gleichgewichtslohn exakt dem „Wertgrenzprodukt der Arbeit" entspricht. In der wirtschaftlichen Realität ist aber die Angebotsfunktion der Arbeit eine andere. Hier muss der abhängig Beschäftigte zu fast jedem Lohn aufgrund eines gleichbleibenden Angebots seine Arbeitskraft anbieten. Es besteht *Arbeitszwang*. Geht dabei der Lohn unter den Gleichgewichtslohn zurück, so wird in Folge nicht weniger, sondern sogar mehr an Arbeit angeboten, um das alte Einkommen wenigstens zu halten (vgl. Kap. 2.3.3.5.3). Sinkt der Lohn hier schließlich in Richtung des Existenzminimums, sodass damit nicht einmal mehr die Deckung der Reproduktionskosten gewährleistet sind, so muss der *Staat* dafür sorgen, dass der Lohn erhöht wird.

Vor Einführung des Mindestlohns in Deutschland rechnete ein Ökonomen-Team aus Magdeburg, Berlin und Dresden aus, dass über 900.000 Arbeitsplätze verloren gehen würden. Auch die führenden deutschen Wirtschaftsforschungsinstitute sagten in ihrer Gemeinschaftsdiagnose vom April 2014 ebenfalls, wenn auch weit weniger, einen Verlust von rund 200.000 Arbeitsplätzen voraus und der Sachverständigenrat (SVR) ging von ca. 100.000 verlustgehenden Arbeitsplätzen aus. Schon kurz nach der Einführung des Mindestlohns kam das Institut für Arbeitsmarkt- und Berufsforschung (IAB) zu dem Befund, dass die Unternehmen nur selten mit *Entlassungen* reagieren würden. Einmal abgesehen von den stark voneinander abweichenden Prognosen, deren wissenschaftliche Basis Lücken bewies, ließ sich keine der Studien über die Qualität der Arbeitsplätze aus. Diese sollte man aber hinterfragen. Ist es in gesellschaftlicher Hinsicht wirklich notwendig, sich beispielsweise abends um 22.00 Uhr noch eine Pizza ins Haus bringen zu lassen? Der Markt und mit ihr die Gesellschaft versagen hier aber, argumentieren die Befürworter des Mindestlohns. Sie kritisieren, die einseitige *Angebotsbetrachtung der Neoklassik* greife zu kurz. Die Einführung eines

Mindestlohns verbessere in Deutschland die Einkommenssituation von rund sieben Millionen Menschen, die im Niedriglohnsektor ihre Ware Arbeitskraft heute anbieten müssen. Menschen, die in Anbetracht ihrer nur geringen und unzureichenden Einkommen enorme aufgestaute Konsumwünsche haben, würden, aufgrund ihrer Sparquoten von null, alles zusätzliche Einkommen verausgaben. Dies würde die gesamtwirtschaftliche Nachfrage multiplikativ erhöhen und Beschäftigung schaffen.

Auch wenn die Unternehmen auf die Einführung eines gesetzlichen Mindestlohns mit Preissteigerungen reagierten, so hätte kein Unternehmen – wie immer wieder behauptet wird – einen Wettbewerbsnachteil. Alle hätten die gleiche zusätzliche Kostenbelastung. Wären Preissteigerungen nicht durchsetzbar, würden zwangsläufig die Gewinne belastet. So mussten 1999 nach einer drastischen Erhöhung des gesetzlichen Mindestlohns in *Großbritannien* die Unternehmen die Mindestlöhne in einem beträchtlichen Maße aus ihren Gewinnen bezahlen, die um 8 Prozent sanken. Dies hat aber nicht die Existenz der Unternehmen infrage gestellt, denn die höheren Löhne konnten ohne weiteres bezahlt werden. Auch das immer wieder gegen Mindestlöhne vorgetragene Argument, dass für „einfache Arbeiten" nur ein dem jeweiligen „Wertgrenzprodukt der Arbeit" entsprechender geringer „Produktivitäts-Lohn" gezahlt werden kann, stimmt so nicht. Wie aufgezeigt, fehlen bei dieser Betrachtung die Preise, die am Markt für die erbrachte Arbeit erlöst werden können. Nur, wenn diese so niedrig sind, dass sie das Wertgrenzprodukt der Arbeit nicht abdecken, gibt es in den Unternehmen Probleme. Dann haben aber auch die angebotenen Leistungen am Markt unter zu gehen. Außerdem werden bei Mindestlöhnen die positiven Einkommens- und auch Motivationsrückwirkungen auf die bisher zu Armutslöhnen arbeitenden abhängig Beschäftigten nicht adäquat berücksichtigt (vgl. Hickel 2007). Und es wird überhaupt nicht beachtet, dass in der Gesellschaft und Wirtschaft alle möglichen Arbeitsleistungen notwendig sind, nicht nur die von hochbezahlten Managern, sondern auch von Reinigungskräfte, um nur ein Beispiel zu nennen. Alle verrichten arbeitsteilig gesellschaftlich notwendige Arbeit. Daher haben gerade diejenigen, die einfache Arbeit verrichten müssen, einen besonderen Anspruch auf Respekt und eine Bezahlung, die allen ein menschenwürdiges Leben möglich macht. Wenn der Arbeitsmarkt dies von sich aus nicht leistet, wenn also ein Marktversagen vorliegt, so ist der intervenierende Staat mit der Setzung von Mindestlöhnen gefordert. Die Arbeitsgruppe Alternative Wirtschaftspolitik (2019, S. 259) hat die Wirkungen nach Einführung des Mindestlohns 2015 untersucht und kommt zu dem Befund: „Die Einführung eines Mindestlohns war erfolgreich, reicht aber nicht aus, um vor Niedriglöhnen, Armut und niedrigen Renten in Zukunft zu schützen. [...] Würde der Mindestlohn auf zwölf Euro erhöht, hätte das massive Auswirkungen auf die gewerkschaftliche Tarifpolitik. Die Tarifstrukturen müssten neu justiert werden, mit der Folge weit überdurchschnittlicher Lohnerhöhungen."

Aufgaben

Wenn die Produktivität um 1,3 Prozent steigt und die Preise um 1,5 Prozent zulegen, um wieviel Prozent können dann die Löhne steigen, um von einer Verteilungsneutralität sprechen zu können?

Um wieviel Prozent steigen dann bei einer vorliegenden Verteilungsneutralität die Gewinne?

Berechnen Sie mit dem aktuellen gesetzlichen Mindestlohn in Deutschland für einen ledigen abhängig Beschäftigten bei einer 40-Stunden-Woche das Brutto- und das Nettoeinkommen pro Monat und Jahr. Vergleichen Sie dann das Nettoeinkommen mit den Lebenshaltungskosten (Warenkorb) eines 1-Personen-Privathaushalts in Deutschland. Vergleichen Sie dazu auch die oben angeführte Studie von Schulten/Lübker 2020.

3.5.2.5.3 Realität auf den Arbeitsmärkten

Wie viele Arbeitskräfte letztlich auf den Arbeitsmärkten nachgefragt werden, darüber entscheiden die im Produktionsprozess anfallenden Arbeiten, die Arbeitsproduktivität und der mit der Arbeit für einen Unternehmer realisierbare Mehrwert. Dem steht das Arbeitsangebot gegenüber, das sich durch die Bevölkerung bzw. dem sich daraus ableitenden *Erwerbspersonenpotenzial* ergibt. Dies kann sowohl durch Zuwanderung oder durch eine Erhöhung oder Verminderung der Lebensarbeitszeit als auch durch eine Verlängerung bzw. Verkürzung der Schul- und Studienzeiten sowie durch allgemeine Arbeitszeitverlängerungen oder -verkürzungen beeinflusst werden (vgl. dazu ausführlich Kap. 3.5.2.5.4).

3.5.2.5.3.1 Segmentierte Arbeitsmärkte

Differenziert man die Erwerbstätigen in abhängig Beschäftigte und Selbständige, so lag 2018 die *Zahl der Erwerbstätigen* bei gut 44,8 Mio., wovon 40,6 Mio. auf die abhängig Beschäftigten und gut 4,2 Mio. auf die Selbständigen entfielen. Das Arbeitsvolumen aller Erwerbstätigen lag dabei bei gut 61 Mrd. Stunden. Davon entfielen fast 53 Mrd. Stunden (86,9 Prozent) auf die abhängig Beschäftigten und gut 8 Mrd. Stunden (13,1 Prozent) auf die Selbständigen. Die jahresdurchschnittliche Arbeitszeit kam insgesamt für alle Erwerbstätigen auf 1.361 Stunden und die durchschnittliche Wochenarbeitszeit lag bei 31 Stunden. Dabei haben die abhängig Beschäftigten im Jahr 1.304 Stunden und in der Woche 29,6 Stunden gearbeitet. Die Selbständigen kamen hier auf eine Jahresarbeitszeit von 1.914 Stunden und eine Wochenarbeitszeit von 43,5 Stunden (vgl. Tab. 3.23)

Differenziert man die Arbeitsmarktdaten weiter und vergleicht die *Arbeitszeitverteilung* innerhalb der abhängig Beschäftigten, so zeigt sich eine stark segmentierte Verteilung zwischen den Vollzeitbeschäftigten und den nur Teilzeit und geringfügig Beschäftigten. So hatten 2018 von den gut 40,6 Mio. abhängig Beschäftigten nur 24,3 Mio. eine Vollzeitstelle und 16,3 Mio. mussten sich mit einer Teilzeitstelle oder einer nur geringfügigen Beschäftigung begnügen. Dabei entfielen von dem gesamten *Arbeitsvolumen* der abhängig Beschäftigten in Höhe von 53 Mio. Stunden gut 41,2 Mio. Stunden (77,7 Prozent) auf die Vollzeitbeschäftigten mit einer durchschnittlichen Jah-

Tab. 3.23: Differenzierte Arbeitsmarktdaten 2018 – gespaltene Arbeitsmärkte. Quelle: Statistisches Bundesamt, Fachserie 18/2019, Bundesagentur für Arbeit, Arbeitsmarkt 2018, eigene Berechnungen.

	Erwerbstätige	Abhängig Beschäftigte	Selbständige
	44.831.000	40.613.000	4.218.000
Arbeitsvolumen (in Mio. Std.)	61.054	52.980	8.075
Jahresarbeitsstunden (in Std.)	1.362	1.304	1.914
Wochenarbeitsstunden (in Std.)	31,0	29,6	43,5

resarbeitszeit von 1.696 Stunden und einer *Wochenarbeitszeit* von 38,6 Stunden. Die 16,3 Mio. in Teilzeit und geringfügig Beschäftigten mussten sich dagegen ein Arbeitsvolumen von gut 11,7 Mrd. Stunden teilen. Hier kam jeder Beschäftigte nur auf eine Jahresarbeitszeit von 721 Stunden und auf eine Wochenarbeitszeit von 16,4 Stunden (vgl. Tab. 3.24).

Tab. 3.24: Differenzierte Arbeitsmarktdaten 2018 – Normalarbeitszeit und Teilzeit. Quelle: Statistisches Bundesamt, Fachserie 18/2019, Bundesagentur für Arbeit, Arbeitsmarkt 2018, eigene Berechnungen.

Abhängig Beschäftigte	davon mit Normalarbeitszeit (Vollzeitbeschäftigte)	davon Teilzeit u. geringfügig Beschäftigte
40.613.000	24.307.000	16.306.000
Arbeitsvolumen (in Mio. Std.)	41.230	11.750
Jahresarbeitsstunden (in Std.)	1.696	721
Wochenarbeitsstunden (in Std.)	38,6	16,4

Aufgabe

Wie hoch waren die in den Tab. 3.23 und Tab. 3.24 gezeigten Daten im Jahr 1991 nach der Wiedervereinigung? Vergleichen Sie die Daten mit 2018 und bewerten Sie die Veränderungen bzw. Entwicklungen.

Neben der Verteilung der Arbeitszeiten ist Folgendes zu beachten und wichtig: Von den zurzeit 40,6 Mio. abhängig Beschäftigten in Deutschland haben nur gut 23 Mio. eine *sozialversicherungspflichtige Vollzeitbeschäftigung*. Rund 10,1 Mio. sind ohne Sozialversicherung nur geringfügig beschäftigt und 7,5 Mio. arbeiten Teilzeit – zumindest aber mit Sozialversicherung. Das heißt, 17,6 Mio. abhängig Beschäftigte in Deutschland, das sind gut 43 Prozent aller Beschäftigten, arbeiten in *atypischen und prekären Beschäftigungsverhältnissen*, deren Bezahlung allein nicht zum Leben ausreichen. Zwar hat in den letzten Jahren die in Köpfen gezählte Erwerbstätigkeit zugenommen und die Arbeitslosigkeit ist gesunken. Doch um welchem Preis ist das geschehen? Das entscheidende Arbeitsvolumen ist bei den Vollzeitbeschäftigten massiv gesunken und dafür zur Kompensation die Teilzeit und geringfügig Beschäftigtenquote von fast 18 Prozent im Jahr 1991 auf gut 40 Prozent in 2018, um 22 Prozentpunkte, gestiegen. Nur hier kam es zu einem absoluten Zuwachs des Arbeitsvolumens pro Kopf aber ebenso wenig. Die Arbeitszeit beträgt hier nach wie vor nur gut 16 Stunden in der Woche (DGB Bundesvorstand, Arbeitsmarkt aktuell, Nr. 08/November 2018).

Überwiegend neoliberale Vertreter in Politik, Wirtschaft, Wissenschaft und Medien argumentieren für diese Segmentierung auf den Arbeitsmärkten folgendermaßen: Eine stärkere Flexibilisierung der Arbeitszeit erhöhe angeblich die Vereinbarkeit von Familie und Beruf. Tatsächlich divergieren auch die Arbeitszeitwünsche aufgrund familiärer und berufsbezogener Rahmenbedingungen – auch zwischen Frauen und Männern. Viele wollen kürzer, viele aber auch länger arbeiten (IAB-Kurzbericht 13/2018). Diese Diskrepanzen lassen sich aber nur durch eine *kollektive Arbeitszeitverkürzung bei vollen Lohn- und Personalausgleich*, durch eine „Kurze Vollzeit für alle" (Helmut Spitzley), auflösen. Das ab 2019 beschlossene Gesetz zur Auflösung einer „Teilzeitfalle" geht dagegen am Problem vorbei. Die zukünftig in Teilzeit gehen wollen, können auf eine volle Stelle zurückkehren, jedenfalls die in Unternehmen mit mehr als 45 Beschäftigten. Einmal abgesehen von der Diskriminierung all derjenigen in Unternehmen mit weniger als 45 Beschäftigten, muss man sich fragen, wer eigentlich vor dem Hintergrund der aufgezeigten Segmentierung auf den Arbeitsmärkten noch alles auf seine Vollzeitstelle verzichten soll (kann)? Dies bedeutet nämlich schlicht weniger Einkommen und später natürlich auch weniger Rente. Und es holt keinen Arbeitslosen in die Unternehmen rein. Die Arbeit wird intern in den Unternehmen nur anders verteilt.

3.5.2.5.3.2 Befristungen, Leiharbeit und Arbeitslosenzahlen

Wenn wir über Arbeitsmärkte reden (*den* Arbeitsmarkt gibt es nicht, sondern nur Teilarbeitsmärkte), geht es auch um über 2,8 Mio. Beschäftige mit nur einem *befristeten Arbeitsvertrag* und um die Zahl der *Leiharbeiter*, die auf einem historischen Spitzenwert von fast einer Million liegt. Hier verleihen Unternehmer andere Menschen, um daraus Profit zu ziehen. Hinzu kommen unter den gut 4,2 Mio. Selbständigen ca. 2 Mio. *Solo-Unternehmer* (vgl. DIW-Wochenbericht, Nr. 7/2013), deren wirtschaftliche Lage vielfach prekär und deren Einkommen nur minimal ist. Die durchschnittlichen Arbeitsentgelte der abhängig Beschäftigten liegen hier über den Einkommen der prekären Solo-Selbständigen, sieht man vom oberen Ende der Einkommensskala ab (vgl. DIW-Wochenbericht, Nr. 7/2015).

Neben den Solo-Selbständigen muss außerdem noch eine hohe Zahl an *Scheinselbständigen* berücksichtigt werden. Dies sind Beschäftigte, die in Anlehnung an die herrschende Rechtsprechung, von nur einem Auftraggeber abhängig sind. In einer Studie für 2014 kam hier das Institut für Arbeitsmarkt- und Berufsforschung (IAB) auf eine Zahl von 235.000 Personen (IAB-Kurzbericht, 1/2017). Und selbstverständlich dürfen wir nicht die Arbeitslosen vergessen, die überhaupt keine Arbeit haben, deren Arbeitszeit durch das marktwirtschaftlich-kapitalistische System unfreiwillig auf null gesetzt worden ist, die aber laut neoklassischer/neoliberaler Theorie „freiwillig arbeitslos" sind, weil sie angeblich keine niedrigen Löhne akzeptieren.

Zur Berechnung der Arbeitslosenzahlen und -quoten (zu den unterschiedlichen *Messkonzepten der Arbeitslosigkeit* vgl. ausführlich Bontrup 1998 und 2021c) hat die herrschende Politik seit 1986 insgesamt 17 Definitionsänderungen im Sozialgesetzbuch III vorgenommen. So wurde als erste Änderung im Januar 1986 von der CDU/CSU/FDP-Regierung beschlossen, dass 58-jährige und ältere Personen als nicht mehr arbeitslos gelten sollen, obwohl sie einen Anspruch auf Arbeitslosengeld haben, da sie auf dem Arbeitsmarkt schwer vermittelbar seien. Auch Ein-Euro-Jobber, Personen, die an einer Weiterbildungsmaßnahme teilnehmen oder Arbeitslose, die sich krank gemeldet haben, werden von der Arbeitslosenstatistik nicht mehr berücksichtigt. Die angeführten registrierten Arbeitslosenzahlen zeigen deshalb nicht einmal annähernd, wie viele Menschen in Deutschland tatsächlich von Arbeitslosigkeit betroffen sind. Berücksichtigt man aber die *„wegdefinierten" Arbeitslosen*, die Bundesagentur für Arbeit spricht hier von einer „Unterbeschäftigung", und außerdem noch die „stille Reserve" am Arbeitsmarkt, so gab es 2020 vor dem Ausbruch der Corona-Pandemie nicht nur gut 2 Mio., sondern etwa 3,5 Mio. Arbeitslose. Unter der *„stillen Reserve"* am Arbeitsmarkt werden dabei die Personen erfasst, die unter bestimmten Bedingungen bereit wären, eine Arbeit aufzunehmen, sich aber bei der Arbeitsagentur, weil sie keinen Anspruch auf Leistungen haben oder sich entmutigt vom Arbeitsmarkt zurückgezogen haben, nicht als arbeitslos melden. Zählt man noch all diejenigen dazu, die nur einer Teilzeitarbeit nachgehen, obwohl sie viel lieber Vollzeit arbeiten würden, dann erhöht sich die tatsächliche Zahl der Arbeitslosen weiter.

Viele der Arbeitslosen sind *Langzeitarbeitslose*. Seit Januar 2019 wird ihr Wiedereinstieg von der CDU/CSU/SPD-Regierung ins Berufsleben gefördert. Fünf Jahre erhalten Unternehmer dafür Geld vom Staat, also eine Lohnsubventionierung: In den ersten beiden Beschäftigungsjahren werden die Arbeitskosten voll übernommen bzw. subventioniert, dann sinkt der Zuschuss jedes Jahr um zehn Prozentpunkte. Bedingung ist, dass Langzeitarbeitslose älter als 25 Jahre sind und binnen sieben Jahren mindestens sechs Jahre Hartz IV bekommen haben.

Vor diesem gesamten empirischen Negativ-Befund auf den Arbeitsmärkten sprechen einige Experten von einem *Fachkräftemangel* und die schwarzrote Bundesregierung aus CDU/CSU und SPD erlässt ein Gesetz zur Zuwanderung von Fachkräften aus Ländern außerhalb der EU. Das Deutsche Institut für Wirtschaftsforschung (DIW, Neubecker 2014) und der Ökonom Ewald Seils (2018) u. a. stellen dagegen fest: Einen flächendeckenden Fachkräftemangel gibt es in Deutschland nicht. Der „Exportweltmeister Deutschland" schwächt mit der Zuwanderung die defizitären Länder, die genau diese Fachkräfte zum Aufbau ihrer Wirtschaft selbst benötigten.

Von einer hervorragenden Lage auf den Arbeitsmärkten oder gar von einer fast erreichten Vollbeschäftigung zu sprechen, mutet zynisch und populistisch an. Richtig ist dagegen: Nie war es nach dem Zweiten Weltkrieg so leicht, die abhängig Beschäftigten und gleichzeitig die Arbeitslosen zu disziplinieren sowie die Arbeitsentgelte der Beschäftigten zu drücken und deren Arbeitsbedingungen zu verschlechtern. Die Arbeitsmärkte in Deutschland leiden jetzt seit über vier Jahrzehnten unter einem Angebotsüberhang (vgl. 3.5.2.5.3.3), wobei an einzelnen Teilarbeitsmärkten immer wieder temporäre Verknappungen auftreten können. Unter dem Druck der Arbeitslosigkeit ist es immer mehr zu einer *Prekarisierung* zu Lasten von Normalarbeitsverhältnissen gekommen, die auf einer unbefristeten, sozial und tarifvertraglich abgesicherten Vollzeitbeschäftigung basieren (DGB, Bundesvorstand 2012). Eine prekäre Beschäftigung liegt dann vor, wenn sie bei den Betroffenen Sinnverluste, Anerkennungsdefizite und Planungsunsicherheiten hervorruft. Der Soziologe Klaus Dörre (2006, S. 24) stellt diesbezüglich fest: „Für die prekarisierten Gruppen hat Erwerbsarbeit ihren Charakter als Basis eines stabilen Lebensplans längst verloren. [...] Permanente Anstrengungen sind nötig, um einen vollständigen Absturz zu vermeiden. Wer in seinen Anstrengungen nachlässt, dem droht der Fall in die ‚Zone der Entkopplung'. Insofern besitzen die modernen Prekarier keine Reserven, kein Ruhekissen. Sie sind die ersten, denen in Krisenzeiten Entlassungen drohen. Ihnen werden bevorzugt die unangenehmen Arbeiten aufgebürdet. Sie sind die Lückenbüßer, die ‚Mädchen für alles', deren Ressourcen mit anhaltender Dauer der Unsicherheit allmählich verschlissen werden." Die prekär Beschäftigten liegen deutlich unter einem Einkommens-, Schutz- und sozialen Integrationsniveau, das in der Gegenwartsgesellschaft als Standard definiert und anerkannt ist.

3.5.2.5.3.3 Ausmaß der Arbeitslosigkeit

Jeder vierte abhängig Beschäftigte arbeitet mittlerweile in Deutschland im Niedriglohnsektor (DIW-Wochenbericht, Nr. 14/2019). Millionen von Menschen haben im marktwirtschaftlich-kapitalistischen System keine Chance, von eigener Erwerbsarbeit leben zu können. Viele sind arbeitslos, ihre mögliche Arbeitszeit ist auf null gesetzt. Davor schützt im Kapitalismus auch die beste *Bildung* nicht, weil sie immer nur angebotsorientiert ist. Selbst wenn alle Personen einen Hochschulabschluss hätten, wäre die notwendige Arbeitsnachfrage in Relation zum Arbeitsangebot nicht gesichert und es gäbe weiter Arbeitslose (vgl. Eicker-Wolf/Schreiner 2020, S. 2). Das System schafft es nicht, vermittelt über den wettbewerblichen Marktmechanismus, allen Menschen, die arbeiten wollen, auch eine Arbeit zu geben, und sei sie auch noch so repetitiv und fremdbestimmt.

Schaut man sich die langfristige Entwicklung der Arbeitsmärkte seit Gründung der Bundesrepublik 1949 und in Folge seit der Wiedervereinigung 1989 in Deutschland an (Tab. 3.25), so ist der empirische Befund eindeutig negativ. In über 70 Jahren war die zunächst westdeutsche Volkswirtschaft und ab 1991 die gesamtdeutsche

Tab. 3.25: Langfristige Entwicklung der registrierten Arbeitslosigkeit in Deutschland. Quelle: Statistisches Jahrbuch der Bundesrepublik Deutschland, verschiedene Jahrgänge; eigene Berechnungen.

Jahre	Registrierte Arbeitslosenzahlen (Jahresdurchschnittswerte)
1950–1959	1.038.000
1960–1969	223.000
1970–1979	647.000
1980–1989	1.956.000
1990–1999[*]	3.492.000
2000–2009	3.649.000
2010–2018	2.805.000

[*] Ab 1991 inkl. Ostdeutschland.

Wirtschaft nur 15 Jahre vollbeschäftigt und fast 60 Jahre lang lag mehr oder weniger *Massenarbeitslosigkeit* vor. Seit der schweren Weltwirtschaftskrise von 1974/75 kann von einem verheerenden Zustand einer weit unterbeschäftigten und damit von einer gesamtwirtschaftlich suboptimalen Wirtschaft gesprochen werden.

> Man stelle sich vor, ein Betrieb verzichtet freiwillig auf den Einsatz von einem Viertel aller verfügbaren Maschinen, lässt stattdessen die restlichen drei Viertel der Maschinen rund um die Uhr arbeiten und unterlässt dazu noch die erforderliche Reparaturarbeit. Gleichzeitig verrottet das nicht eingesetzte Viertel an Maschinen. Der Manager eines solchen Betriebes handelt verschwenderisch, irrational und dumm. Der Betrieb wäre in kurzer Zeit pleite. (Massarrat 2013, S. 14)

Auf eine Volkswirtschaft übertragen geht diese zwar nicht in Insolvenz, lebt aber weit unter ihren Produktionsmöglichkeiten und wird mit hohen fiskalischen Kosten für die Arbeitslosigkeit belastet.

Auch die jüngste Entwicklung auf den Arbeitsmärkten gibt keinen Grund für Jubelstürme, von einer Vollbeschäftigung ist die deutsche Wirtschaft weit entfernt. Zwar ist die durchschnittliche Zahl der registrierten Arbeitslosen von 2000 bis 2019 von gut 3,6 auf 2,8 Mio. Arbeitslose, also um 1,2 Mio. bzw. um 22,2 Prozent, zurückgegangen. Im Januar 2020 lag die offizielle registrierte Arbeitslosenzahl aber immer noch bei gut 2,4 Mio., dabei werden hier viele Arbeitslose statistisch nicht einmal mitgerechnet, so dass die *tatsächliche Arbeitslosigkeit* bei knapp 3,3 Mio. viel höher lag (vgl. Tab. 3.26).

Bei der registrierten und bei der tatsächlichen Arbeitslosigkeit sind die Millionen Unterbeschäftigten in Teilzeit und die geringfügig Beschäftigten, die gerne Vollzeit arbeiten wollen, aber keine adäquate Stelle finden, nicht einmal mitgezählt (vgl. dazu den folgenden Kasten).

Menschen wollen mehr arbeiten

Vor allem Teilzeitkräfte sind mit ihrem Arbeitspensum unzufrieden

„Millionen Menschen in Deutschland sind unzufrieden mit ihrer Arbeitszeit. Rund 2,2 Millionen Erwerbstätige im Alter von 15 bis 74 Jahren wollten im Jahr 2018 mehr tun, teilte das Statistische Bundesamt mit. Das gilt vor allem für Teilzeitkräfte. Beim Wunsch nach Aufstockung spielt auch das Geld eine Rolle. Zugleich gibt es 1,4 Millionen Erwerbstätige, die beruflich kürzertreten möchten. Befragt wurden rund 41,7 Millionen Erwerbstätige in Voll- und Teilzeit. Teilzeitkräfte kamen im Schnitt auf 20,0 Stunden je Woche, Vollzeitkräfte auf 41,4 Stunden – beides einschließlich Nebentätigkeiten. Beschäftigte, die ihr Pensum erhöhen wollten, arbeiteten im Schnitt wöchentlich 28,9 Stunden. Sie würden gern um 10,6 Stunden aufstocken. Maßgeblich dafür dürfte das Gehalt sein: Bei der Befragung sollten die Beschäftigten berücksichtigen, dass mehr Arbeit zu mehr Verdienst führt und eine Verkürzung umgekehrt zu Einbußen. Nach einer Analyse des Instituts für Arbeitsmarkt- und Berufsforschung (IAB) der Bundesagentur für Arbeit haben Beschäftigte in den höchsten Lohngruppen im Vergleich zu den unteren zehn Prozent eine geringere Wahrscheinlichkeit, ihre Arbeitszeit erhöhen zu wollen. Vor allem Erwerbstätige in Teilzeit wollen den Wiesbadener Statistikern zufolge aufstocken. Unter den 1,2 Millionen, die diesen Wunsch äußerten, seien 851.000 Frauen. In Deutschland arbeiten deutlich mehr Frauen (9,2 Millionen) als Männer (2,5 Millionen) in Teilzeit. Nach der IAB-Studie von 2018 ist der Wunsch bei Frauen nach einer Veränderung der Arbeitszeit seit den 1990er Jahren größer geworden. Der häufigste Grund für Unterbeschäftigung sei die Betreuung von Kindern oder pflegebedürftigen Familienangehörigen, erläuterte IAB-Experte Enzo Weber. ‚Beides hängt üblicherweise an Frauen‘. Unter den Beschäftigten, die ihr Pensum reduzieren wollen, sind besonders viele Vollzeitkräfte – etwa 1,3 Millionen. Sie arbeiten im Durchschnitt 41,6 Stunden in der Woche und wünschten sich eine Verkürzung um 10,8 Stunden. Dem IAB zufolge haben ‚Beschäftigte in Berufen mit höherer beruflicher Autonomie‘ häufiger Schwierigkeiten, ihren Wunsch nach einer kürzeren Arbeitszeit zu verwirklichen" (Frankfurter Rundschau vom 17. Januar 2020, S.14.)

Arbeitslosigkeit *entwürdigt* die Menschen. Sie führt zu Scham- und Schmachgefühlen, wie die französische Wirtschaftsjournalistin Viviane Forrester in ihrem Buch „Der Terror der Ökonomie" (1998 S. 15) beschreibt. „Die Scham sollte an der Börse gehandelt werden: Sie ist ein wichtiger Grundstoff des Profits." Keine Arbeit zu haben, macht krank (Bontrup 2011, S. 13–16). „Mehr noch als berufliche Belastungen führt der Verlust des Arbeitsplatzes zu psychischen Erkrankungen. Arbeitslose sind drei- bis viermal so häufig psychisch krank wie Erwerbstätige" (Koch 2010, S. 37). Der Soziologe

Tab. 3.26: Tatsächliche Arbeitslosigkeit und offizielle Arbeitslosigkeit. Quelle: Bundesagentur für Arbeit: Arbeits- und Ausbildungsmarkt in Deutschland. Monatsbericht Januar.

Tatsächliche Arbeitslosigkeit im Januar 2020	*3.305.159*
Offizielle Arbeitslosigkeit	*2.425.523*
Nicht gezählte Arbeitslose	*879.636*
Älter als 58, beziehen Arbeitslosengeld I und/oder ALG II	172.425
Ein-Euro-Jobs (Arbeitsgelegenheiten)	64.194
Förderung von Arbeitsverhältnissen	2.075
Fremdförderung	176.344
Beschäftigungsphase Bürgerarbeit	34.757
Berufliche Weiterbildung	174.057
Aktivierung und berufliche Eingliederung (z. B. Vermittlung durch Dritte)	194.119
Beschäftigungszuschuss (für schwer vermittelbare Arbeitslose)	1.623
Kranke Arbeitslose (§ 126 SGB III)	60.042

und Moralphilosoph Oskar Negt (2002) spricht in diesem Kontext von einem „*Gewalt-akt gegen Menschen*", wenn eine Gesellschaft und ein Wirtschaftssystem es nicht vermögen, allen, die arbeiten wollen, eine gesellschaftlich subsistenzsichernde Arbeit zu geben. Nichts macht den Arbeitslosen – aber genauso den noch Beschäftigten – gleichzeitig so gefügig wie Arbeitslosigkeit. Sie funktioniert für das Kapital als Sanktion, die die Abhängigen diszipliniert. Der polnische Ökonom und Statistiker Michal Kalecki (1899–1970), schreibt der Ökonom Rudolf Hickel (2001, S. 18),

> hat schon 1943 auf diese Zusammenhänge hingewiesen. Im Sinne des politisch-ökonomischen Zyklus muss einer Phase der Vollbeschäftigung auch wieder eine mit Arbeitslosigkeit folgen. Denn erst unter dem Druck der Arbeitslosigkeit gewinnen die Unternehmen wieder die *Macht auf den Arbeitsmärkten* zurück. Kalecki beschreibt die Arbeitslosigkeit als hartes Instrument der Disziplinierung in den Betrieben, in der Politik und in der Gesellschaft. Insoweit kann es machtpolitisch auf Dauer keinen Vollbeschäftigungskapitalismus geben; Vollbeschäftigung und Kapitalismus stehen im Widerspruch zueinander. Auch die große englische Ökonomin Joan Robinson betont, dass das Regime der Massenarbeitslosigkeit zur Disziplinierung der abhängig Beschäftigten und ihrer Gewerkschaften eingesetzt wird. Diese Veröffentlichung, die übrigens 1949 durch das Wirtschaftswissenschaftliche Institut des Deutschen Gewerkschaftsbundes in deutscher Sprache publiziert wurde, hat viel zu wenig Beachtung gefunden.

Neben den individuellen Folgen impliziert Arbeitslosigkeit auch für die Gesellschaft als Ganzes eine enorme Verschwendung. So hat sie allein von 2001 bis 2017 für jahresdurchschnittlich gut 3,6 Mio. registrierte Arbeitslose pro Jahr 67,4 Mrd. EUR an *fiskalischen Kosten* verursacht (vgl. Tab. 3.27), stellt das wissenschaftliche Institut für Arbeitsmarkt- und Berufsforschung (IAB) der Bundesagentur für Arbeit fest (2008, 2017). Das war in Summe über 1 Billion EUR.

Diesen enormen gesellschaftlichen Kosten steht keine *Leistung* gegenüber. Wir hätten ohne Arbeitslosigkeit – wie in den 1960er-Jahren – seit der deutschen Wiedervereinigung nicht einen Euro zusätzlicher *Staatsschulden* machen müssen. Das zeigt insgesamt die verheerenden Folgen in einer Volkswirtschaft, die nicht vollbeschäftigt ist bzw. mit Massenarbeitslosigkeit weit unter ihren Verhältnissen „lebt". Bei Arbeitslosigkeit brechen alle Dämme. Die von den Beschäftigten geleistete Arbeit wird nicht mehr äquivalent bezahlt. Die unter den Bedingungen von Massenarbeitslosigkeit nur noch durchgesetzten Nominallohnsteigerungen fallen regelmäßig kleiner aus als die Produktivitätszuwächse und die von den Unternehmen an den Absatzmärkten durchgesetzten Preissteigerungen. Dies zeigt sich empirisch im Rückgang der Bruttolohnquote bei gleichzeitigem Anstieg der Mehrwertquote. Die daraus resultierenden Verteilungsverluste für die abhängig Beschäftigten werden jedoch erst anhand der *absoluten Zahlen* deutlich. So lag die Summe dieser Verluste im Zeitraum von 1991 bis 2019 bei kumuliert rund 1.400 Mrd. EUR.

Tab. 3.27: Gesamtfiskalische Kosten der Arbeitslosigkeit. Quelle: IAB-Kurzberichte (diverse Jahrgänge), Statistisches Bundesamt und eigene Berechnungen.

	2001	2002	2003	2004	2005	2006	2007	2008	2009	2010	2011	2012	2013	2014	2015	2016	2017	JD
Registrierte Arbeitlose in 1.000	4.219	4.535	4.830	4.812	4.861	4.487	3.776	3.268	3.423	3.245	2.976	2.897	2.950	2.898	2.795	2.695	2.545	3.601
Gesamtfiskalische Kosten in Mrd. EUR	76,7	83,7	91,5	92,2	87,7	82,2	67,2	55,9	59,8	60,2	56,3	54,3	56,0	56,7	56,0	55,5	53,1	67,4
Kosten pro registriertem Arbeitslosen in EUR	18.180	18.456	18.944	19.160	18.042	18.320	17.797	17.105	17.470	18.552	18.918	18.744	18.983	19.565	20.036	20.594	20.864	18.705
Gesamtfiskalische Leistungen gesamt in v. H.	100,0	100,0	100,0	100,0	100,0	100,0	100,0	100,0	100,0	100,0	100,0	100,0	100,0	100,0	100,0	100,0	100,0	100,0
Versicherungsleistung ALG I u. II in v. H.	28,9	28,8	27,5	26,7	25,3	21,4	18,2	16,2	23,0	23,3	21,6	21,1	23,2	22,4	20,2	20,0	19,6	22,8
Sozialleistung in v. H.	23,8	23,8	23,4	25,3	28,0	31,3	33,8	36,8	34,5	33,5	33,9	34,4	34,1	34,1	34,8	28,7	29,2	30,8
Mindereinnahmen Steuern in v. H.	19,3	19,3	19,4	18,8	18,5	18,3	18,0	17,5	16,7	17,1	16,8	16,6	15,6	16,1	16,7	16,6	17,1	17,6
Mindereinnahmen Sozialbeiträge in v. H.	28,0	28,1	29,7	29,2	28,2	29,0	30,0	29,5	25,8	26,1	27,7	27,9	27,1	27,4	28,3	34,7	34,1	28,9
Finanzierungssaldo des Staates* in Mrd. EUR	−67,8	−87,1	−92,7	−84,9	−78,6	−41,2	4,7	−4,5	−79,6	−108,9	−25,9	−0,9	−4,0	16,7	23,9	28,7	34,0	−33,4
Finanzierungssaldo ohne Arbeitslosigkeit in Mrd. EUR	8,9	−3,4	−1,2	7,3	9,1	41,0	71,9	51,4	−19,8	−48,7	30,4	53,4	52,0	73,4	79,9	84,2	87,1	33,9

* Bund, Bundesländer, Kommunen, Sozialversicherungshaushalte.

3.5.2.5.3.4 Zusammenhang Wirtschaftswachstum und Arbeitslosigkeit

Vergleich man das Arbeitsangebot mit der Nachfrage, so fehlen in Deutschland mindestens 6 Mio. und in der EU ca. 35 Mio. Arbeitsplätze, um von einer wirklich vollbeschäftigten Wirtschaft mit Vollzeitarbeitsplätzen auf Basis eines Normalarbeitsverhältnisses, also auf Basis tarifvertraglich und sozialversicherungspflichtig sowie unbefristeten und mitbestimmungsgeregelten Arbeitsverhältnissen reden zu können. Auch unter dem zukünftig demografisch bedingten rückläufigen Arbeitsangebot wird das reale (preisbereinigte) *Wirtschaftswachstum* nicht ausreichen, um die bestehende hohe Arbeitslosigkeit zu beseitigen. Auch werden auf der Nachfrageseite Arbeitsplatzverluste durch eine immer stärker *digitalisierte Arbeitswelt* (vgl. Bontrup/Daub 2021) zu berücksichtigen sein. Außerdem wird Arbeit zukünftig vollkommen überwachbar werden (vgl. den folgenden Kasten).

> **„Es geht nicht ohne Mensch.**
>
> Künstliche Intelligenz darf niemanden kündigen dürfen
>
> In etwa elf Prozent aller deutschen Unternehmen soll mittlerweile künstliche Intelligenz (KI) die Prozesse im Personalwesen unterstützen. Zu diesem Ergebnis kommt eine aktuelle Studie. Wie genau diese Unterstützung aussieht, bleibt dabei weitestgehend im Dunkeln. Doch nicht so bei dem Online-Händler Amazon. Das US-amerikanische Unternehmen macht jüngst wieder Schlagzeilen wegen der dort eingesetzten Algorithmen. Ein solcher nämlich misst die Produktivität der Mitarbeitenden und ‚scored' sie gemäß ihrer Produktivitätsquote. Unterschreitet ein Mitarbeiter einen bestimmten Wert, leitet der Algorithmus nicht nur Entscheidungen daraus ab, sondern setzt diese auch automatisiert um. So wurden beispielsweise im Logistikzentrum in Baltimore innerhalb eines Jahres rund zehn Prozent der Belegschaft entlassen, weil diese Mitarbeitenden ihre Quote nicht erfüllten. Leider ist das keine Mär: Amazon hat die Kündigungen und den Algorithmus bestätigt, dementiert jedoch, dass die Kündigungen automatisiert versendet werden, ohne dass die Führungskraft sie bestätigen muss. Das ist aber nicht das Entscheidende. Denn auch so wirkt der Einsatz von KI auf das soziale System, also auf die Teams, die Mitarbeitenden und deren Verhalten. Darüber müssen wir uns vor dem Einsatz von ‚Kollege Computer' Gedanken machen. Denn damit werden sozio-informatische Systeme mit entsprechenden Wechselwirkungen etabliert. Im Fall Amazon führt das dazu, dass die Mitarbeitenden kaum noch zur Toilette gehen, weil der Algorithmus Pausen und Ruhezeiten erfasst und so die Quote der Produktivität berechnet. Die Menschen sind unter Druck. Um solche Auswirkungen zu verhindern, hilft eine ‚Ethik der KI' oder ein Algorithmus-TÜV, wie immer wieder gefordert wird, nicht. Technisch lässt sich unmoralischer oder missbräuchlicher Einsatz von Algorithmen nicht abfangen. Was wir brauchen sind verabredete Prozesse und Transparenz über den Einsatz von KI. Wir müssen gemeinsam entscheiden, wofür und wie wir künstliche Intelligenz in Unternehmen einsetzen wollen und wofür eben auch nicht. Maschinen und die dadurch mögliche Automatisierung nehmen uns keine Entscheidungen ab. Wir Menschen bleiben in der Verantwortung – und das ist auch gut so" (Borger 2019).

Schon seit Jahrzehnten sind in Deutschland im Trend die gesamtwirtschaftlichen Produktivitätsraten größer als die preisbereinigten Wachstumsraten des Bruttoinlandsprodukts. In einer Volkswirtschaft sind eben Beschäftigung und Arbeitslosigkeit nicht nur von der Entwicklung des realen BIP-Wachstums abhängig, wie immer wieder in der Öffentlichkeit, vor allem von der Politik und den Medien aber auch von neoliberalen Ökonomen, behauptet wird, sondern entscheidend ist vielmehr die *Relation aus Wachstums- und Produktivitätsraten*. Dabei gilt:

$$BIP_r = \underbrace{\frac{BIP_r}{AV}}_{=AP} \cdot \underbrace{(Besch \cdot AZ_{Besch})}_{AV} \quad \Rightarrow \quad \omega_{BIPr} - \omega_{AP} = \omega_{AV} = \omega_{Besch} + \omega_{AZBesch}$$

mit ω = Wachstumsrate, BIP_r = reales Bruttoinlandsprodukt, AP = Arbeitsproduktivität; hier gemessen als reales BIP pro Arbeitsstunde, AV = Arbeitsvolumen als Produkt aus: Besch = Zahl der Beschäftigten und AZ_{Besch} = Arbeitszeit pro Beschäftigten.

Liegen hier die Wachstumsraten der Produktivität (ω_{AP}) über den preisbereinigten Wachstumsraten des Bruttoinlandsprodukts (ω_{BIPr}), so geht das entscheidende Arbeitsvolumen (ω_{AV}) zurück.

$$\omega_{AP} > \omega_{BIPr} \quad \Rightarrow \quad \omega_{AV} = \omega_{Besch} + \omega_{AZBesch} < 0$$

Kommt es dann gesamtwirtschaftlich nicht zu einer Reduzierung der Arbeitszeit je Beschäftigten, so sinkt die Beschäftigung und es entsteht Arbeitslosigkeit bzw. eine schon bestehende Arbeitslosigkeit erhöht sich noch. Im langfristigen Trend seit den 1960er-Jahren lagen bis auf die 1980er-Jahre und in jüngster Zeit von 2010 bis 2019 die Produktivitätsraten in Deutschland oberhalb der realen BIP-Wachstumsraten (vgl. Tab. 3.28).

Tab. 3.28: Produktions-Produktivitätslücke in Deutschland. Quelle: Statistisches Bundesamt, Fachserie 18, Reihe 1.1.

(jahresdurchschnittliche Veränderungsraten in v. H.)	1960er Jahre	1970er Jahre	1980er Jahre	1990er Jahre	2000er Jahre	2010– 2019	1991– 2019
Produktionsrate[*]	4,4	2,9	2,6	1,4	0,9	2,0	1,3
Produktivitätsrate[**]	5,2	3,8	2,4	1,9	1,2	1,1	1,3
Arbeitsvolumen	−0,8	−0,9	0,2	−0,5	−0,3	0,9	0,0

[*] Reales BIP;
[**] Produktivitätsrate auf Stundenbasis (Erwerbstätige).
eigene Berechnungen

Seit der deutschen Wiedervereinigung zeigt sich dagegen ein differenziertes Ergebnis. Insgesamt lag hier von 1991 bis 2019 die jahresdurchschnittliche Zunahme der realen Produktion bei 1,3 Prozent. In gleicher Höhe stieg auch die Produktivitätsrate, sodass es einen neutralen Effekt auf das Arbeitsvolumen gab. Hierdurch konnte die bestehende Massenarbeitslosigkeit von 1991 bis 2019 nicht abgebaut werden bzw. mit dem zunächst bis 2005 stark rückläufigen Arbeitsvolumen stiegen zwischenzeitlich sogar die registrierten Arbeitslosenzahlen dramatisch auf fast 4,9 Mio. (vgl. Tab. 3.29).

Tab. 3.29: BIP- und Produktivitätswachstum. Quelle: Statistisches Bundesamt, Volkswirtschaftliche Gesamtrechnungen, Fachserie 18, Reihe 1.1 und eigene Berechnungen.

Jahr	BIP (real)	Produktivität[*]	Arbeitsvolumen	Arbeitsvolumen[**]	Registrierte Arbeitslose[***]	
	in v. H. Vorj.	in v. H. Vorj.	in v. H. Vorj.	in Mrd. Std.	in 1.000	in v. H. z. Vorj.
1991	–	–	–	60.082	2.602	–
1992	1,9	2,5	−0,6	59.735	2.978	14,5
1993	−1,0	1,4	−2,4	58.318	3.419	14,8
1994	2,4	2,7	−0,3	58.188	3.698	8,2
1995	1,5	2,4	−0,9	57.781	3.612	−2,3
1996	0,8	2,0	−1,2	57.074	3.965	9,8
1997	1,8	2,3	−0,5	56.770	4.384	10,6
1998	2,0	1,1	0,9	57.189	4.279	−2,4
1999	1,9	0,9	1,0	57.745	4.099	−4,2
2000	2,9	2,5	0,4	58.595	3.889	−5,1
2001	1,7	2,5	−0,8	58.121	3.852	−1,0
2002	−0,2	0,9	−1,1	57.473	4.060	5,4
2003	−0,7	0,8	−1,5	56.635	4.376	7,8
2004	1,2	0,9	0,3	56.783	4.381	0,1
2005	0,7	1,6	−0,9	56.310	4.863	11,0
2006	3,8	1,6	2,2	57.539	4.487	−7,7
2007	3,0	1,2	1,8	58.559	3.776	−15,8
2008	1,0	0,0	1	59.106	3.258	−13,7
2009	−5,7	−3,0	−2,7	57.471	3.415	4,8
2010	4,2	2,3	1,9	58.524	3.238	−5,2
2011	3,9	2,6	1,3	59.279	2.976	−8,1
2012	0,4	0,6	−0,2	59.162	2.897	−2,7
2013	0,4	0,5	−0,1	59.140	2.950	1,8
2014	2,2	1,1	1,1	59.827	2.898	−1,8
2015	1,7	0,8	0,9	60.405	2.795	−3,6
2016	2,2	1,4	0,8	60.888	2.691	−3,7
2017	2,5	1,3	1,2	61.564	2.533	−5,9
2018	1,5	0,3	1,2	62.344	2.340	−7,6
2019	0,6	0,1	0,5	62.617	2.270	−3,0
1991–2019	1,3	1,3	0,0	2.262	−332	−12,8
2010–2019	2,0	1,1	0,9	4.093	−2.523	−29,9

[*] Je Erwerbstätigenstunde;
[**] Erwerbstätige;
[***] Jahresdurchschnittlich.

Erst ab 2006 ging dann sukzessive die registrierte Arbeitslosigkeit zurück. Das Arbeitsvolumen steigt seitdem – mit Ausnahme des schweren Krisenjahres 2009 und in den Jahren 2012 und 2013 – wieder an. Von 2010 bis 2019 liegen die Produktivitätsraten mit jahresdurchschnittlich nur 1,1 Prozent unter den realen Wachstumsraten des BIPs mit 2,0 Prozent. Das Arbeitsvolumen legte in Folge um 0,9 Prozentpunkte zu.

Alexander Schiersch vom Deutschen Institut für Wirtschaftsforschung (DIW) stellt diesbezüglich fest:

> Ein Großteil des Beschäftigungsaufbaus der letzten Jahre fand in solchen Sektoren und Berufen statt, die über eine geringe Produktivität verfügen. So entfällt etwa ein Drittel des Beschäftigungsaufbaus zwischen 2008 und 2014 auf das Gesundheits- und Sozialwesen. Ein weiteres Drittel der zusätzlichen Stellen wurde in den freiberuflichen, technischen und sonstigen Dienstleistungen geschaffen. Ferner gab es deutliche Beschäftigungszuwächse im Handel und im Baugewerbe. Der Anteil des verarbeitenden Gewerbes am Beschäftigungsaufbau lag dagegen nur bei 3,5 Prozent, was etwa 88.000 Beschäftigten entspricht. In den genannten Dienstleistungssektoren ist die Wertschöpfung pro Kopf, also die Arbeitsproduktivität, jedoch um etwa 40 bis 50 Prozent geringer als im verarbeiteten Gewerbe. Zudem wächst die Arbeitsproduktivität in den Dienstleistungssektoren seit Jahren deutlich schwächer als im verarbeitenden Gewerbe. Ein Teil des sich abschwächenden Produktivitätswachstums ist somit schlicht dem *Strukturwandel* geschuldet. (Frankfurter Rundschau vom 4.8.2016, S. 9)

Zusätzlich wird die Produktivität noch dadurch gesenkt, dass das *Produktionspotenzial* nicht vollständig ausgenutzt wird (Auslastungseffekt). Bei der Berechnung des gesamtwirtschaftlichen Potentialoutputs wird bewusst manipuliert. Dazu schrieb Stephan Schulmeister (2014, S. 43) vom österreichischen Wirtschaftsforschungsinstitut (WIFO) in Wien:

> So geht etwa die EU-Kommission unbeirrbar davon aus, dass 90 Prozent der Arbeitslosen nicht mehr verwendbar sind, sie werden daher bei der Berechnung des sogenannten Potentialoutputs nicht berücksichtigt. Folglich wird der Unterschied zwischen dem tatsächlichen und dem potentiellen BIP klein gehalten, der größte Teil der Staatsdefizite sei daher nicht durch die Krise verursacht, sondern strukturell – und so muss weiter gespart werden. Würde man dagegen – geleitet vom bloßen ‚Hausverstand' – annehmen, dass der größte Teil der Arbeitslosen durchaus arbeitswillig und -fähig ist (während weiter die Jobs fehlen!), so hätten die meisten EU-Länder strukturelle Haushaltsüberschüsse und müssten nicht weiter sparen.

Wirtschaftlicher Strukturwandel und eine zu geringe Endnachfrage haben in Verbindung mit der 2003 von der rotgrünen Bundesregierung auf den Weg gebrachten *Agenda 2010* zu einer Prekarisierung der Arbeitsmärkte und einem Niedriglohnsektor geführt (Krause/Köhler 2011, Bischoff/Müller 2016). Hier kommt es zu *Leistungskürzungen*, rigiden *Zumutbarkeitsregelungen* und Maßnahmen zur Überprüfung der „Arbeitsbereitschaft". Man zwingt die Erwerbsfähigen fast jede noch so schlecht bezahlte Arbeit anzunehmen (Bischoff/Müller 2015). Dies wird auch der 2015 eingeführte gesetzliche Mindestlohn nicht kompensieren können (Butterwegge 2015, Schulten 2016). Es ist aber zu einer deutlichen Verbesserung, zumindest im tariflichen Bereich, gekommen. Nur 3 Prozent der tariflichen Vergütungsgruppen liegen zurzeit noch unter 8,50 Euro brutto in der Stunde. Im März 2010 waren es noch 16 Prozent (Bispinck 2016). Hierbei ist jedoch der nicht berücksichtigte Bereich der Beschäftigten zu sehen, der keiner Tarifbindung mehr unterliegt und von 1998 bis 2017 im Westen Deutschlands von 76 auf 49 Prozent und im Osten Deutschlands von 63 auf nur noch 34 Prozent gesunken ist (Ellguth/Kohaut 2018). So schaffen es die abhängig Beschäftigten und ihre Gewerkschaften seit langem nicht mehr den zumindest *verteilungsneutralen Spielraum* innerhalb der gesamtwirtschaftlichen Wertschöpfung zu generieren – geschweige denn Realeinkommenssteigerungen oberhalb der Produktivitätsrate mit einem Umverteilungseffekt zugunsten der Lohnquote durchzusetzen.

3.5.2.5.4 Arbeitszeitverkürzung

Vor diesem Hintergrund gibt es im Wesentlichen nur eine Lösung des Problems, die für die gesamte EU gilt: Sie besteht in einer *kollektiven Arbeitszeitverkürzung* in Richtung einer 30-Stunden-Woche. Bei der Arbeitszeitverkürzung muss der Anteil der in Vollzeit Beschäftigten abgesenkt und der in Teilzeit angehoben werden, und zwar mit vollem Lohn- und Personalausgleich. Die Politikwissenschaftlerin Ingrid Kurz-Scherf (2019, S. 18), die sich mit Fragen der Arbeitszeitverkürzung beschäftigt, sagt:

> Von Thomas Morus im 16. Jahrhundert beginnend sind die großen sozialen Utopien immer mit einer Verkürzung der Arbeitszeit verbunden gewesen. Und da war der Achtstundentag erst einmal ein pragmatisches Zugeständnis. Wenn man sich die großen Namen der im Übrigen sehr feindlichen politischen Strömungen ansieht, John Stuart Mill, Karl Marx oder Keynes, dann sieht man: Die sind sehr unterschiedlicher Meinung, aber in einem Punkt sind sie sich einig. Der Sinn der Entfaltung des technischen Fortschritts ist neben der Reichtumsmehrung für alle die Anreicherung der Zeit; die jedem zur Verfügung steht.

Oskar Negt (2016a, S. 8) führte in einem Interview mit der „Wiener Zeitung" 2016 Folgendes aus:

> Es gibt Alternativen. Es gibt genügend Intellektuelle, die auf scharfsinnige Weise die Verhältnisse analysieren. Und mittlerweile sind die tieferen Ursachen der Unzufriedenheit, des Unbehagens und der Wut vieler Bürgerinnen und Bürger, die sich vielfach in der Unterstützung destruktiver Rechtspopulisten ausdrückt, bekannt. Der real existierende Kapitalismus bringt ein immer größeres Heer von Überflüssigen hervor. Immer mehr Menschen werden durch eine immer rasantere Automatisierung aus dem Arbeitsprozess gedrängt.

Und an anderer Stelle schrieb Negt (2016b S. 84 f.):

> Es ist eben ein Skandal, [...] für Millionen von Menschen das zivilisatorische Minimum für eine menschliche Existenzweise nicht zu sichern: nämlich einen Arbeitsplatz, einen konkreten Ort, wo die Menschen ihre gesellschaftlich gebildeten Arbeitsvermögen anwenden können, um von bezahlter Leistung zu leben. [...] Wenn ich in diesem Zusammenhang von Gewalt spreche, so meine ich das buchstäblich: Arbeitslosigkeit ist ein Gewaltakt, ein Anschlag auf die körperliche und seelisch-geistige Integrität, auf die Unversehrtheit der davon betroffenen Menschen. Sie ist Raub und Enteignung der Fähigkeiten und Eigenschaften, die innerhalb der Familie, der Schule, der Lehre in der Regel in einem mühsamen und aufwendigen Bildungsprozess erworben worden sind und jetzt, von ihren gesellschaftlichen Betätigungsmöglichkeiten abgeschnitten, in Gefahr sind zu verrotten und schwere Persönlichkeitsstörungen hervorzurufen.

Ein weiterer Protagonist einer radikalen Arbeitszeitverkürzung, der katholische Sozialethiker und Wirtschaftsberater des ersten deutschen CDU-Bundeskanzlers Konrad Adenauer, Oswald von Nell-Breuning rief zu Beginn der 1980er-Jahre in einer Diskussion um die 35-Stunden-Woche Negt Folgendes zu: „Junger Freund, sie kämpfen für 35 Stunden. Dabei wären zehn Stunden völlig ausreichend, wenn die Menschen vernünftig mit ihren Ressourcen umgingen" (zitiert bei Prantl 2012, S. 46). Weiter ist Nell-Breuning der Meinung:

> Zehn Stunden wären ausreichend: das war schon die Vorstellung des Sozialdemokraten August Bebel (1840–1913). In Bebels ‚Utopia‘, geschildert in seinem berühmten Buch ‚Die Frau und der Sozialismus‘, das schon zu seinen Lebzeiten 53 Auflagen erlebte, gehen, sobald alle Kapitalisten expropriiert sind, alle Arbeitsfähigen einer Arbeit nach – einer mäßigen, täglich zwei- bis dreistündigen, abwechslungsreichen, ergiebigen Arbeit; in der übrigen Zeit geht jeder, je nach Geschmack, Studien oder Künsten nach oder pflegt geselligen Umgang. (Nell-Breuning zitiert in Prantl 2012, S. 46)

Dies ist unserer Meinung nach die richtige *gesellschaftliche Utopie*, wozu der Schweizer Kapitalismuskritiker, Jean Ziegler (2015, S. 156) sagt: „Eine wirklich gute Utopie erkennt man daran, dass ihre Verwirklichung von vorne herein ausgeschlossen erscheint." Und der Ökonom Karl Georg Zinn (1987, S. 245) schreibt: „Das alte Produktionsproblem ist im Grunde gelöst", „Mißlungen ist bisher, den materiellen Reichtum richtig zu verteilen. Die richtige Verteilung wird nur gelingen, wenn wieder Vollbeschäftigung hergestellt wird. Denn auf absehbare Zeit leben wir noch in einer ‚Arbeitsgesellschaft‘ und dies bedeutet, daß die Mehrzahl der Menschen ihren Lebensstandard durch Erwerbsarbeit verdienen muß. Deshalb schließt die Verteilungsfrage die Verteilung der Arbeit mit ein. So gesehen ist Arbeitslosigkeit primär kein Produktionsproblem (mehr), sondern zu einem *Verteilungsproblem* geworden." Zinn (2013, S. 83 f.) sagt außerdem mit Keynes im Hinblick auf *Wachstum* und *Produktivität* folgendes:

> Ersparnisse zu absorbieren, wenn keine Nettoinvestitionen mehr vorgenommen werden, wäre zwar durch staatliche Kreditaufnahme und/oder durch einen positiven Außenbeitrag (bzw. Nettokapitalexport) möglich, aber es stellt sich die Frage, ob bei Kredittilgung die Gläubiger bereit und in der Lage sind, ihren Konsum zu steigern. Kredittransaktionen zwischen den Konsumenten erhöhen die Konsumnachfrage im Mehrjahresdurchschnitt ohnehin nicht, sondern dienen der zeitlichen Konsumverschiebung. Das [...] Nachfrageproblem, das bei einer Nettoinvestition von Null, aber anhaltendem Produktivitätswachstum virulent wird, könnte sich letztlich als unlösbar erweisen. Keynes plädiert deshalb dafür, den Gordischen Knoten des Nachfrageproblems, wenn und wie es sich in hoch entwickelten, relativ gesättigten, wachstumsschwachen Volkswirtschaften dauerhaft einstellt, durch kürzere Arbeitszeiten zu durchschlagen. Wenn Keynes' Wachstumsskepsis von der historischen Entwicklung bestätigt wird, dürften sich die aktuelle Aversion gegen Arbeitszeitverkürzung und damit auch die Kritik an Keynes' Zukunftsvision sinkender Arbeitzeit(en) als recht kurzsichtig herausstellen.

In der Tat zeigt sich für Deutschland genau dieser empirische Befund, dass die Summe der gesamtwirtschaftlichen Ersparnis (S), völlig ungleich sektoral und personell verteilt, weit größer ist als die Summe der Nettoinvestitionen (In) (Bruttoinvestitionen minus Abschreibungen). Von 1991 bis 2019 wurden im Inland insgesamt 5.719,6 Mrd. EUR gespart und nur 2.867,0 Mrd. EUR netto investiert. Das heißt es lag eine *Überersparnis* (S > In) von 2.852,6 Mrd. EUR vor (vgl. Statistisches Bundesamt, Fachserie 18/2020 und inhaltlich Kap. 4.6). Diese Überersparnis floss ins Ausland bzw. das Ausland verschuldete sich in dieser Höhe in Deutschland. So wird durch einen Exportüberschuss, also durch eine *positive Leistungsbilanz*, ein Teil des inländischen Sparens für die Güterversorgung des Auslands verwendet. Umgekehrt beteiligt sich bei einem Importüberschuss das Ausland an der inländischen *Finanzierung der Nettoinvestitionen*. Letztes war in Deutschland von 1991 bis 2001 aufgrund der Wiedervereinigung der Fall. Die Importe waren hier größer als die deutschen Exporte bzw. waren der Konsum und die Nettoinvestitionen um 222 Mrd. EUR größer als die Produktion in Deutschland (vgl. Statistisches Bundesamt, Fachserie 18/2020).

Seit 2002 ist es umgekehrt, jetzt finanziert Deutschland das *Ausland*. Es kommt zu einem Nettokapitalexport und damit zu einer Verschuldung des Auslands. Deutschland lebt damit gleichzeitig unter seinen Verhältnissen und das Ausland mit Importüberschüssen über den seinen. Die deutsche inländische private und staatliche Produktion ist seit 2002 um 3.074,6 Mrd. EUR größer als die heimische Nachfrage aus Konsum plus Nettoinvestition (vgl. Statistisches Bundesamt, Fachserie 18/2020). Deshalb musste die deutsche Überproduktion im Ausland verkauft werden. Damit *exportiert* Deutschland gleichzeitig aber auch *Arbeitslosigkeit*. Diese wäre nämlich wesentlich höher, könnte die Überschussproduktion nicht im Ausland abgesetzt werden. Trotzdem konnten das bestehende Produktionspotenzial und das Arbeitsangebot in Deutschland nicht ausgelastet werden und es lag, wie aufgezeigt, Massenarbeitslosigkeit vor.

3.5.2.5.4.1 Arbeitszeitverkürzung bei vollem Lohn- und Personalausgleich

Als Ausweg bleibt eine Verknappung der Arbeitskräfte bzw. des Arbeitsvolumens. Seit Gründung der Bundesrepublik Deutschland ist dies bis auf eine kurze Vollbeschäftigungsphase nicht adäquat erfolgt. Zu lange „lebt" Deutschland schon mit Massenarbeitslosigkeit. Daran wird sich auch, trotz *demografischen Wandels* ohne eine kollektive Arbeitszeitverkürzung nichts ändern. Bei jeder Produktion ist immer, wie aufgezeigt, die Produktivität, der technologische Fortschritt und seine Marktpenetrierung, zu beachten. So kann mehr Produktion (Wachstum) bei gleichem Input oder aber gleiche Produktion (Stagnation) durch weniger Ressourceneinsatz erwirtschaftet werden. Immer steigt die Produktivität als zusätzliche Verteilungsmasse.

Dabei kommt es aber auch durch Technik zu einer ständigen *Substitution von Arbeit durch Kapital*. Es werden weniger Menschen bzw. deren Arbeitszeit gebraucht. Technik und ihre Wissenschaft, von der Erfindung der Dampfmaschine als erste industrielle Revolution, über die technisierte Massenproduktion, insbesondere durch das Fließband, und der computergesteuerten Massenfertigung bis schließlich zur Vernetzung der IT-gesteuerten Maschinenproduktion als vierte Revolution (Industrie

4.0), haben immer mehr wirtschaftliche Leistung ermöglicht und gleichzeitig konnte durch Technik die erforderliche Arbeitszeit gesenkt werden.

Mitte des 19. Jahrhunderts lag die durchschnittliche Wochenarbeitszeit noch bei ca. 60 Stunden (Bontrup/Niggemeyer/Melz 2007). Ohne Arbeitszeitverkürzung, die nichts anderes als eine *Partizipation der abhängig Beschäftigten an der Technikentwicklung* impliziert, wäre es aufgrund der enormen Produktivitätsgewinne zu einer derart hohen Massenarbeitslosigkeit gekommen, die die Entwicklung und den Bestand des marktwirtschaftlich-kapitalistischen Systems gefährdet hätte. Resultiert daher das wirtschaftliche Wachstum, die Leistung, aus einem Produktivitätsanstieg, so ist es gesamtwirtschaftlich auch kein Problem, eine Arbeitszeitverkürzung mit vollem *Lohn- und Personalausgleich* umzusetzen, wie die folgende Beispielrechnung zeigt.

Als Ausgangsprämisse wird eine Produktion von 500 Einheiten, die mit 100 Beschäftigten bei einer 40-Stunden-Woche bewältigt wird, unterstellt. Das Arbeitsvolumen (AV) beträgt also 4.000 Stunden. Die Produktivität beläuft sich auf 0,125 Stück/Std. (500 Stück zu 4.000 Std.). Der Lohnsatz (L_{Satz}) soll sich auf 25 EUR belaufen und damit die Arbeitseinkommen (Y_A) aus Sicht der Beschäftigten und die Arbeitskosten (L_A) aus Unternehmersicht auf 100.000 EUR. Im Modell werden nur Arbeitskosten ohne Berücksichtigung anderer Kostenarten in Ansatz gebracht. Das Ergebnis verändert sich dadurch aber nicht, weil auch in den anderen hier nicht berücksichtigten Kostenarten wie Material oder Energie und Abschreibungen jeweils Arbeitskosten enthalten sind und sich gesamtwirtschaftlich die entscheidende Wertschöpfung immer nur aus Arbeitskosten bzw. Arbeitseinkommen, Gewinn, Zins sowie Miete und Pacht zusammensetzt.

Aus den Daten oben ergeben sich Lohnstückkosten (L_{Stk}) von 200 EUR. Wird die gesamte Produktion von 500 Einheiten zu einem Preis von 300 EUR verkauft, so fallen Umsatzerlöse, eine Wertschöpfung (S), in Höhe von 150.000 EUR an. Der Gewinn (G) liegt dann bei 50.000 EUR.

$$Y_A = L_A = 100.000\,\text{EUR}$$

$$L_{Stk} = 200\,\text{EUR}$$

$$S = 150.000\,\text{EUR}$$

$$G = S - L_A = 50.000\,\text{EUR}$$

Hieraus lassen sich die folgenden Lohn- und Gewinnquoten ableiten:

$$LQ = \frac{100.000}{150.000} \cdot 100 = 66,7\,\%$$

$$GQ = \frac{50.000}{150.000} \cdot 100 = 33,3\,\%$$

Auf die Lohnquote (LQ) entfallen 66,7 Prozent und auf die Gewinnquote (GQ) 33,3 Prozent der Wertschöpfung. Die Gewinnquote entspricht hier ohne Zins und Grundrente der Mehrwertquote.

Unterstellt es kommt jetzt zu einem produktivitätsinduzierten Wachstum von 2 Prozent (statt 500 werden 510 Einheiten mit demselben Arbeitsvolumen von 4.000 Stunden produziert), dann kann der Lohnsatz um 2 Prozent auf 25,50 EUR erhöht und gleichzeitig die Arbeitszeit um 2 Prozent auf eine 39,2157-Stunden-Woche gesenkt werden. Dadurch bleibt das reale Einkommen der Beschäftigten mit insgesamt 100.000 EUR, pro Kopf mit 1.000 EUR, konstant.

Dies impliziert eine Arbeitszeitverkürzung bei vollem Lohnausgleich.

Für das freigesetzte Arbeitsvolumen von 78,43 Stunden (0,7843 Std. · 100 Beschäftigte) können jetzt 2 Arbeitslose zu gleichen Bedingungen, wie sie bei den bereits Beschäftigten vorliegen, eingestellt werden. Dadurch steigen die absoluten Arbeitseinkommen und die Arbeitskosten auf 102.000 EUR bzw. die realen Einkommen der jetzt 102 Beschäftigten bleiben mit 1.000 EUR pro Woche konstant.

Auch die ökonomisch entscheidenden Lohnstückkosten verändern sich aufgrund der Produktivitätserhöhung von 2 % mit 200 EUR nicht. Werden die 510 Produktionseinheiten zum konstanten Preis von 300 EUR verkauft (= Preisneutralität; keine Inflation), so steigen die Umsatzerlöse auf 153.000 EUR und der Gewinn legt ebenfalls in Höhe der Produktivitätssteigerung um 2 Prozent auf 51.000 EUR zu (153.000 EUR − 102.000 EUR).

$$Y_A = L_A = 102.000\,\text{EUR}$$

$$L_{Stk} = 200\,\text{EUR}$$

$$S = 153.000\,\text{EUR}$$

$$G = S - L_A = 51.000\,\text{EUR}$$

$$LQ = \frac{102.000}{153.000} \cdot 100 = 66,7\,\%$$

$$GQ = \frac{51.000}{153.000} \cdot 100 = 33,3\,\%$$

Im Befund liegen also in einer *wachsenden Wirtschaft* bei einer Arbeitszeitverkürzung mit vollem Lohn- und Personalausgleich insgesamt
a) eine Lohnstückkostenneutralität,
b) keine Preissteigerung (keine Inflation) und
c) eine Verteilungsneutralität vor.

Außerdem behalten die abhängig Beschäftigten bei verkürzter Arbeitszeit ihren Reallohn und der Gewinn steigt in Höhe der Produktivitätsrate um 2.000 EUR. Arbeitszeitverkürzung ist demnach ohne Probleme möglich. Aber nur in einer wachsenden Wirtschaft.

Dabei ist aufgrund der *Verteilungsneutralität* auch sichergestellt, dass es durch die Arbeitszeitverkürzung zu keinem Nachfrageausfall kommt. Die gestiegene Wertschöpfung teilt sich jetzt wie folgt auf:

$$S = L + G\,;\quad \rightarrow \quad 153.000\,\text{EUR} = 102.000\,\text{EUR} + 51.000\,\text{EUR}$$

Die zusätzlich auf Grund der Produktivitätssteigerung um 2 Prozent größere Wertsumme von 3.000 EUR entfällt zu 2.000 EUR auf die beiden Arbeitslosen bzw. jetzt Neubeschäftigten und zu 1.000 EUR auf die Kapitaleigner (Unternehmer), womit es auch nicht zu weniger Investitionen kommt – vorausgesetzt, die Unternehmer lenken ihren Gewinn nicht auf die Kapitalmärkte. Ernstzunehmende Kritiker einer Arbeitszeitverkürzung monieren aber zu Recht, dass es so zu einer *klasseninhärenten Finanzierung* der Arbeitszeitverkürzung käme. Dies ist aufgrund der Verteilungsneutralität richtig. Wem das zu wenig ist, der muss umverteilen. Dann muss die Lohnquote zulasten der Gewinn- bzw. Mehrwertquote steigen.

3.5.2.5.4.2 Arbeitszeitverkürzung und Umverteilung

Dies erscheint deshalb erwägenswert, weil bei vorliegender Massenarbeitslosigkeit und großer Versäumnisse in der Vergangenheit, die Arbeitszeit gemäß der Produktivitätsrate nicht gekürzt zu haben, die Produktivitätsrate zu gering ausfällt, um ohne eine Umverteilung zulasten der Gewinn- bzw. Mehrwertquote eine adäquate Arbeitszeitverkürzung durchführen zu können.

Um die Arbeitszeit von Vollzeit-Beschäftigten mit einer durchschnittlichen Wochenarbeitszeit von 37,7 Stunden (Stand 2019; vgl. Tab. 3.30) auf eine 30-Stunden-Woche zu verkürzen, und um damit dann Arbeitslose und Unterbeschäftigte mit einer 30-Stunden-Woche zu beschäftigen, ist auf makroökonomischer Basis ein Adaptionszeitraum von fünf Jahren (2020 bis 2024) notwendig, also eine Arbeitszeitverkürzung um 5 Prozent pro Jahr. Damit würden kumuliert und sukzessive gut 5,2 Mio. Menschen zusätzlich von 2020 bis 2024 Arbeit finden. Hierbei ist ein *produktivitätsinduzierter Effekt* von 30 Prozent berücksichtigt, der dadurch entsteht, dass die Beschäftigten bei verkürzten Arbeitszeiten produktiver arbeiten und somit der rechnerische Effekt der Arbeitszeitverkürzung von gut 6,7 Mio. Beschäftigten nicht voll zur Geltung kommt.

Bei ca. 6 Mio. fehlender Arbeitsplätze (vor Ausbruch der Corona-Pandemie) in Deutschland im Jahr 2020 würde also der Beschäftigungseffekt noch zu gering ausfallen, um Vollbeschäftigung zu erreichen. Hier könnte dann aber zusätzlich die Einführung einer *öffentlich geförderten Beschäftigung* im Staatssektor helfen. Laut dem Konzept der Arbeitsgruppe Alternative Wirtschaftspolitik können davon *zivilgesellschaftliche Initiativen* profitieren, z. B. Vereine, Stadtteilzentren sowie kulturelle und soziale Projekte. Eine private Gewinnaneignung ist hier im Rahmen einer öffentlich geförderten Beschäftigung ausgeschlossen. Dafür ist aber eine tarifliche bzw. ortsübliche Entlohnung der Beschäftigten selbstverständlich umzusetzen.

Eine Arbeitszeitverkürzung von 5 Prozent pro Jahr übersteigt aber bei Weitem die Produktivitätsraten pro Jahr von 1,3 Prozent im langjährigen Durchschnitt der Jahre von 1991 bis 2019. Die reale Wachstumsrate des Bruttoinlandsprodukts war im gleichen Zeitraum mit 1,3 Prozent genauso groß, so dass sich kein Effekt auf das Arbeitsvolumen ergab. Dass dennoch die Beschäftigtenzahlen so stark zulegten und die registrierten Arbeitslosenzahlen sanken, lag, wie aufgezeigt, fast ausschließlich an

Tab. 3.30: Gesamtwirtschaftliche Beschäftigungseffekte durch Arbeitszeitverkürzung

Jahr	Vollzeit-beschäftigte	Std./ Woche	Std./ Jahr[**]	Rechnerischer[***] Beschäftigungseffekt	Tatsächlicher[****] Beschäftigungseffekt
2019[*]	24.486.250	37,70	1.658,8		
2020	25.710.563	35,90	1.579,6	1.227.723	944.402
2021	26.996.091	34,20	1.504,8	1.278.010	983.085
2022	28.345.895	32,57	1.433,1	1.351.048	1.039.268
2023	29.763.190	31,02	1.364,9	1.416.381	1.089.524
2024	31.251.349	29,54	1.299,8	1.491.182	1.147.063
Summe	**6.765.099**	**−8,16**	**−359,0**	**6.764.344**	**5.203.342**

[*] 2019 Ist-Zahlen;
[**] auf Basis von 44 Wochen pro Jahr;
[***] 2020–2024 Berechnung nach der Formel: Mehrbedarf an Arbeitskräften = gekürzte Arbeitszeit × Beschäftigte: Arbeitszeit je Beschäftigten nach Verkürzung der Arbeitszeit;
[****] nach Abzug von 30 Prozent produktivitätsinduzierter Effekt.

der massiven Zunahme der Teilzeit- und geringfügigen Beschäftigung mit Arbeitszeiten von ca. 15 Stunden in der Woche. Hierdurch betrug schon 2013 die rechnerische durchschnittliche Wochenarbeitszeit aller abhängig Beschäftigten in Deutschland 30 Stunden. Um die fehlende Differenz von 5 Prozent und tatsächlicher Produktivität (1,3 Prozent) in Höhe von 3,7 Prozentpunkten auszugleichen, kommt ein demografischer Rückgang des Arbeitsangebots zur Hilfe. Dieser Rückgang wird aber nicht ausreichen, zumal ein Einwanderungseffekt gegenläufig wirkt, um die bestehende Massenarbeitslosigkeit und Unterbeschäftigung zu beseitigen. Ein Ausweg wäre eine Umverteilung von den Besitz- bzw. Kapital- zu den Arbeitseinkommen.

Das Volkseinkommen betrug 2019 in Deutschland 2.561,6 Mrd. EUR. Davon entfielen 1.851,3 Mrd. EUR auf die Arbeitnehmerentgelte. Dabei lag das jahresdurchschnittliche Arbeitnehmerentgelt bei 45.012 EUR im Jahr bzw. monatlich bei 3.751 EUR. Sollen die abhängig Beschäftigten und die zusätzlich, aufgrund der Arbeitszeitverkürzung, eingestellten Arbeitslosen die um 3,7 Prozentpunkte oberhalb der Produktivitätsrate von 1,3 Prozent liegende Arbeitszeitverkürzung von 5 Prozent pro Jahr nicht allein finanzieren, sondern auch die Kapitaleigentümer, so würde dies bei einem unterstellten jahresdurchschnittlichen Anstieg des Volkseinkommens um 2 Prozent die Lohnquote um 6,4 Prozentpunkte ansteigen lassen und die Gewinnquote in gleicher Höhe absenken. Die Gewinne würden dann aber immer noch gut 21 Prozent des Volkseinkommens beanspruchen (vgl. Tab. 3.31). Genug, um damit alle notwendigen Investitionen zu finanzieren.

Ohne einen „radikalen Politikwechsel" ist eine solche umverteilende Arbeitszeitverkürzung aber nicht zu haben. Treten dabei jedoch selbst die Gewerkschaftsspitzen nicht für eine massive Arbeitszeitverkürzung vehement ein, und auch die LINKE in den Parlamenten nicht, drohen weiter Arbeitslosigkeit und prekäre Verhältnisse auf

Tab. 3.31: Verteilung bei Arbeitszeitverkürzung oberhalb der Produktivitätsrate. Quelle: Eigene Berechnungen.

	Arbeit-nehmer-entgelt	Arbeits-zeiteffekt	Einkommens-effekt	Volkseinkommen	Arbeitnehmer-entgelt	Gewinn-quote	Lohn-quote
	in EUR p. a. pro Kopf	Beschäf-tigte	in Euro	in EUR	in EUR	in v. H.	in v. H.
2019*	45.012			2.561.554.000.000	1.851.340.000.000	27,7	72,3
2020	45.597	944.402	43.062.045.321	2.612.785.080.000	1.918.469.465.321	26,6	73,4
2021	46.190	983.085	45.408.616.548	2.665.040.781.600	1.988.818.184.918	25,4	74,6
2022	46.790	1.039.268	48.627.752.930	2.718.341.597.232	2.063.300.574.252	24,1	75,9
2023	47.399	1.089.524	51.641.980.927	2.772.708.429.177	2.141.765.462.644	22,8	77,2
2024	48.015	1.147.063	55.076.052.882	2.828.162.597.760	2.224.684.466.541	21,3	78,7
	3.003	5.203.342	243.816.448.608	266.608.597.760	373.344.466.541	-6,4	6,4

* 2019 Ist-Zahlen, 1,3 Prozent Produktivitätsrate, 5,0 Prozent Arbeitszeitverkürzung pro Jahr, 2,0 Prozent jährlicher Zuwachs Volkseinkommen.

den Arbeitsmärkten. Dies wird aber, so steht zu befürchten, die EU nicht noch viel länger aushalten. Die Vorboten des Niedergangs mit dem Brexit und der Verelendung in Griechenland sowie den in der gesamten EU sich vollziehenden politisch demokratiegefährdenden rechtsextremistischen Entwicklungen, die längst in den Parlamenten angekommen sind, sind bereits vorhanden. Den „point of no return" sollte man erkennen, bevor es zu spät ist, sagt der deutsche Philosoph Jürgen Habermas (zitiert in: Frankfurter Rundschau vom 18.06.2019).

4 Volkswirtschaftliche Gesamtrechnung und Wohlfahrtsmessung

Nach Betrachtung der einzelwirtschaftlichen Mikroökonomie bzw. von großen Markt-segmenten geht es im Folgenden um die Makroökonomie, also um die gesamtwirt-schaftlichen Zusammenhänge. Im Einstieg gehen wir zum Aufbau von Grundkennt-nissen und zum Verständnis von wirtschaftlichen *Kreislaufzusammenhängen* auf die Volkswirtschaftliche Gesamtrechnung (VGR) näher ein. Hier steht bei der orthodoxen VWL die Berechnung des Bruttoinlandsproduktes (BIP), aber auch die Analyse der Zahlungsbilanz im Mittelpunkt. Oftmals wird dabei das BIP als Wohlfahrtsindikator verwendet. Die heterodoxe Ökonomie hat sich von dieser allzu einseitigen und irre-führenden Gleichsetzung abgewendet und stattdessen alternative Messkonzepte für die Wohlfahrt einer Gesellschaft entwickelt (vgl. Kap. 4.4).

Darüber hinaus sind zahlreiche Kennziffern der Finanzpolitik, wie beispielsweise die Schuldenstand- oder die Steuerquote, von wirtschaftspolitischer Bedeutung. Mit diesen Daten aus der Finanzstatistik beschäftigen wir uns kritisch allerdings erst im Kap. 7.2.

4.1 Wirtschaftssektoren in der VGR

Die VGR hat einerseits zum Ziel, das gesamtwirtschaftliche Geschehen datenmäßig zu erfassen und andererseits Abhängigkeiten im Wirtschaftskreislauf aufzuzeigen. Um dabei angesichts von Millionen von Wirtschaftssubjekten mit Abermillionen Transak-tionen überhaupt einen Überblick erhalten zu können, bedarf es einer strukturierten *„Aggregation"* der Wirtschaftssubjekte zu Wirtschaftssektoren.

In den Wirtschaftssektoren werden Akteure mit ähnlichen Eigenschaften zusam-mengefasst. Dabei muss unterschieden werden zwischen der für analytische Zwecke vereinfachten Einteilung in vier Sektoren und der Einteilung, die sich in der prakti-schen Statistik herausgebildet hat (vgl. Abb. 4.1).

Hier hat sich die *praktische Statistik* im Zuge von mehreren Reformen immer mehr von der *klassischen Vierteilung* in Private Unternehmen, Private Haushalte, Staat (bzw. Öffentliche Haushalte) und Ausland entfernt (vgl. Räth/Brackmann 2014 und Eurostat 2014). Für die Statistikzwecke erwies sich dieser einfache Rahmen als zu grob, weil er zum einen zu viele Zweifelsfälle offenließ, wie z. B. die Frage, ob die Aktivitäten öffentlicher Krankenhäuser dem Unternehmens- oder dem Staatssektor zuzuordnen sind. Zum anderen gehen zu viele Feinheiten, wie zum Beispiel die Unterschiede zwi-schen den im Finanzsektor und den im Produktionssektor tätigen Akteuren verloren. Darüber hinaus reflektieren die Reformen die Bestrebungen, auf *internationaler Ebene* eine immer bessere Vergleichbarkeit durch eine zunehmende Vereinheitlichung der statistischen Erfassung zu erhalten. Federführend sind dabei die Vereinten Nationen

https://doi.org/10.1515/9783110619379-004

(UN) mit ihrem „*System of National Accounts*". Das schrittweise Herunterbrechen auf die Europäische Union (EU) organisiert Eurostat als die EU-Statistikbehörde im „*Europäischen System Volkswirtschaftlicher Gesamtrechnungen*" (ESVG).

Im Detail wird dabei zum Beispiel erkennbar, dass Private Haushalte in der offiziellen Statistik sowohl Konsumenten als auch Produzenten von Gütern sein können, die dem Markt bereitgestellt werden oder, wie ein selbst gebautes Haus, im Eigenbedarf verwendet werden können. Für die später folgende makroökonomische Analyse bietet es sich aber an, mit der traditionellen Vierteilung der Sektoren zu arbeiten.

4.2 Sozialproduktrechnung

Im Mittelpunkt der VGR steht die Sozialproduktrechnung (vgl. Statistisches Bundesamt 2016). Der Begriff Sozialprodukt wird dabei als Oberbegriff für verschiedene Größen verwendet, mit denen die *Jahresleistung* einer Volkswirtschaft über die Produktion bzw. die dabei anfallenden Einkommen gemessen werden kann.

International hat sich inzwischen das *Bruttoinlandsproduktes* (BIP) als die zentrale Messgröße etabliert. Es soll die innerhalb eines Jahres in einer Volkswirtschaft erbrachte Leistung über den in einer Währung ausgedrückten Marktwert der produzierten Güter und Dienstleistungen bestimmen. Damit gilt es als Maßstab der materiellen Güterversorgung und wird oft mit dem erreichten Wohlfahrtsniveau der Gesellschaft gleichgesetzt. Dabei ist diese Gleichsetzung zwar weit verbreitet, aber auch höchst umstritten (vgl. Kap. 4.4).

Das Bruttoinlandsprodukt kann auf drei Wegen berechnet werden: über die Entstehungs-, die Verwendungs- und die Verteilungsrechnung. Grob gesprochen gilt dieser Zusammenhang, weil alles, was an Leistungen erbracht wurde (Ergebnis der *Entstehungsrechnung*), auch für irgendwelche Zwecke verwendet wird (Ergebnis der *Verwendungsrechnung*). Dazu muss aber vorab die Finanzierung ermöglicht worden sein, indem der beim Güterverkauf erzielte Gegenwert der Produktion an diejenigen, die Produktionsfaktoren eingebracht haben, verteilt wurde (*Verteilungsrechnung*).

Das wird deutlich anhand des Beispiels (vgl. Abb. 4.2). Hier wird ein arbeitsteiliger, aufeinander aufbauender Produktionsprozess betrachtet, bei dem der Einfachheit halber der Staat als Akteur nicht berücksichtigt wird. Ein Mischkonzern liefert im Wert von 20 Mio. EUR Stahl und im Wert von 40 Mio. EUR Maschinen an einen Automobilhersteller. Aus dem Verkauf der Produkte fließen ihm 60 Mio. EUR zu. Ein Teil davon wird zurückgelegt, um den Verschleiß des bei der Produktion eingesetzten Sachkapitals später ersetzen zu können. Dieser Verschleiß wird in Form der sogenannten „*Abschreibungen*" in Höhe von annahmegemäß 15 Mio. EUR erfasst. An die Beschäftigten werden 25 Mio. EUR Löhne und Gehälter ausgezahlt, die Fremdkapitalgeber erhalten 5 Mio. EUR an Zinsen. Der Rest geht als Gewinn an die Eigentümer des Konzerns.

Im Automobilkonzern findet zunächst in der Vermögenszusammensetzung ein reiner *Aktivtausch* statt: Das Unternehmen zahlt aus seinem Finanzvermögen 40 Mio. EUR und erhält im Gegenzug Sachvermögen in Form der Maschinen im selben Wert.

Binnenwirtschaft = Inländische Akteure | **Ausland**

Analytische Einteilung

Private Unternehmen	Private Haushalte	Staat	Ausland

Gemeinsamkeiten

Private Unternehmen	Private Haushalte	Staat	Ausland
❯ Nachfrager von Produktionsfaktoren ❯ Produzent und Anbieter von Gütern und Dienstleistungen	❯ Anbieter von Produktionsfaktoren ❯ Nachfrager nach Gütern und Dienstleistungen	❯ Nachfrager von Produktionsfaktoren ❯ Nachfrager und Anbieter von Gütern und Dienstleistungen	❯ Anbieter und Nachfrager von Produktionsfaktoren ❯ Importanbieter u. Exportnachfrager

Einteilung nach ESVG

Finanzielle Kapitalgesellschaften	Nicht-Finanzielle Kapitalgesellschaften	Private Haushalte	Private Organisationen ohne Erwerbszweck	Staat	Übrige Welt

Gemeinsamkeiten

Finanzielle Kapitalgesellschaften	Nicht-Finanzielle Kapitalgesellschaften	Private Haushalte	Private Organisationen ohne Erwerbszweck	Staat	Übrige Welt
Marktproduzenten (= Herstellung für Markt und Verkauf) auf Finanzmärkten	Marktproduzenten außerhalb der Finanzmärkte mit klarer Trennung Unternehmens- und Privatsphäre (u.a. vollstd. Rechnungswesen)	Markt- oder private Nicht-Marktproduzenten für die Eigenverwendung ohne klare Trennung von Unternehmens- und Privatsphäre — Konsumenten und Faktoranbieter	Nicht-Marktproduzenten von Dienstleistungen; vorrangige Finanzierung über Beiträge, Spenden, Fördermittel	Nicht-Marktproduzenten mit hoheitlichen Aufgaben (öffentliche Güter anbieten) u. Absicherung sozialer Grundrisiken; Finanzierung über Steuern u. Gebühren (bei Gebietskörperschaft) bzw. Zwangsbeiträge (bei Sozialversicherungen)	Wirtschaftseinheiten mit Wohnsitz oder Betriebsstätte außerhalb des Inlands

Sektor-Zusammensetzung

Finanzielle Kapitalgesellschaften	Nicht-Finanzielle Kapitalgesellschaften	Private Haushalte	Private Organisationen ohne Erwerbszweck	Staat	Übrige Welt
❯ Geschäftsbanken, Zentralbank ❯ Fonds ❯ Versicherungen ❯ Altersvorsorge-Unternehmen ❯ Sonst. Finanzinstitute ❯ Hilfsgewerbe (Makler, Anlageberater, ...)	❯ Kapitalgesellschaften (AG, GmbH) ❯ "Quasi-Kapitalgesellschaften" (Personenges. (OHG, KG)) ❯ Wirtschaftsverbände ❯ Eigenbetriebe des Staates u. Organs. ohne Erw.zweck (inkl. Krankenh.)	❯ produzierende selbständige Einzelunternehmer, sofern nicht als Quasi-Kapital-gesellschaft behandelt (Handwerker, Freiberufler, Gastwirte, Einzelhandelsgewerbe, ...) ❯ Eigenverwendig (Wohnraum, ...)	❯ Parteien, Gewerkschaften, Kirchen, Vereine, Wohlfahrtsverbände, ... ❯ Forschungseinrichtungen	❯ Gebietskörperschaften: Bund, Länder, Gemeinden ❯ Staatliche Sozialversicherungen mit gesetzlicher Teilnahmepflicht und Übernahme von Leistungen durch Staat: Kranken-, Renten-, Arbeitslosen-, Pflegeversicherung ❯ öffentliche Versorgungs- u. Verkehrsunternehmen	❯ Sektoren aus EU-Mitgliedsländer u. EU-Institutionen ❯ Sektoren aus Drittländern ❯ Sektoren aus sonstigen internationalen Institutionen

Abb. 4.1: Wirtschaftssektoren. Quelle: eigene Darstellung nach ESVG.

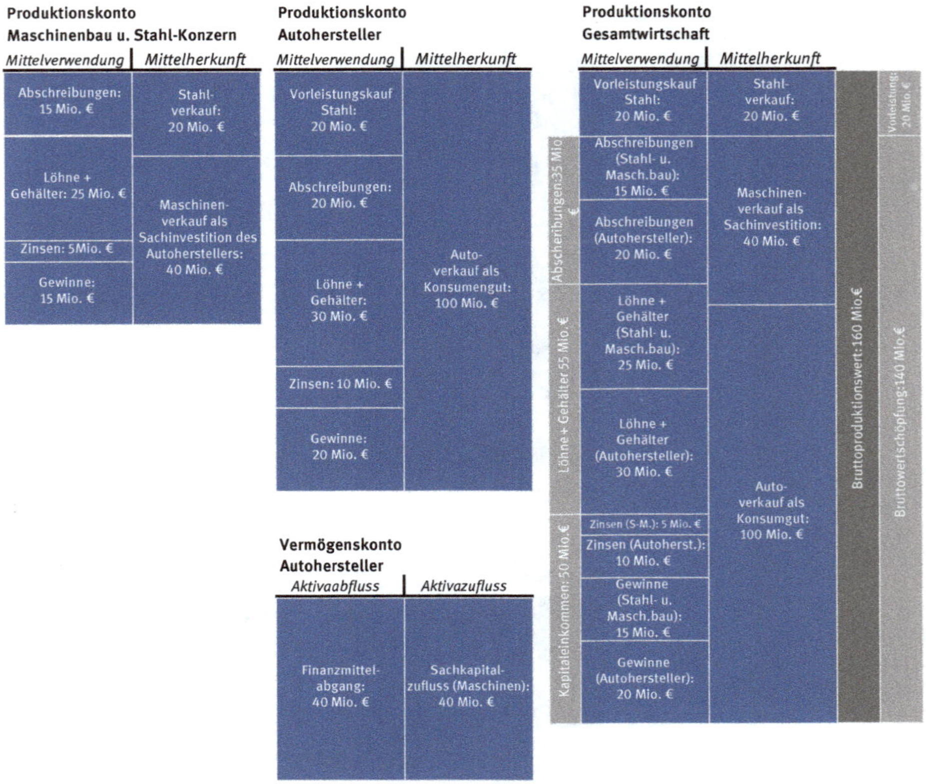

Produktionskonto Maschinenbau u. Stahl-Konzern

Mittelverwendung	Mittelherkunft
Abschreibungen: 15 Mio. €	Stahlverkauf: 20 Mio. €
Löhne + Gehälter: 25 Mio. €	Maschinenverkauf als Sachinvestition des Autoherstellers: 40 Mio. €
Zinsen: 5 Mio. €	
Gewinne: 15 Mio. €	

Produktionskonto Autohersteller

Mittelverwendung	Mittelherkunft
Vorleistungskauf Stahl: 20 Mio. €	Stahlverkauf: 20 Mio. €
Abschreibungen: 20 Mio. €	Autoverkauf als Konsumgut: 100 Mio. €
Löhne + Gehälter: 30 Mio. €	
Zinsen: 10 Mio. €	
Gewinne: 20 Mio. €	

Vermögenskonto Autohersteller

Aktivaabfluss	Aktivazufluss
Finanzmittelabgang: 40 Mio. €	Sachkapitalzufluss (Maschinen): 40 Mio. €

Produktionskonto Gesamtwirtschaft

Mittelverwendung	Mittelherkunft
Vorleistungskauf Stahl: 20 Mio. €	Stahlverkauf: 20 Mio. €
Abschreibungen (Stahl- u. Masch.bau): 15 Mio. €	Maschinenverkauf als Sachinvestition: 40 Mio. €
Abschreibungen (Autohersteller): 20 Mio. €	
Löhne + Gehälter (Stahl- u. Masch.bau): 25 Mio. €	Autoverkauf als Konsumgut: 100 Mio. €
Löhne + Gehälter (Autohersteller): 30 Mio. €	
Zinsen (S.-M.): 5 Mio. €	
Zinsen (Autoherst.): 10 Mio. €	
Gewinne (Stahl- u. Masch.bau): 15 Mio. €	
Gewinne (Autohersteller): 20 Mio. €	

(Abschreibungen 35 Mio. €; Löhne + Gehälter 55 Mio. €; Kapitaleinkommen 50 Mio. €; Vorleistung 20 Mio. €; Bruttoproduktionswert 160 Mio. €; Bruttowertschöpfung 140 Mio. €)

Abb. 4.2: Zusammenhang Entstehungs-, Verwendungs- und Verteilungsrechnung. Quelle: eigene Darstellung.

Auf der Produktionsseite verwendet es den Stahl, um ihn in den produzierten Autos, die annahmegemäß zu 100 Mio. EUR als *Konsumgüter* an private Haushalte verkauft werden, zu veredeln. Von den Umsätzen werden im Beispiel 20 Mio. EUR für den Vorleistungskauf eingesetzt, 20 Mio. EUR für Abschreibungen zur Seite gelegt, 30 Mio. EUR gehen an die Beschäftigten und 10 Mio. EUR stehen den Fremdkapitalgebern zu. Als *Residualeinkommen* bleiben Gewinne für die Eigentümer des Autounternehmens im Wert von 20 Mio. EUR übrig.

Die Produktionsleistung der Volkswirtschaft kann nun auf drei unterschiedlichen Wegen ermittelt werden, wobei jeder Weg für sich genommen wertvolle Zusatzinformationen generiert. Erstens kann man im Sinne der *Entstehungsrechnung* in jedem Unternehmen abfragen, welche Leistung es erbracht hat. Im Mischkonzern entsprechen die erzeugten Werte dem *Umsatz* von 60 Mio. EUR. Im Autounternehmen wurde zwar ein Umsatz von 100 Mio. EUR erzielt, dies entspricht aber nicht der Wertschöpfung des Unternehmens. Denn im Wert von 20 Mio. EUR bestehen die Autos aus dem Stahl, den zuvor der Mischkonzern hergestellt hat und der vom Autoproduzenten in seinem Endprodukt nur „veredelt" wurde. Insofern ist die eigenständige, zusätzliche Leistung des Autoproduzenten nur mit 80 Mio. EUR anzusetzen. Insgesamt beläuft sich damit die Bruttowertschöpfung der Volkswirtschaft auf 60 Mio. EUR + 80 Mio. EUR = 140 Mio. EUR. Dieser Wert ergibt sich durch Addition aller Umsätze in der Volkswirtschaft (60 Mio. EUR + 100 Mio. EUR) und nach anschließendem Abzug der *Vorleistungen* (20 Mio. EUR). Die Vorleistungsbereinigung bewirkt, dass der einmal produzierte Stahl nicht zweimal, nämlich als Endprodukt des Mischkonzerns und als Vorprodukt der Autos, in die Rechnung eingeht.

Die Bruttowertschöpfung kann aber alternativ auch bestimmt werden, wenn man auf die Endprodukte schaut, die für verschiedene Zwecke *verwendet* wurden. Am Ende des Produktionsprozesses hat die Volkswirtschaft für 40 Mio. EUR neue *Investitionsgüter* in Form der Maschinen erhalten und neue *Konsumgüter* im Wert von 100 Mio. EUR in Form der Autos.

Schließlich fielen aus der Güterproduktion und der Beteiligung der Produktionsfaktoren verschiedene Einkommensarten an. Die kontraktbestimmten Lohn- und Gehaltseinkommen beliefen sich auf 55 Mio. EUR, die per Darlehensvertrag ebenfalls kontraktbestimmten Zinseinkommen auf 15 Mio. EUR, sodass nach Beiseitelegen der Abschreibungen in Höhe von 35 Mio. EUR gesamtwirtschaftliche Gewinneinkommen von 35 Mio. EUR übrig blieben. Die Bruttowertschöpfung von 140 Mio. EUR wird dann schließlich nach Abzug der Abschreibungen in Höhe von 35 Mio. EUR als Nettowertschöpfung von 105 Mio. EUR auf die unterschiedlichen Einkommensarten Lohn- und Gehaltseinkommen 55 Mio. EUR und den Mehrwert (Kapitaleinkommen in Form von Zinsen 15 Mio. EUR und Gewinn 35 Mio. EUR) verteilt.

Die *Nettowertschöpfung* von 105 Mio. EUR, die verteilt werden soll, enthält nicht die Aufwendungen zum Erhalt des eingesetzten Kapitals in Höhe der *Abschreibungen*, hier 35 Mio. EUR, sodass die Kapitaleigner vor der Verteilung der Nettowertschöpfung bereits ihr vorgeschossenen Kapital, ihre eingesetzten Produktionsmittel, zurückerhalten. Hierin drückt sich ein Widerspruch zwischen Verwendungs- und Verteilungsrechnung aus. So werden in unserer Beispielrechnung 105 Mio. EUR verteilt, aber 140 Mio. EUR verwendet. Das heißt letztlich, dass die Abschreibungen in der VGR quasi als „Gratisgabe" fürs Kapital gesehen werden. Denn, hier

dient nur das Nettoergebnis der Jahresarbeit der ‚Wohlfahrt'. Da jedoch auch die verbrauchten Produktionsmittel produziert werden müssen, wird auf diese Weise eine Zweiteilung der Jahresarbeit einer konkreten Gesellschaft vorgenommen. Der Teil der Arbeit, der dazu verwendet wird, das verbrauchte Kapital zu ersetzen, steigert die Wohlfahrt nicht. Der andere Teil der Jahresarbeit jedoch, der Konsumtionsmittel und Nettoinvestitionsmittel herstellt, dient gerade diesem Zweck. Das Kapital kann nach diesen Begriffen also erwarten, daß zuallererst ein Anspruch auf Ewigkeit erfüllt wird. Die Erhaltung der lebendigen Arbeit figuriert jedoch bereits unter ‚Konsumtion' innerhalb der Kategorie des ‚Sozialeinkommens'. Diese Selbstverständlichkeit, mit der dem Kapital sein Recht auf ungeschmälerte Existenz zugestanden wird, bevor der ‚Kuchen des Volkseinkommens' angeschnitten, verteilt wird, erscheint allerdings als reine Absurdität auf Seiten des Arbeiters. (Altvater et al. 1973, S. 17)

4.2.1 Entstehungsrechnung des BIP

In der konkreten Entstehungsrechnung des Bruttoinlandsproduktes (BIP) werden zunächst die über den Markt erzielten *Umsätze der privaten Wirtschaftszweige* bestimmt (vgl. Abb. 4.3). Zu berücksichtigen sind dabei aber einerseits auch Leistungen des Jahres, die noch nicht verkauft wurden und zunächst gelagert werden. Andererseits sind bei der Leistungsmessung des laufenden Jahres solche Umsätze abzuziehen, die aus dem in vergangenen Jahren aufgebauten *Lager* stammen. Hinzu kommen – neben den für den Eigenbedarf produzierten und deshalb nicht verkauften Gütern – die *Produktionswerte des Staates*, die etwa beim Bereitstellen des öffentlichen Bildungsangebotes in Schulen entstehen. Da diese Leistungen in der Regel nicht am Markt entgolten werden, gehen sie zu Herstellungspreisen in die Rechnung ein.

Anschließend müssen die *Vorleistungen* abgezogen werden, um Doppelzählungen zu vermeiden. Dies liefert, wie schon gezeigt, die *Bruttowertschöpfung*. Der Betrag misst aber noch nicht, zu welchem Wert die produzierte Leistung am Markt tatsächlich gehandelt wird, da im Erfassungsprozess bis hierhin auf den Marktpreis weitergewälzte *Gütersteuern*, wie die Mehrwertsteuer, aber auch preisentlastende *Subventionen*, wie kommunale Zuschüsse an Verkehrsbetriebe, nicht erfasst werden. Werden diese Preiseffekte zusätzlich berücksichtigt, erhält man den Wert der erzeugten Güter und Dienstleistungen zu Marktpreisen, das BIP in Höhe von weit über 3 Bio. EUR.

Die Entstehungsrechnung liefert nicht nur einen Wert für das BIP, sondern sie ermöglicht durch die Erhebung in Unternehmen auch einen Überblick über die *Wertschöpfungsstrukturen*, also die Frage, welche Werte in welchen Wirtschaftszweigen generiert wurden. Dabei unterscheidet man zwischen dem *Primären, Sekundären und Tertiären Sektor* (vgl. Abb. 4.4).

Über die Jahrzehnte hinweg wird dabei in Deutschland ein *Strukturwandelprozess* in der Wertschöpfung vom Industriestandort hin zur *Dienstleistungsgesellschaft* deutlich. Das produzierende Gewerbe, das in den 1950er- und 1960er-Jahren noch den größten Wertschöpfungsanteil hatte, hat seitdem deutlich an Bedeutung eingebüßt. Der Primäre Sektor hat in Relation zur Gesamtwirtschaft so gut wie überhaupt keine Bedeutung mehr, obwohl absolut immer mehr Werte hergestellt wurden. Im Gegenzug dominiert inzwischen der Tertiäre Sektor die Wertschöpfung mit einem Anteil von rund 70 Prozent (vgl. Abb. 4.5).

Interessant ist hier die Verteilung der Bruttowertschöpfung (inkl. der Abschreibungen s. o.) in absoluten Werten, nicht nur über die jeweiligen weiter ausdifferenzierten Sektoren, sondern auch die Verteilung der Bruttowertschöpfung auf Arbeitnehmerentgelte und Mehrwert. Hier zeigt sich, dass der Sektor Grundstücks- und Wohnungswesen nur auf eine Lohnquote von 5,0 Prozent und demnach auf eine Mehrwertquote von 95 Prozent im Jahr 2019 kommt, was hier allerdings den hohen Abschreibungsbeträgen (sektorspezifisch) geschuldet ist. Aber auch Land-, Forstwirtschaft und Fischerei kommen nur auf eine Lohnquote von 30 Prozent, während

I. Entstehungsrechnung	Mrd. €
Umsätze private Wirtschaftszweige	
+ Lageraufbau (Produktion ohne Umsatz – Umsatz nur aus Lager)	
+ aktivierte Eigenleistung (Produktion ohne Umsatzerfassung)	
= Produktionswerte private Wirtschaftszweige	5.130
+ Produktionswerte Staat (Öffentliche Dienstleister, Erziehung, Gesundheit)	774
− Vorleistungen	−2.950
= *Bruttowertschöpfung* (erfasst zu Herstellungspreisen inkl. Gewinn)	2.955
+ Gütersteuern (Marktpreis belastend)	330
− Gütersubventionen (Marktpreis entlastend)	−7
= *Bruttoinlandsprodukt zu Marktpreisen (BIP)*	3.277

II. Verwendungsrechnung	Mrd. €		Mrd. €
Privater Konsum	1.732		
+ Staatskonsum	639		
+ Ausrüstungsinvestitionen	215	Brutto-	666
+ Bauinvestitionen	327	anlage-	
+ Sonstige Anlagen	124	invest.	
+ Vorratsaufbau	−7		
+ Exporte	1.542	Außen-	248
− Importe	−1.294	beitrag	
= *Bruttoinlandsprodukt zu Marktpreisen (BIP)*	3.277		
+ Primäreinkommen Inländer in Übriger Welt	199		
− Primäreinkommen Übrige Welt in Deutschland	−130		
= *Bruttonationaleinkommen (= zuvor Bruttosozialprodukt)*	3.346	Inländer- konzept	
− Abschreibungen (zum Erhalt des Kapitalbestandes)	−573		
= *Nettonationaleinkommen zu Marktpreisen*	2.773		
− (Produktions- u. Importabgaben an Staat + Subv. vom Staat)	−317		
= *Nettonationaleinkommen zu Faktorpreisen (= Volkseinkommen)*	2.456		
− Arbeitnehmerentgelte	−1.669		
= Unternehmens- und Vermögenseinkommen	788		

III. Verteilungsrechnung	Mrd. €

Abb. 4.3: BIP-Rechnungen für Deutschland 2017. Quelle: Statistisches Bundesamt; eigene Darstellung.

Primärer Sektor	Sekundärer Sektor (Produzierendes Gewerbe)	Tertiärer Sektor
➢ Landwirtschaft ➢ Forstwirtschaft ➢ Fischerei	➢ Bergbau, Energie, Wasserversorgung ➢ Verarbeitendes Gewerbe ➢ Baugewerbe	➢ Handel, Verkehr, Gastgewerbe ➢ Information u. Kommunikation ➢ Finanz- u. Versicherungs dienstleistungen ➢ Grundstücksu. Wohunungswesen ➢ Unternehmens- dienstleistungen ➢ Öffentl. Dienste, Erziehung, Gesundheit ➢ Sonst. Dienstleistg.

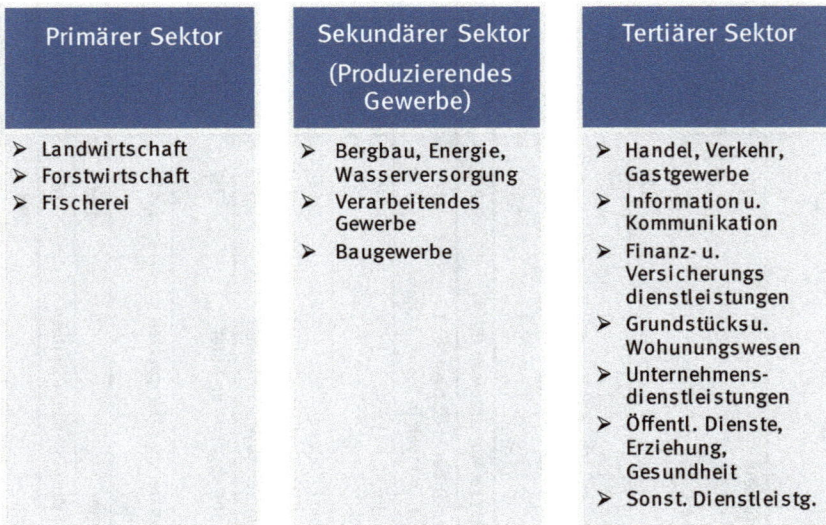

Abb. 4.4: Unternehmenssektoren in Deutschland. Quelle: eigene Darstellung.

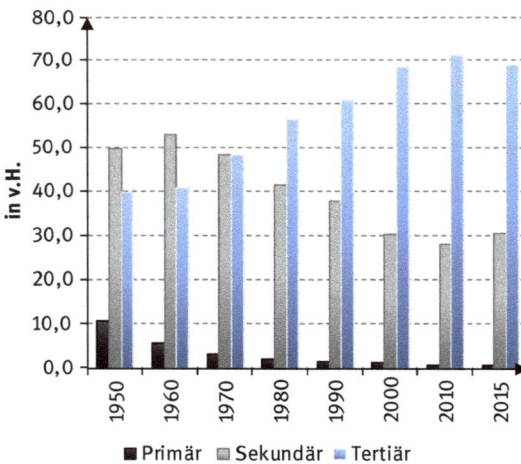

Abb. 4.5: Bruttowertschöpfungsanteile in Deutschland. Quelle: Statistisches Bundesamt und eigene Berechnungen; bis 1990 früheres Bundesgebiet.

die Beschäftigten im Sektor Öffentliche Dienstleister, Erziehung und Gesundheit mit 81,2 Prozent den höchsten Anteil von der hier erarbeiteten Bruttowertschöpfung erhalten (vgl. Tab. 4.1).

Die Entwicklung zu einer Dienstleistungsgesellschaft ist geradezu typisch für reife Volkswirtschaften und wurde bereits in der *Drei-Sektoren-Hypothese* u. a. von Jean Fourastié (1907–1990), aber auch von Keynes, vorhergesagt.

Tab. 4.1: Bruttowertschöpfung nach Wirtschaftssektoren im Jahr 2019. Quelle: Statistisches Bundesamt, Volkswirtschaftliche Gesamtrechnung, Fachserie 18/Reihe 1.1 und eigene Berechnungen.

Gesamt	Land- und Forstwirtschaft, Fischerei	Bergbau, Energie Wasserversorgung	Verarbeitendes Gewerbe	Baugewerbe	Handel, Verkehr Gastgewerbe	Information Komunikation	Finanz-, Versicherungsdienstleister	Grundstücks- Wohnungswesen	Unternehmensdienstleister	Öffentliche Dienstleister Erziehung, Gesundheit	Sonstige Dienstleister
in Mrd. EUR											
3.092,3	27,3	81,8	667,7	171,7	502,0	143,5	119,5	326,7	354,3	581,1	116,8
Arbeitnehmerentgelt im Jahr 2019											
1.850,4	8,2	38,4	440,2	89,5	325,7	90,3	71,8	16,4	227,2	472,1	70,6
Lohnquote im Jahr 2019 in %											
59,8	30,0	46,9	65,9	52,1	64,9	62,9	60,1	5,0	64,1	81,2	60,4
Mehrwert inkl. Abschreibungen im Jahr 2019 in Mrd. EUR											
1.241,9	19,1	43,4	227,5	82,2	176,3	53,2	47,7	310,3	127,1	109	46,2
Mehrwertquote inkl. Abschreibungen im Jahr 2019 in %											
40,2	70,0	53,1	34,1	47,9	35,1	37,1	39,9	95,0	35,9	18,8	39,6

Der Franzose Fourastié veröffentlichte 1949 unter dem Titel „Die große Hoffnung des zwanzigsten Jahrhunderts" eine Analyse des „säkularen Strukturwandels". Er begann mit dem Ende des 18. Jahrhunderts und prognostizierte bis ins 21. Jahrhundert, wobei er zutreffend eine „Tertiarisierung" der Wirtschaft zum Dienstleistungssektor prognostizierte. Fourastié gelangte – wie Keynes, aber völlig unbeeinflusst von ihm – zu der Vorhersage, dass aufgrund des ‚Sättigungsgesetzes' schließlich alle Branchen außer einigen Dienstleistungsbereichen auf nachfrageseitige Wachstumsgrenzen stoßen.

Ein wichtiger Grund für den beobachteten Strukturwandel liegt in der Idee der *Maslow'schen Bedürfnispyramide*. Demnach versuchen Menschen zunächst ihre überlebenswichtigen Grundbedürfnisse, wie insbesondere Essen und Trinken, zu befriedigen, bevor sie sich höherrangigen Bedürfnissen zuwenden. In der Entwicklungsgeschichte einer Gesellschaft spielten daher zunächst der Primäre Sektor und Teile des Sekundären Sektors eine überragende Rolle. Es geht den Menschen zunächst einmal darum, satt zu werden, mithilfe von fossilen Brennstoffen nicht zu frieren und ein „Dach über dem Kopf" zu haben. Dafür werden die Güter aus den ersten beiden Sektoren benötigt. Sobald diese Grundbedürfnisse gestillt sind, wenden sich die Menschen materiellen Gütern in Form von Autos, Fernsehern usw. zu, die im dann aufblühenden Sekundären Sektor produziert werden. Sobald auch hier eine ausreichende Sättigung zustande gekommen ist, streben Menschen verstärkt nach Sicherheit (Sparen für das Alter, Versicherungen gegen allgemeine Lebensrisiken) und nach immateriellen Gütern (Freizeitbeschäftigung usw.), die vom Tertiären Sektor bedient werden.

Für den Strukturwandel bedeutsam war aber auch die Entwicklung der internationalen Konkurrenzverhältnisse. So haben viele deutsche Unternehmen und ganze Branchen durch eine verstärkte *Globalisierung* und die Öffnung der Märkte mit neuer internationaler Konkurrenz Probleme bekommen. Das gilt gerade im produzierenden Gewerbe für den Stahlbereich, für die Kohlewirtschaft, die Textilindustrie, den Werftensektor und teilweise sogar für die Automobilindustrie.

Ein derartiger Wandel vollzieht sich nicht reibungslos. Er verursacht langanhaltende *Strukturkrisen*, wie in den Montanregionen Ruhrgebiet und Saarland. So verändern sich zum einen Anforderungen an die Qualifikation der Beschäftigten. Zwar entstehen längerfristig neue Zukunftsfelder, aber die Beschäftigten in den absterbenden Branchen werden mit ihren bisherigen Fähigkeiten und Fertigkeiten nicht mehr benötigt und werden, sofern eine Umqualifizierung nicht schnell genug gelingt, in der Regel zu Langzeitarbeitslosen. Zum anderen verursacht der Strukturwandel erhebliche regionale Probleme, denn die Verliererbranchen sind üblicherweise regional konzentriert. Machen die unmittelbar betroffenen Unternehmen dort Pleite, werden darüber hinaus ihre Zulieferer getroffen, die zumeist auch in der Nachbarschaft angesiedelt sind. Die einsetzende Arbeitslosigkeit führt zur Erosion der Kaufkraft und schadet damit dem regionalen Einzelhandel. Über rückläufige Gewerbesteuereinnahmen verschlechtert sich zugleich die Haushaltssituation der Kommunen vor Ort.

An dieser Stelle sind die politischen Entscheidungsträger in Form der *Strukturpolitik* gefordert. Sie kann *reaktiv* versuchen, die Folgen des Strukturwandels abzufedern oder das Tempo zu drosseln, wie dies beispielsweise im deutschen Steinkohlenbergbau durch Subventionen erfolgte. Mittels Strukturpolitik kann man aber auch *proaktiv* versuchen, den Strukturwandel zu gestalten. Dazu gehört, u. a. im Bildungsbereich dafür frühzeitig zu sorgen, dass die zukünftig benötigten Qualifikationen vermittelt werden. Ordnungspolitisch umstritten ist, inwieweit sich die Politik auch aktiv in das Herausbilden der neuen Strukturen z. B. durch gezieltes Bereitstellen günstiger Gewerbeflächen oder steuerliche Anreize für ausgewählte Zukunftsbranchen und ähnlichem einmischen soll. Vor allem liberale Ökonomen würden hier dafür plädieren, dass sich der Staat nicht anmaßen sollte, die zukunftsträchtigen Strukturen besser erkennen zu können als die Unternehmen. Wenn Unternehmen hierbei attraktive Felder entdecken, werden sie diese schon von selbst besetzen. Interventionistisch geprägte Ökonomen würden hier auf die hohe Unsicherheit verweisen und eher für eine staatliche Unterstützung plädieren.

4.2.2 Verwendungsrechnung des BIP

Das BIP kann alternativ auch über die Verwendungsrechnung bestimmt werden (vgl. Abb. 4.6). In der rückblickenden Betrachtung gilt, dass alles, was in Deutschland als Güter angeboten wird, auch irgendwie verwendet werden muss. Dabei kann es zwar passieren, dass einzelne produzierte Güter bewusst als Sicherheitspuffer gelagert werden bzw. nicht verkauft werden können, aber in der Statistik erfahren auch sie einen Verwendungszweck: Sie werden vorübergehend – teils geplant, teils ungeplant – ein-

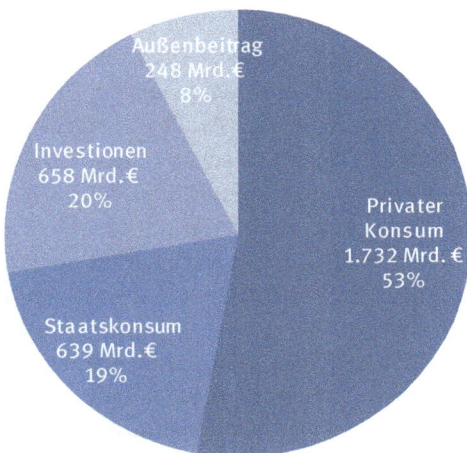

Abb. 4.6: Verwendungsstruktur des BIP 2017. Quelle: Statistisches Bundesamt und eigene Berechnungen.

gelagert und in der Statistik als unternehmensseitig nachgefragte „Lagerinvestition" verbucht.

Aus der oben beschriebenen Logik ergibt sich nun folgende Gleichung:

$$\underbrace{BIP + IM}_{\substack{\text{Güterangebot} \\ \text{im Inland}}} = \overbrace{C_{HH} + \underbrace{I_U + I_{St}}_{=I} + C_{St}}^{\text{Binnennachfrage}} + X \quad \Rightarrow \quad BIP = C_{HH} + I + C_{St} + \underbrace{(X - IM)}_{=\text{Außenbeitrag}}$$

Auf den Inlandsmärkten werden Güter angeboten, die im Inland hergestellt wurden (also das Bruttoinlandsprodukt), und Güter, die aus dem Ausland importiert wurden (IM). Prinzipiell lassen sich diese Güter verwenden für die konsumtiven Zwecke der privaten Haushalte C_{HH} (Nachfrage nach Autos, Lebensmitteln, Haareschneiden usw.), für investive Zwecke der privaten Unternehmen (I_U) oder des Staates (I_{St}), für den Staatskonsum (C_{St}) oder für Exporte (X). Die Investitionsgüternachfrage kann sich einerseits auf *Anlageinvestitionen* beziehen, d. h. auf *Ausrüstungsinvestitionen*, wie Förderbänder oder Beamer in Hochschulen, auf *Bauinvestitionen*, wie Fabrikgebäude oder Autobahnbrücken oder auf *Sonstige Anlagen*, etwa Datenbanken oder Patente. Andererseits gehören zur Investitionsnachfrage aber auch die *Vorratsinvestitionen*, also das geplante oder – bei Absatzschwierigkeiten – auch das ungeplante Bilden eines Lagers.

Erklärungsbedürftig ist dabei der Begriff der *Staatsnachfrage* in Form des Staatskonsums und der Nachfrage nach Investitionsgütern. Zum einen ist der Staat Anbieter von öffentlichen Dienstleistungen, wie der inneren Sicherheit oder der Bildung. Diese Dienstleistungen werden von der Gesellschaft als Ganzes in Anspruch genommen, allerdings ohne dass eine klare Zuordnung zu den einzelnen Binnensektoren möglich wäre. In welchem Umfang kommen etwa die Unternehmen und in welchem Umfang die privaten Haushalte in den Genuss der inneren Sicherheit? Aus diesem Grund behandelt die VGR die Inanspruchnahme der vom Staat bereitgestellten Dienstleistungen so, als würde der Staat, repräsentiert durch seine Bürger, diese Dienstleistungen auch konsumieren. Nebenbei bemerkt ist die statistische Zuordnung mancher Dienstleistung als *konsumtiv*, also „verbrauchend", kritisch zu sehen. Gerade das Bildungsangebot und die innere Sicherheit haben eigentlich einen investiven Charakter, obwohl der darin enthaltene Teil der Dienstleistungen (z. B. Lehrergehälter) als Staatskonsum verbucht wird. Eine ähnliche Problematik stellt sich bei der Nachfrage nach Investitionsgütern. Hier ist der Staat eigentlich nur Auftraggeber, nachgefragt werden diese Investitionen aber von der Gesellschaft, ohne dass auch hier eine sektorscharfe Zuordnung möglich wäre.

Die Verwendungsrechnung liefert einen Blick auf die Zusammensetzung des im Inland produzierten Güterkorbs für verschiedene Nachfragezwecke. Der mit 53 Prozent größte Teil der erzeugten Leistungen fließt in den Privaten Konsum. Staatskonsum und Investitionen vereinigen jeweils rund 20 Prozent der BIP-Nachfrage auf sich, der Außenbeitrag als saldierte Nettonachfrage (X − IM) des Auslands nach hierzulande produzierten Gütern hat einen Anteil von etwa 8 Prozent.

Interessant sind auch die Befunde einer *dynamischen Betrachtung* (vgl. Abb. 4.7–4.8). Seit Beginn der 1990er-Jahre hat der Anteil des Außenbeitrags kontinuierlich zugelegt, während die Investitionsquote trendmäßig von über 25 Prozent um rund 5 Prozentpunkte zurückging. Das verdeutlicht zum einen eine *Investitionsschwäche* in Deutschland und zum anderen eine starke *außenwirtschaftliche Abhängigkeit*.

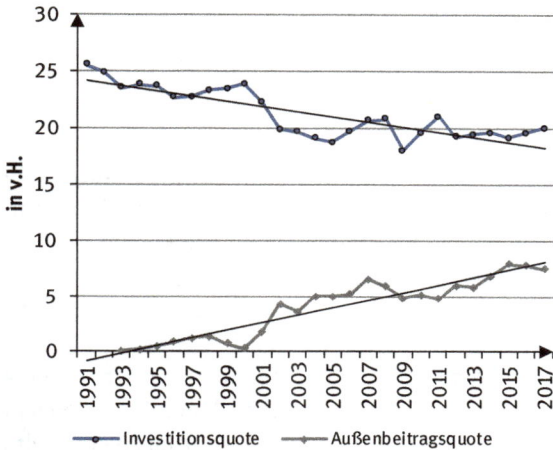

Abb. 4.7: Anteile am BIP und Trendgerade. Quelle: Statistisches Bundesamt und eigene Berechnungen.

Veränderungsrate ggü. VJ

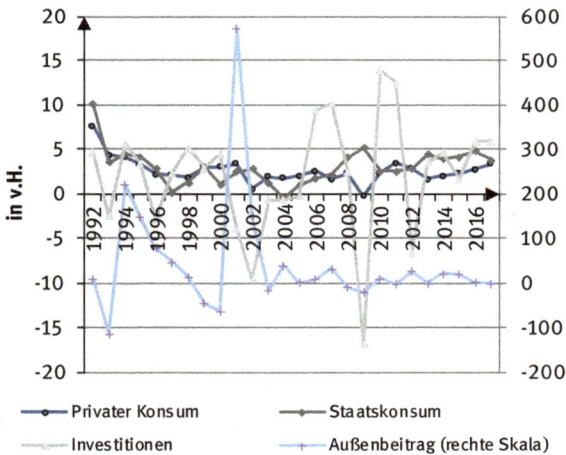

Abb. 4.8: Veränderungsraten BIP-Komponenten ggü. dem Vorjahr. Quelle: Statistisches Bundesamt; eigene Berechnungen.

Überdies fällt auf, dass die Veränderungsraten gegenüber dem Vorjahr beim Konsum privater Haushalte und des Staates recht stabil sind. Geradezu erratischen Schwankungen unterliegen aber die Veränderungsraten bei den Investitionen und noch viel mehr beim Außenbeitrag. Dies deutet darauf hin, dass die nachfragebedingten Produktionsschwankungen, die sogenannten *Konjunkturschwankungen*, sehr stark mit dem Investitionsverhalten und dem wechselhaften Außenhandel korreliert sind.

4.2.3 Verteilungsrechnung des BIP

Auch in der dritten Berechnungsweise des BIP (vgl. Abb. 4.3), der Verteilungsrechnung, fallen politisch relevante Nebeninformationen an. Im Zuge der Produktion entstehen Einkommen, die einen Anspruch auf den produzierten Güterkuchen verbriefen. Interessant ist dabei, wie sich die Ansprüche auf Arbeits- und Kapitaleinkommen verteilen. Hierauf wird noch ausführlich, auch im empirischen Befund, im Kap. 6.1.2 eingegangen.

Die Verteilungs-Betrachtung wird in der Regel auf die Inländer fokussiert. Bislang haben wir als Abgrenzung das Inlandskonzept betrachtet. Nach dem Inlandskonzept geht es – losgelöst von der Nationalität der Leistungserbringer – darum zu ermitteln, welche Leistung auf deutschem Boden erbracht wurde. Um die Verteilungsfrage unter den Inländern ausgehend vom BIP zu klären, wendet sich der Blick vom *Inlands-* auf das *Inländerkonzept*. Dazu werden die über die Einkommen bewerteten Leistungen der Inländer im Ausland dem BIP hinzugerechnet und die hierzulande erwirtschafteten Einkommen von Ausländern aus dem BIP herausgerechnet. Es resultiert so das *Bruttonationaleinkommen*, das früher als Bruttosozialprodukt bezeichnet wurde. Ein Teil dieser Inländerleistung, nämlich die angesetzten Abschreibungen, gilt als gebunden, um den produktionsbedingten Verschleiß des Kapitalbestands ausgleichen zu können. Bevor der Rest an die Inländer verteilt werden kann, greift der Staat aus dem Leistungswert über Gütersteuern einen Teil ab, fügt aber andererseits über Subventionen auch einen Anteil hinzu. Der verbleibende Rest ist das *Volkseinkommen* (die Summe aller Nettowertschöpfungen in den einzelnen Produktionsstufen) der Inländer, das in die Brutto-Arbeitnehmerentgelte und die Brutto-Unternehmens- und Vermögenseinkommen in Form von Zinseinkommen, Miet- und Pachteinnahmen, Dividenden und sonstige ausgeschüttete und nicht ausgeschüttete Gewinne, als Brutto-Mehrwert, aufgeteilt werden kann.

In 2017 lag der Anteil der *Arbeitnehmerentgelte* am Volkseinkommen, die sogenannte *Lohnquote*, bei rund 68 Prozent (vgl. Abb. 4.9). Sie hat sich damit in den letzten Jahren wieder spürbar erholt. Gleichwohl ist in der längerfristigen Entwicklung ein deutlicher Rückgang seit Beginn der 1990er-Jahre zu beobachten. Die Verteilungsposition derjenigen, die primär Arbeitseinkommen beziehen, hat sich demnach deutlich

Veränderungsrate ggü. VJ

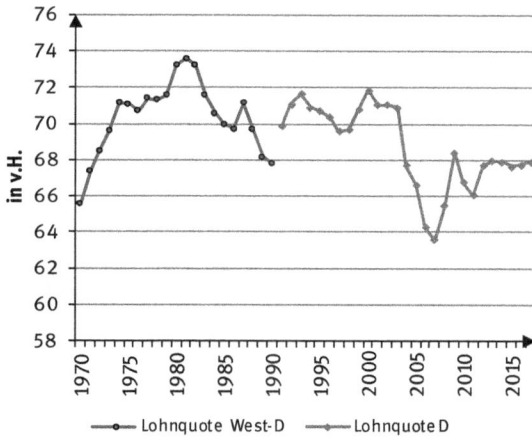

Abb. 4.9: Lohnquotenentwicklung in Deutschland. Quelle: Statistisches Bundesamt und eigene Berechnungen; bis 1990 früheres Bundegebiet; ab 1991 Gesamtdeutschland.

verschlechtert. Bezogen auf die westdeutschen Daten vor der Wiedervereinigung setzte sich hier ein Abwärtstrend fort, der bereits zu Beginn der 1980er-Jahre startete.

Allerdings ist diese Betrachtung noch nicht abschließend. Auf die Problematik der Abschreibungen zum Erhalt des Kapitals und seine „Ewigkeit" ist in diesem Verteilungskontext schon hinreichend hingewiesen worden. Doch sind noch weitere Aspekte zu beachten. Die Brutto-Arbeitnehmerentgelte und der *Brutto-Mehrwert* sind nicht identisch mit den Einkommen der Produktionsfaktoren Arbeit und Kapital. Denn im Mehrwert sind als „kalkulatorischer Unternehmerlohn" auch die Entgelte für die Arbeitsleistungen der Unternehmer und der Selbstständigen enthalten, die dem Produktionsfaktor Arbeit zuzurechnen wären. Dies gilt zumindest für Einzelunternehmen und Personengesellschaften.

Auch kommt es zu Querverteilungen. So erzielen abhängig Beschäftigte auch Mehrwerteinkünfte, wenn sie z. B. Zinsen aus Sparguthaben oder Mieten und Pachten als auch Dividenden aus Unternehmensaktien und sonstigen Vermögenswerten beziehen. Gleichermaßen kann ein Selbstständiger Einkommen als abhängig Beschäftigter beziehen, wenn er z. B. einer Nebentätigkeit nachgeht. Darüber hinaus ist bei der Brutto-Lohn- und Brutto-Mehrwertquote auch die Veränderung in der Beschäftigten- und Einkommensstruktur zu berücksichtigen (vgl. Kap. 6.1.2).

4.3 Nominale und preisbereinigte Größen

Das BIP soll als Kennzahl den Umfang der gesamten Güterversorgung einer Volkswirtschaft in einer Abrechnungsperiode erfassen. Ein BIP-Anstieg soll eine verbesserte, ein Rückgang eine verschlechterte Versorgungslage anzeigen. Um das zuverlässig abzubilden bedarf es aber eines Übergangs von der nominalen zur preisbereinigten, realen Rechnung (vgl. Nierhaus 2004). Folgendes Beispiels verdeutlicht dies (vgl. Abb. 4.10):

Jahr	Apfelproduktion			Birnenproduktion			Nominales BIP in jeweiligen Preisen in €	Anstieg ggü. VJ in v.H.	Nom. BIP in jew. Preisen (2017 = 100) BIP$_{nom.,2017}$	Reales BIP (Kettenindex; 2017 = 100) BIP$_{real,2017}$	BIP-Deflator: 100 • [BIP$_{nom.,2017}$/ BIP$_{real,2017}$]	Anstieg ggü. VJ in v.H.
	Menge	Preis in €/Apfel	Wert-schöpfg. in €	Menge	Preis in €/Birne	Wert-schöpfg. in €						
2017	100	1,00	100,00	200	0,50	100,00	200,00		100,00	100,00	100,00	
2018	80	1,40	112,00	180	0,60	108,00	220,00	10,0	110,00	85,00	129,41	29,4
2019	75	1,60	120,00	210	0,67	140,70	260,70	18,5	130,35	89,25	146,05	12,9

Jahr	Apfelproduktion			Birnenproduktion			Nom. BIP zu VJ.-Preise in €	Anstieg ggü. VJ in v.H.
	Menge	Preis in €/Apfel	Wert-schöpfg. in €	Menge	Preis in €/Birne	Wert-schöpfg. in €		
2017	100	1,00	100,00	200	0,50	100,00	200,00	
2018	80	1,00	80,00	180	0,50	90,00	170,00	-15,0
2018	80	1,40	112,00	180	0,60	108,00	220,00	
2019	75	1,40	105,00	210	0,60	126,00	231,00	5,0

Preiseffekt

2017	100	1,00	100,00	200	0,50	100,00	200,00	
2018	100	1,40	140,00	200	0,60	120,00	260,00	30,0
2018	80	1,40	112,00	180	0,60	108,00	220,00	
2019	80	1,60	128,00	180	0,67	120,60	248,60	13,0

Abb. 4.10: Nominale und reale Größen. Quelle: eigene Darstellung.

Eine kleine Muster-Volkswirtschaft produziert nur Äpfel und Birnen. Der Einfachheit halber wird unterstellt, dass keine Vorleistungen erforderlich sind und dass es weder Gütersteuern noch Gütersubventionen gibt, sodass die Umsatzsumme bzw. Wertschöpfungssumme mit dem BIP zu Marktpreisen identisch sind. Im Jahr 2017 wurden 100 Äpfel und 200 Birnen produziert. Das zu den im Jahr 2017 erzielten Preisen gemessene BIP beläuft sich auf 200 EUR. Im Jahr 2018 ist es auf 220 EUR, also um 10 Prozent gestiegen. Dieser Anstieg reflektiert aber *keine bessere Versorgungslage*, denn der Volkswirtschaft stehen sowohl weniger Äpfel als auch weniger Birnen zur Verfügung. Das BIP hat nur deshalb zugelegt, weil sich beide Produkte gegenüber dem Vorjahr verteuert haben und dieser *Preiseffekt* den rückläufigen Mengeneffekt in der Zusammenführung überkompensiert hat. Insofern erfüllt das *nominale*, in den Preisen des jeweiligen Jahres gemessene BIP die ihm zugedachte Indikatorfunktion nicht: Es kann aufgrund einer mengenmäßig verbesserten Versorgungslage steigen, es kann aber auch allein aufgrund eines Preisanstiegs zulegen.

Insofern gilt es im Jahresvergleich, die Preiseffekte herauszufiltern und zu einem rein mengenbasierten Vergleich zu kommen. Dadurch erfolgt der Übergang von der nominalen, in einer konkreten Währung ausgedrückten Rechnung in eine rein mengenmäßige Betrachtung. Bei der preisbereinigten Mengenbetrachtung unterscheidet die offizielle VGR zwar zwischen *realen Indexwerten* und nach dem *Kettenindex-Verfahren* ermittelten Werten. Diese Feinheit soll hier nicht weiter vertieft werden. Das inzwischen weiter verbreitete Kettenindexverfahren wird hier synonym für die reale, d. h. die mengenmäßige Entwicklung verwendet. Die Daten veröffentlicht das Statistische Bundesamt in seiner Fachserie 18, Reihe 1.4 regelmäßig.

Zunächst wird hier ein Kettenindex konstruiert ($BIP_{real,2017}$). Im ersten Schritt wird dabei ein *Basisjahr* willkürlich festgelegt, in welchem dem Index der Wert 100 zugewiesen wird, in diesem Fall ist es das Jahr 2017. Im zweiten Schritt werden die prozentualen Wertsteigerungen im erzeugten Warenkorb unter der Annahme ermittelt, dass sich die Preise gegenüber dem Vorjahr nicht verändert haben. Wenn die Äpfel und Birnen in 2018 zu den Vorjahrespreisen verkauft worden wären, hätte das nominale BIP nur einen Wert von 170 EUR gehabt. Gegenüber dem tatsächlichen BIP von 2017 wird nun ein Rückgang von 15 Prozent ausgewiesen. Diese Veränderung geht wegen der Preisfixierung ausschließlich auf *Mengeneffekte* zurück.

Für das Folgejahr 2019 wiederholt sich das Verfahren. Es wird das tatsächliche BIP aus dem Vorjahr mit dem BIP des Jahres 2019 verglichen, das sich ohne Preisänderung gegenüber dem Vorjahr ergeben hätte. Hier liegt nun ein Plus von 5 Prozent zugrunde. Dahinter verbergen sich im Detail gegenläufige Mengenwirkungen bei den einzelnen Produkten. Die Apfelproduktion war rückläufig, die Birnenerzeugung hingegen expandierte. Der ermittelte Zuwachs von 5 Prozent führt dies unter Berücksichtigung der Wertigkeit der Güter zu einer Gesamtbetrachtung zusammen. Er weist aus, dass der Warenkorb angesichts der veränderten Mengen bei unveränderten Preisen im Wert um 5 Prozent wertvoller geworden wäre.

Im dritten Schritt werden die *Kettenindexwerte* für die Folgejahre des Basisjahres bestimmt, indem die gegenüber dem Vorjahr ermittelten Veränderungsraten auf den Indexwert des Vorjahres angewandt werden (vgl. in Abb. 4.10 oben rechts). Die Veränderung des Kettenindexes reflektiert damit das *reale, mengenmäßige Wachstum* der erzeugten volkswirtschaftlichen Leistung.

Aus dem Gegenüberstellen des Kettenindexes und des BIP in jeweiligen Preisen kann abschließend der *BIP-Deflator* ermittelt werden. Er misst den Teil des BIP-Anstiegs, der auf die Preiseffekte zurückzuführen ist. Dazu muss zunächst aus der Zeitreihe des nominalen BIP eine Indexzeitreihe ($BIP_{nom,2017}$) konstruiert werden. Dem zuvor gewählten Basisjahr 2017 wird auch hier der Wert 100 zugeordnet. Anschließend werden die Werte der Folgejahre nach dem Dreisatz bestimmt. Der ebenfalls auf das Basisjahr 2017 normierte BIP-Deflator berechnet sich dann für jedes Jahr aus: ($P_{2017} = 100 \cdot \frac{BIP_{nom,2017}}{BIP_{real,2017}}$). Die prozentuale Veränderung im Deflator gegenüber dem Vorjahr misst – unter Berücksichtigung der jeweiligen Gütermengen – die durchschnittliche Preisentwicklung im gesamten BIP-Warenkorb. Der Anstieg des

BIP Wachstum Deutschland

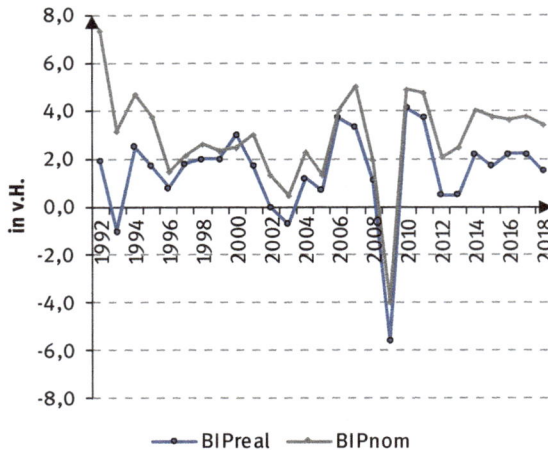

Abb. 4.11: BIP-Wachstum Deutschland. Quelle: Statistisches Bundesamt.

BIP-Deflators von 100 in 2017 auf 129,41 in 2018 indiziert zum Beispiel einen durchschnittlichen Preisanstieg von 29,4 Prozent.

Die Umrechnung von nominalen in reale Werte findet in der Statistik nicht nur bei den Angaben zum BIP, sondern auch gesondert für alle in der Verwendungsrechnung aufgeführten Nachfrageaggregate statt. Bezogen auf das nominale und reale BIP-Wachstum ergeben sich für Deutschland die in Abb. 4.11 dargestellten Verläufe. Abgesehen vom Jahr 2000, als der BIP-Deflator rückläufig war, lag die nominale immer über der realen Wachstumsrate, die ein relevanteres Bild von der Entwicklung der Güterversorgung widerspiegelt. Die Ursachen der Ausschläge werden im Einzelnen in Kap. 6.1.1 erörtert. Gleichwohl fallen an dieser Stelle zwei Aspekte unmittelbar auf: Zum einen waren die realen Wachstumsraten zumeist positiv, sodass die Güterversorgung – abgesehen von 1993, 2003 und 2009 – stets großzügiger als im Vorjahr war. Zum anderen sticht der starke Einbruch im Jahr 2009 hervor. Es handelt sich hier um die realwirtschaftlichen, also produktionsseitigen Auswirkungen der weltweiten Finanzmarkt-, Immobilien-, und Wirtschaftskrise (vgl. dazu Kap. 7.3.7). Ebenfalls sehr stark dürfte sich der pandemiebedingte Einbruch im Jahr 2020 bemerkbar machen.

Aufgabe VGR

a) Ermitteln Sie aus Daten des Statischen Bundesamtes, wie groß das nominale Bruttoinlandsprodukt und die Bruttowertschöpfung in Deutschland im Jahr 2011 waren!

b) Welche inhaltliche Bedeutung hat dieser Wert?

c) Welche Größe ist besser geeignet, um die Entwicklung der gesamtwirtschaftlichen Leistung wiederzugeben, die Wachstumsrate des nominalen oder die des realen BIP? Bitte begründen Sie Ihre Entscheidung.

Aufgabe Nominales und reales BIP

Auf einer kleinen Pazifikinsel werden nur Bananen und Kokosnüsse erzeugt. Es wurden folgende Daten ermittelt:

Jahr	produzierte und verkaufte Bananen		produzierte und verkaufte Kokosnüsse	
	Menge in kg	Preise in EUR/kg	Menge in Stück	Preis in EUR/Stück
2018	1.000	1,00	2.000	2,00
2019	900	1,20	1.900	2,20
2020	1.100	1,25	2.000	2,20

a) Berechnen Sie, wie hoch in den angegebenen Jahren das nominale BIP war.
   (Lösung: 2018: 5.000 EUR; 2019: 5.260 EUR; 2020: 5.775 EUR)
b) Bestimmen Sie den Verlauf des Kettenindexes für das BIP zum Referenzjahr 2018 = 100.
   (Lösung: 2018: 100; 2019: 94; 2020: 102,2)
c) Bestimmen Sie überdies, um wie viel Prozent das BIP in nominaler und in realer Rechnung gegenüber dem Vorjahr in 2020 gewachsen ist.
   (Lösung: nominal: + 5,2 %; real: ≈ 8,7 %)
d) Welche Aussagekraft hat das nominale BIP-Wachstum des Jahres 2019?

4.4 Quantitatives vs. Qualitatives Wachstum

4.4.1 Grenzen der Sozialproduktrechnung als Wohlfahrtsindikator

In der Vergangenheit wurden nicht nur das BIP, sondern auch andere Größen zur Messung der volkswirtschaftlichen Produktionsleistung verwendet. Bis zur ersten Revision durch das ESVG im Jahr 1999 stand hierzulande beispielsweise häufig noch das Bruttosozialprodukt (heute: Bruttonationaleinkommen) im Fokus. Unabhängig von der konkret gewählten Größe genießt die Sozialproduktrechnung in der Wirtschaftspolitik einen hohen Stellenwert. Die vereinfachte Gleichsetzung der Politik lautet häufig: Je höher das preisbereinigte Sozialprodukt, umso mehr Bedürfnisse lassen sich befriedigen, umso höher ist die erreichte Wohlfahrt. Das gesamte wirtschaftliche Geschehen wird hier vereinfachend in einer Größe verdichtet. Ein real wachsendes Sozialprodukt signalisiert, der Gesellschaft gehe es insgesamt immer besser. Das mengenmäßige „*Quantitative Wachstum*" wird so zu einem der wichtigsten wirtschaftspolitischen Ziele. Dabei ist die Gleichsetzung zu kurz gedacht und schon lange in der VWL umstritten. Außerdem verleitet die Fokussierung darauf die Politik zu falsch akzentuierten Maßnahmen.

Während bei Adam Smith materieller Reichtum, hohe Produktion und allgemeine Wohlfahrt eher als Synonyme verwendet wurden, deutete bereits David Ricardo darauf hin, dass man zur Messung der Wohlfahrt nicht nur die produzierte Gütermenge, sondern auch den dazu *betriebenen Aufwand* berücksichtigen müsse. Einer Volkswirtschaft, die dasselbe Sozialprodukt mit weniger Aufwand und mehr Freizeit erzeugt, ginge es schließlich besser.

Arthur Cecil Pigou betrachtete die ökonomische Wohlfahrt in den 1920er-Jahren nur als einen Teil der gesamtgesellschaftlichen Wohlfahrt. Zugleich ging er aber noch davon aus, dass sich beide Ziele prinzipiell in dieselbe Richtung entwickeln. Auch Friedrich Engels hielt ein hohes Sozialprodukt allenfalls für eine *notwendige Bedingung* für eine hohe Wohlfahrt. Denn trotz eines insgesamt steigenden Sozialproduktes könnten sich bei dessen ungleicher Verteilung die Lebensbedingungen großer Teile der Gesellschaft verschlechtern.

Lange Zeit waren dabei die Überlegungen, wie man das Sozialprodukt konkret messen sollte, eine eher akademische Spielerei. Mit der Weltwirtschaftskrise wurde dann der US-amerikanische Ökonom Simon Smith Kuznets von der Regierung der USA beauftragt, erstmals konkrete Daten für die Entwicklung des Volkseinkommens im Krisenverlauf ab 1929 zu ermitteln. Seitdem wurden diese Daten in den USA regelmäßig erhoben. Bereits mit der Veröffentlichung seiner Ergebnisse wies Kuznets aber darauf hin, dass das Sozialprodukt nur sehr begrenzt in der Lage sei, die Wohlfahrt einer Gesellschaft zu ermitteln und dass sich beide Größen durchaus auch in entgegengesetzte Richtung entwickeln könnten (Anthes 2016).

Trotz der bis dahin schon vorgetragenen Zweifel an der Eignung des Sozialproduktes als *Wohlfahrtsindikator* wurde nach dem Zweiten Weltkrieg in Deutschland zunächst wieder sein Wachstum als zentrale wirtschaftspolitische Aufgabe in den Mittelpunkt gestellt. In einem durch den Krieg stark zerstörten und von Hungersnöten geplagten Land ging es der Bevölkerung zunächst vor allem darum, möglichst rasch die Güterversorgung zu verbessern. Der erste Bundeswirtschaftsminister der Bundesrepublik Deutschland, Ludwig Erhard, thematisierte dieses Anliegen unmittelbar in seinem programmatischen Buch „Wohlstand für alle", wobei der Wohlstand über das Sozialprodukt-Wachstum zustande kommen sollte (vgl. Kap. 8.3.3).

In den 1950er-Jahren wurde die Diskussion über die Indikatortauglichkeit des Sozialproduktes weltweit neu aufgegriffen. Der Ökonom *Karl William Kapp* veröffentlichte dazu 1950 sein kritisches Werk „The Social Cost of Private Enterprise". Darin bezweifelte er die Formel, wonach ein hohes Sozialprodukt automatisch auch für eine hohe Lebensqualität steht. Insbesondere beklagte er, dass bei der Berechnung des Sozialproduktes die Umwelt- und Sozialkosten nicht berücksichtigt würden. Im Jahr 1968 wurde dann durch den *Club of Rome* die Debatte systematisch aufgegriffen und auch mit Blick auf „*The Limits to Growth*" (Meadows et al. 1972) das Thema *Nachhaltigkeit* in den Fokus gerückt (vgl. Meadows 2009).

Die zuweilen vorgetragene Behauptung, Ökonomen wüssten gar nicht, dass sie mit dem Sozialprodukt mit einem falschen Wertmaßstab arbeiteten, entbehrt damit jedweder Grundlage (vgl. Profnarr 2018). Es waren vor allem Ökonomen, welche die Problematik schon frühzeitig herausgearbeitet haben, in der Politik und Wirtschaft aber kein Gehör fanden (vgl. Nowotny 1974, Seidel/Strebel 1991). So schrieb Ewald Nowotny bereits 1974:

Die Beschäftigung mit Fragen des Umweltschutzes hat innerhalb erstaunlich kurzer Zeit ein Ausmaß erreicht, das die Bezeichnung als ‚Umweltschutzwelle' als nicht unberechtigt erscheinen läßt. Wenn diese Diskussion auch viele problematische Aspekte aufweist, kam ihr doch die wichtige Funktion zu, Fragen der Umweltqualität und des Umweltschutzes ins öffentliche Bewußtsein zu rücken. Die so geschaffene (verdächtig?) einheitliche ‚Umweltschutzgesinnung' droht jedoch ohne wesentliche praktische Konsequenzen zu bleiben, wenn es nicht gelingt, ein leistungsfähiges, den angestrebten Zielsetzungen entsprechendes umweltschutzpolitisches Instrumentarium zu entwickeln. Zu dieser notwendigen, bis jetzt noch kaum begonnenen zweiten Phase der Umweltschutzdiskussion soll die vorliegende Arbeit einen Beitrag von Seite der Nationalökonomie her leisten. (Nowotny 1974, S.11)

Welche Schwachstellen sind es, die die Eignung des BIPs als Wohlfahrtsindikator infrage stellen?

Ein Problem bezieht sich auf Unzulänglichkeiten der Sozialproduktrechnung bei der Ermittlung allein des materiellen Wohlstands:

– Das Sozialproduktniveau einer Volkwirtschaft sagt nichts über dessen *Verteilung* aus. Bei ungleicher Verteilung kann ein extrem hohes Sozialprodukt mit einem hohen Wohlstandsgefälle einhergehen, bei dem große Teile der Bevölkerung das Nachsehen haben. In den 1980er-Jahren brachte Peter Glotz, damaliger Bundesgeschäftsführer der SPD, in diesem Kontext den Begriff der *Zwei-Drittel-Gesellschaft* in die Diskussion ein. Demnach profitierten in Deutschland zwei Drittel der Gesellschaft vom Sozialprodukt-Wachstum, während das „untere" Drittel systematisch abgehängt werde und – in den heutigen Termini – prekäre Lebensbedingungen vorfindet.

– Viele *wohlfahrtsrelevante Aktivitäten* werden in der Sozialproduktrechnung nicht oder unvollständig erfasst. Über den Markt abgewickelte Transaktionen privater Wirtschaftssubjekte können problemlos berücksichtigt werden. Sobald aber Leistungen nicht über den Markt abgerechnet werden, müssen sie geschätzt werden oder sie bleiben außen vor:

  – Unbeachtet oder nur grob geschätzt sind viele Tätigkeiten der *Subsistenzwirtschaft*. Das betrifft die Leistungen im eigenen Haushalt vom Einkaufen, Kochen, handwerkliche Eigenleistungen in der Wohnung, über die Kinderbetreuung bis hin zu Pflege von Familienangehörigen. Wenn zwei Hausmänner beispielsweise ihre Kinder großziehen, wird dies nicht im Sozialprodukt berücksichtigt. Sobald sie auf die Idee kämen, dass Kind des anderen zu betreuen und sich monatlich auf Rechnung gegenseitig 1.000 EUR dafür zu bezahlen, würde das BIP hingegen um 2.000 EUR/Mon steigen (vgl. Theobald 1986). Eine Ausnahme bei der Erfassung bildet das selbstgenutzte Wohnen, das mit dem Mietgegenwert berücksichtigt wird, oder der Eigenverbrauch in der Landwirtschaft. Aber auch *Nachbarschaftshilfe* und viele *ehrenamtliche Engagements*, z. B. in Vereinen, gehen in die Rechnung nicht oder nur begrenzt ein.

- Auch die illegalen Leistungen aus der *Schattenwirtschaft* (Drogenhandel, Schmuggel, illegale Prostitution) und der *Schwarzarbeit* finden in der Sozialproduktrechnung nur unvollständig und in geschätzter Form einen Niederschlag. Sie tragen zwar zur Güter- und Dienstleistungsproduktion bei, werden jedoch nicht über den offenen Markt und ohne Rechnungsstellung abgewickelt.

- Zu hinterfragen ist zudem das Erfassen von sich in der Wohlfahrtswirkung *kompensierenden Aktivitäten*. Gibt beispielsweise ein Bierproduzent eine Werbekampagne für 1 Mio. EUR in Auftrag, um die Einzigartigkeit seines Bieres herauszustellen, und daraufhin reagiert ein Konkurrent mit einer gleich teuren Gegenkampagne, hat das BIP über die Dienstleistungen der eingeschalteten Werbeunternehmen um 2 Mio. EUR zugelegt. Aber was hat die Gesellschaft – mit Blick auf die Endprodukte – davon? Vielleicht ist sie zu einem Teil besser informiert und kann zukünftig bessere Kaufentscheidungen treffen. In der Regel hält sich der Informationsgewinn aber in Grenzen und am Ende bleibt primär die sich in der Wirkung neutralisierende Behauptung, jeder der beiden verkaufe das beste Bier.

- Ein großes Problem stellt das *Nichtbeachten wohlfahrtswirksamer externer Effekte* in der Sozialproduktrechnung dar. Am Markt werden nur solche Leistungen vergütet, die bei den beteiligten Vertragsparteien selbst einen Nutzen haben bzw. Kosten verursachen. Manche Transaktionen haben aber auch von den Vertragsparteien in der Preisfindung unberücksichtigte Effekte für Dritte:
  - Dazu zählen als *negative externe Effekte* (vgl. Kap. 2.3.3.2.1) die sozialen Kosten. Wenn Unternehmen im Produktionsprozess auf kostenbelastende Vorleistungen anderer Unternehmen zugreifen, werden sie diese Kosten auf den Endpreis weiterwälzen. Die Kunden werden die damit verbundene Preiswirkung berücksichtigen und sich fragen, ob sie dieses Gut wirklich brauchen. In der BIP-Rechnung werden diese Vorleistungen dann explizit herausgerechnet. Greifen Unternehmen allerdings auf das „gottgegebene“ und damit für sie kostenfreie Umweltvermögen in Form von sauberer Luft, reinem Wasser, gesunden Böden oder Stille zu, müssten diese Vorleistungsressourcen, eigentlich konzeptionell in dem Maße, in dem sie verbraucht werden, Sozialprodukt mindernd aus der Wertschöpfung herausgerechnet werden. Dies geschieht aber nicht, weil sie in der internen Kostenrechnung der Unternehmen keine Rolle spielen und nur außerhalb der Wirtschaftlichkeitsrechnung des Unternehmens, also extern, Kosten in Form von Umweltverschmutzung und Lärmbelastung verursachen. Auch verwendungsseitig wäre das BIP bei einer Berücksichtigung dieser Kosten niedriger. Würde die Natur für diese im Grundsatz ja abzuziehenden Vorleistungen „eine Rechnung stellen“, wären die Güterpreise höher und daher die absetzbaren Gütermengen in ebenfalls Sozialprodukt mindernder Form niedriger. In der Verteilungsrechnung müsste bei Berücksichtigung dieser Effekte über die dann vorzunehmenden Abschreibungen auf das Umweltvermögen das BIP ebenfalls reduziert werden.

– Dagegen führt das Vernachlässigen *positiver externer Effekte* zu einer Unterbewertung im BIP. Hierbei entstehen zusätzlich zum Nutzen der eigentlichen Nachfrager eines Gutes für Dritte soziale Erträge, für die niemand einen Preis entrichten muss. Wenn im ländlichen Raum beispielsweise gepflegte Obstkulturen bewirtschaftet werden, geht die damit verbundene Wirtschaftsleistung nur über die Preise beim Obstverkauf in das BIP ein. Die erzielbaren Preise orientieren sich so nur an dem Nutzen, den der Obstkonsum den Käufern stiftet. In Wirklichkeit erfährt die Gesellschaft aber noch einen darüber hinaus gehenden, nutzenschaffenden Leistungsbeitrag, der nicht in das BIP einfließt. Denn die Obstkulturen verschönern das Landschaftsbild für die ansässigen Bürger und beleben möglicherweise den Tourismus, ohne dass das Fremdenverkehrsgewerbe dafür etwas bezahlen muss.

– Das Sozialprodukt ist nur eine Stromgröße, also eine Größe, die sich im Laufe des Jahres aufbaut. Diese Stromgröße kann aber *zu Lasten des Vermögens*, einer stichtagsbezogenen Bestandsgröße also, expandieren. In dem Fall wäre eigentlich eine Verrechnung beider Effekte angezeigt. Das betrifft das Thema der Nachhaltigkeit. Das *Ausbeuten der Natur*, z. B. beim Rohstoffabbau, begünstigt heute das Sozialprodukt. Es vermindert aber das gesellschaftliche Vermögen und belastet so die Zukunft. Wer heute beispielsweise die Meere leerfischt, erhöht aktuell das BIP, sorgt aber zugleich dafür, dass sich der Fischbestand und die Fangmöglichkeiten in Zukunft kontinuierlich verringern. Nachhaltiges Wirtschaften würde dieses Wechselspiel zwischen Sozialprodukt und Vermögensbestand berücksichtigen: Die derzeitige Produktion dürfte dann zur Wahrung des Bestandes nur bis zu dem Punkt erfolgen, bis zu dem die Regeneration der Natur noch möglich ist. Der Aspekt betrifft übrigens auch gesellschaftliche „Verbindlichkeiten". Durch die Stromproduktion in Atomkraftwerken kann allein mit Blick auf die betriebswirtschaftlichen Kosten billig Strom produziert werden, was der laufenden Wirtschaftsleistung und damit dem Sozialprodukt zugutekommt. Die Hinterlassenschaft in Form der über tausende Jahre hinweg strahlenden Kernbrennstäbe belastet hingegen das Wohlstandspotenzial zukünftiger Generationen.

– Konzeptionell werden in der Sozialproduktrechnung wohlfahrtssteigernde und -belastende Komponenten („*unvermeidbare Übel*") aufaddiert. Alle verwendeten Güter werden somit zu Marktpreisen oder bei öffentlichen Leistungen zu Marktpreisäquivalenten bewertet, egal ob hinter der Nachfrage ein echter Wohlfahrtszuwachs steht. So hat die Beseitigung der Schäden des Elbehochwassers im Jahr 2002 das BIP-Wachstum in Sachsen und Sachsen-Anhalt um 0,3 Prozentpunkte erhöht. Dabei ist allenfalls im Umfang der Modernisierung der Infrastruktur gegenüber dem Status quo eine Wohlfahrtsteigerung zustande gekommen, in Wirklichkeit werden die Betroffenen aber wohl kaum das Gefühl gehabt haben, dass ihre Wohlfahrt gestiegen ist.

– Konzeptionelle Probleme bereitet auch das Einbeziehen des *öffentlichen Sektors*. Einerseits bietet der Staat selbst Leistungen an, wie zum Beispiel Schulbildung.

In Ermangelung eines Marktpreises werden diese Leistungen mit den *Herstellungskosten* ohne Gewinnkomponente angesetzt. Wird nun dieselbe Leistung von einer Privatschule mit annahmegemäß gleichen Kosten angeboten, gesteht die Statistik ihr einen höheren Wert zu, da nun im zu zahlenden Schulgeld nicht nur die Herstellungskosten, sondern auch noch eine Gewinnkomponente enthalten ist. Andererseits wird die Nachfrage des Staates nach Investitionsgütern komplett als *Eigenverbrauch*, als bezogenes Endprodukt des Staates verbucht. Dabei ist es nicht der Staat als organisatorische Hülle, der zum Beispiel eine in Auftrag gegebene Autobahn nachfragt, sondern dessen privaten Haushalte und Unternehmen. In dem Umfang aber, in dem die Unternehmen die Infrastruktur in Anspruch nehmen, müsste sie eigentlich konzeptionell konsequent als Vorleistung herausgerechnet werden. Da eine quantitative Zuordnung der Nutzung auf Haushalte und Unternehmen nicht gelingt, findet diese Vorleistungskorrektur nicht statt.

Ein weiteres Problem resultiert bei Vergleichen des Sozialproduktes im Zeitablauf (Längsschnitt) oder zwischen Ländern (Querschnitt).

- Wird die Entwicklung des BIP im *Längsschnitt* verfolgt, soll gemessen werden, wie sich die Produktionsleistung im Zeitablauf verändert hat. Um einen Eindruck von der Veränderung der materiellen Versorgung zu erhalten, müssen aber Preiseffekte herausgefiltert werden (vgl. Kap. 4.3). Längsschnittbetrachtungen ergeben also nur auf der Basis realer Größen einen Sinn. (In dieser *dynamischen Betrachtung* des realen quantitativen Wachstums relativieren sich dann allerdings auch die zuvor skizzierten Defizite. Denn es spielen ja nur noch Veränderungen gegenüber dem Vorjahr eine Rolle. Wenn im letzten und in diesem Jahr dieselben Effekte fälschlicherweise nicht berücksichtigt wurden, nimmt das auf die im Wachstum ausgewiesene Differenz keinen Einfluss.) Bei Vergleichen über längere Zeitabschnitte hinweg, in denen sich die Bevölkerung stark verändert, wäre zur materiellen Wohlstandsmessung des Weiteren im Prinzip eine Analyse des realen BIP pro Kopf aussagekräftiger.
- In *Ländervergleichen* des BIP-Niveaus ergeben sich weitere Probleme: Denn erstens werden die Ergebungsmethoden zwar Stück für Stück angeglichen, noch gibt es aber Differenzen. Zweitens könnten Unterschiede in der Bedeutung der statistisch schwer zu erfassenden Schattenwirtschaft den Vergleich beeinträchtigen. Drittens ergeben sich Schwierigkeiten, wenn ein Land viele staatlich administrierte Preise mit entsprechend willkürlichen Verzerrungen aufweist und im anderen Land der Markt primär die Preise bestimmt. Viertens bedarf es bei Gegenüberstellungen von Volkswirtschaften unterschiedlicher Größe einer Pro-Kopf-Betrachtung. Fünftens erfordert ein Niveauvergleich das Umrechnen in eine einheitliche Währung mithilfe von Wechselkursen. Die dafür den Devisenmärkten zu entnehmenden Marktbewertungen der Wechselkurse sind zuweilen jedoch spekulativ verzerrt. Insofern ist hier vorab die Konstruktion unverzerrter, die tatsächliche re-

lative Kaufkraft abbildender Wechselkurse, nötig, was zwar möglich, jedoch methodisch problematisch ist.

Das Hauptdefizit der Sozialproduktbetrachtung aber ist, dass das reale BIP zwar unter den genannten Einschränkungen als ein halbwegs tauglicher Indikator angesehen werden kann, um die Schwankungen in der Produktion, also die Konjunkturschwankungen, abzubilden. Doch als Indikator zur Messung der *gesellschaftlichen Wohlfahrt* ist er überfordert.

Die Wohlfahrt einer Gesellschaft ist viel zu komplex, als dass sie sich eindimensional messen ließe. Das BIP verengt den Blick auf das rein quantitative Geschehen, eben auf die verfügbare Gütermenge. Es vernachlässigt die hinter die Produktionsmenge stehende *Lebensqualität* (vgl. Kasten).

„Die schwierige Kunst, den Wohlstand zu berechnen

Mit den einfachsten Fragen tun die Ökonomen sich am schwersten. Was ist Wohlstand? [...] Auf das, was Millionen Bürger interessiert, finden die Wirtschaftsexperten keine befriedigenden Antworten.

Sie sind seit Jahrzehnten gedrillt in der Disziplin des Bruttoinlandsprodukts (BIP). [...] Dabei amüsierte sich schon 1968 Robert Kennedy [...]: ‚Das BIP misst alles, außer dem, was das Leben lebenswert macht.' Denn dieser Indikator erfasst alle wirtschaftlichen Aktivitäten, ob sinnvoll oder sinnlos, nützlich oder schädlich, ohne sie zu bewerten.

Das hat absurde Folgen: Der Bau und die laufende Produktion der Bohrinsel ‚Deepwater Horizon' haben das BIP gesteigert. Die Versuche, die Folgen der Ölschwemme nach der Explosion der Plattform einzudämmen, haben es noch einmal kräftig erhöht. Doch wenn Deepwater Horizon nie gebaut worden wäre, ginge es der Menschheit zweifellos besser. Auch wie das Einkommen verteilt und die Arbeit organisiert ist, ignoriert das BIP, obwohl beides für die Lebensbedingungen eine große Rolle spielt.

Weit über die Wirtschaftspolitik hinaus gilt das BIP-fixierte Wachstumsdiktat. Maßnahmen, die nach diesem Kriterium als ‚wachstumsschädlich' kritisiert werden können, etwa im Bereich der Sozialpolitik, haben von vornherein einen schweren Stand. Eine Senkung der Kriminalität etwa verbessert zweifellos unsere Lebensqualität, sie mindert aber das BIP, weil dann ja weniger Gefängnisse gebraucht werden und Unternehmen wie Privathaushalte weniger Sicherungseinrichtungen anschaffen.

Dennoch gilt das BIP in Medien und Politik als der Wohlstandsindikator. Ein anderes Maß, das die vielen Dimensionen des materiellen Wohlergehens einer Nation prägnant auf den Punkt bringt, haben wir nicht. [...] Die Suche nach anderen Maßstäben nimmt zu, eine neue Wachstumsskepsis breitet sich aus." (Häring 2019)

Aufgabe

Setzen Sie sich kritisch mit der Frage auseinander, inwieweit das BIP ein geeigneter Wohlfahrtsindikator ist. Wie ist es zu beurteilen, wenn die Politik das BIP-Wachstum als zentralen „Kompass" für die Entwicklung der gesellschaftlichen Wohlfahrt verwendet?

4.4.2 Heterodoxe Alternativen der Wohlfahrtsmessung

Angesichts der Schwächen der Sozialproduktmessung als Wohlstandsindikator gibt es in der heterodoxen Ökonomie seit geraumer Zeit Ansätze, geeignetere Maße zu entwickeln. Der Diskussionsprozess ist hier bei weitem noch nicht abgeschlossen. Die noch nicht vollständig ausgereiften Ansätze konkurrieren miteinander und werden kontinuierlich ergänzt und verbessert.

In einer ersten Entwicklungslinie wird versucht, die BIP-Rechnung in ein „*Netto-Wohlfahrtsprodukt*" zu korrigieren. So haben die US-Ökonomen und Nobelpreisträger William D. Nordhaus und James Tobin (1918–2002) schon 1972 *das Measure of Economic Welfare* (MEW) vorgestellt. Es baut auf dem BIP auf, ergänzt es aber wie folgt:

MEW = BIP + Wert der Freizeit + Wert unbezahlter Arbeit – Wert der Umweltschäden

Daran anknüpfend erfolgten Weiterentwicklungen über den *Index of Sustainable Economic Welfare* (ISEW) hin zum *Genuine Progress Indicator* (GPI), an dem der australische Ökonom Philip Lawn (2003) wesentlich mitgearbeitet hat. Der GPI korrigiert das BIP um Umweltschäden und berücksichtigt ökologische Nachhaltigkeitsaspekte, wie den Abbau von Ressourcen und den Verlust von Feuchtgebieten. Darüber hinaus werden soziale Kriterien, wie die Verteilungsdisparität der Einkommen, die Kriminalitätsrate und der Familienzusammenhalt in die Rechnung miteinbezogen. Grundsätzlich problematisch an diesem Ansatz ist die Quantifizierung der das BIP ergänzenden Größen sowie die Entscheidung, welche Aspekte alle berücksichtigt werden sollen.

In einem zweiten, in der Praxis weiter fortgeschrittenen Entwicklungsstrang wird nicht der Versuch unternommen, die Berechnung des BIP zu korrigieren, sondern dem BIP werden ergänzend die *Umweltökonomischen Gesamtrechnungen* (UGR) als „*Satellitensystem*" zur Seite gestellt (vgl. Statistisches Bundesamt 2014). Diese erweiternde Betrachtung greift politisch auch Schlussfolgerungen des UN-Weltgipfels in Rio de Janeiro von 1992 auf. Hier wurde u. a. erstmals weltweit das Recht der Menschen auf eine nachhaltige Entwicklung verankert. Um zu beurteilen, inwieweit die Politik dieses Ziel überhaupt erreicht, bedarf es einer statistischen Grundlage. Da Umwelteffekte oftmals grenzüberschreitende Wirkung haben und da Nachhaltigkeit als ein globales Ziel festgelegt wurde, gibt es zur Vereinheitlichung der Statistiken mit dem *System of Environmental Economic Accounts (SEEA)* der Vereinten Nationen (UN) hierfür einen Rahmen.

Im Mittelpunkt steht dabei der Versuch, den Abbau und Verschleiß der natürlichen Ressourcen im Zusammenhang mit dem Wirtschaftsprozess systematisch zu quantifizieren und umweltpolitischen Handlungsbedarf zu identifizieren. Die VGR und die UGR weisen dabei eine vollständige Daten- und definitorische Abgrenzungskompatibilität auf, etwa wenn es gilt, den Energieverbrauch im Produzierenden Gewerbe in Relation zur dort erzeugten Bruttowertschöpfung anzugeben.

Insgesamt werden in der UGR Umweltbelastungen, -zustand und -schutzmaßnahmen in der Wechselwirkung mit der Wirtschaft dargestellt. In der Erfassung beschäftigt sich die Statistik des Statistischen Bundesamtes, dem international üblichen „*Pressure-State-Konzept*" folgend, mit vier Modulen:

1. Im ersten Modul werden die *Umweltbelastungen* thematisiert. In einer Material- und Energieflussrechnung wird festgehalten, wie viel Rohstoff und Energie im Zusammenhang mit dem Wirtschaften der Natur entnommen wurden und wie viel Rest- und Schadstoffen die Natur anschließend ausgesetzt wurde. Die Angaben erfolgen vorrangig in physikalischen Einheiten und werden in Unterrechnungen verschiedenen Produktions- bzw. Verwendungsbereichen zugeordnet.

2. Im zweiten Modul geht es darum, den *Umweltzustand* zahlenmäßig zu beschreiben. Prinzipiell sollen wirtschaftlich bedingte quantitative und qualitative Bestandsveränderungen beim Boden, bei den Landschaften und Ökosystemen sowie bei Bodenschätzen in physischen Dimensionen abgebildet werden. Die deutsche UGR fokussiert aber nur auf die Entwicklung der Siedlungs- und Verkehrsfläche. Für die Situation des Waldes und der Landwirtschaft sind extra Berichtsmodule vorgesehen.

3. *Umweltschutzmaßnahmen* werden im dritten Modul monetär quantifiziert. Ein Großteil der Daten findet sich zwar schon in der VGR, sie werden in der UGR aber nochmals gesondert und stärker disaggregiert ausgewiesen. Dabei geht es insbesondere um umweltbezogene Steuern (wie die Energiesteuer oder die KFZ-Steuer) und investive Umweltschutzmaßnahmen sowie laufende Ausgaben in den Sektoren Staat, Produzierendes Gewerbe und privatisierte öffentliche Unternehmen.

4. Darüber hinaus berichten die sektoralen Module über *Sonderthemen*. Bislang zählen dazu Verkehr, Landwirtschaft, Wald und private Haushalte. Über diese Bereiche sollen regelmäßig besonders detaillierte Analysen erstellt werden.

Mit Blick auf die Module *Umweltbelastung und -zustand* beschränkt sich das Statistische Bundesamt auf die Angabe physischer Daten. Es erfolgt keine Umrechnung in monetäre Größen, es wird also beispielsweise nicht angegeben, wie teuer die in Tonnen gemessenen CO_2-Emissionen volkswirtschaftlich sind. Hier kapituliert die offizielle Statistik u. a. vor dem *Bewertungsproblem*. Infolgedessen ist eine abschließende „Netto"-Bestimmung eines „Ökoinlandsprodukts", bei dem das BIP um die bewerteten ökologischen Belastungen und Bestandsveränderungen korrigiert wird, nicht möglich.

Die ermittelten Daten der UGR werden in zahlreichen großen Tabellen präsentiert und können daher an dieser Stelle nicht wiedergegeben werden. Sie lassen sich aber leicht über die Homepage des Statistischen Bundesamtes abrufen.

Gleichwohl soll anhand des Beispiels der CO_2-Emissionen, die als zentraler Klimakiller gelten, das *politische Potenzial* solcher Daten kurz beleuchtet werden (vgl. Abb. 4.12). Im Integrierten Energie- und Klimakonzept aus dem Jahr 2007 verpflichtete sich die Bundesregierung unter Berücksichtigung von Rahmenvorgaben durch die EU, die CO_2-Emissionen gegenüber 1990 um 40 Prozent zu reduzieren. Die Daten wurden ab dem Jahr 1990 ermittelt und bieten nun im demokratischen Prozess ein objektives

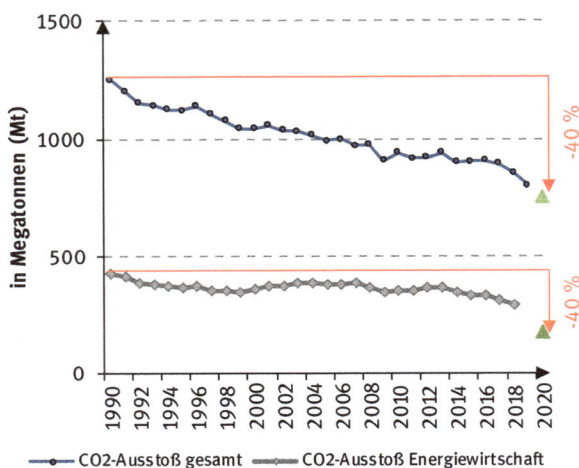

Abb. 4.12: CO_2-Emissionen Deutschland. Quelle: Bundesministerium für Wirtschaft und Energie.

Erfolgskriterium, an dem sich die Regierung messen lassen muss. Nach ersten, leicht erreichten Erfolgen, die primär auf den *Strukturbruch in Ostdeutschland* nach der Wiedervereinigung zurückzuführen waren, entwickelt sich der tatsächliche Abwärtspfad ab etwa 2008 zu träge. Spätestens seit 2014 war absehbar, dass sich die Politik „zu weit aus dem Fenster gelehnt" hatte und ihr Ziel mit einem „Weiter-so" nicht erreichen wird. Bis 2017 war gerade mal eine Rückführung von 27,5 Prozent erzielt worden (vgl. Abb. 4.12), sodass die Regierung das Ziel im Jahr 2018 zwar suspendierte, aber mittelfristig Besserung gelobte. Die drohende Zielverfehlung setzte die Regierung also unter Handlungszwang. Dabei machte ein Blick auf die CO_2-Emissionen in der Energiewirtschaft deutlich, dass gerade dieser Bereich trotz des massiven *Ausbaus der Erneuerbaren Energien* lange Zeit eher unterdurchschnittliche Erfolge beim Emissionsabbau vorwies. Insofern konzentrierte sich der politische Druck auf die CO_2-intensive Kohleverstromung und führte im Jahr 2019 zu einem von der sogenannten „Kohlekommission" vereinbarten Beschluss, bis spätestens 2038 trotz aller Widerstände aus der Wirtschaft aus der Kohleverstromung komplett auszusteigen (vgl. Marquardt et al. 2019). Erste Abschaltungen von Kohlekraftwerken trugen dann zuletzt sogar zu einem beschleunigten Emissionsrückgang bei (−36 Prozent bis 2019), sodass in Kombination mit dem pandemiebedingten Konjunktureinbruch ein Erreichen der 40-Prozent-Marke doch noch möglich erscheint.

Der skizzierte zweite Entwicklungsstrang auf der Suche nach Wohlfahrtsmaßen über die umweltseitige Satellitenrechnung knüpft an den *Defiziten der Sozialproduktrechnung* an, die sich aus dem Vernachlässigen der Themen Umweltschutz und Nachhaltigkeit ergeben. Die UGR sind dabei methodisch international noch nicht ausgereift. In Europa ist die EU-Kommission treibende Kraft, für eine Weiterentwicklung und die spätere Integration volkswirtschaftlicher, ökologischer und sozialer Gesamtrechnungen. Ein entscheidender Nachteil besteht darin, eine Vielzahl von ökologisch wichtigen Einzelbetrachtungen zu liefern. Dadurch kann die Politik zwar Einzelmaßnahmen ergreifen, die auf eine Verbesserung einzelner Größen abstellen. Ein in einer Kennzahl verdichtetes Gesamtbild über die ökologische Situation, wie es das Sozialprodukt bei allen Einschränkungen über die Produktionsleistung liefert, wird aber nicht präsentiert. Die aus den Daten abzuleitenden umweltpolitischen Empfehlungen sind damit weitaus heterogener und der (Wahl-)Bevölkerung schwerer vermittelbar als mit Blick auf das quantitative Wirtschaftswachstum.

Ein weiterer Nachteil besteht darin, dass die *sozio-ökonomischen* und *kulturellen* Kriterien, die auch einen Einfluss auf die Lebensqualität haben, in diesen Analysen ebenfalls fehlen. Vor diesem Hintergrund wurden parallel zur Weiterentwicklung der UGR die Bemühungen in Deutschland forciert, über Nachhaltigkeitsindikatoren ein Gesamtbild über die *Lebensqualität* zu erhalten und letztlich das qualitative Wachstum zu ermitteln. Auch diese Bemühungen sind zurückzuführen auf Forderungen aus der UN-Konferenz von Rio aus dem Jahr 1992 und sind mittlerweile eingebettet in die Vorgaben der *Agenda 2030* der Vereinten Nationen.

Fokussiert wird hier auf eine Vielzahl ökonomischer, ökologischer und soziokultureller Indikatoren, wobei mit Blick auf die ökologischen Faktoren die UGR als Zulieferer angesehen werden können. Dabei ist der Nachhaltigkeitsbegriff, so der amtierende Präsident des Statistischen Bundesamtes Georg Thiel (2018, S. 3) weit gefasst worden und bezieht sich nicht mehr nur auf die Ökologie: „Nachhaltig zu handeln bedeutet auch, bei unseren eigenen Handlungen immer die Auswirkungen auf andere im Blick zu behalten. Somit umfasst Nachhaltigkeit heute alle wirtschaftlichen, sozialen und ökologischen Aspekte unserer eigenen Zukunftsfähigkeit und der Zukunftsfähigkeit aller Menschen weltweit." Nach der *Brundtland-Definition*, benannt nach einer ehemaligen norwegischen Ministerpräsidentin, die in den 1980er-Jahren den Vorsitz einer UN-Kommission zur Nachhaltigkeit hatte, gilt es, „die Bedürfnisse der Gegenwart [zu befriedigen], ohne zu riskieren, dass künftige Generationen ihre eigenen Bedürfnisse nicht befriedigen können" (Blumers/Kaumanns 2017, S. 97).

Maßgeblich in der deutschen Statistik ist der Beschluss des Bundeskabinetts vom 11. Januar 2017, die *Nachhaltigkeitsstrategie der Bundesregierung* aus dem Jahr 2002 an die UN-Agenda 2030 anzupassen und zu überarbeiten (vgl. Blumers/Kaumanns 2017; Statistisches Bundesamt 2018). Die Agenda 2030 stellt 17 *Sustainable Development Goals* (SDGs) auf, die in der deutschen Neukonzeptionierung berücksichtigt werden (vgl. Tab. 4.2).

Dazu wurde ein *Nachhaltigkeitsmanagementsystem* entwickelt: Jedes der 17 Nachhaltigkeitsziele wurde als Forderung formuliert und mit ebenfalls in Form von Postulaten aufgestellten Unterzielen präzisiert. Um die Zielerreichung überprüfen zu können, wurden 65 *Indikatoren* definiert, die für das Unterziel stehen und für die Zielwerte und Erfüllungszeiträume festgelegt wurden. Im Zweijahresabstand erstellt das Statistische Bundesamt einen *Monitoringbericht*, der quantitativ und die Entwicklung beschreibend offenlegt, inwieweit sich die Ziele auf dem vorgesehenen Pfad bewe-

Tab. 4.2: Ziele der deutschen Nachhaltigkeitsstrategie. Quelle: Blummers/Kaumanns 2017, S.105 ff.

UN-Indikatoren-nummer	Nachhaltigkeitsziele: Zielpostulat
SDG 1	Armut in jeder Form und überall beenden
SDG 2	Den Hunger beenden, Ernährungssicherheit und eine bessere Ernährung erreichen und eine nachhaltige Landwirtschaft fördern
SDG 3	Ein gesundes Leben für alle Menschen jeden Alters gewährleisten und ihr Wohlergehen fördern
SDG 4	Inklusive, gerechte und hochwertige Bildung gewährleisten und Möglichkeiten des lebenslangen Lernens für alle fördern
SDG 5	Geschlechtergerechtigkeit und Selbstbestimmung für alle Frauen und Mädchen erreichen
SDG 6	Verfügbarkeit und nachhaltige Bewirtschaftung von Wasser und Sanitärversorgung für alle gewährleisten
SDG 7	Zugang zu bezahlbarer, verlässlicher, nachhaltiger und zeitgemäßer Energie für alle sichern
SDG 8	Dauerhaftes, inklusives u. nachhaltiges Wirtschaftswachstum, produktive Vollbeschäftigung u. menschenwürdige Arbeit für alle fördern
SDG 9	Eine belastbare Infrastruktur aufbauen, inklusive und nachhaltige Industrialisierung fördern und Innovationen unterstützen
SDG 10	Ungleichheit innerhalb von und zwischen Staaten verringern
SDG 11	Städte und Siedlungen inklusiv, sicher, widerstandsfähig und nachhaltig machen
SDG 12	Für nachhaltige Konsum- und Produktionsmuster sorgen
SDG 13	Umgehend Maßnahmen zur Bekämpfung des Klimawandels und seiner Auswirkungen ergreifen
SDG 14	Ozeane, Meere und Meeresressourcen im Sinne einer nachhaltigen Entwicklung erhalten und nachhaltig nutzen
SDG 15	Landökosysteme schützen, wiederherstellen und ihre nachhaltige Nutzung fördern, Wälder nachhaltig bewirtschaften, Wüstenbildung bekämpfen, Bodenverschlechterung stoppen und umkehren und den Biodiversitätsverlust stoppen
SDG 16	Friedliche und inklusive Gesellschaften im Sinne einer nachhaltigen Entwicklung fördern, allen Menschen Zugang zur Justiz ermöglichen und effektive, rechenschaftspflichtige und inklusive Institutionen auf allen Ebenen aufbauen
SDG 17	Umsetzungsmittel stärken und die globale Partnerschaft für nachhaltige Entwicklung wiederbeleben

gen. Zur besseren Übersicht verdichtet das Statistische Bundesamt seine Bewertung der Zielerreichung durch Wettersymbole, die von „Gewitter" (für der Abstand zum Ziel vergrößert sich), über „Wolke" und „Sonne mit Wolke" bis hin zu „strahlendem Sonnenschein" (bei Fortsetzung des Trends dürfte der Zielwert um höchstens 5 Prozent verfehlt werden) reichen.

Gini-Koeffizient
verfügbares Äquivalenzeinkommen pro Person

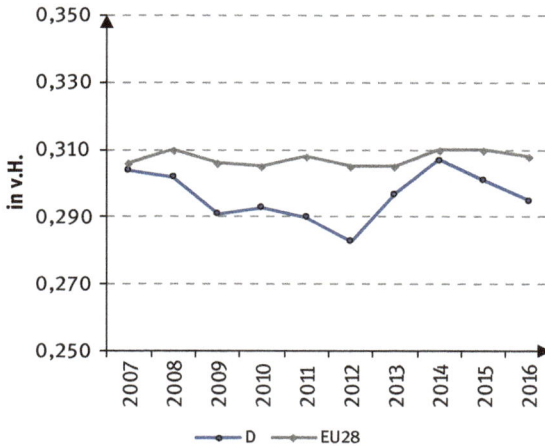

Abb. 4.13: Gini-Koeffizient Deutschland. Quelle: Statistisches Bundesamt 2018; bis 2009 EU27 danach EU28; Verteilung des verfügbaren Äquivalenzeinkommens pro Person.

Beispielhaft werden in Tab. 4.3 die zwei Zielbereiche der *Gender- und Gleichheits-problematik* mit Blick auf das Jahr 2018 dargestellt.

Bezogen auf den Frauenanteil in Führungspositionen wurde hier mit dem Sonnensymbol ein Erreichen des Ziels signalisiert. Das hat aber primär damit zu tun, dass in der Operationalisierung des Ziels ein 30-Prozent-Anteil nur in den Aufsichtsräten angestrebt wurde. Gleichwohl kaschiert die Statistik verbliebene Defizite nicht. Denn neben den Daten zu den eigentlichen Indikatorreihen werden noch ergänzende Daten ausgewiesen. Daraus geht beispielsweise hervor, dass der Frauenanteil in Vorstandspositionen nur bei 8,2 Prozent liegt.

Darüber hinaus eröffnet die Statistik – je nach Datentradition – für die Einzelindikatoren auch Zeitreihenbetrachtungen. Für die Gleichheit der *Einkommensverteilung* ist beispielsweise ein übliches Maß der Gini-Koeffizient. Er misst die Konzentration und liegt bei extremer Gleichverteilung bei 0 und bei extremer Einkommenskonzentration bei 1. Die beiden Zeitreihen in Abb. 4.13 verdeutlichen zwar, dass Deutschland das Ziel, hinter dem EU28-Durchschnitt zurückzubleiben, erfüllt hat. Aber vom Tiefstwert in 2012 ausgehend hat zwischenzeitlich die Ungleichverteilung wieder zugenommen und sich der Abstand verringert. Das Statistische Bundesamt quittiert den Trend entsprechend mit „heiter bis wolkig".

In der Tat wird hier mit der Nachhaltigkeitsstrategie ein *Multi-Indikatorensystem* aufgestellt, das neben dem in SGD 8 enthaltenen Wachstumsziel beim Sozialprodukt eine Fülle von anderen ökonomischen, ökologischen und soziokulturellen Bereichen abdeckt. Mithilfe der hinterlegten Indikatoren und der ergänzenden Daten können die Wohlfahrt und die Lebensqualität in einer mehrdimensionalen Betrachtung sicherlich

Tab. 4.3: Ausgewählte Ergebnisse Nachhaltigkeitsstrategie. Quelle: Statistisches Bundesamt 2018.

Indikatoren-nummer	Nachhaltigkeitsziele: Zielpostulat	Indikator	Ziel	Datenstand bei Monitoring 2018	Zielerreichungs-trend
SDG 5	Geschlechtergerechtigkeit und Selbstbestimmung für alle Frauen und Mädchen erreichen				
SDG 5.1 a	Gleichstellung in der Gesellschaft fördern	Verdienstabstand zwischen Frauen und Männern: Unterschied zwischen den durchschnittlichen Bruttostundenverdiensten der Frauen und der Männer in Prozent der durchschnittlichen Bruttostundenverdienste der Männer	Verringerung des Abstandes auf 10 % bis 2020 und dann Beibehaltung bis 2030	2017: 21 %	
SDG 5.1 b		Frauenanteil in Führungspositionen in Wirtschaft	30 % Frauen in Aufsichtsräten der börsennotierten und voll mitbestimmten Unternehmen bis 2030	1/2018: 30,9 %	
SDG 5.1 c	Wirtschaftliche Teilhabe von Frauen global stärken	Anzahl der Mädchen und Frauen in Entwicklungs- und Schwellenländern, die durch berufliche Qualifizierungsmaßnahmen deutscher entwicklungspolitischer Zusammenarbeit erreicht wurden	Sukzessive Steigerung bis 2030 um ein Drittel verglichen mit Basisjahr 2015	k.A.	

Tab. 4.3: (Fortsetzung)

Indikatoren-nummer	Nachhaltigkeitsziele: Zielpostulat	Indikator	Ziel	Datenstand bei Monitoring 2018	Ziel-erreichungs-trend
SDG 10	*Ungleichheit innerhalb von und zwischen Staaten verringern*				
SDG 10.1	Gleiche Bildungs-schancen: Schulische Bildungserfolge von Ausländern in Deutschland	Anteil ausländischer Schulabsolventen*innen in Prozent aller ausländischen Schulabgänger*innen eines Jahrgangs.	Erhöhung des Anteils der auslän-discher Schulabgänger*innen mit mindestens Hauptschulabschluss	2005: 82,6 % 2010: 87,2 % 2015: 88,2 % 2017: 81,9 %	
			Angleichung des Anteils ausländi-scher Absoventen*innen an die Quo-te deutscher Schulabgänger*innen bis 2030	2017: 81,9 % (ausld.) zu 94,8 % (dt.)	
SDG 10.2	Verteilungs-gerechtigkeit: Zu große Ungleich-heit innerhalb Deutschlands verhindern	Gini-Koeffizient Einkommen nach Sozialtransfer	GINI-Koeffizient Einkommen nach Sozialtransfer bis 2030 unterhalb des EU-28-Wertes	2016: Deutschland: 0,295 EU28: 0,308	

besser beurteilt werden als ausschließlich durch das BIP. Allerdings befindet sich das Monitoringsystem noch im Aufbau. Zwar werden Nachhaltigkeitsdaten seit 2002 vom Statistischen Bundesamt veröffentlicht. Die Anpassung an die UN-Agenda 2030 setzte aber neue Akzente, sodass vereinzelt noch Datenlücken bestehen bzw. längere Zeitreihen fehlen, um Trends solide beurteilen zu können. Das verdeutlicht zum Beispiel die Lücke beim SDG 5.1.c in Tab. 4.3. Auch sind manche Unterziele zu schwammig formuliert. Zum Beispiel wird in SDG 8.4 „ein stetiges und angemessenes Wirtschaftswachstum" gemessen am BIP pro Kopf gefordert. Ab welchem Wert die Zielgröße „angemessen" ist und wie der Grad der Stetigkeit ermittelt werden soll, wird nicht präzisiert. Darüber hinaus lässt sich, wie im obigen Gender-Beispiel darüber diskutieren, ob die Zieloperationalisierungen nicht anders bzw. weiter gefasst werden sollten. Auch sind die Zielwerte oftmals willkürlich festgelegt. Warum werden beispielsweise bis 2020 nur 30 Prozent Frauenanteil in Führungspositionen und nicht 35 Prozent oder mehr angestrebt?

Insbesondere muss auch hinterfragt werden, ob die an willkürlich festgelegten Grenzwerten zu messende Konsolidierung der *Staatsfinanzen* in SDH 8.2.a, b und c sinnvoll sind. Das hat wiederum mit der in Kap. 7.2 behandelten Grundsatzfrage zu tun, ob der Staatshaushalt primär ein Ziel oder ein Instrument der Wirtschaftspolitik sein sollte. Zudem zeigen sich an der Stelle spezielle Probleme des Multi-Indikatorenansatzes: In SDG 8.3 wird mit Blick auf die Nachhaltigkeit als wirtschaftliches Ziel nämlich auch eine „angemessene" *Investitionsquote* (gemessen als BIP-Anteil der Bruttoanlageinvestitionen) gefordert. Hohe Investitionen erhöhen schließlich den Kapitalbestand und das wirtschaftliche Potenzial der Zukunft. Warum bei diesem Indikator das Statistische Bundesamt die „Sonne lachen" lässt, ist fraglich. Denn der langfristige Trend ist eigentlich besorgniserregend (vgl. Abb. 4.8). Dabei weist auch das Bundesamt in der Kommentierung auf die negative Langfristentwicklung und das Zurückbleiben gegenüber dem OECD-Durchschnitt hin. Einzig die jüngste Verringerung der Defizite hat hier etwas Positives. Dabei ist aber unklar, ob eine Stabilisierung mit leichtem Aufwärtstrend schon ein ehrgeiziges Ziel ist, oder ob nicht ein viel höherer Wert angestrebt werden sollte. Insofern ist das Arbeiten mit den Wettersymbolen zwar sehr intuitiv und publikumswirksam, aber allzu leicht bleibt dabei verborgen, dass in der Bewertung qualitativer formulierter Ziele erhebliche Spielräume bleiben. Des Weiteren offenbart sich im Gegenüberstellen der Staatshaushaltsziele und des Investitionsziels ein möglicher Konflikt. Wenn der aus dem Haushaltsziel hervorgehende Sparzwang dafür sorgt, dass sich der Staat bei seinen Investitionen zurückhält, dadurch die Infrastruktur leidet und auch private Unternehmen sich deshalb in ihren Investitionen zurückhalten, widersprechen sich hier in einem Zielkonflikt zwei Indikatoren.

Alles in allem wird das Verwenden eines Multi-Indikatorenansatzes der Mehrdimensionalität der Wohlfahrt und der Lebensqualität besser gerecht als das BIP. Aber auch dieser Ansatz hat in der Umsetzung *Schwächen*. Das betrifft die Auswahl der Ziele, deren Konkretisierung und Quantifizierung in Unterzielen sowie die Bewertung des

Erfolgs bei qualitativ formulierten Zielen und die Frage, wie mit Zielkonflikten umzugehen ist. Überdies weist auch dieser Ansatz gegenüber der Sozialproduktrechnung – wie die UGR – das zentrale Problem auf, keine Verdichtung des Gesamtbildes liefern zu können. Das Arbeiten mit den Wettersymbolen ist intuitiv, entpuppt sich aber ein Stück weit als willkürlich und kann nicht verhindern, dass gegenwärtig über 60 Symbole parallel ausgewiesen werden.

Auf der Suche nach einem geeigneten Wohlfahrtsmaßstab wird noch ein *dritter Weg* begangen. Ziel dabei ist es am Ende einen einzigen Indikator zu haben, der alle für die Lebensqualität relevanten Aspekte vereinigt. Anders als beim GPI wird hier aber nicht eine Korrektur der Sozialproduktrechnung verfolgt, sondern sie wird mit anderen Indikatoren verschmolzen.

Am prominentesten ist dabei der *Human Development Index* (HDI). Er wurde u. a. von Ökonomen und Nobelpreisträger *Amartya Sen* entwickelt und wird von den Vereinten Nationen seit 1990 regelmäßig veröffentlicht (vgl. United Nations Development Programme (UNDP) 2018). Er soll als Wohlstandsindikator nicht nur den materiellen Lebensstandard (gemessen über das Bruttonationaleinkommen pro Kopf) erfassen, sondern auch den Gesundheitsstand (gemessen über die Lebenserwartung bei Geburt) sowie den Bildungsstand der Bevölkerung (gemessen über den Indikator der durchschnittlich erwarteten Schul- und Hochschulzeit eines Neueinsteigers ins Bildungssystem und den Indikator der durchschnittlichen Schul- und Hochschulzeit bereits ausgebildeter Menschen).

Der HDI wird als geometrisches Mittel aus dem Gesundheits- (I_G), dem Bildungs- (I_B) und dem Einkommensindex (I_E) berechnet: HDI $= \sqrt[3]{I_G \cdot I_B \cdot I_E}$. I_G und I_E werden berechnet aus $I = \frac{\text{tatsächlicher Wert-Minimum}}{\text{Maximum-Minimum}}$ und können als in einer Dezimalzahl ausgedrückter Prozentsatz der maximal möglichen Entfernung vom Mindestwert gedeutet werden. Die Extremwerte finden sich in Tab. 4.4. Beim Erreichen des Höchstwertes hat der Einzelindex den Wert 1, beim Erreichen des Mindestwertes den Wert 0. Der Bildungsindex wird durch den arithmetischen Mittelwert der beiden Einzelindikatoren, die sich wiederum aus dem obigen Bruch bestimmen, errechnet. Die Referenzwerte stammen aus offiziellen Statistiken der UN, der OECD, der Weltbank, ICF Macro De-

Tab. 4.4: Indikatoren des HDI. Quelle: United Nations Development Programme 2018, Technical Notes, S.2; 1) preis- und kaufkraftparitäten-bereinigt auf Basis von 2011.

Dimension	Indikator	Minimum	Maximum
Gesundheit	Lebenserwatung (Jahre)	20	85
Bildung	Erwartete Schul- und Hochschulzeit Neueinsteiger (Jahre)	0	18
	Tatsächliche Schul- und Hochschulzeit Ausgebildete (Jahre)	0	15
Lebens-standard	Bruttonationaleinkommen pro Kopf (in US-$) [1]	100	75.000

[1] Preis- und kaufkraftparitätenbereinigt auf Basis von 2011.

mografic Health Services und IMF und setzen realistische Minima und Maxima. Wegen eines sinkenden Wohlfahrtsbeitrags steigender Einkommen werden diese Daten vorher durch ihre Logarithmenwerte ersetzt. Durch die Multiplikation der drei Indexwerte in der Zusammenführung zum HDI würde ein Einzelindexwert von 0 bewirken, egal wie hoch die anderen beiden ausfallen, dass auch der HDI den Wert 0 annimmt.

Nach der für das Jahr 2019 vorliegenden Berechnung ergibt sich mit Blick auf die Top-20-Länder und die EU 28-Länder das Ranking aus Tab. 4.5. Unter den 189 untersuchten Ländern befinden sich alle EU-Länder im oberen Drittel. Zu den Top-20 gehören neun EU-Länder (inkl. Großbritannien). *Deutschland* belegt unter Berücksichtigung der Lebenserwartung und der Bildungssituation den fünften Platz, obwohl es nachrangig Länder gibt, die ein höheres Sozialprodukt pro Kopf aufweisen. Alle erfassten Staaten weisen gegenüber dem ersten Jahr der Berechnung einen Zuwachs in der hier gemessen Lebensqualität auf. Die größten Fortschritte verzeichneten im Beobachtungszeitraum Singapur, Kroatien, Irland und Tschechien.

In der Grundgesamtheit der 189 Länder spielt das Sozialprodukt beim HDI rein statistisch eine untergeordnete Rolle. Der Korrelationskoeffizient zwischen dem HDI und dem Sozialprodukt pro Kopf ist sogar leicht negativ. Dies hat aber auch damit zu tun, dass einige erdölreiche Staaten, wie Qatar, ein sehr hohes Pro-Kopf-Sozialprodukt aufweisen, angesichts eines schlechten Abschneidens bei der Lebenserwartung und der Bildung aber einen geringen HDI zeigen.

In der in Tab. 4.5 gewählten Stichprobe hoch gelisteter Länder fällt nach eigenen Berechnungen aber auf, dass der HDI stark positiv mit dem Sozialprodukt (Korrelationskoeffizient: 0,72) und der Lebenserwartung (Korrelationskoeffizient: 0,78) korreliert sind. Der HDI liefert hier im Querschnittvergleich ein Bild, das in ähnlicher Form auch mithilfe des Sozialproduktes alleine zustande gekommen wäre, zumal wenn man bedenkt, dass ein hohes Sozialprodukt vermutlich auch zu einer höheren Lebenserwartung beiträgt. Der Rangkorrelationskoeffizient zwischen dem HDI-Ranking und dem Ranking beim Pro-Kopf-Sozialprodukt liegt bei 0,88.

Insgesamt hat der HDI-Ansatz, im Gegensatz zu den Multi-Indikatorensystemen, den Charme, zwar im Prinzip auch die Entwicklung verschiedener, die Lebensqualität verbessernder Merkmale zugrunde zu legen, diese dann aber in einer zentralen Kennzahl zusammenzuführen. Das macht die Ergebnisse besonders anschaulich und öffentlichkeitswirksam vermarktbar. UNDP (2018, S. iii) betont daher auch: „UNDP's Human Development Index (HDI) has captured human progress, combining information on people's health, education and income in just one number. Over the years, the HDI has served as a comparative tool of excellence, and as a reliable platform for vigorous public debates on national priorities." Hinzu kommt, dass allein die Tatsache, dass der Index bereits über einen langen Zeitraum erhoben wird, ihn für die wissenschaftliche und die politische Analyse interessant macht.

Zugleich weisen UNDP aber auch die aus der Schlichtheit des Ansatzes entstehenden Nachteile hin. Schließlich verwendet der Ansatz nur vier Indikatoren aus drei von 17 Sustainable Development Goals der UN. Explizit wird das Vernachlässigen der zu-

Tab. 4.5: HDI-Ranking für 2017: Top-20 und EU28-Länder. Quelle: United Nations 2019.

Rang	Land	HDI	Lebenserwartung in Jahren	Erwartete Schulzeit in Jahren	Tats. Schulzeit in Jahren	BNE in Tsd. $	HDI-Wachstum 1990–2017 in v. H. p. a.	Wachstumsrang
1	Norwegen	0,953	82,3	17,9	12,6	68,0	0,42	34
2	Schweiz	0,944	83,5	16,2	13,4	57,6	0,47	31
3	Australien	0,939	83,1	22,9	12,9	43,6	0,30	37
4	Irland	0,938	81,6	19,6	12,5	53,8	0,77	3
5	Deutschland	0,936	81,2	17	14,1	46,1	0,58	19
6	Island	0,935	82,9	19,3	12,4	45,8	0,57	20
7	Hong Kong	0,933	84,1	16,3	12,0	58,4	0,66	7
7	Schweden	0,933	82,6	17,6	12,4	47,8	0,50	28
9	Singapore	0,932	83,2	16,2	11,5	82,5	0,97	1
10	Niederlande	0,931	82,0	18	12,2	47,9	0,43	32
11	Dänemark	0,929	80,9	19,1	12,6	47,9	0,56	21
12	Canada	0,926	82,5	16,4	13,3	43,4	0,32	36
13	Vereinigte Staaten	0,924	79,5	16,5	13,4	54,9	0,27	38
14	Vereinigtes Königreich	0,922	81,7	17,4	12,9	39,1	0,64	11
15	Finnland	0,920	81,5	17,6	12,4	41,0	0,59	16
16	Neuseeland	0,917	82,0	18,9	12,5	34,0	0,42	33
17	Belgien	0,916	81,3	19,8	11,8	42,2	0,47	30
17	Liechtenstein	0,916	80,4	14,7	12,5	97,3	k.A.	k.A.
19	Japan	0,909	83,9	15,2	12,8	39,0	0,40	35
20	Österreich	0,908	81,8	16,1	12,1	45,4	0,49	29
21	Luxemburg	0,904	82,0	14	12,1	65,0	0,54	26
24	Frankreich	0,901	82,7	16,4	11,5	39,3	0,54	24
25	Slowenien	0,896	81,1	17,2	12,2	30,6	0,58	18
26	Spanien	0,891	83,3	17,9	9,8	34,3	0,62	14
27	Tschechien	0,888	78,9	16,9	12,7	30,6	0,72	4
28	Italien	0,880	83,2	16,3	10,2	35,3	0,50	27
29	Malta	0,878	81,0	15,9	11,3	34,4	0,64	13
30	Estland	0,871	77,7	16,1	12,7	29,0	0,64	10
31	Griechenland	0,870	81,4	17,3	10,8	24,6	0,54	25
32	Zypern	0,869	80,7	14,6	12,1	31,6	0,64	12
33	Polen	0,865	77,8	16,4	12,3	26,2	0,72	5
35	Litauen	0,858	74,8	16,1	13,0	28,3	0,59	15
38	Slowakei	0,855	77,0	15	12,5	29,5	0,54	22
41	Lettland	0,847	74,7	15,8	12,8	25,0	0,69	6
41	Portugal	0,847	81,4	16,3	9,2	27,3	0,65	9
45	Ungarn	0,838	76,1	15,1	11,9	25,4	0,65	8
46	Kroatien	0,831	77,8	15	11,3	22,2	0,80	2
51	Bulgarien	0,813	74,9	14,8	11,8	18,7	0,59	17
52	Romania	0,811	75,6	14,3	11,0	22,6	0,54	23

nehmenden Bedeutung in der Ungleichheits- und der Genderproblematik sowie die Zunahme der Gewalt und der ökologischen Probleme inklusive des Klimawandels benannt. Hinsichtlich der Ungleichheits- und der Genderproblematik haben die UNDP noch drei weitere Indikatoren neu konzipiert. Aber letztlich stellt nicht nur die Auswahl der in den HDI einbezogenen und der nicht berücksichtigten Indikatoren ein Problem dar, sondern auch das Zusammenführen als geometrisches Mittel. Diese Entscheidung ist willkürlich, es hätte z. B. auch ein arithmetischer Mittelwert gebildet werden können. Genauso arbiträr ist die Berechnungsweise eines jeden Einzelindikators. Hinzu kommt, dass der HDI, bezogen auf die höher entwickelten Länder, empirisch gesehen keinen wesentlich besseren Erklärungsansatz für die Rangfolge in der Lebensqualität liefert als das Sozialprodukt pro Kopf.

4.4.3 Glücksforschung

Ganz kompliziert wird es spätestens, wenn auch noch das menschliche Glück gemessen und neben der BIP-Bestimmung berücksichtigt werden soll. Dennoch erhebt das Himalaja-Königreich Bhutan etwa seit 1972 das *Bruttonationalglück*. Hier stellt sich die Frage: Wie lässt sich Glück erfassen und letztlich ökonomisch bewerten? Dies ist natürlich ein schwieriges Unterfangen. Man kann Glück nicht quantifizieren, es lässt sich aber mit eindeutig messbaren ökonomischen Größen verknüpfen. So hat der US-Amerikaner Richard A. Easterlin in den 1970er-Jahren in einem Aufsatz dargelegt, dass seine Landsleute trotz steigender Einkommen nicht entsprechend glücklicher und zufriedener wurden (vgl. Easterlin 1974).

Wachstumskritiker stellen daher hier fest, dass das Versprechen „Wachstum gleich Wohlstand" immer mehr infrage gestellt wird. Diese Zweifel am Sinn des Wachstums untersucht die noch relativ neue wirtschaftliche Disziplin der Glücksforschung (vgl. Thierbach 2010). Der Ökonom Karl Georg Zinn schreibt dazu:

> Auch für die Bundesrepublik wurde das Easterlin-Paradoxon nachgewiesen. Als eine gewisse Modifizierung kann die Unterscheidung zwischen kurz- und langfristiger Wirkung gesehen werden: Kurzfristig lässt ein Einkommensanstieg das Zufriedensheitsniveau steigen, insbesondere wenn es sich um eine relative Einkommenserhöhung handelt, die den Abstand des Begünstigten zu seiner Vergleichsgruppe erhöht [...], aber auf mittlere bis längere Frist (zwischen sechs Monaten und vier Jahren) tritt eine ‚Anpassung' derart ein, dass der Mensch auf das alte Glücks- bzw. Zufriedenheitsniveau zurückfällt. Diese Rückkehr zum alten Niveau gilt aber nicht nur bei günstigen Ereignissen wie einem Lottogewinn oder einer Erbschaft, sondern auch bei ungünstigen; selbst nach schweren Schicksalsschlägen – wenn auch nicht in jedem Fall – überwinden die Menschen den Tiefpunkt und regenerieren nach einiger Zeit wieder ihr früheres Lebensgefühl. Solche ‚Anpassungsphänomene', dass kurzfristige Stimmungsänderungen, ob nun nach oben oder unten, nach einiger Zeit wieder verschwinden und der Mensch zu seinem emotionalen Ausgangsniveau zurückkehrt, sind aus der psychologischen Forschung längst bekannt und werden auch von neurowissenschaftlichen Untersuchungen belegt. Die Ökonomen haben diese dem Wachstumsfetischismus abträglichen Erkenntnisse aber erst verspätet und auch noch keineswegs in aller Breite

oder gar mit allen theoretischen und politischen Konsequenzen verarbeitet. Der Abschied vom Wachstum fällt hat schwer, zumal noch längst nicht geklärt ist, wie es mit dem Kapitalismus ohne Wachstum weitergehen kann. (Zinn 2008, S. 46 f.)

Das große Problem bei der Glücksforschung wird aber immer darin bestehen, dass es kein einheitlich definierbares gesellschaftliches Wachstums- und Einkommensniveau für individuell unterschiedliche und interpersonell nicht vergleichbare Glückempfindungen gibt. Darüber hinaus ist das Einkommen extrem ungleich verteilt (vgl. Kap. 6.1.2). Untere Einkommensschichten und Arbeitslose wollen berechtigterweise „wachsen" und dazu mehr konsumieren und dadurch, wenn auch nur kurzfristig, glücklich sein.

4.4.4 Wirtschaftspolitische Schlussfolgerungen zur Verwendung des BIP

Die Sozialproduktmessung weist zwar zahlreiche konzeptionelle und erfassungsseitige Defizite auf, ist aber immerhin geeignet, um die Produktionsentwicklung einer Volkswirtschaft nachzuzeichnen. Sie spiegelt damit auch ein Abbild über die Versorgung mit Gütern und Dienstleistungen wider. Die Entwicklung des Sozialproduktes ist damit ein halbwegs geeigneter Indikator für das *quantitative Wachstum*.

Sie ist hingegen kein geeigneter Indikator für die Wohlfahrt und Lebensqualität einer Volkswirtschaft. Das *qualitative Wachstum* lässt sich nicht mithilfe eines einzelnen Merkmals messen.

Aufgrund der Einfachheit, der Informationsreduktion auf nur eine Zahl, der Schwächen in den teils noch im Aufbau befindlichen Alternativen und der langen Gewöhnungszeit dominiert in der Politik und den Medien nach wie vor der Blick auf die Sozialproduktentwicklung. Trotz der vielfältigen Defizite des Sozialproduktes als Wohlfahrtsindikator wird quantitatives Wirtschaftswachstum weiterhin assoziiert mit einer verbesserten Lebensqualität.

Diese unzulässige *Blickverengung* geht einher mit der Verwendung eines falschen Kompasses und bewirkt zwangsläufig eine falsch ausgerichtete Politik, weil sie sich nicht an der „wahren Wohlfahrt" orientiert. Werden Haushaltsaktivitäten in der BIP-Berechnung nicht umsichtig berücksichtigt, führt das beispielsweise dazu, dass diese Aktivitäten politisch nicht entsprechend gewürdigt werden. Unterstützungsmaßnahmen für Kinderbetreuung in Eigenregie gelten als schädlich für das gemessene BIP-Wachstum und haben daher keine starke Lobby in der Politik. Das Ausblenden anderer die Lebensqualität steigernder Merkmale führt zu deren Vernachlässigung. Umweltpolitische Maßnahmen verursachen in dieser Sichtweise primär Kosten und haben es angesichts von negativen Wachstumswirkungen im BIP schwer durchgesetzt zu werden. Dabei verursacht das Nichtergreifen dieser Maßnahmen längerfristig noch viel höhere Kosten. Insofern bedarf es eines Umdenkens und einer Neuorientierung in der Politik und der Öffentlichkeit.

Das größte Potenzial haben dabei die *Multi-Indikatorenansätze*, wie sie im Zuge der Nachhaltigkeitsstrategie in Deutschland eingeführt wurden. Sie versuchen über eine Vielzahl von nebeneinander stehenden Indikatoren alle Merkmale zu erfassen, die das Leben lebenswert machen, inklusive der Produktions- und Einkommensentwicklung. Durch konkrete Zielvorgaben und Terminierungen wird politischer Erfolg mess- und kontrollierbar. Bei Unterschreiten der Zielvorgaben steht so automatisch die Politik unter Rechtfertigungs- und Handlungszwang. Allerdings bleiben auch hier unvermeidbare Defizite in Form der Auswahl der Ziele, ihrer Konkretisierung und Quantifizierung sowie bei der Erfolgsbewertung qualitativ formulierter Ziele. Obendrein erweist sich die Erfolgskontrolle der Politik als extrem aufwendig, da sich die Einzeldaten nicht zu einem Gesamtbild verdichten lassen, es sei denn, man verbindet sie wie im HDI zu einem Einzelindex, was wiederum die Problematik aufwirft, wie eine zielführende Zusammenführung aussehen könnte.

4.5 Zahlungsbilanz

Neben der Sozialproduktrechnung spielt auch die Zahlungsbilanz eine wichtige Rolle im volkswirtschaftlichen Datenkranz. Sie wird von der Deutschen Bundesbank zusammengestellt, die dabei den über den Internationalen Währungsfonds (IMF) koordinierten weltweiten Harmonisierungsprozess berücksichtigt.

Die Zahlungsbilanz erfasst alle Waren-, Dienstleistungs- und Kapitaltransaktionen zwischen In- und Ausländern. Alle Transaktionen, die mit Zuflüssen von Geld aus dem Ausland oder dem Aufbau von Forderungen an das Ausland verbunden sind, werden auf der Aktivseite verbucht. Transaktionen, die hingegen mit monetären Abflüssen einhergehen, werden auf der Passivseite berücksichtigt. Je nach Art der Transaktion werden sie verschiedenen Teilbilanzen zugeordnet (vgl. Tab. 4.6).

Geschäfte mit Waren, also materiellen Gütern wie Autos oder Lebensmitteln, gehen in die *Handelsbilanz* ein. Sie werden dabei mit ihrem „*Free-on-board*-Wert" (fob)

Tab. 4.6: Zahlungsbilanz Deutschland für 2018. Quelle: Deutsche Bundesbank, Zahlungsbilanzstatistik Februar 2019 – Beiheft 3 zum Monatsbericht; vorläufige Werte im Februar 2019.

Gegen-transaktion	Aktivseite	Tsd. €	Passivseite	Tsd. €
	Warenexport Auto	100		
a)			Warenimport Auto	100
b)			Kredit an das Ausland	100
c)			Direktinvestition im Ausland	100
d)	Abnahme der Auslandsverbindlichkeit der Zentralbank	−100		

erfasst, d. h. mit dem Wert, den sie an der Grenze des exportierenden Landes und damit ohne die anschließenden Transportausgaben und -versicherungszahlungen haben. Darin unterscheiden sich die hier betrachteten Transaktionen von der vom Statistischen Bundesamt geführten *Außenhandelsstatistik*, die zur Berechnung des Außenbeitrags in der BIP-Berechnung herangezogen wird. In der Außenhandelsstatistik gehen die Importe mit ihrem „*Cost-insurance-and-freight*-Wert" (cif) ein, d. h. mit dem Wert, den sie an der deutschen Grenze haben (inklusive der bis hierhin angefallenen Transport- und Versicherungskosten). Darüber hinaus werden in der Außenhandelsstatistik die Warentransaktionen beim physischen Grenzübertritt verbucht, in der Zahlungsbilanz hingegen mit dem Eigentumsübergang. Wenn ein Deutscher zum Beispiel eine Yacht im Mittelmeer erwirbt und sie dort im Hafen belässt, findet diese Transaktion in der Außenhandelsbilanz keinen Niederschlag. Zur Bestimmung der Zahlungsbilanz baut die Bundesbank aber auf der Außenhandelsstatistik auf und muss derart unberücksichtigte Eigentümerwechsel ohne physischen Grenzübergang zuschätzen. Aus der Differenz von Warenexporten und -importen bestimmt sich dann der in Deutschland traditionell überschüssige Handelsbilanzsaldo.

Als weitere wichtige Teilbilanz ist die *Dienstleistungsbilanz* zu erwähnen. Sie ist hierzulande üblicherweise defizitär, was hauptsächlich dem Reiseverkehr geschuldet ist. Im Jahr 2018 nahmen nach detaillierteren Zahlungsbilanzangaben der Bundesbank die Deutschen im Urlaub bzw. bei Geschäftsreisen im Ausland Dienstleistungen, wie Übernachtungen oder Essengehen, im Wert von 79 Mrd. EUR in Anspruch, während Reisende aus dem Ausland hierzulande nur ca. 36 Mrd. EUR ausgaben. Der Reiseverkehr schlug so mit einem Minus von 43 Mrd. EUR zu Buche. Es konnte durch andere Dienstleistungen nur zum Teil wettgemacht werden.

Nimmt man zu diesen beiden Teilbilanzen noch die *Primär- und Sekundäreinkommensbilanz*, die regelmäßige Zahlungen enthalten, hinzu, erhält man die *Leistungsbilanz*. Sie wies im Jahr 2018 einen Überschuss von 249 Mrd. EUR auf.

In der *Vermögensänderungsbilanz* werden einmalige, unregelmäßige Zahlungen verbucht, denen keine Leistungen gegenüberstehen. Im Jahr 2018 war sie im Saldo zufällig (fast) ausgeglichen.

Die *Kapitalbilanz i. w. S.* erfasst privatwirtschaftliche Kapitaltransaktionen (Kapitalbilanz i. e. S.) und Veränderungen in den von der Zentralbank gehaltenen Währungsreserven. Anders als bei den anderen Teilbilanzen werden hier die Kapitalimporte wegen der damit verbundenen Mittelzuflüsse auf der linken und die Kapitalexporte auf der rechten Seite gebucht.

Die Verbuchungen in der Zahlungsbilanz folgen dem Konzept der *doppelten Buchführung*, sodass jede Transaktion eine ausgleichende Gegenbuchung in der Bilanz haben muss (s. u.). Demnach muss zwar nicht jede Teilbilanz ausgeglichen sein, aber die Summen der Aktiv- und Passivseite müssen im Prinzip identisch sein. Über alle Teilbilanzsalden hinweg müsste die Summe Null ergeben, sodass die Zahlungsbilanz buchhalterisch immer ausgeglichen sein müsste.

Faktisch ist das aber nicht der Fall. Die Summe aller Teilbilanzen im Jahr 2018 weist ein Plus von 17 Mrd. EUR auf. Diese Diskrepanz, die konzeptionell eigentlich nicht vorkommen dürfte, wird im *Restposten* dokumentiert. Sie resultiert aus zwei praktischen Erfassungsproblemen. Zum einen könnten Buchung und Gegenbuchung zeitlich auseinanderfallen. Beispielsweise könnte ein deutscher Händler für den Import eines Autos aus Frankreich im Wert von 100.000 EUR bereits einen erfassten Lieferantenkredit in dieser Höhe erhalten haben (Buchung auf der linken Seite der Kapitalbilanz). Aber der Händler hat den Warenimport selbst noch nicht deklariert. Dann fehlt temporär die Gegenbuchung. Zum anderen verzerren Transaktionen, die in Form von „Koffergeschäften" oder Schmuggel an der offiziellen Statistik vorbei durchgeführt werden, die Erfassung.

Warum, abgesehen von diesen praktischen Schwierigkeiten, die Zahlungsbilanz buchhalterisch immer ausgeglichen sein muss, verdeutlicht die nachfolgende Überlegung. Zugrunde gelegt wird ein Automobilexport von Deutschland in die USA. Aufgrund dessen muss der amerikanische Importeur dem Händler in Deutschland 100.000 EUR bezahlen. Diese Transaktion wird in der Handelsbilanz auf der Aktivseite verbucht. Nun gibt es verschiedene Wege, die Rechnung zu begleichen. Sechs Wege sind hier beispielhaft dargestellt:

1. Der US-Händler liefert seinerseits ein amerikanisches Auto im Wert von 100.000 EUR nach Deutschland und bezahlt mit den Einnahmen. Die Gegenbuchung erfolgt auf der Passivseite bei den Warenimporten.
2. Dem US-Händler wird vom deutschen Geschäftspartner ein Lieferantenkredit in Höhe von 100.000 EUR eingeräumt. Die Gegenbuchung findet auf der Passivseite in der Rubrik Kapitalexporte statt.
3. Der US-Händler verkauft zuvor in Deutschland erworbene Aktien im benötigten Umfang. Dieser Wert wird mit − 100.000 EUR auf der Aktivseite der Kapitalbilanz festgehalten.
4. Der US-Händler erhält aus einer früheren Kapitalanlage in Deutschland Zinszahlungen in der erforderlichen Höhe. Der Wert wird auf der Passivseite in der Primäreinkommensbilanz verbucht.
5. Der US-Händler besorgt sich das Geld gegen Dollarzahlung am Devisenmarkt. Dazu muss dort jemand Dollar nachfragen und im Gegenzug Euro anbieten. Das könnte ein deutscher Investor sein, der im Gegenwert von 100.000 EUR in den USA Aktien kauft. Die Ausgleichsbuchung schlägt sich als Kapitalexport auf der Passivseite nieder.
6. Der US-Händler überweist das Geld mithilfe seiner Bank. Die Bank nutzt dazu ihre Euro-Bestände oder -Forderungen gegenüber deutschen Banken, sodass sich die Auslandsverbindlichkeiten der Deutschen Bundesbank verringern. (Euro-Forderungen des Auslands sind letztlich Verbindlichkeiten der den Euro emittierenden Zentralbank). Die Gegenbuchung findet auf der Aktivseite in Höhe von 100.000 EUR als Reduktion der Auslandsverbindlichkeiten statt.

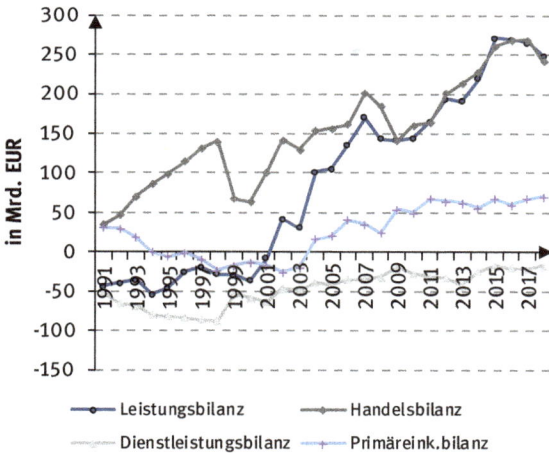

Abb. 4.14: Wichtige Salden der Leistungsbilanz Deutschland.
Quelle: Deutsche Bundesbank 2019; vorläufige Daten.

Ungeachtet der immanenten Ausgleichstendenz in der Zahlungsbilanz wird häufig der Begriff einer *„unausgeglichenen Zahlungsbilanz"* verwendet. Gemeint ist dann ein ungesundes Ungleichgewicht in einzelnen Teilbilanzen. Zumeist wird der Terminus mit einer unausgeglichenen Leistungsbilanz assoziiert.

In Abb. 4.14 sind die Entwicklungen einzelner Teilbilanzen der Leistungsbilanz dargestellt. Im Beobachtungszeitraum verzeichnete die Handelsbilanz stets einen Überschuss. Dahinter verbirgt sich im Wesentlichen die außenwirtschaftliche Stärke deutscher Unternehmen im Export. Mit der *Euroeinführung* im Jahr 1999 konnte ein vorübergehender Einbruch schnell wieder aufgefangen und in einen trendmäßigen Anstieg überführt werden. Die Leistungsbilanzentwicklung wird stark von der Handelsbilanz dominiert. Die traditionell negative Dienstleistungsbilanz wird hierbei seit Anfang der 2000er-Jahre in der Leistungsbilanzwirkung mehr oder weniger kompensiert durch die überschüssige Primäreinkommensbilanz. Eine kritische Auseinandersetzung mit der skizzierten Entwicklung folgt in Kap. 6.1.1.

4.6 Wichtige Kreislaufzusammenhänge

Die Idee, das volkswirtschaftliche Geschehen im *„tableau économique"* als einen Kreislauf aufzufassen, in dem nichts verloren geht, weil das, was der eine gibt, ein anderer erhält, stammte von dem französischen Arzt und Ökonomen Francoise Quesnay (1694–1774). Wir nehmen diesen Kreislaufgedanken anhand eines vereinfachten Modells auf, in dem wir losgelöst von der offiziellen Statistik mit den vier Standardsektoren arbeiten (vgl. Abb. 4.15). Dargestellt sind nur die unterstellten *monetären*

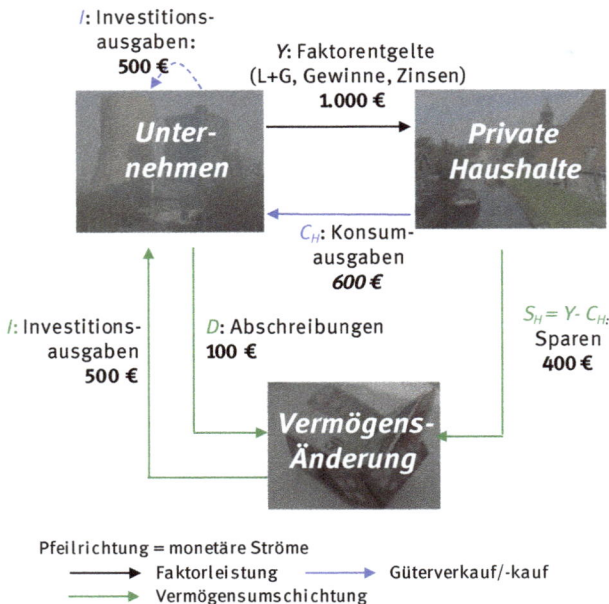

Abb. 4.15: Vereinfachter Wirtschaftskreislauf. Quelle: eigene Darstellung.

Ströme. Annahmegemäß sollen der Staat und das Ausland eine vernachlässigbare Rolle spielen, sodass die Volkswirtschaft nur aus dem Unternehmens- und dem Privaten Haushaltssektor besteht.

Die Unternehmen produzieren Investitionsgüter (I = 500 EUR) und Konsumgüter für die privaten Haushalte (C_H = 600 EUR). Die Wertschöpfung beläuft sich damit auf Y^S = C_H + I = 1.100 EUR und entspricht den Umsatzeinnahmen des Unternehmenssektors, wobei 600 EUR von den Privaten Haushalten stammen und 500 EUR von investierenden Unternehmen an die Investitionsgüterhersteller aus dem Unternehmenssektor gezahlt werden. Von den 1.100 EUR legen die Unternehmen 100 EUR zur Seite, weil sich in diesem Umfang der Sachkapitalbestand verschlissen hat und zur Wahrung der bisherigen Kapazitäten ersetzt werden muss. Dieser Verschleiß entspricht den *Abschreibungen* D = 100 EUR. Die verbliebenen 1.000 EUR zahlen die Unternehmen gemäß der vertraglich vereinbarten Höhe an die Privaten Haushalte, die den Faktor Arbeit und Fremdkapital zur Verfügung gestellt haben. Was übrig bleibt, wird als Gewinn an die Privaten Haushalte ausgeschüttet.

Insgesamt erhalten die Privaten Haushalte Y = 1.000 EUR an *Einkommen*. Davon waren sie in der Lage, einerseits ihre Konsumgüter im Wert von 600 EUR zu bezahlen. Weitere 400 EUR haben sie andererseits nicht konsumiert, also *gespart* und ihrem Finanzvermögen zugeführt (S = 400 EUR).

Auch die Unternehmen haben Investitionsgüter für 500 EUR nachgefragt. Diese können sie nun zu 400 EUR aus dem Gesparten des Haushaltssektors finanzieren, in dem sie sich das Geld dort leihen. Weitere 100 EUR hatten sie über die Abschreibungen selbst zur Seite gelegt. Alle Transaktionen konnten somit finanziert werden, im Kreislauf ist nichts verloren gegangen.

Dabei sind folgende Erkenntnisse in dieser Ex-post-Betrachtung besonders bemerkenswert:

- Der Sachkapitalbestand vom Beginn des Produktionsprozesses wurde durch die laufende Produktion zu D = 100 EUR verschlissen. Dieser Verschleiß ist aber durch den Kauf neuer Investitionsgüter im Wert von sogar 500 EUR mehr als wettgemacht worden, sodass der Sachkapitalbestand am Jahresende um die *Nettoinvestitionen* in Höhe von I_n = I−D = 400 EUR höher ist. Damit dieser Zuwachs im Sachkapital möglich war, musste in dieser Höhe gespart werden, wobei das Gesparte aus „*Konsumverzicht*" zustande kam. I_n = S = Y − C. Will eine Volkswirtschaft im Produktionspotenzial durch einen höheren Sachkapitalbestand wachsen, muss sie sich also zunächst in „Verzicht" üben. Verzicht heißt hier aber nur, dass die Volkswirtschaft sparen konnte.
- Der Wert der Produktion Y^S = 1.100 EUR wird komplett verwendet (C_H + I = 1.100 EUR) und fließt in die Einkommen Y = 1.000 EUR bzw. dient den Abschreibungen D = 100 EUR. Mithin gilt: Y^S = Y^D = C + I = Y + D.
- Die Verbindlichkeiten des Unternehmenssektors gegenüber dem Haushaltssektor belaufen sich auf 400 EUR und entsprechen den Forderungen der Haushalte an die Unternehmen.

Nun ändern sich diese Erkenntnisse nicht grundlegend, wenn wir unsere Überlegungen durch das Hinzuziehen des Staats- und des Auslandssektors ergänzen:

- Aus der Ausgleichstendenz der Zahlungsbilanz ergibt sich – abgesehen vom Restposten:

$$\text{Leistungsbilanzsaldo} + \underbrace{\text{Übertragungsbilanzsaldo}}_{\approx 0} + \text{Kapitalbilanzsaldo} = 0 \,.$$

Grob gesprochen gleichen sich mithin Leistungs- und Kapitalbilanzsalden aus. Die Differenz aus den in der Leistungsbilanz erfassten Exporten (X) und den Importen (M) ist damit so groß wie die Differenz aus Kapitalexporten (K_{Ex}) und Kapitalimporten (K_{Im}): X − M = K_{Ex} − K_{Im}. Weist die Leistungsbilanz einen Überschuss aus X > M, hat also die Kapitalbilanz ein Defizit, weil mehr Kapital ab- als zugeflossen ist (K_{Ex} > K_{Im}). Losgelöst von der *Saldenmechanik* muss das aufgrund folgender Kreislaufüberlegung auch so sein: Wenn ein Land mehr Leistungen an das Ausland liefert, als es vom Ausland zurückerhält, steht das Ausland in der Schuld des Inlands. Schließlich konnte das Ausland nur einen Teil seiner Einfuhren mit den eigenen Exporten bezahlen. Diese Schuld musste durch das in der Kapitalbilanz gegengebuchte Überlassen von Finanzmitteln aus dem Inland bezahlbar gemacht werden, z. B. indem das Inland Kredite eingeräumt hat oder weil Inländer Geld ins Ausland transferierten um dort Aktien zu erwerben.

- Der erzielte Wert der Produktion Y^S führt einerseits zu gesamtwirtschaftlichen Einkommen (Y) und wird andererseits zum Ersatz des Verschleißes im Produktionskapital (D) eingesetzt: $Y^S = Y + D$. Die heimische Produktion (Y^S) kann zusammen mit der importierten ausländischen Produktion (M) von inländischen privaten Haushalten (C_H) oder öffentlichen Haushalten (C_S) konsumiert, in Form von Exporten (X) vom Ausland nachgefragt oder aber in Form von Maschinen und Anlagen zu investiven Zwecken privater Unternehmen (I_U) oder des Staates (I_S) eingesetzt werden:

$$\underbrace{Y^S}_{\substack{\text{Güter-}\\\text{angebot}}} {}_{=Y^S} + M = Y + D + M = C_H + C_S + \underbrace{I_S + I_U}_{=I} + X \;. \tag{4.1}$$

$$\overbrace{Y^S + M = Y + D + M = C_H + C_S + I_S + I_U + X}^{\substack{\text{Güternachfrage}\\\text{im Inland}}}$$

- Das Einkommen der Haushalte kann nun prinzipiell verwendet werden für Steuerzahlungen (T), den Konsum der Haushalte (C_H) und das Sparen (S_H):

$$Y = T + C_H + S_H \;. \tag{4.2}$$

Setzt man (4.2) in (4.1) ein ergibt sich:

$$\underbrace{T + C_H + S_H}_{=Y} + D + M = C_H + C_S + I + X \;\Rightarrow\; I_n = I - D = S_H + \underbrace{(T - C_S)}_{S_S} + \underbrace{(M - X)}_{\substack{S_A=\\-AB=K_{IM}-K_{EX}}} \tag{4.3}$$

- Kreislauftheoretisch bedeutet dies, dass der Sachkapitalbestand einer Volkswirtschaft nur dann wächst ($I_n > 0$), wenn die rechte Seite der Gleichung (4.3) positiv ist. Auf der rechten befinden sich drei Summanden die, wenn sie positiv sind, alle das Ergebnis von Sparen sind.

$S_H = \underbrace{Y - T}_{=Y_V} - C_H$ gibt die Zurückhaltung der privaten Haushalte in ihrem Konsumverhalten an und beschreibt, wie viel sie vom verfügbaren Nettoeinkommen Y^V nicht konsumieren. $S_S = (T - C_S)$ kann als Sparen des Staates interpretiert werden. Denn diese Differenz beschreibt, was nach Abzug des Staatskonsums von den Steuereinnahmen übrigbleibt. $S_A = (M - X) = (K_{IM} - K_{EX})$ kann als Sparen des Auslandssektors im Inland bzw. als Nettokapitaltransfer ins Inland verstanden werden. Die Differenz gibt schließlich an, in welchem Umfang die Einnahmen des Auslands aus seinen Importen ins Inland über seinen Ausgaben für die Exporte des Inlands liegen. Die Produktionskapazitäten einer Volkswirtschaft wachsen folglich nur dann, wenn in Summe die Haushalte, der Staat und das Ausland unter ihren Möglichkeiten leben und sparen.

- Auch mit Blick auf die Finanzierungssalden (FS) ist (4.3) nach einer Umstellung und einer Aufspaltung der Investitionen sowie der Abschreibung in Unternehmens- und Staatskomponenten interessant:

$$\underbrace{D}_{=D_U+D_S} - \underbrace{I}_{=I_U+I_S} + S_H + S_S + S_A = 0 \;\Rightarrow\; \underbrace{(D_U - I_U)}_{FS_U} + \underbrace{(D_S - I_S)}_{FS_S} + \underbrace{S_S}_{FS_S} + \underbrace{S_H}_{FS_H} + \underbrace{S_A}_{FS_A} = 0 \tag{4.4}$$

$D_U - I_U$ beschreibt, in welchem Umfang Unternehmen über Abschreibungen zurückgelegte Mittel für ihre Investitionen nicht benötigen. Ist der Wert positiv, ergibt sich hier ein Finanzierungsüberschuss, also ein positiver Finanzierungssaldo. $(D_S - I_S)$ drückt analog aus, wie viele zurückgelegte Mittel der Staat nicht für seine Investitionen nutzt und überbehält. Zusammen mit S_S ergibt sich der Finanzierungssaldo des Staats FS_S. Die Überschüsse der Haushalte bzw. des Auslands erfassen deren Finanzierungssalden. Demnach gilt in einer Volkswirtschaft, die Summe der vier sektoralen Finanzierungssalden muss immer null ergeben. Wenn ein Saldo negativ ist, also ein Sektor über seine Verhältnisse gelebt hat und Verbindlichkeiten eingegangen ist, muss das mindestens einer der anderen Sektoren mit einem positiven Finanzierungssaldo und dem damit verbundenen Aufbau von Forderungen ermöglicht haben.

Diese Erkenntnisse über die *Kreislaufzusammenhänge* haben erhebliche Auswirkungen auf die Analyse von gesamtwirtschaftlichen Zusammenhängen, werden oftmals im Zuge einer Mikroökonomisierung aber übersehen und führen dann zu falschen Akzentuierungen. Dies wird anhand von zwei Beispielen in den nachfolgenden Kästen verdeutlicht.

„Freiheit für die Hypothekenzinsen

Hunderttausende von Bankkunden mussten deshalb mit ansehen, wie die Zinsen von einem historischen Tief ins nächste fielen. [...] Der volkswirtschaftliche Schaden geht in die Milliarden: Wenn alle Hypotheken privater Kreditnehmer seit 1995 Jahr für Jahr auf den jeweils niedrigeren [...] Zins umgeschuldet worden wären, hätten die Deutschen heute rund 305 Milliarden Euro übrig. Das für 2008 erwartete Loch in der Rentenkasse von 600 Millionen Euro könnte damit 500 Jahre lang gestopft werden" (Fabricius 2006).

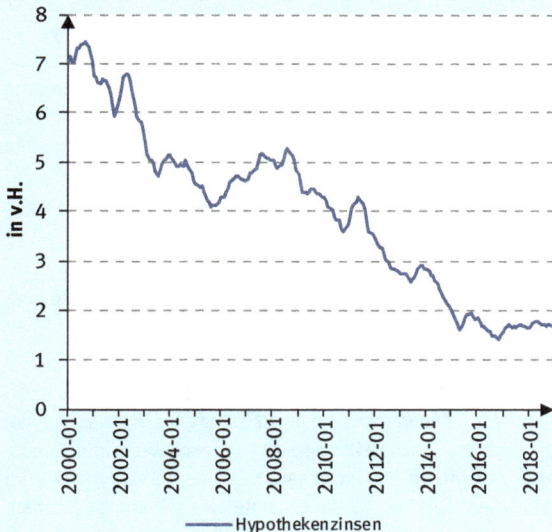

Abb. 4.16: Hypothekenzinsen im Neugeschäft. Quelle: Deutsche Bundesbank; Kredite an private Haushalte bei anfänglicher Zinsbindung 5–10 Jahre.

Hintergrund der Klage von Michael Fabricius ist die Tatsache, dass vereinbarte Hypothekenzinsen, wenn der Vertrag einmal abgeschlossen ist, in der Regel fixiert sind und Kreditnehmer nicht mehr in den Genuss einer nachfolgend einsetzenden Zinssenkung kommen. Wenn man zum Beispiel im Jahr 2000 einen Kredit für etwa 7 Prozent für 10 Jahre aufgenommen hatte, galt dieser Satz bis zum Jahr 2010, obwohl zwischenzeitlich die Zinsen auf etwa 4 Prozent abgerutscht waren. Gleichwohl kann Fabricius mit seinem Vorschlag der gleitenden, vom Neugeschäft abhängigen Zinsanpassung nicht überzeugen. Wenn er richtig gerechnet hat, mag es zwar stimmen, dass die Schuldner gegenüber ihren Banken 305 Mrd. EUR gespart hätten. Aber dieser Betrag stünde eben nicht der Volkswirtschaft insgesamt als neue Dispositionsmasse zur Verfügung. Was die Schuldner einsparen würden, würde den Banken als Gläubiger fehlen. Volkswirtschaftlich läge ein *Nullsummenspiel* vor, bei dem es nur zu einer Umverteilung im Wirtschaftskreislauf kommt.

Die Griechenlandkrise und der Wirtschaftskreislauf

Im Zuge der Finanzmarktkrise im Jahr 2008 ist Griechenland in 2012 in eine erhebliche Schieflage geraten (vgl. Marquardt 2013). Der Staat war heftig verschuldet und angesichts der noch nachklingenden Verunsicherung der Investoren waren die internationalen Geldgeber nicht mehr bereit, zum Begleichen auslaufender griechischer Staatsanleihen neues Geld vorzustrecken. Da Griechenland an der Gemeinschaftswährung Euro partizipiert, standen die Euro-Partner in der Mitverantwortung Griechenland zu unterstützen. Allerdings sah die sogenannte „No-Bailing-Out-Klausel" vor, dass ein Land in der Regel selbst für seine Schulden gerade stehen muss.

Die Unterstützungsverhandlungen auf der Ebene der Regierungen verliefen, insbesondere auch wegen der Hartnäckigkeit der deutschen Regierung, sehr zäh. Einzig die Europäische Zentralbank reagierte rasch, vergab zwar – weil es ihr verboten ist – keine unmittelbaren Kredite an Griechenland, sorgte aber insgesamt über eine großzügige Zinspolitik für eine starke Ausweitung der (Primär-)Geldmenge und den Ankauf von Schuldverschreibungen am Sekundärmarkt, also beim Handel bereits emittierter Wertpapiere, für ein wenig Entspannung (vgl. Kap. 7.3.7). Erst mit Verzögerung zogen die Regierungen durch Rettungsschirme nach.

Diese und die EZB-Politik forderten aber einen hohen Preis von Griechenland (vgl. Varoufakis 2017): Die Entscheidungsträger behandelten die Griechenlandkrise als reine *Staatsschuldenkrise* und verlangten für ihr Entgegenkommen die Aufgabe der wirtschaftspolitischen Souveränität Griechenlands. Sie diktierten ihr eine *Austeritätspolitik*, die über drakonische Sparmaßnahmen im Staatshaushalt und ein „Gesundschrumpfen" längerfristig zur Rettung Griechenlands beitragen sollte. In Wirklichkeit sind die nach der Kapitulation der griechischen Regierung freigegebenen Gelder nur sehr kurz nach Griechenland hineingeflossen, damit die Schuldner sofort das Geld an die Gläubiger, in großem Umfang deutsche und französische Banken, zurückzahlen konnten. Zugleich bedeutete die Therapie Armut, soziale Konflikte bis hin zu Aufständen in der Bevölkerung und einen erheblichen Solidaritätsbruch in der europäischen Staatengemeinschaft.

Im hier betrachteten Kontext ist nun ein Blick auf die Logik in Gleichung (4.4) erhellend, um zu erkennen, dass die auch von der deutschen Presse immer wieder in dem Mittelpunkt gestellte griechische Staatsschuldenkrise gar nicht das zentrale Problem war und dass aufgrund einer falschen Diagnose auch eine falsche Therapie verordnet wurde.

Im Vergleich zwischen Japan und Griechenland fällt dabei auf, dass Japan seit 1997 eine deutlich höhere Staatsschuldenquote aufweist als Griechenland. Im Jahr 2017 lag sie in Japan bei fast 240 Prozent des BIP in Griechenland hingegen „nur" bei knapp 182 Prozent. Wäre die Staatsverschuldung das Kernproblem in der Griechenlandkrise gewesen, hätte Japan schon viel eher Schwierigkeiten haben müssen. Dies war aber nicht der Fall, im Gegenteil die rollierende Refinanzierung von Altschulden durch neue Kredite gestaltete sich in Japan immer problemlos. Der große Unterschied zwischen beiden Ländern liegt in der *Leistungsbilanzentwicklung*. Während Japan im Beobachtungszeitraum Jahr für Jahr Überschüsse einfuhr, musste Griechenland jährlich Defizite hinnehmen. Dadurch resultiert eine gänzlich andere „Qualität" der Staatsverschuldung.

Leistungsbilanzdefizite bedeuten nämlich – mit Blick auf den aufgezeigten buchhalterischen Zahlungsbilanzzusammenhang – dass die anderen Teilbilanzen, und hier vor allem die Kapitalbilanz, für den Ausgleich der Zahlungsbilanz sorgen müssen. Ein Leistungsbilanzdefizit bedeutet, dass Griechenland im Güterverkehr über seine Verhältnisse gelebt hat, indem es vom Ausland mehr Güter bezog, als es ihm durch eigene Exporte zurückgegeben hat. Damit stand das Land in der Schuld seiner Handelspartner. Finanzierungsseitig konnte die Schuld nur deshalb zustande kommen, weil das Ausland bereit war, Griechenland Finanzmittel (Kredite) zur Verfügung zu stellen, die in der Kapitalbilanz als Zufluss gegengebucht wurden. Weil es sich bei den Im- und Exporten aber um Stromgrößen handelt und Griechenland Jahr für Jahr neue Leistungsbilanzdefizite aufwies, wuchs der *Schuldenberg* gegenüber dem Ausland jährlich immer stärker. Das ist im Fall Japans anders. Die jährlichen Überschüsse in der Leistungsbilanz bewirken hier, dass das Ausland Jahr für Jahr bei Japan immer mehr verschuldet ist. Der entscheidende Unterschied zwischen beiden Ländern liegt darin, dass zwar in beiden Staaten die öffentlichen Haushalte hoch verschuldet sind, Japan aber im Gegensatz zu Griechenland eben keine Auslandsverschuldung hat.

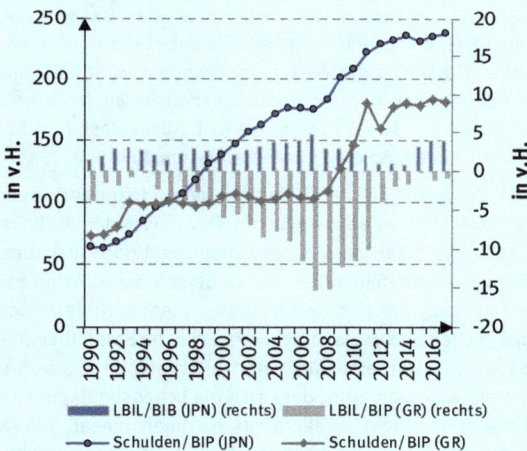

Abb. 4.17: BIP-Relation Staatsschulden und Leistungsbilanz in Japan und Griechenland. Quelle: IMF; gemessen als General Government Gross Debt/GDP bzw. Current Account/GDP.

Dabei ist mit Blick auf Griechenland noch bemerkenswert, dass die Leistungsbilanzdefizite mit dem *griechischen Euro-Beitritt* im Jahr 2002 bis zum Ausbruch der Krise rasch gewachsen sind. Der Wegfall der Abwertungsmöglichkeiten der griechischen Währung verschlechterte einerseits die Wettbewerbsfähigkeit im Außenhandel und forcierte die Leistungsbilanzdefizite und andererseits erlaubte er den Auslandsbanken, nun ohne Wechselkursrisiken mehr Kredite an alle griechischen Sektoren zu vergeben, die das Land auch dringend brauchte, um seine Schuld aus dem defizitären Außenhandel zu begleichen. Deutsche Exporteure und deutsche Banken profitierten dabei in großem Ausmaß.

Bezogen auf Gleichung (4.4), wonach die Summe aller Finanzierungssalden im Jahr immer Null sein muss, weil jeder Schuldner einen Gläubiger benötigt, ergab sich folgende Besonderheit:

$$\text{Japan:} \quad \underbrace{FS_{H,JPN} + FS_{U,JPN}}_{>0} + \underbrace{FS_{S,JPN}}_{<0} + \underbrace{FS_{A,JPN}}_{<0} = 0 \quad \overset{=(M_{JPN}-X_{JPN})}{\phantom{FS_{A,JPN}}}$$

$$\text{Griechenland:} \quad \underbrace{FS_{H,GR} + FS_{U,GR}}_{<0} + \underbrace{FS_{S,GR}}_{<0} + \underbrace{FS_{A,GR}}_{>0} = 0 \quad \overset{=(M_{GR}-X_{GR})}{\phantom{FS_{A,GR}}}$$

Da in Japan die Finanzierungssalden des Auslands und des Staates jährlich negativ waren, mussten die Finanzierungssalden der beiden privaten Inlandssektoren in Summe positiv sein. Nicht das Ausland hat hier per Saldo jährlich die neuen japanischen Staatsschulden finanziert, im Gegenteil, das Ausland ist ja bei Japan verschuldet. Es ist der japanische Inlandssektor, der die Staatsverschuldung trägt. Japan könnte damit sein Staatsverschuldungsproblem zum Beispiel über Zusatzsteuern aus eigener Kraft lösen, weil der Staat – als Repräsentant seiner Bürger – bei seinen Bürgern verschuldet ist.

In Griechenland hat die Staatsverschuldung einen ganz anderen Charakter. Hier haben lange Zeit alle drei Binnensektoren über ihre Verhältnisse gelebt und sich regelmäßig neu verschuldet, und zwar im Ausland. Bei einer Lösung kommt es weniger darauf an, gezielt nur den Staatshaushalt zu konsolidieren, als vorrangig die Auslandsverschuldung, deren Aufbau von ausländischen Banken und Investoren ohne ausreichende Risikoprüfung zugelassen wurde, abzubauen. Das geht nur auf dem umgekehrten Weg, wie sie aufgebaut wurde: Griechenland müsste dazu Leistungsbilanzüberschüsse erzielen. Seit dem Höhepunkt der Krise ist das noch nicht gelungen, aber im Trend zeichnet sich wenigstens eine deutliche Verringerung der Leistungsbilanzdefizite ab, auch weil Griechenland über die Kapitalbilanz kaum noch neue Auslandskredite erhält. Aber selbst die mittlerweile geringen Defizite bewirken immer noch einen Anstieg der Auslandsverschuldung.

Hinzu kommt, dass die praktizierte Politik der ausländischen Gläubiger darauf fokussiert, dem griechischen Staat einen Abbau der Staatsverschuldung abzuverlangen. Dazu muss der jährliche Finanzierungssaldo des Staates positiv sein. Der Staat muss dabei seine Investitionsausgaben kürzen, vor allem aber seine Sparbemühungen ausweiten, indem er sich beim Staatskonsum zurückhält. Eine interne Lösungsoption, wie in Japan, wo sich der Schuldner Staat mithilfe seiner Binnengläubiger entschulden kann, ist in Griechenland ungleich schwerer. Will der Staat über Binnenmaßnahmen seine Verschuldung abbauen, müssen seine Bürger und Unternehmen angesichts einer eigenen Verschuldung ebenfalls sparen, was dazu führt, dass sich die Lebensbedingungen drastisch verschlechtern, wobei die Anpassungsmaßnahmen allerdings auf einem langen, zähen Weg auch das Leistungsbilanzproblem abmildern. Die Griechen haben dabei angesichts der Wirtschaftskrise einfach kein Geld mehr für Importe und die ausgelösten deflationären Tendenzen machen auf der Exportseite Griechenland zu einem preislich attraktiveren Reiseland.

Angesichts der Auslandsverschuldung ist der griechische Staat dabei auch machtlos, da die Gläubiger den einzuschlagenden Weg vorgeben, es sei denn, Griechenland erklärt einseitig einen gezielten Schuldenschnitt, bei dem auch die vermögenden Griechen nicht zu schonen wären. Tatsächlich hat sich Griechenland aber einer Austeritätspolitik unterworfen und im Gegenzug aus den Rettungsschirmen Kredite erhalten, die mit über 30 Jahren eine Laufzeit haben, welche der Wirkung eines über die Zeitachse kaschierten „Schuldenschnitts" nahekommen.

5 Makroökonomie: Orthodoxe und heterodoxe Paradigmen der VWL

Nach der Mikroökonomie werden in den folgenden Kapiteln die gesamtwirtschaftlichen Zusammenhänge dargestellt. Dabei geht es nicht nur darum aufzuzeigen, wodurch zentrale makroökonomische Zielgrößen, wie die Höhe der Produktion und der Beschäftigung sowie die Entwicklung des Preisniveaus, bestimmt werden (vgl. Kap. 5). Zudem werden – quasi logisch aus den zuvor vermittelten Theorien abgeleitet – auch wirtschaftspolitische Maßnahmen und Konzepte (vgl. Kap. 6) zur verbesserten Zielerreichung erörtert. Dazu gehören Fragen zur internationalen Arbeitsteilung sowie zur Fiskal- und Geldpolitik in einem EU-weiten Kontext (vgl. Kap. 7). Abschließend werden noch ordnungstheoretische und -politische Fragen erörtert (vgl. Kap. 8). Dabei steht auch, als Alternative zur heute vorherrschenden dezentralen kapitalistischen Wirtschaftsordnung, ein wirtschaftsdemokratisches Ordnungsmodell im Fokus der Betrachtung.

In der Makroökonomie herrschen unterschiedliche *Paradigmen* vor. Sie unterscheiden sich in der Erklärung der Zusammenhänge und damit zwangsläufig auch in den wirtschaftspolitischen Schlussfolgerungen. Die weit verbreitete orthodoxe *neoliberale* Sichtweise wird dabei insbesondere geprägt durch Vorstellungen des Merkantilismus als eine vorklassische Lehre, der klassischen und neoklassischen Ökonomie, des Monetarismus und der Neuklassik.

Die heterodoxe, nicht im Mainstream verankerte Position, stützt sich dagegen stark auf die Erkenntnisse der originären *keynesianischen* und der *marxistischen Ökonomie*. Dabei ist die Abgrenzung gerade mit Blick auf den Keynesianismus nicht trennscharf, denn manche Vorstellung der keynesianischen Theorie findet sich auch im Mainstream bzw. in einer *neoklassischen Synthese* wieder, die von dem US-amerikanischen Ökonomen Paul Samuelson (1915–2009) entwickelt wurde. Hier wird der Versuch einer „Versöhnung" von keynesianischer Nachfragetheorie und neoklassischer Angebotstheorie unternommen. Auch die von dem britischen Ökonomen John R. Hicks (1904–1989) vorgenommene Reduktion originärer keynesianischer Theorie auf Basis eines makroökonomischen IS-LM-Schemas vernachlässigt die holistischen Forschungsergebnisse von Keynes, die neben einem deficit spending eben auch Markt-, Verteilungs- und Stagnationsfragen in einer kapitalistischen Ordnung betont und untersucht haben und nicht zuletzt die marktinhärenten Unsicherheiten sowie die Spekulation der funktionslosen und entbehrlichen „Rentiers". Die Reduktion von Keynes auf die neoklassische Synthese und das IS-LM-Schema bezeichnen deshalb post-keynesianische links-Keynesianer, der britischen Ökonomin Joan Robinson (1903–1983) folgend, als einen „*Bastard-Keynesianismus*". Robinson gilt hier als die Nestorin des Links-Keynesianimsus.

Aus didaktischen Gründen bietet es sich deshalb an, die Paradigmen in ihrer historischen Abfolge aufzubereiten, da die Entwicklung der Denkschulen sich aus einem

https://doi.org/10.1515/9783110619379-005

kritischen Abarbeiten mit dem Status quo ergeben haben und somit aufeinander aufbauend hervorgegangen sind. Dabei spielten auch die bereits im Kap. 3.5 aufgezeigten unterschiedlichen Gesellschaftsformationen und der hierin verankerten ökonomischen Vorstellungen, insbesondere der Umgang mit der wertbildenden Arbeit, eine große Rolle. Wie haben Menschen, historisch betrachtet, mit welchen Mitteln und in welcher Wirtschaftsordnung ihre Existenz bzw. ihren Lebensunterhalt gesichert?

5.1 Feudalismus (Absolutismus) und Merkantilismus

Die feudale Gesellschaftsordnung (vom 5. bis 15. Jahrhundert) basierte auf einem ökonomisch merkantilen System, das von der Vorherrschaft des Adels, des Großgrundbesitzes, einer sich immer mehr herausbildenden Staatenvielfalt, regelmäßigen Kriegen in wechselnden staatlichen Allianzen und der kolonialen Ausbeutung geprägt war. Die Staaten basierten auf einem *absolutistischen Staats- und Machtgefüge* bzw. auf einer absoluten Gewalt des staatlichen „Souveräns". Dies verdeutlicht der Satz von Ludwig XIV von Frankreich *„Der Staat bin ich"* (zu den unterschiedlichen Staatstheorien und -konstitutionen vergleiche ausführlich das Kap. 8.2).

Im Zentrum der politökonomischen feudalen Ordnung stand dabei die Frage, wie sich der Reichtum des weltlichen Adels und des kirchlichen Klerus vermehren lässt. *Reichtum* wurde hierbei gleichgesetzt mit dem *Bestand an Gold*, dem damaligen Zahlungsmittel schlechthin. Für die herrschende Klasse war Gold zugleich der Garant für den Machterhalt, ermöglichte es doch, eine schlagkräftige Armee (hier entstanden auch die ersten stehenden Heere) zur Eroberung anderer Staaten und deren Ausbeutung zu unterhalten. Wer über keine eigenen Goldminen verfügte, konnte den nationalen Goldvorrat nur durch Zufuhr aus dem Ausland erhöhen. Neben dem Ausplündern von Kolonien und den Nachbarn blieb dazu nur ein Weg: Im Außenhandel musste man über Exporte mehr Gold einnehmen, als man für die Importe ausgab. Es galt also, *Exportüberschüsse* zu erzielen: „The ordinary means [...] to encrease our wealth [...] is by Forraign Trade, wherein wee must ever observe this rule; to sell more to strangers yearly than wee consume of theirs in value" (Mun 1664).

Zentrales Mittel war dabei die Protektion der Binnenwirtschaft. Mithilfe von Zöllen bzw. Subventionen und sogenannten nicht-tarifären Einschränkungen sollten Exporte unterstützt, Importe – zumindest von Fertigwaren – hingegen möglichst unterbunden werden. Zudem sollten billige Rohstoffzulieferungen aus den Kolonien das inländische Gewerbe und die Landwirte kostenseitig entlasten. Mit dem gleichen Ziel wurde auch ein Bevölkerungswachstum angestrebt. Eine wachsende Bevölkerung stärkte nicht nur die militärische Basis, sondern würde auch das Arbeitskräftepotenzial erhöhen und sollte so für niedrige Löhne sorgen, die die Merkantilisten für die „besten Löhne" hielten.

Mit seiner einseitigen Fokussierung auf das Ziel von Exportüberschüssen stellt der Merkantilismus noch keine in sich geschlossene Theorie über die gesamtwirtschaftlichen Zusammenhänge dar. Zudem ist der Strategieansatz hochgradig widersprüchlich und in der Sache zweifelhaft (vgl. Kap. 5.2). Elemente der merkantilistischen Strategie finden sich dennoch auch heutzutage in der Wirtschaftspolitik wieder. So gilt vielen Beobachtern insbesondere die deutsche Exportstrategie als Form eines „Neomerkantilismus" (vgl. Marquardt 2019). Die Drohung von Ex-US-Präsident Trump, Amerika werde als Gegenmittel vor allem auch gegen die deutschen Überschüsse Zölle erhöhen, aber auch ein diesbezüglich eingeleitetes Verfahren der EU-Kommission gegen Deutschland greifen genau diesen Vorwurf auf.

5.2 Liberalismus und Klassik

Die theoretische und wirtschaftspolitische Antwort auf die vorklassische Lehre des Merkantilismus war der *Liberalismus* mit seiner ökonomisch klassischen Ausrichtung, die sich gegen Ende des 19. Jahrhunderts durchsetzte. Der absolutistische Staat im Übergang vom Feudalismus zum endgültigen Kapitalismus (vgl. dazu ausführlich Fülbert 2005, S. 99 ff.) wurde jetzt im ökonomischen Denken durch einen Marktliberalismus abgelöst. Der Staat solle sich aus der Wirtschaft weitgehend heraushalten und auf die inhärenten Selbstheilungskräfte der Märkte vertrauen (*„Laissez-faire"* Prinzip). Dabei entstammt das „Laissez-faire" Prinzip, wie vielfach angenommen, nicht dem Liberalismus und seinen Protagonisten, sondern einem Merkantilisten: dem Marquis René Louis Voyer d'Argenson (1694–1757). Dies war jedoch eine radikale Ausnahmeposition.

Die *klassische Ökonomie*, die diese Bezeichnung übrigens von Marx erhielt, ist untrennbar mit dem Namen *Adam Smith* verbunden. Im Jahr 1776 wurde sein Hauptwerk mit dem zwischenzeitlich etablierten Kurztitel „*Wealth of Nations*" veröffentlicht. Bahnbrechend waren darin weniger die oftmals zuvor schon angedachten Einzelargumente als deren Zusammenführung zu einer ersten ganzheitlichen gesamtwirtschaftlichen Betrachtung. Vor dem Hintergrund der gerade angelaufenen *Industrialisierung* und der Beobachtung einer deutlich verbesserten Versorgungslage der Bevölkerung, ging Smith der Frage nach, wie sich der materielle Wohlstand einer Nation vergrößern lasse. Von den Auffassungen und den Empfehlungen der Merkantilisten distanzierte er sich dabei. Sie hätten nur zu Handelskriegen und Ausbeutung der Kolonien geführt. Zudem manifestiere sich der Reichtum einer Nation nicht im Goldbestand. Gold sei zwar ein seltenes und daher wertvolles Zahlungsmittel, damit eben aber auch nur ein Medium, um den Gütertausch elegant zu bewerkstelligen. Ein Volk sei erst dann wirklich „reich" im Sinne von „wohlsituiert", wenn es ihm gelingt, mit vielen Gütern viele Bedürfnisse zu befriedigen: Gold allein stillt eben keinen Hunger, erst das davon erworbene Brot schafft das.

Müsse nun aber ein Goldzuwachs erst dadurch erwirtschaftet werden, dass mehr Güter ex- als importiert werden, lebe das Volk gemessen an der Bedürfnisbefriedigung unter seinen Verhältnissen (vgl. Kap. 4.6). Mithilfe des Goldzuwachses ließen sich dann zwar in Zukunft mehr Güter aus dem Ausland kaufen, die glichen aber nur den vorherigen Verzicht wieder aus. Überdies schade die Protektion den Konsumenten. Die Verbraucher sollten schließlich durch die protektionistischen Maßnahmen dazu bewegt werden, auf die preislich und/oder qualitativ unattraktiveren Inlandsprodukte und nicht auf Importe zuzugreifen. Begünstigt würden hingegen die Großgrundbesitzer und Gewerbetreibenden, die, geschützt vor der Auslandskonkurrenz, ihre Waren besser verkaufen könnten. Und auch der Adel profitiere, da er über höhere Steuern und Zolleinnahmen seine Pfründe sichern könne.

Darüber hinaus könne es gar nicht gelingen, dass alle Nationen einen Exportüberschuss erzielten. Das Ergreifen protektionistischer Maßnahmen führe längerfristig sogar zu einem Wettlauf im Protektionismus nach dem Wie-du-mir-so-ich-dir-Prinzip, sodass der Außenhandel zusammenzubrechen drohe und die produktiven Vorteile der internationalen Arbeitsteilung nicht mehr genutzt werden könnten. Einer *„Beggar-my-Neighbour-Politik"* (sinngemäß: „verbessere deine Position zulasten deines Nachbarn") erteilte Smith eine klare Absage.

Die Quelle des Wohlstands identifizierte Smith vielmehr in der menschlichen Arbeit. Nur sie sei wertschaffend. Er war damit der Begründer der *klassischen Arbeitswerttheorie*, die später von David Ricardo weiterentwickelt und von Karl Marx vollendet wurde (vgl. dazu ausführlich Kap. 3.5). Nicht nur Marx und Ricardo, sondern auch Smith leitete dabei aus der Arbeitswerttheorie den kapitalistisch immanenten *Widerspruch* zwischen *Kapitaleigentümern* und der Masse der *Arbeiter* ab. Die Beschäftigten möchten möglichst großzügig entlohnt werden. Die Kapitalisten betrachten die Löhne als Kosten und wollen daher möglichst wenig bezahlen. Was der eine bekommt, kann der andere nicht mehr haben. Problematisch seien dabei die Machtverhältnisse zwischen den Kapitalisten und den Beschäftigten. Hier säßen die Kapitalisten am längeren Hebel. Sie könnten sich einerseits aufgrund ihrer geringen Zahl, ohne damit gegen geltendes Recht zu verstoßen, leicht zu Kartellen gegen die Beschäftigten verbünden. Zugleich blieb aber das Bilden einer gewerkschaftlichen Gegenmacht verboten. Andererseits könnten bei Arbeitskonflikten die Unternehmer aufgrund des zuvor erlangten Reichtums ohnehin länger von der Substanz zehren und durchhalten, als dies Arbeiter, die nur ihre Ware Arbeitskraft haben, je könnten.

Den damals beobachteten Wohlstandsgewinn, von dem die Arbeiter im Manchester-Kapitalismus noch nicht viel abbekamen, führte Smith auf Produktivitätsgewinne infolge der verbesserten *Arbeitsteilung* und der Industrialisierung zurück. Dies verdeutlichte er anhand des berühmten Stecknadelbeispiels, in dem er dezidiert die Vorteile einer arbeitsteilig organisierten Produktion von Stecknadeln gleich im ersten Kapitel seines „Wohlstands der Nationen" beschrieb. Wenn Beschäftigte sich spezialisieren, steigt die Leistung eines jeden und damit auch die produzierte Gütermenge und der „wahre Reichtum". Allerdings bedingt Arbeitsteilung, da man sich nicht mehr mit allen benötigten Gütern selbst versorgt, den Gütertausch. Dieser Tausch wird über *Märkte* organisiert, die in Smiths' Denkweise nicht ihrer selbst willen anzustreben sind, sondern zwangsläufig als *Tauschplattform* benötigt werden.

In marktwirtschaftlichen Ordnungen kommt es dabei zu einer *dezentralen Planung* des Wirtschaftsprozesses: Jedes Individuum versucht, am Markt seine Angebots- und Nachfragepläne umzusetzen, im Erfolg ist es aber abhängig vom Verhalten der anderen. Obendrein orientiert sich dabei jeder primär an seinem Eigeninteresse. Wie sollte in einem solchen eigennutzbasierten System aber eine Maximierung des Gemeinwohls zustande kommen? Diese Frage stelle sich umso mehr, als es auch hier einen Grundkonflikt gibt: Dieser betrifft das Verhältnis zwischen Unternehmern und Verbrauchern, aber auch zwischen Unternehmern und Unternehmern auf vor- und nachgelagerten Wirtschaftsstufen. Während Unternehmer ihre Produkte möglichst teuer verkaufen wollen, liegt den Verbrauchern bzw. Abnehmern an möglichst günstigen Preisen und hohen Produktqualitäten.

Zum Teil war Smith hier optimistisch, dass der Widerspruch zwischen Eigennutzstreben und Gemeinwohl durch die *„unsichtbare Hand"* aufgelöst werden kann. Den Begriff der unsichtbaren Hand verwendet Smith explizit zwar nur an einer Stelle, gleichwohl argumentiert er regelmäßig mit dem Bild, hinter dem sich die Hoffnung auf die *disziplinierende Wirkung* einer *Konkurrenz* verbirgt. Smith behauptete in dem Kontext sogar, dass das Eigennutzstreben geradezu eine notwendige, wenngleich keinesfalls hinreichende Voraussetzung sei, um das Gemeinwohl zu stärken. Gerade dadurch, dass sich jeder mit dem Ziel, das Bestmögliche für sich herauszuholen, maximal anstrenge, käme ein, unterm Strich, gesellschaftlich gewünschtes Ergebnis zustande: „Nicht von dem Wohlwollen des Fleischers, Brauers oder Bäckers erwarten wir unsere Mahlzeit, sondern von ihrer Bedachtnahme auf ihr eigenes Interesse" (Smith 1776 (2005), S. 98). Die Unternehmen orientierten sich demnach nur deshalb an den Verbraucherbedürfnissen, weil sie sich davon einen materiellen Vorteil versprächen. Ihr Motiv, Egoismus, sei niederwertig, aber die Wirkung ist im Sinne der Gesellschaft. Am Ende sei aber doch, so auch die Denkweise des bereits in der „Bienenfabel" 1705 von dem Merkantilisten Bernard Mandeville beschriebenen *Utilitarismus*, die systemische Wirkung entscheidend. Diese sei begrüßenswert, weil sich die Produktion an den Bedürfnissen der Konsumenten orientiere (*„Konsumentensouveränität"*; vgl. kritisch dazu Kap. 3.3.3) und so nicht am Bedarf vorbei produziert werden würde. Und weil bei der Produktion jeder versucht, möglichst kostengünstig, also effizient zu erzeugen und langfristig faire, weil nur kostendeckende Preise (inklusive Normalprofit; s. u.) zustande kämen.

Dabei wird der gegenseitige Abstimmungsprozess von Angebot und Nachfrage über den *Preismechanismus* organisiert (vgl. Kap. 2.3.2). Im Abstimmungsprozess über den Markt treffen Angebots- und Nachfrageplanung aufeinander. Preisschwankungen bewirken dabei nach der klassischen Theorie ein kurzfristiges *Marktgleichgewicht* unter den gegebenen Rahmenbedingungen (Ceteris-paribus-Annahme). Jeder, der bereit ist, zum Marktpreis eine Transaktion vorzunehmen, findet eine Gegenpartei. Alle anderen, denen der Marktpreis als Anbieter zu niedrig bzw. als Nachfrager zu hoch ist, wollen keine Transaktion abwickeln. Alle sind in dieser Sichtweise unter den gegebenen Rahmenbedingungen zufriedengestellt. Verändern sich die

Rahmenbedingungen zum Beispiel durch veränderte Verbraucherpräferenzen, sorgt der Preismechanismus dafür, dass erneut ein kurzfristiges Gleichgewicht hergestellt wird.

Außerdem zeigt sich im Ideal der Klassik, dass die Unternehmer in ihrer Profitgier bei der Preissetzung durch die *Konkurrenten* eingebremst werden. Sollte einer von ihnen einen Preis über dem Marktpreis verlangen, kauft niemand mehr bei ihm. Längerfristig organisiert der Marktmechanismus überdies, dass sich ein langfristiger Gleichgewichtspreis einstellt (bei Smith heißt dieser Preis „natürlicher Preis"; vgl. Blaug 1971, S. 95), der stückkostendeckend inklusive eines Normalprofites als Stückgewinn ist. Dieser Normalprofit deckt Opportunitätskosten, also Kosten einer alternativen Verwendung von Produktionsfaktoren ab. Das betrifft auch die Arbeitskraft des Unternehmers, die er eventuell als Manager in seinem Unternehmen und nicht anderswo einsetzt. Dazu gehört mit Blick auf den Faktor Kapital auch eine „angemessene", d. h. in der Volkswirtschaft als üblich betrachtete, risikoadäquate Eigenkapitalverzinsung. Der natürliche Preis soll dabei durch Wettbewerb im Prozess der *Renditenormalisierung* herbeigeführt werden. Ermöglichen die kurzfristigen Gleichgewichtspreise Extraprofite, kommen neue Anbieter in den Markt, sodass die kurzfristigen Preise in Richtung des natürlichen Preises fallen. Sind die kurzfristigen Gleichgewichtspreise hingen nicht stückkostendeckend, werden Anbieter aus dem Markt ausscheiden, sodass die kurzfristigen Gleichgewichtspreise in Richtung des natürlichen Preises steigen. In diesem Ideal gibt es längerfristig keine Extraprofite. Sie sind nur kurzfristig möglich, wenn ein Markt temporär zum Beispiel aufgrund gestiegener Nachfrage unterversorgt ist. Die daraufhin einsetzende Ausweitung des Angebots ist dann im Sinne der Verbraucher. Sie reduziert den Engpass, sodass die Konsumenten am Ende im gewünschten Umfang mehr Güter erhalten. Die Produktionsstruktur folgt automatisch, d. h. ohne zentrale Steuerung und allein durch das Ziel motiviert, Extraprofite zu erwirtschaften, den Wünschen der Konsumenten. Diese Gewinngier – eine Triebkraft, auf die man sich im Kapitalismus verlassen kann – wird in der Klassik einerseits zum Motor der gesellschaftlich erwünschten Anpassung, sie wird aber andererseits durch den Wettbewerb diszipliniert. Dadurch, dass alle dem materiellen Antrieb folgen, verschwinden letztlich die Extraprofite als Auslöser des Antriebs wieder. Dieser Prozess funktioniert analog bei einem strukturellen Nachfragerückgang.

Smith identifizierte aber auch die Voraussetzungen für die zuvor beschriebene Funktionsweise des Preises. Entscheidend sei, dass der Einzelne mit seinem individuellen Angebot keinen nennenswerten Einfluss auf den Marktpreis ausübe. Dazu bedürfe es auf beiden Seiten des Marktes vieler „atomistisch" kleiner Akteure mit vollständiger Information und vollständiger Mobilität im Einsatz der Produktionsfaktoren (vgl. Blaug 1971, S. 101). Für die dabei entstehenden Relationen zwischen den langfristigen Marktpreisen konnte Smith keine konsistente widerspruchsfreie Erklärung liefern (Blaug 1971, S. 95 ff.). Er führte die Langfristpreise auf Löhne, Mieten bzw. Pachten und Profite zurück. Dabei erklärte er aber in einem Zirkelschluss den natürlichen Preis eines Gutes durch die natürlichen Preise anderer Güter, nämlich der Produktionsfaktoren, ohne für deren Höhe eine Erklärung zu liefern. Zugespitzt konstruierte er daraus seine Arbeitswertlehre (vgl. ausführlich Kap. 3.5.2.2.1). Demnach bestimmt der für die Erzeugung eines Gutes erforderliche Einsatz des originären Faktors Arbeit seinen Wert in Relation zu anderen Gütern. Erfordert ein Gut doppelt so viel Arbeitseinsatz wie ein anderes, müsste es auch doppelt so viel wert sein.

Insgesamt sah Smith die Notwendigkeit – bei allem Charme des Systems, in Form der behaupteten Konsumentensouveränität, der Effizienz und der Angebots-Nachfrage-Koordination über den Marktpreis –, den Staat zu fordern. Arbeitsteilung, Markt und Egoismus in einer Welt des „Laissez-faire" allein waren in seiner Sicht allenfalls notwendige, aber keine hinreichenden Garanten für die Optimierung des Gemeinwohls. Dazu bedürfe es in Ergänzung zwingend der disziplinierenden Wirkung des *Wettbewerbs*. Dieser könne sich aber nur entfalten, wenn die Marktakteure auf Augenhöhe miteinander verhandelten. Hier sah Smith zwischen Produzenten und Konsumenten ein essenzielles Machtgefälle. Die damals etablierten Strukturen mit Zünften, Importzöllen, Großgrundbesitz und Außenhandelsmonopolen verhinderten einen intensiven Wettbewerb der Unternehmen geradezu. Hinzu kam, dass Smith jederzeit inhärente *Kartell- und Monopolbildungstendenzen* argwöhnte, die letztlich in „eine Verschwörung der Unternehmer gegen die Gemeinschaft mündeten" (Smith 1776 (2005), S. 127). Und Smith konstatierte auch: „Unsere Kaufleute und Gewerbetreibenden klagen viel über die schlechten Wirkungen hoher Löhne: Diese erhöhten die Preise ihrer Güter und minderten dadurch im Inland wie im Ausland deren Absatz. Sie sagen nichts über die schlechten Wirkungen hoher Gewinne. Sie sind still, wenn es um die verderblichen Wirkungen ihrer eigenen Vorteile geht. Sie klagen nur über die anderen Leute" (Smith 1776 (2005), S. 169). Dagegen müsse der Staat vorgehen und für ein faires *Kräftegleichgewicht* zwischen Kapital und Arbeit sorgen. Darüber hinaus kamen für Smith durchaus auch Einschränkungen der Marktfreiheit in Betracht, wenn sie einem *übergeordneten Zweck* dienten. Militärische Sicherheit oder der Aufbau einer eigenen wettbewerbsfähigen Industrie würden beispielsweise protektionistische Maßnahmen rechtfertigen (vgl. Blaug 1971, S. 121). Die Möglichkeit von Absatzkrisen sah Smith angesichts der damaligen chronischen Unterversorgung in allen Bereichen nicht. In der wissenschaftlichen Erklärung nahm er dabei das von Jean Baptiste Say (1767–1832) formulierte *Say'sche Theorem* vorweg, wonach sich gesamtwirtschaftlich gesehen jedes Güterangebot eine gleich hohe Güternachfrage schaffe (vgl. auch Blaug 1971, S. 117).

Bezogen auf eine geschlossene Volkswirtschaft, in der Außenwirtschaftsbeziehungen keine Rolle spielen, macht das folgende Beispiel mit jeweils angenommenen Werten das Theorem plausibel. Wir verwenden hier die traditionellen Abkürzungen, wobei das in der Abb. 5.1 hochgestellte S (D) immer für Supply (Demand), also Angebot (Nachfrage) steht.

Im Wert der Produktion (Y^S = 100 Mrd. EUR) entstehen bei Vernachlässigung von Abschreibungen Einkommensansprüche. Denn an der Produktion waren Produktionsfaktoren beteiligt, denen per Vertrag ein Entgelt zusteht. Angenommen wurden

Güterangebot	Wert des produzierten Güterangebots bei Verkauf Y^o = 100 Mrd. €			
Verteilung an Produktions-faktoren	Steuerhoheit	Kontrakteinkommen (vertraglich fixiert)		Residualeinkommen
	Steuern: T = 20 Mrd.€	Löhne: L = 40 Mrd. €	Zinsen, Mieten, Pacht: Z = 20 Mrd.€	Gewinne: G = 20 Mrd.€
		Einkommen private Haushalte: L + Z + G = 80 Mrd. €		
Verwendungs-entscheidung	Steuerfinanzierte Staatsausgaben: G_T = 20 Mrd.€	Konsum aus Faktoreinkommen: C = 50 Mrd. €		Sparen aus Faktoreinkommen: S = 30 Mrd. €
Kapitalmarkt-transformation				Unternehmens-Investitionen aus Fremdkapital: I = 20 Mrd. € / Staatsnach-frage aus FK: G_F = 10 Mrd. €
Güternachfrage	Wert der Güternachfrage bei Kauf Y^D = C + I + G_T + G_F = 50 + 20 + 20 + 10 = 100 Mrd. €			

Abb. 5.1: Say'sches Theorem in geschlossener Volkswirtschaft. Quelle: eigene Darstellung.

hier Löhne und Gehälter im Wert von 40 Mrd. EUR sowie Zinsen, Mieten und Pachten im Wert von 20 Mrd. EUR. Über die Steuerhoheit besorgt sich der Staat Einnahmen von T = 20 Mrd. EUR. Was noch übrig bleibt, sollte der Verkauf der Güter realisiert werden, ist das *Residualeinkommen*, die Gewinne, in Höhe von 20 Mrd. EUR. Auf diesem Weg werden 100 Mrd. EUR an die privaten Haushalte und den Staat verteilt. Der Staat verschafft sich in der Regel die Steuereinnahmen (T für „Taxes"), um daraus für seine Bürger *Staatsausgaben* (G für „Government"), für den Bau von Brücken oder Bildung, zu tätigen. Steuerfinanziert fragt der Staat also Güter in Höhe von G_T nach. Die privaten Haushalte können nun grundsätzlich entscheiden, ihr Einkommen für *Konsumgüter* (C für „Consumption"), wie Autos oder Wein, auszugeben oder nicht auszugeben. Das Nichtausgeben für den Konsum wird in der Makroökonomie *Sparen* (S) genannt. Bis hierhin beläuft sich die *Güternachfrage* auf Y^D = C + G_T = 70 Mrd. EUR. S = 30 Mrd. EUR wurden aus dem Einkommen von 100 Mrd. EUR noch nicht in Güternachfrage umgewandelt. Wenn nun aber die 30 Mrd. EUR in der Hoffnung auf Zinsen am Kapitalmarkt angeboten werden, kann dieser Betrag noch in fremdfinanzierte Güternachfrage umgewandelt werden. In Betracht kommen *fremdfinanzierte Investitionen* der Unternehmen (I) und *fremdfinanzierte Güternachfrage des Staates* (G_F), die über G_T, also das Ausmaß hinausgeht, das er mit den Steuereinnahmen bezahlen kann. Gelingt die Umwandlung vollständig, so dass wie hier S = I + G_F = 30 Mrd. EUR, ist die Güternachfrage genauso groß wie das Angebot. Das Ergebnis wäre auch in sich stimmig, weil es dann die unterstellten Residualeinkommen von 20 Mrd. EUR als Gewinne hergibt. Für S = I + G_F, also die Tatsache, dass alles was gespart wird, in fremdfinanzierte Güternachfrage transformiert wird, sorgt nach Auffassung der Klassiker der *Zinsmechanismus*. Er ist auf dem Kapitalmarkt ein Pendant zum Preismechanismus des Gütermarktes. Hier werden durch Zinsschwankungen das Kapitalangebot in Höhe von S und die Kapitalnachfrage in Höhe von I + G_F automatisch ausgeglichen.

Marx hat dabei schon 70 Jahre vor Keynes das „Say'sche Theorem" (vgl. dazu Kap. 5.3), wonach es weder zu einer Überproduktion noch zu einem Nachfragemangel kommen kann, widerlegt. Durch „die ganzen drei dicken Bände [des Kapitals] hindurch verfolgt Marx das Say'sche Gesetz oder Gesetz der Absatzwege, wonach jedes Angebot seine eigene Nachfrage schafft, allgemeine Krisen, mehr als lokale und rasch vorübergehende Störungen des immerwährenden Marktgleichgewichts daher unmöglich sind. [...]" Genau das ist die kritische Pointe seiner eigenen Krisentheorie – der Nachweis, dass der Kapitalismus nun einmal so gebaut ist, das er Krisen und Ungleichgewichte nach seiner eigenen Logik hervorbringen muss, das eine ‚krisenfreie' kapitalistische Entwicklung ein Ding der Unmöglichkeit ist und bleibt" (Krätke 2017, S. 39).

Zum von Smith geforderten Aufbrechen der Strukturen gehörte auch der Ruf nach einem *internationalen Freihandel*. Er belebe nicht nur den Wettbewerb und sorge nicht nur für eine günstigere und vielfältigere Güterversorgung, sondern letztlich sei die internationale Öffnung der Märkte auch eine logische Konsequenz: Wenn Arbeitsteilung und Spezialisierung die Wohlfahrt über Produktivitätssteigerung erhöhe, erhöhe eine regionale Ausweitung des Wirtschaftsraums das verfügbare Potenzial. So wie auf nationaler Ebene gelte, jeder Einzelne soll im Sinne des Gemeinwohls das tun, was er am besten kann, gelte dies auch auf internationaler Ebene. Wenn jedes Land, die Güter herstelle, bei deren Produktion es einen Produktivitätsvorteil hat, nähme der verteilbare Güterkuchen und damit der Reichtum der Bevölkerung zu (*Theorie der absoluten Kostenvorteile*; vgl. Kap. 7.1.1).

Ricardo ging, Smith's Ideen aufgreifend, in der *Theorie der relativen Kostenvorteile* sogar noch darüber hinaus (vgl. Kap. 7.1.2). Er wies nach, dass eine internationale Arbeitsteilung sogar dann die gemeinsame Güterproduktion erhöht, wenn ein Land überall Produktivitätsnachteile hat. Dazu sollten sich die in der Produktivität allseits überlegenen bzw. unterlegenen Länder auf die Bereiche konzentrieren, in denen der Produktivitätsvorsprung bzw. -nachteil am größten bzw. am geringsten ausfällt.

Alles in allem haben die Klassiker keinen Freibrief für eine ungezügelte Marktwirtschaft und Egoismus ausgestellt. Sie propagierten *keine* marktwirtschaftlich-kapitalistische, einseitig an den Interessen des Unternehmertums ausgerichtete *Laissez-faire-Politik*. Überzeugt von den Vorteilen der Arbeitsteilung forderten sie vielmehr, dass der Staat aktiv die Voraussetzungen dafür schaffen müsse, dass sich die aus der Arbeitsteilung ergebende Marktwirtschaft insbesondere über *Wettbewerb* dazu beiträgt, den wachsenden Wohlstand auch der ganzen Bevölkerung zugutekommen zu lassen.

Zwar hatte Smith auch die Gefahren eines politischen Attentismus beim Aufbrechen der Strukturen aufgezeigt. Die daraus in der Realität resultierenden Auswüchse waren damals zu Beginn der Industrialisierung noch nicht präsent. Die weiterhin ungezügelte Marktwirtschaft brachte in Verbindung mit dem Fortschreiten der Industrialisierung, dem teilweisen Ersatz von menschlicher Arbeit durch Maschinen und einer Landflucht eine Verarmung breiter Bevölkerungsschichten, den *Pauperismus*, hervor.

5.3 Marx'sche Lehre

Karl Marx (1818–1883) war kein Marxist. „Alles, was ich weiß, ist, dass ich kein Marxist bin", so einer seiner mehrfach überlieferten Aussprüche, schreibt der Ökonom und Politikwissenschaftler Michael R. Krätke (2017, S. 18). Marx und Friedrich Engels (1820–1895) waren geprägt von den katastrophalen Lebensbedingungen unter dem vielfach als „Manchesterkapitalismus" beschriebenen kapitalistischen Wirtschaftssystem im 19. Jahrhundert. Mit viel „Laissez-faire" wurde die Wirtschaft sich selbst überlassen. Markt, Freihandel und Egoismus wurden große Bedeutung beigemessen, eine wettbewerbliche Zügelung blieb aber aus. In seinem Hauptwerk „Das Kapital" klagte Marx die daraus resultierenden und europaweit übergreifenden Auswüchse an:

> ... [...] jetzt kauft das Kapital Unmündige oder Halbmündige [...] jeden Montag und Dienstag [wird] offener Markt gehalten, worin Kinder [...] vom 9. Jahre an sich selbst an die [...] Seidenmanufakturen vermieten. Es kommt immer noch [...] vor, daß Weiber Jungen [...] jedem beliebigen Käufer wöchentlich vermieten. Trotz der Gesetzgebung werden immer noch mindestens 2.000 Jungen in Großbritannien als lebendige Schornsteinfegermaschinen von ihren eignen Eltern verkauft. (Marx, 1867 (1974), S. 234)

> Marx und Engels waren (dennoch) keine Lobredner des Proletariats, statt es zu idealisieren, haben sie die unvermeidliche Widersprüchlichkeit der proletarischen Lebenslage im modernen Kapitalismus sowie des proletarischen Alltagsbewusstseins analysiert. Für Marx war es ganz und gar nicht erstaunlich, dass moderne Lohnarbeiter sich für ‚frei' hielten, an ‚Leistung' und ‚gerechten Lohn' glaubten. Seine Kritik der politischen Ökonomie war eben auch Kritik der proletarischen Rechtsvorstellungen und Freiheitsillusionen, Kritik des hilflosen Antikapitalismus wie der Utopien der Arbeiterbewegungen. (Krätke 2017, S. 20)

Der Idee des dialektischen Materialismus folgend bestimmt sich dabei die Entwicklung des Menschen und seiner Umwelt aus erfahrungsbasierten Gesetzmäßigkeiten, und zwar ohne das Konstrukt eines gestaltenden Gottes. Religion, wurde nur als „*Opium für das Volk*" angesehen, das die Menschen durch das Vertrösten auf ein besseres Jenseits im Diesseits gefügig machen sollte. Die Idee der Dialektik hingegen beschreibt, dass sich Entwicklungen aus spannungsgeladenen Konfliktkonstellationen mit „*These*" und „*Gegenthese*" heraus ergeben, die in einer neuen Konstellation, der „*Synthese*", münden. Zu den spannungsgeladenen Konfliktsituationen schrieben Marx und Engels im „Kommunistischen Manifest": „Die Geschichte aller bisherigen Gesellschaften ist die Geschichte von Klassenkämpfen" (Marx/Engels 1983, S. 23). Diese beruhen auf einem Widerspruch und damit auch auf Dialektik.

Dabei betrachteten sie den Übergang vom Feudalismus bzw. Merkantilismus zum Kapitalismus aus einer inneren Logik heraus als *zwangsläufig*. Eine Wirtschaftsordnung, die systematisch auf Ausbeutung setzt, in der sich zudem die adlige Führungsschicht einem Luxusleben hingibt und an einer produktiven Entfaltung der Wirtschaft nicht interessiert ist, werde von der Gesellschaft zwangsläufig durch eine Revolution, wie die *Französische Revolution* von 1789, abgelöst. Als neues System habe sich dann

der Kapitalismus etabliert, mit dem es zum einen zu einem Zerstören „alle[r] feudalen, patriarchalischen Verhältnisse kam" (Marx/Engels 1983, S. 26). Zum anderen habe
es erstmals auch eine deutliche Verbesserung der Produktivität gegeben. Der einzelne
Kapitalist sei schließlich durch seine Gier nach Gewinnen darauf aus, statisch gesehen
die Produktionsfaktoren so effizient wie möglich einzusetzen und dynamisch betrachtet die Produktivität durch mehr Kapitaleinsatz immer weiter zu erhöhen (erweiterte
Kapitalakkumulation).

Aber der Kapitalismus basiere, wie alle anderen Ordnungen und Wirtschaftssysteme zuvor, auf *Ausbeutung*: Der Kapitalismus „[...] hat an die Stelle der mit religiösen
und politischen Illusionen verhüllten Ausbeutung, die offene unverschämte, direkte, dürre Ausbeutung gesetzt." (Marx/Engels 1983, S. 26). Die eigentliche Ursache der
Ausbeutung identifizierte Marx im *Privatbesitz an Produktionsmitteln*. Dabei stützte
er sich auf die *Arbeitswerttheorie* in Kombination mit der *Mehrwerttheorie*. Demnach
erhält der Arbeiter nicht den vollen Wert seiner Arbeit, sondern lediglich den Tauschwert als Lohn (vgl. dazu ausführlich das Kap. 3.5.2.2.3). Und trotzdem geschieht dem
Arbeiter kein Unrecht und es wird ihm auch vom Lohn nichts abgezogen, wie die Klassiker Smith und Ricardo dies noch unterstellt haben. Die Differenz aus Wert der Arbeit
und Wert der Arbeitskraft, den Mehrwert (Zins, Grundrente, Gewinn), erhalten die abhängig Beschäftigten nur deshalb nicht, weil ihnen die Produktionsmittel nicht gehören.

Der einzelne Kapitalist kann sich dabei einem systemimmanenten Streben nach
immer mehr Mehrwert nicht entziehen, er ist damit auch nicht im moralischen Sinne
„schuld" an der Misere, sondern das „System als Ganzes". Denn unterließe er als einzelner den erweiterten Kapitalaufbau, leidet darunter seine Produktivität und er wird
dem „*Wolfsgesetz der Konkurrenz*" folgend, wonach „je ein Kapitalist viele andere Kapitalisten totschlägt", Pleite machen. Im Zuge des zwangsläufigen Verdrängungspro-
zesses würden überdies die unproduktiven Kleinanbieter von den Großunternehmen
aufgekauft oder existenziell vernichtet. Es kommt so nicht nur durch Verdrängung zu
einer *Konzentration*, sondern zusätzlich noch zu einer Zentralisation des Kapitals. In
den Händen der verbleibenden Konzerne konzentriert sich dann immer mehr Kapital. „Die Konkurrenz treibt die Unternehmen immer mehr an, bis von der Konkurrenz
nichts mehr übrig ist" (Hermann 2016, S. 126). Kapitalismus und Wettbewerb stellen
mithin längerfristig einen Widerspruch dar.

Obendrein falle noch tendenziell die *Profitrate* (Quotient aus Mehrwert und Kapitaleinsatz in Form von Sachkapital und Lohnsumme), weil der Kapitaleinsatz schneller steige als der Mehrwert. Auch Smith, Ricardo und John Stuart Mill (1806–1873)
hatten schon vor Marx, wenn auch anders begründet, den langfristigen Verfall der
Profitrate prognostiziert. In diesem Prozess aus Gier nach Mehr und Angst vor dem
Verdrängtwerden komme es zu einer maßlosen Kapitalakkumulation, so Marx. Zweck
des Wirtschaftens sei im Kapitalismus nicht mehr, Ware zur Bedürfnisbefriedigung zu
produzieren. Es komme stattdessen zur G-W-G'-Logik: Geld (G) wird zur Wareproduk-

tion (W) eingesetzt, um aus deren Verkauf noch mehr Geld (G') für noch mehr Kapital zu bekommen.

Darüber hinaus komme es zu einer *„Epidemie der Überproduktion"* (Marx/Engels 1983, S. 30). Durch die schnell ansteigende gesamtwirtschaftliche Produktivität stünden nun einerseits viel mehr Güter zur Verfügung, andererseits seien immer mehr Märkte gesättigt. Außerdem ermögliche der steigende Reichtum unter den Kapitalisten es diesen, Teile des Einkommens zu sparen und nicht in Güternachfrage umzusetzen. Auch als Folge der daraus resultierenden nationalen Absatzkrisen versuchten die Unternehmen, neue Märkte im Ausland zu erobern. Der nationale Kapitalismus werde so automatisch globalisiert: „Das Bedürfnis nach einem stets ausgedehnteren Absatz für ihre Produkte jagt die Bourgeoisie über die ganze Erdkugel" (Marx/Engels 1983, S. 27).

Für die abhängig Beschäftigten, die über nichts Anderes verfügen als ihre Arbeitskraft, bedeuteten die Absatzkrisen eine eigendynamische Verschärfung ihrer ohnehin schon aussichtslosen Lage. Das Entgeltsystem halte sie bereits an der Grenze des Existenzminimums, sofern sie überhaupt Arbeit hätten. Die Bevölkerungsexplosion, die Landflucht und die aus purer materieller Verzweiflung zunehmende Kinderarbeit führten zu einer massiven Ausdehnung des Arbeitskräfteangebotes, das angesichts der stark zunehmenden Substitution von Arbeit durch Kapital und von Absatzproblemen im vorhandenen Umfang nicht benötigt werde. Die Arbeitslosen stünden den Unternehmern dann bei Bedarf als *„industrielle Reservearmee"* zur Verfügung und dienten zugleich dazu, die noch Beschäftigten gefügig zu machen und damit die Machtverhältnisse innerhalb des Systems zu stabilisieren. Die „Proletarier" würden im marktwirtschaftlich-kapitalistischen Verteilungskampf für immer und ewig den Kürzeren ziehen und verelenden.

Zugleich war es in Deutschland damals verboten, Gewerkschaften zu gründen. Selbst wenn sie aber zugelassen worden wären, hätte dies im Hinblick auf die Grundsatzproblematik nur wenig bewirkt. Angesichts der damit einhergehenden Verarmung der arbeitenden Bevölkerung könne daher auch der Kapitalismus, wie die Systeme zuvor, keinen Bestand haben. Nachdem Engels sich schon zuvor intensiv mit dem Pauperismus beschäftigt hatte, befand er: „Die *Revolution* muss kommen, es ist schon jetzt zu spät, um eine friedliche Lösung der Sache herbeizuführen" (zitiert in Herrmann 2016, S. 101) Im „Kommunistischen Manifest" beschreiben Marx und Engels ihre Forderung nach „einem gewaltsamen Umsturz aller bisherigen Gesellschaftsordnung" (Marx/Engels 1983, S. 60) wortreich und prägnant: „Ein Gespenst geht um in Europa – das Gespenst des Kommunismus. [...] Die Proletarier haben nichts zu verlieren als ihre Ketten. Sie haben eine Welt zu gewinnen" (Marx/Engels 1983, S. 23 und S. 60). Die unausweichliche Revolution werde zudem wegen der Globalisierung durch den Kapitalismus auch eine internationale sein, in der sich die arbeitenden Klassen der Länder unter dem Motto „Proletarier aller Länder vereinigt euch!" (Marx/Engels 1983, S. 60), zusammenschließen werden.

Am Ende stünde als Synthese ein neues System, das des Kommunismus. In diesem System habe die arbeitende Klasse das Sagen. Es kommt zur *„Diktatur des Proletariats"*. Im Zentrum der geforderten neuen Gesellschaftsordnung steht das ursachenadäquate Überwinden der kapitalistischen Ausbeutung:

> Das Privateigentum wird [...] abgeschafft werden müssen, und an seine Stelle wird die gemeinsame Benutzung aller Produktionsinstrumente und die Verteilung aller Produkte nach gemeinsamer Übereinkunft [...] treten. (Engels 1983, S. 71)

Sobald durch das neue System die Klassengegensätze aufgehoben wurden, gebe es keine Unterdrückung mehr und es bilde sich eine Gesellschaft heraus, „worin die freie Entwicklung eines jeden die Bedingung für die freie Entwicklung aller ist" (Marx/Engel 1983, S. 47).

Die Prophezeiung eines Umsturzes griff lediglich die revolutionäre Grundstimmung in der Bevölkerung auf. Fast zeitgleich mit der Veröffentlichung des Kommunistischen Manifests kam es 1848 europaweit zu *revolutionären Aufständen*. Allerdings wurden sie primär vom liberalen Bürgertum mit der Forderung nach Demokratie initiiert. In Russland jedoch kam es 1917 im Zuge der Oktoberrevolution zur Machübernahme durch die kommunistischen Bolschewiki und 1922 zur Gründung der Sowjetunion unter der Führung der Kommunistischen Partei.

Vielfach überlebte aber der Kapitalismus. Auch *die Untergangstheorie von Schumpeter* (1942 (1975), S. 213ff) ist nicht eingetreten, wonach dem Kapitalismus die „schöpferischen Unternehmer" ausgehen und eine „Zerstörung des institutionellen Rahmens der kapitalistischen Gesellschaft" droht. Die politischen und wirtschaftlichen Eliten erwiesen sich angesichts der von Marx und Engels skizzierten Widersprüche der marktwirtschaftlich-kapitalistischen Ordnung und der revolutionären Gefahr als anpassungsfähig und kamen der aufbegehrenden Bevölkerung entgegen. „Für die Annahme, der Kapitalismus werde sich ökonomisch selbst zerstören, gibt es keinen Anhalt" (Fülberth 2005, S. 298).

Der Kapitalismus befindet sich auch nicht in einer Endkrise. Er hat aber bisher mehrfach seine Form ändern müssen. Vom Handels- über den Industriekapitalismus bis zum heutigen vom Finanzkapital dominierten Kapitalismus. Im politischen Bereich blieb dabei selbst der Versuch, die parlamentarische Demokratie einzuführen nach ersten Ansätzen, z. B. mit der Nationalversammlung 1848 in der Frankfurter Paulskirche, lange Zeit stecken. Im ökonomischen Bereich wurde die nachhaltige Revolution durch *Reformen* verhindert. Ein wichtiger Schritt war dabei das gesetzliche Zulassen der *Gewerkschaften*, mit deren Hilfe sich die Lohndynamik in Europa deutlich verbesserte, die vorhergesagte Verelendung als Antriebsmotor der Revolution blieb also aus. Dies gilt aber nicht im weltweiten Maßstab. Hier ist die Marx'sche Prophezeiung seiner Verelendungstheorie aufgegangen. Wie lange es noch den Kapitalismus geben wird, wissen wir nicht", schreibt der Politologe Georg Fülberth (2005, S. 300). „Nehmen wir einmal – ohne jede Begründung – an, er sei nicht mehr oder weniger dauerhaft als der Feudalismus. Dann hätte er noch fünfhundert Jahre vor sich. Im Vergleich zur Vergangenheit und etwaigen Zukunft menschlicher Gesellschaften ist dies eine eher kurze Frist." Marx hat dabei jedoch den immer wieder in Erscheinung tretenden Utopien zur kurz- und mittelfristigen Abschaffung der kapitalistischen Ordnung nie die Berechtigung abgesprochen. Sie mögen häufig sogar naiv sein, aber eins stand dabei für Marx und auch für Engels immer fest, dass „die Befreiung der Arbeiterklasse nur das Werk der Arbeiterklasse selbst sein kann!" – daran haben beide ein Leben lang festgehalten (vgl. Krätke 2017, S. 20).

5.4 Neoklassik

5.4.1 Grundlegende Ideen

Etwa zurzeit, als Marx den ersten Band des „Kapitals" veröffentlichte (1867 mit Überarbeitungen bis 1872), erschienen mit den frühen Publikationen von William Stanley Jevons (1835–1882), Alfred Marshall (1842–1924), Carl Menger (1840–1921) und Leon Walras (1834–1910) die ersten Schriften, die der Neoklassik zugeordnet werden.

Anders als Marx und Engels setzen sich die Neoklassiker nicht mit den inneren Widersprüchen der kapitalistischen Marktwirtschaft auseinander. Sie stellen vielmehr darauf ab, die wissenschaftlichen Erklärungen der Klassiker über die Wirkzusammenhänge in der Marktwirtschaft zu ergänzen, auf ein solideres Fundament zu stellen, zu präzisieren oder gar mathematisch zu formalisieren und bisherige Erklärungsdefizite zu beseitigen.

Im Unterschied zu den Klassikern bewegen sich die Neoklassiker gedanklich in einer statischen Welt. Sie wollen weniger nachvollziehen, wie Volkswirtschaften immer reicher werden und wachsen. Stattdessen konzentrieren sie sich auf die Analyse von Marktwirtschaften im gegebenen Rahmen mit gegebenem Faktorbestand (Ceteris-paribus-Annahme) und gehen der zentralen Frage nach, wie sich hier eine Volkswirtschaft in der Allokations- und Distributionsproblematik aufstellen sollte, um die Wohlfahrt zu maximieren.

Methodisch steht dabei die *„marginalistische Revolution"* im Mittelpunkt, die Blaug (1971, S. 12) als „die wahre Trennungslinie zwischen der klassischen und der modernen Ökonomie" bezeichnet. Kern des ökonomischen Handelns sei es, in allen Bereichen *Wahlentscheidungen unter Knappheiten* und damit unter Verwendungsalternativen treffen zu müssen. Idealer Weise werden alle alternativen Aktivitäten bis zu der Schwelle betrieben, ab der Grenznutzen und Grenzkosten gleich groß sind. Es handelt sich um das *Grundgesetz der Neoklassik*.

Dieses Grundgesetz hat in der neoklassischen Welt in vielen Bereichen des Wirtschaftens eine zentrale Bedeutung. Erstens gilt es, auf der *Absatzseite* der Unternehmen eine Verwendungsalternative auszutarieren: Sollte man mehr Geld in die Hand nehmen, um weitere Güter zu produzieren und sie zum Marktpreis zu verkaufen oder sollte man das zur Produktion erforderliche Geld lieber einsparen? Der Grenznutzen der Mehrproduktion, hier Grenzerlös genannt, besteht bei vollkommener Konkurrenz, bei der man davon ausgeht, mit der eigenen Angebotsmenge keinen Einfluss auf den Marktpreis zu haben, darin, eine weitere Outputeinheit zum Marktpreis verkaufen zu können. Diese Einheit zu produzieren verursacht aber einen Kostenzuwachs, die Grenzkosten. Solange eine weitere Outputeinheit einen höheren Preis erzielt als sie an Zusatzkosten verursacht, wird die Produktion ausgeweitet. Das Optimum der Produktion liegt dort, wo der Grenzerlös in Höhe des Marktpreises mit den Grenzkosten übereinstimmt. Jeder rationale Produzent bietet hier also (zumindest kurzfristig) gemäß der *Preis-gleich-Grenzkosten-Regel* an (vgl. Kap. 2.1.3.1). Für die Verbraucher in dieser Modellwelt bedeutet dies, dass ihnen die Güter insofern zu einem fairen Preis angeboten werden, als sie genau das bezahlen, was die Produktion der letzten Einheit an zusätzlichen Kosten verursacht. Liegen die Grenzkosten für die zuvor produzierten Einheiten darunter, ergibt sich für die Unternehmen bei ja gegebenem Preis pro Stück eine Überdeckung der Grenzkosten, mit der dann die Fixkosten (inklusive der Eigenkapitalkosten) ganz oder teilweise abgedeckt werden können.

Zweitens bestimmt sich auch die Höhe des Faktoreinsatzes bei rationalen Unternehmen, die keinen Einfluss auf den Faktorpreis und den Absatzpreis der mithilfe des Faktoreinsatzes produzierten Güter haben, nach diesem Grundgesetz. Es heißt hier „*Grenzproduktivitätstheorie*". Der Unternehmer wägt ab, ob er sein Geld für eine weitere Einheit des Produktionsfaktors einsetzen oder die damit verbundenen Ausgaben einsparen sollte? Eine weitere Einheit des Faktors (x) einzusetzen, erhöht den bisherigen Ertrag (y; also die produzierte Menge) um den sogenannten Grenzertrag (GE). Jede zusätzliche Output-Einheit könnte dann zum Marktpreis p verkauft werden, so dass durch den Mehreinsatz von einer Faktoreinheit der Unternehmer einen zusätzlichen Erlös (also „Grenzerlös" (GL) oder hier auch „Grenzprodukt" genannt) von $GL = p \cdot GE$ erwirtschaftet. Solange $GL = p \cdot GE > GK$, also dieser Grenzerlös größer ist als die Kosten einer weiteren Faktoreinheit (die Grenzkosten GK), sollte der Faktoreinsatz ausgeweitet werden. Dabei unterstellt die Neoklassik im „*Gesetz des abnehmenden Grenzertrags*", dass der Grenzertrag mit wachsendem Faktoreinsatz fällt, so dass die linke Seite mit einem Ausdehnen des Faktorinputs schrittweise kleiner wird.

Mit Blick auf den Faktoreinsatz befindet sich der Unternehmer dann im Optimum, wenn Grenzerlös und Grenzkosten übereinstimmen: $GL = p \cdot GE \overset{!}{=} GK$. Jeder Produktionsfaktor und damit auch der Faktor Arbeit wird nach dieser Vorstellung insofern fair entlohnt, als ihm ein Entgelt in der Höhe zugestanden wird, die die letzte eingesetzte Einheit an Erlösbeitrag erwirtschaftet hat. Mit dieser Erklärung wird der Begriff der „*Ausbeutung*" erheblich relativiert. Zwar entsteht auch hierbei ein *Mehrwert*, weil die Übereinstimmung von Grenzprodukt und Entgelt nur für die letzte eingesetzte Einheit gilt und alle davor eingesetzten Einheiten mit $p \cdot GE > GK$ einhergingen. Allerdings gibt es nach dieser neoklassischen Sicht eine am *Leistungsprinzip* (der letzten eingesetzten Einheit) ansetzende Erklärung für die Höhe des Faktorentgeltes und damit so etwas wie eine gesetzmäßige, objektiv hergeleitete Rechtfertigung.

Drittens bestimmen die Präferenzen rationaler Verbraucher und die relativen Knappheiten der Güter die am Markt erzielbaren Preisrelationen. Dabei gibt es eine Verwendungskonkurrenz im Budget: Einen Euro aus dem Budget für den Kauf eines Gutes einzusetzen und den dabei erzielten zusätzlichen Nutzen, den Grenznutzen (GN), zu genießen, bedeutet zugleich, diesen Euro nicht mehr für ein anderes Gut einsetzen zu können und damit auf den Grenznutzen des alternativen Konsums verzichten zu müssen. Für die Optimierung der Konsumstruktur muss dann gelten: Der Grenznutzen aus dem letzten eingesetzten Euro muss in allen Verwendungsarten gleich groß sein (vgl. Kap. 2.2.2.2). Erst wenn damit das *Zweite Gossen'sche Gesetz* gilt, kann man sich nicht mehr im Rahmen des Budgets verbessern. Die Grenznutzenrelationen der Haushalte bestimmen die akzeptierten Preisrelationen. Hinter den Grenznutzenrelationen verbergen sich aber die empfundenen *Knappheitsrelationen*: Ist ein Gut im Überfluss vorhanden, stiftet eine weitere Einheit einen geringen Grenznutzen. Ist ein Gut sehr selten, bewirkt eine weitere Einheit davon einen vergleichsweise hohen Grenznutzen. Das seltene Gut hat einen höheren Preis als das übermäßig verfügbare. Die subjektiv empfundenen Grenznutzen bestimmen demnach die Preisrelationen. Es ist damit nicht die Nützlichkeit eines Gutes per se, die seine relative Wertigkeit bestimmt. Das Zweite Gossen'sche Gesetz macht deutlich, dass sich die Preisrelationen aus den relativen Knappheiten ergeben. Diese *„subjektive Werttheorie"* wird in der Neoklassik an die Stelle der Arbeitswertlehre gesetzt. Denn nach dieser Erklärung bestimmt auch der zur Erzeugung eines Gutes erforderliche Arbeitseinsatz nicht seine relative Wertigkeit am Markt. Selbst wenn man einen hohen Arbeitseinsatz für ein Gut erbringen muss, wird es keinen hohen Preis erzielen können, wenn es aufgrund eines zu hohen Angebotes oder einer zu niedrigen Nachfrage im Überfluss vorhanden ist.

Die marginalistische Revolution hatte nun weitreichende Konsequenzen für die Bewertung marktwirtschaftlicher Ordnungen. Die keynesianische und britische Ökonomin Joan Robinson (1903–1983) behauptete gar, ein Grund für die Entwicklung der neoklassischen Theorie sei politökonomischer Natur. Angesichts der Bedrohung marktwirtschaftlicher Systeme durch den Kommunismus wäre es darauf angekommen, ein „wissenschaftliches Bollwerk" zum Schutz aufzubauen. Dagegen weist Blaug (1971, S. 26 f.) zwar darauf hin, dass sich die Arbeiten von Marx und Engels auf der einen Seite und die der Neoklassiker auf der anderen Seite eher parallel entwickelten und dass die Gruppe der Neoklassiker in ihren politischen Auffassungen eher heterogen waren. Gleichwohl konstatiert auch Blaug, dass die neoklassischen Botschaften – über das Herausarbeiten von allerdings bestreitbaren immanenten „Gesetzen" und „*Gleichgewichten*" – systemkonservierende Wirkung hatten:

Märkte neigen demnach – wie in der Klassik bereits argumentiert und in der Neoklassik aufrechterhalten – über den *Preismechanismus* zur Gleichgewichtsfindung. Die sich etablierenden Preisrelationen reflektieren nach dem Zweiten Gossen'schen

Gesetz die von den Konsumenten empfundenen relativen Knappheiten. Veränderungen in den Präferenzen und Knappheiten verändern die Preisrelationen. Die resultierenden Preisänderungen veranlassen nach dem Preis-gleich-Grenzkosten-Gesetz die Unternehmer zur Produktionsumschichtung zugunsten des knapper gewordenen Gutes. In dieser Modellwelt ist der Konsument – und nicht der Kapitalist wie bei Marx und Engels – der *Souverän*, denn die Produktionsstruktur folgt seinen Bedürfnissen. Außerdem wird er gemäß dem Preis-gleich-Grenzkosten-Gesetz mit einem fairen Preis bedient. Auch beim Faktorpreis gibt es insofern ein faires, weil leistungsorientiertes, Entgelt. *Gewinne* sind dann nicht mehr das Ergebnis von Ausbeutung, sie stellen ein *Residualeinkommen* nach Abzug der fremden Faktorkosten aus den Erlösen dar. Langfristig werden dabei auch keine Extraprofite zustande kommen, die über die Opportunitätskosten für die angemessene *Eigenkapitalverzinsung* und den eventuellen *Unternehmerlohn* aus dessen Managertätigkeit hinausgehen. Zudem gilt mit Blick auf das Fremdkapital, dass es ebenfalls nach der Grenzproduktivitätstheorie entgolten wird und aus dem Gesparten der Bevölkerung stammt, die dann wiederum auch in den Genuss der Zinsen kommt.

Darüber hinaus führe die *Dispositionsfreiheit* in der marktwirtschaftlichen Ordnung bei entsprechender Transparenz automatisch zu einem *Pareto-Optimum*. Dieses Konzept wurde nach Vilfredo Pareto (1846–1923) benannt. Der Markt sei demnach ein Forum, um Verträge auszuhandeln. Die Mindestvoraussetzung für einen freiwilligen Vertragsschluss sei aber, dass sich dadurch mindestens eine Seite besserstellt, ohne dass sich eine andere Seite verschlechtert. Im Markt kämen also nur solche Verträge zustande, die eine derartige *Pareto-Verbesserung* hervorbringen. Solange diesbezüglich noch unausgeschöpfte Möglichkeiten bestünden und dies transparent sei, würden automatisch noch weitere Verträge geschlossen werden. Der Prozess finde sein Ende im Pareto-Optimum, wenn keine weiteren entsprechenden Verbesserungen mehr möglich sind. Bis dahin seien auf der Basis von Freiwilligkeit nur Verträge zustande gekommen, bei denen sich niemand verschlechtert, sich mindestens eine, i. d. R. aber *alle* Vertragsparteien verbessert haben.

Die Neoklassiker haben somit eine Modellwelt entwickelt, in der ihnen zufolge jeder Einzelne auf der mikroökonomischen Ebene durch Anwenden der marginalistischen Gesetze im Rahmen der ihm vorgegebenen Möglichkeiten in der Lage ist, für sich ein Optimum herauszuholen. Hochgerechnet auf die Gesellschaft, die aus der Summe all ihrer Individuen besteht, bedeute dies, so die Neoklassik, dass die Marktwirtschaft in Verbindung mit vollständiger Dispositionsfreiheit ein gesellschaftlich optimales Endergebnis zustande bringt.

Das marktwirtschaftliche System verfüge dabei über eine *inhärente Stabilität*. Schließlich spiele sich über den Preismechanismus auf jedem einzelnen Güter- und Faktormarkt ein *(Walras-)Gleichgewicht* ein. Ein allgemeines Gleichgewicht, dessen Existenz nach einer mathematischen Analyse von Leon Walras (1834–1910) möglich sei, sei damit geradezu der Normalzustand der Marktwirtschaft. Da hier unter den gegebenen Bedingungen alle Wünsche erfüllt sind, habe niemand einen Anreiz, vom erreichten Zustand abzuweichen. Störungen des allgemeinen Gleichgewichts könnten somit nur exogen verursacht sein, würden dann aber durch den Preismechanismus zuverlässig von selbst beseitigt werden. Allenfalls müsse man dabei etwas Geduld haben, weil der Verarbeitungsprozess u. U. Zeit benötigt.

Wegen der *Selbstregulierung* müsse der Staat auch nicht in den Wirtschaftsprozess eingreifen. Im Gegenteil, die Neoklassiker behaupten, gestützt auf das sogenannte Rentenkonzept, das die gesellschaftliche Wohlfahrt mithilfe der Summe aus Konsumenten- und Produzentenrente messen solle (vgl. Kap. 2.3.2.3.1), dass Eingriffe in den Marktmechanismus in Form von Mindest-, oder Höchstpreisen sowie von Kontingentierung kontraproduktiv seien, weil sie mit Wohlfahrtsverlusten einhergingen.

5.4.2 Neoklassisches Makro-Modell

Auf der einzelwirtschaftlichen Ebene bewirkt der Preismechanismus in der Welt der Neoklassik auf allen Märkten ein Gleichgewicht zwischen Angebot und Nachfrage. Dieser Zustand – sofern der Preismechanismus nicht gestört wird und genügend Zeit zum Verarbeiten von eventuellen Störungen hatte – ist zugleich auch der propagierte Zustand für die Gesamtwirtschaft, da sie als Summe aller Einzelmärkte betrachtet wird. Die Marktwirtschaft ist demnach inhärent stabil.

Wie erklärt sich aber auf der gesamtwirtschaftlichen Ebene die Höhe der Produktion, des Faktoreinsatzes, der Faktorpreise und des Preisniveaus, also des Preises, den ein Warenkorb erzielt? Ausgangspunkt im nachfolgenden Modell einer *geschlossenen Volkswirtschaft* (d. h. einer Volkswirtschaft unter Vernachlässigen der Außenwirtschaft) ist der *Arbeitsmarkt*. Hier wird der Faktor Arbeit gemäß der *Grenzproduktivitätstheorie* (vgl. Abb. 5.2 oben links) vom Unternehmenssektor nachgefragt. Bei als vom Einzelunternehmen als gegeben betrachtetem Nominallohn (W in EUR) und Preisniveau für den Warenkorb maximiert ein Unternehmer seinen Gewinn bezüglich des Arbeitsinputs (A in h) wie folgt (mit E = Erlös, Y = produzierte Gütermenge, K = Kosten und SK = sonstige vom Arbeitsinput unabhängige Kosten):

$$\max_{A} G = E(Y) - K(Y) = P \cdot Y(A) - W \cdot A - SK \,.$$

Die notwendige Bedingung für ein Maximum wird dann erfüllt, wenn die erste Ableitung Null ist:

$$\frac{\partial G}{\partial A} = P \cdot \frac{\partial Y}{\partial A} - W = 0 \quad \Rightarrow \quad GE_A = \frac{\partial Y}{\partial A} = \frac{W}{P} = w \,.$$

Demnach befindet sich ein Unternehmer mit Blick auf die Nachfrage nach dem Faktor Arbeit (A^D) nur dann im Gewinnoptimum, wenn der Arbeitsinput solange

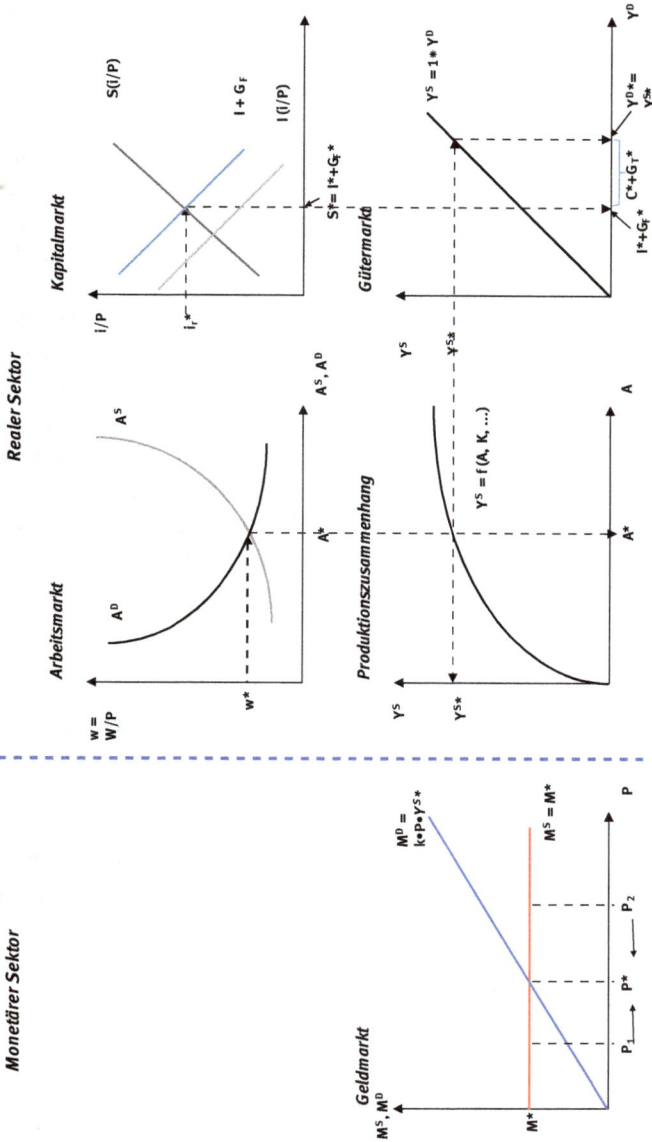

Abb. 5.2: Neoklassisches Modell. Quelle: Eigene Darstellung.

variiert wird, bis der Grenzertrag der Arbeit (GE$_A$) mit dem sogenannten Reallohn $w = \frac{W}{P}$ übereinstimmt. Angenommen der Stundenlohn beträgt $W = 20\,\frac{EUR}{h}$ und eine Güterkorbeinheit kostet $P = 10\,\frac{EUR}{GKE}$, dann liegt ein Reallohn in Höhe von $\frac{W}{P} = 20\frac{EUR}{h}/10\frac{EUR}{GKE} = 2\frac{GKE}{h}$ pro Stunde vor. Der Reallohn gibt also an, wie viel Kaufkraft der Unternehmer an die Beschäftigten pro Arbeitsstunde abtreten muss.

Solange nun beim Einsatz einer weiteren Arbeitsstunde mehr Güterkorbeinheiten hergestellt werden ($GE_A = \frac{\partial Y}{\partial A} > w = 2$) als der Unternehmer an Kaufkraft hinterher über den Lohn abtreten muss, wird vom Faktor Arbeit mehr nachgefragt.

Da annahmegemäß der Grenzertrag aber fällt, je mehr von einem Faktor bereits eingesetzt wurde, gilt, ein niedrigerer Reallohn verlangt zur Gewinnmaximierung eine Lösung, bei der Grenzertrag auch niedriger ist. Um mit einem niedrigeren Grenzertrag zu produzieren, muss aber vom Faktor Arbeit insgesamt mehr eingesetzt werden. Dies erklärt weshalb in Abb. 5.2 die *Arbeitsnachfragekurve* (A^D) fallend verläuft. Mit sinkendem Reallohn, nimmt also die Nachfrage nach dem Faktor Arbeit zu.

Bei rational agierenden Haushalten ist auch das Angebot des Faktors (A^S) vom Reallohn abhängig. Beim Wunsch zu arbeiten werden demnach zwei Aspekte abgewogen: Eine Stunde mehr zu arbeiten, bewirkt materiell mehr Güter kaufen zu können. Wie viele das sind, gibt der Reallohn an. Eine Stunde Mehrarbeit bedeutet zugleich aber auch immateriell auf Freizeit verzichten zu müssen. Im Abwägungsprozess gilt, je höher der Reallohn ausfällt, umso stärker wird der Freizeitverzicht „versüßt", umso größer ist die Bereitschaft zu arbeiten. Mit steigendem Reallohn nimmt mithin das *Arbeitsangebot* zu. Der Kurvenübergang in den vertikalen Bereich signalisiert, dass es eine Kapazitätsgrenze gibt, ab der selbst drastisch steigende Reallöhne keinen weiteren Anstieg des Arbeitsangebotes bewirken können.

Weder die Unternehmer noch die Haushalte unterliegen in dieser Welt der sogenannten *Nominallohnillusion*. Sie schauen nicht allein auf den in Euro gemessenen Stundenlohn, sondern wägen ihre Entscheidung über das Verhalten am Arbeitsmarkt unter Berücksichtigung der Güterpreise ab.

Gedanklich organisiert der *„Walrasianische Auktionator"* die Gleichgewichtsfindung auf dem Arbeitsmarkt. Er ruft solange unterschiedliche Reallöhne auf und fragt dabei Angebot und Nachfrage ab, bis er den *gleichgewichtigen Reallohn* gefunden hat, bei dem Angebot und Nachfrage übereinstimmen, was bei w^* der Fall ist. Jeder, der als Haushalt bereit ist, zu diesem Reallohn zu arbeiten, findet im gewünschten Umfang einen Arbeitsplatz und jeder, der bereit ist, diesen Reallohn als Unternehmer zu zahlen, findet einen Beschäftigten. Das dabei zustande kommende Arbeitsvolumen beläuft sich in der Volkswirtschaft auf A^*.

Damit steht aber aufgrund des über die *Produktionsfunktion* gegebenen Input-Output-Zusammenhangs aber auch fest, welche Gütermenge die Unternehmen anbieten werden (Y^S). Bei gegebenem Kapitalbestand bewirkt ein Arbeitsinput von A^* Stunden, dass die Gütermenge Y^{S*} angeboten wird. Dass diese Gütermenge auch nachgefragt und damit auch abgesetzt wird ($Y^D = Y^{D*} = Y^{S*}$), dafür sorgt dann das Say'sche Theorem (vgl. Abb. 5.1). Im Gütermarktdiagramm wird die Angebotsmenge Y^{S*} mithilfe der Geraden mit der Funktionsgleichung $Y^S = Y^D$ auf die Y^D-Achse heruntergespiegelt.

Wie das Say'sche Theorem dabei im Hintergrund wirkt, verdeutlicht das Diagramm zum *Sachkapitalmarkt*. Anbieter des Sachkapitals sind die Sparer. Ihnen stünde aus ihrem Faktorangebot eine Gütermenge zu, die sie nicht jetzt, sondern irgendwann in Zukunft konsumieren möchten (S). Die Sparer erwarten aber, dass der Gegenwartsverzicht versüßt wird. Sie erhalten Zinsen. Genau genommen, taxieren sie dabei, wie viele Güter sie als Prämie für den Gegenwartsverzicht von ihren Zinseinkünften zukünftig kaufen können. Je höher die Kaufkraft des Zinses, je höher also der Realzins (i_r), umso größer ist das Sparangebot. Aus diesem Grunde verläuft die Kapitalangebotskurve (S) steigend.

Bezogen auf die *Nachfrage nach Kapital* wollen hier annahmegemäß die Unternehmen und der Staat mehr Güter erhalten, als ihnen zunächst im Verteilungsprozess zugestanden wurde. Der *Staat* plant, zur Wahrung seiner ihm zugestandenen Aufgaben für den Staatskonsum (C_{St}) und für seine Investitionen (I_{St}) eine Staatsnachfrage im Umfang von $G = C_{St}+I_{St}$. Im Umfang von G_T finanziert er diese Nachfrage über Steuern. Was darüber hinausgeht, ist mithilfe des Kapitalmarktes fremdfinanzierte Nachfrage ($G - G_T = G_F$). Der Einfachheit halber wird unterstellt, diese fremdfinanzierte Nachfrage nach Kapital (G_F) sei rein bedarfsabhängig, um die Aufgaben erledigen zu können, und damit zinsunabhängig. Mit Blick auf die Unternehmen gehen wir ebenfalls der Einfachheit halber davon aus, dass alle Einnahmen aus dem Warenverkauf an die Faktoranbieter und die Unternehmenseigentümer ausgeschüttet werden. Wollen die Unternehmen jetzt also Investitionsgüter kaufen, ist das nur über die Aufnahme von Fremdkapital möglich. Gemäß der Grenzproduktivitätstheorie ist – analog zum Faktor Arbeit – auch hier der Realzins entscheidend für die Höhe der nachgefragten Investitionsgüter. Je niedriger der Realzins ist, umso größer ist die Bereitschaft der Unternehmen in Sachkapital zu investieren. Die Kurve I verläuft mithin fallend. Die Gesamtnachfrage nach Kapital setzt sich dabei zusammen aus der Investitionsnachfrage der Unternehmen und der Fremdkapitalnachfrage des Staates (I + GF). Da die Fremdkapitalnachfrage des Staates auf einem gegebenen, zinsunabhängigen Niveau angenommen wurde, resultiert bei der Herleitung der Kapitalnachfragekurve ein Parallelverschieben der I-Kurve um den Betrag G_F nach rechts. Der Preismechanismus, hier in Form des *Zinsmechanismus* sorgt nun am Kapitalmarkt für ein Gleichgewicht bei i_r^*.

Bezogen auf das *Say'sche Theorem* bedeutet das, alles, was an Nachfrage über das Sparen auszufallen drohte, wird nun von anderen Akteuren fremdfinanziert in Güternachfrage transformiert. Das Gleichgewicht auf dem Gütermarkt ($Y^{S*} = Y^{D*}$) ist damit gewährleistet. Der Kapitalmarkt hat dies über Zinsschwankungen herbeigeführt, die solange zum Tragen kommen, wie entweder ein Kapitalangebotsüberschuss (bei $i_r > i_r^*$) oder ein Kapitalnachfrageüberschuss bei ($i_r < i_r^*$) herrscht. Zugleich bestimmt der Kapitalmarkt, wie sich die Güternachfrage aus eigen- und fremdfinanzierten Bestandteilen zusammensetzt: Denn es gilt:

$$Y^{S*} = Y^{D*} = \underbrace{C^* + G^*_T}_{\text{eigenfinanziert}} + \underbrace{I^* + G^*_F}_{\substack{\text{fremdfinanziert} \\ \text{mithilfe von S}}} .$$

Bis zu diesem Punkt haben wir uns nur in der *realen Ökonomie* bewegt, d. h. wir haben nur Mengenbetrachtungen angestellt: Wir konnten die Menge an Arbeitsinput, die produzierte und die nachgefragte Gütermenge sowie die angebotene und nachgefragte Menge an neuem Sachkapital bestimmen. Alles, was gesamtwirtschaftlich für die Güterversorgung wichtig ist, ließ sich erklären, ohne Tauschmedien mit zu berücksichtigen. In der Realität erleichtern aber die *Medien* Geld und Wertpapiere die betrachteten Vorgänge. Allerdings haben diese Medien aus dem monetären Bereich offenbar auf das realwirtschaftliche Ergebnis keinen Einfluss. Diese analytische Trennung der realen und der monetären Welt bezeichnet man als *„neoklassische Dichotomie"*.

Welche Bedeutung haben Tauschmedien gesamtwirtschaftlich überhaupt? Wertpapiere flankieren und erleichtern nur die Vorgänge am Kapitalmarkt. Hier tritt eine Seite vorübergehend Güteransprüche ab (S), während die Gegenseite, Unternehmen und der Staat, sie in Anspruch nehmen (I+G_F). Um diesen Transfer zu dokumentieren, nutzt man *Wertpapiere*. Die Schuldner geben sie im in EUR gemessenen Gegenwert der zugestandenen Gütermenge heraus; die Gläubiger erhalten sie. Da der Kapitalmarkt über die Zinsschwankungen stets ausgeglichen ist, müssen auch der Wertpapiermarkt und die dort vorherrschenden Kurse als monetäres Spiegelbild des Kapitalmarktes stets ausgeglichen sein.

Geld hingegen hat die Aufgabe, die Güterkäufe leichter zu organisieren. Im Prinzip könnte man auf dieses Medium verzichten. Alternativ bietet man seine Arbeitskraft an und erhält im Gegenzug Güter zugestanden, dabei erhöht Geld allerdings die Flexibilität. Die Versorgung der Volkswirtschaft mit Geld bestimmt letztlich das *Preisniveau*, also den Preis, den eine Güterkorbeinheit hat. Das Preisniveau resultiert aus dem Gleichgewichtsprozess am Geldmarkt, an dem Geldangebot und -nachfrage aufeinandertreffen.

Das *Geldangebot* kommt aus einem Zusammenspiel der *Primärgeldschöpfung* von Seiten der Zentralbank und der *Sekundärgeldschöpfung* der Geschäftsbanken zustande (vgl. Kap. 7.3.6.2). Da das Ausmaß der Sekundärgeldschöpfung zumindest von der Zentralbank beeinflusst werden kann, hat sie einen starken Einfluss auf die Höhe der Geldversorgung (M^S). Zur Vereinfachung wird hier in der Analyse des Geldmarktes in Abb. 5.2 angenommen, die Zentralbank habe das Geldangebot auf einem Niveau fixiert ($M^S = M^*$). In der neoklassischen Welt wird nur ein Zweck gesehen, den die Nachfrage nach Geld hat: Güterkäufe finanzieren zu können. Der Wert aller Gütertransaktionen, die innerhalb eines Jahres finanziert werden sollen, beläuft sich auf $Y^{S*} \cdot P$. Dafür benötigt man aber keine gleich hohe Menge an Geld. Denn derselbe Geldbestand kann innerhalb eines Jahres mehrfach – zum Beispiel zwei Mal – die Hände wechseln. Dann benötigt man nur einen Geldbestand, der halb so groß ist wie $Y^{S*} \cdot P$.

Die Geldnachfrage lässt sich dann wie folgt modellieren: $M^D = k \cdot Y^{S*} \cdot P$ mit (k als *Kassenhaltungskoeffizient*, der im Beispiel von zuvor 0,5 wäre). Da aber auf der rechten Seite der Kassenhaltungskoeffizient, der sich aus den Zahlungsgewohnheiten einer Volkswirtschaft ableitet, eher stabil ist und da Y^S festliegt, ist P die einzige Größe, die auf der rechten Seite variiert. Die Geldnachfragefunktion beschreibt damit im Geldmarkt-Diagramm mit P auf der Abszisse eine Geradengleichung durch den Ursprung mit der Steigung $k \cdot Y^{S*}$.

Das Gleichgewicht am Geldmarkt $M^S = M^* = M^D = k \cdot Y^{S*} \cdot P$ muss somit durch die einzige Variable in dieser Gleichung zustande kommen, durch P. Das Preisniveau passt sich demnach so an, dass der Geldmarkt ins Gleichgewicht findet. Wäre das Preisniveau $P_1 < P^*$ hätte die Volkswirtschaft unter den gegebenen Rahmenbedingungen mehr Geld zur Verfügung als für den Güterkauf nötig. Dieser Liquiditätsüberschuss würde die monetäre Güternachfrage beleben, da aber die produzierte Gütermenge aus dem Zusammenspiel zwischen Arbeitsmarkt und Produktionsfunktion dieselbe bleibt, würden die Unternehmen die Mehrnachfrage mit Preissteigerungen mitnehmen. Dieser Prozess ist erst dann abgeschlossen, wenn $P = P^*$ ist. Wäre hingegen das Preisniveau mit $P_2 > P_1$, hätte die Volkswirtschaft nicht genug Geld zur Verfügung, um die gewünschten Güterkäufe zu bezahlen. Unternehmen blieben auf der Ware sitzen und wären zu Preiszugeständnissen bereit, sodass sich auch hier eine Gleichgewichtstendenz zu P^* ergibt.

Aufgabe Grenzproduktivitätstheorie

Gegeben sei folgende gesamtwirtschaftliche Produktionsfunktion: $y = 2 \cdot A^{0,5} \cdot K^{0,5}$ (mit y = Produktionsmenge, A = Arbeitsinput in h, K = Kapitalinput in h Maschinenlaufzeit).

a) Stellen Sie die Gewinnfunktion des Unternehmenssektors als $G = f(A, K)$ in Abhängigkeit vom Arbeits- und Kapitalinput auf mit SK = alle Kosten, die unabhängig vom Einsatz des Faktors Arbeit sind.

b) Leiten Sie die Arbeitsnachfragefunktion $A^D = g(w)$ in Abhängigkeit vom Reallohn (w) ab und gehen Sie dabei von K = 100 aus.
(Lösung: $A^D = (\frac{10}{w})^2$.)

c) Erklären Sie wie und warum A^D von w abhängt.

d) Zeigen Sie, dass auch hier die Gewinnmaximierung bezüglich des Arbeitsinputs auf die Gleichheit von Grenzerlös (auch: „Wertgrenzprodukt") und Grenzkosten der Arbeit hinausläuft.
(Lösung: $GL = \frac{\delta E}{\delta A} = \frac{10p}{A^{0,5}} = GK = \frac{\delta K}{\delta A} = W$ mit Optimalverhalten $A^D = (\frac{10}{\frac{W}{P}})^2$ gilt: GL = GK = W)

e) Begründen Sie ökonomisch, warum im Optimum die Gleichheit gelten muss, indem Sie zeigen, dass man sich immer dann noch verbessern kann (also nicht im Optimum ist), wenn Ungleichheit vorliegt. Klären Sie dabei: Wie und warum würde man mit Blick auf den Arbeitsinput reagieren, wenn der Grenzerlös kleiner als die Grenzkosten ist? Wie und warum würde man mit Blick auf den Arbeitsinput reagieren, wenn der Grenzerlös größer als die Grenzkosten ist?

Aufgabe Neoklassisches Modell

Die Situation eines Arbeitstages in einer kleinen geschlossenen Volkswirtschaft wird (mit GKE als Güterkorbeinheiten) in einem neoklassischen Modell – unter der Annahme, dass privatwirtschaftliche Investitionen vollständig fremdfinanziert werden – durch folgende gesamtwirtschaftliche Funktionen beschrieben:

– Produktionsfunktion: $y^S = 32 \cdot A^{0,5}$ (mit y^S = produzierte Gütermenge in GKE; A = Arbeitsinput in 1.000 h)

- Arbeitsangebotsfunktion: $A^S = w^2$ (mit A^S = Arbeitsangebot in 1.000 h, w = Reallohn in GKE/h)
- Sparfunktion: $S = 390 \cdot i$ (mit S = Sparen in GKE, i = Zinssatz als Dezimalzahl)
- Investitionsfunktion: $I = 30 - 10 \cdot i$ (mit I = private Investitionen in GKE)
- Fremdkapitalnachfrage Staat: $G - T = 10$ (mit G = Staatsnachfrage in GKE, T = Steuereinnahmen in GKE)

a) Ermitteln Sie die Funktion der Arbeitsnachfrage bei gewinnmaximierenden Unternehmen in Abhängigkeit vom Reallohn.
   (Lösung: $A^D = \frac{256}{w^2}$ mit A^D = Arbeitsnachfrage in 1.000 h)
b) Wie hoch ist der gleichgewichtige Reallohn und der Arbeitsinput in der Volkswirtschaft?
   (Lösung: $w^* = 4$ GKE/h; $A^* = 16$ Tsd. h.)
c) Wie groß ist die produzierte Gütermenge? Wie hoch ist der gleichgewichtige Zinssatz? Wie hoch sind das Investitions- und das Sparvolumen? Wie setzt sich die Produktion Verwendungsseitig zusammen?
   (Lösung: $y^S = 128$; $i = 0,1$ (= 10 %); $S = 39$ GKE; $I = 29$ GKE; $C = 89$ GKE; $y^S = 128 = \underset{=C=y^S-S}{89} + \underset{=I}{29} + \underset{G}{10}$)
d) Was besagt das Say'sche Theorem? Wie begründet es sich?
e) Welche Auswirkungen hätte in diesem Modell eine Erhöhung der Geldmenge durch die Zentralbank? Begründen Sie dies. Erklären Sie in dem Kontext den Begriff „neoklassische Dichotomie".
f) Wie würde sich unter ansonsten unveränderten Bedingungen eine Erhöhung der Staatsnachfrage um 10 GKE auswirken? Erklären Sie dies. Bestimmen Sie auch den neuen Gleichgewichtszinssatz und die Veränderung in den privaten Investitionen und im Konsum.
   (Lösung: $i = 0,125$; $\Delta I = -0,25$ GKE; $\Delta C = -9,75$ GKE.)
g) Wie würde es sich unter ansonsten unveränderten Bedingungen auf die Produktion und die Beschäftigung auswirken, wenn der Reallohn auf $w = 5$ GKE/h festgesetzt wird?
   (Lösung: $\Delta y^S \approx -25,6$ GKE; $\Delta A \approx -5,76$ Tsd. h.)

5.4.3 Wirtschaftspolitische Schlussfolgerungen aus dem neoklassischen Modell

Nicht nur einzelwirtschaftlich bilden sich in der neoklassischen Welt über die Preismechanismen Gleichgewichte heraus, sondern auch auf der Makroebene. Sofern das System dort angekommen ist, verharrt es in diesem Zustand, weil zu den Gleichgewichtspreisen am Güter- bzw. an den Faktormärkten alle Pläne in Erfüllung gehen, demnach alle Akteure zufrieden sind und niemand einen Anlass zu Änderungen hat.

Die analytische Vorstellung hat aber auch Auswirkungen auf die als sinnvoll erachtete *Wirtschaftspolitik*: Denn erstens ist der Versuch, die Güternachfrage mithilfe staatlicher Maßnahmen zu beleben, nicht nur überflüssig, sondern kontraproduktiv. Der Versuch ist deswegen überflüssig, weil alles, was produziert wird, aufgrund des Say'schen Theorems auch abgesetzt wird und daher kein Nachfrageengpass besteht. Würde nun der Staat dennoch eine *expansive Fiskalpolitik* betreiben, d. h. Maßnahmen ergreifen, die mithilfe von höheren Staatsausgaben, Steuersenkungen oder höheren Transferleistungen die Güternachfrage anregen sollen, würde sich die Güter-

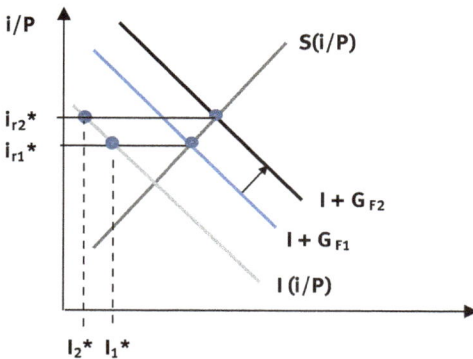

Abb. 5.3: Zins-Crowding-Out. Quelle: Eigene Darstellung.

produktion nicht verändern. Denn im vorgestellten Erklärungsansatz bestimmt sich die Produktionsmenge letztlich aus dem Arbeitsmarktergebnis, auf das die staatlichen Maßnahmen keinen Einfluss hätten.

Fragt jedoch der Staat einerseits selbst mehr Güter nach, stehen andererseits nicht mehr Güter zur Verfügung, geht die Mehrnachfrage offenbar mit einem vollständigen *Crowding-Out*, d. h. einer kompletten Verdrängung, anderer privatwirtschaftlicher Nachfragekomponenten einher. Will der Staat beispielsweise fremdfinanziert seine Staatsausgaben erhöhen, verlagert sich die Kapitalnachfragefunktion in Abb. 5.3 nach rechts. Wegen der höheren Fremdkapitalnachfrage steigen die Zinsen von i_{r1}^* auf i_{r2}^*. Durch diesen Zinsanstieg wird einerseits das Sparen angeregt, wodurch bei unverändertem Einkommen weniger Geld für den Konsum zur Verfügung steht. Andererseits geht aber auch die private Investitionsnachfrage von I_1^* auf I_2^* zurück. Es handelt sich hier um ein vollständiges *Zins-Crowding-Out*, bei dem sich die Nachfragezusammensetzung ändert, aber nicht deren Höhe insgesamt. Als besonders kontraproduktiv wird dabei von Neoklassikern das Verdrängen der privatwirtschaftlichen Investitionsgüternachfrage angesehen. Denn die heute verdrängten Sachinvestitionen der privaten Unternehmen mindern den Kapitalbestand und damit die Produktionsmöglichkeiten von morgen.

Auch eine Nachfragebelebung über *expansive Geldpolitik* wäre letztlich kontraproduktiv. Sie ginge mit einem *Preis-Crowding-Out* einher. Stellt die Zentralbank mehr Geld zur Verfügung, ändert sich im skizzierten Modell die produzierte Gütermenge nicht. Die aus der zusätzlichen Liquidität entstehende Mehrnachfrage nach Gütern wird lediglich vollständig von den Unternehmen genutzt, um höhere Preise durchzusetzen (vgl. Abb. 5.4). Am Ende bleibt als kontraproduktives Element einzig ein inflationärer Effekt. Aufgrund der neoklassischen Dichotomie gilt hier gesamtwirtschaftlich das Motto „*money doesn't matter*". Geld ist hier nur ein Tauschmedium. Warum sollte die Verwendung eines Mediums, auf das man im Prinzip durch einen Übergang

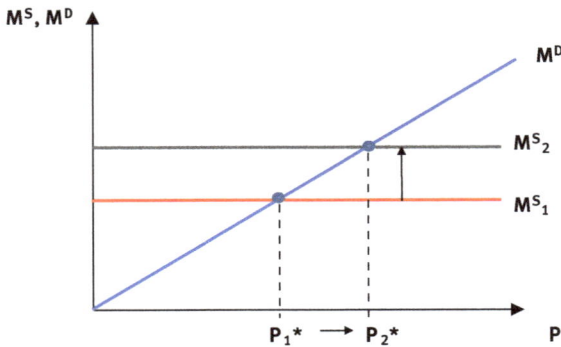

Abb. 5.4: Preis-Crowding-Out. Quelle: Eigene Darstellung.

auf einen Naturaltausch auch verzichten könnte, eine Auswirkung auf das realwirtschaftliche Geschehen haben?

Darüber hinaus steht damit in der Logik des Modells auch fest, wer die Verantwortung für die sogenannte *Stabilitätspolitik*, also für das Vermeiden von Inflation und Deflation, trägt. Inflation und Deflation werden hier monokausal erklärt: Beides sind die Folge einer veränderten Geldversorgung. Soll mithin das Preisniveau stabilisiert werden, bedarf es einer Zentralbankpolitik, die sich nur auf dieses Ziel konzentriert, zumal sie realwirtschaftlich ohnehin keinen Einfluss besitzt.

Außerdem resultiert aus der Forderung nach *prozesspolitischer Zurückhaltung* bei der Nachfragesteuerung von Seiten des Staates mehr Freiraum für die Politik, um sich auf die *Angebotsseite* der Wirtschaft zu fokussieren, also auf den Bereich, in dem das Güterangebot produziert wird, mithin auf die Unternehmen. Schafft man hier ein günstiges Umfeld, so die Hoffnung, profitieren am Ende alle davon. Der Satz „Wirtschaft-findet-in-der-Wirtschaft statt", so der ehemalige Bundeswirtschaftsminister der FDP Günter Rexroth (1941–2004; zitiert in Welt am Sonntag 2004), ist in dem Kontext das Leitbild. Wird ein angenehmes *Investitionsklima* geschaffen, erhöht sich der Sachkapitalbestand. Das fächert die Produktionsfunktion nach oben auf, mit demselben Arbeitsinput kann nun mit mehr und modernerem Sachkapital mehr produziert werden (vgl. Abb. 5.5). Dass die wachsende Produktion dann auch abgesetzt werden kann, dafür sorge das Say'sche Theorem. Zu einer solchen, das Investitionsklima verbessernden, Politik gehören typisch neoliberale Bausteine wie Liberalisierung, Deregulierung und Entbürokratisierung sowie eine Senkung der Unternehmenssteuer.

In dieser Modellwelt kann es eigentlich nur dann unfreiwillige *Arbeitslosigkeit* geben, wenn der Lohnmechanismus behindert bzw. institutionell unterlaufen wird (vgl. Abb. 5.6). Bei funktionierendem Marktmechanismus kommt es zu w^* zu einem Gleichgewicht am Arbeitsmarkt mit $A^S = A^D = A^*$. Aber selbst dabei gibt es Unterbeschäftigung. Denn bei voller Ausnutzung des Faktors Arbeit könnte ein Arbeitsangebot von

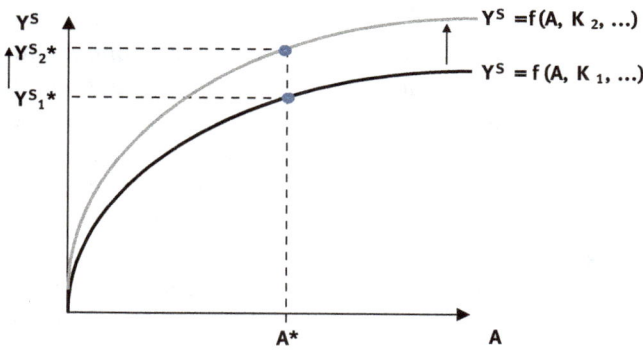

Abb. 5.5: Angebotsorientierung und Wachstum. Quelle: Eigene Darstellung.

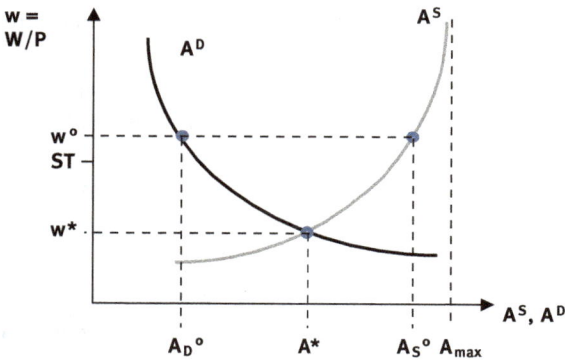

Abb. 5.6: Neoklassische Arbeitslosigkeit. Quelle: Eigene Darstellung.

A_{max} mobilisiert werden. In Höhe der Differenz $(A_{max} - A^*)$ gibt es unbeschäftigte Kapazitäten, allerdings stellen sie kein politisches Problem dar, weil es sich hier um *freiwillige Arbeitslosigkeit* handelt. Die Menschen haben sich aufgrund einer Abwägung freiwillig dafür entschieden, bei dem herrschenden Reallohn von w^* im Umfang der Differenz lieber ihre Freizeit zu genießen. Niemand fühlt sich also unwohl mit dem Arbeitsmarktgleichgewicht, jeder kann im zum Marktlohn gewünschten Umfang arbeiten und jeder kann im zum Marktlohn angestrebten Umfang Menschen beschäftigen (zur kritischen Auseinandersetzung vgl. Kap. 3.5.2.5.3)

Unfreiwillige Arbeitslosigkeit resultiert in dem Modell, wenn der Lohn aufgrund institutioneller Hemmnisse, wie bei $w°$, künstlich zu hoch ist. Die Menschen möchten im Umfang von $A^{S°}$ arbeiten, es werden aber nur $A^{D°}$-Stunden nachgefragt. In Höhe der Differenz $(A^{S°} - A^{D°})$ kommt es zu unfreiwilliger Arbeitslosigkeit. Dabei sind drei Ursachen denkbar, die ein Abrutschen des Lohns auf den Gleichgewichtslohn verhindern:

- Zum Ersten kann es sich um *Mindestlohnarbeitslosigkeit* handeln. Der Staat hat aus sozialpolitischen Erwägungen heraus einen gesetzlichen Mindestlohn verordnet, der für eine Markträumung zu hoch ausfällt. Der Staat interveniert hier in den Marktprozess und verursacht damit Arbeitslosigkeit. Ursachenadäquat fordern die Neoklassiker, derartige Eingriffe von Vornherein zu unterlassen, um Arbeitslosigkeit zu vermeiden. Dabei ist aber zu erwähnen, dass diese Schlussfolgerung auch das Ergebnis einer analytischen Mikroökonomisierung in Verbindung mit unzulässigen Ceteris-paribus-Annahmen ist.
- Zum Zweiten kann es sich um Widerstand gegen Lohnsenkungen zu mächtiger *Gewerkschaften* handeln. Die Beschäftigtenvertreter verhindern hier aufgrund des Drohpotenzials mit Streiks das Absinken von $w°$ auf w^* und hätten damit die Rolle des „Buhmanns" als Verursacher der Arbeitslosigkeit. Bei der Frage, weshalb ausgerechnet die Gewerkschaften die Arbeitslosigkeit herbeiführen, geht die *Insider-Outsider-Theorie* (vgl. Kap. 5.6.2) davon aus, dass Gewerkschaftsfunktionäre nicht primär am Gemeinwohl orientiert seien, sondern Eigeninteressen verträten, etwa an der Macht zu bleiben. Gewerkschafter werden aber nur von denjenigen gewählt, die in der Gewerkschaft sind. Das sind in der Regel diejenigen, die eine Beschäftigung haben und für die es gilt, möglichst hohe Löhne und kurze Arbeitszeiten zu verhandeln, selbst wenn dabei Arbeitslosigkeit unter Nichtgewerkschaftsmitgliedern zustande kommt. Die politische Empfehlung der Vertreter der Neoklassik, um diese Form der Arbeitslosigkeit zu beseitigen, besteht darin, Gewerkschaften zu entmachten und/oder in der Öffentlichkeit zu diskreditieren.
- In gleicher Form wirken sich in der neoklassischen Modellwelt zu großzügige *Sozialsysteme* aus. Angenommen, auch ohne Arbeit erhielte man – umgerechnet auf eine Stunde des Tages – einen Sozialtransfer in Höhe von ST. Dann kann $w°$ als der sogenannte *Reservationsarbeitslohn* betrachtet werden. Das ist der Lohn, den man angesichts der Alternative, auch ohne zu arbeiten ST zu bekommen, mindestens für Bereitschaft, seine Arbeitskraft anzubieten, erhalten muss. Der Arbeitsangebotskurve A^D fehlt dann der untere Ast bis hin zu $w°$ und beginnt erst ab dort. Die Kurven schneiden sich nicht. Am Markt etabliert sich mit $w°$ der niedrigste Lohn, zu dem die Menschen bereit sind, zu arbeiten. Wer jetzt unterbeschäftigt ist, ist nach dieser Analyse zu faul und zwar auch, weil die Politik es zu bequem in der „sozialen Hängematte" gemacht hat.

Anknüpfend an diesen einseitigen Blick auf die Arbeitslosen, mündet die Empfehlung zur Beseitigung der Arbeitslosigkeit im Hartz-IV-Motto „fördern und fordern." Hartz-IV ist ein Baustein der Agenda 2010 (vgl. Kap. 8.3.3 und 6.2.1), ihr Motto deutet an, dass man wie zuvor die Arbeitslosen im Grundsatz zwar unterstützen will, sie müssen aber auch wirklich arbeiten wollen. Um da sicher gehen zu können, müsste mehr von den Arbeitslosen gefordert werden. So wurde etwa die Bezugsdauer des Arbeitslosengeldes I, das im Gegensatz zu Hartz-IV noch an das vorherige Gehalt gekoppelt ist, verkürzt und die Anspruchsvoraussetzungen für den Bezug von Transferleistungen deutlich verschärft.

Gleichwohl räumen auch die Vertreter der Neoklassik ein, dass ihr Modell in zwei Aspekten zu kurz greift: Zum einen können selbst bei funktionierenden Märkten *temporär Störungen* auftreten. Der Markt brauche eben Zeit, um die externen Einflüsse mit seinen Selbstheilungskräften zu verarbeiten. Insofern sei das Modell eher ein Langfristmodell. Dazu gehört dann beispielsweise auch die Problematik der *Sucharbeitslosigkeit*. Selbst wenn in einer Volkswirtschaft ein Arbeitnehmer zum Beispiel nach Beendigung eines Ausbildungsabschnitts einen Arbeitsplatz sucht, der genau in der gewünschten Form auch frei ist, kann es passieren, dass der Betreffende vorübergehend keine Arbeit hat, weil die Suche nach dem Wunschjob Zeit in Anspruch nimmt. Ein Beitrag zur Bewältigung dieser Problematik bestünde darin, die Stellenvermittlungssysteme zu verbessern.

Temporäre Störungen kann es immer auch mit Blick auf die *saisonale Arbeitslosigkeit* geben. Hier gibt es typische Arbeiten, die nur in einem bestimmten Zeitraum nachgefragt werden, wie beispielsweise der Job eines Spargelstechers. Problematisch ist auch die Situation im Baugewerbe in der Winterzeit. Wenn Frost herrscht, ist es unzumutbar, Menschen am Bau zu beschäftigen.

Zum anderen ist die Behandlung des Arbeitsmarktes zu schematisch angelegt. Hier ist die Rede von dem Faktor Arbeit, als gäbe es ihn in nur einer Standardform. Dabei ist gerade der Faktor Arbeit mit Blick auf die Individualität der Arbeitskraft extrem heterogen (vgl. Kap. 3.5.2.5.3.1). Insofern fehlt hier von Vornherein der Blick für Formen der Arbeitslosigkeit, die mit strukturellen Unterschieden des Faktors Arbeit in Verbindung stehen. Dazu gehört vor allem die *strukturelle Arbeitslosigkeit* (i.e.S.). Sie resultiert aus dem Strukturwandelprozess (vgl. Kap. 4.2.1). Menschen erwerben in ihrem Berufsleben spezifische Fähigkeiten und Fertigkeiten. Werden diese aufgrund des Wegbrechens ganzer Produktionszweige nicht mehr gebraucht, verlieren sie ihre Arbeit. Selbst wenn in anderen Branchen Arbeitsplätze frei sind, sorgt der Markt nicht automatisch für dessen Besetzung durch einen Arbeitslosen, denn möglicherweise fehlen die erforderlichen Qualifikationen für die neue Stelle. Es kommt zur *Mismatch-Arbeitslosigkeit*, die sich auch nicht – der neoklassischen Denkweise folgend – beseitigen lässt, indem der Arbeitslose bereit ist, in seinen Lohnforderungen nachzugeben. Zur Beseitigung dieser Form von Arbeitslosigkeit könnte die Politik versuchen, den Strukturwandelprozess durch Protektion oder Subventionen zu verzögern, Umqualifizierungsmaßnahmen anzubieten oder proaktiv die Menschen vorausschauend mit den Qualifikationen der Zukunft über das Bildungssystem auszustatten.

Grundsätzlich schließt das neoklassische Modell aber die Existenz von *Nachfragemangel-Arbeitslosigkeit* aus. Diese Ursache einer zu geringen Güternachfrage kann in dieser Modellwelt wegen des Say'schen Theorems nicht vorkommen, wonach Unternehmen ja per se keine Absatzschwierigkeiten haben.

Aufgabe

Welche Position vertritt die Neoklassik hinsichtlich der Sinnhaftigkeit von expansiven konjunkturpolitischen Maßnahmen? Wie wird die Position begründet?

5.5 Keynesianismus

5.5.1 Weltwirtschaftskrise von 1929

Die Neoklassik war das vorherrschende Dogma bis zum Ausbruch der *Weltwirtschafts-krise* im Jahr 1929. Nach einer ungewöhnlich langanhaltenden Phase des Aufschwungs an der Aktienbörse in New York setzte unter den Börsianern eine nervöse Grundstimmung ein (vgl. Parkin 1998, S. 760 und Berg 1976, S. 38). Erste Anzeichen einer sich abschwächenden Konjunktur gaben dann Ende Oktober am *„Schwarzen Freitag"*, der eigentlich ein Donnerstag war, das lange schon befürchtete Signal, Aktien abzustoßen. Innerhalb von zwei Monaten verloren die Aktien die Hälfte ihres Wertes.

Ähnlich wie in der weltweiten Finanz-, Immobilien- und Wirtschaftskrise von 2007 (vgl. Kap. 7.3.7) griff damals die Krise über eine Kettenreaktion schnell auf die reale, produzierende Wirtschaft über. Die Tatsache, dass zuvor viele Aktienspekulationen mit Krediten finanziert worden waren, erwies sich dabei als besonderer Brandbeschleuniger. Die Aktien, die im Kursaufschwung lange Zeit als wertvolle Sicherheiten für die Kredite bei einem eventuellen Kreditausfall angesehen wurden, büßten mit dem Kursverfall ihren Absicherungswert ein. Da zudem zuvor auch viele Konsumentenkredite vergeben wurden, verloren die Banken das Vertrauen ihrer Einleger, die beabsichtigten, ihre Aktiva in großem Stil abzuziehen. Es kam zu ersten Bankinsolvenzen, die sich zu einem *Banken-Run* verstärkten und die Krise im Finanzsektor eigendynamisch verschärften.

Die Pleitewelle im Finanzsektor ging einher mit Privatinsolvenzen, einem verschlechterten Konsum- und damit auch Investitionsklima. Hinzu kam für die wenigen noch investitionsbereiten Unternehmen, dass sie dafür kaum noch neue Kredite bekamen. Im Gegenteil, die Banken versuchten soweit wie möglich, Kredite zurückzufordern, auf keinen Fall aber zu verlängern. Durch die Kontraktion im Kreditgeschäft, fehlendes Vertrauen im Interbankenhandel und, wie die Ökonomen Friedman und Schwartz (1963) nachwiesen, durch eine viel zu zaghaft agierende Geldpolitik verringerte sich die zirkulierende Geldmenge (vgl. zum Geldmengenbegriff Kap. 7.3.2) und es kam zu Liquiditätsengpässen. Als Folge dieser Entwicklungen brach die Realwirtschaft ein. Das Sozialprodukt fiel in den Vereinigten Staaten von 1929 bis 1933 um 30 Prozent, die Arbeitslosenquote legte von gut 3 auf 25 Prozent zu.

Zudem griff die Krise wegen einer schon damals stark verflochtenen Wirtschaft weltweit über. Durch den Abschwung in den Vereinigten Staaten verringerten sich dort die gesamtwirtschaftlichen Einkommen, sodass die US-Amerikaner auch weniger Güter importierten. Dadurch erlitt die Exportwirtschaft der Handelspartner erhebliche Einbrüche. Bei zunächst noch unveränderten Importen sorgte zusätzlich der damals zur Stabilisierung der Wechselkurse vereinbarte *„Goldautomatismus"* dafür, dass die resultierenden Handelsdefizite der Partnerländer mit einem Abzug von Goldbeständen beglichen werden mussten. Wegen der gleichzeitig bestehenden Pflicht, Geld durch Gold abgedeckt zu haben, bedeutete dies, dass auch dort die Geldmenge reduziert werden musste. Infolgedessen belasteten Liquiditätsengpässe die Wirtschaft weltweit.

Darüber hinaus zogen die Amerikaner in großem Umfang ihre Dollarkredite aus dem Ausland ab, weil das Geld daheim dringend benötigt wurde. Gerade in der *Weimarer Republik* machten sich die Auswirkungen besonders bemerkbar. Die Weimarer Republik hatte zum einen die zur Finanzierung des Ersten Weltkriegs aufgenommen Staatsverschuldung des Kaiserreichs geerbt und sah keinen Ausweg, als diese durch Gelddrucken abzubauen. Infolgedessen kam es 1923 zu einer *Hyperinflation* (Kap. 7.3.5), die mit der Einführung einer neuen Währung, der Reichsmark, einherging und der Entwertung aller noch offenen Schuldforderungen. Des Weiteren hatten die Siegermächte dem Deutschen Reich mit dem *Versailler Vertrag* erhebliche *Reparationszahlungen* auferlegt. Diese waren primär in Gold und Devisen zu bezahlen und konnten nicht durch das Drucken von Papiergeld beglichen werden. Dazu hätten aber Überschüsse in einem Umfang im Außenhandel erwirtschaftet werden müssen, der auch angesichts der wirtschaftlichen Schwäche im Ausland nicht erzielbar war. John Maynard Keynes (1883–1946) wies bereits vorzeitig darauf hin, dass das Deutsche Reich hiermit überfordert sei und die Reparationsregelung sich kontraproduktiv auswirken würde (vgl. dazu ausführlich Kap. 8.2.3.4). Aufgrund dessen wurden im *Dawes Plan* erstens die Höhe der Reparationszahlungen an die Leistungsfähigkeit der deutschen Wirtschaft angepasst und zweitens stellten die Vereinigten Staaten in großem Umfang Kredite an das Deutsche Reich zur Verfügung. Umso stärker war die Weimarer Republik dann vom weltweiten Kapitalrückzug der US-Amerikaner betroffen.

Dabei hatte Reichskanzler *Heinrich Brüning* (1885–1970) den Kapitalabfluss zuletzt noch mit seiner *Austeritätspolitik* beschleunigt. Durch massive staatliche Sparmaßnahmen mit Lohn- und Gehaltskürzungen im öffentlichen Dienst, Einstellen von staatlichen Investitionsausgaben und Abgabenerhöhungen trieb er die Wirtschaft der Weimarer Republik in eine Deflation. Diese wurde durch die Verordnung fallender Preise, Mieten und Löhne später noch verschärft. Allgemein sinkende Güterpreise sollten zumindest vordergründig dazu beitragen, mehr zu exportieren und über Goldzuflüsse den Reparationsverpflichtungen nachkommen zu können. Angesichts der weltweiten Wirtschaftskrise belebte aber selbst das nicht den eingebrochenen Export, während aber die negativen binnenwirtschaftlichen Folgen der Austeritätspolitik mit einer permanenten Erosion der gesamtwirtschaftlichen Einkommen das Leben in Deutschland immer unerträglicher machte. Die reale, also preisbereinigte Wirtschaftsleistung brach von 1929 bis 1932 um etwa 15 Prozent ein, die Arbeitslosenquote stieg im selben Zeitraum von knapp 10 auf rund 31 Prozent. Zum Teil wird vermutet, dass Brüning mit seiner Politik bewusst eine Eskalation herbeiführte, um die Siegermächte von einer Befreiung von den Reparationslasten zu überzeugen. Mit der Eskalation wurde aber zugleich Anfang der 1930er-Jahre das Signal ausgesendet, das Deutsche Reich befinde sich in einer aussichtslosen Situation. Die Befürchtung, es könnte sich als zahlungsunfähig erklären, forcierte den Kapitalabfluss.

Dieser traf das Reich umso mehr, als viele US-Kredite nur sehr kurzfristige Laufzeiten hatten, aber längerfristig investiert waren. Nur solange auslaufende kurzfristige alte Kredite mit neuen beglichen werden konnten, war dies kein Problem. Mit dem Kapitalabfluss drohte Banken und Industriekonzernen dann aber die Insolvenz. Mit der Wirkung einer Selffullfilling Prophecy setzte ein Banken-Run ein, sodass Bankenhäuser für mehrere Tage geschlossen wurden.

5.5.2 Keynesianische Revolution

Anmerkung vorweg: Zur methodischen Vereinfachung unterscheiden wir in den nachfolgenden Analysen nicht explizit zwischen realen und nominalen Größen. Theoretisch lässt sich die Ungenauigkeit ausgleichen, indem wir vorweg unterstellen, dass jede Güterkorbeinheit (GKE) so klein gestückelt ist, dass sie $P = 1^{EUR}/_{GKE}$ kostet. Eine reale Gütermenge von 5.000 GKE hat dann einen Wert von 5.000 EUR.

Vor dem Hintergrund der skizzierten Weltwirtschaftskrise waren im akademischen Betrieb die Voraussetzungen für eine *„wissenschaftliche Revolution"* im Sinne von *Thoms S. Kuhn* gegeben (vgl. Kap. 1.4.1). Die Gesellschaft sah sich mit einer Krise konfrontiert, die sich über Jahre hinweg eigendynamisch immer verschlimmerte. Massenarbeitslosigkeit, Pleiten und Einkommenseinbrüche waren die Folgen. Das vorherrschende Paradigma, die Neoklassik, hatte zur Erklärung der Realität wenig zu bieten. Von der versprochenen inhärenten Stabilität der Marktwirtschaft war nichts zu spüren. Auch das neoklassische Eingeständnis, das Störungen in Anpassungsprozessen beseitigt würden, die eben Zeit bräuchten, wirkte nicht überzeugend. Denn dann hätte zumindest eine Tendenz zum Besseren und nicht eine Abwärtsspirale beobachtet werden müssen. Die *Diskrepanz* zwischen *Theorie und Praxis* war so groß, dass Keynes eine wissenschaftliche Revolte auslöste, in deren Folge er sich der Widerstände und Anfeindungen der Traditionalisten ausgesetzt sah. Sein zentrales Werk dazu erschien im Jahr 1936 unter dem Titel „The General Theory of Employment, Interest and Money". Als Kurztitel hat sich zwischenzeitlich „The General Theory" etabliert.

Dabei legte Keynes den Finger in die Wunde und arbeitete erhebliche Defizite in der neoklassischen Erklärung der Zusammenhänge heraus. Angesichts einer falschen ersten Analyse seien daher auch die aus der Neoklassik abgeleiteten wirtschaftspolitischen Empfehlungen falsch. Die inhärente Stabilität der Marktwirtschaft sei demnach in Wirklichkeit eher die Ausnahme als die Regel. Tatsächlich könnten *Märkte* in mehrerlei Hinsicht *versagen* und dabei würden die Selbstheilungskräfte nicht oder zumindest nicht in einer politisch verantwortbaren Zeit wirken. Ein Selbstheilungsprozess, der zu lange dauert, vermochte Keynes aber nicht zu überzeugen, denn: „In the long-run, we are all dead" (Keynes zitiert in Wirtschaftswoche o. J.). Wenn also, wovon Keynes überzeugt war, die Wirtschaftspolitik in der Lage ist, die Fehlentwicklungen des Marktes zu verhindern oder schneller zu beseitigen, dann ist der Staat geradezu in der Pflicht, dies auch zu tun. Dabei ging es Keynes um Eingriffe in den Prozess der kapitalistischen Marktwirtschaft und nicht um deren Abschaffung. Keynes wollte den Kapitalismus retten.

Ein zentrales Problem der Neoklassik sei, so Keynes, der darin verwurzelte „*methodologische Individualismus*". Demnach bestehe die gesamte Wirtschaft aus einzelnen Individuen, die sich zum einen gemäß der Vorstellung vom Homo oeconomicus rein rational verhalten. Das übersehe, dass Menschen nicht nur vernunftmäßig agierten, sondern sich auch von ihren „*animal spirits*", also Instinkten, leiten lassen. Insbesondere bei Entscheidungen unter Unsicherheit spielten allgemeine Verunsicherungen eine große Rolle. Das könne vor allem mit Blick auf das Investitionsverhalten von Unternehmern dazu führen, dass das *Say'sche Theorem* versage und ein Ausfall an Güternachfrage entstehe (vgl. Kasten). Keynes konzediert zwar, dass die Höhe des Zinssatzes für den rationalen Teil einer Investitionsentscheidung wichtig sei. Aber darüber hinaus spiele auch Bauchgefühl eine Rolle, die zuweilen die Entscheidung dominiere: „Wenn die Angst [...] die Unternehmungslust bedrückt, braucht dies weder auf eine vernunftmäßige Berechnung noch auf eine Verschwörung [...] zurückzuführen sein, es ist lediglich eine Folge einer Störung der empfindlichen Gleichgewichtslage des spontanen Optimismus. In der Schätzung der Aussichten einer Investition müssen wir daher die Nerven und die Hysterien, sogar die Verdauung und die Wetterabhängigkeit jener berücksichtigen, auf deren plötzliche Tätigkeit sie zum großen Teil angewiesen ist" (Keynes 1936, S. 137).

Versagen des Say'sches Theorems

In einer geschlossenen Volkswirtschaft werden Güter im Wert von 100 Mrd. EUR angeboten. Der Staat eignet sich davon über seine Steuerhoheit Güter im Wert von 20 Mrd. EUR an. Die Kontrakteinkommen belaufen sich auf 60 Mrd. EUR, bei Verkauf der Güter rechnen die Unternehmer mit Gewinnen von 20 Mrd. EUR. Die privaten Haushalte planen also mit 80 Mrd. EUR an Einkommen, die sie zu 50 Mrd. EUR in Konsumnachfrage umsetzen wollen.

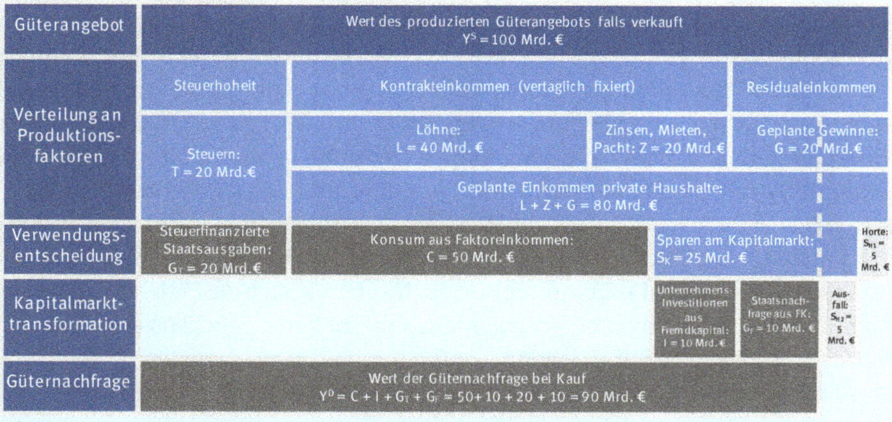

Abb. 5.7: Versagen Say'sches Theorem in geschlossener Volkswirtschaft. Quelle: Eigene Darstellung.

Gespart, im Sinne von nichtkonsumiert, werden $S = S_K + S_H = 30$ Mrd. EUR. Davon verschwinden $S_H = 5$ Mrd. EUR in der „Horte". Sie werden entweder in bar „unter dem Kopfkissen" gehortet oder sie zirkulieren als Spekulation von einer Hand in die nächste am Kapitalmarkt, ohne dass bislang jemand davon Güter kaufen will. Im Say'schen Transformationsprozess bleiben diese 5 Mrd. EUR in der sogenannten „*Liquiditätsfalle*" hängen und fallen als Güternachfrage aus.

Die restlichen $S_K = 25$ Mrd. EUR werden nun am Kapitalmarkt in der Hoffnung eines Absatzes an Akteure, die davon Güter erwerben wollen, angeboten. Jedoch ist nicht zwangsläufig garantiert, dass eine gleich hohe Nachfrage nach Fremdkapital zum Zweck der Staatsnachfrage und der Investitionen besteht. Hier benötigt der Staat zur Erfüllung seiner Aufgaben nicht mehr als $G_F = 10$ Mrd. EUR als Kredit. Die restlichen 15 Mrd. EUR finden aber annahmegemäß nur in Höhe von $I = 10$ Mrd. EUR bei den privaten Unternehmen einen Abnehmer.

Der Angebotsüberhang von 5 Mrd. EUR kann im Falle einer Verunsicherung über die Absatzmöglichkeiten auch bei niedrigeren Zinsen keine weiteren Investitionen mehr anreizen. Warum sollten Unternehmen, die jetzt schon Absatzschwierigkeiten befürchten, über Sachinvestitionen noch ihre Produktionskapazitäten ausweiten, nur weil die Zinsen gerade niedrig sind? Unternehmer werden sich auf unvermeidbare Investitionen, wie Reparaturen, beschränken. Im Say'schen Transformationsprozess verschwinden diese 5 Mrd. EUR in der „*Investitionsfalle*". Das gilt zumindest dann, wenn die Zinssenkung infolge des Überangebotes nicht dazu führt, dass bisherige Sparentscheidung überdacht werden. Dazu müsste die Höhe des Sparens weniger von den Zinsen als von der Höhe des Einkommens abhängen. Insgesamt fallen so 10 Mrd. EUR an Güternachfrage aus. Im Nachhinein bleiben die Unternehmen in diesem Umfang auf der Ware sitzen und bilden unbeabsichtigt eine sogenannte Lagerinvestition. Im Nachhinein zeigt sich, dass der erhoffte Gewinn von 20 Mrd. EUR nicht realisiert werden konnte, sondern nur 10 Mrd. EUR übrigbleiben.

Aber warum kommt es bei Absatzproblemen nicht zu einer Beseitigung des Güterangebotsüberschusses durch den *Preismechanismus* der Neoklassik? Auch hier verstellt die Mikroökonomisierung, bei der vom einzelwirtschaftlichen Verhalten auf die Gesamtwirtschaft hochgerechnet wird, den Blick. Zwar ist es einzelwirtschaftlich richtig, dass ein Überschussangebot auf einem einzelnen Markt durch eine nachfragebelebende Preissenkung – bei einer Ceteris-paribus-Betrachtung mit konstanten Einkommen – abgebaut werden kann. Dieser Effekt muss aber gesamtwirtschaftlich nicht wirken, obwohl die Volkswirtschaft die Summe seiner einzelnen Märkte ist. Denn erstens kommen Preissenkungen ohnehin nur zustande, wenn kleine Unternehmen im Wettbewerb nicht anders können, als dem Druck auf die Preise zu folgen. In unserer Wirtschaftsordnung dominieren aber Großkonzerne mit Preissetzungsmacht, die wiederum stark voneinander abhängig sind. Sie wollen als *Oligopolisten* keinen – am Ende womöglich nicht mehr zu kontrollierenden – Preiswettkampf nach unten auslösen (vgl. Kap. 2.1.3.3.2). Noch wollen sie sich strategisch schon bei ersten Absatzschwierigkeiten die Preise für die Zukunft ruinieren. Insofern leisten sie *Preissenkungswiderstand*, zumal eine geringere Produktion auch mit höheren Stückkosten einhergeht, weil sich die Fixkosten auf eine geringere Produktionsmenge verteilen.

Aber selbst wenn zweitens Unternehmen zu Preissenkungen bereit wären, würden diese kein Allheilmittel in dem Sinne darstellen, dass die Nachfrage stark genug zulegt, um das ursprünglich geplante Produktions- und das dabei benötigte Beschäftigungsniveau wiederherzustellen. Hier geht es schließlich um eine gesamtwirtschaftliche Krise, von der alle Gütermärkte betroffen sind. Wenn aber alle Güterpreise fallen, werden die Umsatzeinnahmen der Unternehmen gesamtwirtschaftlich zurückgehen. Dann entstehen aus der Produktion heraus auch weniger *verteilbare Einkommen* in der Volkswirtschaft (vgl. Abb. 5.7 und Kap. 4.2.3). Das hebt die Ceteris-paribus-Annahme der mikroökonomischen Betrachtung („mit konstantem Einkommen") auf und damit ist es nicht zwingend, dass eine mit Einkommenseinbrüchen einhergehende Preissenkung die Nachfrage belebt. Die Preise auf den Gütermärkten wirken hier über die Faktormärkte und die dort verteilbaren Einkommen zurück. Nach Keynes ist das „Ganze", also die Volkswirtschaft, eben mehr als die Summe des Einzelnen. Um ein *System* zu verstehen, ist methodisch eine *Abfolge isolierter Einzelbetrachtungen irreführend*, weil Wechselwirkungen zwischen den Märkten nicht entsprechend gewürdigt werden.

Bleibt diese Selbstheilung aus, verkehrt sich aber die Logik des Say'schen Theorems ins Gegenteil. Nicht mehr das Güterangebot bestimmt die daraus generierte Nachfrage, sondern die zu knappe Nachfrage führt zu einem ungewollten Lageraufbau. Dieser wiederum veranlasst die Unternehmen in Zukunft, weniger zu produzieren. Die Höhe der *Güternachfrage bestimmt* dann das *Angebot*. Danach ist der Gütermarkt zwar wieder im Gleichgewicht, aber auf einem geringeren Produktionsniveau als zuvor. Wird jedoch weniger produziert, benötigt man auch weniger Input. Da die höchste Inputflexibilität beim Faktor Arbeit liegt, kommt es vorrangig hier zu Einsparungen. Es entsteht ein „*Unterbeschäftigungsgleichgewicht*", bei dem sich der Gütermarkt in einem neuen Gleichgewicht befindet, es aufgrund von Absatzschwierigkeiten aber zu unfreiwilliger Arbeitslosigkeit kommt.

Derartige Absatzkrisen nehmen zu, je größer das Problem der *Transformation von Gespartem in Güternachfrage* ist. Diese Problematik kann dabei durch verschiedene Entwicklungen akzentuiert werden:

- Der *Anteil des Gesparten* am Einkommen wird immer größer. Dafür wiederum kann es zwei Ursachen geben:
  - Zum einen gilt möglicherweise das *Fundamentalpsychologische Gesetz* von Keynes. Demnach ist die Konsumnachfrage erstens abhängig vom laufenden Volkseinkommen (Y), wobei diese Abhängigkeit in der einfachsten Form als lineare Geradengleichung spezifiziert wird: $C = f(Y) = \overline{C} + c \cdot Y$. Der Ordinatenabschnitt $\overline{C}$ ist der autonome Konsum und gibt den Teil der Nachfrage an, der auch bei einem laufenden Einkommen von $Y = 0$ konsumiert wird und entsprechend aus dem gesparten Vermögen zu finanzieren wäre. Die Steigung $c = \frac{dC}{dY}$ wird als die *marginale Konsumquote* bezeichnet. Sie gibt an, um wie viel Euro der Konsum erfahrungsgemäß zulegt, wenn das Einkommen um einen Euro steigt. Ihr Wert liegt sinnvollerweise zwischen 0 und 1. Zweitens gilt für die *durchschnittliche Konsumquote* $CQ = \frac{C}{Y} = \frac{\overline{C} + cY}{Y} = \frac{\overline{C}}{Y} + c$ bei Gültigkeit des Gesetzes, dass sie mit wachsendem Einkommen fällt ($Y \uparrow \Rightarrow CQ \downarrow$). Wird eine Gesellschaft im Lauf der Zeit materiell immer reicher und verfügt über immer

höhere Einkommen, so schafft sie es in dieser Vorstellung, die noch nicht gesättigten Bedürfnisse mit einem vergleichsweise geringen Einkommensanteil zu decken. Es bleibt so immer mehr Geld aus dem wachsenden Einkommen übrig, das gespart wird.

- Zum anderen könnte eine Umverteilung „von unten nach oben" ebenfalls die durchschnittliche Konsumquote einer Volkswirtschaft erhöhen. Ärmere Menschen verfügen in der Regel über eine geringere marginale Konsumneigung als reiche, d. h. von jedem zusätzlichen Einkommens-Euro geben sie, da ihr Bedarf an vielen Stellen noch nicht gesättigt ist, mehr Geld für den Konsum aus und können daher kaum sparen. Nimmt man ihnen nun durch eine Umverteilung Geld weg, geht das fast vollständig zu Lasten der gesamtwirtschaftlichen Konsumnachfrage. Transferiert man anschließend das Geld an reiche Bevölkerungsschichten, werden deren Mitglieder vom zusätzlichen Geld nur vergleichsweise wenig mehr konsumieren und entsprechend mehr sparen, denn sie haben ja eh schon fast alles, was sie brauchen. Insgesamt nimmt dann die durchschnittliche Sparquote (SQ = $\frac{S}{Y}$ = $\frac{Y-C}{Y}$ = 1 − $\underbrace{\frac{C}{Y}}_{CQ}$) zu und im Gegenzug die Konsumquote ab.

- Es wird immer mehr Geld in der sogenannten *Spekulationskasse* gehortet. Ihre Höhe hängt vom Zinsniveau ab. Sind die Zinsen im historischen Vergleich niedrig, zögern viele, sich jetzt schon zum aktuell niedrigen Zinsniveau für eine längere Zeit zu binden. Stattdessen spekulieren sie darauf, schon bald das Geld zu höheren Zinsen anlegen zu können. Bis dahin halten sie es in bar oder auf dem Girokonto und führen es nicht dem Kapitalmarkt zu. Denkbar ist auch, dass das Geld zwar auf den Kapitalmarkt kommt, dort aber in einer eigenen Welt, in einer Finanzmarktblase, von Hand zu Hand in der Hoffnung zirkuliert, Spekulationsgewinne zu machen, bevor es irgendwann einmal in Güternachfrage transformiert wird. In dem Fall hängt die Höhe der Spekulationskasse auch vom Ausmaß des Eigenlebens der Finanzmärkte ab.

- Der *Grad der Verunsicherung* bei den investierenden Unternehmen nimmt zu und die Zinsabhängigkeit von Investitionen nimmt ab.

Insofern können Absatzkrisen mehrere Ursachen haben und nicht nur temporäre Phänomene darstellen, sondern längerfristig zu einem *strukturellen Problem* werden. Dabei kann man nach keynesianischer Auffassung auch den Arbeitsmarkt nicht losgelöst vom Geschehen auf den Gütermärkten analysieren. In der Neoklassik bedarf es zur Beseitigung von Arbeitslosigkeit nur des *Lohnmechanismus*: Ein Überschussangebot des Faktors Arbeit, also Arbeitslosigkeit, beseitigt der Markt dort durch eine Lohnsenkung. Keynes war an dieser Stelle schon skeptisch, ob es tatsächlich zu einer solchen Lohnsenkung kommen werde, da Gewerkschaften sich dem widersetzen würden.

Davon abgesehen würde aber das Aufheben einer solchen Lohnrigidität gar nichts bewirken, wenn, wie in der Weltwirtschaftskrise, bei Absatzproblemen auf dem Gütermarkt Menschen arbeitslos werden. Denn selbst wenn ein Arbeitsloser bereit ist, auch zu niedrigeren Löhnen zu arbeiten, wird seine zusätzliche Arbeitskraft nicht benötigt. Seine Bereitschaft zur Lohnkonzession wird allenfalls vom Unternehmer aufgegriffen, um die neue billigere Arbeitskraft gegen einen derzeit noch Beschäftigten auszutauschen. Damit übt der Markt in dieser Absatzkrise einen permanenten Lohndruck aus. Hat aber die Masse der Bevölkerung sinkende Einkommen, ist sogar davon auszugehen, dass sich die Absatzsituation auf dem Gütermarkt weiter verschlechtert und es zu der in der Wirtschaftskrise beobachteten Abwärtsspirale kommt. Die allgemeine Lohnsenkung wäre damit nach dem *Kaufkraftargument des Lohnes* sogar kontraproduktiv. Güter- und Arbeitsmarkt beeinflussen sich hierbei über den Wirtschaftskreislauf wechselseitig, ein Aspekt der methodisch durch die Mikroökonomisierung in der Neoklassik ausgeblendet wird.

Da der Markt derartige Störungen eben nicht von selbst verarbeitet, dies jedenfalls nicht in einer politisch verantwortbaren Zeit schafft, ist der *Staat* gefordert, die Fehlentwicklungen zu beseitigen. Ursachenadäquat im keynesianischen Sinne ist dabei eine aktive (antizyklische) *Nachfragepolitik*. Bei Absatzkrisen ist eine expansive Wirtschaftspolitik angezeigt, bei der Güternachfrage belebt wird. Diese Impulse können von der Geldpolitik über die Zentralbank, z. B. in Form niedrigerer Leitzinsen (vgl. Kap. 7.3.6.4), oder über die *Fiskalpolitik* (vgl. Kap. 7.2) vermittelt werden. Die Fiskalpolitik ist der Teil der Finanzpolitik, der über veränderte Staatseinnahmen oder -ausgaben auf den Wirtschaftsprozess wirkt. Dazu zählen im Zuge der expansiven Politik Steuersenkungen, Erhöhung von Transferleistungen, z. B. Kindergeldzahlungen, oder ein Ausweiten der Ausgaben für staatliche Dienstleistungen, etwa Bildung, bzw. staatliche Investitionen, wie Infrastrukturmaßnahmen. Sollte es hingegen zu Phasen mit überbordender Nachfrage und entsprechenden Kapazitätsengpässen mit inflationären Tendenzen kommen, sollte die Politik in die entgegengesetzte Richtung, also kontraktiv, arbeiten.

Entscheidend ist dabei, dass der Staat immer nur einen Anstoß geben soll, der dann vom privaten Sektor über die *Multiplikator- und Akzelerator-Wirkung* verstärkt wird: Das Geben eines Impulses, wie eine erhöhte Staatsnachfrage nach Straßensanierungsmaßnahmen um etwa 10 Mrd. EUR, bewirkt unmittelbar, dass die Produktion im Straßenbau um diese 10 Mrd. EUR zunimmt. Infolgedessen steigen auch die Umsätze der Straßenbauunternehmen und die dort zu verteilenden Einkommen um 10 Mrd. EUR. Diese Mehreinkommen bewegen die Empfänger, im nicht gesparten Umfang mehr zu konsumieren. Bei einer Sparquote von 20 Prozent etwa werden für 8 Mrd. EUR in einem zweiten Schritt mehr Konsumgüter nachgefragt, sodass auch in der Konsumgüterindustrie die Produktion steigt usw. Der ursprüngliche Impuls wird so durch den Multiplikator vervielfacht. In die gleiche Richtung wirkt der Akzelerator. Im Zuge der auf mehreren Stufen angeregten Produktion stoßen einzelne Branchen möglicherweise an ihre Kapazitätsgrenze. Um dennoch die steigende Nachfrage bedienen zu können, bedarf es einer Ausweitung der Produktionsmöglichkeiten, indem der „Akzelerator" ausgelöst wird und unmittelbar neue Investitionsgüter nachgefragt werden.

5.5.3 Weiterentwicklungen des Keynesianismus

Keynes' „General Theory" stellte eine wissenschaftliche Zäsur dar, von der man per se nicht erwarten konnte, dass die Ideen bis in kleinste Detail ausgearbeitet und dann auch noch in allgemein verständlicher und eindeutiger Form präsentiert wurden. Ganz im Gegenteil, Keynes selbst schreibt im Vorwort: „Dieses Buch richtet sich in erster Linie an meine Fachgenossen. [...] Sein Hauptzweck ist die Behandlung schwieriger theoretischer Fragen [...] Ich kann somit meinen Zweck, Ökonomen zu bewegen, [...] nicht anders erreichen, als durch eine höchst abstrakte Beweisführung [...]" (Keynes (1936) 1952, S. V). Auch sah sich Keynes ein Jahr nach der Veröffentlichung des Buches und seiner kritischen Auseinandersetzung unter Volkswirten veranlasst, einen klarstellenden Artikel zu publizieren (Keynes 1936b). Hier stellte er heraus, wo seine Überlegungen möglicherweise noch nicht ausgereift waren, und vor allem, wo die seiner Meinung nach zentralen Unterschiede zur Neoklassik lägen.

Der Genialität der „General Theory" auf der einen Seite standen unterschiedlich interpretierbare, teils kryptische Passagen auf der anderen Seite gegenüber (vgl. Tichy 2012). In der Auslegung und der Weiterentwicklung teilte sich das keynesianische Lager letztlich in drei Gruppen auf (vgl. Walterskirchen 2016): die Neo-Keynesianer, die Post-Keynesianer und die Neu-Keynesianer.

5.5.3.1 Neo-Keynesianismus

Die Gruppe der Neo-Keynesianer verstand die Ausführungen von Keynes in der „General Theory" als seinen Versuch, durch Ergänzungen eine Synthese mit der Neoklassik herbeizuführen. Zu dieser Sichtweise trug der Autor selbst bei, als er in der Einleitung schreibt: „Ich nenne dieses Buch die Allgemeine Theorie [...] und hebe dabei das Wort allgemein hervor. [...] Ich werde darlegen, dass die Postulate der (neo-)klassischen Theorie nur in einem Sonderfall, aber nicht im Allgemeinen gültig sind [...]" (Keynes (1936) 1952, S. 1).

Damit distanzierte sich Keynes nicht per se von der Neoklassik, sondern lässt die Aussagen zumindest im „Sonderfall" noch gelten. In methodisch kompakter Form versuchte John R. Hicks vor diesem Hintergrund, im sogenannten *IS/LM-Modell* (**I**nvestment= **S**avings/**L**iquidity-Demand = **M**oney Supply; s. u.) die Aussagen von Keynes zu verdichten. In den insbesondere über das weit verbreitete Lehrbuch von Paul Samuelson propagierten Modell-Erweiterungen u. a. von Alvin Hansen, Robert Solow, Franco Modigliani, Robert Mundell, Marcus Fleming und ihm selbst wurde daraus die *neoklassische Synthese*. Demzufolge ließe sich die Situation keynesianischer Unterbeschäftigungsgleichgewichte in dem erweiterten Modell mit der Konstellation eines allgemeinen neoklassischen Gleichgewichts bei Vollbeschäftigung kombinieren.

In einer ersten Version (vgl. Keynes Gesellschaft) der neoklassischen Synthese argumentierte der Schöpfer des Begriffs Samuelson, kurzfristig könne es die von

Keynes beschriebene Problematik von Störungen mit Absatzkrisen geben, die aus einem Nachfrageengpass nach Gütern resultierten. In dem Fall sollte und könnte der Staat über die Fiskalpolitik und unterstützt durch die Geldpolitik intervenieren, um den Markt auf die richtige Bahn zu bringen. Sobald sich der Erfolg eingestellt habe, liege ein *neoklassisches Vollbeschäftigungsgleichgewicht* vor. Dann werde die Güterproduktion nicht mehr durch die Höhe der Güternachfrage, sondern durch die Quantität an verfügbaren Inputfaktoren in Verbindung mit der Produktivitätsentwicklung bestimmt. Langfristig würden die Aussagen der Neoklassik also fortgelten, wonach Märkte über die Preismechanismen in der Lage sind, eine optimale Güterallokation und mit einem allgemeinen Gleichgewicht herzustellen. In Situationen mit kurzfristigen Absatzkrisen seien daher keynesianische Konzepte gefragt, ansonsten könne man weiterhin auf neoklassische Wirtschaftspolitik setzen.

In einer zweiten Version der neoklassischen Synthese werden Argumente geliefert, weshalb die Marktwirtschaft bei flexiblen Güterpreisen und Löhnen auch bei Absatzkrisen, anders als von Keynes behauptet, letztlich doch von selbst ins Gleichgewicht tendiert. Dazu wurde das IS/LM- Modell von Franco Modigliani um den neoklassischen Arbeitsmarkt in Form des sogenannten *AS/AD-Modells* (**A**ggregate **S**upply = **A**ggregate **D**emand) kombiniert und um den von Don Patinkin wiederentdeckten *Pigou-Effekt* ergänzt, wonach die Konsumnachfrage auch auf eine höhere Kaufkraft des Geldbestandes reagiert (realer Geldvermögenseffekt). Aufgrund der *Revitalisierung des Selbstheilungsmechanismus* der Märkte zumindest in der Theorie gebe es bei Absatzkrisen allenfalls dann eine Notwendigkeit zur staatlichen Intervention, wenn die Marktkräfte zu stark verunsichert seien oder auf ihrem Weg zum allgemeinen Gleichgewicht zu lange brauchten und daher eine Beschleunigung des Anpassungsprozesses wünschenswert wäre.

Zum Verständnis einiger grundlegender keynesianischer Ideen stellen wir zentrale Bausteine der neo-keynesianischen Analyse vor (vgl. Cezanne 1995 und Siebe/Wenke 2014), auch wenn es gerade mit Blick auf das IS-LM-Modell und erst Recht mit Blick auf das AS/AD-Modell selbst im Lager der Keynesianer erhebliche Vorbehalte gibt (vgl. Kap. 5.5.3.2 und 5.5.3.3). Zur didaktischen Vereinfachung konzentrieren wir uns auf eine geschlossene Volkswirtschaft, ein Modell also, in dem die Außenwirtschaftsbeziehungen vernachlässigt werden.

5.5.3.1.1 Multiplikator-Akzelerator-Idee

Ausgangspunkt der Analyse ist das einfache Multiplikator-Modell. In dessen Mittelpunkt steht die *Konsumfunktion* nach dem Fundamentalpsychologischen Gesetz. Demnach ist die Höhe des Konsums in einfachster Form linear abhängig vom laufenden Einkommen (Y) und von einer autonomen, einkommensunabhängigen Komponente ($\overline{C}$): $C = f(Y) = \overline{C} + c \cdot Y$.

Unterstellen wir zunächst noch, dass der Staat inaktiv ist und es demnach neben den privaten Haushalten nur noch private Unternehmen gibt, die Güter – dann zum

Zweck der Investition – nachfragen. Wiederum zur Vereinfachung wird davon ausgegangen, dass sich die Höhe der Investitionen autonom (d. h. ohne Hinterfragen der Bestimmungsgründe) auf einem gegebenen Niveau $I = \bar{I}$ einstellt. In dem Fall besteht die gesamtwirtschaftliche Güternachfrage (YD) nur aus Konsum- und Investitionsgüternachfrage:

$$Y^D = I + C = \underbrace{\bar{I} + \bar{C}}_{\substack{\text{Ordinaten-}\\\text{abschnitt}}} + \underbrace{c}_{\text{Steigung}} \cdot Y.$$

Die Gleichung beschreibt eine Gerade in Abhängigkeit vom Einkommen (Y) mit der marginalen Konsumquote, die zwischen Null und Eins liegt, als Steigung (vgl. Abb. 5.8). Beim Einkommen Y_1 wäre die gesamte Güternachfrage Y_1^D, und zwar zusammengesetzt aus den beiden autonomen Komponenten $\bar{I} + \bar{C}$, die den Ordinatenabschnitt bilden, und der einkommensabhängigen Komponente $c \cdot Y_1$. Steigt das Einkommen auf Y_2 wäre die Nachfrage entsprechend mit Y_2^D höher.

Unter Vernachlässigung von Abschreibungen gilt zudem, dass im Wert der Produktion Y^S Einkommen Y entstehen (vgl. Kap. 4.6), sodass hier als Zusammenhang festzuhalten ist: $Y^S = Y$. Auch hierbei handelt es sich um eine simple Geradengleichung ohne Ordinatenabschnitt mit einer Steigung von 1 (vgl. Abb. 5.8). Beim Einkommen von Y_1 beläuft sich der Wert beispielsweise auf Y_1^S und beide Werte sind, weil die Gerade der Vorschrift $Y^S = Y$ folgt, gleich groß.

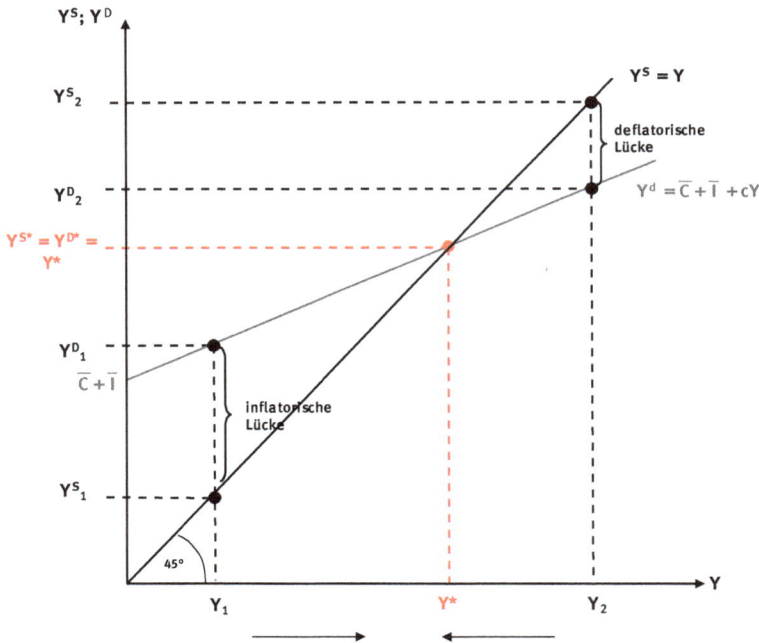

Abb. 5.8: Gütermarktgleichgewicht im einfachen keynesianischen Modell.
Quelle: Eigene Darstellung.

Da die Steigung der Nachfragekurve flacher ist als die der Angebotskurve schneiden sich beide Kurven. Dies ist bei Y^*, dem *Gleichgewichtseinkommen*, der Fall. Das Gleichgewichtseinkommen hat eine doppelte Bedeutung. Zum einen liefert es eine *Bedingung*, so hoch wie Y^* müsste das Einkommen sein, damit die auf der grauen Kurve resultierende Güternachfrage mit dem zum Einkommen Y^* einhergehenden Güterangebot übereinstimmt, also ein Gütermarktgleichgewicht zustande kommt. Zum anderen beinhaltet es eine Information über die *Höhe* der Güternachfrage und des Güterangebotes in diesem Gleichgewicht, denn es gilt dort ja: $Y^* = Y^{S*} = Y^{D*}$.

Sollte das Einkommen kleiner oder größer als Y^* sein, gibt es Kräfte, die auf das Etablieren des Gleichgewichtseinkommens hinauslaufen. Beträgt das Einkommen beispielsweise Y_1 ist die Güternachfrage mit Y_1^D größer als das Güterangebot mit Y_1^S. Hier liegt eine *inflatorische Lücke* vor. Unternehmen beobachten den Engpass und reagieren entweder mit einer Preiserhöhung oder mit einer Produktionsausweitung. Unter der erst viel später zu rechtfertigenden Annahme, dass die Reaktion hier aber nicht über die Preise erfolgt, wird es also zu einer Produktionsausweitung kommen. Im Zuge der Mehrproduktion steigen die verteilbaren Einkommen auf der Abszisse in Richtung Y^*. Die Anpassung ist erst abgeschlossen, wenn die inflatorische Lücke beseitigt wurde, was bei Y^* der Fall ist.

Sollte hingegen das Einkommen bei Y_2 liegen, wird diese Situation auch keinen Bestand haben. Nun ist die Nachfrage kleiner als das Angebot ($Y_2^D < Y_2^S$) und es liegt eine *deflatorische Lücke* vor. Unternehmen können aufgrund der Tatsache, ansonsten auf einem Teil der Ware sitzen zu bleiben, prinzipiell mit einer Preissenkung oder mit einer Produktionsdrosselung reagieren. Schließen wir auch hier die Preisreaktion annahmegemäß aus, kommt es zu einer Produktionskürzung in deren Folge die Einkommen auf der Abszisse in Richtung Y^* so lange fallen, bis Y^* erreicht wird.

Letztlich können wir uns aufgrund der Anpassungsreaktion darauf verlassen, dass sich der Schnittpunkt beider Kurven bei Y^* als Gleichgewichtseinkommen auf dem Gütermarkt einstellen wird. Die Höhe des Wertes von Y^* lässt sich unter den getroffenen Annahmen auch konkret aus folgendem Ansatz berechnen:

$$Y^S = Y \overset{!}{=} Y^{D*} = I + C = \overline{I} + \overline{C} + c \cdot Y \, .$$

Es handelt sich beim rot unterlegten Teil der Gleichungskette um eine Gleichung mit der einen Unbekannten Y. Die Lösung der rot unterlegten Gleichung und damit die Höhe des Gleichgewichtseinkommens, der Güternachfrage und des Güterangebotes folgt hier:

$$Y = Y^* = \frac{\overline{I} + \overline{C}}{1 - c} = Y^{S*} = Y^{D*} \, .$$

Nicht gewährleistet ist in diesem Gütermarktgleichgewicht jedoch, dass die Güterproduktion von Y^{S*} auch ausreicht, um über den dazu erforderlichen Arbeitsinput

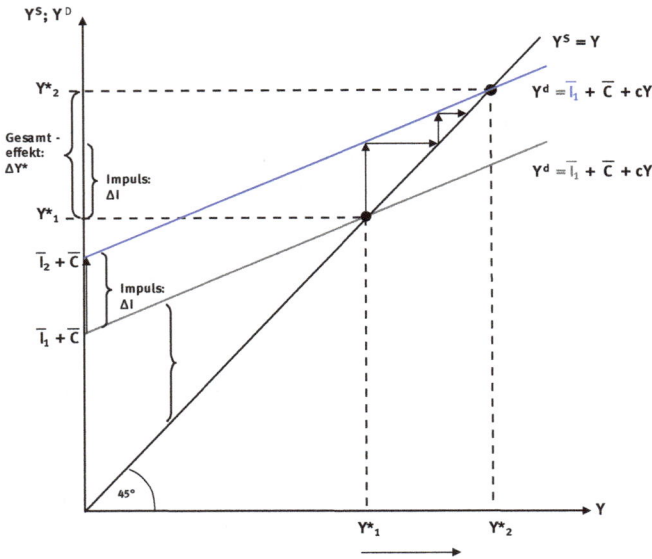

Abb. 5.9: Multiplikatoreffekt. Quelle: Eigene Darstellung.

am Arbeitsmarkt für Vollbeschäftigung zu sorgen. Sollte ein derartiges Unterbeschäftigungsgleichgewicht vorliegen, könnte die Politik versuchen, die Produktion zu erhöhen, um so ein neues mit höherer Beschäftigung verbundenes Gleichgewicht herbeizuführen.

Schafft es die Politik zum Beispiel über ein angenehmeres Investitionsklima, die autonomen Investitionen um $\Delta I = \bar{I}_2 - \bar{I}_1$ zu erhöhen, nimmt bei unveränderter Steigung der Ordinatenabschnitt in der Güternachfragekurve zu (vgl. Abb. 5.9). Daraufhin stellt sich ein neues Gütermarktgleichgewicht bei Y_2^* ein. Interessant ist nun, dass die Zunahme im Gleichgewichtseinkommen und damit auch in der Güternachfrage sowie im Güterangebot größer ausfällt als der eigentliche Impuls: $\Delta Y^* = Y_2^* - Y_1^* > \Delta I = \bar{I}_2 - \bar{I}_1$. Der Nachfrageimpuls hat sich durch die Wirkung des keynesianischen Multiplikators vervielfacht.

Dahinter verbirgt sich der durch den Pfeilzug in Abb. 5.9 angedeutete Prozess von Impuls und Folgewirkungen. Bei zunächst unverändertem Einkommen Y_1^* steigt die Nachfrage um ΔI. In dem Umfang kommt es zur Mehrproduktion von Investitionsgütern und damit auch auf der Abszisse zu Mehreinkommen. Ein Teil der Mehreinkommen, der durch die Höhe der marginalen Konsumquote bestimmt wird, führt nun in einem ersten Folgeeffekt zu Mehrkonsum, der wiederum zu einer zusätzlichen Produktion im Konsumgüterbereich führt usw. Diese Abfolge ist beispielhaft für eine Belebung der autonomen Investitionen um 100.000 EUR bei einer unterstellten marginalen Konsumquote von c = 0,6 in Tab. 5.1 dargestellt.

Tab. 5.1: Multiplikatorprozess. Quelle: Eigene Darstellung.

	ΔI	ΔY^D	ΔY^S	ΔY
Impuls	100.000	100.000	100.000	100.000
mit c = 0,6	ΔC	ΔY^D	ΔY^S	ΔY
1. Folgeeffekt	60.000	60.000	60.000	60.000
2. Folgeeffekt	36.000	36.000	36.000	36.000
3. Folgeeffekt	21.600	21.600	21.600	21.600
4. Folgeeffekt	12.960	12.960	12.960	12.960
...	...	...	...	...
Gesamtwirkung		250.000	250.000	250.000

Von Stufe zu Stufe kommen – im Prinzip unendlich viele – neue, aber immer kleiner werdende Summanden zum Gesamteffekt hinzu. Da auf jeder Stufe 40 Prozent (also die marginale Sparquote aus $1 - c = 0,4$) versickern, handelt es sich bei der Summe um eine unendliche geometrische Reihe die zum Wert

$$100.000 \, \text{EUR} \cdot \frac{1}{1 - \underbrace{0,6}_{=c}} = 250.00 \, \text{EUR}$$

konvergiert. Der Multiplikator, mit dem der Impuls vervielfacht wird, ist dabei $\frac{1}{1-c} = 2,5$.

Diese Multiplikatorwirkung kann auch mit weniger Aufwand ermittelt werden, wenn man an der Gleichung zur Berechnung des Gleichgewichtseinkommens ansetzt. Es war:

$$Y^* = \frac{\bar{I} + \bar{C}}{1 - c} = \frac{1}{1 - c} \cdot (\bar{I} + \bar{C}).$$

Bildet man nun folgende Ableitung $\frac{dY^*}{d\bar{I}} = \frac{1}{1-c} = 2,5$, so gibt der gefundene Wert den *Investitionsmultiplikator* an. Er misst, wie stark das Gleichgewichtseinkommen Y^* zulegt, wenn $\bar{I}$ um 1 EUR steigt.

In einer ersten *Erweiterung* des Modells wird der Staat als aktiver Player mitaufgenommen. Dabei wird angenommen, dass er Steuern ($T = t \cdot Y$ mit t = vom Staat festgelegter Steuersatz) auf das Bruttoeinkommen erhebt, dass er Transferleistungen in autonomer Höhe ($TR = \overline{TR}$) an die privaten Haushalte leistet und dass er selbst Güter in Form von Staatskonsum oder staatlichen Investitionen in autonomer Höhe ($G = \bar{G}$) nachfragt.

In der weiterhin geschlossenen Volkswirtschaft bildet sich jetzt die Güternachfrage prinzipiell aus drei Komponenten: $Y^D = C + I + G$.

Für das Konsumverhalten ist nun das verfügbare Nettoeinkommen (Y_V) entscheidend. Es ergibt sich aus dem Bruttoeinkommen nach Abzug der Steuern zuzüglich der Transferleistungen: $Y_V = Y - T + Z = Y - t \cdot Y + \overline{TR}$. Die Konsumfunktion hat nun folgende

Gestalt:

$$C = \overline{C} + c \cdot \underbrace{(Y - t \cdot Y + \overline{TR})}_{= Y_V}.$$

Für die Bestimmung des Gütermarktgleichgewichts gilt es damit folgende Gleichung, in der die spezifischen Annahmen über die Bestimmung der drei Nachfragekomponenten verarbeitet wurden, nach Y aufzulösen:

$$Y = Y^S \overset{!}{=} Y^D = C + I + G = \underbrace{\overline{C} + c \cdot (Y - t \cdot Y + \overline{TR})}_{= C} + \overline{I} + \overline{G}.$$

Durch äquivalente Umformung erhält man als Gleichgewichtseinkommen:

$$Y^* = \frac{1}{1 - c + ct} \cdot (\overline{C} + \overline{I} + \overline{G} + c \cdot \overline{TR}).$$

Allerdings ist Vorsicht geboten, denn diese Lösungsformel gilt nur bei Gültigkeit der zuvor getroffenen Verhaltensannahmen.

Unter der Prämisse hat der Staat mehrere Möglichkeiten, die Wirtschaft über Multiplikatoreffekte zu beleben. Er kann:

- durch Maßnahmen zur Verbesserung des Konsumklimas den *Investitionsmultiplikator* auslösen ($\frac{dY^*}{d\overline{I}} = \frac{1}{1-c+ct} > 1$);
- durch eine Erhöhung seiner Nachfrage den *Staatsausgabenmultiplikator* anstoßen ($\frac{dY^*}{d\overline{G}} = \frac{1}{1-c+ct} > 1$);
- über eine Erhöhung der Zuwendungen an private Haushalte den *Transfermultiplikator* anregen ($\frac{dY^*}{d\overline{TR}} = \frac{c}{1-c+ct} > 0$);
- oder über eine Senkung des Steuersatzes den *Steuermultiplikator* anschieben ($\frac{dY^*}{dt} = -c \cdot (\overline{C} + \overline{I} + \overline{G} + c \cdot \overline{TR}) \cdot \frac{1}{(1-c+ct)^2} < 0$; zu berücksichtigen ist dabei die Kettenregel; das negative Vorzeichen bestätigt, dass eine Senkung des Steuersatzes zu einem Anstieg des Gleichgewichtseinkommens führt).

Bis hier hin ergibt sich folgende Modell-Logik, die für die Erklärung der gesamtwirtschaftlichen Situation den Gütermarkt in den Mittelpunkt stellt (vgl. Abb. 5.10): Zu Beginn befindet sich der Gütermarkt mit der oberen Nachfragekurve im Gleichgewicht bei Y^*_{Voll}. Es handelt sich um das *Vollbeschäftigungsgleichgewicht*. Denn für die Produktion von Y^*_{Voll} werden entsprechend dem durch die Produktionsfunktion beschriebenen Input-Output-Zusammenhang A* Arbeitsstunden benötigt, die beim gleichgewichtigen Reallohn w* auch mobilisiert werden können.

Nun kommt es zu einer gesamtwirtschaftlichen *Verunsicherung*, bei der zum Beispiel die autonomen Investitionen zurückgehen. Zum selben Einkommen wird daraufhin am Gütermarkt weniger nachgefragt, die Nachfragekurve verschiebt sich nach unten. Daraufhin stellt sich am Gütermarkt bei $Y^*_1 < Y^*_{Voll}$ ein neues Gleichgewicht ein. Zu dessen Produktion werden aber weniger Arbeitsstunden benötigt (A° < A*). Beim bisherigen Gleichgewichtslohn von w* besteht infolgedessen unfreiwillige Arbeitslosigkeit in Höhe von A* – A°.

Gütermarkt

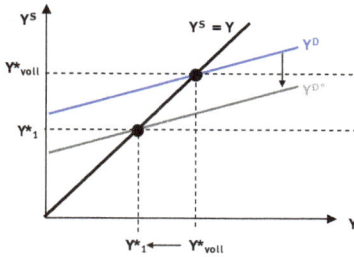

Produktionszusammenhang

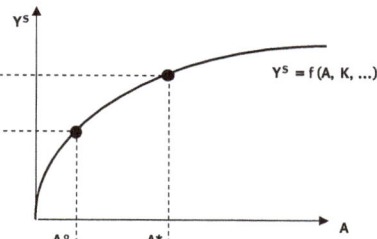

Arbeitsmarkt

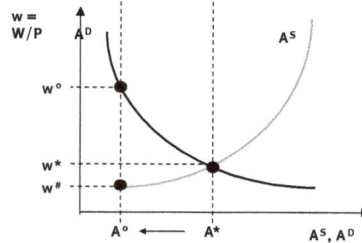

Abb. 5.10: Keynesianisches Unterbeschäftigungsgleichgewicht. Quelle: eigene Darstellung.

Diese Situation, die als das *keynesianische Unterbeschäftigungsgleichgewicht* bezeichnet wird, hat zudem Beharrungsvermögen. Denn der Gütermarkt, von dem die Störung ausging, befindet sich zwischenzeitlich wieder im Gleichgewicht, allerdings bei einem niedrigeren Produktionsniveau als zuvor. Statt einer Selbstheilung droht sogar im Gegenteil eine weitere Abwärtsspirale. Gewinnmaximierende Unternehmen wären zwar bereit, wegen des zwischenzeitlich höheren Grenzertrags der Arbeit auch höhere Reallöhne (w°) zu zahlen – aber nur, wenn der Wettbewerb sie dazu zwingen würde. Das ist aber nicht der Fall, denn die benötigte Arbeitsmenge A° könnten die Unternehmen nun auch zu niedrigeren Löhnen w bekommen. Wenn aber die Löhne fallen, wirkt das u. U. auf das Konsumverhalten belastend zurück, sodass ein weiterer Nachfrageeinbruch droht.

Hier versagt das neoklassische Patentrezept, über eine Lohnsenkung die Arbeitslosigkeit zu beseitigen. Selbst wenn einzelne Arbeitslose die Bereitschaft signalisieren, auch zu niedrigeren Löhnen zu arbeiten, werden aufgrund der Absatzprobleme am Gütermarkt nicht mehr als A°-Arbeitsstunden benötigt. Durch die Lohnsenkungsbereitschaft erhält der einzelne Arbeitslose persönlich vielleicht einen Arbeitsplatz, da aber in Summe nicht mehr Arbeitsinput benötigt wird, wird nun lediglich ein anderer, zuvor Beschäftigter arbeitslos.

Ausschlaggebend für die Problematik ist die Umkehrung des Say'schen Theorems. Hier hat eine zu geringe Güternachfrage die Höhe der dadurch rückläufigen Produktion bestimmt. Dieser Einbruch wiederum löst eine *Nachfragemangel-Arbeitslosigkeit* aus.

Die Analyse zeigt aber auch, dass der Staat unterschiedliche Ansatzpunkte hat, um die Arbeitslosigkeit zu beseitigen. Dazu muss er ursachenadäquat gegenhalten und durch Impulse die *Güternachfrage beleben*. Im analysierten binnenwirtschaftlichen Rahmen passiert dies über die vier angedeuteten Maßnahmen. Dabei wiederum muss der Staat nur einen Impuls geben, um die Wirtschaft auf die richtige Bahn zurückzuführen. Der Großteil der Gesamtwirkung kommt – jedenfalls theoretisch – über die Privatwirtschaft infolge des Multiplikatoreffektes zustande.

Um aber in der Praxis überhaupt Multiplikatorwirkung auslösen zu können, müssten die Haushalte wie modelliert mitspielen, was nicht garantiert ist. Ein Mitwirken setzt insbesondere voraus, dass die Haushalte gemäß der keynesianischen Konsumfunktion bei den Folgeeffekten wirklich aufgrund eines höheren laufenden Nettoeinkommens mehr konsumieren.

Hinzu kommt, dass schon im Impuls die vier Maßnahmen als unterschiedlich zuverlässig einzuschätzen sind. Eine Belebung der *Staatsnachfrage* gilt noch als am zuverlässigsten. Hier kann man sich auch ohne die nachfolgend erhoffte Mitwirkung der Haushalte darauf verlassen, dass zumindest der Impuls die Nachfrage und damit die Produktion anregt. Eine Verbesserung des *Investitionsklimas* hingegen versucht mit vagen Mitteln, Unternehmensinvestitionen anzuregen. Ob dabei ein Impuls zustande kommt, hängt von der Reaktion der Unternehmen ab. Bei einer *Steuersenkung* oder einer Erhöhung von *Transfers* ist die Wirkung ebenfalls ungewiss. Es ist möglich, dass entgegen den Erwartungen die Haushalte sich zwar über eine Zunahme ihrer Nettoeinkommen freuen, diesen Einkommensimpuls aber gar nicht in einen Nachfrageimpuls umsetzen. Auch sind *Mitnahme- und Vorzieheffekte* möglich. Gewährt beispielsweise der Staat, wie auf dem Hochpunkt der letzten Finanzmarktkrise, eine Abwrackprämie beim Kauf von Neuwagen und einer gleichzeitigen Stilllegung alter klimaschädlicher Autos, kann es sein, dass einzelne Verbraucher die Prämie einfach „mitnehmen", weil sie so oder so einen Neuwagen gekauft hätten. Denkbar ist auch, dass der geplante Neuwagenkauf angesichts der Prämie zeitlich vorgezogen wird. Dann fehlt diese Nachfrage aber später.

Ungeachtet der noch zu vertiefenden Problematik eines möglicherweise verpuffenden oder abgeschwächten Multiplikators ist aber noch auf einen weiteren Impuls verstärkenden Aspekt hinzuweisen, auf den *Akzelerator*. Verstärkt der Staat beispielsweise seine Nachfrage im Zuge eines Staatsausgabenprogramms, führt das zu Mehreinkommen im Haushaltssektor, wodurch im Idealfall über zusätzliche Konsumgüternachfrage der Multiplikatorprozess angeregt wird. Je länger diese Belebung aber schon anhält, umso wahrscheinlicher wird es, dass in einzelnen Branchen Kapazitätsengpässe auftreten. Um die belebte Nachfrage dennoch bedienen zu können, bedarf es hier eines höheren Sachkapitaleinsatzes, wodurch die Nachfrage nach Investitionsgütern angeregt wird. Dadurch wird parallel zur Verarbeitung des ersten Nachfrageimpulses ein zweiter verstärkender Impuls ausgelöst. Dieses Wechselspiel bezeichnet der *Multiplikator-Akzelerator-Prozess*.

Aufgabe

Betrachten Sie folgendes einfaches keynesianisches Gütermarktmodell einer geschlossenen Volkswirtschaft, in der das Preisniveau pro Güterkorbeinheit (GKE) 1 EUR beträgt, sodass nominale und reale Größen übereinstimmen:

- Konsumfunktion: $C = 100 + 0,7 \cdot \underbrace{Y^V}_{=Y-T}$ (mit C = konsumierte Gütermenge in EUR und Y^V = verfügbares Netto-Einkommen in EUR)
- Staatsnachfrage: G = 1.000 (in EUR)
- Steuerfunktion: $T = 0,5 \cdot Y$ (mit T = Einkommensteuern in EUR, Y = Volkseinkommen in EUR)
- Investitionsfunktion: $I = 0,15 \cdot Y$ (mit I = private Investitionen in EUR)

a) Wie hoch ist das Gleichgewichtseinkommen in der Volkswirtschaft? Was bedeutet es? Wie teilt es sich verwendungsseitig auf?
   (Lösung: $Y^* = 2.200$ EUR $= \underbrace{870}_{=C} + \underbrace{330}_{=I} + \underbrace{1.000}_{=G}$)

b) Wie groß ist der Staatsausgabenmultiplikator?
   (Lösung: $\frac{\partial Y^*}{\partial G} = \frac{1}{1-0,7+0,7\cdot0,5-0,15} = \frac{1}{0,5} = 2$)

c) Wie hoch ist der Haushaltsüberschuss des Staates?
   (Lösung: T – G = 100 EUR)

d) Welche Auswirkungen hat es, wenn der Staat seine Ausgaben um 10 % ausweitet: auf das Gleichgewichtseinkommen, die Konsum- und die Investitions- und die gesamtwirtschaftliche Güternachfrage? Warum ist die Gesamtwirkung auf die Güternachfrage größer als der Zuwachs der Staatsausgaben?
   (Lösung: $\Delta Y^* = 200$ mit $\widehat{Y}^* = 2.400$ EUR $= \underbrace{940}_{=\widehat{C}} + \underbrace{360}_{=\widehat{I}} + \underbrace{1.100}_{=\widehat{G}}$ also: $\Delta C = 70; \Delta I = 30; \Delta G = 100$)

e) Welche Auswirkungen hat das Staatsnachfrageprogramm aus d) hier auf den Staatshaushalt? Erklären Sie das Ergebnis.
   (Lösung: keine, denn $\widetilde{T} - \widetilde{G} = 100$

f) Welche Auswirkungen hat das Ausgaben Programm aus d), wenn es flankiert wird durch eine Erhöhung des Steuersatzes um 5 Prozentpunkte; und zwar auf das neue Gleichgewichtseinkommen ($\check{Y}^*$) und auf den laufenden Finanzierungssaldo des Staatshaushaltes? Kommentieren Sie das Ergebnis.
   (Lösung: $Y^* = 2.200$ EUR $< \check{Y}^* \approx 2.243$ EUR $< \widetilde{Y}^* = 2.400$ EUR und $\hat{T} - \hat{G} = 143 > T - G = 100$ EUR).

5.5.3.1.2 Erweiterung zum IS-LM-Modell

Die bisherigen Überlegungen sollen jetzt – weiterhin für eine geschlossene Volkswirtschaft – um zwei wichtige Komponenten ergänzt werden. Erstens wird die Höhe der Investitionen nicht mehr allein als gegeben betrachtet, sondern sie setzt sich aus zwei Bestandteilen zusammen. Bei der Investitionsnachfrage gibt es eine autonome Komponente ($\bar{I}$). Dahinter verbergen sich unaufschiebbare Sachinvestitionen, wie zum Beispiel die Reparatur eines undichten Fabrikdaches. Darüber hinaus gibt es Investitionen ($\tilde{I}$), die einerseits von der Höhe des Zinses (i) abhängig sind, andererseits aber vom Bauchgefühl (B) der Unternehmer abhängen: $I = \bar{I} + \tilde{I}(i, B)$. Je niedriger dabei die Zinsen sind oder je besser das Bauchgefühl ist, umso höher fallen die Investitionen normalerweise aus. Auch soll ein Teil der Konsumgüternachfrage als zinsabhängig angesehen werden. Das könnte solche Konsumgüterkäufe betreffen, die häufig mit Krediten getätigt werden, wie Immobilien-, Küchen- oder Autokäufe.

Zweitens soll die Rolle der Geldversorgung berücksichtigt werden. Das Geldangebot stellt der Bankensektor zur Verfügung, wobei die Zentralbank einen herausragenden Einfluss hat (vgl. Kap. 7.3.6.2). Verkürzt wird hier davon ausgegangen, dass das Geldangebot von der Zentralbank auf einem bestimmten Niveau vorgegeben wird: $M^S = \overline{M}$.

Auf der anderen Seite des Geldmarktes werden liquide Mittel nachgefragt. Im Unterschied zur Neoklassik sieht Keynes drei Motive von Wirtschaftssubjekten, Geld halten zu wollen. Wie in der Neoklassik gibt es auch eine *Transaktionskassennachfrage*. Hier geht es darum, dass die Menschen Geld benötigen, um ihre geplanten Güterkäufe tätigen zu können. Die Höhe dieses Bedarfs hängt vom (nominalen) Volkseinkommen ab. Je höher das Einkommen, umso mehr Gütertransaktionen werden geplant, umso mehr Liquidität wird dafür benötigt.

Darüber hinaus sieht Keynes das Halten einer *Vorsichtskasse* vor. Neben den geplanten können immer wieder auch unerwartete Ausgaben fällig werden, für die man vorsichtshalber Geld zur Seite legt. Die Höhe dieser – für das Gesamtverständnis eher weniger bedeutenden – Vorsichtskasse bestimmt sich annahmegemäß im Wesentlichen auch aus der Höhe der Einkommen.

Des Weiteren besteht eine *Spekulationskassennachfrage*. Hier werden Mittel liquide gehalten, obwohl sie nicht für geplante Güterkäufe, aber auch nicht für die Vorsichtskasse vorgesehen sind. Die Neoklassik hielt ein solches Motiv für nicht nachvollziehbar. Denn wenn man Liquidität weder zum Güterkauf noch als bewusst kalkuliertes Sicherheitspolster benötigt, sei es irrational, auf Zinseinnahmen zu verzichten, die man alternativ bei Anlage des überschüssigen Geldes am Kapitalmarkt erzielen könnte.

Keynes zeigte im Gegensatz dazu auf, dass dies durchaus rational sein kann. Das hat damit zu tun, dass sich die Kurse von festverzinslichen Wertpapieren und die Zinsen in entgegengesetzte Richtung entwickeln. Hat man beispielsweise heute für 1.000 EUR ein Wertpapier erworben, dass sich über die nächsten fünf Jahre mit 3 Prozent verzinst und dann auch mit 1.000 EUR vom Emittenten zurückgezahlt wird und steigen danach die Zinsen für ansonsten vergleichbare Wertpapiere auf 5 Prozent, so verliert die eigene Anleihe an Wert. Denn will man sie zwischenzeitlich zum Einstiegskurs von 1.000 EUR wieder veräußern, will sie keiner haben, da ein Kaufinteressent ja bei neu emittierten Anleihen zwei Prozentpunkte mehr an Zinsen erhält. Um das alte Wertpapier also noch loszuwerden, muss man Kurszugeständnisse machen, sodass der Käufer unter Einbeziehen des Kursrückgangs unterm Strich ebenfalls eine Rendite von 5 Prozent erhält.

Die Erwartung eines Zinsanstiegs geht demnach mit der Befürchtung von Kursverlusten einher, wenn man sich zu früh zu den noch niedrigen Zinsen bindet. Das kann einen rationalen Investor davon abhalten, jetzt schon die Liquidität an den Kapitalmarkt zu bringen. Stattdessen kann es sich rechnen, trotz des damit verbundenen

Zinsverzichts das Geld zunächst liquide zu halten, also zu horten. Anders ausgedrückt will man sich nicht jetzt schon zu niedrigen Zinsen mit seiner Anlage binden, weil man schon bald auf die Möglichkeit einer höheren Verzinsung spekuliert. Je niedriger das Zinsniveau aktuell ist, umso mehr Menschen erwarten aber demnächst steigende Zinsen, umso größer wird gesamtwirtschaftlich die Spekulationskassennachfrage sein.

Unter Vernachlässigung der Vorsichtskasse gilt damit, dass sich die Nachfrage nach liquiden Mitteln aus der (primär) einkommensabhängigen Transaktionskassennachfrage ($M_T^D = f(P \cdot Y)$) und der zinsabhängigen Spekulationskasse zusammensetzt ($M_S^D = g(i)$): $M^D = M_T^D + M_S^D$.

Zieht man den Geldmarkt mit ein und berücksichtigt die zinsabhängigen Nachfragekomponenten in der Analyse, ermöglicht dies eine Antwort auf die Frage, warum sich die gesamtwirtschaftliche Güternachfrage verringern kann, wenn das Preisniveau steigt. Wir hatten die Frage weiter oben schon thematisiert und darauf hingewiesen, dass die mikroökonomische Begründung, wonach die Nachfrage nach einem Gut üblicherweise nachlässt, wenn dessen Preis steigt, makroökonomisch betrachtet unangebracht ist. Denn hier ist die Rede davon, dass das Preisniveau anzieht, im Durchschnitt also alle Güter teurer werden, sodass auch mehr verteilbare Einkommen zur Verfügung stehen.

Mithilfe des *Keynes-Effektes* kann nun eine solche Begründung gegeben werden (vgl. Abb. 5.11): Wenn ausgehend von einem Geldmarkt- und Gütermarktgleichgewicht die Güterpreise anziehen, wird das Gleichgewicht auf dem Geldmarkt gestört. Bei derselben Gütermenge, die gekauft werden soll, benötigt man bei höheren Preisen auch mehr Liquidität. Stellt die Zentralbank die zusätzlich benötigte Liquidität aber nicht bereit, entsteht ein Liquiditätsengpass. Um diesen aufzulösen, trennen sich einzelne Akteure von ihren Kapitalmarktengagements. Wenn aber dadurch weniger Kapital am Markt angeboten wird, steigt der Preis für Fremdkapital, also der Zins. Dadurch gehen normalerweise die Investitionen und der Kauf fremdfinanzierter Konsumgüter zurück. Dieser Effekt wird über den Multiplikator-Akzelerator-Prozess (M/A) verstärkt und führt letztlich dazu, dass die mengenmäßige Güternachfrage zurückgeht. Dabei wird zugleich auch der Geldmarkt wieder ins Gleichgewicht gebracht, weil durch den

Abb. 5.11: Keyneseffekt. Quelle: Eigene Darstellung.

Zinsanstieg ein Teil der Spekulationskasse aufgelöst wird und für die geringere Güternachfrage auch wieder weniger Transaktionskasse benötigt wird.

Mithilfe des Keynes-Effektes ließe sich jetzt im IS-LM-Modell auch erklären, wie selbst in der keynesianischen IS-LM-Welt ein Unterbeschäftigungsgleichgewicht durch den Markt im *Idealfall* abgebaut werden könnte (vgl. Abb. 5.12): Sollte ausgehend von einem Geldmarktgleichgewicht und einer Vollbeschäftigung auf dem Gütermarkt zum Beispiel aufgrund einer allgemeinen Verunsicherung die Nachfrage nach Gütern einbrechen (Y^D < Y_{Voll}), bleiben Unternehmen auf ihre Ware sitzen. Daraufhin senken sie die Güterpreise. Der Kauf der gewünschten Gütermenge erfordert nun weniger Liquidität, wodurch ein Geldangebotsüberschuss entsteht. Die Überschussliquidität wird nun zinsbringend am Kapitalmarkt angelegt. Das höhere Kapitalmarktangebot belebt die Investitionen und die kreditfinanzierte Konsumnachfrage. Verstärkt durch den Multiplikator-Akzelerator-Prozess (M/A-Prozess) belebt sich die Nachfrage nach Gütern wieder. Die Zinssenkung und die Revitalisierung der Wirtschaft beseitigen sodann auch das temporäre Ungleichgewicht am Geldmarkt.

Darüber hinaus muss aber auch der *Arbeitsmarkt* mitspielen. Solange aufgrund der zwischenzeitlichen Arbeitslosigkeit die Nominallöhne nicht gesenkt wurden, bedeutet ein Rückgang im Preisniveau, dass die Reallöhne nun über dem vorherigen Gleichgewichtspreis liegen. Damit sich die Rückkehr zum alten gleichgewichtigen Arbeitsinput, die aufgrund der Nachfragebelebung möglich wäre, aber für gewinnmaximierende Unternehmen auch rechnet, müssen die *Nominallöhne* im selben Tempo *sinken* wie zuvor die Güterpreise.

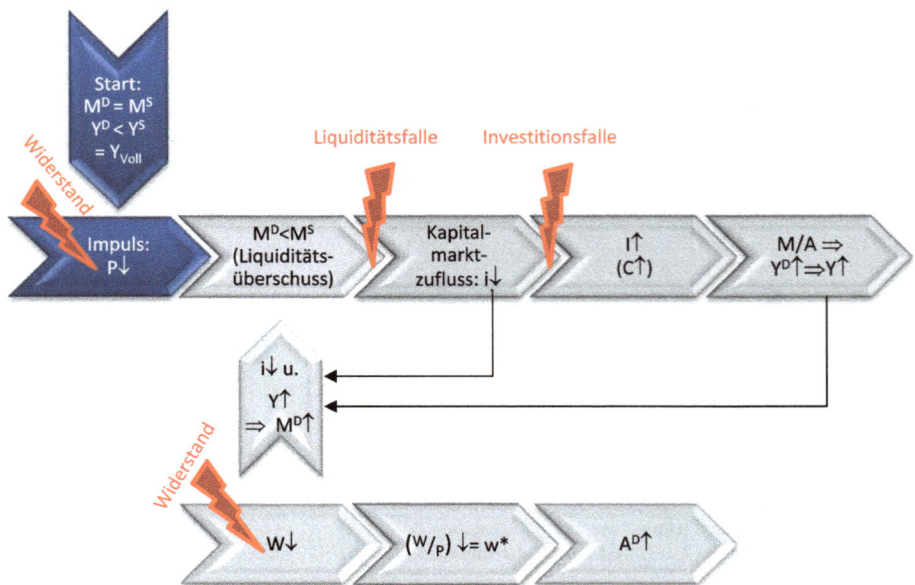

Abb. 5.12: Selbstheilungskräfte und Störungen. Quelle: eigene Darstellung.

Zugleich verdeutlicht Abb. 5.12, dass es gleich mehrere Punkte gibt, an denen die *Selbstheilungskräfte versagen* können, wobei ein einziger dafür ausreichen würde:

- Erstens könnten die Unternehmen *Preissenkungswiderstand* leisten. In einer Welt der vollkommenen Konkurrenz mag sich jeder einzelne Unternehmer dem Druck auf die Preise nicht entziehen können. Aber in einer Welt mit oligopolistischen Strukturen, wie sie in der Realität viel häufiger vorkommt, verfügen die Großunternehmen über Gestaltungsmacht, die sie in der Regel ausnutzen, um sich Preissenkungen selbst bei ersten Absatzschwierigkeiten zu widersetzen. Dieser Widerstand resultiert umso mehr, als jedes Unternehmen befürchtet, mit einer Preissenkung eine Lawine loszutreten, die nach der Oligopolpreistheorie in einer Abwärtsspirale münden kann (vgl. Kap. 2.1.3.3.2)
- Aber angenommen, die Unternehmen geben tatsächlich bei den Preisen nach, so kann zweitens die *Liquiditätsfalle* die Selbstheilungskräfte unterbinden. Das ist dann der Fall, wenn die Überschussliquidität aufgrund einer Spekulation auf später steigende Zinsen nicht an den Kapitalmarkt weitergeleitet, sondern bar in der Spekulationskasse gehortet wird. Dann bleiben die Zinssenkung und damit die Güternachfragebelebung aus.
- Selbst wenn der Prozess bis hierhin funktioniert, besteht drittens die Gefahr, dass die *Investitionsfalle* zuschnappt. Trotz einer Zinssenkung sind in dieser Situation die Unternehmen und die privaten Haushalte so verunsichert, dass sie nicht mehr investieren oder kreditfinanziert konsumieren.
- Hinzu kommt, dass zur Wiederherstellung der Vollbeschäftigung nicht nur mit Blick auf die Güternachfrage die Voraussetzungen für eine Mehrbeschäftigung geschaffen werden müssen, sondern auch kostenseitig. Sind die Güterpreise gesunken, sind die Reallöhne gestiegen. Um auch von dieser Seite Mehrarbeit für Unternehmen attraktiv zu machen, müssen die Nominallöhne im selben Umfang wie die Preise fallen. Falls aber die Gewerkschaften hier *Widerstand* leisten und die Nominallöhne gar nicht oder nicht stark genug fallen, belebt sich zwar die Güternachfrage und die Produktion, das reicht aber nicht, um wieder auf das alte Vollbeschäftigungsniveau zurückzukehren. Ohnehin wäre eine Lohnsenkung mit Blick auf *die Massenkaufkraft* höchst fraglich, wenn der Belebungsprozess am Gütermarkt aus den genannten Gründen ausbliebe. Die Unternehmen würden dann mit Blick auf ihre Absatzseite nicht mehr produzieren als zuvor.

Ist es nun zu Absatzkrisen mit Unterbeschäftigungsgleichgewichten gekommen, liefert das IS-LM-Modell Empfehlungen, wie mithilfe prozesspolitischer Eingriffe die Produktion belebt werden kann. Mit Blick auf die Art der Intervention müssen nun verschiedene Ausgangsszenarien unterschieden werden. Dabei gehen wir zur Vereinfachung zunächst davon aus, dass die Unternehmen bei Absatzkrisen und damit verbundenen Unterbeschäftigungsgleichgewichten ($Y^D = Y^S < Y_{Voll}$) auf einen Güternachfrageanstieg nur mit einer Ausweitung der Produktion, nicht aber mit einer Preiserhöhung reagieren. Plausibel wird das u. a. dadurch, dass Unternehmen bei starker Unterauslastung durch die Produktionsausweitung über die Fixkostendegression eine Stückkostensenkung erfahren, so dass selbst bei unveränderten Güterpreisen der Stückgewinn zulegt. Eine Preiserhöhung als Motiv zur Produktionserhöhung wird nicht benötigt. Diese Annahme einer reinen Mengenreaktion wird am Ende noch relativiert.

5.5.3.1.2.1 Politik bei Absatzkrisen ohne Liquiditäts- und Investitionsfalle bei starren Güterpreisen

Im Unterbeschäftigungsgleichgewicht könnte zum einen die *Zentralbank* expansive Impulse geben (Abb. 5.13). Durch ein Ausweiten der Geldmenge entsteht ein Liquiditätsüberschuss, der bei Weitergabe an den Kapitalmarkt dort zur Zinssenkung führt, welche die Nachfrage und letztlich verstärkt über den M/A-Prozess auch die Produktion belebt. Bei annahmegemäß unverändertem Preisniveau verändert sich auch der Reallohn nicht, insofern kommt es hier auch zu einem Abbau der Unterbeschäftigung. Anders als in der *neoklassischen Dichotomie* hat hier Geldpolitik realwirtschaftliche Auswirkungen. Hier gilt also das Motto „*money matters*".

Auch die *Fiskalpolitik* hat die Möglichkeit, durch expansive Maßnahmen (Staatsnachfrage-oder Transfererhöhung bzw. Steuersenkung) die Produktion anzuregen. Allerdings ist die Wirkung nicht so stark, wie es das einfache Multiplikatormodell (vgl. Kap. 5.5.3.1.1) suggerierte. Denn unter Berücksichtigung des Geldmarktes und der Zinsabhängigkeit von Nachfragekomponenten gilt es nun, einen Nebeneffekt zu berücksichtigen, der dem unmittelbaren M/A-Prozess entgegenwirkt. Durch die ausgelöste Einkommenssteigerung erhöht sich die Nachfrage nach Geld, die Akteure wollen mehr Güter kaufen und benötigen dazu die Liquidität. Wird sie von der Zentralbank nicht bereitgestellt, bauen Akteure einen Teil ihrer Kapitalmarktengagements ab. Durch das verminderte Kapitalangebot steigt der Preis für Kapital, der Zinssatz. Infolgedessen verringern sich die Investitionen und die fremdfinanzierte Konsumnachfrage. Wie bei einer Medizin ist aber davon auszugehen, dass in der Regel die Haupt- die Nebenwirkung übertrifft, sodass am Ende eine Produktionsbelebung zustande kommt. Im Zuge eines mehrschrittigen Anpassungsprozesses kommt dabei auch der Geldmarkt wieder ins Gleichgewicht. Bei unverändertem Geldangebot muss dazu der erste expansive Geldnachfrageimpuls über die Nebenwirkungen wieder rückgängig gemacht werden. Über das Moderieren der Einkommen wird dabei zum einen die Transaktionskasse weniger stark aufgestockt, wie es im ersten Impuls aussah, und zum anderen kommt es wegen der Zinssteigerung zu einer Umschichtung aus der Spekulations- in die Transaktionskasse.

Die Nebenwirkung der Fiskalpolitik beschreibt das Phänomen des *Zins-Crowding-Outs*, wie es ähnlich in der Neoklassik auftrat (vgl. Kap. 5.4.3). Dabei kann der Zinsanstieg auch auf einem anderen Weg ausgelöst werden. Wenn der Staat zur Belebung der Wirtschaft seine Ausgaben erhöht bzw. seine Steuereinnahmen senkt, muss er das gegenfinanzieren. Eine Steuererhöhung würde der beabsichtigten expansiven Wirkung

Politik im Normalfall

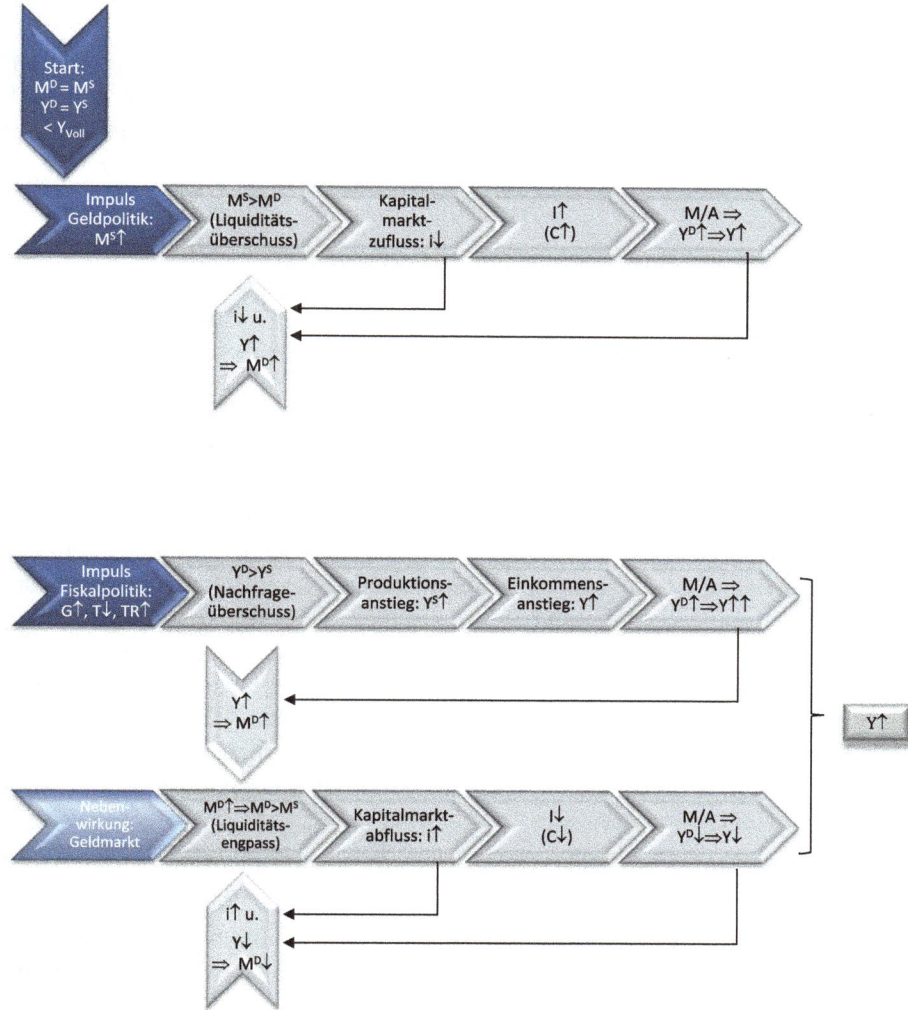

Start:
$M^D = M^S$
$Y^D = Y^S$
$< Y_{Voll}$

Impuls Geldpolitik: $M^S\uparrow$ → $M^S > M^D$ (Liquiditätsüberschuss) → Kapitalmarktzufluss: $i\downarrow$ → $i\uparrow$ $(C\uparrow)$ → $M/A \Rightarrow Y^D\uparrow \Rightarrow Y\uparrow$

$i\downarrow$ u. $Y\uparrow \Rightarrow M^D\uparrow$

Impuls Fiskalpolitik: $G\uparrow, T\downarrow, TR\uparrow$ → $Y^D > Y^S$ (Nachfrageüberschuss) → Produktionsanstieg: $Y^S\uparrow$ → Einkommensanstieg: $Y\uparrow$ → $M/A \Rightarrow Y^D\uparrow \Rightarrow Y\uparrow\uparrow$

$Y\uparrow \Rightarrow M^D\uparrow$

Nebenwirkung: Geldmarkt → $M^D\uparrow \Rightarrow M^D > M^S$ (Liquiditätsengpass) → Kapitalmarktabfluss: $i\uparrow$ → $i\downarrow$ $(C\downarrow)$ → $M/A \Rightarrow Y^D\downarrow \Rightarrow Y\downarrow$

$i\uparrow$ u. $Y\downarrow \Rightarrow M^D\downarrow$

$Y\uparrow$

Abb. 5.13: Expansive Geld- und Fiskalpolitik im Unterbeschäftigungsgleichgewicht. Quelle: eigene Darstellung.

entgegenstehen, insofern bietet sich hier ein *„deficit spending"* an, also eine Erhöhung der Staatsnachfrage finanziert durch Kreditaufnahme. Legt am Kapitalmarkt die Nachfrage zu, treibt das aber ebenfalls die Zinsen in die Höhe.

Allerdings gibt es einen zentralen Unterschied zum Zins-Crowding-Out in der Neoklassik. Während dort über die Zinsen ein vollständiges Verdrängen privater Nachfrage durch expansive Fiskalpolitik erfolgte, findet hier nur ein *partielles* Crowding-Out statt. Denn am Ende kommt es ja nicht zu einem Nullsummenspiel unter den einzelnen Nachfragekomponenten, sondern zu einer Belebung der Güternachfrage.

Zur Vermeidung des Zins-Crowding-Outs könnte überdies ein *Policy-Mix* erfolgen. Die Fiskalpolitik setzt dabei den expansiven Impuls und parallel sorgt die Zentralbank durch eine Ausweitung der Geldmenge dafür, dass der zunehmende Liquiditätsbedarf bedient wird, selbst ohne dass Kapitalmarktpositionen aufgelöst werden. Dann bleiben der Zinsanstieg und die Nebenwirkung aus.

5.5.3.1.2.2 Politik bei Absatzkrisen und Liquiditätsfalle bei starren Güterpreisen

Wenn die Zinsen ausgesprochen niedrig sind, erwarten viele Akteure, dass sie eigentlich bald steigen müssten. In Antizipation dessen ist die Spekulationskasse mit gehortetem Geld gut gefüllt.

Nun ändert sich die Effektivität beider Politikbereiche: Die Geldpolitik verliert hier erheblich an Durchschlagskraft. Eine Erhöhung der Geldmenge führt zur Überschussliquidität. Diese wird aber nicht durch ein Umschichten des Geldes in den Kapitalmarkt abgebaut. Das zusätzliche Geld wird in der Hoffnung, später höhere Zinsen zu erhalten, in bar gehortet. Es fließt so gar nicht die Güternachfrage belebend in den Wirtschaftskreislauf, sondern verschwindet weitestgehend in der Spekulationskasse ($M^S \uparrow \Rightarrow M_S^D \uparrow$) und wird „Opfer" der *Liquiditätsfalle*.

Fiskalpolitik gewinnt hingegen in der Liquiditätsfalle an Wirkkraft, da der Nebeneffekt abgemildert wird. Die aufgrund der Impulswirkung benötigte Liquidität können die Wirtschaftssubjekte nun zum Großteil besorgen, indem sie die zuvor angehäufte Spekulationskasse auflösen. Es muss also nicht – oder jedenfalls deutlich weniger – Kapital als zuvor aus dem Kapitalmarkt abgezogen werden. Insofern verliert das Zins-Crowding-Out an Bedeutung.

5.5.3.1.2.3 Politik bei Absatzkrisen und Investitionsfalle bei starren Güterpreisen

In ähnlicher Form verändert sich auch die Wirkung beider Politikbereiche bei einer *Investitionsfalle*. Die privaten Akteure sind in einer solchen Situation stark verunsichert. Für Unternehmer bedeutet dies, sie werden nicht, auch wenn die Zinssätze gerade niedrig sind, in neue Produktionsanlagen investieren. Warum sollten sie das auch tun, denn sie haben bereits im Rahmen der bestehenden Produktionskapazitäten Schwierigkeiten, ihre Ware abzusetzen. Die Höhe der geplanten Investitionen beläuft sich auf ein unvermeidliches Niveau. Wie im einfachen Multiplikatormodell gilt: $I = \bar{I}$.

Auch bei den Konsumenten ist davon auszugehen, dass sie ohnehin kaum vorhaben, ihre Konsumausgaben über Kredite zu finanzieren. In der Krise sind ihre Arbeitsplätze bedroht und außerdem ist zu bezweifeln, dass Banken im großen Stil bereit sind, in einer Krise Kredite an sie zu vergeben.

Weitet nun die *Zentralbank* ihre Geldmenge aus, verpufft die Wirkung zum großen Teil. Denn es kommt zwar zur Zinssenkung, die aber weder umfangreiche neue Investitionen noch Konsumausgaben anregt.

Die *Fiskalpolitik* hingegen erhält mehr Durchschlagskraft, da der Zinsanstieg kaum private Güternachfrage verdrängen wird. Die Unternehmen planten nur die unvermeidbaren Investitionen durchzuführen und die bleiben auch nach einem Zinsanstieg unumgänglich. Die privaten Haushalte vermeiden ohnehin „auf Pump" zu leben bzw. würden aufgrund der angespannten Lage so oder so kaum Kredite bekommen.

Zusammenfassend ist hier festzuhalten:

– Sowohl Fiskal- als auch Geldpolitik können im Prinzip über expansive Impulse dazu beitragen, Absatzkrisen zu überwinden.

– In Absatzkrisen sind aber üblicherweise die Zinsen niedrig und es herrscht große Verunsicherung. Insofern ist in derartigen Krisensituationen die Wahrscheinlichkeit hoch, dass eine Liquiditäts- oder eine Investitionsfalle vorliegt. In dem Fall, also gerade wenn eine Belebung nötig ist, verliert aber die Geldpolitik an Effektivität, während die Fiskalpolitik aufgrund eines geringeren Zins-Crowding-Outs an Einfluss gewinnt. Vor dem Hintergrund werden im keynesianischen Lager auch fiskalpolitische Impulse präferiert, gleichwohl bleibt die Geldpolitik aufgefordert, diese Maßnahmen expansiv zu begleiten.

5.5.3.1.2.4 Politik am Rande der Vollauslastung mit flexiblen Güterpreisen

Sollten die Kapazitäten in der Volkswirtschaft hingegen *voll ausgelastet* sein, ergibt es wenig Sinn, mithilfe von Fiskal- oder Geldpolitik expansiv auf die Güternachfrage einzuwirken. Erstens fehlt der Handlungsbedarf, da am Arbeitsmarkt Vollbeschäftigung herrscht und zweitens kann eine solche Politik keine realwirtschaftlichen Effekte auslösen.

Sowohl eine Erhöhung der Geldmenge als auch ein fiskalisches Anreizen der Güternachfrage kann nicht von einer Ausweitung der Produktion flankiert werden. Der Nachfrageanstieg wird hier einfach mitgenommen, indem die Unternehmen dieselbe Gütermenge zu höheren *Preisen* verkaufen.

5.5.3.1.3 Neoklassische Synthese im AS/AD-Modell

In der neoklassischen Synthese werden die IS-LM-Analyse und die Grenzproduktivitätstheorie der Neoklassik zum *AS/AD-Modell* (**A**ggregate **S**upply = **A**ggregate **D**emand) verschmolzen. (Die Bezeichnung ist hier ein wenig irreführend, da bei uns A^S für das Arbeitsangebot und A^D für die Arbeitsnachfrage reserviert wurden. Mit den hier verwendeten Abkürzungen würde man vom Y^S/Y^D-Modell reden.)

Aus dem Wechselspiel zwischen Güter- und Geldmarktgleichgewicht im Rahmen des IS-LM-Modells ergibt sich die gesamtwirtschaftliche Güternachfragefunktion in Abhängigkeit vom Preisniveau. Steigt das Preisniveau, so bewirkt der *Keynes-Effekt* (vgl. Abb. 5.11), dass – Ceteris paribus betrachtet – auf einer gegebenen Güternachfragekurve ($Y^{\circ D}$ oder $Y^{\wedge D}$) die nachgefragte Gütermenge abnimmt (vgl. Abb. 5.14). Sollte der Keynes-Effekt aus verschiedenen Gründen ausbleiben, wird der von Don Patin-

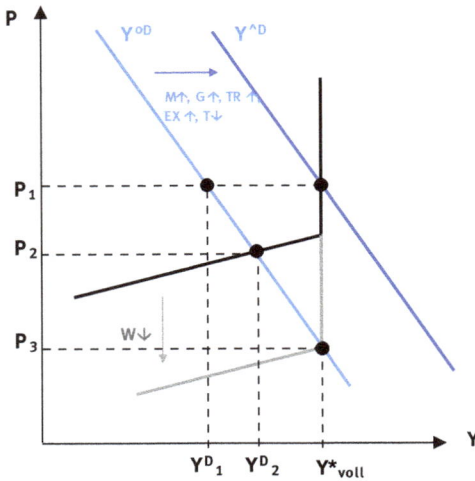

Abb. 5.14: Güternachfragekurve. Quelle: eigene Darstellung.

kin (1922–1995) wiederentdeckte Pigou-Effekt als Begründungsoption für eine fallende Güternachfragekurve herangezogen: Danach hängt die Höhe der Konsumnachfrage auch von der Kaufkraft des Geldvermögens ab. Steigt das Preisniveau, kann mit demselben nominalen Geldvermögen weniger gekauft werden, infolgedessen nimmt die Konsumnachfrage ab.

Die Lage einer fallenden Nachfragekurve – ungeachtet der Ursache – kann aber, wie die vorausgehende IS-LM-Analyse verdeutlicht hat, durch verschiedene binnen- oder außenwirtschaftspolitische Impulse nach rechts bei expansiven Impulsen bzw. nach links bei kontraktiven Impulsen verschoben werden. D. h. beim selben Preisniveau erhöht sich bzw. verringert sich dabei die Nachfrage.

Um ausgehend von einem Unterbeschäftigungsgleichgewicht tatsächlich nach einem Nachfrageschub die Produktion und zugleich die Beschäftigung auszuweiten, muss die Mehrproduktion aber nicht nur absetzbar sein, sondern sich auch kostenseitig rechnen. Gewinnmaximierende Unternehmen verfahren dabei, sofern sie im Wettbewerb stehen, mit Blick auf den Arbeitsinput nach der *neoklassischen Grenzproduktivitätstheorie* (vgl. Kap. 5.4.2). Bezogen auf den Arbeitsinput ist für sie der Reallohn ausschlaggebend, der den Grenzertrag der Arbeit abdecken muss.

Mit Blick auf Abb. 5.10 bedeutet dies, bei der Unterbeschäftigungsproduktion von Y_1^* werden A° Arbeitsstunden benötigt, für die die Unternehmen bereit sind, den Reallohn w° ($= {}^{W^\circ}/_{P^\circ}$) zu bezahlen. Nimmt die Produktion nun – weil es absatzseitig möglich ist – zu, verringert sich aber der Grenzertrag der Arbeit, sodass die Bereitschaft mehr zu produzieren gleichzeitig verlangt, dass der Reallohn fällt. Bei unverändertem Nominallohn W° ist es daher erforderlich, dass das Preisniveau steigt. Die Bereitschaft, ausgehend von einem Unterbeschäftigungsgleichgewicht (vgl. Abb. 5.14; bei $Y < Y_{Voll}^*$)

mehr Güter anzubieten, hängt demnach davon ab, dass höhere Preise zustande kommen und die Beschäftigten Reallohneinbußen hinnehmen. Diese Idee verdeutlicht der steigende Ast der schwarzen Y^S-Kurve in Abb. 5.14.

Der ansteigende Ast ließe sich jedoch verschieben. Eine Verschiebung (nach unten auf den grauen Ast) bedeutet die Bereitschaft der Unternehmen, dieselbe Gütermenge bei unverändertem Grenzertrag auch zu niedrigeren Preisen anzubieten. Dazu müssten bei sonst gleichbleibenden Bedingungen die Nominallöhne fallen.

Sobald aber das Vollbeschäftigungsgleichgewicht (in Abb. 5.10 bei A*) erreicht wurde, würde ein weiterer Preisanstieg keinen weiteren Produktionsanstieg bewirken. Beim Reallohn w* angelangt, würde eine weitere Preissteigerung den Reallohn auf ein Niveau senken, bei dem ein Nachfrageüberschuss nach dem Faktor Arbeit besteht, der sofort durch Lohnerhöhungen aufgefangen wird, die zum Reallohn w* zurückführen. Ab dem Vollbeschäftigungsgleichgewicht Y^*_{Voll} kann ein weiterer Preisanstieg keinen Produktionsanstieg bewirken. In der Abbildung 5.14 geht so die Y^S-Kurve in einen vertikalen Ast über.

Angenommen, wir starten nun unsere Analyse mit der Nachfragekurve $Y^{\wedge D}$ und der schwarzen Y^S-Kurve. Hier ergibt sich ein *Vollbeschäftigungsgleichgewicht* zum Preisniveau P_1. Anschließend kommt es zu einer *Verunsicherung* der Güternachfrager durch äußere Einflüsse. Dazu zählen zum Beispiel politische Unsicherheiten, wie über den Ausgang des Brexits oder das Platzen von Finanzmarktblasen oder ganz einfach das Gefühl, „es ist jetzt so lange gut gegangen, das muss doch mal ein Ende haben". Infolgedessen verschiebt sich die Nachfragekurve auf $Y^{\circ D}$ nach links. Bei zunächst unverändertem Preisniveau P_1 ist die Güternachfrage mit Y^D_1 kleiner als das Angebot in Höhe von Y^*_{Voll}.

Im *Idealfall* könnte es zu einer *Selbstheilung* durch den Markt kommen: Zunächst bewirkt das Überschussangebot an Gütern die Bereitschaft der Unternehmen, die *Preise* zu senken. Das belebt aufgrund des *Keynes-Effektes* im günstigsten Fall die Nachfrage nach Gütern. Zugleich geht aber das Güterangebot zurück, bis ein neues Gleichgewicht am Gütermarkt bei P_2 und Y_2 erreicht wurde. Hierbei handelt es sich aber um ein *Unterbeschäftigungsgleichgewicht*.

Aus marktendogenen Kräften heraus kann bei der gegebenen Nachfragekurve $Y^{\circ D}$ nur dann wieder ein Vollbeschäftigungsniveau Y^*_{Voll} hergestellt werden, wenn sich der steigende Ast der Angebotskurve nach unten bewegt. Dazu müssten die *Nominallöhne fallen*, um es für die Unternehmen wirtschaftlich zu machen, trotz der bei Produktionsausweitung fallenden Grenzerträge mehr Arbeitsinput nachzufragen und mehr zu produzieren. Das Mehrangebot selbst wird aber bei der Bewegung auf der $Y^{\circ D}$-Kurve nur dann nachgefragt, wenn dies der Keynes-Effekt über eine weitere Senkung des Preisniveaus von P_2 auf P_3 ermöglicht. Da aber insgesamt der Reallohn auf dem Weg zur Vollbeschäftigung fallen muss, bedarf es zugleich insgesamt eines stärkeren Nominallohn- als Preisniveaurückgangs.

Diese *modellendogene Verarbeitung* der Störung ist aber langwierig und erfordert erstens die Bereitschaft von Unternehmen, den Güterpreis zu senken. Zweitens müssen Gewerkschaften dazu bereit sein, Lohnsenkungen hinzunehmen. Drittens muss der *Keynes-Effekt* funktionieren. Das wiederum setzt voraus, dass weder eine Liquiditäts- noch eine Investitionsfalle vorliegen (vgl. Abb. 5.12). Gerade die Gefahr einer Investitionsfalle aufgrund der Verunsicherung von Unternehmern ist aber bei Krisen auch hier relevant.

Schafft der Markt es nicht oder nicht in einer politisch verantwortbaren Zeit, aus der Krise herauszufinden, könnte alternativ die Wirtschaftspolitik ausgehend von P_2 und Y_2 das Vollbeschäftigungsgleichgewicht über expansive Maßnahmen herstellen und für ein Rechtsverschieben der Güternachfragekurve zurück auf $Y^{\wedge D}$ sorgen.

Zugleich verdeutlicht Abbildung 5.14, dass es in dieser Welt, anders als in der Neoklassik, in der Inflation nur durch eine zu expansive Geldpolitik entstehen konnte, verschiedene *Inflationsursachen* geben kann. Denkbar sind

- eine *Nachfragesog-Inflation*: Der allgemeine Anstieg im Preisniveau resultiert analytisch aus einem Nach-Rechts-Verschieben der Güternachfragekurve (Y^D). Ausschlaggebend können Nachfrageerhöhungen beim Konsum, den Investitionen, der Staatsnachfrage oder der Exportnachfrage sein, die entweder autonom zustande kamen oder staatlich durch Fiskal- oder Geldpolitik angeregt wurden.
- eine *Kostendruck-Inflation*: Hierbei ergibt sich die Geldentwertung analytisch aus einer Verschiebung der Güterangebotskurve (Y^S) nach oben. Die Unternehmen bieten dieselbe Gütermenge nur noch zu höheren Preisen an, weil die Produktionskosten gestiegen sind. Dies kann zum Beispiel daran liegen, dass die Löhne, die Sozialversicherungsbeiträge, Unternehmenssteuern, Rohstoffe oder Energiepreise zugelegt haben.
- eine *Marktstruktur-Inflation*: Mit derselben analytischen Wirkung wie bei der Kostendruckinflation kann sich die Güterangebotskurve auch deshalb nach oben verschieben, weil sich die Marktstrukturen in Richtung einer zunehmenden Macht der Anbieter verändert haben. Die erhöhte Macht verleitet und befähigt die Unternehmen dazu, dieselbe Gütermenge nur noch zu höheren Preisen anzubieten.

5.5.3.2 Post- und Links-Keynesianismus

In gewisser Weise fand mit der IS-LM-, erst recht aber mit der AS/AD-Modellierung eine *angebliche „Versöhnung"* des neo-keynesianischen und des neoklassischen Lagers statt. Der wissenschaftliche Bruch wurde in diesem Zweig des Keynesianismus überwunden und trug sicherlich auch dazu bei, den Keynesianismus schnell in Form der *neoklassischen Synthese* für die bis in die 1970er-Jahre hinein praktizierte Wirtschaftspolitik „salonfähig" (Walterskirchen 2016, S. 409) zu machen.

Keynesianische Kritiker dieses Ansatzes bemängeln jedoch, die Neo-Keynesianer hätten sich in der Interpretation und Weiterentwicklung von Keynes weit von dessen eigentlichen Ansichten entfernt. Den über Preis-, Zins- und Lohnschwankungen angestoßenen *immanenten Gleichgewichtskräften* der Märkte werde hier mehr Relevanz eingeräumt als vom *„wahren Keynes"* beabsichtigt. Gunter Tichy (2012) spricht hier gar von einem *„Missbrauch" von Keynes*.

Das Lager der *Post-Keynesianer* beruft sich dabei auf das Gesamtwerk von Keynes und insbesondere auch auf den oben erwähnten, der „General Theory" nachgelieferten Artikel von ihm aus dem Jahr 1937. Vor diesem Hintergrund handle es sich bei der neoklassischen Synthese der Neo-Keynesianer im besten Fall um einen *„Bastard-Keynesianismus"* (Joan Robinson), mit Blick auf das AS/AD-Modell des Neo-Keynesianismus sogar auf eine derart nah an der Neoklassik liegende Interpretation, „dass man sie nicht mehr als keynesianisch bezeichnen kann" (Keynes Gesellschaft).

Die Post-Keynesianer, wie Joan Robinson (1903–1983) und Nicholas Kaldor (1908–1986), Michal Kalecki (1899–1970), Sydney Weintraub (1914–1983) oder Paul Davidson, werden wegen ihrer aus ihrer Analyse hergeleiteten politischen Schlussfolgerungen auch *„Links-Keynesianer"* (Deutschmann 1973) genannt. Dazu muss man auch die Ökonomen der Arbeitsgruppe Alternative Wirtschaftspolitik zählen, die seit 1975 das „Gegengutachten" zum Sachverständigenrat (SVR) verfassen und herausgeben.

In ihrer Auseinandersetzung mit den Neo-Keynesianern stellen die Post-Keynesianer zum einen erhebliche Erklärungsdefizite heraus. Vor dem Hintergrund dominierender Unsicherheiten halten sie den *„hydraulischen Keynesianismus"* des IS/LM-Modells, der bei Absatzkrisen den Ökonomen zu einer Art Einkommensströme korrigierendem Ingenieur werden lässt, der quasi am Reißbrett durch Kurvenverschieben Gleichgewichte herbeiführen kann, für weltfremd. Überdies sei der Pigou-Effekt allenfalls eine unbewiesene Hypothese. Auch seien zahlreiche, einer Selbstheilung zuwiderlaufende Effekte, die Keynes problematisiert hatte, in der neoklassischen Synthese nicht ausreichend gewürdigt worden.

Ein „echter" Keynesianismus müsse zum anderen aber immer auch die beiden von Keynes in seiner Abgrenzung zur Neoklassik herausgestellten Hauptelemente berücksichtigen (Keynes 1936b; Walterskirchen 2016):
-   Die Wirtschaftswelt wird nicht geprägt vom rational kalkulierenden *Homo oeconomicus*, sondern von Menschen mit tierischen Instinkten, mit *animal spirits*. Im unternehmerischen Investitionsverhalten dominieren unsichere Zukunftsaussichten hinsichtlich der Kapazitätsauslastung. Zinsschwankungen, um dem Say'schen Theorem zur Gültigkeit zu verhelfen, seien nur von untergeordneter Bedeutung. Der Grad der Verunsicherung werde nach *Hyman Minsky* zudem wegen einer steigenden *Krisenanfälligkeit des Finanzsektors* immer mehr zunehmen. Mit wachsendem Wohlstand komme es dabei zu einer ungesunden *Ponzi-Finanzierung*. Hierbei handelt es sich um eine aus ungerechtfertigtem Optimismus eingegangene *Unternehmens-Überschuldung*, bei der Kredite nicht nur für die Finanzierung neuer Projekte, sondern auch zum Begleichen alter Schuldforderungen eingesetzt werden. Zugleich drohten bei den finanzierten Projekten im Fall von Sachinvestitionen *Überkapazitäten* bzw. bei Finanzinvestitionen die Bildung einer *Blase*. Zur Instabilität der Gütermärkte mit Blick auf Unterbeschäftigungsgleichgewichte gehöre dann fallweise auch eine steigende Präferenz privater

Haushalte, Gespartes sicherheitshalber nicht den Kursrisiken auszusetzen, stattdessen zu horten und der gesamtwirtschaftlichen Nachfrage zu entziehen.

– Ein allgemeines Vollbeschäftigungsgleichgewicht wird allenfalls als Ausnahme betrachtet, der Normalfall sei ein *Unterauslasten* der volkswirtschaftlichen Produktionsmöglichkeiten und damit ein *Unterbeschäftigungsgleichgewicht*. Damit bestimme in der Regel in Umkehrung des Say'schen Theorems die effektive Nachfrage das Produktionsniveau. Das gelte umso mehr, als der *Transformationsprozess* des Gesparten im Say'schen Theorem sich immer schwieriger gestalte, da die Prosperität einer Volkswirtschaft zunehmend unsicher sei und das Fundamentalpsychologische Gesetz wirksam werde. Verschärfend wirkten sich Umverteilungsprozesse (vgl. Kap. 6.1.2.5) von unten nach oben aus. Dabei sei *Arbeitslosigkeit* ein absatzkrisenbedingter *Dauerzustand*, der nach Michal Kalecki auch von den Unternehmen wegen ihrer disziplinierenden Wirkung auf Gewerkschaften und Beschäftigte gewollt sei und letztlich durch eine internationale Öffnung der Arbeitsmärkte auch forciert wird. Lohnsenkungen wären hier als Problemlösung nicht ursachenadäquat und hätten daher auch keine Wirkungen. Ohnehin ergäben sich Güterpreise und Löhne nicht passiv aus einem vollkommenen Wettbewerb, sondern seien bestimmt durch das *Ausbeuten von Macht* (vgl. Kap. 3.2.2). Güterpreise seien somit kein Marktergebnis, sondern werden in einem Mark-up-Pricing (vgl. Kap. 3.3.2.1) auf die Stückkosten von oligopolistischen Unternehmen gesetzt. Statt vollkommener bestehe unvollkommene Konkurrenz mit *„unfairen" Verteilungswirkungen.*

– Außerdem kritisiert Zinn (2013, S. 8 ff.) das Vernachlässigen eines *„Langfristkeynesianismus"*. Demnach würden Keynes' Überlegungen bezüglich langfristiger Veränderungen im Wachstumsprozess nur unzureichend in der heutigen ökonomischen Analyse berücksichtigt. Zinn verweist hier auf den Essay von Keynes aus dem Jahr 1930 über die „Wirtschaftlichen Möglichkeiten für unsere Enkelkinder" (Keynes 1930). Nach Zinn liefert nämlich gerade die auf die lange Frist bezogene theoretische Komponente von Keynes eine Erklärung für die Wachstumsabschwächung der vergangenen Jahrzehnte. Er schreibt: „In unserem Zusammenhang ist Keynes' ‚Langfristtheorie' [aber besonders wichtig]", wegen ihrer Anschlussfähigkeit zur jüngeren Wachstumskritik. Bisher wird die Kompatibilität der Keynes'schen Theorie mit der gegenwärtigen Wachstumskritik kaum wahrgenommen, geschweige denn, dass das Erklärungspotential des ‚Langfristkeynesianismus' für die politische Praxis genutzt würde. Keynes gelangte – wie kurz nach ihm auch Jean Fourastié (1949/1954) – auf der Grundlage der theoretischen Verarbeitung historischer Entwicklungen zu der Auffassung, dass der kapitalistische Wachstumsprozess letztlich auslaufen und in Stagnation übergehen werde" (Zinn 2013, S. 8 ff.). (Siehe zum „Langfristkeynesianismus" auch ausführlich Reuter 2000, S. 278 ff. sowie Reuter 2007).

Zentral in dieser langfristigen Sicht ist das allmählich immer weitere *Auseinanderklaffen von Sparen und Investieren*. Während im Entwicklungsprozess von Volkswirtschaften ein immer höheres Volkseinkommen bei weitgehend gesicherter Grundausstattung mit langlebigen Konsumgütern das Sparen begünstigt, wird es bei einer großzügigen Sachkapitalausstattung immer schwieriger, noch weitere sinnvolle Sachinvestitionen zu tätigen. Wenn aber dem Trend folgend immer mehr gespart und immer weniger in Sachkapital investiert wird, versagt das Say'sche Theorem immer mehr. Die Güternachfrage wird so auf der einen Seite immer deutlicher zum produktionsbelastenden Engpaßfaktor. Auf der anderen Seite fließt der Sparüberschuss stärker in die Finanzmärkte und zirkuliert dort nur noch sinnlos hin und her.

Langfristkeynesianismus

„Die realitätstüchtige Erklärungskraft und die praktische Nützlichkeit des [Langfristkeynesianismus] [...] lassen sich besonders knapp und eindrucksvoll an der von Keynes im Mai 1943 erstellten Vorhersage der Beschäftigungsentwicklung nach Ende des Zweiten Weltkriegs demonstrieren. Keynes prognostizierte drei deutlich voneinander abgrenzbare Phasen der Nachkriegsentwicklung. Sie lassen sich knapp durch das jeweilige Verhältnis von freiwilliger Ersparnis (Sv) und freiwilliger Investition (Iv) auf Vollbeschäftigungsniveau unterscheiden.

1. Phase: (Sv < Iv) Nachholbedarf, Wiederaufbau, Konversion zur Friedenswirtschaft usw. schlagen sich in hohen Investitionen nieder, die auf dem noch relativ niedrigen Einkommensniveau die freiwillige Ersparnis erheblich übersteigen. Es entsteht also eine inflatorische Übernachfrage. Die Beschäftigung nimmt rasch zu, das Einkommen wächst, und der Kapitalstock wird rasch vergrößert sowie modernisiert.
2. Phase: (Sv = Iv) Es tritt ‚Normalisierung' ein. S und I halten sich auf dem Vollbeschäftigungsniveau ungefähr im Gleichgewicht. Diese Phase entspricht in etwa den Vorstellungen eines klassisch/neoklassischen Gleichgewichts bei Vollbeschäftigung. Es gibt zwar zyklische Konjunkturschwankungen, aber sie lassen sich mit antizyklischer Politik glätten. Hierfür ist der konjunkturpolitische Keynesianismus bestens prädisponiert. Konsum und Investition bleiben noch relativ dynamisch, aber sie verlagern sich auf weniger dringlichen Bedarf.
3. Phase: (Sv > Iv) Hohe Kapitalausstattung der Volkswirtschaft, Haushalte verfügen über eine Fülle langlebiger Konsumgüter, das hohe Einkommen ermöglicht auch eine hohe Ersparnis. Da der Kapitalstock im Wesentlichen ausgebaut ist und der Konsum der gut betuchten Schichten, auf die der Großteil der Ersparnisse entfällt, nur noch durch Prestigegüter sowie innovative Produkte mit teils sehr unterschiedlichem Gebrauchswert gesteigert wird, reicht die gesamtwirtschaftlichen Nachfrage nicht mehr aus, um das Vollbeschäftigungsniveau zu erhalten. Die alte Formel „Vollbeschäftigung durch Wachstum" hat ausgedient. Um dennoch Vollbeschäftigung zu gewährleisten, wird eine grundlegend veränderte Beschäftigungspolitik erforderlich – oder die Massenarbeitslosigkeit steigt eben weiter an.

Hier sollen keine empirischen Zeitreihen zum Wirtschaftswachstum oder anderen Daten wiedergegeben werden, denn es dürfte auch bei nur minimalen wirtschaftsgeschichtlichen Kenntnissen nachvollziehbar sein, dass die Keynessche Langfristprognose cum grano salis von der tatsächlichen Entwicklung bestätigt wurde. Die bereits seit Beginn der 1980er Jahre anhaltende Massenarbeitslosigkeit wurde nicht überwunden, sondern sie hat sich verfestigt. Der ersten stagnationsbedingten Welle von Entlassungen folgte eine Einkommensminderung mit negativen Nachfrageeffekten. Daraus ergaben sich weitere Entlassungen, und die ansteigende Arbeitslosigkeit verschlechterte auch die Verhandlungsposition der Gewerkschaften, so dass es nicht mehr gelang, wenigstens die Löhne an das Produktivitätswachstum zu binden. Inzwischen ist der größere Teil der Arbeitslosigkeit auf die relativ schwache Massenkaufkraft zurückzuführen, so dass der diese Abwärtsspirale der Beschäftigung ursprünglich auslösende Faktor, die relative Sättigung bzw. die entsprechend hohe Ersparnis (der Bessergestellten), mehr und mehr aus dem Blickfeld geriet, und ins Zentrum der Aufmerksamkeit traten Prekarisierung und ansteigende Einkommensarmut breiter Schichten. Damit wird die Abqualifizierung des Sättigungsarguments sowie der Stagnationstheorie als eine „Ideologie der Satten" begünstigt, was dann auch zur (verständlichen) Aversion gegen jede Wachstumskritik beiträgt" (Zinn 2013, S. 12 f.).

5.5.3.3 Neu-Keynesianismus

Parallel zum Post-Keynesianismus entwickelte sich der *Neu-Keynesianismus*. Wichtige Vertreter sind Paul Krugman, Josef Stiglitz, Oliver Blanchard, Lauwrence Summers, Ben Bernanke oder Maurice Obstfeld, wenngleich ihre Zuordnung in diese Schiene nicht immer eindeutig ist.

Auch der Neu-Keynesianismus setzt sich kritisch mit der neoklassischen Synthese auseinander und betonte, dass die darin beschworenen Selbstheilungskräfte deshalb nicht bzw. nicht schnell genug greifen würden, weil es *Lohn- und Preisrigiditäten* gebe. In ihrer Begründung stützten sie sich auf eine verstärkte mikroökonomische Fundierung als integrale Einbindung in die makroökonomische Analyse, wie sie von den Kritikern des Keynesianismus schon länger gefordert wurden. Die Rigiditäten seien dabei nicht nur die Folge von *machtbedingten Widerständen*, sondern könnten auch Ergebnis einer *einzelwirtschaftlichen Rationalitätsfalle* sein.

Eine wichtige Rolle spielen dabei die sogenannten *Transaktionskosten* (vgl. Kap. 2.3.2). Lohn- und Preisverhandlungen seien zuweilen unglaublich aufwendig. Güterpreise ständig an Nachfrageschwankungen anzupassen, verursachten die sogenannten „*Menue-Costs*" in Form des Erstellens neuer Preislisten, neuer Preisauszeichnungen und vor allem neuer Verhandlungen. Nach George Akerlof und Josef Stiglitz ergeben sich Probleme der gleichgewichtigen Markträumung auch bei *asymmetrischen Informationen*, d. h. wenn eine Seite im Verhandlungsprozess eine wichtige Vertragskomponente (z. B. die Qualität des zu handelnden Gutes) besser einschätzen kann als die Gegenseite (vgl. Kap. 2.3.3.4.1). Dies gilt im Fall der *adversen Selektion*, in der der Verkäufer über die ausreichende Transparenz verfügt, aber auch im Fall des *moral hazard*, bei der die Nachfrager einen Informationsvorteil haben. Wenn hier die Transaktionskosten zur Beseitigung des Informationsvorteils oder zum Etablieren einer gleichwertigen Lösung zu hoch sind, findet keine Einigung auf einen angemessenen Preis statt. Der Markt kann zusammenbrechen, ohne dass eine Preissenkung einen ausreichenden Schutz davor bieten könnte.

Auch Lohnverhandlungen mit dem Ziel einer Lohnsenkung bei Arbeitslosigkeit würden enorme Transaktionskosten bewirken, zumal sich die Gewerkschaften dagegenstemmen würden und u. U. mit Streiks reagieren. Auch sei es aus Sicht der Unternehmen ein stückweit rational, die Beschäftigten über attraktive Löhne und Gehälter im Unternehmen zu halten. Nach der sogenannten Effizienzlohntheorie, nehmen so die Krankmeldungen, die Fluktuation qualifizierter Arbeitskräfte sowie die Suchkosten nach Ersatz ab. Des Weiteren lege die Motivation zu, so dass unter dem Strich, eine höhere Produktivität das Festhalten an den Löhnen sinnvoll erscheinen lässt.

Aus diesem Denkansatz heraus sind die *DSGE-Modelle* (Dynamic Stochastic General Equilibrium) entwickelt worden, in denen die Lohn- und Preisrigiditäten auf unvollkommenen Märkten mit der neoklassischen Gleichgewichtstheorie kombiniert wurden. Hans Seidel hält auch diesem Lager einen keynesianischen „Etikettenschwindel" (zitiert in: Walterskirchen 2016, S. 415) vor. Denn letztlich ginge es nur um mikroökonomische Begründungen für Preis- und Lohnrigiditäten. Dabei spielten zwar zum Teil auch Unsicherheiten eine Rolle. Die Bedeutung der effektiven Nachfrage, die Keynes zu einem zentralen Aspekt seiner Überlegungen deklarierte, sei aber auch hier unterbelichtet.

5.5.4 Wirtschaftspolitische Schlussfolgerungen

Die Gruppe der Keynesianer ist alles in allem überaus *heterogen*. Zumindest gemäßigten Keynesianern geht es dabei, wie Keynes selbst, nicht um eine Abschaffung der marktwirtschaftlich-kapitalistischen Ordnung. Dies wird auch deutlich in folgender Position von Herbert Schui (1940–2016):

> Keynes-Lektüre ist immer eine Keynes-Interpretation, die eine konsistente Theorie konstruieren muss. Zum anderen liegt die Grenze in Keynes beschränkter Radikalität. Das ist zunächst nicht politisch, sondern theoretisch gemeint. Keynes dringt nicht zu den gesellschaftlichen Konstitutionsbedingungen des Gegenstands der politischen Ökonomie vor. Ihn trifft damit die diesbezügliche Kritik, die Marx bereits für die klassische politische Ökonomie formuliert hat. […] Keynes war politisch nicht radikaler als seine Theorie. Er bleibt theoretisch und politisch dort stehen, wo er die fetischisierten Formen der kapitalistischen Warenproduktion selbst hätte zum Gegenstand der Kritik machen müssen. […] Allerdings wollte er den Kapitalismus auch nicht überwinden. Keynes […] Perspektive ist ‚sanfter Tod des Rentners', d. h. das Ende der Möglichkeit hoher Zinseinkommen bei gleichzeitig ‚umfassender Verstaatlichung der Investitionen' und – wenn man das so sagen kann – einem Mehrwert der gegen Null geht. […] Allerdings bei gleichzeitiger Beibehaltung von Privateigentum, Märkten, Anreizstrukturen (durch Konkurrenz und Ungleichheit), Unternehmertum und des Zwangs, die Arbeitskraft als Ware zu verkaufen – wenn auch unter verbesserten Bedingungen (u. a. einer radikalen Arbeitszeitverkürzung) (Schui 2009).

In jedem Fall teilen dabei die Keynesianer nicht das neoklassische Weltbild einer allzeit stabilen marktwirtschaftlichen Ordnung. Im Gegenteil: der These der inhärenten Stabilität des Marktes setzen sie eine gehörige Portion *Stabilitätspessimismus* entgegen. Ihnen gilt nicht nur die Gefahr des *mikroökonomischen Marktversagens* (vgl. Kap. 2.3.3), u. U. mit beachtlichen makroökonomischen Störungen als Folge dessen, als sehr wahrscheinlich, sondern sie sehen auch auf der makroökonomischen Ebene die Situation von Vollbeschäftigungsgleichgewichten bestenfalls als Ausnahmesituation, eher sogar aber als reines *Wunschdenken* an.

Insbesondere wird bezweifelt, ob das System nach Störungen von selbst – in einer politisch verantwortbaren Zeit – wieder ins Gleichgewicht findet. *Inflexibilitäten* bei Preisen und Löhnen, die Möglichkeit der Liquiditäts- und der Investitionsfalle sind sehr wahrscheinlich und führen zu Unterbeschäftigungsgleichgewichten ohne Selbstheilungstendenz. Dabei wird das Say'sche Theorem umgekehrt. Nicht das Güterangebot schafft sich eine gleich hohe Nachfrage, sondern die Güternachfrage bestimmt die Höhe der Produktion. Bei *Nachfrageausfall* kann dementsprechend die Produktion zu gering sein, um Vollbeschäftigung zu ermöglichen.

Zugleich haben die Keynesianer aber Vorstellungen entwickelt, wie der *Staat* dazu beitragen kann, durch geld- oder fiskalpolitische Maßnahmen zur *Nachfragebelebung* aus der Krise heraus zu kommen oder sie zumindest abzumildern. Und wenn der Markt versagt, die Politik aber das Marktversagen korrigieren kann, dann ist die Politik auch geradezu in der Pflicht diese Maßnahmen zu ergreifen. Dabei können *Multiplikator-Akzelerator-Prozesse* die politischen Impulse verstärken.

Jedoch sind es nicht nur temporäre, konjunkturelle Störungen, die einen Nachfrageausfall begründen können. Eine Umverteilung von unten nach oben, sowie vor allem die immer höheren gesamtwirtschaftlichen Einkommen, stellen die kapitalistische Marktwirtschaft vor das Problem einer langfristig wirkenden *strukturellen Absatzschwäche*. Denn dadurch nimmt die Sparquote immer weiter zu, und es wird immer schwieriger das Gesparte in Güternachfrage umzuleiten. Gelingt dies nicht, kommt es zu Nachfrageausfall und zur Umkehrung des Say'schen Theorems. Zugleich droht das Gesparte, wenn es nicht an den Gütermarkt gelangt, in immer größerem Umfang in einer eigenen Welt, nämlich in der Welt der Finanzmärkte, zu zirkulieren und dort zu einer *Blasenbildung* beizutragen.

Diese Problematik wird akzentuiert, wenn es aufgrund ausgereizter Möglichkeiten zu einer *langfristigen Wachstumsschwäche* kommt, in deren Folge, private Unternehmen ihre Investitionsdynamik immer weiter einschränken. Dann wird nicht nur immer mehr gespart, es wird auch immer weniger von dem Gesparten für die Nachfrage nach Gütern nachgefragt.

Vor diesem Hintergrund fordert das keynesianische Lager eine *grundsätzliche Ausweitung der Staatsnachfrage*. Sie soll strukturell ausfallende private Güternachfrage ersetzen und zugleich zu einer besseren Bedarfssättigung an öffentlich bereitgestellten Gütern, wie Schulbildung, Infrastruktur, Gesundheitsversorgung, innere Sicherheit etc. beitragen. Zudem wird eine *Umverteilungspolitik* von oben nach unten gefordert, um nicht nur mehr Verteilungsgerechtigkeit herzustellen, sondern dadurch auch die durchschnittliche Sparquote zu verringern. Zugleich sollen die Finanzmärkte einer scharfen *Regulierung* unterworfen werden, um das immer umfangreichere „vagabundierende Finanzkapital" an die Kette zu nehmen. Auch soll *wirtschaftliche Macht* strikt kontrolliert werden.

Mit Blick auf den Arbeitsmarkt ist in Anbetracht der innewohnenden Absatzproblematik bei gleichzeitig anhaltender Produktivitätssteigerung zudem zu befürchten, dass das benötigte Arbeitsvolumen permanent unter Druck steht. Um dann dennoch genügend Arbeitsplätze zu haben, wird hier eine *Arbeitszeitverkürzung* gefordert.

Aufgaben

a) Begründen Sie aus den Vorstellungen des erweiterten keynesianischen IS-LM-Modells heraus, warum trotz nach unten flexiblen Preisniveaus weder in der „Liquiditätsfalle" noch in der „Investitionsfalle" das Say'sche Theorem Gültigkeit hat! Warum nimmt im post-keynesianischen „Langfrist-Keynesmodell" die Problematik des Nachfrageausfalls tendenziell immer weiter zu?

b) Wie kommt im erweiterten keynesianischen Modell die Wirkung des Zins-Crwoding-Outs bei einem Staatsausgabenprogramm zustande? Was versteht man darunter? Wo liegt das Problem? Inwiefern wird das Problem durch Wechselkurs-Cowding-Out bei flexiblen Wechselkursen akzentuiert?

c) Welche Wirkung hat eine expansive Geldpolitik in der „Investitionsfalle". Begründen Sie ihr Ergebnis!

d) Begründen Sie, warum im erweiterten keynesianischen Modell die gesamtwirtschaftliche Nachfragekurve in Abhängigkeit vom Preisniveau abnimmt!

e) Welchen Stellenwert räumen Keynesianer einerseits der Fiskal- und andererseits der Geldpolitik bei der Belebung der Nachfrage ein? Untersuchen Sie dazu zuerst detailliert die Wirkungen expansiver Geld- und Fiskalpolitik und beschreiben Sie die ausgelösten bzw. u. U. ausbleibenden Wirkungsketten!

5.6 Monetarismus und Neuklassik

5.6.1 Monetaristisch-neuklassische Revolution

Die Verdrängung keynesianischer durch monetaristisch-neuklassische Ideen in der Wissenschaft und der Politik vollzog sich weltweit Anfang bis Mitte der 1970er Jahre. Das gilt auch für den Sachverständigenrat (SVR). Gerhard Fels (2004, S. 4 f.), als ehemaliges Mitglied des Gremiums, beschreibt als Ergebnis der „kopernikanischen Wende": „Nicht mehr Geld- und Fiskalpolitik standen im Fokus der Wirtschaftspolitik. Ins Visier rückten vielmehr *Kosten, Steuern, Sozialabgaben, Arbeitsbeziehungen* und *Investitionshemmnisse* aller Art." Der SVR verlagerte dabei „den Schwerpunkt seiner wirtschaftspolitischen Aussagen auf die Angebotsseite." Nobelpreisträger Robert Lucas (1980) erklärte den Keynesianismus sogar für „tot".

Im Jahr 2005 verabschiedeten sich dann auch im deutschsprachigen Raum im von der *Initiative Neue Soziale Marktwirtschaft* (vgl. Kap. 1.4.3) organisierten „*Hamburger Appell*" über 240 Hochschullehrer von keynesianischen Theorien. Dieser Verdrängungsprozess wurde von einem *politischen Gesinnungswechsel* in Richtung „mehr Markt und weniger Staat" begünstigt. Dem Wandel im Mainstream lagen zugleich auch veränderte ökonomische Problemstrukturen zugrunde, die den ökonomischen Fokus neu ausrichteten.

Dabei bewirkte erstens die fortschreitende *Globalisierung* eine grundlegende Neustrukturierung der internationalen Arbeitsteilung. Durch die politisch forcierte *Liberalisierung des Welthandels und des internationalen Kapitalverkehrs* sowie durch drastisch fallende *Transport- und Kommunikationskosten* erhielten die großen klassischen Industrieländer in vielen etablierten Branchen neue und oftmals deutlich kosten- und preisgünstigere Konkurrenz aus Schwellenländern, aber auch aus anderen Industrieländern.

In Westdeutschland galt dies insbesondere im Steinkohlenbergbau, in der Stahl-, der Werft-, der Textil- und der Automobilindustrie. Die betroffenen Unternehmen mussten sich vollkommen neu aufstellen. Viele konnten im internationalen Wettbewerb gar nicht mehr mithalten und gaben den Produktionsstandort in Deutschland entweder ganz auf oder lagerten zumindest die Fertigung von Vorprodukten ins billiger produzierende Ausland aus. Andere, wie etwa die Stahl- und Automobilindustrie, gaben Teile der Produktionspalette preis und konzentrierten sich auf das Qualitätssegment, in dem man aufgrund des Know-hows und der erforderlichen Kapitalintensität trotzdem noch hohe Preise erwirtschaften kann. Zudem wurden überall angesichts des verschärften Wettbewerbs *Rationalisierungsmaßnahmen* ergriffen.

Es resultierte eine *Strukturkrise*, d. h. eine Krise in Form von nationalen Produktions- und Arbeitsplatzverlusten, die weniger mit temporären Absatzschwierigkeiten aufgrund einer grundsätzlich zu geringen Binnennachfrage verbunden war, als mit einer weltweiten Verschiebung der Güterproduktion. Keynesianische Nachfrageprogramme wären hier nicht ursachenadäquat gewesen. Gerade nach Auffassung neoliberaler Ökonomen hätten solche staatlichen Impulse – wenn der Strukturwandel auf Dauer eh nicht aufzuhalten gewesen wäre – die am Abgrund stehenden Branchen nur „künstlich am Leben" gehalten und damit den unausweichlichen Aufbau neuer zukunftsträchtiger Strukturen verzögert.

Allerdings strahlte die Strukturkrise auch auf andere Branchen aus. Denn bricht die Produktion in bisherigen Kernbranchen weg, verlieren auch die zumeist in der Nähe ihrer Hauptabnehmer angesiedelten *Zulieferer* ihre Kundschaft. In der Region verschärfte sich so die Arbeitslosigkeit und die Kaufkraft ging zurück, wodurch auch im *Einzelhandel* der Umsatz wegbrach. Angesichts geringerer Gewerbesteuereinnahmen verloren zugleich die Kommunen in den betroffenen Regionen die finanzielle Basis, um ihre Infrastruktur im Zuge des anstehenden Strukturwandels attraktiv für Zukunftsbranchen zu machen.

Zweitens stellten sich in den 1970er Jahren zwei Phasen der „*Stagflation*" ein. Ausschlaggebend waren hier die erste und die zweite Ölkrise. Die *erste Ölkrise* ereignete sich 1974/75 und wurde ausgelöst durch die OAPEC (Organization of Arab Petroleum Exporting Countries), einem Kartell von ölproduzierenden arabischen Ländern. Als Antwort auf die politische Unterstützung Israels im Jom-Kippur-Krieg mit Ägypten verknappten sie 1973 die Ölproduktion zunächst um etwa 5 Prozent. Angesichts einer –

gegenüber heutigen Verhältnissen – noch deutlich höheren Ölabhängigkeit, konnte die Verknappung nicht unmittelbar durch ein Ausweichen auf andere Energieträger oder strukturelle Einsparmaßnahmen aufgefangen werden. Sonntagsfahrverbote für Autos, befristete Tempolimits oder die Einführung der Sommerzeit erwiesen sich als Tropfen auf den heißen Stein. Es resultierte eine drastische Verteuerung der Rohölpreise in einer ersten Runde um etwa 70 Prozent, innerhalb eines Jahres kam es sogar zu einer Verdreifachung.

Dabei blieb es in der Produktion aber nicht bei den unmittelbaren Teuerungseffekten. Überall dort, wo Mineralöl im Produktionsprozess als Rohstoff benötigt wurde, wie etwa in der Plastikherstellung, oder wo verteuerter Strom aus Ölkraftwerken eingesetzt wurde oder wo Transportkosten eine größere Rolle spielten, stiegen die Kosten. Die Unternehmen reichten dies anschließend an die Verbraucher weiter. Dadurch verringerte sich die Güternachfrage. Neben Inflation, setzte so eine *Stagnation* in der Wirtschaft ein, es kam zu Stagflation.

Der allgemeine Preisanstieg führte nun bei den Gewerkschaften zu höheren *Lohnforderungen*. Die Beschäftigten wollten schließlich nicht über die Kaufkrafteinbuße diejenigen sein, auf deren Rücken das Problem ausgetragen wurde. Angesichts der Krisenstimmung leisteten die Arbeitgeberverbände wenig Widerstand, um nicht auch noch mit Streikwellen konfrontiert zu werden. Dabei hatten sie ohnehin schon im Hinterkopf, auch die höheren Lohnkosten in noch höhere Güterpreise weiter zu wälzen. Es setzte eine *Preis-Lohn-Spirale* ein.

Eine ähnliche Entwicklung wiederholte sich 1979/1980. Förderausfälle als Folge der Iranischen Revolution und anschließend des ersten *Golfkriegs* zwischen dem Iran und dem Irak verringerten die weltweiten Öllieferungen erheblich. Spekulatives Horten von Öl verschärfte die Engpässe noch. Erneut wurde eine Preis-Lohn-Spirale mit Stagflation ausgelöst.

Auch hier hielten viele keynesianische Nachfrageprogramme für nicht ursachenadäquat. Es war schließlich ein kostenseitiger Impuls, der zu einem Nachfrage- und damit zu einem Produktionseinbruch führte. Ein Nachfrageprogramm hätte zwar die Produktion kurzfristig beleben können, zugleich aber auch die Gefahr weiterer Preissteigerungen und damit eines erneuten Nachfrageeinbruchs heraufbeschworen.

Darüber hinaus offenbarten sich drittens weltweit in den Industrieländern die vom „*Club of Rome*" schon in den 1950er Jahren vorhergesagten „*Grenzen des Wachstums*". Deutschland war hier ohnehin schon Ende der 1960er Jahre, als die Wiederaufbauphase endgültig abgeschlossen war, auf einen niedrigeren Wachstumskurs eingeschwenkt (vgl. Kap. 6.1.1.2).

Überdies machte sich hierzulande viertens die *Freigabe der Wechselkurse* belastend bemerkbar. Bis Anfang der 1970er Jahre waren die wichtigsten Währungen der Welt im „*Bretton-Woods-System*" mit festen Wechselkursen gegenüber dem US-Dollar und damit auch untereinander verbunden. Lange Zeit war dadurch die D-Mark chronisch unterbewertet, was den deutschen Außenhandel begünstigte. Die u. a. auf die Thesen von Milton Friedman (1912–2006) zurückzuführende Freigabe der Wechselkurse war dann mit einer massiven D-Mark-Aufwertung verbunden und machte diesen Vorteil zunichte.

Vor dem skizzierten Hintergrund steuerte die bis in die 1970er Jahre eher keynesianisch, nachfrageseitig orientierte Politik um und richtete verstärkt das Augenmerk auf die *Angebotsseite* der Produktion (vgl. Kap. 6.2.1). Es ging nun primär darum, die Rahmenbedingungen so zu gestalten, dass Unternehmen sich im internationalen Wettbewerb vor allem durch kostenseitige Entlastungen besser behaupten konnten. Bei dieser Umorientierung bediente sich die Politik stark aus dem Erkenntnis- und Thesenkatalog des monetaristisch-neuklassischen Lagers.

5.6.2 Theoretische Bausteine der neuklassisch-monetaristischen Revolution

Der Monetarismus liefert keine einheitliche und ganzheitliche Betrachtung der Makroökonomie. Felderer/Homburg (1991, S. 236) beschreiben dies wie folgt: „Der Begriff Monetarismus (ist) nicht eine ökonomische Schule mit feststehendem Doktrinenarsenal [...], sondern eher eine geistige Strömung [...], die sich von den fünfziger Jahren an bis heute entwickelte und veränderte." Das monetaristische Lager mit Hauptvertretern wie insbesondere *Milton Friedman*, aber auch Karl Brunner (1916–1989), David Laidler und Alan H. Meltzer (1928–2017) erscheint daher als recht *heterogen*. Auch gibt es – je nach Spielart auf beiden Seiten – vereinzelt Schnittmengen im keynesianischen und monetaristischen Denken. Einig sind sich die Monetaristen jedoch in der kritischen Auseinandersetzung mit wichtigen Bausteinen der keynesianischen Theorie. Zentrale keynesianische Aussagen und damit auch die daraus abgeleiteten wirtschaftspolitischen Schlussfolgerungen werden dabei in Frage gestellt.

Die *Neuklassik* hingegen knüpft an der Neoklassik (vgl. Kap. 5.4) an. Ihr Vorläufer präsentierte noch einen zeitpunktbezogenen, statischen Ansatz, in dem auch die für das heutige Verhalten zukünftigen Entwicklungen bekannt sind und entsprechend verarbeitet wurden. Das Etablieren eines allgemeinen Gleichgewichts über den Preismechanismus stellte hier den Normalzustand dar. Hier setzte zunächst das keynesianische Lager an und beklagte die fehlende Realitätsnähe vor allem durch das Vernachlässigen von Unsicherheiten über die Zukunft. Dadurch könne es zu konjunkturellen Ungleichgewichten kommen, die der Markt – wenn überhaupt – allenfalls längerfristig über Preis- und Lohnschwankungen beseitige.

Neuklassiker, wie *Robert J. Barro* oder die Nobelpreisträger *Robert E. Lucas, Thomas J. Sargent, Neil Wallace, Finn Kydand und Edward Prescott* haben sich von diesem statischen Ansatz gelöst. Sie binden neoklassische Ideen in eine stochastische Modellwelt ein, bei der zukünftige Entwicklungen unbekannt sind und daher vorhergesehen werden müssen. Hierbei wird das Bilden *„rationaler Erwartungen"* unterstellt. Demnach werden alle verfügbaren Informationen über die zukünftigen Rahmenbedingungen in der unterstellten Kenntnis des marktwirtschaftlichen Verarbeitungsmechanismus ausgewertet. Darauf aufbauend werden die Angebots- und Nachfragepläne für die Zukunft entwickelt. Stellen sich die prognostizierten Rahmenbedingungen ein, lassen sich die Pläne im erwarteten Gleichgewicht realisieren. Sollten sich aber Abweichungen von den Erwartungen ergeben, passen sich die Wirtschaftssubjekte freiwillig an diese „exogenen Schocks" an und finden unmittelbar zu neuen, zuvor nicht erwarteten Gleichgewichten. Ungleichgewichte, selbst solche von temporärer Natur, kommen hier nicht vor. Sollte im Zuge des Anpassungsmechanismus eine Zunahme der Arbeitslosigkeit auftreten, ist das nicht das Ergebnis von Unfreiwilligkeit und temporärer Instabilität, sondern Resultat einer freiwilligen Entscheidung in Abwägung mit den Vorzügen von mehr Freizeit. Interventionsversuche des Staates sind in dieser Theorie dann unnötig und sogar unerwünscht.

Zwar unterschieden sich der *Monetarismus* und die *Neuklassik* in ihren Begründungen, aber dennoch besteht *Einigkeit* im Vorwurf, keynesianische Wirtschaftspolitik

- werde nicht wirklich benötigt,
- passe nicht zu den neuen Herausforderungen durch die veränderten Rahmenbedingungen (s. o.),
- fehle eine mikroökonomische Fundierung,
- behindere nur die Selbstheilungskräfte,
- sie verursache sogar unbeabsichtigt Störungen
- und sei ohnehin zumindest längerfristig unwirksam.

Angesichts dieser Kongruenz zwischen beiden Lagern spricht Fritz Helmedag (2010, S. 50) dann auch von „*Monetarismus I*" und „*Monetarismus II*". Im Folgenden soll deshalb aufgezeigt werden, wie diese gemeinsam angezettelte „Gegenrevolution" keynesianische Positionen angreift und zu welchen Schlussfolgerungen die „Gegenrevolutionäre" kommen.

5.6.2.1 Argument vernachlässigbarer Rezessionskosten

In einer viel beachteten Studie kam Robert E. Lucas (1987) zu dem Ergebnis, dass Produktionsschwankungen um einen langfristigen Wachstumspfad herum mit überaus *geringen Wohlfahrtseinbußen* einhergehen. Er vergleicht dabei zwei Szenarien. Im ersten entwickeln sich die Konsumausgaben über den Lebenshorizont hinweg stetig mit dem Wachstumstrend. Im zweiten Szenario sind sie zwar in Summe genauso hoch, allerdings unterliegen sie unerwünschten Schwankungen. Auf Phasen konsumtiver Zurückhaltung folgen hier Phasen trendüberschreitender Ausgaben. Wirtschaftssubjekten, denen an einer Verstetigung liegt, empfinden hierdurch Nutzeneinbußen. Ausgehend von einer spezifischen Nutzenfunktion und unter Einbeziehen der tatsächlichen beobachtbaren US-Konsumschwankungen kommt Lucas aber zu dem Schluss, dass Haushalte gerade einmal bereit wären, höchstens 0,1 Prozent ihrer durchschnittlichen Konsumausgaben für eine Verstetigung zu opfern (vgl. Beissinger 2006, S. 5). Daraufhin folgerte er, dass die keynesianische Forschungsausrichtung sich – wenn es um die Glättung der Konjunkturschwankungen geht – mit einem Phänomen beschäftigt, dass tatsächlich kaum Relevanz hat. In ähnliche Richtung wirkt der Befund, dass die Volatilität der BIP-Wachstumsraten in wichtigen Volkswirtschaften ohnehin trendmäßig abgenommen hat und damit einer *keynesianischen Stabilisierungspolitik* das Betätigungsfeld verloren gegangen sei (vgl. Beissinger 2006).

Darüber hinaus hat Lucas die konsumseitigen Belastungen eines Wachstumseinbruchs evaluiert (2003). Einem Rückgang im langfristigen BIP-Wachstum um einen Prozentpunkt bescheinigte er Wohlfahrtseinbußen in Höhe von 20 Prozent des Konsums. Aus dem Kostenvergleich folgerte er, die Politik solle sich weg von der konjunkturell ausgerichteten Stabilisierungspolitik und hin zu einer langfristig orientierten Wachstumspolitik bewegen (vgl. vertiefend Kap. 6.2).

Lucas' Ergebnisse und seine Schlussfolgerung sind allerdings heftig *umstritten* (vgl. Beissinger 2006). Eine Gruppe von Kritikern hält die Annahmen der Studie über die konkrete Nutzenfunktion und den willkürlich gesetzten Satz der Risikoaversion für problematisch. Bei veränderten Annahmen kommen sie empirisch zu durchaus beachtlichen *Wohlfahrtseinbußen* im Konsum als Folge konjunktureller Schwankungen. Ein zweites Lager beanstandet die fehlende Differenzierung für unterschiedliche Einkommensgruppen. Menschen mit geringen Einkommen beispielsweise sind wohl kaum in der Lage, vorübergehende Rezessionsphasen mit Angespartem oder Kredite zu überbrücken. An diesen Einwand anknüpfende Studien beziffern die Wohlfahrtskosten der konjunkturell verursachten Konsumschwankungen auf über 7 Prozent des Konsums. Eine dritte Gruppe hält Lucas entgegen, dass er in seinen beiden Vergleichsszenarien von ein und demselben Wachstumstrend ausgeht und dabei übersieht, dass gerade durch eine Stabilisierung der Schwankungen der Trend in den Konsumausgaben steiler verlaufen könnte. Weniger Schwankungen reduzieren schließlich die Absatzunsicherheiten in Unternehmen und begünstigen dort Sachinvestitionen, die wiederum das Produktionspotenzial wachsen lassen. Der Verzicht auf eine Glättung ginge dann eben nicht nur mit Unsicherheit, sondern auch mit einer insgesamt geringeren Konsumsumme einher.

Auch in Bezug auf die Feststellung, dass die *Volatilität im BIP-Wachstum* abgenommen habe, und daher die stabilisierungspolitische Notwendigkeit fehle, gibt es Zweifel. In empirischen Untersuchungen ist unklar, was die Ursachen der gedämpften Konjunkturschwankungen sind. Eventuell sind sie ja nur auch Resultat einer erfolgreichen Stabilisierungspolitik (vgl. Beissinger 2006). Darüber hinaus stellt der Keynesianismus nicht nur auf konjunkturelle, stabilisierungspolitisch zu bekämpfende Nachfrageengpässe ab (vgl. Kap. 5.5.3.2). Als großes Problem wird auch das Vorhandensein *struktureller Nachfrageengpässe* nach Gütern gesehen. Und gerade diese Nachfrageschwäche wiederum verhindert einen wachstumsförderlichen Kapazitätsausbau über Sachinvestitionen. Denn warum sollten Unternehmen ihre Kapazitäten ausbauen, wenn sie sogar strukturelle Absatzschwierigkeiten haben?

5.6.2.2 Zweifel an der Gültigkeit der Keynes'schen Konsumfunktion

In der keynesianischen Theorie ist der private Konsum vom laufenden Einkommen abhängig. Das ist eine zentrale Annahme für die Gültigkeit des *keynesianischen Multiplikators* in zweierlei Hinsicht. *Erstens* begründet der Multiplikator im Keynesianismus das *eigendynamische Aufschaukeln von Krisen*. Denn fällt aufgrund von Verunsicherungen Güternachfrage aus, kommt es hier zu Einkommens- und infolgedessen Konsumeinbrüchen, die mit weiteren Nachfragerückgängen einhergehen usw. *Zweitens* wäre bei der Beseitigung von Krisen ein *staatlicher Impuls*, z. B. in Form eines Staatsausgabenprogramms, nicht nur in der Lage die Produktion und die volkswirtschaftlichen Einkommen in einem ersten Schritt unmittelbar zu erhöhen. Vielmehr soll das Gros der Gesamtwirkung aus den erhofften *Folgeeffekten* zustande kommen. Der angeregte Einkommensanstieg soll zusätzliche Konsumnachfrage auslösen, die wiederum die Produktion und die Einkommen in der Konsumgüterbranche erhöhen usw.

Bereits 1956 hielt *Milton Friedman* der „absoluten Einkommenshypothese" nach Keynes seine *„permanente Einkommenshypothese"* entgegen. Das permanente Einkommen resultiert aus aktuellen und zukünftigen Renditen von Wertpapier- und Sachvermögen sowie von „Humankapital", das wiederum in der Verwertung aktuelles und zukünftiges Arbeitseinkommen abwirft. Nach den Vorstellungen von Friedman ist der langfristige (abdiskontierte) Durchschnitt dieser Zahlungsströme bei vorausschauenden Wirtschaftssubjekten besser in der Lage, die Höhe der Konsumausgaben zu erklären. In der Reihe der zu berücksichtigenden Zukunftseinkommen spielt das laufende Periodeneinkommen aber nur eine untergeordnete Rolle. Wer beispielsweise als Studierender kein Sachvermögen hat und sein „Humankapital" durch die Eltern alimentiert aufbaut, müsse sich demnach bei seinem aktuellen Konsum, sofern er davon ausgeht, bei der späteren „Humankapital-Verwertung" viel Einkommen zu erzielen, nicht am laufenden Einkommen orientieren. In Erwartung hoher zukünftiger Einkommen könnte er heute schon großzügiger kalkulieren und über seine aktuellen Verhältnisse leben, vorausgesetzt allerdings er findet eine Bank, die die Einkommensperspektive ähnlich einschätzt und die einen Kredit darauf gewährt. Wer umgekehrt über ein hohes laufendes Einkommen verfügt, demnächst aber in den Ruhestand gehen will und dann nur eine geringe Rente erwartet, sollte der Theorie folgend seinen aktuellen Konsum ebenfalls nicht am aktuellen Periodeneinkommen ausrichten, sondern angesichts der Einkommenserwartungen mehr Geld zurücklegen.

Wenn der Konsum tatsächlich nicht oder zumindest weniger stark vom laufenden Einkommen abhängt, als in der Keynes'schen Sichtweise unterstellt, bedeutet dies in der wirtschaftspolitischen Schlussfolgerung zweierlei:

– Zum einen schaukeln sich einzelne exogene Störungen bei weitem nicht so stark auf, wie von Keynes vorhergesagt. Der private Sektor wäre hiermit weitaus *robuster und stabiler* als in der keynesianischen Welt.

– Zum anderen wäre die *Fiskalpolitik* kaum in der Lage, durch Impulse einen Beitrag zur Beseitigung von Krisen zu leisten. Die angestoßene Erhöhung des laufenden

Einkommens wird als „*transitorisch*", als Tropfen auf den heißen Stein im „permanenten Einkommen" empfunden, und bewegt die Haushalte nicht nennenswert, auf den Impuls mit einer Ausweitung der Konsumnachfrage zu reagieren. Eine *Multiplikatorwirkung bliebe* mehr oder weniger *aus*.

Auch die Vorstellung zum *Pigou-Effekt* in der Konsumfunktion greift die keynesianische Position an einer zentralen Stelle an. Arthur C. Pigou (1877–1959) ging davon aus, dass die Kaufkraft des Geldvermögens (Geld, Termineinlagen sowie andere Finanzanlagen) den entscheidenden Einfluss auf die Höhe des Konsums habe. Dieses Argument relativiert zum einen ebenfalls die Multiplikatorwirkung, weil der ausgelöste Einkommensanstieg im über Jahre hinweg aufgebauten Gesamtvermögen nur sehr gering durchschlägt und dann kaum eine Belebung des Konsums nach sich zöge. Zum anderen würde er theoretisch Selbstheilungskräfte mobilisieren können: Sollte es in der Absatzkrise zu einer allgemeinen Preissenkung kommen, nimmt die Kaufkraft des gegebenen nominalen Vermögens zu und aufgrund dessen käme es gesamtwirtschaftlich zu einer automatischen Nachfragebelebung durch den erhöhten Konsum. Den Konter, jeder finanziellen Forderung stünde auch eine Verbindlichkeit entgegen, so dass ein positiver (Real-)Vermögensanstieg der Gläubiger gesamtwirtschaftliche durch einen negativen (Real-)Vermögensanstieg der Schuldner kompensiert werde, parierte Don Patinkin durch eine Modifikation zum „Realkasseneffekt". Demnach sei nur die Kaufkraft des Bargeldbestandes für den Konsum ausschlaggebend. Hier gebe es keinen Konsum kompensierenden Effekt nach einer allgemeinen Preissenkung, denn der Schuldner ist in dem Fall die Zentralbank, die selbst keine Güter konsumiert.

5.6.2.3 Vorstellungen zum Staatsversagen

Die – nach wie vor theoretisch und empirisch umstrittenen (s. o.) – monetaristisch-neuklassischen Thesen, der Staat werde prozesspolitisch gar nicht so dringend benötigt, wie die Keynesianer glauben, weil die Kosten der schwankenden Produktion nicht so groß seien, die Volatilität eh nachgelassen hätte, die Instabilitätsgefahren geringer, die Stabilisierungskräfte hingegen viel stärker seien, werden noch ergänzt vom Vorwurf des Staatsversagens auf verschiedenen Ebenen. Demnach könne der Staat einerseits die Wirtschaft gar nicht gezielt im Wirtschaftsablauf beeinflussen und wenn er es trotzdem versuche, bestehe nur das Risiko alles zu „verschlimmbessern".

5.6.2.3.1 Zweifel an der prozesspolitischen Eignung

Die Zweifel an der Eignung der Fiskalpolitik zur Belebung der Wirtschaft in der Krise basieren zum einen auf der Behauptung einer viel zu geringen Durchschlagskraft zum anderen auf der Erwartung einer unzureichenden praktischen Umsetzbarkeit.

Die *realwirtschaftliche Wirksamkeit* fiskalischer Impulse wurde bereits im Zuge der Diskussion über die Abhängigkeit der Konsumfunktion vom laufenden Einkommen bezweifelt. Für Milton Friedman verfestigte sich der Eindruck durch eine zusammen mit David Meiselman (1924–2014) durchgeführte empirische Untersuchung (Friedman/ Meiselman 1963). In einer Regressionsanalyse überprüften sie, ob einerseits die Geldmenge oder andererseits, wie im Keynesianismus behauptet, die Investitionen und die Staatsnachfrage entscheidender für die Entwicklung des nominalen BIP seien. Im Ergebnis schlossen sie, dass die *Geldmengenentwicklung* von ausschlaggebender Bedeutung sei, was dann auch den Begriff „*Monetarismus*" erklärt. Interessanter Weise gilt hier also in Angrenzung zur Neoklassik („money doesn't matter) und zum Keynesianismus („money matters") das Credo: „*only money matters!*"

Allerdings war der empirische Ansatz *umstritten*, weil zum einen die keynesianische Grundidee durch den Einzelgleichungsansatz in seiner Komplexität gar nicht korrekt abgebildet wurde, so dass vor allem die Wechselwirkungen und Multiplikatoreffekte nicht richtig erfasst werden konnten. Zum anderen wurde lediglich eine Korrelation zwischen der Geldmengen- und BIP-Entwicklung aufgezeigt, ohne dass die Kausalitätsrichtung klar war. Ein hohes BIP könne schließlich auch dazu führen, dass dadurch die Geschäftsbanken mehr Kredite vergeben und auf diesem Weg die Sekundärgeldschöpfung (vgl. Kap. 7.3.6.2) angeregt wird.

Darüber hinaus hielt Milton Friedman – ausgehend von einem weiteren empirischen Befund – die Geldnachfrage für stark unabhängig vom Zinssatz. Im Zweifelsfall gebe es gar *keine Spekulationskasse* und eine Liquiditätsfalle sei ohnehin irrelevant. Infolgedessen müsse es nach dem Argument der sogenannten „*vertikalen LM-Kurve*" bei gegebener Geldmenge zu einem *vollständigen Zins-Crowding-Out* kommen (vgl. Kap. 5.5.3.1.2), wenn der Staat einen Fiskalimpuls setzt: Aufgrund des Impulses tendieren zwar temporär die Einkommen zu einem Anstieg, der aber nur zustande kommt, wenn es am Ende auch wirklich eine Mehrproduktion gibt. Der Notwendigkeit, dann zum Kauf der zusätzlichen Güter auch mehr Liquidität zu halten, könnte nun aber aus keiner Spekulationskasse gegenfinanziert werden, weil es sie angeblich nicht gibt. Im Versuch, sich die Liquidität durch ein Abstoßen von Wertpapieren und ein Auflösen von Kreditengagements zu besorgen, scheitert, weil die Liquidität gesamtwirtschaftlich gegeben ist und nur für den Kauf der Güter reicht, der vorher schon geplant war. Alle Umschichtungen führen dann nur zu Zinssteigerungen, ohne am Ende genügend zusätzliche liquide Mittel über ein Auflösen der Horte mobilisieren zu können. Die Güterproduktion verharrt dann auf dem ursprünglichen Niveau. Bei Mehrnachfrage des Staates kann sich dann *nur die Zusammensetzung der Güternachfrage* zulasten des privaten Sektors ändern. Aufgrund der Zinssensibilität von privatwirtschaftlichen Investitionen wird hier am Ende prozesspolitisch nicht nur nichts erreicht, sondern durch das Zurückdrängen von Sachinvestitionen kommt es zu einer weniger dynamischen Entwicklung des privatwirtschaftlichen Sachkapitalbestandes und damit zu Wachstumseinbußen.

Allerdings ist auch diese These von Friedman *umstritten*. Erstens gibt es erneut Zweifel am empirischen Befund. Bei der Frage, ob die Geldnachfrage zinsabhängig ist, kann man zwar grundsätzlich die *beobachtbare Geldmenge* und die Zinsen statistisch gegenüberstellen. Dabei ist die gemessene Geldmenge aber nicht die Geldnachfrage, sondern der Bestand, der an Geld angeboten wird, und der kann von der gewünschten, nachgefragten Liquidität prinzipiell abweichen. Zweitens gilt das Crowding-Out-Argument nur dann, wenn das *Geldangebot* wirklich *exogen* vorgegeben ist und sich nicht endogen mit verändert: Das Geldangebot ergibt sich aber aus einem Zusammenspiel zwischen der von der Zentralbank kontrollierten Primärgeld- und der Sekundärgeldschöpfung der Geschäftsbanken (vgl. Kap. Kap. 7.3.6.2). Während die Primärgeldschöpfung exogen ist, ist die durch Kreditvergabe der Geschäftsbanken angefachte Sekundärgeldschöpfung zum Teil aber endogen abhängig vom Wirtschaftsprozess. Kommt es nun zum fiskalischen Impuls und ermuntert er die Geschäftsbanken, in der Hoffnung einer einsetzenden wirtschaftlichen Belebung mehr Kredite zu vergeben, ergibt sich bei gegebenem Primärgeldbestand eine größere Sekundärgeldschöpfung, die den oben skizzierten Liquiditätsengpass beseitigen und das vollständige *Zins-Crowding-Out bei zunehmender Kreditvergabe vermeiden* könnte.

Ein dritter Aspekt, der Zweifel an der Effektivität der Fiskalpolitik begründete, betrifft außenwirtschaftliche Rückwirkungen. Für die meisten Länder ist dieses Argument des sogenannten „*Wechselkurs-Crowding-Outs*" erst zu Beginn der 1970er Jahre relevant geworden. Bis dahin waren die Weltwährungen in das Bretton-Woods-Abkommen eingebunden (vgl. Kap. 7.1.4.3). Es konstituierte mehr oder weniger ein Festkurssystem um den *US-Dollar* als *Leitwährung*. Dieses System scheiterte aufgrund systemimmanenter Widersprüche spätestens im Jahr 1973, als – abgesehen von Insellösungen wie in Westeuropa – die Wechselkurse auch auf Empfehlung von Milton Friedman freigegeben wurden.

Als Folge dessen bestand die Gefahr, dass es mit einem fiskalpolitisch ausgelösten *Zinsanstieg* im Inland zu einer *Aufwertung* der eigenen Währung kommt, weil internationale Anleger die attraktiveren Zinsen mitnehmen wollen und sich dazu zunächst am Devisenmarkt mit der Inlandswährung eindecken müssen. Eine Aufwertung macht aber – bei unveränderten Güterpreisen in nationaler Währung – die heimischen Produkte für das Ausland teurer und die ausländischen Güter für das Inland billiger. Die Exportnachfrage geht zurück, während die Importe zunehmen und dabei zugleich auch die Nachfrage nach heimischen Produkten verdrängen.

Weitere Zweifel an der Durchschlagskraft der Fiskalpolitik werden durch die *neuklassische Vorstellung* genährt, dass rationale und daher *vorausschauende Wirtschaftssubjekte* die *Wirkung* der Fiskalpolitik ohnehin *konterkarieren*. Dabei wurde u. a. das „*Ricardianische Äquivalenztheorem*" wiederbelebt: Wenn der Staat fiskalische Maßnahmen ergreift, benötigt er dafür Geld. Dieses Geld besorgt er sich in der Regel durch Kreditaufnahme. Selbst wenn dann durch das *deficit spending* zunächst einmal die laufenden Einkommen zulegen sollten, antizipieren rationale Haushalte und Unternehmen, dass der Staat die Schuld inklusive der Zinsen zukünftig irgendwann einmal abtragen muss. Dazu bedarf es zukünftig höherer Staatseinnahmen, die in der Regel über höhere Steuern abgeschöpft werden. Vorausschauende Akteure erkennen dies als Nullsummenspiel: In der Höhe, in der sich durch die Fiskalpolitik die laufenden Nettoeinkommen erhöhen, werden sie sich später auch wieder reduzieren. Der Staat gibt heute in die linke Tasche und holt es sich bald aus der rechten Tasche zurück. Warum sollte vor diesem unterstellten Erwartungshorizont aufgrund eines kurzfristigen Fiskalimpulses heute eine Belebung des Konsums einsetzen, der aber für die Wirkung des Multiplikators erforderlich wäre?

Im Zuge der *Phillipskurven-Diskussion* wurde die Debatte um die behauptete Unwirksamkeit expansiver Maßnahmen schließlich vom monetaristisch-neuklassischen Lager verdichtet. Der Ausgangspunkt der Auseinandersetzung war vergleichsweise unspektakulär. Der neuseeländische Ökonom *Alban W. Phillips* (1914–1975) suchte 1958 nach den *Bestimmungsgründen des Lohnwachstums*. Wie viele schon zuvor, vertrat er die These, dass die Höhe der Arbeitslosigkeit einen entscheidenden Einfluss auf die durchsetzbaren Lohnsteigerungen hätte. Neu war, dass er für die empirische Überprüfung einen nicht-linearen Zusammenhang unterstellte und diesen aufgrund der Beobachtungen auch als signifikant belegen konnte (vgl. Abb. 5.15). Eine Erklärung dafür ist, dass die Verhandlungsmacht der Beschäftigten in den Tarifkonflikten überproportional zunimmt, je geringer die Arbeitslosigkeit ist; mit steigender Unterbeschäftigung hingegen verschlechtert sich ihre Position übermäßig und es kommt allenfalls zu einem geringen Lohnplus.

Ursprüngliche Phillipskurve

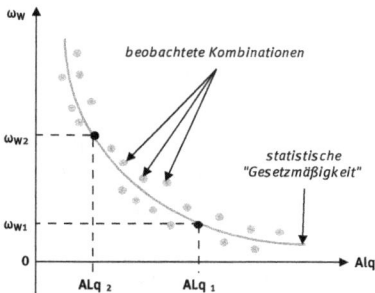

Phillipskurve nach Samuelson-Solow

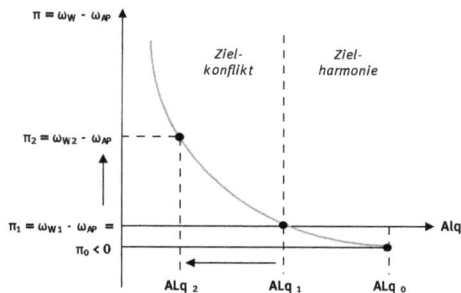

Phillipskurve nach Friedman-Phelps

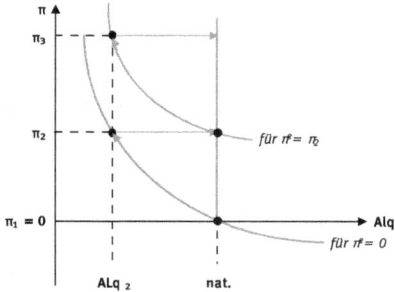

Neuklassische Phillipskurve

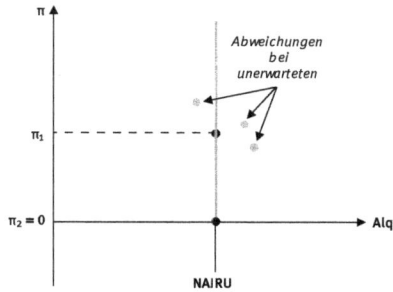

Abb. 5.15: Positionen in der Phillipskurven-Diskussion. Quelle: Eigene Darstellung.

Diesen Befund griffen 1960 zunächst *Paul Samuelson und Robert Solow* auf und modifizierten die Erkenntnisse (vgl. Abb. 5.15). Wenn sich nach einer groben Kalkulationsformel die von den Unternehmen verlangten Güterpreise aus einem Aufschlag mit einem Faktor α auf die Lohnstückkosten ergeben, dann gilt:

$$P = \alpha \cdot \underbrace{\frac{\text{Lohnsumme}}{\text{Output}}}_{\substack{=\text{Lohn-} \\ \text{stückkosten}}} = \alpha \cdot \frac{\frac{\text{Lohnsumme/}}{\text{Arbeitsstunden}}}{\frac{\text{Output/}}{\text{Arbeitsstunden}}} = \alpha \cdot \frac{\text{Stundenlohn}}{\text{Arbeitsproduktivität}} \; .$$

Überführt in einen *Wachstumsratenzusammenhang* bedeutet dies unter der Annahme, dass der Aufschlagfaktor sich nicht verändert ($\omega_\alpha = 0$):

$$\pi \approx \underbrace{\omega_\alpha}_{=0} + \omega_W - \omega_{AP} = \omega_W - \omega_{AP}$$

(mit π = Wachstumsrate der Güterpreise bzw. Inflationsrate, ω_W = Wachstumsrate der Stundenlöhne und ω_{AP} = Wachstumsrate der (Stunden-)Arbeitsproduktivität).

Kombiniert mit der Erkenntnis von Phillips wird daraus folgende Aussage in der *Phillipskurve nach Samuelson-Solow*: Wenn die Arbeitslosigkeit niedrig ist, sind die Lohnsteigerungen (ω_W) hoch, so dass bei gegebenem Produktivitätswachstum (in der Abb. 5.15 gilt: $\omega_{AP} = \omega_{W1}$) eine hohe Inflationsrate zustande kommt. Umgekehrt gilt, bei hoher Arbeitslosigkeit und niedrigem Lohnwachstum resultiert eine geringe Inflationsrate.

Solange dabei die Arbeitslosenquote größer als Alq_1 ist, liegt das erreichbare Lohnwachstum unter dem Produktivitätsanstieg, so dass bei rückläufigen Stückkosten die Güterpreise fallen (vgl. Abb. 5.15). Es herrscht „*Deflation*". Politische Impulse, die auf eine Belebung der Wirtschaft hinauslaufen, würden hier im Sinne einer *Zielharmonie* sowohl zur Verringerung der Arbeitslosigkeit als auch zur Stabilisierung des Preisniveaus hinauslaufen. Sobald aber die Arbeitslosenquote den Wert Alq_1 erreicht hat, entsteht ein *Zielkonflikt*: Ein weiterer Abbau von Arbeitslosigkeit, führt zu Lohnsteigerungen, die über das als gegeben betrachtete Produktivitätswachstum hinausgehen, Stückkostensteigerungen verursachen und damit Inflation hervorrufen. Dabei können die Unternehmen – so die später ergänzende Argumentation – in einer solchen Phase der Belebung die Kostensteigerungen auch leichter über die Güterpreise auf die Verbraucher abwälzen. Zwischen den Zielen besteht nun ein „*Trade-off*": je mehr man beim einen erreicht, umso mehr muss auf das andere verzichtet werden. Die Wirtschaftspolitik steht vor einer „*Speisenkarte*". Sie muss sich entscheiden, hat zugleich aber auch die Möglichkeit der Wahl. Der Ex-Bundeskanzler Helmut Schmidt (SPD) (1918–2015) hat in diesem Kontext zum Beispiel einmal erklärt: „Mir sind 5 Prozent Inflation lieber als 5 Prozent Arbeitslosigkeit".

Eine neue Sichtweise auf das Zusammenspiel lieferten die Monetaristen *Milton Friedman und Edmund Phelps* (1933–1974) Mitte der 1960er Jahre. Im Kern der Überlegung steht die These, Politik sei zumindest mittelfristig gar nicht in der Lage, eine solche Wahl zu treffen. Die Fiskalpolitik (s. o.) sei ebenso wie die Geldpolitik (s. u.)

machtlos hinsichtlich einer anhaltenden Belebung der Produktion. Sie könne daher auch nicht das Arbeitsmarktergebnis durch Prozesspolitik den eigenen Idealvorstellungen entsprechend gestalten. Über den Einsatz des Faktors Arbeit würden bei gegebener Absatzlage eben die Unternehmen entscheiden und als Gewinnmaximierer orientierten diese sich an der *Grenzproduktivitätstheorie* (vgl. Kap. 5.4.2). Entscheidend für die Unternehmer wird mithin der *Reallohn*, also der Quotient aus Nominallohn und Preisniveau ($w = \frac{W}{P}$). Diese Größe sei letztlich auch für vernunftbetonte Haushalte im Arbeitsangebotsverhalten entscheidend. Sie würden den immateriellen Freizeitverzicht infolge des Arbeitens materiell gegen die Gütermenge abwägen, die durch ein zusätzliches Arbeitsangebot erworben werden kann. Dabei gäben sie sich nicht der „*Geldillusion*" her: Ein nominaler Lohnanstieg $\omega_W > 0$ allein, stellt keine Verbesserung der Kaufkraft dar, solange nicht auch der Reallohn gestiegen ist $\omega_w > 0$. Eine höhere Arbeitsbereitschaft setze demnach voraus, dass der Nominallohnanstieg die Inflationsrate übersteigt ($\omega_w > 0 \Leftrightarrow \omega_W > \pi$).

Allerdings gibt es im Wechselspiel zwischen Nominallohn- und Güterpreisentwicklung eine bestimmte „*Zugreihenfolge*": zu Beginn einer Planungsperiode werden die Löhne per Tarifvertrag für die Periode unwiderruflich bis zur nächsten Lohnverhandlung fixiert. Danach können die Unternehmen die Preise, zu denen ihre Produkte auf den Markt kommen sollen, festlegen. Die Gewerkschaften müssen also bei den Lohnverhandlungen vorausahnen, wie sich die Inflationsrate im Laufe der Periode entwickeln wird. Hierfür haben Friedman-Phelps eine *adaptive Erwartungsbildung* unterstellt. Demnach wird für die kommende Periode (t) die Inflationsrate erwartet (π_t^e), die in der Vorperiode (t-1) beobachtet wurde ($\pi_t^e = \pi_{t-1}$).

Bei einem Nominallohn von 20 €/h und einem Preisniveau von 20 €/Güterkorbeinheit hatte hier in der Ausgangsperiode t = 1 eine Arbeitsstunde eine Kaufkraft von 1 Güterkorb (vgl. Tab. 5.2). Bei diesem Reallohn waren die Unternehmen bereit, so vie-

Tab. 5.2: Phillipskurve bei adaptiven Erwartungen. Quelle: eigene Berechnungen.

Periode	Ex-ante erwartete Inflationsrate für t (Dezimalzahl)	Nominallohn zu Beginn für t (€/h)	Politisch verursachte Inflationsrate zum Ende von t (Dezimalzahl)	Güterpreise in t (€/Güterkorbeinheit)	Realisierter Reallohn in t (Güterkorbeinheiten pro Arbeitsstd.)	Mit Reallohn kompatible Arbeitslosenquote in t in % (angenom. Werte):
t = …	$\pi_t^e = \pi_{t-1}$	$W_t = W_{t-1}$ $\cdot(1+\pi_{t-1})\cdot(1+$ $\pi_{t-1} - \pi_{t-1}^e)$	π_t	$P_t = P_{t-1}$ $\cdot (1 + \pi_t)$	$w_t = W_t/P_t$	Alq_t
1	0	20	0	20	1,00	4
2	0	20	0,1	22	0,91	3
3	0,1	24,2	0,1	24,2	1,00	4

le Arbeitskräfte einzustellen, dass annahmegemäß eine Arbeitslosenquote von 4 Prozent zustande kam. Umgekehrt entschieden sich die Haushalte in ihrer Freizeitabwägung dafür nur so viel zu arbeiten, dass 4 Prozent als Arbeitslosenquote verblieb. Unterstellt wird für das Ausgangjahr zudem eine Inflationsrate von 0 Prozent.

Zu Beginn der Periode t = 2 werden nun die Nominallöhne verhandelt, wobei das primäre Ziel auf beiden Seiten die Wahrung der *Reallohnstabilität* sein soll. In der adaptiven Erwartung, die Inflationsrate werde wie im Vorjahr bei 0 Prozent liegen, einigt man sich vertraglich auf ein Fortschreiben des bisherigen Nominallohns in Höhe von 20 €/h. Unerwartet gibt danach die Politik einen expansiven Impuls, indem zum Beispiel die Zentralbank mehr Geld in den Wirtschaftskreislauf einschleust. Infolgedessen kommt es zu einem Preisniveauanstieg um 10 Prozent, so dass der Reallohn auf 0,9 Güterkorbeinheiten/h fällt. Angesichts des Reallohnrückgangs sind die Unternehmen bereit, mehr Arbeitskräfte zu beschäftigen, so dass die Arbeitslosenquote fällt. In Abb. 5.15 erfolgt dabei eine Bewegung auf der unteren Phillipskurve, bei der auf der Grundlage einer erwarten Nullinflation die Nominallöhne nicht erhöht wurden, nach links und damit zu einer verringerten Arbeitslosenquote (Alq$_2$) bei erhöhter Inflationsrate (π_2). Im kurzfristigen Zusammenspiel zwischen Inflationsrate, der mit $\pi_t^e = \pi_{t-1}$ erwarteten Inflationsrate und Arbeitslosenquote gilt dann prinzipiell:

$$\text{Alq}_t - \text{Alq}_{t+1} = f\left(\pi_t - \pi_t^e\right) = f(\pi_t - \pi_{t-1}).$$

Die allerdings nur *kurzfristige Verringerung* der Arbeitslosenquote (Alq$_t$ – Alq$_{t+1}$ > 0) ist eine Folge *unterschätzter Inflationsraten* ($\pi_t - \pi_t^e > 0$) und daher einer *temporären Reallohnreduktion*. Die Inflation wird bei der Erwartungsbildungsannahme immer dann unterschätzt, wenn die Preissteigerungsrate (also nicht nur das Preisniveau) in der Folgeperiode höher ist als zuvor.

Gegen Ende der Periode t = 2, mithin vor Beginn der Periode t = 3, also nach Auslaufen des Tarifvertrags, bemerken die Beschäftigten jedoch ihren Erwartungsirrtum. Sie unterlagen kurzfristig der *Geldillusion*, dass mit dem unveränderten Stundenlohn die Kaufkraft ihres Arbeitseinsatzes unverändert sei. Hätten sie dies früher gewusst, wäre ihr Arbeitsangebot geringer gewesen. Dieser Irrtum kann nun in den Verhandlungen korrigiert werden. Es wird in einem ersten Schritt 10 Prozent mehr Lohn zum Ausgleich für den Irrtum aus dem Vorjahr gefordert und vorsorglich ein Zuschlag von weiteren 10 Prozent für die im anstehenden Jahr erwartete – und bei adaptiven Erwartungen auf den Vorjahreswert taxierte – Inflationsrate. Daraufhin liegen die Reallöhne wieder auf dem Ausgangsniveau, bei dem aus Unternehmersicht nur so viel Menschen eingestellt werden, dass wieder eine 4-prozentige Arbeitslosenquote verbleibt.

In Abb. 5.15 verlagert sich die Phillipskurve auf Basis der neuen Erwartungshaltung nach oben. Bei der mittlerweile etablierten Inflationsrate von π_2 ist die Arbeitslosenquote so hoch wie zuvor. Wenn die Politik diese Rate anschließend auch erzeugt, ändert sich der Reallohn nicht, die Arbeitslosigkeit bliebe dann unverändert. Liegt die Inflation über der mittlerweile erwarteten Rate, kommt es auf der nunmehr relevanten höheren Phillipskurve erneut zu einem Rückgang der Arbeitslosigkeit. Aber auch dieser wäre nur temporär. Letztlich gelingt es in dieser Sichtweise bis zur *Korrektur des Erwartungsirrtums* nur temporär, durch Hinnahme von Inflation die Arbeitslosigkeit zu verringern. Am Ende tendiert die Volkswirtschaft zurück auf das Ausgangsniveau, dass von den Monetaristen auch als die *„Natürliche Arbeitslosenquote"* bezeichnet wird.

Der Begriff „natürlich" suggeriert, daran kann zumindest Prozesspolitik über den Versuch einer Produktionsbelebung mittelfristig nichts ändern. Im Einzelnen handelt es sich in dieser Sichtweise um Arbeitslose, die:

- aufgrund ihrer Freizeitpräferenz in Verbindung mit vorhandenem Vermögen oder einer zu bequemen „sozialen Hängematte" in Form von Arbeitslosentransfers freiwillig nicht arbeiten wollen (*freiwillige Arbeitslosigkeit*),
- deren Einsatz sich wegen der von vornherein überhöhten Reallöhne und fehlenden Lohnflexibilität nach unten – als Folge von Mindestlöhnen oder übermächtiger Gewerkschaften – für Unternehmen nicht „rechnen" (*Mindest- bzw. Hochlohnarbeitslosigkeit*),
- Opfer *friktioneller Arbeitslosigkeit* sind, weil die Stellenvermittlung Zeit benötigt,
- aus strukturellen Gründen nicht nachgefragt werden, weil sie unzureichend oder falsch qualifiziert sind oder aus Sicht der Unternehmer unattraktive gruppenspezifische Nachteile haben, die auch über Reallohnkonzessionen nicht zu kompensieren wären (*strukturelle Arbeitslosigkeit*).

Der Wirtschaftspolitik gelingt es so, mit expansiven Impulsen allenfalls kurzfristig die Arbeitslosigkeit zu reduzieren. Allerdings muss man dann dauerhaft mit der ins Leben gerufenen Inflationsrate leben. Denn wenn die Politik in t = 4 bei den gegebenen Erwartungen auf der oberen Phillipskurve eine Inflationsrate von wieder unter π_2 anstrebt, steigt die Arbeitslosenquote vorübergehend über die „Natürliche Arbeitslosenquote". Der Versuch hingegen, mehrfach hintereinander kurzfristig den Arbeitsmarkt zu beleben, müsste erkauft werden, durch immer höhere Preissteigerungsraten.

Mittelfristig besteht hier eine *Zielneutralität*. Über die Hinnahme von Inflation im Zuge expansiver Wirtschaftspolitik kann letztlich kein besseres Ergebnis am Arbeitsmarkt erzielt werden. Dann – so die Monetaristen – macht es Sinn, sich allein auf das *Ziel der Preisniveaustabilität* zu *konzentrieren*.

Diesen Befund kombinierte Friedman mit seinen empirischen Ergebnissen zur *Wirksamkeit der Geldmengenentwicklung* für das nominale BIP. Dabei knüpfte er an der *Quantitätsgleichung* an, wonach immer gelten muss:

$M \cdot U = Y_n = P \cdot Y$ (mit M = Geldmenge in €, U = Umlaufgeschwindigkeit, Y_n = nominales BIP, P = Preisniveau und Y = reales BIP).

Für den Zusammenhang *der Wachstumsraten* dieser Größen gilt dann: $\omega_M + \omega_U \approx \omega_{Y_n} = \pi + \omega_Y$.

Die Quantitätsgleichung ist zunächst unspektakulär, weil hier nur ausgesagt wird, dass alles, was in einer Volkswirtschaft an Güter gehandelt wurde, auch bezahlt worden sein muss. Wenn zum Beispiel innerhalb eines Jahres Y = 1.000 Güterkorbeinheiten zu 100 EUR/Güterkorbeinheit produziert und verkauft wurden, beläuft sich das nominale BIP auf $Y_n = 100.000$ EUR. Sofern dabei ein Geldbestand von M = 25.000 EUR zur Verfügung stand, muss er innerhalb des Jahres U = 4-mal umgeschlagen worden sein, um die Güterkäufe möglich gemacht zu haben.

Friedman's *empirischer Befund* war nun, dass eine von der Zentralbank verursachte *Erhöhung der Geldmenge* zuverlässig zu einer *Belebung des nominalen* BIP führe: $M \uparrow \Rightarrow Y_n \uparrow = (P \cdot Y) \uparrow$. Plausibel machte er diesen Zusammenhang mit dem Bild vom „*Friedman'schen Helikopter*": Wenn demnach über Nacht, ein Hubschrauber über all unsere Gärten fliegt und dort ein Mehrfaches der bisherigen Geldmenge abwirft, fühlen wir uns alle reicher und fragen mehr Güter nach. Die Unternehmen erhöhen daraufhin entweder die Produktion ($Y \uparrow$) oder sie nehmen bei unveränderter Produktion den Nachfrageanstieg durch allgemeine Preiserhöhungen mit ($P \uparrow$) oder es kommt zu einer Kombination aus beidem. In jedem Fall steigt das nominale BIP ($Y_n \uparrow$). Prozesspolitisch entscheidend ist aber die Frage, ob die Geldmengenexpansion primär das *reale* BIP anregt oder eher nur die Preise anzieht.

Längerfristig ist für Friedman die Antwort eindeutig. Entsprechend der neoklassischen Theorie und seiner Vorstellung vom Phillipskurvenzusammenhang (s. o.) wird das Arbeitsmarktergebnis durch die *Grenzproduktivitätstheorie* bestimmt, wodurch die produzierte Gütermenge festliegt. Ein über eine Geldmengenerhöhung ausgelöster Nachfrageanstieg wird dann ausschließlich über höhere Güterpreise mitgenommen. Auch eine *expansive Geldpolitik* hat längerfristig keine realwirtschaftlichen Wirkungen, es gibt *nur Inflation*, ohne dass die Arbeitslosigkeit zurückgeht.

Kurzfristig sehen die Zusammenhänge anders aus: Kurzfristig bewirkt eine Geldmengenexpansion nach Friedman's Geldtheorie, dass zugleich auch die Umlaufgeschwindigkeit zulegt, weil die einsetzende Inflation das Geld entwertet. Das vorhandene Geld wird dann auch schneller wieder zum Güterkauf mobilisiert, so dass auch die Umlaufsgeschwindigkeit steigt. Aufgrund des Zusammenhangs in der Quantitätsgleichung gilt dann aber, dass der Anstieg des nominalen BIP in einer ersten Reaktionsperiode t_1 viel höher ausfällt als die Geldmengenexpansion:

$$\underbrace{\omega_{M,t1}}_{>0} + \underbrace{\omega_{U,t1}}_{>0} = \underbrace{\omega_{Y_{n,t1}}}_{>\omega_{M,t1}>0} \cdot$$

Nachdem die Preise ihr neues Niveau erreicht haben, geht die Inflationsrate aber wieder zurück, so dass die Umlaufgeschwindigkeit auf den Ausgangswert fällt. Infolgedessen gilt nach dem Einmalimpuls in der Geldmenge in der Folgeperiode t_2 für die Wachstumsraten:

$$\underbrace{\omega_{M,t2}}_{=0} + \underbrace{\omega_{U,t2}}_{<0} = \underbrace{\omega_{Y_{n,t1}}}_{=\omega_{U,t2}<0} \cdot$$

Die von der Zentralbank angestoßene Geldmengenexpansion geht hier also mit ausgeprägten *Schwankungen im nominalen BIP* einher. Zuerst wächst es stärker als die Geldmenge ($\omega_{Y_{n,t1}} > 0$) danach kommt es zu einem Rückgang ($\omega_{Y_{n,t1}} < 0$).

Mit Blick auf das reale BIP sind dabei *expansive Wirkungen* nach Friedman's Phillipskurven-Vorstellung nur *temporär*. Die höhere Geldmenge führt zwar zu einem unerwarteten Preisanstieg, der die Reallöhne sinken lässt, wodurch die Produktion und die Beschäftigung temporär angekurbelt wird. Sobald der Erwartungsirrtum korrigiert ist, sind der alte Reallohn und damit die ursprüngliche Produktion und Beschäftigung jedoch wiederhergestellt.

Aus diesen Überlegungen folgert Friedman:

– *expansive Fiskalpolitik verpufft* nahezu wirkungslos,
– *expansive Geldpolitik* führt nach dem Friedman'schen Motto „*Inflation is always and everywhere a monetary phenomenon*" (Friedman 1970, S. 24) längerfristig nur zu Inflation
– und habe *kurzfristige* allenfalls in *unzuverlässiger* Form belebende realwirtschaftliche Wirkungen, rufe aber sicher starke *Schwankungen* im Wachstum des nominalen BIP hervor.

Angesichts dessen plädiert er für eine *prozesspolitische Enthaltsamkeit* bei dem einzigen Akteur, der seiner Auffassung nach überhaupt etwas bewegen könnte, bei der Zentralbank. Von ihr fordert er eine langfristig am Preisniveauziel orientierte Geldpolitik ein. Dazu kann in der praktischen Umsetzung die Wachstumsratentransformation der Quantitätsgleichung in eine Empfehlung für die *Geldmengenexpansion* umgeformt werden:

$$\omega_M = \pi + \omega_Y - \omega_u \, .$$

Demnach sollte die Zentralbank die Geldmenge jährlich so stark ausweiten, dass unter Berücksichtigung der sich verändernden Umlaufgeschwindigkeit (ω_u) die jährlich im Durchschnitt mit ω_Y wachsende Produktion gekauft werden kann, ohne dass Inflation oder Deflation entsteht ($\pi = 0$).

Das *neuklassische Lager* geht – mit den Apologeten Lucas, Sargent, Wallace, Kydland, Prescott sowie Barro und Gordon – in der Analyse der realwirtschaftlichen Wirksamkeit von Prozesspolitik sogar noch weiter. Es bestreitet von Vornherein die Möglichkeit selbst kurzfristiger Erfolge am Arbeitsmarkt.

Dennoch sei es bei *diskretinonärer* Politik, also einer Politik, die sich die Freiheit nimmt, situationsabhängig Maßnahmen zu ergreifen, u. U. suboptimal auf eine Nullinflationsrate abzustellen (s. u.). Die Politik ist hier gefangen in einem selbstverursachten *Reputationsdilemma*, das durch den Übergang zu einer *Regelbindung* aufgelöst werden kann.

In der Phillipskurven-Welt von Friedman/Phelps kam es nur deshalb zu vorübergehenden Impulsen am Arbeitsmarkt, weil die Haushalte einem *Erwartungsirrtum* unterlagen, den sie erst mit zeitlicher Verzögerung korrigieren konnten. Analytisch war die Annahme einer *adaptiven Erwartungsbildung* ausschlaggebend: Die Akteure blickten dabei zurück, um die zukünftige Inflationsrate zu prognostizieren. Lucas, Sargent und Wallace lösten sich von der Vorstellung. Wirklich vernunftbetonte Akteure bildeten schließlich ihre *„rationalen Erwartungen"* vorausschauend und berücksichtigten dabei die strukturell vorhersehbaren Einflussfaktoren. Insbesondere versuchten sie das Verhalten der *Politik* zu *antizipieren.* Da ihnen annahmegemäß alle Informationen über das Agieren der Politik bekannt sind, gelinge ihnen das auch; abgesehen von unvorhersehbaren, außerhalb des wirtschaftspolitischen Einflusses liegenden „exogenen Schocks" (wie zum Beispiel eine Ölkrise).

Wenn jedoch in der Friedman-Phelps-Version der Phillipskurve *keine systematischen Erwartungsirrtümer* mehr vorkommen, wenn also die Haushalte bei Abwesenheit von Schocks exakt die Inflationsrate in ihre Nominallohnforderungen einpreisen, die anschließend auch zustande kommen, bleibt der Reallohn konstant und damit auch die Arbeitslosenquote. Nach der Mitte der 1970er Jahre entwickelten „Policy-Ineffectiveness-Proposition" hat Wirtschaftspolitik somit überhaupt keine Möglichkeit mehr zur kurzfristigen Belebung der Produktion. Veränderungen in der Arbeitslosenquote haben dann ausschließlich exogene Ursachen, sind aber zugleich auch Ergebnis freiwilliger Entscheidungen. Bei der Modifikation der Erwartungsbildung mit $\pi_t^e = \pi_t + u_t$ und mit u_t als nicht vorhersehbare schockbedingte Störgröße, die aber im Durchschnitt Null ist, gilt dann im Mittel formal:

$$\text{Alq}_t - \text{Alq}_{t+1} = f\left(\underbrace{\overbrace{\pi_t - \pi_t^e}^{=0}}_{=\pi_t}\right) \implies \text{Alq}_t = \text{Alq}_{t+1} = \text{NAIRU}.$$

Bei im Durschnitt ausbleibenden Inflationsüberraschungen bleiben der Reallohn und die Arbeitslosenquote konstant. Die Quote wird als *„Non Accelerating Inflation Rate of Unemployment"* (*NAIRU*) bezeichnet. Gleichzeitig kommt die Inflationsrate zustande, die zuvor erwartet wurde (vgl. Abb. 5.15).

Wenn nun aber durch Hinnahme von Inflation überhaupt keine Arbeitsmarktbelebung mehr möglich ist, sollte die Politik konsequent eine Nullinflationsrate anstreben. Robert Barro und David Gordon (1983a, 1983b) haben – anknüpfend an das von den Nobelpreisträgern *Finn Kydland und Edward Prescott* (1977) entwickelte *Zeitinkonsistenz-Problem* – gezeigt, dass dazu im Rahmen des Modells ein Übergang zu Regelbindung oder anreizkompatible Vorgaben für die Entscheidungsträger erforderlich seien.

Im Mittelpunkt des *Barro-Gordon-Modells* steht als wirtschaftspolitischer Akteur die *Zentralbank.* Sie trifft prinzipiell eine *Abwägungsentscheidung* zwischen dem Inflations- und dem Arbeitsmarktziel. Als *Inflationsideal* wird Preisniveaustabilität, also eine Inflationsrate von null verfolgt. Als *Arbeitsmarktziel* eine Verringerung der Arbeitslosenquote, deren Erreichen wiederum vom Ausmaß der Inflationsüberraschung $(\pi_t - \pi_t^e)$ im privaten Sektor abhängt. Dabei erhöht der private Sektor zuerst für die anstehende Periode unwiderruflich seinen Nominallohn um die erwartete Inflationsrate.

Formal verfolgt die Zentralbank im Rahmen einer *diskretionären Politik* ihre Abwägung unter zugrunde legen einer Zielfunktion, welche die von ihr veranschlagten gesellschaftlichen Kosten durch die Abweichung bei beiden Zielen erfasst. Die Kostenfunktion für Periode t (K_t) soll in der Periode durch die Wahl der Inflationsrate minimiert werden, wobei stark vereinfachend angenommen wird, dass sie die Höhe der Inflation über ihren eigentlichen Instrumentenkasten kontrollieren kann:

$$\min_{\pi_t} K_t = \alpha \cdot (\pi_t - 0)^2 - \beta \cdot (\pi_t - \pi_t^e) = \alpha \cdot \pi_t^2 - \beta \cdot \pi_t + \beta \cdot \pi_t^e \,.$$

Im ersten Baustein der (Netto-)Kostenfunktion sind die unmittelbaren Kosten erfasst, die mit der Abweichung der tatsächlichen Inflationsrate vom Nullprozent-Ideal verbunden sind. Das Quadrieren sorgt dafür, dass Inflation ($\pi_t > 0$) und Deflation ($\pi_t < 0$) als gleichermaßen problematisch angesehen werden. Davon werden die positiven Wirkungen über den Arbeitsmarkt durch überraschende Inflation ($\pi_t > \pi_t^e$) abgezogen. α und β sind Gewichtungsparameter, die differenzieren sollen, wie wichtig die Zentralbank beide Komponenten nimmt.

In der notwendigen Bedingung gilt es, bei der Minimierung der Kostenfunktion bei zuvor gegebenen Erwartungen (π_t^e = Konstante) die erste Ableitung Null zu setzen:

$$\frac{dK_t}{d\pi_t} = 2\alpha \cdot \pi_t^* - \beta = 0 \quad \Longrightarrow \quad \pi_t^* = \frac{\beta}{2\alpha} \,.$$

Da auch den als vollkommen rational und informiert unterstellten Haushalten diese Strategie bekannt ist, werden sie vorab die optimale Inflationsrate erwarten:

$$\pi_t^e = \pi_t^* = \frac{\beta}{2\alpha} \,.$$

Die dann entstehenden Kosten der diskretionär für den Einzelfall festgelegten Politik belaufen sich bei dieser Erwartung auf:

$$K_t^* = \alpha \cdot \left(\frac{\beta}{2\alpha}\right)^2 - \beta \cdot \underbrace{\left(\frac{\beta}{2\alpha} - \frac{\beta}{2\alpha}\right)}_{=\pi_t^* - \pi_t^e = 0} = \alpha \cdot \frac{\beta^2}{4\alpha^2} = \frac{\beta^2}{4\alpha} \,.$$

Am Ende gelingt keine Überraschung und kein Erfolg am Arbeitsmarkt, aber dennoch wird nicht das Inflationsideal von Null gewählt, da der private Sektor das Inflationsideal aufgrund der bekannten Anreizstrukturen nicht erwarten konnte und zuvor einen Reallohnanstieg ausverhandelt hat. Würde die Politik $\pi_t = 0$ wählen, legten damit die Reallöhne zu und es käme zu einem Anstieg der Arbeitslosigkeit, bei dem die tatsächlichen Kosten ($\check{K}_t$) bei den mit $\pi_t^e = \frac{\beta}{2\alpha}$ gegebenen Erwartungen höher sind als zuvor:

$$\check{K}_t = \alpha \cdot (0)^2 - \beta \cdot \left(0 - \frac{\beta}{2\alpha}\right) = \frac{\beta^2}{2\alpha} > K_t^* = \frac{\beta^2}{4\alpha} \,.$$

Ein Ausweg aus dem *Dilemma* wäre auch dann nicht gegeben, wenn die Politik in Kenntnis der Problematik vorab zur Beeinflussung der Erwartungsbildung für die Lohnverhandlungen *ankündigte*, später eine Inflationsrate von Null zu wählen. Denn der private Sektor weiß aufgrund der Zugreihenfolge, dass sich die Zentralbank nicht an ihr Versprechen halten würde. Nachdem nämlich die Inflationserwartungen – wie auch immer Eingang in die Lohnverhandlungen gefunden haben und von der Zentralbank als gegeben betrachtet werden – ist es immer noch die beste Strategie für die Geldpolitik, $\pi_t^* = \frac{\beta}{2\alpha}$ zu wählen.

Denn hielte sie sich bei $\pi_t^e = 0$ an die Ankündigung mit $\pi_t = 0$ beliefen sich die Kosten auf

$$\widetilde{K}_t = \alpha \cdot 0 - \beta \cdot (0 - 0) = 0 \,.$$

Noch besser wäre es aber, bei $\pi_t^e = 0$ nicht der Ankündigung zu folgen und die beste diskretionäre Politik mit $\pi_t^* = \frac{\beta}{2\alpha}$ zu betreiben:

$$K_t^\circ = \alpha \cdot \left(\frac{\beta}{2\alpha}\right)^2 - \beta \cdot \left(\frac{\beta}{2\alpha} - 0\right) = -\frac{\beta^2}{4\alpha} < \widetilde{K}_t = 0 \,.$$

Der im Vorhinein vermeintlich besten Ankündigung $\pi_t = 0$ wird daher vom privaten Sektor nicht vertraut, weil die Zentralbank nachdem sich der private Sektor auf die Ankündigung eingestellt hat, einen offenbaren Anreiz hat, sich nicht mehr daran zu halten. Die Ankündigung leidet unter dem Problem der *Zeitinkonsistenz*: was im Vorhinein sinnvoll erscheint, ist es im Nachhinein nicht mehr.

Im Rahmen disketionärer Politik befindet sich die Zentralbank in einem Dilemma: Obwohl sie am Arbeitsmarkt damit letztlich nichts erreicht, betreibt sie eine inflationäre Politik. Will sie hingegen im Zuge eines *Disinflationskurses* bislang hohe Inflationsraten – bei unveränderter Zielpräferenz für beide Ziele – zurückführen, fehlt ihr das Vertrauen dazu und es kommt zu realwirtschaftlichen Einbußen.

Als Ausweg bliebe eine strikte *Regelbindung*, welche die Zentralbank glaubwürdig dazu verpflichtet eine Nullinflationsrate umzusetzen. In dem Fall ($\pi_t = \pi_t^e = 0$) beliefen sich die Kosten auf $\widetilde{K}_t = 0$ (s. o.). Das Rückführen der Inflationsraten auf den Idealwert gelänge ohne realwirtschaftliche Einbußen.

Voraussetzung ist aber, dass im Nachhinein nicht gegen die Regel verstoßen werden kann, z. B. weil sie einklagbaren Gesetzesrang hat. Sollte dies nicht der Fall sein, bestünde ein *Glaubwürdigkeitsproblem*, dass die Zentralbank nicht doch der Versuchung unterliegt. In dem Fall müsste eine glaubwürdige Regel entwickelt werden, an die sich die Zentralbank Abwägung des kurzfristigen Abweichungserfolgs und der folgenden langfristigen Belastung durch einen Reputationsverlust aus freien Stücken auch halten würde. Förderlich wäre dabei die *geldpolitische Anlehnung an eine bereits reputationsstarke Zentralbank im* Rahmen eines festen Wechselkurssystems, wie dies beispielsweise im Rahmen des Europäischen Währungssystems (EWS) mit dem „Anker" der Deutschen Bundesbank praktiziert wurde (vgl. Marquardt 1994). Darüber hinaus könnte ein Einsetzen von geldpolitischen Entscheidungsträgern, hilfreich sein, die für eine hohe Präferenz für das Preisniveauziel bekannt sind oder die – wie zeitweise in Neuseeland – über eine an der Zielabweichung orientierte Gehaltprämie auf das Preisniveauziel materiell eingeschworen werden.

Im Ergebnis lagen die monetaristischen Überlegungen zur Phillipskurve sicher näher an der Situation der *Stagflation* in den 1970er Jahren als die Samuelson-Solow-

Version. Ein Großteil der Arbeitsmarktproblematik war exogenen Schocks geschuldet, trotz ungewöhnlich hoher Inflationsraten lag auch die Arbeitslosenquote auf Rekordniveaus und die Gewerkschaften antizipierten zum Teil im Verteilungskampf die hohen erwarteten Inflationsraten in ihren Lohnforderungen. Die neuklassische Sichtweise hingegen stellte stark auf die Problematik ab, die einzelne Länder im Anschluss an die vor allem durch die Ölkrisen verursachten Hochinflationsphasen beim Umsetzen einer *Disinflationspolitik* hatten.

Gleichwohl sind diese Phasen ein *vorübergehendes Phänomen* gewesen und es stellt sich die Frage nach der generellen Eignung der monetaristisch-neuklassischen Phillipskurvenansätze zur Erklärung der gesamtwirtschaftlichen Zusammenhänge. Letztlich gilt hier die *neoklassische Erklärung des Arbeitsmarktergebnisses* über die *Grenzproduktivitätstheorie* von Vornherein als „gesetzt" (vgl. Kap. 5.4.2). Dabei gilt durch die Mikroökonomisierung der Reallohn als einzige Bestimmungsgröße für den Arbeitsinput. Wechselwirkungen mit der Güternachfrage innerhalb des makroökonomischen Kreislaufs werden komplett ausgeblendet.

Problematisch sind dabei auch die unterstellten *Erwartungsannahmen*. Im Fall adaptiver Erwartungen wird argumentiert, dass nur bis zur Korrektur von Erwartungsirrtümern überhaupt realwirtschaftliche Effekte durch expansive Impulse zu erhoffen sind. Bei rationalen Erwartungen fallen diese Irrtümer, abgesehen von unerwarteten Schocks, sogar komplett weg, sodass auch kurzfristig keine Belebung mehr möglich ist.

Der israelische-US-amerikanische Ökonom Stanley Fischer (1977) hielt dem entgegen, dass selbst bei rationalen Erwartungen expansive Impulse möglich seien. Aufgrund von Verträgen liegen die in Antizipation der zukünftigen Entwicklung und Politik rational gewählten Löhne und Preise für die Vertragsdauer fest. Bei unerwarteten nachträglichen exogenen Schocks, die Produktionsschwankungen hervorrufen, kann nun die Politik deshalb effektiv gegensteuern, weil zum einen die Schocks und deshalb zum anderen auch die veränderte Entscheidungsgrundlage für die Politik nicht erwartet wurden. Überraschende Abweichungen von den Erwartungen sind daher möglich. Bis hier eine Korrektur nach Ablauf der Verträge erfolgen kann, vergeht Zeit. Politik hingegen kann sofort reagieren und den Zeitvorsprung nutzen, um wirksame Belebungsmaßnahmen zu erzielen.

Ohnehin stellt sich die Frage, ob das Bilden *rationaler Erwartungen* realistisch ist. Zur soliden Vorhersage müssten von den Wirtschaftssubjekten alle verfügbaren Informationen richtig verarbeitet werden. Dabei wäre aber zu berücksichtigen, dass das Beschaffen und Verarbeiten selbst Kosten verursacht. Wer dann rational ist, geht aber nach dem Grenzkosten-gleich-Grenznutzen-Prinzip vor und wertet im Prozess einer „*bounded rationality*" eben nicht alle Informationen aus. Darüber hinaus stellt sich die Frage, ob denn alle Entscheidungsträger über ausreichende Verarbeitungskapazitäten verfügen. Beim Versuch die Erwartungsbildung Experten zu überlassen, besteht hingegen das Problem positiver externer Effekte: die Experten bemühen sich einerseits, über ihr anschließendes Verhalten signalisieren sie aber den anderen ihre Erkenntnisse, ohne dass diese noch bereit wären ihren Beitrag für die Bemühungen des Experten zu entgelten. Die Anreize für die Experten zur Bildung rationaler Erwartungen wären hierbei eher begrenzt (Vgl. Grossman/ Stiglitz 1980).

In der Bewertung der hier vorgetragenen neuklassischen Ideen erscheint abschließend die Position von Felderer/Homburg (1991, S. 285) erwähnenswert:

> Die Neuklassische Theorie wird aber den meisten Ökonomen solange fragwürdig erscheinen, bis die von Tobin ins Spiel gebrachte Frage geklärt ist: ‚Why is unemployment so high at unempolyment?‘ Derzeit ist die Mehrzahl der Ökonomen nicht bereit, die Große Depression als einen ‚plötzlichen Anfall ansteckender Faulheit‘ [...] zu betrachten.

Phillipskurven-Entwicklung in Deutschland

In der praktischen Umsetzung ergibt sich für Deutschland die in Abb. 5.16 dargestellte Entwicklung von zeitgleicher Arbeitslosenquote und Inflationsrate. Jeder Punkt steht für die realisierte Kombination eines Jahres. Die Linienzüge verbinden die jeweils aufeinander folgenden Jahre. Dabei zeichnen sich grob vier Phasen ab. Von etwa 1955 (nach dem Einspielen der Nachkriegsordnung) bis zur ersten Ölkrise (ab 1973) ergibt sich eine halbwegs stabile Beziehung um die dunkelgraue Phillipskurve. Danach – bis zur Wiedervereinigung – verlagert sich die Kurve nach rechts auf die blaue Kurve mit im Einzelfall eher hohen Abweichungen. Nach der Wiedervereinigung bis zur Finanzmarktkrise (2008) erfolgt eine weitere Rechtsverlagerung mit vergleichsweise moderaten Abweichungen auf die schwarze Kurve. Seitdem hat sich die Kurve wieder nach links verschoben (rote Kurve).

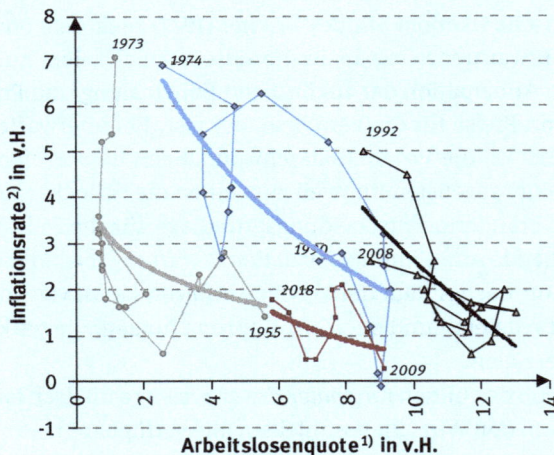

Abb. 5.16: Phillipskurve in Deutschland
1) bis 1990 West-Deutschland, danach Gesamt-Deutschland; Arbeitslose insgesamt bezogen auf abhängig zivile Erwerbspersonen
2) bis 1990 West-Deutschland, danach Gesamt-Deutschland, bis 1962 Preisindex für die Lebenshaltung im 4-Personenhaushalt von Arbeitern und Angestellten mit mittlerem Einkommen, 1963–1991 Preisindex für die Lebenshaltung im 4-Personenhaushalt alle Haushalte, ab 1992 Verbraucherpreisindex

Die Phillipskurven wurden aus einer nichtlinearen Regression ermittelt. Als Funktionsgattung (exponential oder logarithmisch) wurden jeweils die mit der höchsten Anpassung gewählt. Quelle: Statistisches Bundesamt, Bundesagentur für Arbeit, diverse Jahrgänge, eigene Berechnungen.

Innerhalb der einzelnen Phasen scheint im Sinne der Samuelson-Solow-Version ein Trade-Off zwischen der Arbeitslosenquote und der Inflationsrate zu bestehen, der aber zumindest in der zweiten Phase eher instabil ausfällt. Die Verlagerungen deuten aber im Sinne der monetaristischen Version an, dass sich die „natürliche Arbeitslosenquote" ein erstes Mal mit der Öl- und vor allem mit den Strukturkrisen erhöht hat. Eine zweite Zunahme setzte mit der Wiedervereinigung und der dadurch in Ostdeutschland ausgelösten Strukturkrise ein. Nach der Finanzmarktkrise hat sich die Quote allerdings deutlich verringert.

5.6.2.3.2 Zweifel an der prozesspolitischen Umsetzbarkeit

Aber selbst wenn die Prozesspolitik Wirkung hätte, argumentiert das monetaristisch-neuklassische Lager, dass die keynesianischen Empfehlungen entweder nicht umsetzbar wären oder dass die Entscheidungsträger gar kein Interesse an einer Umsetzung hätten. In pauschaler Form attestiert der Nobelpreisträger *Friedrich August von Hayek* (1899–1992) den Entscheidungsträgern sogar, dass sie mit einer prozesspolitischen Steuerung zwangsläufig *überfordert* sein müssen. In seiner Nobelpreisträgerrede (Hayek 1974) prangerte er insbesondere im Zusammenhang mit dem Keynesianismus eine „*Anmaßung des Wissens*" an. Volkswirtschaften mit ihren Millionen von Wirtschaftssubjekten seien so komplex, dass sich niemand anmaßen sollte, über ein hinreichendes Steuerungswissen zu verfügen. Jeder Versuch Fehlentwicklungen zu korrigieren – sei er noch so wohlmeinend –, überlaste die Verantwortlichen und führe so möglicherweise nur an anderer Stelle unbeabsichtigt zu neuen Missständen. Diese Folgewirkungen seien dann aber nicht das Resultat von Marktversagen, sondern ausschließlich von *Staatsversagen*. Geht der Staat auch gegen diese – eigentlich ja selbst ausgelösten Fehlentwicklungen – vor, komme es zur Verwirklichung der „*Ölflecktheorie*": Der staatliche Interventionismus überzieht eigendynamisch das gesamte Wirtschaftssystem wie ein Öltropfen, den man auf eine Wasserpfütze tropfen lässt.

Darüber hinaus wird bezweifelt, ob die prozesspolitischen Entscheidungsträger überhaupt über einen ausreichenden *Handlungsspielraum* verfügen, um gezielt in Wirtschaftsabläufe intervenieren zu können. Das betrifft zum einen die Fiskalpolitik. Wenn Staaten *überschuldet* seien, verfügen sie in Krisen erstens nicht mehr über genügend finanziellen Spielraum zu Konjunkturbelebung. Weder für Steuersenkungen noch für eine Erhöhung von Transferleistungen und erst recht nicht für neue Schulden zur Finanzierung von Staatsausgaben bestünden Freiräume. Zweitens stellten Veränderungen im *Steuer- und Transfersystem*, die allein vom Konjunkturverlauf abhängen, einen Eingriff in ein *Gesamtgefüge* dar, in dem Verteilungsfragen nach Belastbarkeit und Gerechtigkeit *ausbalanciert* sind. Kurzfristige diskretionäre Änderungen gingen mit der Gefahr einher, die Ausgewogenheit zu zerstören. Zudem gingen permanente

Änderungen hier zulasten der längerfristigen *Planungssicherheit*. Drittens mache bei vielen Ausgabeprojekten eine *Stop-and-Go-Politik* keinen Sinn. Niemand käme beispielsweise auf die Idee, die Renovierungsarbeiten an einer Brücke einzustellen, weil die Konjunktur gerade boomt.

Zum anderen wird auch für die *Geldpolitik*, die im hier besprochenen Dogma ohnehin als viel relevanter angesehen wird, eine eingeschränkte Flexibilität erwartet. Die Zweifel gehen zurück auf eine alte Kontroverse aus dem 19. Jahrhundert zwischen der *Currency-* und der *Banking-School*. Die Anhänger der Banking-School gingen im Gegensatz zu ihren Kontrahenten davon aus, dass die Zentralbank gar nicht in der Lage sei, die Entwicklung der Geldmenge exogen (und damit auch nicht die Entwicklung der Zinsen) zu kontrollieren (vgl. auch Kap. 7.3.6.2).

Denn *erstens* wirke Geldpolitik wie ein „*Strick*": Durch restriktive Maßnahmen, der sich keine Geschäftsbank entziehen kann, ließe sich die Geldmengendynamik zwar zuverlässig *abbremsen*. Eine Geldmengenexpansion hingegen kommt nur zustande, wenn die Geschäftsbanken auch bereit sind, das zusätzlich von der Zentralbank angebotene Geld in den Wirtschaftskreislauf zu bringen. *Zweitens* sei die Geldmenge, zumindest wenn man in ihr auch liquiditätsnahe Aktiva wie Sicht- oder kurzfristige Termineinlagen bei den Geschäftsbanken berücksichtigt nicht exogen, sondern *endogen*. Die Zentralbank hat hier nur die Primärgeldschöpfung im Griff, nicht aber die Sekundärgeldschöpfung und damit auch nicht die am Ende umlaufende Geldmenge. Die Zentralbank könnte also in einer Krise den Geschäftsbanken mehr Geld für dann geringere Notenbankzinsen anbieten. Ob die Geschäftsbanken diesen Zuwachs aber auch abrufen, hängt dann ganz stark davon ab, ob sie es selbst in ihrem *Aktivgeschäft* in Form von Krediten weiterreichen können.

Ohnehin gilt der ganze *Transmissionsmechanismus* vom geldpolitischen Impuls in die Realwirtschaft als sehr komplex. Selbst wenn die Geschäftsbanken die erleichterte Refinanzierung nutzen würden, ist eben noch nicht sichergestellt, dass die vergünstigten Konditionen von den Geschäftsbanken an ihre Kunden weitergegeben werden. Dies ist auch eine Frage des Interbankenwettbewerbs. Aber selbst wenn sie weitergegeben werden, ist nicht sicher, ob die Kunden das Geld für Kredite auch nachfragen. In Zeiten von Krisen besteht schließlich allgemeine Verunsicherung und wer fragt da schon Kredite nach, um als Unternehmer die Produktionskapazitäten durch Investitionen auszuweiten oder als Konsument kostspielige Ausgaben zu tätigen. Aber erst dann wäre der monetäre Impuls in der Realwirtschaft angekommen. Fraglich ist in dem Kontext auch die erforderliche Dosierung der Impulse. Denn angesichts der unsicheren Impulsübergänge beim Transmissionsmechanismus ist von Vornherein nie sicher, wie viel des Impulses am Ende und wann in der Realwirtschaft ankommen wird.

Neben dem Dosierungs- besteht noch ein besonderes *Timing-Problem* und zwar sowohl für die Geld- als auch für die Fiskalpolitik. Es resultiert aus der von Milton Friedman beschriebenen Lag-Problematik (vgl. Abb. 5.17) Demnach vergeht von der

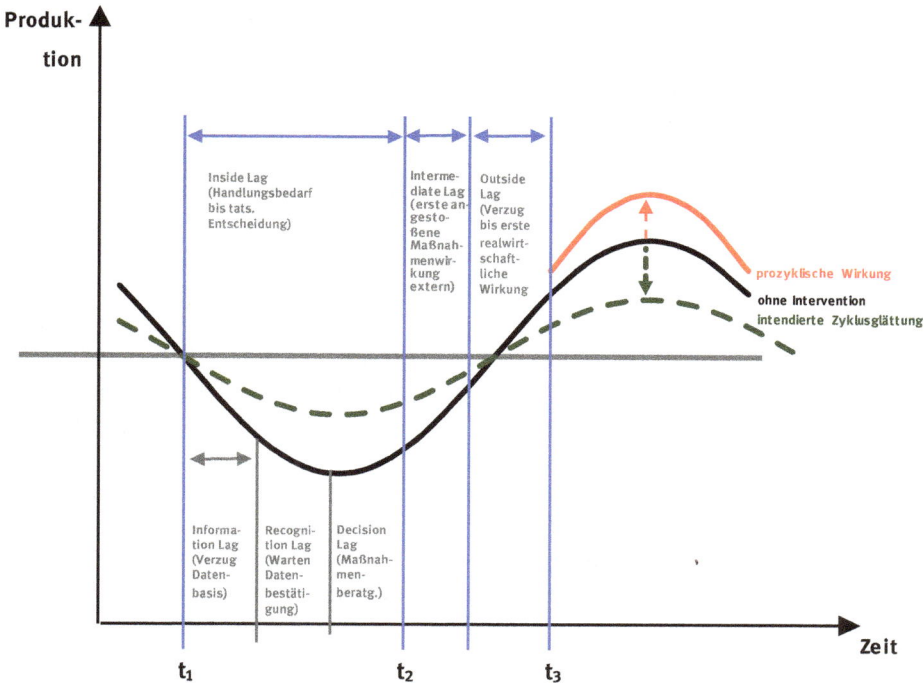

Produktion

Inside Lag (Handlungsbedarf bis tats. Entscheidung)

Intermediate Lag (erste angestoßene Maßnahmenwirkung extern)

Outside Lag (Verzug bis erste realwirtschaftliche Wirkung)

prozyklische Wirkung

ohne Intervention

intendierte Zyklusglättung

Information Lag (Verzug Datenbasis)

Recognition Lag (Warten Datenbestätigung)

Decision Lag (Maßnahmenberatg.)

Zeit

t_1 t_2 t_3

Abb. 5.17: Lag-Problematik. Quelle: Eigene Darstellung.

objektiven Eingriffsnotwendigkeit bis zum intendierten realwirtschaftlichen Wirken von ergriffenen Maßnahmen Zeit.

Unterschieden wird zwischen dem:

– *Inside Lag*: Diese Verzögerungen sind innerhalb der Entscheidungsprozesse bei den Entscheidungsträgern selbst angelegt. Sie umfasst den Verzug vom Handlungsbedarf in t1 bis zur Entscheidung in t2 und hat ihre Ursache im:

  – *Information Lag*: Verzögerung bis in den mit Verzug veröffentlichten Daten die Situation von t1 überhaupt erkennbar wird.

  – *Recognition Lag*: Entscheidungsträger warten ab, ob die Verfehlung von t1 ein einmaliger Ausreißer ist oder sich in den nachfolgenden Datenveröffentlichungen bestätigt und ergründen, was die eigentlichen Ursachen sind.

  – *Decision Lag*: In dieser Phase wird über die zu ergreifenden Maßnahmen beraten. In der Fiskalpolitik bedarf es dabei der Beteiligung des Parlamentes und einer Mehrheitsfindung, so dass hier die Verzögerungen länger sind als in Geldpolitik, in der nur überschaubare viele Akteure im Zentralbankrat zu einer Entscheidung kommen müssen.

– *Intermediate Lag*: Zeitverzug vom Maßnahmenbeschluss bis in der nachfolgenden, außerhalb des Einflussbereichs der Entscheidungsträger liegenden Wirkungskette erste Impulse zustande kommen (z. B. bei der Geldpolitik bis nach einer Leitzinssenkung durch die Zentralbank eine Zinssenkung für die Kunden der Geschäftsbanken eintritt).

– *Outside Lag*: Verzögerung von den ersten außerhalb des Entscheidungsträgers angestoßenen Impulsen bis eine realwirtschaftliche Wirkung entsteht (z. B. bis sich nach der Zinssenkung durch Geschäftsbanken die Investitionsnachfrage belebt und zu einer Mehrproduktion führt).

In jedem Fall erschwert die Lag-Problematik das angemessene Timing prozesspolitischer Eingriffe. Je nach Dauer besteht möglicherweise sogar die Gefahr, dass die Konjunktur eigendynamisch die Fehlentwicklungen bereits beseitigt hat und das Pendel sogar in die andere Richtung ausgeschlagen ist. Die Wirkung der Maßnahme zur Bekämpfung der Rezession in t_1 würde dann zu einem Zeitpunkt t_3 auftreten, in dem die Konjunktur sich bereits im Boom befindet. Sie würde *unbeabsichtigt prozyklisch*, also Zyklen verstärkend statt antizyklisch wirken. Dann wäre die Fehlentwicklung Ergebnis von *Staatsversagen*.

Eine weitere Schwierigkeit ergibt sich aus der Notwendigkeit, die unterschiedlichsten Ebenen prozesspolitischer Entscheidungen *aufeinander abzustimmen* und zu einer kohärenten Politik zusammenzuführen. Zunächst müssen auf föderaler Ebene die *Gebietskörperschaften* an einem Strang ziehen. Insbesondere darf eine expansiv ausgerichtete Fiskalpolitik des Bundes nicht konterkariert werden durch kontraktive wirkende Sparmaßnahmen der Kommunen. Diese Problematik stellt sich in Deutschland umso mehr, als zum einen in Krisen mit der Gewerbesteuer wichtige Einnahmen in den Kommunen wegfallen und zum anderen die Möglichkeiten zur kommunalen Kreditaufnahme stark eingeschränkt sind. Insofern besteht hier die Gefahr, dass in den Kommunalhaushalten die fallenden Einnahmen durch eine zurückhaltende Ausgabenpolitik flankiert werden.

Darüber hinaus bedarf es einer in sich stimmigen *Koordination von Wechselkurs-, Geld- und Fiskalpolitik*. So kann die Wechselkurspolitik durch das Vereinbaren fester Wechselkurse insbesondere die Handlungsspielräume der Geldpolitik stark einschränken. Auch besteht – vor allem wenn die Zentralbank unabhängig ist – die Möglichkeit, dass Geld- und Fiskalpolitik unterschiedlich ausgerichtet werden.

Des Weiteren werden Zweifel vorgetragen, dass im Keynesianismus das Verständnis über das Verhalten der Entscheidungsträger weltfremd sei. Im Keynesianismus dominiere der Eindruck politische Akteure seien „*wohlwollende Diktatoren*", die nicht nur alles hochgradig flexibel und ohne zeitliche Verzögerungen (s.o) entscheiden können, sondern auch ausschließlich im Sinne des Gemeinwohls operieren. Die *Neue Politische Ökonomie* (NPÖ) weist diese Vorstellung zurück und betont, dass Entscheidungsträger per se *Eigeninteressen* verfolgen, die zwar auch am Gemeinwohl orientiert sein können, aber nicht sein müssen.

Dabei spielt u. a. die These von Nobelpreisträger *William D. Nordhaus* zu den *Politischen* Zyklen eine wichtige Rolle. Demnach seien regierende Politiker primär am

Machterhalt interessiert. Für eine Wiederwahl ist aber der wirtschaftspolitische Erfolg eine wesentliche Komponente. Strategisch nutzen die Regierenden nun die Kenntnis, dass weiter zurückliegende Entwicklungen das Ergebnis einer bevorstehenden Wahl weniger stark beeinflussen als jüngere. Das kann an einem Kurzzeitgedächtnis der Wähler liegen oder daran, dass die Wähler glauben, die zuletzt beobachte Entwicklung sei aussagekräftiger für die zu erwartenden Erfolge der derzeit Verantwortlichen nach einer möglichen Wiederwahl. In diesem Rahmen liegt es für die Entscheidungsträger nahe, kurz vor dem nächsten Urnengang über Wahlgeschenke ein konjunkturelles Strohfeuer zu entfachen. Bei zunächst gut laufender Wirtschaft schmückt sich die Regierung in ihren Wahlkampfauftritten mit dem Erfolg und kann entsprechend auf eine Wiederwahl setzen. Nach der Bestätigung im Amt offenbaren sich jedoch die Schattenseiten des Strohfeuers. Als Spätfolge des Booms tritt Inflation ein. Die Politik hält nun mit restriktiven Maßnahmen dagegen, zumal die Wahlgeschenke auch über höhere Steuereinnahmen gegenfinanziert werden müssen. Dem Boom folgt eine Rezession, die aus egoistischer Sicht des Politikers aber nicht so schlimm ist, weil die Wähler diese Periode bis zur nächsten noch weit in der Zukunft liegenden Wahl wieder vergessen haben werden. Die als Problem im Keynesianismus identifizierten Schwankungen der Produktion werden hier durch Politiker erst verursacht.

Allerdings weist die Theorie Politischer Zyklen Schwächen auf. Würde die Theorie stimmen, so müsste die Länge von Konjunkturzyklen mit den Wahlperioden übereinstimmen. Das ist nicht der Fall. Außerdem stehen wegen des Auseinanderfallens von Bundestagswahlen und den Wahlterminen in den Bundesländern regelmäßig irgendwo wichtige Wahlen an. Dennoch sind zumindest die von *Bruno S. Frey und Friedrich Schneider* (1978) modellierten *Budgetzyklen* sehr realistisch. Neue oder höhere Transfers, wie etwa das von der CSU angeregte und oftmals als „Herdprämie" bezeichnete Betreuungsgeld im Jahr 2013 und Steuersenkungen, wie etwa die vornehmlich von der CSU und FDP betriebene „Hoteliersteuersenkung" im Jahr 2009, sind beliebte oftmals klientelorientierte Geschenke einer Regierung im Vorfeld von Wahlen. Unmittelbar nach einer Wahl drohen dann aber die Einschnitte. So wies die SPD als Regierungspartei noch im Wahlkampf 2005 eine von der CDU/CSU-Opposition geforderte Mehrwertsteuererhöhung von 2 Prozentpunkten als „Merkelsteuer" weit von sich. Nach der Wahl und dem Wechsel in eine große Koalition wurde von der SPD als wieder mitregierende Partei eine Mehrwertsteuererhöhung von sogar 3 Prozentpunkten mitgetragen.

Eine weitere Fundamentalkritik am Keynesianismus greift das *Schumpeter-Theorem* auf. Schumpeter bezweifelt darin, dass Finanzpolitiker in einer Demokratie über eine ausreichende Disziplin verfügen, um das keynesianische *deficit spending* nicht in eine Überschuldung des Staates münden zu lassen. So werde vom Keynesianismus in Krisenphasen bewusst das Eingehen eines Haushaltsdefizits gefordert. Die Vorstellung, es könne nachfolgend im Boom zu einem Abbau der Verschuldung kommen, sei aber naiv. Schumpeter wird nachgesagt, dies wie folgt begründet zu haben: „eher legt ein Hund einen Wurstvorrat an, als eine demokratische Regierung eine Haushaltsreserve". Gerade angesichts von starkem Lobbyeinfluss sei die Versuchung einfach zu groß, erzielte Haushaltsüberschüsse statt zur *Schuldentilgung* zum Bedienen von Klientelinteressen einzusetzen.

Übrigens werden auch Gewerkschaftsführer in der NPÖ in Verbindung mit von ihnen durchgesetzten überhöhten Lohnforderungen in die Verantwortung für Fehlentwicklungen genommen. Nach der *Insider-Outsider-Theorie* würden sie bewusst Arbeitslosigkeit in Kauf nehmen. Denn Gewerkschaftsführer richteten sich demzufolge ebenfalls primär am Machterhalt und den Gewerkschaftsmitgliedern (Insidern) aus. Dazu bedürfe es einer ausreichenden Zufriedenheit unter den Gewerkschaftsmitgliedern. Zumeist sind aber solche Beschäftigte Gewerkschaftsmitglied und damit stimmberechtigt, die auch über einen Arbeitsplatz verfügen. Mit Blick auf diese Insider setzten die Funktionäre in der Hoffnung auf eine anschließende Bestätigung im Amt die Löhne so hoch an, dass die bisher Beschäftigten noch ihren Job behalten. Rücksicht auf die Outsider, die nicht stimmberechtigten Arbeitslosen, werde dabei nicht genommen. Dabei kommt es nach Oliver Blanchard und Lawrence Summers (1986) bzw. Assar Lindbeck und Denis Snower (1988) zu einer *Hysterese*: Wer einmal arbeitslos ist, hat kaum Chancen wieder eingestellt zu werden. Die Lohnforderungen verursachen zum einen eine Persistenz im Ausmaß der Arbeitslosigkeit. Dabei bleiben gerade die bisher schon Arbeitslosen arbeitslos, weil sie gegenüber bisher Beschäftigten den Nachteil haben, erst einmal eingearbeitet werden zu müssen. Je länger man dann ohne Arbeit und damit nicht mehr auf dem Laufenden ist, umso stärker wird die Arbeitskraft entwertet, umso schwieriger wird es, jemals wieder einen Job zu finden (zur Kritik an diesem Ansatz vgl. Marquardt (1994, S. 36 ff.))

5.6.3 Wirtschaftspolitische Schlussfolgerungen

Monetarismus und Neuklassik kommen, ähnlich wie die Neoklassik, zu der Schlussfolgerung, der Staat solle sich aus der *Prozesspolitik zurückhalten*. Dabei werden unterschiedliche Begründungen angeführt: *Erstens* könne der Staat langfristig ohnehin *keine realwirtschaftliche Wirkung* erzielen. Die *Fiskalpolitik* sei hiermit sogar – im Gegensatz zur keynesianischen Auffassung – vollkommen überfordert. Angesichts der Unabhängigkeit des Konsums vom laufenden Einkommen bliebe schließlich ein Multiplikatoreffekt mehr oder weniger aus. Am Ende komme es hier *nur zu einem Zins-Crowding-Out*, das ausgerechnet die privatwirtschaftlichen Investitionen als Katalysator des längerfristigen Wachstums verdrängt. Die *Geldpolitik* hingegen übe zwar starke Effekte auf das nominale BIP aus. Kurzfristig ist dabei aber von Vornerein unklar, ob im Zuge einer expansiven Geldpolitik primär die Güterpreise steigen oder auch eine realwirtschaftliche Belebung einsetzt. Längerfristig käme es – neben hoher Volatilität in der Produktion – aber nur zu *Inflation*. In der *Neuklassik* wird sogar von vornherein jedwede realwirtschaftliche Wirkung bestritten.

Zweitens könnten die Entscheidungsträger gar nicht gezielt gegen Fehlentwicklungen vorgehen, selbst wenn die Maßnahmen wirkten. Wer dies trotzdem glaubt, maße sich ein Steuerungswissen an, über das angesichts der *Systemkomplexität* keiner verfügen könne. Allein die *Lag-Problematik* mache ein gezieltes Timing und eine adäquate Dosierung der Instrumente nahezu unmöglich. Überdies gebe es erhebliche *Koordinationsprobleme* unter den unterschiedlichen Entscheidungsträgern. Prozesspolitische Eingriffe seien *drittens* aber auch *nicht nötig*. Angeblich sei der gesellschaftliche Schaden einer Rezession eher vernachlässigbar. Überdies seien die Märkte weitaus stabiler als im Keynesianismus behauptet. Marktversagen sei eher die Ausnahme als die Regel. In der Neuklassik ergeben sich sogar nur als Folge unerwarteter Schocks temporäre Marktungleichgewichte. Diese könnten aber die Märkte durch ihre Anpassungsflexibilität auch rasch verarbeiten. Häufig sei sogar *viertens* gerade *Staatsversagen* die Ursache der Probleme. Denn die Interventionen überforderter Entscheidungsträger mündeten nach der „*Ölflecktheorie*" zwangsläufig im Auslösen neuer Fehlentwicklungen. Außerdem schwäche das Ausweiten staatlicher Eingriffe die vielfach beschworenen *Selbstheilungskräfte* des Marktes. Oftmals entstünden die Missstände aber auch deshalb, weil die Verantwortlichen primär ihre *Eigeninteressen* verfolgen. So könne das Streben nach Machterhalt zu politisch verursachten Zyklen in der Produktion führen. Überdies bestehe die Gefahr einer *ausufernden Staatsverschuldung*. Aus diesem Grund müsse die Politik durch *Regelbindung* an die Leine genommen werden, zumal sie dann im Kampf gegen Inflation angesichts einer erhöhten Glaubwürdigkeit ein leichteres Spiel habe.

Fünftens gelte es für den Staat, aktiv die *Marktkräfte zu stärken*. Dies belebe den *Wettbewerb* und führe schließlich zu mehr *Wirtschaftswachstum*. Dazu müsse der Staat sich, wenn er schon von den Monetaristen und Neuklassikern kein Mandat für die Steuerung der Güternachfrageseite erhält, auf eine Unterstützung der Angebotsseite konzentrieren. Hierbei sollten die Unternehmen als Anbieter der Güter bei der Entfaltung ihrer Kreativität unterstützt werden. Belebt sich dann durch die *unternehmerfreundliche Politik* das Wachstum, komme dies am Ende allen zugute, denn „bevor es etwas zu verteilen gebe, müsse es erwirtschaftet werden". Förderlich für die unternehmerische Planungssicherheit sei dabei eine *Langfristorientierung* mit einer klaren Rahmenvorgabe von Seiten der Politik. Die *Geldpolitik* solle dazu über eine vorrangige Orientierung am Ziel der *Preisniveaustabilität* beitragen. *Liberalisierung, Deregulierung, Entbürokratisierung, Privatisierung* wirke zudem belebend und verstärke den Wettbewerb als Lebenselexir der Marktwirtschaft. Die Finanzpolitik müsse ihre *Haushalte konsolidieren* und so über die damit verbundenen Zinssenkungen private Investitionen anstoßen. Ausgabenseitig solle sich der Staat ohnehin auf seine Kernaufgaben konzentrieren. Einnahmenseitig sei eine *Entlastung bei Steuern und Sozialabgaben für die Unternehmen* angezeigt. Bei der Bekämpfung der Arbeitslosigkeit habe der Staat sechstens prozesspolitisch keine ernsthaften Möglichkeiten. Dennoch könne er ordnungspolitisch die Flexibilität am Arbeitsmarkt erhöhen und institutionelle Hindernisse beim Abbau der Arbeitslosigkeit beseitigen. Dazu gehört – zumindest über *moral suasion*, also ein ins Gewissenreden und im Zweifelsfall durch ein Diskreditieren – den Gewerkschaftswiderstand zu brechen. Das Herausbilden neuer zukunftsträchtiger Produktionsstrukturen als Reaktion auf strukturelle Arbeitslosigkeit sei eher eine Entdeckungsaufgabe des Marktes. Denn warum sollte ausgerechnet der Staat besser als die Experten in den Unternehmen wissen, wo in der Wirtschaftsentwicklung das zukünftige Potenzial liegt. Gleichwohl könne der Staat die Unternehmen bei der Suche unterstützen.

Aufgaben

a) Beschreiben Sie ausführlich die Positionen der Neoklassik, des Monetarismus und des Keynesianismus hinsichtlich der Frage, inwieweit nachfragebelebende Programme des Staates sinnvoll sind!

b) Diskutieren Sie kontrovers – gestützt auf die Vorstellungen der bekannten Dogmen – die These: „Zu einer Verbesserung der Arbeitsmarktsituation bedarf es in erster Linie eines günstigeren Umfeldes für die Unternehmen."

c) Erklären Sie die Vorstellungen zum Phillipskurvenzusammenhang nach Samuelson/Solow und in der monetaristischen Sichtweise von Friedman/Phelps!

6 Allgemeine Wirtschaftspolitik: Ziele und orthodoxe sowie heterodoxe Konzepte

6.1 Ziele der Wirtschaftspolitik

Wirtschaftspolitische Ziele beschreiben eine Wunschvorstellung (vgl. Kap. 1.3.4). Für sich genommen lassen sie sich daher wissenschaftlich nicht als objektiv „richtig" oder „falsch" einordnen. Ziele können allenfalls eine hohe Akzeptanz aufweisen, weil sie den Wertvorstellungen von vielen Menschen entsprechen. Welche orthodoxen und heterodoxen Ziele die Wirtschaftspolitik tatsächlich verfolgt und verfolgen sollte, wird nachfolgend untersucht und aufgezeigt werden.

6.1.1 Ziele nach dem Stabilitäts- und Wachstumsgesetz (StabG)

In den meisten hochentwickelten Volkswirtschaften genießen, so wie in der Bundesrepublik Deutschland, traditionell vier wirtschaftspolitische Ziele aufgrund einer hohen gesellschaftlichen Unterstützung eine zentrale Bedeutung: das *Beschäftigungs-*, das *Wachstums-*, das *Preisniveaustabilitäts-* und das *Außenwirtschaftsziel*.

Das Grundgesetz verpflichtet die Politik in einer noch sehr unspezifischen Form auf diesen Zielkanon, indem es eher nebulös das Verfolgen eines *gesamtwirtschaftlichen Gleichgewichts* verlangt. Nach Art 109, Abs. 2 GG gilt: „Bund und Länder [...] tragen [...] den Erfordernissen des gesamtwirtschaftlichen Gleichgewichts Rechnung." Durch die Einführung der *Schuldenbremse* (vgl. ausführlich dazu Kap. 7.2.7) wurde dieser Passus mit Wirkung vom 1. Januar 2011 durch die Verpflichtung ergänzt, dass dabei die „*Haushaltsdisziplin*" einzuhalten sei. Nach Art 109, Abs. 3 bedeutet dies, dass „die Haushalte von Bund und Ländern [...] grundsätzlich ohne Einnahmen aus Krediten auszugleichen" sind.

Interessant und politisch immer mehr umstritten ist dabei, dass der Staatshaushalt, der bis dato eigentlich ein zentrales Instrument war, um wirtschafts- und andere gesellschaftspolitische Ziele zu erreichen, mit der Neuregelung eigentlich auch in den Rang eines sogar unabdingbaren, um seiner selbst willen zu erreichenden Ziels erhoben wurde. Man stelle sich Ähnliches bei einem Unternehmen vor. Wenn dort sinnvolle, renditeträchtige Investitionen nur deshalb unterbleiben müssten, weil sich das Unternehmen ohne Überschuldungsnot ein ausgeglichenes Budget und damit ein Verschuldungsverbot vorgegeben hat, dürften erhebliche Zweifel an der strategischen Kompetenz des Vorstands bzw. der Geschäftsführung aufkommen.

Die Unbestimmtheit der Zielvorgabe des „gesamtwirtschaftlichen Gleichgewichts" wurde mit Verabschiedung des Gesetzes zur Förderung der Stabilität und des Wachstums in der Wirtschaft (kurz: „*Stabilitäts- und Wachstumsgesetz*" bzw. StabG) im Jahr 1967 aufgehoben. Dort wird unter Verweis auf Art. 109, Abs. 2 GG in §1 StabG präzisiert:

https://doi.org/10.1515/9783110619379-006

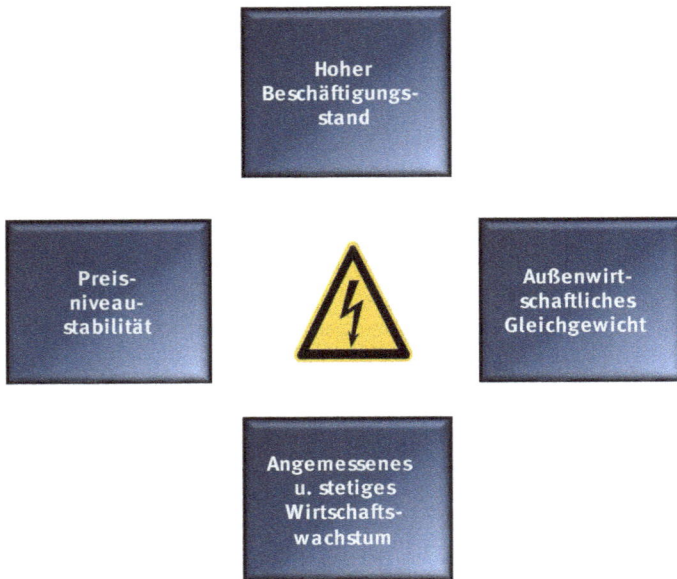

Abb. 6.1: Magisches Viereck. Quelle: eigene Darstellung.

„Bund und Länder haben bei ihren wirtschafts- und finanzpolitischen Maßnahmen die Erfordernisse des gesamtwirtschaftlichen Gleichgewichts zu beachten. Die Maßnahmen sind so zu treffen, dass sie im Rahmen der marktwirtschaftlichen Ordnung gleichzeitig zur Stabilität des Preisniveaus, zu einem hohen Beschäftigungsstand und außenwirtschaftlichem Gleichgewicht bei stetigem und angemessenem Wirtschaftswachstum beitragen." Mit dieser Präzisierung wird das sogenannte „*magische Viereck*" zu den wichtigsten Zielen der Wirtschafts- und Finanzpolitik deklariert (vgl. Abb. 6.1).

Bemerkenswert ist in dem Kontext erstens, dass die Maßnahmen „im Rahmen der *marktwirtschaftlichen Ordnung*" zu treffen sind. Dadurch ist per Gesetz festgelegt, dass die Wirtschaftspolitik zumindest im Grundsatz das Privateigentum an Produktionsmitteln nicht antasten und ihre Politik primär darauf abstellen soll, die allgemeinen Rahmenbedingungen für den Wirtschaftsprozess zielfördernd zu gestalten. Die unmittelbare Dispositionsfreiheit der Wirtschaftssubjekte innerhalb des Rahmens soll dabei möglichst nicht eingeschränkt werden.

Dabei war die Festlegung auf eine marktwirtschaftliche Ordnung nicht zwangsläufig. In seinem *Investitionshilfeurteil* vom 20. Juli 1954 stellte das Bundesverfassungsgericht diesbezüglich zwar fest:

Das Grundgesetz garantiert weder die wirtschaftspolitische Neutralität der Regierungs- und Gesetzgebungsgewalt noch eine nur mit marktkonformen Mitteln zu steuernde ‚soziale Marktwirtschaft'. Die ‚wirtschaftspolitische Neutralität' des Grundgesetzes besteht lediglich darin, dass sich der Verfassungsgeber nicht ausdrücklich für ein bestimmtes Wirtschaftssystem entschieden hat. Dies ermöglicht dem Gesetzgeber, die ihm jeweils sachgemäß erscheinende Wirtschaftspolitik zu verfolgen, sofern er dabei das Grundgesetz beachtet. Die gegenwärtige Wirtschafts- und Sozialordnung ist zwar eine nach dem Grundgesetz mögliche Ordnung, keineswegs aber die allein mögliche. (Bundesverfassungsgericht, Entscheid 1954, D. 5.)

Allerdings wurde diese Auffassung später relativiert. Letztlich ist das Grundgesetz ordnungspolitisch nicht neutral (vgl. Kap. 8.4.5.2). Art. 14 und 15 GG garantieren schließlich das Privateigentum an Produktionsmitteln; und zwar als Grundrecht, d. h. die Normen können innerhalb des Grundgesetzes allenfalls mit einer Zweidrittel-Mehrheit in Bundestag und Bundesrat geändert werden und dann auch nur, ohne den Wesensgehalt anzutasten.

Zweitens wird zwischen den vier benannten Zielen *keine Hierarchie* aufgestellt. Im Gegenteil, das Gesetz fordert Bund und Länder auf, die Ziele *gleichrangig* zu verfolgen. Das bedeutet, bei gleich großen Zielverfehlungen auf Verbesserungen bei allen vier Zielen gleichermaßen abzustellen und nur in dem Fall, in dem eines der Ziele im Quervergleich außergewöhnlich stark beeinträchtigt ist, diesem Ziel eine höhere Aufmerksamkeit zu widmen. In der praktischen Umsetzung bleibt fraglich, ob die prinzipielle Gleichrangigkeit überhaupt erreichbar ist. Daher ist hier auch die Rede von einem „magischen" Viereck. Denn zwischen jeweils zwei Zielen sind immer Zielkonflikte denkbar. Das betrifft zum Beispiel die in der *Phillipskurvendiskussion* (vgl. Kap.5.6.2) thematisierte Problematik zwischen den Zielen des hohen Beschäftigungsstandes und der Preisniveaustabilität: Je niedriger die Arbeitslosigkeit wird, umso offensiver könnten Gewerkschaften in den Lohnforderungen auftreten und umso größer ist bereits die Auslastung der Produktionsmöglichkeiten. Weitere politisch initiierte Fortschritte beim Abbau von Arbeitslosigkeit könnten insofern kosten- wie nachfrageseitige Inflationseffekte bewirken. In einer solchen Konstellation würde das Verbessern bei einem Ziel ein Verschlechtern beim anderen bewirken. Das gleichzeitige Erreichen beider Ziele erforderte in dieser Konstellation „magische" Kräfte.

Drittens sind die Zielvorgaben wenig präzise und lassen *Interpretationsspielraum* offen. Immerhin schaffte man es aber bei der Konstituierung des StabG eine von Juristen eingeforderte „rechtliche Konkretisierbarkeit und Operationalisierbarkeit" der wirtschaftspolitischen Zielorientierungen im „Magischen Viereck" durch inoffizielle normative Vorgaben herbeizuführen. Diese Vorgaben erstaunen heute: So wurde für ein *stetiges und angemessenes Wachstum* eine reale Zuwachsrate des Bruttosozialprodukts von 4 Prozent als Zielgröße vorgegeben und für das *Preisniveau* maximal eine Inflationsrate von 1 Prozent. Beim hohen *Beschäftigungsstand* ging man von einer Arbeitslosenquote von bis zu 0,8 Prozent aus. Nur dann könne man von Vollbeschäftigung sprechen. Und beim *außenwirtschaftlichen Gleichgewicht* sei lediglich eine Abweichung des Außenbeitrags von +/- 1,5 Prozent bezogen auf das Bruttosozialprodukt erlaubt (Zuck 1975, S. 133 ff.).

Viertens fällt auf, dass die Deutsche *Bundesbank* bzw. die *EZB* als geldpolitische Institution im StabG nicht in die Pflicht genommen wird. Die wirtschaftspolitischen Vorstellungen zur Zielsetzung für die Zentralbank sind exklusiv im deutschen Währungsgesetz bzw. für die EZB im Vertrag über die Arbeitsweise der Europäischen Union (AEUV) geregelt (vgl. dazu ausführlich Kap. 7.3.5). Für die Zentralbank wurde dabei als *vorrangiges Ziel* das Verfolgen der *Preisniveaustabilität* deklariert. Nur falls dieses Ziel nicht beeinträchtigt ist, soll die Geldpolitik auch die allgemeine Wirtschaftspolitik unterstützen und damit auch zu einem Erreichen der anderen drei Ziele des magischen Vierecks beitragen.

Fünftens werden im StabG *Umweltschutz und Nachhaltigkeit* auf der einen sowie *Verteilungsgerechtigkeit* auf der anderen Seite nicht als explizite Ziele der Wirtschaftspolitik ausgewiesen. Mit Blick auf die ökologische Dimension fehlte damals ein ausgeprägtes Bewusstsein für diese Problematik. Mittlerweile sind Umweltschutz und Nachhaltigkeit zwar in Gesellschaft und Politik deutlich aufgewertet worden (vgl. zur Thematik Kap. 4.4), für eine Ergänzung des magischen Vierecks um eine fünfte Ecke reichte es aber nicht (vgl. zur Thematik Kap. 6.1.2).

6.1.1.1 Beschäftigungsziel

Das StabG verpflichtet den Staat im Wortlaut nicht auf das Ziel der Vollbeschäftigung, sondern nur auf einen *„hohen Beschäftigungsstand"*. Dahinter verbirgt sich die Erwartung, dass der Staat von Vornherein nicht in der Lage sein wird, die Rahmenbedingungen so zu setzen, dass wirklich alle Arbeitsfähigen und Arbeitswilligen eine Beschäftigung haben. Das Problem der *Sucharbeitslosigkeit* wird schließlich immer virulent sein. Es kann nach Beendigung eines Ausbildungsabschnitts, nach einer Entlassung oder einer Kündigung eintreten. Während der Neuorientierung geht der Arbeitslose auf die Suche nach einer Arbeitsstelle. Der Suchprozess will auf beiden Seiten solide fundiert sein und benötigt entsprechend viel Zeit. Schließlich bedeutet es für den Stellensuchenden oftmals einen hohen Aufwand zu betreiben, um die neue Arbeit anzutreten, und eine schnelle Kündigung bei einer Fehlentscheidung belastet den Lebenslauf für weitere Bewerbungen. Aus Sicht des Stellenanbieters hingegen muss die neue Arbeitskraft eingearbeitet werden und tatsächlich in der Lage sein, seine Aufgaben zu erfüllen. Fehlentscheidungen wären auch hier kostspielig.

Die Verfolgung des Beschäftigungsziels *rechtfertigt* sich auf der individuellen wie auch auf der gesamtwirtschaftlichen Ebene. Auf der individuellen Ebene bedeutet Arbeitslosigkeit Abhängigkeit von Sozialleistungen des Staates. Damit verbunden sind erhebliche *finanzielle Einschränkungen*, und zwar nicht nur für die arbeitslose Person, sondern auch für die restliche Familie. Die Einschränkungen laufen zugleich für alle Beteiligten darauf hinaus, nur noch eingeschränkt am öffentlichen Leben teilnehmen zu können oder regelmäßig als Bittsteller antreten zu müssen, wenn es zum Beispiel um die Finanzierung von Klassenfahrten bei indirekt betroffenen Kindern geht.

Obendrein stehen Arbeitslose – insbesondere nach der Einführung des Agenda-2010-Credos von „Fördern und Fordern" – unter *besonderem Anpassungszwang*. Will man nicht Teile des Förderanspruchs verlieren, wird eine hohe Konzessionsbereitschaft erwartet. Dazu gehört eine hohe Bereitschaft zur Um- oder Weiterqualifikation, zu Einkommenseinbußen gegenüber dem früheren Lohn und Gehalt, sowie ein Zurückschrauben der eigenen Ansprüche gegenüber der neuen Arbeitsstelle. Zuweilen werden dabei die Auflagen der Bundesagentur für Arbeit von den Betroffenen als schikanös empfunden.

Das Bekämpfen von Arbeitslosigkeit wird so in einem Sozialstaat zu einer *sozialpolitischen Notwendigkeit*. Überdies fehlt Arbeitslosen trotz allem die Möglichkeit, in ihrer Arbeit aufzugehen und sich *frei zu entfalten*. Vor diesem Hintergrund eines Verstoßes gegen das Freiheitsrecht zur freien Entfaltung ist eine Zeit lang auch in Westdeutschland diskutiert worden, ob es nicht – ähnlich wie damals in der DDR – ein „*Recht auf Arbeit*" geben müsse.

Hinzu kommt für die Arbeitslosen ein spürbarer *Statusverlust*, insbesondere in einer Leistungsgesellschaft, die sich immer mehr über das Arbeiten definiert. Wer hier außen vor bleibt, wird schnell stigmatisiert. Ihm fehlen nicht nur die finanziellen Mittel, um am Gemeinschaftsleben teilzunehmen. Er läuft auch Gefahr von den anderen geschnitten und nach dem weit verbreiteten Motto „wer wirklich arbeiten will, findet auch Arbeit" als „einfach zu faul" diffamiert zu werden. Psychologisch bleibt dabei mit zunehmender Dauer der Arbeitslosigkeit oftmals das Selbstvertrauen auf der Strecke. Es weicht der *Desillusion* und dem Gefühl, nicht mehr gebraucht zu werden.

Politisch führt eine solche Entwicklung zu *Destabilisierung des Systems*. Arbeitslose haben, wenn sie sich in einer ausweglosen Lage fühlen, durch einen Systemwechsel wenig zu verlieren. Nicht selten macht man dann – angestachelt von populistischen Vereinfacherern – das System zum Buhmann für das eigene Schicksal. Schnell werden dabei „die" Ausländer, die einem vermeintlich die Arbeitsplätze wegnehmen, und eine Politik, die deren Zuwanderung erst möglich gemacht hat, allein verantwortlich gemacht. Oder es ist einfach – sehr nebulös – das marktwirtschaftlich-kapitalistische System, das zerstört werden muss, um wieder eine bessere Zukunft zu haben. Dass Rechtsradikalismus, dass die AFD gerade in strukturschwachen Gebieten mit hoher Arbeitslosigkeit einen hohen Zulauf hat, kommt nicht von ungefähr.

Darüber hinaus stellt Arbeitslosigkeit einen Verstoß gegen das *ökonomische Prinzip* dar. Mit dem vorhandenen Bestand an Kapazitäten, wird nicht ein Maximum an Bedürfnisbefriedigung erzeugt, weil ein Teil der Kapazitäten brachliegt. Eine Gesellschaft, die ja eigentlich nur deshalb wirtschaften muss, weil die Produktionsfaktoren knapp sind und sie nicht im Schlaraffenland lebt, verhält sich irrational, wenn sie auf die Schaffenskraft von Arbeitskräften verzichtet. Sowohl einzel- als eben auch gesamtwirtschaftlich bedeutet Arbeitslosigkeit damit *unnötigen Wohlfahrtsverzicht*.

Für die Operationalisierung des Ziels bedarf es eines messbaren Indikators. Dabei wird das Erreichen des Beschäftigungsziels negativ abgegrenzt: es gilt umso mehr als erreicht, je weniger Arbeitslose es relativ gibt, d. h. je geringer die Arbeitslosenquote ausfällt. Die *Arbeitslosenquote* soll also die Unterbeschäftigungsproblematik als Betroffenheitsgrad ausweisen. Prinzipiell wären dabei in Relation zueinander zu setzen, diejenigen, die arbeitswillig und arbeitsfähig sind und diejenigen von ihnen, die nicht im gewünschten Umfang beschäftigt sind.

Theoretisch ließe sich die Quote (Alq) damit leicht bestimmen:

$$\text{Alq}_{\text{theor}} = \frac{\substack{\text{Arbeitsfähige und arbeitswillige Personen} \\ \text{mit Beschäftigungsumfang unter Wunschvorstellung}}}{\text{Arbeitsfähige und arbeitswillige Personen}} .$$

In der praktischen statistischen Umsetzung bedarf es dabei zwangsläufig einer definitorischen Abgrenzung. Zu klären ist hier, wer gilt als arbeitsfähig, wer ist zugleich auch arbeitswillig, wer ist gar nicht beschäftigt und wer von den Beschäftigten ist im Umfang unter seinen Wunschvorstellungen beschäftigt. Die offizielle Statistik grenzt dies sehr restriktiv ab, wodurch die ausgewiesenen Raten die Problematik nur unzureichend wiedergeben. Dabei ist im Zeitablauf festzustellen, dass die Definition immer enger gefasst wurde (vgl. Bontrup/Marquardt 2002b), so dass vielfach Arbeitslose wegdefiniert werden. Angesichts der politischen Brisanz der Zahlen liegt der Verdacht nahe, dass das Motiv der definitorischen Änderungen nicht nur in einer statistisch verbesserten Validität der Messgröße, sondern auch in einer politischen Schönfärberei liegt. Seit 1986 hat es hier immerhin 17 gesetzliche Veränderungen im Sozialgesetzbuch gegeben.

In der praktischen Messung der Arbeitslosenquoten bleiben zunächst die Nichterwerbsfähigen aus der Wohnbevölkerung außen vor (vgl. Abb. 6.2). Dazu zählen Rent-

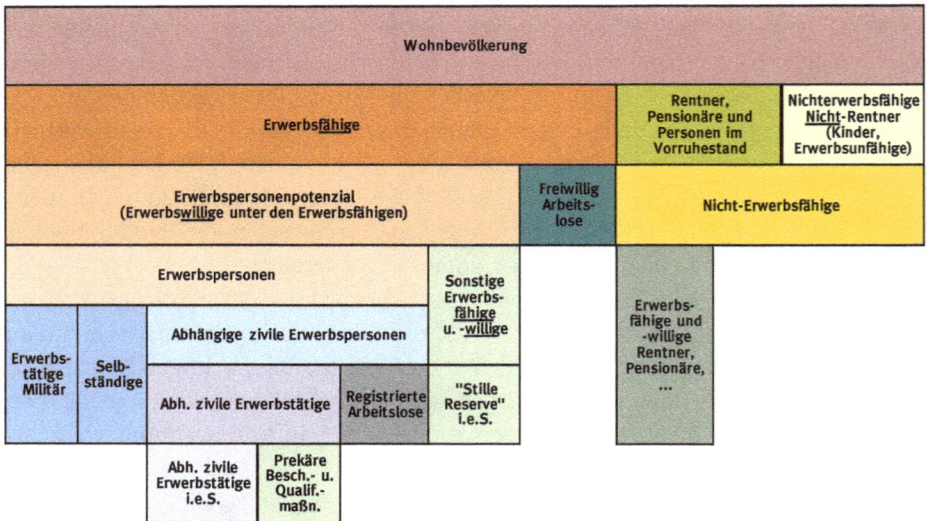

Abb. 6.2: Zusammenhang Erwerbspersonen und Arbeitslosigkeit. Quelle: eigene Darstellung in Anlehnung an Pätzold (1987, S. 27); ohne Differenzierung zwischen Inlands- und Inländerkonzept.

ner, Pensionäre und Vorruheständler sowie Kinder und krankheitsbedingt Erwerbunfähige. Unter den verbleibenden Erwerbsfähigen wollen einzelne freiwillig nicht Arbeiten, z. B. weil sie sich auf Haushalt und Kindererziehung konzentrieren oder weil sie es aufgrund eines großen ererbten Vermögens nicht nötig haben. Nach Abzug der freiwillig Arbeitslosen bleibt das *Erwerbspersonenpotenzial* als Gruppe der *Erwerbsfähigen und Erwerbswilligen* über. Einzelne davon zählen zur *Stillen Reserve* im engeren Sinne. Im Prinzip möchten und können sie arbeiten, aber sie haben weder Arbeit gefunden noch lassen sie sich als Arbeitslose offiziell registrieren. Die Registrierung findet u. U. deshalb nicht statt, weil man sich keine Hoffnung mehr auf einen Job macht und/oder sich nicht den Auflagen der Bundesagentur für Arbeit unterwerfen möchte. Eventuell hat man nach Anrechnung von Familienangehörigeneinkommen auch keinen Anspruch mehr auf eine Unterstützungsleistung des Staates. Unter den verbleibenden *Erwerbspersonen* gibt es die *registrierten Arbeitslosen* und diejenigen, die als *Selbständige* tätig sind, oder als Beschäftigte beim Militär oder als abhängig zivile Erwerbstätige Arbeit haben. In der Gruppe der *abhängig zivilen Erwerbstätigen*, gibt es solche, die voll in gewünschtem Umfang arbeiten, und solche, die in prekären Beschäftigungsverhältnissen (befristet, in Teilzeit oder in geringfügig bezahlten Jobs oder in Zeitarbeit) bzw. in Qualifikationsmaßnahmen beschäftigt sind (vgl. auch Kap. 3.5.2.5.3.2).

Die offizielle Statistik weist hier nun *zwei Arbeitslosenquoten* aus:

$$\text{Alq}_I = \frac{\text{registrierte Arbeitslose}}{\text{Abh. zivile Erwerbstätige} + \text{Selbständige} + \text{registrierte Arbeitslose}} \cdot 100$$

$$\text{Alq}_{II} = \frac{\text{registrierte Arbeitslose}}{\text{Abh. zivile Erwerbstätige} + \text{registrierte Arbeitslose}} \cdot 100 > \text{Alq}_I$$

Dabei wird deutlich, dass die Betroffenheitsproblematik durch die gewählten Abgrenzungen in beiden Definitionen nicht vollständig abgebildet wird. Auf der einen Seite gibt es mehrere Aspekte, die auf ein Unterschätzen der Quote hinauslaufen:

- So fehlen im Zähler und Nenner die *stille Reserve i. e. S.*, sowie die von der Statistik als nichterwerbsfähig deklarierten, zum Teil aber faktisch doch noch erwerbsfähigen und erwerbswilligen Rentner, Pensionäre und Personen im Vorruhestand, wobei in die Gruppe Ausgeschlossener auch all diejenigen eingeordnet werden, die seit längerer Zeit arbeitslos sind und gleichzeitig das 58. Lebensjahr vollendet haben.

- Außerdem gilt in der Statistik nur der als arbeitslos, der *weniger als 15 h/Woche beschäftigt* ist, aber eine Beschäftigung mit mehr als 15 h/Woche sucht. Wer also nur einer Beschäftigung mit 16 h/Woche nachgeht, aber gerne 40 h/Woche arbeiten möchte, ist zwar faktisch unterbeschäftigt, gilt aber nicht als arbeitslos.

- Zudem werden diejenigen offiziell Arbeitslosen aus der Statistik in den Bereich „Nicht-Erwerbsfähige" ausgebucht, die sich temporär bei der Arbeitsagentur *krankmelden*.

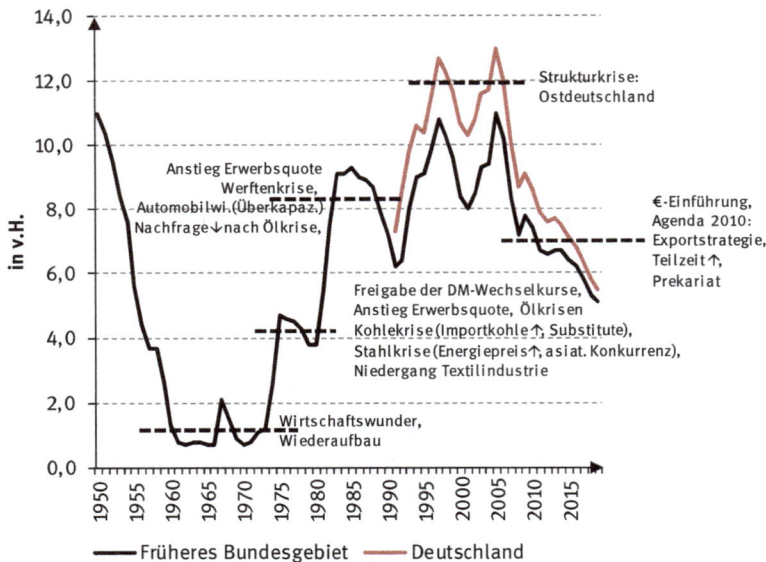

Abb. 6.3: Entwicklung der Arbeitslosenquote in Deutschland. Quelle: Bundesagentur für Arbeit, Arbeitslosigkeit im Zeitverlauf: Entwicklung der Arbeitslosenquote (Strukturmerkmale), Januar 2020; AlqII in Prozent der abhängig zivilen Erwerbspersonen, Jahresdurchschnittswerte; eigene Darstellung.

– Ferner sind Personen, die sich in einer *Qualifizierungsmaßnahme*, in *Kurzarbeit*, in *geringfügig bezahlten Beschäftigungsverhältnissen*, in *Zeitarbeit* befinden, nicht erfasst.

Bei vollständiger Erfassung läge daher die Arbeitslosigkeit um knapp 0,9 Mio. Menschen höher (vgl. Tab. 3.25).

Auf der anderen Seite müssten aber konzeptionell sauber aus Zähler und Nenner auch diejenigen herausgerechnet werden, die zwar offiziell arbeitslos sind, in Wahrheit aber gar nicht arbeitswillig sind und nur das Arbeitslosengeld abgreifen wollen.

Ein Blick auf die Entwicklung der Arbeitslosenquote in Deutschland zeigt, dass es in Westdeutschland zunächst im Zuge des Wiederaufbaus und der hohen Wachstumsraten im sogenannten *„Wirtschaftswunder"* vergleichsweise schnell gelungen ist, die Flüchtlinge, Vertriebenen und Heimkehrer aus dem Krieg im Arbeitsmarkt zu integrieren (vgl. Abb. 6.3). In den 1960er Jahren lag dabei die *Sockelarbeitslosigkeit* bei etwa 1 Prozent. Lediglich in der ersten größeren Konjunkturkrise Westdeutschlands im Jahr 1967, ist die Arbeitslosenquote angezogen. Allenfalls für diese Phase wurde die im Gesetzgebungsverfahren genannte inoffizielle Zielmarke von etwa 0,8 Prozent realisiert (s. o.). Ansonsten lag man weit darüber.

Mitte der 1970er Jahre ist dabei die Arbeitslosenquote auf einen neuen Sockel von gut 4 Prozent gestiegen. Die *Freigabe der DM-Wechselkurse* Anfang der 1970er Jahre (vgl. Kap. 7.1.4.3) und die damit verbundene starke Aufwertung der D-Mark stellten dabei eine erste Belastung dar. Hinzu kamen die Wirtschaftseinbrüche durch die beiden *Ölkrisen*. Zugleich stieg die *Erwerbsquote*, also der Anteil derjenigen aus der Wohnbevölkerung, der arbeiten wollte, kontinuierlich an. Insbesondere wollten zu dieser Zeit immer mehr Frauen am Erwerbsleben teilhaben. Zugleich zeigten sich nachhaltige *Strukturwandelprobleme* durch den beginnenden Niedergang des Steinkohlenbergbaus, der Textil- und Stahlindustrie vor allem aufgrund einer verstärkten internationalen Konkurrenz.

In den 1980er Jahren verschärfte sich die Beschäftigungsproblematik. Die Arbeitslosenquote im früheren Bundesgebiet zog zweitweise auf über 9 Prozent an. Neben den anhaltenden *Strukturkrisen* aus den 1970er Jahren gerieten nun durch neue internationale Konkurrenz die Werften in einen Abwärtsstrudel. Zugleich litt die deutsche Automobilbranche unter weltweiten Überkapazitäten. Darüber hinaus trieben eine allgemeine Nachfrageschwäche als Folge der *zweiten Ölkrise* und ein weiterer Anstieg der *Erwerbsquote* durch den Eintritt der geburtenstarken Jahrgänge in den Arbeitsmarkt die Arbeitslosenquoten nach oben. Gegen Ende der 1980er Jahre konnte die westdeutsche Sonderkonjunktur als Folge der deutschen *Wiedervereinigung* zu einem Abbau der Arbeitslosigkeit beitragen. Die aufgestaute Güternachfrage aus Ostdeutschland wurde hier nach dem Öffnen „der Mauer" vorrangig durch westdeutsche Unternehmen befriedigt und schaffte dort neue Arbeitsplätze.

Schon bald zeigte sich dann in Ostdeutschland, dass das Versprechen von Wiedervereinigungskanzler Helmut Kohl, Ostdeutschland werde sich schon bald nach der Deutschen Wirtschafts- und Währungsunion in „blühende Landschaften" verwandeln, bestenfalls als naiver Irrtum entpuppte. Durch die *Währungsunion* sind, wie es übrigens damals im Wahlkampf Kohls Gegenkandidat von der SPD, Oskar Lafontaine, vorhergesagt hatte, die ostdeutschen Unternehmen in einem knallharten Wettbewerb „platt gemacht" worden. Vielfach wurde die ostdeutsche Produktion jetzt von Westdeutschland übernommen. Seitdem zieht sich eine *tiefe Strukturkrise* durch große Teile *Ostdeutschlands*. Im Jahr 2005 lag die Arbeitslosenquote im Osten der Republik in der Spitze bei 20,6 Prozent. Dadurch ist auch die gesamtdeutsche Arbeitslosenquote zu Beginn der 2000-er Jahre auf teilweise über 11 Prozent gestiegen.

Ab etwa 2005 bilden sich die gesamtdeutschen Arbeitslosenquoten jedoch kontinuierlich zurück. Dies ist zum einen den *Exporterfolgen* aus der Unterbewertung des Außenwertes infolge der Einbindung in den Euro und der deutschen Exportstrategie geschuldet. Zum anderen ist die Entwicklung auch auf die *Agenda 2010* (vgl. Kap. 6.2.1) zurückzuführen, allerdings in einer sehr ungesunden Form (vgl. Marquardt 2019) durch den Ausbau des Niedriglohnsektors und prekärer Beschäftigungsverhältnisse, die on top eine tickende Zeitbombe für die Altersversorgung der Betroffenen darstellen.

Davon abgesehen bedeutet die zwischenzeitlich erreichte Arbeitslosenquote von 5,5 Prozent, dass selbst nach der offiziellen Statistik noch knapp 2,3 Mio. Menschen registriert arbeitslos sind. Das ist unverändert *Massenarbeitslosigkeit*. Hinzu kommt, dass die Statistik die Problematik aus den oben erwähnten Gründen nur unzureichend abbildet. (vgl. Kap. 3.5.2.5.3.3).

6.1.1.2 Wachstumsziel

Das Wachstumsziel bezieht sich auf die in Deutschland produzierten Güter und Dienstleistungen und wird traditionell an der Entwicklung des Bruttosozialproduktes bzw. im Zuge der internationalen Harmonisierung der VGR des Bruttoinlandsproduktes verfolgt (vgl. Kap. 4.2). Es stellt auf die *materielle Güterversorgung* ab und bezieht sich von daher auf die Wachstumsraten des realen (mengenmäßigen) BIP (vgl. Abb. 6.4). Nach dem StabG soll es „angemessen" und „stetig" wachsen.

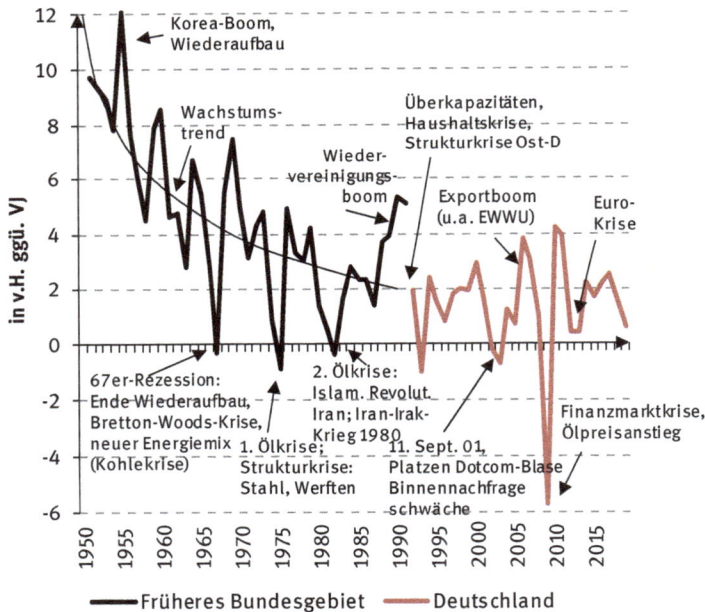

Abb. 6.4: Entwicklung des realen Wirtschaftswachstums in Deutschland. Quelle: Statistisches Bundesamt, Volkswirtschaftliche Gesamtrechnungen, Bruttoinlandsprodukt, Bruttonationaleinkommen, Volkseinkommen: Lange Reihen ab 1925, Stand August 15.01.2020; 1950 – 1960: Früheres Bundesgebiet ohne Berlin-West und Saarland in Mrd. EUR; 1961- 1970: Früheres Bundesgebiet vor VGR-Revision 2005 als Kettenindex 1991 = 100; 1971 – 1991: Früheres Bundesgebiet nach VGR-Revision 2005 als Kettenindex 2015 = 100; ab 1992: Deutschland als Kettenindex 2015 = 100; eigene Darstellung.

Die *Angemessenheit* des Wachstums ist angesichts der rechtlichen Unbestimmtheit des Begriffs allerdings schwer zu beurteilen. Für eine Bewertung müsste geklärt werden, mit Blick worauf die Angemessenheit gefordert wird. Nach gängiger Auffassung bezieht sich dies erstens auf die materielle Versorgungslage. Hier dominiert noch die Idee der Gleichsetzung von gesellschaftlicher Wohlfahrt mit dem BIP: Je höher das BIP, umso besser die materielle Versorgung, umso höher die Wohlfahrt (vgl. zur Kritik Kap. 4.4). Das BIP soll dabei – weil hier Wachstum eingefordert wird – langfristig immer größer werden. Sinnvoller Weise wird dies pro Kopf der Bevölkerung eingefordert. „Angemessenes" Wachstum bezieht sich dann auf Bevölkerungsdynamik, so dass pro Kopf im Durchschnitt mehr Güter und Dienstleistungen zur Verfügung stehen. Bei wachsender Bevölkerung wäre es angemessen, wenn das BIP stärker als die Bevölkerung wächst, bei einem starken Bevölkerungsrückgang hingegen wären hier aber möglicherweise auch negative Veränderungsraten beim BIP „angemessen". In dieser Begriffsauslegung besteht seit der Wiedervereinigung Angemessenheit. Berechnet aus den Angaben des Statistischen Bundesamtes ist das *reale BIP pro Einwohner* von 1991 bis 2019 jahresdurchschnittlich um knapp 1,3 Prozent p. a. gewachsen.

Dass jedoch bei einem anhaltenden Bevölkerungsrückgang irgendwann auch negative Wachstumsraten als angemessen geduldet werden, ist aus heutiger Sicht kaum vorstellbar. In dieser strikten Form wird das Ziel nicht „gelebt". Sonst gäbe es mit dem realen BIP pro Kopf auch eine bessere Messziffer als nur das reale BIP. Tatsächlich angestrebt wird eigentlich unabhängig von der Bevölkerungsdynamik regelmäßig ein Plus vor der Wachstumsrate. Der Begriff „Angemessenheit" orientiert sich daher nicht nur am Blick auf die Versorgungssituation des einzelnen Durchschnittsbürgers.

In der praktischen Wirtschaftspolitik zielt Angemessenheit zweitens auch auf die *Beschäftigungssituation*. Das Wirtschaftswachstum soll langfristig ausreichend groß sein, um unter Berücksichtigung der ständig steigenden *Arbeitsproduktivität* das Ziel der hohen Beschäftigung überhaupt zu ermöglichen. Dabei gilt folgender Wachstumsraten-Zusammenhang zwischen dem BIP, der Arbeitsproduktivität (AP) und dem Arbeitsvolumen (AV in h):

$$\text{BIP} = \underbrace{\frac{\text{BIP}}{\text{AV}}}_{=\text{AP}} \cdot \text{AV} \quad \Rightarrow \quad \omega_{\text{BIP}} \approx \omega_{\text{AV}} + \omega_{\text{AP}} \quad \Rightarrow \quad \omega_{\text{AV}} \approx \omega_{\text{BIP}} - \omega_{\text{AP}}.$$

Das Arbeitsvolumen wächst daher nur in dem Umfang, in dem das BIP-Wachstum das Wachstum der Arbeitsproduktivität übersteigt. Absolut gesehen, ist aus diesem Blickwinkel das BIP offenbar nicht angemessen gewachsen. Denn die millionenfache Unterbeschäftigung hätte bei gegebener Produktivitätsentwicklung (und gegebener Arbeitszeitentwicklung vgl. Kap. 3.5.2.5.4) nur bei höheren BIP-Wachstumsraten beseitigt werden können. Relativ betrachtet, müsste das BIP längerfristig mindestens mit der Steigerungsrate der Arbeitsproduktivität zulegen, um wenigstens ein unverändertes Arbeitsvolumen und (bei unveränderter Arbeitszeit) Beschäftigungsniveau zu ermöglichen.

Beim bewertenden Blick auf die verfügbaren Daten wird die Messung der Arbeits-produktivität in der Regel auf die nominale Bruttowertschöpfung bezogen, die sich aber nicht wesentlich vom nominalen BIP unterscheidet (vgl. Kap. 4.2). Im Grund-satz ändern sich die o. g. Wachstumsratenzusammenhänge nicht. Das Arbeitsvolu-men kann nur zulegen, wenn die Wachstumsrate der nominalen Bruttowertschöpfung (und damit näherungsweise des BIP) größer ausfällt als die Wachstumsrate der auf die nominale Bruttowertschöpfung bezogenen Arbeitsproduktivität. Wenn sich heraus-stellt, dass das nicht der Fall ist, ist das Wachstum der realen Bruttowertschöpfung (und damit näherungsweise des realen BIP) bei gegebener Preisniveauentwicklung zu schwach ausgefallen.

Seit 1991 hat dabei die gesamtwirtschaftliche Arbeitsproduktivität je Arbeitsstun-de – berechnet aus den VGR-Daten des Statistischen Bundesamtes – durchschnittlich um gut 2,62 Prozent p. a. zugelegt. Zeitgleich ist die (nominale) Bruttowertschöpfung um 2,76 Prozent p. a. angestiegen. In dieser Sichtweise ist das Wertschöpfungs- bzw. BIP-Wachstum seit der Wiedervereinigung angemessen, da dadurch das Arbeitsvolu-men sogar um gut 0,13 Prozent p. a. zulegen konnte.

Gemessen an der *im Gesetzgebungsverfahren avisierten Zielvorstellung*, ein reales Bruttosozialproduktwachstum von 4 Prozent zu erreichen (s.o), muss allerdings seit den 1970er Jahren eine nahezu durchgängige *Zielverfehlung* konstatiert werden.

Bislang wurde Angemessenheit nur im Sinne eines quantitativ ausreichenden Produktionswachstums betrachtet. Dies ist auch die politikübliche Betrachtung. Un-ter Berücksichtigung der Klima- und Umweltproblematik ließe sich „angemessen" aber auch in Richtung eines *qualitativen Wachstums* umdefinieren (vgl. Kap. 4.4). Angemessen wären dann die Wachstumsraten, die *unter Berücksichtigung von Nach-haltigkeits- und Ökologiefolgen* noch vertretbar wären. Die Auslegungsoffenheit in diese Richtung war aber zum damaligen Zeitpunkt der Gesetzesverabschiedung nicht ansatzweise angedacht. Das Bewusstsein für die Problematik war dafür schlichtweg nicht vorhanden.

Im *langfristigen Rückblick* auf das Wachstum des realen BIPs in Deutschland zeigt sich, dass die Wachstumsraten *trendmäßig zurückgehen*. Während in den 1950er Jah-ren noch Größenordnungen um 7 Prozent p. a. verzeichnet wurden, werden mittler-weile schon Wachstumsraten von 2 Prozent als ganz passabel angesehen. Der Ab-wärtstrend ist jedoch nicht außergewöhnlich und auch nicht schlimm, da selbst klei-ner gewordene Wachstumsraten ja immer noch einen Anstieg der Güterversorgung gegenüber dem Vorjahr bedeuten. Die hohen Wachstumsraten in den 1950er Jahren erklären sich aus dem *Wiederaufbauprozess*. Das stetige Nachlassen hingegen stellt einen *Reifeprozess* der Volkswirtschaft dar. Die Wachstumsmöglichkeiten stoßen im Entwicklungsprozess immer mehr an Grenzen, weil mit dem erreichten Produktions-niveau in der Volkswirtschaft als Ganzes bereits eine immer bessere Versorgung vor-liegt und immer weniger Zusatzbedarf an Güter- und Dienstleistungen besteht. Zu-gleich werden die zusätzlichen Produktionsmöglichkeiten angebotsseitig auch immer weiter ausgereizt.

Mit Blick auf die im Gesetz geforderte *Stetigkeit* des Wachstums muss nun konstatiert werden, dass dieses Ziel nicht erreicht wurde. Das zum Teil sehr ausgeprägte Auf und Ab in der Produktion steht für die verschiedenen Konjunkturzyklen, mit denen die Bundesrepublik konfrontiert war. *Sonderereignisse*, auf die schon zuvor eingegangen wurde, haben die sich dann eigendynamisch verschärfenden Ausschläge ausgelöst. Besonders markant sticht dabei der Konjunktureinbruch im Gefolge der Finanzmarktkrise heraus. Mit einem Minus von 5,7 Prozent gegenüber dem Vorjahr ist die Wirtschaft im Jahr 2009 hierzulande so stark wie noch nie zuvor eingebrochen. Der erwartete Einbruch durch die Corona-Pandemie in 2020 könnte ähnlich hoch ausfallen.

6.1.1.3 Preisniveauziel

Das Ziel der Preisniveaustabilität wird anhand der Entwicklung des *Verbraucherpreisindexes* verfolgt (vgl. Kap. 7.3.6.3). Der Blick auf die Verbraucherpreise – und nicht beispielsweise auf Erzeuger- oder Einfuhrpreise – wird in der Regel damit gerechtfertigt, dass das finale Ziel des Wirtschaftens der Konsum sei.

Als Synonyme zur Preisniveaustabilität können auch die Begriffe der *Geldwert-* oder *Kaufkraftstabilität* verwendet werden. Angestrebt wird dabei eine Situation, in der sich der vom „Durchschnittsverbraucher" konsumierte Warenkorb nicht verteuert bzw. in der die Kaufkraft eines Euros gemessen in konsumierbaren Warenkorbanteilen unverändert bleibt. Dieser *Referenzwarenkorb* mit rund 650 Güterarten wird mit Hilfe von 60.000 Stichproben vom Statistischen Bundesamt etwa alle 5 Jahre neu ermittelt und berücksichtigt nur im Inland getätigte Ausgaben (vgl. Statistisches Bundesamt 21.2.2020). Jedes einzelne Gut fließt dabei in den Warenkorb mit seiner Bedeutung unter den Gesamtverbrauchsausgaben ein. Dadurch ergibt sich der Preis des Warenkorbes als ein ausgabengewichteter Mittelwert, der hinterher über Dreisatzrechnung in eine Indexreihe umgesetzt wird. Zurzeit setzt er sich aufbauend auf der Stichprobenerhebung des Jahres 2015 wie in Abb. 6.5 zusammen.

In der Operationalisierung des Begriffs Preisniveaustabilität wird – vor allem ausgehend von Überlegungen der Deutschen Bundesbank bzw. der Europäischen Zentralbank, deren politische Zielvorgabe vorrangig der Preisniveaustabilität zu gelten hat – ein Ziel von „*unter, aber nahe 2 Prozent*" angepeilt (vgl. Kap. 7.3.6.3). Dies überrascht zunächst, da „Stabilität" eigentlich impliziert, dass das durchschnittliche Preisniveau sich nicht verändert, insofern doch idealerweise eine *Preissteigerungsrate* (auch: *Inflationsrate* oder *Teuerungsrate*) von 0 Prozent angestrebt werden müsste. Die tolerierte Abweichung nach oben erklärt sich zum einen aus mehreren Unzulänglichkeiten des Messverfahrens, die darauf hinauslaufen, dass die gemessene die faktisch wirksame Teuerungsrate überzeichnet. Zum anderen soll bewusst ein Sicherheitsabstand zur *Deflation*, einem Prozess fallender Durchschnittspreise, eingehalten werden (vgl. Kap. 7.3.6.3).

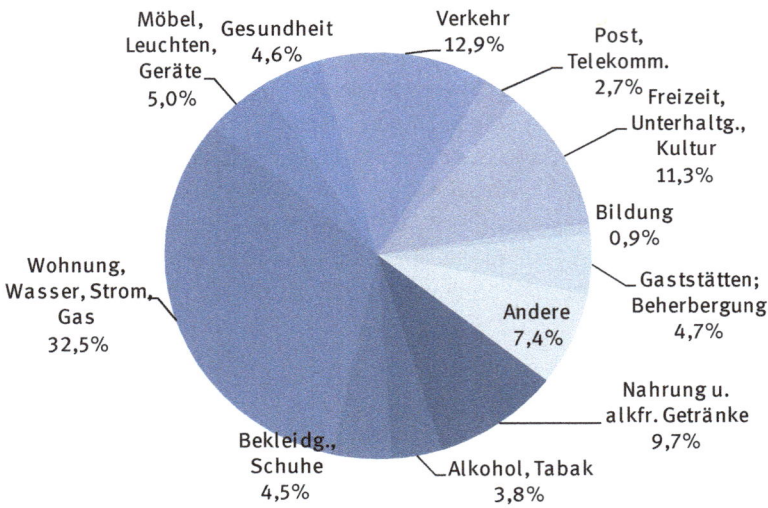

Abb. 6.5: Grobes Wägungsschema Verbraucherpreisindex 2015. Quelle: Statistisches Bundesamt, Verbraucherpreisindizes für Deutschland: Lange Reihen ab 1948, Stand August 16.01.2020; 1950 – 1962: Früheres Bundesgebiet; Lebenshaltungskostenindex (Jahresdurchschnitt) 4-Personen-Haushalte von Arbeitern und Angestellten mit mittlerem Einkommen; 1963 – 1991: Früheres Bundesgebiet; Lebenshaltungskostenindex (Jahresdurchschnitt) alle privaten Haushalte; ab 1992: Deutschland Verbraucherpreisindex; eigene Darstellung.

Gerechtfertigt wird das Ziel der Preisniveaustabilität mit drei Argumenten. *Erstens* verliert Geld seine zentralen Funktionen als Tausch- und Wertaufbewahrungsmedium, wenn Hyperinflationen, also Phasen mit ausgesprochen hohen Preissteigerungsraten entstehen.

Zweitens bewirken Änderungen im Preisniveau *Umverteilungsprozesse* zwischen verschiedenen Bevölkerungsgruppen. Von Inflation werden beispielsweise begünstigt, wenn keine Preisgleitklauseln (vgl. Bontrup/Marquardt 2002.) mit automatischer Anpassung der Zahlungen an die Inflationsrate festgelegt sind:

- all diejenigen, die die höheren Preise erhalten, also die *güteranbietenden Unternehmen*.
- die *Schuldner*, in der Regel mithin Unternehmen und der Staat. Denn mit Blick auf die Tilgung von Schulden gilt das Nominalwertprinzip: Wer 100 EUR verleiht, dem steht als Tilgungsgegenleistung auch ein Rückfluss von 100 EUR zu. Wenn aber der Rückzahlungsbetrag bis zur Tilgung im Laufe der Zeit durch eine allgemeine Preissteigerung an Kaufkraft eingebüßt hat, hat der Schuldner seine Verteilungsposition realwirtschaftlich verbessert. Denn mit dem Tilgungsbetrag verzichtet er auf den Kauf von weniger Gütern als er ursprünglich vom geliehenen Geld kaufen konnte. Und auch bezogen auf die üblicherweise fixierten Zinszah-

lungen profitiert der Schuldner von Inflation, da die Kaufkraft der zu leistenden
Zinsen aufgezehrt wird.
- der *Staat* durch die „*kalte Steuerprogression*": wenn die Inflation mit zeitlicher
Verzögerung zu höheren Löhnen und Gehältern führt (s. u.), hat sich die Kaufkraft
der Beschäftigten je nach Unterschied zwischen der Preis- und Einkommensdy-
namik wenig bis gar nicht verändert. Gleichwohl müssen die Beschäftigten höhere Lohn- und Einkommensteuern bezahlen, weil die Steuertabellen ebenfalls
nach dem Nominalwertprinzip aufgebaut sind. Dabei nimmt die Steuerbelastung
aber überproportional mit steigendem Einkommen zu, so dass die Kaufkraft der
Steuereinnahmen steigt. Real entlastet wird der Staat dabei auch ausgabenseitig
bei allen zumindest temporär fixierten Zahlungsverpflichtungen, wie etwa Bafög-
Zahlungen.
- die *Mieter*: eine Anpassung der Mieten an höhere Inflationsraten gelingt hier aufgrund rechtlicher Einschränkungen bei Mieterhöhungen allenfalls begrenzt.
- die Auftraggeber bei langjährigen Lieferverträgen, bei denen der zukünftige Ab-
nahmepreis vorab vereinbart wurde.

Die Benachteiligten von Inflation sind jeweils auf der anderen Seite zu finden. Es handelt sich, solange keine Preisgleitklauseln gelten, z. B. um:
- die Verbraucher, die für dieselbe Gütermenge mehr bezahlen müssen.
- die Gläubiger, die über die Tilgung weniger an Kaufkraft zurückerhalten als sie
ursprünglich verliehen hatten.
- die Bezieher temporär fixierter Einkommen. Dazu gehören Lohn- und Gehalts-
empfänger, deren Einkommen erst verzögert an die Preissteigerung angepasst
werden kann. Auch Bezieher staatlicher Leistungen, wie Bafög-, Kindergeld-,
Hartz-IV-Empfänger, erleiden durch Inflation zumindest solange Kaufkraftverluste, wie keine Inflationsanpassung der Zahlungsbeträge erfolgt. Kaufkrafteinbu-
ßen erfahren auch die Zinsempfänger.
- die Steuerzahler;
- die Vermieter;
- die Lieferanten in langjährigen Lieferverträgen.

Die Belastungen aus Inflation (bei Deflation verändern sich die Positionen von Be-
günstigten und Belasteten) nehmen mit steigenden Inflationsraten zu und können bei
Hyperinflationen für die Benachteiligten wirtschaftlich durchaus desaströs sein (vgl.
Kap. 7.3.5).

Mit Blick auf die *Umverteilungsproblematik* lassen sich zwar einzelne Effekte
durch *Antizipation* der zukünftigen Preisentwicklung mildern. So könnten Gläubiger in ihre Zinsforderungen die von ihnen erwarteten Kaufkraftverluste bei Zins-
und Tilgungszahlungen durch Inflation miteinpreisen. Oder Gewerkschaften berücksichtigen bei ihren Lohnforderungen die über die Tarifvertragslaufzeit vorhergesagt
Preiserhöhungen. Ein Schutz gelingt hier aber nur dann, wenn die tatsächlichen

Inflationsraten im Nachhinein nicht höher als erwartet und entsprechend in den vertraglich vereinbarten Löhnen und Zinssätzen antizipiert ausfallen. Denkbar als Schutz sind vereinzelt auch kurzlaufende Verträge, wie etwa die wiederholte kurzfristige Anlage von Geld, um die eigenen Preisforderungen an die laufende allgemeine Preisentwicklung anpassen zu können. Aber auch hier sind die Möglichkeiten in der Realität begrenzt, zumal die erhöhte Flexibilität durch permanente Neuverhandlung auch Transaktionskosten verursacht.

Auch über *Preisgleitklauseln* lassen sich Umverteilungswirkungen zwischen Vertragsparteien auffangen. Allerdings ist die Zulässigkeit derartiger Klauseln rechtlich stark eingeschränkt (vgl. Bontrup/Marquardt 2002). Begründet werden diese Einschränkungen u. a. mit der *Schwungradthese*: Kommt es zum Beispiel zu einem allgemeinen Preisanstieg und werden daraufhin die Löhne über eine Preisgleitung automatisch angehoben, so kann der damit verbundene Kostenanstieg von den Unternehmen zum Anlass für erneute Preiserhöhungen gewählt werden. Inflationäre Prozesse würden sich damit automatisch hochschaukeln.

Drittens beeinträchtigt fehlende Preisniveaustabilität die *Planungssicherheit*. Erfahrungsgemäß gehen hohe Inflationsraten auch mit einer hohen Schwankung der jährlichen Inflationsraten einher. Unternehmen, die langfristig wirtschaftlich planen wollen, fehlt dadurch eine stabile Kalkulationsbasis für Einkaufs- und Absatzpreise und werden so möglicherweise durch die erhöhte Unsicherheit zurückhaltender bei ihren Investitionen.

Hinsichtlich der Zielerreichung ist zunächst einmal festzuhalten, dass die Zielsetzung ohnehin eher *mittelfristig* ausgerichtet sein muss. Denn einerseits gestaltet Politik selbst ja die Güterpreise nicht und andererseits gibt es zahlreiche exogene Einflussfaktoren auf die Preisentwicklung, wie etwa die Ölpreisdynamik, die die Politik unmittelbar nicht beeinflussen kann. Sowohl im historischen Rückblick auf West- als auch Gesamtdeutschland gibt es gravierende Abweichungen von der angestrebten Preisnorm bei etwa 2 Prozent und erst Recht von der im Gesetzgebungsverfahren anvisierten Marke von 1 Prozent (s. o.) (vgl. Abb. 6.6).

So traf Anfang der 1950er Jahre der *Korea-Boom* die deutsche Wirtschaft in der Wiederaufbauphase und verursachte – zusammen mit der kurz zuvor erst verordneten *Freigabe der Güterpreise* – Teuerungsraten von fast 8 Prozent gegenüber dem Vorjahr. Hintergrund war neben einem Versiegen von früheren Bezugsquellen in Mittel- und Osteuropa der Ausbruch des Krieges zwischen Nord- und Südkorea, in dem China auf der einen Seite und die Vereinten Nationen unter Führung der USA auf der anderen Seite mitwirkten. Die Kriegsmaschinerie sorgte weltweit für einen starken Nachfrageschub zunächst nach Rüstungsgütern und nach Rohstoffen. Die *Eisen- und Stahlproduktion* in Westdeutschland, die durch den Wiederaufbau ohnehin schon stark in Anspruch genommen wurde, erlebte dadurch einen massiven Exportnachfrageschub. Hinzu kam, dass in den USA die Produktionskapazitäten für die Rüstungsindustrie ausgelastet waren und andere Güter aus dem Ausland u. a. aus Deutschland importiert wurden. Der exportgetriebene Nachfrageschub traf hierzulande auf eine ohne-

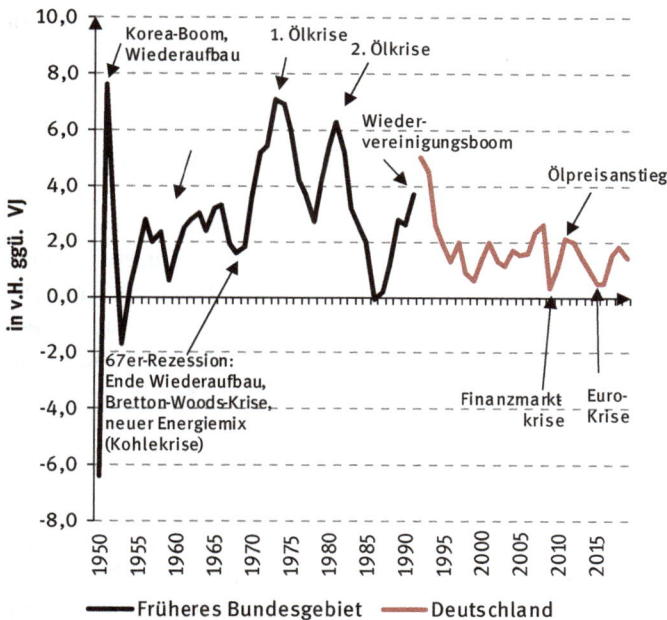

Abb. 6.6: Entwicklung des Verbraucherpreisindex in Deutschland. Quelle: Statistisches Bundes-amt, Verbraucherpreisindizes für Deutschland: Lange Reihen ab 1948, Stand August 16.01.2020; 1950 – 1962: Früheres Bundesgebiet; Lebenshaltungskostenindex (Jahresdurchschnitt) 4-Perso-nen-Haushalte von Arbeitern und Angestellten mit mittlerem Einkommen; 1963 – 1991: Früheres Bundesgebiet; Lebenshaltungskostenindex (Jahresdurchschnitt) alle privaten Haushalte; ab 1992: Deutschland Verbraucherpreisindex; eigene Darstellung.

hin schon hohe Nachfrage durch den *Wiederaufbau*, so dass die Preise wie beschrie-ben anzogen. Die Verknappung der weltweiten Kohlerohstoffvorräte verschärfte den Preisauftrieb noch.

Auch die beiden *Ölkrisen* Ende der 1970er/Anfang der 1980er Jahre sowie der *Wie-dervereinigungsboom* hinterließen nachhaltige Preissteigerungen in (West-)Deutsch-land. In der jüngeren Vergangenheit stechen hingegen die deflationären Entwicklun-gen im Zuge der *Finanzmarkt-* (besonders in 2009) und der *Eurokrise* (besonders in 2015 und 2016) hervor („deflationär" deshalb, weil die gemessene Inflationsrate die tatsächliche überzeichnet).

Mit einer *jahresdurchschnittlichen Teuerungsrate* von 2,8 Prozent von 1950 bis 1991 hat Westdeutschland die skizzierten, weltweit zu beobachtenden Inflationsimpulse aber auch im internationalen Querschnitt vergleichsweise gut abgefedert (vgl. Mar-quardt 1994, S. 193 ff.). Ausschlaggebend war ein aufgrund der historischen Erfahrun-gen stark ausgeprägter gesellschaftlicher Common Sense zur Bekämpfung von Infla-tion (vgl. Kap. 7.3.5) sowie die strikte Haltung der Deutschen Bundesbank. Sie hat ih-ren vorrangigen Auftrag zur Wahrung der Preisniveaustabilität sehr ernstgenommen und sowohl in den Phasen der beiden Ölkrisen als auch im Wiedervereinigungsboom mit einer Hochzinspolitik reagiert. Dabei hat sie allerdings in den Ölkrisenperioden in Kauf genommen, die schwächelnde Wirtschaft noch weiter abzuwürgen.

Nach Verarbeitung des Wiedervereinigungsbooms bewegten sich die gesamtdeutschen Inflationsraten deutlich nach unten. Auch nach der Vergemeinschaftung der Geldpolitik unter dem Dach der EZB ab 1999 und der physischen *Euro-Einführung* im Jahr 2002 sind keine Inflationsgefahren zu verzeichnen. Im Gegenteil! Die jahresdurchschnittliche Preissteigerungsrate von 1999 – 2019 fällt mit 1,4 Prozent deutlich niedriger aus als in der D-Mark-Ära. Dies ist allerdings auch den o. g. bedenklichen Deflationstendenzen geschuldet. Dass der Euro ein „*Teuro*" sein wird, wie eine hysterische deutsche Öffentlichkeit noch vor der Euroeinführung befürchtete (vgl. Marquardt 1994, S. 1 ff.), lässt sich mit den Daten jedenfalls eindeutig widerlegen.

6.1.1.4 Außenwirtschaftsziel

Das Außenwirtschaftsziel ist mit der Forderung nach einem „außenwirtschaftlichen Gleichgewicht" innerhalb des magischen Vierecks sicherlich am wenigsten präzise umrissen worden. Dabei ist anzumerken, dass die außenwirtschaftliche Dimension bei Verabschiedung des StabG auch noch nicht so eine wichtige Rolle für die deutsche Wirtschaftsentwicklung spielte wie heute.

Jürgen Pätzold (1987, S. 44) beschreibt den Zweck dieser Vorgabe wie folgt: „Allgemein lässt sich außenwirtschaftliches Gleichgewicht als eine Situation umschreiben, die dadurch gekennzeichnet ist, daß von den wirtschaftlichen Aktivitäten des Inlands mit dem Ausland keine negativen Wirkungen auf die binnenwirtschaftliche Entwicklung [...] ausgehen. So interpretiert, ist außenwirtschaftliches Gleichgewicht notwendige Voraussetzung (Vorziel) zur Realisierung der binnenwirtschaftlichen Ziele."

Mit Blick auf das Wachstums- und das Beschäftigungsziel könnte man daraus vorschnell die Forderung nach *Exportüberschüssen* ableiten, zumindest solange durch die Auslandsnachfrage keine Gefahren für das Preisniveau entstehen. Auf den ersten Blick erhöht schließlich ein Exportüberschuss die Inlandsproduktion, da in der Saldobetrachtung das Inland zum Teil die Produktion für das Ausland mitübernimmt. Zugleich werden dadurch hierzulande Arbeitsplätze geschaffen.

Allerdings führt eine derartige, auf Überschüsse ausgerichtete Exportstrategie langfristig nicht zu einer störungsfreien und wirklich erstrebenswerten Außenwirtschaftsentwicklung. Um zu erfahren, was erstrebenswert ist, muss man der Frage nachgehen, was der *gesamtgesellschaftliche Sinn des Außenhandels* überhaupt ist (vgl. Kap. 7.1). Zum einen geht es darum, durch Spezialisierung und internationale Arbeitsteilung die Effizienz der weltweiten Güterproduktion zu stärken. Spezialisierung bedeutet dann aber auch, anschließend Handel zu betreiben. Und dieser Handel muss, um störungsfrei für die Binnenwirtschaft zu sein, wie jeder bilaterale Handel zwischen zwei Partnern auch, ein faires *Gleichgewicht von Geben und Nehmen* ermöglichen sowie möglichst frei von unzumutbaren Abhängigkeiten sein.

Das Erzielen permanenter Exportüberschüsse ist gleich in mehrerlei Hinsicht problematisch. Die Überschüsse bedeuten:

- *versorgungsseitig* als Volkswirtschaft *unter den eigenen Möglichkeiten* zu leben (vgl. Kap. 4.6): Schließlich gibt man im Außenhandel per Saldo mehr produzierte Güter ans Ausland ab, als man von diesem als Gegenleistung zurückerhält. Geben und Nehmen halten sich demnach nicht die Waage. Und zwar nie bei permanenten Überschüssen.
- dem Ausland das aus dem Warenaustausch noch fehlende Geld in Höhe des Saldos über Kredite, andere Forderungstitel, z. B. Anleihen, oder Vermögensabtretungen, z. B. Unternehmensbeteiligungen, überlassen zu haben: Kreislauftheoretisch muss letztlich der Leistungsbilanzüberschuss *durch die Kapitalbilanz ausgeglichen* werden (vgl. Kap. 4.5 und 4.6)
- *Abhängigkeiten* zu schaffen: In jedem weiteren Jahr mit Exportüberschüssen kommen zu den schon bestehenden Forderungen des Inlands ans Ausland neue Forderungen hinzu. Die Verbindlichkeiten bzw. die Vermögensüberlassung des Auslands werden immer größer. Entweder betreibt das Ausland bei permanenten Exportüberschüssen des Inlands einen Ausverkauf seines Vermögens oder der Berg an Verbindlichkeiten wird immer größer. Die Möglichkeit der Vermögensabtretung hat Grenzen und ist *politisch hochgradig brisant.*

Der Aufbau eines Schuldenberges hat ebenfalls Grenzen und treibt beide Handelspartner in eine gegenseitige Abhängigkeit. Das Defizitland steht immer mehr „in der Kreide" und muss immer höhere Zinsen bezahlen. Solange sich die Handelspositionen nicht umkehren, kann das Ausland seine Altschulden nur begleichen, wenn das Überschussland neue Kredite vergibt. Private Investoren dürften zunehmend zurückhaltender bei einer Anschlussfinanzierung werden. Wie im Fall Griechenlands müssten dann zunehmend *staatliche Kreditgeber einspringen*, die aber neues Geld nur gegen *wirtschaftspolitische Auflagen* vergeben. Das verschuldete Ausland ist endgültig abhängig vom Überschussland. Aber auch das Überschussland ist abhängig von der Bereitschaft des Schuldners, keine willkürliche Einstellung des Schuldendienstes zu beschließen.

Ohnehin ist die permanente Verlängerung alter Verbindlichkeiten keine ernsthafte Lösung des Problems. Die besteht darin, dass das Defizitland seine Schulden abbaut. Das geht aber nur über eine *Umkehr der Handelsposition.* Das Defizitland selbst muss zum Überschussland werden und umgekehrt.

Wenn das Überschussland auf Dauer nicht bereit ist, selbst Importüberschüsse hinzunehmen und sich damit von seiner Strategie der Exportüberschüsse zu verabschieden, drohen *Überschuldung*, gegenseitige Abhängigkeiten am Ende bei einem *Zahlungsmoratorium* unkalkulierbare, auch auf das Überschussland und die dortigen Gläubiger zurückwirkende Instabilitäten.

- *politische Spannungen*: Sie ergeben sich nicht nur aus der finanzierungsseitigen Abhängigkeit, sondern auch aus dem *Export von Arbeitslosigkeit* seitens des Überschusslandes. Die Arbeitsplätze, die dort durch den Exportüberhang entstehen, gehen nämlich im Ausland verloren. Hier ist zu erwarten, dass das Ausland das nicht ohne weiteres hinnimmt. Dies zeigt beispielsweise die Verhängung von Strafzöllen der USA gegen die EU durch den Ex-US-Präsidenten Trump. Pätzold (1987, S. 44) folgert daher auch: „Umgekehrt kann dies allerdings nicht bedeuten, daß binnenwirtschaftliche Probleme gleichsam auf Kosten des Auslands ‚gelöst' werden, also beispielsweise Arbeitslosigkeit [...] in das Ausland ‚exportiert' wird. Die Folge einer derartigen ‚Beggar-my-Neighbour-policy' wären entsprechende Abwehrmaßnahmen des Auslands und damit eine Spirale protektionistischer und interventionistischer Maßnahmen."

Ein solides Gleichgewicht von Geben und Nehmen im Außenhandel erfordert daher eine langfristig *ausgeglichene Leistungsbilanz*. Diese Position wird u. a. auch von Pätzold (1987, S. 48) vertreten. Folgerichtig wurde damals bei der Verabschiedung des Gesetzes inoffiziell beim Saldo der Außenhandelsbilanz (der zumeist nicht stark vom Leitungsbilanzsaldo abweicht) ein Abweichungslimit in Höhe von +/- 1,5 Prozent bezogen auf das nominale Bruttosozialprodukt genannt (vgl. Zuck 1975, S. 132 f.).

Die „ungesunde" Wirkung unausgeglichener Leistungsbilanzen wird seit 2011 übrigens auch von der EU-Kommission problematisiert. Als Teil des sogenannten „Europäischen Six Pack" wurde ein *„Verfahren zur Vermeidung makroökonomischer Ungleichgewichte"* institutionalisiert. Darin gelten für Leistungsbilanzsalden als akzeptable Höchstgrenzen 4 Prozent des BIP bei Defiziten und 6 Prozent bei Überschüssen, wobei die großzügigere Behandlung von Überschüssen auf deutschen Druck hin zustande kam und die Grenzen ohnehin schon als sehr weit gefasst gelten (vgl. Dullien 2015, S. 12.)

Das bedeutet nicht, dass ein Land nicht über mehrere Jahre hinweg regelmäßig Überschüsse erwirtschaften darf. Nur muss es dann dem defizitären Ausland in einer Folgeperiode auch die Chance geben, seine Schuld durch eine regelmäßige Umkehr der Saldenpositionen zu begleichen. Aus dem Überschussland wird dann ein Defizitland. Das kann sogar in einer dynamischen win-win-Situation erfolgen. Wenn zunächst das Überschussland auf Kreditbasis dem Handelspartner Investitionsgüter liefert, die der Partner zum Aufbau wettbewerbsfähiger Produktionsstrukturen einsetzt, durch die er in Zukunft in der Lage ist, seine Außenhandelsüberschüsse zu erwirtschaften, um die Schuld abzubauen.

Von einem derartigen langfristig stabilen außenwirtschaftlichen Gleichgewicht ist Deutschland jedoch weit entfernt (vgl. Abb. 6.7). Leistungsbilanzdaten für die Zeit vor 1971 finden sich weder in der Datenbank der Deutschen Bundesbank noch in der des Statistischen Bundesamtes. Da die Leistungsbilanz aber traditionell sehr stark von der Außenhandelsbilanz geprägt wird, kann letztere ersatzweise für die Entwicklung in diesem Zeitfenster herangezogen werden. Dabei fällt auf, dass ungefähr bis Mitte der 1970er Jahre Ungleichgewichte im Außenhandel kein nennenswertes Problem bildeten. Eine wichtige Rolle für die Überschüsse dürften in den 1970er Jahren das *„Ölrecycling"* gespielt haben: Zwar wurde die deutsche Außenhandelsrechnung durch die

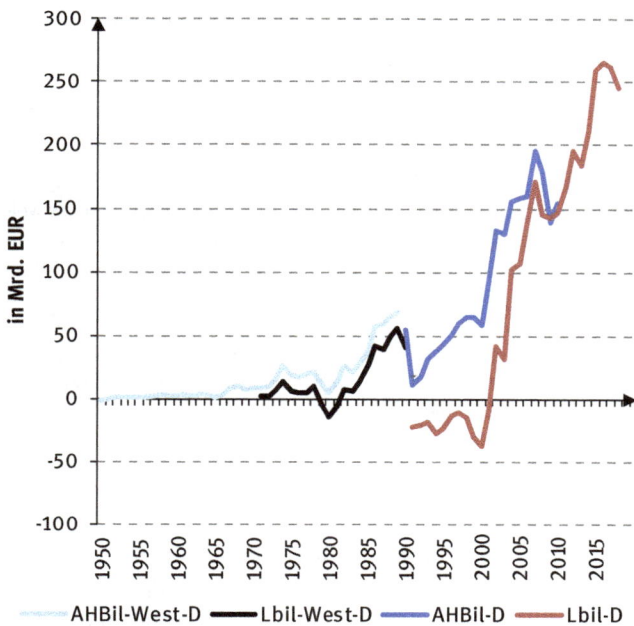

Abb. 6.7: Entwicklung des Leistungsbilanz- und Außenhandelsbilanzsaldos in Deutschland. Quelle: Deutsche Bundesbank: Lange Reihen zur Wirtschaftsentwicklung in Deutschland, Stand August 29.08.2019 und Statistisches Bundesamt, Lange-Reihen Außenhandel; Außenhandelsbilanz Spezialhandel; bis 1959 ohne Saarland; eigene Darstellung.

weltweit steigenden Ölpreise importseitig belastet. Zugleich verwendeten die ölexportierenden Länder ihre hohen Mehreinnahmen um gerade Produkte *„Made in Germany"* zu kaufen. Dazu zählten hochwertige Investitions- Rüstungs- und Luxusgüter (vorrangig Autos). Der noch stärkere Anstieg der Exporte gegenüber den Importen hinterließ steigende Exportüberschüsse.

Ab Mitte der 1980er Jahre legten die Überschüsse weiter zu. Dazu trug systematisch die *„angebotsorientierte Wendepolitik"* (vgl. Kap. 6.2.1) sowie eine *Unterbewertung der D-Mark* im Rahmen des Europäischen Währungssystems (*EWS*) bei (vgl. Marquardt 2019). Nach einem kurzen wiedervereingungsbedingten Einbruch der Leistungsbilanz, ging es dann aber ab 2002 wieder deutlich bergauf. Gestützt durch die *Agenda 2010* (vgl. Kap. 8.3.3 und 6.2.1) und die Unterbewertung des Euros aus Sicht der deutschen Volkswirtschaft ließen seitdem Leistungsbilanzüberschüsse entstehen, die in der Spitze gut 265 Mrd. EUR ausmachten.

Seit 2011 überschreitet damit Deutschland sogar das ohnehin schon sehr hoch angesetzte Limit der EU-Kommission bei der Überschussquote von 6 Prozent des BIP. In der Spitze im Jahr 2015 ergab sich ein Leistungsbilanzüberschuss in Relation zum BIP von 8,6 Prozent. Deutschland steht daher beim Außenwirtschaftsziel am Pranger. Ihm wird die „Verursachung makroökonomischer Ungleichgewichte" vorgeworfen. Dabei ist der Überschuss nicht nur Ergebnis von zweifellos qualitativ hochwertigen Exporten, sondern auch von einer ungesunden exportorientierten Wirtschaftspolitik. Die EU-Kommission (2016, S. 1 f.) beklagt in ihrem Überwachungsverfahren bezogen auf Deutschland (EU-Kommission 2016, S. 1-2):

> Trotz des großen öffentlichen Investitionsstaus sind die öffentlichen Investitionen rückläufig und bleiben im Verhältnis zum BIP unter dem Euroraum-Durchschnitt. [...] Dies bedeutet, dass weiterhin haushaltspolitischer Spielraum für höhere öffentliche Investitionen bei gleichzeitiger Einhaltung des Stabilitäts- und Wachstumspakts vorhanden ist. [...] Schwache Investitionen haben zu dem hohen und anhaltenden Leistungsbilanzüberschuss beigetragen und bergen Risiken für das künftige Wachstumspotenzial der deutschen Wirtschaft. [...] Der deutsche Leistungsbilanzüberschuss [...] ist [...] auch Ausdruck der Investitionszurückhaltung und der hohen Ersparnis. [...] Nach einer langen Zeit der Lohnzurückhaltung hat sich das Lohnwachstum seit 2008 mit dem enger werdenden Arbeitsmarkt beschleunigt. Allerdings legen nicht nur die starke Arbeitsmarktlage, sondern auch die Lohnbenchmarks und Lohnstückkosten im Vergleich zum Euroraum-Durchschnitt nahe, dass Spielraum für weitere dauerhafte Lohnerhöhungen vorhanden ist, die dem privaten Konsum weiteren Auftrieb geben würden.

Fazit zu diesem Ziel ist: seit nunmehr 18 Jahren wird es in zunehmendem Ausmaß bei zugleich großen außenwirtschaftlichen Spannungen verfehlt, wobei die Verfehlung durch die Politik zumindest augenzwinkernd hingenommen, eher aber noch bewusst herbeigeführt wurde.

Aufgaben Außenwirtschaftliches Gleichgewicht:

a) Diskutieren Sie den Vorwurf des US-Präsidenten Donald Trump kontrovers, wonach sich Deutschland einen unfairen Wettbewerbsvorteil im Außenhandel mit den USA verschafft habe. Dabei sei auch die Unterbewertung des Euros gezielt strategisch eingesetzt worden.

b) Der Deutsche Industrie und Handelskammertag (DIHK) bringt wenig Verständnis auf für die Vorwürfe und das eingeleitete Überwachungsverfahren der EU-Kommission wegen der deutschen Leistungsbilanzüberschüsse. Volker Treier (2017), Mitglied der Hauptgeschäftsführung des DIHK hielt dagegen: „Wir müssen uns nicht für unsere hervorragenden Produkte entschuldigen, die weltweit gefragt sind." Es könne im Wettbewerb schließlich nicht darum gehen, dass sich der Starke freiwillig zurücknimmt. Wenn, dann sollten sich doch die Länder, die uns gegenüber ein Leistungsbilanzdefizit beklagen, so wie Deutschland anstrengen und aufhören über ihre Verhältnisse zu leben.
Diskutieren Sie diese Position kritisch! Berücksichtigen Sie dabei auch, wie sehr wir „stolz" auf unsere deutschen Unternehmen sein können, weil sie qualitativ so gute Produkte erzeugen.

Aufgabe Magisches Viereck:

Aktualisieren Sie die Entwicklung der vier Ziele des magischen Vierecks. Nutzen Sie dazu die Datenbank Genesis-Online des Statistischen Bundesamtes! (https://www-genesis.destatis.de/genesis/online → Themen: Gesamtrechnung; Außenhandel; Preise) und laden Sie die Daten in einem Tabellenkalkulations-Programm so herunter, dass Sie sie anschließend in einer möglichst langen Zeitreihe grafisch darstellen können!

6.1.2 Verteilungsgerechtigkeit

6.1.2.1 Verteilungsbetrachtungen und StabG

Eigentlich verwundert es nicht, dass 1967 in das StabG zur Erreichung eines gesamtwirtschaftlichen Gleichgewichts, neben einem stetigen und angemessenen Wirtschaftswachstum, einer Preisniveaustabilität, einem hohen Beschäftigungsstand und einem außenwirtschaftlichen Gleichgewicht explizit die Verteilungsfrage keine Berücksichtigung fand – genauso wie die Umweltfrage nicht. Es wurden nur zwischen Politik, Ökonomen und Juristen, Fragen der verfassungsrechtlichen Verhältnismäßigkeit von staatlichen Interventionen durch das StabG heftig diskutiert. Vielen rechtsliberalen Kräften ging das Gesetz viel zu weit und mehr linken Kräften bot es zu wenig an staatlicher Intervention in einem grundsätzlich krisenimmanenten und unsozialen kapitalistischen System, dass man auch nicht mit einer „sozialen Marktwirtschaft" (vgl. Kap. 8.3.3) glaubte zähmen zu können, zumal die meisten darunter sowieso nur eine „freie Marktwirtschaft" verstanden.

> Als einziges, gleichwohl aber sehr umstrittenes Gesetz mit grundlegenden Aussagen über die gerechte Gestaltung der Wirtschaft und mit einer Tendenz zur langfristigen Beeinflussung des Wirtschaftslebens kam deshalb (1958) nur das Gesetz gegen Wettbewerbsbeschränkungen (GWB), das sogenannte ‚Kartellgesetz', zustande. (Zuck 1975, S. 62)

Und auch hier wissen wir heute, dass das *GWB* zur Eindämmung von Konzentrations- und Zentralisationsprozessen sowie zur Vermeidung eines Machtmissbrauchs als sogenannte „Hüterin" des Wettbewerbs vielfach versagt hat (vgl. Kap. 3.2.2.6.1).

In retrospektiver Betrachtung wurden im magischen Viereck – vielleicht abgesehen vom Preisniveauziel – teils erhebliche Zielverfehlungen hingenommen. Dies würde man empirisch auch heute für die Verteilungsfrage sicher feststellen müssen, wobei die Offenlegung der Wertschöpfungsverteilung für die meisten Ökonomen schon immer mehr als unbequem war. Dazu ausführlich später. So liegen denn auch kaum Statistiken zur Verteilung vor. Die weltweit ergiebigste Datenbank ist wohl zurzeit, wie der französische Ökonom Thomas Piketty (2014a) konstatiert, die World Top Incomes Database (WTID), die aus der Arbeit von etwa dreißig Forschern aus verschiedenen Weltteilen hervorgegangen ist und durch Kleinarbeit ständig erweitert und verbessert wird.

Mit der ab 1973 weltweit ausstrahlenden ersten Ölkrise änderte sich die Ausrichtung der Wirtschaftspolitik. Eine bis dahin nicht gekannte *Stagflation* war mit einem keynesianischen „deficit spending" nicht mehr wirtschaftspolitisch zu bekämpfen (vgl. dazu ausführlich Hickel 2006). Der US-amerikanische Ökonom und Nobelpreisträger, Milton Friedman (1912–2006), nutzte dies zu einem Generalangriff auf den Keynesianismus. Schon zuvor hatte er dafür mit seinem 1962 in den USA erschienenen Buch „Kapitalismus und Freiheit" die neoliberale Basis geschaffen. Damit war eine *angebotsorientierte Wirtschaftspolitik* als Gegenpart zur keynesianischen Nachfragepolitik geboren. Die Botschaft war einfach, vor allem aber kapitalfreundlich:

Löhne runter, Arbeitszeiten rauf und Steuern auf Unternehmergewinne und Vermögen senken sowie gleichzeitig den Sozialstaat minimieren.

Margret Thatcher (1925–2013), britische Premierministerin, und *Ronald Reagan* (1911–2004), US-Präsident, wurden die ersten politischen Protagonisten eines neuen Paradigmas (vgl. Hickel 1981), das heute allgemein als *Neoliberalismus* bezeichnet wird (vgl. dazu ausführlich Schui/Ptak/Blankenburg/Bachmann/Kotzur 1997, Goldschmidt/Klein/Steinitz 2000, Bontrup 2002, Butterwegge/Lösch/Ptak 2007).

Fast überall sanken ab Mitte der 1970er Jahre in der kapitalistischen Welt die *Lohnquoten* und stiegen in Folge entsprechend die *Mehrwertquoten*. Es kam also zu einer *Umverteilung* zu Gunsten der Kapitaleinkommen. Was aber nicht mit den Mehrwertquoten – trotz massiver neoliberaler Beteuerungen – stieg, waren die Investitions- und Beschäftigungsquoten. Die neoliberale *„G-I-B"-Formel*, gebt den Unternehmern heute mehr *G*ewinn, so *i*nvestieren sie mehr und schaffen dadurch morgen *B*eschäftigung, ist nur eine Mär. Im Gegenteil, trotz steigender Gewinne gehen die Investitionen und die Beschäftigung zurück.

Der Ökonom Jörg Huffschmid (2007, S. 20 f.) erklärt warum: Durch die anhaltende Umverteilung zu den Profiten kam es zu einer Verlangsamung des Wirtschaftswachstums, weil in den oberen Einkommens- und Vermögensklassen ein größerer Teil des Einkommens nicht konsumiert wird und in den unteren Einkommensklassen, in der das Einkommen verbraucht würde, immer weniger vorhanden war bzw. ist. Zusätzlich konsumierte und investierte auch noch der Staat weniger, so dass es schließlich insgesamt zu einer *geringeren Endnachfrage* kommt. Gleichzeitig bestehende hohe Arbeitslosigkeit setzte die Gewerkschaften und abhängig Beschäftigten in eine Defensivposition, die es ihnen erschwert, sozial ausreichende und ökonomisch zumindest produktivitätsorientierte Reallohnsteigerungen durchzusetzen. Weitere Umverteilung ist die Folge. Wir haben es hier demnach mit sich gegenseitig verstärkenden Tendenzen zu tun, die in einen *Teufelskreis* aus *Umverteilung*, *Wachstumsschwäche* und *Arbeitslosigkeit* münden. „Die steigenden Gewinne", so Huffschmid weiter,

> die nicht produktiv reinvestiert werden, fließen auf die Finanzmärkte (vgl. Kap. 3.4). Dort können sie zu spekulativen Blasen führen, deren Platzen dann wiederum negativ auf das gesamtwirtschaftliche Wachstum wirkt und den Teufelskreis noch einmal verstärkt. Letztlich läuft diese Entwicklung darauf hinaus, dass enorm viel Geld in der Welt ist, das weder für Konsumausgaben verwendet noch produktiv investiert wird. (Huffschmid 2007, S. 20 f.)

Spätestens mit Beginn der 1990er Jahre ist es dann sogar durch eine neoliberal intendierte *Shareholder-Value-Doktrin*, (Rappaport 1986, 1999) zu einer Umkehrung der kapitalistischen Logik gekommen. Der *Gewinn* bzw. die Profitrate ist hier systemisch keine Restgröße mehr, sondern eine vorab (*ex-ante*) vom Kapital bestimmte und eingeforderte *Plangröße*. Wird diese im Businessplan durch ein *Target return pricing* (vgl. Kap. 3.3.2.1) nicht dargelegt, erfolgt keine realwirtschaftliche Investition oder sogar eine Desinvestition mit negativen Auswirkungen auf Wachstum und Beschäftigung. Daneben forcierten die auf Spekulation ausgerichteten Finanzinvestoren gigantische nationale und internationale Fusionen und *Konzentrationsprozesse* (inkl. eines Outsourcings) – dies war auch mit erheblichen Arbeitsplatzverlusten verbunden – und es kam zu einer massiven Privatisierung öffentlicher Güter und Unternehmen.

Global betrachtet ist heute menschliche Arbeit so „billig wie Dreck" (Jeremy Rifkin) geworden. In den Unternehmen werden in Folge die Beschäftigten von den Neoliberalen auf eine ausschließlich störende und deshalb zu minimierende „Kostengröße" reduziert, was genauso für die Beschäftigten in staatlichen und sonstigen Verwaltungen gilt. Alles dreht sich nur noch um eine maximale Profitbefriedigung der Shareholder bzw. Kapitaleigentümer, möglichst mit zweistelligen Profitraten und bei den öffentlich Bediensteten um die Reduzierung der Staatsverschuldung bei gleichzeitiger Absenkung der Staatsausgaben. *Lohnsenkungen*, verlängerte Arbeitszeiten ohne Bezahlung und allgemein *verschlechterte Arbeitsbedingungen, Prekarisierung* von Arbeit („working poor") und schließlich Entlassungen in die *Arbeitslosigkeit* sind dabei das Credo einer einseitig an Kapitalinteressen ausgerichteten orthodoxen Wirtschaftswissenschaft und herrschenden Politik. Der Ökonom Wolfram Elsner (2011, S.14 f.) stellt dazu fest: „Dreißig Jahre ‚Neo-Liberalismus' haben dementsprechend in rasantem Tempo in jeglicher Hinsicht die ungleichsten globalen Einkommensund Vermögensverteilungen hervorgebracht, die man aus der Menschheitsgeschichte kennt. Der Weltentwicklungsbericht der UNCTAD hat vor einigen Jahren Verteilungsdaten bis etwa ins Jahr 1800 zurück rekonstruieren können, und für den aktuellen Rand unter fast allen Aspekten die ungleichsten Verteilungen seitdem festgestellt."

Ein ernüchternder und enttäuschender Befund. Sowohl die akzentuierte Umverteilung der Wertschöpfung von den Arbeits- zu den Kapital- bzw. Mehrwerteinkommen als auch die teilweise Umwandlung der Finanzierung der Rentensysteme weltweit (in Deutschland durch die „Riester-Rente") von einem Umlage- zu einem Kapitaldeckungsverfahren (vgl. u. a. Christen 2011) haben gigantische Geldmengen (Liquidität) auf die Finanzmärkte gespült. Schon in ihrem Bericht von 2006 stellten die Bank für Internationalen Zahlungsausgleich und der Internationale Währungsfonds (IWF) eine „überreichliche Liquidität" fest. Und nach Daten der US-Notenbank Fed hielten 2012 allein die 500 größten US-Unternehmen außerhalb des Finanzsektors liquide Mittel von 1,7 Billionen US-Dollar. Das entsprach 11 Prozent des US-Bruttoinlandsprodukts (vgl. Handelsblatt vom 8. Oktober 2012, S. 18).

Schon im Jahr 2002 schrieb Jörg Huffschmid in Vorahnung der 2007 ausbrechenden Finanzkrise:

> Die Anforderungen an die Finanzmärkte zur Bereitstellung von Finanzierungsmitteln sind in den
> letzten beiden Jahrzehnten nicht gewachsen. Bei den Unternehmen in den OECD-Ländern ist
> der Anteil der Eigenfinanzierung am gesamten Mittelaufkommen zumindest bis Mitte der 1990er
> Jahre gestiegen. Dies lag vor allem daran, dass die Investitionsdynamik insgesamt nachgelassen
> und eine starke Umverteilung zugunsten der Gewinne stattgefunden hat. Überdies hat in jüngs
> ter Zeit auch der staatliche Finanzierungsbedarf im Zuge der Politik zur Senkung der öffentli
> chen Neuverschuldung abgenommen. Diese Abschwächung der öffentlichen Finanzierung über
> die Finanzmärkte wird durch die leichte Zunahme der Mittelaufnahme von Seiten der privaten

Unternehmen nicht ausgeglichen. [...] Das dennoch starke Wachstum der Finanzmärkte während der letzten beiden Jahrzehnte ist vor allem auf die Zunahme des Angebots an liquiden Mitteln zurückzuführen, für die aufgrund der langfristigen Verlangsamung des weltwirtschaftlichen Wachstums unzureichende reale Investitionsmöglichkeiten bestehen. Unter diesen Bedingungen wird für vermögende Personen und Unternehmen die Perspektive der Vermögenssicherung und -vermehrung durch Finanzinvestitionen interessant. (Huffschmid 2007, S. 22)

Aufgaben

a) Wie kommt es zur Stagflation?
b) Beschreiben Sie die Shareholder-value Doktrin.
c) Wie erklärt sich die weltweite Überschussliquidität?
d) Diskutieren Sie die G-I-B-Formel.

6.1.2.2 Verteilungsfragen im Theorienvergleich

Die orthodoxe Mainstream-Ökonomie hat sich schon immer mit der Verteilungsfrage schwergetan bzw. versucht sie als nicht wissenschaftlich zu diskreditieren. So schrieb beispielhaft der Ökonom Horst Claus Recktenwald (1920–1990):

Wenn Ökonomen sich anschicken, über Fragen der Ethik und Moral zu sprechen, rümpfen gewöhnlich viele (nicht nur Theologen) skeptisch die Nase. Sie mögen [...] denken (aber es nicht immer laut sagen), was kann denn aus der Provinz Nazareth schon Gutes kommen, wenn sich Leute zu moralischen Fragen äußern, die es mit so materiellen und trivialen Dingen wie Währungssystemen, Staatsschulden, Profiten, Monopolen oder Infrastrukturen zu tun haben! Die ökonomische Wissenschaft ist natürlich nicht in der Lage, und sie maßt es sich schon gar nicht an, darüber zu entscheiden, wann Einkommen und Vermögen gerecht verteilt sind. Es geht ihr hierbei ähnlich wie dem Maler Albrecht Dürer (1471–1528), wenn er bescheiden erklärt: ‚Was Schönheit sei, dass weiß ich nicht‘. (Recktenwald 1981, S. 13)

Dem widerspricht der Ökonom und Soziologe Werner Hofmann (1922–1969), wenn es um die Verteilungsfrage geht, in seinen viel beachteten „Sozialökonomischen Studientexten“:

Innerhalb der drei Hauptgebiete der theoretischen Volkswirtschaftslehre: Wert- und Preistheorie, Einkommenstheorie und Theorie des volkswirtschaftlichen Gesamtprozesses, nimmt die Einkommenstheorie eine besonders exponierte Stellung ein. Hier vor allem gilt: Die Theoreme des Euklid würden nicht einstimmig angenommen worden sein, wenn sie in unmittelbarer Beziehung zu Reichtum und Genießen ständen. Der Einkommenstheorie fällt es zu, Auskunft zu geben über die gesellschaftlichen Umstände, welche die Erzeugung und Aneignung des Sozialprodukts bestimmen. Im Prozeß der Verteilung wird auch die Teilung der Gesellschaft selbst sichtbar, welche die Träger verschiedenartiger Einkommen in immer erneuten mannigfaltigen Widerstreit auseinandertreten läßt. Kein Wunder, daß sich gerade an die Aussagen der Einkommenstheorie auch lehrgeschichtlich besonders früh gesellschaftliche Interessen und sozialpolitische Wünsche geheftet haben. (Hofmann 1965, S. 15)

Deshalb ist es wissenschaftlich auch inakzeptabel, die Verteilungs- bzw. die Ausbeutungsfrage in der Wirtschaft vor die „Tür" zu stellen. Hierzu sei in Erinnerung gerufen, dass die produktionsmittellosen abhängig Beschäftigen in marktwirtschaftlich-kapitalistischen Ordnungen gemäß der Arbeitswert- und der Mehrwerttheorie nie den vollen Wert ihrer Arbeit erhalten, sondern nur den Wert ihrer Arbeitskraft als Lohn und daher ausgebeutet werden (Kap. 3.5.2). Die ursprüngliche Akkumulation des Bodens und des Kapitals, und die „Gnade der Geburt", seien in diesem Kontext auch noch einmal erwähnt. Das heißt, das ganze System ist ungerecht. Aber auch in zentralen (sozialistischen) Planwirtschaften erhalten die Arbeiter nicht den vollen Wert ihrer Arbeit. Hier wird der von den abhängig Beschäftigten erarbeitete Mehrwert jedoch nicht privat, sondern staatlich (gesellschaftlich) angeeignet. Dass dies allerdings auch nicht ohne Probleme ist, zeigt der Zusammenbruch der staatlichen Planwirtschaften ab 1989 (vgl. ausführlich Kap. 8.3.2). Und nicht zuletzt lag deren Untergang auch an deren Verteilungsfrage.

Die Verteilung der arbeitsteilig geschaffenen Wertschöpfung ist also offensichtlich nicht nur ein uraltes Menschheitsproblem, sondern auch unabhängig von der Wirtschaftsordnung. Spätestens seit der Schaffung eines *Überschussproduktes* ist es jedenfalls zum *Verteilungskampf* gekommen. Wer erhält wie viel vom „Kuchen" der Wertschöpfung? Dies ist bis heute die Auseinandersetzung unter Menschen und die Verteilung entscheidet auch bis heute maßgeblich über die *Entfaltungsmöglichkeiten* der Menschen in der Gesellschaft. Sie bestimmt die *soziale Stellung* in allen Gesellschaftsformationen. Dazu stellt der Politologe und Armutsforscher Christoph Butterwegge fest:

> Schon in der Antike unterschieden sich die Gesellschaftsmitglieder in ökonomischer, sozialer und politischer Hinsicht erheblich voneinander. Während die Sklaven weder Eigentum besaßen, noch Ansehen genossen oder sich an staatlichen Entscheidungsprozessen beteiligten durften, waren die Sklavenhalter reich und beeinflussten zudem als hochangesehene Bürger maßgeblich das Schicksal ihres Gemeinwesens. Die spätmittelalterliche Ständegesellschaft, in der Adel und Klerus eine herausgehobene Position einnahmen, ist für ihre extreme Vermögenskonzentration einerseits und krasses Massenelend andererseits bekannt. Nur durch ihre religiöse und naturrechtliche Überhöhung ließ sich die sozioökonomische Ungleichheit im Feudalstaat legitimieren. Während dieser Geschichtsperiode galt die Spaltung in Arm und Reich als gottgewollt und naturgegeben, was den Leittragenden dieser Verteilungsasymmetrie deshalb einleuchtete, weil Stände und Gilden streng hierarchisch strukturiert waren und die Feudalordnung aufgrund der bestehenden Machtverhältnisse unveränderbar erschien. (Butterwegge 2020, S. 64)

In marktwirtschaftlich-kapitalistischen Ordnungen hat sich daran nichts geändert. Auch hier scheinen die Verhältnisse nicht veränderbar und auch hier spiegeln sich in den jeweiligen Einkommens- und Vermögensverteilungen die wirtschaftlichen, sozialen und politischen Machtverhältnisse wider. Und bei der Verteilungsfrage gilt ebenso bis heute der Satz von Karl Marx (1818–1883): „*Das gesellschaftliche Sein bestimmt das Bewußtsein der Menschen*", wobei das Sein im Kapitalismus besonders extrem vom erzielten Einkommen und akkumulierten Vermögen dominiert wird und frei nach dem

Arzt, Philosophen und Dichter Friedrich Schiller (1759–1805) gilt: „Hast du was, dann bist du was" oder: Wer hat, dem wird gegeben, und wer nichts hat, der muss arbeiten, um zu leben, mit der Folge, dass denen, die haben, noch mehr gegeben wird.

Orthodoxe Mainstream-Ökonomen wollten schon immer die Verteilung der Wertschöpfungen bzw. der produzierten Güter und die darin enthaltenen Arbeitswerte ausschließlich den Marktgesetzen von Angebot und Nachfrage überlassen. Der *Markt* sei der *"gerechte Richter" der Verteilung*. Der Staat hätte sich hier mit Interventionen und Umverteilungen herauszuhalten. Dennoch werden in der volkswirtschaftlichen Dogmengeschichte seit über 250 Jahren unterschiedliche Verteilungsvorstellungen im Hinblick auf Einkommen und Vermögen aufgezeigt. Anfangs im späten 17. Jahrhundert wurde in der sich erst entwickelnden wissenschaftlichen Nationalökonomie die menschliche Arbeit und der von ihr geschaffene Wert und seine Verteilung noch maßgeblich betont und gewürdigt.

Der Engländer William Petty (1623–1687), den Karl Marx (1818–1883) als „einen der genialsten und originellsten ökonomischen Forscher" bezeichnet hat, verknüpfte die menschliche Arbeit mit der Natur. Kapital entsteht hier erst aus der Kombination von beiden. Das Kapital ist als vergegenständlichte („tote") Arbeit zu seiner Verwertung immer auf die lebendige Arbeit in Verbindung mit Naturgebrauch angewiesen. Der Wertmaßstab ist dabei die Arbeitszeit, die für einen Arbeiter an Nahrungsbedarf aufgebracht werden muss.

> Die Einheit einer Tagesnahrung dient Petty ebenso zur Bemessung des ‚notwendigen' Verbrauchs des Arbeitenden. Petty sieht hier ganz recht, daß die Frage der Wertentstehung nicht zu trennen ist von derjenigen der gesellschaftlichen Wertverteilung; und er ist auch darin Vorläufer und Bahnbrecher aller weiteren Wertschöpfungslehre, daß er seine Werttheorie zugleich als Einkommenstheorie entwickelt. (Hofmann 1971, S. 32)

Die klassischen Ökonomen wie u. a. Adam Smith, David Ricardo und Karl Marx konnten auf Pettys *Arbeitswertlehre* aufbauen und ihre ebenso arbeitszentrierten Verteilungstheorien entwickeln. Die Verteilungsfrage war dabei immer eng mit der Lohnfrage verbunden. Dies gilt auch für die vorklassische Nationalökonomie, für die Merkantilisten und genauso für die Physiokraten (vgl. Kap. 5.1).

Erst mit der neoklassischen Lehre zu Beginn des 20. Jahrhunderts kam es zu einem Bruch, zu einem Paradigmenwechsel. Weg von der Arbeitswerttheorie hin zu einer *subjektiven Wertlehre*. Demnach schafft Kapital, die Maschine, selbstständig einen Wert. Die Arbeitswerttheorie, die Lehre von der produktiven Arbeit als Bestimmungsgrund des Tauchwerts, wurde hier durch die Theorien der Engländer Alfred Marshall (1842–1924) und Philip H. Wicksteed (1844–1927) sowie des US-Amerikaners John Bates Clark (1847–1938) verworfen.

Clark entwickelte die orthodoxe mikroökonomische Grenzproduktivitätstheorie der Verteilung die jedem Produktionsfaktor einen eigenständigen Grenzproduktbeitrag zuordnet. Und auf gesamtwirtschaftlicher Ebene übertragen wurde die Cobb-Douglas-Produktionsfunktion von den US-amerikanischen Ökonomen Charles W.

Cobb (1875–1949) und Paul H. Douglas (1892–1976) entwickelt. Dabei wird eine Produktionsfunktion unterstellt, in der zwischen den beiden Produktionsfaktoren Arbeit und Kapital Substitutionsbeziehungen bestehen und das *Gesetz vom abnehmenden Ertragszuwachs* gilt, wie z. B. in einer *Cobb-Douglas Produktionsfunktion* (vgl. Kap. 2.1.1).

Je höher dabei das Grenzprodukt eines Faktors relativ zum anderen ist, umso größer fällt bei gleichen eingesetzten Faktormengen sein Anteil am Gesamtprodukt aus. Wegen des Ertragsgesetzes ist dagegen der Grenzertrag umso kleiner, je mehr von einem Faktor eingesetzt wird.

Joan Robinson und John Eatwell zur Grenzproduktivitätstheorie der Verteilung

„Die neoklassische Verteilungstheorie war aus einer Umarbeitung Ricardos Theorie der Renten abgeleitet. Das Grenzprodukt einer gegebenen Arbeitsmenge, die auf einem Stück Land von gleicher Qualität eingesetzt ist, ist die Produktionsmenge, die verloren ginge, falls eine Arbeitseinheit abgezogen würde. Der Wettbewerb der Landwirte um Boden und der Grundbesitzer um Pächter bestimmt die Höhe der Grundrenten, die die Landwirte veranlaßt, so viel Arbeit einzusetzen, daß die Grenzproduktivität für die ganze bearbeitete Fläche gleich ist. Wenn die Geamtbeschäftigung wächst und die Bearbeitungsintensität steigt, sinkt das Grenzprodukt der Arbeit und die Renten steigen. In Ricardos Vorstellung ist das Grenzprodukt der Arbeit, wenn man die Jahresarbeitsleistung eines Mannes als Einheit wählt, gleich dem Jahreslohn pro Mann zuzüglich dem Profit auf das Kapital, das für die Beschäftigung eines Mannes für ein Jahr notwendig ist. Die Neoklassiker versuchten den Begriff der Grenzproduktivität auf jeden Faktor gesondert anzuwenden. Bei Walras gibt es keine allgemeine Grenzproduktivität der Arbeit. Jede Faktorgruppe eines bestimmten Typs – sagen wir Menschen mit einer bestimmten Ausbildung oder Maschinen einer bestimmten Ausprägung – erzielt eine Rendite pro Einheit, die sich nach dem Grenzprodukt dieser Gruppe bestimmt. In diesem Falle bedeutet das Grenzprodukt eines Faktors den Produktionsbetrag, der verloren ginge, wenn eine Einheit von ihr abgezogen und der Rest aller Faktoren entsprechend neu arrangiert würde. Das Argument ist hier, daß wenn eine Einheit eines beliebigen Faktors für eine Rendite, die geringer als das Grenzprodukt ist, zu erhalten wäre, dieser Faktor mehr nachgefragt würde; falls die Rendite größer als das Grenzprodukt wäre, würde weniger nachgefragt. So führt das Marktgeschehen zu einem Gleichgewicht, in dem jeder Faktor für seine Dienstleistungen die Rendite erhält, die gleich der Grenzproduktivität seiner Gruppe ist. In Wicksells Verteilungstheorie sind Arbeiter und Produktionsmittel gesonderte Faktoren, aber alle mit der gleichen Stellung ohne Rücksicht auf ihre unterschiedlichen sozialen Verhältnisse. Er entwickelt ein Modell, in dem die Höhe der Löhne und Renten gleich sind, unabhängig davon, ob ein Landbesitzer Arbeitskräfte gegen Lohn anstellt oder die Arbeiter das Land pachten. Einige seiner modernen Nachfolger entwickelten diese Aussage zu der Behauptung weiter, daß das Einkommen der Arbeiter, die Kapital ausleihen können und für sich selbst produzieren, im Gleichgewicht den Löhnen entspräche, die ihnen ausgezahlt worden wären, wenn sie von Kapitalisten beschäftigt worden wären. Marshall wandte das Konzept der Grenzproduktivität unterschiedlich an. Er schilderte den vorsichtigen Geschäftsmann, der sich entscheidet, wie viele Arbeiter bei einer bestimmten Lohnhöhe zu beschäftigen sind. Dies muß abhängen von dem Preis des Produktes, das er zu verkaufen hat, den Kosten der Produktionsmittel, die er zu benutzen plant und dem Zinsfuß für die Finanzmittel, die er sich ausleiht. Marshall stellt die Regel auf, dass das Nettogrenzprodukt der Arbeit gleich dem Lohn sei. Das Nettoprodukt ist der Wertzuwachs des Produktes, der durch die zusätzliche Beschäftigung eines Mannes erwartet wird abzüglich der zusätzlichen Ausgaben, die durch seine Beschäftigung entstehen würden" (Robinson, Eatwell 1977, S. 75 f.)

Die Anwendung der Grenzproduktivität ist in der Praxis schwierig. Grenzerträge können hier nur in der Theorie berechnet bzw. bestimmt werden. Aber auch die von der Grenzproduktivitätstheorie unterstellte Behauptung, dass nicht nur die menschliche Arbeit Wert schafft, sondern auch Kapital und Boden dies vermögen, wird schon seit den 1950er Jahren heftig kritisiert.

Joan Robinson und John Eatwell schreiben dazu in ihrem Lehrbuch zur Volkswirtschaftslehre:

> John Bates Clark [...] verkündete das ‚law of final productivity‘, das bei freiem Wettbewerb dazu tendiert, der Arbeit das zu geben, was die Arbeit erzeugt, dem Kapitalisten das, was das Kapital erzeugt und dem Unternehmer (Geschäftsmann) das, was die Koordinationsfunktion erzeugt. Der Gedanke der Grenzproduktivität des Kapitals (von der ‚Koordinationsfunktion‘ ganz abgesehen) ist aber mit einigen Schwierigkeiten verbunden. Das Kapital ist in ‚Kapitalgütern‘ verkörpert – produzierten Produktionsmitteln wie Maschinen. Nun verkörpert die Ausrüstung die Technologie, die die Arbeit produktiv macht. Wie läßt sich nun aber eine eigenständige Produktivität für Kapitalgüter finden? Darüber hinaus werden die Zinsen nicht den Maschinen, sondern den Eigentümern des Reichtums gezahlt, die den Geschäftsleuten Geld geliehen haben. Wie ist das Verhältnis zwischen der Geldanleihe und der vorausgesetzten produktiven Funktion von ‚Kapitalgütern‘? Die Analyse war überhaupt nicht klar, aber die Metaphysik angenehm beruhigend. (Robinson, Eatwell 1977, S. 76 f.)

Zu der von der neoklassischen Ökonomie vorgenommenen eigenständigen Produktionsfaktor-Entgeltzuordnung gemäß der Produktionsfaktoren Arbeit, Kapital und Boden (*„Produktionsfaktorentheorie"*), die so wunderbar von der Ausbeutung der menschlichen Arbeitskraft ablenkt, hatte schon gegen Ende des 19. Jahrhunderts Karl Marx im Kapital (Band III) geradezu spöttisch geschrieben:

> Kapital – Profit (Unternehmergewinn plus Zins), Boden – Grundrente, Arbeit – Arbeitslohn, dies ist die trinitarische Form, die alle Geheimnisse des gesellschaftlichen Produktionsprozesses einbegreift. Da ferner der Zins als das eigentliche, charakteristische Produkt des Kapitals und der Unternehmergewinn im Gegensatz dazu als vom Kapital unabhängiger Arbeitslohn erscheint, reduziert sich jene trinitarische Form näher auf diese: Kapital – Zins, Boden – Grundrente, Arbeit – Arbeitslohn, wo der Profit, die die kapitalistische Produktionsweise spezifisch charakterisierende Form des Mehrwerts, glücklich beseitigt ist. Sieht man sich nun diese ökonomische Dreieinigkeit näher an, so findet man: Erstens, die angeblichen Quellen des jährlich disponiblen Reichtums gehören ganz disparaten Sphären an und haben nicht die geringste Analogie untereinander. Sie verhalten sich gegenseitig etwa wie Notariatsgebühren, rote Rüben und Musik. Kapital, Boden Arbeit! Aber das Kapital ist kein Ding, sondern ein bestimmtes, gesellschaftliches, einer bestimmten historischen Gesellschaftsformation angehöriges Produktionsverhältnis, das sich an einem Ding darstellt und diesem Ding einen spezifischen gesellschaftlichen Charakter gibt. Das Kapital ist nicht die Summe der materiellen und produzierten Produktionsmittel. Das Kapital, das sind die in Kapital verwandelten Produktionsmittel, die an sich so wenig Kapital sind, wie Gold oder Silber an sich Geld ist. Es sind die von einem bestimmten Teil der Gesellschaft monopolisierten Produktionsmittel, die der lebendigen Arbeitskraft gegenüber verselbständigten Produkte und Betätigungsbedingungen eben dieser Arbeitskraft, die durch diesen Gegensatz im Kapital personifiziert werden. (Marx 1894, 1974, S. 822 f.)

Aufgabe

a) Was besagt die Produktionsfaktorentheorie?
b) Was meint Karl Marx mit der „ökonomischen Dreieinigkeit"?
c) Was unterscheidet grundsätzlich bei der Verteilungsfrage die Marx'sche Arbeitswerttheorie von der Grenzproduktivitätstheorie der Verteilung?

Aber auch auf gesamtwirtschaftlicher Ebene wird massiv Kritik an den Grundlagen der Grenzproduktivitätstheorie auf Basis der Cobb-Douglas-Produktionsfunktion geübt. „Die durch Joan Robinsons Arbeit ausgelöste Diskussion", schreibt der Verteilungstheoretiker und Ökonom Bernhard Külp,

> wird hier zumeist als Cambridge-Kontroverse (Cambridge/GB versus Cambridge/USA) oder Reswitching-Kontroverse bezeichnet. Im Rahmen dieser Diskussion wird u. a. bestritten, daß in der makroökonomischen Grenzproduktivitätstheorie stets eindeutig bestimmte Einkommensverteilungen ableitbar sind. Gleichzeitig wird grundsätzlich bestritten, daß eine Aggregation einzelwirtschaftlicher Produktionsbedingungen zu gesamtwirtschaftlichen Produktionsfunktionen überhaupt sinnvoll möglich ist. Hier wird also die Möglichkeit einer Konstruktion makroökonomischer Produktionsfunktionen überhaupt geleugnet. (Külp 1994, S. 17)

Verteilungsfragen sind heute allgemein in der VWL, ähnlich wie Machtfragen, weniger ein Thema. Nur ein paar Ökonomen beschäftigen sich in ihrer Forschung intensiv mit der wichtigen Verteilungsfrage. Dies galt insbesondere für den britischen Ökonomen Anthony B. Atkinson (1944–2017), und dies gilt auch für den indischen Ökonomen und Nobelpreisträger Amartya Sen (2002) sowie in jüngster Zeit für den französischen Ökonomen Thomas Piketty (2014a). Atkinson sagt: „Fragen der Verteilung und der Unterschiede individueller Ergebnisse sind nicht der alleinige Gegenstand der Wirtschaftswissenschaften – das zu behaupten, wäre ungerechtfertigt –, aber sie sind zweifellos ein wichtiger Teil davon" (Atkinson 2016, S. 26). Im Mittelpunkt der Forschung stehen dabei nicht nur *sozialethische und moralische Verteilungsaspekte*, sondern genauso die Frage, was in der Wirtschaft passiert, wenn die Verteilung zu stark ungleich wird. Welche *gesamtwirtschaftlichen Auswirkungen* dies u. a. auf Wachstum und Beschäftigung hat. Kein Ökonom will hier eine totale Gleichheit bei wirtschaftlichen Ergebnissen, die es nie gegeben hat und auch nie geben wird. „Gewisse Unterschiede [...] lassen sich nämlich durchaus rechtfertigen", so Atkinson. „Das Ziel ist vielmehr, die gegenwärtige Ungleichheit zu verringern, da deren Niveau unverhältnismäßig hoch ist" (Atkinson 2016, S. 17).

Die Reichen werden in der Tat immer reicher und die Armen immer ärmer. Seit dem spektakulären Buch (2014) des französischen Ökonomen *Thomas Piketty*, „Das Kapital im 21. Jahrhundert", wissen wir nun auch endgültig empirisch abgesichert, bis ins 18. Jahrhundert zurückblickend, dass der Kapitalismus schon immer die arbeitsteilig geschaffene Wertschöpfung massiv ungleich verteilt hat. Die Kapitaleigner sind hier klar die Profiteure des Systems. Sie leben mit ihren Zinsen, Mieten, Pachten und Gewinnen von der Arbeit anderer Menschen und haben selbst schon lange jede Arbeit eingestellt, sagt Piketty. Im Jahr 2015 (in deutscher Übersetzung 2016) hat Anthony B. Atkinson mit seinem letzten veröffentlichen Buch „Ungleichheit: Was wir dagegen tun können", die Forschungsergebnisse von Piketty ausdrücklich bestätigt, wobei dieser über Atkinson als Verteilungstheoretiker sagt: „Anthony Atkinson ist der Gottvater und das Vorbild für eine ganze Generation junger Ökonomen." Leider gilt dies aber für die meisten heute Lehrenden bzw. für die neoliberale Mainstream-Wirtschaftswissenschaft unisono nicht. Dies beklagt auch Atkinson, wenn er schreibt:

> Verteilungsfragen sind für Ökonomen nicht von zentralem Interesse. Tatsächlich vertreten einige Wirtschaftswissenschaftler die Auffassung, ihre Zunft solle sich überhaupt nicht mit der Frage der Ungleichheit auseinandersetzen. Mit Nachdruck hat dies der Nobelpreisträger für Wirtschaftswissenschaft, Robert Lucas, von der Universität of Chicago zum Ausdruck gebracht. ‚Von allen Tendenzen, die sich negativ auf eine vernünftige Wirtschaftslehre auswirken, ist die Fokussierung auf Verteilungsfragen am verführerischsten, nach meiner Meinung aber auch am nachteiligsten […] Die Möglichkeit, das Leben armer Menschen zu verbessern, indem man nach anderen Wegen sucht, die aktuelle Produktion zu verteilen, ist vernachlässigbar im Vergleich zu den offenbar unbegrenzten Möglichkeiten der Produktionssteigerung'. (Atkinson 2016, S. 25)

Der Nobelpreisträger für Wirtschaftswissenschaft, Robert Lucas, erkennt immerhin, dass es arme Menschen gibt. Warum es diese aber gibt, interessiert ihn nicht und er fragt auch nicht danach, wer denn, sollte die Produktion und die Produktivität gesteigert werden, den Zuwachs daraus erhält. Atkinson hingegen geißelt die *zunehmende Ungleichheit* in der Gesellschaft. Schon in der Einleitung seines Buches betont er, dass die Sorge über die zunehmende Ungleichheit auf der Welt alle anderen Gefahren in den Schatten stellt. Ungleichheit sei nicht nur moralisch zu kritisieren und ungerecht, sondern würde auch eine stark *negative Rückwirkung auf die wirtschaftliche Entwicklung*, auf Wachstum und Beschäftigung haben. Diese Erkenntnis ist jedoch nicht neu. Hierauf hat in den 1920er Jahren schon der Brite John Maynard Keynes (1883–1946) in vielen seiner Veröffentlichungen aufmerksam gemacht. Das Problem ist nur, das dies Wissen heute von orthodoxen Mainstream-Ökonomen und auch von der herrschenden Politik völlig ignoriert wird, Atkinson das Wissen aber wieder in den Fokus gerückt hat.

Orthodoxe Ökonomen haben mit Ungleichheiten im Wirtschaftsprozess, im Gegensatz zu Atkinson, Sen und Piketty, keine Probleme. Im Gegenteil: Sie fordern sogar die Ungleichheit in ihren markt- und leistungszentrierten Theorien dezidiert ein. Ungleichheit unter Wirtschaftssubjekten wirke „anspornend" („anreizend"). Und es gibt auch Ökonomen wie u. a. die US-Amerikaner Robert Solow und Simon Kuznets, beide Nobelpreisträger der Wirtschaftswissenschaft, die ernsthaft behaupten, dass sich die *Einkommens- und Vermögensungleichheit* im fortgeschrittenen Stadium des Kapitalismus *von selbst aufheben* und immer mehr in Richtung einer Gleichverteilung tendieren würde. Man brauche sich demnach keine Sorgen machen und nur warten, dann würde das notwendige Wirtschaftswachstum am Ende auch allen zugutekommen. Staatlich intervenierende Maßnahmen seien deshalb überflüssig, sie würden sogar eher störend (kontraproduktiv) wirken. Die Marktkräfte reichten bei der Verteilung völlig aus. Hier hält Thomas Piketty dagegen, wenn er schreibt:

> Seit den 1970er Jahren hat die Ungleichheit in den reichen Ländern wieder stark zugenommen, insbesondere in den Vereinigten Staaten, wo die Konzentration der Einkommen in den Jahren 2000 bis 2010 das Rekordniveau der Jahre 1910 bis 1920 erreicht – oder sogar leicht überstiegen – hat: Es ist daher wichtig zu wissen, warum und wie die Ungleichheit sich zuvor verringert hat. Das sehr starke Wachstum von Entwicklungs- und Schwellenländern, insbesondere Chinas, hat die Ungleichheit auf der globalen Ebene sicher beträchtlich reduziert, so wie es das Wachstum der reichen Länder in den Trente Glorieuses innerhalb dieser vermochte. Doch dieser Prozess ruft große Besorgnis in den Schwellenländern und mehr noch in den reichen Ländern hervor. Dies umso mehr als die großen Ungleichgewichte, die in den letzten Jahrzehnten auf den Finanzmärkten, dem Ölmarkt und dem Immobilienmarkt zu beobachten waren, erhebliche Zweifel an der Unausweichlichkeit des von Solow und Kuznets beschriebenen ‚ausgeglichenen Wachstumspfads' sowie an der Annahme wecken können, dass alles im gleichen Tempo voranschreitet. (Piketty 2014a, S. 31 f.)

Das grundsätzliche Problem bei orthodoxen Ökonomen wie Solow und Kuznets, die sich sicher um die wissenschaftliche Ökonomie verdient gemacht haben, ist ihre *innere Ablehnung bei der Verteilungsfrage*, weil diese nun einmal auf der kapitalistischen Widersprüchlichkeit und den daraus entstehenden *gesellschaftlichen Klassenverhältnissen* beruht. Hier stehen Kapitaleigner, die den Mehrwert (Zins, Grundrente, Gewinn) erhalten, und abhängig Beschäftigte, die nur einen Lohn bekommen, sich antagonistisch gegenüber. Wir haben bereits an verschiedenen Stellen gezeigt, dass dabei die Kapitalisten nicht selbst für den Mehrwert arbeiten müssen. Dies müssen für ihren Lohn nur die abhängig Beschäftigten und gleichzeitig mit ihrer Arbeit für den Kapitalisten den Mehrwert schaffen. Hier ist es übrigens interessant, dass im kapitalistischen „Mutterland" England, die Philosophie des britischen Steuersystems auf der Unterscheidung zwischen verdientem und nicht verdientem Einkommen, d. h. zwischen Einkommen aus Arbeit und Einkommen aus Eigentum basiert (vgl. Robinson/ Eatwell 1977, S. 276).

Schon 1516 schrieb der englische Lordkanzler, Sir Thomas Morus (1478–1535), in seinem Buch „Utopia": „Vom Taglohn der Armen zwacken die Reichen täglich noch etwas ab – nicht nur durch private betrügerische Manipulationen, sondern auch aufgrund staatlicher Gesetze" (Morus, zitiert bei Geisler 2009, S. 16). Und der Vater der Aufklärungsphilosophie John Locke (1632–1704) stellte mit der Eigentumsfrage auch die Verteilungsfrage und verknüpfte diese mit menschlicher Arbeit als er schrieb:

> Obwohl die Erde und alle niederen Geschöpfe allen Menschen gemeinsam gehören, so hat doch jeder Mensch ein Eigentum an seiner eigenen Person. Auf dieses hat niemand ein Anrecht als er selbst. Wir können daher sagen, daß die Arbeit seines Körpers und das Werk seiner Hände ihm eigen sind. Was immer er daher aus dem Zustand herausführt, in dem es die Natur geschaffen und belassen hat, das hat er mit seiner Arbeit vermischt und mit etwas verbunden, das ihm angehört; so macht er es zu seinem Eigentum. Indem die Sache durch ihn aus dem naturhaften Zustand des

> Gemeinbesitzes herausgebracht wurde, hat sie durch diese Arbeit etwas hinzugewonnen, das den gemeinsamen Anspruch anderer ausschließt. Denn da diese Arbeit das unbestreitbare Eigentum des Arbeitenden ist, so kann niemand außer ihm selbst ein Anrecht auf das haben, was einmal hinzugesetzt ist; zumindest da, wo genug vorhanden ist und der Gemeinschaft verbleibt. (Locke, zitiert bei Hofmann 1971, S. 25)

Und wieviel Eigentum darf ein Mensch dabei durch Arbeit erwerben? Auch diese Frage beantwortete Locke:

> Den Hauptgegenstand des Eigentums stellen [...] heutigentags nicht mehr die Früchte der Erde und die Tiere dar, die auf ihr leben; vielmehr ist es die Erde selbst, die alles Übrige einschließt. Es ist daher, wie ich denke, einleuchtend, daß ein Eigentum an der Erde auf dieselbe Weise wie das Eigentum an den erstgenannten Dingen erworben wird. So viel Land, wie ein Mensch bestellt, bepflanzt, verbessert, kultiviert, und so viel er vom Ertrag des Bodens gebrauchen kann, so viel ist sein Eigentum. Durch seine Arbeit grenzt er es gewissermaßen vom Gemeingut ab. (Locke, zitiert bei Hofmann 1971, S. 27)

> Locke entwirft hier das Bild einer Welt von Kleineigentümern, die ihren Boden selbst bestellen. Er setzt sich damit in scharfen Gegensatz zum rentenverzehrenden Feudaladel seiner Zeit. Auch die von Locke erhobene Forderung einer einzigen Steuer, die auf den Grundbesitz fallen solle, richtete sich gegen die Aristokratie. (Hofmann 1971, S. 27)

Dabei gilt aber die auf eigene Arbeit beruhende Eigentumsschaffung nur für den Naturzustand der Erde, der letztlich mit der Einführung des Geldes endgültig aufgehoben wird und damit Arbeitswerte gespeichert werden und so in Folge Menschen andere Menschen für sich arbeiten lassen können.

Auch für Anthony Atkinson ist die *Eigentumsfrage* bei der Verteilung der Wertschöpfung entscheidend. Er bleibt in seinem 2015 veröffentlichten Verteilungsbuch aber nicht bei der Diagnose stehen, sondern er fragt auch nach Therapiemöglichkeiten für die aus den Eigentumsverhältnissen erwachsenen und bestehenden Ungleichheiten. Hier lässt er sich von der grundsätzlichen Frage leiten: „Wer gewinnt und wer verliert im Kapitalismus" bei einer wirtschaftlichen Veränderung bzw. durch eine wirtschaftspolitische Maßnahme des Staates? Dieser soll die *Gewerkschaften* auf den Arbeitsmärkten im Rahmen der Primärverteilung auf Lohn und Gewinn mehr unterstützen. Die Gewerkschaften müssten wieder zu einer *Gegenmacht zum Kapital aufgebaut werden*, um gleichberechtigt die Interessen der abhängig Beschäftigten vertreten zu können. Dazu seien ordnungspolitisch Wirtschafts- und Sozialräte zu schaffen, in denen Kapital und Arbeit sowie auch Nichtregierungsorganisationen (NGOs) vertreten sein sollten.

Der Staat soll außerdem *Arbeitslosigkeit* aktiv bekämpfen und eine Zielmarke für eine *maximale* Arbeitslosenquote in Höhe von *2 Prozent* festlegen, genauso wie dies die Europäische Zentralbank (EZB) für die Inflationsrate macht. Auch müsse der Staat Niedriglöhne durch eine gesetzliche *Mindestlohnpolitik* verhindern (vgl. Kap. 3.5.2.5.2.3) und zudem für Unternehmen Entgeltleitlinien vorschlagen, damit die Spitzeneinkommen wie insbesondere Vorstandsbezüge in Unternehmen (vgl. dazu den folgenden Kasten) sich nicht zu sehr von den unteren Einkommen entfernen können. Die exakte Höhe solle unternehmensindividuell festgelegt werden. Enttäuschend ist bei den von Atkinson vorgeschlagenen arbeitspolitischen Maßnahmen jedoch das Fehlen einer *Arbeitszeitverkürzung* (vgl. Kap. 3.5.2.5.4) zur Bekämpfung der Massenarbeitslosigkeit, die im Übrigen auch die entscheidende Ursache für die beklagte Schwäche der Gewerkschaften ist.

Vorstands- und Geschäftsführervergütungen:

Immer wieder werden zu hohe Vorstands- und Geschäftsführergehälter gesellschaftlich moniert. Im Gegensatz übrigens zu den Einkommen von Spitzensportlern und -schauspielern. In der Schweiz hat 2013 sogar eine Volksabstimmung stattgefunden. Demnach sollten die Top-Manager-bezüge in Schweizer Unternehmen maximal 12mal so hoch sein, wie das niedrigste Einkommen in ihren Unternehmen. Das Schweizer Volk hat sich mit 65 % der abgegebenen Stimmen dagegen ausgesprochen. Eine neue empirische Studie der Hans-Böckler-Stiftung (vgl. Weckes/Berisha, Manager to Worker pay ratio, Report Nr. 25, Düsseldorf 2016) zeigt, dass die Vorstände der 30 Unternehmen im Deutschen Aktienindex (DAX) im Jahr 2014 durchschnittlich ein 57-mal so hohes Einkommen haben wie ihre Mitarbeiter. Vor rund zehn Jahren sei es „nur" das 42-fache gewesen, heißt es in einer Studie. Den größten Abstand zwischen Vorstandsvergütung und dem Lohn eines durchschnittlichen Beschäftigten beobachteten die Autoren der Studie beim Volkswagen-Konzern: Hier bekam die Führungsetage im Jahr 2014 141-mal so viel Geld wie ein durchschnittlicher Beschäftigter. Auch bei der Deutschen Post und bei Adidas errechneten die Forscher einen Abstand um mehr als das Hundertfache. Am kleinsten waren die Lohnunterschiede der Untersuchung zufolge 2014 bei Beiersdorf mit dem Faktor 17. Einen Faktor unter 20 weist ansonsten nur noch die Commerzbank auf. Trotz bereits getroffener Regulierungsmaßnahmen, wie dem Gesetz zur Angemessenheit der Vorstandsvergütung (VorstAG) aus dem Jahr 2009 und zahlreichen Verschärfungen und Konkretisierungen im Deutschen Corporate Governance Kodex, ist die Diskussion bislang nicht abgeschlossen, obwohl die Forderung nach der Angemessenheit von Vorstandsvergütungen bereits seit 1937 im Aktiengesetz verankert ist. Das Arbeitsentgelt von Managern soll laut Gesetz „angemessen" sein. Managergehälter müssen branchenüblich und dürfen nicht unangemessen hoch sein. Im Fall des Missmanagements ist der Aufsichtsrat verpflichtet, die Managergehälter auch nachträglich herabzusetzen. Wird vom Aufsichtsrat ein zu hohes Managergehalt beschlossen, haften deren Mitglieder persönlich. Ein weiterer Punkt sind die finanziellen Zuschüsse zu Managergehältern bei temporärem wirtschaftlichem Erfolg eines Unternehmens. Ziel ist die langfristige Ausrichtung auf den Unternehmenserfolg. Darunter fällt auch die Fristverlängerung von Aktienoptionen der Manager auf vier anstatt wie bisher zwei Jahre. Mit diesen Regelungen soll die Risikobereitschaft gesenkt und die Nachhaltigkeit von Managemententscheidungen gestärkt werden (Gesetz zur Angemessenheit der Vorstandsvergütung (VorstAG) v. 04.08.2009, BGB1.I 2009, 2509). Vorstände/Geschäftsführer in Kapitalgesellschaften und Genossenschaften sind besondere „abhängig Beschäftigte". Sie übernehmen die Unternehmerfunktion, die die Eigentümer (Shareholder) der Unternehmen selbst nicht ausüben wollen oder können. Hier sind dann die Eigentümer der Unternehmen für die Übernahme der Unternehmerfunktion durch Manager bereit, ihnen hohe Zahlungen zukommen zu lassen. Und rechtlich können sie das auch. Es gibt jedenfalls kein Gesetz, dass es ihnen verbietet. Würde so ein Gesetz erlassen, welche ökonomische Wirkung hätte es? Nun, die an die Vorstände nicht gezahlten Entgelte würden nur an die Eigentümer gehen bzw. bei Nichtausschüttung im Unternehmen das Eigenkapital erhöhen und damit auch den Eigentümern der Unternehmen anheimfallen. Die Beschäftigten der Unternehmen hätten jedenfalls nichts davon.

Selbst aber unterstellt, die Eigentümer würden die bei den Vorständen/Geschäftsführern gekürzten Entgelte an die Beschäftigten ausschütten, so wären die Einkommenszuwächse für den einzelnen Beschäftigten nicht einmal marginal und überhaupt der Rede wert. Versucht man dennoch eine „objektive" Bewertung von Vorstands- bzw. Geschäftsführerarbeit vorzunehmen, so lautet der wissenschaftliche Befund: Dies ist nicht möglich! Unternehmen sind immer arbeitsteilige Organisationen und daher ist eine Rückrechnung auf die geleistete (individuelle) Wertschöpfung, das Wertgrenzprodukt des Einzelnen, nicht machbar. Dies gilt für alle Beschäftigten und somit auch für Vorstände und Geschäftsführer. Alle abhängig Beschäftigten erhalten mit ihrem Lohn/Gehalt immer nur einen Wert, der in Summe unterhalb der gemeinsam erarbeiteten Wertschöpfung liegt. Sonst gäbe es keinen Mehrwert. Nur in Krisenunternehmen liegt die Bezahlung aller Beschäftigen womöglich oberhalb der erzielten Wertschöpfung oder der Personalaufwand verbraucht die Wertschöpfung vollkommen.

Dennoch hat die Betriebswirtschaftslehre, um den individuellen Wert der Arbeitskraft in Unternehmen festzulegen, unterschiedliche normative anforderungs- und leistungsorientierte Bewertungsverfahren entwickelt und die Tarifgegner (Unternehmerverbände und Gewerkschaften) haben sich darauf in den Tarifverträgen zur Bestimmung der Arbeitsentgelte verständig. So erfolgt in Lohn- und Gehaltsgruppen eine nach verschiedenen Merkmalen wie z. B. Ausbildung, Berufserfahrung und besondere Arbeitsplatzbelastungen abgestufte Arbeitsbewertung. Auf dieser Basis wird dann in den jeweiligen Unternehmen jeder einzelne Arbeitsplatz durch paritätisch besetzte Kommissionen bewertet und damit die entsprechende Entgeltstufe fixiert. Es gibt hier kein Argument, warum nicht auch der Arbeitsplatz von Vorständen/Geschäftsführern genauso bewertet werden sollte, wie es die Unternehmerverbände und Gewerkschaften für alle anderen tariflich abhängig Beschäftigten in paritätischen Kommissionen tun. Hier kann man dann aufsetzend auf der höchsten tariflichen Entgeltstufe, fortfahrend mit den AT-Beschäftigten (außertariflich Beschäftigten) und den leitenden Angestellten gemäß § 5 (3) BetrVG eine Arbeitsplatzbewertung von Vorständen/Geschäftsführen vornehmen. Geht man dabei jeweils von der Bewertung der Arbeitsplätze der leitenden Angestellten aus und verdoppelt (großzügig) die Bewertung der Arbeitsplätze von Vorständen/Geschäftsführern, dann wird man realiter nicht viel falsch machen. Hiervon unabhängig ist dann selbstverständlich noch eine nachweisbare ganz besondere individuelle Leistung eines Vorstands/Geschäftsführers, die in Form einer Tantieme zusätzlich gezahlt werden kann. Werden darüber hinaus noch allgemeine Tantiemen auf Grund der wirtschaftlichen guten Lage des Unternehmens gezahlt, so kann man dies an unterschiedlichen betriebswirtschaftlichen Erfolgskennziffern festmachen. Hier sollten dann aber auf jeden Fall die Wertschöpfung und der Gewinn in Relation zum Eigenkapitaleinsatz des Unternehmens eine wesentliche Rolle spielen. Wird an Vorständen/Geschäftsführen eine solche allgemeine (unternehmensbezogene) Tantieme ausgezahlt, so gibt es kein Argument, warum dann nicht auch die gesamte Belegschaft an der allgemein guten wirtschaftlichen Lage des Unternehmens mit einer Sonderzahlung partizipieren sollte. (Zu Vorstands- und Geschäftsführerbezügen vgl. ausführlich Bontrup 2017, S. 365–389 und Schüler 2016).

Auch schlägt Atkinson (2016, S. 388 ff.) zur Bekämpfung von Ungleichheit eine *veränderte Steuerpolitik* zur Korrektur der marktbezogenen Primäreinkommen vor, die wesentlich stärker (progressiv) die hohen Einkommen als heute belasten und die unteren und mittleren Einkommen entlasten sollten. „Der Grenzsteuersatz müsste mit dem steuerpflichtigen Einkommen in Intervallschritten bis zum *Spitzensatz von 65 Prozent* angehoben werden. Die Steuerbemessungsgrundlage sollte ausgeweitet werden." Interessant sind auch seine Vorschläge im Hinblick auf *Erbschaften* und

Schenkungen sowie auf Kindergeldzahlungen. „Vermögenszugänge durch Erbschaft oder Schenkungen zu Lebzeiten sollten unter eine progressive Lebenszeit-Kapitalzugangsteuer fallen." Und: „Es sollte eine proportionale – oder progressive – Grundsteuer eingeführt werden, die sich nach aktuellen Immobilienbewertungen richtet." Außerdem sollte „allen Kindern ein Kindergeld in beträchtlicher Höhe ausgezahlt werden." Dieses *Kindergeld* ist als Einkommen der Eltern zu versteuern. Und nicht zuletzt, so Atkinson, sind im internationalen Kontext die reichen Länder zu verpflichten, ein Prozent des nominalen Bruttoinlandsprodukts für die öffentliche *Entwicklungszusammenarbeit* aufzuwenden.

Die von Anthony B. Atkinson gemachten wirtschaftspolitischen Therapievorschläge ähneln hier übrigens den bereits seit 45 Jahren in der Bundesrepublik Deutschland von der *Arbeitsgruppe Alternative Wirtschaftspolitik* vorgetragenen Therapien, die auch auf eine Beseitigung der Ungleichheit und Massenarbeitslosigkeit setzen. Sie fanden aber in der herrschenden Politik bisher keine Beachtung. Zu sehr ist offensichtlich die Politik mit den Kapitalinteressen verbandelt oder auch nur zu dumm, was nicht auszuschließen ist. Die beiden deutschen Philosophen Theodor W. Adorno (1903–1969) und Max Horkheimer (1895–1973) haben jedenfalls bezüglich der „Verbandelung" von Politik und Kapital schon in den 1960er Jahren von einer „privilegierten Komplizenschaft" gesprochen. Daher ist auch leider bei den Vorschlägen von Atkinson davon auszugehen, dass die Politik sie lediglich zur Kenntnis nimmt. Mehr aber auch nicht. Offensichtlich weiß dies aber auch Atkinson (2016, S. 394), wenn er die Politik nicht nur als Adressat für sein Buch sieht und schreibt: „Ich habe nicht gesagt – und glaube es auch nicht –, ausschließlich Regierungen seien die Adressaten und die einzige Zielgruppe für dieses Buch. Letztlich entscheiden Persönlichkeiten darüber, ob die vorgebrachten Vorschläge verwirklicht und die Ideen weiterverfolgt werden." Vertrauen in die Politik hört sich anders an. Dies lag aber offensichtlich bei Atkinson nicht vor.

6.1.2.3 Machtbasierte Verteilungstheorien

Verteilungspolitik impliziert in der wirtschaftlichen Realität immer die *Machtfrage*. Daher liegt es nahe, dass sich Ökonomen auch mit machtbasierten Verteilungstheorien beschäftigen. Auch hier gibt es kontroverse Positionen. Dabei sei insbesondere auf den Diskurs zwischen Michail Tugan-Baranowsky (1865–1919) und Eugen von Böhm-Bawerk (1851–1914) verwiesen.

> Für Tugan-Baranowsky ist der Lohnsatz nicht durch Angebot und Nachfrage, sondern durch die jeweiligen sozialen Machtverhältnisse bestimmt. Er räumt allerdings ein, daß die wirtschaftlichen Verhältnisse dem Lohnniveau in der volkswirtschaftlichen Produktivität eine Obergrenze, im Existenzminimum der Arbeiter eine Untergrenze setzen. Gegen diese Thesen wandte sich der österreichische Ökonom von Böhm-Bawerk. Auch dort, wo äußerlich Machteinflüsse sichtbar würden, setze sich langfristig das ökonomische Gesetz durch (vgl. den Kasten). Wenn die Gewerkschaften durch Machteinsatz eine Lohnerhöhung erzwängen, die über dem Niveau liege,

das der Markt auch von sich aus erbracht hätte, so würden die Unternehmen auf lange Sicht Arbeit durch Kapital substituieren. Damit ginge die Nachfrage nach Arbeit zurück. Um ihren Arbeitsplatz nicht zu verlieren, sähen sich die Arbeitnehmer gezwungen, ihre Arbeitskraft zu einem niedrigeren Lohnsatz anzubieten. (Külp 1994, S. 18 f.)

Macht als unausweichliches ökonomisches Gesetz:

Eugen Böhm von Bawerk veröffentliche kurz vor seinem Tode 1914 den Aufsatz „Macht oder ökonomisches Gesetz". Hier ordnete er die Macht den sogenannten ökonomischen Gesetzen unter. Er betonte auf die Verteilungsfrage den Lohn und ging davon aus, dass dieser durch die Gesetzmäßigkeit von Angebot und Nachfrage an den Arbeitsmärkten bestimmt würde und nicht über veränderliche Machtverhältnisse zwischen Unternehmern und abhängig Beschäftigten oder ihren Gewerkschaften. Dabei ließen sich die ökonomischen Gesetze auch nicht durch staatliche Interventionen in den Marktmechanismus außer Kraft setzen.

Da in der wirtschaftlichen Realität der Arbeitsmarkt auf der Angebotsseite weder von den Gewerkschaften und auf der Nachfrageseite von den Unternehmerverbänden beherrscht würde, sondern beide Machtblöcke beim kollektiven Aushandeln von Arbeitsentgelten in Tarifrunden aufeinanderstoßen, lag es für die *Neoklassik* nahe, den Arbeitsmarkt mit der Marktform des *bilateralen Monopols* zu identifizieren.

> In dieser Marktform sind allgemein fünf verschiedene Extrempositionen einer realistischen Lohn-Arbeitsmengen-Kombination möglich. Die Lohnhöhe, so die Theorie des bilateralen Monopols, bestimmt sich dabei durch die Höhe der Macht auf der einen Seite und durch die Höhe der Gegenmacht auf der anderen Seite. Damit kommt man der Realität der Arbeitsmärkte zwar näher, eine genaue Bestimmung der Lohnhöhe ist aber nicht möglich, weil es das Charakteristikum des bilateralen Monopols ist, daß der Lohn [...] indeterminiert ist, d. h. mit den Mitteln der ökonomischen Analyse nicht bestimmt werden kann, da die relativen Machtpositionen entscheiden. (Gerster 1973, S. 153)

Man kann nur sagen, dass sich der Lohn irgendwo zwischen den beiden Extrempunkten des Monopol- und Monopsonfalls bewegt. „Die eigentliche Frage der Lohntheorie, von welchen Faktoren es abhängt, wo sich der Lohn innerhalb dieses weiten Spielraumes einstellt, bleibt damit im Rahmen der Theorie des bilateralen Monopols unbeantwortet" (Külp 1992, S. 1.308).

Eine Weiterentwicklung erfuhr die Theorie des bilateralen Monopols durch *Collective-Bargaining-Modelle*, die Gleichgewichtslösungen am Arbeitsmarkt nicht durch Marktmechanismen, sondern durch *Verhandlungsstrategien* zu erklären versuchen, indem berücksichtigt wird, dass auf das Ergebnis der Lohnverhandlungen in besonderem Maße die aktuelle *Beschäftigungslage*, aber auch die *Verhandlungsstärke* und das Geschick der Verhandlungsparteien (Gewerkschaften und Unternehmerverbände) einwirken. Der Begründer dieser Theorie war der Brite John Richard Hicks (1904–1989).

> Nach Hicks stehen die Unternehmer in jeder Verhandlungsphase vor der Alternative, den Forderungen der Gewerkschaften nachzugeben oder Widerstand zu leisten, auch auf die Gefahr eines

Streiks. Beide Alternativen seien für die Unternehmer mit Kosten (Gewinneinbußen) verbunden. Die Kosten der Konzession bestehen in den vereinbarten Lohnzuwächsen, die Kosten des Widerstandes in den Produktionsausfallkosten bei Streikausbruch; die Höhe dieser Kosten hänge selbst wiederum von der Streikdauer ab. Die Unternehmer entscheiden sich jeweils für die Alternative mit den geringeren Kosten. Die Konzessionsbereitschaft der Unternehmer steigt deshalb mit der von den Unternehmern erwarteten Streikdauer an. Auch die Gewerkschaftsseite steht nach Hicks in jeder Verhandlungsphase vor den zwei Alternativen: Konzession und Widerstand; auch die Gewerkschaften entscheiden sich für die Alternative mit den geringsten Kosten (hier in Nutzeneinheiten gerechnet). Die Kosten der Konzession bestehen für die Gewerkschaften darin, daß auf mögliche Lohnerhöhungen, die bei einem Weiterverhandeln hätten erzielt werden können, verzichtet wird. Die Kosten des Widerstandes bestehen hingegen für die Gewerkschaften darin, daß während der Dauer des Streiks Streikgelder gezalt werden müssen, für die Beschäftigten hingegen darin, daß die Streikgelder geringer sind als die regulären Lohneinkommen. Darüber hinaus besteht die Gefahr, daß bei Streikausbruch die bisherigen Verhandlungsergebnisse verloren gehen. Mit wachsenden Lohnzugeständnissen von Seiten der Unternehmer sinkt somit die Streikbereitschaft der Gewerkschaften. (Külp 1994, S. 24 f.)

Heute praktizieren die Gewerkschaften in der Regel, auf Grund ihrer nur begrenzten finanziellen Möglichkeiten in Anbetracht ihres Mitgliederschwundes, nur noch kurze Warnstreiks ohne Urabstimmungen ihrer Mitglieder. So müssen sie aus ihren Vermögensbeständen keine Streikgelder an ihre Mitglieder zahlen.

6.1.2.4 Exkurs: Geschichtlicher Abriss des Arbeitskampfes

In machtbasierten Verteilungstheorien spielt der *Arbeitskampf*, der Streik, eine bedeutende Rolle. Zur umfangreichen Streikliteratur vgl. u. a. ausführlich: Hermann Grote, Der Streik, Taktik und Strategie, Köln 1952, Xenia Rajewsky, Arbeitskampfrecht in der Bundesrepublik, Frankfurt a.M. 1970, Hans H. Wohlgemuth, Staatseingriff und Arbeitskampf, Frankfurt a.M. 1977 und Michael Kittner, Arbeitskampf, Geschichte, Recht und Gegenwart, München 2005. Insbesondere das von Kittner vorgelegte Werk ist eine bis heute nicht übertroffene Veröffentlichung zur Geschichte des Arbeitskampfes. Von der ersten in der Menschheitsgeschichte bekannt gewordenen Arbeitsniederlegung im alten Ägypten, dem Streik der thebanischen Nekropolenarbeiter 1155 v. Chr., über den ersten großen deutschen Arbeitskampf im Gürtlerhandwerk 1329 in Breslau, bis in die bundesdeutsche Gegenwart.

Trotz der langen Arbeitskampfgeschichte gibt es in Deutschland aber erst seit 1932 den Begriff des „Arbeitskampfrechtes". Hier tauchte der Begriff zum ersten Mal in einer Kapitelüberschrift der 5. Auflage des bahnbrechenden Arbeitsrechtslehrbuchs von Alfred Hueck (1889–1975) und Hans-Carl Nipperdey (1895–1968) auf. Dennoch dauerte es dann aber noch bis zum Jahr 1974, „bis man von so etwas wie einem ‚Sprachgebrauch' reden konnte" (Kittner 2005, S. 2). Michael Kittner schreibt, „um die Tragweite des ersten deutschen Arbeitskampfes der Gürtler in Breslau zu ermessen, müssen wir ihn nur kontrastieren mit allem, was vorher war: Im römischen Reich war Sklaverei die gängige Form abhängiger Arbeit. Arbeitsverweigerungen von Sklaven war Meuterei und Aufruhr wurde auf das härteste, vielfach mit dem Tode, bestraft" (Kittner 2005,

S.17). Auch danach hatten die abhängig Beschäftigten bis weit ins 19. Jahrhundert so gut wie keine Möglichkeit ihre Rechte durchzusetzen. Zuerst nicht die im Mittelalter an der „Scholle" gebundenen unfreien Knechte und Arbeiter der Großgrundbesitzer und danach nicht die in den aufkommenden Städten von den Meisterhaushalten abhängigen Handwerksgesellen. „Arbeitsverweigerung bedeutete auch in dieser Ordnung Aufruhr, worauf der ‚Herr' mit seiner häuslichen Strafgewalt reagieren konnte" (Kittner 2005, S. 18).

Was ist aber überhaupt ein Arbeitskampf bzw. worauf basiert er und was sind seine Gründe? Diesen Fragen geht Kittner in seinem Werk immer wieder nach. Das Ergebnis überrascht nicht, geht es doch im Grunde beim Arbeitskampf um nichts anderes, als um die *Auseinandersetzung zwischen zwei Klassen*. Die Arbeiter sind auf den Verkauf ihrer Ware Arbeitskraft zur Reproduktion angewiesen und die Unternehmer fragen die Arbeitskraft nach, um damit einen Überschuss, ein Mehrwertprodukt, für sich zu erwirtschaften. Ob zur Zeit der Feudalordnung oder seit dem Vorliegen der kapitalistischen Ordnung – es ging und geht immer bei *Arbeitskämpfen um die Verteilung des* arbeitsteilig (gesellschaftlich) geschaffenen *Mehrwerts* in all seinen Erscheinungsformen. Schon der „geistige Vater" des kapitalistischen Systems, Adam Smith, hat hierauf, so Kittner, hingewiesen. Für die Klasseninteressen entscheidend ist der *Doppelcharakter*, der aus Arbeit erwächst. Für die abhängig Beschäftigten entsteht hieraus lebensnotwendiges Einkommen und die Unternehmer sehen in Arbeit nichts als Kosten, nicht einmal die Leistung die sich dahinter verbirgt. Daher wollen die Unternehmer die Einkommen unter der Nebenbedingung möglichst langer Arbeitszeiten minimieren und die Beschäftigten wollen genau das Gegenteil. Um dabei ihre Interessen durchsetzen zu können verweigern die Beschäftigten ihre mehrwertschaffende Arbeitskraft durch temporäre Arbeitsniederlegung – durch Streik. Von Anfang an haben in der Geschichte des Arbeitskampfes die Unternehmer auf diese Verweigerung mit Aussperrung, also ebenso mit der Weigerung Arbeitskräfte weiter zu beschäftigen, reagiert.

Arbeitskampf basiert auf Macht bzw. auf jeweils *gegebenen Machtverhältnissen*, aber auch auf eine Unterstützung durch die *öffentliche Meinung*. Eine weitere wichtige durchgehende Erkenntnis aus dem von Kittner vorgelegten Buch ist der Tatbestand, dass der Arbeitskampf bis heute nie nur eine Angelegenheit zwischen Tarifgegnern war, die einen Streit um Lohnzahlungen und Arbeitszeiten ausfechten, sondern auch immer eine *Angelegenheit des Staates*, der Politik, gewesen ist. Zu jeder Zeit hatte der Staat ein intensives Interesse am Arbeitskampf. „Ja, man kann geradezu sagen, die Geschichte des Arbeitskampfes ist in jeder Phase zugleich die Geschichte seiner rechtlichen Regelung und damit des politischen Kampfes" (Kittner 2005, S. 2). Wer hier aber am Ende bei dem widerstreitenden Machtspiel im Kapitalismus um die Lohnhöhe, und damit bei der funktionalen Verteilung der Wertschöpfung zwischen Lohn und Mehrwert, zwischen Unternehmern und abhängig Beschäftigten bzw. ihren Gewerkschaften, im Vorteil ist, hat uns bereits Adam Smith 1776 gesagt, wenn er schreibt:

Was der gewöhnliche Arbeitslohn ist, hängt überall von dem Vertrag ab, der üblicherweise zwischen (Unternehmern und Arbeitern) geschlossen wird, deren Interessen keineswegs dieselben sind. Die Arbeiter wünschen, soviel wie möglich zu bekommen, die Unternehmer, sowenig wie möglich zu geben. Jene sind darauf eingestellt, sich abzusprechen, um die Arbeitslöhne zu steigern, diese, um sie zu drücken. Es ist jedoch nicht schwer, vorherzusehen, welche der beiden Parteien im Regelfall bei solchem Streit im Vorteil sein muß und die andere zur Einwilligung in die von ihr gestellten Bedingungen zwingen kann. [...] In allen Streitigkeiten können die Unternehmer, deren Zahl geringer ist, viel länger aushalten. Ein Grundherr, ein Pächter, ein Handwerksmeister, ein Kaufmann könnten – auch wenn sie keinen einzigen Arbeiter beschäftigten – im Allgemeinen ein oder zwei Jahre von dem Vermögen leben, das sie bereits erworben haben. Viele Arbeiter könnten sich ohne Beschäftigung nicht eine Woche, wenige einen Monat und kaum einer könnte sich ein Jahr lang erhalten. Auf lange Sicht mag der Arbeiter seinem Unternehmer so notwendig sein wie sein Unternehmer ihm; doch ist diese Notwendigkeit keine so unmittelbare. (Smith 1776, 2005, S. 141 f.)

Grundsätzlich kommt auch Michael Kittner zu dem Befund, wenn er nach „Siegern" und „Unterlegenen" im Arbeitskampf fragt, dass die Arbeiter auch in Anbetracht staatlicher Interventionen und gesetzlicher Festlegungen meistens die Unterlegenen waren. Zur Zeit der Zunftordnung, die von Auseinandersetzungen zwischen Zunftmeistern und Gesellen bzw. Gesellenvereinigungen geprägt waren, ging die staatliche „Obrigkeit", der städtische Rat, gemeinsam mit der Zunft gegen die Gesellen vor. „Neben der Abwehr konkreter arbeitspolitischer Forderungen war das Ziel von Zünften und Rat die Kontrolle über die sich konstituierenden Gesellenorganisationen, notfalls aber auch deren Verbot" (Kittner 2005, S. 50). Auch unter dem Regime des der Zunftordnung folgenden Kapitalismus ergriff der Staat einseitig Partei für die Unternehmer durch die bis Mitte des 19. Jahrhunderts gültigen *Koalitionsverbote*. Die Arbeiter hatten kein Recht, sich in Form von Gewerkschaften zusammenzuschließen um hiermit eine Gegenmacht zur Durchsetzung ihrer Arbeits- und Lohninteressen aufzubauen. In Preußen wurde erst *1869 das Koalitionsverbot* vom Reichstag des Norddeutschen Bundes *aufgehoben*.

Auf einmal gabt es ein Werben um die Arbeiter, schreibt Kittner. „Vom harten Kern des Konservatismus im Preußischen Herrenhaus abgesehen, bemühten sich ausnahmslos alle politischen Kräfte (Konservative, Liberale, Sozialdemokraten und Katholiken) um die Gunst der Arbeiter" (Kittner 2005, S. 209). Man hatte erkannt, dass die aufkommende Industrialisierung die Zahl der Arbeiter würde massiv ansteigen lassen und dass es so etwas wie eine „Arbeiterfrage" geben würde.

Auch nach der Aufhebung der Koalitionsverbote und der jetzt gegebenen Möglichkeit des Arbeiterzusammenschlusses unterlagen die Arbeiter aber weiter einem kapitalistisch geprägtem Lohn- und damit zutiefst ökonomisch abhängigem System. Dies beschrieb, so Kittner, die klassische Lohntheorie, die auf den Lehren von Adam Smith und David Ricardo beruhte. „Ohne zu übertreiben, kann man sagen, dass sie in der ersten Hälfte des 19. Jahrhunderts mit der gleichen Selbstverständlichkeit das wirtschaftspolitische Handeln bestimmte, wie der christliche Glaube im Spätmittelalter und der frühen Neuzeit" (Kittner 2005, S. 209). Die klassische Lohntheorie war gleichzeitig auch die Befriedung und der Grund für das Eingeständnis der herrschenden Klassen für die Aufhebung der Koalitionsverbote. Denn der Kernsatz der Theorie lautete:

> Die Lohnhöhe wird bestimmt durch das Verhältnis von Angebot und Nachfrage, und dieses wiederum von der Zahl der zur Verfügung stehenden Arbeitskräfte und den Kosten ihres üblichen Lebensbedarfs auf der einen Seite und der Höhe des in Arbeitskräfte anzulegenden Kapitals auf der anderen. In einem solchen System, in dem es für die Arbeiter nur einen von ihnen nicht beeinflussbaren Lohnfonds gab, konnte ein Anwachsen der Löhne nur bewirkt werden durch Vermehrung des Kapitals oder Verminderung der Zahl der Arbeitssuchenden. Hieran konnten die Arbeiter mit Druck aufgrund von Arbeitseinstellungen nichts ändern, höchstens den Eintritt einer sich ohnehin aus anderen Gründen einstellenden günstigeren Marktlage beschleunigen. Mit anderen Worten: Streiks waren ein ungeeignetes Mittel zur Hebung der Lage der Arbeiter, sie galten der volkswirtschaftlichen Lohntheorie günstigstenfalls als sinnlos, wenn nicht schädlich für die Arbeiter selbst. (Kittner 2005, S. 210)

Nicht zuletzt daher, hat auch Karl Marx immer wieder auf die von Gewerkschaften geführten Arbeitskämpfe als ein nur mögliches *Palliativmittel* im tagtäglichen Lohnkampf gegen die nie enden wollenden „Gewalttaten des Kapitals" hingewiesen. „Statt des konservativen Mottos: ‚Ein gerechter Tagelohn für ein gerechtes Tagewerk!' sollte sie [die Arbeiterbewegung] auf ihr Banner die revolutionäre Losung schreiben: ‚Nieder mit dem Lohnsystem! '" Die saubere Umsetzung der Arbeitswerttheorie von Marx verlangt aber in Konsequenz die *Abschaffung des Privateigentums an den Produktionsmitteln*, um so eine Überwindung der kapitalistischen Klassengesellschaft zu erreichen. Dies brachte die damals noch revolutionäre Sozialdemokratie und die Gewerkschaften in einen unversöhnlichen Gegensatz zu den herrschenden Schichten aus Wirtschaft und Staat. „Bereits die Forderung nach vollständiger demokratischer Teilhabe war für ein System, das sich gerade durch die Unantastbarkeit eines (großen) Kerns autonomer Königsmacht definierte, notwendigerweise ‚revolutionär'", schreibt Kittner (S. 252.).

Bis heute hat sich daran nichts Wesentliches geändert. Auch das ist eine von Kittner aufgezeigte Erkenntnis. In dem großartigen Werk werden insgesamt 61 Arbeitskämpfe unter den jeweils gegebenen politökonomischen und gesellschaftlichen Bedingungen beschrieben und bewertet. Je länger dabei die Arbeitskämpfe zeitlich zurückliegen, ist nicht immer bekannt, worum der jeweilige Streik genau geführt wurde, was ihn auslöste, und wie er letztlich ausging. Es gab Zeiten mit einer Häufung von Arbeitskämpfen und Zeiten mit weniger Auseinandersetzungen. Letzteres gilt insbesondere für die bundesrepublikanische Zeit nach 1949. Interessant ist hier das von Kittner herausgearbeitete differenzierte Ergebnis, wenn er feststellt:

> Arbeitskampf im Deutschland der letzten 50 Jahre heißt ‚Arbeitskämpfe in der Metallindustrie'. Auf diesen Wirtschaftszweig (einschließlich der Stahlindustrie) [...] entfielen fast 80 % aller rund 39 Millionen in dieser Zeit arbeitskampfbedingt ausgefallenen Arbeitstage. (Kittner 2005, S. 655)

Das Buch endet mit einem Epilog, mit einem Ausblick über die Möglichkeiten der Gewerkschaften, die Interessen der abhängig Beschäftigten nach Beendigung des „Kalten Krieges" und unter Bedingungen einer heute neoliberal ausgesteuerten Globalisierung noch durchsetzen zu können. Das *Ergebnis* fällt aus Sicht der abhängig Beschäftigten wenig hoffnungsvoll aus. Die *Gewerkschaften* seien vor dem Hintergrund von Massenarbeitslosigkeit, durch Öffnungsklauseln aufgeweichter Tarifverträge, Mitgliederschwund und dadurch rückläufiger Organisationsgrade sowie einer ungeheuren Macht der liberalisierten Finanzmärkte, die zu einer nie gekannten Radikalisierung des Gewinn-Motivs geführt habe, *in der Defensive*. Aber auch eine Verbandsflucht bei den Unternehmern habe die Gestaltungskraft der Flächentarifverträge unterminiert. Und nicht zuletzt hätten die Gewerkschaften darunter zu leiden, „dass ihre konstitutive Idee der Solidarität in einer Zeit zunehmender Individualisierung von Lebensentwürfen und [...] Differenzierung im Arbeitsleben immer weniger Menschen anspricht" (Kittner 2005, S. 719). Diese insgesamt vorliegende Gemengelage würde von restaurativen politischen Kräften zu einer *„Deregulierung"* und *„Flexibilisierung"*, zum Abbau von gesetzlich geregelten bzw. durch die Rechtsprechung eingeräumten Beschäftigten- und Gewerkschaftsrechten genutzt. Wie weit dabei die restaurativen Kräfte wirken, zeigt Kittner an der Aussage des früheren Bundeskanzlers Helmut Schmidt (1918–2015) (SPD). „Er forderte Ende 2003 ein Ende der Tarifautonomie von Gewerkschaften und Unternehmerverbänden mit folgenden Worten: ‚Das Verbot für Unternehmen, die Löhne ihrer Mitarbeiter selbst bestimmen zu können, gehört abgeschafft'" (Kittner 2005, S. 721). Dies ist, so Kittner, genau das, was der bretonische Rechtsgelehrte Le Chapelier am Abend der Französischen Revolution 1789 als Petitionsrecht gegenüber dem Parlament einbrachte, ein Petitionsrecht von individuellen Bürgern: ja, ein kollektives Recht von Vereinigungen: nein. „So wünschbar Lohnerhöhungen möglicherweise sein könnten, sie dürften nicht durch kollektive Aktionen durchgesetzt werden, mit denen die Freiheit der Unternehmer verletzt würde" (Kittner 2005, S. 722).

Für Michael Kittner ist dies zu Recht eine „Fundamentalannahme von äußerster Radikalität" und er stellt zudem fest, dass im Kapitalismus die Teilidee des „gerechten Lohnes" keine Heimat in der Generalidee „Unternehmensgewinn als Grundlage der Produktion" hat, wie sie sowohl vom calvinistisch geprägten Protestantismus als auch der Individualitätsideologie der französischen Revolution in die Welt gesetzt wurde. In dieser Welt sind Löhne nur als Restgröße akzeptabel. Deshalb werden Koalitions- und Arbeitskampffreiheit zwar ab dem Eintritt einer Gesellschaft in die Phase der parlamentarischen Demokratie anerkannt, sie werden jedoch nie irreversibel garantiert, sondern bleiben *situationsbedingt disponibel*" (Kittner 2005, S. 722). Daher betreiben diejenigen, die einen ungezügelten, asozialen Kapitalismus fordern, ein gefährliches Spiel. Er wird nicht nur sozial nicht durchzuhalten sein, weil er letztlich die Unterstützung der Bevölkerung nicht erhält, und er wird genauso ökonomisch nicht umsetzbar sein, weil sich das makroökonomische System aus Umverteilung, Wachstumsschwäche und Massenarbeitslosigkeit ohne eine andere Wirtschaftspolitik, wie sie beispielsweise seit Jahrzehnten von der Arbeitsgruppe Alternative Wirtschaftspolitik eingefordert wird, selbst stranguliert. Es gibt Alternativen, wenn diese Michael Kittner auch nicht aufzeigt.

Aufgabe

Welche verteilungstheoretischen Schlussfolgerungen schließen Şie aus der Forschungsarbeit von Michael Kittner?

6.1.2.5 Empirische Verteilungsergebnisse
6.1.2.5.1 Funktionale und personelle Einkommensverteilung
6.1.2.5.1.1 Kritik und Messkonzepte

Die aufgezeigten orthodoxen Verteilungslehren belegen überdeutlich die Parteinahme fürs Kapital. Die Ökonomen Elmar Altvater und Wolfgang Müller sprechen hier von einem *„Klassencharakter"* der VWL als Wissenschaft, „der bereits in den Begriffen enthalten ist, mit denen sie operiert" (Altvater, Müller u. a. 1973, S. 2.). Die Einkommensverteilung erfolgt laut neoklassischer Theorie als eine sogenannte „Faktorentlohnung" auf Basis der *„Produktionsfaktorentheorie"*. Demnach erhält jeder der drei Produktionsfaktoren Arbeit, Kapital und Boden seinen „gerechten Faktoranteil", den er zur volkswirtschaftlichen Wertschöpfung, dem Volkseinkommen, beigetragen hat. Damit ist die Welt dann in bester Ordnung, könnte man sagen. Aber genauso könnte man behaupten: Die Erde ist eine Scheibe. Das einzig Unumstrittene der „Faktorentlohnung" ist der Kreislaufzusammenhang, dass die Summe der drei Faktoreinkommen Lohn für Arbeit, Profit und Zins für Kapital und Grundrente für Boden in Summe der Gesamtheit aller volkswirtschaftlichen Kosten entspricht.

Dies ergibt sich aus dem widersprüchlichen *Doppelcharakter* von Einkommen und Kosten. Was für den Eigentümer der Produktionsfaktoren Einkommen impliziert, bedeutet für dessen Nutzer (Leistungsnachfrager) Kosten. Der Lohn der abhängig Beschäftigten sind hier die Kosten der Unternehmer und die Grundrente das Einkommen der Grundeigentümer sowie die Kosten der Mieter und Pächter. Zinsen sind für den Empfänger (Kreditgeber) Einkommen und für den Kreditnehmer (Schuldner) Kosten. Nur der Profit der Kapitalisten hat in diesem Kreislaufkontext keinen Doppelcharakter. Er ist ein „Residuum", das verbleibt, wenn alle anderen Faktoreinkommen verteilt sind. Wir wissen, aus vielen anderen Kapitel des Buches bereits, warum die orthodoxe Ökonomie dem *Kapitalisten-Profit keinen Kostencharakter* zuordnet. Weil dieser, neben dem Zins und der Grundrente im Mehrwert, nach der Arbeitswert- und Mehrwerttheorie auf einer Ausbeutung des „Faktors" Arbeit beruht.

Der in der Produktion geschaffene und in der Zirkulation realisierte Profit suggeriert aber ein Leistungsäquivalent, das ihm nicht gebührt, sondern den ausgebeuteten abhängig Beschäftigten, die über ihren Reproduktionskosten hinaus Mehrarbeit für den Kapitalisten leisten.

> Die Ware, die der Kapitalist verkauft, enthält ein größeres Quantum an Arbeitszeit, hat also einen höheren Wert als das vorgeschoßene Kapital, mit dem der Kapitalist Produktionsmittel und Arbeitskraft kaufte. Während der Wert der Produktionsmittel im Arbeitsprozeß lediglich erhalten bleibt, indem er auf das neue Produkt übertagen wird, bildet jedes Moment der Betätigung der Arbeitskraft Neuwert; von diesem Neuwert fällt ein Teil als Profit an den Kapitalisten. Dabei ist es nicht so, daß im Arbeitsprozeß zuerst der Wert der Produktionsmittel auf das neue Produkt übertragen wird, und dann erst Neuwert gebildet wird; dies geschieht vielmehr zugleich, eben vermöge des Doppelcharakters der Arbeit als einerseits konkretnützlicher, Gebrauchsgegenstände herstellender, andererseits abstrakter, wertbildender Arbeit. So wird im Wertbildungsprozeß durch den dabei erfolgenden Gebrauch der Produktionsmittel deren Wert nur auf das Produkt übertragen. (Altvater, Müller, u. a. 1973, S. 8 f.)

Gesellschaftlich erstaunlich ist es deshalb, dass sich die abhängig Beschäftigten und ihre Gewerkschaften auf einen Lohn für ihre erbrachte Arbeit reduzieren lassen. Sie unterliegen offensichtlich der Mystifikation, die von ihnen geleistete Arbeit sei mit dem Lohn bereits bezahlt, als sei die lebendige Arbeit nur ein „Faktor" der gesamten volkswirtschaftlichen Wertschöpfung neben den anderen „Faktoren". Auf diesen Schein basiert die orthodoxe funktionale Einkommensverteilung und „vernebelt" damit den klassenimmanenten Verteilungscharakter zwischen Kapital und Arbeit. Jedem der drei „Faktoren", siehe oben, wird hier ein eigenständiges „Faktorentgelt" zugeordnet. Die lebendige Arbeit erhält den Lohn und die Kapitaleigentümer den Mehrwert (Zins, Grundrente und Profit). Bezieht man dann die gesamte Lohnsumme aller abhängig Beschäftigten auf die Wertschöpfung (Volkseinkommen), so ergibt sich die gesamtwirtschaftliche *Brutto-Lohnquote*. Und bezieht man den gesamten Mehrwert auf die Wertschöpfung, so bildet sich die *Brutto-Mehrwertquote* heraus. Beide Quoten ergänzen sich gesamtwirtschaftlich immer zu eins.

Bei dieser funktionalen Verteilung zwischen Kapital und Arbeit, kommt es jedoch immer auch zu *klassenimmanenten Verteilungskämpfen*, wenn
– die Kapitaleigner unter sich den Mehrwert aufteilen und
– die Arbeitseinkommen unter den abhängig Beschäftigten zur Verteilung gebracht werden.

Nach dem Zweiten Weltkrieg zeigt sich bei der *funktionalen Verteilung in der Bundesrepublik* ein starker Anstieg der Brutto-Lohnquote und damit eine Umverteilung zu Gunsten der abhängig Beschäftigten. Bis Ende der 1970er Jahre war hier die gesamtwirtschaftliche Brutto-Lohnquote von 1950 um 20 Prozentpunkte auf etwa 74 Prozent gestiegen, um dann in der alten Bundesrepublik bis Ende der 1980er Jahre wieder auf gut 67 Prozent zu sinken. Mit der Wiedervereinigung 1990 kam es dann zu einem Sprung der Brutto-Lohnquote auf 70 Prozent. Dies lag überwiegend an realen Lohnerhöhungen oberhalb der Produktivitätsraten in Ostdeutschland (vgl. Bontrup 2010, Spannagel 2015, Krämer 2015).

Im wiedervereinigten Deutschland wurde von 1991 bis 2019 die höchste Brutto-Lohnquote im Jahr 1993 mit 72,4 Prozent realisiert. Danach verfiel sie bis 2007 auf ihren niedrigsten Wert von 64,5 Prozent, um 7,9 Prozentpunkte. Nach der weltweiten Finanz- und Wirtschaftskrise ab 2007 legte die Brutto-Lohnquote dann wieder bis 2019 auf 72,3 Prozent zu und erreichte damit den Höchststand von 1993 (Vgl. Tabelle 6.1).

Tab. 6.1: Volkswirtschaftliche Verteilung der Wertschöpfung auf Kapital und Arbeit. Quellen: Statistisches Bundesamt, Volkswirtschaftliche Gesamtrechnung, Fachserie 18/Reihe 1.1 und eigene Berechnungen.

Jahr	Volks-ein-kom-men	Ab-schrei-bun-gen	Berich-tigtes Volksein-kommen	Arbeit-nehmer-entgelt	Lohn-quote	Berei-nigte Lohn-quote	Unterneh-mens- und Vermögens-einkommen	Berei-nigte Mehr-wertquote	Umver-teilungs-position absolut
	in Mrd. EUR	in Mrd. EUR	in Mrd. EUR	in Mrd. EUR	in %	in %	in Mrd. EUR	in %	in Mrd. EUR
1991	1.217,2	246,0	1.463,2	858,8	70,6	58,7	604,4	41,3	
1992	1.298,4	267,2	1.565,6	931,8	71,8	59,5	633,8	40,5	8,9
1993	**1.316,8**	**284,7**	**1.601,5**	**954,0**	**72,4**	**59,6**	**647,5**	**40,4**	**0,0**
1994	1.370,5	296,4	1.666,9	978,5	71,4	58,7	688,4	41,3	14,4
1995	1.423,9	307,4	1.731,3	1.014,6	71,3	58,6	716,7	41,4	17,0
1996	1.444,7	315,1	1.759,8	1.022,9	70,8	58,1	736,9	41,9	23,8
1997	1.465,7	323,3	1.789,0	1.026,2	70,0	57,4	762,8	42,6	35,7
1998	1.492,2	331,2	1.823,4	1.047,2	70,2	57,4	776,2	42,6	18,2
1999	1.507,6	339,6	1.847,2	1.073,7	71,2	58,1	773,5	41,9	18,5
2000	1.547,2	356,2	1.903,4	1.117,4	72,2	58,7	786,0	41,3	3,5
2001	1.590,5	367,7	1.958,2	1.135,0	71,4	58,0	823,2	42,0	17,3
2002	1.596,8	375,7	1.972,5	1.142,2	71,5	57,9	830,3	42,1	14,7
2003	1.600,1	379,7	1.979,8	1.145,9	71,6	57,9	833,9	42,1	13,4
2004	1.680,8	386,7	2.067,5	1.150,0	68,4	55,6	917,5	44,4	67,7
2005	1.701,8	393,1	2.094,9	1.148,9	67,5	54,8	946,0	45,2	84,0
2006	1.801,3	403,0	2.204,3	1.169,9	64,9	53,1	1.034,4	46,9	135,1
2007	**1.867,2**	**423,3**	**2.290,5**	**1.204,4**	**64,5**	**52,6**	**1.086,1**	**47,4**	**148,4**
2008	1.879,5	440,9	2.320,4	1.251,2	66,6	53,9	1.069,2	46,1	110,5
2009	1.805,3	452,0	2.257,3	1.258,0	69,7	55,7	999,3	44,3	49,9
2010	1.905,1	462,0	2.367,1	1.295,4	68,0	54,7	1.071,7	45,3	84,8
2011	2.016,1	478,1	2.494,2	1.352,2	67,1	54,2	1.142,0	45,8	108,4
2012	2.039,8	495,3	2.535,1	1.405,9	68,9	55,5	1.129,2	44,5	71,9
2013	2.086,8	509,8	2.596,6	1.446,6	69,3	55,7	1.150,0	44,3	65,3
2014	2.173,3	524,9	2.698,2	1.503,9	69,2	55,7	1.194,3	44,3	70,6
2015	2.259,4	541,2	2.800,6	1.564,8	69,3	55,9	1.235,8	44,1	72,1
2016	2.346,1	557,3	2.903,4	1.625,1	69,3	56,0	1.278,3	44,0	74,6
2017	2.430,5	580,4	3.010,9	1.694,7	69,7	56,3	1.316,2	43,7	66,2
2018	2.503,1	608,7	3.111,8	1.771,3	70,8	56,9	1.340,5	43,1	42,2
2019	2.561,6	637,1	3.198,7	1.851,3	72,3	57,9	1.347,4	42,1	4,6
Summe	**51.929,3**	**12.084,0**	**64.013,3**	**36.141,8**	**69,6**	**56,5**	**27.871,5**	**43,5**	**1.441,8**

Um hier die *absolute Umverteilungsposition* der abhängig Beschäftigten zu zeigen, wird die höchste erreichte Brutto-Lohnquote (hier das Jahr 1993) konstant gesetzt und damit gefragt, wieviel Einkommen mehr oder weniger pro Jahr die Beschäftigten erhalten hätten, wenn sich die Quote des Jahres 1993 nicht verändert, es also keine Umverteilung gegeben hätte. Und wie lautet der Befund? Es waren von 1991 bis 2019 kumuliert 1.441,8 Mrd. EUR Bruttoeinkommen weniger. Es hat also eine gigantische Umverteilung zu Gunsten der Mehrwert- bzw. Kapitaleinkommen stattgefunden. 2007 war hier mit 148,4 Mrd. EUR das Jahr mit der größten und 2000 mit 3,5 Mrd. EUR das Jahr mit der geringsten Umverteilung zu Lasten der abhängig Beschäftigten.

Die funktionale Faktoren-Verteilung der gesamtwirtschaftlichen Wertschöpfung zwischen Kapital und Arbeit in Bezug auf die Brutto-Lohnquote unterliegt aber einem Trugschluss: Denn bevor das Nettosozialprodukt zu Faktorkosten (Volkseinkommen) in der orthodoxen Ökonomie zur funktionalen Verteilung freigegeben wird, haben sich die Kapitaleigentümer bereits über das jeweils abgeschriebene Kapital entlohnt. Durch die Summe der *Abschreibungsbeträge* erhalten die Kapitalisten ihr vorgeschossenes Kapital zurück. Werden dabei die Abschreibungen noch zu Wiederbeschaffungspreisen bewertet, was in der VGR der Fall ist, so erhalten die Kapitalisten sogar nicht nur nominell, sondern auch real (inflationsbereinigt) ihr Kapital zurück. Im Volkseinkommen sind die Abschreibungsbeträge nicht mehr enthalten. Diese stehen aber als über die Warenpreise zurückfließende Finanzierungsmasse den Kapitalisten für Ersatzinvestitionen wieder zur Verfügung. Damit wird die „Ewigkeit des Kapitals" garantiert.

> Anders ausgedrückt: [...] Im orthodoxen Begriff der jährlichen Wertschöpfung (Volkseinkommen) als Resultat der sogenannten Leistung der drei Faktoren Arbeit, Kapital und Boden ist der Wert der abgenutzten und ersetzten Produktionsmittel nicht mehr enthalten, obwohl doch auch dieser Wert produziert werden muß. Während als Schöpfer des Nettosozialproduktes zu Faktorkosten bzw. des Volkseinkommens die ‚heilige Dreifaltigkeit der Produktionsfaktoren' erscheint, wird die Erzeugung des Ersatzes der verbrauchten Produktionsmittel auf der Ebene der Verteilung des Volkseinkommens sozusagen als naturbedingte Begleiterscheinung des Produktionsprozesses vorausgesetzt. Die Gratisgabe der Arbeit, Wert zu erhalten, indem sie Wert zusetzt, spiegelt sich in den Begriffen der volkswirtschaftlichen Gesamtrechnung in der Weise, daß die Gratisgabe im Volkseinkommen nicht mehr aufgeführt wird. (Altvater et al. 1973, S. 13 f.)

Unter Berücksichtigung einer so notwendig werdenden *bereinigten Rechnung* zeigt sich Folgendes: Die abschreibungsbereinigte Brutto-Lohnquote fällt hier um ein Vielfaches kleiner aus als die nicht um die Abschreibungsbeträge bereinigte Brutto-Lohnquote. Im Jahr mit der höchsten Brutto-Lohnquote (1993) sind dies 12,8 Prozentpunkte und im Jahr mit der niedrigsten Quote 11,9 Prozentpunkte. Vergleicht man hier die jahresdurchschnittlich bereinigte Verteilung der Wertschöpfung von 1991 bis 2019, so zeigt sich, dass die Unternehmer vom „Verteilungskuchen" 43,5 Prozent und die abhängig Beschäftigten 56,5 Prozent erhalten haben. Dies ist im Befund eine inakzeptable funktionale Verteilung zwischen Kapital und Arbeit, wenn man zusätzlich bedenkt, dass sich hinter dem sogenannten Arbeitnehmerentgelt über 40 Mio. Menschen verbergen und sich hinter den Mehrwerteinkünften eine nicht einmal auch nur annähernd große Zahl verbirgt, die wir aber statistisch nicht kennen.

Das Statistische Bundesamt verfügt über diese Zahl nicht, was daran liegt, dass sich hinter den *Mehrwerteinkünften* aus Gewinnen, Zinsen, Mieten und Pachten viele Wirtschaftssubjekte verbergen, die alle drei Mehrwerteinkunftsarten erhalten oder auch nur Zinsen bzw. nur Gewinne oder nur Mieteinkünfte. Deshalb spricht man hier von *personellen Querverteilungen*. Wirtschaftssubjekte können in hoch entwickelten kapitalistischen Ländern durchaus Einkünfte aus allen vier Wertschöpfungsarten beziehen, also Arbeitsentgelten, Zinsen, Mieten bzw. Pachten und Gewinnen. Ein abhängig Beschäftigter erhält so beispielsweise ein Arbeitsentgelt, hat ein Sparbuch, auf das er Zinsen bekommt, und vermietet zwei ihm gehörende Garagen oder eine Wohnung und besitzt außerdem eventuell 100 Deutsche Bank Aktien.

Bei der funktionalen Verteilung auf die Brutto-Lohnquote ist außerdem zu berücksichtigen, dass sich die Zahl der abhängig Beschäftigten und die der Selbstständigen verändern kann, wobei man die Selbstständigen der Brutto-Mehrwertquote zuordnet. Deshalb muss unter Berücksichtigung der sich verändernden Beschäftigtenquote (Anteil der abhängig Beschäftigten an den Erwerbstätigen) bei der Berechnung der funktionalen Verteilung eine *beschäftigtenstrukturbereinigte Brutto-Lohnquote (BbLQ$_t$)* in Ansatz gebracht werden. Diese errechnet sich aus der Formel wie folgt (mit t = Berichtsjahr, AE$_t$ = Arbeitnehmerentgelte in t, VEK$_t$ = Volkseinkommen in t, B$_t$ bzw. E$_t$ = Zahl abh. Beschäftigter bzw. Erwerbstätigenzahl in t und B$_0$ bzw. E$_0$ = Zahl abh. Beschäftigter bzw. Erwerbstätigenzahl in Basisperiode 0):

$$BbLQ_t = \frac{AE_t}{VEK_t} \cdot \frac{\frac{B_0}{E_0}}{\frac{B_t}{E_t}}$$

Die Formel gibt an, wie hoch die Brutto-Lohnquote wäre, wenn das Verhältnis von abhängig Beschäftigten zu Selbstständigen (Beschäftigtenquote) seit dem Basisjahr konstant geblieben wäre. Ansonsten ist es möglich, dass bei einem Ansteigen der Brutto-Lohnquote trotzdem kein Beschäftigter eine Lohnverbesserung erfahren hätte. Dies wäre bei einem Anstieg der Beschäftigtenquote womöglich der Fall.

Bei der Brutto-Lohnquote muss außerdem beachtet werden, *dass Unternehmer ihre Arbeitskraft* in ihren Unternehmen zum Einsatz bringen. Dieser Wert müsste dann den Arbeitnehmerentgelten hinzugefügt und aus den Mehrwerteinkünften abgezogen werden. Über die Höhe der Arbeitseinkommen der Selbstständigen fehlen jedoch in der VGR jegliche Angaben. Deshalb wird hier mit fiktiven Werten operiert und als Wert für die Arbeitskraft eines Unternehmers das jeweilige durchschnittliche Arbeitsentgelt eines abhängig Beschäftigten in Ansatz gebracht. Dazu werden die Arbeitnehmerentgelte durch die Zahl der abhängig Beschäftigten dividiert und der Wert dann mit der Zahl der Selbstständigen multipliziert. Der prozentuale Anteil dieser Summe am Volkseinkommen entspricht dann der *fiktiven Arbeitseinkommensquote der Selbstständigen.*

Aufgabe

Ermitteln Sie für Deutschland von 1991 bis 2019 die beschäftigtenstrukturbereinigte Brutto-Lohnquote unter Berücksichtigung der in den jeweiligen Jahren anfallenden Abschreibungsbeträge. Wählen Sie als Basisjahr das Jahr 2000.

Von der funktionalen Verteilung des arbeitsteilig geschaffenen Einkommens ist die *personelle Einkommensverteilung* zu unterscheiden. Auch hier kam es zu beträchtlichen Umverteilungen. Dabei nahmen auf Basis des *Gini-Koeffizienten* (vgl. Kasten) sowohl die Brutto-, also auch die Nettoeinkommensdifferenzen nach staatlichen Abgaben und Steuern in Deutschland zu.

> Nach Angaben der OECD zeigten sich ähnliche Entwicklungen während der letzten Jahre in zahlreichen OECD-Mitgliedsstaaten, allerdings gehört Deutschland dabei zu jenen Ländern, in den sich die so gemessenen Nettoeinkommensdisparitäten am stärksten erhöht haben. [...] Nach OECD-Angaben nahm die am Gini-Koeffizienten gemessene Einkommensungleichheit ab Mitte der 1980er Jahre bis 2008 nur in Schweden, Neuseeland, Finnland und Israel stärker zu als in Deutschland. (Anselmann 2013, S. 70 f.)

Dies lag hier sicher in Deutschland auch an dem vertieft in den Unternehmen einsetzenden neoliberalen Paradigmenwechsel, hin zu einem verstärkten Shareholder-Value-Denken.

Bei der Verteilung wurden jetzt die Arbeitseinkommen der abhängig Beschäftigten zunehmend zu einer Restgröße gemacht. Bedingungen dafür waren *Wachstumsschwäche* und *Massenarbeitslosigkeit* insbesondere in Ostdeutschland sowie die sich daraus ergebene verschärfte Kommodifizierung von Arbeitskräften. Es kam vermehrt zu einem umverteilenden „Klassenkampf von oben" (Lieberam 2014). Entscheidend ist hier, wie einer der einflussreichsten deutschen Wirtschaftshistoriker, Hans-Ulrich Wehler (1931–2014; 2013, S. 65), betont, die Schlüsselrolle der Arbeitsmärkte. Hier wird die primäre Marktverteilung über Tarifverhandlungen, wer wie viel – am Ende – von der arbeitsteilig geschaffenen Wertschöpfung erhält, festgelegt. Dies gilt sowohl für die funktionale Verteilung zwischen Kapital und Arbeit, als auch für die personelle Verteilung. Aufgrund der Massenarbeitslosigkeit, also einem Überschussangebot an Arbeit, und zusätzlich prekarisierter Arbeitsverhältnisse sowie verhandlungsschwacher Gewerkschaften, die in der EU immer mehr von konservativen und liberalen Parteien bekämpft werden (Borger/Kaufmann/Roth 2016, S. 12) kam es bei der Lohn- und Arbeitszeitfrage zu einer Umverteilung zu Lasten der abhängig Beschäftigten.

Die *Verteilungsneutralität* wurde *verletzt*, also fielen die Zuwachsraten der Nominalarbeitsentgelte kleiner aus als die Zuwachsraten der Produktivität und der Inflation. Dies zeigt der Verfall der funktionalen Verteilung anhand der Brutto-Lohn- und Brutto-Mehrwertquote (vgl. (Bontrup 2010, Spannagel 2015, Krämer 2015 sowie Tab. 6.1) seit der Wiedervereinigung bis 2007, bis zur weltweiten Finanz- und Wirtschaftskrise, überdeutlich. Wehler (2013) bestätigt die eklatante Einkommensungleichverteilung für Deutschland schon bezogen auf das Jahr 1995. Danach erhielten 10 Prozent der Steuerpflichtigen etwa 35 Prozent des Nettogesamteinkommens, das 28-fache der untersten 10 Prozent.

> An der Spitze verfügten 6,6 Prozent über weniger als ein Viertel dieses Einkommens. Zwei Millionen reiche Steuerpflichtige lagen jenseits der sog. Reichtumsgrenze, d. h. um mehr als das Doppelte über dem durchschnittlichen Nettoeinkommen. Die reichsten 5 Prozent besaßen sogar zusammengenommen ein Einkommen, das 95 Prozent aller Einkommensbezieher zusammengenommen nicht erreichten. Diese ‚Superreichen' unter den 27.000 reichen Einkommensmillionären (ihre Zahl hat sich allein zwischen 1983 und 1997 verdreifacht) erzielten ein dreizehn Mal so hohes Einkommen wie die untersten 10 Prozent ihrer Privilegien genossen. (Wehler 2013, S. 69 f.)

Verteilungsmaße

Ungleichheit messen Ökonomen mit dem *Gini-Koeffizienten*, benannt nach dem italienischen Statistiker und Ökonomen Corrado Gini (1884–1965). Der Gini-Koeffizient ist ein Konzentrationsmaß, der die Gleich- bzw. Ungleichverteilung von Merkmalen, wie Einkommen oder Vermögen, angibt. Der Gini-Index ist zwischen null und eins normiert. Bei einer absoluten Gleichverteilung von Einkommen und Vermögen wäre der Indexwert null und bei einer absoluten Ungleichverteilung entsprechend eins. Anthony B. Atkinson zeigt, dass das äquivalisierte verfügbare Haushaltseinkommen, also das Einkommen nach Steuern und staatlichen Transferleistungen, von unterschiedlichen Ländern gemessen am Gini-Koeffizient, in Schweden am geringsten und in Südafrika am höchsten ist. In Schweden verfügt das einkommensstärkste Prozent aller privaten Haushalte über 23,7 Prozent des gesamten Einkommens. In Südafrika sind es 59,4 Prozent. Deutschland kommt hier auf einen Wert von knapp 30 Prozent.

Eine 2019 erschienene Studie des Deutschen Instituts für Wirtschaftsforschung (DIW) bestätigt eine ungleiche Verteilung des Einkommens (vgl. dazu auch Spannagel/Molitor 2019). Dabei hat die Ungleichheit seit der weltweiten Finanz-, Immobilien- und Wirtschaftskrise 2007 noch zugenommen.

> Der Gini-Koeffizient der verfügbaren Haushaltseinkommen hat sich dabei zwar zwischen 1991 und 1999 kaum verändert, stieg dann aber von 0,25 im Jahr 1999 auf 0,29 im Jahr 2005. Im Anschluss war im Jahr 2009 ein leichter Rückgang auf 0,28 festzustellen. Seitdem [...] zeigt der Gini-Koeffizient wieder eine aufwärtsgerichtete Tendenz in Richtung 0,30. (DIW 2019, S. 349)

Außerdem gibt es bei der Niedrigeinkommensquote (hier beträgt das Einkommen nur 60 Prozent des Median-Haushaltsnettoeinkommen) auch einen Anstieg. Laut SOEP-Stichprobe lag die Niedrigeinkommensschwelle, die relative (Einkommens-)Armutsquote, in Deutschland im Jahr 2016 bei etwa 1.120 EUR pro Monat für einen Einpersonenhaushalt. Dabei kam die Niedrigeinkommensquote in den 1990er-Jahren auf einen Wert von rund 11 Prozent. Dieser Wert ist bis 2016 auf 16,6 Prozent angestiegen (DIW 2019, S. 349).

Der französische Ökonom Thomas Piketty (2014a; 2014b; 2020) konnte die zunehmende Ungleichverteilung beim Einkommen in seinem vielbeachteten Buch empirisch für mehrere kapitalistische Länder zeigen. In fast allen Ländern ist dabei der Gini-Koeffizient gestiegen, die Ungleichheit also größer geworden. Überdies hat die Einkommenskonzentration auch in der Spitze zugelegt. Betrug beispielsweise 1970 noch der Anteil des reichsten Prozents am gesamten Einkommen in den USA, dem kapitalistischsten Land auf der Erde, 7,8 Prozent, so waren es 2012 bereits 19,3 Prozent und die Tendenz ist weiter steigend. In Großbritannien stieg der Wert von 7,1 auf 12,9 Prozent (vgl. Piketty 2014a, S. 32). Der Grund dafür ist, dass die Wachstumsraten der Renditen auf Vermögens(Kapital-)bestände (w_r) schneller steigen als die Wachstumsraten der Wirtschaftsleistung (w_g) (Bruttoinlandsprodukt bzw. Wertschöpfung). Demnach kommt es zu einer Ungleichung ($w_r > w_g$). Die Rendite wird dabei als Kapitalertrag eines Jahres in Form von Gewinnen, Dividenden, Zinsen, Mieten, Pachten und anderen Kapitaleinkommen in Prozent des eingesetzten Gesamtkapitals gemessen. Durch die steigenden Renditen in Relation zum Wachstum der Wirtschaftsleistung beanspruchen Unternehmer und Eigentümer immer mehr von der Wertschöpfung, sodass am Ende für die abhängig Beschäftigten immer weniger übrigbleibt.

Auch ohne Piketty ist jedoch schon seit Langem bekannt, dass es, nicht nur in Deutschland unter dem neoliberalen Paradigma, ab Mitte der 1970er-Jahre – verstärkt seit dem Zusammenbruch der sogenannten New Economy im Jahr 2000 – zu einer kräftigen Umverteilung beim Einkommen gekommen ist (vgl. u. a. Bontrup 2014). Für Deutschland zeigen dies die bisher sechs veröffentlichten *Armuts- und Reichtumsberichte* der Bundesregierung (zuletzt 2019) und die in unregelmäßigen Abständen veröffentlichen *Verteilungsberichte des Deutschen Instituts für Wirtschaftsforschung* (DIW 2015a; 2015b; 2016a) sowie die *Berichte vom Wirtschafts- und Sozialwissenschaftlichen Institut* (WSI). Schon seit 1975 macht zudem die *Arbeitsgruppe Alternative Wirtschaftspolitik* in ihren jährlichen Memoranden auf die Gefahren einer ungleichen Verteilung hinsichtlich wirtschaftlicher Entwicklung und Beschäftigung aufmerksam. Zahlreiche Einzelveröffentlichungen (u. a. Schui/Spoo 1996; Reuter 2007; Görgens 2007; Schui 2009; Bontrup 2010; Mittelbach 2013; Wehler 2013; Anselmann 2013; Berger 2014) weisen darüber hinaus auf die Verteilungsschieflage in Deutschland hin. Im Jahr 2017 zeigte der US-amerikanische Nobelpreisträger Joseph Stiglitz in seinem Buch „Reich und Arm. Die wachsende Ungleichheit in unserer Gesellschaft" die negativen wirtschaftlichen, sozialen und politischen Folgen von Ungleichung insbesondere für die USA auf.

Aufgrund der wachsenden Ungleichheit hat das amerikanische Wirtschaftsmodell leider für weite Teile der Bevölkerung seine Versprechungen nicht eingelöst – der typischen amerikanischen Familie geht es heute, unter Berücksichtigung der Inflation, materiell schlechter als vor 25 Jahren. Selbst der Prozentsatz der in Armut lebenden Bevölkerung hat zugenommen. (Stiglitz 2017, S. 15)

Mehrfach hat auch der *Paritätische Gesamtverband* auf die Zunahme von Reichtum auf der einen und Armut auf der anderen Seite in Deutschland aufmerksam gemacht, und die Entwicklung scharf kritisiert (vgl. dazu ausführlich Butterwegge 2019). Die Armutsquote liegt 2020 in Deutschland bei rund 16 Prozent (Westdeutschland: 14,4 Prozent, Ostdeutschland: 19,8 Prozent). *Fast jedes fünfte Kind* wächst in Deutschland in *Armut* auf und es existieren rund 1.000 „Tafeln" zur Armenspeisung (Paritätischer Gesamtverband 2015, S. 19; Schneider 2015). Und gut 6,7 Mio. Menschen (älter als 18 Jahre) waren 2015 in Deutschland mit einer mittleren individuellen Schuldenhöhe von 34.000 EUR belastet. Dies bedeutet eine private Schuldnerquote von fast 10 Prozent (6,7 Mio. Schuldner von 67,6 Mio. Menschen älter als 18 Jahre). Das volkswirtschaftliche Gesamtschuldenvolumen der privaten Haushalte belief sich dabei 2015 auf 228 Mrd. EUR (Creditreform Wirtschaftsforschung 2015). In einem 2019 vorgelegten Bericht der Creditreform ist gerade die Armut der Menschen in Deutschland, die *älter als 70 Jahre* sind, dramatisch gestiegen (vgl. Kasten).

„Altersarmut steigt dramatisch an

Experten sehen Rentenreformen und Niedriglohnsektor als Hauptursachen

Immer mehr alte Menschen in Deutschland können ihre Rechnungen nicht mehr bezahlen. Innerhalb von nur zwölf Monaten sei die Zahl der überschuldeten Verbraucher im Alter ab 70 Jahren um 44,9 Prozent auf rund 380.000 gestiegen, berichtete die Wirtschaftsauskunftstei Creditreform in ihrem am Donnerstag veröffentlichten ‚Schuldneratlas 2019'. Seit 2013 habe sich die Zahl der überschuldeten Senioren sogar um 243 Prozent erhöht. Und auch bei den 60 bis 69 Jahre alten Verbrauchern kämen immer mehr nicht mehr mit ihrem Geld zurecht. Die Gründe für die wachsende Altersarmut sind nach Einschätzung der Experten vielfältig. Einerseits machten sich hier die Rentenreformen der vergangenen Jahrzehnte bemerkbar, die fast durchweg auf eine Kürzung des Sicherungsniveaus der gesetzlichen Rente abgezielt hätten, heißt es im Schuldneratlas. Außerdem wirkten sich die wachsende Zahl unsteter Erwerbsbiografien und das Anwachsen des Niedriglohnsektors aus. Auch der zum Teil dramatische Anstieg der Mieten spiele eine Rolle. Die Entwicklung bei den Senioren steht im auffälligen Gegensatz zur Entwicklung in den übrigen Altersgruppen. Denn erstmals seit 2013 ist in diesem Jahr die Zahl der überschuldeten Verbraucher in Deutschland wieder leicht gesunken – um rund 10.000 auf rund 6,92 Millionen Betroffene (vgl. die prozentuale regionale Verteilung im Folgenden). Doch konzentriert sich der Rückgang auf die unter 50-Jährigen. Bei den Älteren gebe es dagegen einen stabilen ‚Doppeltrend zu Altersarmut und Altersüberschuldung', heißt es im Schuldneratlas. Altersarmut sei besonders scherwiegend, betonen die Experten von Creditreform. Während jüngere Menschen Armut häufig als vorübergehende Lebensphase begriffen und über eine Perspektive verfügten, sich aus ihrer schwierigen Situation herauszuarbeiten, sei das bei älteren Menschen in der Regel nicht mehr der Fall. Mit dem Eintritt in den Ruhestand sinke die Chance älterer Menschen, ihre ökonomische Lage zu verbessern, drastisch. Verschärft werde das Problem dadurch, dass die Betroffenen oft ihnen zustehende Sozialleistungen nicht in Anspruch nähmen. Georg Eichel vom Paritätischen Wohlfahrtsverband in Nordrhein-Westfalen schlägt ebenfalls Alarm. ‚Die Altersarmut nimmt seit zehn Jahren zu und wir befürchten, dass das Thema in zehn oder zwanzig Jahren die ganze Gesellschaft überrollen wird. Spätestens dann, wenn all die 40- oder 50-Jährigen ins Rentenalter kommen, die wir heute beraten, weil sie in der Langzeitarbeitslosenfalle oder in prekären Beschäftigungsverhältnissen mit niedrigen Einkommen stecken', warnt der Fachmann. Er beschreibt auch die schlimmen Folgen, die Altersarmut für die Senioren hat: ‚Die Betroffenen trauen sich oft nicht mehr aus der Wohnung. Krankheiten werden nicht mehr ordentlich behandelt, weil sogar an Medikamenten gespart wird, und die Wohnungen werden nicht mehr richtig geheizt, weil das Geld dafür nicht reicht.'"

Schuldneratlas 2019 (Creditreform)	
Anteil der überschuldeten Personen (älter als 18 Jahre) in v. H.	
Bayern	7,31
Baden-Württemberg	8,23
Thüringen	9,21
Sachsen	9,81
Brandenburg	9,83
Hessen	10,04
Rheinland-Pfalz	10,11
Niedersachsen	10,31
Mecklenburg-Vorpommern	10,58
Hamburg	10,60
Schleswig-Holstein	10,85
Saarland	11,50
Nordrhein-Westfalen	11,72
Berlin	12,31
Sachsen-Anhalt	12,71
Bremen	14,02

(Frankfurter Rundschau vom 15. November 2019, S. 14.)

Die bereits bestehende *Altersarmut* hat die CDU/CSU/SPD-Regierung nach zehn Jahren Debatten veranlasst, eine *Grundrente* zu verabschieden (vgl. den folgenden Kasten). Was jetzt Gesetz geworden ist, reicht jedoch nicht und gilt auch nur für zu wenige. Etwa 1,3 Mio. arme Rentner werden ab 2021 pro Monat durchschnittlich 75 EUR zusätzliche Rente erhalten. Im Höchstfall werden es 405 EUR sein. Auch diese Rentner werden aber weiter einkommensarm den Rest ihres Lebens verbringen müssen, legt man die Armutsrisikoschwelle der Europäischen Union (1.035 EUR pro Monat für Alleinstehende) zugrunde. „Es wird eine Gleitzone geben, die bei 33 Jahren Beitragszahlung beginnt und eine Abbruchkante bei 34 Jahren und elf Monaten vermeidet. Freibeträge in der Grundsicherung und beim Wohngeld sollen sicherstellen, dass auch Menschen die Grundrente erhalten, die in Städten mit hohen Mieten leben. Statt einer Bedürftigkeitsprüfung, die der Wirtschaftsflügel von CDU und CSU verlangt hatte, steht eine „umfassende Einkommensprüfung' auf der Grundlage von Finanzamtsdaten an" (Butterwegge). Die Grundrente wird den Staat ca. 1,4 Mrd. EUR pro Jahr kosten, die Finanzierung erfolgt nicht durch die Rentenversicherung, sondern aus Steuergeldern.

Was ist die Ursache für die Grundrente und wieso sind in einem in Summe reichen Deutschland so viele Rentner arm und werden es zuwachsend auch zukünftig sein? Die Rente hängt in Deutschland an der Arbeit von Millionen abhängig Beschäftigter und damit an deren Einkommen während ihrer aktiven Berufszeit. Sind in einer Volkswirtschaft Millionen dieser Arbeitnehmer in einem *Niedriglohnsektor* beschäftigt, lässt sich leicht absehen, wie es um die Rente bestellt ist. Durch die „Agenda-Reformen" und „Hartz-Gesetze" sind die Arbeitsmärkte in einem bis dahin ungekannten Maße dereguliert worden, auch hat die seit über 45 Jahren in Deutschland bestehende *Massenarbeitslosigkeit* die *Arbeitseinkommen* nicht wachsen lassen. Die verteilungsneutralen Spielräume konnten von geschwächten Gewerkschaften nicht realisiert werden. Die Profiteure dieser marktradikalen Politik sind die Kapitaleigner.

Mit der Grundrente ist aber das Problem noch nicht gelöst, denn sie bekämpft das Symptom, nicht aber die Ursache. Wird von der Politik kein ausreichend hoher gesetzlicher Mindestlohn eingeführt, der Altersarmut wirklich verhindert, ist die eingeführte Grundrente nur ein Tropfen auf den heißen Stein. Der Politikwissenschaftler und Armutsforscher Christoph Butterwegge stellt hier klar:

> Von einem ‚sozialpolitischen Meilenstein' im Kampf gegen Altersarmut (Malu Dreyer, Ministerpräsidentin von Rheinland-Pfalz) oder einem ‚riesigen Sieg' der SPD (Bundesfinanzminister Olaf Scholz) kann überhaupt keine Rede sein. Es handelt sich eher um eine Minimallösung für ein Problem, das diese Partei durch Deregulierung des Arbeitsmarktes (Hartz-Gesetze), Teilprivatisierung der Altersvorsorge (Riester-Reform) und Absenkung des Rentenniveaus (von 53 Prozent um die Jahrtausendwende auf 48 Prozent heute) selbst herbeigeführt hat. (Butterwegge, blog-der-republik.de/grundrente-nur-tropfen-auf-den-heissen-stein)

„Die Grundrente ist durch

– Millionen Menschen kommen im Alter nur schwer über die Runden – nun erhalten sie Aufschläge

Monatelang wurde in der großen Koalition gestritten, am Mittwoch hat das Bundeskabinett die Grundrente verabschiedet. Nun muss noch der Bundesrat zustimmen. Wer profitiert nun, wo liegen die Probleme? Die wichtigsten Fragen und Antworten. Wer profitiert von der Grundrente? Wer schon in Rente ist, kann sie ebenso erhalten wie Neurentner. Erfüllen Ruheständler die Voraussetzungen, erhalten sie die Leistung zusätzlich zu ihrer regulären Rente automatisch. Ein Antrag ist nicht notwendig. Die Grundrente soll zum 1. Januar 2021 starten. Wie viele Menschen werden sie erhalten? Laut Bundesarbeitsminister Hubertus Heil (SPD) sollen etwa 1,3 Mill. Menschen von der Grundrente profitieren, 70 Prozent von ihnen sind Frauen. In den neuen Bundesländern wird es im Verhältnis mehr Bezieher geben, als in den alten. Welche Voraussetzungen muss man erfüllen? Im Wesentlichen geht es um drei Voraussetzungen. Erforderlich sind mindestens 33 Beitragsjahre in der Rentenversicherung. Dazu zählen Arbeitsjahre sowie Kindererziehungs- und Pflegezeiten. Den vollen Zuschlag gibt es erst mit 35 Beitragsjahren. Voraussetzung ist zweitens ein unterdurchschnittliches Einkommen: es muss zwischen 30 und 80 Prozent des Durchschnittseinkommens für diese Jahre liegen. Im vergangenen Jahr betrug diese Spanne etwa 972 bis 2.593 EUR brutto. Das Arbeitsministerium errechnet, dass der durchschnittliche Zuschlag bei rund 75 EUR im Monat liegen wird. Im Höchstfall liegt die Grundrente bei knapp 405 EUR. Drittens sind Einkommensgrenzen maßgeblich: der Freibetrag, bis zu dem die volle Grundrente gezahlt wird, liegt bei Alleinstehenden bei 1.250 EUR, für Eheleute und Lebenspartner bei 1.950 EUR. Sind die eigenen Einkünfte höher, wird der über der Grenze liegende Betrag zu 60 Prozent angerechnet. Ab 1.600 EUR (bzw.

2.300 EUR) gibt es keine Grundrente mehr. Zu Einkünften zählen die eigene Rente, die private Altersvorsorge sowie Kapitalerträge. Auf Sozialleistungen wird der Zuschlag nicht vollständig angerechnet. Finanzämter und Rentenversicherung werden die Daten über die Einkünfte automatisch jährlich abgleichen. Wer zahlt für die Grundrente? Die Grundrente soll aus Steuereinnahmen finanziert werden. Für das erste Jahr rechnet die Bundesregierung mit Kosten von 1,4 Mrd. EUR. Bundesfinanzminister Olaf Scholz (SPD) will den Betrag durch Einnahmen aus einer Finanztransaktionsteuer decken – doch deren Einführung auf europäischer Ebene stockt. Wie fallen die Reaktionen auf die Einführung aus? Vertreter der schwarz-roten Koalition lobten sich für das neue Gesetz. Mario Ohoven, Chef des Bundesverbandes mittelständischer Unternehmen, sprach hingegen von ‚einem Sargnagel für die Rentenversicherung'. Das lange gültige Prinzip ‚Wer mehr einzahlt, erhält aus dem System auch mehr heraus' gelte nicht mehr, kritisierte er." (Quelle: Burmeister, C., Die Grundrente ist durch, in: Frankfurter Rundschau vom 20. Februar 2020, S. 13)

6.1.2.5.1.2 Sekundärverteilung des Einkommens

Menschen sind von Geburt an nicht alle gleich leistungsfähig. Sind sie nur eingeschränkt oder gar nicht arbeitsfähig, werden sie im Marktprozess benachteiligt oder sogar weitgehend ausgeschlossen. Hier bedarf es deshalb aus *sozialen Gründen* und insbesondere auch mit Blick auf die in Art. 1 GG garantierte Unantastbarkeit der Würde eines jeden Menschen einer Umverteilung. Zudem sind wirtschaftliche Möglichkeiten *regional* und in einzelnen Wirtschaftszweigen ungleich verteilt, sodass auch hier eine staatliche Umverteilung von Ressourcen notwendig ist. Das Grundgesetz fordert in Art. 72 GG die „Herstellung gleichwertiger Lebensverhältnisse" in den wirtschaftlich unterschiedlich stark ausgeprägten Regionen in Deutschland. Die sekundäre Verteilung bzw. Umverteilung ist auch deshalb dringend geboten, weil Marktergebnisse nicht nur leistungsadäquate, sondern immer auch von einem wirtschaftlichen Machtmissbrauch involvierte Verteilungsergebnisse implizieren.

Die Verteilungslehre unterscheidet deshalb zwischen der primären und der sekundären Verteilung. Die *primäre Einkommensverteilung* bezieht sich auf die reinen Ergebnisse des Marktprozesses und die *sekundäre Verteilung* auf staatliche Interventionen in den Marktprozess im Zuge von Umverteilungen.

Das Ergebnis einer Korrektur der primären Einkommensverteilung um die auf die privaten Haushalte entfallenden staatlichen Einnahmen und Ausgaben wird als (rechnerische) Sekundärverteilung bezeichnet. [...]

Verteilung der Markteinkommen (primäre Einkommensverteilung)

- – Steuern und Abgaben an den Staat
- + monetäre staatliche Übertragungen an private Haushalte und Unternehmen
- + Saldo der monetären Ströme (fiktive Einkommen) aus staatliche Realtransfers I (Inanspruchnahme gruppenspezifischer Güter)
- + staatliche Realtransfers II (reine öffentliche Güter, Zurechnung nicht über Inanspruchnahme der Leistung zu erfassen)
- = Verteilung der sekundären Einkommen.

Die Differenz aus Primär- und Sekundärverteilung stellt das rechnerische Umverteilungsergebnis der in die Analyse einbezogenen Maßnahmen dar [...]. (Brümmerhoff 2011, S. 285 f.)

Zur gesamtwirtschaftlichen Darstellung der Brutto- und Nettoergebnisse der Verteilung wird in der Volkswirtschaftlichen Gesamtrechnung (VGR) auf das *verfügbare Einkommen* zurückgegriffen, das sich dann auf Konsum und Sparen der privaten Haushalte aufteilt. Das verfügbare Einkommen zeigt jedoch weder eine exakte Nettoverteilung auf die privaten Haushalte noch eine exakte personelle Verteilung an. Einen besseren Wert als das verfügbare Einkommen stellt uns das Statistische Bundesamt aber nicht zur Verfügung. Die folgende Ableitung zeigt die Umwandlung vom Arbeitnehmerentgelt bis zum verfügbaren Einkommen, das für den Konsum und das Sparen eingesetzt werden kann.

	Arbeitnehmerentgelt
–	Sozialbeiträge Unternehmer
=	Bruttolöhne und -gehälter
–	Sozialbeiträge abhängig Beschäftigte
–	Steuern
=	Nettolöhne und -gehälter
+	staatliche monetäre Sozialleistungen (u. a. Renten, Pensionen)
+	monetäre Leistungen der Unternehmer und privater Sicherungssysteme
–	Abgaben auf soziale Leistungen und verbrauchsnahe Steuern
=	Masseneinkommen
+	Betriebsüberschuss (Selbstständigen-Einkommen und Vermögenseinkommen)
+	weitere empfangene abzüglich geleistete Transfers
=	verfügbares Einkommen (Ausgabenkonzept)

In der Tab. 6.2 sind diesbezüglich die empirischen Werte von 2000 bis 2019 für die Bundesrepublik Deutschland aufgeführt. Kumuliert lag hier das verfügbare Einkommen bei gut 28,8 Billionen EUR und die Ersparnis bei gut 2,4 Billionen EUR. Die jahresdurchschnittliche Sparquote kam auf einen Wert von 7,7 Prozent.

6.1.2.5.1.3 Vermögensverteilung

Aus Einkommen entsteht *Vermögen*. Der Ökonom Jörg Huffschmid (1940–2009) bemerkt dazu in seinem Buch „Die Politik des Kapitals. Konzentration und Wirtschaftspolitik in der Bundesrepublik":

> Grundsätzlich gibt es zwei Möglichkeiten, sein Einkommen, das man in Form von Geld erhält, zu verwenden: man kann es verbrauchen, d. h. man kauft sich dafür Güter, die verzehrt oder auf andere Weise in Gebrauch genommen werden; das ist der Akt der Vernichtung des Einkommens als Geld, seine Umwandlung in Güter, die dann – mehr oder minder schnell – ebenfalls vernichtet werden, denn von dieser Vernichtung hängt die Reproduktion des Menschen ab. Der verwahrte Teil des Einkommens stellt die Ersparnis oder das Vermögen dar. Vermögensbildung besteht also zunächst in nichts anderem als dem Verzicht auf Vernichtung von Einkommen. Da Vernichtung von Einkommen als Verbrauch jedoch zur Erhaltung des Lebens des Einkommensempfängers nötig ist, wird die Vermögensbildung wesentlich bestimmt sein erstens durch die Höhe des insgesamt zur Verfügung stehenden Einkommens und zweitens durch die Größe des Teils, der davon gespart wird, d. h. der Vermögensbildung zugewendet werden kann. Der Akt des Sparens

Tab. 6.2: Umverteilung vom Volkseinkommen bis zum Verfügbaren Einkommen und seine Verwendung für Sparen und Konsum. Quellen: Statistisches Bundesamt, Volkswirtschaftliche Gesamtrechnung, Fachserie 18/Reihe 1.1 und eigene Berechnungen.

Jahr in Mrd. EUR	Volkseinkommen	Arbeitnehmerentgelt	Sozialbeiträge Unternehmer	Bruttolöhne u. -gehälter	Sozialbeiträge abhängig Beschäftigte	Lohnsteuer	Nettolöhne u. -gehälter	Monetäre Sozialleistungen	Abgaben auf Sozialleistungen	Masseneinkommen	Betriebsüberschuss Selbstständigen Einkommen, Vermögenseinkommen	Weitere empfangene abzügl. geleistete Transfers	Verfügbares Einkommen	Konsum	Sparen	Sparquote
2000	1.547,2	1.117,4	217,4	900,1	139,5	155,4	605,2	391,8	77,4	919,6	413,1	−53,9	1.278,8	1.187,40	91,40	7,1
2001	1.590,5	1.135,0	217,3	917,8	141,6	152,2	624,0	408,2	79,8	952,4	439,6	−53,7	1.338,3	1.226,70	111,6	8,3
2002	1.596,8	1.142,2	216,6	925,7	143,8	153,4	628,5	422,6	83,2	967,9	418,2	−48,3	1.337,8	1.225,30	112,5	8,4
2003	1.600,1	1.145,9	220,9	925,1	148,3	154,4	622,4	434,5	85,7	971,2	440,9	−42,9	1.369,2	1.248,70	120,5	8,8
2004	1.680,8	1.150,0	218,9	931,1	148,6	145,9	636,6	438,2	88,6	986,2	452,1	−43,2	1.395,1	1.270,20	124,9	9,0
2005	1.701,8	1.148,9	217,9	930,9	151,1	143,2	636,6	440,5	90,8	986,3	476,9	−46,5	1.416,7	1.293,80	122,9	8,7
2006	1.801,3	1.169,9	223,8	946,0	156,9	148,1	641,0	437,9	90,3	988,6	516,9	−56,3	1.449,2	1.328,10	121,1	8,4
2007	1.867,2	1.204,4	225,7	978,7	161,2	157,7	659,8	432,4	87,2	1.005,0	531,5	−65,1	1.471,4	1.349,60	121,8	8,3
2008	1.879,5	1.251,2	232,2	1.019,0	167,9	167,7	683,4	436,5	88,8	1.031,1	547,7	−74,1	1.504,7	1.380,80	123,9	8,2
2009	1.805,3	1.258,0	236,6	1.021,5	172,8	162,6	686,1	472,3	101,5	1.056,9	505,4	−71,4	1.490,9	1.380,40	110,5	7,4
2010	1.905,1	1.295,4	243,1	1.052,3	177,9	156,9	717,5	477,5	101,6	1.093,4	502,8	−70,6	1.525,6	1.413,20	112,4	7,4
2011	2.016,1	1.352,2	248,6	1.103,5	188,8	168,3	746,4	473,0	101,9	1.117,5	531,8	−71,7	1.577,6	1.464,90	112,7	7,1
2012	2.039,8	1.405,9	255,9	1.149,9	195,1	178,7	776,1	480,4	103,6	1.152,9	536,7	−75,6	1.614,0	1.507,40	106,6	6,6
2013	2.086,8	1.446,6	260,3	1.186,3	199,5	187,5	799,3	490,6	106,7	1.183,2	533,6	−79,8	1.637,0	1.533,80	103,2	6,3
2014	2.173,3	1.503,9	269,8	1.234,2	207,1	196,6	830,5	504,2	110,2	1.224,5	532,4	−78,8	1.678,1	1.563,90	114,2	6,8
2015	2.259,4	1.564,8	279,4	1.285,5	214,9	207,2	863,4	524,3	114,2	1.273,5	531,6	−81,4	1.723,7	1.602,30	121,4	7,0
2016	2.346,1	1.625,1	287,7	1.337,4	225,8	214,7	896,9	543,1	117,6	1.322,4	543,3	−86,0	1.779,7	1.649,80	129,9	7,3
2017	2.430,5	1.694,7	300,6	1.394,0	236,9	225,1	932,0	564,6	123,2	1.373,4	556,8	−96,1	1.834,1	1.696,90	137,2	7,5
2018	2.503,1	1.771,3	310,4	1.460,9	247,2	238,2	975,5	579,3	127,5	1.427,3	567,4	−96,3	1.898,4	1.743,70	154,7	8,1
2019	2.561,6	1.851,3	326,7	1.524,7	251,2	250,3	1.023,2	605,9	134,8	1.494,3	552,9	−94,9	1.952,3	1.793,90	158,4	8,1
Summe	39.392,3	27.234,1	5.009,8	22.224,6	3.676,1	3.564,1	14.984,4	9.557,8	2.014,6	22.527,6	10.131,6	−1.386,6	31.272,6	28.860,8	2.411,8	7,7
Veränd. 2000 bis 2019 in %	65,6	65,7	50,3	69,4	80,1	61,1	69,1	54,6	74,2	62,5	33,8	76,1	52,7	51,1	73,3	

oder der Vermögensbildung ist abhängig von der Einkommensbildung; es ist daher zu vermuten, daß sich in Bezug auf das Vermögen tendenziell dieselbe Differenzierung, d. h. konkret: dieselbe Diskriminierung der Arbeiter und Sozialhilfeempfänger gegenüber den Selbständigen, Gruppen der Beamten und höheren Angestellten beobachten läßt. (Huffschmid 1969, S. 18 f.)

Hierbei ist es im Befund der keynesianischen Theorie so, dass die „Verbrauchsneigung" der Wirtschaftenden so geartet ist, dass die höchsten Konsumquoten bei dem niedrigsten Einkommen auftreten, bei höheren Einkommen dagegen die Konsumquoten sinken. Oder anders formuliert: Hohe Einkommensempfänger müssen relativ weniger für ihre Reproduktionskosten ausgeben als niedrige Einkommensempfänger und entsprechend fallen die Sparquoten und ihre Vermögensbestände aus.

Das akkumulierte *Vermögen* ist *in Deutschland* dabei noch *ungleicher verteilt als das Einkommen.* Schon Ende der 1960er-Jahre ermittelten die Ökonomen Wilhelm Krelle, Johann Schunck und Jürgen Siebke (1968) für das Jahr 1960, dass 1,7 Prozent aller westdeutschen privaten Haushalte über 70 Prozent des gesamten Betriebs- und Kapitalvermögens (also der Produktionsmittel) und 35 Prozent des akkumulierten privaten Vermögens verfügten, während 98,3 Prozent der Haushalte nur 65 Prozent des Vermögens besaßen. Weniger als 1 Prozent der Haushalte verfügte über 13 Prozent des gesamten Privatvermögens.

Und 1970 kontrollierte das oberste Dezil schon 44 Prozent des gesamten Nettogeldvermögens, das sich in den 35 Jahren zuvor um das 15-fache gesteigert hatte. Um 2000 besaßen 5 Prozent rund die Hälfte des gesamten Vermögens; die ärmeren 50 Prozent dagegen besaßen 2 Prozent. 2010 gehörten aber dem reichsten Dezil, [...] über 66 Prozent des Geldvermögens. (Wehler 2013, S. 72)

Dieser Befund der Vermögenskonzentration veranlasste Huffschmid, der damals immer mehr aufkommenden Auffassung vom angeblichen „Ende der Klassengesellschaft", mit Nachdruck zu widersprechen. Es gehe dabei eben nicht um eine reichhaltige Ausstattung mit materiellen Gütern des Endverbrauchs, mit Autos, Fernsehern und Kühlschränken, sondern um die Herrschaft des Menschen über den Menschen. Die einen hätten nur ihre Arbeitskraft und die anderen die Vermögenswerte bzw. Produktionsmittel, auf die erstere zur Verwertung ihrer Arbeitskraft angewiesen sind. „Insofern ist der Hinweis auf die imposante Menge dessen, was heute produziert und konsumiert wird, und auf den Unterschied dieser Lage zu der vor hundert Jahren kein Beleg für das Ende der Klassengesellschaft" (Huffschmid 1969, S. 11).

Heute hat sich an der Vermögens- und Kapitalkonzentration nichts geändert. Im Gegenteil: Gemäß Oxfam verfügen im weltweiten Maßstab betrachtet acht Menschen über so viel Vermögen, wie ca. 3,6 Mrd. Menschen zusammen, also die Hälfte der Erdenbürger. Auch in Deutschland ist die Vermögenskonzentration extrem hoch. „19.000 Deutsche haben pro Kopf ein Vermögen von mindestens 23 Millionen Euro. Im Durchschnitt besitzt jeder 100 Millionen Euro. Diese Superreichen machen 0,02 Prozent der Bevölkerung aus, verfügen aber über fast ein Viertel des gesamten

Vermögens" (ver.di 2014). Das Manager-Magazin legte 2016 eine Liste der 500 reichsten Deutschen vor. Demnach besaßen sie 2015 zusammen 692,3 Mrd. EUR. Die Liste der Reichsten führt Susanne Klatten und Stefan Quandt, u. a. Miteigentümer von BMW, mit einem Vermögen von 30 Mrd. EUR an.

„Brief an die superreichen Millionäre und Milliardäre:

Ihr unverschämt Reichen in der Welt, ich bin als Ökonom entsetzt über die neue Oxfam-Studie. Demnach habt ihr acht Superreichen(!) der Welt so viel Vermögen wie 3,6 Milliarden Menschen auf der Erde zusammen. Und auch die Studie der Schweizer Großbank Credit Suisse kommt zu dem Ergebnis, dass das reichste Prozent der Weltbevölkerung inzwischen reicher ist als der gesamte Rest der Menschheit. Ihr werdet schon allein durch den Zinses-Zins-Effekt immer reicher und die Armen immer ärmer. Für Euch Reiche ist das Geld doch längst ohne jede Funktion und euer erbeuteter Superreichtum völlig sinnlos. Wie könnt Ihr damit leben, dass Euer Vermögen die Ursache für die grausame Verarmung, für so viel Elend auf der Welt ist. Dass Menschen sterben müssen, weil sie nichts zu essen und kein trinkbares Wasser haben. Außerdem ist Verarmung und Verelendung die wesentliche Ursache für Kriege, aus denen Ihr dann auch noch Profit saugt. Ihr zerstört mit Eurer Raffgier die Umwelt und raubt für Euren Profit die Rohstoffe der Erde aus. Ihr lasst andere Menschen für Euch arbeiten ohne Rücksicht auf deren Arbeitsplätze und Gesundheit zu nehmen. Ihr habt auch keine Hemmungen durch Eure Spekulationen die Weltwirtschaft in die Krise zu schicken, um dann an der Krise noch zu verdienen. Und statt Steuern zu zahlen, geriert ihr Euch am Ende noch mit Euren Stiftungen und Spenden als Wohltäter der Menschheit und wollt dafür gelobt und verehrt werden. Was für ein Zynismus. Dabei entscheidet natürlich nur Ihr, wer was von Euch bekommt und wer nicht. Dies ist zutiefst antidemokratisch. Wie wäre es, wenn Ihr Euer erbeutetes Vermögen den von Euch ausgebeuteten Völkern ganz einfach zurückgebt? PS: Und den politischen Volksvertretern sei gesagt: Schlaft weiter!" (Bontrup in: Ossietzky 2016, S. 73 f.)

2020 hat das *Deutsche Institut für Wirtschaftsforschung* (DIW) eine neue Untersuchung zur Vermögenskonzentration in Deutschland vorgelegt. Dabei konnte die bisher bestehende Datenlücke über das Vermögen der Superreichen endlich mit Hilfe einer neuen Substichprobe (SOEP-P) geschlossen werden. Demnach ist die Vermögenskonzentration noch höher als bisher angenommen. Die *oberen zehn Prozent* besitzen gut *zwei Drittel* (67 Prozent) des gesamten individuellen Nettovermögens in Deutschland. Zuvor war man von knapp 59 Prozent ausgegangen. „Das *reichste Prozent* der Bevölkerung vereint rund *35* (statt knapp 22 Prozent) des Vermögens auf sich" [...] Schon auf Basis der regulären SOEP-Population liegt der *Gini-Koeffizient* bei 0,78. Mit SOEP-P steigt der Index auf *0,81.* Nach zusätzlicher Berücksichtigung der Top-700 laut Manager Magazin steigt der Index nochmals und beträgt dann 0,83. Damit liegt die Vermögensungleichheit in Deutschland auch im internationalen Vergleich auf einem hohen Niveau. (DIW, Schröder, Bartels, Göbler, Grabka, König 2020, S. 512 ff.). Und am unteren Ende der Vermögensverteilung müssen sich 90 Prozent rund ein Drittel der Vermögensbestände teilen. „Im regulären SOEP alleine waren es bisher immerhin noch 40 Prozent" (DIW 2020, S. 515).

„Großerben zahlen kaum Steuern"

Im Schnitt fallen nur fünf Prozent Abgaben auf zehn Millionen Euro an

Auf Erbschaften oder Schenkungen über zehn Millionen Euro mussten 2018 in Deutschland kaum Steuern gezahlt werden: Dies geht aus der Antwort der Bundesregierung auf eine Anfrage der Linken hervor, über welche die „Süddeutsche Zeitung" am Montag berichtete. Demnach erhielten gut 600 Deutsche zusammen 31 Milliarden Euro, auf die im Schnitt nur 5 Prozent Steuern fällig wurden. Zwei Drittel der knapp 40 Bürger, die sogar 100 Millionen Euro und mehr erbten oder geschenkt bekamen, gingen demnach komplett steuerfrei aus. Wer im vergangenen Jahr 100 Millionen Euro oder mehr geschenkt bekam, zahlte im Schnitt nur eine Steuer von 0,2 Prozent, heißt es in der Antwort der Bundesregierung. Wirtschaftsverbände verteidigten gegenüber der „SZ" bestehende gesetzliche Ausnahmen für Unternehmenserben damit, dass sie Arbeitsplätze vor allem im Mittelstand sicherten. „Wenn eine Firma vererbt oder verschenkt wird, muss meist weit weniger versteuert werden als etwa bei Wertpapieren oder Immobilien", erklärte Stefan Bach vom Deutschen Institut für Wirtschaftsforschung. Die durchschnittliche Steuer der Großerben ist nach den Daten halb so hoch wie für Erbschaften von ein bis zehn Millionen Euro. Die Linkspartei übte scharfe Kritik an dieser Praxis. „Je höher das geerbte oder geschenkte Vermögen, desto geringer die Steuerbelastung", sagte Linksfraktionschef Dietmar Bartsch der „Süddeutschen Zeitung". „Deutschland ist ein Steuerparadies für Multimillionäre." Es sei „extrem ungerecht, dass Kinder in Armut leben müssen, Rentner immer mehr zur Kasse gebeten werden, die Mitte keine spürbare Entlastung erfährt und superreiche Erben und Beschenkte auf astronomische Summen kaum Steuern zahlen', kritisierte Bartsch." (Frankfurter Rundschau am 3. Dezember 2019, S. 15)

„Unter diesen Bedingungen", schreibt der Verteilungstheoretiker Piketty, „ist es nahezu unvermeidlich, dass die ererbten Vermögen eine wesentlich größere Rolle spielen als die im Laufe eines Arbeitslebens gebildeten, und dass die Kapitalkonzentration ein derart hohes Niveau erreicht, dass sie mit dem Leistungsprinzip und den Grundsätzen sozialer Gerechtigkeit, die die Basis unserer modernen, demokratischen Gesellschaften bilden, potenziell nicht mehr vereinbar ist" (Piketty 2014a, S. 46).

6.2 Grundlegende wirtschaftspolitische Konzepte

Aus den makroökonomischen Paradigmen (vgl. Kap. 5) ergeben sich unterschiedliche wirtschaftspolitische Konzepte (vgl. Abb. 6.8). *Marx und Engels* haben das System der kapitalistischen Marktwirtschaft als ein notwendiges Übergangsszenario angesehen. Der Übergang vom Feudalismus zum Kapitalismus habe zwar die Produktivitätskräfte erst zur Entfaltung gebracht. Aus den *inneren Widersprüchen* heraus werde das System aber zwangläufig zusammenbrechen und zu einer neuen Wirtschaftsordnung finden. Dreh- und Angelpunkt sei dabei die Abschaffung des Privateigentums an Produktionsmittel, das aufgrund der Besitzverhältnisse zu Ausbeutung und einer „Diktatur" der Unternehmer führe. Durch eine *Revolution* werde es hier zwangsläufig zu einer Vergesellschaftung kommen.

Auch *Schumpeter* war der Überzeugung, dass *sich* marktwirtschaftlich-kapitalistische Systeme quasi als Resultat seiner Erfolge *überleben* werden. Im Wesen des Ka-

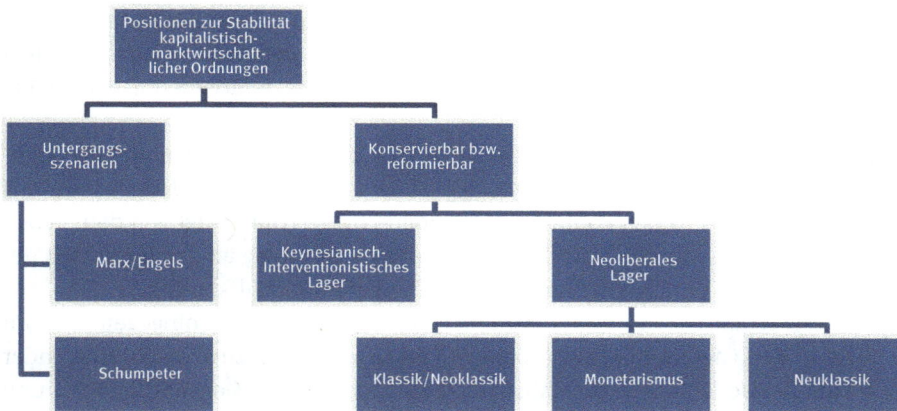

Abb. 6.8: Positionen zur Stabilität marktwirtschaftlich-kapitalistischer Systeme. Quelle: eigene Darstellung.

pitalismus lägen die *Konzentration* und der Drang zur Massenproduktion. Besonders erfolgreich seien zudem die *Pionierunternehmer*, die durch Erfindungen im Produktionsprozess oder durch Produktinnovationen den anderen davonzögen. Oftmals erfordert die Innovationsdynamik dabei allein schon mit Blick auf die Finanzierbarkeit eine bestimmte Größe des Unternehmens. Dadurch werde einerseits die Effizienz gesteigert, andererseits etabliere sich so Macht. In diesem *Wachstumsprozess* delegiere der Pionierunternehmer allmählich die Entscheidungsbefugnis an *Manager*. Während der Pionierunternehmer sich noch mit seiner unternehmerischen Idee und der Belegschaft, mit deren Hilfe er sie umgesetzt hat, identifizierte, gehe diese Verantwortung bei den Managern mit der Zeit verloren. Es stünden nur noch Bilanzzahlen im Vordergrund, es dominiere das reine *Shareholder-Value-Denken*. Zugleich entstehe ein *feindseliges Systemklima*: Mit wachsendem Wohlstand nehme die Zahl der Intellektuellen stärker als der Bedarf an benötigten Führungskräften zu. Gerade unter diesen Meinungsführern entstehe Unzufriedenheit. Zudem werde auch der Kapitalismus längerfristig an die *Grenzen des Wachstums* stoßen. An dieser Stelle angekommen sei der Übergang in ein möglicherweise *zentral gesteuertes System* mit *vergesellschafteten Produktionsfaktoren* naheliegend und auch nur noch ein gradueller Wechsel. Die klassischen Unternehmertypen mit einem Verantwortungsbewusstsein für die Beschäftigten seien inzwischen ohnedies verschwunden. Kapitalistische Großbetriebe mit empathiefreien Managern würden in einem vergifteten Klima mit geringer Wirtschaftsdynamik durch eine sozialistische Wirtschaft abgelöst werden, die Schumpeter (1942 (1950)) zwar ökonomisch für möglich, aber nicht für erstrebenswert ansah.

Auf der anderen Seite stehen diejenigen, die die kapitalistische Marktwirtschaft als sehr stabil und daher als konservierbar einschätzen oder die die Instabilitäten im System zwar sehen, aber durch mehr oder weniger ausgeprägte Reformen, möglicherweise auch mit Tendenzen zu einer Vergesellschaftung der Produktionsmittel, eine Verbesserung für möglich halten. Hier wiederum ist zu unterscheiden zwischen dem neoliberalen, angebotsorientierten und dem keynesianisch-interventionistischen Lager.

Die *neoliberale, orthodoxe Strategie* stützt sich auf die Denkweise und die Argumente der *Klassiker* bzw. *Neoklassiker*, des *Monetarismus* und der *Neuklassik*, teils auch auf Zweifel der Neuen Politischen Ökonomie (*NPÖ*). Überzeugt von den Selbstheilungskräften des Marktes mündet sie in einer sich vorrangig an den Interessen der Güteranbieter, also der Unternehmer, orientierenden Wirtschaftspolitik.

Die *keynesianische-interventionistische, heterodoxe Position* hingegen erkennt zwar die in der Theorie herausgearbeiteten prinzipiellen Vorzüge funktionierender Märkte an, bezweifelt aber, wie realistisch dieses Ideal ist. Im Gegenteil, mikro- und makroökonomisches *Marktversagen* sei vielfach nicht auszuschließen, wenn nicht gar die Regel. Obendrein versagten die Selbstheilungskräfte bzw. wenn sie denn wirkten, dann erst innerhalb einer politisch nicht zu verantwortenden Zeit. Insofern müsse der Staat hier nicht nur ordnungspolitisch die richtigen Weichen für funktionierende Märkte stellen, sondern auf vielen Ebenen auch *intervenieren* und die Marktergebnisse korrigieren. Dabei wird nicht nur der Bedarf gesehen, sondern auch die Fähigkeit der Politik, hier sachgerecht einzugreifen.

Nachfolgend werden die wichtigsten Elemente beider Konzeptionen vorgestellt und ihre Umsetzung in konkrete Wirtschaftspolitik anhand von Beispielen aufgezeigt (vgl. Marquardt 2019).

6.2.1 Angebotsorientierte neoliberale Wirtschaftspolitik

Die deutsche Wirtschaftspolitik ist spätestens seit der „*Wendepolitik*" von Ex-Kanzler *Helmut Kohl* vorrangig neoliberal ausgerichtet. Eingeleitet wurde die Wende 1982 mit dem „Scheidungspapier" des damaligen FDP-Wirtschaftsministers *Otto Graf Lambsdorff* (1926–2009). Darin distanzierte er sich von der SPD als bisherigem Koalitionspartner und löste einen Regierungswechsel zur christlich-liberalen Regierung unter Helmut Kohl aus. Als letztes Großprojekt gilt dabei die im Jahr 2003 vom damaligen SPD-Kanzler Gerhard Schröder initiierte *Agenda 2010*, mit der massive Einschnitte in den Sozialstaat einhergingen.

Allerdings gab es im Zuge der deutschen Wiedervereinigung eine kurze Zäsur in der Phase des „*Vereinigungskeynesianismus*" (von Beyme 1994, S. 256). Die Wiedervereinigung stellte für Westdeutschland ein massives Konjunkturprogramm dar. Ostdeutsche Konsumenten verfügten teils über hohe Sparbeträge, hatten einen aufgestauten Bedarf und wichen angesichts vielfach nicht wettbewerbsfähiger ostdeutscher Anbieter mit ihrer Nachfrage auf westdeutsche Unternehmen aus. Durch die rasche *Einführung der D-Mark in Ostdeutschland* entfiel dabei zudem die Möglichkeit, dass die ostdeutsche Währung abgewertet wurde. Dieser Wegfall des Wechselkurspuffers gab der ostdeutschen Wirtschaft in weiten Teilen den Todesstoß. In dem Maße, in dem die westdeutschen Unternehmen profitierten, wurde die ostdeutsche Wirtschaft in die Knie gezwungen. Im Glauben, die Wiedervereinigung ließe sich aus der Portokasse finanzieren, wurden die sozialpolitischen Folgen des strukturellen Zusammenbruchs zunächst durch das Übertragen des westdeutschen Sozialversicherungssystems auf Ostdeutschland aufgefangen. Der Sozialstaat wurde so zumindest temporär stark ausgeweitet. Ab 1993 erfolgte dann aber eine Rückkehr zur alten Politikausrichtung (vgl. Starke 2015).

Ausgangspunkt neoliberaler Politik ist dabei die Überzeugung, der *Staat* verfüge über *keine ausreichende Kompetenz* zur prozesspolitischen Intervention. Gestützt auf die dargestellten makroökonomischen Paradigmen (vgl. Kap. 5) werden hierfür unterschiedliche Argumente bemüht:

- Weder die Fiskal- noch die Geldpolitik könnten *längerfristig realwirtschaftliche Wirkungen* auslösen.
- Selbst wenn aber Eingriffe in den Wirtschaftsablauf irgendeinen realwirtschaftlichen Effekt hätten, könnte die Politik diese Maßnahmen aufgrund von *Dosierung-, Timing- und Abstimmungsproblemen* nicht systematisch einsetzen.
- Fraglich sei überdies mit Blick auf die Kritik der Neuen Politischen Ökonomie am *Politikerverständnis*, ob die Entscheidungsträger überhaupt willens wären, die Wirtschaft im Sinne der gesellschaftlichen Wohlfahrt zu beeinflussen.
- Außerdem sei der Markt per se recht stabil. Dazu müssten aber die *Selbstheilungskräfte* ausreichend gestärkt werden.

Angesichts der *Zweifel an der Omnipotenz der Politik* sowie der Befürchtung, dass die Folgen derartiger Eingriffe unbeabsichtigt schädlich sein könnten, und angesichts des Marktoptimismus fordert das neoliberale Lager eine grundsätzliche *prozesspolitische Zurückhaltung* ein.

Stattdessen solle eine langfristige an den *Bedürfnissen der Güterangebotsseite* orientierte Wirtschaftspolitik betrieben werden. Im Mittelpunkt des politischen Interesses stehe dabei nicht, Produktionsschwankungen antizyklisch zu glätten oder Nachfrageschwächen zu beseitigen, sondern der längerfristige *Wachstumspfad* (vgl. Abb. 6.9). Durch eine unternehmerfreundliche Politik sollten die Produktionskapazitäten der Volkswirtschaft immer weiter ausgedehnt werden und der Wachstumspfad steiler verlaufen. Die Erwartung dabei sei, dass die Politik zwar auf die Rahmenbedingungen für die Unternehmen abstellt, dass aber gerade dadurch in einem „Trickledown-Prozess" alle in der Gesellschaft profitieren. Ein günstiges Unternehmensumfeld solle Arbeitsplätze schaffen und über die wachsende Produktion steigende gesamtwirtschaftliche Einkommen generieren, die über den Wettbewerb fair, d. h. hier primär leistungsorientiert verteilt werden.

Dazu bedürfe es einer Mischung aus *Produktivitätssteigerung* und Anreizen zur *Investition* (vgl. Abb. 6.11). Ein wichtiger Aspekt sei dabei die *Technologieförderung* in der Grundlagenforschung. Aufgrund positiver externer Effekte sei dies zum einen

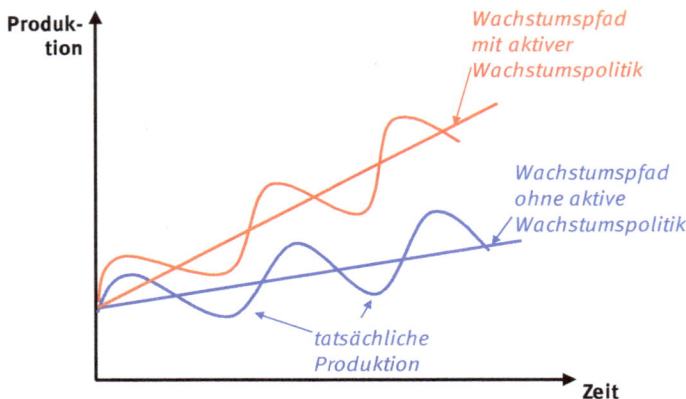

Abb. 6.9: Wachstumspolitik. Quelle: eigene Darstellung.

Aufgabe des Staates bzw. wenn hier Unternehmen aktiv werden, sei eine finanzielle Förderung durch den Staat erwünscht. Zu den wichtigen Aufgaben gehöre auch eine an den Bedürfnissen der Unternehmen orientierte *Bildungspolitik*. Im Zweifelsfall gelte dabei mit Blick auf den Verwendungszweck die humanistische Bildung gegenüber der technisch-naturwissenschaftlichen oder wirtschaftlich-juristischen Ausbildung als weniger wichtig. Überdies sollten die jungen Menschen dem Arbeitsmarkt möglichst bald zur Verfügung stehen, sodass auch eine Beschleunigung der Schul- und Studienabschlüsse gefördert werden solle.

Um die *Leistungsbereitschaft* zu fördern, sieht neoliberale Politik eine Mischung aus „Zuckerbrot und Peitsche" vor. Getreu dem langjährigen FDP-Motto „Leistung muss sich wieder lohnen" wurden in Deutschland die *Einkommensteuersätze* kontinuierlich gesenkt. Gemessen am Spitzensteuersatz erfolgte hier von 1989 bis 2007 in mehreren Schritten eine Rückführung von 56 auf 42 Prozent (mit einer sogenannten „Reichensteuer" auf 45 Prozent). Mit Blick auf den eigentlich zu konsolidierenden *Staatshaushalt* (s. u.) wurden hier sogar positive Effekte vermutet. Denn in Anlehnung an die Idee der *Laffer-Curve* bestand der Verdacht, dass der Staat durch überhöhte Abgaben die Leistungsbereitschaft bereits so sehr in Mitleidenschaft gezogen habe, dass viele sich nicht mehr anstrengen und daher ihr Einkommenspotenzial auch nicht mehr voll ausschöpfen würden (vgl. Abb. 6.10). Eine Senkung der Belastung könnte die Motivation derart erhöhen, dass die Steuereinnahmen sogar steigen könnten. Dazu müsste nur in der Gleichung

$$\text{Steuereinnahmen} = \text{Steuersatz} \cdot \text{Bemessungsgrundlage}$$

die Bemessungsgrundlage (hier also die gesamtwirtschaftlichen Einkommen) durch den Motivationsschub prozentual stärker zulegen als die Steuersätze prozentual gesenkt werden.

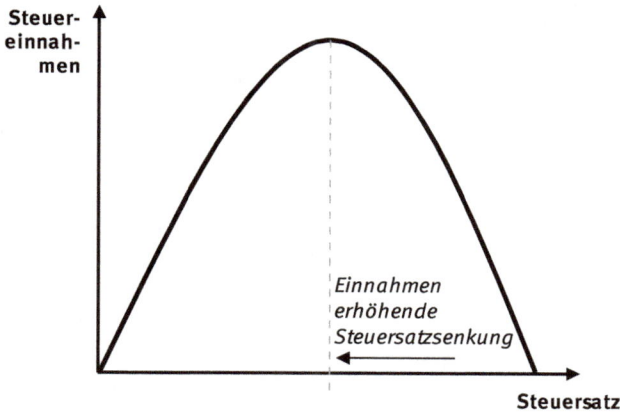

Abb. 6.10: Idee der Laffer-Curve. Quelle: eigene Darstellung.

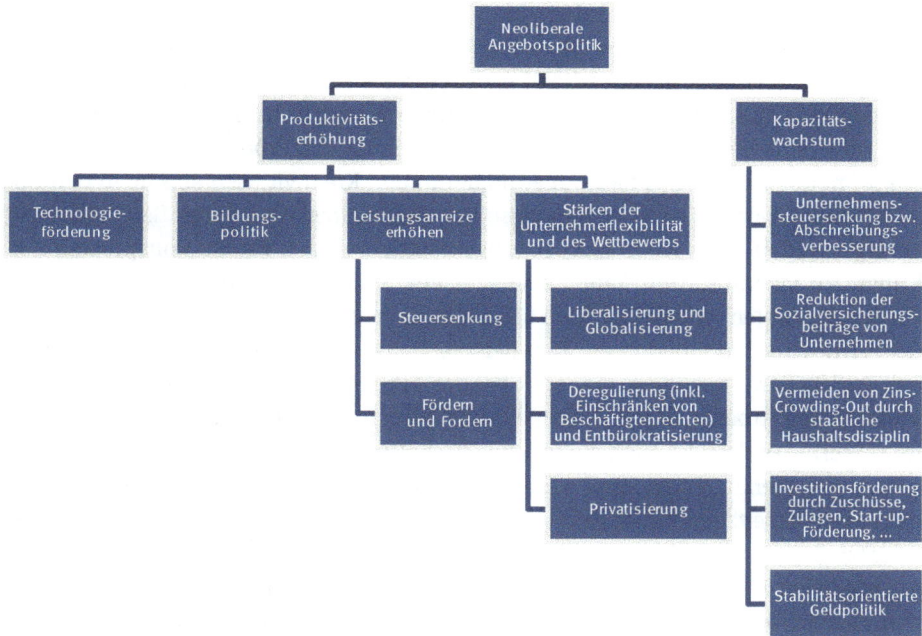

Abb. 6.11: Bausteine neoliberaler Angebotspolitik. Quelle: eigene Darstellung.

Auf der anderen Seite gilt aber mit den Worten des ehemaligen FDP-Vorsitzenden Guido Westerwelle (1961–2016): „Leistung muss sich lohnen. Das ist mehr als Steuerpolitik. Da geht es zum Beispiel auch um die Treffsicherheit des Sozialstaats. Wir wollen Hilfe für die Bedürftigen, nicht für die Findigen" (2011). Hier wird in der Vermutung, allzu viele Menschen betätigten sich als „Sozialschmarotzer", ein angeblich nötiger *Rückbau des Sozialstaates* gefordert, um auch über negative Anreize die Arbeitsmoral zu stärken. Aufschlussreich ist in diesem Kontext die Reaktion von Westerwelle (2010) auf die Entscheidung des Bundesverfassungsgerichts, dass die Hartz-IV-Sätze angepasst werden müssten: „Die Diskussion nach der Karlsruher Hartz-IV-Entscheidung hat sozialistische Züge. Debattiert wird die Frage: Wer bekommt mehr? ‚Staatliche Leistungen' nennt man diese Zahlungen. Dabei sind es Leistungen des Steuerzahlers, die der Staat verteilt. [...] Diese Leichtfertigkeit im Umgang mit dem Leistungsgedanken besorgt mich zutiefst. [...] Wer dem Volk anstrengungslosen Wohlstand verspricht, lädt zu spätrömischer Dekadenz ein [...]" Auch die *Agenda 2010* adressierte die unterstellte Problematik des „Sozialschmarotzertums" und verschärfte einerseits die Ansprüche für den Bezug von Arbeitslosengeld (ALG) und verkürzte andererseits die Dauer der am letzten Gehalt orientierten Arbeitslosengeldzahlungen (ALG-I), bevor man mit dem ALG-II auf das Sozialhilfeniveau absinkt. Das Motto lautete hier *„fördern und fordern"*.

Als zentrales Element werden eine *Verstärkung des Wettbewerbs* und eine *Förderung der unternehmerischen Flexibilität* postuliert. Wichtige Bausteine sind in dem Kontext die *Liberalisierung* und die Globalisierung. Unter Liberalisierung kann das Beseitigen von Hürden zugunsten zusätzlicher unternehmerischer Freiheiten und Entfaltungsmöglichkeiten verstanden werden. Die Öffnung von Produkt- und Faktormärkten für neue Anbieter soll dabei aber nicht nur den Kreativitätsspielraum in den Unternehmen erhöhen. Darüber hinaus sollen die Absatzmärkte vergrößert und dafür gesorgt werden, dass jeder sich leistungsorientiert in den Produktionsprozess einbringt. Zur Liberalisierung kann dabei auch ein *Zurückdrängen des Staates* durch die Forderung zählen, er solle sich auf seine Kernaufgaben konzentrieren und den Rest der Privatwirtschaft überlassen. Zum Beispiel hatte bis 1994 die Bundesanstalt für Arbeit das Stellenvermittlungsmonopol bei der Arbeitssuche. Seitdem obliegt die Vermittlung von Arbeitsplätzen nicht mehr allein der Bundesagentur für Arbeit und den Jobcentern, sondern ist auch als privatwirtschaftliches Gewerbe freigegeben. Als Ergebnis von Agenda 2010 bedarf es für diese nicht mehr einer ausdrücklichen Erlaubnis des Landesarbeitsamtes, um das Geschäft aufzunehmen. Ebenfalls mit dem Ziel, den privaten Sektor zu schützen, wollte die FDP in Nordrhein-Westfalen unter dem Motto *„privat vor Staat"* eine Änderung des Gemeindewirtschaftsrechts verhindern, die dafür sorgen sollte, dass Stadtwerke mehr Betätigungsfelder erhalten (vgl. Marquardt 2010).

Das wohl wichtigste Element der Liberalisierung stellt die *Globalisierung* dar. Sie ist in der vorzufindenden Form nicht als unaufhaltsame Entwicklung plötzlich entstanden, sondern wurde bewusst in der Nachkriegszeit *politisch initiiert und forciert*. Unter dem Dach der World Trade Organization (WTO), aber auch im Zuge der europäischen Integration kam es zu einer nachhaltigen *internationalen Öffnung von Güter- und Faktormärkten* (vgl. Kap. 7.1).

Die Öffnung der Gütermärkte über den *Abbau von Zollschranken*, das *Verbot von mengenmäßigen Ein- und Ausfuhrbeschränkungen* sowie die internationale *Vereinheitlichung* von Normen und Vorschriften soll zum einen für die Unternehmen die verfügbaren Absatzmärkte vergrößern und über anschließende *Größenvorteile* in der Produktion Effizienzpotenziale bergen. Zum anderen soll das Gesetz der Stärkeren verschärft werden. Unternehmen, die – jetzt auch international – nicht mehr mithalten können, weil sie an den Bedürfnissen des Marktes vorbeiproduzieren oder weil sie ineffizient und daher zu teuer produzieren, werden durch den regional erweiterten Wettbewerb aussortiert.

Die Öffnung der *Faktormärkte* hingegen soll durch das Recht auf *Arbeitnehmer-Freizügigkeit* inklusive einer automatischen Arbeitserlaubnis über Grenzen hinweg einerseits den Faktor Arbeit disziplinieren. Durch drohende Entlassungen aufgrund von Standortverlagerungen im Zuge einer Niederlassungsfreiheit von Unternehmen sollen Beschäftigte in ihren Lohnforderungen gedeckelt und extrinsisch motiviert werden. Auch die Furcht, durch zugewanderte Arbeitskräfte verdrängt zu werden, kann in dieselbe Richtung wirken. Andererseits soll auch das *Finanzkapital* sich international möglichst frei bewegen können. Ihm wird die Funktion eines *„Schiedsrichters"* zugestanden. Es sucht sich weltweit die Anlageoptionen aus, die die höchste Rendite versprechen und „belohnt" deren Initiatoren mit einem Kapitalzufluss.

In besonders eklatanter Form erfolgte diese Liberalisierung der Finanzmärkte in Großbritannien. Unter der damaligen Premierministerin Margaret Thatcher wurden Mitte der 1980er-Jahre im Zuge eines *„Big Bang"* nach der Abschaffung von Devisenkontrollen der Wertpapierhandel weitgehend liberalisiert. Das bis dahin den Investmentbanken vorbehaltene Risikogeschäft auf den Finanzmärkten wurde auch normalen Geschäftsbanken erlaubt und es wurden zahlreiche staatliche Kontrollen des Bankgeschäftes aufgehoben. Zur Stärkung des Finanzplatzes London galt diese Öffnung auch für sich dort niederlassende Banken aus dem Ausland. Für eine *Disziplinierung der Finanzmarktakteure* sollte – nach dem anglo-amerikanischen Vorbild – der *Wettbewerb* sorgen. Bei ausreichender Transparenz, so die Hoffnung, werde der Markt schon dafür sorgen, dass übermäßige Risiken durch Kapitalentzug abgestraft werden.

Aber auch in Deutschland, wo Finanzmarktakteure traditionell stärker als im anglo-amerikanischen Raum reguliert werden, wurden einzelne Bereiche liberalisiert. So wurden etwa in Umsetzung einer EU-Richtlinie durch das Investmentmodernisierungsgesetz im Jahr 2003 *Hedge-Fonds* zugelassen (vgl. Erke/Marquardt 2004). An dem Gesetz hatten externe Experten aus der Investmentbranche im SPD regierten Ministerium intensiv mitgearbeitet (vgl. „Der Spiegel" 2009). In der nachfolgenden großen Koalition, in der Peer Steinbrück (SPD) (vgl. den Kasten am Ende von Kap. 6.2.2) als Finanzminister eine zentrale Rolle spielte, wurde noch im Koalitionsvertrag für die Wahlperiode 2005 bis 2009, vor dem Ausbruch der Finanzmarktkrise 2007, zur Förderung des *„Finanzplatzes Deutschland"* ein *Abbau „überflüssiger Regulierungen"* vorgesehen. Hierzu gehören:

- Die Einführung von Real Estate Investment Trusts (REIT's; also: Immobilienfonds) unter der Bedingung, dass die verlässliche Besteuerung beim Anleger sichergestellt wird und positive Wirkungen auf den Immobilienmarkt und Standortbedingungen zu erwarten sind,
- der Ausbau des Verbriefungsmarktes,
- die Erweiterung der Investitions- und Anlagemöglichkeiten für Public-Private Partnerships,
- die Überarbeitung der Regelungen für den Bereich Private Equity im Wege der Fortentwicklung des bestehenden Unternehmensbeteiligungsgesetzes in ein Private-Equity-Gesetz (CDU, CSU und SPD, 2005, S. 86).

Ergänzend wird in der angebotsorientierten Konzeption eine *Deregulierung der Märkte* gefordert. Dabei sollen den Handlungsspielraum einschränkende Auflagen aufgrund von Gesetzen, Richtlinien oder Quoten abgebaut werden. Eine *ökonomisch* angestrebte *Liberalisierung* erfordert dabei oftmals in der Umsetzung als Ergänzung eine *juristische Deregulierung*. Handelsabkommen beispielsweise öffnen nicht nur prinzipiell die Märkte, sondern reduzieren zugleich die rechtlichen Einschränkungen auf den ausländischen Absatzmärkten.

Primär geht es hier um eine einseitige Deregulierung zugunsten der Unternehmer. Gegenstand kann dabei dann auch der *Abbau von Beschäftigtenrechten* sein. Dazu zählt zum Beispiel in Deutschland das Zulassen *sachgrundloser Befristungen* von Arbeitsverträgen im Jahr 1985 oder das *Aufweichen des Kündigungsschutzes* mit Blick auf die „Kleinbetriebsklausel". Diese Norm sorgt dafür, dass einzelne grundsätzliche Einschränkungen bei Kündigungen für Kleinbetriebe nicht gelten. Im Jahr 1996 wurde dabei der Schwellenwert für die Einstufung als Kleinbetrieb von fünf auf zehn regelmäßig Beschäftigte hochgesetzt. Eine nur vorübergehende Rücknahme dieser Heraufsetzung wurde dann im Zuge von *Agenda 2010* ab 2004 wieder aufgehoben. Massiv wurde auch bei der *Arbeitnehmerüberlassung* dereguliert. Das zeitweise „Verleihen" von Beschäftigten gegen eine Entleihgebühr, die deutlich über dem Bruttolohn des Beschäftigten liegt, wird im Arbeitnehmerüberlassungsgesetz geregelt. Als ein Baustein von Agenda 2010 wurden hier auf Betreiben des damaligen Bundesarbeitsministers Wolfgang Clement (1940–2020) (SPD) wichtige Einschränkungen, wie etwa zur Höchstdauer oder zum Befristungs- und Wiedereinstellungsverbot, aufgehoben. Ein stattdessen verordneter Gleichbehandlungsgrundsatz mit der Stammbelegschaft erwiese sich als untauglich, da er durch einen Tarifvertrag für die Zeitarbeitsunternehmen mit Sonderregelungen unterlaufen werden kann.

Faktisch erhöhen sich die Freiräume der Unternehmer auch durch eine *Schwächung der Gewerkschaften*. Magaret Thatcher, hat zum Beispiel in den 1980er-Jahren maßgeblich zum Machtabbau der bis dahin starken Gewerkschaften des Landes beigetragen. Dabei hat sie die Beschäftigtenvertreter nicht nur über „moral suasion", also über „Schlechtreden", diskreditiert und deren gesellschaftlichen Rückhalt geschwächt. Darüber hinaus hat sie die „Closed-Shop-Regeln" abgeschafft, wonach Gewerkschaften das Recht hatten, die Einstellung nicht gewerkschaftlich organisierter Mitglieder zu verhindern. Zudem wurden in ihrer Regierungszeit die erforderlichen Quoren für einen Streikausruf erhöht und der Einsatz von Streikposten zum Unterlaufen eines Streiks durch Arbeitswillige untersagt.

Trotz grundgesetzlicher garantierter *Tarifautonomie* (Art. 9 (3) GG) ist von Seiten der Regierungen auch in Deutschland die Macht der Gewerkschaft allmählich *unterhöhlt* worden, ebenfalls durch Schlechtreden. Bereits im Lambsdorff-Papier, das die Wendepolitik unter Helmut Kohl einleitete, wurden die Gewerkschaften diesbezüglich verstärkt in die Verantwortung für die Gesellschaft insgesamt eingeschworen und dazu aufgefordert, Partikularinteressen hintenanzustellen. Auch Ex-Kanzler Gerhard Schröder (SPD) wiederholte diese Aufforderung im Zusammenhang mit seiner Agenda 2010. Parallel sorgte der zunehmende Druck auf die Arbeitslosen durch *Änderungen im Sozialversicherungssystem* und die Deregulierungen für eine Schwächung der Verhandlungsposition (s. u.).

Auch die *Entbürokratisierung* ist ein Beitrag zur Deregulierung. Oftmals ist mit regulierenden gesetzlichen Vorschriften auch eine erhebliche Bürokratie verbunden. Genehmigungsverfahren, Melde- und Archivierungspflichten werden von Unternehmen nicht nur als *zeitraubend* und *flexibilitätseinschränkend*, sondern auch als unnötig *kostspielig* empfunden. Gerade in Deutschland wird über eine ausufernde Bürokratie geklagt und oftmals wird hier als Mythos hervorgehoben, dass hierzulande ein kometenhafter Aufstieg wie der von Apple gar nicht möglich sei. Schließlich hätten Steve Jobs und Steve Wozniak die Grundlagen für ihr Imperium in einer Garage ausgetüftelt, was in Deutschland niemals genehmigt worden wäre.

In dieser *Mystifizierung der Entbürokratisierung* wird jedoch übersehen, welchen Vorteil die mit Bürokratie verbundene *Rechtssicherheit* hat. So sind beispielsweise in Deutschland „Hardcore-Kartelle" als wettbewerbsbeschränkende Absprachen zwischen Unternehmen im Grundsatz verboten, gleichwohl gibt es Ausnahmen für die Unternehmenszusammenarbeit (vgl. Kap. 3.2.2.6.1). Bis 2005 mussten derartige Kooperationen nach dem Gesetz gegen Wettbewerbsbeschränkungen (GWB) beim zuständigen Kartellamt angemeldet und genehmigt werden. Seitdem gilt das Verfahren der *Legalausnahme*: Die Freiräume werden im Gesetz definiert und die Unternehmen müssen nun eigenverantwortlich entscheiden, ob sie sich daranhalten. Parallel hat das Kartellamt bei verschärften Sanktionen eine Ermittlungsbefugnis, während die Beweislast bei den Unternehmen liegt. Die Rechtssicherheit, die zuvor durch Genehmigung erzielt worden ist, muss von den Unternehmen *nun durch eine interne* oder zugekaufte *Expertenprüfung* hergestellt werden.

Zuweilen können *Deregulierung* und *Liberalisierung* im Widerspruch zueinanderstehen. So wurden beispielsweise in Deutschland die Strommärkte im Jahr 1998 liberalisiert (vgl. Bontrup/Marquardt 2011). Bis dahin existierten Gebietsmonopole: Verbraucher mussten den Strom von ihrem regionalen Anbieter beziehen, der wiederum in seiner Preisfindung kontrolliert wurde. Seit 1998 können nun die Stromkunden ihren Anbieter frei auswählen. Dabei etablierten sich jedoch rasch die „Big-4" (RWE,

E.On, Vattenfall und EnBW), die über ihre Netzhoheit und überhöhte Netzentgelte dafür sorgten, dass Wettbewerber im eigenen Versorgungsgebiet keine reelle Chance hatten. Ursächlich war, dass die Politik, beseelt vom Deregulierungsgedanken, den Netzbetrieb nicht staatlich regulieren wollte. Der Verzicht auf Regulierung hat hier lange Zeit faktisch die intendierte Öffnung der Märkte verhindert. Erst mit der Erweiterung der Zuständigkeiten der Bundesnetzagentur wurde hier eine Regulierungsbehörde eingeschaltet, die u. a. über die „Anreizregulierung" im Netzbetrieb für eine echte Liberalisierung im Vertrieb sorgte.

Zum Kern angebotsorientierter Wirtschaftspolitik gehört auch der Ruf nach *Privatisierung*. Davon betroffen in Deutschland waren u. a.

- die Teilprivatisierung der Vereinigten Elektrizitätswerke (VEW) 1966, die zuvor weitgehend im Kommunalbesitz war, und später mit RWE Energie AG zur RWE AG fusionierte,
- die Vereinigte Elektrizitäts- und Bergwerks AG (VEBA), die als ehemaliger Bundesbesitz bis 1987 vollständig privatisiert wurde und zusammen mit der Vereinigte Industrieunternehmen AG (VIAG) zur E.ON AG fusionierte,
- die Deutsche Lufthansa, aus der der Staat 1997 vollständig ausgestiegen ist,
- die Teilprivatisierung der Deutschen Telekom durch einen Börsengang im Jahr 1996 als Nachfolger des Telekommunikationsmonopolisten Deutsche Bundespost,
- das Postwesen durch den Börsengang der Deutschen Post im Jahr 2000 in Verbindung mit einer Aufhebung des Briefmonopols im Jahr 2007,
- eine zwischenzeitlich wieder zurückabgewickelte Privatisierung der Bundesdruckerei
- und die Überlegung, die Deutsche Bahn als Nachfolger der Bundesbahn über den Zwischenweg einer 1994 gegründeten Aktiengesellschaft möglicherweise später zu privatisieren.

Dabei wird angestrebt, die Eigentümerstruktur von bisher *öffentlich-rechtlichen* zu privaten Eigentümern zu verändern oder zumindest zum Teil zu *privatisieren*. Dafür werden mehrere Gründe angeführt: Erstens ist möglicherweise aufgrund technologischer Entwicklungen in manchen Produktionsbereichen der *Status eines „natürlichen Monopols" weggefallen*. Das betrifft zum Beispiel die Stromproduktion. Früher galten aufgrund der Fixkostendegression nur Großkraftwerke als rentabel. Aufgrund des erforderlichen Finanzbedarfs hätte sich hierbei automatisch eine Monopolisierungstendenz eingestellt. Um einen Missbrauch zu vermeiden wurden die Kraftwerke dann von öffentlich-rechtlichen Anbietern betrieben. Mit der technologischen Entwicklung ließen sich somit auch kleinere Kraftwerke wirtschaftlich betreiben, sodass sich ein unregulierter Wettbewerb unter privaten Kraftwerksbetreibern initiieren ließ. Zweitens soll die Privatisierung Geld in die Kassen der Staatshaushalte spülen, das zur *Konsolidierung* der öffentlichen Haushalte eingesetzt werden kann. Durch den Eigentümerwechsel erhofft man sich drittens *Effizienzvorteile*. Während dabei staatlichen

Betreibern Kostenschlendrian und fehlende Phantasie in der Entwicklung neuer Produkte unterstellt wird, gehen die Verfechter neoliberaler Wirtschaftspolitik davon aus, dass erst privatwirtschaftliche Unternehmer im Eigeninteresse das Leistungsangebot erweitern und den Herstellungsprozess durchrationalisieren und damit zu Kostensenkungen kommen werden. In der Erwartung, der Wettbewerb zwinge sie dann dazu, die Kostensenkung weiterzugeben, sollen die Endproduktpreise vor allem auch für die abnehmenden Unternehmen fallen.

Das wirtschaftliche Wachstum soll im Rahmen der angebotsorientierten Politik aber auch durch ein *angenehmes Investitionsklima* für Unternehmen gefördert werden (vgl. Abb. 6.11). Für Investitionen benötigen Unternehmen Eigen- und Fremdkapital. Die Eigenkapitalbasis soll dabei durch kostenseitige Entlastungen gestärkt werden.

Neben der Schwächung der Gewerkschaften auf der Lohnseite spielen hier *geringere Unternehmenssteuern* eine wichtige Rolle. In Deutschland war dabei die Senkung der *Einkommensteuersätze* (s. o.), die auch für die Personengesellschaften gilt, von besonderer Bedeutung, da dies die Rechtsform ist, in der viele Handwerksbetriebe und Gewerbetreibende firmieren. Für die Kapitalgesellschaften ist insbesondere die *Unternehmenssteuerreform* 2008 zu erwähnen. Der durchschnittliche Unternehmenssteuersatz für deutsche Kapitalgesellschaften verringerte sich dabei von insgesamt 59 Prozent im Jahr 1995 auf nur noch rund 30 Prozent (15 Prozent Körperschaftsteuer plus ca. 15 Prozent Gewerbesteuer) im Jahr 2017. Überdies wurde die Gewerbekapitalsteuer 1998 abgeschafft und ab dem Jahr 2002 *Gewinne auf Beteiligungsveräußerungen* steuerlich befreit und 1997 wurde auch für Unternehmen die *Vermögensteuer* abgeschafft.

Die gleichen Ziele sollen verbesserte *Abschreibungsmöglichkeiten* erreichen. Höhere Abschreibungen verringern die Steuerbemessungsgrundlage, erhöhen so den Gewinn nach Steuern und das für Investitionen mobilisierbare Eigenkapital. So sollen derzeit etwa durch bis 2022 befristete Sonderabschreibungen Investitionen in den Wohnungsbau angeregt werden. Um die digitale Transformation in den Unternehmen zu fördern, forderte die FDP im Februar 2018 verbesserte Aschreibungsmöglichkeiten für digitale Wirtschaftsgüter (FDP 2018).

Darüber hinaus sieht eine angebotsorientierte Politik eine Entlastung der Unternehmen bei den Beiträgen zu den *gesetzlichen Sozialversicherungen*, der Arbeitslosen-, Pflege-, Kranken-, Renten- und Unfallversicherung vor. Diese Beiträge wurden lange Zeit paritätisch je zur Hälfte von den Beschäftigten und den Unternehmern getragen. Bereits im Lambsdorff-Papier war aber die Rede vom Erfordernis „einer Anpassung der sozialen Sicherungssysteme an die veränderten Wachstumsmöglichkeiten [...]" (Lambsdorff 1982). In seiner Agenda-Rede ergänzte dann Jahre später Ex-Kanzler Schröder: „Die Lohnnebenkosten haben eine Höhe erreicht, [...] die auf der Arbeitgeberseite als Hindernis wirkt, mehr Beschäftigung zu schaffen" (Schröder 2003).

Ansatzpunkte waren hier zulande eine *Abkehr von der paritätischen Mitfinanzierung* durch die Unternehmen, vor allem aber eine *Deckelung* der durch die Sozialversicherung zu finanzierenden *Ausgaben*. In der *Rentenversicherung* sollte angesichts des demografischen Wandels zunächst der Nachhaltigkeitsfaktor dazu beitragen, dass die

Rentenansprüche automatisch reduziert werden. Mit der Agenda 2010 wurde dann zudem noch der *„Riesterfaktor"* eingeführt. In der Erwartung, dass jeder im steuerlich geförderten Umfang eine individuelle Kapitaldeckung veranlasst, werden – unabhängig vom tatsächlichen Sparverhalten – die Ansprüche aus der gesetzlichen Rentenversicherung gekürzt. Hinzu kam ein sukzessives Heraufsetzen des Renteneintrittsalters von 65 auf 67 Jahre.

In der *Arbeitslosenversicherung* wurde mit der Agenda 2010 die Anspruchsdauer auf das aus der paritätisch finanzierten Arbeitslosenversicherung gezahlte *Arbeitslosengeld I* gekürzt, sodass Betroffene eher in die steuerfinanzierte Unterstützung nach dem Arbeitslosengeld II abrutschen. Im Prinzip waren derartige Einschnitte aber auch nicht neu. Schon 1975, also noch unter einer SPD-FDP-Regierung unter Kanzler Schmidt wurden *Zumutbarkeitsregeln* verschärft, die *Leistungsdauer* gekürzt und die zum Bezug berechtigenden Mindestbeitragszeiten verlängert (vgl. Starke 2015).

In der *Krankenversicherung* wurden ebenfalls Leistungen gekürzt und die individuellen Zuzahlungen der Versicherten erhöht. Für ihre Beiträge zu der 1995 eingeführten Pflegeversicherung erhielten die Unternehmen durch das Streichen eines Feiertages einen Ausgleich.

Darüber hinaus soll die Finanzpolitik durch konsequente *Haushaltskonsolidierung* ein Zins-Crowding-Out vermeiden. Je weniger Fremdkapital der Staat auf den Finanzmärkten nachfragt, umso niedriger seien die Zinsen, zu denen die privaten Unternehmen für Investitionen Kapital erhalten könnten. Dazu bedürfe es nachhaltiger *Einsparungen* auf der Ausgabenseite durch *Personalabbau*, Widerstand bei den *Entgeltsteigerungen* der öffentlich Beschäftigten und eines kritischen Überprüfens bei Sachausgaben. Die Einsparungen seien umso leichter zu machen, als der Staat sich auf seine *„Kernaufgaben"* beschränken solle. Dabei eröffnen sich die erwähnten Möglichkeiten zur Privatisierung, die ebenfalls zur Entlastung der öffentlichen Haushalte beitragen soll.

Einzelne staatliche Aufgaben werden mittlerweile auch in Form einer Kooperation von öffentlicher Hand und Privatunternehmen als sogenannte *Public-Private-Partnership* erledigt. Unter weiterhin staatlicher Aufsicht erfolgt dabei ein Großteil der Finanzierung und der Wahrnehmung von Aufgaben durch die Privatunternehmen, die als Gegenleistung Leasingraten, Mieten, Pachten oder Gebühren erhalten. Ein Beispiel dafür in Deutschland ist die Einführung des LKW-Maut-System „Toll-Collect" durch eine Betreibergesellschaft von Daimler, Telekom und der Vinci-Gruppe, oder der Autobahnausbau der A1 zwischen Hamburg und Bremen durch das Konsortium „A1 mobil".

Angesichts des Misstrauens in die politischen Entscheidungsträger wird dabei eine *Regelbindung* bevorzugt. Für Deutschland sind dabei auf der europäischen Ebene der *Stabilitäts- und Wachstumspakt* sowie dessen Verschärfung in Form des *Fiskalpaktes* und die seit 2009 grundgesetzlich verankerte *Schuldenbremse* von entscheidender Bedeutung (vgl. Kap. 7.2.7). Demnach ist die Neuverschuldung des Bundes – abgesehen von wenigen Ausnahmen – seit 2016 auf 0,35 Prozent des BIP begrenzt, Bundesländer dürfen sich ab 2020 – ebenfalls abgesehen von wenigen Ausnahmen – gar nicht mehr verschulden.

Darüber hinaus werden *private Kapitalerträge* seit 2009 unabhängig vom individuellen Einkommensteuersatz mit einer pauschalen *25-prozentigen Abgeltungsteuer* veranschlagt. Dies begünstigt zusammen mit einer Umverteilung von unten nach oben und mit dem Riester-Sparen ein höheres Finanzkapitalangebot, wodurch die Zinsen für die Unternehmen ebenfalls niedrig gehalten werden.

Die Förderung von Investitionen kann darüber hinaus auch durch *Investitionszulagen, Zinsvergünstigungen* oder einen verbesserten *Zugang zur Fremdfinanzierung* begünstigt werden. So wurde beispielsweise für Investitionen im strukturschwachen Ostdeutschland eine steuerfreie Zulage des Staates von bis zu 27,5 Prozent der Investitionssumme beschlossen. Darüber hinaus hat die Bundesregierung zahlreiche Einzelmaßnahmen ergriffen, um die Gründung von Unternehmen und Wachstumsinvestitionen zum Beispiel über *Gründerkredite*, das Eingehen von *Ausfallbürgschaften* oder die *Fondsfinanzierung* zu unterstützen.

Als letztes zentrales Element einer angebotsorientierten Politik ist die Forderung nach einer *stabilitätsorientierten Geldpolitik* zu erwähnen. Eine stabile Preisniveauentwicklung soll einerseits dazu beitragen, die Zinsen niedrig zu halten, und andererseits langfristige Planungssicherheit bei Investitionsvorhaben sicherzustellen. Insbesondere auf Drängen Deutschlands ist die Europäische Zentralbank institutionell primär auf diese Zielsetzung ausgerichtet (vgl. Kap. 7.3.5). Über den Maastrichter Vertrag wird die EZB dazu verpflichtet, als *vorrangiges Ziel* die Stabilität des Preisniveaus zu verfolgen. Um dabei möglichst ungehindert agieren zu können, wurde ihr die *Unabhängigkeit* von den Regierungen und den anderen Institutionen der EU garantiert. Zugleich ist es ihr per Gesetz *untersagt, Staatshaushalte* etwa durch eine inflationäre Geldschwemme zu *finanzieren*. In der Umsetzung orientiert sich die EZB in Form des *Inflation-Targeting* und des *Monetary-Targeting* an *Regeln*.

6.2.2 Nachfrageorientierte keynesianisch–interventionistische Wirtschaftspolitik

In der Auseinandersetzung mit dem über Jahrzehnte hinweg in den wichtigsten marktwirtschaftlich-kapitalistischen Industrieländern praktizierten Neoliberalismus beklagt das keynesianische Lager eine *Einfallslosigkeit* gepaart mit ökonomischer Naivität. Der US-amerikanische Nobelpreisträger Josef Stiglitz (2002, S. 70) etwa wirft dem neoliberalen Lager diesbezüglich vor: „Wenn man einem Papagei den Spruch *,fiskalische Austerität, Privatisierung und Marktöffnung'* beigebracht hätte, dann hätte man in den achtziger und neunziger Jahren auf den Rat des [neoliberalen] IWF verzichten können." Wer demnach auf komplexe Sachverhalte immer mit demselben grob formulierten Patentrezept reagiert, dürfe sich nicht wundern, wenn das gewünschte Ziel nicht erreicht wird.

In der deutlichsten Form hat sich diese Fehleinschätzung bei der Liberalisierung und Deregulierung der Finanzmärkte offenbart. Hier haben neoliberale Vertreter, wie insbesondere Margaret Thatcher – zuvor ganze Arbeit geleistet. Mit dem Ausbruch der Finanzmarktkrise im Jahr 2007 als Folge der politisch bewusst zugelassenen Regulierungsdefizite und einem verantwortungslosen Verhalten der Akteure auf dem Finanzmarkt, zeigte sich, wie naiv sich die neoliberale Politik auf die Selbstheilungskräfte des Marktes verlassen hatte. Als Sprecher der British Academy mussten dann zum Beispiel Tim Besley und Peter Henessy (2009) der Queen Rede und Antwort zu den Ursachen der Krise stehen: „[...] It is difficult to recall a greater example of wishful thinking combined with hubris. There was a firm belief, too, that financial markets had changed. And politicians of all types were charmed by the market. [...] the failure [...], was principally a failure of the collective imagination of many bright people [...] to understand the risks to the system as a whole."

Auch der ehemalige Bundesfinanzminister der SPD, Peer Steinbrück, sonst um Schlagfertigkeit nicht verlegen, kam in Erklärungsnot (siehe Kasten). Er äußerte sich zwar selbst angesichts einer zwischenzeitlich weltweiten Renaissance keynesianischer Ideen infolge der Finanzmarktkrise weiterhin skeptisch zum Keynesianismus: „The switch from decades of supply-side politics all the way to a crass Keynesianism is breathtaking" (Steinbrück 2008). Immerhin gesteht er aber rückblickend die *Naivität* seiner *Marktgläubigkeit* ein: „Und heute stellen wir fest: der Markt richtet nicht alles." (siehe Kasten am Ende von Kap. 6.2.2).

Objektiv falsch daran ist allerdings die Aussage, dass „wir" das erst „heute" nach der Finanzmarktkrise feststellen. Die Möglichkeit des Marktversagens wurde schon 1776 von Smith zum Beispiel im Zusammenhang mit wirtschaftlicher Macht thematisiert. Genau hier setzt das keynesianisch-interventionistische Lager an. Märkte können *sowohl mikro- als auch makroökonomisch versagen.* Im Prinzip ist diese Erkenntnis auch dem neoliberalen Lager vertraut, nur ist sie dort im Bewusstsein weit weniger verankert. Im Gegenteil, sie wird als Randerscheinung bei ansonsten funktionsfähigen Märkten in Kauf genommen, zumal der Staat angeblich nichts ausrichten könne.

Das keynesianische Gegenlager ist hingegen von der *Notwendigkeit* korrigierender Eingriffe in das Marktgeschehen überzeugt. Zugleich wird den Entscheidungsträgern – bei allen kritischen Einwänden der Neuen Politischen Ökonomie (NPÖ) – auch die grundsätzliche *Fähigkeit* zum wirksamen Eingriff attestiert. Des Weiteren wird auf der ordnungspolitischen Ebene – erstaunlicher Weise gibt es hier eine Nähe zum deutschen *Ordoliberalismus* (vgl. Kap. 8.3.3) – ein *starker Staat* gefordert, der über umfassende *Regulierung* die Funktionsfähigkeit des Marktes etablieren und permanent gegen immanente Auflösungserscheinungen schützen muss.

In einer solchen Konzeption geht es mithin nicht darum, Dispositionsfreiheit um ihrer selbst willen zu etablieren. Das betrifft insbesondere das Zusammenspiel zwischen Dispositionsfreiheit und wirtschaftlicher Macht. *Vermachtungstendenzen*, die der marktwirtschaftlichen Ordnung seit jeher innewohnen, *unterhöhlen* die Korrektiv- und Disziplinierungsfunktion des *Wettbewerbs*. *Materielle Freiheit* ist mehr als nur formale Entscheidungsfreiheit. Sie besteht erst dann, wenn man auch frei von wirtschaftlicher Macht anderer und damit *frei von Ausbeutung* ist. Herrscht hingegen ein Machtverhältnis, führen mehr Handlungsfreiheit des Mächtigen zu mehr Unfreiheit: „Zwischen dem Schwachen und dem Starken ist es die Freiheit, die unterdrückt, und das Gesetz, das befreit" (Jean-Jacques Rousseau).

Auch wenn Dispositionsfreiheit als Folge von Liberalisierung und Deregulierung droht, mit hohen gesellschaftlichen Schäden durch Gier missbraucht und durch Irrationalitäten in Verbindung mit Intransparenz bei der Risikoeinschätzung fehlgelenkt zu werden, gilt es, die Handlungsspielräume im Vorfeld durch *strikte Regulierung* und Gesetze einzuschränken. Bezogen auf die Finanzmarktkrise erwies sich die weltweite Bankenregulierung über die Baseler-Abkommen offenbar als noch viel zu halbherzig, zumal auch viele Akteure auf dem grauen Kapitalmarkt und Schattenbanken (wie etwa Fonds) außen vorgelassen wurden.

Im Zuge von Liberalisierung und Globalisierung entsteht oftmals ein ungesunder Wettlauf zwischen der Politik und den Unternehmen um die *Gestaltungshoheit*. Üblicherweise delegiert die Gesellschaft in demokratischen Wahlen Macht an die Politik, damit diese das Zusammenleben im Sinne der Gesellschaft gestalten kann. Dazu gehörte in der Vergangenheit aber auch die Entscheidung, Märkte insbesondere auch international zu öffnen. Nutzen dann Unternehmen die Möglichkeiten, operieren sie häufig als multinationale Konzerne und müssen sich zugleich verstärkt dem internationalen Wettbewerb stellen. Dadurch werden aber *erstens internationale Abhängigkeiten* vergrößert. Durch die intensivierten Verflechtungen übertragen sich wirtschaftspolitische Fehlentwicklungen viel schneller und umfassender in andere Länder. *Zweitens* eröffnet das ausgeweitete Spielfeld den Unternehmen die Möglichkeit zu immer mehr *Größenwachstum*. Irgendwann sind die Unternehmen so mächtig und groß, dass sie, wie in der Finanzmarktkrise, als *„too big to fail"* angesehen werden. Sie sind zu groß, als dass die Politik sie scheitern lassen darf. Ordnungspolitische Sanktionen angesichts dieses Fehlverhaltens der Unternehmen bzw. konkret der Banken bleibt dann aus, weil die Politik unterstützend in der Befürchtung eingreift, dass ansonsten eine unaufhaltsame *Kettenreaktion* auch Unbeteiligte in den Abgrund zieht. Die Unterstützung kann so weit gehen, dass es – wie zum Beispiel bei der Commerzbank – zu einer im Neoliberalismus eigentlich verpönten (Teil-)Verstaatlichung kommt. Obendrein begünstigt das Wissen um die systemrelevante Position ein „*moral hazard*": Risiken werden bewusst eingegangen. Geht die Strategie auf, werden die außergewöhnlich hohen Gewinne wie selbstverständlich mitgenommen, scheitert man hingegen, verlässt man sich darauf, dass der Staat einen im Zweifelsfall auffängt.

Darüber hinaus sehen sich die multinationalen Konzerne mit *unterschiedlich gesetzten politischen Rahmenbedingungen* konfrontiert, die häufig Folgen für ihre Wettbewerbsfähigkeit haben. Die lange diskutierte Einführung einer CO_2-Steuer in Deutschland wird beispielsweise die Produktionskosten hiesiger Anbieter erhöhen. Unternehmen drohen bei solchen einseitigen Maßnahmen mit Produktionsverlagerungen ins Ausland oder verlangen alternativ eine Besserstellung bei den Belastungen. Politiker verlieren angesichts dieser *Drohkulisse* einen Teil ihrer Gestaltungsmacht. Sie übernehmen in diesem Szenario die Rolle von *Technokraten*, die den Zwängen des Marktes folgen müssen und werden zum *Spielball globaler Konzerninteressen*. Letztlich spielen weltweit aufgestellte Großkonzerne, die häufig nur in nationalen Alleingängen operierende Politik gegeneinander aus und lösen eine *Abwärtsspirale*, ein „race-to-the-bottom" aus. Dabei werden die regulierenden Standards nur deshalb in einem Land nach unten angepasst, weil sie in einem anderen Land schon niedriger sind. Einzelne Länder, die sich einen Vorteil von einer weiteren Absenkung des Standards versprechen, leiten dann eine weitere Runde im wechselseitigen Deregulierungsprozess ein. Um dem *Primat der Politik* wieder zur Geltung zu verschaffen, bedarf es zwingend einer verstärkten *internationalen Kooperation*, um die Regulierung anzupassen. Das betrifft nicht nur Umweltschutzauflagen, sondern auch die Steuergesetzgebung oder die Regulierungstiefe von Banken.

Methodisch als besonders problematisch wird vom keynesianischen Lager die *Mikroökonomisierung* als Grundlage neoliberaler Argumentation angesehen, denn mit dieser Sichtweise ist verbunden, dass jeder für sein Schicksal selbst verantwortlich ist. Wer am Arbeitsmarkt, der nach neoliberaler Lesart zum Gleichgewicht tendiert, keinen Job bekommt, muss nach dieser Perspektive letztlich selbst schuldsein. Infolgedessen liegt es auch vorrangig in der *Eigenverantwortung* des Einzelnen, sein Schicksal in die Hand zu nehmen. Dabei kann Arbeitslosigkeit zwar im Prinzip selbstverschuldet sein. Nur dürfte das bei weitem nicht, wie vom Neoliberalismus oftmals unterstellt, die Regel sein. Es handelt sich primär um ein gesellschaftliches Risiko, von dem jeder betroffen sein kann, sei es, weil Fehler im Management eines Unternehmens gemacht worden sind, oder weil es zu gesamtwirtschaftlichen Störungen gekommen ist. Insofern läuft die Betonung der Eigenverantwortung, wie sie im Agenda-2010-Motto von „fördern und fordern" zum Ausdruck kommt, auf eine unangemessene Schuldzuweisung hinaus. Die Lösung des Problems liegt zumeist nicht in der Hand des Individuums.

Diese *Entsolidarisierung* wird durch das Narrativ von der „*unsichtbaren Hand*" gefördert. Die neoliberale Botschaft lautet hier, Egoismus und Geldgier seien nicht schlimm. Der Wettbewerb wirke disziplinierend und am Ende werde alles im Sinne der Gesellschaft ausgesteuert. Eigentlich verlange der Wettbewerb geradezu, gierig und stets leistungsbereit zu sein, weil man in ihm ansonsten nicht bestehen kann.

Damit wird erstens ein Freibrief für eine *Ellenbogenmentalität* ausgestellt. Dabei ist die Botschaft allenfalls dann zutreffend, wenn die Marktwirtschaft wie im zumeist unerreichbaren Ideal funktionieren würde. Daraus kann nicht gefolgert werden, dass diese Mentalität auch Leitbild im außerökonomischen Bereich sein sollte. Gleichwohl besteht die Gefahr, die im ökonomischen Sektor praktizierten Verhaltensweisen, immerhin einem zentralen Segment unseres Gemeinwesens, auf den außerökonomischen Bereich zu übertragen. *Rücksichtslosigkeit* prägt dann immer mehr das Zusammenleben. Zweitens wird hier ein *absolutes Leistungsprinzip* als voraussetzende Bedingung propagiert. So sehr dies im betriebswirtschaftlich-nüchternen Input-Output-Zusammenhang erstrebenswert erscheint, so sehr muss das Prinzip als universelles gesellschaftliches Vorbild hinterfragt werden. Denn zum einen würden dabei beschränkt Leistungsfähige durch das Raster fallen. Unser Grundgesetz erhebt aber gerade nicht eine leistungsfähige Marktwirtschaft zur höchsten Norm und zum Menschenrecht, sondern in Artikel 1 die Würde des Menschen. Dazu gehört aber im Rahmen eines Sozialstaates die Garantie auf ein menschenwürdiges Leben, selbst wenn man nicht so leistungsfähig wie andere ist.

Die im Rahmen des Leistungsprinzips angestrebte betriebswirtschaftliche Effizienz zeigt sich auch in anderen Bereichen. Beispielsweise steht die medizinische Versorgung zunehmend unter dem Diktat betriebswirtschaftlicher Optimierung. Menschlichkeit, zuweilen aber auch die Qualität der ärztlichen Versorgung bleiben so auf der Strecke. Auch auf den Kulturbereich färbt die Ökonomisierung ab. Kulturelle Angebote müssen sich „rechnen", sonst werden sie irgendwann zur Disposition gestellt. Der im Zuge des Neoliberalismus propagierte Zwang zur Haushaltskonsolidierung (s. u.) tut dabei ein Übriges.

Selbst dort, wo das Leistungsprinzip im Grundsatz als positiv empfunden wird, muss es relativiert werden, wenn die Fairness im über die Faktormärkte organisierten Belohnungsprozess leidet – sei es, weil die *Chancen* ungleich sind oder weil *Machtstrukturen* eine Rolle spielen. In einer Studie weist der Präsident des Deutschen Instituts für Wirtschaftsforschung Marcel Fratzscher (2017, S. 12 f.) in diesem Zusammenhang nach: „In kaum einem anderen Land beeinflusst die soziale Herkunft das eigene Einkommen so stark wie in Deutschland. In kaum einem anderen Land bleibt Arm so oft Arm und Reich so oft Reich – über Generationen hinweg. [...] Aus dem ‚Wohlstand für alle' ist ein ‚Wohlstand für wenige' geworden."

Vor diesem Hintergrund sind Keynesianer davon überzeugt, dass eine *nachträgliche Verteilungskorrektur* des Marktergebnisses nötig sei. Erst dadurch könnten Ungerechtigkeiten aufgrund von Machtpositionen oder ungleich verteilten Chancen beseitigt werden. Diese Umverteilung stellt nicht nur auf die laufenden *Einkommen* ab, sondern auch auf die *Vermögen*. Denn über eine Einkommensumverteilung können Ungerechtigkeiten aus der Vergangenheit, die sich im Vermögensbestand niedergeschlagen haben, nicht mehr korrigiert werden. Ohnehin bedürfe es bei einer zunehmenden Konzentration von Einkommen und Vermögen einer solchen Umverteilung, um auch die *gesellschaftliche Stabilität* zu wahren. Beobachteten sozial Schwächere ein immer weiteres Auseinanderklaffen der Schere zwischen Reich und Arm und geht dies noch mit Perspektivlosigkeit einher, nehme ihre Unzufriedenheit immer weiter zu. Eine gesellschaftliche *Spaltung* setze ein, die sich auch den Weg über den Aufstieg von populistischen Parteien sucht und letztlich sogar zu gewalttätigen Auseinandersetzungen führen kann. Bei einer so begründeten Umverteilung gehe es darum, die Einkommens- und Vermögensstarken zur Kasse zu bitten: Schließlich könnten sie sich den Verzicht am ehesten leisten und sie profitieren ja auch am stärksten von der Stabilität. Auch hätten sie im Falle eines Umsturzes am meisten zu verlieren.

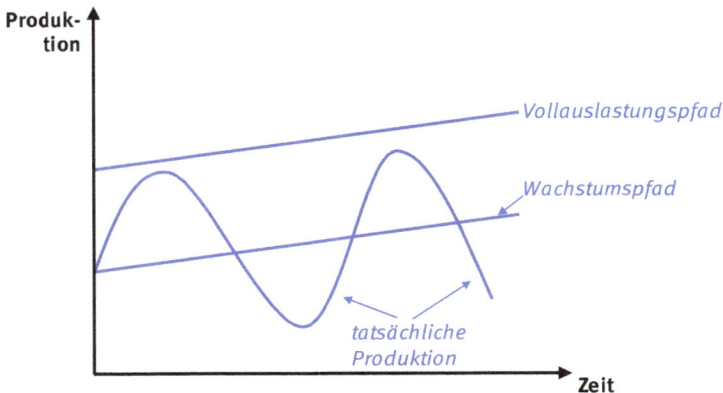

Abb. 6.12: Tatsächliche Produktion und Vollauslastung. Quelle: eigene Darstellung.

Darüber hinaus geht die Mikroökonomisierung des Neoliberalismus damit einher, *Kreislaufzusammenhänge* auszublenden. Infolgedessen wird die Möglichkeit von *Güternachfrageausfall* entweder von vornherein ignoriert oder vor dem Problem wird kapituliert, weil es als nicht korrigierbar angesehen wird und ohnehin nur temporär relevant sei. In der keynesianischen Auffassung hingegen wird diese Problematik als Resultat makroökonomischen Marktversagens als essenziell betrachtet. Demnach unterliegt die tatsächliche Produktion *zyklischen Schwankungen*, bei denen eine volle Auslastung der Produktionsfaktoren eher die Ausnahme darstellt (Vgl. Abb. 6.12).

Ausschlaggebend dafür, dass die Produktion hinter den Möglichkeiten zurückbleibt, ist fehlende Nachfrage. Eine wesentliche Ursache dabei kann Zurückhaltung in der konsumtiven *Massenkaufkraft* des Inlands sein. Diese wiederum leidet darunter, wenn *Lohn- und Gehaltszahlungen* in der gesamtwirtschaftlichen Betrachtung auf ihren reinen Kostencharakter reduziert werden und wenn, wie im praktizierten Neoliberalismus, nicht einmal der verteilungsneutrale Spielraum ausgeschöpft wird (vgl. Kap. 3.5.2.5.2.1). In dieselbe Richtung wirkt eine *Umverteilung von unten nach oben.* Enthält man den Einkommensschwachen über Lohnzurückhaltung oder Kürzungen im Sozialsystem Geld vor, das sie aufgrund ungesättigter Bedürfnisse mehr oder weniger für den Konsum eingesetzt hätten, und leitet es an die ohnehin schon Einkommensstarken um, werden die Begünstigen den Zuwachs nur zum Teil in Mehrkonsum, vorrangig aber an den Finanzmärkten einsetzen.

Gerät obendrein der *Staat* unter neoliberalen *Sparzwang*, verschärft sich die Absatzschwäche. Die Zwänge werden hier gleich auf mehreren Ebenen ausgelöst. Denn einerseits werden unter dem Motto „Leistung muss sich wieder lohnen" die staatlichen Einnahmen aus der Einkommensteuer und die Unternehmensteuer gedeckt. Andererseits werden sogenannte *außerordentliche Einnahmen* aus der Kreditaufnahme durch die *Schuldenbremse unterbunden*. Die *Gegenfinanzierung* kann dann nur noch über eine Erhöhung *indirekter Steuern*, wie der Mehrwertsteuer, noch stärker aber über Zurückhaltung bei den *Staatsausgaben* erfolgen. Wird auf höhere indirekte Steuern umgeschichtet, die nicht nach Belastbarkeit differenzieren, weil alle für dasselbe Produkt denselben Steuersatz zahlen, werden aber gerade die Einkommensschwachen relativ stärker belastet. Dadurch wird die Umverteilung von unten nach oben noch akzentuiert (s. o.). Die ausgabenseitige Zurückhaltung hingegen bewirkt entweder direkt einen Nachfrageausfall, weil der Staat sich in seinen Investitionsausgaben einschränkt, oder er führt indirekt über Personalabbau und eine Dämpfung der Gehaltsdynamik im öffentlichen Dienst zu staatlicher und privater Konsumzurückhaltung.

Fehlt aber gesamtwirtschaftlich der Absatzspielraum, werden Unternehmen nicht in eine Ausweitung ihrer Produktionskapazitäten investieren, auch ungeachtet der angebotsseitigen Rahmenbedingungen. Überdies bewirkt die *Investitionszurückhaltung* einen weiteren Einbruch der Nachfrage von Investitionsgütern. Speziell in Deutschland wird darauf fokussiert, diese Defizite über die außenwirtschaftliche Flanke aufzufangen (vgl. Marquardt 2019). Dabei profitiert die deutsche „*Exportstrategie*" bei einer ohnehin attraktiven Produktpalette von den angebotsseitigen Vergünstigungen, aber auch von einer Unterbewertung der eigenen Währung. So erstrebenswert der Erfolg im Außenhandel einzelwirtschaftlich auch ist, gesamtwirtschaftlich stellt er keine solide Lösung für die Schwäche der Binnennachfrage dar. Denn *erstens* lebt Deutschland *unter seinen Verhältnissen*, wenn es im Außenhandel immer mehr Leistungen abgibt, als es zurückerhält. *Zweitens* steht mit jedem neuen deutschen Leistungsbilanzüberschuss das Ausland immer mehr in der *Schuld* Deutschlands. *Drittens* lädt Deutschland mit dieser Strategie seine *Probleme auf die Handelspartner* ab. Es übernimmt dabei per Saldo Produktion für das Ausland mit, schafft so hierzulande Arbeitsplätze, die im Ausland verloren gehen. *Viertens* führt sich diese Strategie als Patentrezept von selbst *ad absurdum*, wenn das Ausland versucht sie nachzuvollziehen. Aus diesem Grund strengt die *EU-Kommission* ein *Überwachungsverfahren* gegen die Bundesrepublik Deutschland an, da die BRD makroökonomische Ungleichgewichte ausgelöst hat. Darin wird Deutschland explizit aufgefordert, die staatliche und die private Investitionsnachfrage anzuregen. Zudem wird aber auch die Lohnzurückhaltung als belastender Nachfragefaktor herausgestellt.

Dem Staat wird im keynesianisch-interventionistischen Lager bei der Belebung der Güternachfrage eine zentrale Rolle zugwiesen (vgl. Bontrup/Marquardt 2017). Dazu zählt eine zur Stabilisierung der Gesellschaftsordnung ohnehin angezeigte steuer- und sozialpolitisch initiierte *Korrektur der Einkommens- und Vermögensverteilung* in Richtung der konsumstarken einkommensschwachen Haushalte. Ebenfalls wird aber insbesondere auch eine *Wiederbelebung der Staatsausgaben* empfohlen.

Die Zweifel des neoliberalen Lagers an der Wirksamkeit derartiger Interventionen werden vom keynesianischen Lager nicht geteilt. Die von den Neoliberalen vorgetragenen Argumente mögen akademisch interessant sein, empirisch deuten zahlreiche Studien aber eher auf eine belebende Wirkung hin:

In einer *Metastudie*, in der 104 wissenschaftliche Arbeiten ausgewertet wurden, [wird] die These, dass Konsolidierung zu mehr Wachstum führt, nicht bestätigt. Stefan Gechert (2015) folgert darin: „Sparversuche scheitern bei hohen Multiplikatoren an der selbstverursachten Wachstumsverlangsamung, während sie gleichzeitig mit hohen sozialen Kosten verbunden sind." Auf der anderen Seite werden in den meisten Fällen *positive Multiplikatoren von Ausgabenprogrammen* – vorrangig dann, wenn es sich um Investitionsprogramme handelt – festgestellt, wobei sich die Programme über die angestoßenen Beschäftigungs- und Wachstumseffekte zu einem großen Teil von selbst finanzieren. Bei Investitionsprogrammen ist im Durchschnitt ein Multiplikator von 1,3 berechnet worden, so dass ein Programm von 10 Mrd. EUR im Durchschnitt eine Belebung der gesamtwirtschaftlichen Produktion von 13 Mrd. EUR zur Folge hätte. Es käme damit unter dem Strich zu *keinem Crowding-Out*, sondern zu einem *Crowding-In*. Zwar sind die Multiplikatoren im Durchschnitt auch bei Transfer- und Steuerprogrammen noch positiv, sie weisen aber mit 0,6 bzw. 0,7 einen signifikant niedrigeren Wert auf (Bontrup/Marquardt 2017, S. 54).

Durch die Unterfinanzierung wurden hierzulande nicht nur dringend benötige *Infrastrukturinvestitionen* – wie im öffentlichen Personennahverkehr oder im Straßenbau – verschoben, sondern unter dem Deckmantel der Rationalisierung auch ein *Personalabbau* angestoßen, der den öffentlichen Dienst bei der Erfüllung seiner Aufgaben überfordert hat. *Defizite* in der inneren Sicherheit, bei der Justiz, der Bildung, beim Betreuungspersonal in Krankenhäusern, aber auch bei Planungs- und Genehmigungsverfahren in der Verwaltung waren die zwangsläufige Folge.

In dem Kontext wird das Eingehen einer *Staatsverschuldung* in der keyenesianischen Welt gänzlich anders beurteilt als im Neoliberalismus. Defizite öffentlicher Haushalte gilt es hier, nicht um ihrer selbst willen oder um ein Crowding-Out zu verhindern, sondern sie werden bewusst als Instrument des Staates betrachtet, um Fehlentwicklungen zu beseitigen. Das trifft insbesondere auf investive Vorhaben zu. Solange der Staat mit kreditfinanzierten Ausgaben Investitionen tätigt, die eine höhere gesellschaftliche Rendite abwerfen, als der Staat selbst an Kreditzinsen bezahlen muss, ginge die durch eine *Schuldenbremse* selbst auferlegte Restriktion mit unnötig *verschenktem Potenzial* einher. Angesichts der Tatsache, dass der deutsche Staat weltweit mit die niedrigsten Zinsen zahlen muss, dürfte dieses Argument wohl für nahezu alle Investitionen zutreffen. Auch erweisen sich zumindest mit Blick auf Deutschland all die Befürchtungen einer gesamtwirtschaftlichen Überschuldung schnell als unfundierte Panikmache (vgl. Kap. 7.2.7).

Darüber hinaus ist zu bedenken, dass mit einer defizitfinanzierten Belebung der Produktion durch höhere Staatsausgaben auch eine *teilweise Selbstfinanzierung* einsetzt (s. o.). Die wachsende Produktion geht mit einem Anstieg der Einkommens-, der Unternehmens-, der Mehrwert- und der Mineralölsteuereinnahmen einher. Er kommt zustande, weil bei unveränderten Steuersätzen die Bemessungsgrundlage infolge des Ausgabenprogramms steigt. Zugleich verbessert sich die Lage am Arbeitsmarkt, sodass hier die Sozialausgaben zur Alimentierung der Arbeitslosigkeit fallen.

Ohnehin schließt die Forderung nach mehr staatlichem Engagement auf der Ausgabenseite nicht aus, dass der Staat sich längerfristig über höhere Steuereinnahmen gegenfinanziert. Sie müssen nur unter Berücksichtigung der konjunkturpolitischen Wirkung gestaltet und sozialpolitisch ausgewogen sein.

Mit Blick auf die Geldpolitik wird vom keynesianischen Lager die Rolle des *Preisniveauziels* relativiert. Sie gilt dem neoliberalen Lager als eine Art Oberziel, dessen Einhaltung eine notwendige Voraussetzung für mehr Wachstum, Beschäftigung und Verteilungsgerechtigkeit darstellt. Empirisch steht auch diese Auffassung auf schwachen Beinen: Adam stellt [...] fest, dass in Deutschland seit der „Wendepolitik" Anfang der 1980er Jahre bis 2006 genau das Gegenteil zu beobachten war. Während die Inflationsraten trendmäßig zurückgingen, legte die Arbeitslosenquote zu. Parallel ließ auch das wirtschaftliche Wachstum trendmäßig nach. Auch für die behauptete Benachteiligung von abhängig Beschäftigten, Rentnern und Sparern durch Inflation findet Adam angesichts positiver Reallohn- und Realzinsentwicklung keinen Beleg. Die Oberzielthese steht damit auf einem empirisch wenig tragfähigen Fundament. Primär, so Adam [...], ging es letztlich darum, angeblich wissenschaftlich fundiert, ‚die Inflationsphobie der Deutschen zu nutzen, um damit die Lohnforderungen der Gewerkschaften zu diskreditieren und ihre Umverteilungsansprüche abzuwehren (Bontrup/ Marquardt 2017, S. 52).

Vor diesem Hintergrund wird in der keynesianischen Wirtschaftspolitik eine weitaus stärkere *Einbindung der Geldpolitik* in die Stabilisierung der Wirtschaft als im Neoliberalismus und eine Gleichstellung der Wertigkeit des Preisniveauziels mit anderen Zielen gefordert. Im Vergleich mit dem Neoliberalismus spielt das Wirtschaftswachstum in der keynesianischen Wirtschaftspolitik eine geringere Rolle. Längerfristiges Kapazitätswachstum setzt aber in der keynesianischen Auffassung zunächst einmal eine entsprechende Auslastung vorhandener Kapazitäten voraus. *Nachfragestabilisierung* auf einem hohen Niveau wird so zu einer wichtigen Voraussetzung für Wirtschaftswachstum. Darüber hinaus wird *das Wachstumsziel* als solches aber auch weitaus kritischer gesehen als in der angebotsorientierten Politik. Letztlich erstrebenswert ist weniger ein quantitatives als ein *nachhaltiges, qualitatives Wachstum* (vgl. Kap. 4.4). Zudem stellt sich die Frage, ob längerfristig das Wachstum nicht angesichts folgender Umstände zwangsläufig an *Grenzen* stoßen wird: Verknappung der natürlichen Ressourcen, überstrapazierte Ökologie, einer in Deutschland rückläufigen Bevölkerungsentwicklung und Sättigungserscheinungen im Konsum. Die *Angebotsorientierung* läuft dann einem auf Dauer ohnehin zu opfernden *Fetisch* hinterher.

Auch bezogen auf die Privatisierung von Unternehmen ist keynesianische Wirtschaftspolitik weitaus zurückhaltender aufgestellt als der Neoliberalismus. Angesichts der Vorbehalte gegen die Marktkräfte betrifft das insbesondere *Privatisierungsvorhaben* im Bereich der öffentlichen Daseinsvorsorge. Beispielhaft zu erwähnen ist hier die Elektrizitätswirtschaft (vgl. Bontrup/Marquardt 2010), aber auch die Überlegungen, zukünftig auch noch die Wasserversorgung zu privatisieren. Selbst wenn dabei Effizienzgewinne zustande kämen, so gelten dem keynesianischen Lager derartige Versorgungsbereiche als so essenziell, dass sich hier Experimente in der Hoffnung auf die Selbstheilungskräfte des Marktes verbieten. Ohnehin stelle sich die Frage, ob Privatisierung generell für die Kunden von Vorteil ist. Im Bereich der Telekommunikation mag dies vielleicht bejaht werden. Die alte Kommunikationswelt mit dem verstaubten, wenig kundenfreundlichen Staatsbetrieb Deutsche Bundespost hat sich seit der Privatisierung sehr dynamisch mit deutlichen Preisrückgängen entwickelt. Mit Blick auf die Deutsche Bahn hingegen, die auch privatisiert werden sollte, muss man das Vorhaben als gescheitert und mittlerweile für die Bahnkunden als negativ bezeichnen. Ähnliches gilt für die Privatisierungsbestrebungen bei der Bundesdruckerei. Ihre 1994 eingeleitete Privatisierung verlief angesichts der Insolvenz des neuen privaten Anbieters so desaströs, dass sie 2009 wieder rückgängig gemacht wurde. Des Weiteren ist zu hinterfragen, ob Privatisierungen tatsächlich einen erhofften Beitrag zur Konsolidierung öffentlicher Haushalte leisten können. Entweder ist das zu privatisierende öffentliche Unternehmen unwirtschaftlich, dann wird man auch keinen Käufer finden. Oder das öffentliche Unternehmen ist erfolgreich, dann kann hier lediglich das „Tafelsilber" eingetauscht werden: Ein hoher Kaufpreis entlastet kurzfristig die öffentlichen Haushalte, dafür fehlen aber zukünftig die Überschüsse aus dem Betrieb.

Ex-Ministerpräsident und Ex-Finanzminister Peer Steinbrück zu seinen wirtschaftspolitischen Fehlern

In einem Gastbeitrag für die „Süddeutsche Zeitung" äußerte sich Peer Steinbrück als einer der Architekten eines marktliberalen Kurswechsels in der SPD mit Blick auf die Finanzmarktkrise.

„Angesichts solcher Entgleisungen stelle ich mir schon die Frage, ob wir es nicht auch in Deutschland mit der Deregulierung zu weit getrieben haben. Selbstkritisch gebe ich zu, dass auch meine Partei jahrelang im Deregulierungszug saß, wenn auch nie in der Lokomotive. Wir mussten dazulernen. Ich nehme für mich und für uns aber in Anspruch, dass wir das auch getan haben, und zwar teilweise schon vor der Krise. Deregulierung stößt dort an ihre Grenzen, wo sie gegen fundamentale moralische Maßstäbe verstößt und damit den Zusammenhalt der Gesellschaft gefährdet. Auf den Finanzmärkten wurde aus der Regellosigkeit schnell Zügellosigkeit, angefangen bei den Gehältern über Boni und Abfindungen bis hin zur Alterssicherung. Wer aber zulässt, dass die Marktwirtschaft als das Recht des Stärkeren, des Raffinierteren funktioniert, und wer ihr soziales Fundament als Klotz am Bein betrachtet, der begeht einen kapitalen Fehler. [...] Entfesselte Märkte, in denen die Menschen, ihr sozialer Status und ihre Aufstiegschancen praktisch nach Marktwert bemessen werden, sind kein Schicksal, sondern gewollt oder ungewollt. Wir brauchen deshalb eine Wertegemeinschaft in unserem Land, die den Menschen und das Gemeinwohl ins Zentrum ihres Denkens und Handelns stellt und die die Herausforderungen optimistisch angeht: optimistisch, dass wir die Kraft zur Überwindung der Krise haben, und optimistisch, dass wir genau jetzt die Voraussetzungen schaffen können, dass sie sich niemals wiederholt. [...] Deshalb müssen sich jetzt alle gesellschaftlichen Kräfte zu einem Bündnis gegen die Renaissance der Marktgläubigkeit zusammenschließen. Wenn das passiert, dann hätte diese Krise wirklich einen Sinn gehabt. (Steinbrück 2010).

Im Jahr 2019 antwortete er auf die Fragen der Moderatorin Sandra Maischberger welchen Beitrag er denn am Niedergang der SPD habe und welche Fehler er gemacht hätte: „Der größte Fehler war wahrscheinlich derjenige gewesen – Anfang der Nullerjahre – sehr stark einem Zeitgeist zu unterliegen, der sehr stark auf Deregulierung gelaufen ist; sehr stark darauf, der Markt wird alles richten, wir brauchen eine Befreiung von allen Fesseln, die alte Deutschland AG ist überkommen, sie wird mit dem anglo-amerikanischen Kapitalismus nicht mehr Schritt halten. Das ist eine Bewegung gewesen, die sehr stark von Parteien rechts von der SPD vorgetragen wurde, auch aus dem Wirtschaftsjournalismus, auch von Wirtschaftswissenschaftlern. Aber ich gebe zu, auch ich selber habe mich in diesen Zeitgeist begeben. Und heute stellen wir fest: der Markt richtet nicht alles. Wir wollen auch nicht, dass alle Lebens- und Arbeitsbereiche einem sehr exzessiven Renditedenken unterworfen werden; wir erleben das gerade auf dem Wohnungsmarkt. Und wir brauchen Spielregeln auf Märkten, die zunehmend entfesselt sind und entgrenzt werden" (Steinbrück 2019).

Aufgaben

a) Fassen Sie die Bausteine, Positionen und Begründungen für eine neoliberale, angebotsorientierte Wirtschaftspolitik sowie für eine keynesianisch-interventionistische, nachfrageorientierte Wirtschaftspolitik zusammen.

b) Seit geraumer Zeit wird in Deutschland diskutiert, dem „Vorbild" des Ex-US-Präsidenten Trump zu folgen und eine Senkung der Unternehmenssteuern zu beschließen. Wäre das ein Element einer angebotsorientierten oder einer nachfrageorientierten Wirtschaftspolitik?

7 Ausgewählte Bereiche der Wirtschaftspolitik

7.1 Internationale Arbeitsteilung und Globalisierung

Unter *Arbeitsteilung* versteht man allgemein eine Organisation der Güterproduktion, bei der die Erzeugung der Gütermenge in viele, aufeinander aufbauenden Herstellungsschritte zerlegt wird. Sie wird auf unterschiedlichen Ebenen praktiziert:
- *Innerbetrieblich* wird die Fertigung von Endprodukten in verschiedenen Einzelschritten von Spezialisten vorgenommen.
- *National* haben sich Unternehmen in verschiedenen Wirtschaftszweigen auf die Erzeugung bestimmter Produkte spezialisiert.
- *International* kann es ebenfalls zu einer Konzentration auf die Herstellung bestimmter Güter kommen.

Ziel der Arbeitsteilung ist es, effizienter zu arbeiten, um das *ökonomische Prinzip* zu verwirklichen: Erst wenn jeder sich im Wertschöpfungsprozess auf das konzentriert, was er am besten kann, wird schließlich der produzierte „Kuchen" an Gütern möglichst groß. Im Anschluss bedarf es „nur" noch einer fairen Verteilung der erzielten Vorteile.

Bereits *Smith* hatte dieses Prinzip als die zentrale Quelle des Wohlstands identifiziert. Ausführlich beschrieb er am Beispiel der in verschiedene Einzelschritte aufgeteilten Stecknadelproduktion die Vorteile der Arbeitsteilung.

Aber erst *Ricardo* zeigte auf, dass Arbeitsteilung nicht nur bei sogenannten „*absoluten Kostenvorteile*" sinnvoll ist, also dann, wenn jeweils ein Akteur bei der Produktion eines einzelnen Gutes einen Spezialisierungsvorteil aufweist. Auch im Fall der „*komparativen Kostenvorteile*", in dem ein Akteur in allen Produktionsbereichen überlegen ist, kann Arbeitsteilung für alle vorteilhaft sein.

Bereits auf der betrieblichen Ebene gehen mit der Arbeitsteilung aber auch Probleme einher. So war es Marx, der darauf hinwies, dass Monotonie, einseitiger Verschleiß und Entfremdung durch eine *fehlende Identifikation* mit dem Endprodukt, zu dem man nur einen geringen Teil beigetragen hat, ein hoher Preis für den Effizienzfortschritt sein kann. Auch ist der *Organisationsaufwand* größer, um die oftmals unabhängig Wertschöpfungsbereiche aufeinander abzustimmen.

Auf der unternehmerischen Ebene ergeben sich ebenfalls spezifische Nachteile aus der Spezialisierung: Sie schafft *Abhängigkeiten* von Zulieferern und von Abnehmern. Dies wird zum Beispiel deutlich, wenn Gewerkschaften mit möglichst wenig Mittelaufwand einen Streik organisieren. Statt die in Verhandlungen einflussreichen Großkonzerne zu bestreiken, werden hier üblicherweise eher kleine Zulieferer bestreikt, um letztlich die von diesen – im Zuge der Arbeitsteilung ausgelagerten – Vorprodukten abhängigen Großkonzerne zu treffen. Auf der Absatzseite schafft eine ausgeprägte Spezialisierung ebenfalls Abhängigkeiten, wie das Beispiel von Eastman

https://doi.org/10.1515/9783110619379-007

Kodak zeigt. Das Unternehmen hatte sich hauptsächlich auf die Herstellung von Dia- und Negativfilmen für Fotoapparate spezialisiert und war damit jahrelang überaus erfolgreich am Markt. Mit der einsetzenden Digitalisierung, deren Herausforderung die Unternehmensleitung zu spät erkannt und nur halbherzig in einen Strategiewechsel eingearbeitet hatte, ist dieses zentrale Geschäftsfeld weggebrochen. Kodak meldete 2012 nach einer über 100-jährigen Firmengeschichte Insolvenz an und besteht heute in seiner ursprünglichen Form nicht mehr. Vor dem Hintergrund verzichten einzelne Unternehmen bewusst auf ein Ausreizen von Spezialisierungsvorteilen und organisieren sich als breiter aufgestellter *„Mischkonzern"*, um die Absatzrisiken über verschieden Märkte zu diversifizieren.

Die *internationale Arbeitsteilung* ist ein wichtiges Element der Globalisierung, die einen Prozess der immer enger werdenden ökonomischen, politischen und kulturellen Verflechtung von Nationalstaaten beschreibt. Im wirtschaftlichen Bereich wird diese Verflechtung zum einen dadurch forciert, dass die internationale Arbeitsteilung immer größere Kreise zieht und die Spezialisierung kontinuierlich voranschreitet. Zum anderen nimmt aber auch die internationale *Mobilität der Produktionsfaktoren* Arbeit und Kapital zu. Mitentscheidend für diese Entwicklungen waren eine politisch *initiierte Öffnung von Güter- und Faktormärkten*, aber auch, als Folge technologischen Fortschritts, deutlich verringerte Transportkosten sowie ein verbesserter Informationsaustausch durch moderne Kommunikationstechnologien.

Mit der immer engeren wirtschaftlichen Verflechtung gehen zugleich aber auch verstärkte gegenseitige *politische Abhängigkeiten* einher. So ist beispielsweise der wirtschaftliche Erfolg der Exportwirtschaft eines Landes abhängig von der Konjunktur in den Abnehmerländern. Auch haben Änderungen im Unternehmenssteuerrecht oder bei Umweltauflagen auf einmal nicht mehr nur nationale Wirkungen, sondern verändern die internationale Wettbewerbsfähigkeit von inländischen Unternehmen. Aus diesen wechselseitigen Abhängigkeiten ergibt sich ein zunehmender Bedarf an politischer Kooperation. Darüber hinaus bewirkt die vertiefte ökonomische und politische Zusammenarbeit auch einen regeren *Austausch von Kulturen*, der durch die Mobilität des Faktors Arbeit noch intensiviert wird.

Die internationale Arbeitsteilung erweist sich dabei als *janusköpfig*: Auf der einen Seite hat sie unbestritten Vorteile, die zunächst herausgearbeitet werden, auf der anderen Seite sind mit ihr auch massive Probleme verbunden (dazu vgl. ausführlich Kap. 7.1.3.2).

7.1.1 Arbeitsteilung bei absoluten Kostenvorteilen

Die grundlegenden ökonomischen Vorteile der Arbeitsteilung lassen sich zunächst anhand einer regional begrenzten Beispielbetrachtung herleiten. Wir betrachten dazu zwei Bäcker, A und B, aus zwei verschiedenen Ortschaften. Beide konkurrieren annahmegemäß nicht miteinander und versorgen als Alleinanbieter jeweils nur die Kunden ihrer Ortschaft. Die Bäcker können im Rahmen eines zehnstündigen Arbeitstages sowohl Kuchen als auch handgeschlagene Sahne herstellen.

Wie viel Arbeitsinput sie für die Herstellung einer Portion Kuchen bzw. Sahne jeweils benötigen erfasst der Inputkoeffizient, hier – bezogen auf den Produktionsfaktor Arbeit – der *Arbeitskoeffizient* (AK) (vgl. Tab. 7.1). Die *Arbeitsproduktivität* (AP) hingegen misst, wie viel Output pro Inputeinheit – hier also pro Arbeitsstunde – erzeugt wird und ergibt sich als Kehrwert des Arbeitskoeffizienten.

Ökonomisch überlegen bei der Produktion eines Gutes ist demnach derjenige, der dabei einen niedrigeren Arbeitskoeffizienten bzw. eine höhere Arbeitsproduktivität aufweist. Im gegebenen Beispiel ist A bei der Sahne- und B bei der Kuchenherstellung im Vorteil.

Angenommen, beide Bäcker agieren vollkommen unabhängig voneinander und verzichten auf das naheliegende Nutzen der Spezialisierungsvorteile, so könnte A bei einer entsprechenden Aufteilung der 10 Arbeitsstunden, seine Gemeinde zum Beispiel mit 2 Portionen Kuchen und 3 Portionen Sahne versorgen, während B bei einer anderen Aufteilung des Arbeitstages beispielsweise 1 Portion Kuchen und 6 Portionen Sahne anbieten könnte. In Summe über beide Bäcker könnten so bei einem Gesamtarbeitsinput von 20 Stunden 3 Portionen Kuchen und 9 Portionen Sahne zur Verfügung gestellt werden.

Tab. 7.1: Spezialisierungsvorteil bei absoluten Kostenvorteilen. Quelle: eigene Darstellung.

Bäcker	Arbeitskoeffizient (AK) in h/Portion		Arbeitsproduktivität (AP = 1/AK) in Portionen/h	
	Kuchen (AK_K)	Sahne (AK_S)	Kuchen $AP_K)$	Sahne (AP_S)
A	2	2	0,50	0,50
B	4	1	0,25	1,00

	Bäcker	gewählter Arbeitsinput in h		Output in Portionen $(y = h \cdot AP)$		Verfügbar[*] für Konsum in Portionen	
		Kuchen (h_K)	Sahne (h_S)	Kuchen (y_K)	Sahne (y_S)	Kuchen (y_K)	Sahne (y_S)
Autarkie	A	4	6	2	3	2	3
	B	4	6	1	6	1	6
	$\sum$	8	12	3	9	3	9
Speziali-sierung	A	10	0	5	0	3	3,5
	B	0	10	0	10	2	6,5
	$\sum$	10	10	5	10	5	10

[*] Im Fall der Spezialisierung nach Handel.

Sinnvoll wäre nun aber eine *arbeitsteilige Kooperation*, bei der sich Bäcker A auf die Kuchen- und B auf die Sahneproduktion *spezialisiert*. In dem Fall stünden bei weiterhin 20 Stunden Gesamtarbeitsbelastung insgesamt 5 statt nur 3 Portionen Kuchen und 10 statt nur 9 Portionen Sahne zur Verfügung. Über beide Ortschaften hinweg steht von beiden Gütern mehr zur Verfügung. Anschließend müsste allerdings noch *gehandelt* werden, damit in beiden Ortschaften auch beide Güter konsumiert werden können.

Kommt ein *„fairer"* *Handel* zustande verbessert sich dabei die Versorgung für alle, es entsteht eine klassische *„Win-win-Konstellation"*. Wenn das Produktionsplus von 2 Portionen Kuchen und 1 Portion Sahne, das ja nur durch eine kooperative Umorganisation unter Ausnutzen der spezifischen Produktionsvorteile entstand, jeweils zur Hälfte auf beide Akteure verteilt wird, ließe sich eine verbesserte regionale Versorgung bewerkstelligen:

- Bäcker A bietet 3 statt 2 Portionen Kuchen und 3,5 statt 3 Portionen Sahne an;
- Bäcker B bietet 2 statt 1 Portionen Kuchen und 6,5 statt 6 Portionen Sahne an.

Die dabei zugrundeliegenden Tauschrelationen werden in den sogenannten *Terms of Trade* erfasst: A müsste demnach 2 produzierte Kucheneinheiten gegen 3,5 Portionen Sahne von B tauschen. Dieser Tausch könnte als unmittelbarer Realtausch – Kuchen gegen Sahne – erfolgen oder mithilfe von Geld als zwischengeschaltetes Zahlungsmedium organisiert werden. Bei Verwenden von Geld müssten die Preisrelationen (p_K = Kuchenpreis und p_S = Sahnepreis) $\frac{p_K}{p_S} = \frac{3,5}{2} = 1,75$ sein. Wenn beispielsweise $p_K = 3,5$ EUR und $p_S = 2$ EUR sind, kann A die zwei Kuchenportionen zu 7,00 EUR verkaufen und damit seine Rechnung an B für den Erwerb von 3,5 Portionen zu je 2 EUR begleichen. Es bestünde dann insofern eine wechselseitige Kompatibilität, als die Einnahmen aus dem Handel jeweils die Ausgaben decken.

7.1.2 Arbeitsteilung bei komparativen Kostenvorteilen

Dass in dem Fall, in dem jeweils einer der Produzenten einen – über den Inputkoeffizienten bzw. die Produktivität gemessenen – absoluten Produktionsvorteil besitzt, eine Arbeitsteilung mit Spezialisierung und anschließendem Handel für alle Beteiligten vorteilhaft ist bzw. sein kann, ist sicherlich wenig überraschend.

Aber selbst in der Situation, in der ein Produzent in allen Produktionsbereichen überlegen ist, lassen sich aus der Arbeitsteilung für alle Beteiligten Vorteile generieren (vgl. Tab. 7.2). Die hatte zuerst Ricardo im *Ricardo-Modell* nachgewiesen.

Im Vergleich zum vorherigen Beispiel wird dazu hier nur der Arbeitskoeffizient von Bäcker A bei der Sahneerzeugung so verbessert, dass er nun bei der Herstellung beider Produkte überlegen ist.

Sofern sich beide Akteure nicht auf eine Arbeitsteilung einlassen, also autark bleiben wollen, ließen sich bei entsprechender Aufteilung des Arbeitstages beispielswei-

Tab. 7.2: Spezialisierungsvorteil bei komparativen Kostenvorteilen. Quelle: Eigene Darstellung.

Bäcker	Arbeits-koeffizient (AK) in h/Portion		Arbeitsprodukti-vität (AP = 1/AK) in Portionen/h		Arbeitsproduktivitäts-vorteil von A als Faktor		Opportunitätskosten in Portionen des anderen Produktes	
	Kuchen (AK$_K$)	Sahne (AK$_S$)	Kuchen (AP$_K$)	Sahne (AP$_S$)	Kuchen	Sahne	Kuchen	Sahne
A	2	0,8	0,50	1,25	2,00	1,25	2,50	0,40
B	4	1	0,25	1			4,00	0,25

	Bäcker	gewählter Arbeitsinput in h		Output in Portionen (y = h · AP)		Verfügbar[*] für Konsum in Portionen	
		Kuchen (h$_K$)	Sahne (h$_S$)	Kuchen (y$_K$)	Sahne (y$_S$)	Kuchen (y$_K$)	Sahne (y$_S$)
Autarkie	A	4	6	2	7,5	2	7,5
	B	8	2	2	2	2	2
	$\sum$	12	8	4	9,5	4	9,5
Speziali-sierung	A	10	0	5	0	2,5	7,75
	B	0	10	0	10	2,5	2,25
	$\sum$	10	10	5	10	5	10

[*] Im Fall der Spezialisierung nach Handel.

se in Summe 4 Portionen Kuchen und 9,5 Portionen Sahne herstellen. Eine Speziali-sierung, bei der A sich ausschließlich der Kuchen- und B sich nur der Sahneherstel-lung widmet, würde die verfügbare *Verteilungsmasse vergrößern*. Es stünden insge-samt 1 Portion mehr an Kuchen und 0,5 Portionen mehr Sahne zur Verfügung.

Bei fairer (gleichmäßiger) Verteilung des Produktionszuwachses ließe sich auch in diesem Fall eine allseits verbesserte regionale Versorgung organisieren:
– Bäcker A bietet 2,5 statt 2 Portionen Kuchen und 7,75 statt 7,5 Portionen Sahne an;
– Bäcker B bietet 2,5 statt 2 Portionen Kuchen und 2,25 statt 2 Portionen Sahne an.

Bäcker A müsste dazu im Handel 2,5 Portionen Kuchen gegen 7,75 Portionen Sahne von B eintauschen bzw. es müsste eine Preisrelation zustande kommen, bei der eine Portion Kuchen 3,1-mal so teuer wie eine Portion Sahne ist, zum Beispiel $\frac{p_K}{p_S} = \frac{7,75}{2,5} = 3,1$.

Wodurch aber entsteht hier die *Vorteilhaftigkeit der Spezialisierung für A*, der ja ei-gentlich beide Produkte wirtschaftlicher herstellen kann? Dies lässt sich mithilfe der „*Opportunitätskosten*" erklären. Hier entscheidet sich A, die Kuchenerzeugung gegen-über der Autarkielösung auszubauen. Dazu muss er aber Arbeitskapazitäten aus der Sahne- in die Kuchenproduktion verlagern. Er verzichtet also bewusst auf die Produk-tion von Sahne. Die Opportunitätskosten für die Herstellung einer zusätzlichen Portion Kuchen belaufen sich dabei für A auf einen Verzicht auf 2,5 Portionen Sahne. Denn für die zusätzliche Portion Kuchen werden dort 2 zusätzliche Arbeitsstunden benötigt. Zieht man diese in der Sahneherstellung ab, gehen dort 2 · 1,25 = 2,50 Portionen Sahne verloren. Die zusätzlich produzierte Einheit an Kuchen könnte aber bei den oben genannten Preisen zu 7,75 EUR im Handel mit B verkauft werden. Davon ließen sich dann für A 3,1 Portionen Sahne – und somit mehr als an Sahneproduktion durch das vorherige Abziehen von Arbeitskraft verloren geht – erwerben.

Wie bestimmt sich nun, wer sich worauf spezialisieren sollte? Schließlich ist A in beiden Produktionen absolut gesehen, also mit Blick auf die Höhe der Produktivität, überlegen. A sollte hier das Produkt erzeugen, bei dem seine *komparative Überlegenheit* am größten ausfällt. Während seine Produktivität bei der Sahneherstellung nur 1,25-mal so hoch ist, ist sie bei der Kuchenerzeugung sogar doppelt so groß. Also wird A der Spezialist für Kuchen und für B bleibt die Rolle des Sahneproduzenten. Er stellt das Gut her, bei dem sein Nachteil relativ am geringsten ausfällt. Alternativ kann die Entscheidung nach den Opportunitätskosten getroffen werden. Es sollte derjenige ein Produkt herstellen, der es mit den geringsten Opportunitätskosten schafft. Beim Kuchen belaufen sich die Opportunitätskosten von A auf einen Verzicht auf 2,5 Portionen Sahne, bei B hingegen auf 4 Portionen. Bei der Sahne hingegen fallen die Opportunitätskosten von B mit einem Verzicht auf 0,25 Einheiten Kuchen geringer aus als die von A mit 0,4 Einheiten Kuchen.

Bäcker B ist in diesem Beispiel zwar der *„Schwache"*, weil er in beiden Produktionszweigen unproduktiver ist. Gleichwohl wird er *nicht ausgebeutet*. Mit Blick auf die *Versorgungsmöglichkeiten* profitiert auch er, indem ihm am Ende der Umorganisation insgesamt mehr Güter zum Verkauf zur Verfügung stehen. Auch mit Blick auf das *Entgelt* findet hier *keine Ausbeutung* statt: Im Handel erzielt er 2,5 EUR · 7,75 = 19,375 EUR an Einnahmen. Um die gehandelten 7,75 Portionen Sahne herstellen zu können, benötigt er 7,75 Stunden an Arbeit. Pro Arbeitsstunde erhält er also 2,5 EUR an Entgelt. Die Arbeit von A wird hingegen höher entlohnt. Seine Handelseinnahmen von 7,75 EUR · 2,5 = 19,375 EUR wurden mit einem Arbeitseinsatz von 5 h erwirtschaftet. Jede Arbeitsstunde wird hier also mit 3,875 EUR entgolten. Die höhere Entlohnung gegenüber B ist aber kein Ergebnis von Ausbeutung, sondern reflektiert lediglich, dass A in einer Arbeitsstunde auch *produktiver* als B ist.

7.1.3 Wirtschaftspolitische Schlussfolgerungen

Die politische Auseinandersetzung über Wohl oder Übel des Freihandels und der Globalisierung schlägt hohe Wellen. In den 1980er-Jahren wurde die Wirtschaftspolitik weltweit vom *Washington Consensus* geprägt: „Fiskalische Austerität, Privatisierung und Marktöffnung" (Stiglitz 2002, S. 70) galt als die Zauberformel für eine prosperierende Wirtschaftsentwicklung. Die Forderung nach Marktöffnung implizierte in letzter Konsequenz den Ruf nach internationalem Freihandel und einem bewussten Forcieren der Globalisierung.

Ab den 1990er-Jahren gewann aber die Gegenbewegung gegen die Globalisierung deutlich an Zulauf. Vorbehalte bis hin zu ungebändigtem Zorn gegen die Globalisierung schlugen sich regelmäßig in Massendemonstrationen anlässlich von Welthandelskonferenzen nieder. Auch hatten die mit der US-Präsidentschaft durch Donald Trump abgebrochenen Verhandlungen zwischen der EU und den Vereinigten Staaten über das Freihandelsabkommen TTIP in Deutschland insbesondere im Jahr 2016 zu heftigen Massenprotesten geführt (vgl. Kap. 7.1.5).

Die *Auseinandersetzung* zwischen Befürwortern und Gegnern der Globalisierung werden *emotional* geführt und tragen auf beiden Seiten ideologische Züge. Im Folgenden diskutieren wir die Pro- und Contra-Argumente.

7.1.3.1 Argumente für Freihandel und Globalisierung

Arbeitsteilung mit anschließendem Handel ergibt der *Theorie komparativer Kostenvorteile* zufolge grundsätzlich Sinn. Das gilt sogar dann, wenn einer der Akteure in allen Produktionsbereichen überlegen ist. Angesichts unterschiedlicher Produktivitäten können dadurch Spezialisierungsvorteile so geborgen werden, dass die produzierte und anschließend zur Bedürfnisbefriedigung verteilbare Gütermenge möglichst groß wird. Je größer dabei der Teilnehmerkreis der Arbeitsteilung wird, umso größer ist das Potenzial, Wohlfahrtsgewinne zu erzielen. Mit Blick auf diesen Aspekt gilt folgerichtig eine weltweite Arbeitsteilung als Ideal. Um dann aber nicht nur die selbstproduzierten Güter konsumieren zu können, bedarf es flankierend eines internationalen Handels. Aus dieser ersten Logik heraus sollte ein Staat uneingeschränkt durch Liberalisierung der Märkte gezielt zur handelsseitigen Globalisierung beitragen.

Dabei sind die Freihandelsargumente mit der bisherigen Argumentation noch nicht einmal ausgereizt. Hinzu kommen weitere positive Aspekte der (internationalen) Arbeitsteilung. Zu den *statischen*, also zustandsbezogenen, Pro-Argumenten zählen:

– Wie im obigen Beispiel hergeleitet, ergibt sich ein *Zuwachs der Produktion*, indem Produktivitätsunterschiede ausgenutzt werden; und zwar selbst dann, wenn ein Land in allen Produktionszweigen absolute Kostenvorteile hätte.

– Vielfach erlaubt erst der internationale Handel, in den Genuss einer großen *Produktvielfalt* zu kommen. Guten Wein in Schottland zu produzieren, dürfte nahezu unmöglich sein. Torfigen Whiskey hingegen in Frankreich zu produzieren auch. Insofern ist es aufgrund der klimatischen Bedingungen und der Bodenqualitäten naheliegend, dass sich Schottland auf die Whiskey-Produktion und Frankreich auf die Weinproduktion konzentrieren und hinterher ihre Produktüberschüsse austauschen.

Darüber hinaus gibt es *dynamische* Pro-Argumente, d. h. Aspekte, die sich im Zeitablauf, also nach dem Einlassen auf die internationale Arbeitsteilung und den Freihandel, positiv bemerkbar machen:

- Wie Smith in seinem berühmten Beispiel zur Stecknadelproduktion herausstellte, verbessert die Spezialisierung die *Produktivitäten* und lässt die Vorteile wachsen. Schließlich nimmt das Fertigungs-Know-how immer mehr zu und erleichtert so, bislang nicht ausgeschöpften Produktivitätspotenziale auszureizen.
- Manche Produkte lassen sich nur mit hohen Fixkosten herstellen. Bei der Produktion von Flugzeugen beispielsweise fallen sehr hohe einmalige Kosten für die Konstruktion, die Erprobung und die Zulassung an. Je größer der Absatzmarkt ist, umso besser lassen sich diese Kosten hinterher auf das einzelne Flugzeug umlegen, umso günstiger können sie also aufgrund der *Fixkostendegression* verkauft werden. Unter Umständen ist dieses Argument sogar so relevant, dass die Herstellung von Produkten einen *internationalen Marktzugang* geradezu voraussetzt. Für die fixkostenintensive Entwicklung von Medikamenten kann dies zum Beispiel ein entscheidendes Argument sein.
- Solange sich im Zuge einer Marktöffnung noch keine Monopole etabliert haben, bewirkt die internationale Arbeitsteilung zunächst, dass die noch vorhandenen Anbieter unter verstärkten *Wettbewerbsdruck* geraten und im Idealfall dadurch ihre Produktqualität und ihre Produktivität steigern, was zur Folge hat, dass Kosten und damit die Preise fallen.
- Die Öffnung von Märkten geht in der Regel mit einer verstärkten *internationalen Zusammenarbeit* einher. Das betrifft zum einen die Unternehmensaktivitäten. Hier kommt es zum Beispiel durch den ausländischen Vertrieb zu einem interkulturellen Austausch. Zum anderen bedingt die Liberalisierung des Handels eine *intensivierte politische Kooperation* und schafft im Idealfall eine friedensstiftende Plattform, bei der niemand die wechselseitigen Vorteile der Arbeitsteilung durch Konflikte aufs Spiel setzen will. Dies war beispielsweise eine zentrale Grundidee der europäischen Integration nach dem Zweiten Weltkrieg (vgl. Marquardt 2018).

Die These, dass eine Öffnung der Märkte – zumindest im Grundsatz – positive Wohlfahrtswirkungen aufweist, lässt sich durch empirische Daten untermauern (vgl. Abb. 7.1). Seit 1960 ist der Welthandel mit Waren etwa um das 130-fache gewachsen. Im selben Zeitraum sind die (materielle) Weltwohlfahrt, jedenfalls gemessen am BIP, mit dem Faktor 60 und das BIP pro Kopf mit dem Faktor 25 gestiegen. Die *Korrelationskoeffizienten* zwischen der Handels- und der Wohlfahrtentwicklung belaufen sich dabei auf 0,99 (BIP) bzw. 0,98 (BIP pro Kopf). Dieser Befund stellt mehr als nur eine rein zufällige Korrelation dar. Mithilfe der zuvor angestellten Überlegungen lässt sich auch begründen, dass der weltweite materielle Wohlfahrtsanstieg auch durch die Ausweitung des Welthandels begünstigt wurde. Eine Feststellung übrigens, die wohl durch die wenigsten Ökonomen bestritten wird.

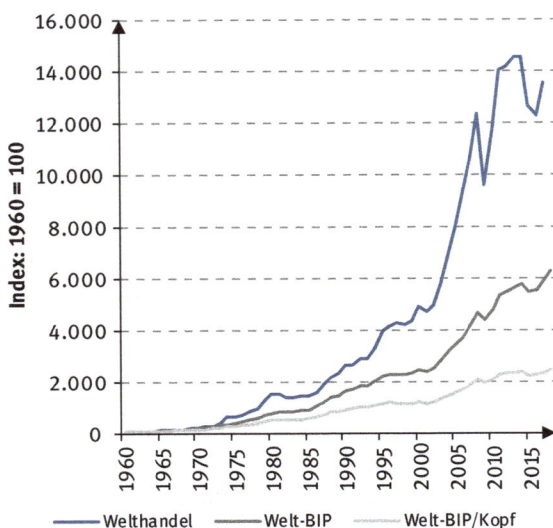

Abb. 7.1: Welthandel und Weltwohlfahrt. Handel mit Waren, alle Daten in jeweiligen Preisen in US-Dollar. Quellen: Weltbank, http://wdi.worldbank.org/tables und WTO http://stat.wto.org/ StatisticalProgram/ und eigene Berechnungen.

Der keynesianisch orientierte Nobelpreisträger Josef Stiglitz (2006, S. 53) etwa stellt mit Blick auf die Länder Ostasiens fest: „Dass die ostasiatischen Länder aus der Armut herausgeholt wurden, ist zum Teil der Globalisierung – in Form exportorientierten Wachstums – zu verdanken. Die Globalisierung verschaffte diesen Ländern Zugang zu Weltmärkten und zu Technologien, die ihnen zu gewaltigen Produktivitätsfortschritten verhalfen." Gleichwohl kann Stiglitz nicht zu den uneingeschränkten Befürwortern von Freihandel und Globalisierung gezählt werden. Im Gegenteil, wie wir später noch sehen werden, vertritt Stiglitz, übrigens wie sein ebenfalls mit dem Nobelpreis ausgezeichneter Kollege Paul Krugman, eine sehr differenzierte Sichtweise zu dem Thema (vgl. Kap. 7.1.3.3).

7.1.3.2 Argumente gegen Freihandel und Globalisierung

Erstaunlich ist aber angesichts der bisherigen Pro-Argumentation, dass sich so massiver Widerstand gegen die internationale Arbeitsteilung regt. Ausschlaggebend dafür ist nicht fehlender ökonomischer Sachverstand, sondern vor allem die Tatsache, dass die bisherige Analyse *unvollständig* und *idealisierend* war.

Globalisierungsgegner werfen der Freihandelspolitik insbesondere vor, dass sie im Gegensatz zu den Prophezeiungen der Befürworter gerade in den Entwicklungsländern zu großer Armut und geradezu unmenschlichen Arbeitsbedingungen geführt habe. Beklagt werden überdies als Folge der Globalisierung zunehmende Abhängigkeiten bzw. der Verlust nationaler Souveränität, Raubbau an der Natur und eine „kulturelle Homogenisierung" (Krugman/Obstfeld 2009, S. 374.)

Im Einzelnen lassen sich für die Einschränkung der internationalen Arbeitsteilung durch protektionistische Maßnahmen, wie Ein- und Ausfuhrverbote oder -kontingente sowie Zölle, folgende Argumente heranziehen:

- Verteilungskonflikte
- Beschäftigungssicherung
- Vergeltendes Retorsionsmotiv
- Unabhängigkeitsschutz
- Schutz politischer Standards
- Schutz kultureller Eigenständigkeit
- Umweltschutz durch Transportvermeidung und
- Finanzzoll-Motiv.

7.1.3.2.1 Verteilungskonflikte

In unserer theoretischen Analyse (vgl. Kap. 7.1.2) wurden die Produktionszuwächse annahmegemäß fair verteilt und Produzenten wie Konsumenten profitierten gleichermaßen. *Verteilungskonflikte* wurden somit von Vornherein ausgeblendet. Dabei vollziehen sich derartige Konflikte in der Realität jedoch gleich auf mehreren Ebenen. *Erstens* verteilen sich die Wohlfahrtsgewinne infolge der internationalen Arbeitsteilung offenbar nicht gleichmäßig (vgl. Abb. 7.2). Die klassischen Industrieländer, etwa aus Nordamerika und der EU, weisen nicht nur ein viel höheres BIP pro Kopf auf, sondern legten seit 1960 in ihrem Wohlstand viel stärker zu als Entwicklungsländer aus Asien, Lateinamerika und vor allem aus Afrika.

Dafür gibt es sicher viele Ursachen, wie zum Beispiel politische Instabilität oder ausgeprägte Korruption in vielen Entwicklungsländern. Die Entwicklung veranlasst aber auch zur These, dass die ohnehin schon sehr *wohlhabenden Industrieländer in besonderer Weise von der Globalisierung profitierten*, während den Entwicklungsländern die Vorteile vielfach vorenthalten blieben. Dabei spielen unterschiedliche Faktoren eine Rolle:

- Produkte, die aus Industrieländern exportiert werden, werden oftmals von *multinationalen Großkonzernen* angeboten, die über *Marktmacht* verfügen und so im Handel mit Entwicklungsländern überhöhte Preise durchsetzen können.
- Produkte aus *Entwicklungsländern* hingegen, werden, sofern es sich nicht um seltene Rohstoffe handelt, oftmals in *polypolitischen Strukturen* angeboten und auf Märkten, auf denen sich Industrieländer gerne zum Schutz der eigenen Produzenten abschotten. Die *Terms of Trade* sind dann angesichts der unterschiedlichen Machtverhältnisse zugunsten der Industrieländer verschoben.
- Zudem dürfte eine wichtige Rolle spielen, dass häufig – auch als *Relikt der Kolonialzeit* – die größeren Unternehmen in Entwicklungsländern im (Allein-) oder

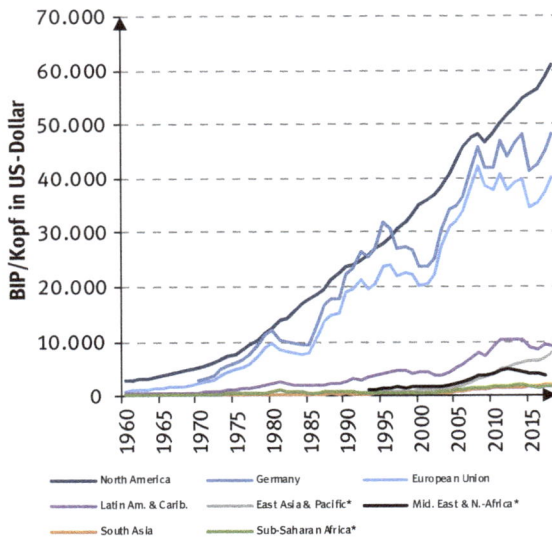

Abb. 7.2: Weltwohlfahrt nach Regionen, alle Daten in jeweiligen Preisen in US-Dollar, *excluding high income. Quelle: Weltbank, http://wdi.worldbank.org/tables.

Mehrheitsbesitz ausländischer Investoren sind. Fallen dort Gewinne an, bleiben diese nicht automatisch zur Reinvestition im Entwicklungsland, sondern gehen an die ausländischen Shareholder.

Es sind also gerade die ohnehin schon reichen Industrieländer und dort wiederum die multinationalen Großkonzerne, die den Hauptvorteil aus der internationalen Arbeitsteilung ziehen.

In der Verteilungsthematik wurde bisher auch *Konflikte zwischen Unternehmen und Verbrauchern* ausgeblendet. In unserer Analyse kamen die Vorteile der Arbeitsteilung und der damit einhergehenden Marktöffnung Produzenten und Verbrauchern gleichermaßen zugute. In der Realität ist aber eine differenzierte Betrachtung angemessen. Wenn Märkte geöffnet werden, werden Verbraucher durch den höheren Wettbewerb und die größere Produktvielfalt zunächst begünstigt. Sollten sich dann aber im Laufe der Zeit weltweite *Konzentrationsprozesse* mit dem Herausbilden mächtiger multinationaler Konzerne herausbilden, hat die Marktöffnung nur temporär den Wettbewerb zugunsten der Verbraucher belebt, längerfristig aber nur ein *Sprungbrett* zur noch stärkeren Marktvermachtung bereitgestellt.

Nicht thematisiert wurde in der Analyse der beiden Bäcker auch die Verteilungsproblematik zwischen den *Beschäftigten und dem Kapital*, denn in unserer Untersuchung waren die beiden gleichermaßen Kapitalisten und selbstständige Arbeiter, wobei nur der Faktor Arbeit als variabel unterstellt wurde. Der Konflikt lässt sich aus dem *Faktorproportionen-Theorem* von den Ökonomen Eli *Heckscher* (1879–1952) und Bertil *Ohlin* (1899–1979) in Verbindung mit dem *Samuelson-Stolper-Theorem* ableiten.

Im Ricardo-Modell komparativer Kostenvorteile mit nur einem Produktionsfaktor, nämlich Arbeit, werden die Vorzüge der Arbeitsteilung umso geringer, je ähnlicher in der Ausgangssituation die Produktivitäten sind. Heckscher und Ohlin haben ergänzend in einem Modell mit den beiden Produktionsfaktoren Arbeit und Kapital aufgezeigt, dass aber selbst im Fall gleicher Produktivitäten (internationale) Arbeitsteilung die Gesamtwohlfahrt erhöht, vorausgesetzt, die *relative Ausstattung mit Produktionsfaktoren* ist unterschiedlich.

Dabei sollte sich in dem Modell, in dem zwar der Warenhandel vollkommen liberalisiert ist, eine grenzüberschreitende Wanderung der beiden Produktionsfaktoren aber nicht möglich ist, gemäß dem *Faktorproportionen-Theorem* ein Land auf die Produktion solcher Güter konzentrieren, die primär den (in Relation zum Handelspartner relativ) *reichlich vorhandenen Faktor* benötigen. Ein kapitalreiches (Industrie-) Land sollte sich mithin auf die kapitalintensive Produktion konzentrieren, ein Land in dem der Faktor Arbeit (in Relation zum Handelspartner relativ) reichlich vorhanden ist, sollte sich hingegen auf die Erzeugung arbeitsintensiver Produkte konzentrieren. Denn ist ein Faktor reichlich vorhanden, so sind dessen Preise relativ niedrig. Werden die Produkte also dort produziert, wo der hauptsächlich benötigte Faktor reichlich und daher billig ist, ist die Produktion entsprechend kostengünstig. Werden die geringen Kosten über den Wettbewerb dann in die Endproduktpreise weitergereicht, erfolgt weltweit eine Versorgung der Güter zu vergleichsweise niedrigen Preisen.

Eine derartige Arbeitsteilung hat aber Folgen. Zum einen ergibt sich daraus *bei unterbundener internationaler Faktormobilität* das *Faktorpreisausgleichs-Theorem*: In dem Land mit relativ viel Kapital sind Kosten für den Faktor Kapital in Form von Zins- und Renditeforderungen zunächst vergleichsweise gering, während der Preis für den eher knappen Faktor Arbeit vergleichsweise hoch ist. Im Zuge *Produktionsverlagerung* wird dort anschließend die kapitalintensive Produktion forciert, währen die arbeitsintensive Produktion ins Ausland verlagert wird. Die Belebung der kapitalintensiven Produktion erhöht dann aber die Nachfrage nach dem Faktor Kapital, wodurch dessen Preis – die Zinsen und die Renditen – steigen. Das Auslagern arbeitsintensiver Produktion hingegen verringert die Nachfrage nach dem relativ knappen Faktor. Um dennoch weiter eine Chance auf Beschäftigung zu haben, akzeptieren abhängig Beschäftigte einen geringeren Lohn. Beim Handelspartner, der über vergleichsweise viel vom Faktor Arbeit verfügt, passiert das Gegenteil, dabei kommt es zu einer Angleichung der Faktorpreise: Im Land mit der hohen Kapitalausstattung waren Zinsen und Renditen zunächst gering, steigen aber nach der Umorganisation. Im anderen Land waren die Zinsen und Renditen zunächst hoch, fallen aber mit der Ausweitung der Arbeitsteilung. Analog ergibt sich eine Angleichungstendenz bei den Löhnen.

Daraus wiederum folgt das *Stolper-Samuelson-Theorem*, wonach die internationale Arbeitsteilung eine *Umverteilung zugunsten des reichlichen Faktors* bewirkt. Das

Land mit einer hohen Kapitalausstattung – in der Regel gilt das für Industrieländer – übernimmt durch die Marktöffnung die kapitalintensive Produktion für die Handelspartner mit. Die Umsätze in diesen Produktionssektoren legen zu, wodurch die Verteilungsmasse – hauptsächlich für Zins- und Renditebezieher – steigt, zumal auch (national) die Knappheit des Faktors zunimmt. Die arbeitsintensive Produktion wird zunehmend von den Handelspartnern abgedeckt, wodurch die Verteilungsmasse in diesen Produktionszweigen – hauptsächlich für die Beschäftigten – fällt. In den Ländern mit einer hohen Ausstattung mit dem Faktor Arbeit verbessert sich durch die Umstrukturierung der Produktion hingegen die Verteilungsposition der Beschäftigten, während sich die der Kapitalisten verschlechtert.

In einer empirischen Überprüfung des Faktorproportionen-Theorems stellte der Ökonom und Nobelpreisträger Wassily Leontief (1906–1999) Mitte der 1950er-Jahre überraschender Weise fest, dass die USA als kapitalreiches Land weniger kapitalintensive Exporte als Importe aufwies. Dieser Widerspruch zum Faktorproportionen-Theorem ging in die Literatur unter dem Begriff des *Leontief-Paradoxons* ein. Dieser Widerspruch konnte zum Teil durch das *Neo-Faktorproportionen-Theorem* vor allem von Donald B. Keesing (1965) aufgelöst werden. Er unterschied in der Analyse noch den Faktor Arbeit in *hoch- und niedrigqualifizierte Beschäftigte* und ordnete hochqualifizierte Arbeit ebenfalls als (Human-)Kapital ein. Da die USA auch eine relativ hohe Ausstattung mit dem Faktor hochqualifizierte Arbeit aufwiesen, konnte nun in einer differenzierteren Betrachtung erklärt werden, dass gerade solche Güter aus den USA exportiert werden, die einerseits hochqualifizierte Beschäftigte und andererseits viel Sachkapital benötigen.

Sollten die Produktionsfaktoren – anders als im Heckscher-Ohlin-Modell – auch über die Grenzen hinweg *vollkommen mobil* sein, würde sich nach dem „Gesetz des einheitlichen Preises" übrigens ebenfalls eine Angleichung der Faktorpreise, nun aber bei gleichzeitiger internationaler Faktorwanderung ergeben. Solange Kapital im Ausland – unter sonst gleichen Bedingungen – eine höhere Verzinsung bzw. Rendite erwirtschaftet, wird es exportiert. Im Ausland nimmt das Kapitalangebot mit zins- bzw. renditesenkender Wirkung zu, während der Kapitalabzug aus dem Inland dort die Zinsen bzw. Renditen steigen lässt. Analog würden sich bei einer vollkommenen Mobilität des Faktors Arbeit international die Löhne angleichen.

Im Kern gilt mit der skizzierten Logik für den aus der internationalen Arbeitsteilung resultierenden Verteilungskonflikt zwischen Arbeit und Kapital:
- In den *Industrieländern* kommen die Faktoren Kapital und hochqualifiziert Arbeit im Vergleich zu Entwicklungs- und Schwellenländern relativ reichlich vor. Diese Länder konzentrieren sich dann im Prozess der internationalen Arbeitsteilung auf Güter, die gerade diese beiden Faktoren benötigen. Die Faktoranbieter, also die klassischen *Kapitalisten und die Hochqualifizierten profitieren* in diesen Ländern vom erhöhten Bedarf. Demgegenüber steht der im internationalen Vergleich knappe Faktor geringqualifizierte Arbeit als Verlierer da. Dies erklärt warum gerade in Industrieländern der Widerstand geringqualifizierter Arbeitskräfte gegen

die Industrialisierung recht stark ausfällt, während das Kapital und hochqualifizierte Beschäftigte eher zu den Befürwortern zählen.

– In den *Entwicklungsländern* hingegen ist der Faktor *geringqualifizierte Arbeit* reichlich vorhanden. Er *profitiert* somit im Prinzip von der Marktöffnung, während dort die knappen Faktoren Kapital und hochqualifizierte Arbeit eher zu den Verlierern zählen. Vor diesem Hintergrund erklärt sich auch die vielfach gerade von Entwicklungsländern erhobene Forderung „*fair trade not aid*". Sie erhoffen sich für die Masse der (geringqualifizierten) Bevölkerung eine Verbesserung des Lebensstandards, wenn sie zu fairen Bedingungen in den Welthandel eingebunden werden. Die Abschottung der Agrarmärkte in den Industrieländern gegenüber dem Freihandel gilt dabei nicht als „fair".

– Eine weitere Voraussetzung dafür, dass die Beschäftigten in den Entwicklungsländern von der Globalisierung profitieren ist, dass sie sich zu fairen Bedingungen, d. h. ohne von *Ausbeutungsmacht* der Unternehmen bedroht zu sein, in die internationale Arbeitsteilung einbringen können. Gerade das ist aber häufig nicht der Fall. Während nach Stiglitz (2006, S. 45) die Globalisierung in den Volkswirtschaften der Entwicklungsländer oftmals Wirtschaftswachstum geschafft hat, blieb die „*Trickle-down*"-Verheißung des Washington Consensus, wonach vom Wachstum dann automatisch alle profitieren werden, oftmals aus. Das Problem war weniger die Globalisierung. Im Gegenteil, das Wachstum war eine notwendige Voraussetzung zur Bekämpfung der Armut. In Verbindung mit der Vermachtung von Märkten ist es „nur" nicht bei der Masse der Bevölkerung angekommen.

7.1.3.2.2 Beschäftigungssicherung

Die modelltheoretischen Überlegungen gingen bislang davon aus, dass die Produktionsfaktoren auch nach einer internationalen Umstrukturierung der Produktion immer noch in vollem Umfang benötigt werden. Die Logik hier war, dass im Industrieland zwar eine Verlagerung der arbeitsintensiven Produktion ins Ausland erfolgt, der Faktor (geringqualifizierte) Arbeit grundsätzlich aber immer noch in der zunehmend kapitalintensiveren Produktion gebraucht wird. Ein geringqualifizierter Arbeitnehmer muss nur dann mit niedrigeren Löhnen leben, um noch eingesetzt zu werden.

Insbesondere wurde damit in diesen *Vollbeschäftigungsmodellen* in unrealistischer Form die Möglichkeit der durch die Globalisierung ausgelösten Arbeitslosigkeit einfach ausgeblendet.

Tatsächlich kann drohende Arbeitslosigkeit als Motiv zur Einschränkung des Freihandels in dreierlei Hinsicht eine Rolle spielen:

– Die Einschränkungen sollen einen *temporären Anpassungsschutz* gegen die Folgen der internationalen Umstrukturierung gegeben.

– Protektionistische Maßnahmen werden vorübergehend ergriffen, um zunächst *in die Produktivität hineinzuwachsen* und sich anschließend der internationalen Konkurrenz stellen zu können.

– Der Freihandel wird eingeschränkt, um die Problematik vorhandener nationaler Arbeitslosigkeit in einer sogenannten *Beggar-my-Neighbour-Politik* auf die Handelspartner abzuwälzen.

Das Argument des temporären Anpassungsschutzes knüpft daran an, dass infolge einer intensivierten internationalen Arbeitsteilung bestimmte Produktionsbereiche ausgelagert werden, während andere expandieren. Die erforderliche Verlagerung der dabei nicht mehr benötigten Arbeitskräfte in die expandierenden Tätigkeitsbereiche gelingt aber in der Regel nicht wie im obigen Beispiel des Bäckers, der eben mehr Sahne herstellt, wenn er nicht mehr so viel Kuchen produziert. Die neu benötigten Qualifikationen bringen die entlassenen Arbeitskräfte häufig nicht mit, es kommt zu *struktureller Mismatch-Arbeitslosigkeit* (vgl. Kap. 5.4.3).

Vor diesem Hintergrund ist es unter Umständen sinnvoll, auf die Vorteile der internationalen Arbeitsteilung zeitweise zu verzichten. Dabei wird der Anpassungsprozess zwar nicht grundsätzlich verhindert, aber – auch aus *sozialpolitischen Erwägungen* heraus – gleitend gestaltet. Dies wurde in Deutschland beispielsweise mit der Subventionierung des Steinkohlenbergbaus praktiziert. In Westdeutschland fanden in den 1950er-Jahren noch fast eine halbe Millionen Beschäftigte in diesem Wirtschaftszweig einen Arbeitsplatz. Mit der Öffnung der Märkte, einer Umstrukturierung der Stromproduktion, dem ebenfalls globalisierungsbedingten Einbruch in der Stahlproduktion, rapide sinkenden Transportkosten und einem dadurch verschärften Wettbewerb mit Importkohle, erwies sich der Steinkohlenbergbau spätestens seit den 1970er-Jahren hierzulande als wirtschaftlich nicht mehr tragbar. Dennoch hat die Regierung den Beschäftigten – auch aus Gründen der *Versorgungssicherheit* (vgl. Kap. 7.1.3.2.4) – einen Anpassungsschutz durch Subventionierung der heimischen Steinkohle bis zum Jahr 2018 zugestanden, in dem die letzte Zeche stillgelegt wurde.

Darüber hinaus spielt mit Blick auf die Beschäftigungssituation auch das von Friedrich List (1789–1846) *Erziehungszollargument* eine wichtige Rolle. Eine frühzeitige Öffnung der Märkte hat eine an den aktuell gegebenen Produktivitäten orientierte Neustrukturierung der Produktion zur Folge. Dabei werden u. U. junge, eigentlich zukunftsträchtige oder arbeitsplatzintensive Branchen („infant industries") der internationalen Arbeitsteilung geopfert, die zwar jetzt noch nicht im Wettbewerb bestehen können, aber das Potenzial hätten, sich in einigen Jahren zu behaupten. Eine temporäre Protektion kann hier dazu dienen, die noch schwächelnden Branchen zu einer höheren Produktivität zu „erziehen", um sich dann erst dem Wettbewerb zu stellen und nicht vorschnell zu kapitulieren.

Protektionistische Maßnahmen zu ergreifen und damit verbunden auf die vollständige Arbeitsteilung zu verzichten, kann hinsichtlich der Beschäftigungssicherung aber auch Ergebnis einer *Beggar-my-Neighbour-Politik* sein. Dabei versucht ein Land, seine Arbeitslosigkeit über Zölle oder andere außenwirtschaftliche Beschränkungen zulasten seiner Handelspartner zu reduzieren. Mittelbares Ziel ist es dabei Exportüberschüsse herbeizuführen, so per Saldo einen Teil der Produktion des Auslands mit zu übernehmen und damit im Inland die Arbeitsplätze zu schaffen, die im Ausland verloren gehen.

7.1.3.2.3 Retorsionsmotiv

Greifen einzelne Länder zu einer Beggar-my-Neighbour-Politik, belasten sie über auf den eigenen Vorteil ausgerichtete Handelspraktiken den Arbeitsmarkt ihrer Handelspartner. Als *Gegenmaßnahme* können die betroffenen Länder versuchen, die Wirkung dieser Praktiken „zurückzudrehen" (Retorsion) und zu neutralisieren, indem Sie ihrerseits die Importe aus dem unfair agierenden Land beschränken.

Die Gefahr einer derartigen Politik besteht darin, dass hierbei eine gefährliche *Eskalationsspirale* ausgelöst wird. Dies war beispielsweise in Folge der 1929 ausgelösten Weltwirtschaftskrise zu beobachten. Im Zuge des Neutralisierungswettlaufs kommt kein Land in den Genuss eines Vorteils zulasten seiner Handelspartner; im Gegenteil, am Ende bricht der Welthandel vollständig ein.

Mit der Regierungsübernahme von US-Präsidenten Donald Trump war eine solche Spirale angelegt. Trump warf u. a. der EU, und hier insbesondere auch Deutschland, unfaire Handelspraktiken vor. So sei zum Beispiel der Euro als Folge einer überaus expansiven Geldpolitik der EZB künstlich unterbewertet, was die Produkte aus Euroland für die Amerikaner preislich derart attraktiv mache, dass die USA permanent ein Leistungsbilanzdefizit aufwiesen. Dabei gingen Arbeitsplätze in den USA verloren. Unabhängig von der Richtigkeit dieser Argumentation, führte Trump daraufhin in einer ersten Runde Zölle u. a. auf Stahlprodukte ein. Als Gegenmaßnahme, gegen die aus Sicht der EU ungerechtfertigte Anklage, erhob daraufhin die EU *Strafzölle* auf importierte US-Agrarprodukte und Motorräder.

7.1.3.2.4 Unabhängigkeitsschutz

Internationale Arbeitsteilung schafft in aufeinander aufbauenden Wirtschaftsprozessen *Abhängigkeiten*. Mit Blick auf Zulieferungen aus dem Ausland können sie auf unternehmerischer Ebene noch wesentlich problematischer als auf nationaler Ebene sein. Das gilt insbesondere dann, wenn man sich bei lebenswichtigen *Basisgütern* auf eine ausreichende Lieferung des Auslands verlassen muss bzw. darauf nicht vom Ausland ausgebotet zu werden. Betroffen sind hier vor allem Grundnahrungsmittel sowie die Wasser- und die Energieversorgung. Auch im Wettlauf um einen Impfstoff gegen das Corona-Virus zeichnete sich diese Problematik ab. So wurde zumindest darüber spekuliert, dass sich Ex-US-Präsident Trump nach dem Motto „America First" für den Fall eines medizinischen Durchbruchs des deutschen Biotech-Unternehmens Curevac Exklusivrechte für die US-Versorgung sichern wollte (Vgl. FAZ.net 2020). Bei den Unternehmen Biontech aus Deutschland und Pfizer aus den USA haben sich auf Veranlassung von Trump die USA im Erfolgsfall der Forschung einen Großteil der möglichen Produktion sogar tatsächlich vorab gesichert (vgl. FR.de 2020). Ein weiteres Beispiel lieferte die erste *Ölkrise*, in der eine Verknappung des Ölangebotes als politische „Waffe" eingesetzt bei einem Gut mit hoher Verbraucherabhängigkeit eingesetzt wurde.

Vor dem Hintergrund dieser Importabhängigkeiten ist die Politik gut beraten, sich nicht rücksichtslos auf Arbeitsteilung nach dem reinen Wirtschaftlichkeitskalkül festzulegen, sondern den Aspekt der *Versorgungssicherheit* u. U. sogar höher zu gewichten und den Freihandel einzuschränken. Darüber hinaus bietet es sich hier zur *Risikodiversifikation* an, auf eine möglichst große *Vielfalt an Versorgungsquellen* zu setzen und für Alternativen zu sorgen. Auch vor diesem Hintergrund ist mit Blick auf die Energieversorgungssicherheit der deutsche Steinkohlenbergbau über Jahre subventioniert worden. Überdies liefert der Aspekt der Versorgungssicherheit ein gutes Argument, die Erneuerbaren Energien auszubauen, weil hier im Gegensatz zu der Stromerzeugung in klassischen Kraftwerken keine Brennstoffzulieferungen aus dem Ausland benötigt werden.

Auch auf der *Exportseite* können sich Abhängigkeiten negativ bemerkbar machen. Steigt die Nachfrage nach den Produkten, auf die sich ein Land konzentriert hat, längerfristig an, erfährt es erhebliche Vorteile. Fällt dagegen die Nachfrage längerfristig, weil es neue Konkurrenten bei der internationalen Arbeitsteilung gibt oder, weil die Produkte sich überlebt haben, kommt es zu *Strukturkrisen*. Diese sind nachhaltig, da es nicht von jetzt auf gleich gelingen kann, einseitige und regional eng vernetzte Strukturen aufzubrechen und die gesamtwirtschaftliche Produktion in die Zukunftsfelder zu lenken, die obendrein erst einmal identifiziert werden müssten und nicht nur ein „Kurzläufer" sein dürfen. In Anbetracht dieses Risikos sollten sich Volkswirtschaften im Sinne einer *absatzseitigen Diversifikation* auch bei ausgeprägten komparativen Kostenvorteilen nicht zu extrem spezialisieren.

Auslandsabhängigkeit als Folge der Handelsliberalisierung kann überdies auch dann zu einem Problem werden, wenn eine Öffnung des Marktes damit einhergeht, in der *Leistungsbilanz* regelmäßig *Defizite* aufzubauen. Dadurch steigt – wie das Beispiel Griechenlands zeigt – zugleich die *Auslandsverschuldung*. Am Ende droht bei der Anschlussfinanzierung zur Vermeidung eines Bankrotts, sich im schlimmsten Fall als Gegenleistung für internationale Unterstützungsmaßnahmen vom wirtschaftspolitischen Diktat der Gläubiger abhängig zu machen und die Souveränität über die eigene Politik zu verlieren.

7.1.3.2.5 Schutz politischer Standards

Durch die internationale Marktöffnung stehen Unternehmen in einem *verschärften Wettbewerb zu ausländischen Konkurrenten*, die in der Regel unter anderen *Arbeits-, Sozial-, Umwelt-, Verbraucher- und steuerrechtliche Standards* arbeiten.

Diese politisch gesetzten Rahmenbedingungen beeinflussen die Kosten von Unternehmen. Müssen sie vergleichsweise hohe Auflagen erfüllen, verschlechtert dies mithin ihre Wettbewerbsposition. Im Extremfall können sie sich nach einer vollständigen Marktöffnung für den Freihandel nur deshalb nicht mehr behaupten. Es drohen nicht nur Wertschöpfungsverluste, sondern auch der Abbau von Arbeitsplätzen.

Dadurch gerät die Politik im betroffenen Land unter Druck, die *Standards nach unten* an die niedrigeren Auflagen im Ausland anzupassen. Die Politik verliert dabei – als Folge des Freihandels – in zentralen Aufgabenbereichen an Gestaltungskraft. Überdies droht ein Unterbietungswettlauf, ein *Race-to-the-bottom*: Nach der Absenkung verliert das Ausland seinen Wettbewerbsvorsprung und könnte versuchen, diesen durch eine weitere Rücknahme von eigenen Auflagen wiederherzustellen. Die Standards werden so in einem wettbewerbsseitigen Nullsummenspiel immer weiter ausgehöhlt.

So senkte beispielsweise die Regierung von Trump Ende 2017 die Unternehmenssteuern drastisch, auch um die Wettbewerbsfähigkeit der US-Unternehmen zu erhöhen. Unmittelbar danach drängten zahlreiche Unternehmen in Deutschland die Politik, diesem Beispiel zu folgen.

Interessant war in dem Kontext auch die Politik Großbritanniens nach dem Brexit. Die britische Regierung war demnach zwar bestrebt, den Freihandel mit der EU aufrechtzuerhalten. Zugleich wollte sie sich aber in einer Form des Rosinenpickens nicht mehr an die bisher geltenden gemeinschaftlichen Standards auf dem Arbeitsmarkt, beim Verbraucherschutz usw. halten.

Um in diesem Umfeld verstärkter gegenseitiger Abhängigkeiten die *politische Gestaltungshoheit zu erhalten*, bieten sich drei Optionen an:

– Es erfolgt eine verstärkte *internationale politische Kooperation*, bei der die Standards gemeinschaftlich festgelegt werden. Dies setzt aber nicht nur die Bereitschaft zu einer solchen aufwendigen Zusammenarbeit voraus, sondern erfordert auch eine – angesichts divergierender Vorstellungen – schwierige Konsensbildung. Darüber hinaus darf es unter den Ländern keine „*Trittbrettfahrer*" geben, die sich von einem nachträglichen Ausscheren individuelle Vorteile versprechen. Wie schwierig dies ist, zeigt allein schon das Beispiel der Unternehmensbesteuerung innerhalb der EU. Einzelne Staaten wie Irland oder Luxemburg haben hier Unternehmen Sonderregelungen eingeräumt, um gerade multinationale Konzerne dazu zu bewegen, den Firmensitz dort zu platzieren.

– Die regional geltenden Standards werden grundsätzlich nicht angetastet, aber für Unternehmen, die besonders stark dem internationalen Wettbewerb ausgesetzt sind, werden *Nachteilsausgleichsregelungen* erlassen. Das könnten einerseits entlastende Ausnahmen für die regionalen Unternehmen sein, was beispielsweise bei der EEG-Umlage in Deutschland der Fall ist. Diese Umlage wird auf den Strompreis aufgeschlagen, um damit den Ausbau der Erneuerbaren Energien zu finanzieren. Ausnahmen bzw. Entlastungen beim Strompreis gibt es dabei aber für solche Unternehmen, die stromintensiv produzieren und in einem verstärkten internationalen Wettbewerb stehen (vgl. Bontrup/Marquardt 2015). Andererseits könnte ein Nachteilsausgleich auch über eine Grenzabgabe auf Importe erfolgen. Problematisch an diesen Ausgleichsregelungen ist, dass hier über diskretionäre Eingriffe auch intern Verteilungspositionen verschoben werden.

– Um die politische Souveränität zu wahren, wird der *Freihandel mengenmäßig eingeschränkt*.

7.1.3.2.6 Schutz kultureller Eigenständigkeit

Mit der Öffnung von Märkten kommt es einerseits zwangsläufig zu Ausweitung der Produktpalette und andererseits zu einem verstärkten *Austausch* zwischen Menschen verschiedener Herkunft. Letzteres trifft insbesondere dann zu, wenn nicht nur die Produkt-, sondern auch die Arbeitsmärkte für *Zuwanderung* geöffnet werden.

Bereits die *Ausweitung* der *Produktpalette wird* von Einzelnen kritisch betrachtet, obwohl ja niemand gezwungen wird, die zusätzlich verfügbaren Produkte aus dem Ausland zu erwerben. Die Möglichkeit aromatisiertes Bier aus Belgien konsumieren zu können, das nicht nach dem deutschen Reinheitsgebot gebraut wurde, wird beispielsweise von Traditionalisten als Bedrohung aufgefasst.

Gesellschaftspolitisch brisanter ist das Zusammentreffen verschiedener Kulturen. Statt den Aufbau einer *„Multi-Kulti-Gesellschaft"* als Bereicherung zu sehen, bei der sich jeder mit viel Toleranz aus dem vorgelebten Spektrum verschiedener Kulturen seinen individuellen Lebensstil aussuchen kann, wird vielfach der *Verlust kultureller Eigenständigkeit* beklagt. Es drohe ein Verschmelzen kultureller Vielfalt, an dessen Ende eine *Einheitskultur* stehe. Die weltweite Expansion von MC-Donalds-Filialen bei gleichzeitiger Verdrängung heimischer Anbieter ist ein Beispiel dafür. In der Abgrenzung dazu wird der Ruf nach mehr „Heimat" oder gar einer Stärkung der Nation weltweit immer lauter.

In einer immer komplexeren Welt, in der es auf viele Probleme keine einfachen Patentlösungen gibt, sind viele Menschen zudem überfordert und sehnen sich angesichts diffuser, oftmals objektiv haltloser Ängste nach möglichst einheitlichen und altbekannten Wertvorstellungen. Der ehemals positiv belegte Begriff „Multi-Kulti" wird von manchen zunehmend als Bedrohung empfunden. Die Überlegungen des US-amerikanischen Politikwissenschaftlers Samuel P. Huntington (1927–2008) zum *„Kampf der Kulturen"*, wonach die westliche Zivilisation im Zuge der Globalisierung an Macht und Einfluss verlieren werde, liefern ihnen dazu weitere Argumente.

Wie auch immer man sich hier positioniert, kann Handelsprotektion dabei ein Weg sein, die kulturelle Eigenständigkeit zu schützen.

7.1.3.2.7 Umweltschutz

Je stärker sich die Spezialisierung regional akzentuiert, umso weitere Wege müssen die Güter zu ihrem Bestimmungsort für die Weiterverarbeitung oder beim Endkunden zurücklegen. Dadurch nimmt nicht nur die *Verkehrsbelastung* ständig zu, sondern –

zumindest solange der Transport den Einsatz fossiler Brennstoffe erfordert – auch die Umweltbelastung. Beispielsweise werden deutschen Verbrauchern Äpfel aus Neuseeland angeboten, die einen Transportweg von mehr als 18.000 km hinter sich haben, obwohl es durchaus ausreichend heimische Äpfel in vergleichbarer Qualität gibt.

Als problematisch erweist sich auch, dass die internationale Arbeitsteilung darauf abstellt, die Produktivität zu erhöhen, indem beim gegebenen Faktorinput mehr produziert wird. Auf der einen Seite stehen durch die Mehrproduktion dann zwar mehr Güter zur Verfügung, um die Armut zu bekämpfen, auf der anderen Seite bedeutet *Mehrproduktion* aber auch stärkeren *Raubbau* an Natur und Umwelt.

Insofern stellt sich hier die Frage, inwieweit die internationale Arbeitsteilung nicht zugunsten des Umweltschutzes eingeschränkt werden sollte. Denkbar wäre aber auch, die Produktivität der internationalen Arbeitsteilung zu nutzen, um dieselbe Gütermenge *mit weniger Faktorinput* zu erzeugen und dann den „Güterkuchen" zur Bekämpfung der Armut anders zu verteilen. Dies bringt jedoch automatisch einen Konflikt mit dem Ziel einer hohen Beschäftigung hervor, zumindest wenn nicht zu einer weltweiten *Arbeitszeitverkürzung* gegriffen wird.

7.1.3.2.8 Finanzzoll
Ein weiterer Grund, protektionistischer Maßnahmen in Form von Importzöllen zu ergreifen, liegt darin, eine neue *Einnahmequelle* für den Staat zu generieren.

7.1.3.3 Fazit
Entgegen den Verheißungen der Freihandelsbefürworter birgt der Globalisierungsprozess zahlreiche Problemfelder. Die *Fehlentwicklungen* sind klar adressiert und beobachtbar: Ausbeutung, Verarmung, elende Arbeitsbedingungen, zunehmende Verteilungsdisparitäten, Abhängigkeiten und damit verbundene Einbußen an Souveränität, der Verlust kultureller Eigenständigkeit und Raubbau an Umwelt und Natur.

Zumindest mit Blick auf die Verteilungsproblematik und die Verarmung bzw. Verelendung greift aber der *Standardvorwurf der Globalisierungsgegner* zu kurz, die Theorie der Befürworter sei aus dem 18. Jahrhundert und daher weltfremd. Denn *erstens* kann niemand ernsthaft Zweifel am theoretischen Kernbefund haben, dass Spezialisierung und Arbeitsteilung die Produktivität und damit die materielle Verteilungsmasse weltweit erhöht. Will man dieses Potenzial ausschöpfen, bedingt internationale Arbeitsteilung dann aber anschließend auch internationalen Handel.

Zweitens ist die Außenwirtschaftstheorie kontinuierlich *weiterentwickelt* worden und nicht bei Ricardos komparativer Kostentheorie stehen geblieben. Gerade die Fortentwicklung der Theorie zeigt auf, dass aus der Globalisierung automatisch Verteilungskonflikte entstehen können. Die Globalisierung *könnte* demnach aufgrund der größeren Verteilungsmasse zwar materiell für alle eine Win-win-Situation darstellen.

Allerdings entstehen dabei faktisch Verschiebungen in der Einkommensverteilung, sodass in der gegebenen Verteilungsordnung der Wohlfahrtsanstieg *ungleichmäßig verteilt* wird. In der praktizierten Form führt Globalisierung mithin zu *Gewinnern und Verlierern*. Umverteilungen über das Steuer-, Transfer- oder über das Zollsystem könnten aber hier für Abhilfe sorgen.

Hinsichtlich der Hungerlöhne in Entwicklungsländern sind *drittens* vier sich überlagernde Effekte zu unterscheiden: Zum einen reflektieren die markant niedrigeren Löhne dort eine – verglichen mit Arbeitern in Industrieländern – deutlich *niedrigere Produktivität*, wie es bereits das Ricardo-Modell begründet. Um hinsichtlich dieses ersten Aspekts höhere Löhne zu ermöglichen, bedarf es in den Entwicklungsländern der forcierten Sachkapitalbildung, und zwar möglichst so, dass die daraus abgeleiteten Gewinne auch wieder an Ort und Stelle reinvestiert werden (s. u.).

Zum anderen begünstigt die internationale Arbeitsteilung (vgl. auch Krugman/ Obstfeld 2009, S. 370 ff.) für sich genommen die Arbeiterschaft in den Entwicklungsländern. Dies wiederum erklärt das *Stolper-Samuelson-Theorem*. Durch die tatsächlich praktizierte Konzentration auf arbeitsintensive Produktionsprozesse in den Entwicklungsländern entsteht dort verstärkte Nachfrage nach Arbeitskräften. Das trägt zum Abbau der Arbeitslosigkeit und *zu höheren Löhnen* bei. Ohne diese Wirkung der Globalisierung wären in den Entwicklungsländern die Löhne möglicherweise noch viel niedriger. Dieser eine positive Effekt reicht aber in der Realität nicht aus, um am Ende die Hungerlöhne zu verhindern.

Denn einerseits nimmt in den Entwicklungsländern durch die *Bevölkerungsexplosion* auch das Arbeitskräfteangebot rapide zu. Dies ist zum Teil ein *eigendynamisches Dilemma*: Bei Hungerlöhnen müssen immer mehr Familienmitglieder, also Kinder, mit anpacken, um den Familienunterhalt zu verdienen. Je mehr Kinder dann allerdings unter menschenunwürdigen Verhältnissen als Arbeitskraft missbraucht werden, umso größer wird der Lohndruck. Um diesen zu beseitigen, müssen auch Familien-, Sozial- und Bildungspolitik in den Entwicklungsländern einen stabilisierenden Beitrag leisten.

Andererseits – und das ist ein Kernaspekt in dieser Diskussion – wird der Lohn im Wesentlichen durch die *Machtstrukturen* an den Märkten gedrückt. Multinationale Handelsketten drücken mit ihrer Nachfragemacht die Einkaufspreise dermaßen stark, dass für die Beschäftigten in den Entwicklungsländern am Ende der Kette nur noch Hungerlöhne übrigbleiben. Die großen Handelsketten sind dabei die hauptsächlichen Gewinner und nutzen die Möglichkeiten der Globalisierung mit ausbeuterischer Wirkung aus. Das Problem ist dann aber weniger die internationale Arbeitsteilung als solche, sondern die Marktmacht. In einer weiteren Gewinnergruppe befinden sich aber die Verbraucher in den Industrieländern. Nach dem Motto *„Geiz-ist-geil"* freuen sie sich über die vergleichsweise billigen Importprodukte und machen sich letztlich mitschuldig an der *Ausbeutung* (vgl. Kasten).

Internationale Ausbeutung durch Nachfragemacht und Handelsspannen

Interview mit Bundesentwicklungshilfeminister Gerd Müller in: Maischberger: Die Woche vom 22.1.2020 zum Thema „Sind Lebensmittel zu billig?"

Müller: „Deutschland [...] gib nur 8 Prozent des Einkommens für Lebensmittel aus. Da sind wir in Europa am ganz unteren Ende. Warum ist uns eigentlich Qualität beim Essen nicht mehr wert? [...]

Ich sag ihnen mal ein Beispiel: Bananen werden bei uns angeboten für 0,88 EUR das Kilo. Ich war in Mexiko auf einer Plantage. Der Einkaufspreis liegt bei 0,14 EUR pro Kilo [...] Ich habe im deutschen Einzelhandel [...] gesagt, ihr dürft nicht unter einem Euro verkaufen. Denn am Anfang müssen Menschen, Familien davon leben. Für 0,14 EUR Bananen einzukaufen, das heißt die Versklavung der Menschen auf den Plantagen und die Folge davon ist, dass Kinder mit auf die Plantage gehen. [...] Da liegt am Tag der Lohn für die Familie bei 0,50–0,80 EUR. Wie sollen die Menschen davon leben?

Und dann sprechen wir von 70 Millionen Kindern, die mitarbeiten müssen, auf den Kaffeeplantagen auf den Kakaoplantagen, damit wir unseren Wohlstand leben können.

Frage: Sie sind zu Lidl gegangen und haben gesagt: das ist zu billig! Was hat Lidl dann gesagt?

Lidl hat mitgemacht. Ich habe diese Woche eine Selbstverpflichtung mit den 5 deutschen Discountern unterschrieben, so dass klar wird, dass am Anfang die Erzeugungskosten bezahlt werden müssen. Deshalb dürfen Lebensmittel nicht immer billiger gemacht werden. [...]

Frage: Haben Sie die Bananen bei Lidl teurer gemacht?

Lidl hat einen Euro akzeptiert. Aldi ist die Woche drauf drunter gegangen mit 0,88 EUR. Lidl ist auch auf 0,88 EUR runtergegangen, weil sie nichts mehr verkauft haben. Das muss verhindert werden.

[...] Mit „Billig ist super-geil" hat letzte Woche ein Discounter Kaffee angeboten. [...] Das Pfund Kaffee für 2,88 EUR! Diese Preise sind super-dreist und unmoralisch. Und am Anfang steht Sklavenarbeit. Wir fördern Kinderarbeit auf den Plantagen. Das muss jeder wissen, der zum Einkaufen geht. Im Einkaufskorb entscheiden Sie über die Zukunft der Kinder in Afrika. Beim Kaffee ist die Lage dramatisch. Wir haben in der Welt hundert Millionen Menschen, die von der Kaffeeproduktion leben. [...] Wissen Sie was der Einkaufspreis bei Kaffee pro Kilo ist? Was bekommen die Menschen auf der Plantage in Mexiko oder in Brasilien oder in Westafrika? Für 0,50 EUR wird das Kilo Rohbohnen aufgekauft, nach Deutschland transportiert und geröstet [...] und bei uns für 8 EUR oder 10 EUR verkauft. Meine Damen und Herren, das ist Ausbeutung von Mensch und Natur in den Entwicklungsländern.

Es muss jedem von uns klar sein: am Anfang eines Produktes – ob es nun in Deutschland oder den Entwicklungsländern erzeugt wurde – stehen Menschen, die müssen vom Preis leben.

Frage: Dann sagen sie doch den Händlern, ihr dürft nicht so billig einkaufen! Verbieten Sie es! Selbstverpflichtung, Freiwilligkeit hat nicht funktioniert. Das haben Sie eben selbst zugegeben.

Ja es ist sehr, sehr schwierig, weil die Verbraucher einfach auf super-geil, super-billig abfahren. Wir reagieren jetzt mit einem Lieferketten-Gesetz. Das diskutieren wir die nächsten Monate. Ich habe dabei enormen Widerstand aus der Wirtschaft. Lieferketten-Gesetz heißt, dass am Anfang der Kette bei der Produktion soziale und ökologische Mindeststandards eingehalten werden müssen.

Abspann: [...] *Wir werden sehen, ob Sie das dann schaffen, weil seit den Jahren, in denen Sie Entwicklungshilfeminister sind, sind die Preise einfach so gegangen und Sie haben keinen Einfluss gehabt. Wir schauen auf das Lieferkettengesetz, das Sie jetzt planen, ob es funktioniert oder nicht.*

In diesem Kontext der Ausbeutung ist überdies auch *Anbietermacht* ein Problem. Zur Erhöhung der Produktivität – als ein Anstoßfaktor für höhere Löhne – benötigen die Entwicklungsländer Sachkapital. Diese Investitionsgüter werden aber zumeist in den Industrieländern von großen multinationalen Konzernen produziert, die im internationalen Handel ihre Macht nutzen, um überhöhte Preise durchzusetzen. Auch hier ist nicht die Globalisierung per se das Problem, sondern die Marktmacht.

Die Überlegungen zeigen zugleich, dass *Globalisierung allein nicht die Ursache allen Übels ist.* Im Gegenteil, sie bietet *Chancen*, die aber nur dann wahrgenommen werden, wenn die Politik das Geschehen nicht den Märkten mit den Großkonzernen überlässt. In seiner Analyse zur positiven Globalisierungswirkung in Ostasien (vgl. Kap. 7.1.3.1) weist Stiglitz (2006, S. 53) Möglichkeiten auf, wie auch Entwicklungs- und Schwellenländer „sich die Globalisierung zunutze machen (können), ohne sich von ihr ausnutzen zu lassen". Diese Länder hätten ihre weltwirtschaftliche Integration mit starkem Einfluss ihrer Regierung gestaltet, sodass die Armutsquote stark zurückgegangen sei. Für Indonesien beispielsweise konstatiert Stiglitz bei der Armutsquote einen Rückgang von 28 auf 8 Prozent innerhalb von fünf Jahren. Auch der Zustand der Bildungs- und Gesundheitsversorgung habe sich massiv verbessert. Wichtig sei gewesen, dass diese Länder die Globalisierung „wohldosiert und schrittweise" ausgesteuert hätten. Sie generierten zunächst exportinduziertes Wachstum und beschränkten die Importe. Mithilfe nationaler Ersparnisse aus dem Wachstum wurden im Zuge der Technologieförderung gezielt neue Schlüsseltechnologien vor allem u. a. im Elektronikbereich ausgebaut, mit denen man sich später in die internationale Arbeitsteilung einbringen konnte. So wurde die Abhängigkeit von alten und eher schwachen Wirtschaftszweigen aufgebrochen. Überdies konnte aufgrund des Wachstums der Bildungs- und Gesundheitssektor ausgebaut werden.

Auch mit Blick auf das Aushöhlen von Arbeits-, Sozial-, Umwelt-, Verbraucher- und steuerrechtliche Standards ist festhalten, dass dies im Zuge der Globalisierung zwar stattfindet, jedoch nicht zwangsläufig. Die *Politik* müsste dazu „nur" ihre *Gestaltungshoheit von den multinationalen Konzernen zurückerobern*, weltweit viel stärker kooperieren und hohe Standards festlegen.

Insofern ist nachvollziehbar, dass Menschen aus Wut und Angst vor der praktizierten Globalisierung auf die Straße gehen. Nur oftmals, so die These von Stiglitz (2006, S. 22), ist „das Problem nicht die Globalisierung als solche [...], sondern die Art und Weise, wie sie bislang gestaltet wurde". Problematisch ist dabei vielmehr, dass der *Ordnungsrahmen*, in dem sich die Globalisierung vollzieht, im Wesentlichen von Industrieländern nach ihren Vorstellungen und zu ihren Gunsten mit einer stark neoliberalen Ausrichtung festgelegt wurde. Problematisch ist auch, dass die Macht von Konzernen mit dazu beiträgt, die Wachstumsgewinne der Globalisierung einseitig einzukassieren. Solange die Politik gegen diese Vermachtung keine effektiven Grenzen setzt, bietet die Globalisierung aber den Großkonzernen ein Spielfeld, um immer größer und noch mächtiger zu werden. Problematisch ist ferner in diesem Zusammenhang, dass die Politik den *Gestaltungsprimat* offenbar nicht vehement genug gegen die

Shareholder-Value-Interessen zurückerobern will, wofür auch das Trittbrettfahrerverhalten von Regierungen mit der Konsequenz eines „*Race-to-the-bottom*" mitverantwortlich ist. Wenn aber die Politik nur ernsthaft wollte, wenn sie sich von der neoliberalen, an den Kapitalinteressen orientierten Globalisierungsstrategie verabschieden würde, könnte sie die „Chancen der Globalisierung" (Stiglitz 2006) im Sinne der Weltgesellschaft nutzen.

Schwierig wird dies allerdings mit Blick auf die Wahrung der kulturellen Vielfalt. Das wirtschaftliche Zusammenwachsen wird zumindest in einzelnen Bereichen zu einer *kulturellen Angleichung* führen. Hinsichtlich der Umweltthematik ist die Problematik noch wesentlich ausgeprägter. Wird die Globalisierung zur weltweiten Mehrproduktion genutzt, erleichtert dies – einen verbesserten Verteilungsmechanismus vorausgesetzt (s. o.) – zwar den Abbau der weltweiten Armut, zugleich nimmt die weltweite Umweltbelastung und damit Klimaschädigung zwangsläufig zu. Vor dem Hintergrund bietet es sich aus ökologischen Gründen an, das *Wachstumsprimat* grundsätzlich zu hinterfragen und zu überprüfen, wie bei unveränderter Produktion durch Umverteilung die weltweite Armut bekämpft werden kann. Die Produktivitätsgewinne aus einer besser zu gestaltenden Globalisierung könnten dann zur *weltweiten Arbeitszeitverkürzung* genutzt werden.

7.1.4 Ordnungspolitischer Rahmen der wirtschaftlichen Integration

7.1.4.1 Formen ökonomischer Integration

Länder können sich unterschiedlich tief in den Prozess der internationalen Arbeitsteilung integrieren (vgl. Abb. 7.3). Auf der untersten Stufe steht die *Handelsintegration*. Sie stellt auf eine Liberalisierung der grenzüberschreitende Waren- und Dienstleistungstransaktionen ab. Die einfachste Form ist dabei eine *Freihandelszone*. Hier werden zwischen den Teilnehmern mengenmäßige Beschränkungen (sogenannte Kontingente) sowie Zölle komplett oder zumindest zu einem großen Teil abgeschafft. Jedes Land behält sich gleichwohl das Recht vor, gegenüber Drittländern seine außenwirtschaftlichen Beziehungen inklusive der Zölle individuell zu regeln. Dadurch ergibt sich jedoch letztlich eine offene Flanke: Will ein Drittland Güter in die Freihandelszone exportieren, wählt es den Weg über das Land der Freihandelszone mit den geringsten Auflagen. Sobald sich die Güter dann in der Freihandelszone befinden, können sie auch alle anderen Länder des Handelsraums eingeführt werden. Individuelle Regeln gegenüber Drittländern können daher leicht unterlaufen werden oder sind nur über aufwendige Kontrollen und Herkunftsnachweise schwer zu verhindern. Angesichts dieses faktischen Souveränitätsverlustes gegenüber Ländern außerhalb der Freihandelszone bietet es sich an, die Befugnisse zu einer vereinheitlichten außenwirtschaftlichen Gestaltung gegenüber Drittländern einer gemeinsamen Institution zu übertragen. Aus der Freihandelszone wird dann eine *Zollunion*.

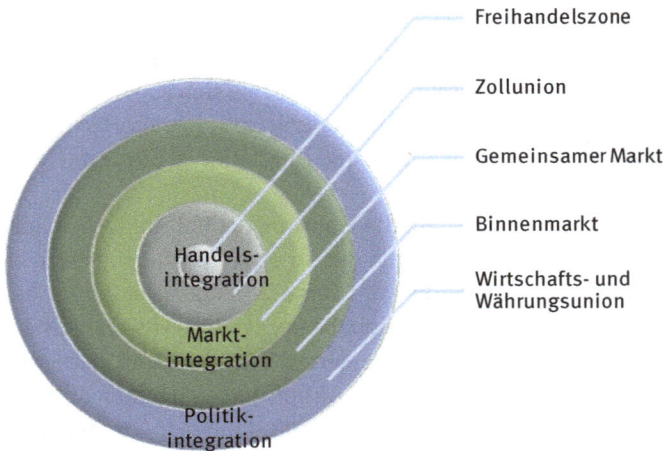

Abb. 7.3: Ökonomische Integrationsformen. Quellen: Eigene Darstellung in Anlehnung an Béla Balassa (1961).

Darüber hinaus können auch die *Faktormärkte* integriert werden. Mobile Produktionsfaktoren sollen so dorthin wandern können, wo sie die höchste Wirkung entfalten. Im theoretischen Ideal besteht dort auch die höchste Zahlungsbereitschaft des Faktornachfragers, so dass die Faktoren mit dem höchsten Entgelt belohnt werden. Angesichts der Immobilität des Faktors Boden betrifft diese Öffnungsmöglichkeit nur den Faktor (Finanz-)Kapital und den Faktor Arbeit. Angesichts kultureller und sprachlicher Barrieren sowie der sozialen Einbindung besteht beim Faktor Arbeit in der Regel nur eine begrenzte Mobilität.

Angestrebt wird hier eine *Marktintegration*, bei der sich Waren-, Dienstleistungen und Produktionsfaktoren zwischen den beteiligten Ländern wie in einem einzelnen Land bewegen können. Sofern über die Zollunion hinaus zunächst rein *formal* die rechtlichen Voraussetzungen für eine grundsätzliche Liberalisierung der Faktorbewegungen geschaffen wurden, handelt es sich um einen *Gemeinsamen Markt*. Um das Potenzial der Faktormobilität auszureizen und auch eine materielle Liberalisierung zu schaffen, bedarf es im Detail noch weiterer Vereinbarungen auf unterschiedlichen Ebenen. So reicht es beispielsweise nicht aus, dass Ingenieure sich innerhalb der integrierten Länder mit ihren Büros frei niederlassen dürfen, erforderlich ist auch eine gegenseitige Anerkennung von Bildungsabschlüssen. Auch bei einer rein formalen Öffnung der Warenmärkte im Zuge einer Zollunion kann es faktisch noch Einschränkungen geben, die ebenfalls zu beseitigen wären. Existieren beispielsweise in den Ländern unterschiedliche Steckdosensysteme für Elektrogeräte, bestehen noch unnötige Barrieren, die in diesem Beispiel durch eine Vereinheitlichung von Normen abgeschafft werden könnten. Am Ende einer solchen Entwicklung steht dann ein echter *Binnenmarkt*.

Je stärker die Märkte integriert werden, umso größer wird aber der Druck, auch andere Politikbereiche in einer *Politikintegration* aufeinander abzustimmen. Das betrifft zunächst die *Geldpolitik*. Solange es noch unterschiedliche Währungen innerhalb eines flexiblen Wechselkurssystems gibt, können Wechselkursschwankungen aufgrund der damit verbundenen Kalkulationsunsicherheiten im Vertrieb verhindern, dass das wirtschaftliche Potenzial des Binnenmarktes voll ausgeschöpft wird. Der Integrationslogik folgend bietet es sich im nächsten Schritt also an, die Wechselkurse zu fixieren oder gleich zu einer *gemeinsamen Währung* überzugehen, bei der – wie in der Eurozone – ein Euro aus Deutschland im festen Verhältnis gegen einen Euro in Frankreich getauscht wird. Der Verzicht auf Wechselkursflexibilität zwingt aber die Zentralbanken zur Kooperation, im Fall einer Währungsunion sogar zur Aufgabe der Eigenständigkeit und der Delegation geldpolitischer Befugnisse an eine *gemeinsame Zentralbank*.

Darüber hinaus stehen weitere Politikbereiche unter einem verstärkten Anpassungsdruck, der mit voranschreitender Integration steigt. Sofern die bislang noch im nationalen Alleingang gesetzten Rahmenbedingungen Auswirkungen auf die Wettbewerbsfähigkeit von Unternehmen haben, ist im Konkurrenzkampf nicht mehr allein die unternehmerische Stärke für die Durchsetzungsfähigkeit von Unternehmen ausschlaggebend. Unterschiedliche Umwelt- und Steuerstandards beispielsweise verzerren einen fairen Wettbewerb. Außenwirtschaftliche Maßnahmen, wie Zölle oder Wechselkursveränderungen, können dies nicht mehr abschotten. Obendrein akzentuieren sich die gegenseitigen Abhängigkeiten von der wirtschaftlichen und finanzpolitischen Entwicklung der Partnerländer. Dadurch verschärft sich die *Notwendigkeit, wirtschaftsrelevante Politikbereiche abzustimmen*. Die Währungsunion wandelt sich in eine *Wirtschafts- und Währungsunion*.

Zusammenfassend folgen damit aus dem ersten Schritt einer Freihandelszone weitere Notwendigkeiten, sich auch politisch immer stärker zu integrieren. Die skizzierten Folgeschritte sind zwar politisch nicht unvermeidbar, aber eine gewisse *Eigendynamik* im Sinne einer Folgerichtigkeit ist angelegt. Es entsteht ein integrationspolitischer Zielkonflikt: Je stärker die wirtschaftliche Integration vorangetrieben wird, umso mehr gegenseitige Politikabstimmung ist erforderlich, *umso weniger nationale Souveränität* verbleibt. Das integrationspolitische Streben nach wirtschaftlicher Effizienz wird durch Verluste in der politischen Unabhängigkeit erkauft.

Mit Blick auf geeignete Strategien, um die Integration zu vertiefen, stehen sich zwei Konzepte gegenüber:

- Die Anhänger der *Krönungstheorie* argumentieren, dass man den nächsten Integrationsschritt nur vollziehen sollte, wenn zuvor alle Voraussetzungen für sein reibungsloses Funktionieren gegeben sind. Insbesondere hinsichtlich des Eintritts in eine Währungsunion wird gefordert, dass zunächst alle wettbewerbsrelevanten nationalen Politikvorgaben harmonisiert sein und dass sich die Wirtschaftspolitiken und die Produktivtätsentwicklungen angeglichen haben müssen, um auf die wettbewerbsschützende Funktion flexibler Wechselkurse verzichten zu können und die Integration mit dem nächsten Schritt zu „krönen".

- Die Protagonisten der *Peitschentheorie* halten diesen Weg für nicht zielführend. Das Warten darauf, dass all diese Voraussetzungen für ein spannungsfreies Funktionieren des nächsten Schritts erfüllt sind, sei ein Warten auf den „Sankt-Nimmerleinstag". Sie fordern stattdessen, schon vor einem perfekten Erreichen dieser Voraussetzungen, den nächsten Integrationsschritt vorzunehmen. Zwar gäbe es dann Reibungen, aber sie wirkten wie eine „Peitsche" für eine ansonsten eher zu zögerliche Politik, um im Nachhinein rasch eben jene Bedingungen herzustellen, die diese Spannungen ausräumen.

7.1.4.2 Grundzüge der weltwirtschaftlichen Integration in der WTO

Nachdem es bereits vor dem Zweiten Weltkrieg eine tiefgreifende wirtschaftliche Integration zwischen den Industrieländern der Welt gab, markierte das General Agreement on Tariffs and Trade (*GATT*) aus dem Jahr 1948 den Durchbruch in der weltweiten Öffnung der *Gütermärkte*. Es handelt sich um ein *multilaterales Abkommen*, dass mit einer Startergruppe von 23 Ländern mit dem Ziel verabschiedet wurde, zunächst den weltweiten Handel mit Waren zu forcieren. Der dabei eigeschlagene Weg war stark konsensual geprägt, um angesichts der nationalen Souveränität über den eigenen Außenhandel möglichst viele Länder in die Integration mitnehmen zu können.

Im Jahr 1995 wurde das GATT mit dem General Agreement in Trade and Services (*GATS*) aus dem Jahr 1994 und den Regeln zu Trade Related Aspects of Intellectual Property Rights (*TRIPS*), ebenfalls aus dem Jahr 1994, zur Welthandelsorganisation (*WTO*) fusioniert. Während das GATS darauf abstellt, auch den *Dienstleistungssektor* weltweit zu liberalisieren, widmet sich TRIPS dem *Schutz geistigen Eigentums*, wie etwa der Anerkennung und dem Einhalten von Patentrechten, Urheberrechtsfragen und dem Wahren von Geschäftsgeheimnissen. Mittlerweile nehmen an der WTO über 164 Länder teil, wobei rund zwei Drittel der Mitglieder Entwicklungs- oder Schwellenländer sind (vgl. WTO 2020).

Unter dem Dach der WTO sollen beim Austausch von Waren und Dienstleistungen *Handelshemmnisse* in Form von Zöllen, mengenmäßigen Kontingenten und nichttarifären Handelshemmnissen, wie zum Beispiel voneinander abweichende Industrienormen, systematisch unter Wahren von Eigentumsrechten abgebaut werden. Zugleich wurde ein *Forum* geschaffen, um die *internationale Handelspolitik* vor allem über Welthandelsrunden zu koordinieren und um Streitschlichtungsverfahren durchzuführen. Die *Schlichtungsverfahren* können sich zwar nicht auf eine nationale Durchsetzungsbefugnis stützen, aber immerhin werden in ihnen Regelverstöße aufgearbeitet, Regelbrecher benannt und international „an den Pranger gestellt" und den Betroffenen Retorsionsmaßnahmen zur regelkonformen Vergeltung erlaubt.

In der Integrationsstrategie stützt sich die WTO auf etablierte *Grundsätze* des GATT-Systems:
- Dazu gehört das *Alles-oder–nichts-Prinzip*. Wer der WTO beitreten will, muss demnach alle zwischenzeitlich vereinbarten Regeln akzeptieren oder er bleibt ausgeschlossen.

- Es gilt das *Liberalisierungsprinzip*. Danach sind Kontingente als außenwirtschaftliches Instrument grundsätzlich verboten. Denn anders als Einfuhrzölle nehmen sie ab Erreichen des festgelegten Handelskontingentes den Akteuren unabhängig von ihrer Zahlungsbereitschaft jedwede Möglichkeit zu weiterem Handel. Nicht erlaubt sind darüber hinaus auch das Verschärfen von noch vorhandenen Handelsbeschränkungen sowie das Auflegen neuer Beschränkungen. Damit soll der jeweils erreichte *Status quo als „Point of no return"* manifestiert werden. Veränderungen sind damit nur in Richtung einer Integrationsvertiefung zulässig. Allerdings gibt es hier auch zahlreiche *Ausnahmen*, wie etwa bei Zahlungsbilanzproblemen, zum Schutz von Leben und Gesundheit, zur Abwehr unfairer Handelspraktiken sowie zum Schutz der nationalen Sicherheit.
- Des Weiteren gilt das *Reziprozitätsprinzip*. Danach wird erwartet, dass einseitig zugestandene Handelserleichterungen vom begünstigten Land auch mit einer seinerseits eingeräumten Erleichterung erwidert werden.
- Die *Meistbegünstigungsklausel* soll sicherstellen, dass einzelne Länder nicht diskriminiert werden. Außenhandelsvorteile, die einem Vertragspartner eingeräumt wurden, sollen automatisch auch für alle anderen Mitgliedsstaaten gelten. *Ausnahmen* davon gelten einerseits für *Entwicklungsländer*, andererseits müssen Freihandelszonen bzw. *Zollunionen* die untereinander eingeräumten Vorteile nicht an Drittländer weitergeben. Diese Konzession soll das Voranpreschen einzelner Ländergruppen in der Hoffnung fördern, die anderen werden nachziehen. Das bedeutet konkret, dass die Europäische Union (EU) (vgl. Kap. 7.1.4.4) ihre großzügigen innergemeinschaftlichen Handelsregeln nicht automatisch auf Drittländer, wie zum Beispiel Großbritannien nach dem „Brexit", also dem Austritt aus der EU im Jahr 2020, anwenden muss.
- Ebenfalls zum Ausschluss einer Diskriminierung dient das *Prinzip der Inländerbehandlung*. Es soll dafür sorgen, dass in- und ausländische Anbieter, nachdem diese mit ihren Gütern, Dienstleistungen und geistigem Eigentum auf dem Inlandsmarkt präsent sind, gleichbehandelt werden. Das bedeutet beispielsweise auch, dass Entlastungen, wie etwa die Ausnahmen von der EEG-Umlage (vgl. Kap. 7.1.3.2.5), die heimischen Produzenten zustehen, unter gleichen Bedingungen auch ausländischen Anbietern einzuräumen sind.

7.1.4.3 Grundzüge der weltweiten währungspolitischen Integration

Bereits Ende des 19. Jahrhunderts gab es den *„klassischen Goldstandard"* (vgl. Jarchow/Rühmann 1984). Nach dessen Suspendierung im Zuge des Ersten Weltkriegs wurde in der Zwischenkriegszeit der *„restaurierte Goldstandard"* eingeführt. Sowohl im klassischen als auch im restaurierten Goldstandard waren die wichtigsten Währungen der Welt *mit Gold gedeckt*. Über den festgelegten Umtauschkurs von einer Feinunze Gold in die heimischen Währungen, die sogenannte Goldparität, waren damit (abgesehen von Differenzen durch Transportkosten) indirekt auch die Austauschrelationen der zirkulierenden nationalen Währungen untereinander, also die Wechselkurse, fixiert.

Die *Weltwirtschaftskrise* 1929, die verheerenden nachfolgenden wirtschaftlichen Konsequenzen und erhebliche Zahlungsbilanzungleichgewichte führten zu einem erheblichen *Vertrauensverlust* der privaten Wirtschaft in die zugesagte *Goldeinlösungspflicht* durch die Zentralbank. Das betraf insbesondere das britische Pfund Sterling. Internationale Anleger zogen sich in großem Umfang aus dem Pfund zurück. Der Ansturm der Investoren, Pfund in Gold umzuwandeln, überforderte die Bank of England und veranlasste sie, die Goldeinlösungspflicht zu suspendieren. Es kam zur *Pfundkrise*, in deren Folge auch der restaurierte Goldstandard nicht mehr aufrecht zu halten war.

Die währungspolitische Desintegration hielt bis nach dem Ende des Zweiten Weltkriegs an. Auf einer Konferenz im US-amerikanischen *Bretton-Woods* wurde 1944 der Internationale Währungsfonds (IWF) gegründet, unter dessen Regie die Neuauflage eines Systems von mehr oder weniger festen Wechselkursen erfolgen sollte.

Im Mittelpunkt des Bretton-Woods-Systems stand als *Leitwährung der US-Dollar*. Er war schließlich die Währung des Landes, das einerseits den Zweiten Weltkrieg mitgewonnen hatte und anderseits zur neuen Weltmacht aufgestiegen war und in dieser Rolle Großbritannien als wirtschaftlich und politisch stark durch den Krieg geschädigtes Land verdrängte. *Grundpfeiler* des Systems waren folgende Faktoren (vgl. Berg 1976):

– Es gab eine *Goldbindung des US-Dollars*. Demnach erklärte sich die US-amerikanische Notenbank, Fed, prinzipiell bereit, eine Feinunze Gold jederzeit in unbegrenzter Menge für 35 US-Dollar kaufen oder zu verkaufen.

– Die anderen Teilnehmerländer hingegen verpflichteten sich, ihre Währung an den Devisenmärkten notfalls durch Zentralbankinterventionen innerhalb einer Bandbreite von +/- 1 Prozent um eine zuvor festgelegte *Dollarparität* zu fixieren. Somit handelte es sich systemisch um einen sogenannten *Gold-Devisenstandard*.

– Zugleich waren durch die *allseitigen Orientierungen am US-Dollar* aber auch die Wechselkurse aller anderen Teilnehmerländer innerhalb von Bandbreiten fixiert: So betrug die Anfangsparität der D-Mark im Jahr 1949: 1 US-Dollar = 3,33 DM (vgl. Deutsche Bundesbank 2020b). Kurze Zeit später, Anfang 1950, wurde die Anfangsparität für den Französischen Franc mit 0,36 alten Französischen Franc (FRF) festgelegt. Daraus resultiert über einen Dreisatz ein Paritätswechselkurs zwischen der D-Mark und dem alten Französischen Franc von: 100 FRF = 1,20 DM.

– *Paritätsänderungen* waren nur bei schwerwiegenden Zahlungsbilanzungleichgewichten zulässig. Änderungen von mehr als 10 Prozent mussten beim IWF beantragt werden und konnten von diesem auch abgelehnt werden, wenn Zweifel daran bestanden, dass ein fundamentales Zahlungsbilanzungleichgewicht vorlag.

– Drohte bei einzelnen Währungen gegenüber dem US-Dollar eine Abwertung über die zulässige Bandbreite hinaus, musste ausschließlich die *nicht-amerikanische Zentralbank intervenieren*. Dazu musste sie am Devisenmarkt die eigene Währung verstärkt nachfragen und im Gegenzug US-Dollar anbieten. Nach dem Aufbrauchen des eigenen Devisenbestandes an US-Dollar wären die Interventionsmöglichkeiten aber erschöpft gewesen. Aus diesem Grund wurde beim *IWF ein internationales Kreditsystem* vorgesehen, dass den Ländern begrenzte „Ziehungsrechte" auf zuvor von allen Teilnehmern eingezahlte Währungsbestände einräumte. Je umfangreicher die Kreditansprüche wurden, umso intensiver konnte der IWF Maßnahmen zur wirtschaftlichen Stabilisierung insbesondere der Zahlungsbilanzdefizite einfordern.

Das System funktionierte bis Ende der 1960er–Jahre. Letztlich zerbrach es an seinen *inneren Widersprüchen.* Während das System den *USA als Leitwährung* zugestand, Wirtschaftspolitik ohne Rücksicht auf die anderen Teilnehmerländer führen zu können, erwartete es, dass die anderen intervenierten und über die damit verbundenen Geldmengeneffekte binnenwirtschaftliche Rückwirkungen in Kauf nahmen. Ein unter Abwertungsdruck stehendes Land entzieht schließlich bei einer Intervention über den Devisenmarkt dem Wirtschaftskreislauf heimische Währung, ein unter Aufwertungsdruck stehendes Land hingegen muss die eigene Währung am Devisenmarkt künstlich schwächen, indem es zusätzlich heimische Währung in den Wirtschaftskreislauf einspeist.

Zudem erleichterte der Leitwährungsstatus es den Vereinigten Staaten, internationale Kredite zu erhalten. So wird beispielsweise Öl an den Märkten in US-Dollar gehandelt. Die Dollareinnahmen wurden dann von den Erdöl exportierenden Ländern in den USA angelegt und damit der amerikanischen Volkswirtschaft zur Verfügung gestellt. Dem *wachsenden Kapitalzufluss* in der Kapitalbilanz stand alsbald spiegelbildlich ein immer größer werdendes *Leistungsbilanzdefizit der USA* entgegen (vgl. Kap. 4.5 und 4.6). Für einen Ausgleich der Leistungsbilanz hätte es einer deutlichen Dollarabwertung bedurft. Anders ausgedrückt, der US-Dollar war trotz zwischenzeitlicher Paritätsänderungen hoffnungslos überbewertet. Ende der 1960er-Jahre wurde so die Garantie der *Goldeinlösungspflicht immer unglaubwürdiger.* Im Jahr 1971 musste die Fed ihr Versprechen, für 35 US-Dollar eine Feinunze Gold zu verkaufen, letztlich ganz aufheben, da ihre Goldbestände nicht ausreichten. Das System war daraufhin so angeschlagen, dass es 1973 komplett aufgegeben wurde. Seitdem sind die Wechselkurse, abgesehen von Regionen mit Sonderarrangements wie in der Eurozone, weltweit freigegeben.

Übrig geblieben ist der *IWF.* Er fungiert nach wie vor als *Forum* der internationalen wirtschafts- und währungspolitischen Zusammenarbeit. Zugleich hat er aber den Schwerpunkt seiner Aktivitäten auf die Rolle der „*Internationalen Feuerwehr"* verlagert. Wann immer es Zahlungsbilanz- oder internationale Verschuldungsprobleme gibt, schreitet er mit dem Angebot von Krediten ein. Allerdings werden als Gegenleistung harte *Austeritätsprogramme* verlangt. Wie einschneidend diese Programme in Politik und Gesellschaft dieser Länder wirkten, arbeitete u. a. Stiglitz (2002) auf.

7.1.4.4 Europäische Union

Die Geschichte der Europäischen Integration reicht zurück bis in die Zeit zwischen dem Ersten und Zweiten Weltkrieg (vgl. Marquardt 2018). Auch wenn sie heute vornehmlich als eine rein ökonomische Einrichtung erscheint, liegen ihre Wurzeln viel tiefer. Erste Impulse ergaben sich als Lehre aus dem *Ersten Weltkrieg*. Nationalismus in Verbindung mit Hegemonialstreben führten hier zu einer Tragödie, bei der 17 Mio. Menschen gegenseitig im wahrsten Sinne des Wortes abschlachteten.

Die daraufhin einsetzende *Europabewegung* stellte darauf ab, den *Nationalismus* durch eine gemeinsame, friedliche, solidarische und tolerante Politik abzulösen. Letztlich behaupteten sich jedoch die nationalistischen Kräfte und lösten mit dem *Zweiten Weltkrieg* eine weitere Katastrophe aus. Dieses Mal bezahlten neben zahlreichen Verletzten, Verstümmelten, Vergewaltigten, Vertriebenen weit über 50 Mio. Menschen den Irrsinn von Faschisten und Nationalisten mit ihrem Leben. Neben zahllosen Opfern, die überlebten, wurde ein Volksvermögen in astronomischem Ausmaß vernichtet.

Nach dieser bitteren Lektion war die Zeit reif für eine *Renaissance der Europaidee* mit dem eigentlichen Ziel einer Politischen Union. Nach ersten Erfolgen in der Kooperation zeigte sich in den 1950er-Jahren jedoch, dass weite Teile der Politik und der Gesellschaft für einen „großen Wurf" noch nicht bereit waren. Stattdessen wurde das *Finalziel der Politischen Union* kleinschrittig angestrebt. Der französische Außenminister Robert Schuman (1886–1963) beschrieb die Strategie des *Schuman-Plans* wie folgt: „Europa lässt sich nicht mit einem Schlag herstellen und auch nicht durch eine einfache Zusammenfassung: es wird durch konkrete Tatsachen entstehen, die zunächst eine Solidarität der Tat schaffen" (zitiert in Harbrecht 1984, S. 10)

Im Fokus stand dabei zunächst die *wirtschaftliche Integration*. Sie war gleichermaßen *Selbstzweck*, aber *auch Mittel*, um schrittweise eigendynamisch (vgl. Kap. 7.1.4.1) zu einer immer weiter vertieften politischen Integration zu gelangen. Jacques Rueff (1896–1978), ein einflussreicher französischer Ökonom und Politiker, formulierte den Instrumentalcharakter der Wirtschaftsintegration in der These, dass ein geeinigtes Europa nur über die Wirtschaft zustande komme: *„L'Europe se fera par la monnaie ou ne se fera pas"* (zitiert in Les Temps).

Auf dem Weg dahin bewältigte die EU zahlreiche *Etappen*:
- 1952 wurde die *Europäische Gemeinschaft für Kohle und Stahl* (EGKS) gegründet. Bestandteil war eine Freihandelszone für Kohle und Stahl, die von einer supranationalen Gemeinschaftsbehörde politisch ausgesteuert wurde. Kohle und Stahl standen deshalb im Mittelpunkt, weil es zwei wichtige Güter im Wiederaufbauprozess waren und weil insbesondere Frankreich auf diesem Weg (West-)Deutschland, den ehemaligen Kriegsgegner, mit Blick auf die Rüstungsgüterproduktion kontrollieren konnte.
- 1958 wurden von den Gründungsmitgliedern Belgien, Niederlande, Luxemburg, Frankreich, Italien und Deutschland die Römischen Verträge unterzeichnet. Neben der EGKS und der *Europäischen Atomgemeinschaft* (EURATOM), die die fried-

liche Nutzung der Kernenergie organisieren und kontrollieren sollte, wurde die *Europäische Wirtschaftsgemeinschaft* (EWG) institutionalisiert.

– Die EWG sollte unter den Teilnehmern schrittweise einen Binnenmarkt aufbauen. So wurde bereits 1968 eine *Zollunion* verabschiedet, zugleich wurden die außenwirtschaftlichen Befugnisse an die Gemeinschaft abgetreten. Auch wurde im *„Werner-Plan"* beschlossen, bis 1971 eine *Währungsunion* aufzubauen. Dieser Plan musste dann verschoben werden, weil parallel das um den US-Dollar herum konstruierte übergeordnete Weltwährungssystem von Bretton-Woods derart hohen Spannungen ausgesetzt war, dass es letztlich zerbrach.

– Stattdessen wurde 1978 das *Europäische Währungssystem* (EWS) eingeführt. Darin wurden in anpassungsfähiger Form die Wechselkurse der beteiligten Länder innerhalb von Bandbreiten fixiert (vgl. Marquardt 1994).

– Parallel trieb die EU-Kommission mit einem „Weißbuch" das *Binnenmarktprojekt* weiter voran. Nachdem zuvor formal bereits die *vier Grundfreiheiten* im *Personen-, Güter-, Dienstleistungs- und Kapitalverkehr* garantiert wurden und die Handelsintegration die Schwelle zur Marktintegration überschritten hatte, ging es nun darum, den Prozess auch materiell zu festigen. Zur rascheren Harmonisierung von Rechts-, Steuer- und Verwaltungsvorschriften sowie von Industrienormen wurde eine *Beschleunigungsstrategie* verabschiedet. Statt diese Vorgaben langwierig exante vor einer weiteren wirtschaftlichen Vertiefung zu harmonisieren galt es nun, die *Harmonisierung nur noch im „erforderlichen Umfang"* zu beschließen.

– Mit der Einheitlichen *Europäischen Akte* (EEA) im Jahr 1986 wurden alle Mitglieder noch einmal auf das Binnenmarktprojekt, den weiteren Weg in die Europäische Wirtschafts- und Währungsunion (EWWU) und auf das Finalziel einer Politischen Union eingeschworen.

– Nach einem vom ehemaligen Kommissionpräsidenten *Jacques Delors* entworfenen *Stufenplan* wurde dann – rechtlich gestützt auf den 1991 verabschiedeten *Maastrichter Vertrag* – die *Europäische Wirtschafts- und Währungsunion* (EWWU) ins Leben gerufen. Neben expliziten Ausnahmen wird demnach von jedem EU-Mitglied erwartet, dass es längerfristig an der EWWU teilnehmen wird. Im Kern wurde hier für eine Startgruppe von EU-Ländern die Geldpolitik 1999 unter dem Dach der *Europäischen Zentralbank* (EZB) vergemeinschaftet und im Jahr 2002 der Euro als *gemeinsame Währung* eingeführt (vgl. Kap. 7.3). Wegen der integrationsbedingt gestiegenen gegenseitigen Abhängigkeit wurde zugleich die allgemeine *Wirtschaftspolitik als Element des gemeinsamen Interesses* und damit als aufeinander abzustimmend deklariert. Insbesondere steht dabei – vor allem auch auf Initiative Deutschlands hin – die Haushaltspolitik der EU-Länder unter einem Disziplinierungszwang. Nach dem *Stabilitäts- und Wachstumspakt* von 1997 soll das laufende öffentliche Defizite die Marke von 3 Prozent des BIP und der öffentliche Schuldenstand die Hürde von 60 Prozent der BIP nicht überschreitet. Dem 2012 verabschiedeten Fiskalpakt zufolge liegt das mittelfristige strukturelle Defizitziel unter 0,5 Prozent.

Während die ökonomische Integration damit sehr weit vorangeschritten ist, sind die ursprünglichen Bemühungen um eine *Politische Union* auf der Strecke geblieben. Dies mag auch der Entwicklung des Teilnehmerkreises geschuldet sein. Denn aus den ursprünglich sechs Gründerstaaten wurden zwischenzeitlich 28 Mitgliedsländer, nach dem Austritt Großbritanniens im Jahr 2019 sind es immer noch 27 Staaten. Primär die *ökonomischen Erfolge der EU* bewegten dabei viele Staaten dazu, eine Aufnahme in den Teilnehmerkreis zu beantragen. Mit Blick auf die ehemaligen Diktaturen in Spanien, Portugal und Griechenland bzw. später ab 2004 mit Blick auf Mittel- und Osteuropa und die dort durch Glasnost und Perestroika errungenen Freiheiten spielte allerdings auch eine Rolle, mit einer EU-Mitgliedschaft einen *Anker für Freiheit und Demokratie* zu finden.

Die EU ihrerseits hatte von Anfang an erklärt, für eine Erweiterung um außenstehende Länder Europas grundsätzlich offen zu sein, vorausgesetzt, sie sind bereit sich, den zentralen Spielregeln zu unterwerfen. Dazu zählen nach den 1993 vereinbarten *„Kopenhagener Kriterien"*, die jeder beitrittswillige Staat verbindlich akzeptieren muss, insbesondere die Einhaltung der Menschenrechte, der Demokratie, des Minderheitenschutzes und der Rechtsstaatlichkeit sowie explizit auch das „Einverständnis mit den Zielen der Politischen Union ..." (EU-Kommission).

Trotz dieser mit ihrem Beitritt akzeptierten Vorgaben nehmen es einzelne jüngere Mitglieder, die auch den Sozialisationsprozess der EU zuvor nicht mitgemacht haben, offenbar nicht ganz so ernst damit. Dies legt die These nahe, dass sie die EU als reinen Wirtschaftsclub betrachteten. Die Notwendigkeit, hier parallel auch auf politische Souveränität verzichten zu müssen, wird in integrationslähmender Form bestritten. Aber auch bei vielen älteren Mitgliedern ist der Elan hin zu einer Politischen Union deutlich reduziert. Großbritannien hat vor diesem Hintergrund – bei einer über diesen Schritt stark gespaltenen Bevölkerung – sogar den Austritt, den Brexit, in der möglicherweise trügerischen Hoffnung erklärt, so wieder mehr politische Eigenständigkeit zurückzugewinnen, ohne größere Abstriche bei den Vorteilen der wirtschaftlichen Integration mit der verbliebenen EU machen zu müssen.

7.1.5 Exkurs: Kritischer Rückblick auf CETA und TTIP

Für große Debatten haben nicht nur in Deutschland die Verhandlungen zu den Freihandelsabkommen zwischen der EU auf der einen Seite und Kanada (*CETA* = Comprehensive Economic and Trade Agreement) bzw. den USA (*TTIP* = Transatlantic Trade and Investment Partnership) auf der anderen Seite geführt. Die europäische „Bürgerinitiative Stop TTIP", eine Vereinigung von fast 300 europäischen Organisationen, hatte sogar bereits mehr als eine Million Unterschriften gesammelt. Der Widerstand formierte sich dabei auch angesichts eines empörenden *Demokratiedefizits*. Sowohl für die Bevölkerung als auch sogar für die nationalen Parlamente blieben die Verhandlungen als geheime Verschlusssache bis zum Ende vollkommen intransparent.

Der nationalen Politik sollten so von der EU-Kommission und den Handelspartnern ausverhandelte Verträge alternativlos vorgelegt werden.

Während CETA bereits im September 2017 bis zur endgültigen Ratifizierung durch die Parlamente vorläufig in Kraft getreten ist, liegt das TTIP-Abkommen mit Beginn der Regierungsübernahme von US-Präsident Trump im Jahr 2016 auf Eis. Die wiederkehrenden Schutzzolldrohungen des amerikanischen Präsidenten lassen hier auf absehbare Zeit auch keine Wiederbelebung der Verhandlungen erwarten.

Ein kritischer Blick auf die Abkommen zeigt, dass es weniger um die als sehr bescheiden prognostizierten Wachstumseffekte des transatlantischen Freihandels ging. Es ging auch weniger um eine Liberalisierung öffentlicher Güter, den endgültigen Abbau von derzeit kaum noch vorhandenen Zöllen, oder um Chlorhühnchen, Hormonfleisch, Genfood oder um die Beseitigung nicht-tarifärer Handelshemmnisse wie u. a. einer Produkt-Harmonisierung von einklappbaren Autospiegeln, sondern entscheidend um einen *Investorenschutz des Kapitals*.

Das internationale Großkapital wollte hier zusätzliche politische Sicherheiten für sein eingesetztes Kapital. Die Profitansprüche sollten über *„Schiedsgerichte"* abgesichert werden. Allein Deutschland hatte schon vorher 130 solcher Abkommen auf bilateraler Ebene mit Konzernen abgeschlossen. Und Deutschland gilt nun nicht als Willkürstaat. Hier kann jeder ausländische Unternehmer problemlos gegen den Staat klagen, wenn er sich nach hierzulande geltendem Recht benachteiligt fühlt. Dazu braucht es kein privates internationales Schiedsgericht. Und wieso erhalten international agierende und mächtige Konzerne überhaupt ein Sonderklagerecht gegen Staaten, während dies für alle anderen inländisch agierenden Unternehmen und auch für jeden Bürger nicht gilt?

Erst nach großem gesellschaftlichem Widerstand erklärte sich zwischenzeitlich die EU-Kommission in den TTIP-Verhandlungen bereit, die privaten Schiedsgerichte wenigstens durch einen internationalen Investitionsgerichtshof zu ersetzen. Er sollte zunächst aber nur für Streitigkeiten im Rahmen des TTIP Abkommens mit den USA zuständig sein, nicht jedoch für das CETA Abkommen. Dies soll erst später erfolgen, genauso wie dann auch die schrittweise Ablösung aller privaten Schiedsgerichte umgesetzt werden soll.

Aufgaben

a) Welche Vor- welche Nachteile weist die internationale Arbeitsteilung in Verbindung mit der Globalisierung auf?

b) Inwieweit droht angesichts der internationalen Arbeitsteilung ein „Race-to-the-bottom" in der Welt-Klimapolitik? Überlegen Sie weshalb hinter dem „Race-to-the-bottom" die Problematik des Gefangenendilemmas steht. Entwickeln Sie Ideen, wie man diese Problematik verringern kann.

c) Warum müssten der Theorie nach gerade die abhängig Beschäftigten in den Entwicklungsländern die großen Gewinner der Globalisierung sein? Warum sind sie es häufig nicht? Was müsste man zur Verbesserung ihrer Lage tun?

d) Beschreiben und erklären Sie die integrationsstrategischen Positionen der Peitschen- und der Krönungstheorie. Diskutieren Sie – auch gestützt auf Marquardt (2018) – kritisch, ob sich eine der Positionen im Integrationsprozess der EU durchgesetzt hat.

7.2 Finanzwissenschaft und Finanzpolitik

Zusammen mit der Geldpolitik bildet die Finanzpolitik die zentralen Säulen der Wirtschaftspolitik. Die Finanzpolitik ist ein Teil der Finanzwissenschaft, die umfassend die ökonomische Analyse staatlichen Handels (Public Economics oder Public Sector Economics) im Zusammenspiel mit dem privaten Sektor untersucht.

> Es geht um die öffentliche Finanzwirtschaft und alle Aspekte der Wechselbeziehungen zwischen Staat und Wirtschaft. Hierbei stehen Einsatz bzw. Verwendung der Einnahmen und Ausgaben des Staates im Mittelpunkt. Sie finden ihren rechnerischen Niederschlag (weitgehend) in den öffentlichen Haushaltsplänen. (Dieter Brümmerhoff 2011, S. 1)

Die Wahrnehmung öffentlicher Aufgaben durch den Staat sind immer *Ausdruck gesellschaftlicher Interessen*. Schumpeter nannte einen öffentlichen Haushalt das „Rechenbuch der Nation", in dem sich „jeweils die sozialen Machtverhältnisse" der Gesellschaft widerspiegeln und die in einer marktwirtschaftlich-kapitalistischen Ordnung immer nur auf Basis von labilen gesellschaftlich-politischen Kompromissen ausgesteuert werden können. Bei der Leseanleitung zur Dechiffrierung des Staatshaushaltes muss daher auch die Frage gestellt werden, wem die Staatsausgaben nützen und welche gesellschaftlichen Gruppen, in welchem Umfang, die Ausgaben mit Steuern finanzieren sollen?

Konkret beschreibt die Finanzpolitik, welche staatlichen ökonomischen und nicht-ökonomischen Ziele mit öffentlichen Einnahmen und Ausgaben erreicht werden sollen (vgl. Altmann 2007, S. 261). Zu den wesentlichen *Maßnahmen der Finanzpolitik* gehören dabei die Festsetzung der Steuern und Abgaben, die Generierung neuer Kredite und die innerhalb des Staatshaushalts zu verabschiedenden Ausgaben (BMF 2010).

Von der Finanzpolitik ist die *Fiskalpolitik* zu unterscheiden. Die Fiskalpolitik ist Teil der Finanzpolitik, beschäftigt sich vorrangig mit dem gesamtwirtschaftlich relevanten Aspekt der Finanzpolitik. Dabei fokussiert sie auf die Wirkung staatlicher Maßnahmen auf die zentralen im magischen Viereck (vgl. Kap. 6.1.1) definierten makroökonomischen Ziele und auf die Frage, wie hier der Zielerreichungsgrad verbessert werden kann.

Für die grundsätzliche Ausrichtung der Finanzpolitik und die Bedeutung des Marktes auf der einen und die des Staates auf der anderen Seite spielt die Bewertung der *Leistungsfähigkeit der Märkte* eine große Rolle. Die Thematik wurde unter den Ökonomen schon immer kontrovers diskutiert. In der *marktoptimistischen* Einschätzung wird das finanzpolitische Aufgabenspektrum des Staates auf ein Minimum und damit weitgehend auf die ordnungspolitische Gestaltung reduziert. Demgegenüber steht die *interventionistische Position*, die von großen Zweifeln an den Selbstheilungskräften des Marktes geprägt ist.

In diesem Kontext haben der US-amerikanische Ökonom Abba P. Lerner (1903–1982), der deutsch-US-amerikanische Volkswirt Richard A. Musgrave (1910–2007), aber auch – weniger bekannt – der ungarisch-amerikanische Ökonom Francis M. Bator (1925–2018) die *„functional finance"* entwickelt. Sie haben sozial-ökonomische Staatsfunktionen bzw. Aufgaben der Finanzpolitik aus der „Anatomie des Marktversagens" (vgl. zum Marktversagen Kap. 2.3.3) abgeleitet. Musgrave, Lerner und Bator schreiben dem Staat eine allokative, distributive und stabilisierende Funktion in marktwirtschaftlich-kapitalistischen Ordnungen zu.

- *Allokationsfunktion*

  Der Marktmechanismus garantiert keine optimale Steuerung der Produktionsfaktoren. Allein durch Marktvermachtung und externe Effekte kommt es zu einem Marktversagen, das der Staat auch durch ordnungs- und finanzpolitische Maßnahmen korrigieren kann. So kann beispielsweise das Vernachlässigen sozialer Kosten mit Blick auf die im Produktionsprozess anfallenden CO_2-Emissionen durch eine CO_2-Steuer internalisiert werden. Außerdem muss der Staat ein Angebot an öffentlichen und meritorischen Gütern bieten, die die privaten Anbieter aufgrund ihres reinen Profitdenkens nicht am Markt bereitstellen.

- *Distributionsfunktion*

  Auch die durch den Markt zustande kommende *primäre Einkommens- und Vermögensverteilung* muss durch den Staat aus sozialen und wohlfahrtsökonomischen Aspekten berichtigt werden. Die originäre Marktverteilung basiert immer auch auf Marktmacht und ist schon allein deshalb nicht gerecht. Da zudem Menschen von Geburt an nicht leistungsgleich oder leistungsfähig sind, werden sie in einer Volkswirtschaft im rein marktbezogenen Verteilungsprozess benachteiligt bzw. sogar ausgeschlossen. Allein schon mit Blick auf Art. 1 des Grundgesetzes, wonach die Würde eines jeden Menschen unantastbar ist, besteht hier Handlungsbedarf. Dabei muss der Staat für eine *sozial gerechte Umverteilung* der Marktergebnisse insbesondere mithilfe des Steuer- und Transferleistungssystems sorgen.

- *Stabilisierungsfunktion*

  Marktwirtschaftlich-kapitalistische Ordnungen sind immanent krisenhaft. Hier kommt es nicht automatisch durch die Selbstheilungskräfte des Marktes zu einem Vollbeschäftigungsgleichgewicht und ausgelasteten Produktionskapazitäten. Weder eine hohe Beschäftigung noch Preisniveaustabilität oder ein stetiges, angemessenes und vor allen Dingen qualitatives Wachstum oder ein außenwirtschaftliches Gleichgewicht werden über den Marktmechanismus automatisch garantiert. Hier muss die *Fiskalpolitik* ansetzen. So sind zum Beispiel in Wirtschaftskrisen, wie der Corona-Krise, Staatsausgabenprogramme angezeigt.

7.2.1 Finanzsoziologie

In der orthodoxen Finanzwissenschaft kommt die *Finanzsoziologie* so gut wie nicht vor. Der Begriff geht dabei auf den österreichischen Soziologen und Philosophen *Rudolf Goldscheid* (1870–1931) zurück. In seinem Buch „Staatssozialismus und Staatskapitalismus" zeigt er im Rahmen eines interdisziplinären Ansatzes auf, dass die Staatsausgaben einerseits bedingt werden durch die gesellschaftspolitische Ordnung und dass sie andererseits Folgen für die Gesellschaft haben. (vgl. Ahrend 2010, S. 225; Gabsch 2013).

7.2.1.1 Finanzsoziologie von Rudolf Goldscheid

Goldscheid, der auch durch seine Analyse zum „verschuldeten Steuerstaat" internationale Anerkennung fand, argumentiert in diesem Kontext wie folgt: „Mit dem besitzlosen Staat, aus dem im Verlauf der verschuldete Staat wird, hebt die Unlösbarkeit der sozialen Frage an. Ja, man kann direkt sagen: die Staatsgeschichte ist in erster Linie Steuergeschichte und Staatsschuldengeschichte" (Goldscheid 1919 (1976), S. 137). Dabei verdeutlicht er das *Abhängigkeitsverhältnis von Staat und Ökonomie* und zeigt zugleich Lösungen auf, die daraus entstehenden spezifischen Konflikte zu überwinden. Darüber hinaus setzt er sich für die Entwicklung einer menschlichen Ökonomie ein, die zwangsläufig zu einer Neuordnung der Gesellschaft im Sinne des Sozialismus führe (vgl. Ahrend 2010, S. 222).

Ausgangspunkt seiner Forschungen ist die *öffentliche Haushaltslehre*, deren Zielsetzung darin besteht, neben den kassenorientierten Vorgaben die gesellschaftlichen Bedürfnisse zu befriedigen sowie insbesondere den *Militärhaushalt* sicherzustellen, um die nationale Verteidigung zu ermöglichen. Dabei sieht er den Krieg als treibende Kraft, aus der sich der Staat heraus konzipiert (vgl. Goldscheid 1919 (1976), S. 319 ff.). „Die Soziologie des Finanzwesens fällt zum größten Teil mit der Soziologie des Krieges zusammen. Oder mit andern Worten: Man ist außerstande, exakt Finanzwissenschaft zu treiben, wenn man nicht beachtet, dass das Gros aller Finanzprinzipien und Finanzpraktiken das Produkt kriegerischer Ereignisse, der Vorbereitung auf Kriege und ihrer Nachwirkungen ist. Die Finanzwissenschaft wurde bisher als Friedenswissenschaft ausgebaut, während sie in Wirklichkeit in allem Wesentlichen eine Kriegswissenschaft ist" (Goldscheid 1919 (1976), S. 258).

Aus den *Kriegen* resultiere die *Notwendigkeit zur Finanzierung der Lasten über die Einkommenssteuer*, die anfangs nur temporär zur Deckung der kurzfristig gestiegenen Ausgaben genutzt werde und anschließend als dauerhaftes Instrument Anwendung finde (vgl. Goldscheid 1919 (1976), S. 307). Eine alternative Finanzierung über eine Vermögenssteuer sah Goldscheid als äußerst skeptisch an, da diese Form der Steuer nur Anwendung finde, wenn alle anderen Steuern ihre maximale Ertragsfähigkeit erreicht hätten, wobei die Vermögenssteuer als letztes Einnahmemittel die Substanz besteure, woraus ein niedrigeres Volksvermögen resultiere (vgl. Goldscheid 1919 (1976), S. 308).

Angesichts der individuellen *Steuerwiderstände* gerade reicher und damit auch einflussreicher Gruppen in der Gesellschaft könne es dabei zu einer Unterdeckung der Ausgaben kommen, wodurch eine *Staatsverschuldung* aufgebaut wird. In dem Kontext prangert er an, dass die individualistische Ausrichtung der Finanzpolitik zur Ausbeutung des Staates führe, indem der Staat zum Träger der öffentlichen Schulden anstatt zum Träger des öffentlichen Eigentums wird (vgl. Goldscheid 1919 (1976), S. 141 f.). In diesem Sinne ist der öffentliche Haushalt ein Spiegelbild einer oftmals kriegerisch ausgerichteten Gesellschafts- und Wirtschaftsordnung (vgl. Goldscheid 1919 (1976), S. 286).

Diese Zuspitzung kritisierten sowohl der Finanzsoziologe Mann als auch Schumpeter. Beide entwickelten die Vorstellung der *Interdisziplinarität von Soziologie und Finanzwissenschaft* fort.

7.2.1.2 Finanzsoziologie von Fritz Karl Mann

Fritz Karl Mann (1883–1979) ist einer der bekanntesten Finanzsoziologen und Finanzwissenschaftler in Deutschland, der Zeit seines Lebens nach dem „Sinn der Finanzwirtschaft" suchte. Ohne Finanzsoziologie und -politologie sowie Finanzökonomik sei der Sinn einer Finanzwirtschaft überhaupt nicht darstellbar (vgl. Mann 1978, 75 ff.). Er beschäftigte sich intensiv mit den intermediären Finanzgewalten, wozu er eine eigene *Theorie der Parafisci* entwickelte. Gleichermaßen erforschte er die Ökonomisierung der Finanzpolitik und den damit einhergehenden „finanzpolitischen Pluralismus", dessen Ergebnisse maßgeblich zur systematischen Charakterisierung der heutigen Finanzwissenschaft beitrugen.

Mann wurde jedoch hauptsächlich für seine finanzsoziologischen Ansätze gewürdigt, in denen er die *Wechselwirkungen zwischen Gesellschaft und Steuersystem* sowie die Wirkung der Besteuerung auf die Gemeinschaft erforschte (vgl. Ahrend 2010, S. 70). Gleichermaßen analysierte er, wie sich Steuermethoden sowie der Besteuerungsgrad aus den institutionellen Bedingungen herauskristallisierten (vgl. Ahrend 2010, S. 70). Sein Ziel war es jedoch nicht, die Finanztheorie mit der Wirtschaftstheorie zu verschmelzen, ebenso wenig diese auf eine reine Besteuerungstheorie zu reduzieren (vgl. Ahrend 2010, S. 281).

Die Finanzsoziologie nach Mann zielt vielmehr darauf ab, „den gesamten sozialen Beziehungsbereich zu überblicken und in kritischer und auch systematischer Weise zu analysieren" (Mann 1978, S. 134). Er erkannte den Doppelsinn der Finanzsoziologie, resultierend aus den Wechselwirkungen zwischen Finanzwirtschaft und Gesellschaft (vgl. Mann 1961a, S. 644). Dabei unterschied er zwischen einer aktiven und passiven Funktion der Finanzwirtschaft.

Die Aktivfunktion („*echte Finanzsoziologie*") beinhaltet hier die *Abhängigkeit der Gesellschaftsordnung* und des gesellschaftlichen Lebens von der Finanzwissenschaft, der Finanzverfassung sowie der Finanzpolitik (vgl. Mann 1969a, S. 290). Die

Finanzsoziologie als Beobachterin des gesellschaftlichen Handelns greift zahlreiche Themen auf, um folgende Funktion zu erfüllen: Klassenschichtung, Verbrauch, Produktion, Volkseinkommen, industrielle Konzentration, Bevölkerungsstand, politische Verfassung, Volksbildung, allgemeine Moral, Bevölkerungsgliederung und die Rückwirkungen finanzpolitischer Eingriffe auf die Eigentumsordnung. Damit ergänzt sie die Finanztheorie, indem sie die Wirkung finanzwirtschaftlicher Faktoren auf das gesellschaftliche Zusammenleben analysiert (vgl. Mann 1951, S. 133). „Die gute oder schlechte Lage der Staatsfinanzen wird als Ursache einer gesellschaftlichen Veränderung betrachtet, obwohl sie nur als eine Begleiterscheinung oder ein Widerschein veränderter Gesellschaftsverhältnisse gelten kann" (Mann o. J., S. 4). Die Wechselwirkungen zwischen der Sozial- und Finanzkomponente definiert Mann als „Phasen eines finanzsoziologischen Gesamtprozesses", die beispielsweise durch Steuerprivilegien einzelner Bevölkerungsgruppen hervorgerufen werden und die Veränderungen auf der finanzwirtschaftlichen wie auf der gesellschaftlichen Ebene bewirken (vgl. Mann 1969a, S.291).

Die Passivfunktion (*„unechte Finanzsoziologie"*) befasst sich dagegen mit *den Abhängigkeiten der Finanzwirtschaft* (Struktur, Umfang), der Finanzverfassung (Charakter) sowie den finanzpolitischen Maßnahmen, bezogen auf die sozialen Umstände, in deren Rahmen man die Finanzwirtschaft als „Erzeugnis gesellschaftlicher Kräfte" bezeichnet (vgl. Mann 1969a, S. 290).

7.2.1.3 Finanzsoziologie von Joseph A. Schumpeter

Joseph A. Schumpeter kritisierte 1918 mit seinem Aufsatz zur *„Krise des Steuerstaats"* die finanzsoziologischen Ansätze von Goldscheid, vor allen Dingen die von Goldscheid betonte Nähe der Finanzwissenschaft zur Kriegswissenschaft. Schumpeters theoretische Analysen standen jedoch auch unter dem Eindruck der gigantischen wirtschaftlichen Folgelasten aus dem Ersten Weltkrieg. Er analysierte hier aber mehr das *Versagen des Steuerstaates* und leitete daraus immanente finanzpolitische und wirtschaftliche Merkmale für ein Staatsversagen ab. Der Staat verpasse es, ineffiziente Allokationen in einer Marktwirtschaft zu korrigieren, was durch falsche Anreize der politischen Akteure durch die Verfolgung der Interessen Einzelner oder von Gruppen ausgelöst werde (vgl. Schubert/Klein 2006, S. 289).

Die Wirkungen der „staatsfinanziellen Vorgänge" nimmt Schumpeter als Ausgangspunkt, um die *Interdependenzen zwischen Gesellschaft* („soziales Getriebe") *und Staat* („politische sowie finanzielle Ebene") in seiner Finanzsoziologie zu veranschaulichen (vgl. Schumpeter 1976, S. 332).

> Sowohl in der ursächlichen Bedeutung – insofern als dass staatsfinanzielle Vorgänge ein wichtiges Element des Ursachenkomplexes jeder Veränderung sind – als auch in ihrer symptomatischen Bedeutung – insofern alles, was geschieht, sich in der Finanzwirtschaft ausdrückt. Unbeschadet aller Vorbehalte, die in solchem Fall stets zu machen sind, kann man da wohl von

einem besonderen Tatsachenmaterial, einem besonderen Problemkreis, einer besonderen Auffassungsweise sprechen, kurz einem Sondergebiet: Finanzsoziologie, von dem manches zu erwarten ist. (Schumpeter 1976, S. 332)

Schumpeter bezeichnet den Staat aus der finanziellen Perspektive als „Steuerstaat" und rückt ihn in den Fokus der Betrachtung, um Krisen des Finanzsystems zu bewerten, die er als „augenfälliges, unentrinnbares, dauerndes Versagen infolge tiefer unabänderlicher sozialer Veränderungen definiert" (Schumpeter 1976, S. 338). Steuern stellten augenscheinlich die größte Belastung für alle sozialen Schichten dar, die ihre Wirkungen auf jedes einzelne Gesellschaftsmitglied unterschiedlich entfalten. Um diese Belastungen auszugleichen, schlägt Schumpeter vor, die Steuern vom Staat für den Gemeinschaftszweck zu verwenden, also die *allokative Funktion auszuweiten* (vgl. Schumpeter 1976, S. 343).

Extern beeinflussen und weiterentwickeln werde sich der Staat nach Schumpeter in der Gesellschaftsgruppierung, „in der er sich sozial vergegenständlicht" (Schumpeter 1976, S. 344). Dieselbe Gesellschaftsgruppierung könne ein Zusammenbruch des Steuerstaats bewirken, wenn der Wille für eine Veränderung der Gesellschaftsordnung entsprechend ausgeprägt ist. Mit dieser Aussage lehnt sich Schumpeter gleichzeitig wie Mann und Goldscheid gegen die Individualwirtschaft auf (vgl. Schumpeter 1976, S. 345 ff.).

> Die finanzielle Leistungsfähigkeit des Steuerstaats hat ihre Grenzen nicht nur in dem Sinn, in dem das eine Selbstverständlichkeit ist und auch vom sozialistischen Gemeinwesen gelten würde, sondern in einem viel engeren, für den Steuerstaat fataleren Sinn. Wenn nun der Wille des Volkes nach immer höheren gemeinwirtschaftlichen Ausgaben geht und immer größere Mittel für Zwecke verwendet werden, für die sie der Private nicht geschaffen hat, wenn immer größere Macht hinter jenem Willen steht und schließlich ein Umdenken über Privateigentum und Lebensformen alle Kreise des Volkes ergreift – dann ist der Steuerstaat überwunden und die Gesellschaft auf andre Triebfedern der Wirtschaft angewiesen als die der Individualegoismen. Diese Grenze – und damit die Krise, die er nicht überleben könnte – kann gewiss erreicht werden: Kein Zweifel, der Steuerstaat kann zusammenbrechen. (Schumpeter 1976, S. 351 f.)

Damit skizziert Schumpeter eine *systemische Überlastung*, die entsteht, wenn die *steuerfinanzierten Aufgaben schneller als die abschöpfbaren Steuern zulegen*, die wiederum als Wachstumsbremse wirken. Ob und wie dieses Dilemma zwischen erforderlichen Staatsaufgaben und der Steuerfinanzierung überwunden werden kann, hängt nach Schumpeter vom Willen der Menschen ab, die Gesellschaft grundlegend zu verändern. Nicht nur in Deutschland war während des Ersten Weltkriegs und danach zu beobachten, wie unterhalb dieser Linie einer gesellschaftlichen Neuordnung der Ausweg aus dem Dilemma durch die Erhöhung der Staatsschulden gesucht wurde. Dadurch wurde das Krisenpotenzial im Steuerstaat jedoch nur verschoben. Um einen Zusammenbruch zu vermeiden, schlägt Schumpeter *bei außergewöhnlichen finanziellen Belastungen eine Vermögensabgabe* vor, um beispielsweise Kriegskosten zu begleichen beziehungsweise gering zu halten (Schumpeter 1976, S. 364). In diesem Kontext hätte er sich sicher bezüglich der Anfang 2020 ausgebrochenen *Corona-Pandemie* für eine solche Vermögensabgabe zur Finanzierung der in Folge der Pandemie ausgebrochenen schweren Wirtschaftskrise ausgesprochen.

Abschließend ist zur Finanzsoziologie zu erwähnen, dass die Aussagen von Schumpeter, Mann und Goldscheid für eine Bewertung in den jeweiligen historischen Kontext einzuordnen sind. Ihre Ansätze bilden aber eine Grundlage für eine interdisziplinäre finanzwissenschaftliche Analyse, die bisher in Standardlehrbüchern der VWL nur wenig berücksichtigt wurden.

7.2.2 Staatseinnahmen

Der Staat benötigt zur Bewältigung seiner vielfältigen Aufgaben entsprechende Staatseinnahmen. Die Höhe der Staatseinnahmen hängt dabei insgesamt stark von der wirtschaftlichen Entwicklung ab. Je rezessiver sich die Wirtschaft entwickelt, umso geringer werden bei unveränderter Bemessungsgrundlage (vgl. Kap. 6.2.1 zur *Laffer-Curve*) viele Einnahmeposten ausfallen und umgekehrt. Die Staatseinnahmen erfüllen dabei nicht nur die unmittelbare fiskalische Zielsetzung des Budgetausgleichs, also Ausgaben als Selbstzweck durch Einnahmen gegen zu finanzieren, sondern sie dienen zugleich mittelbar den aufgezeigten *Allokations-, Stabilisierungs- und Distributionsfunktionen*.

Dabei kann grob zwischen den ordentlichen und den außerordentlichen Einnahmen unterschieden werden. Diese Differenzierung ist zwar im offiziellen Haushaltsrecht seit 1969 nicht mehr üblich, gleichwohl findet sich die Verwendung der Terminologie immer noch und ergibt im analytischen Kontext, zum Beispiel bei der Betrachtung des *Primärhaushaltes* (vgl. Kap. 7.2.7.1) Sinn:

- Kennzeichen *ordentlicher Staatseinnahmen* ist die Regelmäßig der finanziellen Zuflüsse und damit ihre hohe Planbarkeit. Zudem resultieren die Einnahmen häufig aus der hoheitlichen Rolle des Staates, die das Erzwingen von Einnahmen ermöglicht.
- *Außerordentliche Staatseinnahmen* haben hingegen einen Ausnahmecharakter. Hierzu zählen einmalig zu mobilisierende Privatisierungserlöse, Versteigerungserlöse aus dem Verkauf von Lizenzen, wie zuletzt von Mobilfunklizenzen, aber auch die öffentliche Kreditaufnahme. Mit der früher üblichen Bezeichnung von Staatskrediten als „außerordentlich" sollte ein Ausnahmecharakter zum Ausdruck gebracht werden, wonach die Ausgaben eigentlich primär durch ordentliche Einnahmen gedeckt werden sollen. Dieser *Deckungsgrundsatz* ist 1969 im Haushaltsrecht als Folge des Stabilitäts- und Wachstumsgesetzes (vgl. Kap. 6.1.1) zugunsten situationsabhängiger, den Erfordernissen des gesamtwirtschaftlichen Gleichgewichts Rechnung tragender Ausnahmen aufgegeben worden. Mit der Einführung der *Schuldenbremse* (s. u.) ist er allerdings faktisch wieder revitalisiert worden.

Üblich ist heutzutage die Unterscheidung danach, ob die Mittel über den Markt eingenommen wurden und damit aus einem freiwilligen Mittelzufluss der Marktgegenseite resultieren oder ob sie aus hoheitsrechtlich erzwungenen Zuflüssen stammen.

Zu den Einnahmen aus *Marktransaktionen* zählen:
- Privatisierungs- und Ersteigerungserlöse
- Erwerbseinkünfte des Staates: Der Staat bietet auch im Markt Güter und Dienstleistungen an und erhält daraus Einnahmen. Dazu zählen beispielsweise Zinsen aus der Vergabe öffentlicher Darlehen, Erlöse öffentlicher Unternehmen (wie zum Beispiel der Deutschen Bahn) oder von Beteiligungen an Unternehmen (z. B. Dividenden der Commerzbank), Einnahmen aus dem Münzregal und Gewinnabführungen der Zentralbank.
- Öffentliche Kreditaufnahme

Die zumeist regelmäßig anfallenden und aufgrund von *hoheitlichem Recht* und Zwang entstehenden Einnahmen werden auch als Abgaben bezeichnet. Dazu zählen:
- *Steuern* (inklusive Zölle)
  Was Steuern sind, legt die Abgabenordnung in einer Legaldefinition fest: „Steuern sind Geldleistungen, die nicht eine Gegenleistung für eine besondere Leistung darstellen und von einem öffentlich-rechtlichen Gemeinwesen zur Erzielung von Einnahmen allen auferlegt werden, bei denen der Tatbestand zutrifft, an den das Gesetz die Leistungspflicht knüpft; die Erzielung von Einnahmen kann Nebenzweck sein. Zölle und Abschöpfungen sind Steuern" (§ 3 Abs. 1 Abgabenordnung (AO)).
  Steuern sind *Zwangsabgaben*, die nur auf Basis von Gesetzen, nicht durch Verordnungen, eingezogen werden können. Steuern stellen Geldleistungen und keine Naturalleistungen dar. Mit der individuellen Steuerzahlung wird kein Anspruch auf eine spezielle individuelle Gegenleistung des Staates verbunden (*Non-Affektationsprinzip*). Auch besteht keine Zweckbindung, d. h. zum Beispiel, dass die Einnahmen aus der Kraftfahrzeugsteuer nicht gezielt verwendet werden, um die Straßeninfrastruktur zu verbessern. Im Ergebnis des Non-Affektationsprinzips kommen alle Steuereinnahmen in einen „Topf", aus dem heraus die staatlichen Aufgaben finanziert werden.
  Bei den Steuerarten werden direkte und indirekte Steuern unterschieden. Unter *direkten Steuern*, wie der Lohn- und der Kapitalertragsteuer, sind solche Abgaben zu verstehen, deren Last nicht an andere weitergereicht werden kann. *Indirekte Steuern* hingegen sind solche, die vom Steuerpflichtigen zwar „vorgestreckt" werden müssen, aber letztlich auf andere weitergewälzt werden können. Zu den indirekten Steuern zählt insbesondere die Mehrwertsteuer. Die Unternehmen nehmen sie ein und führen sie an den Staat ab, reichen die Belastung aber an die Abnehmer über die Preise weiter. Während bei direkten Steuern die individuelle Belastbarkeit des Steuerpflichtigen durch eine Differenzierung der Sätze berücksichtigt werden kann, gilt dies bei indirekten Steuern nicht. Alle zahlen densel-

ben Mehrwertsteuersatz beim Erwerb eines Brotes, unabhängig davon, ob sie arm oder reich sind.

Die *Steuerhoheit* liegt nach Art. 105, Abs. 1 GG – abgesehen von weniger bedeutsamen, örtlichen Verbrauch- und Aufwandsteuern – im Wesentlichen beim Bund, d. h. er hat in der Regel das alleinige Recht, Steuern per Gesetz festzulegen und deren Sätze zu vorzugeben. Der *vertikale Finanzausgleich* sorgt dann für eine Verteilung der Steuereinnahmen unter den Gebietskörperschaften Bund, Länder und Gemeinden. Dabei gilt entweder ein *Trennsystem*, bei dem die Einnahmen aus bestimmten Steuerarten gezielt nur einer Gebietskörperschaft zugeordnet ist, oder ein *Verbundsystem*, bei dem die Einnahmen einer Steuerart nach einem vorabdefinierten Schlüssel auf verschiedene Gebietskörperschaften verteilt werden. Die Mineralölsteuereinnahmen stehen beispielsweise nur dem Bund zu, die Einkommensteuereinnahmen fließen in einem Verbundsystem als Gemeinschaftssteuer an alle drei Gebietskörperschaften. Ergänzend gibt es einen *horizontalen Finanzausgleich*. Hier findet im Rahmen des Länderfinanzausgleichs oder des kommunalen Finanzausgleichs auf der derselben Gebietskörperschaftsebene zur grundgesetzlich geforderten Angleichung der Lebensverhältnisse in Deutschland (Art 72, Abs. 2 GG) eine Verschiebung von Einnahmen statt. Darüber hinaus besteht ein *diagonaler Finanzausgleich* mit den sogenannten *Parafisci*. Parafisci sind Organisationen mit eigenem Haushalt, die öffentliche Aufgaben erfüllen, aber weder eindeutig dem Staat noch dem privaten Sektor zuzuordnen sind. Dazu zählen beispielsweise Kirchen, die diagonal über die Kirchensteuer vom Staat mitfinanziert werden, und die Sozialversicherungen, die bei einer Unterdeckung über den diagonalen Finanzausgleich einen Ausgleich durch den Staat erhalten.

– *Beiträge*
Beiträge sind von zuvor abgegrenzten Gruppen zu zahlen, die in den Genuss einer vorab definierten staatlichen Gegenleistung kommen könnten. Dazu zählen beispielsweise Erschließungsbeiträge beim Bau einer neuen Straße. Die Beitragszahler sind die anliegenden Wohnungseigentümer, deren Immobilienwert steigt und die die Straße nutzen könnten. Dabei ist es unerheblich, ob sie die Straße hinterher auch nutzen, entscheidend ist, dass eine Nutzungsmöglichkeit besteht. Die größte Bedeutung unter den Beiträgen haben die *Sozialversicherungsbeiträge*. Sie werden von den Beitragszahlern, das sind die sozialversicherungspflichtig Beschäftigten und deren „Arbeitgeber", als Zwangsabgabe aufgebracht. Die Anspruchsberechtigten erhalten dafür das Recht, im Bedarfsfall Leistungen aus der gesetzlichen Kranken-, Unfall-, Arbeitslosen-, Pflege- und Rentenversicherung zu erhalten.

– *Gebühren*
Gebühren entstehen bei der individuellen Inanspruchnahme staatlicher Leistungen. Im Gegensatz zu Steuern und Beiträgen besteht hier ein unmittelbares *Äquivalenzprinzip*: der Leitung in Form der Gebührenzahlung steht eine unmittelbare Gegenleistung an den Gebührenzahler entgegen. Das können beispielsweise

Verwaltungsgebühren für die Inanspruchnahme von Amtshandlungen (Ausstellen eines neuen Personalausweises, Baugenehmigungen usw.) sein oder Benutzungsgebühren für die Nutzung staatlicher Einrichtungen (LKW-Maut oder das Eintrittsgebühr beim öffentlichen Hallenbad, Müllabfuhr usw.).

- *Sonderabgaben*

  Anders als Steuern sollen Sonderabgaben nicht dazu dienen, den allgemeinen Finanzbedarf des Staates abzudecken und werden auch nicht von der Allgemeinheit eingetrieben. Dabei muss eine sachliche Nähe zwischen dem Abgabenpflichtigen und dem Abgabenzweck bestehen. Die Abgabenpflicht muss sich dabei auf eine *homogene Gruppe* beziehen, die dem Zweck der Abgabe am nächsten steht und müssen bei Erreichen des Zwecks aufgehoben werden. Die Einnahmen müssen primär im Interesse der Abgabepflichtigen stehen. Dazu gezählt wird beispielsweise das Insolvenzgeld, das dazu dient, Beschäftigten während der Insolvenz über einen Zeitraum von drei Monaten einen Entgeltausfall bis zu einer Bemessungsgrenze auszugleichen. Zahlungspflichtig sind die privatwirtschaftlichen Unternehmen.

- *Strafzahlungen*

  Auch Strafzahlungen, wie Verwarngelder bei Geschwindigkeitsübertretungen oder gerichtlich verhängte Geldstrafen oder Strafen im Zusammenhang mit Kartellverfahren (vgl. Kap. 3.2.2.4) führen zu staatlichen Einnahmen.

Aufgabe

Warum sind Steuern „Zwangsabgaben" und warum unterliegen sie einem „Non-Affektationsprinzip"?

Die wesentlichen Abgaben stellen die Steuern mit einem Anteil von rund 52 Prozent an den gesamten Staatseinnahmen dar (vgl. Tab. 7.3). Sie haben wie Löhne, Zinsen und die Grundrente im Wirtschaftskreislauf grundsätzlich einen *Doppelcharakter*: Der Steuerzahler will tendenziell so wenig wie möglich Steuern zahlen, der Staat zur Finanzierung von „Wohltaten" so viel wie möglich an Steuern einnehmen, soweit dies rechtlich zulässig ist und anderen Prinzipien nicht widerstrebt. Je nach Steuerart wird dieser Doppelcharakter im Verteilungskampf deutlich. Steuern sind einerseits ein Mittel des Staates, Finanzen für seine Politik zu beschaffen und greifen andererseits in die Einkommen und Vermögen der Unternehmen und Bürger ein. Deshalb werden Steuern in den Parlamenten und Wahlkämpfen immer wieder heftig diskutiert. Marx deutete Steuern dabei in diesem Sinne als „wirtschaftliche Grundlage der Regierungsmaschinerie und von sonst nichts" (Marx, 1867 (1974), S. 30).

Die Erhebung und Akzeptanz von Steuern setzt immer Vertrauen der Bürger in die Staatsinstitutionen voraus. Vom Staat aufgestellte Regeln müssen daher von diesem eingehalten werden, auch dürfen Steuern nicht verschwendet werden. Zu diesem Zweck verpflichtet das *Haushaltsgrundsätzegesetz* in § 6 HGrG den Staat bei der Ausgabengestaltung auf den *Grundsatz der Wirtschaftlichkeit* nach dem ökonomischen Minimal- bzw. Maximalprinzip (vgl. Kap. 1).

Da Steuergesetze und Besteuerung in jedem Fall das Einkommen und Vermögen von Unternehmen und Privatpersonen schmälern, motiviert die Steuererhebung seit der Antike auch immer wieder zu *Steuerbetrug* oder Steuerflucht (vgl. Kasten).

Steuerflucht und Steuerbetrug

Unter Steuerflucht wird die Verlegung eines Wohn- oder Unternehmenssitzes ins Ausland mit dem Zweck der Steuerersparnis verstanden. Steuerbetrug hingegen stellte einen Straftatbestand dar, der Steuerhinterziehung, also eine rechtswidrige Vermeidung von Steuerzahlungen subsumiert.

Luxemburg-Leaks

Einer der prominentesten Steuerfluchtfälle ist durch „Luxemburg-Leaks" an die Öffentlichkeit gelangt. Demnach sind in zwei Phasen – „Lux 1" (November 2014) und „Lux 2" (Dezember 2014) – insgesamt 28.000 Seiten mit 548 verbindlichen Vorbescheiden der Luxemburger Steuerbehörde öffentlich gemacht worden, die sie über PricewaterhouseCoopers zwischen 2002 und 2010 abgeschlossen hatte.

Diese vertraulichen Steuervereinbarungen boten ca. 350 internationalen Konzernen aus über 80 Ländern, darunter Apple, Amazon, eBay Europe S.à r.l., Heinz, Pepsi, Ikea und Deutsche Bank, die Möglichkeit, auf Kosten der Nachbarländer „aggressive Steuervermeidungsmodelle" zu realisieren. Ihre Steuern ließen sich so auf unter ein Prozent drücken (vgl. International Consortium of Investigative Jounalism (2014); Bird (2014)).

Panama Papers

Die Panama Papers dokumentieren legale Steuervermeidungsstrategien sowie Geldwäsche- und Steuerdelikte.

„Ein Datenleck bei einem Verwalter von Briefkastenfirmen in Panama bringt nach Recherchen internationaler Medien Spitzenpolitiker und Sportstars in Erklärungsnot. Insgesamt gehe es um 11,5 Millionen Dokumente zu 214.000 Briefkastenfirmen, die von einer Kanzlei aus Panama gegründet worden seien. Die Daten gelangten am 3. April 2016 an die Öffentlichkeit. Zu den Profiteuren der Offshore-Dienste zählen den Berichten zufolge zwölf frühere und amtierende Staats- und Regierungschefs und 128 weitere Politiker, aber auch internationale Finanzinstitute, darunter deutsche Banken oder ihre Töchter. [...] Laut ARD umfassen die von rund 400 Journalisten über ein Jahr hinweg ausgewerteten Unterlagen E-Mails, Urkunden, Kontoauszüge, Passkopien und weitere Dokumente. Insgesamt gehe es um ein Datenvolumen von 2,6 Terabyte und mehr als elf Millionen Dokumente" (Zeit Online o. J.).

Der deutsche Staat hat seit der Wiedervereinigung bis 2018 kumuliert knapp 14,7 Bio. EUR an Steuern und fast 11,2 Bio. EUR an *Sozialbeiträgen* eingenommen (vgl. Tab. 7.3). Die durchschnittliche *Steuerquote* lag dabei von 1992 bis 2018 bei 22,7 Prozent, die staatliche *Sozialeinnahmenquote* bei 17,3 Prozent. Da innerhalb der Sozialversicherung die Einnahmen aus Rentenversicherungsbeiträgen nicht ausreichen, um die jährlich anfallenden Renten zu zahlen, werden diese auch aus dem allgemeinen Steueraufkommen mitfinanziert. Im Jahr 2017 betrug der Bundeszuschuss 91,7 Mrd. EUR für die Rentenversicherungsträger. Seit 1957 waren diese Zuschüsse aus Steuergeldern notwendig. Auch die zum 1. Januar 2021 beschlossene *Grundrente* wird aus Steuermitteln finanziert.

Addiert man die Steuer- und Sozialeinnahmenquoten so kommt man zur *Abgabenquote*, die im Jahr 2018 bei gut 40 Prozent lag. Beide Quoten reichten in der Vergangenheit nicht aus, um die Staatsausgaben (vgl. Kap. 7.2.3 und Tab. 7.3)) abzudecken. Infolge wurde eine entsprechende *Staatsverschuldung* als außerordentliche Einnahmenquelle notwendig (vgl. dazu ausführlich Kap. 7.2.7). Jedoch reichten ordentliche und außerordentliche Ausnahmen nicht aus, den Erhalt, geschweige denn den Ausbau der staatlichen Infrastruktur zu finanzieren. Sie erweist sich immer mehr als *unterinvestiert*, in einigen Jahren lagen seit der Wiedervereinigung sogar negative Nettoinvestitionen vor. Mithin wurde in diesen Jahren nicht einmal der Verschleiß im Bestand ersetzt (vgl. Tab. 7.4). Auch reichten die Einnahmen nicht, zur Finanzierung eines nachhaltigen sozial-ökologischen Umbaus der bundesdeutschen Gesellschaft.

Selbst die Unternehmerverbände fordern mittlerweile ein *staatliches Investitionsprogramm* in Höhe von 450 Mrd. EUR für die nächsten zehn Jahre, also 45 Mrd. EUR jährlich. Auch private profitorientierte Unternehmen sind schließlich auf staatliche Vorleistungen angewiesen.

Die Arbeitsgruppe Alternative Wirtschaftspolitik setzt seit den 1980er-Jahren sogar auf ein staatliches Investitions- und Ausgabenprogramm von jährlich 120 Mrd. EUR. Sie verteilen sich auf die Bereiche Bildung (25 Mrd. EUR), Verkehrsinfrastruktur und Digitalisierung (15 Mrd. EUR), kommunale Ausgaben (20 Mrd. EUR), energetische Gebäudesanierung und sozialer Wohnungsbau (20 Mrd. EUR), lokale Pflegeinfrastruktur (20 Mrd. EUR) und zusätzliche Arbeitsmarktausgaben (20 Mrd. EUR, inkl. der Mittel für eine Erhöhung der Hartz-IV-Sätze) (vgl. Arbeitsgruppe Alternative Wirtschaftspolitik 2019).

Das Programm lässt sich allerdings mit der derzeitigen Steuer- und Sozialeinnahmenquote nicht finanzieren. Will man längerfristig die staatliche Schuldenfinanzierung verhindern, müssen dazu mehr Steuern eingenommen werden. Auch dazu hat die *Arbeitsgruppe Alternative Wirtschaftspolitik* ein *steuerpolitisches Konzept* entwickelt:
- Zur Bekämpfung von *Steuerhinterziehung* und Steuerflucht wird hier vorgeschlagen, die Finanzverwaltungen, insbesondere im Bereich der Betriebsprüfung, personell massiv aufzustocken und zumindest in der EU die Steueroasen zu schließen.
- Weiter sollte in der EU eine breit angelegte *Finanztransaktionssteuer* zügig eingeführt werden, notfalls auch im nationalen Alleingang.
- Um die größten infrastrukturellen Defizite zu beseitigen, schlägt die Arbeitsgruppe weiter ein einmalig auf zehn Jahre gestreckte *Vermögensabgabe* vor. Bemessungsgrundlage soll das Nettovermögen sein, das oberhalb eines persönlichen Freibetrages von 1 Mio. EUR und 2 Mio. EUR bei Betriebsvermögen liegt.
- Daneben soll die *Vermögensteuer*, die 1997 ausgesetzt wurde, wieder in Kraft treten. Der Steuersatz sollte 2 Prozent betragen und auf Vermögen von mehr als

500.000 EUR (bei gemeinsamer Veranlagung von Ehepartnern, bis das Ehegattensplitting ausläuft (s. u.), auf 1.000.000 EUR) erhoben werden.

– Der *Körperschaftsteuersatz* sollte von derzeit 15 auf 30 Prozent erhöht und ausgeschüttete Gewinne aus der Veräußerung von inländischen Unternehmensbeteiligungen steuerpflichtig werden.

– Die Gewerbesteuer ist aus Sicht der Arbeitsgruppe zu einer *Gemeindewirtschaftssteuer* auszubauen, dazu gehört auch die Besteuerung der freien Berufe.

– *Kapitalerträge* sollten wieder mit dem persönlichen Einkommensteuersatz und nicht pauschal mit 25 Prozent besteuert werden.

– Und um die Besteuerung der Einkommen gerechter zu gestalten, fordert die Arbeitsgruppe, den *Tarifverlauf* bei der Einkommensteuer (Grenzsteuersatz) oberhalb eines deutlich erhöhten Grundfreibetrages beginnen zu lassen und weitgehend linear bis zu einem *Spitzensteuersatz* von 53 Prozent festzuschreiben.

– Das *Ehegattensplitting* sollte schrittweise abhängig von der Höhe des zu versteuernden Einkommens abgebaut und auf die Übertragung des nicht ausgeschöpften Freibetrages der Ehepartner begrenzt werden.

– Der *Solidaritätszuschlag* wird weiter zur Förderung strukturschwacher Regionen in Ost- und Westdeutschland benötigt, in Westdeutschland besonders fürs Ruhrgebiet (vgl. Arbeitsgruppe Alternative Wirtschaftspolitik 2019).

> **Aufgabe**
>
> Warum gibt es in der Gesellschaft so viel allgemeinen Widerstand gegen Steuererhöhungen auch – und manchmal insbesondere – von denjenigen, die von diskutierten Steuererhöhungen, wie ein Heraufsetzen des Spitzensteuersatzes oder die Wiederbelebung einer Vermögensteuer für hohe Vermögen, nicht betroffen wären?

7.2.3 Staatsausgaben

Die vom Staat vereinnahmten Steuern und Abgaben werden zur Finanzierung von Staatsausgaben verwandt, um hoheitliche Aufgaben wahrzunehmen, öffentliche sowie meritorische Güter bereitzustellen und um das krisenhafte marktwirtschaftlich-kapitalistische Wirtschaftssystem zu stabilisieren.

Die *Aufgabenverteilung* durch die unterschiedlichen öffentlichen *Gebietskörperschaften* (Bund, Länder und Gemeinden) sind dabei im Grundgesetz Art. 70 ff. geregelt. So unterliegt z. B. nach Art. 73 GG dem Bund u. a. die alleinige Gesetzgebungsgewalt und Ausgabengestaltung für Verteidigung, Zivilschutz und auswärtige Angelegenheiten. Die Länder hingegen sind zum Beispiel zuständig für die Bildung und das (Landes-)Polizeiwesen.

Die statistische Erfassung aller Staatsausgaben der Gebietskörperschaften wird nach unterschiedlichen Kriterien in der Finanzstatistik und der Volkswirtschaftlichen

Gesamtrechnung (VGR) gegliedert. Gemäß Finanzstatistik (auf Basis der Zahlen des Statistischen Bundesamtes) werden bei den *Staatsausgaben*

- der *Staatsverbrauch* (auch: *Staatskonsum*), d. h. das Entgelt für die vom Staat der Gesellschaft zur Verfügung gestellten und von den Bürgern in Anspruch genommenen Verwaltungs- und Dienstleistungen, wie etwa Bildung und innere sowie äußere Sicherheit (inklusive des Personalaufwands),
- die Ausgaben für *Sachinvestitionen*,
- die *Transferausgaben* an private Haushalte und Subventionszahlungen an Unternehmen,
- die *Zinszahlungen* für aufgenommene Kredite der öffentlichen Hand
- sowie die Ausgaben der *Sozialversicherungen* unterschieden.

Von 1992 bis 2018 hat der deutsche Staat kumuliert gut 30 Bio EUR an Staatsausgaben getätigt (vgl. Tab. 7.3). Davon entfielen auf soziale Ausgaben gut 15,2 Bio. und auf staatliche Brutto-Investitionen nicht einmal 1,5 Bio. EUR. Für Zinsen gab der Staat knapp 1,6 Bio. EUR aus, also fast genauso viel. Die Beschäftigten des Staates haben an Einkommen rund 5,3 Bio. EUR erhalten, wobei hier ein drastischer Personalabbau im öffentlichen Dienst stattgefunden hat. Gab es bei der Wiedervereinigung rund 6,7 Mio. Staatsbedienstete bei Bund, Länder, Gemeinden und Gemeindeverbänden sowie in öffentlich-rechtlichen Anstalten, Körperschaften und Stiftungen, die unter staatlicher Aufsicht stehen, und bei den Sozialversicherungsträgern einschließlich den Beschäftigten bei der Bundesagentur für Arbeit, so waren es 2008 noch 4,5 Mio. Bedienstete, also 2,2 Mio. weniger.

> Dies hing stark mit den Privatisierungen von Bundesbahn, Bundespost und kommunalen Krankenhäusern zusammen. Außerdem wurde die Personalausstattung des öffentlichen Dienstes in den neuen Bundesländern und den dortigen Kommunen den Verhältnissen im früheren Bundesgebiet angepasst [sogenannter ‚DDR-Effekt']. (Altis 2018, S. 59)

Von 2008 bis 2017 gab es einen Zuwachs an Beschäftigung im öffentlichen Dienst um rund 200.000, auf insgesamt 4,7 Mio. Er ist hauptsächlich auf Hochschulen im Landesbereich und auf Tageseinrichtungen für Kinder im kommunalen Bereich zurückzuführen. Viele Stellen waren allerding nur Teilzeit- und befristete Stellen.

7.2.4 Finanzierungssaldo

Zur Feststellung des staatlichen Finanzierungssaldos werden die Staatsausgaben eines Jahres (A_{St}) den ordentlichen Staatseinnahmen im Berichtsjahr (E_{St}) gegenübergestellt.

> Für die Berechnung sind die Verbuchungsregeln maßgeblich, die festlegen, ob ein Vorgang zu einer Einnahme oder Ausgabe des Staates führt und damit ‚defizitwirksam' ist. Der Saldo entspricht der Differenz aus Sparen S_{St} und Investitionen I_{St} des Staates einschließlich dem Netto-

zugang an nichtproduzierten Vermögensgütern und dem Saldo der Vermögenstransfers NV_{St}. Bei $E_{St} < A_{St}$ bzw. $I_{St} + NV_{St} > S_{St}$ liegt ein Finanzierungsdefizit beim Staat vor und bei $E_{St} > A_{St}$ bzw. $I_{St} + NV_{St} < S_{St}$ ist ein Finanzierungsüberschuss gegeben. (Brümmerhoff 2011, S. 14)

Ein Finanzierungsdefizit $E_{St} < A_{St}$ führt zu einer Neuverschuldung des Staates. Der Staat muss dann Kredite aufnehmen. Finanzierungsüberschüsse können dagegen zur Tilgung von Staatsschulden verwandt werden.

Empirisch zeigt sich hier von 1992 bis 2018 ein kumuliertes Finanzierungsdefizit von 998,9 Mrd. EUR. Dabei realisierte der Staat seit 2013 Finanzierungsüberschüsse in Höhe von kumuliert 186,6 Mrd. EUR (vgl. Tab. 7.3). Die Überschüsse wurden zur Schuldentilgung verwandt, sodass der Bruttoschuldenstand von 78,7 Prozent in 2013 auf 61,9 Prozent in 2018 zurückging.

7.2.5 Staatsquoten

Sowohl die staatlichen Einnahmen und Ausgaben als auch der staatliche Finanzierungssaldo werden nicht nur in absoluten Größen und Veränderungsraten zum Ausdruck gebracht, sondern sie werden häufig auch in Form von Quoten in Relation zum nominalen Bruttoinlandsprodukt (BIP^N) gesetzt.

Bei den Staatseinnahmen ($E_{St} \approx T_{St} + SVE$) sind neben den Steuereinnahmen (T_{St}) die Sozialversicherungsbeiträge (SVE) die größten Posten. Über die Division durch das des Bruttoinlandsproduktes wird die Steuerquote (T_{St}/BIP^N) und die Sozialeinnahmenquote (SVE/BIP^N) ermittelt:

$$T_{St}/BIP^N = \text{Steuerquote}$$

$$SVE/BIP^N = \text{Sozialeinnahmenquote}$$

Die Staatsausgaben A_{St} lassen sich laut Finanzstatistik aufteilen in: den Sachaufwand sA, die staatlichen Bruttoinvestitionen I_{br}, die staatlichen Arbeitnehmerentgelte L_A für die Beschäftigten des öffentlichen Dienstes sowie die Transferausgaben für private Haushalte und Subventionszahlungen an Unternehmen Z. Hinzu kommen die Zinszahlungen für aufgenommene Staatskredite ZA. Zu den Staatsausgaben rechnet man außerdem die Ausgaben der Sozialversicherungen SVA. Damit gilt:

$$A_{St} = sA + I_{br} + L_A + Z + ZA + SVA$$

Dividiert man die Staatsausgaben A_{St} durch das nominale Bruttoinlandsprodukt (BIP^N), so erhält man die Staatsquote ($\frac{A_{St}}{BIP^N}$), die sich wiederum in Unterquoten aufteilt:

$$\frac{A_{St}}{BIP^N} = \frac{sA}{BIP^N} + \frac{I_{br}}{BIP^N} + \frac{L_A}{BIP^N} + \frac{Z}{BIP^N} + \frac{ZA}{BIP^N} + \frac{SVA}{BIP^N}$$

A_{St}/BIP^N = Staatsquote, sA/BIP^N = Sachausgabenquote, I_{br}/BIP^N = Bruttoinvestitionsquote, L_A/BIP^N = staatliche Personalkostenquote, Z/BIP^N = staatliche Transferzahlungsquote, ZA/BIP^N = Zinslastquote, SVA/BIP^N = staatliche Sozialquote

Tab. 7.3: Staatliche Einnahmen, Ausgaben und Finanzierungssaldo in der VGR. Sozialversicherung = Renten-, Kranken-, Arbeitslosen- und Pflegeversicherung. Quellen: Diverse Monatsberichte der Deutschen Bundesbank, Statistisches Bundesamt, eigene Berechnungen, Rundungsdifferenzen.

in Mrd. EUR

Jahr	BIP nominal	Staatseinnahmen	Steuern	Sozialversicherung	Sonstige	Staatsausgaben	Sozialversicherung	Bruttoinvestitionen	Arbeitnehmerentgelte	Zinsen	Sonstige	Vorleistungen	Finanzierungssaldo
1992	1.702,1	761,0	385,1	283,8	92,1	805,4	380,1	55,3	151,1	52,6	95,4	70,9	-44,4
1993	1.750,9	790,3	396,3	301,0	92,9	844,5	407,8	53,3	157,5	55,6	97,3	72,9	-54,2
1994	1.829,6	837,1	415,7	323,9	97,5	883,3	436,6	53,1	160,7	60,6	99,1	72,9	-46,2
1995	1.894,6	865,5	424,8	344,2	96,5	1.044,3	464,3	49,8	169,8	66,4	223,9	73,1	-178,8
1996	1.921,4	880,9	427,0	360,5	93,5	949,5	490,5	48,3	170,5	66,7	100,0	74,1	-68,6
1997	1.961,2	894,8	430,1	373,4	91,4	952,5	497,8	46,0	171,5	66,7	97,4	74,1	-57,7
1998	2.014,4	918,1	450,6	376,9	90,6	969,8	504,2	47,4	175,6	67,6	103,6	75,4	-51,7
1999	2.059,5	957,5	482,5	382,3	92,7	992,9	520,8	48,4	176,6	63,9	102,9	81,3	-35,4
2000	2.109,1	973,8	498,9	382,7	92,2	1.007,3	524,0	50,2	178,8	67,1	109,2	80,7	-33,5
2001	2.172,5	964,4	476,8	388,6	98,9	1.030,1	542,8	48,7	182,4	65,7	108,8	85,2	-65,7
2002	2.198,1	967,1	473,0	394,3	99,7	1.052,3	562,8	47,3	184,4	65,6	105,9	88,3	-85,2
2003	2.211,6	986,4	478,8	401,9	105,7	1.068,7	577,8	47,1	184,4	64,6	106,9	87,6	-81,9
2004	2.262,5	983,3	478,0	401,6	103,5	1.058,7	582,1	42,9	184,5	63,4	101,9	89,5	-75,4
2005	2.288,3	995,4	490,2	401,2	104,1	1.071,4	582,0	44,9	185,4	63,0	103,7	93,2	-76,0
2006	2.385,1	1.039,5	527,3	405,3	106,8	1.078,9	582,9	48,6	186,3	64,6	99,8	97,6	-39,4
2007	2.499,6	1.091,3	574,5	404,6	112,2	1.084,7	582,4	47,9	191,2	66,9	99,3	101,9	6,6
2008	2.446,5	1.122,6	593,5	412,6	116,6	1.125,5	592,7	53,6	200,2	67,7	110,9	109,4	-2,9
2009	2.445,7	1.101,8	554,7	415,6	120,6	1.170,5	624,8	58,9	197,8	64,5	112,6	117,4	-68,7
2010	2.564,4	1.122,3	556,2	426,2	127,9	1.219,2	634,5	59,4	203,5	63,9	146,1	124,9	-96,9
2011	2.693,6	1.182,7	598,8	442,3	141,7	1.208,6	633,9	61,4	208,6	67,5	113,2	131,8	-25,9
2012	2.745,3	1.220,9	623,9	454,2	144,0	1.224,5	644,4	62,2	212,9	63,1	122,2	135,7	-3,6
2013	2.811,4	1.264,7	650,9	464,9	148,4	1.263,5	666,6	61,0	220,5	51,5	123,4	141,8	1,2
2014	2.927,4	1.313,9	673,0	482,3	158,5	1.296,9	691,3	60,5	227,5	47,1	122,4	147,1	17,0
2015	3.030,1	1.363,1	704,2	501,2	157,7	1.334,5	722,0	64,6	233,0	42,7	122,5	149,7	28,6
2016	3.134,1	1.425,6	738,6	524,3	162,7	1.388,5	754,3	68,2	240,7	37,8	128,9	158,6	37,1
2017	3.245,0	1.481,7	772,7	549,5	159,6	1.441,4	784,8	71,9	250,0	34,3	137,5	162,9	40,3
2018	3.344,4	1.552,9	807,7	572,5	172,7	1.490,5	806,1	78,4	259,3	31,7	145,7	169,4	62,4
Summe	64.648,4	29.058,6	14.683,8	11.171,8	3.180,7	30.057,5	15.251,5	1.479,3	5.264,7	1.592,8	3.140,5	2.867,4	-998,9
Veränd. in % 1992–2018	96,5	104,1	109,7	101,7	87,5	85,1	112,1	41,8	71,6	-39,7	52,7	138,9	

Tab. 7.3: (Fortsetzung)

Jahr	BIP nominal	Staatseinnahmen	Steuern	Sozialversicherung	Sonstige	Staatsausgaben	Sozialversicherung	Bruttoinvestitionen	Arbeitnehmerentgelte	Zinsen	Sonstige	Vorleistungen	Finanzierungssaldo	Echte Staatsquote
Quoten in v. H. des BIP														
1992	100,0	44,7	22,6	16,7	5,4	47,3	22,3	3,2	8,9	3,1	5,6	4,2	-2,6	24,9
1993	100,0	45,1	22,6	17,2	5,3	48,2	23,3	3,0	9,0	3,2	5,6	4,2	-3,1	24,4
1994	100,0	45,8	22,7	17,7	5,3	48,3	23,9	2,9	8,8	3,3	5,4	4,0	-2,5	30,6
1995	100,0	45,7	22,4	18,2	5,1	55,1	24,5	2,6	9,0	3,5	11,8	3,9	-9,4	23,9
1996	100,0	45,8	22,2	18,8	4,9	49,4	25,5	2,5	8,9	3,5	5,2	3,9	-3,6	23,2
1997	100,0	45,6	21,9	19,0	4,7	48,6	25,4	2,3	8,7	3,4	5,0	3,8	-2,9	23,1
1998	100,0	45,6	22,4	18,7	4,5	48,1	25,0	2,4	8,7	3,4	5,1	3,7	-2,6	22,9
1999	100,0	46,5	23,4	18,6	4,5	48,2	25,3	2,4	8,6	3,1	5,0	3,9	-1,7	22,9
2000	100,0	46,2	23,7	18,1	4,4	47,8	24,8	2,4	8,5	3,2	5,2	3,8	-1,6	22,7
2001	100,0	44,4	21,9	17,9	4,6	47,4	24,9	2,2	8,4	3,0	5,0	3,9	-3,0	22,3
2002	100,0	44,0	21,5	17,9	4,5	47,9	25,6	2,2	8,4	3,0	4,8	4,0	-3,9	22,2
2003	100,0	44,6	21,6	18,2	4,8	48,3	26,1	2,1	8,3	2,9	4,8	4,0	-3,7	21,1
2004	100,0	43,5	21,1	17,8	4,6	46,8	25,7	1,9	8,2	2,8	4,5	4,0	-3,3	21,4
2005	100,0	43,5	21,4	17,5	4,5	46,8	25,4	2,0	8,1	2,8	4,5	4,1	-3,3	20,8
2006	100,0	43,6	22,1	17,0	4,5	45,2	24,4	2,0	7,8	2,7	4,2	4,1	-1,7	20,1
2007	100,0	43,7	23,0	16,2	4,5	43,4	23,3	1,9	7,6	2,7	4,0	4,1	0,3	21,8
2008	100,0	45,9	24,3	16,9	4,8	46,0	24,2	2,2	8,2	2,8	4,5	4,5	-0,1	22,3
2009	100,0	45,1	22,7	17,0	4,9	47,9	25,5	2,4	8,1	2,6	4,6	4,8	-2,8	22,8
2010	100,0	43,8	21,7	16,6	5,0	47,5	24,7	2,3	7,9	2,5	5,7	4,9	-3,8	21,3
2011	100,0	43,9	22,2	16,4	5,3	44,9	23,5	2,3	7,7	2,5	4,2	4,9	-1,0	21,1
2012	100,0	44,5	22,7	16,5	5,2	44,6	23,5	2,3	7,8	2,3	4,5	4,9	-0,1	21,2
2013	100,0	45,0	23,2	16,5	5,3	44,9	23,7	2,2	7,8	1,8	4,4	5,0	0,0	20,7
2014	100,0	44,9	23,0	16,5	5,4	44,3	23,6	2,1	7,8	1,6	4,2	5,0	0,6	20,2
2015	100,0	45,0	23,2	16,5	5,2	44,0	23,8	2,1	7,7	1,4	4,0	4,9	0,9	20,2
2016	100,0	45,5	23,6	16,7	5,2	44,3	24,1	2,2	7,7	1,2	4,1	5,1	1,2	20,2
2017	100,0	45,7	23,8	16,9	4,9	44,4	24,2	2,2	7,7	1,1	4,2	5,0	1,2	20,5
2018	100,0	46,4	24,2	17,1	5,2	44,6	24,1	2,3	7,8	0,9	4,4	5,1	1,9	20,5
Durchschnitt		44,9	22,7	17,3	4,9	46,5	23,6	2,3	8,1	2,5	4,9	4,4	-1,5	

Das Problem bei dieser Form der Staatsquotenermittlung besteht in deren *Interpretation* (s. u.). Häufig wird sie fälschlicherweise verwendet, um zum Ausdruck zu bringen, welchen Anteil an gesamtwirtschaftlicher Leistung der Staat beansprucht und was dann quasi noch für die Gesellschaft übrigbleibt. Allerdings machen die Sozialversicherungen, die staatlichen Zinszahlungen und die Transferzahlungen an private Haushalte sowie die Subventionen an Unternehmen einen beträchtlichen Anteil an den Staatsausgaben aus.

Aber was haben die Ausgaben der Sozialversicherungen mit dem Staat zu tun? Der Staat organisiert nur das System, ohne in den „Genuss" einer Leistung zu kommen. Die *Ausgaben kommen unmittelbar den leistungsberechtigten Bürgern zugute*. Wieso zählt man die Ausgaben der Sozialversicherung dann zum Staatssektor?

> Von den Unternehmern hört man doch immer, die Sozialversicherungsbeiträge seien Lohnnebenkosten. Seit wann sind Lohnkosten, die in der Wirtschaft anfallen, plötzlich Staatsausgaben? Warum rechnet man dann nicht gleich alle Lohnkosten zu den Staatsausgaben? Sozialversicherungsbeiträge fließen nicht an den Staat, sondern an Krankenkassen, Rentenversicherungsträger und Arbeitsagenturen. Arbeitslosengeld, Arztkosten und Renten werden nicht vom Staat bezahlt. Die Lohnarbeiter bezahlen sie sich selbst, über die entsprechenden Verwaltungen der Sozialversicherungen. [...]. (Roth 2003, S. 475 f.)

Daneben fließen auch die *Zinszahlungen* für aufgenommene Staatskredite an den Bankensektor und so an die Vermögenden, die den Banken ihr Geld geliehen haben, wieder zurück, genauso wie auch Subventionszahlungen ohne Gegenleistungen an Unternehmen gezahlt werden, was ebenso für Transferzahlungen an privaten Haushalte (z. B. Kinder- und Wohngeld) gilt. Wieso zählt man in der Interpretation von Staatsausgabenquoten dann aber dennoch Zinsen, Subventionen und Transferzahlungen zum Staatssektor?

Zieht man die zuvor genannten *vermeintlichen* „Staatsausgaben" bei der Staatsquotenberechnung ab, so wird lediglich noch etwa ein Drittel der gesamten Staatsausgaben vom Staat selbst, im Duktus der VGR als tatsächlicher Staatsverbrauch (auch: Staatskonsum) konsumiert. Dabei ist auch hier die Begrifflichkeit „*Staatsverbrauch*" irreführend. Es ist letztlich nicht der Staat, der als Institution die Bildung, die innere und äußere Sicherheit, das Justizwesen usw. konsumiert, sondern seine Bürger. Diesem „Konsum" steht zudem eine gleich hohe staatliche Produktion (Leistung) gegenüber, da der Staat zugleich die Dienstleistungen bereitstellt. So führt der „Konsum" auch zum Einkommen bei den öffentlich Beschäftigten und damit insgesamt zu einem Wohlfahrtszuwachs führt. Bei den Staatsausgaben sind auch die Investitionen in eine öffentliche Infrastruktur zu berücksichtigen, ohne die eine Volkswirtschaft überhaupt nicht funktionieren würde und die den privaten Unternehmen und den privaten Haushalten eine Produktions- und Reproduktionsbasis verschafft.

Vor diesem Hintergrund sollte bei der Staatsquotenermittlung zwischen einer unechten und einer *echten Staatsquote* unterschieden werden. Zur echten Staatsquote kann man nur den Staatsverbrauch, die Staatsproduktion und ihre Leistung, zählen, während die *unechte Staatsquote* auch alle Sozialversicherungsausgaben, Zinsen sowie Transfer- und Subventionszahlungen enthält.

Die *unechte Staatsquote* ist dabei in Deutschland von 1992 bis 2018 von 47,9 auf 44,6 Prozent zurückgegangen. Durchschnittlich lag sie bei 46,5 Prozent. Vor der Finanz- und Wirtschaftskrise ab 2007 war die unechte Staatsquote sogar bis auf 43,6 Prozent gesunken, um dann krisenbedingt bis 2010 wieder auf rund 47 Prozent anzusteigen. Ab 2011 ging die unechte Staatsquote dann aber wieder bis heute 2020 auf rund 44 Prozent zurück (vgl. Tab. 7.3).

> **Aufgabe**
>
> Erklären und analysieren Sie in der Tabelle 7.3 die Entwicklung der Staatseinnahmen und -ausgaben. Beachten Sie dabei besonders die Entwicklungen bei den staatlichen Bruttoinvestitionen und bei den Arbeitnehmerentgelten und ebenso die Zinszahlungsentwicklung beim Staat und die Schuldenentwicklung. Analysieren Sie weiter die Steuer- und Sozialversicherungsquoten und ziehen Sie einen Vergleich zwischen Steuer- und Zinslastquote. Diskutieren Sie diese Ergebnisse.

Die *echte Staatsquote* (gerechnet nur ohne Sozialversicherung und Zinsen), liegt dagegen im Niveau wesentlich tiefer und ist von 1992 bis 2018 von 24,9 auf 20,5 Prozent gesunken. Im Jahr 2007 lag die echte Staatsquote bei 21,8 Prozent (vgl. Tab. 7.3).

Von orthodoxen Ökonomen wird die Höhe der unechten Staatsquote häufig genutzt, um den Staatssektor zu diskreditieren. Demnach könne man an Staatsquoten den *„Weg in die sozialistische Knechtschaft"* (nach Friedrich August von Hayek) ablesen. Gingen nämlich 50 Cent von einem Euro durch den Staatsapparat, so würde dies eine unerträgliche Beschneidung der privaten Wirtschaft bzw. der freien Unternehmerschaft bedeuten. Deshalb sei es dringend notwendig, die Staatsquote unter 40 Prozent zu senken, so auch die CDU/CSU im Bundestagswahlkampf 2002. Dem stimmte der ehemalige Präsident des Bundesverbandes der Deutschen Industrie (BDI), Michael Rogowski, ebenfalls zu (Roth 2003, S. 475).

Auch die SPD wollte eine „entschlossene Konsolidierung der Staatsfinanzen und mutige Steuerentlastungen" durchsetzen (Bundesministerium der Finanzen 2002), sonst drohe „die ‚soziale Marktwirtschaft' in eine ‚soziale Staatswirtschaft' überzugehen" (Bundesministerium für Wirtschaft und Technologie 2000, S. 10). Mit der von Gerhard Schröder (SPD) und Joseph Fischer (Bündnis 90/Die Grünen) eingeleiteten *Agenda 2010* sollte dann ab 2003 dieser Kurs umgesetzt und der bisher schärfste Sozialabbau seit dem Zweiten Weltkrieg in der Bundesrepublik praktiziert werden.

Die FDP, die seit jeher gegen den Sozialstaat und zu hohe Staatsquoten argumentiert, ging noch weiter und forderte in ihrem Wahlprogramm 2002, die Staatsquote mittelfristig auf ein Drittel des Sozialprodukts zu kürzen. So wundert es nicht, dass im 2009 abgeschlossenen Koalitionsvertrag „Wachstum, Bildung, Zusammenhalt" zwischen CDU/CSU und FDP festgelegt wurde, dass das Wachstum der Staatsausgaben künftig unter dem Wachstum des realen Bruttoinlandsprodukts zu liegen hat. Vor dem

Hintergrund der Finanz- und Weltwirtschaftskrise im Jahr 2007 (vgl. Kap. 7.3.7) und der in Folge stark angestiegenen Staatsverschuldung, verlangte sodann im Jahr 2009 der damalige BDI-Präsident Hans-Peter Keitel von der Bundesregierung ergänzend „ein straffes staatliches Sparprogramm im Bereich der Sozialsysteme."

Ob wissenschaftlich aber letztlich eine beobachtete Staatsquote „zu hoch" sei, so der Sachverständigenrat der Bundesregierung (SVR), könne ökonomisch nur schwer gesagt werden, da der Staat „durchaus wichtige Aufgaben" zu erfüllen habe. „Gleichwohl gibt es", so der SVR weiter, „überzeugende Anhaltspunkte dafür, dass eine Staatsquote von nahezu 50 % zu hoch ist und wachstums- und beschäftigungshemmende Wirkungen hervorruft" (SVR-Gutachten 2002/2003, S. 228). Aber was wäre eigentlich, wenn vor dem Hintergrund das Sozialversicherungssystem in seiner bisherigen Form als Solidarversicherung abgeschafft wird? Dann gäbe es keine Sozialausgaben mehr, die unechte Staatsquote fiele deutlich. Infolgedessen würden sich die Menschen aber selbst – dieses Mal jedoch privat – absichern. Die Ausgabenlast bliebe dann für viele Bürger unverändert, einzelne jedoch könnten sich die Prämien nicht leisten. Das Absichern existenzieller Risiken würde dann zur Frage des Geldbeutels werden, die sozialen Spannungen legten deutlich zu.

Auch ist nicht gesagt, dass sich bei einer Umorganisation von Leistungen vom staatlichen in den privatwirtschaftlichen Sektor die Wirtschaftlichkeit und die Qualität verbessern (vgl. Kap. 6.2.2). Bei den *Privatisierungen* der letzten Jahrzehnte von zuvor öffentlichen Unternehmen oder von öffentlichen Leistungen kann man häufig eher das Gegenteil feststellen: Privatisierungen waren oftmals mit Qualitätsverschlechterungen und höheren Sicherheitsproblemen für die Verbraucher, aber auch mit Preissteigerungen sowie mit einem nachhaltigen Beschäftigungsabbau verbunden. Aus zuvor staatlich kontrollierten öffentlichen Monopolen wurden nicht mehr kontrollierte private Monopole oder Oligopole. Die Entwicklung in der Elektrizitätswirtschaft nach der Liberalisierung ist ein prominentes Beispiel dafür (vgl. Bontrup/Marquardt 2011 und 2015). Eine sogar umfassend negative Bilanz der Privatisierung in Deutschland zieht Rügemer (2008). Wesentlicher differenzierter hingegen urteilt der Sammelband von Schäfer/Rethmann (2020).

7.2.6 Grundsatzdebatte zur Steuer- und Staatsausgabenpolitik

Die Mainstream-Diskussion über die Steuer- und Ausgabenpolitik des Staates wird seit Mitte der 1970er-Jahre vom Mantra beherrscht, dass sowohl die Steuern als auch die Staatsausgaben – und hier insbesondere die Sozialversicherungsausgaben – viel zu hoch seien. Außerdem gelinge es trotz hoher Steuereinnahmen dem Staat nicht, den Haushalt auszugleichen, sodass zwangsläufig der Schuldenberg immer größer wird und zukünftige Generationen darunter zu leiden hätten (vgl. dazu Kap. 7.2.7.4)

Dahinter steht ein allgemeines *Misstrauen gegen staatliche Obrigkeit* und auch gegen eine womöglich auftretende *staatliche Verschwendungssucht*, die letztlich die Bürger mit hohen Steuern und Abgaben zu finanzieren haben. Prominente, skandalöse Einzelfälle, die von den Rechnungshöfen aufgedeckt werden, bestätigen den Mainstream in dieser Auffassung, obwohl sie – bei aller berechtigten Kritik – wertmäßig von gesamtwirtschaftlich eher geringer Bedeutung sind. Der Staat wird hier negativ in Verbindung mit Bürokratie, Gängelung und privater Freiheitseinschränkung gebracht und damit zugleich diskreditiert. Nicht selten reden auch demokratisch gewählte Politiker den Staat, den sie eigentlich vertreten sollen, schlecht.

Die umfassende Kritik am Staat verfängt schichtenübergreifend in der Bevölkerung, wodurch auch *Politikverdrossenheit* entsteht. „Wie groß die Distanz der Bürger zum Staat mittlerweile in Deutschland geworden ist, zeigt sich besonders deutlich an dem von vielen Medien bereitwillig transportierten Bild des ‚Staates als Monster', das nur darauf aus ist, seine Bürger auszunehmen", so Bofinger (2009, S. 95). Das Finanzamt ist hier unisono der Feind aller. „Dem Vermögensbesitzer erscheint sein Geld als eine natürliche Erweiterung und Verlängerung seines Egos. Deshalb kann er, wenn [...] das Finanzamt sich meldet, dies nur als Beschädigung des innersten Kerns seiner Persönlichkeit empfinden", schreibt der Soziologe Christoph Deutschmann (2008, S. 11).

Mit Blick auf private Gewinn- und Vermögensinteressen war der Steuerstaat ohnehin immer schon ein „Störenfried", der die „Freiheit" einschränke. Nur Schwache seien auf einen Sozialstaat angewiesen. Für die Starken in einer Gesellschaft gelte dies eben nicht. Sie könnten sich die wegfallenden staatlichen Leistungen privat einfach beschaffen (kaufen). „So werden beispielsweise bei der Schließung einer öffentlichen Bibliothek infolge von Steuersenkungen für Vermögende die Grundfreiheiten vieler zu Gunsten marginaler Freiheiten weniger eingeschränkt" (Giegold 2005, S. 1.187). Dies führt am Ende aber nur zu einer verschärften *Entsolidarisierung* der Gesellschaft.

Auch viele orthodoxe Ökonomen erwecken den Eindruck, dass die Staatsquote zu hoch und der Privatisierungsgrad zu niedrig sei. Sie rufen nicht nur nach einer Entbürokratisierung, einer Privatisierung, sondern auch nach einer deutlichen Reduktion der Staatsausgaben. Damit könne dann auch eine Steuer- und Abgabensenkung erfolgen bzw. die Staatsverschuldung abgebaut werden. Hinter diesen Forderungen steht die im *Washington Consensus* vom IWF und der Weltbank propagierte Überzeugung eine *„entstaatlichte Wirtschaft"* würde die größeren Wachstums- und Beschäftigungskräfte entfalten.

Kritiker halten dem entgegen: „Die neuen Herren der Welt" (Ramonet 1998), die „kapitalistischen Beutejäger" (Ziegler 2005,) wollten eine „Entfesselung der Märkte", sie wollten den weltweit globalen Markt, die Privatisierung des Planeten, um sich noch mehr bereichern zu können und gleichzeitig die Armen dieser Welt auszuschließen bzw. territorial einzusperren (Ziegler 2005, S. 11). Das Primat der demokratisch gewählten und ausschließlich legitimierten Politik wurde „entpolitisiert" (Bourdieu) und durch eine weltweite „Diktatur des Kapitals" (Ziegler), insbesondere des Finanzkapitals, ausgehebelt. „Wer ausschließlich auf den Markt setzt, zerstört mit der Demokratie auch die Marktwirtschaft selbst" (Beck).

Auch stimme die Gleichung „Magerer Staat = dynamische Wirtschaft", so Bofinger (2005, S. 39 ff.), nicht. Länder, wie Schweden, Dänemark, Finnland, Belgien oder auch Frankreich, haben wesentlich höhere Staatsquoten als Deutschland und die Wachstumsraten sind dort dennoch nicht signifikant geringer als bei uns. Dabei gehört Deutschland heute längst nicht mehr zu den großzügigsten europäischen Staaten in Sachen Sozialpolitik, sondern ist im Vergleich mit den 14 alten EU-Staaten, insbesondere nach dem Regierungswechsel von Helmut Schmidt (SPD) auf Helmut Kohl (CDU) im Herbst 1982, weit zurückgefallen und liegt in der Zwischenzeit nur noch im unteren Mittelfeld.

Statt die Haushaltspolitik in das Zentrum der Diskussion zu stellen, fordern Kritiker des neoliberalen Mainstreams vielmehr auf, die allgemeine, systemische Wirtschaftskrise und hier vor allem auf die Krise auf den Arbeitsmärkten zu fokussieren (vgl. Kap. 3.5.2.5.3). Sie hat den Sozialstaat unterspült und die Gewerkschaften geschwächt (Negt 2004). Weit über 40 Jahre Massenarbeitslosigkeit in Deutschland, eine dramatische Zunahme prekärer Beschäftigungsverhältnisse zu Lasten von Normalarbeitsverhältnissen und eine strikte Lohn- und Leistungsbezogenheit (Äquivalenzprinzip) sowie Barrieren gegen soziale Egalisierungstendenzen (dazu zählen Beitragsbemessungsgrenzen, Versicherungspflichtgrenzen und Freistellungen prekärer Beschäftigungen von der Sozialversicherungs- und Steuerpflicht), haben zudem zu einer massiven primären und sekundären Umverteilung von unten nach oben und zu einer stark gestiegenen Armut geführt.

Dennoch soll nach neoliberaler Forderung der *Sozialstaat weiter beschnitten* werden und die Umverteilung von unten nach oben weitergehen. Die „Kassen" seien halt leer. Jetzt müssten wir endlich „sparen". Der gängige ökonomische Terminus ist hier „kürzen". Wer dabei „wir" ist, wird aber von den Neoliberalen nicht gesagt.

> Um öffentliche Dienstleistungen und sozialstaatliche Transfers zu kappen, greifen neoliberale Politiker aber deren Finanzierungsgrundlage an. Diese Strategie wird in vielen europäischen Ländern angewendet. Besonders gut kann man die Methode in den USA studieren. Fast die Hälfte aller Kongressmitglieder hat dort eine Selbstverpflichtung unterzeichnet, niemals für Steuererhöhungen zu stimmen. In der Folge werden weitere Einschränkungen öffentlichen Handelns umso besser durchsetzbar, freilich nicht in allen Aufgabenfeldern gleichermaßen. (Giegold 2005, 1.189)

Die schlichte Tatsache, dass bestimmte Staatsausgaben ohne Steuererhöhung die Staatsverschuldung noch erhöhen könnten, „genügt mittlerweile, um sie entschieden zu verwerfen; und dies ist selbst bei den dringendsten sozialen Leistungen der Fall, die ausschließlich den Bedürftigsten zugutekommen" (Galbraith 1998, S. 62). Der US-amerikanische Ökonom John Kenneth Galbraith (1908–2006) schreibt hier den Gegnern von Staatsverschuldung:

> Es ist nicht so lange her, dass Leute, die sich im Sinne elementarsten gesunden Menschenverstandes äußerten, als etwas exzentrisch, irrational, ja leicht geistesgestört angesehen wurden. Dieses Risiko geht noch heute [...] jeder ein, der sich dem gegenwärtigen politischen Kreuzzug gegen das Haushaltsdefizit – also den Überschuß sämtlicher Staatsausgaben über die Staatseinnahmen – widersetzt. (Galbraith 1998, S. 62)

7.2.7 Staatsverschuldung

Noch kurz vor ihrer Abwahl hatte die Große Koalition aus CDU/CSU und SPD im Juni 2009 eine *„Schuldenbremse"* zur Eindämmung der Staatsverschuldung im Grundgesetz (Art 109 Abs. 3 GG) verankert. Demnach darf sich der Bund seit 2016 nur noch mit 0,35 Prozent des Bruttoinlandsprodukts strukturell verschulden, die Bundesländer ab 2020 überhaupt nicht mehr. Es muss außerdem zu einer symmetrischen Entwicklung kommen, d. h. im konjunkturellen Abschwung ist antizyklisch in begrenztem Umfang eine Kreditaufnahme möglich, die jedoch im Aufschwung sofort wieder abzubauen ist. Nur bei Naturkatastrophen und außerordentlichen Notsituationen, wie bei der Corona-Pandemie, ist eine Verschuldung weiter zulässig.

In ähnlich strikter Form übernahmen auf europäischer Ebene im Zuge des 2012 verabschiedeten *Europäischen Fiskalpaktes* alle EU-Länder bis auf die Tschechische Republik und Kroatien eine freiwillige Limitierung des zulässigen Haushaltssaldos. Während der zuvor schon geltende *Europäische Stabilitäts- und Wachstumspakt* in der Eurozone noch eine jährliche Neuverschuldung bis zu 3 Prozent bei einem anzustrebenden Schuldenstand von maximal 60 Prozent in Relation zum BIP erlaubt, geht der Fiskalpakt deutlich darüber hinaus. Als Obergrenze für das mittelfristige strukturelle, also von Konjunktureffekten bei Einnahmen und Ausgaben bereinigte Haushaltsdefizitziel ist ein Wert von 1 Prozent des BIP vorgesehen, aber nur falls der Schuldenstand deutlich unter 60 Prozent liegt und keine Gefahren für die Tragfähigkeit der öffentlichen Finanzen drohen. Andernfalls liegt das Limit sogar bei 0,5 Prozent (vgl. Bundesministerium der Finanzen 2013, Art. 3 Abs. 1b und 1d). Abweichungen davon sollen *automatisch Korrekturmechanismen* auslösen.

7.2.7.1 Grundsätzliches zur Staatsverschuldung

Staaten haben sich schon seit der Antike verschulden müssen. Häufig wurden mit der Aufnahme öffentlicher Kredite insbesondere Kriege finanziert. Die Regierenden scheuten dabei als alternative Finanzierungsmöglichkeiten Steuererhöhungen oder einmalige Abgaben für Reiche. Da war die Politik eher schon bereit, vorübergehende staatliche Verkaufsmonopole zu schaffen und/oder Staatseigentum an Private zu veräußern (vgl. Graeber 2012).

In dem Kontext ist die statische Arithmetik der Staatsverschuldung einfach: wenn Staatsausgaben nicht komplett durch Staatseinnahmen gedeckt werden, hat der Staat ein Finanzierungsdefizit, das durch eine Neuverschuldung ausgeglichen werden muss, die wiederum den bisherigen Schuldenstand erhöht. Will der Staat demnach eine Neuverschuldung vermeiden, bedarf es entweder einer Ausgabenkürzung und/oder einer Einnahmenerhöhung. Dies bedeutet aber, zur Vermeidung von Staatsverschuldung *Verteilungskonflikte* in Kauf nehmen zu müssen. Vor dem Hintergrund erklärt der Ökonom und Politikwissenschaftler Rainer Roth das Entstehen von Staatsverschuldung auch als das Ergebnis von Machtkämpfen, wer dabei die Last tragen soll:

> Die Staatsverschuldung ist dabei nicht in erster Linie das Ergebnis einer 'falschen Politik', sondern einer 'falschen Ökonomie'. [...] Die Staatsschulden wuchsen im Prozess der ökonomischen Entwicklung, die alle in der Logik des Kapitals angelegten Widersprüche einer profitgetriebenen Wirtschaft zur Entfaltung brachte. In der Staatsverschuldung entladen sich diese Widersprüche und werden durch sie mühselig abgemildert. [...] Die Staatsverschuldung zeigt an, dass in der Ökonomie Kräfte vorherrschen, die nicht beherrscht werden können und die den Staatskredit als Puffer brauchen. [...] [Daher ist die] undifferenzierte Verteufelung von Defiziten – wie es gegenüber dem Fiskus gesellschaftlich schon fast zum ‚guten Ton' gehört – nichts weiter als das Symptom eines höchst beschränkten Verständnisses davon, wie es hinter den Kulissen der zeitgenössischen Wirtschaftsweise aussieht: ‚Ohne Darlehen gewähren und Schulden machen gehen die Geschäfte (noch) schlecht(er)'. (Roth 1998, S. 155 f., S. 99)

Der Staat und seine Verschuldung im Wirtschaftskreislauf

Die Steuereinnahmen und sonstigen Staatseinnahmen werden vom Staat zur Wahrnehmung seiner Aufgaben und zur Belebung der Wirtschaft in den Wirtschaftskreislauf durch entsprechende Staatsausgaben (Staatsverbrauch, Investitionen, Einkommens- und Vermögensübertragungen an Unternehmen und private Haushalte) zurückgegeben. Somit geht nichts verloren. Halten dabei die Staatseinnahmen durch Steuern und Abgaben bzw. Gebühren mit den Ausgaben nicht Schritt, muss sich der Staat verschulden. Manifest wird diese staatliche Verschuldung als Bruttokreditaufnahme, die nach Abzug der Tilgungszahlungen für Altschulden zur Nettokreditaufnahme (Nettoneuverschuldung) führt. Unter Berücksichtigung von Rücklagenveränderungen und den Einnahmen aus der Ausgabe von Münzgeld sowie den Bundesbankgewinnen ergibt sich letztlich die jährliche Zunahme der Staatsverschuldung als sogenannter Finanzierungssaldo.

Bruttokreditaufnahme – Tilgungen = Nettokreditaufnahme (Nettoneuverschuldung) +/- Rücklagenbewegung + Münzeinnahme und Zentralbankgewinn = Finanzierungssaldo (Überschuss oder Defizit).

Die Staatsverschuldung wird in der Regel über die Emission von Wertpapieren finanziert. In der dynamischen Betrachtung ist es dabei üblich, dass fällige Wertpapiere durch die Herausgabe neuer Wertpapiere getilgt werden. Im Prinzip funktioniert dieses *rollierende System* so lange, wie die Gläubiger Vertrauen in die *Tragfähigkeit* der Finanzierung haben. Aufgrund der Besonderheiten des Schuldners Staat (vgl. Kap. 7.2.7.2) sind diese Grenzen viel großzügiger als bei privatwirtschaftlichen Akteuren. Ein ex-ante objektiv bestimmbares *Limit für die Staatsverschuldung* gibt es somit nicht. Eine wichtige Rolle spielt aber – wie bei jedem anderen Schuldner auch – die *Leistungsfähigkeit*, die hinter dem Schuldner Staat steht, der als Stellvertreter für seine Bürger fungiert. Deshalb wird die Staatsverschuldung häufig in Relation zum BIP, als Maß für die Leistung der Volkswirtschaft, betrachtet.

Auch wenn sich ein Verschuldungslimit nicht quantifizieren lässt, so gibt es doch diffuse Vorstellungen von einem *Verschuldungsoptimum*. Es gilt theoretisch dann als erreicht, wenn eine weitere Zunahme gesamtwirtschaftlich kontraproduktiv ist. Bezogen auf das Wirtschaftswachstum beispielsweise kennzeichnet das Optimum die Höhe der Staatsverschuldung, ab der das *Wirtschaftswachstum* aufgrund von Crowding-Out-Effekten (vgl. Kap. 5) beeinträchtigt wird.

In einer empirischen *Studie von Reinhart/Rogoff* (2010) auf Basis von langfristigen Zeitreihendaten über zunächst 44 Länder hinweg meinten sie, nachgewiesen zu haben, dass ab einer Schuldenstandquote von *90 Prozent* erhebliche Wachstumseinbußen zu konstatieren wären. Vermutlich aufgrund der Prominenz, vor allem von Rogoff, der eine hohe wissenschaftliche Reputation genoss, aber auch in der Praxis als Chefvolkswirt des IWF aktiv war, wurde diese Analyse weltweit von der Politik viel beachtet. Seitdem gilt die „Hausnummer" von 90 Prozent als gesetzt, obwohl Herndon et al. (2013) erhebliche methodische Defizite in der Ausarbeitung von Reinhart/Rogoff nachweisen und deren Befunde widerlegen konnten (vgl. zur Diskussion Bontrup/Marquardt 2017, S. 91 ff).

Die Vorgaben zum Beitritt in die Europäische Währungsunion im Rahmen des *Stabilitäts- und Wachstumspaktes* waren sogar noch rigider (vgl. Kap. 7.1.4). Auch um Wachstums- und Inflationsgefahren zu vermeiden, wurde – ohne empirische Grundlage – eine Schuldenstandsquote von 60 Prozent als Richtwert vorgegeben (vgl. Marquardt 1994, S. 256 ff.). Diese Marke sollen die Beitrittskandidaten gemäß den Konvergenzkriterien vor dem Beitritt, aber auch danach längerfristig möglichst einhalten. Daraus abgeleitet wurde die Forderung, dass die laufende Neuverschuldung eines Jahres den Wert von 3 Prozent des BIP nicht überschreiten darf (vgl. Kasten)

Arithmetik von Staatsverschuldung und Haushaltsdefizit: I

Die nachfolgenden Überlegungen zu Nachhaltigkeitsaspekten der Finanzpolitik wurden vom US-amerikanischen Ökonomen Evsey Domar (1914–1997) angestoßen (vgl. Domar 1979, S. 95 ff.; SVR 2007):

Zuerst entwickeln wir den dynamischen Zusammenhang zwischen der Schuldenstandsquote (auch: Staatsverschuldungsquote) als Bestandsgröße am Ende einer Periode t ($b_t = \frac{B_t}{Y_t}$ mit B_t = Schuldenstand und Y_t = nominales BIP jeweils am Ende von t) und der Defizitquote ($d_t = \frac{D_t}{Y_t}$ mit D_t = Haushaltsdefizit, also Umfang der Netto-Neuverschuldung, am Ende von t).

Dabei gilt für eine beliebige Periode t (mit $(1 + \omega)$ als Jahr für Jahr konstant unterstellter Wachstumsfaktor des BIP und entsprechend ω als dezimale Wachstumsrate), weil sich der Schuldenstand zwischen t+1 und t um D_t erhöht:

$$d_t = \frac{D_t}{Y_T} = \overbrace{\frac{B_{t+1} - B_t}{Y_t}}^{=D_t} = \frac{B_{t+1}}{Y_t} - \frac{B_t}{Y_t} = \overbrace{\frac{B_{t+1}}{Y_{t+1}}}^{=b_{t+1}} \cdot \overbrace{\frac{Y_{t+1}}{Y_t}}^{(1+\omega)} - \overbrace{\frac{B_t}{Y_t}}^{=b_t} = b_{t+1} \cdot (1 + \omega) - b_t \qquad (7.1)$$

Aufgelöst nach b_{t+1} resultiert:

$$b_{t+1} = \frac{d_t}{(1 + \omega)} + \frac{b_t}{(1 + \omega)} \tag{7.2}$$

Unterstellt, die Defizitquote ist über die Jahre hinweg stabil ($d_{t+1} = d_t = d$) und auch die BIP-Wachstumsrate ändert sich nicht, ergibt sich im Zeitablauf ausgehend von einer Verschuldung in Höhe von B_0 am Ende der Periode t_0 bzw. am Anfang der Periode t_1:

$$t_1: b_1 = \frac{d}{(1 + \omega)} + \frac{b_0}{(1 + \omega)}$$

Daran anknüpfend gilt in der Folgeperiode:

$$t_2: b_2 = \frac{d}{(1 + \omega)} + \frac{\overbrace{b_1}^{=b_1}}{(1 + \omega)} = \frac{d}{(1 + \omega)} + \left(\frac{d}{(1 + \omega)} + \cdot \frac{b_0}{(1 + \omega)} \right) \cdot \frac{1}{(1 + \omega)}$$

$$= \frac{d}{(1 + \omega)} + \frac{d}{(1 + \omega)^2} + \frac{b_0}{(1 + \omega)^2} = d \cdot \left(\frac{1}{1 + \omega} + \frac{1}{(1 + \omega)^2} \right) + \frac{b_0}{(1 + \omega)^2}$$

Bei „scharfem Hinschauen" lässt sich aus der Abfolge als Bildungsgesetz für eine beliebige Periode T festhalten:

$$T: b_T = d \cdot \left(\overbrace{\frac{1}{1 + \omega} + \frac{1}{(1 + \omega)^2} + \cdots + \frac{1}{(1 + \omega)^T}}^{S} \right) + \frac{b_0}{(1 + \omega)^T} \tag{7.3}$$

Dabei stellt die Summe in der Klammer (S) eine endliche geometrische Reihe dar, in der jeder Summand das $\frac{1}{1+\omega}$-fache seines Vorgängers ist. Durch Anwenden der Formel zur Berechnung einer solchen Reihe ergibt sich nach Auflösung: $S = \frac{1}{\omega}$. Demnach lässt sich (7.3) schreiben als:

$$b_T = d \cdot \frac{1}{\omega} + \frac{b_0}{(1 + \omega)^T} \,. \tag{7.4}$$

Das bedeutet nun auf lange Sicht ($T \to \infty$ mit dann $\frac{b_0}{(1+\omega)^T} \to \infty$), weil der Nenner immer größer wird:

$$\lim_{T \to \infty} b_T = b^* = \frac{d}{\omega} \,. \tag{7.5}$$

Langfristig konvergiert nach (7.5) mithin die Schuldenstandsquote bei einer konstanten Defizitquote unabhängig vom Ausgangswert des Schuldenstandsquote gegen den Quotienten aus Defizitquote und Wachstumsrate des nominalen BIP. Ausgehend von der politischen Überzeugung, ein Schuldenstand von 60 Prozent des BIP sei für die Mitgliedstaaten der Währungsunion optimal ($b^* = 0{,}6$) und der damaligen Erwartung, das BIP wachse durchschnittlich im Vorjahresvergleich um 5 Prozent ($\omega = 0{,}05$) war damit eine konstante Defizitquote von $d = b^* \cdot \omega = 0{,}6 \cdot 0{,}05 = 0{,}03$, also 3 Prozent, kompatibel.

Beträgt das nominale Wachstum des Bruttoinlandsprodukts dagegen nur 4 Prozent, so müsste bei einer weiterhin angestrebten Schuldenstandsquote von 60 Prozent die Defizitquote auf 2,4 Prozent zurückgehen. „Daraus ergibt sich nun zwingend, dass die ‚zulässige' Defizitquote immer in Abhängigkeit von der Wachstumsrate und den zu stabilisierenden Schuldenquoten, nie aber allgemeingültig formuliert werden kann" (Heise 2005, S. 191). Obendrein könnte Zielkompatibilität auf drei Wegen erreicht werden.

> Erstens könnte ein höheres [reales] Wachstum avisiert werden. Zweitens ließe sich in Kauf nehmen, dass höhere Preissteigerungen als aktuell stattfinden, denn zwanghaft niedrig gehaltene Preissteigerungen stellen keinen Selbstwert dar. Drittens könnte der maximale Wert der Schuldenquote (bzw. der Neuverschuldungsquote) an- oder aufgehoben werden, denn es gibt keine ökonomische Begründung für die Maximalwerte. (Himpele/Recht, 2013, S. 21 ff.)

Bei einer Beurteilung der *Schuldentragfähigkeit* spielt der Zusammenhang zwischen dem staatlichen *Primärsaldo* und der *Staatsverschuldung* eine wichtige Rolle. Der Primärsaldo erfasst nur die Differenz von staatlichen Einnahmen und Ausgaben, ohne die Zinszahlungen des Staates. Will man das Vertrauen der Gläubiger nicht verlieren und auch zukünftig über die bequeme Option einer rollierenden Kredittilgung verfügen, muss der *Zinsendienst* bedient werden. Bei der Fokussierung auf den Primärsaldo gelten diese Ausgaben damit quasi als unvermeidbar. Um nicht in eine Schuldenspirale zu geraten, müssen dann auf Dauer die ordentlichen, regelmäßig einzuplanenden Einnahmen ausreichen, um auch die anderen geplanten Ausgaben für die sogenannten Kernaufgaben noch finanzieren zu können. Der *Primärsaldo* muss dazu mindestens *ausgeglichen* sein. Ist der Primärsaldo hingegen negativ, können die Kernaufgaben nicht mehr aus regelmäßigen Einnahmen finanziert werden. Entweder muss man dann die Einnahmen erhöhen oder die Ausgaben für die Kernausgaben kürzen oder eine Neuverschuldung in Kauf nehmen. Eine Neuverschuldung allerdings führt in der Folgeperiode dazu, dass die Zinsausgaben weiter steigen und sich die Problematik der Finanzierung des Kernhaushaltes akzentuiert. Längerfristig droht dann die Gefahr, dass die anwachsende Zinslast die Handlungsspielräume der Politik immer weiter einschränkt. Wie sich dieser Zusammenhang in der dynamischen Betrachtung darstellt und welche Schlussfolgerungen daraus abzuleiten sind, zeigt der anschließende Kasten.

Arithmetik von Staatsverschuldung und Haushaltsdefizit: II

Die dynamische Betrachtung lässt auch Überlegungen zum Zusammenhang zwischen der der Primärdefizitquote ($pd_t = \frac{PD_t}{Y_t}$), der Schuldenstandsquote, dem Wirtschaftswachstum und der Höhe der Zinsen zu. Dabei ist das Primärdefizit die Differenz zwischen ordentlichen Einnahmen und Ausgaben, also ohne die Zinsbelastung für die zwischenzeitliche Verschuldung. Im Zusammenhang zwischen Primärdefizit zum gesamten Haushaltsdefizit gilt (mit i = Zinsrate für die Staatsschuld):

$$D_t = PD_t + i \cdot B_t \tag{7.6}$$

Wenn (7.6) in (7.1) berücksichtigt wird, folgt daraus:

$$d_t = \frac{D_t}{Y_T} = \overbrace{\frac{PD_t}{Y_T}}^{=pd_t} + \overbrace{\frac{i \cdot B_t}{Y_t}}^{=i \cdot b_t} = b_{t+1} \cdot (1 + \omega) - b_t$$

$$\Rightarrow \quad b_{t+1} = \frac{pd_t + i \cdot b_t + b_t}{(1 + \omega)} = \frac{pd_t}{(1 + \omega)} + b_t \cdot \frac{(1 + i)}{(1 + \omega)} \tag{7.7}$$

Im Zeitablauf resultiert damit unter den Prämissen konstanter Primärdefizitquoten ($pd_{t+1} = pd_t = \widetilde{pd}$), BIP-Wachstumsraten und Zinsraten:

$$t_1: b_1 = \frac{\widetilde{pd}}{(1+\omega)} + b_0 \cdot \frac{(1+i)}{(1+\omega)}$$

$$t_2: b_2 = \frac{\widetilde{pd}}{(1+\omega)} + b_1 \cdot \frac{(1+i)}{(1+\omega)} = \frac{\widetilde{pd}}{(1+\omega)} + \frac{(1+i)}{(1+\omega)} \cdot \overbrace{\left(\frac{\widetilde{pd}}{(1+\omega)} + b_0 \cdot \frac{(1+i)}{(1+\omega)} \right)}^{=b_1}$$

$$= \frac{\widetilde{pd}}{(1+\omega)} \left(1 + \frac{(1+i)}{(1+\omega)} \right) + b_0 \cdot \frac{(1+i)^2}{(1+\omega)^2}$$

Bei erneut „scharfem Hinschauen" lässt sich aus der Abfolge als Bildungsgesetz für eine beliebige Periode T festhalten:

$$T: b_T = \frac{\widetilde{pd}}{(1+\omega)} \cdot \overbrace{\left(1 + \left(\frac{1+i}{1+\omega} \right)^1 + \left(\frac{1+i}{1+\omega} \right)^2 + \cdots + \left(\frac{1+i}{1+\omega} \right)^t \right)}^{=\bar{S}} + b_0 \cdot \frac{(1+i)^T}{(1+\omega)^T} \qquad (7.8)$$

Dabei stellt $\bar{S}$ wieder eine endliche geometrische Reihe dar, bei der jeder Summand das $(\frac{1+i}{1+\omega})$-fache des Vorgängers ist. Durch Anwenden der Formel dafür und entsprechendes Zusammenfassen resultiert für $\bar{S} = \frac{1+\omega}{i-\omega} \cdot [(\frac{1+i}{1+\omega})^T - 1]$. Einsetzen in (7.8) liefert:

$$b_T = \frac{\widetilde{pd}}{i-\omega} \cdot \left[\left(\frac{1+i}{1+\omega} \right)^T - 1 \right] + b_0 \cdot \left(\frac{1+i}{1+\omega} \right)^T \qquad (7.9)$$

Ein Umstellen nach $\widetilde{pd}$ führt schließlich zu einer Formel, mit der berechnet werden kann, wie groß bei langfristig gegebenen BIP-Wachstumsraten, Zinsraten und Schuldenstandsquote über T-Jahre hinweg die konstante Primärdefizitquoten sein darf, um eine Ziel-Schuldenstandsquote von b_T zu erreichen:

$$\widetilde{pd} = \left[b_T - b_0 \cdot \left(\frac{1+i}{1+\omega} \right)^T \right] \cdot \left[\left(\frac{1+i}{1+\omega} \right)^T - 1 \right]^{-1} \cdot (i - \omega) \qquad (7.10)$$

Ferner kann mithilfe von (7.9) bestimmt werden, unter welchen Bedingungen die Schuldenstandsquote stabil bleibt, so dass $b_T = b_0$:

$$b_T = b_0 = \frac{\widetilde{pd}}{i-\omega} \cdot \left[\left(\frac{1+i}{1+\omega} \right)^T - 1 \right] + b_0 \cdot \left(\frac{1+i}{1+\omega} \right)^T$$

$$\Rightarrow \quad b_0 \cdot \left[1 - \left(\frac{1+i}{1+\omega} \right)^T \right] = \frac{\widetilde{pd}}{i-\omega} \cdot \left[\left(\frac{1+i}{1+\omega} \right)^T - 1 \right]$$

$$\Rightarrow \quad \widetilde{pd} = b_0 \cdot \frac{\overbrace{\left[1 - \left(\frac{1+i}{1+\omega} \right)^T \right]}^{=-1}}{\left[\left(\frac{1+i}{1+\omega} \right)^T - 1 \right]} \cdot (i - \omega) \qquad (7.11)$$

$$\Rightarrow \quad \widetilde{pd} = -b_0 \cdot (i - \omega)$$

$$\Rightarrow \quad \widetilde{pd} = b_0 \cdot (\omega - i)$$

In der praktischen Bedeutung verdeutlicht zum einen Gleichung (7.10), wie problematisch die Maastricht-Zielvorgabe beispielsweise beim Schuldenstand für Griechenland ist. Nach Daten von Eurostat lag Ende 2019 die Schuldenstandsquote bei rund 177 Prozent. Die Wachstumsrate des nominalen griechischen BIP betrug in diesem Jahr rund 1,5 Prozent und die Verzinsung von Staatsanleihen mit 10-jähriger Restlaufzeit lag nach Angaben der OECD bei 2,59 Prozent. Setzt man diese Daten für das Wachstum und den Zinssatz ausgehend vom Schuldenstand Ende 2019 ein und lässt dem Land 20 Jahre Zeit, die 60-Prozent-Vorgabe zu erreichen, benötigt es jährlich eine Primärdefizitquote von

$$\widetilde{pd} = \left[0,60 - 1,77 \cdot \left(\frac{1,0259}{1,015} \right)^{20} \right] \left[\left(\frac{1,0259}{1,015} \right)^{20} - 1 \right]^{-1} \cdot (0,0259 - 0,015) = -0,073.$$

Die negative Defizitquote bedeutet, Griechenland müsste dazu Jahr für Jahr einen Überschuss im Primärhaushalt von 7,3 Prozent des BIP erzielen. Und diese Rechnung ist tendenziell eher günstig, da die BIP-Wachstumsrate nach eigenen Berechnungen im Durchschnitt der letzten zehn (vorrangig: Krisen-)Jahre bei rund – 2 Prozent lag und die Zinsen im Schnitt über 9 Prozent betrugen. Je größer aber die Spanne zwischen Zinssatz und BIP-Wachstumsrate wird, umso größer ist der zielkompatible Primärüberschusssaldo. Dabei lag Griechenland in 2019 mit einer Primärüberschussquote von rund 3,5 Prozent (vgl. EU-Kommission 2020, S. 4) trotz massiver Austeritätspolitik im Haushalt sogar weit unter dem unter günstigen Annahmen errechneten Wert.

Zum anderen lässt die Formel (7.11) unter den in der Herleitung getroffenen Annahmen die Schlussfolgerung zu, dass der *Schuldenstand im Zeitablauf nur dann stabil* bleibt, wenn die Primärdefizitquote dem Produkt auf der rechten Seite entspricht. Sofern dabei die für die Staatsverschuldung relevante Zinsrate mit den nominalen BIP-Wachstum übereinstimmt, muss demnach der Primärhaushalt ausgeglichen sein. Wenn hingegen – wie seit langem in Deutschland – die Zinsrate geringer ausfällt als das Wirtschaftswachstum, kann der Staat ruhig ein Primärdefizit in Kauf nehmen, ohne eine höhere Schuldenstandquote befürchten zu müssen. Einschränken hingegen muss sich der Staat, wenn das Wirtschaftswachstum hinter der Zinsrate zurückbleibt. Dann muss er zur Stabilisierung „negative Defizite", also einen Primärüberschuss, im Haushalt herbeiführen.

Die Logik der bisher dargestellten Arithmetik blendet aber einen wichtigen Aspekt aus. Sie berücksichtigt nicht, dass als Folge der Aufnahme neuer Schulden die zukünftigen Einnahmen steigen bzw. die zukünftigen Ausnahmen fallen könnten. Entscheidend ist dabei, *wofür* das aufgenommene Geld eingesetzt wird. Wenn es für rein konsumtive Zwecke – wie einen pompösen Empfang von ausländischen Staatsgästen – verwendet wird, ändern sich dadurch die zukünftigen Einnahmen und Ausgaben im ordentlichen Haushalt nicht. Wenn hingegen *investive Ausgaben*, wie eine Modernisierung der Infrastruktur, getätigt werden, verbessert das die gesamtwirtschaftlichen Rahmenbedingungen. Das daraus resultierende Wachstumsplus führt zu mehr Staatseinnahmen und weniger Staatausgaben. Im Gegensatz der zuvor angewandten Modellogik sind dann weder die Wachstumsrate noch die zukünftigen Ein- und Ausgaben exogen, sondern sie hängen endogen von der Staatsverschuldung ab. Anders ausgedrückt, die mit der Kreditfinanzierung angestoßenen investiven Aufgaben werfen eine *gesellschaftliche Rendite* ab. Wenn diese höher ausfällt als die Zinsen für die Kredite, ist die Verschuldung nicht nur unkritisch, sie erscheint geradezu geboten. Angesichts der derzeitigen Negativzinsen für den Staat dürfte das derzeit für alle Investitionen gelten, auch wenn sich die gesellschaftliche Rendite von Bildungsausgaben, Infrastrukturmaßnahmen usw. nur schwer messen lässt.

Vor diesem Hintergrund betrachtet die *„Goldene Regel der Finanzpolitik"* Staatsverschuldung auch solange als unproblematisch, wie staatliche Investitionen mit Krediten finanziert werden bzw. die Einnahmen aus Krediten die Summe der im Haushaltsplan veranschlagten Ausgaben für Investitionen nicht überschreiten. Diese war vor der Einführung der Schuldenbremse im Grundgesetz in Art. 115 GG (alte Fassung) so festgelegt. Und es war darüber hinaus festgeschrieben, dass zur „Abwehr einer Störung des gesamtwirtschaftlichen Ungleichgewichts" (vgl. ausführlich Zuck 1975), was bei vorliegender Massenarbeitslosigkeit in Deutschland seit Mitte der 1970er-Jahre der Fall ist, auch darüber hinaus Schulden gemacht werden dürfen.

Diese finanzpolitischen Freiheiten wurden mit dem Europäischen Stabilitäts- und Wachstumspakt, der Schuldenbremse und dem Fiskalpakt zugunsten *starrer Regel* aufgegeben, die keine Rücksicht mehr auf die Frage nehmen, was mit den Krediten finanziert werden soll, wie hoch die Zinsen für die Kredite sind und wie hoch die zu erwartende Rendite von fremdfinanzierten Staatsinvestitionen ausfällt. Diese Regelbindung wurde zu einer *„fiskalischen Zwangsjacke"* (Bofinger S. 94 ff.; vgl. auch Heise 2002 S. 269 ff.).

Ungeachtet aller kleiner Flexibilitäten besteht dadurch zudem im konjunkturellen Abschwung die Gefahr einer eigendynamischen, prozyklischen Verstärkung. Im Abschwung fallen aufgrund der nachlassenden Wirtschaftstätigkeit die Einnahmen des Staates, während die Ausgaben insbesondere die Ausgaben für die Arbeitslosenversicherung zunehmen. Insofern wird in der Defizitquote der Zähler größer. Zugleich wird der Nenner, also das BIP, kleiner, sodass die Defizitquote steigt. Hat der Staat nun nicht genügend Spielraum, das Defizit in Kauf zu nehmen, muss er die Einnahmen primär über Steuern und/oder die Ausgaben kürzen. Dies belastet die gesamtwirtschaftliche Nachfrage, sodass die Produktion weiter einbricht und sich der Abwärtstrend verschärft. Es kommt zu einer *Deflationsspirale.* „In Deutschland hat der Reichskanzler Brüning mit einer solchen (Parallel)-Politik Anfang der dreißiger Jahre des letzten Jahrhunderts den Zusammenbruch der ‚Weimarer Republik' herbeigeführt und damit den Nationalsozialisten den Weg bereitet" (Bofinger 2003, S. 27).

7.2.7.2 Kontroversen um die Staatsverschuldung

Lange Zeit forderten fast alle Politiker und Parteien – nicht nur in Deutschland – eine massive Rückführung der Staatsverschuldung. Unterstützt wurden sie dabei von den Medien und einer neoliberalen Mainstream-Ökonomie (vgl. Elsner 2011). Die erreichte Höhe der Staatsverschuldung sei unerträglich und man müsse ihr mit einem drastischen Kürzungs- und Konsolidierungsprogramm entgegentreten. Um die Verschuldung in Deutschland einzudämmen forderten beispielsweise 2005 die Minister-präsidenten von Sachsen, Niedersachsen und Rheinland-Pfalz, Georg Milbradt (CDU), Christian Wulff (CDU) und Kurt Beck (SPD), einen *„nationalen Anti-Schulden-Pakt"*. Im Grundgesetz sollten sogar Strafen für Überschreitungen bestimmter Obergrenzen fest-geschrieben werden. Statt die Bekämpfung der Massenarbeitslosigkeit, prekäre Be-schäftigung und Armut in Deutschland in den Mittelpunkt zu stellen, gab auch die erste Große Koalition von CDU/CSU und SPD der Sanierung der öffentlichen Haushal-te oberste Priorität. Ein Instrument, wie der Staatshaushalt, wurde dabei in den Rang eines wichtigen wirtschaftspolitischen Ziels befördert.

Über Staatsverschuldung wurde auch in der Wirtschaftswissenschaft schon im-mer gestritten. „So unterzog der Begründer der liberalen Volkswirtschaftslehre, Adam Smith, die Staatsverschuldung in bewusster Abkehr vom schuldenfreundlichen Mer-kantilismus einer vernichtenden Kritik und Karl Marx betrachtete die Staatsschuld als die ‚Veräußerung des Staats'" (Bajohr 2016, S. 3). Auch Ricardo verurteilte die Staats-schuld (vgl. Ricardo 1980, S. 94 ff.). Dahingegen mahnte der deutsche Ökonom *Lorenz von Stein* (1815–1890), *„dass ‚ein Staat ohne Staatsschuld' entweder ‚zu wenig für seine Zukunft' tue oder ‚zu viel von seiner Gegenwart fordere'"* (zitiert bei Bajohr, 2016, S. 3). Vor allen Dingen erachtete Keynes Staatsverschuldung zur konjunkturellen Krisenbe-wältigung als unbedingt notwendig (vgl. Keynes (1936) 2009). Der Streit wird bis heute zwischen orthodoxen und heterodoxen Ökonomen weitergeführt.

Die *orthodoxe Ökonomie* geht von einem sich selbst regulierenden Marktmecha-nismus aus, der keine staatlichen Eingriffe benötige bzw. in dem diese – erst recht, wenn sie kreditfinanziert sind – sogar kontraproduktiv wirken. Friedman sah den Staat sogar nur als einen „ineffizienten Kostgänger" der privaten Wirtschaft. Er forder-te daher, die Staatätigkeiten auf das aus seiner Sicht Notwendigste, nämlich auf das Setzen von rechtlichen Rahmenbedingungen zu beschränken, um so die Ausgaben zu senken und in Folge die Steuerzahlungen und/oder die zinstreibende Staatsverschul-dung zu reduzieren. Für Friedman galt dabei auch die längerfristige Entwicklung des Sozialprodukts als unabhängig von einer staatlich gesteuerten Nachfrage (vgl. Kap. 5.6).

Heterodoxe Ökonomen halten den marktwirtschaftlich-kapitalistischen Staat für immanent krisenanfällig, was die Politik geradezu nötigte, in den versagenden Markt-mechanismus stabilisierend einzugreifen, und zwar auch dann, wenn dabei Defizite im Haushalt entstünden. Die Staatsverschuldung nimmt in der Fiskalpolitik neben der Steuerpolitik eine bedeutende Rolle ein. Der Ökonom Rudolf Hickel schreibt dazu:

> In der Situation festgefahrener Unterauslastung volkswirtschaftlicher Produktionskapazitäten muss der Staat nachfragewirksame Konjunkturprogramme – in Form von direkter Ausgabener-höhung und/oder indirekt nachfragewirksamer Steuersenkung – realisieren. Die Finanzierung über öffentliche Kredite ist dabei geboten, denn damit werden kontraproduktive Abgabenerhö-hungen vermieden. Über multiplikative Wirkungen induzieren staatliche Konjunkturprogramme einen diese Verschuldung übersteigenden Produktions- bzw. Einkommenseffekt. Die Finanzie-rung derartiger Programme über Staatsverschuldung vermeidet einmal nachfrageschmälernde

(steuerliche) Abgabenerhöhungen – als alternative Finanzierungsform. Zum anderen führt die darüber finanzierte, zusätzliche staatliche Nachfrage zur Ankurbelung der Wirtschaft und damit zur Überwindung der Situation unterausgelasteter Kapazitäten. Wenn diese Ankurbelung der Wirtschaft gelingt, d. h. expansive Mengeneffekte zustande kommen und diese nicht über Preiserhöhungen kompensiert werden, dann gilt für die den Impuls auslösende öffentliche Verschuldung das Prinzip der Selbstfinanzierung („Autokonsolidierung"), denn durch darüber wieder sprudelnde Einnahmequellen und die Möglichkeit der Rücknahme von Konjunkturprogrammen lassen sich die ursprünglichen Staatsdefizite abbauen. Dies ist die Grundidee antizyklischer Verschuldungspolitik (Hickel 1980, S. LXX).

Dabei ist bei der gesamtwirtschaftlichen *Beurteilung der Staatsverschuldung* auch eine entsprechende makro- und nicht eine *mikroökonomische Sichtweise* angemessen. Insbesondere ist Staatsverschuldung nicht gleichzusetzen mit der Verschuldung von Privaten. „Sparsam und fleißig zu sein, ist gewiss eine Tugend für den Einzelnen, über seine Verhältnisse zu leben und hohe Schulden zu machen, gewiss ein Laster. Aber es ist gefährlich, diese Tugendlehre auf ganze Staaten zu übertragen" (von Weizsäcker 2018, S. 2).

Das wird durch verschiedene Überlegungen deutlich (vgl. auch Merk 1974, S. 148 f.):

- Bereits bei der Beurteilung von Haushaltsüberschüssen wird ein Unterschied deutlich. Während es aus einzelwirtschaftlicher Sicht erstrebenswert ist, mehr Einnahmen als Ausgaben zu haben, um nicht bei einer andernfalls erforderlichen Kreditaufnahme in die Abhängigkeit vom Geldgeber zu geraten, kann dies für sich genommen nicht das Ziel des Staatshaushaltes sein. Hier mehr Einnahmen als Ausgaben vorzuweisen, hieße der Staat nimmt seinen Bürgern über das Abgabensystem mehr Geld weg, als er ihnen im Gegenzug über seine Ausgaben an Leistungen zukommen lässt.

- Auch ist das *Abhängigkeitsverhältnis* bei einer Verschuldung grundsätzlich unterschiedlich. Ein privater Schuldner muss den Schuldendienst gegenüber seinem Gläubiger regelmäßig erfüllen. Gelingt ihm dies nicht, droht am Ende die Zwangsvollstreckung. Hier ist der Schuldner bei einer anderen Person, dem Gläubiger, verschuldet. Bei der Staatsverschuldung hingegen hat sich der Staat verschuldet, um damit Ausgaben für seine Bürger zu finanzieren. Hinter dem Schuldner Staat als Institution stehen aber seine Bürger. Mit anderen Worten die Bürger sind zumindest per Saldo gesamtwirtschaftlich bei sich selbst verschuldet (sofern es – wie in Deutschland – keine Auslandsverschuldung gibt).

- Obendrein verfügt der Staat durch die *Steuerhoheit* über die Möglichkeit, sich seine Einnahmen zu verordnen. Will er die Schuld wirklich abbauen, kann er sich das ausstehende Geld einfach durch eine Steuererhöhung beschaffen oder er verkündet im Extremfall einen *Schuldenschnitt* und erklärt damit die Schulden für null und nichtig. Diese bequeme Möglichkeit hat ein privatwirtschaftlicher Schuldner nicht. Abgesehen davon, würde die Volkswirtschaft auch nicht reicher durch ein Begleichen der Schuld. Wird die Schuld über höhere Steuereinnahmen abgebaut, käme es nur zu einer Umverteilung von den Steuerzahlern zu den Inhabern staatlicher Wertpapiere. Bei einem Schuldenschnitt hingegen würde der Staat einen Teil seiner Verbindlichkeiten und Zinszahlungen einsparen und die Vermögenden einen Teil ihrer Forderungen und Zinseinnahmen verlieren.

- Darüber hinaus wird der Schuldner Staat, also das Staatsvolk, unter normalen Umständen *immer fortbestehen*. Das ist bei privaten Schuldnern ebenfalls anders.
- Diese Besonderheiten führen übrigens dazu, dass der deutsche Staat trotz einer Verschuldung von rund 2 Bio. EUR an den Kapitalmärkten unter den nationalen Schuldnern immer schon die *höchste Bonität* genießt und daher die geringsten Zinsen zahlen muss. (Angesichts der Krisen seit 2007 ist die Rendite der Papiere derzeit sogar negativ.) Solange also der Staat das Vertrauen in die Tragfähigkeit des Haushaltes genießt, können fällige Anleihen durch vergleichsweise niedrigverzinste Neuverschuldung abgelöst werden.

Vom Befürworter zum Kritiker der Schuldenbremse

Die Arbeitsgruppe Alternative Wirtschaftspolitik hat bereits im Vorfeld der Diskussionen über die Einführung einer Schuldenbremse sowie des EU-Fiskalpakts Kritik an einem prinzipiellen Verzicht der Kreditfinanzierung öffentlicher Investitionen und damit an der Abschaffung der *„Goldenen Regel"* geübt. Die vorhergesagten Belastungen der Gesellschaft und Wirtschaft sind eingetreten. Unter diesem Druck revidieren auch ehemalige Befürworter der Schuldenbremse ihre Position und *fordern eine Abkehr:*

Der *„linke Flügel"* der SPD hat sich zwischenzeitlich – und zwar vor der Corona-Krise schon – von der Schuldenbremse losgesagt. Die Parteivorsitzenden Saskia Esken und Norbert Walter Borjans betonten beispielsweise bei ihrer Bewerbung um den Parteivorsitz: „Auf der Grundlage des grundfalschen Mythos vom schlanken Staat, der die Haushaltsdisziplin unter dem Begriff der sogenannten „schwarzen Null" über alle anderen Prioritäten stellte, blicken wir auf mehr als 20 Jahre zu geringe Investitionstätigkeit zurück. Sie hat dazu geführt, dass der öffentliche Kapitalstock vernachlässigt wurde, statt ihn mit steigenden Anforderungen zu vergrößern. Die Folge ist ein erheblicher Investitionsstau. Durch den sichtbaren Verfall von Gebäuden und Infrastruktur sind die physikalischen Schulden der Bundesrepublik beispielsweise im Bildungsbereich auf 48 Milliarden, bei der Schieneninfrastruktur auf 58 Milliarden und vor allem in den Kommunen auf 138 Milliarden Euro angewachsen. Die schwäbische Hausfrau, die hier oft bemüht wird, würde sich schämen, ihren Haushalt, ihre Kinderstube so verkommen zu lassen. Und sie würde auch nicht zögern, für die notwendige Renovierung ein Bauspardarlehen, also einen Kredit, in Anspruch zu nehmen." (Borjans/Esken o. J.)

Der Sachverständigenrat zur Begutachtung der gesamtwirtschaftlichen Entwicklung (*SVR*), der wiederholt auf die produktive Kraft öffentlicher Investitionen für den Standort Deutschland hingewiesen hat, fordert ebenfalls eine „konzeptionelle Verbesserung". Allerdings hatte er sich auch schon im Vorfeld der politischen Diskussion um die Schuldenbremse in einem Sondergutachten für eine Modifikation der bis dahin gültigen „goldenen Regel" statt einer starren Regel stark gemacht (vgl. SVR 2007, S 1 f.): „[...] die Forderung eines generellen Verschuldungsverbots abzuleiten wäre ökonomisch ähnlich unsinnig, wie Privatleuten oder Unternehmen die Kreditaufnahme zu verbieten. [...] Auch [eine dauerhafte Staatsverschuldung] kann [...] unter intergenerativen Verteilungsgesichtspunkten gerechtfertigt sein, nämlich im Zusammenhang mit öffentlichen Investitionen, die das Vermögen kommender Generationen erhöhen oder, vermittelt über ihre Produktivitätseffekte, künftige Erträge hinterlassen und diese somit ‚reicher' machen. Die intergenerative Umverteilungswirkung der Staatsschuld ist hier ein gewünschtes Ergebnis, um auch die künftigen Nutznießer der heutigen Ausgaben an den Finanzierungslasten zu beteiligen. Dies ist die Intention hinter der ‚Goldenen Regel der Finanzpolitik', die eine Kreditfinanzierung von Investitionen zulässt."

Die *fünf führenden Wirtschaftsforschungsinstitute* schreiben im letzten Herbstgutachten von 2019: „Ein Festhalten an der schwarzen Null wäre schädlich." *Christian Kastrop*, der als Erfinder der Schuldenbremse im Bundesfinanzministerium gilt, stellt heute fest: „Die Schuldenbremse braucht eine Modernisierung."

Das den Arbeitgebern nahestehende *Institut der deutschen Wirtschaft* (IW) beziffert zusammen mit dem gewerkschaftsnahen *Institut für Makroökonomie und Konjunkturforschung* (IMK) der Hans-Böckler-Stiftung die dringlichen, durch den Staat abzuarbeitenden Investitionsbedarfe für die nächsten zehn Jahre auf 457 Mrd. EUR, davon allein 138 Mrd. EUR an kommunalen Investitionen. Vor dem Hintergrund fordert das IW: „Schuldenbremse für nötigen Spielraum modifizieren" (Institut der deutschen Wirtschaft 2020).

Dieter Kempf, Präsident des Industrieverbands *BDI* und Reiner Hoffmann, Chef des *DGB*, präsentierten im November 2019 die gemeinsame Initiative: „Öffentliche Investitionen für ein zukunftsfestes Deutschland". In der oben zitierten Studie des IW zusammen mit dem IMK sind die Forderungen entwickelt und geschätzt worden. Bei der Diskussion, wie das Zukunftsinvestitionsprogramms umzusetzen sei, stellt sich die Frage: Wie können unter der Schuldenbremse öffentliche Investitionen finanziert werden? Geplant ist die Einrichtung eines öffentlichen Investitionsfonds, bei dem eine Erhöhung des staatlichen Infrastrukturbestands um 10 Mrd. EUR das Bruttoinlandsprodukt jährlich um 2,5 Mrd. EUR dauerhaft steigen lässt. Genutzt werden können also Multiplikatoreffekte. Dieser Investitionsfonds öffnet einen Weg, um das Bruttoinlandprodukt deutlich steigen zu lassen. Nach Kempf geht es „nicht in erster Linie darum, Symptome einer Rezession zu bekämpfen, sondern Ursachen einer Wachstumsschwäche anzugehen". Dazu soll die Schuldenbremse auch mit Blick auf die Kriterien im EU-Fiskalpakt in einem ersten Schritt großzügig ausgelegt werden" (Hickel 2020).

7.2.7.3 Staatsverschuldung und einzelwirtschaftliche Rationalität

Keynes hat schon in den 1930er-Jahren auf eine dem Kapitalismus innewohnende *einzelwirtschaftliche Rationalitätsfalle* hingewiesen. Diese findet „bei den heutigen Protagonisten der Konjunkturbereinigung keine ausreichende Anerkennung" mehr (vgl. Hickel 2019, S. 151). Spart ein einzelner privater Haushalt oder ein Unternehmen, so mag dies einzelwirtschaftlich betrachtet rational sein und zu einer angestrebten Konsolidierung führen. Sparen aber alle privaten Haushalte, Unternehmen und auch noch der Staat, so müssen bei allen die Einnahmen zurückgehen, weil jede Ausgabe eines einzelnen Akteurs gleichzeitig auch die Einnahme eines anderen Akteurs darstellt (*„Transaktionsgleichgewicht"*).

Im Ergebnis stagnierte das wirtschaftliche Wachstum, es werden weniger Steuereinnahmen generiert. Letztlich steigt trotz des Sparens paradoxerweise die Staatsverschuldung (*„gesamtwirtschaftliches Sparparadoxon"*; vgl. Oberhauser 1985, S. 333 ff.).

Macht in einer Volkswirtschaft niemand Schulden, kann auch niemand Überschüsse erwirtschaften. Das Defizit des einen ist notwendigerweise der Überschuss des anderen. Insofern impliziert eine Staatsverschuldung nichts anderes, als dass die übrigen Teilnehmer des Wirtschaftslebens – private Haushalte, Unternehmen und das Ausland – einen exakt gleich großen Überschuss besitzen. Die Summe aller Schulden ist immer gleich groß der Summe allen Vermögens. Wenn die Guthaben wachsen, steigen auch die Schulden.

Dieser gesamtwirtschaftliche Zusammenhang wird in der öffentlichen Debatte über Staatsverschuldung ausgeblendet. Einer *„Schuldenuhr"*, wie sie etwa vom Steuerzahlerbund auf seiner Homepage präsentiert wird (Bund der Steuerzahler o. J.), sollte seriöser Weise eine *„Vermögensuhr"* daneben gestellt werden. Berichten die Medien oder der Steuerzahlerbund, die deutsche Staatsverschuldung betrage pro Bürger mehr als 2.500 EUR, so kann man das auch umdrehen und sagen: Jeder Bürger hat beim deutschen Staat ein Guthaben von im Mittel mehr als 2.500 EUR (vgl. auch Krämer 2001, S. 821).

7.2.7.4 Staatsverschuldung und Generationengerechtigkeit

Auch die Behauptung, der Staat würde *„über seine Verhältnisse leben"* und „zukünftige Generationen" belasten, ist bei näherer Betrachtung nicht haltbar. Im Gegenteil: Es ist ökonomisch und generationsübergreifend überaus sinnvoll, die allokativ genutzte Schuldenaufnahme für öffentliche Güter einzusetzen, um die ökonomische (infrastrukturelle) und ökologische Entwicklung einer Volkswirtschaft zu stärken. Dies kann u. a. mit dem *„Barro-Ricardo-Äquivalenztheorem"* gezeigt werden:

> Altruistische Eltern beziehen die künftigen Steuerzahlungen ihrer Nachkommen so in das eigene Nutzenkalkül ein, dass der Planungshorizont jeder Generation über die eigene Lebensdauer hinausreicht. Sie erkennen, dass die heutige Ersetzung von Steuern durch Kreditaufnahme bei gleichbleibenden Staatsausgaben künftig Steuern zur Deckung der entstehenden Finanzierungslücke erforderlich macht. Aus Sorge um den eigenen Nachwuchs bilden Eltern freiwillig so hohe Rückstellungen, dass die gegenwärtige Steuerersparnis dem Gegenwartswert künftiger Kreditdienste entspricht. Diese Steuerersparnis wird in Form einer Erbschaft an nachfolgende Generationen weitergereicht, die damit die anfallenden Kreditdienste leisten können. (Brümmerhoff 2011, S. 640)

Da zudem künftige Generationen von *öffentlichen Investitionen* profitieren, wozu insbesondere auch Bildungsinvestitionen, Infrastrukturmaßnahmen und der ökologische Umbau der Energieversorgung (vgl. dazu Marquardt 2019, 2020b) zählen, ist es – sofern die Verschuldung zur Investitionsfinanzierung mobilisiert wird – nicht korrekt zu behaupten, die nachfolgenden Generationen würden nur mit den Staatsschulden belastet. Sie kommen schließlich auch in den Genuss der kreditfinanzierten Leistungen und Güter. So wie jedes Unternehmen Anschaffungen und andere Investitionen über einen längeren Zeitraum abschreibt und entsprechend finanziert, müsste das auch beim Staat im Sinne der *„goldenen Regel"* selbstverständlich sein, indem die Rückzahlungslast über die Zeitschiene durch Kreditaufnahme gestreckt wird. Eine alternative sofortige Finanzierung von Investitionen durch Steuern belastet hingegen nur die Steuern zahlende Generation. Dies betonte, wie bereits erwähnt, schon Lorenz von Stein.

Dass ein Staat ohne Staatsschuld, wie von Stein ausführte, „zu wenig für die Zukunft tut", wird deutlich mit einem Blick auf die unter dem Spardiktat stehende Ent-

Tab. 7.4: Investitionen im Staatssektor seit der Wiedervereinigung. Wachstumsquote = Nettoinvestitionen: Abschreibungen · 100. Quellen: Statistisches Bundesamt, Volkswirtschaftliche Gesamtrechnungen, Investitionen, 3. Vierteljahr 2019, eigene Berechnungen.

Jahr	Brutto-inlands-produkt (BIP)	Brutto-anlage-investi-tionen	Abschrei-bungen	Netto-anlage-investi-tionen	Anteil Bruttoanlage-investitionen am BIP	Anteil Nettoanlage-investitionen am BIP	Wachs-tums-quote
	in Mrd. Euro	in Mrd. Euro	in Mrd. Euro	in Mrd. Euro	in v. H.	in v. H.	in v. H.
1991	1.585,8	49,8	37,0	12,4	3,1	0,8	0,34
1992	1.702,1	55,3	39,6	15,2	3,3	0,9	0,38
1993	1.750,9	54,4	41,8	12,1	3,1	0,7	0,29
1994	1.829,6	53,6	42,9	10,3	2,9	0,6	0,24
1995	1.894,6	49,9	44,0	5,4	2,6	0,3	0,12
1996	1.921,4	48,8	44,2	4,2	2,5	0,2	0,10
1997	1.961,2	45,9	44,4	1,1	2,3	0,1	0,02
1998	2.014,4	46,5	44,5	1,6	2,3	0,1	0,04
1999	2.059,5	49,2	44,8	4,0	2,4	0,2	0,09
2000	2.109,1	49,0	45,5	3,2	2,3	0,2	0,07
2001	2.172,5	49,2	46,1	3,1	2,3	0,1	0,07
2002	2.198,1	48,2	46,7	1,7	2,2	0,1	0,04
2003	2.211,6	46,8	47,1	−0,1	2,1	0,0	0,00
2004	2.262,5	43,9	47,7	−3,5	1,9	−0,2	−0,07
2005	2.288,3	44,1	48,3	−4,9	1,9	−0,2	−0,10
2006	2.385,1	48,8	49,4	−1,6	2,0	−0,1	−0,03
2007	2.499,6	49,3	51,9	−3,3	2,0	−0,1	−0,06
2008	2.546,5	53,8	53,8	−1,0	2,1	0,0	−0,02
2009	2.445,7	58,1	55,2	2,7	2,4	0,1	0,05
2010	2.564,4	60,5	56,6	2,9	2,4	0,1	0,05
2011	2.693,6	62,5	58,8	2,7	2,3	0,1	0,05
2012	2.745,3	60,8	61,6	0,5	2,2	0,0	0,01
2013	2.811,4	61,3	63,5	−2,8	2,2	−0,1	−0,04
2014	2.927,4	61,4	65,3	−4,5	2,1	−0,2	−0,07
2015	3.030,1	64,8	66,9	−2,1	2,1	−0,1	−0,03
2016	3.134,1	68,7	68,7	−0,02	2,2	0,0	0,00
2017	3.245,0	73,2	71,6	1,5	2,3	0,0	0,02
2018	3.344,4	79,5	75,5	4,1	2,4	0,1	0,05
1991–2018	66.333,9	1.537,2	1.463,5	64,88	2,3	0,1	0,04

wicklung der *Staatsinvestitionen* Deutschland. Die kumulierten Werte lagen bei den staatlichen Nettoinvestitionen seit der Wiedervereinigung von 1991 bis 2018 bei lediglich 64,8 Mrd. EUR. Der Anteil am nominalen Bruttoinlandsprodukt betrug marginale 0,1 Prozent. In den Jahren 2003 bis 2008 und 2013 bis 2016 waren die Abschreibungen sogar größer als die Bruttoinvestitionen, sodass es im staatlichen Sektor zu einem schwerwiegenden *Substanzverzehr* gekommen ist (vgl. Tab. 7.4).

Außerdem ist hinsichtlich des Generationenarguments zu bedenken, dass künftige Generationen nicht nur die Schulden erben, sondern auch die dahinterstehenden Forderungen in Form der emittierten Wertpapiere. Staatsverschuldung heißt eben nichts anderes, als dass hinter den Staatsschulden exakt gleich große Vermögensbestände bzw. Überschüsse stehen. Für zukünftige Generationen stellt sich dies als Nullsummenspiel dar (da Deutschland aufgrund seiner Leistungsbilanzüberschüsse per Saldo nicht im Ausland verschuldet ist). Problematisch wird in zukünftigen Generationen allenfalls die individuelle Lastenverteilung, zwischen denjenigen, die Wertpapiere erben, und denjenigen die für die Rückzahlung über Steuern aufkommen.

7.2.7.5 Staatsverschuldung und Crowding-Out

Ebenso ist die Behauptung wenig fundiert, dass durch die wachende Staatsverschuldung ein „*Crowding-Out*" kreditfinanzierter Privatinvestitionen ausgelöst wird. Zinssätze steigen nicht automatisch mit der Zunahme der Staatsverschuldung. Sie werden vielmehr wesentlich durch den Kurs der Geldpolitik bestimmt, zudem drückt der internationale Sparüberschuss weltweit auf die Zinsen. Die Zunahme der Staatsschulden durch die Finanzkrise ab 2007 ist in der Folgezeit per Saldo mit deutlich sinkenden Kapitalmarktzinsen einhergegangen. Die in der „Eurokrise" zeitweise angestiegenen Zinsen spiegelten im Wesentlichen steigende Ausfallrisiken und nicht Knappheitsverhältnisse am Kapitalmarkt wider.

Ein wesentlicher Treiber der Investitionsnachfrage ist zudem vielmehr die Erwartung der Unternehmen bezüglich der Nachfrage- und Gewinnentwicklung. Zinskosten sind für Investitionsentscheidungen von nachgeordneter Bedeutung. Die durchschnittliche Nettozinsaufwandsquote (Zinsaufwendungen minus Zinserträge bezogen auf die gesamte Wertschöpfung) aller deutschen Unternehmen lag 2017 nicht einmal bei 3 Prozent (vgl. Deutsche Bundesbank 2018, S. 38).

Dies erklärt übrigens auch die trotz historisch niedriger Kreditzinsen lange Zeit geringe Nachfrage des Unternehmenssektors nach Investitionskrediten. Durch eine schuldenfinanzierte Finanzpolitik ist deshalb eher mit einem „*Crowding-In*" zu rechnen, also einer Stärkung der Privatinvestitionen aufgrund eines attraktiveren Investitionsumfeldes und einer unterstützenden öffentlichen Infrastruktur (vgl. Arbeitsgruppe Alternative Wirtschaftspolitik 2018, S. 197 f.). Die These wird auch durch eine Metastudie von Gechert (2015; 2015b, vgl. Kap. 6.2.2) unterstützt.

7.2.7.6 Staatsverschuldung und Umverteilung

Durch Staatsverschuldung würden Umverteilungsprozesse ausgelöst, heißt es. Einkommen und Vermögen werde „von unten nach oben" wandern, weil der Staat sich bei vermögenden Staatsbürgern verschuldet, fällige Zinsen und Tilgung aber aus dem allgemeinen Steueraufkommen begliche und so einer staatlich initiierten Umverteilung Vorschub leiste. Die hinter dieser Argumentation stehende ökonomische Kausalitäten wird von der Arbeitsgruppe Alternative Wirtschaftspolitik bezweifelt: Zinseinkommen entstehen dadurch, dass einzelne Haushalte in der Lage sind, Ersparnisse zu bilden. Aus der Staatsverschuldung folgt somit *kein Gerechtigkeitsproblem, das nicht* mit Blick auf die vorhandenen Einkommens- und Vermögensdisparitäten *bereits bestanden hätte*. Für den einzelnen Geldvermögensbesitzer ist es letztlich unerheblich, ob er gegenüber dem Staat oder einzelnen Privaten im In- oder Ausland eine Gläubigerposition einnimmt:

> Dass die Kreditzeichner sich unter den mannigfachen Anlagealternativen auf dem Kapitalmarkt ,zufällig' für ein Staatspapier entschieden haben, ist nicht kausal für ihr Zinseinkommen; denn hätte sich der Staat für eine Steuerfinanzierung entschieden, so hätten sie eine alternative Anlageform wählen müssen und dafür ebenfalls ein Zinseinkommen bezogen. Das dem Gläubiger zufließende Zinseinkommen ist in jedem Fall von Dritten aufzubringen. (Arbeitsgruppe Alternative Wirtschaftspolitik 2001, S. 264)

Außerdem muss man sich fragen,

> ob die bisherigen Gläubiger weniger sparen oder ob sie sich anderweitige Geldanlagen suchen würden. Ein Blick auf die Statistik der Gläubiger des deutschen Staates ist hier aufschlussreich und evident. Die Beteiligung inländischer Nichtbanken (aller produzierenden und dienstleistenden Unternehmen) an deutschen Staatsanleihen war in den letzten 20 Jahren eher bescheiden. Bis 1999 hielten deutsche Banken die Hälfte dieser Anleihen. Danach haben sie aber einen Großteil verkauft, um sich global zu engagieren. Heute sind es zu über 50 Prozent ausländische Investoren (sie ist übrigens kein Widerspruch zu der Aussage, dass per Saldo Deutschland nicht im Ausland verschuldet ist), die deutsche Staatspapiere besitzen, zu knapp 30 Prozent deutsche Banken und zu 20 Prozent inländische Nichtbanken. Ein Abbau der deutschen staatlichen Nettokreditaufnahme wird deshalb vorwiegend zu einer Abwanderung ausländischer Anleger führen. Somit ist nicht davon auszugehen, dass der Wegfall defizitfinanzierter Staatsnachfrage zu vermehrter anderweitiger volkswirtschaftlicher Nachfrage führen wird. Im Gegenteil: Es muss mit einer entsprechenden Minderung der volkswirtschaftlichen Nachfrage in Deutschland gerechnet werden. (von der Vring 2010, S. 32)

7.2.7.7 Fazit zur Schuldenbremse

Die Absurdität der Schuldenbremse und des Europäischen Fiskalpaktes wird immer deutlicher. Die in den letzten 10 Jahren unter dem Geist der Schuldenbremse (besser „Kreditbremse") praktizierte staatliche Austeritätspolitik hat in den Volkswirtschaften (auch in Deutschland) große infrastrukturelle Schäden hinterlassen. Selbst die Unternehmerverbände erkennen immer mehr, dass sie zur Realisierung ihrer privatwirtschaftlichen Profitrate auf die öffentliche Bereitstellung von Infrastruktur angewiesen sind. Aber auch Staat und Gesellschaft leiden mittlerweile unter der seit Jahren praktizierten Unterinvestition in die öffentliche Infrastruktur, in eine ökologische Neuausrichtung der Energieversorgung, in Bildung, Pflege, innere Sicherheit usw.

So zwingt die Schuldenbremse die heute regierende Politik sogar zu einer schäbigen Manipulation, d. h. zu einem Umgehen der Schuldenbremse, um nicht noch weiteren Schaden an der Infrastruktur hinnehmen bzw. auf eine sinnvolle Nutzung (u. a. von Schulgebäuden) verzichten zu müssen (vgl. dazu den folgenden Kasten).

Öffentlich-Öffentliche-Partnerschaften (ÖÖP)

Zur Umgehung der Schuldenbremse plant der Berliner Senat *ÖÖP-Modelle*. Berlin, die Hauptstadt Deutschlands, ist pleite und kann nicht einmal mehr die Schulen sanieren. Einen Betrag von insgesamt 5,5 Mrd. EUR müsste das Land dafür ausgeben. Das geht aber aufgrund der Schuldenbremse nicht. Ab 2020 dürfen die Bundesländer quasi keine Kredite mehr aufnehmen. Deshalb ist der rot-rot-grüne Senat jetzt auf die Idee gekommen und hat die landeseigene Wohnungsbaugesellschaft Howoge GmbH damit beauftragt, die Schulsanierungen zu tätigen und dazu die entsprechenden Kredite am Kapitalmarkt aufzunehmen. Die GmbH unterliegt hier nicht der Schuldenbremse, obwohl die Howoge ein 100-prozentiges Staatsunternehmen ist. Kritiker werfen deshalb dem Senat „Taschenspielertricks" und eine „Privatisierung der Schulen durch die Hintertür" vor. Befürworter argumentieren dagegen wie folgt: Bei Abwägung aller Argumente plädieren wir für eine offensive Ausnutzung der trotz der Schuldenbremse weiterhin vorhandenen Spielräume, insbesondere durch ÖÖP, wohl wissend, dass dies von vielen politischen Akteuren als Aufruf zur Bildung von Schattenhaushalten und als verantwortungsloser Verstoß gegen die Schuldenbremse denunziert wird. Zugleich werden beispielhaft für Berlin konkrete Anforderungen an ÖÖP-Modelle diskutiert, wie Transparenz und parlamentarische Kontrolle. Öffentlich-Öffentliche-Partnerschaften werden hier als gangbarer Weg bezeichnet: Statt ÖPP sollen bei der Sanierung und dem Neubau von Berliner Schulen – wie bereits in Hamburg – ÖÖP-Modelle erprobt werden, und zwar im Umfang von 1,5 Mrd. EUR der in den nächsten zehn Jahren insgesamt für diesen Zweck veranschlagten 5,5 Mrd. EUR. Der entscheidende Unterschied zu Öffentlich-Privaten-Partnerschaften (ÖPP) liegt darin, dass private Investoren außen vor bleiben. Es fließen somit keine Gewinne in deren Taschen. Die rechtliche Konstruktion hat aber den Nachteil, dass die GmbH wesentlich höhere Zinsen für die Kreditaufnahme zu zahlen hat, als wenn das Land Berlin sich direkt verschulden würde. Die Zinsdifferenz kann man dann als „Kosten der Schuldenbremse" bezeichnen.

7.3 Geldpolitik im Euro-Raum

7.3.1 Rolle des Geldes in einer Volkswirtschaft

Grundsätzlich ließe sich eine arbeitsteilige Volkswirtschaft in Form einer *Naturaltauschwirtschaft* auch ohne Geld organisieren. Jeder würde dann die Güter herstellen, auf die er sich spezialisiert hat, diese physisch am Markt anbieten und gegen andere Güter eintauschen. Allerdings stellt sich dabei das *Problem der doppelten Koinzidenz*: Es muss eine wechselseitige Tauschbereitschaft zwischen den Tauschwilligen bestehen.

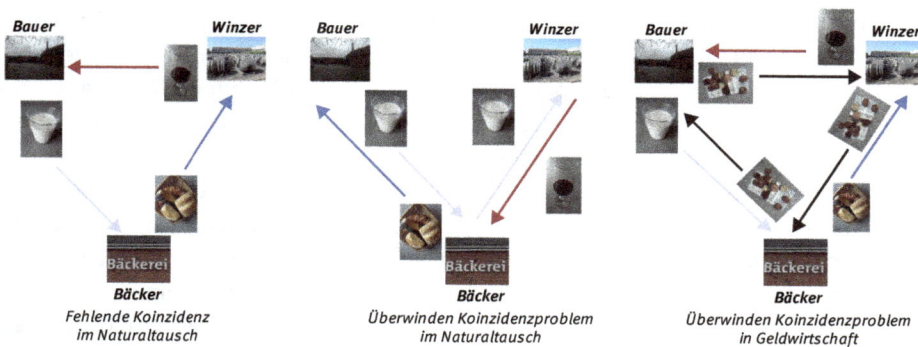

Abb. 7.4: Naturaltausch- vs. Geldwirtschaft. Quelle: eigene Darstellung.

Andernfalls müssten aufwendige Tauschketten organisiert werden. Nehmen wir dazu an (vgl. Abb. 7.4):
- ein Bäcker will Brot gegen Wein tauschen,
- ein Winzer will Wein gegen Milch tauschen,
- und ein Bauer will Milch gegen Brot tauschen.

In bilateralen Verhandlungen fehlt es an wechselseitiger Tauschbereitschaft, es finden keine Täusche statt. Allerdings könnte man den Austausch wie folgt abwickeln:
- Der Bäcker tauscht sein Brot mit dem Bauern gegen Milch. Der Bauer hat sein Tauschziel erreicht.
- Der Bäcker hat mit der Milch zwar ein Produkt erhalten, das er gar nicht wünscht, im Extremfall einer Milchallergie eventuell noch nicht einmal verwerten kann. Mithilfe dieses Zwischenschritts kann er aber seinen Wunsch doch noch verwirklichen. Dazu tauscht er die Milch gegen den Wein des Winzers. Der Winzer verfügt nun – wie gewünscht über Milch – und der Bäcker über Wein. Dazu musste der Bäcker aber ins Risiko gehen. Er akzeptierte das unerwünschte Tauschprodukt nur, weil er darauf spekulierte, es hinterher gegen Wein eintauschen zu können.

Das Beispiel verdeutlicht, wie kompliziert Tauschvorgänge ohne *Geld* sein können. Dabei nimmt die Problematik exponentiell zu, je mehr Akteure und Wünsche aufeinander abzustimmen sind. Geld als universell einsetzbares *Tauschmedium* erleichtert diesen Prozess und spart somit Aufwand und wertvolle Ressourcen. In einem funktionierenden Geldsystem tauscht man seine Güter gegen Geld, weil man sicher sein kann, dass man mit dem Geld jedes beliebige andere Gut im gleichen Gegenwert erhalten wird.

Darüber hinaus erleichtert die Verwendung von Geld die Übersicht über die Wertrelationen von Gütern. Sollen Naturaltauschprozesse zwischen N Gütern ermöglicht werden, müssen für jedes Gut gegenüber allen anderen N-1 Gütern konsistente Austauschrelationen festgelegt werden. Insgesamt müssten dabei $N \cdot (N-1)/2$ Tauschrelationen ausgewiesen werden. Geld hingegen kann die Rolle als zentraler *Numéraire*, d. h. als *Wertmaßstab* für alles übernehmen. Für jedes der N-Güter gibt es dann nur eine Wertangabe, nämlich wie viel Geld für eine Einheit bezahlt werden muss. Daraus leiten sich indirekt die Wertrelationen zu den anderen Gütern ab.

Überdies lassen sich in Form des Geldes – bei entsprechender Beständigkeit – auch Werte speichern. Der Bäcker im obigen Beispiel, der sein Brot gegen Geld eingetauscht hat, muss es nicht sofort gegen Wein eintauschen. Möglicherweise ist der Wein noch gar nicht abfüllbereit. So kann der Bäcker das eingenommene Geld zunächst zur Seite legen und erst später zum Weinkauf einsetzen. Im beschriebenen Naturaltauschvorgang wäre das Speichern des im Gegenzug erhaltenen Tauschgutes nur sehr begrenzt möglich, da die Milch irgendwann schlecht wird.

Zudem kann Geld als Resultat seiner *Wertspeicherfunktion* auch – in Form eines Kreditvertrages – vorübergehend abgetreten werden. Die Kauftraft des Geldes wird befristet übertragen. Als Gegenleistung wird eine spätere Rückübertragung erwartet sowie Zinszahlungen als Entgelt dafür, dass der Verleiher Gegenwartskonsum verzichtet.

Nun lassen sich verschiedene Medien als Geld einsetzen. Selbst Muscheln wurden schon als Geld eingesetzt. Um abzugrenzen, was sich prinzipiell alles als „Geld" eignet, hat sich eine pragmatische Definition von J. R. Hicks etabliert: „Money is what money does". Geld kann demnach jedes Medium sein, das die *„Triade der Geldfunktionen"* erfüllt:

– *Tausch- und Zahlungsmittelfunktion* : Es kann aufgrund einer allseitigen Akzeptanz universell zum Erwerb von Gütern und zum Ablösen von Schuldbeziehungen eingesetzt werden.
– *Wertmaßstabsfunktion* : Es drückt zum einen den monetären Wert eines einzelnen Gutes und zum anderen bei der Gegenüberstellung verschiedener Güterpreise die Wertrelationen zwischen Gütern aus.
– *Wertaufbewahrungsfunktion* : Im Tausch erhaltene Gegenleistung muss nicht sofort in andere Güter getauscht werden, sondern kann in Form des eingenommenen Geldes auch gespeichert oder vorübergehend abgetreten werden.

Wichtig für die praktische Eignung eines Mediums als Geld ist dabei:
– ein hohes *Vertrauen* in den längerfristigen Bestand der Geldfunktionen und hier vor allem in die Wertbeständigkeit,
– sowie eine ausreichende, aber nicht überbordende *Verfügbarkeit*
– und eine hohe *Fungibilität*, d. h. eine gute Handhabbarkeit mit Blick auf die zu erfüllenden Funktionen.

Fehlt das Vertrauen, wird das Geld im Tausch nicht mehr als Gegenleistung akzeptiert. Ist es hingegen nicht ausreichend verfügbar, müssen einzelne Tauschvorgänge trotz einer wechselseitigen Tauschbereitschaft unterbleiben. Ist Geld indessen im Überfluss vorhanden, verliert es an Kaufkraft. Außerdem sollte es gut handhabbar sein, d. h. die Echtheit sollte leicht und eindeutig überprüfbar sein, es sollte mühelos transportierbar und lagerfähig sein sowie die Möglichkeit aufweisen, sowohl hoch- als auch niedrigpreisige Güter damit bezahlen zu können.

Mit Blick auf diese Anforderung eignen sich verschiedene Medien unterschiedlich gut:

– *Warengeld* , wie etwa eine „Zigarettenwährung" mit Zigaretten als Zahlungsmittel hat zwar – für Raucher – einen inneren Gebrauchswert. Während das Warengeld aber kurzfristig nur begrenzt zur Verfügung steht und zu Handelseinschränkungen führen kann, lassen sich seine Zirkulation und damit seine Wertbeständigkeit längerfristig kaum kontrollieren. Auch sind beispielsweise Zigaretten beim Erwerb teurer Güter, wie etwa beim Autokauf, ungeeignet.

– *Edelmetalle* – wie Gold oder Silber – genießen aufgrund ihres begrenzten Vorkommens ein hohes Vertrauen in die Wertbeständigkeit. Die limitierte Verfügbarkeit schränkt zugleich aber das potenzielle Handelsvolumen ein. Auch sind Edelmetalle angesichts der geringen Stückelungsmöglichkeiten nur begrenzt für den Kauf niedrigpreisiger Güter geeignet. Zudem lassen sie sich durch Einschmelzen und anschließende Zumischung weniger wertvoller Metalle leicht fälschen oder im Gewicht manipulieren.

– *Gedeckte Münz- und Papierwährungen* sind – wie im reinen Goldstandard Ende des 19. Jahrhunderts – durch Edelmetallbestände gedeckt. Gedeckt bedeutet, dass die emittierende Institution, in der Regel also die Zentralbank oder die Regierung, im Gegenwert der herausgegebenen Münzen und Papiernoten Edelmetalle einlagert und bei Bedarf eintauschen kann. Die Währung hat den Vorteil der Werthaltigkeit von Edelmetallen bei erleichterter Handhabbarkeit im Zahlungsverkehr. Der Nachteil begrenzter Verfügbarkeit bleibt allerdings bestehen.

– *Ungedeckte Münz- und Papierwährungen* kombinieren den Vorteil der guten Handhabbarkeit mit der Möglichkeit einer mit dem Wirtschaftswachstum und dem daraus folgenden zunehmenden Tauschbedarf kontinuierlich expandierenden Geldversorgung. Allerdings fehlt die „innere" Werthaltigkeit.

– *Giralgeld (auch „Buchgeld")* entsteht aus der Verbuchung von Forderungen auf einem Bankkonto. Sie führen dort zu Einlagen, die anschließend über vom Bankensektor eingerichtete Plattformen des unbaren Zahlungsverkehrs zum Begleichen von eigenen Verbindlichkeiten überwiesen bzw. per Lastschrift umgebucht werden können. Die Vorteile sind ähnlich wie bei ungedeckten Münz- und Papierwährungen, hinsichtlich der Handhabbarkeit bei funktionierenden elektronischen Systemen sogar noch ausgeprägter. Aber auch hier fehlt eine „innere" Werthaltigkeit und das erforderliche Vertrauen wird zumindest psychologisch dadurch belastet, dass das Geld physisch nicht greifbar und sichtbar ist.

– *Kryptowährungen*, wie etwa Bitcoin, Ether oder Ripple, werden im „Mining-Prozess" über das Lösen kryptografischer Aufgaben durch PCs in einem dezentralen Netzwerk unter Nutzern erzeugt. Ein Nutzer erhält dabei für das Bereitstellen von

Rechnerleistung im Netz ein Kryptowährungs-Guthaben. Das Guthaben kann bei entsprechender Akzeptanz gegen gesetzliche Zahlungsmittel eingetauscht oder im Netz anonym zum Güterkauf eingesetzt werden. Eine *Blockchain-Technologie* sorgt dafür, dass das Mining immer rechenaufwendiger wird und die *Cybergeldschöpfung* durch einen unveränderbaren Algorithmus immer stärker eingeschränkt wird, bis ein von vornherein vorgegebenes Limit erreicht wird. Zweitens werden alle Miningprozesse und Übertragungstransaktionen von Guthaben – ähnlich wie bei Banküberweisungen – protokolliert. Drittens werden Guthabenbestände in einer „wallet" (Brieftasche) gespeichert, auf die nur mit einer privaten, kryptografisch verschlüsselten Signatur zugegriffen werden kann. Die Kryptowährungen sind zu Beginn der 2000er-Jahre entstanden und verfügen zumindest bei Internettransaktionen über eine hohe Handhabbarkeit. Da die Geldschöpfung durch Algorithmen begrenzt ist, besteht zwar keine Gefahr der Überexpansion durch menschliche Manipulation, Vertrauensprobleme ergeben sich aber dadurch, dass Unbekannte – und damit nicht zur Rechenschaft zu ziehende – als Insider das Programm geschrieben haben. Außerdem sind in der Vergangenheit trotz aller Beteuerungen zur Sicherheit bei einzelnen Cyberwährungen *Manipulationen* im großen Stil gelungen. Problematisch ist zudem die Anonymität von Zahlungen gerade im Darknet.

Zwar gibt es mittlerweile auch regulierte Handelsplätze wie die Börse Stuttgart Digital Exchange (BSDEX). Aber auch dort ist die Volatilität der Tauschwerte gegen traditionelle Währungen hoch, weil es sich hier um einen sehr engen Markt handelt, der bei Spekulationen zu hohen Ausschlägen neigt. So hatte der Bitcoin-Kurs gegenüber dem Euro von Anfang 2019 bis Juni 2019 um knapp 240 Prozent zugelegt und ab da bis Ende 2019 wieder um fast 44 Prozent nachgegeben (vgl. finanzen.net).

Ökologisch bedenklich ist der hohe *Energieverbrauch*. Die Digitaltrend-Plattform Digiconomist schätzt den jährlichen Stromverbrauch allein für das Bitcoin-Mining mit über 73 TWh so hoch ein wie den Verbrauch ganz Österreichs (vgl. Digiconomist.net). Selbst wenn dieser konkrete Wert nicht unumstritten ist, wird ein exorbitant hoher, tendenziell stark steigender Strombedarf nicht bezweifelt.

Ungeachtet der Neuentwicklungen beim *Cybergeld* hat sich in modernen Volkswirtschaften bis dato vorrangig aus Gründen der Handhabbarkeit und der prinzipiellen Unbegrenztheit ein Geldsystem aus bei Banken gehaltenem Giralgeld in Ergänzung um parallel zirkulierendes Bargeld mit Münzen und Papiernoten etabliert. Dabei ist das Giralgeld theoretisch immer, praktisch zumindest aber in einem großen, wenn auch begrenzten Volumen, jederzeit in Bargeld eintauschbar.

Allerdings handelt es sich bei den etablierten Währungsordnungen um eine „Vertrauensgeldordnung" mit sogenanntem „*Fiatgeld*" (fiat lateinisch: Vertrauen). Nur solange, wie jeder in die Werthaltigkeit von fast wertlosem bedrucktem Papier bzw. von im Materialwert geringwertigem geprägten Metall vertraut, erfüllt dieses Geld die ihm zugedachten Funktionen. Angesichts der prinzipiell unbegrenzten Geldschöpfungs-möglichkeiten bedarf es dazu einer institutionell abgesicherten, Vertrauen schaffen-den und bewahrenden *Währungsordnung*.

Die Währungsordnung definiert einerseits eine konkrete Währung als das in der Regel alleinige *gesetzliche Zahlungsmittel*. Per Gesetz müssen demnach Gläubiger aus Kauf- oder Kreditverträgen die Annahme der Währung als schuldbefreiend und unbe-grenzt akzeptieren. Andererseits sichert die Währungsordnung der Zentralbank das *Notenbankmonopol* zu. Dadurch bekommt sie das exklusive Recht der Notenemissi-on. Zugleich limitiert zumeist die Zentralbank den zulässigen Umfang der Münze-nemission, auch wenn das Prägerecht selbst, das sogenannte *Münzregal*, bei den Re-gierungen liegt. Angesichts der prinzipiellen Bargelddeckungspflicht des Buchgeldes trägt die Zentralbank damit die zentrale Verantwortung dafür, dass die *Funktionen des Geldes* gewährleistet sind: Einerseits muss zur Erfüllung der Tausch- und Zahlungs-mittelfunktion genügend Geld außerhalb des Bankensektors im Wirtschaftskreislauf sein, um die beabsichtigten Tauschvorgänge bezahlen zu können, andererseits darf nicht zu viel Geld zirkulieren, um das Vertrauen in Wertbeständigkeit nicht zu unter-minieren.

7.3.2 Geldmengenabgrenzungen

Wie viel Geld sich im Wirtschaftskreislauf außerhalb des Bankensektors befindet, ist in der Praxis aber nicht trennscharf zu differenzieren. Denn ausgehend von der Wäh-rungsordnung, die das alleinige gesetzliche Zahlungsmittel festlegt, gibt es mehrere Aktiva, die – bezogen auf die Geldfunktionen – den Charakter von Geld haben. Dies wird am Beispiel der Geldmengenabgrenzung durch die EZB für den Euroraum illus-triert.

Das außerhalb des Bankensektors zirkulierende *Bargeld* und die jederzeit („auf Sicht") in Bargeld umtauschfähigen *Sichteinlagen von Nichtbanken* bei ihren Ge-schäftsbanken erfüllen die Geldfunktionen. Zusammengenommen machen Sie die Geldmenge in der *Abgrenzung M1* aus (vgl. Abb. 7.5). Mit Blick auf die im Euroraum wirksame Kaufkraft werden die Geldmengenaggregate dabei genaugenommen auf Verbindlichkeiten des inländischen Sektors der Monetären Finanzinstitute (MFI) ge-genüber inländischen Nichtbanken abgegrenzt (vgl. Deutsche Bundesbank 2017b, S. 17.). Zu den MFI zählen vorrangig im Euro-Währungsgebiet ansässige Zentralban-ken, Kreditinstitute und Geldmarktfonds.

Darüber hinaus existieren weitere Aktiva, die den Charakter von Geld erfüllen können. Dazu gehören *Festgeldanlagen* mit Laufzeiten von unter zwei Jahren, prak-tisch zumeist von deutlich unter einem Jahr. Sie können nach Ablauf der vertraglichen Anlagefrist mobilisiert und schon bald als Tauschmittel auf dem Gütermarkt einge-setzt werden. Sofern dies auch der Haltungszweck ist, handelt es sich um ein Aktivum mit Geldcharakter. Allerdings kann das Haltungsmotiv auch das einer längerfristigen

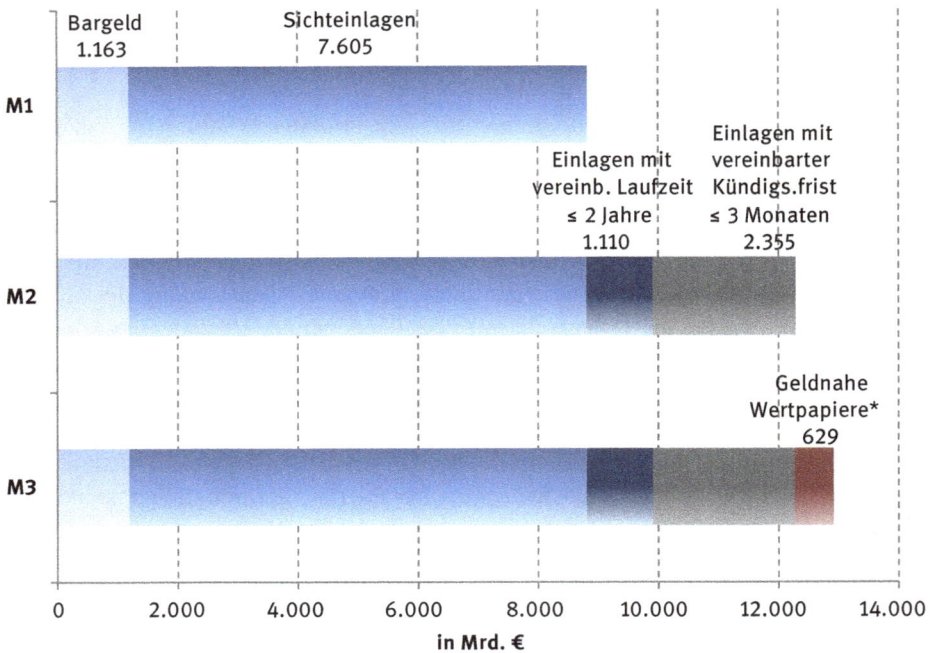

Abb. 7.5: Geldmengenaggregate im Euroraum (Ende 9/2019). Verbindlichkeiten inländischer Monetärer Finanzinstitute gegenüber inländischen Nichtbanken (im Euro-Währungsgebiet ansässige private Haushalte und private Organisationen ohne Erwerbszweck, nichtfinanzielle sowie nichtmonetäre finanzielle Kapitalgesellschaften und Quasi-Kapitalgesellschaften sowie sonstige öffentliche Haushalte, also öffentliche Haushalte ohne Zentralstaaten); *) Repogeschäfte, Geldmarktfondsanteile und Schuldverschreibungen mit Laufzeit ≤ 2 Jahre. Quelle: EZB, Statistical Data Warehouse, Tab. 5.1, Stand 3.1.2020.

Kapitalanlage sein. Will beispielsweise ein Haushalt für das Rentenalter Vermögen über den Aktienerwerb aufbauen, kann er dabei das Festgeld zum „Zwischenparken" einsetzen. Immer dann, wenn der Sparer einen baldigen Kurseinbruch an den Aktienmärkten befürchtet, kann er sein Kapital dort abziehen und es auf einem Festgeldkonto solange zinsbringend anlegen, bis ein günstiger Neueinstieg am Aktienmarkt möglich ist. Das Haltungsmotiv ist in diesem Fall nicht, das Vermögen in absehbarer Zeit als Tauschmedium einzusetzen. Derartige Einlagen haben damit keinen Geld-, sondern einen *Finanzkapitalcharakter*. Eine statistische Differenzierung gelingt aber bei diesen Aktiva mit Zwittercharakter nicht. Ihre Einlagenhöhe ist zwar messbar, aber unbekannt bleibt, zu welchem Zweck die Aktiva gehalten werden, wobei sich dieser auch kurzfristig ändern könnte.

Nimmt man nun zu *M1* noch Aktiva hinzu, die aufgrund kurzer Laufzeiten prinzipiell schnell zum Güterkauf mobilisierbar sind (Einlagen mit einer vereinbarten Laufzeit von höchstens zwei Jahren bzw. mit einer vereinbarten Kündigungsfrist von maximal drei Monaten), erhält man die Geldmenge in der Abgrenzung *M2*. Wird M2 um geldnahe Wertpapiere ergänzt, bestimmt sich die Geldmenge in der Abgrenzung *M3*. Je restriktiver die Abgrenzung ist, umso *liquiditäts- und geldnäher* ist sie, je offener sie ausfällt, umso mehr Aktiva mit *Finanzkapitalcharakter* sind mitenthalten.

7.3.3 Aufgaben des Europäischen Systems der Zentralbanken

Die praktische Geldpolitik eines Landes oder eines Währungsgebietes wird als hoheitliche Angelegenheit von der *Zentralbank* betrieben. Im Euroraum fällt diese Funktion dem *Europäischen System der Zentralbanken (ESZB)* zu, in deren Zentrum wiederum die Europäische Zentralbank (EZB) steht (vgl. Kap. 7.3.4).

Nach Art. 127 Vertrag über die Arbeitsweise der *Europäischen Union (AEUV)* hat das ESZB folgende für Zentralbanken weltweit übliche Aufgaben zu erfüllen:

- die *Geldpolitik* festzulegen und auszuführen: Im Zusammenwirken soll sie mit den privatwirtschaftlichen (z. B. Deutsche Bank), öffentlich-rechtlichen (z. B. Sparkassen) oder genossenschaftlichen Geschäftsbanken (z. B. Volksbanken) die Geldversorgung sicherstellen. Dazu legt sie vor allem die Bedingungen für die Geschäftsbanken fest, zu denen diese sich bei ihr *Liquidität* beschaffen können. Liquidität bedeutet nicht nur Bargeld, sondern vor allem auch gutgeschriebene Forderungen an die Zentralbank, die jederzeit in Bargeld umgewandelt werden könnten.
- das Funktionieren der *Zahlungssysteme* zu gewährleisten und insbesondere für eine einheitliche technische Plattform zu sorgen, mit der der unbare Zahlungsverkehr abgewickelt wird.
- die *Devisengeschäfte* für den Euroraum in Form von Interventionen an den Devisenmärkten durchzuführen
- sowie die offiziellen *Devisenreserven* zu halten und zu verwalten.

Zudem hat das ESZB innerhalb des Euroraumes in enger Abstimmung mit weiteren nationalen und EU-Institutionen zentrale Aufgaben in der *Bankenaufsicht* wahrzunehmen. Die EZB selbst konzentriert sich dabei auf „signifikant" wichtige, systemrelevante Banken und solche, die Finanzhilfen im Rahmen des Europäischen Stabilitätsmechanismus (ESM) in Anspruch nehmen mussten. Die anderen Banken werden durch nationale Aufsichtsorgane kontrolliert. In Deutschland sind dies die *Deutsche Bundesbank*, als Bestandteil des ESZB, und die *Bundesanstalt für Finanzdienstleistungsaufsicht (BaFin)*.

7.3.4 Organisatorischer Aufbau des ESZB

Die im Jahr 1999 ins Leben gerufene *Europäische Währungsunion* mit ihrer Gemeinschaftswährung *Euro* ist ein zentraler Baustein der EU. Längerfristig sollen alle EU-

Länder zur Währungsunion dazustoßen, sobald sie wirtschaftlich reif für diesen Schritt sind. Nur Großbritannien und Dänemark hatten sich das Recht vorbehalten, ihre Währungen zu behalten.

Nachdem die Währungsunion ursprünglich mit elf EU-Mitgliedern angefangen hat, zählen mittlerweile 19 EU-Ländern zu den partizipierenden *„Ins"*. Organisatorisch wird dabei unterschieden zwischen:

- den großen „Ins": Deutschland, Frankreich, Italien, Niederlande und Spanien;
- den kleineren „Ins": Luxemburg, Belgien, Österreich, Finnland, Portugal, Irland, Griechenland, Zypern, Malta, Slowenien, Slowakei, Estland, Lettland, Litauen;
- und den *„Outs"*: nach dem EU-Ausstieg Großbritanniens blieben bislang Bulgarien, Dänemark, Kroatien, Polen, Rumänien, Schweden, Tschechien und Ungarn als EU-Mitglied außerhalb der Währungsunion.

Im Zuge der geldpolitischen Vergemeinschaftung wurden die bisherigen *nationalen Zentralbanken* nicht aufgelöst. Gleichwohl wurden die Aufgaben und Zuständigkeiten neu geordnet. In der Durchführung der Aufgaben stützt sich das ESZB auf folgende vier Institutionen:

- das *Direktorium der EZB* in Frankfurt a.M.: Es setzt sich zusammen aus der Präsidentin (seit 2019 Christine Lagarde, zuvor: Wim Duisenberg, Jean-Claude Trichet und Mario Draghi), dem Vizepräsidenten und vier weiteren Direktoriumsmitgliedern, denen bestimmte Fachressorts zugeordnet werden. Beim Direktorium handelt es sich um das Leitungsgremium der EZB, das als die zentrale Exekutivkraft des ESZB fungiert. Zudem bereitet das Direktorium Entscheidungen des EZB-Rates vor. Zur Wahrnehmung der Aufgaben stützen sich die Direktoriumsmitglieder auf über 3.000 hochqualifizierte Mitarbeiter.
- der *EZB-Rat*: Er ist das zentrale geldpolitische Entscheidungsgremium. Vertreten sind die Direktoriumsmitglieder sowie die Präsidenten der nationalen Zentralbanken der „Ins". Um Entscheidungsprozesse angesichts der gewachsenen Mitgliederzahl zu straffen, wurde ein *rotierendes Abstimmungsverfahren* beschlossen. Stimmberechtigt sind demnach immer die Direktoriumsmitglieder sowie vier Zentralbankpräsidenten der fünf großen Ins, sowie elf Zentralbankpräsidenten der 14 kleinen Ins. Wer in den beiden Gruppen jeweils nicht berücksichtigt wird, richtet sich nach einem vorgegebenen Rotationsplan.
- der *Erweiterte EZB-Rat*: Er versteht sich als informelles Gremium der Kooperation zwischen den „Ins" und den „Outs", also den Mitgliedern in spe. Im Gremium erfolgt ein breiter Meinungs- und Informationsaustausch, um sich einerseits perspektivisch schon einmal aufeinander einzuspielen und andererseits kurzfristig übergreifende wirtschaftliche Entwicklungen besser erkennen zu können. An den Sitzungen nehmen die Präsidentin und der Vizepräsident der EZB, die weiteren vier Direktoriumsmitglieder (allerdings ohne Stimmrecht) teil sowie alle Zentralbankpräsidenten der „Ins" und „Outs".

- die *nationalen Zentralbanken*: Als Relikt sind im ESZB auch die nationalen Zentralbanken erhalten geblieben. In Deutschland ist dies die Deutsche Bundesbank. Allerdings sind ihre Befugnisse deutlich eingeschränkt worden. Neben der Beratung des eigenen Zentralbankpräsidenten für die EZB-Ratssitzungen erfolgt hier die Wahrnehmung exekutiver Aufgaben. Dabei folgt die Abgrenzung zu den Direktoriumsaufgaben nach dem *Subsidiaritätsprinzip*: Um eine möglichst große Nähe zur Wirtschaft und vor allem der Finanzwelt vor Ort zu haben, sollen möglichst viele Aufgaben auf der Ebene der nationalen Zentralbanken erledigt werden. Dazu gehört beispielsweise die physische regionale Bargeldversorgung oder die Überprüfung, ob die Mindestreservevorschriften eingehalten wurden. Nur die Entscheidungen, die aus organisatorischen Gründen am besten zentralisiert durchgeführt werden, wie etwa die Ausschreibung von Wertpapierpensionsgeschäften (s. u.), werden von der EZB ausgeführt. In der Hierarchie ist dabei das Direktorium gegenüber den nationalen Zentralbanken stets weisungsbefugt.

7.3.5 Institutionelle Vorgaben für die EZB-Politik und historischer Hintergrund

Das Statut der EZB ist eng am Vorbild der Deutschen Bundesbank angelehnt. Vereinzelt ist es sogar noch „deutscher" als die zuvor geltende deutsche Zentralbankordnung (vgl. Marquardt 1994). Dies ist kein Zufall, sondern Resultat der deutschen Verhandlungsposition bei der Schaffung der *Währungsunion*. Seit einem EU-Grundsatzbeschluss im Jahr *1969*, längerfristig eine gemeinsame Währung unter den Mitgliedsländern einzuführen, hatten die deutschen Regierungen in wechselnder Konstellation unmissverständlich klar gemacht, dass sie diesen Weg nur mitgehen werden, wenn die Partner die grundsätzlichen Bedingungen Deutschlands zur institutionellen Ausgestaltung der gemeinsamen Zentralbank mittragen werden.

Die *deutsche Verhandlungsposition* war einerseits besonders unnachgiebig, weil Deutschland bei der Vergemeinschaftung der Geldpolitik mit der im weltweiten Vergleich stabilsten Währung viel zu verlieren hatte. Dies galt umso mehr, als die *D-Mark* für viele das Symbol des wirtschaftlichen Wiederaufstiegs Deutschlands nach dem Zweiten Weltkrieg war. Andererseits war die deutsche Verhandlungsmacht auch besonders stark, da eine Währungsunion ohne die stärkste Währung der EU wenig Sinn gemacht hätte. Obendrein hatten sich im Rahmen des vorweg praktizierten *Europäischen Währungssystems* (EWS) die beteiligten Staaten mit einer geldpolitischen Vormacht der Deutschen Bundesbank mehr oder weniger auch schon abgefunden und sich an ihrer Politik orientiert.

Die conditio-sine-qua-non bestand aus deutscher Sicht in der Verwirklichung eines rechtlich garantierten *institutionellen Dreiklangs* aus:
- Vorrang der *Preisniveaustabilität* (Art. 127, Abs. 1 AEUV):
  „Das vorrangige Ziel des Europäischen Systems der Zentralbanken [...] ist es, die Preisstabilität zu gewährleisten. Soweit dies ohne Beeinträchtigung des Zieles der

Preisstabilität möglich ist, unterstützt das ESZB die allgemeine Wirtschaftspolitik in der Union [...]"
- *Unabhängigkeit* des ESZB (Art. 130 AEUV):
  „Bei der Wahrnehmung der [...] Aufgaben [...] darf weder die EZB noch eine nationale Zentralbank noch ein Mitglied ihrer Beschlussorgane Weisungen [...] einholen oder entgegennehmen. Die Organe, Einrichtungen oder sonstigen Stellen der Union sowie die Regierungen der Mitgliedstaaten verpflichten sich, diesen Grundsatz zu beachten und nicht zu versuchen, die Mitglieder der Beschlussorgane der Europäischen Zentralbank oder der nationalen Zentralbanken bei der Wahrnehmung ihrer Aufgaben zu beeinflussen."
- *Finanzierungsverbot öffentlicher Haushalte* bei der Zentralbank (Art. 123, Abs. 1 AEUV):
  „Überziehungs- oder andere Kreditfazilitäten bei der Europäischen Zentralbank oder den Zentralbanken der Mitgliedstaaten [...] für Organe, Einrichtungen oder sonstige Stellen der Union, Zentralregierungen, regionale oder lokale Gebietskörperschaften oder andere öffentlich-rechtliche Körperschaften, sonstige Einrichtungen des öffentlichen Rechts oder öffentliche Unternehmen der Mitgliedstaaten sind ebenso verboten wie der unmittelbare Erwerb von Schuldtiteln von diesen durch die Europäische Zentralbank oder die nationalen Zentralbanken."

Diese ESZB-Vorgaben sind nicht nur von der Deutschen Bundesbank vererbt worden. Im Detail waren sie rechtlich sogar strikter formuliert. Während das *Bundesbankstatut* zum Beispiel mit einfacher Mehrheit im Parlament jederzeit hätte geändert werden können, genießt die Währungsordnung des ESZB sogar eine Art *„Verfassungsrang"*. Nach Art. 48 (6) des Vertrags über die Europäische Union (konsolidierte Fassung) kann sie so nur mit einstimmiger Mehrheit und damit insbesondere auch nicht gegen die Vorstellungen Deutschlands verändert werden.

Obwohl die drei Bausteine gerade in Deutschland eine breite Akzeptanz in der Gesellschaft genießen, sind sie nüchtern und weniger emotional als in Deutschland betrachtet alles andere als selbstverständlich: So ist es erstens nicht zwangsläufig, dass die EZB unter allen wirtschaftspolitischen Zielen das der Preisniveaustabilität mit Vorrang verfolgt und die „allgemeine Wirtschaftspolitik", gemeint ist vorrangig das Setzen von konjunkturstabilisierenden Impulsen, nur zweitrangig unterstützen darf, soweit das Hauptziel nicht gefährdet ist. Dies ergibt eigentlich nur Sinn, wenn man – wie in den makroökonomischen Grundlagen des *Neoliberalismus* – dieses Ziel im Sinne eines Oberziels einstuft, das alle anderen Ziele begünstigt, und/oder wenn die EZB eh keinen nennenswerten Einfluss auf andere Ziele hätte. Letzteres ist zwar längerfristig insofern verhältnismäßig unumstritten, als auf lange Sicht die Geldpolitik die *realwirtschaftliche Entwicklung* kaum verändern kann. Auch ist in einer weitreichenden Perspektive mehr oder weniger unumstritten, dass die Zentralbank im Prinzip in der Lage ist, jeden *Inflationsimpuls*, woher auch immer er kommt, durch einen entsprechend eng geschneiderten Geldmantel zu konterkarieren und so langfristig einen erheblichen Beitrag zu ihrem vorgegebenen Hauptziel zu leisten. Allerdings hat sie kurzfristig auch Einfluss auf das realwirtschaftliche Geschehen. Jedoch darf die EZB diesen nur begrenzt geltend machen, weil die Politik der Zentralbank diese Flexibilität ohne einen unabwendbaren Sachzwang genommen hat.

Zweitens ist auch die *Unabhängigkeit* der Zentralbank keineswegs selbstverständlich. Schließlich handelt es sich bei einer Notenbank um eine politische Institution, an die die Macht der Geldpolitik delegiert wurde. Wird jedoch in einem demokratischen System Macht delegiert, bedarf es üblicherweise einer Kontrolle durch die Gesellschaft. Denn wer sich für seine Politik vor niemandem rechtfertigen muss, wer noch nicht einmal bei Unfähigkeit abgewählt werden kann, macht, was er will, und nicht unbedingt das, was er soll. Die *Zentralbankunabhängigkeit* stellt damit einen eklatanten Bruch gegenüber demokratischen Grundsätzen dar. Aus diesem Grund wurde übrigens auch in der Gründungsphase der Bundesrepublik Deutschland über zwei Legislaturperioden hinweg kontrovers darüber diskutiert, ob die Bundesbank tatsächlich unabhängig sein sollte (vgl. Hentschel 1988, S. 3 ff.).

Drittens ist auch das *Finanzierungsverbot öffentlicher Haushalte* bei der Zentralbank umstritten. Könnte sich nämlich der Staat über die Zentralbank fremd verschulden, würden lediglich zwei politische Institutionen so zusammenarbeiten, dass im Prinzip eine enorme Zinsersparnis zustande kommen könnte.

Die Festlegung auf den institutionellen Dreiklang ist daher nicht zwangsläufig. Sie begründet sich angesichts der Sonderrolle Deutschlands bei der Gestaltung der Währungsordnung vielmehr aus den deutschen Erfahrungen mit zwei *Währungsreformen* und hat mit der hierzulande historisch gewachsenen Überzeugung von der Überlegenheit dieses Konzeptes zu tun.

Die erste Währungsreform hatte ihren Ursprung in einer *Hyperinflation*, die sich ab *1914* aufbaute und *bis 1923* eskalierte (vgl. zu den nachfolgenden Ausführungen Haller 1976, S. 115 ff.). Ausgangspunkt waren die Finanzierungslasten des Ersten Weltkriegs. In der Erwartung, die unterschätzte finanzielle Kriegslast nach einem raschen Sieg aus Reparationszahlungen der unterlegenen Gegner bedienen zu können, wurden die Staatsausgaben weniger durch *Steuern*, sondern primär durch *Kredite* gegenfinanziert. Um für die Mobilmachung möglichst rasch an Geld zu kommen, wurde mit dem Kriegsgesetz vom 4. August 1914 ein unbegrenzter Zugang zu Notenbankkrediten verordnet sowie die (Teil-)Golddeckungspflicht der Währung peu a peu außer Kraft gesetzt. Zunächst handelte es sich noch um eine Art Zwischenfinanzierung, die durch *längerfristige Kriegsanleihen* abgelöst wurden, wobei eine Umverteilung von Finanzkapital und damit von Kaufkraft vom verleihenden privaten Sektor hin zum Staat erfolgte. Mit abnehmender Bereitschaft der Privatwirtschaft, Kriegsanleihen zu zeichnen, speisten sich die Staatsausgaben aber immer mehr aus dem letztlich von der Reichsregierung angeordneten Anwerfen der *Notenpresse* durch die Reichsbank.

Die Niederlage des Deutschen Reichs im Ersten Weltkrieg hinterließ so der Weimarer Republik eine immense *Staatsverschuldung*. Der darauf zu entrichtende Zinsendienst, die Kriegsfolgelasten für die Opferversorgung sowie die nun selbst zu leistenden Reparationszahlungen verschärften die Belastung. Um dies über Steuern auffangen zu können, hätte die Steuerquote in Relation zum Volkseinkommen gegenüber der Vorkriegszeit Schätzungen zufolge mehr als verdreifacht werden müssen (vgl. Haller 1976, S. 139), und das in der Phase einer ohnehin schon stark geschwächten Wirtschaft mit instabilen politischen Verhältnissen.

Da zugleich für das Auflegen neuer Anleihen keine Geldgeber zur Verfügung standen, sah die Regierung – neben begrenzten Steuererhöhungen – als letzten Ausweg, vorrangig die Reichsbank verstärkt Geld drucken zu lassen.

Altschulden ließen sich so zwar mit neuen kurzfristigen Staatskrediten bei der Zentralbank begleichen. Von 1918 bis 1920 stieg die kurzfristige Staatsverschuldung von 51 Mrd. Mark (bei ordentlichen Steuereinnahmen von rund 11 Mrd. Mark im Jahr 1919) auf rund 92 Mrd. Mark. Im Jahr 1922 belief sie sich bereits auf ca. 272 Mrd. Mark. In der Sache erwies sich letztlich der *Staatshaushalt* als kaum noch tragfähig. Mit der *Ruhr-Besetzung 1923* geriet er dann vollkommen außer Kontrolle. Als das Deutsche Reich seinen Reparationsverpflichtungen nicht nachkam, besetzten Frankreich und Belgien das Ruhrgebiet und nahmen es als „Pfand". Die daraufhin ausbleibenden Steuereinnahmen aus der Region sowie die Finanzierung des Widerstandes im besetzten Gebiet ließen in Verbindung mit den ohnehin inflationsbedingt dramatisch steigenden Ausgaben die *Staatsverschuldung* bis März 1923 von 272 Mrd. Mark auf über 6.600 Mrd. Mark steigen. Bis Ende 1923 lag sie bei 192 Trillionen Mark.

Die *Notenbankfinanzierung* hatte parallel den Geldumlauf gigantisch beschleunigt. Von 1914 bis 1918 hat er sich verfünffacht, bis Ende 1922 mehr als verzweihundertfacht, bis Ende 1923 ist er mit dem Faktor 81 Mrd. gestiegen. Infolgedessen kam es zur galoppierenden Geldentwertung, zu einer *Hyperinflation* (vgl. Pfleiderer 1976, S. 157 ff.). Was man – gemessen an den Großhandelspreisen – im Jahr 1914 noch für 1 Mark kaufen konnte, dafür benötigte man Ende 1923 bereits über 1 Bio. Mark.

Angesichts dieser Hyperinflation verlor das Geld in einer unaufhaltsamen Eigendynamik seine Geldfunktionen. Insbesondere die *Bauern* weigerten sich, Nahrungsmittel noch gegen sich im Wert blitzschnell verflüchtigendes Geld einzutauschen. Eine *Währungsreform* mit dem Wechsel zu einer neuen Währung wurde unausweichlich. In einem ersten Zwischenschritt wurde die *Rentenmark* eingeführt, die durch landwirtschaftlichen Boden und Gewerbevermögen realwirtschaftlich gedeckt war. Ab 1924 wurde sie dann von der *Reichsmark* abgelöst, für die eine (begrenzte) Golddeckung bestand (vgl. Stucken 1976, S. 249 ff.). Zugleich wurde der Reichsbank Autonomie gewährt.

Die Hyperinflation traf die breite Mittelschicht der Gesellschaft ins Mark. Von 1914 bis Ende 1923 stiegen die Löhne und Gehälter nur etwa halb so schnell wie die (Großhandels-)Preise. Als besonders schwach erwies sich dabei die Gehaltdynamik bei den Beamten. Darüber hinaus wurde der „kleine Sparer" letztlich enteignet. Durch das „Mark-gleich-Mark-Prinzip" (auch „Nominalwertprinzip"), erhielten die Gläubiger zwar über die Tilgung nominal so viel Geld zurück, wie sie verliehen hatten, nur konnten sie sich von dem zwischenzeitlich entwerteten Geld nichts mehr kaufen. Häufig gehörte der *Mittelstand* zu beiden Verlierergruppen. Profiteure hingegen waren die Schuldner, mithin vor allem der Staat und die Unternehmen. In der historischen Aufarbeitung urteilt der Ökonom und ehemalige Landeszentralbankpräsident Otto Ernst Pfleiderer (1904–1989) „der tiefe Schock der Inflation sollte im deutschen Volk noch lange nachwirken" (Pfleiderer 1976, S. 199). Letztlich fanden Hitler und die Nationalsozialisten – verschärft durch die Folgen der anschließenden *Brüning'schen Deflationspolitik* und die Folgen der *Weltwirtschaftskrise* ab 1929 – auch in dem entstandenen Chaos ein Mobilisierungspotenzial für den nachfolgenden Aufstieg.

Auch die zweite Währungsreform resultierte aus den Finanzierungslasten eines Krieges, des Zweiten Weltkriegs. Zwar ist eine zeitliche und sachbezogene Abgrenzung der *Aufrüstungs- und Kriegsausgaben* statistisch problematisch, dennoch zeigt sich, wie sehr die deutsche Wirtschaft ab 1933 der Kriegswirtschaft untergeordnet war. Der Rüstungsanteil am Staatshaushalt erhöhte sich von gut 8 Prozent 1933/34 über 60 Prozent 1938/39 auf 81 Prozent im Haushaltsjahr 1943/44. Das machte zuletzt etwa 70 Prozent des Bruttosozialproduktes des Deutschen Reichs aus (vgl. Hansmeyer/Caesar 1976, S. 391, 399).

Zwar wurde die ungeheure Belastung auch durch Steuererhöhungen finanziert, entscheidend war aber auch hier am Ende eine *Staatschuldenfinanzierung*. Nur ein Drittel der Staatsausgaben zwischen 1939 und 1945 wurden durch ordentliche Einnahmen gedeckt. Vom Haushaltsjahr 1938/39 bis 1944/45 stieg so die Reichsverschuldung von knapp 31 auf rund 380 Mrd. Reichsmark an.

Im Wesentlichen wurde dabei eine „geräuschlose" Finanzierung vorgenommen, die an der breiten Öffentlichkeit vorbei über den Bankensektor erfolgte. Der Staat refinanzierte sich primär über kurzfristige Schuldpapiere bei Geschäftsbanken. Teils wurden die Banken zur Abnahme der Papiere gezwungen, teils bestand aber auch kein Grund, sich der Kreditvergabe zu verweigern, da die Reichsbank die jederzeitige Übernahme gegen Liquiditätsauszahlung garantierte. Privatpersonen mussten hier also nicht befürchten, dass von ihnen finanzierte, öffentlich platzierte Kriegsanleihen nicht bedient werden könnten. Stattdessen drohte aufgrund der Schuldner-Gläubiger-Struktur bei eventuellen Bankpleiten aber unbemerkt eine Entwertung ihrer Einlagen bei den Banken.

Zwar waren die Geschäftsbanken das zentrale Vehikel der Finanzierung, im Mittelpunkt der Organisation stand aber erneut die Zentralbank. Ihre ab 1924 eingeführte Autonomie wurde zunächst schrittweise ab 1933 ausgehebelt. Ab 1937 galt sie faktisch durch eine Erklärung Hitlers wonach „das Deutsche Reich die uneingeschränkte Hoheit über die Reichsbank wieder an sich genommen [...] hat" als aufgehoben (vgl. Hansmeyer/Caesar, 1976 S. 373). Aufbauend auf die jederzeitige Ankaufsgarantie der kurzfristigen Reichsschuldpapiere gegen liquide Mittel durch die Reichsbank und ihre Verpflichtung, nicht platzierbare Reichsschuldtitel unmittelbar selbst anzukaufen, wurde die Staatschuld faktisch über eine *Buchgeldschöpfung* (vgl. 7.3.6.2) abgegolten. Die Reichsbank hatte nicht unmittelbar die Notenpresse angeworfen, sie garantierte „nur", dies bei Bedarf zu tun, und überließ so einen Großteil der Geldschöpfung den

Geschäftsbanken. Von Ende 1935 bis Ende 1944 hatte sich infolgedessen der Geldumlauf mehr als verachtfacht.

Dennoch stiegen die *Verbraucherpreise* nur moderat. Der Lebenshaltungskostenindex legte von 1936 bis 1944 nur um knapp 14 Prozent zu. Hintergrund war eine *staatliche Preisregulierung*, die Preissteigerungen im Grundsatz untersagten und nur staatlich genehmigte Ausnahmen erlaubte. In ähnlicher Form sorgten *Lohnkontrollen* dafür, dass auch die Löhne und Gehälter kaum zulegten. Die Inflationssymptome wurden zwar unterbunden, es kam stattdessen aber zu einer *„verdeckten Hyperinflation"*.

Zwangsläufig verlor dabei die Preiskontrolle im Laufe der Zeit ihre Wirkung. Wenn immer mehr Geld im Wirtschaftskreislauf zirkuliert, aber nicht mehr Waren für Konsumenten zur Verfügung stehen und das Geld auch nicht über höhere Preise abgeschöpft werden darf, wenn es also im Überfluss vorhanden ist, verliert es seine *Vertrauensbasis* und wird nicht mehr als Tauschmedium akzeptiert. Spätestens ab 1944, in den besetzten deutschen Gebieten schon früher, entwickelten sich Schwarzmärkte, auf denen entweder im Naturaltausch („Zigarettenwährung") oder allenfalls zu deutlich erhöhten Preisen gehandelt wurde.

Nach dem Ende des Zweiten Weltkriegs lag Deutschland nicht nur militärisch und wirtschaftlich am Boden. Darüber hinaus war die Währungsordnung erneut nachhaltig zerrüttet. Es kam zu einer *zweiten Währungsreform* (vgl. Möller 1976, S. 433 ff.). In Westdeutschland wurde – nach entsprechender Vorbereitung durch die Alliierten – über Nacht am 21. Juni 1948 die *D-Mark* eingeführt. Bankforderungen untereinander sowie Forderungen von Banken gegenüber dem Dritten Reich wurden für null und nichtig erklärt. Stattdessen erhielten Banken eine Erstausstattung an Liquidität in D-Mark. Im 1:1 Umtausch gegen die wertlose Reichsmark erhielt jeder Bürger der Westzone in einer ersten Tranche bis zu 40 D-Mark, in einer zweiten Tranche nochmals 20 D-Mark und jedes Unternehmen 60 D-Mark pro Beschäftigten als Erstausstattung. Die restlichen aufgebauten hohen Geldbestände wurden damit wertlos. Festverzinsliche Kapitalmarktpapiere wurden zu für die Gläubiger sehr restriktiven Konditionen auf D-Markt umgestellt. Erneut war die breite Masse der Bevölkerung als *Geldvermögensbesitzer* der Verlierer der Entwicklung. Industrieunternehmen als Schuldner hingegen profitierten vom Währungsschnitt.

Die traumatischen Umverteilungserfahrungen gerade der „kleinen Sparer" mit den zwei Währungsreformen haben die „DNS" deutscher Geldpolitik nachhaltig geprägt und erklären die harte Haltung der Bundesregierung zum eingeforderten institutionellen Dreiklang. Denn die nachgezeichneten Entwicklungen folgten beide demselben Muster: Die Zentralbank war nicht unabhängig von der Regierung, die Regierungen konnten deshalb die Zentralbank zur Haushaltsfinanzierung instrumentalisieren und am Ende resultierte eine offene bzw. verdeckte Inflation mit Versorgungsengpässen, weitestgehenden Vertrauensverlust in die Währung und einer Vermögensentwertung breiter Bevölkerungsschichten sowie einer Umverteilung zu Lasten von Lohn- und Gehaltsempfängern.

Vor diesem historischen Hintergrund wurden die eingangs genannten Bedenken gegen den institutionellen Dreiklang bei der Konstitution der Deutschen Bundesbank und der EZB zwar von den politischen Entscheidungsträgern in Deutschland gesehen, aber letztlich hinten angestellt.

7.3.6 Geldpolitische Strategie der EZB

7.3.6.1 Makroökonomischer Einfluss der Geldpolitik

Die Politik der EZB wirkt prinzipiell über die Geldversorgung. Bezogen auf das Endergebnis ist dabei die *Quantitätsgleichung* (auch: *Fischer'sche Verkehrsgleichung*) von Relevanz:

$$M \cdot U = Y_n = P \cdot Y = P \cdot \underbrace{\alpha \cdot \tilde{Y}}_{=Y} \tag{7.12}$$

(mit M = Geldmenge in €,

U = Umlaufgeschwindigkeit, Y_n = nominales BIP,

P = Preisniveau, Y = abgesetztes, mengenmäßiges reales BIP,

α = Auslastungsgrad und $\tilde{Y}$ = Produktionspotenzial).

Sie besagt zunächst im Rückblick als Tautologie, dass der im nominalen BIP abgebildete Wert der Gütertransaktionen eines Jahres (Y_n = P · Y) mit *Geld* finanziert worden sein muss, sonst wären die Transaktionen ja nicht zustande gekommen. Dabei reicht ein Geldbestand von M aus, der entsprechend häufig, nämlich U-mal innerhalb des Jahres, umgeschlagen wird.

Erhöht sich bei einer stabilen *Umlaufgeschwindigkeit* die Geldmenge, nehmen demnach automatisch das Preisniveau und/oder die abgesetzte Gütermenge zu:

$$M\uparrow \Rightarrow Y_n\uparrow \Rightarrow (P \cdot Y)\uparrow \quad (\text{bei U = konstant}) . \tag{7.13}$$

Für den Zusammenhang der Wachstumsraten dieser Größen gilt dabei (in der Wachstumsratentransformation wird bei kleinen Änderungen aus einem „·" ein „+" Plus):

$$\omega_M + \omega_U = \pi + \underbrace{\omega_\alpha + \omega_{\tilde{Y}}}_{=\omega_Y} \quad \Rightarrow \quad \omega_M = \pi + \underbrace{\omega_\alpha + \omega_{\tilde{Y}}}_{=\omega_Y} - \omega_U . \tag{7.14}$$

Wenn mithin bei stabiler Umlaufsgeschwindigkeit (ω_U = 0) auf der einen Seite die Geldmenge stärker wächst als die abgesetzte Gütermenge ($\omega_M > \omega_Y$) kommt es zu einem allgemeinen Preisanstieg, also zur *Inflation* (π > 0). Zur Inflation werden die Begriffe *Geldentwertung*, *Kaufkraftverlust* oder *allgemeine Teuerung* synonym genutzt.

Damit hingegen eine aufgrund einer höheren Auslastung (ω_α > 0) und/oder eines zulegenden Produktionspotenzials ($\omega_{\tilde{Y}}$ > 0) wachsende Produktion (ω_Y > 0) auch abgesetzt werden kann, bedarf es einer entsprechend hohen Geldmengenausweitung. Bliebe das Geldmengenwachstum hinter dem möglichen Produktionswachstum zurück ($\omega_M < \omega_{\tilde{Y}}$), wird entweder die absetzbare Produktion dadurch limitiert (ω_α < 0) und/oder es käme zu einer allgemeinen Preissenkung (π < 0), also zu *Deflation*.

Bei der Verfolgung ihres gesetzlich vorgeschriebenen vorrangigen Ziels, der Preisniveaustabilität, besteht die Kunst der EZB demnach darin, die Geldmenge so unter Berücksichtigung einer sich verändernden Umlaufsgeschwindigkeit auszuweiten, dass einerseits weder Inflation noch Deflation entsteht und andererseits genügend zusätzliches Geld zur Verfügung steht, um eine wachsende Produktion mit Geld bezahlen zu können. Diese zentrale Idee verfolgt das *Geldmengenkonzept*, das eine der beiden strategischen Säulen der EZB darstellt (vgl. Kap. 7.3.6.3).

7.3.6.2 Geldschöpfungsprozess

Zwar hat die Zentralbank einen hohen Einfluss auf die gesamtwirtschaftlich zirkulierende Geldmenge, auch sitzt sie an der Quelle der *Geldschöpfung*. Aber letztlich ergibt sich die Geldmenge erst aus einem Zusammenspiel von *Primärgeldschöpfung* von Seiten der Zentralbank und der darauf aufbauenden *Sekundärgeldschöpfung* durch den Geschäftsbankensektor.

Aufgrund des *Notenbankmonopols* ist die EZB die einzige Institution, die Liquidität in Form von Euro-Bargeld oder in Form von Forderungen, die prinzipiell jederzeit in Euro-Bargeld eintauschbar wären, in Umlauf bringen darf. Dies geschieht im Zuge der Primärgeldschöpfung durch folgende Transaktionen, die Liquidität aus den Tresoren der EZB in den Wirtschaftskreislauf einspeisen: Die Zentralbank

- vergibt *Kredite an die Geschäftsbanken* und verlangt dafür in der Regel das Hinterlegen von Sicherheiten sowie Zinsen,
- kauft in Form sogenannter *Outright-Geschäfte* im Finanzmarkt zirkulierende Wertpapiere an und nimmt sie ins eigene Depot,
- interveniert an den *Devisenmärkten*, indem sie fremde gegen Herausgabe der eigenen Währung ankauft,
- schüttet den *Notenbankgewinn* an ihre „Eigentümer", also nach dem Beteiligungsschlüssel der Mitgliedsstaaten an der EZB an die jeweiligen Finanzminister aus
- und erwirbt *Aktiva* – wie Gebäude – oder zahlt die eigenen Beschäftigten aus.

Darauf aufbauend setzt ein Prozess der *Sekundärgeldschöpfung* (auch: *Buchgeld-bzw. Giralgeldschöpfung*) ein, der anhand folgenden Beispiels erklärt wird (vgl. Abb. 7.6): Die Zentralbank vergibt in der Primärgeldschöpfung einen Kredit in Höhe von 1.000 EUR an eine Geschäftsbank. Diese nimmt ihn deshalb auf, weil sie ihrerseits einen Kunden A hat, der bei ihr einen Kredit beansprucht. Kunde A benötigt diesen Kredit, für den er höhere Zinsen zahlen muss als sein Kreditinstitut an die EZB abführt, nur deshalb, weil er für 1.000 EUR bei B etwas kaufen möchte. Kunde B lässt den Betrag bei seiner Geschäftsbank auf seinem Sichteinlagenkonto gutschreiben. Auf diese Einlage muss das Kreditinstitut eine Mindestreserve (r_M) bei der EZB hinterlegen. Der aktuelle Satz beträgt 1 Prozent, sodass 10 EUR von 1.000 EUR bei der EZB gebunden sind. Erfahrungsgemäß rufen Bankkunden aber nicht regelmäßig ihre Sichteinlagen in absehbarer Zeit vollständig in Bargeld ab. Kunde B wird voraussicht-

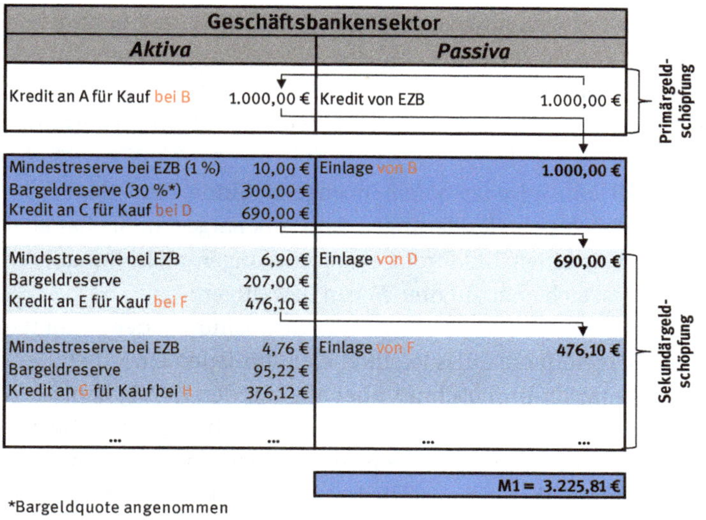

Geschäftsbankensektor		
Aktiva	**Passiva**	
Kredit an A für Kauf bei B 1.000,00 €	Kredit von EZB 1.000,00 €	Primärgeldschöpfung
Mindestreserve bei EZB (1 %) 10,00 € Bargeldreserve (30 %*) 300,00 € Kredit an C für Kauf bei D 690,00 €	Einlage von B 1.000,00 €	
Mindestreserve bei EZB 6,90 € Bargeldreserve 207,00 € Kredit an E für Kauf bei F 476,10 €	Einlage von D 690,00 €	Sekundärgeldschöpfung
Mindestreserve bei EZB 4,76 € Bargeldreserve 95,22 € Kredit an G für Kauf bei H 376,12 €	Einlage von F 476,10 €	
... ...	...	
	M1 = 3.225,81 €	

*Bargeldquote angenommen

Abb. 7.6: Geldschöpfungsprozess, *Bargeldquote angenommener Wert. Quelle: eigene Darstellung.

lich viele Transaktionen per Überweisung tätigen und auch nicht immer über all sein Geld verfügen wollen. Sicherheitshalber hält seine Geschäftsbank nun in Höhe der hier unterstellten Bargeldquote (r_B) von 30 Prozent Bargeld für den Fall parat, dass B einen Teil seines Geldes demnächst bar abheben will. Mit dem Rest von 690 EUR kann seine Bank dann weiter „arbeiten", indem sie diesen Betrag an den Kreditnehmer C weiterreicht, der davon bei D für 690 EUR einkauft. Von dort fließt das Geld zurück in den Geschäftsbankensektor, sobald D den Betrag seinem Konto gutschreiben lässt. Bis hierhin sind aus ursprünglich 1.000 EUR als Primärgeldschöpfung der EZB mithilfe der Sekundärgeldschöpfung durch Geschäftsbanken bereits 1.690 EUR an Geldmenge entstanden. Denn außerhalb des Bankensektors (das ist die definitorische Abgrenzung) bestehen Sichteinlagen, die angesichts ihrer jederzeitigen Liquidierbarkeit zur Geldmenge zählen, in dieser Höhe.

Theoretisch kann dieser Prozess der *Buchgeldschöpfung* mit Abfluss aus dem Geschäftsbankensektor und anschließendem Zufluss unendlich lange anhalten. Allerdings „versickern" dabei von Stufe zu Stufe jeweils 31 Prozent ($r_M + r_B = 0{,}01 + 0{,}30 = 0{,}31$). Die Summation über die entstehenden Sichteinlagen ist dabei eine unendliche geometrische Reihe, die bei einem in Höhe von PG gegebenen Primärgeldimpuls gegen M1 $= \frac{1}{r_M + r_B} \cdot PG = \frac{1}{0{,}31} \cdot 1.000 = 3.225{,}81$ EUR konvergiert. Die Primärgeldschöpfung wird hier über die Sekundärgeldschöpfung mit dem Geldschöpfungsmultiplikator von $\frac{1}{r_M + r_B} \approx 3{,}23$ vervielfacht.

Auf den ersten Blick wirkt dieses System wie ein *unseriöses Schneeballsystem*. Was wäre etwa, wenn in unserem Beispiel vollkommen unerwartet Kunde B seine Sichteinlage mit sofortiger Wirkung komplett in Bargeld umwandeln will? Seine Geschäftsbank könnte nach Auflösen der Sichteinlage schließlich nur die darauf entfallende Mindestreserve in Höhe von 10 EUR sowie die zurückgehaltene Bargeldreserve in Höhe von 300 EUR mobilisieren. Die restlichen 690 EUR sind dem Kunden C von der Bank für die Dauer des Kreditvertrags übertragen worden und damit nicht kurzfristig abrufbar.

Die Bank hat in dem Fall kein *Solvenzproblem* im engeren Sinne, denn der Forderung des Kunden B stehen gleich hohe Forderungen der Bank entgegen. Sie hat aber ein *Liquiditätsproblem*, weil sie einen Teil ihrer Gegenforderungen nicht liquidieren kann. Diese Anforderung lässt sich aber auf drei Wegen bewältigen:

- aus einem *stochastischen In-sich-Ausgleich* über die Dispositionen der gesamten Einleger hinweg: Die Bargeldquote muss letztlich nicht für jeden einzelnen Kunden zutreffen, sie muss nur im Durchschnitt über alle Kunden richtig bemessen sein. Falls tatsächlich Kunde B mehr als erwartet abhebt, bleibt dies unproblematisch, wenn andere Kunden entsprechend weniger abheben. Insofern kommt es darauf an, die Bargeldquote über einen *statistischen Risikodiversifikationseffekt* möglichst solide unter Berücksichtigung von Schwankungsintervallen anzusetzen.
- mithilfe des *Geldmarktes*: Auf dem Geldmarkt werden liquide Mittel für kurze Zeit gegen Zinsen ausgeliehen. Akteure sind hier – außer der Zentralbank – die Geschäftsbanken und große nicht-finanzielle Konzerne, die ihr Liquiditätsmanagement im Zuge einer professionellen Kassenhaltung optimieren. Gelingt es der Geschäftsbank des Kunden B nicht, die benötigte Liquidität über einen In-sich-Ausgleich zu beschaffen, muss sie am Geldmarkt einen Akteur finden, der überschüssige Liquidität bei ihr anlegen will. Die „Strafe" für die Fehlkalkulation der Bargeldquote besteht dann darin, dass die Bank Zinsen bezahlen muss.
- durch *Zugriff auf Notenbankkredite*: Als Kreditgeber letzter Instanz („*lender of last resort*") bleibt der Geschäftsbank die EZB. Im Rahmen der „Spitzenrefinanzierungsfazilität" (vgl. Kap. 7.3.6.4) bietet sie an, bei Bedarf sofort die benötigte Liquidität gegen Zinsen und Hinterlegen von Sicherheiten zu stellen, vorausgesetzt, es handelt sich wirklich nur um ein Liquiditätsproblem.

Darüber hinaus ist zu berücksichtigen, dass Kreditinstitute ihre Kredite nicht nur aus Buchgeldschöpfung speisen, sondern mit Blick auf eine verbesserte Fristenkongruenz zwischen Aktiva und Passiva ebenfalls bestrebt sind, ihre Ausleihungen über *längerfristige Einlagen* und *selbst emittierte Schuldverschreibungen* zu refinanzieren.

Mit einem Kreditgeber letzter Instanz in der Hinterhand und dessen unbegrenzten Möglichkeiten der Geldschöpfung erweist sich das System letztlich doch als solide. Erst wenn ein *Bank-Run* einsetzen würde, geriete das System an seine Grenzen: Wenn branchenweit aufgrund eines grassierenden Misstrauens in die Geschäftsbanken alle Einleger schlagartig ihre Einlagen abrufen würden, bräche das System zusammen. Da sowohl alle Einleger als auch alle Geschäftsbanken systemisch betroffen wären, würde weder der In-sich-Ausgleich noch der Geldmarkt Abhilfe schaffen können. Und die

Zentralbank hat gar nicht so viel Bargeld in den Tresoren, wie es Einlagen gibt. Sie müsste das fehlende Geld zunächst einmal drucken. Von diesem Problem abgesehen gibt es keine Liquiditätshilfe aus dem Topf der Spitzenrefinanzierung, wenn Banken ihre Verbindlichkeiten nicht durch solide Gegenforderungen abgesichert haben, weil ihre vergebenen Kredite notleidend sind. Um ihre Forderungen auszugleichen, helfen den Bankgläubigern neben der Insolvenzmasse der Bank allenfalls noch die *Einlagensicherungssysteme der Banken*, die von den daran teilnehmenden Geschäftsbanken als gegenseitige Versicherung gespeist werden.

Insofern hängt die *Systemstabilität* ebenfalls vom Vertrauen in die Bankenwelt ab. Normalerweise ist dies in soliden Volkswirtschaften kein Problem. Da sich Misstrauen aber eigendynamisch verschärfen kann, können bereits kleine Zweifel große Wirkungen entfachen. Als beispielsweise die *Finanzmarktkrise* nach der Insolvenz der Lehman Brothers von Amerika nach Deutschland überschwappte und Anfang Oktober 2008 die Hypo Real Estate Bank ebenfalls kurz vor der Pleite stand, berichtete die Bundesbank, dass Bankkunden massenhaft Geld abhöben und ihr Bestand an 100- und 200-Euronoten knapp werde. Daraufhin sahen sich der damalige Finanzminister Peer Steinbrück und Bundeskanzlerin Angela Merkel gezwungen, öffentlichkeitswirksam die *„Merkel-Garantie"* abzugeben: „Wir sagen den Sparerinnen und Sparern, dass ihre Einlagen sicher sind. Auch dafür steht die Bundesregierung ein" (Merkel zitiert in: Der Tagesspiegel 2008). Objektiv gesehen hat sich die Regierung mit dieser Aussage weit aus dem Fenster gelegt. Schließlich lagen bei deutschen Banken zu diesem Zeitpunkt rund 3 Bio. EUR an Einlagen auf Konten von Nichtbanken. Die Merkel-Garantie diente aber auch vorrangig als Selffulfilling Prophecy: Sie beruhigte die Gemüter, sodass das Versprechen gar nicht erst eingelöst werden musste.

7.3.6.3 Zwei-Säulen-Strategie der EZB

Bei der Sicherstellung des wirtschaftspolitischen Hauptziels der EZB bedarf es zunächst einer Operationalisierung, also einer messbaren Konkretisierung der Zielgröße *„Preisstabilität"* (vgl. Marquardt 1999, S. 143 ff.). Dabei ist der Zielbegriff unglücklich gewählt, denn es geht nicht darum, dass alle Preise stabil bleiben. Im Gegenteil, in einer marktwirtschaftlichen Ordnung müssen Einzelpreise frei schwanken können, um den Erzeugern wichtige Signale darüber zu geben, wie sich die Knappheiten bei Gütern verändern. Mit der rechtlichen Vorgabe ist daher eigentlich „Preisniveaustabilität" gemeint, mithin eine Situation, in der es im *Durchschnitt* über alle Güter eines Warenkorbs hinweg keine Preisveränderung gibt.

Der Verantwortungsbereich der EZB erstreckt sich dabei zwangsläufig nur auf die Preisentwicklung im *Euroraum*. Hier fokussiert sie auf die Verbraucherpreisentwicklung, die im Euroraum nach vereinheitlichten Verfahren als *Harmonisierter Verbraucherpreisindex (HVPI)* gemessen wird. Die Konzentration auf die Verbraucherpreise wird damit gerechtfertigt, dass der finale Zweck des Wirtschaftens der Konsum ist. Angesichts zahlreicher, von der EZB nicht unmittelbar kontrollierbarer Einflüsse auf die Preisentwicklung, wie insbesondere die Rohstoffpreisschwankungen, können dabei Ausschläge nach oben und unten nicht von vornherein ausgeschlossen werden. Die EZB kann hier durch ein entsprechend eng gefasstes „Schneidern des Geldmantels" lediglich mittelfristig dafür sorgen, dass das Preisniveau stabil bleibt. Angesichts dessen strebt sie mittelfristig eine Inflationsrate von „unter, aber nahe 2 %" (EZB 2011, S. 69) an und ist bereit, kurzfristige Abweichungen davon zu tolerieren.

Irritierend ist, warum die *Zwei-Prozent-Marke* gesetzt wurde. Denn Preisniveaustabilität bedeutet formal, dass die Preise im Durchschnitt weder steigen noch fallen und damit die anzustrebende Preissteigerungsrate eigentlich bei 0 Prozent liegen müsste. Die Abweichung nach oben begründet sich aber nicht dadurch, dass die EZB ihren Gesetzesauftrag nicht ernst nimmt. Sie ist die Folge von *Ungenauigkeiten in der Statistik* sowie einer *pragmatischen Abwägung*.

So gibt es beim Messen der Inflation zahlreiche praktische Probleme, die darauf hinaus laufen, dass die gemessene Inflation die tatsächliche tendenziell *überzeichnet*. Diese Verzerrungen nach oben resultieren zum Beispiel aus einem *„Qualitätsbias"*. Haben sich Produkte aus dem Warenkorb verteuert, wenn zeitgleich eine qualitative Verbesserung vorliegt, so ist ein beobachteter Preisanstieg nicht allein ein Geldentwertungsproblem, sondern auch der qualitativen Verbesserung geschuldet. Die objektive messbare Preissteigerung ist damit hier allenfalls zu dem Teil ein Inflationsphänomen, zu dem es der Statistik durch hedonische Verfahren gelingt, die Qualitätseffekte herauszufiltern. Daneben gibt es zum Beispiel noch den *„Sonderangebotsbias"*. Selbst wenn es keine qualitativen Veränderungen in den zugrundeliegenden Gütern gibt, kann es sein, dass ein Preis erfasst wird, der gemessen an der tatsächlichen Belastung zu hoch ausfällt. Das ist dann der Fall, wenn Verbraucher das Gut bei anderen als vom Preisermittler ausgewählten Anbietern zu Sonderangebotspreisen einkaufen können, wobei diese Form des Ausweichens durch das Nutzen von Vergleichsportalen im Internet eher zugenommen hat. Die gemessene Inflation überzeichnet dann die beim Verbraucher wirksame Inflation. Darüber hinaus gibt es noch weitere Gründe für eine systematische Verzerrung nach oben, sodass das Erreichen einer gemessenen Inflationsrate von „nahe aber unter 2 Prozent" materiell mit einer niedrigeren Preissteigerungsrate einhergeht.

Hinzu kommt das Setzen einer *Zielmarke* oberhalb von 0 Prozent aus *pragmatischen Gründen*. Durch Geldpolitik lassen sich im Zweifelsfall Inflations- leichter als Deflationstendenzen begrenzen. Denn bei allgemein fallenden Preisen kann die EZB zwar die Refinanzierungsbedingungen für die Geschäftsbanken lockern, im Zweifelsfall sogar auf Zinsen verzichten. Ob die Geschäftsbanken die Impulse zur verstärkten Kreditvergabe nutzen und so die Güternachfrage angeregt wird, ist zweifelhaft. Dazu müssten auch Unternehmen und Haushalte bereit sein, neue Kredite aufzunehmen. Bei fallenden Güterpreisen ist aber gerade bei teuren Gütern, für deren Erwerb Kredite überhaupt nur in Betracht kommen, Kaufzurückhaltung zu erwarten. Insofern sind die Möglichkeiten der Zentralbank gegen eine einmal angelaufene Deflation anzukämpfen geringer als bei einer ausgelösten Inflation. Auch sind die Möglichkeiten von Zinsänderungen asymmetrisch. Während bei einer Inflation die Zentralbank die Leitzinsen im Prinzip ins Unermessliche steigen lassen kann, sind die wirksamen Möglichkeiten, die Zinsen zu senken, bei einer Deflation begrenzt. Zwar gibt es als Folge der *EZB-Nullzinspolitik* derzeit vereinzelt Negativzinsen für Bankkunden. Sie können aber allenfalls nur begrenzt greifen. Denn wenn von Einlegern Zinsen verlangt werden, können sie sich dem auch durch verstärkte Bargeldhaltung entziehen.

Des Weiteren besteht die Gefahr, dass bei einer als Durchschnittswert gemessenen Inflationsrate von 0 Prozent bereits einzelne Güter im Warenkorb rückläufige Preise verzeichnen. Dabei droht dann *Kaufattentismus* in der Erwartung, diese Produkte bald noch billiger erstehen zu können. Dadurch verstärkt sich aber der Abwärtstrend in den Preisen der betroffenen Branche eigendynamisch. Die dann folgenden Produktions- und Beschäftigungseinbußen führen zu gesamtwirtschaftlichen Einkommensrückgängen, die von dort auch auf andere Branchen belastend ausstrahlen könnten.

Überdies kann die Preisentwicklung innerhalb des Euroraumes angesichts der heterogenen Zusammensetzung des Teilnehmerkreises sehr unterschiedlich verlaufen. Wenn demnach im Durchschnitt über alle *Mitglieder der Währungsunion* eine Inflationsrate von 0 Prozent zustande kommt, verbirgt sich dahinter in der Regel, dass in einzelnen Ländern bereits deflationäre Tendenzen bestehen, die ebenfalls belastend auf den gesamten Euroraum zurückwirken können. Auch aus diesen Gründen wird mit der Zwei-Prozent-Marke ein *Sicherheitspuffer zur Deflation* gesucht und der Gesetzesauftrag leicht asymmetrisch angelegt. Im Übrigen hatte so vor der Vergemeinschaftung der Geldpolitik auch die Deutsche Bundesbank schon argumentiert und sich als zu verfolgende „Preisnorm" einen Wert von 2 Prozent vorgegeben, ohne dass jemand geargwöhnt hätte, dass sie es mit ihrem Kernauftrag der Preisniveaustabilisierung nicht so ernst nehme.

Um das Preisniveauziel zu erreichen, ergibt es strategisch wenig Sinn, aus der reinen Beobachtung der laufenden Inflationsraten geldpolitische Maßnahmen abzuleiten. Denn die jeweils zu beobachtenden Inflationsraten sind das Ergebnis bereits *zurückliegender* und zwischenzeitlich in der Preisentwicklung manifestierter Einflüsse. Der reine Blick auf die laufenden Geldentwertungsraten als Leitlinie für Entscheidungen wäre, wie es die Bundesbank immer betont hatte, genauso wenig sinnvoll, wie Autofahren mit dem ständigen Blick in den Rückspiegel. Stattdessen bedarf es einer *vorausschauenden Analyse* der zu erwartenden Preisentwicklung, um rechtzeitig mit geldpolitischen Maßnahmen gegensteuern zu können.

Hierbei verfolgt die EZB zumindest offiziell noch (s. u.) eine *Zwei-Säulen-Strategie* (Abb. 7.7): Sie stützt sich auf eine breit angelegte Prognose der wirtschaftlichen Entwicklung und ergänzt die Befunde um Einschätzungen aus einer monetären Analyse. In die *Wirtschaftliche Analyse* fließen unterschiedliche, kurz- bis mittelfristig die Preisentwicklung determinierende kosten- und nachfrageseitige Aspekte ein. Hierzu zählen beispielsweise Konjunkturdaten, Wechselkursveränderungen, Finanzmarktdaten, die Lohnentwicklung und kostenwirksame Steuersatzänderungen. Die wirtschaftliche Analyse liefert eine quantitative Prognose der Preisdynamik. Droht hier

Abb. 7.7: Zwei-Säulen-Strategie der EZB.
Quelle: eigene Darstellung.

ein Überschreiten der Zielmarke, gilt es, das Prognoseergebnis qualitativ einzuordnen. Dabei wird u. a. untersucht, ob es sich um Einmaleffekte, wie etwa bei einem Ölpreisanstieg, handelt, die sich in den Inflationsraten schon bald wieder herauswachsen, oder ob sich eigendynamisch verschärfende Probleme entstehen. Das kann zum Beispiel dann der Fall sein, wenn die Lohnentwicklung hinter der Produktivitätsentwicklung zurückbleibt, Unternehmen daher angesichts zu schwacher Binnennachfrage Absatzprobleme haben und eine Abwärtsspirale von Deflation und anhaltendem Lohndruck entsteht.

Schließlich werden die Ergebnisse der wirtschaftlichen durch die *Monetäre Analyse* abgerundet. In ihrem Mittelpunkt steht zunächst die mittelfristige M3-Geldmengenentwicklung, die empirisch betrachtet einen relativ stabilen Zusammenhang zur Teuerungsrate bei den Güterpreisen aufweist.

In der Anfangsphase nach ihrer Gründung hatte die EZB regelmäßig aus der in Wachstumsraten transformierten Quantitätsgleichung ein anzustrebendes Geldmengenwachstum als Referenzwert abgeleitet (vgl. Gleichung (7.14)). Ausgehend von einem mittelfristig gegebenen Auslastungsgrad ($\omega_\alpha = 0$) wurde das Referenzwertwachstum für M3 wie folgt quantifiziert:

$$\omega_{M3} = \underbrace{\pi}_{\approx 1,5 \text{ bis } 2\,\%} + \underbrace{\omega_\alpha}_{=0} + \underbrace{\omega_{\bar{Y}}}_{\approx 2\,\% \text{ bis } 2,5\,\%} - \underbrace{\omega_U}_{\approx -0,5\,\% \text{ bis } -1\,\%} \approx +4,5\,\% . \qquad (7.15)$$

Damit die gemessene Inflationsrate, wie beabsichtigt, nahe, aber unter 2 Prozent liegt, zugleich aber bei einem mittelfristigen Wachstum des Produktionspotenzials von 2 bis 2,5 Prozent die Mehrproduktion auch mithilfe von Geld bezahlt werden kann, sollte unter Berücksichtigung einer längerfristig empirisch beobachteten Verlangsamung der Umlaufsgeschwindigkeit als grobe Formel ein *jährliches M3-Wachstums von rund 4,5 Prozent* zustande kommen. Genaugenommen wurde laufend die Entwicklung eines gleitenden Dreimonatsdurchschnitts der Jahreswachstumsraten von M3 verfolgt und mit dem Zwischenzielwert abgeglichen. Ein darüber hinausgehendes Wachstum indizierte Inflationsgefahren, ein Zurückbleiben hingegen die Gefahr einer Unterversorgung mit Geld und deflationärer Entwicklungen.

Zugleich wurde aber von Anfang an nicht nur mechanisch auf die M3-Entwicklung abgestellt. Entscheidend ist in der monetären Analyse der grundlegende monetäre Trend, der in der Realität von *kurzfristigen Einflüssen* überlagert wird. Insofern wird besonders auch die Dynamik der einzelnen M3-Komponenten sowie der „M3-Gegenposten", aus denen die *Sekundärgeldschöpfung* zustande kommt, begutachtet. Dadurch sollen mögliche Besonderheiten identifiziert werden, die einerseits den Handlungsbedarf relativieren könnten oder andererseits aufzeigen, welche geldpolitischen Maßnahmen bei Fehlentwicklungen angemessen sind. Wenn zum Beispiel auf der einen Seite M3 nach einem Einbruch der Aktienkurse über die temporäre Verlagerung von Aktienkapital in Termineinlagen ansteigt, weil die Anlagemittel bis zu einem Wiedereinstieg in den Aktienmarkt in den Termineinlagen nur zwischengeparkt werden, deutet ein übermäßiges M3-Wachstum nur begrenzt auf Inflationsgefahren an den Gütermärkten hin. Denn das zusätzliche Geld soll ja gar nicht in absehbarer Zeit zum Güterkauf eingesetzt werden. Wenn auf der anderen Seite das M3-Wachstum zu schwach ist und dies gleichzeitig im Sekundärgeldschöpfungsprozess mit einer zu schwachen Kreditaufnahme einhergeht, könnten expansive Zinsimpulse zur Belebung der Geldmenge verpuffen, weil die Geschäftsbanken das Geld bei der EZB gar nicht abrufen würden, da ihnen die Kreditkunden fehlen.

Darüber hinaus wird bei der Monetären Analyse gewürdigt, ob das in der Primärgeldschöpfung eingespeiste Geld in den realen Sektor der Wirtschaft fließt und dort zum Kauf von Gütern eingesetzt wird oder ob die Liquidität in die *Finanzmärkte* fließt und dort möglicherweise zum Entstehen von *Asset-Preis-Inflation*, also zu destabilisierenden Übertreibungen an den Finanzmärkten in Form von *Spekulationsblasen* beiträgt. Allerdings steht diese Thematik nicht im Fokus, da die rechtliche Zielvorgabe von der EZB als Auftrag interpretiert wird, die *Güterpreisniveaustabilität* zu wahren.

Am Ende wird ein Cross-Check durchgeführt: Die Einschätzungen aus der Monetären Analyse sollen das Bild der Wirtschaftlichen Analyse abrunden. Bestätigt sich dann der Eindruck drohender Inflationsgefahren, gilt es, geldpolitisch restriktiv gegenzusteuern. Sind hingegen deflationäre Entwicklungen zu erwarten, liegt es nahe, die Geldpolitik expansiver zu gestalten.

In der Implementierung der EZB-Strategie spielte die Tradition der Bundesbank eine wichtige Rolle. Ein Grund dafür war die Tatsache, dass der erste Chef-Volkswirt der EZB, Ottmar Issing, zuvor diesen Posten auch bei der Deutschen Bundesbank bekleidet hatte. Insbesondere ist die monetäre Säule so als eine Erbschaft von der Bundebank zu verstehen, da sich zum damaligen Zeitpunkt bis auf die Schweizerische Nationalbank und die Deutsche Bundesbank eigentlich alle wichtigen Zentralbanken aufgrund von erheblichen Umsetzungsproblemen von der Geldmengenstrategie abgewandt hatten (vgl. Marquardt 1999).

Allerdings hat auch in der EZB-Strategie im Laufe der Jahre die monetäre Säule erheblich an Bedeutung verloren. Während es noch zu Beginn der Währungsunion hieß, dass die „Verkündung eines Referenzwertes [für die Geldmenge] [...] eine herausragende Rolle" (EZB 1999, S. 50) in der Strategie spiele, ruderte die EZB ab 2003 auch offiziell zurück. Nachdem sie trotz M3-Wachstumsraten von klar über 7 Prozent sich mit der Begründung, die M3-Entwicklung würde falsche Signale aussenden, entschied, die Leitzinsen zu senken, verkündete sie (EZB 2003): „In dieser Hinsicht dient die monetäre Analyse in erster Linie dazu, die kurz- bis mittelfristigen Anzeichen, die sich aus der wirtschaftlichen Analyse ergeben, aus mittel- bis langfristiger Perspektive zu überprüfen." Die monetäre Säule wurde hier von der herausragenden Säule zur relativierenden Komponente der Wirtschaftlichen Analyse degradiert.

Dies wird auch deutlich in einer Rede von Vitor Constâncio, der von 2010 bis 2018 EZB-Vizepräsident war:

> There was clearly a dominant first pillar with a reference value initially set at 4.5 % growth rate for M3. [...] The reference value for the monetary aggregate M3 was considered a relevant variable for inflation assessment and was related to the theoretical approach of technical monetarism in that money predicts inflation and differs from credit or other aggregates. The reference value for M3 annual growth was calculated to be 4.5 % and was used to produce a monetary overhang: the difference between actual M3 growth and the reference value, with higher numbers representing higher risks for medium term inflation. (Constâncio 2018)

Nachdem sich die Entwicklung der *Umlaufgeschwindigkeit* aber zeitweise als sehr instabil erwies und Sondereffekte eine immer größere Rolle spielten, verlor ab 2003 die monetäre Säule an Gewicht:

> the review of the reference value on an annual basis was dropped. While still at 4.5 %, the reference value has, in fact, not been mentioned or used since then. The monetary pillar became thinner. [...] The ECB made the journey from a central bank still under the partial influence of the simple monetary aggregates approach, to join the community of central banks of other major jurisdictions using flexible inflation targeting regimes. (Constâncio 2018)

In ihrer Praxis würdigt die EZB die monetären Entwicklungen – auch im Detail – zwar weiterhin ausdrücklich. Der Referenzwert von 4,5 Prozent wird aber kaum noch genannt, tritt beispielsweise im EZB-Jahresbericht 2018 und in der letzten gedruckten EZB-Auflage zu ihrem Konzept „Die Geldpolitik der EZB 2011" gar nicht mehr auf. Überdies werden Abweichungen vom Referenzwert im Zusammenhang mit geldpolitischen Maßnahmen kaum explizit thematisiert.

Mit der Neubesetzung des Präsidentenpostens bei der EZB in 2019 und der anhaltenden Kritik an der EZB-Politik, kündigte Christine Lagarde als neue Präsidentin an, die *Gesamtstrategie der EZB* selbstkritisch zu überprüfen und sie anschließend u. U. neu auszurichten. Zur Disposition stehen u. a. die Zwei-Prozent-Marke, die Umsetzung der Wirtschaftlichen und Monetären Analyse, die Kommunikationspolitik, die verstärkte Berücksichtigung von Asset-Price-Inflation sowie die verstärkte Einbindung von Nachhaltigkeits- und Beschäftigungsaspekten (vgl. Deutsche Bundesbank 2020).

7.3.6.4 Instrumentarium der EZB

Zur Unabhängigkeit der Zentralbank gehört es auch, die für die geldpolitischen Ziele erforderlichen Instrumente eigenständig bestimmen und festlegen zu können. Die EZB verfügt dabei über ein breit aufgestelltes *Instrumentarium* (vgl. EZB 2011 und Abb. 7.8), das vorrangig das Geschäft mit Geschäftsbanken betrifft, die wiederum ordnungspolitisch nach dem *Gleichbehandlungsgrundsatz* bedient werden sollen, sofern nicht ausnahmsweise die Besonderheit von Geschäften eine Abweichung erfordert.

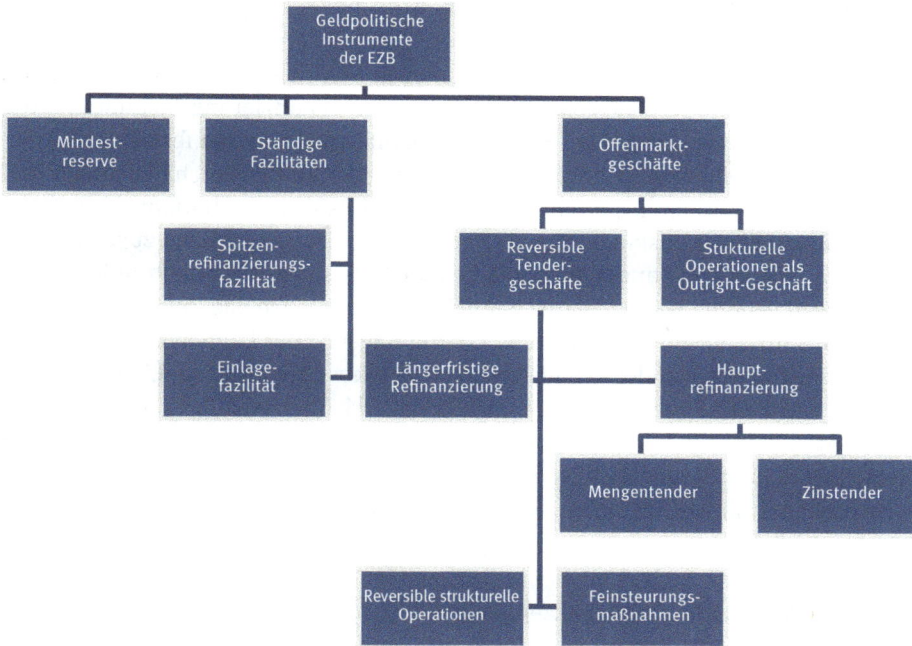

Abb. 7.8: Instrumente der EZB. Quelle: eigene Darstellung.

Die *Mindestreserve* verpflichtet die Geschäftsbanken, auf zuvor definierte Einlagen der Bankkunden nach Abzug eines einmaligen Freibetrags von 100.000 EUR eine Reserve in Höhe eines von der EZB festgelegten Prozentsatzes auf ihrem EZB-Konto zu hinterlegen. Das sich daraus ergebende *Mindestreservesoll* ist dann im Durchschnitt einer nachfolgenden rund einmonatigen Erfüllungsperiode einzuhalten, wobei die Mindestreserveeinlagen bei der EZB mit der Höhe des *Hauptrefinanzierungssatzes* (s. u.) verzinst werden. Bei der Mindestreserve handelt es sich um ein Instrument mit struktureller Bedeutung. Es begrenzt grundsätzlich die Sekundärgeldschöpfungsmöglichkeiten der Geschäftsbanken und kann im Bedarfsfall mit durchschlagender Wirkung schnell mobilisiert werden, um durch eine verordnete Erhöhung des Reservesatzes eine überbordende Geldmenge einzufangen. Darüber hinaus eignen sich die Mindestreserveguthaben dazu, die Geldmarktzinsen zu glätten, da nur eine Notwendigkeit zur Durchschnittserfüllung besteht. Schlagen in den *Interbankengeschäften* die Zinsen kurzfristig aufgrund von Marktengpässen nach oben aus, kann eine Geschäftsbank ihr Mindestreserveguthaben vorübergehend abrufen und diese zinsentlastend anbieten. Die daraus resultierende Untererfüllung des Mindestreservesolls kann später durch eine Übererfüllung ausgeglichen werden. Als Strukturinstrument wird der Mindestreservesatz nur selten verändert. Seit der EZB-Gründung wurde er nur einmal angepasst. Im Zuge der Eurokrise setzte die EZB ihn am 18. Januar 2012 von 2 auf 1 Prozent herab.

Von großer Bedeutung in der konventionellen Geldpolitik sind die Zinssätze im Zusammenhang mit der *Einlagefazilität*, der Spitzenrefinanzierungsfazilität und der Hauptrefinanzierung. Die beiden Ständigen Fazilitäten stellen ein feststehendes, jederzeit wahrzunehmendes und unlimitiertes Angebot an die Geschäftsbanken dar. Geschäfte in ihrem Rahmen kommen daher ausschließlich auf Initiative der Monetären Finanzinstitute zustande. Um als Partner bei diesen Geschäften zugelassen zu sein, sind, wie bei den anderen Geschäften auch, bestimmte Grundkriterien zu erfüllen. Dazu gehören u. a. die wirtschaftliche Solidität sowie das Einhalten bankenaufsichtsrechtlicher Anforderungen. Bei der Einlagefazilität können die Kreditinstitute zu einem zuvor von der EZB festgelegten Zinssatz überschüssige Liquidität über Nacht anlegen. Die *Spitzenrefinanzierungsfazilität* erlaubt ihnen, bei der EZB liquide Mittel gegen einen vorab beschlossenen Zinssatz über Nacht abrufen zu können. Um die Spitzenrefinanzierung in Anspruch nehmen zu können, müssen Sicherheiten in Form von marktfähigen und nicht marktfähigen Schuldtiteln privater und öffentlicher Schuldner hinterlegt werden. Um die EZB bei der Abtretung möglichst vor Risiken zu schützen, sollen die Sicherheiten im Prinzip hohen Bonitätsanforderungen entsprechen. Welche Sicherheiten hier akzeptiert werden, kann einem für den Euroraum einheitlichen *Sicherheitenverzeichnis* entnommen werden.

Die von der Zentralbank vorgegebenen Zinssätze für die Einlage- und die Spitzenrefinanzierungsfazilität kanalisieren die *Zinsentwicklung am Geldmarkt*, auf dem Liquidität – je nach Abgrenzung – mit einer Laufzeit von maximal einem Jahr bzw. zwei Jahren gehandelt wird. Schließlich käme einerseits im Geldhandel niemand auf die Idee, überschüssige Liquidität bei einer anderen Bank zu einem Satz unterhalb des jederzeit realisierbaren Einlagesatzes der EZB anzulegen. Andererseits wäre niemand bereit, im Geldmarkt kurzfristig Liquidität zu einem Satz über dem der Spitzenrefinanzierungsfazilität zu leihen. Die Einbettung der Geldmarktzinsentwicklung wird auch deutlich mit Blick auf Abb. 7.9. Neben den Leitzinsen in Form des Spitzenrefinanzierungssatz und des Einlagesatzes ist dort die Entwicklung des *EONIA* abgebildet. EONIA steht für Euro Overnight Index Average, erfasst den Durchschnittszinssatz am Geldmarkt auf dem Interbankenmarkt für unbesicherte Ausleihungen über Nacht und kann zumindest in seiner Durchschnittsentwicklung als ein Referenzzinssatz für

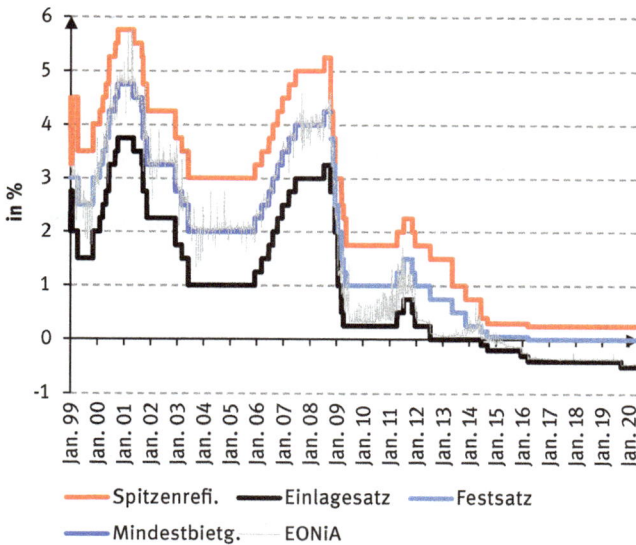

Abb. 7.9: Leitzinskorridor und EONIA. Quelle: ECB, Data Warehouse; eigene Darstellung.

alle anderen Geschäfte auf diesem Markt betrachtet werden. Die Schwankungen des EONIA bewegen sich dabei durchgängig im durch die beiden Leitzinsen aufgespannten Korridor.

In normalen Zeiten, wie etwa von 2003 bis Anfang 2008, orientiert sich der Geldmarktzins dabei zumeist stark an dem *dritten Leitzins*, dem Zinssatz, der im *Hauptrefinanzierungsgeschäft* zustande kommt. Bei diesem Instrument handelt es sich um ein *Offenmarktgeschäft*, das im Unterschied zu den Fazilitäten nur auf Veranlassung der Zentralbank zustande kommt. Es wird von der EZB für alle Berechtigten offen angeboten, um dort die Liquidität und die Zinsbildung zu beeinflussen. Unter den Offenmarktgeschäften unterscheidet man zwischen klassischen Tendergeschäften, die unmittelbar auf den Geldmarkt abzielen, und Strukturellen Operationen, die vorrangig auf die Kredit- und Kapitalmarktwirkung abstellen (s. u.).

Tendergeschäfte werden in der Regel ausgeschrieben, nach standardisierten Regeln durchgeführt und eröffnen dem zugelassenen Teilnehmerkreis einen gleichberechtigten Zugang. Das in normalen geldpolitischen Phasen bedeutsamste Tendergeschäft stellt dabei das *Hauptrefinanzierungsgeschäft* dar, dessen Rahmenbedingungen von der EZB beschlossen werden und das von den nationalen Zentralbanken abgewickelt wird. Es hat den Charakter von Pfandkrediten oder von Wertpapierpensionsgeschäften. Bei Pfandkrediten gelten Wertpapiere der Geschäftsbanken als Sicherheit für die zu verzinsende Zufuhr von Liquidität über die Laufzeit hinweg. Bei *Wertpapierpensionsgeschäften* (auch: Repogeschäfte) kauft die zuständige nationale Zentralbank des ESZB Wertpapiere von den Geschäftsbanken an und schließt zugleich eine Rücktauschvereinbarung nach einer fest vorgegebenen Laufzeit ab. Die Abschläge zwischen den dabei festgelegten niedrigeren Ankaufs- und den Rückkaufswerten werden als Verzinsung betrachtet.

Seit dem Jahr 2004 beträgt die Dauer dieser Geschäfte eine Woche. Sie finden wöchentlich statt und werden nach Ablauf der Frist von Anschlussgeschäften abgelöst. Auf diesem Weg hat die EZB die Möglichkeit, durch eine entsprechende geringere Anschlussdimensionierung schnell Liquidität aus dem Markt zu nehmen bzw. bei einer großzügigeren Anschlusszuteilung dem Markt Liquidität zuzuführen. Der Abwicklungsaufwand bei Geschäften ist dabei bei weitem nicht so groß, wie es auf den ersten Blick scheint. Die Sicherheiten werden in einem zentralen Pool verwahrt und dort von einer Clearingstelle den jeweiligen Besitzern zugeordnet und verwaltet.

Für das temporäre Überlassen der Liquidität sorgt ein *standardisiertes Ausschreibungsverfahren*. Grundsätzlich gibt es hier das Mengen- und das Zinstenderverfahren. Im *Mengentenderverfahren* setzt die EZB normalerweise die beabsichtigte Zuteilungsmenge sowie den Zinssatz fest. Dabei fordert sie die Banken auf, ihren Liquiditätsbedarf anzugeben. Anschließend wird entweder die nachgefragte Liquidität zugeteilt oder bei einem Nachfrageüberschuss anteilig zugewiesen. Im *Zinstenderverfahren* legt die EZB ebenfalls die Zuteilungsmenge insgesamt fest. Üblicherweise teilt sie dabei den Interessenten auch einen Mindestbietungssatz mit. Die Geschäftsbanken müssen dann die gewünschte Höhe der Geldzuteilung mit einem Zinsgebot unterlegen, das den Mindestbietungssatz nicht unterschreiten darf. Dabei sind mehrere Gebote zu unterschiedlichen Zinssätzen möglich. Anschließend wird die bereitgestellte Liquidität in der Reihenfolge der Zinszahlungsbereitschaft verteilt, bis das Zuteilungslimit erreicht wird. Der Zinssatz, der gerade noch mit einer Zuteilung verbunden ist, heißt marginaler Zuteilungssatz. Wer in der Zuteilung leer ausgegangen ist, hat zu wenig geboten und muss seinen Bedarf anschließend über den Geldmarkt befriedigen. In den Zeiten, in denen die EZB das Geschehen vorrangig den Marktkräften überlassen will, wählt sie üblicherweise das Zinstenderverfahren. In Perioden hingegen, in denen sie dem Markt eine klare Führung geben will, wie insbesondere in Krisenzeiten, wählt sie das Mengentenderverfahren, in dem sie den Zuteilungssatz diktiert. In Anbetracht anhaltender Krisen (vgl. Kap. 7.3.7) ist die EZB als Sondermaßnahme ab Ende 2008 zu einer Vollzuteilung im Mengentenderverfahren übergegangen. Sie plant dabei vorher nicht die Zuteilungsmenge, sondern sie teilt alles zu, was angefordert wird.

Darüber hinaus gibt es die *längerfristige Refinanzierung*. Während die Hauptrefinanzierung durch die wöchentliche Anpassbarkeit an veränderte geldpolitische Rahmenbedingungen den Vorteil hoher Flexibilität in der Primärgeldschöpfung aufweist, soll die längerfristige Refinanzierung für einen soliden, langfristig einplanbaren Grundstock an Liquidität sorgen. Die Geschäfte werden üblicherweise monatlich als Zinstenderverfahren ausgeschrieben und haben eine Laufzeit von drei Monaten. Im Rahmen der „gezielten längerfristigen Refinanzierung" (GLRG; s. u.) wurden –

ebenfalls als Sondermaßnahmen – inzwischen aber auch in großem Umfang Geschäfte mit deutlich verlängerten Laufzeiten aufgelegt.

Bei Feinsteuerungsoperationen handelt es sich um unregelmäßig stattfindende, sehr kurzfristig anberaumte *Ad-hoc-Maßnahmen*. Treten beispielsweise Engpässe beim Liquiditätsbedarf von Banken in Auslandswährungen auf, kann die EZB sehr kurzfristig eingreifen und aus ihren Devisenbeständen oder über Tauschvereinbarungen mit anderen Zentralbanken die liquiden Mittel in Auslandswährung leihweise zur Verfügung stellen. Denkbar ist hier das Ausschreiben sogenannter Schnelltender, die innerhalb von einer Stunde abgewickelt werden können. Alternative zu Tendern sind aber auch bilaterale Geschäfte mit gezielter Ansprache einzelner Adressen. Der damit verbundene Verstoß gegen den Gleichbehandlungsgrundsatz rechtfertigt sich dann durch einen akuten, gezielten Handlungsbedarf.

Strukturelle Operationen haben ebenfalls eher Ausnahmecharakter. Sie sollen die Liquiditätsposition des gesamten Finanzsektors stabilisieren. Zu den strukturellen Operationen zählen befristete liquiditätsabsorbierende und -zuführende Maßnahmen. Bislang wurden Geschäfte dieser Art nach den Daten zur Liquiditätsposition des Bankensystems nur zwei Mal und zwar im April und November 2001 durchgeführt. Hier hatte der Geschäftsbankensektor bei den Hauptrefinanzierungsgeschäften zu wenig Geld abgerufen, um nachfolgend die Mindestreserveverpflichtung überhaupt noch erfüllen zu können. Die EZB stellte daraufhin in Ausgleichstendern vorübergehend zusätzliche Liquidität zur Verfügung. Darüber hinaus sind aber auch *Outright-Geschäfte* möglich. Es handelt sich entweder um eine irreversible, endgültige Liquiditätszufuhr durch die Emission von EZB-Schuldverschreibungen bzw. den Verkauf von Wertpapierbeständen der EZB oder um liquiditätszuführende Maßnahmen des Wertpapierkaufs. Von zuletzt herausragender Bedeutung war hier der endgültige Wertpapierankauf (vgl. Kap. 7.3.7). Anders als bei den traditionellen Offenmarktgeschäften geht es hier vorrangig nicht um die regelmäßige Liquiditätsversorgung und Zinsgestaltung im Geldmarkt, sondern darum substanzielle Störungen zu beseitigen, die den Transmissionsmechanismus der Geldpolitik beeinträchtigen.

7.3.6.5 Transmission der geldpolitischen Impulse

Die EZB verfügt über ein breites Instrumentarium, um das Primärziel der Preisniveaustabilität und das Sekundärziel der Stützung der allgemeinen wirtschaftlichen Entwicklung zu erreichen. Der Transmissionsmechanismus beschreibt dabei, wie sich die Wirkung vom geldpolitischen Instrumenteneinsatz bis zu den realwirtschaftlichen Zielen fortpflanzt (vgl. EZB 2011, S. 62 ff.). Dabei kommen – hier bezogene auf das klassische Instrumentarium der Leitzinsänderung – verschiedene, simultan wirkende Übertragungskanäle in Betracht.

Der *Zinskanal* wirkt über den engen Zinsverbund zwischen den Geldmarkt-, Kredit- und Kapitalmarktzinsen (vgl. Abb. 7.10). Senkt die Zentralbank ihre *Leitzinsen*, um

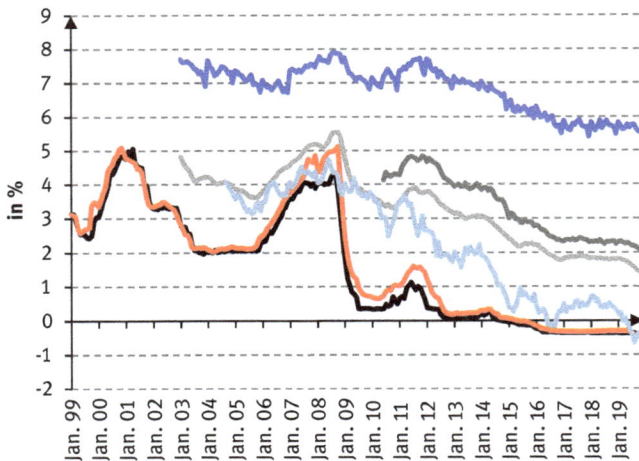

Korrelationskoeffizienten

	3-Mon.-Euribor	Unterneh-menskredite	Konsu-menten-kredite	Wohnungs-baukredite	Staats-anleihen
EONIA	0,99	0,93	0,70	0,90	0,82
3-Mon.-Euribor		0,92	0,74	0,93	0,85
Unternehmenskredite			0,98	1,00	0,94
Konsumentenkredite				0,91	0,88
Wohnungsbaukredite					0,95

Abb. 7.10: Zinszusammenhang im Euroraum. Quelle: ECB, Data Warehouse; eigene Darstellung und Berechnung; Monatsdurchschnitt bzw. Monatsendstand, in wechselnder Zusammensetzung des Euroraumes; Unternehmenskredite: 250.000 EUR bis 1 Mio. EUR und mehr als 1 Jahr; Konsumenten-kredite: mehr als 1 Jahr; Wohnungsbaukredite: gewichteter Indikator der Kreditfinanzierungskosten; Staatsanleihen: Rendite mit Triple A und 10 Jahren Restlaufzeit.

deflationäre Tendenzen zu vermeiden, können sich die Geschäftsbanken nicht nur günstiger bei ihr, sondern angesichts des starken Einflusses der Leitzinsen auf den Geldmarktsatz auch bei anderen Geschäftsbanken refinanzieren. Bei ausreichendem Wettbewerb werden die Geschäftsbanken daraufhin ihre Einstandsverbilligung an ih-re Kreditkunden weiterreichen und von ihnen geringe Zinsen verlangen. Aufgrund ei-ner teilweise bestehenden Substitutionsbeziehung für Kreditnehmer werden diese ih-re Fremdkapitalnachfrage über Wertpapieremissionen am Kapitalmarkt zurückfahren und dadurch auch dort zu einer Zinssenkung beitragen. So kommt es auf breiter Front zu niedrigeren Zinsen für die Fremdkapitalaufnahme. Infolgedessen nimmt die fremd-finanzierte Güternachfrage für Investitionen und Konsum „auf Pump" zu. Zugleich re-duzieren niedrigere Anlagezinsen die Sparbereitschaft, sodass auch deshalb die Kon-sumnachfrage anzieht. Am Ende beleben sich so die Güternachfrage und damit auch die Produktion. In Abhängigkeit von der bisherigen Auslastung der Wirtschaft und der Wettbewerbsintensität kommt es dann auch zu einem Anstieg des Preisniveaus. Als Folge kann überdies angesichts einer Entspannung am Arbeitsmarkt und erster Preissteigerungstendenzen die Lohndynamik zulegen, die sich wiederum auf die weitere Preisniveauentwicklung auswirken kann.

Darüber hinaus ergeben sich Wirkungen auch über den *Kreditkanal*. Zinssenkungen vermindern das Risiko, dass Schuldner ihren Schuldendienst nicht begleichen können. Die Zurückhaltung der Banken bei der Kreditvergabe nimmt ab und belebt auch auf diesem Weg die Güternachfrage.

Zinssenkungen vermindern zudem die Attraktivität festverzinslicher Anlagen. Anleger suchen demnach verstärkt riskantere, aber im Verhältnis dazu auch lukrativere Anlagealternativen. Dies führt im *Risikoübernahmekanal* u. a. zu einem Eigenkapitalzufluss, da Realinvestitionen attraktiver als verzinsliche Anlagen erscheinen. In die gleiche Richtung wirkt ein Umschichten in Aktien. Der damit verbundene Kursanstieg verbessert die Möglichkeit, Sachinvestitionen durch eine Kapitalerhöhung oder einen lukrativen Börsengang mit Eigenkapital zu finanzieren. Möglicherweise kommt es auch zu einer Flucht ins „Betongeld", bei der die Immobilienpreise anziehen. Der Preisauftrieb bei Vermögensgegenständen wiederum könnte die Banken veranlassen, großzügiger Kredite gegen eine Sicherheitsabtretung an den im Wert steigenden Vermögensgegenständen herauszugeben.

Realwirtschaftlichen Einfluss kann auch der *Wechselkurskanal* entfalten. Fallen nach einer Leitzinssenkung auf breiter Front die Zinsen in einer Volkswirtschaft, werden ausländische Anleger aufgrund der geringeren Renditen einen Teil ihres Kapitals abziehen. Daraufhin wertet sich die inländische Währung ab. Dies bewirkt zum einen, dass sich bei unveränderten Auslandspreisen die Inlandspreise von Importgütern erhöhen. Sofern es sich um Endprodukte handelt, hat dies unmittelbar preissteigende Wirkung im Verbraucherwarenkorb. Sofern sich Vorleistungsprodukte verteuern, steigen die Verbraucherpreise indirekt. Des Weiteren verbessert die Abwertung der heimischen Währung die Exportchancen, da sich die Inlandsprodukte nach der Umrechnung in Auslandswährung verbilligen. Die erhöhte Auslandsnachfrage hat wiederum produktionssteigende und -verteuernde Wirkung.

Empirische Untersuchungen zeigen, dass der *Zinskanal* die höchste Relevanz im Übertragungsprozess hat (vgl. EZB 2011, S. 62 ff.). Angesichts der stark indirekten, vom Verhalten vieler Akteure abhängigen Wirkung geldpolitischer Maßnahmen und einer stetigen Überlagerung von *nicht-geldpolitischen Einflüssen* ist die Transmission aber mit erheblichen, in ihrer Dauer variablen Wirkungsverzögerungen verbunden. Bei Zinserhöhungen ist mit der stärksten realwirtschaftlichen Wirkung nach etwa ein bis zwei Jahren zu rechnen, wobei eine Produktionswirkung üblicherweise schneller als eine Preiswirkung eintritt. Zugleich ist die Wirkungsintensität eines gegebenen Impulses sehr ungewiss.

7.3.7 Politik der EZB im Angesicht von Finanzmarkt- und Eurokrise

Die EZB ist für die vergemeinschaftete Geldpolitik seit 1999 zuständig. Gemessen an ihrem primären Ziel, die Preisniveaustabilität zu sichern, liegt sie zumindest in der Durchschnittsbetrachtung voll auf Kurs: Der durchschnittliche jährliche Verbraucherpreisanstieg im Euroraum lag bis Ende 2019 bei 1,7 Prozent. Die mittelfristig angestrebte Zielmarke „unter, aber nahe 2%" wurde damit erreicht (vgl. Abb. 7.11). Somit hat sich die Befürchtung gerade vieler deutscher Bürger, der Euro werde ein „*Teuro*", auch auf der Ebene der Währungsunion nicht bewahrheitet. Dabei sah sich die EZB aber auch mit ungewöhnlich großen Herausforderungen konfrontiert. Die niedrige durchschnittliche Teuerungsrate ist auch drei substanziellen Krisen seit der EZB-Gründung geschuldet, wovon die *Eurokrise* zwar an Brisanz verloren hat, aber im Hintergrund weiterhin noch schwelt. Außerdem verbirgt sich hinter der Durchschnittsbetrachtung ein recht heterogener Verlauf.

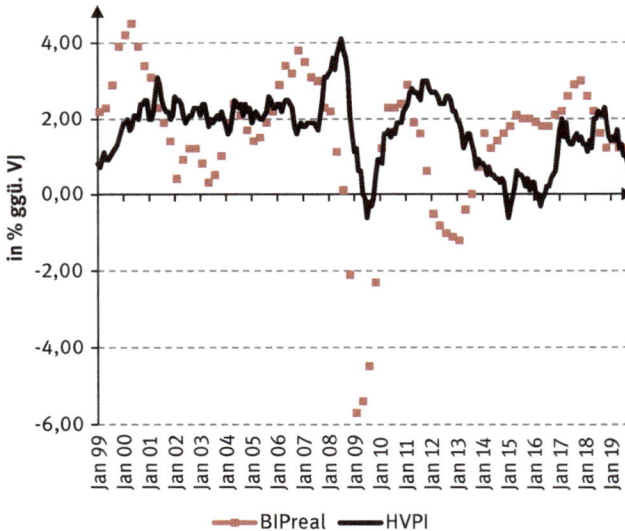

Abb. 7.11: Verbraucherpreisinflation und Wirtschaftswachstum im Euroraum. Quelle: ECB, Data Warehouse; eigene Darstellung; HVPI in wechselnder Zusammensetzung des Euroraumes, Monatsdaten; BIPreal für EU19, Quartalsdaten, saison- und kalenderbereinigt.

Bereits ab 2001 bahnte sich eine erste Krise nach einem kurzen, durch eine übermäßig starke *Euro-Abwertung* forcierten Wachstumsschub (vgl. Krüger/Marquardt 2000) an. Auslöser war ein weltweiter Konjunktureinbruch in Verbindung mit Finanzmarktturbulenzen und einer Wachstumsschwäche in Deutschland, der größten Volkswirtschaft des Euroraumes. Nach dem *Terroranschlag* vom 11. September 2001 und dem Platzen der „*Dot-Com-Blase*", bei der sich die Spekulation auf eine rosige Zukunft bei vielen jungen internetaffinen Unternehmen bzw. neuen Firmen aus Bereichen anderer Zukunftstechnologien als naiv erwies, brach die US-Wirtschaft als großer EU-Handelspartner ein. Parallel griffen die Turbulenzen an den Finanzmärkten auch auf Europa über.

Der Wachstumsanstieg in der Euro-Geldmenge M3 auf 5,3 Prozent in Oktober 2001 (vgl. Abb. 7.12) reflektierte daher auch weniger aufkommende *Inflationsgefahren* als Umschichtungen infolge der großen Verunsicherung an den Finanzmärkten. Anleger zogen das Geld aus riskanten Anlagen ab und parkten es in liquiden Aktiva und damit geldmengenwirksam zwischen. Infolgedessen verlangsamte sich die Umlaufsgeschwindigkeit des Geldes: Viel Geld wurde gehalten und nicht zum Güterkauf eingesetzt.

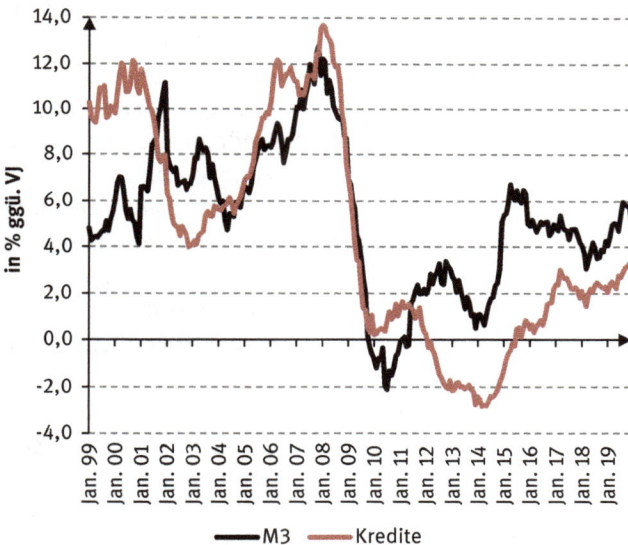

Abb. 7.12: M3-Geldmengenwachstum und Kreditwachstum im Euroraum. Quelle: ECB, Data Warehouse; eigene Darstellung und eigene Berechnung; M3 in wechselnder Zusammensetzung, Monatsdaten, saison- und kalenderbereinigt; Kredite an sonstige Nicht-MFis im Euroraum, in wechselnder Zusammensetzung, Monatsdaten, saison- und kalenderbereinigt.

Angesichts der sogar stark rückläufigen Inflationsraten auf unter 2 Prozent, einer merklichen Wachstumsverlangsamung im BIP und des deutlich rückläufigen Kreditwachstums erwies sich die EZB-Politik mehrfacher *Leitzinssenkungen* von 4,75 Prozent beim Mindestbietungssatz in den Hauptrefinanzierungsgeschäften im Oktober 2001 auf 2,0 Prozent ab Juni 2003 als angemessen (vgl. Abb. 7.9). Die dadurch ausgelöste *allgemeine Zinssenkung* erzielte die beabsichtigte Wirkung, belebte die Kreditvergabe und das Wirtschaftswachstum ab 2003 deutlich. Das Geldmengenwachstum blieb jedoch trotz der hohen Dynamik in der Kreditvergabe durch die Umkehr der vorausge-gangenen Portfolioumschichtungen überaus moderat. Dennoch beschleunigte sich der *Preisauftrieb* bei wieder zunehmender Geldumlaufsgeschwindigkeit wegen der gewachsenen Güternachfrage.

In den Folgejahren gewann die wirtschaftliche Erholung im Euroraum bis Ende 2006 an Schwung und Breite. Die Teuerungsraten bewegten sich bei intensiviertem Wachstum der Geldmenge M3 und weiter beschleunigtem Kreditwachstum ab 2004 bis Sommer 2006 über 2 Prozent. Vor allem auch aufgrund deutlich anziehender Öl-und Nahrungsmittelpreise kam es dann bis Mitte 2008 zu einem spürbaren Preisauf-trieb auf über 4 Prozent. Vor diesem Hintergrund erhöhte die EZB ab Ende 2005 in mehreren „Trippelschritten" die Leitzinsen. Bis Juli 2008 stieg der Mindestbietungs-satz um 2,25 Prozentpunkte auf 4,25 Prozent.

In dieser Phase bahnte sich mit der *Finanzmarktkrise* bereits die zweite große Wirt-schaftskrise in der vergleichsweise kurzen Geschichte der EZB an: Die *US-Notenbank Fed* hatte auf die Krise zu Beginn der 2000er-Jahre mit einer *ultralockeren Geldpoli-tik* reagiert (vgl. Marquardt 2013). Zugleich hatte die US-Regierung den *Immobiliener-werb* durch weniger wohlhabende Bürger über das Aufheben administrativer Hemm-nisse gefördert. Das Hypothekengeschäft expandierte, der Kauf von Immobilien auf Kredit wurde nachhaltig angeregt. Die Immobilienpreise stiegen infolgedessen konti-nuierlich an, sodass die Hypothekenbanken sich angesichts der immer werthaltigeren Besicherung ihrer Kredite durch die Immobilien keine Sorgen machten. Vielfach wur-den die Immobilien darüber hinaus als Sicherheiten für neue Konsumentenkredite eingesetzt, sodass der Aufschwung der US-Konjunktur auch auf dieser Ebene durch ein „Leben über den Verhältnissen" finanziert wurde.

Nachdem die Hypothekenbanken die „guten Risiken" mit Darlehen versorgt hat-ten, wandten sich Banker – immer auch mit Blick auf die eigenen Provisionen – ver-stärkt den *„Subprimern"* zu. Hierbei handelte es sich um Kreditkunden, die bei ob-jektiver Betrachtung kaum in der Lage waren, sich eine fremdfinanzierte Immobilie, und das auch noch zu mittlerweile deutlich gestiegenen Preisen, zu leisten. Selbst Menschen ohne Arbeit gehörten dazu, im Zweifelsfall wurden beim Kreditantrag in den sogenannten „Lügendarlehen" ihre Einkommensverhältnisse von den Bankern noch geschönt. Die Subprimer wurden zudem mit „Lockvogelangeboten" umgarnt. Dazu gehörte zum Beispiel eine anfängliche Aussetzung der Tilgungsleistung, sodass zunächst nur Zinsen zu entrichten waren, ohne dass sich aber die Schuld abbaute. Gelockt wurden diese Kunden auch mit dem Hinweis auf zwischenzeitlich gestiegene Mieten, die sie alternativ auch zahlen müssten, wenn sie kein Eigentum erwürben. Al-lerdings war die *Zinsbindungsfrist*, in der die Niedrigzinsen galten, sehr kurz oder die Darlehen waren von vornherein mit *variablen* Zinsen ausgestattet. Wie hoch dann der Zinssatz bei kurzer Zinsbindung nach Ablauf der Frist bzw. bei gleitender Anpassung an einen Referenzzinssatz sein wird, hing dadurch vom weiteren Marktgeschehen ab.

Die geringe Bonität der *Subprime-Kredite* stellte für die Banker kein Problem dar, da die Vergangenheit gezeigt hatte, dass bei Ausbleiben des Schuldendienstes jederzeit eine Versteigerung der Sicherheit zu risikodeckenden Preisen möglich ist. Es galt mithin das Motto: Hauptsache, die individuelle *Vermittlungsprämie* stimmt. Moralische Bedenken spielten keine Rolle.

Zeitgleich begannen die Hypothekenbanken Risiken in den *Investmentbanking-Sektor* auszulagern. Dazu nutzten sie *Kreditausfallversicherungen* oder vor allem die Abtretung ihrer Forderungen aus den Hypotheken an eigens zu diesem Zweck gegründete und nicht in Bankbilanzen zu konsolidierende Gesellschaften. Im Gegenzug für diese Auslagerung erhielten die Hypothekenbanken „frisches Geld" für Neugeschäfte von der Zweckgesellschaft. Die Kredite waren nicht mehr bei den Hypothekenbanken bilanziert, sodass sie auch nicht mehr nach dem *Basel-II-Abkommen* mit ausreichend viel Eigenkapital unterlegt werden mussten. Die Zweckgesellschaften ihrerseits refinanzierten ihren Kapitalbedarf durch die Emission von zumeist kurzfristig laufenden Wertpapieren („*Asset Backed Securities*" *(ABS)*), die mit den Zahlungsverpflichtungen der Hypothekenschuldner besichert waren. Um dabei möglichst niedrige Zinsen an die Wertpapierkäufer zahlen zu müssen, besorgten sich die Zweckgesellschaften für eine verbesserte Bonität der Wertpapiere zudem Garantien von Investmentbanken.

Als dann die Fed zwischen 2004 und 2006 ihren Leitzins von 1 Prozent auf 5,25 Prozent erhöhte, brach das Kartenhaus zusammen. Die Zinslast der ohnehin schon an der Grenze ihrer Belastbarkeit stehenden Subprimer stieg angesichts der kurzen Zinsbindungsfrist bzw. der variablen Verzinsung so stark an, dass viele Schuldner ihre Tilgungs- und Zinsleistung nicht mehr bedienen konnten. Ihre Häuser wurden reihenweise versteigert, wodurch die Immobilienpreise fielen. Die vermeintlichen Sicherheiten erwiesen sich bei Weitem als nicht so werthaltig wie bei der Kreditvergabe angenommen.

Die sich kurzfristig refinanzierenden *Zweckgesellschaften* hatten aufgrund des Zinsanstiegs nun einerseits höhere Zinsen bei ihrer Anschlussfinanzierung zu zahlen, ihnen flossen aber aus ihren Forderungen aufgrund von Ausfällen bei den Hypothekennehmern immer weniger Mittel zu.

In einem Dominoeffekt mussten daraufhin zunächst die *Hypothekenbanken* dann Zweckgesellschaften und die garantiegebenden Investmentbanken vom Staat gerettet werden bzw. Insolvenz anmelden. Ihren Höhepunkt erreichte die Krise mit der Pleite des altehrwürdigen US-Bankhauses *Lehman Brothers* im September 2008. Der Bank wurde die Staatshilfe verweigert und sie musste in das Insolvenzverfahren. Damit fiel zugleich eine Gegenpartei in zahlreichen Termingeschäften und Kreditausfallgeschäften aus, sodass auch bei den Kontraktpartnern von Lehman scheinbar abgesicherte Risiken plötzlich wieder offen waren (vgl. Kasten).

Die Krise schwappte schnell auf den *Euroraum* über, zumal in den USA auch europäische Banken heftig „mitgezockt" hatten. Vor diesem Hintergrund brach der *Interbankenmarkt* nahezu zusammen. Das Vertrauen für die Vergabe kurzfristiger Geldmarktkredite ging verloren, auch die Besicherung wurde angesichts des erhöhten Ausfallrisikos bei den Sicherheiten als kritisch eingestuft. Die sich weltweit hochschaukelnde allgemeine Verunsicherung auf allen Segmenten der Finanzmärkte in

Verbindung mit der nunmehr äußerst restriktiven Kreditvergabe durch die Banken (vgl. Abb. 7.12) würgte in der Folge auch die *Realwirtschaft* im Euroraum drastisch ab und führte sogar zu negativen Inflationsraten (vgl. Abb. 7.11).

Der Börsencrash von 2008 in den USA

„Infolge des Zusammenbruchs der Finanzmärkte im Jahr 2008 wurden mehr als 9 Millionen amerikanische Arbeitsplätze vernichtet. Die reale Arbeitslosigkeit schoss auf über siebzehn Prozent, denn mehr als 27 Millionen abhängig Beschäftigte waren erwerbslos, unterbeschäftigt oder hatten die Arbeitssuche komplett aufgegeben. Der amerikanische Traum vom Eigenheim verwandelte sich für Millionen Haushalte in einen Alptraum der Zwangsvollstreckung, da immer mehr Menschen nicht mehr imstande waren, ihre Eigenheimkredite zu bedienen. Und anders hätte es gar nicht kommen können. Über Jahre hinweg kassierten Finanzhaie fette Provisionen dafür, dass sie amerikanischen Bürgern unvorstellbar riskante Subprime-Hypothekenkredite andrehten – diese Schuldner hatten keine Papiere, keine Arbeit, kein Einkommen, aber ... kein Problem! Anschließend bündelten die Banken diese Hypothekenkredite wieder und wieder zu nahezu wertlosen und unregulierten Derivaten, bis das Kartenhaus in sich zusammenfiel. Als der Staub sich gelegt hatte, wurde deutlich, dass die Immobilienkrise zu fünfzehn Millionen Zwangsvollstreckungen und einem gewaltigen Anstieg der Obdachlosigkeit geführt hatte. Ein Drittel der verbliebenen Eigenheimbesitzer ging sogar komplett unter, weil sie höhere Verpflichtungen gegenüber ihren Kreditgebern hatten, als ihre Häuser wert waren. Es wurde so schlimm, dass Tausende Amerikaner in Sacramento, Fresno, Tampa Bay und Reno Zeltstädte errichteten, weil sie keinen Platz zum Leben hatten. Weitere Millionen Menschen wohnten in ihren Autos oder bei einem Freund auf der Couch. (Sanders 2017, S. 248 f.)

Nach einer zunächst noch zögerlichen Reaktion angesichts der 2008 noch deutlich anziehenden Teuerungsraten reagierte die *EZB* unmittelbar im Anschluss an die Lehman-Pleite einerseits „klassisch". In einer international unter vielen Zentralbanken konzertierten Aktion senkte sie konsequent die *Leitzinsen*. Ab Oktober 2008 reduzierte sich der Zinssatz in den Hauptrefinanzierungsgeschäften innerhalb von sieben Monaten von 4,25 Prozent auf 1 Prozent.

Andererseits war die Krise angesichts eines dramatischen Rückgangs im BIP und negativer Teuerungsraten so ausgeprägt, dass die EZB sich gezwungen sah, über das konventionelle Instrumentarium der Leitzinssenkung hinauszugehen. Denn niedrige Leitzinsen stellen nur ein Angebot für die Kreditinstitute dar, sich günstig bei der EZB zu refinanzieren. Ob sie es dann auch wahrnehmen und in billige Kredite für die Realwirtschaft umsetzen, ist eine andere Frage, und zwar gerade in einer Phase großer allgemeiner Verunsicherung am Geld-, Kredit- und Kapitalmarkt sowie in der Realwirtschaft. Angesichts dessen ergriff die EZB „erweiterte Maßnahmen zur Unterstützung der Kreditvergabe" (vgl. EZB 2011, S. 137 f.). Die Sondermaßnahmen vom Oktober 2008 und Mai 2009 umfassten:

–   Eine *Vollzuteilung bei der längerfristigen Refinanzierung* bei gleichzeitiger Verlängerung der Laufzeiten sollte den Liquiditätsplanungshorizont der Geschäftsbanken verlängern, Unsicherheiten über die zukünftige Liquiditätsausstattung verringern und die Bereitschaft, Kredite zu vergeben, wiederbeleben. Mit dieser Umstellung wurde diese Refinanzierungsquelle wichtiger in der Liquiditätsversorgung der Kreditinstitute als die Hauptrefinanzierungsgeschäfte (vgl. Abb. 7.13).

- Die *Hauptrefinanzierungsgeschäfte der EZB* wurden ab sofort nicht mehr als Zins-, sondern als Mengentender ausgeschrieben und im Gesamtumfang ebenfalls nicht mehr im Zuteilungsvolumen limitiert. Geschäftsbanken konnten sich mithin auf diesem Weg unbegrenzt gegen Sicherheiten auch kurzfristige Liquidität bei der EZB beschaffen.
- Banken, die *Refinanzierungsprobleme in Fremdwährungen,* vor allem in US-Dollar aufwiesen, erhielten von der EZB Unterstützung durch sogenannte Währungsswap-Vereinbarungen mit anderen Zentralbanken. Gegen Hinterlegen von Sicherheiten wurde in diesen Feinsteuerungsmaßnahmen den betroffenen Banken die benötigte Fremdwährung zu festen Zinssätzen geliehen.
- Als ein Element des *„qualitative easing"* setzte die EZB die Anforderungen an die Sicherheiten deutlich herab. Das Sicherheitenverzeichnis wurde spürbar erweitert. Selbst illiquide Vermögenswerte, wie etwa Asset Backed Securities, deren Markt nach der Lehman-Insolvenz zusammenbrach, wurden akzeptiert.
- Im Rahmen *struktureller Operationen* auf der Basis von Outright-Geschäften wurden zudem im Rahmen des ersten Programms zum Ankauf gedeckter Schuldverschreibungen von Mai 2009 bis Juni 2010 im Wert von 60 Mrd. EUR gedeckte Schuldverschreibungen als Outright-Geschäft angekauft. Gedeckte Schuldverschreibungen sind Pfandbriefe und dem Pfandbrief ähnliche Wertpapiere, bei denen die Geldgeber durch ein Pfand, wie die mit dem aufgenommenen Kapital finanzierten Immobilien oder Schiffe, im Zahlungsausfall abgesichert sind. So wurde einerseits dem Wirtschaftskreislauf über dieses Segment des Finanzmarktes Liquidität zugeführt, andererseits wurde durch den Nachfrageschub nach diesen Papieren der Markt stabilisiert. Gerade Banken refinanzieren sich häufig auf diesem Weg, um auch eine fristenkongruente Basis für eine längerfristige Kreditvergabe zu haben.

Trotz der geldpolitischen Impulse nahmen das *M3- und das Kreditwachstums* bis Ende 2009 ab. Die wirtschaftliche Erholung im BIP aus der Talsohle bis 2010 blieb angesichts anhaltender Verunsicherung, protektionistischer Tendenzen und eines deutlichen Anstiegs der Rohstoffpreise äußerst fragil. Bei einer nur leichten Beschleunigung des Kreditwachstums als Folge der geldpolitischen Maßnahmen nahm das M3-Wachstum weiter ab. Die geldpolitischen Anreize zur *Primärgeldschöpfung* wurden von den Banken nur zögerlich wahrgenommen. Die *Sekundärgeldschöpfung* über Buchkredite verlief zaghaft und brach ab 2011 ein. Banken riefen teilweise die Liquidität nicht ab, weil sie keine Abnehmer für ihre Buchgeldkredite fanden, und der Geldschöpfungsmultiplikator litt unter dem mangelnden Vertrauen in den Geldmarkt und einer infolgedessen höheren Bargeldquote. Aber auch die über längerfristige Einlagen und die Emission von Schuldverschreibungen refinanzierte Kreditvergabe der Banken stockte erheblich.

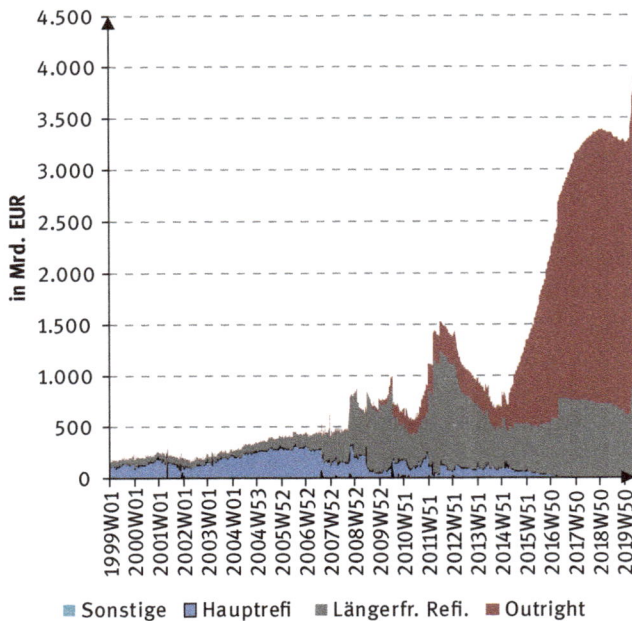

Abb. 7.13: Struktur der Liquiditätsversorgung aus geldpolitischen Operationen an MFI im Euroraum. Quelle: ECB, Data Warehouse aus Consolidated Financial Statement of the Eurosystem; eigene Darstellung; wechselnder Zusammensetzung und Bestände am Ende einer Kalenderwoche; Sonstige: Spitzenrefinanzierung und Reversible strukturelle Operationen sowie Feinsteuerungsmaßnahmen.

Dies passierte vor dem Hintergrund, dass der Euroraum nach einer kurzen Phase der wirtschaftlichen Konsolidierung ab 2010 in die nächste Krise, die *Eurokrise*, rutschte (vgl. Marquardt 2013). Aufgeschreckt durch die Finanzmarktkrise sahen sich die internationalen Kapitalanleger dazu veranlasst, die von ihnen eingegangenen Risiken neu zu bewerten. Dabei stellten sie zum Beispiel mit Blick auf die Situation in *Spanien* fest, dass sich auch dort eine Immobilienblase herausgebildet hatte. Ihr Platzen war folgerichtig und führte zu erheblichen Problemen bei spanischen Banken. Der spanische Staat musste hier rettend eingreifen. In Verbindung mit dem starken wirtschaftlichen Einbruch und den daraus resultierenden konjunkturellen Belastungen für den Staathaushalt wuchs die spanische *Staatsverschuldung,* die zuvor in Relation zum BIP sogar niedriger als in Deutschland lag, dramatisch an. Ebenfalls als Folge der Finanzmarktkrise musste auch *Irland* seine Banken stützen. Sie hatten sich zuvor in hohem Maß an den Finanzmärkten, vor allem in den USA, verspekuliert und ebenfalls sehr großzügig *Immobilienkredite* im Inland vergeben. Der sich als Folge der allgemeinen Verunsicherung gegenseitig immer weiter verschärfende Wirtschaftseinbruch im Euroraum schwächte den Bankensektor immer mehr. Insbesondere viele *italienische Banken* saßen auf großen Paketen mit notleidenden Krediten.

Mit Blick auf *Griechenland* ergab sich noch eine weitere Sonderproblematik (vgl. auch Kap. 4.6): Vom Beitritt zur Währungsunion erhoffte sich Griechenland – nach dem Wegfall des Wechselkursrisikos für ausländische Kapitalanleger – einen leichteren Zugang zu Krediten. Gelockt von Zinsaufschlägen, die im Laufe der Zeit zwar stetig kleiner wurden, floss das Geld dann stetig zu. Erstmals konnten sich so auch die *griechischen Privathaushalte* in nennenswertem Umfang verschulden. Das Geld wurde primär eingesetzt, um ausländische Konsumgüter zu erwerben, die sich nun nach Wegfall der Abwertung einer eigenen Währung auch nicht mehr ständig umrechnungsbedingt verteuerten. Solange die Rechnung aufging und Griechenland über das Schneeballsystem immer weitere Kredite bekam, profitierten vom griechischen Euro-Beitritt auch internationale – und damit auch deutsche – Banken und Fonds sowie die internationale – und damit auch die deutsche – Exportwirtschaft.

Das Risiko, dass Griechenland seine *Auslandsverschuldung* nicht ohne *Leistungsbilanzüberschüsse* würde begleichen können, hatten die Kreditgeber auf der Suche nach höheren Zinsen dabei aber scheinbar vernachlässigt. Angesichts der rapide angestiegenen Staatsverschuldung Griechenlands, der Tatsache, dass dort auch die privaten Haushalte und die Unternehmen im Ausland verschuldet waren und deshalb kaum zur Rettung des Staatshaushaltes beitragen konnten, verweigerten die aufgeschreckten ausländischen Investoren die Anschlussfinanzierung von auslaufenden Staatskrediten. In Griechenland drohte die *Staatspleite*. Es kam zu einem teilweisen *Schuldenschnitt* und zu einer Unterstützung des griechischen Staatshaushaltes aus *Rettungsschirmen der EWWU-Partner* und des *IWF*. Auf dem Weg zu einer nachhaltigeren Organisation der solidarischen Rettung gab es erhebliche Meinungsverschiedenheiten unter den Finanzministern der Eurozone und beträchtliche Verzögerungen. Dadurch wurden in mehreren Runden die Spekulationen auf den Finanzmärkten über einen „*Grexit*" (das Ausscheiden Griechenlands aus dem Euro), ja sogar über den Fortbestand des Euro insgesamt angeheizt.

Auch musste Griechenland die Hilfe mit einem auferlegten scharfen *Austeritätsprogramm* teuer bezahlen. Dabei waren die Hilfsgelder nicht gänzlich uneigennützig geflossen. Griechenland brauchte sie, um seine ausländischen Schuldner und damit vorrangig Banken aus Deutschland, Frankreich usw. auszahlen zu können. Im Endeffekt wurden mit den Hilfsgeldern der griechischen Partnerländer erneut deren Banken gerettet.

Eine Reihe von Ländern war in der Krise wirtschaftlich erheblich geschwächt, teilweise wurden sie als die „*GIPSI-Länder*" (für Griechenland, Italien, Portugal, Spanien und Irland) diskreditiert. Der mit dem Vertrauensverlust einsetzende Kapitalabfluss aus diesen Ländern führte dazu, dass das Geld auf der Suche nach „sicheren Häfen" verstärkt in *Deutschland* angelegt wurde und zu den niedrigsten Zinssätzen in der bundesdeutschen Geschichte führte. Mit der Zinssenkung in Deutschland belebte sich die Wirtschaft hierzulande, womit aber auch das Gefälle zu den schwächelnden EWWU-Ländern weiter zunahm. Innerhalb der Währungsunion akzentuierten sich die Disparitäten in der *wirtschaftlichen Leistungsfähigkeit* so noch stärker. Dadurch stand die EZB, die nur eine einheitliche Geldpolitik für den ganzen Währungsraum durchführen kann, vor einem erheblichen *Grundsatzdilemma*: Die Geldpolitik, die für die schwachen Länder angezeigt war, war für die starken Länder, insbesondere für Deutschland, nicht passgerecht. Ursächlich für das Problem war aber nicht die EZB-Politik, sondern der politische Fehler, die Europäische Währungsunion mit einem – gemessen an der *„Theorie Optimaler Währungsräume"* – wirtschaftlich zu heterogenen Teilnehmerkreis begonnen zu haben. Nach dieser vorrangig von Nobelpreisträger Robert Mundell entwickelten Theorie drohen automatisch Spannungen, wenn bei unterschiedlicher Produktivitätsentwicklung und/oder unterschiedlich ausgerichteter Wirtschaftspolitik auf die Pufferfunktion *flexibler Wechselkurse* verzichtet wird.

Mit Ausbruch der Eurokrise sah sich die EZB zunächst veranlasst, die Sondermaßnahmen aus 2008 und 2009, die eigentlich nur begrenzt gelten sollten, nach kurzem Aussetzen zu reaktivieren. Hinzu kam die Problematik, dass gleich in mehreren Ländern der Eurozone die Tragfähigkeit der *Staatsverschuldung* infrage gestellt wurde. Infolgedessen kam es dort zu einem deutlichen Anstieg der Zinsen auf Staatsanleihen. Dies wiederum beeinträchtigte den Transmissionsprozess der Geldpolitik so, dass die EZB ein *Ankaufprogramm von Staatsanleihen* über den Sekundärmarkt auflegte. Sie begründete die Notwendigkeit dazu wie folgt:

– Staatsanleihen haben an den Anleihemärkten einen Benchmark-Charakter. Ziehen bei ihnen die Zinsen an, zieht dies über den Preiskanal die erforderlichen Anleihezinsen von Neuemissionen bei Unternehmen nach oben. Wegen der Substitutionsbeziehung zu Krediten steigen daraufhin auch die Kreditzinsen.

– Der Zinsanstieg bei Neuemissionen belastet die Kurse von Altanleihen mit niedrigeren Zinssätzen. Dadurch kommt es bei den Inhabern der Altanleihen, insbesondere bei Banken, zu Abschreibungen. Über den sogenannten Bilanzkanal vermindern sich so die Spielräume der Banken Kredite zu vergeben.

Die nachlassende Bereitschaft, Staatsanleihen als Sicherheiten in kurzfristigen Refinanzierungsgeschäften zu akzeptieren und sich so im Sekundärgeldschöpfungsprozess benötigte Liquidität zu beschaffen, belastet über den Liquiditätskanal ebenfalls die Möglichkeit von Geschäftsbanken zur Kreditvergabe.

All dies unterminierte die geldpolitisch mit den niedrigen Leitzinsen und weiteren Sondermaßnahmen beabsichtigte Wirkung, die *Kreditvergabe* anzuregen, um so die schwache Konjunktur bei geringem Inflationsdruck anzuregen. Insofern beschloss die EZB

– bis Ende 2010 in einem ersten Programm für die Wertpapiermärkte mit 73,5 Mrd. EUR (auch: Securities Markets Programme, SMP) am *Staatsanleihenmarkt* zu intervenieren (s. u.).

– Zugleich wurden die Anforderungen an die Bonität von Staatsanleihen beim Hinterlegen als Sicherheit in Geschäften mit der EZB reduziert.

Unmittelbares Ziel der Maßnahmen war dabei ausschließlich die Stabilisierung des Anleihenmarktes nicht aber, über den damit verbundenen Liquiditätszufluss im Wirtschaftskreislauf den Geldmarkt über die bereits getroffenen Maßnahmen hinaus noch weiter zu entlasten. Aus dem Grund wurde der Liquiditätseffekt der Anleihekäufe auch in anderen Geschäften neutralisiert.

Im ersten Halbjahr 2011 erholte sich die Wirtschaft allmählich und primär bedingt durch einen *Rohstoff- und Energiepreisanstieg* legten die Inflationsgefahren zu, sodass die EZB ihre Leitzinsen erhöhte. Die geldpolitische Straffung war, ebenso wie die wirtschaftliche Belebung, nicht von Dauer. Ab dem Sommer richtete sich das Augenmerk der Investoren von Griechenland, Irland und Portugal nun verstärkt auf *Italien* und *Spanien*; auf zwei Volkswirtschaften also, deren Scheitern aufgrund ihrer Größe enorme Sprengkraft hätte. Die Krise und die Verunsicherung verschärften sich weiter. Die einsetzende Verlangsamung im Wirtschaftswachstum und der allmählich nachlassende Preisdruck führten zu einer erneuten *Leitzinssenkung* und dem Ergreifen von neuen Sondermaßnahmen. Trotz aller geldpolitischer Maßnahmen schwächte sich die Kreditvergabe immer weiter ab, wobei auch die nach der Finanzmarktkrise erhöhten Eigenkapitalanforderungen eine Rolle spielten. Die Dynamik des Wirtschaftswachstums brach in den Folgejahren immer weiter ein, schließlich kam es sogar zu einem Produktionsrückgang ab 2012. Damit einher gingen stark *deflationäre Tendenzen* bei der Preisentwicklung. Erst ab etwa 2015/16 hatten sich das Wirtschafts- und das Kreditwachstum in der Eurozone wieder erholt und der Preisauftrieb beschleunigt. Mit verantwortlich waren die stark *expansive Geldpolitik* und eine mittlerweile *entschlossenere Finanzpolitik*, wenn es um solidarische Unterstützung beim Auffangen von Staatshaushalten und Banken ging. Damit sank die Unsicherheit deutlich.

Ab Ende 2017 trübte sich die Wirtschaftsentwicklung aufgrund einer Abschwächung des Welthandels weiter ein. Die u. a. durch US-Präsident Trump angefachten *Handelskonflikte*, Verunsicherungen um die wirtschaftlichen Auswirkungen des *Brexits*, substanziell ungelöste Probleme bezüglich der Verschuldung einzelner Staaten und notleidende Bankkredite belasten seitdem die Wirtschaft in der Eurozone. Seit dem Jahr 2019 beläuft sich das Wirtschaftswachstum auf nur rund 1,2 Prozent. In ihren Projektionen zeigt sich die EZB verhalten hinsichtlich eines raschen Anziehens der wirtschaftlichen Dynamik (EZB 2019). Bis 2024 wird mit einem Plus von 1,4 Prozent gerechnet. Darüber hinaus unterschreitet die Inflationsrate ihren Zielwert deutlich mit etwa 1,2 Prozent in 2019. Perspektivisch wurde bis 2021 vor dem Ausbruch der *Corona-Krise* mit nur einem geringen Anstieg gerechnet. Erst ab 2024 wurde mit 1,7 Prozent ein Wert auf Höhe des Zielniveaus erwartet.

Angesichts dieser schwachen wirtschaftlichen Entwicklungen, die jüngst durch die dramatischen Folgen der Corona-Pandemie noch akzentuiert wurde, hat sich die Geldpolitik der EZB von 2011 bis Ende 2019 in ihrer expansiven Ausrichtung nicht grundlegend geändert:

- Die Leizinsen sind in mehreren Schritten auf historische Tiefststände zurückgeführt worden. Allerdings waren angesichts eines ohnehin schon niedrigen Ausgangsniveaus in 2011 kaum noch große Impulse möglich. Im Juni 2014 war der Einlagezinssatz sogar negativ, sodass Geschäftsbanken bestraft werden, wenn sie überschüssige Liquidität nicht in den Wirtschaftskreislauf einspeisen. Seit März 2016 wird in der Hauptrefinanzierung die angefragte Liquidität zinsfrei und volumenmäßig unlimitiert zur Verfügung gestellt. Im Januar 2012 wurde zudem noch der Mindestreservesatz von 2 auf 1 Prozent zurückgenommen. Die konventionellen Möglichkeiten der EZB, den Geschäftsbanken viel freie Liquidität zu geringen Zinsen für die Kreditvergabe zur Verfügung zu stellen, um so die Preis- und Wirtschaftsdynamik zu beleben, waren damit mehr oder weniger ausgereizt. Insofern bedurfte es zahlreicher Sondermaßnahmen, die eigentlich nur begrenzt gelten sollten, angesichts der unverändert schwachen Entwicklung im Euroraum aber weiterhin angewandt werden.
- Zu den *Sondermaßnahmen* gehört, dass der größte Teil der Liquiditätszufuhr über Tendergeschäfte immer noch über die langfristigen Refinanzierungsgeschäfte mit ungewöhnlich langen Laufzeiten bei Vollzuteilung und ebenfalls zinslos erfolgt.
- Das „qualitative easing", bei dem die Sicherheitenbonität bei Refinanzierungsgeschäften über die EZB herabgesetzt wird, wurde beibehalten.
- Von besonderer Bedeutung unter den Sondermaßnahmen sind die Outright-Programme. Sie wurden zur Stärkung des geldpolitischen Transmissionsmechanismus eingesetzt und stellen nicht auf den Geld-, sondern auf die Kapitalmärkte ab. Die Maßnahmen sollen dazu beitragen, die von den Störungen an den Kapitalmärkten ausgehenden Beeinträchtigungen in der Kreditvergabe zu beseitigen, damit die konventionellen Mittel der EZB ihre beabsichtigte Wirkung entfalten und zur nachhaltigen Deflationsvermeidung beitragen können.

Die bereits abgeschlossenen *Outright-Programme* waren dabei wie folgt konzipiert (aufgeführt nach zeitlichem Ablauf) (vgl. EZB, Asset Purchase Programmes):
- *CBPP1 (Covered Bond Purchase Programme)*: Zur Stabilisierung längerfristiger, fristenkongruenter Refinanzierungsquellen für Kreditvergabe von Banken wurden von Juli 2009 bis Juni 2010 gedeckte Schuldverschreibungen im Wert von 60 Mrd. EUR aufgekauft. Die Papiere sollen bis zur Fälligkeit gehalten werden.
- *SMP (Security Market Programme)*: Von Mai 2010 bis September 2012 wurden zur Stabilisierung des Anleihenmarktes am Sekundärmarkt Staatsanleihen von Griechenland, Irland, Spanien, Portugal und Italien im Umfang von 2018 Mrd. EUR aufgekauft. Mit rund 47 Prozent machten italienische Staatsanleihen dabei den größten Anteil aus. Die durch die Anleihenkäufe bedingte Liquiditätszufuhr wurde anderweitig absorbiert.
- *CBPP2*: Von November 2011 bis Oktober 2012 wurden weitere gedeckte Schuldverschreibungen im Wert von 16,4 Mrd. EUR gekauft.

Noch nicht abgeschlossen sind folgende Programme (vgl. Deutsche Bundesbank 2019):

- *CBPP3*: Zwischen November 2014 und Dezember 2019 wurde aus diesem Programm ein Bestand an gedeckten Schuldverschreibungen in Höhe von rund 280 Mrd. EUR aufgebaut.
- *ABSPP (Asset Backed Securities Purchase Programme)*: ABS sind Wertpapiere, deren Zins- und Tilgungszahlung letztlich aus den Forderungen zuvor vergebener Kredite gespeist werden. Dabei sind zahlreiche unterschiedliche Kreditzwecke möglich. Die Bonität der absichernden Forderungen ist bei ABS in der Regel stark diversifiziert. Vielfach besteht der Sicherheitenpool auch aus einer Vielzahl gebündelter Einzelforderungen. Bei gedeckten Schuldverschreibungen haften sowohl die Kreditsicherheiten als auch der Emittent. Zudem besteht eine Überdeckung der Wertpapieremission durch Sicherheiten, während der Forderungspool variabel ist. Bei ABS hingegen reduziert sich die Haftungsmasse nur auf die Forderungen des Emittenten, nicht also auf dessen Eigenkapital selbst, während der Haftungspool statisch ist. Insofern bestehen zwar Unterschiede zu gedeckten Schuldverschreibungen, gleichwohl erleichtert die Refinanzierung über die Emission von ABS im Vorfeld die Vergabe von Krediten. Auch hier sah die EZB im Zuge der Krise Defizite im Transmissionsmechanismus, sodass sie ab November 2014 zur Stabilisierung dieses Marktsegmentes einfach strukturierte und transparente ABS ankaufte. Bis Ende 2019 sind die Bestände in der Bilanz des ESZB auf 28,4 Mrd. EUR gestiegen.
- *PSPP (Public Sector Purchase Programme)*: Das zwischenzeitlich ausgelaufene SMP wurde ab 2015 von einem Programm zum Ankauf von Wertpapieren des öffentlichen Sektors abgelöst. Gekauft werden dabei nicht nur Anleihen von Zentralstaaten, sondern auch von Emittenten mit öffentlichem Förderauftrag, von EU-Institutionen und regionalen sowie lokalen Gebietskörperschaften. So wie beim SMP-Programm werden die Käufe zur Einhaltung des grundsätzlichen Refinanzierungsverbotes nur am Sekundärmarkt getätigt (s. u.). Die nationale Aufteilung der Programmsumme soll sich am Kapitalschlüssel an der EZB orientieren. Dieser Programmbaustein ist mit einem angekauften Vermögenswert von über 2 Bio. EUR zum Ende von 2019 am bedeutendsten. Es hatte Ende 2019 einen Anteil an allen noch laufenden Outright-Geschäften von rund 80 Prozent.
- *CSPP (Coporate Sector Purchase Programme)*: Um die Fremdfinanzierung von nicht-finanziellen Unternehmen mit Sitz im Euroraum über Euro-Anleihen zu erleichtern und somit in diesem Bereich die Abhängigkeit von Bankkrediten zu verringern, wurde auch ein Programm zum Ankauf von Wertpapieren des Unternehmenssektors aufgelegt. Dabei kommen nur Anleihen infrage, die an den Finanzmärkten mit einem Investment-Grade versehen sind, also mittlere bis beste Bonitätsbewertungen erhalten haben. Der Bestand der angekauften Wertpapiere aus dem im Juni 2016 angelaufenen Programm wurde Ende 2019 auf knapp 180 Mrd. EUR beziffert.

– *PEPP (Pandemic Emergency Purchase Programme)*: Mit Ausbruch der Corona-Krise hat die EZB im März 2020 ein Programm eingeführt, das ursprünglich eine maximale Ausweitung in Höhe von 750 Mrd. EUR vorsah (vgl. Deutsche Bundebank 2020c). In Anbetracht des unerwartet dramatischen konjunkturellen Einbruchs ist es im Dezember 2020 zum zweiten Mal auf 1.850 Mrd. EUR aufgestockt worden. Bezogen auf nationale Ankaufanteile bei den öffentlichen Wertpapieren soll zwar in Summe weiterhin der Kapitalanteil an der EZB gelten, aber die EZB hat sich hier innerhalb dessen eine flexible Handhabung vorbehalten.

Im Rückblick hat sich die Politik der EZB als ausgesprochen pragmatisch erwiesen. Sie hat sich zunächst in ihrer Strategie trotz aller Lippenbekenntnisse zum *Geldmengenkonzept* faktisch davon distanziert. Dieser gerade auf Drängen der Deutschen aufgenommene Strategiebaustein erwies sich schon vor der Vergemeinschaftung der Geldpolitik in der deutschen Geldpolitik als äußerst problematisch (vgl. Marquardt 1999, S. 143 ff.). Starke Schwankungen in der Umlaufgeschwindigkeit ließen den Zusammenhang zwischen Geldmengendynamik und nachfolgenden Teuerungsraten immer brüchiger werden. Die dadurch zuweilen irrlichternde Signalfunktion der M3-Entwicklung führte in der Kommunikation der geldpolitischen Entscheidungen zu Irritationen. Der faktische Übergang der EZB zu einem sehr breit angelegten Inflation-Targeting im Rahmen der Wirtschaftlichen Analyse, bei dem die zu erwartenden Teuerungsraten ohne geldpolitische Maßnahmen aus einem sehr weiten Spektrum an inflationstreibenden Effekten (inklusive einer stark relativierten Berücksichtigung der monetären Dynamik) hergeleitet werden, hat zu einem größeren Verständnis der Geldpolitik beigetragen.

Um sich nicht in endlosen Diskussionen zu verstricken, straffte die EZB zudem die Entscheidungsprozesse. Angesichts eines immer größeren Teilnehmerkreises erlegte sie sich im *EZB-Rat* selbst ein *Rotationsprinzip* auf, wonach nach einem vorgegebenen Zeitplan einzelne nationale Zentralbankpräsidenten nicht mitstimmen können. Zugunsten schlankerer Entscheidungsstrukturen werden Einzelländerinteressen in diesem Gemeinschaftsgremium zurückgestellt.

Seit ihrer Gründung musste die EZB nicht nur die *geldpolitische Integration* eines zudem kontinuierlich gewachsenen Teilnehmerkreises bewerkstelligen, sondern über lange Phasen hinweg auch noch gegen schwere Wirtschaftskrisen mit deflationären Tendenzen arbeiten, die unfreiwillig zum Erreichen des Primärziels der Preisniveaustabilität zumindest in der Durchschnittsbetrachtung beigetragen hat.

In den Krisen erwies sich die EZB als handlungsfähig. Sie reagierte lange Zeit mit dem konventionellen Instrumentarium von Zentralbanken: einer *Leitzinssenkung* und erhöhter *Liquiditätsbereitstellung* für die Kreditinstitute. Aufgrund des nahezu nahtlosen Übergangs von der Finanzmarkt- zur Eurokrise verlief die wirtschaftliche Abwärtsbewegung unerwartet lang und die konventionellen Maßnahmen waren schon bald ausgereizt. Die Zinsen waren auf dem Nullpunkt angekommen, Liquidität wurde unbegrenzt zur Verfügung gestellt. Dennoch kam die Wirtschaft nicht in Gang. Im monetären Sektor geschah dies deshalb nicht, weil der *klassische Transmissionsme-chanismus* nur eingeschränkt funktionierte. Die Banken riefen die Liquidität nicht in ausreichendem Umfang ab, um sie in Kredite an Unternehmen, Staaten und Private Haushalte weiterzuleiten. Denn erstens fehlten den Banken die Kreditabnehmer. Wer will schon in Krisenzeiten auf Pump investieren? Zweitens mussten die Banken sich auch angesichts erhöhter Eigenkapitalanforderungen bei der Kreditvergabe zurück-halten. Drittens litt der Sekundärgeldschöpfungsprozess auch deshalb, weil die Ban-ken sich gegenseitig misstrauten und der Geldmarkt als Sicherheitspuffer begrenzter zur Verfügung stand. Angesichts der schwierigen Lage im Bankgeschäft und der hohen Verunsicherung durch notleidende Kredite erwies sich viertens auch die Refinanzie-rung von Bankkrediten über die Wertpapieremission als immer schwieriger.

Vor dem Hintergrund scheute sich die EZB dann auch nicht davor zurück, un-konventionelle Maßnahmen zu ergreifen. Auf dem Hochpunkt der Eurokrise, als die Finanzminister des Euroraums eher halbherzig einen Ausweg aus der Krise suchten, griff die EZB beherzt durch. Mario Draghi als damals amtierender EZB-Präsident ver-kündete dazu in einer aufsehenerregenden Rede im Jahr 2012: *„Within our mandate, the ECB is ready to do whatever it takes to preserve the euro. And believe me, it will be enough"* (Draghi 2012). Diese Aussage trug maßgeblich dazu bei, die Unruhe an den Finanzmärkten um den Fortbestand des Euros zu mindern.

Neben anderen Sondermaßnahmen wurden insbesondere *Outright-Geschäfte* in großem Umfang aufgelegt, die angesichts einer weiterhin schwachen Wirtschaftsdy-namik immer noch den größten Teil der Liquiditätsversorgung bewirken. Zwar hatte vor der geldpolitischen Vergemeinschaftung auch die Deutsche Bundesbank Zugang zu diesem Instrumentarium und es gelegentlich auch genutzt, aber bei nicht annä-hernd in dem Umfang, in dem es die EZB jetzt tut. Ziel der EZB ist es, wenn es den Banken aus verschiedenen Gründen schon nicht gelingt, das Geld als Kredit in den Wirtschaftskreislauf zu bringen, mit Outright-Geschäften über Primärgeldschöpfung die schwache Sekundärgeldschöpfung zu kompensieren und vor allem die Finanz-märkte zu stabilisieren, sodass wieder genügend *Fremdkapital* für eine Belebung von Investitionen und Wirtschaftswachstum zur Verfügung steht.

Diese Politik ist umstritten. Sogar intern gab es – gerade von deutscher Seite – erheblichen Widerstand im EZB-Rat. Dies ging so weit, dass Jürgen Stark und Sabi-ne Lautenschläger, zwei deutsche EZB-Direktoriumsmitglieder, aus Protest gegen die Outright-Geschäfte zurückgetreten sind (vgl. Der Spiegel 2011 und Deutschlandfunk 2019). Besonders gerügt wurde von ihnen der *Kauf von öffentlichen Anleihen*. Dabei handelt es sich streng genommen nicht um einen Verstoß gegen das grundsätzliche *Finanzierungsverbot* öffentlicher Haushalte durch die EZB. Denn nach dem Vertrags-wortlaut ist nur der unmittelbare Erwerb von Staatsanleihen vom Emittenten unter-sagt. Die öffentlichen Anleihen werden aber auf dem *Sekundärmarkt* und damit mit-telbar erworben, nachdem sie also zuvor unmittelbar bei privatwirtschaftlichen In-vestoren platziert wurden. Mehrere *Klagen vor dem Bundesverfassungsgericht* und vor dem *EuGH* bestätigten die Zulässigkeit dieser Rechtsauffassung. Faktisch begeht die

EZB gleichwohl eine Gratwanderung. Denn die Tatsache, dass die EZB die Anleihen auf dem Sekundärmarkt abnimmt, erleichtert den Schuldnerländern zuvor die Emission auf dem Primärmarkt. Darüber hinaus hat das Bundesverfassungsgericht in einem Aufsehen erregenden Urteil zum PSPP im Mai 2020 nicht nur einen Konflikt mit der Rechtsauffassung des EuGHs offengelegt, sondern auch die Auslegungsgrenzen aus seiner Sicht abgesteckt (vgl. Marquardt 2020).

In der Analyse der *EZB-Politik* entsteht nicht der Eindruck, dass die EZB diese Sondermaßnahmen aus innerer Überzeugung ergreift, es ist vielmehr ein Akt von Verzweiflung. Schafft die *Finanzpolitik* es nicht – auch gebremst durch einen drastischen Sparkurs –, die Wirtschaft nachhaltig anzukurbeln und aus den *Deflationstendenzen* herauszukommen, bleibt als einziger wirtschaftspolitischer Akteur die EZB. Ihre konventionellen Mittel hat sie ausgereizt, sodass nur noch Sondermaßnahmen bleiben.

Gerade das wird der EZB auch vorgeworfen, dass sie bei einem erneut beschleunigten Abschwung ihr „Pulver bereits verschossen" habe. Obendrein habe sie bei allem Aktionismus doch nicht viel erreicht. Allerdings übersieht diese Position, dass die wirtschaftliche Entwicklung ohne die Maßnahmen der EZB sicherlich viel dramatischer wäre. Ohne Draghis „What-ever-it-takes-Bekenntnis" und das resolute Handeln der EZB drohte in Anbetracht der aufgeheizten Situation an den Finanzmärkten ein nicht mehr beherrschbarer Flächenbrand, zumal die Finanzpolitik im Euroraum nur begrenzt handlungsfähig war. Außerdem muss sich die EZB nicht den Vorwurf gefallen lassen, nicht alles versucht zu haben.

Gerade in Deutschland wird noch beklagt, dass die *Niedrigzinspolitik* zu einer unverantwortlichen Enteignung der Sparer führe, weil die Zinsen beim Geldanlegen geringer als die Geldentwertung sind. Tatsächlich geben Geschäftsbanken vereinzelt sogar schon die Negativzinsen der Einlagefazilität weiter. Die Negativzinsen der Einlagefazilität sollten ja all die Banken bestrafen, denen es nicht gelingt, die Liquidität in den Wirtschaftskreislauf einzuspeisen. Bei einer *branchenweiten Überschussliquidität* bleiben aber einzelne Banken zwangsläufig darauf sitzen, sie können sich den Negativzinsen nicht entziehen. Daher versuchen sie sich über die Passivseite der Bilanz die Belastungen auszugleichen, indem sie kurzfristige Einlagen ihrer Kunden ihrerseits mit Negativzinsen belasten. Entweder ziehen die Kunden daraufhin ihre Einlagen mit für die Bank liquiditätsentlastender Wirkung ab oder sie zahlen die Zinsen, damit die Bank ihre Negativzinsen bei der EZB begleichen kann.

Dabei missachtet die Kritik an den Negativzinsen die *geldpolitische Mission*. So sehr sie einzelwirtschaftlich „den Sparer" trifft, gesamtwirtschaftlich wird das Ziel verfolgt, aus der *Deflationsphase* nachhaltig herauszukommen. Das funktioniert nicht über Sparen, sondern darüber, Geld auszugeben. Darüber hinaus werden – und auch dies ist die ausdrückliche Intention der EZB – fremdfinanzierte Ausgaben, vor allem für Investitionen, durch niedrige Zinsen angeregt. Das Leid der Gläubiger ist hier die Freud der Schuldner. Wobei gerade mit Blick auf den Schuldner Bundesrepublik Deutschland der *deutsche Staatshaushalt* und damit der deutsche Steuerzahler doppelt profitiert: einerseits durch die niedrigen Zinsen infolge der Niedrigzinspolitik, andererseits durch die Verschiebung von Finanzmitteln in die „sicheren Häfen" angesichts der weiter schwelenden Verunsicherung in einzelnen Partnerländern des Euroraumes. Erwartet der „deutsche Michel" eine höhere Verzinsung, muss er das Geld anders anlegen, zum Beispiel an den *Aktienmärkten*, die sich durch den von der EZB initiierten Liquiditätszufluss zeitweise prächtig entwickelten.

Darüber hinaus mag mit Blick auf die vergleichsweise stabile wirtschaftliche Situation in Deutschland eine weniger expansive Geldpolitik angebracht sein. Allerdings kann die EZB an der wirtschaftlichen *Heterogenität des Euroraumes*, für den sie als Ganzes zuständig ist, nichts ändern. Sie kann nur eine einheitliche Geldpolitik für alle betreiben. Diese Heterogenität haben die Regierungschefs zu verantworten, die sich über den Rat vieler Ökonomen hinweggesetzten und einen zu großen bzw. zu schnell gewachsenen Teilnehmerkreis zuließen.

All das ändert aber nichts an der Gefahr, dass der starke *Primärgeldzufluss* zu einer *Asset-Price-Inflation* führen kann. Ernsthafte Anzeichen dafür gibt es besonders an einzelnen *regionalen Immobilienmärkten*. Der Gefahr ist sich die EZB allerdings bewusst. Droht sie sich vor der Rückkehr aus der Deflation zu bewahrheiten, steht sie allerding vor einem erneuten Dilemma.

Aufgaben

a) Erklären Sie den Geldschöpfungsprozess. Wovon hängt die Größenordnung des Geldschöpfungsmultiplikators arithmetisch ab? Warum ist das so? Weshalb ist vor dem Hintergrund der Finanzmarktkrise ab 2007 der Geldschöpfungsmultiplikator kleiner geworden?

b) Wie steuert die EZB mit den drei Leitzinsen das Geschehen am Geldmarkt?

c) Der EZB-Satz für die Einlagenfazilität ist seit geraumer Zeit negativ. Das bedeutet, das Geschäftsbanken für die Einlagen bei der EZB, die über das Mindestreservesoll hinausgehen, Zinsen an die EZB zahlen müssen. Ist diese Maßnahme wirkungsvoll? Denn eine Geschäftsbank kann nicht zur Einlage gezwungen werden, insbesondere nicht, wenn sie dafür Zinsen zahlen muss.

d) Wie sieht die EZB-Strategie des Geldmengenkonzeptes aus? Warum war ihm ursprünglich eine hohe Bedeutung zugedacht? Warum ist seine Rolle fast zur Unscheinbarkeit geschrumpft?

e) Diskutieren Sie kontrovers, ob es erstrebenswert ist, eine Zentralbank, die primär das Ziel der Preisniveaustabilität verfolgen soll, die Unabhängigkeit zu garantieren.

f) Inwieweit entspricht die Vorgabe der Preisniveaustabilität als vorrangiges Ziel der EZB in Verbindung mit einer Geldmengenregel den theoretischen Vorstellungen des Monetarismus und der Neuklassik. Begründen Sie dies.

g) Wie ist die Finanzmarktkrise entstanden? Wie ist sie verlaufen? Wie mündete sie in die Eurokrise?

h) Ein wichtiger Auslöser der Finanzmarktkrise war, dass die amerikanische Notenbank (Fed) die vorausgegangene Dot-Com-Krise mit expansiver Geldpolitik bekämpft hat. Nun wird die dadurch mitausgelöste Finanzmarkt- und Eurokrise erneut mit expansiver Geldpolitik bekämpft. Diskutieren Sie, ob damit eine neue Krise riskiert wird. Berücksichtigen Sie dabei auch die Situation an den Aktien- und Immobilienmärkten. Welche Möglichkeiten hat die EZB bei drohenden „Asset-Blasen", die hohe Liquidität in den Märkten wieder abzuschöpfen?

i) Begründen Sie mithilfe der Überlegungen des „Langfristkeynesianismus" (vgl. Kap. 5.5.3.2), weshalb die Krisenanfälligkeit der Finanzmärkte strukturell zunimmt.

j) Deutsche Sparer sind angesichts der Nullzinspolitik der EZB aufgebracht. Die Rede ist gar von einer hinterhältigen Enteignung, weil die Geldentwertung größer als die Zinsen sei bzw. weil vereinzelt von Anlegern Negativzinsen zu zahlen sind. Welche Vorteile hat die deutsche Volkswirtschaft von dieser Politik?

k) Fassen Sie den Rechtsstreit zwischen EuGH und Bundesverfassungsgericht zum PSPP und die Diskussion darüber auch mit Hilfe von Marquardt (2020) zusammen und beziehen Sie eine eigene Position.

8 Ordnungspolitik und Vision einer Wirtschaftsdemokratie

8.1 Grundsätzliches zu Ordnungstheorien

Die Volkswirtschaftslehre analysiert nicht nur den mikro- und makroökonomischen Prozess, sondern sie beschäftigt sich auch mit der Gestaltung des Ordnungsrahmens, in dem sich dieser Prozess vollziehen soll. Allerdings hat die Ordnungspolitik in der aktuellen Hochschulausbildung und -forschung einen weit geringeren Stellenwert als zuvor. Sich mit Ordnungsfragen zu beschäftigen heißt, die *Systemfrage* zu stellen. Vielen orthodoxen Ökonomen stellt sich diese Frage jedoch gar nicht erst; im besten Fall, weil sie sich ganz pragmatisch, aber dann eben auch einschränkend auf Analysen im Status quo konzentrieren wollen, in anderen Fällen aber auch, weil sie sich ideologisch nichts anderes als eine kapitalistische Marktwirtschaft vorstellen können und sie diese trotz aller Mängel für das Non-plus-ultra halten.

Diese Voreingenommenheit gilt übrigens auch für die Mehrheit der Verfassungsjuristen, die nur eine kapitalistische Marktwirtschaft für grundgesetzkonform halten. So verwundert es letztlich nicht, dass die für die Wirtschaftsprozesse rahmensetzenden Ordnungsalternativen in den Ökonomie-Lehrbüchern in der Regel nur rudimentär vorkommen. Dort wird allenfalls kurz und oberflächlich auf das Gegensatzpaar von Markt- und Planwirtschaft hingewiesen, um dann schnell das Urteil zu Gunsten einer Marktwirtschaft mit Privateigentum an Produktionsmitteln auszusprechen.

In der Ordnungstheorie werden die Termini „Wirtschaftssystem", „Wirtschaftsordnung" und „Wirtschaftsverfassung" manchmal als Synonyme genutzt. Im Detail gibt es gleichwohl Unterschiede (vgl. Kolb 1991, S. 35 ff.):

- Die *Wirtschaftsverfassung* erfasst die Summe aller für das Wirtschaften relevanten rechtlichen Vorgaben (vgl. Ritter 1999, S. 136). Zum Beispiel gehören dazu Rechtsnormen zu Eigentumsfragen oder zum Wettbewerb. In der Finanzordnung hingegen müssen u. a. Regeln zum Steuer- und Transferleistungssystem gesetzt werden. Im Rahmen der Währungsordnung bedarf es Vorschriften vor allem zu der Frage, was alles als Geld akzeptiert wird, wer es mit welchem Ziel emittieren darf, wie unabhängig diese Institution dabei ist. Die Arbeitsmarktordnung regelt u. a. den Rechtsrahmen beim Kündigungsschutz oder die Bedeutung von Gewerkschaften und Unternehmerverbänden beim Aushandeln von Löhnen und Gehältern.
- Die *Wirtschaftsordnung* selbst beschreibt die etablierten Spielregeln im ökonomischen Zusammenleben. Sie basieren zum einen auf den rechtlichen Vorgaben der Wirtschaftsverfassung. Zum anderen bestimmt sich die Wirtschaftsordnung aus Sitten und Gebräuchen (Hensel 1972, S. 18 f.), die sich im Rahmen der verbliebenen Freiräume eingespielt haben. Ist beispielsweise die Zentralbank laut Währungsordnung formal „unabhängig", macht es in der gelebten Wirtschaftsord-

https://doi.org/10.1515/9783110619379-008

nung einen Unterschied, ob die geldpolitischen Entscheidungsträger von der Regierung und vom Parlament faktisch regelmäßig unter Rechtfertigungszwang gesetzt werden oder ob die Politik sich einer Kommentierung enthält. Mit Blick auf die Eigentumsfrage an Produktionsmitteln ist auch entscheidend, wer tatsächlich die Verfügungsrechte („property rights") darüber hat: nur der rechtliche Eigentümer oder Manager?

– Das *Wirtschaftssystem* versteht sich als Subsystem des Gesamtgesellschaftssystems, zu dem auch das kulturelle, religiöse und politische Subsystem zählen. Betrachtet wird hierbei, wie die Wirtschaftsordnung in das Gesamtsystem eingebettet ist und wie die Subsysteme miteinander kommunizieren und sich gegenseitig beeinflussen. So finden beispielsweise religiöse Glaubensgrundsätze einen Niederschlag in der Frage, inwieweit in der Wirtschaftsordnung das Fordern von Zinsen überhaupt statthaft ist.

Aufgabe der Wirtschaftsordnung ist eine Rahmenlegung, um folgende Grundsatzfragen zu beantworten (vgl. auch Kromphardt 1991, S. 36 ff.):
– Wer soll die ökonomischen Entscheidungen treffen? (*Entscheidungsfunktion*),
– Wie sollen in einer arbeitsteiligen Welt die Vorstellungen von Millionen von Wirtschaftssubjekten so aufeinander abgestimmt werden, dass die gesellschaftliche Wohlfahrt optimiert wird? (*Koordinationsfunktion*)
Dazu ist wiederum zu klären: Wie kommen dabei die verhaltenssteuernden Informationen zustande? (*Informationsfunktion*). Wie erfolgt dabei durch einen Mix aus Motivations- und Kontrollelementen eine Lenkung der Wirtschaftssubjekte im Sinne der Gesellschaft? (*Lenkungsfunktion*).
– Wer soll in welchem Umfang in den Genuss des produzierten „Güterkuchens" kommen? (*Verteilungs- bzw. Distributionsfunktion*)

Dabei sind je nach Kombination der Antwortmöglichkeiten auf die Fragen die verschiedensten Einteilungen in Wirtschaftsordnungen denkbar. Oftmals werden aber als konstituierende, ausschlaggebende Elemente die Festlegungen zur Entscheidungs- und Koordinationsfunktion angesehen. Gestützt auf historische Untersuchungen zeigte dabei John Kenneth Galbraith (1908–2006), dass die Macht, Entscheidungen im Produktions- und Verteilungsprozess zu treffen, sich stets „[...] mit dem Faktor verbindet, der am schwersten zu bekommen [...]" sei. Und dies sei seit der Industrialisierung der Produktionsfaktor Kapital (zitiert in: Kolb 1991, S. 45).

Eine mögliche Einteilung könnte daher die verschiedenen Wirtschaftsordnungstypen in einer Matrix differenzieren, in der auf der einen Seite die Eigentumsordnung mit Blick auf den Produktionsfaktor Kapital inklusive Boden und auf der anderen Seite die gewählte Koordinationsform bei der Abstimmung des Verhaltens aller Wirtschaftssubjekte unterschieden wird (vgl. Abb. 8.1).

Bezogen auf die *Eigentumsordnung* kann das Eigentum an Sachkapital und Boden in privater Hand zugelassen werden oder es wird vergesellschaftet bzw. als Staatsei-

Koordinationsform		Eigentumsordnung	
		Privateigentum	**Gesellschaftliches Eigentum**
horizontale Koordination	**Markt**	Kapitalistische Marktwirtschaft	Sozialistische Marktwirtschaft/ „Echte" Wirtschaftsdemokratie
	Verhandlung	Kooperationswirtschaft	–
vertikale Koordination	**Wahl**	„Unechte" Wirtschaftsdemokratie	Rätemodell
	Anweisung	Staatskapitalismus	Zentralverwaltungswirtschaft (Planwirtschaft)

Abb. 8.1: Typologie von Wirtschaftsordnungen. Quelle: in Anlehnung an Kolb 1991, S. 72 f.

gentum betrachtet. Der *Koordinationsmechanismus* kann prinzipiell horizontal durch sich gegenseitig steuernde, auf gleicher Augenhöhe miteinander agierende Wirtschaftssubjekte oder einseitig vertikal erfolgen. Beim horizontalen Mechanismus sind eine dezentrale Aussteuerung über den Markt oder eine Verhandlungslösung, z. B. bei Tarifverträgen, denkbar. Hinsichtlich der vertikalen Koordination kann der Abstimmungsprozess über eine zentrale Entscheidungsinstanz von oben nach unten angewiesen werden oder er wird basisdemokratisch von allen Betroffenen bestimmt und die Umsetzung nach oben an eine Zentralinstanz delegiert.

Durch die Matrixbildung lassen sich die aufgeführten sieben typischen Wirtschaftsordnungen identifizieren.

Die dargestellte Klassifizierung gibt lediglich eine Übersicht über verschiedene Optionen. Wie jedes Schema ist sie *grobschnittartig* und erfasst nicht alle Feinheiten. So funktioniert zum Beispiel eine kapitalistische Marktwirtschaft mit Monopolen sicher anders als mit Polypolen. Auch sollte klar sein, dass es in der Realität sowohl mit Blick auf die Koordinationsform und die Eigentumsordnung nie „Entweder-oder-Lösungen", sondern immer *Mischformen* gegeben hat. Insofern gibt es unterhalb des groben Rasters der Abb. 8.1 zahlreiche Spielarten von Wirtschaftsordnungen. In der sozialen Marktwirtschaft Deutschlands gibt es beispielsweise neben dem Markt im Abstimmungsprozess auch Verhandlungsmechanismen bei der Tarifvertragsgestaltung oder Elemente von Anweisungsmechanismen im Gesundheitssektor. Auch gibt es hierzulande neben dem dominierenden Privateigentum an Produktionsmitteln vergesellschaftetes Eigentum beispielsweise in landwirtschaftlichen Genossenschaften.

Die Entscheidung für eine konkrete Wirtschaftsordnung war in der Geschichte immer hoch politisch, ideologisch wertend und ist es bis heute geblieben. Auch gab es hier nie nur einen wissenschaftlich exakt definierten Staatsbegriff, „der dem Streit der Parteien in reiner Objektivität enthoben wäre" (Waldrich 1973, S. 10). Wer sich also mit Wirtschaftsordnungstheorie beschäftigt, kommt am Staat und seiner Konstitution bzw. an der Beschäftigung mit Staatstheorien nicht vorbei (vgl. Kap. 8.2.3). Der Politikwissenschaftler Butterwegge schreibt:

> Kaum ein Phänomen hat ganze Generationen menschlicher Denker ähnlich intensiv beschäftigt wie der Staat. Diese Faszinationswirkung, der sich die Vertreter modernen Gesellschaftswissenschaft so wenig entziehen konnten wie die Philosophen der Antike, resultierte aus der unmittelbaren und überragenden Relevanz staatlicher Aktivitäten für alle Bereiche des sozialen, politischen und ökonomischen Lebens. (Butterwegge 1977, S. 7)

Historisch betrachtet dominierten Mischformen einer marktwirtschaftlich verfassten kapitalistischen Ordnung und einer staatlichen Planwirtschaft, die sich erst mit der Russischen Revolution 1917 entwickelte. Während die kapitalistische Marktwirtschaft als Ordnungsform – bezieht man den vorindustriellen Kapitalismus mit ein – auf eine mindestens 500-jährige Geschichte zurückblicken kann (Fülberth 2005), basierte der Gründungsakt einer staatlichen Planwirtschaft auf einem ordnungstheoretischen Experiment des sowjetischen Kriegskommunismus (1917–1921) und der „Neuen Ökonomischen Politik" (1921–1928) (vgl. Kap. 8.2.3.2).

Orthodoxe Ökonomen halten sich beim Thema Staat, dem „Kostgänger der Wirtschaft", zurück. Sieht man einmal vom Keynesianismus ab (vgl. Kap. 5.5), der dezidiert einen starken in die private Wirtschaft intervenierenden Staat fordert, so entsprachen die meisten ökonomischen Theorien mehr der Staatstheorie des *klassischen Liberalismus* (vgl. Kap. 8.2.3.1) zumindest bis zur Weltwirtschaftskrise Ende der 1920er-Jahre. Demnach habe sich der Staat aus der Wirtschaft herauszuhalten und sei auf drei Aufgaben zu beschränken:

> Er soll Sicherheit und Ordnung herstellen, öffentliche Güter bereitstellen, die der private Sektor aus Mangel an Gewinnaussichten nicht produzieren würde, und ‚eine genaue Rechtspflege' aufrechterhalten, d. h. die freie Verfügbarkeit des Einzelnen über seine Arbeit und sein Eigentum garantieren, Vertrags-, Konsum-, Berufs-, Gewerbe-, Niederlassungs- und Wettbewerbsfreiheit zu schützen. (Olten 1995, S. 34)

Die Rolle des Staates als Überbau zur Wirtschaft, die in herkömmlichen Lehrbüchern zur VWL allenfalls beiläufig thematisiert wird, und das Wechselspiel zwischen Staat und Wirtschaft kann aber auch ganz anders gesehen werden. Schließlich bestimmt am Ende der Staat bzw. die Politik, welche wirtschaftliche Ordnung zum Tragen kommt. Dabei war der Staat aber nicht immer über Parteien demokratisch verfasst. Im Gegenteil: Es hat auch tief antidemokratische, monarchistische und diktatorische Staaten gegeben. Vor dem Ersten Weltkrieg existierten in Europa nur fünf Republiken unter 25 Staaten (Frankreich, Portugal, die Schweiz, Andorra und San Marino). In der Sowjetunion existierte vor ihrer Auflösung 1990 nur eine Kommunistische Partei, andere waren in der ansonsten demokratischen Verfassung verboten. In China und Kuba gibt es trotz marktwirtschaftlicher Öffnungen mit Privateigentum an Produktionsmitteln nach wie vor nur die Kommunistische Partei, genauso in Nordkorea, hier allerdings ohne jegliche marktwirtschaftlichen Ordnungselemente.

In demokratisch verfassten Staaten hingegen wird es im Meinungsbild eines Volkes über wirtschaftliche, gesellschaftliche und weltanschauliche Fragen in der Regel keine vollständige Übereinstimmung geben. Deshalb gibt es in Demokratien auch mehrere Parteien, mindestens eine Regierungs- und eine Oppositionspartei. Sie bündeln unterschiedliche Meinungen und schreiben sie in ihren Parteigrundsatz- und Wahlprogrammen fest, um dann in freien, allgemeinen und geheimen Wahlen dafür gewählt zu werden. Aber nur, wenn es Parteien gelingt, eine absolute Mehrheit im Volk zu finden oder eine Koalition einzugehen, können sie ihre Interessen im Wege der Gesetzgebung durchsetzen. Wirtschaftsordnungen müssen daher in Demokratien letztlich langfristig überzeugen und Mehrheiten finden, um umgesetzt zu werden.

Mit Blick auf Deutschland wurden nach dem Zweiten Weltkrieg durch die Entstehung zweier deutscher Staaten zwei extrem unterschiedliche Wirtschaftsordnungen praktiziert (vgl. Kap. 8.3). Allerdings ergab sich deren Festlegung nicht aus einem freien demokratischen Entscheidungsprozess der Bevölkerung. Letztlich stand die Suche nach einer Wirtschaftsordnung unter der Dominanz der jeweiligen Alliierten als Besatzungsmächte.

In Westdeutschland dominierte die liberale Ausrichtung der Staatstheorie (vgl. Kap. 8.3.3). Der *Ordoliberalismus* – als deutsche Spielart des Neoliberalismus – setzte hier auf eine marktwirtschaftlich-kapitalistische Ordnung, darüber hinaus auf eine kleinbürgerliche Eigentümergesellschaft (Märkte mit atomistisch kleinen Konkurrenten; vgl. Kap. 2.3.2), auf „Wohlstand für alle" (Ludwig Erhard (1897–1977)) und in der praktischen Umsetzung auf eine *soziale Marktwirtschaft* (Alfred Müller-Armack (1901–1978), vgl. Kap. 8.3.3). Sie baute in der Bundesrepublik auf einen im Grundgesetz geforderten Sozialstaat (Art. 20 GG) auf, änderte jedoch an den schon vor und während der faschistischen Staatsperiode zwischen 1933 und 1945 vorliegenden hochkonzentrierten Eigentumsverhältnissen nichts.

> So wenig wie die Revolution von 1918/19 einen grundlegenden Umbruch soziökonomischer Machtverhältnisse zur Folge hatte, so wenig war 1945/49 ein prinzipieller Neubeginn. Zwar war in den ersten Stunden nach dem katastrophalen Zusammenbruch ein allgemeines Bewußtsein davon lebendig, daß nur eine Umwandlung der sozialen und wirtschaftlichen Struktur die Wiederholung des faschistischen Experiments verhindern würde; – diese selbst die Kreise des konservativen Bürgertums ergreifende Einsicht (Flechtheim 1963) wurde jedoch schnell ein Opfer der durch weltweite außenpolitische Konstellationen begünstigten Restauration der alten Sozialordnung. Maßgebend bleiben bei steigender Konzentration des organisierten Kapitals die das Eigentum über Produktionsmittel repräsentierenden Schichten. (Waldrich 1973, S. 46)

So verwundert es nicht, dass die in der Wirtschaft noch mächtiger gewordenen Kapitalkräfte gegen den demokratisch verfassten Staat zu Felde ziehen und der Eindruck entsteht, sie wünschten sich wieder einen klassisch liberalen „Nachtwächterstaat" (Ferdinand Lassalle (1825–1864) zurück. Die Kräfte des sozial umverteilenden und makroökonomisch intervenierenden Staatskeynesianismus wurden ab Mitte der 1970er-Jahre immer stärker durch marktradikal-neoliberale Kräfte aus Politik, Wirtschaft, Wissenschaft und Medien verdrängt (vgl. Kap. 1.4, 1.5 und 5.5). Heute wird fast unisono ein „schlanker Staat" verlangt. Peter Bofinger (2008), spricht von einer „Entmachtung des Staates" und der Politikwissenschaftler und Ökonom Michael Krätke resümiert:

> Die neoliberalen Utopisten und Ideologen schwadronieren und schädigen den Staat nach Kräften, der Staat, auch der Steuerstaat gehört trotzdem zu den Gewinnern von Boom und Blasen. So schnell können die neoliberalen Zauberkünstler die Gewinn- und Besitzsteuern gar nicht senken, wie diese Steuerquellen dank Boom und Blasen sprudeln. Aber in der Krise – in jeder großen Krise – geht den guten Bürgern ein unangenehmes Licht auf: Sie brauchen den Staat, sie schreien nach dem Staat als Nothelfer und Retter vor dem Untergang, sie fordern den Staatseingriff zu ihren Gunsten. Ausgerechnet dann, wenn der Staat selbst in die Finanzklemme gerät. Er soll ihnen aber ihr Kapital retten, ihre Verluste kompensieren, sie vor dem Bankrott bzw. der Übernahme durch anderes Kapital bewahren. (Krätke 2010, S. 15)

Dieser Tatbestand ist in der weltweiten Finanz- und Wirtschaftskrise ab 2007 deutlich geworden, die bis heute ihre Spuren hinterlässt (vgl. Kap. 7.3.7) und auch in der exogen verursachten Krise durch das Covid-19-Virus (vgl. dazu ausführlich Bontrup 2021).

Wenig überzeugend war aber auch die *Planwirtschaft in Ostdeutschland* (vgl. Kap. 8.3.2). Ausgehend von einem durch die Demontage von Produktionsanlagen seitens der Sowjetunion im Anschluss an den Zweiten Weltkrieg ohnehin schon eingeschränkten Produktionspotenzial verhinderten hier vor allem vollkommen unzureichende Anreizstrukturen und Missmanagement in der staatlichen Planung ein nachhaltiges Produktivitätswachstum. Trotz zwischenzeitlicher Reformbemühungen erwies sich die Ökonomie letztlich als abgewirtschaftet. Angesichts zugleich starker Einschränkungen der politischen und persönlichen Freiheiten war das Gesellschaftssystem nicht mehr aufrechtzuerhalten. Das durch Glasnost und Perestroika eröffnete Zeitfenster wurde als erste echte Gelegenheit für einen *friedlichen Systemwechsel* genutzt. In Anlehnung an den ehemaligen DDR-Staatsratsvorsitzenden Erich Honecker (1912–1994) bedurfte es, um diesen „Sozialismus in seinem Lauf" aufzuhalten, weder „Ochs noch Esel". Es reichte die massenhafte Auflehnung der Bevölkerung, die beim Mauerfall 1989 – anders als noch 1953 – nicht blutig niedergeschlagen wurde.

Allerdings wurde beim Systemwechsel einer als nahezu unmündig behandelten DDR die Wirtschaftsordnung der früheren Bundesrepublik „übergestülpt". Die ursprünglich im (westdeutschen) Grundgesetz angedachte Möglichkeit, mit der Wiedervereinigung beider Staaten eine gemeinsame Verfassung zu verabschieden und sich dabei auch auf eine gemeinsame neue Wirtschaftsordnung zu verständigen, wurde nicht genutzt. Eine aus ökonomischer Sicht dilettantisch gemangte Wirtschafts- und Währungsunion in Kombination mit einem „Ausschlachten" von DDR-Betrieben durch die Treuhandanstalt führten nicht zu allseits „blühenden Landschaften", wie der damalige Bundeskanzler Helmut Kohl (1930–2017) versprach. Im Gegenteil, in manchen Regionen folgte dem Unternehmenssterben der Exodus insbesondere der jungen Generation.

Wie in der DDR wurden in vielen anderen Ländern des Ostblocks auch die bis dato praktizierten sozialistischen Systeme durch Formen einer kapitalistischen Marktwirtschaft abgelöst. Im oftmals zum Kampf der Systeme hochstilisierten Wettbewerb der Wirtschaftsordnungen hat historisch gesehen bislang der Kapitalismus obsiegt. Allerdings nicht, weil er so überzeugend ist. Im Gegenteil, Papst Franziskus (2014, S. 52) behauptet gar:

> Diese Wirtschaft tötet. Es ist unglaublich, dass es kein Aufsehen erregt, wenn ein alter Mann, der gezwungen ist, auf der Straße zu leben, erfriert, während eine Baisse um zwei Punkte in der Börse Schlagzeilen macht. Das ist Ausschließung. Es ist nicht mehr zu tolerieren, dass Nahrungsmittel weggeworfen werden, während es Menschen gibt, die Hunger leiden. Das ist soziale Ungleichheit. Heute spielt sich alles nach den Kriterien der Konkurrenzfähigkeit und nach dem Gesetz des Stärkeren ab, wo der Mächtigere den Schwächeren zunichtemacht. Als Folge dieser Situation sehen sich große Massen der Bevölkerung ausgeschlossen und an den Rand gedrängt: ohne Arbeit, ohne Aussichten, ohne Ausweg. Der Mensch an sich wird wie ein Konsumgut betrachtet, das man gebrauchen und dann wegwerfen kann. Wir haben die ‚Wegwerfkultur' eingeführt, die sogar gefördert wird. Es geht nicht mehr einfach um das Phänomen der Ausbeutung und der Unterdrückung, sondern um etwas Neues: Mit der Ausschließung ist die Zugehörigkeit zu der Gesellschaft, in der man lebt, an ihrer Wurzel getroffen, denn durch sie befindet man sich nicht in der Unterschicht, am Rande oder gehört zu den Machtlosen, sondern man steht draußen. Die Ausgeschlossenen sind nicht ‚Ausgebeutete', sondern Müll, ‚Abfall.

Auffällig ist an diesem System eine *systemische Dichotomie*. Der aus Überzeugung *demokratisch verfasste Staat* als gesellschaftlicher Überbau *garantiert* in der kapitalistischen Marktwirtschaft eine *einseitig beherrschte Wirtschaft* durch Kapitalisten als Eigentümer der Produktionsmittel. Auf der Suche nach Wegen, diese Dichotomie aufzulösen, gehen wir abschließend der Frage nach, ob es einen dritten Weg zwischen „Plan und Markt" gibt (Kap. 8.4 bis 8.4.6). Dabei stellen wir mit dem „*Bontrup-Modell*" eine Vision zu diesem dritten Weg zur Diskussion. Sie geht aus von einer Welt mit Privateigentum an Produktionsmitteln und Marktwirtschaft, in der über eine Demokratisierung der Wirtschaft zunächst die einseitige Verfügungsgewalt über die Produktionsmittel durch das Kapital gebrochen wird. Mithilfe einer Gewinn- und Kapitalbeteiligung der Beschäftigten kommt es im Rahmen einer staatlich regulierten Marktwirtschaft allmählich zu einer Vergesellschaftung der Produktionsmittel, die deutlich über das Stadium hinausgeht, das im damaligen Jugoslawien (vgl. Kap. 8.4.1) mit der praktizierten sozialistischen Marktwirtschaft erreicht wurde. Am Ende steht so eine echte *Wirtschaftsdemokratie*.

8.2 Staatskonstitutionen

8.2.1 Allgemeine Staatsmerkmale

Was ist ein Staat? Hier gab und gibt es die unterschiedlichsten Vorstellungen und Theorien.

> Das Einzige, das bezüglich des Staates allgemein und unabhängig von den jeweiligen Staatsauffassungen und -theorien immer galt, bzw. das zu jedem Staat laut Definition gehört, ist ein Staatsgebiet in festumrissenen Grenzen, ein Staatsvolk, das innerhalb dieser Grenzen wohnt, ein Staatsoberhaupt, das den Staat nach außen, anderen Staaten gegenüber repräsentiert, und eine Staatsgewalt, die das Zusammenleben der Bürger regelt. Fehlt eines dieser Merkmale, können wir nicht mehr oder noch nicht von einem Staat sprechen. So hat zum Beispiel der Staat der Athener vorübergehend zu bestehen aufgehört, als seine Bewohner auf die Insel Salamis und auf Schiffe flüchteten, um dort Schutz vor den Persern zu suchen. Der österreichische Staat existierte in den Jahren 1938 bis 1945 nicht mehr, da die ihm eigene Rechtsordnung und das eigene Staatsoberhaupt beseitigt worden waren. (Endres 1952, S. 5 f.)

Während Eroberungskriege vermeintliche Vorteile durch Unterjochung anderer Staaten und deren Ausbeutung erbringen sollen, können sich Staaten auch durch blutige oder friedliche Revolutionen des Volkes vollständig *selbst auflösen*, wie 1990 die Sowjetunion und in Folge die DDR, Jugoslawien und die Tschechoslowakei. Dadurch konnten neue Staatsgebilde entstehen. Auch das ist innerhalb von Staaten offensichtlich möglich: In Deutschland, aber auch in anderen Ländern, gibt es sogenannte Reichsbürger und Selbstverwalter. Sie setzen sich aus Einzelpersonen ohne Organisationsanbindung oder aus Kleinst- und Kleingruppierungen zusammen. Sie verbindet die fundamentale bis zur Waffengewalt reichende Ablehnung der Souveränität der Bundesrepublik Deutschland als Staat und damit seiner Verfassung und Rechtsordnung. In vielen Staaten wie u. a. in Irland, Frankreich und Spanien versuchen Separatistenbewegungen, einzelne Landesteile aus einem bestehenden Staat loszulösen, um so im Zuge einer Sezession einen neuen souveränen Staat zu bilden oder sich einem anderen Staat anzuschießen.

Inhärenter Bestandteil der zum Staat gehörenden Staatsgewalt – im völkerrechtlichen Sinne – ist immer auch eine *Schutzpflicht gegenüber einem Staatsvolk*, Staatsgebiet und letztlich gegenüber der Staatsform selbst. Dafür unterhält der Staat Streitkräfte. Entweder sind es die eignen oder fremde Streitkräfte einer „Schutzmacht". Nimmt ein Staat diese Schutzpflicht nicht wahr, so ist seine Existenz gefährdet, wie ein Blick in die Geschichte zeigt. Streitkräfte gehören wie die Polizei zum *Gewaltmonopol* des Staates und haben einen von der Verfassung vorgegebenen Auftrag zur Verteidigung und Friedenswahrung im Kontext völkerrechtlicher Vorgaben. Dadurch sind sie legitimiert, zur Erfüllung des Auftrages als letztmöglicher Weg militärische Gewalt anzuwenden, die auch tödliche Gewalt mit umfasst (vgl. Stöhr 2018, S. 10). Neben dem Militär, der Polizei, die für innere Sicherheit zuständig ist, der Justiz, die

Verstöße sanktioniert, gehören auch immer Geheimdienste zum Gewaltmonopol des Staates.

Staaten können sich überdies zu *Staatengemeinschaften* zusammenschließen. In Folge des Zweiten Weltkrieges ist es beispielsweise am 24. Oktober 1945 zur Charta der Vereinten Nationen (UN) gekommen, der 51 Länder als Gründungsmitglieder beitraten. Der Gründungsvertrag, die „Verfassung", enthält auch das Statut des Internationalen Gerichtshofs. Die UN basiert auf Völkerrecht, das wesentlich von Immanuel Kants (1724–1804) Schrift „Zum ewigen Frieden" inspiriert wurde. In der Präambel der UN-Charta von 1945 heißt es:

> Wir, die Völker der Vereinten Nationen – fest entschlossen, künftige Geschlechter vor der Geißel des Krieges zu bewahren, die zweimal zu unseren Lebzeiten unsagbares Leid über die Menschheit gebracht hat, unseren Glauben an die Grundrechte des Menschen, an Würde und Wert der menschlichen Persönlichkeit, an die Gleichberechtigung von Mann und Frau sowie von allen Nationen, ob groß oder klein, erneut zu bekräftigen, Bedingungen zu schaffen, unter denen Gerechtigkeit und die Achtung vor den Verpflichtungen aus Verträgen und anderen Quellen des Völkerrechts gewahrt werden können, den sozialen Fortschritt und einen besseren Lebensstandard in größerer Freiheit zu fördern, und für diese Zwecke Duldsamkeit zu üben und als gute Nachbarn in Frieden miteinander zu leben, unsere Kräfte zu vereinen, um den Weltfrieden und die internationale Sicherheit zu wahren, Grundsätze anzunehmen und Verfahren einzuführen, die gewährleisten, daß Waffengewalt nur noch im gemeinsamen Interesse angewendet wird, und internationale Einrichtungen in Anspruch zu nehmen, um den wirtschaftlichen und sozialen Fortschritt aller Völker zu fördern.

Kriege mit Millionen von Toten und Zerstörung sowie unvorstellbares Leid konnten aber dennoch nach 1945 (vgl. National Archives 1971) nicht verhindert werden. Das Völkerrecht wird seiner friedensstiftenden Rolle offenbar nicht gerecht (vgl. Peach/ Nowrot 2019), während *Militärausgaben* weiter steigen. Allein 2018 wurden weltweit 1,8 Billionen US-Dollar für das Militär ausgegeben. Das sind 2,1 Prozent des weltweiten Einkommens. Die Militärausgaben entsprechen dabei 239 US-Dollar pro Person auf der Erde (vgl. SIPRI). Allein die 100 größten Rüstungskonzerne der Welt haben 2018 für ihre verkauften Rüstungsgüter 380 Mrd. EUR eingenommen. Das entsprach einem Zuwachs gegenüber dem Vorjahr um 4,6 Prozent, so SIPRI, Schwedens Friedensforscher (vgl. Frankfurter Rundschau vom 09.12.2019, S. 7). Rüstungsunternehmen machen wie jeher Geschäfte mit dem Tod (vgl. Albrecht 1972, Perdelwitz/Fischer 1984, Dietl 1986, Huffschmid/Voß/Zdrowomyslaw 1986, Bontrup/Voß 1987, Bontrup/ Zdrowomyslaw 1988, Roth 1988). Dabei können Rüstungsunternehmen in Deutschland ihre Profite mit hohen Profitraten über ein staatlich geregeltes Preisrecht der Gesellschaft in Rechnung stellen (vgl. dazu Kap. 2.3.2.3.5).

In diesem Kontext warnte schon 1952 der Schriftsteller Bertold Brecht (1898–1956) in seiner Rede „Zum Völkerkongress für den Frieden":

> Die Abgestumpftheit ist es, die wir zu bekämpfen haben, ihr äußerster Grad ist der Tod. [...] Laßt uns das tausendmal Gesagte immer wieder sagen, damit es nicht einmal zu wenig gesagt wurde!

Laßt uns die Warnungen erneuern, und wenn sie schon wie Asche in unserem Mund sind! Denn der Menschheit drohen Kriege, gegen welche die vergangenen wie armselige Versuche sind, und sie werden kommen ohne jeden Zweifel, wenn denen, die sie in aller Öffentlichkeit vorbereiten, nicht die Hände zerschlagen werden.

Aufgaben

a) Begründen sie die konstitutiven Merkmale von Staaten.
b) Wie groß waren die Militärausgaben Deutschlands seit der Wiedervereinigung absolut und in Relation zum Volkseinkommen sowie pro Kopf der Bevölkerung?
c) Wer sind die größten Rüstungsunternehmen der Welt, in Europa und Deutschland? Wie hoch waren die Profite der deutschen Rüstungsunternehmen in den letzten zehn Jahren?

8.2.2 Entstehung von Staaten

Der Staat ist nicht so alt wie die Menschheit selbst. Geht man von der Urgesellschaft aus, etwa ab dem 5. bis 4. Jahrtausend vor unserer Zeitrechnung, so gab es anfangs lediglich Urhorden, Sippen, Gens und es dauerte noch sehr lange, bis aus gefestigten Familienzusammenschlüssen sowie *Stämmen* und Stammesgebieten erste Staatengründungen entstanden. Die Urgesellschaft war eine *klassenlose Gesellschaft* ohne Privateigentum. Auch existierte noch keine Arbeitsteilung, allenfalls zwischen den Geschlechtern. Dies lag an dem beschränkten Wissen der Menschen sowie an fehlenden Arbeits- bzw. Produktionsinstrumenten. Ein Überschussprodukt wurde durch menschliche Arbeit noch nicht erzielt. Die Arbeitserträge reichten, wenn überhaupt, zur Reproduktion und waren meist stark vom Zufall abhängig.

Erst nach der in Stämmen und Stammesgebieten aufkommenden arbeitsteiligen Produktion mithilfe von noch einfachen „Produktionsmitteln", kam es zu *einem Überschussprodukt* und einer Aneignung, die die Menschen in zwei Gruppen teilte: Herrschende bzw. Ausbeutende und Beherrschte bzw. Ausgebeutete: „Und die Geschichte dieser ihrer Expropriation ist in die Annalen der Menschheit eingeschrieben mit Zügen von Blut und Feuer" (Marx 1972, S. 743).

Das Klassenverhältnis stand auch bei den ersten Staatsgründungen Pate. „Das beweist uns ein Blick auf die Gesellschaft der ältesten Staaten [...] Klassengesellschaft und Klassenstaat sind untrennbar verbunden. *Ausbeutung* und Herrschaft sind aber erst dann möglich, wenn die *Produktionsmittel Privateigentum* geworden sind. Denn der Besitz von Produktionsmitteln, in ältester Zeit des Bodens, schafft erst die Voraussetzung für die Ausbeutung jener, die keinen Anteil am Boden haben" (Endres 1952, S. 33). Dabei fand die Aufteilung des Bodens genauso gewaltsam statt, wie die erste Aufteilung des arbeitsteilig geschaffenen Überschussproduktes. So verwundert es auch nicht, dass die ersten Klassengesellschaften, die wir antreffen, aus Grundherren und Bauern bestehen:

Sie stehen zueinander im Verhältnis von Ausbeutern und Ausgebeuteten, von Herrschenden und Beherrschten, Befehlenden und Gehorchenden. Die Grundherren sind im Besitze des Bodens, des wichtigsten Produktionsmittels. Sie gelangten in seinen Besitz durch Gewalt, durch Unterwerfung von Bauern. [...] Diese Klassenteilung ist kennzeichnend für den Orient; sie dauert dort von den ältesten geschichtlichen Zeiten bis zur Gegenwart unverändert an. Die Grundherrenklasse des alten Ägyptens oder Mesopotamien gliederte sich in drei Untergruppen: Krieger, Beamte, Priester. Die Krieger sind die jüngste Erobererschicht, Angehörige des Stammes oder Stammesverbandes, der zuletzt den Staat erobert und die Herrschaft an sich gerissen hat. Ihre Aufgabe ist die Landesverteidigung beziehungsweise die Eroberung neuer Länder. So lange nämlich die jüngste Schicht der Herrenklasse ihre kriegerische Tüchtigkeit behält, so lange wächst der Staat weiter, da immer neue Gebiete hinzugefügt werden. So entstanden die Weltreiche der Assyrer und Perser, die Großreiche der Ägypter, Babylonier, Lyder und Meder. Später sind auf gleicher Grundlage gebildet worden: das Araberreich, das Mongolenreich, das Osmanen Reich (im 7. Jahrhundert, im 12. und 13. Jahrhundert und im 14. bis 16. Jahrhundert). (Endres 1952, S. 39 f.)

Neben Konzentration des Bodens in der Hand von wenigen kam es später in marktwirtschaftlich-kapitalistischen Ordnungen zu einer Akkumulation von Kapital. Marx beschrieb sie in Band 1, Das Kapital, ausführlich.

Das Vorspiel der Umwälzung, welche die Grundlage der kapitalistischen Produktionsweise schuf, ereignet sich im letzten Drittel des 15. Jahrhunderts und den ersten Dezennien des 16. Jahrhundert. Eine Masse vogelfreier Proletarier ward auf den Arbeitsmarkt geschleudert durch die Auflösung der feudalen Gefolgschaften, die, wie Sir James Steuart (1712–1780) richtig bemerkt, ‚überall nutzlos Haus und Hof füllten'. (Marx 1972, S. 745 f.)

Sie wurden schließlich von ihren Feudalherren von der Scholle verjagt und in die Hände einer neu entstehenden Kapitalistenklasse getrieben.

Der Ausgangspunkt der Entwicklung, die sowohl den Lohnarbeiter wie den Kapitalisten erzeugt, war die Knechtschaft des Arbeiters. Der Fortgang bestand in einem Formwechsel dieser Knechtung, in der Verwandlung der feudalen in kapitalistische Exploitation. Um ihren Gang zu verstehen, brauchen wir gar nicht so weit zurückzugreifen. Obgleich die ersten Anfänge kapitalistischer Produktion uns schon im 14. und 15. Jahrhundert in einigen Städten am Mittelmeer sporadisch entgegentreten, datiert die kapitalistische Ära erst vom 16. Jahrhundert. Dort, wo sie auftritt, ist die Aufhebung der Leibeigenschaft längst vollbracht und der Glanzpunkt des Mittelalters, der Bestand souveräner Städte, seit geraumer Zeit im Erbleichen. Historisch epochemachend in der Geschichte der ursprünglichen Akkumulation sind alle Umwälzungen, die der sich bildenden Kapitalistenklasse als Hebel dienen; vor allem aber die Momente, worin große Menschenmassen plötzlich und gewaltsam von ihren Subsistenzmitteln losgerissen [...] werden. Die Expropriation des ländlichen Produzenten, des Bauers, von Grund und Boden bildet die Grundlage des ganzen Prozesses. Ihre Geschichte nimmt in verschiedenen Ländern verschiedene Färbung an und durchläuft die verschiedenen Phasen in verschiedener Reihenfolge und in verschiedenen Geschichtsepochen. (Marx 1972, S. 743 f.)

Smith hatte die Aneignung von Boden und Kapital schon vor Marx erkannt, sie aber dennoch ignoriert, als er 1776 feststellte:

> In jenem ursprünglichen Zustand der Dinge, der sowohl der Aneignung von Grund und Boden als auch der Anhäufung von Vermögen vorausgeht, gehört der gesamte Ertrag der Arbeit dem Arbeitenden. Er hat weder einen Grundherrn noch einen Meister, mit dem er teilen müßte. [...] Doch dieser ursprüngliche Zustand der Dinge, in dem der Arbeiter den gesamten Ertrag seiner eigenen Arbeit genoß, konnte nicht länger dauern als bis zur erstmaligen Aneignung von Grund und Boden und der Anhäufung von Vermögen. Er hatte daher ein Ende, lange bevor die bedeutendsten Steigerungen der Arbeitsproduktivität stattfanden, und es wäre zwecklos, weiter zu verfolgen, welche Wirkungen er auf das Entgelt oder den Lohn der Arbeit hätte haben können. (Smith 1999, S. 140 f.)

Als Smith das schrieb, war die Geburtsstunde der marktwirtschaftlich-kapitalistischen Ordnung nicht mehr weit. Mit der *Französischen Revolution 1789* wurde der unfreie Arbeiter rechtlich aus den Ketten seines Feudalherrn befreit, fiel jedoch umgehend in die Abhängigkeit der Kapitaleigentümer. Der den Übergang zum Kapitalismus noch begleitende absolutistische Staat mit seiner merkantilistischen Wirtschaft (vgl. Kap. 5.1), mit seinem absoluten Herrschaftsrecht des Königs („Der Staat bin ich", so der französische „Sonnen"-König Ludwig XIV (1638–1715)), musste sich erst noch zu einem modernen Staatswesen entwickeln. Erst seit der amerikanischen Unabhängigkeitserklärung von 1776 und der französischen Verfassung von 1791, war die Staatsgewalt im Rahmen der aufklärerischen Ideen konsequent an den *Willen des Volkes* gebunden. Durch die *Erklärung der Menschen- und Bürgerrechte* hatte man die *natürliche Freiheit des Menschen* als eine auch vom Staat nicht aufhebbare Grundlage proklamiert. Seitdem ist die Basis für eine liberale Gestaltung der Gesellschaft und einer darauf aufbauenden marktwirtschaftlich-kapitalistischen Ordnung gegeben.

Bei der Entstehung von Staaten war oftmals Gewalt im Spiel. Dies wussten Marx und vor allem Engels (vgl. Fiedler/Urbani, S. 11). Ging es am Anfang nur um die Existenzsicherung des Einzelnen oder eines Stammes, und hatte die Gewaltanwendung eher spontanen Charakter, so änderte sich dies allerdings mit dem Aufkommen der Klassengesellschaft. Aus spontaner Gewaltanwendung wurde Krieg – ein vom Staat organisierter bewaffneter Kampf als Fortsetzung der Politik. Seit dem Absolutismus gingen die Herrschenden dazu über, sich permanente Heere zu halten. So wurden nun auch in Friedenszeiten größere Militärausgaben fällig, und immer mehr Finanzmassen waren erforderlich, um Soldaten und Kriege zu finanzieren. In seinem Werk „Krieg und Kapitalismus" weist der Ökonom und Soziologe Werner Sombart (1863–1941) auf die Bedeutung gerade der stehenden Heere hin, die den ersten Massenbedarf an Rüstungsgütern hervorriefen. Der Ökonom Ernest Mandel (1923–1995) bezeichnet die massenhafte Waffenproduktion sogar als den „Geburtshelfer des Kapitalismus" (Mandel 1973, S. 255ff). In Preußen-Deutschland entstand zum ersten Mal unter dem „Soldatenkönig" Friedrich Wilhelm I. (1688–1740) ein großes stehendes Heer. Sein Sohn Friedrich II. (1712–1786) („Friedrich der Große") richtete die gesamte Gesellschaft nach der Maxime militärischer Handlungsfähigkeit aus und schuf ein Heer mit ca. 195.000 Mann (Bontrup/Zdrowomyslaw 1988, S. 8).

Mit dem Vordringen der marktwirtschaftlich-kapitalistischen Produktionsweise kam es nach dem Deutsch-Französischen Krieg und der Reichsgründung 1871, spätestens seit 1888 und der Thronbesteigung durch Kaiser Wilhelm II. (1859–1941), in Deutschland zu einer Militarisierung des Volkes. Das Theaterstück „Der Hauptmann von Köpenick" von Carl Zuckmayer (1896–1977) basiert auf einer wahren Geschichte und zeigt die Groteske auf: Friedrich Wilhelm Voigt (1849–1922), ein Schumacher, überfiel 1906 als Hauptmann verkleidet mit einem Trupp gutgläubiger und vertrottelter Soldaten das Rathaus von Köpenick, verhaftete den Bürgermeister und plünderte die Stadtkasse aus. Die „Berliner Volkszeitung" fasste den politischen Symbolgehalt des „Köpenicker Gaunerstreichs" am nächsten Tag zusammen:

> Der Held von Köpenick, er hat den Zeitgeist richtig erfasst […] Der Sieg des militärischen Kadavergehorsams über die gesunde Vernunft, über die Staatsordnung, über die Persönlichkeit des einzelnen, das ist es, was sich gestern in der Köpenicker Komödie in grotesk-entsetzlicher Art offenbart hat. (zitiert in Wikipedia, abgerufen 19.11.2019)

Dabei diente unter Kaiser Wilhelm II. die Militarisierung in Deutschland den Interessen des Kapitals, nicht nur den Rüstungsindustriellen. Ihr Zweck bestand darin, nach Innen das entstandene Proletariat niederzuhalten und nach außen Kolonien, Märkte, Rohstoffquellen zu erobern und billige Arbeitskräfte auszunutzen. Anfang des 20. Jahrhunderts verstärkten sich die Expansionsbestrebungen des bei der Aufteilung der Welt im Zuge der *Kolonialisierung* zu kurz gekommenen deutschen Kapitals. Es kam zu einer Phase der forcierten Aufrüstung, und im Ersten Weltkrieg (1914–1918) wurde mit militärischen Mitteln der Versuch unternommen, diese Aufteilung zu korrigieren (vgl. Fesser 2015, 2019). Der Versuch scheiterte, die Ziele wurden jedoch trotz der Revolution von 1918/19 (vgl. Kap. 8.2.3.2) längst nicht aufgegeben. Mit der Machtübertragung auf den Hitler-Faschismus 1933 (vgl. Weißbecker 2020) und dem Zweiten Weltkrieg (1939–1945) sollten diese Ziele schließlich realisiert werden (vgl. Kap. 8.2.3.5 und Pätzold 2013, 2014).

Die beiden Weltkriege konnten dabei für die Politikwissenschaftler Reinhard Kühnl (1936–2014) und Karen Schönwälder nur deshalb geführt werden,

> weil es den herrschenden Kräften gelungen war, die Bevölkerung über Jahrzehnte hin zu täuschen und irrezuführen über die wirklichen Ziele ihrer Politik. Nur auf diese Weise war es ihnen möglich, ihre Politik der Aufrüstung durchzusetzen und schließlich Millionen von Menschen auf die Schlachtfelder zu treiben. […] Nationalistisches und rassistisches Überlegenheitsbewusstsein wurde erzeugt, Feindbilder wurden propagiert, die andere Völker als die ganz Andersartigen, zugleich Bedrohlichen und Minderwertigen darstellten, und die Hoffnung auf einen Anteil an der Beute bei einem siegreichen Krieg wurde geweckt. (Kühnl/Schönwälder 1986, S. 9)

Noch immer werden Feindbilder aufgebaut, um Kriege vorzubereiten. Der Feind wird ab- und das eigene Land aufgewertet. Dies spielte insbesondere während des Kalten Krieges, der auf einem Wettstreit zwischen Sozialismus und Kapitalismus basierte, eine herausragende Rolle. Der ehemalige deutsche Bundespräsident Gustav Heinemann (1899–1976; SPD), fasste die damalige Feindbildpropaganda wie folgt zusammen:

> Wir müssen erkennen, daß die antisowjetische Hetze den Vorspann für die westliche Rüstungspolitik darstellt. Wenn wir den Frieden sichern wollen, müssen wir der antisowjetischen Hetze ebenso wehren wie der Hetze gegen irgendein westliches Volk, muß eine Bresche geschlagen werden in den blinden und pauschalen Antikommunismus, diese kriegsträchtige Mentalität bürgerlich-pharisäischer Selbstgerechtigkeit. Wir können mit den östlichen Nachbarn nicht in Frieden leben, wenn wir ihr politisches System auszuhöhlen und zum Zusammenbruch zu führen trachten. Wir haben gegen die Propaganda, welche die psychologische Bereitschaft zum Krieg schaffen soll, ebenso Widerstand zu leisten wie gegen die militärische Kriegsvorbereitung. (Heinemann 1953, S. 30 f.)

Die Sowjetunion zerbrach dann glücklicherweise ohne einen Dritten Weltkrieg. „Im Unterschied zur Französischen Revolution, die unter dem Druck der preußischen und habsburgischen Interventionsheere zum jakobinischen Terror entartete, im Unterschied auch zur Russischen Revolution, die ihren unblutigen Sieg mit einem desto blutigeren Bürgerkrieg und der Intervention aus 14 Ländern bezahlen mußte, hatten die Umwälzungen in den Ländern Mittelosteuropas (mit Ausnahme Rumäniens) ab 1989 einen friedlichen und gewaltfreien Charakter. [...] Zweifellos haben Gorbatschows *Perestroika* und Moskaus Verzicht auf die Breschnew-Doktrin vom 12. November 1968 („beschränkte Souveränität" der zur UdSSR gehörenden Staaten) in den Ländern des Warschauer Vertrages die Rahmenbedingungen für den friedlichen Verlauf der Umwälzungen geschaffen.

Den Oppositionsgruppen, die den Massenprotest organisierten, war klar, daß diesmal keine sowjetischen Panzer durch Ostberlin (wie am 17. Juni 1953) und durch Prag (wie im Sommer 1968) rollen würden. Diese Gewissheit hat ihnen Mut gemacht und ihre Zivilcourage beflügelt. [...] Daß es nicht zum Äußersten und zum Bürgerkrieg kam, ist – nicht zuletzt – den reformkommunistischen Kräften innerhalb des brüchig gewordenen Apparates zu danken, die sich in der DDR, der CSSR und Bulgarien lange bedeckt hielten, aber in dem Moment, da der Massenprotest einsetzte, die 'Hardliner' in den ZK's und Politbüros bremsten. Statt des Einsatzes staatlicher Gewaltmittel befürworteten sie einen Dialog mit den oppositionellen Gruppen, in der Hoffnung, durch Reformen von oben nach dem Vorbild der sowjetischen Perestroika die eigene Macht oder wenigstens einen Teil derselben erhalten zu können. Letzteres Kalkül erwies sich allerdings als trügerisch; denn die osteuropäischen Völker waren zu diesem späten Zeitpunkt längst nicht mehr bereit, einen maßvollen Reformprozess von oben unter Führung der kommunistischen Parteien hinzunehmen. ‚Wer zu spät kommt, den bestraft das Leben' – dieses prophetische Wort Gorbatschows, das an die Adresse Erich Honeckers gerichtet war, ging denn auch schon wenige Tage später in Erfüllung" (Schneider 1992, S. 292 f.).

8.2.3 Staatstheorien

Seit es Staaten gibt, hat es immer unterschiedlich gelebte und ideologisch beeinfluss-te Staatsauffassungen und -theorien gegeben. Dabei existierten auch verschiedene Staatsbegriffe nebeneinander:

> Gerade das 19. und 20. Jahrhundert werden vom Konflikt gegnerischer Ideologien bestimmt und bilden dementsprechend charakteristische und für die politische Stellungnahme ihrer Vertreter bezeichnende Staatsauffassungen aus. Wie niemals zuvor wird seit dem 18. Jahrhundert die poli-tische Bühne zu einem Kampfplatz, nicht nur von mehr oder minder konfessionell oder kirchlich geprägten, aber immer noch der Einheit des christlichen Weltbildes verpflichteten Lehren, son-dern zum Agitationsfeld der mit der Industrialisierung aufbrechenden sozialen Auseinanderset-zungen. (Waldrich 1973, S. 9)

Dabei hat die Auffassung eines *Dualismus* „in der Geschichte der politischen Theorie seit Thomas Hobbes (1588–1679) (vgl. Noll 2019) und John Locke (1632–1704) stets eine bedeutende Rolle gespielt und kann als die klassische ‚Lösung' der Bestimmung des Verhältnisses von Politik und Ökonomie bezeichnet werden" (Esser 1975, S. 16).

> Tatsächlich konnte das spezifische Problem der ‚Gesellschaft' aber erst dort auftreten, wo, nach Überwindung des Feudalismus aber auch des Merkantilsystems, der Bereich freier wirtschaftli-cher Betätigung als die Verfolgung ‚privater' Zwecke aus den alten Standesbindungen heraustrat. Erst jetzt entwickelte die ‚Gesellschaft' eine vom Herrschaftsgefüge des Staates unterscheidbare Dynamik. Das Verhältnis von Staat und Gesellschaft (Wirtschaft) wurde gründlich zuerst von Ge-org W. F. Hegel (1770–1831) reflektiert. (Waldrich 1973, S. 34)

„Für Hegel erschienen Gesellschaft und Staat nicht wie für Fichte oder später Marx als Objekte einer revolutionären Veränderung, sondern als Gegebenheiten, die es geistig zu vermitteln galt. Dieses Hegelsche Schema der Vermittlung wurde das für die Zu-kunft bestimmende Modell der deutschen Staatslehre" (Esser 1975, S. 16).

In diesem Duktus werden *Staat und Wirtschaft* als notwendige *dialektische Zuord-nung* menschlichen Seins aufgefasst: Die Wirtschaft als das System der Bedürfnisse, der Staat als Wirklichkeit der sittlichen Idee. Als Ergebnis der Französischen Revolu-tion sei eine Sozialordnung geschaffen worden, in der Staat und Wirtschaft je ein spe-zifisches Strukturmerkmal ausdrückten: Die Wirtschaft sei gekennzeichnet durch Un-gleichheit; der Staat müsse jedoch die staatsbürgerliche Gleichheit wahren, er stehe als Garant für Freiheit und Gleichheit. Um der ansonsten immanenten Zerstörung der Gesellschaft, auch der Wirtschaft, zu wehren und den Egoismus des Individuums im Ganzen der Gesellschaft aufzuheben, müsse als „Prinzip des Allgemeinen" der Staat als übergeordnetes Wesen hinzutreten und nach Johann Gottlieb Fichte (1762–1814) sogar „rigoros für Ordnung" sorgen, ja geradezu zum „diktatorischen Zuchtmeister der Nation" werden. „Der idealistische Erziehungsgedanke – die ‚Erziehung des Men-schengeschlechts' – trat hier in äußerster Überspitzung hervor" (Waldrich 1973, S. 36).

Diese grundsätzliche Staatsvorstellung deckt sich mit der autoritären Staatslehre von Niccolò Machiavelli (1469–1527) (vgl. Bergstraesser/Oberndörfer 1975, S. 106 ff., Deppe 2019).

Seine Machiavellische Politik drückt sich wesentlich im folgenden Satz aus: ‚Jedweder, der einen Staat errichtet, und dieselben Gesetze gibt, muss voraussetzen, dass alle Menschen bösartig sind, und dass ohne alle Ausnahme sie alsbald ihre innere Bösartigkeit auslassen werden, sobald sie dazu eine sichere Gelegenheit finden.' Es spielt hierbei keine Rolle, sich auf die Frage einzulassen, ob der Mensch wirklich bösartig ist oder nicht. Der Staat als eine ‚Zwangsanstalt', setzt die Bösartigkeit als gegeben voraus, und nur diese Prämisse begründet das Dasein eines Staates. Machiavelli sagt hier auch etwas zum Herrscher im Staat: ‚Soll der Fürst Grausamkeit oder Milde üben? Ist es für ihn besser, geliebt oder gefürchtet zu werden?'. Die Antwort lautet, daß man sowohl das eine als das andere sein sollte. Da es aber schwer ist, beides zu vereinigen, ist es viel sicherer, gefürchtet als geliebt zu sein, wenn man schon auf eines von beiden verzichten muß. Denn von den Menschen kann man im Allgemeinen sagen, daß sie undankbar, wankelmütig, verlogen, heuchlerisch, ängstlich und raffgierig sind. Solange du ihnen Vorteile verschaffst, sind sie dir ergeben und bieten dir Blut, Habe, Leben und Söhne an, aber nur [...] wenn die Not ferne ist. Rückt sie aber näher, so empören sie sich. Ein Herrscher, der ganz auf ihre Versprechungen baut und sonst keine Vorkehrungen trifft, ist verloren; [...]. Auch haben die Menschen weniger scheu, gegen einen beliebten Herrscher vorzugehen als gegen einen gefürchteten; [...]. Furcht dagegen beruht auf der Angst vor Strafe, die den Menschen nie verläßt. Trotzdem soll ein Herrscher nur insoweit gefürchtet sein, daß er, falls er schon keine Liebe erwirbt, doch nicht verhaßt ist. [...] Einem Herrscher wird dies stets gelingen, wenn er sich nicht an der Habe und den Frauen seiner Mitbürger und Untertanen vergreift. Und wird er auch in die Notwendigkeit versetzt, jemanden das Leben zu nehmen, so mag er es tun, wenn er eine hinreichende Rechtfertigung und einen ersichtlichen Grund hierfür hat. Doch keinesfalls darf er das Eigentum anderer antasten; denn die Menschen vergessen rascher den Tod ihres Vaters als den Verlust ihres väterlichen Erbes. (Machiavelli zitiert in Bergstraesser/Oberndörfer, 1975, S. 109 f.)

In den Aussagen zum Staat kehrt bei *Machiavelli* ein Grundsatz seines Denkens immer wieder: er sieht „die Politik vorwiegend unter dem Gesichtspunkt des Machtstrebens und Machterwerbs. Er hat damit die für die modernen Nationalstaaten typische Verabsolutierung des Machtstrebens in einzigartiger Weise theoretisch vorausgedacht und den Bruch mit dem antiken und mittelalterlichen Staatsdenken vollzogen. Die Politik wird nicht primär auf das tugendhafte und glückliche Leben hin geordnet wie bei Platon (427–347 v. d. Z) und Aristoteles (384–322 v. d. Z), sie wird nicht unter die Normen des ewigen Naturgesetzes gestellt wie bei Marcus Tullius Cicero (106–43 v. d. Z), sie ist nicht in erster Linie „Ermöglichungsgrund für das Streben nach dem Seelenheil" wie bei Augustinus (354–430 v. d. Z) und Thomas von Aquin (1225–1274)" (Bergstraesser/ Oberndörfer, 1975, S. 109 f.).

Nein, der Staat ist ein *Gewaltmonopolist zur Befriedigung der Vorstellungen und Interessen des „Fürsten"*, des „Herrschers". Das heißt, der Staat ist bei Machiavelli entweder monarchistisch oder diktatorisch besetzt. Er kann aber auch demokratisch legitimiert sein, und so sein Gewaltmonopol ausüben. Auch stellt sich die Frage, welche Staatsform die Wirtschaft präferiert? Oder ist es der Wirtschaft als gesellschaftlichem Unterbau egal, wie der Überbau Staat verfasst ist? Nicht zuletzt ist die Frage zu beantworten, wie die in einer Gesellschaft nicht demokratisch *legitimierte Wirtschaft Einfluss auf die staatliche Gesetzgebung* nimmt. Dies wird im Folgenden anhand unterschiedlicher Staatstheorien näher untersucht.

8.2.3.1 Der liberale Staat (klassischer Liberalismus)

Der liberale Staat ist eingebettet in den gesellschaftlichen Liberalismus (vgl. von Eynern 1977, S. 253 ff., Boelke 1988, S. 32 ff., Thompson/Ercolani 2012, S. 1036 ff.). Die *natürliche Freiheit der Menschen* und der „Trieb zum individuellen Glück" verlange nach einem liberalen Staat, so der allgemeine Zeitgeist im 19. Jahrhundert.

> Im Mittelpunkt dieser Theorie stand der Glaube an die natürliche Harmonie des ‚ordre naturel', mit dessen sozialgestaltender Wirkung gerechnet wurde, sobald nur die formalen Bedingungen individueller Freiheit für jedermann hergestellt seien. Konsequenterweise stellte diese, durch den französischen Physiokratismus und die englische klassische Nationalökonomie (vgl. Kap. 5.2) geprägte Auffassung den Gedanken des natürlichen Egoismus heraus, da vom ungehinderten Eigeninteresse der Menschen und ihrer Konkurrenz und Wechselwirkung ein positives gesellschaftliches Endergebnis erwartet wurde. Dementsprechend verzichtete der klassische Liberalismus auch nirgendwo auf den Gedanken gesellschaftlicher und staatlicher Einheit [Dualismus]. Im Gegenteil: Harmonie in diesem liberalen Sinn bedeutete Einheit durch Konflikt, Glück aller durch den Antagonismus der Interessen, einen Zustand ‚ungeselliger Geselligkeit'. (Waldrich 1973, S.17)

Smith lieferte dafür im wirtschaftlichen Verhalten der Menschen untereinander die Vorlage in „Der Wohlstand der Nationen":

> Gib mir, was ich will, und du wirst das bekommen, was du willst, ist der Sinn jeden solchen Vorschlages; und auf diese Weise erlangen wir voneinander die meisten jener guten Dienste, auf die wir angewiesen sind. Nicht vom Wohlwollen des Metzgers, Brauers oder Bäckers erwarten wir unsere Mahlzeit, sondern von deren Bedachtnahme auf ihr eigenes Interesse. Wir wenden uns nicht an ihre Menschenliebe, sondern an ihre Eigenliebe und sprechen ihnen nie von unseren eigenen Bedürfnissen, sondern von ihren Vorteilen. Nur ein Bettler zieht es vor, hauptsächlich vom Wohlwollen seiner Mitbürger abzuhängen. Und sogar ein Bettler ist davon nicht vollständig abhängig. (Smith 1776 (2005), S. 98)

Smith stellte dem zu seiner Zeit noch bestehenden merkantilistischen Wirtschaftssystem des Feudalismus eine Antithese gegenüber. Das staatliche (absolutistische) System und der Merkantilismus (vgl. Kap. 5.2) unterdrückten die natürliche Freiheit von Menschen und lähmten den gesamtwirtschaftlichen Fortschritt, statt ihn zu vermehren. So sah der klassische Liberalismus in dem individuellen Vorteilsdenken keine Möglichkeit einer staatlichen Steuerung: Jeder sei seines Glückes Schmied. Der Staat könne allenfalls den Rechtsrahmen zur Erlangung der individuellen Freiheit schaffen, was Immanuel Kant (1724–1804) veranlasste, den Staat als eine „bürgerliche Verfassung" zu verstehen, in der allgemeine, vernünftige Rechtsverhältnisse die Freiheit eines jeden ermöglichen.

> Das Recht ist [...] der Inbegriff der Bedingungen, unter denen die Willkür des einen mit der Willkür des anderen nach einem allgemeinen Gesetz der Freiheit zusammen vereinigt werden kann. [...] Freiheit und Gesetz [...] sind die zwei Angeln, um welche sich die bürgerliche Gesetzgebung dreht, – aber, damit das letztere auch von Wirkung und nicht leere Anpreisung sei: so muß ein Mittleres hinzukommen, nämlich Gewalt, welche mit jenen verbunden, diesen Prinzipien Erfolg verschafft. – Nun kann man sich aber viererlei Kombinationen der letzteren mit den beiden ersteren denken.
> - Gesetz und Freiheit, ohne Gewalt (Anarchie)
> - Gesetz und Gewalt, ohne Freiheit (Despotismus)
> - Gewalt, ohne Freiheit und Gesetz (Barbarei)
> - Gewalt, mit Freiheit und Gesetz (Republik)
>
> Man sieht, daß nur die letztere (Republik) eine wahre bürgerliche Verfassung genannt zu werden verdiene. (Kant, zitiert in Waldrich 1973, S. 61 f.)

Auch Wilhelm von Humboldt (1767–1835) formulierte die Grenzziehung zwischen individueller Freiheit und Gewalt des Staates: Der Staat „enthalte sich aller Sorgfalt für den positiven Wohlstand der Bürger, und gehe keinen Schritt weiter, als zu ihrer Sicherstellung gegen sich selbst und gegen auswärtige Feinde notwendig ist; zu keinem anderen Endzweck beschränke er ihre Freiheit" (Cauer 1851, S. 39).

Ebenso zielte der wissenschaftliche Sozialismus auf die endgültige Umsetzung der aufklärerischen Freiheitsforderungen, denen der Staat zu genügen habe. Zentraler Baustein des Sozialismus ist, „daß der Mensch das höchste Wesen für den Menschen sei, also mit dem kategorischen Imperativ, alle Verhältnisse umzuwerfen, in den der Mensch ein erniedrigtes, ein geknechtetes, ein verlassenes Wesen ist" (Marx, 1867 (1974) S. 385). Diese negative Fassung ergänzt Marx durch die positive Forderung, für Verhältnisse einzutreten, „worin die freie Entwicklung eines jeden die Bedingung für die freie Entwicklung aller ist" (Marx, MEW (1966), Bd. 4, S. 482).

Kategorischer Imperativ

Nach Immanuel Kant lautet die Grundform des kategorischen Imperativs: „Handle nur nach derjenigen Maxime, durch die du zugleich wollen kannst, dass sie ein allgemeines Gesetz werde." Er gebietet allen endlichen vernunftbegabten Wesen und damit allen Menschen, ihre Handlungen darauf zu prüfen, ob sie einer für alle, jederzeit und ohne Ausnahme geltenden Maxime folgen und ob dabei das Recht aller betroffenen Menschen, auch als Selbstzweck, also nicht als bloßes Mittel zu einem anderen Zweck behandelt zu werden, berücksichtigt wird.

Die Marxsche Forderung für „eine freie Entwicklung aller" entwickelte *Ferdinand Lassalle* (1825–1864) in seiner Bejahung des Staates und in Anlehnung an Fichte und Hegel, zu einem starken in die Wirtschaft intervenierenden Sozialstaat und er verspottete damit gleichzeitig den liberalen „*Nachtwächterstaat*", als er schrieb:

> Die sittliche Idee des Arbeiterstandes dagegen ist die, daß die ungehinderte und freie Betätigung der individuellen Kräfte durch das Individuum noch nicht ausreiche, sondern daß zu ihr in einem sittlich geordneten Gemeinwesen noch hinzutreten müsse: die Solidarität der Interessen, die Ge-

meinsamkeit und die Gegenseitigkeit in der Entwicklung. Entsprechend diesem Unterschiede, faßt die Bourgeoisie den sittlichen Staatszweck so auf: er bestehe ausschließend und allein darin, die persönliche Freiheit des einzelnen und sein Eigentum zu schützen. Dies ist eine Nachtwächteridee [...] deshalb, will sie sich den Staat selbst nur unter dem Bilde eines Nachwächters denken, dessen ganze Funktion darin besteht, Raub und Einbruch zu verhüten. Leider ist diese Nachwächteridee nicht nur bei den eigentlichen Liberalen zu Hause, sondern selbst bei vielen angeblichen Demokraten, infolge mangelnder Gedankenbildung, oft genug anzutreffen. Wollte die Bourgeoisie konsequent ihr letztes Wort aussprechen, so müßte sie gestehen, daß nach diesen ihren Gedanken, wenn es keine Räuber und Diebe gebe, der Staat überhaupt ganz überflüssig sei. (Lassalle 1923, S. 182 ff.)

Demnach ist die gesetzliche Gewährung von *formaler Dispositionsfreiheit* durch den Staat allein *nicht hinreichend*, um auch eine wirklich freiheitliche Gesellschaft – inklusive der Freiheit vor Ausbeutung – zu garantieren. Dennoch setzte sich der liberale Nachwächterstaat ab Mitte des 18. Jahrhunderts und im 19. Jahrhundert in Form eines „Laissez-faire-Liberalismus" durch. Das wirtschaftliche Ergebnis war ein „*Manchesterkapitalismus*", benannt nach der englischen Industriestadt Manchester, den Engels bezogen auf das kapitalistische „Mutterland" England 1845 beschrieben hat. Im Zuge der kapitalistisch-industriellen Revolution kam es zu einer totalen Verelendung der neu entstandenen Arbeiterklasse als Massenerscheinung. Hungerlöhne, lange Arbeitszeiten, willkürliche Behandlung der Arbeiter, Kinderarbeit, Schutzlosigkeit bei Krankheit, Arbeitsunfällen und Arbeitslosigkeit sowie keine Altersversorgung zeichneten bei außerdem erbärmlichen Wohnverhältnissen die Lage der Arbeiterklasse aus.

Dies rief viele *Sozialreformer* und *utopische Sozialisten* auf den Plan, wie Robert Owen (1771–1858), Pierre Joseph Proudhon (1809–1865), Jean Ch. L. Simonde de Sismondi (1773–1842) oder John Gray (1790–1850) und Louis Blanc (1811–1882), um nur einige zu nennen. „Man warf die Frage auf, wie diese Zustände mit der von der hauptsächlich klassischen Lehre behaupteten wohltätigen Wirkung eines sich selbständig und harmonisch entwickelten Wirtschaftslebens in Einklang zu bringen seien, und zweifelte damit die grundlegenden Prinzipien der klassischen Theorie an" (Stavenhagen 1969, S. 123). Man wollte das *Privateigentum an den Produktionsmitteln* und in Folge das „arbeitslose" Einkommen *abschaffen*, das ihren Beziehern nur aufgrund der bestehenden Eigentumsordnung zufalle.

Hierin sah man die entscheidende Ursache für die Verelendung der eigentumslosen Arbeiterklasse. Auch Lassalle gehörte zu den utopischen Sozialisten, die die Fehlerhaftigkeit der Wertlehre von Smith und Ricardo in eine Sozialkritik am Kapitalismus lenkten.

Wenn alle Produkte nur durch die menschliche Arbeit Wert erhalten und daher nichts als Arbeit kosten, so sind Gewinn und Rente ein Abzug vom natürlichen Arbeitslohn; sie sind ein Raub an dem aus der Arbeitsproduktivität der Arbeit entspringenden unverkürzten Arbeitsertrag, der den Arbeitenden zusteht. Während fast des ganzen 19. Jahrhunderts wird diese Anklage wiederkehren. [...] Das große Mittel, jenes Recht auf den vollen Arbeitsertrag zu verwirklichen, ist den

Sozialreformen die Produktivassoziation der Arbeitenden. Sind freilich schon die großen Stifter der klassischen Arbeitswerttheorie über den Widerspruch nicht hinausgekommen, wie sich die Erzielung von Gewinn mit dem Austausch der Waren nach dem Prinzip der Äquivalenz von Leistung und Gegenleistung vereinbare, so haben vollends die Verfechter des Rechts auf den vollen Arbeitsertrag die Arbeitswertlehre einseitig ausgelegt; sie dient ihnen zur Rechtfertigung eines moralischen Anspruchs, den sie im Namen der Arbeitenden erheben. Erst der Begründer des ‚wissenschaftlichen Sozialismus', Karl Marx, hat die Lehre von dem Gewinneinkommen, vom ‚Mehrwert', mit der Lehre vom Äquivalententausch in Übereinstimmung gebracht und damit die bisherige Antinomie von Wert- und Einkommenstheorie überwunden. (Hofmann 1971, S. 81)

Aufgaben

a) Wie sind die ersten Staaten entstanden?
b) Wodurch wurde der absolutistische Staat in Frankreich beseitigt?
c) Was besagt die dualistische Staatstheorie?
d) Beschreiben Sie die Staatslehre von Machiavelli.
e) Warum setzte der klassische Liberalismus auf einen schwachen Staat?
f) Was verstehen Sie unter einem „Nachtwächterstaat".
g) Diskutieren Sie die Frage, ob es derzeit im weltweiten Maßstab noch einen „Manchesterkapitalismus" gibt und analysieren Sie die aktuellen soziökonomischen Verhältnisse der Stadt Manchester (vgl. dazu zum Einstieg den Beitrag von Kleine-Brockhoff: „Der neue Manchester-Kapitalismus", in: Zeit-Online (abgerufen am 10.09.2019).
h) Was unterscheiden wissenschaftliche und utopische Sozialismustheorien?

8.2.3.2 Marxistische, Leninistische und Luxemburgische Staatsauffassungen

Für Marx und Engels war ein Sozialstaat unter marktwirtschaftlich-kapitalistischen Ordnungsvorstellungen nicht nur viel zu wenig, sondern sie gingen davon aus, dass hier der *Staat* lediglich ein *„Parteigänger der Kapitalklasse"* zur Unterdrückung des Proletariats sein könnte. „Die Staatsmacht ist immer (!) die Macht zur Behauptung der Ordnung, das heißt der bestehenden Gesellschaftsordnung und daher der Unterordnung und Exploitation der produzierenden Klassen durch die aneignenden Klassen" (Marx 1972, S. 593). Der Staat erhebt sich nach Marx als ein „juristischer und politischer Überbau" gegenüber der Wirtschaft. „In dieser Interpretation wird der Staat seines traditionellen Pathos entkleidet. Er erscheint nicht mehr als das übergeordnete Prinzip des Allgemeinen und Sittlichen, sondern als eine ‚Fehlgeburt der Gesellschaft' (Marx), die es durch die Überwindung der Klassengegensätze endgültig zu liquidieren gilt" (Waldrich 1973, S. 37).

Mit dem Untergang der widersprüchlichen marktwirtschaftlich-kapitalistischen Produktionsverhältnisse käme es in Folge und automatisch zu einem „Absterben des bürgerlichen Staates". Der deutsche Ökonom Paul Mattick (1904–1981) schreibt dazu:

Für Marx war der Staat ein Instrument der Klassenherrschaft. Dazu gehören auch die staatlichen
Funktionen, die sich nicht direkt auf die Sicherung der gegebenen Gesellschaftsstruktur beziehen, sondern durch den asozialen Charakter der kapitalistischen Produktion gegeben sind. Die
Aufrechterhaltung der allgemeinen Produktionsbedingungen, die sich nicht aus der Konkurrenz
des Privatkapitals ergeben, fiel in den Handlungs- und Aufgabenbereich staatlicher Aktivität, so
auch die Wahrnehmung der Interessen des nationalen Kapitals im internationalen Wettbewerb.
Die Mannigfaltigkeit der Staatsfunktionen erweckt den Anschein der relativen Unabhängigkeit
des Staates vom Kapital. Die Einzelkapitale bleiben dem Staat unterworfen, der, als Instrument
des Gesamtkapitals, die Akkumulationsbedingungen des national organisierten Kapitals und damit, an erster Stelle, das Ausbeutungsverhältnis von Arbeit und Kapital zu sichern hat. Da es kein
Gesamtkapital gibt, aber alle Einzelkapitale das Gesamtkapital darstellen, benötigt die kapitalistische Gesellschaft den Staat zur Wahrnehmung der Interessen der herrschenden Klasse. (Mattick
1976, S. 28 f.)

Ernst Bloch (1885–1977) zufolge dient der Staat nicht nur als „ideeller Gesamtkapita-
list" (Engels), sondern auch zur Verhüllung der Klassenherrschaft. Sichtbare Kräfte
seien dabei weniger gefürchtet als unsichtbare. Der Staat gehöre weithin zu den letzteren. Im Hintergrund wirke ein Ausschuss der herrschenden Klasse, der sich aber als
allgemein-vertretender Ausschuss gebe. Er gebe sich als allgemeine Macht, die scheinbar über der Gesellschaft (Wirtschaft) steht und ausgleicht. Der Staat sei aber eine
ideologische Erscheinung: Die erste ideologische Macht über den Menschen. Er habe
mit der Ideologie gemeinsam, dass er als Ausdruck eines „verkehrten Weltbewusst-
seins" den Schein der Selbständigkeit zu bewahren bemüht ist, den Schein einer reinen Herrschaft des Rechts und der Freiheit. Gerade diese ideologische Funktion wird
ganz ausdrücklich auch der bürgerlichen und parlamentarischen Demokratie zuge-
sprochen (vgl. Bloch 1961). Anatole France (1844–1924) bemerkt dazu: „Das Gesetz
verbietet in seiner majestätischen Gleichheit den Reichen und Armen, unter den Brücken zu schlafen, auf den Straßen zu betteln und Brot zu stehlen" (Boldt 2018, S. 289).
Im Jahr 1917, im Jahr der Russischen Revolution, schreibt Wladimir Iljitsch Lenin
(1870–1924) in seinem Werk „Staat und Revolution":

Die Frage des Staates gewinnt gegenwärtig besondere Bedeutung sowohl in theoretischer als
auch in praktisch-politischer Hinsicht. Der imperialistische Krieg hat den Prozeß der Umwandlung des monopolistischen Kapitalismus in staatsmonopolistischen Kapitalismus [vgl.
Kap. 8.2.3.6.2] außerordentlich beschleunigt und verschärft. (Lenin 1917, S. 7)

Angefeindet und bekämpft unternahm es Lenin unter schwierigen Bedingungen eine
sozialistische Gesellschaft zu errichten (vgl. Bollinger 2019). Der Staat sei und bliebe
dabei im Marx'schen Sinne ein „Organ der Klassenherrschaft" und daher für Lenin
„ein Produkt der Unversöhnlichkeit der Klassengegensätze". Kritisch geht er mit den
Sozialrevolutionären und Menschewiki (russisch, wörtlich „Minderheitler") um, wobei letztere eine Fraktion der Sozialdemokratischen Arbeiterpartei Russlands (SDAPR)
waren, die im Gegensatz zu ihren parteiinternen Gegnern, der Fraktion der Bolschewiki um Lenin, auf einen orthodoxen Sozialismus setzten. Ihm folgend müsse vor der Ar-

beiterrevolution eine bürgerliche Revolution in Russland stattfinden. *Nicht der Partei, sondern den Volksmassen* stehe die Führungsrolle in der Revolution zu. Lenin schreibt dazu:

> Alle Sozialrevolutionäre und Menschewiki sind während der Revolution 1917, als sich die Frage nach der Bedeutung und der Rolle des Staates gerade in ihrer ganzen Größe erhob, sich praktisch erhob als Frage der sofortigen Aktion, und zudem der Massenaktion – alle sind sie mit einem Schlag gänzlich zur kleinbürgerlichen Theorie der ‚Versöhnung‘ der Klassen durch den ‚Staat‘ hinabgesunken. Die zahllosen Resolutionen und Artikel der Politiker dieser beiden Parteien sind völlig von dieser kleinbürgerlichen und philisterhaften Theorie der ‚Versöhnung‘ durchdrungen. Daß der Staat das Organ der Herrschaft einer bestimmten Klasse ist, die mit ihrem Antipoden (der ihr entgegengesetzten Klasse) nicht versöhnt werden kann, das vermag die kleinbürgerliche Demokratie nie zu begreifen. Das Verhältnis zum Staat ist eines der anschaulichsten Zeugnisse dafür, daß unsere Sozialrevolutionäre und Menschewiki gar keine Sozialisten sind (was wir Bolschewiki schon immer nachwiesen), sondern kleinbürgerliche Demokraten mit einer beinahsozialistischen Phraseologie. (Lenin 1917, S. 14 f.)

Einen bürgerlichen demokratischen Parlamentarismus lehnt Lenin – sich auf Marx berufend – ab. Lenin konstatiert hier, dass wir in der kapitalistischen Gesellschaft mit einer demokratischen Republik, ihre günstigste Entwicklung vorausgesetzt, „einen mehr oder weniger vollständigen Demokratismus" hätten.

> Dieser Demokratismus ist jedoch in den engen Rahmen der kapitalistischen Ausbeutung stets eingeengt und bleibt daher im Grunde genommen stets ein Demokratismus für die Minderheit, nur für die besitzenden Klassen, nur für die Reichen. Die Freiheit der kapitalistischen Gesellschaft bleibt immer ungefähr die gleiche, die sie in den antiken griechischen Republiken war: Freiheit für die Sklavenhalter. Die modernen Lohnsklaven bleiben infolge der Bedingungen der kapitalistischen Ausbeutung so von Not und Elend bedrückt, daß ihnen ‚nicht nach Demokratie‘, ‚nicht nach Politik‘ der Sinn steht, so daß bei dem gewöhnlichen, friedlichen Gang der Ereignisse die Mehrheit der Bevölkerung von der Teilnahme am öffentlichen und politischen Leben ausgeschlossen ist. (Lenin 1980, S. 100)

Marx schrieb zur „Pariser Kommune" (vgl. Grams 2019): „Die Kommune sollte nicht eine parlamentarische, sondern eine arbeitende Körperschaft sein, vollziehend und gesetzgebend zu gleicher Zeit." „Statt einmal in drei oder sechs Jahren zu entscheiden, welches Mitglied der herrschenden Klasse das Volk im Parlament ver- und zertreten soll, sollte das allgemeine Stimmrecht dem in Kommunen konstituierten Volk dienen, wie das individuelle Stimmrecht jedem Unternehmer dazu dient, Arbeiter, Aufseher und Buchhalter in seinem Geschäft auszusuchen. Diese bemerkenswerte Kritik [von Marx] am Parlamentarismus, die aus dem Jahre 1871 stammt, gehört jetzt infolge des herrschenden Sozialchauvinismus und Opportunismus ebenfalls zu den ‚vergessenen Worten‘ des Marxismus", schreibt Lenin (1980, S. 55).

Auch Rosa Luxemburg (1871–1919) ist bei der Frage Parlamentarische Demokratie oder „Absterben des Staates" (Marx) und Errichtung einer revolutionären Diktatur des Proletariats für die Diktatur in einer besonderen Form:

Jawohl! Diktatur! Aber diese Diktatur besteht in der Art der Verwendung der Demokratie, nicht in ihrer Abschaffung, in energischen, entschlossenen Eingriffen in die wohlerworbenen Rechte und wirtschaftlichen Verhältnisse der bürgerlichen Gesellschaft, ohne welche sich die sozialistische Umwälzung nicht verwirklichen läßt. (Luxemburg zitiert in Fröhlich 1973, S. 78)

Sie wendet sich in diesem Kontext aber gegen Lenin, wenn dieser die uneingeschränkte Herrschaft der Partei fordert. Luxemburg fordert dagegen:

Diktatur der Klasse, nicht einer Partei oder einer Clique; Diktatur der Klasse, d. h. in breitester Öffentlichkeit, ungehemmte Teilnahme der Volksmassen in unbeschränkter Demokratie. [...] Wir unterscheiden stets den sozialen Kern von der politischen Form der bürgerlichen Demokratie, wir enthüllen stets den herben Kern der sozialen Ungleichheit und Unfreiheit unter der süßen Schale der formalen Gleichheit und Freiheit – nicht um diese zu verwerfen, sondern um die Arbeiterklasse dazu anzustacheln, sich nicht mit der Schale zu begnügen, vielmehr die politische Macht zu erobern, um sie mit neuem sozialen Inhalt zu füllen. Es ist die historische Aufgabe des Proletariats, wenn es zur Macht gelangt, an Stelle der bürgerlichen Demokratie sozialistische Demokratie zu schaffen, nicht jegliche Demokratie abzuschaffen. (Luxemburg zitiert in Fröhlich 1973, S. 293f)

Nicht Einschränkung, sondern *Erweiterung der Demokratie* war die Losung von Luxemburg.

Freiheit nur für die Anhänger der Regierung, nur für Mitglieder einer Partei – mögen sie noch so zahlreich sein – ist keine Freiheit. Freiheit ist immer Freiheit der anders Denkenden. Nicht wegen des Fanatismus der ‚Gerechtigkeit‘, sondern weil all das Belehrende, Heilsame und Reinigende der politischen Freiheit an diesem Wesen hängt und seine Wirkung versagt, wenn die ‚Freiheit‘ zum Privilegium wird. (Luxemburg zitiert in Fröhlich 1973, S. 295)

Das Fehlen der Demokratie habe schwerwiegende Folgen, schreibt Luxemburg:

Ohne allgemeine Wahlen, ungehemmte Presse- und Versammlungsfreiheit, freien Meinungskampf erstirbt das Leben in jeder öffentlichen Institution, wird zum Scheinleben, in der die Bürokratie allein das tätige Element bleibt. Das öffentliche Leben schläft allmählich ein, einige Dutzend Parteiführer von unerschöpflicher Energie und grenzenlosem Idealismus dirigieren und regieren [...] und eine Elite der Arbeiterschaft wird von Zeit zu Zeit zu Versammlungen aufgeboten, um den Reden der Führer Beifall zu klatschen, vorgelegten Resolutionen einstimmig zuzustimmen, im Grunde also eine Cliquenwirtschaft – eine Diktatur allerdings, aber nicht die Diktatur des Proletariats, sondern die Diktatur einer Handvoll Politiker, d. h. Diktatur im bürgerlichen Sinne, im Sinne der Jakobiner-Herrschaft. (Luxemburg zitiert in Fröhlich 1973, S. 295)

Der marxistische Philosoph Wolfgang Fritz Haug erinnert hier an Luxemburg, wenn er zu den Umstürzen in der Sowjetunion 1989 auf die Perestroika („Umbau") von Gorbatschow eingeht und sich dabei auf den Politikwissenschaftler Joachim Perels bezieht. „Mit der Perestroika wird, [...] die etwa von Wolfgang Abendroth, Otto Kirchheimer und Ernst Bloch vertretene gleichsam luxemburgianische Richtung demokratisch-sozialistischen Rechtsdenkens [...] potentiell zum positiven Anknüpfungspunkt" (Haug 1989, S. 142). Der Literaturhistoriker und Altphilologe Walter Jens (1923–2013) warf die Frage auf: „Ist nicht die eigentliche Ahnfrau von Glasnost und Perestroika Rosa Luxemburg? (Jens 1988, S. 22 f.).

8.2.3.3 Zentrale Planwirtschaft in der Sowjetunion

In der 1922 gegründeten Sowjetunion wurde aber entgegen Luxemburg am Ende genau diese Diktatur einiger weniger errichtet. Der vor der Revolution in Russland herrschende Absolutismus war jedoch auch nicht besser als der von *Josef Stalin* (1878–1953) errichtete *Totalitarismus*. Der Absolutismus basierte bis 1905, bis zur ersten Revolution, auf einer unbeschränkten Herrschergewalt des Zaren. Von 1905 bis 1917 war Russland eine konstitutionelle Monarchie unter Kaiser Nikolaus II. (1868–1918). Sein offizieller Titel lautete: „Kaiser und Selbstherrscher von ganz Russland". Die Duma, das Parlament, wurde aber 1905 nach einem solch reaktionärem Wahlrecht gewählt, dass sie keine Vertretung des Volkes darstellte, sondern nur die Interessen der Besitzenden wahrnahm. Nikolaus II. regierte wie seine Vorgänger weiter gegen die Interessen des Volkes. Er war zu keinerlei demokratischen Reformen bereit. So kam es 1917 zur zweiten Revolution. Die damit entstandene bürgerliche Republik blieb aber mit der Februar-Revolution und der Abdankung von Nikolaus II im März 1917 eine nur kurzlebige Episode (März bis November 2017). Durch die Machtergreifung der Arbeiter und Bauern unter der Führung von Lenin war auch sie nach nur wenigen Monaten mit der Oktoberrevolution 1917 beendet und es sollte zu einer „Diktatur des Proletariats" kommen.

Kaiser Nikolaus II. wurde mit seiner Familie in der Nacht auf den 17. Juli 1918 von den Bolschewiki ermordet, woraufhin ein mehrjähriger Bürgerkrieg tobte, bis formal am 30. Dezember 1922 die Sowjetunion unter der Führung von Lenin konstituiert wurde.

Noch am Vorabend der Russischen Revolution 1917 [...] klagte Lenin die geistigen Väter des Kommunismus hätten nichts darüber ausgesagt, wie der Kommunismus wirtschaftspolitisch zu handhaben wäre. Diese Klage war nur allzu berechtigt. Im 19. Jahrhundert herrschten in nahezu allen geisteswissenschaftlichen Disziplinen die historischen Schulen. Das Denken der Wissenschaftler war vor allem auf die Frage gerichtet, nach welchen Gesetzen sich die Geschichte entwickle. Auch Marx und Engels sahen in der Geschichte ein Gesetz dialektischer Bewegung wirken, das sich mit Notwendigkeit durchsetzte und von dem her alle geschichtlichen Phänomene zu erklären seien. Von diesem Gedanken ausgehend, entwickelten sie die Lehre des historischer Materialismus. Hiernach werden gesellschaftliche Ordnungen vermittels der technisch-ökonomischen Produktionsweisen begründet, überholt und überwunden. Jeder Produktionsweise entsprächen bestimmte Produktionsverhältnisse und Produktivkräfte. Änderten sich die Produktionsweisen, so müßten sich notwendigerweise auch die Produktionsverhältnisse, die gesellschaftliche Ordnung also, ändern (Hensel 1972, S. 11).

Das Privateigentum am Kapital und Boden wurde von Lenin abgeschafft und dem Staat übereignet. Es kam zu einer gigantischen *Verstaatlichungswelle* in der Sowjetunion. Die Koordination der wirtschaftlichen Teilpläne erfolgte nicht mehr über autonome Märkte und eine freie Preisbildung, sondern durch eine staatliche Plankommission, die in der Regel für die gesamte Wirtschaft *Fünfjahrespläne* erstellte. Nahezu alle wirtschaftlichen Einrichtungen, Maßnahmen und Hergänge wurden gesetzlich, durch Verordnungen oder auf andere Weise rechtlich geregelt. Dem gesamten zentralen Plansystem wurde gesetzliche Kraft verliehen. Aber auch alle Pläne der Betriebe waren rechtsverbindlich, sobald sie genehmigt und das ganze zentrale Plansystem zu einer rechtlich sanktionierten Einrichtung geworden war. Das entsprechende galt für die zwischenbetrieblichen Verträge über Lieferungen und Leistungen. Darüber hinaus waren, von wenigen Ausnahmen abgesehen, zum Beispiel die Preise sämtlicher Güter staatlich festgelegt und in Verordnungsblättern veröffentlicht. Ein Verstoß gegen die festgesetzten Preise galt als Verstoß gegen eine gesetzliche Regelung. Dasselbe galt für das gesamte Lohnsystem. Alle Löhne, alle Tarife, der gesamte Lohngruppenkatalog waren nicht Sache der Betriebskollektivverträge, sondern gesetzlich geregelt (vgl. Hensel 1972, S. 110).

Nach dem Tod von Lenin 1924 wurde, entgegen seiner Mahnung, Josef Stalin Nachfolger in der Führung der Sowjetunion.

> Lenins letzter ‚Brief an den Parteitag‘, der die Partei vor der drohenden Spaltung und vor Stalins ‚unberechenbarem Charakter‘ warnte, wurde von Stalin konfisziert und erst lange nach Lenins Tod veröffentlicht. Desgleichen Lenins Artikel zur ‚Nationalitätsfrage‘, worin er sich vor den Arbeitern Russlands sehr schuldig‘ bekannte; im Grunde entschuldigte er sich für die großrussische Politik des von ihm eingesetzten ‚Volkskommissars für Nationalitätenfragen‘, Josef Stalin, dessen ‚Hang zum Administrieren‘ eine verhängnisvolle Rolle gespielt (hat)‘. Lenins Befürchtung, ‚daß der verschwindende Prozentsatz sowjetischer und sowjetisierter Arbeiter in diesem Meer des chauvinistischen (übertriebenen Nationalismus), großrussischen Packs ertrinken wird wie die Fliege in der Milch‘, sollte sich später nur allzu sehr bewahrheiten. Kein Wunder, daß seine letzten Schriften und Artikel der sowjetischen Öffentlichkeit jahrzehntelang vorenthalten worden sind. (Schneider 1992, S. 175)

Der Ökonom Werner Hofmann beschäftigte sich in den 1950er-Jahren intensiv mit der wirtschaftlichen Entwicklung der Sowjetunion mit den Publikationen „Wohin steuert die Sowjetwirtschaft?" (1954), „Zur Deutung der Sowjetgesellschaft von heute" (1955) sowie auf „Die Arbeitsverfassung der Sowjetunion" (1956). Im Jahr 1967 legte Hofmann seine Analyse zum Stalinismus vor und wies darauf hin, dass diese Epoche wissenschaftlich nur unzureichend aufbereitet worden sei. Außerdem sei in einem wertenden Rückblick auch die schwierige Ausgangskonstellation zu berücksichtigen. Immerhin kam es zu einer „Neuerfindung" einer bis dahin nicht gekannten wirtschaftlichen Ordnungstheorie mit einer *zentralen staatlichen Planwirtschaft* und einer so gut wie völligen *Abschaffung des Privateigentums an Produktionsmitteln*. Auch dürfe nicht vergessen werden, dass seit 1917 die Kriegsmaschinerie inklusive eines Bürgerkrieges tobte. Insbesondere der Zweite Weltkrieg richtete in der Sowjetunion Leid und Zerstörung an. Am Ende waren über 20 Millionen Tote zu beklagen, deren Zahl Stalin, aus Angst, sie könnten Einblick in die Schwäche der UdSSR geben, nach 1945 nicht öffentlich bekannt gab.

Im Hinblick auf die Wesensmerkmale einer sozialistischen, zentralen Planwirtschaft wurde 1928 auf Initiative von Stalin, auf dem VI. Kongress der Kommunistischen Internationalen, entschieden:

> Die aus der Existenz nichtsozialistischer Sektoren resultierenden Ware-Geld-Beziehungen sowie die Spontaneität des Marktes, die Anarchie bedeute, seien mit der planmäßigen Leitung der Wirtschaft nicht vereinbar; der sozialistischen Planwirtschaft entspreche das Prinzip der direkten administrativen Güterverteilung nach einem gesamtstaatlichen Plan. [...] Die ordnungspolitische Formung dieses Systems war von dem Prinzip beherrscht, alle ökonomischen Entscheidungen auf zentraler Ebene zu konzentrieren. (Hamel 1972, S. 33 f.)

Gegen Stalin votierte Leo Trotzky (1879–1940), der die Bolschewiki unter Führung von Lenin im Bürgerkrieg mit an die Macht gebracht hatte, und als Kriegskommissar Gründer der Roten Armee war. Der nach Trotzky bezeichnete *„Trotzkismus"*, der auf eine permanente internationale Revolution setzte, wandte sich nach dem Tod von Lenin immer mehr gegen die entstehende Bürokratie, den Totalitarismus der Bolschewiki und den aufkommenden russischen Nationalismus. Stalin festigte mit seiner blutig errungenen Macht aber die Diktatur in der Sowjetunion, während Trotzky das Erbe des demokratischen Marxismus im Hinblick auf das Kommunistische Manifest verteidigte und der internationalen Arbeiterschaft zum Sieg verhelfen wollte. Wie Lenin ging er davon aus, dass nur eine weltweite Revolution den Sieg des Sozialismus ermöglichen könne.

Nach Lenins Tod kam es immer mehr zum offenen Bruch zwischen Stalin und Trotzky, der 1926 aus dem Politbüro und 1927 aus der KPdSU ausgeschlossen und am 17. Januar 1928 nach Alma-Ata in die Verbannung geschickt wurde. Im Jahr 1929 gewährte ihm die Türkei politisches Asyl. Nach weiteren Asylaufenthalten in Norwegen und Frankreich emigrierte er 1937 nach Mexiko. In seinen Schriften im Asyl ging Trotzky, zum Beispiel 1936 in „Die verratene Revolution", gegen die Politik von Stalin vor und bezeichnete die Sowjetunion als „bürokratisch degenerierten Arbeiterstaat". Er forderte die Arbeiterklasse zu einer politischen Revolution gegen die stalinistische Politik und zur Herstellung einer Rätedemokratie auf. Trotzky wurde 1932 die sowjetische Staatsbürgerschaft aberkannt, wodurch er der Verfolgung des sowjetischen Geheimdienstes GPU ausgesetzt war. Im Mai 1940 wurde er in seinem Haus in Coyoacan von mehreren von Stalin entsandten Agenten des GPU erschlagen.

Die Sowjetverfassung erlaubte trotz der allmächtigen Kommunistischen Partei (KPdSU) den Bürgern der UdSSR gesellschaftliche Organisationen, wie Gewerkschaften, Genossenschaften, Jugend- und Sportverbände, kulturelle, technische und wissenschaftliche Vereinigungen zu bilden und solchen anzugehören. Zum „Leben in der Sowjetunion" sei hier auf das gleichnamige Buch von Pjotr Fedossow aus dem

Jahr 1987 verwiesen. Er reflektiert die Lebens- und Reproduktionsbedingungen unter den Bedingungen einer zentralen Planwirtschaft in Verbindung mit einer Einparteien-Herrschaft kritisch. Politische Parteien waren mit Ausnahme der KPdSU ebenso verboten wie der „Sozialistischen Eigentumsordnung" folgend privates Eigentum. Es wurde nur außerhalb der Produktionsmittel zugelassen, deren Eigentümer der Staat war. Über die *„Sozialistische Eigentumsordnung"* hieß es in der Sowjetverfassung:

> Die wirtschaftliche Grundlage der Sowjetunion ist das sozialistische Wirtschaftssystem und das sozialistische Eigentum an den Produktionsmitteln. Der Boden, die Bodenschätze, die Gewässer, die Forste, die Fabriken, die Bergwerke, die Eisenbahnen, die Wasser- und Lufttransportmittel, die Banken, die Wohnhäuser in den Städten und Industrieorten sind Eigentum des Staates. Die Betriebseinrichtungen der bäuerlichen Kollektivwirtschaften und der Genossenschaften sind genossenschaftliches Eigentum. Die Nutzung des den bäuerlichen Kollektivwirtschaften gehörenden Bodens wird ihnen für ewige Zeiten verbürgt. Die Benutzung des Bodens ist für die Kollektivmitglieder unentgeltlich. Die Sowjetbürger haben das Recht, Privateigentum, ausgenommen an den Produktionsmitteln, zu erwerben und ihren Nachkommen zu vererben. (Endres 1952, S.186f.)

Die Sowjetunion und ihre sozialistische Planwirtschaft überlebten bekanntlich nicht. Mit dem 1989 einsetzenden sukzessiven Zusammenbruch der Ordnung löste sich die Sowjetunion fast auf den Tag genau am 21. Dezember 1991 nach 69 Jahren auf. Nach dem *politischen und wirtschaftlichen Spaltungsprozess* in 15 autonome Republiken ist es zu vielfältigen komplizierten *Reformprozessen* in Richtung einer Ordnung mit mehr oder weniger *marktwirtschaftlicher Ausrichtung* gekommen. Die dabei größte aus dem Prozess hervorgegangene „Republik Russland" bzw. „Russische Föderation", gegründet 1991, hatte mit rund 148 Millionen Einwohnern und einer Fläche von 17,1 Millionen km^2 die Hauptlast der Reformprozesse zu bewältigen. In Folge der Auflösung der UdSSR ging auch die DDR mit ihrer sozialistischen Planwirtschaft unter, sodass es zur Deutschen Wiedervereinigung kam (vgl. Kap. 8.3.3, Blessing 2019, Heske 2009, 2013).

Was war die *Ursache*, dass die zentrale durch den Staat gelenkte Ordnung kollabierte und mit ihr ein System administrativ festgelegter Preise, eines Staatseigentums, einer strikten staatlich verordneten Geld- und Kreditversorgung sowie eines staatlichen Außenhandelsmonopols? Sicher sind die Ursachen vielfältig. Schließt man sich der historischen Dialektik von Marx und Engels an, so hat das System der staatlichen Gesamtplanung in der Sowjetunion nie den profitgetriebenen *marktwirtschaftlich-kapitalistischen Fortschrittsprozess* der Produktivkräfte durchlaufen, der von Marx und Engels im „Kommunistischen Manifest" von 1848 gelobt und positiv herausgestellt wird. Das aus nur 23 Seiten bestehende Manifest, das in mehr als 100 Sprachen übersetzt worden ist und seit Juni 2013 zum UNESCO-Dokumentenerbe zählt, beginnt mit dem legendären Satz: „Ein Gespenst geht um in Europa – das Gespenst des Kommunismus" und endet mit dem Aufruf: „Proletarier aller Länder, vereinigt euch!" Der Wirtschaftshistoriker und Ökonom Jürgen Kuczynski konstatiert:

Die Feststellung, dass die Sucht nach steigendem Profit das bewegende Motiv des Kapitalismus ist, hat Marx und Engels niemals daran gehindert, den gewaltigen Fortschritt, den das kapitalistische System gegenüber allen anderen vorangehenden darstellt, zu sehen. Ja, zu den großartigsten und eindringlichen Passagen des ‚Kommunistisches Manifestes' gehören die historischen Leistungen der Bourgeoisie gewidmeten. (Kuczynski 1974, S. 37)

Ihr werden von Marx und Engels in der Tat in der Geschichte eine höchst revolutionäre Rolle zuteil.

Die Bourgeoisie, wo sie zur Herrschaft gekommen ist, hat alle feudalen, patriarchalischen, idyllischen Verhältnisse zerstört. [...] Die Bourgeoisie hat alle bisher ehrwürdigen und mit frommer Scheu betrachteten Tätigkeiten ihres Heiligenscheins entkleidet. Sie hat den Arzt, den Juristen, den Pfaffen, den Poeten, den Mann der Wissenschaft in ihre bezahlten Lohnarbeiter verwandelt. Die Bourgeoisie hat dem Familienverhältnis seinen rührend-sentimentalen Schleier abgerissen und es auf ein reines Geldverhältnis zurückgeführt. [...] Die Bourgeoisie hat durch die Exploitation des Weltmarkts die Produktion und Konsumtion aller Länder kosmopolitisch gestaltet. [...] Die Bourgeoisie hat in ihrer kaum hundertjährigen Klassenherrschaft massenhaftere und kolossalere Produktivkräfte geschaffen als alle vergangenen Generationen zusammen. (Marx/Engels im Kommunistischen Manifest)

Interessant in diesem Fortschrittskontext ist auch die Feststellung von Marx über das persönliche Verhalten der Kapitalisten und Grundeigentümer, wenn er im Vorwort von Band 1, „Das Kapital", schreibt:

Zur Vermeidung möglicher Mißverständnisse ein Wort. Die Gestalten von Kapitalist und Grundeigentümer zeichne ich keineswegs in rosigem Licht. Aber es handelt sich hier um die Personen nur, soweit sie die Personifikation ökonomischer Kategorien sind, Träger von bestimmten Klassenverhältnissen und Interessen. Weniger als jeder andere kann mein Standpunkt, der die Entwicklung der ökonomischen Gesellschaftsformation als einen naturgeschichtlichen Prozeß auffasst, den einzelnen verantwortlich machen für Verhältnisse, deren Geschöpf er sozial bleibt, sosehr er sich auch subjektiv über sie erheben mag. (Marx 1867 (1974), S. 16)

Der Sowjetische Staat wandelte nach der Revolution 1917 dagegen von einer noch feudalistisch geprägten Agrargesellschaft, die nicht einmal besonders produktiv war, *überganglos* in eine bisher völlig unbekannte wirtschaftliche (zentralstaatliche) Ordnung, die man im wahrsten Sinne des Wortes zunächst „*ausprobieren*" musste. Dies verursachte viele Probleme, nicht zuletzt eine die sich immer weiter verschlechternde Versorgung der Bevölkerung mit Konsumgütern. Darüber hinaus gab es grundsätzliche *ordnungstheoretische Widersprüche*, die der Ökonom Karl Paul Hensel (1907–1975) beschrieb:

Während das Erfolgsinteresse der politischen Führung darauf gerichtet ist, den Betrieben möglichst hohe Planauflagen zur Erfüllung aufzuerlegen, ist das Erfolgsinteresse der Betriebe auf möglichst hohe Prämien gerichtet. Problem der betrieblichen Planung ist also, wie die Pläne angelegt werden müssen, um hohe Prämien erhalten zu können. Die Logik, und zwar die diesem System immanente Logik, die sich hier offenbart, ist einfach genug. Wenn die Betriebsleitungen und mit ihnen die Beschäftigten der Betriebe daran interessiert sind, Prämien zu erhalten, und wenn Prämien nur für Planerfüllung und für Planübererfüllung gewährt werden, dann wird man dahin streben, die Pläne so anzulegen, dass sie leicht erfüllt oder übererfüllt werden können. Dieses Verhalten dürfte für viele Menschen, insbesondere für solche, die in der Wirtschafts- oder in der politischen Hierarchie gern aufsteigen möchten, auch deshalb empfehlenswert sein, weil gut erfüllte Pläne Lob, schlecht erfüllte Pläne dagegen Tadel und Ärger einbringen. [...] Die einzelwirtschaftlichen und die individuellen Interessen tendieren also dahin, möglichst solche ‚weichen‘ Pläne auszuarbeiten und von den zentralen Instanzen genehmigen zu lassen. Hierbei sind sie darauf aus, die Kosten möglichst hoch anzugeben, möglichst große Reserven an Materialien, aber auch an Arbeitskräften zu haben und die Leistungsnormen nicht zu hart werden zu lassen. Die betrieblichen Interessen tendieren in dieser Wirtschaftsordnung zur Unwirtschaftlichkeit in gesamtwirtschaftlichem Sinn. (Hensel 1972, S. 137)

Diesen grundsätzlichen systemimmanenten Widerspruch der sozialistischen Planwirtschaft, zwischen Prinzip der Planerfüllung und Prämienprinzip, kritisierte auch Michail Sergejewitsch *Gorbatschow* kurz vor der Auflösung der Sowjetunion in seinem Buch „Perestroika – Eine neue Politik für Europa und die Welt" (siehe dazu auch das Interview im Kasten). Gorbatschow war von 1985 bis 1991 Generalsekretär des Zentralkomitees der Kommunistischen Partei der Sowjetunion und von März 1990 bis Dezember 1991 Staatspräsident der Sowjetunion. Auch er sah die wesentlichen *Mängel der Wirtschaftsordnung* in der ehemaligen Sowjetunion

vor allem darin, dass der innere Antrieb für eine eigene Entwicklung zu schwach ist. Der Betrieb erhält durch das System der Plankennziffern Auflagen und Ressourcen. Praktisch alle Kosten werden gedeckt, und der Absatz der Produktion ist weitgehend garantiert. Und was am wichtigsten ist: Die Einkommen der Werktätigen hängen nicht von den Endresultaten der Arbeit des Kollektivs ab – weder von der Erfüllung der Vertragsverpflichtungen, der Qualität der Erzeugnisse noch vom Gewinn. Ein solcher Mechanismus erbringt mit großer Wahrscheinlichkeit Arbeit von mittelmäßiger oder schlechter Qualität. Wie kann es mit der Wirtschaft bergauf gehen, wenn sie für rückständige Unternehmen Vorzugsbedingungen schafft und die führenden benachteiligt? (Gorbatschow 1988, S. 106)

„Nur freie Menschen konnten Perestroika und Glasnost verwirklichen"

Michail Gorbatschow über Mauerfall vor 30 Jahren und den schwierigen Weg zur Demokratie – nicht nur in Russland

Herr Gorbatschow, manche Deutschen sagen, wenn es den Friedensnobelpreis nicht gäbe, hätte man ihn für Sie erfinden müssen. In Russland aber wirft man Ihnen oft vor, sie hätten 1989 die DDR an Westdeutschland und später Osteuropa an die Nato verschenkt.

Um mich in solchen Fällen nicht in langen Erklärungen zu verlieren, stelle ich eine einfache Gegenfrage: An wen verschenkt? Polen an Polen, Ungarn an die Ungarn...

Und die DDR an die Deutschen?

Die Formel „die DDR verschenkt" klingt noch seltsamer. In der DDR gingen 1989 Hunderttausende auf die Straße, für die Einheit ihrer Nation. Im März 1990 stimmte die Mehrheit der DDR-Bürger in freien Wahlen für die Wiedervereinigung. Der Wille eines Volkes erfüllte sich, das nach dem Untergang des Hitler-Regimes bewiesen hat, wie entschlossen es den Weg zur Demokratie verfolgt. Von welchen „Geschenken" kann da die Rede sein?

Man wirft Ihnen auch vor, Sie hätten dabei Russland vergessen.

Unsere guten Beziehungen mit dem vereinigten Deutschland haben unserem Land unbestreitbare Vorteile gebracht, politisch und wirtschaftlich. In Russland arbeiten heute 5.000 deutsche Unternehmen. Wenn das Verhältnis jetzt schlechter ist, als wir es uns wünschen, hat das andere Gründe. Ich bin sicher, die naturgemäß guten Beziehungen zwischen uns kehren zurück.

Der Mauerfall, die deutsche Vereinigung und das Ende des Kalten Krieges wären ohne Sie unmöglich gewesen. Welche Philosophie, welche Idee stand damals hinter Ihrer Politik?

Vorher hingen unsere Verbündeten, die Volksdemokratien in Osteuropa, von der Sowjetunion ab. Sie erhielten von der UdSSR Wirtschaftshilfe, besaßen umgekehrt keine volle Souveränität. Im Warschauer Pakt hatte die sowjetische Führung das letzte Wort. „Unerwünschte" Massenbewegungen wie in Ungarn 1956 oder den „Prager Frühling" 1967 unterdrückte die Sowjetarmee mit Gewalt – unter Hinzuziehung anderer Streitkräfte des Pakts. Dann kam Mitte der 1980er Jahre in der UdSSR eine neue Führung an die Macht, man wählte mich zum Generalsekretär, de facto zum Staatschef. Wir analysierten die Lage im Land ernsthaft und ehrlich, das Ergebnis lautete kurzgefasst: So kann es nicht weitergehen.

Und wie ging es weiter?

Wir beschlossen in der UdSSR grundlegende Reformen, Perestroika (Umbau) und Glasnost (Transparenz), strebten echte Demokratie an. Solche Reformen konnten nur freie Menschen verwirklichen. Darum sahen wir es als Schlüsselaufgabe, unseren Bürgern maximale Freiheit zu geben. Konnten wir dieselben Freiheiten den Bürgern unserer sozialistischen Bündnisstaaten verweigern? Auf keinen Fall.

Was sagten deren Staats- und Parteichefs dazu?

Wir haben die Führer der Staaten des Warschauer Paktes sofort über unsere Position informiert. Sie alle versammelten sich im März 1985 beim Begräbnis *Konstantin Tschernenkos* (1911–1985), meines Vorgängers. Es war das erste Treffen nach meiner Ernennung. „Ich möchte Ihnen als Generalsekretär der KPdSU mitteilen", erklärte ich, „dass wir Ihnen völlig vertrauen und nicht mehr den Anspruch haben, Sie zu kontrollieren. Sie machen Politik gemäß Ihrer nationalen Interessen und tragen dafür die volle Verantwortung vor Ihren Völkern und Parteien. Das bedeutete das Ende der sogenannten Breschnew-Doktrin „der eingeschränkten Souveränität". Aber ich sah, viele meiner Gesprächspartner nahmen diese Worte nicht ernst, hielten sie offenbar für hohle Phrasen.

Warum?

Diese Wendung war ihrer Meinung nach wohl zu scharf. Später geschah es sogar, dass der rumänische Führer Ceausescu vorschlug, wir müssten „den Sozialismus in Polen verteidigen". Im damaligen Sprachaustausch bedeutete das nur eins: intervenieren, die polnische Volksbewegung unterdrücken. Aber wir beharrten auch in anderen Fällen konsequent auf dem Prinzip der Nichteinmischung. Die Zeiten hatten sich geändert.

Manches, was Sie damals erreicht haben, ist wieder verloren gegangen. 1987 unterzeichneten Sie mit Ronald Reagan den INF-Vertrag über das Verbot nuklearer Mittelstreckenraketen. 2019 sind beide Seiten ausgestiegen. Wer trägt die Verantwortung?

Erinnern wir uns, wer als Erster seinen Austritt erklärt hat. Das war der Präsident der USA. Vorher waren sich beide Seiten über 30 Jahre einig, dass dieser Vertrag eine der wichtigsten Grundlagen der strategischen Stabilität ist. Jetzt wurde er zunichtegemacht, so wie vorher der ABM-Vertrag über die Begrenzung der Antiraketensysteme.

Weshalb?

Ich glaube, da will jemand alle Verpflichtungen loswerden. Das ist zur neuen Generallinie der US-Politik geworden. Man hätte technische Meinungsverschiedenheiten zur Einhaltung einzelner Punkte des Vertrags durch Verhandlungen regeln können, wie früher schon mehrfach gelang. Jetzt aber muss man verhandeln, damit das Ende des INF-Vertrags nicht die Gefahr eines großen Krieges verschärft. Denn diese Raketen sind wegen ihrer minimalen Flugzeit die größten Destabilisierungsfaktoren.

Sehen Sie noch eine Lösung?

Wladimir Putin hat ein Moratorium für ihre Stationierung vorgeschlagen. Das könnte der erste Schritt zu Verhandlungen sein. Wie ich sehe, haben Deutschland und andere europäische Länder keine Lust, wieder Raketenaufstellgebiet zu werden. Alle erinnern sich an die Krise Anfang der 80er Jahre, als in Europa Hunderte Raketen standen, sowjetische SS-20, amerikanische Marschflugkörper. Eine neue Runde des Raketenrennens könnte noch gefährlicher werden. Aber jetzt stellt sich heraus, dass die USA dabei sind, die Entwicklung vier Typen neuer Mittelstreckenraketen zu Ende zu bringen. Also haben die Arbeiten an ihnen nicht erst gestern begonnen. Wie kann man solchen Verhandlungspartnern noch vertrauen?

Sie wollten mit Ihrer Perestroika den Sowjetsozialismus nicht zerstören, sondern reformieren. Glauben Sie noch an einen demokratischen Sozialismus?

Unser Volk, jedenfalls sein Großteil, war von den Idealen einer gerechten Gesellschaft überzeugt, den Idealen des Sozialismus. Auch ich glaubte an sie. Und ich glaube weiter daran, in der modernen Version. Ich sehe die Welt in vielem aus der sozialdemokratischen Perspektive. Die Schlüsselwerte Gerechtigkeit und Solidarität werden nirgendwohin verschwinden.

Braucht Russland eine neue Perestroika?

Sicher geht es nicht um eine „Remake der Perestroika". Wir haben damals das Wichtigste getan, den Prozess so weit vorangetrieben, dass niemand mehr die Uhren zurückstellen kann. Auch wer die Perestroika heute kritisiert, genießt die Rechte und Freiheiten, die sie ihm gegeben hat. Veränderungen sind natürlich weiter nötig, im Wirtschafts-, im Rechts- und Wahlsystem. Allein mit Stabilität kommt man nicht weit. Erst vor ein paar Tagen ergab die Umfrage eines renommierten Meinungsforschungsinstituts, dass fast 60 Prozent der Bürger für radikale Veränderungen sind. 53 Prozent glauben, solche Veränderungen seien nur möglich, wenn sich das politische System grundlegend ändere. Vor allem gilt es, Mittel zu finden, das Verwaltungssystem zu modernisieren und das politische System zu demokratisieren.

Ist weitere Veränderung unter Putin möglich?

Wenn es das Ziel der Staatsmacht ist, Bedingungen für das Entstehen einer starken modernen Demokratie zu schaffen, bin ich bereit, den Präsidenten zu unterstützen, auch wenn ich mit einzelnen seiner Maßnahmen nicht einverstanden bin. Er hat selbst gesagt, wir bräuchten konkurrierende Programme und eine Opposition, die fähig ist, bei Wahlen als reale politische Kraft mit starken Kandidaten anzutreten. Die Hauptfrage lautet jetzt, wie man den politischen Prozessen Dynamik verleihen kann, ohne dabei Destabilisierung und Chaos zuzulassen. Der Präsident, die politischen Parteien und die ganze Gesellschaft sollten darüber nachdenken. (Frankfurter Rundschau vom 9./10. November 2019, S. 6)

Die von Gorbatschow mit seiner Perestroika beklage *Staatsbürokratie* wucherte bereits seit der Stalin-Ära. Es kam zu einer weitgehenden *Verselbständigung* einer herrschenden Klasse im Staatsapparat, die sich als „Herren" des Produktionsprozesses und zum diktatorischen Verteiler des Sozialprodukts gerierten. Gleichzeitig blieben die wirtschaftlichen Erfolge aber aus. Produktivitätsentwicklungen, die eine Wohlfahrtssteigerung der Bevölkerung hätten nach sich ziehen können, waren in der UdSSR wesentlich schwächer ausgeprägt als in der konkurrierenden marktwirtschaftlich-kapitalistischen Welt. Die Versorgung der Bevölkerung mit Konsumgütern war äußerst mangelhaft. Die Verteilung der knappen Produktivkräfte auf die Konsumgüter- oder auf die Investitionsgüterproduktion wurde in der Regel zugunsten der Investitionsgüter entschieden.

Wie in großen kapitalistischen Unternehmen auch gibt es in der Zentralverwaltungswirtschaft wesentliche *Koordinations- und Allokationsprobleme*. Ob die Pläne letztlich erfüllt werden, hängt – hier wie da – vom Management und den Beschäftigten in den einzelnen Wirtschaftseinheiten ab. Sie können bei der Planfestlegung ‚mauern', um so die Pläne leichter erfüllen bzw. übererfüllen zu können. Im Unterschied zur Zentralverwaltungswirtschaft kann sich aber das kapitalistische Konzernmanagement jederzeit von einzelnen Unternehmen oder Betrieben im Konzern trennen bzw. diese schließen oder verkaufen. Dadurch entsteht innerhalb eines kapitalistischen Konzerns eine Konkurrenzwirtschaft. Das Management kann ständig die einzelnen Unternehmen und Betriebe gegeneinander ausspielen und mit Exklusion drohen. Über ein solches Druckinstrument verfügten die Planer in der Zentralverwaltungswirtschaft nicht. Die Unternehmen waren hier in ihrem Bestand weitgehend geschützt. Das galt insbesondere auch für die Beschäftigten, die nicht entlassen werden konnten.

Auf gesamtwirtschaftlicher Ebene kam für die Sowjetunion als nachhaltige Krisenursache sicher auch noch die zu Beginn der 1980er-Jahre verstärkt einsetzende konventionelle und atomare Hochrüstung, der „Kalte Krieg", dazu. Durch die starke Rüstungsproduktion im „Wettstreit der Systeme", die immer einen nicht reproduktiven Charakter hat, litt zusätzlich die mithin nur schlechte gesamtwirtschaftliche Produktivität (vgl. Kidron 1971, Vilmar 1972 und 1973 und Albrecht/Lock/Wulf 1982). Dies hatte wiederum eine Ressourcenvergeudung und Wachstumsschwäche zur Folge, die in den zivilen Bereichen der Investition, Produktion und Konsumtion zu suboptimalen Ergebnissen führte.

Mit dem Untergang der zentralen Planwirtschaft (sieht man einmal von Nord-Korea ab) ist weltweit die *kapitalistische Marktwirtschaft zur dominanten Ordnung* geworden. Auch in Kuba und China werden mehr und mehr marktwirtschaftliche Steuerungselemente in einen vorgegebenen staatlichen Fünfjahres-Rahmenplan implementiert.

Der Niedergang der zentralen Planwirtschaft lässt jedoch die Forderungen nach einer anderen Gesellschaft nicht verstummen. Der Wettstreit der Ordnungssysteme ist weder beendet noch ist „das Ende der Geschichte" (Fukuyama 1992) erreicht. Der

Kapitalismus hat jetzt nur keinen Feind mehr – außer sich selbst. Man denke hier nur an die ungelösten Probleme der bestehenden *Massenarbeitslosigkeit*, der vielen sozialen Fragestellungen und an die großen *Umwelt- und Klimaprobleme*. Eines darf bei allem auch nicht vergessen werden: Die Kapitaleigner haben nach dem Zusammenbruch der UdSSR ihren ideologischen Gegner verloren. Sie müssen seitdem keine Rücksicht mehr auf das nach dem Zweiten Weltkrieg aufgebaute „Soziale" im Kapitalismus nehmen. Kommt es hier mit dem bekannten Philosophen Jürgen Habermas zu einer „Refeudalisierung" im Kapitalismus? Oskar Negt folgte Habermas 1962 als wissenschaftlicher Assistent an die Universität Heidelberg. Er sprach in seinem Buch „Arbeit und menschliche Würde" (2002) „von einer ‚Refeudalisierung' sozialer Lebenschancen, denn in unserer Gesellschaft hätten sich Schichtungen nach kollektiven Merkmalen herausgebildet, deren Fassaden einem Wandel unterlägen und die wechselnde Bevölkerungsgruppen beherbergten, aber doch aus betonharten Mauern bestünden, die einer Ständegliederung vergleichbar seien" (Negt, zitiert in Butterwegge 2020, S. 197 f.).

Aufgaben

a) Wie kam es zur Gründung der Sowjetunion?

b) Warum waren Stalin und Trotzki Gegenspieler?

c) Welche Bedeutung spielt das kommunistische Manifest von Marx und Engels bei der Konstituierung der Sowjetunion?

d) Worüber klagte Lenin am Vorabend der Oktoberrevolution 1917?

e) Woran ist die Sowjetunion als zentrale Planwirtschaft gescheitert?

8.2.3.4 Demokratischer Sozialismus

In der deutschen Geschichte hat es immer wieder Versuche gegeben, den rein markt- und profitgetriebenen Kapitalismus in einen demokratischen Sozialismus zu transformieren. Noch vor der deutschen Reichsgründung 1871 waren während der gescheiterten Revolution von 1848/49 erste Arbeiterorganisationen entstanden.

> Am prominentesten sicherlich der ‚Bund der Kommunisten', in dessen Auftrag Karl Marx und Friedrich Engels 'Das Kommunistische Manifest' geschrieben haben. Alle Arbeiterorganisationen wurden nach der gescheiterten Revolution von 1849 verboten, aber schon nach zehn Jahren, als der spätere König Wilhelm I. (1797–1888) kurze Zeit die Regentschaft in Preußen übernimmt, ergaben sich Ansätze zu einem Neuanfang. In vielen Städten entstanden Arbeiterbildungsvereine, deren vorrangiges Ziel es zunächst war, Arbeitern zu einer gewissen Bildung zu verhelfen. Unter Führung von Ferdinand Lassalle wurde 1863 der ‚Allgemeine deutsche Arbeiterverein' (ADAV) gegründet. (Niess 2017, S. 53)

Aus dem „Vereinstag Deutscher Arbeitervereine" ging 1869 die „Sozialdemokratische Arbeiterpartei" (SDAP) unter der gemeinsamen Führung von August Bebel (1840–1913) und Wilhelm Liebknecht (1826–1900) hervor. Beide, ADAV und SDAP, fusionierten 1875 in Gotha zur 'Sozialistischen Arbeiterpartei Deutschlands' (SAPD) und gaben sich ein gemeinsames Grundsatzprogramm, das „*Gothaer Programm*". „Die Altmeister Marx und Engels kritisieren aus London das ‚Gothaer Programm' der neuen Partei wegen seiner angeblichen Halbherzigkeit und Widersprüchlichkeit. Bebel und Liebknecht hofften (dagegen) auf die Wirkung praktischer politischer Arbeit" (Niess 2017, S. 56). Diese trat dann auch durchaus ein. Jedenfalls alarmierte der Erfolg der SAPD die Obrigkeit, vor allen Dingen Reichskanzler Otto von Bismarck (1815–1898) der nach zwei Attentaten auf Kaiser Wilhelm II. (1859–1941), diese der SAPD anlastete und den Reichstag 1878 das „Gesetz gegen die gemeingefährlichen Bestrebungen der Sozialdemokratie" verabschieden ließ. Zwölf Jahre, bis 1890, blieb daraufhin wegen des sogenannten „Sozialistengesetzes" die SAPD im Deutschen Reich verboten. Mit der „Neugründung" gab sich dann 1890 die SAPD auch den neuen bis heute gültigen Namen: „*Sozialdemokratische Partei Deutschlands*" (SPD).

Das erste Parteiprogramm („*Erfurter Programm*") der SPD von 1891 ist eindeutig marxistisch geprägt und stammt überwiegend aus der Feder des sozialistischen Theoretikers und Marxisten Karl Kautsky (1854–1938). Das Programm fordert als großes Ziel „die Verwandlung des kapitalistischen Privateigentums an Produktionsmitteln – Grund und Boden, Gruben und Bergwerke, Rohstoffe, Werkzeuge, Maschinen, Verkehrsmittel – in gesellschaftliches Eigentum und die Umwandlung der Warenproduktion in sozialistische, für und durch die Gesellschaft betriebene Produktion." Gefordert wurden auch ein allgemeines, gleiches, direktes sowie geheimes Wahlrecht für Männer und Frauen, das Recht auf freie Meinungsäußerung, eine Vereinigungs- und Versammlungsfreiheit, die Abschaffung des stehenden Heeres und die Ersetzung durch eine Volkswehr und nicht zuletzt zum Schutz der Arbeit, das Verbot der Erwerbsarbeit für Kinder sowie die Einführung des Acht-Stunden-Tages.

Zu Beginn und während des Ersten Weltkriegs von 1914 bis 1918 (vgl. Fesser 2019) entstanden innerhalb der SPD heftige Auseinandersetzungen, zunächst um die Genehmigung von Kriegskrediten und später um den Krieg selbst und die grundsätzliche politische Ausrichtung. In der SPD entstanden zwei Lager: die mehr *linke SPD* um Karl Kautsky, Hugo Haase (1863–1919), Karl Liebknecht (1871–1919), dem Sohn von Wilhelm Liebknecht, und Rosa Luxemburg sowie die mehr *revisionistische SPD* um Eduard Bernstein (1850–1932), Philipp Scheidemann (1865–1939) und Friedrich Ebert (1871–1925). Am 8. April 1917 kam es dann zum endgültigen Bruch. In Gotha gründete sich die „Unabhängige Sozialdemokratische Partei Deutschlands" (*USPD*) (vgl. Krause 1975). Hugo Haase und Georg Ledebour (1850–1947) wurden zu Vorsitzenden der USPD gewählt und die sich um Luxemburg und Liebknecht gegründete „*Spartakusgruppe*" (vgl. Retzlaw 1976) entschied im Juni 1917, sich der USPD anzuschließen.

In den Revolutionsjahren 1918/19, nach Abdankung Kaisers Wilhelm II. und Beendigung des Ersten Weltkrieges sowie der Ausrufung der Republik durch Scheidemann (SPD) und der sozialistischen Republik durch Liebknecht (USPD) spielten nur die revisionistische SPD mit Ebert an der Spitze und die linksorientierte USPD mit Haase in der Führung sowie die radikallinke Spartakusgruppe um Luxemburg und Liebknecht überhaupt noch eine politische Rolle. Rechte und liberale Parteien waren sämtlich von der politischen Bühne verschwunden. Eine wesentliche Rolle kommt aber noch den Militärs bzw. der Obersten Heeresleitung um die Generäle Paul von Hindenburg (1847–1934), Erich Ludendorff (1865–1937) und Wilhelm Groener (1867–1939) zu. Sie widersetzen sich den „revolutionären Umtrieben" der SPD und der USPD, die zusammen den „Rat der Volksbeauftragten" am 10. November 1918 konstituieren, und dem jeweils drei Mitglieder der SPD (Friedrich Ebert, Phillipp Scheidemann, Otto Landsberg) und für die USPD (Hugo Haase, Emil Barth und Wilhelm Dittmann) angehören. Karl Liebknecht weigert sich ein Mandat für die USPD, trotz großer Bitten seiner Parteigenossen, im „Rat der Volksbeauftragten" anzunehmen. Zur Kontrolle des Rats der Volksbeauftragten wird ein Vollzugsrat der *Arbeiter- und Soldatenräte* bestimmt.

Auf dem Reichskongress der Arbeiter- und Soldatenräte, der im Dezember 1918 in Berlin mit 490 Delegierten (nur zwei davon waren Frauen) stattfindet, fielen weitreichende Entscheidungen, die bereits das Schicksal der Weimarer Republik besiegelten. Die revisionistische SPD um Ebert hatte auf dem Kongress die absolute Stimmenmehrheit. Luxemburg und Liebknecht durften, trotz Interventionen durch die USPD, nicht einmal als Gäste dem Kongress beiwohnen. Während der fünf Kongresstage kam es zu heftigen Auseinandersetzungen und als Georg Ledebour in den Saal rief: „Ebert ist ein Schandmal für diese Revolution!", drohte es sogar zu Handgreiflichkeiten zu kommen (Niess 2017, S. 236).

Am Ende beschloss der Kongress aber dennoch die vollständige *Entmachtung der Obersten Heeresleitung*, was Ebert zu verhindern suchte, und die *Sozialisierung*, d. h. die allmähliche Überführung der Produktionsmittel in die Verfügungsgewalt des Volkes. Die USPD stellte konkret den Antrag: „Die Regierung wird beauftragt, mit der Vergesellschaftung des Bergbaus sofort zu beginnen" (Niess 2017, S. 243). Dann kam es zu einer weitreichenden Entscheidung. Bei der Frage der Konstituierung eines Zentralrats zur parlamentarischen Kontrolle des Rates der Volksbeauftragten, vorgesehen war hier eine Drittelung aus Vertretern von SPD, USPD und Soldaten, entschied die USPD-Fraktion nach einer Abstimmungsniederlage über die Aufgaben des Zentralrats, diesem nicht angehören zu wollen:

> So fällt – scheinbar fast nebenbei – eine der folgenreichsten Entscheidungen während des ersten Rätekongresses. Ob die Mehrheit der Fraktion ahnt, was sie mit dieser Entscheidung anrichtet, darf bezweifelt werden. Doch die führenden Köpfe des linken Flügels sind sich gewiss darüber im Klaren, welche Konsequenzen dieser Beschluss nach sich ziehen wird. (Niess 2017, S. 241)

Dies war ein noch größerer Fehler der USPD, als der Verzicht von Liebknecht auf einen Sitz im „Rat der Volksbeauftragten".

Danach fiel es jedenfalls der revisionistischen SPD mit Ebert an der Spitze relativ leicht, mit der obersten Heeresleitung um Hindenburg und Groener, die den Beschluss des Rätekongresses auf Abdankung strikt ablehnten, die sozialistische Revolution zu beenden. Die oberste Heeresleitung arbeitete schon ab Mitte Dezember 1918 an der Aufstellung sogenannter Freikorps, die keine Hemmungen hatten die Revolution „zusammenzuschießen" und mit denen am Ende Ebert und Gustav Noske (1868–1946), der Militärexperte der SPD, zusammenarbeiteten. Von den Freikorps wurden auch die unbequemen revolutionären Linken Luxemburg und Liebknecht am 15. Januar 1919 ermordet.

Nach der ersten republikanischen Wahl am 19. Januar 1919 zur Nationalversammlung, an der knapp 37 Millionen Deutsche, darunter 19 Millionen Frauen, die zum ersten Mal wahlberechtigt waren, teilnahmen, wurde die SPD erwartungsgemäß die stärkste Partei. Sie kam auf 37,9 Prozent der Stimmen, die USPD nur auf 7,6 Prozent. „Die Wahl zur Nationalversammlung machte die SPD zur stärksten Partei, brachte ihr aber keine Mehrheit. Eine Koalition mit nichtsozialistischen Parteien war notwendig, die Verwirklichung des Sozialismus in weite Ferne gerückt" (Tormin 1977, S. 83).

Die Wahlen hinterließen letztlich ein politisch tief *gespaltenes Land* in der ersten deutschen Republik. Das Monarchistische und Militärische waren noch latent vorhanden und die wirtschaftlichen Verhältnisse – nicht zuletzt wegen der *Reparationszahlungen* aus dem am 28. Juni 1919 unterzeichneten *Versailler Friedensvertrag* – äußerst instabil. Vor der wirtschaftlichen Belastung der Deutschen durch die Siegermächte hatte Keynes, der an den Verhandlungen auf Seiten der Briten teilnahm, protestiert (vgl. Kasten). In seinem Buch „Krieg und Frieden: Die wirtschaftlichen Folgen des Vertrags von Versailles" beziffert Keynes die maximale wirtschaftliche Belastbarkeit mit Reparationszahlungen auf 40 Milliarden Goldmark. Es wurden aber im Mai 1921 endgültig 132 Milliarden Goldmark festgelegt – etwa das Dreifache des Bruttosozialprodukts, das ein größeres und reiches Deutschland einschließlich seiner Kolonien im Vorkriegsjahr 1913 erzielt hatte. Dies war nicht zu leisten, was auch die Alliierten wussten. Erst fast hundert Jahre nach Versailles ist im Oktober 2010 die letzte Schuld aus dem Ersten Weltkrieg beglichen worden. Der Grund waren die Restzahlungen für Auslandsschulden nach der Londoner Schuldenkonferenz von 1953, die sogenannte Schattenquote.

John Maynard Keynes zum Versailler Friedensvertrag

Bezogen auf den Versailler Friedensvertrag und Europa insgesamt schreibt Keynes 1919: „Der Vertrag enthält keine Vorgaben für die wirtschaftliche Wiederherstellung Europas – nichts, was die besiegten Zentralmächte zu guten Nachbarn machen würde, nichts, um die neuen Staaten in Europa zu stabilisieren, nichts, um Russland wieder an Europa zu binden. Er stellt nicht einmal auf irgendeine Weise den Aufruf zu einem Bund wirtschaftlicher Solidarität unter den Alliierten selbst dar; es kam in Paris nicht zu einer Übereinkunft bezüglich der Neuordnung der chaotischen Finanzen Frankreichs und Italiens oder zu einer Abstimmung der Systeme der Alten und Neuen Welt untereinander" (Keynes 1919, S. 106). „Wie Keynes besonders betonte, bestanden der böse Wille und die Unredlichkeit der Alliierten darin, daß sie einen vorgeblich um der Verteidigung der Heiligkeit internationaler Abmachungen willen geführten Krieg mit dem definitiven Bruch einer solchen, zu dem Allerheiligsten zählenden Abmachung beschlossen. Allgemein beklagt er, daß der englische Premierminister David Lloyd George (1863–1945) und der US-Präsident Woodrow Wilson (1856–1924) nicht begriffen hätten, daß die ernsthaftesten Probleme, mit denen die Aufgabe des Friedensschlusses sie konfrontierte, nicht politischer oder territorialer, sondern finanzieller und ökonomischer Natur waren; daß die zukünftigen Gefahren nicht von Grenz- und Souveränitätsfra-

gen, sondern von Fragen der Versorgung mit Lebensmitteln und Kohle und von Transportproble-
men ausgingen. Keiner von ihnen, stellt er fest, habe in irgendeinem Stadium der Konferenz diesen Problemen die gebührende Aufmerksamkeit geschenkt." [Keynes entwirft ein] „düsteres Bild
vom Nachkriegseuropa, betont die Desorganisation und den Zerfall seines Wirtschaftslebens, den
absoluten Niedergang seiner internen Produktivität. [...] Unter solchen Umständen fragt er sich
[...] wie weit die Geduld reicht bzw. in welcher Richtung die Menschen ‚schließlich Befreiung aus
ihrem Elend suchen' werden" (Hession 1986, S. 223 f). Keynes ist für die Parteinahme Deutschlands heftig angegriffen worden. Die Deutschen, und natürlich insbesondere Faschisten, zitierten
das Buch häufig. Elizabeth Wiskeman, eine deutschstämmige Historikerin traf Keynes bei einem
gesellschaftlichen Ereignis 1936 in London. Sie sagte ihm, „Ich wünschte wahrhaftig, Sie hätten
das Buch nie geschrieben", worauf Keynes schlicht und freundlich sagte „Das wünschte ich auch."
(Hession 1986, S. 423).

Deutschland versuchte anfänglich trotz aller Schwierigkeiten, den Zahlungen aus
dem Versailler Friedensvertrag nachzukommen. Am Ende war es aber unmöglich.

Denn die Alliierten, auch die USA, weigerten sich strikt, die großen Handelsbilanzdefizite mit
Deutschland zu akzeptieren, die für erfolgreiche Reparationszahlungen in Gold und ausländischen Währungen notwendig gewesen wären. Es war ihnen nicht zu verdenken: Um einen anhaltenden Reparationsfluss zu ermöglichen, hätten sie ihre Märkte für deutsche Billigexporte öffnen
müssen; sie zogen protektionistische Maßnahmen vor, um ihre Bevölkerung vor der Arbeitslosigkeit zu schützen, die mit der Warenflut aus Deutschland einherging. (Hauser 2014, S. 25)

Deutschland setzte in Folge auf eine Importbeschränkung und vor allen Dingen auf
eine Wirtschaftspolitik des ausgeglichenen Staatshaushalts (wie in den 2020er-Jahren
wieder auf eine Politik der „schwarzen Null") und eine Absenkung der Löhne bei den
abhängig Beschäftigten.

Dies führte auf dem Höhepunkt der *Weltwirtschaftskrise 1929 bis 1933* zum wirtschaftlichen *Zusammenbruch* auch in Deutschland. Die Krise hatte sich bereits als
Dämpfung der Konjunktur ab Herbst 1928 bemerkbar gemacht. Der Rückgang der Wirt-
schaftätigkeit implizierte weniger Steuereinnahmen und die Notwendigkeit die steigende Zahl der Arbeitslosen zu unterstützen, verursachte Ende 1929 ein Staatsdefi-
zit von 7 Milliarden Reichsmark (Freyb 1973, S. 158). Die Arbeitslosenzahlen erreichten während der Krise immer höhere Werte und destabilisierten letztlich die ohnehin
während der gesamten Weimarer Zeit nur fragilen politischen Verhältnisse. Die Unternehmerverbände und die Rechtsparteien waren nicht bereit, die bis dahin nur bescheidende Arbeitslosenversicherung auszubauen. Vielmehr forderte man deren Einschränkung und einen allgemeinen staatlichen Kürzungsplan bei den Staatsausgaben.

Auch die Versuche der Gewerkschaften kamen zu spät bzw. waren letztlich zu
schwach, um auf die Krise einwirken zu können, geschweige denn eine Änderung in
der Wirtschaftsordnung herbeizuführen. Zwar legte der Allgemeine Deutsche Gewerkschaftsbund (ADGB) noch 1928 ein Gutachten des Ökonomen Fritz Naphtali (1888–
1961) zur Umsetzung einer Wirtschaftsdemokratie vor, aber auch dieses kam zu spät

und konnte aufgrund der Machtübertragung an die Nationalsozialisten im Jahr 1933 (vgl. Kap. 8.2.3.5) sowohl wissenschaftlich als auch gesellschaftlich nicht mehr diskutiert und deshalb auch nicht entscheidend weiterentwickelt werden. Mit der *Zerschlagung der Gewerkschaften* durch die Nazidiktatur (Gleising 2017) im Jahr 1933 wurde das unzureichende Betriebsrätegesetz von 1920, ein kleines Überbleibsel der Revolution von 1918/1919, für ungültig erklärt.

Die revisionistische SPD hatte sich unter Ebert nie richtig mit einer sozialistischen Demokratie oder einer sozialistischen Marktwirtschaft anfreunden können und die USPD war seit der Wahl zur Nationalversammlung zu schwach, um überhaupt noch politisch etwas bewirken zu können. Sie hatte zuvor ihre durchaus vorhandene Chance selbst verspielt. Das wirtschaftliche Elend in Verbindung mit den ökonomischen Gesetzmäßigkeiten einer widersprüchlichen marktwirtschaftlich-kapitalistischen Ordnung sorgte während der Weltwirtschaftskrise 1929 bis 1933 in Deutschland für das Erstarken des Faschismus (vgl. Aleff 1970, Hardach 1976).

Aufgaben

a) Wie kam es zur ersten deutschen Republik und woran ist sie im Wesentlichen gescheitert?
b) Warum hat Keynes gegen den Versailler Friedensvertrag argumentiert?
c) Gibt es einen ökonomischen Zusammenhang zwischen dem Scheitern der Weimarer Republik und dem Friedensvertag?

8.2.3.5 Der autoritäre (faschistische) Staat

Der revolutionär nach dem Ersten Weltkrieg beseitigte monarchistische Staat in Deutschland hinterließ ein politisch tief gespaltenes und wirtschaftlich ausgezehrtes Land. Die Revolution von 1918/19 brachte zwar die erste deutsche Republik, sie änderte aber an den wirtschaftlichen Machtverhältnissen in der Gesellschaft so gut wie nichts. Die noch vorhandenen reaktionären monarchistischen Kräfte und das konservative Bürgertum mit seinen Kapaleliten konnten sich mit der Weimarer Republik nicht abfinden. Die SPD war unfähig, den angestrebten demokratischen Sozialismus (vgl. Kap. 8.2.3.4) umzusetzen. Im Gegenteil: Durch ihre Spaltung in eine revisionistische SPD und eine linksorientierte USPD mit einem radikallinken Spartakusflügel machte sie die *konterrevolutionären rechten Kräfte*, auch die der Militärs, stark. Die Arbeiterbewegung bzw. die Gewerkschaften, die auf eine radikale Emanzipation und auf Demokratisierung zwar drängten, konnten sich gegen die übermächtigen Kapitalinteressen ebenfalls nicht durchsetzen. Der Politikwissenschaftler Hans-Peter Waldrich schreibt:

> Es war daher verständlich, wenn sich Angst und eine an Geist und Vernunft verzweifelnde Untergangsstimmung verbreiteten. Vorwiegend die durch die Folgen des Ersten Weltkrieges von der Deklassierung bedrohten Mittelschichten gaben sich in radikaler Wendung gegen die Ideale der Aufklärung und des Liberalismus (vgl. Kap. 8.2.3.1) dem Pessimismus und politischen Mystizismus hin. War der Weltkrieg, in totaler Verkennung seiner eigentlichen Wurzeln, als Glaubens-

krieg gedeutet worden, in dem die Rückständigkeit Deutschlands – zum Prinzip verklärt – gegen die ‚undeutsche' Welt der Vernunft und des berechnenden Verstandes antrat, so ebnete in der Weimarer Zeit ein Irrationalismus ohnegleichen den Boden für die nationalsozialistische Machtergreifung. (Waldrich1973, S. 38 f.)

Am Ende stand der totale autoritäre Staat, für dessen Aufkommen nach Robert Endres (1892–1964) bestimmte Voraussetzungen notwendig waren:

Diese Voraussetzungen sind: mangelhafte politische Schulung weiter Bevölkerungskreise, denen vor allem das Verständnis für das Wesen der Demokratie fehlt, und wirtschaftliche Notlage, durch die große Schichten des Kleinbürgertums und der geistigen Arbeiter betroffen werden; diesen Kreisen droht der gesellschaftliche Abstieg (Proletarisierung), wogegen sie sich verzweifelt wehren. Eine dritte Voraussetzung war – wenigsten in Deutschland und Italien – ein überhitzter Nationalismus als Folge eines verlorenen Krieges. (Endres 1952, S. 156)

Der Politikwissenschaftler und Faschismusforscher Reinhard Kühnl (1936–2014) nennt als Ursache für die Errichtung der faschistischen Systeme in Italien und Deutschland ein Bündnis aus einer faschistischen Bewegung und maßgeblichen Teilen der herrschenden Klasse (vgl. Kühnl 1971 und zur Massenpsychologie des Faschismus vgl. Reich/Peglau 2020).

Die „Schmach von Versailles", und den sich daraus ergebenden Friedensbedingungen, mit erheblichen Gebietsabtretungen und Reparationszahlungen sowie die Reduzierung des Militärs auf 100.000 Mann führten zu beträchtlichen innenpolitischen Unruhen; bei vielen auch zu einem Realitätsverlust. „Ein Beispiel dafür ist der zweite Reichspräsident, Paul von Hindenburg (1847–1934), der im August 1919 vor einem Untersuchungsausschuß der Nationalversammlung eine Erklärung verlas, nach welcher die deutsche Armee ‚von hinten erdolcht' („Dolchstoßlegende") worden sei. Er selbst hatte kaum ein Jahr zuvor die Politiker dringend gebeten, einen Waffenstillstand zu beschließen" (Willoweit 1997, S. 299 f.).

Der konservative, aber parteilose Hindenburg erhielt massive Unterstützung von der Deutschnationalen Volkspartei (DNVP), die sich offen zum Monarchismus bekannte, und durch die Deutsche Volkspartei (DVP), die den „nationalen Gedanken" hochhielt. Ohne Hindenburg und jene konservativen Politiker- und Militärgruppen, die die Weimarer Verfassung ablehnten und auf einen wieder autoritär-monarchistischen Staat und eine Liquidierung der Arbeiterbewegung hinarbeiteten, hätte Adolf Hitler (1889–1945) sicher nicht am 30. Januar 1933 die Macht an sich reißen können. So aber ernannte Hindenburg, ein treuer Gefährte von Kaiser Wilhelm I., den Führer der Nationalsozialistischen Deutschen Arbeiterpartei (NSDAP) zum Reichskanzler. Die Weimarer Republik, der erste Versuch eines demokratischen Staates in Deutschland, war damit gescheitert.

Mit der Machtübertragung auf Hitler und der Ernennung zum Reichskanzler begann der *systematische Abbau demokratischer Grundrechte*. Parteien und Gewerkschaften waren von nun an dem *Terror der Nationalsozialisten* ausgesetzt. Mit dem

„Ermächtigungsgesetz" vom 23. März 1933 beschaffte sich Hitler diktatorische Voll-machten. Bereits bis Mitte 1933 wurden alle politischen Parteien in Deutschland verboten. Es ist hier zu fragen, warum die Gewerkschaften in dieser Situation nicht ebenso wie 1920 beim Kapp-Putsch (vgl. Tormin 1973, S. 95 ff.) mit einem Generalstreik auf die Machtübernahme durch die Faschisten reagiert haben. Die Antwort liegt zum einen in der politischen Zerstrittenheit der Linkskräfte insgesamt, aber auch in der Tatsache begründet, dass sich die entscheidenden Machtmittel von der reaktionären Reichswehr bis zur Polizei bereits in den Händen des faschistischen Terrorregimes befanden. Man hatte Angst, gegen diese Kräfte den äußersten Widerstand des Ge-neralstreiks anzuwenden. Außerdem war die Kampfbereitschaft der Gewerkschaften geschwächt. Nur noch ein Drittel der Gewerkschaftsmitglieder hatte Arbeit.

Statt zu kämpfen, klammerte sich die Gewerkschaftsführung an die Illusion, ein Vergleich mit den Faschisten könne die Gewerkschaften noch retten. Nach dem Ver-bot der „Eisernen Front" im März 1933, ein im Dezember 1931 auf Initiative des ADGB geschaffener Zusammenschluss von ADGB, SPD, Reichsbanner und Arbeitersportver-bänden, nahmen die Führer aller Gewerkschaften Kontakt mit den Nationalsozialis-ten auf, um die Gewerkschaftsorganisationen zu erhalten. Die christlichen Gewerk-schaften, die sich für völlig unpolitisch erklärten, biederten sich sogar mit den Hirsch-Dunckerschen Gewerkschaften den Faschisten an und versuchten eine Teilnahme am neuen Staat auszuhandeln. Ähnlich opportunistisch reagierte aber auch der ADGB unter dem Vorsitzenden Theodor Leipart (1867–1947), der sich bereit erklärte, die po-litischen Verbindungen zur SPD aufzulösen und mit den Unternehmern eng zusam-menzuarbeiten.

> Diesem ersten Schritt der Anpassung folgten immer neue Beschwichtigungsangebote des ADGB
> an das NS-Regime: Führung der Gewerkschaften durch einen Reichskommissar; Entlassung von
> Funktionären, die die Nationalsozialisten aus rassischen oder politischen Gründen nicht mehr
> dulden wollten; am 19. April 1933 die Aufforderung an seine Mitglieder, ,für die Ehrung der schaf-
> fenden Arbeit und für die vollberechtigte Eingliederung der Arbeiterschaft in den Staat' an den
> Feierlichkeiten des von den Nationalsozialisten zum ,Tag der nationalen Arbeit' verfälschten 1.
> Mai teilzunehmen. (Limmer 1976, S. 64)

Trotz dieser Versuche der Gewerkschaftsspitzen zerschlug Hitler am 2. Mai 1933, einen Tag nach dem noch gemeinsam am 1. Mai durchgeführten „Tag der nationalen Arbeit", die Gewerkschaften. Die sogenannte Sturmabteilung (SA) und Schutzstaffel (SS) der NSDAP besetzten im gesamten deutschen Reich die Gewerkschaftshäuser; viele Funk-tionäre wurden verhaftet, gefoltert und ermordet (vgl. Harten 2014/2018). Die Gewerk-schaftsorganisationen wurden zerschlagen und ihre Mitglieder in der Deutschen Ar-beitsfront zwangsorganisiert.

Die sich während der Weimarer Zeit vor dem Hintergrund der Weltwirtschafts-krise der Jahre 1929 bis 1933 Jahre immer weiter verschlechternde wirtschaftliche Lage wurde flankiert von einer staatlichen *Austeritäts- und Deflationspolitik* unter Reichskanzler *Heinrich Brüning* (1885–1970) von der christlich-konservativen Deutsche Zentrumpartei. Die katastrophale Entwicklung bereitete den Boden für den nationalsozialistischen Führerstaat. Das liberale Dogma der „Selbstheilungskräfte der Wirtschaft" versagte. Die außerdem erhofften Wirkungen einer Steigerung des Exports – ein Außenhandelsüberschuss sollte u. a. auch die Rückzahlungen der Reparationen aus dem Ersten Weltkrieg ermöglichen – blieben ebenfalls aus, weil alle Länder über eine Deflationspolitik versuchten, ihre Produktion auf Kosten anderer Länder zu steigern. Es sollte möglichst nur noch exportiert, aber nicht mehr importiert werden. Die „*Beggar-my-Neighbour*"-Wirtschaftspolitik mußte zum Gegenteil führen. So ging dann auch der Import von 13,7 Mrd. RM (1929) auf 4,8 Mrd. RM (1932) zurück und gleichzeitig fiel der Export von 13,6 Mrd. RM auf 5,8 Mrd. RM. Damit fiel zur Konjunkturbelebung neben der Binnennachfrage auch noch die Auslandsnachfrage aus (Hardach 1976, S. 57ff). „Die Wirtschaftskrise [...] war der wohl entscheidendste Faktor für den Mitglieder- und Stimmenzuwachs der NSDAP in der Endphase der Weimarer Republik" (Barkei 1977, S. 9).

Als Hitler die Macht ergriff, standen etwa 11,5 Mio. Beschäftigten 6 Mio. Arbeitslose gegenüber. Das entsprach einer Arbeitslosenquote von 34,4 Prozent (Hardach 1976, S. 69). Der frühere Reichskanzler und Reichsbankpräsident Hans Luther (1879–1962), der bereits im März 1933 durch Hjalmar Schacht (1877–1970) von Hitler als Notenbankchef abgelöst wurde, schreibt über die Finanzpolitik von Brüning:

> Im weiteren Verlauf seiner Regierungszeit befand sich Brüning in einem dauernden Wettlauf mit dem Defizit. Kaum war ein Loch im Haushalt gestopft, so traten bereits neue Hiobsbotschaften über weitere Steuerausfälle oder über unerlässliche Ausgabenerhöhungen für die Unterstützung der Arbeitslosen ein. In Notverordnungen, die von Fall zu Fall nur wenige Monate auseinanderlagen, wurde immer wieder ein notdürftiger Damm errichtet: hier eine Steuer erhöht, noch einmal gesenkt, die Arbeitslosen- und Sozialunterstützungen gekürzt, Ausgabenposten an allen Enden des Haushalts, im ersten Jahr sogar im Wehrhaushalt zusammengestrichen. (Luther 1964, S. 149)

Bofinger stellt im Nachhinein zur Wirtschaftspolitik von Brüning fest:

> In Deutschland hat Reichskanzler Brüning mit einer solchen Politik [Austeritätspolitik] Anfang der dreißiger Jahre des letzten Jahrhunderts den Zusammenbruch der Weimarer Republik herbeigeführt und damit den Nationalsozialisten den Weg bereitet. (Bofinger 2003, S. 27)

Die NSDAP mit Hitler und seinen „willigen Vollstreckern" (Daniel Jonah Goldhagen 1996) konnten, vor dem Hintergrund der schweren Wirtschaftskrise, immer mehr das verunsicherte und krisengeschüttelte Volk für sich vereinnahmen. In ihrer Wirtschafts-Programmatik predigten sie einen „Antikapitalismus". „Gemeinnutz" gehe vor „Eigennutz" als sittlichem Prinzip. Vor allen Dingen müsse die „Zinsknechtschaft" beendet werden. Hier nahmen die Nationalsozialisten eine geistige Anleihe bei der „Freigeldlehre" von Johann Silvio Gesell (1862–1930; vgl. Kap. 3.4.1). Außerdem müssten Trusts verstaatlicht werden. In Großunternehmen wäre eine Gewinnbeteiligung durchzusetzen und es sollte sofort zu einer Kommunalisierung der Groß-Warenhäuser und ihre Vermietung zu billigen Preisen an kleine Gewerbetreibende kommen.

Außerdem müssten kleine Betriebe vermehrt an Staatsaufträgen partizipieren. Die unentgeltliche Enteignung von Boden für gemeinnützige Zwecke und die Verhinderung der Bodenspekulation wurden ebenso gefordert wie der rücksichtslose Kampf gegen Wucherer und Schieber; großzügiger Ausbau der Altersversorgung sowie die Schaffung eines gesunden Mittelstandes. Diese wirtschaftspolitischen Forderungen basierten so gut wie vollständig auf den Theorien der nationalsozialistischen Wirtschaftsexperten Gottfried Feder (1883–1941) und Otto Wagener (1988–1971).

> Während der Gründungs- und Aufbauzeit der NSDAP galt vor allem Feder als der maßgebliche Exponent der Partei in Wirtschaftsfragen. Dies war wahrscheinlich in nicht geringem Maße den lobenden Worten zuzuschreiben, die Hitler ihm in „Mein Kampf" zukommen ließ. Jedoch galt Hitlers begeisterte Anerkennung Feders und seiner Theorien nicht deren wissenschaftlichem Erkenntniswert oder operativer Brauchbarkeit, sondern in erster Linie ihrer politischen und propagandistischen Zweckmäßigkeit: „Nachdem ich den ersten Vortrag Feders angehört hatte", sagte Hitler, zuckte mir auch sofort der Gedanke durch den Kopf, nun den Weg zu einer der wesentlichsten Voraussetzungen zur Gründung einer neuen Partei gefunden zu haben. (Barkai 1977, S. 26 f.)

Die Wirtschafts-Programmatik der NSDAP war aber bereits nach der Machtergreifung im Januar 1933 kein Thema mehr bzw. „kaum noch relevant" (Barkai 1977, S. 28).

> Einmal an der Macht, verzichtete Hitler, durchaus wohlüberlegt und schlau, auf eine radikale Umformung der deutschen Wirtschaft, d. h. auf Abschaffung des Zinses, Enteignung der Aktionäre, Verstaatlichung der Großunternehmen, Kommunalisierung der Warenhäuser oder Umverteilung des Bodens. Denn was das neue Regime dringend brauchte, war Vertrauen und Mitarbeit der Wirtschaft; zunächst war der Nationalsozialismus für die meisten Industriellen ja ein widerspruchsvolles und verwirrendes Phänomen: einerseits antimarxistisch und streng nationalistisch, andererseits antikapitalistisch und revolutionär. (Hardach 1976, S. 67)

Ganz pragmatisch gedacht war natürlich Hitler und seinen Gefolgsleuten klar, dass sie die schwere Wirtschaftskrise bewältigen mussten, um an der Macht zu bleiben.

> Die Tatsache, daß schon während des ersten Jahres der nationalsozialistischen Herrschaft die Arbeitslosenzahlen zurückgingen und die deutsche Wirtschaft in knapp vier Jahren bis Ende 1936 zur Vollbeschäftigung gelangte, sicherte dem Regime und seiner Politik den weitgehenden Konsensus des deutschen Volkes: In den Augen der Bevölkerung war die NSDAP die Partei, die ‚Arbeit und ‚Brot' versprochen und Wort gehalten hatte, während andere betroffene Länder sich nur langsam von den Folgen der Weltwirtschaftskrise erholten. (Barkai 1977, S. 9)

Mit einer *antizyklischen Wirtschaftspolitik*, die von Brüning nie in Erwägung gezogen wurde, obwohl hierzu gegen Ende der Weimarer Zeit Vorschläge von den Gewerkschaften gemacht wurden (vgl. Kasten), belebten die Faschisten die Wirtschaft. Sie setzten allerdings überwiegend einen *„Rüstungs-Keynesianismus"* ein, noch bevor es in den USA zum „New Deal" kam. Ökonomen wie Robert Friedlaender Prechtl (1874–1950), der Unternehmer Heinrich Dräger (1898–1986) sowie Wilhelm Lautenbach (1891–1949), den wohl „bedeutendsten unter den deutschen Vorläufern des Keynesianismus" (Oliver Landmann (1889–1947)), hatten zuvor schon durchaus wirtschaftspolitische Alternativen zur verhängnisvollen „Brüningschen Deflations- und Parallelpolitik" entwickelt und vorgelegt (vgl. Zinn 2006, S. 206 ff.).

Gewerkschaftsforderungen in der Weltwirtschaftskrise

Während die Unternehmerverbände im Jahr 1931 Lohnabbau, Abbau der Sozialpolitik und Unverbindlichkeit der Tarifverträge als Auswege aus der Krise propagierten, forderten die Gewerkschaften eine Verkürzung der Arbeitszeit, die Vierzig-Stunden-Woche, verstärkte Einflussnahme der öffentlichen Hand auf die Wirtschaft und intensivere wirtschaftliche Außenpolitik. Anfang 1932 bekam die Diskussion um den wirtschaftspolitischen Kurs der Gewerkschaften noch einen neuen Akzent. Bis dahin hatte man in den Gewerkschaftsführungen eine Art „wirtschaftlichen Optimismus" vertreten, d. h. man nahm auch gemäß der liberalen Wirtschaftslehre eine „Selbstregelung und Selbstheilung der Wirtschaftskrise" an und hielt infolgedessen eine abwartende Haltung, unter Verteidigung sozial- und lohnpolitischer Positionen, für die richtige Politik. Jetzt sollte aber eine aktive staatliche Wirtschaftspolitik erfolgen. So forderte der ADGB im April 1932 ein großangelegtes Arbeitsbeschaffungsprogramm. Der Kern des Plans war in der ursprünglichen Fassung die sofortige Einstellung etwa einer Million Arbeitsloser für öffentliche Großarbeiten und deren Finanzierung durch bei der Reichsbank rediskontierbare Schuldverschreibungen und teilweise „zusätzliche Notenbankschöpfung". Beruhigend wurde hinzugefügt, dass über ein Drittel des erforderlichen Betrages durch Einsparungen der Arbeitslosenversicherung und erweiterte Steuereinnahmen gedeckt werden könne. Der Plan stieß innerhalb der sozialdemokratischen Parteiführung auf entschiedenen Widerstand und konnte erst nach langwierigen Auseinandersetzungen und in verwässerter Form am 13. April 1932 vom Kongress des ADGB angenommen werden. Besonders widersetzte sich der SPD-Politiker Rudolf Hilferding (1877–1941) den Vorschlägen. Er war im Kabinett des sozialdemokratischen Reichskanzlers Hermann Müller (1876–1931) kurzzeitig Finanzminister. Im Jahr 1941 wurde Hilferding von Faschisten ermordet. Er unterstützte erstaunlicherweise die Brünnigsche Deflationspolitik. Im Jahr 1909 wurde sein Werk „Das Finanzkapital" veröffentlicht, hier vertrat er die Theorie eines autoritären „organisierten Kapitalismus" als notwendige, antidemokratische Übergangsphase in der Entwicklung des kapitalistischen Systems zum Sozialismus. Insofern „mußten die Ansätze (einer Arbeitsbeschaffungsmaßnahme) als vergeblicher und entwicklungshemmender Versuch erscheinen, die Gebrechen des kapitalistischen Systems im Rahmen der bestehenden Gesellschaftsordnung zu heilen. In den Augen der marxistischen Orthodoxie waren zyklische Überproduktionskrisen unvermeidliche Erscheinungen des Kapitalismus und beschleunigten dessen Untergang. Versuche aktiver Konjunkturregelung konnten diesen Prozess auf die Dauer nicht verhindern und würden kurzfristig nur die Währung gefährden und durch die Inflation die Lage der Arbeiter noch verschlimmern. Aus dieser Grundstellung bezeichnete Hilferding, mit Unterstützung von Fritz Naphtali (1888–1961), der 1928 noch für den ADGB ein Modell für eine Wirtschaftsdemokratie entwickelt hatte, und Paul Hertz (1988–1961), Finanzfachmann der SPD-Reichstagsfraktion, den Arbeitsbeschaffungsplan der Gewerkschaften als ‚unmarxistisch' und mobilisierte die sozialdemokratische Reichstagsfraktion im Stillen gegen den Plan" (Barkai 1977, S. 45).

Noch entscheidender für die Beschäftigungserfolge als eine antizyklische staatliche Wirtschaftspolitik war aber wohl, dass die gesamte Wirtschaft von den Nationalsozialisten zu einer *„total gelenkten Wirtschaft"* gemacht wurde. Von Anfang an war sie zur „Berichtigung der Ergebnisse des Ersten Weltkriegs" durch einen Zweiten Weltkrieg geplant. Ab 1934 war die deutsche Wirtschaft bereits eine Kriegswirtschaft im Frieden. Dazu passte der *Antisemitismus* Hitlers sowie seine grundsätzlich rassistische und sozialdarwinistische Grundeinstellung, die in einen angeblichen Daseinskampf der Rassen und Völker mit dem Recht des Stärkeren als einzig gültigem Existenzanspruch eingebettet waren (vgl. Harten 2006). Der Staat solle hier das ausführende Organ sein und dabei den absoluten Vorrang vor der Wirtschaft haben. Hitler sah in der Wirtschaft „nur eine notwendige Dienerin im Leben eines Volkskörpers und Volkstums. (Die Bewegung) empfindet eine unabhängige nationale Wirtschaft als eine Notwendigkeit, jedoch sie sieht in ihr nicht das Primäre, nicht die Bildnerin eines starken Staates, sondern umgekehrt: Der starke nationale Staat allein kann einer solchen Wirtschaft Schutz und die Freiheit des Bestehens und der Entwicklung geben" (Barkai 1977, S. 25 f.).

Daraus leitete Hitler seinen nationalsozialistischen „Lebensraum"-Anspruch und den geplanten *imperialistischen Eroberungskrieg* ab. Beide Ideologien ließen sich ausgezeichnet mit den internationalen Expansionsansprüchen des deutschen Kapitals (vgl. Kap. 8.2.3.6.2) verbinden. Zur Lösung der nationalen Überproduktionskrise setzte das Naziregime auf eine nichtreproduktive Rüstungsproduktion, die zwar durch die staatsfinanzierten Ausgaben zu Beschäftigung und einer zusätzlichen Kaufkraft mit entsprechenden Wachstum führen sollte, die aber nicht kreislaufwirksam das Marktangebot weiter erhöhte und damit eine neue Krise provozierte.

Der Errichtung einer Kriegsmaschinerie ordneten die Nazis das Wirtschaftssystem unter. Sie

> ersetzten [...] den autonomen Marktmechanismus durch allumfassende Direktiven [...], durch ein totalitäres System von Regierungskontrollen innerhalb des Rahmens privaten Eigentums und privater Profite. [...] Ein riesiges Organisationsnetz umfasste im ganzen Lande jeden Faktor der Produktion, der Verteilung und des Verbrauchs. Durch die Beherrschung dieser Organisationsstruktur, über die jedem kleinen oder großen Unternehmer im Lande Befehle übermittelt werden konnten, und durch die Forderung unbedingten Gehorsams erreichte die Regierung eine vollkommene Kontrolle der Wirtschaft, ohne selbst die Produktionsmittel in Besitz zu nehmen. (Barkai 1977, S. 11)

Bei den Kapitaleigentümern waren neben dem Industriekapital insbesondere die Rüstungsgüterproduzenten die größten Profiteure (Bontrup/Zdrowomyslaw 1988, S. 33 ff. und S. 106 ff., Röhr 2007), während nach Feder das „raffende" Finanzkapital in Gestalt des „jüdischen Parasitismus" vernichtet werden sollte und am Ende der Schreckensherrschaft zur Ausrottung von sechs Millionen europäischer Juden führte. Feders Differenzierung zwischen dem „raffenden" Finanzkapital und dem „schaffenden" Industriekapital, war die „ideale Formel, nach der sich die NSDAP ‚antikapitalistisch' gebärden konnte, ohne dabei diejenigen Wirtschaftskreise abzuschrecken, um deren finanzielle und politische Unterstützung sie warb" (Barkai 1977, S. 27). So konnte Hitler schließlich spätestens ab 1931 mit einer wachsenden Unterstützung der Industriellen und Unternehmerschaft rechnen. Reichsbankpräsident Hjalmar Schacht (von 1934 bis 1937 gleichzeitig auch Reichswirtschaftsminister) sprach in einem wirtschaftspolitischen Grundsatzreferat vor Unternehmern offen aus, was führende Industrielle in

Deutschland unisono dachten: „In der Tat hat die deutsche Wirtschaft an dem Enderfolg der nationalen Bewegung das brennendste Interesse" (Barkai, S. 45). Nach der Rede von Hitler Anfang 1932 im Industrieclub Düsseldorf vor der dort versammelten Führungsschicht der Wirtschaft, erhielt er nun auch die offene (finanzielle) Unterstützung führender Industrieller. „Im November 1932 richteten diese einen Brief an den Reichspräsidenten Hindenburg mit der unmißverständlichen Aufforderung Hitler zum Reichskanzler zu ernennen" (Schacht 1934, S. 5).

Aufgaben

a) Untersuchen und diskutieren Sie im Einzelnen die Programme der NSDAP, die zur Ankurbelung der Wirtschaft auf den Weg gebracht wurden.

b) Beurteilen Sie die gewerkschaftlichen Forderungen zur Krisenbekämpfung.

c) Würden Sie diese Programme als keynesianisch einstufen? Begründen Sie ihr Ergebnis.

8.2.3.6 Staat und Kapitalismus

8.2.3.6.1 Kapitalismus (zum Begriff) und seine Merkmale

Der *Begriff Kapitalismus* ist als Ordnungsform stark umstritten (vgl. Kocka 2013, S. 6 ff., Himmelmann 1977, S. 208 ff., Altvater 2005, S. 33 ff., Fülberth 2018, 2019). Er gilt als „*Kampfbegriff*" gegen die ausbeutenden Kapitaleigner, gegen die Kapitalisten, die von der Arbeit ihrer Arbeiter leben, indem sie sich den durch Lohnarbeit geschaffenen Mehrwert aneignen. In der dezentral ausgerichteten kapitalistischen Marktwirtschaft *dominiert das Privateigentum an Produktionsmitteln* und am Boden, d. h., Unternehmer und Grundherren sind hier Eigentümer und haben die unmittelbare oder – falls sie die Unternehmerfunktion an Manager delegiert haben (Prinzipal-Agenten-Lösung) – zumindest die mittelbare Verfügungsgewalt über die Produktionsmittel und den Kapitaleinsatz. Damit liegt die Entscheidungsfunktion über den Produktionsprozess final beim Eigentümer des Kapitals. Erich Preiser (1900–1967) spricht in diesem Kontext von einem „*Investitionsmonopol des Kapitals*".

Und die *Koordinationsfunktion* erfolgt über den Markt: Jeder einzelne versucht hier, seine Vorstellungen durchzusetzen und muss sie unter Umständen in einem gegenseitigen Abstimmungsprozess, der über Preisschwankungen gesteuert wird, nachträglich ändern. Die verhaltenssteuernden Informationen liefern die relativen Preise und ihre Veränderungen. Die des Menschen liegt darin, für sich jeweils das Beste herauszuholen. Dirk Maxeiner und Michael Miersch (2001) sprechen vom „Mephisto-Prinzip": Warum es besser ist, nicht gut zu sein. Die Kontrolle über die menschliche Gier soll idealtypisch der Wettbewerb, das Konkurrenzprinzip, als ein Entmachtungsinstrument, ausüben. Marktvermachtung wird als eine „Systementartung" gesehen und muss bekämpft werden.

Für den Ökonomen Meinhard Miegel hat sich dabei trotz seiner Schwächen regelrecht eine „Liebe der Menschen zum Kapitalismus" entwickelt.

> Sie drängen hinein, nicht hinaus. Das kommt, weil die Regeln einfach sind und das materielle Ergebnis stimmt. [...] Der Kapitalismus kommt der großen Mehrheit zupass und bedient, wenn schon nicht ihre edelsten, so doch ihre stärksten Triebe. Das borniertе, sprich geistig beschränkte Streben nach Profit, soll heißen nach Vorteil und Gewinn, ist, anders als seine Kritiker meinen, nicht eine seiner Schwächen, sondern eine weitere Stärke. Denn das versteht jeder auf Anhieb: Konzentriere dich auf deinen eigenen Vorteil, und versuche, ihn gegen andere zu verteidigen. Du stehst im Mittelpunkt. Unter dem Strich zählst allein Du. (Miegel 2014, S. 12)

Dieses von Miegel dargestellte *Eigennutzdenken* beschrieb 1776 schon Smith. Diese Denkweise ist sicher den Menschen inhärent, worunter unvermeidlich Solidarität oder Altruismus leiden. Dies bedeutet dann aber umso mehr, dass wir neben dem natürlichen Eigennutzen, der wohl auch auf den menschlichen Selbsterhaltungstrieb zurückgeführt werden kann, auch einen gesamtgesellschaftlichen Nutzen stellen bzw. etablieren müssen. Nur dies funktioniert nicht, wie Smith annahm, automatisch durch eine „unsichtbare Hand" des Wettbewerbs. Dazu bedarf es vielmehr einer gesellschaftlichen bzw. *politischen Kontrolle der „Marktfreiheit"*, die nur durch einen demokratisch verfassten Staat sichergestellt werden kann. Darauf hat schon der *ordoliberale Ökonom Walter Eucken* (1891–1950) vehement bestanden:

> Also ‚Freie Wirtschaft'? Auch diese Frage haben wir aufgrund historischer Erfahrung mit Nein zu beantworten. Gründe: Bei dem Wort ‚Freie Wirtschaft' erinnern sich viele Menschen an die schwere Wirtschaftskrise 1929/32, die in einigen großen Industrieländern Millionen aus der Arbeit warf, die zu einem Zusammenbruch der weltwirtschaftlichen Beziehungen führte, in deren Verlauf die Produktion in vielen Industrie- und Agrarländern rasch zusammenschrumpfte und aus der sich schwerwiegende politische Fragen ergaben. Sollen wir wieder eine solche Wirtschaftsordnung herstellen? – Sicherlich: Nein. Woran krankte die ‚Freie Wirtschaft'? Die sogenannte Freie Wirtschaft war eine vermachtete Wirtschaft. [...] Die Bildung zahlreicher Monopole, Teilmonopole und Oligopole war die Folge der freien Wirtschaft. [...] Und als die Wirtschaft immer mehr von solchen Machtgebilden durchsetzt wurde, mußte sie krisenanfällig und instabil werden; Arbeitslosigkeit mußte entstehen und soziale Kämpfe brachen aus. Diese Machtgruppen haben auch den internationalen Handel schwer beeinträchtigt, indem die großen Konzerne, Kartelle, Pools und Trusts ihren Machtbereich über die nationalen Grenzen ausdehnten, dabei oft in Konflikt miteinander gerieten oder – bei Abkommen untereinander – die Märkte erstarren ließen. [...] Die wirtschaftlichen Machtgruppen gewannen politischen Einfluß, wurden auch zu politischen Machtfaktoren und untergruben dadurch die freie staatliche Verfassung. (Eucken zitiert in Oswald 1999, S. 13)

Diese Feststellungen sind interessant und erstaunen zugleich, beschreiben sie doch einen schon damals von Eucken identifizierten Monopolkapitalismus, besser einen *staatsmonopolistischen Kapitalismus*, der heute erst so richtig seine Blütezeit erreicht hat.

8.2.3.6.2 Monopol- und staatsmonopolistischer Kapitalismus

Das Problem in einer marktwirtschaftlich-kapitalistischen Ordnung ist, dass hier selbst im gesellschaftlichen Überbau der demokratisch verfasste Staat noch nie ein übergeordnetes Wesen war, ein neutraler Hüter des Gemeinwohls, der geradezu über eine chaotische Gesellschaft bzw. Wirtschaft thront. Der Staat hat häufig *Partei ergriffen* und ist dabei durch eine aufgrund gewaltiger Konzentrations- und Zentralisationsprozesse des Kapitals immer mächtiger werdende Wirtschaft (vgl. Kap. 3.2) zunehmend *vereinnahmt worden*.

Im zu Beginn des 20. Jahrhundert einsetzenden und sich schnell verstärkenden Monopolkapitalismus, in Form von immer größeren *Konzernen*, der Bildung von *Kartellen* sowie durch umfangreiche vertikale Unternehmensverflechtungen, konnten sich immer mehr Produktivkräfte entwickeln und durch Massenproduktionen „economies of scale" realisiert werden. Vor allem die Elektrifizierung des Produktionsprozesses ließ sich ökonomisch nur über eine vollständige Umrüstung des Maschinenparks durch eine Neuorganisation der Arbeitsabläufe und der Arbeit selbst vollziehen. Hiermit einher gingen gewaltige Investitionsprozesse, die die Finanzierungsmöglichkeiten kleiner oder auch mittelgroßer Unternehmen überfordert hätten. All diese Faktoren hatten Auswirkungen auf den ökonomischen Prozess selbst, aber auch auf das Verhältnis der kapitalmächtigen Unternehmen. Der Rechtswissenschaftler und Politologe Wolfgang Abendroth (1906–1985) schreibt dazu:

> Die Entwicklung zum Monopolkapitalismus hat die Bedeutung der Staatsgewalt im Ringen der Klassen untereinander und als Instrument der Sicherung der Beherrschung ausländischer Rohstoffquellen, Märkte und Kapital-Anlagegebiete in bisher unerhörtem Maße wachsen lassen. Die Staatsgewalt hat sich das Monopol der Rechtsetzung und der Rechtsprechung auf ihrem Territorium und das Monopol der Anwendung physischer Gewalt nach innen und außen angeeignet. Sie hat die Organisation derjenigen sozialen Bereiche, vor allem der Sozialpolitik und der Kulturpolitik, übernommen, die nicht unmittelbar durch das Profitstreben der Besitzer der Produktionsmittel, ihrer Konzerne, Trusts und Kartelle gesteuert und geordnet werden können, aber in deren gemeinsamen Interesse geregelt werden müssen, wenn das gesellschaftliche Leben funktionieren soll. Sie muß vom Standpunkt der herrschenden Klassen aus gesehen in der Lage sein, die Energie aller sozialen Schichten für ihre Interessen einzuspannen, um die in den großen imperialistischen Auseinandersetzungen möglichst reibungslos einsetzen und in Krisenperioden das Drängen der Arbeitnehmer auf sozialistische Umgestaltung der Gesellschaft lähmen oder gewaltsam niederhalten zu können. [...] Das Ziel der kapitalistischen Oberschichten in der liberalen Entwicklungsperiode des vorigen 19. Jahrhunderts – die Verdrängung der Staatsgewalt aus dem gesellschaftlichen Leben, soweit sie nicht zur polizeilichen Unterdrückung des Proletariats unentbehrlich war – ist deshalb in allen kapitalistischen Ländern durch die Ausdehnung der öffentlichen Gewalt zwecks Regelung fast aller Lebensbereiche – jedoch unter der Kontrolle und im Interesse der Inhaber der ökonomischen Macht – ersetzt worden. (Abendroth 1967, S. 411)

Die Theorie des *staatsmonopolistischen Kapitalismus* (nicht: „Staatskapitalismus" nach Abb. 8.1) geht mit Marx davon aus, dass der Kapitalismus aufgrund seiner immanenten Krisenanfälligkeit immer mehr zu einer Monopolisierung des Kapitals führt und diese wiederum immer mehr Einfluss auf den Staatsapparat gewinnt (vgl. Gündel et al. 1967). Der Soziologe und Volkswirt Thilo Bode schreibt 2018 in seinem Buch „Die Diktatur der Konzerne":

> Ich kann mich nicht mit der gebräuchlichen Erklärung zufriedengeben, es fehle nur der ‚politische Wille', die Konzerne zu regulieren. Vielmehr bin ich überzeugt: Es besteht der politische Wille, nicht gegen die Konzerne zu entscheiden. Meine These [...] lautet: Seit dem Fall der Mauer ist eine neue Qualität des Lobbyismus entstanden aufgrund der dramatisch gewachsenen Markt- und Finanzmacht der Konzerne. Diese Markt- und Finanzmacht ist zu einer politischen Macht geworden. Es hat sich ein industriell-politischer Komplex herausgebildet, in dem Konzerne und Politik zum gegenseitigen Nutzen eine Zweckgemeinschaft bilden, die keine Entscheidungen mehr gegen Konzerne trifft. Das hat verheerende Auswirkungen auf die Demokratie und verursacht gewaltige Schäden. (Bode 2018, S. 8.)

Dabei bedeutet die konzentrierte Marktmacht nicht das Verschwinden der Konkurrenz,

> sondern bedingt zunächst nur eine Veränderung ihrer Form, wobei sie sich selbst als Konkurrenz unter Monopolen durchaus verschärfen kann und bei wachsender Krisenhaftigkeit der kapitalistischen Entwicklung notwendig verschärfen muss. Sie bedeutet auch nicht das absolute Verschwinden der vielen kleinen Kapitale, solange auch unter den Bedingungen entwickelter Produktivkräfte davon auszugehen ist, daß im Rahmen des gesellschaftlichen Reproduktionsprozesses neue selbständige Kapitale immer wieder entstehen und sich partiell auch behaupten können. Der Begriff ‚Monopolkapitalismus' ist demnach nicht im Sinne der in der Nationalökonomie gebräuchlichen morphologischen Markttypen, sondern als Charakterisierung einer die Organisations- und Bewegungsform der Einzelkapitale insgesamt bestimmenden Struktur und Tendenz aufzufassen. (Hirsch 1963, S. 175 f.)

Der Staat wird dabei zum „Helfer" der „privaten Monopole" und bei der Realisierung ihrer Monopol- und Extraprofite durch die Schaffung ausländischer Absatzgebiete im Rahmen internationaler Freihandelsabkommen wie z. B. durch das Transatlantic Trade and Investment-Partnership (TTIP) (vgl. Kap. 7.1.5). Auch hilft der Staat durch die Vergabe öffentlicher Aufträge, durch die Übernahme von Forschung und Entwicklung, Krediten und Bürgschaften und nicht zuletzt durch Steuererleichterungen.

Im staatmonopolistischen Kapitalismus wird auch von einer hohen personellen und institutionellen Verflechtung des Staatsapparates mit der Monopolbourgeoisie ausgegangen:

> Personelle Verflechtung heißt, daß Mitglieder des Monopolkapitals bzw. deren bezahlte Vertreter (Manager) dem Parlament, der Regierung und der Ministerialbürokratie angehören, um jeweils dort die Politik im Interesse der Monopole zu beeinflussen. Die institutionelle Verflechtung erfolgt durch die Beteiligung der Unternehmensverbände am politischen Geschehen, inoffiziell durch ein gut ausgebautes informelles System und die Duldung der Tätigkeit von Lobbyisten, offiziell durch die Anhörungsverfahren, bei denen die Vertreter der Monopole ein Übergewicht haben. (Schuron 1986, S. 655)

Staat und Monopole müssen hier aber die Interessen der abhängig Beschäftigten und ihrer Gewerkschaften berücksichtigen. Jedenfalls solange, wie diese über eine zumindest relative Macht in der Gesellschaft verfügen. Dies ist jedoch im Zuge einer zunehmenden Globalisierung und Privatisierung der Welt und einer anhaltenden Massenarbeitslosigkeit immer stärker vom dominanten Kapital bedroht. Speziell in Deutschland ist es zu einer Erosion des Flächentarifvertrages und einem Mitgliederschwund gekommen und nicht zuletzt liegen hier auch noch strukturelle Organisationsschwächen innerhalb der Gewerkschaften vor (vgl. Welsch 2008, S. 67 ff.).

Die Forschung im Kontext eines staatmonopolistischen Kapitalismus ist ab etwa Mitte der 1980er-Jahre um den Begriff „staatsmonopolistische Komplexe" als neue Organisationsform des Kapitals erweitert worden. Die Ökonomen Ulrich Dolata, Arno Gottschalk und Jörg Huffschmid (1940–2009) sehen hier einen Bezugspunkt zur Begriffsbildung eines „militärisch-industriellen Komplexes", von dem der US-amerikanische Präsident Dwight D. Eisenhower (1890–1969) Anfang der 1960er-Jahre erstmals sprach, als er auf die enge Verflechtung zwischen einem riesigen militärischen Establishment und einer großen Rüstungsindustrie hinwies und hierin erhebliche Gefahren für die Entwicklung der Demokratie sah.

> Die marxistische Theorie geht davon aus, daß die Erscheinungen die Eisenhower damals zu seiner warnenden Bemerkung veranlaßt hatte, weder zufällige noch außergewöhnliche Einzel- oder Sonderfälle in der Entwicklung des Kapitalismus sind. Vielmehr stellt der Komplex eine wichtige Organisationform des Kapitals im Stadium des staatsmonopolistischen Kapitalismus dar. Er thematisiert zwei wesentliche Seiten des Monopolkapitals unter den heutigen Bedingungen: Zum einen trägt er der fortgeschrittenen Vergesellschaftung des kapitalistischen Reproduktionsprozesses und der daraus folgenden Notwendigkeit Rechnung, daß der Staat als die am weitesten entwickelte gesellschaftliche Instanz dauerhaft und vielseitig in den Wirtschaftsprozeß eingreift („interveniert"), ohne daß das private Monopolkapital als Bezugsbasis dieser Eingriffe verlassen wird. Zum anderen bezeichnet die Kategorie des staatsmonopolistischen Komplexes im Unterschied zu dem allgemeinen Begriff des staatsmonopolistischen Kapitalismus als der ‚Vereinigung der Macht der Monopole mit der Macht des Staates' spezifische neue Verbindungsformen zwischen Staat und Einzelkapitalen: Diese beeinflussen die Aktivität des Staates nicht mehr allein von außen durch Verbände, Lobbys oder die Medien, und ihr Druck auf den Staat von innen erfolgt nicht mehr allein durch Personalverflechtungen, persönliche Beziehungen; sie sind vielmehr direkt im produktiven Bereich durch dauerhafte Kooperationen mit dem Staat bzw. wichtigen Teilen des Staates verflochten (Dolata/Gottschalk/Huffschmid 1986, S. 142 f.).

8.2.3.6.3 Finanzmarktkapitalismus

Schenkt man den Worten des damaligen Präsidenten der Deutschen Bundesbank, Hans Tietmeyer (1931–2016), Glauben, muss man von einer Beherrschung des Staates durch die Wirtschaft, genauer durch das auf den Finanzmärkten zirkulierende Finanzkapital sprechen. Im Jahr 1996 führte er auf dem Weltwirtschaftsforum in Davos aus: „Ich habe bisweilen den Eindruck, dass sich die meisten Politiker immer noch nicht darüber im Klaren sind, wie sehr sie bereits heute unter der Kontrolle der Finanzmärkte stehen und sogar von diesen beherrscht werden" (zitiert bei Jahnke 2018, S. 14).

Hilferding hatte in seinem Werk *„Das Finanzkapital"* bereits 1909 auf die „neue Macht" der Finanzintermediäre im Kapitalismus hingewiesen, die, wie Marx es bereits vor ihm formulierte, „in seinen Anfängen verstohlen, als bescheidende Beihilfe der Akkumulation, sich einschleicht, durch unsichtbare Fäden die über die Oberfläche der Gesellschaft in größeren oder kleineren Massen zersplitterten Geldmittel in die Hände individueller oder assoziierter Kapitalisten zieht, aber bald eine neue und furchtbare Waffe im Konkurrenzkampf wird, und sich schließlich in einen ungeheuren sozialen Mechanismus zur Zentralisation des Kapitals verwandelt" (Marx 1972, S. 591). Hilferding zeigt dabei, wie sich unter dem Druck des Finanzkapitals auch ein allmählicher Funktionswandel des bürgerlichen Staates anbahnt. Die im Wachstums- und Akkumulationsprozess des Kapitals verstärkt auftretende Enge des kapitalistischen Binnenmarkts, die durch Kartelle, Syndikate und große Konzerne noch akzentuiert wird, dränge zu radikalen imperialistischen Lösungen.

So ist es nicht verwunderlich, dass es zu Beginn des 20. Jahrhunderts zu einer neuen Staatsideologie kommt, die die bisherige liberale Staatsauffassung (vgl. Kap. 8.2.3.1) durch eine konservative des Nationalismus und Rassismus verdrängt (vgl. Kap. 8.2.3.5). Hilferding warnt noch vor Ausbruch des Ersten Weltkrieges vor dem Finanzkapital, das nicht Freiheit, sondern Herrschaft will:

> es hat keinen Sinn für die Selbständigkeit des Einzelkapitalisten, sondern verlangt seine Bindung; es verabscheut die Anarchie der Konkurrenz und will die Organisation, freilich nur, um auf immer höherer Stufenleiter die Konkurrenz aufnehmen zu können. Aber um dies durchzusetzen, um seine Übermacht zu erhalten und zu vergrößern, braucht es den Staat, der ihm [...] den inländischen Markt sichern, die Eroberung ausländischer Märkte erleichtern soll. Es braucht einen politisch mächtigen Staat, der in seiner Handelspolitik nicht auf die entgegengesetzten Interessen anderer Staaten Rücksicht zu nehmen braucht. Es bedarf schließlich eines starken Staates, der seine finanziellen Interessen im Ausland zur Geltung bringt, seine politische Macht einsetzt, um den kleineren Staaten günstige Lieferungsverträge und günstige Handelsverträge abzunötigen. Einen Staat, der überall in der Welt eingreifen kann, um die ganze Welt in Anlagesphären für sein Finanzkapital verwandeln zu können. Das Finanzkapital braucht endlich einen Staat, der stark genug ist, um Expansionspolitik treiben und neue Kolonien sich einverleiben zu können (Hilferding 1909 (1974) Bd. 2, S. 456).

Das Finanzkapital ist mittlerweile im Vergleich zum Industrie- und Handels- bzw. Dienstleistungskapital noch mächtiger geworden. Hiervon geht jedenfalls die *Theorie des finanzmarktgetriebenen Kapitalismus*, eines *„Raubtierkapitalismus"*, aus (vgl. u. a. Huffschmid 2002, Bischoff 2006, Massarrat 2017). Während die klassisch-neoklassische Theorie dem Geld nur einen „Schleier" angedichtet hat, verwandelt die Theorie der Finanzkapitaldominanz das Geld in eine die reale Produktion beherrschende Macht und spricht von einer „Nichtneutralität des Geldes". Man beruft sich dabei auf den auf Keynes zurückgehenden Monetärkeynesianismus. Mit „Dominanz" ist hier aber nicht gemeint, dass sich das Finanzkapital von der realproduzierenden

Wirtschaft entkoppeln kann. Dies ist ein Irrtum. Das sich hinter dem Finanzkapital verbergende Geld kann sich nur in der stofflichen Produktion von Gebrauchswerten und deren Verkauf vermehren. So ist es unmöglich, dass sich der Geld- und Finanzsektor von der „Realproduktion" abkoppelt. Was sich auch dadurch zeigt, dass der Krisenauslöser, nicht der Verursacher Finanzsektor heftige negative Rückwirkungen in den realproduzierenden Wirtschaftssektor mit Produktions- und Wachstumseinbrüchen und Arbeitslosigkeit hat. Der Tauschwert für Geld, der Zins, muss als Mehrwert im Produktionsprozess als eine Kombination aus menschlicher Arbeit, Kapital und Umweltge- und -verbrauch entstehen. Der Zins, als der Geldpreis, muss demnach die reale Produktion durchlaufen und produziert sich nicht selbst, was ebenso für den Zinseszins-Effekt gilt.

Mit Dominanz der Finanzmärkte ist hier unter dem Regime des marktradikalen Neoliberalismus eine Aufblähung des Finanzsektors zu verstehen (vgl. Kap. 3.4.6), ein *übermäßiges Wachstum* in Relation zum realwirtschaftlichen Wachstum. Was ist der Grund? Die immer stärker ausgeprägte *Umverteilung der Wertschöpfung* von den Arbeits- zu den Besitz- bzw. Mehrwerteinkommen (vgl. Kap. 3.3.1 und 6.1.2), als auch die teilweise Umwandlung der Finanzierung der Rentensysteme weltweit (in Deutschland durch die „Riester-Rente") von einem Umlage- zu einem *Kapitaldeckungsverfahren* (vgl. Christen 2011), haben bei wenigen gigantische Liquidität hoch konzentriert entstehen lassen. Dadurch kam es in der realen Produktion zu einem Wachstumsverlust mit Arbeitslosigkeit, und dadurch wiederum zu weniger Konsum und weniger Investitionen. Wohin fließt dann das Geld? Dies kann nur auf die Finanzmärkte gespült werden.

Schon 2006 stellten in einem Bericht die Bank für Internationalen Zahlungsausgleich und der Internationale Währungsfonds (IWF) eine weltweit „überreichliche Liquidität" fest. Nach Daten der US-Notenbank Fed hielten 2012 nur die 500 größten US-Unternehmen außerhalb des Finanzsektors liquide Mittel von 1,7 Billionen US-Dollar. Das entsprach 11 Prozent des US-Bruttoinlandsprodukts (vgl. Handelsblatt 2012, S. 18). Im Jahr 2002, noch vor der weltweiten Finanz- und Wirtschaftskrise ab 2007, schrieb Huffschmid (S. 22) vorausschauend, dass die Überschussliquidität zu einem großen Problem geworden ist. Die Unternehmen und auch die Staaten rufen das Geld nicht mehr für Investitionen ab. Die Unternehmen haben für Erweiterungsinvestitionen keine hinreichenden Absatzerwartungen und die Staaten wollen sich nicht weiter verschulden. So fließt das Geld auf die Finanzmärkte und in Folge steigt die Spekulation, während die Risikoaversion wegen fehlender Anlagemöglichkeiten sinkt.

8.3 Wirtschaftsordnungen in Deutschland nach dem Zweiten Weltkrieg

8.3.1 Gründung zweier deutscher Staaten und Wiedervereinigung

Vor der Wiedervereinigung kam es nach dem Zweiten Weltkrieg in Deutschland ordnungspolitisch zunächst zur Gründung zweier Staaten: der Bundesrepublik Deutschland (BRD) und der Deutschen Demokratischen Republik (DDR). Wer bestimmte, welche Ordnungspolitik bzw. Wirtschaftsordnung umgesetzt wurde? Die meisten Westdeutschen glauben, dass das 1949 verabschiedete Grundgesetz autonom vom westdeutschen Volk verabschiedet worden sei. Dies ist nicht korrekt.

> Der Wiederaufbau der westdeutschen Staatlichkeit erfolgte – um die übliche Kurzformel zu verwenden – ,von unten nach oben', wobei allerdings hinzuzufügen ist, daß er ,von oben', d. h. von den Besatzungsbehörden, bestimmt, gelenkt und kontrolliert wurde. Zunächst setzten die Besatzungsbehörden auf der kommunalen Ebene Bürgermeister und Landräte ein. Sodann wurden politische Parteien zugelassen und – im Lauf des Jahres 1946 – von der Bevölkerung Gemeindevertretungen und Kreistage gewählt, die ihrerseits die Bürgermeister und die Landräte wählten oder bestätigten. Anschließend, z. T. schon gleichzeitig, wurden von den Besatzungsmächten in ihren vier Zonen Länder errichtet und Ministerpräsidenten und Landesregierungen bestellt. Sodann kam es – mit Ausnahme der britischen Besatzungszone – zur Wahl von verfassungsgebenden Landesversammlungen. Die von ihnen beschlossenen und durch Volksentscheid angenommenen Landesverfassungen bildeten die Grundlagen für die Wahl der Landtage sowie für das staatliche Leben in den Ländern überhaupt. (Maurer 1999, S. 82 f.)

Weiter bildeten die auf der *Londoner Sechs-Mächte-Konferenz* (USA, Frankreich, Großbritannien, Niederlande, Belgien, Luxemburg) verabschiedeten Empfehlungen, die in leicht veränderter Form als „Frankfurter Dokumente" den deutschen Ministerpräsidenten übergeben wurden, den formalen Ausgangspunkt für die Entstehung des Grundgesetzes und der Bundesrepublik Deutschland: Dieser ersten Phase der westalliierten Verständigung folgte eine zweite Phase der Beratungen der deutschen Ministerpräsidenten und Parteiführer untereinander und mit den Besatzungsmächten. Die dritte Phase bildeten schließlich die vor allem auf den Ergebnissen des Verfassungskonvents von Herrenchiemsee basierenden Beratungen des *Parlamentarischen Rats* in Bonn, die dann freilich nochmals mit den Alliierten abgestimmt werden mußten, bevor das Grundgesetz durch die *Länderparlamente* ratifiziert werden konnte (vgl. Kleßmann 1982, S. 193). Als einziges Bundesland stimmte Bayern gegen das ausgearbeitete und am 23. Mai 1949 durch die Volksvertretungen von mehr als zwei Dritteln der beteiligten deutschen Länder verabschiedeten Grundgesetz.

Zwischen den Vorstellungen des Parlamentarischen Rats und den Westalliierten gab es durchaus heftig umstrittene Punkte für eine neue westdeutsche Verfassung.

> Dies betraf vor allem das Verhältnis von Bund und Ländern und hier insbesondere die Finanzverfassung und die Gesetzgebungskompetenzen. Es waren die gesamtgesellschaftlich und daher zentralistisch orientierten Sozialdemokraten, die eine starke Bundesfinanzverwaltung durchge-

setzt hatten, wofür im Gegenzug das föderalistische Interesse der CDU/CSU durch eine gleichfalls starke Position der Länderkammer befriedigt wurde. (Willoweit 1997, S. 349 f.)

Insgesamt ist es für den Verfassungsrechtler Dietmar Willoweit dabei nicht überraschend,

dass die Entscheidungen des Grundgesetzes in starkem Maße von den belastenden Erinnerungen an das Versagen des Weimarer Verfassungssystems und von den Erfahrungen mit der Diktatur Hitlers geprägt waren (vgl. Kap. 8.2.3.5). Die Liste der so zu erklärenden Verfassungsartikel ist lang. Sie reicht von der Anerkennung der Menschenwürde als ethischer Grundnorm (Art. 1 GG) über das Diskriminierungsverbot (Art. 3 Abs. 3 GG) bis zur Abschaffung der Todesstrafe (Art. 102 GG), ‚Zukunftsbewältigung durch Vergangenheitserfahrung (M. Kloepfer) wurde diese Verfassungspolitik treffend genannt' (Willoweit 1997, S. 350). Bezüglich der Wirtschaftsordnung in Westdeutschland war auch die Entscheidung für eine *soziale Marktwirtschaft* relativ schnell getroffen, ‚die Ludwig Ehrhard mit der CDU gegen die SPD, die damals noch für Planwirtschaft (nicht Zwangswirtschaft) eintrat, in der Bizone durchsetzte'. (Maurer 1999, S. 84 f.)

In der *DDR* wurde die Staatsgründung mit einer am 7. Oktober 1949 von der Deutschen Volkskammer verabschiedeten Verfassung fast ausschließlich durch die Sowjetunion bzw. der Kommunistischen Partei der Sowjetunion (KPdSU) vorgegeben (vgl. Roesler 2019). Dies bedeutete in Folge für die Wirtschaftsordnung die Umsetzung einer *zentralen staatlichen Planwirtschaft*. Hier ist nichts, wie im Westen, von einem Spannungsverhältnis zwischen den Forderungen der sowjetischen Besatzungsmacht und den führenden deutschen Ost-Politikern um die sogenannte Ulbricht-Gruppe bekannt, „die in Einklang mit den sowjetischen Vorstellungen der Staatsorganisation den leninistischen Grundsatz von der Führungsrolle der Partei der Arbeiterklasse, angepaßt an die nunmehr in Deutschland gegebenen Verhältnisse, in die Praxis umsetzte" (Willoweit 1997, S. 352 f.). Ergebnis war die Sozialistische Einheitspartei Deutschlands (*SED*), die bereits 1946 aus der Zwangsvereinigung von SPD und KPD hervorgegangen war und sich unter dem sowjetischen bzw. stalinistischen Einfluss zur herrschenden Kader- und Staatspartei entwickelte.

Im Jahr 1968 wurde in der DDR-Verfassung der Führungsanspruch der SED endgültig festgeschrieben, der auch alle drei Staatsgewalten, Legislative, Exekutive und Judikative durchdrang. Das Verwerfen der staatlichen Gewaltenteilung wurde damit legitimiert,

[...] weil sie sich mit dem Prinzip der Volkssouveränität nicht vertrage. Im Verfassungstext allerdings hat man die Tatsache, daß dann die Gerichtsbarkeit der Kontrolle der Volkskammer unterliegt, nur undeutlich zum Ausdruck gebracht (Art. 63). Die untergeordnete Bedeutung, welche die SED dem Verfassungstext beimaß, kommt darin zum Ausdruck, daß dieses Gesetz in der DDR niemals kommentiert worden ist. Dennoch ist die Tendenz, den Bürger stärker in die Staatsverantwortung einzubinden als das Bonner Grundgesetz, nicht zu übersehen. Die Idee ursprünglicher, dem Staate vorgegebener Menschenrechte war der DDR-Verfassung fremd. Die angedrohte Bestrafung von ‚Boykotthetze gegen demokratische Einrichtungen und Organisationen' (Art. 6) schuf die normative Voraussetzung für Unterdrückung jeder öffentlichen Kritik. (Willoweit 1997, S. 354)

Im Zuge der sich in der DDR ereignenden revolutionären Ereignisse im Herbst 1989 strich die Volkskammer am 1. Dezember 1989 den Führungsanspruch der SED aus der Verfassung und auf den Außerordentlichen Parteitagen am 8./9. und 16./17 Dezember 1989 wurde die Umbenennung in Sozialistische Einheitspartei Deutschlands – Partei des Demokratischen Sozialismus (SED-PDS) und der „unwiderrufliche Bruch mit dem Stalinismus als System" beschlossen. Im Februar 1990 wurde der Namensbestandteil SED aus dem Parteinamen gestrichen und die Partei nun in Partei des Demokratischen Sozialismus (*PDS*) umbenannt.

Eigentlich sollte in einem demokratischen Staat eine Verfassung nur durch den mehrheitlichen Volkswillen, durch eine allgemeine, freie und geheime Wahl, festlegt und verabschiedet werden. Nur sind 1949 weder die Bürger in der BRD noch in der DDR gefragt worden (vgl. Kleßmann 1982 und Willoweit 1997, S. 352 ff.). Und auch vor der Wiedervereinigung am 3. Oktober 1990 haben die herrschenden politischen Kräfte das wieder vereinte Volk nicht zur Wahlurne gebeten (Schui 1991, Bock/Fiedler 2001, Luft 1992), obwohl das Grundgesetz von 1949 vorsah, dass, wenn es zu einer Wiederver-einigung kommen würde, dass Volk auch über eine neue Verfassung zu entscheiden habe oder zumindest entscheiden könne. So heißt es im Art. 146 GG (Geltungsdauer des Grundgesetzes):

> Dieses Grundgesetz, das nach Vollendung der Einheit und Freiheit Deutschlands für das gesamte deutsche Volk gilt, verliert seine Gültigkeit an dem Tage, an dem eine Verfassung in Kraft tritt, die von dem deutschen Volk in freier Entscheidung beschlossen worden ist.

Dies soll sich jedoch mit dem Beitritt der DDR zur Bundesrepublik gem. Art 23 S. 2 GG erledigt haben. Dem widersprechen aber viele Verfassungsrechtler, wie beispiels-weise Hartmut Maurer, sodass Art. 146 GG nach der Wiedervereinigung 1990 zwar im Grundgesetz bestehen blieb, ohne jedoch noch eine „eigene Substanz" zu haben. Mau-rer stellt in diesem Kontext klar:

> Es gibt nur zwei Alternativen, entweder Erlass einer neuen Verfassung durch die verfassungsge-bende Gewalt des deutschen Volkes [...] oder eine Verfassungsänderung, die unter den Voraus-setzungen des Art. 79 GG erfolgen muß, wobei es durchaus möglich ist, daß die Voraussetzungen der Verfassungsänderung nach Maßgabe des Art. 79 GG geändert oder erweitert werden, etwa durch Einbeziehung eines fakultativen oder sogar obligatorischen Referendums (d. h. einer den parlamentarischen Änderungsbeschlüssen folgenden Volksabstimmung). (Maurer 1999, S. 772)

Die Aufnahme von Art. 146 im Grundgesetz war 1949 aber nur der Tatsache geschuldet, dass die West-Alliierten das Angebot machten, einen westdeutschen Staat zu gründen. Dies brachte die Ministerpräsidenten der Länder in ein Dilemma.

> Einerseits lag der Vorteil einer Staatsbildung auf der Hand, andererseits bestand die Gefahr, daß die Beschränkung auf Westdeutschland die Spaltung vertiefen würde. Nach mehreren, jeweils längeren Beratungen entschlossen sie sich zu einem ‚Ja, aber'. Der neu zu gründende Staat sollte nur ein Provisorium bis zur Erlangung der Einheit Deutschlands sein. Das sollte auch im Verfah-

ren der Verfassungsgebung und im Inhalt der zu erlassenden Verfassung zum Ausdruck kommen. Statt einer vom Volk zu wählenden Verfassungsgebenden Versammlung sollte nur ein von den Landtagen gewählter Parlamentarischer Rat einberufen werden, statt der Annahme durch Volksabstimmung in den Ländern nur die Landtage entscheiden, statt der Bezeichnung Verfassung sollte nur vom Grundgesetz gesprochen werden. Auch war daran gedacht, nur ein Organisationsstatut, keine Vollversammlung, zu beschließen. Die Militärgouverneure, insbesondere der amerikanische General Lucius D. Clay (1898–1978), […] waren über das Zaudern der Ministerpräsidenten verstimmt, gaben aber dann doch ihr Placet zu den vorgeschlagenen Einschränkungen. (Maurer 1999, S. 86 f)

Aufgabe

Diskutieren Sie vor diesem Hintergrund folgenden Auszug zum Grundgesetz von der Bundeszentrale für politische Bildung/Vorländer (2008). Ziehen Sie für die Diskussion das Werk von Rügemer (2019, S. 39 f. u. S. 45 ff.) hinzu.

„*Warum Deutschlands Verfassung Grundgesetz heißt* von Hans Vorländer

Vom Provisorium zum Definitivum

C'est le provisoire qui dure – es ist das Provisorium, das Bestand hat. So paradox die französische Redewendung sein mag, so zutreffend charakterisiert sie die Tatsache, dass aus dem Grundgesetz eine Verfassung geworden ist. Das Grundgesetz, nur für eine Übergangszeit gedacht, nämlich bis zu dem Zeitpunkt, wo, wie der ursprüngliche Artikel 146 vorschrieb, sich das deutsche Volk in freier Selbstbestimmung eine neue Verfassung gibt, blieb bestehen. Es blieb auch dann noch bestehen, als 1989/90 der Weg zur Vereinigung von Bundesrepublik Deutschland und Deutscher Demokratischer Republik gegangen wurde. Die Alternative bestand darin, den Beitritt der DDR zum Geltungsbereich des Grundgesetzes nach Artikel 23 (alt) zu beschreiten oder aber, dem Sinn des Artikels 146 entsprechend, eine neue Verfassung von einer Verfassunggebenden Versammlung ausarbeiten und dann vom deutschen Volk in freier Entscheidung auf dem Wege eines Referendums ratifizieren zu lassen. Aus verschiedenen Gründen, die nicht zuletzt in der Beschleunigung des Vereinigungsprozesses lagen, wurde der erstgenannte Weg beschritten. Auf die Ausarbeitung einer neuen Verfassung wurde verzichtet, die notwendigen Veränderungen wurden im Rahmen des alten Grundgesetzes vollzogen. Auch eine Revision des Grundgesetzes, die für die Zeit nach der Vereinigung vorgesehen war, führte nicht zu einer Totalrevision oder einer neu ausgearbeiteten Verfassung. Damit war dann letztlich aus dem Provisorium ein Definitivum, aus dem Grundgesetz eine Verfassung geworden. Von Inhalt und Struktur, von Geltung und Anerkennung war das Grundgesetz auch schon in der (alten) Bundesrepublik Deutschland eine vollwertige Verfassung. Das Grundgesetz hatte keinen Mangel aufgewiesen, im Gegenteil: Es war die Grundlage für die Ausbildung einer freiheitlichen und stabilen Demokratie, der es gelang, die Fehler von Weimar zu vermeiden. Die Grund- und Menschenrechte erhielten einen herausragenden Platz, das Bundesverfassungsgericht entwickelte sich zu einem Anwalt der Bürger und seiner Rechte, die politischen Kräfte und Institutionen agierten zumeist im Rahmen der vorgegebenen Verfassungsregeln. Und schließlich war es auch das Grundgesetz, das den Bürgern der Bundesrepublik Deutschland ein Gefühl der Zugehörigkeit vermittelte, wie die Rede vom „Verfassungspatriotismus" seit den 1980er Jahren belegt. Die Bürger hatten sich das Grundgesetz als ihre Verfassung angeeignet, auch wenn es ihnen 1949 verwehrt geblieben war, es selbst zu ratifizieren. Auch 1990 wurde das Grundgesetz als nunmehr gesamtdeutsche Verfassung keinem Referendum unterzogen, was nicht nur von vielen Bürgern der DDR bedauert wurde. Sie waren nun ihrerseits darauf angewiesen, sich das Grundgesetz selbst anzueignen, um es auch zu ihrer (gesamt)deutschen Verfassung werden zu lassen" (Vorländer 2008, S. 24 f.)

8.3.2 Planwirtschaft in der DDR

Politisch war es wenig erstaunlich, dass nach dem deutschen Faschismus von 1933 bis 1945 und dem Zweiten Weltkrieg sowie in Folge der deutschen Teilung, ab 1949 in der DDR eine staatlich zentrale Planwirtschaft sowjetischer Prägung umgesetzt wurde (Bress/Hensel 1972, S. 22 ff.). Die erste Maßnahme zur Einführung einer zentralistischen Planung und Wirtschaftsführung im gesamten Gebiet der Sowjetzone war die Schaffung der „Deutschen Wirtschaftskommission" (DWK) auf Grund des Befehls Nr. 138 der Sowjetischen Militäradministration in Deutschland (SMAD) vom Juni 1947. Damit wurden die ursprünglich elf Zentralverwaltungen von 1945 in der Sowjetzone auf fünf reduziert, und zwar für Industrie, Verkehr, Handel und Versorgung, Land- und Forstwirtschaft sowie für Brennstoff und Energie.

Nach Gründung der SED wurde auf dem II. Parteitag 1947 die Forderung aufgestellt, zukünftig *verbindliche gesamtwirtschaftliche Pläne zur Lenkung des Wirtschaftsprozesses* aufzustellen. Diese Forderung wurde mit Gründung der DDR im Oktober 1949 durch die Übernahme des staatlich-zentralen sowjetischen Grundmodells weitgehend abgeschlossen. Demnach galten fortan für die DDR die folgenden grundsätzlichen Ordnungsformen des Wirtschaftens:

- ein System *zentraler Planung* der gesamtwirtschaftlichen Prozesse
- ein vorwiegend *staatliches Eigentum* an den Produktionsmitteln
- ein System staatlicher Geld- und Kreditversorgung
- ein staatliches Außenhandelsmonopol
- ein System *staatlich festgesetzter Preise*
- eine administrative Betriebsverfassung nach dem Direktorialprinzip und
- ein System der betrieblichen Ergebnisrechnung nach dem Planerfüllungs- und Prämienprinzip.

Zur Umsetzung dieser Ordnungsformen wurde eine *zentrale Planbehörde*, „Das zentrale Organ des Ministerrates der Deutschen Demokratischen Republik für eine einheitliche staatliche Planung" eingesetzt. Sie arbeitete den ersten Fünfjahresplan, der auf dem III. Parteitag der SED 1950 verabschiedet wurde. Er sah vor:

- Vergrößerung des staatlichen und genossenschaftlichen Sektors
- vorrangiger Ausbau der Grundstoff- und Produktionsgüterindustrie mit den Schwerpunkten Metallurgie
- Schwermaschinenbau und chemische Industrie gegenüber der Konsumgüterindustrie
- Aufhebung der Lebensmittelrationierung
- Ostorientierung des Außenhandels
- Erfüllung sowjetischer Reparationsforderungen aus dem Zweiten Weltkrieg.

Mit dem Plan und der ordnungspolitischen Formung war jedoch lediglich das äußere Prämissen-System für die Verhaltensweisen der Wirtschaftsakteure und für den Ablauf der Prozesse geschaffen worden. Die Frage, wie die aus dieser Beschaffenheit der Ordnung sich ergebenden Probleme, insbesondere das Verhältnis von Einzel- und Gesamtinteressen, gelöst werden sollten, war damit noch keineswegs beantwortet. Es konnte auch aufgrund der bereits angeführten *systemimmanenten Widersprüche* zwischen dem Prinzip der Planerfüllung und dem Prämienprinzip nicht beantwortet werden. So war es eigentlich nur eine logische Folge, dass die reale wirtschaftliche Entwicklung der DDR immer hinter den gesteckten Zielen der zentralen Planbehörde hinterherhinkte. Keiner der Wirtschaftspläne hat sein Ziel erreicht, alle endeten mit Fehlplanungen, zu großen Ansprüchen und mit ungelösten Aufgaben, die der nächste Plan übernehmen musste und dann lösen sollte.

Nach dem Tod von Stalin 1953 kam es unter seinem Nachfolger Nikita Sergejewitsch Chruschtschow (1894–1971) zu einem *neuen Wirtschaftskurs*, dem sich die SED-Führung anpassen musste. Das ZK der KPdSU hatte festgestellt, dass die SED-Führung eine Reihe von Fehlern begangen hatte. So wurde jetzt beschlossen, die Investitionsgüterindustrie, die bisher eindeutigen Vorrang hatte, zugunsten der *Konsumgüterindustrie* ein wenig zurückzunehmen. Gleichzeitig wurden – um die *Fluchtbewegung zu stoppen* – Zugeständnisse an verschiedene Bevölkerungsschichten gemacht. Die Flucht und damit die Abwanderung benötigter Arbeitskräfte ließ jedoch nicht nach. So wurde 1961 die Mauer errichtet und damit zunächst das DDR-Regime gerettet (für eine detailliertere Ursachendarstellung zum Mauerbau siehe Prokop 2017, S. 223 ff.).

Obwohl sich der Widerspruch zwischen betrieblichen Erfolgsinteressen und dem gesamtwirtschaftlichen Interesse, die vorherrschende Knappheit zu mindern immer mehr manifestierte, und damit das ordnungspolitische Grundproblem des administrativen Sozialismus offengelegt wurde, dauerte es bis zu einer wirklichen Reform des Wirtschaftssystems der DDR noch bis 1963. Mit dem *NÖSPL* („Neues ökonomisches System der Planung und Leitung der Volkswirtschaft"), sowie durch das *ÖSS* („Ökonomisches System des Sozialismus") ab 1968 sollte ein Neustart eingeleitet werden.

So wurden z. B. reformiert: die Methoden der zentralen Planung; die Formen der Verknüpfung von betrieblichen und zentralen Plänen; die Formen der Planauflagen und Kennziffern; die Vorschriften über Bildung und Verwendung der betrieblichen Fonds, insbesondere des Prämienfonds; das Preissystem; die Regelung des Geld- und Zahlungsverkehrs; das Kreditsystem; die Ordnung des Außenhandels. Angestrebt wurde auch eine ‚bewusste' Ausnutzung der Ware-Geld-Markt-Beziehungen; die indirekten zentralen Anweisungen über Lieferungen und Leistungen sollten in verstärktem Maße durch vertragliche Vereinbarungen zwischen den Wirtschaftseinheiten abgelöst werden. Schließlich sind auch Organisationen und Funktionen der fachlichen und regionalen Mittel- und Zentralinstanzen häufig verändert worden. (Hensel 1972, S. 151)

Eine wesentliche Veränderung brachte auch die *betriebliche Ergebnisrechnung* der Volkseigenen Betriebe (VEB), die mit den Reformen auf eine „doppelte Rechnung" in Form eines Plan-Ist-Vergleiches umgestellt wurde (vgl. Kasten). Die Preise der Waren wurden aber weiter zentral festgelegt, ebenso die Produktionsfondszuführung, die Nettogewinnabführung und die Betriebsprämienfondszuführung. Damit sollte erreicht werden, die Ziele der zentral vorgegebenen gesamtwirtschaftlichen Pläne umzusetzen. Als Erfolgsindikator in der betrieblichen Ergebnisrechnung eines VEBs galt dabei die Differenz zwischen geplantem und tatsächlichem Nettogewinn vor Abführung der Gewinnsteuer an den Staatshaushalt. Damit sollte quasi ein *Übergang* zu einer *dezentralen sozialistischen Marktwirtschaft* eingeleitet werden. Das Prinzip der Planerfüllung löste der neue Erfolgsindikator aber immer noch nicht ab.

Betriebliche Ergebnisrechnung eines Volkseigenen Betriebs (VEB)

Umsatz
- Materialkosten
- Abschreibungen
- Personalaufwand
- sonstige Kosten
= Bruttogewinn
- Produktionsfondsabgabe an den Staatshaushalt
  (als Verzinsung des eingesetzten Gesamtkapitals)
= Nettogewinn vor Steuern
- Gewinnsteuer für den Staatshaushalt
= Verbleibender Nettogewinn des VEBs

Verteilung des Verbleibenden Nettogewinns auf:
- Betriebsprämienfonds
- Investitionsfonds
- sonstige Fonds

Die Zuführungen zum Betriebsprämienfonds waren nicht durch einen Prozentsatz vom effektiven Gewinn bestimmt, sondern von der Differenz zwischen Soll des Planes und dem Ist der Planerfüllung. „Prämiert wurde somit auch jetzt nicht eine tatsächliche Verbesserung der betrieblichen Leistung gegenüber dem Plansoll. Damit war das Bestreben, ‚weiche' Pläne auszuarbeiten und sich genehmigen zu lassen, vielleicht etwas erschwert, aber ‚weiche' Pläne waren nach wie vor möglich und aktuell" (Hensel 1972, S. 153 f.).

Diese zumindest kleinen richtungsweisenden Reformen wurden jedoch ab 1971 wiedereingestellt. Danach kam es zu einer *Retransformation* in das alte System einer starren zentralen staatlichen Planung, das letztlich den wirtschaftlichen Niedergang der DDR einleitete. Am Ende fehlten auch immer mehr Devisen, um den *Auslandsverbindlichkeiten* nachzukommen. Der inoffizielle Wechselkurs der Ost-Mark zur DM sank im Herbst 1989 auf 7:1 und im Winter zeitweise noch tiefer, womit die hohen Auslandsschulden Ostdeutschlands nicht mehr bezahlbar waren. Die DDR war quasi illiquide. Die Abwertung war schon seit Langem in Gang gekommen. Während die DDR in den 1980er Jahren offiziell und beim Zwangsumtausch für Westdeutschland auf der Parität der Ostmark beharrte, halbierte die Außenhandelsbank der DDR den internen

Verrechnungskurs zur DM (konvertierbar, also uneingeschränkt eintauschbar gegen andere Währungen, war die Ostmark wie die anderen Ostwährungen nicht). 1988 betrug der strikt geheim gehaltene Kurs nur noch 4,40 Ostmark für eine DM, weil die DDR ihre Waren lediglich zu diesem billigen Umtauschkurs absetzen konnte [zum Wert der DDR vgl. Wenzel 2003 und Blessing/Siegert 2019]. Illegale Geldwechsler bezahlten in den Hinterhöfen von Ostberlin oder Leipzig den ungefähr gleichen Kurs, der Schwarzmarkt bildete die ökonomischen Verhältnisse somit besser ab als die offiziellen Wechselkurse. Der Verfall der Ostmark nach der Öffnung der Mauer bedeutete, dass die ohnehin niedrigen Gehälter und Löhne in der DDR weiter entwertet wurden" (Ther 2019, S. 89).

Entscheidend für den Zusammenbruch der DDR waren aber weniger die ökonomischen Fehlentwicklungen als die Transformation in der Sowjetunion (zum Scheitern des Realsozialismus vgl. ausführlich Klaus Steinitz 2007). Als im Spätsommer 1989 der Übersiedlerstrom aus der DDR über Ungarn immer mehr zunahm und das Volk auf die Straße ging und skandierte „Wir sind das Volk", war klar, dass jegliche Form einer sozialistischen Planwirtschaft in der DDR der Vergangenheit angehören würde. Auch ein bei einigen für möglich gehaltener „Dritter Weg" einer sozialistischen Marktwirtschaft (vgl. Kap. 8.4.1) als Zukunftsmodell für die DDR war schnell verworfen. Mit der Vorlage eines Sondergutachtens zur DDR-Entwicklung bereits am 22. Januar 1990 durch den Sachverständigenrat zur Begutachtung der gesamtwirtschaftlichen Entwicklung (SVR) der westdeutschen Bundesregierung wurde deutlich, dass die „Freisetzung der marktwirtschaftlichen Kräfte" in Form einer *„Schocktherapie"* und nicht in Form eines „Gradualismus" (vgl. Kasten) die beste Therapie für die marode DDR-Wirtschaft sei. Auch das Bundeswirtschaftsministerium sah für die DDR-Wirtschaft im Jahreswirtschaftsbericht 1990 als Alternative nur die schnellstmögliche Einführung einer sozialen Marktwirtschaft als den einzig gangbaren ordnungstheoretischen und -politischen Weg.

Dieser wurde dann auch politisch endgültig mit der ersten gesamtdeutschen Bundestagswahl im Dezember 1990 und dem Sieg der konservativen-liberalen Koalition aus CDU/CSU und FDP unter der Führung von Bundeskanzler Helmut Kohl (CDU) bestätigt. CDU/CSU erhielten 43,8 Prozent der Stimmen, die FDP mit ihrem populären Außenminister Hans-Dietrich Genscher (1927–2016) 11 Prozent. Die SPD fiel mit 33,5 Prozent auf ihr schlechtestes Ergebnis seit 1957 zurück; die westdeutschen Grünen, die 1987 bei der Bundestagswahl im Westen noch 8,3 Prozent erhalten hatten, scheiterten an der Fünf-Prozent-Hürde. Acht ostdeutsche Vertreter von Bündnis 90/Die Grünen sowie 17 Kandidaten der SED-Nachfolgepartei PDS schafften aufgrund des besonderen Wahlrechts – der getrennten Anwendung der Fünf-Prozent-Klausel in den neuen Bundesländern – den Sprung in den 12. Deutschen Bundestag.

Schocktherapie versus Gradualismus

Bezogen auf den Koordinierungsmechanismus plädieren Vertreter der Schocktherapie auf allen Märkten der Volkswirtschaft für eine möglichst vollständige Deregulierung, d. h. ein Inkraftsetzen des marktwirtschaftlichen Preismechanismus. Sie fordern ferner, die Betriebe der Volkswirtschaft möglichst rasch zu privatisieren, wobei unter marktwirtschaftlichen Bedingungen mittelfristig nicht existenzfähige Unternehmen zu liquidieren sind.

Gradualisten würden dagegen zunächst nur einzelne Märkte, und diese eventuell auch nur teilweise, deregulieren wollen und die Betriebe der Volkswirtschaft (bei gewissen Entflechtungen) zwar grundsätzlich dem Gewinn- und Verlustprinzip, also der sogenannten Budgetrestriktion, unterwerfen, temporären Subventionierungen aber positiv gegenüberstehen. In Bezug auf die Eigentumsordnung würden sie dafür eintreten, die Betriebe zunächst noch weitgehend in Staatseigentum zu belassen und die Privatisierung zeitlich zu strecken (vgl. Baßeler/Heinrich/Koch 1991, S. 98).

Obwohl weder Wirtschaftswissenschaftler noch Politiker ein in sich geschlossenes Transformationskonzept und einen Integrationsplan für die DDR-Wirtschaft in die bundesdeutsche Wirtschaft hatten, wurde von der wissenschaftlichen Mehrheit und von der Politik eindeutig die „Schocktherapie" präferiert. Die wenigen Kritiker, die einen behutsamen, einen graduellen ökonomischen Vereinigungsprozess befürworteten, wurden nicht gehört. So gab es z. B. von Wirtschafts- und Sozialwissenschaftlern den „Warnruf der ökonomischen Vernunft" (vgl. Blätter für deutsche und internationale Politik, Heft 3/1990, S. 341 ff.), dass eine schnelle Anhebung des Wohlstands der DDR-Bürger und ein hastiger Anschluss der DDR an die Bundesrepublik sich ausschließen würden.

Auch die Warnungen vor der raschen Bildung einer *Währungsunion* durch den damaligen SPD-Kanzlerkandidaten Oskar Lafontaine wurden 1990 nicht ernst genommen. Seine Mahnungen galten vielen Deutschen, die sich im Einheitstaumel befanden, als ketzerisch, spaltend und als unerwünschtes Miesmachertum. Dabei hatte er sich lediglich auf die *„Theorie optimaler Währungsräume"* gestützt (vgl. Kap. 7.3.7). Demzufolge ist das spannungsfreie Bilden einer Währungsunion zwischen zwei Ländern – und damit verbunden der Verzicht auf flexible Wechselkurse zwischen zwei nationalen Währungen – nur dann möglich, wenn das Lohn- und Gehaltsgefälle die Produktivitätsunterschiede widerspiegelt und anschließend beide Länder über ähnlich starke Produktivitätsentwicklungen verfügen. Ansonsten werde die Wirtschaft des produktivitätsschwächeren Landes von den Unternehmen des produktivitätsstärkeren Landes vereinnahmt. Wer dies im Umkehrschluss verhindern will und gleichzeitig nicht bereit ist, ein produktivitätsorientiertes Lohn- und Gehaltsgefälle zu akzeptieren, benötigt zwingend ein System flexibler Wechselkurse mit zwei verschiedenen Währungen.

Lafontaines politischer Gegenspieler, Kanzler Helmut Kohl (CDU), sprach dagegen von *„blühenden Landschaften"*, die demnächst in der DDR im Zuge einer schnell eingeführten Wirtschafts- und Währungsunion zu bestaunen seien. Dabei hätte ein Blick in die Statistik schnell deutlich werden lassen, dass die Wiedervereinigung ein harter Weg werden würde. So lag 1991 die *Erwerbstätigenproduktivität* (reales Brutto-inlandsprodukt je Erwerbstätigen) in der DDR bei rund 37 Prozent des westdeutschen Niveaus; jeder Erwerbstätige erwirtschaftete im Durchschnitt in Ostdeutschland etwa 32.000 DM, in Westdeutschland rund 86.000 DM. Zum niedrigen Produktivitätsstand kam noch hinzu, dass die Produktpalette und die Produktqualität in Ostdeutschland meist nicht internationalen Standards und dem internationalen Wettbewerb stand-hielten. So betrug denn auch in Folge das Bruttoinlandsprodukt der DDR im Jahr 1989 vor der Wiedervereinigung nur rund 352 Mrd. Ost-Mark. Dieser Wert entsprach umge-rechnet bei einem Wechselkurs Ost-Markt zu DM von 1:1 knapp dem Bruttoinlandspro-dukt von Baden-Württemberg oder etwa 16 Prozent der Wirtschaftsleistung der „alten" Bundesrepublik.

Die Forderung der DDR-Bürger „Entweder die DM kommt zu uns oder wir kommen zur DM" kombiniert mit der Erwartung, ebenfalls vergleichbar hohe Löhne und Gehäl-ter in Ostdeutschland wie im Westen umsetzen zu können, wiedersprach der Theo-rie optimaler Währungsräume und den wirtschaftlichen Realitäten. Dennoch verkün-dete Kanzler Kohl in einer ungewöhnlichen Nacht-und-Nebel-Aktion die Umsetzung der deutsch-deutschen Wirtschafts- und Währungsunion zum 1. Juli 1990. Mit diesem Beschluss und der zeitnahen Umsetzung überraschte er alle anderen wirtschaftspo-litischen Entscheidungsträger, wie den damaligen Bundesbankpräsidenten Karl Otto Pöhl (1929–2014), der später vermutlich wegen dieses Beschlusses aus Protest zurück-trat. Nicht nur die Deutsche Bundesbank, sondern auch die gesamte Kreditwirtschaft in Westdeutschland stand der schnellen Einführung der D-Mark in Ostdeutschland skeptisch bis ablehnend gegenüber. Neben den wirtschaftlichen Konsequenzen für Ostdeutschland, fürchtete man hier um die Stabilität der DM.

Aufgrund der politischen Intervention von Kohl konnten die Bestandsgrößen des Geldvermögens und die Kreditsummen zu einem Wechselkurs von 1,8 Ost Mark zu 1 D-Mark und die Stromgrößen (d. h. die laufenden Kosten, Löhne und Gehälter so-wie Preise) zu einem Kurs von 1:1 umgetauscht bzw. umgerechnet werden (vgl. Bles-sing 2019). Diese Umtauschrelationen führten unweigerlich zu einem politisch zumin-dest mitinitiierten Zusammenbruch der gesamten DDR-Wirtschaft. Insbesondere der Wechselkurs 1:1 für alle wirtschaftlichen Stromgrößen implizierte, dass die Kosten und Preise der ostdeutschen Unternehmen auf DM-Basis voll übernommen werden muss-ten. Damit waren die Produkte der Unternehmen über Nacht nicht mehr konkurrenz-fähig. Der „Schutz des Wechselkurses" vor einer wesentlich geringeren Produktivität der ostdeutschen zu den westdeutschen Unternehmen war nicht mehr gegeben.

Hans Tietmeyer (1931–2016) damals Mitglied des Direktoriums der Deutschen Bundesbank, be-zifferte allenfalls einen Wechselkurs von 4,60 Ost-Mark zu 1 D-Mark für realistisch, während Pöhl die ‚Währungsunion im Ergebnis für eine Katastrophe' hielt. Unterstützt wurde diese Kritik von führenden Vertretern der Wirtschaft. Tyll Necker, der damalige Präsident des Bundesverbandes der Deutschen Industrie (BDI) betonte, dass Pöhl sachlich ohne Frage recht habe. ‚Der Markt hätte nie eine DM für eine Ost-Markt hergegeben'. Hier sei es um eine politische Entscheidung gegangen. (Schui 1991, S. 114 f.)

Das Jahr des Mauerfalls 1989 fiel mit der Veröffentlichung des von dem US-Ökonomen John Williamson formulierten *„Washington Consensus"* zusammen. Hier beschreibt er in einem Hintergrundpapier für eine Konferenz am Institute for International Economics in Washington D.C. neoliberale bis marktradikale wirtschaftspolitische Prinzipien, um Wachstumsimpulse zu setzen, Exportüberschüsse zu erzielen und die Auslandsverschuldung, vor allen Dingen von Entwicklungs- und Schwellenländern, zu reduzieren. Dazu sei wesentlich eine Wirtschaftspolitik der *Privatisierung*, ein „schlanker Staat" und eine massive Deregulierung der Wirtschafts- und Sozialsysteme zur Sicherung von Eigentumsrechten von Nöten.

Das passte ins Bild für eine DDR-Transformation der „Volkseigenen Betriebe" durch die dafür extra gegründete *Treuhandanstalt* (THA), die schon im März 1990 per Verordnung ihre Arbeit aufgenommen hatte.

> Zeitweilig unterstanden der Treuhand als Privatisierungsbehörde 12.534 Unternehmen mit mehr als vier Millionen Beschäftigten. Allein bis Ende 1992, also in einem Zeitraum von nur zwei Jahren, wurden mehr als 10.000 Betriebe verkauft. Wenn derart viele Unternehmen auf den Markt geworfen werden, muss deren Preis drastisch sinken. So kam es statt des erwarteten Gewinns von rund 600 Mrd. DM zu einem Treuhand-Verlust von 270 Mrd. DM, (pro ehemaligen DDR-Bürger waren das mehr als 15.000 DM). Ende 1994 verkündete die Bundesregierung mit Stolz die Auflösung der Treuhand, weil die Privatisierung nunmehr abgeschlossen sei. Doch bei den meisten privatisierten Unternehmen wurde die Produktion einfach eingestellt, in den von der Treuhand verkauften Betrieben blieb nur jeder vierte Arbeitsplatz erhalten. (Ther 2019, S. 91)

Rückblickend kommt die Arbeitsgruppe Alternative Wirtschaftspolitik e. V. zu einem vernichtenden Urteil über die Arbeit der Treuhandanstalt (vgl. Hickel/Priewe 1991, Jankowiak 2000, Luft 1992). Die starke Privatisierung habe keineswegs geholfen,

> die ostdeutsche Wirtschaft als eine stabile Region in den Wirtschaftskreislauf des früheren Bundesgebietes zu integrieren. Im Gegenteil, fünf Jahre genügten, um den Osten Deutschlands zu einem transferabhängigen Anhängsel der westdeutschen Wirtschaft zu entwickeln, die auch als Dependenzökonomie umschrieben werden kann. Wie vollzog sich dieser Prozeß? Das Zusammenspiel von Treuhandanstalt und westdeutschen Konzernen, im Verbund mit der wirtschaftspolitischen Enthaltsamkeit der Bundesregierung, ermöglichte es, daß sich in wenigen Monaten die ostdeutschen Vertriebswege in westdeutscher Hand befanden. Etablierte Großunternehmen der Industrie und des Handels überzogen Ostdeutschland kurzfristig mit einem Verteilernetz. Alle Kaufhäuser, alle Kaufhallen wechselten innerhalb von wenigen Monaten ihre Eigentümer. Bei den Industrieunternehmen aufwendige Verhandlungsrituale beim Verkauf von volkseigenen Betrieben über Altlasten, Sanierungsaufwand, mangelhafte Infrastruktur wurden hier nicht praktiziert. So waren alle Schleusen geöffnet, um den ostdeutschen Markt zu erobern. Im Ergebnis der Privatisierung vollzog sich ein gewaltiger Eigentumstransfer von Ost nach West: Wertmäßig sind etwa 85 Prozent des früheren volkseigenen industriellen Sachvermögens in westdeutsche Hände gefallen. (Arbeitsgruppe Alternative Wirtschaftspolitik 1996, S. 160 f.)

Der durch die Wirtschafts- und Währungsreform sowie durch die THA herbeigeführte Produktionsrückgang war dramatisch und betraf fast alle Branchen. Im Jahr 1990 schrumpfte gegenüber dem Vorjahr die Land- und Forstwirtschaft in Ostdeutschland um −33,6 Prozent, das warenproduzierende Gewerbe ging um −26,5 Prozent zurück, das Baugewerbe um −7,2 Prozent sowie der Handel und Verkehr um −24,1 Prozent. Lediglich die Dienstleistungen und der Staatssektor konnten um 6,2 Prozent zulegen. Infolge der rückläufigen Produktion stieg die Arbeitslosigkeit bis Januar 1991 auf 757.000 registrierte Arbeitslose und 1,856 Mio. Kurzarbeiter an. Zuzüglich der rund 500.000 Vorruheständler verzeichnete die ehemalige DDR im Januar 1991 bei einem Arbeitskräftepotenzial von 8,8 Mio. Menschen eine offene und verdeckte Arbeitslosenquote von 23 Prozent (vgl. Schui 1991).

Die Ökonomen Rudolf Hickel und Jan Priewe stellten 1994 zum Vereinigungsprozess kritisch fest:

> Kaum jemand konnte sich im Jahre 1989 vorstellen, daß die beiden deutschen Staaten in so kurzer Zeit vereint werden. Niemand, auch nicht der lauteste Kassandra-Rufer, glaubte 1990, daß die wirtschaftliche Lage des neuen Deutschlands so aussieht, wie sie sich vier Jahre später darstellt. So hat die Einheit niemand gewollt. Die deutsche Wirtschaft ist in eine tiefe Krise geschlittert. Im Westen kam es zu einer Rezession; im Osten brach das Wirtschaftssystem zusammen. Beides zusammen ergibt die schwerste Wirtschaftskrise nach dem Zweiten Weltkrieg. Der Osten soll dem Westen angeglichen werden, aber die Geburt der Wiedervereinigung bekam bisher beiden nicht. Der Start in die Vereinigung, von manchen seit Jahrzehnten erhofft, von den meisten insgeheim längst aufgegeben, für viele ein Alptraum – nach vier Jahren läßt sich mit Fug und Recht sagen: Es war ein Fehlstart. (Hickel/Priewe 1994, S. 11)

Weitere acht Jahre später schreiben die Ökonomen Jan Priewe, Christoph Scheuplein und Karsten Schuldt:

> Zwar ist die Transformation Ostdeutschlands in eine Marktwirtschaft längst beendet, aber eine „normale" Marktwirtschaft, auf eigenen Beinen stehend, ist nicht entstanden. Ostdeutschland bleibt, amtlich durch den Solidarpakt II abgesichert, auf lange Sicht eine abhängige Transferökonomie mit einer großen Produktionslücke: Es wird wesentlich weniger produziert als transfergestützt nachgefragt. Die Kehrseite ist extreme Arbeitslosigkeit. Der größte Teil der Transfers beruht auf bundeseinheitlich geregelten sozialen Sicherungssystemen. Mit der Herausbildung einer derartigen Dependenzökonomie im Osten hat sich in Deutschland eine duale Wirtschaftsstruktur herausgebildet, das West-Ost-Gefälle hat sich verfestigt. (Priewe/Scheuplein/Schuldt 2002, S. 23)

Dies belegte auch Peter Bofinger, in einer Rechnung für das Jahr 2003: „Bei der nach wie vor sehr geringen wirtschaftlichen Leistungsfähigkeit des Ostens sind auch heute noch enorme Transfers vom Westen erforderlich." [...] Dabei „belaufen sich die Netto-Übertragungen auf 83 Mrd. EUR. Man sieht an diesen Zahlen auch, dass die Netto-Transfers rund ein Drittel des ostdeutschen Brutto-Inlandsprodukts betragen. Bei einer Inlandsnachfrage der Neuen Länder von 377 Mrd. EUR im Jahr 2003 stammen somit nur 259 Mrd. EUR aus der eigenen Wirtschaftsleistung, 83 Mrd. EUR kommen durch die Transfers und 35 Mrd. EUR durch Kredite aus dem Westen. Mit anderen Worten: Von einem Euro, der im Osten ausgegeben wird, sind nur zwei Drittel dort auch durch eigene Leistung erwirtschaftet worden" (Bofinger 2005, S. 57) Für Bofinger stand deshalb 2005 „außer Zweifel, dass die desolate Lage in Ost-Deutschland auf gravierende Politikfehler im Jahr 1990 zurückzuführen ist" (Bofinger 2005, S. 60). Bezüglich des Wiedervereinigungsprozesses stellt 2019 das Deutsche Institut für Wirtschaftsforschung (DIW) in zwei empirischen Studien fest, dass die Wirtschafts- und Finanzkraft der neuen Bundesländer noch immer deutlich geringer als in den alten Ländern ist und dass der Verfassungsauftrag, für gleichwertige Lebensverhältnisse zu sorgen, die zwar in der Schichtung der Einkommen und der Lebenszufriedenheit im Osten stark aufgeholt haben, in Zukunft wohl immer schwieriger zu erfüllen sein wird (van Deuverden 2019, S. 781). Ein gelungener Wiedervereinigungsprozess sieht anders aus (vgl. hierzu auch Busch/Kühn/Steinitz 2009).

Unter den wirtschaftswissenschaftlichen Institutionen hat sich besonders intensiv die *Arbeitsgruppe Alternative Wirtschaftspolitik* e. V. mit der ökonomischen Wiedervereinigung beschäftigt. In ihren Memoranden hat die Arbeitsgruppe von 1991 bis 2010 den Entwicklungsprozess Ostdeutschlands empirisch ständig begleitet und nach 20 Jahren Wiedervereinigung ihr abschließendes Urteil in dem Buch „Deutsche Zweiheit – Oder: Wie viel Unterschied verträgt die Einheit? Bilanz der Vereinigungspolitik" im Jahr 2012 vorgelegt. Behandelt werden hier strittige Fragen wie: Wie war der Stand der DDR-Wirtschaft zurzeit der Vereinigung? Können deren Rückstände die faktische Stagnation im Angleichungsprozess seit Mitte der 1990er-Jahre erklären? Was ist unter gleichwertigen Lebensverhältnissen zu verstehen? Welche Aussichten gibt es für eine selbsttragende Wirtschaftsentwicklung in den neuen Bundesländern? Wie wirken sich die West-Ost-Finanztransfers auf die westdeutschen Länder, Kommunen und Städte aus? Welche Folgen haben Finanzmarkt- und Wirtschaftskrise und Anstieg der öffentlichen Schulden auf die finanziellen Beziehungen zwischen neuen und alten Bundesländern?

Auf der Suche nach Antworten und Alternativen wird ein *sozial-ökologischer Umbau* mit drei Zielorientierungen für die neuen Bundesländer eingefordert.

– Auflage eines *Zukunftsinvestitionsprogramms* für umfassende Investitionen in die Infrastruktur, vor allem ökologische Sanierung, Wohnungsbau, Wissenschaft und Forschung.

– Förderung einer wirkungsvollen *Reindustrialisierung*, indem besonders Produktion, Innovationen und Absatz der ostdeutschen Industrie begünstigt werden.

– Längerfristige Sicherung der notwendigen *öffentlichen finanziellen Transfers*.

Dies alles lässt sich aber nicht mit einer von den seit der Wiedervereinigung betriebenen neoliberalen Wirtschaftspolitik, der Begünstigungen der Konzerne, einem Sozialabbau und einer staatlichen Austeritätspolitik sowie einem Setzen auf staatliche Schuldenbremsen vereinbaren.

Mit der Umsetzung der Wiedervereinigung wurde zudem die Chance auf die Einführung einer Wirtschaftsdemokratie für Gesamtdeutschland verpasst. Nach Art. 146 GG hätte hier die Möglichkeit bestanden (vgl. Kap. 8.3.1), eine Verfassung für das wiedervereinigte Deutschland zu schaffen und in dieser explizit eine neue Wirtschaftsordnung zu implementieren. Unangetastet blieb so die rechtlich garantierte Vormachtstellung der Eigentümer von Produktionsmitteln (vgl. Art. 12 und 14 GG). Zeitgleich zum Mauerfall verabschiedete die SPD 1989 ihr neues Berliner Grundsatzprogramm. Darin wurden unmissverständlich ein demokratischer Sozialismus und eine Wirtschaftsdemokratie als neue Ordnungsform für Deutschland (vgl. Kap. 8.4.5) eingefordert. In der praktischen Politik blieb diese ordnungstheoretische Programmatik aber ein reines Lippenbekenntnis.

Aufgaben

a) Recherchieren Sie über die Diskussion zur raschen Einführung einer Wirtschafts- und Währungsunion zwischen West- und Ostdeutschland im Vorfeld der Einführung und fassen Sie die unterschiedlichen Positionen zusammen.

b) Wie waren insbesondere die Argumentationen der beiden damals politischen Kontrahenten Helmut Kohl (CDU) und Oskar Lafontaine (damals noch SPD)?

c) Wie lauteten die Positionen von Bundesbankpräsident Karl-Otto Pöhl, die des Sachverständigenrates zur Begutachtung der gesamtwirtschaftlichen Entwicklung und die der Arbeitsgruppe Alternative Wirtschaftspolitik? Wer hatte rückblickend inwiefern Recht?

8.3.3 Ordoliberalismus und soziale Marktwirtschaft in der BRD

In der nach dem Zweiten Weltkrieg entstandenen Bundesrepublik Deutschland (BRD) galt, zumindest zwischen 1945 und 1949, unter den politischen Parteien die Einführung einer *kapitalistischen Marktwirtschaft nicht als selbstverständlich.* „Bezeichnenderweise hat es nach dem Zusammenbruch keine Partei oder sonstige Gruppierung in West-Deutschland gegeben, die sich offen für eine Wiederherstellung kapitalistischer Verhältnisse eingesetzt hätte. Zwischen ‚zügellosem Kapitalismus‘ und einem ‚autoritärem Sozialismus‘ wurden von rechten und linken Parteien und von den Gewerkschaften ‚dritte‘ Wege gesucht und propagiert" (Welteke 1976, S. 34).

Selbst die CDU (zu ihrer Entstehung aus den konservativen Parteien der Weimarer Zeit, vgl. Geiß/Ullrich 1970) lehnte eine marktwirtschaftlich kapitalistische Ordnung mit ihrem *„Ahlener Programm"* von 1947 ab. Das Programm wurde aber 1949 vom ersten Parteivorsitzenden der CDU, Konrad Adenauer (1876–1967), wieder zurückgenommen, obwohl er es noch auf dem ersten Parteitag der CDU in der britischen Zone im August 1947 als einen „Markstein in der Geschichte des deutschen Wirtschafts- und Soziallebens" lobte. In der programmatischen Erklärung von Ahlen hieß es noch:

Das kapitalistische Wirtschaftssystem ist den staatlichen und sozialen Lebensinteressen des deutschen Volkes nicht gerecht geworden. Nach dem furchtbaren politischen, wirtschaftlichen und sozialen Zusammenbruch als Folge einer verbrecherischen Machtpolitik kann nur eine Neuordnung von Grund aus erfolgen. [...] Die neue Struktur der deutschen Wirtschaft muß davon ausgehen, daß die Zeit der unumschränkten Herrschaft des privaten Kapitalismus vorbei ist. Es muß aber ebenso vermieden werden, daß der private Kapitalismus durch den Staatskapitalismus ersetzt wird, der noch gefährlicher für die politische und wirtschaftliche Freiheit des einzelnen sein würde.

Auch die *SPD* und erst recht die *KPD*, die noch 1949 in den ersten Deutschen Bundestag einzog, dann aber 1956 verfassungsrechtlich verboten wurde (vgl. Abendroth/ Ridder/Schönfeldt 1968 und Foschepoth 2017), rechneten mit dem marktwirtschaftlich-kapitalistischen System ab. Ebenso das erste Grundsatzprogramm der Gewerkschaften, das 1949 in München vom Deutschen Gewerkschaftsbund (*DGB*), der Nachfolgeorganisation des ADGB, beschlossen wurde (siehe Kasten) sprach sich eindeutig gegen die Wiederherstellung kapitalistischer Verhältnisse in der Bundesrepublik aus.

Auszug aus dem ersten DGB-Grundsatzprogramm

„Es soll eine Wirtschaftspolitik praktiziert werden, die unter Wahrung der Würde freier Menschen, die volle Beschäftigung aller Arbeitswilligen, den zweckmäßigen Einsatz aller volkswirtschaftlichen Produktivkräfte und die Deckung des volkswirtschaftlichen Bedarfs sichert. Mitbestimmung der organisierten Arbeitnehmer in allen personellen, wirtschaftlichen und sozialen Fragen, in der Wirtschaftsführung und Wirtschaftsgestaltung. Überführung der Schlüsselindustrien in Gemeineigentum, insbesondere des Bergbaus, der Eisen- und Stahlindustrie, der Großchemie, der Energiewirtschaft, der wichtigsten Verkehrseinrichtungen und der Kreditinstitute. Soziale Gerechtigkeit durch angemessene Beteiligung aller Werktätigen am volkswirtschaftlichen Gesamtertrag und Gewährung eines ausreichenden Lebensunterhaltes für die infolge Alter, Invalidität oder Krankheit nicht Arbeitsfähigen. Eine solche wirtschaftspolitische Willensbildung und Wirtschaftsführung verlangt eine zentrale volkswirtschaftliche Planung, damit nicht private Selbstsucht über die Notwendigkeit der Gesamtwirtschaft triumphiert" (Potthoff 1949, S. 318 f.).

Dieser *sozialistische Zeitgeist* fand spätestens nach der ersten Bundestagswahl 1949 jäh sein Ende. Mit dem Wahlsieg der CDU/CSU und FDP sowie der rechtsgerichteten Deutschen Partei (DP), die zusammen auf 46,9 Prozent der abgegebenen Stimmen kamen, war aus Sicht der Kapitaleigentümer, die zumindest kurzfristig eine Enteignung ihrer Produktionsmittel befürchten mussten, der „sozialistische Spuk" in Westdeutschland beendet. Auch die SPD vollzog spätestens mit dem *Godesberger Programm* von 1959 die Anerkennung einer marktwirtschaftlich-kapitalistischen Ordnung. Nur 16 Sozialdemokraten stimmten gegen das Grundsatzprogramm – u. a. Peter von Oertzen (1924–2008), Befürworter einer sozialistischen Marktwirtschaft (vgl. Kap. 8.4.1). Hinzu kam bei dieser Umorientierung, dass das Grundgesetz, das mit Blick auf die Wirtschaftsordnung nicht neutral ist (vgl. Kap. 8.4.5.2), zunächst von den Alliierten genehmigt werden musste. Gerade die US-Amerikaner, die kurz vor dem absehbaren Kriegende im *Morgenthau-Plan* noch eine Umwandlung der deutschen Wirtschaft in einen rudimentären Agrarstaat forderten, der nie wieder einen Angriffskrieg würde führen können, hatten hier von Anfang an klar gemacht, dass Alternativen zu Kapitalismus und Markt eigentlich undenkbar sind. Obendrein lockten die zum Wiederaufbau bereitgestellten Gelder der US-amerikanischen

Marshall-Planhilfe, die wiederum an ein Bekenntnis zu Markt und Kapitalismus gebunden waren.

Was am Ende übrig blieb, war eine *soziale Marktwirtschaft* (vgl. Müller-Armack 1960), die 1949 auch in das Wahlprogramm der CDU/CSU übernommen wurde und an Ideen des *Ordoliberalismus* ansetzte. Der Begriff „Ordoliberalismus" bezieht sich dabei auf die von Walter Eucken gegründete Zeitschrift „ORDO-Jahrbuch für die Ordnung von Wirtschaft und Gesellschaft" (vgl. Ptak 2006, S. 170 ff.).

Beim Ordoliberalismus handelt es sich um die deutsche Auslegung einer neoliberalen Wirtschaftsordnung. *Walter Eucken* (1891–1950) und *Franz Böhm* (1895–1977) waren die Gallionsfiguren dieses Konzeptes, das eine akademische Blaupause für eine in sich stimmige Wirtschaftsordnung liefern sollte. Entwickelt wurde das Konzept in den 1930er- und 1940er-Jahren (vgl. Glastetter 1992):

– Es stellte eine Abgrenzung vom freiheitseinschränkenden Totalitarismus des Nationalsozialismus und zur Wirtschaftsordnung der Sowjetunion dar.
– Damit war auch die Abgrenzung von prozesspolitischer Konzeptlosigkeit, wie in der Weimarer Republik, intendiert. Hierdurch sollte eine *systematische Wirtschaftspolitik* erfolgen.
– Die Auswüchse eines Laissez-faire-Kapitalismus sollten unterbunden werden, indem der Staat das Einhalten und Wirksamwerden der disziplinierenden Wirkung des Wettbewerbs durch einen *ordnungspolitisch starken Staat* garantiert. Gerade diese Forderung unterscheidet den deutschen Ordoliberalismus vom angloamerikanischen Neoliberalismus, der sich weitaus marktgläubiger gibt und eine wesentlich reduziertere Rolle für den Staat vorsieht.

Als Ideal, mit dem der Forderungskatalog umsetzbar sei, galt im Ordoliberalismus die *Marktwirtschaft mit vollkommener Konkurrenz*. Leitbild waren polypolistische, winzig kleine Akteure auf beiden Seiten eines Marktes, die über keine Ausbeutungsmacht verfügen. Zum Aufbau einer solchen Wirtschaftsordnung sahen Vertreter des Ordoliberalismus zum einen *konstituierende Prinzipien* vor, die dafür sorgen sollten, eine Ordnung zu etablieren. Dazu zählten etwa die Garantie des Privateigentums an Produktionsmitteln oder die Vertragsfreiheit.

Diese Regeln allein würden aber nicht ausreichen, da das marktwirtschaftliche System automatisch dazu tendierte, den Wettbewerb aufzuheben und damit seine Funktionsvoraussetzungen zu zerstören. Zum anderen bedürfe es daher der *regulierenden Prinzipien*, die unvermeidbares Marktversagen beseitigen sollten und dabei vor allem das Entstehen von Macht verhindern sollten. Dazu zählten Ordoliberale eine aktive Kontrolle etablierter Marktmacht bis hin zur staatlichen Auflösung, aber zum Beispiel auch eine Korrektur der Wirtschaftlichkeitsrechnung durch ein Internalisieren externer Kosten (vgl. Kap. 2.3.3).

Manche Ordoliberale forderten zudem noch eine *widergelagerte Gesellschaftspolitik* ein. Sie befürchteten, dass die im Wirtschaftsleben etablierte Mentalität des Konkurrenzkampfes in ungesunder Form allmählich Einzug in alle Bereiche des gesellschaftlichen Zusammenlebens nehmen würde. Um dies zu verhindern, sollte eine Dezentralisierung der Gesellschaft organisiert werden, die Kleingruppenaktivitäten förderte. Denn gerade in Kleingruppen sei als Widerlager zum Konkurrenzdenken gegenseitige Rücksichtnahme und Solidaritätsdenken zu erwarten.

Das Konzept der *sozialen Marktwirtschaft* knüpfte an die Ideen des Ordoliberalismus an. Gemeinhin gilt der erste deutsche Bundeswirtschaftsministers *Ludwig Erhard* (1897–1977) als „Vater" dieser sozialen Marktwirtschaft. Dabei spielt eine von Erhard bewusst forcierte Legendenbildung eine wichtige Rolle (vgl. Herrmann 2016, S. 210 und Kasten). So ist noch nicht einmal Erhards Klassikerbuch „Wohlstand für alle" von ihm selbst geschrieben worden, sondern von einem Ghostwriter des Handelsblatts. Eigentlicher Vordenker der sozialen Marktwirtschaft war *Alfred Müller-Armack* (1901–1978), Erhards Staatssekretär.

Während der Ordoliberalismus als Konzept aus dem akademischen „Elfenbeinturm" die vollkommene Konkurrenz als wichtigstes Ziel propagierte, aus dem heraus sich alle anderen Ziele automatisch ergeben würden, basierte Müller-Armacks Konzept eigentlich auf zwei gleichrangigen Oberzielen: „Auf der Basis der Wettbewerbswirtschaft [sollte] die freie Initiative mit einem gerade durch die marktwirtschaftliche Leistung gesicherten sozialen Frieden" (Müller-Armack in Marquardt 2019, S. 242) verbunden werden. *Sozialpolitik* stand hier eigentlich als gleichberechtigte Säule neben der wettbewerblichen Ordnungspolitik.

In der *praktischen Umsetzung* orientierte sich Erhards Politik jedoch nicht an theoretischer Ordnungskonformität wie im Ordoliberalismus oder an Müller-Armacks Vorstellung von der prinzipiellen Gleichrangigkeit von Wachstums- und sozialpolitischen Zielen. Auch angesichts der Versorgungsengpässe nach dem Kriegsende, die sich mit dem Versiegen von Nahrungsmittelzuflüssen aus Mittel- und Osteuropa im Zuge des aufkommenden Ost-West-Konfliktes verschärften, stand im Mittelpunkt das *Wachstumsprimat*.

Aus dem Wachstum sollte der Wohlstand insgesamt ansteigen und die Beschäftigung gesichert werden. Während dabei die konstituierenden Prinzipien des Ordoliberalismus umgesetzt wurden und eine kapitalistisch-marktwirtschaftliche Ordnung etabliert wurde, ließ Erhard bewusst *Abstriche an den regulierenden Prinzipien* zu und verwarf die Vorstellungen der widergelagerten Gesellschaftspolitik. Primär vertraute er auf die Effizienz der bereits etablierten *Großkonzerne*. Vorhandene Macht wurde in Kauf genommen, um das Wachstum zu fördern. Wirtschaftswachstum war in dieser Phase der sozialen Marktwirtschaft Selbstzweck und Mittel zum konfliktfreien Ausbau der sozialen Sicherungssysteme. Diese sollten eben aus dem Zuwachs und nicht konfliktträchtig aus Umverteilungen finanziert werden.

Ulrike Herrmann: Überfälliger Denkmalsturz: Ein Profiteur der Nazis

„Die Nachkriegszeit hat ein Gesicht: Ludwig Erhard. [. . .] Erhard bediente, wonach sich viele Westdeutschen sehnten: Er inszenierte sich als politikferner ‚Professor', der über den Parteien stand. (Erhard war übrigens nie in der CDU, wie bis heute fast alle glauben). Zugleich suggerierte Erhard, dass er zu NS-Zeiten eine Art Widerstandskämpfer gewesen sei. Doch diese Legenden sind falsch. Erhard war ein Profiteur des NS-Regimes und hat hochbezahlte Gutachten für Gauleiter und Himmler-Behörden verfasst. Erhards NS-Vergangenheit ist historisch bestens dokumentiert, wird aber bis heute tatkräftig verschwiegen. Das neue Ludwig-Erhard-Museum in Fürth behauptet etwa, dass er die NS-Diktatur ‚in einer Art Nische' überstanden hätte. Dieser ungebrochene Erhard-Kult zeigt beispielhaft, dass die Deutschen die NS-Vergangenheit noch immer nicht vollständig aufgearbeitet haben" (Herrmann 2019).

Mit Erhards Floskel und seinem zum 60. Geburtstag 1957 erschienenen Buch „Wohlstand für alle" konnte er viele in allen Gesellschaftsbereichen täuschen. Der Politikwissenschaftler Butterwegge stellt fest: „Erhard gilt heute selbst manchen Linken als ‚Vater der sozialen Marktwirtschaft', was allerdings eine von ihm selbst mit begründete Legende bildet. Schließlich war Erhard kein ‚Herz-Jesu-Sozialist', wie der CDU-Politiker Norbert Blüm oft bezeichnet wurde, sondern ein Wirtschaftsliberaler reinsten Wassers. Erst fast ein Dreivierteljahr nach der Währungsreform und nicht zuletzt aufgrund des Generalstreiks im November 1948 übernahm Erhard, der [...] bis dahin nur von ‚Marktwirtschaft' oder ‚Freier', aber nicht von ‚sozialer Marktwirtschaft' gesprochen hatte, diesen Schlüsselbegriff des sich anschließenden ersten Bundestagswahlkampfes der CDU. Die von Konrad Adenauer vorangetriebene Große Rentenreform (Einführung des Umlageverfahrens und der dynamischen Altersrente), der CDU und CSU ihren triumphalen Wahlsieg bei der Bundestagswahl im September 1957 verdankten, bekämpfte Erhard als Kabinettsmitglied mit allen Kräften. Zauberformeln wie ‚private Initiative', ‚Eigenverantwortung' und ‚Selbstvorsorge' beherrschten Erhards Gedankenwelt, während er den ‚Versicherungszwang' von Arbeitnehmer(inne)n im Bismarck'schen Sozialstaat als Widerspruch zur ökonomischen Freiheit begriff. Im wirtschaftsliberalen Jargon der Eigenverantwortlichkeit warnte Erhard denn auch vor einem ‚Versorgungs- und Wohlfahrtstaat', der seiner Meinung nach ‚Armseligkeit für alle' bedeuten musste, weil die Volkswirtschaft durch ein System kollektiver sozialer Sicherheit zerstört würde. „Die soziale Marktwirtschaft kann nicht gedeihen, wenn die ihr zugrundeliegende Haltung, d. h. also die Bereitschaft, für das eigene Schicksal Verantwortung zu tragen und aus dem Streben nach Leistungssteigerung an einem ehrlichen freien Wettbewerb teilzunehmen, durch vermeintliche soziale Maßnahmen auf benachbarten Gebieten zum Absterben verurteilt wird" (Butterwegge 2020, S. 155 f.).

Worauf in der sozialen Marktwirtschaft – im Gegensatz zu den Vorstellungen des Ordoliberalismus – verzichtet wurde, war ein scharfes Konkurrenzprinzip auf Basis eines vollkommenen Wettbewerbs, der das „großartigste und genialste Entmachtungsmittel der Geschichte sei. Man braucht es nur beschwören, alle andere Arbeit leistet es allein", so der ordoliberale Ökonom Franz Böhm (zitiert bei Olten 1995, S. 23). Das Gesetz gegen Wettbewerbsbeschränkungen (*GWB*) blieb so bis heute trotz vieler Novellierungen schwach. So konnten sich auch die Ideen des Josten-Entwurfs (vgl. Kap. 3.2.2.6.1.1) zum GWB, wonach Macht auch hätte zerschlagen werden können, nicht durchsetzen. Selbst auf eine vorbeugende Fusionskontrolle, die den Aufbau neuer oder die Verschärfung vorhandener Macht durch Untersagen von Fusionen hätte verhindern können, wurde zunächst verzichtet.

Die Folge staatlicher Zurückhaltung an dieser Stelle ist, und dies betonten sogar Vertreter des Ordoliberalismus, eine dann systemimmanente Konzentration und Zentralisation des Kapitals *mit Marktbeherrschung* durch Wenige. Geht dagegen der Staat nicht rigoros, sondern allenfalls nur halbherzig, vor, versagt am Ende der Wettbewerb.

Er ist aber das immer wieder von ordo- und neoliberalen Apologeten hervorgehobene systemkonstitutive Element einer marktwirtschaftlichen-kapitalistischen Ordnung. Die Position der Neoliberalen und Ordoliberalen in Wirtschaft, Politik, Wissenschaft und Medien gegenüber den Gewerkschaften ist bis heute ambivalent geblieben, die auf den Arbeitsmärkten angeblich auch ein „Kartell der abhängig Beschäftigten" schaffen würden, das wegen missbräuchlicher Machtausübung, wie jedes andere Kartell, zu verbieten sei (vgl. Möschel 2005, S. 3 ff.).

Ende der 1960er-Jahre war der Wiederaufbauprozess aber abgeschlossen und das Wachstum blieb im gewohnten Umfang aus. Sozialpolitik war nicht mehr reines „Kuppelprodukt" des Wachstums, es drohten *Zielkonflikte* statt Harmonie. Unter Umständen hätte mehr *Sozialpolitik* weniger *Wachstum* bedeutet und die Politik musste nun eindeutige Prioritäten setzen.

Spätestens mit der Regierungsübernahme durch eine SPD-FDP-Regierung im Jahr *1969* unter SPD-Kanzler *Willy Brandt* erhielt die soziale Marktwirtschaft einen graduell neuen Anstrich (vgl. Marquardt 2019). Zaghaft wurden einzelne Ideen eines demokratischen Sozialismus in die Wirtschaftsordnung eingebunden. Insbesondere das *Mitbestimmungsgesetz* von 1976 ist hier zu erwähnen, das den Beschäftigten immerhin ein wenig mehr Mitsprache in der Unternehmenspolitik erlaubte. Darüber hinaus wurde angesichts der weiter zunehmenden Vermachtung der Märkte der Freiheitsbegriff neu justiert. Es galt nicht mehr nur Dispositionsfreiheit sicherzustellen, sondern auch *materielle Freiheit* durch Schutz vor Ausbeutung. So wurde insbesondere eine vorsorgende Fusionskontrolle in das Wettbewerbsrecht aufgenommen, die Fusionen verhindern soll, wenn sie zu marktbeherrschenden Stellungen oder zum Ausbau einer solchen Position führten. Auch wurde eine *Einkommens- und Vermögensverteilung* als korrekturbedürftig angesehen und dem Thema der *Chancengleichheit* (z. B. durch Einführung des „Bafög") mehr Bedeutung beigemessen.

Angesichts nachlassender Wachstumsraten und eines forcierten internationalen Wettbewerbs, in dessen Gefolge große Strukturkrisen eintraten, änderte sich die Ausrichtung der sozialen Marktwirtschaft ein zweites Mal spätestens mit der „Wendepolitik" unter dem CDU-Kanzler *Helmut Kohl* ab dem Jahr *1982*. Die christlich-liberale Koalition war überzeugt, dass der Ausbau des Wohlfahrtsstaates bereits zu weit gegangen sei und sich angesichts des verschärften internationalen Konkurrenzdrucks nicht mehr aufrechterhalten lasse. Seitdem lautet das Credo der Ordnungspolitik, der Staat müsse zugunsten des Marktes zurückgedrängt werden. Nur so ließe sich die Kreativität des Marktes wieder wecken und die „soziale Marktwirtschaft" in reformierter Art retten. Dazu gehörte eine Privatisierungswelle, Deregulierung, Sparmaßnahmen im öffentlichen Sektor, wie in der Infrastruktur, in der Bildung, der inneren und äußeren Sicherheit, der Justiz und im Gesundheitswesen.

Die *deutsche Wiedervereinigung* im Jahr 1989 führte dann dazu, dass die westdeutsche Wirtschaftsordnung nun auch auf Ostdeutschland übertragen wurde. Zugleich ging sie entgegen den von Kohl geschürten Erwartungen nicht einher mit einer Finanzierung aus der „Portokasse". Die massiven Folgen der Strukturkrise in Ostdeutschland forcierten nur die Bemühungen in der deutschen Politik, über noch „mehr Markt" und über eine Exportstrategie wieder stärker zu wachsen.

Ein zwischenzeitlicher Wechsel zu einer rot-grünen Regierung unter *Gerhard Schröder* (SPD) ab 1998 akzentuierte diese Politik sogar in vielen Bereichen. Insbesondere trugen die *Hartz-Gesetze* als Bestandteil von *Agenda 2010* zu einer drastischen Deregulierung am Arbeitsmarkt bei. Infolgedessen verringerte sich zwar die offizielle Arbeitslosigkeit, erkauft wurde dies aber mit einem ausufernden *Niedriglohnsektor*, einem wachsenden *Prekariat*, einer *Umverteilung* von unten nach oben und stetig steigenden *Exportüberschüssen*, die die Europäische Union spaltete.

In gewisser Weise entpuppt sich im Rückblick der Begriff soziale Marktwirtschaft als *Etikettenschwindel*. Die Logik der sozialen Marktwirtschaft war nicht, eine Marktwirtschaft zu etablieren, die zum zentralen Zweck hat, möglichst sozial zu sein. Nein es galt, eine leistungsfähige Marktwirtschaft in der naiven Hoffnung zu organisieren, dass ein hoffentlich funktionierender Markt von selbst schon gerechte, sozialverträgliche Ergebnisse liefern werde. Notfalls könnten mithilfe des Wachstums konfliktfrei Finanzmittel freigegeben werden, um den Sozial- und Wohlfahrtsstaat ein wenig auszubauen und so dennoch auftretende Fehlentwicklungen zu korrigieren.

Tatsächlich ist aber die grundsätzliche systemische *Vereinbarkeit* von *kapitalistischer Marktwirtschaft* auf der einen und *Sozialpolitik* auf der anderen Seite fraglich. Sozialpolitik ist ein „universelles Merkmal entwickelter kapitalistischer Marktgesellschaften und Demokratien" (Bäcker et al. 2008, S. 49), die weitgehend nur Symptome lindert und nicht die Ursache für das „sozial Notwendige" beseitigt. Hartz-IV hilft den Betroffenen, wenn auch unzureichend, beseitigt aber nicht seine Ursache. Der Kapitalismus ist eine Ordnung, die „per se ein System der Ausbeutung von Arbeit und Natur" impliziert (Zinn), auch wenn man das System sozial „zähmen" möchte. Überdies müssen soziale Fortschritte ständig gegen Kapitalinteressen erkämpft und verteidigt werden. Dies zeigt überdeutlich die seit Mitte der 1970er-Jahre einsetzende neoliberale Ausdünnung des Sozialstaates. Bei der Zurückdrängung der nach dem Zweiten Weltkrieg zunächst durchgesetzten sozialen Errungenschaften wird mittlerweile „Soziales" häufig auf private Almosen durch „Suppenküchen", „Tafeln" und „Sozialkaufhäusern" in Form einer „Mitleidsökonomie" reduziert (Selke 2009, S. 95 ff., Fritzsche/Dörfler 2016, S. 73 ff.) und für die längst „Ausgegrenzten" Almosenempfänger und staatlich Alimentierten wird ein „bedingungsloses Grundeinkommen" (vgl. Kap. 3.5.1.4) als Hoffnungsstrohhalm in Stellung gebracht (Butterwegge/Rinke 2018). Dabei beklagen die Sozialorganisationen mittlerweile sogar die „Qualität" der weggegebenen Kleidungsstücke in der Altkleidersammlung für Arme. Die „Qualität" sei so schlecht, dass sie kaum noch hinreichende Preise dafür am Markt erzielen können, um daraus Profit zu ziehen. Wenn die Menschen nicht wieder „gute alte Kleidungstücke" abgeben würden, müssten sie die Sammlungen einstellen. Mehr kapitalistische Pervertierung ist kaum noch vorstellbar.

Was nach dem Zweiten Weltkrieg weder vom Ordoliberalismus noch von der sozialen Marktwirtschaft infrage gestellt und damit auch nicht beseitigt wurde, war das *Eigentum an den Produktionsmitteln*. Der Widerspruch zwischen Kapital und Arbeit wurde nicht aufgelöst, gleichzeitig blieb das Problem inkompatibler einzelwirtschaftlicher (unternehmensbezogener) und gesamtwirtschaftlicher Interessen lange Zeit ungelöst. Erst mit dem *Stabilitäts- und Wachstumsgesetz* (StabG) von 1967 (vgl. Kap. 6.1.1) wurde versucht, es mit einer keynesianischen Globalsteuerung anzugehen.

Anfangs ging es in der sozialen Marktwirtschaft auch vielmehr um ordnungspolitische und nicht um prozessorientierte wirtschaftliche Fragestellungen einer Konjunktur- oder Wachstumspolitik, wobei die Umweltfrage überhaupt keine Rolle spielte und die primäre Verteilungsfrage der Markt lösen sollte. Erst danach sei der Staat über eine Umverteilungspolitik gefordert, um die schlimmsten Verwerfungen des freien Marktes zu berichtigen.

Immerhin wurde in der BRD verfassungsrechtlich aber ein Sozialstaat etabliert, den es in dieser Form während der ersten deutschen Republik, der Weimarer Republik, von 1918 bis 1933 (vgl. Kap. 8.2.3.5) noch nicht gegeben hatte. Der Ökonom Karl Georg Zinn schreibt auf der Spurensuche nach der sozialen Marktwirtschaft:

> Mit ‚Marktwirtschaft' wurde der Gegensatz zur (kommunistischen) Planwirtschaft betont, und die Charakterisierung der Wirtschaftsordnung als ‚sozial' legte eine Distanzierung zur ‚freien' bzw. ‚kapitalistischen' Wirtschaft nahe, und konnte sogar als eine zurückhaltende Konzession an die große Zahl der Befürworter des demokratischen Sozialismus gelesen werden, die es unmittelbar nach Kriegsende in der CDU und vor allem in der SPD gegeben hatte. (Zinn 2019, S. 397)

Die soziale Marktwirtschaft ist keine sozialistische Marktwirtschaft und sie konnte entscheidend von Anfang an die gesellschaftlich bestehende Dichotomie zwischen einen demokratisch verfassten staatlichen Überbau und einer vom Kapital beherrschten Wirtschaft als Unterbau, mit einem „kapitalistisch antagonistischen Fundament", nicht überwinden. Welche Bedeutung einer *Demokratisierung der Wirtschaft* (vgl. Kap. 8.4.5.3) dabei zukommt, beschreibt der Ökonom Rudolf Hickel:

> Demokratisierung der Wirtschaft ist die wichtigste gesellschaftspolitische Aufgabe der Gegenwart, aber vor allem auch der Zukunft. Denn erst mit der Demokratisierung der Wirtschaft werden die gesellschaftsstrukturierenden Machtzentren zurückgedrängt und einer direkten Planung und Kontrolle unterzogen. Gleichzeitig wird damit auch eine für die herrschende Staatsauffassung typische Dichotomie überwunden. Während das System der parlamentarischen Demokratie von der Idee lebt, es reiche aus, die politischen Strukturen eines Landes zu demokratisieren, fordert eine radikale – d. h. eine an den gesellschaftlichen Wurzeln ansetzende – Demokratisierung auch und eben die Einbeziehung der Wirtschaft. (Hickel 1979, S. 150)

Die Wirtschaftsdemokratie stellt damit die entscheidende Ordnungsfrage in einer Volkswirtschaft dar.

Aufgaben Ordoliberalismus und soziale Marktwirtschaft:

a) Stellen Sie eine vertiefende Literatur-Recherche an und finden Sie heraus, inwieweit sich der deutsche Ordoliberalismus vom anglo-amerikanischen Neoliberalismus unterscheidet.

b) Inwieweit baut die soziale Marktwirtschaft auf Ideen des Ordoliberalismus auf? Welche Unterschiede gibt es?

c) Ludwig Erhard wird als Held der sozialen Marktwirtschaft gefeiert. Relativieren Sie seinen Glanz! Stützen Sie sich dabei u. a. auf Herrmann (2016) und Herrmann (2013): Ein deutscher Held, in: Taz-Archiv, https://taz.de/!492229/ sowie Taz (2018) und Taz (2019).

d) Diskutieren Sie kritisch: Inwieweit ist die soziale Marktwirtschaft sozial?

8.4 Sozialistische Marktwirtschaft und Wirtschaftsdemokratie als Ordnungsalternativen

Alle bisher aufgezeigten Ordnungsformen sind enttäuschend. Gibt es aber Alternativen? Die Antwort eines Kritikers des marktwirtschaftlich-kapitalistischen Systems, des US-amerikanischen Nobelpreisträgers für Wirtschaftswissenschaften, Paul Krugman, lautet „nein … aber", wenn er feststellt: Wir leben

> in einer Welt, in der Eigentumsrechte und freie Märkte als Eckpfeiler, nicht nur als widerwillig akzeptierte Hilfsmittel auf Zeit akzeptiert werden. […] Der Kapitalismus (verdankt) seine Dominanz auch heute weniger seinen Erfolgen (die jedoch […] durchaus vorhanden sind), sondern der Tatsache, dass es keine brauchbaren Alternativen gibt. Dieser Zustand wird aber nicht ewig währen. Es werden neue Ideologien kommen, neue Träume. Und zwar umso eher, je länger die momentane Wirtschaftskrise andauert und je einschneidender sie wirkt. (Krugman 2009, S. 23)

Tatsächlich gibt es aber schon heute ordnungstheoretische Alternativen, die vor allem die Dichotomie zwischen Arbeit und Kapital überwinden könnten. Es handelt sich um eine Form der *sozialistischen Marktwirtschaft*, die in dem von uns nachfolgend vorgestellten „*Bontrup-Modell*" aus einem Prozess der schrittweisen wirtschaftsdemokratischen Vertiefung resultiert.

8.4.1 Leitbild: Sozialistische Marktwirtschaft

Die sozialistische Marktwirtschaft versucht einerseits die Vorteile einer wettbewerblichen, leistungsorientierten Marktwirtschaft zu bewahren und andererseits für wesentlich mehr als nur für das „Soziale" in einem kapitalistischen System oder einer sozialen Marktwirtschaft zu sorgen. Eine sozialistische Marktwirtschaft will die Vision umsetzen, in der es *keine Ausbeutung* von Menschen durch Menschen gibt. Hier gibt es viele Sozialismusentwürfe, nicht nur von linken Ökonomen, sondern auch von dem Österreicher Joseph A. Schumpeter (1883–1950; vgl. zum wissenschaftlichen

Werk von Schumpeter die Biografie von Schäfer 2008), einem eher liberalen Ökonomen des 20. Jahrhunderts. Er wird zwar als „ökonomischer Anwalt" von Neoliberalen und Marktradikalen für eine kapitalistische Systemrechtfertigung angeführt. Diese Sichtweise müsste aber revidiert werden:

> Der historisch klarsichtige Joseph Alois Schumpeter gelangte nämlich [...] zu einer geschichtlichen Relativierung des Kapitalismus, die nicht weit von der Marxschen entfernt zu liegen scheint. Jedenfalls behauptet Schumpeter wie Marx, dass der Sozialismus den Kapitalismus unausweichlich ablösen würde. (Zinn 2019, S. 414 und Kap. 5.3)

In seinem Werk „Kapitalismus, Sozialismus und Demokratie" von 1942 betrachtet Schumpeter die marktwirtschaftlich-kapitalistische Ordnung als Übergangsordnung und entwickelt ein Ordnungssystem, das weit über eine keynesianisch geprägte, gemischte wirtschaftsordnungspolitische Vorstellung hinausgeht. Schumpeter erklärt hier Sozialismus nicht nur für machbar, sondern auch dem Kapitalismus als überlegen. Das fünfzehnte Kapitel „Gefechtsvorbereitungen" beginnt mit einer Frage. „Kann der Sozialismus funktionieren? Selbstverständlich kann er es. Kein Zweifel ist darüber möglich, wenn wir einmal annehmen, daß erstens die erforderliche Stufe der industriellen Entwicklung erreicht ist und daß zweitens Übergangsprobleme erfolgreich gelöst werden können" (Schumpeter 1942 (1975), S. 267).

8.4.2 Sozialistische Marktwirtschaft in Jugoslawien: ein erster Versuch

Nach dem Zweiten Weltkrieg kam es zu einer ersten Umsetzung einer sozialistischen Marktwirtschaft, zu einer dialektischen *Synthese* zwischen *„Plan" und „Markt"*, in Jugoslawien (vgl. Kasten). Auch in Ungarn und der Tschechoslowakei (CSSR) folgten Versuche. In Ansätzen ist dies auch in der DDR (1969/1970) geschehen (Drulović 1977, Kosta 1984).

Abkoppelung Jugoslawiens vom „traditionellen" Sozialismus

„Jugoslawien löste sich als erstes Land von den dogmatischen Vorstellungen des administrativen Sozialismus Stalinscher Prägung. Die Ursache hierfür lag vor allem in politischen Differenzen zwischen Tito und Stalin, die auf der Komintern-Tagung 1948 offen zum Ausbruch kamen. Titos Absicht, zusammen mit Albanien und Bulgarien eine Balkan-Föderation zu errichten, stieß auf heftigen Widerstand; Albanien und Bulgarien mussten sich von Jugoslawien distanzieren, und Tito wurde in die wirtschaftliche Isolation gedrängt. Hinzu kam, dass das nach sowjetischem Vorbild eingeführte zentral-administrative Wirtschaftssystem nur sehr schlecht funktionierte und die wirtschaftlichen Schwierigkeiten zunahmen. So setzte bereits 1949 die Diskussion über die Einführung eines Systems dezentraler Planung der Wirtschaftsprozesse ein. Hierbei vertrat man die von Moskau abweichende ideologische Auffassung, dass der Weg zur kommunistischen Gesellschaft – nach Marx – vom Absterben des Staates begleitet sein müsse, und entwickelte die Idee einer in freien Assoziationen sich selbst verwaltenden Gesellschaft" (Bress/Hensel 1972, S. 170 ff.).

Bei der Einführung einer sozialistischen Marktwirtschaft in Jugoslawien

> konnten sich die Reformpolitiker weder auf praktische Erfahrungen noch auf hinreichende theoretische Konzeptionen einer solchen Ordnung stützen. Das bedeutete: sie mussten ein ordnungs- und prozesspolitisches Programm konzipieren, das dem System einer Marktwirtschaft mit sozialistischem Eigentum an den Produktionsmitteln sowie den damit verbundenen politischen Zielsetzungen entspricht. [...] Demgemäß ging man bei der Gestaltung der Ordnungsform davon aus, das Planungssystem, das Anreizsystem und das Kontrollsystem zu ändern. Die ordnungspolitische Forderung war also vor allem darauf gerichtet: das System zentraler Planung der Wirtschaftsprozesse durch das System dezentraler Planung der Prozesse abzulösen, an die Stelle von Prämien für die Erfüllung zentral vorgegebener Planauflagen auf dem Markt erzielte Gewinne oder Einkommen als Anreize betrieblicher Leistungssteigerungen zu setzen und die umfassenden administrativen Kontrollen von Leistungen und Interessen weitgehend durch Selbstkontrollen aus betrieblichen Erfolgsinteressen sowie durch Marktkontrollen zu ersetzen. (Hamel 1992, S. 192 ff.)

Als extrem wichtig wurde hierbei die jeweilige *betriebliche Erfolgsrechnung* eingestuft (vgl. Tab. 8.1). Die Unternehmen mussten sich am Markt behaupten und verwerten.

Tab. 8.1: Betriebliche Ergebnisrechnungen in einer sozialistischen Marktwirtschaft. Quelle: Hamel 1992, S. 193.

Jugoslawien Einkommensprinzip	Tschechoslowakei Bruttoeinkommensprinzip	Ungarn Gewinnprinzip
Umsätze	Umsatzerlöse	Umsatzerlöse
./. Materialkosten	./. Materialkosten	./. Materialkosten
./. Abschreibungen	./. Abschreibungen	./. Abschreibungen
Verwirklichtes Einkommen	**Bruttoeinkommen**	./. Löhne
(./. Gesetzliche Verpflichtungen (für Wasser, Benutzung städtischen Bodens, Wohnungsbau, Wiederaufbau v. Skoplje u. a.)	./. Grund-u. Umlaufmittelabführung	./. Steuerähnliche Abgaben (Lohnsteuer, Sozialabgaben, Kapitalzins)
	Bereinigtes Bruttoeinkommen	./. Bankzinsen
./. Vertragliche Verpflichtungen (Kreditzinsen, Versicherungsprämien u. a.)	./. Steuerabführung (18 % des bereinigten Bruttoeinkommens) ./. Kreditrückzahlung u. -zinsen ./. Stabilisierungsabführung	**Gewinn** *Aufteilung in:*
Betriebliches Einkommen	**Nettoeinkommen**	a) Beteiligungsfonds
Aufteilung in:	*Aufteilung in:*	./. Progressive Steuer
a) Bruttofonds der Werktätigen ./. Lohnsteuer **Nettofonds der Werktätigen**	**a) Fonds der Werktätigen** ./. Tarifliche Einkommen Erfolgsbeteiligung	**Gewinnbeteiligung** b) Entwiklungsfonds ./. Lineare Steuer
b) Geschäftsfonds/Reservefonds des gemeinsamen Verbrauchs	**b) Investitionsfonds Reservefonds, Kultur- und Sozialfonds**	**Investitionsmittel** danach jeweils 10 % von Gewinnbeteiligung und Investitionsmittel für **Reservefonds**

Das Eigentum an den Produktionsmitteln war verstaatlicht bzw. galt als *gesell-schaftliches Eigentum*. Im Innenverhältnis waren die Unternehmen *„Mitarbeiterge-sellschaften"*, die sich jeweils selbst verwalteten und ihr Einkommen (Gewinn) er-wirtschaften mussten. Im Unterschied zum marktwirtschaftlich-kapitalistischen Un-ternehmen erhielten die Beschäftigten nicht nur einen Lohn, sondern ihnen gehörte auch der Gewinn. Die Beschäftigten wählten die Unternehmensleitung. Auf die Un-ternehmenseinkommen (Gewinne) mussten gesellschaftliche Steuern und Abgaben entrichtet werden und über Investitions- und Reservefonds war die Zukunft der Un-ternehmen abzusichern. Die Unternehmen waren als „Mitarbeitergesellschaften" autonom und unterlagen keiner zentralen staatlichen Planung. So sollte letztlich der in der Zentralverwaltungswirtschaft immanente Widerspruch zwischen dem „Prinzip der Planerfüllung" und dem „Prämienprinzip" beseitigt werden.

In diesem ordnungspolitischen Experiment erweist sich der *Praxistest* rückbli-ckend als ambivalent (vgl. Bundeszentrale für politische Bildung 2017, Uvalić 2018, Gligorov 2019). Innerhalb der Betriebe wurde zwar die Beseitigung des kapitalisti-schen Widerspruchs von Kapital und Arbeit massiv vorangetrieben, dort stand der Mensch im Mittelpunkt und nicht die maximale Profitrate. Allerdings stellten sich auf der gesamtwirtschaftlichen und unternehmerischen Ebene auch erhebliche Proble-me ein. Wie viele andere Staaten Europas wies auch Jugoslawien nach Kriegsende zu-nächst ein sehr rasches, langanhaltendes Wirtschaftswachstum auf. Von 1950 bis 1970 stiegen bei Wachstumsraten des realen Bruttosozialproduktes im Jahresdurchschnitt um 6,1 Prozent, die Realeinkommen kumuliert um 150 Prozent. Jedoch zeichneten sich bereits damals in dem Vielvölkerstaat enorme *regionale Wohlstandsunterschiede* zwi-schen den Einzelrepubliken ab. Eine ausgeprägte *Umverteilungspolitik*, mit dem Ziel das Gefälle zwischen den Republiken einzuebnen, fachte die immer schon starken regionalen Unabhängigkeitsbestrebungen bis zu Beginn der 1970er-Jahre spürbar an.

Mit den Folgen der Ölkrisen in den 1970er-Jahren ließ auch die Wirtschaftsdy-namik spürbar nach. In der Hoffnung auf Wachstumsimpulse durch importierte Investitionsgüter nahmen die Unternehmen und der Staat eine zunehmende *Aus-landsverschuldung* in Kauf. Bei international steigenden Zinsen wuchs sich die Aus-landsverschuldung bis Ende der 1970er/Anfang der 1980er-Jahre zur drohenden *Zah-lungsunfähigkeit* aus. Ohne die Rettungsmaßnahmen des IWF konnten der Staat und auch viele überschuldete Unternehmen den Schuldendienst gegenüber den aus-ländischen Gläubigern nicht mehr bedienen. Als „Gegenleistung" wurde dem Land ein scharfes *Austeritätsprogramm* abverlangt, dass in eine wirtschaftliche Rezession mündete. Bis 1990 stieg dabei die Arbeitslosenquote auf rund 16 Prozent an, weil primär junge, neu auf den Arbeitsmarkt drängende Menschen nicht eingestellt wur-den. In diesem Umfeld eskalierten dann die Absetzungsbewegungen vom Zentralstaat angesichts weiter verschärfter regionaler Unterschiede in einem *Bürgerkrieg*.

Das Beispiel Jugoslawiens verdeutlicht Defizite in der Umsetzung der sozialisti-schen Marktwirtschaft, die durch äußere Einflüsse und vor allem regionale Konflikte akzentuiert wurden. Zugleich offenbart es auch, dass die Vergesellschaftung nur eine notwendige, aber noch keine hinreichende Bedingung für ein zufriedenstellendes, spannungsfreies Wirtschaftssystem darstellt. Mit dem Ausbruch des Bürgerkriegs und der politischen Auflösung Jugoslawiens ging aber auch die sozialistische Marktwirtschaft unter. Der Staat Jugoslawien bestand nur von 1918 bis 2003, von 1918 bis 1941 existierte das Königreich Jugoslawien und die danach gegründete Sozialistische Föderale Republik Jugoslawien hielt bis 1992. Nach dem grausamen Balkankrieg von 1991 bis 1999 und dem Versagen der Vereinten Nationen und der EU-Staaten, aber auch der intellektuellen Elite in Europa, verfiel Jugoslawien in sechs international anerkannte Nachfolgestaaten: Slowenien, Kroatien, Bosnien-Herzegowina, Serbien, Montenegro und Mazedonien. Der völkerrechtliche Status des Kosovo ist hingegen noch strittig. Alle neu gegründeten Staaten des ehemaligen Jugoslawiens haben sich für ein marktwirtschaftlich-kapitalistisches System entschieden.

In Ungarn und der CSSR scheiterte bereits die Einführung einer sozialistischen Marktwirtschaft bevor sie produktiv sein konnte durch militärische Interventionen der Sowjetunion. Moskau akzeptierte hier, anders als in Jugoslawien, keinen dialektischen Prozess, keine Synthese aus „Plan" und „Markt". Ebenso bekam die DDR-Führung den Druck zu spüren, als man begann, den zentralen staatlichen Plan mit marktwirtschaftlichen Elementen Anfang der 1970er-Jahre ein wenig aufzuweichen. Schon 1953 schickte Moskau Panzer in die DDR, nachdem Arbeiter am 17. Juni für höhere Löhne gestreikt hatten.

Aufgaben

a) Warum konnte sich nach dem Zweiten Weltkrieg nur in Jugoslawien eine sozialistische Marktwirtschaft durchsetzen bzw. etablieren?

b) Warum hat die Sowjetunion in Ungarn und in der CSSR eine sozialistische Marktwirtschaft nicht zugelassen?

8.4.3 Verankerung von Wirtschaftsdemokratie in der deutschen Politik

Die in Ungarn, der CSSR und der DDR erhofften ordnungstheoretischen Modifizierungen und die sozialistische Marktwirtschaft in Jugoslawien waren noch weit von einer *Wirtschaftsdemokratie* entfernt, wie sie erst später von dem Ökonom *Ota Šik* (1919–2004) und seinen Mitarbeitern Ulrich Gärtner und Peter Luder entwickelt und 1979 im Buch „Humane Wirtschaftsdemokratie. Ein *dritter Weg*" vorgelegt worden ist. Šik war zum Zeitpunkt der militärischen Intervention Moskaus Leiter der staatlichen Wirtschaftsreformkommission der CSSR. Danach musste er sein Land verlassen und ging ins Schweizer Exil. Šik schrieb dazu:

Es ging mir darum, nach den schwerwiegenden negativen Erfahrungen mit dem sowjetischen Planungssystem wieder eine funktionsfähige, effektive Wirtschaftsordnung aufzubauen, ohne zu einem kapitalistischen Wirtschaftssystem zurückzukehren. Wie bekannt, wurden diese Reform-ziele, trotz ihrer begeisterten Unterstützung durch alle Schichten der Bevölkerung, mit Hilfe der militärischen Intervention im September 1968 und der Wiederkehr der restaurativen politischen Kräfte in der CSSR unterdrückt. Das große Experiment, das die Möglichkeit einer Wirtschafts-entwicklung ohne kapitalistische Gegensätze, aber auch ohne Staatsmonopolismus und Büro-kratieherrschaft beweisen sollte, wurde im Augenblick seiner Geburt abgewürgt. Mir selbst blieb nichts Anderes übrig, als außer Landes zu gehen, um wenigstens die Theorie dieses praktischen Versuches zu erhalten und weiterzuentwickeln. (Šik 1979, S. 10)

Fritz Vilmar (1929–2015), der sich lange mit der Erforschung von Wirtschaftsdemokra-tie beschäftigt hatte, führt zu der Leistung von Šik und seiner Mitarbeiter aus:

Die drei Forscher haben gerade die umstrittenen und schwierigen Funktionsprobleme einer so-wohl effektiven wie sozialen Synergie von Plan und Markt, eines nicht bürokratisch-etatistischen und durch ‚Expropriation' exekutierten Übergangs vom Privat- zum Gemeineigentum an den gro-ßen Produktionsmitteln etc. gründlich untersucht und konkrete, innovative Lösungsvorschläge formuliert. So werden u. a. en détail entwickelt: die Notwendigkeit eines funktionierenden (oh-ne Wirtschaftsdemokratie aber asozial wirkenden) Marktes; die komplizierten, aber durchaus praktikablen Verfahren, um kapitalistische Marktsteuerung und demokratische Plansteuerung kompatibel zu machen; die Notwendigkeit, zur demokratischen Entscheidungsvorbereitung al-ternative Planungsvarianten zu entwickeln; die schrittweise Verwandlung der reinen Kapitalge-sellschaften in ‚Mitarbeitergesellschaften' durch Kapitalbeteiligung der Beschäftigten bei gleich-zeitiger ‚Kapitalneutralisierung'; die notwendigen und sinnvollen Formen der Partizipation von Beschäftigten und einer Humanisierung der Arbeit. (Vilmar 1999, S. 198)

Vor dem Hintergrund des sich nach dem Zweiten Weltkrieg herausgebildeten Partei-enspektrums in Deutschland (vgl. dazu ausführlich Mintzel/Oberreuter 1992, Olzog/ Liese 1979 und Hergt 1975), ist es kaum verwunderlich, dass sich mit dem Thema sozialistische Marktwirtschaft bzw. Wirtschaftsdemokratie nur die *SPD* und nach ih-rer Gründung 2011 die *DIE LINKE* als Parteien beschäftigt haben. So kommen ein demokratischer Sozialismus und Wirtschaftsdemokratie in den SPD-Grundsatzpro-grammen vor, vor allem im Berliner Programm, das von 1989 bis 2007 das Godesberger Programm von 1959 ablöste. Das Berliner Programm wurde hinsichtlich der Forde-rung nach einem demokratischen Sozialismus stark von dem Politikwissenschaftler Peter von Oertzen (1924–2008) mitgeprägt, der kurz vor seinem Tod aufgrund ihres Kurses nach 59 Mitgliedsjahren aus der Partei austrat. In seinem 2004 veröffentlichten Buch zur Wirtschaftsdemokratie geht von Oertzen auf die Entstehungsgeschichte des endgültigen Textes des „Berliner Programms" der SPD ausführlich ein:

„Auch heute nach vier Jahren scheint mir, daß dieser Entwurf einen ernsthaf-ten Versuch darstellt, auf der Grundlage klassischer sozialdemokratischer Traditionen erste Schritte zu skizzieren, die über den Kapitalismus hinausführen würden, wenn wir in der Lage wären, sie tatsächlich zu gehen. Zumindest könnte eine Diskussion darüber auch in der Gegenwart noch von Interesse sein." Und von Oertzen schreibt weiter:

Die ökologischen, sozialen, humanen und demokratischen Ziele des Wirtschaftens können nicht allein dadurch erreicht werden, daß sich – wie im bestehenden marktwirtschaftlich-kapitalistischen Wirtschaftssystem – die Steuerung der ökonomischen Entwicklung ausschließlich oder weit überwiegend an der Rentabilität des eingesetzten Kapitals orientiert. Die betriebswirtschaftliche Rentabilität des einzelnen Unternehmens hat nicht zwangsläufig das gesellschaftlich Vernünftige zur Folge; was gut ist für einen einzelnen großen Konzern, ist nicht automatisch auch gut für das ganze Volk. Außerdem üben in unserem Wirtschaftssystem Kapitaleigentümer und Unternehmensleitungen ökonomische, soziale und politische Macht aus, die demokratisch nicht kontrolliert wird. Diese Macht ist wirksam

- als Marktmacht von Großunternehmungen, die ihre Interessen auf Kosten von Abnehmern, Zulieferern und Konkurrenten durchsetzen,
- als Herrschaftsmacht des Kapitals über Menschen im Arbeitsprozess und auf dem Arbeitsmarkt,
- als Fähigkeit, Wirtschaftsmacht in politische Macht umzusetzen,
- und schließlich als Möglichkeit vor allem der Groß- und Riesenunternehmungen, durch Investitionspolitik Struktur und Entwicklung der gesamten Wirtschaft zu beeinflussen. (von Oertzen, Jahr 2004, Seite 402 f.)

Alle diese Punkte finden sich im Abschnitt „Wirtschaftsdemokratie" des Berliner Programms der SPD wieder. Dort heißt es:

Die Würde des Menschen und die soziale Gerechtigkeit verlangen eine Demokratisierung der Wirtschaft. Wirtschaftsdemokratie ist selbst ein Ziel, weil sie politische Demokratie sichert und vollendet. Sie ist zugleich Instrument,

- die Menschen mit Gütern und Dienstleistungen zu versorgen und den gesellschaftlichen Reichtum gerecht zu verteilen,
- dabei den Fortschritt von Wissenschaft und Technik sozialverträglich zu nutzen,
- das Menschenrecht auf Arbeit zu garantieren,
- Demokratie, Mitbestimmung und Selbstbestimmung in allen Lebensbereichen zu ermöglichen,
- Die natürlichen Lebensgrundlagen zu schützen.

Wirtschaftsdemokratie erfüllt die Forderung des Grundgesetzes: Eigentum verpflichtet. Sein Gebrauch soll zugleich dem Wohle der Allgemeinheit dienen. (SPD Grundsatzprogramm, zitiert in von Oertzen 2004)

Seit 2007 gilt das Hamburger Grundsatzprogramm der SPD. Hier kommt es zu einem fundamentalen Wechsel in der ideologischen Politikausrichtung. Nicht einmal wird im *„Hamburger Programm"* noch der Begriff „Wirtschaftsdemokratie" genannt. An drei Stellen des 68 Seiten starken Programms wird aber noch der Begriff „demokratischer Sozialismus" erwähnt. Auf Seite 5 heißt es: „Die Zukunft ist offen – voll neuer Möglichkeiten, aber voller Gefahren. Deshalb müssen Fortschritt und soziale Gerechtigkeit demokratisch erkämpft werden. Den Menschen verpflichtet, in der stolzen Tradition des demokratischen Sozialismus, mit Sinn für Realität und mit Tatkraft stellt sich die deutsche Sozialdemokratie in der Welt des 21. Jahrhunderts ihren Aufgaben." Und unter dem Abschnitt „Unsere Grundwerte" wird ausgeführt: „'Freiheit, Gleichheit, Brüderlichkeit', die Grundforderungen der Französischen Revolution, sind die Grundlage der europäischen Demokratie. Seit das Ziel der gleichen

Freiheit in der Moderne zum Inbegriff der Gerechtigkeit wurde, waren und sind Freiheit, Gerechtigkeit und Solidarität die Grundwerte des freiheitlichen, demokratischen Sozialismus." Und unter der Überschrift „Demokratischer Sozialismus" heißt es im Grundsatzprogramm:

> Unsere Geschichte ist geprägt von der Idee des demokratischen Sozialismus, einer Gesellschaft der Freien und Gleichen, in der unsere Grundwerte verwirklicht sind. Sie verlangt eine Ordnung von Wirtschaft, Staat und Gesellschaft, in der die bürgerlichen, politischen, sozialen und wirtschaftlichen Grundrechte für alle Menschen garantiert sind, alle Menschen ein Leben ohne Ausbeutung, Unterdrückung und Gewalt, also in sozialer und menschlicher Sicherheit führen können. Das Ende des Staatssozialismus sowjetischer Prägung hat die Idee des demokratischen Sozialismus nicht widerlegt, sondern die Orientierung der Sozialdemokratie an Grundwerten eindrucksvoll bestätigt. Der demokratische Sozialismus bleibt für uns die Vision einer freien, gerechten und solidarischen Gesellschaft, deren Verwirklichung für uns eine dauernde Aufgabe ist. Das Prinzip unseres Handelns ist die soziale Demokratie. (SPD 2007, S. 16 f.)

Wesentlich offensiver als die SPD geht *DIE LINKE* in ihrem ersten in Erfurt beschlossenen Grundsatzprogramm von 2011 mit dem Thema demokratischer Sozialismus und Wirtschaftsdemokratie um. Unter der Überschrift „Demokratischer Sozialismus im 21. Jahrhundert" schreibt DIE LINKE:

> Der Kapitalismus ist nicht das Ende der Geschichte, sondern eine Etappe der Menschheitsentwicklung, in der sich zwar viele Hoffnungen der Aufklärung erfüllten und eine enorme Steigerung der menschlichen Produktivkräfte stattfand, die aber auch massenhafte Verelendung, Völkermord und unvorstellbare Kriege über die Menschheit brachte. [...] Der erste große Versuch im 20. Jahrhundert, eine nichtkapitalistische Ordnung aufzubauen, ist an mangelnder Demokratie, Überzentralisation und ökonomischer Ineffizienz gescheitert. Unter Pervertierung der sozialistischen Idee wurden Verbrechen begangen. Dies verpflichtet uns, unser Verständnis von Sozialismus neu zu bestimmen. Wir wollen einen demokratischen Sozialismus, der den gesellschaftlichen und globalen Herausforderungen und Möglichkeiten des 21. Jahrhunderts gerecht wird. [...] Die Überwindung der Dominanz kapitalistischen Eigentums in der Wirtschaft und ein sozialer Rechtsstaat sind dafür die wichtigsten Grundlagen. Alle Menschen sollen am Reichtum teilhaben können. (DIE LINKE 2011)

Und unter der Überschrift „Eigentumsfrage und Wirtschaftsdemokratie" heißt es:

> Eine entscheidende Frage gesellschaftlicher Veränderung ist und bleibt die Eigentumsfrage. Wirtschaftliche Macht bedeutet auch politische Macht. Solange die Entscheidungen großer Unternehmen sich an den Renditewünschen statt am Wohl der Allgemeinheit orientieren, ist Politik erpressbar und Demokratie wird ausgehöhlt. [...] DIE LINKE kämpft für die Veränderung der Eigentumsverhältnisse. Wir wollen eine radikale Erneuerung der Demokratie, die sich auch auf wirtschaftliche Entscheidungen erstreckt und sämtliche Eigentumsformen emanzipatorischen, sozialen und ökologischen Maßstäben unterwirft. Ohne Demokratie in der Wirtschaft lassen sich die Interessen der Allgemeinheit gegenüber engen Profitinteressen nicht durchsetzen. Die Demokratie bleibt unvollkommen. Deshalb sehen wir in der Wirtschaftsdemokratie eine tragende Säule des demokratischen Sozialismus. Mehr Demokratie in der Wirtschaft durchzusetzen war schon immer ein wichtiges Anliegen der Arbeiterbewegung. Wir sehen uns in dieser Tradition. (DIE LINKE 2011)

Im Abschnitt „Öffentliches und Belegschaftseigentum" konkretisiert die Partei ihre Haltung:

> Wir wollen mehr öffentliches Eigentum in verschiedenen Formen. Strukturbestimmende Großbetriebe der Wirtschaft wollen wir in demokratische Eigentumsformen überführen und kapitalistisches Eigentum überwinden. Auf welche Bereiche, Unternehmen und Betriebe sich die demokratische Vergesellschaftung erstrecken und in welchen öffentlichen oder kollektiven Eigentumsformen (staatliches oder kommunales Eigentum, Genossenschaften, Belegschaftseigentum) sie sich vollziehen soll, muss im demokratischen Prozess entschieden werden. DIE LINKE setzt sich dafür ein, geeignete Rechtsformen zu schaffen, welche die gemeinschaftliche Übernahme von Betrieben durch die Beschäftigten erleichtern und fördern. Allumfassendes Staatseigentum ist aufgrund bitterer historischer Erfahrungen nicht unser Ziel. [...] Die Beschäftigten müssen realen Einfluss auf die betrieblichen Entscheidungen bekommen. Wir setzen uns dafür ein, dass Belegschaften ohne Lohnverzicht an dem von ihnen erarbeiteten Betriebsvermögen kollektiv beteiligt werden. In wichtigen Fragen, etwa, wenn Massenentlassungen oder Betriebsschließungen geplant sind, muss es Belegschaftsabstimmungen geben. Eigentumsverhältnisse sind mehr als nur Besitzverhältnisse. Allein die Änderung der Eigentumstitel ist unzureichend. Letztlich kommt es auf die Verfügung und auf die Zugänge zum gesellschaftlichen Reichtum an. (DIE LINKE 2011)

Bei den anderen Parteien im Deutschen Bundestag kommen Thesen zur Wirtschaftsdemokratie oder zum demokratischen Sozialismus in den Grundsatzprogrammen nicht vor. Das gilt auch für das 2020 verabschiedete neue Grundsatzprogramm von Bündnis90/Die Grünen.

8.4.4 Deutsche Gewerkschaften und Wirtschaftsdemokratie

Als sich nach dem Zweiten Weltkrieg 1945 in Deutschland die Gewerkschaften neu unter dem Dach des Deutschen Gewerkschaftsbundes (DGB) konstituierten, lautete ihre politische Zielsetzung: „Nie wieder Faschismus! – Nie wieder Krieg!" Weitere Lehren waren:
- die Gewerkschaften sind auf Demokratie angewiesen;
- soziale Rechte und politische Freiheit bleiben untrennbar miteinander verbunden;
- die Interessen der abhängig Beschäftigten brauchen eine freie und möglichst solidarisch geschlossene, konfliktfähige gewerkschaftliche Vertretung;
- nur eine konsequente gewerkschaftliche Politik kann der Demokratie sozialstaatlichen Rückhalt verschaffen. Eine solche Politik ist ohne eine starke Einheitsgewerkschaft nicht möglich.

Man erinnerte sich hier zudem an die wesentlichen von Naphtali entwickelten Positionen einer Wirtschaftsdemokratie. Zunächst erarbeitete der Betriebswirt Erich Potthoff (1914–2005) für die noch inoffizielle Gewerkschaftsführung in der britischen Nachkriegsbesatzungszone konzeptionelle Vorschläge, die eine Sozialisierung der großen

Unternehmenskomplexe in Form einer Verstaatlichung vorsah, wobei diese Maßnahmen in eine globale staatliche Wirtschaftsplanung einzubetten seien (Potthoff 1946, S. 10 ff.).

> Potthoff unterschied zwischen Sozialisierung und Wirtschaftsdemokratie. Das Wirtschaftsleben würde erst dann wirklich demokratisch, 'wenn der entsprechende Einfluss der Gewerkschaften und der Betriebsräte auf die Verwaltung der einzelnen Unternehmungen gewährleistet [ist], indem diese in den Aufsichtsräten paritätisch mit den übrigen Vertretern beteiligt sind. Die paritätische Zusammensetzung der Aufsichtsräte ist zudem eine generelle Forderung der Gewerkschaften für alle privaten Unternehmungen, deren Umfang so groß ist, dass sie besondere Kontroll- und Aufsichtsorgane besitzen', führte er aus. Potthoffs Plädoyer für die Unternehmensmitbestimmung überzeugte die Delegierten, die sich schließlich auf eine Entschließung einigten, in der sie die paritätische Beteiligung der Arbeitnehmer in den Aufsichts- und Kontrollorganen der Unternehmen forderten. Von einer Mitwirkung in der Geschäftsleitung von Unternehmen war indessen nicht die Rede. (Müller 1991, S. 129)

Die Überlegungen von Potthoff gingen dann 1949 auch in das *erste Grundsatzprogramm des DGB* als wirtschaftspolitische Forderungen mit ein. Trotz der Proklamierung dieser einzel- und gesamtwirtschaftlichen Forderungen gab es aber innerhalb des DGB keine wirkliche eindeutige Mehrheit, die grundsätzlichen sozialistischen Ordnungsvorstellungen einer neuen Wirtschaft und Gesellschaft durchzusetzen. Der Bremer Sozialwissenschaftler Jörg Wollenberg erinnert hier

> an folgende Ereignisse in den vierziger und fünfziger Jahren:
> – Die Proteststreiks gegen den Hunger, die im 24-stündigen Generalstreik vom 12. November 1948 in der amerikanischen Zone kulminierten und die von der niedersächsischen Landesleitung des DGB allzu halbherzig abgebrochen wurden.
> – Die Demonstrationen gegen die verschleppten und zu milden Urteile gegen die NS-Kriegsverbrecher 1947/48.
> – Der Kampf gegen die Remilitarisierung nach 1950. Der Göttinger Feinprüf-Betriebsrat mit Hermann Kantelhardt forderte damals die Ausrufung eines Generalstreiks.
> – Der Kampf für die gesetzliche Verankerung der Montanmitbestimmung (1951) und gegen die Verabschiedung des Betriebsverfassungsgesetzes von 1952. Die Mehrheit der Delegierten plädierten 1952 nach der Niederlage für die auch vollzogene Abwahl des DGB-Bundesvorsitzenden Christian Fette und weiterer Vorstandsmitglieder. (Wollenberg 2002, S. 7)

Nach dem ersten noch sozialistischen Grundsatzprogramm von 1949 beschloss der DGB 1963 in Düsseldorf ein neues Grundsatzprogramm, das die Sozialisierungsforderungen des Münchener Programms von 1949 abschwächt, aber nicht völlig aufgibt. Im Jahr 1981 wird dann ein weiteres Grundsatzprogramm, vor allem ergänzt um Friedens- und Umweltpolitik, verabschiedet. Das *aktuelle DGB Grundsatzprogramm* von 1996, in Dresden beschlossen, erklärt nur noch eine „sozial regulierte Marktwirtschaft" zum Ziel. Hier ist so gut wie kein Wort mehr über einen demokratischen Sozialismus oder eine Wirtschaftsdemokratie zu finden. Das Programm ist weitestgehend marktaffin abgefasst.

Immerhin erhält aber die menschliche Arbeit einen hohen Stellenwert. Unter der Überschrift „Zukunft der Arbeit" heißt es hier:

> Die Durchsetzung des Rechts auf Arbeit, eigenverantwortliches und vielseitiges Arbeiten für jede Arbeitnehmerin und jeden Arbeitnehmer, eine humane Verteilung der gesellschaftlich notwendigen Arbeit durch weitere Arbeitszeitverkürzungen sowie eine gerechte Verteilung der Einkommen sind die zentralen Ziele gewerkschaftlicher Politik. (DGB-Grundsatzprogramm 1996, S. 7)

Und unter dem Abschnitt „Markt und Staat, Mitbestimmung und Gestaltung" stellt der DGB fest:

> Die dogmatischen Steuerungskonzepte der Vergangenheit haben sich als perspektivlos erwiesen: Auf der einen Seite hat sich der autoritäre Staat als unvereinbar gezeigt mit Grundrechten der politischen Freiheit und Geboten ökonomischer Effektivität. Auf der anderen Seite sind kapitalistisch verfaßte Marktwirtschaften aus sich heraus unfähig, Vollbeschäftigung, Verteilungsgerechtigkeit, soziale Sicherheit, humane Arbeit und eine ökologisch verantwortbare Zukunftsvorsorge zu sichern. Betriebswirtschaftliche Rationalität und gesamtwirtschaftliche Vernunft, Markt und Staat und gesellschaftliche Regulation dürfen deshalb in Zukunftsentwürfen keine unüberwindbaren Gegensätze sein. Die sozial regulierte Marktwirtschaft bedeutet gegenüber einem ungebändigten Kapitalismus einen großen historischen Fortschritt. Die soziale Marktwirtschaft hat einen hohen materiellen Wohlstand bewirkt. [...] Wir setzen sowohl auf marktwirtschaftliche Steuerung wie auf Intervention durch den aktiv handelnden Sozialstaat. Wir setzen auf gesellschaftlichen Dialog und Mitbestimmung. Und wir setzen auf sozial-ökologische Reformen. [...] Der Ausbau der Mitbestimmung gehört für uns zum Kern einer sozialen und demokratischen Wirtschafts- und Gesellschaftsordnung. Neben mehr Mitbestimmungsrechten in den Betrieben und in den Unternehmen gehören dazu Einfluß- und Gestaltungsrechte im außer- und überbetrieblichen Bereich. Industrie- und dienstleistungspolitische Gesprächs- und Steuerungsgremien in der Region, in der Branche, im nationalen wie transnationalen Bereich, dienen dem Ausbau eines Systems der Beratung, Beteiligung und Mitbestimmung. Sie stellen eine Brücke zwischen unternehmenspolitischen Entscheidungen und industrie- und strukturpolitischen Weichenstellungen dar. (DGB-Grundsatzprogramm 1996, S. 19 f.)

Dies bleibt hinter den Forderungen einer Wirtschaftsdemokratie weit zurück. Dies gilt auch für die Ergebnisse einer „Arbeitsgruppe Wirtschaftsdemokratie beim ver.di Bundesvorstand", wobei hier allerdings hervorzuheben ist, dass ver.di die einzige Einzelgewerkschaft ist, die sich bisher mit Wirtschaftsdemokratie explizit in einer auch mit Wissenschaftlern besetzten Expertengruppe nach der Wiedervereinigung auseinandergesetzt hat. Zur Begründung heißt es hier:

> Die Gewerkschaft ver.di will [...] die Diskussion um Wirtschaftsdemokratie anstoßen – sowohl innerhalb der Gewerkschaften als auch mit den sozialen Bewegungen. Dies ist nötiger denn je. Der Neoliberalismus hat die Gewerkschaften in eine Defensive gedrängt, in der wir überwiegend nur die negativen Folgen des Finanzmarktkapitalismus für die abhängig Beschäftigten und für die Gewerkschaft insgesamt bekämpfen bzw. auffangen konnten. Wenn wir aus der Defensive herauskommen wollen, müssen wir die Ursachen für den Raubbau an den Lebensgrundlagen der abhängig Beschäftigten, an der sozialen und ökologischen Daseinsvorsorge, an den demokratischen Einflussmöglichkeiten in der Politik und in der Arbeitswelt bekämpfen und Vorstel-

lungen zur konkreten Umsetzung einer Wirtschaftsdemokratie entwickeln. Deswegen braucht es Alternativen zu einer Unterordnung aller Lebensbereiche unter die entfesselten Marktkräfte.

Und zur Einleitung des „Impulspapiers" heißt es unter der Überschrift „Warum ist Wirtschaftsdemokratie heute wieder aktuell?":

> Im Selbstverständnis der deutschen Gewerkschaften ist unsere parlamentarische Demokratie solange nur eine ‚halbe' Demokratie, wie sie vor den Toren der Betriebe und Verwaltungen endet. [...] Denn eine demokratische Gesellschaft, die allen Bürgerinnen und Bürgern Teilhabemöglichkeiten, Chancengleichheit und soziale Sicherheit gewähren will, muss diese gesellschaftlichen Interessen auch gegen einen von privaten Profitinteressen dominierten Markt durchsetzen. Sie muss Bürgerinnen und Bürgern in allen wesentlichen Lebensbereichen direkte Einflussmöglichkeiten geben – ob in der Erwerbsarbeit durch Mitbestimmung und Beteiligung oder in der Gesellschaft durch Bürgerbeteiligung. (ver.di AG Wirtschaftsdemokratie 2015, S. 1)

Aufgaben

a) Woran scheitert seit 1949 die Umsetzung einer sozialistischen Marktwirtschaft in Deutschland?

b) Worin unterscheiden sich eine soziale und eine sozialistische Marktwirtschaft?

c) Was sind die Unterschiede zwischen dem DGB-Grundsatzprogramm von 1949 und von 1996?

8.4.5 Entwurf einer Wirtschaftsdemokratie: das „Bontrup-Modell"

Fasst man die aufzeigten politischen und gewerkschaftlichen Auseinandersetzungen mit einem demokratischen Sozialismus und einer Wirtschaftsdemokratie zusammen, so führen viele Einzelaspekte zum Ziel. Es mangelt aber bisher an einem konkreten und *holistischen Konzept* sowie an einer konsequenten Diskussions- und Umsetzungsstrategie. Dies alles wird jedoch von der herrschenden politischen Elite aber auch von den Gewerkschaftsspitzen in Deutschland und in der gesamten Europäischen Union verweigert.

Gerade deshalb soll hier zum Abschluss ein *ordnungstheoretisches Modell* für eine mögliche *Wirtschaftsdemokratie* präsentiert und zur Diskussion gestellt werden. Dies auch deshalb, damit Politik und Gewerkschaften am Ende nicht behaupten können, Ökonomen hätten keine ordnungstheoretischen Alternativen zu einer dezentralen marktwirtschaftlich-kapitalistischen und einer zentralen staatlichen Planwirtschaft vorgelegt. Dabei werden die aufgezeigten theoretischen Ansätze und empirischen Erfahrungen mit einer sozialistischen Marktwirtschaft in Jugoslawien genauso berücksichtigt, wie die Erkenntnisse einer in Deutschland umgesetzten sozialen Marktwirtschaft. Wichtig ist es in dem Kontext aber, nicht nur eine Demokratisierung der Wirtschaft, sondern auch die Rolle des demokratischen Staates in den Fokus zu rücken, die miteinander verwoben sind. Dabei greifen wir auf die unterschiedlichen Staatstheorien implizit zurück.

8.4.5.1 Staatlicher Überbau

Eine Debatte, die den Staat befürwortet, ist zurzeit nicht „in". Trotzdem brauchen wir einen Staat. Selbst ein neoliberaler „Nachwächterstaat" impliziert einen öffentlichen Sektor. Die zahlreichen Finanz- und Wirtschaftskrisen zeigen im praktizierten Neoliberalismus immer wieder auf, welche stabilisierende Rolle dem Staat – weit jenseits eines keynesianisch intervenierenden Staates – zukommt, die ihn unverzichtbar macht.

> Schlechte Erfahrungen Linker im Realsozialismus mit einem ‚bevormundenden, alles Bestimmenden, sich überall einmischenden Staat' und linker Altbundesbürger mit einem ‚bürokratischen, steuerschluckenden Moloch' können weder Grund noch Rechtfertigung dafür sein, sich jetzt staatsabstinent zu geben und von der Rolle des Staates nur noch abfällig zu reden. Die eine Erfahrung ist nicht wieder erstrebenswert und die andere nicht bewahrenswert. Zwischen ‚Etatismus', der Staatsgläubigkeit, der Überbewertung der Rolle des Staates und einer den Zusammenhalt des Gemeinwesens sichernden Instanz, gilt es zu unterscheiden. (Luft 2008, S. 47)

Auch die Marx'sche Staatskritik und die Forderung nach einem „absterbenden Staat" helfen hier nicht weiter.

In den Staaten des gescheiterten Realsozialismus, die seit 1917 auf eine zentrale staatliche Planwirtschaft setzten, wurden weder die politischen Vorgaben von Marx noch die von Luxemburg beherzigt und umgesetzt (vgl. Kap. 8.2.3.2).

> Im staatssozialistischen Aufbau der Sowjetunion reflektieren sich die Deformationen des Revolutionszyklus nach dem Sturz des zaristischen Staates. Sie fokussieren sich exemplarisch in zwei politischen Topoi, die sich vom Anfang (1917) bis zum Ende (1989) des Realsozialismus im kurzen 20. Jahrhundert durchziehen und die in nuce die gesamte Tragödie der gescheiterten Rücknahme des Staates (Karl Marx) in ein sozialistisches Gemeinwesen beinhalten: die Sowjets und die Staatssicherheit. Die Sowjets, die Räte, symbolisieren im Kern eine historisch neuartige politische Form, eine kurzzeitig auch realgeschichtlich wirkliche Innovation von der Februar- bis zur Oktoberrevolution und stellen im Kern das vor, was Marx als geschichtliche Möglichkeit einer Rücknahme des Staates in die Gesellschaft ausmachte. Die Staatssicherheit, gegründet im Dezember 1917 als ‚Tscheka' zur Sicherung und Verteidigung der Revolution, deformiert sich schon früh zu einem repressiven Staatsapparat. [...] Aber der Staatssozialismus brachte kein entwicklungsfähiges Zusammenwirken von Staat, Zivilgesellschaft und Ökonomie zustande; die Sowjets starben schon früh unter den staatlich-repressiven Strukturen ab. Übrig blieb ein Staat ohne entwickelte (Zivil-)Gesellschaft. (Lieber 2008, S. 39 f.)

Auch war die ökonomisch praktizierte zentrale Planung arbeitsteiliger Gesamtprozesse, wie die marktwirtschaftlich-kapitalistische Ordnung, widersprüchlich, nicht wie im Kapitalismus zwischen den Klassen, sondern im ordnungstheoretischen, einzelwirtschaftlichen Widerspruch zwischen dem „Prinzip der Planerfüllung" und dem „Prämienprinzip". Selbst der letzte Generalsekretär des Zentralkomitees der Kommunistischen Partei der UdSSR, Michail Gorbatschow, wies darauf in seinen Veröffentlichungen deutlich hin.

Der Kapitalismus im Westen bescherte dagegen in der Nachkriegszeit, trotz aller Widersprüche, eine Phase des Wachstums, der Vollbeschäftigung und auch den Auf- und Ausbau eines Sozialstaats. Dies ging aber nur zu Lasten der Kapitalfraktion. Es kam zu einer Umverteilung der Wertschöpfungen zum Vorteil der Lohnquoten und auch die Profitraten gingen zurück. Mit der Weltwirtschaftskrise von 1974/75 (vgl. Mandel/Wolf 1976) kam es zu einer *neoliberalen Wende*. Der interventionistische Staat mit seiner Staatsverschuldung war „out". Dafür wurde ein „*schlanker Staat*" und eine „*Entfesselung der Marktkräfte*" eingefordert. Dem neoliberalen Paradigma „Führe dich selbst, du bist der Mittelpunkt" und alle „Macht den selbstregulierenden Märkten" unterlag auch die Sozialdemokratie in Europa, die politische Vertreterin der Beschäftigten in den Parlamenten. Der weltweite Siegeszug des Neoliberalismus drehte schließlich die Umverteilung wieder um. Die Lohnquoten gingen zurück und die Profitraten stiegen. Der jetzt nur noch bürgerliche Staat unterstützte vorrangig die Kapitalinteressen. Die Steuern auf Kapitaleinkünfte wurden massiv gesenkt und der Sozialstaat eingeschränkt. Mit der steigenden Arbeitslosigkeit kamen die Gewerkschaften in den Tarifverhandlungen immer mehr unter Druck. Daher blieben die realen Lohnsteigerungen unter dem verteilungsneutralen Spielraum und notwendige Arbeitszeitverkürzungen konnten nicht durchgesetzt werden.

Hinzu kam eine zunehmende *Krisenanfälligkeit*. Nachdem 2000 die „New Economy" eine schwere Krise auslöste, die in Deutschland über fünf Jahre zu einer Wachstumsstagnation führte, eskalierte der „Kasinokapitalismus" (Keynes) in der *Finanzmarktkrise* im Jahr 2007. Die Umverteilung der Wertschöpfung zugunsten der Vermögenden wurde an den Finanz- und Immobilienmärkten hoch spekulativ angelegt. Die Reichen benötigten für ihre „räuberische Ersparnis" (Keynes) immer mehr kreditnachfragende Schuldner. Ausreichend „gute" Schuldner gab es aber nicht. Es kam schließlich zu Subprime-Krediten. Insbesondere das Wachstumsmodell der USA mit seinem Immobilienboom, das fast ausschließlich auf Subprime-Krediten basierte, kollabierte.

Die privaten Wirtschaftsakteure zeigten sich gegenüber der Krise 2007 als unfähig, sie auch nur im Ansatz beheben zu können. Schlagartig wurde deshalb die Rückkehr des keynesianischen Interventionsstaates gefordert. Sicher auch, um nicht den totalen Kollaps des marktwirtschaftlich-kapitalistischen Systems zu riskieren. Darüber hinaus sollte vermieden werden, die Vermögensbestände der Reichen aufs Spiel zu setzen. Bezahlt wurde die Krise jedenfalls nicht mit diesen Vermögensbeständen, sondern mit Arbeitsplätzen und Staatsverschuldung. Die Krise ist bis heute noch nicht behoben und besteht latent weiter. Mit der unverändert weltweit zirkulierenden Überschussliquidität sind weitere Brandherde im Kasinokapitalismus bereits angelegt.

Der Krisenforscher und Ökonom Joachim Bischoff fragt: Was kann der bürgerliche Staat in der Krise überhaupt noch ausrichten? Bischoffs Antworten sind negativ, denn er konstatiert, dass offensichtlich der Horizont des naiven Staatsinterventionismus sowohl gesellschaftspolitisch wie demokratietheoretisch überschritten sei.

Die bisherigen Notpläne zeigen alle strukturellen Schwächen: es dominiert die Ausrichtung auf Stützung der Finanzindustrie; ein Großteil der financial assets ist als Anspruch auf Beteiligung am gesellschaftlichen Reichtum nicht zu retten. Die Notenbankzinsen sind abgesenkt und die massiven Verschuldungsvolumina verdeutlichen: die Macht der Regierungen und Zentralbanken ist endlich. Noch weniger zeigt sich eine umfassende Erneuerung des internationalen Währungs- und Finanzsystems ab. Die mehr oder minder massiven Konjunkturprogramme stehen überwiegend unter dem Vorbehalt, dass damit überlebten Konsumstrukturen ein Anpassungsprozess ermöglicht werden soll; in zukunftsorientierte Produktions- und Konsumformen wird fast nichts investiert, weil die gesellschaftliche Willensbildung immer noch durch die untergehenden Verhältnisse strukturiert wird. Der Griff in die finanzpolitische Werkzeugkiste hat große Systeme hervorgezaubert, deren Wirksamkeit und Kontrolle absolut unentwickelt bleibt. Der Großteil der Notpläne ist auf die Rettung der Finanzinstitute konzentriert, während der entscheidende Grund, die enorme Diskrepanz zwischen Produktionspotential und zurückgebliebenen Masseneinkommen nur geringe Aufmerksamkeit erfährt. (Bischoff 2008, S. 25 f.)

Auch während der *Corona-Krise* ab 2020 wurde dies überdeutlich. Zwar besann man sich hier auf eine antizyklische *keynesianische Konjunkturpolitik* mit einem noch größeren deficit spending als in der Finanz-, Immobilien- und Wirtschaftskrise von 2007 bis 2009; eine grundlegende ordnungstheoretische Diskussion in Richtung Wirtschaftsdemokratie wurde aber nicht einmal in Ansätzen geführt.

Wirtschaftsdemokratie impliziert hier einen demokratisch verfassten Staat. Sie lässt sich nicht mit einem monarchistischen oder einen autoritären bzw. faschistischen Staat vereinbaren. Aber hier gilt auch, was schon in den 1920er-Jahren der ADGB-Vorsitzende, Theodor Leipart (1867–1947), sagte: „Demokratie im Staate und Autokratie in der Wirtschaft vertragen sich nicht. Wer also das demokratische System in der Staatsverwaltung schützen und aufrechterhalten will, muss dafür sorgen, dass auch in der Wirtschaft die Demokratie durchgeführt wird" (zitiert in Plener 2001, S. 13).

Diese Erkenntnis war am Ende der ersten deutschen Demokratie, der Weimarer Republik, jedenfalls den Gewerkschaften, klar. Dies zeigt allein schon die Beauftragung von Fritz Naphtali durch den ADGB, ein Gutachten zur Wirtschaftsdemokratie zu erstellen, dass 1928 auf dem Hamburger ADGB-Kongress vorgestellt und verabschiedet wurde. Schon 1926 hatte Leipart konstatiert:

Die Wirtschaft ist nicht eine private, sondern eine öffentliche Angelegenheit. Jeder, der in der Wirtschaft wirkt und arbeitet, soll seine Tätigkeit als einen Dienst am Volke betrachten. Der arbeitende Mensch hat für die Wirtschaft eine noch größere Bedeutung als die Produktionsmittel. Genau wie im Staate sollen auch in der Wirtschaft die Arbeiter nicht länger Untertanen sein, sondern gleichberechtigte Wirtschaftsbürger. Dann wird auch eintreten, dass die Wirtschaft nicht mehr vom Erwerbsinteresse des Einzelnen, sondern vom Versorgungsinteresse der Gesamtheit geführt wird. (Leipart 1926, S. 7)

Und 1928 schreibt er: „Wirtschaftsdemokratie in unserem Sinne bedeutet den Kampf gegen die Alleinherrschaft der Unternehmer in der kapitalistischen Wirtschaft" (Leipart 1928, S. 9).

Aber auch der Staat muss *stärker demokratisiert* werden, was in einer parlamentarischen Demokratie nicht einfach ist. Bis heute liegen in der zweiten deutschen Demokratie erhebliche Partizipationsdefizite vor. Der Politikwissenschaftler Wilfried Röhrich stellt dazu fest:

> Wer in den sechziger Jahren einen Aufbruch aus der statischen Demokratiepraxis in der Bundesrepublik erhoffte, fühlte sich enttäuscht. Zwei Intentionen – zu Beginn und am Ende jener Jahre – nährten diese Hoffnung. Jürgen Habermas forderte 1961 die Verwirklichung der Demokratie in einer Gesellschaft mündiger Bürger. Demokratie müsse an der Selbstbestimmung der Menschheit arbeiten; erst, wenn diese wirklich sei, sei jene wahr. Die zweite Intention fand sich in der Regierungserklärung Willy Brandts (1913–1992) von 1969: in seiner Parole ‚Mehr Demokratie wagen'. Diese Parole von moralisch und partizipatorisch mitreißender Kraft war zwar erfüllt von Leidenschaft zur Sache der Politik, doch das Defizit an Partizipation blieb weithin bestehen. Nur ein halbes Jahrzehnt nach Brandts Parole folgte die ‚Tendenzwende' und schließlich 1982 die ‚Wende' selbst (Röhrich 1999, S. 31), die „Geistig moralische Wende" (Helmut Kohl, CDU)):

> Der nachfolgende Neokonservatismus war durch die Ablehnung einer Demokratisierung von Entscheidungsprozessen gekennzeichnet. Bis heute hat sich daran nichts geändert. Vielmehr lassen sich gravierende Mängel in der Bundesrepublik wie in allen westlichen Gesellschaften konstatieren, in denen nicht nur die demokratischen Institutionen an Bedeutung verlieren, sondern auch die Maßstäbe für die Orientierung zu schwinden drohen. Ein Parteien- und Verbändestaat und die Macht von Verwaltung und Medien überlagern das geschriebene Verfassungsrecht. (Röhrich 1999, S. 31)

Da es in parlamentarischen Demokratien keinen politisch neutralen Überbau gibt, ist damit auch das Gewaltmonopol des Staates nicht neutral. Der Staat wird von herrschenden Parteien und ihren politischen Ausrichtungen, Programmen und Ideologien bestimmt. Der ehemalige Bundespräsident Richard von Weizäcker (1920–2015) sprach hier in Richtung Parteien von „machtvergessen" und „machtversessen", wenn es um die Absicherung der eigenen Positionen geht.

> Entfernt von einem primär sachbezogenen Widerstreit der Parteien, in dem diese in Wahlprogrammen politische Bestrebungen zu Alternativen bündeln, haben sich die Wahlen zu Personalplebisziten entwickelt, in denen der souveräne Bürger eine Demokratie sanktioniert, in der das einmal gewählte Führungspersonal während einer Wahlperiode tun und lassen kann, was ihm beliebt. Die staatsbürgerliche Teilnahme am politischen Leben gleicht derart einer Fetischisierung, und die repräsentative Demokratie in ihrer Formalität beschränkt sich auf ein Set von Spielregeln – analog jenem parteilichen Konkurrenzkampf um die Stimmen des Volkes, den die Nationalökonomen Joseph A. Schumpeter (1883–1950) und Anthony Downs in ihrer Markttheorie der Demokratie aufgezeigt haben. (Röhrich 1999, S. 32)

Schumpeter reduziert in seinem 1942 in den USA erschienenen Werk „Kapitalismus, Sozialismus und Demokratie" das politische Wahlverhalten eines Volkes auf die Theorie einer „demokratischen Elitenherrschaft", wonach Parteien und ihre Spitzenpolitiker in einen Wettkampf gegen andere Parteien und deren Kandidaten, um die, zeitlich in Legislaturperioden begrenzte, Staatsmacht konkurrieren. Der Wähler wird dabei mit seinem „Stimmzettel" gegenüber dem Politiker, der Partei, wie der Konsument, mit seinem „Geld" am Markt gegenüber den Produzenten, zum Entscheider. Wie am Markt die Produzenten um die Kunden buhlen und sie mit Marketingmethoden und Werbung mystifizieren, so versuchen auch Politiker und Parteien die grundsätzlich passiv eingestellte Wählerschaft und ihre Wünsche zu erforschen und schließlich durch Reklametechniken und Symbole zu gewinnen (vgl. Schumpeter 1942 (1975)).

Schumpeter hat dabei keine gute Meinung über die rationalen Entscheidungsfähigkeiten eines Wahlvolkes und er bezeichnete die Ideen vom Willen des Volkes und vom Gemeinwohl als Mythen. Für ihn gibt es kein „solches Ding wie ein eindeutig bestimmtes Gemeinwohl, über das sich das ganze Volk kraft rationaler Argumente einig wäre oder zur Einigkeit gebracht werden könnte" (Schumpeter 1942 (1975), S. 399). Für ihn reduziert sich eine parlamentarische Demokratie auf die Möglichkeit der Wähler, Politiker, „die es beherrschen sollen, zu akzeptieren oder abzulehnen" (ebb., S. 452); darüber hinaus soll keine politische Aktivität seitens der Bürger bestehen. „Die Wähler außerhalb des Parlaments müssen die Arbeitsteilung zwischen ihnen selbst und den von ihnen gewählten Politikern respektieren. Sie [...] müssen einsehen, daß, wenn sie einmal jemanden gewählt haben, die politische Tätigkeit seine Sache ist und nicht die ihre" (ebb., S. 468).

Aufbauend auf das *Demokratie-Markt-Modell* von Schumpeter setzt der US-amerikanische Ökonom und Politologe *Anthony Down* bei der jeweils herrschenden Politik auf ein rein eigennutzorientiertes Verhalten, dass er für die politische Elite als ein rationales Verhalten einstuft. Hier wird menschliche Ratio mit Eigennutz gleichgesetzt. Wer also nicht eigennützlich denkt und handelt ist kein rationales Wesen. Nach Downs' Auffassung sind alle Politiker Egomanen, die ausschließlich ihre Interessen durch Politik befriedigt sehen wollen. "Wir nehmen an", schreibt Down, „daß sie nur handeln, um das Einkommen, das Prestige und die Macht zu erlangen, die mit öffentlichen Ämtern verbunden sind. Daher streben [...] die Politiker niemals ein öffentliches Amt an, das ihnen ermöglicht, bestimmte politische Konzepte zu verwirklichen; ihr einziges Ziel ist, die Vorteile zu genießen, die ein öffentliches Amt an sich bietet. Die Politiker verwenden politische Konzepte und Aktionen einzig und allein als Mittel zur Verfolgung ihrer privaten Ziele, die sie nur dadurch erreichen können, daß sie gewählt werden" (Down 1968, S. 27). In den USA ist die Down'sche ökonomische Theorie der Demokratie weit verbreitete Lektüre an den Universitäten, und in Deutschland haben sich insbesondere in der Politikwissenschaft Philipp Herder-Dornreich und Rudolf Wildenmann um ihre Verbreitung bemüht.

Der von Schumpeter und Down entwickelten Analogie von Demokratie und Markt wird hier als *Gegenentwurf ein Mehr an Demokratie* entgegengestellt, wie es in einer direkten Demokratie wie in der Schweiz selbstverständlich ist: Mehr Demokratie im staatlichen Überbau und mehr Partizipation der mündigen Bürger kann die heftigen Fehlentwicklungen im Staatssektor, nicht nur durch einen Lobbyismusapparat (vgl. Kap. 1.4.3) der Wirtschaft, dazu bringen anzuhalten. Dazu gehört mehr direkte Bürgerbeteiligung an politischen Planungen und Entscheidungen in den Parlamenten.

Dies geht gesetzlich nur auf kommunaler Ebene, jedoch sind hierbei die Länder- und Bundesebenen nicht einbezogen.

Auch bei der innerparteilichen Demokratie gibt es Defizite. Erste folgerichtige Ansätze sind durch parteiinterne Wahlen der Parteispitze zu beobachten. Um die Abhängigkeit zu verringern, bedarf es auch der grundlegenden Überarbeitung der Parteienfinanzierung zu einem System ohne Parteispenden. Zur Stärkung der Unabhängigkeit politischer Entscheidungen sollte auch der Einfluss von Lobbyisten minimiert werden. Darüber hinaus ist es fragwürdig, wenn Bundes- und Landerechnungshöfe staatliches Missmanagement feststellen und dies keine Konsequenzen für die jeweilige Regierung, den Kanzler oder einzelne Minister hat.

Aufgaben

a) Was wollte Willy Brandt mit „Mehr Demokratie wagen" zum Ausdruck bringen?

b) Skizzieren Sie die Feststellungen von Joseph A. Schumpeter im Hinblick auf demokratische Wahlen. Und beschreiben Sie das Demokratie-Markt-Modell von Anthony Down.

c) Analysieren Sie die Berichte des Bundesrechnungshofes der letzten fünf Jahre. Wie hoch, in Milliarden Euro, waren hier die kumulierten Beanstandungen und Vorwürfe gegen die Bundesregierung? Welche Konsequenzen haben die Vorhaltungen des Bundesrechnungshofes gehabt?

8.4.5.2 Grundgesetz und Ordnungsmodell

Die faschistische Zeit in Deutschland vereitelte eine ordnungstheoretische Diskussion und eine Umsetzung der Wirtschaftsdemokratie. Aber 1949 auf dem Gründungskongress des DGB in München wurde das Gutachten von Naphtali wieder hervorgeholt und fand eine weitgehende Berücksichtigung im ersten Grundsatzprogramm des DGB. Aber auch dieses Programm hatte nach der Verabschiedung des Grundgesetzes 1949, und der ersten Bundestagswahl sowie dem Sieg der konservativ-liberalen Adenauer-Regierung, nicht die geringste Chance, politisch umgesetzt zu werden. Lediglich das 1951 im Bundestag verabschiedete *Montanmitbestimmungsgesetz* kann hier als Element der Wirtschaftsdemokratie angeführt werden (vgl. Müller 1991). Die Gewerkschaften waren bei der Erarbeitung des Grundgesetzes als größte Interessenorganisation nicht beteiligt und waren bei den Verhandlungen nicht vertreten, „obwohl es innerhalb der Spitze der Gewerkschaftsorganisation eine intensive Debatte und konkrete Vorschläge nicht nur für die Länder-, sondern auch für eine Bundesverfassung gegeben hatte. Ihr Wunsch war vor allem die Kodifizierung mehrerer Artikel zur Sozial- und Wirtschaftsverfassung. Zweifellos gehörten die schwachen Versuche zur Verwirklichung dieser Zielsetzung zu den erstaunlichsten Blindstellen in der frühen westdeutschen Gewerkschaftsgeschichte" (Kleßmann 1982, S. 196).

Im Grundgesetz selbst wurde eine Wirtschaftsordnung explizit nicht festgelegt. Dennoch ist es nicht ordnungstheoretisch neutral (vgl. dazu den folgenden Kasten).

Dies hat der ehemalige Präsident des Bundesverfassungsgerichtet, Hans Jürgen Papier, deutlich gemacht, wenn er schreibt:

> Der Grundrechtskatalog der Verfassung gewährt dem Einzelnen als Rechtsperson einen bestimmenden Anteil an der Sozial- und Wirtschaftsgestaltung. Der Einzelne soll am sozialen und wirtschaftlichen Leben nicht nur zur ‚Abstimmung der Feinproportionen' als ‚öffentlicher Planvollstrecker', sondern eigenverantwortlich, autonom und (auch) mit privatnütziger Zielsetzung an der Gestaltung der Rechts-, Gesellschafts- und Wirtschaftsordnung mitwirken. Die Eigentumsgarantie und die anderen Grundrechte des privatautonomen Handelns und der privatautonomen Teilhabe an der Gestaltung der Wirtschaft schließen deshalb eine absolute Herrschaft des politischen Systems aus. (Papier 2007, S. 5 f.)

Alles andere als neutral. Das Grundgesetz schützt nur die Kapitalinteressen

von Heinz-J. Bontrup

„Das Grundgesetz soll wirtschaftspolitisch neutral sein. Angeblich haben sich die Verfassungsväter nicht auf eine bestimmte Wirtschaftsordnung festlegen wollen. Dies stimmt aber nicht. Das Grundgesetz (GG) ist nicht neutral. Im Gegenteil: Es ist wirtschafts- und ordnungstheoretisch zu tiefst einseitig. Es schützt und sieht im wirtschaftlichen Duktus nur die Kapitalinteressen. Dafür stehen der Eigentumsartikel 14 GG und Artikel 12 GG, der die unternehmerische Freiheit garantiert. Beide Artikel verstoßen aufs Heftigste gegen ökonomisches Wissen. Warum? Erstens, weil der Eigentumsartikel das Eigentum ökonomisch nicht differenziert. Produktionsmittel werden hier in ihrer ökonomischen Relevanz mit dem Eigentum an einem CD-Player oder einem Auto oder auch an einem Haus gleichgestellt. Im Gegensatz zu Produktionsmitteln begründen aber letztere Eigentumstitel keine ökonomischen Abhängigkeiten, geschweige denn Macht, über andere. Auf die Bereitstellung von Produktionsmitteln sind dagegen Millionen von abhängig Beschäftigten angewiesen. Sie können ihr Arbeitsvermögen nur dann verwerten, wenn sie von einem Unternehmer, dem die Produktionsmittel gehören, auf den Arbeitsmärkten nachgefragt werden. Dies impliziert, vor allen Dingen bei einer bestehenden Arbeitslosigkeit, eine Machtasymmetrie zu Gunsten der Unternehmer. Und die abhängig Beschäftigten werden auch nur dann nachgefragt, wenn sie dem Kapitaleigner, in der Kombination mit den Produktionsmitteln, einen Mehrwert verschaffen. Zweitens ist das Grundgesetz auch deshalb ökonomisch Blind, weil die Produktionsmittel, im Umkehrschluss, auf den abhängig Beschäftigten angewiesen sind. Denn ohne die menschliche Arbeitskraft lässt sich das „tote" Kapital nicht in eine Wertschöpfung verwandeln. Daran wird auch zukünftig die zunehmende Digitalisierung der Produktionsprozesse nichts verändern, selbst wenn auch die Substitution von Arbeit durch Kapital (Technik) steigen wird. Und obwohl dies alles unumstößliche Ökonomie ist, haben laut Grundgesetz nur die Kapitaleigentümer durch die Artikel 14 und 12 in den Unternehmen das Sagen? Wirkliche gleichberechtigte Mitbestimmung der abhängig Beschäftigten gibt es bis heute nicht. Das Kapital hat verfassungsrechtlich das letzte Wort. Dies ist ökonomisch tief widersprüchlich und verlangt nach einer grundsätzlichen Verfassungsänderung" (Frankfurter Rundschau, 18. April 2019, S. 14).

So ist durch Art. 2 GG (freie Entfaltung der Persönlichkeit, Vertrags- und Wettbewerbsfreiheit), Art. 14 GG (Eigentum und Erbrecht) sowie durch Art. 12 GG (Berufsfreiheit, unternehmerische Freiheit) – trotz einem grundrechtlichem Sozialstaatsprinzip (Art. 20, 28 GG) und einer möglichen Enteignung und Sozialisierung (Art. 15 GG) – auch gewährleistet, dass in der Bundesrepublik Deutschland eine bestimmte Wirtschaftsordnung sicher nicht entstehen kann: eine Wirtschaftsordnung, die eine Koordination der Volkswirtschaft prinzipiell im Wege der Zentralverwaltung und in einem System imperativer und zentralisierter Staatsplanung bewerkstelligen wollte. Das Grundgesetz ist also nicht in dem Sinne neutral, dass die vorgefundene und gewachsene Wirtschaftsordnung prinzipiell in eine Zentralverwaltungs- oder Zentralplanwirtschaft umstrukturiert werden könnte. Die individuellen Freiheitsrechte kennen zwar vielfältig abgestufte Regelungs- und Eingriffsvorbehalte zugunsten des einfachen Gesetzgebers. Für alle Grundrechte gilt aber zum einen die allgemeine Eingriffsschranke des Art. 19 Abs. 2 GG, nach der die Grundrechte in keinem Fall in ihrem Wesensgehalt angetastet werden dürfen, und zum anderen das rechtstaatliche Übermaßgebot. Darüber hinaus gewährt Art. 14 Abs. 1 GG nicht nur eine Rechtstellungsgarantie zugunsten des individuellen Eigentümers, sondern garantiert auch das Privateigentum und das Erbrecht als Institute der Rechts- und Wirtschaftsordnung. (Papier 2007, S. 5)

Unternehmer (Kapitaleigner) können letztlich mit ihrem in den Unternehmen eingesetzten Kapital machen, was sie wollen. Da hilft auch kein Verweis auf Artikel 14 Abs. 2 GG („Eigentum verpflichtet. Sein Gebrauch soll zugleich dem Wohle der Allgemeinheit dienen"). „Wie immer die Gemeinwohlverpflichtung im Einzelnen aussehen mag", schreibt der Soziologe Oskar Negt, „mir ist kein Fall höchstrichterlicher Entscheidungen bekannt, in dem ein aus bloßen Renditegründen geschlossener Betrieb vor Gericht oder politischen Instanzen mit dem Delikt der Grundgesetzverletzung konfrontiert worden wäre" (Negt 2010, S. 511).

Deutlich wird dies auch im Rahmen einfacher Gesetzgebung. Bei jedem Versuch eines Interessenausgleichs zwischen Kapital und Arbeit nach § 111 Betriebsverfassungsgesetz (BetrVG), ist ein solcher „Ausgleich" rechtlich nicht erzwingbar. Geht es hier um Entlassungen von Beschäftigten oder Betriebsschließungen, so sind diese rechtlich, auch in einem anschließenden Einigungsstellenverfahren nach § 76 BetrVG nicht zu verhindern. Einzig ein Sozialplan nach § 112 BetrVG ist rechtlich durchsetzbar. Dieser schafft aber für die abhängig Beschäftigten nie einen „wirtschaftlichen Nachteilsausgleich" für den Verlust des jeweiligen Arbeitsplatzes (vgl. Bontrup 1998a, S. 312 ff. und 1998b, S. 542 ff.). Der Staat verhält sich hier selbst bei den Abfindungszahlungen noch kapitalorientiert. Der Unternehmer kann nämlich in Summe die Sozialplankosten als Betriebsausgabe steuerrechtlich voll absetzen und damit seine Gewinnsteuerzahlungen senken, während der Entlassene seine Abfindung gegenüber dem Staat voll zu versteuern hat, wobei unter bestimmten Voraussetzungen im Sinne von § 24 Nr. 1 EStG eine Steuerermäßigung in Form einer sogenannten „Fünftelregelung" möglich ist. Lediglich Sozialversicherungsbeiträge fallen bei den Abfindungszahlungen nicht an.

Problematisch für die Umsetzung einer Wirtschaftsdemokratie ist deshalb im bestehenden Rechtsrahmen die Unternehmerfreiheit. Ihrer Installierung im Grundgesetz (Art. 12 GG) „gingen bereits diverse wirtschaftlich relevante Normen der Weimarer Reichsverfassung (WRV) voraus. Die WRV enthielt, abweichend vom Grundgesetz, in den Artikeln 151–165 WRV ein ganzes System der Ordnung des Wirtschaftslebens. Im

Rahmen dieses Normenkomplexes wurde auch dem Schutz des Unternehmers umfassend Rechnung getragen. Zentrale Norm war hier Art. 151 I (1) WRV, welcher die wirtschaftliche Freiheit des Einzelnen gewährleistete" (Schwier 2008, S. 38). Diese wurde auch im Grundgesetz verankert, aber anders als in der WRV unterliegt die unternehmerische Freiheit hier keiner „spezifischen Garantie". „Die unternehmerische Freiheit, als das ‚Recht zum selbstverantwortlichen unternehmerischen Handeln bei der Schaffung, Organisation und Führung von Unternehmen sowie der Teilnahme im marktwirtschaftlichen Wettbewerb', wird vielmehr dem für die jeweilige unternehmerische Tätigkeit relevanten Grundrechten entnommen" (s. o.), (Schwier 2008, S. 40).

Dabei unterliegt die unternehmerische Freiheit auch der allgemeinen Eingriffsschranke des Art. 19 Abs. 2 GG. Auch die Charta der Grundrechte der Europäischen Union (EuGRC) schützt die unternehmerische Freiheit unmissverständlich in Art. 16 EuGRC (vgl. dazu ausführlich Schwier 2008, S. 131 ff.). Das alles stellt eine große Hürde für die Umsetzung einer Wirtschaftsdemokratie dar.

Rechtlich bleiben wohl zwei Optionen: *Erstens* wird nach Art. 79 GG eine *Änderung des Art. 12 GG* in Verbindung mit Art. 14 GG mit einer erforderlichen Zweidrittelmehrheit vorgenommen. Derartige Änderungen bei Grundrechten erfordern jedoch nach Art. 19 Abs. 2, dass keine Änderung im Wesensgehalt erfolgen darf. In dem Sinne könnte die unternehmerische Freiheit auf den *originären* Kapitaleinsatz in einem Unternehmen beschränkt werden, da das in Folge akkumulierte Kapital aus Gewinnthesaurierungen stammt, die von den Beschäftigten erarbeitet worden sind. Zudem müsste in Art. 14 GG eine strikte Eigentumstrennung vorgenommen werden: zwischen Produktionsmitteln, auf die die abhängig Beschäftigten bei der Verwertung ihrer Arbeitskraft angewiesen sind und den sonstigen Gütern des privaten Gebrauchs, wozu auch Immobilien zählen.

Zweitens könnte Art. 146 GG umgesetzt werden (vgl. Kap. 8.3.1). Nach der Wiedervereinigung der beiden deutschen Staaten kann sich das Volk als verfassungsgebende Gewalt, nach der ersten deutschen, der „Weimarer", Verfassung eine *zweite neue Verfassung* für die wiedervereinigten beiden deutschen Staaten geben und damit das Grundgesetz, dass von Anfang an nur einen vorläufigen Verfassungsrang hatte, ablösen. Hier könnte man explizit eine Wirtschaftsordnung berücksichtigen. Dazu gehörten Bestimmungen über Formen staatlicher Wirtschaftsplanung und -steuerung, Verteilungsfragen, die Geldversorgung und das Bankensystem, die auf den unterschiedlichen Märkten stattfindende Preisbildung und der Schutz des Wettbewerbs durch staatliche Interventionen, Formen des Eigentums in den Unternehmen, der unternehmensinternen Willensbildung, die Verteilung von Macht zwischen Kapital und Arbeit auf den besonderen Arbeitsmärkten und in den Unternehmen, Tarifverträge, sowie nicht zuletzt die Bestimmung der unternehmerischen Ergebnisrechnung und deren Offenlegung gegenüber der Öffentlichkeit.

8.4.5.3 Wirtschaftsdemokratie und Mitbestimmung
8.4.5.3.1 Betriebliche Mitbestimmung

Zu einer Wirtschaftsdemokratie gehört essenziell auch der Ausbau der Mitbestimmung in den Betrieben und Unternehmen als ein ordnungstheoretischer Baustein. Auf einfacher Gesetzgebungsbasis unterscheiden wir zwei Ebenen: die *betriebliche und die unternehmensbezogene Mitbestimmung*. Auf betrieblicher Ebene wurde 1952 das *Betriebsverfassungsgesetz* (BetrVG) verabschiedet. Demnach kann in allen Betrieben ab fünf Beschäftigten ein Betriebsrat gegründet werden. Das BetrVG beschränkt sich weitgehend nur auf betriebsrätliche Mitwirkungsrechte. Dies gilt auch für das speziell für Leitende Angestellte nach § 5 (3) BetrVG geschaffene betriebliche Sprecherausschussgesetz. In beiden Gesetzen bleiben die entscheidenden wirtschaftlichen Entscheidungsbefugnisse des Unternehmers aufgrund seiner verfassungsrechtlich garantierten unternehmerischen Freiheit unberührt. Gleichberechtigte Mitbestimmungsrechte im Sinne einer Zustimmungspflicht durch Betriebsrat oder Sprecherausschuss gibt es mit wenigen Ausnahmen nicht. Zu den Ausnahmen zählen die Zustimmung zur Mehrarbeit oder das Mitbestimmungsrecht bei personellen Auswahlkriterien. Ob dagegen Beschäftigte

– eingestellt oder entlassen werden,
– ob, wann und wie investiert und
– wie ein Unternehmen organisiert und geführt wird,
– wie ein Unternehmen zu finanzieren ist,
– wie die Standortfrage entschieden wird,
– ob fusioniert oder ein Unternehmen verkauft oder zugekauft wird,
– wie die Gewinnverwendung erfolgt,
– ob es eine Gewinn- und Kapitalbeteiligung der Beschäftigten gibt,

bleibt für den Betriebsrat und den Sprecherausschuss außerhalb jeglicher Reichweite.

Obwohl Betriebsräte in geheimer, allgemeiner und freier Wahl durch die Belegschaft gewählt werden, haben sie kein Mitbestimmungsrecht bei der Auswahl der angestellten Geschäftsführer oder Vorstände. Lediglich bei der Bestimmung der Leitenden Angestellten und der außertariflichen Beschäftigten haben sie ein Mitspracherecht. Auch im *Wirtschaftsausschuss* nach § 106 BetrVG, der erst in Unternehmen ab 100 ständig Beschäftigten gegründet werden kann, gibt es keine wirtschaftliche Mitbestimmung, sondern der Wirtschaftsausschuss in ein reines Informations- und Beratungsgremium, der mit dem Management tagt. Hier muss das Management zwar die wirtschaftliche Lage des Unternehmens mit entsprechenden Planungen dem Wirtschaftsausschuss vorlegen, mitentscheiden über den wirtschaftlichen Kurs des Unternehmens kann er aber nicht. Dasselbe gilt auch für den *Europäischen Betriebsrat*, mit dem eine grenzübergreifende Unterrichtung und Anhörung der Betriebsräte in EU weit operierenden Unternehmen und Unternehmensgruppen mit mindestens 1.000 Beschäftigten, davon müssen 150 Beschäftigte in zwei EU-Mitgliedsstaaten tätig sein, vollzogen werden soll (vgl. Pulte 2003, Lieb/Jacobs 2006).

Echte wirtschaftliche Mitbestimmung kommt hier überall nicht vor. Alleine diese Asymmetrie zeigt die fehlende demokratische Ausrichtung in Betrieben und Unternehmen. Das Investitionsmonopol des Kapitals gestattet es im Zweifelsfall sogar dem Kapitaleigner selbst bei einer überaus komfortablen Gewinnsituation in ihren Unternehmen die Profitrate noch weiter zu erhöhen und dafür jederzeit abhängig Beschäftigte entlassen zu können.

8.4.5.3.2 Unternehmensbezogene Mitbestimmung

Neben der betrieblichen Mitbestimmung gibt es auf der unternehmerischen Ebene im Aufsichtsrat drei Gesetze. Das *Montanmitbestimmungsgesetz* von 1951, das *Mitbestimmungsgesetz* von 1976 und das *Drittelbeteiligungsgesetz* von 2004. Die Unternehmensmitbestimmung in allen drei Gesetzen gilt aber nur für Kapitalgesellschaften (GmbH, GmbH & Co. KG, KGaA, Aktiengesellschaften), Genossenschaften und Versicherungsvereine auf Gegenseitigkeit. Das heißt, alle Einzelunternehmen und Personengesellschaften (KG, OHG) bleiben von der unternehmerischen Mitbestimmung ausgeschlossen. Begründet wird dies damit, dass ansonsten die Belegschaftsmitglieder Informations- und Mitwirkungsrechte über das Privatvermögen der Kapitaleigner bekommen würden. Aufsichtsräte haben die allgemeine Aufgabe, die Geschäftsführung bzw. den Vorstand zu bestimmen und diese zu entlassen, die Geschäftspolitik der Geschäftsführung zu überwachen sowie sich beratend zu engagieren. Der Aufsichtsrat muss auch den von Wirtschaftsprüfern abgenommenen Jahresabschluss (Bilanz, GuV und Lagebericht) des Unternehmens feststellen.

Das *Drittelbeteiligungsgesetz* erfasst branchenunabhängig alle Kapitalgesellschaften, Versicherungsvereine auf Gegenseitigkeit und Erwerbs- und Wirtschaftsgenossenschaften ab 500 bis zu 1.999 Beschäftigten. Der Aufsichtsrat besteht hier nur zu einem Drittel aus Mitbestimmungsvertretern. Haben die Beschäftigten nur ein oder zwei Aufsichtsratsmitglieder zu wählen, so müssen diese Vertreter Beschäftigte des Unternehmens sein. Erst wenn mehr als zwei zu wählen sich (Aufsichtsrat größer gleich neun Mitgliedern) können auch externe Vertreter, z. B. von den Gewerkschaften oder aus der Wissenschaft, die Beschäftigten im Aufsichtsrat vertreten. Immer haben die Beschäftigten aber nur eine Drittelparität. Hier kann nicht von einer paritätischen Mitbestimmung die Rede sein.

Aufgabe

Untersuchen Sie empirisch, wie viele Unternehmen es in Deutschland gibt, die dem Drittelbeteiligungs- und dem Mitbestimmungsgesetz von 1976 unterliegen und wie viele abhängig Beschäftigte davon betroffen sind.

Vom *Mitbestimmungsgesetz* von 1976, es gilt wie das Drittbeteiligungsgesetz branchenunabhängig, werden alle Kapitalgesellschaften und Genossenschaften ab 2.000 Beschäftigte erfasst. Das Gesetz regelt im Aufsichtsrat eine numerische Parität zwischen Unternehmer und Angestellten. Auf der Mitbestimmungsseite sind sowohl betriebliche als auch externe Vertreter zu berufen. Eine Besonderheit ist hier, dass ein Repräsentant der leitenden Angestellten aus dem Sprecherausschuss einen Sitz auf der Mitbestimmungsseite beanspruchen kann. Kommt es in Abstimmungen zu einer Pattsituation, so hat der jeweils immer von der Kapitalseite gestellte Aufsichtsratsvorsitzende bei der wiederholten Abstimmung ein „Doppeltes Stimmrecht" und damit das finale Entscheidungsrecht. Auch hier liegt also keine wirkliche paritätische Mitbestimmung von Kapital und Arbeit vor. Dem Vorstand oder der Geschäftsführung als Leitungsorgan muss ein Arbeitsdirektor angehören. Er wird vom gesamten Aufsichtsrat, wie alle anderen Geschäftsführer bzw. Vorstände auch, gewählt bzw. abgewählt.

Es mangelt an Mitbestimmung – wir brauchen mehr demokratische Teilhabe

von Heinz-J. Bontrup

„Am 1. Juli vor 40 Jahren trat das sogenannte 76-er Mitbestimmungsgesetz für Kapitalunternehmen mit mehr als 2.000 Beschäftigten in Kraft. Das Gesetz war politisch hart umkämpft. Eine Kommission, geleitet von Kurt Biedenkopf (CDU), hatte einen Vorschlag unterbreitet, der letztlich auch Gesetz wurde – der den Gewerkschaften aber nicht gefiel. Zwar bestimmt das Gesetz in den Aufsichtsräten eine numerische Parität bei der Sitzverteilung zwischen Kapital und Arbeit, so dass bei Abstimmungen Pattsituationen auftreten können. Diese werden aber nicht wie im 1951 verabschiedeten Montanmitbestimmungsgesetz, das nur für die Bereiche Kohle und Stahl gilt, durch ein neutrales Mitglied im Aufsichtsrat aufgelöst, sondern durch ein doppeltes Stimmrecht des Aufsichtsratsvorsitzenden, der immer von der Kapitalseite gestellt wird. Eine wirkliche paritätische Mitbestimmung liegt demnach im 76-er Mitbestimmungsgesetz nicht vor. Es ist eine Mogelpackung. Die SPD Bundestagsfraktion hat Mitte 2010 in Anbetracht dieser unhaltbaren Situation lobenswerter Weise einen Gesetzantrag unter dem Titel „Demokratische Teilhabe von Belegschaften und ihren Vertretern an unternehmerischen Entscheidungen stärken" in den Bundestag eingebracht. Der Antrag sah eine Abschaffung des Doppelstimmrechts und dafür die Einsetzung eines neutralen Aufsichtsratsmitglieds für alle Kapitalunternehmen (branchenunabhängig), bereits ab 1.000 Beschäftigte vor. Dabei hatte die SPD die Mitbestimmungsausweitung zu Recht mit einer Kontrolle wirtschaftlicher Macht, als Standortvorteil und zum Schutz des sozialen Friedens begründet. Leider verschwand 2013 der Gesetzesantrag der SPD nach dem Eintritt in die Regierung in der Schublade bzw. er spielte bei den Koalitionsverhandlungen mit der CDU/CSU schon keine Rolle mehr. Dieser nicht mehr zu überbietende Opportunismus sollte von der Linken und den Grünen im Bundestag offengelegt werden, indem beide Parteien den Gesetzesantrag der SPD zur Mitbestimmung erneut zur Abstimmung ins Parlament einbringen. Dann wird man sehen, ob die SPD-Fraktion gegen sich selbst stimmt. Ich fürchte leider, sie würde es tun und sich einmal mehr der Lächerlichkeit preisgeben. So wird dann am Ende weiter der ehemalige DGB-Vorsitzende Ernst Breit Recht behalten. Als er in Sachen Mitbestimmung befragt wurde, sagte er, dass alles was an Mitbestimmung nach dem Montanmitbestimmungsgesetz kam, wesentlich weniger und völlig unzureichend war" (Frankfurter Rundschau vom 14. Juni 2016, S. 16).

Das *Montanmitbestimmungsgesetz* von 1951 regelt dagegen nur die Mitbestimmung im Aufsichtsrat von Unternehmen des Bergbaus sowie der eisen- und stahlerzeugenden (nichtverarbeitenden) Industrie in der Rechtsform der Aktiengesellschaft, der GmbH und der bergrechtlichen Gewerkschaft mit in der Regel mehr als 1.000 Beschäftigten. Hier entscheidet in einem numerisch-paritätisch besetzten Aufsichtsrat bei einer Patt-abstimmung zwischen Kapital und Arbeit ein weiteres zu bestellendes neutrales Mit-glied im Aufsichtsrat. Auf dieses Mitglied müssen sich beide Seiten einvernehmlich einigen. Die Leitenden Angestellten erhalten hier keinen Sitz im Aufsichtsrat. Für die Geschäftsführung bzw. den Vorstand wird aber ein Arbeitsdirektor mit besonderen Schutzrechten während seiner Vertragslaufzeit bestellt. Er kann nur mit der Stimmen-mehrheit der Mitbestimmungsseite abberufen werden. Bei der Erst- und Wiederbestel-lung benötigt der Arbeitsdirektor aber zumindest die einfache Mehrheit. Das heißt, er kann mit den Stimmen der Mitbestimmungsseite und der Stimme des neutralen Mitglieds bestellt und wiederbestellt werden (vgl. Pulte 2003, Lieb/Jacobs 2006). Nur im Montanmitbestimmungsgesetz kann man von einer wirklichen Mitbestimmung re-den, hier kommt es zu einer Machtneutralisierung zwischen Kapital und Arbeit. Das Gesetz hat aber bei über 40 Mio. abhängig Beschäftigten in Deutschland nur noch für rund 80.000 Beschäftigte im Kohle- und Stahlbereich Gültigkeit und ist demnach zu einer Marginalie geworden.

Eine weitere 2004 auf europäischer Ebene eingeführte mitbestimmungsrechtli-che Regelung ist mit der Schaffung der *Europäischen Aktiengesellschaft* (SE) in Form des SE-Beteiligungsgesetzes (SEBG) geschaffen worden. Bei Gründung einer SE ist hier zunächst die Bildung eines besonderen Verhandlungsgremiums notwendig, für das Mitglieder gewählt oder bestellt werden, die die in jedem Mitgliedstaat Beschäf-tigten der beteiligten Gesellschaften und Tochtergesellschaften in der zukünftigen SE vertreten sollen. Das Verhandlungsgremium soll dann mit dem Management eine schriftliche Vereinbarung bezüglich der Mitbestimmung abschließen. Gelingt dies innerhalb von spätestens sechs Monaten nicht, so greifen sogenannte gesetzliche Auffangregelungen und es kommt zu differenzierten Lösungen.

> Bei einer Gründung der SE durch Umwandlung (aus einer anderen Rechtsform) bleibt die Mit-bestimmung erhalten, die in der Gesellschaft vor der Umwandlung bestanden hat. [...] Erfolgt die Gründung durch Verschmelzung oder durch Gründung einer Holding-SE oder Tochter-SE, be-stimmt sich die Zahl der Arbeitnehmervertreter im Aufsichtsrat oder Verwaltungsorgan der SE nach dem höchsten Anteil von Arbeitnehmervertretern, der in den Organen der beteiligten Ge-sellschaften vor der Eintragung bestanden hat. Die gesetzliche Mitbestimmung richtet sich damit gemäß dem Vorher-Nachher-Prinzip nach dem höchsten anzutreffenden Mittbestimmungsstan-dard in den beteiligten Gesellschaften. (Lieb/Jacobs 2006, S. 328)

Auch die SE-Mitbestimmung ist unzureichend. Sie erreicht für deutsche SE-Gesell-schaften allenfalls den Standard des Mitbestimmungsgesetzes von 1976.

Aufgaben

a) Wodurch unterscheiden sich das Betriebsverfassungs- und das Sprecherausschussgesetz?

b) Wieviel Beschäftigte müssen vorliegen, um nach dem Drittelbeteiligungsgesetz einen Auf-sichtsrat schaffen zu können?

c) Was bedeutet „Doppeltes Stimmrecht" im Mitbestimmungsgesetz von 1976?
d) Warum gibt es in Einzelunternehmen und Personengesellschaften keine unternehmerische Mitbestimmung?
e) In welchen Aufsichtsräten haben Leitende Angestellte Sitz und Stimme?
f) Was konstituiert eine Europäische Aktiengesellschaft?

8.4.5.3.3 Mitbestimmungsnovellierungen für ein demokratisches Unternehmen

In einem demokratischen Unternehmen wäre entgegen der vorliegenden Mitbestimmungsgesetze die einseitige Machtverteilung zugunsten der Kapitaleigner aufgehoben. Dazu müssten aber u. a. die Beschäftigten in den Unternehmen entscheidend und wirklich mitbestimmen können. Das könnte man sich zum Beispiel so vorstellen: Die Belegschaft wählt demokratisch aus ihren Reihen Vertreter für einen *Unternehmensrat* in allen Unternehmen ab 100 Beschäftigten. In den Unternehmensrat entsenden die derzeitigen Eigentümer zusätzlich die gleiche Anzahl an Vertretern. Kapital und Arbeit neutralisieren sich damit, wie im Montanmitbestimmungsgesetz. Da Unternehmen in einer Wirtschaftsdemokratie nicht als Organisationen gesehen werden, die nur zur privaten Befriedigung von Kapital- und Beschäftigteninteressen, sondern als Unternehmen, die auch eine Verantwortung gegenüber der Öffentlichkeit haben, werden zusätzlich in den Unternehmensrat auch Vertreter der Öffentlichkeit entsandt. Dazu gehören je ein Vertreter des Staates sowie aus Umweltschutz- und Verbraucherschutzverbänden (vgl. Abb. 8.2).

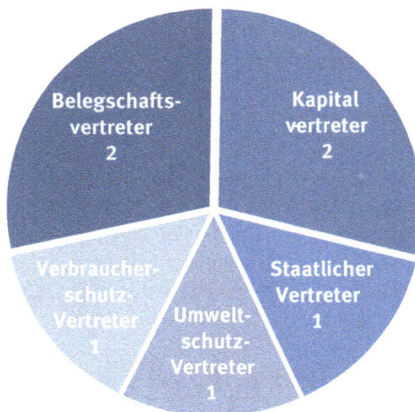

Abb. 8.2: Unternehmensrat in demokratisierten Unternehmen (ab 100 bis 500 Beschäftigte). Quelle: eigene Darstellung.

Unternehmensräte gelten für alle Branchen und sind unabhängig von der Rechtsform der Unternehmen einzurichten. Die Mitgliederzahl der Unternehmensräte richtet sich nach der jeweiligen Größe der Unternehmen. Bei 100 bis 500 Beschäftigten sollte der Unternehmensrat aus sieben Mitgliedern bestehen. Die Mandatszeit der Unternehmensräte beträgt vier Jahre. Sie sind das höchste Kontrollorgan im Unternehmen. Der Unternehmensrat wählt einen *Managementausschuss* mit einem Direktor bzw. Vorsitzenden an der Spitze. Die Größe des Managementausschusses richtet sich ebenfalls nach der Unternehmensgröße. Bei 100 bis 500 Beschäftigten reicht der Direktor zur obersten Leitung aus. In größeren Unternehmen führen der Managementausschuss und der Direktor zusammen das Unternehmen. Beide sind dem Unternehmensrat gegenüber rechenschaftspflichtig. Dieser hat das Recht, jederzeit Mitglieder des Managementausschusses abzuberufen und auszutauschen; ebenso gilt dies für den Direktor.

Die heutigen Unternehmenseigentümer und ihre Interessenvertreter in Politik, Wissenschaft und Medien würden solch konstituierte Unternehmensräte strikt ablehnen. Dabei besteht aber eine ökonomische Interdependenz: Ohne den Faktor Kapital wird in den Unternehmen nichts produziert; dies gilt ebenso für den Faktor Arbeit. Und dennoch haben in der Unternehmensrealität nur die Kapitaleigentümer das Sagen.

Um der gegenseitigen Abhängigkeit gerecht zu werden, bedarf es im Unternehmensrat einer paritätischen Besetzung zwischen Kapital und Arbeit. Der Unternehmensrat muss außerdem mit öffentlichen Vertretern versehen werden. Daran anknüpfend folgert der Ökonom Erich Preiser:

> Konsequent durchdacht, muß sich die Forderung mitzubestimmen in die Forderung verwandeln mitzubesitzen. Keine wirtschaftliche Tätigkeit ist denkbar ohne die Verfügung über Produktionsmittel. Ihr Eigentümer hat notwendigerweise ein Übergewicht über den, den er an diesen Produktionsmitteln beschäftigt. Das bloße Mitreden ist eine halbe Sache – erst die Teilhabe an den Produktionsmitteln schafft klare Verhältnisse. (Preiser 1965, S. 24)

Zu diesem Ergebnis kommt auch der Ökonom und Jesuitenpater Oswald von Nell-Breuning, der diesen Zusammenhang 1960 in seinem Buch „Kapitalismus und gerechter Lohn" anhand einer sektoralen Wirtschaftsbetrachtung auf den Punkt bringt, wenn er feststellt, dass ohne eine Gewinn- und Kapitalbeteiligung die abhängig Beschäftigen „Habenichtse" bleiben und die Unternehmer „reicher und reicher" werden (vgl. dazu auch Kap. 3.5.2.5).

8.4.5.4 Positionen zum Eigentum an Produktionsmitteln

Das Eigentum an Produktionsmitteln und die Verfügungsgewalt über seinen Einsatz und die Aneignung des Mehrwertes sind eng miteinander verbunden. Hierauf haben wir an vielen Stellen des Buches hingewiesen und die damit zusammenhängende Problematik aufgezeigt. Hier sollen deshalb ergänzend nur noch die Positionen der Kirchen zum Eigentum festgehalten werden. Der Vatikan in Rom hat hinsichtlich der Eigentumsfrage wechselnde Akzente gesetzt, so Friedhelm Hengsbach S. J., Leiter des Nell-Breuning-Instituts für Wirtschafts- und Gesellschaftskritik. Im Sozialrundschreiben Leos XIII. (1810–1903) aus dem Jahr 1891 wird das Eigentumsrecht als ein „vorstaatliches Recht des Individuums" interpretiert und Papst Pius XI. (1857–1939) erblickt 1931 eine „Doppelseitigkeit des Eigentums". „Dessen Individualfunktion bestehe darin, dass jeder für sich und die Seinen Sorgen kann, die Sozialfunktion darin, dass auf dem Weg der Institution des Privateigentums die allen Menschen gewidmeten Erdengüter diesen Widmungszweck wirklich erfüllen" (Hengsbach 2009, S. 172). Papst Paul VI. (1897–1978) legte andere Akzente:

> Vorrangig gelte der Kollektivanspruch der Menschen auf die Güter der Erde. Diese sollten allen Menschen in einem angemessenen Verhältnis zugänglich sein und ihnen die Mittel für die Existenz und die Entwicklung bieten. ‚Das Privateigentum ist also für niemand ein unbedingtes und unumschränktes Recht.' Bei Konflikten müsse der Staat eine Lösung finden. Erst Papst Johannes Paul II. (1920–2005) stellte die Eigentumsfrage in den Konflikt von Arbeit und Kapital, wobei das Eigentum an den Produktionsmitteln der Arbeit zu dienen habe und es gerechtfertigt sei, wenn es einer nutzbringenden Arbeit dient. Es werde dagegen rechtswidrig und besitze keinerlei Rechtfertigung, wenn es nicht produktiv eingesetzt, sondern dazu benützt wird, die Arbeit anderer zu behindern oder einen Gewinn zu erzielen, ‚der nicht aus der Ausweitung der Arbeit insgesamt und des gesellschaftlichen Reichtums, sondern aus Unterdrückung und unzulässiger Ausbeutung, aus Spekulation und dem Zerbrechen der Solidarität unter den Arbeitern erwächst'. Das Unternehmen dürfe nicht ausschließlich als ‚Kapitalgesellschaft' angesehen werden, sondern als eine ‚Gemeinschaft von Menschen', die ihren spezifischen Beitrag durch den Einsatz von Kapital und Arbeit leisten. Die Sozialverkündung der römischen Zentrale meldet also einen Eigentumsvorbehalt an: Anders als das Eigentum an Gebrauchsgütern, die durch eigene Arbeit erworben werden, kann das Eigentum an Produktionsmitteln nur unter Einsatz fremder Arbeitskraft, nämlich abhängig Beschäftigter produktiv eingesetzt und gewinnbringend vermehrt werden. Folglich ist die durch den Einsatz von Arbeit und Kapital gemeinsam erwirtschaftete Wertschöpfung kein ausschließlich privates Gut der Aktionäre, sondern Eigentum aller, die sich im Unternehmen auf unterschiedliche Weise engagieren. Wenn den Mitarbeitern der ihnen zukommende Teil der Wertschöpfung entrissen und einseitig auf die Konten der Aktionäre und Spitzenmanager überwiesen wird, sind die Grundsätze der Gerechtigkeit und der Solidarität verletzt. (Hengsbach 2009, S. 173 f.)

Eine Position der evangelischen Kirche zur Eigentumsfrage fehlt dagegen. So kommt in der aktuellen „Denkschrift des Rates der Evangelisches Kirche in Deutschland zur Armut in Deutschland", der Begriff „Eigentum" nicht vor. In seiner „Zusammenfassung und Empfehlungen" schreibt der Rat der EKD:

> Die Herausforderung, Armut entschlossen zu bekämpfen, stellt sich heute in Deutschland in anderer Weise als früher. Zwar muss auch heute dafür gesorgt werden, dass Menschen in materieller Hinsicht so gestellt werden, dass ihnen ein Leben in Würde möglich ist. Die Höhe der entsprechenden materiellen Transferleistungen muss immer wieder geprüft und den allgemeinen Entwicklungen angepasst werden. Der Aspekt der Verteilungsgerechtigkeit bleibt daher von großer Bedeutung, denn wenn Menschen in die Situation geraten, kein eigenes Einkommen erzielen zu können, ist der Anspruch auf materielle Basissicherung die Voraussetzung dafür, weitergehende, nichtmaterielle Unterstützung überhaupt nutzen zu können. Aber solidarisch gewährte materielle Unterstützung und ein staatlich gestützter Arbeitsmarkt reichen nicht aus, um nachhaltig vor Armut bewahrt zu bleiben. Entscheidend ist mehr denn je, dass auch von staatlicher Seite aktivierende und unterstützende Hilfen und insbesondere wirksame Bildungsmöglichkeiten be-

reitgehalten werden, um eine breite Teilhabe der betreffenden Menschen an der Gesellschaft zu sichern bzw. wiederherzustellen. Nur durch die Verbesserung der Teilhabegerechtigkeit ist eine dauerhafte Sicherung vor Armut im Sinne von Ausgrenzung möglich. (EKD 2006, S. 10)

Bildung ist ohne Frage wichtig. Sie ist aber nur eine notwendige und längst keine hinreichende Bedingung für eine Teilhabegerechtigkeit und Sicherung vor Armut. Hinreichend wird Bildung erst dann, wenn sie sich an den Arbeitsmärkten auch in Nachfrage umschlägt, was in keiner Weise gesichert ist. Selbst wenn alle Mitglieder einer Gesellschaft das Abitur und einen Hochschulabschluss hätten, würde es Arbeitslose geben, wahrscheinlich sogar mehr als zurzeit. Zur Tatsache, dass die Teilhabe in einer Gesellschaft vielmehr an den Eigentumsverhältnissen hängt, nimmt der Rat der Evangelischen Kirche in Deutschland keine Stellung. Die Diskussion um Armut beschränkt sich auf Beobachtungen, ohne nach den Ursachen zu fragen:

> Trotz der vielfältigen Beziehung zwischen Armut und Reichtum ist es nicht Aufgabe dieser Denkschrift, sich umfassend mit dem Gegenstück zur Armut – dem Reichtum – auseinander zu setzen. [...] Die biblische Überlieferung zeichnet ein entsprechend ambivalentes Bild vom Reichtum. Einerseits verleitet Reichtum Menschen dazu, ihre Lebensperspektive ganz auf den Reichtum zu gründen, sodass dieser zum Götzen wird. Zudem besteht die Gefahr, sich durch Reichtum auf Kosten anderer Vorteile zu verschaffen, die ethisch nicht zu rechtfertigen sind. Andererseits bietet Reichtum aber auch die Chance, Gutes zu bewirken, nicht zuletzt, andere in Notlagen solidarisch daran teilhaben zu lassen. Während Armut jedoch grundsätzlich unerwünscht ist (sofern sie nicht freiwillig gewählt wird), ist Reichtum an sich gesellschaftlich nicht unerwünscht, da er die Chance bietet, Gutes zu tun. (EKD 2006, S. 22 f.)

Die Schaffung ersten Privateigentums an Produktionsmitteln geht in der Geschichte der Menschheit auf die Produktion eines Mehr- bzw. Überschussprodukts zurück. Das war gleichzeitig die Geburtsstunde von Klassengesellschaften (vgl. den Kasten). Diese existieren bis heute und drücken auf Basis des Eigentums in kapitalistischen Ordnungen die ganze Widersprüchlichkeit des Systems aus. Wer diesen Widerspruch beseitigen will, kommt deshalb an der Eigentumsfrage nicht vorbei.

Zum Klassenbegriff

Einer der wenigen Nachkriegsökonomen, der sich in Westdeutschland in seinen Forschungen an der Universität Marburg immer der Klassenfrage gewidmet hat, ist Werner Hofmann. Für ihn sind „Klassen als gesellschaftliche Gruppen anzusehen, die durch das Merkmal von Herrschaft, das heißt durch das Verhältnis von Arbeit und Aneignung gegeneinander geschieden sind. Das bedeutet: Ob in einer jeweiligen Gesellschaft Klassen bestehen, entscheidet sich nicht nach den Vorstellungen der Beteiligten; sowenig wie sich etwa die Klassenzugehörigkeit nach der Selbsteinschätzung und Selbstzurechnung der Gesellschaftsmitglieder bestimmen kann. Kriterium der Existenz und des Unterschiedes von Klassen ist vielmehr ein objektiver Sachverhalt. Dieser erschließt sich der wissenschaftlichen Analyse, das heißt der deutenden Verarbeitung typischer ‚Rollen‘, typischen Handelns, typischer Erwartungen, denen gesellschaftliche Menschen unterliegen. Ein Klassenverhältnis besteht also unabhängig von dem Grade des ‚Klassenbewußtseins‘, das herrschende oder beherrschte Gruppen jeweils aufweisen. Hierdurch wird selbstverständlich die

Bedeutung nicht herabgesetzt, die ein solches ‚Klassenbewußtsein' für das Verhalten der Beteiligten selbst hat" (Hofmann 1969, S. 34). Von alledem wollte und will aber bis heute die orthodoxe
Ökonomie (dies gilt auch für die Soziologie und Politologie) nichts wissen und hat den Klassenbegriff einfach ignoriert; und das in einer antagonistischen marktwirtschaftlich-kapitalistischen
Ordnung. Der Wirtschaftshistoriker Hans-Ulrich Wehler (1931–2014) führt dies auf die marxistische
Konnotation des Klassenbegriffs zurück. Marx, und widersprüchlich zueinanderstehende Klassen,
das wurde beides im Westen Nachkriegsdeutschlands politisch stigmatisiert und ist es bis heute
geblieben (vgl. Wehler 2008, S. 111). So ist es halt im staatsmonopolistischen Kapitalismus, wo
der Staat gemeinsame Sache mit den privaten Monopolen und Oligopolen macht und wo selbst,
wie Theodor W. Adorno betont, die Aussagekraft des Klassenbegriffs an seine Grenze stößt. „Der
Unterschied von Ausbeutern und Ausgebeuteten tritt nicht so in Erscheinung, dass er den Ausgebeuteten Solidarität als ihre ultima ratio vor Augen stellte: Konformität ist ihnen rationaler. Die
Zugehörigkeit zur gleichen Klasse setzt längst nicht in Gleichheit des Interesses und der Aktion
sich um" (Adorno 1975, S. 11). Der Politikwissenschaftler Kai Lindemann beschreibt vor dem Hintergrund der Grenzen des Klassenbegriffs in Anlehnung an den von Adorno und Horkheimer eingeführten „Racket-Begriff", der ursprünglich den Zustand der Schutzgelderpressung von kriminellen
Banden definiert, den heutigen finanzmarktgetriebenen Neoliberalismus als ein Beutesystem von
„Racketeers". Nicht ohne Grund hat der Racket-Begriff seinen Ursprung in der Schutzgelderpressung, denn Adorno und Horkheimer sehen fließende Übergänge zwischen der monopolkapitalis-
tischen Praxis der Surplusaneignung und der ‚außergesetzlichen' Herrschaft schutzgelderpresse-
rischer Banden. Letztere betreiben die Aneignung lediglich mit Methoden, die zum Staatsmonopol – der ‚physischen Zwangsgewalt' – in Konkurrenz treten können. ‚Der Verbrecher', so Horkheimer, ‚repräsentiert das unrationellere, primitivere Racket gegenüber dem vom Staat geschützten
Klassenmonopol. Sein Beruf weist auf früh- und vorbürgerliche Formen der Herrschaft zurück; sie
wuchern als Mafia und Camorra verachtet in der Gegenwart wie gestürzte Gottheiten, die vor der
neuen Religion zu dämonischen Mächten geworden sind. Rackets sind eine privilegierte Komplizenschaft, deren Strukturen durch die Festigkeit der internen, informellen Verbindungen und die
Intensität der Verflechtung mit staatlichen und wirtschaftlichen, legalen und illegalen Strukturen
bedingt ist. Die informellen Verbindungen sind dabei von der ideologischen Nähe der Mitglieder
abhängig. Der Eintritt in das Racket ist das entscheidende Privileg, das über Macht oder Ohnmacht,
Inklusion oder Exklusion entscheidet" (Lindemann 2014, S. 82).

Dabei geht es nicht um das Eigentum per se. Zwar beziehen sich Art. 14 und Art. 15 GG
ganz allgemein auf „das" Eigentum, eine Differenzierung zum nicht für produktions-
zwecke eingesetzten Eigentum privater Haushalte ist mit Blick auf die Auswirkungen
aber sinnvoll. Der Politikwissenschaftler Alex Demirović schreibt dazu:

Es stellt einen Unterschied dar, ob einer Person die Nutzungsrechte an einem Sofa oder seinen
CDs rechtlich garantiert werden oder aber die Verfügung über Produktionsmittel, die andere Menschen benötigen, um sich selbst zu erhalten. Die Verfügungsgewalt über Produktionsmittel erlaubt es, den Zugang zu ihnen zu beschränken oder sie in einer Weise einzusetzen, dass daraus
Nachteile für große Gruppen der Bevölkerung entstehen. Dieser Aspekt nimmt an Bedeutung
noch zu, wenn die Produktionsmittel nicht breit verteilt sind auf eine Vielzahl von Eigentümern –
wie das der klassische Liberalismus vor Augen hatte –, sondern sich aufgrund der Akkumulati-
onsdynamik konzentrieren. (Demirović 2007, S. 16)

Hieraus ist in Sachen Wirtschaftsdemokratie zu schließen, dass es bei der Eigentumsfrage neben der Beseitigung der antagonistischen Klassenverhältnisse *ausschließlich*
um die *Produktionsmittel* und nicht um das Eigentum allgemein geht.

8.4.5.5 Eigentumspartizipation durch monetäre Teilhabe

In der Aufarbeitung der Eigentumsfrage haben wir ein breites Spektrum an Recht-
fertigungen für das „zulässige" Maß an Privateigentum an Produktionsmitteln sowie
über den Grad der damit verbundenen Sozialverantwortung kennengelernt. Unabhängig von den verschiedenen Positionen ist aber eines klar: Wirtschaftsdemokratie
will mehr. Sie will die Ausbeutung von Menschen durch Menschen aufheben bzw.,
dass Menschen andere für sich arbeiten lassen können. Dies erfordert einerseits eine uneingeschränkte demokratische Mitbestimmung im Produktionsprozess und andererseits eine Aufhebung der Eigentums- und damit Herrschaftsverhältnisse an den
Produktionsmitteln.

8.4.5.5.1 Widersprüchliche Behandlung von Lohn und Gewinn

Hier grundsätzlich auf Enteignung nach Art. 14 Abs. 3 GG oder eine Vergesellschaftung nach Art. 15 GG zu setzen, wäre der falsche Weg. Ohne eine aus heutiger Sicht
nur schwer vorstellbare Grundgesetzänderung (vgl. Kap. 8.4.5.2) sind hier faktisch enge Grenzen gesetzt. Ohnehin wäre dieser Weg nur mit einer entsprechenden Entschädigung für die bisherigen Eigentümer der Produktionsmittel möglich. Eine ökonomische Enteignung wäre das also nicht, es fände lediglich ein Vermögenstausch statt.
Der „Enteignete" erhielte ein entgeltliches Äquivalent für sein Eigentum und der Staat
das entsprechende Vermögensgut.

Ein zielführender Weg hinsichtlich Wirtschaftsdemokratie ist eine zukünftige *Beteiligung der Beschäftigten an den Gewinnen und am Kapital* der privatwirtschaftlichen Unternehmen. Diese Ableitung haben die Ökonomen Preiser und von Nell-Breuning schon in den 1960er-Jahren aufgezeigt und die immanente Krisenanfälligkeit
einer marktwirtschaftlich-kapitalistischen Wirtschaftsordnung vor dem Hintergrund
des herrschenden Eigentums an Produktionsmitteln deutlich gemacht. Die Gesamtsumme der Arbeitseinkommen – selbst bei einer Konsumquote von eins (d. h. aus
dem Arbeitseinkommen wird nichts gespart) – ist zu gering, um als Gesamtnachfrage
die produzierte Waren- bzw. Wertsumme einer Abrechnungsperiode zurückzukaufen.
Ohne eine entsprechende Konsum- und Investitionsnachfrage der Kapitaleigentümer
lässt sich der in der Produktion entstehende Mehrwert, also Zins, Grundrente und Gewinn, an den Absatzmärkten nicht erzielen. Damit hängt die Höhe der Realisierung
ihrer gesamtwirtschaftlichen Mehrwertsumme letztlich nur von der Konsumtion und
der Investition der Kapitaleigentümer selbst ab. Dies gilt aber natürlich nur in gesamtwirtschaftlicher Sicht.

Einzelwirtschaftlich wollen Kapitaleigentümer eine maximale Profitrate erzielen,
dazu sind sie ständig bemüht, die Arbeitsentgelte ihrer abhängig Beschäftigten zu

senken. In dieser Widersprüchlichkeit zwischen Lohn und Gewinn erkannte Keynes den im kapitalistischen System angelegten „Webfehler" einer „kapitalistischen Rationalitätsfalle", die das Auseinanderfallen von einzel- und gesamtwirtschaftlicher Logik beschreibt. Wenn der einzelne Unternehmer die Arbeitskosten in seinem Unternehmen senkt, so verhält er sich im Sinne seiner angestrebten maximalen Profitrate völlig rational. Seine Arbeitskostensenkung wird keine negative Auswirkung auf seine Umsatzerlöse haben. Im Gegenteil: Er kann damit unter sonst gleichen Bedingungen seine Profitrate erhöhen. Diese einzelwirtschaftliche Rationalität wird aber zu einer *gesamtwirtschaftlichen Falle*, wenn sich alle Unternehmer daranmachen und die Arbeitseinkommen ihrer Beschäftigten senken.

Damit sind zwei *Anforderungen* für ein Modell der Wirtschaftsdemokratie definiert:

– Die Widersprüchlichkeit zwischen Kapital und Arbeit (zwischen Lohn und Gewinn) gilt es auszuräumen und die sich daraus ergebene Krisenanfälligkeit zu überwinden

– Es muss ein konkretes Gewinn- und Kapitalbeteiligungsmodell erarbeitet werden, das auch die abhängig Beschäftigten über das Arbeitsentgelt hinaus am Gewinn und Kapital eines Unternehmens partizipieren lässt.

Dies könnte nach einem komplexen *mehrstufigen Verfahrensmodell* erfolgen: Zunächst legen in Stufe 1 die Gewerkschaften und Verbände der demokratisierten Unternehmen in den jeweiligen Wirtschaftsbranchen die einzelnen *Niveaus der Arbeitsentgelte* auf Basis von Arbeitsbewertungen für die unterschiedlichen Entgeltstufen fest. Komplizierte Arbeit wird dabei höher bewertet als einfache Arbeit. Dieser Logik gehorchen bereits heute alle Tarifverträge. Hier wird jedoch von den Gewerkschaften nie der „volle Wert der Arbeit" gefordert und verhandelt, sondern immer nur der „Tauschwert der Arbeit". Hinzu kommt, dass die Gewerkschaften nur für ihre Mitglieder und Tarifbeschäftigte verhandeln. Darüber hinaus existieren außertariflich Beschäftigte sowie Leitende Angestellte gemäß §5 Abs. 3 BetrVG. Diese Beschäftigtenschichtung führt unter den abhängig Beschäftigten zu einer schwerwiegenden Entsolidarisierung, weshalb es in einer demokratisierten Wirtschaft zu einer Aufhebung der Schichtung kommen muss. Hier gibt es nur noch Beschäftigte und für alle verhandelt die Gewerkschaft mit einem Verband aller demokratisierten Unternehmen das Arbeitsentgelt, die Arbeitszeit und sonstige Arbeitsbedingungen aus.

Da der auszuhandelnde Tarifvertrag immer ein kollektiver Vertrag ist, bei dem das Prinzip des Nichtausschlusses und der Nichtrivalität mit dem Ergebnis eines „Trittbrettfahrens" besteht, müssen alle Beschäftigten Mitglied einer Gewerkschaft werden. Hier muss das Prinzip der *Pflichtmitgliedschaft* gelten. Pflichtmitglieder sind und waren die Beschäftigten noch nie. Schon 1965 schrieb dazu von Nell-Breuning:

Millionen von Arbeitnehmern bleiben der Gewerkschaft fern; sie wollen den Gewerkschaftsbeitrag ‚sparen'. Sie halten das für sehr klug, denn auch ohne selbst der Gewerkschaft anzugehören, genießen sie die meisten der von den Gewerkschaften für die Arbeitnehmerschaft errungenen Vorteile mit, ohne dafür etwas zu zahlen; treffend nennt man sie ‚Trittbrettfahrer‘, weil sie es ebenso machen wie diejenigen, die auf dem Trittbrett des überfüllten Straßenbahnwagens mitfahren und so das Fahrgeld ‚sparen‘. (von Nell-Breuning 1965, S. 43)

So wie die Pflichtmitgliedschaft in Gewerkschaften gilt, so gibt es auch eine *Verbandsmitgliedschaftspflicht* für alle demokratisierten Unternehmen. Damit unterliegen alle Beschäftigen und Unternehmen einem Tarifvertrag, über dessen Einhaltung der Staat wacht. Die negative Koalitionsfreiheit als Spielbild der positiven Koalitionsfreiheit im Grundgesetz Art. 9 (3) GG, Koalitionen fernzubleiben oder wieder verlassen zu dürfen, wird im Zuge einer Wirtschaftsdemokratie verfassungsrechtlich abgeschafft.

In Stufe 2 werden dann die jährlichen *Entgeltzuwächse verteilungsneutral* ausgerichtet. Hier müssten die preisbereinigten Nominalentgelte, also die Realentgelte, mit der Produktivitätsrate wachsen. Die jeweilige Produktivitätsrate der Branche (als Wertschöpfung in Relation zum Arbeitsvolumen) und die Inflationsrate werden vom Statistischen Bundesamt objektiv ermittelt. Damit wäre die Streitfrage geklärt, um wie viel die Realarbeitsentgelte pro Jahr steigen müssen, um eine Verteilungsneutralität sicherzustellen. In diesem Entgeltkontext ist jährlich ebenso die Arbeitszeitfrage zu behandeln. Bei einer entsprechenden Arbeitszeitverkürzung wäre diese ebenfalls verteilungsneutral bei vollem Lohn- und Personalausgleich vorzunehmen. Bei dem so insgesamt für alle Beschäftigten ausgehandelten und festgelegten Arbeitsentgelten bzw. „Arbeitserträgen" sowie einer verkürzten Arbeitszeit handelt es sich um die erste Auszahlung auf den „vollen Wert der Arbeit".

Hierbei treten allerdings zwei Probleme auf. Erstens: Soll es wie heute zu einer branchenorientierten Verteilungsneutralität bei den Engeltzuwächsen und Arbeitszeitverkürzungen kommen, so fallen die unterschiedlich hohen Produktivitäten und Preissteigerungsmöglichkeiten in den jeweiligen Branchen ins Gewicht. Hier muss eine staatliche Kompensation geschaffen werden. Das kann durch einen *gesetzlichen Mindestlohn* erfolgen, der für alle anbietenden Unternehmen gilt und so über erhöhte Preise an die Nachfrager abgewälzt werden kann. Die Ertragssituation der Unternehmen wird damit nicht tangiert. Der Mindestlohn reicht aber nicht. Er kompensiert bei unterschiedlich hohen Produktivitäten in den Branchen nur die Zuwächse nicht aber die absoluten Höhen der Arbeitsentgelte. Deshalb muss auch hier eine Kompensation erfolgen. Hier müsste der Staat in Form von Lohnsubventionen Ausgleichszahlungen leisten, die die Beschäftigten in den Branchen mit nur unterdurchschnittlich hohen Produktivitäten auf das durchschnittliche Niveau der Arbeitsentgelte aller Branchen anhebt. Dies löst keine Preissteigerungen und Ertragsveränderungen aus. Zweitens: Alle staatlich Beschäftigten, die nicht der Marktverwertung ausgesetzt sind, erhalten beim Arbeitsentgelt und bei der Arbeitszeit den gesellschaftlichen Durchschnitt aller Branchen. Das gilt sowohl für das absolute Niveau der Bezahlung und Arbeitszeit als auch für die jeweiligen jährlichen Zuwächse beim Arbeitsentgelt und bei der Reduzierung der Arbeitszeit.

Da die Beschäftigten in der Produktion aber insgesamt einen höheren Wert schaffen, der sich nach dem Verkauf der Produktion als Mehrwert zeigt, haben sie in *Stufe 3* zusätzlich, neben ihrem Arbeitsentgelt oder einer verkürzten Arbeitszeit, noch einen Anspruch auf den Mehrwert. Dies gilt dann auch für die im Mehrwert aufgehenden Zinsen und die Grundrente. Hier geht es nicht moralisch oder ethisch um eine „Ausbeutungsfreiheit", um das „Recht auf den vollen Wert der Arbeit", eine Forderung die Marx in seiner Kritik am „Gothaer Programm" der Sozialistischen Arbeiterpartei Deutschlands und auch für eine sozialistische Wirtschaft zurückgewiesen hat (vgl. Marx 1956). Es geht hier vielmehr entscheidend um eine *Eigentumspartizipation* an den Produktionsmitteln. Ohne diese bleiben die abhängig Beschäftigten im „Würgegriff des Kapitals" und ewige „Habenichtse" (von Nell-Breuning). Den Beschäftigten gehört sonst das eingesetzte Kapital eigentumsrechtlich nicht, daher ist es letztlich auch ihrer Einflusssphäre entzogen. Das Investitionsmonopol bliebe beim Kapital, die Beschäftigten schafften es nicht, in die entscheidende Kapitalsphäre, in die Investitionssphäre einer Volkswirtschaft, einzudringen.

8.4.5.5.2 Gewinn- und Kapitalbeteiligung

Es ist deshalb ein Fehler der Gewerkschaften, bei einer Gewinn- und Kapitalbeteiligung durch Beschäftigte von einer „Vermögenseinbildung" zu sprechen und stattdessen nur auf Lohnerhöhungen und Arbeitszeitverkürzungen zu setzen. Preiser stellt dazu fest:

> Die unmittelbare Beteiligung am Gewinn entspricht ganz und gar dem ordnungspolitischen Charakter der Vermögenspolitik [...] die Gehilfenstellung der Arbeitnehmer in ein Gesellschafterverhältnis umzuwandeln. Deutlich ist ferner die ökonomische Logik der Aktion. Lohn bleibt Lohn, ein frei verfügbares Einkommen, für dessen Höhe jetzt nur noch die Produktivitätsfrage gestellt werden kann; das Aufrücken des Arbeiters zum Gesellschafter [...] verbindet die Beteiligung am Gewinn mit der Bindung dieses Gewinns an die Investition, gibt ihm Rechte und Verantwortung und läßt als Streitobjekt der Verteilung nur noch die Höhe des Gewinnanteils übrig, was viel weniger aufregend ist als die heutigen Lohnkämpfe. Auch kreislaufmäßig ist die Gewinnbeteiligung insofern die einfachste Lösung, als Kosten und Erlös unberührt bleiben. (Preiser 1965, S. 39)

Selbst wenn es die Gewerkschaften in den Tarifverhandlungen schafften, Lohnerhöhungen oberhalb des verteilungsneutralen Spielraums zu Lasten des Gewinns (Mehrwerts) durchzusetzen, wäre davon die entscheidende Eigentumsfrage nicht betroffen. Sie hätten immer noch nichts zu Sagen. Es käme aber wahrscheinlich zu kontraproduktiven Preissteigerungen, die mit dem Grad der Konzentration und Vermachtung der Wirtschaft anwachsen. Durch die Inflation würden die Tarifabschlüsse zwischen Gewerkschaften und Unternehmerverbänden insgesamt im Nachhinein real wieder entwertet. Außerdem wird bei Preissteigerungen die Notenbank nicht tatenlos zusehen, sondern mit einer restriktiven Geldpolitik reagieren, wodurch es zu Wachstums- und Beschäftigungsverlusten kommt. Soll es dazu aber nicht kommen und der Gewinn (Mehrwert) trotzdem zu Gunsten der Beschäftigten umverteilt werden, so geht dies letztlich nur durch eine *monetäre Partizipation*. Hier erhalten die Beschäftigten Gewinn- bzw. Mehrwertanteile, sodass es nicht zu inflationären Effekten kommt wie bei Arbeitsentgeltzahlungen und/oder Arbeitszeitverkürzungen oberhalb des verteilungsneutralen Spielraums. Jedenfalls würden die in demokratisierten Unternehmen umgesetzten Gewinn- bzw. Mehrwertbeteiligungen keinen Anlass zu inflationären Entwicklungen geben. „Kosten und Erlöse" (Preiser) blieben in der Tat unberührt.

Wie muss man sich aber eine solche *Gewinn- bzw. Mehrwertbeteiligung* konkret vorstellen? Ausgehend von den in Stufe 1 und 2 ausgehandelten Arbeitsentgelten und Arbeitszeiten, sozusagen als „Vorschuss" für ihre individuell bereitgestellte Arbeitskraft, erhielten die Beschäftigten in Stufe 3 zusätzlich einen Anteil am Gewinn (Mehrwert). Dieser könnte sich in Ableitung aus der Gewinn- und Verlustrechnung der demokratisierten Unternehmen wie in der Beispielrechnung der Tab. 8.2. ergeben: Ausgehend von einem Umsatz in Höhe von 34.000.000 EUR wird hier unter Berücksichtigung von Bestandsveränderungen 650.000 EUR und sonstigen aktivierten Eigenleistungen (45.000 EUR), eine Gesamtleistung von 34.695.000 EUR in einer Abrechnungsperiode ermittelt. Hinzu gerechnet werden die sonstigen betrieblichen Erträge (1.670.000 EUR), sodass sich der Bruttoproduktionswert von 36.695.000 EUR ergibt.

Vom diesem werden dann sämtliche Vorleistungen, die das Unternehmen eingekauft hat, abgezogen. Dazu zählen der Materialaufwand (16.982.455 EUR) und die sonstigen betrieblichen Aufwendungen (4.450.000 EUR) sowie die Abschreibungen (1.250.000 EUR). Hieraus ergibt sich die verteilbare Wertschöpfung in Höhe von 13.682.545 EUR. Die Abschreibungen auf den investierten Kapitalstock, die zwar auch Vorleistungen darstellen, finanzieren die Ersatzinvestitionen und verbleiben durch ihren Abzug im Unternehmen. Sie garantieren die „Ewigkeit des Kapitals".

Von der Wertschöpfung wird dann der gesamte Personalaufwand, das Arbeitseinkommen, mit 7.120.000 EUR abgezogen, und es ergibt sich der Mehrwert mit 6.562.545 EUR. Aus diesem werden die Fremdkapitalgeber mit Zinsen 560.000 EUR und die Grundeigentümer mit einer Grundrente (450.000 EUR) befriedigt. Der noch verbleibende Gewinn vor Steuern in Höhe von 5.552.545 EUR wird danach zur Bedienung des Staates versteuert (1.749.052 EUR), sodass am Ende ein Gewinn nach Steuern von 3.803.493 EUR verbleibt.

Da bisher in der Rechnung die Eigenkapitalgeber im Gegensatz zu den Beschäftigten, Fremdkapitalgebern, Grundeigentümern und Staat noch nichts bzw. kein Einkommen erhalten haben, wird eine Eigenkapitalrendite (Gewinn nach Steuern in Relation zum Eigenkapital) für die Shareholder in Höhe von 516.663 EUR errechnet und in Abzug gebracht. Die Eigenkapitalrendite beträgt in unserer Beispielrechnung demnach 13,6 Prozent. Dann verbleibt ein potenziell verteilbarer Gewinn von 3.286.830 EUR. Davon sind aber noch die notwendigen Investitionen (1.200.000 EUR) und auch eine Kapitalrücklage (500.000 EUR) zur Unternehmensvorsorge abzuziehen, um so schließlich zum effektiv verteilbaren Gewinn (1.586.830 EUR) zu kommen, der dann zwischen Belegschaft und Shareholder verteilt werden kann. Wie dabei

Tab. 8.2: Gewinnbeteiligung der abhängig Beschäftigten. Quelle: Eigene Berechnungen.

in EUR		Verteilunganteile Shareholder	Verteilungsanteile Beschäftigte
Umsatzerlöse (Preise mal Menge)	34.000.000		
Bestandsveränderungen	650.000		
aktivierte Eigenleistungen	45.000		
Gesamtleistung	34.695.000		
sonstige betriebliche Erträge	1.670.000		
Bruttoproduktionswert	36.365.000		
Materialaufwand	16.982.455		
Rohertrag	19.382.545		
sonstige betriebliche Aufwendungen	4.450.000		
Abschreibungen	*1.250.000*		
Wertschöpfung	13.682.545		
Personalaufwand	7.120.000		7.120.000
Mehrwert	6.562.545		
Zinsaufwand	560.000		
Miet- und Pachtaufwand	450.000		
Gewinn vor Steuern	5.552.545		
Steuern	1.749.052		
Gewinn nach Steuern	3.803.493		
Eigenkapitalrendite nach Steuern	13,6		
Eigenkapital	28.000.000		
Gewinn für Shareholder	516.663	516.663	
Potenziell verteilbarer Gewinn	3.286.830		
Investitionen	1.200.000		
Rücklagen	500.000		
Effektiv verteilbarer Gewinn	1.586.830		
Beschäftigte 50 %	793.415		793.415
Shareholder 50 %	793.415	793.415	
Beschäftigte	180		43.963
Shareholder	3	436.693	

der Verteilungsschlüssel anzusetzen ist, muss zwischen Management und Betriebsrat ausgehandelt werden. In unserer Beispielrechnung in Tab. 8.2. haben wir einen Schlüssel von 50 zu 50 angesetzt. Am Ende erhalten demnach die drei angenommenen Shareholder pro Kopf 436.693 EUR und die 180 Beschäftigten kommen auf einen Arbeitsertrag pro Kopf von 43.963 EUR (davon entfallen auf das Arbeitsentgelt 39.555 EUR und auf den Gewinnanteil 4.408 EUR pro Beschäftigten).

Eines gefällt an der Verteilung allerdings noch nicht. Es gibt eine rein gewinnbezogene und keine mehrwertbezogene Rechnung. Die Fremdkapitalgeber und die Grundeigentümer erhalten ungekürzte Zinsen und Grundrenten. Und dies völlig unabhängig von der jeweiligen Ergebnissituation der Unternehmen. Die Empfänger dieser Einkommen müssen darüber hinaus selbst nicht mehr arbeiten. Sie lassen die

Beschäftigten der Unternehmen für sich arbeiten. Dies ist gesellschaftlich problematisch. Ohne hier Zinsen und Grundrenten abzuschaffen, sind diese aber auf ein Minimum zu beschränken. Wie kann das aussehen? Nur wenn Unternehmen nach der Begleichung von Zinsen und Grundrenten noch Gewinne erzielen, sollen diese kontraktbestimmt zur Auszahlung kommen. Erleiden Unternehmen dagegen Verluste, so gehen die Geldverleiher und Grundeigentümer leer aus. Dies beteiligt sie dann auch an dem unternehmerischen Risiko von Produktion und Marktverwertung.

Mit der Gewinn- bzw. Mehrwertbeteiligung endet die Geschichte aber nicht. Die Gewinnbeteiligung muss jetzt in eine *Kapitalbeteiligung* überführt werden (vgl. Bontrup/Springob 2002, Bontrup 2005). Diese kann theoretisch als Eigen- und/oder als Fremdkapitalbeteiligung erfolgen. Erfolgt sie als Eigenkapitalbeteiligung, werden die Beschäftigten Miteigentümer und haften dann auch entsprechend ihres Eigenkapitalanteils für womöglich eintretende Verluste (Verlustbeteiligung). Wandeln die Beschäftigten dagegen ihre Gewinnanteile in eine Fremdkapitalbeteiligung um, so erhalten sie die jeweils festgeschriebenen Zinsen per Kreditvertrag und haften nicht. Erleidet allerdings das Unternehmen Verluste, so erhalten sie keine Zinszahlungen. Dies ist aber keine Verlustbeteiligung.

Ohne eine Umwandlung der Gewinnbeteiligung in eine Kapitalbeteiligung erfolgt jedoch keine Partizipation am Eigentum der entscheidenden Produktionsmittel bzw. Investitionen (s. o.). Natürlich akzeptieren unter heutigen gesellschaftlichen Verhältnissen eine solche Kapitalbeteiligung die (Shareholder) nicht. Dies gilt auch für die oben abgeleitete echte Gewinnbeteiligung nach Steuern. Häufiger kommt dagegen eine unechte Gewinnbeteiligung, die vielfach vom Gewinn abhängig gemacht wird, dann aber als Prämie bzw. Provision gezahlt und im Personalaufwand verbucht wird, zur Anwendung. Dadurch sinkt der zu verteuernde Gewinn und das Unternehmen zahlt weniger Ertragsteuern (vgl. Bispinck/Brehmer 2008, S. 312 ff.). Zur in der Praxis heute nur in Ausnahmefällen stattfindenden echten Gewinnbeteiligung und ihrer Umwandlung in eine Kapitalbeteiligung stellt der französische Ökonom und Verteilungstheoretiker Piketty fest:

> Wenn das Kapitaleigentum nach streng egalitären Gesichtspunkten verteilt wäre und jeder Arbeitnehmer den gleichen Anteil an den Gewinnen zusätzlich zu seinem Lohn erhielte, würde die Frage des Verhältnisses zwischen Gewinnen und Löhnen (fast) niemanden interessieren. Wenn die Trennung zwischen Kapital und Arbeit so viele Konflikte verursacht, dann vor allem wegen der extrem hohen Konzentration des Kapitaleigentums. [...] Sie verstößt aber eklatant gegen die gängigen Vorstellungen von ‚gerecht‘ und ‚ungerecht‘, so dass es nicht verwunderlich ist, dass es manchmal zu physischer Gewalt kommt. Diejenigen, die nur ihre Arbeitskraft besitzen und häufig in bescheidenen, ja armseligen Verhältnissen leben, [...] können nur schwer akzeptieren, dass die Kapitalbesitzer – die mitunter selber bloß Erben sind – sich einen beträchtlichen Teil der erwirtschafteten Werte aneignen können, ohne selbst zu arbeiten. Der den Kapitalbesitzern zufließende Anteil kann häufig ein Viertel oder die Hälfte der Produktion, in kapitalintensiven Wirtschaftszweigen wie dem Bergbau mitunter sogar mehr als die Hälfte ausmachen, und er ist noch höher, wenn Monopole es den Kapitalbesitzern erlauben, einen noch größeren Teil abzuschöpfen. (Piketty 2014, S. 63)

8.4.5.6 Kapitalneutralisierung in demokratisierten Unternehmen

Die gezeigte Gewinn- und Kapitalbeteiligung bezieht sich aber noch nicht auf ein demokratisiertes, sondern im Übergangsprozess noch auf ein marktwirtschaftlich-kapitalistisches Unternehmen. Abschließend muss hier deshalb noch die Frage beantwortet werden, wie diese Gewinnpartizipation und die Umwandlung in Kapital für die Beschäftigten in einem demokratisierten Unternehmen erfolgen soll.

Eine allgemeine Gewinn- und Kapitalpartizipation kann in das persönliche Eigentum eines Beschäftigten übergehen. Dann würde der Beschäftigte selbst zu einem Kapitalisten, was aber in einem demokratischen Unternehmen nicht bezweckt wird. Hier sollen der *Gewinn und das Kapital dem Unternehmen selbst gehören*. Dies widerspricht den heutigen Eigentümerverhältnissen und Gewinnaneignungen. Die Gewinnpartizipation der abhängig Beschäftigten in einem demokratisierten Unternehmen wäre daher als eine kollektive Partizipation am Unternehmenserfolg zu verstehen und wird demnach auch in ein *„neutralisiertes Kapital"* im Sinne von Šik umgewandelt, „bei der das Eigentum am Kapital eines Unternehmens nicht mehr an einzelne Personen gebunden und auch nicht mehr zwischen einzelnen Personen aufteilbar ist. Träger des Kapitals ist das jeweilige Produktionskollektiv" (Šik 1979, S. 404). Das heißt im Ergebnis, die Beschäftigten werden durch die Kapitalneutralisierung nicht individuelle Eigentümer der Unternehmen, sondern am Ende gehören sich die Unternehmen als Ganzes selbst. Dies gilt übrigens auch für Stiftungen, deren Gründung aber andere Zwecke verfolgen (vgl. vgl. Strauchwitz 1994, Martin/Wiedemeier 2002).

Beim neutralisierten Kapital handelt es sich um eine völlig neue Eigentumsform, die ohne Enteignung der bisherigen Unternehmenseigentümer sukzessive dadurch entsteht, dass sich das neutralisierte Kapital mit der Zeit durch eine Gewinnthesaurierung immer mehr ansammelt. Von Jahr zu Jahr entsteht ein zuwachsender Anteil des neutralisierten Kapitals. Dadurch setzt sich allerdings das gesamte Unternehmenskapital mehr oder weniger lange (je nach akkumuliertem Kapitalbestand) noch aus dem Eigenkapital der bisherigen Eigentümer, dem zuwachsenden neutralisierten Kapital des Unternehmens und dem benötigten Fremdkapital zusammen (vgl. Abb. 8.3).

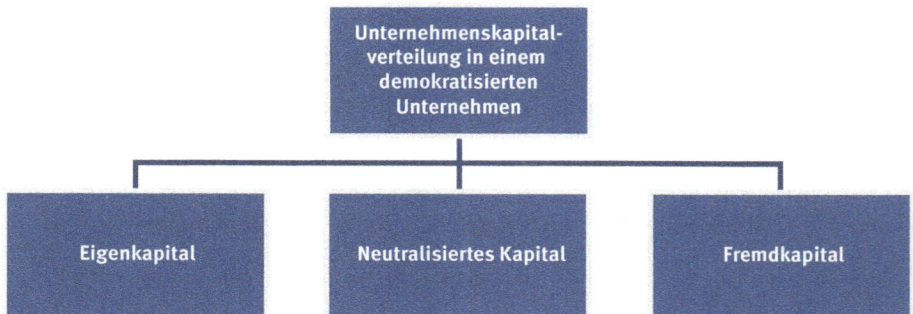

Abb. 8.3: Neutralisiertes Kapital im demokratisierten Unternehmen. Quelle: eigene Darstellung.

Die heutigen Eigentümer der Unternehmen, die nicht enteignet werden, hätten noch Gewinnansprüche an ihre Eigenkapitalanteile. Diese wären aber nicht wie bei einer Gewinnpartizipation unter marktwirtschaftlich-kapitalistischen Bedingungen entsprechend der aufgezeigten Berechnung mit einer entsprechenden Eigenkapitalrendite zu befriedigen, sondern lediglich mit dem Zinssatz für das jeweils aufgenommene Fremdkapital. Dieser Wert kann dann auch nur maximal als individuelles Einkommen der Shareholder ausgeschüttet werden. Daneben erhielten die bisher alleinigen Shareholder auch einen Anteil aus dem effektiv verteilbaren Gewinn, der aber als ihr Gewinnanteil weiter im Unternehmen verbleiben muss, also thesauriert wird, und so ihr Eigenkapital am demokratisierten Unternehmen erhöht. Die jeweiligen Anteile bei der Verteilung des effektiv verteilbaren Gewinns würde ein Unternehmensrat festlegen, genauso wie die Investitions- und Rücklagensummen. Der Unternehmensrat besteht dabei aus Eigenkapital- und Beschäftigtenvertretern sowie aus einem staatlichen Vertreter sowie jeweils einem Umwelt- und Verbraucherschutzvertreter. Beim hier auf die Beschäftigten entfallenden Anteil des effektiv verteilbaren Gewinns könnte die Hälfte an die Belegschaft zur individuellen Ausschüttung kommen, die andere Hälfte müsste neutralisiert dem Eigenkapital des Unternehmens zugeführt werden. Durch ein solches Verteilungsmodell wäre garantiert, dass das neutralisierte Kapital als Anteil am gesamten Eigenkapital des demokratisierten Unternehmens ständig wächst und so sukzessive immer mehr rein demokratisierte Unternehmen entstehen. Entscheidend wäre dabei, dass der bestehende immanente Widerspruch zwischen Kapital und Arbeit, zwischen Lohn- und Gewinninteressen, aufgehoben wird und die Beschäftigten nicht mehr nur wirtschaftlich abhängige Lohnempfänger und Untergebene sind. Das „Investitionsmonopol des Kapitals" auf einzelwirtschaftlicher Ebene wird damit immer weiter aufgehoben (vgl. dazu die folgende Bespielrechnung und ihr Ergebnis).

Aufgabe

Ein demokratisiertes Unternehmen, das seit zehn Jahren besteht, beschäftigt 2.150 Mitarbeiter. Das Unternehmen setzt 150 Mio. EUR Eigenkapital ein und erzielt Umsatzerlöse in Höhe von 480 Mio. EUR. Das Eigenkapital gehört zu 85 Prozent den ursprünglichen Eigentümern und 1 Prozent des Eigenkapital sind mittlerweile als neutralisiertes Eigenkapital verbucht. Der Bruttoproduktionswert liegt bei 466 Mio. EUR und die Materialintensität kommt auf einen Wert von 48,5 Prozent. Die Abschreibungen betragen 5,8 Mio. EUR und die sonstigen betrieblichen Aufwendungen belaufen sich 54 Mio. EUR; davon entfallen auf die Energierechnung 17,6 Mio. EUR. Der Zinsaufwand für das aufgenommene Fremdkapital in Höhe von 120 Mio. EUR liegt bei 4,9 Mio. EUR. Das entspricht einem Zinssatz von knapp 4,1 Prozent. Mieten und Pachten liegen bei 1,9 Mio. EUR. Im Unternehmensrat ist eine Verteilung des Effektivgewinns von 70 zu 30 Prozent zugunsten der Belegschaft entschieden und vereinbart worden. Von dem Belegschaftsanteil können 50 Prozent zur Ausschüttung kommen. Außerdem wurden Investitionen für das nächste Geschäftsjahr in Höhe von 28 Mio. festgelegt und eine Kapitalrücklage von 5 Mio. EUR. Errechnen Sie auf Basis der bestehenden Eigentumsarchitektur den ausschüttbaren absoluten Gewinnanteil für die Shareholder und für die Belegschaft; außerdem die prozentuale Steigerung des Eigenkapitalanteils der Shareholder und die Steigerungsrate des neutralisierten Kapitals.

Die Lösung (vgl. Tab. 8.3) der Aufgabe zeigt, dass sich das Eigenkapital des demokratisierten Unternehmens insgesamt um 13.360.638 EUR oder um 5,3 Prozent erhöht hat. Der Shareholderanteil der bisher alleinigen Eigentümer ist dabei um 1,8 Prozent bzw. absolut um 3.858.756 EUR gestiegen. Zur Ausschüttung an die Shareholder auf den Gewinn nach Steuern kamen dabei 1.960.754 EUR: Dies entspricht der Verzinsung des eingesetzten Fremdkapitals in Höhe von 4,1 Prozent. Nach Abzug der Investitionen und Rücklagen in Höhe von insgesamt 33.000.000 EUR wurde der effektiv verbliebene und verteilbare Gewinn von 12.862.521 EUR zu 70 Prozent den Beschäftigten zugeteilt, die davon 50 Prozent (4.501.882 EUR) für sich ausschütten konnten und die anderen 50 Prozent als neutralisiertes Kapital verbucht wurden. Auch als neutralisiertes Kapital verbucht wurden die Rücklagen in Höhe von 5.000.000 EUR und der 30-Prozent-Anteil der Shareholder (3.858.756 EUR) am effektiv verteilbaren Gewinn.

8.4.6 Wirtschaftsdemokratie, Markt und Wettbewerb

8.4.6.1 Markt und Wettbewerb ja, aber …

Würden auf einzelwirtschaftlicher Ebene alle Unternehmen ordnungstheoretisch einer wirklich demokratischen (paritätischen) Mitbestimmung und einer Gewinnpartizipation mit anschließender Kapitalneutralisierung – wie im Bontrup-Modell – unterliegen, so müssten sich die demokratisierten Unternehmen aber immer noch *dem Markt stellen und im Wettbewerb bewähren.* Auch demokratisierte Unternehmen wären hier nicht vor Krisen gefeit, selbst unter Bedingungen eines fairen Leistungswettbewerbs nicht, der auch in einer Wirtschaftsdemokratie auf der Meso(-Markt)ebene ein entscheidender Ordnungsfaktor bleiben muss.

Um dabei dennoch die Beschäftigten vor Lohnkürzungen und Entlassungen zu schützen, könnte es in demokratisierten Unternehmen durch entsprechende Gesetze verboten werden, die Arbeitsentgelte so lange zu senken und Beschäftigte zu entlassen, wie die Unternehmen noch ein positives EBITDA-Ergebnis (s. u.) erzielen. Hier könnte zwar davon ausgegangen werden, dass sich dies in zunehmend demokratisierten Unternehmen mit entsprechend angesammeltem neutralem Kapital, immer mehr vollziehen wird. Dennoch sollte für eine Übergangszeit, solange das private Eigenkapital am gesamten Eigenkapital, im Gegensatz zum neutralisierten Kapital, noch über die Mehrheit verfügt, eine gesetzliche Verhaltensregelung eingeführt werden, die Lohnsenkungen und Entlassungen verhindert.

Außerdem müssten effektiv verteilbare Gewinne auf die Shareholder und auf das neutralisierte Eigenkapital solange thesauriert werden, bis zur wirtschaftlichen Vorsorge eines demokratisierten Unternehmens eine auskömmliche Eigenkapitalquote erreicht ist. Heute ist es dagegen üblich, Gewinne in hohem Maße an die Shareholder auszuschütten. So haben allein im Jahr 2017 die 30 DAX-Konzerne 36,5 Mrd. EUR an ihre Eigentümer weitergereicht. Gleichzeitig wird von den Managern der DAX Konzerne behauptet, es herrsche ein enormer „Kostendruck" in den Unternehmen.

Tab. 8.3: Gewinnbeteiligung der abhängig Beschäftigten und neutralisiertes Kapital. Quelle: Eigene Berechnungen.

in EUR		Verteilungs-anteile Shareholder	Verteilungs-anteile Beschäftigte	Neutralisiertes Kapital	
Umsatzerlöse (Preise mal Menge)	480.000.000				
Bestandsveränderungen	0				
aktivierte Eigenleistungen	0				
Gesamtleistung	480.000.000				
sonstige betriebliche Erträge	0				
Bruttoproduktionswert	466.000.000				
Materialaufwand 48,5 %	226.010.000				
Rohertrag	239.990.000				
sonstige betriebliche Aufwendungen	54.000.000				
Abschreibungen	*5.800.000*				
Wertschöpfung	180.190.000				
Personalaufwand	104.275.000		104.275.000		
Mehrwert	75.915.000				
Zinsaufwand	4.900.000				
Miet- und Pachtaufwand	1.200.000				
Gewinn vor Steuern	69.815.000				
Steuern	21.991.725				
Gewinn nach Steuern	47.823.275				
Eigenkapitalrendite nach Steuern	4,1				
Eigenkapital	250.000.000			263.360.638	5,3
Shareholderanteil 85 %	212.500.000			216.358.756	1,8
Neutralisiertes Kapital 15 %	**37.500.000**			47.001.882	25,3
Gewinn für Shareholder	1.960.754	1.960.754			
Potenziell verteilbarer Gewinn	45.862.521				
Investitionen	28.000.000				
Rücklagen	5.000.000			5.000.000	
Effektiv verteilbarer Gewinn	12.862.521				
Beschäftigte 70 %	9.003.765		4.501.882	4.501.882	
Shareholder 30 %	3.858.756			3.858.756	
Beschäftigte	2.150		50.594		
Shareholder	5	392.151			

Einen solchen „Kostendruck" verspürt in einer Branche nur der Grenzanbieter, der aufgrund des vorherrschenden Marktpreises und der Nachfrage knapp seine Stückkosten deckt, und damit zwar keinen Stückgewinn aber auch noch keinen Verlust realisiert. Alle Konkurrenten erzielen dagegen aufgrund niedriger Stückkosten mehr oder weniger hohe Differenzialgewinne (Fehl/Oberender 1976, S. 19). Aber selbst der Grenzanbieter erzielt eine Wertschöpfung und auch einen Mehrwert. Hier ist grundsätzlich festzustellen, dass Unternehmen, die selbst Verluste realisieren, trotzdem alle Lieferanten und sämtliche Fremdleistungen bezahlt haben. Auch die

Beschäftigten haben ihre Arbeitsentgelte erhalten. Lediglich die Fremdkapitalgeber sowie die Grundeigentümer haben keine Zinsen und ihre Miete, Pacht und Leasinggebühren erhalten. Ebenso hat der Staat Umsatz-, Lohn- und Kostensteuern sowie Sozialversicherungsabgaben vereinnahmt. Der viel zitierte Verlust von Unternehmen hält sich demnach in einer gesamtwirtschaftlichen Betrachtung in Grenzen.

> **Aufgabe**
>
> Diskutieren Sie in diesem Kontext die folgende Aussage: „Schon wieder einmal hat der Staat eine völlig unnötige Straßenbrücke errichten lassen und die ausführende Tiefbaufirma hat bei dem Projekt einen hohen Verlust erlitten. Der gesellschaftliche Schaden ist enorm."

Die einzigen, die leer ausgehen bzw. den Verlust mit einer Minderung ihres Eigenkapitals bezahlen müssen, sind die Kapitaleigentümer. Aber auch die gehen nicht ganz leer aus. Sie erhalten zumindest über die in den Preisen realisierten Abschreibungen, anteilig, gemäß Werteverzehr, ihr eingesetztes nominales Eigenkapital zurück. Abschreibungen sind Vorleistungen, die zu einer Absenkung der Wertschöpfung führen. Das heißt, nur wenn die Abschreibungsbeträge größer ausfallen als die Verluste, entsteht ein wirklicher Substanzverlust. Betriebswirte berechnen in der unternehmerischen Gewinn- und Verlustrechnung deshalb das Zwischenergebnis vor Abschreibungen *EBITDA* aus („Earnings before Interest, Tax, Depreciation an Amortisation"). Ist das EBITDA-Ergebnis positiv, so heißt das, dass aus der Wertschöpfung sämtliche Vorleistungs- und auch alle Personalaufwendungen bezahlt worden sind. Im Personalaufwand enthalten ist dabei ein kalkulatorischer Unternehmerlohn, wenn die Kapitaleigentümer ihre Arbeitskraft als Manager in ihr Unternehmen einbringen. Beschäftigen die Shareholder statt ihrer zur Ausführung der Unternehmerfunktion Vorstände oder Geschäftsführer, dann sind auch deren Einkommen und Tantiemen in den Personalaufwendungen enthalten (Bontrup 2017, S. 365 ff.).

Ist hier das EBITDA-Ergebnis größer als die Abschreibungskosten, so erhält das Unternehmen nicht nur sein eingesetztes und in Sachanlagen investiertes Eigenkapital zurück, sondern kann auch aus dem übersteigenden Wert die als Mehrwert verrechneten Zinsen sowie Mieten und Pachten bezahlen. Dies zeigt sich dann im *EBIT*-Ergebnis („Earnings before Interest and Taxes"). Deckt das EBIT-Ergebnis die Mehrwertgrößen, wie Zins, Miete bzw. Pacht, ab, so ist das Gesamtergebnis null, das heißt, es ist weder ein Gewinn noch ein Verlust entstanden.

Erst wenn das EBIT-Ergebnis negativ ausfällt, entsteht für die Shareholder ein Verlust, der dann in Folge zu einem Eigenkapitalverzehr führt. Warum, so muss man hier fragen, soll aber das EBIT-Ergebnis positiv ausfallen? Alle unternehmerischen Stakeholder, wie Lieferanten, Beschäftigte, Fremdkapitalgeber, Grundbesitzer und der Staat, sind doch mit Einkommen befriedig worden und auch die Shareholder haben ihr vorgeschossenes Eigenkapital über die Abschreibungen zurückerhalten, sodass die marktwirtschaftlich-kapitalistische Forderung nach der „Ewigkeit des Kapitals" erfüllt wurde.

Es ist aber noch nicht zu einer Verzinsung des eingesetzten Eigenkapitals, zu einer positiven Profitrate, gekommen. Bei der Mehrwertrealisierung am Markt gingen die Eigentümer leer aus. Dies ist ein tief sitzender Widerspruch im Kapitalismus. Denn hier geht es den Unternehmern nicht darum, Konsumentenbedürfnisse zu befriedigen, mit Gütern einen Bedarf zu decken oder Arbeitsplätze zu schaffen, sondern ausschließlich darum, aus vorgeschossenem Geldkapital (G) durch eine kapitalistische Ausbeutung Mehrwert zu generieren, und diesen dann auf den Absatzmärkten zu erlösen, um schließlich mehr an Geldkapital (G') zu erwirtschaften (G – Produktion (Mehrwert) – G'). Die Versorgung der Menschen mit Gütern und Diensten ist dabei nur ein Nebenprodukt. Das Kapital hat wegen seines Vermehrungsziels einen ständigen Wachstums- und Profitdrang.

Dabei schieben die Unternehmer als Rechtfertigungsgrund die Sicherung und den Ausbau von Arbeitsplätzen vor. Notwendige Gewinne würden zu Investitionen und schließlich zu mehr Beschäftigung führen. Diese bis heute während Erklärung kritisierte trotz seiner Marktgläubigkeit bereits 1776 Smith, als er schrieb: „In Wirklichkeit werden hohe Gewinne viel eher zu einer Preiserhöhung der Arbeitserzeugnisse führen als hohe Löhne. [...] Die Gewinnerhöhung wirkt wie Zinseszinsen. Unsere Kaufleute und Gewerbetreibenden klagen viel über die schlechten Wirkungen hoher Löhne: Diese erhöhten die Preise ihrer Güter und minderten dadurch im Inland wie im Ausland deren Absatz. Sie sagen aber nichts über die schlechten Wirkungen hoher Gewinne. Sie sind still, wenn es um die verderblichen Wirkungen ihrer eigenen Vorteile geht. Sie klagen nur über die anderen Leute" (Smith 1776 (2005), S. 168 f.).

Dennoch benötigen Unternehmen Gewinne. In der Tat, um daraus zwar keine Ersatzinvestitionen (s. Abschreibungen) aber Erweiterungsinvestitionen ohne Fremdkapitalaufnahme finanzieren zu können und auch um Rücklagen für schlechtere Zeiten möglich zu machen. Darin erschöpft sich die Gewinnhöhe.

Da jedoch systemisch die Fremdkapitalgeber eine Verzinsung ihres Kapitals erhalten, kann man auch hier den Eigenkapitalgebern eine Verzinsung ihres Eigenkapitals als Gewinngröße in Höhe der Fremdkapitalverzinsung nicht verweigern; obwohl Gewinne vom Grundsatz her nur den innovativen Unternehmen und nicht den repetitiven Unternehmen in einem dynamischen Wettbewerbsprozess als Anreiz vorbehalten sind (Olten 1995, S. 571 ff.).

> Wettbewerb ist und bleibt also ein wichtiges Instrument und ein wesentlicher Bestandteil des wirtschaftlichen Handels von Unternehmen und Staaten. Wettbewerb um die effiziente Nutzung von Rohstoffen und die Schaffung neuer Wege zur Befriedigung individueller und kollektiver Bedürfnisse zu immer niedrigeren Kosten und bei immer höherer Qualität hat wesentlich zur Verbesserung sowohl des materiellen Wohlstands als auch der nicht materiellen Lebensqualität beigetragen. Als eine der entscheidenden Antriebskräfte technologischer Innovationen und Produktivitätssteigerungen hat der Wettbewerb große Errungenschaften ermöglicht und Zukunftsvisionen stimuliert. (Gruppe von Lissabon 1997, S. 15)

Trotzdem wird Kritik am Marktprinzip und am Wettbewerb geübt. Der Ökonom Eduard Magnus Heimann (1889–1967) bemerkt hier bezüglich der Marktkoordination an:

> Der Markt ist das eigentlich Wirtschaftliche an der modernen Wirtschaft; seine Zerschlagung wäre ein Sprung in das Nichts. Es ist die historische Aufgabe des Sozialismus, die gemeinschaftswidrige Gewaltherrschaft des Kapitalismus zu vernichten und die wirtschaftsorganisatorischen Leistungen des Kapitalismus auszubauen. Die Grundlage aber aller dieser ist der Marktzusammenhang. Markt und Kapitalismus sind durchaus nicht dasselbe. Sowenig man dem Acker Vorwürfe machen kann, wenn das Unkraut die Früchte erstickt, weil man nicht ordnend eingegriffen hat, so wenig ist das Marktprinzip als solches dafür verantwortlich, daß einen sich selbst überlassenen Markt der Kapitalismus überwuchert. Alles kommt vielmehr darauf an, die historisch soziale Konstellation des konkreten Marktablaufs von dem in sozialer Beziehung neutralen technischen Prinzip des Marktes zu unterscheiden. (Heimann 1975, S. 43)

Märkte, so die Botschaft, darf man nicht sich selbst überlassen. Bei Marktfreiheit, sagt Keynes in seiner berühmten „*Giraffenparabel*",

> kommen die erfolgreichsten Profitmacher durch einen unbarmherzigen Kampf ums Dasein nach oben, einen Kampf, der mit einer Auslese der Tüchtigsten durch den Bankrott der minder Tüchtigen endet. Diese Methode stellt die Kosten des Kampfes selbst nicht in Rechnung, sondern hat nur die Vorteile des Endresultates im Auge, die man für dauernde hält. Ihr zufolge besteht das Lebensziel darin, die obersten Blätter von den Zweigen abzugrasen, und der beste Weg, dieses Ziel zu erreichen, ist der, wenn man zulässt, dass die Giraffen mit den längsten Hälsen die Giraffen mit den kürzeren Hälsen aushungern. [...] Wenn uns das Wohl der Giraffen am Herzen liegt, so dürfen wir die Leiden derer mit kürzeren Hälsen, die ausgehungert werden, nicht übersehen, noch die süßen Blätter, die zu Boden fallen und während des Kampfes unter den Füßen zertrampelt werden, noch die Überfütterung der langhalsigen, noch den bösen Blick oder die gierige Gefräßigkeit, die sich in den milden Gesichtern der Herde widerspiegelt. (Keynes 2003, S. 23 f.)

Keynes wollte jedoch nicht Märkte und den Wettbewerb abschaffen. Er gab aber das „Laissez-faire", die unkontrollierte Marktfreiheit, schon Ende der 1920er-Jahre auf und forderte einen in die Marktprozesse eingreifenden starken Staat. Im Jahr 2016 schrieb in ähnlichem Sinne die Ökonomin Sahra Wagenknecht:

> Märkte darf man nicht abschaffen. Im Gegenteil, man muss sie vor dem Kapitalismus retten. Wir brauchen, was die Neoliberalen sich so gern auf die Fahne schreiben, aber in Wirklichkeit zerstören: Freiheit, Eigeninitiative, Wettbewerb, leistungsgerechte Bezahlung, Schutz des selbst erarbeiteten Eigentums. Wer all das will und es ernst meint, muss eine Situation beenden und nicht befördern, in der die entscheidenden wirtschaftlichen Ressourcen und Reichtümer einer schmalen Obersicht gehören, die automatisch auch von jedem Zugewinn profitiert. Einer Oberschicht, die sich mit ihrer Macht, über Investitionen und Arbeitsplätze zu entscheiden, mit ihrem Medieneinfluss, ihren Think Tanks und Lobbyisten, mit ihrer Kampagnenfähigkeit und schlicht mit ihrem unermesslich vielen Geld nahezu jede Regierung dieser Welt unterwerfen oder kaufen kann. ‚Vom organisierten Geld regiert zu werden ist genauso gefährlich wie vom organisierten Verbrechen regiert zu werden', wusste schon 1936 der amerikanische Präsident Franklin D. Roosevelt. (Wagenknecht 2016, S. 20)

Der Experte für Wirtschaftsdemokratie und Ökonom Fritz Vilmar konstatiert:

> Wirtschaftsdemokratie ist kein Gegenkonzept zur Marktwirtschaft. Sie hebt vielmehr die Errungenschaften der Marktwirtschaft in sich auf, wie eine moderne Stadtplanung und -architektur die Ästhetik alter Stadtkerne in sich bewahrt, ohne deren erstickende Enge und Beschränkung durch Festungsmauern beizubehalten. Warum sollte für die Wirtschaftsgestaltung nicht endlich anerkannt werden, was für den Städtebau längst zur Selbstverständlichkeit geworden ist: Integration der ‚Guten‘ alten in eine erweiterte, funktionstüchtigere, also bessere neue Stadtstruktur? Wirtschaftsdemokratie, das heißt primär gemeinwohl- statt profitorientierte Gestaltung der Wirtschaft, beinhaltet ein sozialstaatliches Transformationskonzept, das die Aufhebung der strukturellen marktwirtschaftlich-kapitalistischen Instabilität, Disfunktionalitäten, Inhumanitäten und Oligarchien nicht verwirklichen zu können glaubt durch einige ‚totale‘ revolutionäre Eingriffe (Totalsozialisierung; Totalplanung), sondern durch einen Prozeß begrenzter, differenzierter Umgestaltung nach dem Prinzip der ‚mixed economy‘ [...] einer volkswirtschaftlichen Rahmenplanung und Investitionslenkung einschließlich planvoller Arbeitsmarktpolitik, demokratischer Kontrolle unternehmerischer Macht (besonders der multinationalen Konzerne) und Mitbestimmung der Beschäftigten auf den Entscheidungsebenen des Betriebs und des Unternehmens. (Vilmar 1999, S. 197)

Dabei ist „Wirtschaftsdemokratie der Inbegriff aller ökonomischen Strukturen und Verfahren, durch die an die Stelle autokratischer Entscheidungen demokratische treten, die durch die Partizipation der ökonomisch Betroffenen und/oder des demokratischen Staates legitimiert sind" (Vilmar 1999, S. 189). Hier ist es interessant, dass auch ein Nichtökonom, der Astrophysiker, Naturphilosoph und Wissenschaftsjournalist Harald Lesch in Bezug auf den Freiheitsbegriff fordert, „dass es eine wirtschaftliche Demokratisierung, eine Teilhabe der Bevölkerung [geben muss] und nicht eine unfassbare Konzentration von Macht und Vermögen in wenigen Zentren, Individuen und Konzernen" (zitiert in Frankfurter Rundschau vom 11./12. Mai 2019, Beilage S. 5). Das ist das Problem, was aber ist die Ursache? Der Hintergrund ist der Markt und der Wettbewerb, die Segen, aber auch ein Fluch sind. Sie zerstören sich selbst. Es kommt inhärent durch Wettbewerb zu Konzentrations- und Zentralisationsprozessen auf den Märkten. Das bestätigt, was Marx schon vor 150 Jahren vorausgesagt hat, dass immer weniger Unternehmen immer mehr Marktanteile auf sich vereinigen werden, dass sich die Wirtschaft immer mehr konzentriere und damit sich auch immer mehr Marktmacht bei wenigen bündele. Der Prozess ist aber noch nicht abgeschlossen. ‚Ich will meine Konkurrenten killen‘, war die Antwort eines ehemaligen Direktors für Forschung und Entwicklung von Shell International auf die Frage, weshalb das Unternehmen in F & E investiere" (Gruppe von Lissabon 1997, S. 16).

Unter dem neoliberalen Paradigma ist eine neue Ära des Wettbewerbs angebrochen, besonders im Kontext der *Globalisierung* wirtschaftlicher Prozesse. Globalisierung gab es zwar schon immer, sie hat sich aber aufgrund neuer technischer Möglichkeiten, wie dem Internet, und einer globalen Marktöffnung verschärft.

> Wettbewerb beschreibt nicht länger die Funktionsweise einer bestimmten Marktform (offene Märkte mit Wettbewerb) im Gegensatz zu oligopolistischen oder monopolistischen Märkten);

Wettbewerbsfähigkeit ist nicht länger Mittel zum Zweck, sondern ist zu einem universellen Credo, einer Ideologie geworden. [...] Wie ist es möglich, daß ein Mittel, eine Funktionsweise (Wettbewerb zwischen Unternehmen und Wirtschaftssubjekten) zum Hauptziel aller Wirtschaftsakteure und der gesamten Gesellschaft geworden ist?. (Gruppe von Lissabon 1997, S. 28)

Die Gruppe von Lissabon, ein Zusammenschluss von Wissenschaftlern aus Japan, Westeuropa und Nordamerika, stellt fest:

Trotz ihrer Popularität liefert Wettbewerbsfähigkeit keine wirksamen Antworten auf die Probleme und Chancen der neuen globalen Welt und ihrer Gesellschaften. Der Wettbewerbsexzeß ist im Gegenteil die Ursache für unerwünschte gegenläufige Effekte. Das erstaunlichste Ergebnis der Wettbewerbsideologie ist, daß sie dem Wirtschaftsprozeß strukturell sogar schaden kann – von ihren zerstörerischen sozialen Effekten ganz abgesehen. Vielen Amerikanern ist zunehmend klargeworden, daß ‚der internationale wirtschaftliche Wettbewerb [...] ein Wettbewerb um die Reduzierung der Arbeitsplätze und die Reduzierung des Lebensstandards war. Europäer beginnen wahrzunehmen, daß die Suche nach internationaler Wettbewerbsfähigkeit mit unakzeptablen Kosten für die Menschen einhergeht.‘ Der produktive wirtschaftliche Wettbewerb wird durch technische Innovationen und Durchrationalisierung der Industrie erreicht. Durch die Erhöhung der Zahl der Arbeitslosen wird ein Land nicht reicher. Auch ist die durch Lohnsenkungen erzielte Verarmung derjenigen, die noch einen Arbeitsplatz haben, kein sozial akzeptabler Weg der Produktivitätssteigerung. Das erste Ergebnis der Ideologie des Wettbewerbskriegs ist, daß ‚Nordamerikaner, Europäer und Japaner den Wettbewerb zu Lasten der sozial schwächsten in ihren Ländern führen. [...]

Ein zweites Resultat der Wettbewerbsideologie ist, daß der Wert der Wettbewerbsfähigkeit, wenn jeder gegen jeden konkurriert, am Ende verlorengeht. Wie Emile Van Lennep, der frühere OECD-Generalsekretär, [...] bei seiner Ablehnung der Wettbewerbsfähigkeit als einziger Lösung richtig bemerkte: ‚Gegen wen soll die OECD als Ganzes wettbewerbsfähiger werden? Gegen die Entwicklungsländer? Gegen den Mond?‘ ‚Wir können nicht‘, argumentiert Samuel Brittan heute, ‚jeder gegen jeden wettbewerbsfähig sein.‘ Wenn jeder mit jedem konkurriert, wird das Gesamtsystem früher oder später kollabieren. Denn zum Überleben ist es auf die Vielfalt der Akteure angewiesen. Die Logik der Wettbewerbsfähigkeit vermindert diese Vielfalt innerhalb des Systems, indem alle diejenigen, die den starken Spielern nicht Paroli bieten können, eliminiert werden. In diesem Sinne verstärkt sie die soziale Ausgrenzung: Die nicht konkurrenzfähigen Menschen, Unternehmen, Städte und Nationen werden abgehängt. Sie sind nicht länger Subjekte der Geschichte.

Der dritte Effekt der Wettbewerbsideologie ist die Einseitigkeit. Sie nimmt nur eine Dimension der Human- und Sozialgeschichte wahr – den Geist des Wettbewerbs. Dieser Geist der Konkurrenz und der Aggression ist ein kräftiger Motor für Handlungen, Motivation und Innovation. Er läuft jedoch nicht unabhängig von anderen Antriebskräften, wie dem Geist der Kooperation und der Solidarität. Kooperation ist ebenfalls ein grundlegendes Phänomen der menschlichen Geschichte, das gesellschaftlich hervorgebracht und bestimmt wird. Wettbewerb und Kooperation, Aggressivität und Solidarität sich koexistierende, oft konflugierende [zusammenfließende] Dimensionen der menschlichen und sozialen Existenz. Die Wettbewerbsideologie ignoriert oder entwertet die Kooperation, oder sie instrumentalisiert sie gemäß ihrer eigenen Logik, wie es bei den meisten Unternehmenskooperationen und strategischen Allianzen der Fall ist. Ein viertes Ergebnis der Wettbewerbsideologie ist der Reduktionismus und der sektiererische Fundamentalismus. Die Ideologie ist nicht nur einseitig – sie sieht auch noch schlecht. Sie nimmt die wenigen Dinge, die sie erkennt, nicht im richtigen Maßstab wahr. Wettbewerbsfähigkeit reduziert die gesamte ‚conditio humana‘ auf die Einstellungen und Verhaltensformen des ‚homo oeconomicus‘

als ‚homo competitor'. Für sie haben Erkenntnisse, Überzeugungen und Verhaltensweisen keinen Wert, sofern sie nicht der Wettbewerbsfähigkeit untergeordnet und von ihr legitimiert werden – anderenfalls sind sie für die Wirtschaft irrelevant. Die typische ‚magische Formel der von der Wettbewerbsfähigkeit dominierten Wirtschaft ist das ‚let's get back to business'. Die Formel unterstellt, daß Menschen sich dann den richtigen und wichtigen Dingen zuwenden, wenn sie ‚zurück zum Geschäft' kommen. (Gruppe von Lissabon 1997, S. 137 ff.)

8.4.6.2 …Wettbewerb benötigt eine staatliche Regulierungspolitik

Damit steht der Befund: Wettbewerb ist nicht alles, aber ohne Wettbewerb geht es auch nicht. Wettbewerb muss einer heftigen *staatlichen Regulierungspolitik* unterzogen werden. Eigentlich ist das eine Binsenweisheit. Keynes hatte schon, wie ausgeführt, in den 1920er Jahren in aller Deutlichkeit darauf hingewiesen. Selbst die nach dem Zweiten Weltkrieg in Westdeutschland von Alfred Müller-Armack theoretisch entwickelte soziale Marktwirtschaft setzt nicht auf die so genannten „Selbstheilungskräfte des Marktes", wie es heute die Neoliberalen in Wissenschaft, Politik und Medien tun. Unkontrollierter Wettbewerb widerspricht dem Ordoliberalismus, der deutschen Spielart des Neoliberalismus.

Alfred Müller-Armack schrieb diesbezüglich:

> Das Zutrauen in die Selbstheilungskräfte der Wirtschaft hat sich den Wirtschaftskrisen gegenüber nicht behaupten lassen. […] Die Fehler und Unterlassungen der liberalen Marktwirtschaft liegen letztlich in der Enge der ökonomischen Weltanschauung beschlossen, die der Liberalismus vertrat. Sie veranlasste ihn, den instrumentalen Charakter der von ihm ausgeschalteten Ordnung zu verkennen und die Marktwirtschaft als autonome Welt zu nehmen […]. (Müller-Armack 1976, S. 107)

Der ordoliberale Ökonom Wilhelm Röpke (1899–1969) formulierte es 1958 so: „Die Gesellschaft als Ganzes kann nicht auf dem Gesetz von Angebot und Nachfrage aufgebaut werden. […] Mit anderen Worten: die Marktwirtschaft ist nicht alles" (Röpke zitiert in Reuter 2002, S. 682).

Deshalb war man sich, wie Eucken mit seiner *Wettbewerbskritik* an einer „freien Wirtschaft", darüber im Klaren, dass das wettbewerbliche Marktprinzip mindestens durch einen Staat ergänzt werden muss, der in eine unzureichende Marktordnung interveniert (vgl. Thielemann 2010). Wettbewerb ist bei Abwägung und Beurteilung der empirischen Befunde kein hinreichender gesellschaftlicher Ordnungsrahmen. Durch Wettbewerb allein kommt es insgesamt zu suboptimalen Ergebnissen. Märkte und Wettbewerb „ohne jede Regulierung untergraben zwangsläufig ihre eigenen Existenzbedingungen. Was sollte Konkurrenten daran hindern, jedes vorteilsversprechende Mittel auszuschöpfen, vom systematischen Betrug bis hin zur Vernichtung des Gegners? In der Realität finden sie sich fast nur dort, wo überparteilichen Garanten von Rechtssicherheit und Schutz vor physischer Gewalt fehlen" (Fischer 2012, S. 1).

Der Wettbewerbsimperativ mystifiziert und suggeriert, dass wenn wir in der Wirtschaft gegeneinander konkurrieren und uns egoistisch verhalten, es gleichzeitig, wie

Smith es glaubte, zu einem „gesamtwirtschaftlichen Wohlstandmaximum" käme. Christian Felber, ein Vertreter der Gemeinwohlökonomie, hält dagegen:

> Bis heute bildet die Annahme, dass die Egoismen der Einzelakteure durch Konkurrenz zum größtmöglichen Wohl aller gelenkt würden, den Legitimationskern der kapitalistischen Marktwirtschaft. Aus meiner Sicht ist diese Annahme jedoch ein Mythos und grundlegend falsch; Konkurrenz spornt zweifellos zu so mancher Leistung an [...], aber sie richtet einen ungemein größeren Schaden an der Gesellschaft und an den Beziehungen zwischen den Menschen an. Wenn Menschen als oberstes Ziel ihren eigenen Vorteil anstreben und gegeneinander agieren, lernen sie, andere zu übervorteilen und dies als richtig und normal zu betrachten. Wenn wir jedoch andere übervorteilen, dann behandeln wir uns nicht als gleichwertige Menschen: Wir verletzen unsere Würde. (Felber 2012, S. 23)

Gesellschaft ist viel mehr. Sie verlangt von uns gegenseitige Anerkennung. Wie soll dies unter Wettbewerbsbedingungen, unter einer ausschließenden Zielerreichung, realisiert werden?

> Ich kann nur erfolgreich sein, wenn jemand anderer erfolglos bleibt. Konkurrenz ‚motiviert' primär über Angst. Deshalb ist die Angst auch ein sehr weit verbreitetes Phänomen in kapitalistischen Marktwirtschaften: weil viele fürchten, den Job zu verlieren, Einkommen, Status, gesellschaftliche Anerkennung und Zugehörigkeit. In einem Wettbewerb um knappe Güter gibt es nun mal Verlierer, und die meisten haben Angst, selbst betroffen zu sein. Es gibt noch eine weitere Motivationskomponente der Konkurrenz. Während Angst von hinten schiebt, zieht vorne eine Art Lust. Doch welche Lust? Es handelt sich um Siegeslust: um den Wunsch, besser zu sein als jemand anderer. Und das ist, mit psychologischer Brille betrachtet, ein sehr problematisches Motiv. Denn das Ziel unseres Tuns sollte nicht sein, dass wir besser sind als andere, sondern dass wir unsere Sache gut machen, weil wir sie für sinnvoll halten und gerne machen. Daraus sollten wir unseren Selbstwert beziehen. Wer seinen Selbstwert dagegen daraus bezieht, besser zu sein als andere, ist davon abhängig, dass andere schlechter sind. Psychologisch gesehen, handelt es sich hier um pathologischen Narzissmus: Sich besser zu fühlen, weil andere schlechter sind, ist krank. Gesund wäre, dass wir unser Selbstwertgefühl aus Tätigkeiten nähren, die wir gerne machen, weil wir sie aus freien Stücken gewählt haben und darin Sinn erfahren. Wenn wir uns auf das Wir-selbst-sein konzentrieren würden anstatt auf das Besser-sein, würde niemand Schaden nehmen, und es bräuchte keine Verlierer. (Felber 2012, S. 28 f.)

Beispiel: Die Pleite der Baummarktkette Praktiker

Zunächst auf der Erfolgslinie, immer mehr Kapazitätsausbau, neue Wettbewerber drängen in den Markt für die Hobbyhandwerker und dann sorgt der *anarchische Markt und Wettbewerb* schließlich für Überkapazitäten. Der Markt kippt in einen Käufermarkt und die Preisschlachten („20 Prozent auf alles außer Tiernahrung") beginnen zum vermeintlichen Vorteil der Kunden. Dabei denken auf Grund des jetzt einsetzenden Kostendrucks und der sich dadurch verschlechternden Bedingungen für die Beschäftigten nur noch der Betriebsrat (wenn einer da ist) und die Gewerkschaft an das Personal in den Unternehmen, die aber in der Regel einen aussichtslosen Kampf führen. Der Wettbewerb ist eben gnadenlos. Einer gewinnt, einer verliert. Dies wird dann aber von den sogenannten Experten ausgeblendet und kurzerhand das Management als Verursacher an den Pranger gestellt.

Das ist natürlich eine haltlose Behauptung angesichts der Verdrängungskonkurrenz in der Branche. Einer musste fallen, und mit „Praktiker" hat es den Schwächsten erwischt. [...] Selbst die größten Freunde des freien Marktes, die Fans von Wettbewerb und schöpferischer Zerstörung, können Niederlagen einfach nicht akzeptieren, weder bei „Praktiker" noch bei Schlecker, Quelle, Karstadt oder im Fall von Bankenpleiten. Sie rechnen den Vorständen Fehler vor, was ungefähr so schlau ist, wie einem unterlegenen Sprinter vorzuwerfen, er sei zu langsam gerannt. Damit wird zwar nichts erklärt, aber ein Schuldiger ist gefunden. Wo ein Unternehmen Marktanteile gewinnt, muss es eines geben, das sie verliert. Dass der Wettbewerb notwendigerweise Verlierer produziert, wird in der öffentlichen Debatte zwar zugestanden. Aber nur, um es anschließend wieder auszublenden. Mit ihrem Verweis auf ‚Fehler' des Managements offenbaren die Kritiker ihr Ideal des Marktes als einem Ort, an dem es keine Verlierer geben muss – wenn nur jeder Wettbewerber die richtige Strategie verfolgt. Was soll die ‚richtige' Strategie sein? Ganz einfach: die der Erfolgreichen. Die Gewinner dienen dabei stets als Beleg dafür, dass Erfolg im großen Wettrennen doch prinzipiell für alle möglich ist. Die Idee, man müsse nur die ‚richtige' Strategie – eben die Erfolgsstrategie – wählen, beruht auf der Kontrollillusion, also der verbreiteten Annahme, im Wettbewerb um Marktanteile und Arbeitsplätze habe jeder seinen Erfolgt selbst in der Hand. Wer seinen Job verliert oder Insolvenz anmeldet, ist daher selbst schuld. Denn ein jeder ist nur seines Glückes Schmied, sondern auch seines Unglückes. Das stimmt natürlich nicht. Denn Erfolg und Misserfolg auf dem Markt hängen von vielen Dingen ab, die ein Wettbewerber nicht beeinflussen kann. Zum einen von der allgemeinen Marktlage und der Konjunktur. Zum anderen aber hängen sie vor allem ab von den Strategien der Konkurrenten, mit denen der eigene Erfolg steht und fällt. Die Praktiker-Baumärkte werden nun voraussichtlich geschlossen, die profitablen Teile des Unternehmens fallen an die Siegreichen und das Spiel beginnt von vorn. (Kaufmann 2013, S. 13)

Ganz anders liegt der Fall bei Staaten im Rahmen einer internationalen Konkurrenz.

Staaten versuchen Unternehmen anzulocken und die Bedingungen für das Gewinnstreben systematisch zu verbessern: Es kommt zu Lohn-, Sozial-, Steuer- und Umweltdumping, zur Besserbehandlung von Weltkonzernen gegenüber lokalen Kleinbetrieben und zu verlockenden Sonderangeboten wie dem Bankgeheimnis oder gar dem Verzicht auf Bankenaufsicht und Regulierung, weil diese als ‚Standortvorteile' angesehen werden. Wenn der Egoismus von den Unternehmen auf die Staaten übergreift, dann blüht der Nationalismus inmitten der angeblichen ‚Globalisierung'. (Felber 2012, S. 31)

Vor diesem Hintergrund der Destruktion durch den Wettbewerb erscheint eine umfassende staatliche Regulierungspolitik in der EU als notwendig, um die Konkurrenzverhältnisse zu kontrollieren (vgl. ausführlich Kap. 3.2.2.6.2).

Literaturverzeichnis

Ausgewählte Literatur und Quellen zu den einzelnen Kapiteln

Einführung

Baring, A. (1991): Deutschland was nun? Ein Gespräch mit Dirk Rumberg und Wolf Jobst, Berlin.

Besley, T., Hennessy, P. (2009): Letter to the Queen, sent on behalf of the British Academy, July 22th.

Krause, G. (1998): Wirtschaftheorie in der DDR, Marburg.

Krause, G., Luft, C., Steinitz, K., (Hrsg.) (2011): Wirtschaftstheorie in zwei Gesellschaftssystemen Deutschlands, Berlin.

VWLer-Mathe für Minimalisten: VWLer-Mathe für Minimalisten, https://www.w-hs.de/service/informationen-zur-person/person/marquardt/, abgerufen 14.02.2020.

Kapitel 1: Volkswirtschaftslehre als Sozialwissenschaften

Adamek, S., Otto, K. (2008): Der gekaufte Staat. Wie Konzernvertreter in deutschen Ministerien sich ihre Gesetze selbst schreiben, Köln.

Altvater, E., Müller, W., Neusüß, C., Lehmann, H. et al. (1973): Materialien zur Kritik der bürgerlichen Ökonomie. Begründung für eine Lehreinheit „Politische Ökonomie", 3. Aufl., Gravenhage (NL).

Arni, J.-L. (1989): Die Kontroverse um die Realitätsnähe der Annahmen in der Ökonomie, Grüsch.

Basaglia, F., Foucault, M., Castel, R., Wulff, E., Chomsky, N., Laing, R. D., Goffman, E. et al. (1980): Befriedungsverbrechen. Über die Dienstbarkeit der Intellektuellen, Frankfurt a. M.

Beucker, P., Krüger, A. (2010): Die verlogene Politik. Macht um jeden Preis, München.

Bofinger, P. (2005): Wir sind besser als wir glauben, München.

Bontrup, H.-J., Marquardt, R.-M. (2008): Nachfragemacht in Deutschland. Ursachen, Auswirkungen und wirtschaftspolitische Handlungsoptionen, Münster.

Bontrup, H.-J., Marquardt, R.-M. (2012): Perspektiven der STEAG GmbH als kommunales Energieunternehmen im Kontext der Energiewende, Gelsenkirchen.

Brause, C. (2020): Lügen mit System, Welt am Sonntag, 19.01.

Brüderle, R. (2009): RP-Online „Brüderle weist Steuerkritik zurück", https://www.derwesten.de/wirtschaft/bruederle-weist-steuer-kritik-der-wirtschaftsweisen-zurueck-id1905614.html, abgerufen 11.02.2020.

Der Tagesspiegel (2018): Die Chronik der fünf Dieselgipfel, 8.11.2018, https://www.tagesspiegel.de/wirtschaft/bundesregierung-und-autoindustrie-die-chronik-der-fuenf-diesel-gipfel/23594234.html, abgerufen 27.01.2019.

Deutscher Bundestag – Wissenschaftlicher Dienst (2007): Lobbyismus im politischen Rahmen unter besonderer Berücksichtigung von Unternehmen, WD-1 128/07.

Dietrich, G. (2018): Kulturgeschichte der DDR, Göttingen, 3. Bände.

Ebner, A. (2010): Ökonomie als Geisteswissenschaft – Grundzüge der Erklären-Verstehen-Kontroverse in den deutschen Wirtschaftswissenschaften, Überarbeitete Fassung des Beitrags zur Jahrestagung des VfS-Ausschusses für die Geschichte der Wirtschaftswissenschaften in Stuttgart-Hohenheim, 27.–29. Mai 2010.

https://doi.org/10.1515/9783110619379-009

EIKE (2013): https://www.eike-klima-energie.eu/2013/06/05/das-umweltbundesamt-staatlich-verordnete-klima-doktrin-faktencheck-zur-uba-broschuere-und-sie-erwaermt-sich-doch-letzter-teil/, abgerufen 11.02.2020.

Ferschli, B., Grabner, D., Theine, H. (2019): Zur Politischen Ökonomie der Medien in Deutschland. Eine Analyse der Konzentrationstendenzen und Besitzverhältnisse, München.

Friedman, M. (1953): Essay in Positive Economics, Chicago.

Fülberth, G. (2005): G Strich – Kleine Geschichte des Kapitalismus, Köln.

Gadamer, H.-G. (1990): Wahrheit und Methode, Band 1, 6. Aufl., Tübingen.

Giersch, H. (2005): Handelsblatt, Wieder weiser, wieder schmaler, 07.11.2005.

Grill, M. (2013): Bestechlich sind immer nur die anderen, in: Netzwerk Recherche (Hrsg.), Gefallen an Gefälligkeiten: Journalismus und Korruption, S. 4 ff., https://issuu.com/netzwerkrecherche/docs/nr-kurzstudie-gefallen_an_gefaellig, abgerufen 21.12.2019.

Grothe, S. (2019): Wertneutrale Volkswirtschaftslehre?, https://www.bdwi.de/forum/archiv/themen/oekonomie/10777003.html, Online verfügbar ab dem 15.06.2020.

Handelsblatt (2004): Union will im Wirtschaftsausschuss Aufklärung über Tackes Wechsel, 09.09.

Handelsblatt (2005): Rüttgers holt sich Rat von Unternehmen, 28.09.

Handelsblatt (2014): Unerhörter Ratgeber, 21.8.

Handelsblatt Online (2018): Gewalt eskaliert bei Gelbwesten-Demonstrationen in Paris, 1.12.2018; abgerufen 27.01.2019).

Hautsch, G. (2011): Bertelsmann und Springer an vorderster Front, Z., Zeitschrift Marxistische Erneuerung, Nr. 86, Juni.

Hebel, S. (2019): Warum guter Journalismus sein muss, Frankfurter Rundschau, 13.04.

Hofmann, W. (1977): Grundelemente der Wirtschaftsgesellschaft, 10. Aufl., Reinbek bei Hamburg.

IPCC (2001): Climate Change 2001, The Scientific Basis. Full Report, https://www.ipcc.ch/report/ar3/wg1/.

Kartheuser, B. (2013): Wes Brot ich ess, des Lied ich sing, in: Netzwerk Recherche (Hrsg.), Gefallen an Gefälligkeiten: Journalismus und Korruption, S. 17 ff., https://issuu.com/netzwerkrecherche/docs/nr-kurzstudie-gefallen_an_gefaellig, zuletzt abgerufen 21.12.2019.

Kohler, A., Koch, B. (2003): Die stille Macht: Lobbyismus in Deutschland, in: Leif, Thomas, Späth, Rudolph (Hrsg.), Anatomie des Lobbyismus – Einführung in eine unbekannte Sphäre der Macht, Wiesbaden.

Kolb, G. (1991): Grundlagen der Volkswirtschaftslehre, München.

Krätke, M. R. (2017): Kritik der politischen Ökonomie heute – Zeitgenosse Marx, Hamburg.

Krugman, P. (2009): Die neue Weltwirtschaftskrise, 2. Aufl., Frankfurt a. M.

Leif, T., Späth, R. (Hrsg.) (2003): Die stille Macht: Lobbyismus in Deutschland, Wiesbaden.

Leif, T., Späth, R. (2003): Anatomie des Lobbyismus – Einführung in eine unbekannte Sphäre der Macht, in: Leif, Thomas and Rudolph Späth (Hrsg.), Die stille Macht: Lobbyismus in Deutschland, Wiesbaden.

Link, R. (2011): Warum die Klimamodelle des IPCC fundamental falsch sind!, https://rlrational.files.wordpress.com/2011/03/warum-die-klimamodelle-des-ipcc-falsch-sind.pdf, abgerufen 3.6.2019.

Lobbypedia (2020): Seitenwechsler in Deutschland im Überblick, https://lobbypedia.de/wiki/Seitenwechsler_im_%C3%9Cberblick, abgerufen 11.02.2020.

Manager Magazin (2017): Von Visionären und Ganoven-Esch, Schröder und die Kölner Bau-Bonanza, 19.9.2017, https://www.manager-magazin.de/unternehmen/artikel/oppenheim-esch-affaere-prozess-gegen-josef-esch-vor-koelner-landgericht-a-1168756-2.html, abgerufen 11.02.2020.

Marquardt, R.-M. (2010): Volkswirtschaftslehre im „Dornröschenschlaf". Blätter für deutsche und internationale Politik, Heft 6.

Marquardt, R.-M. (2019): Wie hängt die deutsche Exportstrategie mit der Sozialen Marktwirtschaft zusammen?, in: R.-M. Marquardt and P. Pulte (Hrsg.), Mythos Soziale Marktwirtschaft, S. 227, Köln, Festschrift für Heinz-J. Bontrup.

Marx, D. (2019): Fake News, Echokammern & Filterblasen, https://www.thirdman.at/fake-news-echokammern-filterblasen/, abgerufen 21.12.2019.

Marx, K. (1960): Lohn, Preis, Profit, Berlin.

Müller, G., Otto, K., Schmidt, M. (2005): Die Macht über die Köpfe: Wie die Initiative Neue Soziale Marktwirtschaft Meinung macht, MONITOR Nr. 539 vom 13. Oktober 2005.

Nürnbergk, C. (2005): Die Mutmacher – Eine explorative Studie über die Öffentlichkeitsarbeit der Initiative Neue Soziale Marktwirtschaft, Magisterarbeit, Münster.

Papst Franziskus (2013): Evangelii Gaudium, Bonn.

Ploppa, H. (2014): Die Macher hinter den Kulissen, Frankfurt a. M.

Poser, H. (2001): Wissenschaftstheorie, Stuttgart.

Priddat, B. P. (2003): Die Lobby der Vernunft – Die Chancen wissenschaftlicher Politikberatung, in: Leif, T., Späth, R. (Hrsg.), Die stille Macht: Lobbyismus in Deutschland, Wiesbaden.

Pross, H. (1977): Pressefreiheit, innere, in: von Eynern, G., Böhret (Hrsg.), Wörterbuch zur politischen Ökonomie, Opladen, 2. Aufl.

Röper, H. (2018): Zeitungsmarkt 2018: Pressekonzentration steigt rasant, Media-Perspektiven 5.

Roth, J. (2006): Der Deutschland Clan. Das skrupellose Netzwerk aus Politikern, Topmanagern und Justiz, Frankfurt a. M.

Schäuble, W. (2015): Pressekonferenz zum G7-Treffen, in: Tagesthemen vom 28.5.

Schröder, G. (2003): Milton Friedmans wissenschaftstheoretischer Ansatz – Über die Methodologie der Ökonomik zu einer Ökonomik der Methodologie?, Wirtschaftswissenschaftliche Diskussionspapiere 14-03, Universität Bayreuth, http://www.fiwi.uni-bayreuth.de/de/download/WPs/WP_14-03.pdf, abgerufen 31.12.2018.

Sinn, H.-W. (2003): Ist Deutschland noch zu retten?, 4. Aufl., München.

Spiegel-Politik (2020): Merz wegen Geringschätzung klassischer Medien in der Kritik, 17.2.2020, https://www.spiegel.de/politik/deutschland/friedrich-merz-wegen-geringschaetzung-klassischer-medien-in-der-kritik-a-c6a0dd7c-0e0a-41da-baa6-764f5e7a7dfb, abgerufen 17.02.2020.

Statistisches Bundesamt (2014): Umweltnutzung und Wirtschaft – Bericht zu den Umweltökonomischen Gesamtrechnungen 2014, Wiesbaden.

Struck, P. (2008): Handelsblatt, Bundesregierung will auf Rat der fünf Weisen verzichten, 17.11.

Tietmeyer, H. (2011): Der deutsche Sachverständigenrat und sein Einfluss auf die Wirtschafts-, Finanz- und Währungspolitik, Vierteljahreshefte zur Wirtschaftsforschung Heft 1.

Tillack, H.-M. (2009): Die korrupte Republik. Über die einträgliche Kungelei von Politik, Bürokratie und Wirtschaft, Hamburg.

Transparency Deutschland (2019): www.transparency.de.

Umweltbundesamt (2013): Und sie erwärmt sich doch. Was steckt hinter der Debatte um den Klimawandel, Bonn.

Vuillard, E. (2019): Beitrag in „Titel, Thesen, Temperamente", ARD vom 27.01.2019, https://www.daserste.de/information/wissen-kultur/ttt/videos/ttt-27012019-unruhen-frankreich-video-100.html, abgerufen 11.02.2020.

Washington Post (2020): https://www.washingtonpost.com/graphics/politics/trump-claims-database/, abgerufen am 18.2.

Weischenberg, S. (2005): Müller, G., Otto, K., Schmidt, M., Die Macht über die Köpfe: Wie die Initiative Neue Soziale Marktwirtschaft Meinung macht, MONITOR Nr. 539 vom 13. Oktober.

Wernicke, J., Bultmann, T. (Hrsg.) (2010): Netzwerk der Macht – Bertelsmann, 2. Aufl., Marburg.

Wernicke, J. (2017): KenFM im Gespräch mit: Jens Wernicke („Lügen die Medien?"), https://kenfm. de/jens-wernicke/, abgerufen 12.02.2020.

Widmann, A. (2019): Eine Eroberung, in: Frankfurter Rundschau, 26./27.10.

WDR (2009): Die story – Wir sind drin! – Die neuen Tricks der Lobbyisten, https://www.youtube. com/watch?v=80L6A8ZNOvE, abgerufen 11.02.2020.

Wolter, P. (2016): Neoliberale Denkfiguren in der Presse. Wie ein Wirtschaftskonzept die Meinungs- hoheit erobert, (Diss.), Marburg.

Ypsilanti, A. (2017): Und morgen regieren wir uns selbst. Eine Streitschrift, Frankfurt a. M.

Kapitel 2: Orthodoxe Mikroökonomie

Arbeitsgruppe Alternative Wirtschaftspolitik (2018): Memorandum 2018: Preis der „schwarzen Null", Köln.

Arbeitsgruppe Alternative Wirtschaftspolitik (2019): Memorandum 2019: Klimakollaps, Wohnungs- not, kriselnde EU- Alternativen der Wirtschaftspolitik, Köln.

Arndt, H. (1979): Irrwege der Politischen Ökonomie, Die Notwendigkeit einer wirtschaftstheoreti- schen Revolution, München.

Arnswald, U. (2012): Öffentliche versus private Güter. Philosophische Gedanken zur ökonomischen Theorie der öffentlichen Güter und zu Gemeinschaftsgütern als politischen Gütern, KIT Scienti- fic Publishing.

Bastians, M. (2009): Preiselastizitäten im Öffentlichen Personenverkehr, (Diss.), Kiel.

Barth, T., D., Schöller (2005): Der Lockruf der Stifter. Bertelsmann und die Privatisierung der Bil- dungspolitik, Blätter für deutsche und internationale Politik, Heft 11.

Becker, S. (2000): Lohnstrukturen. Eine betriebswirtschaftliche Untersuchung, München und Me- ring, Dissertation.

Beek van der, K., Beek van der, G. (2011): Gesundheitsökonomik, München.

Boll, F., Neuendorf, A. (2006): Studium als Humankapitalinvestition, in: Blätter für deutsche und internationale Politik, Heft 8.

Bontrup, H.-J. (1985): Preisbildung bei Rüstungsgütern, Köln.

Bontrup, H.-J. (2001): Ökonomische Relevanz von Bildung, in: Wirtschaftswissenschaftliches Studi- um (WiSt), 30. Jg., Heft 5.

Bontrup, H.-J. (2011): Zur größten Finanz- und Wirtschaftskrise seit achtzig Jahren. Ein kritischer Rück- und Ausblick mit Alternativen, 2. Aufl., Hannover.

Bontrup, H.-J. (2017): Gewinne für sich, Verluste für alle, in: Frankfurter Rundschau, 18.1.

Bontrup, H.-J. (2018): Wohnst du noch ...? Immobilienwirtschaft und Mieten kritisch betrachtet, Köln.

Bontrup, H.-J., Marquardt, R.-M. (2001a): Preisbildung bei öffentlichen Aufträgen I, in: Betrieb und Wirtschaft (BuW), 55. Jg., Heft 15.

Bontrup, H.-J., Marquardt, R.-M. (2001b): Preisbildung bei öffentlichen Aufträgen II, in: Betrieb und Wirtschaft (BuW), 55. Jg., Heft 16.

Bontrup, H.-J., Marquardt, R.-M. (2008): Nachfragemacht in Deutschland: Ursachen, Auswirkungen und wirtschaftspolitische Handlungsoptionen, Schriftenreihe Kritische Wissenschaft, Band 2, Münster.

Bontrup, H.-J., Marquardt, R.-M. (2011): Kritisches Handbuch der deutschen Elektrizitätswirtschaft: Branchenentwicklung, Unternehmensstrategien, Arbeitsbeziehungen, 2. Aufl., Berlin.

Bontrup, H.-J., Marquardt, R.-M. (2012): Chancen und Risiken der Energiewende, Hans-Böckler-Stiftung (Hrsg.), Arbeitspapier 252.

Bontrup, H.-J., Marquardt, R.-M. (2015): Die Zukunft der großen Energieversorger, Konstanz.

Böckler Impuls (2007a): Gesellschaftliche Ungleichheit in der Schule erlernt, Heft 4/2007.

Böckler Impuls (2007b): Berufsausbildung: Generation in der Warteschleife, Heft 9/2007.

Borger, S. (2019): Es geht nicht ohne Mensch, in: Frankfurter Rundschau, 11./12.05., S. 16.

Brenke, K. (2013): Allein tätige Selbständige: starkes Beschäftigungswachstum, oft nur geringe Einkommen, in: DIW-Wochenbericht, Nr. 7.

Bundesinformationszentrum Landwirtschaft (2019): Wie funktioniert die gemeinsame Agrarpolitik der EU?, https://www.landwirtschaft.de/landwirtschaft-verstehen/wie-funktioniert-landwirtschaft-heute/wie-funktioniert-die-gemeinsame-agrarpolitik-der-eu/, abgerufen 20.11.2019.

Buttler, F. (1993): Tessaring, M., Humankapital als Standortfaktor. Argumente zur Bildungsdiskussion aus arbeitsmarktpolitischer Sicht, in: Mitteilungen zur Arbeitsmarkt- und Berufsforschung, Heft 4.

Clamor, T., Henger, R. (2013): Verteilung des Immobilienvermögens in Deutschland, in: IW-Trends, 1, Köln.

Cludius, J., Herrmann, H. (2014): Die Zusatzgewinne ausgewählter deutscher Branchen und Unternehmen durch den EU-Emissionshandel, WWF Deutschland.

Coenenberg, A. G. (1993): Kostenrechnung und Kostenanalyse, Landsberg a. Lech., 2. Aufl.

Demsetz, H. (1968): Why Regulate Utilities?, in: Journal of Law and Economics, 11.

Deppe, H.-U., Burkhardt, W. (Hrsg.) (2002): Solidarische Gesundheitspolitik, Alternativen zu Privatisierung und Zwei-Klassen-Medizin, Hamburg.

Der Spiegel (1995): Versenkt die Shell, 19.6.1995, https://www.spiegel.de/spiegel/print/d-9198944.html, abgerufen 20.11.2019.

Edenhofer, O. et al. (2019a): Optionen für eine CO$_2$-Preisreform, Expertise für den Sachverständigenrat zur Begutachtung der gesamtwirtschaftlichen Entwicklung.

Edenhofer, O. et al. (2019b): Bewertung des Klimapakets und nächste Schritte, Hrsg. Potsdam-Institut für Klimafolgenforschung und Mercator Research Institute on Global Commons and Climate Change https://www.mcc-berlin.net/fileadmin/data/B2.3_Publications/Working%20Paper/2019_MCC_Bewertung_des_Klimapakets_final.pdf, abgerufen 4.3.2020.

Edenhofer, O. et al. (2020): Das Klimaschutzprogramm der Bundesregierung: Eine Wende der deutschen Klimapolitik?, in: Perspektiven der Wirtschaftspolitik, Band 21, Heft 1, https://doi.org/10.1515/pwp-2020-0001, abgerufen 4.3.2020.

Eicker-Wolf, K., Thöne, U. (Hrsg.) (2010): An den Grundpfeilern unserer Zukunft sägen. Bildungsausgaben, öffentliche Haushalte und Schuldenbremse, Marburg.

Eickhof, N. (2008): Die Hoppmann-Kantzenbach-Kontroverse, Volkswirtschaftliche Diskussionsbeiträge 95, Universität Potsdam, Potsdam.

Emmerich, V. (1999): Kartellrecht, München, 8. Aufl.

Eucken, W. (1990): Grundsätze der Wirtschaftspolitik, 6. Aufl., Hrsg. Von Eucken, E., Hensel, K. P., Tübingen.

GEW, Gewerkschaft Erziehung und Wissenschaft (Hrsg.) (2006): Die Unterfinanzierung des deutschen Bildungswesens, in: Transparent, Ausgabe 1.

FAZ.net (2018): Nationalspieler findet, dass er zu viel Geld verdient, 24.3.2018, https://www.faz.net/aktuell/sport/fussball/nationalspieler-matthias-ginter-kritisiert-kommerzialisierung-des-fussball-15511271.htmlm, abgerufen 10.8.2020.

Felber, C. (2012): Gemeinwohlökonomie, Wien.

Ferschli, B., Grabner, D., Theine, H. (2019): Zur Politischen Ökonomie der Medien in Deutschland. Eine Analyse der Konzentrationstendenzen und Besitzverhältnisse, München.

Frankfurter Rundschau (2020): Meister haben lange Zeit die Nase vorn, 21.2.

Fritsch, M., Wein, T., Ewers, H.-J. (2005): Marktversagen und Wirtschaftspolitik, 6. Aufl., Wiesbaden.

Goolsbee, A., Syverson, C. (2005): How do incumbents respond to the threat of Entry? Evidence from the Major Airlines, in: NBER Working Paper, 11072, https://www.nber.org/papers/w11072.pdf.

Govedarica, S. (2019): Sozialer Wohnungsbau: Warum Wiener günstig wohnen, Deutschlandfunk, https://www.deutschlandfunk.de/sozialer-wohnungsbau-warum-wiener-guenstig-wohnen. 769.de.html?dram:article_id=428615, abgerufen 23.12.2019.

Handelsblatt (2009): Krise treibt Erstsemester in Studiengänge für Ingenieure, 6.4.

Handelsblatt online (2019): Pharmakonzerne steigen aus Antibiotika-Entwicklung aus, 12.9., abgerufen 20.9.2019.

Hajen, L., Paetwo, H., Schumacher, H. (2000): Gesundheitsökonomie, Strukturen – Methoden – Praxisbeispiele, Stuttgart.

Heckmann, F., Spoo, E. (Hrsg.) (1997): Wirtschaft von unten, Heilbronn.

Helmedag, F. (1991): Gleichgewicht im heterogenen Oligopol, Jahrbuch für Nationalökonomie und Statistik, Bd. 208.

Hovenkamp, H., Morton, F. S. (2019): Framing the Chicago School of Antitrust Analysis, https://papers.ssrn.com/sol3/papers.cfm?abstract_id=3481388.

Institut der deutschen Wirtschaft (2017): Deutschland in Zahlen, Köln.

Kaltesch, S. (2015): Sinn und der Unsinn des homo oeconomicus, 30.1.2015, https://www.strategie-kommunikation.de/2015/01/30/sinn-und-der-unsinn-des-homo-oeconomicus/.

Kapp, K. W. (1979): Soziale Kosten der Marktwirtschaft. Das klassische Werk der Umwelt-Ökonomie, Frankfurt a. M.

Keynes, J. M. (1936) (2009): Allgemeine Theorie der Beschäftigung, des Zinses und des Geldes, Übersetzung des 1936 in London erschienenen Originaltitels The General Theory of Employment Interest and Money von Fritz Waeger, verbessert und um eine Erläuterung des Aufbaus ergänzt von Jürgen Kromphardt und Stephanie Lindberg, Erik, The Market and the Lighthouse. – Public Goods in Historical Perspective; Paper delivered at the Economic History Society Annual Conference, 3–5 April 2009, University of Warwick.

Kholodilin, K., Mense, A., Michelsen, C. (2016): Die Mietpreisbremse wirkt bisher nicht, in: DIW-Wochenbericht Nr. 22.

Kilger, W. (1980): Einführung in die Kostenrechnung, 2. Aufl., Wiesbaden.

Koch, H. (1966): Zur Kontroverse: Wertmäßiger – pagatorischer Kostenbegriff, Grundprobleme der Kostenrechnung, Köln, Opladen.

Koch, A., Rosemann, M., Späth, J. (2011): Soloselbständige in Deutschland, WISO-Diskurs, Friedrich-Ebert-Stiftung, Bonn.

Kuda, E., Strauß, J. (Hrsg.) (2002): Arbeitnehmer als Unternehmer?, Hamburg.

Marquardt, R.-M. (2013): Von der Finanzmarkt- über die Eurokrise hin zu einer neuen Finanzmarktregulierung, in: ReWir: Recklinghäuser Beiträge zu Recht und Wirtschaft, Nr. 15.

Marquardt, R.-M. (2016): Hebt das Emissionshandelssystem die Einsparungen des Ökostromausbaus auf?, in: Wirtschaftsdienst, Heft 7.

Marquardt, R.-M. (2019a): Vergesellschaftung der Übertragungsnetze: Eine gute Idee?, in: spw-Zeitschrift für sozialistische Politik und Wirtschaft, Heft 235.

Marquardt, R.-M. (2019b): Kann der Energy-Only-Market Stromversorgungssicherheit garantieren?, in: Wirtschaftsdienst, Heft 1.

Marunde, W.-R. (2020): Landwirte gehen auf die Straße, protestieren, fahren mit ihren schweren Treckern nach Berlin. Sie wollen reden – doch genau das ist nicht immer einfach, www.wolf-ruediger-marunde.de und wendland-net.de, https://wendland-net.de/r/lokales/post/kommentar-bauernproteste-52337, abgerufen 9.2.2020.

Marx, K. (1960): Lohn, Preis, Profit, Berlin.

Marx, K. 1867 (1974): Das Kapital, Berlin, Bd. 1.

Olten, R. (1995): Wettbewerbstheorie und Wettbewerbspolitik, München/Wien.

Priddat, B. (2008): Öffentliche Güter als politische Güter, in: Zeitschrift für öffentliche und gemeinwirtschaftliche Unternehmen (ZögU), Heft 2.

Röpke, W. (1965): Wettbewerb (II), in: Handwörterbuch der Sozialwissenschaften, 12. Band, Stuttgart.

Santarius, T. (2013): Der Rebound-Effekt: Die Illusion des grünen Wachstums, in: Blätter für deutsche und internationale Politik, Heft 12.

Schmidt, I. (2005a): Wettbewerbspolitik und Kartellrecht, 8. Aufl., Stuttgart.

Schmidt, O. (2005b): Ein Leuchtturm für die Wissenschaften, in: Wirtschaftsdienst, Heft 2.

Smith, A. (2005): Untersuchung über Wesen und Ursachen des Reichtums der Völker, Tübingen. Aus dem Englischen übersetzter Originaltitel von Adam Smith: „An Inquiry into the Nature and Causes of the Wealth of Nations" (1776) von Monika Streissler.

Statistisches Bundesamt (2020): Unternehmensregister, https://www.destatis.de/DE/Themen/Branchen-Unternehmen/Unternehmen/Unternehmensregister/_inhalt.html, abgerufen 4.3.2020.

Stadler, L., Hoering, U. (2003): Das Wasser-Monopoly. Von einem Allgemeingut und seiner Privatisierung, Köln.

Strohschneider, T. (2020): Das erste Bedürfnis: OXI, Wirtschaft Anders Denken, , 1/2020.

Swoboda, P. (1996): Zur Anschaffungswertrechnung administrierter Preise, in: Betriebswirtschaftliche Forschung und Praxis (BFuP), Heft 4.

vdp research (2020): Der Immobilienpreisindex des vdp, https://www.vdpresearch.de/anstieg-der-immobilienpreise-setzt-sich-fort/, abgerufen 04.5.2020.

Wallenberg von, G. (2002): Kartellrecht, 2. Aufl., Neuwied.

Wenzel, F.-T. (2019): Die Post geht ab. Der Bonner Konzern erwartet in diesem Jahr mehr Gewinn. Das hat viel mit dem höheren Briefporto zu tun, in: Frankfurter Rundschau vom 07.08.

Westfälische Nachrichten (2016): Wagner: „Fußballer unterbezahlt", 25.04.

Wirtschaftspsychologische Gesellschaft: Wirtschaftspsychologische Gesellschaft, Der Homo oceonomicus und Entscheidungen: Der rationale Mensch?, https://wpgs.de/fachtexte/wirtschaftspsychologie, abgerufen 21.12.2019.

Wille, J. (2020): Ein vergiftestes Geschenk, Frankfurter Rundschau, 21.01.

Wood, W., Tam, L., Guerrero Witt, M. (2005): Changing Circumstances, Disrupting Habits, in: Journal of Personality and Social Psychology, Vol. 88.

Zdrowomyslaw, N., Dürig, W. (1997): Gesundheitsökonomie. Einzel- und gesamtwirtschaftliche Einführung, München, Wien.

Zöttl, I. (2019): US-Konzerne verabschieden sich vom Aktionärs-Mantra, Spiegel Online, abgerufen 20.8.2019.

Kapitel 3: Mikroökonomie aus heterodoxer Sicht

Abromeit, H. (1977): Wettbewerb, in: von Eynern, G., Böhret, C., Wörterbuch zur politischen Ökonomie, 2. Aufl., Opladen.

Allfacebook.de (2020): https://allfacebook.de/toll/state-of-facebook, abgerufen 10.01.2020.

Altvater, E., Müller, W., Neusüß, C., Lehmann, H. et al. (1971): Materialien zur Kritik der bürgerlichen Ökonomie. Begründung für eine Lehreinheit „Politische Ökonomie", 1. Aufl., Gravenhage (NL).

Altvater, E., Mattick, P. et al. (1976): Rahmenbedingungen und Schranken staatlichen Handelns. Zehn Thesen, Frankfurt a. M.

Altvater, E. (2005): Das Ende des Kapitalismus wie wir ihn kennen. Eine radikale Kapitalismuskritik, Münster.

Altvater, E. (2016): Zerstörung und Flucht. Von der Hierarchie der Märkte zur Migrationskrise in Europa, in: Blätter für deutsche und internationale Politik, Heft 12.

Altvater, E., Hoffmann, J., Semmler, W. (1979): Vom Wirtschaftswunder zur Wirtschaftskrise, Berlin.

Arbeitsgruppe Alternative Wirtschaftspolitik (1988): Wirtschaftsmacht in der Marktwirtschaft. Zur ökonomischen Konzentration in der Bundesrepublik, Köln.

Arbeitsgruppe Alternative Wirtschaftspolitik (2006): Memorandum 2006: Öffentlich geförderte Beschäftigung als Alternative, Köln.

Arbeitsgruppe Alternative Wirtschaftspolitik (2018): Memorandum 2018: Preis der „schwarzen Null": Verteilungsdefizite und Versorgungslücken Alternative, Köln.

Arendt, H. (1958): Elemente und Ursprünge totaler Herrschaft, 2. Aufl., Frankfurt a. M.

Arndt, H. (1973): Markt und Macht, Tübingen.

Arndt, H. (1977): Wirtschaftliche Macht, in: Wörterbuch zur politischen Ökonomie, 2. Aufl., Opladen.

Arndt, H. (1979): Irrwege der Politischen Ökonomie, Die Notwendigkeit einer wirtschaftstheoretischen Revolution, München.

Arndt, H. (1981): Macht und Wettbewerb, in: Helmut Cox et al. (Hrsg.), Handbuch des Wettbewerbs, München.

Arndt, H. (1994): Lehrbuch der Wirtschaftsentwicklung. Die evolutorische Wirtschaftstheorie in ihrer Bedeutung für die Wirtschafts- und Finanzpolitik, 2. Aufl., Berlin.

Attac (2016): Konzernmacht brechen! Von der Herrschaft des Kapitals zum Guten Leben für Alle, Wien.

Backhaus, W. (1974): Marx, Engels und die Sklaverei. Ökonomische Problematik der Unfreiheit, Düsseldorf.

Bank, H. (2020): Das wollen wir wissen! Ein Lobbyregister muss Transparenz schaffen, in: Frankfurter Rundschau vom 25./26.01.2020.

Bartling, H. (1980): Monopolistische Konkurrenz, in: Handwörterbuch der Wirtschaftswissenschaften, Band 5, Stuttgart.

Beek van der, K., Beek van der, G. (2011): Gesundheitsökonomik, München.

BGH (1962): Urteil vom 07. Juni 1962 – II ZR 131/61, unter: https://www.gesellschaftsrechtskanzlei.com/bgh-urteil-vom-7-juni-1962-ii-zr-13161/, abgerufen 01.07.2019.

Biermann, W., Klönne, A. (2001): Globale Spiele: Das letzte Stadium des Kapitalismus, Köln.

Bischoff, J. (2006): Zukunft des Finanzmarkt-Kapitalismus. Strukturen, Widersprüche, Alternativen, Hamburg.

Bischoff, J., Boccara, P., Zinn, K. G. et al. (2000): Die Fusionswelle. Die Großkapitale und ihre ökonomische Macht, Hamburg.

Bischoff, J., Müller, B. (2015): Mindestsicherung in Deutschland. Der neoliberale Leviathan – ein kleinkariertes, bürokratisches und repressives System, in: Sozialismus, Heft 1.

Bischoff, J., Müller, B. (2016): Schrumpfende Mitte und Normalarbeit, in: Sozialismus, Heft 5.

Bispinck, R. (2016): WSI Niedriglohn-Monitoring, in: Elemente qualitativer Tarifpolitik, Nr. 81, Düsseldorf.

Blaich, F. (1988): Merkantilismus, in: Handwörterbuch der Wirtschaftswissenschaft (HdWW), Band 5, Stuttgart.

Blome-Drees, J. (2012): Wirtschaftliche Nachhaltigkeit statt Shareholder Value. Das genossenschaftliche Geschäftsmodell, in: WISO direkt, Friedrich-Ebert-Stiftung, März 2012.

Blum, R. (1988): Soziale Marktwirtschaft, in: Handbuch der Wirtschaftswissenschaft, Band 5, Stuttgart.

Blum, U. (2017): Wirtschaftskrieg – Rivalität ökonomisch zu Ende denken, in: Series in political economy and economic governance, 9/2, 2. Aufl., Halle (Saale).

Bocks, B., Kühner, A. (2017): Kronzeugen gegen Kartelle, in: Start & Szene/Die Story, Heft 3.

Bode, T. (2018): Die Diktatur der Konzerne – Wie globale Unternehmen uns schaden und die Demokratie zerstören, Frankfurt a. M.

Bofinger, P. (2003): Grundzüge der Volkswirtschaftslehre, München.

Bofinger, P. (2005): Wir sind besser, als wir glauben. Wohlstand für alle, 3. Aufl., München.

Bontrup, H.-J. (1983): Nachfragemacht von Unternehmen, Köln.

Bontrup, H.-J. (1985): Preisbildung bei Rüstungsgütern, Köln.

Bontrup, H.-J. (1989): Kartellrechtsnovelle und Nachfragemacht des Handels, in: WSI-Mitteilungen, Heft 7.

Bontrup, H.-J. (1998): Zur Erfassungsproblematik der Arbeitslosigkeit, in: Das Wirtschaftsstudium, Heft 1.

Bontrup, H.-J. (2000): Zur säkularen Entwicklung der Kapitalrentabilität, in: WSI-Mitteilungen, 53. Jg., Heft 11.

Bontrup, H.-J. (2001): Target Return Pricing, in: Das Wirtschaftsstudium (WISU), Heft 4.

Bontrup, H.-J. (2004a): Wettbewerb und Wirtschaftsmacht, in: Z. Zeitschrift Marxistische Erneuerung, Nr. 57, Frankfurt a. M.

Bontrup, H.-J. (2004b): Volkswirtschaftslehre – Grundlage der Mikro- und Makroökonomie, 2. Aufl., München.

Bontrup, H.-J. (2006): Unternehmerische Nachfragemacht – ein zunehmendes Problem, in: Wettbewerb in Recht und Praxis (WRP), Heft 2.

Bontrup, H.-J. (2008): Lohn und Gewinn. Volks- und betriebswirtschaftliche Grundzüge, 2. Aufl., München, Wien.

Bontrup, H.-J. (2010): Das Kartellrecht novellieren: Strafrechtliche Konsequenzen für Kartelltäter!, in: Orientierungen zur Wirtschafts- und Gesellschaftspolitik, Heft 125.

Bontrup, H.-J. (2011): Krankmachende Ursachen in der Ökonomie, in: Sozialpsychiatrische Informationen, Heft 4/2011.

Bontrup, H.-J. (2012): Wo geht es hier bitte zur Marktwirtschaft? – Marktwirtschaftliche Ordnung, Wettbewerb und Wirtschaftsmacht, Bergkamen.

Bontrup, H.-J. (2013): Arbeit, Kapital und Staat. Plädoyer für eine demokratische Wirtschaft, 5. Aufl., Köln.

Bontrup, H.-J. (2016a): Wettbewerbsideologie und Machtrealität, in: Z. Zeitschrift Marxistische Erneuerung, Nr. 108, Frankfurt a. M.

Bontrup, H.-J. (2016b): Die Gewerkschaften sind mehr denn je gefordert, in: Gegenblende – Debattenmagazin, 2016b, unter https://gegenblende.dgb.de/artikel/++co++48ec8d3c-c1de-11e6-985d-525400e5a74a, abgerufen 28.06.2019.

Bontrup, H.-J. (2016c): Krisenkapitalismus und EU-Verfall, 2. Aufl., Köln.

Bontrup, H.-J. (2018a): Noch Chancen für Wachstum und Beschäftigung? Wachstumskritik – Arbeitszeitverkürzung fordern, 2. Aufl., Bergkamen.

Bontrup, H.-J. (2018b): Das bedingungslose Grundeinkommen – eine ökonomisch skurrile Forderung, in: Butterwegge, C., Rinke, K. (Hrsg.), Grundeinkommen kontrovers. Plädoyers für und gegen ein neues Sozialmodell, Weinheim/Basel.

Bontrup, H.-J. (2018c): Wohnst du noch …? Immobilienwirtschaft und Mieten kritisch betrachtet, Hamburg.

Bontrup, H.-J. (2019): Unternehmer haften nicht, Frankfurter Rundschau am 27.06.

Bontrup, H.-J., R.-M., Marquardt (2001): Preisbildung bei öffentlichen Aufträgen I, in: Betrieb und Wirtschaft (BuW), 55. Jg., Heft 15, und dieselben, (2001): Preisbildung bei öffentlichen Aufträgen II, in: Betrieb und Wirtschaft (BuW), 55. Jg., Heft 16.

Bontrup, H.-J., Marquardt, R.-M. (2008): Nachfragemacht in Deutschland. Ursachen, Auswirkungen und wirtschaftspolitische Handlungsoptionen, in: Schriftenreihe Kritische Wissenschaften, Band 2, Münster.

Bontrup, H.-J., Niggemeyer, L., Melz, J. (2007): Arbeitfairteilen. Massenarbeitslosigkeit überwinden!, Hamburg.

Bormann, S., Siegel, G. (2007): Konzentrationsprozess im Einzelhandel, Berlin.

Böhm-Bawerk, E.v. (1896): Zum Abschluß des Marxschen Systems, Festschrift für Karl Knies, Berlin.

Böhm, F. (1933): Wettbewerb und Monopolkampf, Berlin.

Breising, T., Schweres, M. (2015): Über 50 Jahre „Wöhe" – von Arbeit nur Spurenelemente – Das Fach im Spiegel des Lehrbuchs „Allgemeine Betriebswirtschaftslehre" von Günter Wöhe, in: Zeitschrift für Arbeitswissenschaft, 69. Jg., Heft 4.

Brenke, K. (2015): Selbständige Beschäftigung geht zurück, in: DIW-Wochenbericht, Nr. 36.

Brenner, R. P. (2002): Boom und Bubble. Die USA in der Weltwirtschaft, Hamburg.

Bundeskartellamt (2019a): Selbstdarstellung, https://www.bundeskartellamt.de/ DE/UeberUns/Bundeskartellamt/bundeskartellamt_node.html;jsessionid= 2817129A3517CD9E0C407DE8F7AD78F1.1_cid378, zuletzt abgerufen 09.12.2019.

Bundeskartellamt (2019b): Pressemitteilung vom 27.12.2019, https://www.bundeskartellamt.de/ SharedDocs/Meldung/DE/Pressemitteilungen/2019/27_12_2019_Jahresr%C3%BCckblick. html?nn=3591286, abgerufen 12.01.2020.

Bundeskartellamt (2019c): https://www.bundeskartellamt.de/DE/UeberUns/Bundeskartellamt/ bundeskartellamt_node.html;jsessionid=2817129A3517CD9E0C407DE8F7AD78F1.1_cid378, abgerufen 09.12.2019.

Bundeskartellamt (2010): Bundeskartellamt hält an Oligopol-Befund in der Mineralölwirtschaft fest, unter: https://www.bundeskartellamt.de/SharedDocs/Meldung/DE/Pressemitteilungen/2010/ 06_12_2010_Tankstellenmaerkte.html, abgerufen 26.07.2019.

Bundeskartellamt, Tätigkeitsberichte ab 1974: unter: https://www.bundeskartellamt.de/DE/ UeberUns/Publikationen/Taetigkeitsberichte/taetigkeitsberichte_node.html, abgerufen 06.12.2019.

Bundeskartellamt, div. Pressemitteilungen, abgerufen 02.01.2020.

Burchardt, M. (1997): Marxistische Wirtschaftstheorie, München, Wien.

Burnham, J. (1948): Das Regime der Manager, Stuttgart.

Buß, E. (2007): Die deutschen Spitzenmanager – Wie sie wurden, was sie sind. Herkunft, Wertvorstellungen, Erfolgsregeln, München, Wien.

Butterwegge, C. (2015): Armutsfalle Mindestlohn, in: Blätter für deutsche und internationale Politik, Heft 1.

Butterwegge, C. (2020): Die zerrissene Republik. Wirtschaftliche, soziale und politische Ungleichheit in Deutschland, Weinheim, Basel.

Butterwegge, C., Hickel, R., Ptak, R. (1998): Sozialstaat und neoliberale Hegemonie, Berlin.

Butterwegge, C., Lösch, B., Ptak, R. (2016): Kritik des Neoliberalismus, 3. Aufl., Wiesbaden.

Butterwegge, C., Rinke, K. (2018): Grundeinkommen kontrovers. Plädoyers für und gegen ein neues Sozialmodell, Weinheim/Basel.

Bücher, K. (1895): Die wirtschaftlichen Kartelle.

Clark, J. B. (1899) (1956): The Distribution of Wealth, New York, London, Neudruck New York 1956.

Clark, J. M. (1940): Toward a Concept of Workable Competition, in: AER, Vol. 30.

Clark, J. M. (1968): Zum Begriff eines wirksamen Wettbewerbs, in: Barnikel, H.-H. (Hrsg.), Wettbewerb und Monopol, Darmstadt.

Clark, J. M. (1975): Zum Begriff eines funktionsfähigen Wettbewerbs, in: Herdzina, K. (Hrsg.), Wettbewerbstheorie, Köln.

Coenenberg, A. G. (1993): Kostenrechnung und Kostenanalyse, 2. Aufl., Landsberg a. Lech.

Conrad, O. (1934): Die Todsünde der Nationalökonomie, Leipzig, Wien.

Croon-Gestefeld, J. (2019): Piketty und die Rechtswissenschaft im 21. Jahrhundert, in: Juristenzeitung, Heft 7.

Martino, De, F. (1985): Wirtschaftsgeschichte des alten Rom, München.

Demirovic, A. (2007): Wirtschaftsdemokratie, Demokratie in der Wirtschaft, Positionen, Probleme, Perspektiven, Münster.

Deppe, H.-U., Burkhardt, W. (2002): Solidarische Gesundheitspolitik, Alternativen zu Privatisierung und Zwei-Klassen-Medizin, Hamburg.

Der Paritätische Gesamtverband (2018): Wer die Armen sind. Der Paritätische Armutsbericht, Berlin.

Deutsche Bundesbank (2019): Jahresabschlussstatistik: Methodische Erläuterungen, Dezember 2019.

Deutscher Bundestag Wissenschaftlicher Dienst (2019): Aktueller Begriff – Die Enteignung nach Art. 14 Abs. 3 GG und die Vergesellschaftung nach Art. 15 GG, 2019, unter: https://www.bundestag.de/resource/blob/640256/7039208bc770dc873cecee22b17e06d3/Enteignung-nach-Art-14-data.pdf, abgerufen 31.07.2019.

Deutscher Gewerkschaftsbund (1998): Informationen zur Wirtschafts- und Strukturpolitik, Berlin.

Deutscher Gewerkschaftsbund -Bundesvorstand (2012): in: Diskurs: Prekäre Beschäftigung. Herausforderung für die Gewerkschaften. Anregungen und Vorschläge für die gewerkschaftliche Diskussion, Berlin.

Deutscher Gewerkschaftsbund Bundesvorstand (2018): in: Arbeitsmarkt aktuell, Nr. 08/November.

Deutschmann, C. (2003): Ende und Wiederkehr des Keynesianismus. Rätsel der aktuellen Wirtschaftspolitik, in: Leviathan, Band 31, Ausgabe 3, unter: http://www.weltderarbeit.de/PDF_Dateien/Keynesianismus.pdf, abgerufen 14.12.2019.

Diederich, H. (1961): Der Kostenpreis bei öffentlichen Aufträgen, Heidelberg.

Dietrich, R. (1914): Betriebs-Wissenschaft, München/Leipzig.

Dinkelacker, N., Mattfeldt, H. (2006): Trend- und Komponentenanalyse der Profitrate für Deutschland von 1850 bis 1913, Discussion Paper des Zentrums für Ökonomische und Soziologische Studien an der Universität Hamburg, Hamburg.

DIW-Wochenbericht (2013), Nr. 7.

DIW-Wochenbericht (2015), Nr. 7.

Dolata, U. (2016): Apple, Amazon, Google, Facebook. Konzentration, Konkurrenz und Macht im Internet, in: Z. Zeitschrift für Marxistische Erneuerung, Heft 108.

Dolata, U. (2017): Forum 2: Digitale Monopole – Alles Google, oder was?, unter https://www.youtube.com/watch?v=7wh2f2qwoe0, abgerufen 10.01.2020.

Dolata, U., Schrape, J.-F. (2018): Kollektivität und Macht im Internet, in: Soziale Bewegungen – Open Source Communities – Internetkonzerne, 1. Aufl., Wiesbaden.

Dörre, K. (2006): Arbeitnehmer zweiter Klasse?, in: spw: Zeitschrift für Sozialistische Politik und Wirtschaft, Heft 148.

Ebisch, H. (1994): Gottschalk, J., Preise und Preisprüfungen, 6. Aufl., München.

Eickhof, N. (2008): Die Hoppmann-Kantzenbach-Kontroverse, Volkswirtschaftliche Diskussionsbeiträge Nr. 95, Universität Potsdam, Potsdam.

Ehringfeld, K. (2020): Mexikos Machtvakuum, in: Frankfurter Rundschau vom 28.01.

Ellguth, P., Kohaut, S. (2018): Tarifbindung und betriebliche Interessenvertretung. Ergebnis aus dem IAB-Betriebspanel 2017, in: WSI-Mitteilungen, Heft 4.

Elsner, W. (2011): Wirtschaftswissenschaften – Realität – Politik. Der Beitrag des ökonomischen Mainstreams zum Kasino-, Krisen- und Katastrophen-Kapitalismus – Perspektiven der heterodoxen Ökonomik, Vortrag an der Universität Kassel 28./29.09.

Emmerich, V. (1999): Kartellrecht, 8. Aufl., München.

Endres, R. (1952): Staat und Gesellschaft. Eine Darstellung ihrer Entwicklung von der Urzeit bis zur Gegenwart, 2. Aufl., Wien.

Engels, F. (1973): Herrn Eugen Dürings Umwälzung der Wissenschaft (Anti-Düring), in: MEW, 20, Berlin.

Engels, F. (1976): Lage der arbeitenden Klasse in England, in: MEW, 2, Berlin.

Enke, H. (1972): Kartelltheorie. Begriff, Standort und Entwicklung, Tübingen.

Eucken, W. (1952): Grundsätze der Wirtschaftspolitik, Bern.

Eucken, W. (1953): Wettbewerb, Monopol und Unternehmer, Bad Nauheim.

Europäische Kommission (2019): Pressemitteilung – Fusionskontrolle: Kommission untersagt geplante Übernahme von Alstom durch Siemens, vom 06. Februar 2019, unter: http://europa.eu/rapid/press-release_IP-19-881_de.htm, abgerufen 10.04.2019.

Eynern, G. v (1977): Soziale Macht, in: Wörterbuch zur politischen Ökonomie, Studienbücher zur Sozialwissenschaft, 2. Auflage, Opladen.

Facebook (2010): Company Info, unter https://about.fb.com/company-info/, abgerufen 10.01.2020.

Flassbeck, H. (2003): Wie Deutschland wirtschaftlich ruiniert wurde. Ein Bericht aus dem Jahr 2010, in: Blätter für deutsche und internationale Politik, Heft 8.

FAZ.Net and Reuters (2019): Meldung vom 12.12.2019, https://www.faz.net/aktuell/wirtschaft/unternehmen/kartellamt-verhaengt-millionen-bussgeld-gegen-thyssen-co-16531900.html#void, abgerufen 12.01.2020.

Felber, C. (2012): Gemeinwohl-Ökonomie, Wien.

Fortune 500 (2020): https://fortune.com/fortune500/2019/facebook/, abgerufen 10.01.2020.

Forrester, V. (1998): Der Terror der Ökonomie, München.

Fridays for Future (2019): Über uns, https://fridaysforfuture.de/about/, abgerufen 09.04.2019.

Fröhlich, N. (2009): Die Aktualität der Arbeitswerttheorie. Theoretische und empirische Aspekte, (Diss.), Marburg.

Fülberth, G. (2005): G Strich – Kleine Geschichte des Kapitalismus, Köln.

Gabsch, Philipp (2018): Sicherheit – Cyber Security, in: Decker, R., Günther, A. (Hrsg.), Digitalisierung und Industrie 4.0 – Eine Einführung zu ausgewählten neueren Entwicklungen in Wirtschaft und Gesellschaft. HFH – Hamburger Fern-Hochschule, Digitaler HTML5-Studienbrief.

Galbraith, J. K. (1990): Die Entmythologisierung der Wirtschaft – Grundvoraussetzungen ökonomischen Denkens, München.

Gallinge, I. (2004): Im Zeitalter der Insolvenzen, in: Z. Zeitschrift Marxistische Erneuerung, Heft 57.

Garofalo, P. (2017): Don´t Play Amazon´s Tax-Break Game, unter: https://www.usnews.com/opinion/thomas-jefferson-street/articles/2017-09-08/dont-give-amazon-tax-breaks-for-its-new-headquarters, abgerufen 09.04.2019.

Gemmerich, S. (2019): Die Sonderpolizeien des Bundes – Relikte oder Zukunftsmodelle für einen modernen Bundesstaat?, Stuttgart.

Gerntke, A., Klute, J., Troost, A., Trube, A. (2002): Hart(z) am Rande der Seriosität? Die Hartz-Kommission als neues Modell der Politikberatung und -gestaltung?, Hamburg, London.

Gillmann, J. M. (1969): Das Gesetz des tendenziellen Falls der Profitrate, Frankfurt a. M.

Goes, T. (2019): Klassen im Kapitalismus – aber warum und wie viele?, in: Z. Zeitschrift Marxistische Erneuerung, Nr. 118, Juni.

Goes, T., Schulten, J. (2016): Ausweitung der Kampfzonen. Monopolisierung und Prekarisierung im deutschen Einzelhandel, in: Z. Zeitschrift Marxistische Erneuerung, Heft 108.

Goldschmidt, W. (2015): Macht, in: Historisch-kritisches Wörterbuch des Marxismus, Band 8/II, Hamburg.

Good Jobs First (2019): unter: https://www.goodjobsfirst.org/amazon-tracker, abgerufen 09.04.2019.

Göhler, G., Iser, M., Kerner, I. (2011): Politische Theorie, 25 umkämpfte Begriffe zur Einführung, 2. Aufl., Wiesbaden.

Göpfert, Angela (2019): Unternehmen vor der Pleite – „Zombie-Firmen" – nur mit Kredit am Leben, 12.12.2019, unter: https://www.tagesschau.de/wirtschaft/boerse/nullzins-zombies-101.html, abgerufen 14.02.2020.

Görgens, H. (1986): Ist die Ursache der Beschäftigungskrise eine Gewinn- und Rentabilitätskrise?, in: WSI-Mitteilungen, Heft 2.

Görgens, H. (1987): Die Entwicklung von Löhnen, Gewinnen und Kapitalrendite in der BRD, in: Gewerkschaftliche Monatshefte, Heft 6.

Görgens, H. (1995): ders., Kapitalrentabilität bei derzeitiger Massenarbeitslosigkeit so hoch wie bei früherer Vollbeschäftigung, in: WSI-Mitteilungen, Heft 10.

Görgens, H. (2007): Sind die Löhne in Deutschland zu hoch? Zahlen, Fakten, Argumente, Marburg.

Gossen, H. H. (1954): Entwicklung der Gesetze des menschlichen Verkehrs und der daraus fließenden Regeln für menschliches Handeln, Braunschweig.

Grosser, D. (1969): Konzentration ohne Kontrolle, Opladen.

Grzega, J. (2017): Wohlstand durch Wortschatz? Wie Wörter die Leistung europäischer Länder prägen, Eichstätt.

Gutenberg, E. (1976): Grundlagen der Betriebswirtschaftslehre. Erster Band: Die Produktion, 22. Aufl., Berlin, Heidelberg, New York.

Hajen, L., Paetwo, H., Schumacher, H. (2000): Gesundheitsökonomie, Strukturen – Methoden – Praxisbeispiele, Stuttgart.

Handon, V. (2015): Interview, in: Frankfurter Rundschau vom 27./28.06.

Harlander, N., Heidack, C., Köpfler, F., Müller, K.-D. (1994): Personalwirtschaft, 3. Aufl., Landsberg/Lech.

Hartmann, M. (2002): Der Mythos von den Leistungseliten, Frankfurt a. M.

Hartmann, M. (2004): Eliten in Deutschland. Rekrutierungswege und Karrierepfade, in: Aus Politik und Zeitgeschichte, Beilage zur Wochenzeitung: Das Parlament, Heft 10.

Hartmann, M. (2014): Deutsche Eliten: Die wahre Parallelgesellschaft?, in: Aus Politik und Zeitgeschichte (APuZ), Heft 15.

Heinrich-Böll-Stiftung, Rosa-Luxemburg-Stiftung, BUND, Oxfam Deutschland, Germanwatch und Le Monde diplomatique (2017): Konzernatlas – Daten und Fakten über die Agrar- und Lebensmittelindustrie, 3. Aufl., Berlin/München.

Helmedag, F. (1994): Warenproduktion mittels Arbeit. Zur Rehabilitation des Wertgesetzes, 2. Aufl., Marburg.

Helmedag, F. (1995): Ohne Fleiß kein Preis: Nochmals zur Erklärungskraft der Arbeitswertlehre, in: Jahrbücher für Nationalökonomie und Statistik, Band 214.

Helmedag, F. (1997): Kapitale Böcke in der Kapitaltheorie. Der Test zum Protest, in: Jahrbücher für Nationalökonomie und Statistik, Band 216.

Helmedag, F., Weber, U. (2002): Die Kreislaufdarstellung des Tableau Economique, in: Das Wirtschaftsstudium, Heft 1.

Hession, C. H. (1986): John Maynard Keynes, Stuttgart.

Hetzer, W. (2015): Ist die Deutsche Bank eine kriminelle Vereinigung?, Frankfurt a. M.

Hickel, R. (1987): Ein neuer Typ der Akkumulation?, Hamburg.

Hickel, R. (2006): Kassensturz. Sieben Gründe für eine andere Wirtschaftspolitik, Reinbek bei Hamburg.

Hickel, R. (2009): Plädoyer für einen regulierten Kapitalismus: Wirtschafts- und Finanzmarktkrise – Ursachen und Lehren, in: Altvater, Elmar, Bischoff, Joachim, Hickel, Rudolf, Hirschel, Dierk, Huffschmid, Jörg, Zinn, Karl Georg (Hrsg.), Krisen-Analysen, Hamburg.

Hickel, R. (2012): Zerschlagt die Banken: Zivilisiert die Finanzmärkte, Berlin.

Hickel, R., Strickstrock, F. (2001): Brauchen wir eine andere Wirtschaft?, Reinbek bei Hamburg.

Hilferding, R. (1904): Böhm-Bawerks Marx-Kritik, in: „Marx-Studien", Blätter zur Theorie und Politik des wissenschaftlichen Sozialismus, Wien.

Hirsch, H. (1963): Ferdinand Lassalle. Eine Auswahl für unsere Zeit, o. Ortsangabe.

Hobbes, T., Fetscher, I. (1976): Leviathan oder Stoff, Form und Gewalt eines bürgerlichen und kirchlichen Staates (1651), Frankfurt a. M.

Hofmann, W. (1969): Grundelemente der Wirtschaftsgesellschaft, Reinbek bei Hamburg.

Hofmann, W. (1971a): Wert- und Preislehre, 2. Aufl., Berlin.

Hofmann, W. (1971b): Einkommenstheorie. Vom Merkantilismus bis zur Gegenwart, 2. Aufl., Berlin.

Hofmann, W. (1977): Grundelemente der Wirtschaftsgesellschaft, 10. Aufl., Reinbek bei Hamburg.

Hofmann, W. (1987): Monopol, Stagnation und Inflation, Heilbronn.

Hofmann, W. (1988): Industriesoziologie für Arbeiter, Heilbronn.

von Hornigk, P. W. (1684): Österreich über alles, wann es nur will, o. Ortsangabe.

Hudson, M. (2015): Der Sektor – Warum die globale Finanzwirtschaft uns zerstört, Hamburg.

Huffschmid, J. (1969): Die Politik des Kapitals. Konzentration und Wirtschaftspolitik in der Bundesrepublik, Frankfurt a. M.

Huffschmid, J. (1975): Begründung und Bedeutung des Monopolbegriffs, in: Haug, F. (Hrsg.), Theorie des Monopols, Das Argument, Band 6, Berlin.

Huffschmid, J. (1978): Die Politik des Kapitals. Konzentration und Wirtschaftspolitik in der Bundesrepublik, 11. Aufl., Frankfurt a. M.

Hüller, K. (2018): Immer mühsamer hält sich die Profitrate. Eine Studie über theoretische und praktische Rettungsversuche am Spätkapitalismus, Wien.

Institut der deutschen Wirtschaft Köln (2015): Deutschland in Zahlen 2015, Düsseldorf.

Institut für Arbeitsmarkt- und Berufsforschung (2017): in: IAB-Kurzberichte 14/2008 und 04/2017.

Ipsen, D. (1983): Die Stabilität des Wachstums. Theoretische Kontroversen und empirische Untersuchungen zur Destabilisierung der Nachkriegsentwicklung, Frankfurt a. M., New York.

Jahnke, J. (2008): http://www.jjahnke.net/rundbr38.html#tiet, 02.03.

Jevons, W. S. (1924): Die Theorie der politischen Ökonomie, Jena.

Jung, H. (1996): Allgemeine Betriebswirtschaftslehre, 2. Aufl., München, Wien.

Jung, H. (2014): Personalwirtschaft, 11. Aufl., München.

Jungbluth, A. (1991): Die arbeitenden Menschen. Ihre Geschichte und ihr Schicksal, Frankfurt a. M.

Kantzenbach, E. (1968): Die Funktionsfähigkeit des Wettbewerbs, 2. Aufl., Göttingen.

Kappel, R. (2019): In der Falle der Geopolitik – Deutsche Außenpolitik hat sich bewährt, in: Politikum, 2, Frankfurt a. M.

Katzenstein, R. (1978): Wert und Preis. Zum Transformationsproblem und seiner Lösung, Beide Aufsätze sind abgedruckt in: Sozialistische Politik, Heft 2/1978.

Kaufmann, S. (2019a): Angriff der „Vampire". Private-Equity-Fonds, in: Frankfurter Rundschau vom 14./15.12.2019.

Kaufmann, S. (2019b): Dumpfer Finanz-Populismus, in: Frankfurter Rundschau", 15.04.2019.

Kaufmann, S. (2020a): An der Kasse wartet die Guillotine, in: OXI, Wirtschaft Anders Denken, Ausgabe 1.

Kaufmann, S. (2020b): Die Last des Kapitals, in: Frankfurter Rundschau, 31.1.2020, S. 18.

Kaufmann, S. (2020c): Wenn es sich lohnt, in: Frankfurter Rundschau, 22.01.2020, S. 16.

Kennedy, G. (2009): Adam Smith and the Invisible Hand: From Metaphor to Myth, in: Econ Journal Watch, 6, (2).

Keynes, J. M. (1936) (2009): Allgemeine Theorie der Beschäftigung, des Zinses und des Geldes, Übersetzung des 1936 in London erschienenen Originaltitels: The General Theory of Employment Interest and Money von Fritz Waeger, verbessert und um eine Erläuterung des Aufbaus ergänzt von Jürgen Kromphardt und Stephanie Schneider.

Lindberg, E. (2009): The Market and the Lighthouse. – Public Goods in Historical Perspective, in: Paper delivered at the Economic History Society Annual Conference, 3.–5. April. University of Warwick.

Keynes, J. M. (1955): A Treatise on Money, London 1930, deutsch: Keynes, J. M., Vom Gelde, Berlin.

Kilger, W. (1980): Einführung in die Kostenrechnung, 2. Aufl., Wiesbaden.

Kittner, M. (2005): Arbeitskampf, Geschichte, Recht, Gegenwart, München.

Klaus, G. (1972): Die Macht des Wortes, Berlin.

von Kleinwächter, F. (1883): Die Kartelle – Ein Beitrag zur Frage der Organisation der Volkswirtschaft, Innsbruck.

Klipper, S. (2015): Cyber Security – Ein Einblick für Wirtschaftswissenschaftler, Wiesbaden.

Koch, H. (1966): Zur Kontroverse: Wertmäßiger – pagatorischer Kostenbegriff, in: Grundprobleme der Kostenrechnung, Köln, Opladen.

Koch, A. (2011): Rosemann, M., Späth, J., Soloselbständige in Deutschland. Strukturen, Entwicklungen und soziale Sicherung bei Arbeitslosigkeit, in: WISO-Diskurs, Bonn. Friedrich Ebert Stiftung.

Koch, K. (2010): Viel Arbeit und wenig Einfluss auf Arbeitsprozesse machen krank, in: Psychosoziale Umschau, Heft 3.

Kolms, H. (1988): Steuern, II: Geschichte, in: Handwörterbuch der Wirtschaftswissenschaft, Band 7, Göttingen.

Köppen, M., Rhode, W., Huffschmid, J. (2007): Finanzinvestoren: Retter oder Raubritter? Neue Herausforderungen durch internationale Kapitalmärkte, Hamburg.

Köppen, M. (2007): Private Equity-Fonds, in: Huffschmid, J., Köppen, M., Rhode, W. (Hrsg.), Finanzinvestoren: Retter oder Raubritter?, Hamburg.

Körner, W. (1961): Abschreibung von Wiederbeschaffungswerten. Eine Nominalrechnung mit inflatorischer Wirkung, in: Steuer und Wirtschaft.

Krause, A., Köhler, C. (2011): Von der Vorherrschaft interner Arbeitsmärkte zur dynamischen Koexistenz von Arbeitsmarktsegmenten, in: WSI-Mitteilungen, Heft 11/2011.

Krell, G. (1994): Vergemeinschaftende Personalpolitik, Habilitationsschrift, München, Mering.

Krelle, W. (1968): Volkswirtschaftliche Kriterien zur Beurteilung von Kartellen, in: Schweizerische Zeitschrift für Volkswirtschaft und Statistik, Vol. 104, III, Lausanne.

Kromphardt, J. (1991): Konzeptionen und Analysen des Kapitalismus, 3. Aufl., Göttingen.

Krüger, S. (1986): Allgemeine Theorie der Kapitalakkumulation. Langfristige Entwicklung und konjunktureller Zyklus, Hamburg.

Krüger, S. (2007): Konjunkturzyklus und Überakkumulation. Wert, Wertgesetz und Wertrechnung für die Bundesrepublik Deutschland, Hamburg.

Krüger, S. (2019): Profitraten und Kapitalakkumulation in der Weltwirtschaft, Hamburg.

Kuczynski, J. (1960): Zur Geschichte der bürgerlichen Poltischen Ökonomie, Berlin.

Kurz-Scherf, I. (2019): Vielleicht sind wir immer noch viel zu beschieden, in: OXI, Wirtschaft Anders Denken, Ausgabe 1.

Leibiger, J. (2016): Wirtschaftswachstum, Mechanismen, Widersprüche und Grenzen, Köln.

Lenel, H. O. (1962): Ursachen der Konzentration unter besonderer Berücksichtigung der deutschen Verhältnisse, Tübingen.

Lenin, W. I. (1955): Mai 1901-Februar 1902, in: Lenin Werke, Band 5, Berlin.

Lenin, W. I. (2004): Ausgewählte Werke in zwei Bänden, Bd. I, Offenbach.

Lieberam, E. (2014): Die Wiederentdeckung der Klassengesellschaft. Klassenohnmacht, Klassenmobilisierung und Klassenkampf von oben, Bergkamen.

Liedtke, R. (2006): Wem gehört die Republik?" Wem gehört die Republik 2007?: Die Konzerne und ihre Verflechtungen in der globalisierten Wirtschaft Namen – Zahlen – Fakten, Frankfurt a. M.

Lindlau, D. (1989): Der Mob – Recherchen zum organisierten Verbrechen, 3. Aufl., München.

Linsel, H. (1956): Die Aufrechterhaltung und Entwicklung der Bankmonopole in Westdeutschland, in: Autorenkollektiv (Leitung Alfred Lemmnitz) (Hrsg.), Bankpolitik in Westdeutschland – Staatshaushalt und Währung, Berlin.

Locke, J. (1906) (1966): Über die Regierung in der Übersetzung von W. H. Halles, Wiederauflage, Reinbek bei Hamburg.

Locke, J., Euchner, W. (1977): Zwei Abhandlungen über die Regierung, Frankfurt a. M.

Luttmer, N. (2018): Deutsche Bank. Zurück auf Los, Frankfurter Rundschau vom 27.04.

Machiavelli, N. (2016): Geschichte von Florenz, Grafrath.

Machiavelli, N. (2019): Der Fürst, Hamburg.

Mandeville, B. (1957): The fable of the bees or private vices, public benefits, London 1714, in deutscher Übersetzung: Die Bienenfabel, Berlin.

Marbach, F. (1964): Die Wirtschaftskonzentration. Eine Auseinandersetzung mit der Anti-Konzentrations-Ideologie speziell Hans Otto Lenels, Düsseldorf, Wien.

Marquardt, R.-M. (2010): Volkswirtschaftslehre im „Dornröschenschlaf", in: Blätter für deutsche und internationale Politik, Heft 6.

Martiny, A., Klein, O. (1977): Marktmacht und Manipulation. Sind die Verbraucher Objekt oder Subjekt unserer Wirtschaftsordnung?, Frankfurt a. M.

Marx, K. (1960a): Lohn, Preis, Profit, in: MEW, 1, Berlin.

Marx, K. (1960b): Die russische Politik gegenüber der Türkei – Die Arbeiterbewegung in England, in: MEW, 9, Berlin.

Marx, K. (1974): Das Kapital, in: MEW, 23, Berlin.

Marx, K. (1975): Zur Kritik der Politischen Ökonomie, in: MEW, 13, Berlin.

Marx, K. (1978): Deutsche Ideologie, in: MEW, 3, Berlin.

Marx, K., Engels, F. (1975): Briefe 1864-Juli 1870, Marx-Engels-Werke, Band 16, 6. Aufl., Berlin, unter: http://www.mlwerke.de/me/me16/me16_190.htm, abgerufen 28.06.2019.

Marx, K., Engels, F. (1986): Briefe 1888-Dezember 1890, in: Marx-Engels-Werke, Band 37, 4. Auflage, Berlin.

Massarrat, M. (2013): 30 Stunden pro Woche reichen! Kürzere Arbeitszeiten wären humaner – und ökonomisch effizienter, in: Frankfurter Rundschau vom 28.02.

Massarrat, M. (2017): Braucht die Welt den Finanzsektor?, in: Postkapitalistische Perspektiven, Hamburg.

Mathes, A. (2015): Auf brüchigem Fundament, Frankfurter Rundschau vom 16.07.

Mattfeldt, H. (2006): Tendenzieller Fall der Profitrate? Zur makroökonomischen Rentabilitätsentwicklung in der Bundesrepublik Deutschland, in: Lambrecht, L., Lösch, B., Paech, N. (Hrsg.), Hegemoniale Weltpolitik und Krise des Staates, Frankfurt a. M.

Mazzucato, M. (2019): Wertschöpfung statt Wertabschöpfung: Für eine Ökonomie der Hoffnung, in: Blätter für deutsche und internationale Politik, Heft 8.

McKinsey (2015): Mapping Global Markets 2015, https://translate.googleusercontent.com/ translate_c?depth=de&prev=search&ru...14.11.2015.

Meißner, W. (1980): Die Lehre der Fünf Weisen. Eine Auseinandersetzung mit den Jahresgutachten des Sachverständigenrates zur Begutachtung der gesamtwirtschaftlichen Entwicklung, Köln.

Merkur (2019): Aus für Siemens-Alstom-Fusion: Altmaier und Le Maire wollen EU-Wettbewerbsrecht ändern, unter: https://www.merkur.de/wirtschaft/eu-kommission-untersagt-am-mittwoch-siemens-alstom-fusion-zr-11735730.html, abgerufen 10.04.2019.

Middendorf, S. (2013): Masse, 2013, unter: https://docupedia.de/zg/Masse, abgerufen 15.12.2019.

Mill, J. S. (1924): Grundsätze der politischen Ökonomie mit einigen ihrer Anwendungen auf die Sozialphilosophie, 2. Aufl., Jena.

Mirow, K. R. (1978): Die Diktatur der Kartelle, Reinbek bei Hamburg.

Monopolkommission (1976): Mehr Wettbewerb ist möglich – Hauptgutachten I, Baden-Baden.

Monopolkommission (2018): XXII. Hauptgutachten, unter: https://www.monopolkommission.de/images/HG22/HGXXII_Gesamt.pdf, abgerufen 16.12.2019.

Monopolkommission (2019): Selbstdarstellung, https://www.monopolkommission.de/de/monopolkommission.html, abgerufen 09.12.2019.

Morland, P., Remmler, H.-P. (2019): Die Macht der Demografie und wie sie die moderne Welt erklärt, Wals bei Salzburg.

Möller, C. (2015): Herkunft zählt (fast) immer. Soziale Ungleichheit unter Professorinnen und Professoren, Basel und Weinheim.

Müller Henneberg, H., Schwarz, G. (1958): Gesetz gegen Wettbewerbsbeschränkungen, Kommentar, Köln-Berlin.

Münkler, H. (2016a): Kriegssplitter: Die Evolution der Gewalt im 20. und 21. Jahrhundert, Reinbek bei Hamburg.

Münkler, H. (2016b): Im Wettstreit um Aufmerksamkeit und Engagement, Gegenblende – Debattenmagazin, unter: https://gegenblende.dgb.de/artikel/++co++c8d3d1a4-7b3e-11e6-aaac-525400e5a74a, abgerufen 28.06.2019.

Murray, G. (2014): We are the 1 %: Über globale Finanzeliten, in: Aus Politik und Zeitgeschichte (APuZ), 15/2014.

Napoleoni, C. (1974): Ricardo und Marx, Frankfurt a. M.

Negt, O. (2002): Arbeit und menschliche Würde, 2. Aufl., Göttingen.

Negt, O. (2016a): Wiener Zeitung vom 2. November.

Negt, O. (2016b): Rot-Rot-Grün im Trialog: Schaffen wir linke Mehrheiten, in: Blätter für deutsche und internationale Politik, Heft 12.

von Nell-Breuning, O. (1926): Bodenspekulation, in: Staatslexikon der Görres-Gesellschaft, Band I, Freiburg.

von Nell-Breuning, O. (1960): Kapitalismus und gerechter Lohn, Freiburg i. Br.

Neubecker, N. (2014): Die Debatte über den Fachkräftemangel, in: DIW Roundup, Politik im Fokus, Nr. 4/2014.

Nicklisch, H. (1922): Wirtschaftliche Betriebslehre, 6. Aufl., Stuttgart.

Nicklisch, H. (1932): Die Betriebswirtschaft, 7. Aufl., Stuttgart.

Nicklisch, H. (1934): Die geistige Haltung der Betriebswirtschaftler, in: Der praktische Betriebswirt, Heft 5.

Nuss, S. (2019): Dann werden alle mehr Wurst bekommen, in: OXI – Wirtschaft Anders Denken, Nr. 07.

Offe, C. (1977): Opfer des Arbeitsmarktes. Zur Theorie der strukturierten Arbeitslosigkeit, Neuwied, Darmstadt.

Olfert, K. (2015): Personalwirtschaft, 16. Aufl., Herne.

Olten, R. (1995): Wettbewerbstheorie und Wettbewerbspolitik, München, Wien.

Ossietzky (2013): Zweiwochenschrift für Politik/Kultur/Wirtschaft, Heft 7.

Otte, M. (2020): Weltsystemcrash – Krisen, Unruhen und die Geburt einer neuen Weltordnung, 5. Aufl., München.

Pauchant, T. C. (2013): The False Ethics of the Markets Invisible Hand – Adam Smith´s Three Warnings, Working Paper, Montreal.

Peters, H.-R. (1980): Politische Ökonomie des Marxismus. Anspruch und Wirklichkeit, Göttingen.

Peukert, H. (2010): Die große Finanzmarktkrise – Eine staatswissenschaftlich-finanzsoziologische Untersuchung, Marburg.

Peukert, H. (2018): Mikroökonomische Lehrbücher: Wissenschaft oder Ideologie?, Marburg.

Pfeiffer, H. (2009): Lasst die Banken pleitegehen, in: Blätter für deutsche und internationale Politik, Heft 4.

Pfeiffer, H. (2010): Griechische Tragödie, Über Staatsverschuldung und die Zähmung der Finanz-märkte, in: Blätter für deutsche und internationale Politik, Heft 4.

Pitzke, M. (2017): Als würde die ganze Welt singen – Buhlen um neue Amazon-Zentrale, Spiegel Online, Wirtschaft, unter: https://www.spiegel.de/wirtschaft/unternehmen/amazon-238-staedte-buhlen-um-neue-zentrale-des-konzerns-a-1174584.html, abgerufen 09.04.2019.

Poulantzas, N. (1975): Politische Macht und gesellschaftliche Klassen, 2. Aufl., Frankfurt a. M.

Pöcher, H. (2019): Wirtschaftskrieg – Wiener Strategiekonferenz 2019: Panel Wirtschaft, Energie, Ressourcen, unter: https://www.youtube.com/watch?v=M_SAXwn1CM8, abgerufen 15.12.2019.

Prantl, H. (2012): Demokratie muss gelernt werden, immer wieder, in: Bissinger, Manfred (Hrsg.), Demokratie lernen, Göttingen, Zur Verleihung des August-Bebel-Preises an Oskar Negt.

Priewe, J. (1988): Krisenzyklen und Stagnationstendenzen in der Bundesrepublik Deutschland, Köln.

Rehmann, J. (2015): Macht, in: Historisch-kritisches Wörterbuch des Marxismus, Band 8/II, Hamburg.

Reitmayer, M. (2014): Elite im 20. Jahrhundert, in: Aus Politik und Zeitgeschichte (APuZ), 15/2014.

Ricardo, D. (1821): Grundsätze der Volkswirtschaft und Besteuerung, von Heinrich Waentig ins Deutsche übersetzte dritte Auflage von 1821 mit dem Originaltitel: On the Principles of Political Economy and Taxation, erste Auflage, London 1817.

Rieger, W. (1959): Einführung in die Privatwirtschaftslehre, 2. Aufl., Erlangen.

Robinson, J. (1949): Das Problem der Vollbeschäftigung, Köln.

Robinson, J. (1965): Doktrinen der Wirtschaftswissenschaften. Eine Auseinandersetzung mit ihren Grundgedanken und Ideologien, München.

Robinson, J., Eatwell, J. (1974): Einführung in die Volkswirtschaftslehre, München.

Robinson, J. V., Eatwell, J. (1977): Einführung in die Volkswirtschaftslehre, Frankfurt a. M.

Roth, G. (1995): Politik und militärische Macht, in: Kolster, W. (Hrsg.), Ausgewählte Schriften Militärgeschichtliches Forschungsamt, Potsdam.

Roth, R. (1998): Das Kartenhaus. Staatsverschuldung in Deutschland, Frankfurt a. M.

Rousseau, J.-J., Brockard, H. (1977): Vom Gesellschaftsvertrag oder Grundsätze des Staatsrechts, Stuttgart.

Rügemer, W. (2011): Deutsche Bank: Betrug mit Systemrelevanz, in: Blätter für deutsche und internationale Politik, Heft 2.

Rügemer, W. (2019): Die Kapitalisten des 21. Jahrhunderts. Gemeinverständlicher Abriss zum Aufstieg der neuen Finanzakteure, 2. Aufl., Köln.

Preiser, E. (1933): Grundzüge der Konjunkturtheorie, Tübingen.

Sachverständigenrat (SVR) (1971/72): Jahresgutachten.

Sachverständigenrat (SVR) (1998/99): Jahresgutachten.

Sander, O. (1994): Thomas von Aquin, „Die Zeit gehört Gott", in: Die großen Ökonomen, Stuttgart.

Santino, U. (2015): Mafia, in: Historisch-Kritisches Wörterbuch des Marxismus, Band 8/II, Hamburg.

Sauer, B. (2015): Macht, in: Historisch-kritisches Wörterbuch des Marxismus, Band 8/II, Hamburg.

Schaaff, H. (1991): Kritik der eindimensionalen Wirtschaftstheorie: Zur Begründung einer ökologischen Glücksökonomie, (Diss.), Frankfurt a. M.

Schanz, G. (2000): Personalwirtschaftslehre, 3. Aufl., München.

Schierenbeck, H. (1995): Grundzüge der Betriebswirtschaftslehre, 12. Aufl., München.

Schiersch, A. (2016): Mehr Arbeit ist nicht alles, in: Frankfurter Rundschau vom 04.08.

Schlippenbach von, V., Pavel, F. (2011): Konzentration im Lebensmitteleinzelhandel. Hersteller sitzen am kürzeren Hebel, in: DIW-Wochenbericht, Nr. 13.

Schmalenbach, E. (1931): Dynamische Bilanz, 5. Aufl., Leipzig.

Schmalenbach, E. (1949): Der freien Wirtschaft zum Gedächtnis, 2. Aufl., Köln.

Schmidt, I., Schmidt, A. (1997): Europäische Wettbewerbspolitik, München.

Schmidt, I. (1999): Wettbewerbspolitik und Kartellrecht, 6. Auflage, Stuttgart.

Schmidt, I. (2005): Wettbewerbspolitik und Kartellrecht, 8. Aufl., Stuttgart.

Scholik, N. (2019): Der Kampf um die globale Führung – China und die USA in der Falle des Thukydides?, Hamburg, unveröffentlichter Vortrag an der Führungsakademie der Bundeswehr.

Schrooten, M. (2014): Finanzkrise und Bankensektor – Strukturprobleme ungelöst, in: Kurtzke, W., Quaißer, G. (Hrsg.), Alternative Wirtschaftspolitik – Tro(o)st in Theorie und Praxis: Axel Troost zum 60. Geburtstag, Marburg.

Schrooten, M. (2016): Von der Währungs- zur Finanzkrise – ein kurzer Überblick über neuere theoretische Ansätze, in: Vierteljahreshefte zur Wirtschaftsforschung, 68, Nr. 3.

Schulmeister, S. (2016): Die rechten Verführer und ihre Wegbereiter, in: Blätter für deutsche und internationale Politik, Heft 8.

Schulmeister, S. (2018): Der Weg zur Prosperität, Salzburg.

Schulten, T. (2004): Solidarische Lohnpolitik in Europa, Zur Politischen Ökonomie der Gewerkschaften, Hamburg.

Schulten, T. (2016): WSI-Mindestlohnbericht 2016: anhaltende Entwicklungsdynamik in Europa, in: WSI-Mitteilungen, Heft 2.

Schulten, T., Lübker, M. (2020): WSI-Mindestlohnbericht 2020: Europäische Mindestlohninitiative vor dem Durchbruch?, in: WSI-Report, Nr. 55.

Schumpeter, J. A. (1950): Kapitalismus, Sozialismus und Demokratie, 2. Aufl., Berlin.

Schumpeter, J. A. (1942) (1975): Kapitalismus, Sozialismus und Demokratie, 4. Aufl., München, Titel der Originalausgabe: Capitalism, Socialism and Democracy, New York.

Schumpeter, J. A. (1976): Die Krise des Steuerstaats, in: Hickel, R. (Hrsg.), Goldscheid, R., Schumpeter, J. A.: Die Finanzkrise des Steuerstaats. Beiträge zur politischen Ökonomie der Staatsfinanzen, Frankfurt a. M.

Schwarz, W. (1978): Viel Lärm um Nichts. Zum sogenannten Transformationsproblem, in: Sozialistische Politik, Heft 2.

Schwarz, H.-P. (1985): Die gezähmten Deutschen. Von der Machtversessenheit zur Machtvergessenheit, Stuttgart.

Seils, E. (2018): Mangel an Fachkräften oder Zahlungsbereitschaft? Eine Analyse von Daten des DIHK, in: WSI-Report, Nr. 41, August.

Sinakusch, N. (2019): Ding gewordene Macht, in: OXI – Wirtschaft Anders Denken, Ausgabe 07.

Sinn, H.-W. (2003): Ist Deutschland noch zu retten?, München.

Smith, A. (1776) (2005): Untersuchung über Wesen und Ursachen des Reichtums der Völker, Tübingen, Aus dem Englischen übersetzter Originaltitel von Adam Smith: „An Inquiry into the Nature and Causes of the Wealth of Nations" von Monika Streissler.

Sperber, C., Walwei, U. (2015): Trendwende am Arbeitsmarkt seit 2005: Jobboom mit Schattenseiten, in: WSI-Mitteilungen, Heft 8.

Spiegel Online (2017): Niedersachsen VW-Absprachen laut Medien auch mit CDU und FDP, unter: https://www.spiegel.de/politik/deutschland/niedersachsen-vw-absprachen-laut-medien-auch-mit-cdu-und-fdp-a-1162162.html, abgerufen 09.04.2019.

Spiegel Online (2019): EU-Kartellrecht – Merkel sieht freiheitliche Entwicklung der Industrie bedroht, 2019, unter: https://www.spiegel.de/wirtschaft/soziales/eu-angela-merkel-will-kartellrecht-nach-aus-fuer-siemens-alstom-fusion-aendern-a-1254002.html, abgerufen 10.04.2019.

Spinoza, B. and Gawlick, G. (Hrsg.) (1670) (1976): Theologisch-Politischer Traktat, Hamburg.

Spitzley, H. (2003): Kurze Vollzeit für alle – Plädoyer für eine andere Arbeitszeitkultur, in: Frankfurter Rundschau vom 10.10.

Staatskanzlei Niedersachsen (2017): Presseinformation – Richtigstellung zur Berichterstattung in der Bild am Sonntag, unter: https://www.stk.niedersachsen.de/aktuelles/

presseinformationen/richtigstellung-zur-berichterstattung-in-der-bild-am-sonntag-156300. html, abgerufen 10.04.2019.

Stavenhagen, G. (1969): Geschichte der Wirtschaftstheorie, 4. Aufl., Göttingen.

Steiner, H. (1999): Der Kurzschluss der Marktwirtschaft. Instrumentalisierung und Emanzipation des Konsumenten, Berlin.

Steitz, W. (1977): Einführung in die politische Ökonomie des Marxismus, Paderborn.

Steiner, H. (1999): Der Kurzschluss der Marktwirtschaft, Berlin.

Stobbe, A. (1987): Volkswirtschaftslehre III, Makroökonomik, 2. Aufl., Berlin.

Straubhaar, T. (2017): Kartelle sind schlecht und gehören verborten? Nicht immer, Welt, Artikel vom 25.07.2017, unter: https://www.welt.de/wirtschaft/article167016175/Kartelle-sind-schlecht-und-gehoeren-verboten-Nicht-immer.html, abgerufen 11.04.2019.

Streissler, E. (2012): Einführung, in: Smith, Adam (Hrsg.), Untersuchung über Wesen und Ursachen des Reichtums der Völker, Tübingen.

Strohschneider, T. (2020): Das erste Bedürfnis, in: OXI, Wirtschaft Anders Denken, Ausgabe 1.

Stützel, W. (1982): Marktpreis und Menschenwürde, 2. Aufl., Stuttgart.

Submarinecable (2019): https://www.submarinecablemap.com/#/, abgerufen 01.07.2019.

Swoboda, P. (1996): Zur Anschaffungswertrechnung administrierter Preise, in: Betriebswirtschaftliche Forschung und Praxis (BFuP), Heft 4.

Tabb, W. (2001): Progressive Globalism: Challenging the Audacity of Capital Monthly Review, Februar 1999, in: Biermann, W., Klönne, A. (Hrsg.), Globale Spiele: Das letzte Stadium des Kapitalismus, Köln.

Tautz, D. (2019): Hauptquartier in Queens – Amazon baut doch keine Zentrale in New York, Zeit Online, 2019, unter: https://www.zeit.de/wirtschaft/unternehmen/2019-02/hauptquartier-queens-new-york-amazon-konzernzentrale-absage, abgerufen 09.04.2019.

Troost, A. (2016): Die Deutsche Bank – eine der kriminellsten Banken der Welt?, Deutscher Bundestag, Berlin.

Varian, H. R. (2011): Grundzüge der Mikroökonomik, 8. Aufl., München.

Ver.di, Bundesvorstand (2014): Wirtschaftspolitik aktuell, Nr. 18.

Vobruba, G. (1986): Die Bedeutung des Begriffs Arbeit, in: Lexikon des Sozialismus, Köln.

Voswinkel, S. (2007): Krise des Arbeitsrechts-Individualisierung der Anerkennungsverhältnisse?, in: WSI-Mitteilungen, Heft 8.

VWL-Autorengruppe Hamburg (1971): Zur Kritik der Mikroökonomik, in: Altvater, E., Müller, W., Neusüß, C., Lehmann, H. et al. (Hrsg.), Materialien zur Kritik der bürgerlichen Ökonomie, Hamburg.

von Wallenberg, G. (2002): Kartellrecht, 2. Aufl., Neuwied.

Wagenknecht, S. (2016): Reichtum ohne Gier. Wie wir uns vor dem Kapitalismus retten, Frankfurt a. M./New York.

Weber, M. (1924): Wirtschaftsgeschichte, München, Leipzig.

Weber, M. (1926): Ein Lebensbild, Tübingen.

Wehler, H.-U. (2008): Deutsche Gesellschaftsgeschichte Bd. 5: Bundesrepublik und DDR 1949–1990, München.

Wendt, S. (1968): Geschichte der Volkswirtschaftslehre, 2. Aufl., Berlin.

Wenzel, F.-T. (2019): Die Post geht ab. Der Bonner Konzern erwartet in diesem Jahr mehr Gewinn. Das hat viel mit dem höheren Briefporto zu tun, Frankfurter Rundschau vom 07.08.

Wernicke, J. (2017): KenFM im Gespräch mit: Jens Wernicke „Lügen die Medien?", unter: https://kenfm.de/jens-wernicke/, abgerufen 04.12.2019.

Willke, G. (2002): John Maynard Keynes, Frankfurt a. M.

Wirtschaftslexikon24 (2019): Mißbrauchsprinzip, unter: http://www.wirtschaftslexikon24.com/e/missbrauchsprinzip/missbrauchsprinzip.htm, abgerufen 11.04.

Wolf, W. (2000): Fusionsfieber, Oder: Das große Fressen, Köln.

Wolfstetter, E. (1999): Topics in Microeconomics, Cambridge.

Wonka, D., Randermann, H. (2017): Gabriel protestiert gegen CO2-Grenzwerte für Pkw, unter: http://www.haz.de/Nachrichten/Politik/Deutschland-Welt/Gabriel-protestiert-gegen-CO2-Grenzwerte-fuer-Pkw, abgerufen 09.04.2019.

VWL Autorengruppe Hamburg (1971): Zur Kritik der Mikroökonomie, in: Altvater, E., Müller, W., Neusüß, C., Lehmann, H., others (1971) (Hrsg.), Materialien zur Kritik der bürgerlichen Ökonomie. Begründung für eine Lehreinheit „Politische Ökonomie", Gravenhage (NL).

Xi Jinping (2017): Keynote speech at the World Economic Forum, unter: www.cina.org.cn, abgerufen 06.04.2018.

Z., Zeitschrift Marxistische Erneuerung (1999): Konzentration/Monopolisierung, Heft 39.

Z., Zeitschrift Marxistische Erneuerung (2001): Markt und Macht, Heft 46.

Z., Zeitschrift Marxistische Erneuerung (2004a): Machtverhältnisse, Heft 57.

Z., Zeitschrift Marxistische Erneuerung (2004b): Konzentration, Monopol, Politik, Heft 60.

Zeise, L. (2009): Ende der Party. Die Explosion im Finanzsektor und die Krise der Weltwirtschaft, 2. Aufl., Köln.

Zdrowomyslaw, N., Dürig, W. (1997): Gesundheitsökonomie. Einzel- und gesamtwirtschaftliche Einführung, München, Wien.

Zinn, K. G. (1978): Der Niedergang des Profits, Köln.

Zinn, K. G. (1987): Arbeitszeitverkürzung gegen Massenarbeitslosigkeit, in: Kurz-Scherf, Ingrid, Breil, Gisela (Hrsg.), Wem gehört die Zeit, Hamburg.

Zinn, K. G. (1998): Wie Reichtum Armut schafft. Verschwendung, Arbeitslosigkeit und Mangel, Köln.

Zinn, K. G. (2013): Keynes' Wachstumsskepsis auf lange Sicht. Darstellung und Überlegungen zu ihrer aktuellen Relevanz, in: Kromphardt, J. (Hrsg.), Weiterentwicklung der Keynes'schen Theorie und empirische Analysen, Marburg.

Kapitel 4: Volkswirtschaftliche Gesamtrechnung und Wohlfahrtsmessung

Altvater, E., Müller, W., Neusüß, C., Lehmann, H. et al. (1973): Materialien zur Kritik der bürgerlichen Ökonomie. Begründung für eine Lehreinheit „Politische Ökonomie", 3. Aufl., Gravenhage (NL).

Anthes, D. (2016): Wir müssen die Entwicklung unserer Gesellschaft neu messen, Wirtschaftswoche, 26.2.2016, https://www.wiwo.de/technologie/green/glueck-statt-bip-wir-muessen-die-entwicklung-unserer-gesellschaft-neu-messen/13553956.html, abgerufen 3.01.2018.

Blumers, M., Kaumanns, S. C. (2017): Neuauflage der deutschen Nachhaltigkeitsstrategie, in: Wirtschaft und Statistik, Heft 1.

Easterlin, R. (1974): Does Economic Growth Improve the Human Lot? Some Empirical Evidence, in: David, P., Reder, M. W. (Hrsg.), Nations and Households in Economic Growth: Essays in Honour of Modes Abramovitz, New York, London.

Eurostat (2014): Europäisches System Volkswirtschaftlicher Gesamtrechnungen – ESVG 2010, Luxemburg.

Fabricius, M. (2006): Freiheit für die Hypothekenzinsen, in: Welt am Sonntag, 09.04., S. 41.

Häring, N. (2011): Die schwierige Kunst, den Wohlstand zu berechnen, Handelsblatt 3.11.2011, https://www.handelsblatt.com/meinung/kommentare/bip-die-schwierige-kunst-den-wohlstand-zu-berechnen/3770076-all.html, abgerufen 3.3.2019.

Lawn, P. (2003): A theoretical foundation to support the Index of Sustainable Economic Welfare (ISEW), Genuine Progress Indicator (GPI), and other related indexes, in: Ecological Economics, Vol. 44.

Marquardt, R.-M. (2013): Von der Finanzmarkt- über die Eurokrise hin zu einer neuen Finanzmarktregulierung, in: ReWir: Recklinghäuser Beiträge zu Recht und Wirtschaft, Nr. 15.

Marquardt, R.-M. et al. (2019): Verbändeumfrage zum Kohleausstieg, in: VIK-Mitteilungen, Heft 2.

Meadows, D., Meadows, D., Randers, J., Behrens, W. (1972): The Limits to Growth: A Report for the Club of Rome's Project on the Predicament of Mankind, New York.

Meadows, D. (2009): Growth vs. development, World Resources Forum in Davos, https://www.youtube.com/watch?time_continue=62&v=gSPHzkAHwqY, abgerufen 23.12.2019.

Nierhaus, W. (2004): Wirtschaftswachstum in den VGR – Zur Einführung der Vorjahrespreisbasis in der deutschen Statistik, in: ifo Schnelldienst, Heft 5.

Nordhaus, W. D., Tobin, J. (1972): Is Growth Obsolete? Economic Growth, in: National Bureau of Economic Research, no 96, New York.

Nowotny, E. (1974): Wirtschaftspolitik und Umweltschutz, Freiburg i. Br.

Profnarr (2018): Wir werden nicht reicher, Blog vom 14.03., http://www.profnarr.de/wir-werden-nicht-reicher/, abgerufen 2.03.2019.

Räth, N., Brackmann, A. (2014): Generalrevision der Volkswirtschaftlichen Gesamtrechnungen für den Zeitraum 1991–2014, in: Wirtschaft und Statistik, Heft September.

Seidel, E. and Strebel, H. (Hrsg.) (1991): Umwelt und Ökonomie. Reader zur ökologieorientierten Betriebswirtschaftslehre, Wiesbaden.

Statistisches Bundesamt (2014): Umweltnutzung und Wirtschaft – Bericht zu den Umweltökonomischen Gesamtrechnungen 2014, Wiesbaden.

Statistisches Bundesamt (2016): Volkswirtschaftliche Gesamtrechnungen – Inlandsprodukt und Nationaleinkommen nach ESVG 2010: Methoden und Grundlagen, Wiesbaden.

Statistisches Bundesamt (2018a): Nachhaltige Entwicklung in Deutschland – Indikatorenbericht 2018, Wiesbaden.

Statistisches Bundesamt (2018b): Umweltökonomische Gesamtrechnungen, 1.11.2018, https://www.destatis.de/DE/ZahlenFakten/GesamtwirtschaftUmwelt/Umwelt/Methoden/UGR.html, abgerufen 4.03.2019.

Theobald, A. (1986): Weg mit dem Bruttoinlandsprodukt!, in: Geo, Heft 2.

Thiel, G. (2018): Vorwort, Nachhaltige Entwicklung in Deutschland – Indikatorenbericht 2018, Statistisches Bundesamt, Wiesbaden.

Thierbach, P. (2010): Auf dem Weg zu einer allgemeinen Theorie des Glücks. Eine Bestandsaufnahme der Glücksforschung, München.

United Nation Development Programme (UNDP) (2018): Human Development Indices and Indicators – 2018 Statistical Update, New York.

Varoufakis, Y. (2017): Die ganze Geschichte, München.

Zinn, K. G. (2008): Die Keynessche Alternative. Beiträge zur Keynesschen Stagnationstheorie, zur Geschichtsvergessenheit der Ökonomik und zur Frage einer linken Wirtschaftsethik, Hamburg.

Kapitel 5: Makroökonomie: Orthodoxe und heterodoxe Paradigmen der VWL

Barro, R., Gordon, D. (1983a): A Positive Theory of Monetary Policy in a Natural Rate Model, in: Journal of Political Economy, Vol. 91, No. 4.

Barro, R., Gordon, D. (1983b): Rules, Discretion and Reputation in a Model of Monetary Policy, in: Journal of Monetary Economics, Vol. 121.

Beissinger, T. (2006): Neue Anforderungen an eine gesamtwirtschaftliche Stabilisierung, in: Hohenheimer Diskussionbeiträge, Nr. 277.

Berg, H. (1976): Internationale Wirtschaftspolitik, Göttingen.

Besley, T., Hennessy, P. (2009): Letter to the Queen, sent on behalf of the British Academy, July 22th.

Blanchard, O., Summers, L. (1986): Hysteresis and the European Unemployment Problem, in: NBER – Macroeconomic Annual.

Blaug, M. (1971): Systematische Theoriegeschichte der Ökonomie, Band 1 bis Band 3, München.

Cezanne, W. (1995): Grundzüge der Makroökonomie, München.

Deutschmann, C. (1973): Der linke Keynesianismus, Frankfurt a. M.

Engels, F. (1983): Grundsätze des Kommunismus, in: Marx, Karl and Friedrich Engels (Hrsg.), der Kommunistischen Partei. Reclam, Stuttgart.

Felderer, B., Homburg, S. (1991): Makroökonomie und neue Makroökonomie, 5. Aufl., Berlin.

Fels, G. (2004): Die Geburt der Angebotspolitik, in: idw, Nr. 26.

Fisher, S. (1977): Long-Term Contracts Rational Expectations and the Optimal Money Supply Rule, in: Journal of Political Economy, Vol. 85.

Fourastié, J. (1949) (1954): Die große Hoffnung des zwanzigsten Jahrhunderts, Köln-Deutz.

Frey, B. S., Schneider, F. (1978): An Empirical Study of Politico-Economic Interaction in the United States, in: Review of Economics and Statistics, 66.

Friedman, M. (1970): The Counter Revolution in Monetary Theory, in: Institute of Monetary Affairs, Occassional Paper 33, London.

Friedman, M., Meiselman, D. (1963): The Relative Stability of Monetary Velocity and the Investment Multiplier in the United States 1897–1958, The Commission on Money, Credit and Commerce (Hrsg.).

Friedman, M., Schwartz, A. J. (1963): A Monetary History of the United States, 1867 – 1960, Princeton.

Gechert, S. (2015): What fiscal policy is most effective?, A meta-regression analysis, in: Oxford Economic Papers, March.

Grossman, S. J., Stiglitz, J. (1980): On the Impossibility of Informationally Efficient Markets, in: American Economic Review, Vol. 70, 3:1980.

von Hayek, F. A. (1974): The Pretence of Konwledge, https://www.nobelprize.org/prizes/economic-sciences/1974/hayek/lecture/, abgerufen 24.02.2020.

Helmedag, F. (2010): Volkswirtschaftstheorie: Grundlagen der Makroökonomie. Teil II: Analyse und Gestaltung.

Herrmann, U. (2016): Kein Kapitalismus ist auch keine Lösung, 3. Aufl., Frankfurt a. M.

Keynes, J. M. (1930) (1972): Economic Possibilities for our Grandchildren (1930), in: The Collected Writings of John Maynard Keynes, Bd. 9: Essays in Persuasion, London/Basingstoke.

Keynes, J.-M. (1936a): The General Theory of Unemployment, Interest and Money, London.

Keynes, J.-M. (1936b): The General Theory of Unemployment, in: The Quarterly Journal of Economics, Vol. 51, No. 2.

Keynes Gesellschaft (2020): https://keynes-gesellschaft.de/.

Kydland, F. E., Prescott, E. C. (1977): Rules rather than discretion: The Inconsistency of Optimal Plans, in: Journal of Political Economy, Vol. 85, No. 31.

Lindbeck, A., Snower, D. (1988): The Insider-Outsider Theory of Employment and Unemployment, Cambridge und London.

Lucas, R. E. (1980): The Death of Keynesian Economics, Issues and Ideas, University of Chicago.

Lucas, R. E. (1987): Models of Business Cycles, Oxford.

Lucas, R. E. (2003): Macroeconomic Priorities, in: American Economic Review, Vol. 93, (1).

Marquardt, R.-M. (1994): Vom Europäischen Währungssystem zur Europäischen Wirtschafts- und Währungsunion: Eine Untersuchung langfristiger geldpolitischer Implikationen und ihrer Folgen für die Preisstabilität, Frankfurt a. M.

Marquardt, R.-M. (2019): Wie hängt die ‚deutsche Exportstrategie‘ mit der ‚Sozialen Marktwirtschaft zusammen?, in: Marquardt, R.-M., Pulte, P. (Hrsg.), Mythos Soziale Marktwirtschaft, Festschrift für Heinz-J. Bontrup, Köln.

Marx, K. 1974 (1867): Das Kapital, Band 1, Berlin.

Marx, K., Engels, F. (1983): Manifest der Kommunistischen Partei, Stuttgart.

Mun, T. (1664): England's Treasure by Forraign Trade, http://www.thelatinlibrary.com/imperialism/readings/mun.html, abgerufen 18.9.2019.

Parkin, M. (1998): Economics, 4th ed., Reading.

Reuter, N. (2000): Ökonomik der „Langen Frist". Zur Evolution der Wachstumsgrundlagen in Industriegesellschaften, Marburg.

Reuter, N. (2007): Wachstumseuphorie und Verteilungsrealität. Wirtschaftspolitische Leitbilder zwischen Gestern und Morgen. Mit Texten zum Thema von John Maynard Keynes und Wassily W. Leontief, 2. Aufl., Marburg.

Schui, H. (2009): To be or not to be a Keynesian – ist das die Frage?, http://www.rote-ruhr-uni.com/cms/texte/To-be-or-not-to-be-a-Keynesian-ist, abgerufen 18.9.2019.

Siebe, T., Wenke, M. (2014): Makroökonomie, Konstanz.

Tichy, G. (2012): Der missbrauchte Keynes – Überlegungen zur traditionellen Makropolitik, in: Wirtschaft und Gesellschaft, Heft 2.

Walterskirchen, E. (2016): Neukeynesianismus und Postkeynesianismus, in: Wirtschaft und Gesellschaft, 42. Jg., Heft 3.

Welt am Sonntag (2004): ‚Wirtschaft findet in der Wirtschaft statt‘, https://www.welt.de/print-wams/article114819/Wirtschaft-findet-in-der-Wirtschaft-statt.html, abgerufen 21.8.2020.

Wirtschaftswoche (o. J.): John Maynard Keynes – Versöhner für die Arbeitslosen, https://www.wiwo.de/politik/konjunktur/john-maynard-keynes-keynes-oekonomische-grundideen-zu-zeiten-der-lehman-pleite/5826266-3.html, abgerufen 21.8.2020.

Zinn, K. G. (2013): Keynes' Prognose auslaufenden Wachstums, http://www.kolleg-postwachstum.de/sozwgmedia/dokumente/Berichte/Wachstumszw%C3%A4nge+im+Kapitalismus/wz_zinn.pdf, Jena, abgerufen 13.01.2020.

Kapitel 6: Allgemeine Wirtschaftspolitik: Ziele und orthodoxe sowie heterodoxe Konzepte

Adam, H. (2016): Von der Inflationsphobie bis zur „schwarzen Null", in: Wirtschaftsdienst, Heft 7.

Altvater, E., Müller, W., Neusüß, C., Lehmann, H. et al. (1971): Materialien zur Kritik der bürgerlichen Ökonomie. Begründung für eine Lehreinheit „Politische Ökonomie", Gravenhage (NL).

Altvater, E., Müller, W., Neusüß, C., Lehmann, H. et al. (1973): Materialien zur Kritik der bürgerlichen Ökonomie. Begründung für eine Lehreinheit „Politische Ökonomie", 3. Aufl., Gravenhage (NL).

Anselmann, C. (2013): Spitzeneinkommen und Ungleichheit. Die Entwicklung der personellen Einkommensverteilung in Deutschland, Marburg.

Arbeitsgruppe Alternative Wirtschaftspolitik (2015): Memorandum: 40 Jahre für eine soziale und wirksame Wirtschaftspolitik gegen Massenarbeitslosigkeit, Köln.

Atkinson, A. (2016): Ungleichheit. Was wir dagegen tun können, Stuttgart.

Besley, T., Henessy, P. (2009): Letter to the Queen, sent on behalf of the British Academy, July 22nd.

von Beyme, K. (1994): Verfehlte Vereinigung – verpasste Reformen? Zur Problematik der Evaluation der Vereinigungspolitik seit 1989, in: Journal für Sozialforschung, 34, 3.

Bofinger, P. (2003): Grundzüge der Volkswirtschaftslehre, München.

Bontrup, H.-J. (2002): Zum Neoliberalismus – seine Ausrichtung und Ergebnisse, in: Sozialer Fortschritt, Heft 2.

Bontrup, H.-J. (2010): Durch Umverteilung von unten nach oben in die Krise, Expertise im Auftrag der Abteilung Wirtschafts- und Sozialpolitik der Friedrich-Ebert-Stiftung, Bonn.

Bontrup, H.-J. (2014): Pikettys Kapitalismus-Analyse. Warum die Reichen immer Reicher und die Armen immer ärmer werden, Bergkamen.

Bontrup, H.-J. (2016a): Krisenkapitalismus und EU-Verfall, 2. Aufl., Köln.

Bontrup, H.-J. (2016b): Brief an 62 Multimilliardäre: „Ihr unverschämt Reichen in der Welt", in: Ossietzky, Zweiwochenzeitschrift für Politik, Kultur, Wirtschaft, Heft 3.

Bontrup, H.-J. (2017): Vorstandsbezüge – eine ökonomische Bewertung, in: Arbeit. Zeitschrift für Arbeitsforschung, Arbeitsgestaltung und Arbeitspolitik, Heft 3–4.

Bontrup, H.-J., Marquardt, R.-M. (2002a): Gesamtwirtschaftliche Bedeutung von Indexklauseln – Wissenschaftlicher Beitrag, in: Wirtschaftswissenschaftliches Studium (WiSt), Heft 7/2002.

Bontrup, H.-J., Marquardt, R.-M. (2002b): Zur Problematik der Arbeitsmarktstatistik, in: Sozialer Fortschritt, Heft 12.

Bontrup, H.-J., Marquardt, R.-M. (2011): Kritisches Handbuch der deutschen Elektrizitätswirtschaft: Branchenentwicklung, Unternehmensstrategien, Arbeitsbeziehungen, 2. Aufl., Berlin.

Bontrup, H.-J., Marquardt, R.-M. (2017): Anforderungen an eine beschäftigungsorientierte Wirtschafts- und Industriepolitik, Berlin.

Bosbach, G., Korff, J. J. (2012): Lügen mit Zahlen – Wie wir mit Statistiken manipuliert werden, 3. Aufl Aufl., München.

Bosbach, G., Korff, J. J. (2019): Echt gelogen – Wer uns mit Statistiken manipuliert und wie wir die Zahlentricks durchschauen, München.

Borger, S., Kaufmann, S., Roth, E. (2016): Im Reich der Wettbewerbsfähigkeit, in: Frankfurter Rundschau, vom 9./10.01.

Bundesverfassungsgericht (1954): Entscheid zum Investitionshilfegesetz vom 20.7.1954, D. 5.

Burmeister, C. (2020): Die Grundrente ist durch, in: Frankfurter Rundschau, vom 20.02.

Butterwegge, C., Lösch, B., Ptak, R. (2007): Kritik des Neoliberalismus, 3. Aufl., Wiesbaden.

Butterwegge, C. (2019): Armut, 4. Aufl., Köln.

Butterwegge, C. (2020): Die zerrissene Republik. Wirtschaftliche, soziale und politische Ungleichheit in Deutschland, Weinheim, Basel.

CDU, CSU und SPD (2005): Gemeinsam für Deutschland. Mit Mut und Menschlichkeit, Koalitionsvertrag von CDU, CSU und SPD, https://www.cdu.de/system/tdf/media/dokumente/05_11_11_Koalitionsvertrag_Langfassung_navigierbar_0.pdf?file=1&type=field_collection_item&id=543, S. 86, abgerufen 18.02.2020.

Christen, C. (2011): Politische Ökonomie der Alterssicherung. Kritik der Reformdebatte um Generationengerechtigkeit, Demographie und kapitalgedeckte Finanzierung, (Diss.), Universität Bremen, Marburg.

Creditreform (Hrsg.) (2015): Schuldner-Atlas Deutschland. Überschuldung von Verbrauchern, Neuss/Aachen.

Dettmer, Markus, Klawitter, Nils, Schwennicke, Christoph (2009): Die verdrängten Sünden der Heuschreckenbändiger, in: Der Spiegel, 04.03., https://www.spiegel.de/politik/deutschland/koalitionsausschuss-die-verdraengten-suenden-der-heuschrecken-baendiger-a-611329-2.html, abgerufen.10.3.2009.

Deutsche Bundesbank (2019): Vermögen und Finanzen privater Haushalte in Deutschland: Ergebnisse der Vermögensbefragung 2017, Monatsbericht April.

Digiconomist (2020): Bitcoin Energy Consumption Index, https://digiconomist.net/bitcoin-energy-consumption, abgerufen 4.03.2020.

DIW Deutsches Institut für Wirtschaftsforschung (2015a): Einkommensumverteilung, in: DIW-Wochenbericht, Nr. 8.

DIW Deutsches Institut für Wirtschaftsforschung (2015b): Vermögensentwicklung in Deutschland, in: DIW-Wochenbericht, Nr. 34.

DIW Deutsches Institut für Wirtschaftsforschung (2016a): Zur Entwicklung von Top-Einkommen in Deutschland seit 2001, in: DIW-Wochenbericht, Nr. 1.

DIW Deutsches Institut für Wirtschaftsforschung (2016b): Hohes Aufkommenspotenzial bei Wiedererhebung der Vermögensteuer, in: DIW-Wochenbericht, Nr. 4.

Dullien, S. (2015): Das neue „Magische Viereck" im Realitätsscheck, Ein Projekt der Friedrich Ebert Stiftung, Bonn.

Elsner, W. (2011): Wirtschaftswissenschaften – Realität – Politik. Der Beitrag des ökonomischen Mainstreams zum Kasino-, Krisen- und Katastrophen-Kapitalismus – Perspektiven der heterodoxen Ökonomik, Vortrag an der Universität Kassel 28./29.09.

Erke, B., Marquardt, R.-M. (2004): Zulassung von Hedge-Fonds in Deutschland: Fluch oder Segen?, in: Wirtschaftsdienst, Heft 5.

EU-Kommission (2016): Länderbericht Deutschland 2016 mit eingehender Überprüfung der Vermeidung und Korrektur makroökonomischer Ungleichgewichte: Arbeitsunterlage der Kommissionsdienststellen, Brüssel, 26.02.

FDP (2018): Verbesserte Abschreibung für digitale Wirtschaftsgüter – Steuerlicher Innovationsschub für die digitale Transformation von Unternehmen, 27.2.2018, Deutscher Bundestag, Drucksache 19/959, http://dipbt.bundestag.de/doc/btd/19/009/1900959.pdf, abgerufen 15.10.2019.

Fratzscher, M. (2017): Verteilungskampf: Warum Deutschland immer ungleicher wird, München.

Gechert, S. (2015): Öffentliche Investitionen und Staatsverschuldung, in: IMK Policy Brief, Juli.

Gerster, R. (1973): Ausbeutung, (Diss.), Zürich.

Goldschmidt, W., Klein, D., Steinitz, K. (Hrsg.) (2000): Neoliberalismus, Hegemonie ohne Perspektive, Heilbronn.

Görgens, H. (2007): Sind die Löhne in Deutschland zu hoch?, Zahlen, Fakten, Argumente, Marburg.

Grabka, M. M., Goebel, J., Liebig, S. (2019): Wiederanstieg der Einkommensungleichheit – aber auch deutlich steigende Realeinkommen, in: DIW-Wochenbericht, Nr. 19.

Grabka, M. M., Halbmeier, C. (2019): Vermögensungleichheit in Deutschland bleibt trotz deutlich steigender Nettovermögen anhaltend hoch, in: DIW-Wochenbericht, Nr. 40.

Grabka, M. M., Westermeier, C. (2014): Anhaltend hohe Vermögensungleichheit in Deutschland, in: DIW-Wochenbericht, Nr. 9.

Hickel, R. (1981): Reagans „amerikanischer Traum" – ein Alptraum für Europa, in: Blätter für deutsche und internationale Politik, Heft 3.

Hickel, R. (2006): Vom Rheinischen zum Turbo-Kapitalismus. 50 Jahre ökonomische Aufklärung, in: Blätter für deutsche und internationale Politik, Heft 12.

Hofmann, W. (1965): Einkommenstheorie. Vom Merkantilismus bis zur Gegenwart, Berlin.

Hofmann, W. (1971): Wert- und Preislehre, 2. Aufl., Berlin.

Huffschmid, J. (1969): Die Politik des Kapitals. Konzentration und Wirtschaftspolitik in der Bundesrepublik, Frankfurt a. M.

Huffschmid, J. (2007): Internationale Finanzmärkte: Funktionen, Entwicklung, Akteure, in: Huffschmid, J., Köppen, M., Rhode, W. (Hrsg.), Finanzinvestoren: Retter oder Raubritter? Neue Herausforderungen durch internationale Kapitalmärkte. Hamburg.

Keynes, John Maynard (1936) (1952): Allgemeine Theorie der Beschäftigung, des Zinses und des Geldes, unveränderter Nachdruck, Berlin.

Keynes, J.-M. (1936): The General Theory of Unemployment, in: The Quarterly Journal of Economics, Vol. 51, No. 2.

Krämer, W. (2000): So lügt man mit Statistik, München/Zürich.

Külp, B. (1992): Lohntheorien, in: Handwörterbuch des Personalwesens. 2. Aufl., Stuttgart.

Külp, B. (1994): Verteilung, Theorie und Politik, 3. Aufl., Stuttgart, Jena.

Graf Lambsdorff, O. (1982): Konzept für eine Politik zur Überwindung der Wachstumsschwäche und zur Bekämpfung der Arbeitslosigkeit, http://1000dok.digitale-sammlungen.de/dok_0079_lam.pdf, vom 09.09., abgerufen 12.2.2020.

Lieberam, E. (2014): Die Wiederentdeckung der Klassengesellschaft. Klassenohnmacht, Klassenmobilisierung und Klassenkampf von oben, Bergkamen.

Marquardt, R.-M. (1994): Vom Europäischen Währungssystem zur Europäischen Wirtschafts- und Währungsunion, (Diss.), Universität Bielefeld, Frankfurt a. M.

Marquardt, R.-M. (2010): Stellungnahme zum Gesetzentwurf „Revitalisierung des Gemeindewirtschaftsrechts in NRW", Landtag Nordrhein-Westfalen, Stellungnahme 15/83, http://www.landtag.nrw.de/portal/WWW/dokumentenarchiv/Dokument/MMST15-83.pdf, abgerufen 08.09.2019.

Marquardt, R.-M. (2019): Wie hängt die ‚deutsche Exportstrategie' mit der ‚Sozialen Marktwirtschaft' zusammen?, in: Marquardt, Ralf-M., Pulte, Peter (Hrsg.), Mythos Soziale Marktwirtschaft, Festschrift für Heinz-J. Bontrup. Köln.

Marx, K. (1894) (1974): Das Kapital: Band III, Berlin.

Mittelbach, H. (2013): Lohn- und Kapitaleinkommen in Deutschland 1990 bis 2010, Köln.

Müller, K. (1980): Irrwege der Verteilungstheorie, Berlin.

Paritätischer Gesamtverband (Hrsg.) (2015): Gewinner und Verlierer, Paritätisches Jahresgutachten 2015, Berlin.

Pätzold, J (1987): Stabilisierungspolitik. Grundlagen der nachfrage- und angebotsorientierten Wirtschaftspolitik, 2. Aufl Aufl., Bern.

Piketty, T. (2014a): Das Kapital im 21. Jahrhundert, München.

Piketty, T. (2014b): Das Ende des Kapitalismus im 21. Jahrhundert?, in: Blätter für deutsche und internationale Politik, Heft 12.

Piketty, T. (2020): Kapital und Ideologie, München.

Rappaport, A. (1986a) (1999): Creating Shareholder Value, in: Shareholder Value. 2. Aufl., New York/München.

Recktenwald, H. C. (1981): Nationalökonomie und Gerechtigkeit. Zur Verteilung und Umverteilung der Einkommen, in: Frankfurter Allgemeine Zeitung, vom 24.01.

Reuter, N. (2000): Ökonomik der „Langen Frist". Zur Evolution der Wachstumsgrundlagen in Industriegesellschaften, Marburg.

Reuter, N. (2007): Wachstumseuphorie und Verteilungsrealität. Wirtschaftspolitische Leitbilder zwischen Gestern und Morgen. Mit Texten zum Thema von John Maynard Keynes und Wassily W. Leontief, 2. Aufl., Marburg.

Rifkin, J. (1998): Das Ende der Arbeit und ihre Zukunft, Frankfurt a. M.

Robinson, J. V., Eatwell, J. (1977): Einführung in die Volkswirtschaftslehre, Frankfurt a. M.

Schneider, U. (Hrsg.) (2015): Kampf um die Armut. Von echten Nöten und neoliberalen Mythen, Frankfurt a. M.

Schrooten, M., Busch, K., Troost, A., Schwan, G., Bsirske, F., Bischoff, J., Wolf, H. (2016): Europa geht auch solidarisch!: Streitschrift für eine andere Europäische Union, Hamburg.

Schröder, G. (2003): Regierungserklärung: „Mut zum Frieden und zur Veränderung", Deutscher Bundestag, Plenarprotokoll 15/32 vom 14.03.

Schröder, C., Bartels, C., Göbler, K., Grabka, M. M., König, J. (2020): MillionärInnen unter dem Mikroskop: Datenlücke bei sehr hohen Vermögen geschlossen – Konzentration höher als bisher ausgewiesen, in: DIW-Wochenbericht, Nr. 29.

Schüler, K. (2016): Angemessene Vorstandsbezüge und ihre Grundsätze – Eine ökonomische Analyse des Rechts, Masterarbeit, Rechtswissenschaftliche Fakultät der Westfälischen Wilhelms-Universität Münster.

Schui, H., Spoo, E. (Hrsg.) (1996): Geld ist genug da. Geld und Reichtum in Deutschland, Heilbronn.

Schui, H., Ptak, R., Blankenburg, S., Bachmann, G., Kotzur, D. (1997): Wollt ihr den totalen Markt? Der Neoliberalismus und die extreme Rechte, München.

Schui, H. (2009): Gerechtere Verteilung wagen!, Mit Demokratie gegen Wirtschaftsliberalismus, Hamburg.

Sen, A. (2002): Ökonomie für den Menschen. Wege zu Gerechtigkeit und Solidarität in der Marktwirtschaft, München.

Smith, A. (1776) (2005): Untersuchung über Wesen und Ursachen des Reichtums der Völker, Tübingen, Übersetzung aus dem Englischen von Streissler, M.: "An Inquiry into the Nature and Causes of the Wealth of Nations".

Spannagel, D. (2015): Trotz Aufschwung: Einkommensungleichheit geht nicht zurück, in: WSI-Report, Nr. 26.

Spannagel, D., Molitor, K. (2019): Einkommen immer ungleicher verteilt, in: WSI-Report, Nr. 53.

Starke, P. (2015): Krisen und Krisenbewältigung im deutschen Sozialstaat: Von der Ölkrise zur Finanzkrise von 2008, in: ZeS Arbeitspapier, Nr. 2.

Statistisches Bundesamt (2020): Verbraucherpreisindizes, https://www.destatis.de/DE/Themen/Wirtschaft/Preise/Verbraucherpreisindex/Methoden/Erlaeuterungen/verbraucherpreisindex.html, abgerufen 21.02.2019.

Steinbrück, P. (2008): Peer Steinbrück on the Global Economic Crisis, in: Newsweek, 12.05., https://www.newsweek.com/peer-steinbruck-global-economic-crisis-83363, abgerufen 07.09.2019.

Steinbrück, P. (2010): Keine Moral – Schaden für alle, in: Süddeutsche Zeitung, 17.05., https://www.sueddeutsche.de/wirtschaft/steinbrueck-folgen-der-krise-keine-moral-schaden-fuer-alle-1.166087, abgerufen 25.10.2019.

Steinbrück, P. (2019): Maischberger – Die Woche, ARD 12.06.2019, ab Minute 21:50.

Stiglitz, J. (2002): Die Schatten der Globalisierung, Berlin.

Stiglitz, J. (2010): Im freien Fall. Vom Versagen der Märkte zur Neuordnung der Weltwirtschaft, München.

Stiglitz, J. (2012): Preis der Ungleichheit, München.

Stiglitz, J. (2017): Reich und Arm. Die wachsende Ungleichheit in unserer Gesellschaft, München.

Treier, V. (2017): zitiert in: DIHK verteidigt deutschen Exportüberschuss, in: Handelsblatt, 15.09., http://www.handelsblatt.com/politik/deutschland/nach-bdi-kritik-dihk-verteidigt-deutschen-exportueberschuss/20333336.html, abgerufen 19.03.2019.

Wehler, H.-U. (2013): Die neue Umverteilung. Soziale Ungleichheit in Deutschland, 2. Aufl., München.

Westerwelle, Guido (2010): An die deutsche Mittelschicht denkt niemand, in: Welt-Online, 11.02., https://www.welt.de/debatte/article6347490/An-die-deutsche-Mittelschicht-denkt-niemand.html.

Westerwelle, Guido (2011): FDP muss zum Schlüsselfaktor werden, in: Hamburger Abendblatt, vom 14.01., https://www.abendblatt.de/politik/deutschland/article107932389/Westerwelle-FDP-muss-zum-Schluesselfaktor-werden.html, abgerufen 12.12.2019.

Zuck, R. (1975): Wirtschaftsverfassung und Stabilitätsgesetz, München.

Kapitel 7: Ausgewählte Bereiche der Wirtschaftspolitik

Adorno, T. W. (1975): Reflexionen zur Klassentheorie, in: Adorno, T. W. (Hrsg.), Gesellschaftstheorie und Kulturkritik. Frankfurt a. M.

Ahrend, J. C. (2010): Fritz Karl Mann – Ein Pionier der Finanzsoziologie und der Theorie der Parafiski im Schnittfeld deutscher und amerikanischer Wissenschaftskultur, Marburg.

Altis, A. (2018): Entwicklung der Beschäftigung im öffentlichen Dienst bis 2017, in: Statistisches Bundesamt, WISTA, 5/2018.

Altmann, J. (2007): Wirtschaftspolitik, 8. Aufl., Stuttgart.

Altvater, E., Müller, W., Neusüß, C., Lehmann, H. et al. (1971): Materialien zur Kritik der bürgerlichen Ökonomie. Begründung für eine Lehreinheit „Politische Ökonomie", Gravenhage (NL).

Altvater, E. (2016): Zerstörung und Flucht. Von der Hierarchie der Märkte zur Migrationskrise in Europa, in: Blätter für deutsche und internationale Politik, Heft 1.

Arbeitsgruppe Alternative Wirtschaftspolitik (2001): Memorandum 2001: Modernisierung durch Investitions- und Beschäftigungsoffensive, Köln.

Arbeitsgruppe Alternative Wirtschaftspolitik (2018): Memorandum 2018: Preis der „Schwarzen Null": Verteilungsdefizite und Versorgungslücken, Köln.

Arbeitsgruppe Alternative Wirtschaftspolitik (2019): Memorandum 2019: Klimakollaps, Wohnungsnot, kriselnde EU, Köln.

Bajohr, S. (2016): Die Schuldenbremse. Politische Kritik des Staatsschuldenrechts, Wiesbaden.

Balassa, B. (1961): Towards a Theory of Economic Integration, in: Kyklos, Vol. 14, Heft 1:1961.

Baudis, D., Nussbaum, H. (1978): Wirtschaft und Staat in Deutschland Ende des 19. Jahrhunderts bis 1918/19: Band 1, Berlin.

Berg, H. (1976): Internationale Wirtschaftspolitik, Göttingen.

Bird, M. (2014): Here's A Full List Of Companies That Allegedly Have Shady Tax Deals With Luxembourg, https://www.businessinsider.com/full-list-every-company-named-in-the-luxembourg-secret-tax-deal-database-2014-11?IR=T, abgerufen 21.02.2020.

Bischoff, J. (2006): Zukunft des Finanzmarkt-Kapitalismus. Strukturen, Widersprüche, Alternativen, Hamburg.

Bischoff, J. (2015): Fragiler Wirtschaftszyklus und Finanzmarktkapitalismus, in: Sozialismus, Heft 11.

Bischoff, J., Hackbusch, N., Radke, B., Weber, N. (2016): Finanz-Zombie, Drama HSH Nordbank, in: Supplement der Zeitschrift Sozialismus, Heft 1.

Bode, T. (2015): TTIP, Warum TTIP nur den Konzernen nützt – und uns allen schadet. Die Freihandels-
lüge, München.

Bofinger, P. (2003): Grundzüge der Volkswirtschaftslehre, München.

Bofinger, P. (2005): Wir sind besser als wir glauben: Wohlstand für alle, 3. Aufl., München.

Bontrup, H.-J. (2001): Target return pricing, in: Das Wirtschaftsstudium (WISU), Heft 4.

Bontrup, H.-J. (2004): Volkswirtschaftslehre – Grundlage der Mikro- und Makroökonomie, 2. Aufl.,
München.

Bontrup, H.-J. (2008): Lohn und Gewinn, 2. Aufl., München.

Bontrup, H.-J. (2011): Zur größten Finanz- und Wirtschaftskrise seit achtzig Jahren. Ein kritischer
Rück- und Ausblick mit Alternativen, Hannover.

Bontrup, H.-J. (2016): Krisenkapitalismus und EU-Verfall, 2. Aufl., Köln.

Bontrup, H.-J. (2018): Wohnst Du noch…? Immobilienwirtschaft und Mieten kritisch betrachtet,
Hamburg.

Bontrup, H.-J., Marquardt, R.-M. (2011): Kritisches Handbuch der deutschen Elektrizitätswirtschaft.
Branchenentwicklung, Unternehmensstrategien, Arbeitsbeziehungen, 2. Aufl., Berlin.

Bontrup, H.-J., Marquardt, R.-M. (2015): Die Energiewende: Verteilungskonflikte, Kosten und Folgen,
Köln.

Bontrup, H.-J., Marquardt, R.-M. (2017): Anforderungen an eine beschäftigungsorientierte Wirt-
schafts- und Industriepolitik, Berlin.

Bontrup, H.-J., Massarrat, M. (2013): Arbeitszeitverkürzung jetzt! 30-Stunden-Woche fordern, Bergkamen.

Borjans, N. W., Esken, S. (o. J.): Standhaft sozialdemokratisch: Positionen: Ein Jahrzehnt der öffentlichen Investitionen, https://standhaft-sozial-demokratisch.de/ein-jahrzehnt-der-oeffentlichen-
investitionen/, abgerufen 18.8.2020.

Brümmerhoff, D. (1996): Finanzwissenschaft, 7. Aufl., München/Wien.

Brümmerhoff, D. (2007): Finanzwissenschaft, 9. Aufl., München.

Brümmerhoff, D. (2011): Finanzwissenschaft, 11. Aufl., München.

Bund der Steuerzahler (o. J.): Die Schuldenuhr Deutschlands, https://steuerzahler.de/aktion-
position/staatsverschuldung/dieschuldenuhrdeutschlands/?L=0, abgerufen 18.8.2020.

Bundesministerium der Finanzen (2010): Finanzpolitik, http://www.bundesfinanzministerium.
de/nn_39822/DE/BMF__Startseite/Service/Glossar/F/003__Finanzpolitik.html, abgerufen
06.03.2010.

Bundesministerium der Finanzen (2013): Vertrag über Stabilität, Koordinierung und Steuerung
der Wirtschafts- und Währungsunion, http://www.bundesfinanzministerium.de/Content/DE/
Downloads/2013-04-19-fiskalvertrag-deutsche-fassung.pdf?__blob=publicationFile&v=3,
abgerufen 12.9.2016.

Butterwegge, C. (2020): Die zerrissene Republik. Wirtschaftliche, soziale und politische Ungleichheit in Deutschland, Weinheim, Basel.

Constâncio, V. (2018): Past and future of the ECB monetary policy", Rede vom 4.5.2018, https://
www.ecb.europa.eu/press/key/date/2018/html/ecb.sp180504.en.html, abgerufen 27.1.2020.

Der Spiegel (2011): Rücktritt von Jürgen Stark; EZB verliert ihren Chefvolkswirt, https://www.spiegel.
de/wirtschaft/ruecktritt-von-juergen-stark-ezb-verliert-ihren-chefvolkswirt-a-785382.html,
abgerufen 18.8.2020.

Der Tagesspiegel (2008): Schwarzer Oktober 2008, https://www.tagesspiegel.de/wirtschaft/
schwarzer-oktober-2008-wir-sagen-den-sparerinnen-und-sparern-dass-ihre-einlagen-sicher-
sind-/23130906.html, abgerufen 5.10.2018.

Deutsche Bundesbank (2017a): Finanzstabilitätsbericht, Frankfurt a. M.

Deutsche Bundesbank (2017b): Die Ertragslage der deutschen Kreditinstitute, Monatsbericht September, Frankfurt a. M.

Deutsche Bundesbank (2017c): Die Rolle von Banken, Nichtbanken und Zentralbank im Geldschöpfungsprozess, Monatsbericht April.

Deutsche Bundesbank (2019): Aktive Programme, 01.11.2019, https://www.bundesbank.de/de/aufgaben/geldpolitik/outright-geschaefte/aktive-programme-602324, abgerufen 15.02.2020.

Deutsche Bundesbank (2020a): EZB beginnt mit Überprüfung ihrer geldpolitischen Strategie, 23.01.2020, https://www.bundesbank.de/de/aufgaben/themen/ezb-beginnt-mit-ueberpruefung-ihrer-geldpolitischen-strategie-823252, abgerufen 15.02.2020.

Deutsche Bundesbank (2020b): Historische D-Mark-Devisenkurse, https://www.bundesbank.de/de/statistiken/zeitreihen-datenbanken, abgerufen 24.2.2020.

Deutschlandfunk (2019): Europäische Zentralbank: Überraschender Rücktritt von Lautenschläger, https://www.deutschlandfunk.de/europaeische-zentralbank-ueberraschender-ruecktritt-von.3669.de.html?dram:article_id=459684, abgerufen 18.8.2020.

Digiconomist.net (o. J.): Bitcoin Energy Consumption Index, https://digiconomist.net/bitcoin-energy-consumption, abgerufen 09.02.2020.

Dixit, A. K., Nalebuff, B. J. (1997): Spieltheorie für Einsteiger – Strategisches Know-how für Gewinner, Stuttgart.

Dolata, U. (2016): Apple, Amazon, Google, Facebook. Konzentration, Konkurrenz und Macht im Internet, in: Z. Zeitschrift Marxistische Erneuerung, Nr. 108.

Domar, E. D. (1979): „Staatsschuldenbelastung" und Volkseinkommen, in: Nowotny, Ewald (Hrsg.), Öffentliche Verschuldung. Stuttgart.

Draghi, M. (2012): Speech at the Global Investment Conference in London 26 July 2012, https://www.ecb.europa.eu/press/key/date/2012/html/sp120726.en.html, abgerufen 5.10.2018.

Engels, F. (1983): Grundsätze des Kommunismus, in: Marx, Karl, Engels, Friedrich (Hrsg.), Manifest der Kommunistischen Partei. Reclam, Stuttgart.

EU-Kommission (2018): Beitrittskriterien, http://ec.europa.eu/enlargement/enlargement_process/accession_process/criteria/index_de.htm, abgerufen 12.01.2018.

EZB (1999): Die stabilitätsorientierte geldpolitische Strategie des Eurosystems, Monatsbericht, Januar, Frankfurt a. M.

EZB (2003), Die geldpolitische Strategie der EZB. Pressemitteilungen vom 08.05.

EZB (2011): Die Geldpolitik der EZB, 3. Aufl., Frankfurt a. M.

EZB (2019): The ECB Survey of Professional Forecasters, https://www.ecb.europa.eu/stats/ecb_surveys/survey_of_professional_forecasters/html/ecb.spf2019q4%7E909ade9ae4.en.html#toc1, Fouth Quarter of 2019.

EZB (2020a): Statistical Data Warehouse, https://sdw.ecb.europa.eu/, abgerufen 09.02.2020.

EZB (2020b): Asset Purchase Programmes, https://www.ecb.europa.eu/mopo/implement/omt/html/index.en.html#cspp, abgerufen 4.03.2020.

FAZ.nez (2020): Curevac hat kein Angebot von der US-Regierung erhalten, 17.3.2020, https://www.faz.net/aktuell/wirtschaft/unternehmen/corona-impfstoff-curevac-hat-kein-angebot-der-us-regierung-erhalten-16683587.html, abgerufen 17.8.2020.

Fischer-Lescano, A., Horst, J. (2014): Europa- und verfassungsrechtliche Vorgaben für das Comprehensive Economic and Trade Agreement der EU und Kanada (CETA), Juristisches Kurzgutachten im Auftrag von attac, München, Bremen.

Forsthoff, E. (1954): Begriff und Wesen des sozialen Rechtsstaates, in: VVDStRL, Heft 12.

Fourastié, J. (1949/1954): Die große Hoffnung des zwanzigsten Jahrhunderts, Köln-Deutz.

Gabler (2020): Wirtschaftslexikon, https://wirtschaftslexikon.gabler.de/definition/steuerflucht-44750, abgerufen 21.02.2020.

Gabsch, P. (2013): Zukunft der deutschen Finanzpolitik – Strukturen, Paradigmenvergleiche, Alternativen, (Diss.), Köln.

Gabsch, P. (2020): Die deutsche Mehrwertsteuerlücke vom Ersten bis zum Zweiten Weltkrieg, Köln.

Galbraith, J. K. (1998): Die Solidarische Gesellschaft. Plädoyer für eine moderne soziale Marktwirtschaft, Hamburg.

Gechert, S. (2015a): What fiscal policy is most effective? A meta-regression analysis, in: Oxford Economic Papers, March 2015.

Gechert, S. (2015b): Öffentliche Investitionen und Staatsverschuldung, in: IMK Policy Brief, Juli 2015.

Giegold, S. (2005): Vorwärts in den Steuersenkungsstaat?, in: Blätter für deutsche und internationale Politik, Heft 10.

Goldscheid, R. (1976): Staat, öffentlicher Haushalt und Gesellschaft. Wesen und Aufgabe der Finanzwissenschaft vom Standpunkte der Soziologie, in: Hickel, Rudolf, Goldscheid, Rudolf, Schumpeter, Joseph Alois (Hrsg.), Die Finanzkrise des Steuerstaats. Beiträge zur politischen Ökonomie der Staatsfinanzen. Frankfurt a. M.

Grauhan, R., Hickel, R. (1978): Krise des Steuerstaats, in: Leviathan – Zeitschrift für Sozialwissenschaft, Sonderheft 1/1978, Wiesbaden.

Graeber, D. (2012): Schulden. Die ersten 5.000 Jahre, 6. Aufl., Stuttgart.

Haller, H. (1976): Die Rolle der Staatsfinanzen für den Inflationsprozess, in: Deutsche Bundesbank (Hrsg.), Währung und Wirtschaft in Deutschland 1876–1975. Frankfurt a. M.

Hansmeyer, K.-H., Caesar, R. (1976): Kriegswirtschaft und Inflation (1936–1948), in: Währung und Wirtschaft in Deutschland 1876–1975, S. 391 und 399. Deutsche Bundesbank, Frankfurt a. M.

Harbrecht, W. (1984): Die Europäische Gemeinschaft, 2. Aufl., Stuttgart.

Hebel, S. (2015): Die SPD und der neue Gabriel, in: Frankfurter Rundschau, vom 28.07.

Heise, A. (2002): Raus der Spar-Zwangsjacke, in: Blätter für deutsche und internationale Politik, Heft 3, Berlin.

Heise, A. (2005): Einführung in die Wirtschaftspolitik. Grundlagen, Institutionen, Paradigmen, München.

Helmedag, F. (2012): Effektive Nachfrage, Löhne und Beschäftigung, in: Kromphardt, Jürgen (Hrsg.), Keynes' General Theory nach 75 Jahren, Schriften der Keynes-Gesellschaft, Band 5. Marburg.

Hentschel, V. (1988): Die Entstehung des Bundesbankgesetzes 1949–1957, in: Bankhistorisches Archiv, Heft 1.

Herndon, T., Ash, M., Pollin, R. (2013): Does high public debt consistently stifle economic growth? A critique of Reinhart and Rogoff, in: Cambridge Journal of Economics, Vol. 38/2:257 ff.

Hickel, R. (1980): Notwendigkeit und Grenzen der Staatsverschuldung, in: Diehl, Karl, Mombert, Paul (Hrsg.), Ausgewählte Lesestücke zum Studium der politischen Ökonomie. Das Staatsschuldenproblem. Mit einer Einführung von Rudolf Hickel. Frankfurt a. M.

Hickel, R. (2012): Zerschlagt die Banken. Zivilisiert die Finanzmärkte. Eine Streitschrift, Berlin.

Hickel, R. (2013): Deutschland, Deine Banken, in: Blätter für deutsche und internationale Politik, Heft 3.

Hickel, R. (2019): Die schwarze Null. Die Unfähigkeit, makroökonomisch zu denken und zu handeln, in: Marquardt, Ralf-M., Pulte, P. (Hrsg.), Mythos Soziale Marktwirtschaf, Festschrift für Heinz-J. Bontrup. Köln.

Hickel, R. (2020): Späte Vernunft: Vom Befürworter zum Kritiker Schuldenbremse, unveröffentlichtes Manuskript, Bremen.

Hickel, R. (Hrsg.), Goldscheid, R., Schumpeter, J. A. (1976): Die Finanzkrise des Steuerstaats – Beiträge zur politischen Ökonomie der Staatsfinanzen, Frankfurt a. M.

Hickel, R., Priewe, J. (1989): Finanzpolitik für Arbeit und Umwelt, Köln.

Himpele, K., Recht, A. (2013): Sind die Schulden zu bremsen?, in: Forum demokratischer Sozialismus, Heft 7, https://www.axel-troost.de/de/article/7036.gestaltung-von-finanzpolitik-in-europa-bund-laendern-und-kommunen.html, abgerufen 13.01.2020.

Huffschmid, J. (2002): Politische Ökonomie der Finanzmärkte, 2. Aufl., Hamburg.

International Consortium of Investigative Jounalism (2014): Explore the Documents: Luxemburg Leaks Database, https://www.icij.org/investigations/luxembourg-leaks/explore-documents-luxembourg-leaks-database/, abgerufen 21.02.2020.

Institut der deutschen Wirtschaft (2020): Schuldenbremse für nötigen Spielraum modifizieren, https://www.iwkoeln.de/presse/pressemitteilungen/beitrag/hubertus-bardt-michael-huether-schuldenbremse-fuer-noetigen-spielraum-modifizieren.html, abgerufen 19.8.2020.

Jahnke, J. (2008): 2. März, http://www.jjahnke.net/rundbr38.html#tiet, abgerufen 10.3.2009.

Jarchow, H.-J., Rühmann, P. (1984): Monetäre Außenwirtschaft: II. Internationale Währungspolitik, Göttingen.

Kaufmann, S. (2019): Angriff der „Vampire". Private-Equity-Fonds, in: Frankfurter Rundschau, 14./15.12.

Keesing, D. B. (1965): Labor Skills and International Trade: Evaluating any Trade Flows with a Single Measuring Device, in: The Review of Economics and Statistics, 47, 3.

Keynes, J. M. (1930) (1972): Economic Possibilities for our Grandchildren, in: The Collected Writings of John Maynard Keynes, Band 9, Essays in Persuasion. London.

Keynes, J. M. (1936) (2009): Allgemeine Theorie der Beschäftigung, des Zinses und des Geldes, Übersetzung des 1936 in London erschienenen Originaltitels The General Theory of Employment Interest and Money von Fritz Waeger.

Klump, R. (2006): Wirtschaftspolitik – Instrumente, Ziele und Institutionen, München.

Krämer, W. (2001): Die schlimme Staatsverschuldung, in: WISU, Das Wirtschaftsstudium, Heft 6.

Krüger, A., Marquardt, R.-M. (2000): Der Euro – eine schwache Währung?, Diskussionspapier Nr. 390, Universität Bielefeld.

Krüger, S. (2012): Keynes & Marx. Darstellung und Kritik der „General Theory", Bewertung keynesianischer Wirtschaftspolitik, Linker Keynesianismus und Sozialismus: Band 4, Kritik der Politischen Ökonomie und Kapitalismusanalyse, Hamburg.

Krugman, P., Obstfeld, M. (2009): Internationale Wirtschaft: Theorie und Politik der Außenwirschaft, 8. Aufl., München.

Lindemann, K. (2014): Finanzkapitalismus als Beutesystem. Der Neoliberalismus und die Aktualität des Racket-Begriffs, in: Blätter für deutsche und internationale Politik, Heft 9.

Luttmer, N. (2015): Die neue Übermacht. Internationale Finanzjongleure spekulieren mit Billionen Dollar und beeinflussen damit die Weltwirtschaft, in: Frankfurter Rundschau, 13.11.

Luttmer, N. (2016): Deutsche Bank. Ein Konzern in Schieflage, in: Frankfurter Rundschau, 29.01.

Luttmer, N. (2018): Deutsche Bank. Zurück auf Los, in: Frankfurter Rundschau, 27.04.

Mann, F. K. (o. J.): Personalakte Fritz Karl Mann, Universitätsarchiv der Universität zu Köln (UAK).

Mann, F. K. (1923): Beruf und Studienplan der Sozialökonomen: Akademische Vorträge, Jena.

Mann, F. K. (1933): Zur Soziologie der finanzpolitischen Entscheidung, in: Schmollers Jahrbuch für Gesetzgebung, Verwaltung und Volkswirtschaft, Band 57. Berlin.

Mann, F. K. (1933/34): Finanzsoziologie. Grundsätzliche Bemerkungen, in: Kölner Vierteljahreshefte für Soziologie. Zeitschrift des Forschungsinstituts für Sozialwissenschaften in Köln. Neue Folge der Kölner Vierteljahreshefte für Sozialwissenschaften, 12.

Mann, F. K. (1934): Beiträge zur Steuersoziologie, in: Finanzarchiv, N. F., Band 2. Tübingen.

Mann, F. K. (1937): Steuerpolitische Ideale. Vergleichende Studien zur Geschichte der ökonomischen und politischen Ideen und ihres Wirkens in der öffentlichen Meinung 1900–1935, Jena.

Mann, F. K. (1943): The Sociology of Taxation, in: The Review of Politics, Vol. 5, No. 2.

Mann, F. K. (1951): Vom Beruf der Finanzsoziologie, in: Specht, K. G. (Hrsg.), Soziologische Forschung in unserer Zeit – Ein Sammelwerk Leopold von Wiese zum 75. Geburtstag. Köln.

Mann, F. K. (1955): Finanzsoziologie, in: Bernsdorf, W., Bülow, F. (Hrsg.), Wörterbuch der Soziologie, Band 1. Stuttgart.

Mann, F. K. (1959): Der Methodenstreit in der Finanzwissenschaft, in: Finanztheorie und Finanzsoziologie. Göttingen.

Mann, F. K. (1961a): Finanzsoziologie, in: Handwörterbuch der Sozialwissenschaften, Band 3. Stuttgart.

Mann, F. K. (1961b): Von den Wandlungen und Widersprüchen der Steuerideologie, in: Greiß, F., Meyer, F. W. (Hrsg.), Wirtschaft, Gesellschaft und Kultur – Festgabe für Alfred Müller-Armack. Berlin.

Mann, F. K. (1969a): Finanzsoziologie, in: Bernsdorf, W. (Hrsg.), Wörterbuch der Soziologie. 2. Aufl., Stuttgart.

Mann, F. K. (1969b): Steuersoziologie, in: Bernsdorf, W. (Hrsg.), Wörterbuch der Soziologie. 2. Aufl., Stuttgart.

Mann, F. K. (1969c): Finanzpolitische Entscheidungen in einer pluralistischen Gesellschaft aus ökonomischer Sicht, in: Recktenwald, H. C. (Hrsg.), Finanzpolitik. Köln.

Mann, F. K. (1978): Der Sinn der Finanzwirtschaft, Tübingen.

Marquardt, R.-M. (1994): Vom Europäischen Währungssystem zur Europäischen Wirtschafts- und Währungsunion: Eine Untersuchung langfristiger geldpolitischer Implikationen und ihrer Folgen für die Preisstabilität, (Diss.), Universität Bielefeld, Frankfurt a. M.

Marquardt, R.-M. (1999): Geldmengenkonzept für die EZB? – Ein Mythos als Vorlage, in: Heise, A. (Hrsg.), Makropolitik zwischen Nationalstaat und Europäischer Union. Marburg.

Marquardt, R.-M. (2013): Von der Finanzmarkt- über die Eurokrise hin zu einer neuen Finanzmarktregulierung, in: ReWir: Recklinghäuser Beiträge zu Recht und Wirtschaft, Nr. 15.

Marquardt, R.-M. (2018): Europäische Union: woher kommt sie, wo steht sie, wohin geht sie? OXI – Wirtschaft Anders Denken, https://oxiblog.de/kein-selbstlaeufer-woher-kommt-die-eu-wo-steht-sie-wohin-geht-sie/, abgerufen 19.9.2019.

Marquardt, R.-M. (2019): Stellungnahme zum Antrag der CDU/FDP-Landtagsfraktionen „Nordrhein-Westfalen als Energie- und Industrieland Nummer 1 stärken, Endverbraucherpreise stabilisieren – Mit der Energieversorgungsstrategie für saubere, zuverlässige und bezahlbare Energie sorgen" vom 02.04.2019 anlässlich der Landtagsanhörung am 25.09.

Marquardt, R.-M. (2020a): EZB-Verfassungsgerichtsurteil: filigrane Rechtsauslegung versus pragmatische Geldpolitik?, in: Wirtschaftsdienst, Hest 6:432 ff., https://www.wirtschaftsdienst.eu/inhalt/jahr/2020/heft/6/beitrag/ezb-verfassungsgerichtsurteil-filigrane-rechtsauslegung-versus-pragmatische-geldpolitik.html, abgerufen 18.8.2020.

Marquardt, R.-M. (2020b): Energiewendefonds als Beitrag zur Generationengerechtigkeit, in: spw, Heft 241:79 ff.

Marx, K. (1973): Kritik des Gothaer Programms, in: Marx, Karl, Engels, Friedrich (Hrsg.), Marx-Engels-Werke, Band 19. 4. Aufl., Berlin.

Marx, K., Engels, F. (1983): Manifest der Kommunistischen Partei, Stuttgart.

Mathes, A. (2015): Auf brüchigem Fundament, in: Frankfurter Rundschau, 16. Juli.

Merk, G. (1974): Programmierte Einführung in die Volkswirtschaftslehre: Band IV, Wachstum, Staat und Verteilung, Wiesbaden.

Möller, H. (1976): Die westdeutsche Währungsreform von 1948, in: Deutsche Bundesbank (Hrsg.), Währung und Wirtschaft in Deutschland 1876–1975. Frankfurt a. M.

Oberhauser, A. (1985): Das Schuldenparadoxon, in: Jahrbücher für Nationalökonomie und Statistik, 200, Heft 4.

Gesell, Silvio (2011): Reichtum und Armut gehören nicht in einen geordneten Staat, in: Onken, W. (Hrsg.), Werkauswahl zum 150. Geburtstag am 17. März 2012, zusammengestellt von Werner Onken. Kiel.

Oppenheimer, F. (1923): Der Staat, Frankfurt a. M.

Penrose, E. (1972): Stagnation, in: Sills, David L. (Hrsg.), International Encyclopedia of the Social Sciences, Band 15. New York/London.

Pfleiderer, O. (1976): Die Reichsbank in der Zeit der großen Inflation, die Stabilisierung der Mark und die Aufwertung der Kapitalforderungen, in: Deutsche Bundesbank (Hrsg.), Währung und Wirtschaft in Deutschland 1871–1975. Frankfurt a. M.

Pinzler, P. (2015): Das TTIP-Regime. Wie transatlantische Handelseliten die Welt dominieren, in: Blätter für deutsche und internationale Politik, Heft 10.

Ploppa, H. (2014): Die Macher hinter den Kulissen, Frankfurt a. M.

Reinhart, C., Rogoff, K. (2010): Growth in a Time of Debt, Working Paper 15639, National Bureau of Economic Research (NBER), Cambridge MA.

Rueff, J. (o. J.), zitiert in: https://www.hetwebsite.net/het/profiles/rueff.htm), abgerufen 20.8.2020.

Reuter, N. (2000): Ökonomik der „Langen Frist". Zur Evolution der Wachstumsgrundlagen in Industriegesellschaften, Marburg.

Reuter, N. (2007): Wachstumseuphorie und Verteilungsrealität. Wirtschaftspolitische Leitbilder zwischen Gestern und Morgen. Mit Texten zum Thema von John Maynard Keynes und Wassily W. Leontief, 2. Aufl., Marburg.

Ricardo, D. (1923): Grundsätze der Volkswirtschaft und Besteuerung, Sammlung sozialwissenschaftlicher Meister: Band 5, 3. Aufl., Jena.

Ricardo, D. (1980): Untersuchung über das Anleihesystem. Geschrieben für den Nachtragsband der 6. Ausgabe der „Encyclopaedia Britannica", in: Diehl, Karl, Mombert, Paul (Hrsg.), Ausgewählte Lesestücke zum Studium der politischen Ökonomie. Das Staatsschuldenproblem. Mit einer Einführung von Rudolf Hickel. Frankfurt a. M.

Roth, R. (1998): Das Kartenhaus. Staatsverschuldung in Deutschland, Frankfurt a. M.

Roth, R. (2003): Arbeitslosigkeit in Deutschland. Nebensache Mensch, Frankfurt a. M.

Roth, J. (2006): Der Deutschland Clan. Das skrupellose Netzwerk aus Politikern, Top-Managern und Justiz, Frankfurt a. M.

Rügemer, W. (2008): Privatisierung in Deutschland. Eine Bilanz von der Treuhand zu Public Private Partnership, Münster.

Rügemer, W. (2011): Deutsche Bank: Betrug mit Systemrelevanz, in: Blätter für deutsche und internationale Politik, Heft 2.

Rügemer, W. (2016): Der Blackrock-Kapitalismus, in: Blätter für deutsche und internationale Politik, Heft 10.

Rügemer, W. (2018): Die Kapitalisten des 21. Jahrhunderts. Gemeinverständlicher Abriss zum Aufstieg der neuen Finanzakteure, Köln.

Sachverständigenrat zur Begutachtung der gesamtwirtschaftlichen Entwicklung (2002): Zwanzig Punkte für Beschäftigung und Wachstum – Jahresgutachten 2002/2003, Wiesbaden.

Sachverständigenrat zur Begutachtung der gesamtwirtschaftlichen Entwicklung (2007): Staatsverschuldung wirksam begrenzen, Wiesbaden.

Sanders, B. (2017): Unsere Revolution. Wir brauchen eine gerechte Gesellschaft, Berlin.

Schäfer, D., Schrooten, M. (2018): Geld und die Welt, in: Vierteljahreshefte zur Wirtschaftsforschung, 87, Nr. 3.

Schäfer, M., Rethmann, L. (2020): Öffentliche Private Partnerschaften: Auslaufmodell oder eine Strategie für kommunale Daseinsvorsorge, Wiesbaden.

Schmale, H. (2015): Mauscheleien bei TTIP ohne Ende, in: Frankfurter Rundschau, 28.07.

Schönfelder, W. (2002): Die öffentlichen Einnahmen der Bundesrepublik Deutschland, in: Unterrichtsblätter für die Bundeswehrverwaltung – Zeitschrift für Ausbildung, Fortbildung und Verwaltungspraxis für die Bundeswehrverwaltung, 41. Jahrgang, Heft 5, Heidelberg.

Schönfelder, W. (2003): Die wirtschaftliche Betätigung des Staates, in: Unterrichtsblätter für die Bundeswehrverwaltung – Zeitschrift für Ausbildung, Fortbildung und Verwaltungspraxis für die Bundeswehrverwaltung, 42. Jahrgang, Heft 5, Heidelberg.

Schönfelder, W. (2004): Ziele und Mittel der Wirtschaftspolitik, in: Unterrichtsblätter für die Bundeswehrverwaltung – Zeitschrift für Ausbildung, Fortbildung und Verwaltungspraxis für die Bundeswehrverwaltung, 43. Jahrgang, Heft 1, Heidelberg.

Schuman, Robert (1950): zitiert in: Harbrecht, W. (1981), Europa auf dem Wege zur Wirtschafts- und Währungsunion, Bern.

Schubert, K., Klein, M. (2006): Das Politiklexikon, 4. Aufl., Bundeszentrale für politische Bildung, Bonn, http://www1.bpb.de/popup/popup_lemmata.html?guid=6WTOYE, abgerufen 13.03.2010.

Schumpeter, J. A. (1976): Die Krise des Steuerstaats, in: Hickel, Rudolf, Goldscheid, Rudolf, Schumpeter, Joseph Alois (Hrsg.), Die Finanzkrise des Steuerstaats. Beiträge zur politischen Ökonomie der Staatsfinanzen. Frankfurt a. M.

Sellien, R., Sellien, H. (1958): Dr. Gablers Wirtschafts-Lexikon, 2. Aufl., Oldenburg.

Sellien, R., Sellien, H. (1959): Dr. Gablers Wirtschafts-Lexikon, 3. Aufl., Oldenburg.

Smith, A. (1776) (1978): Der Wohlstand der Nationen. Eine Untersuchung seiner Natur und seiner Ursachen, München, deutsche Übersetzung von Recktenwald, H. C., des 1776 erstmals von Adam Smith erschienenen Werks mit dem Originaltitel: „An Inquiry into the Nature and Causes of the Wealth of Nations.".

Sperber, C., Walwei, U. (2015): Trendwende am Arbeitsmarkt seit 2005: Jobboom mit Schattenseiten, in: WSI-Mitteilungen, Heft 8.

Stiglitz, J. (2002): Die Schatten der Globalisierung, Berlin.

Stiglitz, J. (2006): Die Chancen der Globalisierung, München.

Stolleis, M. (1999): Staats- und Verwaltungsrechtswissenschaft in Republik und Diktatur 1914–1945, München.

Stucken, R. (1976): Schaffung der Reichsbank, Reparationsregelungen und Auslandsanleihen, Konjunkturen, in: Deutsche Bundesbank (Hrsg.), Währung und Wirtschaft in Deutschland 1876–1975. Frankfurt a. M.

Sultan, H. (1928): Über das Verhältnis von Steuerstaat und Unternehmerstaat, in: Teschemacher, Hans (Hrsg.), Festgabe für Georg Schanz zum 75. Geburtstag, Band 1, Beiträge zur Finanzwissenschaft. Tübingen, 12.03.1928.

Tillack, H.-M. (2009): Die korrupte Republik. Über die einträgliche Kungelei von Politik, Bürokratie und Wirtschaft, Hamburg.

Troost, A. (2016): Die deutsche Bank – eine der kriminellsten Banken der Welt?, Deutscher Bundestag, Berlin.

Ullmann, H.-P. (2005): Der deutsche Steuerstaat – Geschichte der öffentlichen Finanzen, München.

von der Vring, T. (2010): Wirtschaftspolitische Konsequenzen aus der Krise, in: Friedrich-Ebert-Stiftung (Hrsg.), WISO Diskus. Bonn.

Weitzmann, M. L. (1974): Prices vs. Quantities, in: The Review of Economic Studies, 41, Nr. 4.

von Weizsäcker, C. C. (2020): Verschuldet euch!, in: Cicero. Online Magazin für politische Kultur, https://www.cicero.de/wirtschaft/verschuldet-euch/46204, abgerufen 13.01.2020.

WTO (2020): https://www.wto.org/english/thewto_e/whatis_e/tif_e/org6_e.htm, abgerufen 18.02.

Zeit Online (o. J.): Die Panama-Papier, https://www.zeit.de/thema/panama-papers, abgerufen 21.02.2020.

Zimmermann, K. W. (2009): Examenskurs Finanzwissenschaft – Finanzwissenschaftliche Aspekte der Umweltpolitik, Hamburg.

Bress, L., Hensel, K. P. (Hrsg.) (1972): Wirtschaftssysteme des Sozialismus im Experiment – Plan oder Markt?, Frankfurt a. M.

Bundeszentrale für politische Bildung, Vorländer, H. (2008): Warum Deutschlands Verfassung Grundgesetz heißt, 01.09.2008, https://www.bpb.de/geschichte/deutsche-geschichte/grundgesetz-und-parlamentarischer-rat/39014/warum-keine-verfassung, abgerufen 21.02.2020.

Bundeszentrale für politische Bildung (2017): Kleine Geschichte Jugoslawiens, https://www.bpb.de/apuz/256921/kleine-geschichte-jugoslawiens?p=all, abgerufen 04.03.2020.

Busch, U., Kühn, W., Steinitz, K. (2009): Entwicklung und Schrumpfung in Ostdeutschland – Aktuelle Probleme im 20. Jahr der Einheit, Hamburg.

Butterwegge, C. (1977): Probleme der marxistischen Staatsdiskussion, Köln.

Butterwegge, C. (2002): Globalismus, Neoliberalismus und Rechtsextremismus, in: UTOPIEkreativ, Heft 1.

Butterwegge, C. (2020): Die zerrissene Republik. Wirtschaftliche, soziale und politische Ungleichheit in Deutschland, Weinheim, Basel.

Butterwegge, C. and Rinke, K. (Hrsg.) (2018): Grundeinkommen kontrovers. Plädoyers für und gegen ein neues Sozialmodell, Weinheim, Basel.

Cauer von, E., (Hrsg.) (1851): Ideen zu einem Versuch, die Grenzen der Wirksamkeit des Staates zu bestimmen, Breslau.

Demirović, A. (2007): Demokratie in der Wirtschaft, Positionen-Probleme-Perspektiven, Münster.

Deppe, F. (2019): Niccolò Machiavelli. Zur Kritik der reinen Politik, Köln.

Deuverden van, K. (2019): 30 Jahre nach dem Mauerfall: Finanzschwäche der neuen Länder hält auch die nächsten Dekaden an, in: DIW-Wochenbericht, Nr. 43.

Deutscher Gewerkschaftsbund (Hrsg.) (1996): Grundsatzprogramm von 1996.

Dietl, W. (1986): Waffen für die Welt. Die Milliardengeschäfte der Rüstungsindustrie, München.

Dolata, U., Gottschalk, A., Huffschmid, J. (1986): Staatsmonopolistische Komplexe als neue Organisationsformen des Kapitals im staatsmonopolistischen Kapitalismus, in: Institut für Marxistische Studien und Forschungen (IMSF) (Hrsg.), Staatsmonopolistische Komplex in der Bundesrepublik, Köln.

Downs, A. (1968): Ökonomische Theorie der Demokratie, Tübingen.

Drulović, M. (1977): (mit einem Vorwort von Herbert Wehner), Arbeiterselbstverwaltung auf dem Prüfstand – Erfahrungen in Jugoslawien, Berlin, Bonn-Bad Godesberg.

Endres, R. (1952): Staat und Gesellschaft, Wien.

Erhard, L. (2009): Wohlstand für alle, 9. Aufl., Bearbeitet von Langer, W., Köln.

Esser, J. (1975): Einführung in die materialistische Staatstheorie, Frankfurt a. M.

Eucken, W. (1959): Grundsätze der Wirtschaftspolitik, Tübingen.

Eucken, W. (1999): Ordnungspolitik, Herausgegeben von Oswalt, W., Münster, Hamburg, London.

Evangelische Kirche in Deutschland (Hrsg.) (2006): Gerechte Teilhabe. Befähigung zu Eigenverantwortung und Solidarität, Eine Denkschrift des Rates der EKD zur Armut in Deutschland, Gütersloh.

Eynern von, G. (1977): Liberalismus, in: von Eynern, G., Böhret, C. (Hrsg.), Wörterbuch zur politischen Ökonomie, Band 2. Aufl., Opladen.

Fedossow, P. (1987): Leben in der Sowjetunion, Heilbronn.

Fehl, U., Oberender, P. (1976): Grundlagen der Mikroökonomie, München.

Felber, C. (2012): Gemeinwohlökonomie, Erweiterte Neuausgabe, Wien.

Fesser, G. (2015): Das deutsche Kaiserreich 1871–1914, Köln.

Fesser, G. (2019): Deutschland und der Erste Weltkrieg, 2. Aufl., Köln.

Fischer, M. (2012): Versagende Märkte: Wer zahlt den Preis?, in: Friedrich-Ebert-Stiftung (Hrsg.), WISO direkt. Analysen und Konzepte zur Wirtschafts- und Sozialpolitik, Juli.

Flechtheim, O. K., (Hrsg.) (1963): Dokumente zur parteipolitischen Entwicklung seit 1945, 2. Bd., 1. Teil, Berlin.

Foschepoth, J. (2017): Verfassungswidrig! Das KPD-Verbot im Kalten Bürgerkrieg, Göttingen.

Freyh, R. (1977): Stärke und Schwäche der Weimarer Republik, in: Tormin, W. (Hrsg.), Die Weimarer Republik. 11. Aufl., Hannover.

Fritzsche, J., Dörfler, W. (2016): Die Verachtung der Armen, in: Blätter für deutsche und internationale Politik, Heft 3.

Fröhlich, P. (1973): Rosa Luxemburg. Gedanke und Tat, Frankfurt a. M.

Fülberth, G. (2005): G Strich- Kleine Geschichte des Kapitalismus, Köln.

Fülberth, G. (2018): Kapitalismus, 4. Aufl., Köln.

Fülberth, G. (2019): G Strich – Kleine Geschichte des Kapitalismus, 7. Aufl., Köln.

Furet, F. (1996): Das Ende der Illusion. Der Kommunismus im 20. Jahrhundert, 2. Aufl., München, Zürich.

Geiß, I., Ullrich, V. (1970): 15 Millionen beleidigte Deutsche oder Woher kommt die CDU?, in: Beiträge zur Kontinuität der bürgerlichen Parteien, Reinbek bei Hamburg.

Glastetter, W. (1992): Allgemeine Wirtschaftspolitik, Mannheim.

Gleising, G. (2017): Verbrechen der Wirtschaft: Der Anteil der Wirtschaft an der Errichtung der Nazidiktatur, der Aufrüstungs- und Kriegspolitik im Ruhrgebiet 1925–1945, Bochum.

Gligorov, Vladimir (2019): Yugoslawia and Development: Benefits and Costs, http://www.yuhistorija. com/authors_gligorov.html, abgerufen 04.03.2020.

Goldhagen, D. J. (1996): Hitlers willige Vollstrecker. Ganz gewöhnliche Deutsche und der Holocaust, 3. Aufl, Berlin.

Gorbatschow, M. (1988): Perestroika. Eine neue Politik für Europa und die Welt, Köln.

Grams, F. (2019): Die Pariser Kommune, 2. Aufl., Köln.

Grebing, H., Kinner, K. (Hrsg.) (1990): Arbeiterbewegung und Faschismus. Faschismus-Interpretationen in der europäischen Arbeiterbewegung, Fulda.

Gruppe von Lissabon (1997): Die Grenzen des Wettbewerbs – Die Globalisierung der Wirtschaft und die Zukunft der Menschheit, München.

Gutmann, G., Klein, W., Paraskewopoulos, S., Winter, H. (1978): Die Wirtschaftsverfassung der Bundesrepublik Deutschland, Stuttgart, New York.

Gündel, R., Heininger, H. and Hess, P. and Zieschlag, K. (1967): Zur Theorie des staatsmonopolistischen Kapitalismus, Berlin.

Hamel, H. (1972): Das Stalinistische Wirtschaftssystem administrativer Planung, Leitung und Kontrolle, in: Bress, L., Hensel, K. P. (Hrsg.), Wirtschaftssysteme des Sozialismus im Experiment – Plan oder Markt?, Frankfurt a. M.

Hardach, K. (1976): Wirtschaftsgeschichte Deutschlands im 20. Jahrhundert, Göttingen.

Hardach, G. (Hrsg.) (1977): Die Zerstörung der Weimarer Republik, 2. Aufl., Köln.

Harlander, N., Heidack, C., Köpfler, F., Müller, K.-D. (1994): Personalwirtschaft, 3. Aufl., Landsberg a. Lech.

Harten, H.-C. (2006): Rassenhygiene als Erziehungsideologie des Dritten Reichs, Berlin.

Harten, H.-C. (2014): Himmlers Lehrer – Die Weltanschauliche Schulung in der SS 1933–1945, Paderborn.

Harten, H.-C. (2018): Die weltanschauliche Schulung der Polizei im Nationalsozialismus, Paderborn.

Haug, W. F. (1989): Die „zweite sowjetische Revolution" und der Marxismus, in: Grebing, H., Brandt, P., Schulze-Marmeling (Hrsg.), Sozialismus in Europa – Bilanz und Perspektiven. Festschrift für Willy Brandt, Essen.

Hauser, D. (2014): Einleitung zu: John Maynard Keynes, Krieg und Frieden, Berlin.

Häusler, A. (Hrsg.) (2019): Völkisch-autoritärer Populismus, Hamburg.

Heinemann, G. (1953): Rundschreiben vom 11.8.1953, zitiert bei Norman Paech, Politische Bedingungen für Abrüstung und Frieden, in: Alheit, Peter, Kjaer, Jørgen, Sandkühler, Hans-Jörg (Hrsg.), Kein Frieden der Wisenschaft mit dem Krieg, Materialien der Friedensuniversität Bremen 1984, Bremen 1985.

Heimann, E. M. (1975): Sozialisierung, in: Heimann, E. M. (Hrsg.), Sozialismus im Wandel der modernen Gesellschaft, Bonn.

Heise, A. (2005): Einführung in die Wirtschaftspolitik, Grundlagen, Institutionen, Paradigmen, München.

Hengsbach, F. (2009): Ein Menschenrecht auf Arbeit? Orientierungen christlicher Gesellschaftsethik, in: Rehm, J., Ulrich, H. G. (Hrsg.), Menschenrecht auf Arbeit? Sozialethische Perspektiven, Stuttgart.

Hensel, K. P. (1972): Grundformen der Wirtschaftsordnung. Marktwirtschaft – Zentralverwaltungswirtschaft, München.

Hergt, S. (Hrsg.) (1975): Partei Programme, 8. Aufl., Opladen.

Herrmann, U. (2016): Kein Kapitalismus ist auch keine Lösung, 3. Aufl., Frankfurt a. M.

Hermann, U. (2019): Deutschland, ein Wirtschaftsmärchen, Frankfurt a. M.

Heske, G. (2009): Volkswirtschaftliche Gesamtrechnung DDR 1950–1989: Daten, Methoden, Vergleiche, in: Historical Social Research – Historische Sozialforschung, Supplement No. 21, Köln.

Heske, G. (2013): Wertschöpfung, Erwerbstätigkeit und Investitionen in der Industrie Ostdeutschlands 1950–2000: Daten, Methoden, Vergleiche, in: Historical Social Research – Historische Sozialforschung, Vol. 38, No. 146, (2013) 4, Köln.

Hession, C. H. (1986): John Maynard Keynes, Stuttgart.

Hickel, R. (1979): Die Demokratisierung des Unternehmens. Die Neo-Marxistische Konzeption, in: Internationale Stiftung Humanum (Hrsg.), Neomarxismus und Pluralistische Wirtschaftsordnung, Bonn.

Hickel, R., Priewe, J. (1991): Der Preis der Einheit – Bilanz und Perspektiven der deutschen Vereinigung, Frankfurt a. M.

Hickel, R., Priewe, J. (1994): Nach dem Fehlstart. Ökonomische Perspektiven der deutschen Einigung, Frankfurt a. M.

Hilferding, R. (1909, 1974): Das Finanzkapital, Bd. I und Bd. II, 3. Aufl., Frankfurt a. M.

Himmelmann, G. (1977): Kapitalismus, in: von Eynern, G., Böhret, C. (Hrsg.), Wörterbuch zur politischen Ökonomie, 2. Aufl., Opladen.

Hirsch, H. (1963): Ferdinand Lassalle. Eine Auswahl für unsere Zeit, o. Ortsangabe.

Hofmann, W. (1969): Grundelemente der Wirtschaftsgesellschaft, Reinbek bei Hamburg.

Hofmann, W. (1971): Wert- und Preislehre, Berlin.

Hofmann, W. (1988): Industriesoziologie für Arbeiter, Heilbronn.

Hörster-Philipps, U. (1979): Großkapital, Weimarer Republik und Faschismus, Köln.

Huffschmid, J. (1972): Die Politik des Kapitals. Konzentration und Wirtschaftspolitik in der Bundesrepublik, 8. Aufl., Frankfurt a. M.

Huffschmid, J. (2002): Politische Ökonomie der Finanzmärkte, 2. Aufl., Hamburg.

Huffschmid, J., Voß, W., Zdrowomyslaw, N. (1986): Neue Rüstung – Neue Armut. Aufrüstungspläne und Rüstungsindustrie in der Bundesrepublik bis zum Jahr 2000, Köln.

Hund, W. D. (2018): Rassismus und Antirassismus, Köln.

Jahnke, J. (2018): Prof. Dr. Hans Tietmeyer und die globale Kreditkrise, online http://www.jahnle.net/rundbr38.html#tit, abgerufen 19.9.2020.

Jankowiak, H. (2000): Regierungs- und Vereinigungskriminalität: Bilanz nach zehn Jahren Wiedervereinigung, in: Neue Kriminalpolitik, Vol. 12, No 2, Mai.

Jäger, W., Bracher, K. D., Jäger, W., Link, W. (1986): Geschichte der Bundesrepublik Deutschland. Bd. 5/I, Stuttgart.

Jens, W. (1988): Diskussionsbeitrag, Schatrow, M.: Tübinger Diskussion mit E. Jäckel, W. Jens et al., in: Deutsche Volkszeitung/die tat, 23.12.

Kaufmann, S. (2013): Der Markt als Zerstörer, in: Frankfurter Rundschau vom 13./14.07.

Kernic, F. (2001): Krieg, Gesellschaft und Militär – Eine kultur- und ideengeschichtliche Spurensuche, in: Prüfer, A. (Hrsg.), Forum Innere Führung, Band 14, Baden-Baden.

Keynes, J. M. (1919): Krieg und Frieden. Die wirtschaftlichen Folgen des Vertrages von Versailles, London.

Keynes, J. M. (1930) (1955): A Treatise on Money, deutsche Übersetzung: Keynes, J. M., Vom Gelde, Berlin, London.

Kidron, M. (1971): Rüstung und wirtschaftliches Wachstum, Frankfurt a. M.

Klages, J. (2009): Meinung, Macht, Gegenmacht. Die Akteure im politischen Feld, Hamburg.

Kleßmann, C. (1982): Die doppelte Staatsgründung. Deutsche Geschichte 1945–1955, Bonn.

Koch, A., Rosemann, M., Späth, J. (2011): Soloselbständige in Deutschland, in: Friedrich-Ebert-Stiftung (Hrsg.), WISO-Diskurs, Bonn.

Kolb, G. (1991): Grundlagen der Volkswirtschaftslehre, München.

Koppetsch, C. (2019): Rechtspopulismus als Protest. Die gefährdete Mitte in der globalen Moderne, Hamburg 2019 sowie von Alexander Häusler (Hrsg.), Völkisch-autoritärer Populismus, Hamburg.

Kosta, J. (1984): Wirtschaftssysteme des realen Sozialismus. Probleme und Alternativen, Köln.

Krause, H. (1975): USPD. Zur Geschichte der Unabhängigen Sozialdemokratischen Partei Deutschlands, Frankfurt a. M., Köln.

Krätke, M. R. (2010): Krise des Steuerstaats, in: Widerspruch, 30. Jg., Heft 58.

Kromphardt, J. (1991): Konzeptionen und Analysen des Kapitalismus, 3. Aufl., Göttingen.

Kuczynski, J. (1974): Der Wissenschaftler in der kapitalistischen Gesellschaft, Frankfurt a. M.

Krugman, P. (2009): Die neue Weltwirtschaftskrise, Frankfurt a. M.

Kühnl, R. (1971): Formen bürgerlicher Herrschaft. Liberalismus – Faschismus, Reinbek bei Hamburg.

Kühnl, R. (1988): Der Faschismus. Ursachen, Herrschaftsstruktur, Aktualität, 2. Auf., Heilbronn.

Kühnl, R. (1990): Gefahr von Rechs? Vergangenheit und Gegenwart der extremen Rechten, Heilbronn.

Kühnl, R., Hardach, G. (Hrsg.) (1979): Die Zerstörung der Weimarer Republik, 2. Aufl., Köln.

Kühnl, R., Schönwälder, K. (1986): Sie reden vom Frieden und rüsten zum Krieg – Friedensdemagogie und Kriegsvorbereitung in Geschichte und Gegenwart, Köln.

Lampert, H. (1973): Die Wirtschaftsordnung – Begriff, Funktionen und typologische Merkmale, in: Wirtschaftswissenschaftliches Studium (WiSt), Heft 8/9.

Lassalle, F. (1923): Auswahl von Reden und Schriften, Hrsg. von Renner, K., Berlin.

Leipart, T. (1926): Gewerkschaften und Volk, in: Die Arbeit, Heft 1, Berlin.

Leipart, T. (1928): Auf dem Wege zur Wirtschaftsdemokratie?, Berlin.

Lenin, W. I. (1917) (1980): Staat und Revolution, Berlin.

Lieb, M., Jacobs, M. (2006): Arbeitsrecht, 9. Aufl., Heidelberg, München.

Lieber, C. (2008): Unzeitgemäßes Plädoyer für die „Rücknahme des Staates in die Gesellschaft", in: Pankower Vorträge. Beiträge zur Staatstheorie in der Linken, Heft 127, Berlin.

Limmer, H. (1976): Die deutsche Gewerkschaftsbewegung, 7. Aufl., München.

Lindemann, K. (2014): Finanzkapitalismus als Beutesystem. Der Neoliberalismus und die Aktualität des Racket-Begriffs, in: Blätter für deutsche und internationale Politik, Heft 9.

Locke, J. (1966): Über die Regierung, in der Übersetzung von W. H. Halles 1906, in Wiederauflage, Reinbek bei Hamburg.

Luft, C. (1992): Treuhandreport: Werden, Wachsen und Vergehen einer deutschen Behörde, Berlin, Weimar.

Luft, C. (2008): Staat muss Zusammenhalt des Gemeinwesens sichern, in: Pankower Vorträge. Beiträge zur Staatstheorie in der Linken, Heft 127, Berlin.

Luther, H. (1964): Vor dem Abgrund. 1930–1933, Reichsbankpräsident in Krisenzeiten, Berlin.

Mandel, E. (1973): Der Spätkapitalismus, 2. Aufl., Frankfurt a. M.

Mandel, E., Wolf, W. (1976): Weltwirtschaftsrezession und BDR-Krise 1974/75, Frankfurt a. M.

Mappes-Niediek, N. (2019): Balkan lechts rinks. Wer hat recht, wer ist schuld? Eine kurze Geistesgeschichte der Debatte über den Zerfall Jugoslawiens, in: Frankfurter Rundschau vom 7./8. Dezember.

Marquardt, R.-M. (2019): Wie hängt die deutsche Exportstrategie mit der „Sozialen Marktwirtschaft" zusammen?, in: Marquardt, R.-M., Pulte, P. (Hrsg.), Mythos Soziale Marktwirtschaft, Festschrift für H.-J. Bontrup, Köln.

Martin, J., Wiedemeier, F. (Hrsg.) (2002): Stiftungen mit Gewinn fördern, Köln.

Marx, K. (1966): Zur Kritik der Hegelschen Rechtsphilosophie, Einleitung, in: Fetscher, I, Marx-Engels, Studienausgabe in 4 Bänden, Frankfurt a. M.

Marx, K. (1972): Zweiter Entwurf zum „Bürgerkrieg in Frankreich", in: Marx-Engels, Werke, Band 17, Berlin.

Marx, K. (1867,1974): Das Kapital, in: MEW, 23, Berlin.

Massarrat, M. (2017): Braucht die Welt den Finanzsektor? Postkapitalistische Perspektiven, Hamburg.

Mattfeldt, H. (1999): Auf der Suche nach dem „Krug der Witwe" – Lohnquote und Sparverhalten, in: Reuter, N., Helmedag, F. (Hrsg.), Der Wohlstand der Personen. Festschrift zum 60. Geburtstag von Karl Georg Zinn, Marburg.

Mattick, P. (1976): Staatskapitalismus und Gemischte Wirtschaft, in: Altvater, Basso, Mattick, Offe et al. (Hrsg.), Rahmenbedingungen und Schranken staatlichen Handelns. Zehn Thesen, Frankfurt a. M.

Maurer, H. (1999): Staatsrecht, Grundlagen, Verfassungsorgane, München.

Maxeiner, D., Miersch, M. (2001): Das Mephisto-Prinzip. Warum es besser ist, nicht gut zu sein, Frankfurt a. M.

Meyer, G. (Hrsg.) (1980): Das politische und gesellschaftliche System der UdSSR. Ein Quellenband, 2. Aufl., Köln.

Miegel, M. (2014): Die unerwiderte Liebe der Menschen zum Kapitalismus, Frankfurter Allgemeine Zeitung (FAZ) vom 17.08.

Mierzejewski, A. C. (2004): Ludwig Erhard. Der Wegbereiter der Sozialen Marktwirtschaft (Biographie), München.

Mintzel, A. and Oberreuter, H. (Hrsg.) (1992): Parteien in der Bundesrepublik Deutschland, 2. Aufl., Bonn.

Möschel, W. (2005): Wozu (heute noch) Gewerkschaften, Tarifautonomie und Flächentarifverträge?, in: ifo Schnelldienst, Heft 2.

Müller, A. (2019): Eine Wirtschaft die tötet. Über den Kapitalismus, seine Überwindung und die Zeit danach, Köln.

Müller, G. (1991): Strukturwandel und Arbeitnehmerrechte. Die wirtschaftliche Mitbestimmung in der Eisen- und Stahlindustrie 1945–1975, (Diss.), Essen.

Müller-Armack, A. (1960): Studien zur sozialen Marktwirtschaft, Köln.

Müller-Armack, A. (1976): Wirtschaftsordnung und Wirtschaftspolitik, Bern.

Naphtali, F. (1928) (1968): Wirtschaftsdemokratie. Ihr Wesen, Weg und Ziel, wieder verlegt 1966 mit einem Vorwort von Ludwig Rosenberg (DGB-Vorsitzender), Frankfurt a. M.

National Archives (Hrsg.) (1971): The United States – Vietnam Relations, 1945–1967: A Study Prepared by the Department of Defense, https://www.archives.gov/research/pentagon-papers, Abgerufen 19.12.2019.

Negt, O. (2010): Der politische Mensch. Demokratie als Lebensform, Göttingen.

von Nell-Breuning, O. (1960): Kapitalismus und gerechter Lohn, Freiburg i. Br.

von Nell-Breuning, O. (1965): „Sparen ohne Konsumverzicht"?, in: Leber, G. (Hrsg.), Vermögensbildung in Arbeitnehmerhand, Frankfurt a. M.

Niess, W. (2017): Die Revolution von 1918/19. Der wahre Beginn unserer Demokratie, Berlin, München.

Noll, A. J. (2019): Thomas Hobbes. Eine Einführung, Köln.

von Oertzen, P. (2004): Demokratie und Sozialismus zwischen Politik und Wissenschaft, Hannover.

Olten, R. (1995): Wettbewerbstheorie und Wettbewerbspolitik, München, Wien.

Olzog, G., H.-J., Liese (1979): Die politischen Parteien, 11. Aufl., München, Wien.

Oswald, W. (Hrsg.) (1999): Eucken, W., Ordnungspolitik, Münster, Hamburg, London.

Papst Franziskus (2013): Evangelii Gaudium, Vatikan.

Paech, N., Nowrot, K. (Hrsg.) (2019): Krieg und Frieden im Völkerrecht, Köln.

Papier, H.-J. (2007): Wirtschaftsordnung und Grundgesetz, in: Aus Politik und Zeitgeschichte (APuZ), Heft 13.

Pätzold, K. and Weißbecker, M. (2009): Die Geschichte der NSDAP – 1920 bis 1945, 3. Aufl., Köln.

Pätzold, K. (2013): Kein Streit um des Führers Bart, Köln.

Pätzold, K. (2014): Zweiter Weltkrieg, Köln.

Perdelwitz, W., Fischer, H. (1984): Waffenschmiede Deutschland. Das Bombengeschäft, Hamburg.

Peters, M. (1961): Friedrich Ebert. Erster Präsident der Deutschen Republik, 2. Aufl., Berlin.

Piketty, T. (2014): Das Kapital im 21. Jahrhundert, München.

Plener, U. (2001): Theodor Leipart (1867–1947). Persönlichkeit, Handlungsmotive, Wirken, Bilanz. Ein Lebensbild mit Dokumenten, 2. Hb.: Dokumente, Berlin.

Potthoff, E. (1946): Protokoll der Gewerkschaftskonferenz Hannover.

Potthoff, E. (1949): Protokoll vom Gründungskongress des DGB in München.

Potthoff, E. (1957): Der Kampf um die Montan-Mitbestimmung, Köln.

Preiser, E. (1965): Theoretische Grundlagen der Vermögenspolitik, in: Leber, G. (Hrsg.), Vermögensbildung in Arbeitnehmerhand, Frankfurt a. M.

Priewe, J., Scheuplein, C., Schuldt, K. (2002): Ostdeutschland 2010 – Perspektiven der Investitionstätigkeit, Düsseldorf.

Prokop, S. (2017): Die DDR hat´s nie gegeben – Studien zur Geschichte der DDR von 1945 bis 1990.

Pross, H. (1977): Pressefreiheit, innere, in: von Eynern, G., Böhret (Hrsg.), Wörterbuch zur politischen Ökonomie, 2. Aufl., Opladen.

Ptak, R. (2006): Ordoliberalismus, in: Urban, H. J. (Hrsg.), ABC zum Neoliberalismus, Hamburg.

Pulte, P. (2003): Arbeitsrecht, Troisdorf.

Reich, W., Peglau, A. (Hrsg.) (2020): Massenpsychologie des Faschismus – Der Originaltext von 1933, Gießen.

Retzlaw, K. (1976): Spartakus. Aufstieg und Niedergang, 4. Aufl., Frankfurt a. M.

Reuter, N. (2002): Die „Initiative Neue Soziale Marktwirtschaft" – weder neu noch sozial, in: Gewerkschaftliche Monatshefte, Heft 12.

Ritter, U. P. (1999): Das Wirtschaftssystem. Begriff und Vorstellung im Wandel, in: Helmedag, F., Reuter, N. (Hrsg.), Der Wohlstand der Personen. Festschrift zum 60. Geburtstag von Karl Georg Zinn, Marburg.

Roesler, J. (2019): Geschichte der DDR, 3. Aufl., Köln.

Roth, J. (1988): Die illegalen deutschen Waffengeschäfte und ihre internationalen Verflechtungen. Hundert Jahre Kriegskartell, Frankfurt a. M.

Röhr, W. (2007): Großkapital und Faschismus, in: Z. Zeitschrift Marxistische Erneuerung, Nr. 72.

Röhrich, W. (1999): Demokratie als Markt. Eine Kritik an den Theorien von Schumpeter und Downs, in: Helmedag, F., Reuter, N. (Hrsg.), Der Wohlstand der Personen. Festschrift zum 60. Geburtstag von Karl Georg Zinn, Marburg.

Rügemer, W. (2019): Europäische Union – sozial und völkerverbindend?, in: KLARtext e. V., KLARtext zu „Europa", Frankfurt a. M.

Sanders, B. (2017): Unsere Revolution. Wir brauchen eine gerechte Gesellschaft, Berlin.

Schacht, H. (1934): Harzburger Rede vom 11.10.1931, in: Nationale Kreditwirtschaft, Berlin.

Schäfer, A. (2008): Die Kraft der schöpferischen Zerstörung. Joseph A. Schumpeter. Die Biografie, Frankfurt a. M., New York.

Schneider, M. (1992): Das Ende eines Jahrhundertmythos. Eine Bilanz des Sozialismus, Köln.

Schuhler, C. (2010): Wirtschaftsdemokratie und Vergesellschaftung Deutschlands. Zu einer solidarischen Gesellschaft jenseits des Kapitalismus, in: ISW-Report, Nr. 79.

Schui, H. (1991): Die ökonomische Vereinigung Deutschlands. Bilanz und Perspektiven, Heilbronn.

Schumpeter, J. A. (1942) (1975): Kapitalismus, Sozialismus und Demokratie, 4. Aufl., Mit einer Einleitung von E. Salin, München.

Schuron, K. T. (1986): Staatsmonopolistischer Kapitalismus, in: Meyer, T., Klär, K.-H., Miller, S., Novy, K., Timmermann, H. (Hrsg.), Lexikon des Sozialismus, Köln.

Schwier, H. (2008): Der Schutz der „Unternehmerischen Freiheit" nach Artikel 16 der Charta der Grundrechte der Europäischen Union, (Diss.), Frankfurt a. M.

Selke, S. (2009): Die neue Armenspeisung, in: Blätter für deutsche und internationale Politik, Heft 1.

Senghaas, D. (Hrsg.) (1970): Zur Pathologie des Rüstungswettlaufs, Beiträge zur Friedens- und Konfliktforschung, Freiburg i. Br.

Sheehan, N. (Hrsg.) (1971): Die Pentagon-Papiere. Die geheime Geschichte des Vietnamkrieges, München, Zürich.

Šik, O. (1979): Humane Wirtschaftsdemokratie. Ein dritter Weg, Hamburg.

Smith, A. (1776) (2005): Untersuchung über Wesen und Ursachen des Reichtums der Völker, Übersetzt von Monika Streissler aus dem Englischen des 1776 in London erschienenen Werkes „An Inquiry into the Nature and Causes of the Wealth of Nations", Tübingen.

Stavenhagen, G. (1969): Geschichte der Wirtschaftstheorie, Göttingen.

Steinitz, K. (2007): Das Scheitern des Realsozialismus – Schlussfolgerungen für die Linke im 21. Jahrhundert, Hamburg.

Steinitz, K. (2019): Aus Erfahrungen lernen. Damit Sozialismus wieder zu einer realen Alternative wird, in: Sozialismus, Supplement, Heft 12.

Stöhr, G. (2018): Der Soldat der Bundeswehr – Verteidiger des Rechts, Führungsakademie der Bundeswehr, Hamburg.

Graf Stauchewitz, R. (1994): Stiftungen nutzen, führen und errichten: ein Handbuch, Frankfurt a. M.

Ther, P. (2019): Die deutsche Schocktherapie. Der deutsche Sonderweg und die Transformation Ostmitteleuropas, in: Blätter für deutsche und internationale Politik, Heft 1.

Thielemann, U. (2010): Wettbewerb als Gerechtigkeitskonzept. Kritik des Neoliberalismus, Marburg.

Thompson, J., Ercolani, P. (2012): Liberalismus, in: Haug, Fritz, Haug, Frigga, Jehle, Peter, Küttler, Wolfgang (Hrsg.), Historisch-Kritisches Wörterbuch des Marxismus, Hamburg.

Tormin, W. (1977): Die Weimarer Republik, 11. Aufl., Hannover.

Uvalić, M. (2018): The rise and fall of market socialism in Yugoslavia, https://doc-research.org/de/2018/03/rise-fall-market-socialism-yugoslavia/, abgerufen 4.03.2020.

ver.di Bundesvorstand (2015): Wirtschaftsdemokratie, Impulspapier, Berlin.

Vilmar, F. (1973): Rüstung und Abrüstung im Spätkapitalismus, Reinbek bei Hamburg.

Vilmar, F. (1999): Wirtschaftsdemokratie – Zielbegriff einer alternativen Wirtschaftspolitik. Kritische Bilanz und Aktualität nach 40 Jahren, in: Helmedag, F., Reuter, N. (Hrsg.), Der Wohlstand der Personen. Festschrift zum 60. Geburtstag von Karl Georg Zinn, Marburg.

Wagenknecht, S. (2016): Reichtum ohne Gier, Wie wir uns vor dem Kapitalismus retten, Frankfurt a. M./New York.

Waldrich, H.-P. (1973): Der Staat. Das deutsche Staatsdenken seit dem 18. Jahrhundert, München.

Wehler, H.-U. (2008): Deutsche Gesellschaftsgeschichte Bd. 5: Bundesrepublik und DDR 1949–1990, München.

Weißbecker, M. (2020): Noch einmal über die Bücher gehen – Texte aus einem geteilten Historikerleben, Köln.

Welsch, J. (2008): Gewerkschaften im Niedergang?, Organisierte Arbeiterschaft im 21. Jahrhundert, in: Blätter für deutsche und internationale Politik, Heft 2.

Welteke, M. (1976): Theorie und Praxis der Sozialen Marktwirtschaft, Frankfurt a. M.

Wenzel, S. (2003): Was war die DDR wert? Und wo ist dieser Wert geblieben? Versuch einer Abschlussbilanz, 4. Aufl, Berlin.

Willoweit, D. (1997): Deutsche Verfassungsgeschichte. Vom Frankenreich bis zur Wiedervereinigung Deutschlands, 3. Aufl., München.

Wollenberg, J. (2002): Mitbestimmung – Bilanz und Kritik, 9. Salzgitter-Forum, 15./16.02., Salzgitter.

SIPRI (Hrsg.) (1981): Rüstungsjahrbuch '81/82. Jahrzehnt der Aufrüstung, Reinbek bei Hamburg.

Ziegler, J. (2005): Die neuen Herrscher der Welt und ihre globalen Widersacher, München.

Ziegler, J. (2015): Ändere die Welt, München.

Zinn, K. G. (1972): Arbeitswerttheorie, Herne.

Zinn, K. G. (1978): Der Niedergang des Profits, Köln.

Zinn, K. G. (1998): Systemstabilität und ordnungspolitischer Wandel des Kapitalismus – Die Soziale Marktwirtschaft als politisches Kabinettstückchen, in: Elsner, W., Engelhardt, W., Glasstetter, W. (Hrsg.), Ökonomie in gesellschaftlicher Verantwortung, Sozialökonomik und Gesellschaftsreform heute, Festschrift zum 65. Geburtstag von Siegfried Katterle, Berlin.

Zinn, K. G. (2006): Wie Reichtum Armut schafft. Verschwendung, Arbeitslosigkeit und Mangel, 4. Aufl., Köln.

Zinn, K. G. (2019): Spurensuche. Die Soziale Marktwirtschaft zwischen demokratischem Sozialismus und neoliberaler Globalisierung, in: Marquardt, R.-M., Pulte, P. (Hrsg.), Mythos Soziale Marktwirtschaft. Festschrift für Heinz-J. Bontrup, Köln.

Zuck, R. (1975): Wirtschaftsverfassung und Stabilitätsgesetz, München.

Stichwortverzeichnis

https://doi.org/10.1515/9783110619379-010

www.ingramcontent.com/pod-product-compliance
Lightning Source LLC
Chambersburg PA
CBHW081206220326
41598CB00037B/6690